W0392208

MARGARET GEORGE ♦ KLEOPATRA

MARGARET GEORGE

# KLEOPATRA

DER ROMAN IHRES LEBENS

DEUTSCH VON RAINER SCHMIDT
MIT BUCHKUNST-ARBEITEN VON AXEL BERTRAM

GUSTAV LÜBBE VERLAG

FÜR

# KLEOPATRA

Königin, Göttin, Gelehrte, Kriegerin,
69 – 30 v. Chr.,

und
FÜR ALISON,
meine Kleopatra Selene,

und
FÜR PAUL,
ein bißchen Cäsar,
ein bißchen Antonius
und vor allem Olympos,
alles in einem.

# MEIN DANK

GILT:

meiner Lektorin Hope Dellon, die kenntnisreich und humorvoll dabei hilft, aus dem Töpferton der ersten Entwürfe das fertige Werk zu entwickeln; meinem Vater, Scott George, der mich mit dem Prinzip der Neunundneunzig Soldaten bekanntgemacht hat; meiner Schwester, Rosemary George, deren Sinn für das Heitere ebenso groß ist wie der von Antonius; Lynn Courtenay, die dunkle Quellen geduldig nach klassischen Häppchen durchstöberte; Bob Feibel, der mir geholfen hat, die Schlacht von Actium noch einmal zu schlagen; Erik Grey für seine Hilfe bei den Mysterien des Lateinischen (alle Fehler, die sich noch finden, sind meine); und unserer alten, zahmen Schlange Julius, die mich sechzehn Jahre lang in der Art der Schlangen unterwiesen hat.

Mutina
ILLYRIEN
Perusia
ITALIEN
ROM
Misenum
Tarentum
Brundisium
THRAKIEN
MAKEDONIEN
Philippi
Pharsalos
Iolkos
Korkyra
Acheron
Actium
Leukas
Kephallenia
Ithaka
Zakynthos
Olympia
Methone
Tainaron
Patrai
Athen
Korinth
Sparta
Samos
Naulochus
Sizilien
Utika
Karthago
Thapsos
NUMIDISCHES REICH
Kreta
MITTELLÄNDISCH
Ptolemaïs
Kyrene
KYRENAIKA
AFRI
N
O
W
S

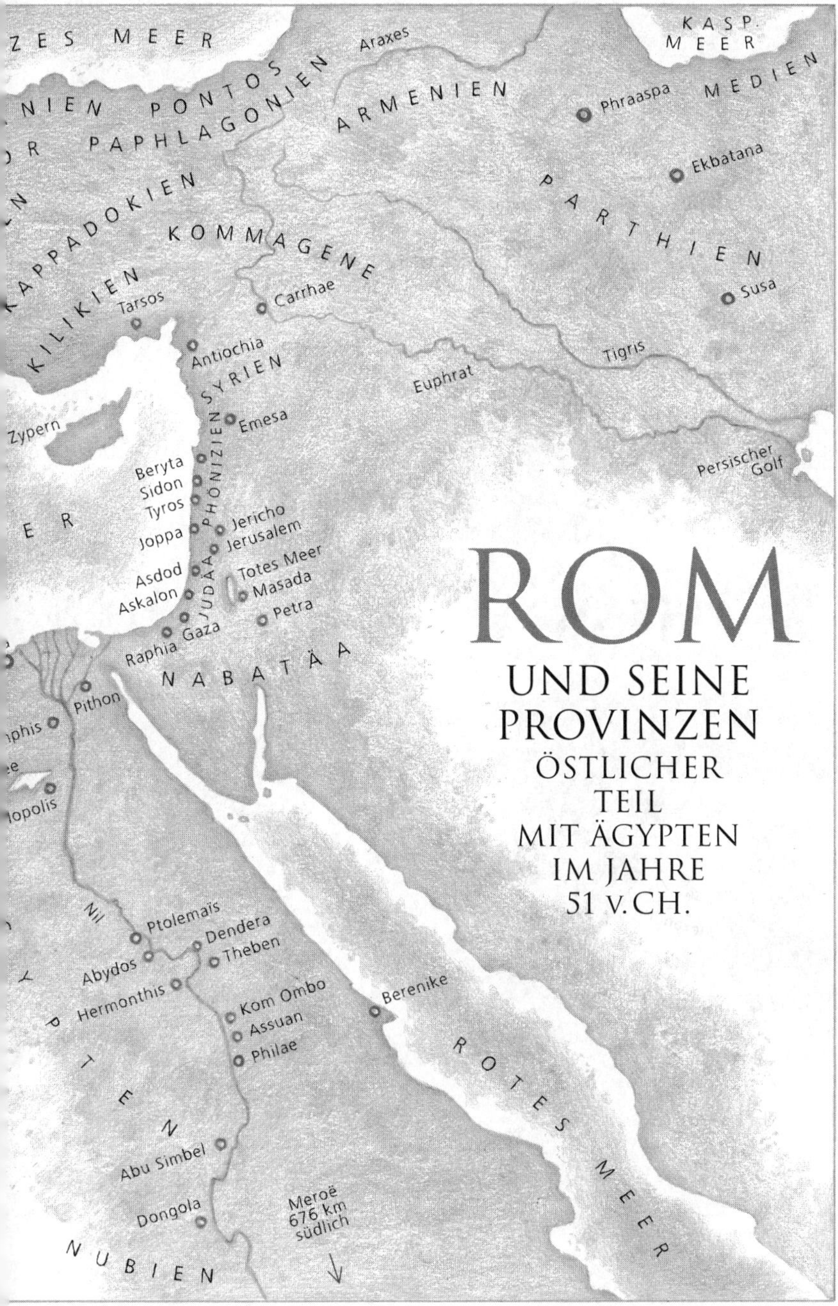


# ROM

## UND SEINE PROVINZEN

### ÖSTLICHER TEIL MIT ÄGYPTEN IM JAHRE 51 V.CH.

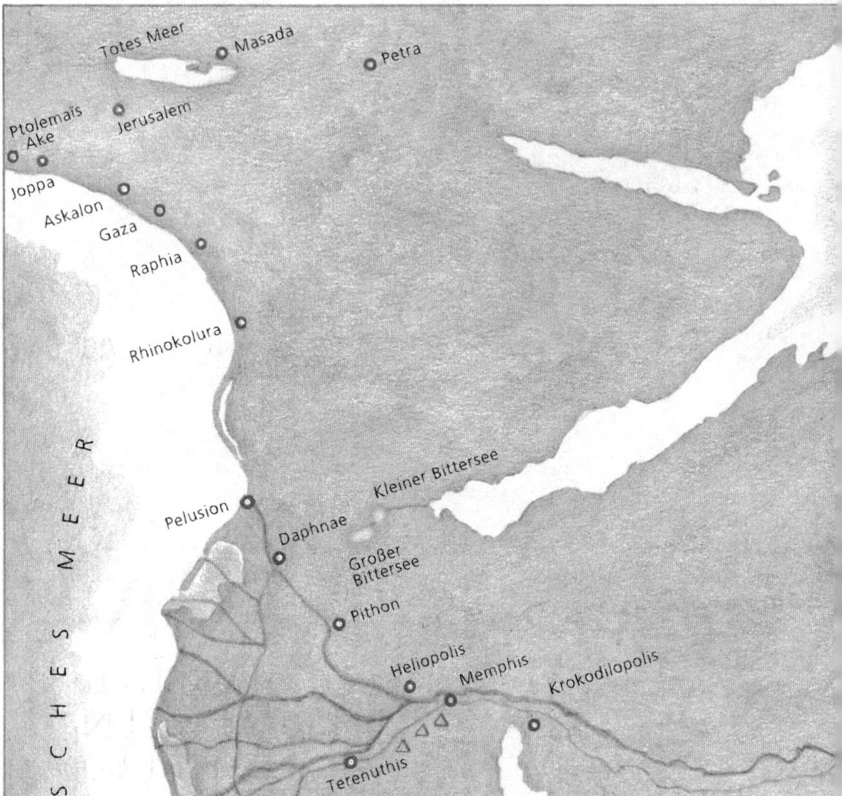
Totes Meer
Masada
Petra
Ptolemaïs
Ake
Jerusalem
Joppa
Askalon
Gaza
Raphia
Rhinokolura
MITTELLÄNDISCHES MEER
Kleiner Bittersee
Pelusion
Daphnae
Großer Bittersee
Pithon
Heliopolis
Memphis
Krokodilopolis
Terenuthis
Hermopolis
Moeris-See
N
Kanopos
Alexandria
Paraitonion
DER NI
ÄGYPTEN
ZUR ZEIT
KLEOPATRAS

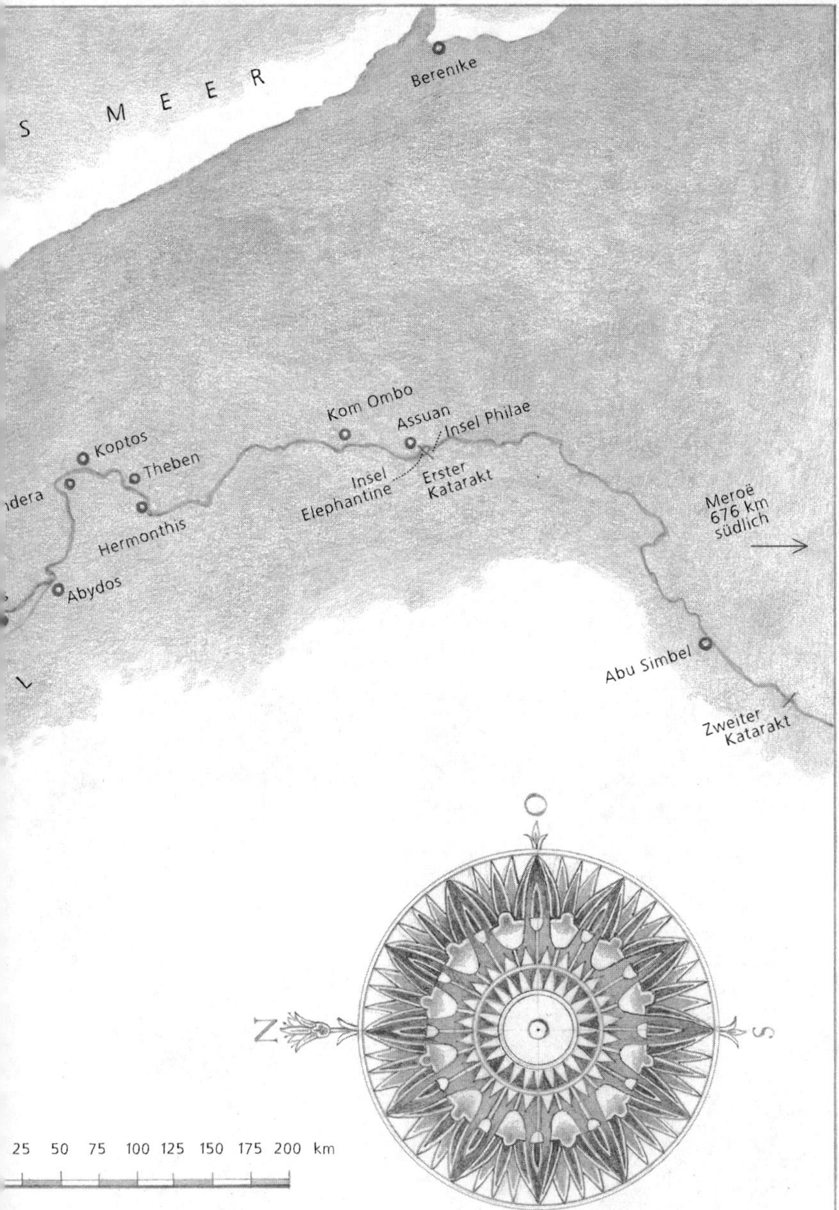
S M E E R
Berenike
Kom Ombo
Assuan
Insel Philae
Koptos
Theben
ndera
Insel
Elephantine
Erster
Katarakt
Hermonthis
Meroë
676 km
südlich
Abydos
L
Abu Simbel
Zweiter
Katarakt
O
N
S
W
25 50 75 100 125 150 175 200 km

# DIR ISIS,

meiner Mutter, meiner Zuflucht, meiner mitfühlenden Gefährtin und Bewahrerin all der Tage meines Lebens von ihrem Anbeginn, bis es Dir gefällt, sie enden zu lassen, übergebe ich diese Schriften, die Aufzeichnung meiner Tage auf Erden. Du, die Du sie mir gewährtest, wirst sie bewahren und behüten und gütig und voller Huld auf ihre Verfasserin blicken, auf Deine Tochter. Denn da Du mir die Tage ungestaltet gabst – und ich sie mit meinen Taten kennzeichnete und daher wahrlich ihre Eigentümerin bin –, so habe ich mein Leben aufgeschrieben, um es Dir ganz und ohne Falsch darzubieten. Urteile Du über die Werke meiner Hand und die Würdigkeit meines Herzens – über die äußeren Taten wie über das innere Wesen.

Ich gebe sie Dir anheim und bitte Dich, sei barmherzig und errette meine Taten und die wahrhaftige Erinnerung an sie vor der Vernichtung durch meine Feinde.

Ich bin die siebente Kleopatra aus dem königlichen Hause Ptolemaios, die Königin, die Herrin der zwei Länder, *Thea Philopator*, »die Göttin, die ihren Vater liebt«, *Thea Neotera*, »die jüngere Göttin«, die Tochter des Ptolemaios *Neos Dionysos*, »des neuen Dionysos«.

Ich bin die Mutter des Ptolemaios Cäsar, des Alexander Helios, der Kleopatra Selene und des Ptolemaios Philadelphos.

Ich war die Gemahlin des Gajus Julius Cäsar und des Marcus Antonius.

Bewahre meine Worte, und nimm sie in Deine Obhut, ich flehe Dich an!

# DIE ERSTE SCHRIFTROLLE

# 1

Wärme. Wind. Tanzendes blaues Wasser und das Geräusch der Wellen. Ich sehe, höre, fühle das alles noch. Ich schmecke sogar das scharfe Salz noch auf meinen Lippen, wo der feine, dunstige Gischt sie besprüht hat. Und, noch näher als dies alles, den einlullenden Geruch der Haut meiner Mutter an meiner Nase, wo sie mich an ihren Busen schmiegt, derweil ihre Hand wie ein Sonnenschirm über meiner Stirn liegt und meine Augen schützt. Das Boot wiegt sich sanft, und meine Mutter wiegt mich auch, so daß ich in einem zweifachen Rhythmus geschaukelt werde. Das läßt mich dösen, und das Plätschern des Wassers ringsumher ist wie eine Decke aus Geräuschen, die mich sicher umhüllt. So bin ich wohlbehalten, gewiegt in Liebe und Wachsamkeit. Ich erinnere mich. Ich erinnere mich …

Und dann … zersplittert die Erinnerung, verkehrt, überschlägt sich, wie es mit dem Boot geschehen sein muß. Meine Mutter fort – und ich fliege durch die Luft, werde gepackt von anderen Armen, von rauhen Armen, die mich so kräftig um den Leib fassen, daß ich kaum noch Luft bekomme. Und das Platschen … Ich höre noch immer das Platschen, höre die kurzen, überraschten Aufschreie.

Sie sagen, es kann nicht sein, ich war nicht einmal drei Jahre alt, als meine Mutter im Hafen ertrank, *ein schrecklicher Unfall, und an einem so ruhigen Tag noch dazu, wie konnte es nur geschehen? Hatte jemand sich am Boot zu schaffen gemacht, es umgestoßen? Nein, sie ist einfach gestolpert und hineingefallen, als sie aufstehen wollte, und weißt du, daß sie nicht schwimmen konnte, nein, das wußten wir erst, als es zu spät war, und warum ist sie dann so oft aufs Wasser hinausgefahren? Weil sie es gern hatte, die arme Seele, die arme Königin, sie liebte die Geräusche und die Farben …*

Eine leuchtendblaue Kugel scheint dieses Grauen zu umgeben, all das Krachen und die Bögen von Wasser, die überall fliegen in weitem Kreis, und die Schreie der Damen auf dem Boot. Sie sagen, jemand sei herübergeschwommen, um zu helfen, und er sei ebenfalls in die Tiefe gezogen worden, so daß zwei starben statt nur einer. Sie sagen auch, ich habe gekratzt und getreten und versucht, mich meiner Mutter hinterherzustürzen, schreiend vor Angst und Schmerz, aber meine Amme mit den starken Armen, die mich gepackt hatte, hielt mich fest.

Ich erinnere mich, daß ich rücklings niedergedrückt und festgehalten wurde, so daß ich unter einen Baldachin starrte, wo gleißendblaues Wasser flirrte, und daß ich die Hände meiner Bändiger nicht abschütteln konnte.

Niemand tröstet mich, wie man es bei einem verängstigten Kind erwarten würde. Sie haben zuviel damit zu tun, mich am Entkommen zu hindern. Sie meinen, daß ich mich auch daran nicht erinnern kann, aber ich kann es doch. Wie entblößt ich mich fühle, wie nackt auf dieser Bank im Boot, den Armen meiner Mutter entrissen und jetzt gewaltsam festgehalten, da das Boot dem Ufer zufliegt.

Einige Tage später bringt man mich in einen großen, hallenden Raum, in den das Licht von allen Seiten zu dringen scheint und durch den auch der Wind fährt. Es ist ein Raum, aber man fühlt sich wie im Freien – ein besonderer Raum, der Raum für jemanden, der kein Mensch ist, sondern ein Gott. Es ist der Tempel der Isis, und die Amme führt mich zu einer mächtigen Statue – das heißt, sie zerrt mich hin. Ich erinnere mich, daß ich mich mit den Fersen dagegen stemme, so daß man mich über den blanken Steinboden beinahe schleifen muß.

Der Sockel der Statue ist gewaltig. Ich kann kaum über seine Oberkante hinwegschauen, dorthin, wo anscheinend zwei weiße Füße stehen und darüber eine Gestalt. Das Gesicht verliert sich im Schatten.

»Leg ihr deine Blumen zu Füßen«, sagt die Amme und zerrt dabei an der Faust, mit der ich die Blumen umklammere.

Ich will sie nicht loslassen, will sie da nicht hinlegen.

»Das ist Isis«, sagt die Amme sanft. »Schau ihr Gesicht an. Sie wacht über dich. Sie wird für dich sorgen. Sie ist jetzt deine Mutter.«

Wirklich? Ich versuche das Gesicht zu sehen, aber es ist so hoch und so weit weg. Es sieht nicht aus wie das Gesicht meiner Mutter.

»Gib ihr die Blumen«, drängt die Amme.

Langsam hebe ich die Hand und lege meine kleine Gabe auf den Sockel, den ich gerade noch erreichen kann, wenn ich mich strecke. Ich schaue wieder empor und hoffe, daß die Statue jetzt lächelt, und ich bilde mir ein, daß ich es sehe.

Und so, Isis, ist es denn: An diesem Tag wurde ich Deine Tochter.

## 2

Meine Mutter, die verstorbene Königin, hieß Kleopatra, und ich bin stolz darauf, ihren Namen zu tragen. Aber ich wäre auf jeden Fall stolz auf diesen Namen gewesen, denn es ist ein bedeutender in der Geschichte unserer Familie, geht er doch zurück auf die Schwester Alexanders des Großen, mit dem wir Ptolemäer verwandt sind. Der Name bedeutet »Ruhm sei ihren Ahnen«, und solange ich lebe und regiere, habe ich mich bemüht, diese Verheißung zu erfüllen. Alles, was ich getan habe, habe ich getan, um mein Erbe und Ägypten zu bewahren.

Alle Frauen in unserer Linie hießen Kleopatra, Berenike oder Arsinoë. Auch diese Namen gehen zurück auf Makedonien, wo unsere Familie ihren Ursprung hat. Daher bekamen auch meine älteren Schwestern die Namen Kleopatra – jawohl, wir sind zu zweit – und Berenike, und meine jüngere Schwester hieß Arsinoë.

Meine jüngere Schwester... Es gab weitere nach mir. Denn der König mußte wieder heiraten, und bald nach dem vorzeitigen Tod seiner Königin Kleopatra nahm er sich eine neue Frau, und sofort gebar sie meine Schwester Arsinoë. Später brachte sie die beiden kleinen Jungen zur Welt, mit denen ich für kurze Zeit »verheiratet« war. Dann starb sie und ließ Vater erneut als Witwer zurück. Diesmal heiratete er nicht wieder.

Ich hatte nichts übrig für die neue Frau meines Vaters, und auch nicht für meine Schwester Arsinoë, die kaum mehr als drei Jahre jünger war als ich. Von ihrer frühesten Kindheit an war sie verschlagen und hinterhältig, eine weinerliche Petze. Da half es nichts, daß sie auch sehr schön war, ein Kind von der Sorte, die jedermann zu Ausrufen veranlaßt, zu Fragen wie »Woher nur hat sie diese Augen?« – und das nicht bloß aus Höflichkeit. Es machte sie arrogant von der Wiege an, und sie betrachtete ihre Schönheit nicht als Geschenk, das sie wertschätzte, sondern als Macht, die sie ausnützte.

Meine Schwester Kleopatra war ungefähr zehn Jahre älter als ich und Berenike acht. Glückliche Schwestern, die unsere Mutter so viele Jahre länger hatten als ich! Nicht, daß sie dafür Dankbarkeit gezeigt hätten. Die Älteste war ein mürrisches, gebeugtes Wesen; ich fürchte, ich kann mich gar nicht gut an sie erinnern. Und Berenike – die war ein wahrer Bulle, eine Frau mit breiten Schultern, rauher Stimme und breiten Plattfüßen, deren Schritt wie Stampfen klang, selbst wenn sie einfach nur ging. Nichts an ihr erinnerte an unsere Ahnfrau Berenike II. mit den zarten Zügen, die zweihundert Jahre zuvor an der Seite Ptolemaios' III. geherrscht hatte und in die Legende eingegangen war als Schönheit mit einem starken Willen, der die Hofpoeten ihre Werke widmeten. Nein, die rotgesichtige, schnaubende Berenike würde nie zu solchen literarischen Ergüssen inspirieren.

Ich sonnte mich in dem Wissen, daß ich der Liebling meines Vaters war. Man frage nicht, woher Kinder so etwas wissen, aber sie wissen es, mögen ihre Eltern sich noch so sehr bemühen, es zu verbergen. Vielleicht war es, weil ich die andere Kleopatra und Berenike so eigenartig fand, daß ich mir nicht vorstellen konnte, wie irgend jemand eine Vorliebe für sie anstatt für mich empfinden sollte. Doch auch später, selbst als Arsinoë in all ihrer Schönheit daherkam, behielt ich den ersten Platz im Herzen meines Vaters. Ich weiß heute, daß es so war, weil ich die einzige war, die ihm gleichfalls Zuneigung entgegenbrachte.

Ich muß es zugeben, ehrlich, aber widerstrebend: Der Rest der Welt, seine eigenen Kinder eingeschlossen, fand Vater entweder komisch oder bemitleidenswert – vielleicht beides. Er war ein gutaussehender, schmächtiger Mann von schüchternem, verträumtem Auftreten, das sich rasch in Nervosität verwandeln konnte, wenn er sich bedroht fühlte. Die Leute gaben ihm die Schuld an dem, was er selbst war – seiner Neigung nach ein Künstler, ein Flötenspieler und Tänzer –, und an der Situation, die er geerbt hatte. Für das erste war er verantwortlich, aber das zweite war ein unglückseliges Erbe. Es war nicht seine Schuld, daß der Thron praktisch in den Fängen Roms war, als er ihn schließlich erklettern konnte, so daß würdelose Verrenkungen ohne Zahl notwendig wurden, um ihn zu behalten: Kriecherei, Schmeichelei, der Verrat an seinem Bruder, die Zahlung kolossaler Schmiergelder und die Bewirtung der verhaßten potentiellen Eroberer am eigenen Hofe. Beliebt machte es ihn nicht, und Sicherheit brachte es ihm auch nicht. War es da ein Wunder, daß er sein Heil im Wein und in der Musik des Dionysos suchte, seines göttlichen Patrons? Aber je länger er suchte, desto mehr Verachtung erntete er.

Vaters prachtvolles Bankett für Pompejus den Großen: Ich war damals fast sieben und erpicht darauf, endlich Römer zu sehen, *echte* Römer, *die* Römer – das heißt die gefährlichen, nicht die harmlosen Kaufleute oder Gelehrten, die in eigenen Angelegenheiten in Alexandria erschienen. Ich bedrängte Vater, mich dabeisein zu lassen; ich wußte genau, wie er zu überreden war, denn er war – innerhalb vernünftiger Grenzen – für fast alle meine Bitten empfänglich.

»Ich will ihn sehen«, sagte ich. »Den berühmten Pompejus – wie sieht er aus?«

Alles zitterte vor dem Namen Pompejus, seit er auf unseren Teil der Welt herabgestoßen war. Zuerst hatte er einen größeren Aufstand in Pontos niedergeschlagen, dann war er nach Syrien weitergezogen, hatte dort die Überreste des Seleukidenreiches an sich gerissen und es in eine römische Provinz verwandelt.

Eine römische Provinz. Die ganze Welt wurde zu einer römischen Provinz, wie es schien. Lange Zeit hatte Rom – das in weiter Ferne lag, auf der anderen Seite des Mittelmeers – sich auf sein eigenes Gebiet beschränkt. Dann hatte es seine Greifarme wie ein Oktopus nach und nach in alle Himmelsrichtungen ausgestreckt. Es hatte Spanien im Westen gepackt, Karthago im Süden, dann Griechenland im Osten, und es war immer weiter angeschwollen. Und je mehr es anschwoll, desto größer wurde der Appetit, mit dem es seinen Wanst ernährte. Kleine Königreiche verzehrte es in einem Bissen – Häppchen wie Pergamon oder Karien, mühelos verschluckt. Die alten Reiche Alexanders würden es nachhaltiger sättigen, seinen Hunger besser bekämpfen.

Einst waren es drei Königreiche, die man aus Alexanders Imperium geschmiedet hatte, regiert von seinen drei Generälen und ihren Nachkommen: Makedonien, Syrien und Ägypten. Dann waren es zwei. Dann fiel Syrien, und es gab nur noch eines: Ägypten. Berichte besagten, daß die Römer die Zeit für gekommen hielten, nun auch Ägypten zu annektieren, und daß Pompejus selbst besonders erpicht darauf sei. Daher hatte Vater beschlossen zu tun, was in seiner Macht stand, um sich von Pompejus loszukaufen. Er schickte ihm Kavallerieeinheiten, die ihm halfen, sein nächstes Opfer zu zermalmen, unseren nächsten Nachbarn: Judäa.

Jawohl, es war schändlich. Ich gebe es zu. Kein Wunder, daß sein eigenes Volk Vater verabscheute. Aber wären die Ägypter lieber den Römern anheimgefallen? Er stand vor der verzweifelten Wahl zwischen dem Schlimmen und dem Schlimmeren, und er entschied sich für das Schlimme. Wäre ihnen das Schlimmere lieber gewesen?

»Er ist ein großer, strammer Mann«, sagte Vater. »Deiner Schwester Berenike nicht unähnlich!« Darüber lachten wir beide: zwei Verschwörer. Dann erstarb das Lachen. »Er ist furchterregend«, fügte er hinzu. »Jeder, der soviel Macht hat, ist furchterregend, ganz gleich, wie bezaubernd er auftreten mag.«

»Ich will ihn sehen«, beharrte ich.

»Das Bankett wird viele Stunden dauern – es wird laut werden und heiß und langweilig für dich. Es hat keinen Sinn. Vielleicht, wenn du älter bist ...«

»Du wirst sie hoffentlich nie wieder bewirten müssen. Deshalb ist dies meine einzige Gelegenheit«, hielt ich ihm entgegen. »Und wenn sie doch noch einmal herkommen, wird es nicht unter angenehmen Umständen sein. Da wird es keine üppigen Bankette geben.«

Er sah mich mit seltsamem Blick an. Jetzt weiß ich, daß er es tat, weil ich für eine Siebenjährige sonderbare Reden führte, aber damals hatte ich Angst, ich könnte sein Mißfallen erregt haben und nun werde er mir seine Erlaubnis verweigern.

»Also gut«, sagte er schließlich. »Aber ich erwarte, daß du mehr tust, als nur zu gaffen. Du mußt dich von deiner besten Seite zeigen; wir müssen ihn davon überzeugen, daß Ägypten und Rom am besten gedient ist, wenn wir auf dem Thron bleiben.«

»Wir?« Damit wollte er doch sicher nicht sagen ... oder doch? Ich war nur das dritte Kind, wenn ich auch zu jener Zeit noch keine Brüder hatte.

»Wir Ptolemäer«, erklärte er. Aber er hatte die Hoffnung gesehen, die da kurz in mir aufgeflackert war.

Mein erstes Bankett. Jedes Königskind sollte einen rhetorischen Aufsatz zu diesem Thema schreiben müssen. Denn Bankette spielen eine so unverhältnismäßig große Rolle in unserem Leben; sie sind die Bühne, auf der wir unsere Herrschaft inszenieren. Am Anfang ist man geblendet, wie ich es damals war, aber nach ein paar Jahren stellt man fest, daß sie alle ineinander verfließen. Dieses eine indessen wird in Ewigkeit in mein Gedächtnis eingemeißelt bleiben.

Da war der – bald zu stumpfer Routine verkommene – Akt des Ankleidens, die erste Station des Rituals. Jede Prinzessin hatte ihre eigene Gewandmeisterin, aber meine war in Wirklichkeit meine alte Amme, die von Kleidern leider wenig verstand. Sie kleidete mich in das oberste Gewand des Stapels; ihre Hauptsorge war, daß es frisch gewaschen und gebügelt sei, und das war es.

»Jetzt mußt du stillsitzen, damit es nicht knittert«, sagte sie und strich den Rock glatt. Ich weiß noch, daß er blau war und ziemlich steif. »Leinen knittert so leicht! Also wird nicht herumgetollt, sich nicht aufgeführt wie ein Junge, wie du es sonst manchmal tust – nicht heute abend! Heute abend mußt du dich benehmen wie eine Prinzessin.«

»Und wie geht das?« Ich fühlte mich eingewickelt wie eine Mumie in ihren Binden, die ja auch meist aus Leinen waren. Vielleicht war es doch keine so gute Idee, auf das Bankett zu gehen.

»Würdevoll. Wenn jemand dich anspricht, wendest du den Kopf – *langsam*. So.« Sie machte es mir vor, drehte den Kopf geschmeidig auf dem Hals und schlug die Augen nieder. »Und du schaust zu Boden, züchtig.« Sie machte eine Pause. »Und dann antwortest du mit liebenswürdiger, leiser Stimme. Du sagst nicht: *Was?* Das tun nur Barbaren. Kann gut sein, daß die Römer es tun«, fügte sie grimmig hinzu. »Aber du darfst ihrem Beispiel nicht folgen.«

Sie nestelte ein wenig an meinem Kragen und rückte ihn gerade. »Und sollte jemand so ungezogen sein, ein scheußliches Thema zur Sprache zu bringen – Steuern oder Seuchen oder Ungeziefer –, so darfst du nicht antworten. Es gehört sich nicht, bei einem Bankett über solche Dinge zu sprechen.«

»Aber wenn ich einen Skorpion sehe, der jemanden stechen will? Angenommen, auf Pompejus' Schulter sitzt ein knallroter Skorpion mit erhobenem Stachel – darf ich es ihm dann sagen?« Ich mußte alle Regeln lernen. »Wäre es nicht unhöflich, es nicht zu tun? Auch wenn es ein scheußliches Thema ist?«

Sie machte ein ratloses Gesicht. »Nun ja, ich nehme an …« Sie schnaubte. »Auf Pompejus' Schulter wird kein Skorpion sitzen! Wirklich – du bist ein anstrengendes Kind. Dauernd kommst du auf solche Gedanken.« Aber sie sagte es zärtlich. »Zumindest sollten wir hoffen, daß Pompejus nicht von einem Skorpion belästigt wird oder daß sonst etwas seine gute Laune stört.«

»Sollte ich kein Diadem aufsetzen?« fragte ich.

»Nein«, sagte sie. »Wie kommst du denn auf *diesen* Gedanken? Du bist doch keine Königin.«

»Gibt es keine für Prinzessinnen? Irgend etwas sollten wir doch wohl auf dem Kopf tragen können! Die Römer haben Lorbeerkränze, nicht wahr? Und Athleten auch.«

Sie legte den Kopf schräg, wie sie es tat, wenn sie angestrengt nachdachte. »Ich denke, die schönste Zierde für ein junges Mädchen ist sein Haar. Und du hast so hübsches Haar. Wieso willst du es mit irgend etwas anderem verderben?«

Sie verwandte immer viel Aufmerksamkeit auf mein Haar, wusch es mit parfümiertem Regenwasser und kämmte es mit elfenbeinernen Kämmen. Sie lehrte mich, stolz darauf zu sein. Aber ich sehnte mich danach, an diesem Abend etwas Besonderes zu tragen. »Es sollte doch etwas geben, woran man uns als königliche Familie erkennen kann. Meine Schwestern ...«

»Deine Schwestern sind älter, und für sie schickt es sich. Wenn du siebzehn bist oder auch nur fünfzehn wie Berenike, dann kannst du solche Dinge tragen.«

»Wahrscheinlich hast du recht.« Ich tat, als pflichtete ich ihr bei, und ließ sie mein Haar kämmen und mit einer Spange zurückklammern. Dann sagte ich: »Wo meine Stirn jetzt so bloß ist – nicht einmal ein Band ...?« Ein schmales, diskretes, ein Bändchen – ja, das wäre mir schon recht gewesen.

Sie lachte. »Kind, Kind, Kind! Warum kannst du dich nicht zufriedengeben?« Aber ich sah schon, daß sie nachgeben würde. »Vielleicht ein sehr schmales goldenes Band. Aber es soll dir den ganzen Abend über als Erinnerung daran dienen, daß du eine Prinzessin bist.«

»Natürlich«, versprach ich. »Ich werde nichts Ungehöriges tun, und selbst wenn ein Römer rülpst oder kleckert oder einen goldenen Löffel in seinem Mundtuch verbirgt, um ihn zu stehlen, werde ich so tun, als ob ich es gar nicht bemerkt hätte.«

»Kann leicht sein, daß du den einen oder anderen Löffeldieb siehst«, räumte sie ein. »Sie sind so gierig nach Gold, daß sie bei seinem Anblick zu sabbern anfangen. Da ist es gut, daß die Kunstwerke im Palast zu groß sind, um in den Falten einer Toga versteckt zu werden, denn sonst würden morgen früh sicher ein paar fehlen.«

Ich war schon in der Banketthalle gewesen, aber nur, wenn sie leer war. Der gewaltige Saal, der sich von einem Ende zum andern über ein ganzes Palastgebäude erstreckte – denn es standen viele Gebäude auf dem königlichen Gelände – und sich zu einer Treppe mit Blick über den inneren Hafen hin öffnete, war mir immer vorgekommen wie eine strahlende Felsenhalle. Der blanke Boden zeigte mein Spiegelbild, wenn ich darüber hinweglief, und in den Reihen der Säulen sah ich mich vorüberfliegen. Hoch oben verlor die Decke sich im Dunkel.

Aber an diesem Abend ... Die Halle loderte im Licht, und es war so hell, daß ich zum ersten Mal hoch über mir die vergoldeten Zedernbalken sehen konnte, die sich unter der Decke hinstreckten. Und der Lärm! Das Tosen einer Menschenmenge – das mir so vertraut werden sollte – prallte an mein Ohr wie ein Schlag. Der Saal war vollgestopft mit Leuten, so vielen Leuten, daß ich nur dastehen und sie anstarren konnte.

Wir – die königliche Familie – blieben oberhalb einiger Stufen stehen, bevor wir die Halle betraten, und ich wollte die Hand meines Vaters nehmen und ihn fragen, ob alle tausend Gäste hier seien. Aber er stand vor mir, der Platz an seiner Seite war von meiner Stiefmutter besetzt, und ich hatte keine Gelegenheit.

Wir warteten darauf, daß die Fanfaren ertönten und unser Erscheinen ankündigten. Ich spähte angestrengt in den Saal, um zu sehen, wie die Römer wohl sein mochten. Welche *waren* überhaupt Römer? Ungefähr die Hälfte der Leute trug die üblichen weit fließenden Gewänder, und ein paar von diesen Männern hatten Bärte. Aber die andern ... Sie waren glattrasiert, hatten kurze Haare und trugen entweder eine voluminöse Art Faltenumhang – mir kam es vor wie ein Bettlaken – oder militärische Uniformen, die aus Brustpanzern und kurzen, aus Lederstreifen gefertigten Schurzen bestanden. Offensichtlich waren das Römer. Die andern mußten Ägypter und Griechen aus Alexandria sein.

Die Fanfaren schmetterten los – aber am anderen Ende der Halle. Vater rührte sich nicht, und bald sah ich, warum: Die Fanfaren waren die Ankündigung für Pompejus und seinen Stab. Einer hinter dem andern marschierten sie in die Mitte des Saales, und ich gewahrte den ganzen Prunkstaat eines römischen Generals von höchstem Rang, indem der schlichte Brustpanzer des Soldaten durch einen reich verzierten aus purem Gold ersetzt war. Pompejus' Mantel war purpurn, nicht rot, und er trug besondere, ringsum geschlossene Stiefel. Es war ein prachtvoller Anblick.

Und Pompejus selbst? Ich sah enttäuscht, daß er nur ein Mann war, mit einem ziemlich sanften Gesicht noch dazu. Nichts an ihm war so prunkvoll wie seine Uniform. Zu beiden Seiten standen andere Offiziere; ihre Mienen waren härter und entschlossener als die seine, und sie dienten als Rahmen, der ihn hervorhob.

Jetzt erklang ein zweiter Fanfarenstoß, und es war an uns hinabzusteigen, damit Vater seine Gäste begrüßen und sie offiziell willkommen heißen konnte. Alle Blicke waren auf ihn gerichtet, als er behutsam die Stufen hinunterschritt; sein königliches Gewand schleifte hinter ihm her. Ich sah mich vor, damit ich nicht darauf trat.

Dann standen die beiden Männer einander gegenüber. Vater war soviel kleiner und zierlicher! Neben dem stämmigen Pompejus wirkte er beinahe zerbrechlich.

»Du bist überaus willkommen in Alexandria, allervornehmster Imperator Gnaeus Pompejus Magnus. Wir grüßen dich und verneigen uns vor deinen Siegen, und wir erklären, daß du uns durch deine Anwesenheit heute abend eine große Ehre zuteil werden läßt«, sagte Vater. Er hatte eine angenehme Stimme, und normalerweise war sie auch gut zu hören, aber heute abend fehlte ihr die Kraft. Er mußte schrecklich, ganz schrecklich nervös sein – und das beunruhigte mich natürlich, und es beunruhigte mich auch um seinetwillen.

Pompejus erwiderte irgend etwas, aber sein Griechisch hatte einen so starken Akzent, daß ich ihn kaum verstand. Vater verstand ihn vielleicht – zumindest tat er so. Es folgten weitere Wortwechsel, und zahlreiche Namen auf beiden Seiten wurden genannt. Ich wurde Pompejus vorgestellt – oder er mir? Welches war die geziemende Ordnung? Ich lächelte und nickte ihm zu. Ich wußte, daß Prinzessinnen – von Königinnen und Königen ganz zu schweigen – sich niemals vor irgend jemandem verbeugten, aber ich hoffte doch, daß er keinen Anstoß daran nehmen würde. Wahrscheinlich wußte er das alles nicht, denn er war doch aus Rom, wo sie keine Könige hatten.

Statt zu reagieren wie bisher – mit einem lauwarmen Lächeln –, beugte er sich plötzlich nieder und starrte mir ins Gesicht, und seine runden blauen Augen waren auf der Höhe der meinen.

»Was für ein bezauberndes Kind!« rief er in seinem wunderlichen Griechisch. »Sind Königskinder von der Wiege an bei solchen Anlässen dabei?« Er wandte sich an Vater, der ein verlegenes Gesicht machte. Ich merkte, daß er es bereute, mir seine Erlaubnis gegeben zu haben; er wollte nichts tun, was ungeheuchelte Aufmerksamkeit auf uns lenken könnte.

»Erst, wenn sie sieben sind«, antwortete er rasch aus dem Stegreif. Ich war noch nicht ganz sieben, aber das würde Pompejus nie erfahren. »Wir glauben, daß dieses Alter das Tor zum Verstehen darstellt …« Taktvoll deutete er an, daß in einem benachbarten, beinahe ebenso großen Saal die Bankettafeln warteten, und steuerte den römischen Feldherrn in die entsprechende Richtung.

Meine älteren Schwestern neben mir grinsten spöttisch; sie schienen mein Unbehagen erheiternd zu finden.

»›Was für ein *bezauberndes* Kind‹«, äffte Berenike den Römer nach.

»Seht doch, da ist noch eins«, sagte die älteste Kleopatra und wies mit dem Kopf zu einem Knaben hinüber, der zusah, wie wir vorüberzogen. »Das Bankett entwickelt sich zu einem Kinderfest.«

Ich war überrascht, ihn zu sehen, und ich fragte mich, weshalb er hiersein mochte. Er wirkte völlig fehl am Platze. Ob Pompejus stehenbleiben und auch ihn ansprechen würde? Aber zum Glück schien er sich mehr für die Speisen im nächsten Saal zu interessieren. Alle sagten, daß die Römer äußerst gern äßen.

Der Knabe, der griechisch gekleidet war und die Hand eines bärtigen, griechisch aussehenden Mannes hielt, mußte aus Alexandria sein. Er studierte uns ganz so, wie ich die Römer studiert hatte. Vielleicht waren wir eine Kuriosität für ihn. Unsere Familie trat nicht oft in den Straßen von Alexandria in Erscheinung, da wir Unruhen befürchteten.

Langsam und – so hoffte ich – majestätisch schritten wir an ihm vorbei in den verwandelten Saal, in dem wir speisen würden. Ein paar Strahlen der spätnachmittäglichen Sonne bohrten sich beinahe waagerecht durch die Halle, knapp über die Tische hinweg, wo uns ein Wald aus goldenen Bechern und Schalen erwartete. Für mich sah es in dieser Beleuchtung wie verzaubert aus, und den Römern muß es auch so erschienen sein, denn alle lachten entzückt und zeigten mit ausgestreckten Fingern auf diesen Anblick.

*Mit ausgestreckten Fingern!* Wie ungezogen! Aber natürlich … Man hatte mich ja gewarnt.

Pompejus streckte keinen Finger aus und seine Begleiter ebenfalls nicht. Er sah nicht einmal besonders interessiert aus; wenn er es war, verbarg er es gut.

Wir nahmen unsere Plätze ein; alle Erwachsenen sollten liegen, während das niedere Volk auf Schemeln sitzen sollte – es war nur sehr wenig niederes Volk zugegen. Meine Amme hatte mir gesagt, in Rom würden Frauen und Kinder auf Schemel verwiesen, aber weder die Königin noch die älteren Prinzessinnen hätten das bei uns hingenommen. Ich versuchte auszurechnen, wie viele Diwane man brauchen würde, damit tausend Leute liegen könnten, und kam auf über dreihundert – und trotzdem paßten sie in diesen riesigen Raum, und es war noch genug Platz, so daß die Aufwärter mit ihren Tabletts und Platten mühelos dazwischen hergehen konnten.

Vater winkte mich zu einem Schemel, während Pompejus und seine Begleiter sich auf den Diwanen ausbreiteten, die für die höchsten der Hohen zusammengestellt waren. Sollte ich etwa als einzige auf einem Schemel hocken? Ebensogut hätte ich ein großes Schild tragen können, mit dem ich die Aufmerksamkeit auf mich lenkte. Ich sah zu, wie meine Schwestern und meine Stiefmutter sich niederließen, zierlich an ihren Gewändern zupften und einen Fuß unter den anderen schoben. Wie sehr wünschte ich mir, ich wäre ein bißchen älter und dürfte auf einem Diwan sitzen!

Ich kam mir so auffällig vor, daß ich mich fragte, wie ich das Mahl überstehen würde. In diesem Augenblick befahl mein Vater, daß der bärtige Mann mit dem Jungen sich zu uns setzen sollte; ich sah, wie er nach ihnen schickte.

Ich wußte, daß er es tat, um meine Verlegenheit zu lindern; er war immer sehr fürsorglich zu anderen und schien ihre Not selbst dann zu spüren, wenn sie nichts sagten.

»Ah! Mein lieber Meleagros«, redete mein Vater den Mann an, »willst du dich nicht zu uns setzen, damit du erfahren kannst, woran dir liegt?«

Der Mann nickte; es machte ihm scheinbar gar nichts aus, in unsere erhabene Mitte zitiert zu werden. Er mußte ein Philosoph sein; die nahmen, so hieß es, alles mit Gleichmut hin. Und natürlich sprach auch der Bart dafür. Er schob seinen Sohn nach vorn, stieß ihn vor sich her, und rasch wurde ein Schemel für den Jungen gebracht. Jetzt waren wir zu zweit. Vermutlich glaubte Vater, das mache die Sache leichter. Tatsächlich erregte es nur noch mehr Aufmerksamkeit.

»Meleagros ist einer unserer Gelehrten«, sagte Vater. »Er ist im ...«

»Ja, im Museion«, fiel ihm ein Römer mit kantigem Gesicht ins Wort. »Da haltet ihr eure zahmen Gelehrten und Wissenschaftler, stimmt's?« Ohne auf eine Antwort zu warten, gab er seinem Nebenmann einen Rippenstoß. »Da leben sie dann, aber sie müssen für den König arbeiten. Immer, wenn er etwas wissen will – oh, sagen wir, wie tief ist der Nil bei Memphis? –, dann kann er einen rufen, der es ihm sagt, sogar mitten in der Nacht! Stimmt's?«

Meleagros bekam einen steifen Rücken; er sah aus, als wolle er den Römer ohrfeigen. »Nicht ganz«, sagte er. »Es stimmt, daß wir durch die Großzügigkeit der Krone unterstützt werden, aber unser König wäre niemals so gedankenlos, derart unerhörte Forderungen zu stellen.«

»Tatsächlich habe ich ihn herkommen lassen, damit er *dich* befragen kann, Varro«, sagte mein Vater. »Meleagros hat großes Interesse an ungewöhnlichen Pflanzen und Tieren, und wie ich höre, haben am Kaspischen Meer einige von euch so manches davon beobachtet und gesammelt – nachdem ihr Mithridates verjagt hattet, versteht sich.«

»Ja«, bestätigte der Mann, der Varro hieß. »Wir hofften, dort mehr über eine angebliche Handelsroute durchs Kaspische Meer nach Indien zu erfahren. Aber Mithridates war nicht der einzige, der verjagt wurde – wir wurden es auch: von tödlichen Schlangen. Noch nie habe ich so viele gesehen – und alle möglichen Arten. Freilich, was will man erwarten, so weit draußen am Rande der bekannten Welt ...«

»Die Geographie dort ist verwirrend«, ergänzte ein anderer Mann, der fließend Griechisch sprach. Jemand hatte ihn als Theophanes angeredet. »Die Gegend ist schwer zu kartographieren ...«

»Ihr habt Karten?« Meleagros machte ein interessiertes Gesicht.

»Eben gezeichnet. Vielleicht möchtest du sie sehen?«

Und so ging die höfliche Konversation weiter. Der Junge an meiner Seite schwieg und schaute zu. Was tat er nur hier?

Der Wein floß, das Geplauder wurde lauter und lebhafter. Die Römer vergaßen ihr Griechisch und verfielen ins Lateinische. Was für einen seltsamen, monotonen Klang diese Sprache hatte, wenn man sie nicht verstand. Und ich hatte sie nicht studiert. Es sprach wenig dafür: Nichts Wichtiges war darin geschrieben, und berühmte Reden gab es auch nicht. Andere Sprachen – Hebräisch, Syrisch, Aramäisch – waren da nützlicher. Und vor kurzem hatte ich sogar beschlossen, daß ich versuchen wollte, Ägyptisch zu lernen, so daß ich in meinem Lande überall hingehen und das Volk verstehen könnte. Aber Latein? Das konnte warten.

Ich beobachtete meine Schwestern, die sich kaum die Mühe machten, ihre Verachtung für die Römer zu verbergen; als das Gespräch ins Lateinische verfiel, verdrehten Berenike und Kleopatra nur die Augen. Ich sah es mit Sorge; was wäre, wenn die Römer es merkten? Ich dachte, wir sollten darauf achten, daß wir keinen Anstoß erregten?

Plötzlich ertönten die Fanfaren, und eine Formation von Aufwärtern trat scheinbar aus der Wand hervor, nahm das goldene Geschirr weg und stellte neues hin, noch reichhaltiger ziseliert und mit Edelsteinen besetzt als das vorige. Die Römer machten große Augen – und vermutlich sollten sie es auch.

Aber was war der Sinn der Sache? Wieso war Vater so erpicht darauf, unseren Reichtum zur Schau zu stellen? Würde sie das nicht reizen, ihn an sich zu reißen? Ich verstand es nicht. Ich sah, wie Pompejus verträumt den riesigen Becher vor sich anstarrte, als sehe er es vor sich, wie er eingeschmolzen wurde.

Dann hörte ich das Wort *Cäsar*, und zwar im Zusammenhang mit etwas, das mit Habgier und Geldnot zu tun hatte. Ich glaubte zu hören, wie Pompejus zu Vater sagte – ich spitzte angestrengt die Ohren, um es zu verstehen –, daß Cäsar – wer immer das sein mochte – Ägypten habe erobern und zu einer römischen Provinz machen wollen, weil es an Rom vererbt worden sei …

»Aber das Testament war falsch«, sagte mein Vater, und seine Stimme klang hoch wie die eines Eunuchen. »Ptolemaios Alexander hatte überhaupt nicht das Recht, eine solche Verfügung zu treffen …«

»Hahaha!« sagte Pompejus. »Das kommt darauf an, wer die Deutung übernimmt …«

»Du willst also auch ein Wissenschaftler werden?« Theophanes sprach höflich den Knaben neben mir an. »Bist du deshalb mit deinem Vater hergekommen?«

Verflucht! Jetzt konnte ich nicht verstehen, was Pompejus und mein Vater sagten, und dabei war es schrecklich wichtig. Ich bemühte mich, die Stimme an meiner Seite nicht zu hören, aber es war hoffnungslos.

»Nein«, sagte der Junge, und seine Stimme übertönte die weiter entfernten. »Ich interessiere mich zwar für die Botanik und für die Tiere, aber am meisten interessiert mich das komplexeste Tier von allen: der Mensch. Ihn will ich studieren, und deshalb will ich Arzt werden.«

»Und wie heißt du?« fragte Theophanes, als ob er wirklich neugierig wäre, es zu erfahren. »Und wie alt bist du?«

»Olympos«, sagte der Junge. »Und ich bin neun. Zehn im nächsten Sommer!«

Ach, sei still! befahl ich ihm im Geiste.

Aber Theophanes stellte ihm immer weitere Fragen. Wohnte auch er im Museion? Interessierte er sich für eine spezielle Medizin? Wie stand es mit *pharmaka*, den Drogen? Hier sei ja ein Weg, das Wissen über die Pflanzen mit der Medizin zu verbinden.

»Nun ja«, sagte Olympos, »ich hatte gehofft, ich könnte einige von euch über den ›verrückten Honig‹ befragen. Eigentlich bin ich aus diesem Grund heute abend hier – besser gesagt, deshalb habe ich meinen Vater überredet, mich mitzunehmen.«

Theophanes hörte auf zu lächeln. »Der verrückte Honig – *meli maenomenon* – , frage Pompejus lieber nicht danach. Er leidet immer noch. Weißt du, die Gegend rings um das Schwarze Meer, wo Mithridates regierte – sie ist bekannt für ihren giftigen Honig. Einige seiner Verbündeten legten Waben davon an unserem Wege aus, unsere Soldaten nahmen davon, und wir verloren viele. Viele.« Er schüttelte den Kopf.

»Aber warum habt ihr denn davon gegessen, wenn ihr wußtet, daß er giftig war?«

»Wir wußten es ja nicht; wir stellten es erst später fest. Anscheinend nähren sich die Bienen dort an Azaleen, und in deren Nektar ist etwas enthalten, das den Honig vergiftet. Die Pflanze selbst ist auch giftig; die Leute in der Gegend nennen sie ›Ziegenfluch‹, ›Lämmertod‹, ›Rinderschreck‹. Das sind Hinweise, die uns nicht hätten entgehen dürfen.«

»Aber die Bienen? Sterben sie nicht auch davon?« wollte Olympos wissen.

»Und Cäsar versuchte eine Maßnahme durch den Senat zu bringen«, erzählte Pompejus eben, »durch die Ägypten …«

»Auch du, mein Freund!« Vater drohte mit dem Finger, als sei das alles wirklich zu komisch und überhaupt nicht bedrohlich und als sei Pompejus sein guter alter Kamerad und nicht etwa ein Geier, der uns fressen wollte.

Pompejus lächelte entwaffnend. »Sicher, sicher, aber …«

»Nein, die Bienen sind immun«, sagte Theophanes.

»Der gute Honig ist mit dem schlechten vermischt.« Varro beteiligte sich jetzt an dem Gespräch. Es war jetzt unmöglich, daß die weiter entfernte Diskussion sich gegen die drei Stimmen in meiner Nähe durchsetzte; ich brauchte nicht länger zu lauschen. »Anscheinend kann es sein, daß nur ein Teil der Wabe giftig ist.«

»Aber gibt es denn keinen Unterschied im Aussehen oder im Geschmack?« fragte Olympos. Er klang so ernst, so professionell.

»Er kann ein bißchen röter sein und auch flüssiger«, sagte Theophanes. »Aber das ist nicht so ausgeprägt, daß es uns immer zur Warnung gedient hätte.«

»Honig aus dem Frühjahr«, fügte Varro hinzu. »Und wenn er dich erwischt – *dann* weißt du es! Kribbelnde Taubheit überkam die Soldaten, dann sahen sie wirbelnde Lichter, und es war, als schauten sie durch Röhren; sie bekamen Ohnmachtsanfälle, mußten sich übergeben und gerieten ins Delirium. So beschrieben es nachher diejenigen, die sich davon erholten.« Er machte eine dramatische Pause. »Ihr Puls schlug langsamer, und sie liefen blau an.«

»Ooooh.« Olympos sah endlich beeindruckt aus. Anscheinend war es sehr schwer, ihn zu beeindrucken oder wenigstens zu verwundern.

»Hast du gewußt, daß Xenophons Truppen ihm ebenfalls zum Opfer fielen? Vor vierhundert Jahren! Tausende brachen zusammen. In derselben Gegend. Wir Historiker beschäftigen uns ja mit solchen Daten«, sagte Varro. »Jetzt, da ich einmal hier bin, würde ich gern ein paar der Schriftrollen in der berühmten Bibliothek konsultieren. Wo angeblich alles schriftliche Wissen wohnt! Ist es nicht so?« rief er mit lauter Stimme zu Vater hinüber. »Habt ihr nicht eine halbe Million Bände in eurer Bibliothek?« brüllte er.

Vater unterbrach sein Gespräch mit Pompejus, das Gespräch, das ich so gern mitanhören wollte – obwohl ich den »verrückten Honig« jetzt auch interessant fand. Aber nicht so interessant wie das Testament, in dem Ägypten an Rom vermacht worden war. Hatte einer unserer Ahnen so etwas wirklich getan? Isis behüte!

»Eh?« sagte mein Vater und hielt sich eine Hand hinters Ohr.

»Ich sagte, habt ihr nicht eine halbe Million Schriftrollen in eurer Bibliothek?« schrie Varro.

Meine Schwestern verdrehten wiederum die Augen ob dieser neuerlichen römischen Rüpelhaftigkeit.

»So heißt es«, sagte Vater.

»Ja, es stimmt«, bestätigte Olympos' Vater. »Jedes Manuskript, das je geschrieben wurde – besser gesagt, das ein Ptolemäer in die Hände bekommen konnte.«

»Ja, wir haben die Originale behalten und haben die Eigentümer mit Kopien weggeschickt«, sagte mein Vater.

»Ach, die Pracht von Alexandria!« sagte Pompejus und malte sie sich aus. Er lächelte.

»Sollen wir eine Besichtigung vorbereiten?« schlug mein Vater vor. »Morgen, wenn es dem allervornehmsten Imperator gefällt?«

Bevor Pompejus antworten konnte, gellten schon wieder die Fanfaren, und noch einmal wurde unter mancherlei feierlichem Geklirr und Geklapper das goldene Geschirr ausgewechselt. Und mit jeder Runde wurden die Gerätschaften prunkvoller.

Das eigentliche Mahl konnte beginnen, und das tat es mit einem Übermaß an Gerichten, die mir ganz und gar unbekannt waren. Seeigel in Minze ... gebackener Aal in Artischockenböden ... Zeus-Eicheln ... Pilze und süße Nesseln ... phrygischer Ziegenmilchkäse ... Rosinen von Rhodos ... und dicke, süße Weintrauben – *mit Honigkuchen.* Eine unglückselige Wahl! Pompejus und alle andern schoben sie beiseite; Anblick und Duft des Honigs waren ihnen nicht mehr angenehm.

»Aber der ist von Kos!« versicherte mein Vater – vergebens.

Und Wein gab es, Wein, Wein und Wein, einen anderen zu jeder Speise – ägyptischen Rot- und Weißwein, den berühmten apfelduftenden Wein von Thasos und den süßesten von allen, den pramnischen.

»Er wird aus teilweise getrockneten Trauben gemacht«, erklärte Varro und schmatzte mit den Lippen, während er ihn durch die Kehle rinnen ließ. »Dadurch konzentriert sich die Süße, und so ... hmmmmm ...« Weiteres Geschmatze.

Da mein Wein so stark verdünnt war, bemerkte ich kaum einen Unterschied zwischen all diesen, aber ich nickte trotzdem.

Wäre Vaters Wein doch gleichermaßen verdünnt gewesen! Denn in seiner Nervosität leerte er Becher um Becher, und bald zeigte er jenes wunderliche Halblächeln und lehnte sich allzu vertraulich zu Pompejus hinüber. Und dann – ich werde es nie vergessen – ließ er sich plötzlich einfallen, nach seinen Flöten zu rufen und zu spielen. Jawohl! Um die Römer zu unterhalten, wie er sagte. Und weil er der König war, gab es niemanden, der sagte: Nein, nicht! Das darfst du nicht!

Wie gern wäre ich aufgesprungen und hätte es gesagt, aber ich blieb erstarrt auf meinem Platz. Ich mußte mitansehen, wie sein Hofmeister ihm seine Flöten brachte und wie er sich schwankend vom Diwan erhob und auf unsicheren Beinen zu einer freien Fläche wankte, wo er seine Darbietung beginnen konnte.

Ich sah es mit Entsetzen, glühender Verlegenheit und Scham. Die Römer starrten ihn an, wie vom Donner gerührt. Vater holte tief Luft, um seine Lunge zu füllen, und begann dann eine seiner Melodien zu spielen. Der Klang war nicht laut, aber solche Stille hatte sich über die ganze Halle gelegt, daß jede einzelne Note zitternd in der Luft hing.

Olympos drehte sich um und warf mir einen mitleidsvollen Blick zu, aber er war liebevoll, nicht herablassend. Am liebsten hätte ich die Augen geschlossen, um den peinlichen Anblick nicht sehen zu müssen: Der König, der aufspielte wie ein Straßenmusikant – der Kunststücke machte wie ein Affe vor seinem Herrn.

Das hatte der Wein getan! In diesem Augenblick gelobte ich mir, mich niemals dem Wein zu beugen oder mich von ihm überwältigen zu lassen – ein Gelübde, das ich, so glaube ich, gehalten habe, auch wenn Dionysos und seine Trauben mir nichtsdestominder viel Leid gebracht haben.

Plötzlich fing einer der Römer auf einem anderen Diwan an zu lachen, und das Lachen wirkte wie eine Welle; bald lachte auch Pompejus, und wenig später brüllte die ganze Halle. Mein armer Vater nahm es als Beifall und Applaus für sich und verbeugte sich sogar. Und dann – oh, welche Schande! – vollführte er einen kleinen Tanz.

Wie hatte er gesagt? *Du mußt dich von deiner besten Seite zeigen; wir müssen ihn davon überzeugen, daß Ägypten und Rom am besten gedient ist, wenn wir auf dem Thron bleiben.* Wie hatte er seine eigene Mission vergessen können und die Gefahr, die Ägypten drohte? War der Wein so stark?

Als mein Vater an seinen Platz zurückschwankte, klopfte Pompejus mit der flachen Hand auf das Kissen, als wäre der König ein Hund.

Olympos beugte sich herüber und flüsterte mir ins Ohr. »Die Römer finden das Tanzen degeneriert«, sagte er. »Leute, die tanzen, bezeichnen sie mit üblen Namen.«

Wieso erzählte er mir das? Damit mir noch jämmerlicher zumute wurde? »Das weiß ich«, antwortete ich kalt, aber ich hatte es nicht gewußt.

*Wir müssen ihn davon überzeugen, daß Ägypten am besten gedient ist, wenn wir auf dem Thron bleiben. Wir Ptolemäer …*

Berenike und die ältere Kleopatra glotzten nur; von diesen Ptolemäerinnen war auch keine Hilfe zu erwarten. Warum taten sie nichts, sagten sie nichts, um das Ganze auszugleichen?

*Heute abend mußt du dich benehmen wie eine Prinzessin … würdevoll … Was für ein bezauberndes Kind …*

Vielleicht konnte ich etwas tun, irgend etwas, ganz gleich, was … Pompejus hatte mich anscheinend gemocht, hatte mir besondere Aufmerksamkeit zukommen lassen …

Ich stieg von meinem Schemel und ging zu ihm. Er ruhte auf einem Ellenbogen, und als ich näher kam, sah ich, daß der Wein auch bei ihm seine Wirkung tat. Seine Augen blickten ein bißchen unscharf, und auf seinem Gesicht lag ein starres Lächeln. Eine breite goldene Manschette glänzte an seinem Unterarm, und er strich mit den Fingern darüber.

»Imperator«, sagte ich und zwang mich dazu, das goldene Band an meiner Stirn zu fühlen und mich daran zu erinnern, daß ich zur Königsfamilie gehörte, »es gibt noch sehr viel mehr in Alexandria als eine Bankethalle und Musik. Morgen, wenn es hell ist, wollen wir dir seine Wunder zeigen: den

Leuchtturm und Alexanders Grab, das Museion und die Bibliothek. Würde dir das gefallen?«

Ein Mundwinkel zuckte nach oben, und er lächelte schief. »Ein bezauberndes Kind«, wiederholte er, als sei diese Wendung in seinen Kopf eingebrannt. »Ja, ja, natürlich ... Und du wirst uns führen?«

»Mein Vater wird euch das Museion zeigen«, bot Olympos plötzlich an und sprang auf. »Und ich kenne den Leuchtturmmeister persönlich ...«

Meleagros stimmte auch mit ein, um zu helfen. »Ja, Varro hatte großes Interesse am Museion und an der Bibliothek. Es wird mir eine Ehre sein, euch zu führen ...«

Und so warfen wir uns alle in die Bresche, um den König zu retten – und Ägypten.

# 3

Als ich in dieser Nacht allein in meinem Gemach lag, nachdem meine Amme mir das Nachtgewand angezogen und alle Lampen bis auf eine ausgelöscht hatte, kauerte ich unter meiner Decke und betete zu Dir, o Isis.

*Hilf mir jetzt!* flehte ich. *Morgen ..., morgen muß ich versuchen auszulöschen, was heute abend geschah.* Und in Wahrheit hatte ich keine Ahnung, wie ich das anstellen sollte; ich wußte nicht einmal, wieso ich überhaupt diesen Ausflug vorgeschlagen hatte. Was hatte denn so etwas mit Pompejus zu tun, mit meinem Vater, mit dem Schicksal Ägyptens? Was wollte ich, ein Kind, eigentlich ausrichten? Aber versuchen mußte ich es, und so warb ich um die Hilfe der Isis, meiner Mutter, die alle Macht hat ...

Fröstelnd stahl ich mich aus dem Bett und spähte zur strahlenden Spitze des Leuchtturms hinaus, dessen Anblick ich immer als beruhigend empfunden hatte. Soweit ich zurückdenken konnte, hatte dieser mächtige Turm immer dagestanden und den Blick aus meinem westlichen Fenster teilweise ausgefüllt. Während ich heranwuchs, hatte ich gesehen, wie er im Laufe des Tages die Farbe wechselte: rosig wie Perlmutt im Morgengrauen, grellweiß zur heißen Mittagsstunde, rot bei Sonnenuntergang, blauviolett in der Dämmerung und bei Nacht schließlich eine dunkle Säule mit lodernder Spitze, das Feuer, das drinnen toste, vielfach verstärkt durch den großen, polierten Spiegel in der Laterne. Er stand draußen auf dem Ende seiner Insel Pharos – wenngleich es keine Insel mehr war, seit sie durch einen langen Steindamm mit dem Festland verbunden wurde.

Ich war allerdings noch nie wirklich im Innern des Leuchtturms gewesen, und ich war überaus neugierig darauf zu sehen, wie er funktionierte. Sein Sockel war viereckig; nach zwei Dritteln aber wurde der Turm achteckig und schließlich rund. Auf der Spitze stand eine Statue des Zeus Soter, die sich mit der Sonne drehte, und gleich unterhalb der Zeus-Statue strahlte das wunderbare Leuchtfeuer. Der mächtige Sockel war von einer marmornen Kolonnade umgeben, und daneben stand der anmutige Tempel der Isis Pharia.

Alexandria liegt am Meer, und deshalb gibt es hier einen Winter. Von Dezember bis Februar ist es kalt; die Meeresstürme wehen herein und lassen die salzige Gischt durch die Straßen sprühen. Schiffe stechen zu dieser Zeit nicht in See, und der Leuchtturm wacht über ein leeres Meer und die Boote, die sicher vertäut in unseren herrlichen Häfen liegen. Zu anderen Jahreszeiten beaufsichtigt er die enorme Zahl von Reisen, die hier beginnen oder enden; unsere beiden Häfen bieten Platz für über tausend Schiffe.

Morgen würden wir also versuchen, die Römer zu erheitern, sie zu umschmeicheln und zu erfreuen, wir beide, der Leuchtturm und ich.

Ich erwachte und konnte das Unternehmen zu meiner Überraschung kaum erwarten. Ein Grund war, daß ich Gelegenheit haben würde, Dinge zu sehen, die mich mit Neugier erfüllten. Obwohl ich eine königliche Prinzessin war – man möchte meinen, daß mir die ganze Stadt Alexandria offenstand –, hielt man mich meistens auf dem Palastgelände mit seinen vielen Gebäuden fest. Besucher kamen aus der ganzen Welt, um unsere Stadt zu bewundern, eine Vision aus weißem Marmor, schimmernd vor dem Aquamarinblau des Mittelmeeres, aber wir, die königlichen Kinder, bekamen davon weniger zu sehen als irgend jemand sonst.

Oh, was wir von unserer hohen Warte aus sehen konnten, war schön. Das erste, was ich von meinem Fenster aus erblickte, war der Leuchtturm, der sich wie ein fahler Finger ins frühe Morgengrauen reckte, während die Wellen sich an seinem Fuße brachen. Weiter vorn sah ich den östlichen Hafen, umsäumt von breiten Treppen, die bis zum lockenden Wasser hinunterführten, wo man hineinwaten und Muscheln sammeln konnte. Und auf dem Palastgelände stand der kleine Tempel der Isis, der auf das offene Meer hinausblickte, während der Wind zwischen den Säulen wehte und die Statue der Isis in ihrem Heiligtum umwisperte.

Im Palastbezirk ließen die Gärtner eine Fülle von blühenden Blumen sprießen – roten Mohn, blaue Kornblumen, scharlachrote Rosen –, die sich in blendender Farbenpracht von dem grellen Weiß der Gebäude abhoben. Allenthalben gab es Teiche, gefüllt mit blauen und weißen Lotosblumen, und der Duft all dieser Blumen verschmolz zu einer ganz eigenen, unbeschreiblichen Mischung. Wir könnten ihn den *Duft der Ptolemäer* nennen. Wenn er sich in Flaschen füllen ließe, würde man im Basar einen hohen Preis dafür erzielen können, denn er war schwindelerregend und erfrischend zugleich; die frische Seeluft verhinderte, daß der Blumenduft allzu schwulstig wurde.

Da die Palastgebäude über einen langen Zeitraum hinweg entstanden waren, boten auch sie ein höchst unterschiedliches Bild. Die großartigsten hatten Böden aus Onyx oder Alabaster, und ihre Wände waren aus Ebenholz. Innen herrschte ein schwelgerischer Reichtum wie in der Auslage eines Kaufmanns: mit Jaspis und Karneol verzierte Diwane, aus Elfenbein geschnitzte Tische, Fußschemel aus Zitrusholz. Goldgesäumte Wandbehänge in tyrischem Purpur verhüllten die Ebenholzwände – Kostbares verdeckte Kostbares. Die Seidenstoffe des Fernen Ostens fanden über Indien den Weg zu uns, die wir sie über unsere Stühle drapierten. Und in den blanken Böden spiegelten sich die Sklaven, die wir um ihrer physischen Schönheit willen auswählten.

Ich hätte nicht das Bedürfnis verspüren müssen, den Palastbezirk zu verlassen, aber wenn man inmitten solcher Dinge aufwächst, erscheinen sie einem alltäglich. Was meine Neugier erregte, waren die Behausungen und die Menschen dort draußen. Wir wünschen uns immer das Verbotene, das Gesperrte, das Exotische. Für die junge Prinzessin Kleopatra besaß das Gewöhnliche die größte Verlockung. Und jetzt würde ich die Römer zu all diesen Orten führen, während sie doch in Wahrheit auch für mich neu waren.

Eine erschreckend große Zahl von Römern hatte sich zusammengefunden, um an den Besichtigungen teilzunehmen. Wir brauchten eine ganze Kolonne von Wagen und fast alle Pferde aus den königlichen Stallungen. Meleagros und Olympos erschienen schon früh; sie waren sichtlich nervös. Auch Vater erschien mit beschämter Miene. Meleagros hatte einige seiner Kollegen aus dem Museion herbestellt, und die Makedonische Hofgarde würde uns eskortieren – und dabei unauffällig als Leibwache dienen.

Ich war dankbar für Olympos' Gesellschaft; er schien alles über die Stadt zu wissen und flüsterte es mir zu, während wir unterwegs waren. Natürlich konnte er überall hin; er war ein freier griechischer Bürger und nicht von königlichem Geblüt. Und er hatte die Möglichkeiten zur Erkundung gründlich genützt.

Ich saß neben Pompejus im großen Zeremonienwagen. Olympos war an meiner Seite, und Vater hielt sich am Geländer fest, ein bißchen grün im Gesicht. Der ganze Rest folgte uns; der Hauptmann der Garde führte die Zügel.

Als wir das Palastgelände verließen und auf die breite Straße hinausrumpelten, erhob sich Jubelgeschrei. Erleichtert hörte ich, daß es freundlich klang; in Alexandria konnte man es nie so genau wissen. Die Massen bei uns waren unbeständig, und ihre Stimmung konnte im Handumdrehen umschlagen. Die Leute hier lächelten und waren anscheinend glücklich, einmal ihre Herrscher zu Gesicht zu bekommen. Aber der Anblick so vieler Römer konnte sie jeden Augenblick verdrießen.

Vater und ich winkten ihnen zu, und ich war erfreut, als sie uns zuriefen und Blumen warfen. Dann hörte ich, wie sie Vater bei seinem Spitznamen riefen: Aulates, der »Flötenspieler«. Aber sie riefen es voller Zuneigung.

Wir bogen in die breite Marmorstraße ein, die zu Alexanders Grab führte. Zu beiden Seiten war sie von breiten Kolonnaden gesäumt, so daß sie so schön war wie ein Tempel. Wo diese von Norden nach Süden verlaufende Straße die lange Ost-West-Verbindung, die Kanopische Straße, kreuzte, stand Alexanders Grabmal. Unsere erste Station.

Jeder, der in die Stadt kam, erwies dem Grab Alexanders die Ehre. Er selbst war es, der den Plan für die Stadt entworfen, ihr seinen Namen gegeben und damit ein wenig von seinem Zauber auf sie übertragen hatte.

Sogar die laut scherzenden Römer verstummten, als sie näher kamen. Der Unbesiegbare selbst, der hier in seinem kristallenen Sarkophag ruhte ... Wen hätte dieser Anblick nicht mit Ehrfurcht erfüllt?

Ich war erst einmal hier gewesen und erinnerte mich an einen furchterregenden Ort, an flackernde Lampen, die den Abstieg in eine dunkle Höhle erleuchteten, und an den mumifizierten Leichnam in seiner goldenen Rüstung, verzerrt von der Kristallkuppel, die ihn bedeckte.

Olympos versorgte mich unaufhörlich mit gemurmelten Erläuterungen, während wir hineingingen. *...hierher statt nach Siwa gebracht ... in Honig gelegt, um ihn zu erhalten ... den goldenen Sarkophag eingeschmolzen, als das Geld knapp war ... Priester in Memphis verweigerten ihm das Begräbnis, da sie meinten, wo er liege, werde niemals Ruhe einkehren ...*

»Woher weißt du so viel?« fragte ich ihn flüsternd.

»Ich weiß nicht annähernd so viel, wie ich gern wüßte«, antwortete er, als sei meine Frage äußerst dumm.

Pompejus starrte die liegende Gestalt an. Seine runden Augen waren noch runder. Ich hörte ihn auf lateinisch etwas murmeln; es klang sehr demütig.

»Er möchte der neue Alexander sein«, raunte Olympos mir ins Ohr. »Die Leute haben ihm erzählt, er habe Ähnlichkeit mit ihm, und in der Tat trägt er sein Haar wie jener.«

Das war nicht gut. Alexander hatte Ägypten erobert.

»Nun, er sieht aber *nicht* aus wie er!« erwiderte ich.

»Aber die Leute hören nicht auf mit ihren Vergleichen«, sagte Olympos. »Sie reiten auf seiner Jugend herum und nennen ihn Magnus, den Großen ... Er ist der einzige Römer, dem je dieser Titel gegeben wurde! Und das mit sechsundzwanzig Jahren! Aber es heißt« – er lehnte sich herüber und sprach so leise, daß ich ihn kaum noch hören konnte –, »er habe sich den Titel selbst verliehen! Und er habe Sulla gezwungen, ihm einen Triumphzug zu gewähren.«

Pompejus starrte immer noch anbetend auf sein Idol.

Ich trat neben ihn und sagte – *warum* sagte ich es? Hast Du, Isis, mir die Worte eingegeben? – : »Ich habe Alexanders Blut in mir. Wir Ptolemäer stammen von seiner Familie ab.«

Pompejus schien aus seinen Träumen hochzuschrecken. »Dann bist du gesegnet, Prinzessin.«

»Er wird uns bewahren, uns und die Stadt, die seinen Namen trägt zu seinem immerwährenden Ruhme«, sagte ich. »Er ist unser Beschützer.«

Hinter mir rang Vater die Hände, hilflos.

Pompejus schaute ernst auf mich herab. »In dir hat er eine edle Fürsprecherin«, sagte er schließlich.

Und weiter zum Museion – so genannt nach den neun Musen des schöpferischen Denkens –, wo die Römer eine ausführliche Besichtigung unternahmen, bei der sie mit den führenden Gelehrten bekannt gemacht und in die Lesesäle geführt wurden. Dann zeigte man ihnen die Bibliothek, die größte der Welt, mit ihrem gewaltigen Bestand an Schriftrollen. Ptolemaios II. hatte die Sammlung begründet, und jeder nachfolgende König hatte sie mit Eifer erweitert.

Der oberste Bibliothekar, Apollonius, begrüßte uns. »Mein allererhabenster König, meine Prinzessin, geehrte römische Magistrate«, sagte er mit tiefer Verbeugung. Fast hörte ich, wie die Knochen in seinem alten Rücken knackten. »Ich will euch diesen Tempel des geschriebenen Wortes zeigen.«

Er führte uns durch mehrere hohe Räume, die alle miteinander verbunden waren wie die Glieder einer Kette. Das Tageslicht fiel durch eine Reihe von Fenstern unter der Decke herein, die sich um den ganzen Raum herumzogen. Tische und Bänke aus Marmor umstanden die freie Mitte, und Leser aller Nationalitäten saßen über offene Schriftrollen gebeugt. Ich sah den Griechen in seiner Tunika, den Araber in seinen voluminösen Gewändern, den Juden in Mantel und Kapuze, den Ägypter mit bloßem Oberkörper und ledernem Rock. Alle blickten ruckartig auf, als wir hereinkamen.

Sie drehten die Köpfe nach uns, als wir vorübergingen; ihre Gesichter folgten uns wie Sonnenblumen der Sonne, bevor sie sich wieder über ihre Manuskripte senkten. Wir gelangten in einen Raum, der aussah wie ein privates Zimmer; tatsächlich war es eine der Lagerkammern der Bibliothek. Regale bedeckten die Wände, und in regelmäßigen Abständen identifizierten Schilder die einzelnen Schriftrollen. Das Ganze sah aus wie ein Bienenkorb, in dem jede der Rollen eine Zelle bildete. Am Griff einer jeden Rolle baumelte eine hölzerne Namenstafel.

»So also ist es geregelt«, stellte Pompejus fest. Er las ein Schild, auf dem stand: »Heraklides von Tarentum«.

»Medizin, Imperator«, sagte Apollonius. Auf dem Schild daneben war zu lesen: »Herophilos von Chalkedon«. »Der unerreichte Meister der alexandrinischen Medizin«, erklärte Apollonius stolz.

»Ja, vor zweihundert Jahren«, sagte Olympos leise. »Es gibt aber neuere Schriften.«

»Es ist alles hier«, sagte Apollonius. Diese Manuskripte waren seine Kinder. »Die Werke, die mehrere Rollen umfassen, sind alle in diesen Körben auf dem Boden; und die Schilder hängen an den Korbgriffen.«

Pompejus war sichtlich beeindruckt. »Diese Organisation ist eine Inspiration für diejenigen unter uns, die selbst Archive und Akten zu verwalten haben«, sagte er.

Die Römer machten sich daran, Schriften zu entrollen, und der Lärm, der dabei entstand, gab mir Gelegenheit, dem allwissenden Olympos zuzuflüstern: »Was hat es mit den Geschichten von einem Testament auf sich, das Rom angeblich Rechte an Ägypten überträgt? Ich wollte gestern abend mehr darüber hören, aber du hast zuviel geredet!«

Jetzt sollte er es mir erzählen, wenn er konnte.

»Oh.« Olympos dachte kurz nach. Dann antwortete er leise: »Dein Großonkel Alexander X. hat ein Testament verfaßt, in dem er Ägypten an Rom vererbte. Das behaupten die Römer. Aber niemand weiß mit Sicherheit, ob er es wirklich getan hat oder ob es, wenn er es getan haben sollte, rechtmäßig war oder nicht.«

»Wieso kann man es nicht einfach lesen und dann entscheiden?« Das schien mir doch die einfachste Möglichkeit zu sein, es herauszufinden.

»Weil es anscheinend auf mysteriöse Weise verschwunden ist«, sagte er und zog die Brauen hoch. »Wie günstig!«

Günstig für uns oder für sie? fragte ich mich.

Dann hörte das Rollenrascheln auf, und auch unser Gespräch mußte enden.

Als wir die Bibliothek verlassen hatten, ließen wir die Römer einen kurzen Blick in das riesige Gymnasion werfen, wo unsere Athleten sich übten. Und schließlich ging es zum Leuchtturm.

»Willkommen!« Der Leuchtturmmeister erwartete uns in der breiten Tür. »König Ptolemaios, Prinzessin Kleopatra, kommt und zeigt dem Imperator Pompejus, was euer glorreicher Vorfahr Ptolemaios Philadelphos vor über zweihundert Jahren erbaute.«

Als wir eingetreten waren, wies er auf einen gewaltigen Brennstoffvorrat; er sah aus wie ein Berg und erfüllte den ganzen Raum.

»Das Licht muß Tag und Nacht brennen, und dazu braucht es Holz, Dung, Papier, Kohle – alles, was Feuer fängt. Wir lagern alle unsere Vorräte hier, und dann werden sie in den Körben dort vierhundert Fuß hochgezogen.« Er winkte uns, und wir folgten ihm in einen zentralen Schacht, wo herabhängende Seile hoch oben im Himmel zu verschwinden schienen.

»Eine Wendeltreppe führt an der Wand entlang nach oben«, sagte er.

»Können wir nicht in den Körben hinauffahren?« fragte Olympos.

»Nein«, sagte der Leuchtturmmeister. »Da würdet ihr gleich neben dem Feuer ankommen, und selbst wenn es nicht so wäre, würde ich den Stolz Ägyptens und Roms nicht einem Seil anvertrauen, das reißen kann.«

Es würde ein langer, mühseliger Aufstieg werden. Entlang der Treppe befanden sich überall Fenster, und während wir uns Runde um Runde hinaufwanden, konnte ich sehen, wie der Hafen immer kleiner wurde und wie die Schiffe immer mehr den Spielzeugbooten glichen, welche die Kinder in den Lotosteichen schwimmen ließen. Je höher wie stiegen, desto mehr sah man vom flachen Alexandria, das sich hinter dem Hafen erstreckte; schließlich, als wir fast oben angekommen waren, reichte der Blick über das am Stadtrand gelegene Hippodrom fast bis zu der Vergnügungsstadt Kanopus, weit im Osten, wo dieser Nilarm endete.

Die Beine taten mir weh, und ich war außer Atem, als wir schließlich die letzte Rundung hinter uns brachten und oben hervortraten.

Der Lichtmeister erwartete uns, von seinem Feuer umlodert. Tosend brannte es hinter ihm, und die Flammen kräuselten sich wie die Schlangen in Medusas Haar; das Rauschen des Feuers und der Wind draußen vereinten sich zu einem furchterregenden Gebrüll. Dahinter sah ich etwas Schimmerndes, Flirrendes, und dann erschien ein Sklave, in nasses Leder gekleidet. Er drehte den Spiegelschild aus polierter Bronze, der sich in einer Schiene um das Feuer herumbewegte und es reflektierte, so daß es noch weit draußen auf See sichtbar war. Zugleich konnte dieser Schild auch die Sonnenstrahlen einfangen und spiegeln, was die Helligkeit noch verstärkte. Es hieß, man könne das Leuchtfeuer noch dreißig Meilen weit draußen auf dem Meer sehen, aber in dieser Entfernung funkelte es wie ein Stern und war leicht mit einem solchen zu verwechseln.

Das Feuer war ein Ungeheuer, kaum zu bändigen. Erst jetzt sah ich, daß der Lichtmeister einen dicken Lederpanzer trug und unter dem Arm einen Helm hielt – offensichtlich hatte er ihn nur uns zu Ehren abgenommen –, der mit einem Schleier aus Eisendraht das Gesicht schützte. Er kannte sein Ungeheuer und kleidete sich entsprechend, um sich zu schützen. Trotz der Hitze würde der kräftige Wind, der hier hereinwehte, verhindern, daß er ohnmächtig wurde.

»Ich hörte, hier gäbe es eine gläserne Linse«, sagte Olympos.

»Wie könnte das sein? Die Hitze würde das Glas doch schmelzen lassen«, sagte Pompejus.

»Wir haben einmal versucht, eine zu machen«, sagte der Lichtmeister. »Aber es gelang uns nicht, ein Stück Glas zu gießen, das für unsere Zwecke groß genug gewesen wäre. Dennoch wäre es eine ausgezeichnete Idee. Wenn wir das Licht, das wir haben, vergrößern könnten, brauchten wir kein so großes Feuer. Und, nein, die Hitze würde das Glas nicht schmelzen lassen, solange man es nicht mitten in die Flammen hielte.«

»Mir scheint«, sagte Olympos, »wenn wir eine solche Linse hätten, dann könnten wir das Sonnenlicht anstelle des Feuers benutzen.«

»Das mag tagsüber gut genug sein, Olympos«, wandte sein Vater ein, »aber wie wäre es nachts?«

Alle lachten, aber Olympos ließ sich nicht beirren. »Nachts segeln die Schiffe nicht.«

»Aber bei wolkigem Wetter«, sagte Meleagros. »Und sie geraten in Stürme. Da würde deine Sonnenlinse ihnen nicht helfen.«

Schiffe ... segeln ... Die Vorstellung, auf dem Wasser zu sein, war mir unbehaglich. Schon der Gang über den Damm zum Leuchtturm war mir schwergefallen. Ich haßte das Wasser, denn es weckte stechende Erinnerungen an das Boot und an meine Mutter. Aber ich war gezwungen, am Wasser zu leben und es jeden Tag zu sehen. Ich hatte noch nicht schwimmen gelernt, und Boote mied ich, soweit es ging. Sogar die kleinen Lotosteiche auf dem Palastgelände empfand ich als bedrohlich. Mir graute davor, daß man mich feige nennen könnte, wenn jemand bemerkte, wie ich das Wasser mied.

»Eure Stadt ist schön«, sagte Pompejus und drehte sich langsam, um das ganze Panorama zu betrachten. »Weiß ... schön ... kühl und kultiviert ...«

»Niemand könnte sie so lieben wie wir«, sagte ich plötzlich. Ich wußte, das waren die richtigen Worte, genau die richtigen Worte. »Wir werden sie für dich behüten, und sie wird dich immer erwarten.«

Er schaute auf mich herab und lächelte. »Ich weiß, daß du das tun wirst, Prinzessin«, sagte er. »In deinen Händen ist sie sicher.«

Geschah es in diesem Augenblick, daß ich die seltsame Macht verspürte – oder entdeckte –, die ich in der persönlichen Begegnung ausüben kann? Ich *tue* nichts Außergewöhnliches, ich sage nichts Besonderes, aber es scheint doch, als hätte ich die Fähigkeit, die Menschen auf meine Seite zu ziehen, sie zu entwaffnen. Ich weiß nicht, wie es geschieht. Und es geht nur von Angesicht zu Angesicht. Meine Briefe besitzen keinen besonderen Zauber. Aber man lasse mich jemanden sehen, mit ihm – oder ihr – sprechen: Dann habe ich eine Überredungskraft, die ich nicht erklären kann. Es muß etwas sein, das Isis selbst mir verliehen hat, die ja immer meine Beschützerin war. Und sie allein weiß, wie sehr ich mich bemüht habe, ihre Gabe zu nützen, um die

Welt nach meiner Vision zu formen und Ägypten vor der Zerstörung durch Rom zu bewahren.

Barmherzigerweise reisten die Römer am nächsten Tag ab, nicht ohne meinem Vater noch mehr Geld und Hilfstruppen für ihre Feldzüge abzupressen. Aber sie waren fort, fort, fort … Und Ägypten war verschont geblieben. Pompejus und sein Gefolge segelten davon, um in Rom mit der Politik zu ringen. Hoffentlich würde ich weder ihn noch einen anderen Römer je wiedersehen.

Aber es schien, daß unser Schicksal unentwirrbar mit dem Schicksal Roms verknüpft war. Drei Jahre später tötete ein römischer Besucher versehentlich eine Katze – ein Tier, das den Ägyptern heilig ist. Die Bevölkerung von Alexandria geriet außer sich und wollte den Römer umbringen. Die Stadt war in Aufruhr; unsere Garde konnte den Mann nur mit knapper Not beschützen und den Pöbel in Schach halten. Wir brauchten nichts weiter als einen solchen Zwischenfall, um die Römer zur Intervention zu veranlassen, und die Drohung schwebte immer über uns.

In diesen Jahren traten meine beiden jüngeren Brüder in Erscheinung. Beide hießen Ptolemaios; wenn die Frauen in unserer Familie nur unter wenigen Namen wählen können, so gibt es für die Männer noch wenigere. Es lagen achtzehn Jahre zwischen Kleopatra der Älteren und Ptolemaios dem Älteren und ebenso viele zwischen Berenike und Ptolemaios dem Jüngeren. Sollten sie einander heiraten? Seltsamer Gedanke.

Wie Isis, die ägyptischste unter den Göttern, ihren Bruder Osiris heiratete, so übernahmen wir Ptolemäer, derweil wir zu Ägyptern wurden – das heißt zum ägyptischen Herrscherhaus, denn unserer Abstammung nach sind wir rein makedonische Griechen –, einige uralte ägyptische Bräuche, die andere entsetzlich fanden. Einer davon war die Heirat zwischen Bruder und Schwester, wie sie bei den Pharaonen früher üblich gewesen war. So kam es, daß meine Eltern eigentlich Halbgeschwister waren, und ich wiederum war gezwungen, meine Brüder zu heiraten – wenn es auch nur der Form nach eine Ehe war.

Vielleicht wurde es Zeit, daß wir uns in anderen Königshäusern nach Ehepartnern umsahen. Der Altersunterschied in dieser Generation war jedenfalls zu groß, als daß wir die bisherige Praxis hätten fortsetzen können.

Dann veränderte sich meine ganze Welt, und wieder geschah es wegen der Römer. Vater war es am Ende doch gelungen, das fragwürdige Testament aus dem Weg zu schaffen und sich von Rom als unumstrittener König anerkennen zu lassen. Es hatte ihn sechstausend Talente gekostet, die ägyptischen Staatseinnahmen eines ganzen Jahres. Er hatte an die drei inoffiziellen, aber faktischen Beherrscher Roms zahlen müssen – an Pompejus, an Crassus und an Cäsar. Dafür hatten sie ihn als König anerkannt und Ägypten den formellen Titel *Socius atque amicus populi Romani*, Bundesgenosse und Freund des römischen Volkes, verliehen. Das hieß, sie erkannten uns als souveränen Staat an, als einen, dessen Grenzen sie respektieren würden. Der Preis für diesen Respekt war hoch. Aber ihn nicht zu bezahlen war noch teurer, wie mein Onkel feststellen mußte.

Mein Vater hatte einen Bruder, ebenfalls unter dem Namen Ptolemaios bekannt – wie eintönig! –, der auf Zypern regierte. Einst hatten wir gewaltige Landstriche beherrscht, aber seit Generationen verloren wir sie stetig. Ungefähr dreißig Jahre zuvor hatte noch ein Ptolemaios, ein Vetter – mit weniger Kampfesmut als wir – die Provinz Kyrenaika, der Zypern und die afrikanischen Küstenlandstriche angehörten, testamentarisch an Rom vererbt. Nach seinem Tod übernahm Rom diese Gebiete, aber Zypern, einen Teil dieses Territoriums, ließen sie in den Händen unserer Vettern. Daher regierte mein Onkel Ptolemaios dort immer noch, bis die Römer sich entschlossen, es dennoch zu annektieren. Er hatte nicht genug Geld, um sie davon abzubringen, und sie abzuwehren lag nicht in seiner Macht. Sie boten ihm das Amt des Hohenpriesters im Tempel der Artemis zu Ephesos an – eine Art ehrenvollen Ruhestand also –, aber er zog den Selbstmord vor.

Wir waren darüber sehr betrübt, aber das Volk von Alexandria stellte sich deswegen gegen Vater. Die Leute waren ohnedies erbost über die hohen Zahlungen, die an Rom geleistet wurden, und die in ihren Augen mangelhafte Unterstützung, die mein Vater seinem Bruder zukommen ließ, machte sie vollends wütend. Anscheinend hatten sie das Gefühl, er hätte ihn schon irgendwie retten können – obgleich es ein Rätsel ist, was er hätte tun sollen. Sollte er sich etwa den römischen Legionen entgegenstellen? Es war hoffnungslos, aber vielleicht war es doch auch anrührend, daß die Alexandriner uns mehr Macht zuschrieben, als wir tatsächlich hatten.

Aber Vater mußte fliehen! Sein eigenes Volk vertrieb ihn vom Thron und jagte ihn nach Rom, als Bettler. In der Nacht seiner Flucht kam er in meine Gemächer; seine Augen waren wild, sein Benehmen fahrig.

»Um Mitternacht breche ich auf«, sagte er. »Ich hoffe, daß ich in zwei Monaten wieder da bin, mit Legionen zu meiner Unterstützung.«

Wie konnte er fortgehen? Wer sollte Ägypten regieren? Und als hätte er meine Gedanken gelesen, sagte er: »Meine Minister werden die Regierungsgeschäfte führen. Und ich werde nicht lange wegbleiben – gerade lange genug, um mir die Militärhilfe zu sichern, die ich brauche.«

»Aber… wenn die Römer mit Truppen herkommen, werden sie dann je wieder abziehen?« Inzwischen hatte ich genug studiert, um zu wissen, daß die Römer nicht mehr verschwanden, wenn man sie einmal zu »Hilfe« gerufen hatte.

»Ich habe ja keine Wahl«, sagte er kläglich. »Was kann ich sonst tun? Sie werden mich schon unterstützen – sie müssen ja, wenn sie je ihr Schmiergeld kassieren wollen!« Jetzt lachte er verbittert. »Sie haben ein durchaus handfestes Interesse daran, mich weiterhin auf dem Thron zu sehen.«

Das war furchtbar. Furchtbar. Ich fühlte, wie die Scham mich durchflutete. Aber war der Selbstmord meines Onkels die bessere Lösung? Was für böse, erniedrigende Entscheidungen die Römer uns aufnötigten!

»Mögen alle Götter mit dir gehen«, wünschte ich meinem Vater. »Und mögen sie über dich wachen.«

Und so ging er fort und reiste nach Rom, um dort Schutz und Wiedereinsetzung zu erbitten.

# 4

Alexander der Große wurde mein Freund, als Vater fort war. Seltsam, daß eine Mumie zum Freund werden kann, aber ich war verzweifelt. Ich war elf Jahre alt, und als die Zeit verging und Vater nicht zurückkam, bekam ich Angst um ihn und um Ägypten.

Tag für Tag stieg ich in die Krypta unter der schimmernden weißen Marmorkuppel hinunter und betrachtete den Eroberer in seinem Sarg aus Alabaster. Und jeden Tag war es das gleiche: Wenn ich am Fuße der Treppe ankam und ihn sehen konnte, ließen die flackernden Kerzen, die ringsherum aufgestellt waren, das Ganze aussehen, als sei der Nachthimmel umgestülpt worden. Und inmitten der Sterne, wie die Sonne selbst, lag Alexander von Makedonien. Langsam trat ich näher, und wenn ich bei ihm war, schaute ich ihn lange und eingehend an.

Er sah nicht lebendig aus – das muß ich gleich sagen. Er sah aus wie eine bemalte Statue, und seine Züge waren starr. Er trug einen polierten Brustpanzer, aber keinen Helm, und sein goldenes Haar war nicht verblichen. Seine Hände lagen gekreuzt auf der Brust.

»O Alexander«, murmelte ich wohl, »bitte schau herab auf deine irdische

Nachfahrin und Verwandte. Wir sind die letzten Überlebenden deines Imperiums, wir Ptolemäer in Ägypten. Den Rest hat Rom verschlungen. Und jetzt ist mein Vater dort und bettelt, sie mögen ihn auf dem Thron bleiben lassen. Wir sind Pächter unseres eigenen Königreiches geworden, unseres eigenen Throns, und Rom ist der Hausherr!

Was mußt du da denken, mächtiger Alexander! Hilf uns! Hilf uns, uns von dieser Fessel zu befreien. Laß nicht zu, daß wir im römischen Schlund verschwinden!«

Natürlich antwortete er nicht; er lag nur still da. Dennoch war mir seine Gegenwart ein Trost. Er hatte gelebt, er hatte großen Schwierigkeiten gegenübergestanden, und er hatte sie überwunden.

Es war immer ein merkwürdiges Gefühl, danach wieder ins gleißende Sonnenlicht hinauszukommen – aus dem Land der Toten zu den Lebenden zurückzukehren. Immer, wenn ich die breite weiße Straße des Soma hinunterschaute, die von Süden her, vom See Mareoptis, nach Norden zum Meer verläuft und deren Marmorkolonnaden sich erstreckten, soweit das Auge reichte, wußte ich, daß man dies nicht aufgeben konnte – was immer Vater tun mußte, um es zu behalten, mußte er tun.

In seiner Abwesenheit fuhr das Volk fort, lautstark gegen ihn zu wettern. Wie konnte er dastehen und zuschauen, wie Zypern weggenommen wurde? Was war er denn für ein Schwächling?

Er war an allem schuld – dieser hilflose, jämmerliche König, den sie Auletes nannten, weil er das Flötenspiel und die Musik so sehr liebte. Einst war es ein zärtlicher Name gewesen, mit nachsichtiger Liebe verliehen, aber jetzt nannten sie ihn voller Verachtung so.

Der betrunkene kleine Flötenspieler … dreckiger Schwächling … weibischer Musikant, der sich im Weine suhlt … Das waren die Namen, die ich hörte, wenn ich auf dem Weg zum Soma und zurück durch die Straßen von Alexandria kam. Einst hatten die Leute die Dionysos-Feste genossen, die er für sie veranstaltet hatte, und jetzt verhöhnten sie ihn ausgerechnet dafür. Sie hatten seinen Wein selbst nur zu bereitwillig getrunken – aber sie hatten ein kurzes Gedächtnis. Diejenigen, die behaupten, ich wisse nicht, wie die johlende Menge in Rom sein wird, irren sich. Ich kenne johlende Mengen.

Es war immer eine Erleichterung, wieder auf das Palastgelände gelassen zu werden. Hätte Alexander Erleichterung empfunden? Hätte er sich für mich geschämt, weil ich es tat? Im Palast zeigte man sich immer friedlich und respektvoll – nach außen zumindest. Das heißt, immer bis zu dem Tag, als ich von Alexander zurückkam und feststellte, daß eine Revolution stattgefunden hatte.

Alles sah aus wie zuvor. Nichts weckte in mir den Argwohn, daß sich etwas verändert haben könnte: Die Gärtner waren mit ihrer Arbeit beschäftigt, sie wässerten und stutzten; die Diener putzten mit langsamen, gleitenden Bewegungen die Marmortreppe zum Hauptgebäude, in dem sich der Audienzsaal und die Bankethalle befanden. Auf meinem Weg zu dem kleineren Gebäude, in dem die königlichen Kinder wohnten, kam ich dort vorbei, als plötzlich ein hochgewachsener Gardesoldat »Halt!« rief. Seine Stimme klang rauh und herrisch. Stirnrunzelnd versperrte er mir den Eingang zu meinen Gemächern.

Ich kannte ihn; er war einer, der seinen Wachdienst immer ein wenig nachlässig versehen hatte. Jetzt funkelte er mich an. Noch nie hatte jemand so mit mir gesprochen.

»Du darfst nicht eintreten!« kläffte er.

»Was soll das heißen?« fragte ich. Drohte mir dort drinnen Gefahr? Lief gar ein Tier frei herum? Vielleicht hatte sich einer von den zahmen Panthern meiner Schwester losgerissen und war weggelaufen.

»Ich habe den Befehl, dich unter Arrest zu stellen, bis deine Gefolgschaftstreue sichergestellt ist. Und wo bist du gewesen? Niemand konnte dich finden.« Er machte einen Schritt auf mich zu, aber er wagte es nicht, mich tatsächlich anzurühren: Niemand durfte Hand an ein Mitglied der königlichen Familie legen.

»Meine Gefolgschaftstreue? Zu wem? Zu was?« Das war sehr merkwürdig. »Ich war am Grabe Alexanders, das ich stets freizügig habe besuchen dürfen.« Noch während ich es sagte, wurde mir klar, daß ich es nicht beweisen konnte, weil ich immer allein ging.

»Deine Gefolgschaftstreue zu den neuen Herrschern«, antwortete er knapp.

Neue Herrscher? Hatten die Römer denn die Macht ergriffen? Waren Kriegsschiffe gelandet? Truppen eingefallen? Aber es hatte keine Tumulte gegeben, keine Straßenkämpfe, und im Hafen – rasch warf ich einen Blick hinüber – lagen auch keine fremden Schiffe.

»Das verstehe ich nicht«, sagte ich schlicht. Ich wußte nicht, was ich sonst sagen sollte. Aber ich hatte große Angst um Vater.

»Die Töchter des früheren Königs sind zu Herrscherinnen erhoben worden«, sagte er. »Komm und erweise ihnen die Ehre. Ihre Majestäten warten schon.«

Meine Schwestern! Meine Schwestern hatten Vaters Abwesenheit und seine Unbeliebtheit ausgenützt und die Macht ergriffen. Jetzt hatte ich auch Angst um mich selbst. Sie konnten mich beseitigen und Arsinoë und die Knaben dazu, und dann würde ihnen niemand mehr im Wege stehen. Das alles konnte rasch erledigt sein, noch heute morgen, bevor die Kunde in die Stadt vordrang. Es war ein alter Familienbrauch der Ptolemäer – die Ermordung von Rivalen, Geschwistern, Eltern, Kindern.

»Du weigerst dich also!« Er tat noch einen Schritt auf mich zu und griff nach seinem Schwert. Womöglich hatte er die Anweisung, mich niederzuschlagen, wenn ich auch nur einen Augenblick zögerte. Vielleicht würde er mich auch unter allen Umständen niederschlagen – schließlich waren keine Zeugen zugegen. Rasch sah ich mich um. Die Diener schrubbten noch immer die Stufen. Was immer sie beobachteten, würden sie für sich behalten. Von ihnen würde keine Hilfe kommen.

»Nein …« Wie lange stand ich da und dachte nach? Eine ganze Weile, so schien es mir, aber das konnte nicht sein. Ich betete rasch zu Isis um Hilfe. »Nein, nein, ich weigere mich nicht. Ich bin ihre gehorsame Schwester, jetzt und immerdar.«

»Dann beweise es.« Er winkte einen anderen Wächter an seinen Platz und marschierte mit mir zum Hauptgebäude – wiederum ohne mich wirklich anzufassen, aber er ging so dicht neben mir, daß es auf mich noch bedrohlicher wirkte. Ich bemühte mich, mir meine Angst nicht anmerken zu lassen.

Er führte mich in einen der größeren Säle des Palastes; offensichtlich fanden meine Schwestern, daß dieser Raum ihrem neuen Status entsprach, denn hier hatte Vater seine Audienzen abgehalten. Ich wartete vor den äußeren Türen, die mit Schildpatt aus Indien verziert und mit Smaragden besetzt waren; heute allerdings nahm ich ihre Pracht nicht wahr. Langsam schwangen die Türflügel auf und gewährten mir Einlaß in den Saal, dessen Decke mit durchbrochenen Friesen abgesetzt und mit goldenen Intarsien geschmückt war. Am anderen Ende saßen Kleopatra und Berenike auf Stühlen, die von Edelsteinen funkelten. Sie saßen bewußt in der Haltung der Pharaonen auf den Reliefs.

Für mich sahen sie keineswegs aus wie Königinnen oder Pharaoninnen, sondern nur wie meine beiden älteren Schwestern, wie immer.

»Prinzessin Kleopatra«, sagte Berenike, »man hat uns in Ehren auf den Thron erhoben. Von nun an kennt man uns als Kleopatra die Sechste und Berenike die Vierte, Herrscherinnen des Oberen und des Unteren Ägypten. Wir möchten, daß du dich zu unserer liebsten Schwester und treuen Untertanin erklärst.«

Ich bemühte mich, meine Stimme im Zaum zu halten und ruhig zu klingen. »Natürlich seid ihr meine liebsten Schwestern, und ich bin eure treueste Schwester.« Das Wort »Untertanin« würde ich meiden, bis man mich zwänge, es auszusprechen. Es auszusprechen wäre Verrat an meinem Vater. Würden sie merken, daß es noch fehlte?

»Wir nehmen deine Gefolgschaft an«, sagte Berenike für beide. »Das Volk hat gesprochen. Es hat seine Wünsche kundgetan. Es will nicht, daß unser

Vater, der König, zurückkehrt, und es wird ihn nicht einlassen, wenn er es tut. Aber das wird kaum geschehen! Die Römer werden ihn nicht wiedereinsetzen, denn wie es scheint, verbietet eine ihrer Prophezeiungen es ihnen – eine, die besagt, daß unter keinen Umständen Waffen gebraucht werden dürfen, um den ägyptischen König wieder auf seinen Thron zu setzen, wenngleich er mit Höflichkeit empfangen werden darf. Nun, das haben sie ja getan; sie haben ihn bewirtet und verhätschelt. Aber das ist alles. Oh, und sein Geld genommen haben sie auch. Er schuldet den römischen Geldverleihern so viel, daß unser Land bankrott wäre, wenn wir ihn zurücknähmen.«

»Ja, und liebt man so sein Land? ›Philopater‹ nannte er sich, ›der seinen Vater liebt‹ – sein Vaterland etwa? –, und er hat uns an die Römer verkauft!« rief Kleopatra die Ältere im Brustton der Selbstgerechtigkeit. »Ägypten den Ägyptern! Wir können uns selbst um unsere Angelegenheiten kümmern! Warum sollen wir Rom bezahlen, damit es uns einen König gibt, wenn wir Königinnen haben, die nichts kosten?«

»Ich werde die Königin für bestimmte Distrikte sein, hauptsächlich in Oberägypten, und Berenike ist Königin des Mittleren Ägypten und der Oase Moeris«, fuhr sie fort. »Wir werden mit den Heiratsverhandlungen beginnen.«

»Wir haben doch Brüder«, schlug ich vor, als sei ich bemüht, ihnen zu helfen. »Heiraten wir Ptolemäer denn nicht in der eigenen Familie?«

Sie brachen in einhelliges Gelächter aus. »Diese kleinen Kinder? Der eine ist drei, der andere ein Säugling! Es wird noch lange dauern, bis sie Erben zeugen! Wir brauchen *Männer* in unserem Bett«, sagte Berenike.

»Ein kleines Kind heiraten – ja, ebensogut könnte man einen Eunuchen heiraten!« Kleopatra lachte grausam. Dann brach sie vielsagend ab. »Oh, ich vergaß – du liebst ja Eunuchen. Also beschäftige dich mit ihnen und mit deinen Pferden«, erklärte Berenike großartig und schwenkte die Arme über den Jaspislehnen ihres Stuhls. »Misch dich nicht in Staatsangelegenheiten ein, und es wird dir wohl ergehen. Hast du dein Pferd noch?«

»Ja«, sagte ich. Mein Pferd, ein weißer Araber, war in jenem Alter wirklich mein bester Freund. Mein Pferd trug mich weg von mir selbst und vom Palast, hinaus in die Wüste.

»Dann bleib bei ihm. Reite, jage und studiere. Kümmere dich nicht um Dinge, die dich nichts angehen. Halte dich daran, und es geht dir gut. Wir wollen freundlich sein zu allen, die freundlich zu uns sind.«

»Jawohl, Majestäten.« Ich neigte den Kopf, aber ich verbeugte mich nicht, und ich fiel nicht auf die Knie. Und wenn ich sie »Majestäten« nannte, so war das ja kein Verrat. Galten nicht alle Kinder des Königs als Götter? Und sind Götter keine Majestäten? Ich gab mich ruhig, als ich mich verabschiedete.

Aber sobald ich in meinen sicheren Gemächern war, fing ich an, vor Angst und Schrecken zu zittern. Sie hatten sich gegen ihren eigenen Vater gewandt und den Thron an sich gerissen. Sie hatten eine überaus schwere Sünde begangen. Das war der Fluch der Ptolemäer. Ihr Blut zwang sie dazu.

Denn wir entstammen einer mörderischen und blutigen Ahnenreihe, die mit ihren Verwandtenmorden den Ekel der Welt erregt hatte. Der Bruder hatte den Bruder gemeuchelt, die Frau, die Mutter … Es war ein grausiges Erbe. Ich hatte mir stolz zugute gehalten, daß wir, die neue Generation, aus einem feineren Holz geschnitzt seien. Jetzt aber schien es, als sei dies ein schrecklicher Irrtum gewesen.

Vater! Vater war von seinen eigenen Töchtern abgesetzt worden! Und wo würden sie haltmachen? Mich, Arsinoë, die beiden Jungen – würden sie uns alle ebenfalls vernichten?

Ich hatte niemanden, dem ich mich anvertrauen konnte. Für eine Amme war ich schon lange zu alt, und an ihre Stelle war keine neue Vertraute getreten. Ich fühlte mich ganz und gar allein.

Es gab nur – wie immer – Isis.

Einstweilen war ich in Sicherheit. Sie würden mich leben lassen, solange ich im Schatten blieb, jung genug war, um harmlos zu sein, und nicht versuchte, eine Anhängerschaft um mich zu scharen. Als hätte ich das tun können!

Und so begnügte ich mich mit meinen »Eunuchen und Pferden«, wie sie es so verachtungsvoll ausgedrückt hatten. In jenen Tagen gab es Scharen von Eunuchen auf dem königlichen Palastgelände. Eunuchen waren in fast jedem Bereich wichtig; das Palastleben war ohne sie nicht vorstellbar. In einer Welt, in der dynastischer Ehrgeiz zum Aufstand führen konnte, waren allein die Eunuchen über jeden Verdacht erhaben. Sie dienten als Lehrer der königlichen Kinder, als Vertraute des Königs wie der Königin, als Minister und Generäle. Ein Mann, dessen irdisches Geschick mit ihm selbst zu Ende ging, war seinem Herrn treu. Sonderbar, wieviel wir für unsere Nachwelt tun und wie sehr unser Verhalten sich ändern würde, wenn wir keine Nachkommen hätten. Und die verbreiteten, hämischen Vorurteile über den Zustand der Eunuchen führten dazu, daß sie niemals offen die Macht ergreifen konnten, sondern stets im verborgenen bleiben mußten, Schattengestalten hinter ihren Herren. Ideale Diener also für Leute wie die Ptolemäer.

Natürlich konnte man keiner langen Ahnenreihe von Eunuchen entstammen – niemand hat jemals behauptet, sein Vater und sein Großvater seien Eunuchen gewesen –, aber der Brauch, die eigenen Kinder zu Eunuchen zu bestimmen, schien in einigen Familien üblicher als in anderen zu sein. Nur vielversprechende Knaben wurden dazu ausgewählt – denn was wäre der Sinn dieses Opfers, wenn der Junge nicht darauf hoffen konnte, in der Welt Erfolg zu haben? So kam es, daß bei dem Wort »Eunuch« immer auch »begabt, klug und fleißig« mitschwang.

Die meisten Eunuchen in Alexandria waren Griechen oder Ägypter, die in ihrem Denken ziemlich griechisch geworden waren. Es gab aber auch Kappadokier, Phrygier, Bithynier und dergleichen, die ebenfalls gräkophil waren. In Ägypten gab es keine Zwangskastration und auch nicht die Kastration von Sklaven. Die Sache war ganz und gar freiwillig, und so brauchten diejenigen unter uns, die Eunuchen beschäftigten, kein gar so schlechtes Gewissen zu haben.

Zumeist wurde die Operation schon in einem ziemlich frühen Alter vorgenommen. Nicht im Säuglingsalter natürlich, denn es war ja ratsam zu warten, bis das Kind sich als gesund erwiesen hatte. Unter besonderen Umständen wurde es manchmal noch später gemacht – sogar, wenn ein Knabe schon angefangen hatte, zum Mann zu werden –, und ein solcher Eunuch war anders als die übliche Sorte. Seine Stimme klang tiefer, und man konnte ihn leicht für einen gewöhnlichen Mann halten.

Ich dachte wenig über Eunuchen nach, denn für mich waren sie alltäglich. Erst als ich nach Rom kam, fand ich heraus, wie es war, wenn man in einer Welt lebte, in der es sie nicht gab.

Ich entdeckte Mardian, nicht lange nachdem ich trostsuchend zu Alexander gefunden hatte. Wenn ich zum Grabmal kam, hoffte ich jedesmal, es für mich allein zu haben. Aber mehrere Tage nacheinander war ein klobiger kleiner Junge da, wenn ich kam. Bewegungslos kniete er vor dem Sarkophag – seine Knie mußten aus Eisen sein – und hielt den Kopf ehrfürchtig gesenkt. Oder er beugte sich über den Sarg, und dann lag ein schwärmerischer Ausdruck in seinem runden Gesicht. Um die Wahrheit zu sagen, er ärgerte mich. Ich wünschte mir, er würde weggehen. Ich hätte den Befehl geben können, ihn zu entfernen, aber ich hoffte, er würde verschwinden, ohne daß ich ihn dazu aufforderte. Tag für Tag war er da, und meine Geduld ging zu Ende. Ich begann zu glauben, daß er meine Besuche bei Alexander mit Absicht störte. Wenn ich abends die Augen schloß und versuchte, an Alexander zu denken, dann ragte der Kopf dieses Jungen immer irgendwo ins Bild. Das war weder nobel noch inspirierend.

Als ich am nächsten Tag in die Krypta hinunterstieg, betete ich, er möge nicht dasein. Und einen Augenblick lang dachte ich, er sei tatsächlich nicht da. Dann sah ich – schon wieder! – die runde Gestalt, die vorgebeugt den Sarg bewachte. Das war zuviel.

»Geh fort!« rief ich und lief zu ihm. »Oder komm zu einer anderen Zeit! Komm früh morgens!« Ich konnte frühmorgens nie weg; um diese Zeit herrschte in den Kindergemächern der größte Betrieb. Da konnte er Alexander ganz für sich allein haben.

Er richtete sich auf. »Das kann ich nicht«, antwortete er voller Würde. Er war größer als ich, und ich ahnte nicht, daß er ein Eunuch war. Das wurde erst später klar.

»Warum nicht?« wollte ich wissen.

»Dies ist meine einzige freie Zeit.«

»Weißt du, wer ich bin?« fragte ich. Erkannte er den Befehl einer Prinzessin nicht?

»Doch«, antwortete er, wieder mit dieser seltsamen Würde. »Du bist Kleopatra die Jüngere. In Rom würdest du Cleopatra Minor heißen, aber das wäre falsch. Du bist keine geringe Person.«

»Und wer bist du?«

»Ich heiße Mardian«, sagte er. »Ich wohne in den königlichen Gemächern, Prinzessin. Ich studiere und hoffe, dem König eines Tages von Nutzen sein zu können.«

»Oh ... Du bist ein *Eunuch*.« Plötzlich dämmerte es mir.

»Ja«, sagte er, ohne mit der Wimper zu zucken.

»Warum kommst du Tag für Tag hierher?« Ich durfte ihn das fragen, er mich aber nicht.

»Weil ich sein möchte wie Alexander.«

Bei dieser Antwort mußte ich laut lachen, aber dann tat es mir leid, als ich sein Gesicht sah. Einen solchen Schlag hatte er von mir nicht erwartet. »Niemand ist wie Alexander.« Ich bemühte mich, darüber hinwegzugehen. »Jeder, der es versucht, muß den andern lächerlich erscheinen. Denke doch an all die jämmerlichen Könige, die sich Alexander genannt und versucht haben, ihn nachzuahmen, die sich in seiner Haltung haben meißeln lassen mit wehendem Haar, den Kopf gedreht. Nein, wir können niemals Alexander sein.«

Ich redete zu schnell, wollte mich entschuldigen, ohne es wirklich auszusprechen.

»Also wärest auch du gern Alexander? Du sagtest ›wir‹.«

Jetzt hatte er mich. »Ja«, gab ich zu, »ich wäre gern wie Alexander. Vermutlich würdest du sagen, daß eine Frau Alexander noch unähnlicher ist als ein Eunuch. Und du hättest recht. Aber ich kann versuchen, im Charakter zu sein wie er. Und manchmal scheint er mir lebendiger zu sein als die Leute, die auf dem Palastgelände umhergehen.«

Alexander lag still und golden in seinem Sarg, während unsere Worte über seinem Kopf hin und her flogen.

»Ja! Mir geht es genauso«, sagte Mardian. »Er hilft mir, alles zu ertragen. Wenn man mich neckt oder verspottet, sage ich mir einfach: Morgen kannst du das alles zu Alexander bringen.« Er sah ein bißchen verlegen aus, als er so etwas zugab.

»Sag mir, wo du in den königlichen Gemächern wohnst«, sagte ich. »Vielleicht kann ich dich dort besuchen.« Ich hatte fast vergessen, daß ich ihn noch vor wenigen Augenblicken als Plage empfunden hatte.

»Ich bin in dem großen Gebäude, dem Tempel der Isis gleich gegenüber, in dem, das nach Osten übers Meer hinausschaut.«

Das kannte ich gut; es war ein betriebsames Haus, das eine Schreiberschule und die Archive der Kriegsakten enthielt.

»Sind dort noch andere …« Ich wollte »wie du?« sagen, aber ich stockte.

»Nein. Ich bin der einzige Eunuch in meiner Studiengruppe«, antwortete er fröhlich. »Wir sind ungefähr fünfzehn. Unser Mathematiklehrer, Demetrius, ist ein Eunuch. Was die übrigen angeht, so haben wir noch einen Grammatiker aus Athen und einen Rhetoriker aus Chios.«

»Wir auch.« Ich verzog das Gesicht. »Unser Rhetoriker heißt Theodotos, und ich kann ihn nicht ausstehen! Er ist verschlagen und gemein – wie eine Schlange!«

»Schlangen sind nicht verschlagen, und sie sind ganz bestimmt nicht gemein«, widersprach Mardian würdevoll. Er wirkte beleidigt.

»Wie meinst du das?« Alle Welt wußte, daß die Natur der Schlangen so war, auch wenn die Kobra-Göttin Uadjet die Pharaonen und Beherrscher Ägyptens beschützte und die königliche Krone mit gespreiztem Kragen zierte.

»Ich habe Schlangen studiert«, sagte er. »Sie sind nicht so, wie die Schlangenbeschwörer dich glauben machen wollen. Du solltest meine Tiere sehen; ich habe ein paar Käfige bei den Stallungen. Und ich habe ein großes Gehege für meine Schlangen gebaut.«

»Was für Tiere hast du denn sonst noch?« Meine Neugier war geweckt.

»Eine Zeitlang hatte ich einen Strauß«, sagte er. »Aber er wurde zu groß für mich. Deshalb habe ich jetzt nur noch kleine Tiere. Eidechsen und Schildkröten und Igel. Ich hätte gern ein junges Krokodil.«

»Ich würde deinen Tierpark gern sehen, Mardian«, sagte ich, und wir verließen Alexander. Bei diesem Besuch hatten wir ihm nicht viel Aufmerksamkeit gewidmet.

# 5

Es waren nicht viele Tage vergangen, als ich mich dorthin gezogen fühlte, wo Mardian seinen Unterricht bekam; ich traf ihn und seine Schulkameraden mit ihrem Lehrer an. Mein Erscheinen erregte Unruhe und Neugier, aber der Unterricht – Geometrie, eine alexandrinische Spezialität – ging weiter. Ich wartete hinten und schaute zu. Es waren hauptsächlich Jungen da, aber ich sah auch fünf oder sechs Mädchen, und dann erkannte ich – Olympos.

Er saß über sein Papier gebeugt und konzentrierte sich so angestrengt darauf, daß es schien, als könnte es unter seinem forschenden Blick in Flammen aufgehen. Er war gewachsen, und verschwunden war alles Runde, das seinen Schultern und Gliedmaßen noch innegewohnt hatte, als ich ihn bei jenem denkwürdigen Bankett kennengelernt hatte ... War das schon fünf Jahre her? Jetzt war sein Gesicht sehr schmal, was seine bohrenden Augen noch auffälliger machte. Er mußte inzwischen mindestens vierzehn sein.

Als der Unterricht vorbei war, wartete ich darauf, daß Mardian mich begrüßte. Aber er beachtete mich gar nicht, sondern unterhielt sich weiter mit einem seiner Gefährten. Schließlich ging ich zu ihm und sagte: »Schämst du dich etwa, weil du mich kennst, Mardian?«

Er machte ein entsetztes Gesicht. »Nein, nein, Prinzessin!« Sein Freund entfernte sich hastig. »Ich wollte mir nicht anmaßen ... irgendeinen Anspruch darauf zu erheben, dich zu kennen, denn es geschah ja nur zufällig, daß unsere Wege sich kreuzten. Da wäre es unverschämt gewesen ...«

»Unsinn!« unterbrach ich ihn, aber ich wußte doch, daß andere in meiner Stellung es durchaus so hätten sehen können. Eine zufällige Begegnung stellte jedenfalls noch keine Freundschaft dar. »Sind wir nicht Brüder in Alexander?« Noch während ich es sagte, merkte ich, daß »Brüder« eine merkwürdige Wortwahl war, da doch keiner von uns beiden im körperlichen Sinne männlich war. Aber »Brüder« bedeutete mehr als nur das Körperliche.

»Wenn du willst, daß wir es sind, dann will ich es auch«, sagte er.

»Gut, dann wäre das erledigt.« Ich legte ihm den Arm um die Schultern. »Ich möchte, daß du mir deine Tiere zeigst. Danach führe ich dich in unsere königliche Menagerie. Und dann ...«

Mardian erwies sich als ein so hinreißender Begleiter, daß ich ihn am nächsten Tag unversehens ein wenig vermißte. Unsere Freundschaft wuchs, während wir unsere Schulaufgaben machten, Blumen pflückten und aus winzigen gebrannten Lehmziegeln ummauerte Miniaturstädte errichteten. Gemeinsam bauten wir einen Wagen, der von schwarzen Ziegen gezogen werden konnte, und wir kamen uns großartig vor, als wir uns im Triumph auf dem Palastgelände herumfahren ließen.

Als ich die Schulklasse das nächste Mal besuchte, bleute der Lehrer ihnen gerade die Ptolemäer ein. Als er mich erblickte, sah er ehrlich erschrocken aus.

»Und als der achte Ptolemaios einmal Scipio Aemilianus aus Rom zum Staatsgast hatte, wurde er gezwungen, aufrecht ...« Er erbleichte, denn jetzt hatte er mich gesehen. »Das heißt, sein Gewand ... Es war ...«

»Es war durchsichtig«, vollendete ich für ihn. »Und der Anblick war äußerst komisch, denn er war so ungeheuer fett, daß er nach wenigen Schritten außer Atem geriet.« Ja, ich kannte all die peinlichen Geschichten über meine Vorfahren. Ich durfte nicht davor zurückzucken oder den Lehrer dazu bringen, daß er meinetwegen seinen Unterricht änderte. Der fette Vielfraß war mein Urgroßvater gewesen, und die Alexandriner, die Spitznamen über alles lieben, hatten ihn »Physkon«, »Dickwanst«, genannt. »Und der hochfahrende Römer sagte: ›Ich habe dem Volk der Stadt einen ganz neuen Anblick eröffnet: wie nämlich sein König tatsächlich zu Fuß geht und sich ein wenig Übung verschafft.‹«

Die Schüler lachten.

All diese Demütigungen durch Rom – sie reichten weit zurück in die Vergangenheit. Und Physkon war nicht der einzige Dicke in meiner Familie; es hatte noch viele andere Wänste gegeben. Infolgedessen achtete ich immer darauf, was ich aß, entschlossen, schlank zu bleiben, obgleich die Frauen in meiner Familie anscheinend nicht von Fettleibigkeit geplagt wurden.

»Ja, Prinzessin«, sagte der Lehrer aufgeregt. Ich bedauerte, daß ich in seinen Unterricht hineingeplatzt war; anscheinend konnte ich nie etwas Alltägliches tun, ohne Aufmerksamkeit zu erregen. Ich durfte nicht wieder herkommen. Aber wenn ich jetzt ginge, würde das noch mehr Unruhe hervorrufen; also mußte ich bleiben, bis die Stunde vorbei war.

Nachher kam Mardian zu mir, gefolgt von Olympos.

»Es freut mich, dich wiederzusehen«, sagte ich. »Aber hast du denn all die Jahre hier studiert und es mich nie wissen lassen?« Ich mußte Olympos tadeln. War eine Prinzessin so einschüchternd, daß die Menschen vor uns die Flucht ergriffen?

»Hauptsächlich unterrichtet man mich im Museion«, sagte Olympos. »Aber es ist gut, dem Schatten der Eltern zu entfliehen – wie du zweifellos weißt. Und mein Vater mit seinem Ruf als Gelehrter wirft im Museion einen langen Schatten.«

»Aber keinen so dicken wie mein Vorfahr!« Ich lachte. »Es ist wirklich schwierig, unter seinem Schirm hervorzukommen.«

»Ihr kennt euch?« Mardian machte ein überraschtes Gesicht.

»Wir haben uns vor langer Zeit kennengelernt«, sagte ich. »Als Pompejus in Alexandria war.« Ich machte eine Pause. »Wir wollten beide zu einem Bankett, bei dem wir nichts zu suchen hatten.«

»Olympos hat wahrscheinlich alle Erwachsenen beeindruckt – das tut er meistens«, erklärte Mardian.

»Nicht mehr«, entgegnete Olympos. »Ich bin inzwischen zu groß, um mit Altklugkeit durchzukommen. Damit ist Schluß, wenn man ungefähr dreizehn ist.«

»Ja«, sagte Mardian. »Alle Welt liebt ein gewitztes Kind, aber jenseits eines bestimmten Alters wird es langweilig.«

»Das möchte ich auf keinen Fall sein.« Olympos zog die Brauen hoch.

Wir drei fingen an, unsere Zeit miteinander zu verbringen. Olympos schien einsam zu sein, obwohl er das niemals zugegeben hätte. Vielleicht schreckte er mit seinem Verstand und seinem erwachsenen Auftreten andere ab. Sein Interesse an Medizin hatte nicht nachgelassen, und er bereitete sich darauf vor, in Alexandria zu studieren, denn die medizinische Akademie hier war die beste der Welt. Mardian war ebenfalls ein Einzelgänger, denn er näherte sich dem Alter, in dem sein Zustand ihn sichtbar von den andern unterscheiden würde. Und ich? Ich war die Prinzessin, deren Zukunft mit ernsten Zweifeln belastet war, ein Gegenstand der Neugier, der Spekulationen und des Getuschels. Die Leute hielten Abstand.

Und dann kam der gefürchtete Tag, der Tag, für den ich mich mein Leben lang gewappnet hatte. Olympos gab voller Stolz bekannt, daß er ein kleines Segelboot erworben habe und mit uns in den Hafen hinausfahren wolle. Ob es wohl erlaubt sei, daß er den inneren, den königlichen Hafen zum Üben benutzte? Das Wasser sei hier viel ruhiger.

»Ich weiß, daß alle Griechen angeblich mit den Fertigkeiten eines Odysseus im Blut geboren sein sollen, aber ich wurde dabei übergangen«, sagte er. »Trotzdem liebe ich das Wasser.«

Das Wasser: Jetzt würde ich mich ihm endlich stellen oder aber zugeben müssen, daß ich mich vor ihm fürchtete, und dann müßte ich den Rest meines Lebens an Land bleiben. Bis jetzt war es nicht darauf angekommen. Keine Reise hatte mich gelockt, keine Freunde hatten Einladungen ausgesprochen, die etwas mit Booten zu tun gehabt hätten.

»Natürlich«, sagte ich. »Nimm dir soviel Zeit, wie du brauchst, um dort zu üben. Du kannst dein Boot am Fuße der Palasttreppe festmachen, die geradewegs bis ans Wasser hinunterführt.«

»Danke«, sagte er. »Ich werde soviel üben wie möglich, damit ich bald mit euch hinausfahren kann.«

Leider würde er es wahr machen, das wußte ich. Inzwischen kannte ich ihn gut genug, um zu wissen, daß er seine Versprechungen immer einhielt – und seinen Zeitplan ebenfalls.

Hochsommer, genau wie … an jenem Tag. Die Sonne fuhr über den Himmel und goß ihre Glut über das Land, und sie erwärmte das seichte Wasser über dem Sandgrund des Hafens zu einschläfernden Temperaturen. Auch die Farben waren die gleichen – milchiges Blaugrün, sanfte Wellen mit einer Krone von weißem Schaum.

»Kommt.« Olympos war bis an die Hüften ins Wasser hinausgewatet und hielt das dümpelnde Boot fest. Er erwartete, daß wir ebenfalls hinauswateten und über den Rand hineinkletterten. Ich schaute auf das Wasser, das an meinen Zehen leckte; unschuldig sah es aus. Aber weiter draußen wurde es tiefer und tiefer.

Ich wußte, daß manche Leute schwimmen lernten, indem sie sich an eine aufgeblasene Tierhaut hängten. Damit paddelten sie umher und gewöhnten sich so ans Wasser. Jetzt wünschte ich, ich hätte es auch getan. Aber dazu war es zu spät.

»Kommt schon!« Olympos wurde ungeduldig. Aus Höflichkeit wartete Mardian, daß ich zuerst ginge. Ich mußte es tun.

Ich trug eine Tunika, die auf halbem Wege über meinen Knien endete, und so konnte sich kein überschüssiger Stoff um mich wickeln. Behutsam machte ich einen Schritt hinaus ins Wasser, einen absichtlich großen Schritt. Gleich reichte es mir bis an die Wade. Ich hob den anderen Fuß, ging weiter hinaus, und das Wasser wirbelte um meine Knie.

Ich fühlte das Ziehen der Strömung, so sanft sie auch war. Unter meinen Zehen zerbröselte der Sand und ließ mich ein wenig tiefer einsinken. Das Wasser bedeckte meine Knie. Eine Welle kam heran, hob mich leicht hoch und wich dann zurück, so daß ich wieder sank. Das gefiel mir nicht; es war, als erfaßte mich ein starker Wind.

»Bemühst du dich, möglichst langsam zu sein?« Olympos klang verärgert. »Ich habe bald keine Lust mehr, dieses Boot festzuhalten.«

Ich bewegte mich weiter, und diesmal wurde das Wasser so tief – bis an die Taille reichte es mir –, daß ich beide Arme ausstrecken mußte, um das Gleichgewicht zu halten. Das Gefühl war mir zuwider; es war kälter als zuvor, als es nur meine Beine umspült hatte, und es umschloß mich. Noch ein Schritt, und es stieg mir bis an die Brust. Aber jetzt war das Boot nicht mehr weit. Ich brauchte mich nur noch seitwärts zu bewegen.

Was sich als überraschend schwierig erwies. Das Wasser fühlte sich dickflüssig an, und die Wellen – so klein sie waren – drängten sich gegen mich, daß es schien, als wollten sie mir die Beine wegziehen. Endlich – just als eine Welle mir Gischt ins Gesicht sprühen ließ – packte ich das starke Holz des Bootsrandes und zog mich daran hoch über die Kante. Hinter mir watete Mardian entschlossen durch das feindselige Blau, ohne etwas zu ahnen.

Als wir beide im Boot waren, kletterte Olympos über den Bug herein; die Leine hielt er in der Hand. »Endlich! Ich dachte, du kommst überhaupt nicht her!« Er schaute mich streng an. »Wenn ich es nicht besser wüßte, würde ich glauben, du hättest noch nie einen Fuß ins Wasser gesetzt.« Dann lachte er, um zu zeigen, wie lächerlich diese Vorstellung war.

Glücklich hantierte er mit Leine und Segel und ließ sich am Steuerruder nieder. Der Wind kam von Westen, erfaßte das Segel und drückte uns nach rechts. Ich klammerte mich an den Rand, als ich fühlte, wie das Boot sich zur Seite legte, und mein Magen verwandelte sich in einen Stein. Olympos lachte und genoß das Gefühl. Sogar Mardian lächelte breit.

Für sie war es ein fröhlicher Ausflug. Was dem einen zur Unterhaltung dient, kann für den anderen die härteste Prüfung bedeuten. Und oft sitzen beide nebeneinander und wissen es nicht.

Wir fuhren in den Hafen hinaus, auf die größeren Schiffe zu. Ich schaute hinunter und sah, wie der Meeresgrund unter uns verschwand. Erst war er noch sichtbar gewesen, und Sonnenflecken hatten dort unten auf dem Sand geflimmert, wo ich auch Fische und Seegras sehen konnte. Aber jetzt war die Tiefe schattendunkel.

Ich fühlte, wie kalte Panik mir in die Kehle stieg. Wir würden die ganze Fahrt aus der Vergangenheit noch einmal machen, und wir waren unterwegs zu der Stelle, wo das Boot umgeschlagen war. Ich schloß die Augen und versuchte mich auf das leise Klatschen des Wassers unter dem Boot zu konzentrieren.

»Hui!« Olympos quiekte, als wir auf eine große Welle trafen; es war, als liefen wir über eine Barriere, hart wie Lehm. Salzige Gischt schlug mir ins Gesicht, bedeckte meinen Mund. Ich leckte die Kruste ab und schluckte heftig.

Stundenlang, wie mir schien, segelten wir im Hafen umher, ins Kielwasser der großen Schiffe und wieder hinaus, und ein Teil meiner selbst sah, wie begeistert Olympos war und wie es seine Sinne beflügelte. Er achtete gar nicht mehr auf mich, und dafür war ich dankbar. Mardian spähte vertieft ins Wasser und hielt Ausschau nach Tintenfischen, Seeigeln oder gar einem Delphin. Er beugte sich über den Bootsrand und kümmerte sich gar nicht darum, wenn die Wellen ihm ins Gesicht spritzten.

Es gab hier keinen Baldachin, und so sah ich keine Lichtreflexe. Es waren auch keine Diener dabei, die schreiend hin und her sprangen. Diese Erinnerungen wurden nicht geweckt. Aber die Geräusche, der Geschmack der Gischt, die grellen Farben, das alles stürmte auf mich ein. Diesmal war ich nicht hilflos, wurde nicht festgehalten, niemandem entrissen. Ich hatte genug Kraft, um mich selbst aufrecht zu halten und dafür zu sorgen, daß ich nicht aus dem Boot geschleudert wurde. Ich war entschlossen, diese Prüfung zu überstehen.

Endlich – lange hatte es gedauert – steuerte Olympos das Boot wieder auf den Palastanleger zu. Die Sonne war halb herabgestiegen, und die Flut kam; ich fühlte, wie sie uns zum Ufer trug. Es war nicht unangenehm, wie das Boot sich wiegte; das Grauen hatte nachgelassen, so daß ich es bewältigen konnte.

»So, jetzt wollen wir schwimmen!« verkündete Olympos plötzlich und warf den mit einem Tau umwickelten Stein, der ihm als Anker diente, ins

Wasser. Er versank gluckernd und riß das Boot nach links, als er auf den Grund traf.

Nicht das! Ich hatte geglaubt, die Marter – die während der ganzen Zeit, die wir draußen verbracht hatten, allmählich nachgelassen hatte – sei vorüber. Aber schwimmen ... Ich konnte nicht schwimmen.

Olympos sprang über Bord, tauchte glatt und sauber ins Wasser und war verschwunden. Mir drehte sich der Magen um, obwohl ich wußte, daß er ein kleines Stück weiter wieder hochkommen würde. Das heißt, ich *hoffte* es. Und richtig, auf der anderen Seite des Bootes kam er wieder zum Vorschein und schlug auf das Wasser, daß uns ein Schwall von Spritzern durchnäßte.

Mit gekränkter Würde sprang Mardian, der bereits tropfnaß war, über den Bootsrand und klatschte wie ein Katapultgeschoß auf das Wasser, so daß es erneut auf mich herniederprasselte. Dann fingen die beiden Jungen mit einer Wasserschlacht an; sie schrien und versuchten einander unterzutauchen. Es dauerte eine Weile, bis sie merkten, daß ich immer noch im Boot saß.

»Worauf wartest du?« rief Olympos. »Du tust ja, als ob du wasserscheu wärest!« Offensichtlich glaubte er, diese Beschuldigung sei die größte, aber auch die unwahrscheinlichste Kränkung, die er mir antun konnte.

Wie tief war es denn? Ob es mir über den Kopf reichte? Ich spähte über den Rand und versuchte den Grund zu erkennen, aber er lag im Schatten.

»Spring einfach hinein!« rief Mardian. »Es ist nicht kalt!« Vergnügt paddelte er heran.

Ich starrte auf das blaue Naß ringsum und empfand die reinste Abneigung, die ich je verspürt hatte. Es wartete – nein, es lauerte auf mich, lauerte mir auf, bereit für mich, bereit, mich endlich zu verschlingen. Es würde sich nicht von seiner Beute verjagen lassen.

*Du bist mir einmal entkommen*, schien es zu murmeln. *Aber nicht für immer. Weißt du nicht, daß das Wasser deine Bestimmung ist?*

Eine seltsame Unverschämtheit stahl sich über mich – Mut kann ich es nicht nennen, denn dafür war es zu beiläufig und zu fatalistisch. Ja, es wartete. Das Wasser, mein Feind. Aber ich würde mit ihm kämpfen, es vielleicht überraschen. Damit würde es nicht rechnen.

Ohne weiteres Nachdenken – denn das hätte mich innehalten lassen – stürzte ich mich über Bord. In dem einen Augenblick, als ich schwebend über der blauen Fläche hing, empfand ich gleichzeitig Entsetzen und Triumph. Und jetzt rauschte das Wasser mir entgegen, und ich traf mit harter Wucht auf sein unnachsichtiges Antlitz. Mein Körper schnitt sich hindurch, und ich tauchte in die Tiefe, schoß so schnell hinunter, daß ich auf den Grund prallte und wieder aufwärts hüpfte. Die ganze Zeit hatte ich nicht geatmet, aber dann stieß mein Kopf durch die Oberfläche, und ich sog mächtig keuchend die Lunge voll Luft.

Ich schlug mit den Armen um mich, aber es war völlig wirkungslos. Ich ging wieder unter, konnte aber dann irgendwie den Kopf aus dem Wasser strecken und Luft schnappen. Unter meinen Füßen war nichts Festes. Schließlich gelang es meinen wirbelnden Armen, mich an der Oberfläche zu halten, und im selben Augenblick spürte ich, wie ich im Takt dazu die Beine zu bewegen hatte, damit sie mir weiteren Auftrieb geben konnten.

»Du bist ungefähr so anmutig wie ein Nilpferd an Land«, spottete Mardian. »Hör auf, so um dich zu schlagen. Du lockst sonst die Seeungeheuer an.«

»Du weißt, daß es keine Seeungeheuer gibt!« rief Olympos. Aber ich sah, daß seine dunklen Augen mich aufmerksam beobachteten.

Jetzt konnte ich umherpaddeln, ohne daß ich fürchten mußte zu versinken. Das Wasser als Feind war unverhofft besiegt. Jetzt war es nur noch etwas Warmes, Flutendes. Ich war ganz benommen vor Erleichterung und Überraschung. Überraschung darüber, daß der gefürchtete Augenblick endlich gekommen war und ich ihn überlebt hatte, Überraschung aber auch darüber, wie leicht es gewesen war.

Als die Sonne unterging, kehrten wir zum Dock zurück und machten das Boot fest. Die nassen Kleider klebten uns am Leib, und jetzt konnte ich den aufkeimenden Unterschied zwischen Mardian und anderen Jünglingen sehen. Olympos mit seinen beinahe fünfzehn Jahren war eher gedrungen und muskulös; Mardian war hoch aufgeschossen, aber seine Gliedmaßen – Arme wie Beine – wirkten unverhältnismäßig lang. Und er besaß nicht einmal die Ansätze der Muskulatur, die bei Olympos offenbar wurde; Mardians Schultern blieben schmal und schmächtig.

Olympos kehrte in das Griechenviertel der Stadt zurück, nicht ohne uns vorher für den Ausflug zu danken. Hinter uns ging die Sonne unter, und Mardian und ich setzten uns auf die Hafentreppe.

Die Sonne zog eine funkelnd rote Bahn über die sanften Wellen, und die Schiffe, die vor Anker lagen, spiegelten sich in den flammenden Reflexen.

»Du bist vorher noch nie geschwommen, stimmt's?« fragte Mardian leise.

»Nein«, bekannte ich. »Aber ich hatte es lernen wollen. Es wurde Zeit.« Ich umschlang meine Knie und stützte das Kinn darauf. In meinen nassen Kleidern fröstelte es mich ein wenig, aber sie würden bald wieder trocken sein.

»Es ist kein Zufall, daß du nicht schwimmen konntest«, sagte er beharrlich. Ich wünschte, er würde aufhören. »Du mußt dir ordentlich Mühe gegeben haben, es zu vermeiden.«

Er sah zuviel! Ich zuckte nur die Achseln. »Ich hatte niemanden, mit dem ich hinausfahren konnte«, sagte ich leichthin. »Meine älteren Schwestern waren zu erwachsen, meine jüngere zu klein.«

»Oh, du hättest schon eine Möglichkeit gefunden, denke ich mir. Wenn du gewollt hättest.« Bewunderung lag in seiner Stimme. »Wie konntest du dich trauen, einfach so hineinzuspringen? Hattest du denn keine Angst unterzugehen?«

»Doch«, gab ich zu. »Aber ich hatte keine Wahl. Es ging nicht anders.«

»Dann mußt du es auch gewollt haben.« Er blieb beharrlich. »Denn du *mußtest* ja nicht. Übrigens hast du es sehr gut gemacht. Als ich das erste Mal zu schwimmen versuchte, bin ich dreimal untergegangen.«

»Ich wollte, weil ich mußte«, sagte ich. »Meine Mutter ist hier draußen ertrunken – hier in diesem Hafen.«

Er wurde blaß. »Ich wußte, daß sie tot ist. Aber ich wußte nicht, wie sie starb. Es tut mir leid.«

»Ich war dabei.«

Er wurde noch blasser. »Und du ... erinnerst dich daran?«

»Nur an Farben, Gerüche, Geräusche. An den Verlust. Und daran, daß das Wasser schuld war.«

»Warum hast du es Olympos nicht gesagt? Er hätte dich doch niemals gezwungen ...«

»Das weiß ich. Aber die Wahrheit ist ... Wie lange hätte ich denn noch in Alexandria leben können, in einer Stadt am Meer, ohne mich aufs Wasser hinauswagen zu können?«

Er senkte den Kopf und wählte seine Worte sorgfältig. »Mögen alle Götter unsere Stadt in ihrer Pracht bewahren«, sagte er schließlich. »Und in ihrer Unabhängigkeit.«

»Möge mein Vater, der König, zurückkehren und die Herrschaft wieder übernehmen.« Da – jetzt hatte ich die verbotenen Worte gesprochen. Hörte jemand zu? »Einstweilen muß ich mein Zutrauen bewahren und jede Angst niederkämpfen – alles, was mich verkrüppeln oder beeinträchtigen könnte. Und die Angst vor dem Wasser ist eine schwere Beeinträchtigung für eine alexandrinische Prinzessin.«

»Also hast du sie verbannt.« Er wirkte sehr beeindruckt.

»Nicht ohne zu zögern«, bekannte ich. Aber niemand brauchte zu wissen, wie sehr ich gezögert hatte.

Es war gut, Freunde zu haben, die ein sicheres, ereignisloses Leben führten, denn bei uns in den Kindergemächern des Palastes ging es ganz anders zu. Wir vier wurden ständig bewacht und beobachtet, und ganz sicher wurde alles, was wir sagten oder taten, auf der Stelle »Ihren Falschen Majestäten« hinterbracht. Ich als die Älteste hatte die größte Freiheit, aber ich zog im Zweifel auch die meiste Kritik auf mich. Arsinoë pflegte, wie es ihrer mißmutigen und verwöhnten Natur entsprach, die Wachen immer wieder auf die Probe zu stellen und in kleinen Dingen Schwierigkeiten zu machen – Kleinigkeiten, die vor allem dazu gedacht waren, die Aufmerksamkeit auf sie zu lenken, denn einem anderen Zweck konnten sie nicht dienen. Mir kam das sehr töricht vor, denn in Anwesenheit seiner Feinde verhält man sich am besten unauffällig.

Die beiden kleinen Knaben, beide Ptolemaios genannt, waren so jung, daß es sich nicht lohnte, sie dauernd zu bewachen, wenn sie in ihren nebeneinanderliegenden Räumen spielten. Sie dachten nicht an Verrat und Komplotte, sondern immer nur an Bälle und hölzernes Spielzeug.

Das Alter begann gegen mich zu arbeiten; ich war bald erwachsen – und somit ein potentielles politisches Werkzeug –, und das lenkte die Aufmerksamkeit auf mich, als die Natur begann, meinen Körper umzuformen. Mein Leben lang war ich zierlich gewesen und hatte kaum Fleisch an Armen und Beinen gehabt; das wenige, was dagewesen war, hatte ich mit meiner ständigen Unruhe abgearbeitet. Auch mein Gesicht war lang und schmal, und meine Züge waren zart, wie sie es bei Kindern eben sind. Aber etwa um die Zeit, als Vater nach Rom reiste, wurden unterschwellige Veränderungen an mir spürbar.

Zunächst hörte ich auf, größer zu werden, und wie zum Ausgleich dafür füllte das Essen, das sonst zum Wachsen verwendet worden wäre, jetzt Arme und Beine aus und machte mir die Wangen rund. Ich sah nicht mehr aus wie ein Stock; mein ganzer Körper wurde weicher. Zugleich wurden meine Muskeln stärker, und ich konnte Dinge losbrechen, die bis dahin zu fest gesessen hatten, konnte Möbel verrücken, die sich vorher nie gerührt hatten, und Bälle weiter werfen als früher.

Und mein Gesicht! Meine Nase wurde länger, als habe sie einen eigenen Willen, und meine kleinen Lippen dehnten sich, bis ich einen großen Mund hatte. Sie waren immer noch hübsch geformt, sie waren geschwungen und paßten angenehm zusammen, aber sie waren so … breit. Das Gesicht, das mich aus polierten Silberspiegeln anschaute, wurde zusehends erwachsen. Ein erwachsenes Gesicht, das erwachsene Gedanken beherbergen konnte. Verräterische Gedanken?

Die Veränderungen überraschten mich; ich hatte nie mit angesehen, wie jemand sein Aussehen veränderte, wenn er reifer wurde. Vermutlich hatte ich mir immer einen verkleinerten Erwachsenen vorgestellt, wenn ich an die Kindheit eines Menschen gedacht hatte. Unser unangenehmer Lehrer Theodotos behielt sein Aussehen in meiner Vorstellung; er schrumpfte nur auf winzige Größe zusammen. Jetzt sah ich, wie ich wirklich aussehen würde; ich mußte jeden Tag erleben, wie ich umgestaltet wurde. Ich konnte es nicht erwarten zu sehen, was daraus werden würde; ich war ja auf eine Weise an mich gewöhnt und würde mich jetzt auf eine andere sehen.

Natürlich wollte ich schön werden; das will jede. Und wenn daraus nichts würde, wollte ich wenigstens einen gefälligen Anblick bieten. Aber wenn es nun schlimmer würde? Wenn ich nun häßlich werden würde? Es kam mir ungerecht vor, auf die eine Weise, in der einen Kategorie, anzufangen und dann mit zwölf unversehens einer anderen zugewiesen zu werden.

Ich hatte einmal einen Kaufmann von dem Kind reden hören, das seine Frau erwartete. Jemand fragte ihn, worauf er hoffe, und ich hatte angenommen, daß er sagen werde, auf ein gesundes oder gescheites Kind. Aber statt dessen – das werde ich nie vergessen! – sagte er: »Wenn es ein Mädchen wird, bete ich bloß, daß es nicht häßlich ist.« Ich habe mich immer gefragt, ob es ein Mädchen geworden ist und ob es häßlich war.

Und so spähte ich bang in den Spiegel – wenn ich wußte, daß niemand mich dabei beobachtete – und versuchte, in meinem Gesicht die Zukunft zu sehen.

Auch meine Brüste und meine Taille veränderten sich. Anfangs konnte man nur ahnen, daß sich etwas veränderte, aber als Vater ein Jahr fort war, konnte man die Veränderungen nicht mehr übersehen. Ich wünschte immer, meine Brüste wollten aufhören zu wachsen, denn sie waren verräterischer als alles. Ich mußte immer weitere Kleider tragen und fing sogar an, ein enges Untergewand anzuziehen, um mich platt zu quetschen, wenn ich zu meinen königlichen Schwestern gehen mußte; ich wollte jung und unschuldig aussehen, solange es ging. Aber in meinen eigenen Gemächern ertrug ich dieses straffe Gewand nicht; es war schrecklich schmerzhaft.

Ich hatte keine »weise Frau«, die mich durch all dies führen konnte. Wenn ich eine Mutter gehabt hätte ... Aber sie wäre vielleicht zu scheu gewesen, um über diese Dinge zu reden. Was ich wirklich brauchte, war eine Amme oder Wärterin, die nicht um den Brei herumredete. Die männlichen Wachen, die meine Schwestern mir zuwiesen, taugten dazu jedenfalls nicht.

Unter normalen Umständen hätte ich vielleicht gerade mit meinen älteren Schwestern sprechen können. Aber sie waren an erster Stelle Ptolemäerinnen und erst an zweiter und dritter Frauen und Schwestern.

Und dann kam sie, die bedeutsame Grenze zwischen Kindes- und Frauenalter. Ich wurde fähig, Kinder zu bekommen in jenem Sommer, als ich zwölf Jahre alt und mein Vater über ein Jahr fort war. Ich war darauf vorbereitet; ich glaubte nicht, daß ich sterben müsse oder was unwissende Mädchen sonst wohl glauben. Ich wußte ganz gut, was geschah, aber es war dennoch eine folgenschwere Veränderung für mein Selbstverständnis. Nie wieder würde ich das Gefühl haben können, daß es kaum einen wesentlichen Unterschied zwischen mir und anderen Kindern, Jungen wie Mädchen, gab – daß die Kategorie »Kind« für uns alle gleichermaßen galt und die wichtigste Bezeichnung war, die beste Beschreibung, die auf uns alle paßte.

Jetzt würde ich für den Rest meiner absehbaren Zukunft dieses Element in mir haben, dieses fundamentale, furchterregende Element. Die Ehe ... Ich konnte heiraten, man würde sagen, ich sei bereit. Man konnte mich fortschicken aus Ägypten! Womöglich würde ich an einem ausländischen Hof wohnen müssen, als Gemahlin irgendeines Prinzen. Kinder bekommen ... mich um sie sorgen ... Und der Zyklus war so kurz, war ich doch selbst erst kürzlich Kind gewesen ...

Die Möglichkeit war beängstigend und bedrohlich wie nichts anderes bisher – nicht die widerrechtliche Herrschaft meiner Schwestern, nicht die Römer, nicht einmal das grausame Wasser unten im Hafen. Es war die Natur, die mir das angetan hatte, nicht ein anderer Mensch, und die Natur ließ sich nicht bitten oder umstimmen.

Nur Isis, meine gütige Wächterin und weise Führerin, konnte es verstehen. In den ersten Tagen nach jener großen Veränderung in mir verbrachte ich viele Stunden in dem Tempel am Meer und schaute ihre Statue an.

Sie war alle diese Mysterien zusammengenommen – Frau, Gattin, Mutter. Kein Wunder, daß die Frauen sie anbeteten – sie verkörperte ja alle ihre Eigenschaften. Ich konnte sie nur bitten, mich auf dieser Reise ins Ungewisse zu beschützen, in das furchterregende Land der Erwachsenen, der Frau, das da vor mir lag.

# 6

Teils, um diese Gedanken abzuwehren, teils auch aus Widerstand gegen die Rolle, die mir die Natur da – ohne meine Erlaubnis! – zuweisen wollte, beschloß ich, eine Gruppe von Leuten zu gründen, die ich mir selbst auswählen wollte. Ich würde sie die Gesellschaft des Imhotep nennen, nach dem legendären Arzt und Baumeister des alten Ägypten. Um dazuzugehören, mußte man sich für das alte Ägypten interessieren, für Dinge, die weit entfernt in Raum und Zeit lagen. Man mußte den Wunsch haben, die ägyptische Sprache zu studieren und die alte Schrift zu erlernen, und vor allem mußte man die Geister der längst Dahingegangenen fühlen und hören können, was sie uns womöglich zuraunen wollten.

Eine überraschend große Zahl von Schülern aus Mardians Klasse wollte dabeisein, aber auch Jungen und Mädchen, deren Eltern Palastbeamte waren.

Ich hatte den Verdacht, daß das nur so sei, weil eine Prinzessin die Anführerin war, aber mit der Zeit geriet das in Vergessenheit. Niemand blieb in dieser Gruppe, wenn er nicht ehrlich interessiert war, denn wir arbeiteten so hart, daß alle Zaghaften zurückblieben. Wir wollten lernen, die Inschriften auf den alten Denkmälern selbst zu lesen.

Eine der großen Verlockungen der Zugehörigkeit aber war, daß die Gruppe und ihre Unternehmungen geheim bleiben mußten. Warum? Ich nehme an, weil Kinder – und ich war entschlossen, die Kindheit nicht kampflos aufzugeben – Geheimnisse lieben und weil es uns das Gefühl gab, wichtig und wagemutig zu sein. In einem Palast, der von Spitzeln wimmelte, waren wir stolz darauf, eine undurchschaubare Geheimgesellschaft zu haben. Nie kamen wir auf den Gedanken, daß kein Mensch unser Treiben für wichtig genug hielt, um Spitzel damit zu befassen. Zudem hatten Zeit und Selbstgefälligkeit meine Schwestern in ihrer Wachsamkeit mir gegenüber nachlässig werden lassen.

Und so schlichen wir uns in den nächsten zwei Jahren, während Vaters Exil sich endlos hinzog, vergnügt in Alexandria umher, studierten die alte Sprache, wie sie in den Schriftrollen in unserer großen Bibliothek erhalten war, und hörten gelegentlich einen Lyrikvortrag in ägyptischer Sprache. Auch gingen wir – über die Maßen waghalsig, fanden wir – ins jüdische Viertel und betrachteten die Synagoge dort, die größte der Welt. War denn alles in Alexandria das größte der Welt? Mir schien es damals so. So groß war sie, daß ein Mann auf halbem Wege im Auditorium stehen mußte, der mit einer Flagge signalisierte, welcher Teil der Zeremonie gerade im Gange war, weil die Frommen im hinteren Teil so weit entfernt waren, daß sie nichts mehr sehen oder hören konnten.

Alexandria hatte eine beträchtliche jüdische Bevölkerung; manche sagten, daß es hier mehr Juden gebe als in Jerusalem. Das verwunderte mich immer, denn ihr großer Führer Moses hatte sie doch vor langer Zeit aus Ägypten weggeführt, und sie waren begeistert über diese Befreiung gewesen. Warum also hatten sie zurückkommen wollen? In der griechischen Übersetzung ihres Heiligen Buches – geschrieben hier in Alexandria – hieß es, ihr Gott habe ihnen verboten, nach Ägypten zurückzukehren. Warum mißachteten sie das Verbot?

Wir gingen fischen in den Papyrussümpfen des Mareotis, des großen Sees, der sich an der Rückseite von Alexandria und noch viele Meilen weiter nach Westen erstreckte. Dann wieder bekamen wir die Erlaubnis, eine der minderen Einbalsamierungswerkstätten zu besuchen, die sich bei den Gräbern wie Fliegen an die westlichen Mauern der Stadt drängten. Zwar hatten die Ägypter nicht mehr so prachtvolle Grabmale wie in früheren Zeiten, aber Leute, die es sich leisten konnten, zogen es immer noch vor, sich einbalsamieren zu lassen. Die Griechen hatten sich traditionell einäschern lassen, aber hier in Alexandria vermischten sich diese Bräuche wie so viele andere, und viele Griechen zog es zu den Einbalsamierungstischen des Anubis. Die Werkstätten hatten viel zu tun, und an dem Tag, an dem wir kamen, hatte der muntere Besitzer drei sterbliche Hüllen für die Reise nach Westen zu präparieren.

»Eigentlich sollte es siebzig Tage dauern«, erklärte er uns. »Vierzig für die Natrontrocknung und dann das Einwickeln und … Aber heute arbeiten wir schneller. Alle Welt hat es jetzt so eilig. Vor allem die Griechen. Das Tempo von Alexandria gilt noch für seine Toten.«

Er zeigte uns die verschiedenen Arten von Särgen; viele waren mit Hieroglyphen bedeckt, und ich war stolz, daß ich manches davon lesen konnte.

Oh, wir unternahmen noch vieles andere: Wir sammelten Duftwässer und Salben, die Alexandria exportierte. Da gab es Balsam von Gilead, zermahlen und zu einer Paste verrührt, und auch ein Parfüm aus Mendes, das »Der Ägypter« hieß und aus Dattelöl, Myrrhe, Harz und Zimt bestand, oder eines namens »Metopion« – Bittermandelöl, gewürzt mit Kardamom, süßen Binsen vom See Genezareth und Galbanum. Lilienöl war stark, und vermischt mit anderen Ölen und Fetten wurde daraus eine beliebte Salbe. Wir versuchten, selbst so etwas herzustellen, indem wir Fett schmolzen und zerdrückte Rosen und ein paar Tropfen Lotostau hinzufügten, aber es roch nicht sehr kräftig. Die Parfümeure Ägyptens haben auf der Welt nicht ihresgleichen, und sie hüten ihre Geheimnisse gut. Keine Werkstatt ließ uns bei der Arbeit zuschauen.

Alle diese vorbereitenden Tätigkeiten führten zu dem, was wir uns eigentlich erhofften: zu einem Besuch der Pyramiden. Sie standen nicht weit von Memphis, wo die Nilarme zusammenkommen und das Delta zu Ende ist. Es war eine weite Reise von Alexandria, an die hundert römische Meilen auf dem Kanopischen Arm des Nils. Wir hätten um Erlaubnis bitten und jemandem Bescheid sagen müssen. Das wußten wir schon damals. Aber es liegt in der Natur von Kindern, die sich nach Abenteuer sehnen, daß sie lieber sterben würden, als den sicheren Schutz eines Erwachsenen zu erbitten. Und es machte mir so viel Spaß, ihnen einmal auszureißen.

Natürlich war es nötig, einen Erwachsenen mitzunehmen, und Mardians Onkel Nebamun, ein Kammerherr minderen Ranges bei Hofe, erklärte sich widerstrebend bereit, uns mitzunehmen, aber nur, weil er selbst nach Memphis heimfahren und seine Verwandten besuchen wollte.

Denen, die uns beaufsichtigten, sagten wir, daß wir einen Ausflug machen wollten, eine ungefährliche, ruhige Fahrt zum Nil, um zu sehen, wie die Flut begann. In Alexandria waren wir nicht unmittelbar am Nil, sondern ungefähr fünfzehn, zwanzig Meilen weit von seinem westlichsten Arm entfernt. Mein Kammerdiener, der in Wirklichkeit mein Wärter war – die Wache war mit der

Zeit immer nachlässiger geworden –, fand, es sei in Ordnung und völlig harmlos, mich gehen zu lassen. Die fünf anderen wackeren jungen Forscher erzählten überall auf dem Palastgelände mit ruhigen Worten das gleiche, und ihre Hüter waren ebenso einverstanden.

Im Morgengrauen brachen wir auf; in drei königlichen Wagen ließen wir uns die Straße des Soma hinunter zu den Docks des Mareotis fahren. Dort herrschte reges Treiben; die Fischerboote waren bereits draußen auf dem See gewesen und entluden jetzt ihren Fang. Andere Schiffe, die mit den Erzeugnissen Ägyptens den Nil heraufgefahren kamen, drängten sich herein und warteten, bis sie mit dem Festmachen an der Reihe waren. Wein aus den Weingärten von Mareotis und dem Delta, Datteln, Papyrus, kostbare Hölzer und Gewürze aus Punt und Somalia, Porphyr aus der östlichen Wüste, Obelisken aus Assuan – das alles strömte im Binnenhafen von Alexandria zusammen.

Nebamun hatte ein kleines Boot gemietet, das uns nach Memphis bringen sollte. Es war so groß, daß wir darauf schlafen konnten, denn die Reise würde mehrere Tage dauern. Der um diese Jahreszeit vorherrschende Wind war günstig für uns; er wehte genau in die Richtung, in die wir fahren wollten: südwärts gegen den Strom.

Wir setzten die Segel und fuhren ostwärts über den See, als die Sonne aufging. Re, der prachtvolle Sonnengott, stieg aus dem Papyrusdickicht und den Binsen, die grün und stachlig den See säumten. Die Morgenbrise strich über das Wasser und füllte unser Segel. Wir fuhren Re geradewegs entgegen.

Erst am späten Nachmittag erreichten wir die andere Seite des Sees, die durch Kanäle mit dem Nil verbunden ist. Der Bootsmann warf einen Blick zum Himmel und meinte, wir sollten Anker werfen und zwischen Schilf und den großen, becherförmigen Blättern der Bohnenpflanzen Schutz suchen. Das klang wie eine Ferienbeschäftigung, und wir waren einverstanden.

Ich erwachte einmal mitten in der Nacht und hörte das gurgelnde Wasser, das sanft an die Wände unseres Bootes klatschte, das Rascheln der Papyrushalme überall ringsumher und den nächtlichen Schrei eines Reihers irgendwo im Dickicht. In meinem goldenen Bett im Palast hatte ich nie so gut geschlafen.

Als der Morgen graute, stiegen Nebelschwaden aus dem Sumpf, Nachtgeistern gleich, die jetzt flüchteten. Als Re erschien, zerstreuten sie sich sogleich. Bald waren wir auf dem Nil – oder auf dem Arm, den man den Kanopischen nennt.

Eine Übung in der Schule bestand darin, alle sieben Arme des Nils auswendig zu lernen, und jeder gebildete Ägypter kann sie hersagen: der Kanopische, der Bolbitinische, der Sebennytische, der Phatnitische, der Mendesianische, der Tanitische, der Pelusische. Sie wachsen fächerförmig aus dem eigentlichen Nil und haben – für einen Ibis, der über sie hinwegfliegt – die Form einer Lotosblüte, die an einem Stengel erblüht.

Der Kanopische Nil ist schmal. Die Felder ringsum sind von Dattelpalmen und Weingärten durchsetzt, und alles ist feucht und fruchtbar und von dem satten Grün, das nur lebende Dinge haben; der Malachit der Intarsien im Palast und die Smaragde, die an Armbändern funkelten, waren im Vergleich dazu matt. Grün ist die kostbarste Farbe in Ägypten, und sie ist der Wüste so mühsam abzuringen. Der Fluß selbst nahm eine grünliche Färbung an, die man im übrigen, wie ich hörte, »nilgrün« nannte, weil es diesen Farbton auf der ganzen Welt nicht noch einmal gibt.

»Aber wenn der Nil anschwillt, ändert sich seine Farbe«, erzählte Nebamun. »Der lebenspendende Stoff ist braun, und Hapi, der Nilgott, bringt ihn von der Quelle des Flusses weit unten im Süden herauf. Wenn er sich auf unsere Felder legt, vermischt er sich mit dem alten Boden und verjüngt ihn wie durch ein Wunder. Bald wird das Wasser steigen. Es geschieht immer, kurz nachdem Sirius am Osthimmel aufgegangen ist.«

Ich lächelte. Glaubte er wirklich an Hapi, den Nilgott, mit seinen schweren Brüsten? Ich wußte, daß einer meiner Vorfahren, Ptolemaios III., versucht hatte, die Quelle des Nils zu finden. Die Griechen glaubten an Wissenschaft, nicht an Götter, wenn sie Dinge erklärt haben wollten. Besser gesagt, sie versuchten es erst mit der Wissenschaft und schrieben etwas nur dann den Göttern zu, wenn sie die Antwort selbst nicht finden konnten. Ptolemaios III. war mit seiner Suche gescheitert. Also war es vielleicht doch Hapi.

Ich ließ mich zurücksinken und hängte die Hand ins Wasser, während wir sanft dahinglitten. Das Boot schien durch grüne Felder zu segeln. So weit das Auge reichte, war das Land flach und so fruchtbar, daß es aussah wie das Paradies. Tausend Bewässerungskanäle verteilten das Nilwasser überallhin, und Esel gingen an den Wasserrädern langsam im Kreis umher und beförderten das Wasser herauf.

Hier, dort, überall standen kleine Gruppen von Lehmziegelhäusern. Die Felder waren voller Menschen. Es war alles ganz anders als in Alexandria mit seinem blauen Meer und dem weißen Marmor; die Farben hier waren Grün und Braun. Und in noch einer Hinsicht war es anders: Die Menschen sahen alle gleich aus. Sie hatten alle die gleiche Hautfarbe, die gleichen Haare, und sie trugen die gleichen Kleider, während wir in Alexandria so viele verschiedene Nationalitäten hatten, daß jede Straße aussah wie ein Basar.

Der Fluß war voll von Booten in allen Größen: Man sah kleine Schilfboote mit geschwungenem Bug, breite Arbeitsbarken mit Korn und Bausteinen, Fischerboote mit winzigen Segeln und Kajütboote mit Schilfdächern zum Schutz vor der Sonne. Eine Feiertagsatmosphäre lag über dem Fluß, als seien alle Menschen hier Gäste auf demselben Fest.

Plötzlich deutete Nebamun auf einen zertrampelten Weingarten. »Nilpferdschaden. Schaut!«

Eine breite Schneise, von etwas hinterlassen, das so groß war wie ein Ochsenkarren. »Woher weißt du das?« fragte Mardian.

»Ah, mein Neffe, ich sehe schon, du bist inzwischen wirklich ein Geschöpf des Hofes. Wärest du am Nil aufgewachsen, wo du ja herkommst, dann würdest du nur zu gut wissen, was eine Nilpferdspur ist! Sieh doch, wie es aus dem Wasser kam, sieh seinen Weg – es war schnurstracks unterwegs zu den Feldern. Dann erkennst du, wie es umkehrte, wie es wendete – es muß verjagt worden sein. Und dort, weit vor uns, siehst du, wie es ins Wasser zurückkehrte. Wir wollen lieber vorsichtig sein. Es bedeutet nämlich, daß es weiter oben auf uns warten könnte. Ich hasse Nilpferde! Sie machen die Flußschiffahrt so gefährlich!«

»Sind Krokodile denn nicht schlimmer?« fragte Olympos.

Nebamun amüsierte sich über unsere Unwissenheit. Er deutete zum Flußufer, wo ein paar bräunlichgrüne Umrisse halb unsichtbar im Schilf lagen. Ich sah auch Augen, die über den Wasserspiegel spähten; was immer aber noch daran hängen mochte, war gut verborgen. »Seht doch, wie sie daliegen und sich sonnen. Sie sind eine Gefahr für Schwimmer und für jeden, der an der Uferböschung entlanggeht, aber nicht für Boote. Die Nilpferde dagegen! Halb untergetaucht liegen sie da, und plötzlich stehen sie auf und werfen das Boot um! Und wenn man sie stört oder vielleicht auch nur, wenn sie hungrig sind, beschließen sie, die Felder zu plündern! Ein Krokodil verschlingt vielleicht einen Schwimmer, aber es kommt nicht auf dein Land, zerstört nicht dein Boot und deine Ernte. Ein Krokodil ist mir jederzeit willkommen.«

»Wenn das Nilpferd so abscheulich ist, wieso habt ihr Ägypter dann ein Nilpferd zur Göttin der Kindsgeburt gemacht?« fragte Olympos, der junge Wissenschaftsgeist.

»Taueret«, sagte Nebamun. »Das weiß ich wirklich nicht. Ich muß zugeben, ich stelle mir ein Nilpferd, selbst ein trächtiges, nicht sehr mütterlich vor.«

»Was ist denn mit den Krokodilen?« Olympos ließ nicht locker. »Gibt es nicht auch einen Krokodilgott?«

»Ich glaube, es gibt sogar einen Ort, wo sie gehalten und verehrt werden!« rief Mardian. »Erzähle uns davon.«

Nebamun mußte nachdenken. »Das ist bei Memphis, in der Oase Moeris«, sagte er schließlich. »Ich war noch nie dort. Aber ich habe gehört, daß Pilger hinreisen, um an einem See mit heiligen Krokodilen zu opfern, wo einige der Tiere Gold und Edelsteine an den Vorderbeinen und den Kopfwülsten tragen.«

Wir alle brüllten vor Lachen.

»Sobek ist der Name des Gottes, den die heiligen Krokodile verkörpern«, sagte Nebamun. »Und der Anlegeplatz, wo die Tempel sind und die heiligen Tiere gefüttert werden, heißt Krokodilopolis.«

Jetzt kreischten wir vor Heiterkeit. Ein juwelengeschmücktes Krokodil – man muß sich vorstellen, wie sein verschlagenes Auge unter goldenem Geschmeide hervorfunkelt ... wie die Armbänder an seinen runzligen, krummen Beinen klirren! Und dann wohnt es in Krokodilopolis!

»Du machst dich über uns lustig«, sagte ich schließlich. »Es gibt keinen Ort namens Krokodilopolis.«

»Ich schwöre bei Amun, daß ich die Wahrheit sage!« rief Nebamun.

»Dann mußt du versprechen, uns hinzubringen«, sagte Mardian. »Ja, beweise es uns!«

»Dazu werden wir keine Zeit haben«, sagte Nebamun.

»Du hast gerade gesagt, es ist in der Nähe von Memphis.«

»Die Stelle, wo vom Nil aus ein kleiner Seitenarm zur Oase Moeris führt, liegt mehr als fünfzig Meilen weit stromabwärts, und dann muß man noch bis zur anderen Seite der Oase. Das wäre fast so weit wie der Rückweg nach Alexandria. Soviel Zeit haben wir nicht. Die Leute werden anfangen, sich zu fragen, wo wir sind.«

»Aber wenn wir doch Zeit haben?« fragte Olympos.

»Haben wir nicht«, sagte Nebamun. »Und wenn ihr erst die Pyramiden und die Sphinx gesehen habt, werdet ihr nicht mehr an Krokodilopolis denken.«

Als wir den Namen hörten, brachen wir von neuem in Gelächter aus.

An diesem Abend machten wir am Flußufer bei einem Wasserrad halt, wo ein ausgetretener Pfad zum Fluß herunterführte. Es sah aus, als wären wir hier sicher vor Krokodilen, denn es herrschte zuviel menschliches Treiben. Das Nilpferd, nach dem Nebamun Ausschau gehalten hatte, tauchte nicht auf.

Als die Sonne unterging, kletterten wir über den Bootsrand ins Wasser, um zu schwimmen. Im Laufe des vergangenen Jahres war ich zu einer respektablen Schwimmerin geworden. Das Wasser auf seinem gemächlichen Weg zum Meer zog langsam vorüber; wir setzten kleine Schilfboote hinein und versuchten dann, schneller zu schwimmen als die Strömung. Stromabwärts ging das alles leicht genug, aber die Rückkehr erforderte unsere ganze Kraft. Wir spielten Verstecken im Schilf und taten, als seien wir Horus, der den ruchlosen Seth im Papyrussumpf angriff, wobei wir Enten und Eisvögel in großer Zahl aufstöberten. Als sie davonflatterten, hörte sich das Schwirren ihrer Flügel an wie das Geräusch eines riesigen Fächers.

Und wieder waren wir vor dem Morgengrauen unterwegs, und ehe der Tag vorüber war, hatten wir die Gegend erreicht, wo alle Arme des Nils miteinander verschmolzen und zu einem einzigen Fluß wurden. Die untergehende

Sonne – Re in der Gestalt des Atum, des verfallenen alten Mannes, der im Westen versinkt – badete den breiten Busen des Flusses in magischem Gold, und als wir darüber hinsegelten, fühlte ich eine göttliche Regung.

»Wir werden heute nacht hierbleiben, und morgen – morgen werdet ihr die Pyramiden sehen!« sagte Nebamun.

»Hoffentlich bin ich nicht enttäuscht«, sagte Olympos und sprach damit aus, was wir alle dachten. Es wäre unerträglich, wenn die Reise sich nicht gelohnt hätte. Etwas in mir würde dann sterben, und vielleicht würde ich nie wieder eine weite Reise ins Unbekannte unternehmen.

»Immer die Griechen«, sagte Nebamun. »Nie wollen sie etwas glauben, immer haben sie Vorbehalte, machen sich im voraus schon Sorgen, daß etwas nicht sein könnte, was es zu sein behauptet.«

»Ja. Das ist unser Fluch und unser Glanz«, sagte Olympos.

»Die Römer nehmen die Dinge, wie sie sind, und denken darüber nach, wie sie zu gebrauchen wären«, überlegte ich.

»Wie sie zu zerstören wären, meinst du«, sagte Mardian.

»Ich glaube nicht, daß sie das im voraus entscheiden«, sagte ich. »Ich glaube, in dieser Hinsicht ist ihr Handeln rein – nicht gebunden durch vorhergehende Entscheidungen.«

»Ja, sie entscheiden sich nur in jedem Fall, unabhängig von allen anderen, für das Zerstören. Da gibt es keine spannende Ungewißheit. Sieh dir nur an, was sie mit Karthago gemacht haben – sie haben es dem Erdboden gleichgemacht und das Gelände mit Salz bestreut.«

»Aber Olympos, Griechenland haben sie nicht zerstört.«

»Nein. Nur im Geiste.«

Ich lachte. »Als ob irgend etwas den griechischen Geist zerstören könnte! Du bist ja wohl kaum geistlos.«

»Etwas vom griechischen Geist überlebt auf der Welt, und ein bißchen davon ist vielleicht sogar in die Köpfe einiger Römer eingesickert – aber das wahrhaft Griechische ist untergegangen. Außer in Alexandria, wo es inzwischen mehr griechischen Geist gibt als selbst in Athen.«

»Alles vergeht«, sagte Nebamun. »Nur die Pyramiden nicht.«

Sehr früh, bevor sich auf dem Boot etwas regte, war ich wach. Vor lauter Aufregung hatte ich die ganze Nacht nicht viel geschlafen; jetzt, da ich kurz davor stand, die Pyramiden und die Wunder des Alten Ägypten zu sehen, erfaßte mich zitternde Erwartung. Wir waren in der ganzen Welt berühmt für unsere gewaltigen Denkmäler und Statuen, deren Größe den Anschein erweckte, daß wir einst ein Volk von Riesen gewesen sein mußten, welche diese Dinge geschaffen und aufgestellt hatten. Sie ließen uns anders erscheinen als alle anderen Völker, als besäßen wir geheimes Wissen und Macht.

Aber wenn es darauf ankam, welche Geheimnisse besaßen wir dann? Und was würden sie uns nützen gegen die römische Macht? Mochte noch etwas von dem Wissen, das die Pyramiden errichtet hatte, in den Ägyptern von heute erhalten geblieben sein – wie sollte uns das helfen gegen römische Legionen, römische Belagerungsmaschinen, römische Katapulte?

Nur die Macht der Götter konnte sich ihnen entgegenstellen. Das wußte ich schon damals, o Isis. Nur Du und Amun und Osiris. Doch die Römer hatten Jupiter und Herkules …

Im frischen Morgengold der Sonne, dünn und ohne Wärme, segelten wir den Nil hinauf und spähten zum Westufer, um den ersten Blick auf die Pyramiden zu erhaschen. Das scheinbar endlose Grün der Felder im Delta war jetzt einem schmalen grünen Band zu beiden Seiten des Flusses gewichen, und gleich dahinter, als habe jemand einen Strich gezogen, begann die Wüste. Der goldene Sand lag flach und ausdruckslos wie das Antlitz eines Gottes und erstreckte sich, soweit das Auge reichte, und darüber hinaus in Ewigkeit.

Die Sonne stieg höher; am Horizont flimmerte die Luft. Und dann, in weiter Ferne – ihre Spitzen nahmen das Licht auf und blitzten. Drei waren es, und sie funkelten in der Sonne.

»Da!« rief Mardian. »Da! Da!«

Erst schien es, als seien sie übernatürlich groß, denn sonst hätten wir sie aus dieser Entfernung überhaupt nicht sehen können. Aber als wir stromaufwärts glitten und näher kamen, schrumpften sie zu einfachen großen Bauwerken zusammen, ähnlich unserem Leuchtturm. Als wir auf den Anlegesteg zufuhren und Bauern mit Eseln und Karren die Pyramiden einrahmten, schienen sie noch weiter zu schrumpfen und wurden zu einem beinahe alltäglichen Anblick.

Wir mieteten Esel, die uns die drei Meilen bis zu den Monumenten bringen sollten, und wir waren froh, daß wir es getan hatten, als die Sonne höherstieg und es nirgendwo Schatten gab. Der Sand wurde so heiß, daß man sich die Fußsohlen daran verbrannt hätte. So pflügten wir uns durch ein goldenes Meer von Sand zu diesen Bergen hin, die aus dem gleichen Material zu bestehen schienen, nur daß sie scharfe Kanten hatten. Es ging kein Windhauch; alles war still und heiß.

Die Pyramiden wuchsen, bis sie den Himmel auszufüllen schienen, und als wir schließlich am Fuße der ersten stehenblieben und an ihr hochschauten, da war es vorstellbar, daß ihre Spitze die Sonne berührte. Heute weiß ich, daß sie aussah wie ein Berg, aber damals hatte ich noch nie einen Berg gesehen, und es war atemberaubend. Ich kannte nur die flache Ebene, nur das Waagerechte – den glatten Ozean, die geraden, breiten Straßen von Alexandria, die ebenen Felder am Fluß –, und diesen Berg nun, dieses senkrechte Aufstreben, das konnte ich nicht begreifen.

Die polierten Steine glänzten und reflektierten die Sonne wie ein bernsteinfarbener Spiegel – hart, riesig, undurchdringlich. Nirgends war auch nur der kleinste Zierat, kein Absatz, kein Detail, kein Fenster, kein Sims – nur diese steile, glänzende Rampe aus Stein, die im Himmel verschwand. Mir war schwindlig. Vom gleißenden Licht und von der Hitze, die vom Sand aufstieg und von der Sonne herniederprallte, drehte sich alles in meinem Kopf. Plötzlich wußte ich, daß es gefährlich war, hier zu bleiben. Die Pyramide wollte uns schaden, uns zu Boden strecken.

»Schatten!« sagte ich. »Ist denn hier nirgendwo Schatten?«

Nebamun zog Sonnenschirme hervor. »Nur das hier«, entgegnete er, aber ich war froh, daß er daran gedacht hatte. »Unter dem Kinn der Sphinx gibt es etwas Schutz«, meinte er. »Dort können wir warten.«

Er bestieg seinen Esel und lenkte ihn der Sphinx zu, deren Kopf über den Sand hinwegspähte. In ihrer Anwesenheit hätten wir die gleiche ehrfürchtige Angst empfinden müssen, aber im Vergleich mit den Pyramiden erschien sie uns beinahe freundlich. Sie bot uns Schutz, und sie sah aus wie eine Person, und in ihr hauste nichts, was lange tot und feindselig war.

Im Sand zwischen den Pranken der Kreatur breiteten wir unsere Decken aus und hielten uns die Sonnenschirme über die Köpfe. Gesprochen wurde wenig; es war fast, als ob die gewaltige Stille an diesem Ort es verbiete. Auf der einen Seite sahen wir eine erhöhte Pflasterstraße, und wir wußten, daß es sich um eine aufgegebene Straße handelte, die zur Pyramide führte; vielleicht hatte man sie benutzt, um die Steine zum Bau heranzuschieben, aber jetzt ging dort niemand mehr her.

Im Schatten der Sphinx schauten wir zu, wie der Tag vorüberzog. Hin und wieder flog eine dunkle Gestalt durch den tiefblauen Himmel – ein Geier. Oder der Sand bewegte sich ein wenig, und wir sahen eine kleine Schlange, die sich tiefer hineinwühlte, um der Hitze zu entgehen. Aber davon abgesehen rührte sich nichts. Dieser Ort war in den Klauen des Todes.

Ich fragte mich, wer in den Pyramiden liegen mochte und was da bei ihnen sei. Schmuck mußte ja sicher dasein, Speisen, Bücher und Instrumente. Irgendwo in der schwarzen Finsternis und Abgeschiedenheit im Herzen der Pyramide würden Gemälde von Sternen sein und von Nut, der Göttin des Himmels, als könnte man die toten Pharaonen damit zum Narren halten und sie glauben machen, sie lägen draußen unter dem nächtlichen Himmel statt eingekerkert im Stein, umgeben von schaler, stickiger Luft in alle Ewigkeit.

Allmählich begannen die Pyramiden ihre Farbe zu ändern. Am Mittag waren sie fast weiß gewesen, aber jetzt war dieses Weiß bräunlich gemildert, und als die Sonne noch tiefer sank – wiederum Atum –, bekamen sie einen warmen Glanz, rosig überhaucht. Kleine Tiere – Eidechsen, Schlangen, Mäuse – begannen sich zu regen und kamen überall aus ihren Verstecken.

Auch wir kamen zwischen den Pranken der Sphinx hervor und wanderten noch einmal um die Pyramiden herum. Jetzt erstreckten sich mächtige, lange Schatten auf einer Seite, und die schrägen Lichtstrahlen hoben all die Unregelmäßigkeiten der Oberfläche hervor. Hier und da zerbröckelten die Steine; die Zeit fraß an ihrem Gefüge. Selbst sie, so unsterblich wie nichts, was man sonst kannte, waren nicht gefeit vor der unerbittlichen Feindseligkeit der Zeit.

Die untergehende Sonne ließ alle Steinchen und Wellen im Sand stärker hervortreten und zeigte so, daß die Pyramiden nicht in einem konturlosen Rahmen standen, sondern in einer reich strukturierten Umgebung, deren Textur aber nur unter bestimmten Lichtverhältnissen sichtbar wurde.

Der Himmel war rosarot und purpurn, eine verwirbelte Mischung von Farben, die sich von einem leuchtendroten Fleck am Horizont nach oben ausbreiteten. Aus dem Nichts kam plötzlich ein Wind, warm wie geschmolzene Salbe, süß wie ein lang zurückliegender Tod.

»Kommt«, sagte Nebamun. »Wir sollten gehen. Es wird sehr schnell dunkel, und wir sollten nicht hier sein, wenn das Licht vergeht.« Er hüpfte mit überraschender Schnelligkeit auf seinen Esel.

Wie mochten die Pyramiden nachts aussehen? Dunkel vor der Dunkelheit?

Ich wollte bleiben. Aber ich war jung und mußte gehorchen.

# 7

Nichts ist je beim zweitenmal das gleiche. Ich hatte erwartet, daß die Heimreise genauso sein würde wie die Herfahrt. Und eine Zeitlang war es auch so – dieselben Uferböschungen, dieselben Kanäle, dieselben Dattelpalmenhaine. Aber als wir uns Alexandria näherten und die weißen Türme der Stadtmauern in der Sonne schimmern sahen, da sahen wir auch ein ungewöhnliches Gewimmel und eine Menge Menschen. »Was gibt es Neues?« rief Nebamun, als wir uns der Kaimauer näherten.

»Kleopatra ist tot!«

Ich wußte wohl, daß nicht ich es war, aber es überläuft einen doch eisig, wenn man hört, wie jemand den Tod eines Menschen mit dem eigenen Namen so gelassen bekanntgibt.

»Vergiftet!« rief ein anderer Mann auf dem Kai. »Da bin ich sicher!«

»Wo ist Berenike?« fragte Nebamun.

»Im Palast. Wo sollte sie sonst sein?«

»Geflohen ist sie nicht, wenn du das wissen willst«, fügte der andere hinzu. »Aber vielleicht muß sie es noch. Eins der anderen Kinder ist bereits weg – die jüngere Kleopatra. Sie wird schon überall gesucht. Die Römer kommen.«

»Die Römer? Was für Römer?« rief ich.

»Die Römer aus Rom«, antwortete der Mann sarkastisch. »Was für welche gibt es denn sonst noch?«

»Stimmt ja gar nicht«, sagte der andere selbstgefällig. »Diese Römer kommen aus Syrien – drei Legionen stark –, und sie wollen Ptolemaios wieder auf den Thron setzen. Er hat sie schließlich gekauft.«

»Aber die Prophezeiung? Was ist mit der Prophezeiung?« fragte ich. Inzwischen waren wir aus dem Boot gestiegen und kletterten an Land. »Es heißt doch, die Sibyllinischen Bücher hätten jede bewaffnete Hilfe von Rom verboten?«

»Geld findet seinen Weg«, sagte der Mann. »Kluges Kind, wenn du die Sibyllinischen Bücher kennst, dann solltest du auch wissen, daß Geld alle Prophezeiungen außer Kraft setzen kann.«

»Kommt«, sagte Nebamun und schob uns zur Straße des Soma. Er war beunruhigt, und ihm war klar, daß er uns so rasch wie möglich zum Palast zurückbringen mußte. Schon jetzt würde man ihn wahrscheinlich auspeitschen zur Strafe dafür, daß er uns mitgenommen hatte.

»Nebamun, hab keine Angst«, sagte ich. »Es war meine Idee, auf diese Reise zu gehen; ich werde die Schuld und die Strafe auf mich nehmen.« Meine Schwester würde mich mit größtem Vergnügen bestrafen, dessen war ich sicher; ob sie deshalb allerdings auch darauf verzichten würde, Nebamun auspeitschen zu lassen, das war schon eher die Frage.

Hatte sie Kleopatra vergiftet? Würde sie mich vernichten und Arsinoë außerdem? Ich war ganz matt vor Angst.

Als wir im Palast waren, wartete ich nicht, bis sie nach mir schickte, sondern begab mich gleich in ihre Gemächer. Dort wimmelte es von berufsmäßigen Trauerweibern; sie weinten und schlugen sich an die Brust, und dabei heulten sie in hohen, geisterhaften Klagetönen. Ich bat um die Erlaubnis, mich geradewegs in die Räume der Königin begeben zu dürfen, und dann warf ich mich betrübt und bang zu Boden und erwartete sie. Ich hörte, wie ihre Schritte näher kamen und innehielten.

»O Schwester!« rief ich. »Ist es wahr? Ist Kleopatra tot? Und habe ich dein Leid vergrößert durch meine Abwesenheit? Verzeih mir!« Ich brauchte meine Not nicht zu spielen.

»Steh auf, und laß das Schniefen! Ja, unsere Schwester ist tot. Pilze öffneten ihr die Pforte ins Reich des Osiris. Man muß vorsichtig sein mit Pilzen. Ich meide sie ja ganz.«

Ich sah sie an, sie wirkte gleichmütig und scheinbar ungerührt vom Tod. Niemand sollte vom Tode ungerührt sein, fand ich. Doch als ich näher hinschaute, sah ich, daß ein halbes Lächeln auf ihrem Gesicht spielte, sosehr sie sich auch bemühte, es zu unterdrücken.

»Wo bist du gewesen?« fuhr sie mich an. »Wie kannst du es wagen, den Palast zu verlassen und tagelang wegzubleiben, ohne mir etwas zu sagen? Du bist noch ein Kind! Wer hat dahintergesteckt?«

»Ich habe alles geplant, und ich habe Nebamun, Mardians Onkel, gezwungen, mich und ein paar andere mitzunehmen. Wir haben ihn dazu gebracht, nicht er uns.« Wenn sie mir nur glaubte!

»Wohin mitzunehmen?«

»Zu den Pyramiden und zur Sphinx.«

Ich hatte damit gerechnet, daß sie wütend werden würde, aber sie fing an zu lachen. Dann begriff ich, weshalb. Sie hatte befürchtet, wir wären in eine politische Angelegenheit verwickelt gewesen, aber diese Sache war völlig unschuldig. Erleichterung durchflutete mich. Sie würde mir nichts tun. Heute jedenfalls nicht.

»Ich habe sie selbst noch nie gesehen«, sagte sie. »Es ist mir ein bißchen peinlich, das zuzugeben.«

»Sie waren genauso, wie ich es mir erträumt hatte«, sagte ich. »Sie machten mich stolz darauf, eine Ägypterin zu sein.«

»Du bist keine Ägypterin, du bist eine Ptolemäerin – eine Griechin!« erinnerte sie mich.

»Die Ptolemäer sind doch seit dreihundert Jahren hier. Wir müssen inzwischen Ägypter sein.«

»Was für ein dummes Zeug! Wieder eine von deinen albernen Ideen! Wir haben keinen Tropfen ägyptischen Blutes in uns; da kommt es nicht darauf an, wie lange wir schon hier sind!«

»Aber ...« Ich wollte sagen, daß wir doch Ägypter im Geiste, wenn schon nicht dem Blute nach, sein konnten. Aber sie schnitt mir das Wort ab.

»Wenn ein roter Granitblock tausend Jahre lang neben einem grauen Granitblock steht, verändert er sich dann?« schrie sie.

»Menschen sind kein Granit«, beharrte ich.

»Aber manchmal können sie fast ebenso hart sein!«

»Du nicht«, sagte ich. »Ein Teil von dir ist zu gut dazu.« Ich wollte ihr schmeicheln.

Das halbe Lächeln kehrte zurück. »Ich hoffe, mein Ehemann wird mich auch so sehen.«

»Dein Ehemann?« Ich hätte mich beinahe verschluckt.

»Ja. Ich hatte gerade geheiratet, als deine Schwester Kleopatra uns verließ. Sie verwandelte das Haus meiner Freude in ein Trauerhaus. Aber so sind die Fügungen des Schicksals.«

»Wer … wer ist es?«

»Prinz Archelaos von Pontos«, antwortete sie, und jetzt wurde das Lächeln vollständig. Offenbar war er hübsch und gefiel ihr.

»Wieviel ist denn geschehen in den wenigen Tagen, die ich fort war?« platzte ich heraus.

»Noch einiges mehr«, sagte sie. »Wir bereiten uns darauf vor, uns gegen die Söldner unseres Vaters zu verteidigen. Mit römischem Geld – mit geborgtem, natürlich – hat er andere Römer gedungen, in Ägypten einzufallen, um den Thron zurückzuerobern!« Ihre Stimme bebte vor Empörung über das alles.

»Aber was ist mit der Sibyllinischen Prophezeiung?« fragte ich schon wieder.

»Cicero hat einen Weg gefunden, sie zu umgehen! Jawohl, der große römische Orator, der sich soviel auf seine Vornehmheit zugute hält, benimmt sich wie irgendein Krämer, der im Basar einen Handel schließen kann. Der Unterschied ist nur, daß er mit Worten handelt, nicht mit Taten.«

»Aber welche Worte hat er denn benutzt?« Wollte es mir denn niemand sagen? Ich kannte die Prophezeiung: *Wenn ein ägyptischer König kommt und dich um Hilfe bittet, so verweigere ihm die Freundschaft nicht; aber du sollst ihm nicht mit deiner Macht zu Hilfe kommen, denn tust du es doch, so wirst du Nöte und Gefahren finden.* Wie konnte man sich da herumreden?

»Etwa so, daß Gabinius, der römische Statthalter von Syrien, den König vorausschicken sollte; so wird er ihn nicht ›mit seiner Macht‹ begleiten – sondern nur hinter ihm stehen!« Sie schnaubte. »Aber wir werden auf sie vorbereitet sein!« erklärte sie entschlossen.

Vater war auf dem Weg nach Hause! Die Römer wollten ihn wieder auf den Thron setzen! Ich hatte Mühe, nicht in lauten Jubel auszubrechen. »Ich werde in meinen Räumen bleiben«, versicherte ich ihr. »Du brauchst dich nicht wieder besorgt zu fragen, wo ich bin. Es schmerzt mich, daß meine Abwesenheit dir Sorge bereitet hat.«

Sie hatte vergessen, daß sie Nebamun bestrafen wollte; das römische Heer hatte alle gewöhnlichen Gedanken aus ihrem Herzen vertrieben. Ich würde mich in meinen Gemächern verstecken und hoffen, daß sie mich auch bald vergessen würde.

Es ging alles sehr schnell. Es war Dein Wunsch, o Isis – du, die du den Planer alles Bösen wider andere in die Hände derer ausliefserst, wider die er plant –, Dein Wunsch war es, daß mein Vater, Ptolemaios XII. Philopator Neos Dionysos, wieder auf den Thron steigen sollte. Du warst es, welche die Truppen des Gabinius nach Pelusion am Rande Ägyptens führte und die ihnen half, die Garnison dort zu überwinden und gegen Alexandria zu marschieren. Du warst es, die Berenikes Armee in Verwirrung und Niederlage stürzte und den Tod ihres neuen Bräutigams Archelaos herbeiführte. Du warst es, die den jungen Befehlshaber der Reiterei im Heer des Gabinius veranlaßte, den besiegten Ägyptern Gnade zu gewähren und den Archelaos ehrenvoll zu bestatten, womit er sich die Liebe der Alexandriner erwarb. Sein römischer Name war Marcus Antonius, und er war siebenundzwanzig Jahre alt.

Du warst es, die das alles fügte und alle diese Ereignisse bewegte, die in nur wenigen Tagen meine ganze Zukunft schuf und ihre Gestalt offenbarte.

Berenike mußte öffentlich hingerichtet werden. Jetzt war ich das älteste überlebende Kind, und ich würde Königin werden.

Königin. Ich würde Königin werden. Ich wiederholte diese Worte bei mir selbst immer wieder, aber ich wurde doch nicht vor der Zeit ungeduldig; anders als meine Schwestern würde ich es geschehen lassen, wenn die Vorsehung es bestimmte. Ihre Versuche, das Schicksal zu verdrehen, hatten *mir* den Thron verschafft. Bei dem Gedanken mußte ich lächeln.

Ich – Königin. Das dritte Kind, ein Mädchen noch dazu. Wahrlich, das war das Werk der Isis, die das Schicksal formt.

Meine Freude über das Wiedersehen mit Vater war grenzenlos. Ich warf ihm die Arme um den Hals und merkte, daß meine Augen jetzt fast auf gleicher Höhe mit den seinen waren. Er war drei lange Jahre fort gewesen, Jahre, die viele Veränderungen in mir hervorgebracht hatten.

»Du bist wieder da! Und unversehrt!« Es schien unmöglich zu sein, wie es die Erfüllung eines Gebets ja oftmals ist.

Er sah mich an, als habe er vergessen, was er da sehen würde. »Du bist hübsch geworden, mein Kind«, sagte er schließlich. »Du wirst die Königin sein, die Ägypten verdient.«

»Ich bin jetzt vierzehn Jahre alt«, erinnerte ich ihn – für den Fall, daß er die Übersicht verloren hatte. »Ich hoffe, ich werde nicht lange Königin sein – möge der Pharao eine Million Jahre leben, wie die Alten zu sagen pflegten.«

»Dein Lächeln ist noch das gleiche«, sagte Vater sanft. »Ich habe es die ganze Zeit im Herzen getragen.«

Aber derselbe empfindsame Mann zwang uns, die Hinrichtung seiner anderen Tochter, Berenike, mit anzusehen. Wie können wir so viele verschiedene Menschen sein, allesamt vereint in einem einzigen Körper?

Ich wollte mich entschuldigen, da ich, wie ich erklärte, nicht stören wollte: Der Tod eines Menschen sollte seine Privatsache sein. Vater bestand auf meiner Anwesenheit.

»Ihr Verrat war öffentlich«, sagte er, »also muß es auch die Strafe sein.«

Und er bestand darauf, daß auch die Römer zugegen waren. Die Römer, die ihm die Macht zurückgegeben hatten – zu einem Preis. Jetzt mußten sie sehen, was sie mit ihrem Einsatz erkauft hatten.

Wir mußten unsere Plätze vor einer Kaserne einnehmen, in der die Leibgarde wohnte; hastig hatte man Ehrensitze errichtet. Bevor wir auf den Platz hinausgezogen waren, hatte Vater mir die römischen Offiziere vorgestellt. Aulus Gabinius war ein kantiger, stämmiger Mann, eine nüchterne Erscheinung, wie man es von jemandem erwartete, der einer Prophezeiung trotzte. Und sein strahlender Kavallerieoffizier, Marcus Antonius … Ich fand, daß er ein einnehmender junger Mann war, dessen Lächeln aufrichtig wirkte.

Und, um ehrlich zu sein, das ist alles, was ich von meiner ersten Begegnung mit ihm in Erinnerung habe.

Berenike wurde vor die Kaserne geführt; die Hände hatte man ihr auf den Rücken gefesselt. Die Augen hatte man ihr nicht verbunden, so daß sie gezwungen war, uns anzusehen, ihr grausames Publikum.

»Du bist für schuldig befunden des Verrats und dich bemächtigt zu haben des Throns in Abwesenheit deines rechtmäßigen Königs«, verkündete Potheinos, ein königlicher Minister und junger Eunuch. Seine Stimme klang wie die eines Kindes, aber sie trug so weit wie die eines Erwachsenen. »Dafür mußt du die Buße zahlen und sterben.«

»Hast du noch etwas zu sagen?« fragte der König. Aber das war nur eine Formsache. Oder wollte er wirklich noch etwas hören?

»Du Sklave der Römer!« rief sie. »Da sitzen sie!« Sie deutete mit einer ruckhaften Kopfbewegung zu Gabinius und Antonius und Rabirius, dem Geldverleiher, der den ganzen Feldzug finanziert hatte. »Da sitzen sie, und nie wieder wird man sie loseisen können aus Ägypten! Wer also hat dieses Land verraten, Vater?«

»Genug!« sagte Potheinos. »Dies wird dein letzter Atemzug sein!« Er winkte dem Soldaten, der sie erwürgen sollte. Der Mann trat hinter sie. Seine Unterarme waren so dick wie die Oberschenkel der meisten anderen Männer.

Berenike stand starr da und wartete. Sie schloß die Augen, als er ihr die Hände um die Kehle legte und dann ruckhaft zudrückte. Scheinbar lange Zeit hielt sie offensichtlich den Atem an, aber dann rebellierte ihr Körper plötzlich, und sie fing an sich zu winden und versuchte, seinen Griff zu lockern. Aber ihre Hände waren wehrlos auf den Rücken gebunden, und sie konnte nur wenig tun. Der Soldat hob sie schließlich am Halse hoch und hielt sie so fest, während das Leben aus ihr wich und sie schließlich aufhörte zu zucken. Ihre Füße hingen von den Knöcheln an senkrecht herab; eine ihrer Sandalen fiel herunter, und es klatschte laut in der stillen Luft. Ich bemerkte, daß ihr Gesicht eine schaurige dunkle Farbe angenommen hatte, und wandte mich ab. Dann hörte ich Fußgetrappel, und als ich hinschaute, sah ich, wie sie auf eine Bahre gelegt und weggetragen wurde. Einer ihrer Füße – der ohne Sandale – schleifte über den Boden; wenn sie noch gelebt hätte, wäre ihr das unangenehm gewesen. Aber jetzt störte es sie nicht mehr.

Vaters Gesicht hatte alle Farbe verloren, obgleich er keinerlei Gefühlsregung erkennen ließ. Gabinius an seiner Seite war zusammengezuckt, und Antonius hatte sich abgewandt. Soldaten zogen das Morden auf dem Schlachtfeld diesem feierlichen, ritualisierten Tod vor. Rechts und links von mir saßen meine verbliebenen Geschwister und nahmen die warnende Lektion in sich auf. Arsinoë hatte scharf aufgeschrien, als der Henker vorgetreten war. Die beiden Jungen – sechs und vier Jahre alt – wanden sich einmütig. Selbst sie hatten verstanden, daß dies kein Spiel war und daß Berenike nicht gleich von der Bahre springen würde. So sah und lernte jeder von uns an diesem Tag etwas anderes.

Während ich das grausige Ritual verfolgte, erkannte ich, daß sie mir etwas vererbt hatte, ohne daß es eigentlich ihre Absicht gewesen war. Von ihr wußte ich jetzt, daß eine Frau allein regieren konnte – das heißt, wenn sie stark war. Die früheren Ptolemäer-Königinnen waren durch Heirat an die Macht gekommen, aber Berenike hatte bewiesen, daß eine Frau auch selbst die Macht ergreifen und sich erst nachher einen Mann erwählen konnte. Und sie brauchte sich auch gar keinen Mann zu erwählen, wenn ihr das lieber war.

Dann wurde mir schneidend bewußt, daß die römischen Truppen diese Wiedereinsetzung zuwege gebracht hatten und daß die römischen Truppen mit der Verheißung ptolemäischen Geldes zu kaufen waren. Ihre Macht und unser Geld: eine furchterregende Verbindung. Und schließlich: Auch wenn unser Haß auf die Römer eine politische Tatsache war, so waren die einzelnen Römer doch keine Dämonen. Im Gegenteil, sie konnten durchaus anziehend wirken. Gabinius und dieser Antonius waren freundlich und liebenswürdig und hatten gute Manieren. All die eingängigen Witze über die Römer und die Behauptung, daß sie Barbaren seien – ich erinnerte mich noch, was ich vor dem Bankett für Pompejus von ihnen geglaubt hatte –, entsprachen einfach nicht der Wahrheit.

Und da war noch etwas, etwas, das ich in alldem hatte aufschimmern sehen: Die Römer waren untereinander gespalten. Die einen waren dagegen gewesen, Vater wieder auf den Thron zu bringen, und andere dafür. Es gab einen Regelkodex, der es verbot, aber mit schlauer Wortwahl war er zu umgehen. Nicht alles in Rom war in Stein gemeißelt, und vielleicht ließe sich die eine Partei gegen die andere einsetzen …

Diese Ideen hatten zu jener Zeit noch keine Form, aber sie begannen sich mir zu offenbaren. Die Römer waren nicht einfach eine Macht, gegen die wir hilflos waren; sie waren von eigenen Parteien und Rivalitäten zerrissen, und das ließ sich zu unserem Vorteil wenden. Ich sah, daß unser Widersacher Löcher in seiner Rüstung hatte. Vater hatte erfolgreich eines davon gestopft: mit ägyptischem Geld. Man mußte immer Geld haben.

Vater machte klar, daß die Römer in Alexandria willkommen waren – für kurze Zeit. Dann jedoch sollten sie sich diskret zurückziehen. Vorher aber sollte ein dionysisches Fest zur Feier der neuerlichen Thronbesteigung des Königs stattfinden. Er selbst sah sich als Nachkommen des geheimnisvollen Gottes des Weins, der Freude und des Dramas und des Lebens an sich. Bei den großen Feiern des Bacchus – so hieß der Gott bei den Römern – suchte er Befreiung und Ekstase und Zugehörigkeit: all das, was er in Alexandria im hellen Tageslicht nicht finden konnte, so gleißend es in dieser Stadt der Städte auch sein mochte.

Während ich mich auf die feierliche Prozession durch die Straßen vorbereitete, war mir deutlich bewußt, daß ich Gegenstand eindringlicher Neugier sein würde. Bis dahin drittes Kind und so gut wie unbemerkt, war ich nun die Thronerbin. Jeder würde sich ein Bild von mir machen wollen; aller Augen würden sich auf mich richten. Ich litt Qualen bei der Auswahl meines Gewandes und meiner Frisur. Und als alles fertig war, wußte ich, daß ich jetzt in den Spiegel schauen und die Antwort erhalten würde, auf die ich so lange gewartet hatte. War ich schön? Gewinnend? Außergewöhnlich? Würde sich beizeiten ein Glas voll Schönheit von Persephone für mich öffnen?

Ich entschied mich für eine Frisur, bei der das Haar mir über die Schultern hing. Ich war noch jung genug, um eine Mädchenfrisur zu tragen, und ich wußte, daß ich schönes Haar hatte – es hatte keinen Sinn, es vor der Zeit zu verbergen. Fast schwarz war es, dicht und glänzend und leicht gelockt. Und ich suchte mir ein Kleid aus dünnem weißem Leinen aus, denn ich wußte, daß nichts so gut zu schwarzem Haar paßt wie ein weißes Kleid. Ich wollte eins im enggeschnittenen Stil des Alten Ägypten tragen, da ich von schlanker Gestalt war, aber der griechische Stil mit all seinen fließenden Falten paßte besser zum Anlaß.

Zumindest brauchte ich meine Brüste nicht mehr einzuschnüren; mit Berenikes Tod war das zu Ende. Ich konnte meinen Körper für sich sprechen lassen. Und meine Brüste – selbst mein kritischer Blick fand an ihnen nichts auszusetzen.

Als ich fertig angekleidet war, sah ich Arsinoë im Spiegel hinter mir – Arsinoë, die all die herkömmliche Schönheit besaß, nach der ich mich sehnte.

Ich drehte den Spiegel so, daß das Bild verschwand. Und dann betrachtete ich mich selbst und versuchte mir vorzustellen, ich sei eine Fremde, die mich sah. Und ich war nicht unzufrieden.

Wenn ich sie sähe, dachte ich, würde ich sie gern näher kennenlernen.

Ich zuckte die Achseln und legte den Spiegel aus der Hand; dann beugte ich mich vor, um den passenden Schmuck auszuwählen. Vielleicht war dies das beste Urteil, auf das irgend jemand hoffen konnte: *Wenn ich sie sähe, würde ich sie gern näher kennenlernen*.

Als wir in majestätischem Zeremonienschritt durch Alexandria fuhren, sah ich die Menschenmenge, die sich beidseits der Straße drängte. Die Prozession hatte am Palast begonnen, sich dann am Grabe Alexanders vorbeigeschlängelt und war an den langen Kolonnaden des Gymnasions entlang weitergezogen, vorbei an der Bibliothek, am Tempel des Serapis, am künstlichen Hügel im Garten des Pan, am Theater – an all den Monumenten unserer großartigen Stadt. Heute jubelte die riesige, leicht erregbare Menge; die Menschen kletterten auf die Dächer, um uns zu sehen, krochen an den Säulen hoch und hockten oben auf den Statuen. Da wir Dionysos und seinen Weinschläuchen folgten, war das Volk erhitzt, fröhlich und nachsichtig, wenn wir kamen. Es war dasselbe Volk, das einen Aufstand gemacht hatte, als ein römischer Soldat aus Versehen eine heilige Katze getötet hatte – wankelmütig und wild. Heute waren diese Menschen unsere ergebenen Parteigänger. Und morgen?

Weit hinter uns, zum Zeichen, daß die Prozession hier zu Ende war, ging ein Mann im Kostüm des Hesperos, des Abendsterns.

Endlich erreichten wir unser Ziel: das Stadion, das zu einem Pavillon umgestaltet worden war, in dem unser Fest stattfinden sollte. Das sonst offene Feld war mit einem Gitter aus efeu- und weinumrankten Balken überdacht worden, getragen von Säulen, die wie der heilige Stab des Dionysos geformt waren. Die strahlende Nachmittagssonne drang durch das grüne Laub, als wir zum Ritual der Trunkenheit und der Ekstase in die Höhle des Gottes einzogen.

Besser gesagt, mein Vater zog ein. Als ein treuer Anhänger des Gottes übernahm er es, durch den Wein mit Dionysos eins zu werden. Während wir andern von der neuen Ernte aus den Weingärten am Kanopischen Arm des Nils, dem besten Wein Ägyptens, kosteten, stürzte Vater ihn hinunter. Und als der Tanz begann – denn Schauspieler und Musiker waren dem Gotte heilig und von ihm inspiriert –, da schien Vater in Trance zu verfallen. Er hatte sich den heiligen Efeukranz aufgesetzt, und jetzt zog er seine Flöte hervor und fing an, Melodien zu spielen.

»Tanzt! Tanzt!« befahl er allen in seiner Umgebung. Die Ägypter gehorchten, aber die Römer starrten ihn nur entsetzt an.

»Tanzen, sage ich!« rief der König und wedelte einem der römischen Gäste, einem Pionieroffizier, mit seiner Flöte vor dem Gesicht herum.

»Du da! Demetrius! Tanzen!«

Demetrius machte ein Gesicht, als habe man ihm befohlen, in einen Fiebersumpf zu springen. »Ich tanze nicht«, sagte er, und er wandte sich ab und ging davon.

»Komm zurück!« Der König wollte nach den Falten seiner Tunika greifen, aber statt dessen stolperte er, und sein Efeukranz rutschte ihm über ein Auge. »Oh!«

Ein paar von Gabinius' Soldaten kicherten. Ich empfand tiefe Scham für meinen Vater. Ich wußte, daß er nur das altehrwürdige Benehmen der Bacchanalien an den Tag legte, aber diese Riten waren im würdebewußten Rom abgeschafft. Für die Römer war dies nur ein Betrunkener, der ein komisches Schauspiel bot.

»Deshalb also nennt man ihn Auletes, den Flötenspieler«, sagte eine Stimme neben mir. Ich sah, daß sie Marcus Antonius gehörte.

»Ja, aber das Volk von Alexandria hat ihm diesen Namen voller Zuneigung gegeben«, sagte ich steif. »Die Leute hier kennen die Riten des Dionysos.«

»Das sehe ich«, sagte er mit einer Handbewegung auf die Menge.

Da hatten wir also noch einen prüden, vorurteilsbeladenen Römer – so sittsam waren sie, während sie sich dem Rest der Welt aufdrängten! Ich funkelte ihn an, bis ich sah, daß er selbst aus einem Silberbecher trank. »Zumindest sind dir deine Lippen nicht zu fein, um sie mit ägyptischem Wein zu benetzen«, stellte ich fest, und noch während ich sprach, hielt er seinen Becher einem kostümierten Diener hin, um sich nachschenken zu lassen.

»Recht ordentlich«, sagte er und nippte daran. »Ich habe eine große Vorliebe für Wein; ich achte stets darauf, die Ernte zu kosten, wohin ich auch komme. Ich habe schon Wein von Chios getrunken, das ungenießbare Zeug von Kos und Rhodos, und auch den unvergleichlichen pramnischen.« Er hörte sich an wie ein Vater, der die Namen seiner Kinder aufzählte.

»Ist der pramnische wirklich all das, was man von ihm sagt?« fragte ich, da er so gern darüber zu reden schien.

»O ja. Er ist süß wie Honig; sie pressen ihn nicht aus den Trauben von Lesbos, sondern lassen ihn von allein herausquellen.«

Er war eigentlich ganz entspannt und bescheiden, und ich merkte, daß mir dieser Römer gefiel. Auf eine bullige Art sah er auch ganz gut aus: Sein Hals war dick, sein Gesicht breit, und an seiner Gestalt wölbten sich die Muskeln.

»Ja, ich kenne Dionysos«, sagte er mehr zu sich als zu mir. »Und Schauspieler mag ich auch. In Rom ziehe ich sie den Senatoren vor.«

Er brach ab, als der König durch die Menge getorkelt kam, gejagt von Frauen, die als Mänaden verkleidet waren und den Gott schreiend und lachend verfolgten.

»In Rom betrachtet man das Tanzen als unmoralisch«, sagte er. »Deshalb wollte Demetrius nicht tanzen. Bitte erkläre dem König das, wenn er … nicht mehr der Gott ist, sondern wieder er selbst.«

Wie diplomatisch er zu sagen vermied: »Wenn er wieder nüchtern ist.« Ich mochte diesen jungen Römer wirklich. Er war sehr unrömisch.

Aber er blieb nicht lange in Alexandria; innerhalb eines Monats waren er und Gabinius wieder fort, aber die drei Legionen blieben da, um für Ordnung zu sorgen. Der eine Römer, der besser mit ihnen fortgegangen wäre, blieb: Rabirius, der ehrlose Finanzier. Er war entschlossen, sein Darlehen unmittelbar von den Ägyptern zu kassieren, und zwang den König, ihn zum Finanzminister zu ernennen. Dann machte er sich daran, der Bevölkerung gewaltige Summen abzupressen. Die Alexandriner, die schon immer ihren eigenen Kopf gehabt hatten und buchstäblich niemals unterwürfig waren, jagten ihn davon. Vater konnte von Glück sagen, daß sie ihn dabei nicht gleich auch noch vom Thron fegten.

In Rom mußten Gabinius und Rabirius sich vor dem Senat verantworten: Gabinius, weil er das heilige Sibyllinische Orakel mißachtet hatte, und Rabirius, weil er unter einem fremden König einen Regierungsposten bekleidet hatte. Gabinius mußte in die Verbannung gehen, aber der gerissene Rabirius kam so davon.

Nachdem er seinen Vorgesetzten verloren hatte, verlagerte Marcus Antonius seine Bündnistreue und seinen Dienst auf einen neuen General: auf Julius Cäsar.

# 8

Mein Leben nahm nun wieder eine seiner jähen Wendungen: Nachdem ich mich jünger gestellt hatte, als ich war, und mich unauffällig verborgen gehalten hatte, mußte ich nun das Gegenteil tun. Ich mußte bei Vaters öffentlichen Auftritten meinen Platz an seiner Seite einnehmen – zumal er keine Königin mehr neben sich hatte –, und ich mußte würdig erscheinen, in seine Fußstapfen zu treten. Meine Lehrer wurden den jüngeren Kindern zugewiesen, und ich bekam richtige Gelehrte aus dem Museion zugeteilt; Botschafter im Ruhestand unterwiesen mich in den Feinheiten der Diplomatie. Außerdem erwartete man von mir, daß ich bei allen Ratssitzungen meines Vaters dabei war.

In mancher Hinsicht fehlten mir die frühere Freiheit und Bedeutungslosigkeit; es scheint, auch ein unerfreulicher Zustand hat es so an sich, daß er sich empfehlenswert zeigt, wenn er erst vergangen ist. Die Tage, da ich mich mit der Gesellschaft des Imhotep herumgetrieben hatte, waren vorüber; selbst Mardian und Olympos wirkten distanziert, als wüßten sie nicht recht, wie sie jetzt mit mir umgehen sollten. Noch nie hatte ich mich so allein gefühlt – vereinzelt und erhaben.

Aber hätte ich mir gewünscht, etwas anderes zu sein als das, was ich war? Nein.

Das Regieren zu erlernen, Tag für Tag, war ein arbeitsreicher Prozeß. Um das ganze Getriebe eines Landes zu beherrschen, mußte ein König eine große Zahl von Einzelheiten meistern, die in mühevollen Ratssitzungen behandelt wurden. Vater hatte den Vorsitz, und ich saß an der Seite und hörte zu. Die Kanäle mußten entschlammt werden … Die Erhebung der Einfuhrsteuern mußte effizienter werden … In einem schlechten Erntejahr mußte das Getreide rationiert werden … Ja, ein Herrscher mußte all diese Dinge erfahren, und er mußte vernünftig darüber Bescheid wissen. Wenn er es nicht tat, war er seinen Ministern ausgeliefert.

Und die Auswahl der Minister – das war an sich schon eine Kunst. Sie mußten talentiert und einsatzfreudig sein, denn alles andere war des Landes nicht würdig. Aber je talentierter und einsatzfreudiger einer war, desto leichter konnte seine Loyalität ins Wanken geraten. Wenn er die Unzulänglichkeiten des Herrschers sähe, könnte er sich leicht versucht fühlen, sich gegen ihn zu wenden.

Aber nahm man sich Narren als Minister, war auch das ein sicherer Weg ins Unheil. Es gab so viele Fallgruben, in die ein Herrscher tappen konnte.

Im ersten Jahr nach Vaters Rückkehr beherrschte der infame Rabirius mit seinen Forderungen die Ratssitzungen. Vaters römische Schulden betrugen jetzt sechzehntausend Talente; Gabinius hatte zusätzlich zu den vereinbarten sechstausend noch einmal zehntausend verlangt. Ägypten taumelte unter dieser Last. Es war kaum ein Wunder, daß gewisse Elemente später rebellierten.

Aber zu jener Zeit wurde das Problem noch geradeheraus in Angriff genommen.

Das Volk war in wohlwollender Willkommenslaune und froh über die Heimkehr seines Königs. Als man ihm aber die Rechnung für diese Heimkehr präsentierte, begann das Murren. Und womöglich würde es zu einer ausgewachsenen Revolte anschwellen.

Vater versuchte Rabirius dazu zu bringen, daß er auf einen Teil der Schuld verzichtete. Andere Ratgeber schlugen vor, zur Begleichung die Einfuhrsteuern zu erhöhen. Wieder andere meinten, wir sollten um Aufschub bitten.

Für mich waren Länder nichts anderes als Gruppen von Menschen, und die Antwort lag deshalb darin, daß man sich in Erinnerung rief, wie Menschen dachten. Menschen sind großzügiger, nachdem man ihnen einen Gefallen getan hat; es ist dann wahrscheinlicher, daß sie einem ebenfalls einen erweisen.

»Ich finde, das Volk sollte die Schulden bezahlen, und es sollte sie auch pünktlich bezahlen«, sagte ich vom Rande der Ratsversammlung her. »Aber es könnte klug sein, eine Generalamnestie zu verkünden, bevor du die Eintreibung des Geldes ankündigst. Vergib ihnen unbeglichene Schulden und kleine Verbrechen und gib dir so den Anschein der Großmütigkeit.«

Einer der Ratgeber öffnete den Mund und wollte widersprechen, aber Vater sah beeindruckt aus. »Ein guter Gedanke«, meinte er schließlich.

»Das würde weithin Wohlwollen schaffen«, sagte ich.

»Ja, auf Kosten unserer Einkünfte!« protestierte einer der Finanzberater.

»Das ist ein kleiner Verlust gegen einen so großen Ertrag. Es ist ohnehin kaum wahrscheinlich, daß wir diese alten Schulden noch eintreiben können«, erwiderte ich. Das lag doch auf der Hand.

»Ich werde es mir überlegen«, sagte Vater. Und am Ende befolgte er meinen Vorschlag. Ich war hocherfreut.

Vater war jetzt in Sicherheit; sein Thron stand fest, gestützt durch die Macht Roms und die geborgten Legionen des Gabinius. Er war fast fünfzig und gedachte seine Herrschaft in Frieden zu genießen – besser gesagt, entspannt und behaglich. Natürlich hatte er seine dionysischen Festlichkeiten, seine Bankette und nächtlichen Gedichtvorträge, die ihn beschäftigten. Und einmal nahm er uns alle mit auf die Jagd in die westliche Wüste, um so die Pharaonen und die alten Ptolemäer nachzuahmen.

Er hatte so viele Bilder von Pharaonen gesehen, die Löwen töteten, daß er sich in den Kopf gesetzt hatte, einen zu suchen. An den Tempelmauern hatte er so viele Abbildungen von sich selbst anbringen lassen, wie er seine Feinde zerschmetterte, daß er inzwischen schon selbst glaubte, das alles sei wirklich geschehen. Also machten wir uns auf, damit der König einen Löwen erlegen könnte – zweihundert Treiber, Sklaven, Hundeführer, Proviantmeister –, denn was sollte der König essen, während er darauf wartete, daß er sein Wild zur Strecke bringen konnte? Wir ritten auf Kamelen – das sind die besten Reittiere für die Wüste, trotz aller Bilder, auf denen die Könige von Streitwagen aus schießen. Die Löwen waren immer tiefer in die Wüstenwildnis zurückgetrieben worden, und dort mußten wir sie jetzt suchen.

Ein ganzes Stück weit ritten wir am Meer entlang, aber dann ging es landeinwärts auf einem Bergrücken entlang, wo, wie die Jäger uns versicherten, die Löwen lauerten.

Ich schaukelte auf meinem Kamel dahin und genoß die wiegende Bewegung; ein verschlungenes Kopftuch schützte mich vor der stechenden Sonne. Mir war es gleichgültig, ob wir einen Löwen fanden oder nicht, aber zu gern sah ich diese gefährliche, leere Landschaft. Das Gelände erstreckte sich unberührt in alle Himmelsrichtungen, braun und golden in allen Schattierungen. Der Wind fegte um uns, noch frisch vom Meer, bald murmelnd, bald seufzend, bald heulend.

Nachts schliefen wir in luxuriösen Zelten. Die Leinwand war mit winzigen, säuberlich vernähten Mustern bestickt, und über unseren Betten wurden Vorhänge aus zartester Seide entfaltet, um Sandkörner und Insekten fernzuhalten. Laternen flackerten auf kleinen Klapptischen mit elfenbeinernen Intarsien. Unsere Diener schliefen auf Matratzen zu unseren Füßen. Das größte der königlichen Zelte, in dem der König schlief, war so groß, daß er nach dem Abendessen alle seine verbliebenen Kinder um sich scharen konnte.

Während der Wind um die Zeltleinen pfiff, lagerten wir zu seinen Füßen, auf Kissen hingestreckt. Manchmal spielten wir ein Brettspiel, Dame oder Senet. Arsinoë spielte auf der Lyra – sie war sehr begabt –, und die beiden Jungen vertieften sich manchmal in ein eigenes Spiel. Ich sehe uns noch jetzt vor meinem geistigen Auge; ich kann sogar das Licht riechen und den trockenen Duft der Wüstenluft. Vier kleine Ptolemäer, ehrgeizig ein jeder, und jeder entschlossen zu herrschen, wenn der gütige König dahingegangen wäre – der König, der bald berauscht vor sich hindämmern würde.

Ich beobachtete Arsinoë aufmerksam. Inzwischen war sie dreizehn – ich sechzehn –, und jedes Jahr wurde sie schöner. Ihre alabasterhelle Haut hatte einen perlmutternen Glanz, ihre Züge waren nahezu vollkommen, und ihre Augen hatten die Farbe des Meeres bei Alexandria. Ihr Temperament war nicht angenehm; sie war herrisch und gefühlsbetont, aber die Schönheit hat etwas an sich, das die Herzen milde stimmt.

Mein ältester Bruder Ptolemaios, fast acht jetzt und vermutlich mein künftiger Ehemann – was war mit ihm? Ich wünschte, ich könnte ihn mögen, dachte ich, als ich ihn so sah, den dunklen Kopf über das Würfelspiel gebeugt, aber er war ein unangenehmer kleiner Kerl, verschlagen und selbstsüchtig – einer, der beim Spiel unbemerkt die Steine verschob und es dann leugnete, wenn man ihn zur Rede stellte. Wahrscheinlich benutzte er auch jetzt präparierte Würfel. Ein Feigling war er außerdem. Ich hatte ihn schon vor ganz harmlosen Hunden weglaufen sehen und sogar vor Katzen.

Der kleinere Ptolemaios hätte vor ihm auf die Welt kommen sollen; dann wäre ich mit ihm vermählt worden. Der Kleine schien von all den Dingen, die seinem Bruder fehlten, eine doppelte Portion bekommen zu haben: Er war aufrecht, fröhlich und großmütig. Als Paar, das sah ich, würden Arsinoë und er viel ansprechender wirken als der ältere Ptolemaios und ich.

Ist das nicht abscheulich? Zu Füßen des Vaters zu liegen, eine angeblich glückliche Familie, die entspannt beieinander ist, und solche Gedanken zu hegen? Aber so ist es, wenn man Ptolemäer ist: Alle unsere Familienbande sind dem eigenen Ehrgeiz untergeordnet, und der ruht niemals. Wir unterscheiden uns voneinander nur darin, ob wir vor nichts zurückzuschrecken, um eigene Ziele zu erreichen, oder bestimmte Taten noch als verboten betrachten.

An diesem besonderen Abend nun ruhte Arsinoë in den Kissen, zupfte ihre Lyra und murmelte irgendwelche Worte. Ihre Stimme war nicht besonders angenehm, wie ich zu meiner Freude feststellte. Die Laternen flackerten, und Vater hob noch einen Becher Wein an die Lippen. Ein verträumter Ausdruck lag auf seinem Gesicht.

»Gib mir auch welchen«, sagte ich plötzlich. »Alles, was einen so unwirklichen Ausdruck von Zufriedenheit in dein Gesicht bringen kann, muß von den Göttern gesandt sein.«

Als der Diener mir etwas einschenkte und ich davon kostete, war es wirklich erhaben – schwer, süß und golden.

»Aus Zypern«, sagte der König. »Sie sind dort seit langem berühmt für ihre Weine, die sehr haltbar sind und nicht bitter werden.« Ein dunkler Schatten legte sich über sein Gesicht. »Zypern. Unser verlorenes Zypern!« Er langte nach seiner Flöte. Jetzt würde er spielen, und dann würde er weinen.

»Erzähl mir mehr von Zypern«, sagte ich. Ich hatte jetzt keine Lust, eine seiner musikalischen Vorstellungen, gefolgt von einem Anfall von Selbstmitleid, über mich ergehen zu lassen. Ich glaube, das war es, was ich an ihm am wenigsten mochte: seine weinerliche Zügellosigkeit, nicht der Wein an sich. »Was ist mit dir und Cato dort geschehen?« Auf dem Weg nach Rom hatte Vater auf Zypern Station gemacht, wo Cato saß und eine Bestandsaufnahme der Besitztümer des letzten Ptolemaios vornahm.

»Cato! Wie nennen sie ihn in Rom? Den ›strengen, trinkfesten Cato‹. Wie paßt denn das zusammen?« Er lachte; es war ein klingelndes, trunkenes Lachen. »Die Römer haben meinem Bruder Zypern gestohlen! Haben es einfach annektiert, und mein armer Bruder mußte Gift trinken.« Tränen stiegen ihm in die Augen.

»Aber Cato? Was hatte der damit zu tun?«

»Sie haben Cato losgeschickt, damit er sich an den Schätzen bediente, die Annexion zu Ende führte und Zypern zu einem Teil der Provinz Kilikien machte.« Er schniefte. »Ich kam dort an ... und Cato ...! Cato – ! Als er mich empfing, saß er – saß er auf seiner Latrine!«

Ich schnappte nach Luft. Ich wußte, daß Vater beleidigt worden war, aber daß es in diesem Ausmaß geschehen war, hatte ich nicht gewußt. Da waren wir also wirklich so tief gesunken? Ein römischer Beamter empfing einen ptolemäischen König auf der Latrine?

Ich glühte vor Scham und Wut. Wußte das etwa jeder? Hatten es auch Gabinius und Antonius gewußt?

»Es roch schlecht dort«, sagte der König. »Sehr schlecht. Deshalb nehme ich an, daß es stimmte, was er behauptete – daß seine Gedärme in Aufruhr seien und er nicht wage, sich von der Stelle zu rühren.«

»Seine Gedärme sollen verflucht sein!« erklärte Arsinoë plötzlich. Sie hatte gar nicht ausgesehen, als ob sie zuhörte.

»Ich denke, nach dem, was Vater erzählt, *waren* sie verflucht«, sagte ich. »Ich hoffe bloß, sie sind es immer noch.«

»Er hat Feinde«, sagte Vater. »Er ist sehr konservativ. Er versucht, sich als Edelmann der alten römischen Art darzustellen, aber seine Tage und die Tage derer, die sind wie er, gehen zu Ende. Cäsar wird ihn vom Tisch wischen, wie ich diese Steine beiseite fege!« Unsicher holte er aus und stieß ein paar Spielsteine vom Tisch.

»Derselbe Julius Cäsar, der Rabirius' Außenstände übernommen hat?« fragte ich. »Wann wird er nach Ägypten kommen, um sie einzutreiben?«

»Überhaupt nicht«, sagte Vater, »wenn wir Glück haben. Er ist damit beschäftigt, Gallien zu erobern; angeblich ist er der größte General seit Alexander. Natürlich ist unser Patron Pompejus nicht dieser Meinung. Die Rivalität zwischen ihnen nimmt jeden Tag zu. Nein, Kind, nur wenn Pompejus von Cäsar niedergeworfen wird, wird Cäsar je herkommen. Und wenn Pompejus besiegt ist, wird das Glück Ägyptens mit ihm dahin sein. Also bete, daß Cäsar niemals herkommt.« Er bekam einen sanften Schluckauf.

»Cäsar muß von Feinden umringt sein«, sagte Arsinoë. »Cato auf der einen Seite, Pompejus auf der anderen.«

»Das stimmt«, sagte Vater. »Aber er scheint aus Eisen zu sein; nichts kann ihm etwas anhaben. Er vertraut völlig auf sein Glück, auf sein Schicksal. Gleichzeitig scheint er es immer wieder herauszufordern.« Er lachte, ja gackerte fast. »Er hat Catos Schwester zu seiner Geliebten gemacht.«

Wir alle kreischten vor Lachen.

»Die Liebe als Waffe«, sagte Arsinoë, und ich wußte, was sie dachte: *Bei meinem Aussehen eine Waffe, die auch mir zu Gebote steht.*

»Aber das ist eine Waffe, mit der wir Ptolemäer es nie versucht haben«, sagte Vater. »Seltsam, wo wir doch alle andern benutzt haben.«

»Vielleicht war keiner von uns besonders liebenswert«, erwog ich.

»Unfug!« sagte Vater.

Die Zeit verging; Vater blieb auf seinem Thron, und die Römer zankten weiter untereinander, was ihre Aufmerksamkeit ablenkte. Es gab so manchen zeremoniellen Anlaß, der uns beschäftigte, ganz abgesehen von der realen Arbeit hinter den Kulissen.

Die Alexandriner wollten uns gern einen neu angelegten Bezirk weihen – einen Park mit Pflanzen, Statuen und Weihern am Rande der Stadt. Wir waren in vollem Königsornat, zu diesem Anlaß gestiftet von unserem Vater, dabei zugegen, menschliche Statuen inmitten der steinernen. Da war ich siebzehn und gewöhnte mich allmählich an solche Zeremonien.

Aber an diesem Tag waren zwei Dinge anders. Die in den Stein gemeißelte Inschrift – von Vater diktiert – lautete: »Unseren Herrschern und obersten Göttern.« Also waren wir jetzt Götter und nicht mehr nur Herrscher? Stolz stand er da, als der Stein enthüllt und die Worte vorgelesen wurden.

»Oh, ihr lebenden Götter und Göttinnen, wir werfen uns euch zu den gesegneten Füßen!« rief der Magistrat. Einer nach dem anderen kamen die Bürger heran, neigten vor uns die Köpfe und knieten dann nieder. Ich schaute auf die Leute hinab und sah sie zittern, als fürchteten sie, irgendeinen tödlichen göttlichen Dunst einzuatmen. Wer konnte wissen, wieviel Schauspielerei dabei war und wie sehr der Augenblick sie tatsächlich überwältigte?

Und dann ergriff Vater das Wort und sagte: »Heute nehmen meine Kinder, die Götter, einen neuen Titel an: Philadelphoi, Geschwister in Liebe. Mögen sie einander fest verbunden in der Liebe sein, wie sie diejenigen verbindet, die vom gleichen Blute sind.«

Ich stand Schulter an Schulter mit meinen Geschwistern und wußte, daß es so nie sein konnte. Aber es war rührend, daß Vater es sich wünschte.

Nachher versammelten wir uns in Vaters privatem Speiseraum, um die Zeremonie mit einem Mahl zu besiegeln. Arsinoë war die erste, die ihre goldene Robe abwarf: Sie sei zu schwer, erklärte sie, um sie weiter herumzuschleppen, und ließ sie zerknüllt auf den Boden fallen.

»Sollte die Last des Goldes nicht leicht auf den Schultern einer Göttin ruhen?« fragte ich scherzhaft. Unter dem Mantel trug sie ein dünnes blaues Gewand, in dem sich das Blau ihrer Augen wiederfand.

Sie zuckte nur die Achseln. Entweder spürte sie keine Veränderung, oder sie hatte sich schon immer als Göttin gefühlt. Vater nahm seinen Platz als Oberhaupt unserer Familie ein. Er sah müde aus, als sei er derjenige, der die schweren Roben als eine Last empfand.

Er nahm einen Achatbecher und winkte mit düsterer Miene nach Wein. »Dieser Becher kam aus der Heimat unserer Ahnen«, sagte er. »Aus Makedonien. Ihr sollt euch daran erinnern, daß wir am Anfang aus steinernen Bechern tranken, auch wenn wir am Ende von Gold umgeben waren.« Er nahm einen Schluck. Dann noch einen.

»Hat euch die Zeremonie gefallen?« fragte er.

Wir alle nickten pflichtbewußt.

»Auch überrascht?«

»Ja. Warum hast du die beiden neuen Titel verliehen?« fragte ich schließlich, weil anscheinend sonst niemand reden wollte.

»Weil ich will, daß ihr alle als sakrosankt behandelt werdet, von einander wie auch von Außenseitern, wenn ich fort bin.«

War er nur vorausschauend und ordentlich, oder war ihm ein Grund zur Eile bewußt?

»Wo bist du dann?« fragte der kleinste Ptolemaios. Er hockte auf seinem Schemel – gepolstert und mit Edelsteinen besetzt, aber dennoch ein Schemel – und stützte sich auf die Ellenbogen.

»Er meint, wenn er tot ist«, sagte sein Bruder, der neunjährige Realist, eiskalt.

Arsinoë kaute weiter träge an einem Zwiebelhalm. Das war die Wärme, die in unserer kleinen Familie herrschte. »Oh«, sagte sie schließlich.

»Es ist gütig von dir, so weit vorauszudenken«, sagte ich. »Aber das ist sicher nicht unsere unmittelbare Sorge.« Es sollte eine Frage sein, aber er zog es vor, nicht darauf zu antworten.

»Ein guter Herrscher muß Vorsichtsmaßnahmen ergreifen. Ich will euch nun von meinem Testament in Kenntnis setzen. Eine Abschrift davon habe ich nach Rom geschickt, weil sie dort so … so großes Interesse an unseren Angelegenheiten haben und sich zu Hütern unseres Wohlergehens ernannt haben. Es könnte also Anstoß erregen, wenn ich es nicht täte. Und es gibt bereits einen Präzedenzfall dafür.« Er nippte mehrmals an seinem Wein, und jedesmal wurde der Schluck größer.

»Eine Abschrift bleibt hier«, fuhr er fort. »Auch das ist eine Vorsichtsmaßnahme. Testamente kann man ändern, verlieren … Und damit auch dagegen eine Vorkehrung getroffen ist, müßt ihr meinen Letzten Willen jetzt aus meinem eigenen Mund hören.«

Ich sah, daß meine Schwester Arsinoë jetzt aufgehört hatte zu kauen und aufrechter dasaß.

»Sicher wird es euch nicht überraschen, daß Kleopatra meine Nachfolgerin sein wird«, sagte er und sah mich lächelnd an. »Sie ist die Älteste, und sie ist für dieses Amt ausgebildet worden.« Aber seine Blicke sagten noch mehr; sie sagten: *Und sie ist das Kind meines Herzens, das ich allen anderen vorziehe.*

Ich schaute Arsinoë nicht an, aber ich wußte, daß sie mürrisch aussah.

»Ihr Mitregent wird ihr erster Bruder Ptolemaios sein. Beizeiten müssen sie heiraten, wie es der Brauch ist.«

Beide Jungen kicherten, als fänden sie das alles albern und abscheulich. Nun, abscheulich war es schon, aber zu ernst, um albern zu sein.

»Vater«, sagte ich, »vielleicht sollte man diesen Brauch aufgeben.«

Betrübt schüttelte er den Kopf. »Damit aufzuhören brächte mehr Unannehmlichkeiten, als weiterzumachen. Jeder Glücksritter von Prinz würde an unseren Gestaden landen. Es wäre wie einer der alten Mythen, wo die Freier herumlungern und vom Vater oder von den Göttern auf die Probe gestellt werden und unmögliche Taten vollbringen müssen – aber ich habe anderes zu tun, als Wettkämpfe um deine Hand zu beaufsichtigen.«

»Ich habe mich immer gefragt, warum die Freier in den Sagen überhaupt kamen und sich solchen Gefahren aussetzten«, sagte Arsinoë. »Die Verstoßenen wurden immer umgebracht.«

Vater lachte. »Prinzessinnen sind eine tödliche Verlockung.«

Als das Mahl zu Ende war, bat Vater mich, noch bei ihm zu bleiben. Die andern trödelten nicht lange; Arsinoë raffte stirnrunzelnd ihre Robe auf und schleifte sie geringschätzig hinter sich her, als sie ging – als wolle sie zeigen, wie wenig sie Vaters Geschenke achtete, da er ihr das größte von allen nicht anbieten wollte.

»So, mein Kind«, sagte er und setzte sich neben mich auf die gepolsterte Bank. Hier hatte man einen herrlichen Blick auf den Hafen. »Da wäre noch etwas.«

Ich hatte es schon geahnt. »Ja?«

»Ich glaube, es wäre klug, dich jetzt als Herrscherin an meine Seite zu stellen«, sagte er.

»Bei den Zeremonien? Aber wir haben doch schon –«

»Nein. Ich will dich in aller Form zur Mitregentin erheben. Dich zur Königin ernennen.«

Königin ... jetzt? Das wäre zu schön, das Glück zu kosten, ohne zugleich den Schmerz über Vaters Verlust zu schlucken. »Ich bin gerührt von der Ehre, die du mir bietest«, sagte ich schließlich.

»Dann wird es also bald noch eine Zeremonie geben«, sagte er. Er hustete, und dann gleich noch einmal, und ich wußte, daß diese Vorkehrungen nicht verfrüht waren.

»Vater, bitte zwinge mich nicht, meinen Bruder zu heiraten!« Ich mußte es jetzt sagen. »Er ist eine winselnde kleine Petze! Und wenn er größer wird, kann er nur noch Schlimmeres werden!«

Aber der König ließ sich nicht davon abbringen, nicht einmal von mir. Er schüttelte den Kopf. »Du hast Glück, daß ich dich nicht einfach überspringe und ihn zu meinem Erben mache. Es ist noch nie dagewesen, daß die Königin an erster Stelle herrscht.«

»Das würdest du doch nicht wagen!« Aber ich sagte es zärtlich, nicht erbost. Ich ließ den Kopf auf seine Schulter sinken und dachte daran, wie selten ich jemanden berührte oder meinerseits berührt wurde. Selbst alltägliche menschliche Berührungen wurden in unserer Familie gemieden.

Er seufzte und erlaubte sich dann, mir den Kopf zu tätscheln. »Nein, wahrscheinlich nicht. Du hast einen zu starken Willen, als daß man dich beiseite schieben könnte. Das ist gut.«

»Ich mag deinen Minister Potheinos nicht.« Ich fühlte mich verpflichtet, es ihm zu sagen. »Vielleicht solltest du ihn auswechseln.«

»Ah«, sagte er, »da hält ein starker Wille den anderen im Zaum.« Er konnte genauso verstockt sein wie ich – wahrscheinlich hatte ich es ja von ihm.

»Ich mag ihn nicht«, wiederholte ich. »Er ist nicht vertrauenswürdig.« Das war die schlimmste Eigenschaft, die ich mir vorstellen konnte.

»Ich habe aber vor, ihm den Vorsitz des Regentschaftsrates zu geben.«

»Ich brauche keinen Regentschaftsrat. Ich bin eine erwachsene Frau.«

»Du bist siebzehn, und dein zukünftiger Mitregent, der liebe kleine Ptolemaios, ist gerade neun. Sollte ich heute nacht sterben, würde *er* einen Regentschaftsrat brauchen.«

»Aber muß es ein so abscheulicher sein?«

Vater seufzte. »Du machst mich müde. Sei glücklich! Hör auf zu streiten! Lerne, Potheinos zu mögen!« Er schwieg für einen Augenblick. »Ich gedenke so lange zu leben, daß Ptolemaios keinen Regentschaftsrat braucht, sondern eine Altenwärterin!« Er hustete wieder, und ich nahm seine Hand.

Als ich das erste Mal in den Staatsgewändern neben Vater stand und die schicksalhaften Worte *Königin Kleopatra, Herrin der zwei Länder* hörte, da war mir nicht, als werde mir eine Last auferlegt, sondern auf wundersame Weise eine bis dahin unbekannte Kraft und Bereitschaft eingeflößt. Was immer die Aufgabe sein würde, diese geheimnisvolle Kraft würde mir gnädig gewährt werden, damit ich sie erfüllen konnte. Nirgendwo in all dem, was ich gelesen oder gehört hatte, war ein Hinweis auf diese Verwandlung gewesen, und so war es wie ein unerwartetes Geschenk.

In den alten Sagen hieß es, wenn man ein Geschenk allzu genau betrachtete, konnten die Götter es zurückziehen, weil man damit Undankbarkeit und Zweifel zeigte. Deshalb nahm ich es von ganzem Herzen und voller Vertrauen an.

*Im dreißigsten Jahr des Ptolemaios Auletes, welches ist das erste Jahr der Kleopatra* ... So begann es, wie die Götter es wollten.

# 9

Gegen Ende des nächsten Winters, als die Stürme aufhörten, das Meer zu peitschen, und die Wellen den Sockel des Leuchtturms nicht mehr so hoch umtosten, verbrachte ich viel Zeit mit der Lektüre von Lyrik – der altägyptischen wie auch der griechischen Lyrik. Ich hatte mich dafür interessiert, die ägyptische Sprache zu lernen, und ich sagte mir, daß ich aus diesem Grund nun die Gedichte las. Aber das war strenggenommen nicht wahr. Ich las sie, weil sie sich um Liebe drehten und ich fast achtzehn Jahre alt war.

> *Die Küsse meiner Geliebten sind am anderen Ufer des Flusses; ein Arm des Stroms fließet zwischen uns, und auf der Sandbank lauert ein Krokodil. Ich aber steige ins Wasser und stürze mich in die Flut. Groß ist mein Mut im Wasser, und die Wellen sind wie fester Boden unter meinen Füßen. Die Liebe zu ihr verleihet mir Kraft. Ah! Einen Zauber verlieh sie mir für die Wasser.*

Ich las diese Gedichte spätabends, wenn meine Diener mich verlassen hatten und nur die Öllampe mir Gesellschaft leistete. Sie weckten dann andere Empfindungen als damals, als ich sie mit meinem Lehrer durchgenommen hatte. Im Unterricht hatte ich sehr auf meine Übersetzung und auf Verbformen geachtet. Jetzt, da ich allein war, konnte ich das alles beiseite lassen und statt dessen das leise, summende Beben der Worte selbst spüren.

»Ach! Wäre ich nur ihr Sklave, der ihren Schritten folgt. Ah! Wie wollte ich frohlocken, sähe ich dann die Form all ihrer Glieder!«

Ich strich mit der Hand über mein Bein und fragte mich, wie es wohl auf jemand anderen wirken mochte. Auf einen jungen Mann. Ich bestrich es mit süß duftendem Öl und fühlte die langen Muskeln unter der Haut.

»Die Liebe zu dir erfüllt mein Wesen ganz und gar, wie der Wein das Wasser durchdringt und Duft das Harz, wie Saft sich mischt mit Flüssigkeit. Und du, du eilest, zu sehen deine Geliebte, wie der Hengst zum Schlachtfeld eilt.«

Mich schauderte. Solche Gefühle schienen mir dem Göttlichen nah zu sein, ja dem Wahnsinn.

Ich legte die Schriftrolle beiseite. Es waren noch mehr Gedichte da, aber ich wollte sie mir für einen anderen Abend aufheben.

Ich war unruhig; die Gedichte hatten dafür gesorgt. Ich hätte mich zu Bett legen sollen, aber statt dessen ging ich in meinem Zimmer auf und ab. Das Meer lärmte laut in dieser Nacht, und ich hörte das langgezogene, trauervolle Rauschen der Wellen, die gegen die Klippen anrannten und wieder zurückwichen. Wieder. Und wieder.

Und dann, in weiter Ferne, Musik, der Klang von Flöten und Stimmen. Es schien von Osten herzukommen, aber dort lag nur das Meer. Es wurde ein bißchen lauter, und bald konnte man es nicht mehr verwechseln: Es waren menschliche Instrumente und köstliche Stimmen. War es im Palast? Jetzt schien es aus der Erde heraufzuklingen, aus der Tiefe unter dem Palast. Es schwoll an, verging dann, verwehte, verklang. Als ich mich niederlegte, hörte ich die letzten matten Töne. Dann schlief ich ein.

Am nächsten Morgen weckten sie mich früh. Der König war tot. Er war in der Nacht gestorben. Und da wußte ich, welche Musik ich gehört hatte. Es war der Gott Dionysos gewesen, der auf seiner Flöte gespielt hatte. Er war in den Palast gekommen, um seinen Getreuen zu sich zu holen.

Ich erhob mich. Vater tot! Noch gestern hatte ich ihn gesehen, und da schien er guter Dinge zu sein, wenngleich seine Gesundheit offensichtlich angegriffen war. Aber er war nicht krank gewesen. Vater tot! Und ich hatte ihn ohne ein Wort des Abschieds verlassen. Wir hatten uns eine gute Nacht gewünscht wie jeden Tag. Wir waren betrogen worden; noch nach dem einfachsten Abendessen pflegten wir uns doch zu verabschieden, und war es denn richtig, einen, den wir lieben, ohne ein besonderes Wort auf die größte aller Reisen gehen zu lassen?

Ich verlangte ihn zu sehen. Er lag mit geschlossenen Augen auf seinem Bett und schien zu schlafen. Sein Abschied war nicht gewaltsam verlaufen; er war gern mit Dionysos gegangen.

»Er muß für das Grabmal bereitgemacht werden«, sagte ich. Dort würde er schlafen, umgeben von den Königen seiner Linie, nicht weit von da, wo Alexander lag. Ach, daß ich so schwere Pläne machen mußte!

»Die Befehle sind bereits erteilt«, sagte eine unverwechselbare Stimme hinter mir. Potheinos.

»Ich bin es, die hier zu befehlen hat«, sagte ich. »Ich bin die Königin.«

»Mitregentin – neben meinem Mündel, dem allergöttlichsten Ptolemaios XIII.« Er sprach jedes Wort mit gewählter Sorgfalt aus. »Königinnen kümmern sich nicht um gewöhnliche Einzelheiten.«

»Königinnen, die sich nicht um gewöhnliche Einzelheiten kümmern, werden bald merken, daß sie von größeren Dingen nichts wissen.« Ich funkelte ihn an. So schnell also kreuzten wir die Klingen. »Du magst dich um die Einzelheiten kümmern, was die Bekanntmachung des Todes des Königs und meiner Krönung angeht.«

»Deiner und der Krönung Ptolemaios' XIII.«

Das konnte ermüdend werden. »Ja.« Ich ließ ihm den Punkt. »Bitte sorge dafür, daß es so bald wie möglich geschieht. Wir werden von den Stufen vor dem Tempel des Serapis zum Volk sprechen und uns dann nach dem ptolemäischen Ritus krönen lassen. Kümmere dich darum.« Damit war er hoffentlich beschäftigt.

Er ging davon, und seine hohe Gestalt wiegte sich hin und her. Ich wandte mich wieder meinem Vater zu. Er wirkte kleiner, verändert. Mir schwoll das Herz vor Trauer um ihn und für all das Leid, das er hatte ertragen müssen, um seinen Thron zu behalten.

Es wird nicht vergebens gewesen sein, Vater, versprach ich ihm. Deine Opfer werden Früchte tragen. Wir werden nicht als römische Provinz enden!

Dreißig Tage später, an einem frischen und windigen Tag, fuhren Ptolemaios und ich im vergoldeten Zeremonienwagen an der Spitze der Krönungsprozession, die sich durch die Straßen von Alexandria schlängelte, an Tausenden neugieriger Bürger vorbei. Ich hatte eben meinen achtzehnten Geburtstag hinter mir, und er war zehn. Er war noch nicht groß; er reichte mir gerade bis ans Kinn – und ich bin keine große Frau. Aber er stand auf den Zehenspitzen und winkte der jubelnden Menge zu, reckte den spindeldürren Arm in die Luft und nickte nach allen Seiten.

Ich schaute mich nach dem Wagen hinter uns um, auf dem Arsinoë und der kleine Ptolemaios fuhren. Dahinter kam das Gefolge des Regentschaftsrates: Potheinos natürlich und Theodotos, der Lehrer, und Achillas, der General der ägyptischen Truppen. Potheinos mit seinen ungewöhnlich langen Beinen – wie Eunuchen sie oft haben – überragte die beiden anderen. Sie wirkten beinahe vergnügt; offensichtlich sahen sie eine glänzende Zukunft vor sich. Hinter ihnen fuhren die Staatsminister, und in ihrem Kielwasser marschierte die makedonische Leibgarde. Die Wagenräder drehten sich und ließen es an der ganzen Strecke golden funkeln.

So ging es auf gewundenem Wege vom Palastgelände hinunter und am Hafen entlang. Am Tempel des Poseidon bogen wir ab und zogen über das Forum. Dann wandten wir uns nach Westen. *Alexander, bist du stolz auf mich?* wollte ich zu seinem Grab hinüberrufen, als wir vorbeikamen. Fast glaubte ich seine Antwort zu hören: *Noch nicht, denn noch ist nichts geschehen.*

Dem Grabmal gegenüber standen wiederum Tausende von Zuschauern im Schatten der Säulengänge, die das Gymnasion und die Gerichte umgaben. Ein kleines Stück weiter unten drängten sich die Leute auf den Stufen des

Museion; es waren vor allem Gelehrte und ihre Schüler. Ich erkannte die verschiedenen Schulen der Philosophie an den unterschiedlichen Bärten, welche die Gesichter ihrer Anhänger zierten.

Der Hügel, den der große Serapis-Tempel krönte, ragte bald vor uns auf. Dieser Hügel, die einzige natürliche Anhöhe in ganz Alexandria, war ein gebührender Platz für den Gott unserer Stadt. Sein Tempel war in der ganzen zivilisierten Welt als atemberaubend bekannt: riesig und imposant hob er sich vom Himmel ab, und immer bildeten schnell ziehende Wolken den Hintergrund. Im Inneren des marmornen Gebäudes stand die Statue des Gottes selbst; sie war aus vergoldetem Elfenbein, vielleicht nicht so groß wie der Zeus von Olympia, aber immer noch ein Wunder an Schönheit und Bildhauerkunst.

Das Tempelgelände erstreckte sich bergan, und als wir den heiligen Bezirk betraten, mußte die Menge zurückbleiben. Aber alle konnten uns sehen, als wir vom Wagen stiegen und langsam die Treppe zum Tempel emporschritten, den Priestern entgegen, die in ihren scharlachroten Gewändern dort standen und uns erwarteten.

Sie legten uns purpurne Mäntel um die Schultern und führten uns hinein in die kühle, dunkle, von Echos erfüllte Halle aus Marmor. Als wir langsam der Statue des Serapis entgegengingen, flackerte die heilige Flamme auf, die vor ihm brannte.

»Ein gutes Omen«, sagte einer der Priester. »Der Gott heißt euch willkommen.«

Sie brachten ein silbernes Gefäß mit zwei Tragegriffen und gossen ein wenig von dem Wasser, das es enthielt, in ein goldenes Becken. Wir mußten die Finger in das geweihte Wasser tauchen und unsere Zunge mit einem Tropfen davon benetzen.

»Der Gott hat euch zu Herrschern erwählt«, sagten die Priester.

Sie gingen zu einem Schrein hinter der Statue und nahmen eine kleine Truhe heraus, die mit Eisenbändern beschlagen und mit einem juwelenbesetzten Schloß gesichert war. Einer von ihnen trug den Schlüssel an einer Schnur um den Hals; er nahm ihn ab, schob ihn ins Schloß und öffnete die Truhe. Mit bebenden Händen hob er zwei schlichte Stoffstreifen heraus: das makedonische Diadem! Ein Priester reichte mir meines. »Du mußt es selbst anlegen«, sagte er.

Ich nahm es in die Hand und schaute es im matten Lichtschein an. Es war nur ein Leinenstreifen, ein Stück Stoff. Aber die Macht, die es verlieh! Dies war es, was Alexander getragen hatte. Keine Krone wie andere Herrscher, sondern dies.

Ich nahm den Streifen, legte ihn mir um die Stirn und knotete die Enden im Nacken zusammen.

»Fertig, Majestät?« fragte der Priester.

Das Band lag breit und schwer auf meiner Stirn; nie hatte ich solchen Stoff gefühlt.

Die Zeremonie wurde mit Ptolemaios wiederholt.

»Nun wendet euch Serapis zu und sagt: ›Wir nehmen das Amt an, zu dem du uns berufen hast, und wir beten darum, daß wir uns deiner Gunst würdig erweisen mögen.‹«

Nahm der Gott uns zur Kenntnis? O Isis, das weißt nur Du. Hören die Götter jedes Wort? Oder sind sie zuweilen unaufmerksam, gelangweilt, beschäftigt?

Dann standen wir wieder draußen im Säulengang vor dem Tempel. Das grelle Tageslicht schmerzte uns in den Augen und blendete uns, so daß wir die jubelnde Menge dort unten nicht sehen konnten. Der Wind hob unsere Gewänder ein wenig, als wolle er uns im Vorüberstreichen seinen Segen geben.

Ich war Königin. Ich trug das heilige Stirnband, und der Tag, das Volk, die Stadt, Ägypten – alles war mein, auf das ich mich daran erfreute und es beschützte.

»O mein Volk!« rief ich. »Laßt uns gemeinsam frohlocken! Möge ich mich eurer Liebe stets würdig erweisen, und möge mir die Weisheit gewährt sein, die ich brauche, um Ägypten für euch zu bewahren!«

Unsere Krönung in Memphis war eine ganz andere Sache. Zum zweitenmal im Leben wurde ich mit einem Schiff den Nil hinaufgefahren – aber wie anders diesmal! Es war eine königliche Barke mit einer vergoldeten Lotosblüte am Bug und mit Reihen von Ruderern – kein kleines Kajütboot. Die Uferböschungen waren von Neugierigen gesäumt; alle hatten ihre Felder verlassen. Nur die Esel waren zurückgeblieben, an ihre Schöpfräder gebunden. Die Leute lächelten alle, und in ihren Stimmen schwang kein Unterton, nur die Melodie des Glücks.

Ptolemaios und ich standen auf dem Deck und winkten ihnen zu, und wir sahen sie hinter Schilf und Binsen an uns vorübergleiten. Wir passierten die Pyramiden, und mir war, als nähme ich sie in Besitz. Ganz Ägypten gehörte mir, alle Denkmäler und der Sand und der Nil selbst. Ich war so aufgewühlt, daß ich kaum sprechen konnte.

Memphis lag nicht weit entfernt von den Pyramiden, und der Landungssteg war für unsere Ankunft geschmückt und mit Fahnen und Lotosgirlanden behängt worden. Dattelpalmen säumten die Straße, und ihre staubigen Wedel kreuzten sich in der Höhe und bildeten ein Dach über uns. Leute kletterten hinauf und schüttelten die Äste, um uns mit dem Rascheln zu begrüßen. Durch das Blattwerk schimmerten die Kalksteinmauern, die den inneren Palast und die Tempel umgaben; sie hatten Memphis den alten Beinamen »Stadt der weißen Mauer« gegeben.

Hier hatten die Krönungen der Pharaonen stattgefunden, und hierher war Alexander gekommen, um sich zum Herrscher über Ägypten krönen zu lassen. Seine Nachfolger hatten es ihm gleichgetan, um den alten Formen und den alten Göttern die Ehre zu erweisen.

Vor Alexandria war Memphis die größte und wichtigste Stadt Ägyptens gewesen. Hier hatten die Pharaonen residiert, und hier war der Ort, wo die Mysterien des Osiris aufgeführt wurden, das Allerheiligste für jeden Ägypter. Heute sollten wir in diese Mysterien eingeführt werden, und zwar durch den Hohenpriester des Ptah, der in ein langes Leinengewand mit einem Pantherfell über den Schultern gekleidet war. Die Zeremonie fand auf ägyptisch statt, und ich war stolz, daß ich alles verstehen konnte – die einzige in unserer Familie, die es je gekonnt hatte.

Im Zwielicht des inneren Tempels empfingen wir die Symbole des Pharaos: den goldenen Krummstab, den Dreschflegel, das Zepter, die Leinenkleider aus Unterägypten und die traditionellen Ledergewänder. Und aufs Haupt setzte man uns den goldenen *Uraeus*, die Beschützerschlange Ägyptens.

Ich ergriff Krummstab und Dreschflegel, umschloß sie fest mit meinen Fingern, fühlte sie fast verschweißt mit meinen Händen, und ich gelobte mir, sie nie wieder loszulassen oder aufzugeben, bis der Tod meinen Griff löste. Bis dahin gehörten sie mir – und ich ihnen.

Danach mußten wir die besonderen Riten des Pharaos vollziehen. In Zeremoniengewänder gekleidet, mußten wir dem heiligen Apis-Stier das Joch auflegen und ihn durch die Straßen führen. Damit zeigten wir dem Volk, daß wir körperlich stark waren und Krieger sein konnten. Zugleich aber mußten wir ein Lied singen, in dem wir versprachen, gegen niemanden grausam zu sein, der unter unserer Herrschaft lebte wie der Stier unter seinem Joch.

In Deinem Tempel, o Isis, legten wir weitere Gelübde ab. Erinnerst Du Dich an den Tag? An jenen Tag, da ich mich mit feierlichem Eid an Dich band? Wir gelobten dem Priester, daß wir uns nicht am Kalender vergreifen, keine Tage hinzufügen und keine abziehen würden; keine Festtage würden wir ändern, sondern die dreihundertfünfundsechzig Tage ihre Runde vollenden lassen, wie es festgelegt war. Und wir schworen, das Land und das Wasser, das in unsere Obhut gegeben war, allezeit zu beschützen.

Dann wurden die Diademe von Memphis hervorgeholt, und wir wurden zu Pharaonen von Ober- und Unterägypten gekrönt. Die schwere, hutförmige Doppelkrone des alten Königreichs wurde nicht mehr benutzt; statt dessen nahm man auch hier das Stirnband. Der Flachs, aus dem der Stoff gewebt war, stammte von einem Feld, das dem Ptah geweiht war.

Dies war mein wahrer Hochzeitstag, der Tag, an dem ich mit dem vermählt wurde, was ewig leben würde, soweit es in meiner Macht lag: mit Ägypten. Ich habe meine Stirnbänder von diesen Zeremonien aufbewahrt und die Gewänder auch. Meine vier Ehen mit irdischen Männern haben nicht überdauert, denn nichts Menschliches kann von Dauer sein. Aber Ägypten …

Als die Zeremonien vorbei und alle Riten vollzogen waren, machte ich mich daran, die Macht zu ergreifen. Der Regentschaftsrat versuchte, mir im Namen seines Mündels Ptolemaios XIII. Steine in den Weg zu legen. Sie bestanden darauf, daß ich ihn auf der Stelle heiratete. Ich sträubte mich. Allzu viele Zeremonien, erklärte ich, verwirrten nur. Das Volk liebe Zeremonien, aber man dürfe sie nicht wie Zuckerwerk unter die Leute bringen, da man ihnen sonst den Appetit darauf verderbe. Nach der üppigen öffentlichen Beisetzung des Königs und der Krönungsprozessionen, gefolgt von Festbanketten in der ganzen Stadt, sei es vorläufig genug.

Wir befanden uns im Thronsaal des Alabasterpalastes, wo ich vor nicht allzu langer Zeit meinen Schwestern meine Aufwartung gemacht hatte – in dem Saal mit den Türen aus Schildpatt und den edelsteinbesetzten Stühlen. Ich saß nicht, sondern ging vor diesen Männern auf und ab. Sie waren alle viel größer als ich, und das durfte ich nicht vergessen.

Potheinos war der größte; seine Beine waren spindeldürr, aber sein Oberkörper war von Speckrollen umringt, wo Muskeln hätten sitzen müssen. Mit seiner langen Nase und den scharfen, eng zusammenstehenden Augen erinnerte er mich an den heiligen Ibis – nur, daß er nicht im geringsten heilig war.

»Majestät«, hob er mit seiner Kinderstimme an, deren besänftigenden Klang er eingeübt hatte, »wenn du das glaubst, verstehst du das Volk nicht. Ein Übermaß an Festlichkeiten – das gibt es nicht.«

»Und das Volk brennt darauf, euch verheiratet zu sehen«, fügte Theodotos hinzu, der einst mein Lehrer gewesen und dann an Ptolemaios weitergegeben worden war, ein kichernder kleiner Mann mit einer großen kahlen Stelle auf dem Kopf, die er zu verbergen suchte, indem er sich lange Locken wachsen ließ, die er luftig darüberlegen konnte. Auch hatte er sich angewöhnt, ein Stirnband zu tragen wie der Aufseher in einem Gymnasion.

»Ich kann mir nicht denken, warum das so sein soll«, widersprach ich. »Es ist ja nicht so, als würde das irgend etwas ändern. Ptolemaios ist kein ausländischer Prinz, der ein Bündnis mitbringt. Und einen Erben können wir wohl noch nicht zustande bringen.«

»Es war aber der ausdrückliche Befehl deines Vaters!« kläffte Achillas. Er war der Befehlshaber des ägyptischen Heeres, und er kam aus Oberägypten, dessen Soldaten die besten Kämpfer sind. Dunkelhäutig und schlank, sah er aus wie ein zum Leben erwachtes Grabgemälde. Im Geiste sah ich ihn immer vor mir, wie er den Faltenschurz trug, den man auf den alten Gemälden erblickte; aber selbstverständlich kleidete er sich in die neueste Militärausrüstung mit bronzenem Brustpanzer und Beinschienen. Wie viele Ägypter, die sich bei den Herrschenden beliebt machen wollten, hatte er einen griechischen Namen angenommen. Sein wirklicher Name lautete wahrscheinlich »Geliebter des Amun« oder so ähnlich.

»Ich werde ihm auch gehorchen«, versicherte ich ihm. »Ich schätze meinen Vater. Habe ich meinen übrigen Titeln nicht den Titel ›Kleopatra Philopator‹ hinzugefügt – ›die ihren Vater liebt‹?« Ich schaute zu meinen drei Feinden auf – denn das waren sie.

»Gehorsamkeit ist die beste Art, seine Eltern zu ehren«, sagte Potheinos.

»Die beste Art auch, eure Königin zu ehren«, ermahnte ich sie. »Ihr seid nicht nur Ptolemaios' Ratgeber, sondern auch meine Untertanen.«

Ich selbst hatte keine Ratgeber, keine älteren, weiseren Helfer, denen ich vertrauen konnte. Ich war von Feinden umringt, und meine Freunde waren alle jünger oder weniger mächtig als ich. Mir war, als würden die drei vor mir immer größer und ihre durchbohrenden Blicke wilder.

Sie funkelten mich an. »Wir werden dir natürlich Gehorsam und Ehre erweisen«, sagte Achillas mit seinem flachen ägyptischen Akzent. »Aber du darfst deine Pflicht gegenüber deinem Bruder und Mitregenten nicht vergessen.«

»Das werde ich auch nicht«, versicherte ich ihm.

Ptolemaios XIII. hatte sich seinen Platz am Hofe und in der Geschichte gesichert. Aber was war mit den beiden andern? Was sollten Arsinoë und der kleine Ptolemaios tun, während wir regierten? Sollten sie im Palast warten – bis sie an die Reihe kämen? Kreisen wie die Geier? Mich fröstelte.

»Mir liegt nichts an einem Bürgerkrieg!« platzte ich heraus. Am besten, ich ließ sie gleich wissen, daß mir bekannt war, wozu sie neigten. »Aber an meinem eigenen Hof und in meinem eigenen Land regiere ich!«

Wenn sie nur nicht soviel *größer* als ich gewesen wären! Wer körperliche Kraft und Größe geringachtet, brauchte noch nie den Kopf in den Nacken zu legen, um seinem Feind in die Augen zu schauen, oder einen Schemel heranzuziehen, um aus einem hohen Fenster zu spähen.

»Die Römer geben uns wie immer ein schlechtes Beispiel«, sagte Achillas verachtungsvoll; er befaßte sich mit dem ersten Teil meiner Rede und überging den zweiten. »Sie stehen im Begriff, eine neue Runde im Bürgerkrieg zu eröffnen, diesmal zwischen Julius Cäsar und Magnus Pompejus. Wenn wir großes Glück haben, werden sie sich dabei gegenseitig vernichten.« Er schnupperte wie ein Windhund, der Witterung aufnimmt.

»Wenn Pompejus ein Hilfeersuchen an uns schickt, werden wir ihm folgen müssen«, sagte ich. Er war der Verbündete meines Vaters gewesen, und wenn das Blatt sich jetzt wendete, würde er vielleicht unsere Hilfe benötigen. Cäsar hatte es übernommen, das Geld zu kassieren, das Ägypten den Römern schuldete. Ich hoffte, daß er besiegt werden würde. Aber Ägypten würde trotzdem ärmer sein, denn wir hätten dann Pompejus ausgerüstet, damit er Cäsar besiegen könnte. Und Cäsars Außenstände würde jemand anders übernehmen …

»Wieso? Ägypten ist weit weg von Rom. Ein Hilfeersuchen können wir ignorieren«, sagte Potheinos.

War *das* der Mann, der sich für einen klugen und kultivierten Ratgeber hielt? Ich hatte Mühe, nicht verächtlich zu schnauben. »Wie ein Kind, das so tut, als hörte es nicht, wie seine Mutter es ins Bett ruft? Nein. Potheinos, so handelt ein Feigling. Rom, die Stadt, mag weit entfernt von Alexandria sein – sicher zwölfhundert Meilen –, aber die Macht Roms und der römischen Armee liegt so nah wie Jerusalem, und bis dorthin sind es nur dreihundert Meilen. Weißt du noch, wie schnell Gabinius und seine Truppen hier waren? Nein, wir können nicht so tun, als hätten wir nichts gehört, wenn Rom ruft. Aber wir können unsere Antwort möglichst zu unserem Vorteil formen.«

»Nämlich wie?« fragte Theodotos. Ich hatte fast vergessen, daß er auch da war, denn die Anwesenheit der beiden andern überschattete ihn.

»Daß wir dem Ruf folgen werden – aber später.«

»Genau die gleiche Antwort hast du uns gegeben, als es um die Heirat ging«, fauchte Potheinos. »Damit hält man niemanden zum Narren.«

»Es soll auch niemand zum Narren gehalten werden«, erwiderte ich so großartig wie möglich. »Es gibt echte Verzögerungen, diplomatische Verzögerungen und obstruktionistische Verzögerungen; es gibt so viele Arten von Verzögerungen, wie es Situationen gibt. Außerdem willst du doch sicher nicht andeuten, deine Bitte, ich möge auf der Stelle meinen Bruder heiraten, sei das gleiche wie ein Befehl von den Römern?«

»Es ist ja kein *Befehl* …«, begann Achillas.

»Das ist ein Streit um Worte«, unterbrach ich ihn. »Ihr habt einen Wunsch vorgebracht. Ich habe ihn einstweilen abgelehnt. Das genügt. Ihr könnt jetzt gehen.«

Ihre Gesichter waren dunkel vor Wut; sie verbeugten sich tief und gingen rückwärts hinaus.

Sie hatten mich gezwungen, schroff zu ihnen zu sein. Ich spürte, daß die Zeit der Schüchternheit bereits vorbei war.

Ich spürte außerdem, daß ich mich daranmachen mußte, mir treue Anhänger zu suchen.

Es gab zahllose Kleinigkeiten, um die ich mich kümmern mußte, Kleinigkeiten von jener Art, die man leicht mit wirklichem Handeln und wichtigen Entscheidungen verwechseln kann. Und doch darf ein Herrscher nie die Kontrolle über sie verlieren. Da ist so vieles, was ein Herrscher tun und darstellen muß. Kein Wunder, daß die meisten scheitern. Die Gemächer des Königs, die schönsten im ganzen Palast, standen leer. Ich hatte mich gescheut, sie zu beziehen, aber jetzt erkannte ich, daß ich töricht gewesen war. Wieso konnte ich meinen Vater nicht ehren, indem ich dort wohnte? Wer sonst hätte das Recht dazu gehabt?

Die königlichen Gemächer erstreckten sich über das gesamte obere Stockwerk des Alabasterpalastes, von der nordwestlichen Spitze des Lochias-Vorgebirges, wo man über das türkisblaue Wasser des Hafens bis zum Leuchtturm schauen konnte, bis nach Südosten hinunter, wo der Blick über das offene Meer hinausging. Eine beständige Brise wehte von einem offenen Fenster zum andern und hielt den Onyxboden köstlich kühl, so kühl wie das wohlschmeckende Eis, das wir im Sommer aßen. Das Licht spielte dort den ganzen Tag über; es wanderte über den Boden, während die Sonne von einem Fenster zum nächsten zog, so daß die Gemächer zu einer riesigen Sonnenuhr wurden. Nachts tat der Mond das gleiche. Das Rauschen des Meeres klang so beruhigend, daß man ungern Musiker herzurief, damit sie mit seiner unverwechselbaren Stimme in Wettstreit traten. Die königlichen Gemächer waren wie eine verzauberte Wohnung in der Luft.

Als ich sie durchstreifte und mir überlegte, was ich in Auftrag geben oder für mich ändern lassen wollte, fiel mir die Sammelwut meines Vaters auf. Er hatte Betten aus afrikanischem Ebenholz, mit Einlegearbeiten von Elfenbein aus Punt verziert, metallene Tische aus Damaskus, bestickte Kissen aus Syrien, gewebte Teppiche aus Indien und seidene Wandbehänge aus dem Fernen Osten. Es gab bemalte griechische Vasen, Kandelaber aus nubischem Silber und Wasseruhren aus Rom. Aus Ägypten besaß er Schnitzfiguren der Götter aus Basalt und Porphyr und prächtige Gefäße aus buntem Glas, eine Spezialität von Alexandria. Wenn man seine Gemächer betrat, war es, als komme man in einen Basar der Welt, wo keine gewöhnlichen Händler ihre Ware anboten, sondern nur Künstler. Die durchscheinenden weißen Seidenvorhänge an den Fenstern blähten sich flatternd in der sanften Brise, als wollten sie ein stets wechselndes Licht auf die Dinge werfen, damit ich sie wirklich in jeder Hinsicht genießen konnte.

Sein Ankleidezimmer war so groß wie ein gewöhnlicher Audienzsaal im Palast, vollgestopft mit Roben und Mänteln, Sandalen und Gewändern. Ich lächelte, als ich daran dachte, wie gern er sich zu feierlichen Anlässen angekleidet hatte. Aber seine Gewänder konnten – anders als seine Wasseruhren – nicht auf mich übergehen. Als ich sie noch anschaute, merkte ich, daß hinter mir jemand im Raum war. Ich fuhr herum und erkannte ein vertrautes Gesicht: eine der Dienerinnen der inneren Gemächer.

»Ich habe dich nicht gesehen«, sagte ich. »Wie heißt du?«

»Charmian, Majestät«, antwortete sie. Sie hatte eine sehr dunkle, rauchige Stimme. »Verzeih mir. Ich wollte dich nicht erschrecken.«

»Du warst die Wärterin der königlichen Ankleidekammer?«

»Ja. Eine erfreuliche Aufgabe.« Sie lächelte. Sie hatte ein sehr gewinnendes Lächeln. Mir fiel auf, daß sie mit einem ausgeprägt makedonischen Akzent sprach.

»Bist du Makedonierin?« fragte ich. Sie hatte die entsprechende Färbung: lohbraunes Haar und rauchgraue Augen.

»Jawohl. Ich wurde nach dem Aufenthalt Seiner Majestät in Athen hergebracht, ihm zu dienen.« Sie machte eine diskrete Pause; wir wußten beide, warum der König in Athen gewesen war: Er war nach seiner Absetzung auf dem Weg nach Rom gewesen. »Man sagte, zwischen unseren Familien bestehe eine entfernte Verwandtschaft.«

Ich mochte diese Charmian – oder ich war nur fasziniert von ihrer Stimme und ihrem Auftreten. Ich würde eine Weile brauchen, um herauszufinden, was der Fall war. »Möchtest du gern nach Athen zurückkehren, oder würdest du lieber hierbleiben und mir als Wärterin der Ankleidekammer dienen?«

Ich brauchte dringend eine. Die Amme meiner Kindheit verstand nichts von Kleidern; sie wußte nur, daß Milch gegen Brandflecken half und daß man auf Rotweinflecken möglichst rasch Salz streuen sollte.

Sie lächelte breit. »Wenn du mich für würdig hältst, würde es mich über die Maßen glücklich machen, bei dir zu bleiben.«

»Würdig? Eine, die all das hier auswählen und beaufsichtigen konnte« – ich deutete auf die funkelnden Stapel von Brokat und Seide –, »kann sicher beaufsichtigen, was ich haben werde. Aber was soll mit alldem geschehen?«

»Ich würde dir raten, alles fortzuräumen bis zu dem Tag, da du einen Sohn hast, der es tragen kann.«

»Aber das dauert so lange, daß die Sachen bis dahin aus der Mode gekommen sein werden.«

»Dinge von dieser Güte kommen nicht so rasch aus der Mode.« Diese dunkle, trauliche Stimme ... Sie schlang sich um ihre Worte, umhegte sie.

So hatte ich nun den Anfang eines Stabes. Mardian würde ich zum obersten Schreiber und Verwalter meines Hofstaats machen. Ich hatte ihn im letzten Jahr selten zu sehen bekommen, aber wenn wir uns begegneten, war unsere Freundschaft immer noch stark. Und Olympos, der jetzt im Museion Medizin studierte, würde als mein Leibarzt dienen; ich wußte, ich konnte darauf vertrauen, daß er mich nicht vergiften würde! Aber ich brauchte auch einen

Soldaten, einen starken, militärisch ausgebildeten Mann als Gegengewicht zu Achillas, und ich kannte keinen solchen. Ich hatte die makedonische Hofgarde zur Verfügung, die das Palastgelände bewachte, aber die drei römischen Legionen – die hauptsächlich aus riesenhaften Barbaren aus Gallien und Germanien bestanden – hatten einen römischen Kommandanten, und die ägyptische Armee stand unter Achillas' Kommando. Selbst wenn sich erweisen sollte, daß die Makedonier vollständig auf meiner Seite standen, waren sie gegenüber den Legionen und den einheimischen Ägyptern in der Minderzahl. Ich würde sehen müssen, was das Schicksal für mich bereithielt.

# 10

Vor langer Zeit war Ägypten durch die Wüsten nach Osten und Westen hin geschützt gewesen. In unser Niltal geschmiegt, waren wir für den Rest der Welt nicht erreichbar gewesen. Aber Beduinen mit Kamelen hatten unsere Westgrenze durchbrochen, und inzwischen konnten Armeen durch Syrien über Land an unsere Ostgrenze marschieren. Wir waren ein Teil der größeren Welt, und was anderswo geschah, wirkte sich unmittelbar auf uns aus. So hatte die erste Krise meiner Regentschaft ihren Ursprung nicht in Ägypten, sondern in Geschehnissen, die sich in anderen Ländern zutrugen.

Um es kurz zu machen: Die Parther – O Isis! Wie sollte ich dieses Wort noch hassen lernen! Die Parther waren die Geißel all meiner Hoffnungen! Sie waren zu einer Plage der römischen Provinz Syrien geworden, und der neue römische Gouverneur dort, Calpurnius Bibulus, wollte die römischen Legionen zurückhaben, damit sie ihm bei seinem Vergeltungsangriff gegen die Parther zur Seite standen. Er schickte seine beiden Söhne, die den Befehl über die Truppen übernehmen und sie aus Ägypten hinausführen sollten. Die Soldaten, die sich hier eingerichtet hatten, wollten nicht weg, und so lauerten sie den Söhnen des Gouverneurs auf, und statt ihnen zu gehorchen, brachten sie sie um.

Wie es bei törichten Rebellen, die nicht über den eigentlichen Akt der Rebellion hinausdenken, allenthalben der Fall ist, jubelten die Soldaten. Die Stadt Alexandria frohlockte mit ihnen, denn jeder Akt des Trotzes gegen Rom pflegte sie in Entzücken zu versetzen. Und Potheinos und seine Gefolgsleute waren außer sich vor Vergnügen. Man hatte einen Schlag gegen Rom geführt! Was tat es schon, daß es dabei um den schlichten Mord an wehrlosen Gesandten gegangen war.

Ich berief eine Versammlung in den königlichen Ratszimmern ein, und ich saß auf dem Ehrenthron der Königin, als der Regentschaftsrat hereinkam und Ptolemaios wie eine Geisel vor sich herschob.

»Mein Bruder mag seinen Platz hier neben mir einnehmen«, sagte ich und wies auf den zweiten Königsthron. Sollte er sich doch von ihnen trennen, ausnahmsweise wenigstens! »Ihr übrigen setzt euch dorthin.« Es war eine – wenngleich reichvergoldete – Bank für sie alle, einschließlich Mardian.

»Ihr wißt, warum ich diesen Rat einberufen habe«, begann ich. Draußen war ein herrlicher Tag, strahlend und funkelnd. Die Flotte wiegte sich unten im Hafen. »Die Söhne des römischen Statthalters von Syrien sind ermordet worden, und das von den Soldaten, die sie befehligen sollten.«

»Wir waren das nicht!« krähte Ptolemaios. »Es waren römische Soldaten! Wir können nichts dazu!«

Potheinos nickte selbstgefällig.

»Berätst du so deinen Prinzen?« fragte ich. »Ihn entschuldigt seine Jugend, aber wenn du selbst so etwas wirklich glaubst, dann bist du auch ein Kind und hast in einem Rat nichts verloren, selbst wenn dort nur über die Rationierung von Eselsmist beraten wird!« Ich sah, wie das Lächeln aus seinem Gesicht verschwand. Gut.

»Die Soldaten wollen Ägypten nicht verlassen«, sagte Potheinos. »Sie haben sich hier niedergelassen, haben geheiratet, Kinder bekommen.«

»Mit anderen Worten, sie sind keine Soldaten mehr, sondern Zivilisten?« fragte ich. »Dann werden sie uns nicht fehlen, wenn sie fortgehen, denn sie erfüllen ihren Zweck nicht mehr. Neue Zivilisten können wir kaum gebrauchen. Davon haben wir schon eine Million in der Stadt.« Ich sah sie alle an. Es war an der Zeit, Klarheit zu schaffen. »Die Mörder müssen ergriffen und an Bibulus ausgeliefert werden.«

»Nein!« rief Theodotos. »Damit würden wir ihn als unseren Herrn anerkennen! Wir sind ein souveräner Staat!«

»Souveräne Staaten – die wirklichen, nicht die vorgeblichen – halten sich an zivilisierte Gesetze. Es ist kein Zeichen von Schwäche, sondern von Stärke, wenn man sein eigenes Volk in der Gewalt hat und Fehler, wenn sie denn gemacht wurden, wieder in Ordnung bringt.«

»Die Wahrheit«, erwiderte Potheinos höhnisch, »ist, daß du Angst vor den Römern hast! Deshalb duckst du dich vor ihnen und erniedrigst dich.«

Wie konnte er es wagen, so zu sprechen? Ich mich erniedrigen? »Du bist es, der Ägypten erniedrigt, indem du für gesetzloses und beleidigendes Verhalten eintrittst«, sagte ich schließlich. »Ich sehe, du liebst dein Land nicht sonderlich.«

»Ich liebe Ägypten mehr, als du jemals begreifen kannst«, beharrte er.

»Dann tu, was ich dir befehle«, sagte ich. »Finde die Mörder. Bringe sie zu mir. Wenn du keine Lust hast, sie zu Bibulus zu schicken, werde ich es tun.« Ich schaute zu meinem Bruder hinüber. »Hast du etwas dazu zu sagen?«

Er schüttelte den Kopf.

»Gut. Dann führe meine Anweisungen aus, Potheinos.«

Der hochgewachsene Eunuch saß so starr wie eine steinerne Statue im Tempel auf seinem Platz.

Als der Rat sich zurückgezogen hatte, fühlte ich mich sehr schlaff. Ich wußte, daß ich ehrenhaft handelte, aber war es auch politisch klug? Ich würde die Alexandriner vor den Kopf stoßen. Aber eine Beleidigung der Römer hätte größere Gefahren heraufbeschworen; eine Kränkung oder eine Niederlage vergaßen sie nie. Ich saß in der Falle wie ein Wild auf freiem Feld, das sich nicht verstecken kann.

Die Mörder – drei ganz gewöhnlich aussehende Männer – wurden verhaftet und zu Bibulus geschickt, damit sie sich vor ihm verantworteten. Zu unserer Überraschung handelte der römische Statthalter streng nach dem Gesetz. Zwar seien seine Söhne ermordet worden, erklärte er, aber das römische Recht verbiete, daß er selbst sich mit den Mördern befasse; rechtlich gesehen sei es ein Fall für den Senat. Er selbst werde nicht Rache an ihnen nehmen.

Ach, das römische Recht! Sollte ich je die Mörder meiner Kinder vor mir sehen, ich vergäße alle Gesetze bis auf das ewige Recht auf Rache für ein totes Kind – das Vorrecht einer Mutter. Gesetze reichen nur bis zu einem bestimmten Punkt, und im entscheidenden Augenblick lassen sie uns im Stich. Sie sind ein schlechter Ersatz für Gerechtigkeit. Die griechischen Götter wissen darüber mehr als das römische Recht.

Die Sache mit Bibulus nahm das Volk gegen mich ein – so zuverlässig, daß ich fast hätte glauben können, Bibulus habe die Hand dabei im Spiel gehabt. – Ich weiß, daß es nicht so war, aber, Isis, warum haben die Götter ihn begünstigt? – Murrend tuschelte man von »Römerfreundin« und »Römersklavin«, und ich sei wahrlich die Tochter meines Vaters. Ihn hatten sie vom Thron vertrieben, weil er vor den Römern im Staub gekrochen sei, und ich sei genauso. Weg mit ihr!

Da war es nicht hilfreich, daß kurz danach der Sohn des Pompejus nach Ägypten kam, um Soldaten und Ausrüstung für den bevorstehenden Zusammenstoß mit Cäsar zu verlangen. Wir mußten sie ihm geben, und so dienten die Truppen Rom am Ende doch noch. Sechzig Schiffe wurden entsandt, und dazu Hunderte von Soldaten. Pompejus und seine Anhänger waren aus Italien vertrieben worden von diesem Cäsar, der dem römischen Senat getrotzt und sich benommen hatte, als sei er der eigene Herr über sein Geschick. Es hieß, er habe mehr Glück als jeder andere Mensch, und es hieß auch, seine schärfste Waffe sei die Geschwindigkeit und er könne jederzeit irgendwo erscheinen, ehe seine Feinde auch nur bemerkten, daß er sich in Bewegung gesetzt hatte. Man sagte, er könne hundert Meilen am Tag zurücklegen und mit blitzartiger Geschwindigkeit zuschlagen.

Ich muß hier ein Stück römischer Propaganda zurückweisen, mit dem ich später wie mit all den anderen Beleidigungen Octavians besudelt wurde: daß nämlich der jüngere Pompejus und ich bei seinem Besuch in Alexandria ein Liebespaar geworden seien. Ich habe ihn empfangen, ihn mit Banketten bewirtet, und ich habe ihm stolz die Stadt gezeigt, aber er hat niemals auch nur meine Hand berührt. Es wäre auch ein Verstoß gegen sämtliche Grundsätze des Protokolls gewesen. Ich war eine Jungfrau und achtete streng wie Athene auf meine Keuschheit. Außerdem war er nicht besonders anziehend.

Noch etwas anderes arbeitete zu jener Zeit gegen mich: der Nil selbst. Die letzte Flut hatte den erforderlichen Pegel nicht erreicht, und daher war eine Hungersnot unvermeidlich. Wissenschaftler hatten eine Tabelle entwickelt, der genau zu entnehmen war, in welchem Maße der Nil ansteigen mußte, um eine Ernte zu gewährleisten; darunterliegende Pegelstände nannten sie »Ellen des Todes«. Und in jenem Jahr blieb der Hochwasserstand des großen Flusses in diesem Todesbereich.

Die Götter schicken das Wasser, oder sie halten es zurück, aber den Herrscher macht man verantwortlich. Ich ließ das Getreide der vorigen Ernte rationieren, aber es geschah das, was immer geschieht: Es war nicht genug da, auch wenn es den Schiebern auf irgendeine Weise gelang, eigene Vorräte zusammenzubekommen. Die Menschen hungerten. In Alexandria kam es zu Unruhen. Auf dem Lande drohten Aufstände. Je weiter man den Nil hinauf nach Oberägypten fuhr, desto größer wurde die Unzufriedenheit der Leute. Da sie so weit entfernt wohnten, waren sie nie wirklich mit dem Ptolemäerstaat verschweißt gewesen, und jetzt begannen sie sich von ihm zu lösen.

Etwa um diese Zeit starb der heilige Stier von Hermonthis, und die Weihe seines Nachfolgers sollte stattfinden. Dabei handelte es sich um eine ausgeklügelte Zeremonie, bei welcher der neue heilige Stier auf dem Nil zu seinem geweihten Bezirk geleitet wurde. Die Pharaonen vergangener Zeiten hatten an dieser Wasserprozession teilgenommen, aber die Ptolemäer hatten es nie getan. Hermonthis, ein paar Meilen weit stromaufwärts von Theben gelegen, war ein Zentrum der Aufsässigkeit. Ich hielt es für politisch ratsam, an der Zeremonie teilzunehmen. Damit wäre ich den Palastintrigen für eine Weile entzogen, und es würde meine Position stärken, indem es mir ermöglichte, in einer gefährlichen Gegend Unterstützung für mich heranzubilden.

Also machte ich mich mit der königlichen Barke auf den Weg. Ich freute mich auf die Reise und erwartete, daß sie ungefähr zehn Tage dauern würde.

Ich saß im Bug der Barke, durch den Schatten der Segeltuchplanen vor der Sonne geschützt, und betrachtete mein Land, das da vorüberzog. Ich sah, wie niedrig der Nil stand, als wir uns stromaufwärts pflügten, vorbei an den Pyramiden, vorbei an Memphis, dessen weiße Mauer in der Mittagssonne leuchtete, vorbei an grünen, palmenübersäten Feldern und den von rotschwarzer Erde gesäumten Uferböschungen mit Eseln, Wasserrädern und Lehmziegelhäusern. Der Landstreifen am Fluß war immer gleich; was sich veränderte, war der Hintergrund. Die Wüste war manchmal golden und sandig, dann wieder ascheweiß ausgebleichte Wildnis oder steinige Felsenlandschaft. Die Breite des grünen Streifens nahm zu und wieder ab; bald betrug sie weniger als eine Meile, bald waren es mehr als zehn, aber immer war das Grün irgendwo in Sichtweite zu Ende, und die Wüste begann.

Wenn die Sonne unterging, sich wie eine rote Kugel in den geschwundenen Nil senkte und ihn rot dahinfließen ließ, verweilte das Licht nicht lange. Die Nacht kam rasch, eine tintenschwarze Nacht mit Millionen von Sternen. Stille herrschte; schwebend lag sie über der Wüste, die gleich neben uns begann. Es wurde kalt, selbst im Hochsommer.

Etwa drei Tagesreisen hinter Memphis kamen wir an den Ruinen einer steinernen Stadt vorbei, und ich fragte unseren Kapitän, was das sei. »Das ist die Stadt des ketzerischen Pharaos – möge sein Name vergessen sein für alle Zeit«, murmelte er.

Echnaton! Ich wußte ein wenig über ihn: wie er mit den alten Göttern gebrochen und versucht hatte, eine neue Religion zu gründen, die auf der Anbetung des einen Gottes Aton beruhen sollte. Die Amunpriester in Theben hatten kurzen Prozeß mit ihm gemacht. Was da vorüberglitt, war alles, was von seinem Leben und seinem Werk übrig war. Ich war zutiefst dankbar, daß meine Dynastie nie versucht hatte, eine Religion zu zerschlagen. Nein, wir stürzten uns selbst mit Vergnügen in jede hinein! Die Ptolemäer, besonders mein Vater, waren fleißige Tempelbauer gewesen, die in Oberägypten im alten Stil gebaut hatten. Infolgedessen waren unsere Tempel die schönsten, die im Lande noch standen – Edfu, Esna und Kom Ombo waren inzwischen berühmt. Ein Stück hinter der Stadt des unglückseligen Pharaos sahen wir die Alabastersteinbrüche vom Hatnub am östlichen Ufer liegen, von wo so viele unserer Parfüm- und Salbenfläschchen stammen.

Zwei Tage später erreichten wir die Stadt Ptolemaïs. Gegründet vom ersten Ptolemaios und ungefähr vierhundert Meilen weit von Alexandria entfernt, war diese Stadt der letzte griechische Vorposten am Nil. Von hier an verblaßte der ausländische Einfluß.

Am neunten Tag unserer Reise machte der Nil eine plötzliche Biegung, und wir segelten nach Osten. Nahe dem Scheitelpunkt des Knicks, bei Dendera, kamen wir am Tempel der Liebesgöttin Hathor vorbei. Es war ein neuerer Tempel, und mein Vater hatte noch Anbauten hinzufügen lassen. Vom Wasser aus konnte ich die gemeißelten Säulen sehen, die dort die Schutzmauer aus braunen Lehmziegeln überragten. Ich bedauerte, daß ich keine Zeit hatte, anzuhalten und den Tempel zu besuchen.

Unmittelbar gegenüber, genau dort, wo der Fluß sich wieder nach Westen wendet, lag die Stadt Koptos. Ich kannte sie, weil sie an einer wichtigen Handelsstraße lag. Von hier, wo der Nil dem Roten Meer am nächsten ist, zogen die Kamelkarawanen zu den Hafenstädten, um Waren aus Punt und Arabien zu holen. Mein Vater hatte sich sehr für diesen Handelsweg interessiert; er war der Meinung gewesen, Ägypten solle sich stärker nach Osten wenden, nach Indien, um dort Handel zu treiben, und das Mittelmeer den Römern überlassen.

Die frühen Ptolemäer hatten landauf, landab an der Küste des Roten Meeres Städte gegründet und sie nach ihren Königinnen benannt: Kleopatris, Arsinoë, Berenike. Berenike, die am weitesten südlich gelegene, war der Ort, an dem die in Afrika gefangenen Elefanten verschifft wurden. In letzter Zeit war der Elefantenhandel zurückgegangen. Sie waren nicht mehr die große Neuheit im Krieg, die sie einst gewesen waren. Julius Cäsar hatte die Technik, mit der sie zur Strecke zu bringen waren, vervollkommnet, und damit hatten sie ihren überlegenen Wert als Schreckenswaffe eingebüßt.

Julius Cäsar... Ich machte mir meine Gedanken über ihn. Als Soldat schien er furchterregend und unendlich erfindungsreich zu sein. Die Sache mit den Elefanten – wieso hatte niemand vor ihm ihre Schwäche so wirkungsvoll ausgenützt? Die Tiere sind leicht in Panik zu versetzen: Hat man sie mit einem Hagel von Steinen und Geschossen erschreckt, machen sie kehrt und überrennen die eigenen Truppen. Jahrhundertelang waren Elefanten begehrte Kriegsmaschinen gewesen. Aber in jüngster Zeit hatte Cäsar sie so gut wie überflüssig werden lassen. Wie konnte Pompejus gegen ihn bestehen? Ich wünschte nun, wir hätten keine Partei ergriffen. Für Ägypten ließ es Böses ahnen.

Eine weitere Tagesreise brachte uns nach Theben mit seinen massigen Tempeln. Hier war die Trutzburg des Alten Ägypten, und hier hatten die Priester in den Tempeln des Amun noch immer große Macht beim Volke. Ptolemaios IV. hatte sich einer rivalisierenden Dynastie aus dieser Gegend erwehren müssen und war so sehr damit beschäftigt gewesen, ihr ein Ende zu machen, daß er dabei den größten Teil der ägyptischen Besitzungen in Übersee verloren hatte – Besitzungen, die nie wieder zurückerobert worden waren.

Die Priester und ihr Gefolge säumten die Stufen unten am Wasser, und ich hörte ihre säuerliche, wie Totenlieder klingende heilige Musik, als sie uns im Vorüberfahren grüßten. Gigantische Tempel ragten hinter ihnen auf und ließen sie winzig erscheinen. Weihrauchduft wehte über das Wasser.

Theben gegenüber lagen die trostlosen, hartgebackenen Felsen und Täler, wo die Königsgräber aus dem gewachsenen Gestein gehauen worden waren. Hier hatte Königin Hatschepsut ihren Grabtempel errichten lassen, eine langgezogene waagerechte Reihe von Terrassen und Kammern im harten, knochentrockenen Felsgestein. Ihre Myrrhebäume und Springbrunnen waren inzwischen zu Staub geworden. Nicht weit davon entfernt standen die großen Grabtempel von Ramses II. und Ramses III. und die Kolosse von Amenophis III., sitzende Statuen von mehr als sechzig Fuß Höhe. Aber die Priester, die dafür bezahlt worden waren, in Ewigkeit ihre Riten in den Tempeln zu vollziehen, waren tot wie ihre Herren. Die Riten waren vergessen, und nur die Steine waren noch da. Die Tempel, die Gebeine jenes Glaubens, standen in der Wüstensonne und strahlten vor Hitze.

Ein kleines Stück noch, und Hermonthis, unser Ziel, erschien am Westufer des Nils. Es war eine kleine Stadt, in der es wenig gab außer dem Bucheum, einem Tempel in seinem Bezirk, wo der heilige Stier wohnte, von dem man glaubte, daß Amun ihn beseelte. Unter dem Tempel befinden sich weitläufige Katakomben, in denen die mumifizierten Stiere bestattet wurden. Menschen säumten die Uferböschungen, und die Priester mit ihren kahlgeschorenen Schädeln und weißen Leinengewändern standen bereit, uns zu empfangen. In allen Gesichtern sah man angespannte Neugier. Ist das wirklich die Königin? dachten sie. Dürfen wir uns ihr nähern? Ist sie wahrhaftig eine Göttin?

In diesem Augenblick war ich zutiefst froh, daß ich den weiten Weg gemacht hatte, um hier endlich vorbehaltlos willkommen geheißen zu werden. Mochte mein Bruder nur in Alexandria bleiben, wo man uns behandelte, als seien wir nur allzu menschlich – und entbehrlich. Ich empfand beschwingte Freude und Erleichterung, als könnte ich zum ersten Mal im Leben atmen.

»Majestät«, sagte der älteste Priester, »der heilige Stier frohlockt, da du gekommen bist, ihn zu begleiten.«

Ich mochte zwar keine Stiere, aber ich frohlockte ebenfalls.

Als der vorige Buchis-Stier gestorben war, hatte man nilaufwärts und nilabwärts nach einem Nachfolger gesucht und den richtigen schließlich ganz in der Nähe gefunden – zum Entzücken seines Besitzers.

Die Zeremonie bestand darin, das Tier – es mußte graubraun sein und weiße Hörner und einen weißen Schwanz haben – auf ein eigens dafür gebautes Boot zu verfrachten, das in der Nähe des Zuchthofes ein paar Meilen weit stromaufwärts festgemacht hatte. Der Stier trug eine Krone aus Lapislazuli und ein Gesichtsnetz zum Schutz vor den Fliegen. Er war mit Blumengirlanden behängt, und seine Hufe waren rot gefärbt, wie ich sah, als sein

Wärter ihn über die Planke führte. Er schien ein sehr sanftes Tier zu sein – für einen Stier. Ich hoffte, er möge eine lange und ereignislose Amtszeit in Hermonthis erleben, mit vielen Kühen, die alle seine Nöte befriedigen würden. Es ist nicht leicht, heilig und ausgesondert zu sein.

Die Ruder mit den silbernen Spitzen funkelten, wenn sie sich nach jedem Schlag aus dem Wasser erhoben, und ließen Tropfen hoch durch die Luft sprühen. Der Stier fuhr seiner Bestimmung entgegen, und friedfertig stand er da, während das Boot sich auf dem Wasser wiegte.

Es gab viel zu essen, wie es der Brauch ist. Die Priester hatten öffentliche Bankette für die Menschen aus der Umgebung bereitet, denn die Weihe eines neuen Stiers ist kein alltägliches Ereignis; die meisten Tiere werden über zwanzig Jahre alt.

Für uns veranstaltete der Hohepriester ein eigenes Festmahl und deckte dazu eine Tafel mit den Erzeugnissen der Gegend: Zwiebeln, Lauch, Knoblauch, Linsen, Erbsen, Spinat, Salat und Möhren. Als Fleisch gab es Ziege, Lamm und Wild wie Antilope und Steinbock. Aus Ehrfurcht vor dem heiligen Stier aß man kein Rindfleisch.

»Wir werden zum Andenken an deine Anwesenheit eine Festplakette anbringen«, sagte der Hohepriester. »Immer und ewig, solange es Menschen gibt, die lesen können, wird diese Tat weiterleben.«

Man trug mir einen Teller mit Gemüse auf, beträufelt mit dem Öl des *bak*-Baumes und mit Kräutern gewürzt. »Eure Ernte scheint reichlich gewesen zu sein«, stellte ich fest. »Wie habt ihr alle diese Lebensmittel zusammenbringen können, daß ihr nicht nur uns, sondern das Volk speisen könnt?«

Er machte ein niedergeschlagenes Gesicht. »Leider – ich muß es gestehen, Majestät – war es äußerst schwierig. Die Ernte war karg, der Nil geizig mit seinen Gaben in diesem Jahr. Hast du gesehen, wie hoch der Landungssteg aus dem Wasser ragt? Meist liegen die Boote auf einer Höhe mit dem Steg. Jetzt braucht man eine Leiter.«

»Wie geht es dem Volk?«

»Hungern muß noch niemand. Wir beten, daß wir die Zeit der Not überstehen können, bis der Nil wieder ansteigt.«

Obwohl wir noch drei Tagereisen von Nubien entfernt waren, sah ich eine Anzahl von unverkennbar nubischen Gesichtern unter seinen Dienern und Priestern. Ich erkundigte mich danach.

»O ja, wir haben festgestellt, daß die Nubier sehr spirituell sind. Sie fühlen sich zum Tempeldienst hingezogen und sind treu. Wir heißen sie jederzeit mit Freuden willkommen.«

Die Frau, die mich bediente, war eine hochgewachsene Nubierin, die sich so anmutig bewegte, als sei sie eine Tänzerin.

Der Gastgeber schüttelte den Kopf, als ich eine entsprechende Bemerkung machte. »Nein, das ist einfach ihre natürliche Art. Nubier sind geschmeidig und elegant in allem, was sie tun, ob sie eine Schüssel auf den Tisch stellen oder den Kopf drehen. Sie kommen mit einem Gefühl für körperliche Würde auf die Welt.«

»Wie heißt du?« fragte ich sie. Ihre Bewegungen fesselten mich.

»Iras, Majestät«, sagte sie. Als ich sie verblüfft anschaute, fügte sie hinzu: »Es bedeutet ›Wolle‹. *Eiras*. Wegen meiner Haare.« Ihr Griechisch war sehr gut. Ich fragte mich, wo sie es gelernt haben mochte. Sie mußte aus einer gebildeten Familie kommen, oder sie hatte ihre Ausbildung in Theben oder in Hermonthis erhalten. Ihr Haar war in der Tat wollig, dicht und nach nubischer Art frisiert, also an den Seiten kurz geschnitten.

»Ich will alles tun, was in meiner Macht steht, um zukünftige Ernten besser ausfallen zu lassen«, versprach ich dem Hohenpriester. »Die Bewässerungskanäle müssen vertieft werden, das weiß ich schon. Sie sind versandet. Man wird das beheben.«

»Ich werde täglich zu Amun beten, daß es so sein möge«, sagte der Priester.

Ich erriet seinen unausgesprochenen Gedanken: Ich werde täglich darum beten, daß du auf dem Thron bleibst, damit du dein Versprechen halten kannst.

Die Zeremonie dauerte den Tag und die Nacht, und dann ruhten wir in dem Palast, der an das Bucheum angrenzte. Ich hatte vorgehabt, nach zwei oder drei Tagen nach Alexandria zurückzukehren, aber im Morgengrauen kam ein Bote. Er war doppelt so schnell wie wir gereist, indem er Segel und Ruder zugleich benutzt hatte. Seine Nachrichten waren düster: Der Regentschaftsrat hatte im Namen Ptolemaios' XIII. die Macht ergriffen, und ich war für abgesetzt erklärt worden. Meine Abwesenheit von Alexandria war mein Untergang gewesen.

So rasch Königin und so rasch wieder entthront! Ich konnte es kaum glauben. Daß sie es wagen konnten …!

»Es ist wahr«, sagte der Mann. »Ich bitte dich um Vergebung dafür, daß ich dir diese unwillkommene Nachricht bringe, aber ich dachte, es ist am besten, wenn deine Freunde es dir sagen, bevor du offiziell in Kenntnis gesetzt wirst und bevor das ganze Land es weiß. Damit du … Pläne machen kannst.«

Ja. Pläne machen. Denn ich würde mich nicht demütig fügen. Nein, niemals!

»Ich danke dir.« Ruhig ersuchte ich ihn zu warten. Ich bat Iras, die für unseren kurzen Aufenthalt in unsere Gemächer abgeordnet worden war, ihm Wasser zum Waschen und Wein zur Erfrischung zu bringen.

»Gern«, sagte sie und winkte ihm – in ihrer hinreißenden Art –, ihr in ein anderes Zimmer zu folgen.

Draußen durchdrang die Sonne allmählich den goldenen Dunst, der bei Tagesanbruch über dem Fluß lag und das Schilf am Ufer wie mit Bronze überhauchte. Die königliche Barke lag am Anleger vertäut und wartete auf mich. Ich atmete ein paarmal tief ein und klammerte mich am Fenstersims fest.

Was sollte ich tun? Ich war hier in Oberägypten, in einer Gegend, die der Regierung in Alexandria traditionell am feindseligsten gegenüberstand. Aber die Leute hier schienen mich zu mögen und hinter mir zu stehen. Sollte ich versuchen, hier eine Armee auf die Beine zu bringen? Die besten Soldaten kamen aus dieser Gegend, und Achillas selbst stammte von hier.

Aber wie konnte ich sie bezahlen? Ich hatte kein Geld mitgenommen. Die Usurpatoren in Alexandria hatten jetzt den Staatsschatz in ihrer Hand, wie sie auch die makedonische Hofgarde und die ägyptische Armee für sich hatten. Mit den Mitteln, die mir hier zur Verfügung standen, konnte ich kein Heer ausrüsten, geschweige denn ausbilden. Daß ich beim Volk beliebt war und daß die Menschen mich offensichtlich mochten, war zwar eine Genugtuung für mich, aber von militärischem Nutzen war es kaum. Wenn ich versuchen wollte, von hier aus eine Konterrevolution in Gang zu bringen, würde ich damit nur Blutvergießen erreichen.

Diese Gedanken gingen mir so schnell durch den Kopf, daß ich dabei nur ein- oder zweimal geatmet hatte, wie ich verblüfft merkte. Meine Hände umfaßten das Fenstersims.

»Majestät.« Das war Mardian. Ich erkannte seine Stimme immer; sie war weich und – Dank sei Hermes! – nicht schrill. Als er in das Alter gekommen war, in dem die Stimme sich sonst ändert, war die seine voller und kräftiger geworden, aber nicht tiefer.

Ich drehte mich nicht um. »Du weißt, daß du mich Kleopatra nennen darfst, wenn wir unter uns sind.«

»Kleopatra.« Wie er es sagte, klang es sehr angenehm in meinen Ohren. »Was werden wir tun?« Er schwieg einen Augenblick lang. »Ich weiß, daß wir nicht aufgeben werden.«

»Soviel ist schon entschieden.« Ich drehte mich um. »Ich will jetzt nicht einmal lange über Verrat klagen. Ich bin in einem Meer von Verrat und Betrug und Hinterlist aufgewachsen. Ich bin darin geschwommen wie der Barsch im Nil. Ich bin darin zu Hause. Ich werde nicht ertrinken.«

»Aber was werden wir *tun*? Ich meine, praktisch gesehen? In Bildern zu sprechen ist sehr poetisch, aber welche konkreten Maßnahmen werden wir ergreifen?«

»Geduld, Mardian! Ich weiß von dieser Krise erst seit wenigen Augenblicken. Laß mich nachdenken!«

Und dann betete ich zu Dir, Isis, um Hilfe. Ich bat Dich, meinen Kopf von Eitelkeit und Zorn und Torheit zu befreien, damit ich klar erkennen könnte, wie die Dinge lagen und was Du, meine Führerin, von mir erwartetest. Oft gehen unsere menschlichen Gedanken nicht weit genug. Wir stürzen uns erst auf dies, dann auf jenes, und so leiten wir uns selbst in die Irre. Also setzte ich mich ruhig hin, nahm Dein silbernes Abbild, das ich am Halse trage, in die Hand und wartete.

Die Augenblicke zogen vorüber. Ich fühlte – obwohl meine Augen geschlossen waren –, wie die Sonne in mein Zimmer drang, als sie am Himmel hinaufstieg. Draußen im Hof regten sich die Leute, und singende Priester zogen zum Stall des Stiers, um die täglichen Zeremonien zu beginnen. Ich wartete weiter.

Ein süßes Empfinden durchdrang mich. Das war der Augenblick, da Du zu mir kamst und alle Angst und Unsicherheit zerstreutest. Ich war Dein Kind, Deine Inkarnation auf Erden, und ich sollte regieren. Ich sollte Ägypten verlassen und nach Askalon in Gaza gehen. Diese Stadt war durch meinen Großvater von Judäa befreit worden und hatte immer die Gunst meines Vaters besessen. Dort könnte ich eine Armee aufstellen. Das nahe gelegene Königreich der nabatäischen Araber und das Volk von Askalon würden auf meiner Seite stehen. Die benachbarte Provinz Syrien würde mir ebenfalls Wohlwollen entgegenbringen, da ich den Wünschen des Statthalters Bibulus entgegengekommen war. Ja. Es war alles ganz klar.

»Wir gehen nach Gaza«, sagte ich zu Mardian.

Er machte ein erschrockenes Gesicht. »Wir sollen Ägypten verlassen?«

»Das ist doch schon vorgekommen. Ich bin nicht die erste unter den Ptolemäern, die ihr Land von außen zurückerobern muß. Aber es ist der klügste Weg. Ägypten hat unter einer Hungersnot zu leiden und kann uns nicht helfen. Askalon hat die besseren Mittel.«

»Aber ... Wie sollen wir hinkommen?« Der praktisch denkende Mardian.

»Wir haben die königliche Barke, oder nicht?«

»Ja. Ein riesiges Schiff, weithin sichtbar.«

»Sie werden uns nicht auf dem Nil suchen. Sie sind damit zufrieden, daß sie Alexandria haben. Wenn wir sie loswerden wollen, dann müssen wir sie aus Alexandria hinauswerfen. *Wir* müssen sie angreifen.«

»Du hast dir Alexander wirklich zu Herzen genommen.«

»Natürlich.« Ich lächelte. »Wir werden unsere Reisegeschwindigkeit auf dem Nil verdoppeln, indem wir Ruderer an Bord nehmen, die der Strömung nachhelfen können. Wenn wir das Delta erreicht haben, nehmen wir den östlichsten Arm des Nil, und dann verlassen wir die Barke und folgen der Bahn des alten Necho-Kanals zum Schilfmeer und zu den Bitterseen. Und dort geht es hinüber.«

»Das heißt, wir vermeiden die Straße zwischen Ägypten und Gaza, die an der Küste entlangführt.«

»Richtig. Denn die werden sie an der Festung von Pelusion bewachen. Aber auf diesem Wege schleichen wir uns hinter ihnen vorbei.«

Es würde mehrere Tage dauern, bis die offizielle Bekanntmachung Theben oder Hermonthis erreichte. Wir würden uns so bald wie möglich auf den Weg machen.

Aber der Hohepriester hatte eine Überraschung für uns. Er erschien an der Tür mit seinem Stab in der Hand. »In der Nacht hatte ich einen Traum«, sagte er. »Ich fürchte, etwas Böses ist nach Ägypten gekommen. Ich wollte dich warnen.«

»Deine Träume sind wahr«, sagte ich. »Tatsächlich ist soeben ein Bote eingetroffen.« Und ich erklärte ihm die Lage. »Wir werden daher abreisen, sobald es schicklich ist. Ich möchte die Leute nicht beunruhigen.«

»Dann bleib noch eine Nacht bei uns«, sagte er, und das taten wir; wir waren froh, daß wir einen Vorwand hatten, vor den Mühen, die uns bevorstanden, noch ein wenig auszuruhen.

Nachdem man dem neuen Stier und dem Gott Amun das Abendopfer dargebracht hatte, segnete der Priester mich und meinen ganzen Hofstaat. »Als Abschiedsgeschenk möchte ich dir einen Teil von uns geben. Nimm unsere Dienerin Iras mit. Sie ist uns lieb und teuer geworden, und deshalb ist es ein Opfer, sie aufzugeben. Sie wird dir eine lebendige Erinnerung an uns sein. Außerdem« – er lächelte –, »außerdem ist sie nützlicher als ein Gedicht, eine Halskette oder eine makellose Ziege.«

Ich freute mich sehr, denn ich hatte Iras bereits überraschend gern.

Während ich früh am nächsten Morgen feierlich zu meiner Barke geleitet wurde, drückte er mir ein Stück Papier in die Hand. »Damit du es weißt«, sagte er. »Es fängt an.«

Als ich das Blatt entfaltete und las, sah ich, daß der Regentschaftsrat einen Befehl nach Oberägypten entsandt hatte: Alle irgendwie entbehrlichen Getreidevorräte und Lebensmittel waren auf schnellstem Wege nach Alexandria zu schicken. Es war bei Todesstrafe verboten, irgend etwas anderswohin zu liefern. Sie wollten mich aushungern.

Ich lachte und zerriß das Papier. Sie waren sich ihrer allzu sicher, und sie hatten sich verrechnet. In Gaza würden sie mir nichts anhaben können. Und wenn ich sie aus Alexandria vertrieben hätte, würde ich mit den Lebensmitteln, die sie eingelagert hatten, ein Festmahl veranstalten, wie es noch nie dagewesen war. Jawohl, ich und meine Anhänger würden sieben Abende hintereinander in Datteln, Feigen, Melonen, Pfannkuchenbrot, Radieschen, Gurken, Enten- und Gänsefleisch schwelgen. Schlichte Kost, dem Maul des Feindes entrissen, schmeckt besser als ein Mahl aus den köstlichsten Leckerbissen.

Unsere Fahrt flußabwärts verlief ungehindert. Die Ruderer plagten sich und schwitzten, um das Boot so schnell wie möglich voranzutreiben. Wegen des niedrigen Wasserstandes war die Strömung träge. Wo wir anlegen mußten, fanden wir freundliche Menschen, die auf unserer Seite standen. Die Nachricht hatte sich schneller als erwartet herumgesprochen, und die Leute hatten schon von dem Staatsstreich in Alexandria gehört. Trotzdem bekundeten sie mir ihre Treue und wünschten mir viel Glück.

Als wir uns den heiligen Stätten von Heliopolis mit den klobigen Obelisken näherten, wußten wir, daß es nicht mehr weit war bis zu der Stelle, wo der Nil sich verzweigt. Der grüne Streifen wurde breiter, und wir kamen in fruchtbares Land. Wir steuerten die Barke in den östlichen, den Pelusischen Arm des Flusses und ruderten der aufgehenden Sonne entgegen.

Dieser Teil Ägyptens war am wenigsten ägyptisch, denn seit Jahrtausenden kamen Ausländer auf diesem Wege ins Land. Die Israeliten hatten hier gesiedelt, und die Hyksos waren ihnen gefolgt.

Wir hatten eine gewisse Strecke zurückgelegt, als wir die Überreste des alten Kanals am Ostufer erblickten. Die steinerne Einfahrt, die schützend vor der Schleuse lag, war noch vorhanden, aber Tore und Wachen waren nicht mehr nötig. Alles war von Kletterranken und Schilf überwuchert. Hier mußten wir die Barke aufgeben und auf Kamelen oder Eseln am Kanal entlang weiterziehen. Als wir die Böschung hinaufgeklettert waren, sah ich ein paar stehende Tümpel, die unter Lotosblumen erstickten; sie waren alles, was von der Wasserstraße noch übrig war. Einen Augenblick lang fühlte ich mich überwältigt von der gewaltigen Aufgabe, ein Land in Gang zu halten. Alles verfaulte und verfiel, alles mußte ständig kontrolliert und repariert werden, und dafür brauchte man Menschen und Geld. Die Instandhaltung, nicht die Eroberung und Expansion, trocknet unsere Kassen aus, bis wir schließlich als Herrscher ins Grab sinken, ohne etwas Denkwürdiges erreicht zu haben. Denn wer wünscht sich schon, daß nichts weiter auf seinem Grabmal steht als »Er hat die Kanäle saubergehalten«? Aber sauberhalten muß man sie – beinahe beiläufig, während wir größere Ziele im Auge behalten.

Der Kanal war einer natürlichen Bodenrinne gefolgt, und deren Rand folgten nun wir. Einst war hier fruchtbares Ackerland gewesen, und noch immer erkannte man die Spuren der Feldgrenzen. Aber als das Wasser verschwunden war, war auch die Ernte ausgeblieben. Die Wüste mit ihrem trockenen Gestrüpp und mit Steinen in verschiedenen Größen reichte bis an den Pfad.

Der Kanal war ungefähr fünfzig Meilen lang gewesen und hatte den Nil mit dem See von Timsah, einem der Bitterseen, verbunden, der sich ins Rote Meer ergoß. Der nächstgelegene Hafen war Kleopatris, aber die Gegend, in der er lag, nannte man »die üble Bucht«, weil Riffe und Pflanzenbewuchs sie tückisch machten.

»Dort in der Nähe werden wir hinübergehen«, sagte der Hauptmann meiner Garde. »Das Schilfmeer können wir durchwaten, wenn der Wind richtig steht.«

»Wie der sagenhafte Ägypter, der sich mit den Israeliten verbündete?« fragte Mardian.

Der Soldat sah ihn verständnislos an. »Ich weiß nicht, wen du meinst«, antwortete er, »aber der Übergang dort ist seit alten Zeiten bekannt. Er kann tückisch sein; also müssen wir unsere Schritte behutsam setzen.«

»Moses«, erklärte Mardian. »So hieß er. Es steht in diesem Buch mit den hebräischen Legenden. Moses ist ein ägyptischer Name; er hat etwas mit Thutmosis zu tun.«

Den Hauptmann interessierte das nicht. »Wenn wir ans Ufer des Schilfmeeres kommen, machen wir halt und prüfen das Wasser.«

In der Ferne sahen wir es glitzern; es erwartete uns. Es war ein flaches, grausames Blau – ein Hinweis darauf, daß es ein stehendes, von Bittersalzen erfülltes Gewässer war. Das Schilf und die Pflanzen dort würden anders aussehen als das, was im Süßwasser wuchs.

Als wir das Ufer schließlich erreicht hatten, roch ich den fauligen Dunst von Moder und Verfall. Ich sah die öligen Ringe um die Schilfhalme, einen stumpfen Glanz, der das Sonnenlicht zurückwarf. Und dennoch gab es Vögel in diesem Dickicht, die zwitschernd von Halm zu Halm flogen.

»Das Wasser kann durchquert werden!« rief der Hauptmann erleichtert, nachdem seine Kundschafter ihm Bericht erstattet hatten. »Die Führer gehen voraus! Wir werden uns Schilfboote mieten und lassen die Tiere reiterlos hinüberführen.«

Und so geschah es. Ich saß in einem kleinen Boot aus gebündelten Papyrushalmen, das nur halbwegs schwamm; das faulige Wasser sickerte ringsum herein. Wir mußten uns durch zähes, faseriges Wurzelwerk, Schilf und scharfe Blätter kämpfen, die uns ins Gesicht klatschten und uns die Hände zerschnitten. Und dieser Gestank! Die Gase, die unsere Boote aufsteigen ließen, als wir durch das Wasser fuhren, verursachten mir Brechreiz, und als ich einmal die Hand ins Wasser tauchte, um haltsuchend einen Halm zu ergreifen, war sie nachher von einer Schicht aus Öl und Faulsalz überzogen.

Noch nie hatten Sandbänke so rein und sauber ausgesehen, als wir endlich das andere Ufer erreichten! Es waren nur ungefähr zwei Meilen gewesen, aber dies waren die abscheulichsten zwei Meilen unter ägyptischer Sonne; dessen war ich sicher.

Der Rest der Reise war ein Spaziergang. Wir durchquerten die fünfunddreißig Meilen breite Sandwüste zwischen der Spitze des Sees und dem offenen Mittelmeer, bis wir dieses Meer sehen konnten – ein tiefes Blau, in dem sich der

Himmel widerspiegelte, mit weißgekrönten Wellen, die ein Abbild der Wolken waren. Wir achteten darauf, der vielbereisten Straße, die hier an der Küste entlangführte, nicht zu nah zu kommen.

Gaza, das ehemalige Land der Philister, war leicht erreicht. In der reichen Stadt Askalon empfing man mich mit offenen Armen, und ich fand dort Anhänger, die nur allzugern bereit waren, gegen die Usurpatoren die Waffen zu erheben. Und man verbreitete die Kunde, daß Königin Kleopatra eine Armee aufstellte.

# 11

Nacht. Heiße, windige Nacht. Ich lag in meinem Zelt und konnte nicht schlafen. Ich hatte meine Armee, und wir lagerten dicht vor der ägyptischen Grenze, unweit der Stelle, wo wir einige Monate zuvor durchgezogen waren. Ich hatte fast zehntausend Mann, teils Ägypter, teils nabatäische Araber. Es waren gute Soldaten.

Aber mein Bruder – besser gesagt, Achillas – hatte mehr. Er hatte das, was von den alten Legionen des Gabinius übrig war, und er hatte frische ägyptische Soldaten anwerben können. Sie lagen uns gegenüber und waren in Pelusion in Stellung gegangen, in der Festung, die Ägyptens Ostgrenze sichert. Wir konnten nicht an ihnen vorbei, und vom Meer her konnten wir Alexandria auch nicht nehmen, da sie den Hafen mit Unterwasserketten versperrt hatten und durch die Flotte bewachen ließen.

Zwei Monate. Zwei Monate lagen wir einander jetzt gegenüber, durch die Sandwüste voneinander getrennt, und davor war ich schon ein Jahr nicht in Alexandria gewesen. Ich wurde von Askalon gut versorgt und sie von Ägypten. Wie lange würden wir noch hier sitzen? Wer würde den ersten Schlag führen?

Ich wälzte mich auf meinem zusammenklappbaren Feldbett hin und her. Die Schnüre unter mir knarrten. Das Haar klebte mir feucht an der Stirn, und wenn ich schlief, waren meine Träume verworren, aber beunruhigend. Der heiße Wind, der durch das Netz vor dem Eingang böig hereinwehte, war wie der Kuß eines fiebrigen Liebhabers – oder wie ich mir den Kuß eines Liebhabers vorstellte. Ich kannte so etwas ja nur aus Träumen, aus Gedichten und aus meiner Phantasie. Am anderen Ende des Zeltes regte sich Iras und stöhnte. Mit einem Seufzen drehte sie sich um.

Es war mitten in der Nacht. Alles schlief. Warum konnte ich es nicht auch?

Ich drückte die Augen zu. Wieder fuhr heißer Wind herein. Mir war, als stehe da jemand im Eingang des Zeltes, hebe das Netz hoch und wolle hereinkommen. Hellwach schrak ich hoch – oder träumte ich? Ich glaubte eine hochgewachsene Frau zu sehen, die ein Füllhorn in den Armen hielt. Das Emblem unserer Dynastie? Sie blieb stumm. Ihr Gesicht konnte ich nicht sehen. Ja, ich träumte. Denn im nächsten Augenblick kam ein wirklicher Besucher, und das Geräusch der Zeltklappe klang ganz anders.

»Mardian!« Ich erkannte seine klobige Gestalt.

»Pssst!« Er bückte sich und kam auf Zehenspitzen zu meinem Bett. »Etwas Schreckliches ist geschehen«, flüsterte er, und seine Stimme zitterte.

Ich setzte mich auf und legte ihm den Arm um die Schulter. »Was denn?« fragte ich leise. »Du brauchst mich nicht zu schonen.«

»Unser Land ist vor der Welt mit Schmach überhäuft. Ach, Ägypten!«

»Was?«

»Verrat! Oh, Verrat!«

»Im Namen der Isis, hör auf zu jammern und erzähle es mir!«

»Ptolemaios hat Pompejus ermordet!«

»Wie denn das?« Mehr brachte ich vor Schreck nicht heraus. Der kleine Ptolemaios mit seinen zweigdünnen Ärmchen sollte den mächtigen Pompejus ermorden?

»Sie griffen ihn an … Lauter Lügen …« Er brach unvermittelt ab. Iras wachte auf.

»Es ist in Ordnung. Vor ihr kannst du sprechen.« Ich hatte inzwischen vollständiges Vertrauen zu Iras, und ich verließ mich auf ihre heitere Gelassenheit und gesunde Urteilskraft.

»Der besiegte Pompejus war auf dem Weg nach Ägypten.« Mardian hatte beschlossen, ganz von vorn zu beginnen.

Über all meinen Sorgen hatte ich die der Römer vergessen.

Aber während meines Exils waren Cäsar und Pompejus bei Pharsalos in Griechenland zusammengetroffen und hatten sich eine Schlacht geliefert. Cäsar hatte gewonnen, aber Pompejus war mit dem Leben und einer Handvoll Männer davongekommen. Ich hatte es gewußt, mich aber nicht weiter darum gekümmert. Rom mit seinen Leiden war vor meinen eigenen verblaßt.

»Er wollte eine neue Armee aufstellen. Er hatte vor, nach Ägypten zu kommen, um seine Truppen neu zu formieren; Ptolemaios sei ihm diesen Akt der Treue und einen Stützpunkt schuldig, denn er sei ja durch das Testament deines Vaters, wie er behauptet, zu Ptolemaios' Vormund bestellt. Aber sie wußten, daß er zum Untergang verurteilt war, und daher wollten sie ihn loswerden.«

»Weiter«, sagte ich. »Woher weißt du das alles?«

»Eben ist ein Deserteur aus dem Lager des Pompejus' hier eingetroffen. Ich glaube, er spricht die Wahrheit. Sie werden ihn morgen zu dir bringen, aber ich wollte es dir vorher sagen.«

Der liebe, treue Mardian! »Ich danke dir.«

»Der Mann hat vom Strand aus zugesehen. Er war Zeuge der Tat. Pompejus wurde von Achillas und zwei anderen Männern, die ihn an Land rudern sollten, in Sichtweite seiner Frau, die auf dem Kriegsschiff war, ermordet. Sie haben ihn erstochen und ihm dann den Kopf abgeschnitten – vor ihren Augen!«

Pompejus – der mich als Kind so freundlich behandelt hatte, den ich damals voller Staunen angestarrt hatte – enthauptet! Wir hatten uns über Alexandria unterhalten, und ich hatte ihm versprochen: *Wir werden Alexandria für dich behüten, und es wird immer auf dich warten.*

Und als er endlich gekommen war, da hatten mein ruchloser Bruder und seine Leute ihm ein abscheuliches Willkommen bereitet, und sie hatten mein Versprechen zur Lüge gemacht.

»Sie sind Bestien«, sagte ich. »Mit Bestien, nicht mit Menschen habe ich es zu tun. Also brauche auch ich kein Mitleid mit ihnen zu haben.« Mich schauderte bei dem Gedanken an sie. Sie Bestien zu nennen war eine Beleidigung für die Tierwelt. Da fiel mir plötzlich etwas ein. »Was ist mit Cäsar?«

»Mit ihrem Mord an Pompejus wollten sie verhindern, daß Cäsar in diesen Teil der Welt kommt. Aber von einem Mann wie Cäsar verstehen sie nichts. Cäsar war Pompejus dicht auf den Fersen gewesen; er war ihm so schnell gefolgt, daß er mit nur wenigen Männern ankam. Der Deserteur hörte, Theodotos habe Cäsar bei seiner Ankunft den abgeschnittenen Kopf und den Siegelring des Pompejus gezeigt, weil er glaubte, daß er dafür Beifall bekommen werde. Statt dessen aber weinte Cäsar erst und beschimpfte sie dann.«

»Wo ist er jetzt?«

»Cäsar ist in Alexandria, sagt der Kerl. Er hat im Palast Unterkunft bezogen und scheint es nicht eilig zu haben weiterzuziehen.«

»Aber was *tut* er dort?« Warum verweilte er? War Ptolemaios bei ihm? Cäsar war auch Politiker, nicht nur Soldat. Würde er vielleicht der nächste »Vormund« meines Bruders werden?

»Ich weiß es nicht«, sagte Mardian.

Zum ersten Mal ergriff jetzt Iras das Wort. »Solange Cäsar dort ist, regiert Ptolemaios jedenfalls nicht«, stellte sie fest. »Das ist gut für dich.«

»Es kann niemals gut sein, wenn man das eigene Haus von einer starken Macht besetzt weiß. Das ist, als käme ein Löwe in dieses Zelt und hätte den Wunsch, in diesem Bett zu schlafen«, entgegnete ich.

Als Mardian gegangen war und Iras sich wieder hingelegt hatte, starrte ich unter die Dachfalten des Zeltes. Sie verloren sich über mir im Dunkeln, und die flackernde Flamme der Laterne ließ die verborgenen Winkel des Zeltes nur um so dunkler erscheinen. Der heiße Wind war unerbittlich. Die Stämme der Wüste hatten einen Namen für diesen Wind und für seine drückende Unerbittlichkeit. Er hinderte mich am Denken. Ich konnte nur still daliegen und schwitzen. Ich war eine Gefangene dieser drückenden Nacht, gefesselt an mein Bett.

Julius Cäsar hatte Pompejus besiegt. Julius Cäsar war der Herr der römischen Welt. Julius Cäsar war in Alexandria und wohnte dort im Palast – in meinem Palast! Er war täglich bei meinem Bruder. Warum? Warum blieb er? Was hatte er vor?

Ich würde hingehen und ihm meine Sache vortragen müssen. Iras hatte recht; solange Cäsar dort war, regierten Ptolemaios und sein frevelhafter Regentschaftsrat nicht. Ich konnte an einen Richter appellieren, der über ihnen stand. Aber das würde ich rasch tun müssen. Jeder Tag, der verging, während Ptolemaios Cäsar für sich allein hatte, machte es wahrscheinlicher, daß sie zu Verbündeten wurden.

Eine Fliege summte im Zelt herum und stieß gegen die Falten. Wir hatten hier keine Moskitonetze aufgespannt, weil keine Sümpfe in der Nähe waren. Jetzt bereute ich das, denn Fliegen waren mir ein Greuel. Sie kam näher; ich hörte sie summen, und dann sah ich im matten Schein der Laterne, wo sie landete. Rasch richtete ich mich auf, packte meine Sandale, und so schnell, daß das Auge der Bewegung kaum folgen konnte, hatte ich die Fliege erschlagen.

War dies die Art, wie Cäsar seine Feinde vernichtete? Man sagte, er bewege sich sehr schnell und überrasche seine Gegner. Eine endgültige Schlacht hatte er noch nie verloren, nicht einmal, wenn er gegen eine Übermacht antrat. Und Mardian hatte gesagt, er sei schnell und mit nur wenigen Soldaten nach Ägypten gekommen und habe sich darauf verlassen, Pompejus mit Hilfe der Überraschung zu besiegen. Das mußte bedeuten, daß er jetzt nicht viele Soldaten in Alexandria hatte, die ihn beschützen konnten. Also wieder die Frage: Wieso verweilte er noch?

Was wußte ich denn über Cäsar? Herzlich wenig. Nur, daß er im allgemeinen beim Volke beliebter war als beim Adel, daß er seine militärischen Erfolge relativ spät erzielt hatte und daß er andauernd Beziehungen zu Frauen unterhielt, meist zu verheirateten. Mardian hatte mir einmal erzählt, daß anscheinend jede Ehescheidung in den vornehmen Kreisen Roms etwas mit einem Ehebruch mit Cäsar zu tun hatte. Und sein Geschmack beschränke sich nicht auf Frauen, sagte Mardian, in seiner Jugend habe er auch schon ein Verhältnis mit dem König von Bithynien gehabt. Kunstwerke sammele er außerdem, vertraute Mardian mir an, und sie schätze er mehr als seine Liebesabenteuer.

Ich verzagte. Wahrscheinlich würde er sich dann mit einigen unserer besten Kunstschätze aus dem Staub machen. Er würde alle griechischen Statuen und die ägyptischen Möbel und Bilder aus dem Palast räumen. Und dieser dumme Ptolemaios würde es zulassen!

Draußen begann sich etwas zu regen; ich hörte die ersten leisen Geräusche des Tagesanbruchs. An einer kaum merklichen Veränderung der Luft, die ins Zelt wehte, erkannte ich, wie spät es war. Nicht mehr lange, und sie würden kommen, um mich zu wecken, und wenn die Sonne sich über den Sand erhoben hätte, würden sie mir den Überläufer bringen, damit er mir seine Geschichte erzählte. Ich war froh, daß ich Zeit gehabt hatte, mich auf seine Botschaft vorzubereiten.

Der Mann war Ägypter, ein alter Soldat, der schon in der Armee meines Vaters gedient hatte, bevor die Truppen des Gabinius gekommen waren. Er sah beschämt aus, wie es bei Deserteuren und Spitzeln und Denunzianten immer der Fall ist, selbst wenn sie die Sache ihres früheren Herrn für falsch oder für hoffnungslos halten.

Ich hatte mich auf sein Kommen vorbereitet und trug meine königlichsten Gewänder. Er sollte schließlich spüren, daß es eine Königin war, zu der er sich geflüchtet hatte, und keine Landstreicherin. Er warf sich zu Boden, küßte den Sand und hob dann den Kopf. »Oh, große Königin des Ostens, meine Seele ist dein, und meinen Körper lege ich dir zu Füßen, auf daß du ihm befehlest.«

Ja, wie andere vor mir, dachte ich. Verräter mochten nützlich sein, aber vertrauen konnte man ihnen nicht.

Es war, wie Mardian mir berichtet hatte. Die finstere Tat war von Achillas und einem römischen Offizier verübt worden, einem gewissen Septimus, einem ehemaligen Soldaten des Pompejus. Aber es war auf Drängen Theodotos' geschehen, der gesagt hatte: »Tote beißen nicht.« Treue, Ehre, Dankesschuld – das alles war mit diesem praktischen Ratschlag beiseite gewischt worden. Und so war Pompejus am Gestade des Landes ermordet worden, in dem er Zuflucht hatte suchen wollen und in dem er mit allem Recht der Welt erwartet hatte, willkommen zu sein.

Seinen blutenden Rumpf hatte man in den Sand geworfen und dort liegenlassen; sein Freigelassener mochte ihn einäschern. Der arme Mann war gezwungen gewesen, am Strand auf und ab zu laufen und Treibholz zu sammeln, aber er hatte nicht genug gefunden, und so war der Leichnam …

Ich fiel ihm ins Wort. »Diese Einzelheiten will ich gar nicht wissen. Es ist erniedrigend für Pompejus, daß man überhaupt zuläßt, daß wir uns dergleichen vorstellen. Erzähle mir, was geschah, als Cäsar erschien.«

»Ich war nicht dabei. Mir war zuwider, was ich bereits gesehen hatte. Ich habe die Augen offengehalten und auf eine Gelegenheit gewartet zu desertieren. Cäsar habe ich gar nicht gesehen. Ich habe nur gehört, er sei in Alexandria. Theodotos hatte den … den Kopf und seinen Ring zu ihm gebracht, um ihm beides zu Füßen zu legen. Cäsar hat ihn dafür bestraft. Ich hörte, wie Theodotos sich über Cäsars Undankbarkeit beklagte. Aber das war nur wenige Stunden, bevor ich verschwand.«

»Und wo ist Achillas jetzt? Und Ptolemaios?«

»Achillas ist noch in Pelusion, wo er deinen Truppen gegenübersteht. Ptolemaios reist zwischen dem Heer und Alexandria hin und her. Cäsar residiert im Palast in Alexandria. Das letzte, was ich hörte, bevor ich fliehen konnte, war, daß er das Volk der Stadt verärgert habe, weil er gelandet sei wie ein römischer Hoheitsträger, mit Insignien und Beamten – als fordere er Gehorsam. Und Theodotos knurrte, daß Cäsar behauptet habe, er habe das Recht, zwischen dir, Majestät, und Ptolemaios zu richten.«

Konnte das wahr sein? Auf welcher Grundlage stand seine Behauptung? »Wie ist der Zustand in der Stadt, nach deinem besten Wissen? Wird sie gut bewacht?«

»Sehr gut sogar. Dafür hat Achillas gesorgt. Jedes Tor starrt vor Soldaten, und der Hafen ist blockiert.«

»Also sitzt Cäsar in der Falle.«

»So scheint er es nicht zu sehen. Er ist offenbar nicht beunruhigt.«

Cäsar war also eingesperrt, und ich war ausgesperrt.

Eine Woche verstrich, dann noch eine. Nichts geschah. Unsere Heere standen einander weiter gegenüber, durch den Wüstenstreifen voneinander getrennt, und niemand rührte sich. Dann kam wieder ein Deserteur, und er erzählte, daß Ptolemaios zu Cäsar gegangen sei und daß sie nun beide im Palast wohnten. Was mochten *unsere* Deserteure wohl Achillas erzählen? Daß wir mutlos waren? Des Wartens müde, aber ohne genügend Streitkräfte, um eine Schlacht zu erzwingen?

Tag für Tag saßen wir bei den Brunnen im Schatten der Palmen und warteten. Die Kamele dösten, die Augen mit den langen Wimpern geschlossen, und die Steine in der prallen Sonne verströmten den charakteristischen Geruch von Überhitzung. Eine Art Starre legte sich auf uns; es war, als wären wir immer schon hier gewesen und würden auch immer hier sein.

Und dann schien das Licht eines Tages matter zu werden, und der Hauptmann der Garde, ein Mann aus Gaza, kam in mein Zelt und sagte: »Ein Sandsturm! Bereitet euch darauf vor!«

Alle Gegenstände mußten mehrfach bedeckt und die Öffnungen von Zelten, Kisten und Säcken gesichert werden, und wir mußten unsere Gesichter verschleiern. Bald würde der Wind heulend heranfahren und einen Dunst aus feinen Sandkörnern mitbringen, und dann würden wir nur noch durch Schleier atmen können.

»Beeile dich, Iras!« rief ich. »Stelle die Schmuckkästen und die Geldschatullen auf eine Truhe, damit sie nicht im Sand versinken können. Die Wasserkrüge ebenfalls. Und dann decke alles zu. Und dann kommst du und duckst dich zu mir unter meinen Mantel, und wir breiten noch eine Decke über uns. Ein Zelt in einem Zelt.«

Sie gehorchte, und wir warteten. Der Wind schwoll zu einem Geheul, und wir sahen, wie die Zeltwände sich strafften. Der Sand drang durch all die winzigen Spalten im Segeltuch; fast wie Wasser sickerte er herein. Die Luft war ganz dunstig davon.

Stundenlang ging es so mit voller Wucht, und es dauerte bis in die Dunkelheit. Wir wagten nicht, uns zu rühren. Ich war dankbar, daß es tagsüber angefangen hatte, so daß wir es rechtzeitig genug hatten kommen sehen, um uns vorzubereiten.

Dann dachte ich, es habe nachgelassen, doch als ich mich anschickte, die Decke zu lüften, sah ich, daß die Zeltwand sich wölbte und spannte. Stark war der Wind! Doch dann schien es, als konzentriere er sich auf eine bestimmte Stelle und taste sich daran entlang. Und plötzlich erschienen Hände im Eingang des Zeltes, und jemand kam hereingekrochen.

»Hier, Herr«, sagte eine Stimme; es war ein Soldat von meiner Wache.

Eine zweite Gestalt folgte auf Händen und Knien. Beide waren von Kopf bis Fuß in Mäntel gewickelt.

»Majestät!« rief der Wachsoldat. »Bist du hier?«

Ich warf den äußeren Mantel ab, behielt aber den Schleier, als ich mich aufrichtete. »Ja«, sagte ich. »Wen bringst du? Melde ihn an.«

»Das ist Rufus Cornelius, ein Bote von Julius Cäsar.«

Cäsar! Ich erstarrte. »Wir werden ihn empfangen. Ich bitte euch aber, steht auf und zeigt eure Gesichter.«

Die beiden Männer richteten sich auf und wickelten sich die Kopftücher ab. Unter denen des Cornelius erschien der römische Helm mit seinem schmückenden Busch.

»Willkommen«, sagte ich. »Was hat der Imperator Cäsar der Königin Kleopatra mitzuteilen?« Ich hatte Herzklopfen.

»Mein General und Befehlshaber sagt, er sei nach Ägypten gekommen, um die betrübliche Lage zu ändern, in der dem Testament des Königs Ptolemaios nicht Folge geleistet wird, und in Ordnung zu bringen. Dieses Testament, welches Rom zur Vollstreckung anvertraut wurde, erklärte Königin Kleopatra und König Ptolemaios zu gemeinsamen Herrschern. Cäsar aber muß leider feststellen, daß Bruder und Schwester Krieg gegeneinander führen. Das schmerzt ihn.«

Und was gedachte er dagegen zu tun? »Mich schmerzt es auch«, sagte ich und wählte meine Worte sorgfältig. Beim Sprechen schmeckte ich feinen

Sand im Mund; er schwebte in der Luft wie ein Rauchschleier. »Allenthalben lauert Verrat und steht der Gerechtigkeit im Wege. Pompejus wurde verraten, genau wie ich. Und von denselben Leuten.«

»Cäsar wird sich den Fall vortragen lassen und entscheiden.«

»Cäsar hat nicht vielleicht bereits entschieden? Die Worte des kleinen Königs müssen ihm doch süß in den Ohren klingen.«

»Er will auch deine Worte hören. Er vermutet, daß sie süßer klingen werden.«

Ich erstarrte. Was sollte denn das heißen? Bestechung? Sollte ein Teil Ägyptens an Rom abgetreten werden?

»Er will, daß wir mit ihm handeln? Wie Kaufleute im Basar?«

Cornelius sah ehrlich gekränkt aus. »So dumm ist Cäsar nicht. Und wer handeln will, muß Waren haben, die er auch zurückhalten kann. So steht es aber nicht zwischen dir und Cäsar.«

Was wagte er …! Aber es stimmte, was er sagte. Cäsar war der Herr der Welt, und er konnte sich nehmen, was er wollte. Er brauchte nicht zu handeln. Aber wenn er sich überreden ließe … Das wäre eine andere Sache, eine ganz andere …

»Cäsar ersucht dich, nach Alexandria zu kommen und mit ihm und Ptolemaios von Angesicht zu Angesicht zusammenzutreffen.«

»Wird er mir sicheres Geleit geben?« fragte ich. »Ich müßte dazu ja durch die Reihen von Achillas' Armee.«

Cornelius hob bedauernd die Schultern. »Dazu hat er nicht die Möglichkeit. Er hat keine Soldaten übrig.«

»Sie werden mich nicht durchlassen.«

»Aber vielleicht, wenn ich mit ihnen rede …«

»Du kannst mit ihnen reden, aber sie werden nein sagen. Oder sie werden ja sagen und mich dann gefangennehmen, wenn ich durchziehen will.«

Er machte ein verwirrtes Gesicht, als habe er an diese Außerkraftsetzung der Höflichkeit noch nicht gedacht.

»Wir sind in Ägypten«, erklärte ich. »In der Heimat des Verrats. Aber kehre nur zu Cäsar zurück und sag ihm, ich will versuchen, eine Begegnung mit ihm zu ermöglichen.«

Wir verbrachten die nächsten zwei Tage damit, das Durcheinander auszugraben, das der Sandsturm hinterlassen hatte. Trotz aller Vorkehrungen hatte der Sand seinen Weg in sämtliche Proviantvorräte und auch in die Krüge mit Wasser und Wein gefunden. Jedes Kleidungsstück war vom Sand überstäubt, so daß es juckte, wenn man es anzog. Am Ende des Tages war unsere Haut rauh und wund. Und dann legten wir uns auf Matratzen nieder, die ebenso kratzig waren.

Meine Gedanken beschäftigten sich unablässig mit dem Problem, wie ich nach Alexandria gelangen sollte. Da ich nicht offen dort einziehen konnte, würde ich mich verkleiden müssen. Und ich mußte nicht nur in die Stadt Alexandria hineinkommen, ich mußte auch Zugang zum Palast finden, wo Cäsar wohnte. Das wäre unmöglich.

Ich überlegte mir verschiedene Pläne. Sollte ich durch einen Abwasserkanal hineinschleichen? Das war ekelhaft und gefährlich. Sollte ich mich als Hausmädchen verkleiden? Das wäre zu offensichtlich. Ein Bärenfell überwerfen und mit einem Wärter hineintappen? Und wenn sie dann die Hunde auf mich hetzten? Oder wenn sie versuchten, mich zum Tanzen zu bringen und ich mich aufrichten mußte? Könnte ich mich in einer Kiste mit Lebensmitteln hineinschmuggeln lassen? Aber damit käme ich noch immer nicht in Cäsars Gemach. Vor seiner Tür würden Wachen stehen.

Und als ich so auf meinem Bett lag und müßig auf den großen, gemusterten Teppich starrte, der im Zelt auf dem Boden lag, kam mir ein Gedanke.

»Zu gefährlich«, sagte Iras. »Und außerdem schickt es sich nicht für eine Königin.«

»Deshalb wird auch niemand Verdacht schöpfen«, beharrte ich.

»Du könntest ersticken«, sagte Mardian.

»Oder von Flöhen gebissen werden«, scherzte Olympos. »Das ist bei weitem die größte Gefahr. Und was sollte Cäsar zu einer Königin sagen, die von Flöhen zerstochen aus einem staubigen Teppich rollt?«

»Vielleicht küßt er die Flohstiche weg«, meinte Iras und zog eine Braue hoch.

Ich bemühte mich zu lächeln. Aber in Wahrheit hatte ich genau vor diesem Aspekt meines Plans die größte Angst. »Du wirst mir eine Salbe geben, die das verhindert«, erklärte ich Olympos.

»Und was ist, wenn Cäsar schreit und seine Garde hereinstürzt und dich ersticht?« fragte Mardian.

»Das tut er nicht. Allen Berichten zufolge behält er in unerwarteten Situationen immer den Kopf. Er ist unter allen Menschen der letzte, der vor Schreck aufschreien wird.«

»Du täuschst dich. Er wird annehmen, daß es ein Mordanschlag ist. Das ist schließlich das nächstliegende.«

»Dann werde ich eben auf die Götter vertrauen müssen«, sagte ich entschlossen, »es liegt sowieso alles in ihrer Hand.«

Und so war es ja auch. Es war einfach unmöglich, Cäsars Reaktion vorherzusehen oder ihn daran zu hindern, genau so zu reagieren, wie er es in diesem Augenblick wollte, auch wenn mein Schicksal davon abhing.

Und in diesem Augenblick, Isis, wußte ich, daß ich auf Dich vertraute. Erst wenn unser Schicksal in der Waagschale liegt, wenn unser Leben von etwas abhängt – erst dann sehen wir, ob wir darauf vertrauen können, daß das Seil halten wird, an das wir uns klammern. Und wenn wir es nicht können, lassen wir das Sims nicht los und schwingen nicht mit unserem ganzen Gewicht an diesem Seil.

Ich vertraute auf Dich, und Du hast dieses Vertrauen gerechtfertigt, Isis. Heil sei Dir!

Es war ein Kinderspiel, einen bereitwilligen, tapferen Mann zu finden, der mich nach Alexandria fuhr. Wir hatten ihn schon – Apollodoros, einen Kaufmann aus Sizilien, der uns mit Teppichen und Zelten versorgt hatte. Aber was ich vielleicht würde tun müssen, wenn ich erst da wäre – ach, das war eine ganz andere Sache. Das erforderte Kenntnisse, an denen es mir ganz und gar mangelte.

Cäsar hatte in der Tat nur eine Schwäche, nur eine Eigenschaft, die inmitten all seiner übermenschlichen Züge menschlich erschien. Die Götter sind gütig: Sie bieten uns immer einen Zugang, durch den wir einander gleichberechtigt begegnen können. Cäsar hatte eine Vorliebe für Liebesabenteuer – oder, um es schmerzhaft ehrlich zu sagen, für Bettgeschichten.

Die Götter können auch grausam sein, denn eben dies war das Gebiet, auf dem ich nicht darauf hoffen konnte, sein Interesse zu erregen. Wäre es die Reitkunst gewesen – Cäsar stand in dem Ruf, er könne im vollen Galopp die Hände auf dem Rücken verschränken –, da hätte ich seine Bewunderung erringen können. Wären es Sprachen gewesen, ich hätte ihm den Atem verschlagen, denn ich beherrschte acht, während ihm nur zwei zu Gebote standen, Griechisch und Lateinisch. Wäre es um die Abkunft gegangen: Ich entstammte dem ältesten Königshaus der Welt, er dagegen zwar einem alten Patrizierhaus, das aber noch immer dem Bürgertum zuzurechnen war.

Aber Liebe! Sex! Er war mit Männern und Frauen jeglicher Sorte und jeglichen Alters zusammengewesen, und er hatte dabei Kenntnisse erworben, die ihn sogar unter seinesgleichen hervorstechen ließen. Ich dagegen – ich war Jungfrau, und ich wußte nichts von den Feinheiten, ja nicht einmal von den Grundlagen der körperlichen Liebe, abgesehen von dem, was ich in meinen Gedichten gelesen hatte. Und mein bester Freund war ein Eunuch! Ich fühlte mich ganz hilflos bei dem Gedanken, Cäsar gegenüberzutreten.

Und dann die Frage: Würde ich überhaupt bereit sein, mich ihm hinzugeben? Noch nie hatte mich jemand auf intime Weise berührt. Konnte ich es einem Fremden erlauben?

Ich besann mich auf das, was auf dem Spiel stand: Alexandria und Ägypten. Ich rief mir den Nil vor Augen, der in dem flachen grünen Band zwischen palmengesäumten Ufern dahinfloß; die Obelisken aus Granit, die sich der

Sonne entgegenstreckten; den hellen, wandernden Sand unter dem schmerzhaft blauen Himmel; die dunklen, sitzenden Statuen der alten Pharaonen. Wie sie warteten. Ja. Für Ägypten konnte ich alles tun. Ich konnte mich sogar Cäsar hingeben.

Ich schüttelte den Kopf. Das war also entschieden. Jetzt mußte ich mich vorbereiten. Mich vorbereiten, wie ich es immer tat, bei jedem Unternehmen. Fast hätte ich gesagt, »meinen Körper vorbereiten«, aber ich wußte instinktiv, daß es in diesem Fall der Geist war, der vorbereitet werden mußte.

Es dämmerte, und drei Tage waren vergangen, seit Cäsars Bote erschienen war. Es war keine Zeit mehr zu verlieren. Ich schickte nach Olympos.

Als er kam, lud ich ihn ein, sich auf die Kissen zu setzen und mit mir zu Abend zu essen. Dank Apollodoros war das königliche Zelt nicht bloß auf die übliche spartanische Weise mit Feldbett, Klapptisch und Kohlenbecken eingerichtet. Ich hatte zahlreiche Sitzpolster, mit Stickereien oder gepunztem Leder bezogen, buntgewebte Wollteppiche und silbern durchwirkte Vorhänge, die öffentliche Bereiche und solche, in die ich mich zurückzog, voneinander trennten. Über uns schwebte ein fransengezierter, beweglicher Baldachin, der uns Kühlung zufächelte und zugleich die Insekten vertrieb.

Wir lagerten uns auf die Kissen, und man trug uns das Abendessen auf Messingtellern aus Damaskus auf. Iras reichte uns Körbe mit dicken, saftigen Feigen und süßen Datteln, gefolgt vom locker aufgegangenen runden Brot aus Askalon. Wir tranken Wein, und ich wartete, bis Olympos seinen ersten Teller geleert hatte, bevor ich anfing, von der bevorstehenden Angelegenheit zu sprechen. Ich wußte schon, daß Männer immer am zugänglichsten sind, wenn sie ihren Hunger gestillt haben.

»Ausgezeichnete Feigen«, sagte Olympos, hob eine hoch und betrachtete sie.

»Ich habe mich erinnert, wie gern du Feigen magst«, sagte ich.

Er zog eine Braue hoch. »Dann willst du mich um einen Gefallen bitten.«

»Es ist unmöglich, dir etwas vorzumachen, Olympos«, entgegnete ich – eine meiner narrensicheren Schmeicheleien. Nach meiner Erfahrung gibt es nur zwei Dinge, die niemand zugeben wird: daß er keinen Humor hat und daß er für Schmeicheleien empfänglich ist. »Nun, die Wahrheit ist: Ich brauche deinen medizinischen Rat. Du bist mein Leibarzt, nicht wahr?«

»Ja, und es ist mir eine Ehre.« Er wartete.

»Wenn ich Cäsars Geliebte würde«, erklärte ich ruhig, »was würde das bedeuten – medizinisch, meine ich.«

Fast hätte er die Feige ausgespuckt, auf der er da so zufrieden kaute. Ich war erschrocken; es war sonst zumeist unmöglich, Olympos zu schockieren oder wenigstens aus der Ruhe zu bringen. »Es würde … Es würde bedeuten, daß du ihm einen Bastard zur Welt bringst!«

»Aber warum? Seine anderen Geliebten haben es auch nicht getan. Servilia und Mucia und Postumia und Lollia. Und seine jetzige Frau Calpurnia hat gleichfalls keine Kinder. Überhaupt hat keine seiner Frauen Kinder, bis auf die erste. Vielleicht ist er unfähig, Vater zu werden.«

»Oder er hat sich vorgesehen, denn alle diese Frauen waren ja verheiratet.« Er schüttelte den Kopf. »Hast du denn vor, mit diesem alten Wüstling ins Bett zu gehen? Der Gedanke ist doch abscheulich.«

Er sah aus, als wäre er mein Onkel und Vormund und werde mich gleich bestrafen.

»Warum? Wenn er so abscheulich wäre, dann läge er doch wohl allein in seinem Bett, aber nach allem, was ich höre, kommt das nicht vor.«

»Macht läßt auch den Abstoßenden anziehend wirken.« Er machte ein sehr strenges Gesicht.

»Die Frauen sind schon mit ihm ins Bett gegangen, als er noch keine Macht besaß.« Ich blieb beharrlich.

»Er ist alt!«

»Er ist zweiundfünfzig.«

»Das ist alt!«

»Er kann in voller Rüstung eine Meile weit schwimmen. Das ist *nicht* alt. Nicht viele junge Männer können so etwas. Kannst du es?«

»Nein«, räumte er widerstrebend ein. »Du bist also dazu entschlossen?«

»Ich bin dazu bereit, wenn es nötig ist. Das ist etwas anderes.«

Er saß da und schmollte, fast als wäre er ein eifersüchtiger Liebhaber.

»Ich brauche deinen Rat. Ich habe keine Lust, einen Bastard zur Welt zu bringen. Ich habe gehört, es gibt Kräuter, die man nehmen kann … Arzneien …«

»Ja«, brummte er. »Aus Kyrene haben wir die Pflanze Silphion, auch Teufelsdreck genannt, und daraus machen wir den kyrenäischen Saft. Und für Notfälle haben wir das Flohkraut, das überall wächst, aber nicht so wirksam ist. Ich nehme an, ich soll dir etwas davon besorgen?«

»Ja, aber ich will noch mehr. Wir haben hier eine Armee, und wo es Soldaten gibt, gibt es auch Prostituierte. Ich möchte mit der tüchtigsten von ihnen sprechen, mit der Königin der Prostituierten, sozusagen.«

»Von Königin zu Königin?« Er brachte diese Worte kaum hervor.

»Ja. Es gibt Dinge, die ich wissen muß.«

»Nun denn«, sagte er schließlich. »Ich glaube, ich kenne genau die Richtige.«

»Aber Olympos«, sagte ich, »das hört sich ja an, als hättest du sie bereits besucht und könntest sie persönlich empfehlen.«

Er funkelte mich an. »Ich werde sie noch heute abend zu dir schicken.«

»Cäsar wird dir ewig dankbar sein.«

Olympos grunzte. Er war in diesem Augenblick gefährlich nah daran, seinen Humor zu verlieren.

Die Öllampen waren heruntergebrannt und blakten, als sich am Zelteingang etwas regte. Ich hatte nicht mehr mit Besuch gerechnet und schon mein Nachtgewand angezogen. Im trüben Licht hatte ich Cäsars *Commentarii* gelesen; ich hatte gehofft, so einen Einblick in sein Denken zu gewinnen. Aber sie waren in einem sehr unpersönlichen Stil geschrieben; Cäsar nannte sich selbst beim Namen, als wäre er ein unbeteiligter Zuschauer. War er wirklich so verschlossen? Das ließ für mein Unternehmen Schlechtes befürchten.

Iras steckte den Kopf durch den Vorhang. »Majestät, hier ist eine Frau, die zu dir will. Sie sagt, sie heißt Jehoscheba.«

Mir war gleich klar, wer Jehoscheba war. »Führe sie herein.« Ich setzte mich auf und zog ein Gewand über. Ich hatte mich kaum bedeckt, als Jehoscheba, die Königin ihres Gewerbes, eintrat.

Zunächst einmal war sie schön wie eine Göttin des Überflusses. Sie hatte von allem mehr: Sie schien zweimal soviel Haar wie eine gewöhnliche Frau zu haben, und die Farbe dieses Haars war zweimal so tief und dunkel, die Locken zweimal so kräftig und glänzend. Ihre Gesichtszüge waren makellos, ihre Zähne schimmerten wie Perlen und waren völlig ebenmäßig. Und ihre Gestalt ... an der Art, wie die glatte Haut sich über die wohlgeformten Arme spannte, sah ich, daß auch ihr Körper vollkommen war.

»Danke, daß du gekommen bist«, sagte ich. »Gern bewundere ich die herrlichen Werke der Natur.« Und in der Tat schien sie mir eines davon zu sein.

»Ich habe mir auch gewünscht, dich einmal aus der Nähe zu sehen«, antwortete sie mit gewinnender Schlichtheit.

*Gewinnende Schlichtheit*, dachte ich. Merk dir das. Vergiß es nicht.

»Ich brauche deine Hilfe«, sagte ich. »Du hast viel Erfahrung auf einem Gebiet, auf dem ich noch eine Novizin bin.« Ich machte eine Pause. »Ich meine die Kunst, einen Mann zu lieben.«

»Es freut mich, daß du es als Kunst anerkennst«, sagte sie. »Daß alle es tun dürfen, bedeutet ja noch nicht, daß es auch alle können. Jeder kann gehen, aber nur bei wenigen ist es eine Freude, ihnen beim Gehen zuzusehen.«

»Erzähle mir davon«, forderte ich. »Erzähle mir alles!«

Ich kann nicht alles wiedergeben, was sie sagte. Vieles war natürlich nur vernünftig. Entkleide dich nicht in einem kalten Zimmer. Lasse keine Störungen zu. Sprich nicht von anderen Dingen. Sprich unter keinen Umständen von anderen Frauen. Und frage niemals – niemals: *Liebst du mich?* Das zweitschlimmste ist: *Wirst du wiederkommen?* Nur eine Närrin stellt solche Fragen.

»Jeder Mann hat ein Traumbild von sich und einer Frau, und deine Aufgabe ist es, auf diesen Traum einzugehen. Und je nachdem, wieweit du es tust, wirst du ihn zufriedenstellen«, sagte sie. »Die Schwierigkeit besteht darin, daß man nicht von vornherein erkennt, welcher Mann welches Bild in sich trägt. Er weiß es vielleicht selbst nicht einmal. Man muß ein Genie sein, um es zu entdecken. Alle großen Kurtisanen sind in dieser Hinsicht Genies. Sie fördern zutage, was tief in einem anderen Menschen vergraben ist, und geben ihm eine Form und ein Gesicht. Darin liegt der Zauber, nicht in Tränken und Duftwässern. Der magische Bann besteht darin, daß du seine tiefsten Wünsche und Träume heraufbeschwörst und zum Leben erweckst. Und indem du selbst dazu wirst, siehst auch du dich verändert, und vielleicht wirst du ihn dann lieben. Denn es ist möglich, daß er die Antwort auf deinen eigenen geheimen Traum ist. Diese Möglichkeit besteht immer.«

»Ist es dir schon einmal passiert?« fragte ich dieses Geschöpf der Liebesinspiration.

»Nein!« gab sie zu. »Aber es gibt immer ein nächstes Mal.« Sie warf den Kopf in den Nacken und lachte, ein mächtiges, hungriges Lachen. Selbst dabei war sie betörend. Sie deutete auf meine Truhen. »Laß mich deine Kleider sehen«, sagte sie. »Sie sind dein Werkzeug.«

Als sie gegangen war, fühlte ich mich ratlos wie nie zuvor. Vorher hatte ich nicht gewußt, was ich alles nicht wußte. Ich hatte gedacht, es sei einfach eine Frage des Zusammensetzens – wie man einen Stuhl zusammenbaut oder einen Eintopf kocht. Jetzt wußte ich, daß es viel mehr war und daß es niemand lehren konnte. Ich würde Cäsar ohne Kenntnisse und Erfahrung auf diesem Gebiet entgegentreten müssen, und wenn ich beides erworben hätte, wäre es zu spät. Ich kam mir vor wie ein Menschenopfer.

# 12

Ich verwandte besondere Sorgfalt auf die Auswahl des Teppichs. Ich wußte, daß Cäsar etwas von feinen Einrichtungsstücken verstand, und er durfte mein Geschenk nicht verschmähen. Auch gewährte es mir ein wenig Ablenkung: Ich konnte den scharlachroten Faden aus Kappadokien mit dem aus Arabien vergleichen und andere ebenso gewichtige Fragen klären. Ich brauchte einen ganzen Tag, um mich zwischen den beiden letzten Stücken, die zur Wahl standen, zu entscheiden, und das half mir natürlich, das Treffen mit Cäsar noch ein wenig hinauszuzögern. Aber schließlich lag der Teppich in seinem Leinensack zu meinen Füßen, und ich saß verloren in dem Fischerboot, das Apollodoros ruderte – ach, allzu gut konnte er rudern! –, und in sicherem Abstand vom Strand fuhren wir westwärts nach Alexandria.

Ich sah den matten Schein der feindlichen Lagerfeuer, sah auch den Rauch, der landeinwärts wehte. Aber bald waren wir daran vorbeigefahren, und der Sand war menschenleer. Apollodoros setzte das Segel. Und dann, viel zu rasch, begann das Grün des Deltas. Wir näherten uns dem Ziel.

Den Leuchtturm sah ich nicht. Lange bevor er in Sicht kam, war ich in die Teppichrolle gekrochen, und Apollodoros hatte mich rundum verschnürt. Ich war in ein dunkles, leicht süßlich riechendes, gewebtes Gefängnis gesperrt, und darin spürte ich jedes Erschauern des Bootes, jeden Stoß, den die Wellen ihm versetzten. Ich fühlte, wie alles bebte, als wir durch ein Stück besonders rauhe See kamen, und ich vermutete, daß es die Hafeneinfahrt war, wo die Wellen selbst bei gutem Wetter gegen den Sockel des Leuchtturms brandeten. Das Boot schwankte und bäumte sich auf, und allmählich wurde mir übel. Ich konnte ein mattes Lächeln nicht unterdrücken: All die Mühe bei der Auswahl des Teppichs, und jetzt würde ich ihn vielleicht verderben.

Auf Cäsar würde so etwas wirklich Eindruck machen, dachte ich. Wie einladend, wie verführerisch! Ich biß mir auf die Lippe und zwang mich, an flache Horizonte zu denken. Und als ich glaubte, es nicht einen Augenblick länger auszuhalten, hörte das Schaukeln auf. Wir waren in ruhigerem Gewässer. Gedämpft hörte ich jetzt Stimmen. Andere Boote waren in der Nähe.

Das war natürlich zu erwarten gewesen. Der Palast mußte ja mit Lebensmitteln, mit Leinen und Feuerholz versorgt werden. Ein Boot mehr würde da sicher nicht auffallen.

Ich hörte, wie Apollodoros gutmütige Bemerkungen zu anderen Booten hinüberrief. Das Wasser unter uns war jetzt ruhig; wir glitten dahin. Wenig später gab es einen sanften Stoß von Holz gegen Holz. Ich spürte, wie das Boot hüpfte und sich dann aus dem Wasser hob, als Apollodoros ausstieg. Er zog es in einen Kanal, höchstwahrscheinlich in den Hauptkanal, der südwärts zum See und nach Norden in den Palastbezirk führte.

Wie spät mochte es sein? Es war sicher noch hell, wenn der gewöhnliche Handelsverkehr unterwegs war, aber ich hoffte, daß die Sonne bald untergehen würde. Je später ich in Cäsars Gemächer käme, desto wahrscheinlicher wäre er allein.

Wir glitten auf der Wasserstraße dahin und kamen dann jäh zum Stehen. Das mußte die Einfahrt zum Palastgelände sein. Gedämpft und undeutlich hörte ich die Stimmen der Wache und des Apollodoros. Was sagte er? O Isis, Du mußt ihm die Worte eingegeben haben, denn im nächsten Augenblick hörte ich, wie das Eisengitter hochgezogen wurde, so daß wir durchfahren konnten. Apollodoros rief ein paar fröhliche Dankesworte.

Ich merkte, daß unser Boot festgebunden wurde. Dann nichts mehr. Keine Bewegungen, keine Geräusche. Mir war, als müsse ich ersticken. Der fest gerollte Teppich hinderte mich daran, die Lunge mit Luft zu füllen, und die Bewegungslosigkeit wirkte desorientierend.

Ich muß eingeschlafen oder bewußtlos geworden sein, denn ich habe keine Erinnerung an das, was passierte, bis ich ruckartig wieder zu mir kam. Der Teppich wurde getragen. Von Apollodoros oder von jemand anderem? Ich bemühte mich, so natürlich zu liegen, daß nichts – außer meinem Gewicht – meine Anwesenheit verraten konnte. Und ich hatte Apollodoros aufgetragen, das Gewicht dadurch zu erklären, daß goldene Becher als Geschenk für Cäsar in den Teppich gewickelt seien.

Ich machte mich so gerade, wie ich konnte, und hoffte, daß ich mich nicht durch auffällige Buckel verriet. Aber ich durfte auch wieder nicht so starr sein, daß es schien, als stecke ein Stock im Teppich; ich mußte mich seiner Form anpassen, als hätte ich kein Rückgrat.

Das Genick drohte mir zu brechen, und bei jedem Schritt schlug mein Kopf gegen die Innenseite der Rolle. Dazu kam die Atemnot, und bald drohte die Besinnung mir wieder zu schwinden. Bei jedem Ruck sah ich kleine Kometen vor den Augen.

Jetzt wurde wieder angehalten. Ich hörte leise Stimmen, dann lautere, die widersprachen. Dann knarrte eine Tür.

Ich erstarrte, ich konnte nicht anders. Wieder vernahm ich Stimmen, und dann fühlte ich, wie der Teppich auf den Boden gelegt wurde, und mit einem leichten Zupfen wurden die Schnüre abgeschnitten. Dann gab es plötzlich einen Ruck, und der ganze Teppich glitt unter mir weg, so daß ich hervorgeschleudert wurde und über den glatten Onyxboden rollte. Ich rutschte noch ein paar Schritte weit, bevor ich die Hände freibekam und mich abstützen konnte.

Als ich hochschaute, sah ich zwei schlanke, muskulöse Beine vor mir. Die Füße steckten in römischen Soldatenstiefeln.

Ich setzte mich auf, und mein Blick folgte hastig den Lederriemen der Generalsuniform nach oben und wanderte über den Brustpanzer hinauf, bis ich ihm geradewegs ins Gesicht schaute: Cäsar.

Ich erkannte ihn von seinen Büsten und seinen Münzen her. Die Gesichtszüge waren die gleichen. Aber was dort niemand eingefangen hatte, war die reservierte, tödliche Macht, die von diesem Mann ausging.

»Sei gegrüßt«, sagte er. Seine Stimme war leise, ein Flüstern fast. Aber kein Flüstern aus Furcht, gehört zu werden. Es ist das Flüstern eines Mannes, der weiß, daß die anderen sich anstrengen werden, um jedes seiner Worte mitzubekommen, so daß er es gar nicht nötig hat, seine Stimme auf die Lautstärke einer Unterhaltung zu heben.

Und doch sah ich den Schatten der Überraschung auf seinem Gesicht; es gelang ihm nicht, sie gänzlich zu verbergen.

Er faßte meine Hand und zog mich hoch. Mir fiel auf, wie ganz und gar selbstsicher er war; wie leicht hätte ich mit einem Messer auf ihn losgehen können. Aber statt dessen stand ich nur auf und blieb vor ihm stehen.

Ich vergaß, daß ich Angst gehabt hatte, so verwirrt war ich angesichts dieses Mannes und seiner Umgebung. Ich war benommen und stand auf unsicheren Füßen, nachdem ich stundenlang im Teppich eingewickelt gewesen war. Draußen war es dunkel. Im Zimmer brannten Öllampen. Wo war die Zeit geblieben? Wie lange hatten wir in Alexandria warten müssen? Cäsar schien allein zu sein. War das möglich?

»Ein Geschenk der Königin von Ägypten«, sagte Apollodoros jetzt und deutete auf den entrollten Teppich. Cäsar trat hinauf.

»Aber er ist nicht aus Ägypten«, entgegnete er.

»Ich bin aus Ägypten«, sagte ich.

Er starrte mich an. Es schien, daß er sehr wohl zu lächeln wußte, es aber absichtlich nicht tat. »Du bist auch nicht aus Ägypten«, antwortete er schließlich, buchstäblich ohne eine Miene zu verziehen. Es war unmöglich zu erkennen, was er dachte. Aber dieser Mangel an Lebhaftigkeit ließ ihn nicht kalt erscheinen, sondern seltsam spöttisch und verlockend.

»Meine Vorfahren sind, wie Cäsar sehr wohl weiß, aus Makedonien, aber als Königin von Ägypten habe ich den Geist Ägyptens als mein eigen angenommen.«

»Tatsächlich?« Cäsar ging um mich herum, als wäre ich ein Baum, der verwurzelt in seinem – in meinem – Gemach wuchs. Denn jetzt stand ich als Eindringling in meinen eigenen Räumen.

»Gefallen dir die Schildpattverzierungen an den Türen dieses Zimmers?« fragte ich kühner, als mir zumute war. »Ich habe sie immer sehr gern gehabt. Bin ich dein Gast, oder bist du der meine?«

Jetzt lachte er, aber sein Gesicht zeigte immer noch diese merkwürdige Zurückhaltung von Macht und Wachsamkeit. »Wir sind beide Gäste, ein jeder beim anderen. Du wirst mich in diesen Dingen unterweisen müssen. Ich bin nur ein römischer Barbar.« Er suchte sich einen Stuhl mit harter Lehne und setzte sich.

Ich zog es vor, auf diese Bemerkung nicht einzugehen. »Ich bin gekommen, wie du es gewünscht hast.« Ich wartete.

Er zog eine Braue hoch. »Und recht schnell außerdem. Ich bin beeindruckt. Höchst beeindruckt.« Er nickte.

»Man sagte mir, du habest Respekt vor der Schnelligkeit.«

»Mehr als vor den meisten anderen Dingen.«

»Vor welchen anderen Dingen hast du Respekt?«

»Vor dem Glück und vor dem Mut, es beim Schopfe zu ergreifen.« Er lehnte sich zurück und verschränkte die Arme. Sie waren braun, schlank und sehnig.

»Ich habe gehört, du seist ein Spieler. Du habest gerufen: ›Die Würfel sind gefallen!‹, als du den Rubikon überschrittest.«

»Du hast viel gehört«, sagte er.

»Deine Kühnheit wurde belohnt«, fuhr ich fort. Die Wahrheit war, daß ich gar nicht soviel gehört hatte; das Ende meines Wissens über ihn war schon fast erreicht.

»Und du hoffst, daß es der deinen ebenso ergehen wird«, erklärte er.

»Ja.«

Jetzt – endlich – lächelte er beinahe. »Kühnheit ist sich selber Lohn. Sie gehört nur einer Handvoll von Auserwählten.«

Es war, als hörte ich meine eigenen Gedanken auf wunderbare Weise laut von einem anderen ausgesprochen. »Nein. Sie *bringt* ihren Lohn mit sich. Denn manchen Lohn reißt nur der Kühne an sich«, antwortete ich.

»Genug geredet«, sagte er und winkte Apollodoros hinaus.

Apollodoros verbeugte sich und zog sich zurück. Cäsar wandte sich zu mir.

Jetzt war der Augenblick gekommen. Er würde die Hand ausstrecken und mich nehmen, wie er Gallien und Rom genommen hatte. Ich machte mich darauf gefaßt. Ich war bereit.

»Warum hast du Pompejus mit Nachschub versorgt?« fragte er unvermittelt.

Ich hatte mit gesenktem Blick gewartet. Als ich jetzt den Kopf hob, sah ich, daß er mich beobachtete, und ihm war wohl bewußt, was ich erwartet hatte, aber er hatte keine Lust, der Erwartung zu entsprechen. Er sah sogar angewidert aus oder vielleicht auch nur erheitert. Man konnte es wirklich nicht entscheiden.

»Ich mußte«, sagte ich. »Magnus Pompejus war der Patron meines Vaters, des Königs.«

»Und was ist mit dem Sohn, Gnaeus Pompejus?«

»Was soll mit ihm sein?«

»Ist er dein Verbündeter? Was schuldest du ihm?«

»Nichts.«

»Gut. Denn ich gedenke ihn umzubringen. Und ich möchte nicht, daß du dadurch meine Feindin wirst.« *Ich gedenke ihn umzubringen* – er sagte es so beiläufig, wie ein Knabe sagt, er wolle angeln gehen. Und dann fiel mir ein, daß ich einmal gehört hatte, Cäsar habe einem römischen Tribun gedroht, ihn umzubringen, wenn er fortfahren sollte, ihn mit Forderungen nach staatlichen Finanzmitteln zu bedrängen, und dann habe er hinzugefügt: »Und du mußt wissen, junger Mann: Dies zu sagen ist mir weniger angenehm, als es zu tun.« Plötzlich kam mir diese Geschichte völlig glaubhaft vor.

»Tu, was dir gefällt«, hörte ich mich sagen.

»Oh, du gibst mir die Erlaubnis?« sagte er. »Nett von dir.«

»Ich bin nicht hier, um über Pompejus zu reden. Ich bin hier, weil man mich widerrechtlich vom Thron gestoßen hat und weil du die Macht hast, das Recht wiederherzustellen. Mein Bruder und seine Ratgeber sind ruchlose –«

Er zog den Kopf ein. »Bitte. Dieses Wort ist überstrapaziert. Es mag genügen zu sagen, daß ich für sie und für ihre Vorgehensweise nichts übrig habe: Sie sind unfähig und ehrlos. Du wirst deinen Thron zurückbekommen, keine Angst. Ich werde dafür sorgen.« Er machte eine Pause. »Wie du sagst, Kühnheit bringt ihren eigenen Lohn mit sich. Und du hast dich als überaus kühn erwiesen.«

»Ich danke dir«, sagte ich. Aber konnte ich seinem Wort vertrauen?

»Da nun all das erledigt ist«, erklärte er und lächelte endlich, »gibst du mir die Hand als meine Verbündete?«

Ich reichte sie ihm, und er nahm sie in beide Hände. Überrascht stellte ich fest, daß er kleine Hände hatte. »Du wirst sehen, daß meine Treue keinen Vorbehalt kennt«, sprach ich.

»Das ist selten. Und seltener noch unter den Ptolemäern.«

Er schien sich jetzt in eine andere Person verwandelt zu haben. Seine spröde Haltung war milder geworden, aber seine dunklen Augen blickten immer noch wachsam. Er saß entspannt da, und seine Hand war nicht in der Nähe seines Schwertes. »Ich möchte dir gern glauben«, sagte er aufrichtig. »Ich selbst halte mein Wort immer, aber bis jetzt habe ich noch niemanden gefunden, der mir darin gleicht.«

»Du wirst schon sehen«, versicherte ich ihm. Und ich hielt mein Versprechen; ich war ihm treu, weit über seinen letzten Atemzug hinaus.

»Ja«, sagte er, und sein Lächeln war unverändert. »Ich erinnere mich, wie ich den kilikischen Seeräubern, die mich entführt hatten, versprach, daß ich zurückkommen und sie töten würde. Sie glaubten mir nicht, denn ich sang Lieder mit ihnen, und wir saßen gesellig zusammen am Lagerfeuer. Aber ich habe mein Wort gehalten.«

Mich schauderte. »Willst du dein Wort denn nur halten, wenn es um das Töten geht? Ich habe mehr als das im Sinn, wenn ich mein Wort gebe.«

»Ich halte mein Wort in allen Dingen, in guten und in schlechten.«

»Und deine Ehegelübde?« platzte ich heraus. Wie konnte dieser notorische Ehebrecher behaupten, er sei stets treu?

»Nun, wo es um die Ehe geht, ist die Sache anders«, räumte er ein. »In Rom trampelt man mit den Füßen auf einem Ehegelübde herum. Aber Cornelia war ich treu.«

»Der Frau deiner Jugend.«

»Ja. Sie habe ich geliebt. Vielleicht ist das eine Fähigkeit, die man mit dem Alter verliert.« Er sagte es mit Bedauern, und ich hätte ihm fast geglaubt. »Vielleicht bleibt einem, wenn man die Fünfzig überschritten hat, nichts als die Treue und die Liebe zu seinen Kameraden, den Soldaten.«

»So darfst du nicht denken!« hörte ich mich sagen. »Das ist schlimmer, als in der Schlacht besiegt zu werden.«

Das Lächeln, das jetzt in sein Antlitz trat, war echt – nicht nur ein halbes. »Warte, bis du in einer Schlacht besiegt worden bist, bevor du so etwas aussprichst. Es gibt nichts Schlimmeres, als in der Schlacht besiegt zu werden.«

»Gesprochen wie der Eroberer der Welt«, sagte ich und starrte ihn an. Er war ja tatsächlich der Eroberer der Welt, ein neuer Alexander. Und doch saß er hier auf einem Stuhl in meinem Zimmer, und er war nicht einmal ein besonders großer Mann. »Ich hoffe, du wirst meinem Bruder und seiner Armee eine vernichtende Niederlage bereiten.«

»Bis jetzt ist noch nichts geschehen. Ich habe mir eure prächtige weiße Stadt angeschaut, bin ins Museion gegangen, habe Vorträge gehört und in der Bibliothek gelesen. Die ägyptische Armee steht immer noch an der Ostgrenze, um sie gegen *dich* zu sichern.«

»Wenn sie erfahren, daß ich durchgeschlüpft bin, werden sie bald genug hier sein.«

»Das wird mich allerdings vor eine Herausforderung stellen. Ich habe nur viertausend Mann und fünfunddreißig Schiffe bei mir. Wie ich höre, besteht die ägyptische Armee aus zwanzigtausend Soldaten. Ich bin also einer gegen fünf in der Minderzahl.« Es klang fröhlich, wie er das sagte.

»Wir werden sie besiegen!« erklärte ich wild.

»Aber einstweilen werde ich Verstärkung herbeirufen«, sagte er.

»Klug«, erwiderte ich, und dann lachten wir beide. »Ich will dir deine Gemächer zeigen, Imperator. Ich bin vertraut damit, denn es waren meine.«

»Sie können es wieder werden«, sagte er, die schlanken Arme verschränkend.

»Das wäre mir angenehm«, gestand ich. »Ich kann dir sehr angenehme Zimmer in dem Gebäude neben dem Tempel der Isis geben.«

»Nein. Ich meinte, du solltest hier bei mir wohnen.«

»Bei dir? Soll ich deinen Diwan mit dir teilen?« Jetzt kam es, wie ich es erwartet hatte. Der Eroberer mußte die ganze Beute haben.

»Diwane sind unbequem. Ein Bett ist mir lieber. Zeig es mir.«

»Wo hast du denn bisher geschlafen?«

»Auf dem Diwan. Ich wollte auf dich warten, bevor ich das Bett benutze.«

»Du hast auf mich gewartet?« Ich war enttäuscht. Hatte ich ihn denn nicht überrascht? War er nicht erstaunt über die Findigkeit, mit der ich durch die feindlichen Linien zu ihm gekommen war?

»Ja. Man hat mir gesagt, du seist erfindungsreich, schlau und leidenschaftlich – zumindest behaupten das deine Feinde! Dadurch wurde es zu einer Art Prüfung. *Ich* hätte versucht, einen Weg nach Alexandria zu finden, wenn ich an deiner Stelle gewesen wäre, und ich glaubte, daß du es auch tun würdest, aber ich konnte nicht vorhersehen, welchen Weg du nehmen würdest. Also wartete ich. Ich wußte, wenn du kommen würdest, wie ich es erwartete, würde ich dich begrüßen und dich dafür bewundern. Und ich würde dich haben wollen. Und erst dann wollte ich das Bett benutzen. Zeig es mir.« Seine starke, geschmeidige Gestalt erhob sich augenblicklich.

Und das Erstaunliche war: Ich wollte es. Die schreckliche Aufgabe, das furchtbare Opfer – es würde nichts dergleichen sein. Das war ganz unerwartet, und ich konnte es mir selbst nicht erklären.

»Komm mit«, sagte ich. »Folge mir, wohin ich dich auch führe.« Ich nahm seine Hand, und es gefiel mir, wie sie sich anfühlte.

»Das ist etwas, woran ich nicht gewöhnt bin: zu folgen.«

Wir durchquerten die Räume, die zwischen dem allgemeinen Audienzsaal und der inneren königlichen Schlafkammer lagen. Unvermittelt blieb er stehen und hielt meine Hand fest.

»Ich gehe keinen Schritt weiter, wenn du mir nicht schwörst, daß du dies aus freien Stücken tust«, erklärte er mit sehr leiser Stimme. »Was ich im Audienzsaal über das Bett gesagt habe, war ein Scherz. Ich bin kein Vergewaltiger, kein Plünderer. Ich werde deinen Anspruch auf den Thron dessenungeachtet vertreten. Du brauchst mit mir persönlich nie etwas zu tun zu haben.« Er schwieg einen Augenblick lang. »Ich habe noch nie eine Frau angerührt, die es nicht wollte.«

»Aber es ist mein Verlangen und mein Wunsch«, versicherte ich ihm. Es stimmte, aber ich konnte es nicht begreifen. Dieser Mann war ein Fremder. Ich wußte nicht einmal, ob er Rechtshänder oder Linkshänder war. Vielleicht war gerade das der Reiz.

Aber nein, ich mache mir etwas vor. Es lag an Cäsar selbst. Sein bloßer Anblick – seine kraftvolle Gestalt, seine aufrechte Haltung, sein schmales, gebräuntes Gesicht – genügte, um in mir den Wunsch zu erwecken, ihn zu berühren. Noch nie hatte ich außer einem Tier jemals etwas berührt oder langsam gestreichelt – mein Pferd nur, meine Hunde und meine Katzen. Und jetzt wünschte ich mir nichts so sehr, wie die Haut dieses Mannes zu berühren, der hier vor mir stand. Hatte ich den Verstand verloren?

Wie in einem Traum führte ich ihn durch die Räume. Sie lagen im Dunkeln; nur hier und da in den Ecken hatte man ein paar Öllampen angezündet.

Über den Boden aus Onyx, der glatt unter unseren Füßen lag und im Lampenschein nur matt schimmerte, gingen wir an fahlen, elfenbeingetäfelten Räumen vorbei. Ich hörte das leise Rauschen und Murmeln des Meeres draußen vor den östlichen Fenstern. Und weiter führte ich ihn, wortlos, ich Orpheus, er Eurydike, bis wir mein Schlafgemach erreichten.

Es war so geblieben, wie ich es Monate zuvor verlassen hatte. Die Bettdecke, in satter Farbe aus Tyros getränkt, sah im Mondlicht braun, nicht purpurn aus. Ein Halbmond ging draußen vor dem Fenster unter, als habe er es eilig wegzukommen, um nicht hereinzuspähen.

Und jetzt wußte ich plötzlich nicht mehr, was ich tun sollte. Ich hatte ihn hergebracht, aber es war so förmlich, so abrupt. Es erschien mir fast wie eine Initiationszeremonie, wie eines der Mysterien, die man mit geheimen Riten feierte. Und dies war ein geheimer Ritus, den ich nicht kannte. Was hatte ich mir da gedacht?

Cäsar stand still wie eine Statue. Und dann sagte ich – der Gedanke kam mir plötzlich aus dem Nirgendwo: »Du mußt die Gewänder des Amun anlegen.« Ich öffnete eine mit Ebenholzintarsien verzierte Truhe und hob die alten Gewänder heraus, die der Herrscher hier für die Zeremonien in den Tempeln bereithielt. Dieses hier war mit Goldfäden durchwirkt, schwer von gefaßten Juwelen und aus seltenen, glitzernden Farben gewebt.

»Ich bin kein Gott«, sagte er leise, als ich ihm den Mantel um die Schultern legte. »Doch in Ephesos hat man mich als einen solchen begrüßt.« Wehmut lag in seiner Stimme, kaum hörbar, aber vorhanden.

»Heute nacht bist du ein Gott«, erwiderte ich. »Du kommst zu mir als Amun.«

»Und du? Wer bist du?«

»Isis«, sagte ich. Meine Zeremoniengewänder waren ebenfalls hier.

»Können wir nicht einfach Julius Cäsar und Kleopatra sein?« Ich mußte mich anstrengen, um seine Stimme zu hören.

»Heute nacht sind wir mehr als das, und wir müssen es annehmen«, antwortete ich. Ich hatte jetzt Angst vor dem, was ich hier begonnen hatte, und ich war nicht einmal sicher, daß ich es zu Ende bringen konnte. Vielleicht würden die Kostüme mir helfen, meine Hilflosigkeit zu verschleiern.

Er stand vor mir in den Gewändern des Gottes. Die Dunkelheit verbarg sein Gesicht, aber seine körperliche Präsenz füllte die Gewänder aus und wurde ihnen gerecht.

Er beugte sich nieder, um mich zu küssen, das erste Mal, daß jemand es tat. Fast wäre ich vor seiner Berührung zurückgezuckt, so fremdartig erschien es mir, jemanden so nah an mich herankommen zu lassen. Er hob beide Hände und berührte mein Haar. Er umarmte mich sanft und küßte meinen Hals. Alles, was er tat, geschah so langsam und mit Bedacht, daß es so bedeutsam wirkte, als entriegele er eine heilige Tür oder öffne einen Schrein. Er nahm meine Hände in die seinen und führte sie um sich herum, als wüßte er, daß man mich lehren mußte, jemanden zu umarmen. Und ihn zu berühren, wenn es auch nur seine Schultern waren, empfand ich als ebenso verboten wie seine Berührung an mir: unerlaubt, schockierend, fremdartig. Nicht nur, daß er ein Fremder war, ich fühlte mich plötzlich, als sei ich mir selbst fremd. Und doch ... Es war, als kennte ich ihn auf irgendeine fundamentale, beruhigende Art. Meine Angst verflog, und an ihre Stelle traten Begierde und Erregung.

Er beugte sich zu mir und hob mich auf, müheloser als Apollodoros. Ich spürte die Knochen in seinen Armen, und ich wollte, daß sie mir geweiht seien, auf daß sie mich schützten und für mich kämpften. Er brauchte nur zwei Schritte bis zum Bett.

Die Amunsgewänder waren schwer und warm. Jetzt mußte er sie abwerfen – aber nein, er bestand darauf, seine militärische Ausrüstung auf rituelle Weise abzulegen und nackt unter den Roben zu liegen.

Auch ich streifte mein Gewand ab, und ich war froh, daß ich es jetzt konnte; es war kleidsam gewesen, aber nach der anstrengenden Reise war es schmutzig, und es roch nach dem Teppich und nach dem Boden des Bootes. Mit unsicheren Händen zog ich mir die Robe der Isis um die Schultern und über den Rücken.

»Ah.« Er streckte eine Hand aus und berührte mich wie staunend. Hätte ich es nicht besser gewußt, so hätte ich geglaubt, er habe noch nie den Körper einer Frau gesehen. »Du bist schön.« Und ich wußte, daß es heute abend stimmte.

Kühner geworden, berührte ich ihn; ich befühlte seine muskulöse Brust, so anders als die des Eunuchen Mardian, den ich als einzigen Mann je umarmt hatte. Ich ließ meine Hände über seine Schultern wandern, sie erforschen, wie ein Kind ein neues Zimmer erforscht. Er wirkte belustigt.

»Du mußt mich unterweisen«, flüsterte ich ihm ins Ohr und gestand ihm freimütig meine Unwissenheit. Ich vertraute ihm ohne Vorbehalt – eine sonderbare Sache.

»Kann Amun denn Isis unterweisen?« fragte er. »Nein. Sie wissen beide alles. Ein Gott und eine Göttin.« Mit sanftem Zug öffnete er die Spange an meinem Mantel. Die schwere Robe glitt mir von den Schultern. Er küßte die Stelle, wo sie gelegen hatte. Seine Lippen verursachten mir Gänsehaut.

Er beugte den Kopf herunter und küßte meine Brüste, erst die rechte, dann die linke. Er berührte sie beinahe ehrfürchtig.

»Selbst Venus wird nicht mit so vollkommenen Brüsten dargestellt«, murmelte er. Er hielt mich behutsam, als wisse er noch nicht recht, ob er den einmal eingeschlagenen Weg weitergehen solle. Mir war, als sei lange Zeit vergangen, als er schließlich sagte: »Du bist jung und bietest mir ein großes Geschenk. Aber ich möchte deinen Gemahl nicht berauben.«

»Es steht mir frei, es dir nach meinem Belieben anzubieten«, rief ich; plötzlich hatte ich Angst, er könnte mich zurückweisen. »Und das Schicksal wird mir wahrscheinlich nie den Gemahl gewähren, den ich haben will!« Mein Bruder war es gewiß nicht – ich hatte kein Verlangen danach, irgend etwas von meiner Person für ihn zu bewahren oder mich auch nur von ihm anrühren zu lassen. »Du mußt mein Gemahl sein!« beharrte ich. »Jawohl, Amun und Isis …« So suchte ich mein unerbetenes und unpolitisches Verlangen hinter der Konvention unserer Kostüme zu verbergen.

»So will ich für diese Nacht …« Endlich drängte er sich an mich, und wir sanken zusammen in die Kissen. Er lag auf mir, und seine schwere Amunsrobe lastete auf uns beiden. Ich sehnte mich danach, mit ihm eins zu werden; in meinen Gedanken war nichts als dieses Verlangen. Ich dachte nicht mehr daran, daß ich Angst gehabt oder daß ich die Prostituierte und Olympos ausgefragt hatte; ich wußte nur noch, daß ich von Cäsar körperlich besessen werden wollte.

»… dein Gemahl sein.«

»So sei es«, sagte ich aus ganzem Herzen.

Und ich gab mich ihm hin, und unsere Geschicke verschmolzen. Er wurde mein Herr und Gatte, ich seine Königin und sein Weib.

Er war sanft und geduldig mit mir; ich war diejenige, die gierig und hungrig war, als habe er einen Appetit in mir geweckt, den es zuvor nicht gegeben hatte. Ich sah mich davon erfaßt, aufgehoben und in eine andere Welt entrückt, wie es nach allem, was ich wußte, nur den Weisen geschah, die nachher zur Erde zurückkehrten und von den Visionen stammelten, die sie gehabt hatten: unaussprechlich, unbeschreiblich, verzaubernd. Manchmal behaupteten diese heiligen Männer, sie seien von Wirbelwinden in die Wolken hinaufgesaugt und über große Entfernungen fortgetragen worden; manchmal erhoben sie sich nur aus der lautlosen Stille ihrer eigenen Kammer. Aber immer waren sie verändert, wenn sie zurückkehrten, und das war auch ich. Ich hatte ein anderes menschliches Wesen berührt und mich von ihm berühren lassen, hatte jemanden durch sämtliche streng behüteten Pforten in mein Innerstes dringen lassen, hinein bis zu meinem Ich, so daß es keine Grenzen mehr gab. Was ich mein Leben lang als Vernichtung gefürchtet hatte, hatte ich nun als Vervollkommnung erfahren. In diesem Augenblick veränderte meine Welt sich in den Grundfesten. Ich umklammerte ihn, als wollte ich ihn nie mehr verlieren. Ich wollte, daß diese Offenbarung, dieser Augenblick der Verwandlung, nie verginge. Aber er tat es natürlich; er tat es. Und so lernte ich zweierlei von ihm in jener Nacht und am nächsten Tag: wie vollkommen ein Augenblick sein kann und wie vergänglich.

Er schlief. Ausgestreckt lag er auf dem Bett, ein Leintuch über den Rücken drapiert, als döse er nach dem Bade. Die Amunsrobe lag irgendwo auf dem

Boden – fortgeworfen, nachdem sie ihren Zweck erfüllt hatte. An seinem Atem merkte ich, daß er schlief; sein breiter Rücken hob und senkte sich langsam, schutzlos einem Dolch dargeboten, den ich hätte verborgen haben können. Pompejus war durch den Verrat eines Ptolemäers ermordet worden, und doch lag Cäsar hier und schlummerte friedlich, einer Ptolemäerin ausgeliefert. Aber er hatte mich richtig eingeschätzt: Ich wollte ihm nicht nur niemals etwas antun, sondern auch jeden umbringen, der es versuchte. Lange saß ich so im Bett und bewachte ihn nur, und ich hörte, wie er atmete und sich im Schlaf bewegte.

Ich fühlte mich zutiefst mit ihm verbunden. Die Liebesspiele waren vorüber, mein Herz schlug wieder wie immer, und auf die Hitze des Augenblicks war die Kühle der Wachsamkeit gefolgt, und nun sah ich ihn nicht als abstrakten Römer, ja nicht einmal als den berühmten Eroberer Cäsar, sondern als einen einsamen Mann. Im matten Lampenschein sah ich die Konturen seines Rückens, die kleinen Höcker seiner Wirbelsäule, die wie ein Seil unter der Haut lag, ja sogar ein paar Narben. In den letzten Jahren war sein Leben hart gewesen; monatelang war er im Felde gewesen und hatte halbverhungerte Soldaten zum Angriff gegen seinen einstigen Schwager und jetzigen Feind geführt. Ohne Ruhe, ohne Sicherheit, verraten von der Stadt, für die er seine Siege errungen hatte, mußte er sein Leben aufs Spiel setzen, um die Anerkennung seiner Rechte zu erlangen … Er hatte gesagt, letzten Endes hätten nur seine Soldaten ihn davor bewahrt, vom Senat geopfert zu werden. Ein erschöpfter Mann, ein ungeliebter Mann … im Exil wie ich. Aber er hatte meinem Exil ein Ende gemacht, und ich wollte das gleiche für ihn tun – wenn ich es irgendwie konnte.

Die Ungeheuerlichkeit dessen, was ich soeben getan hatte, wurde mir allmählich klar. Ich hatte ihm – dem berühmten, erfahrenen Lüstling! – unbekümmert meine Jungfräulichkeit geschenkt. War ihm das überhaupt etwas wert? Warum hatte ich es getan? Ich versuchte, mir diese Fragen zu stellen, als ob sie von Bedeutung wären. Sie sollten es eigentlich sein. Das »Opfer« war unnötig gewesen – er hatte gesagt, er werde sich dessenungeachtet auf meine Seite stellen. Indem ich im Teppich zu ihm gekommen war, hatte ich ihn bereits erobert; ich war diejenige gewesen, die darauf bestanden hatte, den Handel weiter zu besiegeln, indem ich ihn zu meinem Geliebten machte. Und jetzt … Eigentlich hätte ich vor Scham und Reue weinen müssen, aber statt dessen fühlte ich mich unerträglich, unglaublich glücklich. Dieses Glück und er – beides war so ganz und gar anders als alles, was ich mir vorgestellt hatte.

Ich erinnerte mich, wie ich seinen Namen zum ersten Mal gehört hatte, es war im Zusammenhang mit Vaters Schulden und der Annexion Ägyptens. Damals war er Konsul gewesen – noch bevor er nach Gallien marschiert war. Ich hatte mir ausgemalt, daß er grob sein müsse, habsüchtig, gierig, rotgesichtig und laut, mit den Jahren immer mehr, so daß er inzwischen fast ein Schwein geworden sein müßte, trotz seines unersättlichen Appetits auf gestohlene Kunstwerke. Ich hatte gedacht, sein Benehmen im Bett – von Liebesspielen dürfte man kaum sprechen können – würde viehisch und roh sein, wie man es von einem kämpfenden Soldaten erwarten konnte. Niemand hatte mich auf diesen vitalen und doch seltsam höflichen und eleganten Mann vorbereitet. Und erst recht hatte niemand mich darauf vorbereitet, daß ich in seinen Worten und Ansichten den Widerhall meiner eigenen Werte und meines eigenen Ich entdecken würde. In unserem tiefsten Wesen waren wir uns ähnlich, obwohl uns viele Jahre trennten und wir auf verschiedenen Seiten des Meeres und in verschiedenen Völkern geboren waren. Er war sehr viel mehr mein Bruder als meine leiblichen Brüder.

Und niemand hatte mich darauf vorbereitet, daß ich eine so glühende Treue für ihn empfinden und mich auf der Stelle mit ihm verbunden fühlen würde. Und was die Liebe anging ... Ich brannte auf mehr. Ich würde ihm nichts verweigern; ich wollte es gar nicht.

Ich war über die Maßen glücklich; vielleicht war ich es zum ersten Mal in meinem Leben. Ich ließ den Kopf auf seinen Rücken sinken, schloß die Augen und ließ mich von seinem Atem einlullen, bis ich schweben und dieses friedliche Glück genießen konnte.

Ich muß geschlafen haben, denn als ich die Augen öffnete, war es hell, und er war auf und schaute aus dem Fenster. Er hatte schon seine Tunika angelegt, aber er war noch barfuß. Ich glitt aus dem Bett, trat hinter ihn und schlang die Arme um ihn. »Du hast dich aus meinem Bett gestohlen«, sagte ich.

»Damit mein eigenes Verlangen mich nicht bei Tage dort ankettet«, antwortete er und drehte sich zu mir um. Das Licht von Osten lag in seinem Gesicht; er hatte Falten um die Augen, aber sonst war es ein straffes und gesundes Gesicht.

»Ist das falsch?« fragte ich. Ich wußte bereits, daß unser Zusammensein bei Tage ganz anders aussehen würde.

»Es ist höchst unrömisch!« antwortete er lachend. »Weißt du nicht, daß so etwas nur die degenerierten Völker des Ostens tun? Aber freilich, du bist ja aus dem Osten.«

»Wie kann irgend etwas, das Cäsar tut, unrömisch sein?«

»Es gibt Leute, die gern vorschreiben, was römisches Verhalten sei. Man muß achtgeben, bei ihnen keinen Anstoß zu erregen, solange ihre Meinung noch zählt.« Er lächelte sein Halblächeln. »Später allerdings ... Nun, man muß zugeben, daß ihre Maßstäbe fragwürdig sind. Sie sagen, Unzucht ist erlaubt, aber nur im Dunkeln.«

»Wer sind diese Römer?« Ich war neugierig.

»Oh ... Cicero, Cato, Brutus ... Aber es gibt keinen Grund, weshalb du dir über ihr Gemurre den Kopf zerbrechen solltest.«

»Aber du auch nicht, solange du hier bist.« Ich nahm seine Hand. Aber ich sah, daß er mit seinen Gedanken schon bei den Tagesgeschäften war. Ich ließ die Hand los, und er ging auf die andere Seite des Zimmers, wo seine Kleider lagen. Rasch zog er sich an. Mit Staunen sah ich, wie schnell ein Soldat sich ankleiden kann.

»Ich habe befohlen, daß man dir ein Fr –« Ein Klopfen an der Tür unterbrach ihn. »Herein!« rief er.

Die Tür flog auf, und Ptolemaios und Potheinos traten ein. Jetzt begriff ich plötzlich, weshalb Cäsar auf den Beinen und angekleidet war und ich nicht. Ich hatte nichts am Leibe als ein Laken, das ich um mich gewickelt hatte. Und so hatte er es gewollt.

Die Besucher schnappten nach Luft. Ptolemaios sah aus, als wolle er anfangen zu weinen, und Potheinos war ausnahmsweise sprachlos. Sein Ibiskopf über dem fetten Körper wippte auf und ab. Er starrte erst mich, dann das königliche Bett mit den zerwühlten Laken und Kissen und schließlich Cäsar an, der lächelnd und gefaßt vor ihm stand. Er hatte begriffen.

»Das ist ungerecht!« kreischte Ptolemaios. »Das ist ungerecht! Was macht *sie* hier, wie ist sie hergekommen, das gilt nicht, das gilt nicht!« Er machte kehrt und rannte hinaus.

»Großer Cäsar«, begann Potheinos mit hoher, zittriger Stimme, »wir sind äußerst überrascht von der Anwesenheit der –«

»Haltet den Jungen fest!« fuhr Cäsar seine Wache an, die sich in der Nacht leise vor der Tür postiert hatte. »Haltet ihn fest, bevor er hinausgelangt!«

Aber mein Bruder kannte die Geheimgänge des Palastes, und bevor sie ihn auch nur finden konnten, war er schon in den Vorhof und fast bis an den Zaun gerannt, der das Palastgelände vom Rest der Stadt trennt. Dort hielt sich immer eine große Menschenmenge auf, und auch heute war es nicht anders. Ich sah von meinem Fenster aus, wie er auf die Leute zulief, sich das königliche Krönchen vom Kopf riß und zu Boden schleuderte. Dann brach er heulend in Tränen aus.

»Ich bin verraten!« schluchzte er. »Verraten, verraten!« Er bekam einen Weinkrampf.

Zwei stämmige römische Soldaten – die Sonne blinkte an den Messingschließen ihres Brustpanzers – kamen in den Hof gestürzt, packten ihn von hinten und schleiften ihn zurück in den Palast.

Das Blut war mir gefroren. Ich hatte soeben ohne Vorbereitung – und daher desto eindrucksvoller – demonstriert bekommen, wer hier die wahre Macht in Händen hielt. Gemeine römische Soldaten hatten die Hand gegen den König von Ägypten erhoben und ihn behandelt wie einen ungezogenen Dorfbengel. Ich durfte Cäsars Gunst nicht verlieren, damit er mit mir nicht genauso verfuhr.

Hinter mir versuchte Potheinos immer noch zu reden. »Verzeih ihm! Er ist … Er ist noch ungeübt im Regieren«, winselte er. »Er kann seine Gefühle nicht verbergen.«

Cäsar stand neben einem Stuhl und hatte den schlanken Arm auf die Lehne gelegt. Er hatte sich nicht die Mühe gemacht, zum Fenster zu gehen, um zu sehen, was mit Ptolemaios geschah. Er wußte es ohnedies. Er schaute Potheinos an, und wie es aussah, würde er sich auch nicht die Mühe machen, ihm zu antworten.

»Soll ich beschließen, ihm zu erlauben, dein Mitregent zu sein, erhabenste Königin?« fragte er in jenem tödlich leisen öffentlichen Tonfall, an den ich mich noch gewöhnen sollte. Es war nicht der Tonfall, den er in dunkler Nacht benutzte.

»Ich möchte es lieber nicht«, sagte ich.

»Aber in seinem Testament hat euer Vater es so gewünscht«, antwortete Cäsar beharrlich. Wollte er sich über mich lustig machen? Was hatte er vor? »Und hast du nicht den Namen ›Kleopatra, die Göttin, die ihren Vater liebt‹ angenommen? Aber dann solltest du natürlich seinen Wünschen folgen. Möchtest du nicht die Heirat mit Ptolemaios ins Auge fassen?«

Die Vorstellung, mich mit ihm in irgendeiner Weise unter ein Joch zwingen zu lassen, war politisch abstoßend, aber das war noch gar nichts im Vergleich zu der Möglichkeit, mich von ihm anfassen zu lassen, wie Cäsar es getan hatte. »Das könnte ich nicht ertragen«, erwiderte ich.

Ptolemaios wurde hereingeführt; er weinte und zog die Stirn kraus. Die beiden Soldaten hielten ihn bei den knochigen, schmalen Schultern.

»Ah! Der Bräutigam selbst!« sagte Cäsar. »Komm, trockne deine Tränen ab. Es schickt sich nicht, an seinem Hochzeitstag zu weinen.«

Die Überraschung ließ seinen Tränenfluß versiegen. »W-was?« schniefte er.

»Als Testamentsvollstrecker des verstorbenen Königs verfüge ich, daß wir uns an seinen Letzten Willen halten müssen. Du wirst deine Schwester Kleopatra heiraten, und gemeinsam werdet ihr nach altehrwürdiger Art als Monarchen herrschen.«

Das konnte er nicht ernst meinen! Wie hatte ich ihm vertrauen, wie Gerechtigkeit von ihm erhoffen können? Waren denn alle meine Eindrücke falsch gewesen? Jetzt schien er mir so verschlagen und grausam wie alle seine Landsleute zu sein. Ich war wie vom Donner gerührt.

»Und dann werdet ihr gemeinsam das Geld aufbringen, das ihr mir schuldet. Wie ihr euch vielleicht erinnert, habe ich es übernommen einzutreiben, was der verstorbene König der römischen Republik noch schuldete.« Er nickte nüchtern.

Dieser Mann! Er war also doch nur habgierig. »Du kannst nicht Schiedsrichter und Nutznießer zugleich sein«, stellte ich eisig fest. »Überlege dir, auf welche Weise man dich zufriedenstellen soll: als obersten Richter oder als Schuldeneintreiber.«

Er warf mir einen kurzen Blick zu. Seine Augen waren unergründlich; sie zeigten keinen Zorn, sondern nur Entschlossenheit. »Man wird mich in beiderlei Hinsicht zufriedenstellen, wie es mir gefällt. Bereitet euch also auf die Hochzeit vor; die Form überlasse ich euch, und dann werden wir unser Versöhnungsbankett abhalten.« Mit einer Handbewegung wandte er sich an Potheinos. »Du triffst die Vorbereitungen. Es sollte ein großes Fest werden, in – wie hieß diese Halle mit den vergoldeten Deckenbalken und den Säulen aus Porphyr? Und es sollen mindestens zweihundert Gäste dabeisein. Macht all das, worin ihr Alexandriner so unübertrefflich seid. Tanzende Mädchen. Akrobaten. Zauberkunststücke. Goldenes Geschirr. Rosenblätter auf dem Boden. Ihr wißt das alles besser als ich. Ja, das Volk muß sehen, daß wir alle einander umarmen und lieben.«

Sie standen da wie Mumien, steif und in Binden gewickelt wie Osiris.

»Nun?« sagte Cäsar. »Ich habe euch doch gesagt, was ihr tun sollt.«

Die Mumien senkten die Köpfe und zogen sich zurück.

Ich fuhr herum. »Wie konntest du? Ich dachte, wir wären Verbündete?« Ich war klug genug, nicht zu schreien: *Sogar meinen Gemahl hast du dich genannt!* Hatte er das vergessen? Aber ich wußte, daß Cäsar nichts vergaß.

Ich war erbost, fühlte mich verraten, kochte innerlich. Nur wenige Stunden hatte ich in den bedeutsamen Ereignissen der Nacht schwelgen können, und schon waren sie dahin. Und wofür? Damit ich zu einer Gefangenen ganz neuer Art werden konnte?

Streng nahm ich mich nun am Zügel, und ein Teil meiner selbst sprach mit dem anderen. Du bist von Askalon gekommen und hast dein Leben für eine Audienz bei Cäsar riskiert, erinnerte ich mich. Und du hast Erfolg gehabt. Du hast unter vier Augen mit ihm gesprochen, und er hat sich bereit erklärt, dich wieder auf den Thron zu setzen und deinem Bruder und seiner lächerlichen Beratermeute seinen Willen aufzuzwingen. Verschlagen und furchterregend erschienen sie dir, aber jetzt, da Cäsar hier ist, werden sie beiseite gefegt wie Schuljungen. Sie sind nichts. Ich habe bekommen, was ich wollte: politische Sicherheit. Wenn ich mehr als das wollte, nachdem ich ihn gesehen habe, war ich eine Närrin.

Cäsar stand an seinem Stuhl und stützte sich auf die Armlehnen, den Kopf gesenkt. Ich sah, daß das Haar auf seinem Hinterkopf schütter wurde. Bei Tageslicht war Amun kein Gott. Und ich keine Göttin, sondern eine Frau, die einen Mann begehrte – auf die älteste Art der Welt, so neu sie für mich sein mochte.

»Das sind wir auch«, sagte er.

Ich brauchte einen Augenblick, um zu begreifen, worauf er da antwortete – auf meinen geheimen Aufschrei wie auch auf das, was ich ausgesprochen hatte. »Dann mach mich zur alleinigen Königin!« erklärte ich. »Wieso muß ich *ihn* ertragen?«

»Nicht für lange«, erwiderte er. »Aber vorläufig muß man sich behelfen.«

»Wieso?« rief ich.

Er sah mich an; es war ein langer, suchender Blick. »Kleopatra … Wie ich den Klang deines Namens aus meinem Munde liebe! Du weißt, wieso. Und du weißt, daß man sich an den Rechtsweg halten muß, und sei es nur, um ihn später zu verlassen.«

»Es muß also diese öffentliche Versöhnung geben?« Ich wußte, daß ich genauso nörgelig klang wie Ptolemaios, aber ich konnte nicht anders.

»Ja«, sagte er knapp. »Du und Ptolemaios, ihr werdet gemeinsam zu Monarchen ausgerufen werden, das Heer kann demobilisiert werden, Potheinos wird man beseitigen können –« Er brach ab, als sei ihm plötzlich eine unbedeutende Kleinigkeit eingefallen. »Habe ich dir erzählt, daß ich Theodotos verbannt habe? Er hat seinen Lohn von mir bekommen.«

Verbannt …, beiseite gefegt …, im Handumdrehen … Ja, er vernichtete die Menschen, wie ich die Fliege in meinem Zelt erschlagen hatte. Und er machte sich dabei nicht einmal die Schuhe schmutzig. Eine Handbewegung genügte, und der Betreffende verschwand. Für immer.

Ich lachte laut vor Freude.

»Ja, das ist meine Kleopatra.« Er kam rasch durch das Zimmer und nahm mich in die Arme. »Nein – Ptolemaios wird nie dein wahrer Gemahl sein. Das bin ich. Wie ich es dir versprochen habe.« Er küßte mich; dazu mußte er sich zu mir herunterbeugen. »Wir sind gleich, du und ich«, sagte er so leise, daß ich ihn kaum verstehen konnte. »Ich weiß es; ich kann es fühlen. Endlich habe ich jemanden gefunden, der genauso ist wie ich. Ich glaube nicht, daß ich mich je wieder von dir trennen will. Wir sind zwei Hälften eines Granatapfels, und die beiden Hälften passen haargenau zusammen.«

Ich klammerte mich an ihn. Ich glaubte ihm seine Worte, weil ich es wollte und weil ich dachte, ich hätte ihre wahre Bedeutung verstanden.

Das Bankett war bereit. Potheinos hatte Cäsars Befehle befolgt und ein Fest für alle Würdenträger des Hofes bereitet: für die Oberschreiber und die Bibliothekare, für den Schatzkanzler und die Priester des Serapis und der Isis, für den Kommandanten der Hofgarde, die Gesandten und Höflinge, für die berühmtesten Hofärzte, Dichter, Rhetoriker, Wissenschaftler und Gelehrten.

Und tatsächlich verströmten die vergoldeten Deckenbalken ihren unverwechselbaren milden Glanz im Lampenschein, und der Boden war mit Rosenblättern bedeckt, die übers Meer von Kyrene hergebracht worden waren, wo die besten Rosen wuchsen. Bei jedem Schritt wurde der betörend süße Duft unter dem Druck der Sohle freigesetzt.

Ich hatte die Zähne zusammengebissen und eine abgekürzte Trauzeremonie in den oberen Räumen des Palastes zugelassen, oben unter dem Dach, wo der Seewind peitscht. Ptolemaios und ich hatten ein paar Worte gesprochen, die uns offiziell in der Ehe verbanden, eine Formel, die der Palast eingeführt hatte. Trauzeugen waren Cäsar, Potheinos, Arsinoë und der kleine Ptolemaios. Ich murmelte nur und hoffte, sie damit ungültig zu machen. Sobald es vorbei war, hastete ich davon, um mich für das Bankett anzukleiden.

Jetzt konnte Cäsar mir nicht vorwerfen, daß ich meine Rolle nicht spielte. Das Abscheuliche war getan.

Charmian war immer noch im Palast und wartete treulich. Mir war nicht klar gewesen, wie sehr ich sie vermißt hatte, bis ich ihr vertrautes Gesicht sah und sie summen hörte, während sie in dem Raum, in dem meine Kleider aufbewahrt wurden, seidene Mäntel und Tuniken zusammenlegte.

»Majestät!« rief sie, und in ihrem Blick lagen tausend Fragen.

»Charmian! Oh, Charmian!« Ich stürzte auf sie zu.

Sie starrte mich weiter an und unterdrückte ein Lachen, bis ich an dem staubigen Gewand hinunterschaute, das ich immer noch trug.

»Ich hatte noch keine Gelegenheit, meine Fluchtkleidung zu wechseln«, erklärte ich. »Ich bin gestern mit dem Boot gekommen und habe mir heimlich Zutritt zum Palast verschafft.«

»Das wissen alle«, sagte sie. »Man erzählt sich – oh, aber wie dankbar bin ich, daß du hier bist und unversehrt! Die letzten paar Monate waren schrecklich. Überall stolzieren sie großspurig in Alexandria herum, die fröhlichen Drei mit ihrer Marionette, und behaupten, du wärest tot!«

»Es sind nicht mehr drei, sondern nur noch zwei«, sagte ich.

»Cäsar hat …?« Ihre Frage blieb in der Schwebe.

»Er hat Theodotos verbannt«, sagte ich. »Er wird uns nicht mehr behelligen.«

»Und du hast Cäsar gesehen?« fragte sie zartfühlend.

»Wie ›alle wissen‹«, wiederholte ich ihre Worte. »Ich ließ mich in einem Teppich in seine Gemächer schmuggeln.«

Sie lachte laut. »Er muß einen Schreck bekommen haben!«

»Er hat sich nichts anmerken lassen. Und jetzt – aber die Geschichte ist zu lang. Jetzt muß ich als Königin angekleidet werden, denn unten wird ein Festmahl inszeniert. Mach mich so schön, daß man mir ein Königreich schenken möchte.«

*Mach mich so schön, daß man mich lieben möchte*, wollte ich sagen. Aber bei Cäsar ging es um Königreiche und Kronen und Besitztümer. Die Liebe kam, wenn überhaupt, erst danach.

Und jetzt stand ich im Eingang zur großen Festhalle und lehnte mit dem Rücken an der kühlen Ebenholztäfelung. Ich war so beladen mit Perlen aus dem Roten Meer, daß ich mich wie vom Glanz des Mondes umhüllt fühlte. Charmiam hatte sie mir geschickt ins Haar geflochten und um den Hals gelegt, und die größten und kostbarsten hingen an meinen Ohren und schwangen hin und her, wenn ich den Kopf bewegte. Ich war in fast durchsichtige Seide aus Sidon gehüllt, die mich wie Nebelschleier umwehte. Meine Füße steckten in Sandalen, die aus versilbertem Leder geflochten waren. Ich stand still da und atmete tief durch, und dabei roch ich den Lotosduft, den Charmian mir in die Ellenbeugen und an den Hals gerieben hatte, dorthin, wo die Schlagader pochte.

Den ganzen Tag lang hatte mein Körper sich verändert angefühlt und mich so daran erinnert, daß das, was geschehen war, wirklich – und unumkehrbar – geschehen war.

Musiker standen in einer Ecke; sie strichen sanft über die Saiten ihrer Lyren und spielten zarte Melodien auf ihren Flöten. Die Klänge hallten von den polierten Steinwänden wider.

Stiefelgetrappel. Soldaten kamen. Die Hofgarde – oder Cäsar? Ich sah, wie Männer in Uniform am anderen Ende des Saales hereinkamen. Ich erkannte römische Mäntel und Speere.

In ihrer Mitte war Cäsar. Er hatte sich für das Gewand eines römischen Konsuls entschieden – eine weiße Toga mit einem breiten Purpurstreifen am Rand –, nicht für die Kleidung eines Generals. Er mußte eben noch einige Zeit beim Barbier verbracht haben, denn sein Gesicht glänzte frisch rasiert, und sein Haar war geschnitten. Für mich war er atemberaubend wie Apollo, obgleich ich sehen konnte, daß er weder jung noch groß war und daß die Welt, die er mit sich trug, auf seinen Schultern lastete.

*Ich will dir helfen, sie zu tragen*, dachte ich plötzlich. *Sie ist zu schwer für einen Mann.*

Sie kamen auf mich zu, und Cäsar trat vor. Ich sah, wie er mich anstarrte, und ich wußte, daß ich in seinen Augen wie verwandelt erscheinen mußte, wie ein ganz anderes Geschöpf, nicht wie das besitzlose Wesen, das er heimlich getroffen hatte.

Er streckte die Hand aus, und ich nahm sie wortlos. Zusammen gingen wir zu dem großen Zeremonientisch, der aus einem Stück aus einem gewaltigen Baumstamm aus dem Atlasgebirge gefertigt war und auf Elefantenstoßzähnen stand. Er sah mich die ganze Zeit nicht an, aber ich spürte seine Aufmerksamkeit. Endlich lehnte er sich zu mir herüber, und sein Atem bewegte meinen Ohrring, als er flüsterte: »Heute war ein sehr langer Tag, und mir ist, als wäre ich dir wieder und wieder begegnet, bald in dieser, bald in jener Gestalt. Welche ist die wahre?«

Ich drehte den Kopf; ich senkte ihn nicht, sondern bewegte ihn höchst königlich. »Auch ich habe Cäsar in mancherlei Gestalt gesehen«, entgegnete ich. »Welcher war der wahre?«

»Nach dem Mahl wirst du es wissen. Und danach wiederum wirst du noch mehr wissen.« Seine scharfen dunklen Augen musterten mich. »Kind der Venus«, sagte er. »Schön bist du!«

»Bist du nicht auch ein Kind der Venus?« Angeblich stammte Cäsars Familie mütterlicherseits von Venus ab.

»Ja. Wie ich dir sagte: Wir sind gleich; wir haben beide die Natur jener Göttin.« Sein Atem war warm an meinem Ohr.

In diesem Augenblick kam Potheinos heran. Langsam ging er auf den ihm zugewiesenen Platz zu, und die steifen Leinengewänder wollten sich dem fetten Leib nicht anpassen; er sah aus wie ein übungshalber gefaltetes Papyrusblatt. Er hatte sich die Ringellocken eingeölt und trug riesige, klobige Ohrringe, die seine Ohrläppchen schmerzhaft langzogen.

Hinter ihm kam Ptolemaios, gekleidet als antiker Pharao, und dann folgten langsam und majestätisch vom anderen Ende der Halle her Arsinoë und der kleine Ptolemaios.

Alle verdrehten die Köpfe, um Arsinoë zu sehen, ihren anmutigen, beinahe wellenförmigen Gang und ihr schimmerndes Seidengewand. Ihr Haar war nach altem griechischen Stil auf dem Kopf hochgetürmt, und Helena von Troja hätte nicht schöner sein können.

Ich sah, wie Cäsar sie anstarrte. Seine Augen hatten sich geweitet, und obwohl er sich nicht rührte, spürte ich seine Wachsamkeit. Sie waren vor meiner Ankunft mindestens zwei Wochen zusammen im Palast gewesen, Cäsar und die achtzehnjährige Arsinoë. Was war zwischen ihnen vorgefallen? Die Tatsache, daß keiner der beiden ein Zeichen des Erkennens sehen ließ, hatte nichts zu bedeuten. Arsinoë war auf eine Weise schön, die einen innerlich verzehren konnte, entweder vor Verlangen oder vor Neid, und Cäsar ... Ich kannte jetzt seine Natur.

Sie nahm ihren Platz auf dem königlichen Diwan ein und lächelte mit ihren weichen, geschminkten Lippen. Ihre strahlend blauen Augen sogen Cäsar in sich hinein, und dann klapperte sie auf eine höchst unübersehbare Weise mit den Wimpern – es war beinahe eine Parodie auf die Koketterie. Ich haßte sie.

Cäsar sprach einen Willkommensgruß, nachdem die Halle sich mit den hastig eingeladenen, verwirrten Gästen gefüllt hatte. Auch ich wandte mich an sie, und schließlich fügte Ptolemaios noch ein paar schrille Worte hinzu.

Dann erhob sich Cäsar noch einmal und rief: »Wir wollen uns alle mit den Girlanden des Glücks und der Festlichkeit bekränzen, denn nunmehr erklären wir, daß wieder Frieden herrscht im ganzen Land! Königin Kleopatra und König Ptolemaios haben sich bereit gefunden, in Eintracht zusammenzuleben und einig zu regieren!«

Er hielt einen Kranz aus Lotosblüten, Kornblumen und Rosen in die Höhe und legte ihn sich um den Hals. »Frohlocket mit ihnen!« Ich war ihm zutiefst dankbar, daß er nicht auch die »Hochzeit« bekanntgegeben hatte. Ich spürte, daß er es nur tun würde, wenn er überhaupt nicht mehr umhinkönnte, weitere Zugeständnisse zu machen.

Diener huschten mit Tabletts voll duftender Girlanden im Saal umher und reichten sie allen Gästen. Bald erfüllte der Geruch von Blumen auf warmer Haut die Luft.

Als nächstes hob Cäsar einen juwelenbesetzten Becher und füllte ihn mit Falerner Wein aus einem Krug. »Trinkt!« befahl er. »Trinkt und seid fröhlich!«

Er hob den Becher an die Lippen, aber ich sah nicht, daß seine Gurgel sich schluckend bewegte. Er stellte den Becher wieder hin und bedeutete den Dienern mit einem Wink, die Kristallschüsseln mit dem duftenden Wasser zu bringen, damit wir uns vor dem Essen die Hände waschen könnten.

Unvermittelt hob er die Hände. »Eines noch! Ich möchte bekanntgeben, daß Rom in einer Geste der Freundschaft dem Hause der Ptolemäer die Insel Zypern zurückerstattet. Sie soll von Prinzessin Arsinoë und Prinz Ptolemaios regiert werden.« Er nickte den beiden zu, und sie erhoben sich langsam. Die Leute jubelten erstaunt, und die beiden Geehrten machten nicht minder verdutzte Gesichter. So also sahen Cäsars Überraschungsschläge aus; so ging er vor, auf dem Schlachtfeld und anderswo.

Er schaute zu mir herüber, und nur an einer kaum merklichen Veränderung in seinem Blick und an den Konturen seines Mundes konnte ich ablesen, was er mir mitteilen wollte: *Ich habe dir gesagt, daß du mich nach dem Festmahl besser kennen wirst.*

»Kann Cäsar denn aus eigener Vollmacht römisches Territorium weggeben?« fragte ich kühl.

»Ja«, sagte er. »Gefällt es dir?«

»Sollte es? Mir hast du es doch nicht gegeben.«

»Aber um deinetwillen. Zu deinem Schutz. Und als Unterpfand von mir.«

Mein Herz klopfte so schnell, daß ich nicht wagte weiterzusprechen. Es stimmte: Cäsar hatte eine kühne und schockierende Geste gemacht, mit der er den römischen Senat ganz sicher gegen sich aufbringen würde.

Das Mahl begann. Gang um Gang wurde aufgetragen, und ich konnte nicht umhin, die Fähigkeiten unserer königlichen Köche zu bewundern, die derart kurzfristig ein so üppiges Bankett auftischen konnten. Zusätzlich zu den üblichen gebratenen Ochsen, Ziegen und Enten bekamen wir Purpurmuscheln, Meernesseln, Fischpasteten, Honig aus Attika und Nüsse von Pontos.

Aber Cäsar aß wenig und trank überhaupt nicht aus seinem Weinbecher; er bevorzugte statt dessen Brunnenwasser, das mit Rosenblättern aromatisiert worden war.

»Du trinkst nicht«, sagte ich und deutete mit dem Kopf auf seinen Becher.

»In meiner Jugend habe ich so viel getrunken, daß es für den Rest meines Lebens reicht«, antwortete er. »Heute stelle ich fest, daß es Schwindelgefühle weckt und merkwürdige Symptome in mir hervorruft. Deshalb tändele ich nicht mit Bacchus.«

»Du ißt auch wenig«, bemerkte ich. »Ruft das Essen ebenfalls seltsame Symptome hervor?«

»Du scheinst großes Interesse daran zu haben, alles zu beobachten, was ich tue«, stellte er fest. »Hast du vielleicht etwas in dieses Essen hineingetan, daß du so erpicht darauf bist zu sehen, wie ich es verzehre?« Nur die leichte Anhebung im Ton am Ende dieses Satzes versicherte mir, daß er es nicht ernst meinte.

»Du bist sehr mißtrauisch.« Ich spießte einen Brocken von seinem Teller auf und verspeiste ihn. »Ich will deine Befürchtungen besänftigen.« Potheinos runzelte die Stirn ob dieses losen Benehmens, aber Cäsar lachte – beinahe wenigstens.

Als Obstschüsseln mit Granatäpfeln herumgereicht wurden, nahm Cäsar ein großes Exemplar herunter, schnitt es langsam in der Mitte durch und riß es dann auseinander, daß der leuchtendrote, saure Saft herausrann.

»Du siehst, wie all die Kerne zusammenpassen«, sagte er. »Aber wenn man die Frucht auseinanderreißt, verletzt man sie.« Er reichte mir eine Hälfte und beobachtete aufmerksam mein Gesicht.

Ich nahm sie entgegen und betrachtete die Mitte, wo sie aufgebrochen worden war. »Man dürfte sie niemals so in sich spalten.« Ich hob meine rotbefleckten Hände, und wer uns hörte, mußte annehmen, daß wir nur von diesem Granatapfel sprachen. Cäsar lächelte.

Nach dem Mahl, als das Geschirr abgeräumt worden war, kamen die Akrobaten in den Saal gepurzelt. Ihre eingeölten Körper blitzten, und ihre Bewegungen waren so schnell, daß das Auge ihnen kaum folgen konnte.

»Ich habe Schlangen zustoßen sehen«, sagte Cäsar, »aber ich wußte nicht, daß Menschen sich so schnell bewegen können.«

Als nächstes kamen nubische Tänzer, schlank, hochgewachsen und muskulös, und zu schnellem, wildem Trommelschlag und Händeklatschen vollführten sie verschlungene Tänze.

Der Klang ihrer irrwitzigen Musik ertränkte jeden anderen Laut, und ich sah nicht, wie Cäsar seiner Garde winkte. Ich sah jedoch, wie Potheinos aufblickte und unvermittelt aufstand. Bei der lauten Musik konnte ich nicht fragen, was geschehen war, und als sie schließlich zu Ende war, wirkte Cäsar ungeduldig. Er kaute auf einem Streifen Kardamomgebäck.

»Wo ist Potheinos?« fragte ich ihn.

Arsinoë und Ptolemaios rutschten ebenfalls nervös auf ihren Plätzen hin und her.

»Inzwischen höchstwahrscheinlich geköpft.«

»Was?«

»Laß uns hinausgehen.« Cäsar packte mein Handgelenk, und sein Griff war kraftvoll wie der Kiefer eines Löwen. So, wie er mich auf die Beine zog, konnte man den Eindruck haben, ich sei aus eigenem Antrieb aufgestanden. Er schob mich zu einer kleinen Tür zwischen zwei Säulen an der Balkonseite der Halle.

Nach der überheizten, schwer duftenden Luft in der Halle war die kühle Frische draußen wie ein Schlag ins Gesicht. Wind kam auf und peitschte die Wellen im Hafen zu kleinen Schaumkronen.

»Hier herum«, sagte Cäsar und zog mich um die Ecke.

Dahinter sah ich Potheinos – oder das, was von ihm übrig war – über drei Stufen hingestreckt liegen, und zwar mit dem Kopf nach unten – hätte er noch einen Kopf gehabt. So aber strömte das Blut aus dem Halsstumpf die weißen Marmorstufen hinunter. Ein römischer Soldat stand über ihm und hielt den Kopf mit den geölten Ringellocken und den baumelnden Ohrringen empor. Sein Schwert, genauer gesagt, der mittlere Teil der Klinge, war mit schleimigem Blut beschmiert.

»Pompejus, jetzt bist du gerächt!« rief Cäsar. »Schafft diesen Kadaver beiseite«, befahl er dem Soldaten.

Ich war sprachlos und starrte erst den Leichnam, dann Cäsar an, der so gelassen abseits stand.

»Jetzt habe ich auch gesehen, wie eine Schlange zustößt«, flüsterte ich schließlich.

»Nein, jetzt hast du gesehen, wie man eine Schlange am Zustoßen hindert«, sagte Cäsar. »Heute nachmittag hat mein Barbier mir erzählt, daß Potheinos plane, mich heute abend zu ermorden. Der Barbier meines Vertrauens ist einer jener scheuen Männer mit hundert Ohren. Daher …« Achselzuckend deutete er auf die blutbefleckten Stufen. »Die Schlange ist tot, als sie gerade zum Stoß ausholen wollte.«

»Zum Stoß ausholen? Aber er saß beim Essen!« Irgendwie war es eine makabre Vorstellung, hingemetzelt zu werden, nachdem man sich eben den Bauch mit Fischpastete und Ochsenbraten vollgeschlagen hatte.

»Nein, er hatte den Verrat zur Hälfte schon vollzogen«, widersprach Cäsar. »Er hatte eine Botschaft zu Achillas gesandt und ihn aufgefordert, mit dem

Heer heranzumarschieren und uns zu belagern. Während er dich und Ptolemaios versöhnte, während er sich verbeugte und dir die Hand küßte, schickte er nach den Truppen, die uns beiden den Garaus machen sollten.«

Jetzt wurde mir schlecht. Lag denn meine ganze Sicherheit bei Cäsar, dem es irgendwie – bisher jedenfalls – gelang, schneller zu denken, flinker zuzuschlagen und tödlicher zu treffen als alle, die ihn umringten? Aber selbst Cäsar mußte irgendwann ruhen, mußte einnicken und sich entspannen …

Ich brach in Tränen aus; es war die einzige Erleichterung, wenn ich nicht schreien wollte, und mir lag nichts daran, daß die Leute aus dem Bankettsaal herausgestürzt kämen.

Er legte einen Arm um mich und führte mich davon. »Wir können jetzt nicht zum Bankett zurückkehren. Nicht einmal ich kann jetzt so tun, als wäre nichts geschehen.«

Wir waren wieder in meinen – unseren – königlichen Gemächern. Cäsar ließ doppelte Wachen vor allen Eingängen aufziehen und bediente sich nur seiner vertrauten Soldaten. Als wir im inneren Gemach waren, ließ er sich auf eine Bank sinken. Plötzlich sah er viel älter aus; tiefe Falten hatten sich in sein Gesicht gegraben. Im Dämmerlicht war ein goldener Siegelring an seiner gebräunten Hand das einzige an ihm, was glänzte.

»Ach, Cäsar.« Ich stand neben ihm und legte die Arme um ihn. »Ich glaubte, die Welt zu kennen. Aber jetzt sehe ich, daß sie noch unbarmherziger ist, als ich es mir vorgestellt habe.«

»Wenn dir das erst klar wird«, sagte er müde, »verändert es dich für immer. »Doch am Morgen dann, wenn die Sonne aufgeht und die Arbeit wartet …« Er seufzte. »Dann stellst du überrascht fest, daß es dir gefällt.«

Jetzt aber lehnte er kraftlos an der Wand, erschöpft von der Arbeit des vergangenen Tages. Ich trat hinter ihn und küßte die Kopfhaut, die durch das schüttere Haar schimmerte. Ich massierte ihm die Schläfen und bog seinen Kopf nach hinten, so daß der Herr der Welt sich an mich lehnte. Er schloß die Augen und blieb regungslos sitzen.

Ich sah, wie das Licht sich draußen veränderte, wie es verblaßte und schließlich verschwand. Dunkelheit stahl sich herein und verschleierte alles. Noch immer ruhte Cäsar an mir, und meine Arme lagen um seinen Hals und hoben und senkten sich mit jedem seiner Atemzüge.

Weshalb vertraute er mir? fragte ich mich. Weshalb mir und nicht Arsinoë oder Potheinos? Es wäre soviel einfacher für ihn gewesen, sich mit ihnen zu verbünden. Indem er mich unterstützte, hatte er sich einen ganzen Mantel von Plagen umgehängt.

Er hätte herkommen, sich den Kopf des Pompejus aushändigen lassen, Ptolemaios auf dem Thron bestätigen und wieder nach Rom zurückkehren können. Es wäre viel einfacher für einen müden General gewesen. Aber er vertraute mir aus den gleichen, unerklärlichen Gründen, aus denen ich ihm vertraute. Wir waren auf der Stelle miteinander vertraut gewesen; der eine hatte sich im anderen wiedererkannt.

Er rührte sich. Jetzt war er tatsächlich in meinen Armen eingeschlafen. Ich war zutiefst gerührt; kein Wort hätte ein besserer Beweis seines Vertrauens sein können.

»Mein Lieber«, sagte ich, »laß uns richtig ruhen. Ich glaube nicht, daß man uns heute nacht im Bett stören wird. Deine Wachen sind stark.«

Er ließ zu, daß ich ihn hochzog und zum Bett führte, daß ich seine Toga aufrollte und zu seinen Sachen auf eine Truhe legte, daß ich seine Sandalen aufschnürte und ihm die Füße rieb.

Er sah mir mit schlaftrunkenem Blick zu. »Wie gut du das alles kannst«, murmelte er. »Du kannst Königin sein oder Dienerin, wie es dir gefällt.«

Ich hob seine Beine sanft auf das Bett und breitete das seidene Laken über ihn. »Du mußt ruhen«, sagte ich. »Selbst Herkules ruhte nach seinen zwölf Arbeiten.«

Er schloß die Augen, drehte den Kopf zur Seite und tat einen tiefen Seufzer – der Zufriedenheit? Erschöpfung? Erleichterung?

Ich legte mich im Dunkeln neben ihn und zog das Laken hoch. Stille erfüllte das Zimmer, aber ich wußte, daß es anderswo im Palast und in den Straßen von Alexandria nicht still war: Dort herrschte Tumult. Unsere Stille war das künstliche Produkt der römischen Soldaten vor unserer Tür.

Irgendwann, als die Nacht am dunkelsten war und der Himmel stillstand, streckte Cäsar die Hand nach mir aus. Er war hellwach, genau wie ich.

»Ich habe dir gesagt, nach dem Mahl würdest du mich besser kennen«, sagte er leise. Irgendwie mußte er gespürt haben, daß ich wach war.

»Da wußtest du also schon über Potheinos Bescheid? Da hattest du deinen Soldaten schon ihre Befehle gegeben?« Ich sprach genauso leise und drehte mich zu ihm um.

»Ja. Kannst du den lieben, als den du mich jetzt kennst?«

»Mehr denn je«, sagte ich. »Du hast getan, was getan werden mußte, ohne zurückzuscheuen.« Ich bewunderte ihn und hatte jetzt auch Ehrfurcht vor ihm.

Er drückte mich an sich, an seinen schlanken Soldatenkörper, nach kurzem Schlaf schon ganz erfrischt. Er küßte mich, und es schien, als sammele sich all der Hunger, den er sich sonst nicht gestattete – nach Speise, nach Schlaf, nach Wein –, nun in diesem Verlangen, als verschmelze und vervielfache er sich darin.

Es mag fehl am Platze erscheinen, wenn ich hier berichte, daß Cäsar im Krieg für seine Gründlichkeit bekannt war; es hieß, eine Schlacht, die er geschlagen habe, sei so endgültig entschieden, daß es niemals nötig sei, sie zu wiederholen. Aber so war er auch bei mir in jener Nacht; als er mich besaß und mich liebte, viele Male in jener langen Nacht, auf viele verschiedene Arten, da nahm er mich für alle Zeit gefangen, meinen Körper, meinen Geist und all meine Kraft.

# 13

Der Alexandrinische Krieg begann – so nannte Cäsar ihn, als er anfing, seine Kommentare dazu niederzuschreiben. Ich wurde in diesen Kommentaren kaum erwähnt, aber das war Cäsars Art. Es war ein verzwickter Krieg – nicht zuletzt, weil Cäsar nicht mit einem Krieg gerechnet hatte, als er hier gelandet war, aber auch, weil er zum ersten Mal einen Krieg führte, in dem eine Stadt das Schlachtfeld war, was an Strategie und Taktik andere Anforderungen stellte als der Kampf auf freiem Feld.

Die Armee des Achillas, die während des Versöhnungsbanketts bereits auf dem Marsch gewesen war, erreichte Alexandria nach wenigen Tagen, zwanzigtausend Mann stark. Cäsar schickte Abgesandte zu Achillas, aber sie wurden ermordet und nicht mit einer Antwort zurückgeschickt.

»So«, sagte Cäsar mit jener leisen Stimme, »er mordet also nicht nur, wenn es ihm politisch ratsam erscheint, sondern erkennt auch die altehrwürdigen Regeln der Diplomatie nicht an. Dann brauche ich kein Mitleid mit ihm zu haben.«

Staunend sah ich, wie er seinen Zorn anscheinend zu beherrschen wußte, wenn er wirklich welchen empfand. Vielleicht war er auch schon über das Stadium hinaus, da abscheuliches Benehmen irgend etwas anderes war als das, was er erwartete; vielleicht waren Loyalität und Ehre für ihn etwas, was man nur selten fand. Auch hörte ich mit Staunen, wie er davon ausging, daß er Achillas und sein großes Heer besiegen würde, diesen bunt zusammengewürfelten Haufen aus alten römischen Legionären, entlaufenen Sklaven, Piraten, Gesetzlosen und Verbannten.

Mein eigenes Heer, das in Syrien zurückgeblieben war, hatte sich aufgelöst, da es nichts zu tun hatte und keinen Sold bekam; es konnte uns also nicht helfen. Cäsar hatte schon nach Syrien und Kilikien geschickt und Verstärkungstruppen angefordert, aber vorläufig mußte er den östlichen Teil Alexandrias befestigen und versuchen, ihn zu sichern – vor allem die Halbinsel, auf welcher der Palast stand. Im sicheren östlichen Hafen lagen seine zehn

Kriegsschiffe aus Rhodos zwischen den anderen; ich konnte vom Fenster aus sehen, wie sie hinter den Molen ankerten. Im Westhafen lag die ägyptische Flotte, die Ptolemaios und ich befehligten: zweiundsiebzig Kriegsschiffe.

Achillas und seine Streitkräfte bauten mit Hilfe der leicht aufzustachelnden Bürger gigantische dreifache Barrikaden aus Steinblöcken, vierzig Fuß hoch, quer über die Straßen, so daß die prachtvolle Kanopische Straße nicht länger passierbar war, und auch die breite Straße des Soma nicht. Hastig zimmerten sie bewegliche, zehn Fuß hohe Türme zusammen, die sich mit Seilen an jede beliebige Stelle ziehen ließen. Mitten in der Stadt wurden Waffenfabriken eingerichtet, und die erwachsenen Sklaven wurden bewaffnet, während sie ihre Veteranenkohorten an zentralen Punkten postierten, damit sie jederzeit rasch dorthin geführt werden konnten, wo man sie gerade brauchte. Sie konnten alle Waffen, die sie von uns erbeuteten, so geschickt nachbauen, daß es fast aussah, als wären unsere die Kopien.

Unterdessen verwandelte Cäsar den Bankettsaal in sein militärisches Hauptquartier. Hier breitete er auf dem langen Marmortisch seine Karten und Berichte aus und beriet sich mit seinen Zenturionen und Kommandanten. Ich bestand darauf, an diesen Beratungen teilzunehmen, denn es faszinierte mich zu erfahren, wie die diszipliniertestе und fortschrittlichste Armee der Welt operierte.

»Wir müssen in die Offensive gehen«, sagte Cäsar nach der ersten Woche der Kämpfe. Er klopfte mit dem Finger auf den Plan der Stadt, der zwischen zwei Säulen in der Halle hing.

Einer seiner Offiziere schnaubte. Cäsar warf ihm einen Blick zu.

»Nicht gegen die ganze Stadt«, erklärte er. »Aber wir müssen die Insel und den Leuchtturm nehmen, damit unsere Verstärkungstruppen uns vom Meer her erreichen können. Wir sind hier drin festgenagelt, und die Seeseite muß offenbleiben.«

War dies der Wagemut, für den er so bekannt war?

»Wie wollen wir denn angreifen?« fragte einer der Zenturionen.

»Zwischen unseren und ihren Barrikaden liegt nur ein kleines Küstenstück, das den Steindamm beherrscht. Auf das Signal hin werden wir aus unserem Bezirk hervorbrechen und das Küstenstück stürmen. Wir kämpfen uns durch bis auf den Damm und hinaus bis zum Leuchtturm.«

Am Mittag nach dieser Konferenz aß Cäsar wie gewohnt mit mir, meinen Geschwistern und seinen Offizieren. Der Tisch war mit Holztellern gedeckt, und es gab verschimmeltes Brot und billigen, gelblichen täniotischen Wein – ein Befehl von Potheinos.

»Seht nur, wie der König und die Königin von Ägypten und die Herrscher von Zypern hier speisen«, sagte Cäsar und deutete auf die Tafel. »Die Verpflegung einer Armee nach einem langen Feldzug?«

»Potheinos hat gesagt, wegen der Römer gäbe es für uns nichts anderes zu essen«, klagte der »große« Ptolemaios mit seiner weinerlichen Stimme. »Er hat gesagt, eure Soldaten hätten alles aufgefressen. Und unser goldenes Geschirr hätten sie eingeschmolzen!«

»Potheinos wird keine Lügen mehr erzählen«, erwiderte Cäsar. »Aber es freut mich zu sehen, daß du freiwillig so karge Kost zu dir nimmst, während es in der Küche doch köstliche Speisen im Überfluß gibt. Das stärkt deinen Charakter. Ein Mann sollte sich nicht allzuviel ums Essen scheren. Ich habe einmal versehentlich Salböl über ein Gemüsegericht geschüttet und nichts gemerkt – nicht einmal nach dem Essen.«

»Barbar«, murmelte Arsinoë.

»Was sagst du, meine Liebe?« fragte Cäsar. »Barbar? Ja, vielleicht. In den neun Jahren, die ich in Gallien gegen sie kämpfte, habe ich großen Respekt vor den Barbaren bekommen. Sie haben eine andere Mentalität als einige der degenerierten Köpfe im Osten. Sie ermorden zum Beispiel ihre Fürsten nicht.«

Arsinoë lächelte säuerlich, aber nicht einmal das konnte ihrer Schönheit etwas anhaben. Cäsar hob ihr seinen Weinbecher entgegen und trank ihr zu.

»Mir ist nicht gut«, sagte sie und stellte den ihren hin. »Ich muß in meine Gemächer und mich ausruhen.«

In dieser Nacht entfloh sie aus dem Palast, begleitet von ihrem Lehrer, dem Eunuchen Ganymedes, und schloß sich Achillas und seiner Streitmacht an.

Ich erwartete, daß Cäsar wütend sein würde, weil er nun nicht mehr behaupten konnte, das ägyptische Heer sei nur eine Verrätertruppe, die sich gegen die königliche Familie erhoben habe. Aber er blieb gelassen, auch als die Truppen Arsinoë zu ihrer Königin ausriefen.

»Nun, Zypern hat sie verloren«, sagte er. »Und dabei hat sie es noch nicht einmal besucht. Du und ich, wir müssen einmal hinfahren, wenn dieser Krieg vorbei ist. Venus wurde dort aus dem Meeresschaum geboren und ans Ufer gespült; es wäre höchst passend für uns, einmal dort zu sein.« Er lächelte dieses scheinbar unbeschwerte Lächeln, das nicht bis an seine Augen reichte.

*Wenn der Krieg vorüber ist*... Wie sicher er sich seines Sieges war!

Bevor er sich in dieser Nacht zur Ruhe begab, stand er lange auf dem Dach des Palastes und schaute auf den Hafen und seine Anlagen hinunter. Seine zerfurchten Hände umfaßten das Geländer, und ich sah, wie die Muskeln in seinen Armen sich bewegten, als er die Finger anspannte und wieder lockerte.

»Es wird nicht leicht werden«, räumte er ein. »Es ist eine lange Strecke, und weil der Steindamm so schmal ist, werden nicht viele Männer gleichzeitig voranstürmen können.«

Hinter uns zündeten die Diener die Abendfackeln an. Die untergehende

Sonne tauchte das, was morgen ein Schlachtfeld sein würde, in ihr rotes Licht.

»Heute färbt es die Sonne«, sprach er. »Morgen wird das Blut der Männer es tun.«

»Wie kannst du dich jemals daran gewöhnen?« fragte ich. »Wie kann man sich im voraus mit dem Tod abfinden?«

»Der Tod …«, sagte er schließlich. »Vielleicht bin ich wie jener König von Pergamon, der einen Garten voll giftiger Pflanzen hatte, die er liebte und züchtete. Vielleicht umgebe ich mich mit dem Tod, um mich an ihn zu gewöhnen.«

»Und das gelingt?«

»Ich glaube ja«, sagte er. »Ich kann ehrlich sagen, daß der Tod keinen Schrecken für mich birgt, nur Trauer – Trauer um das, was ich dann zurücklassen muß.« Er drehte sich um und sah mir in die Augen. Obwohl es dunkel wurde, war ich gebannt von dem eindringlichen Ausdruck in seinem Gesicht. »Es wäre mir zuwider, dich so bald schon wieder zu verlassen. Wir haben noch so viel zu bereden, zu sehen, gemeinsam zu erkunden. Für uns hat es doch erst begonnen. Als ich nach Gallien zog, war ich zweiundvierzig. Es war eine ganz neue Welt, eine endlos grüne Weite – Wälder, Berge, Seen, Flüsse, lauter unbekannte Dinge, die mich erwarteten. Was ich in diesen neun Jahren erlebt habe, sollte jedem Mann eigentlich genügen. Aber jetzt will ich mehr, nicht weniger. Es hat den Brand erst angefacht, nicht gelöscht.« Er wandte sich wieder dem Hafen zu, der jetzt blau und dunstig wurde. »Dort unten, morgen … Es scheint undenkbar, daß ein kleines Stückchen blanker Stahl das Feuer in mir löschen könnte.«

Ich legte den Arm um ihn und lehnte mich an ihn. »Glaubt ihr Römer nicht, daß es drei unsterbliche Schwestern gibt, welche die Spanne eures Lebens bestimmen? Eine, die den Lebensfaden spinnt, eine, die ihn mißt, und eine, die ihn abschneidet? Dein Leben ist noch nicht abgemessen.«

»Diese Schwestern sind so fingerfertig, daß man gar nicht spürt, wie der Faden gezogen wird oder die Schere sich öffnet.« Dann änderte sich sein Tonfall. »Solche Reden bringen Unglück! Komm!« Jäh wandte er sich ab und ging hinein.

So sonderbar war dieser Alexandrinische Krieg, daß ich am nächsten Tag oben auf dem Dach stehen und das ganze Geschehen überblicken konnte. Ich wollte nicht zusehen, und doch mußte ich es, denn ich mußte ja wissen, was geschah, bevor ich es von irgendeinem Boten hörte.

Früh am Morgen, als die Sonnenstrahlen noch nicht über die Firste der Tempel reichten und die Straßen im Dunkeln lagen, stürmten Cäsar und seine Leute in vollem Lauf aus dem Palastbezirk hervor und überraschten den

Feind. Bald darauf gehörte ihnen die Straße, und als die Sonne voll auf den Uferrand schien, sah ich wütende Kämpfe bei den Docks. Die Römer waren an ihren Helmen und der unverwechselbaren Soldatenrüstung leicht zu erkennen; Achillas' Soldaten trugen kunterbunt zusammengewürfelte Kostüme. Ich konnte auch Cäsar selbst in seinem purpurnen Generalsmantel sehen, und so sehr ich mir auch wünschte, ich könnte anderswohin schauen, konnte ich doch den Blick nicht von ihm wenden.

Ich sah, wie er die Männer in schwach gesicherte, gefährliche Positionen führte und wie er ihnen mit seiner rücksichtslosen Tapferkeit Mut einflößte. Er schonte sich nicht, sondern stürzte sich stets ins dickste Getümmel. Doch allmählich machte sich Achillas' Übermacht bemerkbar, und plötzlich war es, als würden die Römer verschluckt. Grausige, kalte Angst packte mich, als Cäsar in einem Wirbel von Schwertern und Schilden verschwand. Der Lärm von Metall gegen Metall, von Steinen, die krachend gegen Docks und Häuser geschleudert wurden, drang wie der Schrei eines Ungeheuers bis zu mir herauf auf das Dach.

Ich sah eine Feuerspur im Bogen über den Kai ziehen. Jemand hatte eine Fackel geworfen. Weitere folgten, und plötzlich stand eines der Kriegsschiffe in Flammen. Das Feuer erfaßte die Takelung und verbreitete sich rasch über das Deck.

Eines meiner Kriegsschiffe! Ich schnappte nach Luft. Nein!

Die Flammen verbreiteten sich so schnell, daß es offensichtlich war: Pech und Teer an Bord hatten Feuer gefangen. Männer stürzten sich vom Schiff ins Wasser. Dann fing das benachbarte Schiff Feuer. Schreie drangen herauf, und das Wasser füllte sich mit fliehenden Matrosen. Das Gefecht auf dem Kai ging mit unverminderter Wut weiter.

Meine Schiffe standen in Flammen! Meine Flotte wurde zerstört! Entsetzt sah ich zu, wie die ganze Flotte in Brand geriet und meine stolze, reiche Seemacht unterging. Doch dann … Der Wind wehte Funken von den brennenden Schiffen herüber und zündete die Lagerhäuser auf dem Kai an. Zu gut wußte ich, was in den Lagerhäusern war: Korn, Öl – aber am kostbarsten von allem: Manuskripte für die Bibliothek. Ein ganzer Speicher voller Manuskripte wurde vernichtet! In ohnmächtigem Entsetzen fing ich an zu schreien, aber ich mußte doch weiter hinschauen.

Das Feuer lenkte die Alexandriner ab, und das gab Cäsar und seinen Leuten Gelegenheit, auf die Mole zu stürmen. Sie schwärmten bis zum Leuchtturm hinaus, und dort sah ich bald mitten im Handgemenge Rauch und Feuer aufsteigen.

Es war unmöglich auszumachen, was geschah und wer gewann. Mir war, als seien Stunden vergangen, als das Funkeln der Sonne auf den Helmen der zurückkehrenden Römer das Ergebnis anzeigte: Sie hatten die Insel erobert und sicherten jetzt den ganzen Steindamm. Sie schwärmten auseinander, und jetzt – Dank sei Dir, Isis, und allen Göttern, die ihre Hand über ihn gehalten hatten –, jetzt sah ich auch Cäsars purpurroten Mantel aufschimmern. Er kam an der Spitze heran und führte die Männer über den Damm zum Ufer.

Plötzlich kam, fast wie aus dem Nichts, ein feindliches Kriegsschiff voller Soldaten zwischen den brennenden Rümpfen meiner Schiffe im westlichen Hafen hindurchgesegelt; es nahm Kurs auf die Mitte des Steindamms und schnitt die Römer an der Spitze von der Hauptmasse der Truppe ab, so daß sie auf einem Abschnitt des Damms festsaßen. Sie hatten es auf Cäsar abgesehen; ihn wollten sie einkreisen und vernichten. Die Soldaten sprangen an Land und rückten gegen ihn vor, während andere ihm vom Ufer her entgegenstürmten.

Die Römer beschlossen, sich auf ihre Schiffe zurückzuziehen, aber die hatten die Planken eingezogen und Anker ausgeworfen, um zu verhindern, daß der Feind sie erstürmte. So sprangen die Soldaten ins Wasser und schwammen auf die Schiffe zu. Ich sah, wie auch Cäsar sich hineinstürzte und sich auf das nächste Schiff zubewegte, aber es war schon so überladen, daß es kurz vor dem Kentern war. Also war er gezwungen, zu einem weit entfernten zu schwimmen, und dabei mußte er die ganze Zeit einem Hagel von Pfeilen und Speeren ausweichen. Sein Vorankommen wurde durch den Umstand verlangsamt, daß er nur mit einer Hand schwimmen konnte, weil er mit der anderen ein Bündel Papier übers Wasser hielt – was, so fragte ich mich, konnte derart wichtig sein? – und außerdem seinen schweren Generalsmantel hinter sich herzog, entschlossen, diese Trophäe nicht dem Feind zu überlassen. Schließlich aber sah ich, wie er den Mantel doch abwarf und befreit zum Schiff schwamm. Der Mantel trieb zurück zum Damm, wo der Feind ihn johlend und jubelnd aus dem Wasser fischte.

Er war gerettet. Er war gerettet. Die süße Erkenntnis, daß er nach den Kämpfen des Tages zu mir zurückkehren würde, erfüllte mich mit überwältigender Dankbarkeit.

Er saß, über seine Karten gebeugt, in unserem Gemach. Sein Haar war verfilzt, und ihn fröstelte vor Erschöpfung und von dem kalten Wasser. Seine Arme waren von Schnittwunden übersät, seine Beine verschrammt, und er schüttelte unaufhörlich den Kopf.

»Vierhundert Mann verloren!« sagte er. »Vierhundert!«

»Aber du hast gesiegt«, erwiderte ich. »Du hast gesiegt. Und du hast alles erreicht, was du wolltest. Du hast die Insel und den Leuchtturm erobert.«

»Und eine Flotte verbrannt.« Er klang bitter. »Verzeih mir. Aber es mußte geschehen. Ich sah, daß sie sie einnehmen wollten; dann hätten sie eine Flotte gehabt, die sie jetzt nicht haben.«

»Dann warst du es, der die Fackel werfen ließ!« sagte ich. »Es war kein Unfall!«

»Nein, natürlich nicht. Es war meine Entscheidung. Und sie war gut. Sieh doch, welchen Schaden sie mit nur einem Schiff anrichten konnten!« Wieder schüttelte er den Kopf. »Vierhundert Mann habe ich verloren«, wiederholte er leise. »Und meinen Generalsmantel. Den haben sie auch.«

»Aber dich haben sie nicht«, sagte ich. »Wieso hast du unbedingt diese Papiere schützen müssen? Was ist denn so wichtig daran, daß du dein Leben dafür aufs Spiel setzen mußtest?«

»Militärische Pläne«, sagte er. »Geheimschriften und die Schlüssel dazu. Die dürfen wir nicht verlieren und sie nicht bekommen.« Er zog die Papiere aus seinem durchnäßten Lederwams und warf sie mit einem tiefen Seufzer der Erleichterung auf den Tisch. »Da.«

»Auf den Docks wurden Manuskripte vernichtet, die darauf warteten, in die Bibliothek geschafft zu werden«, sagte ich.

»Es tut mir leid. Daß die Speicher niederbrannten, das war wirklich ein Unfall.«

»Ja. Ein Kriegsunfall. Ich sehe schon, daß der Krieg, wenn er erst einmal begonnen hat, nicht leicht im Zaum zu halten ist. Er geht, wohin er will – wie ein tollwütiges, aber listiges Tier. Nicht einmal der große Cäsar kann es anbinden!«

»Es tut mir leid«, wiederholte er. Dann streifte er den Rest seiner nassen, zerfetzten Kleidung ab und legte sich auf das Bett.

»Du bist gerettet«, sagte ich. »Nur darauf kommt es letzten Endes an.«

Und während ich zusah, wie er in den Schlaf sank, wußte ich, daß es für mich die Wahrheit war. Für heute nacht war er gerettet. Aber morgen, wenn die Kämpfe wieder anfingen?

Der römische Bürgerkrieg, der jetzt bis zu uns vorgedrungen war, schien alles zu infizieren. Es dauerte nicht lange, bis der Geist des ermordeten Pompejus seine Rache vollendete: Achillas überlebte Potheinos nicht lange, denn Arsinoë ermordete ihn und übergab die Leitung des Heeres an Ganymedes. So fanden die Messer, welche die Attentäter gegen Pompejus erhoben hatten, ihren Weg nach Hause zu den Eingeweiden ihres Herrn.

Frohlockend ob seiner neuen Macht, begann Ganymedes auf der Stelle mit einem Angriff gegen den Palast selbst. Eine Woche nach der Schlacht um die Insel saßen Cäsar und ich in den Privatgemächern bei Tisch, als ein brennender Pfeil im Bogen auf unseren Balkon geflogen kam, gefolgt von einem Regen von Pfeilen, an denen Botschaften hingen.

Cäsar zog einen davon aus dem hölzernen Sonnendach und ließ mich lesen, was darauf stand.

*Ergebt euch, römische Hunde!* las ich.

»Wie originell«, sagte ich.

»Hier ist noch einer.« Cäsar bückte sich und hob den Pfeil auf.

*Ein Goldstück für jeden Soldaten, der zu Arsinoë kommt*, stand da.

Das war schon gefährlicher.

»Sie haben gar kein Geld dafür«, erklärte ich geringschätzig.

»Aber das weiß der gemeine Soldat nicht«, sagte Cäsar. »Ich muß hinunter zu ihnen und sie zusammenrufen.« Und er eilte hinaus.

Nur wenige Tage später richtete sich der wütende Einfallsreichtum Ganymedes' gegen unsere Wasserversorgung. Da es ihm nicht gelang, den Palast zu erstürmen oder uns aus unseren Stellungen in der Stadt und auf der Insel zu vertreiben, nahm er sich vor, uns durch Durst zu vertreiben.

Die Köche hatten festgestellt, daß das Wasser in den Leitungen salzig und brackig geworden war, und die Soldaten, die in der Stadt stationiert waren, berichteten, daß die Haushalte überall mit dem gleichen Problem zu kämpfen hatten und daß es geheimnisvollerweise über Nacht dazu gekommen sei.

»Wie haben sie das geschafft?« fragte Cäsar verwundert. »Wie konnten sie unser Wasser vergiften, ohne ihr eigenes zu verderben?«

Ich rief unsere Ingenieure, und bald hatten wir die Antwort. Alexandria wird durch unterirdische Kanäle versorgt, durch die das Nilwasser in die Stadt geführt wird. Ganymedes hatte den Wasserstrom aufgeteilt; seinen Teil hatte er saubergehalten und in unseren Meerwasser gepumpt.

»Dieser Krieg ist kein Kinderspiel«, gab Cäsar zu. »Der Feind ist erfindungsreich und schlau. Er zwingt uns, es auch zu sein, nur in doppeltem Maße. Ich werde zu den Soldaten sprechen.« Ich fand, er klang erschöpft und dem Ende seiner Weisheit näher, als es ihm lieb sein konnte.

Vom oberen Balkon des Palastes aus richtete er sich an seine Offiziere und Männer, die sich unten auf dem freien Platz versammelt hatten.

»Der feige Ganymedes und sein zusammengewürfeltes Heer von Piraten und Sklaven und verlotterten Römern haben es verstanden, große Wasserräder zu bauen, mit denen sie Meerwasser auf höheres Gelände schaufeln können«, rief er. »Wie schlau! Wie eindrucksvoll! Glaubt er vielleicht, daß er uns damit besiegen kann? Mit Kinderspielzeug?«

An der Art, wie die Männer unruhig von einem Bein aufs andere traten, sah ich, wie unwohl ihnen war. Sie waren durstig. Wahrscheinlich hatten sie allen verfügbaren Wein getrunken, und nun gab es nichts mehr.

»Aber ein Knabe sollte nicht in den Krieg ziehen! Sein Spielzeug kann nicht über das Wissen eines erfahrenen Mannes und die Entschlossenheit und den Mut seiner Truppen triumphieren! Denn, seht ihr, ich weiß, wo man Wasser findet, und zwar mühelos. An einem Strand gibt es immer Süßwasseradern, und nicht einmal besonders tief unter der Oberfläche. Ein paar Stunden graben, und wir haben so viel Wasser, wie wir wollen!«

Stimmte das? Oder hoffte er es nur?

»Und mehr noch – selbst wenn es dort kein Wasser geben sollte, haben wir immer noch das Meer für uns; es ist ein Kinderspiel, in jede beliebige Richtung davonzusegeln und einen Vorrat von Wasser herzubringen. Also fürchtet euch nicht, sondern holt eure Schaufeln heraus!«

Die Männer jubelten nicht wie sonst. Sie begehrten einen geordneten Rückzug, sie wollten auf die Schiffe und davonsegeln, hinaus aus ihrer mißlichen Lage.

»Denkt ja nicht daran, eure Posten zu verlassen! Wenn sie sehen, daß wir auf die Schiffe gehen, werden sie unsere Barrikaden stürmen. Einen geordneten Rückzug kann es für uns jetzt nicht geben.« Er schwieg einen Augenblick lang. »Und er ist auch nicht nötig! An die Schaufeln!« Er packte selbst eine und schwenkte sie. »Zum Strand!«

Und wieder schaute die schöne Göttin Fortuna huldvoll auf ihren Lieblingssohn, und Cäsars Vermutung erwies sich als richtig. Nächtliche Grabungsarbeiten förderten mehrere Brunnen zutage, und als am nächsten Morgen die Sonne aufging, war das Problem gelöst. Die tagelangen Mühen des Feindes waren durch Cäsars Unternehmen in nur wenigen Stunden vereitelt worden.

Es kam die Nachricht, daß Versorgungsschiffe der Siebenunddreißigsten Legion, die den Landtruppen vorausgefahren waren, an Alexandria vorbeigesegelt waren und jetzt im Westen vor Anker lagen. Cäsar nahm seine kleine Flotte und fuhr hinaus, um sie zu empfangen. Es sah aus, als sei das Ende des Krieges nahe, aber selbst aus diesem einfachen Unternehmen wurde eine Schlacht, denn der Feind attackierte die Schiffe, und Cäsar entging mit knapper Not der Gefangennahme. Am Ende aber siegte das seefahrerische Können der Römer über den Feind, und Cäsar kam unversehrt zurück.

»Alles hier hat sich schwerer erwiesen, als ich es erwartet hatte«, sagte er erschöpft. »Und es dauert schon viel zu lange. Ich bin sehr müde.« Er schüttelte den Kopf. »Dabei hatte ich erwartet, nach all meinen Feldzügen Ruhe in Alexandria zu finden. Komisch, nicht wahr?«

Ja, der Krieg dauerte jetzt sehr lange. Und in den letzten paar Tagen war mir etwas endgültig klargeworden, etwas, das ich Cäsar aber erst erzählen wollte, wenn der Krieg vorüber wäre. Aber jedesmal, wenn ich dachte, er sei nun vorüber, zeigte sich, daß nur eine Episode zu Ende gegangen war. Der Krieg schien sich endlos hinzuziehen.

Zu meinen seltsamen Denkgewohnheiten gehört, daß es mir schwerfällt, Dinge zu vermischen. Ich wende mich gern einem nach dem anderen zu, behandle ein jedes zu seiner Zeit. So hatte ich es auch jetzt halten wollen. Aber der Krieg ging immer weiter! Und als ich sah, daß Cäsar von Tag zu Tag müder und erschöpfter wurde, sein Schlaf tiefer, sein Schritt weniger federnd, da sprang mir das Herz auf die Zunge. Auch fiel es mir immer schwerer, ihm irgend etwas zu verheimlichen, so sehr schien er mir ein Teil meiner selbst zu sein.

»Du bist ein großer General«, sagte ich langsam. »Es gibt fast niemanden auf der Welt, der dir das Wasser reichen könnte. Was sich hier ereignet, ist fast ein Unglücksfall – als hätten diese Leute noch nicht gehört, was sonst alle Welt weiß. Ich habe schon von isolierten Truppen gehört, die noch lange kämpften, nachdem ein Krieg schon beendet war und ihre Feldherrn sich nach Hause begeben hatten. So ist es auch hier. Du darfst den Mut nicht verlieren.«

»Ich habe weniger den Mut verloren«, sagte er, »als vielmehr die Geduld.«

»Wenn du die ganze Welt erobert hast, ist es noch nicht zu spät, um eine Dynastie zu gründen«, erklärte ich.

»Rom hat keine Monarchie.«

»Ich habe gesagt, die ganze Welt. Nicht nur Rom. Sind Ägypten und Rom vereint, so ist das etwas anderes als Rom. Und diese neue Schöpfung würde eine Dynastie brauchen.«

Sein Kopf fuhr hoch, und er starrte mich an, als ließe ich etwas Gefährliches vor seiner Nase baumeln. Einen verbotenen goldenen Gegenstand. Ein versiegeltes Testament. Ein gewaltiges Bestechungsgeld. Seine Augen wurden schmal, aber vorher hatte ich das Aufleuchten darin gesehen, die Neugier und das Verlangen. »Was sagst du da?«

»Ich sage nur – wenn du ein Imperium zu vererben hast, dann werden wir das Kind haben, dem du es vererben kannst.« Und so teilte ich es ihm mit.

»Ein Kind.« Er sah erschrocken und ungläubig aus. »Ich hatte nicht erwartet, ein Kind zu bekommen.«

»Das weiß ich. Es ist fast dreißig Jahre her, daß deine Tochter geboren wurde, dein einziges Kind. Die ganze Welt wußte von deiner Trauer, als sie starb.«

Er hatte Mühe, sich die aufkeimende Freude nicht anmerken zu lassen. »Ist das denn möglich?«

»Ja«, sagte ich, »es ist nicht nur möglich, sondern es ist sicher. Und es ist mein Geschenk an dich. Nicht Alexandria, nicht Ägypten – denn die würdest du sowieso erobern –, sondern ein Kind, ein Erbe Cäsars.«

»Ein Geschenk der Götter.« Er stand langsam auf und streckte mir die Arme entgegen. »Ein äußerst erhabenes, ganz unerwartetes Geschenk der Götter.« Er nahm mich auf neue Art in den Arm. Und ich war überglücklich, daß ich nicht länger damit gewartet hatte, es ihm zu erzählen.

Es war natürlich ein Geschenk von Dir, Isis; Du, die Große Mutter, hattest beschlossen, uns dieses Glück zu gewähren. Du bist es ja, die der Unfruchtbarkeit nach ihrem Belieben befehlen kann zu enden, und so hast Du es bei Cäsar getan. Dein Wille war es, daß Cäsar, sollte er, von ruchlosen Männern bedrängt, einmal fallen, einen Sohn hätte, der ihn rächen könnte – so wie Dein Sohn Horus seinen Vater Osiris gerächt hat. Das weiß ich heute. Damals aber frohlockte ich nur, weil ich Cäsar etwas geben konnte, was er sich so inständig wünschte und was ihm bisher vorenthalten worden war, während ihm doch sonst die ganze Welt zu Füßen lag.

Ich sehnte mich nach Olympos und seiner medizinischen Fürsorge, aber er und Mardian wurden immer noch hinter den Linien der aufständischen Armee aufgehalten. Wie würde er den Kopf schütteln! »Wo war das Silphion, als du es brauchtest? Warum hast du es vernachlässigt?« Und wenn ich dann antwortete: »Ich bin glücklich, daß es passiert ist«, würde es ihm die Sprache verschlagen. Und Mardian? Was würde er denken? Alles war anders gekommen, als wir es in jenem Zelt im Wüstensand geplant und erwartet hatten.

Cäsar konnte sein Entzücken nicht verbergen. Ein ganz ungewohntes Lächeln umspielte in den Beratungen seine Züge, bis seine Offiziere ihn fragten, ob es ihn etwa freue, daß die Bevölkerung die Gebäude der Stadt zerstöre, um daraus neue Schiffe zu bauen.

»Sie sind entschlossen, sich eine Flotte anzuschaffen«, berichtete einer der Zenturionen.

»Womit denn?« höhnte ein anderer.

»Zweifellos haben sie sich an die Wachschiffe an den sieben Mündungen des Nils erinnert, die dort liegen, um Zölle zu erheben«, sagte ich vom hinteren Teil des Raumes her, wo ich still gesessen und ihnen zugehört hatte. »Auch gibt es eine Anzahl verborgener Werften, in denen alte, vermodernde Schiffe liegen. Die könnten sie ohne große Mühe in die Hände bekommen.«

Noch immer hatte Cäsar seinen vergnügten Gesichtsausdruck nicht verloren. »Und wie viele Monate werden sie brauchen, um so etwas seetüchtig zu machen?«

»Wenige Tage nur, Cäsar«, sagte einer der Soldaten, bei dem die Spitzel Bericht erstatteten. »Sie haben schon ein paar Schiffe auf dem See versammelt und rüsten sie jetzt aus. Dem Mangel an Holz für Ruder und Planken begegnen sie, indem sie öffentliche Gebäude niederreißen und die Dächer der Kolonnaden abdecken, um an die Dachbalken zu kommen. Ich habe gehört, daß zwanzig Quadriremen bereitgemacht werden.«

»Zwanzig Quadriremen!« Noch immer verlor Cäsar nicht die Fassung. »Ein fleißiges Volk!«

»Wieviel hat man denn schon zerstört?« fragte ich. Meine schöne Stadt!

Daß sie imstande waren, sie so mutwillig zu zerstören! Ich machte mich auf das Schlimmste gefaßt.

»Sie haben das Dach des Museions heruntergerissen und sogar den Neptunstempel in Angriff genommen«, berichtete der Mann. »Was das Gymnasion angeht – die langen Säulengänge waren ebenfalls eine zu große Versuchung. Sie werden auch abgerissen.«

Ich stöhnte gequält. All die Schönheit – dahin. »Und die Bibliothek? Die königlichen Grabstätten?«

»Die haben sie noch nicht angerührt.«

»Aber sie werden es bald tun«, sagte einer. »Wenn sie erst Quinquiremen ausrüsten möchten ...«

»Nun, wenn wir deine Stadt retten wollen, Königin Kleopatra«, sagte Cäsar, »dann werden wir sie ablenken müssen, oder wir müssen ihnen klarmachen, daß sie keine weiteren Schiffe benötigen. Das nächste Gefecht wird zwangsläufig zu Lande stattfinden müssen. Schließlich sind wir hier, um Alexandria zu retten, nicht um es zu zerstören.«

An diesem Abend schritt Cäsar im größten unserer Gemächer, in dem Schiebetüren auf eine Terrasse hinausführten, auf und ab. Der Marmorboden war so blank poliert, daß seine Beine und der untere Teil seiner Militärkleidung – die rote Tunika und die Lederriemen – sich darin spiegelten. Der obere Teil hingegen verschwand und löste sich in der Dunkelheit auf.

»Was plagt dich denn so, mein Liebster?« fragte ich ihn und ging zu ihm. »Wir können die Stadt wieder aufbauen, wenn sie erst unser ist.« In Wahrheit war ich nicht so unbekümmert, wie ich es klingen ließ. Das Herz tat mir weh bei dem Gedanken an das, was da zerstört wurde, und ich wußte, daß nichts wieder so werden konnte wie früher. Solches Holz ließ sich nicht ersetzen; in den Wäldern im Atlas-Gebirge und im Libanon wuchsen die Bäume nicht mehr so hoch. Kunstfertigkeit allein konnte Verschwundenes nicht wieder herbeischaffen.

»Die Zerstörungskraft der Krieges schmerzt mich jetzt mehr, da sie vermindert, was ich ... unserem Kind hinterlassen werde«, sagte er. »Aber die Seeleute der Siebenunddreißigsten haben mir gesagt, daß die Landstreitkräfte, die Mithridates von Pergamon aufgestellt hat, bereits auf dem Marsch sind. Der Krieg wird nun wirklich bald beendet sein.«

»Für immer«, erklärte ich. Von jetzt an würde kein Zweifel mehr daran bestehen, wer in Ägypten regierte, wie sein Verhältnis zu Rom aussah, ob es unabhängig bleiben und wie seine Zukunft aussehen würde. Alle diese Fragen waren beantwortet, auch wenn dazu Blut hatte vergossen werden müssen. In Zukunft – in den Tagen unseres Kindes – würde es kein Blutvergießen mehr geben müssen, denn seine Eltern hatten dieses Opfer bereits geleistet.

»Mars ist ein sehr durstiger Gott«, sagte Cäsar. »Vom Blut scheint er nie genug zu bekommen.« Er schwieg kurz. »Aber ... ja, vorläufig ...« Er zog eine kleine Briefrolle hervor, die in seinem Gürtel gesteckt hatte, und reichte sie mir. »Was rätst du mir?« fragte er.

Ich überflog den Brief. Er war von einer Abordnung von Alexandrinern, die im Rat der feindlichen Armee saßen. Sie erklärten, die ganze Bevölkerung wende sich gegen Arsinoë und Ganymedes und wolle statt dessen Ptolemaios folgen, wenn man ihn freigäbe. Sie würden ein Waffenstillstandsabkommen unterzeichnen und unter Führung ihres neuen Königs mit Cäsar verhandeln.

»Das ist absurd«, antwortete ich schließlich. »Sie können kommen und sich Ptolemaios unterwerfen. Dazu muß man ihn nicht aus dem Palast freilassen.«

»So ist es. Und doch werde ich es tun«, sagte Cäsar. »Besser könnte es sich nicht fügen! Jetzt können wir ihn abschieben und uns den letzten Feind in unserer Mitte vom Halse schaffen.«

»Nein!« rief ich. »Das ist eine List!«

Er sah mich an, als wollte er sagen: Wie begriffsstutzig du bist! »Ja, natürlich ist es eine List. Aber wir haben eine bessere. Denn wir wissen, daß ihre Streitkräfte zwischen den unseren und dem Landheer, das in diesem Augenblick gegen Ägypten marschiert, zerrieben werden müssen! Schicken wir ihn also hinaus, damit er seine Truppen führen kann – ein Weilchen. Soll er sich die Krone aufsetzen und mit seinem Schwert fuchteln. Findest du nicht, daß jedes Kind es verdient hat, einmal einen Nachmittag lang zu spielen?«

Ich lächelte, aber seine eiskalte Analyse war beunruhigend. Wie lange brauchte man, um so zu werden, so hart? Wieviel Krieg, wieviel Verrat, wieviel Enttäuschung? War dies am Ende das Ergebnis des Überlebens? *Preise niemanden vor seinem Tode glücklich*, ging eine Redensart. Aber vielleicht sollte man statt dessen eigentlich sagen: *Preise niemanden glücklich, der nicht jung stirbt und unerfahren in menschlichen Dingen*.

»Es ist fast vorüber«, sagte ich, um mich selbst zu beruhigen. »Es ist fast vorüber.«

Am nächsten Morgen, als Cäsar aufgestanden war und sein gewohntes kaltes Frühstück aus Brot, Honig und Käse zu sich genommen hatte, ließ er Ptolemaios zu sich in den Feldherrnsaal kommen. Der kleine König kam hereinmarschiert, in schweren Goldbrokat gekleidet und das königliche Stirnband auf dem Kopf. Cäsar saß am Tisch und stand nicht auf.

»Guten Morgen«, sagte er freundlich. »Ich habe eine Neuigkeit für dich, die dir vermutlich gefallen wird.«

Ptolemaios schaute ihn ängstlich an. Konnte eine Neuigkeit, die gut für Cäsar war, auch ihm gefallen? »Ja?« Er wappnete sich.

Cäsar entrollte den kleinen Brief und las ihn vor. »Wie du siehst, verzehren deine Untertanen sich nach deiner Anwesenheit. Wer bin ich, daß ich mich dir in den Weg stelle? Vielleicht sendet uns hier der Himmel die ersehnte Gelegenheit, den Krieg zu beenden. Geh also zu ihnen!« Er machte eine theatralische Gebärde mit dem Arm.

Ptolemaios war ratlos. »Aber ... Warum willst du mich zwingen, den Palast zu verlassen und mich ihnen anzuschließen? Ich habe keine Lust dazu.«

»Sind das Reden für einen König? Ein König muß tun, was für seine Untertanen und für sein Reich am besten ist! Opfer, mein Junge! Opfer.«

Bei der Anrede »mein Junge« sträubten sich Ptolemaios die Nackenhaare, und er reckte sich empor, um größer zu erscheinen. Dreizehn war er jetzt. »Ich fürchte, daß sie *mich* opfern wollen. Arsinoë und Ganymedes werden mich angreifen. Nein, ich will nicht gehen!«

»Aber ich sage, du wirst gehen.« Cäsar ließ sich nicht erweichen. Ich beobachtete aufmerksam sein Gesicht und sah, daß ihm Ptolemaios' Unbehagen Spaß machte.

»Nein, bitte!« Ptolemaios verzog das Gesicht und brach dann in Tränen aus. »Bitte, bitte, schickt mich nicht weg! Ich will bei euch bleiben! Meine Treue gehört meiner Schwester und dir!«

»Ah.« Cäsar sah gerührt aus. »Das tut meinem Herzen wohl.« Feierlich legte er eine Hand an die Brust. »Aber du mußt Erbarmen mit deinen armen Untertanen haben. Geh zu ihnen und hilf mit, sie wieder zu Verstand zu bringen; überrede sie, davon abzulassen, die Stadt mit den Narben des Brandes und der Verwüstung zu überziehen. Damit kannst du mir und dem römischen Volk deine Treue beweisen. Ich vertraue dir – wen sonst könnte ich zu einem Feind schicken, der die Waffen gegen mich erhoben hat? Ich weiß, du wirst mich nicht enttäuschen.«

Ptolemaios umklammerte Cäsars Arm. »Schick mich nicht fort! Kein Anblick beglückt mein Auge so sehr wie der deine! Nicht mein Reich, nicht mein Volk – nur du, großer Cäsar!«

Cäsar bog die krallenden Finger auf und umfaßte den Arm des Jungen in einem herrischen Griff. »Mut!« ermahnte er ihn. »Mut!«

Weinend hastete Ptolemaios hinaus.

Cäsar untersuchte seinen Arm nach Kratzern. »Er hat einen unangenehmen Griff und lange Fingernägel.« Er schüttelte den Kopf. »Als ob mich ein Äffchen packte!«

»Nun ist er also fort«, sagte ich. »Wie lange wird es dauern, bis er an der Spitze seiner Armee zu uns zurückkommt?«

»Das wird zweifellos vor Sonnenuntergang geschehen.«

Er verschätzte sich um nur zwei oder drei Stunden. Tatsächlich war Ptolemaios, noch bevor der Tag zu Ende war, von seinem Heer empfangen worden, hatte sich auf eine königliche Sänfte heben lassen und schmähte Cäsar und mich in einer so giftigen Sprache, daß der Spion, der uns davon berichtete, ins Stottern geriet. »›Der‹ – hier kommt ein unwiederholbares Wort – ›tyrannische, gewissenlose, habgierige Cäsar und seine Hure, die‹ – noch ein unwiederholbares Wort – ›lasterhafte, lüsterne Kleopatra müssen vernichtet werden, und die ruchlosen‹ – auch dieses Wort ist unwiederholbar –, ›gefräßigen Römer müssen unverzüglich aufgehalten werden, da sie uns zu verschlingen trachten‹, hat der König gesagt.«

»Wie ich sehe, hat Theodotos seinem Mündel ein umfangreiches Vokabular beigebracht«, sagte Cäsar. Dann lachte er, und der Bote seufzte erleichtert.

»Er widert mich an!« rief ich. Diese herzzerreißenden Beteuerungen seiner Treue, die er noch am Morgen aufgeführt hatte – ekelhaft!

»Du verstehst, warum es auch Leute gibt, die deine Treue zu mir gleichermaßen in Frage stellen?« sagte Cäsar. »Ich fürchte, im Laufe der Generationen haben die Ptolemäer sich den Ruf der Hinterhältigkeit erworben. Dein Bruder ist ein klassisches Beispiel für diese Familientradition.« Er beugte sich herüber und flüsterte mir so leise ins Ohr, daß ich ihn kaum verstehen konnte. »Aber diejenigen, die solche hegen, wissen nicht, was ich von dir weiß. Wie könnten sie auch?« Er schob mir den Arm um den Rücken und drückte das Fleisch über meiner Hüfte. Es macht mich verlegen, wenn ich daran denke, wie mich das erregte, weil es die Erinnerung an die langen Nächte mit ihm zurückbrachte und mich mit freudiger Erwartung der kommenden erfüllte. Die Sonne war schon untergegangen. Oh – hatte Ptolemaios, ohne es zu ahnen, recht, wenn er mich als lasterhaft und lüstern bezeichnete?

Cäsars Ziel war erreicht. Getrennt von uns, würde Ptolemaios vernichtet werden, und wir würden den Sieg davontragen. Hätte er ihn nicht fortgeschickt, wäre es Ptolemaios möglich gewesen, nach dem Krieg an meiner Seite auf dem Thron zu bleiben und Cäsars Sieg als seinen eigenen zu beanspruchen. Vielleicht war es nicht durch und durch verlogen gewesen, als Ptolemaios darum gebettelt hatte, bleiben zu dürfen; er hatte wohl schon vorausgesehen, welch jämmerliches Ende er erleiden würde.

Der Krieg näherte sich seinem Höhepunkt und Abschluß. Mithridates von Pergamon, Cäsars Verbündeter, stand bereits vor den Toren von Pelusion an der ägyptischen Ostgrenze. Er erstürmte die Stadt und nahm sie ein, und dann begann er seinen Marsch durch Ägypten, um zu Cäsar zu stoßen. Aber von Pelusion ist es ein weiter Weg nach Alexandria, und Mithridates mußte diagonal durch das Delta marschieren, bis er die Gegend von Memphis erreichte, wo der Nil nur ein einziger Fluß ist; erst dort konnte er ihn überqueren und nach Alexandria ziehen. Ptolemaios und Arsinoë nahmen sich vor, ihm den Weg abzuschneiden, damit er Cäsar nicht erreichte, und zogen eilig zu der Stelle, wo er den Nil überschreiten würde.

Ein unablässiger Strom von Boten hielt Cäsar über all das auf dem laufenden. Ich werde nie vergessen, wie er auf der Dachterrasse des Palastes stand und über den Hafen hinausschaute, während er seinen Plan schmiedete. Seine Blicke suchten den Horizont ab, als erwarte er ein Schiff, aber das war nur seine Art nachzudenken. Bei anderen wird der Blick umwölkt und verträumt, wenn sie mit sich zu Rate gehen, aber Cäsars Augen blieben scharf wie die eines Adlers.

»Wenn die Sonne untergeht«, erklärte er entschlossen, »breche ich auf.«

»Wie denn?« fragte ich. Inzwischen hatte ich gelernt, daß er immer einen Plan hatte, und diesen hätte ich niemals erraten können. »Ptolemaios hat mit einem Teil seines Heeres den Weg aus der Stadt abgesperrt. Sie haben vor, dich hier eingesperrt zu halten.«

»Haben wir denn keine Schiffe? Habe ich meine Seemacht nicht behalten, während ich ihre zerstörte?« Er lächelte ruhig. »Heute abend bei Sonnenuntergang verlasse ich den Hafen und segele ostwärts, vor den Augen des Feindes. Sie werden erwarten, daß ich in einer der Nilmündungen lande. Aber wenn es dunkel ist, werde ich die Flotte wenden lassen. Wir segeln zurück nach Westen und landen auf der anderen Seite von Alexandria, in der Wüste. Wir marschieren nach Süden, um das Heer des Ptolemaios herum, und vereinigen uns mit Mithridates.« Er nickte. Es war alles so einfach – für ihn.

Und genauso geschah es auch. Ich erfuhr die Einzelheiten von meinen Boten und den Soldaten, die über jede Feindberührung Bericht erstatteten. Ptolemaios hatte seine Streitkräfte auf den zusammengeflickten Schiffen den Nil hinuntergeführt und auf einer Uferanhöhe eine Befestigungsanlage errichtet, die ins Marschland hineinreichte. Zum Schrecken der Ägypter rückte Cäsar heran, und sie schickten ihm Reiterei entgegen, um ihn aufzuhalten. Aber die Legionäre setzten mit Behelfsbrücken über den Fluß und trieben die Rebellen zurück in ihre Befestigungen. Am nächsten Tag attackierten Cäsars Truppen die Befestigungen, nachdem sie sich davon überzeugt hatten, daß der am höchsten gelegene Bereich nur nachlässig bewacht wurde, weil er von Natur aus der sicherste war. Sie erstürmten ihn daraufhin, und die Ägypter stürzten sich in panischer Flucht über die Wälle und rannten zum Fluß. Die erste Welle fiel in den Ringgraben und wurde von den Nachfolgenden totgetrampelt; diese warfen sich in die kleinen Boote und wollten paddelnd im Schilf und Papyrusdickicht verschwinden. Die Boote aber waren nicht für so viele gedacht und versanken. Ptolemaios saß in einem; es kenterte, fiel ins Wasser und verschwand im Schilf.

Die Aufständischen kapitulierten. Arsinoë wurde vor Cäsar geführt; sie hielt die Hände auf dem Rücken, ihr Kleid war mit Sumpfschleim beschmiert, und sie hatte ihre Schuhe verloren. Sie spuckte ihn an und verfluchte ihn, bevor man sie fesselte und abführte.

»Sucht Ptolemaios!« befahl Cäsar. »Wo wurde er zuletzt gesehen?«

Einer seiner Soldaten deutete in ein dunkles, ölig schillerndes Schilfgebiet. Vögel klammerten sich an die schwankenden Rohre.

»Taucht nach ihm! Bringt mir seinen Leichnam!« Er wußte, daß das Ertrinken im Nil als ein Tod galt, welcher dem Osiris heilig war, und er wußte außerdem, daß ein König, der auf geheimnisvolle Weise verschwand, imstande war, Jahre später wieder aufzutauchen – in Gestalt eines Hochstaplers.

Es war eine scheußliche Sache. In dem seichten Sumpf gab es zahlreiche stinkende, brackige Mulden, in denen Schlangen und Krokodile hausten. Wieder und wieder tauchten die Männer, nach Luft schnappend, aus dem Wasser auf, bedeckt von schwarz verfaulter Substanz – mit leeren Händen. Aber endlich brachte einer den schmächtigen Leichnam Ptolemaios' herauf. Seine Augen standen weit offen, und aus seinem Mund strömte schmutziges Wasser. Er trug ein Kettenwams aus purem Gold; die Glieder funkelten durch das Geschling der Wasserpflanzen, die ihn umstrickten.

»Das Gewicht hat ihn ertrinken lassen«, sagte Cäsar und betrachtete den Leichnam. »Das Gold hat ihn auf den Grund gezogen.« Er streckte die Hand aus und berührte die fein geschmiedete Prunkrüstung. »Zeigt das den Soldaten und dann dem ganzen Volk. Alle sollen es mit eigenen Augen sehen: Der kleine König ist untergegangen. Er wird sich nicht aus dem Nil erheben, um sich noch einmal an ihre Spitze zu stellen.«

Cäsar verließ das Schlachtfeld, stieg auf sein Pferd und machte sich mit seiner Reiterei sofort auf den Weg nach Alexandria. Es war dunkel, bevor er ankam; aber vom Palast aus sah ich Ströme von Menschen, die zum Stadttor strebten, um ihn zu empfangen. Tausend Kerzen flackerten, als sie sich in Trauerkleidung langsam durch die Straßen schoben. Sie waren besiegt. Zum ersten Mal war Alexandria erobert worden.

Alexandria und Ägypten waren an Rom gefallen. Genau dieses Schicksal hatte ich stets für das schlimmste Unheil gehalten, das über uns kommen könnte, und ich hatte gelobt, es um jeden Preis zu verhindern. Und jetzt wartete ich im Palast, hielt Ausschau und brannte darauf, den Eroberer zu empfangen, und ich war schwanger von dem General, der eben jetzt gegen die Stadt heranrückte, die auf Knien vor ihm lag. Ich wäre vor Scham zerflossen, hätte man mir diese schlichten Tatsachen noch ein Jahr zuvor mit ebendiesen Sätzen vorgehalten. – Wozu sind dann Orakel gut, wenn sie unseren verschlossenen Augen solche großen Ereignisse verschleiern? – Aber der General, der Eroberer, war Julius Cäsar, und in diesen beiden Wörtern, in diesem Namen, lag der Grund, weshalb ich beglückt darauf wartete, ihn in meine Arme zu schließen. Gut, er war Römer, geformt aus jenem Volke mit all seinen Gewohnheiten und seiner Denkweise, aber er war auch soviel mehr. Und ein bloßer Römer würde er nicht bleiben, sondern er würde zu etwas unvergleichlich viel Größerem, zu etwas Neuem wachsen.

Das Volk von Alexandria empfing ihn kniend und mit gesenkten Köpfen; die Menschen lagen hingestreckt vor dem Sonnentor und stellten Figuren von Anubis, Bastet, Sekmet und Thoth auf die Straße, um sich seiner Gewalt zu unterwerfen. Die Ältesten, in blaue Trauergewänder gekleidet, unrasiert und barfuß, streuten sich Staub auf die Köpfe und heulten im Chor: »Erbarmen, o Sohn des Amun! Wir unterwerfen uns, wir beugen Nacken und Rücken vor dir, du mächtiger Eroberer! Heil dir, Cäsar, Abkömmling von Ares und Aphrodite, fleischgewordener Gott und Erretter der Menschheit!« Ich hörte ihre Klagelieder, die sich wie ein Totengesang, dünn wie die Stimme eines Eunuchen, in die Nachtluft erhoben.

Ich hörte das Ächzen der Tore, als sie aufgestoßen wurden, und Cäsar ritt an den Reihen der geduckten Alexandriner vorbei, vorbei auch an den vergoldeten Statuen der Götter, die ihn schweigend durch die zerstörten, fackelbeschienenen Straßen zum Palast ließen.

Er kam mit großen Schritten in die weite Säulenhalle, durch deren Fenster nur die duftende Luft des Palastgartens hereinströmte. Ich wartete und konnte kaum atmen. Ich streckte die Arme aus und drückte ihn an mich.

»Ägypten ist dein«, flüsterte ich.

»Du bist Ägypten«, sagte er. »Die kostbarste Eroberung, die ich je gemacht habe.«

# 14

Cäsar wollte seinen neuen Besitz sehen, und ich wollte ihm alles zeigen: Ägypten von Alexandria bis Assuan, über sechshundert Meilen weit nilaufwärts. Wir würden mit der Staatsbarke der Ptolemäer reisen. Ich rechnete damit, daß es ihm den Atem verschlagen würde: Der Eroberer der Wälder und wilden Täler Galliens würde jetzt die sagenumwobenen und uralten Reichtümer des Orients kennenlernen.

So groß wie ein Schlachtschiff, aber den Freuden der Macht geweiht, so ruhte die Barke am Busen des Nil, dreihundert Fuß lang vom lotosumkränzten Bug bis zum geschwungenen Heck, vorangetrieben durch zahlreiche Reihen von Ruderern, und auf den Decks gab es Bankettsäle, kolonnadenumsäumte Höfe, Götterschreine und einen Garten. Kajüten und Korridore waren aus Zedern- und Zypressenholz, und überall prangten die Farben von Karneol, Lapislazuli und Gold. Cäsar kam an Bord marschiert, und wie ich gehofft hatte, blieb er stocksteif stehen und schaute sich um, und sein Blick wanderte in gieriger Musterung über das Ganze.

Plötzlich erfaßte mich ein banger Gedanke: Wenn er nun beschlossen hatte, Ägypten doch noch zu annektieren? Nach dem Recht des Schwertes gehörte es ihm. Er hatte nicht erkennen lassen, daß er die Absicht hatte, aber bisher war noch jedes besiegte Land zu einer römischen Provinz gemacht worden. War es nur meine Person, die ihn daran hinderte? Und würde diese Reise vielleicht seinen Appetit auf mein Land noch schärfen, statt ihn zu besänftigen?

»Ah«, sagte er schließlich, und sein Blick kehrte zu mir zurück, »Rom erscheint mir plötzlich gewöhnlich und schäbig, seine Bauten klein und dunkel, und selbst das Forum reizlos und eng.«

Und wieder trat der hungrige Glanz in seine Augen. »Wir haben viel von euch zu lernen.«

Als wir ablegten und das Staatsschiff sich unter seidenen Segeln allmählich in Bewegung setzte, da leuchtete Alexandria weiß unter der Frühlingssonne, so rein wie die Wolken, die über den Himmel jagten. Die meisten Gebäude waren doch verschont geblieben: Das Museion, das Serapion, die Bibliothek – vom Zeremoniendeck aus war alles zu sehen. Dennoch gab es viele Schäden in der Stadt, und ich wußte, daß es Jahre dauern würde, bis sie in ihrer früheren Vollkommenheit wiederhergestellt wäre. Die Menschen, die den Hafen säumten, waren wie Griechen gekleidet, und sie schrien in griechischer Sprache.

»Jetzt verlassen wir Alexandria und kommen ins eigentliche Ägypten«, sagte ich, als die Stadt hinter uns kleiner wurde. »Du wirst jetzt immer weniger Griechisch hören. Aber keine Angst, ich spreche Ägyptisch.«

»Angst?« wiederholte er mit einer Geste zu den vierhundert kleineren Schiffen, die uns folgten, beladen mit seinen Soldaten. »Nicht, solange ich meine Legionäre habe.«

»Was denn – bist du nackt ohne deine Soldaten?« neckte ich ihn.

»Das ist jeder General«, sagte er, »aber ein römischer ganz besonders. Ich habe erfahren, daß sie mich trotz aller Dienste, die ich dem Staat geleistet habe, nach meiner Rückkehr aus Gallien mit dem Tode belohnt hätten, wenn meine Soldaten nicht gewesen wären.«

»Ich bin froh, daß du sie mitgebracht hast. Ägypten muß uns beide sehen, um beruhigt zu sein. Man muß die Stärke der Armee bemerken, die jeden weiteren Bürgerkrieg hier verhindern wird.«

Während wir majestätisch und langsam dahinsegelten, wie es sich für eine Prozession geziemt, durchlebte ich noch einmal die Zeit, da ich die gleiche Reise gemacht hatte, auf jenem Kinderausflug mit Mardian und Olympos zu den Pyramiden. Sie würde ich jetzt diesem Manne zeigen, den ich liebte, würde sie ihm zeigen, erfüllt von Besitzerstolz.

Das königliche Schlafgemach war so groß und luxuriös wie das in Alexandria. Darin stand ein viereckiges Bett, mit Leopardenfellen bedeckt und ringsum mit feinsten Seidennetzen verhangen, um die Insekten fernzuhalten. Anderswo in der Kajüte standen Diwane mit Intarsien aus Elfenbein, vergoldete Fußschemel aus Ebenholz, Schalen mit Rosenblättern und Öllampen aus Alabaster. Hierhin zogen Cäsar und ich uns zurück, kurz nachdem die untergehende Sonne die breite Wasserstraße im Sterben rot gefärbt hatte. Wir sahen zu, wie der Abendnebel aus dem Schilf am Ufer aufstieg, und zogen dann den Seidenvorhang vor das viereckige Kabinenfenster.

»Meine Welt ist sehr klein zusammengeschrumpft und zu diesem Kristall des Luxus und der Freuden geworden«, sagte er, als er seine Sandalen abstreifte und sich auf dem Diwan ausstreckte.

»Ist das nicht die ganze Welt?« Ich ging zu ihm hinüber und setzte mich auf einen der Schemel. »Ist das Schlafgemach für Liebende nicht der Mittelpunkt der Welt?«

»Der Mittelpunkt ihrer Welt«, bestätigte er. »Aber wenn die Liebenden Cäsar und Kleopatra, Königin von Ägypten, heißen, dann reichen ihre Welten weit über diese Wände hinaus.«

»Du nennst mich Königin von Ägypten, aber dir selbst gibst du keinen Titel.« Ich versuchte es leichthin zu sagen, aber ich wußte, daß diese Unterlassung etwas zu bedeuten hatte. »Sicher gibt es doch viele, unter denen du wählen könntest. Ein paar hast du schon: Konsul und General. Eines bist du: Herr der römischen Welt. Und Amun.«

Er warf den Kopf in den Nacken und lachte. »Amun! O ja, ich habe einmal seine Gewänder getragen. Und dann ist ein Wunder geschehen.« Er lehnte sich herüber und legte mir eine Hand auf den Bauch. »Das muß der Gott getan haben.«

Ich bedeckte seine Hand mit der meinen. »Du weißt, daß er es getan hat.« Ich war sicher, daß es der erhabene Wunsch der Götter gewesen sein mußte, denn mit all seinen Frauen und Geliebten hatte er nur ein einziges Kind gezeugt, und das war mehr als dreißig Jahre her – vor meiner Geburt. So großzügig die Götter mit ihren Gaben auch in jeder anderen Hinsicht waren, das Geschenk der Nachkommenschaft hatten sie ihm versagt. Aber war das nicht ihre Art? Jemanden zum Herrn der Welt zu machen und ihm dann niemanden zu geben, dem er sie hinterlassen konnte? Alexander war es genauso ergangen.

»Wie werden wir ihn nennen?« Meine Frage war nicht müßig. Was würde der Name bedeuten? Würde Cäsar das Kind als seinen Erben anerkennen? Und was würde das bedeuten?

»Das kannst du entscheiden.« Cäsar nahm seine Hand weg und legte sie auf seine Brust.

»Willst du damit sagen, daß es für ihn – oder für sie – keine offizielle römische Anerkennung geben wird? Keinen Namen, in dem die Mitgliedschaft in einer Familie übertragen wird?«

Er machte ein gequältes Gesicht. »Es geht nicht anders. Du bist nicht meine Frau, und nach dem römischen Recht wird eine ausländische Heirat nicht anerkannt. Die Kinder aus einer solchen Verbindung haben keinen Status.«

Ich war fassungslos. War das der Eroberer, der Mann, der sämtliche römischen Gesetze in den Wind geschlagen hatte, der der Republik mit seinen Soldaten den Todesstoß versetzt und zugleich gezeigt hatte, was für ein impotenter Haufen der Senat war? »Das römische Recht?« fragte ich staunend. »Was bedeutet dir denn das römische Recht?«

Er machte ein erschrockenes Gesicht und setzte sich kerzengerade auf. Dann holte er ein paarmal tief Luft, als müsse er sich fassen. »Das ist ein Gedanke, den man nicht laut aussprechen sollte.«

»Es ist ein Gedanke, der in allen Köpfen zu Hause ist. Du hast die römische Welt in ihren Grundfesten erschüttert. Jetzt kannst du ihre Gesetze nach deinem Belieben neu schreiben.«

Er wandte sich langsam zu mir, nahm mein Gesicht zwischen beide Hände und küßte mich behutsam. »Ägypten, Ägypten, du bist sehr gefährlich«, murmelte er. »Wenn ich noch länger bleibe, bin ich verloren. Als General habe ich Rom verlassen, und ich kehre zurück als ...«

»Als König«, flüsterte ich. Er *sollte* König sein; alle Faten schrien danach.

»Als Amun, wollte ich sagen.« Er lächelte.

Und wie es sich für einen Eroberer gehörte, hob er mich auf und trug mich zum Bett; er schob die zart schwebenden Vorhänge beiseite und legte mich vorsichtig auf die Leopardenfelle. Kühl und glatt fühlten sie sich unter mir an, und ich machte es mir darauf bequem und wartete, daß er zu mir käme und mich an sich schmiegte. Wie hatte seine Berührung mir in den vergangenen Wochen gefehlt, als er entweder fort oder doch geistesabwesend gewesen war, während der Krieg ihn mit immer lastenderen Problemen in Anspruch genommen hatte! Betrübt hatte ich erkannt, daß ich ihn inzwischen genauso brauchte, wie ich den Schlaf, die frische Luft und den Duft der Blumen im

Wind brauchte. Seine bloße Anwesenheit war ein Glück für mich. So wie ich auch ohne Ruhe, ohne frische Luft, ohne Blumenduft existieren konnte – im Gefängnis –, so konnte ich auch ohne ihn existieren, aber seine Abwesenheit machte das Dasein zu einem Gefängnis, und wäre es noch so reich eingerichtet.

Wenn er mich liebte, war es immer, als habe er im Leben noch niemanden angerührt außer mir. Ich wußte, daß es nicht so war, und wenn ich zuließ, daß die Vorstellung in mir aufkam, wenn ich vor mir sah, wie er seine Erfahrung gewonnen hatte, dann durchfuhr mich die Eifersucht wie ein stechender Schmerz. Ich tröstete mich mit dem Gedanken, daß wir beide zusammen ein vollkommenes Ganzes bildeten: er meine erste Liebe, ich seine letzte. Auf diese Weise konnte ich es ertragen, an Pompeja zu denken, an Calpurnia und Servilia und Muscia und … immer wieder Cornelia, seine Jugendliebe.

Jetzt erfüllte Dunkelheit den Raum, als er die Lampen löschte, und ich hörte seine Schritte herankommen. Dann war er neben mir in der stillen, duftenden Nacht, und als er mich umfing und an sich drückte, da bebte ich in Erwartung der Freuden, die er für diese Nacht geplant hatte.

Geraume Zeit rührte er sich nicht, sondern lag ruhig atmend da; seine Brust hob und senkte sich beinahe im Takt mit den sanften Bewegungen des Wassers unter uns. Die Stille, die er in sich zu halten verstand, war machtvoll. Wo andere Männer unbeherrscht zupacken würden, da hielt er sich zurück. Allmählich beunruhigte es mich – war er etwa eingeschlafen? War er so tief in seinen eigenen Gedanken versunken, daß er schon wieder abwesend war? Gerade als meine eigenen Gedanken zu wandern begannen, fühlte ich, wie er sich rührte und mir zuwandte. Sein Arm langte herüber, berührte meinen Hals, und dann drehte er sich geschmeidig auf die Seite und stützte sich auf die andere Schulter.

Seine Hand – die nicht hart und schwielig war, wie ich es bei einem Soldaten erwartet hätte – liebkoste leicht meinen Hals, meine Wange, mein Ohr. Er fuhr mit den Fingerrücken über meine Haut, als brauche er nur die zartesten Konturen zu fühlen. Ich schloß die Augen und genoß jede dieser federleichten Berührungen; ich empfand sie sehr beruhigend und erregend zugleich. Ich fühlte mich wie eine kostbare Reliquie oder wie eine kunstvoll geschnittene Gemme, die ein Sammler ehrfürchtig betastete. Seine Berührungen wurden fester, als er sich die Flächen und Rundungen meines Gesichtes einzuprägen schien wie ein Blinder, der nur mit den Fingern sieht. Die ganze Zeit sagte er kein einziges Wort. Schließlich richtete er sich ein wenig weiter auf und küßte mich, und sein Kuß war ebenso leicht wie seine Berührungen zuvor. Er ließ eine solche Woge von Lust durch mich strömen, daß es mich schier entrückte; die leichte, lockende Verheißung weiterer Freuden entfachte ein ungeduldig feuriges Sehnen in mir.

Jetzt begann er meine Schultern zu berühren, meine Brüste, meinen Bauch – und all das mit der bedächtigen Langsamkeit, die zur Folter zu werden drohte.

Draußen vor den Fenstern hörte ich das leise Gurgeln des Nil, der flüssig und nachgiebig vorüberströmte. Ich fühlte, wie meine Beine sich auftaten wie die Blütenblätter jener schwimmenden Blumen auf dem Nil und sich um die seinen schlangen. Seine Beine waren lang und muskulös, und ich liebte es, sie zu spüren, so hart und glatt.

Ich hatte ein seidenes Gewand getragen, das die Farbe des alexandrinischen Himmels in der Abenddämmerung hatte; es war eines meiner kostbarsten Besitztümer, denn die Seide kam nicht von Kos, sondern aus einem fernen Land jenseits von Indien, und sie war durchscheinend wie der Nebel am frühen Morgen. Als ich mich nun an Cäsar schmiegte, schien es nur noch ein Schleier aus seidigem Dunst zu sein, ein Schimmer auf meiner Haut eher als ein bedeckendes Kleidungsstück. Ich hatte vergessen, daß es da war – obgleich keine natürliche Haut so glänzend und glatt sein kann –, bis er mit geschickten Fingern die Bänder aufschnürte und es ablöste.

»Die Schlange muß ihre Haut abstreifen«, sagte er. »Komm ganz neu zu mir.«

Und es war wirklich, als legte ich eine Haut ab – oder einen Teil meines früheren Wesens. Das Gewand glitt neben dem Bett auf den Boden, so leicht, daß es überhaupt kein Geräusch verursachte.

»Die Tunika muß folgen«, beharrte ich. Sie war ihm bereits von den Schultern geglitten, und seine Brust war nackt. »Sie ist hier nicht erwünscht.« Ich zog sie vollends herunter.

Die leichte Brise blähte die feinen Bettvorhänge ringsum.

»Die Auren des leichten, spielerischen Windes leisten uns Gesellschaft«, sagte ich.

»Die Auren sollen verschwinden«, sagte er. »Ich will keine Zeugen in unseren geheimsten Stunden.« Er stieß mit dem Fuß gegen einen der Vorhänge, und der Wind ließ ihn los.

»Selbst die Götter gehorchen dir also.«

»Manchmal.« Er nahm mich in die Arme. Aber er hatte es anscheinend nicht besonders eilig, den Rest zu tun. Er wurde langsamer, als ich mir Eile wünschte, und bis zum heutigen Tage bin ich froh darüber, denn weil es sich so lange hinzog, erinnere ich mich noch an jede Einzelheit; bei jedem Schritt war ich wie eine Verdurstende, die einen halben Becher Wasser bekam, so daß kein Trank auf der Welt kühler oder köstlicher hätte sein können als dieser. Und am Ende enttäuschte er mich nicht.

»So, wie die Eroberung Galliens am Ende die neun Jahre wert war, die sie dauerte«, sagte er. »Ich habe gelernt, daß es Gelegenheiten gibt, die Schnelligkeit erfordern, und dann wiederum solche, da man die Zeit lang dehnen muß.«

Ich seufzte; ich konnte noch kaum sprechen. Schließlich sagte ich: »Die Lust sollte man immer dehnen, den Schmerz aber abkürzen.«

»Aber ganz gleich, wie sie im Leben sein mögen – in der Erinnerung, scheint mir, ordnen sie sich immer auf die umgekehrte Weise. Alle Freuden erscheinen einem da verkürzt, gehetzt und flüchtig, jeder Schmerz aber lang anhaltend.« Er stützte sich auf einen Ellenbogen, und ich fühlte, daß er mich im Dunkeln anschaute. »Aber ich schwöre dir, ich werde diese Tage niemals vergessen. Mag sein, daß meine Erinnerung sie verkürzen wird, aber auslöschen kann sie sie nie.«

Ich hatte das Gefühl, daß ein tiefer, dunkler Schatten über uns hinwegzog. »Wie düster du redest«, sagte ich. »Warum? Habe ich dich traurig gemacht?« Beunruhigt sprang ich aus dem Bett und tastete nach einer der Lampen, um Licht zu machen. »Wir brauchen ein wenig Kräuterwein, damit wir wieder fröhlich werden.« Es gelang mir, die Lampe anzuzünden, und kraftlos blakend erwachte sie zum Leben. Ich schaute mich nach ihm um; er lag ausgestreckt zwischen den Laken und hatte sich eines über die Schulter gezogen. Die Bettvorhänge umrahmten ihn.

Im matten Flackerschein sah er aus wie eine bronzene Statue, und einen Augenblick lang ließ sein ernster Gesichtsausdruck mich glauben, er habe sich vielleicht in eine verwandelt. Da aber lachte er und streckte die Hand aus, um den Kräuterwein entgegenzunehmen, den ich aus einer edelsteinbesetzten Goldkaraffe in einen Onyxbecher goß.

Die königliche Barke pflügte sich den Nil hinauf, und aus dem Schatten unseres Pavillons auf dem Oberdeck beobachteten wir, wie die Landschaft vorüberglitt – die stachligen Wipfel der Palmen, die flachen Dächer der Lehmziegelhäuser, knarrende Wasserräder und leuchtend grüne Felder. Unsere Segel blähten sich und knatterten; die Menschen in jedem Dorf bemerkten sie und hasteten zur Uferböschung, um uns vorüberfahren zu sehen.

»Das reichste Land der Welt«, sagte Cäsar und beschirmte seine Augen vor dem hellen Licht. »Meile um Meile von strahlendem Grün, das genug Getreide hervorbringt, um den Rest der Welt zu ernähren.« War es Staunen, was ich in seinem Tonfall spürte – oder Gier? Wieder fühlte ich leise Angst. »Italien sieht damit verglichen unfruchtbar aus mit seinen steinigen Hügeln und den kleinen, struppigen Pinien. Und Griechenland – ein kahler Felsengrund, das ist Griechenland, und weiter nichts. Kein Wunder, daß die Griechen fortziehen und im Ausland leben müssen.«

»Oh, aber Ägypten ist nur am Nilufer grün. Warte, bis du die Wüste siehst. Ägypten besteht fast nur aus Wüste«, versicherte ich ihm.

»Ein endloses Band der Fruchtbarkeit.« Cäsar schien mich gar nicht gehört zu haben. »Ein sechshundert Meilen langer Garten.«

»Morgen werden wir bei den Pyramiden sein«, sagte ich. »Und ich zeige dir die Sphinx.«

»Die Sphinx hast du mir schon gezeigt«, sagte er. »Du bist die Sphinx.«

»Ich bin kein Rätsel! Und ich bin nicht unergründlich!« widersprach ich.

»Weiß die Sphinx, daß sie ist, was sie ist? Du bist rätselhafter, als du ahnst. Ich weiß weniger von dir als von irgendeinem anderen Menschen, mit dem ich so viele Stunden verbracht habe.«

»Aber ich sage dir, ich bin kein Geheimnis!«

»Niemand ist sich selbst ein Geheimnis«, sagte Cäsar. »Aber was du wirklich willst, was du wirklich bist – das bleibt mir bei dir schleierhaft.«

Es war doch so einfach! Wie konnte er so etwas sagen? Ich wollte bei ihm sein, wollte von ihm geliebt werden, wollte mit ihm zusammen einen Bund eingehen – ja, was für einen? Einen politischen? Einen militärischen? Einen Ehebund? O Isis, in diesem Augenblick wurde mir klar, daß ich nicht sicher war, was ich wirklich wollte – oder, besser gesagt, daß das, was ich wollte, womöglich etwas gänzlich Neues war: ein neues Bündnis, ein neues Land vielleicht, geformt aus Ost und West, wie es Alexander vorgeschwebt hatte. Aber diese Vision war mit ihm gestorben, wie immer sie ausgesehen haben mochte. Und wenn sie wiedergeboren werden sollte, müßte sie für unsere Welt neu geformt werden, denn wir lebten dreihundert Jahre später.

»Du siehst so ernst aus«, sagte er. »Woran denkst du?«

»An Alexander …«

»Seltsam. Ich denke auch an ihn. Es muß an diesem Lande liegen. Ägypten hat etwas an sich, das Visionen von Alexander hervorbringt. Hier ging er zum Orakel und erfuhr, daß er der Sohn Amuns war.«

»Während du Amun *bist*.« Ich lachte.

Er lachte auch. »Dann bin ich Alexanders Vater.«

»Nein … Aber das Kind, dessen Vater du bist, ist vielleicht … Es könnte …«

Rasch legte er mir einen Finger auf den Mund und unterbrach mich mitten im Satz. »Nein! Nichts davon! Willst du den Zorn der neidischen Götter heraufbeschwören? Nein!« Er sah zornig aus. »Ich war an Alexanders Grab, bevor wir abreisten«, sagte er. »Ich wollte ihn sehen. Vor langer Zeit, als ich in Spanien war und gerade vierzig Jahre alt, da sah ich einmal eine Statue von Alexander, und mir wurde klar, daß er vierzig Jahre nach seiner Geburt schon sieben Jahre tot war! Er hatte die bekannte Welt erobert und war gestorben, und da stand ich, sieben Jahre älter, und hatte noch nichts erreicht. Das veränderte mich. Als ich mich von der Statue abwandte, war ich ein anderer Mensch. Und diesmal nun näherte ich mich dem Manne selbst, wie er dalag, ganz umhüllt von seiner goldenen Rüstung, den Schild an seiner Seite, starr im Tode und zornig darüber – ich sah die Wut in seinem Gesicht –, und ich konnte sagen: ›Seit jenem Tag in Spanien habe ich all das getan, was ich mir vorgenommen habe, bis auf eines: Ich habe deine Eroberungen nicht vollendet.‹« Er sah mich an, und in seinem Blick lag leise Verwunderung darüber, daß er dies laut ausgesprochen hatte.

»Ja?« ermunterte ich ihn. »Sag es. Sag, was du noch willst.«

»Ich will die Parther besiegen. Und danach Indien.«

Die Luft war still. Die Worte schwebten zwischen uns.

»O Isis!« hauchte ich.

»Es kann geschehen«, sagte er. »Möglich ist es.«

Aber … *Du bist zweiundfünfzig Jahre alt, die Überreste der Armee des Pompejus sind immer noch auf freiem Fuß, Rom wimmelt von deinen politischen Feinden, du hast zuwenig Geld für ein solches Unternehmen … Ägypten …* So ging es mir durch den Kopf. Das Reich Alexanders, neubelebt und vergrößert …

»Auch ich habe schon Trost am Grab meines Ahnen Alexander gesucht«, sagte ich vorsichtig. »Sein Blut fließt in meinen Adern. Und in denen unseres Kindes«, erinnerte ich ihn. »Aber seine Träume können gefährlich sein – Wüstendämonen, die uns ins Verderben locken.«

»Nein. Als Alexander in die Wüste hinauszog, *fand* er seinen Traum«, widersprach Cäsar starrsinnig. »Und wenn Träume und Verderben miteinander verflochten sind – ich wäre nicht fähig, den Traum aufzugeben, weil ich das Verderben fürchtete.«

Mich schauderte, und ich suchte den Horizont nach den Spitzen der Pyramiden ab, der einzigen Monumente, die dem Verderben getrotzt hatten. Ihre Erbauer hatten es nicht – ihre Geschichten haben wir vergessen, wenn auch nicht ihre Namen, und Räuber haben sich mit ihren Schätzen davongemacht und die Mumien geschändet.

Der Abend dämmerte, als wir sie erblickten, winzigen Nadelspitzen gleich, die Gipfel der Pyramiden, in weiter Ferne über den grünen Ufern des Nil. Und als die Sonne im Untergehen flüchtig die Steine berührte, erglühten sie.

»Schau!« sagte ich zu Cäsar. »Da stehen sie!«

Er stand auf, um besser sehen zu können, und lange stand er an der Reling und hielt Ausschau, während der Tag in der Nacht versank.

Beim ersten Schimmer des Morgengrauens setzten wir die Segel, und als blaßgelbes Gold über den Himmel kroch, sahen wir die Pyramiden höher aufragen. Als wir dort anlegten und sie einen Teil des Himmels ausfüllten, war Cäsar verstummt. Er stand da und starrte sie an. Dann machte er sich auf den

Weg und ging mit schnellen Schritten über den Steindamm auf sie zu. Ich folgte ihm in meiner Sänfte; ich hätte ohnehin nicht so schnell gehen können wie er, aber jetzt kam es überhaupt nicht in Frage.

Im Geiste beschwor ich die Gestalten der alten Priester herauf, die den Bestattungsschlitten des Pharaos begleitet hatten; langsam und mit wiegendem Schritt mußten sie gegangen sein, singend und von Weihrauchwolken umhüllt. Jetzt ging dort ein einzelner Römer an ihrer Stelle, und sein leuchtender Mantel flatterte im Wind.

Am Fuße der Pyramide stieg ich aus der Sänfte und trat neben ihn. Er schwieg immer noch. Um die Spitze zu sehen, mußte er den Kopf weit in den Nacken legen. Ich schob meine Hand in die seine und drückte sie.

Er blieb so lange dort stehen, daß ich annahm, ein Zauberbann müsse ihn erfaßt haben. Endlich rührte er sich und begann, unten um die Pyramide herumzugehen. Die Träger brachten rasch meine Sänfte herbei, und ich folgte ihm schwankend auf dem rauhen, steinigen Untergrund. Cäsar ging uns immer weiter voraus; nie habe ich jemanden schneller gehen sehen, ohne zu rennen. Es war, als wolle er uns hinter sich lassen und den Pyramiden allein entgegentreten. Ich ließ meine Träger anhalten und befahl ihnen, mich statt dessen zur Sphinx zu bringen. Ich wußte, daß er dorthin kommen würde, wenn er von der Pyramide genug hätte. Und ich wußte auch, daß er nicht kommen würde, solange er nicht dazu bereit war.

Man errichtete einen Pavillon, der mich vor der Sonne schützen sollte, während ich wartete. Die Sonne war in den Himmel hinaufgekrochen, und der wunderbare Schatten der Sphinx schrumpfte allmählich. Ich betrachtete das melancholische Gesicht des Wesens. Wären wir im Morgengrauen hiergewesen, so hätten wir ihr Gesicht im Schein der ersten Sonnenstrahlen gesehen, die noch rosig und sanft sind, denn sie schaut nach Osten. So grüßt sie den aufsteigenden Re seit …, seit wie vielen Jahren? Niemand weiß es. Wir glauben, daß sie das Älteste ist, was es auf der Welt gibt. Wer hat sie gebaut? Wir wissen es nicht. Warum? Wir wissen es nicht. Soll sie die Pyramiden bewachen? Wurden die Pyramiden hier errichtet, damit sie unter ihrem Schutz ständen? Ein Geheimnis. Der Sand bedeckt ihre Pranken, und alle paar hundert Jahre wird er fortgeschaufelt. Dann weht der Wüstenwind ihn wieder heran, und sie versinkt in seinem weichen goldenen Bett. Sie ruht, aber sie schläft nicht.

Cäsar kam um die Ecke, unvermittelt wie ein Donnerschlag. Eilig kam er zu mir. Er wirkte erregt; seine Wanderung hatte ihn anscheinend nicht ermüdet, sondern im Gegenteil belebt. »Komm!« Er zerrte an meiner Hand, und taumelnd kam ich von meinem Faltstuhl hoch.

Die Sonne prallte mir heiß auf den Kopf, daß mir davon schwindlig wurde.

Ich entwand ihm meine Hand. »Langsamer, bitte! Es ist zu heiß für diese Hast, und der Sand hier ist tückisch.«

Erst jetzt schien er aus seiner Entrückung zu erwachen. »Natürlich«, sagte er. »Verzeih mir.« Zusammen gingen wir in geruhsamerem Schritt zur Sphinx. Ihre ehemals lohbraune Farbe hatte sich in der Mittagssonne in hartes Weiß verwandelt, und nirgends in ihren Zügen fand sich ein Schatten des Erbarmens.

»Die Lippen«, sagte Cäsar schließlich. »Sie sind länger als ein liegender Mann. Die Ohren – größer als ein Baum!«

»Sie ist mächtig«, flüsterte ich. »Sie wird Ägypten bewahren, wie sie es schon vor Menschengedenken getan hat.«

»Aber sie wurde von Menschen geschaffen«, sagte Cäsar. »Das dürfen wir nicht vergessen. Auch die Pyramiden wurden geschaffen, Block für Block, von Menschenhand.«

»Weiter nilaufwärts wirst du noch andere Wunderwerke sehen«, erklärte ich. »Tempel mit Säulen, die so dick und hoch sind, daß man sich nicht vorstellen kann, wie Menschen sie aufgerichtet haben sollen.«

»Aber wir wissen, daß sie es getan haben«, sagte er. »Es gibt keine Mysterien, nichts, was in sich nicht gewußt werden kann, meine Liebste. Es gibt nur Dinge, die wir noch nicht verstehen.«

Aus dem Schatten des Pavillons schauten wir zu, wie der Tag um die Monumente herumzog. Am Mittag wurde die Hitze sehr stark; ich spürte, daß das Sonnenlicht versuchte, durch die Spalten zwischen den Planen zu dringen, und wie mit eifrigen Fingern nach einer Öffnung tastete. Die Pyramiden und die Sphinx strahlten weiße Glut aus, gleißend wie eine Fata Morgana vor dem reinen Blau des Himmels.

Cäsar betrachtete das alles zurückgelehnt; er trank ein wenig Wein und ließ sich von einem Diener mit den kleinen, messinggefaßten Militärfächern Kühlung zufächeln. Die stille, überhitzte Luft war damit kaum in Bewegung zu bringen.

»Du solltest einen von meinen benutzen«, sagte ich. Meine Bedienten hielten Fächer aus Straußenfedern bereit, halbkreisförmig und breit; damit ließen sich Wellen von Luft in alle Richtungen schicken.

»Niemals«, sagte er. »Schon der Anblick ist dekadent. Wer würde einen solchen Fächer benutzen?«

»Leute, denen es heiß ist«, entgegnete ich. »Wenn wir den Nil hinauffahren, tiefer und tiefer nach Afrika hinein, wo die Hitze immer heftiger wird, da wirst du um einen von diesen Fächern betteln; darauf wette ich!«

»Du weißt, wie gern ich wette. Ich bin ein Spieler. Die Wette gilt!«

»Was gibst du mir, wenn ich gewinne?«

Er überlegte kurz. »Ich werde dich heiraten – nach ägyptischem Ritus«, sagte er schließlich. »Du wirst meine Frau sein – überall, nur nicht in Rom. Den ...«

»Ja, ich weiß schon. Die römischen Gesetze erkennen Ehen mit Ausländern nicht an.«

Aber Gesetze wurden von Menschen gemacht, und das einzige Menschenwerk, das sich bisher als unwandelbar erwiesen hatte, waren die Pyramiden.

Die Hitze ließ nach, ich fühlte, wie sie ihren Griff lockerte. Die Farben draußen begannen sich zu ändern; das harte Weiß verschwand, und ein Honigton legte sich auf den Kalkstein und milderte sich nach und nach zu einem tiefen Bernsteingelb, so lieblich, daß Gold daneben grell ausgesehen hätte. Der Himmel hinter den Monumenten hatte ein zartes Blauviolett angenommen, und purpurrote Wolken streckten sich wie lange Finger der untergehenden Sonne entgegen, um sie daheim willkommen zu heißen. Die Sonne würde hinter den Pyramiden untergehen und sie noch eine Weile von hinten beleuchten.

Der Geruch von sich abkühlendem heißem Stein kam im Abendwind heran, der jetzt auflebte. Bald würde es dunkel sein; wir mußten zurück zum Schiff.

»Komm«, sagte ich und stand auf.

»Nein, ich will noch bleiben«, erwiderte Cäsar. »Nachts fahren wir sowieso nicht. Wir haben beinahe Vollmond. Warum die Eile?«

Weil ... weil die Wüste sich nachts verändert, dachte ich.

»Du hast doch keine Angst?« fragte er leise.

»Nein.« Das mußte ich sagen. Und es war auch weniger Angst als Unbehagen. Ich wollte nicht so nah bei den Monumenten der Toten liegen, bei einer Stadt der Toten. Diese Seite des Nils wurde traditionell von den Lebenden verlassen, wenn die Sonne am Abend unter der Erde verschwunden war.

Man hatte den Pavillon für uns vergrößert und in ein richtiges Zelt verwandelt. Jetzt konnten wir uns hinlegen und ausstrecken, und es waren Kissen und Erfrischungen zur Hand. Aber nachdem die Diener für alles gesorgt hatten, befahl Cäsar ihnen, sich zurückzuziehen. Wir wollten vollkommen allein sein.

»Denn das sind wir noch nie gewesen«, sagte er. »Man gewöhnt sich daran, immer in Gesellschaft anderer zu sein, aber es färbt alles ein.«

Cäsar ganz für mich? Mit Cäsar allein! Wie viele Menschen hätten einen exorbitanten Preis dafür gezahlt, an meiner Stelle zu sein! Petitionen hätten sie für ihn gehabt, Anträge, Bestechungsgelder ... vielleicht aber auch Gift oder einen Dolch. Er mußte mir vorbehaltlos vertrauen.

Ich wünschte mir nur eins von ihm: Die Stunden zwischen uns sollten sich für eine Weile ununterbrochen hinziehen.

In der Wüste wird es rasch dunkel. Die Dämmerung ist nur kurz. Gerade waren Pyramiden und Sphinx noch rund und ganz und verströmten gleichsam ein eigenes Licht, als hätten sie es während des langen Tages in sich gespeichert, und im nächsten Augenblick verblaßten sie vor dem Himmel.

»Aber der Mond geht auf«, sagte Cäsar. »Bald wird es wieder hell genug sein.«

Ein gigantischer, geschwollener Mond mühte sich über den Horizont. Sein Antlitz war noch fahl und traumfarben. Er würde die Wolken abstreifen, die an ihm hingen, und dann kleiner und zugleich immer heller werden.

Der Sand war blauweiß und der Mond so hell, daß wir unsere Handlinien und die Fasern in den Leinen, die das Zelt hielten, sehen konnten. Scharfkantig standen die Pyramiden da und warfen riesige Schatten über den Sand hinter ihnen. Die Augen der Sphinx waren leere schwarze Höhlen.

Es war überraschend kühl geworden; wir zogen die Mäntel fester um unsere Schultern. Nicht allzuweit entfernt hörte ich ein Rudel Hyänen heulen.

Ich hatte gedacht, wir würden reden, würden endlich von all dem sprechen, was in uns war. Statt dessen aber herrschte Schweigen. Es muß nach Mitternacht gewesen sein, als Cäsar schließlich sagte: »Jetzt habe ich sechs der sieben Weltwunder gesehen.«

An wie vielen Orten er schon gewesen war! Ich war noch nirgends gewesen, hatte außer Ägypten noch nichts gesehen. »Erzähle mir von ihnen«, sagte ich.

»Den Leuchtturm von Alexandria brauche ich nicht zu beschreiben«, sagte er. »Die andern nur kurz: Der Koloß von Rhodos ist umgestürzt, aber man sieht die bronzenen Trümmer noch. Der große Tempel der Artemis in Ephesos ist so gewaltig, daß man sich darin verirren kann, und Zeus kann ich mir nie anders vorstellen als in Gestalt der Statue von Olympia. Aber das eine Weltwunder, das ich noch nicht gesehen habe, werde ich selbst erobern – das habe ich mir vorgenommen: die Hängenden Gärten von Babylon.«

»Gibt es sie denn überhaupt?« fragte ich. »Hat sie in den letzten Jahrhunderten irgend jemand gesehen?«

»Alexander hat sie gesehen.«

»Immer wieder Alexander.«

»Er ist in Babylon gestorben. Vielleicht waren sie das letzte, was er sah, dort vor seinem Fenster. Wie dem auch sei, ich gedenke Parthien zu erobern, und wenn ich Babylon eingenommen habe, wird dies mein Lohn sein: Ich werde den heiligen Ort besuchen, an dem Alexander starb, und ich werde die Hängenden Gärten sehen.«

»Vertraust du mir so sehr, daß du mir deine Absichten offenbaren kannst? Hast du einen Plan für diese Eroberung, oder ist er noch ungeformt?«

»Komm.« Er zog mich von den Kissen hoch. »Laß uns draußen spazierengehen.« Sorgfältig zog er mir den warmen Mantel um die Schultern zurecht.

Ich mußte blinzeln, so hell schien der Mond. Alles in seinem Licht sah verändert aus – scharf und kalt und hart vor dem tintenschwarzen Himmel.

»Seit meiner Landung in Ägypten bin ich von der Außenwelt abgeschnitten«, erklärte er. »Tatsächlich sollte ich längst auf dem Rückweg nach Rom sein. Ich verweile nur, weil ...« Er schüttelte den Kopf. »Anscheinend stehe ich unter einem Bann.« Als ich lachte, sagte er: »Wenn du mich besser kennen würdest, wüßtest du, wie wenig es meiner Art entspricht, so zu trödeln. Die Arbeit ruft. Die Pflicht ruft. Aber hier bin ich – nachts in der Wüste, mit der Königin von Ägypten, fern von Rom, und jeden Tag reise ich tiefer und tiefer nach Afrika hinein. Dafür werde ich mich vor meinen Feinden verantworten müssen, und die werden daraus zweifellos großen Nutzen zu schlagen wissen.«

»Dann solltest auch du das Beste daraus machen«, sagte ich. »Ich hoffe nur, daß diese Bauwerke es wert sind.«

Ich wartete darauf, daß er sagte: *Es sind nicht nur die Bauwerke*. Aber er grunzte nur.

Ich fühlte, wie er stockte, taumelte. Er kippte vornüber, fiel steif auf die Knie, schlug dann der Länge nach hin und machte ein würgendes Geräusch. Das alles ging so schnell, daß ich keine Gelegenheit fand, etwas zu sagen oder zu tun. Er lag auf dem Boden, und seine Gliedmaßen zuckten und verkrampften sich, als leide er qualvolle Schmerzen. Dabei blieb er stumm, von diesem ersten Grunzen abgesehen.

In Panik fiel ich neben ihm auf die Knie. Was war geschehen? Hatte jemand hinter einem Felsen gelauert und einen Dolch geworfen? Oder hatte ein heimlicher Feind ihn vergiftet, der Zugang zu seinen Speisen hatte?

Mit aller Kraft stemmte ich mich gegen seine Schulter und drehte ihn um. Er war jetzt schlaff wie ein – wie ein Toter. Sein Gesicht war vom Hinfallen mit Sand bedeckt. Mein Herz schlug so schnell, daß ich kaum denken konnte. Ich war verwirrt. Erst als ich ihm die Hand auf die Brust legte, fühlte ich, daß er noch atmete.

»O ihr Götter!« rief ich. »Rettet ihn, rettet ihn! Was habt ihr mit ihm gemacht?« Ich heulte wie eine der Hyänen. Er konnte nicht sterben, er konnte nicht, er konnte mich nicht verlassen. Es war unmöglich, daß Cäsar so leicht, so plötzlich sterben sollte.

Er stöhnte und rührte sich. Ich spürte, wie seine kraftlosen Glieder sich wieder mit Leben füllten. Sein Atem ging rauh und angespannt. Ich wischte ihm den Sand von Lippen und Nase; ich wußte nicht, was ich sonst tun sollte – eine unnütze kleine Geste. Immer wieder wischte ich den Sand ab, wischte ihm die Stirn sauber, blies ihm die Ohren aus.

Endlich öffnete er den Mund und wisperte: »Jetzt weißt du es also.«

»Was weiß ich?«

»Daß ich … Ich habe … die Fallsucht.« Mühsam versuchte er sich aufzurichten, aber seine Arme wollten ihm noch nicht gehorchen. »Sie hat mich … in diesem letzten Jahr befallen. Ich weiß nie … wann es geschieht. Ich sehe einen Lichtblitz, höre Geräusche – und dann bin ich kraftlos und falle.«

»Ist irgend etwas … zu sehen in diesen Lichtblitzen?«

»Ob die Götter zu mir sprechen, meinst du? Nein. Oder wenn sie es doch tun, lassen sie mir so wenig Zeit, sie zu hören, bevor ich das Bewußtsein verliere, daß ich beim Aufwachen … nicht mehr weiß als zuvor.« Er konnte nicht weitersprechen; der kleine Vorrat seiner Kräfte war aufgebraucht. Er versank auf der Stelle in einen tiefen Schlaf. Mir blieb nichts anderes übrig, als bei ihm zu bleiben in dieser trostlosen silbrigen Wüste, wo der Mond auf den gefallenen General herniederstarrte. Ich legte meinen Mantel ab und deckte ihn damit zu; dann fror ich selbst, und ich kroch zu ihm und schmiegte mich fröstelnd an seine Seite.

Es war noch dunkel, und der Mond war hinter die Pyramiden gezogen und hatte sie in große schwarze Dreiecke verwandelt, als Cäsar sich regte und plötzlich von einem wütenden Schüttelfrost überkommen wurde. Zitternd fuhr er hoch, und ich bekam Angst. Was war das? Ein zweiter, noch wilderer Anfall? Ich warf mich auf ihn und versuchte, das Zittern zu ersticken.

»Ich friere«, murmelte er. »Wo bin ich?« Er spähte zum Nachthimmel hinauf, der von Sternen übersät war. Dann drehte er sich um und tastete nach den Steinen, die sich ihm in den Rücken gebohrt hatten.

Er erinnerte sich an nichts! begriff ich erstaunt. Aber er schien wieder er selbst zu sein.

»Du warst … krank«, sagte ich. »Du mußtest hier ausruhen. Komm – kannst du jetzt gehen? Im Zelt haben wir eine Matratze; das ist bequemer als dieser unnachgiebige Boden.«

Langsam richtete er sich auf und kam dann auf die Beine. Seine Knie zitterten. Er setzte einen Fuß vor den anderen und kehrte steif zurück zum Zelt.

Drinnen kroch er auf die Matratze und war gleich wieder eingeschlafen. Ich hörte ihn leise atmen, und jeder Atemzug war wie ein Wunder.

Ich sah, wie die harten Schatten draußen länger und länger wurden und dann verblaßten, als der Himmel heller wurde. Ich hatte überhaupt nicht geschlafen.

Die Sonne war aufgegangen. Jeden Augenblick würden die Diener kommen, um uns abzuholen. Ich wagte nicht, ihn vor der Zeit zu wecken, aber ich wollte auch nicht, daß jemand ihn so sah und gleich wußte, was geschehen war. Bleibt noch fort! flehte ich in Gedanken. Aber ich wußte, daß der Kapitän früh die Segel würde setzen wollen.

Meine Gedanken mußten eine ganz eigene Kraft gehabt haben, denn Cäsar erwachte. Das helle Licht, das ins Zelt hereinstrahlte, ließ ihn leicht zusammenzucken, und er beschirmte sich die Augen. Er stöhnte wie einer, der zuviel getrunken hat, aber das war alles.

»Ich fühle mich schrecklich«, sagte er schlicht. »Es tut mir leid, daß du das miterleben mußtest.«

»Wer eignete sich besser als ich?« fragte ich. »Aber ich hatte Angst – ich hatte ja nicht damit gerechnet, und ich wußte nicht, was ich tun sollte.«

»Man kann nichts tun«, sagte er, und es klang halb angewidert, halb resigniert. »Eines Tages werde ich mit dem Kopf auf einen Stein oder eine Bronzestatue schlagen, und das wird das Ende sein. Der Wüstensand ist nachgiebiger als Marmor oder Metall. Diesmal hatte ich Glück.«

»Ist es je schon einmal während … während einer Schlacht geschehen?« Es war ein schreckliches Leiden für einen Soldaten.

»Nein, noch nicht.« Er schüttelte den Kopf. »Ich muß die Spuren beseitigen, ehe jemand kommt. Haben wir Wasser?«

Ich holte den Krug und goß etwas in eine Schüssel. »Hier … Laß dir helfen.« Ich wusch ihm den Sand ab, und blaue Flecken und Schrammen traten darunter zutage. »Wir müssen so tun, als hätten wir uns geprügelt«, sagte ich leichthin.

»Ich grüße euch, großmächtige Herrscher!« ließ sich eine fröhliche Stimme draußen vor dem Zelt hören.

Er war still an diesem Tag, aber die einzige Veränderung, die jemand an ihm hätte bemerken können, bestand darin, daß er mehr als sonst auf seinem Platz im Schatten des Pavillons saß und die Reise verfolgte, statt wie sonst an der Reling zu stehen. Einmal drehte er sich an diesem Tag zu mir um und schaute mich so forschend an, daß ich wußte, seine Erinnerung war zurückgekehrt, und er war dankbar für das, was ich getan hatte, um ihm zu helfen. Ich war froh, daß er sich erinnerte. Jetzt würde er verstehen, wie ich ihn liebte.

Wir brauchten zwanzig Tage, um den Fluß hinauf bis Theben zu segeln. Auf der ganzen Strecke säumten die Menschen die Uferböschungen und reckten die Hälse, um einen Blick auf diese neuzeitlichen Pharaonen zu werfen, die da in majestätischem Prunk dahergesegelt kamen, gefolgt von einer großen

Bootsflottille. Der Wind hob unsere Mäntel, und wir dankten mit königlichem Winken für die Grüße der Zuschauer. Cäsar war wieder ganz genesen, und er sog das alles in sich hinein: den Jubel und die Sehnsucht der Menschen nach einem Gott. *Isis!* riefen sie mir zu, als wir vorüberglitten. *Amun!* begrüßten sie ihn, und er ließ es geschehen.

Nach fünfunddreißig Tagen erreichten wir den Ersten Katarakt des Nils: Assuan, das Ziel unserer Reise. Hier war es unmöglich, die gewaltige Barke über Land zu schleppen, um den tückischen Felsen im Flußlauf zu umgehen, und so mußten wir haltmachen. Cäsar hatte Ägypten von Norden bis Süden gesehen. Aber seine Soldaten zeigten immer mehr Unruhe und Unbehagen auf dieser Reise, die auf dieser scheinbar endlosen Wasserstraße weiter und immer weiter nach Süden geführt hatte, ins Herz von Afrika. Es wurde heißer und heißer, und eines Nachmittags, als die Sonnenstrahlen besonders glühend brannten, winkte Cäsar einen Diener heran und ließ sich mit dem Straußenfederfächer Kühlung zuwedeln.

»Ich gebe auf«, sagte er lächelnd. »Ich kapituliere. Ich muß zugeben: Hier in deinem Land, bei deinem Wetter, sind eure Fächer den unseren überlegen.«

Dachte er noch an seine Wette? Sollte ich ihn daran erinnern? Aber diese Sache sollte ihm mehr bedeuten als eine bloße Wette.

»Bringe mich zum Tempel von Philae«, sagte er. »Ein Priester soll sich bereithalten.«

Und so betrat ich zum ersten Mal den Tempel, der mir bald mehr bedeuten sollte als jeder andere. Dein Haus, o Isis, in jenem Inselheiligtum, wo die frömmsten Riten vollzogen werden und wo die Pilger aus ganz Ägypten und Nubien kommen, um Dich anzubeten. Ich hatte schon gehört, daß es schön war, aber auf diese weiße, elfenbeinfarbene Reinheit war ich nicht vorbereitet, und auch nicht auf die vollkommenen Proportionen von Marmor und anmutigen Steinmetzarbeiten. Gegenüber auf der Schwesterinsel steht der Tempel des Osiris, und wie ein getreues Eheweib unternimmst Du alle zehn Tage in Gestalt einer Statue die Reise über die Wellen, um ihn zu besuchen. Gäbe es einen passenderen Ort für eine Hochzeit als den Platz zu Deinen Füßen? Deine goldüberzogene Statue wachte über uns, als Cäsar meine Hand nahm und die Worte sprach, die nach den Riten der Isis den Ehebund schlossen. Der Priester sprach sie ihm vor, und er wiederholte sie leise in ägyptischer Sprache.

Und nachher sagte er: »Ich habe nicht die leiseste Ahnung, was ich da versprochen habe.«

»Du hast versprochen, dich in der Ehe an mich zu binden, und zwar bei deiner Ehre vor Isis.«

»Nun gut«, sagte er gelassen. »Cäsar hält immer, was er verspricht.«

Ich empfand Enttäuschung und Kränkung wie einen Stich; er benahm sich, als habe er soeben auf dem Markt eine Handvoll Datteln gekauft und als sei es ihm gleich, ob sie nun eßbar waren oder nicht. Es war ein Spiel für ihn: etwas, das er tat, um ein Kind zufriedenzustellen. Aber er hatte das Ehegelöbnis abgelegt, und es waren Zeugen dabeigewesen.

Als wir nach Alexandria zurückfuhren, wurde es in Theben und in Memphis formell bekanntgegeben: Der Gott Amun, in seiner Verkörperung durch Julius Cäsar, und die Göttin Isis, seine Gemahlin, verkörpert durch die Königin Kleopatra, würden ein königliches, göttliches Kind zur Welt bringen. Es mußte bekanntgegeben werden, da meine Schwangerschaft inzwischen offenkundig war. In Hermonthis begann man mit dem Bau eines Geburtshauses zum Gedenken an den königlichen Sproß und zur Klarstellung seiner Abkunft: Amuns Gesicht war ein genaues Abbild Cäsars.

Es schien ihn zu erheitern, ja zu freuen. Aber jetzt, da er mein »Gemahl« war, fühlte ich mich ihm ferner als vorher. Es war, als habe die Zeremonie uns getrennt, statt uns zu einen, und wir gingen jetzt unbeholfen miteinander um. Ich glaube, es lag daran, daß keiner von uns beiden ganz genau wußte, was es bedeutete, und daß jeder Angst hatte, den anderen zu fragen. Ich wollte nicht hören, wie er sagte: *Ich habe es zum Spaß getan, weil ich die Wette verloren hatte*, und er wollte von mir nicht hören: *Jetzt mußt du es auch in Rom bekanntmachen und dich von Calpurnia scheiden lassen*. Solange keiner von uns beiden darüber sprach, konnten wir weiterleben wie zuvor.

Vergebens sehnte ich mich auf der Heimreise danach, daß er mir sagte, er liebe mich und betrachte mich in irgendeiner Weise als seine Frau. Er war fröhlich, unterhaltsam, unbeschwert. Er war ein leidenschaftlicher Liebhaber, ein aufmerksamer Zuhörer. Aber niemals spielte er auf die kurze Zeremonie in Philae an, und ich wagte nicht, es zu tun. Und das Schiff näherte sich Alexandria.

# 15

In Memphis machten wir halt; die Schiffe ankerten im Wasser gegenüber den weißen Mauern der Stadt und den Maulbeerfeigenhainen, die ihren flachen Schatten auf die Prozessionsstraße warfen. Als wir näher kamen und ich die Stufenpyramide von Saqqara aufragen sah, übermannte mich die Niedergeschlagenheit. Wir kehrten zurück in die Welt von Politik, Handel, Kriegen und Bündnissen und ließen das Reich von Göttern, Tempeln und Mysterien hinter uns. Nur einmal hatten weltliche Dinge unser Idyll gestört, als Cäsar auf der Heimreise großes Interesse an Koptos gezeigt hatte. Da hatte er mehr über die Handelsrouten nach Indien wissen wollen, die dort vorbeiführten. Und bei der Erwähnung Indiens war wieder dieser begehrliche Ausdruck in sein Gesicht getreten. Aber diese Störung war nur kurz gewesen.

Memphis aber lag für uns am Rande der anderen Welt, einer Welt, die Cäsar zurückfordern würde – das wußte ich. Und bevor wir noch richtig Anker geworfen und das Schiff in die Strömung gedreht hatten, kam auch schon ein kleineres Boot voller Römer wütend auf uns zugepaddelt.

»Cäsar!« rief ein Offizier, den ich erkannte: Rufio. Cäsar hatte ihn zur Bewachung Alexandrias zurückgelassen. »Cäsar!«

Es war nie Cäsars Art, sich in der Kajüte zu verstecken oder seine Dienstpflichten zu vernachlässigen, und so winkte er ihm auch jetzt begeistert zu. Beinahe haßte ich ihn deshalb; es machte ihn zum Sklaven der dringenden Wünsche anderer. – Seitdem hat man mir zum Vorwurf gemacht, ich hätte das »orientalische Laster«, Zeit und Boten nicht zu respektieren. Ich respektiere sie beide, aber wann es mir paßt, nicht ihnen. – Rufio war bald an Bord, und Cäsar begrüßte ihn wie einen lange vermißten Bruder.

»Wie schwarz verbrannt du bist, Cäsar!« rief Rufio. »Hat die Sonne dich in einen Nubier verwandelt?« Und er warf einen unverkennbar mißbilligenden Blick auf die Straußenfederfächer.

Cäsar lachte. »Ich habe viel gesehen und bin manche Meile gereist, aber unter dieser Sonnenbräune bin ich immer noch Cäsar.« Und dann die gefürchtete Frage: »Was gibt es Neues?«

Rufio zog ein Bündel Papier hervor und schwenkte es hin und her, aber Cäsar schob es beiseite. »Nein, berichte selbst; das geht schneller. Alexandria?«

»In Alexandria herrscht Ruhe. Keine Kämpfe mehr. Aber in Pontos … König Pharnakes hat deinen General Calvinus überrannt, die römische Provinz erobert und alle römischen Kaufleute und Bürger abschlachten oder kastrieren lassen. Und er nimmt an, daß er ungestraft davonkommt, weil du … mit anderen Dingen beschäftigt seist.«

»Calvinus! Er hat uns die Siebenunddreißigste Legion hergeschickt und ist selbst schutzlos zurückgeblieben!« Cäsars gute Laune war dahin. »Er muß gerächt werden.«

»Dann hast du eine ganze Schüssel voll Unrecht zu rächen.« Rufio hätte sich anscheinend am liebsten dafür entschuldigt, daß er nun alles aufzählen mußte. »Die Berichte, die von Westen her nach Alexandria kommen, besagen, daß die Überreste der pompejanischen Streitmacht einschließlich seiner

Söhne sich an den Gestaden Nordafrikas sammeln und mit König Juba von Numidien in Verkehr getreten sind.«

»Dann ist nur die Frage, wem ich mich zuerst widmen muß.«

»Ganz recht.« Erst jetzt nahm Rufio auch Notiz von mir, die ich an Cäsars Seite stand. »Ich grüße auch dich, allererhabenste Königin.«

»Ich freue mich immer, dich zu sehen, Rufio, aber deine Neuigkeiten sind nicht so willkommen wie du.« Es stimmte, ich mochte Rufio gern. Er war der Sohn eines Freigelassenen und hatte ein breites Krötengesicht, aber er war mir doch angenehm. Es ist mir ein Rätsel, was es ist, das den einen zu angenehmer Gesellschaft macht und den anderen nicht.

»Will die Welt denn niemals Ruhe geben?« schimpfte Cäsar, als seien die Aufgaben, die vor ihm lagen, in diesem Augenblick sogar für ihn zuviel. Er klang erschöpft, obwohl er sechs Wochen Ruhe gehabt hatte.

»Es wird nicht mehr lange dauern, Liebster«, beruhigte ich ihn. »Bald schon, wenn du nach Rom zurückkehrst …«

»In Rom herrscht heilloses Durcheinander«, erklärte Rufio unverblümt.

Cäsar raffte sich auf. »Komm hinunter in unsere Kajüte«, sagte er. »Diese Dinge können wir nicht beiläufig an Deck erörtern.« Er wandte sich ab und erwartete, daß wir ihm folgten.

Er stieg die Ebenholzstufen hinunter in die große Kammer im Mittelteil des Schiffs, wo er und ich uns mit dem Kapitän beraten und Karten und Manuskripte studiert hatten, die sich auf unsere Reise bezogen; hier hatten wir auch hin und wieder mit den römischen Offizieren in unserer Begleitung zusammengesessen. Cäsar setzte sich auf die Kante eines langen Tisches aus poliertem Zypressenholz und ließ ein Bein baumeln.

»Also«, sagte er.

Ich zog mir einen vergoldeten Stuhl heran und bedeutete Rufio, es auch zu tun. »Wir haben hier genug Stühle«, sagte ich spitz zu Cäsar. »Oder bist du bereits im Feldlager?«

Er packte einen Stuhl und riß ihn zum Tisch.

»Was ist mit Rom?« fragte er mit jener leisen Stimme, in der Bedrohlichkeit und Anspannung lagen. Auf unserer Reise hatte ich diesen Tonfall fast vergessen.

»Dort ist alles in Unordnung«, sagte Rufio. »Seit du vor anderthalb Jahren durchgezogen bist, gibt es dort keinen Führer mehr. Dein Adjutant Marcus Antonius mag ein guter Soldat sein, aber als dein politischer Stellvertreter ist er anscheinend heillos überfordert. Auf dem Forum hat es Kämpfe gegeben, Antonius' Leute gegen Dolabellas Meute, und es gab achthundert Tote. Und auf dem Lande in Italien ist eine Meuterei unter deinen Veteranen ausgebrochen. Sie behaupten, sie hätten ihren versprochenen Lohn nicht bekommen.«

»Sonst noch etwas?«

»Nein.« Rufio war überrascht von dieser Frage. Genügte das denn nicht?

»Ich bin jetzt acht Monate in Ägypten«, sagte Cäsar langsam. »Ich war Pompejus auf den Fersen und bin in einen neuen Krieg verwickelt worden. Ich habe viel wertvolle Zeit verloren.«

»Du hattest überhaupt keine Verbindung zu Rom mehr; bis Dezember wußten wir nicht einmal, wo du warst«, sagte Rufio beinahe tadelnd. »Manche nahmen schon an, du seiest tot.«

»Ich war nicht tot«, antwortete Cäsar. »Aber in gewisser Weise eingesargt.« Er sah sich in der reich ausgestatteten Kajüte um und machte eine wegwerfende Handbewegung. »Ägypten ist wie ein gewaltiges Grab. Alles, was nur lange genug hier ist, wird zur Mumie. Es ist ein Land der Toten, die umgeben sind von Denkmälern für die Toten.«

Ich ertrug es nicht mehr. »Bin ich eine Mumie?« rief ich. »Ist Alexandria – die führende Stadt der Welt in Fragen der Bildung, Schönheit und Lebenskunst –, ist Alexandria ein Grab?«

Er lachte. »Alexandria, wie jedermann weiß, ist nicht Ägypten. Aber selbst dort scheint der Alltag fern zu sein – vielleicht gerade weil es so reich und zivilisiert ist.«

Er war fertig mit uns. Er war bereit zu gehen. Er zerrte am Zügel.

In unserem Schlafgemach wirkte er in jener Nacht versonnen, beinahe betrübt, weil es zu Ende war. Er starrte in seinen Becher, den er ganz gegen seine Gewohnheit mit Wein gefüllt hatte. Er hatte sogar schon etwas getrunken, was seine strengen Züge nur zu mildern schien. Er spielte mit dem Fuß des Bechers und strich mit der Fingerspitze über die erhabenen Verzierungen.

»Vor längerer Zeit habe ich dir gesagt, ich meide den Wein, weil er merkwürdige Symptome in mir hervorruft. Nach jener Nacht in der Wüste weißt du nun, welche es sind. Aber heute nacht ist es mir gleichgültig.«

Ich stand hinter ihm und legte die Arme um ihn. »Was wirst du tun? Wann ... mußt du reisen?«

»Bald«, sagte er. »In ein paar Tagen.«

»In ein paar Tagen? Kannst du nicht bis zur Geburt unseres Kindes warten? Es sind nur noch wenige Wochen bis dahin.«

»Ich kann nicht mehr wochenlang warten.« Es klang so bestimmt, daß es keinen Sinn gehabt hätte, wenn ich Einwände erhoben hätte.

»Ich verstehe.« Ich würde das Kind also allein zur Welt bringen müssen. Aber mit Cäsar gab es keine Diskussionen. Ich tat mein Bestes, um meine Stimme nicht zu heben und meine Gefühlsaufwallung auch nicht durch ein Beben zu verraten. Damit würde ich ihn nur verärgern. *Aber was ist mit Philae?* schrie mein Herz. *Was hat es dir bedeutet? Gar nichts?* Würde er es denn auf irgendeine Weise bekanntgeben?

»Da wäre noch etwas«, sagte er und drehte den Becher weiter in der Hand.

»Ja?« Mein Herz machte einen Satz.

»Bevor ich abreise, solltest du den kleinen Ptolemaios heiraten. Du kannst nicht allein regieren. Du mußt nominell verheiratet sein.«

»Aber ich bin verheiratet!« rief ich; ich konnte nicht anders. »Es wurde bereits verkündet, daß dieses Kind ...«

Er lachte nachsichtig. »Das war im göttlichen, im mystischen Sinne. Aber die Alexandriner sind abgeklärter und skeptischer. Sie werden über eine solche Geschichte lachen. Und wir verlieren die Angst und den Respekt vor denen, über die wir lachen. Wenn du keinen Gemahl hast, werden ausländische Fürsten kommen und dich umwerben, und das wird sehr lästig sein.«

»Für mich oder für sie?«

»Für dich und für mich«, sagte er. »Du würdest ihre Aufmerksamkeiten hoffentlich ermüdend finden, und mich würden sie... beunruhigen.« Er stand auf und stellte seinen Becher hin. Endlich nahm er mich in die Arme. »Ich merke, daß ich es nicht ertragen kann, mir vorzustellen, wie du mit einem anderen Mann zusammenbist. Das ist mir noch nie passiert. Ich habe über Pompejas Verhältnis mit Clodius hinweggesehen, und mir wäre es, offengestanden, völlig gleichgültig, wenn Calpurnia sich die ganze Zeit meiner Abwesenheit hindurch mit Cicero persönlich im Bett gewälzt hätte. Aber du ... Keine syrischen Prinzen für dich. Das könnte ich nicht ertragen.«

»Ich soll also auf dich warten, konserviert wie ..., wie die Mumien, von denen Ägypten voll ist, wie du sagst?«

»Ich werde dich nach Rom kommen lassen, sobald keine Gefahr mehr besteht.«

»Was Jahre dauern kann!« Die Schrecklichkeit dessen, was mir da bevorstand, breitete sich jählings vor mir aus. Mich an Cäsar zu binden bedeutete in der Tat, daß ich eine Mumie aus mir machte, der alles Leben verboten wäre, und Anerkennung hätte ich nur als seine Mätresse zu erwarten. »Das Leben, das du mir da anbietest, ist überhaupt kein Leben!«

»Hab Vertrauen zu mir. Eine kleine Weile nur, und vielleicht ist dann alles anders.« Bei jedem gewöhnlichen Mann hätte dieser Tonfall beinahe flehentlich geklungen. Aber konnte Cäsar flehen?

»Wie kann das sein? Die römischen Gesetze sind, wie sie sind, und deine Natur ist, wie sie ist.«

»Hab Vertrauen zu mir«, wiederholte er, und jetzt klang es wirklich flehentlich. »Ich habe nie jemanden gekannt wie dich, habe nie mein Gegenstück in einer Frau gefunden. Du hast meinen Geist, meinen Wagemut, meine Spielernatur, meine Abenteuerlust. Warte ab, was ich zustande bringe.«

»Abwarten!« murmelte ich. »Und wenn nichts geschieht?«

»Wenn es menschenmöglich ist, eine Zukunft für uns und unser Kind zustande zu bringen, dann werde ich es tun«, versprach er. »Aber ich muß wissen, daß du wartest und daß du mir vertraust.«

»Ich habe keine Wahl«, sagte ich schließlich. »Mein Herz will es, auch wenn mein Verstand mich davor warnt.«

»Weil du sehr jung bist, können die beiden im Gleichgewicht sein. In meinem Alter ist es ein Wunder, daß das Herz überhaupt noch etwas sagt.«

Zwei Tage später waren wir wieder in Alexandria. Von weitem sah es makellos aus wie immer, aber als wir angekommen waren und in Sänften durch die Stadt getragen wurden, erkannte ich, daß die Straßen von Schutthaufen und verkohlten Balken verstopft waren. Es würde viel zu reparieren geben. Der Krieg war eine kostspielige Angelegenheit gewesen – aber wenn dieser Preis entrichtet werden mußte, damit ich meinen Thron behielt, dann mußte es eben so sein.

Als wir den Palast betraten, war mir bewußt, daß mir nicht nur begrüßende Blicke entgegengebracht wurden. Während der Reise war meine Schwangerschaft in ein Stadium gelangt, in dem sie deutlich sichtbar war. Wir würden die Amunsverkündung auf der Stelle vornehmen müssen. Oder sollte die Verkündung überhaupt unterbleiben? Cäsar hatte recht; eine solche Behauptung würde bei den Alexandrinern nur Heiterkeit hervorrufen. Meine Stadt war als Ort bekannt, wo sich die kultivierte Art der Griechen in Liebeskunst und Lust mit den sinnlichen Genüssen des Orients vermischten; hier würden die Leute recht gut wissen, woher das Kind kam. Errötend erkannte ich, daß selbst ihre Vorstellungskraft vielleicht nicht ausreichen würde, um sich ein Bild von dem zu machen, was da in Wahrheit vorgegangen war. Wer hätte denn glauben können, daß der alte römische Soldat, der allen anderen körperlichen Gelüsten gegenüber so asketisch war, sich in der Liebe so erfindungsreich und tatkräftig erweisen würde? Andererseits waren »erfindungsreich und tatkräftig« natürlich die beiden Wörter, die auch seine Leistungen auf militärischem Gebiet am besten beschrieben.

Sosehr es mir zuwider war, unsere traute Welt des Schiffes zu verlassen, so entzückt war ich doch, Mardian und Olympos an der Spitze der Offiziere zu sehen, die darauf warteten, uns zu empfangen. Und als wir in meine Gemächer kamen, waren Charmian und Iras dort.

»Oh, meine liebe Charmian! Und meine Iras!« Ich streckte die Arme aus und drückte die beiden an mich.

»Majestät! Willkommen! Schau nur! Wir haben alles vorbereitet! Jetzt, da der Krieg vorüber ist, kommen auch wieder Waren nach Ägypten. Wir haben neue Seidenvorhänge für das Bett, frischen Weihrauch aus Arabien, den guten caecubischen Wein und Rosen aus Kyrene, rote und weiße.« Ich konnte den unverwechelbaren Rosenduft riechen; er war durchdringend süß. Zwei Sträuße waren es, in großen Glasvasen. »Wir sind so froh, daß du wieder da bist«, sagten sie schlicht.

»Und was habt ihr mit Cäsars Gemächern gemacht?«

»Wir haben einen Arbeitstisch vorbereitet«, berichtete Charmian. »Es sind Berge von Dokumenten für ihn gekommen.«

Ich seufzte. Die neuen Seidenvorhänge und die Rosen würden ihn überhaupt nicht interessieren – falls er sie bemerkte. Nur die Dokumente. »Für mich sind doch zweifellos auch welche gekommen.«

»Aber viel weniger«, sagten sie. Iras deutete auf einen Tisch, wo sich Papier zu einer kleinen Pyramide häufte.

Ja, ich regierte nicht die Welt, sondern nur ein Land. Und auf meiner Reise hatte ich einen großen Teil der Sorgen dieses Landes mit eigenen Augen gesehen. Die Geschäfte Ägyptens waren die gleichen wie zu Zeiten der ersten Pharaonen: Aussaat, Ernte, Steuern, Soldaten. Cäsars Welt war im Fluß, meine nicht.

»Er dankt euch für eure Bemühungen.« Müde ließ ich mich auf einen Stuhl aus Zitrusholz sinken.

»Und dein … dein Zustand?« Sie flatterten um mich herum und suchten nach Worten.

»Ich habe keine Probleme – nur, daß ich jetzt rasch müde werde. Die Reise war erholsam für mich«, sagte ich.

»Und wann … wann …«

Wenn meine eigenen lieben Damen schon so verlegen waren, wie würde dann das restliche Alexandria die Sache sehen? »Das weiß ich nicht genau«, sagte ich. »Ich muß Olympos bitten, die nötigen Berechnungen anzustellen. Ich glaube, in einem Monat, vielleicht aber auch ein bißchen später. Cäsar kann jedenfalls nicht bleiben.« Ich mußte es jetzt sagen, damit keine Mißverständnisse aufkamen. Aber der Ausdruck in ihren Gesichtern sagte alles. Sie mißbilligten es. Ich sah mich genötigt, ihn zu verteidigen – vor ihnen und vor mir selbst.

»Es gibt dringende Geschäfte …«, setzte ich an, aber meine Worte verklangen. »Es hat Nachteile, wenn man den Herrn der Welt liebt«, sagte ich schließlich. »Man ist ihm zuweilen weniger wichtig, als man es gern hätte.«

Und das war die Wahrheit. Ich war eine Königin, ich entstammte einem alten Königshaus, und mein Land war das reichste der Welt. Aber er brauchte mich nicht daran zu erinnern, daß ich bei unserer ersten Begegnung im Exil in einem Zelt hatte hausen müssen. Und ohne ihn wäre ich immer noch dort gewesen – oder tot. Er hätte Ägypten in eine römische Provinz verwandeln können, nachdem Alexandria kapituliert hatte, wie es mit jedem anderen Land im Mittelmeerraum nach einer Niederlage geschehen war: mit Griechenland, Syrien, Judäa, Spanien, Karthago. Die Tatsache, daß er mich auf dem Thron gelassen und sogar kostbare Wochen mit mir auf dem Nil verbracht hatte, verriet, was er persönlich für mich empfand. Mehr würde ich nicht bekommen.

Jetzt gehörten wir wieder der Welt, und unsere Zweisamkeit war zu Ende. Cäsar las umfassende Berichte über den Aufstand in Pontos, über die Sammlungsbewegung der Unzufriedenen in Afrika und die Unruhe in Rom, und er empfing Scharen von Boten mit den neuesten Nachrichten.

Kopfschüttelnd saß er eines späten Abends in einem breiten Sessel und warf jeden Bericht, den er gelesen hatte, nach links. Draußen tanzten die Wellen des inneren Hafens im Mondschein. Es war eine milde Nacht; der Wind brachte die Flammen an den Lampendochten kaum zum Tanzen. Wahrscheinlich saßen die Leute überall in der Stadt beim Honigwein, lauschten leiser Lautenmusik, hielten ihr abendliches Symposion, lasen in Ruhe oder liebten einander. Dafür war Alexandria berühmt: die Freuden des Geistes und des Körpers. Cäsar arbeitete bis in die Nacht hinein; nur hin und wieder hielt er inne, um den Kopf zu schütteln oder die Arme zu recken.

Es war schon nach Mitternacht, als er murmelte: »Das ist alles.« Der ganze Berg von Papier zu seiner Rechten war nach links gewandert.

»Wohin wirst du nun gehen?« fragte ich leise.

»Nach Pontos. Ich kann nicht nach Rom zurückkehren, wenn ich noch einen Feind im Rücken habe. Der Osten muß sicher sein.«

»Aber du bist doch schon in Afrika«, sagte ich. Die Truppen der römischen Aufständischen waren viel näher.

»Ich pflege lästige Nebenrevolten zu erledigen, bevor ich mich der Hauptaufgabe zuwende«, sagte er. »Deshalb habe ich Spanien unterworfen, bevor ich Pompejus verfolgte. Es sah aus, als wendete ich mich in die falsche Richtung, aber das war Absicht. So muß ich nun nach Pontos, bevor ich hierher zurückkehre. Das sind fast sechzehnhundert Meilen in die falsche Richtung.« Er stand auf und wandte sich der offenen Dachterrasse zu. Ich trat neben ihn und schaute zum Leuchtturm hinüber, der Feuer und Rauch zum Himmel spie. Er besaß noch immer die Macht, mich mit Stolz zu erfüllen, wenn ich ihn anschaute.

»Du wirst diesen Hafen verlassen«, sagte ich und sprach das Offenkundige aus. »Wann?«

»In ein paar Tagen. Ich habe beschlossen, zu deinem Schutz drei Legionen unter Rufio hierzulassen. Ein neuer Potheinos wird sich nicht erheben.«

»Aber … dann hast du nur eine Legion, um Pontos zu erobern!« Nein, ich konnte nicht zulassen, daß er sich so gefährdete. Es war besser, wenn ich selbst das Risiko einginge.

»Ja, die Sechste«, sagte er.

»Das ist nicht genug!«

»Es wird genug sein müssen.«

»Nein, nicht noch einmal! In Alexandria warst du auch schon in der Minderzahl. Das darfst du nicht wiederholen!« Und dann fiel mir noch etwas ein. »Die Sechste Legion hat nicht einmal ihre volle Stärke! Es sind nur tausend Mann – das ist nicht einmal ein Viertel der regulären Größe.«

»Ja, ich weiß.«

»Du stellst dein Glück auf eine zu harte Probe!« rief ich. »Ich glaube, du willst Fortuna zwingen, dich im Stich zu lassen! Es ist doch Wahnsinn, nur tausend Mann mitzunehmen!«

»Das ist meine Angelegenheit!« Allmählich zeigte er sich verärgert.

»Nein, es ist jetzt auch meine Angelegenheit!« Ich legte eine Hand auf meinen Bauch.

»Meine Feldzüge sind meine Angelegenheit!« wiederholte er.

»Warum willst du das Schicksal versuchen?« fragte ich flehentlich. »Wieso bildest du dir ein, Niederlage und Unglück können dir nichts anhaben?« Ich hörte, daß die Angst meine Stimme lauter werden ließ. »Ich glaube, das Schicksal verschont uns – einige von uns jedenfalls – geraume Zeit, nur um uns in Sicherheit zu wiegen, damit wir dann in die Falle tappen, die es uns stellt. Und diejenigen, die es am längsten verschont, haben vielleicht das grausamste Ende zu gewärtigen!«

»Wenn das so ist, werde ich es kaum umgehen können«, gab er zur Antwort. »Das Schicksal wird seinen Willen bekommen, ob ich eine Legion oder zwanzig mitnehme.«

»Ja und nein.« Ich wußte wohl, daß zwanzig Legionen ihm nicht helfen würden, wenn das Schicksal es anders bestimmt hatte, aber manchmal war es dem Schicksal auch gleichgültig, und in dem Fall war man gut beraten, ein paar kleine menschliche Vorkehrungen zu treffen.

»Du bist durcheinander«, sagte er und nahm mich in den Arm. »Ich glaube, es ist die Erschöpfung, die dich so reden läßt. Komm, wir legen uns zur Ruhe.« Sanft faßte er mich bei den Schultern und drehte mich um.

Als ich neben ihm im Dunkeln lag, konnte ich mir nicht vorstellen, daß er bald nicht mehr da sein sollte – fort, auf dem Weg zu einem neuen Schlachtfeld. Er gab mir ein Gefühl großer Sicherheit. In diesem Augenblick.

Und bevor er einschlief, sagte er leise: »Ich glaube, du mußt den Zeitpunkt für die Trauung mit Ptolemaios ansetzen.«

Der Priester wartete in dem kleinen Gemach abseits der Banketthalle, das Cäsar und ich für den Austausch der Gelübde ausersehen hatten. Ptolemaios, der erst zwölf Jahre alt war, stand gehorsam bereit. Er war der letzte meiner fünf Geschwister; alle andern hatten bei dem Versuch, den Thron zu erobern, ein gewaltsames Ende gefunden – bis auf Arsinoë, die im Gefängnis überlebt hatte. Cäsar hatte vor, sie nach Rom zu schicken, wo sie in seinem Triumphzug durch die Straßen geführt werden sollte. Damals dachte ich mir dabei wenig. Heute indessen …

Ptolemaios war ein freundliches Kind mit hellen Gesichtszügen. Er schien nichts von der bösartigen Verschlagenheit der anderen in sich zu haben; vielleicht hatte die Angst es ihm ausgetrieben.

»Allergnädigster Cäsar«, sagte er, »und geliebte Schwester, mit Freuden will ich euch in allem gehorchen!« Nervös befingerte er seinen Kragen aus Karneol und Lapislazuli.

»Stell dich da drüben hin.« Cäsar deutete mit dem Finger auf ein Bodenmosaik, das ein Nilpferd darstellte. Ptolemaios flog fast – so eilig hatte er es, hinzukommen.

»Und du hier«, sagte er und wies auf ein Mosaikkrokodil. Das ganze Bild war die Darstellung einer Nilszene mit Fischen, Vögeln, Blumen und Booten. Ich stellte mich auf die Schnauze des Krokodils.

Olympos, Mardian, Rufio, Charmian und Iras waren als Zeugen zugegen. Der Serapis-Priester sprach ein paar Sätze, die wir wiederholten, und der Akt war vollzogen. Ptolemaios XIV. und Kleopatra VII., Gott und Göttin, die Vater und Geschwister Liebenden, waren vereint als Beherrscher Ober- und Unterägyptens. Cäsar strahlte und sprach einen römischen Segen. Und dann wandten wir uns alle dem Festmahl zu, das man bereitet hatte und das uns nun erwartete.

Cäsars letzte Nacht war gekommen. Am nächsten Morgen würde er mit seinen Schiffen und seinen tausend Legionären zum Hafen hinaussegeln.

»Ich verlasse dich mit großem Widerstreben«, sagte er. »Du kannst nicht ahnen, wie schwer es mir fällt.«

»Dein Verweilen hier hat allenthalben ein großes Raunen hervorgerufen«, erwiderte ich. »Könnte es einen stärkeren Beweis dafür geben, wie gern du bliebest?«

»Ich nehme viele Ideen mit, um sie nach Rom zu verpflanzen. Ich weiß jetzt, wie eine Stadt sein sollte. Dafür danke ich dir.«

»Was meinst du damit? Was willst du in Rom ändern?«

»Rom ist ein sehr primitiver Ort«, sagte er. »Das wirst du sehen, wenn du kommst.« Er ging hastig darüber hinweg; ich merkte es wohl. »Aber jetzt, da ich die breiten Marmorstraßen gesehen habe, die öffentlichen Bauten, die Bibliothek … Ich würde das alles gern nachbauen. Und euer Kalender ist dem unseren weit überlegen. All das werde ich ganz sicher ändern, wenn …«

»Wenn die Kriege vorüber sind«, endete ich für ihn. »Um so mehr Grund, Fortuna nicht zu versuchen, sondern ihr zu helfen.«

»Ich werde Verstärkungstruppen ausheben, sobald ich in Syrien bin«, sagte er. »Du hast recht.«

Ich sah den letzten Kriegsschiffen nach, als sie aus dem Hafen hinaus zum Horizont segelten. Sie wurden kleiner und immer kleiner und waren dann verschwunden. Mir war, als verschwinde mein Leben mit ihnen. Ich hatte ihn nur kurze Zeit gekannt, aber in dieser kleinen Frist hatte meine Welt sich für alle Zeit verändert – wie alles, was er anrührte. Weder Gallien noch Rom, noch ich würden wieder so sein wie früher, bevor er gekommen war. Es gab kein Zurück. Cäsar hatte die Welt neu erschaffen.

HIER ENDET DIE ERSTE SCHRIFTROLLE

# DIE ZWEITE SCHRIFT-ROLLE

4

# 16

Er war fort. Ich sah mich um, als erwachte ich aus einem Traum. Mir war, als sähe ich den Palast und die Stadt zum ersten Mal, seit ich mich zur Stierzeremonie nach Hermonthis begeben hatte, wie sie waren – mit den Augen einer Erwachsenen. Fast zwei Jahre lag diese Reise zurück. Damals hatte ich wenig oder gar nichts über das Regieren gewußt und noch weniger über das, was jenseits unserer Grenzen lag. Ich war glücklich davongekommen – Cäsar und ich schienen dieses Glück zu teilen. Aber jetzt war mehr als Glück erforderlich. Ich mußte eine einstmals große Nation eigenhändig regieren und ihre Wunden schließen.

Wenigstens, dachte ich, kann ich nun alle meine Anstrengungen auf Ägypten konzentrieren, statt sie an Bürgerkriege und Palastintrigen zu verzetteln. Ich habe freie Hand, aber wenn ich scheitere, kann ich niemandem die Schuld daran geben. Rufio und seine Legionen werden dafür sorgen, daß ich freie Hand habe: Das ist Cäsars großes Geschenk an mich. Sein größtes – neben dem Kind.

Ich ging also gleich hinaus, um die königlichen Gemächer zu inspizieren; Mardian und Charmian nahm ich mit. Während meiner Nilreise hatte Mardian eine gründliche Bestandsaufnahme der Gelände- und Gebäudeschäden vorgenommen, und jetzt führte er uns zu diesen trostlosen Sehenswürdigkeiten.

»Hier an dieser Stelle haben die Soldaten – verzeih, Majestät – gelagert und alle Pflanzen zerstört.« Er deutete auf eine Fläche, die einst ein Rasen mit saftigem Gras und blühenden Büschen gewesen war.

Es stank. »Wie ich sehe, haben sie jedenfalls genug Dünger hinterlassen, um den Boden für neue Pflanzen zu bereiten«, stellte ich fest. »Selbst die zarteste Pflanze dürfte in den nächsten Jahren hier alles finden, was sie braucht.«

Der Isis-Tempel weiter draußen auf der Halbinsel schien wenig Schaden genommen zu haben, vielleicht weil er außer Reichweite für die Steine und Wurfgeschosse lag, die von den Städtern über die Mauern auf das Palastgelände geschleudert worden waren. Aber je näher wir den Mauern kamen, desto mehr Zerstörung sah ich. Die Stallungen, die Lagerhäuser, die Bäder, die Zisternen – alles war auf irgendeine Weise beschädigt: Entweder waren die Mauern rissig oder eingestürzt oder die Dächer verbrannt. Einer meiner Lieblingsbäume, eine riesige Maulbeerfeige, in der ich als Kind gespielt hatte, war bis zu den Wurzeln niedergebrannt.

Als ich mich nun zum Hauptgebäude des Palastes zurückwandte, sah ich auch die häßlichen schwarzen Flecken der Feuerbrände, die man dort gegen die Mauern geschleudert hatte. Mein schöner weißer Palast am Meer! Ich stöhnte unglücklich auf.

»Man wird es reparieren, sobald du den Befehl dazu gibst«, sagte Mardian.

Ich war beeindruckt von seiner Inventur. Jetzt würde ich ihm die Leitung der Instandsetzungen übertragen.

»Liebe Herrin, ich glaube, du strengst dich zu sehr an«, erklärte Charmian mit reizender rauchiger Stimme. »Hebe dir das restliche Alexandria für morgen auf.«

»Ja, morgen werde ich nach Alexandria hineingehen und Isis im großen Tempel die Ehre erweisen. Vorausgesetzt, er steht noch.«

»Sei beruhigt, er steht noch«, erwiderte Mardian. »Eine oder zwei Säulen sind beschädigt, aber davon abgesehen – wunderbar.«

»Ich muß mich in ihre Hände empfehlen, denn in der Stunde der Niederkunft werde ich ihre Hilfe brauchen.« Ich fühlte mich ein wenig unsicher auf den Beinen, und mir war schwindlig. Ich streckte die Hand aus und stützte mich auf Charmian. »Heute abend«, sagte ich matt, »würde ich mich, glaube ich, gern mit Olympos beraten.«

Ich erwartete ihn in meinem innersten Privatgemach. Als ich mich hier umschaute und die kleinen Tische mit den Marmorintarsien sah, die dreibeinigen Lampenhalter, die Fußschemel, da wurde mir bewußt, daß jeder Gegenstand auf die eine oder andere Art Cäsars Zeichen zu tragen schien. Entweder hatte er eine Frage darüber gestellt, oder er hatte darauf gesessen oder ihn benutzt. In dieser Weise scheinen seelenlose Gegenstände die Essenz lebender Dinge aufzusaugen, so daß sie später Schmerz oder Freude hervorrufen können, wenn wir sie nur anschauen.

Ich wurde auf einen der wenigen Stühle gesetzt, die eine Lehne hatten, und legte die Füße auf einen Schemel. Ich fühlte mich sehr schwerfällig und müde. Merkwürdig – solange ich mit Cäsar zusammengewesen war, hatte ich auf die Veränderungen meines Körpers nicht weiter geachtet, aber jetzt waren sie mir nur allzu deutlich bewußt.

Ich wußte, daß Olympos mich schelten würde. Er hatte dieses Privileg als Freund meiner Kindheit und als jemand, der rückhaltlos und vernichtend ehrlich war. Und richtig – als er in mein Zimmer kam, war sein schmales Falkengesicht beinahe von einem Stirnrunzeln verfinstert.

»Ich grüße dich«, sagte er und dann sofort: »Gibt es weiter kein Licht hier?« Er deutete auf die Bodenlampe, in der fünf Dochte brannten.

»Wir können noch ein paar Lampen anzünden«, erwiderte ich. Wir hatten bronzene Tischlampen, mit Öl gefüllt und einsatzbereit. »Ich weiß ja nicht, was du sehen mußt.«

»Das Wichtigste kann ich so schon gut genug sehen.« Er starrte auf meinen Bauch. »Ach, meine liebe Kleopatra, warum hast du das getan? Ich habe dir gesagt, wie man es verhindert! Was ist denn aus dem Silphion geworden? Du solltest doch einen kyrenäischen Saft daraus machen, der das verhindert hätte!«

»Ich hatte es bei mir, aber ich konnte mir wohl kaum etwas daraus brauen, während ich in dem Teppich steckte.«

»Aber danach mußt du doch noch Zeit gehabt haben! Du bist doch sicher nicht aus dem Teppich in sein Bett gesprungen.« Er wartete auf mein Dementi. Als ich es nicht aussprach, machte er ein schockiertes Gesicht. Es ist nicht leicht, Olympos zu schockieren, und selbst wenn es gelingt, kann er es meist besser verbergen. Er stöhnte auf.

»Ich kann nicht erwarten, daß du Mitgefühl aufbringst. Du warst von Anfang an dagegen«, sagte ich.

Er schnaubte. »Trotzdem, wahrscheinlich hast du zum ersten Mal … frisch aus dem Teppich … Du hättest doch sofort die nötigen Maßnahmen ergreifen können! Da war es doch noch nicht zu spät! Schließlich ist er nicht Zeus, der einer Sterblichen nur einmal beizuwohnen braucht, damit sie empfängt!«

Ich konnte nicht anders, ich mußte lachen. »Ich kann nicht erwarten, daß du meine Entscheidung verstehst. Aber du mußt wissen, daß ich zufrieden darüber bin – ja, glücklich ist ein besseres Wort. Es war ganz anders, als ich es mir vorgestellt hatte, damals in dem Zelt in Gaza. Ja, es war etwas völlig anderes, etwas …«

Olympos schnaubte noch einmal. »Erspare mir die zuckersüßen Schwärmereien. Mir wird schlecht davon.«

»Du magst ihn bloß nicht.«

»Nein, und das wird sich auch nicht ändern.«

»Das ist wenigstens ehrlich.«

»Es freut mich, daß du das zu schätzen weißt. Aber jetzt zu deinen Fragen … Was möchtest du wissen? Mir scheint, du brauchst weder meine Rezepte noch meinen Rat.«

»Du hast bei den führenden Ärzten hier in Alexandria studiert, und deine Ausbildung ist makellos. Kannst du voraussagen, an welchem Tag ich wahrscheinlich entbinden werde?«

»Nein. Das heißt nur innerhalb einer gewissen Zeitspanne. Die Schwankungen sind groß.« Er kam herüber, legte die Hand sanft auf meinen Leib und betastete sorgfältig auch die Seiten. »Wann hast du das erste Mal gefühlt, daß das Kind sich bewegte? Meist dauert es von da an noch hundertfünfzig Tage.«

Daran konnte ich mich genau erinnern. Ein riesiger Stein war mit dem

Katapult auf das Palastgelände geschleudert worden und hatte mit übelkeiterregendem Donnerschlag einen Brunnen getroffen. Da hatte sich in meinem Bauch etwas zusammengezogen, und ich hatte gedacht, es sei eine Reaktion auf den Knall. Aber als es ein paar Stunden später noch einmal geschah, obwohl es still war, wurde mir klar, daß es etwas anderes gewesen war. Und unmittelbar danach hatten wir erfahren, daß Mithridates an der Ostgrenze des Landes stand.

»Ende Februar«, sagte ich.

»Dann kommt es gegen Ende Quintilis, im nächsten Monat also.«

»Quintilis! Das ist der Monat, in dem Cäsar geboren wurde! Was für ein günstiges Omen.«

Olympos verzog angewidert das Gesicht. »Zweifellos wird der große General sich geehrt fühlen.«

»Das tut er auch!« antwortete ich. Wie konnte Olympos auch nur einen Augenblick lang den Verdacht hegen, Cäsar sei vielleicht nicht entzückt? »Ich habe also noch ungefähr fünfzig Tage? Das scheint mir eine lange Zeit für die Vorbereitungen. Wirst du mir kundige Hebammen herbeischaffen? Ich will keine abergläubischen alten Vetteln, sondern junge Frauen, die gut ausgebildet sind.«

»Was ist mit deinen eigenen Frauen?«

»Die werden natürlich dabeisein, aber ich möchte, daß noch andere zugegen sind, die Erfahrung haben. Charmian und Iras sind schließlich Jungfrauen.«

Er verdrehte die Augen. »Charmian kommt mir kaum sehr jungfräulich vor! Diese Stimme ... Daneben dürfte Helena von Troja ziemlich knirschend geklungen haben.«

Ja, ihre glutvolle Stimme verhieß so manche Kenntnis der Dinge zwischen Mann und Frau.. »Das stimmt wohl. Aber sie ist trotzdem noch Jungfrau.«

»Nicht mehr lange. Nicht wenn sie deinem Beispiel folgt.«

»Nirgendwo steht geschrieben, daß eine Frau, die mir dient, Jungfrau sein muß. Wir sind hier nicht in Rom; hier gibt es keine Vestalischen Jungfrauen.«

»Ja, wir Griechen und Orientalen sind da realistischer. Nur den Römern ist es zuzutrauen, daß sie Vestalische Jungfrauen erfinden, aber sich jemanden wie Julius Cäsar zum Führer nehmen. Besonders gut gefällt mir, was er sagte, als er sich von seiner dritten Frau, Pompeja, scheiden ließ: ›Cäsars Frau muß über jeden Verdacht erhaben sein!‹ Was war denn mit den Frauen seiner Freunde, wenn er in Rom war?«

»Ich glaube, du solltest jetzt lieber schweigen, bevor du etwas sagst, was du nicht mehr zurücknehmen kannst.«

»Er soll also zwischen uns treten! Aber so ist es immer: Herrscher erklären, sie wollen, daß ihre Freunde sie behandeln sollen wie immer, aber früher oder später kehren sie doch den Imperator heraus.«

»Ich kehre nicht den Imperator heraus, sondern reagiere, wie jede Frau es tun würde, wenn man den Vater ihres Kindes verleumdet. Ich möchte ihn nicht erniedrigen, indem ich mir so etwas anhöre, und mich nicht, indem ich es bedenke, und auch dich nicht, indem ich dir erlaube, so zu reden.«

»Du willst also die Wahrheit zum Schweigen bringen.« Seine Stimme bekam einen hochfahrenden Klang.

»Ich will sie nicht zum Schweigen bringen. Aber ich will sie auch nicht weiter bereden.« Ich schaute ihn an; er zog noch immer die Stirn kraus. »Olympos, ich schätze deine Freundschaft. Als Regentin bin ich gesegnet mit einem Freund wie dir. Ich weiß, daß Cäsar ... schon mit vielen Frauen zusammen war. Ich mache mir über seine Vergangenheit keine Illusionen. Aber ich sehe auch keine Notwendigkeit, mich damit zu quälen. Ich schaue auf meine Zukunft mit Cäsar, nicht auf seine Vergangenheit.«

»Aber die Vergangenheit sagt uns die Zukunft voraus«, beharrte er halsstarrig.

»Nicht immer«, antwortete ich. »Ich sehe die Welt mit zuversichtlicheren Augen an.«

Am nächsten Morgen machte ich mich in aller Frühe bereit, den großen Tempel der Isis am Serapeion zu besuchen. Ich wollte gehen wie jede Bittstellerin, denn Isis ist die Beschützerin aller Frauen; als Frau und nicht als Königin brauchte ich ihren Segen und ihre Hilfe. Ich würde die Geburt durchstehen müssen wie jede andere Frau, und mein Kind würde geboren werden wie alle. Wie jede gewöhnliche Frau, deren Mann Soldat oder Seemann war, liebte ich einen Mann, der in die Ferne gezogen war und in Gefahr schweben würde. Zu Dir kam ich, Isis, meine Mutter, meine Zuflucht und Hoffnung, als demütigste Bittstellerin.

Ich kleidete mich in dunkelblaues Leinen und achtete darauf, daß ich einen Mantel trug, der meine Gestalt verhüllte. Ich zog mir auch eine Kapuze über den Kopf. Ich wollte von niemandem erkannt werden. So nahm ich den runden Steinkrug mit der Ziegenmilch, die ich opfern wollte, und verschleierte mein Gesicht.

Die Sonne ging eben auf, als ich am Fuße des Serapeionshügels aus meiner Sänfte stieg und langsam die Treppe hinaufschritt. Das brachte mich mit meiner wachsenden Last außer Atem, aber als ich den Gipfel der Anhöhe erreichte, belohnte mich der Blick auf das Meer in der Morgendämmerung, und ganz Alexandria glühte golden im neuen Licht. In diskretem Abstand hinter mir folgte Iras.

Hoffentlich kam ich nicht zu spät. Sie hatten die Tempeltüren bereits mit

Weihrauch geöffnet – ich roch den süßen, stechenden Duft. Am Eingang blieb ich stehen, um mir die Hände und das Gesicht mit geweihtem Wasser aus einem Bronzebecken zu waschen und mich so zu läutern. Als ich das weite, schattige Gebäude betrat und auf den Schrein der Isis zuging, sah ich, daß die weißgewandeten Priester eben dabei waren, den Eingang mit heiligem Nilwasser zu besprengen. Hinter ihnen standen die Tempeldiener in einer Reihe und sangen das fromme Morgenlied.

»Erhebe Dich, Du Herrin der beiden Länder Ägyptens, Du Herrin des Himmels, Du Herrin im Hause des Lebens …«

Die tiefen, volltönenden Stimmen hoben und senkten sich wie der Nil. Die kahlgeschorenen Häupter der Priester und Ministranten schimmerten wie glatte, helle Kieselsteine im Zwielicht. Mit wiegendem Gang bewegten sie sich auf das Podest zu, auf dem die verschleierte Statue der Isis stand, und warfen sich ihr zu Füßen. Schließlich erhob sich der Oberpriester, trat zur Statue und zog mit zierlicher Bewegung den Schleier weg. Ehrfurchtsvoll legte er der Göttin die Halsbänder aus Gold und Türkis um und setzte ihr einen Kopfschmuck aus Geierfedern auf.

Eine Statue von Dir, o Isis, kann man niemals mit dem Bild einer anderen Göttin verwechseln: Du hältst Rassel und Tambourin in der einen Hand und den mit Nilwasser gefüllten Krug mit der langen Tülle in der anderen. Dein Gewand ist immer mit dem Knoten verschnürt, der Dir heilig ist, mit einem mystischen Knoten. Hier in diesem großen Schrein hast Du überdies den Kopfschmuck mit der Kobra, und unter Deinen Füßen ist ein Krokodil. Und auf Deinem Gesicht liegt das vollkommenste Lächeln, das Zeichen der endlosen Liebe, die du uns allen schenkst.

Lange Zeit knieten wir schweigend. Dann fingen einige Frauen an, sich an die Brust zu schlagen und laut heulend die »Klagen der Isis« anzustimmen. Sie schütteten Dir ihr Herz aus – Sorgen wegen ihrer Ehemänner, ihrer undankbaren Söhne, ihrer aufsässigen Töchter, ihrer schmerzenden Knie, der Öfen, in denen das Brot nicht richtig gelingen wollte, wegen ihrer rattenverseuchten Kornvorräte. Alles, mochte es noch so wichtig oder unbedeutend sein, wurde Dir vorgetragen, und sie vertrauten darauf, daß Du es in Ordnung bringen könntest. Eine nach der anderen kroch nach vorn und legte Dir ihre Opfergaben zu Füßen – Blumen, Brote, Tiegel mit Honig, Blütenkränze. Auch ich kroch auf Händen und Knien hinzu, um die Milch darzubringen.

»›Ich bin alles, was war, was ist und was sein wird‹«, sang die Stimme einer Priesterin an Deiner Statt.

Die Worte drangen an mein Herz, und ich schaute in Dein Gesicht. Du sahst jünger aus als ich, aber ich wußte, daß Du alles ertragen hattest, was eine Frau ertragen kann. Du hattest die Reise beendet, die ich gerade beginnen wollte. Du warst Frau und Witwe und Mutter.

»Ich bin sie, die man heißt Göttin unter den Weibern«, sang die Stimme weiter.

»Ich überwinde das Schicksal. Das Schicksal hört auf mich.«

»Ich bin es, die unzählbare Namen trägt.«

Unbeschreibliche Schönheit erfüllte Dein Antlitz vor meinen Augen, und ich betete Dich an.

Lange Zeit blieb ich an Deinem Altar und bat Dich um Hilfe bei den bevorstehenden Strapazen der Geburt und um Rat für Ägypten. Nach und nach zogen die übrigen Beterinnen sich zurück, und als ich schließlich spürte, wie die Pracht Deiner Anwesenheit verblaßte und ich allmählich zum Alltäglichen zurückkehrte, da war ich fast allein. Nur sehr wenige Frauen waren noch da; zwei fielen mir besonders auf, die sich so langsam zur Tür bewegten, daß ich mich fragte, ob sie verkrüppelt seien. Aber sie standen recht gerade, und ihr Gang war nicht weiter auffällig. Als ich näherkam, sah ich, daß die eine blind war und sich vorantasten mußte, während ihre Begleiterin ihr half. Gleich darauf erkannte ich, daß sie aber nicht wie alle anderen Blinden war, denn sie rieb sich immer wieder die Augen, als erwarte sie, daß gleich das Licht hineinfluten werde.

»Hast du Isis gebeten, dir dein Augenlicht wiederzugeben, Schwester?« fragte ich sie.

Sie wandte sich rasch zu mir um, als könne sie mich sehen. Ihre Gefährtin, das bemerkte ich erst jetzt, war ein junges Mädchen, höchstwahrscheinlich ihre Tochter.

»Ja, ich habe sie darum gebeten«, antwortete sie. »Jeden Tag komme ich her und bitte sie. Aber der Nebel bleibt.«

»Und ich bete, daß Isis, die Große und Mitfühlende Mutter, meiner Mutter helfen möge«, sagte das Mädchen. »Ich werde die Hoffnung nicht aufgeben.«

»Ich bin es nicht gewöhnt, blind zu sein«, sagte die Mutter wie zur Entschuldigung. »Wenn man so geboren wird, kann man vielleicht … Aber plötzlich jemand anders zu werden … Die halbe Welt ist mir geraubt und meine Arbeit dazu! Man braucht Jahre, um die Fähigkeiten einer Blinden zu entwickeln. Ich kann nichts von dem, was andere Blinde können. Ich kann nicht schnitzen, ich kann kein Musikinstrument spielen, ich kann nicht als königliche Vorkosterin arbeiten.«

»Was hast du denn früher getan?«

»Früher habe ich Seide gelockert.«

Wie unglückselig! Bei dieser Art von Handarbeit lockerte eine geschickte Näherin das Gewebe der Seidenstoffe, die wir aus Arabien bekamen, um es dehnbarer und transparenter zu machen, und dazu brauchte man ein scharfes Auge. Vielleicht war es ja diese Arbeit gewesen, die sie das Augenlicht gekostet hatte.

»Wie ist es denn passiert?«

»Im Krieg«, sagte sie. »Bei den Kämpfen schien es überall zu brennen. Alexandria ist beinahe feuersicher, da die Gebäude alle aus Stein sind, aber es lag genügend loses Material herum, das in Flammen aufgehen konnte. Als eine dieser Pechfackeln in meiner Stoffwerkstatt landete, warf ich einen Teppich darüber, um die Flammen zu ersticken, und stürzte mich dann selbst darauf, damit nicht alles in Brand geriet. Der Rauch des Teppichs – ein sehr unangenehmer, dicker, öliger Qualm – drang mir in die Augen. Und am nächsten Tag – sah ich nichts mehr.«

Der Krieg. Und dieser war besonders schrecklich gewesen, denn er hatte nicht auf einem Schlachtfeld stattgefunden, sondern in den Straßen der Stadt und in den Häusern der Menschen.

»Ich bringe dich zu meinem Arzt. Vielleicht kann er helfen. Kennst du noch andere, die verletzt wurden und ihre Arbeit, ihren Lebensunterhalt verloren haben?«

Sie wich zurück. »Warum sollte ich mit dir zu deinem Arzt gehen? Ich habe kein Geld, ich kann ihn nicht bezahlen. Wer bist du überhaupt?« Sie klang empört.

Ich zog meinen Schleier beiseite. »Ich bin Kleopatra, deine Königin, aber auch eine treue Anbeterin der Göttin Isis. Ich will ihr helfen, dir zu helfen.«

Beide machten entsetzte Gesichter.

»Ist Isis nicht die Verteidigerin der Frauen? Und ich, als ihre Tochter, stehe euch gleichfalls zur Seite. Ich will den Frauen helfen, die hier in Alexandria haben leiden müssen. Kommt mit mir zum Palast.«

Mit angstvoller Miene gehorchten sie.

Olympos untersuchte die Augen der Frau, aber er erklärte, der Schaden könne in der Tat von Dauer sein. Er trug ihr auf, sich die Augen zweimal täglich mit Regenwasser zu waschen, das mit einem Kräuterauszug aus einem arabischen Strauch zu vermischen sei. Ich verfügte, daß sie und ihre Tochter während der Behandlung im Palast wohnen könnten, und wenn ihr Augenlicht nicht wiederkehrte, würde ich eine neue Arbeit für sie finden.

»Warum nimmst du diese Frau in deine Obhut?« fragte Olympos. »Die Stadt muß voll von ihresgleichen sein.«

»Ja. Isis hat mir dafür die Augen geöffnet. Ich würde gern eine Möglichkeit finden, ihnen allen zu helfen. Ihr Leiden ist die Folge eines Krieges, der um meinetwillen geführt wurde. Es ist das mindeste, was ich tun kann.«

»Du überraschst mich immer wieder«, sagte er trocken.

Aber die größte Überraschung für uns alle brachte mein Kind. Mitten in der Nacht, nicht mehr als zwanzig Tage nach meinem Gespräch mit Olympos, überraschte mich ein wütender Schmerzanfall im Schlaf. Hellwach fuhr ich auf, als hätte mich ein schwerer Gegenstand getroffen. Dann lag ich flach auf dem Rücken und fragte mich, was geschehen war. War es ein Traum gewesen? Gerade als ich wieder einschlafen wollte, durchfuhr mich ein neuerlicher Schmerz. Ich schrie auf und setzte mich keuchend auf.

Die Flammen der Lampen, die ich in meinem Gemach immer brennen ließ, flackerten nicht. Alles war friedlich und still. Draußen hörte ich das sanfte Säuseln des Windes, aber ansonsten war es eine ruhige Juninacht. Es erschien mir ganz abwegig, in einem solchen Augenblick von Schmerzen heimgesucht zu werden.

Während mir dies noch durch den Kopf ging, überkam mich wieder eine Welle von Schmerz. Der Schweiß brach mir aus, und zitternd läutete ich nach Iras und Charmian, die nebenan schliefen. Ich mußte lange läuten, bevor sie mich hörten; es war ja, wie ich schon sagte, eine Nacht für süßen Schlummer.

»Ich glaube – der Augenblick der Geburt ist da«, sagte ich, als sie kamen. Erschrocken und ein bißchen verängstigt stellte ich fest, wieviel Mühe es mir machte, auch nur zu sprechen. »Holt die Hebammen!«

Ich wurde in einer Sänfte – oh, wie das schaukelte! – in eine Kammer gebracht, die dafür vorbereitet worden war. An einem niedrigen Stuhl hingen dort gedrehte Seile, an denen ich mich festklammern konnte; daneben lagen Stapel von leinenen Tüchern und Laken, und Wasserbecken standen auch bereit. Sie zogen mich aus, und ich begann trotz der warmen Nacht zu zittern, bis sie mich mit einem Laken zudeckten. Alle Lampen brannten, und ich stemmte mich gegen die Armlehnen des Stuhls. Die Hebammen standen herum, redeten leise miteinander und gaben sich Mühe, den Eindruck zu erwecken, als sei das alles ganz alltäglich. Für sie war es das ja auch. Ich war zutiefst dankbar, daß ich sie so weit im voraus beschafft hatte.

Die Schmerzen nahmen zu; Iras und Charmian wischten mir abwechselnd das Gesicht mit parfümiertem Wasser ab. Ich klammerte mich an die Seile und krümmte den Rücken hoch; ich wollte nicht schreien, mochte der Schmerz noch so stark werden. Ich fühlte, wie Wasser in heißem Schwall aus mir hervorbrach, und hörte, wie eine der Hebammen sagte: »Die Fruchtblase ist geplatzt.« Dann verlor ich alles Gefühl für die Zeit. Der Schmerz war eine Welt für sich; er umhüllte mich, und mir war, als versuchte ich ständig, ihn zu besteigen, als wollte ich eine glitschige Kugel erklimmen, die sich immer wieder drehte und mich abwarf. Endlich aber erreichte ich einen Gipfel, ich fühlte einen ungeheuren Druck, und dann – dann hörte es auf.

»Ein Sohn! Ein Sohn!« schrien alle.

Ein lautes, zittriges Quäken erhob sich.

»Ein Sohn!« Sie hielten ihn in die Höhe; er strampelte mit den roten Beinchen, und seine Brust dehnte sich in der Anstrengung des Weinens.

Sie wuschen ihn mit warmem, duftendem Wasser und wickelten ihn in frisches Leinen. Dann legten sie ihn auf meine Brust. Ich sah nur seinen Kopf von oben; er war mit feinen dunklen Haaren bedeckt. Seine kleinen Finger krümmten und streckten sich, und er hörte auf zu weinen. Ich spürte seine Wärme an mir, und Freude durchflutete mich – und Erschöpfung. Gegen meinen Willen schloß ich die Augen und schlief.

Es war Vormittag, als ich wieder zu mir kam. Ich sah die Reflexe des Meerwassers, die an der Decke tanzten; sie bewegten sich in kurzen, ruckhaften Mustern, und einen Augenblick lang lag ich nur da und starrte sie fassungslos an. Dann kehrte die Erinnerung an alles zurück.

Ich stemmte mich mühsam auf den Ellenbogen hoch und sah Charmian, Iras und Olympos auf der anderen Seite des Zimmers sitzen. Sie sprachen gedämpft miteinander. Draußen schien die Sonne so hell, daß es mir in den Augen weh tat.

»Mein Sohn!« sagte ich. »Ich will ihn noch einmal sehen.«

Charmian beugte sich über das königliche Kinderbett, ein zierlich geschnitztes Kästchen auf kleinen Füßen. Sie hob ein gewickeltes Bündel heraus und trug es zu mir. Es sah zu winzig für ein menschliches Wesen aus. Ich zog das Leinen vor dem kleinen roten Gesicht beiseite. Ein wütendes, runzliges, sonnenverbranntes altes Männchen starrte mir entgegen. Ich lachte.

Olympos kam eilig an mein Bett. »Er ist klein, aber er wird am Leben bleiben«, erklärte er zufrieden. »Achtmonatskindern geht es oft nicht so gut.«

»Ja, er ist einen Monat zu früh gekommen«, sagte ich, und plötzlich wurde mir klar, daß Cäsar ihn um Haaresbreite verpaßt hatte, und ich empfand zweifache Enttäuschung, weil es so knapp gewesen war. Aufmerksam betrachtete ich das Gesichtchen, das mir da mit seinen ziellosen, dunstigen blauen Augen entgegenstarrte. »Ich glaube, es ist unmöglich, im Gesicht eines Neugeborenen irgendwelche Ähnlichkeiten zu entdecken, ganz gleich, was die Leute behaupten. Ich habe dieses Gesicht noch nie gesehen.« Ich strich das flaumige Haar glatt, das auf seinem Kopf wuchs. »Immerhin kann ich sagen, daß er nicht kahlköpfig ist wie sein Vater.«

Wie würde Cäsar sich freuen, wenn er die Nachricht bekäme! Wie entzückt ich war, daß ich ihm etwas schenken konnte, das ihm so lange Zeit hindurch niemand sonst auf der Welt hatte schenken können. Etwas, das für ihn unerreichbar gewesen war, mochte er noch so viele Länder erobern. Ich mußte ihm sofort eine Botschaft schicken. Aber ich wußte nicht einmal, wie ich ihn erreichen sollte; seit seiner Abreise hatte ich nichts mehr von ihm gehört.

»Wie wirst du ihn nennen, Majestät?« fragte Charmian.

»Ich werde ihm einen Namen geben, an dem beide Seiten seines Erbes prangen«, sagte ich. »Ptolemaios Cäsar.«

Olympos machte ein erschrockenes Gesicht. »Du wagst es, ihm den Familiennamen Cäsars zu geben, ohne die Familie um Erlaubnis zu bitten?«

»Ich brauche keine Erlaubnis von dieser Familie. Was hat sie damit zu tun? Das Oberhaupt dieser Familie ist der Vater des Kindes. Es geht nur ihn und mich etwas an.«

»War er denn damit einverstanden?« fragte Iras leise.

»Er hat gesagt, es sei ganz und gar mir überlassen, wie ich ihn nenne.«

»Aber wahrscheinlich hat er nicht angenommen, daß du dir seinen Namen aneignest«, gab Olympos zu bedenken. »Wahrscheinlich meinte er doch nur, es sei ihm gleichgültig, ob du ihn Ptolemaios oder Troilos nennst.«

»Troilos?« Ich jauchzte vor Lachen, aber es tat weh, und ich hörte gleich wieder auf. »Troilos!«

»Ein prächtiger Name aus der großen Geschichte von Troja«, sagte Olympos lächelnd. »Ein passender Heldenname. Oder wie wäre es mit Achilles oder Ajax?« Wir lachten alle, aber dann fuhr Olympos fort: »Ich bin nicht sicher, daß du rechtlich befugt bist, den Namen Cäsar zu benutzen. Rom hat in dieser Hinsicht zahlreiche Vorschriften …«

»Ich bin die Königin von Ägypten! Zur Hölle mit Rom und seinen Gesetzen! Gajus Julius Cäsar ist der Vater dieses Kindes, und es wird seinen Namen tragen!« schrie ich.

»Beruhige dich«, sagte Iras. »Beruhige dich. Natürlich wird es seinen Namen tragen. Er würde es gar nicht anders wollen.«

»Dann wirst du ihn also zwingen, das Kind anzuerkennen«, stellte Olympos fest. »Du wirst ihn mit diesem Namen auf die Probe stellen.« Er sagte es voller Bewunderung.

Aber er verstand mich nicht. Freilich, es stimmte, was er da sagte, doch ich wollte nur, daß mein Sohn den Namen seines Vaters trug. So einfach war es.

»Er wird mich nicht im Stich lassen«, sagte ich leise. »Und er wird *ihn* nicht im Stich lassen.« Ich drückte einen Kuß auf den Scheitel des Kindes. Aber Olympos hatte Angst in mein Herz gesät. Ich wußte, daß ein Vater sein Kind in Rom formell anerkennen mußte. Würde Cäsar das tun?

Die nächsten paar Tage vergingen in einem Glück, das alles Maß überstieg. Das schlichte Wort kann nicht annähernd vermitteln, wieviel Freude und Ekstase mein Wesen erfüllte. Ich fühlte mich leicht wie eine Feder vom Flügel eines Falken, und zwar nicht nur, weil ich das Gewicht und die Fülle des Kindes nicht mehr in mir trug, sondern auch, weil ich begeistert spürte, daß ich immer noch auf geheimnisvolle Weise mit ihm verbunden war. Der Knabe war ganz und gar er selbst, und doch war er für immer und alle Zeit auch ein Teil von mir. Wenn ich ihn im Arm hielt und stillte, überwältigte mich die feste Überzeugung, daß ich nie wieder allein sein würde.

Mein Verstand wußte, daß das nicht stimmte. Wir waren nicht eine einzige Person, und ein anderer Mensch kann unmöglich jene letzte Einsamkeit von uns fernhalten, die wir alle fürchten. Dennoch *empfand* ich es so.

Olympos billigte es nicht, daß ich ihn stillte. Er meinte, es sei erniedrigend und ich solle eine Amme für ihn suchen. Ich versprach ihm, es bald zu tun, aber in den ersten paar Wochen, während ich Ausschau hielt und mich fragte, wo Cäsar war und was er tat, mußte ich meinen Sohn alle paar Stunden nah bei mir haben.

Mit jedem Tag veränderte sich der kleine Cäsar – die Menschen von Alexandria hatten ihm den Spitznamen Cäsarion, der »kleine Cäsar«, gegeben; so hatten sie sich über alle juristischen Spitzfindigkeiten hinweggesetzt und waren geradewegs zum Kern der Sache vorgedrungen. Sein kleines Gesicht glühte bald nicht mehr feuerrot, die Runzeln glätteten sich, und seine Augen wurden rund und verloren jenes seltsam geschlitzte, gestreckte Aussehen, wie es die Augen Neugeborener haben. Jetzt konnte die Suche nach Ähnlichkeiten ernsthaft beginnen.

Ich selbst habe kräftige Gesichtszüge. Meine Nase ist lang, meine Lippen sind sehr voll, so voll wie die der steinernen Statuen der Pharaonen. Wohlgemerkt, ich sage, der Pharaonen, nicht ihrer Gemahlinnen, denn die hatten zierliche Gesichter. Mein Gesicht ist lang und schmal, und der volle Mund bildet einen gewissen Ausgleich, aber an sich ist er zu groß, um die Wahrheit zu sagen. Cäsars Gesichtszüge sind das genaue Gegenteil; sie sind sehr fein für einen Mann. Bei unserem Kind waren es überraschenderweise die feinen Züge, die über die kräftigeren triumphierten. Cäsarion glich seinem Vater, nicht mir. Das machte mich sehr glücklich.

Ich fand, es müsse eine Möglichkeit für mich geben, seine Geburt feierlich zu begehen, irgendeine Möglichkeit, ihn trotz Cäsars Abwesenheit offiziell willkommen zu heißen. Keine Paraden oder öffentliche Feiern; das alles wäre zu vergänglich. Ich wollte etwas Handfestes, etwas Dauerhaftes. Ich würde eine Gedenkmünze herausgeben.

»Nein!« sagte Mardian, als er davon hörte. Mehr und mehr wurde er mein wichtigster Ratgeber, trotz seiner Jugend. Ich vertraute ihm, und er hatte bei allen Aufgaben, die ich ihm bisher übertragen hatte, ein gutes Urteilsvermögen bewiesen; den Wiederaufbau Alexandrias beaufsichtigte er auf vorzügliche Weise.

»Warum nicht?« Ich ruhte auf einem Diwan in meinem großen Lieblingsraum, einem Zimmer, wo das Sonnenlicht zu allen vier Seiten hereinfluten konnte und wo die Winde sich trafen und miteinander spielten. Seidene Vorhänge blähten sich wie Schiffssegel, und duftende Binsen vom See Genezareth raschelten in den Vasen. Cäsarion lag auf einem schwarzen Pantherfell mitten im Raum, und seine Blicke folgten den peitschenden Bewegungen der Vorhänge. Ich hatte mich von der Entbindung vollständig erholt und platzte vor Tatkraft. »Warum nicht?« wiederholte ich.

»Würde es nicht …, nun, sagen wir, dünkelhaft erscheinen?« meinte er. »Und es würde auch Anlaß zu weiteren Fragen geben. Zum Beispiel: Was ist mit deinem Gemahl, dem kleinen Ptolemaios? Soll er auch mit auf die Münze?«

Der kleine Ptolemaios war wie ein zweites Kind für mich, und er hatte Cäsarion wie einen Bruder aufgenommen. Nie stellte er irgendwelche Forderungen – außer daß er ein größeres Segelboot haben wollte, um damit im inneren Hafen herumzufahren. Fast hatte ich vergessen, daß es ihn gab.

»Selbstverständlich nicht«, erklärte ich.

»Aber keine ptolemäische Königin hat je allein und aus eigenem Recht eine Münze herausgegeben«, sagte Mardian. Er verwandte Stunden darauf, solche Dinge zu erforschen, und ich glaubte ihm sofort. »Selbst deine erhabene Ahnfrau Kleopatra II. hätte das nicht gewagt.«

Ich steckte mir eine große, gekühlte Traube in den Mund und genoß das Gefühl, als ihre Haut an meinem Gaumen zerplatzte. Dünner, beißender Saft spritzte hervor. »Dann sollte vielleicht auch Cäsar darauf sein?« fragte ich unschuldig.

Mardian schüttelte nur nachsichtig den Kopf. Er verstand meinen Humor. »O ja, das kannst du versuchen. Das dürfte sie in Rom einigermaßen aufrütteln.« Er schwieg. Im Gegensatz zu Olympos wußte er, daß er mir besser nicht widersprach, wenn ich einmal einen Entschluß gefaßt hatte. »An welche Münze hast du denn gedacht?«

»Zypern«, sagte ich. »Ich werde auf Zypern eine Münze prägen lassen.«

»Oh, du stellst Rom wirklich auf die Probe!« Er mußte unwillkürlich leise lachen. »Daß Cäsar Zypern verschenkt hat, wurde sehr kontrovers aufgenommen. Er hat kurzerhand römisches Territorium weggegeben. So etwas ist nicht populär. Natürlich hat er sich herausgeredet, indem er sagte, er sei gezwungen gewesen, die Alexandriner versöhnlich zu stimmen, da er zu jener Zeit von feindlichen Mächten eingekreist gewesen sei. Aber dieser Vorwand hat nun nicht länger Bestand. Schließlich hat er den Alexandrinischen Krieg gewonnen. Da hätte er Zypern still und leise zurücknehmen sollen. In Rom wurde deswegen allenthalben gemurrt.«

Mardians erstaunliche Fähigkeit, den Klatsch noch aus den entlegensten Gegenden zusammenzutragen, hatte ich stets bewundert. Es war, als habe er einen Vorposten in Rom. Wie machte er das bloß?

»Das ist die internationale Bruderschaft der Eunuchen«, hatte er einmal gesagt, und halb glaubte ich es ihm. Eine andere Erklärung wußte ich jedenfalls nicht.

»Was redet man denn in Rom?« So etwas war köstlich.

»Daß er in Ägypten seinen Verstand verloren und herumgetändelt habe, statt mannhaften römischen Aufgaben nachzugehen; er hätte den letzten pompejanischen Rebellen nachsetzen müssen, statt den weibischen Genüssen des Nils zu frönen – und so weiter. Für deinen Ruf hat es freilich Wunder gewirkt, denn es war eine Sensation: eine Frau, für die Cäsar seine Pläne ändert! Seine Veteranen haben Verse darüber gemacht, etwa so: ›Der alte Cäsar wälzte sich im Schlamm mit der Tochter des Nils, so daß sie anschwoll und über die Ufer trat ...‹ Ich, äh, ich erinnere mich nicht an alles.«

»Natürlich nicht.« Ich merkte, daß meine Ohren heiß wurden. Schon oft war ich dankbar dafür, daß mein Gesicht nicht rot wird, wenn ich verlegen bin, sondern nur meine Ohren. Und die waren heute unter meinen Haaren unsichtbar. »Jetzt aber zurück zu der Münze. Ich denke, sie sollte aus Bronze sein. Und sie soll zeigen, wie ich Cäsarion stille.«

»Wie Isis«, sagte er schlicht. Er hatte die Bedeutung sofort verstanden.

»Ja«, sagte ich. »Wie Isis und Horus. Wie Venus und Cupido. Zypern war schließlich die Geburtsstätte der Venus.«

»Und Venus ist Cäsars Vorfahrin.«

»Ja.«

»Wie kann eine einfache Münze so viele Botschaften in sich tragen!« rief er aus und nickte voller Bewunderung.

Ich saß Modell für die Münze. Einer unserer alexandrinischen Künstler war gekommen, um mein Abbild anzufertigen, und ich saß auf einem Hocker und hielt Cäsarion im Arm. Er faßte mir immer wieder ins Haar, und ich drückte sanft seine Hände herunter, dicke, weiche kleine Pfoten, so mild wie Joghurt. Die Hände eines Säuglings zu berühren ist ein äußerst sinnliches Gefühl – ein Wunder, das bald vergeht, wie die zarten neuen Blätter, wie der Dunst des frühen Morgens, wie alles Neue, das nicht neu bleiben kann, sondern sich in etwas Prosaischeres verwandelt, wenn der Tag unerbittlich dahingeht. Noch waren Cäsarions Hände kostbar.

Der Künstler machte ein Modell aus Ton, und ich würde es billigen müssen. Ich wünschte, ich hätte mehr herkömmliche Schönheit besessen. Zwar wußte ich inzwischen, daß meine Züge alles in allem genommen eine angenehme Wirkung ausübten, aber am besten sahen sie von vorn aus. Im Profil sah man nur die Größe meiner Nase und meiner Lippen, nicht aber die Harmonie des Ganzen. Gleichwohl zeigten die Porträts auf Münzen aber traditionell das Profil. Ach, hätte man das Profil eines Alexander!

»Höher den Kopf«, murmelte der Künstler, und ich hob das Kinn.

»Du hast einen königlichen Hals«, sagte der Künstler. »Er ist hübsch geschwungen.«

Schade, daß die Dichter sich nicht mit Hälsen abgeben, dachte ich. Niemand spricht je von einem Hals.

»Dein Haar sollte auf der Münze gut hervortreten«, sagte er. »Soll ich die Locken abbilden?«

»Auf jeden Fall.« Alexanders zerzauste Locken bildeten sie immer ab. Mein eigenes Haar war dicht und wellig, dem Alexanders nicht unähnlich. Aber meines war schwarz, während er blond war. Schwarzes Haar hatte den Vorteil, daß man es mit Kräutern und Ölen ausspülen konnte, so daß es glänzte wie ein Rabenflügel.

»Und die Augen ... Soll ich dich geradeaus schauen lassen?«

»Wie du willst.«

Es war fast unmöglich, Augen lebendig darzustellen, wenn man sie von der Seite zeigte. Und natürlich konnte man die Farbe nicht andeuten. Ich hatte es merkwürdig gefunden, daß Cäsar, der Römer, dunkle Augen hatte, während die meinen heller waren, bernsteinfarben oder grün. Cäsarions Augen waren inzwischen dunkler geworden; sie würden werden wie die seines Vaters. Hätte ich ihn nicht geboren, so hätte ich mich gefragt, was ich eigentlich zu Cäsarions Herkunft beigetragen hatte.

Stundenlang, so schien es mir, saß ich Modell. Ich mußte das Kind an Iras weiterreichen, weil es anfing zu zappeln und zu weinen. Als ich schon dachte, ich könnte es nicht länger ertragen, sagte der Künstler: »Ich glaube, ich bin fertig. Möchtest du es anschauen?«

Es ist immer mit einem Augenblick des Grausens verbunden, wenn man sein Porträt zum ersten Mal anschauen soll. Es ist das, was andere sehen, und man ist sicher, daß ihre Sicht wahrer sein müsse als die eigene. Ich erhob mich von meinem Hocker – meine Beine waren fast eingeschlafen – und kam herum, um zu sehen, was er geschaffen hatte.

Es war häßlich!

Ohne nachzudenken, platzte ich heraus: »So sehe ich aus?«

Er war wie vom Donner gerührt. »Ich ... ich ...«

»Dieses Weib sieht aus wie eine hethitische Axt!« rief ich. Phlegmatisch und mit zusammengebissenen Zähnen starrte die Matrone von der Münze herab. Das Kind an ihrer Brust – war das überhaupt ein Kind oder bloß eine Steinkugel? Es hatte überhaupt kein Gesicht, aber dafür einen unnatürlich dicken, runden Kopf.

Als ich das lächerliche Kind betrachtete, war mir wohler. Ich wußte, daß Cäsarion so nicht aussah.

»Das mußt du ändern«, sagte ich. »Ich weiß, ich bin nicht so schön wie

Aphrodite, aber ich sehe auch nicht aus wie eine Sechzigjährige. Ich bin nicht so groß wie der Apis-Stier. Und mein Kind hat Augen!«

»Ich dachte … ich dachte, du wolltest die Würde des Throns betonen«, sagte der Künstler.

»Das will ich auch«, erwiderte ich. »Aber Alter und Umfang vermitteln ja von allein noch lange nicht den Eindruck von Größe. Sieh dir nur die verrottenden Rümpfe der alten, ausgebrannten Kriegsschiffe an! Wenn ich es recht bedenke, so läßt du mich hier genauso aussehen!«

»Verzeih mir, verzeih mir! Ich dachte nur, weil du eine Frau bist … Da wäre es vielleicht besser … Ich meine …«

Ich wußte, was er meinte. Die Gründe waren mir nicht bekannt, aber wenn einer eine Frau darstellen wollte, die mächtig oder klug war, so brachte er dies dadurch zum Ausdruck, daß er sie äußerlich abstoßend porträtierte. Bei einem Mann dagegen war es umgekehrt. Niemand befürchtete, daß Alexanders Schönheit seinen Fähigkeiten als Feldherr abträglich sein könnte. Nirgends wurde angedeutet, daß ein Mann, der gut aussah, kein guter Herrscher sein könne, nicht klug, nicht stark, nicht tapfer. Im Gegenteil, die Menschen sehnten sich nach einem prachtvollen König. Bei einer Frau hingegen … Ich schüttelte den Kopf. Es war, als mache die Schönheit einer Frau alle ihre anderen Eigenschaften verdächtig.

»Ich weiß, daß hinter all dem verborgene Regeln stehen und daß eine Münze diesen Regeln entsprechen muß«, sagte ich müde. »Eine junge Frau mit körperlichen Reizen, das paßt nicht zur Würde einer Königin. So will es die Konvention. Aber das hier ist zuviel!«

»Gnädige Majestät, ich werde es ändern. Bitte gestatte, daß ich es so richte, wie es dir gefällt.«

Mardian und ich betrachteten das fast fertige Werk. Ein Faksimile der Münze war von einem anderen Künstler in Bronze gegossen worden, und daraus würde man nun eine Gießform fertigen. Vorausgesetzt natürlich, daß es diesmal meine Billigung fand.

»Tja«, sagte Mardian und bemühte sich, sein Kichern zu unterdrücken. Ohne Erfolg.

»Hast du je etwas so … Grimmiges gesehen?« fragte ich. Der Künstler hatte nur wenig geändert.

»Geschieht dir recht«, sagte er. »Es ist ein Mittel gegen deine Eitelkeit.«

»Ich bin nicht eitel!« Ich glaube, das ist wahr. Ich habe mich nie um mich selbst gedreht, sondern ich versuche zu einer ehrlichen Einschätzung meiner Eigenschaften zu finden. Das ist alles.

»Es war eitel von dir, überhaupt an die Münze zu denken.« Er blieb unerbittlich.

»Es war eine politische Kundgebung, schlicht und einfach.«

»Eine politische Kundgebung war es wohl, aber nicht schlicht und einfach.« Er drehte die Münze zwischen den Fingern. »Du siehst furchterregend aus. Rom wird zittern.« Er lachte. »Man wird sich allerdings auch fragen, was Cäsar an dir gefunden haben mag.«

Ich seufzte. Ich brannte darauf zu erfahren, was aus ihm geworden war und wie es ihm erging. Warum hatte er mir noch nicht geschrieben?

»Mardian«, sagte ich und bemühte mich, nicht weinerlich zu klingen. »Hast du irgendwelche Kunde über seinen Aufenthalt?« Wenn es jemand wußte, dann Mardian.

»Ich habe gehört, daß er in Antiochia gelandet und nach Ephesos marschiert sein soll. Ich glaube, da ist er immer noch.«

»Von wann stammt diese Nachricht?«

»Man berichtet, er habe Ephesos gegen Ende des Quintilis erreicht.«

Wir hatten den letzten Tag des Quintilis. Anfang Juni war er fortgesegelt. Cäsarion war am dreiundzwanzigsten Juni zur Welt gekommen, fast zur Sommersonnenwende. Warum hatte ich noch keine einzige Nachricht von ihm bekommen?

»Will er denn geradewegs nach Pontos?«

»Das nimmt man an«, erklärte Mardian. »Er will schnell zuschlagen.«

»Das tut er immer«, sagte ich.

Er schlägt schnell zu und zieht dann weiter, fügte ich bei mir hinzu. Er zieht weiter und schaut sich nicht um.

# 17

*Veni, vidi, vici*. Ich kam, ich sah, ich siegte.

Noch heute können diese Worte meine Seele in Erregung versetzen. Es waren die drei lakonischen Worte, mit denen Cäsar schilderte, was geschah, als er schließlich mit König Pharnakes von Pontos zusammentraf. Nachdem er Hunderte von Meilen weit gereist war, verfolgte er den König in sein eigenes Territorium hinein, und als sie einander erblickt hatten, begann noch am selben Tag die Schlacht. Sie dauerte nur vier Stunden und endete mit der völligen Niederlage des großsprecherischen Königs; seine Streitkräfte waren so sehr von ihrer Tollkühnheit benebelt, daß sie eine bergauf gerichtete Streitwagenattacke gegen Cäsars Befestigungen unternahmen. Das Resultat war unausweichlich. Später bemerkte Cäsar angeblich, es sei kein Wunder, daß

Pompejus als unbezwingbarer General gegolten habe, wenn dies das Kaliber seiner Gegner gewesen sei.

Die Schlacht hatte am ersten Tag des römischen Monats Sextilis stattgefunden, weniger als zwei Monate nachdem er Alexandria mit seiner Viertellegion verlassen hatte. Wieder einmal hatte er übermenschliche Schnelligkeit und Leistung bewiesen.

Ich wünschte mir, die Worte *Veni, vidi, vici* hätte er mir geschrieben und dazu eine Beschreibung der Schlacht, aber das hatte er nicht getan. Sie standen in einem Brief, der an einen gewissen Gajus Matius in Rom adressiert war, einen seiner alten Vertrauten dort. Natürlich bekamen Spitzel Wind davon und verbreiteten sie in der ganzen Welt. Dieselben Spitzel wie auch Mardians »Internationale Bruderschaft der Eunuchen« berichteten, daß er im September nach Rom zurückgekehrt sei, nachdem er die Ämter und Posten in den unruhigen Territorien neu verteilt habe.

Ich begab mich fast jeden Tag in Deinen Tempel, o Isis, um Dir für seine Errettung zu danken. Meine ständige Angst um seine Sicherheit war schwer zu ertragen. Schon da hatte ich fast das Gefühl, daß die Götter sich nur über ihn lustig machten, als wollten sie ihn zum Opfer vorbereiten. Die Tauben und Stiere, die wir für den Altar ausersehen haben, verhätscheln wir ja auch, als gäbe es noch eine andere Möglichkeit für sie. Wir schmücken sie mit Girlanden und füttern sie mit dem süßesten Gras und mit Getreide. Wir schützen sie vor der Mittagshitze und vor der Kälte der Nacht. Nichts kann sie erreichen – nur ihre angeblichen Beschützer. Du aber, Isis, bist mitfühlend als einzige unter den Göttern. Du kennst die Leiden einer Ehefrau und die Freuden der Mutterschaft. Ich wußte, daß meine Bitten und Gebete bei Dir nicht auf taube Ohren stoßen würden.

Etwa um die Zeit, da Cäsar über Pharnakes siegte, begann der alljährliche Anstieg des Nils. Zu jener Zeit betrachtete ich es als gutes Omen; es bedeutete, daß unser beider Geschick auf einer machtvollen Flutwelle emporgetragen wurde. Es war das Neujahrsfest des ägyptischen Kalenders, und überall am Ufer des Stroms begannen die Feierlichkeiten, mit denen man den ersten wahrnehmbaren Anstieg des Wassers begrüßte. In Theben bestiegen die Priester das heilige Boot des Amun-Re zur Prozession, und Tausende von Laternen zogen schwankend durch die warme Nacht. In Koptos und Memphis rissen sie die Tore zu den Kanälen auf, um das Wasser willkommen zu heißen, damit es das Land in Besitz nehmen könnte wie ein Mann seine Frau. Es wurde zu einem großen Fest der Liebe, nächtelang wurde geschmaust und geheiratet.

Die jungen Männer sangen:

*Hell die Barke laßt zu Wasser,*
*Und mein Haupt mit Blumen schmückt,*
*Eh' ich eil' zum Tempeltore,*
*Wo die Liebste mich beglückt.*
*Du, Gott Ptah, laß die Geliebte*
*Zu mir kommen heute nacht,*
*Daß der Morgen sie erblicke,*
*Von der Liebe schön gemacht.*
*Memphis: Klang und Wohlgerüche,*
*Götterwohnung voller Pracht.*

Und die Liebste antwortete:

*Mein Herz ist krank vor Sehnsucht,*
*Bis mein Liebster zu mir kommt.*
*Wenn die Wasser durch die Schleusen*
*Fließen, werde ich ihn seh'n.*
*Gebt ihm Kranz um Kranz von Blumen,*
*Mein Haar soll ihm zur Freude weh'n,*
*Glücklicher als Pharaos Töchter,*
*Will ich in seine Arme geh'n.*

Ich hörte, wie Iras dieses Lied sang, und es erfüllte mich mit Sehnsucht nach Cäsar, wenn ich an die Liebesspiele und die Feste dachte, die jetzt landauf, landab stattfanden, während ich, gerade zweiundzwanzig Jahre alt, allein in meinem Bett im Palast lag, in einem Zimmer, das mir plötzlich stickig erschien.

Als das Wasser weiter anstieg, frohlockten alle. In den ersten zwei Jahren meiner Regentschaft hatte die Flut nicht genügt, und es war zu Hungersnöten gekommen. Nun schien die erste Flut nach meiner Rückkehr auf den Thron auch die Rückkehr der natürlichen Fruchtbarkeit zu verheißen.

Aber dann stieg das Wasser weiter an, weiter und immer weiter. Es stieg bis an die Pforten der heiligen Tempel und leckte an den Toren der innersten Heiligtümer. Es überwand Deiche und Flutbecken und floß hinaus in den Wüstensand. Die Lehmziegelhäuser, die in mutmaßlich sicherem Abstand gebaut waren, wurden überflutet und zerfielen zu Nilschlamm.

Meine Ingenieure am Ersten Katarakt, wo die Flutwelle zuerst gesichtet wurde, schickten alarmierende Nachrichten. Der Pegel dort zeigte schon jetzt einen Stand, den man seit Menschengedenken nicht erlebt hatte. Und es war »dünnes« Wasser, nicht jenes tiefbraune, das Fruchtbarkeit versprach. Irgend etwas stimmte nicht.

Wasser. An diesem Abend saß ich da und starrte auf einen Becher mit frisch geschöpftem Nilwasser aus Oberägypten. Unschuldig stand es auf dem Tisch und zeigte nur einen Hauch von Farbe. Es war völlig anders als sonst um diese Jahreszeit; es hätte trüb sein müssen von der lebenspendenden schwarzen Substanz, die mit der Flut herunterkam. Ägypten nannte sich das »schwarze Land«, weil der Nil jedes Jahr einen schwarzen Streifen von fetter Erde an seinen Ufern ablagerte. Wenn es dieses Geschenk nicht bekam, war das Land nicht Ägypten. Und das nach zwei Jahren Niedrigwasser!

Konnte man etwas tun? Was war überhaupt die Ursache dafür, daß der schwarze Boden in den Fluß gelangte, und woher kam er? Zu meiner Überraschung schien weder Olympos noch Mardian eine klare Vorstellung oder auch nur eine Vermutung zu haben.

»Es muß dort hervordringen, wo auch die Quelle des Nils ist«, sagte Mardian. »Und du weißt, daß die noch niemand gefunden hat.«

»Ich dachte, der Nilgott Hapi brächte diesen Stoff mit«, erklärte Olympos unschuldsvoll.

»Du, der du dich über alle Götter auf dem Olymp und im Hades nur lustig machst, gibst mir eine enttäuschende Antwort«, erwiderte ich.

»Ich könnte mir denken, daß jemand im Museion etwas weiß«, sagte Mardian. »Lassen wir doch den Ruf erklingen, der die furchtbarsten aller Bestien erweckt: die Gelehrten und Wissenschaftler.«

Eine sanfte Brise, die nach Jasmin aus einem nahen ummauerten Garten duftete, wehte über uns hinweg. Ich seufzte. Gern hätte ich mich einfach dieser köstlichen Nacht überlassen, statt mich mit Sitzungen und Wissenschaftlern abzugeben.

In einem Fenster im ersten Stock einer Villa oberhalb der säulengesäumten Straße wurde eine Lampe gelöscht, und ich sah, wie das Licht in jenem Zimmer schwand. Einer meiner Untertanen erfüllte sich genau diesen Wunsch. Aber ich, die Königin, mußte wach bleiben, damit er in Frieden schlafen konnte.

»Morgen werden wir uns mit ihnen beraten«, sagte ich zu Mardian und Olympos. Und heute nacht werde ich wach liegen und mir überlegen, was ich von ihnen in Erfahrung bringen muß, dachte ich.

Mein Bett war mit gebleichten Leinenlaken bezogen. Es fühlte sich feucht an. Überall war Feuchtigkeit. Ich erinnerte mich, daß man mir erzählt hatte, wie die Ingenieure abends unglasierte Töpfe an den Nil stellten und sie morgens wogen, um festzustellen, wieviel Wasser der Ton über Nacht absorbiert hatte; auf diese Weise sagten sie voraus, wie hoch der Fluß ansteigen würde. Wenn es stimmte, daß der Nil einen dunstigen Atem absonderte, dann waren seine Ausdünstungen jetzt schwer von Tau.

Niemand kann den Nil aufhalten, dachte ich. Wir können nur versuchen, die Dinge aus seiner Reichweite zu bringen, tiefere Auffangbecken auszuheben und Mist auf die Felder zu streuen, die keinen Nilschlick bekommen. Was Ungeziefer und Schlangen angeht – da muß ich mich nach diesen Schlangenmenschen erkundigen, den Psylli; die haben magische Kräfte, heißt es …

Trotz der lastenden Luft und der zerknüllten Laken schlief ich ein.

Ich hatte den Befehl gegeben, im Museion einen Rat von Gelehrten und Wissenschaftlern zusammentreten zu lassen, der mir helfen sollte, gegen die bevorstehende Katastrophe zu kämpfen. Habe ich eigentlich die Geschichte des Museions schon berichtet? Es ist eine Akademie, die den Musen geweiht ist – daher der Name – und an die Bibliothek angrenzt; beide haben einen gemeinsamen Speisesaal. Aber in den Jahren seit seiner Gründung ist das Museion zu einem wahren Bienenkorb für Gelehrte geworden, die von den Ptolemäern unterstützt wurden. Wir sorgten für ihre Bedürfnisse, gaben ihnen vollkommene Arbeitsräume; sie hatten eine prächtige Bibliothek voller Manuskripte in greifbarer Nähe, Vortragssäle aus poliertem Marmor, Kunstwerke aus aller Welt zu ihrer Inspiration und Laboratorien, in denen sie die Phänomene der Natur studieren konnten – und dafür verlangten wir nur eines: Sie sollten uns ihr monumentales Wissen zur Verfügung stellen. Selten nahmen wir sie wirklich in Anspruch – davon abgesehen, daß wir sie baten, als königliche Hauslehrer zu arbeiten –, und so schnitten sie bei diesem Handel besser ab als wir. Jetzt aber würde ich ihre Hilfe brauchen.

Ich traf in der großen Rotunde mit ihnen zusammen, flankiert von meinen Ratgebern und Schreibern. Stets optimistisch, hoffte ich auch diesmal, daß die Schreiber eine Menge nützliches Material würden niederschreiben müssen. Ingenieure, Historiker, Geographen und Naturkundler warteten schon. Sie drängten sich um eine Topfpflanze mit großen, schuhsohlenförmigen Blättern und untersuchten etwas an ihrem Stamm. Sie richteten sich jäh auf, als wir herankamen, und wandten sich von der Pflanze ab.

Ich empfand Erleichterung beim Anblick so vieler Gelehrter, wie ein kranker Patient erleichtert ist, wenn er ein Bord voller Arzneiflaschen und Tiegel sieht. Eines davon mußte doch das Heilmittel enthalten!

»Ihr guten Gelehrten und Wissenschaftler des Museions – berühmt in der ganzen Welt –, ich komme heute zu euch, weil ich hoffe, daß ihr dabei helfen könnt, Ägypten zu retten.« Ich machte eine Pause, um diese unverblümten Worte wirken zu lassen. »Allen Berichten aus Oberägypten zufolge steht der Nilpegel höher als je zuvor, aber das Wasser enthält die lebenspendenden Substanzen nicht. Wir haben also eine doppelte Katastrophe zu erwarten: die Schäden eines Hochwassers und die Krise einer Hungersnot. Ich frage euch: Weiß die Wissenschaft da Rat?«

Stumm starrten sie mich an. Ich sah, wie hier und dort die Blicke hin und her huschten, als sie abwarteten, ob einer sprechen würde. Endlich trat ein junger Mann vor.

»Ich bin Ibykos von Priene«, sagte er. Er hatte eine dünne, unstete Stimme, die gar nicht zu seiner kompakten, übermäßig muskulösen Gestalt passen wollte. Seine Arme wölbten sich oben aus der Tunika, glänzend wie schwellende Früchte. »Ich bin Ingenieur. Ich kann nur eines vorschlagen: Wir können den Boden erhöhen – oder absenken –, um den Fluß zu halten. Also Dämme bauen oder gewaltige Rückhaltebecken graben. Vielleicht beides.«

»Und wie können wir das rechtzeitig tun?« fragte einer. »Dafür brauchte man mehr Arbeiter als für den Bau der Pyramiden! Der Nil ist viele hundert Meilen lang!«

»Die meisten Dörfer haben bereits Bewässerungsbecken. Vielleicht könnte ein jedes die bereits vorhandenen noch vergrößern. Das wäre keine so ungeheure Aufgabe«, sagte ich. »Aber einen Damm zu bauen – ist das möglich?«

»Nein«, sagte ein anderer Ingenieur. »Der Nil ist zu breit. Wir können ihn nicht lange genug aufhalten, um einen Damm zu bauen und ihn umzuleiten – nun, auch dazu ist er zu breit. Und die Strömung ist zu stark.« Er klapperte ein paarmal mit den Lidern, als wolle er seinen Worten so Nachdruck verleihen.

»Also gut.« Ich nahm an, daß das Thema damit erschöpft sei. Wir konnten wenig tun, um das Hochwasser selbst aufzuhalten. »Was passiert bei einer Flut? Was haben wir zu erwarten? Kann mir das jemand hier sagen?«

Ein Mann wie ein Berg war es, der jetzt vortrat. »Ich bin Telesikles«, sagte er. »Ich komme aus dem Euphrattal, wo wir oft Hochwasser haben. Ja, es gibt sogar ein Gedicht über unsere große Flut, das Epos von Gilgamesch. Der große Utnapischtim mußte sich ein riesiges Schiff bauen, sechs Stockwerke hoch, um zu überleben. ›Als aber der Glanz des Morgengrauens am Himmel erschien, da kam eine schwarze Wolke aus den Grundfesten des Himmels. Darin donnerte der Gewittergott. Sein Zorn reichte hinauf zu den Himmeln und machte alles Licht zu Dunkelheit. Sechs Tage und sechs Nächte hindurch tobten Wind und Flut und Sturm und verwüsteten das Land‹«, intonierte er.

Wir alle starrten ihn an. Sein Fleisch bebte, als er sein Gedicht aufsagte, als wehe der Sturmwind über seine Glieder.

»Und in den hebräischen Büchern des Moses kommt auch eine Flut vor, und eine Arche wird gebaut«, erklärte ein anderer.

»Wir werden aber nicht für alle Menschen in Ägypten Boote oder Archen bauen«, sagte ich. »Das Hochwasser wird ja nicht das gesamte trockene Land überfluten. Was mich interessiert, sind nicht poetische Schilderungen von Fluten, sondern die Frage, was tatsächlich infolge eines Hochwassers geschieht. Als Noah aus seiner Arche stieg, war alles zerstört. Was wird bei uns passieren?«

»›Und die ganze Menschheit war zu Lehm geworden. Die Erde war flach wie ein Dach‹«, rezitierte Telesikles ominös.

»Das ist absurd!« rief ein Mann mit schriller Stimme. »Die Königin will Einzelheiten von uns hören, keine Gedichte. Es wird sich nicht alles in Lehm verwandeln, und die Erde in Ägypten *ist* bereits flach wie ein Dach. Sei also still, du Dummkopf!«

»Wenn es mir gestattet ist ...« Ein hakennasiger Mann trat vor. Ich sah, daß er noch ziemlich jung war; sein Gesicht war zwar von Falten durchzogen, aber sein Haar war dunkel und ziemlich dicht. »Ich bin Alkaios aus Athen, ein Ingenieur mit historischen Interessen. Ich lebe lange genug in Ägypten, um mit dem vertraut zu sein, was auf dem Lande passiert, wenn zuviel Wasser herabkommt.« Er sah sich um und stellte fest, daß ihm niemand widersprechen wollte. »Gefährlich hohe Fluten sind selten, aber die Erinnerung verzeichnet dennoch welche. Zunächst einmal: Was geschieht, wenn am Meer die Flut eintritt?«

Niemand antwortete.

»Kommt, kommt. Seid ihr denn nie an einem Strand gewandelt? Nie in Judäa gewesen? Was für ein Haufen Provinzler! Nun – die Flut kommt und zerstört alles, was aus Sand gebaut ist. All die kleinen Häuser, die Kinder dort bauen, werden fortgeschwemmt. Und Kinder sind nicht die einzigen, die aus Sand bauen. Woraus sind die ägyptischen Dörfer? Aus sonnengetrockneten Ziegeln. Was geschieht, wenn diese Ziegel naß werden?« Er wies auf einen Wasserbottich, der neben der mysteriösen Pflanze stand und seiner Demonstration harrte. Er warf einen Lehmziegel hinein, daß das Wasser auf den Boden spritzte. »Paßt nur auf. In ein, zwei Stunden ist er zu Schlamm geworden.«

Die anderen Gelehrten rafften ihre Gewänder auf. »Mußt du so wild sein?« rief einer.

»Ich will etwas klarmachen«, sagte er. »Die Häuser werden einstürzen. Kein großer Verlust und nicht teuer, wenn man außer Reichweite des Hochwassers bereits im voraus neue baut. Im Gegensatz zu den Fluten der Gedichte kommt diese ja schrittweise. Wir haben also Zeit, uns vorzubereiten.« Er tat ein paar Schritte, bevor er herumwirbelte und verkündete: »Stehendes Wasser jedoch ist etwas ganz anderes als fließendes.«

Der Bursche ist ein Schauspieler, dachte ich. Aber was er sagte, beeindruckte auch ohne solche Schnörkel.

»Es bringt Insekten hervor, Frösche und Schaum. Es stinkt. Krankheiten steigen daraus hervor. Es sickert langsam in abseits gelegene Dinge, weil es durch den Boden kriecht. Eingelagertes Korn wird feucht und schimmelig, wenn man es nicht in gehörigem Abstand unterbringt. Mäuse vermehren sich wie verrückt! Es wird eine Mäuseplage geben!« Seine Stimme erhob sich zu Donnerhall.

»Beruhige dich«, sagte Olympos. »Noch huschen sie nicht zwischen deinen Füßen herum.«

»Und was kommt dann?« fuhr Alkaios fort, ohne auf die Stichelei zu achten. »Schlangen! Eine Schlangenplage!« Er packte einen alten Mann beim Arm und zerrte ihn aus den Reihen der Gelehrten hervor. »Erzähle es ihnen, Aischines! Erzähle ihnen von den Schlangen!«

Die Haut des Alten sah aus wie uralter Papyrus; sie war runzlig und schuppig und sah spröde aus, und seine Stimme klang ebenso brüchig und spröde. »Die Schlangen! Die Schlangen!« murmelte er. »Der Speicher der giftigen Schlangen wird sich auftun und seine Schätze ausspeien!« Blinzelnd schaute er sich um; offenbar musterte er sein Publikum. Es handelte sich ohne Zweifel um eine gründlich geprobte Aufführung. »Wir leben in einem Teil der Welt, den die giftigste Schlange ihre Heimat nennt«, flüsterte er. »Ist die Natter nicht das Symbol Ägyptens? Die heilige Schlange, deren gespreizte Haube über der Stirn eines jeden Pharao schwebt und ihn schützt? Ihr Biß macht den Pharao unsterblich, sollte er sich für diesen Tod entscheiden, und gibt ihm den Segen des Amun-Re! Die Aspis!« Seine Stimme klang wie das Rascheln trockener Blätter in einer Gruft. »Ihr konzentriertes Gift schläfert auf der Stelle ein. Der Tod kommt dann rasch. In jäher Dunkelheit entweicht das Opfer zu den Toten, wenn diese Schlange des Nils es beißt.«

Unvermittelt fuhr er herum und stieß mit seinem dürren Finger in eine andere Richtung. »Aber die Skinke! Wie grausig ihr Biß! Denn ihr Gift löst die Knochen im Leibe auf. Der Mensch schmilzt! Und wenn der Leichnam auf dem Scheiterhaufen verbrannt wird, findet man keine Knochen mehr! Andere Gifte vernichten das Leben, aber der Skink vernichtet auch den Körper.«

Olympos verdrehte ungläubig die Augen, aber Mardian riß sie fasziniert auf. Ich wußte nicht, was ich davon halten sollte. Ob es wahr war?

»Dann die Presterschlange«, sagte der Alte, und seine Stimme war ein Raunen. Alle reckten die Hälse, um ihn besser hören zu können. »Sie läßt einen Menschen dermaßen anschwellen, daß er riesengroß wird und sein Gesicht in einer formlosen Masse verschwindet. Man kann ihn nicht einmal in ein Grab legen, denn der Leichnam schwillt und schwillt …«

Olympos johlte vor Lachen, und viele andere ebenfalls. Aber ihr Gelächter klang nervös.

Der Sprecher hob die Hand und funkelte sie an. »Ihr lacht? Aber ihr habt noch nie ein solches Opfer gesehen. Hättet ihr, so würde niemand lachen; das versichere ich euch. Vermutlich habt ihr auch noch keinen Mann gesehen, der von einer Hämorrhois gebissen wurde, nicht wahr? Da verwandelt sich der Mensch in eine einzige Wunde, und das Blut strömt überall hervor. Die Tränen sind Blut! Der Schweiß ist Blut! Und was ist mit den Dipsas? Das Gift der Dickkopfnattern verzehrt die Feuchtigkeit des Körpers und verwandelt die Eingeweide eines Menschen in eine ausgedörrte Wüste! Und es ist ein durstiges Gift! Das Opfer schneidet sich die Adern auf, um sein eigenes Blut zu trinken!«

»Das ist alles höchst lehrreich«, erklärte ich und fiel ihm ins Wort. »Aber wir wissen schon, daß Menschen an giftigen Schlangenbissen sterben. Und nicht alle Schlangen, die Mäuse fressen, sind giftig. Tatsächlich tun die Schlangen uns ja einen Gefallen, wenn sie Mäuse fressen. Die Mäuse sind es, an die wir unsere Lebensmittel verlieren, nicht an die Schlangen.«

»Ja, die Schlangen sind unsere Feinde nicht«, bekräftigte Mardian, der nun endlich seine Sprache wiederfand. »Sie greifen selten einen Menschen an, wenn man sie nicht bedroht. Als Junge habe ich Schlangen gehalten, und ich kenne mich mit ihnen aus. Ich glaube, wegen der Schlangen brauchen wir uns keine Sorgen zu machen.«

»Mit Mäusen und Ratten ist die Sache aber anders«, sagte ich. »Dennoch – sollte die Vermehrung des Ungeziefers dazu führen, daß Dorfbewohner von Schlangen gebissen werden – gibt es da nicht eine Gruppe von Schlangenkundigen, die ihnen helfen könnten?«

»Du meinst die Psylli aus der Marmarika«, sagte der alte Mann hochfahrend. Es hatte ihm nicht gefallen, daß man seinen Vortrag unterbrochen hatte, und jetzt spielte er den Gekränkten. »Sie sind immun gegen das Gift der Schlangen. Ich *wollte* dir erzählen, daß sie einen Ort harmlos machen können, indem sie Beschwörungen singen, mit denen sie die Schlangen vertreiben, und indem sie Feuer aus Arzneikräutern anzünden, welches die Grenzen schützt. Und wenn jemand gebissen wird, so wirkt ihr Speichel als Gegengift in der Wunde, und sie können das Gift auch heraussaugen. So kundig sind sie, daß sie am Geschmack allein schon sagen können, welche Schlange es war, die das Opfer gebissen hat. Und ich *wollte* dir erzählen, wo du die Psylli finden kannst, doch jetzt, da du denkst, daß von den Schlangen keine Gefahr droht …« Mit majestätischem Achselzucken trat er zurück in die Reihen der Wissenschaftler.

»Das alles würden wir sehr gern erfahren«, erklärte ich, um ihn zu beschwichtigen. »Bitte, du mußt es uns sagen. Mir scheint jedoch, daß wir zunächst unsere Lebensmittelvorräte sichern müssen. Das Getreide, das von der letzten Ernte noch übrig ist, muß in neue Speicher geschafft werden. Diese aber müssen in aller Eile gebaut werden. Wie schwierig wird das sein? Kann das jemand abschätzen?«

»Ich habe diese Frage vorausgesehen«, erklärte eine Stimme aus dem Hintergrund. Ein Nubier trat vor. »Deshalb habe ich es schon ausgerechnet.«

»Sehr gut. Dann sag es uns.«

»Die Kornspeicher sind um diese Jahreszeit nicht einmal zu einem Viertel voll. Der größte Teil des Getreides ist bereits aufgezehrt oder ins Ausland verkauft. Ich schätze, daß es am Nil etwa tausend Speicher gibt. Aber um alles Getreide unterzubringen, das noch übrig ist, würden wir nur ungefähr zweihundertfünfzig in der üblichen Größe bauen müssen. Und sie brauchen nicht solide gebaut zu werden. Auf die Bauweise kommt es nicht an, solange sie nur geschlossen und trocken sind.« Er hatte eine tiefe, volltönende Stimme, die seine Angaben überzeugend klingen ließ.

»Wie lange würde man dafür brauchen?«

»Nicht lange«, sagte er. »Lehmziegel sind in wenigen Tagen trocken, und dann könnte man rasch bauen.«

»Kann man abschätzen, wie weit das Hochwasser sich ausbreiten wird? Wir wollen diese Notspeicher auf sicherem Grund bauen, aber zugleich nicht weiter entfernt als nötig. All dieses Getreide zu transportieren wird schwierig genug sein.«

»Majestät, leider glaube ich nicht, daß noch viel Getreide da ist«, widersprach er. »Deshalb wird der Transport auch nicht lange dauern.«

Und falls wir gezwungen sein sollten, Getreide einzuführen – konnte man irgendwo welches kaufen? Ägypten ernährte doch die Welt, nicht umgekehrt. Einiges könnte man von Sizilien oder aus Numidien bekommen. Aber würde es auch genügen?

»Wir werden Verteilungsstellen für Lebensmittel einrichten und Aufseher bestellen müssen«, sagte ich. »Das Getreide, das wir noch haben, muß rationiert werden. Ich werde Beamte beauftragen, dies für jeden Distrikt zu tun. Und ich werde persönlich jede dieser Verteilungsstellen besuchen.«

Plötzlich war ich sehr müde. Die Aufgabe, die vor mir und vor ganz Ägypten lag, war furchterregend. »Ich danke euch allen für eure Hilfe. Ich bin froh, daß ihr alles so sorgfältig und umsichtig zusammengetragen habt«, sagte ich, und mein Blick fiel auf den Wasserbottich. »Bitte zeig uns noch, was aus dem Ziegel geworden ist.«

Mit theatralischer Geste trat Alkaios vor. »So sehet!« rief er und zog einen leeren Bottich heran. Dann beugte er sich über den anderen, hob ihn hoch und goß den Inhalt in das wartende Gefäß. Das Wasser floß hinaus, und am Boden blieb eine dicke Schicht von reinem braunem Schlamm zurück.

»Deine Häuser und Kornspeicher!« rief er. »Sieh ihren Untergang!«

# 18

Die Sonne ging unter. Ich saß am Ufer des heiligen Weihers in einem oberägyptischen Tempel – an einem Weiher, den der Nil am Abend verschlungen haben würde: unfreiwilliges Opfer an einen zornigen Gott. Vielleicht würde es ihn beschwichtigen.

Mit hochgezogenen Beinen hockte ich auf der Steinbank, von der aus ich den See überblicken konnte. Das Wasser ringsherum war inzwischen schon knöcheltief. Infolgedessen war es kaum wahrscheinlich, daß irgendwelche Beamten, Priester, Diener oder Ratgeber hinter mir standen und mir über die Schulter spähten. Ich war allein – selig, wunderbar allein. Es war wie reinster Balsam, der auf meinem Körper verteilt, in meine Haut massiert wurde. *Allein. Allein. Allein.*

In den letzten paar Wochen war ich ständig von Leuten umgeben gewesen. Auf meiner Besuchsreise am Fluß entlang war ich immer wieder bei irgend jemandem zu Gast gewesen, immer war ich mit dieser oder jener Zeremonie begrüßt worden, immer hatte ich Reden halten, Berichte lesen, Geschenke verteilen müssen, niemals Schwäche, Langeweile oder Erschöpfung zeigen dürfen. In gewisser Weise waren solche Strapazen schlimmer als ein Krieg. Es ist wahr, ich fand es strapaziös, ständig freundlich zu sein. Vielleicht bin ich von Natur aus kein freundlicher Mensch!

Nein, ich glaube, es liegt eher daran, daß ich jeden Tag eine gewisse Zeit für mich allein brauche – nur wenige Minuten, in denen ich aber ganz allein bin –, so wie ich Nahrung oder Schlaf brauche. Und wie sich die Bedürfnisse eines jeden nach Nahrung oder Schlaf unterscheiden, so unterscheiden sich auch die nach Zurückgezogenheit. Ich habe schon bemerkt, daß manche Leute anscheinend niemals einen Augenblick für sich allein sein müssen, und ihre Laune ist dadurch offenbar nicht beeinträchtigt. Ich beneide solche Leute. Aber ich gehöre nicht zu ihnen.

Heute abend wollte ich im heiligen Weiher schwimmen. Das hatte ich immer schon tun wollen, aber ich hatte nie geglaubt, daß es möglich sein würde, denn damit hätte ich das heilige Wasser entweiht. Heute nacht jedoch würde der Nil es verunreinigen, und bevor dieser See je wieder für religiöse Zwecke benutzt werden könnte, würde man ihn neu weihen müssen.

Der flache, rechteckige Wasserspiegel warf die verblassenden Farben des Himmels zurück. Ruhig lag er in der Dämmerung, ohne zu ahnen, daß er geschändet werden sollte. Dieses Wasser durfte nur von Priestern in silbernen Eimern fortgetragen werden; es diente zur Reinigung des Tempels und der Priester selbst, und nur eine kleine Barke aus Gold durfte während der

Mysterienfeiern darauf kreuzen. Und jetzt würde ich hineinsteigen und in diesem verbotenen Wasser schwimmen.

Während der ganzen Reise hatte ich mich nicht nur nach Ungestörtheit gesehnt, sondern auch nach einem Bad. Im Palast hatten wir Wasserbecken, die nur zum Schwimmen gedacht waren, aber nachdem ich Alexandria hinter mir gelassen hatte, gab es nichts dergleichen mehr. In den einzelnen Bezirken wohnte ich meist als Gast im Hause des obersten Beamten. Dieses Haus war ausnahmslos ein prächtiges Gebäude aus weißgekälkten Lehmziegeln mit einem ummauerten Garten und einem Zierteich für Fische, umsäumt von Palmen und Akazien. Es war ein kühler, angenehmer Ort, an dem man abends gern saß, aber die Fische wären doch erschrocken gewesen, wenn unversehens ein Mensch sich zu ihnen gesellt hätte.

Kinder schwimmen zum Spaß, aber Erwachsene meist nicht – höchstwahrscheinlich, weil sich ihnen wenig Gelegenheit bietet. Ich hörte wohl – und sah es später auch mit eigenen Augen –, daß in Rom der Besuch des Bades ein wichtiger Abschnitt des Tages war. Aber das Bad dort war weder reine Körperertüchtigung – wie es bei den Griechen der Fall gewesen wäre – noch reines Vergnügen, wie es die Kinder betrieben. Den Römern ist es gelungen, das Bad – wie alles andere – in ein Treibhaus für politische Intrigen und Tratsch zu verwandeln.

Aber genug von den Römern. Warum lasse ich meine Erinnerungen an jene Abenddämmerung in Oberägypten von ihnen trüben? Ich weiß noch, wie ich stumm darauf wartete, daß der Abendstern hervorkam. Als ich ihn sah, erhob ich mich von der Bank und ging zum Rand des Sees. Meine bloßen Füße kräuselten das Wasser, als ich durch die herankriechende Flut watete. Noch ungefähr drei Schritte trennten den Fluß vom See.

Ich begab mich zu der Treppe, die ins Wasser hinunterführte und wo die Priester in ihren Gewändern sich herabbeugten, um ihre Sakramentsgefäße zu füllen. Ich blieb stehen und schaute hinunter in das dunkle, unbekannte Naß. Ich hatte keine Ahnung, wie tief es hier war, aber ich vermutete, daß es mir über den Kopf reichen würde. Meine Angst vor dem Wasser hatte ich indessen längst verloren.

Ich setzte einen Fuß hinein, dann den andern. Das Wasser war warm, denn es sog den ganzen Tag über die Sonne auf. Jetzt konnte man kaum spüren, wo die Luft endete und das Wasser begann, so gering war der Temperaturunterschied. Der Saum meines Gewandes umschwebte meine Beine, weiß und zart wie die heilige Wasserlilie. Ich stieg eine Stufe tiefer, und jetzt reichte das Wasser mir bis an die Knie. Wellenkreise kräuselten sich auf der weiten Oberfläche des Weihers und strebten geschmeidig den hinteren Ecken zu. Sie machten kein Geräusch.

Ich bewegte mich immer weiter die Treppe hinunter, bis das warme Wasser meine Schultern umspülte, schmeichelnd wie Charmians sanfte Berührung. Wie ungeheuer ruhig dieses Gefühl war. Ich schloß die Augen und atmete tief. Morgen ... morgen würde ich über das Hochwasser nachdenken, über das Volk, über Steuern und über Hilfsmaßnahmen für die Notleidenden. Aber jetzt mußte ich an nichts denken, an nichts, an gar nichts ...

Ich stieß mich von den Stufen ab und schwebte schwerelos im Wasser. Es war tief; ich streckte die Zehen aus und stieß nirgends an – der Grund war nicht einmal zu ahnen. Langsam bewegte ich die Arme; mit langsamen Bewegungen hielt ich mich an der Oberfläche. Ich hatte kein anderes Verlangen als zu schweben, zu treiben, mich dieser Stille hinzugeben.

Der Himmel war dunkel geworden; einer nach dem andern kamen die Sterne zum Vorschein. Noch wenige Augenblicke, und ich würde das Ende des Weihers nicht mehr sehen und auch nicht erkennen können, wie weit es bis zum seitlichen Rand war. Noch sah ich den zarten Hauch von Weiß, wo mein Gewand mich umwehte, aber bald würde auch das verschwunden sein. Niemand konnte mich erreichen, niemand konnte mich sehen, ja, niemand wußte auch nur, daß ich hier war.

Ich sollte mich in Sicherheit bringen, solange ich noch sehen konnte, aber ich verweilte in dem warmen Wasser, drehte mich langsam um mich selbst und fühlte mich schwerelos. Schwerelos – das wollte ich sein. Ich war der Last des Königreichs müde, war es müde, eine Bürde zu tragen, die mich beschwerte wie zehn Männer. Ich hatte Cäsar helfen wollen, die Last der Welt zu tragen. *Es ist zuviel für einen Mann,* hatte ich bei mir gedacht, *ich will dir helfen, sie zu tragen.* Wie töricht ich gewesen war! Ich konnte nicht einmal Ägypten tragen, und da wollte ich mich erbieten, auch noch Cäsars Welt auf meine Schultern zu nehmen?

Aber du bist erst zweiundzwanzig, sagte eine Stimme in meinem Kopf. Und Ägypten ist nicht irgendein Land, sondern eines der größten der Welt und immer noch das reichste. Und die Götter waren nicht gut zu Ägypten, seit du den Thron bestiegen hast; sie haben Hungersnöte geschickt und jetzt auch noch dieses Hochwasser. Und dazu kommen die Kriegsfolgen ...

Still! befahl ich der Stimme. Die Starken suchen nach neuen Kräften, die Schwachen nach Ausreden. Die Wahrheit ist, daß jedes Land schwerer zu regieren ist, als es den Anschein hat. Selbst in einem kleinen Dorf gibt es Probleme. Einfach ist gar nichts.

Im nahen Tempel sah ich Licht flackern. Man zündete Fackeln an, und feurige Reflexe tanzten auf dem Wasser. Die dicken Sandsteinsäulen schienen zu glühen. Ich sah die Umrisse schwarzer Gestalten, die sich zwischen den Säulen bewegten, und noch hier roch ich den süßlich-verbrannten Duft von Kampher-Weihrauch. Die Priester machten die Statue des Gottes in seinem Heiligtum aus schwarzglänzendem Stein für die Nacht bereit.

Ich hörte ein leises Grunzen und Ächzen aus einiger Entfernung. Die heiligen Krokodile! Ihr Teich lag auf der anderen Seite des Nils und war von einem starken Zaun umgeben – wenn ich mich recht erinnerte. Aber wenn der Nil höher stiege – würden die Krokodile dann nicht herausschwimmen können? Für sie wäre es ein Segen, und zweifellos würden sie den Nil preisen für seine Güte.

Lautlos schwamm ich zur anderen Ecke des Sees und suchte die gegenüberliegende Treppe. Schließlich stieß ich gegen die Stufen und setzte mich so, daß das Wasser mir immer noch bis an die Schulter reichte. Jetzt, da der sichere Rand gefunden war, hatte ich kein Verlangen mehr danach, das Wasser zu verlassen. Ich konnte hierbleiben, solange es mir gefiel.

Es war stockdunkel, als ich schließlich die Treppe hinaufstieg; das Wasser strömte an mir herunter, als wäre ich die Tochter eines Meergottes. Die Luft fühlte sich jetzt seltsam an, so leicht und kalt; das Wasser war mir inzwischen ganz natürlich erschienen.

Ja, es war kalt hier draußen. Mich fröstelte, als ich daran dachte, wie weit der Weg in die Stadt war, und ich hatte nicht einmal einen Mantel mitgebracht. Tagsüber ist es in Oberägypten so heiß, daß man sich nicht mehr vorstellen kann, jemals wieder etwas anderes als feines Leinen am Leibe tragen zu wollen, und so kann es leicht geschehen, daß man vergißt, etwas Warmes mitzunehmen.

Gleichwohl war ich froh, diese Kälte zu spüren und einmal zu erfahren, wie meine Untertanen, die sich keinen Mantel leisten konnten, sie empfinden mußten. Man hat mir gesagt, es sei sehr verbreitet, daß die Menschen sich einen Mantel teilen und daß einer daheim im Bett bleibt, wenn der andere ausgeht. Wie mag das sein? Und dabei ist Ägypten das reichste Land der Welt. In Rom, heißt es, ist das Elend der Armen unbeschreiblich.

Aber ich will jetzt nicht an Rom denken! ermahnte ich mich streng. Nein. Nicht jetzt. Rom ist weit weg, und es kann sein, daß ich es niemals sehen werde.

Inzwischen lag nur noch ein schmaler trockener Streifen zwischen dem Fluß und dem heiligen See; während ich geschwommen war, hatte der Flußpegel sich weiter erhöht. Ich planschte hindurch, daß es spritzte und schäumte, und fühlte mich wie ein Kind, das an verbotenen Orten spielte, in Pfützen sprang und weder an Rom noch an diplomatische Botschaften dachte.

Als ich das Haus des Dorfbürgermeisters erreichte, war meine Idylle zu Ende. Alle warteten auf mich: Senenmut, mein Sekretär, Ipuy, der Bezirksverwalter, und sogar Mereruka, der Verwaltungsgouverneur. Das von einer Mauer umgebene Haus war das größte im Dorf, aber es war dennoch kaum groß genug, um ihnen allen im Garten bequem Platz zu bieten; dort saßen sie und spielten im Licht einer qualmenden Lampe ein Brettspiel namens »Schlange«. Alle sprangen auf, als ich erschien, und Mereruka stammelte: »Eine Decke! Eine Decke für die Königin!« Dann umgluckte er mich: »Was ist passiert? Bist du in den Nil gefallen?« Offensichtlich erfüllte der Gedanke, daß ich in seinem Zuständigkeitsbereich zu Schaden kommen könnte, mit Entsetzen, denn die Strafe würde ihn im Handumdrehen ereilen.

Ich schüttelte mein Haar, das immer noch naß war. »Nein.« Sollte ich es ihnen erzählen? »Ich war schwimmen. Es war wunderbar – das Wasser hat alle meine Sorgen davongespült.«

»Im Dunkeln?« rief Senenmut. »Bei den Krokodilen?«

»Nein, nicht bei den Krokodilen«, beruhigte ich ihn. »Die sind immer noch hinter ihrem Zaun; ich habe allerdings gehört, wie sie sich herumwälzen.«

»Wo denn dann?« wollte Mereruka wissen.

»An einem geheimen Ort«, antwortete ich, so herrisch ich konnte. »Nun, meine guten Minister – was habt ihr denn hier im Dunkeln erörtert?« Jetzt war es an mir, sie auszufragen.

»Ein bißchen von diesem, ein bißchen von jenem«, sagte Ipuy.

»Mit anderen Worten, eine Mischung aus Tratsch und Geschäft.«

Mereruka lächelte. »Gibt es Geschäfte ohne Tratsch?« Ich mochte ihn, diesen breitgesichtigen Mann aus Oberägypten. Ich konnte mir nicht vorstellen, daß er sich je versucht fühlen würde, seinen Geburtsort zu verlassen; vermutlich lebte seine Familie hier seit den Zeiten Ramses' II.

»Nein«, gab ich zu. »Das Geschäft ist nur ein Spiegelbild der Persönlichkeit, und die Persönlichkeit eines Menschen ist es, die sich für den Tratsch eignet. Wir erzählen uns von der übermäßigen Liebe eines Mannes zum Wein, von seinem Zank mit seinem Bruder – aber nicht von der Art, wie er seine Kontobücher führt.«

»Da wir von Wein sprechen ...« Mereruka bedeutete dem Diener mit einem Kopfnicken, er möge mir einen Becher Wein bringen. Im flackernden Schein der Fackeln konnte ich den blaugrün glasierten Becher und den großen jungen Mann erkennen, der ihn in der Hand hielt.

Ich nahm den Becher entgegen. Er fühlte sich kühl an. Die Töpferarbeiten dieser Gegend waren von hübscher Handwerkskunst. Wie ungewohnt war es für mich, im Kreise von – wie es schien – Freunden zu sitzen und jemanden sagen zu hören: »Da wir gerade von Wein sprechen ...« – anstelle der üblichen Floskeln, die man bei Hofe benutzte. Sie kannten ja die vorgeschriebenen Formulierungen und Rituale nicht – allen Göttern sei Dank!

»Morgen müssen wir mit der Evakuierung beginnen«, sagte ich. Ich muß gestehen, daß es mir zuwider war, die unbekümmerte Stimmung zu verderben, als wir dort um den Gartenteich saßen, wo die Schatten der Fische sich im seichten Wasser bewegten. Ich roch den satten Duft der Lotosblumen im Teich, und die Palmen über uns raschelten zart. Aber ich hörte auch den Chor der Frösche, die uns riefen, um uns zu sagen, daß der Fluß bald kommen würde.

»Ist alles vorbereitet?«

»Ja«, sagte Ipuy. »Und die Lehmziegel für den Bau der neuen Häuser und Speicher sind schon trocken. Das Vieh ist bereits fortgeschafft worden. Wir haben eine Straße angelegt, die ausreichen wird, um die Vorräte zu transportieren. Ich fürchte allerdings, daß sicherer Baugrund erst auf Sandboden zu finden sein wird.«

»Was den Kornspeicher angeht …« Mereruka ließ den Satz unvollendet. »Wenn die Vorräte ausgehen …«

»Wir haben selbstverständlich Wachen, die verhindern sollen, daß die Leute auf dem Transport stehlen«, sagte Ipuy rasch. »Aber trotz der Rationierung werden die Vorräte nicht mehr als drei Monate reichen.«

»Die Krone wird für den notwendigen Nachschub sorgen«, versprach ich ihnen. Ich würde importieren, was ich finden könnte – zweifellos zu exorbitanten Preisen. Das Geld würde ich über die fünfzigprozentige Importsteuer für Olivenöl beschaffen müssen. Wenn das nicht reichte, würde ich die dreiunddreißigprozentige Steuer auf Feigen und Wein dazunehmen müssen. Das würde die Staatsfinanzen auf das äußerste beanspruchen. Aber ich konnte diesen Menschen ja nicht den Rücken zuwenden und sagen: Von mir aus – verhungert. Ich weiß, das tut ihr nur, weil ihr keine Getreidesteuer zahlen wollt. Manche Pharaonen, auch Ptolemäer, hätten es vielleicht so gemacht, aber das konnte ich nicht.

Was würde Cäsar zu meiner Entscheidung sagen? In Rom war man eher daran gewöhnt, die Armen zu unterstützen; Tausende von Leuten bekamen dort kostenlos Getreide.

Was bedeutete es, was er dazu sagen würde? Ich mußte tun, was ich tun mußte.

In meinem Zimmer im oberen Stockwerk, welches als königliches Schlafgemach dienen sollte – Mereruka hatte es für mich geräumt –, machte ich mich für die Nacht bereit. Kühle erfüllte diese Räume; eine Lüftung im Dach fing den Nordwind ein und leitete ihn ins Haus. Das Bett war flach und aus Schilf geflochten. Ich lag auf dem Rücken, und mein Nacken ruhte auf einer holzgeschnitzten Kopfstütze. Kissen waren hier unbekannt; vielleicht waren sie in diesen Dörfern eine allzugroße Verlockung für Ungeziefer. Eine Kopfstütze war zumindest sauber und kühl.

Zu Beginn meiner Reise hatte ich mich gefragt, ob ich je so würde schlafen können, aber inzwischen hatte ich mich daran gewöhnt. Diese Nackenstützen schienen sogar seltsame Träume hervorzurufen, als könnten die Geister leichter in den Kopf eindringen, wenn er so über der Oberfläche des Bettes schwebte.

Ich streifte mein feuchtes Gewand ab und hängte es über einen stumpfen Pflock an der Wand. Über Nacht würde es rasch trocknen. Dann warf ich ein Nachthemd aus dem feinsten Stoff über, das Ägypten zu bieten hatte: Seide, deren Gewebe gelockert worden war. Es trug sich wie ein Dunstschleier. Die blinde Frau hatte mir dieses Hemd geschenkt – ihre schönste Arbeit vor dem Verlust ihres Augenlichts. Die Sehkraft war nicht zurückgekehrt, und ich hatte eine neue Arbeit für ihre Ohren und ihren praktischen Verstand gefunden: Sie schlichtete jetzt Zwistigkeiten unter der Dienerschaft, nachdem sie beide Seiten angehört hatte. Ich wünschte, ich hätte mehr für sie tun können, dachte ich, als ich die Kunstfertigkeit bewunderte, mit der sie dieses Hemd gemacht hatte.

Ich legte mich hin und ließ den Nacken auf die leicht gekrümmte Stütze sinken; meine Füße wiesen in die dunkle Ecke des Zimmers. Ich kam mir vor wie auf einem Opferbett, wo ich darauf wartete, angenommen oder verworfen zu werden – ja, von welchem Gott? Von einem wütenden Ungeheuer wie dem Molech der Ammoniter oder von einem Liebhaber wie Cupido? Mich fröstelte ein wenig.

Morgen würde dieses Dorf mit dem Umzug auf höheres Gelände beginnen, und dann wäre meine zeremonielle Rolle hier zu Ende, und ich würde in ein anderes Dorf reisen, und dann wieder in ein anderes ..., immer weiter, den ganzen Nil entlang. Und dann zurück nach Alexandria, wo die Nachrichten aus der weiten Welt mich erwarteten.

Hier vergißt man so leicht, daß sie überhaupt existiert, dachte ich. Familien wie die Ipuys haben die Pharaonen, die Nubier und die Perser kommen und gehen sehen, und für sie war es wahrscheinlich völlig gleichgültig, wer die Krone Ober- und Unterägyptens trug. Und der Rest der Welt – Assyrien, Babylon, Griechenland – galt ihnen wahrscheinlich so wenig wie die Geschichten alter Weiber.

Ich fühlte, wie mich bei dieser Vorstellung der Neid erfaßte. Sie hatten hier an einem warmen grünen Busen gelebt, geschützt vor jeder Störung. Es mußte eine Zeit gegeben haben, in der meine Mutter eine ganz ähnlich umhegte kleine Welt für mich gewesen war, wo alles seinen friedlichen und vorhersehbaren Lauf genommen hatte. Aber es sprach Bände, daß ich keine Erinnerung daran hatte. Es hatte nicht lange gedauert.

So merkwürdig es selbst für meine eigenen Ohren klingt: In diesem Augenblick hatte ich große Sehnsucht nach ihr; ich wollte sie noch einmal sehen, mit ihr sprechen, ihre Hände berühren. Warum in diesem Augenblick?

Ich kann es nicht erklären; ich kann nur staunend feststellen, daß diese Sehnsucht mich überkam, als ich allein in der Nacht in einem Zimmer im oberen Stockwerk in einem entlegenen Dorfe im Herzen Ägyptens lag, etwa neunzehn Jahre nachdem sie mich das letzte Mal in ihren Armen gehalten hatte.

Im verschwommenen goldenen Licht des frühen Morgens sahen wir, daß die Stöcke, die wir am Rande des Wassers in einer Reihe in den Boden gesteckt hatten, jetzt beinahe unsichtbar waren. Der Nil war noch einmal fünf, sechs Fuß breiter geworden. Es wurde Zeit, höheres Gelände aufzusuchen. Alles war bereit. Die Vergangenheit verblaßte im Morgenlicht, und meine Erinnerungen und verlorenen Sehnsüchte lösten sich auf in einem Dunst, den die Erfordernisse der Gegenwart verschluckten.

Fast zwei Monate reiste ich auf dem Fluß. Wir fuhren bis Assuan hinauf, und in gewisser Weise wiederholte ich so meine Reise mit Cäsar. Vom Deck meines Bootes aus sah ich den Tempel, wo man sein Gesicht auf die Schultern Amuns gemeißelt hatte, und als wir den Ersten Katarakt erreichten, konnte ich den Tempel der Isis erkennen, wo wir unser Gelübde ausgetauscht hatten – doch was wir einander da gelobt hatten, kann ich nicht genau sagen. In den Tempel ging ich nicht. Verzeih mir, Isis. Damals hatte ich gedacht, daß ich ohne ihn an meiner Seite vielleicht nie wieder hineingehen, nie wieder an diesem Ort stehen würde. Ich hatte mir eingebildet, er werde oft nach Ägypten zurückkehren.

Ja, so habe ich mir vieles vorgestellt, vieles erträumt – und alles ist mir versagt geblieben. Aber damals glaubte ich, wenn man etwas nur inständig genug wollte, dann könne man es durch die Kraft des Willens wahr werden lassen – sofern die Götter es erlaubten.

Und wieder Alexandria. Wie weiß es aus der Ferne aussah! Wie groß! Wie bevölkert! Wie es vor den aquamarinblauen Wellen des Mittelmeers schimmerte – ganz anders als die braunen und grünen Dörfer am Nil. Mein Alexandria!

Der Palast. Besser gesagt, der Palastbezirk mit all seinen vielen Palästen und Tempeln und Paradeplätzen … Er sah aus wie eine Heimstatt der Götter – als könnten hier keine gewöhnlichen Menschen wohnen. Ich hatte gesehen, wie das gemeine Volk lebte – mit seinen weißgekälkten Lehmziegelhäusern, den ummauerten Gärtchen und den winzigen Zierteichen. Und plötzlich fühlte ich mich wie eine Forscherin in einem fremden Reich, als ich nun meinen eigenen Palast, meine eigenen Gemächer betrat. Die Flure – wie lang und glänzend ... die Türen, so hoch, daß selbst eine Giraffe hätte hindurchgehen können ... Und dann, wie es immer geschieht, wurde mir alles wieder vertraut, und ich konnte es nicht mehr mit den Augen einer Fremden sehen. Ja, das war doch dieselbe alte Schminkkommode aus Ebenholz mit den Elfenbeinintarsien am Griff, die Gänse darstellten, aber indem ich sie sah, sah ich auch all die anderen Gelegenheiten, da *ich* sie gesehen hatte, und so war sie ein Teil meiner selbst ...

Ich schüttelte den Kopf, um ihn zu klären. Wieder zu Hause – das war alles, und mein Haus war mir einen Augenblick lang fremdartig erschienen. Ich fragte mich, wie lange man wohl wegbleiben müßte, damit man sich nie mehr zu Hause fühlte. Zehn Jahre? Zwanzig?

Ein Brief von Cäsar war da, den er in Rom geschrieben hatte. Er war fast zwei Monate unterwegs gewesen. Kurz und unpersönlich wie seine *Commentarii*. Liebesbriefe konnte ich von ihm nicht erwarten; er brachte nichts zu Papier, worüber ich hätte brüten oder frohlocken können. *»Ich grüße die allererhabenste Majestät Königin Kleopatra von Ägypten«*, stand da. *»Mit Freuden höre ich die Kunde von der Geburt Deines Sohnes.« Meines* Sohnes – nicht *unseres* Sohnes! *»Möge er leben und gedeihen, und möge seine Regentschaft in seliger Erinnerung bleiben!«* Wollte er mich damit der Kontinuität auf dem ägyptischen Thron versichern? Sollte es bedeuten, daß Rom unsere Unabhängigkeit garantierte? *»Möge sein Name groß sein in den Annalen Eurer Geschichte!«* Sein Name! Kannte Cäsar seinen Namen? Dieser Brief war vielleicht geschrieben worden, bevor der meine, in dem ich den Namen bekanntgab und erklärte, in Rom eingetroffen war. *»Ich selbst sehe mich hier in Rom von Problemen umgeben, die allesamt gelöst werden wollen. Ich kann mir dazu aber nur wenige Tage Zeit geben, weil ich die Absicht habe, nach Karthago zu segeln, wo ich die letzte Schlacht gegen die Rebellenarmeen des Pompejus schlagen werde. Sie haben sich in Nordafrika gesammelt, und ich muß sie dort stellen.«* Wie gut es zu ihm paßte, daß er seine Strategie nicht preisgab. Nur die Götter konnten wissen, wie viele Augen diese Worte gelesen hatten, bevor die meinen sie erblickten. *»Wenn alles getan ist, werde ich nach Dir schicken, und ich hoffe, daß Deine Pflichten in Ägypten Dir gleichwohl gestatten werden, Dein Land für ein Weilchen zu verlassen und nach Rom zu kommen. Der Deine – Gajus Julius Cäsar.«*

Meine Pflichten! Wenn er wüßte, wie anstrengend sie gewesen waren, und sie waren noch nicht zu Ende. Er würde nach mir schicken, damit ich nach Rom käme – *»für ein Weilchen«*! Wollte er mir damit versichern, daß er nicht von mir verlangen würde, meine Pflichten seinetwegen zu vernachlässigen? Er erkannte an, daß ich keine Frau war, die einfach nach Belieben fortreisen konnte. Oder wollte er mich nur davor warnen, daß sein eigenes Leben in Rom ihn so sehr in Anspruch nahm, daß er nur wenig Zeit erübrigen könne, und daß sich sein Benehmen in Ägypten somit niemals werde wiederholen lassen? Und dann hatte er mit *»der Deine – Cäsar«* unterschrieben. Mochten die Spione es lesen und darüber tuscheln!

Ich war zufrieden. Alles würde gut werden. Es wäre nicht klug von ihm gewesen, mehr zu sagen, und zu diesem Zeitpunkt gab es auch nichts, was er noch hätte sagen können. Wir hatten beide noch Schlachten zu schlagen und in unserer Heimat manches instand zu setzen.

Ich stand in einem der großen staatlichen Lagerhäuser im Hafen. Es war ein mächtiges Gebäude, fast so groß wie ein Tempel. Reihe um Reihe lagen die Amphoren in ihren Strohbetten – fette, runde Gefäße, die Olivenöl enthielten. Sie sahen aus wie eine Versammlung von besonders kleinen, aber gutbetuchten Bürgern – und das waren sie ja auch. Jeder Krug, importiert aus Italien, Griechenland oder Bithynien, ließ die Schatullen meiner Staatskasse anschwellen. Die Kaufleute mußten fünfzig Prozent Einfuhrsteuer auf Olivenöl bezahlen. Da in Ägypten nicht genug Oliven wuchsen, mußte viel Öl importiert werden. Und Ägypten brauchte Olivenöl. Alle Welt füllte die Lampen damit und benutzte es zum Kochen. Es gab andere Öle – Rizinus- und Sesamöl, Krotonöl, Leinöl, Safranöl, Koloquintenöl –, aber jedes davon war nur begrenzt brauchbar, und keines war mit Olivenöl zu vergleichen.

Diese Amphorensammlung bedeutete genug Geld, um zehn überfluteten Dörfern zu helfen. Ich würde sie ein paarmal verhundertfachen müssen. Aber so mußte es eben sein.

»Majestät«, sagte der Beamte, der für dieses Lagerhaus verantwortlich war, »ich hoffe, du siehst, wie gut ich dieses Lager eingerichtet habe. Es ist immer kühl hier, dank dem hohen Dach und den Lüftungsöffnungen, durch welche jederzeit der Seewind hereindringen kann. Noch nie ist mir eine Amphore ranzig geworden! Es sei denn, natürlich, sie wäre nicht richtig verschlossen gewesen. Die mit Hammeltalg und Ton verstopften haben mir noch nie gefallen.«

»Ich brauche deine Bücher, um die Zölle zu berechnen, die auf diese Lieferungen zu erheben sind«, sagte ich. »Ich bin höchst beeindruckt von der Ordnung und der Sauberkeit hier.«

»Dafür sorgt der Eigentümer«, antwortete er. »Darin ist er sehr sorgfältig. Ich glaube, wenn hier auch nur eine einzige Maus gefangen würde …« Er verzog schmerzlich berührt das Gesicht. »Darum haben wir so viele Katzen.« Er deutete hinauf zu den Kornsäcken, die am anderen Ende lagerten, und erst jetzt sah ich die Katzen, die überall hockten – wie Statuen der Göttin Bastet.

Mäuse. In den Meldungen von gestern hatte es geheißen, daß in Oberägypten eine Mäuseplage einsetze. Ja, man brauchte Hilfe. Die Steuergelder mußten eingetrieben werden.

Mir graute vor der Buchführung. Ich habe eine Begabung für die Mathematik und spiele gern mit Zahlen – innerhalb gewisser Grenzen. Aber jetzt brauchte ich dringend einen Finanzminister. Mardian konnte nicht zugleich Minister und oberster Beamter sein.

»Wem gehört dieser Speicher?« fragte ich. Der Mann mußte organisationsbesessen sein.

»Epaphroditos, aus dem Deltaviertel der Stadt«, sagte der Verwalter.

»Aus dem Delta? Dann ist er Jude?«

»Ja. Sein hebräischer Name lautet Hesekia.«

»Wie gut versteht er sich auf Zahlen und Rechnungen?«

»Ganz ausgezeichnet, Majestät. Er kann die verworrensten Unterlagen ordnen. Und ich habe noch nie erlebt, daß er bei seinen Additionen und Subtraktionen einen Fehler begangen hätte. Er ist peinlich ehrlich. Er achtet darauf, daß seine Verkäufer morgens und abends ihre Waagschalen sauberschrubben. Und die Gewichte gibt er selber aus, so daß niemand sie austauschen kann. Als er einmal einen Schiffsmeister dabei ertappte, daß er bei der Bestandsaufnahme seiner Zinnbarren mogelte, brachte er ihn gleich vor das Ältestengericht. Ihr Gott Jahwe sagt, es sei ihm ein Greuel, wenn jemand mit Maßen und Gewichten betrügt; du kannst dir also vorstellen, wie es dem Schiffsmeister ergangen ist. Seitdem hat es keine falschen Inventurlisten mehr gegeben.«

»Und wenn ich ihn kommen lassen möchte … diesen … Hesekia?«

»Zunächst einmal dürftest du ihn nicht mit Hesekia anreden. Heiden müssen seinen griechischen Namen benutzen.«

Ich war entschlossen, mit diesem Epaphroditos zu sprechen. Vielleicht hatte sein Jahwe mir den Mann geschickt, den ich für den Posten meines Finanzministers brauchte. Wenn wir bereit sind, schicken die Götter uns, was wir brauchen.

Hesekia – das heißt Epaphroditos – fand sich bereit, mit mir zusammenzutreffen. Er sei sehr beschäftigt, sagte er, aber vielleicht könne er kurz vor dem bevorstehenden Sterbefest des Adonis eine Mittagsstunde erübrigen.

War das ein Scherz? Bei den Juden riefen alle diese Feste entweder frommes Grausen oder kultivierten Spott hervor, je nachdem, ob sie selbst fromm oder kultiviert waren. Und seine hochfahrende Antwort deutete darauf hin, daß er zu den Juden gehörte, denen die ptolemäische Herrschaft ein Greuel war, obwohl die jüdische Bevölkerung Cäsar im Alexandrinischen Krieg geholfen hatte. Ich nahm mir vor, mich darum nicht weiter zu kümmern. Mich interessierte der Mann, nicht sein Glaube und nicht seine Vorurteile.

Als er – pünktlich – zur vereinbarten Stunde erschien, sah ich erschrocken, daß hier wahrscheinlich der schönste Mann, den ich – von Statuen und Kunstwerken abgesehen – je gesehen hatte, hereinmarschiert kam. Was ich erwartet hatte? Vermutlich ein maulwurfsartiges Geschöpf, das seine gesamte Zeit darauf verwandte, Gewichte anzustarren, Maßbecher zu inspizieren und Rechnungsbücher zu prüfen. Mag sein, daß er das alles tat. Aber er hatte faszinierende blaue Augen, so blau wie das Wasser, das die Klippen im Hafen umspült, und klar wie das reinste Wasser in den sonnendurchfluteten Untiefen. Eine Löwenmähne, schwarz und glänzend, umrahmte sein Gesicht wie auf einem Alexanderporträt. Rubinrote Gewänder vollendeten die fesselnde Erscheinung.

Ich starrte ihn an. »Ich dachte, du wärest alt«, platzte ich dann heraus.

»Ich bin fünfundvierzig.« Sein Griechisch war perfekt und offenbar in Athen selbst erworben. »Vielleicht ist das alt für dich, denn du bist ja erst zweiundzwanzig … allergnädigste Majestät«, fügte er nachlässig hinzu.

Er sah nicht aus wie fünfundvierzig. »Epaphroditos«, sagte ich. »Ist das dein Name? Wie bist du an ihn gekommen?«

Er sah belustigt aus. »Meine Mutter hat ihn mir gegeben, Majestät. Ich fürchte, sie hatte zu viele Gedichte und Bücher gelesen. Er bedeutet ›liebreizend‹.«

Ich würde mir die naheliegende Bemerkung unter allen Umständen verkneifen. Wahrscheinlich hatte er sie schon sein Leben lang über sich ergehen lassen. »Und was bedeutet Hesekia?« fragte ich. »Du solltest wissen, daß ich Hebräisch kann.«

»Ach, du ziehst es vor, unsere Geschäfte in Hebräisch zu verhandeln?« Ich mußte ihm in die Augen schauen, um zu erkennen, daß er sich über mich lustig machte. »Hesekia bedeutet ›Kraft Gottes‹.«

»Nein, ich habe keine Lust, unser Gespräch auf Hebräisch zu führen«, sagte ich. »Meines ist gut genug, um diplomatischen Gesprächen und festen Redefloskeln zu folgen, aber wie du zweifellos weißt, ist dein Griechisch ja vollkommen.«

»Man hat mir gesagt, daß du Hebräisch kannst«, erklärte er. »Ich war überrascht. Warum hast du es gelernt?«

»Ich lerne gern Sprachen. Anscheinend habe ich ein Talent dafür. Und als Königin empfinde ich es als vorteilhaft, so oft wie möglich auf Übersetzer verzichten zu können.«

»Eine kluge Ansicht. Die Leute schieben immer ihre eigenen Betonungen ein und erwählen Wörter, die ihre eigenen Neigungen widerspiegeln.« Er schwieg einen Augenblick lang. »Hätte ich zum Beispiel jetzt ›verraten‹ statt ›widerspiegeln‹ gesagt, so hätten die Worte ein anderes Gewicht bekommen.«

»So ist es. Doch nun, Epaphroditos …«

Ich erklärte ihm, was ich benötigte. Ich würde unverzüglich Unterstützung brauchen; bevor die Hilfsmaßnahmen beginnen konnten, mußten die Unterlagen in Ordnung gebracht werden.

»Aber mit einer solchen Arbeit ist man von früh bis spät beschäftigt, Majestät«, sagte er, ohne zu zögern. »So eine Arbeit habe ich bereits. Sogar mehrere.«

»Könntest du es nicht vorübergehend übernehmen? Es handelt sich um einen Notfall.«

»Was – binnen Stundenfrist? Hast du eine Ahnung, wofür ich verantwortlich bin? Man müßte den Hafen schließen, wenn ich so unvermittelt meinen Posten aufgäbe. Und was würde dann aus deinen Einkünften? Suche dir jemand anderen.«

»Bitte! Hilf uns, und sei es nur, daß du die Bücher prüfst! Für alles andere suche ich dann jemanden.«

Während des ganzen Gesprächs war er stehen geblieben. Seine Gewänder fielen in geraden Falten bis auf seine Füße herab, die in teuren Gazellenlederschuhen steckten. Er war völlig gefaßt, völlig regungslos.

»Außerdem«, fuhr ich fort, »erwarte ich keineswegs, daß du diese Arbeit binnen Stundenfrist übernimmst. Aber ich möchte, daß der beste Mann im Reich eine der wichtigsten Arbeiten beaufsichtigt. Es betrübt mich immer wieder – ich würde sagen, es erheitert mich, wenn es nicht so bedeutsam wäre –, daß die Untertanen sich weise, menschliche und gerechte Herrscher wünschen, dann aber Minister von höchster Unfähigkeit und Dummheit haben wollen. Ständig führen sie darüber Klage, daß ein Herrscher sich mit zweitklassigen Leuten umgibt, aber will er einmal einen erstklassigen Mann heranziehen, so bringt dieser gleich irgendwelche Ausflüchte vor und kehrt eilends zurück zum Geschäft seiner Familie. Ihr habt es ganz allein euch selbst zu verdanken, wenn die Minister eurer Königin minderwertig sind.«

»Ich bin nicht der einzige im Königreich, der eine solche Aufgabe vernünftig erledigen kann«, erwiderte er störrisch. »Und vielleicht ist ein Alexandriner auch nicht der richtige Mann für die Verwaltung ganz Ägyptens.«

»Geld ist Geld«, sagte ich. »Eine Drachme ist eine Drachme, in Alexandria wie in Assuan.« Die Wahrheit war, daß er mit meiner Regierung nichts zu tun haben wollte. »Es geht nicht darum, daß du Alexandriner bist, sondern daß dir und deinem Volk meine Herrschaft mißfällt. Ich weiß, daß ihr mich nicht mögt.«

Zum ersten Mal zeigte sich in seinem starren Gesicht eine Regung. »Nein, *ich* habe gar nichts gegen dich. Es stimmt schon, manche Juden empfinden es als eine Kränkung, daß sie von speziellen Verfügungen zugunsten der Griechen ausgenommen worden sind. Aber unbestreitbar hat *Cäsar*« – er machte eine Pause, um diesem Namen Nachdruck zu verleihen – »sich großzügig gegen jene erwiesen, die er als seine Freunde in der Not betrachtete.«

»Das habe ich auch getan! Und dies ist wiederum eine Stunde der Not. Not, das sind nicht nur Schlachten zwischen Menschen, sondern auch Schlachten zwischen den Menschen und der Natur.«

»Wir haben Cäsar gern geholfen.«

Wieso sagte er das immer wieder? Seine eigentliche Frage war offenbar: *Wer wird uns wirklich regieren, du oder Cäsar?* Offensichtlich zogen sie Cäsar vor!

»Indem du mir hilfst, zeigst du deine Achtung vor ihm.«

Fast unmerklich schüttelte er den Kopf. »Inwiefern?«

»Weil Cäsar selbst einen Krieg geführt hat, um mich auf dem Thron zu halten! Sein Wunsch war es, daß ich Königin sei!«

»Und du bist die Mutter seines Kindes.«

Wie kühn von ihm, das so unverblümt zu sagen!

»Ja. Und mein Sohn wird mir als Herrscher Ägyptens nachfolgen. Selbstverständlich wird Cäsar erfreut sein, wenn du mir hilfst – und seinem Sohn.«

»Laß die Bücher zu mir in den Speicher bringen«, sagte er abrupt wie ein Kaufmann, der seine Preisvorstellung erfüllt sieht und die Verhandlung nicht weiter in die Länge ziehen will, damit der andere nicht doch noch anderen Sinnes wird. »Ich will sie mir ansehen. Aber ich kann nicht versprechen, daß sie morgen schon zurückkommen.«

Ich bemühte mich, keine Miene zu verziehen. Morgen! Ich hatte auf sieben bis zehn Tage gehofft! Morgen – das hätte niemand für möglich gehalten! Außer Cäsar … und dieser Epaphroditos, Schönheit-der-Aphrodite-in-einem-Manne … Ich würde also doch den Besten bekommen! Ich brauchte keine Kompromisse einzugehen. Der einzige Nachteil war, daß solche Leute einen für alle anderen verdarben, für jeden, dessen Begabungen nur menschlich waren.

»Ich danke dir«, sagte ich. »Du wirst die Bücher bekommen, wann du es wünschst.«

Als er hinausging und sein rotes Gewand in der Mittagssonne schimmerte, fragte ich mich, wie es ihm und Mardian gefallen würde zusammenzuarbeiten.

Der Winter kam und peitschte das Meer mit stürmischen Gewittern. Ich feierte meinen dreiundzwanzigsten Geburtstag in aller Stille; weit wichtiger war mir, daß Cäsarion am selben Tag sechs Monate alt wurde. Er hatte mir in der Zeit unserer Trennung so sehr gefehlt; jetzt konnte ich zuschauen, wie er von seiner Matte herunter über den Marmorboden meiner Gemächer krabbelte. Ich fragte mich, was das eigene Kind so Faszinierendes an sich haben mochte, daß eine Mutter es sogar im Schlafe beobachten und Freude an diesem Erlebnis haben konnte – aber es stimmte.

Das Nilhochwasser ging zurück, aber der Schaden war noch größer, als wir erwartet hatten. Dank unserer Vorbereitungen und der wohlgeordneten Ausführung unserer Pläne war es für das Volk so glimpflich abgegangen, wie man nur hatte hoffen können. Der angeschwollene Kanopische Arm des Nils hatte Kanopos überflutet, und die berüchtigten Lustgärten und Trinkpavillons waren weggeschwommen, vielleicht mitsamt ihrer Inhaber. Beim Wiederaufbau ihrer Lustlauben brauchten sie keine Hilfe; aus irgendwelchen Gründen werden solche Orte immer zuletzt evakuiert und zuerst wieder aufgebaut.

Alles war ruhig; alles war in Ordnung.

Dann kam der Bericht. Mardian brachte ihn mir eines Morgens gegen Ende des Winters, als ich dasaß und Cäsarion zuschaute, wie er ein dickes Wollknäuel auseinanderwickelte, das er langsam über den Boden schob, um dann hinterherzukriechen und es nach jeder Umdrehung mit ernster Miene zu untersuchen.

Wie immer war ich erfreut, Mardian zu sehen. Es gibt Leute, deren Natur eine ganz eigentümliche, geheimnisvolle Wirkung ausübt; in ihrer Anwesenheit stellt man fest, daß die eigene Stimmung beinahe glücklich zu nennen ist. Ein solcher Mensch war Mardian mit seinem großen, eckigen Gesicht, seiner Schlagfertigkeit und seinen scharfsinnigen Bemerkungen.

»Ein Bericht«, sagte er und reichte ihn mir. Dann nahm er auf einem großen Kissen Platz und richtete bemüht seine ganze Aufmerksamkeit auf Cäsarion.

Es war genau das, was ich ersehnt und bang erwartet hatte. Meine Agenten in Rom hatten Neuigkeiten von Cäsars Feldzug in Nordafrika in Erfahrung bringen können, wo er sich immer noch aufhielt.

Cäsar war unversehrt übers Meer gefahren und hatte sechs Legionen – fünf davon aus ganz unerfahrenen Rekruten – und zweitausend Reiter mitgenommen. Dann – böse Vorzeichen! – war er von einem Sturm nach Norden abgedrängt worden und hatte weder dort landen können, wo er es geplant hatte, noch hatte er alle seine Truppen bei sich halten können. Und als er auf den Strand gesprungen war, war er gestolpert und bäuchlings in den Sand gefallen.

Ich hörte, wie ich leise aufschrie. Mardian schaute ruckartig auf.

Doch dann, so hieß es in dem Bericht weiter, ergriff er eine Handvoll Sand und rief: »Ich halte dich, Afrika!« Er hatte nie etwas auf Vorzeichen gegeben, aber er wußte, daß andere es taten.

Die feindlichen Streitkräfte – zehn Legionen stark! – standen unter dem Befehl des Metellus Scipio, und im Volk herrschte der Aberglaube, ein Scipio könne in Afrika niemals ein ernstes Mißgeschick erleiden, weil Scipio Africanus dort Hannibal entscheidend geschlagen hatte. Auch das sprach gegen Cäsar. Aber dem war er dadurch begegnet, daß er sich auch einen Scipio in seine Armee geholt hatte, einen unbedeutenden Mann aus dieser Familie.

All die alten Parteigänger des Pompejus hatten sich dort zum letzten Gefecht zusammengefunden: seine beiden Söhne, Gnaeus und Sextus, und auch der strenge, fanatische Republikaner Cato. Scipio hatte den schockierenden Schritt unternommen, sich mit dem numidischen König Juba zu verbünden – ja, sich sogar seinem Oberbefehl zu unterstellen. Ein Römer, der unter einem ausländischen König diente, galt als vogelfrei. Juba aber steuerte Kriegselefanten zu dem Feldzug bei, dazu Kavallerie und vier Legionen. So verfügten die Rebellen über eine Reiterei von insgesamt fünfzehntausend Mann.

Da niemand damit gerechnet hatte, daß Cäsar die Überfahrt im Winter unternehmen würde, hatten die Rebellen ihn ungehindert landen lassen. Bald aber sah er sich in einer Lage, in der schon die schlichte Versorgung seiner Truppen mit Proviant ein Problem darstellte. Obwohl er so hoffnungslos unterlegen war, riet sein Instinkt ihm daher, so bald wie möglich die Schlacht zu erzwingen …

Wieder hörte ich, wie ich scharf die Luft zwischen den Zähnen einsog. Mardian schaute auf. Warum starrte er mich immer so an? Wartete er etwa darauf, daß ich die schreckliche Stelle erreichte?

»Ist er tot?« brach es aus mir hervor. »Ich ertrage es nicht, hier zu sitzen und all das zu lesen, was schließlich dorthin führt, während du darauf wartest zu sehen, wie ich es dann lese!«

»Nein«, antwortete Mardian beruhigend, »er ist nicht tot. Er ist nicht einmal verwundet.«

»Dann hör bitte auf, mich so bang anzustarren.« Ich wandte mich wieder dem Bericht zu.

Cato warnte die Truppen der Pompejaner davor, sich zu bald in die Schlacht zu stürzen; sie könnten mit der Zeit ja nur stärker werden, da sie die Nachschub- und Schiffahrtswege beherrschten. Cäsar fütterte seine Pferde unterdessen schon mit Seegras, das er in Süßwasser auswaschen ließ. Ein Vorstoß zur Proviantbeschaffung, den er unternahm, geriet in einen Hinterhalt der feindlichen Soldaten, und nur mit einer klassischen Militärtaktik, bei der sich die Reihen der Kohorten abwechselnd in alle Richtungen wandten, so daß alle Seiten gesichert waren, konnten sie im Schutze der Dunkelheit zurück in ihr Lager gelangen. Dieses Gefecht war ein Rückschlag gewesen – Cäsars erster seit Dyrrhachion mit Pompejus.

So saßen sie nun da, eingegraben bei Ruspina, auf einem Plateau über dem Meer, und warteten darauf, daß Cäsars andere Legionen zu ihnen stießen.

»So«, sagte ich. »Er wartet. Nichts ist entschieden.«

»Nein. Nichts ist entschieden.«

Es kamen nur noch ein paar Zeilen. Es hieß, Cäsar habe Bocchus und Bogud, die beiden mauretanischen Könige, als afrikanische Bundesgenossen angeworben, damit sie ihm gegen Juba halfen. Er geißele Scipio in der Öffentlichkeit, weil er vor dem afrikanischen König Juba im Staub krieche und unter ihm diene, weil er Befehle von ihm entgegennehme und nicht wage, in seiner Anwesenheit den Purpurmantel des römischen Generals zu tragen. Scipio hatte sich zur Wehr gesetzt, indem er behauptete, Cäsar sei mit Boguds Frau Eunoe ins Bett gegangen und habe so seinem eigenen Bundesgenossen im Felde Hörner aufgesetzt.

»Was?« rief ich, und wieder fuhr Mardians Kopf hoch. Jetzt wußte ich, weshalb er mich beobachtet hatte. »Ist das wahr? Stimmt das, was hier über Cäsar und Eunoe steht?« Meine Stimme wurde lauter. Beherrsche dich, warnte ich mich selbst.

»Ich ... ich ...«, stammelte er.

»Ich weiß, daß du es herausfinden kannst! Du mit deinem Spitzelnetz!«

»Ich ... ich weiß es ja nicht mit Sicherheit, aber nach meinen ersten Erkenntnissen – ja, es stimmt.«

In diesem Augenblick schlug Cäsarion gegen sein Wollknäuel, und es rollte unter den Tisch. Sofort kroch er hinterher. Ich kann den Schmerz nicht beschreiben, mit dem dieser Anblick mich erfüllte.

»Noch eine Königin«, sagte ich schließlich. »Wie ich sehe, hat er Geschmack an den Betten von Königinnen gefunden.« Ich brachte die Worte kaum hervor; ich konnte fast nicht atmen. Aber ich atmete, und ich hob die Stimme nicht und ließ sie auch nicht zittern.

»Du kannst jetzt gehen, Mardian«, sagte ich schließlich. »Ich wäre dir dankbar, wenn du genau herausfinden könntest, was da vor sich geht. Ich weiß, daß ich mich immer auf dich verlassen kann.« Und ich stand auf und zog mich zurück.

Ich mußte jetzt allein sein. Ich fühlte mich, als hätte man mir einen schweren Holzklotz in den Magen gerammt. Draußen eilten die Wolken dahin; sie jagten sich über den Himmel und purzelten übereinander wie Dämonen, die aus einem Loch hervorquollen. Wenn es nur Nacht gewesen wäre, dann hätte ich die Vorhänge schließen und stundenlang ungestört bleiben können. Zum Teufel mit dem Tag mit all seiner Geschäftigkeit! Steifbeinig ging ich in mein innerstes Gemach. Charmian war da. Ich winkte sie hinaus und wagte nicht, sie dabei anzusehen, denn sobald sie mein Gesicht erblickte oder mich sprechen hörte, würde sie wissen, daß etwas nicht stimmte. Und dann würde darüber geredet werden müssen. Ich wollte aber nicht reden. Ich wollte nur fühlen.

Dies war das Zimmer, in dem wir soviel Zeit miteinander verbracht hatten. Jedes Möbelstück brachte irgendeine Erinnerung, eine Essenz von ihm zurück, und jede einzelne davon schmerzte. So ist es, wenn jemand stirbt: Die leblosen Dinge, die der geliebte Mensch nur flüchtig berührt hat, können uns nun verwunden. Was uns Trost sein sollte, bringt nur noch mehr Schmerz. Die Vorhänge, die er geteilt hatte, um auf den Hafen hinauszuschauen – der kleine Tisch, auf den er oft die Hand gelegt hatte, das Mosaik, das er so bewundert hatte, die Lampe, die er angezündet hatte, um seine Papiere zu studieren –, das alles fiel über mich her wie eine Bande von Räubern, die mich verletzen wollten.

Es war überflüssig, so zu tun, als wäre alles nur ein Gerücht. Im Grunde meines Herzens wußte ich, daß es stimmte. Er hatte sich nicht geändert. Er hatte sich doch nicht geändert.

Ich war eine Närrin, weil ich gehofft hatte, er werde es tun. Irgendwie hatte ich geglaubt, die Zeit in Ägypten hätte ihn verwandelt. Aber das war nicht der Fall.

Eunoe. Was war das für ein Name? Er hörte sich griechisch an. Aber sie war die Frau eines Mauretaniers. Eine Maurin? Eine Berberin? War sie alt? War sie jung? Und wieso war sie überhaupt mit ihrem Mann im Felde?

Was kümmerte das mich? Was kümmerte es mich überhaupt, ob es stimmte oder nicht? fragte ich mich plötzlich. Das Traurige war, daß ich imstande gewesen war, es zu glauben. Auf diese Weise hatte ich ihn ebenfalls betrogen.

Ich stand am Fenster und schaute zu, wie das stürmische Wetter übers Meer zog. Ich packte die Vorhänge und zerknüllte sie in meinen Fäusten. Meine Hände lechzten danach, seine Haut zu spüren statt dieser zarten Schleier. Ich weiß nicht, ob ich ihn zerkratzen oder liebkosen wollte. Ich wandte mich vom Fenster ab und sank auf ein Sofa. Ich war ausgelaugt. Dichte Schwärze schien sich um mich zu legen wie ein Mantel, mich zu umhüllen und niederzudrücken. Ganz still saß ich da und schloß die Augen. Mit der Kraft meines Willens wollte ich alles verschwinden lassen. Ich weiß nicht, ob Minuten oder Stunden vergingen, aber als ich die Augen wieder öffnete, war das verhaßte Wissen immer noch da.

Gegen Ende März kam ein staubbedeckter Bote in den Palast und erklärte, er komme aus dem fernen Meroë, das jenseits des Fünften Katarakts in Nubien lag, und er bringe dringende Neuigkeiten, die nur für meine Ohren bestimmt seien. Die Palastgarde war mißtrauisch und bestand darauf, ihn in Ketten zu legen, bevor man ihn zu mir brachte. Ich saß an dem großen Marmortisch, auf dem – noch mehr Erinnerungen, aber inzwischen war ich daran gewöhnt, denn es waren mehrere Wochen vergangen, seit ich die Nachricht aus Afrika erhalten hatte – Cäsar seine Landkarten ausgebreitet hatte. Ich benutzte ihn jetzt, wenn ich Bücher in großer Zahl zu konsultieren hatte, und an diesem Morgen hatte ich mir die Schriftrollen mit den Abrechnungen vorgenommen, die Epaphroditos für mich gemacht hatte. Stück für Stück hatte er die Pflichten eines Finanzministers übernommen, und dabei hatte er die ganze Zeit protestiert und beteuert, es interessiere ihn überhaupt nicht. Männer! Wie konnte man irgend etwas glauben, das sie sagten?

Energisch schob ich die Rollen beiseite. Das Leben war monoton geworden, und inmitten der Monotonie saß wie ein Geschwür, das nicht verheilen wollte, die Angst, daß von der afrikanischen Front schlechte Nachrichten kommen könnten, welche diese Monotonie durch eine Tragödie zerrissen.

Jawohl, durch eine Tragödie. Denn nichts weniger als das wäre der Tod oder die Niederlage Cäsars für mich. Ich liebte ihn immer noch und würde auch niemals aufhören. Das wußte ich jetzt, und ich hatte mich damit abgefunden, wie ich mich mit meiner Körpergröße oder meiner Augenfarbe abgefunden hatte. Es war ein Faktum, das anscheinend nie mehr zu erschüttern war. Ein Quell der Freude und des unendlichen Schmerzes.

»Nun, laßt den Mann vor den Thron treten und sagen, was er zu sagen hat«, befahl ich, obwohl ich gar nicht auf dem Thron saß.

Die hohen Portalflügel schwangen auf den geölten Bronzeangeln auf, und ein langer Nubier kam herein, aufrecht und mit großen Schritten trotz der Ketten, die schwer an ihm lasteten. Zwei Soldaten meiner Hofgarde flankierten ihn.

»Allergnädigste Majestät, Königin Kleopatra, ich bin ein Abgesandter der erhabenen und mächtigen Kandake Amanischacheto aus dem Königreich von Meroë. Ich grüße dich!«

Die Stimme des Mannes dröhnte wie die eines Kriegers.

»Nehmt ihm die Ketten ab!« befahl ich. »Ich wäre nicht erfreut zu hören, daß meine Abgesandten in Ketten gelegt werden. Der Kandake wird es nicht anders gehen.«

Ich wußte, daß »Kandake« ihr Wort für Königin war. Das Meroitische ähnelte in mancher Hinsicht dem Ägyptischen und auch dem Äthiopischen, das ich sprechen konnte. Ich war immer sehr neugierig auf Meroë gewesen, unser Schwesterkönigreich im Süden.

Hastig bückten die Soldaten sich und schlossen die Ketten auf. Der Bote trat hervor und warf sie ab wie ein Kranich, der Wassertropfen von sich schüttelt. Er schien noch größer zu werden.

»Majestät, ich komme viele, viele Tagereisen den Nil herunter. Ich habe die fünf Katarakte überwunden und bin vom Land des Straußes, des Nilpferds und des Löwen herab in diese Stadt am Meer gekommen.« Er sprach Ägyptisch mit starkem Akzent. Ich hatte Mühe, alle seine Worte zu verstehen. »Ich bringe Gold, Elfenbein und Leopardenfelle zum Geschenk.«

»Dafür ist dein Land berühmt«, sagte ich.

»Man hat mir die Truhe fortgenommen, um sie zu durchsuchen«, sagte er. »Man wird sie dir bringen, wenn deine Diener sie inspiziert haben. Die Botschaft aber, die ich bringe, darfst nur du hören. Diese Diener müssen gehen.«

Das war nicht ratsam. Ich durfte unter einem solchen Vorwand nicht allein mit einem Fremden bleiben. »Einer von meiner Garde muß bleiben«, erwiderte ich. »Und ich werde nach meinem obersten Minister Mardian schicken.«

»Nein. Die Kandake hat gesagt: Niemand.«

»Dann kann ich ihre Botschaft nicht empfangen. Du hast den weiten Weg umsonst gemacht. Meinem Minister ist zu vertrauen. Und die Garde muß immer zugegen sein.«

Einen Augenblick lang stand er unschlüssig da. Offensichtlich war jedes Wort seiner Königin für ihn ein heiliges Gebot, und er war Tausende von Meilen weit entfernt ebenso gehorsam wie in ihrer Gegenwart – ein Diener, wie er mir lieb und teuer sein würde.

»Sprich Äthiopisch mit mir«, schlug ich vor. »Beherrschst du diese Sprache? Die Garde und der Minister können sie nicht.«

Das Gesicht des Mannes erstrahlte in einem breiten Lächeln. Er nickte begeistert. »Gut, Majestät.«

Ich hatte ein wenig Mühe, ihm zu folgen, aber im wesentlichen verstand ich doch, was er sagte.

»Wie lautet deine dringende Botschaft?« fragte ich.

»Sie lautet so: Ein Mann, der behauptet, er sei Ptolemaios XIII., ist in Meroë verhaftet worden.«

Das verschlug mir den Atem. »Was?« Mehr brachte ich nicht heraus.

»Er ist etwa siebzehn Jahre alt – fast erwachsen. Er war dabei, eine Armee aufzustellen, als die Soldaten der Kandake ihn festnahmen. Da forderte er eine Audienz bei ihr, und in ihrer Gegenwart schwor er, er sei dein Bruder, der wahre König von Ägypten, der nach der Schlacht mit Cäsars Truppen entkommen und nach Nubien geflüchtet sei. Er war höchst überzeugend. Meine Kandake will wissen, was sie mit ihm anfangen soll. Einstweilen halten wir ihn in Haft.«

Ein Hochstapler! Ich hatte meinen armen toten Bruder gesehen, zusammengesunken in seiner goldenen Rüstung, wie ihm das Sumpfwasser in kleinen Rinnsalen aus der Nase gesickert war. Er lag bestattet hier in Alexandria, im Mausoleum der Ptolemäer.

»Richtet ihn hin!« sagte ich. Was sollten sie sonst mit ihm anfangen?

»Das können wir leider nicht tun, solange wir nicht wissen, wer er wirklich ist.«

»Wer kann denn wissen, wer er ist? Ist das denn wichtig? Mein Bruder ist er nicht, das ist sicher. Wenn er sich für ihn ausgibt, verdient er schon deshalb den Tod.«

»Dann mußt du kommen und ihm ins Gesicht schauen und sagen, daß er ein Hochstapler ist.«

»Was? Ich nach Nubien reisen? Soll er doch diese Reise machen! Schickt ihn her, und ich werde mich um ihn kümmern.«

»Das geht nicht«, sagte er, »das siehst du doch sicher ein. Es ist zu gefährlich; er könnte irgendwo unterwegs entkommen. Ganz gleich, wie gut wir ihn bewachen – es wird am Wege sicher Möglichkeiten geben. Sobald es sich aber herumspräche – sobald ein Gerücht daraus würde –, würden sich Unterstützer finden. So ist es immer. Die Menschen schließen sich allen möglichen Sachen an, nur um sich zu beschäftigen. Deshalb wollte ich nicht, daß in Alexandria jemand davon hörte. Nicht einmal das leiseste Flüstern darf den Leuten zu Ohren kommen. Bist du auch sicher, daß sie hier nicht Äthiopisch verstehen?« Nervös schaute er hinüber zu dem verbliebenen Wachsoldaten und zu Mardian, der inzwischen gekommen war; er stand am anderen Ende des Tisches und schaute zu uns herüber.

»Ich schwöre es dir«, beruhigte ich ihn.

»Wirst du mit mir kommen?« fragte er. »Ich bin bereit zu warten. Aber ich bitte dich dringend: Komm so schnell wie möglich. Je weniger Zeit zwischen seiner Festnahme und … der Erledigung der Sache verstreicht, desto besser.«

Er hatte recht. Jeder Tag, der verging, an dem der selbsternannte Ptolemaios XIII. reden konnte – mit seinen Wachen, mit seinen Mitgefangenen –, ließ ihn gefährlicher werden.

»Also gut«, seufzte ich, »ich sehe schon, daß mir nichts anderes übrigbleibt. Aber ich muß mir einen Grund ausdenken, weshalb ich unvermittelt diese Reise unternehme, die noch kein Pharao und kein Ptolemäer je unternommen hat. Es ist ja nicht, als wollte ich nach Kanopos.« Gleich begriff ich, daß ich mir diesen Grund ausdenken mußte, bevor das Gespräch zu Ende war, denn dann könnte ich so tun, als wäre er Bestandteil seiner Botschaft gewesen. Mardian starrte mich an und versuchte offensichtlich zu ergründen, was hier vorging.

Warum könnte ich nach Meroë reisen müssen? Was könnte der Grund sein? Denk nach! befahl ich mir. Um etwas mit eigenen Augen zu sehen … Aber was? Die Handelsrouten nach Indien? Eine versunkene Stadt? Sollte ich eine wissenschaftliche Expedition unternehmen? Ich könnte Geographen und Mathematiker aus dem Museion mitnehmen, welche von denen, die immer neue Experimente zusammenbrauten, um die Krümmung der Erdoberfläche zu messen. Aber warum sollte *ich* reisen müssen? Die Wissenschaftler konnten doch sicher allein reisen. Ebenso wie die Kaufleute, die sich für die Handelswege interessierten. Und die Elefanten- und Leopardenjäger. Nichts von alledem taugte zu einem Vorwand.

Mardian beobachtete mich, und Augenblicke des Schweigens verstrichen. Wenn ich jetzt spräche, würde ich den Grund für diesen Besuch nennen müssen – den offiziellen Grund. Unter vier Augen würde ich Mardian sagen können, was der wahre Grund war. Aber jetzt konnten Spione im äußeren Gemach sein.

»Meine Schwesterkönigin, die berühmte Kandake Amanischacheto, hat mir ihre Hand in Freundschaft entgegengestreckt«, erklärte ich schließlich. »Ich will selbst an ihren sagenumwobenen Hof nach Nubien reisen und sehen, was keiner meiner Ahnen je gesehen hat. Unterwegs aber will ich Verträge und Handelsabkommen mit den Stämmen am Nil schließen. Laßt mich in einer neuen Richtung eine neue Grenze für das ptolemäische Ägypten entdecken. Vielleicht liegt unsere Zukunft im Süden, in Afrika, und nicht im Osten, in Asien, oder im Westen, wo Gallien liegt. Rom hat fast ganz Asien und das ganze Gallien erobert. Dort ist uns der Weg versperrt. Was meine Vorfahren in jenen Weltgegenden besaßen, kann ich niemals wiedergewinnen. Aber andere Länder, andere Horizonte locken. Kann ich da weniger tun, als mit eigenen Augen hinzuschauen?«

Das sagte ich zuerst auf äthiopisch, dann auf griechisch. Ich sah Mardians Gesichtsausdruck, und ich wußte, es klang unglaubhaft. Aber was hätte ich sonst sagen können?

# 19

Die breite Wasserstraße trug mich nach Süden, immer weiter nach Süden, vorbei an den Orten Ägyptens, die inzwischen alte Freunde für mich waren: an den Pyramiden, an Theben mit seinen goldenen Tempeln, an Uferböschungen, an denen das Leben wimmelte. Die langen Schöpfhebel mit den Gegengewichten ragten aufgereiht über das Wasser, senkten sich schwankend herab und tauchten ihre Schöpfeimer ein. Kinder liefen über die staubigen Pfade, und Esel und Kamele glotzten blinzelnd zu uns herüber, als wir vorbeizogen. Hunde bellten, und die Dorftöchter, die gekommen waren, um ihre Wasserkrüge zu füllen, blieben stehen und starrten meine königliche Barke mit dem Lotosbug und dem fransengeschmückten Sonnenbaldachin neugierig an, während der Nordwind unsere Segel blähte und uns vorübertrieb.

Ich sah den Hochwasserschaden, aber das war jetzt vorbei, und die Felder waren grün; Gerste, Emmer und Bohnen wuchsen. Ägypten hatte überlebt.

Dann wieder Philae – die heilige Insel mit ihrem ehrwürdigen Priesterkollegium. Und wieder ging ich nicht an Land, um die kleine Kammer zu besuchen, in der ich mit Cäsar gestanden hatte. Es war, als fehle meinem Herzen die Kraft zum Schlagen, während wir langsam vorübersegelten und sahen, wie die weißen Gebäude sich im Nachglanz des Sonnenuntergangs golden färbten. Für Cäsar war diese Insel nicht heilig gewesen, nicht wahr?

»Fahrt noch weiter«, sagte ich. »Fahrt weiter, und laßt uns erst vor Anker gehen, wenn man Philae nicht mehr sieht.«

Wir näherten uns dem Ersten Katarakt. Ich konnte ihn hören; erst war es ein leises Murmeln wie das Raunen eines Liebenden, dann wurde es lauter und klang wie ein weinendes Kind, und schließlich brüllte es wie ein wütender Stier. Und plötzlich sah ich ihn vor uns. Der Nil hatte sich zu einem See verbreitert, und in diesem See schimmerten tausend Inseln; auf manchen wuchsen Palmen, andere waren nackte, zerklüftete Felsen. Der Fluß ist hier wie Glas; Inseln und Bäume spiegeln sich darin, und alles ist doppelt. Ich beugte mich über den Bootsrand und sah mich, wie ich ins Wasser schaute. Ich streckte die Hand aus und berührte meine eigenen Fingerspitzen, und erst als das Bild sich kräuselte, sah ich, daß es eines war. Als es dunkel wurde, verwandelte sich der Wasserspiegel von Bronze in Silber, aber er glänzte noch immer wie poliertes Metall.

Hier würden wir für die Nacht vor Anker gehen, und am nächsten Morgen würden wir über den Katarakt geschleppt werden – von einem Trupp Männer, die während der fünf Monate im Jahr, in denen der Fluß Niedrigwasser führte und die Klippen herausragten, damit ihren Lebensunterhalt verdienten.

Am Morgen barst die Sonne über den Horizont und stieg heiß in den Himmel. Für die Männer, die das Boot zu schleppen hatten, war es eine ungeheure Anstrengung. Sie waren mit langen Seilen aneinandergebunden; einige lenkten, einige zogen, und alle schufteten unter der Leitung ihres Vorarbeiters, der wußte, wo die Felsen lagen, die ein tödliches Loch in den Boden des Bootes bohren konnten. Wir wurden durchgeschüttelt und gestoßen, und es dauerte zwei Tage, bis wir die tückischen Felsen schließlich hinter uns hatten und frei auf dem Wasser schwammen.

Jenseits des Kataraktes ändert der Fluß sich, und man gelangt nach Nubien. Auf einer Seite sind schwarze Granitfelsen, auf der anderen Seite liegt goldener Sand. Man findet wenig Leben; der Nil fließt lautlos durch Täler, die für den Ackerbau zu eng sind. Die Hunde, die Dörfer, die Felder Ägyptens sieht man hier nicht mehr; an ihrer Stelle trifft man auf stille Einsamkeit. Hoch am strahlenden, wolkenlosen Himmel erblickte ich gelegentlich einen Falken, aber sonst rührte sich nichts.

Und doch hatten die Pharaonen sich hier zu schaffen gemacht. In Wadis und Felsschluchten gab es Gold auszugraben, und Festungen waren anzulegen, in denen man es schmelzen und feinen konnte – wuchtige Lehmziegelbauten in Kuban, die das Ende meines Herrschaftsgebietes markierten. Wir glitten daran vorbei auf der träumerischen Oberfläche des Nils, und die wütende Sonne glitzerte auf dem Wasser. Ich war jetzt in fremdem Land und genoß die Gastfreundschaft eines anderen Herrschers.

Plötzlich verbreiterte sich das Flußtal, und ein großer Dattelpalmenhain lockte. Das waren die berühmten Felder von Derr. Wir schickten an Land und ließen uns etwas von ihrem berühmten Dattelwein bringen.

Die Sonne ging unter und wieder ein Tag zu Ende. Die Tage flossen ineinander auf dieser endlosen Reise, obgleich der stete Wind uns gut vorankommen ließ. Abu Simbel in der Felswand vor uns. Aus einiger Entfernung sahen wir die Riesenfiguren, aber bevor wir sie erreichten, war es dunkel. Wir gingen vor Anker, und dann saßen wir auf Deck und tranken den feurig gelben Dattelwein, während die Figuren sich in der Finsternis verloren. Wir zündeten Laternen an und tranken weiter; alles schien in einem goldenen Glanz zu vibrieren. Was für ein seltsames Land dies war.

In dieser Nacht bemerkte ich zum ersten Mal, daß es nicht kühl wurde. Es war nicht nötig, sich zuzudecken oder sich irgend etwas um die Schultern zu ziehen, und am nächsten Morgen fröstelte man nicht. Es gab jetzt nur noch zwei Temperaturen: warm und heiß.

Im ersten Tageslicht setzten wir die Segel, so daß wir die großartigen Monumente von Abu Simbel sehen konnten, als die Morgendämmerung sie berührte. Ramses der Große saß da, in heitere Betrachtung versunken, als wir an seinen Bildnissen vorüberfuhren; wir konnten beobachten, wie das rosige Licht über sie hinwegkroch. Der Pharao saß da und bewachte seine Grenze, und Sandwehen reichten hinauf bis zu seinen massigen Knien; Jahrtausende hatte er so gesessen, und noch immer warnte er die Nubier vor seiner Macht. Er starrte uns an, als wollte er wissen, warum wir so hastig vorübereilten und was wir suchten. Mit seinem rätselhaften Lächeln schien er uns zu sagen, daß es keinen Sinn habe, es zu suchen; es werde uns nichts nützen, und es könne nicht von Dauer sein. Selbst Statuen baue man vergebens, sie würden zerfallen wie alte Knochen. Einer seiner Köpfe lag zu seinen Füßen auf der Erde und starrte hinauf in den leeren Himmel.

Wir näherten uns dem Zweiten Katarakt, der wie ein Stopfen in diesem Land der sengenden Sonne saß. Das trostlose, harte Gelände zeigte kein Mitleid mit lebenden Wesen. Mehrere gigantische Lehmziegelfestungen, die zum Schutz beider Nilufer erbaut worden waren, starrten zu uns in die Schlucht von Semna herunter.

An diesem Katarakt, der auch als der Große Katarakt bekannt war, würden wir unser Schiff verlassen; er war für unser Boot unbefahrbar. So stiegen wir in ein anderes um, das sechzehn Meilen weit oberhalb der Stromschnellen mit ihren Hunderten von Felsen und Rinnen auf uns wartete.

Das neue Boot war ein schlichtes, solide gebautes Fahrzeug aus dicken Planken, auf dem wir den Rest des Weges zurücklegen würden. Unverzüglich nahmen wir das sechzig Meilen lange Wegstück in Angriff, das wegen seiner völligen Unwirtlichkeit als »Bauch der Felsen« bezeichnet wird. Der Nil ergießt sich hier durch einen steinernen Kanal, der zu beiden Seiten von Steinen, Felsblöcken und Granitplatten begrenzt ist. Die Sonne sticht herab wie tausend Lanzen, so daß man starr und blind wird. Das Licht kommt kreischend von Himmel, Fels und Wasser. Kein Lebewesen rührt sich hier, und Wolken gibt es auch nicht. Die Hitze strahlt wie in einem Backofen, und die Felsen flimmern.

Dann kommt der Dritte Katarakt, ein Kinderspiel neben den anderen. Und unversehens ändert sich die Landschaft; das Flußtal weitet sich, und man erblickt grüne Felder. Seufzend breitet der Fluß sich aus und umarmt das Land. Ich sah Vieh und Dörfer, und dann passierten wir Kerma, einst eine wichtige Stadt des nubischen Königreichs, jetzt aber wieder ein Dorf. Ich sah die Ruinen eines riesigen Bauwerks am Horizont – ein Lehmziegeltempel? Ramses hatte recht: Es war nicht von Dauer. Ein paar zerbrochene, halb begrabene widderköpfige Sphingen waren ebenfalls vom Boot aus zu sehen; sie schauten verloren zu uns herüber, Überbleibsel einer vergessenen Allee, die … ja wohin führte?

Bei Dongola verlief der Fluß ein Stück weit geradeaus, und die Landschaft blieb freundlich: grün und palmenbewachsen. Wenn es auf den Vierten Katarakt zugeht, auf den äußersten Vorposten der Pharaonen, macht der Nil eine gewaltige Schleife nach Norden. Hier war der Heilige Berg, der Dschebel Barkal bei Napata, immer noch ein Wallfahrtsort. Seltsame, steile Pyramiden standen kaum sichtbar in der Ebene.

Der Nil floß weiter nach Norden wie ein verirrtes Kind; endlich aber wandte er sich wieder südwärts, und als wir um die Biegung kamen und die Sonne uns wieder ins Gesicht und nicht in den Rücken schien – die meiste Zeit allerdings stand sie senkrecht über uns –, da sah ich die letzten unmittelbaren Spuren ägyptischer Macht: einen Grenzspruch, den ein Pharao in einen Felsen hatte hauen lassen. Es war Wunschdenken gewesen: Wirklich beherrscht hatte Ägypten diesen Teil des Niltales nie, wenngleich es prahlerisch Anspruch darauf erhoben hatte.

Wieder wurde der Fluß schmaler, als wir dem Fünften Katarakt entgegenflogen. Wir wurden hinübergeschleppt und geführt, und dann kamen wir an den ersten Nebenfluß des Nils: Der Atbara brachte sein Wasser aus Äthiopien. Und dann ragte unser Ziel vor uns auf: Meroë, die reiche Hauptstadt des sagenumwobenen Kusch: des Landes Nubien.

Es lag dort in einer fruchtbaren Ebene, inmitten wallender Felder mit Hirse und Gerste. Rinder weideten dazwischen. Eine frische Brise, die nach kühlen grünen Pflanzen duftete, wehte über unseren Bug. Sofort verstand ich, weshalb die Nubier sich in diese Gegend zurückgezogen und sie gehalten hatten. Hier waren sie nicht leicht zu erreichen, und dieses Land war ein Paradies.

Vor uns sah ich einen beeindruckend langen Landungssteg, der weit hinaus ins seichte Wasser reichte. Die Palmholzpfosten waren mit Schnitzereien verziert und vergoldet, und blaue und goldene Wimpel flatterten über dem Anleger. In der Tat eine königliche Begrüßung.

Man hatte mein Boot gesehen, die Insignien erkannt, und bevor wir ankamen, hatte sich eine große Menschenmenge auf dem Landungssteg versammelt. Während unser Boot festmachte, sah ich so viele kostbare Gewänder durcheinanderwimmeln, daß es wirkte wie ein Haufen Edelsteine.

Ein hochgewachsener Mann, der noch prunkvoller gekleidet war als die andern, kam heran und redete uns an; aber ich konnte ihn nicht verstehen; offenbar sprach er Meroitisch.

»Sprichst du auch Griechisch?« fragte ich.

Er hob die Schultern und wußte nichts zu antworten. Jemand flüsterte ihm etwas ins Ohr, und da schüttelte er den Kopf.

»Ägyptisch denn?«

Jetzt lächelte er. »Ja, Erhabene.«

»Oder Äthiopisch?«

»Jawohl, auch das. Was ist dir lieber?«

Mir kam es selbstsüchtig vor, Ägyptisch zu sagen, aber das konnte ich viel besser. »Ägyptisch – es sei denn, du könntest noch eine Sprache, die du lieber benutzen würdest.«

»Ägyptisch ist mir so recht wie alles andere«, antwortete er und nickte dann dem Boten zu, der an meiner Seite stand. »Kandake Amanischacheto wird dich für deine Schnelligkeit und deine Überredungskunst belohnen.« Dann wandte er sich wieder zu mir. »Komm, Erhabene, ich bringe dich in den Palast.«

Als wir uns durch die gaffende Menge bewegten, fiel mir zweierlei sofort auf: Einige dieser Leute waren sehr groß und beinahe spindeldürr, andere dagegen sahen von den Hüften abwärts wie Elefanten aus und hatten mächtige Gesäße und gewaltige, baumdicke Beine.

Man brachte Sänften, die mich und meine Begleitung zum Palast bringen sollten; der Rest würde zu Fuß gehen. Ich hatte Iras mitgenommen, weil ich gedacht hatte, sie würde gern einmal ihre Heimat wiedersehen. Aber als wir, von sechs starken Männern getragen, dahinschwebten, beugte sie sich zu mir herüber und vertraute mir an: »So etwas habe ich noch nie gesehen. Meine Familie war aus Unternubien, nahe der Grenze zu Ägypten. Hier ist es anders … ganz anders!« Sie machte große Augen.

»Verstehst du etwas von diesem Meroitisch?« fragte ich sie.

»Nein. Ein paar Wörter klingen vertraut. Aber sie sprechen so schnell, und ihr Dialekt ist schwer zu verstehen.«

Ich betrachtete ihr Gesicht: die glänzende dunkle Haut, den hohen Nasenrücken, die geschwungenen Lippen. Darin ähnelte sie den Leuten, aber ihre Gestalt hatte nichts gemein mit den beiden hier vorherrschenden Typen.

Die Stadt bestand aus breiten Straßen und runden Behausungen aus Lehm und Schilf, die afrikanisch aussahen; in Ägypten hatten wir so etwas jedenfalls nicht. Dann erreichten wir unversehens eine hohe Steinmauer mit einem massiven Tor, das mit Schnitzereien pharaonisch aussehender Figuren verziert war. Dahinter lag der königliche Palast. Wachen in militärischem Schurz flankierten das Tor; sie trugen silberne Helme mit bunten Federn, und über ihren Schultern hingen riesenhafte Bögen. Nubia war von alters her als das »Land des Bogens« bekannt, und die Nubier zeigten sich im Umgang mit dieser Waffe furchterregend gewandt. Als wir herankamen, schoben sie die Torriegel zurück, und die schweren, eisenbeschlagenen Portale schwangen mit dumpfem Knarren auf und eröffneten einen Blick auf ein zartgrünes Panorama.

Vor uns breitete sich ein Teppich von winzigen Wiesenblumen aus, umrahmt von juwelenfarbenen Büschen. Lauben waren bedeckt mit den schweren, verschlungenen Ranken von Trauben und Kletterrosen, deren Massen von spitzen Blättern und Blüten im sanften Wind wogten und uns drängten, in ihrem duftenden Schatten zu verweilen.Ich sah, daß sich dort im Halbdunkel etwas bewegte; jemand lag ausgestreckt auf einer Bank, und eine Hand baumelte untätig herab. Weiter hinten erblickte ich einen Obstgarten; die Äste der Bäume waren von Blütenschaum überzogen.

Überall in dieser den Sinnen schmeichelnden Umgebung standen Gebäude, die aussahen wie Tempel, Paläste und Bäder, allesamt aus goldenem Sandstein.

Mit großen Steinplatten gepflasterte Wege schlängelten sich durch das Gelände, und Diener in dünnen rot-grünen Tuniken gingen zwischen den einzelnen Gebäuden hin und her. Riesige Platanen und anmutige Palmen schützten sie vor der Mittagssonne.

Vor einem viereckigen Gebäude mit einer Eingangstreppe aus Marmor stellten sie die Sänfte ab. »Der Gästepalast, Erhabene«, sagte unser Führer. »Zu uns kommen viele Gesandte, Kaufleute und Händler aus Arabien, Indien und Afrika, und wir behandeln sie wie Könige. Wir haben also nicht die Absicht, dich zu beleidigen, indem wir dich in ihrem Quartier unterbringen, sondern wir wollen sie ehren, indem wir ihnen erlauben, eine königliche Unterkunft zu erleben.« Er verneigte sich. »Überdies haben wir festgestellt, daß sie dann für Handelsvereinbarungen zugänglicher sind«, fügte er hinzu.

»Ja, Schmeicheleien haben diese Wirkung«, sagte ich und stieg aus der Sänfte. Als Herrscherin über die größte Handelsstadt der Welt wußte ich alle diese Kunstgriffe zu schätzen. Ich würde mich darum kümmern müssen, daß in Alexandria auch ein Besucherpalast gebaut wurde.

Iras und ich wurden auf einer breiten Treppe aus schwarz schimmerndem Porphyr zu einer Zimmerflucht hinaufgeführt. Die Decken dort waren aus mäanderverziertem Zedernholz – offenbar aus dem Libanon importiert. Aber wie hatten sie es hierherbringen können? Die Fahrt über einen Katarakt hätten die fünfzig Fuß langen Balken nicht überstanden – geschweige denn, über alle fünf. Sie mußten über das Rote Meer gekommen sein. Aber wie waren sie *hierher* geschafft worden? Ich mußte die Kandake fragen.

Man hat mir vorgeworfen, ich sei eine hartherzige Geschäftsfrau, habsüchtig, gierig und berechnend. – Vor allem Octavian und seine Handlanger sind es, die das verbreiten. – Aber jede Schmähung beruht auf einem Körnchen Wahrheit, und wenn ich mich erinnere, wie ich inmitten dieses prunkvollen Gemaches stand und mir den Kopf über Handelswege zerbrach, so bewies ich mir damit, wo diese späteren Verleumdungen ihren Ursprung haben. Ich denke in der Tat über Geld und Handel nach; wenn ich Gold sehe, denke ich an Minen, wenn ich Seide sehe, denke ich an Indien und an Handelsstraßen, und wenn – oh, warum soll ich versuchen, es zu erklären? Es ist meine Stärke und zugleich meine Schwäche. Und wie ich bemerke, gelüstet es Octavian selbst in recht unziemlicher Weise nach meinen Schätzen. Aber ich greife vor.

Etwas, das mir gleich auffiel, war ein Service von Silbergefäßen, das auf dem Tisch stand – eine hohe Kanne mit anmutig geschwungener Tülle, schlanke Becher, ein ovales Tablett. Silber wird in Ägypten nicht oft verwandt, weil es nämlich seltener ist als Gold; aus diesem Grunde fiel es mir jetzt gleich ins Auge.

Ich hob die Kanne hoch; sie lag mir angenehm in der Hand. Ich goß eine bräunliche Flüssigkeit in einen Becher. Tamarindensaft, wie sich zeigte.

»Aus Indien, Erhabene«, sagte eine Stimme von der Tür. Ich stellte die Kanne ruckartig hin.

Ein geisterhaft zartes Mädchen, gekleidet in ein seltsames und zugleich merkwürdig vertrautes Gewand, stand in der Tür. »Ich komme, um euch zu bedienen«, erklärte sie und hob die gewölbten Hände in einer Geste der Ergebenheit. »Meine Kandake wünschte, daß ihr unsere bevorzugte Erfrischung zu euch nehmt, und ich soll euch erklären, was es ist.« Sie schwebte über den Boden heran, nahm die Kanne beim Griff und schenkte die Becher in einer anmutigen, geschmeidigen Bewegung voll. Dann reichte sie Iras und mir einen. »Trinkt und seid willkommen.«

Die bittere braune Flüssigkeit berührte beißend meine Lippen. Schon bei der leisen Andeutung, daß ich sie sauer finden könnte, erklärte das Mädchen: »Dafür haben wir Honig.« Sie deutete auf ein glänzendschwarzes Deckelgefäß. Jetzt sah ich, daß Iras' unübertreffliche Anmut Teil ihres Erbes war. Dieses Mädchen hier hatte die gleichen glatten, fließenden Bewegungen.

»Große Schiffsladungen Tamarinde kommen mit den Monsunwinden zu uns«, sagte sie. »Wir können am Aroma erkennen, aus welcher Gegend Indiens sie stammen.«

»Es schmeckt überaus köstlich und erfrischend«, sagte ich. Der Geschmack war stark und kräftigend: ein Trank für Soldaten, Seeleute, Kauffahrer – und Königinnen. »Du kannst der Kandake sagen, daß es mir gefällt. Und wann kann ich sie sehen?«

»In der Kühle des Abends möchte sie dich empfangen, im Pavillon bei der Einfriedung am Wasser.«

Als sie sich zum Gehen wandte, erkannte ich, was es mit ihrem Kostüm auf sich hatte: Sie war nach der Mode des Alten Ägypten gekleidet, in Gewänder, die wir seit tausend Jahren nicht mehr trugen. Ich kannte sie nur noch von den Wandbildern im Tempel.

Bei Sonnenuntergang führte man mich auf dem blumengesäumten, gewundenen Pfad zum Wasser. Wir hätten es als Lustweiher bezeichnet, denn offensichtlich diente die Anlage dazu, dem Herrscher Sinnenfreuden zu verschaffen. Azurne Fliesen auf dem Grund des Beckens verwöhnten das Auge und färbten das Wasser magisch blau. Der Duft von Wasserlilien hätschelte die Nase, und die kühle Luft, die über das Wasser wehte, schmeichelte der Haut. Ein diskreter Chor von winzigen zirpenden Fröschen und zwitschernden Vögeln zwischen den Wasserlilien liebkoste das Ohr, und ein paar Schmetterlinge tanzten über dem Dickicht des Wassergartens.

Ich war allein im herabsinkenden Abend. Diener zündeten silberne Laternen an, und hinter mir hörte ich das leise, zutrauliche Murmeln eines Springbrunnens. Dann kam eine große, von einem Schirm überspannte Sänfte schwankend in mein Blickfeld. Die Fransen an dem Sonnendach schaukelten wild hin und her. Ich sah eine juwelenfunkelnde Hand, die aus der Sänfte hing.

Das wunderliche Vehikel, geschleppt von schwitzenden, breitschultrigen Männern, näherte sich dem Pavillon. Vor einer Treppe stellten sie es ab und traten zurück. Eine zweite Hand, die der ersten glich, erschien und teilte die Vorhänge. Ein Kopf kam zum Vorschein, dann ein Bein, von voluminösen, gefältelten Gewändern umhüllt. Dann kam mit wuchtigem Schwung die ganze Gestalt hervor. Mächtige Schultern erschütterten die Medaillen, die an einer Schärpe befestigt waren. Es war, als breche da ein Elefant durchs Unterholz. Ich erwartete, daß ihre Haut grau und runzlig sein würde, aber sie war tiefschwarz und glatt wie poliertes Metall.

Mit ruhiger Würde richtete sie sich auf, und eine unverhältnismäßig kleine Hand rückte die Perücke und den Kopfputz der Geiergöttin zurecht.

»Majestät, allerehrwürdigste Kandake Amanischacheto«, sagte ich, »ich bin erfreut, dein edles Antlitz zu erblicken.«

Sie seufzte, und die Medaillen auf ihrem Busen wogten. »Königin Kleopatra«, antwortete sie, »du bist so schön, wie alle sagen. Willkommen in Meroë! Du bist auch so klug, wie sie sagen, denn du wußtest, daß diese Reise notwendig war, und so entschlossen, wie sie sagen, denn du hast die Strecke in weniger als fünfzig Tagen zurückgelegt. Es ist wahrlich eine Überraschung und eine große Freude zu sehen, daß einmal etwas tatsächlich so ist, wie es beschrieben wird. Das ist so selten der Fall.«

»Ich danke dir, Majestät. Nach allem, was ich gesehen habe, übertrifft Meroë alle Legenden. Es ist eine Schatzkammer, wie man sie nicht vermutet.«

»Gut so. Wir wollen nicht, daß es von Siedlern der falschen Sorte überflutet wird. Wenn ein Ort allzu populär wird, ist es aus mit seinem Zauber. Meinst du nicht auch?« Sie machte eine Handbewegung, und aus dem Schatten trat ein Diener hervor und begann, ihr mit einem Straußenfederfächer Kühlung zuzuwedeln. Die Federn waren scharlachrot, golden und blau gefärbt und malten einen Regenbogen in die Luft.

»Wir wollen uns setzen.« Mit bedächtigen Schritten ging sie zu einem steinernen Thron – etwas anderes hätte ihr Gewicht auch nicht getragen. Ich sah die Umrisse ihrer Beine durch den weiten, gefältelten Stoff ihres Gewandes, und sie waren dicker als die Zedernstämme aus dem Libanon in der Decke meines Gemachs. Ihre Füße – die wie die Hände seltsam klein waren – steckten in goldenen Sandalen.

Seufzend ließ sie sich niedersinken, und alle ihre Gewänder schienen um sie herum mit ihr zu seufzen. Dicke Troddeln an den Enden seidener Schnüre schaukelten raschelnd am Saum wie Gerste im Wind.

»Ich weiß, daß der Bursche nicht dein Bruder ist«, sagte sie ruhig. »Aber andere sind nur allzugern bereit, es zu glauben. Wieso locken Hochstapler immer Leute an, die ihnen nachlaufen? Am besten regeln wir diese Angelegenheit unter uns. Ich verabscheue Lug und Betrug, und vor allem graust mir vor denen, die der Wahrheit den Rücken zukehren, um der Lüge zu folgen!« Ihre Augen – sanft, braun, schmelzend – blitzten plötzlich hart und schwarz wie Obsidian.

»Das ist nun einmal Teil der menschlichen Natur, fürchte ich«, erwiderte ich. Ich wollte sie nicht weiter in Wallung bringen; sie schien mir schrecklich erregt zu sein.

Bedeutet das, daß ich keine Ideale und keine Ehre besaß, wie meine Feinde behaupten? Nein. Aber niemand hätte am Hofe aufwachsen können wie ich, ohne alle Illusionen über die Menschen und das, wozu sie imstande sind, zu verlieren. Und dann Cäsar ... Seit er fort war, hatte er den Rest meines Glaubens an die Menschen zerstört. Es war rührend, daß Amanischacheto sich soviel von ihrem ursprünglichen Vertrauen hatte bewahren können. Offensichtlich hatte noch nie jemand anderes als ein Feind sie betrogen – niemals also ein Freund oder Geliebter. Die letzteren sind es ja, die uns niederschmettern.

»Man sollte diesen Teil bestrafen, wann immer er sich zeigt; vielleicht zeigt er sich dann nicht mehr so hartnäckig!« sagte sie. »Auch angeborenes Verhalten kann man mit der Peitsche austreiben.« Sie nickte mit Nachdruck. »Jawohl, die Peitsche kuriert Störenfriede und Aufdringliche, Diebe und Raufbolde.«

»Aber Haß kuriert sie nicht, auch nicht Intrigantentum und Undankbarkeit«, wandte ich ein.

»Nein, das Herz kann sie nicht kurieren, nur die Hände«, stimmte sie zu. »Aber die Hände sind es, die ein Reich zerstören. Mögen die Leute auf Bosheit sinnen, solange sie wollen, solange sie die Hände nur brav gefaltet im Schoß behalten.«

Ich lachte. Sie hatte nicht unrecht. »Ich glaube, das Volk von Meroë kann von Glück sagen, daß es eine so weise Herrin hat.«

»Und die Ägypter können sich glücklich preisen, eine so erfindungsreiche zu haben«, gab sie zurück. Sie war schlagfertig. »Ich denke, wir sollten vielleicht ein Bündnis in Erwägung ziehen.«

Ich musterte sie eingehend. Im matten Zwielicht war es schwer, ihr Gesicht zu erforschen, ohne unhöflich zu sein. Ich hatte keine Gelegenheit gehabt, sie richtig anzusehen, und bevor ich mit jemandem ein ernsthaftes Gespräch führe, mache ich mir gern ein Bild von ihm. Ich glaube, daß ich in einem Gesicht so manches lesen kann.

Ich wandte Amanischacheto meine ganze Aufmerksamkeit zu.

Sie betrachtete mich gleichermaßen aufmerksam und musterte mich ganz unverhohlen. »Eine so junge Königin«, sagte sie. »Und schon so viele Jahre regiert – keine ruhigen Jahre übrigens. Schwer zu bewältigen. So etwas reizt die Phantasie – meine Phantasie jedenfalls. Hast du wirklich die Absicht, die Macht mit deinem Bruder zu teilen – mit deinem wirklichen Bruder, meine ich?« Sie lächelte heiter, gelassen, ein unerschütterlicher Berg.

Solche durchdringenden, tödlichen Fragen – und sie stellte sie, als erwarte sie eine geradlinige Antwort. »Nein.« Ich kam ihr entgegen. »Nein. Meine Absicht ist es, den Thron eines Tages mit meinem Sohn zu teilen, und er soll mir auch nachfolgen.«

Sie nickte beifällig. »So halten wir es auch in Meroë. Der Sohn der Kandake wird regieren – wir nennen ihn Qore –, aber seine Gemahlin wird die nächste Kandake. In Wahrheit ist es die Kandake, welche die Macht hat.«

»Dein Sohn?« Wo war er? Gab es einen?

»O ja, mein Sohn«, sagte sie. »Er ist ein ungezogener Junge, kümmert sich nicht um seine Pflichten. Aber so sind die Männer alle – findest du nicht auch?«

»Du verwirrst mich. Ist er ein Junge oder ein Mann?«

»Nach Jahren ein erwachsener Mann«, sagte sie. »Ich selbst bin über vierzig. Mein ungezogener Sohn, Natakamani, ist fast zwanzig. Aber er hat eine gute Frau, Amanitore, und sie wird, den Göttern sei dafür gedankt, nach mir eine gute Kandake abgeben.«

»Gibt es denn … den Vater Nata … Natakam …?«

Sie verdrehte die Augen und schloß sie dann wie selig. »Oh, er ist in seine Pyramide gegangen.« Sie war offensichtlich froh, daß er dort war und nicht im Palast.

»Möge er dort ruhen in Frieden«, sagte ich fromm.

»Ich habe nicht gehört, daß sich etwas regt«, antwortete sie. »Sein *ba* raschelt nicht.«

Ich fand, daß wir ihren namenlosen Gatten nun verschimmeln lassen und lieber zu den Lebenden zurückkehren sollten. Während sie sprach, hatten die breiten, fein gearbeiteten Goldreifen, die sie an Ober- und Unterarmen trug, meinen Blick auf sich gezogen. In Muster und Form waren sie anders als alles, was wir in Ägypten hatten. Ein dicker Stift verband die beiden Hälften miteinander.

»Hier.« Sie schien meine Gedanken zu lesen, denn plötzlich streckte sie mir einen Arm entgegen. »Schau nur.« Sie öffnete den Reifen und reichte ihn mir.

Er war sehr schwer und fühlte sich fast wie eine Handfessel an. Aber die Goldschmiedekunst war vorzüglich: Ich sah die erhabene Gestalt der Göttin Mut mit vier ausgebreiteten Schwingen; in jeder Feder schimmerten Lapislazuli-Intarsien, und sie bewachte eine strukturierte Mauer aus geometrischen Lapislazuli-Steinen.

»Nimm es. Leg es an. Es gehört dir.«

Ich war gekränkt. »Nein. Ich wollte es nur sehen. Ich wollte nicht andeuten, daß ich es geschenkt haben möchte.« Ich reichte ihr den Reifen zurück.

Sie schob ihn von sich. »Hätte ich das gedacht, so hätte ich ihn dir niemals geschenkt; da kannst du sicher sein. Habe ich nicht eben gesagt, daß ich Falschheit verabscheue? Ich wollte dir etwas schenken, nachdem ich mit eigenen Augen gesehen habe, daß es dir gefällt und daß du es haben möchtest – nicht irgendwelchen Kram, den meine Minister für geeignet halten. Außerdem haben wir hier Gold im Überfluß.«

Das war eine übliche Behauptung. Selbst die ärmsten Länder sagten so etwas, wenn sie ein Geschenk machten. Oder wenn sie hofften, jemanden zu einem Bündnis zu überreden. Aber in Nubien gab es zahllose Goldminen.

»Dann danke ich dir.« Ich würde einen muskulösen Arm brauchen, um den Reif zu tragen. »Ich habe bemerkt, daß es auch viel Silber gibt. Jetzt schenke mir keines! Aber es ist mir doch aufgefallen, denn in Ägypten ist es rar und wird wenig benutzt. Es hat eine ganz eigene, gedämpfte Schönheit – wie das Mondlicht.«

»Ich habe mir immer vorgestellt, daß Isis Silber lieben muß«, sagte Amanischacheto. »Silber gleicht ihr sehr. Ich habe Philae im Mondschein gesehen, und wenn sie jemals da war, dann in diesem Augenblick.«

Philae. Ich zwang mich zu einem Lächeln. »Ja, Isis ist ein Silberwesen«, sagte ich schließlich. »Auch deine Kleidung ist mit silbernen Fäden durchwirkt, wie ich sehe. Und sie ist ganz anders als unsere, sei sie ägyptisch oder griechisch.« Ich wartete darauf, daß sie es mir erklärte – die Fransen, die Schärpe, die Medaillen –, aber sie tat es nicht. »Bei meiner Ankunft sah ich, daß auch deine Palastdiener sich auf altertümliche Weise kleiden. Die Dienerin, die zu mir in meine Gemächer kam, sah aus wie jemand vom Hofe Ramses'.«

»Ramses hat einst in Nubien geherrscht. Wir haben behalten, was uns an dieser Herrschaft gefallen hat, und den Rest verworfen.«

»Und so hat sich manches hier bewahrt, nachdem es in seiner Heimat längst verschwunden ist?«

»So etwas kommt oft vor. Die Götter sind es, die Dinge bewahren oder zerstören, indem sie sie an merkwürdigen Orten verstecken.« Sie verlagerte ihr Gewicht auf ihrem steinernen Thron. »Es wird Zeit, daß ich wieder etwas esse«, stellte sie plötzlich fest. »Ich muß mein Gewicht halten.«

»Ich verstehe leider nicht …« Die Dunkelheit war jetzt so schnell herabgesunken, daß ich ihr Gesicht kaum noch sehen konnte. Ein lebhafter Wind peitschte die Flammen der Fackeln und setzte auch die Fransen am Saum ihres Gewandes in Bewegung.

»Das soll heißen, ich muß daran arbeiten, daß ich so dick bleibe! Wenn ich zuließe, daß ich so dünn wie du werde, würde man mich im Handumdrehen vom Thron verjagen. In meiner Masse zeigt sich meine Macht, denn so kann ich alle Feinde zertrampeln.« Sie zog eine ihrer Sandalen aus und ließ sie vor meinen Augen baumeln. Mit Mühe erkannte ich die stilisierten Abbildungen feindlicher Völkerschaften auf der Sohle. Das bedeutete, daß sie mit jedem Schritt schwer auf ihnen herumtrampelte. Die armen Feinde. »Wer würde vor einer Frau wie dir zittern? Hier in Meroë niemand, das sage ich dir.« Ich sah ihr Gesicht nicht gut genug, um zu erkennen, ob sie einen Scherz machte.

»Müssen die Männer auch dick sein? Wie ist denn dein Sohn? Oder der verstorbene …«

»Nein, natürlich nicht! Die Männer müssen groß sein und schwellende Muskeln haben, damit sie den Feind in der Wüste jagen können. Frauen aber müssen sein wie Elefanten: würdevoll, majestätisch – und unaufhaltsam.«

Elefanten. Ich mußte plötzlich an Juba und seine Elefanten denken, die gegen Cäsar kämpften. *Nein, nein, ich will jetzt nicht an Cäsar denken.* Cäsar würde mit den Elefanten schon fertig werden, wie er bis jetzt noch mit allem fertig geworden war – Pompejus, Ptolemaios, Pothinos, Pharnakes … Leider fingen Scipio und Juba nicht mit P an.

»Aber ich will alles tun, was nötig ist, um Kandake zu sein, selbst wenn ich dazu zehn Mahlzeiten am Tag essen muß«, erklärte sie fröhlich. »Inzwischen liebe ich diese fetten Straußenpasteten und die Kamelmilch auf einer Honigschicht und auch das Gebäck aus gemahlenen Walnüssen, in Butter gewälzt und mit Honig bestrichen. Das Fett vom Lämmerschwanz … Oh, es ist eine Schlacht, die nie aufhört, aber ich habe meine Abneigungen besiegt, das sage ich dir. Ich kann sogar einen Teller gebratene Pfauenwurst, die in Öl schwimmt, genießen, wenn sie mit geschmolzenem Käse überzogen ist. Hmmm.« Sie klatschte in die Hände, und ihre Sänfte tauchte aus der Dunkelheit auf. »Ich muß in den Palast zurück, um mein mittleres Abendmahl zu mir zu nehmen. Morgen treffen wir uns im Thronsaal, und dann lasse ich den

Hochstapler vorführen. Dann magst du dein Urteil fällen.« Mit Hilfe zweier Träger stemmte sie sich von ihrem Thron hoch. »Ich hoffe, du bist mit deinen Gemächern zufrieden. Ich habe eine Kammerdienerin beauftragt, dich zu bedienen.«

»Das ist nicht nötig«, versicherte ich ihr. »Ich habe meine eigene Kammerfrau mitgebracht; sie ist sogar aus Nubien.«

»Nein, nein, ich bestehe darauf, daß diese Sklavin dich bedient.«

»Ich habe nichts übrig für Sklaven. In meinen königlichen Gemächern habe ich keine; alle meine Bediensteten sind Freie.«

»Diese Sklavin ist anders als alle, die du bisher hattest. Vollkommen diskret, fleißig, unterhaltsam, treu – und grün.«

»Grün?« Jetzt scherzte sie.

»Ja, grün. Sie heißt Kasu, und sie ist ein afrikanischer Grüner Affe. Ihr einziger Nachteil ist ihre Neigung zum Stehlen. Andererseits kann sie dir Dinge aus großer Höhe herunterholen.«

»Ein Affe? Du hast Affen als Kammerdiener?«

»Allerdings«, antwortete sie, während sie sich majestätisch – und mühevoll – die Stufen zur Sänfte hinunterbewegte. »Der König von Punt hat mir vor langer Zeit eine Familie geschickt; sie waren bei einer Ladung anderer Tiere, die für Rom bestimmt waren. Ich habe Gefallen an ihnen gefunden und sie behalten. Vermutlich habe ich ja ebenfalls eine Neigung zum Stehlen. Wie der Herr, so's Gescherr.« Zierlich hob sie den Fuß, um in die Sänfte zu steigen. »Inzwischen haben sie sich vermehrt und sind überall im Palast. Sehr brauchbare Geschöpfe. Nun, du kannst es ja eine Nacht lang mit Kasu versuchen.« Sie wedelte obenhin mit der Hand und verschwand im Dunkeln.

Meine eigene Sänfte erschien, aber ich winkte sie weg, denn ich wollte ein wenig zu Fuß gehen. Mir schwirrte der Kopf. Amanischacheto war keine alltägliche Monarchin und keine alltägliche Frau. Vielleicht paßte das auch nicht zusammen.

Der Luxus in den Räumen, die man mir zugewiesen hatte, trat noch spürbarer zutage, als ich zurückkehrte. Vielleicht hatte Amanischacheto tatsächlich Gold übrig. Iras versuchte soeben, eine Denkschrift – so vermutete ich wenigstens – zu lesen, die in die Wand eingelassen war. Aber sie schüttelte den Kopf.

»Diese Schrift sagt mir gar nichts.«

»Hast du denn die Gespräche, die du mit angehört hast, besser verstehen können?«

»Nein. Ich muß sie bitten, den Dialekt von Unternubien zu sprechen. Du mußt bedenken, meine Familie stammt aus der Nähe der ägyptischen Grenze und war mit der Priesterschaft verwandt; deshalb habe ich im Tempel von Hermonthis gedient. In vieler Hinsicht waren wir wie die Ägypter. Zum Beispiel habe ich noch nie von diesem löwenköpfigen Gott gehört, den sie hier haben, diesem Apedemak.«

Ich war sehr müde und ließ mich auf das Bett sinken. »Ich habe einen höchst … ungewöhnlichen … Abend mit der Kandake verbracht.« Ich hob den Arm mit dem schweren Reifen. »Sie verschenkt das Gold so leichthin wie ein Kind seine Feldblumen. Und sie hat anscheinend überhaupt keinen Respekt vor Männern.«

Iras lachte.

»Ich habe nicht gesagt, daß sie Männer nicht mag. Ich habe gesagt, sie hat keinen Respekt vor ihnen. Das ist ungewöhnlich in einer Welt, in der sie doch herrschen und über alles bestimmen – außer über Meroë, wie es scheint.« Ich legte mich hin, und Müdigkeit erfaßte meine Glieder. Dann erinnerte ich mich. »Der Affe! Die Kandake sagt, hier ist ein Affe, der uns bedienen soll.«

»Hier ist einer herumgesprungen«, sagte Iras. »Ich habe ihn oben auf einer der Truhen sitzen sehen, und dann ist er weggelaufen. Ich habe gebeten, man möge ihn entfernen, aber anscheinend konnte mich niemand verstehen.«

»Es ist eine Äffin. Sie heißt Kasu«, sagte ich. »Sie soll uns alle unsere Wünsche erfüllen.«

»Ach, wo ist sie denn dann? Jetzt sind wir bereit, schlafen zu gehen, und weit und breit ist keine Äffin zu sehen.«

»Kasu!« rief ich. »Komm her, Kasu! Wir wollen zu Bett gehen!«

Ich hatte nicht erwartet, daß die Kreatur wie durch Zauberei neben dem Bett erscheinen würde; sie mußte sich irgendwo hinter den Fenstervorhängen versteckt haben. Jetzt kam sie würdevoll zu uns herüber und neigte den Kopf. Sie war wirklich grün. Das starre, bürstenartige Fell, das ihr schwarzes Gesicht umrahmte, sah aus wie gefärbt. Auch das restliche Fell, von der Spitze des langen Schwanzes abgesehen, war von gleicher Farbe. Sie war etwa so groß wie ein zweijähriges Kind. Aber nach allem, was ich über Affen gehört hatte, wußte ich, daß sie im Verhältnis zu ihrer Größe viel stärker als ein Mensch waren. Im Museion hatte mir einmal jemand gesagt, ein Affe sei achtmal so stark wie ein Mensch – aber wie er zu dieser Erkenntnis gelangt war, erzählte er mir nicht. Jedenfalls wäre Kasu damit ein Affe, den man zu respektieren hatte.

»Bett, Kasu«, sagte ich und klopfte mit der flachen Hand darauf.

Die Äffin schaute mich geringschätzig an, als hätte ich sie beleidigt. Offensichtlich wußte sie, was ein Bett war und daß ich darin schlafen wollte; das jedenfalls sagten mir ihre Blicke. Sie spazierte zu einer Truhe, nahm Laken und Decken heraus und breitete sie sorgfältig über das Bett. Dann polierte sie die Kopfstütze zärtlich mit ihrer ledrigen Handfläche, als wollte sie sagen: *So, jetzt ist es fertig, Dummkopf*.

Ich entkleidete mich und zog mein Nachtgewand an. Kasu raffte behende die abgelegten Gewänder zusammen und schleppte sie irgendwohin. Dann machte sie auch für Iras das Bett und trug ihre Kleider weg. Schließlich kehrte sie fürsorglich mit einer kleinen Lampe zurück und stellte sie neben das Bett.

»Ich hoffe, sie hat die nicht selbst angezündet«, sagte Iras.

»Sie hat sicher schon gebrannt.« Hoffentlich.

»Anscheinend müssen wir jetzt gleich schlafen gehen«, sagte Iras. »Unsere Wärterin hat es so beschlossen.«

Ich gähnte. »Das macht nichts. Ich bin erschöpft. Ohne diesen mütterlichen Affen würden wir wahrscheinlich zu lange aufbleiben.«

Ich sah, wie Kasu sich in die andere Ecke des Zimmers zurückzog; dort bemerkte ich jetzt einen Korb, der ihr wahrscheinlich als Bett diente. Sie würde sich also auch zur Ruhe begeben. Sie hockte sich hin und streckte einmal die Arme über den Kopf. Dann legte sie sich seufzend nieder.

Ich schloß die Augen. Was für ein überwältigender Tag das gewesen war! Und was für ein märchenhaftes Königreich, in das ich da gekommen war! Ich öffnete den Armreif und ließ ihn neben mir auf den Boden fallen. Er landete mit einem lauten Geräusch, und es klang eher wie Blei denn wie Gold.

Ich schlief. Ich träumte. Ich schrak aus dem Schlaf. Mondlicht, silbrig wie das Gewand der Isis, floß über den Boden und lag dort wie ein nachlässig hingeworfenes Tuch; es war nicht strahlend hell, sondern diffus, und es umhüllte die Füße der Tische und Stühle und ließ den Rest im Schatten. Ich sah den goldenen Reif auf dem Boden neben meinem Bett; die feingearbeiteten, winzigen Figuren darauf erwachten in dem eigentümlich schräg hereinfallenden Licht zum Leben.

Dann sah ich die Kobra. Ich glaubte noch zu träumen. Oder war es eine Holzschnitzerei, die ich zuvor aus irgendeinem Grund übersehen hatte? Dunkles Holz vor der Wand gegenüber. Regungslos. Ja, eine Schnitzerei. Meine Angst verging.

Da bewegte sie sich. Sie schob sich voran und hob den Kopf. Mir blieb das Herz stehen.

Sie war nicht besonders groß. Aber alle Kobras sind giftig, selbst die ganz jungen. Das wußte ich. Ich versuchte, mich möglichst nicht zu bewegen und mich an alles zu erinnern, was ich je über sie gelernt hatte. Mardian und seine Schlangen waren ein Teil meiner Kindheit gewesen; er hatte eine alte Kobra gehabt, die er in einem Käfig gehalten hatte, hinter einem sehr engen Gitter. Er hatte sie gern gehabt, aber er hatte sie nie angefaßt.

»Es ist nicht wahr, daß man gegen Schlangenbisse immun werden kann«, hatte er gesagt, als ich ihn nach einem Stamm gefragt hatte, dessen Angehörige in diesem Rufe standen. »Unser munterer kleiner Freund hier hat genug Gift in sich, um fünf Männer mit einem einzigen Biß zu töten.«

Als ich mich an seine Worte erinnerte, ja, an den Tonfall, in dem er gesprochen hatte, brach mir am ganzen Körper der Schweiß aus. Fünf Männer. Diese Schlange – die ägyptische Königskobra – konnte fünf Männer zur Strecke bringen, mit einem einzigen Biß. Eine stattliche Arbeit für eine Nacht.

»Und wie lange dauert es, bis man an einem Schlangenbiß gestorben ist?« hatte ich gefragt.

»Manche sind dem Gift schon nach einer Viertelstunde erlegen«, hatte er gesagt. »Bei andern dauert es vielleicht eine Stunde. Es kommt darauf an, wo der Biß sitzt und ob die Schlange vorher schon jemand anderen gebissen hat. Besonders schmerzhaft scheint es aber nicht zu sein. Gefangene bitten darum, durch Schlangenbisse hingerichtet zu werden. Das würde sich natürlich nicht ziemen, denn die Kobra ist ein königliches, ein göttliches Tier.« Das hatte er in seinem offiziellsten Ton gesagt.

»Selbstverständlich.« Ich hatte genickt.

Die Kobra bewegte sich wieder; sie glitt von der Wand her in die Mitte des Zimmers, aber sie wich dem Mondlicht aus. Sie verharrte davor und betrachtete es nachdenklich. Ich sah ihr Auge, eine harte Perle mit einer kleinen Lichtperle darin. Die Zunge schoß hervor; sie schien die Luft zu prüfen.

Konnte sie meine Angst wittern? Konnte sie die Anwesenheit von Leben spüren? Würde sie sich über meine Schlafstatt schlängeln, ihre Haube spreizen, sich über mich beugen und zustoßen?

Ich hielt still wie eine Statue. Ich wagte nicht zu sprechen und Iras zu warnen, denn ich fürchtete, daß sie eine zu plötzliche Bewegung machen könnte.

Behutsam glitt die Kobra ins Licht; sie bewegte sich immer nur um eine Handbreit. Sie war gestreift, und ihre hell-dunkle Haut war wunderschön. Wahrhaftig, sie war ein göttliches Werkzeug des Todes – schlank und geschmeidig und von zarter Färbung.

Das Licht gefiel ihr nicht. Sie wandte den Kopf und glitt beiseite, näher noch zum Bett. Ich umklammerte den Holzrahmen und schickte mich an, mich in die entgegengesetzte Richtung zu werfen; hoffentlich waren meine Arme stark genug dazu. Gleichwohl würde ich vielleicht nicht weit genug aufkommen; es hieß, eine Kobra sei blitzschnell. Ich hatte noch nie gesehen, wie solch ein Tier aus einiger Entfernung zustieß, denn Mardians altes Haustier hatte nie Gelegenheit dazu bekommen.

Auf der anderen Seite des Zimmers bewegte sich etwas. Waren es zwei? Nein, es war die Äffin, die sich im Schlaf bewegte. Die Kobra drehte sich so schnell um und schoß zu ihr hinüber, daß ich nicht einmal sah, welchen Weg sie wirklich nahm. Gerade war sie noch vor meinem Bett gewesen, und im nächsten Augenblick jagte sie quer durch das Zimmer. Eine dunkle Gestalt richtete sich auf; sie hatte ihren Kragen gespreizt. Ich hörte Geräusche, Geraschel, ein Zischen, ein hohes, rauhes Kreischen, Schreie der Wut und der Angst zuerst, dann Schmerzens- und Schreckenslaute. Wieder ein Zischen. Dann fiel etwas ins Zimmer.

Zitternd sprang ich auf, packte die blakende Öllampe und hielt sie in die Höhe. Das matte Flämmchen gab nicht viel Licht, aber ich sah die langgestreckte, dunkle Gestalt der Kobra, wie sie durch das offene Fenster verschwand. Darunter lag die Stehlampe, die sie umgeworfen hatte. Sie war fort!

Kasu hielt heulend ihren Schwanz umklammert. Ich stürzte zu ihr hin, gefolgt von der benommenen Iras.

»Zünde noch eine Lampe an!« rief ich. »Eine Schlange hat uns angegriffen! Wir brauchen mehr Licht!«

Iras schrie auf.

»Sie ist fort, keine Angst«, sagte ich. »Aber wir brauchen Licht.«

Die Äffin zitterte vor Entsetzen. Aber war sie gebissen worden? Es war schwer zu sagen. Zunächst sah ich gar nichts. Aber sie hielt ihren Schwanz fest, und zwischen den Fingern sah ich die beginnende Schwellung.

»Die Schlange hat den Schwanz erwischt«, stellte ich fest. »Oh, bitte, Kasu, laß doch los, damit ich etwas sehen kann!« Aber das Tier war so stark, daß ich nicht einmal jetzt seine Finger über der Verletzung aufbiegen konnte.

»Abbinden«, sagte ich. »Es ist nur die Schwanzspitze. Wir können es abbinden.« Mit zitternden Händen riß ich die Lederschnur herunter, die um ihren Korb geschlungen war, um ihre Decke festzuhalten, und schnürte sie in der Mitte um den Schwanz, so fest ich konnte.

»Ruf die Wache«, sagte ich. »Wir brauchen jemanden, der stark genug ist, ihr die Finger aufzubiegen, damit wir die Wunde aufschneiden und das Gift heraussaugen können, bevor es sich weiter ausbreitet.«

Unvermittelt erschlaffte Kasu; sie war vor Angst und Schrecken in Ohnmacht gefallen. Ihre Hand lockerte sich und fiel herunter, und jetzt konnte ich die Wunde sehen. Es war nur ein Kratzer; die Schlange hatte sie offensichtlich verfehlt und sie nur gestreift, statt sie wirklich zu beißen.

»Dank sei Thoth!« hauchte ich. Der Paviangott der Weisheit hatte die Seine beschützt – sogar vor der königlichen Kobra.

Nach einer solchen Nacht war es kaum verwunderlich, daß ich nervös neben Amanischacheto im Thronsaal stand und den Gefangenen erwartete. Draußen war alles strahlend hell; die Nacht war mit der Schlange geflüchtet, und beide erschienen mir jetzt ganz unwirklich.

Amanischacheto trug feuerrote Gewänder und darüber eine blaue, perlenbestickte Schärpe, und wieder war sie mit Goldschmuck beladen. Auf dem Kopf trug sie die nubische Krone mit einer doppelten Kobra. Die ägyptische hatte nur eine einzige Kobra. Der bloße Anblick der Kreatur in Gold, wie sie sich um den Kopf der Königin schlang, ließ meine nächtliche Begegnung nur noch alptraumhafter erscheinen.

Die Türflügel am anderen Ende des Raumes schwangen auf, und ein junger Mann kam herein, in ein Joch geschlossen und mit Ketten gefesselt. Zwei riesenhafte Wachsoldaten flankierten ihn.

Erschrocken sah ich, wie ähnlich er meinem toten Bruder war. Er hatte beinahe genau die gleiche Größe und Gestalt, und seine Gesichtszüge glichen ihm so sehr, daß er jeden, der den echten Ptolemaios nie gesehen hatte, überzeugen würde. Als er sprach, wurde mir klar, daß er gehofft hatte, durch seine Stimme und seine Worte Anhänger zu gewinnen. Er hatte Ptolemaios' Redeweise offensichtlich genau studiert und sich seinen Tonfall und seine Wortwahl angeeignet. Er mußte ihn oft gehört haben; vielleicht hatte er als kleiner Junge am königlichen Hof gedient.

So stand er da, die Beine trotz der Eisenfesseln gespreizt, das Haupt hocherhoben.

»Ich grüße dich, edelste Schwester«, sagte er.

Oh, er war frech. Und schlau. Unwillkürlich mußte ich ihn dafür bewundern.

»Ich bin nicht deine Schwester«, entgegnete ich eisig. »Du hast nicht das gleiche Blut wie ich.«

»Es würde dir so passen, wenn du andere davon überzeugen könntest. Aber wir beide kennen die Wahrheit. Du dachtest, du wärest mich losgeworden in jener Schlacht am Nil, aber ich bin entkommen. Ich ließ dich und Cäsar in dem Glauben, ihr hättet gesiegt. Aber jetzt ist Cäsar fort, und du bist allein.«

»Von meinen drei römischen Legionen einmal abgesehen«, erwiderte ich.

»Bah! Was ist das schon? Ausländische Truppen! Sie werden Reißaus nehmen, wenn du sie brauchst. Jetzt mußt du die Wahrheit anerkennen und mich wieder auf den Thron lassen. Wie Cäsar es verkündet hat, bin ich Herrscher mit dir zusammen. Wie unser Vater es wollte.«

»Genug davon! Es ist unterhaltsam, und ich muß zugeben, daß du gerissen bist. Du hast seinen Tonfall und seine Ausdrucksweise gründlich studiert. Aber du bist ein Lügner. Mein Bruder ist tot. Ich habe seinen Leichnam gesehen, und jetzt ruht er bei seinen Ahnen in unserem Mausoleum. Und jetzt solltest du lieber deine wahren Vorfahren angeben, damit wir dir erlauben können, bei ihnen zu ruhen.«

Die Farbe wich aus seinem Gesicht. Er hatte mit einer längeren Anhörung gerechnet. Aber er hatte doch sicher nicht erwartet, daß er mich würde zum

Narren halten können. Vielleicht hatte er angenommen, ich hätte so wenig Zeit mit meinem Bruder verbracht, daß meine Erinnerung an ihn verblaßt wäre. Aber dazu war nicht genug Zeit vergangen. Ptolemaios war erst seit einem Jahr tot.

Ich wandte mich an Amanischacheto. »Dieser Mann ist nicht mit mir verwandt – nicht mein Bruder, nicht mein Prinzgemahl, nicht mein Mitregent. Er ist ein gewöhnlicher Hochstapler. Er soll den Tod eines Usurpators sterben. Wer die königliche Kobra auf seiner Stirn tragen will, muß von königlichem Geblüt sein. Er ist es nicht – aber er hat Mut, das muß ich ihm lassen.«

Sein Blick suchte den meinen, flehend, herausfordernd. *Laß mich leben*, sagte er. *Laß mich leben*.

Noch heute, noch in dieser Nacht verfolgt er mich. Nicht weil meine Entscheidung falsch war, sondern weil sie so getroffen werden mußte. Schon bald mag es sein, daß mein Sohn, mein teurer Cäsarion, ganz genauso in Octavians Augen schauen und die gleiche stumme Bitte an ihn richten muß. Und Octavian ist viel hartherziger als ich. Deshalb verfolgt der Blick dieses Jungen mich – weil es jetzt der meines eigenen Sohnes ist. Alle unsere Taten suchen uns von einer anderen Warte noch einmal heim. Und ein Becher, der uns süß schmeckt, da wir sitzen, mag leicht bitter werden, wenn wir ihn im Stehen leeren.

»Führt ihn ab«, befahl die Kandake. »Bereitet den Richtplatz vor.«

Als der junge Mann weggebracht wurde, sagte sie zu mir: »Er wird vor das Stadttor geführt und dort erschlagen. Und wenn er nicht sagt, wer seine wirkliche Familie ist, wird er in der Wüste verscharrt.«

Der Junge drehte sich noch einmal um und warf uns einen halb trotzigen, halb jämmerlichen Blick zu, bevor er hinausgeschoben wurde.

»Wenn die Hitze des Tages nachgelassen hat, würde ich dir gern meine Pyramide zeigen«, sagte sie. »Ich mache immer gern einen Ritt durch die Wüste.« Sie lächelte. »Du nicht?«

Schatten krochen unter Steinen und Bäumen hervor, als wir aufbrachen. Es war jene Tageszeit, in der das Licht sich änderte und die Weißglut der Wüste sich zu einem sanften Rot milderte. Der Himmel war immer noch blendend blau, und noch immer strahlte die Hitze aus dem Boden. Aber hoch oben auf unseren Kamelen, schaukelnd und schwankend, waren wir davor sicher.

Amanischachetos Sattel hatte einen Baldachin, und so saß sie fröhlich im Schatten, während das Tier sich wie ein Schiff durch den Sand pflügte.

Sie war ganz erpicht darauf gewesen, mir ihre Pyramide zu zeigen. Ob sie glaubte, daß ich noch nie eine gesehen hätte? Heute verstehe ich natürlich, daß man immer sehr stolz auf seinen geplanten Ruheplatz ist; ich bin dabei, den meinen zu vollenden, und tatsächlich finde ich eine seltsame Erfüllung darin, meine eigene Grabstatt zu entwerfen. Damals aber fand ich es eigenartig und morbide, daß die Kandake mit einem Gast dorthin gehen wollte.

Als wir über einen Höhenrücken kamen, erblickte ich plötzlich ein Pyramidenfeld; Hunderte von Pyramiden standen wie Spielzeug darauf verstreut. Sie waren kleiner als unsere und sehr viel steiler. Sie endeten auch nicht in einer Spitze, sondern hatten eine Plattform auf dem Gipfel. Als wir näher kamen, sah ich, daß sie in den östlichen Fassaden Eingänge und kleine Aufbauten hatten.

»Hier.« Die Kandake deutete auf eine halbfertige Pyramide, die größer war als die anderen. Sie trieb ihr Kamel an, und es galoppierte über den leuchtenden Sand. Am Fuße des Bauwerks zügelte sie das Tier und wartete, bis ich sie eingeholt hatte.

Als ich abstieg, breitete sie die Arme aus, als wollte sie die ganze Pyramide umschließen. »Hier ist meine Ewigkeit!« erklärte sie stolz.

»Es ist wirklich eine schöne Pyramide.« Was konnte man sagen?

»Laß uns die Gebetskammer besichtigen«, sagte sie. »Ich habe da bestimmte Wandreliefs in Auftrag gegeben ...«

Nach dem Gleißen der Wüste war ich blind, als wir eingetreten waren. Ich sah nichts. Es war, als wäre ich tot. Als läge ich bereits im Grundgestein unter der Pyramide.

Sie zog ein Stück blankes Spiegelmetall aus den Tiefen ihres Lederbeutels und warf damit einen Lichtfleck gegen die Wand.

Mit mißbilligendem Schnalzen beugte sie sich vor und begutachtete ein Relief, das sie selbst darstellte – ich nehme zumindest an, daß sie es war –, wie sie eine Schar Feinde bei den Haaren hielt und sich anschickte, ihnen den Speer zwischen die Schulterblätter zu stoßen. »Der Künstler hat meinen Kopfputz verpatzt.«

»Das läßt sich doch sicher ausbessern«, meinte ich.

»Warum können sie es nie richtig machen?« murrte sie.

»Weil Künstler Menschen sind und weil Menschen Fehler machen.«

»Du glaubst nicht, daß du heute morgen einen Fehler gemacht hast, oder?«

Ich sah sie an. »Nein. Warum fragst du?«

»Ich wollte dich nur auf die Probe stellen.« Majestätisch wandte sie sich ab und begab sich auf ihre bedächtige Art zum Ausgang der Gebetskammer. Zu beiden Seiten gab es im Überfluß Reliefs, auf denen sie ihre Feinde züchtigte. »Ich habe einen Pavillon an der Nordseite«, sagte sie. »Dort wollen wir sitzen und die Pyramide betrachten.«

Ein Dach aus geflochtenem Schilf, solide genug, um dem Wind zu widerstehen, erwartete uns ebenso wie die unvermeidlichen, bescheidenen Steinsessel für ihre umfangreiche Majestät. Sie ließ sich auf einem davon niedersinken. Ich setzte mich daneben.

»Meine Liebe, du hast die Prüfung bestanden«, erklärte sie. »Und jetzt will ich dich auffordern, dich meinem glorreichen Unternehmen anzuschließen. Einem Reich, einem Bündnis der Frauen.« Bevor ich etwas sagen konnte, redete sie mit halsbrecherischer Geschwindigkeit weiter. »Ich sehe, daß du eine Frau bist, die alle anderen Frauen übertrifft. Vergiß deine Bündnisse mit Männern, mit Rom! Laß uns ein neues schmieden. Zusammen können wir eine Nation formen, die nach Süden blickt, nach Afrika und nach Osten, nach Arabien und Indien. Eine große Nation, die Rom und seinen Brosamen den Rücken zukehrt. Was wissen die Römer von unseresgleichen? Von der Kunst, der Dichtung und den Mysterien von Isis und Osiris? Sie begreifen nur das, was im Licht der Sonne geschieht. Von der Dämmerung, dem Zwielicht, der Dunkelheit des Mondes wissen sie nichts. Und doch wollen sie das alles zerstören.«

»Ich glaube, ihnen liegt gar nicht soviel daran, daß sie es zerstören wollen«, sagte ich schließlich.

»Sie wollen es zermahlen unter den Rädern ihrer Streitwagen, jener Wagenräder, die sich bei ihren unaufhörlichen Triumphen in Rom drehen. Alles zermahlen und dann hinwegfegen.« Sie beugte sich zu mir herüber. »Du bist unsere einzige Hoffnung. Vielleicht bist du die Erretterin, die uns das Orakel prophezeit hat. Die Frau, die Rom das Haar scheren wird. Die den Osten errettet.«

Langsam ging mir ein Licht auf. »Ach … Darum wolltest du, daß ich nach Meroë komme. Damit wir ungestört beieinandersitzen können. Damit du mir diesen Vorschlag machen kannst. Der Prätendent Ptolemaios war nur ein Vorwand.« Sie war listig und schlau wie Odysseus. Und eine Spielerin – wie Cäsar.

»Du weißt, daß du nicht zu ihnen gehörst«, sagte sie, ohne auf meine Worte einzugehen. »Sie werden dich nie verstehen, werden nie begreifen, was Ägypten bedeutet. Für sie ist es eine große Getreidefabrik, die nur existiert, damit sie die murrenden römischen Soldaten und Volksmassen besänftigen können. Einzeln werden sie uns erobern. Zusammen können wir ihnen Widerstand leisten. Und die Nation, die wir schaffen können …! Die Glorie Griechenlands, die Pracht Afrikas, die Reichtümer Indiens! Und das alles beherrscht vom Geist der Zivilisation, der Toleranz und des Mutes zu neuen Wegen! Dort liegt das Leben, das Glück!«

»Du klingst wie eine Marktfrau, die ihre Waren anpreist«, antwortete ich. »Du solltest keine so unmäßigen Behauptungen über deine neue Nation aufstellen. Sie würde aus Menschen bestehen, nicht aus Göttern.«

»Es wird eine Nation sein, die der Tradition des großen Alexander folgt. Hat er nicht auch nach Osten geblickt? Hat seine Sehnsucht ihn nicht dorthin gezogen, und hätte sie ihn nicht weiter nach Indien gelockt, wenn seine hasenfüßigen Soldaten nicht verzagt hätten?«

»Wir haben keine Armee wie Alexander«, wandte ich ein.

»Die hat niemand. Nicht einmal Cäsar, denn er muß seine Kräfte damit verschwenden, gegen Römer zu kämpfen. Aber Nubien hat eine prächtige Armee und die besten Bogenschützen der Welt. Gegen jeden außer Rom würden wir uns vorzüglich behaupten.«

»Aber Rom würde uns niemals in Frieden lassen.«

»Ah! Höre ich da, wie jemand meinen Vorschlag ernsthaft in Betracht zieht?« Sie packte zu wie ein Hund, der Blut gewittert hat. »Denk doch an Rom! Was kannst du von dort erwarten? Ich weiß, was du für Cäsar empfindest, aber er ist nur ein Mann, und unsterblich ist er nicht. Und was wäre Rom ohne ihn für dich? Es würde all seine Bedeutung für dich verlieren. Ein Bündnis zwischen uns ist viel natürlicher. Es basiert nicht auf deiner Person oder auf meiner Person, sondern auf den Bedürfnissen unserer Länder.«

»Du sagst, es basiert nicht auf unserer Person, aber vorhin hast du ausdrücklich erklärt, es müsse ein Bündnis der Frauen sein. Mein Sohn wird mein Nachfolger sein; was ist dann?«

Sie war überzeugend, und sie hatte viele kluge Gründe für ihren Plan. Aber letzten Endes war es doch nicht vernünftig. Rom war die Herrin der Welt, und es war besser, sich auf seine Seite zu stellen, statt zu versuchen, allein voranzukommen. Und dennoch sollte das Bild jenes magischen Reiches, zu dem Amanischacheto mich verlocken wollte, immer wieder vor mir schweben, immer wieder …

»Du wirst lange leben«, sagte sie. »Du bist diejenige, welche diesem Reich ihren Stempel aufdrücken wird. Dein Sohn wird deine Schöpfung erben.«

Manchmal respektierte ein Thronfolger die Tradition, manchmal auch nicht. Man konnte nicht sicher sein. »Ich werde nicht besonders lange leben, wenn Schlangen in mein Zimmer kommen«, sagte ich. »Hat man dir berichtet, was heute nacht geschehen ist? Die arme Kasu hat abbekommen, was mir zugedacht war. Aber ich glaube, sie wird es überleben. Die Kobra war ungeschickt.«

»Ja, ich habe davon gehört. Ich fürchte, so etwas passiert öfter, als mir lieb ist. Die Schlangenbeschwörer und Schlangenfänger scheinen ihre Sache nicht besonders gut zu machen. Ich kann nicht sagen, wie dankbar ich bin, daß dir nichts geschehen ist. Aber die Götter haben dich beschützt und die Schlange in die Irre gehen lassen. Was ist nun mit unserem Bündnis? Denke darüber nach! Erinnere dich, wie unsere Vorfahren, der edle Ptolemaios IV. und Arqamani in gemeinsamer Arbeit die Tempel von Philae und Dakka erbauten. Das war der Anfang. Es soll so sein. Ich sage es dir.«

»Vorläufig nicht«, antwortete ich leise, aber so entschieden, wie ich konnte. »Du führst mich in Versuchung. Ich finde deinen Vorschlag verlockend. Ich werde ihn immer im Herzen behalten, und ich bin geehrt, daß du mich fragst. Aber ich glaube nicht, daß es möglich ist. Und wenn etwas nicht möglich ist, läßt man es am besten mit behutsamem Respekt auf sich beruhen. Ich danke dir für das Angebot eines solchen Bündnisses, und ich hoffe, daß wir auch ohne förmliche Vereinbarungen weiterhin Freundinnen und Verbündete sein werden.«

Sie machte ein enttäuschtes Gesicht, aber sie akzeptierte meine Antwort. »Nun gut. Und wenn die Römer dich im Stich lassen sollten, so wisse, daß ich dich rächen werde!« Sie holte tief Luft. »Ich werde mein Angebot kein zweites Mal machen. Solltest du je den Wunsch danach verspüren, so muß der Vorschlag von dir erfolgen.«

»Gut. Wenn dieser Augenblick kommt, werde ich nicht zu stolz sein. Ich danke dir noch einmal. Es war die Reise wert, eine Freundin wie dich zu gewinnen.«

Als wir nach Meroë zurückritten, sah ich einen frischen Sandhügel, der mit Steinen bedeckt war. Die Steine warfen zerklüftete Schatten in der untergehenden Sonne.

»Das Grab des Hochstaplers«, sagte die Kandake. »Da liegt er.«

Die Kamele trabten an dem Steinhaufen vorbei, und wir überließen ihn der kommenden Wüstennacht und ihren Aasfressern. Hoffentlich genügten die Steine, um ihn zu schützen.

# 20

Mittag auf dem Nil. Nubien glitt vorüber. Wir hatten Meroë im Morgengrauen verlassen, und jetzt glitzerten die Rücken meiner Ruderer auf ihren Bänken. Um unsere Geschwindigkeit zu verdoppeln, ruderten wir mit der Strömung. Die Segel waren gerefft; auf der Heimreise würden sie uns nichts nützen. Ich saß im Schatten der Deckskajüte, und Kasu hockte zu meinen Füßen. Sie war von ihrem Schwächeanfall genesen; Iras und ich hatten sie in unserem Gemach gepflegt, was die Meroiter erheiternd gefunden hatten. Eine Königin, die einen Affen pflegte – da hatten sie gelacht: eine verkehrte Welt. Aber unsere Fürsorge zahlte sich bald aus. Das einzige, was blieb, war eine kahle

Schwanzspitze; die Spuren des Giftes hatten das Fell dort vernichtet. Und ich, die ich das Tier zunächst nicht hatte haben wollen, stellte jetzt fest, daß ich mich nicht mehr von ihm trennen wollte.

Mir war flau; behutsam legte ich mir eine Hand auf den Magen. Der Festschmaus aus Straußeneiern, den Amanischacheto als Abschiedsbankett hatte auftragen lassen, war mir nicht gut bekommen. Sie hatte sich selbst übertroffen und die Straußeneier von ihren Köchen auf jede gewohnte und auf jede fremdländische Art und Weise zubereiten lassen. Locker geschlagenes Straußenei mit Zimt hatte es gegeben, gebackene Straußeneier, bestreut mit gedörrten Eidechsenschwänzen und gesalzenen Meeresschnecken, Straußeneier, beschichtet mit Kamelmilchkäse und Seesternarmen und den Schnauzen von frisch geschlüpften Krokodilen – fein gehackt natürlich –, gekochte Straußeneier, die man aus den vergoldeten Schalen essen mußte, gewürzt mit einer Paste aus vergorenem Fisch oder mit Kräuterhonig.Gekochtes Straußenfleisch mit einer Dattelsauce war das einzige Fleisch. Da ein Straußenei schätzungsweise zwanzig bis dreißig Enteneiern entsprechen mußte, war die Menge der aufgetragenen Speisen atemberaubend.

Die Kandake schaffte es, mindestens drei oder vier Gerichte zu verkosten und überdies mehrere Portionen von gekochtem Straußenfleisch zu sich zu nehmen. Sie hatte sich mit so vielen Straußenfedern geschmückt, daß sie zu schweben schien. Ich sah, daß sie fleißig ihren Teil dazu beitrug, ihre gewaltigen Proportionen zu erhalten.

Aber ich konnte beim besten Willen nur Kostproben von diesem Essen herunterwürgen. Der Anblick der schnellen nubischen Tänzer und Akrobaten, die während des Mahls aufgetreten waren, hatte bei mir Schwindelgefühle erzeugt. Und all die verschiedenen Aromen lagen im Wettstreit miteinander – jetzt wie schon am Abend zuvor. Heute würde ich fasten. Heute *mußte* ich fasten.

Iras stand neben mir. Sie war still wie immer; man spürte ihre Anwesenheit mehr, als daß man sie hörte.

»Ich bin froh, daß du mitkommen konnest«, sagte ich. »Ich habe das Gefühl, ich verstehe dich jetzt besser, nachdem ich das Land deiner Vorfahren gesehen habe.«

»Mir waren sie auch ein bißchen fremd«, gestand sie. »Aber auch für mich war es gut, sie zu sehen.«

Und so fuhren wir weiter flußabwärts, und wir ließen die grünen Felder hinter uns und näherten uns der abweisenden, glutheißen Wüste.

Die Zeit schien ihre Bedeutung zu verlieren und sich aufzulösen in jenen Tagen auf dem Strom; es war, als stehe unser Boot still, während die Szenerie ringsum sich veränderte. Grün, braun, grau, golden; Bäume, Felder, Wasserräder, Felsen, Tempel, Monumente; glühende Sonnenaufgänge und feurige Sonnenuntergänge, die das Wasser rot färbten; einmal auch ein Sandsturm, der das Wasser des Nils mit braunen Schaumflecken überzog, die Sonne verschleierte und die Palmen am Ufer fast bis auf den Boden krümmte. Einmal kamen wir in eine Gegend mit Felswänden auf der einen Seite und Sand auf der anderen, die ich das Gelbe Tal nannte, denn hier war alles gelb, und es war ein Gelb in allen Schattierungen: bräunlich, golden, orange-, topas- und bernsteinfarben.

Ich war zutiefst froh darüber, daß ich gekommen war, und ich bereute die Zeit nicht, die ich hier verbracht hatte. Die Kandake und ihren Vorschlag hatte ich als sehr wohltuend empfunden; in gewisser Hinsicht war es das einzige ehrenhafte Angebot, das ich je erhalten hatte.

Alexandria, funkelnd in der Sonne, frisch und aufmunternd mit seinem Seewind. Makellos jetzt, Anfang Juni. Es tat gut heimzukehren.

Der Wiederaufbau war zügig vorangegangen, und ein großer Teil der Kriegsschäden war behoben. Mardian und Epaphroditos waren gut zurechtgekommen, wenngleich es Zank um – nun, um was schon? – um Macht und Zuständigkeiten gegeben hatte. Mardian hatte das Eindringen des Neulings nicht gefallen, und Epaphroditos hatte es nicht gepaßt, eine zweitrangige Position einzunehmen. Beide konnten es nicht erwarten, sich auf mich zu stürzen und mich mit Beschwerden über den anderen zu überschütten.

Mit Mardian sprach ich zuerst, und geduldig hörte ich mir die Litanei der Ärgernisse in der Zusammenarbeit mit Epaphroditos an: seine Arroganz, sein Beharren auf den eigenen Methoden, seine Unerreichbarkeit zu bestimmten Zeiten, in denen er sich seinen eigenen Geschäften widmete. Ich bemühte mich, ihn zu beschwichtigen. Epaphroditos sei da, um ihm seine Last zu erleichtern und ihm freie Hand für die höheren Dinge des Staates zu verschaffen.

»Freie Hand!« schnaubte Mardian. »Wie soll ich freie Hand bekommen, wenn er alle anderen seinen eigenen Zeitplänen unterwirft?«

Ich seufzte. Ich wußte, es würde einige Zeit dauern, Epaphroditos seine anderen Interessen abzugewöhnen, und wenn Mardian ihm das Leben schwermachte, würde ihm die Arbeit im Palast nie besonders verlockend erscheinen. »Gib ihm Zeit«, sagte ich. »Er ist ein halsstarriger Mann.«

»Wem sagst du das? Ich begreife nicht, weshalb du ihn so ins Herz geschlossen hast.«

»Um unser beider willen«, antwortete ich. »Du solltest nicht mehr als ein Viertel deiner Zeit für Finanzangelegenheiten aufwenden müssen.« Ich schwieg einen Augenblick lang. »Du hast beim Wiederaufbau Wunder gewirkt«, fuhr ich dann fort. »Ich bin höchst beeindruckt. Bald werden alle Spuren des Krieges ausgelöscht sein.«

»Nicht ganz«, sagte er. »Cäsarion wird dasein und uns daran erinnern, daß es geschehen ist.«

Cäsarion. Bei meiner Rückkehr hatte ich gesehen, daß mein Sohn anfing zu laufen. Am Ende des Monats würde er ein Jahr alt sein.

Ich nickte. »Ja, das weiß ich, obwohl es mir manchmal unwirklich erscheint.« Ich sah, daß er mehrere Schriftrollen bei sich trug. »Du hast Neuigkeiten. Neuigkeiten von Cäsar.« Ich streckte die Hand aus, um Briefe und Berichte entgegenzunehmen. Was immer sie enthielten, ich konnte es ertragen.

»Er hat gewonnen, Herrin«, sagte Mardian. »Er hat gewonnen.«

Die ganze Geschichte stand in den Schriftrollen, und ich las sie stundenlang wieder und wieder. Dieser Feldzug hatte Cäsars genialen Einfallsreichtum auf die härteste Probe gestellt, denn einer seiner besten Offiziere aus dem Gallischen Krieg, ein Mann namens Labienus, war auf der Seite der Rebellen. Er war es, der sie in Strategie und Taktik leitete; er wußte, wie sein ehemaliger Oberbefehlshaber dachte, und konnte voraussehen, was er unternehmen würde. Labienus war es auch, der wußte, daß Cäsar gern schnell zuschlug und es rasch auf Entscheidungsschlachten ankommen ließ. Vier Monate lang vereitelte er alle Versuche Cäsars in dieser Richtung. Cäsar konnte keine der beteiligten Parteien zur Schlacht reizen, aber inzwischen hatte er große Mühe, seine Leute mit Proviant und Material zu versorgen.

Endlich aber gelang es Cäsar durch seine Schläue, den Feind bei der Stadt Thapsos in eine Falle zu locken. Die Stadt lag auf einer Landenge, und Cäsar zog mit seiner ganzen Streitmacht dorthin, als habe er die Absicht, sie zu belagern. So bildete er ein leichtes Ziel für seine Feinde, die schon glaubten, sie hätten ihn gefangen. Tatsächlich aber war er es, der sie gefangen hatte. Sie teilten ihre Truppen und nahmen sich vor, Cäsar in die Enge zu treiben. Auf der westlichen Seite ging Scipio mit seinen Legionen und Elefanten in Stellung, auf der östlichen waren es Juba und Afranius. Und zwischen ihnen lag Cäsar wie ein Goldkorn – und sein ganzes Heer war eng zusammengezogen. Der Feind befand sich auf schmalem Gelände, wo die einzelnen Truppenteile nicht gut aufmarschieren konnten und vor allem die Reiterei in ihren Möglichkeiten behindert war. Anscheinend merkten sie aber gar nicht, daß sie jetzt ungeschützt und zersplittert auf einem Schlachtfeld standen, das ihre Stärke nicht zur Geltung kommen ließ. Statt dessen frohlockten sie, weil sie Cäsar auf einem schmalen Landstreifen eingeschlossen hatten.

Während Scipio sich eingrub und seine Befestigungslinien aufstellte, ließ

Cäsar zwei Legionen zurück, damit sie die Stadt Thapsos bewachten – deren Bewohner sich hinter den Mauern verkrochen hatten – und ihm den Rücken von Juba und Afranius freihielten; mit dem Rest marschierte er gegen Scipio. Gegen die beiden Flügel mit den Kampfelefanten schickte er seine vier besten Legionen, während sich die fünfte als Verstärkung im Hintergrund hielt; sie war besonders dazu ausgebildet, die Elefanten in Panik zu versetzen und gegen ihre Führer zu hetzen. Die anderen Legionen hatten gelernt, vor einem Elefantenangriff nicht zurückzuschrecken.

Die Soldaten brannten heftiger auf einen Kampf als Cäsar selbst; die Monate der erniedrigenden Untätigkeit und Behinderung hatten sie beinahe zur Raserei getrieben. Cäsar hatte alle Mühe, sie zu zügeln; sie drängten voran, fast ehe er den Schlachtruf *Felicitas!* ausstoßen und sich an die Spitze der Attacke setzen konnte. Die Fünfte Legion und die Schleuder- und Bogenschützen brachen den linken Flügel der Elefanteneinheiten auf, und die Tiere galoppierten in panischer Flucht in die eigenen Linien zurück; der Rest der Armee machte kehrt und lief davon.

Als Juba und Afranius sahen, daß Scipios Heer zerrieben wurde, wandten sie sich ebenfalls zur Flucht. Cäsars wütende Truppen setzten ihnen nach, und obwohl sie sich ergaben und um Gnade flehten, wurden sie bis auf den letzten Mann niedergemacht. Zu viele der feindlichen Soldaten waren bereits einmal von Cäsar begnadigt worden, nachdem sie gegen ihn gekämpft hatten, und seine Leute hatten jetzt keine Lust mehr, Milde zu zeigen, selbst wenn ihr Befehlshaber es anders sah.

Unmittelbar nach der Schlacht eilte Cäsar nach Utika, wo Cato und seine Anhänger sich aufhielten. Es war ein Sammelplatz der reichen Senatoren und Grundbesitzer, die Pompejus und seine Sache unterstützten. Ohne Zweifel würden sich die besiegten Generäle hierher flüchten; Cäsar hoffte sie gefangenzunehmen, und Cato, den unerbittlichsten seiner Widersacher, noch dazu.

Aber Cato beraubte ihn der Gelegenheit, seine Milde unter Beweis zu stellen. »Ich bin nicht bereit, mich durch die unrechtmäßigen Handlungen des Tyrannen in seine Schuld zwingen zu lassen«, erklärte er. »Er handelt gegen alle Gesetze, wenn er Männer begnadigt, als wäre er ihr Herr, während er doch keine Macht über sie hat.« Dann folgte sein halsstarriger und blutrünstiger Selbstmord. Nach einem Abendessen mit Freunden und der stillen Lektüre von Platons Dialog über das Wesen der Seele schmuggelte er ein Schwert in sein Schlafzimmer und rammte es sich in der Nacht in den Leib. Seine entsetzte Familie und sein Arzt fanden ihn, bevor er verbluten konnte. Die Wunde wurde genäht. Da riß er sie vor ihren Augen mit eigener Hand wieder auf, so daß die Eingeweide hervorquollen, und starb auf seinem Lager.

Die andern nahmen ein ebenso spektakuläres Ende. Juba wollte sich – zusammen mit seiner Familie und seinen Untergebenen – auf einem großen Scheiterhaufen in seiner Hauptstadt verbrennen; die Bürger aber wollten ihre Stadt für diesen Dienst nicht hergeben und versperrten ihm deshalb den Zugang. Deshalb veranstalteten Juba und sein Bundesgenosse Petrejus statt dessen ein Todesmahl, bei dem sie üppig speisten und dann ein Duell ausfochten. Juba brachte Petrejus um und ließ sich dann von seinem Sklaven töten. Scipio flüchtete übers Meer, und als er gefaßt wurde, erstach er sich an Deck seines Schiffes. Als seine Bezwinger den tödlich Verwundeten fragten, wo der Imperator sei, antwortete er: *»Imperator bene se habet«* – dem General geht es gut, danke –, und dann starb er.

Labienus, Varus und die beiden Söhne des Pompejus, Gnaeus und Sextus, entkamen nach Spanien – ohne Zweifel, um dort weiterzukämpfen. Aber mit Catos Tod war die Republik untergegangen.

In drei Wochen – lange angestrebt und lange erwartet – war ganz Nordafrika in Cäsars Hände gefallen. Er begann sofort, Jubas Königreich in die römische Provinz Neu-Afrika zu verwandeln und dies und jenes an die mauretanischen Könige zu verteilen, um sich für ihre Unterstützung erkenntlich zu zeigen.

Nur Ägypten war noch frei. Der Rest war jetzt römisch. Erobert von Julius Cäsar.

Andere Briefe enthielten Impressionen von Cäsars Verhalten. In einem wurde berichtet, wie er in einer früheren Attacke, als alles in heller Auflösung war und er sich fast besiegt sah, einen seiner flüchtenden Bannerträger bei den Schultern packte, ihn umdrehte und sagte: »In *dieser* Richtung steht der Feind.«

Als er die Nachricht von Catos Selbstmord bekam, sagte er: »Cato, ich muß dir deinen Tod mißgönnen, wie du mir die Ehre mißgönntest, dein Leben zu verschonen.« Ich selbst frohlockte über Catos Tod, denn er war schuld am Tode meines Onkels, der zehn Jahre zuvor auf Zypern gestorben war. So jagte der Tod den Tod, und ein Selbstmord zeugte den nächsten. Aber jetzt war es doch sicher zu Ende.

In einem anderen Bericht hieß es, Cäsar habe Eunoe, die Gemahlin des Maurenkönigs Bogud, mit Geschenken überhäuft und auch ihren Mann reich belohnt, weil er ihr erlaubt hatte, seine Geliebte zu sein. Mehr stand da nicht. Keine Einzelheiten.

Ich zwang mich, weiterzulesen, obwohl das Herz mir schwer wurde. Ich hatte gehofft, diese Angelegenheit nicht weiter erwähnt zu finden, denn dann hätte ich sie als altes Gerücht abtun können, als eine von Scipio in die Welt gesetzte Verleumdung ohne Grundlage.

Um seine Soldaten zu ermutigen, hatte er die Stärke des Gegners nicht geschmälert, sondern sie vielmehr übertrieben dargestellt. Als seine Truppen angesichts des vorrückenden Königs Juba in Panik geraten wollten, wandte er sich gegen ihre Angst und sagte: »Ich sage euch, daß der König in wenigen Tagen hier sein wird, und zwar an der Spitze von zehn Infanterielegionen, dreißigtausend Reitern, hunderttausend Leichtbewaffneten und dreihundert Elefanten. Angesichts dessen könnt ihr jetzt aufhören, Fragen zu stellen und euch in Vermutungen zu ergehen. Ich habe die Tatsachen genannt, denn ich kenne sie.« Es war ein Kompliment an ihre Tapferkeit, daß er ihnen diese überwältigenden Zahlenverhältnisse vor Augen hielt, als wären sie für Soldaten wie die seinen im Grunde nicht von Bedeutung.

Die erwartungsgemäßen Verfehlungen seiner Soldaten hatte er großzügig behandelt; unter anderem hatte er geprahlt: »Meine Soldaten kämpfen genauso gut, wenn sie nach Parfüm stinken.« Desertion und Meuterei aber – soldatische Ehrlosigkeit – bestrafte er brutal.

Stets redete er seine Soldaten als »Kameraden« an und gab ihnen kostspielige Ausrüstungsgegenstände – Waffen mit goldenen und silbernen Einlegearbeiten zum Beispiel. Aber das war klug von ihm, denn sie waren desto entschlossener, sich in der Schlacht nicht entwaffnen zu lassen. Er liebte seine Männer von Herzen, und sie liebten ihn. Er gewann die hingebungsvolle Treue seiner Armee, und diese Treue machte sie außergewöhnlich tapfer. Einfache Soldaten erboten sich, ohne Sold und Verpflegung für ihn zu kämpfen, und während der gesamten Bürgerkriege – einschließlich dieses letzten – gab es fast keine Deserteure bei ihm.

Es war seine Gewohnheit, alle feindlichen Soldaten zu verschonen, die zum ersten Mal in Gefangenschaft gerieten; erst wenn sie zum zweiten Mal gefaßt wurden, befahl er ihre Hinrichtung.

In anderen Briefen ging es um römische Politik und um Cäsars Heimkehr, die für den Quintilis erwartet wurde. Nur, daß dieser Monat nicht länger Quintilis heißen sollte, sondern ihm zu Ehren Julius genannt werden sollte. Juli, der Monat, in dem Gajus Julius Cäsar geboren worden war.

Aber zwischen all diesen Briefen, Berichten, Depeschen und Schriftrollen über Cäsar fand sich kein Wort von Cäsar selbst. Er schwieg zu mir, schwieg zu Ägypten.

Weitere Nachrichten trafen tröpfelnd ein. Die zerstreuten Streitkräfte der Pompejaner, zerzaust und verdattert, sammelten sich in Spanien. Spanien schien einen Aufstand, eine Rebellion nach der anderen hervorzubringen. Cäsar würde hinmarschieren und dem ein für allemal ein Ende machen müssen. Aber noch nicht.

Endlich kam er: ein Brief von Cäsar, und er kam aus Utika, nicht aus Rom.

Er war immer noch an unseren Gestaden. Ich nahm den Brief und zog mich damit in den abgelegensten Winkel meiner Terrasse zurück, und dann hielt ich ihn lange in der Hand, bevor ich ihn öffnete. Ich hatte so lange gewartet, und jetzt zögerte ich, der Spannung ein Ende zu machen. Aber schließlich brach ich das Siegel doch und las.

Der göttlichen und mächtigen Königin von Ägypten, Kleopatra, meine Grüße!

Der Krieg ist zu Ende, und ich bin siegreich. Es war ein schwieriger Feldzug. Diesmal kann ich nicht sagen: *Veni, vidi, vici* – ich kam, ich sah, ich siegte. Es müßte heißen: Ich kam, ich sah, ich wartete, ich plante, ich überwand ... Das Gegenteil von bündig, der Satz wie der Krieg. Aber auf das Endergebnis, auf das *vici*, kommt es an. Zu wissen, daß Ägypten immer im Osten lag, gab mir Mut. Ich wußte, ich hatte eine vorbehaltlos zuverlässige Verbündete ganz in meiner Nähe: eine Kostbarkeit.

Und nun kehre ich zurück nach Rom, wo der Senat mir das Recht gewährt hat, vier Triumphe nacheinander zu feiern: einen zur Feier meines Sieges in Gallien, einen für Ägypten, dann einen für Pontos und schließlich den für Afrika. Sie werden im Sextilis stattfinden. Rom wird so etwas noch nicht erlebt haben. Ich lade Dich ein, zu kommen und an meinen Feiern teilzunehmen. Es ist mir besonders wichtig, daß Du während des Ägyptischen Triumphes zugegen bist, damit ersichtlich wird, daß es Deine Feinde waren, die ich unterwarf, und daß Du eine unerschütterliche Unterstützerin Roms bist. Deine Schwester Arsinoë wird als Gefangene mitgeführt werden.

Bitte bringe Dir soviel Gefolge mit, wie Du willst. Ich werde Euch alle in meiner privaten Villa jenseits des Tibers wohnen lassen; dort gibt es ausgedehnte Gärten. Ich denke, Du wirst feststellen, daß dieses Quartier sich für einen langen Aufenthalt eignet. Ich freue mich sehr auf das Wiedersehen mit Dir und auch darauf, Deinem allerköniglichsten Sohn zu begegnen.

Dein zuverlässiger Freund und Bundesgenosse Gajus Julius Cäsar, Imperator

Ich ließ die Hand mit dem Brief an meine Seite sinken. Er sagte so viel; er sagte so wenig. Jeder Satz konnte sich auf verschiedene Weise deuten lassen. »Ich wußte, ich hatte eine vorbehaltlos zuverlässige Verbündete ganz in meiner Nähe: eine Kostbarkeit ...« Was war kostbar – dieses Wissen oder die Verbündete? »Ich denke, Du wirst feststellen, daß dieses Quartier sich für einen langen Aufenthalt eignet ...« Erwartete er, daß ich für unbegrenzte Zeit bei ihm blieb? Warum? Und was für eine raffinierte Art, darum zu bitten, unseren

Sohn sehen zu dürfen, und zugleich zu vermeiden, daß er seinen Namen legitimierte, indem er ihn ausschrieb …!

Nein! Ich würde nicht kommen! Er konnte es mir nicht befehlen wie einem Vasallenkönig oder einem Klienten!

Aber das bist du doch – ein Vasall, eine Klientenmonarchin, die ihren Thron nur hat, weil Rom es ihr erlaubt. Du bist nicht anders als Bocchus von Mauretanien oder Ariobarzanes von Kappadokien. Das ist aus dem stolzen Reich des Ptolemaios geworden. Aber eine römische Provinz ist es wenigstens nicht geworden – kein Neu-Afrika.

In seinen Worten lag eine Drohung, und sie war nicht einmal verschleiert. Komm, um zu zeigen, daß du keine Feindin Roms bist. Wie ein Wächter mit seinen Hunden sagte er mir: Vielleicht habe ich sonst nicht in meiner Gewalt, was *sie* tun werden. Also sei da.

Er hatte versprochen, mich nach Rom zu holen. Aber ich hatte nicht damit gerechnet, daß es so geschehen würde – daß ich seinen Eroberungen meine Reverenz erweisen müßte.

Mein Zorn war verraucht. Ich wußte, daß ich gehen mußte. Was immer er gemeint haben mochte, als er diesen Brief schrieb. Wichtig war, was passieren würde, wenn ich dort wäre.

Ich würde Latein lernen müssen, das stand fest. Wenn ich nicht verstände, was um mich herum gesprochen wurde, wäre ich schrecklich im Nachteil. Ich hatte es nie gelernt, weil es keine besonders wichtige Sprache war und weil außerdem alle gebildeten Römer Griechisch konnten. Aber in Rom würden sie natürlich Latein sprechen.

Ich bat Mardian, mir einen guten Lateinlehrer zu suchen, und teilte ihm gleichzeitig mit, daß ich in nur einem Monat nach Rom reisen würde und ihm die ganze Regierungsverantwortung überlassen würde – wobei Epaphroditos ihm natürlich helfen sollte. Er zeigte ein Gesicht voller Unbehagen.

»Es ist nicht anders als bei meiner Reise nach Nubien«, beruhigte ich ihn. »Das hat dir doch auch kein Kopfzerbrechen bereitet.«

»Es ist doch etwas anderes«, widersprach er und zog die Stirn kraus. »Womöglich wirst du auf unbestimmte Zeit in Rom bleiben.«

»Das ist doch lächerlich. Was soll ich denn da? Die Triumphe dauern ein paar Wochen, und das ist alles.«

»Und was ist, wenn Cäsar …, wenn er nun …, wenn er will, daß du da bleibst? Wenn er sich von Calpurnia scheiden läßt?«

»Und wenn schon! Er hat sich schon öfter scheiden lassen.«

»Ja, und dann hat er wieder geheiratet. Wirst du … Wäre es möglich …?«

»Selbst wenn ich ihn heiratete, würde ich nicht wie eine Hausfrau in Rom leben!«

»Aber so halten es die Frauen in Rom.«

»Das ändert sich auch. Da gibt es zum Beispiel einen Feuerbrand namens Fulvia, die Gattin eines Politikers, die abends durchaus nicht zu Hause bleibt, sondern für ihre Sache auf die Straße geht. Und Servilia, Brutus' Mutter, hat großen Einfluß im Senat. Aber darum geht es gar nicht. Das sind römische Frauen mit römischen Sorgen. Ich habe ein Königreich zu regieren, und das ist hier.«

»Römische Sorgen könnten rasch die deinen werden, fürchte ich. Und du würdest von ihnen verschlungen, als wärest du in eine Teergrube gefallen.«

»Ägypten ist meine erste und einzige Sorge.«

»Weiß Cäsar das?«

»Er sollte es wissen. Er hat es mit eigenen Augen gesehen.«

»Vielleicht sieht er dich in Rom anders. Vielleicht bist du da gerade die richtige königliche Zierde für sein Haus.«

»Ich habe kein Verlangen danach, ihn zu zieren oder mich in seinem Haus in eine Nische stellen zu lassen.«

»Was willst du dann?«

»Ich will seinesgleichen als Herrscherin sein – oder gar nichts.«

Ich hatte wenig Zeit für meine Vorbereitungen; in nicht einmal dreißig Tagen würde ich die Reise antreten müssen. Dreißig Tage, um mich in die lateinische Sprache zu stürzen, mein Gefolge auszuwählen, die Probleme vorherzusehen, die sich während meiner Abwesenheit in Ägypten womöglich ergeben würden, und mich auszustaffieren wie für einen Feldzug. Denn es *war* ja ein Feldzug – ein Feldzug zur Absicherung meiner selbst und meines Landes in Rom. Und es war meine Aufgabe, die berüchtigten Römer in ihrem eigenen Revier zu begutachten.

Ich machte mich methodisch an die Arbeit. Der Lateinunterricht begann sofort. Es war entmutigend. Die Sprache ist schwierig, denn fast alles wird durch den Casus oder das Tempus eines Wortes bestimmt; seine Stellung im Satz kann täuschen: *Amicum puer videt* und *Puer amicum videt* – beides bedeutet: »Der Knabe sieht seinen Freund.« Man kann also alle Wörter holterdipolter durcheinanderwerfen wie ein Kind seine Bauklötze, und wo sie auch landen mögen, man kann stets anhand der Wortformen den ursprünglichen Gedanken wieder zusammensetzen. Es hätte mich beruhigen können, aber das tat es nicht, denn es bedeutete, daß man sich Wortendungen in unglaublicher Zahl würde merken müssen.

Zumindest hieß es aber auch, wie mein Lehrer mir versicherte, daß es im Lateinischen keine Doppelbedeutungen gab. Ein Wort konnte immer nur eine Bedeutung haben. Ah, aber welche? Eine herkulische Aufgabe, das festzustellen!

Und so plagte ich mich zweimal täglich durch das Dickicht von *esse-sum-fui-futurus* und *ducere-duco-duxi-ductum*.

Die Auswahl meines Gefolges fiel verhältnismäßig leicht. Da ich nicht wußte, wie lange ich fort sein würde, wollte ich Olympos nicht von seinen Patienten trennen, sondern lieber einen seiner Kollegen mitnehmen. Mardian und Epaphroditos würde ich zurücklassen, damit sie die Regierungsgeschäfte führten. Iras würde ich auch zu Hause lassen, aber Charmian würde ich mitnehmen, denn ihre Kenntnisse in Fragen der Kleidung waren unentbehrlich. Ich würde mich die ganze Zeit zur Schau stellen müssen, das wußte ich. Selbst wenn ich angeblich allein in meinen Gemächern – in Cäsars Gemächern, besser gesagt – wäre, würden mich Spione umgeben. Ich mußte Ägypten Ehre machen, und Cäsar mußte erkennen, daß mit mir zu rechnen war, selbst wenn ich von den Fundamenten meiner Macht weit entfernt war. Und er sollte sich nicht wegen seines Geschmacks verteidigen müssen, da er sich mit mir eingelassen hatte; das würde mir nur eine desto schwerere Bürde auferlegen. Natürlich war auch Eitelkeit im Spiel – warum soll ich mir die Mühe machen, das zu bestreiten? Ich wollte, daß ganz Rom bei meinem Anblick den Atem anhielt und daß man sagte: *Das also ist Ägypten!* Ich wollte alle Erinnerungen an meinen Vater als peinlichen, bettelnden Abgesandten Ägyptens auslöschen. Ich wollte sie mit meinem Gold und meiner Schönheit blenden.

Aber mit was für Kleidern würde ich das bewerkstelligen? Charmian mit ihrem exquisiten und eleganten Geschmack half mir bei der Auswahl einer großen Zahl von Kostümen: von nahezu grellen – aus Goldfäden gewirkt und nach persischer Art mit Edelsteinen besetzt – bis zu ganz schlichten griechischen Gewändern mit schmucklosen, fließenden Seidenumhängen.

»Denn solange du nicht wirklich dort bist, ist es schwer zu sagen, was man als passend *empfinden* wird«, meinte sie. »Was hier in deinen hohen, offenen Räumen in Alexandria genau das richtige ist, wird in Cäsars Villa vielleicht ganz unangebracht sein. Man sagt, um diese Jahreszeit sei es dort stickig heiß – die Römer würden ihre Seele verkaufen für eine frische Brise im Sommer. Im Winter wird es dann sehr kalt – oh, aber bis zum Winter wirst du ja nicht bleiben«, fügte sie rasch hinzu. »Darüber braucht man sich also nicht den Kopf zu zerbrechen. Doch für den Sommer brauchst du die feinsten Stoffe. Und bei den Triumphen – da mußt du wirklich aussehen wie eine Königin. Als Kopfschmuck entweder die Doppelkrone Ägyptens oder das Stirnband der Ptolemäer. Und du mußt mit Juwelen bedeckt sein, daß es schier vulgär aussehen möchte. Sollen sie nur alle gaffen und Gelüste bekommen – und Cäsar beneiden!«

»Soll ich auch die Perlen aus dem Roten Meer tragen – alle fünf Ketten?«

»Allerdings. Und die Smaragdschnüre – die mußt du hineindrehen.«

»Ich bin nicht schön«, sagte ich. »Was ist, wenn all diese Juwelen nur noch mehr Aufmerksamkeit darauf lenken?«

Charmian machte ein überraschtes Gesicht. »Wer hat dir gesagt, du seist nicht schön?«

»Meine Schwester Arsinoë, als ich klein war. Und später haben meine Freunde mir nie gesagt, daß ich doch schön sei.« Aber Cäsar hat es gesagt. Er hat gesagt: »Kind der Venus! Schön bist du!« Hastig vertrieb ich die Erinnerung daran aus meinen Gedanken.

»Mardian und Olympos würden es auch Aphrodite selbst nicht sagen, und was die andern angeht – vielleicht nahmen sie an, daß du es wüßtest, oder sie fanden, es würde klingen, als wollten sie der Königin schmeicheln. Ob du aber eine klassische Schönheit bist oder nicht, eines weiß ich jedenfalls: Du vermittelst den *Eindruck* von Schönheit, und mehr kann man nicht verlangen. Die Juwelen stehen dir gut, sie schmälern dich nicht.«

Ich faßte sie bei den Händen. »Charmian, du machst mir Mut. Gemeinsam erobern wir Rom!«

Der kleine Cäsarion mußte ebenfalls vorbereitet werden. Ich sagte schon, daß er inzwischen laufen konnte – mit Mühe und Not. Und auch wenn er schon viele Worte verstand, konnte er nur wenige sprechen. Ich versuchte ihm beizubringen, Cäsar und Vater zu sagen, aber es fiel ihm schwer, diese Wörter auszusprechen. Er lachte und plapperte alle möglichen anderen Laute hervor. Ich betrachtete sein Gesicht aufmerksam und versuchte mir vorzustellen, wie es für jemanden aussehen würde, der es noch nie erblickt hatte. Aber das war unmöglich; dazu war er inzwischen viel zu sehr ein Teil von mir. Zu einem solchen Sprung war meine Phantasie nicht fähig, daß ich ihn mit fremden, neuen Augen hätte sehen können.

Ich stand am Kai des königlichen Hafens. Der Wind zerrte an dem Reisemantel, den ich mir um die Schultern gelegt hatte, und kleine Wellen tanzten im Hafen und zeigten ihre weißen Bäuche. Wolken jagten über den Himmel; es war ein guter Tag für eine Seereise.

Das Schiff, eine schnelle Galeere, ritt auf den Wogen und zerrte an den Tauen wie ein Kind, das darauf brennt fortzulaufen. Cäsarion stieß mit dem Finger nach den Möwen, die am Himmel kreisten, und krähte vor Aufregung. Es war Zeit, in See zu stechen.

Ich setzte den Fuß auf die Planke und ging an Bord. Ganz Alexandria lag vor mir ausgebreitet und reichte weit nach links und rechts, und seine weißen Häuser waren schöner und kostbarer als Elfenbein. Meine Stadt! Mein Land! Nie war mein Stolz größer gewesen und auch nicht mein Beschützerdrang.

Ich muß dich sichern, dachte ich. Alexandria, ich werde dafür sorgen, daß du für alle Zeit frei bleibst.

Ich drehte mich zum Kapitän um, der hinter mir auf dem Deck stand.

»Legt ab«, sagte ich. »Ich bin bereit. Reisen wir nach Rom.«

HIER ENDET DIE ZWEITE SCHRIFTROLLE

# DIE DRITTE SCHRIFTROLLE

# 21

Das Meer rollte vor mir, und der flache Horizont erstreckte sich zu ungesehenen Ländern. Hinter mir sah ich – zum ersten Mal –, was Seeleute sahen, wenn sie auf Alexandria zusteuerten: Über der flachen, konturlosen Küstenlinie lockte der hohe Leuchtturm, und dahinter lagen die schimmerndweißen Bauten der Stadt, hier und da gesprenkelt von den leuchtenden Farben blühender Ranken, die an den Mauern emporkletterten. Ich hatte diese Küste nie verlassen, und jetzt sah ich sie mit den Augen einer Fremden.

Die Farbe des offenen Meeres war dunkler und kräftiger als die des Hafens oder des Flusses. Erregung durchrieselte mich bei dem Gedanken an die bevorstehende Reise und daran, daß ich mich auf all dieses tiefe, wogende Wasser hinauswagen sollte. Wir würden dieselbe geradlinige Route nehmen, die auch die großen, mit Getreide beladenen Handelsschiffe befuhren, und uns nicht an der Küste entlangdrücken wie ein ängstliches Fischerboot. Das ging viel schneller, war aber auch gefährlicher. Die Strecke von Alexandria nach Rom führte über gewaltige zwölfhundert Meilen schräg nach Nordwesten – wenn man fliegen konnte wie ein Storch. Wenn man die Straße von Messina – die schmale Meerenge zwischen Sizilien und Italien, die an einer tückischen Stelle auf bloße zwei Meilen Breite zusammenschrumpft, zu beiden Seiten begrenzt durch Gezeitenströme, Riffe und Wirbel – nicht passieren konnte, dann war man genötigt, um Sizilien herumzufahren, was die Reise noch verlängerte. Die kürzeste Zeit, in der die Strecke von der Straße von Messina bis Alexandria je zurückgelegt wurde, betrug sechs Tage, aber in die andere Richtung dauerte es wegen der vorherrschenden Winde und Strömungen länger. Ich betete, daß es nicht so lange dauern möge, bis wir unser Ziel erreichten; zwar dachte ich mit Unbehagen an das, was ich bei der Ankunft in Rom vorfinden würde, aber ich wollte es doch auch nicht weiter hinausschieben. Ich bin am mutigsten, wenn ich zur Tat schreiten kann; Untätigkeit läßt meine Entschlossenheit versickern.

Mein Schiff war eine Galeere, keineswegs ein Kriegsschiff, hatte aber dennoch eine kleine Anzahl Soldaten an Bord. Bei dieser Reise war mir an Geschwindigkeit gelegen, aber das Schiff war doch groß genug, um auch durch rauhes oder offenes Wasser zu fahren. Ich hatte nicht damit gerechnet, daß ich den Schutz durch ein Kriegsschiff benötigen würde. Schließlich hatte Pompejus mit den Piraten Schluß gemacht.

Etwa zwanzig Jahre zuvor hatte der römische Senat Pompejus beauftragt, das Mittelmeer von Seeräubern zu befreien; damals war es von einem Ende zum andern von ihnen verseucht gewesen. Viele hochrangige Persönlichkeiten – darunter auch Cäsar selbst – waren von ihnen gefangengenommen worden, und die Schiffahrt war unsicher. Pompejus hatte seinen Auftrag erfüllt. Dazu hatte er eine ganze Flotte auffahren lassen. Seitdem konnten die Waren wieder frei fließen, und die Seeleute blieben unbehindert. Zweifellos gab es immer noch Orte, an denen sie lauerten, denn Ungeziefer ist niemals vollständig ausgerottet – selbst in die sauberste Küche kehren die Ratten immer wieder zurück. Aber ihre Zahl war jetzt klein, und ihre bevorzugten Jagdreviere, die kilikische und die dalmatinische Küste, lagen weit im Osten. Damals wußte ich nicht, daß Sardinien und Sizilien ihre Tummelplätze im Westen waren.

Das Schiff duckte sich und bäumte sich wieder auf, ganz wie ein riesiges Seeungeheuer. Die langgezogenen, rollenden Bewegungen fühlten sich gut an; es war, als schreite ich mit Riesenschritten über die Welt. In jenen Augenblicken, als ich auf dem Deck stand und mir die erste salzige Gischt auf die Wangen klatschte, begann ich ernsthaft daran zu denken, die ägyptische Flotte wieder aufzubauen.

Sie war sehr heruntergekommen, denn der größte Teil war ja im Alexandrinischen Krieg verlorengegangen. Viele der Schiffe waren im Hafen verbrannt worden, um sie dem Zugriff meines Bruders zu entziehen. Ich würde Langholz aus Syrien importieren müssen, aber das dürfte nicht allzu schwierig sein. Syrien war eine römische Provinz und mußte Cäsar gehorchen. Ja, es wurde Zeit, daß die ägyptische Flotte wieder ins Leben zurückgerufen wurde.

Als wir unterwegs waren, kam der Kapitän zu mir und blieb neben mir stehen. Wir fuhren beinahe westwärts und kamen nur langsam voran. Das große, viereckige Segel war kaum zu gebrauchen, da der vorherrschende Wind von Westen kam. Die Ruderer arbeiteten hart; ihre Ruderblätter tauchten rhythmisch ins strahlendblaue Wasser und hoben sich wieder. Der Himmel über uns war klar; die Wolken verzogen sich nach Osten.

»Das ist der schnellste Weg, nicht wahr?« fragte ich.

»Ja. So gerade wie eine Römerstraße«, antwortete der Kapitän. »Das Problem sind die Winde um diese Jahreszeit. Sie wehen genau in die falsche Richtung. Und die Weite des Wassers ist so gewaltig, daß der Schnelligkeit der Ruderer natürliche Grenzen gesetzt sind. Wir haben vier Mann für jedes Ruder auf dieser Galeere, aber sie können nicht tagelang ohne Rast rudern.«

Da ich beschlossen hatte, bei meiner Ankunft in Rom nicht viel Aufsehen zu erregen, sondern mich statt dessen in aller Stille in meine Residenz zu begeben, hatte ich ein bescheidenes Schiff auserwählt. Jetzt fragte ich mich, ob das ein Fehler gewesen war.

»Ein größeres Schiff ist nicht unbedingt schneller«, sagte der Kapitän, als habe er meine Gedanken gelesen. »Die schweren Planken brauchen viel mehr

Wind und Muskelkraft, um sie in Bewegung zu setzen. Deshalb achten die Piraten, die besten Seeleute der Welt, immer darauf, daß ihre Schiffe verhältnismäßig leicht und klein sind. Nein, Herrin, auf größere Geschwindigkeit können wir nicht hoffen.«

Bange Enttäuschung durchflutete mich. Die Fahrt ging so langsam voran!

In der Deckskajüte, in die Kapitän und Offiziere sich zurückzogen, hatte man für mich und mein Gefolge eine eigene Kammer eingerichtet. Man hatte zwar alles bunt angemalt, aber die Farbe blätterte schon ab, und daran sah ich, daß es eine feuchte Reise werden würde. Sie hatten ein Bett für mich auf dem Boden befestigt, und daneben stand ein kleineres mit einem Gitter für Cäsarion. Charmian sollte auf einer Matratze auf dem Boden schlafen, die tagsüber zusammengerollt wurde. Die Truhen mit unserer persönlichen Habe waren mit Ringen an Boden und Wänden angekettet.

Der kleine Ptolemaios XIV., mein Prinzgemahl, hatte eine Kammer für sich. Ich hatte ihn mitgenommen, weil er so neugierig auf Rom gewesen war; außerdem würde es ihm als Warnung dienen, wenn er sähe, was mit Arsinoë geschah – auch wenn er bis jetzt ein reizendes Kind gewesen war. Hätte ich ihn zurückgelassen, so hätten sich potentielle Feinde überdies versucht fühlen können, ihn als Galionsfigur zu benutzen und eine neue, ermüdende Runde des Bürgerkriegs zu eröffnen – und das wäre nun das letzte, was ich gebrauchen konnte.

Ich ging hinein, um nach Cäsarion zu sehen; er spielte mit einem Beutel Linsen, den einer der Seeleute ihm gegeben hatte. Während ich ihm zusah, ließen seine Finger den Beutel fahren, und er schlief ein.

Armes Kind, dachte ich. Es wird eine lange Reise werden.

Am nächsten Morgen konnte ich den goldenen Strich am fernen Horizont kaum noch ausmachen; das war die Küste von Nordafrika, die Wüste, die westlich von Ägypten lag. Nach und nach verschwand sie ganz, und wir waren allein auf dem offenen Meer, das sich endlos nach allen Seiten erstreckte.

Am achten Tag kam ein Unwetter auf; der Himmel wurde schwarz und ließ sintflutartigen Regen herniederprasseln. Aber danach schwenkte der Wind gnädig um und wurde zu einem kräftigen Levanter, einem Ostwind, der uns trieb, wohin wir wollten. Das Segel wurde gesetzt, um ihn zu nutzen.

Jetzt schienen wir zu fliegen – solange dieser Wind wehte. Wir erreichten die Höhe der Insel Kreta, dann Griechenlands, und dann fegte es uns in das längste Stück offenen Meeres, das wir auf dieser Reise zu durchqueren hatten.

Charmian ging es nicht gut auf dieser Reise; in den ersten paar Tagen war sie jämmerlich seekrank gewesen. Jetzt kam sie bleich und zittrig aus der Kajüte an meine Seite.

»Wie lange müssen wir noch auf diesem elenden Meer sein?« stöhnte sie.

»Für die Rückreise setze ich dich auf ein Kamel«, sagte ich. »Da kannst du dann außen herumreiten, und wenn du in Alexandria ankommst, sind wir beide alt. Cäsarion wird mich zur Großmutter gemacht haben.«

»Ich habe keine Lust, meine Jugend mit einer Karawanenreise zu vergeuden«, erwiderte sie. »Aber ich habe das Gefühl, daß diese Reise mich bereits hat altern lassen.«

Seltsam, aber auf mich wirkte das alles genau umgekehrt; ich fand die Seeluft belebend, und die unbekannten Gerüche und Geräusche, die mir jeden Tag begegneten, faszinierten mich. Zunächst einmal war da der alles durchdringende Meersalzdunst und der Duft des Windes, in dem ein bloßer Hauch vom scharfen Geruch des Landes wehte, über das er hinweggestrichen war. Dann der satte Geruch der frisch gefangenen Fische – ganz anders als auf dem Markt – und die muffige Feuchtigkeit des nassen Tauwerks. Teer und Harz waren überall an Bord zu finden; sie verströmten ein warmes Rosinenaroma, das desto stärker wurde, je höher die Sonne stieg.

Und die Geräusche ... Ich liebte das Plätschern des Wassers am Rumpf; es schläferte mich ein. Das Knarren der Takelage und das Rauschen des Segels, wenn es sich füllte oder erschlaffte ... Das alles klang wie nichts sonst auf der Welt. Wie alltäglich waren im Vergleich dazu die Geräusche der Straße und des Marktes.

Das Wasser hatte seinen Schrecken für mich verloren, und dafür war ich zutiefst dankbar. Zuerst hatte ich mich in den Hafen hinausgewagt, dann auf den Nil, und jetzt auf das offene Meer – von meiner Angst war ich, den Göttern sei Dank, geheilt!

»Du wirst dich an dein Elend nicht mehr erinnern, wenn du erst in Rom bist«, versicherte ich ihr. »In Cäsars Villa wirst du dich bald genug erholt haben.«

Hoffentlich stimmte das auch. Allmählich verlor ich den Überblick über die Tage und wußte nicht mehr, wie lange wir schon unterwegs waren. Jeden Abend schob ich eine Perle an einer Schnur weiter, um die vergangene Zeit zu markieren. Wir segelten auch nachts, denn in diesem tiefen Wasser konnte man nicht vor Anker gehen. Ein paar Tage lang war der Mond dunkel gewesen, so daß man die Sterne besser hatte sehen können – aber sonst sah man nichts.

Zu meiner Enttäuschung hatte der Kapitän beschlossen, den langen Weg um Sizilien herum zu nehmen.

»Wenn dieser Levanter weiter weht, ist das ungefährlicher, wenn auch länger«, sagte er. »Die Straße von Messina fährt man besser aus der anderen Richtung an, mit dem Nordwind im Rücken. Auf diese Weise steuert man von vorn auf den Strudel und den Felsen zu und hat mehr Platz zum Manövrieren.«

»Skylla und Charybdis«, sagte ich. »Sind sie so furchtbar, wie die Sage behauptet?«

»Das sind sie in der Tat«, antwortete er. »Es ist fast unmöglich, den Felsen – Skylla – zu umschiffen, wenn man dem Strudel – Charybdis – ausweichen will. Freilich ist der Strudel nicht immer da, sondern nur, wenn das Wasser beim Gezeitenwechsel wütend aufbrodelt: viermal am Tag.«

»Hast du schon einmal gesehen, wie sie ein Schiff gepackt hat?«

»Ja. Ich habe vom Land aus zugesehen, als ein Fischerboot in ihren Schlund gesogen wurde. Das Wasser wirbelt im Kreis – es ist ein großer, ölig aussehender Kreis –, und alles, was in die Nähe kommt, wird hereingezogen. Und wenn es einmal drin ist, dreht das Boot sich schneller und immer schneller. Ich sah, wie es zerbrach, sah, wie die Planken sich lösten, wo sie zusammengefügt waren, und wie der Fischer hinausgeschleudert wurde. Er klammerte sich an ein Stück Holz, aber er verschwand dennoch in der Mitte des Trichters – es ist dort eine Vertiefung zu sehen, dunkel und saugend. Die Trümmer des Bootes folgten ihm. Im Zentrum drehten sie sich so schnell, daß sie vor meinen Augen verschwanden.«

Mich schauderte.

»Charybdis würgt auch Dinge hervor, aber nicht das, was sie verschluckt hat«, sagte er. »Der Fischer kam nie zurück. Aber das Ungeheuer hat schon mißgestaltete Fische ausgespuckt, Fische ohne Augen und mit grotesken Gewächsen am Kopf. Und lange Stränge von Seetang brechen aus dem unheilvollen Zentrum hervor wie riesenhafte Seeschlangen.« Er schwieg. »Deshalb nehmen wir den anderen Weg – mit deiner Erlaubnis.«

»Mit meiner Erlaubnis! Ich bin kein Navigator, kein Seemann!«

»Aber du hast ein Gespür für das Meer, das merke ich schon.«

Überraschend, aber wahr. »Dennoch überlasse ich den Befehl über das Schiff dir«, versicherte ich ihm.

Land in Sicht! Die Berge von Sizilien tauchten auf, und ihre zerklüfteten Gipfel schimmerten wie eine Luftspiegelung. Wir nahmen Kurs auf die Insel, und die Berge wurden langsam klarer. Erleichterung durchflutete mich. Wir hatten die andere Seite des Mittelmeers erreicht.

Und dann drehte sich der Wind, unberechenbar wie ein Gott bei Homer, plötzlich nach Süden – ein schwülheißer Wind war es, drückend und schwer. Zugleich hüllte Sizilien sich in Nebel. Der Wind trieb uns auf das Ufer zu, und wir sahen keine Klippen oder andere natürliche Formen.

»Segel reffen!« befahl der Kapitän, und die Matrosen beeilten sich, das nunmehr gefährliche Tuch einzuholen. »Alles an die Ruder! Rudert nach Westen!«

Ich stand da und verfolgte das alles mit wachem Interesse, als ich drei kleine Schiffe sah, die sich vom nebelverhangenen Ufer lösten. Sie kamen mit halsbrecherischer Geschwindigkeit auf uns zu – wie konnten sie so schnell fahren? Offenbar waren nur Ruderer und keine Ladung an Bord.

»Schau doch!« Ich machte den Kapitän auf sie aufmerksam und erwartete, daß er »Sizilianische Fischer« oder »Rennboote« sagen würde und daß er ein paar Erläuterungen dazu abgeben würde.

Aber statt dessen erbleichte er und rief: »Piraten! Piraten!«

Sie nahmen Kurs auf uns – drei Boote.

»Hemiolien«, sagte er. »Von der schnellsten Sorte.«

»Ich dachte, Pompejus hätte die Piraten vernichtet!« rief ich, als könnte ich sie mit diesen Worten zum Verschwinden bringen. Ich war damals immer noch so ahnungslos – so vertrauensvoll in vielen Dingen.

»Die meisten ja, aber ein paar gibt es noch, wie es in den entlegenen Bergen von Syrien noch Löwen gibt.« Er hatte seine Stimme und seinen Mut wiedergefunden. »Setzt das Segel wieder! Setzt das Segel!« brüllte er. »Und wenden! Wir nehmen Kurs auf die Meerenge!«

Das Schiff schwang wild herum, als das Segel gesetzt wurde und der starke Wind hineingriff und das Schiff nordwärts trieb. Wir jagten auf das Land zu, wo im Nebel die Felsen lauerten. Die Piraten hinter uns hatten ebenfalls gewendet und stellten uns nach; auch sie setzten die Segel.

Ich hörte das Krachen der Wellen auf den Klippen vor uns, auch wenn ich sie im Nebel nicht sehen konnte.

»Herum das Ruder! Herum! Hart steuerbord!«

Das Schiff legte sich nach rechts und ritt auf dem Kamm einer Welle. Und plötzlich waren wir im Kanal, in der Einfahrt zur Meerenge. Verlief die Strömung nordwärts oder nach Süden – mit uns oder gegen uns?

Entsetzt sah ich das Muster der Wellen. Die Strömung kam uns entgegen; Wind und Wellen würden gegen uns kämpfen, und wir würden schlecht vorankommen. Die Piraten würden uns mühelos einholen können – wenn sie es wagten, in die Meerenge einzufahren.

Wir mühten uns weiter, und das Schiff stampfte und bockte. Der Wind trieb uns voran, aber die Wellen schlugen klatschend gegen uns, donnerten gegen den Bug und wollten uns seitwärts abdrängen, gegen das felsige Ufer.

»Ihr an Backbord, rudert mit aller Kraft!« rief der Kapitän. Nur so konnten wir verhindern, zur Seite zu treiben.

Der Kanal wurde enger und mit jedem Augenblick gefährlicher. Als wir für ein kurzes Stück in ruhigeres Fahrwasser gelangten, holte uns ein Piratenschiff ein, und ein Enterhaken flog zu uns an Bord. Sie wollten herüberkommen, aber unsere Soldaten hackten ihre Leinen durch und ließen sie ins Meer fallen. Doch die Piraten hatten allesamt beschlossen, uns zu folgen, und die anderen Boote segelten dicht hinter uns in unserem Kielwasser.

Der Kanal wurde noch schmaler, und die See begann zu kochen. Vor uns in dem weißen Nebel, der an allem hing, sah ich nichts. Der Kanal bog nach Osten, nach rechts.

Ein dunkles Tosen drang an mein Ohr, ein unterschwelliges Rauschen.

»Der Strudel! Er dreht sich!« Der Kapitän streckte die Hand aus. »Rudert so weit ostwärts wie möglich! Er darf uns nicht erfassen!«

Jetzt eröffnete sich vor mir der Blick auf die aufgewühlte Wasserfläche – ganz unschuldig sah es aus, eine Reihe großer Wellen, die sich alle in dieselbe Richtung bogen.

»Haltet Abstand von diesen Wellen!« rief der Kapitän.

Ich hatte Cäsarion auf dem Arm und drückte ihn fest an mich. Wir würden einander nicht dem bedrohlichen Wasser überlassen; nein, ich würde ihn niemals loslassen, wie meine Mutter mich losgelassen hatte. Der Wind peitschte mir ins Gesicht und schleuderte Berge von Gischt hoch über das Deck. Das Tosen des Wirbels schwoll an; es war jetzt so laut wie ein Fuhrwerk, das über eine gepflasterte Straße rumpelt.

Zur Linken, auf der dem Wirbel zugewandten Seite, kam ein Piratenschiff heran. Ich sah die Männer an Deck, und einer von ihnen packte ein loses Seil und schwang sich daran über unser Deck, wo er sich geschmeidig wie ein Affe fallenließ. Er richtete sich auf, sah sich um und zog einen Dolch aus dem Gürtel. Hinter ihm, mit gleichmäßig dumpfem Aufprall, kamen seine Kameraden und landeten einer nach dem andern auf weichen Sohlen.

Meine Soldaten stürzten ihnen entgegen, während das Deck sich hob und wieder senkte. Näher und immer näher drohte vor uns der Strudel. Alle Mann wurden jetzt gebraucht, um das Schiff zu retten; nur meine Garde war dabei entbehrlich und konnte gegen die Piraten kämpfen.

»Insignien!« schrie einer der Piraten, ein großer Mann mit wilden Haaren, und sein Ton war freudig wie der eines Kindes, das einen Berg Spielsachen entdeckt hat. »Königliche Insignien!«

»Es ist tatsächlich das Schiff der Königin!« rief ein anderer; er war rot im Gesicht und hatte eine laute Stimme. »Wir hatten recht! Wer sie fängt, bekommt das halbe Lösegeld!« Vornübergebeugt rückten sie vor, und wieder mußte ich an Affen denken.

Woher wußten sie, daß ich hier vorbeikommen würde? Die Nachricht mußte sich schnell herumgesprochen haben, denn ich hatte Ägypten erst vor kurzer Zeit verlassen.

Einer von meiner Leibgarde zog sein kurzes Schwert, und die andern ringsherum taten es ihm nach. Ein Kampf brach aus. Ich hielt Cäsarion umklammert. Sie würden ihn niemals bekommen, und wenn ich jeden von ihnen mit eigener Hand umbringen mußte. Ich war so blind vor Wut, daß ich töten wollte und nicht einen Augenblick lang bezweifelte, daß ich es auch könnte.

Einer meiner stämmigen Soldaten schaffte es, einen dunkelhaarigen Seeräuber über Bord zu werfen; wie ein Stein fiel der Mann ins Wasser, daß es hoch aufspritzte. Er war ein ausgezeichneter Schwimmer und tauchte gleich wieder auf. Aber er war an den äußeren Rand des Strudels geraten, und von Entsetzen gebannt sah ich zu, wie die machtvolle Kraft ihn erfaßte und kreiselnd in die Mitte sog, wo er verschwand.

Einer der Piraten auf unserem Schiff, der älter aussah als die andern, stieß einen markerschütternden Schrei aus und stürzte sich mit einem mächtigen Satz durch die Luft wie eine große Katze auf mich. Er stieß mich zu Boden, aber Cäsarion ließ ich nicht los.

»Du hast meinen Bruder getötet!« brüllte er. »Jetzt nehme ich zweifach Rache!«

Er stieß mit seinem Dolch zu, aber seine Hand zitterte so sehr, daß er mich verfehlte.

»Dummkopf! Willst du kein Lösegeld?« Ein zweiter Pirat landete so nah neben mir, daß mir vor Schreck übel wurde, und fiel dem andern in den Arm. »Soll Cäsar doch für sie bezahlen! Wie er für sich selbst bezahlt hat!« Er hatte eine laute, befehlsgewohnte Stimme.

Ich wand mich zur Seite und rollte davon. Einer meiner Soldaten griff die beiden Männer an, und ein zweiter sprang ihm bei.

Sie wußten genau, wer ich war, und sie hegten einen Groll gegen Cäsar. Dieser Überfall war sorgfältig geplant worden.

Meine Soldaten hatten die beiden Piraten dingfest gemacht und schickten sich an, ihnen die Kehle durchzuschneiden.

»Haltet ein!« schrie ich. »Dieser Angriff galt Cäsar. Er soll sie sehen und bestrafen!«

Die Soldaten waren enttäuscht, aber sie mußten gehorchen. Wütend schlugen sie den Seeräubern auf die Köpfe, und dann warfen sie die Bewußtlosen hinunter zu den Ruderern.

Das Handgemenge an Deck war noch im Gange, aber die Piraten waren auf dem Rückzug; der Verlust ihrer beiden Anführer hatte sie demoralisiert. Einer von ihnen stürzte sich über Bord; in einem spektakulären Akt des Selbstmords sprang er in hohem Bogen mitten in den Strudel.

Jetzt zogen wir neben dem Ungeheuer vorbei, und sein Tosen war zu einem lauten Brüllen geworden. Ich fühlte, wie das Schiff sich gegen die nahezu unwiderstehliche Sogkraft stemmte, die an seinen Planken zerrte, und ich roch die fauligen Dünste, die es da aus den Tiefen zu uns heraufrülpste – vielleicht von den Überresten seiner verdauten Opfer.

»Festhalten! Festhalten!« schrie der Kapitän. Das Schiff erbebte und ächzte, der Strudel griff nach uns, und dann schossen wir an ihm vorbei.

Vor uns drohte der häßliche, hohe, schrundige Fels.

»Rasch! Das Steuer herumwerfen! Zur anderen Seite!« brüllte der Kapitän. Der rauschende weiße Schaum, der den bösartigen Felsen wie ein Rock umgab, faßte nach unseren Flanken. Es gab kein Entkommen. Wir fuhren geradewegs darauf zu. Wir würden daran zerschellen!

Mit heftigem Ruck prallte das Boot gegen ein Kissen aus Seetang, das der Strudel ausgespien hatte und das jetzt verfilzt an ein paar Felsen hing. Das Boot wurde mit der Breitseite dagegen geworfen, aber der Seetang wirkte wie ein Polster, und der Schiffsbauch wurde nicht aufgerissen. Die Wucht des Stoßes drehte das Schiff so, daß es seine Fahrtrichtung änderte und unten am mächtigen Felsen der Skylla vorüberflog. Das Seeungeheuer mit den sechs Köpfen, das sechs von Odysseus' Männern verschlungen hatte, bekam uns nicht zu fassen. Unser Boot war ihm glücklich entkommen, und unversehens lag die Meerenge hinter uns: Unser alter Gefährte, der Südwind, hatte uns hinausgeweht.

Hinter uns kämpften zwei der Piratenschiffe. Eines geriet in den Strudel und versank unter dem gespenstischen Heulen der Besatzung. Das andere entkam der Vernichtung, aber als wir die Meerenge hinter uns gelassen hatten, gab es die Verfolgung auf.

Ich zitterte am ganzen Leibe, als hätten meine Glieder die Wellen des Meeres in sich aufgenommen. An die Reling geklammert, starrte ich zurück und sah, wie der Felsen der Skylla mit seinen schwarzen Zähnen kleiner und kleiner wurde und in unserem Kielwasser versank. Die Ruderer arbeiteten immer noch wie rasend, und in ihrer Panik geriet der Takt ihrer Schläge durcheinander; Ruder prallten gegen Ruder, statt im makellosen Rhythmus ins Wasser einzutauchen und wieder hochzuschwingen. Der Schlagmann, der *keleustes*, beruhigte sie, indem er befahl, langsamer zu rudern.

Unterdessen wurden die beiden gefangenen Seeräuber in Ketten gelegt, ehe sie wieder aufwachen konnten. Dann zog man sie von den Ruderbänken, wo sie kaum erwünscht waren, herauf zum Mast und band sie dort fest. Sie sackten vornüber, und ihre Köpfe rollten zur Seite.

Ich betrachtete sie gründlich. Der eine war kahlköpfig und sehr muskulös; sein Kamerad war ein dürrer, kleiner Mann. Der Kahlköpfige hatte versucht, mich zu erstechen, und dabei etwas von seinem Bruder gebrüllt. Der Dünne hatte von dem Lösegeld geredet, das Cäsar bezahlen müsse. Für Piraten sahen sie beide zu alt aus; ich schätzte, daß sie um die fünfzig Jahre alt waren – es sei denn, die harte Sonne hätte ihre Haut vor der Zeit altern lassen.

»Die werden noch früh genug reden«, sagte der Kapitän. »Aber warum hast du sie nicht umbringen lassen?«

»Weil ich sie Cäsar schenken möchte«, antwortete ich. »Sie haben seinen Namen im Munde geführt; es hat etwas mit ihm zu tun.« Ich hatte zwar Geschenke mitgebracht – eine kostbare Pharaonenstatue, von der ich wußte, daß Cäsar sie begehrt hatte, und das Übliche an Gold und Perlen –, aber ich wußte, über die Piraten würde er sich am meisten freuen.

Man ließ das Segel noch ein Stück weiter aus, damit die Ruderer sich ausruhen konnten. Wir glitten jetzt an der Küste Italiens entlang – Italien, endlich! Vor uns im Meer saß der große Vulkan von Stromboli wie ein riesiger natürlicher Leuchtturm; Dampfwolken drangen aus seinem Gipfel.

»Wie lange denn noch?« fragte ich den Kapitän; ich wußte, daß ich klang wie ein kleines Kind.

Er schaute zu den Wolken hinauf, die mit uns segelten.

»Wenn dieser Südwind anhält, nur noch ein paar Tage«, sagte er. »Noch ein paar Tage, und dann landen wir.«

Zehn Tage vergingen – denn der Wind erstarb –, bis wir auf den Hafen von Ostia an der Mündung des Tibers zusteuerten, des berühmten Tibers. Ich trat auf den Landungssteg und fühlte zum ersten Mal seit Wochen festen Boden unter den Füßen. Wir waren überraschend schnell vorangekommen, wenn man bedachte, wie die Winde und Strömungen sich verhalten hatten, aber die Reise hatte immer noch mehr als vierzig Tage gedauert.

Staunend betrachtete ich den Fluß, der vor mir lag. Der Tiber war ein kleines Gewässer, nicht zu vergleichen mit meinem Nil. Er sah so harmlos aus, so ganz und gar unbedeutend, wie ein Kinderfluß. Was für Menschen lebten da an seinen Ufern, in der Stadt, die danach strebte, die ganze Welt zu beherrschen?

# 22

Die Sonne war untergegangen; der Himmel aber behielt sein tiefes, zartes, golddurchwirktes Blau. Langsam drehte ich mich um mich selbst und betrachtete meine Umgebung, dieses erste Stück Italien, auf dem ich nun stand. Das erste, was mir auffiel, waren die Bäume – turmhohe Pinien mit stachligen Ästen, die sich ausbreiteten wie Sonnenschirme. Noch nie hatte ich etwas halbwegs Ähnliches gesehen. Ihre Stämme waren bis zu einer bestimmten Höhe kahl wie bei einer Palme, aber ihre knorrigen Äste mit dem seltsamen Laub, das von einem tiefen, dunklen Grün war, schienen einer märchenhaften Reiseerzählung zu entstammen. In diesem Augenblick fuhr ein sanfter Windhauch durch die Wipfel dieser Bäume, und ein ganz ungewöhnlicher Duft wehte zu mir herüber: süß, durchdringend, die Essenz des Grünen, wie mir schien.

Unter meinen Füßen lag ein dichter Grasteppich – auch etwas, das ich noch nie gesehen hatte. Spröde braune Nadeln lagen darin – welke Pinienblätter, nahm ich an –, und wenn meine Sohlen sie zertraten, stieg noch mehr Pinienduft empor. Das Gras selbst fühlte sich feucht und seltsam federnd und elastisch an – lebendig, nicht tot wie ein flacher Teppich.

Wir hatten Boten ausgeschickt, die Cäsar von unserer Ankunft in Kenntnis setzen sollten, aber bevor sie ihn erreicht haben konnten, kam eine Abordnung von Beamten auf uns zu. Sie hatten schlanke Pferde und etliche Sänften dabei, und ein Magistrat auf einem Schimmel ritt ihnen voraus. Er war offensichtlich auf der Suche nach uns; er drehte den Kopf hin und her. An seiner Seite ritt ein zweiter, höchst amtlich aussehender Mann.

Als er uns erblickte, zügelte er sein Pferd, stieg ab und kam uns zu Fuß entgegen. Ich sah, daß er ein Mann in mittleren Jahren war und eines jener runden Gesichter hatte, die man sich so schwer merken kann, weil sie so alltäglich sind. Er trug eine weiße Tunika mit schmalen senkrechten Streifen und darüber einen leichten Mantel. In einer Hand hielt er eine Schriftrolle.

»Königin Kleopatra?« Er neigte den Kopf. »Willkommen in Rom. Ich bin in Cäsars Namen gekommen, um dich zu begrüßen und in dein Quartier zu geleiten. Mein Name ist Gajus Oppius.«

Cäsar war also nicht selbst gekommen. Natürlich hätte es sich für ihn auch nicht geschickt, am Tor auf meine Ankunft zu warten und mir dann wie ein Schuljunge entgegenzulaufen. Meine Ankunft war ja nicht vorhersehbar; ich hätte jederzeit eintreffen können. Und dennoch war ich enttäuscht, und am Schmerz der Enttäuschung erkannte ich, wie sehr ich mich danach sehnte, ihn wiederzusehen. Ich zwang mich zu einem Lächeln.

»Ich danke dir, mein lieber Freund.«

Der zweite Mann war jetzt ebenfalls abgestiegen und kam zu uns herüber. Er war groß und hatte erstaunliche dunkle Augenbrauen. Mit forschem Schritt näherte er sich, und mit einer Verbeugung erklärte er: »Cornelius Balbus zu deinen Diensten, Majestät. Während der Kriege war ich *Praefectus fabrum* in Cäsars Armee.« Er sprach Griechisch mit einem starken spanischen Akzent.

»Wir sind die vertrautesten Agenten und Sekretäre des ruhmreichen Cäsar«, sagte Oppius. »Es ist uns eine Ehre, ihm Tag und Nacht zu dienen.« Er überreichte mir die Schriftrolle. »Eine Botschaft des Mächtigen.«

Ich brach das Siegel und entrollte den Brief behutsam. Es war immer noch hell genug zum Lesen – höchst eigenartig, daß es so lange nach Sonnenuntergang noch hell war –, und ich war froh; ich konnte keinen Fackelträger gebrauchen, der mir über die Schulter starrte.

Der Brief war sehr kurz, und ein Fackelträger hätte ihn ruhig lesen können. Er trug auch kein Datum; offensichtlich war er schon vor der Zeit vorbereitet worden.

> Willkommen in Rom! Ich betrachte es als mein Privileg, Dir die Gastfreundschaft zu vergelten, die Du mir in Alexandria gewährt hast. Ich habe keinen Palast, in dem Du wohnen kannst, aber ich biete Dir meine beste Residenz: meine Villa und ihre Gärten jenseits des Tibers. Betrachte sie als Dein Eigentum. Ich selbst werde in meinem Hause beim Tempel der Vesta auf dem Forum wohnen, und ich werde Dich mit allem Respekt besuchen, sobald ich kann. Deine Reise ist, so hoffe ich, ohne Zwischenfälle verlaufen.
>
> Mit ehrenvoller Hochachtung, G. Julius Cäsar, Konsul, Imperator, Diktator des Römischen Volkes

»Diktator?« sagte ich fragend.

»Für die nächsten zehn Jahre. Eine Ehre, die ihm soeben übertragen wurde«, antwortete Balbus. »Eine Ehre, die es noch nicht gab.« Er strahlte, als habe er sich diese Sache selbst ausgedacht.

»Was hat denn das zu bedeuten?« fragte ich. »Ich dachte, ein römischer Diktator würde nur in Notzeiten ernannt, und auch nur für sechs Monate.«

Sie zuckten die Achseln. »Cäsar schafft alles neu; er schreibt es um nach seinem eigenen Bilde.« Sie ließen ihre Blicke über mein Gefolge wandern. »Der junge König Ptolemaios?« fragten sie wie aus einem Munde. Mein kleiner Bruder errötete vor Freude über ihre Aufmerksamkeit. »Und …?« Sie beugten sich vor und musterten Cäsarion.

Jetzt war es Zeit, es auszusprechen. »Das ist der Sohn, den der Diktator Cäsar mir geschenkt hat.« Ich hielt ihn hoch, damit alle ihn deutlich sehen konnten.

Sie antworteten nicht. Nur einer sagte: »Die königliche Sänfte ist für dich und deinen Sohn. Für die andern haben wir Pferde und Wagen mitgebracht.«

Es war dunkel, bevor wir unser Ziel erreichten. Ich schaute aus meiner Sänfte hinaus, als wir im schwindenden Licht am Tiber entlang nach Rom zogen. Der Weg führte uns an der Stadtmauer entlang, einer Mauer aus roh behauenen Steinen, an der lodernde Fackeln befestigt waren. Das Knarren der Lederriemen an der Sänfte und die Neigung meines Sitzes verrieten mir, daß es bergauf ging. Als wir höher kamen, konnte ich die Stadt Rom auf der anderen Seite des Flusses erkennen. Klein sah sie aus, und die Häuser waren dunkel –

überwiegend aus Backsteinen, nahm ich an. Nirgends leuchtete weißer Marmor, und nichts Hohes ragte in den Himmel. Hier und dort glaubte ich einen Tempel zu sehen, aber sicher war ich nicht.

Ich hörte ein Rascheln wie von einem Wald, und ein kühler Wind drang zu mir in die Sänfte. Cäsarion war an meiner Brust eingeschlafen und wachte auf, als sie die Sänfte auf den Boden stellten.

»Wir sind da, Majestät.« Balbus selbst zog die Vorhänge auf und reichte mir die Hand, damit ich aussteigen konnte.

Vor mir ragte ein großes Wohnhaus auf, von Bäumen umrahmt. Das Gelände ringsum war, soweit ich es erkennen konnte, von Hecken, Statuen und Springbrunnen erfüllt. Die Luft war nicht nur kühl, sie duftete zudem leicht. Die Blumen hier waren offensichtlich zarter, ihr Aroma feiner als bei uns in Ägypten. An tausend Bäumen wisperten Blätter zu mir durch die Nacht.

Diener mit Fackeln kamen aus dem Haus.

»Willkommen, willkommen!« riefen sie im Chor. Zumindest soviel Latein verstand ich ohne Mühe.

Ich folgte ihnen zum Eingang, der zu beiden Seiten von Nischen mit Statuen flankiert war. Die nächsten Schritte führten mich über ein Mosaik, und vor mir lag ein großer, offener Raum, eine Art umschlossener Hof. Dort gab es weitere Türen; die Diener schwebten durch eine davon, und ich folgte ihnen eine Treppe hinauf, durch einen weiteren Gang und schließlich in ein großes Zimmer mit Fliesen auf dem Boden. Auch im Zwielicht sah ich, daß die Wände nicht weiß, sondern dunkelgrün waren und ringsum mit gemalten Girlanden verziert.

»Dies ist Cäsars eigenes Gemach, und jetzt ist es deines«, sagte der Diener. »Er schenkt es dir.«

Ein Tisch war mit schwerem rotem Tuch gedeckt, und darauf stand ein Tablett mit Obst, Brot und einem Krug Wein. An der Seite befand sich ein großes Bett mit Beinen aus geschnitztem Holz, und darauf lag eine Decke aus feiner Wolle. Mehrere Sofas, weitere Tische, zierliche Öllampenständer, und dann – allmählich sah ich, wie viele Statuen hier aufgestellt waren. Zumindest wußte ich jetzt, daß Cäsar eine neue jederzeit willkommen sein würde, aber ich wünschte mir doch, er hätte nicht schon so viele gehabt.

Die Diener zündeten die Dochte an dem Lampenständer an – sechs oder sieben Lampen hingen an den Armen. Gleich war es viel heller im Zimmer. Ich war plötzlich sehr müde, und ich hatte nur noch den Wunsch, das Licht wieder zu löschen und mich ins Bett zu legen.

Ich schlief. Ich weiß nicht, wie lange ich schon geschlafen hatte; es war ein merkwürdiges Gefühl, nach so langer Zeit auf See nun wieder auf festem

Boden aufzuwachen, und der jähe Ansturm ungewohnter Worte, Farben und Gerüche von allen Seiten hatte das seine dazu beigetragen, mein Empfinden für Zeit und Ort zu verwirren. Ich öffnete die Augen und sah den matten Schein einer Lampe, die jemand über mich hielt. Jemand stand an meinem Bett und betrachtete mich.

Erschrocken fuhr ich hoch, aber noch schneller griff eine Hand an meine Schulter. Die andere Hand stellte die Lampe hin und umfaßte mich dann.

»Ich bin es, meine Geliebte, meine Liebste«, sagte Cäsars Stimme, ein Wispern in der Dunkelheit. Es erschien mir immer noch wie ein Traum, aber es gab keine zweite Stimme wie diese auf der ganzen Welt. Das Wunder seiner körperlichen Gegenwart ließ mich sein langes Schweigen vergessen; ich vergaß Eunoe – aber wenn das stimmt, warum erwähne ich sie dann hier? –, ich vergaß seine steifen, kalten, herrischen Briefe. Mit einem Freudenschrei warf ich ihm die Arme um den Hals.

»Verzeih mir, ich konnte dich nicht abholen, konnte dir nicht einmal einen privaten Brief schreiben, denn ich weiß, was immer ich geschrieben hätte, wäre bald öffentlich bekannt gewesen. Dennoch bin ich glücklich, daß du gekommen bist. Ich habe gehofft, daß du all das spüren würdest, was ich nicht offen aussprechen konnte.«

Er küßte mich, und es war, als wäre er nie auch nur für einen Augenblick von mir getrennt gewesen. Und doch war seitdem soviel geschehen – so viele Schlachten, so viele Tote, so viele Siege für ihn und Niederlagen für andere. Doch hier saß er im Dunkeln auf einem Bett wie ein gewöhnlicher Mensch, der sich nachts hereinstahl, aufgeregt wie ein Verliebter, der seiner selbst nicht sicher ist.

»Das habe ich. Das tue ich«, versicherte ich ihm. So einfache Worte nach so langer Zeit. Ich hob die Hand und berührte sein Gesicht. Und ich dachte daran, was er alles war hier in Rom.

»Mein Diktator«, flüsterte ich. »Muß ich allen deinen Befehlen gehorchen?«

»Dazu sind nur römische Bürger verpflichtet«, sagte er. »Von dir habe ich nichts zu fordern. Was immer wir tun wollen, wir brauchen nur unseren eigenen Wünschen zu folgen.«

Ich beugte mich vor und küßte ihn, fühlte wieder seinen festen, schmalen Mund, an den ich mich so oft erinnert hatte. »Und wenn die Königin von Ägypten den Diktator von Rom küßt, ist das nichts Politisches?« fragte ich.

»Nein«, sagte er. »Was immer meine Feinde behaupten mögen, ich schwöre dir, dies ist eine private Leidenschaft und ganz und gar meine eigene.«

»Und sie hat keinen anderen Grund?«

»Ich schwöre es dir. Indem ich dich nach Rom geholt habe, gieße ich Wasser auf die Mühlen meiner Feinde. Einem politischen Zweck dient es nicht;

ein kluger Politiker hätte es niemals getan. Es wird den Neid all derer erwecken, die kein solches Glück haben, und Anstoß bei denen erregen, die übertriebene Moralisten sind.« Er schüttelte den Kopf. »Aber das kümmert mich nicht. Hier habe ich meinen Lohn – daß ich dich nur wiedersehen darf.« Dann küßte er mich so wild, daß ich keine Lust mehr hatte, weiterzureden oder ihm zu widerstehen. Anscheinend stand es in seiner Macht, eine so verzehrende Leidenschaft in mir zu entfachen, daß alles Denken davor die Flucht ergriff. Stets war es sein eigener Genius, der mich veranlaßte, alle Vernunft und alle Vorsicht fahrenzulassen und mich ganz dem geheimen Augenblick mit ihm hinzugeben.

Ich fuhr mit der Hand über seine Schulter und spürte ihre harte Kraft unter der Naht der Tunika. Er war gerade erst aus dem Felde zurückgekehrt, und das Soldatenleben hatte alle Spuren der Geruhsamkeit an seinem Körper verbannt. Er war von Kopf bis Fuß ein Werkzeug des Krieges, blankpoliert und geschärft wie eines seiner Legionärsschwerter. An seinen Armen fühlte ich kein Polster, nichts Weiches. Und doch waren seine Worte zärtlich, und seine Stimme klang liebkosend.

Ich strich mit den Händen über seine Brust und stellte fest, daß sie sich eher wie der Lederharnisch anfühlte, den gemeine Soldaten zu ihrem Schutz tragen, denn wie das schwache Fleisch, das solchen Schutz benötigt. Aber ich fühlte auch, wie seine Brust sich beim Atmen hob und senkte, und das bewies, daß er keine Rüstung und keine Bronzefigur war. Sein Atem ging schneller als im Zustand bloßer Ruhe; es war, als habe er von einem Gipfel aus etwas gesichtet, etwas, das er nicht erwartet hatte. Er seufzte, und Entspannung durchströmte ihn.

»Du bist hier, und alles ist gut«, sagte er. Er drehte sich auf der Bettkante, wo er saß, ein wenig herum und nahm mein Gesicht in beide Hände. Schweigend betrachtete er meine Züge im matten Flackerlicht; er tat es so lange, daß ich mich fragte, warum. Warum starrte er mich so eindringlich an? Seine dunklen Augen schienen in den meinen etwas zu suchen, etwas, das er nicht sehen konnte. »Ja, du bist es wirklich«, sagte er schließlich.

Wer? wollte ich fragen. Wer sollte ich sein?

Er senkte den Kopf und küßte meine Schultern, erst die eine, dann die andere, wie ein Priester, der eine Ehrung vollzieht, und dann küßte er an meinem Schlüsselbein entlang, bis er das weiche Grübchen an meinem Hals erreichte. Seine Lippen bewegten sich leicht und flatternd wie die Flügel eines Schmetterlings über meine Haut, daß mein Blut emporwallte, um ihnen zu begegnen. Einmal, zweimal, dreimal küßte er das Grübchen, und jedesmal verweilte er ein wenig länger, bis er schließlich seinen Mund mit ganzer Kraft dagegendrückte, so daß sich in mir etwas in schwindelerregendem Verlangen umzudrehen schien. Ich warf den Kopf in den Nacken und fühlte, wie mein

Leib um mehr flehte. Ich wollte, daß er mich in alle Ewigkeit dort küßte, und zugleich wurde es mir zu einer unerträglichen Qual, reglos und passiv zu verharren.

Ich drehte den Kopf und begann seinen Hals zu küssen, an der Seite hinauf bis zu seinem Ohr, und meine Hände strichen über seinen Rücken. Diese Tunika! Sie mußte weg, sie schob sich zwischen meine Hand und seine Haut, seine wunderbare Haut, die ich unter meinen Fingern fühlen wollte. Ich zerrte an dem Stoff, versuchte ihn gewaltsam über seine Arme herunterzuziehen. Er hielt inne und lachte leise.

»Ich will dir den Gefallen ja gern tun«, sagte er. »Aber als meinen Offizier würde ich dich nicht wollen; du brennst mir zu sehr auf den Kampf. Solche Generäle beginnen oft mit einem Angriff, wenn ihre Truppen noch nicht bereit sind, und verlieren deshalb eine ganze Schlacht.«

»Bist du denn nicht bereit zur Schlacht?« fragte ich. Er hatte mich verlegen gemacht, und ich ließ seine Ärmel fahren.

Er küßte mich diesmal auf den Mund. »Aber mein liebes Kind, dies ist doch keine Schlacht – o ihr Götter, es ist nichts dergleichen.« Er wich ein kleines Stück zurück, schnürte die Schultern meines Gewandes auf und ließ die Seide auf meine Hüften hinabfallen. Dann senkte er den Kopf und küßte meine Brüste, erst die eine, dann die andere, und es dauerte so lange, daß ich glaubte, ich könne es nicht mehr ertragen. Ich zog seinen Kopf hoch und umarmte ihn, und gleichzeitig ließ ich mich rückwärts in die Kissen fallen und riß ihn mit. Ein mächtiger rauher Seufzer kam aus seinem Munde. Jetzt spürte ich, daß auch sein Herz schneller schlug; sein Atem ging in kürzeren, lauteren Stößen.

Er hatte immer noch seine Tunika am Leib. »Die Tunika ...«, murmelte ich. Der Stoff lag in Falten auf seinem Rücken.

Er richtete sich auf und zog sich das Hemd mit einer Armbewegung über den Kopf. Dann zog er auch mein Gewand herunter; ich brannte darauf, es loszuwerden: Ich wollte nichts zwischen meinem und seinem Körper fühlen.

Mein Blut schien zu kochen, daß meine Adern zu platzen drohten. Doch zu meiner Enttäuschung ließ er sich nicht auf mich fallen, bedeckte meinen Körper nicht mit dem seinen, sondern kauerte über mir und küßte meine Brüste und meinen Bauch so langsam und bedächtig, daß ich vor Raserei am liebsten gekreischt hätte, zumal er über meinem Nabel verweilte und ihn mit einer unendlichen Zärtlichkeit liebkoste, die besser für ein Kind wie Cäsarion geeignet gewesen wäre als für mich, eine Frau mit einem so großen Verlangen, daß ich daran zu ersticken drohte; ich fühlte, wie es meine Kehle zuschnürte, daß ich kaum noch Luft bekam. Ich stieß einen langgezogenen, rauhen Schrei der Verzweiflung aus.

Sogleich beugte er sich vor und vergrub sein Gesicht an meinem Hals. Ich fühlte seinen Atem an meinem Ohr, konnte seine Worte kaum verstehen. Was sagte er? *Jetzt gehörst du mir …, jetzt …, jetzt …*

Und endlich fühlte ich seinen Körper an meinem; ich hob mich ihm entgegen, bäumte mich auf, um uns zu vereinen. Mir war, als würde ich sterben, wenn es nicht in diesem Augenblick geschähe. Ein ganzes Jahr hatte ich darauf gewartet. Jede Faser meines Wesens brannte vor Sehnsucht.

Es war lange her, seit wir zusammengewesen waren, aber der Körper bewahrt sich seine geheimen, vertraulichen Erinnerungen. Sein Körper paßte in den meinen, und wir waren eins. Ich hatte vergessen und doch nicht vergessen, wie es war, einen Teil von ihm mit mir vereinigt zu spüren. Aber die ganze Zeit wußte ich doch auch, daß er von mir getrennt war, und es war ein süßer Unterschied.

Und jetzt empfand ich die lange vergessene Dringlichkeit des Liebesakts, in der es so scheint, als verlasse einen das menschliche Ich und als träten hungrige Bestien an seine Stelle, die sich auf ihr Fressen stürzen. Fort sind die zivilisierten Wesen, die von Manieren sprechen, von Reisen und von Briefen; an ihrer Statt sind da zwei Leiber, die wild danach streben, einen Schwall unmenschlicher Lust zu gebären, auf den ein großes, schwebendes Nichts folgt. Eine Explosion von Leben, gefolgt vom Tod – darin leben wir, und darin lassen wir unseren eigenen süßen Tod seinen Schatten vorauswerfen.

Ich fühlte meine Hände auf seinem Rücken, und ich bemühte mich, ihn nicht zu kratzen, aber ich wußte, daß ich es doch tat. Es mußte doch mehr geben, was wir tun konnten, mehr, mehr, mehr – ich wollte es höher hinauftreiben, höher und immer höher.

Später lag ich neben ihm, keuchend, hustend. Ich versuchte meinen Blick zu schärfen und ihm ins Gesicht zu schauen. Es war jünger, als ich es je gesehen hatte.

»Meine Liebste«, sagte er schließlich. »Ich hätte nie gedacht, daß ich im Leben einmal so fühlen würde.«

Wir lagen in einem Knäuel schweißfeuchter Laken. Sie wurden kalt trotz unserer warmen Körper. So rasch wird die Leidenschaft etwas Eigenständiges, das nicht Teil unseres wirklichen Ich ist.

»Ich liebe dich immer noch«, sagte er staunend. »Ich liebe dich hier, wie ich dich in Ägypten geliebt habe, liebe dich in diesem verschlossenen Zimmer in Rom ebenso wie in deinem offenen Palast in Alexandria.«

Erst jetzt wurde mir klar, daß er mich als in Raum und Zeit fixiert gesehen hatte, reglos starr, etwas, das man fand wie die Pyramiden – und dann zurückließ. Statt dessen war ich ihm gefolgt.

»Ich bin ein Mensch aus Fleisch und Blut«, sagte ich. »Ich lebe und atme in unterschiedlichem Klima, in unterschiedlichen Ländern.«

»Aber ich muß gestehen, daß ich dich so nicht gesehen habe. Für mich warst du … eine lokale Göttin.«

Ich lachte. »Eine von denen, die in einer Quelle wohnen oder in einem Felsen?«

Er machte ein reumütiges Gesicht. »Ganz recht. Als ich nach Alexandria kam – das mir jetzt wie ein Traum vorkommt –, da warst du ein Teil davon. Es ist schwer, die Erinnerung daran mit dir in Einklang zu bringen – hier. Ja …«, er lachte bei dem Gedanken daran, »… ich werde dich zum Forum mitnehmen! Und – jawohl, du sollst Cicero und Brutus und den jungen Octavian kennenlernen … Und ich werde mir beweisen, daß du Wirklichkeit bist.«

»Du hast mich in den Armen gehalten. Du weißt, daß ich Wirklichkeit bin.«

»Nein. Das alles kommt mir immer noch vor wie ein Traum.« Seine Stimme war leise. »Ein dunkles Zimmer. Ein heimlicher Besuch. Liebe beim Schein einer Lampe, mit gedämpften Stimmen. Morgen, bei Tageslicht, werde ich glauben, das alles war ein Traum, den ich im Lager hatte.«

»Aber in diesem Tageslicht werde ich dich sehen«, sagte ich. »Es sind nur wenige Stunden bis dahin.«

»Und dann werde ich dich in aller Form in Rom willkommen heißen. Ich werde meine Toga tragen – ein infernalisch unbequemes Kleidungsstück! –, und zweifellos werde ich eine steife Rede halten und mich bemühen, dir nicht zuzuzwinkern.«

»Und ich werde versuchen festzustellen, ob du unter deiner Toga in Wallung gerätst.«

»Das werde ich nicht«, antwortete er nüchtern. »Mein förmliches Ich wird mich beherrschen.« Er ließ eine Pause eintreten. »Dir ist klar, daß du mein persönlicher Gast bist, nicht der Gast des römischen Staates? So erschien es mir einfacher. Du brauchst keinen offiziellen Auftritt zu absolvieren, und der Senat ist daran gehindert, dich an meiner Statt zu benutzen – dich zu beleidigen, wenn sie mich beleidigen wollen, dir zu schmeicheln, wenn sie mir schmeicheln wollen. Sie sind ein Stachel in meiner Seite.« Es klang verbittert, wie er es sagte. »Sie benutzen alles gegen mich, was ihnen in die Hände fällt. Ich wollte nicht, daß du eine Spielfigur bist, die sie nach Belieben hin- und herschieben können.«

»Warum störst du dich an ihnen?« fragte ich. »Anscheinend besteht ihr einziger Daseinszweck darin, Stolpersteine zu errichten.«

Er lachte leise. »Ich ›störe‹ mich an ihnen – bezaubernd gesagt! –, weil sie nach Recht und Gesetz die Beherrscher Roms sind, und das waren sie, seit die Könige vor über fünfhundert Jahren verjagt wurden. Angeblich sind sie die Wachhunde, die unsere Freiheit beschützen, und es macht ihnen Spaß, vor Tyrannen wie mir auf der Hut zu sein.«

»Sie sind nur ein Ärgernis«, sagte ich. Sie behinderten Cäsar. Was taugten sie also?

»Gesprochen wie eine echte Ptolemäerin!« Er beugte sich zur Seite, um seine Tunika aufzuheben, und im matten Licht sah ich die Spuren, die ich auf seinem Rücken hinterlassen hatte. Das hatte ich nicht gewollt.

Ich leckte an meinem Finger und fuhr damit über die Schrammen.

Er richtete sich auf, als er die Berührung spürte. »Calpurnia wird sich wundern, wenn sie das sieht«, meinte er.

Calpurnia! War er denn –? Ich hatte gedacht, sie lebten getrennt oder doch so gut wie … »Es tut mir leid«, sagte ich zerknirscht, und ich meinte es ernst. Ich stellte mir vor, daß sie eine schmallippige, strenge, alte römische Matrone sein müsse.

»Arme Calpurnia«, sagte er zu meiner Überraschung. »Die meiste Zeit verbringt sie damit, daß sie auf meine Heimkehr wartet. Von dem runden Dutzend Jahre, die wir verheiratet sind, habe ich elf fern von Rom verbracht.«

War sie jung gewesen? Möglich war es. Und seitdem war er so selten mit ihr zusammengewesen. Sie mußte sich immer noch fühlen wie eine Braut. Als Frau hatte ich Mitleid mit ihr. Aber dann mußte ich an Eunoe denken. Ich merkte, wie ich erstarrte. »Und was ist mit der Königin von Mauretanien?« fragte ich gepreßt.

Leugne es! flehte ich ihn im Geiste an. Sag, es war eine Verleumdung, die Scipio in die Welt gesetzt hat!

»Ich war einsam«, sagte er schlicht. »Und sie hatte sich vorgenommen, mich zu trösten.« Er seufzte wie ein Mann, der einen schlechten Wagen gekauft hat und nun merkt, daß die Räder sich nicht gut drehen. »Es war eine Nacht, nur eine – aber das hat genügt! Wenn ich je gedacht haben sollte, daß du so begehrenswert warst, weil du eine Königin warst, weil der Gedanke, mit einer Königin ins Bett zu gehen, dem Ganzen eine Art von Magie verlieh, so hat Eunoe mich eines Besseren belehrt. Und dafür solltest du ihr dankbar sein. Dann hat Scipio, der darauf erpicht war, mich zu verwunden – und wenn nicht auf dem Schlachtfeld, so wenigstens in den Augen der Welt –, dann hat Scipio verbreitet, es sei eine dauerhafte Affäre. Glaube mir, das war es nicht. Es hat nur bewirkt, daß ich mich desto mehr nach dir sehnte, nach der unersetzlichen, der einzigartigen, alleinigen Hüterin meiner Sehnsucht – nach der Frau, die ich am liebsten bei mir behalten wollte und die ich doch nicht behalten konnte.«

So tief war meine Liebe zu ihm, daß ich ihm glaubte, obwohl ich die ganze Zeit wußte, daß er ein großartiger Liebhaber war und daß großartige Liebhaber sich wie niemand sonst darauf verstehen, das zu sagen, was eine Frau am liebsten hören möchte. Und doch – noch heute glaube ich ihm. Was zwischen uns war, war außergewöhnlich, übermenschlich, und wir spürten es beide.

Ich strich immer weiter über die Linien und Kurven der Kratzer auf seinem Rücken. Ein Schauer überlief ihn – fröstelte ihn oder kitzelte ich ihn? Seufzend drehte er sich zu mir um und küßte mich. »Ich war bereit zu gehen, und jetzt …«

Er schlang die Arme um mich, und sie waren angespannt vor Verlangen.

Es wurde hell, als er sich ankleidete und sich anschickte zu gehen.

»Es ist schon fast Zeit, wieder herzukommen«, sagte er. Dann bückte er sich und zog seine Sandalen an. Es war jetzt so hell, daß ich erkennen konnte, wie viele Riemen sie hatten und von welcher Farbe das Leder war.

»Du kannst ihn jetzt sehen«, sagte ich. »Du brauchst keine Lampe.« Ich nahm ihn bei der Hand und führte ihn zu dem kleinen Bett im Nachbarzimmer, wo Cäsarion auf dem Rücken lag und schlief.

Erschrocken sah ich, wie ein Ausdruck von Schmerz über Cäsars Gesicht huschte, und ein unwillkürliches Stöhnen entrang sich seiner Brust. Er blickte starr auf den Jungen hinunter, und dann sank er auf die Knie, um ihn aus der Nähe zu betrachten. Wortlos griff er nach meiner Hand und drückte sie. Lange kniete er so da und schaute. Dann richtete er sich unvermittelt auf und wandte sich zur Tür. Dort blieb er noch einmal stehen und blickte mich traurig an.

»Das bin ich selbst«, sagte er flüsternd. Dann war er fort.

# 23

Ich stand im Garten bei einem steinernen Springbrunnen und betrachtete den Sonnenaufgang. Ich hatte gewartet, bis ich wußte, daß er das Anwesen verlassen hatte, mich dann aus dem Zimmer gestohlen und war hinausgelaufen. Ich ertrug es nicht länger, dort drinnen stillzuliegen, mich schlafend zu stellen und zu warten, bis die andern sich regten. Ich hörte den Lärm der Vögel; ihr Gesang war ein Gewirr von Rufen, ein Chor, der vor dem Morgengrauen einsetzte. Es war nicht zu früh, um mich zu ihnen zu gesellen.

Die Luft war frisch und ein bißchen kühl. Leichter Dunst umhüllte die Statuen, die gestutzten Hecken und die Blumenbeete. Bald würde die Sonne aufgehen, ihn vertreiben und die verwaschenen Konturen klären. Ich fühlte mich benommen, schwindlig. Die Erschöpfung machte sich bemerkbar, die anstrengende Reise, die ihren Höhepunkt in dieser langen, schlaflosen Nacht gefunden hatte. Zitternd stand ich vor dem Springbrunnen und tauchte die

Hände hinein, um Wasser zu schöpfen und es mir ins Gesicht zu spritzen. Ich wußte, daß ich seine Küsse abwusch, aber es ging nicht anders.

Danach setzte ich mich auf eine der Steinbänke und umschlang meine Knie. Zu gern hätte ich all die Reste dieser Nacht unberührt bewahrt, hätte mir nie mehr das Gesicht gewaschen, nichts anderes mehr getragen als dieses Gewand – das ich jetzt wieder über den Schultern verschnürt und züchtig mit einem Mantel bedeckt hatte –, hätte nichts in jenem Zimmer mehr verrückt. Ich lachte leise bei dem Gedanken daran, daß das Bett nun auf ewig zerwühlt, das geheiligte Laken unberührt bleiben sollte. Es war ein drolliges Bild, ein drolliger Wunsch – aber in diesen wenigen Augenblicken verspürte ich ihn.

Das Licht wurde heller, der Vogelgesang verhallte. Was hatte er noch gesagt? *Mein förmliches Ich wird mich beherrschen.* Wenn ich ihn das nächste Mal sähe, würde er der Tageswelt gehören, der Welt römischer Politik und Schicklichkeit. Und wir würden einander unsere Geschenke präsentieren, er würde mich zu seinem Triumph einladen, und wir würden einander abwechselnd bewirten. Ein Staatsoberhaupt das andere.

Er kam am Vormittag zurück; mit großem Gefolge ritt er den steilen Weg zum Anwesen herauf. Die Sonne ließ das Weiß seiner Toga so prachtvoll erstrahlen, daß ich blinzeln mußte. Er saß in jener gebieterischen Haltung auf seinem Pferd, die so typisch für ihn war; nie hatte ich ihn zusammengesunken oder auch nur zurückgelehnt gesehen. Das war einer der Gründe, weshalb er immer größer erschien, als er tatsächlich war.

Vor ihm marschierten seine Liktoren mit diesen seltsamen Rutenbündeln, in denen die Axt steckte, Kennzeichen der Macht in Rom. Es schienen sehr viele zu sein, und dahinter kam eine Kompanie Soldaten – seine Leibgarde? Sein Stab?

Ich meinerseits erwartete ihn am Eingang des Hauses auf einem kleinen Thron – ich hatte ihn aus Ägypten mitgebracht, weil ich gewußt hatte, daß er für offizielle Audienzen notwendig sein würde, und weil mir überdies klar gewesen war, daß es politisch nicht ratsam sein würde, die Römer zu bitten, mir einen zu leihen! Ich hatte meine üblichen Audienzgewänder angelegt: nichts allzu Aufwendiges, denn dies war vorgeblich ein Privatbesuch, und außerdem war es früh am Tag. Ich hatte das Gefühl, daß ich elend aussah; die Begeisterung der Nacht war verflogen, geblieben waren Erschöpfung und Nervosität. Ich wollte ihn nicht sehen – nicht jetzt, nicht so bald. Morgen vielleicht!

Er kam auf mich zu. Ich umklammerte die Armlehnen meines Throns. Er löste sich aus der Masse seines Gefolges. Ich hörte jeden einzelnen Hufschlag seines Pferdes auf dem Kies. Er saß im Sattel und sah mich an. Sein Gesicht verriet keine Empfindung, kein Wiedererkennen. Wir waren auf einer Höhe – er auf seinem Pferd, ich auf meinem Thron auf der obersten Stufe der Treppe vor dem Eingang. Dann stieg er mit einer einzigen gewandten Bewegung ab und kam langsam die Treppe herauf, ohne den Blick seiner Augen – seiner dunklen, unpersönlichen Augen – von mir zu wenden.

Dies war ein Fremder, ein ausländischer römischer Staatsvertreter, umgeben von seinem bizarren Gefolge, das die gespenstischen Symbole der Autorität trug. Ich konnte die Äxte nicht ausstehen. Sie waren allesamt mir zugewandt. Er war doch anders hier. Plötzlich hatte ich Angst vor ihm. Warum war ich hergekommen und hatte mich ihm ausgeliefert – ihm und Rom? Die Äxte blinkten im Sonnenlicht und grinsten mich an. Ich war hier eine Gefangene.

»Ich grüße dich, erhabenste Majestät«, sagte er in seinem eleganten Griechisch. »Königin Kleopatra, du erweist uns eine große Ehre, indem du mit dem ausdrücklichen Begehren, an meinem Triumph teilzunehmen, nach Rom reist. Und du erweist *mir* eine große Ehre, indem du als mein Gast in meinem Gartenhaus weilst.«

Gerade und aufrecht stand er da, und seine Toga hing in anmutigen Falten herunter. Auf seinem Antlitz lag die leise Andeutung eines Lächelns, wie er es jedem hohen Gast geschenkt hätte.

»Ich danke dir«, sagte ich – laut genug, daß auch andere mich hören konnten. »Ich bin gern gekommen, und gern danke ich Roms oberstem Feldherrn für die Erhaltung meines Thrones und die Durchsetzung des Vermächtnisses, das mein Vater für Ägypten hinterließ und dem die Usurpatoren ihre Anerkennung verweigern wollten.«

»Ich habe ein Geschenk mitgebracht, das dir hoffentlich gefallen wird«, sagte er. In den Reihen seiner Leute kam Unruhe auf, als sie sich gegenseitig hin und her schoben, um den Gegenstand nach vorn zu befördern.

»Ich nehme es gern entgegen«, sagte ich. »Aber du kannst ruhig Latein mit mir sprechen, wenn du möchtest. Ich habe es für diese Reise gelernt.«

Jetzt zeigte sein Gesicht für einen Augenblick Überraschung. Warum hat sie mir das in der vergangenen Nacht nicht gesagt? schien er sich zu fragen.

»Du übertriffst dich selbst, allergnädigste Königin«, sagte er schließlich auf latein.

Ich war dankbar, daß ich zumindest das verstehen konnte.

Die Diener trugen einen großen rechteckigen Holzkasten herbei, den sie von einem Wagen abgeladen hatten. Sie stellten ihn zu meinen Füßen ab und stemmten den Deckel auf. Cäsar stand daneben und schaute beifällig zu.

Es war ein Mosaik der prächtigsten Sorte, *opus vermiculatum* genannt, angefertigt aus winzigen farbigen Steinen und dann transportiert und in einem Rahmen in einen größeren Boden eingelassen. Dadurch, daß die Steine so klein waren, konnte man beinahe jede Szene mit ihren Farbvariationen und Schattierungen realistisch abbilden. Dies hier zeigte Venus, wie sie dem Schaum des Meeres entstieg. Das Meerwasser hatte die gleiche Farbe wie das im Palasthafen von Alexandria. Es war prachtvoll. Wie hatte er es so schnell anfertigen lassen können? Aber dann wurde mir klar, daß er es gar nicht hatte anfertigen lassen. Es war geraubt – aus irgendeinem Anwesen, das die Römer erobert hatten. Offenbar stammte es aus seiner eigenen Sammlung.

»Ich danke dir. Es ist schön«, sagte ich und hoffte, daß mein Latein nicht allzu lächerlich klang.

Er neigte den Kopf. »Es freut mich, daß es dir gefällt.«

»Und ich habe dir ein Geschenk aus Ägypten mitgebracht.« Ich nickte meinen Dienern zu. Sie rollten eine Statue des Pharaos Cheops aus mattschwarzer Grauwacke heran, einen Schatz, von dem ich mich nur unter Schmerzen trennte. Jede Fläche an dieser Skulptur war makellos, zu unvorstellbarer Glätte poliert und doch ohne Glanz.

Und wieder verriet seine Miene für einen kurzen Augenblick, was er empfand: Überraschung und Freude. Seine Augen, die alles Schöne begehrten, weiteten sich bei dem Anblick kaum merklich.

»Die Königin von Ägypten ist überaus großzügig«, sagte er. »Ich danke dir von ganzem Herzen.« Nach einer kurzen Pause fuhr er fort: »Es wäre dem Diktator von Rom eine Ehre und eine persönliche Genugtuung, wenn die Königin von Ägypten in drei Tagen zum Essen in sein Haus kommen wollte. So habe ich ein wenig Zeit für die Vorbereitungen. Ich hoffe, daß meine Hütte nicht allzu bescheiden für sie ist. Sie steht am Forum, bei der Regia. Als Pontifex Maximus habe ich dort meinen amtlichen Wohnsitz.«

Pontifex Maximus? Was war denn das? Es klang nach einem Priesteramt, aber er verachtete doch alle Religion und glaubte nur an die Göttin Fortuna, die ihn zu ihrem Lieblingssohn erkoren hatte.

»Es ist ein Kollegium von sechzehn Priestern«, erläuterte er. »Ein uralter, heiliger Orden der Staatsreligion.«

Wie war er denn dazu erwählt worden? »Es wird mir eine Freude sein«, brachte ich hervor.

Er nickte. Unsere Begegnung war zu Ende. Plötzlich fiel mir ein, daß ich ja noch etwas für ihn hatte. »Großer Cäsar«, sagte ich, »ich habe noch zwei Geschenke für dich. Bitte warte noch ein paar Augenblicke, damit man sie herausbringen kann.«

Wir mußten verharren, wie wir waren – unbewegt, er stehend, ich sitzend. Endlich – es schien eine Ewigkeit zu dauern – brachten meine Soldaten die beiden Piraten heraus, gefesselt und unter ein Joch gebunden.

»Siehe da!« rief ich und hatte das Vergnügen, endlich zu sehen, wie Cäsar die Fassung verlor, als er einen von ihnen erkannte.

Der massige, kahlköpfige Mann schüttelte seine Ketten und begann zu fluchen. »Mögest du im Erdboden verrotten, und mögen die Hunde dein Fleisch verschlingen, du Ungeheuer! Dieses Weib ist genauso schlimm wie du – ihr seid beide Mörder! Wäre es nur ein bißchen anders gekommen, dann läge sie jetzt in Ketten, und du müßtest um ihr Leben betteln!«

»Was ist das?« fragte Cäsar. »Woher hast du diese Männer?«

»Antworte du mir zuerst«, entgegnete ich. »Wer sind sie? Sie haben mein Schiff auf der Reise hierher überfallen und uns in die Straße von Messina getrieben.«

»Der da« – er deutete mit dem Kopf auf den Großen – »ist einer von denen, die mich vor dreißig Jahren gefangennahmen und auf der Insel festhielten. Er konnte entfliehen, als ich zurückkehrte, um an den Piraten Rache zu nehmen.«

»Er sprach unaufhörlich von seinem Bruder.« Ohne es zu merken, war ich wieder zum Griechischen zurückgekehrt.

»Sein Bruder, dieser Abschaum, war der Rädelsführer. Ihm habe ich eigenhändig die Gurgel durchgeschnitten, nachdem er gekreuzigt worden war. Er war immer sehr unterhaltsam und höflich zu mir gewesen, wie es nur Schurken sein können. Die Kreuzigung war zu grausam für ihn; deshalb habe ich sie vor der Zeit beendet.«

»Und der andere?« Ich nickte zu dem Schmächtigen mit den brennenden Augen hinüber.

Cäsar ging zu dem Mann hinüber und starrte ihn mit schmalen Augen an. »Ja ... Das läßt die Jahre dahinschmelzen. Wie geht es dir, Philetas?«

»Laß mich los, und du wirst es herausfinden.«

»Dich loslassen, damit du mich umbringen kannst? Wohl kaum.« Cäsar klang belustigt und freundlich. »Du bist also immer noch dabei. Bist du nicht ein bißchen zu alt für einen Piraten? Das ist doch ein anstrengender Beruf.«

»Bist du nicht ein bißchen alt für einen General?« höhnte sein Widersacher. »Das ist doch auch ein anstrengender Beruf. Wie ich höre, hast du bei deinem letzten Feldzug einige Abnutzungserscheinungen gezeigt. Und dazu all die Feinde, die du dir machst ... Da schläfst du sicher nicht gut, wenn du dich erst vor all denen schützen mußt, die dir gern einen Dolch zwischen die Rippen stoßen würden.«

»Wie du?« Cäsar zuckte die Achseln. »Daran gewöhnt man sich. Aber jetzt im Ernst, Phileas, ich hätte doch gedacht, du würdest dich schämen, immer noch Pirat zu sein! Und nicht einmal ein besonders erfolgreicher. Anscheinend war es ja der Höhepunkt deiner Laufbahn, als du mich gefangen hattest, und wann war das – vor dreißig Jahren? Und jetzt bist du so tief gesunken, daß du vor der sizilianischen Küste mittelgroße Schiffe überfallen mußt, mit einem – was für ein Boot hatte er?« fragte er mich.

»Es waren drei – schnelle Hemiolien«, sagte ich.

»Altbestände. Überholt.« Er winkte ab. »Und all das Morden, das ihr betreibt – für so geringen Lohn.«

»Der König der Mörder bist doch du. Du hast Tausende und Abertausende ermordet bei deinen Feldzügen in Gallien – zahllose Tausende.«

»Das war ein Krieg.«

»Das war nackter Ehrgeiz«, spie der Größere.

»Nun, mein Ehrgeiz hat sich jedenfalls besser bezahlt gemacht als der eure.« Ich bemerkte eine leichte Veränderung in seinem Ton; das plötzliche Auftauchen der Piraten und ihre Vorwürfe hatten ihn erschüttert. »Und jetzt werdet ihr das letzte Kapitel eures Lebens schreiben und eure Abrechnungen vorlegen müssen.«

»Immer noch Schauspieler?« rief der Große. »Jetzt gibst du den Philosophen? Bei uns hast du den munteren Kameraden gespielt, und dann bist du zurückgekommen und hast uns ermordet.«

»Habe ich euch nicht gesagt, daß ich das tun würde?« fragte Cäsar. »Seid doch vernünftig, Freunde! Ich habe nur mein Wort gehalten.«

»Merkt auf, ihr alle!« rief Philetas und wandte sich an die ganze Gesellschaft. »Dieser Mann ist gefährlich! Er ist nicht das, was er zu sein vorgibt! Wenn ihr jemals einen gefürchtet habt, so fürchtet diesen!«

»Bringt sie weg«, sagte Cäsar. »Bringt sie weg!« Seine Stimme war hart. Aber als er sich mir zuwandte, klang sie verändert. »Ich danke dir für diese unerwartete Gabe. Sie läßt mich darauf vertrauen, daß auf irgendeine Weise alle Fäden unseres Lebens am Ende zusammenfinden und wir die Antworten auf unsere Fragen bekommen.« Er lächelte ein bißchen unsicher. »Ich erwarte deinen Besuch also in drei Tagen. Bis dahin bediene dich dieser Villa und der Gärten nach Lust und Laune, und zögere nicht, mich zu benachrichtigen, wenn irgend etwas mangelt.« Er wandte sich ab und lief mit schnellem Schritt die Stufen hinunter zu seinem Pferd.

Die Liktoren machten kehrt, um ihm vorauszumarschieren. Bald darauf war die ganze Gesellschaft verschwunden, und das Trampeln ihrer Stiefel verhallte in der Ferne.

Als ich in mein Zimmer kam, sah ich, daß man diskret aufgeräumt hatte; die Laken waren fort und durch frisches Leinen ersetzt, die Fenster geöffnet, die Böden gefegt, und man hatte Kräuterbündel aufgehängt, um die Luft zu versüßen. Alles fort. Die Nacht hatte es nicht gegeben. Ich fragte mich, ob irgend jemand von der Dienerschaft Cäsar hatte kommen und gehen sehen. Wahrscheinlich nicht. Dafür dürfte er gesorgt haben.

Charmian hatte Cäsarion angezogen; er spielte mit Ptolemaios mitten im Zimmer auf dem Boden. Alle waren ausgeruht und voller Forscherdrang.

»Was für eine Schar von Soldaten!« rief Ptolemaios. »Und was trugen sie da auf ihren Schultern? Diese merkwürdigen Bündel aus Stöcken mit Bändern und Äxten?«

»Ich glaube, man nennt sie *fasces*. Sie sind Zeichen für irgendeine Autorität«, sagte ich. Mir wurde klar, daß ich dringend einen Ratgeber für römische Sitten und römische Geschichte brauchte, und ich konnte kaum erwarten, daß Cäsar diese Aufgabe selbst übernehmen würde. Wen konnte ich da finden, ohne mich selbst in Verlegenheit zu bringen?

»Alles hier ist so seltsam!« rief Ptolemaios, beglückt vom Reiz des Neuen. »Die Bäume sehen alle anders aus, die Sprache klingt so häßlich, und wieso tragen sie alle so eine weite Toga? Ist ihnen nicht warm darin?«

In diesem Augenblick kamen zwei Diener herein und brachten Tabletts mit Speisen. Ptolemaios lief zu jedem und krähte vor Aufregung.

»Was ist das? Und das?« Und er stach mit dem Finger in jedes der fremdländisch aussehenden Gerichte.

Nach dem Essen spazierten wir durch die Villa und den Garten. Es war eigenartig, den privaten Zufluchtsort eines Menschen in dessen Abwesenheit ungehindert durchstreifen zu können. Er war hier: in jeder Entscheidung, die im Hinblick auf Möbel, Pflanzen, Dekoration, Bequemlichkeiten getroffen worden waren, und er war doch nicht hier, so daß ich unverhohlen schauen und verweilen konnte, wo und wie ich wollte. Als Kind war ich immer entzückt von der Geschichte von Psyche im Palast des unsichtbaren Eros gewesen; ich hatte sie auswendig gekannt.

> Als sie durch die lieblichen Gemächer wandelte, sprach eine Stimme voller Süße und Sanftmut zu ihr: »Schöne Prinzessin, alles, was du siehst, ist dein. Befiehl, denn wir sind deine Diener!« Von Staunen und Entzücken erfüllt, schaute Psyche sich überall um, sah aber niemanden. Die Stimme indessen fuhr fort: »Hier ist dein Gemach und dein Bett von Daunen; hier ist dein Bad, und im Schrank dort ist Speise.«
>
> Psyche badete und zog die liebreizenden Kleider an, die für sie bereitlagen, und dann setzte sie sich auf einen Stuhl, von Elfenbein geschnitzt. Und sogleich schwebte ein Tisch vor sie hin, gedeckt mit goldenen Tellern und den feinsten Speisen. Obschon sie niemanden sah, bedienten unsichtbare Hände sie, und unsichtbare Musikanten spielten die Laute und sangen für sie.
>
> Lange Zeit sah Psyche den Herrn des Palastes nicht. Er besuchte sie nur in der Nacht und war fort, wenn der Morgen graute …
>
> Psyche bat ihren Gemahl, er möge doch erlauben, daß ihre Schwestern sie besuchten. Anfangs waren sie froh, ihre junge Schwester zu sehen und sie wohlbehalten zu finden, aber bald erwachte der Neid in ihren Herzen, da sie die Pracht in Psyches Palast gewahrten. Und sie fragten sie schroff nach ihrem Gemahl.

»Ist er nicht ein gräßliches Ungeheuer«, so fragten sie, »ein Drache, der dich am Ende verschlingen wird? Bedenke, was das Orakel gesagt hat!«

Ich lächelte bei dem Gedanken an meine Lieblingssage und dachte mit Staunen daran, daß sie anscheinend wahr geworden war. Jetzt spielte ich selbst in einem solchen Stück – nur, daß ich Cäsar kannte und wußte, wie er aussah.

*Er ist nicht das, was er zu sein vorgibt! Wenn ihr jemals einen gefürchtet habt, so fürchtet diesen!* Ungebeten hallten plötzlich die Worte des Piraten durch meinen Kopf. Dieser haßerfüllte Mann – was wußte er schon?

Die Sage nahm ein glückliches Ende, denn der unsichtbare Gemahl, Eros, liebte Psyche von Herzen und beschützte sie vor der Eifersucht seiner Mutter Aphrodite.

Venus – Cäsars Vorfahrin.

Plötzlich bekam die Villa etwas Ominöses. Die Geschichten der Menschen und die Geschichten der Götter sollte man nicht vermischen.

»Seht ihr diese Statue?« rief ich fröhlich. »Ich bin sicher, es ist die Kopie einer Skulptur von Praxiteles ...«

Die Villa und das Gelände ringsum beschäftigten uns den ganzen Tag, und als der Abend kam, waren wir bereit für ein stilles Mahl und eine erholsame Nacht. Die milde Dämmerung zog sich hin, als zögere der Tag, sich von Rom zu verabschieden. In Ägypten, das soviel weiter südlich lag, gab es wenig zwischen dem hellichten Tag und der dunklen Nacht.

Ich legte mich nieder, dankbar dafür, daß ich endlich den Kopf sinken lassen konnte. Charmian kam herein; sie setzte sich auf einen niedrigen Schemel neben mein Bett und spielte leise auf der Flöte, wie sie es auch zu Hause tat.

»Bist du glücklich, daß du hier bist?« fragte sie mich dann.

»Ich glaube ja«, sagte ich. Gerade war ich es gewesen, aber im nächsten Augenblick war ich nicht mehr so sicher. Ich würde erleichtert sein, wenn das zweite und dritte Schiff erst gelandet wäre und mir weiteres Gefolge gebracht hätte. Im Augenblick vermißte ich Mardian schmerzlich. Aber ich wußte, daß er nicht kommen konnte.

»Ich wünschte, wir könnten Rom selbst bald sehen«, sagte sie. »Ich sterbe vor Neugier.«

»Das können wir«, sagte ich. »Morgen.«

»Ich möchte Rom sehen, ohne selbst gesehen zu werden«, sagte sie. »Wenn du dich hinauswagst, werden dich Scharen von neugierigen Menschen umdrängen – allesamt darauf erpicht, die berühmte Königin von Ägypten zu begaffen. Du wirst alle Hände voll zu tun haben, sie abzuwehren, und überhaupt nichts sehen können.«

»Dann müssen wir eben als römische Matronen gehen«, sagte ich.

»Ohne ein Wort Latein zu sprechen?« Sie lachte. »Cäsars Gesicht hat mir gefallen, als du ihm heute sagtest, daß du es kannst. Da hast du nicht wenig übertrieben.«

»Ja, ich weiß. Aber bevor wir abreisen, werde ich es können.« Dazu war ich entschlossen. »Und ich kann genug verstehen, um zurechtzukommen. Wir brauchen schließlich nur die einfachsten Fragen zu stellen und die schlichtesten Bemerkungen zu machen – ›Guten Tag‹, ›Ein guter Wein‹ und so weiter. Oh, laß es uns versuchen! Laß uns morgen ausgehen – zum Forum! Und zum Circus Maximus! Wenn ich dann zu diesem Essen gehe, bin ich dann, was das Gaffen angeht, nicht allzusehr im Nachteil. Es ist immer am besten, das Unbekannte vorher auszuspionieren. Du besorgst uns ein paar Kleider …«

Am nächsten Morgen verließ eine prächtig ausstaffierte Sänfte die Villa; darin lehnten zwei gesetzte Matronen mit verschleierten Gesichtern in den Kissen. Charmian und ich hatten eine volle Stunde lang mit den ungewohnten Kleidern gekämpft – mit der Untertunika, der langen, vollen *stola* mit den zahlreichen Falten um den Saum, der gewaltigen *palla*, die alles umhüllte und über unsere Köpfe drapiert wurde, so daß sie unser Haar verbarg.

»Ich habe den Eindruck«, hatte Charmian gesagt, »daß die römischen Kleider nur dazu dienen, den Körper verschwinden zu lassen.«

Ich kicherte. »Ja. Man sieht nur noch Gesicht, Hände und Füße.«

»Ob sie ihren Körper nicht leiden können?« erwog sie.

»Es sieht so aus.« Ich fragte mich, was das für eine Gesellschaft sein mochte, die solche Kleider erfand. Sie waren infolge der schieren Massen und Schichten nicht nur schwerfällig, sondern auch unvorteilhaft. »Die Römer stehen in dem Ruf, daß ihnen alle natürlichen Funktionen des Körpers Unbehagen bereiten.«

Mit Ausnahme von Cäsar, dachte ich, der in so vieler Hinsicht anders war.

Die Sänfte verließ das Anwesen, und wir wurden am Fluß entlanggetragen. Der Tiber war nicht breit, aber er war von freundlicher, angenehm grüner Farbe. Ich sah die Kaianlagen, wo die Handelsschiffe festmachten, und daneben die üblichen Lagerschuppen und Läden. Ich war froh, daß wir nicht dort gelandet waren, denn der Geruch war nicht sehr verlockend. Wir blieben auf unserer Seite des Flusses, wo es nur freies Feld gab, und betrachteten die Stadt, die sich auf der anderen Seite ausbreitete.

Es war ein dichtgedrängtes Gewirr von Gebäuden jeglicher Art und Größe. Da und dort sah ich Hügel aufragen. Ich versuchte sie zu zählen. Waren es sieben? Es sollten ja sieben sein. Ich fand fünf oder sechs. Die Stadt flimmerte in der feuchten Hitze des Sommertages; der Anblick war nicht besonders einladend.

Aber ich verglich die Stadt mit Alexandria, sagte ich mir, und Alexandria galt als die schönste Stadt der Welt. Meine Heimatstadt hatte mir das Urteilsvermögen und die Sinne getrübt.

Weiter ging es am Ufer entlang, und dann kamen wir zu einer Brücke, die den Fluß bis zu einer Insel in seiner Mitte überspannte. Ich wußte, daß auf dieser Tiberinsel ein berühmtes, dem Äskulap geweihtes Krankenhaus stand. Wir zogen hinüber, und über eine zweite Brücke gelangten wir auf die römische Seite.

Sofort war alles anders. In den engen Gassen wimmelte es wie in einem Ameisenhaufen. Die Menschen waren laut und aggressiv, sie schrien und rempelten sich gegenseitig an. Auf einem freien Platz ragten die Grundmauern eines neuen Gebäudes vor uns auf.

»Was ist das?« fragte ich einen unserer Träger, der zum Glück griechisch sprach.

»Ein Theater, das Cäsar erbaut«, sagte er. »Es ist das zweite steinerne, das hier entsteht. Er will Pompejus übertreffen, der nicht allzuweit entfernt von hier schon ein riesengroßes gebaut hat.«

Wir wandten uns scharf nach links, und wieder änderte sich alles. Wir kämpften uns jetzt über einen riesig erscheinenden Obst- und Blumenmarkt. Lautes Getöse erfüllte den Platz, so scharf wie der vermischte Duft von Rosen, Wiesenmohn, Zwiebeln und Knoblauch. Es war, als ob alles gestikulierte und brüllte. Ich sah einen Korb mit unbekannten Früchten, hellgrünen und dunkelgrünen durcheinander.

»Was ist das?« Ich deutete darauf. »Davon möchte ich etwas.«

Die Träger setzten die Sänfte ab. Jetzt befand ich mich mitten im Gedränge. Instinktiv zog ich mir die *palla* über das Gesicht.

Einiges von den Gesprächen ringsumher verstand ich, aber nicht genug. Das meiste war das Übliche: Man feilschte, schimpfte, verglich die Waren. Aber hin und wieder hörte ich auch die Worte *Cäsar* und *Kleopatra*. Was sagten die einfachen Leute über uns?

Ein Träger kehrte mit einer Handvoll der Früchte zurück. Es waren Oliven, aber sie waren größer und von einer Farbe, wie ich sie noch nie gesehen hatte.

»Wir nennen sie schwarze und weiße Oliven, Majestät«, sagte der Träger. »Sie wachsen hier in der Nähe, in der Gegend, die Picenum heißt.«

»Glückliches Picenum«, sagte ich, »daß du solche Schätze für den Gaumen hervorbringst.« Ich biß in eine Olive; sie war prall voll Saft, fast wie eine Weintraube. Das süße Öl hatte einen leicht bitteren Beigeschmack.

Schließlich hatten wir uns aus dem Gedränge des Marktes herausgekämpft und waren auf eine breite Straße gelangt, die sich nach links davonschlängelte. Ich sah, daß wir uns am Fuße eines Hügels befanden, der von mehreren Tempeln gekrönt war. Konnte das der Kapitol sein? Wenn ja, dann gehörten die Tempel dort zu den heiligsten in Rom, und die Statuen der uralten Stadtpatrone wohnten darin.

Unversehens gelangten wir auf ein flaches, weitläufiges Gelände voller Gebäude – und Menschen.

»Das Forum Romanum«, sagte der Träger.

Das also war es – das Herz von Rom. Es sah aus wie ein schlecht geplantes, vollgestopftes Durcheinander – etwas, das ein Kind zuwege bringt, wenn es seine Bauklötze auf einem zu kleinen Tisch zusammenfügt. Allenthalben kämpften die Bauten um Platz; sie standen in den verrücktesten Winkeln zueinander, um noch das letzte Stückchen Grund vorteilhaft auszunutzen. Tempel, überdachte Säulengänge, Plattformen, Statuen – es war weder Harmonie noch Schönheit im ganzen. Aber freilich, so sah die Welt ja die Römer selbst: Täppisch und ungezogen trampelten sie auf der Schönheit herum, weil sie keinen Blick dafür hatten.

Vermutlich finden sie es hier schön, dachte ich. Arme Römer!

Eine Plattform mit Stufen stand in der Mitte einer halbwegs freien Fläche; die bronzenen Rammschnäbel von Schiffen, *rostra* genannt, waren an der Vorderseite befestigt, so daß die Wand wie von Eberhauern starrte. Das mußte die berühmte Rednertribüne sein, die nach diesen Schiffsschnäbeln Rostra hieß und auf der die Politiker ihre Reden brüllten, getragen von der Erinnerung an die militärische Macht Roms. Wie feinsinnig!

An der einen Seite ragte ein hohes, viereckiges Gebäude auf, das wie eine hochkant stehende Schachtel aussah. »Was ist das?« fragte ich meinen Träger. Er mußte meiner Fragerei allmählich müde sein.

»Die Kurie, Herrin«, sagte er. »Wo der Senat sich versammelt.«

*Hier* versammelte sich der mächtige Senat von Rom? In diesem Sarg?

»Drinnen hat man gewissermaßen Ränge eingebaut, auf denen die Senatoren übereinander sitzen können.« Fast war es, als ahne er, was ich dachte. »Die Türen sind aus Bronze«, fügte er stolz hinzu.

Sie waren in der Tat das einzig Schöne an diesem Bau.

»Cäsar hat sie wieder aufgebaut«, sagte der Träger. »Er mußte sie verlegen, um Platz für sein neues Forum zu schaffen.«

»Was?« fragte ich. »Was für ein Forum?«

»Cäsar baut ein neues. Er sagt, dieses hier sei zu eng und zu häßlich. Das neue bezahlt er ganz und gar aus eigener Tasche. Man sagt, es wird über eine Million Sesterzen kosten. Aber er kann es sich ja leisten.«

»Ich will es sehen«, forderte ich sofort.

Gehorsam schwang die Sänfte herum, und wir bewegten uns über die gepflasterte Mitte des Forums und eine breite Straße zwischen der Kurie und einem überdachten Bauwerk entlang, bis wir auf ein kleines, von Kolonnaden gesäumtes präzises Rechteck blickten. In der Mitte lockte eine einladende Grünfläche. Am hinteren Ende stand ein Tempel von hübschen Proportionen und aus schimmerndem weißem Marmor.

»Der Tempel ist noch nicht geweiht«, sagte der Träger. »Er hat ihn gebaut, um ein Gelübde zu erfüllen, das er vor der Entscheidungsschlacht gegen Pompejus abgelegt hatte, seinen Vorfahren und der Göttin Venus zu Ehren – und nebenbei auch, um ein wenig mit seiner Kunstsammlung zu prahlen.«

Ich betrachtete den Tempel. Er war hübsch, so anmutig wie nur irgendeiner in Griechenland, dessen war ich sicher.

»Hoffentlich bin ich noch hier, wenn er geweiht wird«, sagte ich.

Wir kehrten zum alten Forum zurück und überquerten es, wobei wir immer wieder Sockeln und Statuen ausweichen mußten. Dabei kamen wir an einem – wie ich zugeben muß – bewundernswerten Tempel vorbei und gelangten dann zu einer Gruppe von Gebäuden: einem großen, langgestreckten, einem runden mit Säulen und einem eckigen, klobigen mit einem Anbau.

Der geduldige Träger deutete auf eines nach dem anderen.

»Das eckige Gebäude ist die Regia, wo das Priesterkollegium zusammenkommt und auch seine Akten aufbewahrt. Das runde ist der Tempel der Vesta, in dem die heilige Flamme brennt. Die Priesterinnen, die Vestalischen Jungfrauen, wohnen in dem langgestreckten Bau daneben, so daß sie die Flamme versorgen können und –«

»Der Anbau ist für den Pontifex Maximus«, vollendete ich. »Cäsar wohnt dort.«

»Ja, Herrin.«

Sein Haus! Dort wohnte er – mitten auf dem Forum! Wie konnte er das aushalten? Mein Blick wanderte an einem kühl aussehenden bewaldeten Hang hinauf, der sich am Rande des Forums erhob, übersät mit geräumigen Wohnhäusern.

»Eine beliebte Wohngegend für die Reichen«, erklärte der Träger und deutete hinauf. »Der Palatin. Cicero hat dort ein Haus – von Crassus gekauft –, und das Haus der Familie des Marcus Antonius liegt auch dort.«

Ja, als Römerin hätte ich mir auch den Palatin als Wohnort erwählt. Jetzt verstand ich, weshalb Cäsar eine Villa außerhalb der Stadt hatte. Ich verstand überhaupt soviel mehr als am Morgen. In dieser Hinsicht war der Ausflug in Verkleidung ein Erfolg gewesen, auch wenn ich keine Gespräche hatte mitanhören können. Ich hatte noch immer keine Ahnung, was der Mann auf der Straße von der Politik hielt. Aber ich war ihm jetzt wenigstens von Angesicht zu Angesicht begegnet.

# 24

Als ich am Tag des Essens aufwachte, regnete es sacht. Ich hörte, daß die Tropfen draußen die Blätter der Bäume trafen. Ein feuchter Hauch wehte zu den Fenstern herein. So einen Regen hatte ich noch nie erlebt – einen Sommerregen. In Alexandria – dem einzigen Ort in Ägypten, wo es überhaupt regnet – gab es peitschende Winterstürme, aber keinen süßen, warmen Regen wie diesen.

Ich lag im Bett und seufzte. Von Cäsar hatte ich nichts weiter gehört. Heute abend ... Wen gedachte er zu Tisch zu laden? Er hatte von einem Abendessen in seinem Hause gesprochen. Sollte es ein Bankett werden? Ehrlich gesagt, sein Haus sah nicht großartig genug aus, um dort so etwas zu veranstalten. Wahrscheinlich fanden seine großen Bankette sonst hier in der Villa statt. Ich nahm an, daß Ptolemaios auch eingeladen war; schließlich war es ja Cäsar gewesen, der darauf bestanden hatte, daß wir »heirateten«. Da er nach dem Gesetz mein Gemahl war, konnte man ihn kaum übergehen.

Zu Mittag bediente ich mich der Bäder, die sich auf dem Anwesen befanden, und ich bestaunte die Ingenieurskunst, die es den Römern ermöglichte, über fließendes heißes und kaltes Wasser und über warme Bodenfliesen zu verfügen. So hatten die Römer den größten Teil der Welt erobert: Jeder Legion waren eifrige Ingenieurtruppen beigeordnet gewesen, die Brücken über wirbelnde Flüsse geschlagen, Straßen durch Sümpfe gebaut und die Pläne gekaperter Schiffe kopiert hatten. Jetzt sorgte ihre Kunst für das leibliche Behagen; sie bauten solche Bäder und Aquädukte, die frisches Wasser herbeiführten – um es in Springbrunnen und Lustgrotten zu vergeuden –, und erfanden eine Art flüssigen Stein, der ihnen ermöglichte, nach Lust und Laune Gebäude zu formen, so aufwendig es ihnen beliebte. Bald würde vom berühmten römischen Asketentum nichts mehr übrig sein. Wer sich erlauben konnte, sich in Wohlbehagen und Bequemlichkeit zu suhlen, überließ sich dieser Möglichkeit zumeist am Ende ganz.

Ich überlegte angestrengt, was ich zu diesem Anlaß anziehen sollte, denn alles war symbolisch. Sollte ich in meinem vollen monarchischen Ornat gehen? Schließlich war ich eine Königin, die hier zu Besuch weilte. Aber es war ein kleines Abendessen, kein offizielles Bankett – nahm ich an. Andererseits könnte man es als Kränkung auffassen, wenn ich schmucklos ginge. Die Frage war: Wie wollte Cäsar mich präsentieren? Er hatte keinerlei Andeutung gemacht.

»Charmian, wie sind deine wahren Gefühle?« fragte ich. »Dein Gespür für diese Dinge ist doch meistens zutreffend. Was muß ich anziehen?«

Ich stand vor meinen Truhen, die von Kleidern aller Art überquollen. Es war gerade die Vielfalt, die mir die Auswahl erschwerte.

»Ich finde, du solltest dich so schön machen, wie du kannst«, sagte Charmian. »Wie du das tust, liegt bei dir. Aber was immer du tust, du darfst nicht schlicht aussehen! Das kannst du den römischen Matronen überlassen.«

»Aber vielleicht errege ich damit Anstoß bei ihnen.«

»Ich sagte schön, nicht vulgär. Was im Osten angemessen ist, mag hier vielleicht grell erscheinen. Du nimmst also nur halb soviel Schmuck und Schminke.«

Mir kam plötzlich ein Verdacht. »Du glaubst doch nicht, daß Calpurnia dasein wird?« Das konnte er nicht tun!

»Wenn es sich nicht gerade so fügt, daß sie verreist ist, warum sollte sie dann nicht dasein?«

Mein Mut verließ mich. »Ich kenne doch die römischen Bräuche nicht. Sind Mann und Frau denn bei allen gesellschaftlichen Anlässen zusammen dabei?« Vielleicht ja nicht. Vielleicht gingen sie auch bei Tisch getrennte Wege, wie sie es im Bett anscheinend taten.

»Wahrscheinlich«, sagte sie. »Wo sonst hätten die Frauen Gelegenheit, sich mit den Freunden ihrer Männer zu verabreden?«

»Ist es so schlimm?« Es klang schmutzig.

»Es sind immer die Skandale, die uns zu Ohren kommen«, sagte sie. »Niemand klatscht über Leute, die sich gut benehmen – was die meisten Leute in Rom wahrscheinlich tun.«

Ich zog ein Gewand nach dem andern hervor. Es half gar nichts, daß ich drei verschiedene Sorten mitgebracht hatte: ägyptische, griechische und etwas, das meiner Vorstellung von einer schlichten Mittelmeertracht entsprach. Schließlich entschied ich mich, ohne recht zu wissen, warum, für ein ägyptisches Kleid.

»Darauf sind sie am neugierigsten«, sagte ich. »Sie sehen es seltener als alles andere, und deshalb wird es sie am besten unterhalten.« Und ich ahnte, daß es Cäsar gefallen würde, weil es ihn an die langen, warmen Tage am Nil erinnerte.

Ich war fertig. Ich stand vor dem Wasserbecken im Atrium, wo ich mein vollständiges Spiegelbild sehen konnte: eine schlanke weiße Säule mit einem breiten goldenen Kragen. Ich trug ein enganliegendes Leinenkleid mit weiten Ärmeln und einer breiten Schärpe aus roter Seide. Der schwere goldene Armreif, den die Kandake mir geschenkt hatte, schmückte mein Handgelenk, und auf dem Kopf trug ich ein goldenes Band, das mit einer Miniaturdarstellung der heiligen Kobra Ägyptens geziert war. Die Wirkung war königlich, exotisch und dezent.

Ptolemaios war ebenso ägyptisch gekleidet; er trug einen juwelenbesetzten Kragen, ein Leinengewand, reich in Falten gelegt, und goldene Sandalen.

Ich richtete mich auf und holte tief Luft. Die Gestalt im Wasser tat es mir nach. Ich mußte zugeben, daß sie höchst imposant aussah. Jetzt würde ich aufbrechen – und mein pochendes Herz beruhigen. Mir war zumute, als steckte ich noch einmal im Teppich, um mich vor einem feindseligen Publikum auswickeln zu lassen.

Sinnlich hin und her schwankend, bewegte die Sänfte sich hinunter in die römische Dämmerung. Der Regen hatte aufgehört, und die Luft war köstlich. Die Vögel sangen hingebungsvoll; sie feierten das Ende des Regens. Im verblassenden Licht sah das Forum viel ansprechender aus; wegen des Wetters und der Essensstunde waren die meisten Leute nach Hause gegangen, und so lag es beinahe verlassen da. Jetzt konnte ich weit hinunterschauen, bis dahin, wo die Regia stand und das runde Gebäude des Vesta-Tempels. Draußen brannten Fackeln, und als wir näher kamen, sah ich, daß Diener vor Cäsars Haus standen, um uns hineinzugeleiten.

Die Sänfte wurde abgestellt. Ein Diener half mir und Ptolemaios beim Aussteigen; ein zweiter verbeugte sich und führte uns ins Haus. Von außen sah es trotz der zwei Stockwerke schlicht aus; die Türen waren aus einfachem, eisenbeschlagenem Holz.

Mein eigener Diener, der in einer zweiten Sänfte gefolgt war, verkündete unseren Eintritt, als wir ins Atrium kamen. Ich sah mehrere Leute, die an einem Ende des Raumes versammelt waren, aber eigentlich sah ich nur einen: Cäsar.

Sein Gesicht erstrahlte in einem Lächeln, als er uns sah, und sofort kam er herüber. Seine Freude war nicht gespielt, und eine Woge von Glück durchflutete mich. Es würde gut werden. Ich brauchte die andern nicht zu fürchten; sie konnten uns nichts anhaben.

»Willkommen in meinem Haus, Majestäten.« Er verbeugte sich indessen nicht, denn er war nicht unser Untertan. »Erlaubt, daß ich euch vorstelle. Ich habe alle versammelt, die mir am nächsten und am teuersten sind, denn ich möchte, daß sie euch kennenlernen.« Er sprach griechisch. Das also war die Sprache des heutigen Abends.

Fünf oder sechs Leute standen am anderen Ende des Zimmers beieinander.

»Ich bin erfreut«, sagte ich.

Er führte uns hinüber zu diesen Leuten; auf ihren Gesichtern lag ein Ausdruck aus Neugier, Wachsamkeit – und Abscheu.

»Meine Frau Calpurnia.«

Eine hochgewachsene Frau mit straff zurückgebundenem braunem Haar schloß die Augen und senkte den Kopf. »Majestäten ...«, sagte sie mit leiser, ausdrucksloser Stimme. Sie war hübscher, als ich gehofft hatte.

»Mein Großneffe Gajus Octavian.«

Ich versuche nun, mich genau zu erinnern, was mein erster Eindruck von ihm war – von diesem Knaben, der damals erst sechzehn Jahre alt war. Es war, ehrlich gesagt, der, daß er aussah wie eine zierliche, blasse, schöne Statue. Seine Gesichtszüge waren zart, seine Augen von einem kalten Hellblau, und sein Haar war von dunklem Gold. Er war zwar klein, aber seine Proportionen waren vollkommen. Er sah aus wie ein Kunstwerk, das Cäsar bei einer seiner Eroberungen mitgenommen hatte.

»Es ist mir eine Ehre«, sagte er leise.

»Und seine Schwester, meine Großnichte Octavia.«

Octavia war kräftiger, älter, größer, und sie hatte Unmengen von dichtem dunklem Haar. Sie neigte den Kopf.

»Mein lieber Freund Marcus Brutus und seine Mutter Servilia.«

Ein Mann mittleren Alters mit melancholischer Miene und geraden Lippen trat vor, und eine ältere Frau mit einem üppigen Busen, der kreuzweise mit Leinenstreifen umwunden war, neigte den Kopf.

»Er ist uns zu Ehren von seinem Posten als Gouverneur von Gallia Cisalpina herbeigeeilt, um an unseren Triumphen teilzunehmen«, erklärte Cäsar.

Brutus und seine Mutter schwiegen. Schließlich aber lächelte Servilia. »Willkommen in Rom.« Ihre Stimme hatte einen sehr angenehmen Klang. Brutus nickte nur ruckhaft mit dem Kopf, um seine Übereinstimmung kundzutun.

»So, dann wollen wir sehen ... Das sind alle – o ja, der letzte ist Marcus Agrippa hier.« Mit einer schwungvollen Armbewegung deutete Cäsar auf einen jungen Mann, der neben Octavian stand. Er sah auf eine rauhbeinige Art gut aus: ein schlichtes, offenes Gesicht – tiefliegende Augen, gerade Brauen, schmale, schön geformte Lippen. Sein Haar war kurz geschnitten und bedeckte dunkel den Kopf. »Sie sind unzertrennlich; insofern ist Agrippa beinahe verwandt mit mir.«

Agrippa war der erste, der mir – nach Cäsar – ein richtiges, volles Lächeln schenkte.

»Der König und die Königin von Ägypten haben eine weite Reise unternommen, um bei den Triumphen dabeizusein«, sagte Cäsar. »Tatsächlich war es ja mein Bestreben, ihnen wieder auf den Thron zu verhelfen, weshalb ich gezwungen war, den Alexandrinischen Krieg zu führen. So ist es also nur geziemend, daß sie nun herkommen, um ihre besiegten Feinde zu betrachten.«

»Darunter ihre eigene Schwester.« Es war ein Mann, der das sagte – mit leiser Stimme.

»Ja, Brutus«, sagte Cäsar. »Es ist traurig, aber wir wissen ja, daß Familienbande nicht immer stark genug sind, Verrat zu verhindern. Das ist das Quälende am Bürgerkrieg: Bruder gegen Bruder. Und so bin ich zutiefst dankbar, daß ich den Bürgerkrieg beenden konnte, der uns Römer auseinanderriß.«

Ein lastendes Schweigen legte sich auf die Gruppe. Ich fragte mich, wie wir nach einem solchen Anfang einen ganzen Abend durchstehen sollten.

Cäsar machte eine Handbewegung, und in einem Alkoven begannen eine Lyra und eine Flöte zu musizieren – einfache Melodien, um die Spannung zu überspielen. Ich hatte die Musiker gar nicht gesehen, als wir hereingekommen waren. Jetzt erschien eine Dienerin – die Arme voller Rosengirlanden, die wir als Kränze auf dem Kopf tragen sollten. Jetzt erinnerte ich mich, daß die Römer sich zum Essen gern mit Blumen schmückten; sie flochten sie sich ins Haar und hängten sich Kränze um den Hals. Diese hier waren weiß, hatten viele Blütenblätter und dufteten stark. Dicht hinter ihr kam der *cellarius*, der Mundschenk, und brachte *mulsum* in silbernen Bechern, eine göttliche Mischung aus Wein und Honig. Dankbar nahm ich den meinen entgegen; ich hoffte, daß der Zauber des Weins auf die Gesellschaft wirken und den Abend doch noch angenehm gestalten würde.

»Die Tafel wartet«, sagte Cäsar und deutete zum benachbarten Raum. Wir alle folgten ihm paarweise; nur Agrippa ging allein.

Der Raum war überraschend groß, und ich sah, daß hinter den gegenüberliegenden Türen ein Garten lag. Die Mitte des Raumes war ganz von den Lagerstätten und Tischen ausgefüllt, an denen wir speisen würden – drei Klinen, die sich an den Ecken berührten und ein Rechteck bildeten, das zu einer Seite hin offen war. Jede bot Platz für drei Speisende, und wo man sich niederließ, unterlag den Regeln eines strengen Protokolls. Niemandem mußte man sagen, wohin er gehörte; jeder wußte es. Ich lag am Ende der mittleren Kline, auf dem Ehrenplatz, und Cäsar als Gastgeber hatte den Platz zu meiner Rechten in der Mitte der Familienkline. Auf der anderen Seite neben mir war Octavia, und dann kam Ptolemaios.

Wir hatten Polsterkissen für die Ellenbogen, und die Klinen selbst waren mit kostbarem Stoff überzogen, nicht gemustert, aber luxuriös durch die Feinheit von Wolle und Seide. Diener brachten uns Fußschemel und zogen uns die Sandalen aus, um uns die Füße mit duftendem Wasser zu waschen. Der *cellarius* füllte diskret unsere Weinbecher neu.

Vor jeder Kline stand ein langer Tisch mit silbernen Intarsien, ein bißchen niedriger als die Lagerstätten. Dort standen die Teller mit Messern und Löffeln, und daneben lagen riesige Mundtücher aus einem Stoff, der noch kostbarer war als die Bezüge der Polster. Dennoch nahmen wir diese Tücher und breiteten sie vor uns aus, um die eine Kostbarkeit mit einer größeren zu schützen.

Cäsar stützte sich auf den Ellenbogen und hielt seinen Becher hoch. Selbst in dieser ungelenken Haltung zitterte sein Arm nicht; so stark war er. Seine Hand war ganz und gar ruhig.

»Willkommen, Freunde und Verwandte«, sagte er. »Wie spricht Aischylos? ›Was ist angenehmer als das Band zwischen Gastgeber und Gast?‹«

Alle murmelten höflich und zustimmend und lächelten.

Jetzt war es an mir, den Becher zu heben. Ich mußte reden. »Ja, das ist eine der größten Freuden des Lebens. Wie unser Kallimachos aus Alexandria schrieb: ›Ihr wandelt beim Grab des Battiades, der es verstand, gute Verse zu schreiben und das Lachen im rechten Augenblick, beim Weine, zu genießen.‹ So laßt uns heute abend mit Genuß beim Weine lachen, meine Freunde und Gefährten.« Ich nahm einen Schluck.

Alle taten es mir nach. Lieber Dionysos! betete ich, als ich sie trinken sah. Laß mich nicht im Stich!

»Die Königin und der König haben eine überaus gefährliche Reise hinter sich bringen müssen«, erzählte Cäsar. »Mir scheint, ich sollte meine Feinde nicht nur zu Lande, sondern auch zur See zählen. Einige, die ich längst tot glaubte, haben sich gegen mich erhoben. Eine Meute von Piraten, die Rache suchten, angeführt von zweien, die mich vor Jahren einmal gefangenhielten, überfiel ihr Schiff und trieb sie in die Straße von Messina.« Er schwieg, und alles wartete darauf, zu erfahren, wie es ausgegangen war. »Die Götter waren mit ihnen – und so konnten sie mir neben ihren anderen Geschenken auch noch diese Feinde in Ketten übergeben. Ein hochwillkommenes Geschenk.« Er lachte herzlich. »Und so serviere ich zur Feier dieses Abenteuers heute nicht wie sonst Falerner Wein, sondern den mamertinischen aus Messina.« Er nickte dem *cellarius* zu, und dieser hielt eine neue Amphore hoch und verschwand dann, um den Wein in kleinere Karaffen umzugießen.

Die Aufträger brachten nun den ersten Gang, das *gustum*, welches dazu diente, uns Appetit zu machen. Auf den Platten lagen Makrelen in Raute mit Scheiben von gekochten Eiern, Olivenpaste auf flachem Brot aus Capea, Rollen mit Spargel und Feigenbrot sowie Scheiben von Lauchstangen auf einem Bett aus krausem Salat. Alle widmeten sich dem Essen, und die Verlegenheit wich. Ich warf einen verstohlenen Blick auf Cäsar und dann auf Calpurnia, die an seiner anderen Seite saß. Sie betrachtete ihn besitzergreifend. Unsere Blicke begegneten sich für einen kurzen Moment; dann schaute ich weg.

Calpurnia mochte schätzungsweise um die Dreißig sein. Sie mußte jung geheiratet haben. Für Cäsar war sie nicht schön genug, aber ich hätte sie mir doch reizloser gewünscht. Wir wollen ja, daß unser Geliebter von einer geliebt wird, die seiner würdig ist, aber sie darf niemals würdiger sein als wir selbst.

»Erzähle mir von diesem Haus«, bat ich. »Ich weiß, es ist die Amtswohnung des Pontifex Maximus. Aber was bedeutet das? Was für ein Amt ist es?« Ich hoffte, daß meine Frage munter und interessiert klang und daß das Thema unverfänglich war.

»Onkel Julius, darf ich darauf antworten?«

Verblüfft hörte ich, wie Octavian, der den bescheidensten Platz innehatte – den dritten Platz auf der Familienkline –, sich mit klarer Stimme zu Wort meldete.

»Gewiß«, sagte Cäsar und machte ein erfreutes Gesicht. »Jetzt, da du selbst als Priester zum Kollegium gehörst, ist es nur billig und recht.«

Octavian beugte sich vor, und seine feinen Züge waren ernst. »Es ist der älteste und heiligste Priesterorden in Rom. Unsere Ursprünge liegen bei der Gründung Roms. Wir bewachen die Speere und Schilde, die den Sieg vorhersagen, und wir führen die Archive und die Annalen der Stadt.« In seinem jugendlichen Ernst brannte er rein wie die Flamme vor dem Altar des Mars. »Mein Onkel ist seit fast zwanzig Jahren Pontifex Maximus.«

»Ja«, sagte Cäsar, »und er wird eines seiner Vorrechte in Anspruch nehmen und den Kalender reformieren.«

Ringsum an den Tischen wurde mit scharfem Zischen Luft geholt.

»Es ist an der Zeit! Unser Kalender hat keinerlei Ähnlichkeit mehr mit dem natürlichen. Wir begehen das Erntefest mitten im Sommer, und an unserem Mittsommerfest sind die Tage kürzer als die Nächte. Die Priester, deren Pflicht es war, dies zu regulieren, haben versagt. Also werde ich den Kalender revidieren. Das fällt in meine Zuständigkeit.«

»Aber Cäsar«, wandte Brutus ein, »das kommt einem gewöhnlichen Menschen nicht zu, mögen seine Absichten noch so gut sein. Es erfordert Kenntnisse in Astronomie und Mathematik und Wissen um andere Kalendersysteme, die erprobt und verworfen wurden.« Ich beobachtete sein Gesicht, aber es war schwer zu sagen, ob er Cäsar für einen Narren hielt oder ob er ihn nur warnen wollte.

»In Alexandria haben wir einen Mann, der sich hervorragend auf all das versteht, einen weltberühmten Gelehrten«, sprach ich. »Sosigenes. Ihr habt von ihm gehört?«

Sie nickten.

»Ich werde sofort nach ihm schicken, Cäsar«, sagte ich. »Er steht dir zu Diensten.« Mir fiel plötzlich ein, daß ich gehört hatte, man wolle einen Monat ihm zu Ehren benennen. »Stimmt es, daß ein Monat des neuen Kalenders auch einen neuen Namen bekommen soll?«

»Es war vielleicht schon einmal beiläufig die Rede davon, meinen Geburtsmonat, den Quintilis, mir zu Ehren umzubenennen, aber …« Cäsar zuckte die Achseln.

»Das ist nur ein Gerücht!« fuhr Brutus stirnrunzelnd dazwischen. »Die Monate sind ordentlich numeriert oder nach Göttern benannt, aber nicht nach Menschen. Rom würde so etwas nicht zulassen.«

»Gleichwohl habe ich auch schon davon reden hören«, sagte Octavian.

Ohne mit der Wimper zu zucken, starrte er anbetungsvoll seinen Onkel an. Wünschte er es sich? Oder würde es seinem inbrünstigen Sinn für das Schickliche widerstreben?

Die Eindringlichkeit seines Blicks verlieh seinen feingemeißelten Zügen noch größere Schönheit. Ich hatte von der charakteristischen »julianischen« Schönheit gehört, hatte auch gehört, daß alle Gesichter in dieser Familie feine Konturen und eine zarte Knochenstruktur aufweisen sollten. Octavian sah zwar nicht aus wie Cäsar, aber diese Eigenheit hatten sie miteinander gemeinsam. Ich sah Octavia an. Auch sie glich den beiden anderen nicht, aber auch ihre Züge waren elegant und wohlgeformt. Ich sah, daß sie einen Ehering am Finger ihrer schmalen, anmutigen Hand trug, und fragte mich, wer ihr Mann sein mochte.

»Er hat Ehren genug«, sagte Brutus. »Man hat ein vierzig Tage währendes Dankfest für seine Siege ausgerufen, es wird vier Triumphe nacheinander geben, man hat ihn zum ›Präfekten der Moral‹ und zum Diktator für zehn Jahre ausgerufen, und sein Triumphwagen wird auf dem Kapitol aufgestellt werden, gegenüber dem des Jupiters. Da braucht er keinen Monat, der ›Julius‹ heißt. Er hat mehr als einen Monat ganz für sich!«

»Brutus, mißgönnst du mir diese Dinge?«

Das furchtbare Schweigen, das gerade erst vergangen war, senkte sich von neuem herab. Und in Cäsars Stimme hörte ich so viel Trauer, so viel Schmerz, daß es mir weh tat. Was bedeutete ihm Brutus, daß dessen Mißbilligung ihn so sehr verletzte?

»Nein, natürlich nicht.« Es war nicht Brutus, der dies sagte, sondern Servilia, seine Mutter.

»Brutus?« Cäsar ließ nicht locker.

»Nein«, brummte Brutus, ohne Cäsar anzuschauen.

»Mein Cäsar hat elf der vergangenen zwölf Jahre fern von Rom verbracht«, sagte Calpurnia. »Wenn die Stadt ihn für das, was er für sie getan hat, ehren will, nachdem er sich in so weiter Ferne abgemüht hat – warum sollten wir etwas dagegen einwenden?« Sie hatte eine angenehme Stimme; das mußte ich zugeben. »Seit wir vor dreizehn Jahren geheiratet haben, hat er nur wenige Wochen an meiner Seite verbracht.«

Während sie das sagte, wurde mir klar, daß er länger mit mir zusammengewesen war als mit ihr.

Ich stocherte in meiner Makrele herum und wartete, daß die Bemerkung verklang.

»Es ist heute schwierig zu erkennen, was in Rom edel ist und bewahrt werden muß und was seine Schuldigkeit getan hat und ersetzt werden sollte«, sagte Octavian nachdenklich.

»Unser junger Octavian ist ein wütender Hüter aller Tradition«, erklärte

Cäsar. »Wenn etwas vor seinem Auge besteht, so kann man sicher sein, daß es sich schickt.«

»In Ägypten, so scheint es, haben wir nichts als Tradition«, sagte Ptolemaios plötzlich. »Wir sind umgeben von Dingen, die vor so langer Zeit geschaffen wurden, daß sie göttlich erscheinen. Überall sind Gräber, Statuen … Geister.«

»Aber Alexandria ist doch eine neue Stadt«, sagte Octavia an seiner Seite. »Ganz neu und sehr schön – nach allem, was ich höre.«

»Ja«, sagte ich stolz. »Es ist die modernste Stadt der Welt, und sie wurde geplant von Alexander dem Großen.«

Die Aufträger räumten die Platten mit dem *gustum* ab und schickten sich an, den Hauptgang hereinzubringen, die *mensa prima*. Das Klappern der Bestecke und die Geschäftigkeit der Diener ließen eine Pause in der Unterhaltung eintreten. Ich schaute Cäsar an und bemerkte, daß er seinen Wein nicht angerührt hatte. Aber er hatte mir erzählt, daß er selten trank, weil er sonst Gefahr lief, einen seiner Anfälle zu erleiden. Er hatte auch sehr wenig gegessen.

»Hat es dir in Alexandria gefallen?« fragte Calpurnia mit lauter Stimme.

Er schrak überrascht auf. Offensichtlich waren derart unverblümte Reden sonst nicht Calpurnias Art; sie mußte sehr wütend sein. Er räusperte sich und dachte angestrengt nach. »Schlachtfelder gefallen mir immer«, sagte er schließlich. »Und Alexandria war ein Schlachtfeld. Ich brauchte meinen ganzen Einfallsreichtum, um zu lernen, wie man in den Straßen einer Großstadt kämpft, umgeben von der Zivilbevölkerung. Zumal da jeder Fehler unschuldigen Menschen teuer zu stehen kommen konnte.«

Calpurnia öffnete den Mund, um weiter zu bohren, aber dann verließ sie der Mut.

In diesem Augenblick wurden die neuen Gänge aufgetragen, angerichtet auf silbernen Platten. Es gab ein schweres dunkles Schweinefleischgericht mit Äpfeln. Ich war äußerst neugierig darauf, denn in Ägypten aß man kein Schweinefleisch. Dann kam noch ein Zicklein, nach parthischer Art zubereitet, und eine Platte mit gefüllten Drosseln, die man mit Myrte gefüttert hatte. Die Gäste seufzten auf, als schließlich noch eine Platte mit einer riesigen, roten gebratenen Meeräsche hereingetragen wurde, begleitet von einer Gurkentunke.

»Bist du selbst hinuntergegangen und hast für den Fisch geboten?« fragte Agrippa lachend. Anscheinend hatten die Römer zur Zeit eine leidenschaftliche Vorliebe für Meeräschen, und vornehme Häuser boten dafür auf Fischauktionen mit. »Wie hast du es geschafft, Marcus Antonius zu überbieten? Der geht jeden Tag hinunter, fest entschlossen, die besten wegzuschleppen.«

»Was denn – er selbst?« Octavian klang empört.

»Das ist auch nicht schlimmer als das, was er sonst so tut. Treibt sich mit einem Gefolge von Schauspielern und Schauspielerinnen herum, trinkt und wohnt im Hause des Pompejus, ohne dafür zu bezahlen«, sagte Brutus. »Aber ich rede von dem Mann, dem du in deiner Abwesenheit Rom anvertraut hast, Cäsar.«

»Er hat seine Sache nicht gut gemacht«, erwiderte Cäsar. »Ich war enttäuscht. Er wurde entlassen. Die Sache ist zu Ende. Seine Trinkerei und seine Schauspielerinnen gehen mich nichts mehr an.«

»Aber ist er nicht mit uns verwandt? Gehört er nicht zum julianischen Haus?« Octavian klang bestürzt.

»Entfernt«, sagte Cäsar.

»Nicht entfernt genug«, entgegnete Octavia.

»Warum weiter über ihn reden?« fragte Cäsar. »Er hat seine Vorzüge, und er hat mir in der Vergangenheit gute Dienste geleistet. Bei seiner letzten Aufgabe hat er versagt. Aber er ist nichtsdestoweniger ein großer General. Er hat ein zutiefst intuitives Gefühl für Taktik. Es gibt keinen Mann, den ich auf dem Schlachtfeld lieber bei mir hätte.«

»Ich bin Marcus Antonius einmal begegnet«, sagte ich. »Er war mit Gabinius in Ägypten.« Ich erinnerte mich an den lachenden jungen Reiteroffizier, der es sich versagt hatte, sich über meinen betrunkenen Vater lustig zu machen, während die anderen Römer ihn von der Seite angeschaut hatten. Er war nett gewesen.

»Das ist mindestens zehn Jahre her«, sagte Brutus. »Seitdem hat er sich verändert.« Er spießte einen großen Fleischbrocken mit dem Messer auf und beförderte ihn tropfend auf seinen Teller. Tunke kleckerte auf sein Mundtuch.

Weitere Gerichte wurden aufgetischt: gekochte Gurken und etwas, das Cäsar als »Kürbis nach Alexandriner Art« ankündigte. Ich hatte so etwas noch nie gegessen, aber offensichtlich paßte es in die Vorstellung, welche die Römer von uns hatten; es war gefüllt mit Zimt und Honig.

»Das ist mir neu«, gestand ich. »Es gibt vieles, was wir über die jeweils anderen Gebräuche nicht wissen. Für mich ist manches in Rom verwirrend. Zum Beispiel die Liktoren und die Rutenbündel, die sie tragen. Was haben sie zu bedeuten? Und die Ränge von Senatoren, Prätoren, Quästoren und diesen Ädilen – wofür sind sie nur alle zuständig?«

»Du stellst Fragen wie ein Kind«, sagte Brutus. »Erwirbt eine Königin so ihr Wissen?«

»So tun es alle klugen Menschen, Brutus«, tadelte Cäsar und wandte sich dann zu mir. »Ich sehe, du brauchst jemanden, der dir alles Fremdartige erklärt. Nun gut – wer eignete sich besser als Octavian, dieser Römer durch und durch?«

Nicht sein Neffe! Es würde verdrießlich werden, diesen Jungen im Schlepptau zu haben; das konnte ich jetzt schon erkennen. Dennoch lächelte ich und sagte: »Nein, Octavian darf seine Pflichten im Priesterkollegium nicht vernachlässigen.«

»Oh, aber es wird eine gute Schule für ihn sein. Er kann seine eigenen Gedanken ordnen, indem er dir alles erklärt«, sagte Cäsar. »Er muß hinaus in die Öffentlichkeit. Schließlich soll er bei meinen Triumphen in einem Wagen mitfahren.«

»Obwohl er nicht mit dir auf dem Schlachtfeld war«, bemerkte Agrippa. »Nun, beim nächsten Mal werden wir beide dabeisein.« Er kaute herzhaft auf einem Bissen Zicklein.

Ich beugte mich über meinen Teller und kostete genußvoll von dem Schweinefleisch. Es ist ein kräftiges Fleisch mit einem vollen Geschmack. Dieses Tier war in Brutus' Provinz mit Bucheckern gemästet worden, erklärte er.

»Brutus wird vielleicht bald wieder heiraten«, sagte Servilia unvermittelt. »Er wird vielleicht meine Nichte Porcia heiraten. Ciceros Tochter.«

Cäsar ließ sein Messer sinken und sah Brutus an. »Vielleicht wirst du dir das noch einmal überlegen«, sagte er langsam.

»Wir haben keinen König in Rom, den ich um Erlaubnis bitten muß«, erwiderte Brutus. »Oder hat der Präfekt der Moral die Oberaufsicht über alle Eheschließungen?«

»Natürlich nicht«, sagte Cäsar leichthin. »Aber das Heiraten in der eigenen Familie kann leicht monoton werden. Man hat die Familiengeschichten gehört, kennt alle Scherze, alle Kochrezepte. Nichts Neues mehr.«

»Nun, uns Ptolemäern gefällt es so!« sprach mein Bruder. »Seit Generationen pflegen wir die Ehe zwischen Bruder und Schwester – ganz wie die Pharaonen. Weil wir Götter sind.«

Alle starrten ihn an.

»Wir in Rom halten davon nichts«, sagte Servilia leise.

»Von der Ehe zwischen Bruder und Schwester?« fragte Ptolemaios.

»Nein, von Königen und von Leuten, die behaupten, Götter zu sein. Wir haben hier eine Republik – alle Bürger sind gleich.«

»Was für ein komisches Ideal!« Ptolemaios lachte.

»Es ist eine westliche Vorstellung«, sagte ich rasch zu ihm. »Die Menschen im Osten sehen diese Dinge anders. In unserem Teil der Welt sind Könige Tradition. Und wir glauben, daß Götter sich auf vielen Ebenen unter die Menschen mischen.«

»Ja, besonders im Bett«, sagte Agrippa, aber er sagte es ohne Bosheit. »Zeus scheint ja die meiste Zeit damit zu verbringen, in dieser oder jener Gestalt über sterbliche Frauen herzufallen – erst als goldener Regen, dann als Schwan – und ganze Horden von halbgöttlichem Nachwuchs zu zeugen. Bastarde.«

»Das tun die Menschen oft genug selbst«, bemerkte Calpurnia. »Dazu brauchen sie keine Hilfe von den Göttern.«

Es war klar, daß sie auf mich und Cäsarion anspielte. Es war also in ganz Rom bekannt. Jetzt war es an Cäsar, etwas zu sagen. Er sollte sprechen!

Aber er biß auf den Köder nicht an. Der Augenblick verstrich, und die Diener räumten die Platten ab und trafen Anstalten für den letzten Gang, die *mensa secunda*, eine Auswahl von schweren Süßigkeiten. Dazu würden wir *passum* trinken, einen dicken Rosinenwein.

Auf kleinen Tabletts brachten sie eine Eierspeise mit attischem Honig und Birnenkompott. Zuletzt kam eine Schale mit einem Berg von Granatäpfeln. Cäsar nahm den obersten herunter, legte ihn auf meinen Teller und schaute mich wissend an.

Endlich habe ich jemanden gefunden, der genauso ist wie ich. Wir sind zwei Hälften eines Granatapfels, und *die beiden Hälften passen haargenau zusammen*. Ich erinnerte mich an die Worte, die er in Alexandria zu mir gesprochen hatte. Aber hier in Rom, umgeben von seiner Familie ... War er mehr wie sie oder mehr wie ich? Wie war er wirklich?

»Was wird geschehen?« fragte ich so leise, daß nur er es hören konnte. Ich sah jetzt, daß nichts erledigt war, nichts sicher. Der Herr der Welt, der in Ägypten alle Spielfiguren mit einer Handbewegung vom Brett gefegt hatte, war in Rom nur ein Mann beim Abendessen, umgeben von kalten, unfreundlichen Freunden. Und hinter diesen Leuten lauerte – echte Feindseligkeit. Das konnte ich spüren. *Wir in Rom halten davon nichts*. Welchen Platz konnte Cäsar hier finden – am Ende?

»Ich weiß es nicht«, sagte er ebenso leise.

Ich hatte gedacht, das Essen sei vorüber, aber zu meiner Überraschung hörte ich, daß die Musiker neue Stücke anstimmten, und Cäsar sagte: »Freunde, ich möchte, daß ihr die ersten seid, die den Anfang einer Schrift über den Alexandrinischen Krieg zu hören bekommen. Mein guter Freund, der Prätor Aulus Hirtius, hat mit der Abfassung begonnen, und ich habe ihn eingeladen, sich zu uns zu gesellen und seinen Bericht wie auch seine berühmten Maulbeeren *in sapa* mitzubringen.«

Alle murmelten erwartungsvoll, und später erfuhr ich, daß Hirtius für seinen feinen Geschmack in Fragen des Essens bekannt war. Seine Maulbeeren, so schien es, würden gewöhnlichen weit überlegen sein.

Ein freundlich aussehender Mann kam herein, gefolgt von einem Sklaven, der eine silberne Servierschüssel trug. Ich konnte die dunklen, purpurroten Beeren darin sehen.

»Es ist mir eine Ehre, vor denen, die dabeigewesen sind, meinen bescheidenen Bericht über den Krieg zum Vortrag zu bringen«, sagte er. »Majestäten, ich bitte euch, mich gleich zu korrigieren, wenn ich etwas sage, was nicht stimmt. Wir ihr ja sehr wohl wißt, war ich nicht dabei.« Er nickte uns zu, ließ seinen Blick durch die Runde gehen, und dann trat er einen Schritt zurück und begann zu rezitieren. *»Bello Alexandrino conflate Caesar Rhodo atque ex Syria Ciliciaque omnem classem arcessit: Creta sagittarios, equites ab rege ...«*

Cäsar runzelte die Stirn. Er wußte, daß Ptolemaios und ich nicht folgen konnten. Dennoch wünschte ich, er würde Hirtius einfach fortfahren lassen, denn so hätte ich Gelegenheit, die anderen einmal gründlich zu betrachten und sie zu studieren, ohne dauernd auf der Hut sein und auf Bemerkungen und Fragen reagieren zu müssen.

Aber mein Wunsch wurde mir nicht erfüllt. Cäsar hob die Hand. »Ich bitte dich – unsere königlichen Gäste sind im Lateinischen nicht so geübt wie die übrige Gesellschaft. Ich glaube, sie könnten es auf griechisch besser genießen.«

»O ja. Selbstverständlich.« Hirtius schloß die Augen und kehrte zum Anfang zurück. »›Als der Alexandrinische Krieg aufflammte, rief Cäsar die gesamte Flotte aus Rhodos, aus Syrien und Kilikien herbei; von Kreta befahl er Bogenschützen, Reiter aber vom ...‹«

Die Beeren waren in kleine Schüsseln aus buntem Glas gelöffelt worden. Buntes Glas war eine alexandrinische Spezialität. Wem war dieser kleine Schnörkel eingefallen – Cäsar oder Hirtius? Ich kostete von den Beeren; sie waren bitter und säuerlich.

»›Hochproduktiv und mit allem Nötigen im Überfluß versorgt, konnte die Stadt Material jeder Art hervorbringen. Die Menschen selbst waren klug und sehr gewitzt ...‹« Hirtius' Stimme redete eintönig weiter. Ich hatte Mühe, ihm zu folgen; meine Gedanken schweiften immer wieder ab. Eine leichte Brise wehte durch die offene Tür aus dem Garten herein; sie duftete schwer nach unbekannten Blättern, staubig und irgendwie süß.

Octavian fing an zu husten – ein schrilles, schreckliches Keuchen. Erst jetzt wurde mir klar, daß seine fragile Schönheit womöglich die Folge einer Krankheit war. Er hatte das durchscheinende Aussehen eines Schwindsüchtigen. Hirtius wartete, bis der Junge sich wieder in der Gewalt hatte.

Dann fuhr er fort. »›Doch was mich angeht – hätte ich nun die Aufgabe, für die Alexandriner zu sprechen und zu beweisen, daß sie weder betrügerisch noch tollkühn seien, so würden viele Worte sinnlos verschwendet: In der Tat, kennt man die Brut und ihre Aufzucht, so ist kein Zweifel daran, daß sie als Volk eine starke Neigung zum Verrat haben.‹«

»Ich widerspreche!« rief Ptolemaios schrill. »Warum sagst du so etwas?«

»Ich glaube, was Hirtius sagen *wollte*, war - « begann Cäsar.

»Nein, Hirtius soll selbst für sich sprechen«, beharrte Ptolemaios.

Hirtius sah sich hilfesuchend um. »Es ist eine wohlbekannte Tatsache, daß der Pöbel von Alexandria wankelmütig, gewalttätig und unbeständig ist«, sagte er. »Selbst in Friedenszeiten gibt es dort Aufstände! Ist es nicht so?« Er sah mich an.

»Doch.« Ich mußte es zugeben. »Sie sind schwer zu regieren dort. Seit sie Ptolemaios X. mehr oder weniger absetzten« – wie ich dieses Wort haßte! –, »sind sie immer lauter geworden. Als ich klein war, machten sie einen Aufstand, weil ein Römer aus Versehen eine Katze getötet hatte. Als ich den Thron bestieg, waren sie schon viel schlimmer geworden. Sie vertrieben mich. Als Cäsar im Alexandrinischen Krieg gegen sie kämpfte, waren sie fast unregierbar geworden. Aber jetzt haben sie ihren Meister gefunden.«

»Mit anderen Worten«, sagte Brustus, »Cäsar kam, um das Volk niederzuwerfen und ihm etwas aufzuzwingen, das es nicht wollte?«

»Du sagst das, als wäre es ein Heldenvolk«, erwiderte ich. »Aber es sind dieselben Helden, die sich gegen ihren Wohltäter Pompejus wendeten und ihn ermordeten, als er an unsere Gestade kam, um Zuflucht zu suchen. Sie sind nicht edel; sie sind Verräter, die alle Gesetze der Moral mißachten.«

»Nicht das Volk hat Pompejus ermordet.« Brutus blieb unerbittlich. »Das war eine korrupte Palastpartei.«

»Unterstützt durch das Volk.« Ich ließ mich gleichfalls nicht umstimmen. Man mußte wohl in Alexandria aufgewachsen sein, um das zu verstehen. Dieser Brutus hatte alle möglichen irregeleiteten Auffassungen von Sachen, die er nie gesehen hatte.

»Und dieser korruption Palastpartei gehörten auch Mitglieder der königlichen Familie an; eines zahlt den Preis dafür, indem es beim Triumph mitgeführt werden wird, und ein anderes hat mit seinem Leben bezahlt«, sagte Servilia. Dabei bewegte sie energisch den Kopf, so daß ihre beiden riesigen Perlenohrringe hin und her schaukelten.

Cäsars Blick fiel auf die Perlen, und seine Stimme klang milder, als er sagte: »Wie ich sehe, hast du immer noch Freude an den Schätzen Britanniens.«

Brutus senkte den Blick auf seine Maulbeeren und verstummte unvermittelt.

»Ist es eigentlich wahr, daß du in Britannien einmarschiert bist, nur um Servilias Vorliebe für Perlen zu befriedigen?« fragte Octavia. Sie stellte diese Frage geradeheraus und scheinbar ohne boshafte Hintergedanken, aber es war nichtsdestoweniger eine schockierende Frage.

»Wer hat solch albernen Klatsch in die Welt gesetzt?« fragte Cäsar. »Die Leute wollen einfach nicht aufhören, höchst beleidigende und zugleich dumme Geschichten über mich zu verbreiten!«

»Ich habe das nicht in die Welt gesetzt«, sagte Octavia, und ihre leise, angenehme Stimme zitterte.

»Dann wiederhole es auch nicht!« bellte er. »Ich würde doch keinen militärischen Feldzug führen, um irgend jemandes Eitelkeit zu befriedigen – nicht einmal meine eigene! Ihr Götter! Wofür haltet ihr mich eigentlich?« Mühsam kämpfte er seinen Zorn nieder. »Ich habe Britannien erforscht und für Rom in Besitz genommen, weil es meine Berufung war. Zum Ruhme Roms!«

Brutus öffnete den Mund, um etwas zu sagen, aber dann klappte er ihn wieder zu, und seine Lippen waren ein harter, gerader Strich.

Eine heiße Windbö wehte herein, gefolgt von einem fernen Grollen. Hirtius' Papiere raschelten. Tapfer versuchte er, seine Lesung fortzusetzen, aber ein Donnerschlag übertönte ihn. Plötzlich hörte es sich an, als tobe das Gewitter gleich draußen im Garten.

»Meine Freunde«, sagte Cäsar, »vielleicht sollten wir den Vortrag hier unterbrechen und euch heimkehren lassen, bevor das Unwetter losbricht. Diese Sommergewitter können ziemlich heftig sein.«

Alles erhob sich hastig. Sie bedankten sich überschwenglich bei Cäsar, verweilten aber nicht länger. Nacheinander sagten sie auch mir Lebewohl – Servilia und Octavia freundlich, Brutus und Calpurnia knapp. Octavian sagte, er werde mich mit Freuden herumführen oder mir Fragen beantworten, wann immer ich es wünschte. Ich versprach ihm, gelegentlich nach ihm zu schicken, und dankte ihm. Hustend begab er sich zur Tür, begleitet von Agrippa.

Es blieben nur Ptolemaios, Hirtius und ich. Cäsar sagte: »Mein lieber Hirtius, ich danke dir für deine Lesung. Ich lasse dich und Ptolemaios jetzt mit der Sänfte nach Hause bringen; für die sichere Heimkehr der Königin will ich selbst sorgen.«

»Aber …«, begann Ptolemaios.

»Geh nur mit ihm«, sagte ich. »Das Gewitter wird jeden Augenblick anfangen.« Ich hatte noch nicht zu Ende gesprochen, als ein mächtiger Donner erdröhnte.

Wir waren allein; Calpurnia mußte sich ins obere Stockwerk zurückgezogen haben. Ein Windstoß, der welke Blätter vor sich hertrieb, ließ die offenen Türen gegen die Wand schlagen. Der Aufprall war so hart, daß sie Splitter aus dem tiefen Blaugrün eines Freskos schlugen, das eine Meeresszene darstellte. Draußen strahlten grelle Blitze auf; sie stachen durch die Luft und erhellten den Garten und seine Statuen mit blauem Licht.

Mich schauderte. In den Mantel der heißen Windstöße war Kälte eingehüllt. Ich hatte noch nie Blitze gesehen, obwohl auf unseren ptolemäischen Münzen ein Adler mit einem Blitz in den Klauen abgebildet war. Ich war nicht darauf vorbereitet, mit welcher Kraft sie herniederfuhren.

Cäsar stand neben mir und schaute hinaus.

»Danke für das Essen«, sagte ich. »Es war –«

»Unerfreulich«, endete er für mich. »Aber notwendig. Jetzt habt ihr alle einander gesehen; die Neugier ist gestillt.«

»Wieso hast du Brutus eingeladen? Er gehört nicht zu deiner Familie?«

»Nein, allen idiotischen Gerüchten zum Trotz, daß er mein Sohn sei!« sagte er angewidert. »Und doch habe ich in mancher Hinsicht das Gefühl, als wäre er ... als wünschte ich mir, hätte ich denn einen erwachsenen Sohn, daß er wie Brutus wäre.«

»Warum?« Er hatte so verdrossen gewirkt, so ganz ohne alle menschliche Lebhaftigkeit.

»Er hat eine Reinheit an sich, die man selten findet. Er ist äußerlich genauso wie innerlich.«

»Äußerlich ist er so abweisend, daß man kein Verlangen danach hat, sein Inneres kennenzulernen.«

»Er kann bezaubernd sein, wenn er will«, sagte Cäsar.

»Offenbar wollte er heute abend nicht«, erwiderte ich. »Und was heißt das – die Leute sagen, er sei dein Sohn?«

»Vor langer Zeit war Servilia in mich verliebt. Und ich hatte sie auch sehr gern.«

»Deshalb ist Brutus so kritisch gegen dich.«

»Nein, es ist mehr als das. Er ist so edelmütig, daß er sich niemals von derart niederen Gründen beeinflussen lassen würde. Ich glaube, es liegt daran, daß er ... Er kann mir nicht verzeihen, daß ich ihm seinen Beitritt zu den Streitkräften des Pompejus vergeben habe. Er hat sich Pompejus nur aus grundsätzlichen Erwägungen angeschlossen, die mit der Republik zu tun hatten, denn persönlich haßte er Pompejus wegen des Mordes an seinem Vater.«

»Was für ein verworrener, komplizierter Mann!« sagte ich. »Einen solchen Sohn würde ich dir niemals wünschen. Bete zu allen Göttern, daß Cäsarion nicht wie Brutus wird.«

»Ich bete darum, liebe Kleopatra, daß unser Sohn überhaupt nicht wird wie irgend jemand, der schon gelebt hat«, antwortete er. »Ich will nicht, daß er ein Abklatsch von jemand anderem wird.«

»Aber als du ihn anschautest, hast du gesagt, das seist du selbst«, wandte ich ein. »Was hast du damit gemeint?«

»Ich weiß es nicht genau«, sagte er. »Ich weiß nur, daß ich überwältigt war, als ich ihn das erste Mal sah: Ein Teil meiner selbst schlummerte ahnungslos, während ich darüber wachte. Ich fürchte ... ein Kind ist eine Geisel des Schicksals.«

»Das sind wir alle.«

»Aber für sich selbst kann man es leichter tragen als für andere.«

# 25

Ich hätte darauf geantwortet, aber ein schrecklicher Donnerschlag machte es unmöglich zu sprechen. Das Haus erbebte. Wir standen da und sahen, wie die Bäume sich draußen bogen und die schweren Äste auf und ab peitschten, und wir hörten, wie die Regenfluten auf den Boden prasselten, als habe eine Armee ihre Speere abgeworfen. Während ich aufwuchs, hatte ich gelernt, daß wir in Ägypten ein mildes Klima hätten und daß dies einer der Vorzüge unseres Landes sei, aber ich hatte nie wirklich ermessen können, was es bedeutete, bis ich die Wut dieses römischen Gewitters sah.

Cäsar legte den Arm um mich, und ich schmiegte mich schweigend an ihn. Bis jetzt hatte ich nicht gemerkt, wie müde ich war; das Mahl war anstrengend gewesen. Jetzt waren wir allein – aber nicht wirklich allein: Calpurnia war oben und spitzte zweifellos die Ohren, um uns zu hören. Ich an ihrer Stelle hätte es jedenfalls getan.

Endlich ließ der Regen nach, erstarb in Zuckungen und kurzen Aufwallungen. Teile des Gartens waren überschwemmt, und der schwere Duft nasser Erde wehte zu den Türen herein. Der Donner verzog sich grollend; Blitze hingen ihm aus den Gewändern, Wolkenfetzen jagten über den Himmel. Ein fast voller Mond brach aus seinem tintenschwarzen Kerker hervor und beschien mit gespenstischem Licht das verstreute Laub, die nassen Bänke und die schlammigen Pfützen.

»Nimm einen Mantel«, sagte er, »und zieh ihn dir übers Haar. Ich will dir etwas zeigen.«

Ein Diener brachte uns Mäntel, und wir zogen sie an und bedeckten auch unsere Köpfe. Dann nahm Cäsar mich bei der Hand und führte mich hinaus in den Schatten des Vesta-Tempels.

»Schau.« Er deutete über das Forum, das in krasses schwarz-weißes Licht getaucht war; die Schatten waren scharf und tief.

Es war beinahe menschenleer. Die späte Stunde und das wilde Unwetter hatten alle Leute vertrieben. Ohne das Gewimmel und den Lärm gewann es plötzlich jene Würde und Großartigkeit, die ihm am betriebsamen Nachmittag gefehlt hatten. Die Tempel und überdachten Säulengänge, die Statuen und Gedenksäulen verrieten eine Pracht, die ich zuvor nicht hatte erkennen können.

»Das ist die Via Sacra«, sagte er und klopfte mit der Sohle auf das Pflaster unter unseren Füßen. »Hier werde ich bei den Triumphen mit meinem Wagen entlangfahren, hinauf zum Tempel des Jupiter Capitolinus. Und dort« – er deutete auf einen Platz vor einer verdeckten Versammlungshalle – »werden die Zuschauertribünen für Würdenträger und führende Bürger errichtet werden. Du wirst in der vorderen Reihe sitzen, zusammen mit meiner Familie.« Anscheinend lag ihm viel daran, mir die genaue Stelle zu zeigen. »Ich werde seidene Sonnensegel aufspannen lassen, um euch vor der Hitze zu schützen – *sie* werden sagen, es sei extravagant … Zur Hölle mit ihnen … Trotz aller Großzügigkeit bei der Verteilung der Geschenke, trotz aller Spiele zu ihrer Unterhaltung – undankbare Hunde … Man kann sie nicht zufriedenstellen …«

»Hör doch auf!« sagte ich. »Du erregst dich ganz ohne Grund.« Seine Hand, mit der er die Laterne hielt, zitterte. Ich befürchtete, er könnte einen Anfall seiner Krankheit erleiden. »Ist alles in Ordnung?«

»Ja, natürlich.« Er klang verärgert. »Ich bin von dieser … *Sache* nicht mehr heimgesucht worden, seit ich bei Thapsos stand. Vor der Schlacht ist es passiert; es wollte mich am Kampf hindern, aber ich habe es überwunden.« Er schwieg für einen Augenblick. »Durch meine Willenskraft habe ich es überwunden.«

Ich konnte mir nicht vorstellen, daß so etwas möglich war, aber ich sagte nichts.

»Tausende von Menschen werden bei den Prozessionen dabeisein: der Magistrat, die Senatoren, die Gefangenen, meine Soldaten. Und die Beute! Du wirst es nicht glauben! Wagen über Wagen, Berge von Gold und Waffen und Edelsteinen! Und die Opferstiere …«

»Das alles haben wir in Ägypten auch«, sagte ich. Tatsächlich waren es ja die Ägypter, die solche Paraden und Spektakel zur Vollkommenheit entwickelt hatten. Ich war längst daran gewöhnt.

Wir spazierten die Via Sacra entlang und wichen sorgfältig den großen Pfützen aus. Das Mondlicht kam und ging; schnell zogen die Schatten der Wolken über die Gebäude. Der Tempel von Castor und Pollux mit seinen hohen weißen Säulen sah aus wie eine Reihe unirdischer Bäume, die bald auftauchten, bald von den jagenden Schatten verschluckt wurden.

»Du klingst gelangweilt«, sagte er. »Aber selbst du wirst beeindruckt sein.« Er ließ eine Pause eintreten. »Ich habe lange Zeit auf die Anerkennung meiner Erfolge in Gallien gewartet.«

»Ich bete darum, daß es all das sein wird, was du dir erhoffst«, sagte ich.

Wir kamen an drei Männern vorbei, die sich ebenfalls zu einem Spaziergang hinausgewagt hatten. Keiner von ihnen warf uns einen Blick zu; keiner kam auf den Gedanken, daß diese beiden schlicht gekleideten Gestalten etwas anderes als Mitbürger sein könnten. Sie redeten über das Gewitter und etwas, das mit einem Verkaufsstand zu tun hatte; das gleiche Gespräch hätte man in jeder Stadt in jedem Land hören können.

»Komm«, sagte Cäsar und führte mich nach rechts. Wir kamen bei der Kurie vorbei und dann an einem massiven Gebäude, das in den Kapitolshang hineingebaut war. Ich hatte es noch nicht gesehen – allerdings würde ich Cäsar niemals erzählen, daß ich schon einmal hier gewesen war, um das Forum zu besichtigen.

»Was ist das?« Ich zeigte auf das Gebäude.

»Das Tullianische Gefängnis«, sagte er. »Dort sitzen die Staatsgefangenen.«

»Ist … ist meine Schwester da?« Ich konnte mir die stolze Arsinoë nicht in einem Kerker vorstellen.

»Ja, sie und alle andern, die bei den Triumphen vorgeführt werden sollen. Der gallische Häuptling Vercingetorix, der junge Juba, der Sohn des numidischen Königs, und Ganymedes, Arsinoës Komplize.«

»Und was geschieht … danach mit ihnen?«

»Sie werden hingerichtet. In der kleinen Kammer unter der Kerkerzelle.«

»Immer?«

»Selbstverständlich. Sie haben Armeen gegen Rom geführt. Jetzt müssen sie den Preis dafür zahlen. Aber die Hinrichtung ist privat. Sie ist nicht Teil des Spektakels.« Er schwieg. »Das ist nicht traurig«, fuhr er dann fort. »Traurig ist ihr Mangel an Selbstachtung. Wenn sie welche hätten, würden sie Selbstmord begehen, statt so zu enden.«

»Aber das Kind hat doch keine Schuld an den Taten seines Vaters!«

»Oh, Juba wird auch nicht hingerichtet werden. Er wird in einer römischen Familie aufwachsen.«

»Und Arsinoë ist eine Frau. Richtet ihr auch Frauen hin?«

»Hat sie eine Armee geführt?« Wie er es sagte, klang es sehr einfach. »Wenn sie gekämpft hat wie ein Mann, muß sie auch sterben wie einer.«

Ich hatte mit angesehen, wie meine andere Schwester auf Befehl meines Vaters hingerichtet worden war; ich hätte es akzeptieren müssen. Arsinoë hatte mich und Cäsar ermorden wollen. An meiner Stelle hätte sie mich bedenkenlos beseitigt. Dennoch – Niederlage und Exil waren an sich schon eine schwere Strafe.

»Du sprichst nicht sehr barmherzig«, sagte ich. »Und trotzdem bist du für deine Milde bekannt.«

»Das kommt darauf an, mit wem man mich vergleicht. Aber niemand verschont ausländische Feinde. Die eigenen Landsleute – nun, das ist eine andere Sache. Ich selbst finde, wenn jemand sich auf meine Seite stellen will, nachdem er vorher gegen mich gekämpft hat, so soll man ihn willkommen heißen. Ich habe die Papiere verbrannt, die ich in Pompejus' Zelt gefunden habe; ich wollte nicht wissen, wer mit ihm korrespondiert hatte.«

»Das war sehr großherzig von dir«, sagte ich. »Aber war es nicht auch ziemlich töricht?«

Wir überquerten eine kleine Straße, die völlig im Dunkeln lag, und ich mußte Cäsars Hand nehmen, weil ich den Weg sonst nicht gefunden hätte.

»Vielleicht«, sagte er. »Aber ich glaube, jeder andere Weg führt in die Tyrannei und ruft so viel Haß hervor, daß man nicht überleben kann.«

»Aber wenn du deinen Gegnern – wie Brutus – verzeihst, dann mußt du, scheint mir, mehr tun, um sie zufriedenzustellen und für dich zu gewinnen. Sie nur zu amnestieren, ohne auch den Versuch zu machen, sie auf deine Seite zu ziehen, ist doch sinnlos. Damit ist nichts erreicht.«

»Sie sollten mir dankbar sein!«

»Das sind sie nur, wenn sie dich mögen.« Ich fand, das alles lag doch auf der Hand. Wenn jemand, den wir hassen, uns einen Gefallen erweist, so verachten wir die Person wie auch den Gefallen.

»Ich würde sie niemals umschmeicheln und ihnen schöntun«, sagte er. »Das überlasse ich Cicero und seinesgleichen. Cicero möchte so gern *geliebt* und *geschätzt* werden; er ist wie ein Mädchen, das eben zur Frau wird: Unaufhörlich schaut es in den Spiegel, um sich seines Aussehens zu vergewissern, und analysiert jede Bemerkung, die irgend jemand macht. Pah!«

Man konnte ihm nicht widersprechen. Vielleicht hatte er ja recht. Wir tappten die dunkle Pflasterstraße entlang. Wo gingen wir nur hin?

»Das Amt des Pontifex Maximus – wie hast du es bekommen?« Ich war neugierig, und das Thema erschien mir unverfänglich.

»Ich habe die Wahl gekauft«, sagte er. »In Rom kann man alles kaufen.«

Unverhofft bogen wir um eine Ecke, und ich sah Cäsars neues Forum vor mir. Die Wolken hatten sich verzogen, und der Vollmond schien hell auf die weiße Vollkommenheit.

Obwohl ich es schon gesehen hatte, war es in diesem Licht über die Maßen schön, und es verschlug mir den Atem.

»Das ist mein Geschenk an Rom«, sagte er. »Ein neues Forum.«

Er schritt quer über den halb gepflasterten Hof, ohne meine Hand loszulassen. Zusammen stiegen wir die Stufen an der Seite des Tempels hinauf, und dann bückte er sich, um seine Laterne anzuzünden.

»Und das ist mein Geschenk an die Göttin Venus Genetrix, die durch meinen Ahnen Aeneas die julianische Sippe begründet hat – dieser Tempel, den ich zu bauen gelobte, wenn sie mir bei Pharsalos den Sieg gewährte.«

Er sprach gedämpft in Ehrfurcht vor seiner eigenen Schöpfung. Der Portikus schützte eine Anzahl von Gemälden – griechischen Ursprungs, dem Aussehen nach zu urteilen –, und an einer der Wände hing eine antike Rüstung.

Der Innenraum des Tempels war dunkel und still, und es roch darin nach neuem Stein, feucht und ein bißchen scharf. Unsere Bewegungen hallten darin wider, und man hatte das Gefühl, in einer weiten Halle zu sein, obschon ich nicht weiß, wie dieses Gefühl eigentlich zustande kam, denn sehen konnte ich nichts.

Cäsar hob die Laterne über den Kopf und beleuchtete einen kleinen Kreis um uns herum. Die Ecken und das andere Ende des Raumes blieben trotzdem unsichtbar. Lautlos wie ein Priester bewegte er sich nach hinten. Vor uns sah ich drei Statuen auf Podesten emporragen – große Statuen.

»Hier ist die Göttin«, sagte er und hob die Laterne zum Gesicht der mittleren. Ihr Gesichtsausdruck zeigte höchste Zufriedenheit und ein mysteriöses Lächeln, und ihre marmorne Brust war von Perlen bedeckt.

»Arcesilaus aus Griechenland hat sie gemacht«, sagte er.

»Dann hast du ihr in der Tat eine Ehre erwiesen«, stellte ich fest. »Er ist einer der größten unter den lebenden Bildhauern.«

Er schwenkte die Laterne nach rechts und beleuchtete die zweite Statue. Sie stellte ihn selbst dar. Dann sagte er: »Und das ist mein Geschenk an dich.« Er richtete das Licht auf die dritte und letzte Statue.

Sie strahlte mir aus der Dunkelheit entgegen. Sie sah aus wie ich.

»Arciselaus will dich nur noch einmal leibhaftig sehen, um die Einzelheiten zu vollenden«, sagte Cäsar.

»Was hast du gemacht?« Meine Stimme zitterte. Ich war wie vom Donner gerührt.

»Ich habe eine Statue von dir in den Gewändern der Venus in Auftrag gegeben, um sie hier in den Tempel zu stellen«, sagte er schlicht.

»In deinen Familientempel!« sagte ich. »Was hast du dir dabei gedacht?«

»Ich wollte es eben.«

»Was willst du damit sagen?« Ich konnte den Blick nicht von der hohen Statue wenden: ich selbst in den Gewändern einer Göttin an der Seite seiner Schutzgottheit und seiner selbst! »Was werden die Leute denken? Was wird Calpurnia denken?«

»Freust du dich nicht?« Er klang enttäuscht wie ein Kind. »Der Affront gegen die öffentliche Meinung ist ein Teil des Geschenks. Jeder kann eine Geste machen, die ihm den Beifall der Massen einbringt, und sie dann seinen Freunden darbringen. Aber wenn man öffentliches Mißfallen riskiert – das ist ein Geschenk höherer Ordnung.«

»Was sagen denn diese Statuen?« fragte ich. »Was sollen sie nach deinem Wunsch sagen?«

»Was würden sie dir sagen, wenn du sie als gewöhnliche Bürgerin zu sehen bekämest?«

»Sie würden mir sagen … daß du von Venus abstammst, daß dein Haus ein halbgöttliches ist und daß ich als Inkarnation der Venus und der Isis deine Gemahlin bin. Was sonst könnte ich denken?«

»Eben«, sagte er. »Genau das meine ich.« Er betrachtete die Statuen. »Ich hatte das Gefühl, ich sollte es tun. Ich weiß nicht, wieviel Staub es aufwirbeln würde, aber ich konnte den Gehorsam nicht verweigern. Glaubst du jetzt, daß ich dich liebe?«

»Ja.« Ich glaubte es wirklich. Aber hier war mehr als Liebe am Werk. Es war Irrsinn, dermaßen um die Mißbilligung der Öffentlichkeit zu buhlen.

»Zwischen den Triumphen werde ich den Tempel weihen«, sagte er. »Es werden Spiele und Bankette stattfinden.«

»Ja.« Ich wußte nicht, was ich noch sagen sollte.

»Wir müssen kühn sein«, sagte er. »Wir müssen sein, wer wir sind, und dürfen nicht davor zurückschrecken.«

»Glaubst du, daß deine Siege dir das Recht eingetragen haben zu tun, was du willst?« fragte ich. »Ist das der Grund, weshalb du dich nicht mehr zurückhältst?«

»Ich weiß nur, daß ich meinem Instinkt folgen muß. Er hat mich noch nie im Stich gelassen. Meine Göttin Fortuna führt mich; sie verlangt nichts weiter, als daß ich eifrig ergreife, was sie mir darbietet.«

»Aber das hier hat nicht Fortuna dir dargeboten; du selbst hast es ersonnen und gebaut. Du bist nicht über diesen Tempel gestolpert; du hast ihn erschaffen.«

»Ich habe auch die Siege in Gallien, in Alexandria, in Pharsalos, in Afrika erschaffen. Fortuna bietet uns Gelegenheit, etwas zu erschaffen, aber sie schenkt uns nichts.«

Ich konnte nicht antworten; es gab keine Antwort darauf, jedenfalls keine, die ihn zufriedengestellt hätte. Er war fest entschlossen – so, wie er fest entschlossen gewesen war, den Rubikon zu überschreiten und nach Italien einzumarschieren. Aber während ihm zu diesen Unternehmungen andere den Grund gegeben hatten, war diesmal niemand außer er selbst im Spiel.

»Sie werden mir die Schuld geben«, sagte ich schließlich. »Sie werden sagen, ich hätte dich dazu gebracht.«

»Es kümmert mich nicht, was sie sagen.«

»Doch, es kümmert dich doch. So hochfahrend kannst du nicht sein. Du bist kein Gott, daß du die Meinung der Menschen mißachtest.«

»Aber achtet man sie übermäßig, so ist man kein Mensch, sondern kriecht im Staub und …«

»Jetzt beschreibst du ein Tier und keinen Menschen. Aber es gibt noch eine Mitte zwischen Arroganz und Unterwürfigkeit.«

Er stellte die Laterne auf den blanken Marmorboden, so daß die oberen Hälften der Statuen in der Dunkelheit verschwanden. Sanft faßte er mich bei den Schultern. »Zeig mir diese Mitte. Du wandelst so sicher darin; aber du hast dich auch länger darin üben können. Du wurdest als Königin geboren, geboren zum Herrschen, als Göttin anerkannt von Kindheit an. Deshalb weißt du dieses Element so mühelos mit dem menschlichen zu mischen.«

»Sei doch nur Cäsar«, sagte ich. »Das ist genug.« Und ich fügte hinzu: »Verwunde keinen Feind, wenn du nicht den Mut hast, ihn zu töten.«

Lange, wie es schien, stand er schweigend da. Ich hörte, wie draußen das Wasser vom Giebel des Tempels auf das Pflaster tropfte: ein Nachhall des Unwetters.

Er beugte sich nieder, um mich zu küssen, und seine Arme umschlossen mich fest. »Ich möchte hier einen Venus-Gottesdienst feiern«, flüsterte er.

Kurze Mondstrahlen malten Streifen vor den Eingang zum Tempel, und ich wußte, daß wir allein waren. Die Göttin schaute auf uns herab und die Idole in unserer eigenen Gestalt ebenso, und sie warteten ab, was wir Menschen tun würden.

»Wenn die Tempelweihe stattfindet, werden wir unser Opfer bereits dargebracht haben«, sagte er. Er umarmte mich fester, und ich fühlte, daß ich mich nach ihm sehnte. Die aufgezwungene, höfliche Distanz während des Essens hatte das schmerzhafte Verlangen nach seiner Nähe nur noch brennender werden lassen.

Aber es war zuviel über Feinde und Hinrichtungen und Schicksal geredet worden; wir hatten zu lange die Gesellschaft von Brutus, Calpurnia und Octavian genossen; es war kein verheißungsvoller Abend, um jetzt noch den Freuden der Venus nachzugehen.

»Wer Venus anbeten will, muß mit ganzem Herzen zu ihr kommen«, wandte ich schließlich ein und wich ein kleines Stück vor ihm zurück. »Mein Geist ist umwölkt von all dem, was heute abend stattgefunden hat, bevor wir in ihren Tempel kamen.«

»Dann bitte die Göttin, es zu vertreiben«, sagte er mit leiser, eindringlicher Stimme. »Sie kann es.«

Ich sah mit Staunen, wie leicht er sorgenvolle Gedanken beiseite schieben und nur hier sein konnte. In der Tat schien der hallende Raum des jungfräulichen Tempels nach etwas Wärme, etwas Regung zu verlangen, um den Bann der Unvollständigkeit in seinem Innern zu brechen.

Ich ließ mich von ihm in die schwarze Finsternis der Apsis führen, hinter den Sockel der Venusstatue. Die Laterne ließ er davor auf dem Boden stehen, und ein weiches, diffuses Licht floß seitlich um den Sockel herum.

»Hast du keine Villa für so etwas?« protestierte ich matt. »Mit einem Zimmer voller Polster und Decken und Fenstern mit Blick auf einen Garten, der die Wohlgerüche des Paradieses verströmt?«

»Doch, und das weißt du«, sagte er. »Aber dort fehlt das, was alle Liebenden wollen: Ungestörtheit. Das ist ein Paradoxon: Je reicher du bist, desto weniger hast du davon. Aber jetzt werden wir sie haben – beim Himmel. Wir werden sie haben.«

Seine Stimme klang warm in meinem Ohr, und ich fühlte, wie sie mich zum Schmelzen brachte. Er hatte recht: Wir waren so allein, wie wir es selten zuvor gewesen waren und vielleicht nie wieder sein würden.

Er schob den Ärmel meines Gewandes über den Arm herunter und küßte lange meine Schulter. Ich fühlte meine eigenen Knochen unter seinen Lippen, und sofort wurde ich mir meines Körpers bewußt; die verwirrenden Gedanken des Geistes ergriffen die Flucht.

»Ich liebe dich«, sagte ich. »Ich würde für dich sterben.«

»Psst«, sagte er. »Sprich nicht vom Sterben. So etwas gehört sich für Dichter, nicht für Königinnen.« Dann küßte er mich kraftvoll, und ich erwiderte den Kuß und umklammerte ihn in der Dunkelheit. Wir waren allein. Er war mein, und ich war sein.

Die Göttin über uns schaute huldvoll auf uns herab.

Strahlende Sonne. Gleißendblauer Himmel. Eine sanfte Brise an diesem Tag des ersten Triumphs. Ich saß auf der Tribüne, die an der Via Sacra errichtet worden war, eigens um vornehmen Gästen die Möglichkeit zu geben, den letzten und wichtigsten Teil des Triumphzugs mit anzusehen, der sich über das Forum und dann hinauf zum Tempel des Jupiter Capitolinus schlängelte. Wir würden lange in der Sonne warten müssen, und deshalb hatte Cäsar seidene Baldachine über uns spannen lassen, die flatterten und sich blähten, wenn der Wind sie erfaßte; sie verdünnten das Licht und färbten es blau.

Ptolemaios saß neben mir; die anderen Ehrenplätze hatten Calpurnia, Octavia, Cäsars Neffe Quintus Pedius und sein Großneffe Lucius Pinarius inne. Er hatte eine sehr kleine Familie.

Das Volk hatte sich schon lange vor dem Morgengrauen an der Strecke aufgestellt, die der Zug nehmen würde: vom Campus Martius durch den Circus Maximus und dann den Palatin herauf zum Forum. Ich hörte das Schreien und Brüllen aus weiter Ferne, wo Cäsar sich den einzelnen Stationen näherte; ich fragte mich, was die Leute wohl sahen, und wartete ungeduldig darauf, es selbst zu sehen.

Gegen Mittag bewegte sich etwas am anderen Ende des Forums, und kurz darauf erschien ein Zug von Menschen. Sehr, sehr langsam schlängelte er sich die Via Sacra herunter, vorbei am Tempel der Vesta, vorbei am Tempel von Castor und Pollux, vorbei an den halb vollendeten Kolonnaden der Basilica Julia, und dann vor uns. Leise Musikklänge wurden lauter, und dann zog die Spitze der Prozession, die Musikanten mit ihren Trompeten und Flöten, an uns vorüber. Hinter ihnen kam eine Gruppe von Priestern, die mit wiegendem Schritt ihre Weihrauchfässer hoch in die Luft schwenkten; der süße Duft hing brennend in der Sommerluft.

Als nächstes erschien eine riesige Schar von Würdenträgern und Beamten der Stadt Rom, gefolgt von den Senatoren, stolz in ihre Magistrialtogen gehüllt; es müssen mehr als fünfhundert gewesen sein.

Dann erhob sich ein Schrei auf der anderen Seite des Forums, und als die prunkvoll verzierten Wagen rumpelnd in Sicht kamen, wußte ich, warum. Es war die Beute, hoch aufgetürmt auf Fuhrwerken aus gallischem Holz mit Intarsien aus Zitrusholz. Die Wagen starrten von Speeren, Schilde klapperten, und die Fuhrwerke ächzten unter der Last von Gold und Silber. Hier und dort fiel ein Becher oder ein Teller herunter, und das Volk stürmte auf die Straße, um ihn an sich zu reißen – wie Hunde sich auf die Brosamen stürzen, die vom Tisch fallen.

Einer der Wagen voller Gold blieb mit einem Rad zwischen den Pflastersteinen stecken und mußte herausgewuchtet werden. Cäsar mußte jedes Dorf ausgeplündert, jeden ländlichen Opferaltar seines Schmucks beraubt haben. In Gallien konnte es nichts Wertvolles mehr geben.

Eine Kompanie Soldaten paradierte vorbei; sie hielten Tafeln mit den Namen von Schlachten hoch: Alesia, Agedincum, Bibracte, Lugdunum, Gregovia, Avaricum – ungewohnt klingende Namen für unbekannte, wilde Orte, an denen Cäsar gesiegt hatte.

Ein geschmückter Wagen mit einem Bildnis des Ozeans in Ketten rollte vorüber; eine Tafel erläuterte, daß hier der Einfall nach Britannien dargestellt werde.

Dann kam ein Gefangenentrupp, langhaarige Häuptlinge, in Leder und Pelze gekleidet. Hinter ihnen marschierte eine hochgewachsene Gestalt in Ketten, allein. Das war Vercingetorix, der gallische Fürst, der den mächtigen Aufstand der Averner gegen Cäsar geführt hatte und schließlich bei Alesia besiegt worden war, wo Cäsar über eine fünffache Übermacht triumphiert hatte. In den sechs Jahren, die er auf seinen Marsch über das Forum in den Tod hatte warten müssen, hatte Vercingetorix nichts von seiner stolzen Haltung verloren; die Menge, die hemmungslos gejohlt hatte, als die anderen Gefangenen vorüberzogen, verstummte, als sie ihn sah.

Mich schauderte. Beim nächsten Triumph würde Arsinoë an seiner Stelle wandeln und besiegt vor uns vorüberziehen. Welche Schande, welch unerträgliche Schande!

Hinter Vercingetorix paradierten die Opfertiere, die zum Tempel geführt wurden – Reihen von weißen Ochsen mit vergoldeten Hörnern, gestriegelt und mit Girlanden behängt: das Dankopfer, das Cäsar für seine Siege darbringen würde.

Am anderen Ende des Forums erhob sich erneut ein machtvolles Gebrüll, und ich wußte, daß Cäsar endlich eingefahren war. Hinter ihm kamen die Liktoren – alle zweiundsiebzig, die Cäsar haben durfte, weil er dreimal Diktator gewesen war. Sie schleppten ihre häßlichen Rutenbündel mit den blinkenden Äxten darin, und sie gefielen mir diesmal keinen Deut besser. Ihre roten Zeremonienmäntel leuchteten wie Blutflecken, als sie vorübermarschierten.

Dann Cäsar selbst: hoch auf einem goldenen Wagen, von vier Pferden gezogen. Wie ein Gott stand er da, in Purpur und Gold gekleidet, und schaute auf das Volk. In der linken Hand hielt er ein Elfenbeinzepter, auf dem ein Adler saß, in der rechten einen Lorbeerzweig. Hinter ihm stand ein Sklave, der die schwere goldene Krone Jupiters über seinen Kopf hielt; sie war zu gewichtig, um von einer menschlichen Stirn getragen zu werden.

Ein rasender Schrei drang aus den Kehlen aller, die ihn gewahrten. Sie überschütteten ihn mit Blumen, persönlichen Geschenken und Kostbarkeiten, mit Armbändern und Ohrringen.

Hinter ihm fuhr Octavian zierlich und aufrecht in seinem eigenen Wagen; er war der einzige andere männliche Erwachsene in Cäsars Familie.

Der Triumphwagen zog vorüber, wie der Wagen des Phoibos den Himmel durchquert, und ich sah, wie die Menschen sich Welle um Welle von ihren Plätzen erhoben und jubelten.

Plötzlich kam die Prozession ins Stocken. Der Triumphwagen schwankte und kippte. Lautes Durcheinander erhob sich. Cäsar sprang herunter.

Die Achse war gebrochen – genau auf der Höhe des Fortunatempels. Cäsar stand auf dem Pflaster und ging unverzüglich auf die Treppe zu, die zum Tempel des Jupiter Optimus Maximus auf dem Kapitol führte; er sollte dort hinaufsteigen, um Lorbeerkranz und Zepter zu weihen.

Auf der ersten Stufe fiel er aufs Knie und rief mit hallender Stimme: »Sehet! Ich werde auf den Knien zum Tempel emporsteigen – zum Zeichen dafür, daß ich mich dem Willen des Schicksals unterwerfe!« Und er tat, wie er gesagt hatte: Mühsam plagte er sich den langen Hang hinauf, und seine purpurfarbene Toga schleifte hinter ihm her.

Das Volk spendete tosenden Beifall. Geistesgegenwärtig hatte Cäsar ein schlechtes Omen in einen vorteilhaften Augenblick gewendet. Aber der Zwischenfall schlug mir aufs Gemüt. Es war unheilvoll.

Hinter Cäsar kamen seine Soldaten, die Männer, die seine Siege möglich gemacht hatten. Glücklich brüllten sie: *Io triumphe!* – Heil, Gott des Triumphes! –, und sie sangen aus voller Lunge. Aber ich war nicht so erfreut, als ich hörte, was sie da sangen:

*Römer, schließt eure Frauen ein,*
*Wir bringen den Hurenbock heim, den kahlen.*
*All das Gold, das ihr ihm geliehen,*
*Braucht er, um's gallischen Dirnen zu zahlen.*

Das Volk brüllte vor Lachen darüber und jubelte. Weitere Strophen folgten:

*Gallien ward beschämt durch Cäsar,*
*Durch König Nikomedes er.*
*Hier kommt Cäsar, triumphbekränzt*
*Für seinen gallischen Sieg daher!*
*Lorbeer trägt nicht Nikomedes,*
*Obgleich von den dreien der Größte ist er.*

Nikomedes – jener bithynische König, von dem seine Feinde behaupteten, daß er Cäsars Liebhaber gewesen sei! Ich hatte das für eine Lüge gehalten. Jemand hatte mir die Verleumdungen gezeigt, die Cicero in privaten Briefen verbreitet hatte: »Cäsar wurde von den Bedienten des Nikomedes in das königliche Schlafgemach geführt, wo er sich auf ein goldenes Bett legte, mit einem purpurroten Hemde bekleidet. … Und so verlor dieser Abkömmling der Venus seine Jungfräulichkeit in Bithynien.« Offensichtlich zogen die Soldaten es vor, diese Lüge am Leben zu erhalten.

Die Massen kreischten vor Lachen. Und es sollte noch schlimmer kommen:

*Cäsar weilte im Ägyptenland,*
*Wo er mächtig Beute fand:*
*Leuchtturm und Bibliothek,*
*Königin Kleopatra*
*Und ihr vielfach duftend Öl.*

Wieder johlte alles vor Lachen. Ich beobachtete Calpurnia; sie lächelte tapfer, und ich bemühte mich, es ihr nachzutun, aber ich kochte vor Wut.

Weitere Strophen folgten.

*Tust du recht,*
*Wirst du bestraft;*
*Tust du unrecht,*
*Wirst du König.*

Ich erstarrte, als ich das Wort *König* hörte. Wieso nur führte alle Welt dieses Wort im Zusammenhang mit Cäsar auf den Lippen? In welchem Verdacht stand er? Ich wußte, daß seine Beziehung zu mir dabei im Spiel sein mußte. Wer außer einem König pflegt Umgang mit einer Königin? Und wenn sie erst sähen, was er da in seinen Tempel der Venus Genetrix gestellt hatte …

Scheinbar endlose Reihen von Soldaten zogen vorüber und folgten Cäsar.

An ihrer Spitze vernahm ich wilde Freudenschreie, und später erfuhr ich, daß sie Geschenke für ihren Mut und ihre Treue erhalten hatten: zehntausend Denar für jeden Zenturio, fünftausend für jeden Soldaten. Die Menge drängte heran; andere Soldaten mußten sie zurückhalten. Auch die Armen erwarteten großzügige Gaben.

Als das Meer der Soldaten vorübergezogen war, kam nichts mehr. Die Sonne war herumgewandert und schien uns jetzt trotz des Sonnensegels fast in die Augen. Ich sah eine Prozession von Sänften, die im Takt der Schritte ihrer Träger schwankten, die Via Sacra herunterkommen; die Ehrenzuschauer aus diesem Abschnitt wurden zum Circus Maximus gebracht, wo die zeremoniellen Wagenrennen stattfinden sollten, die Teil der Triumphspiele waren. Cäsar würde sie eröffnen; als ausländische Herrscher würden Ptolemaios und ich bei ihm sitzen – aber nicht neben Cäsar: Diese Ehre hatten Calpurnia und Octavian.

Obwohl es ein Umweg war, trug man uns den Kapitolshügel hinauf, damit wir Jupiter die Ehre erweisen konnten, indem wir an seinem Tempel vorbeizogen. Davor stand jetzt Cäsars Wagen, und in den inneren Weiten des Tempels sah ich die Statue des sitzenden Jupiters, die majestätisch im Halbdunkel aufragte. Daneben stand ein neues Bronzestandbild Cäsars; sein Fuß ruhte auf einer Darstellung der ganzen Welt. Später erfuhr ich, daß darauf eine Inschrift angebracht gewesen sei, die besagte, Cäsar sei ein Halbgott, und daß Cäsar angeordnet habe, diese Inschrift zu entfernen.

Die zum Tode verurteilten Ochsen erwarteten friedfertig die Opferung, die stattfinden würde, sobald die letzten Sänften abgezogen wären. Die Priester standen gütig lächelnd neben ihnen und streichelten die Tiere sogar.

Wir stiegen vom Hügel hinunter und gelangten durch ein Viertel voller Geschäfte, Märkte und Wohnungen zum Circus Maximus, der gewaltigen Rennbahn zwischen Palatin und Aventin. Hohe Mauern umringten sie wie ein Rand, und im Innern türmte sich Sitzreihe auf Sitzreihe. Man trug uns durch das Torgewölbe, während Soldaten die riesigen Menschenmassen zurückdrängten, die nur darauf warteten hineinzustürmen, sobald die Würdenträger ihre Plätze eingenommen hatten. Ich sah, daß in dem besonderen Bereich unter dem gewölbten Dach bereits Leute saßen. Da war auch die purpurfarbene Toga – Cäsar war schon hier! Langsam zogen wir ein, und ich beobachtete ihn, um zu sehen, wie er aussah und wie er sich benahm.

Er wirkte sehr müde, und sein Blick wanderte unablässig durch die Arena, als rechne er mit einem Hinterhalt. Die Mühen des Tages waren ihm anzumerken, und jetzt, als er sich für einen Augenblick unbeobachtet glaubte, hatte er seine Deckung sinken lassen. Man sah ihm jedes seiner vierundfünfzig Jahre an; harte Falten hatten sich zwischen Nase und Mund eingegraben, und sein Hals war hager. Seine Augen blickten wachsam, nicht glücklich, und dabei war dies der Tag, den er so sehr ersehnt hatte. Respektvoll und freundlich nickte er Calpurnia zu. Dann sah er uns herankommen, und auf der Stelle änderte sich seine Miene. Falls ich irgendwelche Zweifel an seinen Gefühlen für mich gehegt hatte, waren sie hinweggefegt: Sein Antlitz erstrahlte buchstäblich, und die Spur der Jahre war verweht.

Er stand auf, und seine Toga mit den goldenen Stickereien funkelte wie ein uralter Schatz. Er trug den goldenen Lorbeerkranz; die Blätter umrahmten seinen Kopf wie eine Krone.

»Heil dir, großer Triumphator!« sagte ich. »Dem größten auf Erden.«

»Heil dir, große Königin von Ägypten«, antwortete er. »Und dir, König von Ägypten.« Er nickte Ptolemaios zu. »Bitte nehmt doch eure Ehrenplätze ein.«

Alle Mitglieder seiner Familie, so klein sie auch war, saßen um ihn herum. Den Platz seines Sohnes hatte Octavian, der nur sein Großneffe war. Aber Cäsar *hatte* einen Sohn, und eines Tages würde dieser Sohn an seiner Seite sitzen – Cäsarion.

Ptolemaios und ich wurden zu einer Anzahl vornehmer ausländischer Gäste gesetzt, die eigens zu diesem Anlaß angereist waren. Die Königreiche von Galatien und Kappadokien und die Städte Lykia, Laodikea, Tarsos und Xanthos hatten Botschafter geschickt – der Osten, den die Römer so faszinierend und reizvoll fanden.

Die Tribünen füllten sich zusehends; die Zuschauer brandeten wie eine Flutwelle herein. Die Stimmung war ausgelassen; wilde Erregung erfüllte die Luft, greifbar wie die lastende Schwüle vor einem Gewitter.

Cäsar sprach mit Calpurnia und Octavian und lehnte sich aufmerksam zu ihnen hinüber. Ich sah, daß er auf einem besonderen, vergoldeten Stuhl mit geschnitzter Lehne saß. Zweifellos hatte das etwas zu bedeuten. Alles in Rom bedeutete etwas.

Endlich war die Arena voll. Jeder Platz war besetzt, und die Tribünen waren ein Meer von Farben. Die Trompeter, ein Chor von mindestens fünfzig Mann, erhoben sich von ihren Sitzen und ließen die Fanfaren schmettern. Die Töne klangen freudig und anrührend zugleich. Das Lärmen der Menge ließ nach.

Ein Ausrufer – er hatte die lauteste und am weitesten hörbare Stimme, die ich je vernommen hatte – nahm seinen Platz an der Balustrade vor Cäsar ein.

»Römer! Edle Gäste!« schrie er. Es waren mehr als hunderttausend Zuschauer – konnten sie ihn alle hören? Seine Stimme hallte tönend ringsum wider. »Wir sind hier, um unseren Triumphator auf die alte Weise zu ehren, wie sie uns von unseren Ahnen überliefert ist: mit Wettkämpfen des Wagemuts und der Geschicklichkeit. Hier vor euren Augen werden die jungen Reiter zum Ruhme Jupiters und Cäsars auf ihren Pferden um die Wette reiten.«

Ein lautes Gebrüll stieg zum Himmel. Mit erhobenen Händen gebot er

Schweigen, ehe er fortfuhr. »Wir beginnen mit der *ars desultoria*. Nehmt ihre Darbietungen entgegen!«

Cäsar stand auf, hob den rechten Arm und rief: »Laßt die Spiele beginnen!«

Aus den Toren auf der anderen Seite des Circus erschienen Paare von nervös trabenden Pferden. Es waren die schönsten, die ich je gesehen hatte; sie schimmerten in der Nachmittagssonne. Auf ihnen ritten junge Männer, die winkten und sich vor der Menge verneigten, bevor sie vor unserer Tribüne anhielten und uns ihre Reverenz erwiesen.

Es waren ungefähr zwanzig Paare, und die Pferde schienen in Größe und Schnelligkeit gleich zu sein. Zunächst trabten sie Seite an Seite einmal rund um die Bahn, aber dann ließ das erste Paar die andern hinter sich und verfiel in vollen Galopp, die Hälse vorgereckt und mit fliegenden Hufen. Die Reiter beugten sich tief herunter, und ihre Fersen preßten sich in die wogenden Flanken. Plötzlich richtete einer sich auf und sprang auf den Rücken des benachbarten Pferdes hinüber, dessen Reiter das gleiche tat. Sie begegneten einander in der Luft und hingen für einen Augenblick in schwindelerregender Bewegungslosigkeit da, während die Pferde donnernd weiterjagten. Dann glitten sie auf die Rücken der Tiere, und der Jubel der Massen stieg zum Himmel. Die Reiter drehten sich um und schnellten hierhin und dorthin, so daß sie wie Akrobaten bald rücklings, bald seitwärts auf ihren Pferden saßen, und die ganze Zeit galoppierten sie mit unverminderter Geschwindigkeit weiter. Schleier und Taschentücher waren in Abständen auf die Rennbahn gelegt worden, und um sie aufzuheben, beugten die Reiter sich so tief herunter, daß ihre Köpfe sich neben den wirbelnden Hufen befanden. Bei jedem erfolgreichen Kunststück geriet die Menge in größere Aufregung. Hinter dem vordersten Paar galoppierten jetzt mehrere andere, und alle vollführten gefährliche Verrenkungen auf ihren nervös dahinfliegenden Pferden.

Bei dem Versuch, in einer scharfen Kurve der Rennbahn ein Tuch aufzuraffen, rutschte ein Reiter ab, und sein Pferd überrannte ihn. Die Menge stöhnte auf, aber es war ein Stöhnen mit gierigem Unterton. Ein Trupp Männer stürzte vom Rand her auf die Bahn, aber sie wurden von den anderen Pferden beinahe niedergerannt und mußten den Mann liegenlassen, so daß er noch einmal von den Hufen zertrampelt wurde.

Ptolemaios beugte sich vor, zitternd vor Angst und Aufregung. »Ist er tot?« fragte er immer wieder.

Es sah allerdings so aus. Bevor ich noch antworten konnte, stürzte ein zweiter Reiter; sein Kopf barst rot aufspritzend, als ein Huf seines Pferdes mitten darauf trat. Dieser war nun wirklich tot.

Der Sand bekam rote Streifen. Ich schaute mich unter den Römern um, die uns umgaben. Sie starrten in die Arena und schienen bei dem, was sie sahen, kaum Widerwillen zu empfinden. Der Lärm auf den Tribünen schwoll immer mehr an, vom Blut genährt wie ein Feuer vom Stroh.

Die Reiterpaare versuchten sich an immer schwierigeren Volten, bis die Sieger schließlich in der Luft mitten zwischen zwei galoppierenden Pferden einen zweifachen Salto vollführten und halsbrecherisch auf den schlüpfrigen, schweißnassen Pferderücken landeten. Cäsar verlieh ihnen den Siegerpreis, und die übrigen vierzehn oder fünfzehn Pferdepaare wurden schaumbedeckt aus der Bahn geführt.

Eine Kompanie von Arbeitern lief hinaus und harkte den Sand, um das nächste Ereignis vorzubereiten. Ein spätnachmittäglicher Wind kam auf; für gewöhnlich war diese Tageszeit der Entspannung vorbehalten. Aber jetzt wuchs die Anspannung.

»Warum wollen sie die Leute umbringen?« fragte Ptolemaios. »Wieso möchte irgend jemand zu diesen Reitern gehören?«

»Zu gefährlichen Unternehmungen fühlen die Menschen sich immer hingezogen«, sagte ich. »Ganz gleich, wie gefährlich eine Mission ist, irgend jemand wird sich immer dazu bereitfinden.« Das war eine Tatsache, die auch mich schon immer ratlos gemacht hatte.

In diesem Augenblick entstand Unruhe in Cäsars Umgebung. Octavian war aufgestanden und bahnte sich seinen Weg zu uns herüber.

»Der edle Triumphator hat mich gebeten, mich zu euch zu setzen und euch die Vorgänge zu erklären«, sagte er. Der Botschafter von Tarsos räumte hastig den Platz an meiner Seite.

»Wie umsichtig vom Triumphator«, erwiderte ich und nickte zu Cäsar hinüber.

»Hat dir die Aufführung gefallen?« fragte Octavian.

»Für eine bloße Aufführung haben einige Leute einen hohen Preis bezahlen müssen – mit ihrem Leben«, sagte ich. »Aber ihre Gewandtheit war eindrucksvoll. Was kommt als nächstes?«

Octavian lächelte. »Unser Lieblingssport hier in Rom: das Wagenrennen. Ursprünglich ein religiöser Ritus. Heute werden zehn Vierergespanne teilnehmen, und die Sieger werden mit großen Beuteln voll Gold nach Hause gehen.«

»Oh, das wird spannend werden«, rief Ptolemaios, »und nicht so gefährlich!«

Octavian schüttelte den hübschen jungen Kopf. »Eher doch. Irgendeiner kommt immer zu Tode. Manchmal verhaken sich drei oder vier Wagen ineinander, und alle werden zerschmettert. In den scharfen Kurven an den Enden der Bahn stürzt unweigerlich der eine oder andere, auch wenn sonst nichts schiefgeht.«

»Lieben deshalb alle diese Rennen so sehr?« fragte Ptolemaios.

»Das würde ich nicht sagen«, antwortete Octavian.

»Warum macht man sie dann nicht sicherer?« beharrte Ptolemaios.

»Weil das den Spaß verderben würde.«

Ein Schrei brandete auf, und ich sah, daß die Wagen aus den Eingangsbögen gerollt kamen. Gespann auf Gespann schoß aus den engen Toren hervor; die Pferde zerrten an den Zügeln und brannten darauf zu rennen. Hinter ihnen rollten die leichten Wagen, deren Lenker auf winzigen Plattformen standen, und sie leuchteten im Licht der goldenen Nachmittagssonne. Die Pferde waren so groß wie möglich, die Wagen dagegen klein und federleicht – was bedeutete, daß sie instabil waren und leicht holperten oder sich überschlugen. Die Helme der Männer glitzerten; einige waren mit Stacheln verziert, andere mit Federn, wieder andere mit bunten Tüchern.

Octavian war aufgesprungen und schrie etwas. Seine Wangen waren gerötet, und sein Blick war starr auf einen bestimmten Wagen gerichtet, den ein Mann von dunkler Erscheinung lenkte. Das Gespann bestand aus vier Füchsen mit ungewöhnlich dünnen, langen Läufen.

»Das sind meine«, sagte Octavian heiser. »Aus dem Stall des Arrius.« Ich hatte nicht geahnt, daß er solche Begeisterung zeigen konnte. »Such dir auch welche aus«, forderte er mich auf.

Ich erblickte ein weiteres Gespann von besonders ansehnlichen Pferden, sahnig weiß, mit grauen Mähnen und Schwänzen. Ich wußte natürlich, daß ein schöner Körperbau nicht immer auch Schnelligkeit und Ausdauer verhieß, ganz wie ein gewinnendes Auftreten bei Menschen nicht zwangsläufig auf Ehrlichkeit schließen ließ, aber ich fühlte mich dennoch zu ihnen hingezogen. »Das Gespann mit dem kleinen Führer«, sagte ich also.

»Aus Kampanien«, sagte er. »Es heißt, sie seien gut genährt und geübt.«

»Welche sind denn Cäsars Favoriten?« wollte Ptolemaios wissen.

»Cäsar bevorzugt die Rappen dort«, sagte Octavian, »denn aus dieser Zucht stammte sein eigenes Lieblingspferd. Aber sie sind eher stark als schnell.«

Die Gespanne trabten um die Rennbahn, vierzig Pferde nebeneinander, und wie ein Riesenflügel schwenkten sie um die Kurve. Die Lenker mußten außergewöhnlich geschickt sein, um sie alle in dieser Weise in Reihe und Glied zu halten. Schließlich machten sie auf unserer Höhe halt und warteten auf das Zeichen zum Beginn.

Cäsar erhob sich und hielt ein großes weißes Tuch in die Höhe, hoch über seinen Kopf. Dann ließ er es los, und es schwebte in die Arena hinunter. Als es den Boden berührte, senkten die Fahnenträger ihre Banner, und die Pferde stürmten los.

Zwei oder drei Gespanne übernahmen auf der Stelle die Führung und wetteiferten sogleich um die beste Position auf der Bahn. Die vier nebeneinandergeschirrten Pferde nahmen so viel Platz ein, daß die Wettkämpfer sich nicht allzu dicht zusammendrängen konnten; zugleich aber mußte jeder die Kurven möglichst eng fahren, wenn er nicht zurückfallen wollte. Das Innengespann war in Gefahr, gegen die Mittelachse der Arena geschoben zu werden und zu zerschellen, das mittlere konnte in die Enge getrieben werden und verunglücken, und das äußere verlor leicht seine günstige Position, weil es die längste Strecke zurückzulegen hatte.

Octavians Füchse und zwei andere Gespanne lagen in Führung. In der ersten Runde geriet eines ins Schleudern und prallte gegen die Mauer unter der Zuschauertribüne. Sogleich zog eines der anderen Gespanne, die sich dicht dahinter gehalten hatten, gleich und nahm die frei gewordene Außenposition ein. Ein zweites Gespann raste in die Trümmer des ersten und überschlug sich; der Wagen schien zu explodieren, und der Lenker wurde im hohen Bogen davongeschleudert, während seine Pferde ziellos weitergaloppierten.

Die Zuschauer waren schreiend aufgesprungen. Octavian murmelte atemlos neben mir: »Ja! Ja!« Sein Gespann behielt die Führung, und jetzt hielt es auch ihn nicht mehr auf seinem Platz. Nur Cäsar blieb sitzen und schaute aufmerksam, aber ruhig zu.

Wieder eine Kurve, wieder ein zertrümmerter Wagen; dieser flog gegen die Zentralachse und wurde von einer Jupiterstatue aufgespießt, die über die Wettkampfstätte ragte. Die Pferde wieherten vor Angst und Schmerz, als sie in einem Gewirr von Zügeln stürzten.

Jetzt begann Cäsars Wagen unerwartet aufzuholen; mit ruckhafter Schnelligkeit kam er von außen heran. Es waren nur noch sieben Gespanne übrig, so daß mehr Platz zum Manövrieren war. Octavians Wagenlenker und der andere peitschten auf ihre Pferde ein, als sie aus den Augenwinkeln sahen, daß der dritte seinen Abstand verringerte, aber Cäsars Gespann, das frischer war als die anderen, weil es mit seinen Kräften hausgehalten hatte, ließ sich nicht abhängen. Aber es konnte die andern nicht überholen, weil es auf der Außenbahn eine sehr viel längere Strecke zurückzulegen hatte.

Meine Pferde hielten sich in beachtlichem Abstand dahinter im Mittelfeld. Die Nachhut bildete ein einzelnes Gespann, das aus lauter verschiedenfarbigen Tieren bestand.

In der letzten Runde schien das mittlere der drei führenden Gespanne plötzlich zu stolpern; es fiel plötzlich zurück und geriet in die Gruppe der mittleren drei. Dort war aber kein Platz; die Wagen zu beiden Seiten konnten sich nicht in Sicherheit bringen. Drei prallten zusammen, darunter auch der, der anfangs in Führung gewesen war, und das Geräusch schleifender Räder und splitternden Holzes war übelkeiterregend. Sie verkeilten sich ineinander, Zügel verhedderten, Geschirre verhakten und Gliedmaßen überkreuzten sich, alles flog in einem wirren Knäuel zu Boden, und Pferde und Männer stießen einen einzigen, langen Schmerzensschrei aus. Mein Gespann konnte ihnen schleudernd ausweichen, nur dadurch gerettet, daß es auf der Außenbahn zurückgeblieben war.

Die Zuschauer brüllten auf; fast war es ein Glücksseufzer, den sie ausstießen, als sie sahen, wie die Trümmer umherflogen, die Räder davonrollten, die Einfassungen der Wagen durch die Luft segelten und wie Arme und Beine zuckend aus dem Wirrwarr ragten, während die Schreie der hilflosen Lenker unter den tödlichen Hufen der Pferde abrissen, als diese sie in ihrer Panik in den Boden trampelten.

Die führenden Wagen donnerten unberührt weiter, und die gierige Menge konnte jetzt zwischen zwei gleichermaßen erregenden Anblicken wählen: Da waren die führenden Wagen, die mit rasender Schnelligkeit der Ziellinie entgegenflogen, und die Verlierer, die dahinter kraftlos zuckend im Sand verreckten. Nach wenigen Augenblicken bogen die übriggebliebenen Wagen wieder in diesen Abschnitt ein, und nur durch wilde Manöver konnten sie dem Trümmerfeld ausweichen. Gigantischer Jubel brach los.

Octavians Wagen gewann, gefolgt von Cäsars Rappen. Mein Gespann kam weit abgeschlagen auf den dritten Platz, und der letzte wurde mit liebevollem Jubel begrüßt; wahrscheinlich hatte seine komische Langsamkeit ihm das Leben gerettet.

»Ich gratuliere«, sagte ich zu Octavian. »Du hast eine gute Wahl getroffen. Woher hast du es gewußt?«

Er wandte sich mir zu, und ich sah, wie klar und hell seine blauen Augen waren. Die Iris war von einem zarten dunkleren Rand umgeben. Er sah ganz unbeteiligt aus, aber ich bemerkte doch, wie keuchend er atmete, während er sich bemühte, seine Erregung niederzukämpfen.

»Ich habe geraten und Glück gehabt«, sagte er. »Ich habe nur auf die Beine geschaut und alles andere außer acht gelassen.«

Cäsar erwartete den siegreichen Wagenlenker stehend. Der junge Mann wurde vor ihn geführt, zitternd und schweißüberströmt. Cäsar drückte ihm einen Lorbeerkranz aufs Haupt.

»Heute triumphieren wir gemeinsam«, sagte er dabei.

Der Wagenlenker schaute anbetungsvoll zu ihm auf. »Ich werde ihn für alle Zeit aufbewahren«, erwiderte er und berührte den Lorbeerkranz. »Ich werde ihn aufheben für meine Kinder und Kindeskinder, und ich werde sagen: ›Dies errang ich an dem Tag, da der große Cäsar seinen Triumph beging.‹«

»Wenn er weiter solche Rennen fährt, wird er keine Kinder haben«, flüsterte Ptolemaios mir ins Ohr. »Er sollte sich lieber noch heute zur Ruhe setzen!«

Es fanden noch mehrere Wagenrennen statt, aber keines war so fesselnd wie das erste. Vierergespanne und Zweiergespanne fuhren um die Wette, bis es fast zu dunkel war, um noch etwas zu sehen; dann ritten Reiter mit Fackeln in den Circus ein und verkündeten das Ende der Veranstaltung. Hinter ihnen sah ich eine Elefantenparade einziehen; jedes der Tiere trug eine Fackel auf dem Rücken. Nacheinander kamen sie in die Arena und zogen majestätisch durch das Rund; ein Ring von Flammen leuchtete durch das Dämmerlicht. Ein Elefant mit einer großen Plattform auf dem Rücken schritt auf unsere Loge zu und kniete davor nieder.

»Cäsar wird nun zu seinem Haus auf dem Forum gebracht werden. Alle Bürger, die ihn lieben, sind eingeladen, ihn zu begleiten«, brüllte der Ausrufer.

Cäsar erhob sich, stieg zu dem knienden Untier hinunter und erklomm seinen Rücken. Das gehorsame Tier kam schwerfällig auf die Beine, und Cäsar wandte sich um und winkte dem Volk mit erhobener Hand zu. Die Goldstickerei an seiner Zeremonientoga funkelte im Fackelschein. Langsam ritt er davon.

Wir übrigen bestiegen weitere Elefanten, die wir uns teilten. Ptolemaios und ich bekamen einen, Octavian und Calpurnia einen anderen, die anderen Neffen einen dritten. Zwischen den restlichen gingen die Würdenträger, und dann folgte, so weit das Auge reichte, der Strom der Menge. Die Fackeln warfen lange, zuckende Schatten über die Menschen und ließen tausend einzelne Geschöpfe zu einem einzigen großen verschmelzen. Vor uns sah ich den Regen von Blumen und kleinen Geschenken, der über Cäsar niederging, und ich hörte das Geschrei, das sich erhob, wo er vorüberkam, als würden die Menschen nach langer Gefangenschaft plötzlich ins Licht hinausgelassen.

*Cäsar! Cäsar! Cäsar!* riefen sie. *Unser Glück! Unser Retter! Unser Leben!*

Die Parade führte über das Forum und ging unter großem Jubel den Weg des Triumphzugs zurück, begleitet von Scharen sorgloser Verehrer. Sie hatten gegessen, sie hatten sich unterhalten lassen, sie wurden liebevoll von Cäsar versorgt; ihnen fehlte es an nichts.

So geleiteten sie ihn zu seinem Haus. Er stieg von dem Elefanten herunter und blieb vor seiner Haustür stehen.

»Gute Nacht, alle meine Freunde«, rief er. »Ich danke euch für diesen Tag.«

Dann wandte er sich ab und ging hinein. Die Tür schloß sich sanft.

Ich wartete einen Augenblick und sah dann, wie Calpurnia und Octavian hinter ihm ins Haus gingen. Schmerzlich sehnte ich mich danach, ihnen zu folgen, bei ihm zu sein nach diesem außergewöhnlichen Tag in jener oftmals kostbarsten Stunde von allen, die man ganz ungestört genießen konnte, derweil der Sieg noch in den Adern rauschte.

»Laß uns zur Villa zurückkehren«, sagte ich zu dem Mann, der den Elefanten führte.

Dann wandte ich mich Ptolemaios zu. »Wir können nicht hinein. Heute abend gehören wir nicht zu ihnen«, erklärte ich ihm. »Dies ist nur ihre Stunde.«

Ich würde die Nacht allein verbringen, ausgeschlossen von Cäsars privater Feier. Aber sein einziger Sohn ebenfalls.

# 26

Die Sonne ging am nächsten Morgen an einem wolkenlosen Himmel auf, als habe Cäsar es ihr so befohlen. Das vorzügliche Wetter bedeutete, daß die ausgiebigen – und kostspieligen – öffentlichen Darbietungen und Festlichkeiten, die jeden einzelnen der aufeinanderfolgenden Triumphe umgaben, ungestört ihren Fortgang nehmen konnten. An diesem Vormittag sollte es Theateraufführungen geben, am Nachmittag dann athletische Wettkämpfe im griechischen Stil in einem behelfsmäßigen Stadion auf dem Campus Martius, während zugleich Patrizierknaben anderswo auf diesem Feld die Schlacht um Troja inszenierten.

Im Circus Maximus kämpften Hunderte von Straf- und Kriegsgefangenen in einem gigantischen Gladiatorenwettstreit in dem Sand, durch den am Tag zuvor die Wagen gefahren waren. Man berichtete mir, daß sie in Kompanien gegeneinander kämpften, Reiter gegen Reiter, Fußsoldaten gegen Fußsoldaten, und dazu eine Kompanie von vierzig Elefantenkriegern. Der Sand war mit ihrem Blut getränkt. Aber ich sah nicht zu, und ich wollte es auch nicht sehen. Der römische Blutdurst war mir unerklärlich. Durch die oberen Fenster meines Zimmers hörte ich den ganzen Tag lang das Gebrüll und Geschrei der Menge, welche diese Gewalttätigkeit aufsaugte wie der Sand das Blut.

Ein Meer von Menschen hatte Rom überflutet, um sich an dieser Aufregung zu weiden, am Blut und an den kostenlosen Speisen. Eine Zeltstadt war aus dem Boden gewachsen, und das Rom, das ich vom Gipfel meines Hügels sehen konnte, war doppelt so groß wie das, welches ich bei meiner Ankunft erblickt hatte. In dem Gedränge dort unten kamen Menschen ums Leben; etliche, die nur gekommen waren, um sich an Tod und Gewalt zu ergötzen, hatten am Ende selbst daran teil, zertrampelt im Geschiebe der Leiber. Zwei Senatoren wurden so getötet, aber auch namenlose andere.

Mir graute vor dem nächsten Triumph, mit dem Cäsars Sieg in Ägypten gefeiert werden sollte. Ich würde zuschauen müssen, wenn Darstellungen meines eigenen Landes in der Parade an mir vorbeigeführt wurden, würde mit beifälligem Lächeln die abgebildete Unterwerfung betrachten müssen. Aller Augen würden auf mich gerichtet sein, und ich durfte nicht mit der Wimper zucken. Nur auf diese Weise konnte ich zeigen, daß mein Regime etwas anderes war, daß es die *wahre* Regierung Ägyptens war, im Bündnis mit Rom. Beinahe haßte ich Cäsar dafür, daß er mir so etwas zumutete; ich wußte nicht, ob ich es aushalten würde. Aber aushalten mußte ich es. Sein politisches Urteil war zutreffend, so schmerzlich es mich auch ankommen mochte, mich ihm zu fügen.

Der zweite Triumph, der Sieg über *Aegyptus*: ein kühler Tag, ein kräftiger Wind, jagende Wolken – sehr unägyptisches Wetter. Wieder saßen wir auf der Tribüne am Ende der Via Sacra, aber diesmal peitschte der Wind das seidene Sonnensegel auf und ab. Ich hatte mich und Ptolemaios für diesen Anlaß nach griechischer Mode gekleidet. Sollte nur jedermann sich daran erinnern, daß wir von Alexanders General abstammten! Kein funkelnder Kopfputz mit einer Kobra, die sich auf meinem Kopf aufbäumte, kein breiter Kragen mit Pharaonenjuwelen, keine Straußenfedern. An mir würde man heute nichts Exotisches, nichts Fremdländisches entdecken können. Ein schlichtes Diadem, tief in der Stirn, war besser als eine Krone – heute.

Und wieder der Jubel, als Cäsar auf seinem Weg zum Forum die einzelnen Stationen seines Weges durch die Stadt passierte – und dann der anschwellende Lärm, als er sich uns näherte. Bewegung am Ende des Forums, als die Musiker an der Spitze der Prozession erschienen. Als erstes kam eine Kompanie Ägypter, die auf silbernen Trompeten bliesen und dazu lange Trommeln schlugen, Becken erklingen ließen und Elfenbeinrasseln schwenkten. Ihnen folgten ölglänzende Tänzer mit ihren Sprüngen und dann ein Zug von Frauen in feinsten Leinengewändern, die singend ihre *sistra* schüttelten. Ein Seufzer erhob sich aus der Menge: Das war er, der geheimnisvolle Osten, der ihnen hier auf das Forum gebracht wurde. Isis-Priester mit kahlrasierten Schädeln sangen ihre Lieder an die Göttin, und Weihrauchwolken wehten hinter ihnen her.

Einen Gegensatz dazu bildete der römische Magistrat, der nach ihnen kam; in ihrer unförmigen Toga schritten die Herren lebhaft hinter ihnen her und betrachteten den Unfug der Ägypter mit verächtlichen Mienen.

Dann kamen die Wagen! Ich wappnete mich, um den Anblick der Schätze Ägyptens zu ertragen, die darauf aufgehäuft sein würden, obgleich Cäsar sie nicht genommen hatte: Tatsächlich hatte ich sie ihm geschenkt. Aber wer wußte das? Und für Ägypten waren sie unwiederbringlich dahin, ganz gleich, wie sie hergekommen sein mochten. Der erste Wagen kam schwankend in Sicht – ein riesenhaftes, schwerfälliges Ding aus Akanthus-Holz, einem kostbaren Holz unserer Region. Darauf standen goldene Statuen und Mumiensärge, kleine Obelisken und Tücher, in die Edelsteine eingewebt waren. Auf dem nächsten Fuhrwerk, das auf ungeheuer dicken Rädern heranrollte, stand die Statue aus Grauwacke, die ich Cäsar geschenkt hatte! In diesem Augenblick war ich dankbar, daß die meisten unserer Kunstschätze so schwer waren, daß kein Eroberer sie davonkarren konnte. So waren zumindest die Pyramiden und die Sphinx sicher! Und die großen Tempel am Nil und der Leuchtturm …

Aber der Gedanke war voreilig. Denn im nächsten Augenblick erschien der Leuchtturm – ein gigantisches Modell auf einem eigens dafür gebauten Karren. Die Spitze leuchtete rot, und ein Licht glühte darin. Als nächstes kam eine Darstellung des Nils – ein liegender Mann von üppiger Gestalt mit einem mächtigen Bart, umgeben von Krokodilen und Füllhörnern.

Es folgte die lebende Beute: Tiere aus Ägypten und Afrika. Da waren Krokodile, die in hölzernen Käfigen dahergerumpelt kamen, dann Panther und Strauße, und schließlich ein Tier, das jedermanns Neugier erregte: eine Giraffe. So etwas war noch nie in Rom gewesen, und die Menschen staunten. Es sehe halb wie ein Kamel und halb wie ein Leopard aus, riefen sie, und alle wollten wissen, wie es sich denn wohl vermehre.

Dann kamen die ersten Gefangenen in Sicht: Eine Wachsfigur des Potheinos – so wirklichkeitsgetreu, daß es mich kalt überlief – rollte auf einem eigenen Wagen vorbei. Ich hatte geglaubt, ich müsse sein glattes, böses Gesicht nie wieder sehen. Aber sein Kopf saß auf der Figur – etwas, das es nur in der Kunst und in der Phantasie geben konnte.

Auch sein Mitverschwörer Achillas glotzte als Bildnis von einem Wagen herunter.

Mich schauderte. Wie hatten diese Männer einmal Macht über mich haben können? Jetzt erschienen sie als Wachsfiguren vor einer johlenden Menge. Allmählich begriff ich, welches Bedürfnis diese Triumphe befriedigten.

»Abscheulicher Eunuch!« Die Menschen bespuckten Potheinos.

»Mörder! Mörder! Mörder!« Eine Meute stürmte von den Tribünen herunter zu dem Bildnis des Achillas. Sie bewarfen ihn mit Kot und Abfall. »Du hast unseren Pompejus ermordet!« Als sie die Puppe vom Wagen zerren wollten, rissen Soldaten sie zurück.

»Halt!« riefen diese. »Ihr dürft anderen nicht die Gelegenheit rauben, ihn auch anzuspucken!«

Auf die Toten folgten nun die Lebenden. Ganymedes wurde in Ketten an mir vorbeigeführt. Sein Haar war lang und verfilzt, das Gesicht bleich von der langen Kerkerhaft – keine Spur mehr von dem eleganten Palastlehrer.

Er zuckte zusammen, als ein Regen von Müll auf ihn herniederprasselte. Zum Glück verstand er den größten Teil der lateinischen Flüche und Beschimpfungen nicht, mit denen er überhäuft wurde. Seine Augen blickten stumpf; sein Mut war längst gebrochen.

Und dann – o ihr Götter! Es war Arsinoë! Sie kam etwa zwölf Schritte hinter ihm, mit silbernen Ketten gefesselt. Aber sie hielt den Kopf immer noch hoch erhoben; sie mußte ihre ganze Kraft aufwenden, um sich unter der Last der Ketten nicht zu beugen, aber sie hielt sich aufrecht und ging mit sicherem Schritt. Sie war mager; ihre Wangen waren ausgemergelt, und ich sah die Knochen in ihren Schultern. Die stolze Arsinoë, eine Gefangene in einem römischen Triumphzug, die wie ein Beutestück über das Forum und dann in den Tod geführt wurde.

Das hätte auch ich sein können! Ich senkte die Lider und ließ das Bild verschwimmen, und dann sah ich mich, wie ich an ihrer Stelle daherkam: besiegt. Wenn ich mich gegen Rom gestellt hätte … Wenn das Schicksal mich nicht bevorzugt hätte …

Neben mir weinte Ptolemaios. Ich nahm seine Hand. »Schau nicht hin«, sagte ich.

Aber da drehte Arsinoë sich um und schaute mich an, sah mir mit bohrendem Blick in die Augen, mit einem Blick, der mich erfaßte und nicht mehr loslassen wollte. Haß brannte darin, und Wut züngelte durch den Raum zwischen uns. Auf einmal war ich die Gefangene, gefesselt von ihrem starren Blick.

Sie ging vorbei, und schon war ihr Geist anderswo, wie es schien. Die Menge beobachtete sie jetzt, und Seufzer des Mitgefühls wehten wie eine Strömung durch die Luft. Feindselige Blicke richteten sich auf mich. Unvermittelt war ich die Schurkin und sie diejenige, der Unrecht geschah.

Wie konnten sie so bereitwillig vergessen? Arsinoë hatte gegen Rom gekämpft. Aber die Römer hatten eine Schwäche für Verlierer. Sie sahen eine schöne Prinzessin in Ketten, und Cäsar war vergessen. Kein Hohn, kein Dreck regnete auf sie herab. Gedämpftes, respektvolles Schweigen senkte sich hernieder.

Reihen von Opferstieren folgten ihr; auch sie gingen in den Tod, und das versetzte die Menge noch weiter in Erregung. Sie stöhnte vor Mitleid. Diese arme Prinzessin wurde zur Schlachtbank geführt wie einer dieser weißen Stiere!

Jetzt erschien Cäsar in all seiner Pracht. Aber er ritt vor einem verdrossenen Publikum ein, und dumpfes Murren erfüllte die Ränge. Der Anblick seiner Liktoren und des goldenen Wagens versetzte das Volk nicht in Wallung wie beim ersten Mal. Nur wenige Jubelrufe waren zu hören; sie klangen dünn über das weite Gelände. Ein paar Leute warfen Phiolen mit parfümiertem Öl;

eine landete auf dem Rand seines Wagens und zerplatzte. Er packte die zerbrochene Flasche und hielt sie hoch.

»Gut getroffen!« rief er. »Ich sage immer, meine Soldaten kämpfen noch genauso gut, wenn sie nach Parfüm stinken!«

Das brachte die Massen wieder auf seine Seite, und die Stimmung schwenkte um. Sie begannen zu schreien und zu trampeln.

»Ist das ägyptisches Parfüm?« Er wußte den Augenblick zu nützen.

Die Leute brüllten zustimmend.

»Ich sage euch, die Wohlgerüche Ägyptens übertreffen jede Vorstellung! Und ich habe sie euch alle gebracht!« Er machte eine ausladende Armbewegung. »Ich werde sie zusammen mit den anderen Geschenken unter euch verteilen. Wir haben Zimt und Kampfer und Lilienöl!«

Wo wollte er das alles so kurzfristig herbekommen? Ich wußte, daß er aus Ägypten nichts dergleichen mitgebracht hatte.

Octavian, der hinter ihm ritt, mußte ebenfalls einigen Parfümflaschen ausweichen.

»Kleopatra und ihr vielfach duftend Öl!« grölte die Menge.

Für einen Augenblick erstarrte Cäsar. Dann wandte er sich um und präsentierte mich mit ausgestrecktem Arm dem Pöbel. Alles kreischte und stampfte.

Schnell ritt er weiter. Mein Gesicht glühte. Eindringlich spürte ich Calpurnias Gegenwart, obwohl ich sie nicht sehen konnte. Octavian warf den Kopf in den Nacken und blickte starr geradeaus.

Der Marschtritt der Soldaten übertönte alle anderen Laute. Die Truppen brüllten im Chor und sangen wieder das Kleopatra-Lied; jetzt stimmten die Zuschauermassen ein. Neue Strophen wurden hinzugefügt:

*Als der Leuchtturm brannte*
*Und die Soldaten glotzten,*
*Da verbrachte Cäsar Tag und Nacht*
*Bei seiner Kleopatra.*

Das war abscheulich! Abscheulich war es! Wie konnte Cäsar es so gutmütig ertragen? Ebensogut hätte man mich gleich im Triumphzug mitführen können!

*Tage und Nächte waren immer gleich,*
*Er spielte sein Spiel, bis er lahm wurde.*
*Auf dieses Spiel hat er sich immer verstanden,*
*Und jetzt gibt er uns die Königin als Sündenbock.*

Genug. Das hielt ich nicht länger aus! Sollte ich etwa lachen, wie Cäsar es tat? Sie nannten mich eine Hure!

Endlich war diese gräßliche Prozession vorüber, und der Triumph war zu Ende. Es war vorbei.

Das Spektakel, das auf diesen Triumphzug folgen sollte, war eine Seeschlacht – mitten in Rom. Cäsar schickte einen Boten und ließ uns mitteilen, daß die Sänfte uns wie gewohnt abholen werde und daß unsere Anwesenheit unabdingbar sei. Wie bei dem ägyptischen Triumph?

Diesmal ließen die Sänften den Circus Maximus hinter sich liegen, und wir wurden zum Fluß getragen. Es herrschte dichtes Gedränge, und ich sah die Plätze, wo das Volk nachts lagerte. Hier gab es weniger Gebäude, aber ich erblickte doch noch mehrere kleine Tempel, die an einen großen, säulenumstandenen Komplex angrenzten, der an einem Theater endete.

»Ja, das ist ja fast so groß wie ein Tempel bei uns!« rief Ptolemaios mit schriller Stimme.

Was konnte das sein? Ich mußte Cäsar fragen.

Ach, hätte es dieses Gebäude doch nie gegeben! Mich schaudert noch jetzt, wenn ich mich daran erinnere. Damals, im Sonnenschein, sah es ganz unschuldig aus. Und kann man einem Gebäude vorwerfen, was böse Menschen darin tun?

»Wo ist dieser Tempel, der von feindlichem Gelände umgeben ist?« fragte Ptolemaios. »Wo die Römer Speere mit blutigen Spitzen hineinwerfen, wenn sie einen Krieg anfangen?«

Ich mußte zugeben, daß ich keine Ahnung hatte, wovon er redete. Noch etwas, wonach ich Cäsar fragen mußte.

Unverhofft wurden die Sänften abgestellt, und unsere Diener halfen uns hinaus. Als ich draußen war, glaubte ich meinen Augen nicht zu trauen. Vor uns war ein See, und darauf schwammen richtige Schiffe mit wehenden Bannern – Biremen, Triremen und Quadriremen –, in zwei Flügeln aufgefahren. Eine gewaltige Menschenmenge drängte sich wimmelnd und lärmend rings um den See.

Auf Pfosten am Ufer hatte man eine Zuschauergalerie errichtet, und ich bemerkte, daß Cäsar und die kleine Gruppe seiner Familie und Diener bereits dort Platz genommen hatten.

Wir erkletterten die Plattform und wurden zu unseren Sitzen geführt. Aus dieser Höhe betrachtet, war das Spektakel noch wundersamer. Der künstliche See, der hier auf dem Campus Martius – dem Marsfeld – ausgehoben worden war, mußte mindestens eine halbe Meile lang sein – und wer weiß, wie tief? Offensichtlich tief genug, um Kriegsschiffe darauf schwimmen zu lassen.

Ich sah, daß Cäsar mein Gesicht beobachtete, als habe er das ganze Ding nur graben lassen, um meine Reaktion darauf zu sehen. Ich war überwältigt und konnte es nicht verbergen.

Ich wußte, daß er mir Octavian herüberschicken würde, und ich hatte recht. Mit wachsamem Blick schlängelte er sich zu uns durch. »Ich grüße euch, Majestäten«, sagte er. »Wir sind erfreut, daß ihr uns zur Feier dieses Triumphes Gesellschaft leisten konntet.«

Bildete ich es mir ein, oder legte er besondere Betonung auf das Wort *dieses* und beobachtete uns dabei genau?

»Es war unumgänglich, daß wir es mit ansahen«, sagte ich möglichst ehrlich. »Ich kann aber nicht verhehlen, daß es schmerzlich war. Es hat viele häßliche Erinnerungen geweckt.«

»Cäsar wird betrübt sein, das zu hören. Er war in dem Glauben befangen, du betrachtetest diese Leute als Feinde, genau wie er. Und der Anblick eines Feindes in Ketten ist für gewöhnlich ein erhebender.«

»Vielleicht wirst du es verstehen, wenn du erst einmal wirklich in einem Krieg gekämpft hast«, sagte ich. Er war ein Junge und hatte noch keine Schlacht erlebt; ich empfand seine selbstgefällige Art in diesem Augenblick als sehr unangenehm. Dennoch hätte ich meine Reaktion besser im Zaum halten sollen. »Erzähle mir, was es mit diesem Spektakel auf sich hat«, sagte ich leichthin. »Gibt es überhaupt ein Wunder der Ingenieurskunst, das die Römer nicht vollbringen können?«

»Nicht, daß ich wüßte«, antwortete er mit diesem kalten, glatten Lächeln.

Diese Aufführung sollte die Seeschlacht zwischen den Flotten von Tyros und Ägypten darstellen. Zweitausend Ruderer und tausend Soldaten jeder Nation bemannten die jeweiligen Schiffe, und beim Klang der Fanfaren setzten sie sich in Bewegung und verließen die Stellen, an denen sie sich auf dem glitzernden Wasser wiegten. Ich nahm an, daß es ein Schauspiel werden sollte, aber als von einem der Schiffe Rauch aufstieg und Männer sich stöhnend und schreiend ins Wasser stürzten, wurde mir plötzlich klar, daß hier nichts gespielt wurde.

Vorwurfsvoll wandte ich mich an Octavian. »Was ist denn das? Sollen diese Männer einen Kampf spielen oder sollen sie kämpfen?«

»Bei einer *naumachia* werden große Schlachten nachgestellt – und zwar in allen Einzelheiten«, erklärte er. »Wir haben schon die Schlacht von Salamis aufgeführt, in der die Athener die Perser besiegten, und wieder und wieder haben wir von unseren bequemen Plätzen aus zugesehen, wie die karthagische Flotte vernichtet wurde.«

»Aber wenn ein Krieg einmal geführt und eine Sache entschieden ist – ist denn das nicht endgültig?« wollte ich wissen. »Welchen Sinn hat es denn, den Kampf noch einmal zu führen? Wird das Urteil der Geschichte sich umkehren lassen?«

Die Schiffe rammten einander; Enterhaken wurden geschleudert, und Soldaten schwärmten mit blitzenden Schwertern auf die gegnerischen Schiffe. Feuerbrände flogen durch die Luft und ließen die Takelage in Flammen aufgehen. Ein paar dieser Wurfgeschosse landeten zwischen den Zuschauern, die schreiend in Panik gerieten.

Die Schiffe schwankten, während die Männer auf ihnen um die Oberhand kämpften. Ich sah, wie Gestalten über Bord flogen und wie dunkle Blutflecken sich auf dem Wasser ausbreiteten. Das erste Schiff sank; Schreie erhoben sich und erstarben.

»Sollen Menschen zu unserer Unterhaltung den Tod finden?« rief ich und sah mich unter den andern auf unserer Plattform um; sie nickten und schauten lächelnd zu. Zwei Männer diskutierten Fragen der Taktik, und ich sah, daß Agrippa Einwände gegen ein bestimmtes Manöver erhob. Cäsar amüsierte sich anscheinend ebenfalls recht angenehm.

Blut, Blut überall! Warum schien die Sonne nicht rot auf Rom, warum strahlte sie nicht durch einen roten Dunst? Warum ging sie auf wie überall anderswo auch?

»Kann es kein Wagenrennen geben ohne Tod, keinen Segelwettstreit ohne Tod, kein Schwertgefecht ohne Tod?« Ich packte Octavian bei der Schulter, wo seine Toga geknotet war. »Warum muß alles, was ihr Römer verschlingt, mit dem Tod gewürzt sein?«

*Verschlingen*. Das war das Wort für das, was sie taten. Sie verschlangen alles …, und sie brauchten ein starkes Gewürz für ihre Verdauung.

»Weil ohne den Tod alles fad ist«, erklärte er. »Was letzten Endes nichts kostet, ist bloße Spielerei.«

Und während er dies sagte und seine Stimme sanft und nüchtern durch die Schreie der Verwundeten und das Dröhnen gegeneinanderprallender Schiffsplanken klang, sah ich Arsinoë vor mir, wie sie in der finsteren, luftlosen Kerkerzelle erwürgt wurde. Tod im Sonnenschein und Tod in der Finsternis – die beiden Arten des römischen Todes.

Schroff verließ ich das »Schauspiel«.

Ich nehme an, die *naumachia* dauerte bis nach Sonnenuntergang. Als es dunkel wurde, konnte ich vom höchsten Gipfel des Hügels, auf dem die Villa stand, die Lichtpunkte der Fackeln auf dem Campus Martius sehen. Auch erblickte ich etwas, das aussah wie Freudenfeuer, aber an der Größe erkannte ich, daß es brennende Schiffe sein mußten. Das Spektakel hatte sich selbst verzehrt.

Ich empfand Ekel und Erschöpfung. Ich wollte baden und mich dann auf meinem Bett ausstrecken, um meine Gedanken von den abscheulichen Bildern zu läutern, die sich darin überschlugen. Aber bevor ich das tun konnte, kam Cäsar hereingestürmt. Sein Gesicht war eine Maske der Wut.

»Wie kannst du es wagen fortzugehen?« brüllte er, als er mich sah – ohne ein anderes Wort der Begrüßung. »Du hast mich beschämt, du hast mich beleidigt, du hast jedes Schandmaul in Rom zum Plappern gebracht!«

Wie war er all die Leute losgeworden? Wo war seine Leibwache, wo waren seine Diener, wo der anbetungsvolle Octavian?

»Ich konnte es nicht länger ertragen. Dieses Töten …«

»Dir schlägt das Töten also auf den Magen? Vielleicht bist du am Ende gar keine echte Ptolemäerin?«

Ich starrte ihn an. Er ereiferte sich mit rotem Gesicht wie ein wütender Händler. »Ich finde, das Töten sollte dem Augenblick der Gefahr vorbehalten bleiben, nicht der Volksbelustigung«, sagte ich schließlich. »Ihr entwertet den Tod, wenn ihr ihn so lässig behandelt. Er ist etwas Großes und Endgültiges und sollte nicht erniedrigt werden.«

»Die Ägypter verehren den Tod zu sehr«, grunzte er.

»Die Römer verehren ihn nicht genug«, widersprach ich.

»Und doch machen wir beide eine Kunst daraus. Ihr mit euren Gräbern, Bildern und Mumien, wir mit unseren Volksbelustigungen.« Seine Wut schien verraucht zu sein, aber ich ließ mich nicht täuschen. Er war am zornigsten, wenn er es sich am wenigsten anmerken ließ. »Genug vom Tod geredet! Indem du fortgegangen bist, hast du alles andere zunichte gemacht, was du zuvor durch deine Anwesenheit beim Triumph bewirkt hattest.«

»Es war gräßlich«, sagte ich. »Aber ich habe meine Augen nicht bedeckt.« Ich schwieg kurz. »Jeder Moment war mir zuwider! Es war mir zuwider, die ägyptischen Schätze auf den Karren zu sehen, die Lieder, die sie über dich gesungen haben, waren mir zuwider, und auch die Parfümflaschen! Denkt das Volk so über mich?«

»Sei froh, daß es so denkt. Es ist harmlos genug.«

»Arsinoë. Es war schrecklich. Und das Volk war von Mitleid gerührt.«

»Ja.« Er ging zu einer Bank und setzte sich. Seine Schultern sackten herab. »Ich habe Arsinoë verschont.«

Meine erste Empfindung war eine Woge der Erleichterung. Die zweite war Sorge. Arsinoë, die Stolze, würde sich nicht still zurückziehen.

»Wo soll sie hin?«

»Sie hat um Asyl im großen Tempel der Diana in Ephesos gebeten«, sagte er. »Und ich werde es ihr gewähren, wenn du einverstanden bist.«

Ephesos! Zu nah bei Ägypten! Schick sie lieber nach Britannien! Aber … Ich würde das Risiko eingehen und barmherzig sein. Vielleicht war ich wirklich keine richtige Ptolemäerin. Arsinoë hätte mir die Gnade nicht gewährt.

»Ja. Ich bin einverstanden.«

»Ganymedes ist tot.«

Ganymedes war schon tot gewesen, die gebrochene Kreatur, die ich auf dem Forum gesehen hatte. Für diesen Mann hatte es keine Schonung geben können.

»Wir müssen etwas tun, um den schlechten Eindruck auszugleichen, den du heute mit deinem Fortgang hinterlassen hast«, sagte Cäsar beharrlich. »Die Menge war in einer gefährlichen Stimmung. Das hast du gespürt. Die Parfümflaschen haben uns zumindest die Möglichkeit gegeben, sie abzulenken. Aber sie haben nicht aus vollem Herzen gejubelt. Und es kann sein, daß es bei den beiden folgenden Triumphen noch schlimmer wird, vor allem bei dem über Afrika, denn in diesem Krieg ist Cato gestorben. Ich denke, um alle Gerüchte zu ersticken, daß du vielleicht Feindseligkeit gegen Rom hegst, mußt du hier ein großes Fest zur Feier des Ägyptischen Triumphes geben. Morgen. Und dann werde ich dich und Ptolemaios in aller Form zu Freunden und Verbündeten des römischen Volkes ernennen. Dazu werde ich alle meine Feinde einladen; das wird ihnen das Maul stopfen.«

»Nein! Ich will kein Fest geben! Diese Leute hassen mich alle!«

»Du hörst dich an wie ein Kind.« Sein Ton wurde leichter, und jetzt spürte ich, daß sein Zorn verflogen war. »Natürlich hassen sie dich. Darauf solltest du stolz sein. Wenn sie dich hassen, denk daran, daß sie mich zuerst gehaßt haben. Du mußt dich daran gewöhnen, gehaßt zu werden, wenn du erfolgreich herrschen willst. Die größte Schwäche, die ein Herrscher haben kann, ist das schmerzliche Verlangen danach, geliebt zu werden. Deshalb wäre Cicero – den ich unter allen Umständen einladen werde! – eine Katastrophe als Herrscher, obwohl er so schrecklich gern einer wäre.«

»Nicht Cicero!«

»Meine Liebe, wenn du den vernichtenden Blicken und den beredten Kränkungen eines Cicero standhalten kannst, dann kannst du allem standhalten. Betrachte es als Übung.«

Cäsar würde sich um alles kümmern, denn es war ja sein Fest – genaugenommen war es eine weitere Unterhaltungsveranstaltung im Rahmen seines Triumphes. Ptolemaios und ich sollten das Haus verlassen und uns anderswo vergnügen. Ich ließ uns aufs Land hinausbringen, damit wir die Umgebung Roms sehen könnten.

Es erwies sich als gute Entscheidung. Die heranreifenden Kornfelder, grün und golden vor den Bögen der Aquädukte, die das Wasser von fern heranführten, und die vereinzelten Schafherden waren ein kühlendes Mittel gegen den fiebrigen Irrsinn der überfüllten Stadt. Dieses Land war von einer stillen Schönheit, schlaftrunken und warm. Selbst die Wolken waren rund und sanft. Ich fand es zutiefst erholsam.

Aber die Sonne begann schräge Schatten zu werfen und würde bald untergehen, und der Tag war allzu schnell vorbei. Wir mußten zurück – wohin?

Am Straßenrand brannten schon die Fackeln, als wir zur Stadt zurückkehrten. Es wimmelte noch immer von Menschen; selbst an diesem ereignislosen Tag gab es Theateraufführungen und Sportwettkämpfe, und auf dem Forum veranstalteten vornehme Römer Gladiatorengefechte untereinander, um die Bevölkerung zu unterhalten.

Die ersten bösen Ahnungen hatte ich, als wir den Garten der Villa betraten und feststellten, daß er in etwas verwandelt worden war, was ein als Osiris verkleideter Mann als »kanopische Lustgärten« bezeichnete. Bunte Laternen hingen zwischen den Bäumen, und unter den Ästen hatte man Pavillons zum Trinken aufgestellt, in denen sich lärmend die »Gäste« drängten. Je weiter wir den Hang hinaufkamen, desto phantastischer wurde die Landschaft: Es war, als wateten wir durch einen Papyrussumpf – wir begegneten sogar Nilpferd- und Krokodilfiguren – und gelangten schließlich zum Haus, das eine falsche Fassade bekommen hatte, so daß es nun aussah wie ein Tempel am Nil. Der Fluß selbst wurde durch einen breiten Wassergraben dargestellt, der sich um den Eingang herumzog. Eine vielleicht fünfzehn Fuß hohe Pyramide ragte neben der Eingangstreppe auf, wo das Wasser des »Nils« an den Steinstufen leckte.

»Willkommen in Ägypten!« brüllte ein riesenhafter Nubier, der, nur mit einem spärlichen Lendenschurz bekleidet, am Eingang stationiert war. Im Atrium saß ein Orchester und spielte Lyra, Flöten und Glocken. Geisterhafte, leichte Musik schwebte heraus.

Dies war ein Ägypten aus einem schwülen Soldatentraum; es hatte nichts mit Alexandria oder mit den Dörfern am Nil zu tun. Es existierte nur in den Fieberphantasien derer, die sich nach einem Land der Lüste sehnten; es war ein Produkt römischer Geilheit.

Und es wurde noch schlimmer. Phiolen mit Parfüm und duftenden Salben waren überall im Atrium zu Pyramiden aufgetürmt, und am Wasserbecken weissagte eine Sphinx die Zukunft: Wenn man auf die Pfoten klopfte, erfuhr man von einer hallenden Stimme aus dem Innern, was einem das Schicksal zugedacht hatte. Halbnackte Tänzerinnen wanden und bogen sich zu den Klängen der Musik.

Ein großer Sarkophag, vergoldet und mit Girlanden geschmückt, stand aufrecht an der hinteren Mauer; der Deckel war entfernt, und man sah eine eingewickelte Mumie. Aber die Mumie hatte sehr wache Augen, und ich bemerkte, daß ihre Brust sich hob und senkte. Dahinter hielt ein als Anubis Maskierter Wache; die spitzen Schakalsohren standen aufrecht.

Mir wurde kalt. Welcher Wahnsinn hatte Cäsar ergriffen, daß er sich veranlaßt sah, eine derart groteske Szenerie zu erschaffen?

In meinem Zimmer fand ich eine Nachricht von ihm. Dem Geist des Banketts entsprechend, hatte er ihr einen Miniatur-Obelisken beigelegt.

Meine Liebste, verzeih mir diese Travestie Ägyptens. Die Politik nötigt uns zu mancher unziemlichen Handlung. Aber bedenke, worüber man lacht, das fürchtet man nicht. Und wenn die Römer durch eine weissagende Sphinx und eine tanzende Mumie dazu gebracht werden können, die Reichtümer Ägyptens zu vergessen und es nur für ein Land voller Lustgärten zu halten, so werden sie es gern in Frieden lassen. So wird es in Ewigkeit Dein bleiben.

Sei so schön, wie nur Du es sein kannst, damit meine Feinde niemals sagen können, die Kraft meines Verlangens sei im Schwinden.

In einem hatte Cäsar recht: Hier wurde Ägypten in der Tat zum Gespött gemacht. Nun denn – sollte ich die Maskerade vollenden? Sollte ich die Schlange vom Nil darstellen? Ja, warum nicht?

Ich durchwühlte meine Truhen nach Gewändern, die sich dazu eignen würden, und verband die extremsten Elemente zu einem Kostüm. Ich legte ein beinahe durchsichtiges Kleid mit goldenen Fransen und Fayenceperlen an, drehte Schlangenarmbänder um meine Oberarme und klingelnde Ketten um die Knöchel. Um den Hals drapierte ich einen vierschichtigen Goldkragen, und aufs Haupt setzte ich mir den Geierkopfputz. Meine Füße steckten in juwelenbesetzten Sandalen.

Überraschenderweise war das Gesamtbild nicht häßlich, sondern faszinierend fremdartig. Ich sah aus wie ein Götzenbild im dunklen Heiligtum eines Tempels. Die Kombination aus dem schweren Gold und den spinnwebzarten Schleiergewand verlieh mir ein Gefühl von Unwirklichkeit. Meine Kleidung war leicht wie ein Atemhauch, aber darüber lastete schweres Metall.

Ich suchte ähnlich phantastische Gewänder für Ptolemaios heraus und befahl der Amme, auch Cäsarion einzukleiden. Heute abend würde ich mein Ziel erreichen; ich würde Cäsar dazu zwingen. Diese Nacht würde mir ebenso dienlich sein wie ihm.

»Charmian, hast du je so etwas in Ägypten gesehen?« Ich deutete in die Runde, auf die Pyramide aus Parfümflaschen und auf die sich wiegenden Musikanten.

»Noch nie«, sagte sie und lachte leise. »Aber sollte ein solches Land existieren – es hätte eine Königin, die aussieht wie du heute abend.«

Die ersten Gäste erschienen. Ich hatte keine Ahnung, wie viele Cäsar eingeladen hatte. Als hätten die Götter in meinen Wünschen gelesen, sprach eine junge Frau, die sich als Cäsars Nichte vorstellte, mich an und erklärte, er habe sie gebeten, den Abend über an meiner Seite zu bleiben und mir zu sagen, wer die einzelnen Leute seien, damit ich nicht allzu verwirrt und ratlos sei.

»Mein Name ist Valeria«, sagte sie. »Ich werde versuchen, dir so ehrlich – und so knapp – wie möglich zu erklären, wer jedermann ist.« Sie starrte mich an, sichtlich schockiert über mein Kostüm.

»Ich sehe für gewöhnlich nicht so aus«, beruhigte ich sie. »Nicht einmal in Ägypten. *Vor allem* nicht in Ägypten. Es war Cäsars Vorschlag. Er scheint sich fest vorgenommen zu haben, mit diesem Abend jede Parodie auf Ägypten zu übertreffen.«

Sie lachte laut; es war ein herzliches Lachen. »Er hat erreicht, was er wollte. Sei versichert, Majestät, daß mein Onkel und ich uns in unserer Meinung über die Leute immer völlig einig sind. Deshalb hat er mich dazu ausersehen, heute abend für ihn zu sprechen. Du wirst mich hoffentlich nicht für unhöflich halten, wenn ich freiheraus rede.«

»Nein. Nein, das ist mir sogar lieb.«

»Er selbst rechnet damit, daß er beschäftigt sein wird, aber es gibt einiges, das du wissen solltest, wie er fand.«

Jetzt strömten die Gäste zum Eingang herein; ihre Füße waren naß, denn sie hatten den »Nil« durchwaten müssen. Ich stellte mich am anderen Ende des Atriums auf, bei der Mumie.

Eine Gruppe von Senatoren mit ihren Frauen waren die ersten, die vorgestellt wurden, aber keiner war so wichtig, daß Valeria sich zu einer Bemerkung veranlaßt sah. Sie umkreisten die Pyramide der Duftfläschchen und sahen sich von den Tänzerinnen genötigt: »Bedient euch nur! Nehmt doch etwas!«

Eine Gesellschaft von Leuten, die mir unbekannt waren, kam mit zweien, die ich kannte: Brutus und seine Mutter Servilia. Ich lächelte, als sie sich näherten. Bei ihnen waren mehrere Männer, die alle die Senatorentoga trugen. Einer war mager und dunkel und hatte geradlinige, finstere Brauen; ein zweiter war fleischig und rotgesichtig, und der dritte zeigte eine Miene, in der sich Sorge und Selbstzufriedenheit mischten.

»Gajus Cassius Longinus«, knurrte der erste; fast spuckte er die Worte aus. Ich brauchte mir nicht erst von Valeria sagen zu lassen, daß dieser Mann mich nicht leiden konnte. Wie er zu Cäsar stand, konnte ich noch nicht wissen.

»Publius Servilius Casca«, sagte der Kräftige; er nickte würdevoll und wanderte weiter.

»Marcus Tullius Cicero«, erklärte der dritte, als finde er es amüsant, daß er sich vorstellen sollte.

Cicero! Er hatte die überraschende Eigenschaft, fast genauso auszusehen wie seine Büsten.

»Meine Gattin Publilia«, sagte er und wies auf eine Frau, die eher aussah wie seine Enkelin. Sie verzog den Mund zu einem Lächeln und verneigte sich.

Cicero blieb bei mir stehen. »Reiche Beute aus Ägypten«, sagte er leichthin und deutete auf die Dekoration; seine Handbewegung umfaßte den Raum und schloß in ihrem Schwung ganz beiläufig auch mich mit ein. »Wie gern würde ich einmal dorthin reisen und das alles selbst sehen.«

»Du mußt uns einmal besuchen«, sagte ich. »Aber man hat mir gesagt, Rom zu verlassen habe für dich immer bedeutet, ins Exil zu gehen – selbst als du Statthalter von Kilikien warst.«

»Es ist wahr, am glücklichsten bin ich in Rom. Hier gibt es alles, was ein Mensch braucht, um seine Erfüllung zu finden.« Er seufzte wie ein verliebter Schuljunge. Wirklich, er war verliebt in Rom; in dieser Hinsicht war er aufrichtig.

»Ich weiß, daß Cicero sich stets da zufrieden nennt, wo man die Regierung findet«, sagte ich.

»Und die Regierung der Welt ist in Rom«, antwortete er spitz.

»Wahr ist, daß Rom einen großen Teil der Welt erobert hat«, erwiderte ich. »Aber die Methoden zu ihrer Regierung müssen noch vervollkommnet werden, in Sonderheit von Rom aus. Die Grenzen des Reiches liegen jetzt weit im Norden und im Westen, und im Osten desgleichen.«

Cicero bekam einen steifen Rücken. »Die Republik ist das beste Regierungssystem, das die Welt je geschaffen hat«, sagte er.

»Bis jetzt«, entgegnete ich beharrlich. »Aber die Republik eignet sich vielleicht nicht dazu, ein weiträumiges Reich zu regieren. Als sie ersonnen wurde, war Rom schließlich eine kleine Stadt.«

Ich erwartete eine witzige Erwiderung, aber statt dessen raffte er seine Gewänder um sich, als habe er sich schmutzig gemacht, und knurrte seiner Publilia zu: »Komm.« Sie gingen hinüber in den großen Bankettsaal.

»Cicero hat einen Fehler begangen, als er dieses Mädchen heiratete«, sagte Valeria mir ins Ohr. »Er wollte ihr Geld, aber jetzt hat er mehr, als er erwartet hatte.«

»Aber sie ist sehr schön«, mußte ich einräumen.

»Er hätte seine mißmutige alte Frau behalten sollen«, meinte Valeria. »Die beiden würden gut zueinander passen.«

Ich erinnerte mich an das düstere Aussehen des ersten Mannes. »Cassius – was ist mit dem?«

»Er ist einer von Pompejus' Generälen, die nachher zu Cäsar übergelaufen sind. Er ist mit Brutus verschwägert. Die beiden sitzen gern zusammen und gucken finster.«

»Dann gehört er zu denen, die Cäsar begnadigt hat. Ist er freiwillig auf seine Seite gekommen?«

»Ich bin nicht sicher. Ich glaube, die Anhänger des Pompejus haben nach seinem Tod kapituliert. Sie sind kaum daran interessiert, seine Söhne zu unterstützen.«

»Aber unterstützen sie *Cäsar*?«

Sie überlegte kurz, bevor sie antwortete. »Sie tolerieren ihn«, sagte sie schließlich.

Octavia erschien zusammen mit ihrem Gemahl Gajus Claudius Marcellus, einem gutaussehenden Mann.

»Er gehörte ebenfalls zu den Pompejanern und wurde von Cäsar begnadigt«, erfuhr ich von Valeria.

Allmählich bekam ich das Gefühl, daß ganz Rom von Cäsar amnestiert worden sein mußte. Das bedeutete, daß seine ehemaligen Feinde in ungeheurer Zahl frei herumliefen.

Immer neue Leute rauschten herein; sie kamen in mächtigen Wellen, und die Säume ihrer Gewänder waren naß von der Durchquerung des »Nils«. Aber sie waren gut gelaunt und lachten; also war diese alberne Inszenierung vielleicht doch eine von Cäsars genialen Ideen gewesen. Nichts anderes hätte seine Kritiker in eine so heitere Stimmung versetzen können.

Ein Mann mittleren Alters, begleitet von zwei Frauen, trat zögernd ein und trat dann geradewegs auf uns zu. Er wirkte dürr unter der voluminösen Toga, aber das war natürlich einer der glorreichen Vorzüge der Toga: Sie verhüllte Fett wie Knochen gleichermaßen, so daß man die wahren Dimensionen des Trägers darunter nie erkennen konnte.

»Marcus Aemilius Lepidus«, stellte er sich vor. »Ich habe die Ehre, in diesem Jahr mit Cäsar als Konsul zu wirken.« Er lächelte freundlich. »Meine Frau Junia.«

»Er ist zu bescheiden«, sagte seine Frau. »Er war Cäsars rechte Hand als Gouverneur von Hispania Ulterior, als Cäsar im Osten kämpfte. Er hat die Provinz für ihn gehalten.«

Lepidus machte ein verlegenes Gesicht. »Meine Frau preist mich zu sehr«, sagte er. »Niemand kann ›Cäsars rechte Hand‹ genannt werden. Ich würde sagen, es genügt, als seine linke Hand zu dienen, aber das klingt bedrohlich.« Er lachte.

»Cäsar hat ihm für seine Taten in Spanien einen Triumph gewährt.« Seine Frau blieb hartnäckig.

»Genug, Junia«, sagte er. »Niemand liebt Angeber.«

Jetzt meldete sich die andere Frau zu Wort. »Ich bin ebenfalls Junia: Junias Schwester und die Gattin des Cassius.«

»Dann ... bist du auch Brutus' Schwester.« Wie verwirrend alle diese Namen waren! Wieso hatten in Rom alle Töchter eines Mannes denselben Namen?

»So ist es«, sagte sie.

Sie gingen in den großen Raum hinüber, und ich wandte mich Valeria zu.

»Endlich einer, der Cäsar aus ganzem Herzen unterstützt!« sagte ich.

»Ja. Aber als Stütze gleicht er einem gebrochenen Schilfrohr.« Sie schüttelte den Kopf. »Lepidus ist … ein Schlappschwanz.«

In welcher Hinsicht? fragte ich mich. Auf dem Schlachtfeld oder im Bett? Ich beobachtete den Rücken seiner Frau, bis sie im Gedränge verschwunden war.

Eine andere Frau kam selbstbewußt auf uns zu. Sie war von keinem Mann begleitet und zeigte eine soldatische Haltung. Sie sah recht anziehend aus; Unmengen von weizenblondem Haar waren im Nacken zusammengebunden, und sie hatte ein breites Kinn.

»Fulvia, Majestät«, sagte sie und schaute mir in die Augen. Sie wartete kurz, bevor sie hinzufügte: »Aus der Familie der Fulvier aus Tusculum« – als würde mich das aufklären.

Aber ich hatte von ihr gehört … Was hatte ich nur gehört? War sie nicht die feurige Gattin dieses Rebellen Clodius? Ich erinnerte mich, daß ich ihren Namen im Zusammenhang mit den Straßenkämpfen in Rom gehört hatte.

»Willkommen«, sagte ich. Wie wild sie aussah – wie eine Amazone!

»Ist sie nicht die Witwe des Clodius?« fragte ich Valeria gleich darauf.

Valeria machte ein überraschtes Gesicht. »Dann hat sich ihr Ruhm bis Alexandria herumgesprochen! Sie ist es in der Tat. Und auch die des Curio.«

»Sie sieht nicht aus, als brauchte sie einen neuen Mann«, sagte ich. »Es müßte denn Herkules sein.«

»Man sagt, genau das ist es, was ihr vorschwebt.«

Es war fast wie in einem Theaterstück: Kaum hatte Valeria ausgesprochen, stürmte ein als Herkules verkleideter Mann durch die Tür.

Er war groß und muskulös wie ein Bär, und mit dem Löwenfell, das er sich um die Schultern geknotet hatte, und der Keule auf seiner Schulter sah er aus wie ein Olympier. An seinem Arm hing eine Frau, die so grell gekleidet war, daß ich blinzeln mußte, um sie anzuschauen. »Das darf nicht wahr sein!« sagte Valeria. »Er kann doch *sie* nicht mitbringen!«

Der Mann trat mit lässigem Schritt auf uns zu, blieb vor mir stehen und starrte mich an, als sehe er eine Merkwürdigkeit der Natur vor sich. Er hatte ein breites, gutgeschnittenes Gesicht mit intelligenten dunklen Augen, einen kräftigen Hals und ein Lächeln, das einen Gott geblendet hätte.

»Wie hat das Kind sich verändert!« platzte er heraus. »Prinzessin Kleopatra, erinnerst du dich nicht an mich? Ich bin Marcus Antonius. Ich war mit Gabinius in Alexandria. Ich habe deinen Thron gerettet, wenn ich das sagen darf.«

Der junge Offizier. Ja, jetzt erinnerte ich mich an ihn. Er hatte sich ebensosehr verändert wie ich. »Ja, natürlich. Ich dachte allerdings, es war Gabinius, der den Thron meines Vaters rettete, denn er war der einzige, der es wagte, diese Aufgabe in Angriff zu nehmen, die doch ganz Rom verboten hatte.«

»Gabinius brauchte aber einen Reiteroffizier«, erklärte er. »Und ich war es, der die Grenzfestung von Pelusion bezwang – der schwierigste Teil des Feldzugs.«

»Das stimmt.« Ich erinnerte mich an die Berichte darüber, wie er die als uneinnehmbar geltende Festung tapfer und schnell erobert hatte. »Das hast du getan.«

»Ja, Prinzessin. Das habe ich getan.« Er sagte es nicht besonders stolz, sondern eher sachlich und nüchtern.

»Ich bin jetzt Königin«, sagte ich ebenso nüchtern.

»Und Cäsars Frau«, ergänzte er. »Glücklicher Cäsar.« Er hob die Hand und schwenkte sie. »Geliebter der Götter, der dich als Preis und Schatz bekommt.« Seine Stimme war zu laut. Alle hörten seine Worte.

»Warum bist du als Herkules verkleidet?« fragte ich, um neugierige Ohren abzulenken.

»Ja, ist dies denn kein Kostümfest? Willst du mir erzählen, daß du dich tagtäglich so kleidest? Ich komme als mein Vorfahr, denn ich stamme ja von Herkules ab – wie jedermann weiß.«

»Ja, wie jedermann weiß«, plapperte die Frau ihm nach.

»Darf ich dir Cytheris vorstellen, die größte Schauspielerin Roms?« fragte Antonius unschuldsvoll.

Fulvia schwebte herüber. »Mein lieber Antonius«, sagte sie, »ich hatte gehofft, mit dir sprechen zu können ...« Und gewaltsam zog sie ihn davon.

Valeria konnte das Lachen nicht unterdrücken. »Da bringt er also diese Schauspielerin mit. Hat er denn keine Hemmungen? Das ist kaum die richtige Art, Cäsars Gunst zurückzugewinnen.«

Wo war Cäsar? Ich fing jetzt an, mich nach ihm zu sehnen. Das Fest wurde allmählich übermächtig, und niemand war da, um es zu leiten – wenngleich Antonius und seine Schauspielerin es zweifellos mit Genuß versuchen würden.

Octavian erschien in Begleitung einiger etwa gleichaltriger Jünglinge. Auf seinem Gesicht strahlte tatsächlich ein Lächeln; er wirkte verhältnismäßig unbekümmert.

»Majestät«, sagte er, »du erinnerst dich an Agrippa?« Agrippa an seiner Seite nickte mir zu. »Und meine Freunde Publius Vergilius Maro und Quintus Horatius Flaccus.«

Zwei blasse Gesichter starrten mich an, als wären sie fassungslos, mich zu sehen.

»Man nennt mich Horatius«, sagte der eine, stämmigere.

»Und ich bin unter meinen Freunden als Vergilius bekannt«, erklärte der ältere, schmächtigere der beiden. »Ich muß dir sagen, Majestät, ich habe sehr viel übrig für die alexandrinische Art des Dichtens.«

»Sie sind nach Rom gekommen, um zu studieren«, sagte Octavian. »Uns Jungen vom Lande scheint es einfach hierherzuziehen. Aber später wird Horatius nach Athen gehen, an die Universität dort. Und vielleicht werde ich ihm folgen.«

Ich dachte bei mir, daß Octavian sich für das Leben eines Gelehrten wahrscheinlich am besten eignen würde. Als Erwachsener würde er sein Leben, nahm ich an, wahrscheinlich damit zubringen, irgendein Feld der Geschichte oder der Philosophie zu beackern und Manuskripte zu schreiben, die kein Mensch je lesen würde.

Die Jungen schlenderten davon, und ich sah, daß Octavia mit jemandem herüberkam, einem großen, beeindruckenden Mann, dem die Falten der Toga tatsächlich schmeichelten.

»Ich möchte dich mit Vitruvius Pollio bekannt machen«, sagte sie aufgeregt.

Der Mann verbeugte sich tief. »Majestät, ich bin geehrt.«

»Cäsar schätzt ihn als waffenkundigen Mann«, fuhr Octavia fort, »aber ganz Rom schätzt ihn als Baumeister und Ingenieur. Er versteht die Geheimnisse von Wasser, Holz und Stein und übersetzt sie für uns.«

»Ich hatte die Ehre, Cäsar bei seinen Feldzügen in Gallien und Afrika zu dienen.«

Afrika! Dann war er in diesem letzten, zermürbenden Krieg dabeigewesen. Ich war ihm dankbar für alles, was er dazu beigetragen hatte, ihn zu einem Erfolg werden zu lassen. Gewiß hatte Cäsar seinen Militäringenieuren viel zu verdanken.

»Cäsar kann sich glücklich schätzen, Männer wie dich an seiner Seite zu haben«, sagte ich.

Noch eine Frau wanderte allein umher. Ich sah sie, als sie hereinkam, aber sie suchte jemanden im Gedränge. Ihre Haltung hatte etwas an sich, das mich neugierig machte, und ich machte Valeria auf sie aufmerksam.

»Ah, das ist Clodia!« sagte sie. »Ich dachte, sie sei tot.« Sie schüttelte den Kopf. »Clodia war Catullus' und Caelis' Geliebte – nicht gleichzeitig, natürlich. Jetzt sind sie beide tot, und sie ist auch nicht mehr ganz jung. Sie muß sich einen neuen Liebhaber suchen – und gäbe es dazu einen besseren Ort als ein solches Fest?«

Ich war verwundert darüber, wieviel Freiheit die Römer ihren Frauen gewährten – und verwehrten. Sie durften keine eigenen Namen haben, sondern mußten den ihres Vaters tragen. Sie wurden gnadenlos im Rahmen politischer Allianzen verheiratet, und ebenso beiläufig ließ man sich wieder von ihnen scheiden. Sie bekleideten keine öffentlichen Ämter und durften keine Truppen befehligen. Aber sie konnten auch selbst die Scheidung einreichen, und sie konnten Land und Häuser besitzen. Sie begleiteten ihre Ehemänner zu gesellschaftlichen Veranstaltungen – anders als die griechischen Frauen –, und sie schienen ihre Männer recht gut im Griff zu haben.

Verheiratete Frauen hatten auch Liebesaffären, so schien es: die tugendhafte, geachtete Servilia und Mucia, die Frau des Pompejus – und wie stand es mit anderen? Aber die Männer konnten dergleichen in aller Öffentlichkeit haben, und das war den Frauen verwehrt. Und was war mit Frauen wie Cytheris und Clodia? Und wieso mußte »Cäsars Frau über jeden Verdacht erhaben sein«, während Cäsar öffentlich tun konnte, was er wollte?

Und war ich, eine ausländische Königin, von diesen Sitten ausgenommen?

Fanfaren ertönten, und es wurde still. Cäsar kam hereinmarschiert.

Obwohl er nicht der größte oder der stattlichste Mann unter den Anwesenden war, öffneten sich die Reihen vor ihm. Die Leute wichen zurück, um ihm Platz zu machen. Für einen Augenblick umgab ihn Totenstille, als wäre er von lauter Steinen umringt.

»Willkommen, meine Freunde! Willkommen, ihr alle!« sagte er mit tönender Stimme, und unvermittelt erhob sich der Lärm um ihn herum wieder.

Er war allein. Calpurnia war nicht bei ihm. War er deshalb so spät gekommen?

»Ägyptische Musik!« befahl er, und die Musiker begannen gleich wieder zu spielen. Fremdartige Klänge – für die Römer – erfüllten das Haus.

Er drehte sich um und starrte mich an, und sein Gesicht verriet keinerlei Gefühl. War sein Schweigen ein gutes oder ein schlechtes Zeichen? Bei ihm wußte man es nie.

»Die Königin von Ägypten hat den Vorsitz«, verkündete er. »Die Königin von Ägypten regiert dieses Fest.« Er stellte sich an meine Seite.

»Du siehst aus wie eine Hure«, flüsterte er mir ins Ohr.

»Und diese Villa sieht aus wie ein Bordell«, flüsterte ich zurück. »Ich habe mich an dein Stichwort gehalten.«

Er lachte. »Ich glaube, es ist deine Kühnheit, was ich am meisten liebe.«

»Wieso hast du es für nötig gehalten, Ägypten auf diese Weise darzustellen?« wollte ich wissen.

»Ich habe es dir geschrieben. Was wir verachten, begehren wir nicht.«

»Und wie steht es mit Huren?« fragte ich.

Er machte ein überraschtes Gesicht.

»Ich meine, selbst hochrangige Männer scheinen sich mit ihnen abzugeben, auch wenn sie sie in der Öffentlichkeit meiden. Sie werden zutiefst verachtet, aber doch sehr begehrt.«

Clodia schlenderte vorbei und warf Cäsar einen verschwörerischen Blick zu.

»Clodia zum Beispiel«, sagte ich. »Und Antonius hat sich eine Schauspielerin mitgebracht, die alle angaffen.«

»Antonius wäre nackt ohne eine Schauspielerin, die alle angaffen.« Er wandte sich an Valeria. »Ich danke dir für deine Hilfe. Ich hoffe, die Aufgabe hat dir Spaß gemacht.«

Sie lächelte. »Klatsch macht immer Spaß.« Sie löste sich von uns und verschwand in der Menge.

Die Festtafel war gedeckt; ein hohles Krokodil mit einem Deckel enthielt Berge von Früchten – Kirschen, Birnen, Äpfel, süße Feigen, Datteln und Granatäpfel. In Schüsseln mit hohen Rändern schwamm Meeresgetier wie Polypen, Seeigel und Austern. Ausgestopfte Eber schauten uns verloren an; ihre vergoldeten Borsten hingen kraftlos herunter. Die Leute wimmelten um den Tisch, stopften sich voll und spülten das Essen mit gewaltigen Mengen Wein herunter. Der Lärm schwoll, und wir trieben in einem Meer von Stimmen.

Als das Mahl zu Ende war, schob »Anubis« den Sarkophag herein.

»Inmitten dieses Schmauses schadet es nicht, sich auf die Ewigkeit zu besinnen«, verkündete er keuchend. »Hört, was die Toten uns sagen.« Und er trat zurück und begann zu rezitieren. »Folge dem Verlangen deines Herzens, solange du noch weilest! Gieße Parfüm auf dein Haupt; dein Gewand aber sei aus dem feinsten Linnen, gesalbt mit den wahrhaft wundersamsten Substanzen unter allen göttlichen Dingen.«

Er vollführte einen kleinen, schlurfenden Tanz. »Tu, was dir genehm, und tu es mehr denn zuvor; laß nicht ermüden dein Herz. Folge den Wünschen deines Herzens und dem, was deinem Auge wohlgefällig ist. Forme deine Geschäfte nach dem Willen deines Herzens, bis zu dir kommt jener Tag der Klage, da der Gott, dessen Herze stehet still, nicht höret dein Jammern.«

Er beugte sich über den Sarkophag und sprach zu der Mumie: »Das Weinen hat keinen Bestand im Herzen des Mannes, der da hauset im Grab. Nur zu! Lebe freudig den Tag, und verweile nicht darin.«

Die Mumie begann sich stöhnend zu rühren; die Binden spannten sich unter dem Atem. Die Leute wurden unruhig, obwohl sie genau wußten, daß es eine Aufführung war. Es ist immer ein verstörender Anblick, wenn ein Toter sich rührt.

»Und siehe, es ist dem Menschen nicht gewährt, seine Habe mitzunehmen.« Hinter ihm schwang die Mumie ein steifes Bein über den Rand des Sarkophages. Das zweite Bein folgte. Die Mumie richtete sich schwerfällig auf.

»Und siehe, keinen gibt es, der von hier fortging und wiederkehrte.« Dann drehte »Anubis« sich um, erblickte die Mumie und heulte auf. Er hob die Hände und riß an dem Leinenstreifen, der von der Schulter der Mumie hing. Die Mumie drehte und drehte sich um sich selbst und wickelte sich aus.

»Frei! Frei!« rief sie dabei freudig. Der Mann, der zum Vorschein kam, begann steifbeinig radzuschlagen; dann stürzte er zu seinem Sarkophag zurück, wühlte etliche Handvoll Goldmünzen hervor und warf sie unter das Publikum. »Gebt sie für mich aus!« befahl er. »Ich gehe da nicht mehr hinein!«

Jetzt, da die Menge in Spiellaune war, führte Cäsar eine Gruppe hinaus zur Sphinx.

»Befragt sie zu euren innersten Sorgen!« rief er und schlug der Sphinx auf das Hinterteil.

»Wird Clodia noch einen Mann finden?« rief jemand ins Maul des Ungeheuers.

»Ich sehe viele schlaflose Nächte für Clodia«, antwortete eine gedämpfte Stimme aus dem Innern.

»Das gilt nicht«, sagte Cäsar. »Man kann nur für sich selbst fragen, nicht für andere.«

»Oh, aber ich frage ja für mich selbst«, antwortete der Mann einfältig.

Lepidus trat heran und fragte leise: »Werde ich noch einmal Truppen führen?«

»Jawohl, mehr als dir lieb ist«, war die prompte Antwort. Lepidus war verblüfft.

»Wird die Republik wiederhergestellt werden?« fragte Cicero mit tönender Stimme. Stille legte sich über die Gesellschaft.

»Wie Heraklit sagt: ›Man kann nicht zweimal in dasselbe Wasser steigen, denn stets ist es anderes Wasser, das einen umfließt.‹«

»Ja, das weiß ich«, sagte Cicero gereizt. »Es werden andere Personen sein, aber was ist mit der Institution?«

»Jeder nur eine Frage, Cicero!« brüllte Antonius.

Cicero funkelte ihn an und wandte sich ab.

»Jetzt stelle ich eine!« schrie Antonius. »Hat mein Vermögen seinen höchsten Gipfel schon erreicht?«

»Dein Vermögen hat gerade die Ausläufer des Gebirges erreicht«, war die Antwort. »Du kennst dein Vermögen noch nicht.«

»Komm heraus und zeige dich«, verlangte ich. Wer war dieser Mann? War er wirklich ein Wahrsager, oder war er nur ein Schauspieler?

Langsam wurde der Kopf der Sphinx hochgehoben, und ein dunkelhäutiger Mann spähte hervor. Er bot einen beängstigenden Eindruck, so verdorrt und sonnenverbrannt. »Majestät?« sagte er. »Welche Frage möchtest du mir stellen?«

Ich wußte, daß er kein Schauspieler war.

Wie konnte ich die Frage stellen, deren Antwort ich am meisten ersehnte? In dieser Öffentlichkeit wollte ich es nicht tun.

»Wird Ägypten zu meinen Lebzeiten von den Göttern gesegnet sein?« fragte ich schließlich.

»Ja, von vielen Göttern«, antwortete er. »Von den Göttern im Himmel und von Göttern, die hier in diesem Raum stehen.«

Ein heftiges Zittern erfaßte mich, aber ich wagte nicht, es mir anmerken zu lassen. Welche Götter meinte er? *Hier in diesem Raum …*

Nein – es war eine alberne Antwort, eine Antwort, die mir nichts verriet. Wie meine Frage nicht unumwunden gewesen war, war es auch seine Antwort nicht. Von nichts kommt nichts.

»Jetzt, da alle schweigen«, sagte Cäsar und hob die Hände, »will ich euch dafür danken, daß ihr gekommen seid, um Ägypten zu ehren und mich selbst. Gestern haben wir den Triumph über die Aufständischen in Ägypten gefeiert. Heute ehren wir sein Königspaar, Ptolemaios und Kleopatra, und hier in eurer Gegenwart ernenne und erhebe ich sie feierlich zu Freunden und Verbündeten des römischen Volkes. *Socius atque amicus populi Romani.*«

Die Gesellschaft jubelte über diese Geste, für die der ganze Abend eine Vorbereitung hatte sein sollen.

»Möge niemand ihre Loyalität in Frage stellen!« rief Cäsar, und wieder erhob sich pflichtschuldiger Jubel.

Der Augenblick war gekommen. Jetzt! Ich nickte Charmian zu, und sie wiederum nickte Cäsarions Amme zu. Diese ging rasch hinaus.

Cäsar, Ptolemaios und ich standen vor den Leuten, und um ihre Aufmerksamkeit zu behalten, begann ich eine Rede zu halten – eine etwas weitschweifige, fürchte ich. Aber bald genug wurde mir der eben erwachte Cäsarion gebracht; in königliche Gewänder gehüllt, rieb er sich die großen Augen.

»Dies ist Ägyptens größter Schatz«, sagte ich und nahm ihn auf den Arm. »Und ich lege ihn dir zu Füßen, Cäsar.«

Ich legte das Kind auf den Boden, vor den Saum seines Gewandes. Totenstille legte sich über die Gesellschaft. Ich wußte sehr wohl: Wenn Cäsar ihn aufhöbe, würde er ihn damit als seinen Sohn anerkennen. Aber wußten sie, daß ich es wußte? Oder nahmen sie an, ich glaubte, Cäsar auf diese Weise einen Vasallenprinzen zu präsentieren? Es lag jetzt bei Cäsar zu handeln. Und seine Reaktion, nicht die der Leute, war es, die mir am Herzen lag.

Cäsar schwieg eisig. Da wußte ich, daß er zornig war, sehr zornig. Ich hatte ihn überrumpelt, und das war unverzeihlich. Aber im Gegensatz zu anderen Männern konnte Cäsar in seinem Zorn immer klar denken. Er konnte ihn beiseite schieben, wenn es nötig war, so daß er niemals zur Grundlage seines Handelns wurde. Er blickte starr auf Cäsarion hinunter, und sein Mund war ein schmaler, gerader Strich. »Und wie nennst du diesen Schatz?« fragte er tonlos und gemessen.

»Er heißt Ptolemaios Cäsar – *Cäsar*«, sagte ich laut.

Die Leute fingen an zu murmeln, denn es klang, als ob ich stotterte. Es war zweimal derselbe Name, absichtsvoll zusammengefügt.

Cäsar beobachtete, wie Cäsarion die Hand ausstreckte und seine Sandale berührte. Dann bückte er sich und hob ihn auf. Er hielt ihn hoch und drehte ihn langsam hin und her, so daß alle ihn sehen konnten.

»Ptolemaios Cäsar«, sagte er laut und deutlich. »Ich glaube, man nennt dich Cäsarion – den kleinen Cäsar. Nun, so soll es sein.« Er reichte mir das Kind zurück, ohne mich anzusehen, aber er berührte die Wange des Kindes.

»Wir sind dankbar, Cäsar«, sagte ich. »Wir sind dein für immer.«

»Wie konntest du es wagen?« Cäsars Augen loderten. Wir standen allein im leeren Atrium. Der Boden war von Speisen und Abfällen übersät.

»Ich mußte es tun«, sagte ich. »Dies war der Augenblick. Alle waren versammelt, man feierte Ägypten –«

»Du hast mich überlistet«, fuhr er mir ins Wort. »Du hast dich benommen wie ein Sklavenmädchen.«

»Wenn ich es getan habe, dann nur, weil du mich wie eines behandelt hast.« Er wollte widersprechen, aber ich schnitt ihm das Wort ab. »Aber ich bin nicht irgendein Sklavenmädchen, das seinem Herrn Bastardsöhne gebiert! Ich bin eine Königin! Du hast mich in einer Zeremonie in Philae zu deiner Frau gemacht! Wie kannst du es wagen, deinen Sohn zu ignorieren?«

»Weil er in Rom keinen rechtlichen Status hat. Kannst du das nicht begreifen? Was also hatte das für einen Sinn?«

»Es gibt einen Punkt, an dem das Recht endet und die Moral beginnt«, erwiderte ich. »Indem du ihn nicht öffentlich anerkanntest, hast du ihn und mich beleidigt. Das hat nichts mit seinem rechtlichen Status zu tun. Glaubst du vielleicht, meine Sorge wäre es, daß er dein Vermögen erbe? Er, der er alle Schätze der Ptolemäer erben wird?«

»Wenn ich es ihm erlaube«, erinnerte er mich. »Wenn ich Ägypten erlaube, seine Unabhängigkeit zu behalten.«

»Ich hasse dich!« kreischte ich.

»Du haßt mich nicht. Du haßt die Wahrheit über deine Lage, die so ist, wie ich sie soeben beschrieben habe. Und jetzt senke deine Stimme! Wir können die Lage nicht ändern. Ich kann Ägypten seine Pharaonen nicht zurückgeben. Und ich würde es auch nicht wollen. Die Dinge sind, wie sie sind, und in anderen Zeiten würden wir vielleicht nicht so gut gedeihen, wie wir es jetzt tun.«

»Und du bist gut gediehen«, antwortete ich. Er war gediehen wie eine mächtige Zeder, die alle anderen turmhoch überragte.

Aber ich war zufrieden. Alle Reden beiseite gelassen, hatte ich mein Ziel erreicht. Vor ganz Rom hatte Cäsar unseren Sohn anerkannt. Die Reise nach Rom hatte sich gelohnt.

# 27

Einen Tag Erholung: dann der Pontische Triumph. Die Menschenmassen hatten noch weiter zugenommen – etwas, das ich nicht für möglich gehalten hätte. Die Kunde von den extravaganten Schauspielen hatte sich herumgesprochen und Zuschauer aus dem weiteren Umkreis angelockt. Bei jedem Ereignis aber erwartete man, daß Cäsar seine letzten Anstrengungen noch übertreffen werde, und die Leute drängten heran, um es zu sehen.

Wiederum saßen wir auf unserer mit Seide beschatteten Tribüne und warteten. Diesmal war es kein besonders schöner Tag; es drohte zu regnen. Die ganze Nacht hindurch hatte Donnergrollen die Menschen zu den Jupiterstatuen eilen lassen, weil sie sehen wollten, ob er irgendwelche Zeichen gäbe. Aber nichts war passiert: Keine Statue war umgefallen, keine hatte sich gedreht oder war zersprungen. Und der Tag nahm seinen Gang, ohne daß Jupiter eingegriffen hätte.

Heute spielten die Musiker auf asiatischen Instrumenten – auf gebogenen Harfen, Rasseln, runden Tambourinen, Zithern und becherförmigen Trommeln. Eine Kompanie Schwerttänzer folgte ihnen unter Sprüngen und Verrenkungen. Wieder marschierte der römische Magistrat, und dann rumpelten die schweren Beutefuhrwerke auf das Forum. Sie waren mit Schildpatt verziert und beladen mit Stapeln von goldenen Tellern, kleinen Bergen von rohem Bernstein, mit Lapislazuli aus der Nachbarregion von Pontos, mit vorzüglich gearbeiteten Bogen und Pfeilen, mit glockengeschmückten Pferdegeschirren und mit Wagenrädern, an deren Achsen Sicheln blinkten.

Heulendes Gelächter erhob sich am anderen Ende des Forums, und bald sah ich den Grund dafür: ein Bild des Pharnakes, auf dem er voller Panik vor den römischen Truppen flüchtete. Sein Mund war zum Schreien aufgerissen, und die weit geöffneten, komisch verdrehten Augen machten ihn zu einer Karikatur der Feigheit.

Eine lange Pause, eine weite Lücke. Dann kam ganz allein ein Wagen mit einer gigantischen Tafel, auf der scharlachrote Lettern prangten: VENI, VIDI, VICI. Diese drei Wörter standen für ganz Pontos – als verdiene es keine Darstellung seiner Städte, seiner Landschaft, seiner Denkmäler. Das alles hatte Cäsar in einem Augenblick zusammenschrumpfen lassen, indem er nur vier Stunden gebraucht hatte, um seinen Feind zu besiegen.

Diese Schrift diente als Herold für Cäsar, dessen Wagen nun folgte. Er strahlte liebenswürdig gute Laune aus, als sei diese Schlacht nur eine Nachmittagsunterhaltung für ihn gewesen, wie sie es jetzt für die Bürger war. Jubel hallte über das Forum, und er sonnte sich darin.

Dann kamen die Soldaten und johlten ihre wüsten Lieder, und das Volk brüllte vor Entzücken.

Die Vergnügungen, die zur Feier dieses Sieges veranstaltet wurden, waren gedämpfter als bei den anderen Triumphen. Die Söhne der Verbündeten aus Bithynien und Pontos zeigten pyrrhische Schwertertänze. Magier und Akrobaten schluckten Feuer und sprangen durch Flammen. Natürlich nahmen die Theateraufführungen und Gladiatorenwettkämpfe unverändert ihren Fortgang.

Und nun mußte also der letzte kommen, der Afrikanische Triumph. Weil es das letzte Fest war, waren die Leute ungeduldig und kritisch, blasiert und gesättigt. Und es erforderte zartfühlendes politisches Lavieren, denn der Afrikanische Krieg war Teil der römischen Bürgerkriege gewesen. Der Sieg war über andere Römer errungen worden, nicht über feindliche Ausländer.

Aus ebendiesen Gründen hatte Cäsar beschlossen, seinen Sieg über Pompejus nicht zu feiern, denn damit hätte er bei den vielen nur Anstoß erregt, die Pompejus unterstützt hatten und die ihn immer noch achteten. Zudem galt es als unziemlich, über den Tod römischer Mitbürger zu frohlocken.

In diesem Fall aber schien seine Umsicht ihn im Stich gelassen zu haben. Vielleicht war er in der Frage des Bürgerkriegs mit seiner Geduld am Ende, vielleicht aber sollte es auch all denen zur Warnung dienen, die womöglich immer noch aufständischen Ideen nachhingen. So feierte er den Afrikanischen Triumph und nahm die Niederlage des numidischen Königs Juba zum Vorwand, als sei der Krieg nur gegen diesen Ausländer geführt worden. Ja, er hob die schändliche Tatsache hervor, daß Römer unter dem König gedient hätten, während sie in Wahrheit neben ihm gedient hatten.

Als Octavian an diesem Tag hinter ihm in der Prozession ritt, nahm er den Gedanken da in sich auf? Denn er sollte später genauso verfahren, indem er mir die Rolle Jubas gab und erklärte, daß jeder Römer, der mit mir gekämpft habe, schmählich gehandelt habe – ja, daß er überhaupt aufgehört habe, ein Römer zu *sein*.

Der Tag des Afrikanischen Triumphes war heiß, nicht so heiß wie in Afrika, aber durchglüht von der typischen römischen Sommerhitze, einer entkräftenden Schwüle. Der Schweiß konnte auf der Haut nicht verdunsten; er mischte sich mit Parfüm und Öl und ließ die Kleider am Leibe kleben. Es machte die Leute eigentümlich gereizt; sie waren rastlos und von Unbehagen erfüllt.

Schon vor dem Morgengrauen waren die Massen zusammengeströmt, und als die Prozession sich in Gang setzte, warteten sie schon seit Stunden. Die Sonne brannte gnadenlos herunter; sie schien durch einen feuchten Dunstschleier.

Afrikanische Musiker, in Leopardenfelle gehüllt, kamen stolz dahermarschiert und ließen ihre Fanfaren ertönen und ihre Trommeln dröhnen, und die mächtigen, mit Elfenbeinintarsien verzierten Wagen bogen sich knarrend unter der Kriegsbeute. Die Menge schnappte nach Luft beim Anblick so vieler Elfenbeinhauer; die riesigen bogenförmigen Zähne leuchteten wie unzählige Halbmonde, die auf die Erde gefallen waren. Tiere in Käfigen – Panther, Löwen, Leoparden, Pythonschlangen und Hyänen – wurden herangefahren, und dann folgte eine Kolonne Elefanten, geritten von Getuli, einem Nomadenvolk aus Mauretanien.

Und dann Cäsars Fehler: große Bilder vom schmählichen Ende, das seine Feinde genommen hatten. Man sah, wie Cato seine Wunde aufriß und seine Eingeweide hervorquellen ließ; Scipio wurde gezeigt, wie er sich erstach, und Juba und Petrejus waren bei ihrem grausigen Selbstmordduell abgebildet.

Ein Seufzen erhob sich unter den Menschen entlang der Via Sacra. Sie waren zutiefst empört. Murren begrüßte Cäsars Wagen, nicht Jubel, und seinem Gesicht sah man an, daß ihm – zu spät – klargeworden war, weshalb. Er bemühte sich, das Beste daraus zu machen, und schaute lächelnd nach links und rechts, aber Stirnrunzeln und Kopfschütteln war alles, was er erntete. Hinter ihm holperte Octavian daher; er nahm alle Einzelheiten in sich auf und stand sehr gerade, als er an den Zuschauern vorbeifuhr.

Im Kielwasser der Triumphwagen kam der einzige berühmte Gefangene: der kleine Sohn des Königs Juba, der ebenfalls Juba hieß. Beim Anblick des Vierjährigen, der sich gebeugt unter der Last der Ketten vorbeischleppte, begann das Volk zu pfeifen und zu buhen. Der Kleine schaute die Leute an und ließ ein gewinnendes Lächeln aufstrahlen.

Es folgten die harten Soldaten, die Kämpfer der Neunten und Zehnten Legion, und sie hatten die undankbare Aufgabe, sich der verstockten Menge zu stellen, wie sie schon die undankbare Aufgabe gehabt hatten, in einem unangenehmen, langgezogenen Krieg zu kämpfen. Gleichwohl sangen sie lauthals zu Ehren des Feldherrn, dem sie so leidenschaftlich folgten; sie wußten, daß das Volk von Rom nie ganz begreifen würde, was sich auf einem Schlachtfeld zutrug. Für sie waren Zivilisten ohnehin dumme und gefühllose Kreaturen.

Zu Ehren Afrikas sollte unmittelbar danach im Circus eine Wildtierjagd stattfinden. Cäsar hatte damit gerechnet, daß er mit dieser extravaganten Unterhaltung die Murrenden für sich einnehmen werde, und in der Tat hatte das gemeine Volk, mochte es Cato noch so sehr verehrt haben, keineswegs die Absicht, dem versprochenen Spektakel den Rücken zuzuwenden. Seit Tagen machten Gerüchte die Runde, denen zufolge Hunderte von wilden Tieren gejagt und aufeinandergehetzt werden sollten, und der Gedanke, so etwas zu sehen, ließ den Leuten das Wasser im Munde zusammenlaufen.

In unserer prachtvoll vergoldeten Sänfte trug man uns zum Circus; wir schwebten über dem Meer der schwitzenden Menschen, die ebenfalls dorthin strömten. Ich konnte sie riechen; sie stanken wie eine Mischung aus Käfigtieren und einem ganzen Markt voll überreifer Lebensmittel. Was war nur aus all den Parfümflaschen geworden, die sie gesammelt hatten?

Als wir im Circus angekommen waren, traute ich meinen Augen nicht. Die gesamte mittlere Sektion, die *spina* mit ihren Jupiterstatuen, mit den polierten Wendesteinen an beiden Enden und den Rundenzählmaschinen – alles war verschwunden. Vor uns lag eine offene Fläche, und nur Schatten ließen noch erkennen, wo einmal etwas gestanden hatte. Um das ganze Rund der Arena hatte man einen tiefen Graben ausgehoben, der uns vor den wilden Bestien schützen sollte.

Cäsar und seine Familie hatten sich bereits auf den Ehrenplätzen niedergelassen. Die Verbündeten, die ihm geholfen hatten, seine Feinde zu besiegen, teilten die Bänke mit ihm: Bocchus und Bogud, die Könige von Ost- und Westmauretanien. Sie sahen vergnügt aus, aber sonst niemand. Vielleicht verstanden sie von den Gefahren Afrikas mehr als andere, die nie einen Fuß dorthin gesetzt hatten.

Eine Anzahl buntgekleideter Männer betrat die Arena. Einige trugen schwere Lederpanzer und Beinschienen, andere waren leichter bekleidet und hatten nur Tuniken am Leib. Das waren die *venatores*, die Männer, die mit den Tieren kämpften.

»Wo sind denn die Tiere?« fragte Ptolemaios ungeduldig. Wie ganz Rom hatte auch er die endlosen Spektakel satt, und während seine Erregung ein fieberhaftes Ausmaß hätte erreichen müssen, war er in Wirklichkeit immer schwerer zu beeindrucken.

»Sie kommen schon«, versicherte ich ihm. »Das dort sind die Männer, die gegen sie kämpfen müssen.«

»Ach.« Er unterdrückte ein Gähnen und zappelte auf seinem Sitz herum. Die Sonne brannte immer noch heiß herunter.

»Diese Bestien sind uns gesandt von Gajus Sallustius Crispus, dem edlen Statthalter der neuen Provinz Afrika – der Provinz, die in diesem Krieg erobert wurde –, zum Ruhme Roms und zum Erstaunen seiner Bürger«, verkündete Cäsar jetzt mit seiner lautesten Stimme.

Jubel erhob sich. Allmählich schwenkte die Stimmung um.

»Wir werden auf zweierlei Art mit den Bestien kämpfen«, verkündete einer der Männer, die nur eine Tunika trugen. »Ich habe gelernt, mit einem langen Jagdspeer zu kämpfen, aber ich habe keinen anderen Schutz als meine eigene Behendigkeit. Mein Gefährte dagegen« – er deutete auf einen Mann in Leder – »muß dichter an die Tiere heran, um zuschlagen zu können, und so muß er auch ihrem direkten Angriff standhalten. Er wiederum« – er wies auf einen dritten, der überhaupt keine Waffe hatte –, »nun, ihr werdet sehen, was er vermag. Ihr werdet es sehen und staunen!«

Fanfaren erklangen, und eine Reihe von Wagen mit Käfigen rollten in die Arena. Ich erkannte dunkle Umrisse darin, aber was es war, konnte ich nicht ausmachen.

Ein Trupp Wärter mit Schutzhelmen und wattierten Panzern näherte sich den Käfigen. Die Tür des ersten wurde geöffnet, und ein Löwe sprang heraus. Ein aufgeregter Schrei erhob sich von den Tribünen.

Der Löwe landete lautlos im Sand und schüttelte die Mähne, während er sich orientierte. Nur ein Mann – der mit dem Speer, der zum Publikum gesprochen hatte – blieb in seiner Nähe. Der Löwe duckte sich und beäugte ihn vorsichtig witternd. Der Mann bewegte sich auf ihn zu und machte leise, sirrende Geräusche in der Kehle, um das Tier zu reizen. Der Löwe legte den Kopf schräg und starrte ihm lange Zeit entgegen.

Dann richtete er sich rasch auf. Und fast im selben Augenblick sprang er.

Aber der Mann wich ihm aus und stieß dem Tier seinen Speer zwischen die Schultern. Sofort zog er die blutig rote Spitze wieder heraus und wich zurück. Wenn er den Speer verlor, hatte er keine Waffe mehr.

Der Löwe wirkte eher überrascht als verletzt. Er setzte sich und atmete ein paarmal tief durch. Dann erhob er sich und machte erneut einen Satz.

Wieder wich der Mann den fliegenden Pranken und dem geifernden Rachen aus, und wieder stieß er den Speer in den Löwen, diesmal in die Brust. Mit dumpfem Aufbrüllen rollte das Tier auf die Seite. Der Mann riß den Speer heraus und flüchtete sich in sichere Entfernung, um zu sehen, ob der Löwe sich wieder aufrappeln würde.

Das Tier brüllte; es war offensichtlich nicht tödlich verletzt, aber es wurde böse. Es stürzte sich auf den Mann, und der schlug flink einen Haken – er hätte vor dem Löwen niemals weglaufen können, und es gab keinen Felsen, auf dem er sich hätte in Sicherheit bringen können –, drehte sich gewandt um und spießte den Löwen erneut auf. Diesmal aber konnte er seinen Speer anscheinend nicht wieder herausreißen; eher schien es, als ziehe er den Löwen zu sich heran. Die große, krallenbewehrte Pranke zerriß ihm die Schulter.

Plötzlich hatte der Kämpfer den Speer doch wieder freibekommen; er fiel auf die Knie und ließ das Tier im hohen Bogen auf sich zuspringen. Ungeschützt bot er ihm Brust und Bauch dar, und mit einem ausgezeichneten Gefühl für den richtigen Moment bohrte er dem Löwen den Speer ins Herz, daß der Schaft tief eindrang.

Der Löwe sackte mitten in der Luft in sich zusammen und kippte schwerfällig zur Seite. Er wand und wälzte sich und versuchte die Waffe loszuwerden. Aber das Blut spritzte aus seinem Körper, seine Kraft versickerte, und bald lag er matt hechelnd im Sand, unfähig, sich zu rühren.

Behutsam näherte sich der Mann ihm und riß den Speer heraus. Und als wolle er dem Tier weitere Schmach und Schmerzen ersparen, tötete er es.

Ein überschwenglicher Schrei erhob sich im Circus, als der Mann sich um sich selbst drehte und zeigte, daß er außer der Wunde an der Schulter keine Verletzung erlitten hatte. Eine überaus eindrucksvolle Vorstellung.

Als nächstes wurde ein schwarzer Panther in der Arena freigelassen. Der ledergepanzerte Mann mußte ein paarmal mit ihm ringen, um nah genug heranzukommen, damit er mit seinem Schwert zustoßen konnte. Das Tier, dessen gebogene Zähne weiß aus dem schwarzen Fell strahlten, umarmte seinen Widersacher wie ein Haustier, aber es war doch die unmittelbare Nähe, die der Sache Spannung verlieh. Der Panther wollte ihn nicht ablecken oder liebkosen, sondern verschlingen.

Der Kämpfer konnte dreimal zustechen, aber das genügte nicht. Und dann entglitt ihm sein Schwert, als er es herausreißen wollte, um es erneut hineinzubohren. Es lag quälend knapp außer Reichweite der panisch tastenden Hand, als es dem Panther gelang, den Schutzhelm abzureißen und den Kopf des Mannes mit einem Halbkreis scharfer Zähne zu umfassen. Ein Kreischen verriet uns, daß der Mann dem Untergang geweiht war, und einen Augenblick später schüttelte der Panther den schlaffen Körper, wie eine Katze eine Maus schüttelt.

Aber er durfte seine Beute nicht genießen; für siegreiche Tiere gab es keinen Triumph. Zwei bewaffnete Wärter stürzten hervor; der eine schoß das Tier mit Pfeil und Bogen nieder, der andere brachte es mit seiner Lanze zur Strecke. Die Leichen von Mensch und Tier wurden hinausgeschleift.

Den dritten Mann schien dieses Erlebnis nicht zu erschüttern; er winkte, man möge den nächsten Käfig für ihn öffnen. Wieder sprang ein Löwe heraus, landete im Sand und schaute sich nach seiner Beute um. Der Mann reizte ihn zielstrebig; er sprang auf und ab und tat, als wolle er ihn angreifen. Der Löwe blieb vorsichtig und regungslos stehen. Der Mann bewarf ihn mit einem Apfel und zwang ihn so zu einem Angriff. Aber es war eine halbherzige Attacke – eher eine Reaktion als der Sprung eines Jägers. Dabei öffnete der Löwe das Maul, um zu brüllen, und das hatte der Mann gewußt.

Als die Kiefer klafften, stieß er dem Löwen den Arm in den Schlund, weit in die Kehle hinunter, so daß das Tier keine Luft mehr bekam. Mit der anderen Hand packte er die Zunge des Löwen und drehte sie wie ein Seil.

Die schwere Bestie fing an zu keuchen. Aber der Mann – jetzt sah ich, daß er lederne Armschützer trug – ließ die Zunge nicht los, sondern drehte sie immer weiter. Der Löwe schlug in die Luft und rang nach Atem, und schon verließen ihn die Kräfte. Seine Beine knickten ein, und wir hörten das grausige Geräusch, als er versuchte, an der Faust des tapferen Mannes vorbei die Luft in seine Lunge zu saugen. Aber der Arm steckte wie ein Stein in der Gurgel, und das Tier begann krampfhaft zu zucken. Seine Augen wurden glasig, und der massige Schädel fiel in den Sand. Der Schwanz erbebte, und dann rührte sich nichts mehr.

»Hast du das gesehen?« Ptolemaios war in wilder Aufregung. »Wie hat er das geschafft? Wie? Wie?«

»Durch Übung«, sagte ich. »Und durch unglaublichen Mut.« Wider Willen war ich beeindruckt. Einen Löwen mit bloßen Händen zu töten – diese Heldentat war noch immer dem Herkules vorbehalten gewesen.

Auf den Rängen brandete der Jubel los. Der Mann wurde aus der Arena getragen: ein neuer Held.

Jetzt kam eine Gruppe von Männern mit seltsamen Geräten hereingetrabt; sie hatten einen kugelförmigen Käfig, Schilfbündel und Rollen. Einer von ihnen kletterte in den runden Käfig und schloß eine Klappe hinter sich, und die anderen gingen auf ihre Posten. Etliche Bären wurden aus ihren Käfigen gelassen, und die Männer neckten und reizten sie. Die Bären rollten den runden Käfig wie einen Ball über den Boden, aber sie wußten nicht, wie sie an den Mann darin herankommen sollten; andere stolperten über die Rollen, und wieder andere schlugen ratlos nach den Schilfbündeln. Die Männer überlisteten sie bei jeder Wendung, und die Zuschauer zeigten große Heiterkeit. Das Ganze war eine Komödie. Am Ende wurden die Bären wieder in ihre Käfige gelockt, und die Männer verbeugten sich ein ums andere Mal.

Nach einigen Augenblicken Pause begann der nächste Teil des Programms: Verschiedene Arten von Tieren mußten gegeneinander kämpfen – Stiere gegen Krokodile, Bären gegen Pythonschlangen, schwarze Panther gegen Leoparden. Abwechslungshalber waren die Tiere manchmal aneinandergekettet, so daß sie gezwungen waren zu kämpfen und sich nicht davonschleichen konnten. Die Löwen wurden gegen viele verschiedene Tiere gehetzt, denn das Volk sah sie zu gern kämpfen. Sie traten gegen Tiger, Stiere und wilde Eber an, und meistens siegten sie.

Aber der Haufen der Kadaver, die man beiseite schleifte, wuchs allmählich zu einem Berg. Der Nachmittag zog sich dahin in endlosem Sterben. Die schönen Pelze der getöteten Bestien glänzten in der Sonne.

Unverhofft wurde eine riesige Meute von Löwen in die Arena getrieben; sie jagten einander und wurden zugleich von bewaffneten Männern gejagt. In einem wilden Gemenge von Schreien, Brüllen und Knurren wurden die goldenen Bestien zur Raserei getrieben.

»Noch nie habe ich so viele Löwen gesehen!« rief Ptolemaios. »Nicht einmal im Traum!«

Und in der Tat war es wie ein Traum, diese riesige Ansammlung, die da den Circus erfüllte. Später erfuhr ich, daß es mehr als vierhundert Löwen gewesen waren. Keiner durfte am Leben bleiben.

Am Ende wurde die ungewöhnlichste Hatz inszeniert: Dutzende von Elefanten wurden durch blutige Quälerei in Panik und zum Angriff getrieben. Trompetend wüteten sie in der Arena. Nur der tiefe Graben verhinderte, daß sie blindlings in die Zuschauermenge hineingaloppierten; ich verstand jetzt, warum Cäsar ihn hatte ausheben lassen.

Diese Verschwendung, diese Verschwendung, dieses Gemetzel! Ich ertrug es kaum zu sehen, wie die Elefanten geopfert wurden – ja, wem? Der Unterhaltung? Rom? Welche Nation zerstört ihren eigenen Reichtum? All dieses Töten – wertvoller Tiere und Menschen – war ebenso abträglich für das Land, wie es grausam war.

Und dabei halten die Römer sich etwas auf ihre Rationalität zugute, dachte ich, als ich die von Kadavern übersäte Arena sah. Aber das hier war nicht rational; es war ohne Vernunft. Es war ihr eigener, eigentümlicher Wahnsinn: das Töten in gewaltiger Zahl, zum Spaß.

Ich spürte, daß mich fröstelte, trotz der drückenden Hitze.

Die Dämmerung kam; das Schlachten mußte ein Ende nehmen. Die Massen hatten sich von dem Spektakel anstecken lassen und waren beinahe so wild wie die rasenden Elefanten. Zu Cäsars riesigem Bankett, das sich über die ganze Stadt erstrecken sollte, würde das Volk in ausgelassener und aufgeregter Stimmung strömen.

Dies sollte das Abschlußereignis der zehntägigen Festlichkeiten sein. Cäsar lud ganz Rom zu einem Festmahl, zu dem in der ganzen Stadt zweiundzwanzigtausend Tische gedeckt werden sollten. Zweiundzwanzigtausend Tische, gedeckt mit Köstlichkeiten wie Meeraal und Falerner Wein. Ihm schwebte eine Szene vor, in der alle seine Krieger, müde von der Schlacht, zur Feier ihrer Errettung speisten und tranken. Es war eine Szene aus der Mythologie, und wahrscheinlich war er der einzige, der sie vor sich sehen konnte. Aber das Volk war gern bereit, auf seine Kosten zu fressen.

Unten auf dem Forum wurden Tische gedeckt, wo tagsüber die Leute umhergingen und die Händler ihre Stände hatten. Die exklusivsten standen in der Umgebung der Regia und des Hauses, in dem Cäsar selbst wohnte, aber Tausende weitere standen rings um die halb vollendete Basilica Julia, den Tempel von Castor und Pollux, um Rostra und Kurie. Auf der Via Sacra, wo die Triumphwagen entlanggerumpelt waren, schoben sich jetzt Festgäste und Aufwärter, Tänzer und Schankdiener hin und her. Überall loderten Fackeln, und Musiker spielten auf der Rostra.

Cäsar und seine Familie speisten an einem Tisch neben seinem Haus, die führenden Senatoren und der Magistrat nicht weit davon entfernt: Cicero, Lepidus, Brutus und andere, die ich nicht kannte. Alle formal als Freunde und Verbündete des römischen Volkes Geltende saßen an meinem Tisch:

Bocchus und Bogud, die Maurenkönige, die Herrscher von Galatien und Kappadokien sowie die Abgesandten der großen Städte in Asien. Unwillkürlich musterte ich Bogud, einen Mann mit einer Hakennase, als ich versuchte, mir vorzustellen, wie seine Frau, Eunoe, wohl aussah. Ich fragte mich, warum sie nicht mit nach Rom gekommen war. Ob Bogud es ihr verboten hatte? Oder Cäsar? Ich brannte vor Neugier.

Überall auf dem Forum wurde in lärmender Ausgelassenheit gefeiert; der Falerner tat seine Wirkung. Da es ein so rarer und kostbarer Wein war, hielt jedermann es für seine Pflicht, möglichst viel davon zu trinken. Der Lärm schwoll an und hallte von den Steinen wider. Ich sah, wie mehrere Männer aufsprangen und um die Säulen am Tempel des Saturn herumtanzten, und einige andere hakten sich unter, bildeten eine Reihe und versuchten die Bänke an der Via Sacra umzustürzen. Auf den Stufen der Kurie fand ein Wettstreit brüllender Sänger statt. Ein Mann stürzte sich dort kopfüber hinunter, rollte um und um wie ein Faß und krähte dabei vor Begeisterung.

Auch Frauen machten mit – sie flochten sich Blumen ins Haar und kletterten über die Bänke. Die Schwüle des Abends machte das Ganze noch eindringlicher und hitziger. Ich fühlte, wie mir der Schweiß über Gesicht und Rücken rann, daß mir das Gewand am Leibe klebte. Der Schmuck, den ich trug, fühlte sich an wie Handfesseln. Es war keine Nacht, in der man gern Metall auf der Haut spürte.

Als das Essen vorüber war und die Ausgelassenheit ihren Höhepunkt erreichte, stand Cäsar plötzlich auf. Fanfaren schmetterten, als er eine Fackel ergriff und auf den Tisch sprang.

»Freunde! Ich will die Weihe meiner Geschenke an das römische Volk nicht länger hinausschieben. Warum auf das Tageslicht warten, wenn wir das Licht von tausend Fackeln haben? Warum warten auf einen neuen Tag, wenn doch jetzt schon alle hier versammelt sind?« rief er.

Am anderen Ende des Forums konnte ihn kein Mensch hören; dort tranken, fraßen und tanzten sie immer noch. Aber rings um uns herum verstummten alle und lauschten.

»Ich möchte, daß Rom die schönste Stadt der Welt ist. Und zu diesem Zweck habe ich neue Bauwerke errichten lassen.« Zwei seiner Soldaten traten an seine Seite, und auch einige Priester in der gestreiften Toga. »Ich will sie euch zeigen. Kommt mit mir!«

Er nahm Calpurnia bei der Hand, und gehorsam folgte der Rest seiner Familie ihm, als er sie zu den Stufen der fast vollendeten Basilica Julia führte. Die Menge, die ihm nachlief, war schon ziemlich groß geworden.

»Ich schenke diesen neuen überdachten Markt, ein öffentliches Gebäude, den Bürgern von Rom«, verkündete er. »Unsere älteren genügen unseren Bedürfnissen nicht mehr; sie sind weder groß noch modern genug. Und so taufe ich dieses Bauwerk Basilica Julia zu Ehren meiner Familie, der julianischen Sippe. Es gehört euch in Ewigkeit!«

Mächtiger – wenn auch etwas schwerzüngiger – Jubel erhob sich.

Dann wandte Cäsar sich um und ging nordwärts zwischen den Bauten hindurch. Er führte das Volk auf sein schimmerndes, weißes neues Forum und zu dem Tempel dort. Im Eingang blieb er stehen und schwenkte seine Fackel.

»Ein neues Forum für einen neuen Tag!« rief er. »Die Stadt Rom braucht ein neues Forum!«

Alle hatten gesehen, wie es gebaut wurde, und dennoch war es wie eine Überraschung, als es tatsächlich präsentiert wurde. Ein neues Forum. Aber das alte war doch heilig ... Es enthielt so viele historische Stätten, die alle mit der Geschichte Roms verbunden waren. Hier hatte Jupiter den Angriff der Sabiner zum Stehen gebracht, und hier hatte Curtius sich in den sagenumwobenen Lacus Curtinus gestürzt. So viele Sagen, die ihrem Herzen allesamt lieb und teuer waren. Ein neues Forum? Was sollte das bedeuten? So einfach, wie Cäsar es klingen ließ, konnte es nicht sein: ein neuer Platz mit größeren, sauberen Flächen für die Geschäfte, und weiter nichts. Nein, Cäsar mußte andere Beweggründe haben – ich hörte fast, wie sie es dachten. Sie waren immer bereit, das Schlimmste von ihm zu denken.

»Kommt, folgt mir! Lauft über das Gras, wandelt unter den Kolonnaden, nehmt alles in Besitz!« drängte er. Aber sie blieben ängstlich zurück.

Cäsar lief allein über das Gras und stieg die Treppe zum Tempel hinauf. Dort blieb er für einige Augenblicke stehen, den einen Fuß auf eine höhere Stufe als den andern gestellt, und wandte sich zur Seite. Die Robe des Triumphators war dunkler als jeder Wein – ein roter Fleck auf dem weißen Marmor.

»Und so weihe ich hier feierlich den Tempel, welchen ich meiner Vorfahrin Venus versprochen habe, dem Ursprung meiner Familie, der *Venus Genetrix*. Hier will ich die Göttin ehren in allen ihren Verkörperungen. Kommt und schaut!«

Eine Gardekompanie mit Fackeln kam die Stufen herauf und stellte sich im Tempel auf, so daß der Innenraum plötzlich leuchtete und gelbes Licht zwischen den Marmorsäulen hervorschien. Langsam bewegten sich die Menschen voran und betraten den Tempel.

Sollte ich ihnen folgen? Ich wußte ja, was sie dort sehen würden. Täte ich es nicht, würde man mich für kokett halten. Also zwang ich mich, den Tempel zu betreten, um dort die drei Statuen zu sehen – Venus, Cäsar und mich.

Die Leute starrten alles an. Calpurnia hielt Cäsars Hand fest, aber sie hatte den Blick gesenkt. Die lauten Stimmen waren verstummt.

Cäsar sagte nichts, aber er hatte sie gezwungen, es zu sehen – zu sehen, daß er mich als einen Teil seiner Familie betrachtete, nicht in irdischem, aber in göttlichem Sinne. Jetzt schämte ich mich, weil ich ihm nicht vertraut hatte und weil ich ihn in die Verlegenheit gebracht hatte, Cäsarion öffentlich anzuerkennen.

Die Menschen standen wie vom Donner gerührt vor den Statuen; sie sahen selbst aus wie Statuen. Dann wandten sie sich ab und gingen hintereinander wieder hinaus. In ihren Gesichtern konnte ich nichts lesen.

»Es ist Venus, die mir als ihrem Sohn huldvoll zugeneigt war und mir die Siege gebracht hat, die wir heute feiern!« sagte Cäsar. »Venus, ich ehre und preise dich! Segne du deine Nachkommen, die Julier, segne jeden einzelnen, und laß uns Ruhm und Ehre für Rom gewinnen!« Die Priester verbeugten sich und legten Opfergaben vor die mittlere Statue.

Cäsar war von seiner Familie eng umringt, als wollten sie ihn vor bösen Wünschen beschützen. So standen sie zusammengedrängt vor den drei übermächtigen Statuen, die überhaupt nicht gütig aussahen.

Draußen war die Menge in tausend kleine Gruppen zerfallen; die Speisen wurden abgeräumt, und die leeren Weinamphoren – ein wahrer Berg – wurden auf schwere Fuhrwerke verladen. Achtbare Bürger gingen nach Hause und überließen es den Betrunkenen, den Jungen und den weniger Achtbaren, noch weiterzufeiern.

Calpurnia, Octavian und Octavia waren verschwunden; aber ich war nicht überrascht, als Cäsar zu Bogud, Bocchus und mir herüberkam.

»Ich bedaure, daß ich euch erst jetzt begrüßen kann«, sagte er. »Ich hoffe aber, das Essen hat euch gemundet?«

»Noch nie habe ich etwas Ähnliches erlebt!« rief Bocchus. »Es wird in die Geschichte eingehen!«

»Das hoffe ich«, sagte Cäsar. »Sonst hätte ich eine Menge Geld zum Fenster hinausgeworfen.« Er lachte. »Aber ich glaube auch, daß man sich daran erinnern wird. Wenn etwas zum ersten Mal geschieht, erinnert man sich immer daran. Später werden andere größere Festgelage veranstalten und außergewöhnlichere Gerichte auftischen. Aber das erste Mal ist das, was den Leuten im Gedächtnis bleibt.« Er sah sich um. »Laßt uns durch die Straßen spazieren und sehen, wie das restliche Rom feiert. Die Luft auf dem Forum ist etwas dünn.«

Zusammen verließen wir das Forum und gelangten sogleich in Gegenden, wo die warme Luft überhaupt nicht dünn war, sondern schwer und dick. In den engen Gassen drängten sich die Feiernden, und ich roch den vergossenen Wein, den kostbaren Falerner, der zwischen den Pflastersteinen versickerte wie Regenwasser. Jeder, so schien es, war betrunken und satt, und alle brüllten. So groß war das Gedränge, so schlecht das Licht, daß Cäsar genötigt war, seinen Mantel abzulegen. Niemand beachtete uns, und wir hätten ebensogut unsichtbar sein können.

Für einen Lauscher war es das Paradies. Die Kommentare schwirrten nur so hin und her, und niemand übte Zensur.

»Er muß den Tempelschatz ausgeplündert haben, um das alles zu bezahlen – schon wieder!«

»Und er hat seine Hure in den Tempel gestellt, sagst du? Eine große Statue? Ich wette aber, den Teil, der ihn bezaubert hat, sieht man nicht!«

»Ich glaube, er will eine Königin, weil er selbst König werden möchte.«

»Er hat alle diese Tempel und Foren bauen lassen, weil er so was in Alexandria gesehen hat. Er findet, Rom ist nicht gut genug; es braucht mehr teuren weißen Marmor.«

Ich bekam kaum Luft, so dicht war die Menge. Die eng zusammengedrängten Leiber verströmten Hitze wie ein Kohlenfeuer Dünste, und die Nacht drückte mit schwerer Hand auf unsere Köpfe. Die Reden aber, die ich zu hören bekam, waren so erschreckend, daß ich Herzklopfen hatte.

Das Volk schien entschlossen zu sein, alles auf die schlimmstmögliche Weise zu deuten. Wieso wandten sie sich gegen Cäsar? Ihm lag das Los des gemeinen Volkes mehr am Herzen als den hochgeborenen, wohlgenährten Senatoren, die sie bevorzugten.

Eine einsame Stimme erklärte in klagendem Tonfall: »Ich finde, er ist ein großer Mann, der größte seit Alexander.«

Aber sein Kamerad höhnte: »Sie sagen, er will sogar den Kalender ändern! Jetzt hält er sich schon für einen Gott, der Tage und Jahreszeiten ändern kann!«

Einer stolperte und ließ seinen Weinbecher fallen, daß er gegen Cäsars Schulter flog. Ich griff nach Cäsars Hand. »Laß uns nicht weitergehen. Ich kann mich hier nicht rühren, und ich will von diesem Quatsch nichts weiter hören.«

»Quatsch?« sagte er. »Ja, das ist es. Ich habe auch genug gehört. Jetzt weiß ich genug über das, was sie denken.«

Er machte eine Handbewegung, unsere kleine Gruppe machte kehrt, und er führte uns aus dem Gewirr der Gassen und Seitenstraßen hinaus. Wie gut er sich auskannte – ich wäre hier verloren gewesen.

»So habe ich mein Geld doch zum Fenster hinausgeworfen«, sagte er, und seine Stimme hatte einen harten Unterton.

»Einer hat ehrenvoll über dich gesprochen«, erinnerte ich ihn.

»Einer«, sagte er müde und verbittert. »Aber bewirtet habe ich zweihunderttausend.«

# 28

Am nächsten Tag schien die Sonne auf ein Heer von Männern, die das Forum und die Straßen von Rom reinigten und alle Spuren der Triumphe von den Pflastersteinen fegten. Zehn Tage hatten sie gedauert und ein Feuerwerk von Musik, Soldaten, Tieren, Trophäen, Wettkämpfen, Speisen und Geschenken gebracht. Nie hatte man etwas Ähnliches in Rom gesehen, und für alle Zeit wäre es mit dem Namen Gajus Julius Cäsar, Imperator, Diktator, Konsul, verbunden. Aber schon war es vorüber, und die Sonne schien auf einen neuen Tag. Jetzt konnte das Volk sich gelangweilt umschauen und fragen, was wohl als nächstes kommen würde, um es zu besänftigen und zu unterhalten.

Cäsar brannte darauf, seine Reformen durchzudrücken, und ein gehorsamer Senat unterstützte ihn dabei. Er hatte sich viele ausgedacht, um Mißstände im Staate zu beseitigen. Er wollte den Galliern aus Cisalpina – jener norditalienischen Gegend, die seit Jahren römisch war – die römische Bürgerschaft verleihen. Er wollte alle religiösen Gilden – in Wirklichkeit politische Vereine, die für den Aufstand gegen die gewählte Ordnung eintraten – verbieten, mit Ausnahme der jüdischen, die sich aus allen politischen Fragen heraushielt. Er wollte die Zahl derer, die kostenlose Getreiderationen erhielten, auf die Hälfte verringern und den Rest in Kolonien außerhalb von Rom ansiedeln. Er gab ein bürgerliches Gesetzbuch in Auftrag, da das Recht sich bisher in Hunderten verschiedener Dokumente verkörperte. Es gab noch eine Reihe anderer Gesetze, die römische Angelegenheiten betrafen und die für die Römer zweifellos sehr wichtig waren, dem Rest der Welt aber eher esoterisch erscheinen mußten – wie es bei allen lokalen Gesetzen der Fall ist.

»Weißt du«, sagte er eines Abends, als er vom Senat geradewegs zur Villa gekommen war, »daß ich meine Ingenieure veranlaßt habe, den Plan zu drei Projekten zu entwerfen, welche die Welt verändern werden?« Als er mein skeptisches Gesicht sah, verbesserte er sich. »Nun, eines jedenfalls wird sie verändern.«

Er kniete sich auf den Boden und zeichnete etwas mit seinem Dolch. »Der Peloponnes in Griechenland ist fast eine Insel.« Das Metall machte häßlich kratzende Geräusche auf dem Steinboden. »Er ist durch den Isthmus von Korinth mit dem Festland kaum verbunden. Wenn man dort einen Kanal durchstechen und den Peloponnes auf diese Weise vollends abtrennen könnte – stell dir vor, was das für die Schiffahrt bedeuten würde! Die See dort ist so rauh, daß man die Schiffe über Land schleppt, über den Isthmus, statt sie den Gefahren des Meeres auszusetzen. Aber wenn das Ägäische und das Ionische Meer miteinander verbunden werden könnten ...«

»Dort kannst du nicht durchbrechen. Das ist blanker Fels, wie ganz Griechenland.«

»Kanäle haben auch Ägypten verändert«, beharrte er. »Wenn es keinen Kanal gäbe, der Alexandria mit dem Nil verbindet – bedenke doch, wie eingeschränkt du dann wärest.«

»Ägypten besteht aus Sand«, sagte ich, »Griechenland aus Stein. So. Und was sind deine anderen Projekte?«

Er lachte. »Wie immer stutzt deine Nüchternheit meinen Träumen die Flügel«, meinte er. »Also gut – ein weiteres besteht darin, daß ich die Pontinischen Sümpfe trockenlegen lassen werde, um mehr Ackerland zu gewinnen. Jetzt ist dort ein endloser, von Mücken verseuchter Morast.«

»Und deine Ingenieure behaupten, das geht?«

»Sie sind voller Hoffnung.«

»Und das dritte Projekt?«

»Ich werde einen neuen Kanal für den Tiber graben lassen – zwei neue Kanäle, genau gesagt. Der eine wird ihn mit dem Anio verbinden, so daß man mit dem Boot bis Tarracina fahren kann. Aber in Rom selbst werde ich das Flußbett westwärts leiten, so daß der Fluß auf die vatikanische Ebene fließt. Dann kann alles, was jetzt auf dem Campus Martius veranstaltet wird, auf dem Vatikan stattfinden, und der Campus Martius bebaut werden. Ich will dort einen riesigen Tempel für Mars errichten, den Gott, der Rom so gnädig gewesen ist. Und ich will, daß es der größte Tempel in Rom wird – nein, in der ganzen Welt!«

Seine Augen blitzten vor Aufregung, wie ich es zuletzt in Ägypten gesehen hatte. Er hatte Pläne, große und unmögliche Pläne, und sie erweckten ihn zum Leben, wie das Wühlen in römischer Politik es niemals konnte.

Rom war nötig als Heimatstützpunkt, als Sitz seiner Macht, und doch saugte es wunderlicherweise alle Tatkraft aus seinen Adern, all die Kraft, die ihn hier zum Herrn gemacht hatte. Wenn er fern von Rom war, blühte er auf; hier schien er zu welken.

»Erzähle mir mehr von deinen Projekten«, ermunterte ich ihn. »Ich weiß, du mußt noch mehr haben; du führst nur eines nach dem andern vor, wie die Wagen mit den Tieren einer nach dem andern in den Circus gefahren wurden.«

Ich sah seinen Gesichtsausdruck, der fast völlig unmerklich ausdrückte: *Soll ich wagen, sie einzuweihen?* Aber er vertraute mir, und so redete er entschlossen weiter. Er brannte darauf, die Dinge laut auszusprechen, wie er die Dinge laut aussprach, damit sie Wirklichkeit wurden. Er streckte sich auf dem Boden aus, drehte sich auf den Rücken und verschränkte die Arme hinter dem Kopf, als läge er irgendwo auf einer Wiese und nicht auf dem harten Steinboden.

»In Friedenszeiten ist alles möglich«, sagte er. »Ich glaube, der größte Lohn des Krieges besteht in dem, was er dich im Frieden tun läßt, der darauf folgt.«

»Ich weiß, es gibt Leute, die fürchten deinen Frieden und das, was du dann zu tun gedenkst«, sagte ich. Ich konnte die finsteren Mienen und die sarkastischen Bemerkungen über ihn nicht vergessen.

»Sie fürchten mich, weil sie einem siegreichen Feldherrn mißtrauen«, sagte er. »Immer, wenn die Schlachten geschlagen waren, pflegten die Sieger sich die Maske der Milde vom Antlitz zu reißen und auf erbitterte, grausame Rachefeldzüge zu gehen. Sie können nicht glauben, daß ich es nicht auch so halten werde. Aber ich werde es nicht tun, und die Zeit wird es erweisen.«

»Und wenn man dir die Zeit nicht gibt?« Ehe ich es verhindern konnte, purzelten die Worte aus meinem Munde – meine Angst vor der Zukunft, vor seiner Zukunft, meiner Zukunft, jedermanns Zukunft. Meine Schwäche.

»Niemand würde mich ermorden«, sagte er und sprach das gefürchtete Wort aus. »Wäre ich tot, würde das Chaos herrschen, und das wissen sie. Es gibt niemanden, der mein Nachfolger sein und die Flut neuer Bürgerkriege zurückhalten könnte.«

Er hatte natürlich recht. Aber sind die Menschen weitsichtig? Wenn sie es wären, handelte jeder immer voller Klugheit, und niemand verfiele dem Ruin.

»Erzähle mir von deinen Plänen«, begann ich noch einmal. »Ich möchte sie alle hören.«

Und so lag er auf dem kalten Boden und erzählte mir von seiner Absicht, Rom zu einer großartigen Stadt zu machen: Er würde am Fuße des Tarpejischen Felsens ein Theater bauen wie das in Athen. Er würde eine Staatsbibliothek für die gesamte griechische und römische Literatur gründen. Er würde auf dem Marsfeld ein geschlossenes Wahlgebäude errichten, um die Wähler vor den Elementen zu schützen. Er würde den Hafen in Ostia erweitern und Rom einen Hafen für Seeschiffe verschaffen, wie Athen ihn hatte. Er würde eine neue Straße durch die Berge bis zur Adria bauen und die zerstörten Städte Korinth und Karthago neu gründen.

»Roms alte Feinde?« fragte ich. »Und wie steht es mit ›Karthago muß zerstört werden‹?«

Er lachte. »Karthago ist ja zerstört worden. Aber die Gegend ist gut, und es wird Zeit, daß man es als römische Stadt wieder aufbaut.«

»Rom in Afrika«, sagte ich. »Rom überall.«

»Ich glaube, es wird Zeit, daß wir eine Nation bekommen, die mehr ist als eine Nation. Eine Nation, die alle Nationen enthält. Die wird nicht ganz und gar römisch sein.« Er machte eine Pause. »Im Grunde geht es bei meinem Kampf gegen die römische Aristokratie nur darum. Sie ist eine Klasse, in die ich hineingeboren wurde, aber sie sieht nicht über den Rand der Stadt hinaus. Sie fürchtet die weite Welt, obwohl sie sie jetzt besitzt. Also tut sie so, als wäre alles wie immer und als verschwänden diese anderen Länder und anderen Völker schon wieder. Ich habe ihr die Welt in einem Korb zu Füßen gelegt, und sie wendet sich furchtsam ab.« Er drehte sich herum und blickte mich an. »Sie sehen es auch in dir und scheuen davor zurück. Für sie bist du fremd, und alles Fremde ist eine Bedrohung.« Er seufzte. »Rom ist wie ein Kind für mich, ein Kind, das ich liebe und dem ich helfen möchte – aber es rennt weg.«

»Vielleicht sind sie bloß verwirrt.« Ich suchte eine Erklärung. »Für die Römer ist das alles sehr schnell gegangen. Vor nicht einmal zwanzig Jahren gab es kein Gallien, das sie beunruhigen konnte. Rom hat Hunderte von Jahren gebraucht, um eine bestimmte Größe zu erreichen, und dann hat es sich plötzlich verdoppelt. Und der Feldherr schließt einen Liebesbund mit einer ausländischen Königin. Was sollen sie da denken? Sei nachsichtig mit ihnen.«

»Ich sage ja, ich werde es sein. Ich bin es schon.« Er klang allmählich gereizt, meinetwegen ebenso wie ihretwegen. Seine Launen waren in letzter Zeit sehr sprunghaft. Grunzend richtete er sich auf. »Dieser Boden ist zu hart. Ich weiß, was wir hier in Rom brauchen: etwas Weiches zum Liegen, wenn wir uns entspannen wollen. Wir haben Betten zum Schlafen und Klinen zum Essen. Aber was ist, wenn wir plaudern oder lesen wollen?«

»Wir haben solche bequemen Sessel im Osten. Ich werde uns ein Zimmer damit einrichten«, sagte ich. »Das wäre dann noch etwas Fremdes, das du in Rom einführen könntest.«

Er stand auf und rieb sich das Kreuz. »Eine neue Erfindung wird jetzt enthüllt werden«, erwiderte er. »Sosigenes soll uns morgen hier besuchen; sag ihm das! Ich werde es dir dann zeigen.«

Sosigenes, mein kostbarer Astronom und Mathematiker aus dem Museion, war auf Cäsars beharrlichen Wunsch nach Rom gekommen, aber während der Triumphe hatte ich ihn kaum gesehen.

»Weil er gearbeitet hat«, sagte Cäsar. »Ich habe dafür gesorgt, daß er beschäftigt war.«

»Während der Rest der Stadt spielen durfte? Das war sehr schulmeisterlich von dir.« Plötzlich kam mir ein Gedanke. »Diese Pläne, die du da für Rom hast – große Tempel, Bibliothek, Theater –, willst du hier am Tiber ein Alexandria erschaffen?«

»Vielleicht. Und dann werde ich einen Marmorpalast bauen, in dem du wohnen kannst, eine genaue Nachbildung desjenigen in Alexandria, so daß wir nicht mehr erkennen können, wo wir sind. Für uns wird es einerlei sein – Rom, Alexandria ... Dann haben Ort und Zeit keine Grenzen mehr für uns.«

Ich hielt mein Wort. Ich verwandelte eines der Zimmer der Villa in das Idealbild eines Lustgemachs und machte dabei großzügig Anleihen bei vielen Kulturen.

Von den Wüstennomaden übernahm ich die Idee der Teppiche auf dem Boden, um eine weiche Wiese im Hause zu schaffen. Manche waren aus Seide, andere aus Wolle, aber alle liebkosten die Füße und luden den Gast ein, sich auszustrecken, ohne zu fürchten, daß Schlangen, Skorpione oder Insekten in den Mustern verborgen waren – anders als auf einer wirklichen Wiese. Bestickte Kissen aus Parthien waren auf diesen Teppichen verstreut, und arabische Seidenvorhänge an den Fenstern machten das grelle Sonnenlicht sanft und färbten es, ließen aber den Wind herein. Kleine Tische, aus indischem Sandelholz geschnitzt, verströmten einen süßen Duft, und Kerzen warteten in bunten Laternen – aus alexandrinischem Glas. Es gelang mir sogar, einen Diener aufzutreiben, der Schnee besorgte – der im Winter von den Bergen heruntergebracht wurde –, so daß wir gekühlten Wein trinken konnten, wann immer wir Lust hatten. Alles war das genaue Gegenteil der geraden Linien und harten Flächen, wie sie die Römer bevorzugten.

Sosigenes kam ein bißchen zu früh, und ich war froh, daß ich Gelegenheit hatte, mit ihm zu reden. Er stammte aus einer Familie von Astronomen und Mathematikern, die seit Generationen zum Museion gehörte; solche Leute hatten viel damit zu tun, daß Alexandria in der Wissenschaft eine so ruhmreiche Führungsrolle spielte.

»Deine Arbeit mit Cäsar ist also vollendet.« Ich kleidete meine Frage in die Form einer Feststellung.

»So gut ich es tun konnte, ist es getan.« Sosigenes lächelte offen. Er war im mittleren Alter; ich kannte ihn, solange ich zurückdenken konnte, denn seine Aufgabe war es gewesen, die königlichen Kinder in der Sternenkunde zu unterweisen. »Jetzt ist es an Cäsar, es einzuführen. Ich denke, das wird schwieriger sein als die Entwicklung. Nun, bevor das erledigt ist, werde ich auf dem Weg nach Hause sein.«

Heimweh durchzuckte mich, und ich beneidete ihn plötzlich. Ich vermißte meine Stadt, meinen Hof, ich vermißte Mardian und Olympos, Epaphroditos und Iras, ja sogar meinen zahmen Affen. Jetzt wäre das Wetter in Alexandria am schönsten; die Tage wären blau und frisch, und die Wolken würden über den Himmel jagen. Der Nil würde steigen; allen Berichten zufolge war das Hochwasser in diesem Jahr wie immer, und es würde weder Hunger noch Katastrophen geben.

Am meisten vermißte ich es, Königin im eigenen Land zu sein. In Cäsars Traum wurde sein und mein Land zu einer einzigen Welt. Aber noch war es das nicht.

Bald kam Cäsar. Er sah gehetzt aus, aber das streifte er ab. Er richtete auf der Stelle seine ganze Aufmerksamkeit auf Sosigenes, wodurch er mich zwang, es auch zu tun.

»Sag es der Königin, Sosigenes«, befahl er stolz – und ungeduldig. »Sag ihr, was wir geschaffen haben!« Mit einer Geste zu mir ergänzte er: »Dies ist Alexandrias Geschenk an die Welt!« Und mit schwungvoller Bewegung entrollte er ein Diagramm.

»Morgen beginnen zwei zusätzliche Monate. Ja, wir werden dreimal November haben und zusätzliche Tage außerdem«, begann Sosigenes. Dabei sah er amüsiert aus, denn er wußte, wie verwirrend das klang. »Ich habe den römischen Kalender neu gefaßt«, erklärte er. »Er basierte auf dem Mond, und der Mond ist ein unzuverlässiger Führer. Er verändert sich ständig! Neunundzwanzigeinhalb Tage sind zudem ein unhandlicher Zyklus. Das Mondjahr ist nur dreihundertfünfundfünfzig Tage lang; das wirkliche Jahr ist aber zehn Tage länger. Nun sind die Römer ja keineswegs dumm; deshalb haben sie einen zusätzlichen Monat eingerichtet, der dann und wann wieder alles ins rechte Lot bringen soll. Der aber machte das Jahr um einen Tag zu lang, und so mußte der zusätzliche Monat ungefähr alle zwanzig Jahre wieder abgezogen werden. Das Problem war, daß es keinen festen Zeitpunkt für diese Subtraktion gab, und so neigte man dazu, sie zu vergessen, wenn ein Krieg oder etwas anderes für Ablenkung sorgte. Inzwischen ist das Jahr dem natürlichen Kalender um fünfundsechzig Tage voraus. Darum war es bei den Triumphen, die doch im September stattfanden, so heiß: In Wirklichkeit war es Hochsommer.«

»Es war, als ritt ich in einem Backofen«, sagte Cäsar. »Deshalb haben Sosigenes und ich diesen neuen Kalender entwickelt. Er basiert auf der Sonne – Schluß mit dem Mondkalender! Jedes Jahr wird dreihundertfünfundsechzig Tage lang sein, jedes vierte dreihundertsechsundsechzig, um eine kleine Diskrepanz auszugleichen. Und das Jahr beginnt am ersten Januar, wenn die Konsuln ihre Amtszeit beginnen, nicht erst im März. Dieses Jahr fügen wir die fünfundsechzig Tage gleich auf einmal hinzu, damit die Sonne unseren Kalender endlich wieder einholen kann.«

»Mit all diesen zusätzlichen Tagen wird das Jahr aber sehr lang werden«, sagte ich. Schon jetzt kam es mir sehr lang vor, und allmählich fragte ich mich, ob es überhaupt jemals zu Ende gehen würde.

Jetzt freilich macht die Erinnerung daran mich traurig, denn es endete doch zu schnell, selbst wenn man noch hundert Tage hinzugefügt hätte. Aber damals erschien alles ganz alltäglich, als müsse es immer so weitergehen. Was gerade geschieht, sieht ja immer so aus – selbst mein Leben, während ich dies schreibe.

»Ja. Ich hoffe, die Menschen werden es gut nützen«, sagte Sosigenes.

»Werden sie es sich gefallen lassen? Was wirst du ihnen sagen?« fragte ich.

Nur diejenigen, die etwas Unangenehmes vor sich hatten, würden die Verlängerung begrüßen. Allen andern würde sie mißfallen.

»Daß es nötig ist«, sagte Cäsar.

»Und wie wirst du das neue System nennen?«

»Natürlich den Julianischen Kalender«, sagte er, als sei kein anderer Name denkbar.

»Ist das klug?« fragte ich. »Wird man nicht denken, daß du ihn ganz willkürlich einrichtest als Denkmal für dich selbst?«

»Wenn man das denkt, wird es mich betrüben«, sagte er. »Aber da es nun einmal mein Werk ist, warum soll ich dann nicht auch den Ruhm beanspruchen? Es wird vielleicht noch Bestand haben, wenn alle Bauwerke eingestürzt und die Gallier schon längst wieder frei sind.«

Sosigenes ging, voller Freude darüber, daß seine Schöpfung bald den Römern präsentiert werden würde – und zweifellos voll banger Sorge, sie könnte noch verborgene Mängel enthalten. Cäsar lächelte, als er der schmächtigen Gestalt nachschaute.

»Soviel Wissen in einem so zierlichen Körper!« sagte er. »Es hat mir Spaß gemacht, mit ihm zu arbeiten. Fast bedaure ich es, das Projekt beendet zu sehen.«

»Vielleicht findest du einen Fehler; dann mußt du ihn zurückrufen.« Cäsars Miene verriet mir, daß er diese Bemerkung nicht komisch fand.

»Jeden Fehler darin wird man mir verübeln«, entgegnete er. »Mir scheint, daß dies der Stimmung meiner Feinde entspräche. Niemals würden sie einfach einen unschuldigen mathematischen Rechenfehler vermuten.«

»Mir scheint, du fühlst dich von einer großen Zahl von Feinden umstellt. Vielleicht sind es zu viele, als daß die Politik der Milde noch gerechtfertigt wäre. Entweder gewinnst du sie ganz für dich, indem du sie noch heftiger umwirbst, als du es bisher zu tun bereit warst – oder du eliminierst sie.«

»Ich kann weder das eine noch das andere tun«, sagte er. »Es ist gegen meine Natur. Sie müssen ihrer Natur treu bleiben und ich der meinen.«

Ich schüttelte den Kopf. »Das ist mir zu hochtrabend. Ich verstehe und verehre einen Charakterzug vor allen anderen: Loyalität. Alles andere ist fadenscheiniges Zeug, das davor verblaßt.«

»Ein bißchen komplizierter ist es schon«, sagte er herablassend.

»Da bin ich nicht sicher«, entgegnete ich, aber ich sah, daß er nicht hören wollte, und mir wurde klar, daß er eine Ablenkung brauchte, keinen Vortrag. Vielleicht war er zu müde, um besonders klar zu argumentieren – auf alle Fälle strapazierte er sich seit Monaten bis an die Grenzen. War eine längere Ruhepause denn jetzt möglich? »Komm«, sagte ich. »Ich habe mein Projekt auch vollendet. Ich will es dir zeigen.«

Er zuckte ungeduldig die Achseln. »Nein, ich habe keine Zeit.«

»Du brauchst die Villa dazu nicht zu verlassen«, beruhigte ich ihn.

Jetzt sah er schon interessierter aus, aber immer noch nicht entzückt. »Ist es ein Bericht? Lesen kann ich ihn jetzt nicht, aber ich will ihn gern mitnehmen ...«

»Nein, es ist kein Bericht! Es ist auch kein Gedicht, das du lesen mußt, um nachher so zu tun, als ob es dir gefiele. Es sind keine Karten, die du studieren mußt; es ist überhaupt nichts, was den Verstand bemüht«, sagte ich. »Es ist etwas, das du dir ausdrücklich gewünscht hast.«

»Ich werde es mir ansehen«, sagte er entschlossen; er war ein Mann, der wußte, wann er eine Bürde auf die Schulter zu nehmen hatte.

»Dann komm«, sagte ich und nahm ihn bei der Hand. »Folge mir, und schließe die Augen.«

Er legte seine Hand in meine – die Hand, die er so oft in der Schlacht erhoben hatte, lag ergeben in der meinen. Ich führte ihn in das »orientalische« Zimmer, und erst als wir mitten darin standen, erlaubte ich ihm, die Augen wieder zu öffnen.

Blinzelnd sah er sich um. »Ich ... Was ist das?« fragte er schließlich.

»Du hast einen Ort in Rom verlangt, an dem man es sich bequem machen und seinen Tagträumen nachhängen kann«, sagte ich. »Die Wünsche des Diktators aber sind Gesetz.« Ich ließ mich auf eines der Kissen sinken und zog an seiner Hand. Widerstrebend ließ er sich herunterziehen.

»Jetzt weg mit dieser Toga«, erklärte ich. »Sie eignet sich nicht zur Bequemlichkeit.« Ich fing an, sie aufzuwickeln.

»Hör auf! Das ist Arbeit für einen Diener.«

»Warum denn? Es macht großen Spaß.« Es machte mir wirklich Spaß, diesen endlos langen Stoff aufzuwickeln, der ihn in unbequemer Schicklichkeit umhüllte. Wenn er ihn los wäre, würde er vielleicht ein freierer Mensch sein können. »Kein Wunder, daß die Römer keine bequemen Sitz- und Ruheplätze haben; ihre Kleidung läßt es ja gar nicht zu.« Mit einem Ruck hatte ich das letzte Stück Stoff losgerissen. »So!«

Er lachte jetzt, vielleicht zum ersten Mal an diesem Tag. »Die Sandalen kann ich mir selbst ausziehen«, sagte er, als ich Anstalten machte, sie ihm aufzuschnüren. Ordentlich stellte er sie an den Rand des Teppichs. Unter seiner prächtig dekorierten Toga trug er eine schlichte Leinentunika mit einem losen Gürtel.

Ich zupfte daran wie an der Saite einer Leier. »Ich habe schon gehört, daß dies dein Kennzeichen sein soll«, sagte ich. »Aber warum noch einmal?«

»Wer hat es dir erzählt?« Er lehnte sich an eines der Kissen und legte die Füße auf ein syrisches Polster. Sein Gesicht war sanfter geworden, und seine dunklen Augen, die vorher so müde gewesen waren, blickten jetzt hellwach.

»Ich habe es gelesen«, gestand ich. Damals war mir nicht klargewesen, was es bedeutete. »Angeblich warnte Sulla, der Diktator, das Volk vor dem ›Knaben mit den lose gegürteten Kleidern‹.«

Er schnaubte. »Ach, das! Das war nur eine seiner Attacken. Eine lose gegürtete Tunika bedeutet angeblich eine lose Moral. Aber als er das sagte, war ich ein Vorbild an Sittsamkeit, fast noch jungfräulich. Er liebte es wie der gute Cicero, den Charakter eines Menschen durch Andeutungen hinzumetzeln.« Aber das orientalische Lustgemach ließ seinen Zorn schmelzen. »Cicero hat einmal fast das genaue Gegenteil über mich gesagt, als er über meine Ordentlichkeit statt über meine Nachlässigkeit herzog. Er sagte: ›Wenn ich sehe, wie sorgsam sein Haar gekämmt ist, und wenn ich beobachte, wie er es mit einem Finger richtet, so kann ich mir nicht vorstellen, daß es einem solchen Manne in den Sinn kommen könnte, den römischen Staat zu unterwandern.‹«

»Er ist besessen vom römischen Staat«, sagte ich. »Aber wir wollen das alles hinter uns lassen, damit es hier nicht hereinkommen kann. Cicero, Sulla, der Senat – stelle alles so entschlossen beiseite wie deine Sandalen. Für den Augenblick.«

Ich berührte seine Schultern und merkte, daß sie verspannt waren. Ich massierte sie, bis die Knoten sich ein wenig lösten.

»Es ist nicht nötig, daß du so etwas tust«, protestierte er. »Ich habe Diener zu Hause, die –«

»Die dich wahrscheinlich niemals anrühren dürfen«, sagte ich. »Ist es nicht so?«

»Wenn ich Zeit habe …«

»Du hast nie Zeit. Aber dies ist eine magische Stunde, anders als alle anderen. Wie deine zusätzlichen Tage, die dem Kalender hinzugefügt werden.« Ich fuhr fort, seine Schultern mit der ganzen Kraft meiner Hände zu kneten. »Jetzt füge dich!«

Mit einem mächtigen Seufzer ließ er sich auf den Bauch fallen, drehte den Kopf in die Kissen und ließ mich seine Schultern massieren. Zufrieden schloß er die Augen.

Er ließ zu, daß ich seine Arme aus der Tunika zog, damit ich mit dem Leinen die Haut nicht aufscheuerte. Im gelben Nachmittagslicht, das ins Zimmer strömte, konnte ich jetzt, da er halb schlief und die Augenblicke nicht zählte, zum ersten Mal seine Haut und seinen breiten Rücken und jede Linie, jede Sehne, jede Narbe betrachten. Für einen Soldaten hatte er überraschend wenige Narben; allerdings hatte ein Überlebender vermutlich auf dem Rücken sowieso die wenigsten.

Ich stieß ihn gegen die Schulter und brachte ihn dazu, sich umzudrehen. Er legte einen Unterarm über die Augen, um sie vor dem Sonnenlicht zu schützen, und setzte seinen leichten Schlummer fort. Auf seiner Brust sah ich mehr Narben, manche vielleicht von Mißgeschicken aus Kindertagen, andere wohl auch von tödlichen Kämpfen. Jetzt waren sie nicht mehr zu unterscheiden, nachdem sie weiß geworden waren und sich ins Fleisch zurückgezogen hatten. Die Schnittwunde, die ein Spielkamerad ihm scherzhaft zugefügt hatte, der Schwertstreich, den ein gallischer Gegner ihm versetzt hatte – Zeit und Narbengewebe hatten beides gleichgemacht. Vermutlich hatte jede dieser Narben eine Geschichte; ich hatte schon gehört, daß alte Soldaten ihre Wunden verglichen.

Ich liebte Cäsar so sehr, daß mir selbst seine Vergangenheit kostbar war. Unversehens küßte ich jedes einzelne Mal und dachte: Ich wünschte, es wäre nie geschehen, ich wünschte, es wäre nicht wahr, und so brachte ich ihn immer weiter zurück in eine Zeit, da er keine Enttäuschungen gekannt hatte, keine Schlachten, keine Wunden, denn jede hatte ich ausgelöscht, um ihn wieder zu dem kleinen Cäsar zu machen. Aber wenn wir denen, die wir lieben, die Vergangenheit nehmen – und wäre es auch, um sie zu schützen –, stehlen wir ihnen dann nicht ihr Ich?

Er regte sich murmelnd und nahm langsam den Arm von den Augen. Ich fühlte, wie seine Bauchmuskeln sich spannten, als er sich aufsetzte. Er nahm meinen Kopf in beide Hände und hob ihn hoch.

»Genug davon! Ich kann solche Ehre nicht annehmen. Es ist einer Königin nicht würdig, sie zu geben.«

Lange und angestrengt betrachtete ich mein Spiegelbild in seinen dunkelbraunen Augen. »Ich erweise dir keine Ehre«, sagte ich schließlich. »Wenn du das nicht weißt, dann bist du ahnungslos in den Dingen der Liebe – trotz all deiner Frauen.«

»Vielleicht bin ich das ja«, erwiderte er langsam. »Vielleicht bin ich das.«

Mein Verlangen nach ihm schien grenzenlos zu sein; ich hatte das Gefühl, was immer ich tat, ich konnte es niemals angemessen zeigen oder befriedigen. Ich beugte mich vor, küßte ihn und berührte sein Gesicht leicht mit beiden Händen. Aber die Berührung meines Mundes an dem seinen verwandelte ihn und machte das träge, entspannte Geschöpf auf den Kissen zu einem hungrigen Mann. Ich fühlte, wie seine Hand meinen Schenkel umfaßte und sich schloß. Sein anderer Arm schlang sich um meinen Rücken und zog mich so kraftvoll nach vorn, daß ich das Gleichgewicht verlor und kniend vornüberkippte. Zusammen fielen wir in den Berg von Kissen.

Das Viereck aus Sonnenlicht auf dem Teppich unter unseren Köpfen verströmte Hitze. Seine Haut fühlte sich ebenso üppig und beruhigend warm an wie dieses Sonnenviereck. Ich legte meine Wange an seine Schulter und rieb sie. Haut an Haut, das war ein beruhigendes und zugleich erregendes Gefühl.

Wie lange war es her, daß ich bei ihm gelegen hatte! Seit ich in Rom war, hatten wir nur wenige Stunden für uns ganz allein gehabt. Dafür war keine

Zeit gewesen, und wir hatten keinen Anstoß erregen wollen. Es war schon Skandal genug, daß ich überhaupt mit Cäsarion in Rom weilte und in Cäsars Villa wohnte.

Er rollte uns herum, drückte meinen Kopf in den Teppich und küßte mich so tief und kraftvoll, daß ich fast keine Luft mehr bekam. Aber das war mir gleichgültig; das Schwindelgefühl verstärkte nur mein Verlangen, in meinem Kopf drehte sich alles, und meine natürliche Zurückhaltung löste sich auf. Mir schien, als entschwebte ich in eine andere Welt, so fern von meinem wirklichen Ich, wie dieses Zimmer fern vom wirklichen Leben war.

Aber hatte ich es denn nicht deshalb geschaffen – um diesem alltäglichen Leben zu entschweben?

Mit einem leisen, sehnsuchtsvollen Stöhnen zog ich seinen Gürtel auf. Er war nur lose verknotet und löste sich leicht.

»Sulla hatte recht«, flüsterte ich. »Mit loser Kleidung bist du leicht zu verschlingen.«

»Natürlich hatte Sulla recht. Deine Feinde kennen dich oft besser als deine Freunde.« Er vergrub das Gesicht an meinem Hals und küßte ihn wie ein zartes, luftiges Gebäck oder wie Blütenblätter, die man leicht zerdrückt. Die sanfte Berührung dieser Lippen, so leicht an meiner Haut, ließ ein beinahe unerträgliches Verlangen in mir entbrennen.

Jetzt war ich das ungeübte, ungeduldige Kind. Wenn es nach mir gegangen wäre, hätte ich es in wenigen Augenblicken zu Ende gebracht, bevor die Sonne auf dem Teppich noch sehr viel weitergewandert wäre. Er aber, der das schnelle Zuschlagen im Krieg zu seinem persönlichen Kennzeichen gemacht hatte, schien es hier keineswegs eilig zu haben, diesen Feldzug zu beenden – den einzigen, der auf den weichen Kissen, Polstern und Teppichen des Ostens geführt wurde. Er verfolgte mich, reizte mich, überfiel mich, lockte mich oft an den Rand des Gefechts und verschob den Entscheidungskampf dann doch wieder, bis er zu dem Schluß kam, daß die Lage für seine Absichten wirklich perfekt war. Und dann … Ich kann es nicht beschreiben, kann mich nur daran erinnern.

Wir schliefen. Für mich war es ein trunkenes Versinken in einer Formlosigkeit, die den Kissen entsprach. Für ihn schien es zutiefst erholsam zu sein. Ich wachte vor ihm auf und sah überrascht, wie tief er noch schlief. Das Licht war gewandert, länger geworden, weicher. Es mußte spät am Nachmittag sein.

Ich schloß die Augen, blieb einfach liegen und ließ die Gedanken vorüberziehen. Wir hatten so wenig Zeit zusammen, und sie verflog nur so. Und doch konnte ich jetzt nichts anderes tun, als still dazuliegen, die Beine angezogen, den Kopf an seinen gelegt, und auf sein Atmen zu lauschen.

Das Licht hatte überhaupt keine geometrische Form mehr, als er schließlich scheinbar übergangslos aufwachte. Er drehte den Kopf auf dem Kissen und schaute auf meinen Körper, der neben ihm lag, als sehe er ein unerwartetes Terrain.

»Wir sind immer noch hier«, sagte er staunend. »Ich dachte, es sei ein Traum und ich würde gleich auf meinem Feldbett aufwachen.«

»Nein, Liebster, wir sind weit entfernt von jedem Feldlager.« Ich hob den Kopf und stützte mich auf den Ellenbogen.

»Schade«, sagte er. »Ich glaube, dort könnten wir glücklich sein.«

»Im Krieg?« Ich war überrascht. »Jeden Morgen aufzustehen, ohne zu wissen, ob es unser letzter ist?«

»Das erhöht in gewisser Weise die Empfindsamkeit für den Tag.« Er lächelte und drehte sich in den Kissen, um nach seiner Tunika zu greifen. Mit einer flinken Bewegung hatte er sie übergezogen. »So kleidet man sich im Feld an.«

»So schnell, daß das Auge kaum folgen kann.«

Ich hoffte, er werde nicht gehen. Aber ich rechnete damit. Seine Zeit war so knapp. Aber zumindest wäre er jetzt ein bißchen ausgeruht. Es schien mir sehr wenig zu sein, was ich ihm geben konnte.

Er richtete sich auf und saß mit gekreuzten Beinen da, aber er zog seine Sandalen nicht an. »Dich hier zu haben, Kleopatra – das ist ein großer Schatz«, sagte er.

»Ich muß nach Ägypten zurück«, entgegnete ich. Die Triumphe waren vorüber, Ägyptens Status als Freund und Verbündeter des römischen Volkes war ratifiziert, und Cäsarion war anerkannt. Es gab keinen Grund, länger zu bleiben. Aber ich zögerte, es auszusprechen. »Mein Platz ist dort.«

»Ich weiß«, sagte er. »Ich weiß. Und dennoch … Wenn du nur ein bißchen länger bleiben könntest.« Bevor ich Einwände erheben konnte, redete er mit erhobener Stimme hastig weiter. »Die Jahreszeit zum Segeln ist fast vorbei. Du würdest morgen abreisen müssen, um sicher heimzukehren. Und … ich habe das nicht zugeben wollen, nicht einmal mir selbst gegenüber – aber ich werde Rom verlassen und noch einen Feldzug führen müssen.«

»Was?« Ich traute meinen Ohren nicht. »Du hast soeben vier Triumphe gefeiert.«

»Voreilig, wie sich zeigt«, sagte er grimmig. »Seit ein paar Tagen ringe ich mit der beinah unumgänglichen Erkenntnis, daß ich selbst noch einmal ins Feld muß. Diesmal nach Spanien – wo ich erst vor vier Jahren gekämpft habe.« Er schüttelte den Kopf. »Dieses Land scheint ein offenes Geschwür zu sein, das allen Zwist in der römischen Welt sammelt und wieder ausspeit. Aufstände, meuternde Truppen, illoyale Städte – und jetzt die Reste der Pompejaner: die Trümmer von Scipios Armee, den Verräter Labienus, meinen ehemaligen General, und die beiden Söhne des Pompejus. Es ist mein Pech, daß sie aus Afrika entkommen konnten. Und daß sie sich einer Meuterei des Heeres anschließen konnten.«

»Aber es ist doch nicht nötig, daß du selbst gehst«, wandte ich ein. »Du hast andere Offiziere.«

»Zwei habe ich schon entsandt, und sie können das Territorium nicht halten. Ihre Streitkräfte sind zu klein. Gnaeus Pompejus, der dort an Land kriechen konnte, ist von den meuternden Truppen willkommen geheißen worden, und er hat selbst noch elf Legionen ausgehoben. Meinen Statthalter haben sie verjagt. Niemand kann sich gegen Labienus durchsetzen. Nur ich. Schließlich habe ich ihm beigebracht, was er weiß. Er hat gut gelernt.«

»Aber du könntest alles verlieren – sogar dein Leben. Du kannst dein Werk in Rom nicht unvollendet zurücklassen. Schicke einen anderen! Generäle gibt es viele, aber es gibt nur einen Cäsar mit einem Plan für Rom.«

»Andere habe ich schon geschickt. Jetzt muß ich selbst gehen.« Er wartete einen Augenblick, bevor er hinzufügte: »Bitte warte hier auf mich. Ich komme zurück, so schnell ich kann.«

»Und wenn du nicht zurückkommst?« Ich verabscheute meine eigenen Worte, aber ich hatte Angst um ihn. Sein Glück, seine Fortuna, konnte ihm nicht in Ewigkeit wohlgesonnen sein.

»Ich muß gehen«, wiederholte er. »Wirst du hierbleiben, während ich fort bin?«

»Wie lange wird es denn dauern? Ich kann nicht unbegrenzt bleiben.«

»Wenn ich einen Winterfeldzug führe«, sagte er, »könnte er im Februar beendet sein.«

»Ach, dann hast du also bereits alles geplant?«

»Es hat sich selbst geplant. Jeder Krieg hat seine eigenen Grenzen aus Zeit und Notwendigkeit. Wirst du mir jetzt antworten?«

»Ich werde bleiben«, sagte ich, »bis das Meer im Frühling wieder schiffbar ist. Aber mehr als das ist nicht möglich.« Widerstrebend gab ich ihm dieses Versprechen. Der Gedanke, ohne ihn in Rom zu bleiben, war nicht angenehm. Aber versprochen war versprochen.

»Ich danke dir.« Er hob meine beiden Hände und küßte sie langsam. »Es fällt mir schwer, dich um irgend etwas zu bitten.«

»Du solltest dich niemals fürchten, mich um etwas zu bitten.«

»Ich habe gesagt, daß es mir schwerfällt, nicht, daß ich Angst habe. Es fällt mir schwer, weil ich dich liebe und weil ich weiß, daß du mir nicht gern etwas abschlagen würdest – aber du hast auch die Bedürfnisse deines eigenen Landes zu berücksichtigen, nicht nur die meinen.« Er lächelte. »So ist es, wenn man eine Königin liebt. Wäre sie keine gute Königin, so könnte ich sie nicht lieben.«

Die Wolken des Sonnenuntergangs zogen vor dem Fenster vorbei, rosa- und purpurrot – ein prunkvolles, farbenfrohes Spektakel am römischen Himmel.

»Eure Tageszeiten sind ganz anders hier«, sagte ich und deutete zu den Wolken hinaus. »Wir haben solche Sonnenuntergänge nie.«

»Ich sollte dir ein bißchen über die Geschichte Roms erzählen«, antwortete er. »Wir haben ein paar heilige Artefakte, die angeblich aus der Zeit unserer Gründung stammen. Ich könnte sie dir sogar zeigen, denn sie befinden sich in der Regia. Vielleicht hättest du dann Respekt vor unserer ehrwürdigen Art.«

Ich lachte. »Vor eurer ehrwürdigen Art?«

»Mach dich nicht darüber lustig.« Ich wußte nicht, ob er jetzt ernst war oder nicht. »Du weißt, daß Rom von meinem Vorfahren Aeneas gegründet wurde, nachdem er aus dem brennenden Troja entkommen war. Und er brachte ein paar Dinge mit ...«

»Das sollte einmal jemand in Verse fassen. Ihr braucht einen römischen Homer, der eure Geschichte erzählt. Es ist seltsam, daß wir immer das Gefühl haben, unsere Geschichte existiere nicht, solange sie nicht in einem Nationalepos oder einem steinernen Denkmal gefeiert wird.«

»Das ist die menschliche Natur. Aber wenn du morgen zur Regia kommen willst – um die neunte Stunde –, dann will ich dir unsere Schätze zeigen. Als Pontifex Maximus bin ich ihr Hüter. Und danach möchte ich dir die Pläne zeigen, die mein Architekt für die Bibliothek, das Theater und den Tempel entworfen hat. So kannst du die Anfänge Roms sehen und seine Zukunft – du kannst das Ganze sehen.« Seine Augen leuchteten, und wieder sah ich die eifrige Liebe, die er für seine Stadt empfand.

»Das will ich ganz gewiß«, versicherte ich ihm.

Er griff nach seinen Sandalen, als ein zerzauster Kopf zur Tür hereinspähte; dicke kleine Finger umklammerten den Türrahmen.

»Vater!« Cäsarion quiekte vor Entzücken; er kam über die Teppiche gerannt und stolperte über die Berge von Kissen. Er streckte Cäsar die Arme entgegen, und der hob ihn auf und beugte den Kopf über ihn, daß Nase und Nase einander berührten.

Ihre Gesichter waren sich sehr ähnlich. Mit achtzehn Monaten sah Cäsarion im Profil aus wie ein verkleinerter Cäsar. Niemand konnte daran zweifeln, wessen Sohn er war.

Cäsar umarmte ihn, wälzte sich herum und drückte ihn an sich wie ein Bär. Der Junge lachte und schrie.

Dann hielt Cäsar ihn mit ausgestreckten Armen hoch, daß die dicken Beinchen strampelnd in der Luft baumelten. »Siehe«, sagte er, »den neuen Menschen. Den Menschen der neuen Welt, die wir erschaffen werden. Rom und

Ägypten – zusammen. Der Westen und der Osten – eins. Ein Bürger, eine Geburt, eine Gefolgschaft.«

»Aber nicht eine Sprache«, sagte ich auf lateinisch.

»Das ist nicht nötig«, antwortete er auf griechisch. »Wir werden einander gut genug verstehen, wenn wir unsere eigenen Sprachen benutzen.«

# 29

Ich kam genau zur bezeichneten Stunde zur Regia. Er hatte früh am Morgen im Senat zu tun gehabt, und nach Mittag hatte er eine Verabredung mit seinen Sekretären Balbus und Oppius, aber er versprach, zum vereinbarten Zeitpunkt fertig zu sein.

Als ich mich der imposanten Fassade der Regia näherte, neben der sein Haus stand, hoffte ich unversehens, Calpurnia möge nicht zu Hause sein und mich womöglich kommen sehen.

Cäsars Gattin wurde zwischen uns beiden nicht erwähnt. Ich wollte ihn nicht nach ihr fragen, und er wollte offensichtlich nicht enthüllen, welche Beziehung er zu ihr unterhielt. Solange ich sie mir nicht als wirkliche Person vorzustellen brauchte – als Person, die aus dem Fenster schaute, als Person, die sich über ihre Unfruchtbarkeit grämte, als Person, der Cäsars Abmarsch zu neuen Schlachtfeldern ebenso ein Greuel war wie mir –, so lange konnte ich mit der Situation leben. Sie war Cäsars Frau, nicht meine.

»Geh durch die mittlere Tür hinein«, hatte Cäsar mir gesagt. Ich sah eine schwere, mit Messingknöpfen verzierte Holztür, die unmittelbar auf die Via Sacra hinausging. Ich stieß sie auf und trat ein.

Zwei Kammern lagen rechts und links; ich sah, daß sie beide matt erleuchtet waren, und es roch darin nach kürzlich verbranntem Weihrauch. Aber der Raum öffnete sich auch zu einem gepflasterten Hof hinaus, der von einem hölzernen Säulengang umgeben war. Da Cäsar noch nicht da war, dachte ich, es werde angenehmer sein, die Zeit im Freien zu verbringen. Es war ein klarer, windiger Tag, und das Laub wirbelte hoch durch die Luft.

An der einen Seite des Innenhofes stand ein verlassener Altar. Eine Bank war auch da, und ich setzte mich hin und wollte die Sonne genießen, denn sie schien warm auf die Mauer. Ich lehnte mich an die Steine und schloß die Augen.

Kaum aber hörte der Wind einmal auf, mit den knisternden und raschelnden Blättern zu spielen, drang ein unüberhörbares Geräusch von drinnen an mein Ohr. Ich hörte Stöhnen, spitze kleine Schreie und erregtes Flüstern. Dann heftiges Rumoren und Knarren. Etwas fiel zu Boden – gleich hinter der Wand, an die ich mich lehnte.

Sehr langsam drehte ich mich um und spähte an einer Ecke durch das Fenster. Dort, am anderen Ende des Raumes, auf einer flachen Liege, erblickte ich einen Mann und eine Frau in hitzigem Liebesakt. Die Frau wand sich stöhnend, und der Rücken des Mannes bäumte sich angestrengt auf, so daß ich alle Muskelstränge sehen konnte. Er hatte dünne Arme, dünne, blasse Arme, und – als ich einen Blick auf sein Gesicht erhaschte, hätte ich beinahe laut aufgeschrien. Es war Octavian!

Auf dem Boden zerknüllt lag ein wirrer Haufen Kleider, und daneben stand, seltsam ordentlich, ein Paar Männersandalen. Ich starrte sie an. Sie hatten etwas Merkwürdiges an sich. Sie waren … die Sohlen waren ungewöhnlich dick. Sie waren eigens angefertigt, um ihrem Träger zusätzliche Größe zu verleihen.

Ich wandte mich ab und schlug entsetzt eine Hand vor den Mund. Octavian! Der stille, heuchlerische Octavian! Er hatte ein Stelldichein im Bezirk des Pontifex Maximus. Und er trug Schuhe, die ihn größer erscheinen ließen! Ich wußte nicht, was mich mehr überraschte.

Ich lugte noch einmal hinein. Wer war die Frau? Erst konnte ich es nicht genau sehen, aber dann erkannte ich sie – die Gattin irgendeines Mannes, der auf dem ägyptischen Fest gewesen war; ich erinnerte mich nicht mehr an seinen Namen.

Ein Ehebrecher war er also auch noch! Die Leute waren wirklich voller Überraschungen. Rasch zog ich mich in einen der Räume zurück, die an den Innenhof angrenzten.

Er sollte sich lieber beeilen, dachte ich, denn sonst wird Cäsar ihn erwischen. Fast hätte ich laut gelacht. Irgendwie war mir klar, daß Cäsar bei dem Gedanken, hier in der Nachbarschaft der heiligen Reliquien aus römischer Geschichte so etwas zu treiben, schockiert gewesen wäre. Besser gesagt, es würde ihn schockieren, daß Octavian sich nicht darum scherte. Das war etwas anderes.

Octavian mußte entdeckt haben, daß man in der Regia zu bestimmten Stunden ungestört war, und diese Entdeckung machte er sich regelmäßig zunutze. Schließlich gehörte er ja dem Priesterkollegium an!

Auf dem Tisch ausgebreitet lagen mehrere Taschen mit Papieren. Vielleicht waren das Cäsars Pläne für die römischen Bauten. Ich öffnete eine der Rollen, sah aber gleich, daß es sich um private Briefe und Berichte handelte. Ich konnte gerade genug Latein, um zu entziffern, daß es sich um Labienus und Gnaeus Pompejus und ihre Unternehmungen handelte. Sicher waren es Depeschen seiner Generäle in Spanien. Wieso lagen sie hier?

Als ich sie wieder einpackte, regte sich etwas bei der Tür. Octavian stand da, die Toga makellos um sich drapiert, und starrte mich an. Ich sah verblüfft, daß sie kaum zerknittert war. Wie hatte er das angestellt? Seine Sandalen unterschieden sich nicht merklich von irgendwelchen anderen, als er sie jetzt an den Füßen trug. Er mußte einen begabten Schuster haben.

»Was machst du hier?« fragte er. Er war ebenso überrascht, mich zu sehen, wie ich es kurz zuvor gewesen war.

»Ich bin mit Cäsar verabredet.« Es machte mir Spaß, seinen Gesichtsausdruck zu beobachten.

»Jetzt?« Er ging hinüber zu den Papieren und sammelte sie ein; er tat, als wären es seine.

»Genaugenommen hat er Verspätung«, sagte ich. »Er muß jeden Augenblick kommen.«

Octavian musterte mich aufmerksam; ich sah, daß er sich fragte, wie lange ich wohl schon da war.

»Es fiel mir schwer, drinnen zu warten«, sagte ich unschuldig. »Deshalb habe ich den schönen Herbsttag draußen in dem kleinen Innenhof genossen.«

Er rang mit sich und beschloß dann, es nicht auf ein Glücksspiel ankommen zu lassen. »Erzähle meinem Onkel nichts«, bat er mich unglücklich. »Bitte erzähle es ihm nicht!«

»Nun, es käme ihm kaum zu, dich zu verurteilen«, sagte ich. »Wahrscheinlich wird er dir Beifall spenden, weil du ihm nacheiferst. Und auch ich habe nicht über dich zu richten – aus naheliegenden Gründen.«

»Ich … ich …« Er schluckte heftig. »Es ist besser, wenn er es nicht weiß. Ich … Es tut mir leid.«

Ich lachte. »Bei mir brauchst du dich nicht zu entschuldigen. Ich bin ja nicht der Gatte dieser Dame.«

»O Apollo …!« Er stöhnte. »Dann kennst du ihn. Du weißt, wer sie … Sag meinem Onkel nichts! Bitte, schwöre es mir!«

»Ich glaube, das ist kaum notwendig. Ich habe dir versprochen, daß ich nichts sagen werde.«

Er raffte die Papiere an sich, klemmte sie sich unter den Arm und sah jetzt noch heimlichtuerischer aus. »Ich … ich muß jetzt gehen«, murmelte er und hielt sie umklammert. Er drehte sich noch einmal um und sah mich an; in seinem Blick lag eine Mischung aus Sorge und Wut. Dann war er fort.

Was sollte ich jetzt denken? Hatte er sich Cäsars Privatpapiere ebenso angeeignet wie die Frau jenes Mannes? Hinter diesen großen blauen Augen wohnte ein verschlagenes kleines Ding. War Cäsar sich darüber im klaren? Ganz sicher war er das.

Cäsar kam wenig später munteren Schritts herein. »So viel Korrespondenz!« sagte er. »Entschuldige, daß ich mich verspätet habe.« Er sah sich um. »Du hast dich hoffentlich nicht gelangweilt? Es ist ja ziemlich kahl hier.« Er deutete auf den leeren Tisch.

»Oh, ich hatte Gelegenheit zum Nachdenken«, beruhigte ich ihn. Ich lechzte danach, ihm von Octavian zu erzählen. Aber ich hatte mein Wort gegeben.

»Hier, in diesem nächsten Raum«, sagte er und schob mich hinüber, »ist das Heiligtum des Mars. Hier ist der heilige Schild, den Numa, der zweite König von Rom, vom Himmel empfing. Er sagt römische Siege voraus.«

Es war halbdunkel in diesem Raum, obwohl es draußen noch sehr hell war. Eine überlebensgroße Bronzestatue des Mars stand auf ihrem Sockel, und ringsum an den Wänden blinkten viele Schilde.

»Um zu verhindern, daß er gestohlen wurde, ließ Numa elf Kopien anfertigen. Niemand weiß mehr, welcher der echte ist. Und hier sind die Speere, die uns durch ihr Vibrieren Unheil voraussagen.«

»Kannst du fühlen, ob sie jetzt beben? Was sagen sie dir über Spanien?« Er streckte die Hand aus und umfaßte einen. »Nichts. Er ist ruhig.«

»Du hast diese Dinge also in deiner Obhut?« fragte ich.

»Sie werden gehütet vom Pontifex Maximus.«

»Aber sie haben einem König gehört.«

»Die Regia war der Sitz der Könige. Der Pontifex Maximus hat die priesterliche Macht der Könige geerbt. Sie ist nicht mit ihnen gestorben.«

»Die Idee des Königtums anscheinend auch nicht. Bevor ich nach Rom kam, habe ich nie soviel Gerede über Könige gehört.« Ich schwieg für einen Augenblick. »Du stammst also von Königen ab und übst ein königliches Wächteramt aus. Da ist der Weg nicht mehr weit, bis man dich zwingt, den Titel selbst anzunehmen.«

Darauf antwortete er lieber nicht. Statt dessen sagte er: »Vielleicht erheitert es dich zu erfahren, daß mir eine Priesterschaft von Frauen dient, die Vestalischen Jungfrauen. In ihrem Tempel steht das Palladium, die hölzerne Statue der Pallas Athene, die in Troja vom Himmel fiel und von Aeneas hierher gebracht wurde. Möchtest du sie sehen?«

»Wenn du sie mir zeigen möchtest.« An seinem Ton erkannte ich, daß er es nicht freundlich aufnehmen würde, wie Octavian sich hier, sozusagen im Schatten des Aeneas, vergnügt hatte. Vielleicht gab es doch noch den Schimmer von etwas Heiligem, das er verehrte. Octavian hatte das gewußt, und ich nicht.

Der neue Kalender wurde bekanntgegeben, und die zusätzlichen Tage wurden unverzüglich eingeführt. Die Menschen »lebten« wieder und wieder denselben Tag, und das gab Anlaß zu manch sonderbarem Verhalten. Einige strebten danach, alles auf genau die gleiche Weise zu wiederholen, es aber zugleich besser zu machen; andere entschieden, daß einer dieser Tage einfach nicht galt. Leute, die über alles murren mußten – Cicero zum Beispiel –, machten gehässige Bemerkungen. Als jemand erwähnte, daß nun das Sternbild Lyra aufgehen würde, erklärte er: »Jawohl, per Edikt.«

Der neue Krieg in Spanien wurde ebenfalls angekündigt, was Schrecken und Erstaunen hervorrief. Sollten die Bürgerkriege denn niemals enden? Verzweiflung schien das Volk zu erfassen, und die immer früher einsetzenden Sonnenuntergänge und die beginnende Kühle machten alles nur noch schlimmer. Die Triumphe unter blauem Himmel und alles, was sie verheißen hatten, schienen dahinzuwelken, abgetötet durch den frühen Frost.

Es regnete, und trostlose Tage ließen uns morgens schon frieren. Wir mußten in der Villa Kohlebecken anzünden und die Fensterläden schließen. Überrascht stellte ich fest, wie sehr das trübe Nieselwetter auf meine Stimmung drückte, und zugleich fragte ich mich, wieweit ich meinen gewohnten tatkräftigen Optimismus wohl dem strahlenden, gesunden Klima von Alexandria verdankte. Ich hatte immer geglaubt, er sei angeboren und nicht von Licht und Luft um mich herum beeinflußt.

Von Cäsar sah ich wenig. Er war in seine hastigen Kriegsvorbereitungen vertieft und außerdem damit beschäftigt, seine Reformen durch den Senat zu bringen; er hatte nur wenig Zeit. Manchmal, wenn ich auf dem Forum war, erblickte ich ihn, wie er von seiner Residenz zu seinen Baustellen eilte; auch aus der Ferne erkannte ich ihn an seiner Haltung. Ich merkte auch, wenn er mich gesehen hatte; ich erkannte es daran, daß er einen Augenblick lang zögerte. Aber nie kam er zu mir oder wich von seinem Weg ab.

Mir graute vor seiner Abreise; das einzig Gute bestand darin, daß er, wäre er erst fort, bald zurückkehren mußte … zurückkehren … zurückkehren …

Ich wünschte, ich hätte ihn mit der Neuigkeit verabschieden können, daß ich wieder ein Kind erwartete. Aber es war nicht wie in Ägypten, wo wir Tag und Nacht zusammen gelebt hatten. Hier waren wir so selten zusammen, und das Gefühl, das Rom vermittelte, war ganz anders als die aufberstende Fruchtbarkeit Ägyptens. Ich empfing jedenfalls nicht – als hätten die Götter Roms meinen Schoß versiegelt. Sie mochten mich nicht – ich spürte es.

Die harten, steinernen Götter von Rom waren nicht wie Isis, die Königin des Himmels, sie, die Leidenschaft und Mitleid kannte …

Cäsar wollte Anfang November abmarschieren – eine kurze Vorbereitungszeit sogar für seine Verhältnisse. Er würde nur die Fünfte und die Zehnte Legion mitnehmen, seine Veteranen; zwei weitere Veteranenlegionen sollten zu ihm stoßen, alle weiteren würde er später aufstellen. Ein paar seiner berühmten Legionen hatte er nach den letzten Kriegen leider aufgelöst, und die Soldaten waren jetzt damit beschäftigt, das Land zu beackern, das sie bei ihrer Verabschiedung geschenkt bekommen hatten. Er gab in Rom bekannt, daß er seinen Großneffen Octavian mitnehmen werde, um ihn das Kriegshandwerk aus erster Hand erlernen zu lassen. Nun, vielleicht würde das Octavians spindeldürre Ärmchen ein bißchen schwellen lassen.

Ich dachte bei mir, daß Octavian die heimliche Lektüre der Kriegskorrespondenz gut anstehen würde, denn so würde er auf Cäsar den Eindruck machen, er sei über dieses Thema wunderbar gut informiert. Aber das war ja zweifellos auch seine Absicht gewesen.

Ich dachte nicht lange über Octavian nach, denn Ptolemaios erkrankte an Husten und Fieber. Der Winter bekam ihm nicht; er lag in seinem schmalen Bett und richtete große, tiefliegende Augen auf mich, wenn ich hereinkam.

»Ich will nach Ägypten zurück«, sagte er kläglich. »Ich will die Sonne. Und ich will Olympos.« Dann schüttelte ihn wieder der Husten.

»Ptolemaios«, sagte ich sanft zu ihm, »es ist jetzt zu spät, um noch in See zu stechen. Wir müssen warten, bis die Winterstürme vorbei sind.«

»Dann bin ich tot«, murmelte er und drehte rastlos den Kopf.

»Es gibt doch Ärzte in Rom«, sagte ich. »Nach allem, was ich höre, sind die Hälfte Griechen. Ich hole einen für dich – den besten, den man bekommen kann.« Ich wischte ihm mit einem duftenden Tuch den Schweiß von der Stirn. »Und Isis, unsere Göttin, ist auch hier. Ich werde ihren Tempel aufsuchen und sie um Hilfe bitten. Sie hat mich noch nie im Stich gelassen.«

Charmian und ich machten uns auf den Weg, den Isis-Tempel zu suchen. Es war ein kalter, nebliger Morgen. Es schien keine Farben in der Welt zu geben, nur Grautöne. Die in Dunst gehüllten Straßen waren geheimnisvolle Korridore, die zu unsichtbaren Plätzen und Gassen führten. Ich hatte inzwischen genug gelernt, um zu wissen, wie ich zu gehen hatte, und so fand ich den Ort, an dem ich den Tempel vermutete, ohne große Schwierigkeiten.

Aber es war nur ein Steinhaufen. Nur der ebene Marmorboden, von umgestürzten Säulen und Schutthaufen übersät, ließ noch erkennen, wo einst der Tempel gestanden hatte. Dann sah ich es – eine Schändung. Die Statue der Isis lag verloren neben einem Steinblock – ihrem Sockel? –, und sie hatte kein Gesicht. Jemand hatte alle ihre Züge weggemeißelt.

»O Charmian!« Ich klammerte mich an ihren Arm. Beim Anblick der gesichtslosen Göttin überlief es mich kalt.

»Man hat sie mit Absicht zerstört.« Charmian sah sich wachsam um. »Es muß ein Feind der Isis gewesen sein.«

Ein Feind der Isis war auch mein Feind, denn sie war die Schutzgöttin meines Königshauses. »Wer könnte das gewagt haben?« fragte ich leise. Ich bückte mich, um das zerstörte Antlitz der Göttin abzuwischen, wie ich es auch bei Ptolemaios getan hatte. »Es macht nicht viel«, sagte ich entschuldigend zu ihr. »Sie können Deiner Macht nichts anhaben und Dich in deinem Mitgefühl nicht verletzen. Was Menschen anrichten, kann einen Gott nicht schwächen.«

Und das war tröstlich. Was wäre denn, wenn die Götter ihre Macht verlieren könnten, wenn wir die Bilder angreifen, die wir uns selbst von ihnen machen? Sie sind ja nicht die Bilder, denn die formen wir selbst mit unseren bloßen Händen.

»Isis, höre mich an!« rief ich ihr zu. »Ich habe hier kein Sistrum, kein geweihtes Nilwasser und keinen Krug, um hier in dem, was einst Dein heiliger Tempel war, den Gottesdienst zu verrichten. Doch Du, die Du die treueste Gattin und ergebenste Mutter bist, rühre Ptolemaios an mit Deiner Macht, und laß ihn gesund werden. Laß ihn seine Heimat wiedersehen!« Ich betrachtete das verwüstete Antlitz, und die Entstellung tat mir im Herzen weh. Einer Eingebung folgend, nahm ich meine Halskette ab und legte sie ihr um.

»Nicht, Herrin – man wird sie nur stehlen«, sagte Charmian.

»Irgendwann wird alles gestohlen«, sagte ich. »Zerstört, zerbrochen, gestohlen.« In einer plötzlichen Vision sah ich dieses düstere Bild vor mir. Am Ende stürzten alle Säulen um, und alles zerbarst – die Fugen der Marmorverkleidungen und Treppen, die Verbindungen zwischen steinernen Armen und steinernen Schultern. »Also will ich sie opfern, solange sie noch ganz ist.« Und so lag die Kette nun an ihrem Hals, und der Lapislazuli war der einzige Farbfleck neben den grünen Unkrautbüscheln, die zwischen den Steinplatten hervorsprossen.

Das Opfer bereitete mir Trost: Ich hatte etwas in den Schlund der Zerstörung geworfen.

»Komm«, sagte ich. »Laß uns von hier fortgehen.«

Es gelang uns, einen guten Arzt aufzutreiben, einen Mann namens Apollos, einen Griechen, der römischer Bürger geworden war.

»Dank Cäsar«, erklärte er, »haben ausländische Ärzte, Gelehrte und Künstler ein besonderes Bürgerrecht erhalten. Ich bin hergekommen, um eine Zeitlang zu studieren, aber ich hatte nicht vor, für immer hierzubleiben. Es war Cäsar, der die Vorschriften änderte.« Er beugte sich über Ptolemaios und horchte an seiner Brust.

»Hier ist eine Stauung«, erklärte er. »Wir werden sie ausräuchern müssen. Getrockneten Bockshornklee verbrennen und einen Umschlag aus getrockneten Feigen machen.« Lächelnd klopfte er auf Ptolemaios' hohle kleine Brust. »Dann bist du wieder so gut wie neu. Wirst schon sehen.« Mir nickte er zu und winkte mich beiseite, um unter vier Augen mit mir zu sprechen.

»Kein Grund zur Beunruhigung«, sagte er. »Er wird wieder gesund. Ich schlage vor, daß ihr seine Beine mit Wolltüchern umwickelt, um sie warmzuhalten; gebt ihm auch Speisen, von denen man weiß, daß sie Hitze im Bauch erzeugen, Kichererbsen und Walnüsse zum Beispiel.«

»Dieses Klima verträgt er nicht«, sagte ich. »Aber ich glaube, er hat auch Heimweh. In Alexandria haben wir ebenfalls Regen und Unwetter; es ist auch nicht immer sonnig dort, im Gegensatz zum übrigen Ägypten.«

»Bald wird auch in Rom wieder die Sonne scheinen«, sagte er. »Unsere Winter sind kurz.«

»Ich wollte den Tempel der Isis besuchen und sie um Hilfe bitten«, erzählte ich. »Was ist dort passiert?« Er würde es sicher wissen.

»Er wurde auf Beschluß des Senats zerstört«, sagte er. »Zuerst wurden ein paar Isis-Altäre auf dem Kapitol von zwei Konsuln zerschlagen, und dann beschloß der Senat, den großen Tempel selbst zu beseitigen. Aber niemand hatte den Mut, ihn anzurühren, kein Arbeiter wollte dabei Hand anlegen – bis ein Konsul, Aemilius Paulus, seine Toga auszog und die Tempeltür mit einer Axt einschlug.«

»Aber warum denn?«

»Ich glaube, es war der Schauder des Abscheus vor allem Fremden«, sagte er. »Rom macht solche Säuberungen immer wieder durch. Ich habe die Feindseligkeit gegen Ausländer auch schon zu spüren bekommen. Du nicht? Verzeih, wenn ich ungebührlich spreche.«

»Doch. Doch, das habe ich auch schon gespürt. Nun, aber wenn sie keine Ausländer um sich haben wollen, dann hätten sie sich nicht so weit von ihrem kleinen Rom fortwagen sollen!« Wessen Schuld war es denn, daß Rom mit so vielen Ländern zu tun hatte?

»Cäsar sieht die Sache anders«, sagte er. »Er scheint diese Vorurteile nicht zu haben.« Er lachte. »Du und ich, wir sind der Beweis dafür, denke ich.«

Cäsar kam an jenem gelblich hellen Morgen, mit dem der dritte November begann, um sich zu verabschieden. Ich sah, wie er eilig den Weg heraufkam; sein Blick war ausdruckslos, und sein Mantel flatterte hinter ihm. Ich wartete gerade innen im Atrium und machte mich auf, ihn zu begrüßen.

Es waren Diener in der Nähe, und seine Worte waren förmlich.

»Ich komme am Vortag meiner Abreise, um mich von dir zu verabschieden, und ich wünsche dir, daß es dir wohlergehe in Rom, während ich fort bin.« Die Worte hingen in der Luft, töricht und unbedeutend.

Ich nahm ihn bei der Hand und führte ihn in ein Privatgemach. »Laß mich nicht mit dieser Erinnerung zurück«, sagte ich. »Deine förmlichen Worte lassen so vieles ungesagt.« Ich erhob mich auf die Zehenspitzen und küßte ihn auf die Wange. »So willst du also abreisen? Wann? Und wie steht es mit deinen Legionen?«

»Ich gehe übermorgen«, sagte er und setzte sich. »Ich reise über Land nach Spanien – fünfzehnhundert Meilen in einem schnellen Wagen. Ich will mindestens fünfzig Meilen am Tag zurücklegen und den Feind überraschen. So wäre ich um den ersten Dezember herum dort.«

»Ich weiß, daß du schon früher Winterfeldzüge hinter dich gebracht hast«, sagte ich. »Aber wirst du diesmal nicht im Nachteil sein? Der Feind hat bereits sein Winterlager und seine Vorräte. Was wirst du tun?«

»Ich muß darauf hoffen, daß ich eine Lösung finden werde.«

»Wäre es nicht klüger, ein wenig zu planen?«

»Ich habe geplant, was ich in Anbetracht der Umstände planen konnte. Jetzt muß ich darauf hoffen, daß der Rest sich ergeben wird, wenn ich dort bin.« Er wirkte verändert; er war schon weit fort.

»Mögen alle Götter dich beschützen«, sagte ich unvermittelt. »Und möge Isis dich in ihre Obhut nehmen.«

»Du weißt, daß ich an diese Dinge nicht glaube«, sagte er sanft. »Aber wenn ich glaube, daß *du* mich in deiner Obhut hast, dann –«

Ich warf ihm die Arme um den Hals. »In meiner Obhut, in meiner Erinnerung, in allen meinen Gedanken!« Ich küßte ihn heftig, als könnte ich mich auf diese Weise später daran erinnern, daß er Wirklichkeit war, als wollte ich noch einmal spüren, wie seine Lippen und Zähne sich anfühlten, wie sein Kiefer sich an den meinen schmiegte.

Er trat zurück und schaute mich an – sehr lange, wie mir schien. Dann sagte er: »Leb wohl, und lebe wohl.«

# 30

Es regnete weiter. Die Tage schleppten sich dahin, die Stadt hielt den Atem an und wartete auf Neuigkeiten aus Spanien. Würde sie einen neuen Herrn bekommen, den jungen Gnaeus Pompejus?

Zweifellos würden sie ihm zujubeln, wie sie Cäsar zugejubelt hatten, dachte ich. O gütige Isis – laß nicht zu, daß Cäsar auf einem kahlen Schlachtfeld, fern der Heimat, ums Leben kommt. Es ist ja nicht einmal dadurch geadelt, daß es eine ferne Grenzregion ist, und der Feind wird nicht gerühmt als Kämpfer. Gewähre ihm alles, aber kein schmähliches Ende! betete ich.

Und ich wartete, wie alle anderen auch.

Saturnalia kam, das große Fest der Wintersonnenwende, und Rom barst vor Feierlichkeiten. Gegen Ende, als das Abschlußfest bevorstand, machten Charmian und ich einen Ausflug mit Ptolemaios. Ich wußte, daß die abträgliche Wirkung der Kälte durch den Reiz des Neuen ausgeglichen wäre, den dieses römischste aller Feste auf ihn ausüben würde.

In der Umgebung des Forums drängten sich die Feiernden, und alle benahmen sich auf die seltsamste Art – manche trugen Masken, andere liefen in Kostümen umher. Ich hatte keine Ahnung, was das alles zu bedeuten hatte. Es schien ein zügelloses Fest zu sein, aber an den Puppen und den eingewickelten Speisen, die alle mit sich herumtrugen, sah man doch, daß es seinen eigenen Regeln folgte.

Ich hätte jemanden mitnehmen sollen, der mir das alles erklärt, dachte ich und zog mir den Mantel über den Kopf, um mich vor der Kälte zu schützen.

Da erblickte ich plötzlich eine überaus respektlose Verkleidung – jemand trug eine Maske mit dem Antlitz Octavians. Doch als die Person sich entschlossen einen Weg durch die Menge bahnte und näher kam, sah ich, daß es Octavian *war*.

Ich winkte ihn zu uns herüber. Er mußte sich stoßend und schiebend an einer brodelnden Menschenmenge vorbeikämpfen, und die ganze Zeit sah er sehr gereizt aus.

»Majestät.« Er verneigte sich. »Aber nein – während der Saturnalien kannst du nicht Kleopatra sein. Du mußt jemand anders sein.«

»Oh … gut«, sagte ich, »dann bin ich … Königin Hatschepsut.«

»Nein, keine Königin. Eine Königin kann keine Königin sein. Du mußt etwas ganz anderes werden.«

»Dann werde ich … Charmian!« Ich drückte ihren Arm. »Und sie wird zu mir! Und Ptolemaios … suche dir jemanden aus.«

Er seufzte. »Dann möchte ich Sokrates sein.«

Octavian verzog das Gesicht. »Oh, doch nicht der! Du willst doch keinen Schierlingsbecher trinken, oder?«

»Nein. Gut, dann eben Platon.«

»Was für brave Wünsche du hast!« rief Octavian. »Ich möchte Achilles sein.«

»Warum denn – verzehrt dich die Wut?« fragte ich ihn. Octavian, der stets so gefaßt war, wollte der wütende Achilles sein?

»Nein, aber ich frage mich, wie es wohl ist, der größte Krieger der Welt zu sein.«

»Warum bist du hier?« Ich hatte ja meinen Augen nicht getraut, als ich ihn gesehen hatte. »Cäsar sagte doch, du würdest ihn in den Krieg begleiten?«

Er machte ein um Vergebung heischendes Gesicht. »Ich habe Fieber bekommen und konnte ihn nicht begleiten. Aber ich reise später zu ihm. Wenn ich wieder ganz genesen bin.« Und er verfiel in ein jämmerliches, keuchendes Husten.

»Hast du denn Nachricht von ihm?« Ich verabscheute mich selbst für diese Frage – weil ich zugab, selbst noch nichts gehört zu haben.

»Ja«, sagte Octavian stolz. »Er hat Spanien wohlbehalten erreicht. Alles ist gut.«

Einen Monat hatte es gedauert, nur um zu erfahren, daß er unversehrt an sein Ziel gekommen war. Seitdem waren Schlachten geschlagen worden – wurden vielleicht just in diesem Augenblick geschlagen, während wir ahnungslos hier standen.

»Dank sei allen Göttern!« Ich schwieg für einen Augenblick. »Wie ist denn die Lage dort? Was hat er vorgefunden?«

Ein Trupp von Feiernden strömte stolpernd und lachend an uns vorbei, und unverständliche Verse sprudelten im Chor über ihre Lippen.

Octavian schob sich näher an mich heran. »Dieser Platz eignet sich schlecht zum Reden«, sagte er. »Ich kann dich kaum verstehen.« Wieder wogte eine Menschentraube heran wie die Strömung in einem Fluß und rempelte ihn an, daß er fast gestürzt wäre.

»Komm heute abend und sieh uns zu!« rief einer und packte ihn beim Arm. »Und zieh ein Kostüm an!«

»Ja! Wir wollen ein großes Publikum!« rief eine Frau, die sich Efeuranken ins Haar geflochten hatte.

»Vielleicht«, sagte Octavian. »Ich danke euch.«

»Wer war das?« fragte Ptolemaios.

»Eine Bande von Schauspielern«, antwortete Octavian streng. »Achte nicht auf sie.«

»Gibt es eine Theateraufführung heute abend?« fragte Ptolemaios. »Können wir hingehen?« Er sah mich an. »Es ist so langweilig, immer zu Hause im Bett zu liegen.«

»Ich glaube kaum, daß ihre Aufführung für dich geeignet ist«, sagte Octavian. »Alles, woran Cytheris beteiligt ist, ist schmutzig.« Kaum hatte er zu Ende gesprochen, sah ich seinen Gesichtsausdruck, und ich wußte, daß ihm siedend heiß eingefallen war, was ich in der Regia mitangesehen hatte.

»Cytheris«, wiederholte ich und versuchte, den peinlichen Augenblick zu überspielen. Ich hatte nicht vor, ihn in Verlegenheit zu bringen, und mir lag auch nichts daran, daß er mich mit einer Demütigung in Verbindung brachte. »Ich glaube, ich bin ihr schon begegnet – aber wo?«

»Ich habe sie auf dem ägyptischen Fest gesehen, das du veranstaltet hast«, sagte er.

»Cäsar hat es veranstaltet«, berichtigte ich ihn. »Aber wieso sollte ich mich da an sie erinnern?«

»Erstens, weil sie schön ist. Zweitens, weil sie skandalös ist. Drittens, weil sie eine Szene gemacht hat, indem sie sich an Marcus Antonius hängte, ihren damaligen Liebhaber.«

»Damaligen?«

»Ja – Fulvia hat den Kampf um ihn gewonnen. Welch eine Trophäe! Sie haben vor wenigen Wochen geheiratet. Jetzt hat Antonius sich angeblich gebessert. Aber ich habe doch den Verdacht, daß er irgendwo im Gedränge in seinem Herkuleskostüm unterwegs ist. Die Menschen ändern sich niemals wirklich.« Er rümpfte die Nase. »Wie es aussieht, hat Cytheris ihr gebrochenes Herz recht gut zu trösten verstanden.«

»Können wir hingehen?« fragte Ptolemaios mich immer wieder.

»Wir wollen erst sehen, was sie aufführen«, sagte ich. »Aber jetzt zu Spanien.« Ich sehnte mich verzweifelt nach Neuigkeiten über die Lage. Ich mußte wissen, was Cäsar dort vorgefunden hatte.

Octavian zog die Stirn kraus. »Wie es aussieht, ist der größte Teil Südspaniens zum Feind übergelaufen. Ich höre, daß die Rebellen über dreizehn Legionen verfügen. Zwei davon sind Veteranenlegionen, Überreste der alten pompejanischen Streitmacht. Diese beiden unbezahlbaren Legionen sichern Corduba, und der Rest ist über das Land verteilt. Cäsar hat acht Legionen – vier davon sind Veteranen –, und sie sind besser ausgebildet als die gegnerischen. Insofern ist das Verhältnis vielleicht ausgeglichen – die größere Zahl der einen Seite wird durch die bessere Ausbildung der anderen wettgemacht. Und einen Lichtblick gibt es noch: Cäsar hat achttausend Reiter, die Bogud ihm zur Verfügung gestellt hat, und die andern nur sechstausend.«

Ich merkte, daß es mich kalt durchströmte, als könne die Dezembertemperatur meine Haut durchdringen. »Ausgeglichen«, sagte ich. »Vermutlich wird Labienus doch seine afrikanische Taktik wiederholen und sich nach besten Kräften bemühen, den Krieg in die Länge zu ziehen und einer Entscheidungsschlacht auszuweichen. Sie haben sich ja schließlich schon unter Dach und Fach eingerichtet, während Cäsar im offenen Gelände leben muß!« Ich haßte Labienus, wie ich alle Treulosen verachtete – in meinen Augen ist die Treulosigkeit das abscheulichste aller Verbrechen.

»Dann wird es Cäsars Aufgabe sein, seinen afrikanischen Sieg zu wiederholen, indem er sie auf das Schlachtfeld zwingt«, meinte Octavian. »Vielleicht muß er sie überlisten.«

Südspanien. Diese Undankbaren! Genau dort hatte Cäsar als Statthalter gedient, und er war ihr Patron gewesen! Es gab also keinen sicheren Boden, nichts, was auf Dauer feststand.

»O Kleopatra, liebste Schwester – können wir *bitte* zu der Theateraufführung gehen?« Ptolemaios schaute lächelnd zu mir auf.

Wir gingen hin. Ich nahm meinen ganzen Hofstaat mit, damit es so aussah, als besuchten die Ägypter ein römisches Theater, und nicht so, als gäbe die Schwester den lüsternen Wünschen ihres Bruders nach. Tatsächlich freute es mich sogar, daß Ptolemaios überhaupt für etwas Interesse zeigte, denn wer wahrhaft krank ist, interessiert sich nicht für ein Theaterstück. Und auch nicht für skandalöse Schauspielerinnen.

Die Römer waren äußerst geteilter Meinung, was das Theater anging. Sie waren kein Volk von Ästheten, und die Feinsinnigkeit griechischer Tragödien sprach sie nicht an. Verstanden sie sie nicht? Vielleicht. Sie bevorzugten die simple Metzelei der Tierhatzen und der Gladiatorenwettkämpfe vor den Qualen des Ödipus. Aber das vertauschte Schlafzimmer, den gehörnten Gatten, den verschlagenen Sklaven – das kannten und verstanden sie. Also drehten ihre Stücke sich um Themen und Charaktere von dieser Art.

Und, jawohl, das Stück war wirklich schmutzig. Höchstwahrscheinlich verstand Ptolemaios die schlimmsten Stellen gar nicht, aber ein paar der unanständigen Witze ließen seine Wangen doch rot erglühen.

Cytheris war wirklich schön, und ich konnte verstehen, daß sie in den höchsten Kreisen Roms – halbwegs – Aufnahme gefunden hatte. Schönheit scheint ein eigenes *imperium* zu verleihen, auch wenn wir das gern bestreiten.

Als wir das Theater verließen, wehten flauschige weiße Flöckchen vom Nachthimmel. Sie wirbelten in den Lichtkreis der Fackeln und machten dabei leise, zischende Geräusche. Die Pflastersteine waren von etwas bedeckt, das aussah wie dicker Reif.

»Schnee!« sagte ich. »Das muß Schnee sein.«

Wir standen im Freien und schauten ihn an. Die Flocken, die ringsum herniedersanken, sahen aus wie gestutzte Federn – leicht und schwebend. Sie fingen sich in den Falten unserer Gewänder und landeten stechend auf unseren Lippen.

»Schnee«, sagte Ptolemaios staunend. »Ich hätte nie gedacht, daß ich selbst mal welchen sehen würde.«

Er klebte an unseren Schuhen, schmolz und sickerte mit lähmender Kälte herein. Unsere Sänftenträger brachten uns nach Hause, und ich sah die Spuren, die ihre Füße in der weißen Decke hinterließen.

Schnee. In Spanien würde es eine Menge Schnee geben. Und Cäsar lebte im Feld unter ledernen Zeltdächern.

Um mich zu beschäftigen, suchte ich viel über Rom zu erfahren. Einen großen Teil sah ich mit eigenen Augen an; ich besuchte die heiligen Tempel, die Gräber seiner großen Männer, die Gärten des Lukullus auf dem Esquilin und – für mich das Interessanteste – den Tempel des Äskulap auf der Tiber-

Insel und das dazugehörige Hospital. Inmitten des schlammig dahinrauschenden Tibers hatte der griechische Gott der Heilkunst ein Heim für sich gefunden.

Ich kam nie zu einem endgültigen Urteil über Rom. Es war so mächtig in mancher Hinsicht, so käuflich in anderer. Und doch ahnte ich, daß diese Kombination genau berechnet war und die menschliche Natur am stärksten ansprach.

Sie werden alles unter den Rädern ihrer Streitwagen zermahlen, hatte die Kandake mich gewarnt. Und als ich hier nun ihre Wagen vorüberrattern sah und den römischen Pragmatismus miterlebte – der sich vor allem in der Gefühllosigkeit manifestierte –, da wußte ich, daß sie recht hatte. Sie würden es tun. Es sei denn, man könnte sie irgendwie mäßigen, indem man sie mit unserer altvertrauten Empfindsamkeit vereinigte.

Octavian reiste verspätet ab, um sich Cäsar anzuschließen. Er kam eines Morgens im Januar, um sich von mir zu verabschieden und mich zu fragen, ob ich eine Botschaft zu übermitteln hätte.

Ich fand es höflich, daß er gekommen war, aber ich hatte keine private Botschaft an Cäsar, die ich ihm hätte anvertrauen mögen.

»Noch ist nichts geschehen«, sagte Octavian. »Wir haben keine Nachricht von einer Schlacht.«

Cäsar hatte also einen ganzen Monat der Untätigkeit im eisigen Felde ertragen müssen.

»Ich wünsche dir viel Erfolg«, erklärte ich.

Meine Wünsche waren offensichtlich nicht sehr viel wert, denn auf seiner alptraumhaften Reise stieß Octavian auf jedes nur denkbare Hindernis, und am Ende scheiterte auch sein Schiff. Gleichwohl schleppte er sich weiter, und er erreichte Cäsar schließlich erst lange nach der entscheidenden Schlacht dieses Krieges.

Und damit empfahl er sich Cäsar. Gerade seine Sturheit – die Fähigkeit, wie ein Bullenbeißer die Zähne in eine Sache zu schlagen und nicht wieder loszulassen – mußte Cäsar als höchste Tugend beeindruckt haben. Die Zähne waren dünn und zweifelhaft verankert, aber der Mut, mit dem er sie dennoch zum Einsatz brachte, bestimmte Octavians ganzes Geschick – das weiß ich heute. Wäre er doch nur weiterhin zu kränklich geblieben, um Cäsar zu folgen! Später war er es, wie sich zeigte, bei jeder größeren Schlacht. Die Schlacht bei Philippi, die Schlacht von Naulochus und schließlich die Seeschlacht bei Actium – immer lag Octavian krank in seinem Zelt. Wäre er doch nie nach Spanien gekommen – dann wären die andern nicht gefolgt. Und ich …

Doch still, mein Herz! Es ist vorbei. Und ich spreche von damals, nicht von heute.

Der Frühling kam im März. Die gelben Wildblumen erblühten überall am Tiberufer in ihrer vollen Pracht, und in unseren eigenen Gärten entrollten die Bäume zögernd die ersten grünen Blätter. Ptolemaios' Husten schmolz dahin, als es wieder wärmer wurde, und wie zum Ausgleich wuchs er jetzt zusehends.

Aber noch immer gab es keine Nachricht über die Lage in Spanien. Es war wie ein Hohn, den warmen Frühlingswind zu genießen und in der Dämmerung spazierenzugehen, wenn die Zukunft Roms auf Messers Schneide stand. Lupercalia, Anna Perenna und Liberalia, all die römischen Feiertage, gingen vorüber. Erst am zwanzigsten Tag des April erreichte die Kunde Rom, und in den Straßen brandete festlicher Jubel auf.

Cäsar hatte gesiegt. Am siebzehnten März war es ihm endlich gelungen, die aufständischen Streitkräfte bei Munda zur Entscheidungsschlacht zu zwingen.

Es war ein verzweifelter Kampf, einer der blutigsten in der römischen Geschichte. Als er vorbei war, lagen dreißigtausend der alten Pompejaner tot auf dem Schlachtfeld, aber nur tausend Cäsarianer. Labienus war tot, Gnaeus Pompejus ebenfalls. Sextus, der jüngere Bruder des Pompejus, war entkommen.

»Was der Schlacht die entscheidende Wendung gab« – man erzählte es voller Staunen in den Gassen, und ich hörte es zehnmal an zehn Straßenecken –, »denn beide Seiten waren fast gleich stark, und es wurde dunkel, und die Cäsarianer verloren den Mut und wollten zurückweichen – was also der Schlacht die entscheidende Wendung gab, war der Umstand, daß Cäsar selbst sich in die vordersten Linien durchschlug, wo eine Bresche klaffte. Er riß sich den Helm vom Kopf und schrie: ›Wollt ihr euren Feldherrn in die Hände dieser Knaben ausliefern?‹ Er begann einen verzweifelten Kampf Mann gegen Mann, und bei diesem Anblick faßten seine Männer neuen Mut, und das Blatt wendete sich.«

»Ich muß darauf hoffen, daß ich eine Lösung finden werde«, hatte er gesagt. Und er hatte es getan, mit einem tollkühnen, wilden Einsatz, der seine Handschrift trug – seine ganz allein.

Mir wurde schwindlig, als ich davon hörte. Sein Mut war irgendwie unmenschlich. Und sein Glück ebenfalls.

Sofort wurde erklärt, daß der einundzwanzigste April – der Tag, nachdem die Nachricht in Rom bekanntgeworden war – für alle Zeit mit Wagenrennen im Circus gefeiert werden solle. Der Senat übertraf sich selbst in seinen Bemühungen, Cäsar mit Ehren zu überhäufen. Er sollte den Titel eines Imperators auf Lebenszeit bekommen, und der Titel sollte erblich sein. Er sollte Konsul für zehn Jahre sein. Alle Jahrestage seiner früheren Siege sollten fortan mit jährlichen Opfern begangen werden. Er durfte stets den Lorbeerkranz tragen und sich bei allen offiziellen Anlässen in das Gewand des Triumphators kleiden. Im Tempel des Quirinus sollte seine Statue aufgestellt und mit der Inschrift »Dem unbesiegbaren Gott« versehen werden. Bei öffentlichen Spielen mußte sein elfenbeinernes Bildnis in einer Sänfte getragen werden, gefolgt von einem Wagen mit seiner Staffage, begleitet von den Statuen anderer Götter. Ein weiteres Standbild von ihm sollte neben denen der früheren Könige von Rom errichtet werden. Auf Kosten der öffentlichen Hand sollte ein Tempel gebaut und der Freiheit geweiht werden, die Cäsar gebracht hatte.

Und zu seiner Rückkehr wurde ein großes Dankfest von fünfzig Tagen befohlen.

Ich hungerte danach, ihn zu sehen. Günstige Berichte aus Alexandria erlaubten mir, doch noch länger in Rom zu bleiben, meiner früheren Überzeugung zum Trotz, daß ich nach Ägypten zurückkehren müsse, sobald das Meer wieder schiffbar wäre. Wie hätte es auch sein können, daß alles Volk ihn zurückkehren sah und zum Besieger der Welt krönte, ohne daß Cäsarion und ich ihn zu Hause willkommen hießen – in seiner Stadt und bei uns?

Aber wann würde er zurückkommen? Niemand schien es zu wissen. Er hielt sich weiter in Spanien auf, regelte Verwaltungsprobleme und nahm Ernennungen vor. Octavian war zu ihm in sein Hauptquartier gekommen. Andere – Brutus, Antonius und Decimus – eilten nach Gallia Cisalpina, um ihn zu empfangen, wenn er dort auf dem Heimweg durchmarschieren würde.

Und endlich: ein persönlicher Brief für mich. Er war in Hispalis geschrieben worden. Ich dankte dem Boten und gab ihm eine kleine Anerkennung – zweifellos zuviel –, und dann wartete ich, bis ich die Tür meines Zimmers schließen und den Brief ungestört lesen konnte.

> Es ist vorüber, und ich bin siegreich. Ich weiß, daß Du es schon gehört hast. Aber was Du noch nicht gehört hast, will ich Dir jetzt sagen: Ich habe schon oft um den Sieg gekämpft, aber in der Schlacht bei Munda habe ich um mein Leben gekämpft.
>
> Ich wurde verschont. Ich kehre zu Dir zurück und nach Rom, lebend und erholt.
>
> Meine Liebe gilt Dir und unserem Sohn.

*Ich habe um mein Leben gekämpft.* Was hatte ich an diesem Tag getan? Warum hatte ich es nicht gefühlt? Es erschien mir unmöglich, daß es für mich ein ganz gewöhnlicher Tag gewesen sein sollte. Ohne es zu wollen, zerknüllte ich den kostbaren Brief, weil ich ihn so fest in den Händen hielt.

Er brauchte sehr lange für die Rückkehr. Am Jahrestag seines ersten Triumphes war er noch nicht wieder da, als die Römer pflichtschuldig seine Statue zusammen mit der Statue der Siegesgöttin Victoria bei den Victorianischen Spielen in der Parade mitführten. Er betrat die Stadt erst, als die Hitze schon nachließ, und vorher zog er sich sogar noch für ungefähr eine Woche auf sein privates Anwesen in Lavicum zurück. Dort schrieb er ein neues Testament. Aber das erfuhr man erst lange danach.

Man munkelte, Cäsar werde einen Triumph feiern. Aber es war eher unwahrscheinlich, daß er dies zulassen würde, denn seine Gegner waren Römer gewesen. Triumphe feierte man nur über fremde Feinde.

Und dann zog er rauschend in Rom ein und machte allen Spekulationen ein Ende. Er war wieder da. Er hatte gesiegt. Er würde alles neu ordnen. Die Anspannung war zu Ende.

Er sandte mir keine Botschaft, lud mich auch nicht zu einer der privaten Begrüßungsveranstaltungen ein. Dennoch wußte ich, daß er wartete wie ich. Alles zu seiner Zeit.

Die Nacht, in der er in die Villa kam, war kalt und regnerisch – ja, das Jahr wendete sich schon wieder. Ich hörte den Kies unter den Hufen seines Pferdes knirschen und wußte, daß da jemand kam. Ich dachte nicht, daß er es sein könnte; ich erwartete ihn nicht an irgendeinem besonderen Tag. Es genügte mir zu wissen, daß er kommen würde.

Ich hörte seine Stimme, hörte, wie er die Diener wegschickte. Dann hörte ich, wie er die Treppe heraufkam, immer zwei Stufen auf einmal, bis zu meiner Tür. Ich öffnete und starrte ihm unversehens im Halbdunkel ins Gesicht.

Es schien ewig zu dauern, und es schien nur einen Wimpernschlag her zu sein, daß ich ihn das letzte Mal gesehen hatte. Die Wucht des Augenblicks überwältigte mich, und ich vergrub mein Gesicht an seiner Schulter. Ich hatte keine Worte für die Freude, die ich empfand, weil ich ihn wieder bei mir hatte.

Er faßte sanft meinen Nacken und zog meinen Kopf zurück, damit er mich anschauen konnte. Ein leises Lächeln lag auf seinem Gesicht, eines, das ich noch nie gesehen hatte. Dann küßte er mich; es war ein inniger Kuß, der vom Schmerz unserer Trennung erzählte.

»Laß uns aus der Tür gehen«, sagte ich schließlich. Wir waren auf der Schwelle stehengeblieben, wo alle Welt uns sehen konnte. Ich zog ihn hinein.

Er stand da und sah ein wenig verändert aus. Er war dünner geworden. Sein Gesicht hatte mehr von einem Adler – es sah hagerer aus, schärfer.

»Dank sei allen Göttern«, sagte ich. »Fortuna hat dich nicht verlassen.«

»Nein.« Seine Stimme klang weicher, gemäßigter. »Die Opfer, die ich vor der Schlacht bei Munda brachte, kündigten Unheil an. Aber ich ignorierte die Prophezeiungen. Ich erklärte, es werde alles gutgehen, weil ich es so wollte.«

Mich schauderte. »Trotz solcher Arroganz war Fortuna ihrem Lieblingssohn gnädig.«

»Vielleicht gefällt ihr so etwas.« Er kam zu mir und nahm mich in die Arme. »Dir nicht?«

»Es ist ein Teil von dir«, sagte ich, »und ich liebe alles an dir.«

»Ist das wahr?« fragte er. »Dann bist du anders als alle andern.«

Draußen prasselte der Regen herunter; die Zweige wippten und schwankten im Wind, und wir kauerten uns unter der Decke auf meinem Sofa zusammen, als wollten wir davor Schutz suchen.

»War es so in deinen Zelten draußen in Spanien?« fragte ich ihn.

»Nein. Hier ist es luxuriös. Das Dach leckt nicht, und die Laken saugen kein Wasser aus der Erde.« Er nahm meine Hand. »Du hast nicht gelebt, solange du keinen Winterfeldzug mitgemacht hast.«

»Beim nächsten Mal mußt du mich mitnehmen«, sagte ich leichthin. Als er nicht lachte, fragte ich: »Du planst doch sicher nicht noch einen Krieg? Es gibt niemanden mehr, gegen den du kämpfen könntest.«

»Außer den Parthern.«

»Laß die Parther in Ruhe, dann lassen sie dich auch in Ruhe!«

»Irgendwann müssen die Adler der vernichteten Legionen des Crassus zurückgeholt werden.«

»Aber nicht von dir. Rom ist heute eine größere Herausforderung. Parthien kannst du für Cäsarion übriglassen. Wenn du die ganze Welt eroberst, was bleibt dann schließlich für ihn? Du mußt der nächsten Generation etwas Erstrebenswertes hinterlassen.«

»Ich werde einen Handel mit dir schließen«, sagte er in seinem gespielt ernsthaften Ton. »Ich werde noch eine Weile in Rom bleiben, wenn du auch hierbleibst.« Er ließ eine Pause eintreten. »Bleibst du?« Noch eine Pause. »Bitte?«

Ja, warum sollten wir nach so langer Trennung nun hastig auseinanderlaufen? Ich streckte die Arme aus und umschlang ihn fest. Am liebsten hätte ich ihn mit eisernen Ringen an mich gebunden und ihn vor allem Bösen beschützt. Keine neuen Länder. Keine Eroberungen. Er sollte konsolidieren, was er schon errungen hatte.

Für diese eine Nacht begnügte er sich mit den Grenzen dieses kleinen Zimmers, mit mir und mit dem, was ich ihm bieten konnte. Und ich bot ihm mich selbst.

Im Gegensatz zu allem, was ich für vernünftig hielt, war Cäsar fest entschlossen, einen Triumph zur Feier seines Sieges zu veranstalten. Er wollte behaupten, dieser Krieg sei ein spanischer Aufstand gewesen, unterstützt durch römische Verräter. Damit würde er niemanden zum Narren halten, und darauf machte ich ihn aufmerksam. Er antwortete, das sei ihm gleich.

Es gibt Leute, die behaupten, daß Cäsar sich in jenen Tagen nicht vernünftig verhielt, daß seine gewohnte Klarsichtigkeit – seine kostbarste Eigenschaft – umwölkt war und seine Urteilskraft Anlaß zu Zweifeln gab. Ich deute es so, daß er erschöpft war und wachsende Verbitterung über das Scheitern seiner Versöhnungspolitik empfand, aber auch über die argwöhnische Feindseligkeit der Aristokraten, die sich bei jeder seiner Gesten wie von selbst einstellte. Und er hatte es zu eilig. Er behandelte den Senat und das römische Volk, als müsse unverzüglich eine Entscheidungsschlacht gefochten werden, und zwar auf der Stelle. Politik und Krieg sind aber nicht dasselbe, und sein militärischer Genius übertrug sich nicht auf die Schliche der Staatskunst.

Indem er alle seine Widersacher vernichtet hatte und zum Diktator ernannt worden war, hatte er unausgesprochen das Mandat zur Neuordnung der Regierung erhalten, wie es auch Sulla damals bekommen hatte. Man hoffte, daß er auf irgendeine Weise »die Republik wiederherstellen« werde – diese frommen Worte führte jedermann im Munde.

In Wahrheit war die geliebte Republik dem Tode geweiht. Noch heute frage ich mich, was man denn hätte tun können, um sie »wiederherzustellen« – man hätte denn in eine Zeit zurückkehren wollen, in der sie noch ihre Dienste getan hatte. Die Republik war ein privater Verein – wie die Gesellschaft des Imhotep in Ägypten, der ich als Kind angehört hatte. Sie entsprach den Bedürfnissen einer kleinen Handvoll von Aristokraten, während zugleich eine riesige Zahl von Leuten mit nicht minder mächtigen Interessen ausgeschlossen blieb. Und auf die Seite dieser zweiten Gruppe stellte sich Cäsar – über die Köpfe der alten, etablierten Ordnung hinweg. Dieser verknöcherten Gruppe konnte er die Zügel der Regierung nicht zurückgeben. Das aber bedeutete »die Republik wiederherstellen«.

Der Spanische Triumph fand statt, gegen meinen Rat, und auch Cicero, Brutus, Cassius, Lepidus, Decimus – und, wie manche sogar behaupteten, Balbus und Oppius – waren dagegen. Es war ein ungewöhnlich warmer Tag Anfang Oktober, und wieder einmal wurden die Straßen gefegt, Girlanden um Monumente und Gebäude gehängt und Zuschauertribünen aufgestellt. Cäsar ritt in aller Pracht heraus, wie er es auch ein Jahr zuvor getan hatte, gefolgt von einem feierlichen Octavian in seinem Wagen. Aber inmitten all der Jubelrufe weigerte sich ein Volkstribun, sich von der Bank zu erheben, als der Triumphwagen vorbeirollte.

Ich war schockiert, als Cäsar seine Pferde zügelte und den anstoßerregenden Tribun erbost anfunkelte, statt heiter und gelassen geradeaus zu schauen. »So, Pontius Aquila! Warum zwingst du mich nicht, die Staatsführung abzugeben? Immerhin bist du doch ein Tribun!«

Aquila war verblüfft und starrte ihn nur an. Aber er stand nicht auf.

Der Triumphwagen nahm seine Fahrt wieder auf, aber der Zwischenfall brannte sich ins Gedächtnis der Öffentlichkeit ein.

Das Bankett danach entsprach angeblich nicht Cäsars Erwartungen – oder denen der Leute? –, und so ließ er ein paar Tage später ein zweites veranstalten.

Dann stieß er die Öffentlichkeit noch einmal vor den Kopf, als er seinen beiden Offizieren Pedius und Fabius, die alles andere als kompetent waren, erlaubte, eigene Triumphe zu feiern, obwohl gerade ihre Unfähigkeit, gegen den Feind irgend etwas auszurichten, erst der Grund dafür gewesen war, daß Cäsar überhaupt nach Spanien hatte ziehen müssen.

Gleichzeitig trat er unvermittelt von seinem Amt als Konsul zurück und ernannte Fabius und einen anderen zu seinen Nachfolgern für die letzten drei Monate des Jahres.

»Was denkst du dir nur?« fragte ich ihn eines Nachmittags, als er zur Villa gekommen war – an einem jener raren Nachmittage, da er ein wenig Zeit hatte.

»Sie werfen mir unablässig vor, ich sei ein Tyrann«, erwiderte er. »Gibt ein Tyrann seine Ämter auf?«

»Warum mußt du so zornig sein?« fragte ich ihn. »Warst du zornig auf Gnaeus Pompejus oder auf Vercingetorix? Und wenn du es gewesen wärest, hättest du sie dann besiegen können?«

»Jetzt willst du mir also Ratschläge erteilen – du, deren einzige Kriegserfahrung ein Unentschieden zwischen deinen Truppen und denen deines Bruders war? Du, deren einzige Erfahrung mit Regierungsumwälzungen darin bestand, daß du deinen Thron aufgeben und die Flucht ergreifen mußtest?« Fast spuckte er mir diese Worte entgegen.

Aber ich biß auf diesen Köder nicht an. »Das gebe ich alles zu«, sagte ich. »Aber ich war erst einundzwanzig, und es waren meine ersten Erfahrungen in der Politik und im Krieg. Du dagegen, der erfahrenste Soldat der ganzen Welt, solltest es doch besser wissen.«

»Und heute bist du eine Expertin«, entgegnete er. »Wie alt bist du denn jetzt?«

»Vierundzwanzig, wie du genau weißt. Und ich habe den Vorteil genossen, dieses Tauziehen als unbeteiligte Zuschauerin zu beobachten. Zuschauer sehen manchmal Dinge, die andere nicht sehen, obwohl sie näher am Geschehen sind. Und was ich sehe, ist ein Mann, der sich aufführt, als würde er von einem Rudel Wölfe angegriffen – ein Mann, der voller Wut in alle Richtungen um sich schlägt. Ist es denn wirklich nötig gewesen, daß du seit dem Triumph jedem politischen Versprechen sarkastisch hinzugefügt hast: ›Vorausgesetzt, daß Aquila es mir erlaubt‹? So redet ein Bauernweib am Brunnen über ihre Rivalin. Es ist deiner nicht würdig.«

Er schüttelte den Kopf und ließ sich auf einen Stuhl fallen.

»Wohl nicht«, räumte er schließlich ein. »Es ist kleinlich und zänkisch.« Er runzelte die Stirn. »Aber sie treiben mich über das Maß des Erträglichen hinaus!«

Ich lachte. »Über das Maß des Erträglichen? Dich, der du von Wurzeln und Schnee gelebt hast und der du unter den qualvollsten Bedingungen marschiert bist? Wie viele Meilen täglich hast du auf deinem Weg nach Spanien im Winter zurückgelegt?«

»Mehr als fünfzig«, sagte er. Und dann lächelte er wie ein Junge. »Und unterwegs habe ich ein langes Gedicht verfaßt – ich habe nicht einen Augenblick vergeudet. Es heißt ›Die Reise‹.«

»Ja, und ich habe es noch nicht lesen dürfen«, entgegnete ich halb scheltend. »Aber was ich eigentlich sagen wollte – wie kannst du über diese politischen Sticheleien derart aus der Fassung geraten, wenn alles, was die Natur dir entgegengeschleudert hat, dies nicht vermochte?«

»Menschen sind aufreizender als Kälte, Hunger, Durst oder Hitze.«

Ich kniete mich neben ihn. Ja, ich kniete. Und ich schaute so unmittelbar wie möglich zu ihm auf. »Du bist zu weit gekommen, hast zuviel erreicht, um jetzt an menschlicher Schwäche zu scheitern. Behebe diese Schwäche! Laß nicht zu, daß sie die Macht über dich gewinnt!« Wollte er nicht hören? »Sie wird dich zur Strecke bringen, wird alles zunichtemachen, wofür du gearbeitet hast!«

»Bin ich denn nicht auch ein Mensch?« rief er, und es war ein schmerzliches Aufheulen. »Wie kann ich mir selbst befehlen, aus Stein zu sein? All das – es reißt an mir, es reißt an jeder Faser meiner selbst!«

»Behebe es, und ruhe dich aus«, sagte ich. »Dein Geist ist verwundet, und du mußt ihm Zeit zur Heilung geben, wie du es auch mit jeder anderen Wunde an deinem Körper tun würdest. Ich fürchte«, fügte ich langsam hinzu, »wenn du es nicht tust, wird es sich entzünden. Ja, es ist kurz davor.«

Vielleicht tat er, was ich sagte; jedenfalls schien er für ein paar Tage zu verschwinden. Aber die Unruhe und das Murren hörten nicht auf. Für eine

Stadt, die im Frieden lebte, unbedroht von äußeren Feinden, wirkte Rom ausgesprochen nervös.

Ich war verblüfft, als gegen Ende des Monats Octavian in der Villa gemeldet wurde. Ich empfing ihn in einem Zimmer am Atrium – es war dunkelrot angestrichen und mit Szenen aus der Mythologie bemalt, um die Tatsache auszugleichen, daß es nur ein Fenster hatte.

Er sah größer und älter aus. Hatte er sich höhere Sandalen machen lassen? Seine zarte Schönheit war gehärtet, und der Körper unter der Toga wirkte handfester, robuster. Der Spanienfeldzug hatte ihn doch noch zum Mann werden lassen, obwohl er keine Kämpfe miterlebt hatte. Es hatte genügt, daß er sich dorthin hatte durchkämpfen müssen.

»Du bist eindrucksvoll herangewachsen«, sagte ich. »Deine Reise muß eine heilsame Wirkung auf dich gehabt haben.« Ich wunderte mich über meine freundlichen Gefühle für ihn; ich hatte mich an ihn gewöhnt. Und er hatte seine Loyalität gegen Cäsar unter Beweis gestellt. Das war schon sehr viel.

»Ich bin gekommen, um dir Lebewohl zu sagen«, erklärte er. »Mein Onkel hat dafür gesorgt, daß Agrippa und ich über das Adriatische Meer nach Apollonia fahren, um dort weiter ausgebildet zu werden – in der Rhetorik wie auch in der Kriegskunst.«

»Ich weiß, daß es ihm schwerfällt, dich wegzuschicken«, sagte ich, und ich meinte es ernst.

»Wir werden auf seinem nächsten Feldzug zu ihm stoßen, wenn wir ihm nützlicher sein können«, sagte Octavian.

Auf seinem nächsten Feldzug? Sollte einer stattfinden? »Nach Parthien?« fragte ich leise. Es mußte Parthien sein.

»Ja. Wir sind dann schon auf halbem Weg. Er wird nach uns schicken, wenn er übergesetzt hat.«

*Wenn er übergesetzt hat* ... Wann? »Im nächsten Frühling also«, sagte ich wissend.

»Ich nehme es an«, antwortete er.

»Dann wünsche ich dir und Agrippa eine sichere Überfahrt. Keine Schiffsunglücke mehr! Und ich hoffe, deine Ausbildung ist so, wie du es dir wünschst.« Ich sah ihn an – seine reinen, leuchtenden Züge, die weit auseinanderliegenden Augen, das helle, zerzauste Haar. Und alles, was ich in jenem Augenblick dachte, war: Cäsars Familie sieht gut aus.

»Es war ein Gewinn für mich, dich kennenzulernen«, fügte ich hinzu.

»Dich zu kennen war auch einer für mich«, sagte er, und sein freundliches Lächeln blieb unverrückbar.

Und das, ich schwöre es, war mein letztes Zusammentreffen mit ihm, und es waren die letzten Worte, die wir von Angesicht zu Angesicht miteinander sprachen. Wie gern die Götter uns verhöhnen! Wieder und wieder lasse ich mir diese Begegnung durch den Kopf gehen, als könnte mir so vielleicht irgendein bedeutungsschweres Wort aus der Erinnerung entgegenflattern. Aber da war keines. Nichts als ein herzlicher Abschied zwischen zwei Menschen, die Cäsar liebten und für ihn gestorben wären.

# 31

Die Straßen waren verstopft. Meine Sänfte kam kaum voran. Das Gedränge und Geschiebe ließ sie schwanken, als wären wir auf rauher See – und tatsächlich waren wir es ja: Wir kreuzten durch ein wogendes Meer von Menschen.

»Das macht Spaß!« rief Ptolemaios und spähte zur Seite hinaus. Seine Stimme war kraftlos; mit dem kalten Wetter waren auch der Husten und die Schwäche zurückgekehrt.

Ich wünschte, ich hätte Cäsar nicht nachgegeben und wäre nicht so lange geblieben. Jetzt saßen wir bis zum Frühling fest. Ich sehnte mich nach den breiten Straßen von Alexandria, in denen der Verkehr sich nie so staute. Wir wollten das Viertel der Gold- und Silberschmiede besuchen, weil Ptolemaios ihnen bei der Arbeit hatte zusehen wollen. Er hatte eine ausgeprägte Neigung zur Kunst, besonders zu ihrer Form und Funktion. Tage vorher waren die nötigen Absprachen getroffen worden; sie erwarteten uns in ihren Werkstätten, und wir steckten hier fest.

Was mochte der Grund sein? Ich spähte wutfunkelnd aus der Sänfte hervor, als könne ich den Schuldigen mit meinem Blick vernichten. Erst sah ich nichts als ein endloses Gedränge von Köpfen und Schultern; dann erblickte ich eine überlebensgroße Statue, die auf einem offenen Karren dahinschwankte, mit Seilen festgezurrt. Ein kleines Stück weit dahinter folgte eine zweite. Ich kannte sie nicht.

»Schau doch!« rief Ptolemaios und streckte den Zeigefinger aus. »Da ist Cäsar, auf der Treppe dort!«

Ich drehte mich um. Tatsächlich stand Cäsar mit ein paar anderen Leuten auf den Stufen des Pompejus-Theaters und der daran angrenzenden Gebäude, die größer waren als das Theater selbst.

»Dort hinüber!« befahl ich den Trägern, und sie schwenkten unvermittelt herum und überquerten die Straße.

Was für ein grandioses Gebäude! dachte ich. Es sah fast aus, als gehöre es nach Alexandria.

Cäsar sah uns kommen und kam uns entgegen. »Dies lockt also selbst dich an?« fragte er, als er sich bückte und zu uns hereinspähte.

»Nein«, sagte ich, »wir kommen zufällig vorbei. Was geht denn hier vor sich?«

»Nun, dies ist der Tag der Wiederaufstellung der Statuen. Komm mit und sieh zu.« Als er merkte, daß ich zögerte, fügte er hinzu: »Wo immer ihr hinwolltet, das geht jetzt sowieso nicht. Da könnt ihr ebensogut zu uns kommen.« Er streckte die Hand aus und half uns beim Aussteigen. Ohne die meine loszulassen, kehrte er mit uns zu seinem Platz oben an der Treppe zurück.

»Was für ein Tag, hm?« sagte ein Mann; ich mußte kurz mein Gedächtnis durchforschen, ehe mir einfiel, daß es Lepidus war. »Wer hätte gedacht, daß sie noch einmal zurückkommen würden?«

»Vom Speicher«, erwiderte ein anderer – Marcus Antonius. »Wischt man die Spinnweben ab, sind sie wieder so gut wie neu.«

»Ja, man darf eben nichts wegwerfen«, meinte die Frau an seiner Seite; es war Fulvia, seine neue Gattin. »Wie ich immer sage.«

»Damit meinst du aber keine Dinge aus dem Haushalt«, sagte Lepidus. »Denn alle Welt weiß, daß du dafür nichts übrig hast.«

Fulvia wirkte nicht amüsiert. »Ich komme gut genug zurecht«, sagte sie schließlich. »Ich habe noch nicht gehört, daß Antonius sich beklagt hätte.« Sie schaute ihn zustimmungheischend an.

»Nein, nein«, bemerkte der rasch. »Kein Anlaß zur Klage.« Er wandte sich mir zu. »In Ägypten feiert ihr die Auferstehung der Toten«, sagte er. »Es ist das erste Mal, daß so etwas auch in Rom geschieht. Die Standbilder der Besiegten und der Verbannten besteigen wieder ihre Sockel.«

Ein außergewöhnlich großes kam soeben heran; es schwankte auf dem Karren, Arbeiter mußten es stützen. Zwei müde aussehende Ochsen stapften mit gesenkten Hörnern auf das Theater zu und zogen die schwere Last.

»Das ist Pompejus«, sagte Cäsar zu mir. »Erkennst du das Mondgesicht?«

»Ja«, sagte ich, »obwohl es schon viele Jahre her ist.« Ich dankte den Göttern, daß ich ihn am Ende nicht gesehen hatte wie Cäsar. Nach kurzem Schweigen fragte ich: »Warum holst du seine Statue zurück?«

»Seine *Statuen*«, verbesserte Cäsar mich. »Überall in der Stadt werden sie wieder aufgestellt. Sullas auch.«

»Aber warum?« Mir kam das sehr merkwürdig vor.

»Um zu zeigen, daß Aufruhr und Bürgerkrieg in Rom zu Ende sind. Jetzt können unsere Helden wegen ihrer Taten gewürdigt werden, wegen ihrer Tapferkeit oder wegen ihres Erfindungsreichtums – ungeachtet ihrer Zugehörigkeit zu dieser oder jener Partei. Das alles ist jetzt Vergangenheit.«

»So hättest du es gern«, entgegnete Fulvia mit einiger Schärfe. »Aber es erfordert schon mehr als ein paar alte Statuen, die wieder auf ihren Sockeln stehen, wenn alles wieder in Ordnung gebracht werden soll.«

Daraufhin musterte ich sie aufmerksam. Sie war von klassischer Schönheit, aber ihr wilder Gesichtsausdruck erinnerte mich an Athene mit dem Kriegshelm auf dem Haupt. Sie sah aus wie eine Frau, aber ihr Reden und ihr Auftreten wirkten anders.

»Du willst eine Menge andere Statuen haben, damit deine ein bißchen Gesellschaft hat«, sagte Antonius. »Von dir werden ja so viele aufgestellt; da willst du nicht, daß sie einsam sind.«

»Also wirklich, Antonius!« Fulvia funkelte ihn an. »Manchmal redest du wie ein Idiot!«

»Halt den Mund, Liebste«, erwiderte Antonius leichthin. »Wollen doch sehen – zwei werden auf der Rostra aufgestellt, eine in jedem Tempel Roms, dazu eine in jeder Stadt auf dem Lande und in den Provinzen. Gut, daß sie alle nach einem Modell kopiert werden können, denn sonst wärest du des Posierens bald müde, nicht wahr, Cäsar?«

»Ein Herrscher darf des Posierens niemals müde werden«, sagte Fulvia. »In manchen Ländern ist es die Hauptbeschäftigung für sie. Wie ist es in Ägypten?« Sie schoß mir die Frage entgegen wie eine Herausforderung. Was hatte sie bloß? Sie schien ganz erpicht auf einen Streit zu sein. Aber als Königin würde ich ihr diese Genugtuung nicht geben.

»Vielleicht hast du die Statue Kleopatras noch nicht gesehen, die ich in den Tempel meiner Ahnen gestellt habe«, sprach Cäsar ruhig. »Ich schlage vor, du schaust sie dir an. Dann ist deine Frage beantwortet.«

Fulvia zog die Stirn kraus und ging unter dem Vorwand, sich die Pompejus-Statue genauer zu besehen, zu dem Wagen hinunter; die Arbeiter waren eben dabei, das Standbild in eine Plane einzuwickeln und auf einer Holzplattform festzubinden, um sie dann herunterzuheben und ins Gebäude zu schleppen.

Lepidus fing an zu lachen und hielt sich die Hand vor den Mund, aber Antonius brüllte los, als kümmere es ihn überhaupt nicht, daß alle Umstehenden ihn hören konnten. Es war ein Lachen von reinster Fröhlichkeit, wie ich es bei einem Erwachsenen noch selten gehört hatte. Für gewöhnlich stirbt diese ungezügelte Heiterkeit mit dem Ende der Kindheit.

»Still!« sagte Cäsar. »Die Wilde wird dich sonst hören!«

Und dann heulten sie alle drei vor Lachen wie kleine Jungen. Cäsar ließ meine Hand los und hielt sich die Seiten. Er lachte, bis ihm die Tränen aus den Augenwinkeln rannen.

»Was ist denn so lustig?« fragte Ptolemaios. Er sah sich neugierig um.

»Etwas, das römische Männer erheiternd finden«, sagte ich. »Ehefrauen.«

Ein Händler mit einem Korb voller Würste und Brot schlängelte sich durch die Menge und rief seine Waren aus.

»Laßt uns den ganzen Korb kaufen.« Antonius schwenkte die Arme. »Hierher! Hier!« Er sprang auf und ab.

Der Mann raffte seine Tunika und kam erwartungsvoll die Treppe herauf. Auf seiner Schulter hockte ein zahmer Affe. »Ihr werdet sehen, daß ihr Besseres nicht finden könnt«, erklärte er. »Wurst aus Lucania und Brot aus feiner *simila*, heute morgen gebacken.«

»Wir nehmen alles«, sagte Antonius. »Ach, und deinen Affen auch.«

Der Mann war entsetzt. »Aber sie ist nicht verkäuflich.«

Antonius machte ein enttäuschtes Gesicht. »Dann fällt das Geschäft ins Wasser. Weißt du, eigentlich wollten wir nur den Affen.«

»Aber Herr – sie ist der Liebling meiner Kinder ... Allerdings, wenn ... vielleicht ...« Er machte ein verzweifeltes Gesicht. »Könntest du nicht statt dessen den Korb nehmen?«

»Nein. Was soll ich mit einem Korb?« Antonius blieb unerbittlich. »Den Affen oder gar nichts.«

»Nun ... also gut, wenn es sein muß ...« Er hob die Hand, nahm die Äffin von seiner Schulter und reichte sie Antonius, der sie mit seinem muskulösen Unterarm umschlang.

»Wunderbar! Fulvia hat schon lange ein Rezept für Affenhirn«, erklärte er entzückt.

Der Mann wurde bleich, und Antonius konnte nicht weiter. Behutsam reichte er das Tier zurück. »Es war nur Spaß«, sagte er. »Behalte deinen Affen. Ich brauche keinen.« Er lachte. »Schließlich, was braucht ein Mann einen Affen, wenn er Kinder hat? Sie sehen genauso aus und benehmen sich auch so. Aber wir kaufen alle deine Würste, guter Mann.«

Als der Mann gegangen war, den Affen fest im Arm haltend, griff Lepidus mit beiden Händen tief in den Korb mit dem Brot und den Würsten und kostete davon.

»Scharf!« stellte er fest. »Ziemlich viel Basilikum und viel zuviel Knoblauch. Ich fürchte, das soll irgend etwas überdecken. Warum hast du nicht wenigstens vorher eine probiert, bevor du sie alle kaufst.«

Antonius kaute mit vollen Backen auf einem Bissen Wurst und zuckte die Achseln. »Zuviel Umstände«, sagte er. »Außerdem wollte ich die meisten sowieso verschenken.« Er schrie zu der Menge hinunter, die unten an der Treppe stand: »Hier! Wurst und Brot umsonst! Bedient euch nur – auf Kosten von Marcus Antonius, als Konsul gewählt, als Bräutigam gequält ...«

Cäsar fing wieder an zu lachen. »Still. Sonst wird Fulvia dich verprügeln, und ich werde deine Ernennung absagen.«

»Die und alle anderen Neuernennungen, die du vorgenommen hast?« Antonius wandte sich mir zu, als wolle er mir etwas anvertrauen. »Cäsar hat die Zahl der Senatoren von sechshundert auf fast neunhundert erhöht. Ein paar davon sind regelrechte Barbaren, aus Gallien importiert. Das wird sicher so manchen Kommentar hervorrufen. Dagegen wird von mir niemand Notiz nehmen.«

»Es sind die Männer, die mir zum Sieg verholfen haben. Wären es Piraten und Halsabschneider gewesen, hätten sie ihren Lohn auch bekommen«, sagte Cäsar. »Sie waren wenigstens meine Freunde und mir treu ergeben.«

»Aber sie tragen Hosen!« klagte Lepidus. »Hosen statt Togen! Hosen in der Kurie! Das Ende der Welt ist da!«

»Absurd!« sagte Cäsar. »Hier werden sie die Toga tragen, unabhängig davon, wie sie sich zu Hause kleiden.«

Die Männer, welche die Statue die Treppe heraufwuchteten, ächzten, und ich sah, daß die Figur auf ihrer Plattform ein wenig ins Rutschen geriet. Aber sie waren fast oben.

»Kommt«, sagte Antonius. »Ihr habt doch nicht vor, jetzt zuzuschauen, wie das Ding auf seinen Sockel gehoben wird? Wir wollen uns amüsieren. Ich kenne da einen Ort –«

Cäsar stöhnte gespielt. »Kein Theater. Kein Wagenrennen.«

»Ich weiß schon«, sagte Antonius. »Laßt uns zum Athletenfeld gehen und selbst ein Rennen veranstalten. Wie früher. Weißt du noch?« Er legte Cäsar einen Arm um die Schulter.

»Ja, ich weiß es noch«, antwortete Cäsar. »Ich frage mich, ob ich dich immer noch besiegen kann.«

»Komm und versuch's«, sagte Antonius. »Komm nur. Aber ich warne dich …«

Lachend stiegen sie zusammen die Treppe hinunter. Cäsars Schritt war leicht.

Ich werde mich immer an diesen Tag auf der Treppe erinnern; es tröstet mich, wenn ich denke, die Welt sei ein jammervoller Ort. Freude wohnt in dieser Erinnerung; hell und glänzend springt sie durch die Jahre. Freude ist etwas in sich Reines, und nichts findet man seltener bei den Menschen.

Wieder kam die Zeit der Saturnalien heran, jenes Festes zur Feier der Freizügigkeit. Ich verstand es jetzt ein bißchen besser; anscheinend hatte es etwas mit Saturn zu tun, aber warum das nun bedeutete, daß jedermann die Kappe der Freiheit tragen mußte, Sklaven und Herren die Plätze wechselten und das Tragen der Toga verboten war – das wußte ich nicht. Die Leute durften alles mögliche sagen, was an anderen Tagen nicht gestattet war, und so bekam man an diesen sieben Tagen manch munteres Wort zu hören.

Die Häuser standen Freunden offen, und sie kamen in Strömen; alle wanderten von einem Haus zum andern und tauschten Geschenke. Es waren wunderliche Geschenke – oftmals Dinge in Gestalt anderer Dinge: Kerzen, die wie Speisen, Speisen, die wie Schmuck aussahen, Pflanzen, die so bemalt waren, daß sie aus Stein gemeißelt zu sein schienen. Einige der größeren Häuser ernannten einen Zeremonienmeister, den *Saturnalicius princeps*, der den Leuten allerlei Auftritte befahl; sie mußten dann singen, tanzen oder Gedichte rezitieren. Auch Cäsar hatte ein offenes Haus und ließ die Leute ungehindert ein und aus gehen; genauso hielten es Cicero oben auf dem Palatin und Antonius im ehemaligen Palast des Pompejus in der Nachbarschaft sowie fast jeder andere Römer, der mit Politik zu tun hatte. Es war eine Gelegenheit, jene römischen Tugenden der Zugänglichkeit und der Großzügigkeit unter Beweis zu stellen – und eine Möglichkeit, dem Volke wohlgefällig zu sein, die weniger blutrünstig war als die Spiele.

Weil Ptolemaios gebettelt hatte, dabeisein zu dürfen – er wollte sich als Eunuch verkleiden und so tun, als sei er Mardian –, fand ich mich schließlich bereit, ein paar Häuser zu besuchen.

»Aber nicht alle!« warnte ich. »Ich ziehe hier nicht von Haus zu Haus. Königinnen und Könige tun so etwas nicht.«

»Aber wir sind ja nicht Königin und König. Ich bin Mardian!«

»Woher sollen die Leute denn wissen, wer du sein willst? Niemand hier kennt Mardian, außer Cäsar. Und wie kannst du dich als Eunuch verkleiden? Sie kleiden sich wie alle Welt.« Ich nahm ihm ungern den Wind aus den Segeln, aber es war nun einmal die Wahrheit.

»Dann spreche ich mit hoher Stimme«, sagte er.

»Aber du sprichst sowieso mit hoher Stimme«, erinnerte ich ihn. »Ich finde deine Idee mit dem Eunuchen ... zu weit hergeholt. Warum kannst du nicht etwas anderes sein – ein Pirat oder Gladiator? Oder ein Wagenlenker? Es gibt so viele Sklaven und Freigelassene, deren Rolle du spielen kannst.«

»Klingt meine Stimme wirklich so hoch? So hoch wie die eines Eunuchen?« fragte er bestürzt.

»Du warst noch nicht im Stimmbruch«, erinnerte ich ihn. »Vielleicht nächstes Jahr um diese Zeit ...« Ich seufzte. Hoffentlich würde er sich deswegen keine Sorgen machen. Sein hartnäckiger Husten bot dazu schon Anlaß genug. »Nun, was kann ich denn sein? Keine Königin ... aber eine Dienerin will ich auch nicht sein – das ist zu naheliegend ... Ich schätze, ich könnte wohl selbst als Gladiator gehen ... Das heißt, wenn du es nicht auch willst.«

»O nein, geh du nur als Gladiator«, sagte er rasch. »Aber können denn Frauen Gladiatoren sein?«

»Ich glaube, ich habe schon davon gehört«, entgegnete ich. Aber hatte ich das wirklich? Vielleicht nur in meiner Phantasie.

»Was für ein Schwert wirst du denn tragen? Und willst du Netz und Dreizack?« fragte er.

»Ich weiß nicht. Ich glaube, daß Decimus, der Lieblingsgeneral Cäsars, eine Gladiatorenschule hat. Er wird mir sicher ein Kostüm besorgen. Aber Netz und Dreizack dürften im Gedränge ein bißchen unhandlich sein, meinst du nicht auch?«

»Es würde Spaß machen, aus Versehen ein paar Leute zu piksen – Cicero zum Beispiel! Oder diese Fulvia!«

»Cicero würde wahrscheinlich weinen und dann eine Abhandlung darüber verfassen«, sagte ich. »Und Fulvia – die hat wahrscheinlich immer selbst einen Dreizack bei sich, und zwar gut gespitzt. Ich möchte ihr keinen Vorwand geben, ihn zu benutzen.«

Der kurze Wintertag ging schon seinem dämmrigen Ende entgegen, als wir Cäsars Haus betraten. Im Atrium, im Speiseraum und im Garten drängten sich die Menschen; die meisten trugen die Kappe der Freiheit auf dem Kopf, wie die freigelassenen Sklaven sie zu tragen pflegten. Der Lärm war ohrenbetäubend.

Ich hielt Ptolemaios' Hand mit der einen und Charmians mit der anderen fest umklammert. An diesem Fest mischten sich Sklaven, Diener und Herren bunt durcheinander, und die Herren mußten die Sklaven bedienen.

Mein Gladiatorenkostüm gehörte zu der Sorte, die man samnitisch nannte; ich hatte es ein bißchen umgestaltet, um es schicklicher zu machen, denn echte Gladiatoren trugen nur eine Art Lendenschurz und Beinschienen sowie ihren prunkvollen Helm. Ich hatte es für ratsam gehalten, meinen Oberkörper mit einem Brustpanzer und Oberarme und -beine mit Lederstreifen zu bedecken. Aber von dem Helm war ich entzückt; er hatte einen schweren, gebogenen Rand und war reich verziert an Grat und Visier.

Decimus hatte mir das Kostüm selbst gebracht, und ich hatte den Helm in beide Hände genommen und langsam auf meinen Kopf gesenkt. Kaum saß er an Ort und Stelle, fühlte ich mich verändert. Und da wußte ich zum ersten Mal, wie es sich anfühlen mußte, ein Krieger zu sein und ins Feld zu ziehen. Ich wußte auch, daß ich es wollte – ich wollte Truppen führen oder ein Schiff befehligen. Gewiß, ich hatte vor langer Zeit eine Armee gegen meinen Bruder um mich geschart, aber richtige Kämpfe hatte ich nicht erlebt. Dieser gewichtige Helm und das Schwert in meiner Hand ließen mein Blut singen, und ich war überrascht.

»Es ist sehr freundlich von dir, mir das alles zu bringen«, sagte ich und nahm den Helm wieder ab.

»Es ist mir ein Vergnügen«, antwortete er. »Ich hoffe, es paßt alles gut. Ich habe es von einem meiner kleinsten Kämpfer, einem Mann aus Malta. So klein sie auch sind, diese Malteser sind wilde Kerle.«

Ich mochte diesen Mann wegen seiner Freundlichkeit – und weil ich wußte, daß Cäsar ihn gern hatte. Decimus hatte ihm in zwei Seeschlachten und in Gallien gute Dienste geleistet, und Cäsar hatte mir eröffnet, daß er vorhabe, Decimus im folgenden Jahr zum Statthalter von Gallien zu ernennen.

»Du gibst eine überaus furchterregende *gladiatrix* ab«, sagte er. »Aber du brauchst eine Gegnerin. Deshalb habe ich zwei Kostüme mitgebracht – Charmian kann deine Widersacherin sein.« Er gab ihr das altmodische Kostüm eines thrakischen Kämpfers. »Das wird heute nicht mehr so oft gebraucht, aber ich glaube, es ist eine gute Verkleidung.«

Damals dachte ich: Was für ein lieber und zuvorkommender Mann!

Und jetzt schlängelten ich und Charmian, die beiden *gladiatrices*, und Ptolemaios, der als Wagenlenker die grünen Farben des Favoriten trug, die ihm so gut gefielen, weil es die Farben des Nils waren, uns durch die Besucherscharen in Cäsars Atrium und suchten im Dämmerlicht nach Gesichtern, die wir kannten.

Zunächst fand ich niemanden, und ich fragte mich, weshalb Menschenmengen immer gleich aussahen. Dann erblickte ich erleichtert Lepidus, der an der Wand lehnte und eine Gebäckstange kaute. Er trug kein Kostüm, und das war gut so, denn sonst hätte ich ihn nicht erkannt.

»Heil dir, tapferer Kämpfer!« begrüßte er mich, und ich nahm den Helm ab, um mit ihm zu sprechen. Er war überrascht, als er sah, wer dieser Gladiator war. »Große Königin«, sagte er, »gegen wen ziehst denn du in den Kampf?«

Ich sah, wie er beifällig meine Arme und Beine beäugte, und hielt es für ratsam, ihn an Cäsar zu erinnern. »Nur gegen solche, die Cäsars Feinde zu sein scheinen.«

Mit weiter Gebärde umfaßte er den ganzen Raum. »Im Hause wimmelt es von denen. Aber Cäsar hat eine Amnestie für diejenigen verkündet, die eine vorbehaltlose Begnadigung nicht akzeptieren wollen, und jetzt kommen sie im vollen Lauf nach Rom zurück. Stell dir nur vor: Wäre Cato, sein Feind, noch am Leben, wäre womöglich sogar er heute abend hier!«

Eine Gruppe Sklaven drängte sich an uns vorbei und rief ein Glücksspiel aus: »Die Einsätze, bitte! Das Würfelspiel wird gleich beginnen!«

»Heute ist der einzige Tag, an dem den Sklaven erlaubt ist zu spielen«, erklärte Lepidus. »Das heißt, in der Öffentlichkeit.« Er ging ihnen aus dem Weg.

Dann paradierte eine Gruppe von Männern und Frauen, die wie Gallier gekleidet waren, durch den Raum. Sie johlten:

*Cäsar führte die Gallier im Triumph,*
*Führte sie auf und führte sie nieder,*
*Zum Haus des Senats führte er sie,*
*Einst das Glanzstück unserer Stadt.*
*»Zieht die Hosen aus«, so rief er,*
*»Legt an das purpurrote Gewand!«*

Und bei dem Wort »Hosen« ließen sie alle die ihren herunter. Die Anwesenden kreischten. Cäsar, der am anderen Ende des Atriums stand, lachte und warf ihnen ein purpurfarbenes Gewand hinüber. »Bedeckt euch!« rief er.

»Es ist ihm also nicht peinlich«, bemerkte Lepidus. »Interessant! Er ist so unberechenbar. Cato stört ihn, aber das hier nicht.« Er sah sich um. »Und es wundert mich, daß es nicht auch Verse über die *libertini* gibt.« Als ich nichts dazu sagte, fuhr er fort: »*Libertini* sind freigelassene Sklaven. Cäsar hat ihre Söhne in den Senat gelassen. Es ist, als wolle er über die Köpfe des Adels hinweg an das Volk appellieren.«

Die gemeinen Leute und seine Legionäre – da lag Cäsars Stärke. Die letzteren hatte er für sich eingespannt, und nun wollte er die ersteren ebenfalls einspannen. Ein gefährliches Spiel.

Die Wärme, die von der Masse der Menschen ausging, wurde drückend, der Lärm unangenehm. Ich hätte zu Cäsar hinübergehen und ihn begrüßen müssen, aber der Anblick Calpurnias, die resolut an seiner Seite stand, schreckte mich davon ab. Ich merkte, daß ich ihn durch die Löcher in meinem Visier aufmerksam beobachtete. Wie sprach er mit ihr? Nahm sie seine Hand, oder ergriff er die ihre zuerst? Warum waren sie noch verheiratet?

Lepidus lehnte sich zu mir herüber und flüsterte: »Im Senat soll der Antrag gestellt werden, man möge Cäsar erlauben, mehr als eine Frau zu heiraten.«

»Was?« Es gab keine Gesellschaft, in der so etwas gestattet war – ich kannte jedenfalls keine. Männer hatten legale Konkubinen, ja – aber mehrere, einander gleichberechtigte Gattinnen? Nein.

»Ich habe es aus zuverlässiger Quelle«, sagte er. »Dann könnte Cäsar nämlich rechtmäßige Erben zeugen, da Calpurnia ja unfruchtbar ist. Man hat Cäsar mehrere erbliche Ehren verliehen, die er nicht weitergeben kann – den Titel des Imperators, das Amt des Pontifex Maximus –, weil er keinen Erben hat.«

»Dann soll er sich von Calpurnia scheiden lassen«, sagte ich. »Ansonsten läßt sich hier in Rom doch anscheinend jeder von jedem scheiden.« Ich hatte erst kürzlich gehört, daß Ciceros Ehe mit der reizenden Publilia mit Scheidung geendet hatte – kaum eine Überraschung.

»Es sieht aber so aus« – Lepidus zögerte kurz –, »als ob er das nicht wollte.«

Ja. Das war offensichtlich der Fall. Denn sonst hätte er es getan. Aber ich würde niemals einwilligen, seine zweite Frau zu werden, wenn er die erste behielt. Ich wollte seine erste, seine wirkliche, seine einzige Frau sein – oder gar nichts. »Wessen Einfall war das?« Wenn Cäsar dachte, daß ich bei so etwas jemals zustimmen würde, dann kannte er mich überhaupt nicht. Oder er bildete sich allmählich wirklich ein, er sei von den allgemeinen Regeln des Anstandes ausgenommen.

»Ich kann mir nicht vorstellen, daß es von irgend jemandem außer Cäsar selbst stammen könnte«, meinte Lepidus. »Niemand würde wagen, einen solchen Vorschlag zu machen, ohne daß er davon weiß.«

Was für eine Kränkung! Plötzlich haßte ich ihn, wie er dort so selbstgefällig stand, wie seine Calpurnia an seinem Arm hing, während er den Blick über die Gäste wandern ließ, auch über die, denen er großherzig verziehen hatte, ob sie es wollten oder nicht.

»Komm, Charmian!« sagte ich. »Ptolemaios! Ich stelle fest, daß mir die Gastfreundschaft Ciceros lieber ist. Ja, selbst die Gastfreundschaft Ciceros!« Ich nahm die beiden bei der Hand.

»Aber wir sind doch gerade erst gekommen!« rief Ptolemaios.

»Hier ist es zu voll«, sagte ich. »Ciceros Haus ist großzügiger. Laßt uns dorthin gehen.«

Wir drängten uns hinaus auf das Forum, wo die herabsinkende Dunkelheit und die brennenden Fackeln nach der Hitze und dem Trubel im Haus eine erfrischende Wirkung hatten. Auch hier trappelten Gruppen von Menschen vorbei, aber sie kamen traubenweise, und ein großer Teil der gepflasterten Fläche war leer.

Wir wandten uns ostwärts und gingen am Haus der Vestalinnen vorbei; beim Tempel des Jupiter Stators bogen wir ab und gelangten auf den Clivus Palatinus, die Straße, die majestätisch ansteigend auf den Palatin hinaufführte. Überall am Straßenrand waren Fackeln aufgestellt, und die hohen Schirmdächer der Pinien säuselten im aufkommenden Wind. Ich stellte mir vor, daß es sehr erholsam sein müsse, hier zu wohnen, hoch über dem lästigen Treiben der Stadt Rom. Die Luft duftete zart nach den Pinien und nach dem Wind, der vom Lande hereinwehte.

Es war nicht schwer, Ciceros Villa zu finden; sie war wegen ihrer Größe und Lage ebenso berühmt wie für den Umstand, daß Ciceros politischer Gegner Clodius sie hatte abreißen lassen und Cicero sie großartiger als vorher wieder aufgebaut hatte, um sich an ihm zu rächen. Aus allen Fenstern strahlte Licht, und die säuberlich getrimmten Hecken ringsum wirkten so ordentlich wie Ciceros polierte Schriften. Im Hause spiegelte sich der Mann – aber ist das nicht immer so?

»Zeige mir die Ehefrau eines Mannes, sein Haus, seine Diener, damit ich sie gründlich betrachten kann, und ich kann dir alles über ihn sagen«, hatte mein Lehrer einst behauptet. Und ich glaube, er hatte recht.

Wir betrachteten das geräumige Atrium mit dem *impluvium* in der Mitte, dem Becken, in dem sich das Regenwasser sammelte. Sofort sah ich, wie geschmackvoll die Wandmalereien mit ihren gedämpft grünen und schwarzen Hintergründen waren; die einzelnen Szenen waren mit Blütengirlanden und Obstbäumen voneinander abgesetzt, so lebensecht, daß ich das Gefühl hatte, ich könnte einen der Äpfel pflücken.

Statt der dicht gedrängten Meute bei Cäsar standen die hier in einzelnen Gruppen zusammen und plauderten miteinander. Ich entdeckte Cicero selbst mit einem Tablett voller Speisen, wie er die Gäste bediente. Ich ging auf ihn zu und vergaß nicht, meinen Helm abzunehmen.

»Willkommen, Majestät«, sagte er. »Entschuldige mich für einen Augenblick.« Er bot ein paar Leuten, die neben ihm standen, einen Früchtekorb an. Einer von ihnen veranstaltete ein großes Theater und brauchte eine Ewigkeit, um sich eine Feige auszusuchen.

»Das war Tiro, mein Sekretär«, erklärte Cicero, als er sich wieder mir zuwandte. »Diese verkehrte Welt macht ihm großen Spaß.« Er hielt auch mir seinen Korb entgegen, aber ich lehnte ab.

»Was? Du willst keinen Apfel oder wenigstens eine Birne? Sie kommen von meinem eigenen Landgut in Tusculum. Bitte! Willst du meinen Stolz als Landmann kränken?«

Ich griff zu und nahm eine Frucht. »Wie kommt es, daß ihr Römer euch immer als Bauern betrachten müßt, selbst wenn ihr Staatsmänner seid?« fragte ich. »Das gibt es nur bei euch zulande.«

»Ja, ich weiß«, sagte er. »Niemand kann sich vorstellen, daß Alexander Birnen züchtete oder daß Perikles sich um seine Bohnen kümmerte. Ich reise in zwei Tagen auf mein Landgut, und ich zähle schon jetzt die Stunden.«

»Wenn wir in Ägypten ein Landgut hätten ... Nein, das kann ich mir nicht vorstellen!«

»Du bist ein Geschöpf der Stadt«, sagte Cicero. »Aber freilich – was ist das für eine Stadt! Alexandria, gleißend in weißem Marmor! Ich sehne mich danach, die Bibliothek zu betreten und zwischen den Schriftrollen zu wandeln. Was für Schätze müssen das sein, die dort unbesungen in den Nischen liegen!«

»Wir sind stolz darauf, die herrlichste Bibliothek der Welt zu haben«, erwiderte ich. »Aber Cäsar will doch etwas Ähnliches hier in Rom erbauen.«

Er lächelte zweifelnd. »Ja, aber ich bin schon ein alter Mann. Ich fürchte, ich werde nichts mehr davon haben.«

In diesem Augenblick sah ich eine Gruppe von Männern, die ich gut kannte: Brutus, Cassius und Casca. Sie hingen aneinander, als wären sie mit

Seilen verbunden. Brutus hatte eine Frau bei sich, die ich noch nicht gesehen hatte. Das mußte seine neue Gemahlin sein, Porcia. Neben ihr stand Servilia.

Eifersucht flackerte in mir auf, als ich Servilia erblickte. Vermutlich würde Cäsar auch sie gern zu einer seiner Nebenfrauen machen! dachte ich. Schließlich sollte er ja wohl mehrere haben, denn sonst wäre dieses besondere Privileg ziemlich wenig wert!

Cicero hatte mit mir geredet, und ich hatte nicht zugehört. »… wenn du das in Betracht ziehen könntest«, sagte er eben.

»Entschuldigung«, sagte ich. »Könntest du das noch einmal wiederholen?«

»Ich habe gefragt, ob es wohl möglich wäre, daß ich das Manuskript der *Ilias* borge, das ihr habt, und ich interessiere mich auch für ein paar von Sapphos Gedichten. Wie ich höre, gibt es Fragmente ihrer Schriften, die nur noch in euren Archiven existieren.«

Seine scharfen, von Fältchen umgebenen Augen waren voller Eifer. Gern hätte ich ihm den Gefallen getan.

»Es tut mir leid«, sagte ich, »aber es ist streng verboten, Schriftrollen aus der Bibliothek zu entnehmen.«

Sein Gesichtsausdruck änderte sich sofort. »Aber du könntest doch sicher den Befehl dazu geben.«

»Nein. Nicht einmal ich darf Schriften entnehmen. Aber ich könnte Kopien anfertigen lassen …«

»Du vertraust mir also nicht!« stellte er fest. »Kopien!«

»Ich sage doch, es ist bei uns die Regel …«

»Bist du denn keine absolute Herrscherin? Kannst du nicht befehlen, daß man sie herausnimmt?«

»Das wäre nicht recht«, antwortete ich. »Ich kann so etwas nicht nach Lust und Laune befehlen.«

»Du würdest sie im Handumdrehen herausnehmen, wenn Cäsar dich darum bäte!« sagte er eisig.

»Eine Abschrift sollte doch genügen«, entgegnete ich. »Die könntest du sogar für deine eigene Bibliothek behalten. Bei all den Schiffsunglücken kannst du doch sicher verstehen, daß wir unsere Manuskripte nicht dem Meer anvertrauen.«

Sein Lächeln und seine freundliche Art waren verflogen. »Ich verstehe.«

»Soll das irgendeine Prüfung sein? Denn ansonsten ergibt es keinen Sinn«, sagte ich. »Ich habe gesagt, daß ich dir mit Freuden alles abschreiben lasse, was du haben willst.«

»Schon gut«, sagte er. »Du brauchst dich nicht zu bemühen.«

Und zu meiner Verblüffung wandte er mir den Rücken zu und marschierte davon.

In meinem ganzen Leben hatte so etwas noch niemand getan. Aber ich war in Rom, und die Saturnalien waren eine Zeit der Freizügigkeit. Herren bedienten ihre Sklaven, und Gastgeber wandten ihren königlichen Gästen den Rücken zu.

»Kommt«, sagte ich zu Ptolemaios und Charmian. »Ich glaube, wir sollten weiterziehen.«

»Aber wir sind gerade erst gekommen!« beschwerte sich Ptolemaios. »Warum tust du das dauernd?«

Jetzt kannte ich nur noch ein Haus, das ich finden würde: das des Antonius. Es war ebenfalls berühmt, denn er hatte es aus der beschlagnahmten Hinterlassenschaft des Pompejus, lebte dort in Saus und Braus und ließ es zu, daß Spieler und Schnorrer es nach und nach ausräumten. Man erzählte, daß Sklaven die purpurnen Bettdecken, die Pompejus gehört hatten, gewonnen und über ihre Matratzen gedeckt und die Gewinner beim Würfelspiel sämtliche Möbel herausgeschleppt hätten.

Auch dieses Haus war nicht schwer zu finden. Es stand in der Gegend, die man Carinae nannte, einen kurzen Spaziergang weit vom Haus Ciceros entfernt. Die Lage war nicht so gut; es stand auf einer Landspitze, die vom Palatin her abfiel, aber immer noch ein gutes Stück oberhalb des Forums.

Die Lichter loderten. Es war inzwischen ganz dunkel geworden, und das goldene Feuer der Fackeln war die einzige Beleuchtung in der Stadt.

Großer Lärm brandete aus dem Eingang hervor. Ich blieb stehen, schob meinen Helm herunter und hielt meinen Schild umklammert. Plötzlich war ich müde. Ich tat das alles für Ptolemaios. Die ersten beiden Häuser, die ich ihm ausgesucht hatte, hatten ihm nicht viel geboten. Sicher würde es hier besser werden. Ich reckte die Schultern und trat ein.

Ein Schwall von Lärm und Hitze ließ mich fast zurücktaumeln. Es hörte sich an, als sei Markttag und Wagenrennen zusammen. Eine riesige Menschenmenge wimmelte drinnen; manche tanzten, andere aßen, und alle tranken.

»Kommt!« rief ich. »Kämpfen wir uns hinein!« Ich hob den Schild, zückte mein Schwert und schwenkte es nach links und nach rechts. Es war ein wunderbares Gefühl. Die Leute stoben auseinander. Oh, die Freuden des Kriegertums! Homer hatte recht.

Charmian hinter mir tat desgleichen, und Ptolemaios schrie: »Vorwärts! Vorwärts!« und knallte mit seiner Peitsche. Da wußte ich, daß ich ihm einen kleinen Wagen und Pferde hätte besorgen sollen. Das hätte ihm einen imposanteren Auftritt verschafft, und er hätte sich besser verstellen können.

Die Menge, benommen vom Trunke, wich gutmütig zurück. Mein Schwert blitzte. Ich stellte mich in breitbeiniger Kampfhaltung auf. Alle schauten mich an.

Endlich war ich da, wo ich mich unbeschwert fühlte. Diese Leute wollten mich nicht richten, sie wollten nur unterhalten werden – in mancher Hinsicht ja der anspruchsvollste Wunsch von allen. Aber es war ihnen gleich, wer ihn erfüllte – in ihrem unablässigen Verlangen nach Abwechslung waren sie wahre Demokraten. Königin, Sklave, Freigelassener – bringst du uns zum Lachen?

Mit meinem Helm konnte ich seitwärts nichts sehen. Plötzlich stand Antonius neben mir.

»Wer kommt da?« fragte er. »Wilde Krieger fallen in mein Haus ein.«

Wie bei Lepidus sah ich, daß auch er meine Gliedmaßen abschätzend betrachtete und erkannte, daß ich kein Mann war. Ich nahm den Helm ab und sah voller Genugtuung, wie erschrocken er war.

»Majestät«, stammelte er. »Ich ... Das ist eine Ehre!«

»Es fällt leicht, in dein Haus zu kommen«, sagte ich. »Und das ist als höchstes Kompliment gemeint.«

»Einbrecher sehen das hoffentlich nicht auch so.« Er lachte. »Aber ich habe es ja schon einmal neu eingerichtet; ich kann es wieder tun. Nur könnte Fulvia diesmal Einwände erheben.«

»Ich wollte nur sagen, daß man sich hier wie zu Hause fühlt.«

»Eine Königin fühlt sich doch sicher überall wie zu Hause«, meinte er.

»Eine Königin kann gehen, wohin sie will; das stimmt«, sagte ich. »Aber daß sie sich überall wie zu Hause – besser gesagt, willkommen – fühlt, kann man nicht sagen.«

»Komm, wir wollen unsere Becher füllen.« Er winkte einem Mundschenk. »Mein Bankier muß uns heute abend bedienen.« Schwere, goldgetriebene Becher wurden gebracht. »Nimm einen.«

Ich bestaunte den Becher. »Du erlaubst, daß deine Gäste daraus trinken?«

»Ja, warum nicht?« sagte er.

»Aber sie sind aus purem Gold!«

»Nun, wozu könnte man sie besser gebrauchen? Wurden sie nicht dazu gemacht, Wein zu enthalten?« Er nahm einen, überreichte ihn feierlich Ptolemaios und füllte ihn selbst.

»Es ist caecubischer«, erklärte er. »Trink, soviel du willst.«

Ptolemaios strahlte ob dieser unausgesprochenen Anerkennung als Erwachsener.

Ich sah mich um. »Die Kostüme hier sind wirklich vollendet«, sagte ich. Überall sah man Helme, Turbane, Schilde, Mäntel und hohe Stiefel. Dann betrachtete ich Antonius etwas gründlicher. Er trug eine rot befleckte Tunika, und ein Efeukranz war um seine dunklen Locken gewunden. Seine Tunika hatte – anders als Cäsars – kurze Ärmel und offenbarte seine muskulös gewölbten Schultern und Oberarme. »Was bist du denn?« fragte ich.

»Oh, ich bin Weinkoster«, sagte er. »Das ist der Sklavenberuf, der mir am besten gefallen würde.«

Plötzlich erinnerte ich mich, daß er vor langer Zeit beim Dionysosfest in Alexandria sehr kenntnisreich über Wein und Weinberge gesprochen hatte. »Anscheinend bist du ein echter Dionysier«, bemerkte ich.

»Nur zum Zeitvertreib«, sagte er. »Im Gegensatz zu dem, was meine Feinde behaupten, ist es nicht mein richtiger Beruf.«

»Was ist dann dein Beruf?« Ich war neugierig: Wie sah er sich selbst?

»Nun, ich bin Soldat. Und Cäsars rechte Hand.«

»Und größeren Ehrgeiz hast du nicht?«

Er machte ein ehrlich verblüfftes Gesicht. »Was für höheren Ehrgeiz könnte es geben?«

»Der Erste in der Welt zu sein, nicht sein Stellvertreter.«

»Als Cäsars Stellvertreter ist man der Erste in jeder Hinsicht.«

# 32

»Du willst also mehrere Frauen haben?« sagte ich. »Nicht einmal Jupiter hatte das! Man soll dich zwar als ›Julius Jupiter‹ anreden, aber das genügt dir noch nicht! Denn das gestattet dir nur eine: Calpurnia, deine Juno!«

Es war das erste Mal, daß ich seit dem Neujahrsfest mit Cäsar allein war, und ich merkte, daß mich der Antrag, ihm die Ehe mit mehreren Frauen zu erlauben, immer noch vor Wut kochen ließ.

»Es gibt keinen solchen Antrag«, erwiderte er kalt. »Weder den, daß ich als ›Jupiter Julius‹ anzureden sei, noch den, daß ich mehr als eine Frau soll haben dürfen. O ihr Götter! Meine Feinde verbreiten wirklich die abseitigsten Lügen über mich!« Er hob die Arme zum Himmel und sah mich dann mit strenger Miene an. »Und daß du es glaubst! Daß du so etwas von mir annehmen kannst! Von meinen Feinden habe ich ja wenig anderes zu erwarten, aber daß du, meine …«

»Ja, deine was?« Sollte er darauf nur antworten!

»Meine Geliebte, meine Seelengefährtin, mein zweites Ich.«

»Aber nicht deine Frau. Da hast du Calpurnia.«

Er wandte sich ab. »Das ist ermüdend.«

»Für dich vielleicht. Ich dagegen wüßte gern eines: Warum bleibst du mit ihr verheiratet? Liebst du sie?«

»Wenn ich mich von ihr scheiden ließe, würde das Anstoß erregen …«

»Daß etwas Anstoß erregt, hat dich noch nie abschrecken können. Gallier und *libertini* in den Senat zu holen erregt auch Anstoß.«

»Dein Latein wird immer besser«, sagte er sarkastisch.

»Antworte mir!«

»Ich habe Calpurnia vor vierzehn Jahren geheiratet«, erklärte er. »Ihr Leben mit mir war von Abwesenheit und Trennung geprägt. Jetzt ernte ich die Ehren dafür. Soll man ihr da nicht erlauben, sie zu teilen – zum Lohn für all die Entbehrungen?«

Er klang vernünftig und überzeugend, als wäre ich eine anspruchsvolle, selbstsüchtige Xanthippe.

»Du bist eine Königin, und dein Land birst vor lauter Reichtümern. Du brauchst keine dieser Ehren, die mir jetzt verliehen werden. Aber sie – ohne mich ist sie gar nichts. Sie hat dafür leiden müssen, daß sie meine Frau ist; sie hat in Rom inmitten derer leben müssen, die mich haßten. Hat sie dafür nicht einen Lohn verdient? Wäre ich nicht der gefühlloseste aller Halunken, wenn ich sie jetzt verstieße? Niemand sonst würde sie noch nehmen, denn sie ist unfruchtbar.«

Er war ein beredter Anwalt. Kein Wunder, daß er in Rom für seine Redekunst so gelobt wurde wie sonst nur Cicero.

»Wie edel, dich so aufzuopfern«, sagte ich schließlich.

»Es gibt einen Platz für uns«, sprach er. »Ich schwöre es dir. Er ist anders, größer, dauerhafter.«

»Aber du sagst mir nie, wo er ist.«

»Bald«, sagte er. »Bald. Der Plan ist fast fertig.«

»Und unterdessen häufen sich die überlebensgroßen Ehrungen. Der Senat verbringt seine Sitzungen damit, sich zu überlegen, was als nächstes kommen kann. Laß sehen – was war es vorige Woche? Du sollst zum *Pater patriae* ernannt werden, zum Vater des Vaterlandes.«

»Ja, dein Latein bessert sich entschieden.«

»Unterbrich mich nicht. Überdies sollen Münzen mit deinem Bild geprägt werden, und dein Geburtsmonat ist nun endlich in ›Julius‹ umbenannt worden.« Ich machte eine Pause. »Ach ja – und du wirst im Senat auf einem vergoldeten Stuhl sitzen und die Gewänder tragen, die früher die Könige getragen haben.«

Er wandte sich ab, als sei ihm das ein wenig peinlich.

»Nicht so schüchtern!« spottete ich. »Es gibt doch noch weitere Ehren. Bitte erzähle mir davon. Verschweige mir nichts.«

Jetzt sah ich, daß ich ihn wirklich geärgert hatte. »Ich lasse mich nicht verspotten!« rief er.

»Nein, aber sag's mir nur.« Ich bemühte mich um einen sanfteren Tonfall. »Ich will es wissen. Und ich will wissen, was es zu bedeuten hat.«

»Sie haben vorgeschlagen, daß alle meine Verfügungen, vergangene, gegenwärtige und zukünftige, verbindlich sein sollen.«

»Die zukünftigen? Woher wissen sie denn, wie sie lauten werden?«

»Das wissen sie nicht, und deshalb ist es so atemberaubend als Privileg – und als Verantwortung.« Er schwieg kurz. »Außerdem soll meine Person sakrosankt sein. Wenn der Senat das nächste Mal zusammenkommt, werden sie schwören, daß sie mein Leben verteidigen werden. Und deshalb werde ich meine Leibwächter entlassen, um ihnen mein Vertrauen zu zeigen.«

»Ist das nicht töricht?«

»Sie sind lästig«, sagte Cäsar. »Es ist ein guter Vorwand, sie loszuwerden. Man hat außerdem entschieden, daß dem Tempel meiner Milde ein Priesterkollegium beigeordnet werden muß. Das werden die *Luperci Julii* sein.«

»Das alles wird allmählich ... monströs.« Es paßte überhaupt nicht zu den Römern.

Plötzlich lachte er. »Und Antonius ernenne ich dann zu meinem Hohenpriester!«

Ich war entsetzt. »Willst du damit zeigen, wie gering du ihre Ehrungen erachtest? Wirst du sie damit nicht beleidigen und wütend machen?«

»Zorn kann ich vertragen«, sagte er. »Die schweigsame Feindseligkeit und das Intrigenspiel – dagegen kann ich nicht an.« Er nahm meine beiden Hände und sah mich forschend an. »Deinem Zorn über Calpurnia kann ich begegnen«, sagte er. »Was ich nicht ertragen könnte, wäre deine Feindseligkeit, dein Groll.« Er küßte mich zögernd. »Aber das muß ich auch nicht, oder? Ich könnte nicht leben, wenn ich es müßte.«

Er war überzeugend, er war betörend, er war überwältigend – wie immer. Ich war machtlos gegen ihn, in meinem Zorn wie mit meinen Warnungen. Wäre er doch nicht so überwältigend gewesen – vielleicht hätte er am Leben bleiben können.

Wir hatten uns in sein privates Arbeitszimmer zurückgezogen. Seine spanischen Leibwächter – die bald entlassen werden sollten, wie er gesagt hatte – waren draußen und im Haupt-Atrium.

»Ich habe eine Verabredung«, sagte er und schaute aus dem Fenster nach der Sonne. »Ich treffe mich um die neunte Stunde mit einigen Senatoren am Julianischen Forum. Sie haben darum gebeten. Komm mit!«

»Ich glaube kaum, daß sie mich dabeihaben wollen.«

»Ist das Forum kein öffentlicher Ort? Sie sind es doch, die wollten, daß wir uns dort und nicht im Hause des Senats treffen.« Er raffte seine Toga an sich und begann ungeduldig, sie anzulegen. »Zumindest kannst du mit mir hingehen. Hast du deine Statue schon gesehen, seit ich ihr die Perlenohrringe habe anlegen lassen?«

»Nein. Es ist dort immer so voll, und so viele Leute schauen, daß ich nicht hingehe. Aber mit dir werde ich trotzdem gehen.«

»Gut.« Er warf sich einen Mantel über die Schultern – für den Fall, daß das Wetter schlechter würde. Zusammen verließen wir das Haus. Ein Trupp seiner Garde folgte uns in flottem Marschtritt.

Ich mußte zugeben, daß der graue Himmel und die kahlen Bäume dem Forum schmeichelten. Travertin und Marmor und all die unterschiedlichen Schattierungen von Grau und Perlweiß wirkten in einem gleichfarbenen Rahmen um so stärker. Selbst unser Atem wurde beim Gehen in kleinen opalweißen Wolken sichtbar.

Der neuere Stein des Julianischen Forums ließ alles wie beleuchtet aussehen, weil er so viel heller als die ganze Umgebung war, und die Statue Cäsars stand jetzt an ihrem Platz auf dem Sockel vor dem Tempel; daneben befand sich ein Springbrunnen, der jetzt, in der Kälte, jedoch sehr langsam floß.

Cäsar ging wartend auf und ab; seine Schritte waren kurz und ungeduldig. Niemand kam, und allmählich wurde er unwirsch. Dann aber sah er sie – eine Gruppe von etwa zehn Senatoren, die langsam auf ihn zutraten. Ihre Togen wehten im Wind.

»Ich gehe hinein«, sagte ich und ließ ihn allein; ich stieg die Stufen zum Tempel hinauf, blieb im Schatten einer Säule stehen und schaute zu.

Ich sah, wie Cäsar sich hinsetzte, einen Brief hervorzog und anfing, darin zu lesen. Er blickte erst auf, als sie schon ganz nah bei ihm waren; dann schien er sie ganz freundlich zu begrüßen. Nach mancher schwungvollen Verbeugung und Rede wurde ihm schließlich etwas überreicht. Er nahm und entrollte es; dann lächelte er und streckte die Hand aus. Die Männer bewegten sich in einer Art langsamem Tanz um Cäsars Bank herum, aber er blieb weiter sitzen. Wieso stand er nicht auf?

An den Mienen der Männer und an der Art, wie sie zurückwichen, konnte ich erkennen, daß sie etwas gehört hatten, was ihnen nicht gefiel. Sie katzbuckelten noch ein Weilchen und zogen sich dann zurück; hintereinander überquerten sie den Hof und gingen hinaus auf das alte Forum. Cäsar sah ihnen nach. Dann schloß er die Augen, und es sah aus, als beiße er die Zähne zusammen.

Ich wartete, bis ich sicher war, daß die Männer nicht zurückkommen würden; dann stahl ich mich hinüber zu Cäsar, der noch auf der Bank saß, bleich im Gesicht und am ganzen Körper erstarrt. Wortlos schob er mir die Schriftrolle in die Hand. Ich öffnete sie und las die Worte: DIKTATOR AUF LEBENSZEIT. Den Rest, winzige lateinische Worte, konnte ich nicht entziffern.

»Was ist das?« fragte ich.

Er antwortete nicht. Als ich sein Gesicht sah, wurde mir klar, was geschehen war.

»Schaffst du es, nach Hause zu gehen?« fragte ich. »Du kannst dich auf mich stützen. Wir gehen langsam.«

Er hatte gespürt, daß ein Anfall nahte, und hatte sich doch vor den Senatoren nichts anmerken lassen dürfen.

Steif stand er auf und legte mir unter dem Schutz des Mantels den Arm um die Schultern. Zusammen legten wir das kurze Stück über das alte Forum zu seinem Hause zurück. Ich war dankbar dafür, daß das übliche Gewimmel von Geschäftsleuten, Händlern und Einkäufern wegen des schlechten Wetters heute ausgeblieben war.

Kaum waren wir in seinem Haus, kippte er auf sein Bett und schloß die Augen. »Ich glaube, es geht gleich vorüber. Ich denke nicht, daß es sich weiterentwickeln wird«, keuchte er.

Ich befeuchtete den Saum meines Gewandes in seiner Waschschüssel und wischte ihm damit über die Stirn. Ich muß gestehen, daß ich eine gewisse triumphierende Erleichterung empfand, weil Calpurnia nicht da war.

Er blieb regungslos auf dem Bett liegen – mir schien, fast eine Stunde lang. Dann drehte er sich um und seufzte. »Ich glaube, die Gefahr ist vorüber. Es vergeht.«

»Hast du nicht gesagt, du hättest die Krankheit besiegt?«

»Das habe ich. Ich lasse nicht mehr zu, daß sie die Oberhand gewinnt.« Seine Stimme war immer noch matt. »In Spanien – da war es auch schon einmal so. Vor einer Schlacht. Aber ich falle nicht mehr.«

»Nein. Weil du dich vorher hinsetzt.« Ich lächelte.

»Du hast erlebt, wie es früher war. Da hat Sitzen nicht geholfen.« Vorsichtig richtete er sich auf. »Da. Das Zimmer ist ruhig. Meine Glieder gehorchen mir wieder. Und ich habe das Bewußtsein nicht verloren.« Er klang sehr erleichtert.

»Die Männer … worum ging es?«

In diesem Augenblick ließ er erkennen, wie krank er für einen Augenblick gewesen war. Er mußte nach der Schriftrolle greifen und sie lesen, bevor er meine Frage beantworten konnte.

»Der Senat hat mich zum Diktator auf Lebenszeit ernannt«, sagte er stockend, und jedes Wort mußte er vorführen wie ein Opfertier. »Das ist unmöglich.« Offensichtlich hatte er keine klare Erinnerung an das, was die Männer genau gesagt hatten, als sie ihm die Urkunde präsentierten, und er wußte auch nicht, ob sie irgendwelche Einschränkungen erwähnt hatten. Er schüttelte den Kopf. »Einen Diktator ernennt man nur für eine befristete Zeit. Der Diktator hat ein Amt außerhalb der regulären Staatsämter wie Konsul, Prätor, Censor oder Tribun. Er ist kein gewöhnlicher Bestandteil der Regierung, weil die Macht des Diktators alle diese anderen Ämter außer Kraft setzt. Diktator auf Lebenszeit … das ist ein anderes Wort für ›König‹. Denn was ist ein König anderes als ein Diktator auf Lebenszeit?« Er dachte laut. »Das kann nicht sein.«

»Aber ...« Ich deutete auf die Schriftrolle. »Da steht es geschrieben.«

»Das muß eine Falle sein. Wollten sie, daß ich es zurückweise? Vielleicht ging es ihnen darum.« Wieder schüttelte er den Kopf. »Aber ich weiß nicht mehr, was ich gesagt habe.«

»Abgelehnt hast du es nicht, dessen bin ich sicher.«

»Woher weißt du das?«

»Die Männer sahen verdrossen aus. Vielleicht hast du es nicht freudig genug angenommen.«

»Freude war nicht das, was ich empfand, sondern Schwindel und Starre.«

»Aber das wissen sie nicht«, erinnerte ich ihn. »Hier.« Ich schob ein paar Kissen hinter ihn, damit er sich bequem zurücklehnen konnte. »Wenn du morgen wieder ganz genesen bist, mußt du in den Senat gehen. Danke ihnen überschwenglich für die große Ehre. Das heißt, falls du die Absicht hast, sie anzunehmen. Du kannst ja auch jederzeit ablehnen, weißt du.« Ich hielt ihm die Entscheidung vor Augen. »Du könntest sagen, du hättest die ganze Nacht mit deinem Gewissen gerungen und dir sei klargeworden, daß du diese Ernennung zum Wohle Roms ablehnen mußt.«

»Aber die Wahrheit ist, daß ich sie zum Wohle Roms annehmen muß.« Seine Stimme klang schon kräftiger, aber er sprach leise. »Zu meinem *eigenen* Wohl sollte ich sie ablehnen.«

»Du hast noch nie etwas abgelehnt, was das Schicksal dir geschenkt hat«, sagte ich. »Das ist das Wesen deines Charakters.«

Am nächsten Tag war ganz Rom in hellem Aufruhr ob der unsagbaren Arroganz und Unverschämtheit Cäsars, der sich nicht hatte erheben wollen, als die Senatoren mit dieser hohen Ehre zu ihm gekommen waren. Man schalt ihn wegen seines übermächtigen Stolzes, und da nur die Wahrheit über seine Krankheit ihn hätte entlasten können und er sie nicht offenbaren wollte, mußte er die Vorwürfe in ihrer ganzen Schwere auf sich nehmen. Eine einzige andere Möglichkeit gab es noch: Er konnte die Ehre ablehnen. Aber ich hatte es gewußt: Wäre er dazu in der Lage, so wäre er nicht Cäsar.

Der nächste Zwischenfall ereignete sich, als er von einer Zeremonie zurückkehrte, die außerhalb der Stadt abgehalten worden war. Eine Schar von Zuschauern jubelte ihm als König zu. Ich fragte mich damals und frage es mich noch heute, ob seine Feinde diese Leute dort aufgestellt hatten, um Cäsar zu täuschen und ihn glauben zu machen, daß es eine Volksbewegung gebe, die ihn gern zum König erheben wollte. Er antwortete: »Ich bin nicht König, sondern Cäsar.« Darüber geriet Rom dann als nächstes in Aufregung.

Wenig später setzte die Hand eines Unbekannten ein Diadem auf Cäsars Statue auf der Rostra, und einer der Volkstribune ließ es wieder entfernen. Cäsar befahl, das Diadem Jupiter zu weihen, Roms alleinigem Herrscher.

Dennoch rumorte es in der Stadt. Wer veranlaßte all diese Dinge – Cäsar oder seine Feinde? Oder waren es echte Hinweise auf die Stimmung des Volkes?

Ich hatte eine Idee, wie diesen unsichtbaren Händen die Initiative zu entreißen wäre – denn Cäsars Hände, das wußte ich, waren es nicht. Sollte Cäsar doch selbst eine Schau inszenieren, bei der er seine Absichten kundtun konnte. Ich berief ein nächtliches Geheimtreffen in meiner Villa ein, um alles zu besprechen, und bat nicht nur Cäsar dazu, sondern auch Lepidus und Antonius. Antonius war für diesen Plan unentbehrlich, denn er war jetzt wirklich Priester der *Luperci Julii*, wie Cäsar es im Scherz angekündigt – oder angedroht – hatte. Und als Konsul würde Antonius an einer bestimmten Zeremonie teilnehmen müssen, die bald vollzogen werden würde. Lepidus war Cäsars *Magister equitum*, sein Reiteroberst, der dem Diktator im Rang unmittelbar unterstand, und ich wußte, daß er Cäsar gegenüber loyal war. Über Antonius und Lepidus hinaus konnte ich mir dessen bei niemandem sicher sein.

Es war seit ein paar Stunden dunkel, und alle Lampen waren schon einmal nachgefüllt worden, als Cäsar schließlich als erster meiner Gäste eintraf. Er schüttelte die abendliche Feuchte aus seinem Mantel und reichte ihn einem Diener, bevor er sich mir zuwandte. »Ein geheimes Treffen zu später Stunde – da fühle ich mich wie ein Verschwörer.«

»Genau das sind wir ja auch«, sagte ich. »Wir verschwören uns gegen die, die sich gegen dich verschworen haben – wer immer sie sein mögen.«

Es war eine kalte Nacht, und der Wind fand seinen Weg durch Fenster und Türen; er rüttelte an den Lampenständern, daß die Hängelampen schwankten und wogende Schatten auf die Wandgemälde warfen. Oben hörte ich Ptolemaios' krampfhaftes Husten.

Ich trug geschlossene Schuhe, und doch drang die Kälte des Bodens durch die Sohlen in meine Füße. Bis zu diesem Winter in Rom war mir nicht klar gewesen, wie kalt Marmor wirklich sein konnte.

»Komm«, sagte ich und führte ihn in ein kleines Zimmer, das ich bereits mit einem Kohlenbecken hatte heizen lassen.

»Ich bin mittlerweile wirklich Gast in meinem eigenen Haus«, erklärte er. »Du wohnst hier schon so lange, daß mir ist, als hätte es immer schon dir gehört.«

»Ich fühle mich aber nicht wie zu Hause«, gestand ich. »Und bald …«

»Ja, ja, ich weiß. Darüber sprechen wir später. In dieser Hinsicht habe ich Pläne, die dir, glaube ich, gefallen werden.«

Bevor er weitersprechen konnte, hörte ich Lepidus kommen. Die Diener ließen ihn ein. Er wirkte verwirrt. »Ich grüße dich, schöne Königin. Ich sterbe vor Neugier.« Er schaute Cäsar an.

»Nein, ich habe damit nichts zu tun«, sagte dieser. »Ich tappe ebenso im dunkeln wie du.«

Lepidus stellte sich vor das Becken mit den glühenden Kohlen und rieb sich die Hände. »Es ist hoffentlich nichts, was man im Freien tun muß«, sagte er und lächelte.

Dann kam Antonius; er zeigte sich milde überrascht darüber, daß er der letzte war. »Es war eine ziemliche Herausforderung, von Fulvia loszukommen«, erzählte er. »Ich konnte ihr ja nicht sagen, daß es sich um etwas Politisches handelt, denn dann wäre sie unerbittlich mitgekommen. Und daß es ums Vergnügen geht, konnte ich auch nicht behaupten, denn dann hätte sie mir verboten zu kommen.«

»Hat sie dich so gründlich gezähmt, Antonius?« fragte Lepidus.

»Nun, du bist ihr entkommen, ganz gleich, wie du es vollbracht hast«, sagte ich. »Bitte setzt euch doch.« Die drei hatten in der Mitte des Zimmers praktisch strammgestanden. »Ich habe für bequeme Diwane gesorgt.« Ich warf Cäsar einen Blick zu; ich wollte, daß er sich an die Kissen und Teppiche im oberen Stockwerk erinnerte.

Sie waren sichtlich wachsam, als sie nun vorsichtig Platz nahmen – auf Klinen mit hölzernen Füßen, die ich mit zusätzlichen Kissen und Polstern versehen hatte, um ihre Strenge zu mildern. Alle drei starrten mich mit undurchdringlicher Miene an und warteten.

»Erzählt mir von dem bevorstehenden Fest der Luperkalien«, sagte ich und setzte mich ihnen gegenüber auf einen Stuhl.

Ich sah, was sie dachten: Sie fragten sich, ob ich sie, die drei mächtigsten Männer Roms, etwa eingeladen hatte, um mich von ihnen über Volksfeste unterrichten zu lassen.

Schließlich begann Antonius: »Es ist eine alte Zeremonie – nur die Götter wissen, wie lange man sie schon feiert. Es geht dabei um Fruchtbarkeit. Die Priester der verschiedenen Kollegien nehmen Streifen von den Häuten geopferter Tiere, und dann laufen sie durch die Straßen und peitschen die Leute damit. Es ist ein ausgelassenes, lärmendes Fest.«

»Er hat noch vergessen zu sagen, daß die Priester halbnackt durch die Straßen laufen müssen; und die Frauen, die gern ein Kind bekommen möchten, sind am meisten darauf erpicht, sich von den Hautstreifen berühren zu lassen, die übrigens *februa* heißen. Es ist eine blutige, schmutzige Veranstaltung«, sagte Lepidus. »Nicht gerade mein Lieblingsfest.«

»Aber wenn ich mich an letztes Jahr erinnere, ist es doch schrecklich populär«, erwiderte ich. »Alle kommen heraus, um dabeizusein. Und du, Cäsar? Wirst du nicht auf der Rostra stehen und zuschauen? Ist das nicht dein Platz?«

»O doch«, sagte Antonius. »Er muß den Vorsitz führen; er sitzt auf seinem goldenen Stuhl und trägt seine Triumphgewänder.«

»Dann wird dich jeder sehen können?« fragte ich Cäsar.

»Ich stehe nicht im Mittelpunkt des Festes, wenn du das meinst«, erklärte er und verlagerte sein Gewicht auf den Ellenbogen.

»Aber die Priester müssen zu ihm laufen; er ist ihr Ziel«, sagte Antonius. »Sie stürmen durch alle Straßen Roms und kommen schließlich zur Rostra.«

»Du meinst, *du* wirst das tun«, sagte Lepidus. »Du gehörst jetzt zu den Priestern.«

»Aber du bist auch Konsul«, sagte Cäsar, und ich hörte einen mißbilligenden Unterton in seiner Stimme. »Die Possen der Priester bei den Luperkalien vertragen sich nicht gut mit der Würde eines Konsuls.«

»Diesen Konflikt hast du selbst geschaffen«, sprach ich zu Cäsar, und er war verdutzt. »Du hast ihm diese beiden widersprüchlichen Ämter gegeben.«

Er funkelte mich wütend an; noch nie hatte ich ihn öffentlich getadelt, und es war deutlich, daß es ihm nicht gefiel. »Was soll das?« fragte er kühl.

Mir wurde bewußt, wie eigenartig es ihnen erscheinen mußte, von einer Frau herbeizitiert zu werden. Römische Frauen saßen still zu Hause und kümmerten sich um ihren Haushalt, oder sie taten das, wofür Frauen in Witzen und Liedern bekannt waren: Sie kommandierten, nörgelten, verboten. Als fremde Königin war ich die einzige Frau, die ihnen ebenbürtig war und die Macht hatte, sie zu sich zu rufen, sie zu befragen und ihnen Ratschläge zu geben, die nicht nur Fragen des Haushalts betrafen. Ich fand das schade; es hätte mehr davon geben müssen.

»Nur dies«, sagte ich und erhob mich. »Es wird Zeit, daß du deine Absichten im Hinblick auf die Königswürde – oder das Fehlen dieser Absichten – unmißverständlich klarmachst, und zwar vor einem großen Publikum. Gäbe es einen besseren Zeitpunkt als die Luperkalien? Du wirst sogar erhöht auf einer Bühne sitzen, so daß dich alle sehen können. Also solltest du die Initiative ergreifen und deine Botschaft laut verkünden, wenn die Welt sie hören kann.«

»Welche Botschaft?« fragte Cäsar. Er schwenkte seine Beine herum, setzte sich auf und stützte sich auf die Fingerknöchel.

»Das mußt du selbst entscheiden. Aber ich nehme an, du möchtest das Volk beruhigen und ihm sagen, daß du nicht König werden willst.« Ich schwieg für einen Augenblick. »Hast du nicht genug von diesen inszenierten Kränkungen – Leute, die dir Titel entgegenbrüllen, unbekannte Hände, die einer Statue die Krone aufsetzen, Unsichtbare, die republikanische Losungen auf den Prätorensessel des Brutus schmieren?«

Er seufzte. »Oh, davon habe ich allerdings genug.«

»Dann mach ein Ende! Einer von euch – Antonius oder Lepidus – sollte ihm während der Luperkalien die Krone anbieten, oben auf der Rostra, während ganz Rom zuschaut. Er sollte es so demonstrativ und feierlich wie möglich tun, und du, Cäsar, solltest es entschlossen zurückweisen, ebenso demonstrativ und feierlich. Und dann solltest du im Tempel des Jupiters auf dem Kapitol verzeichnen lassen, daß du es zurückgewiesen hast.«

Eine Zeitlang saßen sie schweigend da, aber ich sah schon, daß Cäsars einziger Einwand dagegen darin bestand, daß er nicht selbst darauf gekommen war.

»Sehr schlau«, sagte er schließlich. »Ja. Das wäre die Lösung des Problems.«

»Vorausgesetzt, es ist die Lösung, die du anstrebst«, erwiderte ich. »Du solltest dein Herz erforschen und dich vergewissern.«

Sein Blick loderte auf, und ich wußte, daß ich zu weit gegangen war. Diese Frage hätte ich ihm unter vier Augen stellen sollen. Aber sie mußte jetzt beantwortet werden, damit man Antonius und Lepidus ihre Rollen zuweisen konnte.

»Nun«, sagte er, »ich bin sicher. Ich werde nicht König in Rom werden, und ich möchte es auch nicht sein.«

Bemerkte nur ich diesen Unterschied – *in* Rom statt *von* Rom? »Dann bist du mit dem Plan einverstanden? Antonius bietet dir die Krone an, und du weist sie zurück? Oder Lepidus?«

»Ich werde es tun«, sagte Antonius. »Mich kennt man bereits als jemanden, der zu theatralischen Auftritten neigt, wohingegen du, Lepidus, eine etwas weniger demonstrative Erscheinung bist.«

»Dann sollte ich es vielleicht gerade tun«, sagte Lepidus. »Die Leute würden es dann eher ernst nehmen.«

»Nein, ich glaube, es ist als spontaner Akt glaubwürdiger, wenn Antonius es tut«, meinte Cäsar. »Ihn kennt man wegen seiner Launen und Ausbrüche, dich hingegen eher als einen, der seine Handlungen plant. Wir wollen ja nicht, daß das Volk denkt, wir hätten es geplant.«

»Das Volk ist die eine Sache«, sagte Antonius. »Aber was glaubst du, wer hinter all diesen Gesten steckt? Sie waren ja alle nicht spontaner, als unsere es sein wird.«

»Ich weiß es nicht«, erklärte Cäsar langsam. »Natürlich haben die eingefleischten Aristokraten, die man als *optimates* kennt, den Wunsch, ihre verlorene Macht wiederzugewinnen. Aber welche sind es? Ich habe versucht, ihnen Positionen in der Regierung anzubieten – ich habe sowohl Brutus als auch Cassius zu Prätoren gemacht, und andere ehemalige Pompejaner, denen ich verziehen habe, sind gebändigt und scheinbar versöhnt –, aber ihre Gedanken kann ich nicht lesen. Ich spüre da mehr, als ich beweisen kann. Tag für Tag versammeln sie sich um mich und sind freundlich genug, aber wenn sie unter sich sind wie wir jetzt, was reden sie dann?«

»Wir sollten Spitzel zu ihnen schicken«, sagte Antonius.

»Dann wäre ich wirklich das, was sie tuschelnd behaupten: ein Tyrann. Ein Herrscher mit einer Geheimpolizei, mit Spionen und Mißtrauen. Nein, lieber sterbe ich von ihrer Hand, als daß ich so werde, wie sie mich sehen.«

»Sprich nicht so!« mahnte ich streng. »Und ein gutes Spitzelnetz hat schon manchen Tüchtigen gerettet.«

»Das klingt sehr orientalisch«, sagte Cäsar. »Manchmal vergesse ich, woher du kommst, meine kleine Ptolemäerin, du Kind des Nils. Aber hierher läßt es sich nicht gut verpflanzen.«

Eine Dienerin schlich sich ins Zimmer, um die Lampen mit neuem Olivenöl zu füllen. Sie erhob sich auf die Zehenspitzen und goß das grüngoldene Öl mit seinem scharfen Duft aus einer Kanne mit schmaler Tülle in die Lampen. War sie ein Spitzel? Hatte sie gelauscht? Wie leicht war man vom Mißtrauen besessen. Vielleicht hatte Cäsar recht.

Wir warteten schweigend, bis sie fertig war; als sie gegangen war, brachen wir in nervöses Gelächter aus.

»Es ist also entschieden?« fragte ich dann. »Wann sind die Luperkalien?«

»In vierzehn Tagen«, sagte Antonius. »Am fünfzehnten Tag des Februar. Ja, der Monat ist ja nach den Peitschenriemen benannt!« fügte er hinzu, als werde ihm das eben erst klar.

»Nicht mehr lange also«, sagte Lepidus. »Nicht mehr lange.«

Nachdem Antonius und Lepidus sich in die kalte Dunkelheit hinausgestohlen hatten, zögerte Cäsar noch. Er ließ sich viel Zeit mit dem Anziehen seines Mantels, und dann blieb er im Zimmer stehen und betrachtete die Wandgemälde, als hätte er sie noch nie gesehen. Eines mit tiefgrünem Hintergrund zeigte ein Schiff und einen Hafen nebst einem phantastisch anmutenden Felsenkap. Die Wellen des Hafens trugen weiße Krönchen, und die Segel blähten sich im Wind.

»Dieser Anblick ist dir doch sicher nicht neu«, sagte ich. »Du mußt ihn selbst ausgesucht und viele Male gesehen haben.« Ich lehnte mich an ihn – die erste persönliche Geste, die ich mir an diesem Abend erlaubte.

»O ja«, erklärte er, »aber heute abend sieht es anders aus. Es ist eine Welt, die frisch ist und rein.« Er gestattete sich, einen Arm um mich zu legen. »Ich habe sie satt, die häßlichen, städtischen Dinge: getuschelte Gerüchte, gespielte Gefühle, gefälschte Wahlen, anonym gekritzelte Parolen. Und jetzt beteilige ich mich daran – mit dieser inszenierten Demonstration.« Bevor ich meine Idee verteidigen konnte, fügte er hinzu: »Aber ich bin realistisch genug zu wissen, daß es ein guter Plan ist. Du hast einen beträchtlichen politischen Genius, der mich manchmal mit Ehrfurcht erfüllt. Du kannst mich viel lehren. Und du sollst Gelegenheit dazu bekommen. Bald.«

»Worauf spielst du nur immer an?« fragte ich. »Bitte sag es mir doch.«

»Erst nach den Luperkalien. Dann werde ich dir den Plan zur Gänze offenbaren. Aber erst müssen wir den deinen durchführen. Schlafe gut, meine Königin!« Er küßte mich flüchtig und wandte sich ab.

»Es macht dir Spaß, mich im dunkeln tappen zu lassen«, sagte ich. »Es gibt dir Macht über mich.«

»Nein«, widersprach er. »Nicht über dich, sondern über meine Feinde. Vorläufig ist es am besten, wenn niemand außer mir etwas weiß.«

Mit schnellen Schritten ging er in die Nacht hinaus, und sein Mantel verschwand wirbelnd in der Dunkelheit.

Als er fort war, stieg ich mit müden Gliedern die Treppe zu meinem Schlafgemach hinauf. Es war so spät; Verschwörer hatten doch einen verdrehten Stundenplan. Ich fragte mich, wer sonst in Rom in dieser Nacht noch wach sein mochte und flüsternd in irgendeinem Hause mit anderen zusammenhockte. Nebel lag in der Luft, und der abnehmende Mond, verschlissen wie der heruntergefallene Kopf einer Marmorstatue, stieg soeben über die Wipfel der Pinien. Wer jetzt noch aus dem Hause ginge, würde vor den forschenden Strahlen des Mondlichts sein Haupt verhüllen müssen.

Vor Ptolemaios' Zimmer blieb ich stehen und lauschte. Er war eingeschlafen, aber ich hörte hin und wieder ein schwaches Husten. Sobald man wieder ungefährdet auf das Meer hinaussegeln konnte, würden wir Rom verlassen müssen. Rom war sehr schlecht für seine Gesundheit.

Ich ging in mein Zimmer, wo ich eine Lampe hatte brennen lassen. Sie warf flackernde Schatten; das Öl war fast verbraucht, und sie würde gleich erlöschen. Cäsarion teilte noch immer die Gemächer mit mir; er schlief entspannt in seinem kleinen Bett mit den Ebenholzintarsien, die Panther und Elefanten darstellten. Ich betrachtete sein Gesicht, und wie immer flackerten Freude und Besitzerstolz in mir auf, da er beides war: Ich und Nicht-Ich. Er war jetzt zweieinhalb Jahre alt, kein Säugling mehr, sondern ein Kleinkind, das auf stämmigen Beinchen umherlief und anfing zu sprechen – Latein. Es war seine erste Sprache. Wenn wir nicht bald zurückkehrten, würde er Ägyptisch und Griechisch nur noch als Fremdsprachen kennenlernen.

Ich kniete nieder und strich ihm über das leichte, federzarte Haar. Mein liebes Kind, dachte ich, möge Isis dich stets behüten!

Ich entkleidete mich und zog mein Nachtgewand an; es war zu spät, um noch Charmian zu rufen, damit sie mir half. Ich ließ mich auf die schmale

Liege sinken und zog mir die wollene Decke um die Schultern; mich fröstelte, bis es schließlich um mich herum warm wurde.

Kalt. Kalt. Rom ist kalt, und man friert hier, sinnierte ich. Seltsam – ich bin jetzt so lange hier, und noch immer kommt es mir fremdartig vor. Es ist nicht nur das Klima, sondern die Lebensweise. So gezwungen. So wachsam. So einstudiert.

Nun, sagte ich mir, vielleicht ist es ja nur in den gehobenen Kreisen der Macht so. Das gemeine Volk ist sicher ganz anders, ganz das Gegenteil: explosiv, ausschweifend, laut und gierig. Man braucht es ja nur auf dem Forum zu beobachten, auf der Straße oder bei den Spielen, um das zu wissen.

Ein stechender Schmerz durchfuhr meine Brust, als ich an die braunen Uferböschungen des Nils mit ihren Palmen dachte, und ich erkannte, daß ich Heimweh hatte. So einfach war es. Ich sehnte mich nach Ägypten zurück.

Ich drehte mich in meinem harten, schmalen Bett auf die andere Seite. Ja, sogar die Betten sind in Oberägypten bequemer als hier! dachte ich. Jawohl, ich muß fort. Ich kann nicht ergründen, welchen Plan Cäsar mit uns verfolgt. Jedenfalls ist für mich kein Platz in Rom, denn hier kann ich nie an der Regierung beteiligt sein und nie öffentlich an Cäsars Seite erscheinen.

Hier gibt es nichts für uns, nichts für uns …

Ich hörte, wie Cäsarion im Traum leise aufschrie; dann drehte er sich in seinem Bett um.

Nur dieses Kind, dachte ich. Aber auch es hat keinen Platz in Rom.

Der fünfzehnte Februar, der Tag der Luperkalien, war klar und frostig. In der Villa war es kalt, aber ich wußte, daß die heißen Leiber in den römischen Straßen auf der anderen Seite des Tibers dies mehr als ausgleichen würden. Die Menschen hatten sich schon seit Tagen auf dieses wilde Fest vorbereitet. Lange vor dem Morgengrauen säumten sie bereits die Straßen und wärmten sich die Hände an qualmenden Kohlenhaufen; sie stopften sich Käse und Ziegenfleisch von den Garständen in den Mund und sangen unmelodisch zu den Klängen der Straßenmusikanten.

Ich hatte nicht die Absicht, das Haus vor dem späten Vormittag zu verlassen. Ich wußte, daß die Zeremonien, bei denen die Ziege und der Hund, die Symbole für Pan und Lupercus, geopfert wurden, vorher nicht vorüber wären; vorher aber würden auch die Priester mit ihren blutigen Hautstreifen nicht losziehen. Ptolemaios und ich wurden dennoch rechtzeitig auf das Forum getragen, und wir nahmen unsere Plätze auf den Stufen des Saturn-Tempels ein, die uns einen Blick auf die Rostra boten und wo sich auch die römischen Würdenträger, die den Tempelbezirk betreten durften, versammelten; der Bezirk war bewacht, weil hier der Staatsschatz aufbewahrt wurde. Aus dem Augenwinkel sah ich ein paar der Leute, über die wir in jener Nacht gesprochen hatten: aus dem Exil zurückgekehrte Pompejaner, Senatoren, die ich erkannte, wenn ich mich auch nicht an ihre Namen erinnerte, und andere wie Brutus und die beiden Brüder Casca und Trebonius sowie Tillius Cimber. Ich lächelte und nickte Decimus und seinem Vetter Brutus zu; die beiden standen ein kleines Stück unterhalb von mir.

Das Forum zu unseren Füßen war ein aufgewühltes Meer von Menschen. Cäsar saß gelassen auf seinem goldenen Thron auf der Rostra; er trug das purpurne Gewand des Triumphators, und der Lorbeerkranz kräuselte sich um seinen Kopf. Zu beiden Seiten der Plattform standen die beiden Cäsar-Statuen, als wollten sie ihn bewachen und zugleich vervielfachen. Ich fühlte mich an die Abbildungen von *ba* und *ka* in unseren ägyptischen Gräbern erinnert, die als Verkörperungen der verschiedenen Essenzen der Seele gelten, und dachte, wie ähnlich das alles doch war.

Ein Schrei erhob sich. Die *Luperci* waren unterwegs; sie sprangen und tollten durch die Straßen. Die Menge teilte sich, und wilde, halbnackte Männer kamen in Sicht und schnalzten mit den blutigen Hautstreifen. Leichtfüßig wie Pan selbst sprangen sie umher, als wären ihre Füße Hufe und ihre Schenkel Keulen. Die Frauen duckten sich und kreischten, aber manche verneigten sich doch mit entblößten Schultern, um die Schläge entgegenzunehmen.

Antonius war unter ihnen, nur mit einem Lendenschurz aus Ziegenfell bekleidet; Schultern und Oberkörper waren mit dem Opferblut der abgehäuteten Tiere beschmiert. Er glänzte von Schweiß, zeigte aber sonst keine Anzeichen der Anstrengung.

»Ein römischer Konsul ...!« Ich hörte die laut gezischelte Mißfallensäußerung von jemandem unter mir – war es Decimus gewesen? Trebonius?

»O ihr Götter!« murmelte jemand anders.

Ich aber dachte: Wie prächtig Antonius an diesem Tag doch aussieht! Nicht nur wegen seines Mutes, mit dem er sich so in der Öffentlichkeit zeigte, sondern auch wegen seiner körperlichen Erscheinung an sich: Er strotzte vor Gesundheit und Kraft und war gänzlich frei von Scham wie ein griechischer Athlet aus alter Zeit. Das war etwas, das die Römer nie ganz begreifen konnten: diese Pracht und Schönheit. Deshalb murrten sie und verurteilten es. Die Welt der Toga konnte die griechische Verherrlichung des Körpers niemals achten.

Jetzt näherte er sich der Rostra; jetzt löste er sich von den anderen *Luperci*; jetzt sprang er mit einem anmutigen Satz auf das Podest. In der Hand hielt er ein königliches weißes Stirnband. Woher hatte er es plötzlich? Hatte Lepidus, der ganz in der Nähe stand, es ihm gereicht?

»Cäsar!« rief er. »Ich entbiete dir diese Krone! Das Volk will, daß du sie nimmst und sein König bist!«

Sein makelloser Arm, gerade und stark, hielt Cäsar das Stirnband entgegen. Bebend hing es in der klaren Luft, und es war so weiß, daß es ein wenig schimmerte.

Cäsar starrte es an, als beäuge er eine Schlange, etwas Gefährliches, das gleich zustoßen würde.

»Nein«, sagte er und schob die Hand beiseite.

Lauter Jubel erhob sich, aber beinahe ebenso laut war das Stöhnen der Enttäuschung.

Antonius trat noch einen Schritt näher an Cäsar heran. »Nochmals entbietet das Volk dir die Krone!« verkündete er.

Wieder hob Cäsar die flache Hand und schob das Band von sich.

Diesmal war der Jubel lauter, und die Enttäuschungsrufe wurden schwächer.

Antonius hielt das Stirnband in die Höhe und schwenkte es; er ging damit am Rande der Rostra entlang von einem Ende zum anderen und bot es den Blicken der Menge dar. »Siehe!« rief er laut. »Zum dritten Mal entbieten wir dir die Krone! Weise nicht zurück den Wunsch des Volkes!« Kühn trat er an Cäsar heran und wollte ihm den Lorbeerkranz abnehmen, um ihm statt dessen das Stirnband anzulegen. Einen Augenblick lang schwebte seine Hand über Cäsars Kopf.

Da stand Cäsar auf. »Nein!« Er packte Antonius' Hand und zwang ihn, das Stirnband loszulassen.

Die Menge brach in ohrenbetäubendes Beifallsgebrüll aus.

Cäsar schwenkte das weiße Band. »Jupiter allein ist der König der Römer!« rief er. »Bitte nehmt dies und krönt damit die Statue des Jupiters in seinem Tempel auf dem Kapitol!«

Wilder Jubel brandete ringsum; die Menge tobte vor Aufregung. Cäsar nahm betont langsam wieder Platz. Antonius sprang von der Rostra herunter und lief zu den Stufen, die zum Jupitertempel hinaufführten, und dann stürmte er mit weiten Sätzen wie eine Wildkatze hinauf und schwenkte das Stirnband.

Vor mir sah ich, wie die Würdenträger ihre Köpfe hin und her drehten und mit ihren Nachbarn tuschelten. Sie hatten gesehen, was wir ihnen hatten zeigen wollen. Hatten sie es auch geglaubt?

# 33

Als ich an diesem Abend allein war, erhielt ich eine Nachricht von Lepidus: Nach allem, was er beobachtet habe, ließ er mir mitteilen, sei die Sache – deutlicher bezeichnete er es nicht – gut aufgenommen worden. Hoffentlich hatte er recht; aber erst in den nächsten Tagen würde die Wahrheit ganz ans Licht kommen. Später noch, kurz vor Mitternacht, kam eine Nachricht von Cäsar, in der es einfach hieß: *Ich kann nicht mehr tun. Laß es gut sein!*

Ich faltete den Brief zusammen und versuchte mir auszumalen, was die Worte bedeuten sollten. Vielleicht war es eine andere Art zu sagen, was er damals am Rubikon gesagt hatte: *Die Würfel sind gefallen.* Die Dinge würden jetzt ihren Lauf nehmen müssen. Es würde kommen, wie es kommen mußte.

Nach allem, was ich beobachtet hatte, war ich ausgelaugt. Ich hatte gar nicht gemerkt, wie angespannt jeder Muskel gewesen war, wie ich fast die ganze Zeit über den Atem angehalten hatte und wie eindringlich ich alle meine Gedanken auf diesen einen Punkt konzentriert hatte, um jeden Zuschauer durch die Kraft meines Willens dazu zu zwingen, daß er glaubte, was ich wollte. Jetzt war ich ausgequetscht, und als ich nun allein war, schenkte ich mir einen Becher süßen Wein ein; er würde meine rasenden Gedanken hoffentlich dämpfen. Bald lag ich in meinem harten, flachen Bett und schloß die Augen.

Ein Tag verging; zwei Tage, drei. In der Villa auf ihrer Anhöhe hoch über Rom war ich abgeschirmt von allem, was auf der Straße und im Senat geredet wurde. Ich blieb, wo ich war, und wartete, aber ich begann auch, meine Abreise von Rom zu planen. Bald würde das Meer wieder befahrbar werden, und wir könnten heimkehren.

Ein paar tapfere Schiffer hatten es vermocht, Nachrichten hin- und herzutragen; in Ägypten schienen Ruhe und Ordnung zu herrschen – es zahlte sich aus, wenn man die Regierung in den Händen guter Minister zurückließ. Aber ich brannte doch darauf, die Zügel wieder selbst zu ergreifen; es ist nicht gut, wenn ein Herrscher zu lange abwesend ist, wie ich aus den Erfahrungen meines Vaters wie auch aus der eigenen nur allzugut wußte.

Ich spazierte auf den geradlinigen Pfaden des riesigen Gartens, der die Villa umgab, und nahm im Geiste Abschied von den Statuen, die ich so gut kennengelernt hatte, obwohl sie sich zwischen gestutzten grünen Hecken oder an einsamen Teichen versteckten. Hier war eine Venus, die sich nach dem Bade bedeckte, hier ein Athlet, der sich vorgebeugt anspannte, um den Diskus zu schleudern, dort ein flinkfüßiger Merkur mit fliegenden Fersen.

Am Ende einer Allee aus grün-schwarzen Zypressen stand sogar ein Herkules; das dichte Lockenhaar umgab seinen Kopf wie ein Lichtkranz, und das Löwenfell war so geschickt verknotet, daß die Pranken des Tieres sich über der Brust der Figur kreuzten. Ein dicker Knüppel ruhte keck auf der Schulter. Jetzt, da ich Antonius besser kannte, fand ich nicht mehr, daß er sonderlich große Ähnlichkeit mit Herkules besaß. Das würde ihm wahrscheinlich nicht gefallen.

Ich hatte diese schattigen Wege liebgewonnen; Cäsarion hatte in diesem Garten laufen gelernt, und ein paar Kindernarben zeugten von diesem und jenem Sturz auf die Steine. Er war ein Teil von uns geworden, und wenn ich wieder in Ägypten wäre, würde ich sicher in manchen Nächten wach in meinem Bett liegen und das alles vor mir sehen. Ich schloß die Augen und atmete tief. Es roch nach dem Wechsel der Jahreszeiten – ein scharfer Duft wie von getrockneten Pilzen.

Seltsam, wie schnell die Jahreszeiten wechseln konnten! Die Luperkalien waren frostig gewesen, und jetzt, nur vierzehn Tage später, schien die versiegelte Erde plötzlich zu schmelzen. Persephone war früher als sonst aus der Unterwelt entlassen worden, und die Wärme flutete wieder in das Land.

Als ich die Augen öffnete, sah ich einen Boten auf mich zukommen; er glänzte ein wenig von der Anstrengung des Aufstiegs. Er reichte mir einen Brief von Cäsar, blieb dann stehen und wartete.

Cäsar hatte Lust, einen langen Ausritt aufs Land zu unternehmen. Er wäre entzückt, wenn ich ihn begleiten wolle, schrieb er, und ich dürfe mir jedes beliebige Pferd aus seinem Stall erwählen, wo er mich schon erwarte.

Aha! Cäsar ertrug also die Stadt nicht länger und mußte die Flucht ergreifen. Es war ein makelloser Tag; die letzten Fetzen des Winters wurden von hochfliegenden, zerfaserten Wolken verjagt. Zudem lehnte ich nie ab, wenn ich Gelegenheit hatte, ihn allein und ohne Gesellschaft zu sehen; das kam, zumindest tagsüber, sehr selten vor.

Als ich Cäsar bei seinem Stall traf, hielt er bereits sein Pferd am Zügel, ein außergewöhnlich großes Tier, und bürstete ihm das glänzende Fell.

»Das also ist dein berühmtes Schlachtroß«, sagte ich, als ich herankam. Ich sah jetzt, daß vereinzelt weiße Haare im schwarzen Fell saßen: Das Pferd war gesund, aber alt.

»Ja«, sagte Cäsar. »Er ist es, der heute laufen wollte. Seine Kriegstage sind vorüber, aber wer könnte einem Galopp an einem Frühlingstag widerstehen?«

»Wo war er schon mit dir?«

Cäsar lachte. »Wo war er nicht? Vor fast zwanzig Jahren kam er auf meinem Anwesen zur Welt; er war mit mir in Gallien, in Afrika, in Spanien. Es gab eine Prophezeiung über mich, durch ihn – aber davon später.« Er übergab einem

Stalljungen den Zügel und führte mich zur Koppel. »Such dir eins davon aus«, sagte er und deutete auf eine Herde von munteren, gutgebauten Pferden, hauptsächlich Füchsen und Braunen. »Sie sind alle flink, und mein Pferd ist nicht mehr so schnell.«

Besonders gefiel mir ein junger Wallach mit strammen, festen Beinen und einer breiten Brust. Sein goldbraunes Fell sah aus wie gefleckter Bernstein, und seine präzisen, energischen Bewegungen ließen mich annehmen, daß es eine Herausforderung sein werde, ihn zu reiten. »Den da«, erklärte ich und zeigte auf das Tier. Cäsar nickte einem Stallburschen zu und ließ es bereitmachen.

»Wie heißt er?« fragte ich.

»Der deine heißt Barrikade – weil er sie alle überspringt. Meiner ist Odysseus – wegen seiner zahlreichen Schlachten und Reisen.«

»Und jetzt hat er sich zur Ruhe gesetzt? Für alle Zeit nach Ithaka heimgekehrt.«

»Soweit ein Krieger sich je zur Ruhe setzen kann«, entgegnete Cäsar.

Wir brauchten nicht lange, um Rom hinter uns zu lassen. Obwohl es fast eine Million Einwohner hat, bedeckt es keine große Fläche; nicht auf allen sieben Hügeln stehen Gebäude, und bald nachdem wir durch das Capena-Tor in der Stadtmauer geritten waren, gelangten wir aufs offene Land. Die Via Appia hatten wir nach einer kurzen Strecke verlassen und waren ostwärts über die noch ruhenden Felder geritten. Sie trugen noch ihre winterbraunen Mäntel, aber schon pflügten Bauern die Erde und ließen Furchen von schwärzlicher Scholle umgewendet in der Sonne liegen. Falken kreisten am Himmel und beobachteten uns, während wir über die Felder galoppierten. Unsere Schatten flogen unter uns mit.

Ich hatte schon gehört, was für ein vorzüglicher Reiter Cäsar war, aber ich hatte ihn noch nie schnell reiten sehen.

»Die Hände hinter den Rücken«, rief ich. »Ich glaube nicht, daß du das kannst.« Es war ein Kunststück, für das er bekannt war – auf einem galoppierenden Pferd zu sitzen, ohne es mit der Kandare zu lenken oder mit dem Zügel zu halten und ohne mit den Armen das Gleichgewicht zu wahren.

Mit einem Lächeln, als sei es ihm lästig, ließ er die Zügel fahren, verschränkte die Arme hinter dem Rücken und trieb Odysseus mit leichtem Druck seiner Knie zu schnellerem Galopp. Das Pferd schoß voran – wer hätte gedacht, daß es über solche Reserven verfügte? –, aber Cäsar geriet nicht im geringsten aus dem Gleichgewicht. Seine Haltung war gerade und ganz und gar ausgewogen, während das Tier sich mit jedem Schritt seiner langen Beine hob und senkte. Es war, als wäre er ein Teil seines Pferdes.

Ich trieb Barrikade hinterdrein, aber er hatte Mühe, Schritt zu halten. Ich hielt die Zügel in der Hand und beugte mich vor, und dabei nahm ich mir vor, daß ich Cäsars Kunststück eines Tages auch erlernen würde.

»Halt!« rief ich, als er in einem Baumdickicht zu verschwinden drohte. Im selben Augenblick ragte plötzlich eine Hecke vor mir auf, und Barrikade übersprang sie aufgeregt und hätte mich fast abgeworfen. Mein Gesicht wurde jäh in die Mähne gestoßen, und für einen Moment konnte ich nichts mehr sehen; als ich mich wieder aufrichtete, erkannte ich, daß wir durch einen Haselsträucherhain galoppierten und Cäsar schon zur anderen Seite hinausjagte. Er ritt noch immer mit den Händen auf dem Rücken.

Odysseus wollte wirklich laufen, und Cäsar ließ ihm seinen Willen. Der gewaltige Frühlingshimmel ließ mich an den grenzenlosen Ozean denken, und er drängte uns, weiter zu reiten und immer weiter. Wolken flogen uns entgegen, oben weiß und unten grau, und der Wind, der durch mein Haar wehte, war scharf und dünn.

So war ich seit Jahren nicht geritten – nicht, seit ich mein Heer in Askalon zurückgelassen hatte, eigentlich nicht mehr seit jenen Tagen westlich von Alexandria in der Wüste, wo ich als verzweifeltes Kind aus dem Palast geflüchtet war.

Wortlos, lautlos, in einer stillen Welt – still bis auf das Blöken einiger störrischer Ziegen auf den Hügeln und das Krächzen der Krähen – ritten wir in großem Abstand dahin.

Endlich erblickte ich etwas, das aussah wie ein Fluß. Baumgruppen säumten die Ufer, und dahinter zog sich Waldland einen Hang hinauf; auf halber Höhe stand die Ruine eines runden Tempels. Cäsar war über eine Anhöhe verschwunden, und ich folgte ihm; als ich den Kamm hinter mich gebracht hatte, erblickte ich eine Reihe stattlicher Pappeln an einem Bach. Mit ihrer hohen, geraden Form glichen sie den Karyatiden an griechischen Tempeln. Cäsar hatte bei einer davon haltgemacht und wartete auf mich. Demonstrativ hielt er noch immer die Hände hinter dem Rücken verschränkt.

»Du kannst die Hände wieder nach vorn nehmen«, sagte ich und stieg ab. »Du hast mich überzeugt.« Es gab keinen Grund, die Bewunderung zurückzuhalten, die er verdiente. »Du bist der beste Reiter, den ich je gesehen habe. Und ich habe das Reiten bei den Wüstenarabern gelernt, die sozusagen auf einem Pferderücken zur Welt kommen.«

Er schien sich ehrlich zu freuen, daß er mich beeindruckt hatte. »Sie waren dir gute Lehrer. Ich hätte nie gedacht, daß eine Frau reiten kann wie ein Mann. Du bist wahrhaft Athene.« Er tätschelte Barrikade den Kopf. »Ich habe gesehen, daß du versucht hast, sie bei der Hecke abzuwerfen«, sagte er. »Auf dem Heimweg wünsche ich dir mehr Glück, mein Freund.«

»So, Odysseus, was war denn das für eine Prophezeiung?« fragte ich das Pferd, und es schaute mich an, als wollte es antworten.

»Siehst du seine gespaltenen Hufe?« Cäsar deutete darauf, und tatsächlich, sie waren seltsam zweigeteilt. »Als er noch ein Fohlen war, erregten sie die Aufmerksamkeit der Auguren, die sagten, sein Reiter werde dereinst die Welt beherrschen. Natürlich sorgte ich dafür, daß ich ihn als erster ritt, und bisher habe ich es als einziger getan.«

»Darf ich ihn reiten?«

Er zögerte kurz; dann hob er mich hoch und setzte mich auf sein Pferd. »Das ändert die Prophezeiung natürlich ein bißchen«, sagte er.

Ich ritt Odysseus nur ein Stück weit am Flußufer auf und ab, aber es kam ja darauf an, daß ich ihn überhaupt geritten hatte. Persephone hatte schließlich auch nur sechs Kerne aus dem Granatapfel gegessen.

Ich stieg ab, und wir banden die Pferde an. Cäsar ging zum Rand des kleinen Flußlaufs, der rasch vorüberströmte. Das Wasser sprudelte und schäumte und lachte mit einer klaren, kindlichen Stimme. Cäsar fand einen Felsen, setzte sich darauf und ließ die Beine baumeln. »Komm, setze dich zu mir.« Er streckte die Hand aus und zog mich hoch.

Der Fels war merkwürdig warm; er mußte das feine Sonnenlicht aufgesogen und gespeichert haben und verstärkte es jetzt irgendwie. Als ich aufschaute, sah ich, daß Cäsar mich aufmerksam betrachtete.

»Ich muß dir von meinen Plänen erzählen«, erklärte er. »Aber es widerstrebt mir, diesen klaren blauen Tag zu verderben.«

Ich wartete. Ich wußte, daß er weitersprechen würde.

»Ich plane ein militärisches Unternehmen«, sagte er schließlich, und sein Blick war geradeaus auf den Bach gerichtet, nicht auf mich. »Ich werde nach Parthien ziehen, um die Niederlage des Crassus zu rächen; ich werde es erobern und unseren Besitzungen hinzufügen.«

Ich hatte es vermutet. Es war die einzige Region, die von Rom noch unberührt war, die einzige Gegend, die sich bisher widersetzt hatte. Es war ein tapferes und entlegenes Land, wahrscheinlich unbesiegbar. Alexander hatte es erobert. Aber die Zeiten waren anders gewesen.

»Wann?« Mehr sagte ich nicht.

»Im März. Das gestattet mir den Luxus, einen Feldzug tatsächlich einmal früh im Jahr zu beginnen.«

»Im März!« rief ich. Der März stand vor der Tür. »Aber … wir haben doch fast März. Wie willst du das schaffen?«

»Ich plane es seit einer Weile«, sagte er. »Ich habe schon sechs Legionen mit Hilfstruppen in Makedonien bereitstehen.«

»Wohin du Octavian und Agrippa geschickt hast, damit sie dich erwarten«, sagte ich. »Ja, das hat man mir erzählt.«

»Ich werde noch einmal zehn Legionen aufstellen und dazu zehntausend Mann Reiterei. Es darf kein behelfsmäßiges Unternehmen werden; das war es nämlich, was zu unseren bisherigen Niederlagen dort geführt hat. Crassus hatte nur sieben Legionen und viertausend Reiter.«

»Ich dachte, die Pfeile der Parther hätten zu eurer Niederlage geführt«, sagte ich. Alle Welt hatte die grausige Geschichte gehört, wie die römischen Legionen fast bis auf den letzten Mann ausgelöscht worden waren.

»Es war der *Nachschub* an parthischen Pfeilen«, sagte Cäsar grimmig. »Ihr General Surenas hatte tausend Kamele ausgerüstet, die nur Ersatzpfeile für die zehntausend Reiter zu tragen hatten. Seltsam, daß daran bisher niemand gedacht hatte.« Er lachte bitter. »Wußtest du, daß Cassius ihnen entkommen ist? Er hat sich gerettet, indem er desertierte und eilends nach Syrien zurückkehrte – angeblich, um es zu verteidigen.«

»Derselbe Cassius, der heute Prätor ist?« Der wütende Republikaner, der uns immer anfunkelte, wenn er uns erblickte.

»Ja. Er ist ein Teil der römischen Schande, die gerächt werden muß. Der siegreiche Surenas inszenierte sogar eine abscheuliche Parodie auf einen römischen Triumph, mitten in der Wüste, mit einem Crassus-Darsteller in Weiberkleidern. Wir dürfen nicht rasten, bis die Adler dieser gefallenen Legionen heimgekehrt sind.«

»Aber ... jetzt ist nicht die richtige Zeit, um Rom zu verlassen. Es gibt noch so viel zu tun. Laß die Stadt nicht in den Händen deiner Feinde!« Ich wußte mir nicht zu helfen; sein Denken kam mir fragwürdig vor. »Wie lange gedenkst du fortzubleiben?«

»Ich stelle mir vor, daß es drei Jahre dauern wird.«

»Nein! Nein! Ich flehe dich an, tu das nicht!« Ich umklammerte seinen Oberarm. Die Muskeln dort waren immer noch hart und stark, aber in drei Jahren würde er fast sechzig sein. »Es wäre wahnsinnig!«

»Was ist zur Zeit wahnsinniger als Rom selbst? Oh, in den Jahren, die ich fort war, bin ich darüber hinausgewachsen – über diese erstickende Kleinlichkeit, das unablässige Gezänk, die Abwesenheit jeglicher Vision, ja selbst jeder Voraussicht in den einfachsten Dingen. Das Feld ... Draußen im Feld, da bin ich wieder frei – frei zu wagen, Entscheidungen zu treffen, Gehorsam zu fordern. Niemand hat mich je geliebt wie meine Soldaten!« barst es plötzlich aus ihm hervor.

»Freilich, wenn du Liebe suchst – die wird Rom dir nicht gewähren«, sagte ich. »Aber mußt du weglaufen? Das macht dich nur zu einem zweiten Cassius.«

Er wollte etwas erwidern, schwieg dann aber. Aus der Ferne hörte ich das leise Läuten von Schafsglocken auf einem unsichtbaren Hang.

»Was sind deine militärischen Pläne?« fragte ich schließlich.

»Ich habe eine unangenehme Angelegenheit in Makedonien zu regeln«, sagte er. »Und dann werde ich von Norden her, durch Armenien, in Parthien einmarschieren. Auf diesem Wege hat man es noch nicht versucht, sondern immer von Westen oder von Süden her.«

Er sah mich an und nahm meine Hand. »Du bist ein wesentlicher Bestandteil meines Planes. Während ich in Parthien bin, wirst du in Ägypten sein, meine vorderste Verbündete. Du wirst mir bei dieser Eroberung zur Seite stehen, denn ich werde darauf angewiesen sein, daß Ägypten sich mit Unterstützung und Nachschub an meinem Feldzug beteiligt. Bist du einverstanden?« Er wartete auf meine Antwort. »Ich brauche keine Unterstützung und keinen Beifall vom Senat oder vom Volk Roms, solange ich dich habe. Habe ich dich?«

»Hast du Ägypten, meinst du?« Plötzlich packte mich der gräßliche Verdacht, daß er mich vielleicht die ganze Zeit nur als Verkörperung Ägyptens gesehen hatte, als etwas, das ihn in seinen ehrgeizigen Plänen befördern würde. Er hatte Ägypten nicht für Rom annektiert, weil er Ägypten damit in die Zuständigkeit des Senats gestellt hätte – und das wäre das letzte gewesen, was er gewollt hätte. »Die Mittel meines Landes?«

»Ja, natürlich meine ich das!« Er klang ungeduldig. »Aber als Partner.« Er umfaßte meine Hand fester. »Du bist die Königin. Ich komme zu dir als dein Klient. Hätte ich Krone und Zepter, würde ich sie dir zu Füßen legen. Bitte erwäge mein Ersuchen.«

»Und was siehst du für uns voraus?«

»Ein Königreich, das du und ich zusammen regieren können, gleichberechtigt. Und das unser Sohn erben kann als alleiniger Herrscher.« Bevor ich etwas sagen konnte, fuhr er hastig fort: »Du weißt, daß es in Rom kein Erbe für ihn geben kann. Aber was soll's? Es gibt Größeres. Laß ihn König von Ägypten und Parthien und aller Regionen dazwischen sein. Dann werde ich – wenn ich auch selbst nicht König bin – ein Königshaus begründet haben. Das genügt mir.«

»Du forderst einen gewaltigen Einsatz. Ägypten lebt in Frieden. Parthien hat uns nie angegriffen. Du willst, daß wir Menschen und Geld aufwenden, um deinen Träumen nachzujagen.«

»Auch deinen Träumen.«

»Nein, das ist nicht mein Traum.«

»Was ist es dann?«

»Ich habe ihn schon verwirklicht. Ägypten lebt im Frieden, unabhängig und stark. Ich bin seine alleinige Herrscherin. Ich brauche Parthien nicht.«

»Brauchst du auch mich nicht?« fragte er. »Denn nur fern von Rom kann es ein gemeinsames Leben für uns geben.«

»Dein Preis ist sehr hoch. Ich muß Berge von Silber und Gold und Flüsse von Blut aufwenden, damit wir ein gemeinsames Leben haben können.«

»In solchen Kategorien können wir nicht rechnen.«

»Ich fürchte, nur so kann ich rechnen. Oh, ich würde alles für dich geben – nur nicht Ägypten.«

Mit gedämpfter Hochachtung schaute er mich an. »Dann bist du mehr Königin als Liebende. Deine Untertanen können sich glücklich schätzen.«

Er stieg vom Felsen hinunter und ging ein Stück weit am Wasser entlang. Ich ging ihm nach.

»Ich werde deine Verbündete sein. Ich werde dir ein Aufmarschgebiet geben und einen Ort zum Rasten, aber ich möchte nicht gegen Parthien kämpfen«, sagte ich. »Ich werde die erste sein, die frohlockt, wenn du gesiegt hast. Und du kannst den größten Triumph in der Geschichte der Welt in Alexandria feiern.«

Ich bemühte mich, unbeschwert und fröhlich zu klingen, während mich die ganze Zeit die gräßliche Angst umklammert hielt, er könne nicht zurückkehren. Nie mehr, nie aus dem Osten zurückkehren, sterben wie Alexander im Schatten Babylons … Mir wurde schlecht.

»Vielleicht ist das genug«, antwortete er; er hörte nur meine Worte, nicht meine Gedanken. Schließlich, nach langem Schweigen, schob er die Hand in den Bausch seiner Tunika und zog einen Lederbeutel hervor.

»Das ist für dich«, sagte er und reichte ihn mir.

Ich öffnete den Beutel langsam und fand darin ein silbernes Medaillon an einer dünnen Kette. Ich schüttelte es heraus und drehte es auf der Handfläche um. Auf der einen Seite war ein Elefant, auf der anderen eine Inschrift.

»Es hat meiner Mutter gehört«, sagte er. »Der Elefant ist eines der Embleme unserer Familie; ein Vorfahr hat in einem entscheidenden Augenblick einen aus dem karthagischen Heer zur Strecke gebracht. Sie hat es für meinen Vater getragen. Ich möchte, daß du es nun hast.«

Ich beugte den Nacken, und er legte es mir um.

»Sie hat es immer getragen. Ich habe es viele Jahre aufgehoben. Ich habe sie sehr geliebt; noch heute vermisse ich sie jeden Tag. Sie starb, sechs Jahre bevor ich dich kennenlernte. Bitte nimm es! Ich weiß nicht, was ich dir sonst geben kann, um dir zu zeigen, wie kostbar du mir bist und wie du allein diese eine Stelle in mir ausfüllst, die mein Leben lang leer gewesen ist. Dies ist mein bestgehüteter, mein liebster Besitz.«

Als ich seine Finger an meinem gebeugten Nacken fühlte, wußte ich, daß es eine Art Salbung war. Cäsar machte mich zu einem Mitglied seiner Familie – auf die einzige Art, die ihm einfiel.

»Ich bin geehrt«, erwiderte ich und hob den Kopf. Ich berührte das Medaillon, das jetzt über meinen Brüsten hing, und es erschien mir kostbarer als irgend etwas aus Gold, Smaragd und Lapislazuli. Es hatte Cäsars Mutter beschützt, die einzige Frau, der er immer treu gewesen war und die er stets geachtet hatte. Und jetzt ging es auf mich über, auf die Mutter seines Sohnes.

»Ich habe dir doch gesagt, du bist mein Ich«, sagte er, und seine Lippen suchten die meinen; sie hungerten nach mir und wollten uns eins werden lassen. Ich stand auf Zehenspitzen am Flußufer und hielt ihn fest in meinen Armen.

Die Pferde schauten uns geduldig zu; ihnen bereitete die Zukunft keine Sorgen.

»Nimmst du Odysseus mit?« flüsterte ich.

»Nein, er ist zu alt«, sagte Cäsar. »Er hat seine Ruhe verdient. Und ich könnte es nicht ertragen, ihn in fremdem Feld fallen zu sehen.«

Mir geht es genauso, dachte ich. Warum bist du zu deinem Pferd barmherziger als ich zu dir? Aber ich kann dir ja nicht verbieten zu gehen, und daß ich dir Ägyptens Streitmacht vorenthalte, hat an deinen Plänen nichts geändert. Was sonst kann ich tun? Welchen Einfluß habe ich noch?

Meine Hände zitterten, als ich seinen Rücken streichelte. Alles ringsum war offen für Luft und Himmel; so früh im Jahr war noch kein verhüllendes Laub an Bäumen und Hecken.

»Komm«, sagte er und watete durch den Bach. »Der Tempel ist nicht mehr weit.«

Es war meilenweit der einzige Unterschlupf, und er sah vernachlässigt aus; der Pfad dorthin war überwuchert, das Dach teilweise eingestürzt. Aber der alte Marmor war von feinem Weiß mit bläulichen Adern, und die kreisrunde Form war anmutig.

Als wir näher kamen, sah ich grüne Eidechsen durch das wuchernde Gras huschen. Wessen Tempel mochte es sein? Dann erreichten wir die verrottete Tür und schauten hinein. Auf einem Sockel stand eine zerbröckelnde Statue der Venus.

»Venus«, sagte er. »Unglaublich. Selbst hier kümmert meine Vorfahrin sich um mich.«

Wir traten ein. Es war ein jämmerlicher Anblick. Baumwurzeln untergruben den Boden und hoben die schwarzen und weißen Marmorplatten an; Moos, Unkraut und Blumen wuchsen aus den Spalten der rissigen Wand. Die verschlissene Göttin stand schräg auf ihrem Piedestal und schaute uns wehmütig an. Zu ihren Füßen hatte sich eine abgestandene Pfütze gesammelt. Durch die eingestürzte Kuppeldecke strömte das Licht herein und malte einen hellen Fleck auf die andere Seite.

»Arme Göttin«, sagte Cäsar langsam. »Ich gelobe, daß ich diesen Tempel wiederherstellen werde, sobald ich aus Parthien zurückkomme, wenn du mir nur noch einmal den Sieg gewährst.«

Die Göttin ließ nicht erkennen, daß sie ihn gehört hatte. Ihre blicklosen Augen starrten zur Tür hinaus in die freien Felder.

»Es sieht nicht so aus, als ob jemand herkäme«, meinte Cäsar. »Wir sind ganz allein.« Er lehnte sich mit einem starken Arm an die Wand. Dann wandte er sich zu mir um, senkte den Kopf und begann das Grübchen an meinem Hals zu küssen, dann die beiden Seiten, und schließlich wanderte sein Mund langsam herauf zu meinen Ohren.

Ich legte den Kopf zur Seite und ließ ihn weitermachen, denn das Gefühl seiner Lippen an meinem Hals war betörend, selbst in dieser trostlosen Umgebung. Der holprige Boden war feucht, und Eidechsen und Würmer krochen darauf herum; die Luft war klamm. Dennoch ließ ich mich rücklings gegen die rauhe, zerbröckelnde Wand sinken, und er drängte sich an mich. Als ich seinen schlanken, harten Körper an meinem fühlte, erbebte ich erwartungsvoll. Es war so lange her, seit wir als Mann und Frau zusammengewesen waren, daß ich nun danach lechzte – um so mehr, als ich nie vorhersehen konnte, wie es diesmal werden würde.

Ich warf den Kopf in den Nacken, schloß die Augen und gab mich der aufsteigenden Lust hin. Er war still und gab überhaupt keinen Laut von sich; nur seine Sohlen scharrten ein wenig auf dem Boden. Sein Mund fuhr immer hungriger an meiner Wange herauf und suchte meine Lippen; als er sie gefunden hatte, küßte er mich so heftig, daß ich Mühe hatte zu atmen.

Da wußte ich plötzlich, daß es nicht mehr aufgehalten und erst recht nicht auf halbem Wege abgebrochen werden konnte – nicht solange mein Herz schneller galoppierte, als mein Pferd durch die Felder gejagt war, und solange das Blut mir in Ohren, Hals und Bauch pochte. Ich stöhnte vor banger Sehnsucht. »Der Boden hier ist schlimmer als das Flußufer«, seufzte ich.

Er faßte mein rechtes Bein, hob es über seine Hüfte und schob mich behutsam rückwärts an die Wand, um auch mein anderes Bein zu heben. Dann schob er seine Arme unter meine Achseln und raunte mir ins Ohr: »Ich werde dafür sorgen, daß du den Boden nicht berührst.« Er stemmte seine starken Beine gegen den Boden und sagte: »Nein, dies ist kein Ort für eine Königin.« Seine Stimme klang leise und rauh, und er sagte nichts weiter. Er liebte mich im Stehen und schaute mir dabei die ganze Zeit ins Gesicht, und mir war, als müsse ich sterben vor Anstrengung und Lust. Ich sehnte mich danach, daß seine Lebenskraft mich durchströmte, damit ich ihn dadurch für alle Zeit behalten könnte, und als es geschah, war mir, als finde eben dies statt. Aber allzu schnell war es vorbei, und wir standen keuchend und erschüttert in dem kläglichen kleinen Tempel, aus dem die Schönheit längst entflohen war.

In gedämpfter Stimmung ritten wir bei Sonnenuntergang durch die Felder zurück. Der Himmel war purpur gestreift – wie der Mantel des Triumphators –, und jenes besondere römische, schräg einfallende gelbe Licht übergoß alles. Es leuchtete mit freudiger Strahlkraft und badete Cäsars geraden Rücken in Gold.

Am Tor der Villa gab es keinen Abschied. Er nahm mein Pferd beim Zügel und erklärte, er werde es in den Stall zurückbringen.

»Mögest du gut schlafen heute nacht«, sagte er und zog Odysseus herum.

Aber das tat ich nicht. Wie hätte ich das tun sollen?

Cäsar gab dem Senat die Pläne zu seinem Parthien-Feldzug bekannt und verkündete gleichzeitig, daß er alle politischen Ernennungen für drei Jahre im voraus vorgenommen habe. Konsuln für dieses Jahr waren Antonius und er selbst, wenn er nach Osten marschierte, solle Dolabella sein Nachfolger werden. Im nächsten Jahr sollten Hirtius und Pansa Konsuln sein, im Jahr darauf Decimus und Pansa. Provinzstatthalter in Gallien sollte Decimus werden, nach ihm Pansa und dann Brutus. Trebonius sollte Asien bekommen, Tillius Cimber Bithynien. Cäsar hatte die Absicht, eine reibungslos funktionierende Regierung zu hinterlassen.

Aber ich fragte mich, wen er als Generäle mitnehmen wollte. Antonius sollte in Rom gebunden bleiben, Munatius Plancus desgleichen, und Cassius – ein ziemlich guter Offizier trotz seines feigen Verhaltens in Parthien – war jetzt *Praetor peregrinus* in Rom und konnte auch nicht weg. Cäsar hatte doch wohl nicht vor, seinen Krieg mit Hilfe von Octavian und Agrippa zu führen – mit diesen Knaben! Meine Angst um ihn wuchs.

Dennoch setzte ich meine Abreisevorbereitungen fort. In Ägypten würde ich ihm wenigstens helfen können, wenn auch in begrenztem Maße. Hier war ich nur noch ein lästiger Gast.

Seine Neuigkeiten wurden nicht gut aufgenommen. Die Leute waren entsetzt, daß er vorhatte fortzugehen, ohne seine absolute Regierungsmacht abzugeben. Für drei Jahre würden Entscheidungen in der Schwebe bleiben müssen; das Alltagsgeschäft des Lebens würde zum Stillstand kommen. Alle Macht hatte man Cäsar gegeben, und jetzt entfernte er sich, ohne für Ersatz zu sorgen. Als er in Ägypten und in Afrika geweilt hatte, war es genauso gekommen: Niemand war befugt gewesen, in seinem Namen zu handeln. Allen war diese Situation ein Greuel gewesen, und dabei gab sie nur einen Vorgeschmack auf das, was nun dräute. Der Diktator auf Lebenszeit hatte Rom bei der Gurgel und erwürgte es, und jetzt schickte er sich an, es, nach Atem ringend, zurückzulassen und um des Ostens willen aufzugeben.

Ich sah ihn nicht. Er war von furioser Geschäftigkeit erfaßt, denn er mußte die Kritik abwehren und zugleich die letzten Vorkehrungen für die von ihm Ernannten und für sein Heer treffen. Dann begann ein seltsames Gerücht die

Runde zu machen, und zwar so weiträumig, daß selbst meine Diener auf dem Markt davon hörten. Die Priester hatten die Sibyllinischen Bücher der Prophezeiungen konsultiert – eben jene, die es auch verboten hatten, »den König von Ägypten mit einer Heerschar wiedereinzusetzen« –, und darin hatte es geheißen, niemand außer einem König könne Parthien erobern; jeder andere werde vernichtet, Rom aber gedemütigt werden. Wenn Rom Cäsar schickte oder ihm auch nur erlaubte zu gehen, so würde er es als König tun müssen. Der Augenblick war also gekommen – der Augenblick, den er ihrer Meinung nach schon die ganze Zeit angestrebt hatte.

Das Gerücht besagte, daß der Senat ihm diesen Titel nun endgültig übertragen werde, wenn er zum letztenmal vor dem Parthien-Feldzug im Theater des Pompejus zusammenkäme, an den Iden des März. Drei Tage später würde Cäsar dann nach Parthien ziehen – als König.

# 34

Warme Winde wehten durch den Garten in dieser ersten Hälfte des Monats März; sanft verlockten sie die Hecken zur Blüte und brachten die Bäume dazu, ihre fest zusammengerollten, zarten Blätter zu entfalten. Die Vorbereitungen für die Heimreise beschäftigten meine Gedanken, aber mein Herz brachten sie nicht zur Ruhe. Parthien … Wieso wollte er wirklich dorthin? Was trieb ihn? Ägyptens Rolle bei seinem Feldzug … So lange ich auch darüber nachdachte, meine Gefühle waren die gleichen wie bei meinem ersten Ausbruch. Nein, ich würde Ägypten da nicht hineinziehen lassen! Und sein Geschenk, das Medaillon seiner Mutter? Wie konnte ich meine tiefen Empfindungen darüber angemessen zum Ausdruck bringen? Ich nahm mir vor, es nicht abzunehmen, bis er aus Parthien zurückgekommen wäre – als könnte ich damit wiedergutmachen, daß ich ihm Männer und Waffen verweigert hatte! Ich war ratlos und sehnte mich danach, ihn noch einmal zu sehen, damit wir glücklich Abschied nehmen könnten. Am Abend vor der Senatssitzung hatte er noch einmal zur Villa kommen wollen, aber am späten Nachmittag erhielt ich die Nachricht, daß er an diesem Abend mit Lepidus speisen müsse und darum bitte, unser Treffen auf den Tag danach verschieben zu dürfen. Er habe dann ja immer noch drei Tage in Rom, und wir hätten Zeit genug, um uns zu verabschieden.

Das Wetter schwang unvermittelt um, als der Bote mir diese Nachricht brachte, und alles hastete ins Haus. Schwarzbauchige Wolken ballten sich zusammen und verdunkelten die Sonne, und ein heftiger Wind pfiff durch die Bäume. Die festgezurrten Fensterläden klapperten wie die Zähne eines alten Weibes.

»Das römische Wetter ist so wechselhaft«, beklagte ich mich bei Charmian. »Genau wie die römischen Meinungen.« Ich war inzwischen fast an die strengen, dröhnenden Gewitter gewöhnt, die Jupiter gegen seine auserwählte Stadt schleuderte, aber gefallen würden sie mir nie. Und die Blitze – jeder hatte irgendeine Geschichte von einer Statue, wenn nicht von einer Person, zu erzählen, die davon getroffen worden war.

»Es ist ein ganz scheußlicher Abend«, erklärte Charmian und zog sich ein Wolltuch fester um die Schultern. Sie erschrak, als einer der hohen Lampenständer – ein hübscher mit einem schlanken Stiel und Klauenfüßen – umgeweht wurde. Scheppernd rollte er ein Stück weit und hinterließ eine Ölspur, bis er zur Ruhe kam.

Ich bedauerte Cäsar, daß er überhaupt noch hinaus mußte, aber zumindest wohnte Lepidus in zumutbarer Nähe und nicht so weit weg wie diese Villa am anderen Ufer des Tibers.

Wie dachte Cäsar über diese Gerüchte? Glaubte er sie? Förderte er sie? Tat er sie als Unsinn ab? Es gab so vieles, was ich wissen mußte.

Aber an diesem Abend würde ich es nicht erfahren.

Ich schlief fast überhaupt nicht, denn die grellblauen Blitze und der krachende Donner schienen in mein Schlafgemach einzudringen. Vielleicht träumte ich aber, denn irgendwann glaubte ich, die Fensterläden seien aufgeflogen und der Blitz leckte wie eine Zunge am Fußende meines Bettes.

Am Morgen waren die häßlichen Nachwehen noch nicht verflogen. Im Garten hatte das Unwetter mehrere Bäume entwurzelt und die Pflanzen bei einem Zierteich überflutet. Außerdem war die Herkulesstatue umgestürzt, und die Keule war abgebrochen, obgleich er noch immer in den Himmel starrte, als habe er die Situation fest im Griff.

Als ich durch den zerzausten Garten wanderte, hörte ich einen häßlichen Lärm auf der anderen Seite des Tibers; entweder prügelten sich dort Leute, oder sie beklagten die Schäden, die das Unwetter an ihren Marktständen angerichtet hatte. Ich zwang mich zu der geschäftigen Tätigkeit des Verpackens meiner Kleider, und Charmian half mir dabei. Ich hatte so viele schöne Gewänder mitgebracht, so viel Schmuck, verzierte Sandalen, Haarnadeln, Diademe und Prunkhauben. Die meisten hatte ich auch getragen, und so war nun jedes Kleidungsstück mit irgend etwas in Rom verknüpft. Hier war das Kleid, das ich bei Cäsars Abendessen getragen hatte, da das Triumphkostüm und dort das Jagdgewand, das ich bei unserem Galopp durch die Felder angehabt hatte.

Ich kann mich noch genau daran erinnern, wie ich den Stoff dieses Kleides glattstrich; meine Finger glitten über das starke gewebte Leinen, als unten plötzlich Unruhe entstand. Es wurde gerufen und geschrien, und dann kamen leichte Schritte schnell die Treppe herauf zu meiner Tür. Als ich nachschaute, sah ich einen Jungen, den ich kannte; er war aus Cäsars Haushalt. Zitternd, keuchend, nach Atem ringend, stand er da.

Und dann sagte er diese Worte, die Worte, die mich niederstreckten.

»Mord! Mord! Cäsar ist ermordet worden!« rief er. Er warf sich gegen mich, ließ sich in meine Arme fallen, schluchzte. »Cäsar ist tot!«

In meinen schrecklichsten, schwärzesten Träumen hatte ich diese Worte schon gehört, in Träumen, die man nicht einmal vor sich selbst am nächsten Morgen wiederholen kann und die man entsetzt verbirgt, damit das Grauen nicht wirklich geschieht. Das Undenkbare.

Charmian starrte mich an, bleich im Gesicht, die Hände vor den Mund geschlagen. *Cäsar war tot. Cäsar war tot. Nein, das war unmöglich! Cäsar konnte nicht sterben.*

Es konnte nicht sein, daß ich diese Worte jetzt hörte, nicht jetzt, nicht nachdem alle Gefahren vorüber waren, die alten Kriege endlich beendet, die neuen noch nicht angefangen, er hier in Rom, mit all seinen Ehren … Eine merkwürdige Kälte packte mich; mit einem ganz eigenen Drängen sog sie mich an einen Ort, von dessen Dasein ich nie etwas geahnt hatte – losgelöst, jenseits der Zeit, kalt, kalt, kalt, bar alles Vertrauten. Nein. Es konnte nicht wahr sein!

Ich hörte mich selbst fragen: »Was ist passiert?«, und ich merkte, wie ich dem Jungen übers Haar strich und ihn tröstete, als wäre er mein eigenes Kind.

Er hatte sich geirrt. Er würde es erklären. Oder … wenn wirklich etwas passiert war … Cäsar war nur verletzt …

»Woher weißt du, daß Cäsar ermordet wurde?« fragte ich ihn, so behutsam ich konnte; fast flüsterte ich, denn hätte ich es laut ausgesprochen, wäre es dadurch vielleicht wahr geworden.

Er schluchzte nur, und ich ertrug es nicht länger, konnte ihm keinen Augenblick mehr Zeit lassen, bevor er die falsche Neuigkeit widerrief. Und die ganze Zeit umhüllte mich diese furchtbare Kälte wie ein steifer Panzer.

»Sag es mir!« Ich verlor die Beherrschung – aber es war von so entscheidender Bedeutung, daß ich hörte, es sei nicht wahr. Und selbst wenn es wahr wäre, könnte ich es vielleicht noch ungeschehen machen, oder jemand anders könnte das, ja, die Ärzte in Rom, ja …

Ich packte ihn bei den Schultern und schüttelte ihn, aber er weinte nur noch lauter. »Sag mir, was du gesehen hast!« rief ich. »Hat man Cäsar in seinem Haus überfallen?«

Aber die Leibwache würde ihn schützen ... Nein, er hatte seine Leibwache entlassen!

»Nein, nicht in seinem Haus«, schniefte der Junge.

Törichte Erleichterung überkam mich. Dies war der Beweis für den Irrtum, und er gründete sich auf den Gedanken, daß der Junge doch aus dem Hause ist, und der Junge hat es nicht gesehen, und woanders kann er nicht überfallen worden sein, nicht bei Lepidus, und schon gar nicht im Senat!

»Hat man ihn auf der Straße überfallen?« Räuber? Aber dagegen hätte er sich zu wehren gewußt.

Und dann ... Oh, diese Worte!

»Nein, nein«, wimmerte der Junge. »Im Senat haben sie ihn ermordet. Vor allen Leuten! Sie haben ihn umzingelt und ihn erstochen, und es waren viele, und dann hat er einfach sein Gesicht bedeckt und ist gestorben, zu Füßen der Statue des Pompejus. Vor der, die er eben ... die er eben erst wieder aufstellen ließ.«

Die Statue ... Wir hatten gesehen, wie man sie die Stufen hinaufgeschleppt hatte ...

Nein, das war ein Irrtum. Es war jemand anders. Niemand hätte ... Wenigstens niemand, den wir kannten ...

»Wer sind ›sie‹?« schrie ich, und ich hatte das Gefühl, daß meine Stimme hundert Meilen weit reichte. Meine Kehle war rauh von diesem schmerzlichen Schrei.

»Eine Gruppe von Senatoren – ich weiß es nicht genau, ich war ja nicht drinnen. Brutus und Cassius kamen als erste aus dem Sitzungssaal in den Portikus, wo ich wartete; ganz blutig kamen sie herausgerannt, schwenkten ihre Dolche und schrien etwas von Freiheit und Republik. Und ringsherum rannten die Senatoren um ihr Leben; sie rafften ihre Toga zusammen und ergriffen die Flucht. Auf dem Forum ist jetzt alles in Aufruhr; die Mörder brüllen, und Cicero versucht eine Rede zu halten, und eine ganze Kompanie Gladiatoren läuft frei herum und plündert.«

Ja, ich hatte das gräßliche Getöse gehört, selbst in dieser Entfernung, aber ich hatte ihm weiter keine Bedeutung beigemessen. In Rom herrschte immer irgendwo Aufruhr.

»Oh, all ihr Götter ...« Das sagte ich, glaube ich; ich konnte nicht unterscheiden zwischen dem, was ich dachte, und dem, was ich sagte, denn in diesem kalten Käfig war ich wie eine Gefangene, alles war gedämpft, und der Schock umhüllte mich wie ein Mantel. Ich wollte mich hinauskämpfen, aber ich konnte mich nicht rühren.

Der Pöbel ... der römische Pöbel ... Ich hörte ihn so klar und deutlich, nachdem meine Ohren einmal geöffnet waren. Würden sie kommen, um sich Cäsars Sohn zu holen, hier in der Villa? Jetzt erfaßte mich auch dieses

Grauen, und zu Schrecken und Schmerz kam die Angst. Alle wissen, daß Cäsars Sohn hier ist, sein einziger Sohn, und wenn sie Cäsar hassen, dann hassen sie auch seinen Sohn. O mein Kind! Kamen sie schon in diesem Moment zu uns herübergerannt, die Dolche in den Händen?

»Sind sie dir gefolgt?« fragte ich den Jungen.

»Nein. Sie sind alle in die entgegengesetzte Richtung gerannt. Niemand ist zurückgeblieben.«

Aber es würde ihnen vielleicht noch einfallen; es konnte jeden Augenblick geschehen. Ich mußte meinen Sohn schützen. Und Cäsar? O ihr Götter und Göttinnen, wo war Cäsar? Ich mußte zu ihm.

»Wo ist Cäsar? Was ist aus ihm geworden?« rief ich. Ich konnte ihm noch helfen, ihn retten.

»Er … er liegt noch zu Füßen der Statue. Alle sind weggelaufen und haben ihn liegen lassen, und er ist allein im Senat, in einem … in einem See von Blut.« Wieder brach er zitternd in Tränen aus.

Jetzt fühlte ich etwas. Schmerz durchdrang den eiskalten Mantel, als hätten sie auch in mich ein Messer gestoßen – tief in mich hinein, eine tödliche Verwundung, die mich ganz durchdrang. Es war doch unmöglich – ihn einfach liegen zu lassen? Alle geflüchtet?

»Oh, welche Schande!« Ich weinte. »Ihn liegen zu lassen! Hat denn jeder Angst vor diesen Mördern? Will niemand den gefallenen Feldherrn berühren, den Mann, den sie noch heute morgen sakrosankt genannt haben? Soll sein Leichnam nicht geehrt werden?« schrie ich.

Da kam dem Jungen eine schreckliche Erinnerung. »Sie haben gesagt, sie … sie wollen die Leiche des Tyrannen in den Tiber werfen! Ja, das habe ich sie schreien hören, als sie hinausrannten.«

Mir wurde übel. Das war unmenschlich, erniedrigend. Ich haßte sie mit einem Haß, den ich bei mir nicht für möglich gehalten hatte.

»Niemals!« sagte ich. Ich wußte, daß wir zu ihm gehen mußten. Und wir mußten uns beeilen! Wenn wir hinkämen, würde er vielleicht … vielleicht noch leben. Wenn sie ihn allein gelassen hatten und niemand bei ihm war – vielleicht war er nur bewußtlos, und wir konnten ihn wiederbeleben. Wir müßten nur hinkommen, ja, und dann würde schon alles gut werden. »Wir gehen sofort hin und bringen ihn in sein Haus«, sagte ich. »Wenn jemand versucht, uns daran zu hindern, muß er mich ebenfalls umbringen. Rufe ein paar andere zusammen, und holt eine Trage! Und dann laßt uns gehen – geradewegs zu Cäsar!«

»Nein, Herrin!« Charmian klammerte sich an meinen Arm und wollte mich festhalten. »Es ist zu gefährlich. Da ist ein blutrünstiger Pöbel unterwegs, und Cäsars Mörder – «

»Cäsars Mörder sind die abscheulichsten aller Feiglinge und eine Bande von äußerster Ehrlosigkeit! Glaubst du, vor ihnen schrecke ich zurück? Niemals!«

In diesem Augenblick diente mir mein neugeborener Zorn zum Schutz und legte sich wie ein Schild noch um die Kälte, die mein Herz erfaßt hatte.

Das Theater des Pompejus auf dem Campus Martius lag näher bei der Villa als das Forum, und wir brauchten nicht lange, um hinzukommen. Das riesige Gebäude mit seinem Portikus aus hundert Säulen ragte vor uns auf, und ich sah, daß es verlassen dalag. Niemand lauerte hier – nur ein, zwei Gladiatoren, die Hände voller Diebesgut, schlichen sich verstohlen davon.

Das Gebäude war leer und dunkel. »Wo?« fragte ich den Jungen. Hinter den Säulen lagen viele Räume, und ich hätte nie erraten können, welcher groß genug für den Senat war.

Mit zitterndem Finger deutete er auf eine Tür weit hinten am anderen Ende und begleitete mich dorthin; dann aber wich er zurück, nachdem er einen Blick hineingeworfen hatte.

»Er ist immer noch … in Sicherheit«, sagte er.

Ein seltsames Wort, dachte ich unwillkürlich. Aber jetzt war Cäsar wirklich in Sicherheit, wir würden ihn in Sicherheit bringen, wir würden Cäsar retten …

An der hinteren Wand des Saales sah ich zuerst die Statue; überlebensgroß und stolz stand sie da. Und zu ihren Füßen – ein blutiges Bündel, aus dem Füße hervorschauten, die zu klein für Cäsars Größe waren.

Sofort die Erleichterung: *Er ist es nicht.*

Ich näherte mich dem reglosen Bündel mit angehaltenem Atem. Dort würde jemand anders liegen. Ich sank auf die Knie, und mit einer Hand, die so heftig zitterte, daß ich den Stoff der Toga kaum festhalten konnte, hob ich den Rand und blickte in Cäsars Gesicht.

Ich schrie, als ich es erkannte, und ließ den Stoff fallen. Seine Augen waren geschlossen, aber er sah nicht aus, als schlafe er. Er sah anders aus, als ich ihn je gesehen hatte, und wer behauptet, die Toten sehen aus, als schliefen sie, ist ein Lügner.

Als ich mich wieder gefaßt hatte, hob ich den Rand der Toga noch einmal hoch, streckte die Hand aus und streichelte seine Wange. Sie war kalt, als sei die Kälte des Marmorbodens in ihn hineingekrochen und habe ihn durchdrungen, als er dort lag.

Ich starrte ihn an, und mein ganzes Ich schien aus mir fortzusickern; mein inneres Wesen schmolz dahin, und ich fühlte mich verloren, verlassen, allein. Mein Leben war dahin – mir entrissen, nicht sanft ausgelöscht.

»Mein Liebster, mein Freund!« flüsterte ich und berührte ihn noch einmal. Ich hielt absolut still, aber nicht so still wie er. Und die ganze Wahrheit brach über mich herein, und ich erlebte den Schmerz in seiner reinsten Form.

»O Isis!« klagte ich, und die Geschichte von Isis und dem Tod ihres Mannes, die ich schon immer gekannt hatte – wie er von seinem Bruder grausam ermordet und dann verstümmelt wurde –, diese Geschichte wurde jählings Wirklichkeit. Ich war Isis, und hier lag mein Osiris, überfallen von denen, die ihn »Vater des Vaterlandes« genannt und gelobt hatten, sein Leben mit dem ihren zu schützen. Ich sah jetzt auch die Stellen in seiner Toga – Hunderte schienen es zu sein –, die von den Dolchen zerfetzt worden waren. Sie hatten ihn angefallen wie ein Rudel Wölfe, nachdem sie geschworen hatten, ihn zu schützen. Er war unbewaffnet gewesen, denn es war gegen das Gesetz, im Senat eine Waffe zu tragen.

Ich warf mich über ihn und umarmte ihn, so starr und blutig er auch war. Ich wußte, daß ich mich mit Blut beschmierte, aber das kümmerte mich nicht. Ich wollte immer hier bei ihm bleiben – aber zugleich war ich plötzlich bang darauf erpicht, ihn von diesem verabscheuungswürdigen Ort fortzuschaffen.

Der Junge war mit zwei Kameraden zurückgekommen; sie hatten eine solide Segeltuchtrage mitgebracht, und jetzt drückten sie sich an der Tür herum und starrten herein. Schließlich sagte ich: »Kommt her!« Sie gehorchten; auf Zehenspitzen kamen sie heran, als fürchteten sie, Cäsar könne sich unter seiner Toga plötzlich aufrichten.

Ach, hätte er es nur gekonnt! Ich hätte mein eigenes Leben dafür gegeben, wenn er es gekonnt hätte.

»Es wird Zeit. Bringt ihn zu seinem Haus! Weiß seine … Hat man es Calpurnia gesagt?« Auch dem mußte ich mich stellen.

Der Junge nickte.

»Gut. Bringt ihn zu ihr! Ich komme nach.«

Es gelang ihnen, ihn behutsam aufzuheben und auf die Trage zu legen. Sie bedeckten sein Gesicht wieder, damit ihn niemand unterwegs anstarren konnte, und nahmen die Trage auf ihre Schultern. Ich sah, daß sie einen Arm hatten herunterhängen lassen; er baumelte mit dem Schritt der Träger hin und her, und die Hand war schlaff.

Der Anblick dieser Hand, die jetzt ohne Kraft war, zerriß mich so, daß ich es kaum ertrug. Wäre Charmian dagewesen, so hätte ich mich an sie lehnen können. Aber ich durfte nicht fallen, durfte diesen bedauernswerten Arm nicht im Stich lassen, der jetzt doch ganz und gar außerstande war, sich selbst zu verteidigen.

Ich würde ihn rächen, und wenn ich den Rest meines Lebens dazu brauchen würde. Irgendwie würde ich es tun, und ich würde jede Waffe, jede Person benutzen, die ich in die Hand bekommen könnte.

Vor mir baumelte der Arm, und die Trage holperte.

Ich bin hier, Cäsar. Ich werde dich nicht im Stich lassen, und ich werde deine Feinde nicht ungestraft davonkommen lassen. Und was ich nicht zu Ende führe, wird dein Sohn Cäsarion vollenden. Das schwöre ich dir feierlich.

Die Jungen trugen die Trage die Treppe hinunter, dieselbe Treppe, auf der Antonius die vielen Würste gekauft und auf der Cäsar so laut gelacht hatte.

Auf dem Forum wimmelte der Pöbel, aber wir kamen durch, als wären wir unsichtbar, so groß war das Durcheinander. Ich ging zu Fuß und lenkte nicht mit einer prunkvollen Sänfte die Aufmerksamkeit auf mich; und niemand hatte den Verdacht, daß die Jungen auf ihrer Trage jemand Wichtiges beförderten. Seltsam, wie blind und stumpf eine Menschenmenge sein kann, selbst wenn sie in äußerster Erregung ist.

Cäsars Haus ragte vor uns auf, und die Jungen wußten, welchen Seiteneingang sie mit ihrer kostbaren Bürde benutzen mußten. Wir gingen hinein und verriegelten rasch die Tür hinter uns.

Dasselbe luftige Atrium, dasselbe Wasserbecken in der Mitte, in dem sich ruhig der mattgraue Himmel spiegelte, erwarteten uns wie damals, als Cäsar so elegant seine Gäste empfangen hatte. Die Jungen setzten die Trage ab, und Calpurnia kam, von zwei Dienerinnen gestützt, mit steifen Schritten aus dem Schatten.

Ihr Gesicht war beinahe ebenso verändert wie das Gesicht Cäsars – aufgedunsen und zugleich verwüstet. Weinend näherte sie sich mit stockenden Schritten der Trage und schleifte die Füße über den Boden. Ich wandte mich ab und begab mich ans andere Ende des Raumes, damit sie ungestört sei. Ich hörte laute Schreie, Heulen, stürmisches Weinen und dann Totenstille. Endlich drehte ich mich um und sah sie zusammengesunken neben der Trage. Sie hatte die Decke zurückgeschlagen.

Ich ging zu ihr; ich wußte nicht recht, was ich tun sollte, aber ich fühlte mich auf schreckliche Weise mit ihr verbunden. Ich beugte mich zu ihr hinunter und legte ihr die Hände auf die bebenden Schultern. Cäsars Gesicht – dieses Gesicht – war uns zugewandt. Ich ertrug es nicht, es so verändert und häßlich-still zu sehen. Ich deckte es zu.

»Meine Liebe«, sagte ich – und in diesem Augenblick *war* sie mir lieb, denn sie war sein gewesen, und alles, was er je berührt oder was auf irgendeine Weise mit ihm verbunden gewesen war, mußte mir jetzt unschätzbar teuer sein –, »ich weiß, du fühlst die Dolche, als hätten sie dich selbst getroffen.«

Sie ließ sich leicht gegen mich sinken. »Ja«, flüsterte sie. »Ich konnte sie fühlen, gleich als es geschah.« Sie wandte mir ihr Gesicht zu. »Ich habe alles geträumt letzte Nacht. Ich habe es gesehen, ich habe es gefühlt. Der Unterschied war nur, daß er im Traum zusammenbrach und in meinen Armen starb – und ich sah ihn lebend, nicht … nicht wie hier!« Sie wollte das Tuch wieder hochheben, denn sie mußte ihn sehen, aber ihre Hand fiel kraftlos herab. »Ich habe ihn gewarnt … Ich habe ihn angefleht … nicht in den Senat zu gehen!«

Sie kauerte auf den Knien und beugte sich über ihn. »Und er hatte geträumt, er werde in die Wolken hinaufgetragen und Jupiter strecke ihm die Hand entgegen. Oh, es war alles so klar! Wir *wußten* es! Wir *wußten* es! Und doch ist er gegangen …«

Wieder sackte sie zusammen. Dann hob sich ihre Stimme, als erinnere sie sich plötzlich. »Dabei hatte er schließlich eingewilligt, nicht zu gehen! Ein Wahrsager hatte ihn vor den Iden gewarnt. Ja … und dann war die Stunde vorbei, und er war nicht im Senat erschienen, und dann kam Decimus und bat ihn, doch zu erscheinen. Da erzählte er von meinem Traum und den bösen Omen – denn während des Unwetters fielen die Schilde des Mars von der Wand: eine schreckliche Warnung! –, und er sagte, er wolle nicht kommen. Und da … und da …«, jetzt fügte sich in ihrer Erinnerung alles zusammen, »… da lachte Decimus und meinte, der Senat werde sich die Sache mit den Ehrungen aber vielleicht noch anders überlegen, wenn er jetzt verkünden müsse, daß Cäsar wegen der Träume seines Weibes fortgeblieben sei. Er ließ es so albern klingen – aber ich wußte, was ich im Geiste gesehen hatte. Oh, wir hätten niemals nachgeben sollen!«

Mir kam ein schrecklicher Verdacht. »Decimus – was war er für euch?«

»Nun, er war einer von Cäsars vertrautesten Freunden.«

»Und hat er Cäsar zum Senat begleitet?«

»Ich glaube ja«, sagte sie. »Sie sind zusammen weggegangen – Cäsar in seiner Sänfte. Ich habe ihnen nachgeschaut. Überall war Gedränge, und – jemand drückte Cäsar ein Schriftstück in die Hand. Aber Bittsteller tun das oft.«

»Die Sänfte – die feierliche Sänfte, in der er sich tragen ließ –, wo ist sie?«

»Ich weiß es nicht.«

»Sie ist noch im Theater«, sagte einer der Knaben.

»Holt sie her!« befahl ich ihm. »Holt sie her, damit wir nichts von dem, was Cäsar gehört, dem Pöbel überlassen.« Vielleicht lag das Schriftstück noch darin.

Draußen hörte ich den Lärm der Menge. »Gebt gut acht, wer unterwegs ist«, ermahnte ich den Jungen. »Und wohin sind die Mörder verschwunden?«

Calpurnia ließ sich emporziehen. »Ich habe Angst, daß sie kommen und dieses Haus ausplündern könnten«, sagte sie. »Es ist niemand hier, der es beschützt. Cäsar hat seine Garde entlassen.«

Lepidus. Lepidus hatte eine Legion in der Stadt, denn er war Cäsars militärischer Stellvertreter. Was für Streitkräfte gab es sonst noch? Decimus hatte seine Gladiatoren. Gladiatoren! Was hatte der Junge gesagt? *Eine ganze Kompanie Gladiatoren läuft frei herum und plündert*. Wieder zog sich mir der Magen zusammen. Decimus' Gladiatoren – wieso waren sie dort gewesen?

Decimus hatte sie nach Rom geholt und hier stationiert. Decimus hatte Cäsar gegen seinen Willen in den Senat geschleppt. *Decimus war einer von Cäsars vertrautesten Freunden*.

Es war eine Verschwörung, eine riesige Verschwörung. Nicht bloß Brutus und Cassius – es war eine weitverzweigte, organisierte Bande von Mördern.

Wochenlang war Cäsar von heimlichen Feinden umgeben gewesen – denn wenn sie Decimus hatten, dann hatten sie auch andere Mitspieler, von denen man nichts ahnte. Was war mit Antonius? Gehörte er zu ihnen? Und Lepidus? Waren Calpurnia und ich seine einzigen Getreuen?

Er hatte mit ihnen gegessen, mit ihnen gelacht, mit ihnen seinen Parthien-Feldzug geplant, und er war mit ihnen über das Forum spaziert. Und sie hatten gelächelt, ihm geschmeichelt und ihm immer weitere Ehren zugebilligt – ich erinnerte mich an die unterwürfigen Senatoren, die am Tempel mit ihm zusammengetroffen waren –, und die ganze Zeit hatten sie vorgehabt, ihn zu ermorden! Wie mußten sie gefeixt haben in ihren geheimen Zusammenkünften, wo sie sich über ihn lustig gemacht hatten.

Die Jungen kamen mit der Sänfte zurück. Darin lagen mehrere zusammengerollte Schriftstücke, allesamt ungelesen. Bei den meisten handelte es sich in der Tat um Bittschriften, aber in einem wurde das gesamte Komplott beschrieben, und der Verfasser flehte Cäsar an, sich zu retten. Die Verschwörung, gab er an, umfasse siebzig Personen.

Siebzig!

Wie hatten sie ihren Plan geheimhalten können?

Aber das hatten sie ja nicht. Cäsar war mit diesem Schriftstück gewarnt worden – nur zu spät.

Cassius habe auch Antonius ermorden wollen, stand da weiter, aber Brutus habe sich dagegen ausgesprochen: Cäsar zu opfern wäre kein Opfer mehr, sondern glatter Mord, wenn auch noch andere mitbetroffen würden. Deshalb habe Trebonius den Auftrag bekommen, Antonius draußen aufzuhalten.

Antonius war also loyal. Ungeheure Erleichterung durchflutete mich. Aber wo war er? Wohin hatte er sich geflüchtet?

Der Lärm draußen schwoll an. Ich ließ eine Leiter bringen, damit ich aus dem oberen Fenster schauen konnte, ohne die Tür zu öffnen. Ich wußte nicht, ob ich dankbar dafür sein sollte, daß Cäsars Haus mitten auf dem Forum stand, oder nicht.

Eine riesige Meute hatte sich in der Mitte des Forums versammelt, und ich sah Männer im Gänsemarsch vom Kapitol herunterkommen, die ihre Hände hochhielten und schrien: »Cicero! Cicero!« Aber ich sah niemanden, der aussah wie Cicero. Dolabella sah ich, einen wilden, wankelmütigen Mann, der sich gut darauf verstand, Menschenmassen anzuheizen; er stand auf einem Podest, um zu den Leuten zu sprechen, und auf ihn folgten Brutus und dann Cassius. Ich konnte nicht hören, was sie sagten, aber ich hatte einen Blick für Menschenmassen, und ich bemerkte, daß diese dort nicht reagierte. Die Verschwörer wandten sich ab und zogen wieder hinauf zum Kapitol.

Es wurde dunkel. So plötzlich! Aber natürlich kam es nicht plötzlich – nur war die Zeit nicht mehr der gewohnte Ablauf von Augenblicken, sondern etwas anderes, Monströses. Die Sonne hatte ihre Reise fortgesetzt, als wäre dies ein Tag wie jeder andere.

Sie hätte stehenbleiben müssen. Sie hätte Funken sprühen müssen – alles, nur nicht diese friedliche Fahrt über den Himmel und nun eine Dämmerung wie jede andere.

Jetzt wurde laut an die Tür gehämmert, und als die Riegel zurückgezogen worden waren, stürzte Antonius herein. Er warf die Kapuze seines Sklavenmantels zurück, mit dem er sich verkleidet hatte, und schaute sich in wilder Hast um.

»Cäsar! Cäsar! Mein Herr, mein General!« Er lief zu der Trage und fiel auf die Knie, um die Decke herunterzureißen. Dann warf er den Kopf in den Nacken und stieß einen langgezogenen, jammervollen Klageruf aus. Er ballte die Fäuste und preßte die Arme starr an seine Seiten. Schließlich schlug er die Hände vors Gesicht und weinte.

Calpurnia und ich hielten uns zurück und schwiegen. Es dauerte eine ganze Weile, bis seine Schultern aufhörten zu zittern; dann wischte er sich die Wangen ab, drehte sich um und sah uns.

»Dank sei allen Göttern, daß du hier bist!« sagte Calpurnia.

Antonius stand langsam auf. »Und Dank sei allen Göttern auch dafür, daß wir in Sicherheit sind!« erwiderte er und sah sich um. »Und daß Cäsar hier bei uns ist. Jetzt können sie ihn nicht mehr schänden, es sei denn, sie brächten uns ebenfalls um.«

»Dazu sind sie wahrscheinlich bereit«, sagte ich. »Was sollte sie daran hindern – sie, die sie geschworen haben, den Mann zu schützen, den sie ermordet haben?«

»Nur ihr fehlgeleiteter Glaube, sie seien von edler Gesinnung und keine gewöhnlichen Meuchelmörder«, sagte er. »Sie halten sich für ehrenhaft.«

»Ehrenhaft?« rief Calpurnia.

»Sie glauben, es war ehrenhaft, Cäsar zu ermorden, und ebenso ehrenhaft, uns am Leben zu lassen«, sprach Antonius.

»Nun, sie werden sterben für ihre Ehre«, sagte ich. Zorn und Trauer kämpften in mir, und im Augenblick hatte der Zorn die Oberhand.

Antonius fuhr herum und starrte mich an. »Wann?« fragte er.

»Sobald wir stark genug sind, um ihnen entgegenzutreten«, sagte ich.

»Die Götter selbst werden Zeit und Ort bestimmen«, sagte Calpurnia.

»Nein, das tun Cäsar und ich!« gelobte ich und schaute ihn dabei an. Ich wußte, sein Geist und der meine würden die ganze Welt durchstreifen, ehe wir die Mörder leben ließen.

»Zuerst müssen wir Rom beruhigen«, sagte Antonius. »Wir wollen ja nicht, daß die Stadt von sinnlosem Aufruhr zerrissen wird – die Stadt, die Cäsar mit soviel Fürsorge überhäuft hat. Wenn die Gefahr vorbei ist, werden wir die Mörder verfolgen. Aber alles zu seiner Zeit.«

»Wir haben ein ganzes Leben lang Zeit«, sagte ich.

»Ich bin alleiniger Konsul«, sagte Antonius. »Ich bin jetzt das Oberhaupt der Regierung, der höchste Magistrat. Ich werde die Zügel ergreifen, so gut ich kann, aber es ist heikel. Wir müssen die Verschwörer entwaffnen, buchstäblich und sinnbildlich. Ich werde für morgen eine Senatssitzung einberufen.«

»Als wäre alles wie immer!« rief ich.

»Wir müssen ihnen gegenüber so tun, als wäre es das für uns«, sagte er. »Wir dürfen sie nicht beunruhigen, aber wir müssen ihnen die Herrschaft entwinden.« Er wandte sich Calpurnia zu. »Cäsars Testament – wo ist es?«

»Bei den Vestalischen Jungfrauen.«

»Und Cäsars Papiere und sein Geld?«

»Das ist alles hier. Dort.« Sie deutete auf ein Zimmer am Atrium.

»Alles muß zu mir gebracht werden«, sagte Antonius. »Heute nacht, im Schutze der Dunkelheit. Den Verschwörern darf nichts in die Hände fallen. Und wenn ich es erst bei mir habe, ist meine Position gestärkt.« Er sah mich an. »Du kehrst zur Villa zurück. Bleibe dort, bis ich dir Nachricht schicke, daß die Gefahr vorbei ist.«

»Haben wir Soldaten zur Verfügung?« fragte ich. Ich selbst hatte meine ägyptische Garde; sie würde mit mir Cäsarion heute nacht beschützen.

»Lepidus ist auf unserer Seite«, erwiderte er.

Lepidus. Diese Frage war also beantwortet.

»Er wird seine Legion heute abend auf den Campus Martius führen, damit er bei Tagesanbruch auf das Forum marschieren und es besetzen kann. Den Staatsschatz werden wir auch an uns bringen, um zu verhindern, daß die Verschwörer Geld zu ihrer Verfügung haben.« Er legte mir einen Arm um die Schulter. »Kehre jetzt zur Villa zurück«, sagte er. »Kehre zurück und bete, daß in den nächsten zwei Tagen alles gutgeht.«

Ich warf einen Blick zu der Trage, die so unbewegt am Wasserbecken stand. Unbewegt und unverändert. Die Hand lag immer noch offen da. Ich ging hin, ergriff sie und küßte sie.

»Leb wohl, und lebe wohl«, flüsterte ich. Das war sein bevorzugter Abschiedsgruß gewesen, der Gruß, den er benutzt hatte, als er nach Spanien gegangen war.

Ich wollte ihn nie verlassen, aber ich ertrug es nicht, noch länger an seiner stillen Seite zu verweilen.

Ich schaute die ganze Nacht aus dem Fenster. Wie hätte ich ruhen können? Cäsar war tot, die ganze Welt vernichtet. Vor meinem geistigen Auge verblaßte die schreckliche Vision – sein Anblick, wie er dort lag – nicht einen Moment lang. Sie verhüllte und vernebelte alles Sichtbare und Unsichtbare. So stand ich da, die zitternden Ellenbogen auf das Fenstersims gestützt, und die Sterne kreisten am schwarzen Himmel und verblaßten langsam, als der Morgen dämmerte.

Was würde aus mir werden? Aus Cäsarion? Aus Rom? Aus Ägypten? Ich war erst fünfundzwanzig. Was würden noch einmal vierzig Jahre ohne ihn für mich bereithalten? Das Universum war leer. Er, der den Himmel verdeckt hatte, war fort.

Zur dunkelsten Stunde der Nacht, als der Tumult auf dem Forum allmählich erstarb, da weinte ich endlich. Leise, weil ich Cäsarion nicht stören wollte, den armen Knaben, der noch nicht wußte, was er verloren hatte. Ich konnte nicht laut weinen, wie ich es hätte tun müssen, und so blieb all meine Trauer in mir aufgestaut. Die heißen Tränen halfen nicht; meine Kehle war wund, und es war, als schwelle sie an, so anstrengend war es, die Schreie zurückzuhalten. Meine Brust stand in Flammen und schmerzte von dem überirdischen Leid, das sie ausfüllte. Mein Schluchzen war ein lautloses Reißen, das an mir zerrte und meine Pein noch verstärkte, statt sie zu lindern. *Cäsar war fort, fort, fort … Wie sollte ich es ertragen?* Ein jäher Tod hatte zum zweitenmal meinen liebsten und liebevollsten Beschützer von mir gerissen.

Der folgende Tag war dumpf wie der Nachhall einer Naturkatastrophe. Ich konnte nur warten und weiter meine Abreise vorbereiten. Das unterdrückte Weinen hatte mich ausgelaugt, und ich ging umher wie eine Schlafwandlerin oder wie ein Mensch unter Wasser – als hätte ich Angst, daß jede plötzliche Bewegung mir neuerlichen Schmerz bereiten würde. Die Dinge, um die ich mich gekümmert hatte – war dieser Behälter wasserdicht, oder hatte ich meine amtliche Korrespondenz in der richtigen chronologischen Ordnung abgelegt, damit sie in Alexandria intakt in die Archive überführt werden könnte? –, waren jetzt ohne Bedeutung, und so konnte das, was sonst so anstrengend und zeitraubend war, jetzt im Handumdrehen erledigt werden. Als ich später auspackte, konnte ich mich an nichts erinnern.

Antonius schickte mir getreulich Boten, die mich über den Gang der Ereignisse auf dem laufenden hielten. Brutus hatte eine zweite Kundgebung auf dem Kapitol veranstaltet, bei der er versucht hatte, die Öffentlichkeit für sich zu begeistern, damit sie ihn unterstützte, aber es war ihm wieder nicht gelungen. Die Stimmung wurde unangenehm; der Prätor Cinna, der Cäsar geschmäht hatte, wurde verfolgt und flüchtete sich in ein nahes Haus, das die feindselige Meute niedergebrannt hätte, wenn Lepidus' Soldaten es nicht verhindert hätten.

Wieder eine Nacht, in der ich nicht schlief. Wie viele schlaflose Nächte kann ein Mensch ertragen? Wieder zogen die Sterne funkelnd über den Himmel und erstarben; der Morgen graute und fand mich benommen und erschöpft über alle menschliche Müdigkeit hinaus. In all diesen Stunden der Dunkelheit hielt ich meine eigene Zwiesprache mit der Trauer, aber Trost war nirgends, und diese zweite Nacht war schlimmer als die erste. Jede Stunde, die verging, schien meinen Schmerz und mein Bewußtsein zu steigern, nicht etwa zu dämpfen oder zu lindern.

Neue Nachrichten. Der Senat war zusammengekommen, und die Senatoren hatten ein breites Spektrum von Reaktionen vorgetragen. Die radikalsten Vorschläge hatten darauf abgezielt, die Verschwörer als Wohltäter der Öffentlichkeit besonders zu ehren. Soviel waren die »Ehren« des Senats wert! Andere vertraten die weniger extreme Ansicht, man solle eine Generalamnestie verfügen, und Cicero schlug einen »Akt des Vergessens« vor.

*Einen Akt des Vergessens – wie sie es bei Cäsar gezeigt hatten?*

Einer meinte, Cäsar solle formell zum Tyrannen und alle seine Verfügungen für illegal erklärt werden. Antonius hatte sie daran erinnert, daß in diesem Falle jeder von ihnen, der Cäsar seine Ernennungen verdankte, von seinem Amte werde zurücktreten müssen. Dann gäbe es kein Prätorenamt für Brutus und Cassius, kein Bithynien für Tillius Cimber, kein Asien für Trebonius, kein Gallia Cisalpina für Decimus.

*Folter und Höllenqualen von den Händen seiner eigenen Gladiatoren sollte es geben für Decimus!*

Die Verschwörer hatten versucht, die Verlesung von Cäsars Testament zu verhindern, aber Calpurnias Vater hatte sich von ihnen nicht einschüchtern lassen; er hatte den Vestalinnen befohlen, das Dokument herauszugeben, und verkündet, daß Antonius es in seinem Haus verlesen werde. Als nächstes hatten sie Cäsar eine öffentliche Bestattung verwehren wollen, aber Antonius hatte darauf hingewiesen, daß ein Konsul, der im Amt starb, ein Recht darauf hatte, und Cäsar war ja Konsul gewesen.

*Die ganze Welt würde ihm die Ehre erweisen. Seine Feinde, die ihn ermordet hatten – nun sollten sie sehen, wie sehr man sie haßte.*

Wieder wurde es dunkel, und ich fühlte, daß der Schlaf diesmal kommen würde. Ich wußte, daß ich endlich Ruhe finden würde – oder doch das, was von nun an als Ruhe zu genügen hätte. Aber um Mitternacht kam ein Bote mit einer aufwühlenden Nachricht von Antonius.

Das Testament – ich habe es vor Cäsars Freunden und Verwandten verlesen. Es ist nicht das, was ich erwartet habe. Er hat Octavian als seinen Haupterben benannt und ersucht ihn, sich als Sohn adoptieren zu lassen! Er soll den Namen Gajus Julius Cäsar annehmen! Und Cäsar hat Decimus zu einem seiner zweitrangigen Erben gemacht, sollten seine anderen Großneffen sterben! Oh, die Heimtücke dieses Decimus erscheint nun abscheulicher als zuvor!

Die Gärten der Villa – Deiner Villa – hat er dem Volk von Rom vermacht, dazu drei Goldstücke für jeden Bürger. Wirklich großzügig. Wenn das Volk davon hört, kann ich für die Sicherheit der Verschwörer nicht mehr garantieren – der Liberatoren, wie sie sich selbst jetzt nennen.

Ich war gezwungen, Cassius heute abend als Gast in meinem Haus zu bewirten, und dafür war mein Sohn als Geisel auf dem Kapitol! Das Essen schmeckte wie Gift. Ich fragte Cassius, ob er einen Dolch habe, und er sagte: »Jawohl, und zwar einen großen, solltest du versuchen, gleichfalls den Tyrannen zu spielen!«

Wir werden sehen, was er von der Hand des Pöbels zu erwarten hat.

Die Bestattung ist morgen abend. Ich werde die Totenrede halten, denn ich bin sein nächster männlicher Verwandter hier. Der Leichnam wird auf dem Campus Martius verbrannt werden, aber Aufbahrung und Feier finden auf dem Forum statt. Solltest Du daran teilnehmen wollen, so wirst Du wie auch Calpurnia sicher auf den Stufen des Vestatempels stehen können; Lepidus wird dort seine Soldaten aufstellen.

In meinem Kopf drehte sich alles. Octavian – sein Sohn? Mit seinem Namen? Aber es gab doch schon jemanden, der den Namen Cäsar trug – Ptolemaios Cäsar!

Wie konnte es mehr als einen Cäsar geben?

Als ob Octavian jemals Cäsar sein könnte! Er war doch nur ein entfernter Verwandter, ein bloßer Großneffe. Und er hatte nichts von Cäsar an sich. Seine schmächtige Gestalt, sein Mangel an Athletentum, an Soldatenmut, an Redekunst – er hatte nichts!

Was war nur in Cäsar gefahren, daß er ihn benannt hatte? Und warum hatte er mich nicht gewarnt?

Vielleicht hatte ich ihn noch sehr wenig gekannt. Wieviel mehr hätte es noch zu lernen gegeben, wenn die Götter uns nur Zeit gelassen hätten!

Wie von einem starken Wind getrieben, begab ich mich am Abend von Cäsars Bestattung zum Forum. Geraume Zeit, bevor es dunkel wurde, war ich schon dort; in meiner Sänfte war ich an dem gewaltigen Scheiterhaufen neben dem Grab seiner Tochter Julia auf dem Campus Martius vorbeigekommen. Die Scheite waren säuberlich aufgestapelt und geschmückt. Mich schauderte. Die Vorstellung, jemanden zu verbrennen, war mir insgesamt ein Greuel, aber die Römer verabscheuten unseren Brauch der Einbalsamierung. Es war alles häßlich; es gab keinen erlösenden Tod, ganz gleich, welche Methode wir erwählten, um den Leichnam zu versorgen.

Calpurnia war schon da; sie stand auf den geschwungenen Treppenstufen, die den runden Tempel der Vesta umgaben. Fast sah sie aus, als sei sie erfreut, mich zu sehen – ihre Schwester in dieser seltsamen Weise, ihre Gefährtin im Leid.

»Sie sind auf dem Weg hierher«, sagte sie. »Sie haben seinen ... Sie haben ihn heute morgen abgeholt. Schau! Dort wollen sie ihn hinlegen.« Sie zeigte auf eine gewaltige Totenbahre, die aussah wie der Tempel der Venus Genetrix. Unter dem Säulendach erwartete ihn eine elfernbeinerne Liegestatt, mit purpurroten und golddurchwirkten Tüchern bedeckt.

Leise Klänge erfüllten die Luft; rings um die Bahre begannen Musiker die Totenlieder zu spielen und ihre Trommeln zu schlagen. Das Volk stimmte ein und wiegte sich dabei seufzend hin und her.

Auf dem Forum wurden rundum Fackeln angezündet und umgaben es mit einem Ring von goldenem Licht. Ich sah jetzt die Prozession, die sich langsam näherte. Ein Seufzer stieg aus der Menge empor.

Die geschmückte Trage schlängelte sich auf den Schultern von zehn Magistraten auf die wartende Aufbahrungsstätte zu. Ehrfürchtig wurde sie auf die elfenbeinerne Liegestatt gesenkt, und die Männer traten zurück. Antonius erschien und stieg hinauf, prachtvoll anzusehen in seinen Konsulsgewändern.

Zunächst rezitierte ein Herold mit hallender Stimme sämtliche Verfügungen, die der Senat im Namen Cäsars und des römischen Volkes erlassen hatte, und dann den Treueschwur, den sie alle geschworen hatten. Als die Menschen dies hörten, stöhnten sie auf. Dann zählte der Herold die Kriege und Schlachten auf, die Cäsar geführt, die Feinde, die er geschlagen, und die Schätze, die er mit nach Hause gebracht hatte, die Länder, die er dem Römischen Reich hinzugefügt, und die Danksagungen, die man ihm gewidmet hatte.

Dann stellte Antonius sich neben die Bahre und intonierte den volltönenden Grabgesang. Das Volk stimmte ein, und es klagte und wiegte sich.

Als der Gesang zu Ende war, begann Antonius mit lauter, klingender Stimme und mit seiner berühmten Redekunst zu sprechen.

»Cäsar, Cäsar!« rief er. »Wird je noch einer nach Rom kommen wie du? Du, der du die Stadt so zärtlich liebtest wie einen Sohn, der du sie hegtest wie ein Eheweib, sie ehrtest wie eine Mutter? Nein, nein, niemals, niemals, niemals!«

Mit hocherhobenem Haupt ließ er den Blick über die Menge wandern. »Für die Götter war Cäsar der Hohepriester. Für uns war er Konsul, für die Soldaten Imperator, für den Feind Diktator. Aber warum zähle ich alle diese Einzelheiten auf, wenn ihr ihn doch mit einem einzigen Wort den Vater des Vaterlandes genannt habt – von all seinen übrigen Titeln gar nicht zu reden?«

Er wandte sich um und deutete auf Cäsar auf seinem elfenbeinernen Lager. »Doch dieser Vater, dieser Hohepriester, dieses unverletzliche Wesen, dieser Held und Gott, ist tot! Tot aber nicht durch den gewaltsamen Griff einer Krankheit und auch nicht dem hohen Alter erlegen, nicht verwundet irgendwo in einem fernen Krieg, nicht unerklärlich hingerafft von einer übernatürlichen Macht – nein! Er, der er ein Heer nach Britannien führte, starb hier in den Mauern der Stadt, weil man sich gegen ihn verschwor!«

Mit erhobener Stimme schwenkte er den Arm in weitem Rund und wies damit auf alle, die vor ihm standen. »Der Mann, der die Grenzen der Stadt erweiterte – gemeuchelt in ihren Mauern! Der Mann, der für Rom ein neues Senatshaus erbaute – ermordet darin! Der tapfere Krieger – waffenlos! Der Förderer des Friedens – wehrlos! Der Richter – niedergemacht gleich neben dem Gericht! Der Magistrat – gleich neben dem Sitz seines Amtes! Er, den kein Feind zu töten vermochte, und fiel er auch ins Meer – getötet von der Hand der Bürger! Er, der so oft Mitleid für seine Kameraden empfand – tot von ihrer Hand!«

Er drehte sich noch einmal zu Cäsar um und rief: »Was half dir, Cäsar, deine Menschlichkeit, was nützte deine Unverletzlichkeit, was taten deine Gesetze? Obschon du manches Gesetz erließest, in dem den Menschen verboten ward, ihre Feinde eigenhändig zu ermorden, wurdest du doch unbarmherzig selbst erschlagen – von deinen Freunden gar! Und jetzt, als Opfer dieses Attentats, liegst tot du auf dem Forum, durch das du oftmals den Triumph als Gekrönter geführt hast! Auf den Tod verletzt, hat man dich auf die Rostra gelegt, von der du oft zum Volke hast gesprochen. Weh um deinen blutbespritzten Kopf, und wehe auch um dein zerrissenes Gewand, das du, so scheint es, nur angelegt hast, um darin gemordet zu werden!«

Seine Stimme brach, und Tränen liefen ihm über das Gesicht.

In diesem Augenblick rief jemand bei der Bahre eine Zeile aus einem wohlbekannten Theaterstück von Pacuvius: »Wie, hab' ich gerettet diese Männer nur, daß sie mich jetzt erschlagen?« Und es hörte sich an, als komme die Stimme von Cäsar selbst.

Und plötzlich raffte Antonius die blutige Toga Cäsars, hielt sie hoch mit seinem Speer und wirbelte sie herum. Im Licht der Fackeln sah man die Flecken – die inzwischen schwarz geworden waren – und die klaffenden

Risse in dem Kleidungsstück. »Schaut her! Seht! Seht! Seht, wie brutal man ihn ermordet hat – ihn, der Rom so sehr liebte, daß er euch seine Gärten vermacht hat und jedem etwas Geld dazu! Das war der Lohn seiner Liebe zu euch, dem Volk von Rom!« Er schwenkte die Toga wie ein Kriegsbanner, und ein mächtiger Aufschrei stieg aus der Menge empor.

Die Menschen brandeten in einer brüllenden Masse heran und schrien nach Cäsar. Und plötzlich, wie durch Zauberei bewogen, schleuderten sie Möbelstücke auf die Totenbahre – Bänke, Verkaufsstände, Stühle, Stäbe – und verwandelten sie in einen Scheiterhaufen.

»Hier! Hier auf dem Forum!« schrien sie und häuften das Holz aufeinander. Antonius sprang hastig von der Plattform, als die erste Fackel wirbelnd durch die Luft flog und auf dem Scheiterhaufen landete. Sie flackerte kurz, flammte dann auf, und dann folgte ein Hagel weiterer Fackeln.

Die Leute stürzten auf das tosende Feuer zu, als die Flammen zu Cäsar hinaufgriffen. Cäsar! Das Herz blieb mir stehen, als ich sah, wie die Flammen um seine Bahre leckten, auf der er reglos lag. Die Menschen rissen sich die Kleider vom Leib und schleuderten sie in die Flammen. Die amtlichen Trauerer, die seine vier Triumphgewänder getragen hatten, zerfetzten sie nun und warfen sie ebenfalls ins Feuer. Soldaten rissen sich die wertvollen Brustpanzer ab und ließen sie in die Flammen fliegen, und Frauen warfen ihren Schmuck dazu, als brächten sie allesamt an einem primitiven Opferfeuer dem Gott Cäsar ihr Opfer dar.

Und so erklärte das Volk ihn zu einem Gott, lange bevor Octavian es tat.

Die Leute warfen sich auf den Boden, schluchzten, schlugen sich an die Brust und heulten. Der Rauch rollte in wallenden Wolken zum Himmel und verdunkelte die Sterne; Funken wirbelten in die Dunkelheit hinauf, jeder einzelne ein neuer Stern, flammend und sterbend.

Eine Gruppe von anders gekleideten Leuten stand neben dem Feuer; sie wiegten sich singend vor und zurück. Später erfuhr ich, daß es Juden waren, die Cäsar als ihren Parteigänger und Freund gekannt hatten. Er hatte ihnen viele Privilegien verschafft, und sie sollten noch tagelang trauernd bei der Asche des Scheiterhaufens verweilen.

Gebannt schauten wir zu, wie das große Opfer von der Nacht verschlungen wurde. Die Götter nahmen es an. Und ich gab Cäsar in ihre unbarmherzigen Hände.

HIER ENDET DIE DRITTE SCHRIFTROLLE

# Die vierte Schriftrolle

# 35

In der stickigen, stinkenden Kajüte auf dem stampfenden Schiff, das sich durch die hohe See pflügte, wurde ich unter Qualen wiedergeboren. Kraftlos und krank lag ich auf einem Bett, das bockte und schaukelte und mir Tag und Nacht keine Ruhe gewährte. Aber das kümmerte mich nicht; es war unmöglich, mich noch elender zu fühlen, als ich es ohnedies tat, ganz gleich, wo ich lag und was mich umgab. Ich hatte das Gefühl, ich könnte in Ewigkeit auf diesem ekelhaften Lager liegenbleiben wie in einer dunklen Gruft. Ich war tot, so tot wie Cäsar.

Die enge Kajüte, die Dunkelheit, der Geruch und das Geräusch des Wassers – das alles war eine abscheuliche Wiederholung meiner Reise im Teppich zu Cäsar, die jetzt vier Jahre – ein ganzes Leben – zurücklag. Jetzt aber wurde ich fortgetragen, weg von ihm, und ich wußte, daß keine Reise auf der Welt mich zu ihm zurückbringen könnte. Damals hatte mein Herz wie rasend gepocht ob des Glücksspiels, das ich einging; jetzt klopfte es kraftlos nach diesem vernichtenden Schlag. Und während ein Tag auf den anderen folgte und die wogende Kajüte, in die das Wasser tröpfelte, mich gefangenhielt, da war mir, als steckte ich in einem Geburtskanal und glitte zurück in den Mutterleib, wo Vergessen und das Nichts mich erwarteten.

Ich aß nicht. Ich war nicht wach – vielleicht schlief ich auch nie. Und ich dachte nicht. Vor allem dachte ich nicht. Aber die Träume! Oh, die Träume, die mich verfolgten und mich einlullten. Immer wieder sah ich Cäsar, erst lebendig und stark, dann verschluckt von den Flammen, wie er auf seiner Totenbahre gelegen hatte. Dann schrie ich, oder ich murmelte, und gleich war Charmian an meiner Seite und nahm meine Hände, um mich zu beruhigen. Und ich wandte mich ab und schloß die Augen wieder, und die Traumdämonen holten mich zurück.

Im Rom war ich nicht zusammengebrochen. Irgendwie hatte ich diese Tage hinter mich gebracht, die mir jetzt mehr wie ein Alptraum erschienen als die wirklichen Alpträume, die mich nun plagten. Aber ich hatte wenig Erinnerung daran. Nichts von dem, was nach der Bestattung geschah, sehe ich mehr klar umrissen. Ich reiste ab, das ist alles. Ich reiste ab, sobald ich es konnte, ohne buchstäblich vom Forum auf ein wartendes Schiff zu rennen. Erst als ich wohlbehalten an Bord war und die Umrisse Italiens am Horizont schwinden sah, ging ich in meine Kajüte, legte mich hin und starb.

Charmian saß an meiner Seite und ertrug die grausige Kajüte Tag für Tag; sie las mir vor und versuchte, mich für irgend etwas außer der alles absorbierenden Welt meiner Träume zu interessieren. Sie und die Köche bereiteten Speisen, die in Anbetracht der Umstände so verlockend wie nur möglich waren – Suppe aus frisch gefangenem Fisch, gekochte Erbsen und Linsen, honiggetränkte Kuchen. Aber alles sah abstoßend aus und roch auch so, und mir wurde übel davon. Dann ließ ich den Kopf über die Bettkante hängen und erbrach mich, obwohl ich gar nichts davon gekostet hatte.

»Du wirst vollkommen abmagern«, schalt Charmian, und sie nahm mein Handgelenk und umschloß es mit Daumen und Zeigefinger. »Ist das ein königlicher Arm? Wenn du den Armreifen der Kandake tragen wolltest, könntest du ihn gar nicht mehr heben.« Und sie versuchte zu scherzen. »Ich weiß ja, daß dein Vorfahr Ptolemaios VIII. und mehrere andere fettsüchtig waren, aber mußt du denn auf diese Weise dafür Buße tun? Mußt du dich in ein Gerippe verwandeln?« Sie appellierte an meinen Stolz. »Was wäre denn, wenn Cäsar dich so sehen könnte?«

Aber es half nichts. Manchmal hatte ich das Gefühl, daß Cäsar ganz in der Nähe war und mich beobachtete, und ich wußte, daß er, der er ja die Schwäche der Fallsucht gekannt hatte, auch meinen Zustand verstehen und mir Mitgefühl entgegenbringen würde. Dann wieder spürte ich, daß er ganz verschwunden war und mich nackt und allein im Universum zurückgelassen hatte, weit nachhaltiger, als hätte er mich überhaupt nie in seinen Armen gehalten. Und da wußte ich, daß es nicht mehr darauf ankam, wie ich aussah. Er war fort und würde mich nie wieder anschauen.

Die Tage vergingen, und weil ich nicht tot war, sondern lebendig, und weil das Leben – wenn es Leben ist – sich am Ende doch regt, wurde ich nach und nach wiedergeboren und stieg hinauf aus der schwerelosen, zeitlosen Dunkelheit, die mich festgehalten hatte.

Als ich wieder an Deck kam, war das Licht zu grell und brannte mir in den Augen. Der Wind war zu scharf und brannte auf meiner Haut. Das Blau von Meer und Himmel war künstlich hell und stechend. Ich mußte meine Augen beschatten und blinzeln, um auch nur den Anblick des Horizonts zu ertragen, wo die beiden blauen Flächen sich trafen. Sonst war nichts zu sehen – kein Land, keine Wolken.

»Wo sind wir?« fragte ich Charmian, als ich mich an sie lehnte und mich von ihr auf das Deck hinaufführen ließ. Meine Stimme klang zittrig und matt.

»Mitten auf dem Meer – auf halbem Weg nach Hause.«

»Oh.« Auf der Reise nach Rom hatte ich unsere Fahrt so eifrig verfolgt und versucht, die Winde mit der Kraft meines Willens dazu zu bringen, daß sie unsere Segel füllten und uns so schnell wie möglich dorthin trieben. Jetzt hatte ich keine Ahnung, wie lange wir schon auf See waren oder wann wir ankommen würden, und es war mir auch gleichgültig.

»Es ist jetzt fast dreißig Tage her, daß wir Rom verlassen haben«, erklärte sie in ihrem Bemühen, ein wenig Interesse und Zeitgefühl in mir zu entfachen.

Dreißig Tage. Also war Cäsar jetzt seit ungefähr fünfunddreißig Tagen tot. Das war alles, was irgendein Datum mir sagte – war es vor oder nach Cäsars Tod? Und wie lange vorher oder nachher?

»Wir haben schon Anfang Mai«, sagte Charmian sanft.

Mai. Ein Jahr zuvor um diese Zeit war Cäsar noch fern von Rom gewesen. Er hatte in der Schlacht gekämpft, die sich als seine letzte erweisen sollte, bei Munda in Spanien – und fast auf den Tag genau ein Jahr später war er den Dolchen der Attentäter zum Opfer gefallen. Ein Jahr zuvor hatte ich um diese Zeit in Rom auf ihn gewartet.

Aber er war lange nicht nach Rom zurückgekehrt. Statt dessen hatte er sich auf sein Anwesen in Lavicum zurückgezogen und sein Testament verfaßt – das Testament, in dem Octavian zu seinem Erben eingesetzt und Cäsarion mit keiner Silbe erwähnt wurde.

Bei der Erinnerung daran fühlte ich eine Regung, und sie entrollte und entfaltete sich wie die Spitze eines Farnwedels, der nach dem Winterschlaf aus dem Boden hervorbricht, dünn und bleich, aber lebendig.

Es war ein Gemisch aus Trauer, Reue und Zorn. Es hätte Cäsar so wenig gekostet, Cäsarion formell zu seinem Sohn zu erklären, selbst wenn er ihm gar nichts hinterlassen hätte, selbst wenn er die Testamentsvollstrecker daran erinnert hätte, daß dieser Sohn nach römischem Recht nichts erben konnte! Es war Cäsars Name, den sein Sohn brauchte, die väterliche Anerkennung, nicht den Besitz. Jetzt hatten seine Feinde für alle Zeit die Gelegenheit zu behaupten, daß Cäsarion nicht Cäsars Sohn sei – schließlich habe der Diktator ihn in seinem Testament nicht erwähnt! Die Augenzeugen, die in Rom dabeigewesen waren, als Cäsar ihn aufgehoben und als sein eigen Fleisch und Blut anerkannt hatte, würden alt werden, das historische Dokument des Testaments dagegen hatte Bestand und lebte weiter und immer weiter.

Ach, Cäsar, rief ich innerlich, warum hast du uns verlassen, bevor du uns verließest?

Ich erinnerte mich daran, wie freudig ich ihn zu Hause begrüßt hatte; aber die ganze Zeit hatte ich nicht gewußt, was er in Lavicum getan hatte. Er war so vernünftig gewesen, so rational, als er mir ausführlich darlegte, weshalb er Cäsarion nicht formell anerkennen könne. Aber ein Wort in seinem Testament hätte genügt – ein paar kostbare Worte, die Cäsar nichts gekostet hätten! Ihr Fehlen würde uns nun teuer zu stehen kommen!

Matt und zittrig kehrte ich in meine Kajüte zurück. Genug Sonnenlicht für einen Tag.

Mein Geist wurde beweglich und rastlos, lange bevor mein Körper zu sich kam. Er wollte sich nicht mehr zur Rückkehr in die Traumwelt zwingen lassen, in die Welt der Alpträume, sondern fing an, sich von handfesteren Dingen zu nähren: Er fragte sich, was seit meiner Abreise in Rom geschehen sein mochte und welche Nachrichten man wohl in Alexandria empfangen hatte. Vielleicht wußten sie in Ägypten noch gar nichts von den Iden des März.

Als ich Italien verließ, waren Boten auf dem Landweg zu Octavian unterwegs, um ihn zu benachrichtigen. Was er tun würde, konnte man nicht wissen. Aber was konnte er schon tun? Er ging zur Schule in Apollonia, und Cäsars Ämter waren nicht erblich. Um das Erbe konnten sich Anwälte kümmern. Es hätte wenig Sinn, nach Rom zurückzukehren. Es gab dort keinen Platz für ihn. Für einen Sitz im Senat war er zu jung, und militärische Fähigkeiten besaß er nicht; also konnte er auch nicht den Befehl über die Truppen übernehmen. Armer Octavian, dachte ich. Seine politische Zukunft sah trübe aus.

Zumindest reich würde er sein. Cäsar hatte ihm ein Vermögen hinterlassen. Es gibt ein schlimmeres Schicksal als das Dasein eines reichen Bürgers, dachte ich. Aber ich wußte, daß Octavian Cäsar geliebt hatte und um ihn trauern würde.

Und Antonius – was war aus Antonius geworden? Er hatte versucht, in Cäsars Fußstapfen zu treten und das Ruder des Staates in die Hand zu nehmen, um ihn in ruhiges Fahrwasser zu lenken und dann die Mörder aus ihrem behaglichen Bau zu treiben, damit er an ihnen Vergeltung üben könnte. Aber was war tatsächlich geschehen?

Was kümmert dich das noch? fragte ich mich. Du bist fertig mit Rom. Für dich ist es mit Cäsar gestorben. Hätte er Cäsarion in seinem Testament genannt, so gehörten wir noch dazu. Aber das hat er nicht getan, und somit ist jetzt Schluß. Schluß mit dem Senat, Schluß mit Cicero, Schluß mit dem Forum, Schluß mit Antonius, Schluß mit Octavian! Es ist aus, zu Ende, vorbei.

Ich empfand ungeheure Erleichterung bei diesem Gedanken. Nie wieder wollte ich einen Fuß in die Stadt setzen, die Cäsar geliebt und die ihn ihrerseits verraten und ermordet hatte.

Ich blieb schwach und mager, anscheinend außerstande, meine Kräfte wiederzugewinnen. Abscheu gegen sämtliche Speisen, Lethargie und Erschöpfung, noch immer war ich davon befallen. Der Kapitän und meine Diener bauten mir ein bequemes, aufklappbares Lager an Deck auf, da sie hofften, daß die frische Seeluft mir helfen werde. Von Kissen gestützt und durch ein riesiges Segel vor der Sonne geschützt, lag ich da – eine Invalide konnte sich nichts Besseres wünschen –, während die Gischt des vorüberziehenden Meeres mich umtanzte und betupfte.

»Wir sind jetzt zwischen Kreta und Kyrene«, sagte der Kapitän. »Die Hälfte unserer Reise haben wir hinter uns.«

Kyrene. Wo die Rosen und die schnellen Pferde herkamen. Cäsar hatte beides geliebt.

Als ich mich an diesem Abend anschickte, mich in das allzu vertraute Bett zu legen, Charmian die winzige Fensterluke öffnete, um ein wenig Luft hereinzulassen, und die Decke über mich breitete, da seufzte ich.

»Ich habe diese Krankheit jetzt satt, wie immer sie heißen mag«, sagte ich. Charmian brachte mir immer noch treu allerlei Speisen, um meinen Appetit zu wecken, und ich verspürte wachsende Gewissensbisse, weil ich sie Tag für Tag abwies. Ich war sehr mager, und mein Spiegel zeigte mir ein Gesicht, dessen Wagenknochen hervortraten wie nie zuvor, mit einer seltsam rosig überhauchten, durchscheinenden Haut.

»›Wie immer sie heißen mag‹?« wiederholte sie. »Ich glaube, wir wissen beide sehr gut, wie sie heißt, Herrin.«

Ich starrte sie an. Was meinte sie? War es etwas, das andere sehen konnten, während ich ahnungslos blieb? Lepra? Irgendeine Umwölkung der Wahrnehmungsfähigkeit, die jedermann bemerkte, nur das Opfer nicht? »Du meinst, ich habe eine Krankheit – eine Krankheit, die einen Namen hat?« Ich bemühte mich, in ruhigem Ton zu sprechen. Erst bei dem Gedanken, ich könnte eine tödliche Krankheit haben, wurde mir klar, wie gern ich doch noch leben wollte.

»Ja, eine sehr verbreitete. Komm, nun verstelle dich nicht weiter! Es ist nicht lustig, und ich weiß auch nicht, weshalb du es so lange treiben mußt. Läßt dich von mir versorgen, läßt dir besondere Gerichte zubereiten – wirklich, es ist schon sehr ermüdend!«

»Ich weiß nicht, was du meinst.«

»Bitte, hör auf! Warum tust du so, als wüßtest du es nicht?«

»Was denn?«

»Schluß mit diesem Spiel! Du weißt sehr wohl, daß du schwanger bist!«

Ich starrte sie an. Das war das letzte, was ich aus ihrem Munde zu hören erwartet hatte. »Warum ... sagst du das?«

»Weil es offensichtlich ist! Du hast alle Symptome – und bedenke, ich kann dein Gesicht sehen, und du kannst es nicht. Dein Gesicht sieht genauso aus wie beim ersten Mal.«

Ich lachte erbittert. Welch grausame Ironie! Die Götter machten sich lustig über mich, über Cäsar und mich. War es denn wahr? Ja, im selben Augenblick wußte ich, daß es stimmte. Ich ließ den Kopf sinken und weinte.

Charmian kniete neben mir nieder und strich mir übers Haar. »Es tut mir leid, ich wollte ja nicht grob sein. Ich wäre nie auf den Gedanken gekommen, daß du es nicht in Betracht gezogen haben könntest – aber natürlich hat dein Geist einen solchen Schlag hinnehmen müssen, daß du ganz durcheinander warst. Und du hast alles Zeitgefühl verloren. Verzeih mir.«

Ein mächtiges Schluchzen brach aus mir hervor. Wie konnte ein neues Leben soviel Tod überstehen? Es kam mir obszön vor, unnatürlich. Wenn, ja, wenn … Wenn es doch nur geschehen wäre, als wir noch in Rom waren – wie anders wären die Ereignisse dann verlaufen. Ganz Rom hätte gesehen, daß es von ihm war. Jetzt aber würde nicht einmal er es je zu Gesicht bekommen.

Immer weiter pflügte sich das Schiff durch das Meer und ließ eine breite weiße Furche hinter sich zurück. Die Segel blähten sich und trugen uns nach Osten, und der Mast knarrte, als könne er es nicht erwarten heimzukommen. Als das Schiff sich aus dem Griff der Wasser um Italien befreit hatte, schien es mehr Auftrieb zu bekommen: als reiche die strenge Hand Roms sogar in das Wasser ringsum, ergreife alles, was dort schwamm oder vorübersegelte, und mache es unbeweglich und starr.

Ich merkte, daß auch meine Lebensgeister wie Luftblasen aus tiefem, unbesonntem Wasser heraufstiegen. Die Oberfläche der Dinge – das war es, was ich suchte, was ich jetzt brauchte. Ich wollte schlichte, geradlinige Menschen, ich wollte einfache Speisen, ich wollte Sternbilder am Himmel sehen, die ich kannte – Sterne, die mir alte Freunde waren und die an ihrem gewohnten Platz standen, damit ich wußte, wo ich sie finden konnte.

Nach ihrem Ausbruch mir gegenüber war Charmian über die Maßen zerknirscht gewesen, und jetzt huschte sie umher und verhätschelte mich mehr denn je. Aber ich versicherte ihr, das sei nicht nötig; ich hätte keinen Anstoß genommen, denn sie habe ja die Wahrheit gesagt.

Es tat mir leid, daß ich so lange eine schwierige Herrin gewesen war, die wie eine gestrandete Qualle auf dem Bett lag. Ich gab mir Mühe, dergleichen fortan zu vermeiden, aber das erforderte eine große Willensanstrengung. Diese Schwangerschaft war ganz anders als die erste. Ich erinnerte mich daran, wie gesund und tatkräftig ich mich damals gefühlt hatte – wie ich die Kämpfe im Alexandrinischen Krieg verfolgt hatte, wie ich dem Offiziersstab Platz und Zuflucht geschaffen und wie ich die Nächte mit Cäsar verbracht hatte. Im Tumult des Krieges war mein Zustand fast unbemerkt geblieben.

Der Krieg … Dank diesem Krieg hatte ich jetzt ein Alexandria, in das ich zurückkehren konnte. Zu einem hohen Preis war es mir gesichert worden, und ich durfte jetzt nicht zulassen, daß dieser Preis vergebens gezahlt worden war.

Der Kapitän kündigte an, daß wir am folgenden Tag ankommen würden, als er in einer mondlosen Nacht neben mir auf dem Deck stand. Die Wellen rauschten ringsumher, aber man sah sie kaum. Nur die Sterne erleuchteten den Himmel. Und ich erblickte keinen Leuchtturm.

»Wir sind noch zu weit draußen«, sagte der Kapitän. »Und aus weiter Ferne sieht er aus wie ein Stern. Aber wenn der Morgen graut, solltest du den Leuchtturm sehen können.«

»Es war eine gute Reise«, sagte ich. »Ich danke dir, daß du uns wohlbehalten über das offene Meer gebracht hast.«

»Das offene Meer hat seine eigenen Gefahren, aber die Einfahrt nach Alexandria ist immer tückisch, wegen der Insel und der Riffe. In dem kleinen, engen Kanal zwischen Pharos und der Mole ist schwer zu navigieren, zumal wenn der vorherrschende Nordwind besonders stark weht. Da ist nicht viel Platz für Fehler.«

Ja, aber der Tod konnte auch auf unbewegtem Meer kommen oder in einem stillen Hafen, wo das Wasser sanft und grünlichblau war. Wasser war unberechenbar. »Ich habe Vertrauen zu dir«, versicherte ich ihm.

Lange vor dem Morgengrauen war ich wieder an Deck und wartete auf den ersten Schimmer von Alexandria; ich spähte zum formlos grauen Horizont, ob es nicht bald auftauchte. Und da stieg es empor, ein blasser Schein, weiß wie ein Nebel, der über dem flachen Land schwebte. Der Leuchtturm sah aus wie ein Tempel, und das Leuchtfeuer funkelte.

Zu Hause! Ich war zurückgekommen! Meine Stadt erwartete mich!

Riesige Menschenmengen säumten die Ufer am östlichen Hafen, dem Palasthafen; der Kapitän hatte bei der Einfahrt die königliche Flagge gesetzt, und das Volk strömte herbei.

Während der langen Reise im Bett hatte ich mir die Stadt so viele Male vorgestellt, daß es jetzt kein Schock war, sie zu sehen. Nur das Volk war mir ungewohnt. Es war auf kaum merkliche Weise anders als die Römer, zumindest in solchen Massen. Lag es am Fehlen der Toga? Waren die Farben bunter? War die Zahl der Hautfarben und Sprachen größer?

Wir stiegen die Planke hinunter, dem tumulthaften Willkommensgeschrei entgegen. Es war nicht so donnernd wie das Gebrüll bei Cäsars Triumph, aber laut genug für eine Menge, die im Vergleich dazu winzig war. Und der schönste Jubel ist der, der einem selbst gilt – seit zwei Jahren hatte ich den nicht mehr gehört.

»Ich kehre voller Freude nach Alexandria zurück!« rief ich und hob die Arme, streckte sie dem Himmel entgegen, dankte Isis für meine sichere Heimkehr. »Und zu euch, meinem Volk!«

Wieder jubelten sie. In Rom hatte ich fast vergessen, wie es sich anhörte. Der Jubel für Cäsar war nicht das gleiche gewesen.

Die Tore schwangen auf, der Palastbezirk lockte – so zart mit seinen weißen Tempeln und Pavillons. Gärten mit saphirblauen Blumen säumten die langen Wasserkanäle. Das Gras stand hoch, aber das Grün war noch hell und frühlingshaft.

Wie hatte ich das alles für so lange Zeit verlassen können? Hier war das Paradies.

»Iras! Mardian! Olympos!«

Alle standen sie auf der Palasttreppe, meine lieben Minister. Nacheinander kamen sie herab, knieten nieder, erhoben sich wieder.

»Endlich!« sagte Mardian. »Du ahnst nicht, wie sehr ich mich nach deiner Rückkehr gesehnt habe.«

»Er will damit sagen, daß er es satt hat, die Pflichten der Regierung zu tragen«, erläuterte Olympos. Seine Stimme hatte den vertrauten sarkastischen Klang – schmerzlich vermißt, mir lieb und teuer. »Die schiere Last macht seine Schultern so rund wie die der Gelehrten im Museion.«

»Dann mußt du ins Gymnasion gehen und dich ertüchtigen«, sagte ich. »Ich habe nicht die Absicht, dich so einfach aus dem Joch zu lassen.«

Diese Lektion hatte ich bei Cäsar gelernt: Die Aufgabe des Regierens war zu schwierig, als daß einer allein sie hätte tragen können. Ich konnte von Glück sagen, daß ich im Gegensatz zu ihm Minister hatte, denen ich vertrauen konnte.

»Majestät«, sagte Iras, und ein Lächeln strahlte auf ihrem Gesicht, »die Jahre sind sehr lang gewesen.«

Mit ihrer Förmlichkeit bildete sie einen solchen Kontrast zu Charmian. Ich erkannte, daß Charmian mir für alle Zeit näher sein würde als irgend jemand sonst, weil sie mit mir in Rom gewesen war; sie hatte diese schwierige Zeit mit mir geteilt, und jetzt würde sie als einzige auch die Erinnerungen daran mit mir teilen.

In einigem Abstand hinter ihnen erblickte ich ein dunkles, gutgeschnittenes Gesicht. Epaphroditos! Ich war erschrocken, ihn hier zu wissen, als wäre sein Hauptgeschäft nun hier, im Palast, und nicht mehr in einem Lagerhaus im Hafen.

»Willkommen zu Hause, Majestät«, sagte er und trat einen Schritt vor.

»Ich bin erfreut, dich zu sehen«, sagte ich, und das stimmte; wann hatte er denn entschieden, daß die Palastgeschäfte nicht unter seiner Würde waren?

Im Palast verflog das Gefühl der Vertrautheit, und ich betrachtete alles, als sei es neu. Die vielen kleinen Veränderungen, wie wir sie tagtäglich im Alltag vornehmen, ließen nun alles fremdartig erscheinen. War dieser Korridor immer so dunkel gewesen? Hatte es hier immer schon Fackelhalter gegeben?

Ob sich so ein Toter fühlte, wenn er einige Zeit nach dem Tod in sein Haus zurückkehrte? Ich jedenfalls kam mir vor wie mein eigener Geist, als ich wieder durch diese Korridore wandelte.

Cäsars Haus ... das Zimmer, das mir gehört hatte, unser Zimmer ... ob es schon verändert war, ihm fremd erschien? Der Tisch dort nicht mehr da, die Westwand frisch gestrichen, das Mosaik versetzt ... Kleopatra fort ...

Hör auf! befahl ich mir. Hör auf, hör auf! Vergiß dieses Zimmer!

Ich stand in meinem alten Gemach; die schleierzarten Vorhänge wehten im Wind vom Hafen, und blaugetöntes, weiches Licht erfüllte den Raum. Alles war jungfräulich sauber, wie ein Raum nur sein kann, wenn niemand darin wohnt. Ohne Menschen bleiben die Dinge makellos und vollkommen und reichen in die Ewigkeit ohne eine Falte, bis die Natur ihnen durch Erdbeben oder Feuer ein Ende macht. Und dann ist es ein sauberes und unverschuldetes Ende.

Ich schüttelte den Kopf. Was für bestürzende Visionen hatte ich da! »Liebe Iras«, sagte ich, um den Bann zu brechen, »hast du seit dem Winter irgendwelche Briefe von mir bekommen?« Wenn ja, so war das Schiff, das sie brachte, schneller als wir, und dabei waren wir losgesegelt, sobald das Meer es gestattete.

»Nein, Herrin.«

»Dann wirst du sie lesen, wenn die Neuigkeiten alt sind. Ist ein Brief, der nach seinem Schreiber eintrifft, nicht eine wunderliche Sache?«

»Nicht so wunderlich wie ein Brief, den man von einem Toten erhält.«

Cäsar! »Hast du denn Nachricht ...« Ich brach ab. Wie absurd! Er hätte mir doch nicht nach Alexandria geschrieben, wenn er mich bei sich in Rom hatte! Wurde ich allmählich verrückt? »... Nachricht von irgend jemandem aus jenem Land?« Ich bemühte mich, einen Scherz daraus zu machen.

»Nein, Herrin«, sagte sie sanft. An ihrem Blick erkannte ich, daß sie meine Gedanken erraten hatte. »Vielleicht möchtest du jetzt ruhen.«

Das Bett sah in der Tat einladend aus. Das Grauen von Rom, die lange Seereise, meine Schwangerschaft – das alles hatte mich ausgelaugt, bis ich in jenem geschwächten Zustand war, in dem ich mich am hellichten Tag nach meinem Bett sehnen konnte. Aber so durfte ich nicht anfangen; ein solches Bild meiner selbst durfte ich in dieser entscheidenden Zeit nicht abgeben. »Selbstverständlich nicht!« sagte ich leichthin und mit müden Knochen. »Wer schläft denn am hellen Mittag?«

»Jeder, der es nötig hat«, erwiderte sie spitz. »Aber, Herrin, was hättest du mir in diesem Brief denn mitzuteilen gehabt – in dem Brief, den du überholt hast?«

Ich würde es nicht ertragen, die Geschichte dauernd zu wiederholen. »Ich will es nur einmal erzählen, und deshalb warte ich, bis alle versammelt sind, um es zu hören«, antwortete ich. »Denn ich muß auch wissen, welche Nachrichten Alexandria erreicht haben.«

Den Rest des Tages brachte ich damit zu, mich mit meinem Palast von neuem vertraut zu machen; ich verharrte bei der Aussicht, die mir die Fenster in den oberen Stockwerken auf den funkelnden Hafen boten, ich strich mit der Hand über die Marmorintarsien der Wände, ich stand in meinem Arbeitszimmer, wo die Borde sich unter messingbeschlagenen Kästen bogen, die alte Korrespondenz, Abschriften von Verfügungen, Inventarlisten von Einrichtungsgegenständen, Steuerlisten und Zählungsunterlagen enthielten. Die richtigen Archive waren anderswo, aber hier lagerte doch eine Zusammenfassung der königlichen Regierungsgeschäfte.

Meine Minister hatten mich über die Ereignisse in Ägypten so gut wie möglich auf dem laufenden gehalten, aber die langen Verzögerungen in der Nachrichtenübermittlung bedeuteten doch, daß ich jetzt mehrere Tage Berichte studieren mußte, um auf den neuesten Stand der Dinge zu kommen. Ich war zutiefst dankbar dafür, daß in meiner Abwesenheit die Ernten gut gewesen und keine Katastrophen geschehen waren.

Vielleicht hatte in der Zeit, die ich mit Cäsar verbracht hatte, ein wenig von seinem Glück auch auf mich abgefärbt.

Ich hatte für die Zeit der Abenddämmerung eine Sitzung anberaumt – in der Hoffnung, daß ich mich bis dahin auf den Beinen würde halten können. Dieser Tag hatte damit begonnen, daß ich in aller Frühe aufgestanden war, um Alexandria zu erblicken, und er würde außergewöhnlich lang werden. Ein Bad und frische Kleider halfen mir ein wenig; ich war froh, daß ich meine tiefe Marmorwanne wiederhatte. Ich schwebte in dem duftenden Wasser und schaute auf das weite Wasser des Hafens unter mir hinaus. Das Badebecken stand hinter einem elfenbeinernen Sichtschirm zwischen Schlafgemach und Dachgarten. Obwohl der Palast gleich oberhalb des Meeres aufragte, benutzten wir pures Regenwasser für Bad und Wäsche, und für diese tiefe Wanne hier wurde es erst erhitzt und dann wieder leicht abgekühlt, bevor man ihm duftende Öle zusetzte. Ich sah den weichen Glanz des Öls auf der Oberfläche; es malte dort kleine, irisierende Schnörkel, die auf die Sinne wie ein beruhigender Balsam wirkten. Es erschien widersinnig, daß ein solcher Komfort, ein so unschuldiger Luxus, sich Seite an Seite mit einer Welt voller Gewalttätigkeit und Tod anbieten konnte – und dennoch die Macht besaß, uns zu erfreuen. Im Grunde unseres Wesens sind wir abscheulich schlichte Kreaturen.

Man kleidete mich in Gewänder, die ich zurückgelassen und fast vergessen hatte, so daß sie jetzt wie neu waren. Ich legte Goldschmuck in griechischem

Stil an, Ohrringe und Halskette, aber ich behielt auch das Medaillon, das Cäsar mir geschenkt hatte, am Hals. Es mußte lernen, sich mit all meinen anderen Halsketten zu befreunden, denn von jetzt an würde es ihnen Gesellschaft leisten.

Wir trafen uns in meinem privaten Speisezimmer, denn hier konnte ich mich auf einem Diwan ausstrecken. Ich ließ mich dort nieder, bevor jemand kam, und bedeckte meine Füße mit dem Saum meines Gewandes. Essen würde nicht serviert werden – ich wollte keine Aufmerksamkeit auf mich lenken, indem ich etwas aß oder nicht aß.

Der erste, der hereinkam, war Mardian; seine zunehmend füllige Gestalt war mit einer goldbefransten Tunika drapiert. Lächelnd begrüßte er mich. »Eine Sitzung gleich am ersten Tag!« Er verneigte sich. »Ich habe alle Akten mitgebracht …«

»Oh, ich habe nicht vor, heute abend in die Akten zu schauen«, beruhigte ich ihn. »Das ginge mir zu sehr ins einzelne. Ich wollte nur mit euch über alles reden, was sich seit unserer letzten Korrespondenz in Rom und in Ägypten zugetragen hat.«

Epaphroditos erschien in der Tür, prachtvoll gewandet, wie ich es inzwischen erwartete. In Karmesinrot war er von dunkler Schönheit gewesen, aber in seinem tiefblauen Gewand sah er jetzt genauso herrlich aus.

Andere kamen: Allienus, der Befehlshaber der vier Legionen, welche die Stadt beschützten – Cäsar hatte kürzlich noch eine hinzugefügt –, der Aufseher der Steuereinnehmer, der Leiter der Zollbehörde, der Hüter des Staatsschatzes, der oberste Priester des Serapis, der Inspektor für das Kanal- und Bewässerungswesen. Und natürlich mehrere Schreiber.

Einer nach dem anderen begrüßten sie mich formell und bedienten sich dabei all der vorgeschriebenen Formeln, aber an ihren Gesichtern und ihrem Ton erkannte ich, daß sie wirklich froh waren, mich wiederzusehen.

»Es ist ein Segen für mich, so unversehrt heimkehren zu dürfen«, sagte ich. »Ein Segen auch festzustellen, daß ihr alle in meiner Abwesenheit so gut für das Königreich gesorgt, daß ihr es behütet und genährt habt.« Ich schaute sie alle nacheinander an. Es wurde Zeit anzufangen, und anfangen wollte ich mit dem Ereignis, welches alle anderen überragte. »Ihr habt gehört, was … was in Rom geschehen ist?«

»Allerdings«, sagte Mardian. »Die ganze Welt hat es ja gehört. Ich nehme an, sogar die Kandake im fernen Nubien hat es gehört – ach was, sogar in Indien weiß man es. Die höchste Zeder ist gestürzt, und das Krachen hat die Welt erschüttert.«

»Ich – ich war nicht dabei.« Ich hatte Mühe, mit fester Stimme zu sprechen. »Aber man hat es mir sofort berichtet, und ich war es, die ihn in sein Haus brachte und in die Hände seiner … seiner Frau Calpurnia legte.« Ich machte eine Pause. Alle Blicke waren auf mich gerichtet. Ich sollte es jetzt erzählen, sollte alles erzählen, statt nachher ihre Fragen zu beantworten. »Ich war auch bei der Bestattung dabei, als sie ihn … als sie ihn auf seiner Totenbahre verbrannten. Ich sah, wie die Massen in Raserei gerieten und sich benahmen, als wollten sie Cäsar in den Stand eines Gottes erheben.«

Und dann? Ich erinnerte mich an das lodernde Feuer, an die wilden Schreie, die dunkle Nacht – aber danach an nichts, bis ich mich auf dem Schiff wiedergefunden hatte. Das aber durften sie nicht wissen; es würde ihnen Anlaß geben, an meiner Kraft und meiner geistigen Gesundheit zu zweifeln. »Und was das Folgende angeht … Was habt ihr da gehört?«

»Antonius hat als Konsul seinen Platz als Oberhaupt der Regierung eingenommen«, berichtete Mardian. »Die Attentäter sind sehr unbeliebt in Rom. Sie haben die Macht nicht behalten können. Wahrscheinlich werden sie bald verschwinden um ihrer eigenen Sicherheit willen.«

»Und Octavian?« fragte ich. Hatte Mardian diese Neuigkeit wohl auch schon erfahren?

»Der junge Cäsar – denn so möchte er nunmehr genannt werden – hat Apollonia auf der Stelle verlassen, um sein Erbe anzutreten«, sagte Mardian. »Er dürfte inzwischen in Rom sein.«

Er watete also mitten hinein in dieses Nest von Chaos und Gefahr! Das wunderte mich. Ich hatte damit gerechnet, daß er zunächst die Entwicklung abwarten würde. »Der junge Cäsar?«

»Ja, das ist jetzt sein Name – Gajus Julius Cäsar. Gajus Julius Cäsar Octavian.«

Dieser Name! Dieser Name konnte doch nur einem gehören! Das war eine Travestie! Bevor ich dazu etwas sagen konnte, meldete sich General Allienus zu Wort.

»Die Legionen haben ihm als Cäsar zugejubelt«, sagte er. »Nicht alle, natürlich, aber doch eine überraschende Zahl. Es liegt ein Zauber in diesem Namen, und sie wollen ihren alten Befehlshaber wiederhaben.« Er schwieg kurz. »Wie wir alle«, fügte er dann pflichtbewußt hinzu.

»Antonius sollte sich lieber mit ihm einigen«, meinte Mardian. »Er wird die Macht mit ihm teilen müssen. Aber mehr als das wissen wir nicht.«

Damit hatte ich nicht gerechnet. Immer neue Schrecken verbreiteten sich aus Rom.

»Wir müssen uns um unsere eigene Sicherheit kümmern«, sagte ich. »Ägypten ist als Freund und Verbündeter des römischen Volkes anerkannt worden, und das bedeutet, daß man uns Unabhängigkeit und Sicherheit garantiert. Aber jetzt ist … die ganze Welt aus dem Gleichgewicht geraten.«

»Meine Legionen bleiben da, wo Cäsar sie stationiert hat«, erklärte Allienus. »Sie werden Ägypten vor Räubern beschützen.«

Wie weitsichtig war Cäsar doch gewesen, sie hier zu stationieren! Ich war ihm zutiefst dankbar.

»Wir werden also zusammen abwarten und dafür sorgen, daß es Alexandria weiterhin wohlergeht. Aber wie steht es mit dem Rest des Landes? Vielleicht sollten wir weitere Truppen aufstellen, um die Verteidigungslinien nilauf- und nilabwärts wie auch in östlicher und westlicher Richtung an der Küste zu verstärken.«

»Wenn wir uns das leisten können«, sagte Mardian.

»Wie steht es zur Zeit um die Staatsfinanzen?« fragte ich den Hüter.

»Nun, sie erholen sich nur langsam. Es wird noch Jahre dauern, um wettzumachen, was wir an Rabirius verloren haben, und die Kriegsschäden an der Stadt zu reparieren. Aber wenn keine weiteren außergewöhnlichen Ausgaben auf uns zukommen, werden wir zunächst überleben, später gut leben und schließlich reich sein«, sagte er. »Und natürlich hat Ägypten seine Nahrungsmittel, und damit ist es an sich schon reich. Es kann nicht nur sich selbst ernähren, sondern auch andere, wenn es sein muß.«

Ich hoffte nur, daß wir niemand anderen würden ernähren müssen – es sei denn, zahlende Kunden, und zwar solche, die gut zahlten.

Ich wandte mich an den Wasserstraßenbeamten. »Wie steht es um die Bewässerungskanäle? Und um die Wasservorräte?«

»Alles in einem halbwegs guten Zustand«, erwiderte er. »In den letzten beiden Jahren war das Nilhochwasser angemessen, und das hat es uns ermöglicht, Wartungsarbeiten am Bewässerungssystem vorzunehmen – die Wasserstände waren nicht zu hoch und nicht zu niedrig. Aber in letzter Zeit hat eine gewisse Versandung stattgefunden. Man muß sich darum kümmern.«

»Das hängt alles miteinander zusammen: Die Ernte gedeiht nicht ohne angemessene Bewässerung, und ohne das Geld, das wir mit der Ernte erlösen, können wir die Instandsetzung der Bewässerungsanlagen nicht finanzieren. Was ist mit den Steuereinnahmen?«

»Die Einfuhrsteuern wurden im üblichen Maß kassiert«, sagte der Leiter der Zollbehörde.

»Die Gewinne sind gestiegen«, fügte Epaphroditos hinzu. »Zur Zeit scheint alle Welt verrückt nach Olivenöl zu sein. Ich weiß nicht, was die Leute damit machen – ob sie darin baden?«

»Was kümmert das uns, solange sie die fünfzig Prozent Importsteuer bezahlen?« meinte der Zöllner.

»Das stimmt«, sagte Mardian. »Es scheint, die Leute verlangen heutzutage nur das Beste. Früher waren sie mit Leinöl zufrieden; jetzt muß es Olivenöl sein oder gar nichts. Nun, warum beklagen wir uns?«

»Beklage ich mich?« fragte der Zollbeamte. »Ich doch nicht.«

»Die großen Serapisfeiern und die Wallfahrten zur Isis haben in den letzten beiden Jahren große Menschenmengen und zahlreiche Pilger angelockt«, berichtete der Hohepriester unvermittelt. Er war so schweigsam gewesen, daß ich ihn ganz vergessen hatte. »Vielleicht hat das etwas zu bedeuten.«

»Die Menschen sind auf der Suche; sie sind der gegenwärtigen Welt müde«, erwiderte Epaphroditos. »Überall scheinen die Religionen Bekehrte anzuziehen. Die Mysterien, die Isis-Verehrung, der Mithras-Kult – all die östlichen Riten – scheinen besonders populär zu sein.«

»Aber nicht der Judaismus«, sagte Mardian. »Eure Gesetze und Regeln sind allzu abweisend. Ihr macht es zu schwer, sich euch anzuschließen.«

»Das ist der Sinn der Sache«, sagte Epaphroditos. »Wir wollen nicht allzu populär werden. Wenn etwas zu groß wird, zu erfolgreich, dann wird es zu etwas anderem.«

»Wie die Römer?« fragte der Priester in scharfem Ton. »Als sie nur eine Stadt waren, da waren sie angeblich edel und beherrscht. Aber jetzt schaut sie euch an – jetzt, da ihnen fast die ganze bekannte Welt gehört!«

»Ja, diese Fallgrube hat unser Gott vorausgesehen«, antwortete Epaphroditos. »Er sagte: ›So hüte dich nun, daß du des Herrn, deines Gottes, nicht vergessest – daß, wenn du nun gegessen hast und satt bist und schöne Häuser erbaust und darin wohnst und deine Rinder und Schafe und Silber und Gold und alles, was du hast, sich mehrt, daß dann dein Herz sich nicht überhebe und du vergessest des Herrn. Du möchtest sonst sagen in deinem Herzen: Meine Kräfte und meiner Hände Stärke haben mir dieses Vermögen ausgerichtet. Wirst du aber des Herrn, deines Gottes, vergessen, so bezeuge ich heute über euch, daß ihr umkommen werdet.‹«

»Kein Wunder, daß ihr nicht viele Bekehrte anlockt«, erklärte der Serapis-Priester. »*Unser* Gott betrachtet die Schwächen des Menschen sehr viel realistischer. Und natürlich ist Isis in ihrem Mitgefühl nicht zu übertreffen.«

»Wir erwarten einen Messias, der Gottes Absichten erfüllen wird«, sagte Epaphroditos.

»Oh, einen Erlöser erwarten sie alle – ein goldenes Kind«, sprach Mardian obenhin. »Ich habe einmal eine Liste von ihnen gemacht. Es gibt eine ganze Reihe; manche glauben sogar, daß der Erlöser eine Frau sein wird. Und aus dem Osten kommt. Ich glaube, die Wahrheit ist, daß wir alle wissen, es muß noch etwas Besseres geben; wir sind gut genug, um es zu erkennen, aber nicht gut genug, um es zu verwirklichen. Also denken wir: Wenn doch nur diese geheimnisvolle Gestalt kommen und uns *helfen* wollte ...« Er hob seine runden Schultern, und die fransengeschmückte Tunika schwang hin und her. »Vorläufig aber müssen wir uns weiter plagen.«

»Ich finde, ihr habt euch in meiner Abwesenheit ganz prächtig geplagt«, sagte ich. »Ihr seid alle zu loben; kein Herrscher hatte je bessere Minister.«

Ich würde dafür sorgen müssen, daß sie irgendeine öffentliche Belohnung erhielten.

Plötzlich war ich so müde, daß ich kaum noch den Kopf aufrecht halten konnte. Ägypten ging es gut. Ich hatte jetzt alles erfahren, was ich wissen mußte.

# 36

Die frische Luft des Hafens wehte am nächsten Morgen in mein Zimmer, und Lichtreflexe spielten an den Wänden. Ich wachte nur langsam auf; es war, als tauchte ich vom Meeresgrund auf, wo ich in meinem Traum auch gewesen war. Lange Strähnen von Seetang hatten sich um meine Beine geschlungen und wehten hinter mir her, und mein Haar wellte langsam und verfing sich in Korallenzweigen. Als ich wach war, fuhr ich mit den Fingern durch mein Haar, um es zu säubern, und stellte verwundert fest, daß es nicht verheddert war. Was für ein seltsamer, realistischer Traum!

Ich streckte mich. Ich spürte die feinen, glatten Leinenlaken, die mich umhüllten – feiner als alles, was es in Rom gegeben hatte. Ich fühlte mich ein bißchen besser; die Nacht hatte ihre erholsame Wirkung getan.

Ich wies Charmian und Iras an, Kisten und Truhen auszupacken, und schickte nach Olympos. Ich brauchte ihn jetzt, für mich und für Ptolemaios. Ptolemaios hatte seinen Husten behalten und war beinahe während der ganzen Seereise krank gewesen – wir beide hatten unsere Dienerschaft unterwegs jedenfalls auf eine harte Probe gestellt. Gestern hatte Ptolemaios sich im Garten beschäftigt, aber er hatte bedrückt gewirkt. Vielleicht war er nur erschöpft; ich hoffte, das war es, was Olympos mir sagen würde.

Aber als Olympos in mein Gemach kam, nachdem er sich den Vormittag über mit Ptolemaios befaßt hatte, war sein Versuch zu lächeln wenig überzeugend.

»Meine Liebe«, begann er, und ich wußte, es war schlimm.

»Was ist?« fragte ich gespannt; ich ertrug keine lange Einleitung. »Was fehlt ihm?«

»Ich habe seine Brust abgehorcht, und ich habe ihn ein wenig Schleim heraushusten lassen, den ich dann untersucht habe. Auch habe ich seine Wirbelsäule und seine Gelenke untersucht und aufmerksam seine Farbe betrachtet. Und was ich gesehen habe, gefällt mir nicht.«

»Was hast du gesehen?« Sollte er es doch sagen!

»Es ist die Lungenfäule, die Schwindsucht.«

Das hatte Rom getan! Rom mit seiner Kälte, seinem Frost, seiner Feuchtigkeit!

»Es kommt nicht nur in Rom vor«, erklärte Olympos, als habe er meine Gedanken gelesen. »In Ägypten gibt es zahlreiche Fälle.«

»Rom hat ihm aber nicht geholfen.«

»Vielleicht nicht. Aber jetzt ist er wieder hier. Die Menschen kommen zur Kur nach Ägypten.«

»Glaubst du, er kann es überwinden?«

»Das weiß ich nicht«, sagte er. »Wärest du eine andere Herrscherin und nicht eine Kindheitsfreundin und wäre ich eine andere Sorte Höfling, so würde ich dir versichern: ›Ja, ja, Majestät, ich sehe voraus, daß er vollständig genesen wird.‹ Aber du bist Kleopatra, und ich bin Olympos, und ich muß es dir ehrlich sagen: Er ist in großer Gefahr.«

»Oh …« Ich konnte nicht noch jemanden verlieren. Nicht Ptolemaios. »Ich verstehe.«

»Wir können nichts tun. Nichts – außer dafür zu sorgen, daß er es warm hat, viel Sonne und reichlich Ruhe bekommt und an der frischen Luft ist. Im Herbst müssen wir ihn vielleicht nach Oberägypten schicken, wo es sonnig und warm bleibt.«

Ich ließ den Kopf hängen. Ihn wieder fortschicken, wo er doch so sehr darauf gebrannt hatte, nach Hause zu kommen? »Dann soll es so sein«, erwiderte ich. Als ich zu ihm aufschaute, sah ich, daß er mich eindringlich musterte. »Was ist?«

»Du bist verändert«, sagte er schließlich.

»Inwiefern?«

»Dünner. Irgend etwas ist aus dir herausgebrannt worden. Wärest du aus Gold, würde ich sagen, du bist gefeint worden. Es bekommt dir sehr gut. Du bist endgültig und wahrhaft schön.« Er versuchte zu lachen. »Ein nützliches Attribut für eine Königin.«

»Ich bin schwanger«, erklärte ich.

»Das habe ich mir gedacht«, sagte er. »Aber ich brauche kein Hellseher zu sein, um zu erkennen, daß es für dich sehr schwer ist. Für das Herz und für den Körper.«

»Ich fühle mich ganz und gar nicht wohl.«

»Wundert dich das? Wie solltest du denn? Die Lage ist doch schrecklich. Cäsar ist tot – nicht nur tot, sondern von Attentätern ermordet. Dein Patron und Beschützer dahin. Ein Kind, das niemand annimmt.«

»Ich werde es annehmen.«

»Ohne daß du deinem Volk eine Geschichte erzählen könntest. Amun ist unglücklicherweise verschwunden, zumindest in seiner menschlichen Gestalt.«

Seine Worte waren hart, aber es war eine Erleichterung, sie so unverblümt ausgesprochen zu hören.

»Es tut mir leid. Es tut mir leid, was mit Cäsar passiert ist.«

»Ich weiß, daß du ihn nicht leiden konntest. Du konntest ihn nicht ausstehen, und du warst so ehrlich, keinen Hehl daraus zu machen.«

»Das hat nichts damit zu tun, daß ich sein Ende beklage, denn das hat er nicht verdient. Er war ein großer Mann. Ich fand nur nie, daß er *deiner* würdig sei. Er hat dich zu leicht bekommen, und ich glaubte, das würde bedeuten, daß er dich nicht so kostbar schätzte, wie es dir gebührt.«

»Ich glaube, mit der Zeit hat er es doch getan.«

»Nun, aber seine Zeit ging zu Ende. Und das tut mir leid.«

»Ich danke dir.« Ich schwieg einen Augenblick lang. »Aber ich fühle mich auch körperlich nicht wohl. Ich fürchte, daß vielleicht etwas nicht in Ordnung ist. Bitte, sag mir, was du davon hältst …«

Er beklopfte mich, horchte meinen Herzschlag ab, betastete meinen Hals und meine Fußknöchel, ließ mich einatmen, drückte auf meine Rippen, drehte meine Füße im Gelenk. Er hörte zu, als ich die Symptome aufzählte, die mir einfielen. Schließlich sagte er: »Ich kann nichts feststellen, was offenkundig nicht in Ordnung wäre – nichts, was sich nicht durch die schlimmen Erlebnisse erklären ließe, die du hinter dir hast. Komm, geh mit mir in meinem neuen Garten spazieren. Besser gesagt, in deinem Garten, denn ich habe ihn auf dem Palastgelände angelegt. Wir werden spazierengehen, und ich lehre dich ein wenig Medizin.«

Die Luft draußen war weich und duftete nach den letzten Blüten der Zierobstbäume, und das frische Laub an den sich ausbreitenden Zweigen tupfte Flecken von Sonne und Schatten auf das grüne Gras darunter. Wie sehr unterschieden sich diese Anlagen von Cäsars Villa! Hier war der Rasen flach und funkelnd von weißen Blüten, und es war, als schreie er nach einem purpurroten Tuch, das zu einem Mahl im Freien ausgebreitet wurde. *Komm und laß es dir wohl sein*, wisperte der Rasen in der Brise.

Ptolemaios kniete unter einem der Bäume, und wir riefen ihn. Er blickte ruckartig auf und sagte: »Ich beobachte dieses Vogelnest.« Dabei deutete er auf ein säuberliches rundes Nest in einer Astgabel über seinem Kopf.

»Aber die Vogelmutter wird nicht zurückkommen, wenn sie dich sieht«, sagte Olympos. »Komm mit! Ich muß dir etwas zeigen.«

Ich schaute ihn an, während er sprach. Auch er hatte sich in meiner Abwesenheit verändert. Seine Züge waren schärfer geworden, und ich hätte ihn jetzt als »düster« beschrieben. Dies und sein schwarzer Humor mußten ihn von anderen Menschen isolieren. Ich fragte mich, ob solche Eigenschaften bei einem Arzt beruhigend wirkten oder ob sie die Leute eher abschreckten. Und wie stand es um sein Privatleben? Er war ungefähr so alt wie ich – hatte er Pläne zu heiraten? Solche Dinge wurden in Briefen nie mitgeteilt.

Ptolemaios rappelte sich mühsam hoch und kam zu uns herübergelaufen. Ich bemerkte, wie schwächlich seine Beine aussahen und wie atemlos er schon nach diesem kurzen Weg war.

»Olympos hat einen Garten gemacht, während wir in Rom waren«, sagte ich.

Ptolemaios verzog das Gesicht. »Ach, einen Garten! Das ist etwas für Weiber – oder Invalide. Nein, danke.«

»Mein Garten ist ein Garten für Mörder und für Wundertäter«, sagte Olympos. »Ich glaube, du wirst feststellen, daß er anders ist als alle anderen.«

Der Garten lag auf einem flachen Stück Boden nicht weit vom Tempel der Isis, aber der Blick ging auf den Hafen hinaus, nicht auf das offene Meer. Er war umgeben von einer niedrigen Steinmauer und innerhalb davon von einer Hecke, die mit roten Blüten bedeckt war. Olympos öffnete ein mit schweren Riegeln verschlossenes Tor, um uns hineinzulassen.

Ein Springbrunnen gurgelte in der Mitte, und vier Pfade gingen strahlenförmig von ihm aus und teilten den Garten säuberlich in vier Teile. »Seht – der Tod in der einen Ecke, das Leben in der anderen.«

Ich sah nur Beete mit Pflanzen; einige blühten, manche waren hoch, andere niedrig. Ich schaute ihn fragend an.

»Ich bin im Museion auf ein Manuskript gestoßen, das eine Liste giftiger Pflanzen enthielt«, erzählte Olympos. »Einige davon waren offensichtlich Phantasiepflanzen – eine zum Beispiel sollte Feuer speien und die Umstehenden verschlingen. Andere aber machten mich nachdenklich. Wie wirkten sie? Warum töteten sie? Ich dachte mir, es wäre doch hilfreich, wenn jemand eine Abhandlung darüber verfassen würde. Ein paar von ihnen sind in kleiner Dosierung schließlich harmlos oder sogar nützlich. Und ich muß zugeben, ich war auch neugierig darauf, sie zu studieren – Pflanzen, die wie Giftschlangen sind.«

Ptolemaios machte runde Augen. »Giftig!« sagte er. »Welche denn?«

»Zum Beispiel ist die ganze Hecke giftig.« Olympos deutete darauf.

»Aber sie ist so schön«, sagte ich. Und das war sie auch: Sie glänzte von dunkelgrünen Blättern und war übersät von Blüten.

»Gleichwohl ist sie bösartig giftig. Man nennt sie Jericho-Rose, und wenn man die Blüten ins Wasser stellt, vergiften sie das Wasser. Benutzt man ihr Reisig, um Fleisch damit zu kochen, so wird das Fleisch vergiftet; sogar der Rauch davon ist giftig. Der Honig aus den Blüten ist giftig, und Pferde und Esel gehen ein, wenn sie ihre Blätter fressen, aber – und hier ist das Geheimnis! – Ziegen sind dagegen immun.«

»Wenn du also einen Feind töten wolltest, dann könntest du ihm den vergifteten Honig geben?« fragte Ptolemaios.

»Ja. Aber ich weiß nicht, wieviel man brauchen würde, um ihn zu töten. Womöglich müßte er eine große Menge davon essen.«

Wir spazierten den kiesbestreuten Pfad entlang. Zu beiden Seiten lagen die gepflegten Beete.

»Ich habe alle tödlichen Pflanzen nach links setzen lassen«, sagte Olympos. Vor einem etwa fußhohen Büschel mit gelappten, behaarten Blättern blieb er stehen. Oben an den Stielen sah man geschlossene Blütenknospen. »Könnt ihr erraten, was das ist?« fragte er uns.

»Unkraut. Man findet es überall auf den Wiesen«, sagte ich. »Ich habe es auch schon aus Mauerritzen wachsen sehen.«

»Es ist Bilsenkraut«, sagte Olympos voller Befriedigung. »Es tötet in wenigen Minuten. Und zwar schmerzhaft. Aber in kleiner Dosierung – ich habe das Gefühl, es könnte medizinisch wirksam sein. Ich glaube, man könnte es gegen Erbrechen einsetzen. Aber man kann die Stärke nicht beeinflussen. Der Giftgehalt ist vermutlich von Pflanze zu Pflanze unterschiedlich, und die Blätter enthalten andere Mengen als die Wurzeln. Entweder versetzt es dich in Erregung, läßt dich singen und tanzen und mit Menschen sprechen, die nur in deiner Einbildung vorhanden sind, oder es lähmt dich und schenkt dir lebhafte Träume, in denen du fliegen kannst oder ein Tier bist. Und dann der Tod. Man kann es nicht vorhersagen.«

»Und wenn man es nur anfaßt?« fragte ich.

Er lächelte. »Ich trage immer Handschuhe.« Er schlenderte ein Stück weiter den Weg entlang und zeigte auf ein Beet mit weißen, sternförmigen Blumen, die auf schlanken Stielen schwankten. Sie sahen aus wie verkleinerte Lilien. »Diese heißen ›Taubendreck‹.«

»Was für ein häßlicher Name für eine so hübsche Blume«, sagte ich.

»Alles an ihnen ist giftig, besonders aber die Knollen«, erklärte Olympos. »Man kann sie zermahlen und unauffällig unter Mehl mischen, um damit ein hübsches Brot zu backen. Freilich schmeckt es dann etwas bitter; man müßte es also in Honig von der Jericho-Rose tauchen, um den Appetit zu stärken.« Er lachte.

»Und was passiert, wenn man es ißt?« fragte Ptolemaios.

»Das erste, was du bemerkst, ist Kurzatmigkeit«, antwortete Olympos. »Dann schnappt man nach Luft. Und dann – stirbt man.«

»Und das alles in wenigen Augenblicken?« fragte er. »Dann habe ich davon nichts bekommen, auch wenn mir das Luftholen schwerfällt.«

»Nein«, sagte Olympos, aber man sah ihm an, daß er Mühe hatte, so scherzhaft darüber zu reden. »Du hast keine Feinde, die dir vergiftetes Brot auf den Teller legen würden.«

»Schaut! Was ist denn das?« Ptolemaios war fasziniert. Er wies auf ein buschiges Gewächs mit Sträußen von zarten weißen Blüten. Der Busch war beinahe hüfthoch.

Mit beinahe väterlichem Stolz blieb Olympos daneben stehen. Ja, es wurde Zeit, daß er heiratete und Kinder bekam, in die er vernarrt sein konnte, statt sich in seine Pflanzen zu vergaffen. »Du verstehst es wirklich, das berühmteste herauszusuchen. Das ist nichts anderes als der Schierling, welcher das Leben des Sokrates beendete.«

Schierling! Fasziniert starrte ich ihn an. Die weiß blühenden Stiele mit ihren hängenden Blättern sahen harmlos genug aus. »Was geschieht, wenn man davon trinkt?« fragte ich.

»Oh, man muß es nicht trinken, obwohl man auch einen Trank davon machen kann. Er hat den unverwechselbaren Geruch von Mäuseurin.« Das schien er erheiternd zu finden. »Man kann auch die Blätter benutzen, um einen wohlschmeckenden Salat daraus zu machen. Es dauert ein Weilchen, bis die Symptome sich zeigen. Du würdest Gelegenheit haben, deine Mahlzeit in höflicher Gesellschaft zu beenden.«

»Was für ein Gefühl ist es?« fragte Ptolemaios.

»Nun ... man hat es als ein allmähliches Erschlaffen der Muskeln beschrieben, als eine schleichende Lähmung. Aber der Geist bleibt ganz klar.«

»Ist es schmerzhaft?« fragte ich. Es klang nicht nach einem schlechten Tod.

»Leider ja. Die Muskeln sterben ab, und dabei schreien sie vor Schmerzen.«

»Aber sag mir, Olympos – gibt es eine halbwegs schmerzlose Art zu sterben? Durch Gift, meine ich?«

Er überlegte kurz. »Nicht, daß ich wüßte. Der Körper will ja nicht sterben, vor allem dann nicht, wenn er bis zu dem Augenblick, da er das Gift in sich aufnahm, kerngesund war. Dann wehrt er sich. Und viele dieser Gifte haben mehr als eine Wirkung; sie rufen eine Vielfalt von Symptomen hervor.«

»Was ist mit dem Schierling?« fragte Ptolemaios. »Wie lange braucht der?«

»Lange genug, um Zeit für denkwürdige Reden auf dem Sterbebett zu geben, wie Sokrates sie verfaßte. Damit ist er das Mittel der Wahl für Schriftsteller, Dichter und Philosophen.« Er schwieg. »Aber der Schierling ist nicht nur schlecht«, sagte er dann. »Mit geringen Mengen davon kann man versuchen, Brustschmerzen oder Asthma zu behandeln. Natürlich muß man tapfer sein, wenn man es versuchen will.«

»Oder verzweifelt«, sagte ich.

»Gift und Heilmittel sind eng miteinander verbunden. Und wenn das Leben selbst zur Krankheit geworden ist – wer will da sagen, daß Gift nicht die beste Medizin ist?«

Ich dachte an die »römische Art«, sich selbst mit einem Schwert aufzuspießen. Gift erschien da schon zivilisierter. Und ich fand, daß die Römer mit dem Selbstmord ein bißchen zu schnell bei der Hand waren. Es erforderte keinen besonders großen Rückschlag, damit sie nach ihrem Schwert griffen oder sich die Adern öffneten.

»Das stimmt«, sagte ich.

Weiter gingen wir den Weg entlang, und Olympos zeigte hierhin und dorthin. »Der tödliche Nachtschatten: Belladonna«, sagte er und deutete auf einen spindelförmigen Strauch mit ovalen Blättern. »Das ist eine muntere Pflanze. Alles daran ist giftig. Und sie ruft wüste Symptome hervor – verschwommene Sicht und einen Herzschlag, so laut, daß man ihn noch auf eine Armlänge Abstand hören kann. Sehr schmerzhaft.« Er sah mich an. »Davon würdest du nichts nehmen wollen.«

Er schlenderte weiter. »Das hier ist auch ein unangenehmes Gewächs«, sagte er. Die Blüten waren grau und flauschig. »Es enthält etwas, das unter heftigen Krämpfen zum Tode führt. Das Gesicht des Opfers bleibt zu einer grausigen Fratze verzerrt.«

»Genug davon!« rief ich. »Ehrlich gesagt, hören sie sich allmählich alle gleich an.«

»Nein, aber ich will mehr hören. Was ist das?« Ptolemaios wies auf einen Busch mit weißen Blütenstielen.

»Höchst interessant«, sagte Olympos. »Wolfsmilchlorbeer. Schon vom Duft der Blüten kann man in einem geschlossenen Raum bewußtlos werden, und die Pflanze ist noch lange giftig, wenn sie schon abgestorben und welk ist. Die Symptome sind grausig: ein unstillbarer Durst, quälende Magenschmerzen, am ganzen Körper schält sich die Haut ab, und man brennt innerlich.«

Lorbeer. Es waren sicher nicht die gleichen Blätter, welche die Römer für ihre Lorbeerkränze benutzten, aber einige der Symptome kamen mir trotzdem bekannt vor: unstillbarer Durst – nach Ruhm; ein innerliches Brennen – nach Macht; quälende Magenschmerzen – durch Neid und Streitsucht hervorgerufen.

»Gibt es kein Gegenmittel?« fragte ich, und ich meinte mehr meine allegorische Krankheit als die wirkliche.

»Ein Gegenmittel? Man kann nur versuchen, das Opfer dazu zu bringen, daß es das Gift erbricht. Und oft scheint auch das noch schädliche Wirkung zu haben.«

Aha. Wenn man es einmal hatte – wenn der Lorbeerkranz einem auf dem Kopf saß –, dann war man zum Untergang verurteilt.

»Laß uns diese Gifte nun verlassen«, sagte ich. »Zeig uns die andere Hälfte deines Gartens, die heilsame Seite.«

Ptolemaios verzog das Gesicht. »Ach, das ist langweilig!« Und er schenkte den Beeten mit den Heilpflanzen wenig Aufmerksamkeit – Wermut, Henna, Zistrose, Tragant, Ingwergras, Balsambaum, Aloe und Narde.

»Hier nun«, sagte Olympos, »ist die Ecke des Gartens, wo die Pflanzen beide Eigenschaften haben, wie die Koloquinte.« Er wedelte mit der Hand zu einer Ranke am Boden, die eben ausgeblüht war und winzige Knollen sprießen ließ. »In kleinen Mengen kann man die Früchte dazu verwenden, Insekten zu vertilgen oder Fehlgeburten herbeizuführen. In großen Mengen bringen sie einen schmutzigen, schmerzhaften Tod.«

»Bitte benutze sie nicht für uns«, sagte Ptolemaios.

»Und hier ist die berühmte, mythische Alraune.« Olympos zeigte uns eine Pflanze, deren fleischige, runzlige Blätter strahlenförmig an einem zentralen Stiel wuchsen. Purpurrote Blüten schmiegten sich in die Mitte. »Der Liebesapfel. Er ruft Verlangen hervor … beim Opfer? Oder muß man sagen, beim Nutznießer?« Er lachte. »Außerdem fördert er die Empfängnis. Aber in großen Dosen führt er zu Stupor, Durchfall, Tod. Leider darf man ihn nicht mit Wein mischen; will ein Verführer also welchen trinken, darf er selbst nichts davon einnehmen, damit die Liebesdroge nicht zur Todesdroge wird.«

»Ich dachte, auch die Wurzel hätte etwas Eigenartiges«, sagte ich.

»Ja, sie sieht aus wie ein … Phallus«, erklärte Olympos. »Und angeblich schreit sie, wenn man sie aus dem Boden zieht.«

»Wie ein Phallus?« Ich mußte unwillkürlich lachen. »Ich habe noch keinen schreien gehört.«

Jetzt sah Olympos wirklich verlegen aus, und Ptolemaios wurde puterrot. Dann platzten sie beide heraus und lachten.

»Es wäre eine gute Szene für eine griechische Komödie«, sagte Olympos schließlich.

Und damit wandten wir uns zum Tor, um den Garten zu verlassen. Ich warf noch einen letzten Blick auf die Alraune, die so unschuldig auf der Erde lag, und mußte schon wieder lachen.

An diesem Abend nahm ich das Abendmahl in aller Stille in meinen Gemächern ein, mit Charmian, Iras, Ptolemaios und dem kleinen Cäsarion, der langsam lernte, manierlich zu essen.

»Wenn du eines Tages König bist, mußt du so manches Bankett ertragen«, erzählte ich und stopfte ihm ein Mundtuch in den Halsausschnitt seiner Tunika. Bankette gehörten nicht zu den leichtesten Verpflichtungen eines Monarchen. Auf wie viele verschiedene Arten konnte man Austern zubereiten und auftischen, und wie viele Entzückensschreie konnte man in einem Menschenleben ausstoßen? »Man legt sich so zu Tisch …«

Das Licht schwand; Öllampen wurden angezündet. Ich empfand eine traurige Teilnahmslosigkeit, eine Art Enttäuschung. In gewisser Hinsicht fühlte ich mich hier wie eine Fremde. Rom hatte meine Ansichten über die Welt verändert; was mir einst als völlig hinreichend und selig selbstgenügsam erschienen war, kam mir jetzt abgelegen und vernachlässigt vor.

Aber das ist doch Unsinn, dachte ich. Es ist ganz und gar nicht vernachlässigt – Tausende von Schiffen laufen unseren Hafen an, und Waren aus aller Welt strömen hier zusammen, ehe sie ihre Reise fortsetzen. Seide, Glas, Papyrus, Marmor, Mosaike, Drogen, Kräuter, Metallerzeugnisse, Teppiche, Töpferwaren: alles floß durch Alexandria, den größten Handelsplatz der Welt.

Aber dennoch wirkte es still. Vielleicht lag es nur daran, daß das normale Leben mir still vorkam nach diesem stetigen Gang der Intrigen, Putsche, Morde, Revolutionen, der in meinem elften Lebensjahr eingesetzt hatte.

Ist es nicht ein Wunder, daß du jetzt hier sitzt, als unumstrittene Königin eines unabhängigen Ägypten, und gelassen zu Abend ißt? hielt ich mir vor, wie ein strenger Lehrer seinen Schülern Vorhaltungen macht. Daß du Ptolemaios wahrheitsgemäß sagen kannst, auf seinem Teller gebe es kein vergiftetes Brot? Dein Land lebt im Frieden, ohne Not und im Wohlstand. Welcher Herrscher könnte sich mehr wünschen? Und wer hätte bei seinem Eintritt ins Leben geringere Chancen gehabt, so etwas zu erreichen?

»… Alraune.«

Die ganze Zeit über war ein Gespräch im Gange gewesen, und ich hatte kein Wort davon mitbekommen.

»Wieso redest du mit dir selbst?« fragte Ptolemaios. »Ich sehe, daß du die Lippen bewegst. Und du hörst nicht zu.«

»Meine Gedanken schweifen ab«, gab ich zu. »In vieler Hinsicht bin ich immer noch an Bord unseres Schiffes.«

Charmian warf mir einen mitfühlenden Blick zu. Sie wußte, was ich meinte – und es waren nicht die Wellen oder der unsichere Gang auf festem Boden.

»Man sollte meinen, du wärest froh, von diesem stinkigen alten Ding herunter zu sein!« gab er zurück. »Jetzt erzähle ihnen von der Alraune – und von der Pflanze mit diesen flauschigen Knopfblüten, die bewirkt, daß man sich völlig verzwirbelt, bis man aussieht wie der Gordische Knoten.«

»Er war ganz hingerissen von den Giftpflanzen in Olympos' Garten«, sagte ich. »Die Heilpflanzen haben ihn überhaupt nicht interessiert. Und das mit dem Gordischen Knoten hast du gerade erfunden – davon hat Olympos kein Wort gesagt!«

»Hätte er aber sollen.« Ptolemaios stocherte in seinem Essen. »Das alles verdirbt mir den Appetit.«

»Wir müssen neue Vorkoster besorgen«, sagte ich. Unsere getreuen Vorkoster hatten sich zur Ruhe gesetzt – es war ein nervenaufreibender Beruf, den niemand lange ausübte. Wenn sie in ihre Heimatstadt zurückgekehrt waren, ließen sie ihren Essensgelüsten meistens freien Lauf und stopften sich Tag und Nacht mit allem voll, worauf sie gerade Appetit hatten.

»Ja, Herrin«, sagte Iras. »Wir haben noch viel zu tun, nachdem du nun endgültig zurückgekommen bist.«

*Endgültig zurückgekommen*. Wieso kam mir die ganze Welt, ja sogar mein wunderbares Reich, so trostlos vor? All die Menschen, die hier versammelt waren, erwarteten von mir auf die eine oder andere Weise Kraft und Schutz. Und ich würde es ihnen geben, würde es geben ... Und mochten sie niemals erfahren, wie ungeschützt ihre Beschützerin sich in Wahrheit fühlte.

Nach dem Essen bat ich Mardian zu mir. Ich mußte unter vier Augen mit ihm sprechen. Als er ins Zimmer trat, war ich so erfreut, ihn zu sehen, daß ich fast gelacht hätte. Er war füllig geworden, wie ich schon bemerkt hatte, und bald würde er aussehen wie die anderen Eunuchen. Es gefiel mir nicht, aber man konnte nichts machen. Ich konnte ihm kaum das Essen verbieten oder ihm befehlen, sich einzuschränken. Und ich vermutete, daß ihm die Leckerbissen der Tafel als eine Art Belohnung für die Mühen der Regierungsverantwortung dienten, die er so lange getragen hatte. Zumindest konnte ich sicher sein, daß er sich – anders als viele Minister – nicht dadurch entschädigte, daß er aus meinem Staatsschatz stahl.

»Lieber Mardian, ich kann nicht sagen, wie dankbar ich bin, daß ich einen Minister wie dich habe. Nur wenige Herrscher können derart gesegnet sein.«

Er lächelte, und sein großes, eckiges Gesicht erstrahlte. »Es ist eine Ehre, diese Verantwortung zu bekommen, und ich habe sie mit Freuden auf meine Schultern genommen. Gleichwohl« – er setzte sich auf mein Zeichen hin – »gebe ich sie mit Erleichterung zurück.« Er rückte sich zurecht, zog die Falten seines Gewandes gerade und bewegte die Zehen in den juwelenbesetzten Sandalen. »Eine neue Mode aus Syrien«, sagte er. »Der Kaufmann mußte im Rahmen seiner Zollabgaben ein Paar abliefern.« Er lächelte boshaft.

Sie waren überaus prachtvoll. Ich dachte an die schlichten römischen Sandalen, und plötzlich durchfuhr mich die Erinnerung an Octavians erhöhte Sohlen, und ich mußte lachen. »Sie sind überaus kleidsam«, sagte ich. Mardian brauchte keine besonders dicken Sohlen; er war so schon ziemlich groß. Der arme Octavian – kleiner zu sein als ein ägyptischer Eunuch! »Und dein Gewand ... sind die Fransen auch eine neue Mode?« Hier im Osten blieb die Mode niemals stehen.

»Oh, die sind letztes Jahr populär geworden. Eigentlich sollen die Fransen aus Parthien kommen. Aber das geben wir natürlich nicht zu.«

»Ich habe den Anschluß an die Mode ganz verloren, wie man ein altes Lied vergißt«, sagte ich staunend. »Ich werde neue Kleider brauchen.«

»Die zu beschaffen dürfte doch eine vergnügliche Aufgabe sein.«

»Vergnüglicher als das Brüten über Berichten und Zusammenfassungen und das Zusammentreffen mit all den neuen Botschaftern.«

»Das macht dich gerade zu einer guten Königin«, sagte Mardian, »daß du es so wacker erträgst.«

»Mardian, ich muß wissen, wie man meine Abwesenheit hier aufgenommen hat.« Ich vertraute darauf, daß er ehrlich gegen mich sein würde.

»Hier im Palast? Warum –?«

»Nein, nicht hier im Palast. In Alexandria und in Ägypten überhaupt. Ich weiß, daß du immer ein Ohr in den Wind hältst, und deine Familie lebt in Memphis. Was dachten die Leute?«

»Sie haben sich gefragt, ob du zurückkommst«, antwortete er unverblümt. »Sie dachten – sie fürchteten –, du könntest für immer in Rom bleiben, und das wäre der Preis für Ägyptens Unabhängigkeit.«

»Was – als Gefangene Cäsars?«

Er machte ein entsetztes Gesicht. »Nein, natürlich nicht! Aber man vermutete, es werde nötig sein, den wankelmütigen Senat ständig im Auge zu behalten – und zu besänftigen –, und das würde sich aus der Ferne nicht machen lassen.«

»Und wie dachten sie über meine Verbindung – meine Ehe – mit Cäsar?«

Er hob die Schultern. »Du kennst die Ägypter – und die Griechen. Sie denken praktisch. Sie waren stolz, daß du dir im Bürgerkrieg den Gewinner erwählt hast und keinen Verlierer.«

Ja, es waren die Römer, die so moralbesessen waren. Die älteren Völker des Ostens waren da weiser. »Zumindest damit brauche ich mich also nicht zu plagen. Mardian, du kannst dir nicht vorstellen, wie es ist, jahrelang unter Menschen zu leben, die immer nur urteilen, moralisieren, dozieren und verdammen. Nicht nur das Klima ist dort grau und drückend.«

Erst als ich es ausgesprochen hatte, wußte ich, daß dieses dauernde Richten wie ein schwerer Mantel auf meinen Schultern gelastet hatte. Plötzlich fühlte ich mich schwindelerregend leicht, nachdem ich ihn soeben abgestreift hatte.

»Puh!« sagte er und verzog das Gesicht. »Nun, aber jetzt bist du wieder hier, wo wir dich verstehen. Und dich schätzen. Willkommen zu Hause.«

Zu Hause … Aber warum, warum war es ein so merkwürdiges Gefühl?

»Ich danke dir, Mardian. Ich habe mich immer danach gesehnt, als ich fort war.«

Er zögerte, als wisse er nicht recht, ob er weiterreden sollte. Schließlich tat er es. »Ich muß dir aber sagen, daß es jetzt, wo die Lage … sich verändert hat, Leute gibt, die behaupten, deine Politik sei gescheitert und deine Bemühungen hätten nichts Dauerhaftes für Ägypten erreicht. An den Iden des März hat sich alles in Rauch aufgelöst, und wir sind wieder da, wo wir waren, bevor Cäsar herkam. Wer kann jetzt unsere Unabhängigkeit garantieren?«

»Ich werde sie garantieren. Ich muß es.« Aber mir war zumute, als hätte ich einen gewaltigen Berg erklommen, um mich nicht auf einer fruchtbaren Hochebene wiederzufinden, sondern vor einem neuen, ebenso hohen Berg. Ein zweiter Aufstieg wäre fast undenkbar. Und da war noch etwas.

»Mardian, ich muß dir sagen, was ich auf der Reise festgestellt habe. Ich bekomme ein Kind. Es wird noch einen Cäsarion geben – noch einen kleinen Cäsar.«

Er zog die Brauen hoch. »Oh, das wird das politische Gleichgewicht noch einmal stören. Wie gelingt es dir nur, Menschen und Länder über Hunderte von Meilen hinweg zu beeinflussen? Das ist dein eigentümlicher Zauber.«

»Ich bezweifle, daß es in Rom etwas ändern wird. Cäsar hat Cäsarion in seinem Testament nicht erwähnt, und die Ansprüche des zweiten werden noch geringer sein.«

»Sei da nicht so sicher. Ich würde Cäsarion gut bewachen lassen. Es war schön und gut, mit Ptolemaios über die Giftpflanzen zu scherzen, aber es könnte durchaus jemand Gründe haben, Cäsarion zu ermorden.«

Es überlief mich kalt. Was er sagte, stimmte. Ob Cäsar ihn in seinem Testament erwähnt hatte oder nicht – die Welt wußte von seinem Sohn. Und mein eigener Vater war unehelich gewesen. Der königliche Bastard, die ständige Bedrohung – er war nicht nur eine immer wiederkehrende Figur der Sagen und Gedichte, sondern er errang auch oft den Thron.

War Octavian zu einem Mord fähig? Er schien mir allzu heikel und gesetzestreu zu sein. Aber …

»Indem Cäsar keinen römischen Erben hinterließ, hat er gleich drei – und jetzt sagst du, vier – Bewerber um seinen Namen hinterlassen. Den Adoptivsohn Octavian; Marcus Antonius, den natürlichen Anwärter auf sein militärisches und politisches Vermächtnis; Cäsarion, seinen leiblichen Sohn mit einer Nicht-Römerin – und jetzt noch einen zweiten.« Er ließ eine Pause eintreten. »Natürlich hat er noch einen Erben: den Pöbel, das römische Volk. An die Volksmassen hat er appelliert, und ihnen hat er seine Villa und seine Gärten vermacht. Du darfst sie bei deinem politischen Kalkül nicht außer acht lassen. Sie sind es, die entscheiden werden, ob Cäsar ein Gott sein soll – nicht der römische Senat.«

»Ich kann meinen Kindern nicht wünschen, daß sie das Durcheinander in Rom erben. Ich wünschte nur, sie hätten ihren Vater kennenlernen können, wenn sie heranwachsen. Und ich wünschte, ich hätte etwas von ihm – neben diesem Medaillon.« Ich hob es hoch, um es Mardian zu zeigen. »Es ist ein Stück von seinem Familienschmuck. Aber ich wünschte, er hätte mir auch etwas für Cäsarion gegeben.«

»Nun, er braucht nur auf irgendein Forum, in irgendeinen Tempel in der römischen Welt zu gehen, und er wird eine Statue von ihm sehen. Sie werden einen Gott aus ihm machen – denke an meine Worte. Und dann wird es Büsten geben, kleine Statuetten und Plaketten, und jeder Höker und Händler von Ekbatana bis Gades wird sie feilbieten.«

Mein lieber, unverwüstlicher Mardian! »Dann kann er eine Sammlung anlegen!« sagte ich, und vor Lachen stiegen mir die Tränen in die Augen, als ich Borde voller Cäsar-Statuen in allen Größen und Formen vor mir sah. Muskulöse, nackte griechische Cäsaren würde es geben, syrische Cäsaren mit großen Augen und formellen Gewändern, Wüsten-Cäsaren auf Kamelen, Pharao-Cäsaren und gallische Cäsaren im Wolfspelz.

Ich hielt mir die Seiten und krümmte mich. Als ich schließlich wieder zu Atem gekommen war, keuchte ich: »O Mardian. Jetzt habe ich zum ersten Mal wirklich gelacht, seit ich ...« Ich schüttelte den Kopf. »Ich danke dir.«

Er wischte sich die Tränen aus den Augen. »Und da alle Waren durch Alexandria kommen, denke nur an die Zölle. Wir werden an dieser Mode gut verdienen.«

# 37

Ein frischer, windiger Tag im Juni, da ganz Alexandria ein in Silber gefaßter Aquamarin war, so hell, daß ich meine Augen beschirmen mußte.

Heute wurde das Mosaik, das Cäsar mir geschenkt hatte, in den Boden meines Bankettsaals eingelassen. Meine Erinnerung hatte mich nicht getäuscht; als ich es zum ersten Mal gesehen hatte, da hatte ich gewußt, daß es die gleiche Farbe wie das Meer in Alexandria hatte, und so war es auch. Die Gestalt der Venus, die sich aus dem Meeresschaum erhob, war so zart wiedergegeben, daß daneben alle sterblichen Frauen plump ausgeführt und enttäuschend wirkten.

Ich seufzte. Sollte die Kunst uns inspirieren oder deprimieren? Sollte die Tatsache, daß keine lebende Frau jemals solche Vollkommenheit erreichen konnte, mich dazu inspirieren, daß ich meiner eigenen Vervollkommnung so weit wie möglich entgegenstrebte, oder ließ sie lediglich meine eigene Unzulänglichkeit reliefartig hervortreten?

Heute, im prächtigen Licht und in der kräftigen, frischen Brise des Morgens, fühlte ich mich davon inspiriert. Einst hatte auch ich mich so neu erschaffen gefühlt, als sei auch ich soeben aus dem Meer emporgestiegen, eifrig darauf erpicht, ans Ufer zu steigen und mein Erbe anzutreten, meine Bestimmung. Ob ich mich je noch einmal so fühlen würde?

Ihr goldenes Haar wallte in lockigen Strähnen über ihre Schulter, so kunstreich dargestellt, daß ich die Muskeln und delikaten Rundungen unter der Haut sehen konnte.

Wie alt bist du? fragte ich sie in Gedanken. Fünfzig Jahre? Hundert? Du würdest inzwischen ganz anders aussehen, wenn du aus Fleisch wärest und nicht aus Stein. Auf diese Weise überlistet die Kunst die Wahrheit.

»Ich erinnere mich, wie es dir geschenkt wurde.« Charmians dunkle Stimme hinter mir ließ mich zusammenfahren. Das Gemeißel der Arbeiter hatte ihre Schritte übertönt.

»Es ist prachtvoll, nicht wahr?« Zusammen betrachteten wir neidvoll die Venus. »Du hast viel mehr Ähnlichkeit mit ihr als ich«, sagte ich. »Dein Haar hat die richtige Farbe.«

»Niemand hat Ähnlichkeit mit ihr«, sagte Charmian. »Darum besitzt sie solche Macht.«

Charmian selbst war von venushafter Anziehungskraft. Ich hatte schon bemerkt, daß Männer sie wie liebeskranke Knaben anstarrten, selbst die alten Schreiber.

»Charmian«, sagte ich, »ich glaube, du solltest dir überlegen, ob du nicht heiraten willst. Das bedeutet ja nicht, daß du nicht weiter in meinem Dienst bleiben kannst. Ich kann mir nicht helfen: Ich bedaure den Mann, der dein Gemahl sein könnte, wenn du ihn nicht unbeachtet ließest.«

Sie lachte ihr betörendes, dunkles Lachen. »Ich habe schon daran gedacht«, sagte sie, »aber ich habe noch keinen Sterblichen gefunden. Siehst du, wie Venus den Männern die meisten Frauen verdirbt, so ruiniert Apoll die Männer für die Frauen. Ich will jemanden, der den Statuen des Apoll gleicht, und … nun ja, hast du so einen schon gesehen?«

Ja, dachte ich: Octavian. Aber anders als eine Statue konnte er sprechen, sich bewegen und unangenehme Eigenschaften zeigen. »Nein, in letzter Zeit nicht.«

»Überhaupt jemals?« Sie blieb hartnäckig.

»Wahrscheinlich noch nie«, beruhigte ich sie; sie sollte nicht denken, daß ich ihr jemanden verheimlichte. »Aber ich werde von jetzt an besser achtgeben.«

Grunzend wuchteten zwei Arbeiter einen Stein aus dem Boden und schoben ihn zur Seite. Sie grinsten, und mir wurde klar, daß sie uns zugehört hatten. Bildeten sie sich etwa ein, daß sie Ähnlichkeit mit Apoll hätten?

Einer hatte einen ganz behaarten Rücken und glich eher Pan als Apollon, und der andere war klein und hatte so lange Unterarme, daß er aussah wie ein Affe.

Nur mühsam konnten wir das Lachen unterdrücken, und wir liefen hinaus. Hinter der Tür ließen wir uns gegen die Wand sinken und lachten leise.

Als ich sagte: »Dabei fällt mir ein: Wo ist mein Affe? Wo ist Kasu?«, wurde Charmian vollends hysterisch.

»Aber es ist mein Ernst«, beharrte ich.

»Ich glaube – ich glaube –, Iras hat sie zu sich genommen«, japste Charmian. »Sie hatte sie so gern.«

Wir standen auf der Treppe vor dem Palast, die geradewegs zum königlichen Hafen hinunterführte. Über uns schwebten Möwen weiß am blauen Himmel.

»Laß uns eine Bootsfahrt machen«, sagte ich plötzlich. Das Wetter war viel zu schön, um im Haus zu bleiben. »Nein, nicht segeln. Etwas ... Gemächlicheres. Wobei wir liegen und die Farben des Meeres und des Himmels betrachten können.« Ich konnte unter verschiedenen Booten wählen; ich hatte eine Lustbarke, ein kleines Segelboot, ein beschattetes Floß, ein nachgebautes Pharaonenschiff. Daß ich inzwischen gern auf dem Wasser war, verdankte ich meiner entschlossenen Willenskraft – vielleicht meine beherrschende und meine wertvollste Eigenschaft. Der Wille dient uns noch, wenn Talent, Inspiration und sogar Glück uns im Stich lassen. Erst wenn der Wille uns verläßt, sind wir zum Untergang verurteilt ...

Charmian war sofort eifrig dabei. »Ich war noch nie auf dem Pharaonenboot«, gab sie mir zu verstehen. »Auf dem mit der Lotosknospe am Bug.«

»Dann werden wir das nehmen.«

Wir stiegen die breite, sanft geschwungene Marmortreppe hinunter; wie die Sitzreihen eines Theaters senkten sich die Stufen zu den Wellen hinab. Unten auf dem Meeresgrund sah ich Felsen und farbenfrohe Seeanemonen im klaren, sauberen Wasser. Weit draußen brach sich der Ozean am Sockel des Leuchtturms und ließ Säulen von Gischt emporbranden, hoch und leicht wie Straußenfedern.

Ich muß mir ein Schwestermosaik zu diesem Venusbildnis machen lassen, entschied ich in diesem Augenblick. Es sollte genau die Szenerie abbilden, die ich jetzt vor mir sah, und das Meeresblau würde auf beiden Bildern das gleiche sein. Es sollte unseren Hafen von Alexandria zeigen, wie er an einem schönen Tag im Hochsommer aussah.

Die Boote wurden stets bereitgehalten; wir brauchten also nicht zu warten, bis der Kapitän das Pharaonenboot aufgetakelt hatte. Charmian betrat die bemalte Laufplanke und sprang auf das Deck.

»Oh!« rief sie aus. »Ist das echt?«

Ich trat zu ihr. »Wenn du meinst, ob das Holz echtes Holz, das Gold echtes Gold ist: jawohl.«

»Ich wollte nur sagen, daß es phantastisch aussieht – im wahrsten Sinne des Wortes.«

»Es soll einen Pharao zufriedenstellen. Man hat mir versichert, daß sie wirklich so umhergefahren sind.« Ja, die Herrscher hatten auf dem Diwan im Schatten des Deckspavillons aus Zedernholz gelegen und sich mit langstieligen, juwelenbesetzten Fächern Kühlung zufächeln lassen, verweigerte der Wind diesen Dienst, und sie hatten mit der Hand über Geländer gestrichen, die mit Blattgold überzogen waren. »Komm.« Ich führte sie zum Pavillon, wo wir uns auf die Kissen sinken ließen.

Ein Diener, bekleidet mit Schurz, Halskragen und Kopfputz des Alten Ägypten, erschien wie in einem Traum und brachte uns kühle Getränke.

Wir legten ab; lautlos zogen die Ruderer ihre silberbeschlagenen Blätter durch die Wellen, und wir wiegten uns sanft auf dem warmen Wasser.

Das Meer – das Meer war es, das Alexandria groß gemacht hatte. Es brachte die Reichtümer der Welt an unsere Tür und gab uns Macht. Ich mußte unverzüglich unsere Flotte wiederherstellen lassen. Jetzt nämlich waren wir wehrlos und zu unserer Verteidigung auf die drei Legionen angewiesen, die Cäsar uns hiergelassen hatte. Sollten sie aber abziehen oder sich gegen uns wenden, weil irgendein römischer Herr es ihnen befahl, einer der Attentäter vielleicht …

Der strahlende Tag erschien so unfaßlich hell, weil er nicht sicher war.

Meine Lebensgeister hatte sich an diesem Tag zum ersten Mal wieder emporgeschwungen, aber als der Abend kam, kehrten sie wie Vögel zu ihren Bäumen zurück und sanken erneut herab. Sollte ich nie mehr frei von diesem Schattenmantel sein, der sich auf mich gelegt hatte? So, wie Cäsars Liebe mich einst umhüllt hatte, war jetzt ihre Abwesenheit, ihr Verlust, ein dunkler Mantel, der mich umhüllte – jederzeit, aber besonders, wenn das Licht des Tages in der Nacht verging.

Ich stand da und sah zu, wie die Sterne aufzogen. Venus erschien natürlich zuerst, aber nacheinander wurden auch die andern sichtbar und nahmen die ihnen zugewiesenen Plätze in den Sternbildern ein. Genauso hatten wir hier zusammen auf dem Dachgarten gestanden und in die Nacht geschaut. Und er hatte Orion als sein Lieblingssternbild benannt und die Sage noch einmal erzählt …

Jetzt wirkte der Himmel hart und leer, trotz all der vertrauten Sterne. Ich wandte mich ab und zwang mich, an meinen Arbeitstisch im benachbarten Zimmer zu gehen, wo mich ein Stapel Kontobücher aus dem Schatzamt erwartete. Zuweilen verschwammen mir die Zahlen vor den Augen, und das lag nicht am Flackern der Öllampen.

Immer, auch wenn ich mit meinen Gedanken in Addition und Subtraktion vertieft war, lauerte da jenes andere, jene Melancholie, knapp außerhalb meines Gesichtskreises. Deshalb war es mir ganz lieb, als ein Diener mir mitteilte, daß Epaphroditos gekommen sei, um irgendwelche Angelegenheiten mit mir zu besprechen. Es war eine Erleichterung, mich unterbrechen zu lassen.

Er entschuldigte sich überschwenglich wegen der späten Stunde.

»Das macht nichts«, sagte ich und legte meine Papiere beiseite. »Wie du siehst, arbeite ich noch. Die Arbeit ist nie zu Ende. Und der Abend ist dafür eine besonders gute Zeit.«

Draußen in der warmen Nacht von Alexandria spazierten die Menschen durch die Straßen, sie sangen, lachten und tranken, während ihre Königin mit ihren Rechnungsbüchern im Zimmer hockte.

»Dann sind wir zwei vom selben Schlag.« Er lächelte. »Meine Frau hat nichts übrig für meine ständige Arbeit, aber sie genießt ihre Früchte.«

Es war das erste Mal, daß er sich eine persönliche Bemerkung gestattete. Er war also verheiratet. Ob er auch Kinder hatte? Aber ich würde warten, bis er es mir erzählte.

»Ich bringe die Abschlußberichte über den Inhalt der drei neuen Lagerhäuser, die als Ersatz für die vom Brand zerstörten gebaut worden sind. Wir haben sie mit schmaleren Borden eingerichtet, so daß kein Inventar unsichtbar sein kann. Außerdem ist die Rattenbekämpfung leichter.« Stolz reichte er mir die Unterlagen.

Ich wartete. Dies schien mir denn doch ein merkwürdiger Grund zu sein, um zu dieser späten Stunde selbst zu erscheinen, während er die Papiere jederzeit mit einem Boten hätte schicken können.

»Außerdem wollte ich dich über etwas in Kenntnis setzen, was ich von dem Kapitän gehört habe, der heute angekommen ist.«

Aha. Ich hatte also recht gehabt. »Ja?«

»Es ist nichts Offizielles – nur das, was der Mann so gehört hat. Aber wie es scheint, haben die Attentäter Rom verlassen müssen. Wohin sie gehen werden, kann man nur vermuten. Cäsars Erbe ist nach Rom gekommen, um sein Vermächtnis anzutreten, und er ist bei Antonius auf Widerstand gestoßen; anscheinend hat Antonius ihn grob behandelt und versucht, ihn zu verscheuchen, weil er nicht zugeben wollte, daß er – Antonius – den größten Teil von Cäsars Geld ausgegeben hatte.«

Das Geld! Ja, Antonius hatte es sich von Calpurnia geben lassen, um es vor den Attentätern in Sicherheit zu bringen.

»Aber der junge Mann ist nicht fortgegangen. Er hat Cicero auf seine Seite gezogen und macht ein großes Getöse. Antonius wird sich mit ihm einigen müssen. Unterdessen scheint in Rom niemand zu regieren.«

Antonius hätte klug genug sein müssen, Octavian nicht mit Verachtung zu behandeln. Je jünger und weniger selbstsicher einer ist, desto mehr muß man ihm schmeicheln. »Sie sind dort also vor allem mit dem Chaos beschäftigt?«

»Einstweilen«, sagte Epaphroditos. »Aber werden die Mörder nicht schließlich in den Osten fliehen und sich hier einnisten? Das ist doch die Gefahr.«

»Ich wünschte, sie täten es; dann könnten wir sie umbringen«, erklärte ich.

»Womit denn? Mit den römischen Legionen hier? Und wenn sie die nun selbst übernehmen?«

»Daran habe ich auch schon gedacht. Was Ägypten jetzt braucht, ist eine starke Flotte. Ich muß anfangen, eine aufzubauen. Und ich kann schon sehen, daß die Staatsfinanzen es gestatten.«

Er lächelte erfreut und überrascht. »Gut.«

»Ich würde gern bald mit dir über die Beschaffung von Langhölzern reden«, sagte ich. »Ich weiß, daß du mit den Syrern Geschäfte machst.«

»Allerdings.«

Er war ein solches Rätsel – dieser kultivierte Mann, ungeheuer einfallsreich, von grenzenloser Tatkraft, mit seinen zwei Namen.

»Herrin, du wirkst sehr bedrückt«, stellte er fest. »Verzeih, wenn ich ungebührlich spreche. Kann ich dir helfen?«

Ich war so verblüfft, daß er mir meine Überraschung sicher ansehen konnte. Aber zugleich war ich auch gerührt und dankbar.

»Nur, wenn du die Zeit umkehren und Ereignisse auslöschen kannst, die schon stattgefunden haben.« Ich sagte es sanft und wehmütig.

»Das liegt nicht in der Macht des Menschen«, erwiderte er. »Das kann nur Gott, und er tut es nicht. Aber er gibt uns Trost. Unsere Schriften sind voller Fragen, die wir ihm stellen, und er beantwortet sie in Versen. Verrat und Verlust – es ist alles dabei.«

»Lehre sie mich«, sagte ich, und ich fühlte mich wie ein Kind vor einem besonders belesenen Lehrer.

»In unserem wichtigsten Buch der Lieder heißt es: ›Meine Feinde reden Arges wider mich: Wann wird er sterben und sein Name vergehen? Alle, die mich hassen, raunen miteinander wider mich, und sie haben ein Bubenstück über mich beschlossen. Auch mein Freund, dem ich mich vertraute, der mein Brot aß, tritt mich unter die Füße.‹«

Ja. Genauso war es gewesen mit Cäsar und seinem »Freund«.

»›Wenn mich doch mein Feind schändete, wollt ich's leiden. Du aber bist mein Freund, mein Geselle und Verwandter.‹«

Der verhaßte Decimus, sein Verwandter, den Cäsar als einen seiner Erben benannt hatte – und der ihn aus seinem Haus zum Senat gelockt hatte!

»Ich muß mich mit eurem heiligen Buch vertraut machen. Es scheint viel

Menschliches darin zu stehen. Es kann den Schmerz lindern, indem es ihn erkennt.« Anders als die Philosophen, die ihn zu leugnen versuchten oder ihn meiden wollten, indem sie demjenigen, der seine Frau im Arm hielt, den Rat gaben, immer daran zu denken, daß sie sterben müsse, so daß er, wenn sie es schließlich täte, nichts verlieren könne.

»Wir waren auch betrübt, Cäsar zu verlieren«, sagte Epaphroditos. »Es wird lange dauern, bis die Juden wieder einmal einen solchen Mann zu ihren Freunden rechnen können.«

Ja … Ich erinnerte mich, daß ich gesehen hatte, wie die Juden noch tagelang treu am Scheiterhaufen die Trauerwache gehalten hatten.

»Er hat unser Recht auf freie Religionsausübung bestätigt und auch das Recht, unbehelligt durch andere Länder unsere jährliche Tempelsteuer zu übersenden. Er hat uns den Hafen Joppa zurückgegeben, den Pompejus uns genommen hatte. Er hat die abscheuliche Praxis der Zinsbauernschaft aufgehoben, die uns auszubluten drohte, und er hat uns vom Militärdienst befreit, weil dieser erforderte, daß wir gegen unsere Speisevorschriften verstießen und am Sabbat arbeiteten. Ja, er war unser Freund. Wir haben unseren Vorkämpfer verloren, genau wie du.«

»Vielleicht war er gut zu euch, weil er spürte, daß ihr es zu schätzen wußtet«, sagte ich. Ich wußte, wie wenig Gegenliebe er mit allen seinen Gesten gefunden hatte. Es war beruhigend, daß auch andere sich nach diesen schrecklichen Ereignissen beraubt und verwaist fühlten. »Was wird jetzt aus Judäa werden?« fragte ich mich laut.

»Das hängt davon ab, wer in Rom Cäsars Nachfolger wird«, erklärte er. »Und wie erfolgreich der junge Herodes es versteht, seine Feinde in Judäa zu überlisten. Antonius und er sind alte Freunde noch vom Feldzug mit Gabinius her, der deinen Vater wieder auf den Thron brachte; Herodes hat ihm damals mit Truppen und Proviant geholfen. Aber ob er den Attentätern jetzt helfen würde, wenn sie in den Osten kämen und es verlangten? Schwer zu sagen. Er ist ein gerissener junger Mann, aber das Überleben in dieser Region wird politisch äußerst knifflig sein.« Er schwieg kurz. »Ich persönlich ziehe Herodes seinen Konkurrenten vor, denn er hat als einziger genug Verstand, um zu sehen, daß ein von Zeloten beherrschtes Land untergehen muß. Er weiß die Religion von seiner Politik zu trennen. Aber die andern …« Er schüttelte den Kopf. »Sie werden nicht innehalten, bis Judäa vollständig unterjocht und zerschlagen ist.«

»Wie sonderbar, die Regierung von der Religion bestimmen zu lassen.« Ich konnte mir nicht vorstellen, daß der höchste Disput in einem Land der zwischen Zeus, Kybele und Serapis sein sollte.

»Wir sind anders«, sagte er. »Darum ist es immer so schwer vorherzusagen, was aus uns wird – kurzfristig *und* langfristig.«

Wind kam auf und bewegte die Vorhänge zwischen dem Raum und der Terrasse. In den Häusern draußen wurden die goldenen Lampen gelöscht. Es war spät, und die Leute waren zur Ruhe gegangen. Ich sollte Epaphroditos auch nach Hause gehen lassen. Er hatte mir einen Gefallen getan, indem er privat zu mir gekommen war, um mir die Neuigkeiten aus Rom zu bringen, aber der Arbeitstag war jetzt lange vorbei. Doch zugleich stellte ich fest, daß jede seiner Bemerkungen meine Neugier weckte und mich zu weiteren Fragen veranlaßte.

»Mardian hat einmal fast beiläufig erwähnt, daß ihr versucht vorauszusagen, was mit euch geschehen wird – ihr hättet Bücher mit Prophezeiungen und erwartet einen Erlöser, einen Messias. Was ist denn das?«

Er sah beinahe verlegen aus. »Die heiligen Schriften eines Volkes rufen leicht Spott hervor, wenn man sie Ungläubigen vorträgt.«

»Nein, ich will es wirklich wissen. Wovon sprach er da?«

»Im Laufe der Zeit hat sich unser Glaube verändert«, sagte er. »An ein Leben nach dem Tode haben wir nie geglaubt – wir hatten unseren eigenen Hades, *sheol*, einen dunklen Ort, an dem die Schatten wandeln. Auch betrachteten wir die Zeiten nicht als eine Geschichte, die sich auf ein vorbestimmtes Ende zubewegt. Aber einige unserer neueren Schriften erkennen eine Fortsetzung des Lebens nach dem Tode, das Überleben der Seele – und auch des Leibes –, und sie sehen, daß die Ereignisse auf eine große Veränderung zugehen. Und der Auslöser dieser Veränderung wird der Messias sein.«

»Aber wer ist dieser Messias? Ist er ein König? Ein Priester?«

»Das kommt darauf an, welche Prophezeiung man liest. Zacharias, einer unserer Propheten, spricht von zweien – einer ein Priester, einer ein Fürst aus der Linie unseres großen Königs David. Daniel dagegen nennt ihn den Menschensohn und sagt, es ist nur einer.«

»Aber was *tut* er?«

»Er öffnet die Tür für das neue Zeitalter, auf diese oder auf jene Art.«

»Für welches neue Zeitalter?«

»Ein Zeitalter der Säuberungen und des Gerichts, gefolgt von einem goldenen Zeitalter des Friedens und des Wohlstands.«

Frieden und Wohlstand. Das war es, was wir in Ägypten jetzt hatten – wenn Rom uns erlaubte, es zu behalten. »Das wünsche ich mir auch für mein Volk und mein Land.« Ich schaute ihn durchdringend an. »Glaubst du an diese Prophezeiungen?«

Er lächelte. »Ich belaste mich nicht damit. Ich habe festgestellt, daß die Träume von dem, was passieren könnte, in den Hintergrund treten, wenn man dringliche Alltagsgeschäfte zu erledigen hat. Nicht, daß ich *nicht* an sie glaubte – ich habe einfach kein Bedürfnis danach. In meinem Leben gibt es keine Lücke, die sie ausfüllen könnten.«

»Es gibt auch Prophezeiungen, die von einem weiblichen Erlöser sprechen«, sagte ich.

Er grinste. »Ah. Jetzt verstehe ich. Du fragst dich, ob du das sein könntest, ohne es zu wissen.«

»Nein. Aber ich frage mich, ob es Leute gibt, die mich so sehen.«

Er überlegte kurz. »Das ist möglich. Aber diese Schriften müßtest du schon selbst studieren. Ich bin damit nicht vertraut.«

Ich seufzte. »Sie sind weit verstreut. Ich weiß, daß eine ›Orakel des wahnsinnigen Prätors‹ heißt, eine andere ›Orakel des Hystaspes‹, und dann gibt es noch etwas, das als ›Orakel des Töpfers‹ bekannt ist. Und dann gibt es zahlreiche Orakel von verschiedenen Sibyllen. Ich werde mir das alles in der Bibliothek abschreiben lassen und dann studieren.«

»Wenn du angestrengt suchst, wirst du dich ganz bestimmt selbst darin finden«, warnte er mich. »So geht es mit Prophezeiungen. Sie dehnen sich und ziehen sich zusammen und passen immer auf die Situation des Augenblicks. Und so ist es auch mit Wahrsagern und Astrologen.«

»An die glaubst du auch nicht?«

»Sie mögen einiges Wissen besitzen, doch. Und sie können voreingenommen sein und dich absichtlich in die Irre führen, und das macht sie gefährlich. Deshalb hat uns unser Gott verboten, uns mit ihnen einzulassen. Moses sagt, unser Gott habe uns geboten, ›daß nicht jemand unter euch gefunden werde, der seinen Sohn oder Tochter durchs Feuer gehen lasse, oder ein Weissager oder ein Tagewähler oder der auf Vogelgeschrei achte oder ein Zauberer‹.«

Ich dachte an all die Astrologen und Wahrsager, die zu meinem Hofstaat gehörten. Gut, daß ich nicht gehalten war, diesem Moses zu folgen. Da kam mir plötzlich eine Erinnerung. »Ist Moses nicht derjenige, der euch aus Ägypten führte? Jemand hat mir erzählt, er habe euch strengstens verboten zurückzukehren. Weshalb sind die alexandrinischen Juden dann alle hier? Mir scheint, was die Astrologen angeht, so gehorcht ihr, und was Ägypten angeht, gehorcht ihr nicht.«

Er lachte. »Wenn ich jetzt widerspenstig sein wollte wie einige unserer Legalisten, dann würde ich dem entgegenhalten, daß Alexandria ja nicht ›in‹ Ägypten liegt – es heißt ja *Alexandria ad Aegyptum*, also ›Alexandria *bei* Ägypten‹. Aber solche Argumente finde ich öde und überschlau. Die Wahrheit ist, daß wir ungehorsam sind, wie es unsere Gewohnheit ist.«

Ich lachte. »Wie alle Untertanen«, sagte ich. »Ich kann mich glücklich schätzen, daß meine eigenen Untertanen nicht so rebellisch sind wie euer Volk.«

»Das stimmt.« Er verneigte sich. »Majestät …«

»Ja, ich weiß. Es ist spät, und ich habe dich schon zu lange aufgehalten. Ein schlechter Lohn dafür, daß du so gewissenhaft warst, zu später Stunde noch zu mir zu kommen. Ich bitte dich, geh jetzt.«

Sichtlich erleichtert verabschiedete er sich. Als er fort war, stand ich noch lange am Fenster und schaute hinaus auf meine schlummernde Stadt. Hatten diese Prophezeiungen irgendeinen wahren Kern? Was sagten sie denn?

Als ich mich schließlich zur Ruhe legte, wußte ich, daß er recht hatte: Der Gedanke an diese Prophezeiungen war gefährlich verführerisch, für den Herrscher wie für das Volk. Aber sehen wollte ich sie trotzdem.

# 38

Ein Tag folgte dem andern in der Pracht des Hochsommers, und nach und nach besiegte ich die Bilanzen, Rechnungsbücher und Berichte, die sich in Erwartung meiner Heimkehr aufgestaut hatten. Es war der ägyptische Monat Epeiph – im römischen Kalender der Monat Quintilis, der jetzt offiziell Julius hieß.

Nach dem, was ich von meinen Informanten hörte – denn inzwischen hatte ich ein paar Horchposten in Rom einrichten können –, war Brutus empört. Besonders wütend war er, weil er sich selbst aus Gründen der eigenen Sicherheit von Rom fernhalten mußte, während doch mitten in diesem neu benannten Monat die *ludi Apollinares* stattfinden sollten: Spiele, über die er als Prätor die Schirmherrschaft zu übernehmen hatte – das hieß: Die Ehre erhielt Cäsar, die Kosten mußte er tragen.

Dann hörte ich, daß Octavian, als wolle er Brutus' Bemühungen verächtlich machen, unmittelbar danach selbst Spiele zur Feier von Cäsars Siegen veranstalten wollte – die *ludi victoriae Caesaris* –, und er wollte es auf eigene Kosten tun, um die Liebe seines »Vaters« zu seinem Volk zu demonstrieren. Auch stellte er damit seine eigene Loyalität unter Beweis, da die Beamten, die eigentlich für diese Veranstaltung zuständig waren, dazu zu feige waren.

Aber bevor mich die Berichte über den Verlauf dieser oder jener Spiele erreichten, ereilte mich ein weiteres Mißgeschick: Ich verlor das Kind, das ich trug, Cäsars letztes Vermächtnis.

Der Verlauf war der gleiche wie bei Cäsarions Geburt, aber das Kind war zu klein, um zu überleben – die normale Schwangerschaftsdauer war erst zur Hälfte erreicht. Ich war gezwungen, im Bett zu bleiben und Gaben von Poleiminze und rotem Wein zu mir zu nehmen. Aber nicht mein Körper brauchte diese Pflege, sondern meine Lebensgeister.

Lebwohl und lebe wohl, dachte ich und hielt das Medaillon an meinem Hals fest umklammert. Jetzt wird es nie mehr etwas Neues zwischen uns geben; unser gemeinsames Leben ist in der Vergangenheit eingefroren.

Fort, fort, dahin, wiederholte ich bei mir, als ich so im Bett lag, und jedes Wort traf meine Seele wie ein Hammer. Fort für immer.

Alle waren sehr gut zu mir und blieben stets in meiner Nähe. Charmian und Iras lasen mir jeden Wunsch von den Augen ab, Mardian kam mit Scherzen und Rätseln, Ptolemaios schrieb Geschichten und ließ sich nicht davon abbringen, sie mir vorzulesen, und Epaphroditos ließ mir einige seiner Schriften kopieren; alle handelten sie von Verlust und Tapferkeit … Traurige Worte, traurige Gedanken, wahre Gedanken.

Die Nächte waren heiß, und in meinem Schlafgemach war es stickig. Sie stellten mein Bett hinaus auf die Terrasse, wo der Seewind wehte und ich die Sterne sehen konnte. Da lag ich dann und schaute in das blauschwarze Halbrund hinauf, das sich über mir wölbte, und ich dachte an den ägyptischen Glauben, daß die Göttin Nut, die sich jede Nacht von Osten nach Westen über den Himmel erstreckt, die Sonne verschluckt, die dann durch ihren Körper wandert und jeden Morgen in der Dämmerung wiedergeboren wird. Sie wurde immer golden dargestellt, wie sie sich über einen Himmel von sattem, tiefem Blau erstreckte.

Das war eine künstlerische Phantasie. Die Sterne waren nicht golden, sie waren von kaltem, feurigem Weiß, und der Himmel war wie Tinte. Und in den Nächten, die ich im Freien verbrachte, war auch der Mond dunkel.

Dann ging wie erwartet der Sirius auf, der Stern, der sich siebzig Tage lang hinter dem Horizont verborgen hatte, ein strahlender Lichtpunkt, der den ersten Tag des neuen Jahres bezeichnete und ankündigte, daß weit unten im Süden nun auch der Nil ansteigen würde. Das Jahr machte seine Runde und bewegte sich unerbittlich voran.

Tief unten und außerhalb des Palastbezirks hörte ich das aufgeregte Geschrei, als man Sirius sichtete, und dann begannen die lärmenden Feiern. Selbst für die Alexandriner war das Ansteigen des Nils lebenspendend, denn es war notwendig für den Anbau des Getreides, das die Stadt exportierte.

Wie hell das Licht des Leuchtturms heute nacht war! Sie mußten noch mehr Brennmaterial ins Feuer geworfen haben – so weit wie die Spur der Flammen nun hinausloderte! Und dann sah ich, daß es überhaupt nicht das Signalfeuer des Leuchtturms von Pharos war, sondern etwas anderes dahinter, etwas am Himmel.

Ich warf die leichte Decke ab und trat an den Rand des Daches, um einen anderen Blickwinkel zu bekommen. Ja … es war ein strahlendes Licht, das ganz allein im Himmel schwebte, so tief, daß es fast auf gleicher Höhe mit der

Leuchtturmspitze von Pharos war. Aber es war kein Stern ... Es hatte einen langen Schweif!

Ein Komet! Dort zog ein Komet über den Himmel!

Ich hatte noch nie einen Kometen gesehen, aber irgendwie wußte ich, daß es einer war. Er war schön und einzigartig. Der Schweif verwehte in sanftem Glitzern wie von glühenden Funken; der Kopf aber war schützend erhoben wie das Haupt der göttlichen Kobra.

Sogleich durchströmte mich ein seltsames Empfinden, ein jähes Wiedererkennen. Es war Cäsar, der seinen Platz im Himmel unter den Göttern einnahm! Und der sich zugleich in diesem Augenblick erhob, um mir zu zeigen, daß er mich niemals verlassen, daß er immer bei seiner wahren Gemahlin und göttlichen Schwester sein und meinen Teil des Himmels übernehmen würde. Er würde nicht zulassen, daß man unserem Sohn sein Erbe vorenthielte. Er würde mit mir darum kämpfen, im Himmel noch mächtiger als jemals auf Erden, wo er eingeengt gewesen war von kleinlichen Menschen und seiner eigenen Sterblichkeit.

Ich hörte seine Stimme in meinem Ohr, sanfter als jedes Flüstern – oder war es nur in meinem Kopf? –, und er versprach mir, daß alles gut werde, aber ich müsse nun aufhören mit meiner Trauer. Ich müsse mich erheben von meinem Krankenbett und wieder die Kleopatra sein, die er wegen ihrer Kraft und ihres Erfindungsreichtums bewundere. Das nämlich sei die wahre Kleopatra, die Königin von Ägypten und Gemahlin Cäsars, nicht die schwächliche Kreatur, die hier weinte und klagte und faulenzte.

*Du mußt deine Verluste ertragen wie ein Soldat*, sagte die Stimme, *tapfer und ohne zu klagen, und wenn der Tag schon verloren scheint, mußt du deinen Schild ergreifen und noch einmal ins Gefecht ziehen, noch einmal einen Vorstoß unternehmen. Das ist der Augenblick, in dem sich die Helden von denen unterscheiden, die nur stark sind.*

Der Komet befahl mir lodernd, aufzumerken: *Höre auf mich!*

Und ich sagte: »Ja, ich höre dich«, und Freude erfüllte mich zum ersten Mal seit seinem Tod – oder seinem Fortgang, wie ich nun wußte.

Ich legte mich wieder hin und beobachtete den Kometen; ich schloß die Augen und ließ ihn die ganze Nacht über mir schweben.

In weiter Ferne, in Rom, und ohne daß ich damals davon wußte, sah auch Octavian den Kometen, welcher erschien, als er gerade seine Spiele zur Feier von Cäsars Siegen abhielt, zwischen dem zwanzigsten und dem dreißigsten Juli. Für die Bevölkerung war diese Erscheinung eine Sensation; die Leute deuteten sie genauso wie ich: Sie wußten, es war Cäsar, der mit aller Pracht unter die Götter aufgenommen wurde.

Octavian gab auf der Stelle die Göttlichkeit seines »Vaters« bekannt; er ließ den Stern des Übernatürlichen an die Stirn der Cäsarenstatuen heften und erklärte, daß Cäsar fortan auf allen Münzen mit dem himmlischen Stern abgebildet werde.

Und – was ich damals auch nicht wußte – Octavian deutete den Kometen auch als einen Ruf an sich selbst, der ihm seine Bestimmung kundtat und ihn aufforderte, nicht zu ruhen, ehe er den Mord an Cäsar gerächt hätte.

Beide rief Cäsar uns also in dieser Nacht zu den Waffen – beide hatten wir den Wunsch, ihn zu rächen und sein Werk zu vollenden – beide würden wir den andern vernichten müssen, um es zu vollbringen. Cäsar hatte zwei Söhne, aber es konnte nur einen Erben geben. Cäsar hatte eine Vision von seinem künftigen Weltreich gehabt – aber würde dessen Mitte in Rom oder in Alexandria liegen? Würde es, der Lage und dem Geist nach, westlich oder östlich sein? Und wer würde es führen?

Die Astrologen waren aus dem Häuschen vor lauter Aufregung über den Kometen, der tagelang am Himmel blieb; sie veranstalteten nächtliche Versammlungen im Museion, um ihn zu studieren. Noch aus Parthien kamen Astronomen und Astrologen – sie trugen den Ehrentitel *Magi* oder Weise –, um sich mit ihren gelehrten Kollegen zu treffen. Wieder einmal war Alexandria der Mittelpunkt intellektueller Geschäftigkeit, und ich war darauf sehr stolz. An einem Abend traf ich selbst mit diesen Leuten zusammen und bat sie, astrologische Diagramme für Cäsar, Ptolemaios und mich zu zeichnen.

Sie waren in der runden Marmorhalle in der Mitte des Gebäudes zusammengekommen. Die meisten waren griechisch gekleidet, aber die Ausländer trugen ihre langen, bestickten Gewänder, und zwei Oberägypter trugen das uralte Kostüm des Nils.

»Ihr Herren, es wundert mich, daß ihr nicht draußen seid und den Kometen und die Himmel unmittelbar studiert«, sagte ich zu ihnen. Kartenrollen waren auf den Klapptischen ausgebreitet, und daneben mathematische Bücher.

»Einige von uns sind ja draußen«, erwiderte Hephaistion, unser führender Astronom. »Auf der Observationsplattform oben auf dem Dach ist es schon sehr eng. Wir übrigen arbeiten hier unten an den Karten und bessern sie aus.«

»Habt ihr diesen Kometen vorhergesagt?« fragte ich.

»Nein«, gestand er. »Wir sind völlig überrascht.«

Das war ein weiterer Beweis dafür, daß es kein gewöhnlicher Komet war, sondern eine übernatürliche Erscheinung. »Wie lautet eure Schlußfolgerung?«

»Es ist ein Wunder«, antwortete er. »Er muß ein Ereignis von größter Bedeutung ankündigen. Vielleicht die Geburt eines Kindes, welches eine der zahlreichen Prophezeiungen erfüllt.«

Nein, das war es nicht. Cäsar war bereits geboren, und das andere Kind war verloren. Auch Octavian – sollte er sich einbilden, daß der Komet ihm gelte – war schon achtzehn. Konnte er es – irrtümlich natürlich – als Zeichen dafür deuten, daß er Cäsars Platz in Rom einnahm? »Nein, das kann nicht sein«, sagte ich ungeduldig. »Eher kündigt er die Umwälzungen an, die sich nach dem Tode Cäsars in der Welt ereignen.«

Er nickte zustimmend, um sich höflich zu zeigen. Ich betrachtete die Gelehrten, die über ihren Karten grübelten und diskutierten. »Kannst du diese Horoskope in drei Tagen in den Palast liefern?« fragte ich Hephaistion, nachdem ich ihm die nötigen Daten genannt hatte. Ich brannte darauf, einen Blick hinter die Kulissen des Schicksals zu werfen und zu sehen, was noch kommen würde.

Wieder verbeugte er sich höflich.

Als die Horoskope mir pflichtgemäß vorgelegt wurden, sah ich, daß die Sterne für Ptolemaios nicht günstig standen, wenngleich die Astrologen sich um eine überaus vieldeutige, beruhigende Ausdrucksweise bemüht hatten. Was Cäsarion und mich anging, so waren unsere Geschicke miteinander verflochten und stärkten sich gegenseitig. Die alles umfassende Weissagung für mich besagte, ich würde sterben, wie ich wollte, und in Ewigkeit leben. Die Worte waren schillernd – sollte das heißen, ich würde »auf die Art und Weise sterben, wie ich gern sterben wollte«? Oder hieß es, ich würde »sterben, weil ich es wollte«? Astrologen! Aber Ptolemaios … Ich erkannte, daß ich ihn für den Winter nach Oberägypten würde bringen müssen, wenn es Hoffnung auf seine Genesung geben sollte.

»Aber ich *will* da nicht hin«, protestierte er, als ich es ihm sagte. »Ich will hierbleiben. Da oben gibt es doch nichts – nichts außer Palmen, Lehmhütten und Krokodilen!«

Ja, viele Krokodile. Kürzlich waren Berichte gekommen, die von einer wahren Plage sprachen. Der Nil oberhalb von Theben wimmelte plötzlich davon, und so viele sonnten sich auf den Sandbänken, daß es aussah, als breite sich an beiden Ufern ein Wald aus runzligen Baumstämmen aus.

»Oberägypten ist sehr schön«, sagte ich und dachte an meine eigenen Reisen dorthin. Ich hatte es als friedlich und beruhigend empfunden. »Ich komme mit und helfe dir, dich einzurichten. Wir machen beim Tempel von Kom Ombo halt und beten dort zum Krokodilgott, damit er die Plage zurücknimmt. Und du wirst Philae sehen, den schönsten Tempel Ägyptens, der auf einer Insel im Nil steht.«

Er zog eine Grimasse. »Das will ich aber nicht! Ich will hierbleiben und mithelfen, die Spielzeug-Trireme zu entwerfen, die sie für Cäsarion bauen!«

»Ich werde veranlassen, daß sie damit warten, bis du wieder da bist«, versprach ich ihm. »Cäsarion ist sowieso noch zu klein, um allein damit zu fahren.«

Während des ersten Teils unserer Reise schmollte er. Er wollte den Nil nicht sehen und auch nicht das Land, das an uns vorüberzog; ich dagegen achtete aufmerksam auf den Zustand der Bewässerungsgräben und der Deiche vor allem im Delta, wo man auf diese Anlagen angewiesen war. Das Wasser hatte dort noch nicht zu steigen angefangen – es dauerte fast zwanzig Tage, bis das Hochwasser vom Ersten Katarakt zu uns gelangte.

Seinen wütenden Reden zum Trotz lag Ptolemaios lustlos unter einem Sonnendach, machte ein finsteres Gesicht und hustete. Es ging ihm sichtbar schlecht. Wir kamen an den Pyramiden vorbei, und er würdigte sie kaum eines Blickes. Wir passierten Memphis, die Oase Moeris und Ptolemaïs, den letzten griechischen Vorposten am Nil. Allmählich ließ das Hochwasser den Fluß anschwellen; wir waren ihm entgegengekommen, statt zu warten, bis es zu uns nach Alexandria kam.

Der Fluß verbreiterte sich zu einem See, und noch immer segelten wir weiter, vorbei an Dendera mit seinem Hathor-Tempel, dann vorbei an Theben mit seinem gewaltigen Amun-Tempel und den riesenhaften Ramses-Statuen vor seinem Grabtempel. Die trostlosen Hügel, wo die toten Pharaonen in ihren ins Felsgestein gehauenen Grüften hofhielten, erstreckten sich, so weit unser Auge reichte.

Plötzlich begann der Fluß von Krokodilleibern zu brodeln. Wohin ich auch schaute, überall schäumte das Wasser auf, und ein schuppiger Rücken brach durch die Oberfläche, und an vielen Stellen im Schilf war das Wasser aufgewühlt. An den schlammigen Böschungen lagen sie aufgereiht; manche gähnten und entblößten dabei schimmernde, krumme Zähne. Langsam schlugen sie mit den Schwänzen und rutschten hin und her, um es sich im Schlamm bequem zu machen.

»Schau doch!« Ich schüttelte Ptolemaios, der in der Mittagshitze döste. »Hast du jemals so viele gesehen?«

Benommen öffnete er die Augen, aber bei dem Anblick weiteten sie sich. »Großer Serapis!« rief er. »Die Krokodile der ganzen Welt müssen hier versammelt sein!«

Fasziniert sahen wir, wie ein Hund zum Saufen an eine verlassen aussehende Uferstelle kam. Wachsam näherte er sich, aber sein Durst war stärker als alles andere, und er mußte trinken. Behutsam senkte er die Schnauze zum scheinbar leeren Wasser. Er hatte es kaum berührt, als eine riesige Gestalt auftauchte und ihn schnappte – so schnell, daß meine Augen die Bewegung kaum erfassen konnten. Ein Krokodil hatte ihn unter Wasser erwartet.

Das Wasser schäumte, und der Hund flog japsend in die Höhe, umklammert von einem Krokodilrachen, so groß wie ein Pflug. Das Krokodil drückte ihn ins Wasser und hielt ihn fest, bis er ertrunken war. Dann kam das Riesenmaul wieder an die Oberfläche, der Schlund öffnete sich weit und schlang den Klumpen von Fleisch hinunter, das noch wenige Augenblicke zuvor lebendig gewesen war. Blut breitete sich auf dem Wasser aus, und eine ganze Flotte von Krokodilen kam herbeigeschossen, fiel über das erste Krokodil her und versuchte, seinen Kiefern die Beute zu entreißen. Beine und Schuppenschwänze peitschten das blutrote Naß.

Fetzen des Hundes, seine Ohren und der Schwanz, schwammen umher, wurden aber gleich von anderen Krokodilen geschnappt.

Mich schauderte. Kein Wunder, daß die Dorfbewohner die Regierung um Hilfe ersucht hatten; sie konnten ja kaum noch Wasser für sich selbst bekommen. Ich sah, daß der einsame Schöpfhebel des Dorfes von einer hohen Lehmziegelmauer umgeben und verbarrikadiert war. Niemand konnte es mehr wagen, sich dem Fluß zu nähern, um Wasserkrüge zu füllen oder Kleider zu waschen. Und wenn der Fluß über seine Uferböschungen träte, würde er die Krokodile in die Straßen und in die Häuser spülen. Dann würden am hellichten Mittag Krokodile durch die Dörfer spazieren und unter Bänken lauern; und Krokodile würden im Schatten hinter den Häusern dösen.

Ptolemaios richtete sich mühsam auf und begab sich ans Geländer. Er beugte sich hinüber, fasziniert von den Bestien.

»Nicht zu nah herangehen«, warnte ich ihn. Ich hatte schon gesehen, wie hoch ein Krokodil aus dem Wasser springen konnte.

Als wir schließlich den Tempel von Kom Ombo erreichten, ging die Sonne schon unter. Ich wußte, wir würden die angemessenen Bittgebete nicht mehr sprechen können, bevor es dunkel wurde; deshalb gab ich den Befehl, in einiger Entfernung vom Ufer vor Anker zu gehen, weit weg vom raschelnden Schilf und den Sandbänken, die von ausgestreckten Krokodilgestalten bedeckt waren.

»Nicht auf dem Deck schlafen«, warnte ich Ptolemaios. Die Krokodile würden wahrscheinlich auf der Jagd sein und nach herabhängenden Armen Ausschau halten. Mürrisch gehorchte er und warf sich auf seinem Bett in der Kajüte nieder. Fast augenblicklich war er eingeschlafen.

Ich lag im Dunkeln und lauschte dem Plätschern des Wassers an der Bootswand, und ich hörte – zumindest bildete ich es mir ein – auch andere Geräusche: große, muskulöse Tiere, die gegen die Planken schlugen oder versuchten, sich mit ihren Klauen auf das Deck hinaufzuziehen. Im ersten Morgengrauen stand ich auf, zog mir einen Mantel um die Schultern und beobachtete den Sonnenaufgang. Die Strahlen strichen über das schwankende Schilf, küßten den goldenen Sandstein des Tempels, berührten zuerst das

Dach und die Kapitelle der Säulen. Purpurrote Wolken verweilten noch, und an ihren Rändern funkelten ein paar Sterne hinter dem Tempel.

Mein Vater hatte einen Teil dieses Tempels gebaut, und er war sehr stolz darauf gewesen. An den Tempeln Oberägyptens war er – zumindest in den steinernen Abbildungen – der Kriegerkönig, der er leibhaftig nicht gewesen war. Ich erinnerte mich noch, wie aufgeregt ich gewesen war, als er mich als Kind hergebracht hatte, um mir das neue Eingangstor und die Säulen zu zeigen, und er hatte mich bis tief in die Nacht aufbleiben lassen, um mir vom Karawanenhandel zu erzählen, der von Kom Ombo zum Roten Meer führte, wohin man einst die afrikanischen Elefanten gebracht hatte, um sie im Norden für die ägyptische Armee abzurichten. Damals war es mir wie ein magischer Ort vorgekommen, und an diesem Morgen wirkte der Bann immer noch.

Geraschel im Schilf zeigte an, daß die Krokodile ihren Tag begannen, und es wurde Zeit, daß wir es ebenfalls taten.

Eine lange Planke mit einem schützenden Gitter zu beiden Seiten wurde über die lehmige Böschung geworfen, und wir hasteten hinüber und machten die Krokodile, die im ersten Licht noch träge waren, auf uns aufmerksam. Rasch stiegen wir die kleine Anhöhe hinauf, wo der eigentliche Tempel über der Biegung des Nils emporragte und über das Land hinausblickte. Die goldenen Säulen mit Reliefszenen von allen Herrschern, die zum Bau des Heiligtums beigetragen hatten, begrüßten uns; eine zeigte, wie mein Vater von Horus und Sobek feierlich gereinigt wurde – denn diesen beiden war der Tempel geweiht: dem Falken- und dem Krokodilgott. Sobek, der Krokodilgott, war größer als ein Mensch; er besaß den Körper eines Mannes mit breiten Schultern und Schurz, aber den Kopf und die lange Schnauze des Krokodils mit Kopfputz und Krone. Sein Schrein und seine Halle lagen zur Rechten, und dort gingen wir jetzt hinein. Vom honiggelben Sonnenlicht draußen gelangten wir durch die überdachte Halle in ein zunehmendes Halbdunkel und schließlich in Sobeks heiligen Schrein, in dem es vollends finster war.

Wir zündeten Kerzen an und näherten uns dem Schrein mit der göttlichen Statue aus dunklem Granit. Die Augen des Gottes funkelten zu uns heraus, weiß und rund, und die makellos wiedergegebenen Schuppen der langen Schnauze ließen ihn lebensecht erscheinen.

Als Königin und Verkörperung der Isis auf Erden redete ich ihn von Angesicht zu Angesicht an. »Großer Sobek, warum plagst du mein Land? Warum sendest du Legionen von Krokodilen, auf daß sie die Wasser vom Ersten Katarakt an abwärts verseuchen? Mangelt es dir an etwas? Ich will es dir beschaffen, damit du deine Geschöpfe heimrufen kannst.«

Das Götterbild starrte mich unerbittlich an. Die züngelnde Flamme meiner Kerze spielte auf den reglosen Zügen.

»Ich will dir geben, was du brauchst, aber ich muß dich bitten, von deinen Angriffen gegen mein Land abzulassen.«

Ptolemaios, der neben mir stand, zupfte an meinem Gewand. »Rede nicht so herrisch«, wisperte er. »Du solltest nicht so mit ihm sprechen.«

Aber es ziemte sich so. Ich war Königin und von Isis beseelt, und er war – seien wir offen – ein minderer Gott, der auf diese Gegend beschränkt war. Andere Götter hatten ihn vor langer Zeit zurückgedrängt, Horus hatte sogar die Hälfte seines Tempels übernommen.

»Ich lasse dir Geschenke hier, Sobek, du großer Gott der Krokodile, aber im Namen Isis' und des ägyptischen Volkes, das in meiner Obhut ist, bestehe ich darauf, daß du deine Geschöpfe zurückrufst.«

Andernfalls würden Olympos und ich eine Möglichkeit ergründen, das Wasser zu vergiften und die Krokodile zu töten.

Zusammen intonierten Ptolemaios und ich eine Lobeshymne auf Sobek und legten unsere Geschenke – Blumen, Wein und kostbare Salben – vor seine heilige Barke. Eine Zeitlang blieben wir noch schweigend stehen, und dann gingen wir.

Die Sonne stand jetzt schon hoch am Himmel und erwärmte den Innenhof des Tempels. Zur einen Seite erstreckte sich die Nekropolis der mumifizierten Krokodile, zur anderen lag ein großer Brunnenschacht, der unten mit einem Nilometer verbunden war.

Ich ging hin und spähte über den Rand. Überrascht stellte ich fest, daß das Wasser noch nicht sehr hoch gestiegen war. An der Wand des Nilometers war die Reihe mit den »Ellen des Todes« klar bezeichnet; darunter drohte Hungersnot. Der Nil stand immer noch ein gutes Stück weit unter dieser entscheidenden Marke, aber das Hochwasser hätte um diese Jahreszeit schon recht weit fortgeschritten sein müssen. Eine Welle des Unbehagens durchflutete mich.

Wir eilten zurück zum Boot und rannten über die Planke, die uns als Brücke über die inzwischen gierig auf Nahrung wartenden Krokodile diente. Sie waren ruckartig wach, als unsere Schatten über ihre Augen huschten; ein großer Bursche riß die Schnauze auf und entblößte Reihen von Zähnen und eine flache, gesunde Zunge, rosig wie eine Blume. Offensichtlich sorgte Sobek gut für die Seinen.

Möge Isis so gut zu uns sein, wie Sobek es zu seinen Geschöpfen ist, betete ich. Wir würden nun eilends nach Philae weiterreisen, der großen Göttin unsere Sorgen anheimstellen und Ptolemaios in ihre Obhut geben.

Wir mußten noch einen Tag den sanft anschwellenden Nil hinaufsegeln, ehe wir in die Gegend des Ersten Katarakts kamen. Das gewohnte Tosen klang gedämpft, denn das Wasser stand inzwischen so hoch, daß viele der scharfen

Felsen davon ganz bedeckt waren; so konnten wir – wenn auch sehr vorsichtig – eine Strecke befahren, die sonst äußerst gefährlich war. Der breite Busen des Wassers glänzte perlmuttern, und der dämmrige Himmel spiegelte sich darin, als wir in Sichtweite von Philae vor Anker gingen.

Im schwindenden Licht leuchtete die kleine Insel von Hunderten von Votivkerzen, die von Wallfahrern hinterlassen worden waren. Die Mauern des großen Isis-Tempels waren zwar aus Sandstein, aber an diesem Abend sahen sie aus wie zartester Alabaster, weiß und durchscheinend.

Ich hatte mir gelobt, niemals zurückzukehren, nachdem ich hier mit Cäsar jene merkwürdige Zeremonie vollzogen hatte, die mir hernach wie Hohn und Spott erschienen war. Jetzt war ich nicht mehr so sicher. Vielleicht haben Zeremonien – auch solche, die in fremden Zungen gefeiert werden – eine gewisse Macht. Vielleicht hatte Cäsar sich am Ende doch daran gebunden gefühlt.

Ein Licht nach dem anderen erlosch flackernd, vom Wind ausgeblasen, und die Umrisse des Tempels verschwammen. Ein sich plagender Halbmond, der aufgespießt in dem allerorten wuchernden Schilf hing, beleuchtete ihn nur matt.

Ich lag auf meinem Bett und fühlte, wie der warme Wind mich liebkoste, fühlte mich beschützt von Isis, die über ihrer heiligen Insel schwebte.

Im ersten Licht der Dämmerung gingen wir an Land, bevor die Pilgerscharen erscheinen konnten. Wir mußten eine Weile mit der Göttin allein sein. Ptolemaios wirkte besonders teilnahmslos; er hatte Mühe, den kurzen Weg vom Landungssteg bis zum Eingangstor des Tempels zu bewältigen.

»Schau!« sagte ich und deutete auf die erste Säule, die unseren Vater in all seiner Glorie darstellte, wie er in voller Rüstung seine Feinde zerschmetterte.

»Ja, ja, ich sehe es«, erklärte er müde.

Ein weißgewandeter Isis-Priester kam uns entgegen und verbeugte sich tief. »Majestäten«, sagte er mit leiser, melodischer Stimme, »in Isis' Namen heißen wir euch im Tempel willkommen.«

»Wir sind hier, um die Göttin um Heilung zu bitten«, sprach ich.

»Ah ja«, sagte er und wies mit einer Handbewegung auf die vielen Opfer, die im Hof hinterlassen worden waren. »Viele Hunderte kommen her – nubische Stämme aus dem Süden, Griechen, Araber, sogar Römer. Dies ist der bedeutendste Ort des Heilens, der Quell sozusagen – so nah am Ursprung des Nils. Und es ist die Grabstätte des Osiris. Ein wahrhaft heiliger Boden.« Freundlich schaute er Ptolemaios an und hätte wohl die Hand ausgestreckt, um ihn zu berühren, aber das war verboten.

Ich legte Ptolemaios den Arm um die Schultern. »Dürfen wir uns dem Heiligtum nähern?« fragte ich. »Die Träger mit unseren Gaben kommen nach.«

Ich zeigte auf die vier Diener, die im vorgeschriebenen neuen, ungebleichten Leinen gekleidet waren und die goldene Körbe mit Myrrhe, Gold, Zimt und dem heiligen süßen Weißwein aus Mareotis trugen.

Der Priester drehte sich um und führte uns im gemessenen Schritt der Zeremonie durch das Portal des ersten Torbaus in einen kleineren Hof und von dort durch ein zweites Tor ins dunkle Innere, wo geweihte Kapellen das innerste Allerheiligste flankierten.

Hier drang kein natürliches Licht herein; die Steine waren so genau zusammengefügt, daß kein Spalt die neugierige Sonne hätte einlassen können. In der linken Kapelle umrahmten verschnörkelte Kerzenständer eine lebensgroße Goldstatue der Isis auf einem Piedestal und beschienen sie mit einem weichen gelben Licht.

Sie war schön, heiter, voller Mitgefühl und Weisheit. Als ich sie anschaute, erfüllten mich Ruhe und Frieden, wie ich sie noch selten und dann nur flüchtig empfunden hatte.

O große Göttin! murmelte ich bei mir. Wie könnte ich jemals Dein Antlitz vergessen?

Ich verbeugte mich; ich fühlte mich beispiellos gesegnet und empfand zugleich tiefe Demut, da von allen Frauen der Welt ausgerechnet ich als ihre sterbliche Vertreterin auserkoren sein sollte.

Der Priester warf Weihrauchkörner in das Becken zu ihren Füßen, und ein durchdringend süßer Geruch erfüllte die Luft. Er begann zu beten und intonierte eine Lobeshymne auf sie.

*Isis, Lebensspenderin, die lebt auf dem heiligen Hügel,*
*Sie ist es, welche die Fluten ergießt,*
*Die Menschen leben und grüne Pflanzen wachsen lassen,*
*Die himmlische Gaben für die Götter uns bringt*
*Und Anrufungsopfer für die Gewandelten.*

*Denn sie ist die Herrin des Himmels,*
*Ihr Gemahl der Herr der Unterwelt,*
*Ihr Sohn der Herr des Landes;*
*Ihr Mann das reine Wasser, der verjüngt sich zu Biggeh um diese Zeit.*

*Wahrlich, sie ist die Herrin von Himmel, Erde und Unterwelt,*
*Denn sie hat sie ins Dasein gerufen durch das,*
*Was ihr Herz ersann und ihre Hände schufen.*
*Sie ist Bai in jeder Stadt,*
*Und wacht über ihren Sohn Horus und Osiris, ihren Bruder.*

Ich trat vor, legte meine Geschenke nieder und sagte: »Tochter des Re, ich, Kleopatra, trete vor Dich hin, o Isis, Du Lebensspenderin, um zu schauen Dein schönes Antlitz – gib, daß alle Lande mir huldigen immerdar.« Ich neigte den Kopf.

Die Göttin schwieg. Jetzt mußte ich ihr ein Loblied singen, und ich würde ihr mein Lieblingslied darbringen, jenes freudige, das nicht mehr über meine Lippen gekommen war seit der Zeremonie mit Cäsar.

*O Isis, Du Große, Gottes Mutter, Herrin von Philae,*
*Gottes Gemahlin, Gottes Anbeterin, Gottes Hand,*
*Gottes Mutter und große Gemahlin Gottes,*
*Schmuck und Herrin der Zierden des Palastes.*

*Herrin und Sehnsucht der grünen Felder,*
*Säugling, der den Palast mit seiner Schönheit erfüllt,*
*Wohlgeruch des Palastes, Herrin der Freuden,*
*Die ihren Lauf vollendet an göttlichem Ort.*

*Du Regenwolke, die das Feld ergrünen läßt, wo sie sich herabsenkt,*
*Jungfrau, süß von Liebe, Herrin von Unter- und Oberägypten,*
*Die Du befiehlst in den göttlichen Enneaden,*
*Nach deren Geheiß der Herrscher verfährt.*
*Fürstin, hoch zu loben, Herrin des Zaubers,*
*Deren Antlitz sich am Rinnsal frischer Myrrhe erfreut.*

Aus einem Hohlraum hinter der Göttin antwortete ein Priester mit hoher Stimme in ihrem Namen: »Wie schön ist es, was du für mich getan, meine Tochter, Isis, meine geliebte Herrin der Königskronen, Kleopatra: Ich habe dir gegeben dieses Land, zu erfreuen deinen Geist für alle Zeit.« Es erklang das trockene, silbrige Rasseln eines Sistrums, und dann fuhr die körperlose Stimme fort: »Ich erfülle das Land mit Furcht vor dir, und alles Land habe ich dir in Frieden gegeben. Mit Furcht vor dir erfülle ich auch die fremden Länder.«

*Mit Furcht vor dir die fremden Länder …* Zu welcher Bestimmung berief sie mich da? Die Ptolemäer hatten seit Generationen keine ausländischen Besitzungen mehr, und heute war es Rom, das fremde Länder mit Furcht erfüllte.

Ich verneigte mich, um zu zeigen, daß ich ihre Segnungen und Gaben entgegennahm.

Neben mir stand Ptolemaios, stocksteif und zitternd.

»Jetzt mußt du mit ihr sprechen«, sagte ich. »Sie wartet.«

Er stand weiter stumm da, als wage er nicht, einen Laut von sich zu geben.

»Ich lasse dich ungestört«, sagte ich; vielleicht war das besser.

Als ich aus dem dunklen, raucherfüllten Heiligtum in die gleißende Morgensonne hinaustrat, wurde mir davon schwindlig. Der Hof war noch leer; die Garde hielt das Volk zurück, bis wir fort wären. Ich war allein bis auf einen oder zwei Priester, die mit wiegenden Schritten in den schattigen Kolonnaden wandelten und ihre Gebete sangen.

Ein Stück weit abseits stand das Geburtshaus, eine symbolische Darstellung der Geburt des Horus durch seine Eltern Isis und Osiris. Die Legende von Isis und ihrem Gemahl in ihren vielen Formen wurde hier gefeiert und nachgezeichnet. Gibt es heute irgendein Kind, das sie nicht kennt? Osiris wurde von seinem bösen Bruder Seth ermordet, gesucht und gefunden von der trauernden, treuen Isis. Auf wunderbare Weise empfing sie das Kind Horus vom toten Osiris und gebar den Knaben in einem Papyrussumpf in Unterägypten. Da tötete der böse Seth Osiris noch einmal, und er zerstückelte ihn und verstreute die Teile landauf, landab in Ägypten. Wiederum sammelte die treue Gemahlin alle Teile ein und setzte sie zusammen, und so erweckte sie Osiris zum Leben in der Unterwelt, wo er als König der Toten herrscht, »er, der er beständig glücklich ist«. Unterdessen aber wuchs Horus zum Manne heran und rächte seinen Vater, indem er seinen Onkel Seth tötete. Isis, Osiris und Horus leben zusammen als heilige Familie, eine selige Dreifaltigkeit. Mit der Geburtskapelle wurde der wundersamen Geburt des Knaben gedacht. Jenseits des Wassers, gegenüber Philae auf der Nachbarinsel Biggeh, lag ein Teil des Osiris begraben, und alle zehn Tage wurde eine goldene Isis-Statue auf einer heiligen Barke hinübergeschafft, damit sie ihren Gemahl Osiris besuchen konnte, und so wurde die alte Sage neu in Szene gesetzt. Ich schaute zwischen den Säulen der Kolonnade hindurch und betrachtete das Felsenufer drüben.

Das alles war der Wahrheit in meinem eigenen Leben so nahe, daß ich davon ganz erschüttert war. Ich war Isis, Cäsar war Osiris, Cäsarion war Horus … Cäsar, von bösen Männern ermordet, war nun ein Gott … und ich blieb zurück, um zu trauern und ihn zu rächen und um seinen Sohn aufzuziehen, auf daß er seinen Namen trage und sein Erbe antrete. Und wie Isis verspürte ich große Einsamkeit, während ich durch das ganze Land streifte und nach Stücken und Fetzen meines Gemahls suchte.

Mit plötzlicher Entschlossenheit begab ich mich zu der kleinen Kapelle, wo wir vor so langer Zeit die geheimnisvollen Gelübde gesprochen hatten. Stücke und Fetzen meines Gemahls … Hier waren welche.

Ich betrat den kleinen, viereckigen Raum. Flachreliefs an den Wänden zeigten Pharaonen, die Isis ihre Opfer darbrachten, bewacht vom geflügelten Geier Oberägyptens. Genau hier hatten wir gestanden. Ich sah die Pflastersteine, die seine Sandalen berührt hatten, sah die Stellen, die der Saum seines

Mantels gestreift hatte. Ich stellte mich dahin, wo ich gestanden hatte, streckte die Hand aus und griff … ins Leere.

Und doch war ich nicht allein. Nur ein überaus dünner Schleier, unsichtbar, aber undurchdringlich, trennte uns – die Zeit und der Tod. Ich fühlte mich nun nicht mehr verhöhnt oder verwaist, sondern seltsam getröstet. Die Zeremonie hatte Bestand, dieser Barriere zum Trotz, und einte uns.

Draußen im Sonnenschein ging ich auf und ab und wartete auf Ptolemaios. Das sachte Plätschern des Wassers am Ufer der Insel war besänftigend und beruhigte mein jagendes Herz. Ich erinnerte mich, daß es auch hier ein Nilometer gab, und zwar eines in Form einer Treppe zum Wasser. Ich ging hinunter und stellte fest, daß ich eine große Zahl von Stufen hinuntersteigen mußte, bevor ich zum Wasser gelangte. Die Marke für den nötigen Mindestanstieg lag fünf Stufen oberhalb des Wasserspiegels. Mein Herz schlug wieder schneller.

Daß das Wasser angestiegen war, konnte man nicht übersehen; waren wir nicht über den Katarakt hinweggesegelt? Aber das Hochwasser sah mager aus. Ich suchte nach einem Relief, das sich, wie ich wußte, an der Wand befand; es zeigte Hapi, den Nilgott, in seiner Höhle am Katarakt. Was tat Hapi uns da an? Ich sprach mehrere Gebete zu ihm.

Ich weiß nicht, wie lange ich dort verweilte; als ich aufblickte, sah ich, wie Ptolemaios, kraftlos und hustend, auf zwei Priester gestützt, aus dem Tempel geführt wurde.

»Er ist ganz überwältigt von seiner Begegnung mit der Göttin«, sagte einer der Priester und fächelte ihm Luft zu. Ptolemaios hörte nicht auf zu husten. Ich vermutete, daß es nicht die Anwesenheit der Göttin war, was ihn überwältigt hatte, sondern der dichte Weihrauch. Olympos würde mir zweifellos zustimmen; seiner Meinung nach war der Weihrauch Gift für die Lunge.

»Wir möchten ihn unter eurer Obhut im Tempel des Heilens zurücklassen«, sagte ich. »Habt ihr kein Haus, wo Priester und Priesterinnen die Kranken pflegen, die zu Isis kommen, um Heilung zu suchen?«

»Doch, und es ist ein privates Haus – das heißt, es steht nicht allen Pilgern offen, denn sonst müßte es riesig sein. Es ist ein kleines Heim, in dem die Patienten auf gesunde Weise leben können«, versicherte der Priester mir.

Ich war sehr zufrieden mit allem, was ich sah. Der gepflasterte Hof war makellos sauber gefegt, Blumen blühten rings um den Brunnen in der Mitte, und Hunde oder Katzen streiften nicht durch das Anwesen. Pflegerinnen, sanfte Frauen, die glaubten, Isis in ihrer Gestalt als heilender Asklepios zu dienen, versorgten die Invaliden; sie führten sie im Sonnenschein spazieren, lasen ihnen vor, brachten ihnen zu essen. Hier würde Ptolemaios offenbar die bestmögliche Pflege finden.

Als er nicht dagegen protestierte, hier untergebracht zu werden, war ich ernstlich beunruhigt. Es bedeutete, daß er nicht die Kraft hatte, sich zu wehren.

Als man ihn zu Bett gebracht hatte, strich ich ihm über die Stirn. »Die Göttin wird dich gesund machen«, versicherte ich ihm. »Nächstes Jahr um diese Zeit bist du wieder in Alexandria, und das hier ist nur eine Erinnerung.«

Er nickte brav und drückte mir die Hand.

Ich beschloß, erst in ein paar Tagen abzureisen, aber das sagte ich ihm nicht, damit er nicht Reißaus nahm und versuchte mitzukommen. Ich bat den Priester, mir jeden Morgen und jeden Abend Bericht zu erstatten.

In den ersten vier Tagen kamen nur gute Berichte. Ptolemaios hatte gut geschlafen; seine Gesichtsfarbe besserte sich; er aß sogar Suppe und Brot. Aber am fünften Tag kam kurz vor Sonnenuntergang der Priester zu mir hereingestürzt.

»Majestät, der König – er … er hat sich beim Essen verschluckt und einen Hustenanfall bekommen, und dann ist er ohnmächtig geworden. Wir haben ihm Kühlung zugefächelt und ihm Kissen in den Rücken geschoben, und da fing er an, Blut zu spucken.«

»Ich komme lieber mit.« Zusammen eilten wir zur Tür hinaus und zum Krankenhaus.

Ich fand Ptolemaios zusammengesackt zwischen seinen Kissen; seine Arme hingen schlaff herab wie abgeschnittene Weidenzweige. Sein Gesicht war totenbleich, und er hatte rote Flecken auf den Wangen. Er hatte sich völlig verändert, seit ich ihn zuletzt gesehen hatte.

»Ptolemaios!« Ich sank auf die Knie und sprach ihn leise an.

Mit großer Mühe öffnete er die Augen und richtete seinen Blick auf mich. »Oh … Ich dachte, du wärest schon weg.«

»Nein, ich bin noch hier. Ich bin hier, solange du mich brauchst.«

»Oh.« Er streckte eine schwache Hand aus und tastete nach der meinen. Ich ergriff sie; sie war heiß und trocken wie eine abgestreifte Heuschreckenhaut in der Sonne.

Er tat einen tiefen Seufzer und füllte seine Lunge mit Luft. Als er ausatmete, trat roter Schaum in seine Nasenlöcher.

Dann schloß er die Augen und öffnete sie nicht wieder.

Ich fühlte, wie seine heiße kleine Hand sich zitternd zusammenzog und dann erschlaffte. Er starb ruhig und mühelos, mit einem Seufzer um all das, was er zurückließ.

Ich sagte nichts, sondern blieb nur sitzen und hielt seine arme kleine Hand fest. Es wäre noch Zeit genug zum Reden, wenn der Priester zurückkäme.

Nilabwärts – und unser Boot war jetzt eine Totenbarke. Die Priester von Philae hatten Ptolemaios bereitgemacht für seine Reise in die Ewigkeit. Das hatte viele Tage gedauert, und während dieser Zeit hatte man einen Reisesarg angefertigt. Ich wartete und schwebte dabei zwischen der Welt der Lebenden und der Welt der Toten.

Tag für Tag beobachtete ich, wie der Nil matte Anstrengungen unternahm, noch zu steigen, ohne daß es gelang. Plage um Plage schien auf mich herabzuregnen; mußte ich jetzt auch noch eine Hungersnot im Land erwarten, nachdem ich meinen Gemahl, mein ungeborenes Kind und meinen Bruder verloren hatte?

Für wie stark hältst Du mich? beschwor ich Isis. Mehr kann ich nicht ertragen!

*Doch, das kannst du, und das wirst du*, schien das Wasser mir murmelnd und ungerührt zu antworten.

Das Boot war mit Trauerflor behängt, und auch die Ruderer trugen Trauergewänder. Die Menschen säumten die Uferböschungen – sie standen so nah am Wasser, wie sie konnten, ohne sich den Krokodilen auszusetzen – und beobachteten schweigend, wie wir vorüberglitten. Die Reise schien endlos zu währen, und als wir Kom Ombo passierten und ich daran denken mußte, wie fasziniert Ptolemaios vom Krokodilgott gewesen war, da mußte ich weinen. So vieles hatte ihm Entzücken bereitet. Die Welt würde grauer werden ohne sein Lachen und seine kindliche Neugier.

Er war auf dem Heimweg nach Alexandria. Ich erinnerte mich an das, was ich ihm versprochen hatte: *Nächstes Jahr um diese Zeit bist du wieder in Alexandria, und das hier ist nur eine Erinnerung.* Die Göttin hatte mein Versprechen erfüllt, aber nicht so, wie ich es mir gedacht hatte.

# 39

Ein gnadenloser, jungfräulich klarer Sonnenschein ergoß sich über den Trauerzug wie Wasser aus einem Krug. Der Wagen, der den Sarkophag mit Ptolemaios trug, schlängelte sich durch die Straßen von Alexandria und folgte dem Weg, den alle offiziellen Prozessionen nahmen, bis er zum Königlichen Mausoleum gelangte.

Alle meine Vorfahren lagen dort bestattet, in verzierten Steinsarkophagen in sauber gearbeiteten Kammern. Wenn man an ihnen vorbeiging, sah man, wie der Wandel des Geschmacks auch die Bestattungsmode beeinflußt hatte – angefangen bei dem schlichten, viereckigen Behälter für Ptolemaios I. bis zu dem prunkvollen für Ptolemaios VIII., der dermaßen mit gemeißeltem Grün überladen war, daß er wie eine Weinrankenlaube aussah. Es war eine grausige Parade der Toten. Mich fröstelte, als ich am Grab meines Vaters vorüberging – und dann am schmucklosen Sarkophag meines anderen Bruders Ptolemaios, des Verräters, den wir noch im Tode bestraft hatten. Der letzte Ptolemaios nun würde eine massive Gruft aus rosarotem Granit bekommen, auf Hochglanz poliert und mit gemeißelten Abbildungen von Pferden und Booten verziert. Ich hatte mir überlegt, was er am meisten geliebt hatte und bei sich behalten würde, aber es gab so vieles, was ihm Spaß gemacht hatte.

Lodernde Fackeln erhellten die unterirdischen Gänge und ließen für kurze Zeit den Tag erstrahlen. Aber damit war es bald vorbei; die Tore wurden dröhnend geschlossen, und wir traten hinaus ins richtige Sonnenlicht.

Zwei Bestattungen, eine jede auf ihre Art schrecklich: Cäsar zu Asche verbrannt, und die Gebeine später zusammengelesen, um sie in der Familiengruft zu bestatten. Ptolemaios nach allen Regeln der Einbalsamiererkunst mumifiziert und steif und kalt in einen dunklen Kasten gelegt. Der Tod war grotesk.

Ganz Alexandria mußte mit dem Palast sieben Tage trauern. Das Geschäftsleben mußte innehalten, Botschafter mußten warten, Schiffe lagen mit ihrer Ladung auf der Reede, und Rechnungen blieben unbezahlt.

Wir hatten jetzt Oktober, und der Nil hatte uns ohne Zweifel im Stich gelassen. An sämtlichen Pegeln hatte das Wasser die Marke der »Ellen des Todes« kaum erreicht. Hier in Unterägypten hatte das Wasser sich in kleinen Pfützen ausgebreitet und die Vorratsbecken kaum gefüllt. Jetzt wich es schon wieder zurück – einen Monat vor der Zeit. Es würde eine Hungersnot geben.

Der niedrige Wasserstand bedeutete zumindest, daß auch die Krokodile zu leiden hatten. Sie konnten nicht genug Nahrung erbeuten, und so verschwanden viele von ihnen im Schlamm, um zu schlafen und auf bessere Zeiten zu warten. Andere watschelten auf das Land hinauf und strandeten dort oder sahen sich den Dorfbewohnern ausgeliefert, die sie in die Enge trieben und mit ihren Speeren erstachen. Wieder andere zogen sich anscheinend in die Gewässer oberhalb des Katarakts zurück. Sobek hatte mir gehorcht – besser gesagt, der Isis in mir.

Als die Staatstrauer vorüber war, beriet ich mich mit Mardian und Epaphroditos über die zu erwartende Krise der Ernten.

»Ja, sie werden knapp ausfallen«, sagte Mardian. »Ich habe die Zahlen bereits errechnen lassen.«

»Wie knapp?« fragte ich.

»So knapp, wie wir es nur je erlebt haben«, antwortete er kopfschüttelnd.

»Es ist wahrlich ein Glück, daß die beiden letzten Jahre so gut ausgefallen sind.«

Als ich fort war, dachte ich. Vielleicht sollte ich im Interesse Ägyptens woanders leben! Das sagte ich auch.

Mardian zog die Brauen hoch. »Also wirklich – wo willst du denn leben? Welchen anderen Ort könnte man mit Alexandria vergleichen?«

»Oh, ich könnte mir Ephesos vorstellen oder Athen.« Ich war neugierig, beides einmal zu sehen, und auch die beiden Weltwunder – den großen Artemis-Tempel und das Parthenon.

»Bah! Zu viele Griechen«, sagte Epaphroditos. »Wer möchte schon mit *Griechen* zusammenleben?«

»Da hat er nicht unrecht«, meinte Mardian. »Sie streiten zuviel. Fast soviel wie die Juden! Deshalb ist Alexandria so aufrührerisch und streitsüchtig – weil die Griechen und die Juden nicht voneinander ablassen wollen in ihrem ständigen Gezänk.«

»Ganz anders als ihr friedfertigen Ägypter«, sagte Epaphroditos. »Ich glaube, du würdest dich zu Tode langweilen.«

»Schluß, ihr zwei«, sagte ich. »Wir wollen doch hier keinen Aufruhr beginnen. Meine Minister sollten über diese Fragen des Nationalcharakters erhaben sein.« Ich scherzte nur halb. »Wenn wir jetzt Hilfsmaßnahmen für eine Hungersnot einleiten müssen – wie steht es mit den Staatsfinanzen? Kann ich mir trotzdem leisten, eine Flotte zu bauen?«

Mardian machte ein erschrockenes Gesicht. »Teuerste Herrin, das würde ein Vermögen kosten!«

»Ein Vermögen, um ein Vermögen zu retten«, entgegnete ich. »Ich weiß, daß die Augen Roms sich wieder nach Osten wenden werden. Der letzte Machtkampf, zwischen Cäsar und Pompejus, wurde in Griechenland entschieden. Die Mörder werden in den Osten kommen; ich weiß es. Ich fühle es. Und wenn sie es tun, müssen wir bereit sein. Bereit, uns zu verteidigen oder Cäsars Partei zu unterstützen.«

Mardian schlug die Beine übereinander und streckte sie wieder – eine Angewohnheit, die zeigte, daß er nachdachte. »Was ist mit den vier Legionen, die bereits hier sind?« fragte er.

»Sie schulden Rom Gehorsam«, antwortete ich. »Wir brauchen eine Streitmacht, die nur uns untersteht. Eine Seestreitmacht.«

Es war wohlbekannt, daß die Römer zur See schwach waren. Zu Lande waren ihre Legionen scheinbar unbesiegbar, aber wenig von dieser Kampfeslust fand sich bei ihrer Flotte.

»Ja, da stimme ich dir zu«, sagte Epaphroditos. »Und ich glaube, unsere Finanzen reichen aus. Es wird sie allerdings so gut wie aufbrauchen. Wir haben dann keine Reserven mehr.«

Unwichtig. Reserven hatten sich schnell genug auffüllen lassen, und wir brauchten diese Flotte. »Ich denke, es müssen mindestens zweihundert Schiffe sein«, sagte ich. Die beiden Männer machten überraschte Gesichter. »Eine geringere Zahl kann man eigentlich nicht als Flotte bezeichnen.« Ich blieb beharrlich. »Halbe Sachen nützen gar nichts und sind reine Geldverschwendung.«

»Jawohl, Majestät«, sagte Epaphroditos. »Soll ich mich darum kümmern, daß Holz und Schiffszimmerleute beschafft werden? Und wie gedenkst du diese Flotte zusammenzusetzen? Sollen es hauptsächlich Schlachtschiffe sein, Quadriremen und noch größere? Oder leichtere vom liburnischen Typus? Davon hängt die Holzstärke ab, die ich bestellen muß.«

»Ich will von beidem jeweils die Hälfte.« Ich hatte viel gelesen und die Seekriegführung studiert, und es erschien mir klug, sich in beide Richtungen abzusichern. Es waren schon Schlachten verlorengegangen, weil jemand sich übermäßig auf einen bestimmten Schiffstyp verlassen hatte. »Und ich selbst will lernen, ein Kriegsschiff zu führen«, sprach ich. Jetzt sahen sie beide entsetzt aus.

»Majestät«, wandte Epaphroditos ein, »sicher kannst du es doch den Admirälen überlassen, deine Flotte zu befehligen.«

»Ich werde Admiräle haben«, beruhigte ich ihn. »Aber sie werden unter meinem Kommando stehen.«

Mardian verdrehte die Augen. »Meine Güte«, seufzte er. »Ach, du liebe Zeit.«

Ich beachtete ihn nicht.

»Wenn die Hungersnot schlimm wird, im März oder im April, werden wir die Kornspeicher von Alexandria für das Volk öffnen müssen. Das geben wir jetzt bekannt.«

Das ägyptische Getreide – Weizen und Gerste – wurde in gewaltigen Kornspeichern in Alexandria gelagert, wo es auf die Verschiffung oder den Verkauf wartete. Ihre Bewachung war eine ernste und wichtige Aufgabe; ich ließ doppelte Abteilungen von Soldaten um sie herum postieren.

»Jetzt schon?« Mardian runzelte die Stirn. »Dann werden die Leute sich viel früher melden, als sie müßten.«

»Das kann sein. Aber es wird auch ihre Sorgen – und ihre Neigung zum Aufstand – im Zaum halten.«

Er seufzte wieder. Mardian zog es vor abzuwarten, bis eine Schwierigkeit auftrat, statt ihr auf halbem Weg entgegenzugehen.

»Das ist ein uraltes Problem in Ägypten«, sagte Epaphroditos. »Vielleicht interessiert es dich zu hören, daß in unseren Schriften eine Geschichte von einer ebensolchen Hungersnot vorkommt. Sie enthält ein paar interessante Aspekte. Ich schicke dir eine Abschrift.«

»Mir scheint, es gibt nichts, was in euren Schriften nicht vorkommt«, erwiderte ich. »Aber es würde mich sehr interessieren, es zu lesen.«

Pünktlich am selben Abend wurde ein Manuskript abgeliefert, eine Abschrift aus der griechischen Fassung der Geschichte seines Volkes: über einen – selbstverständlich sagenhaften – Pharao, der so rechtzeitig von der Hungersnot geträumt hatte, daß er sein Volk retten konnte. Ich dachte mir, daß Cäsarion diese Geschichte gefallen würde, und so befahl ich seinem Diener, ihn für die Nacht zu kleiden und dann zu mir zu bringen.

Er hatte inzwischen eigene Gemächer mit all den Möbeln, Spielsachen, Tieren, Bällen, Spielen und anderen Dingen, die kleine Jungen gern haben. Auch eine Büste von Cäsar war da, vor die er seine täglichen Opfergaben legte. Ich wollte, daß er seinen Vater immer vor Augen hatte.

Er war jetzt dreieinhalb Jahre alt, ein ernstes Kind, das verschlossen wirkte, als habe es schon zuviel gesehen, was es belaste. Er würde groß werden, und je mehr sein Gesicht die säuglingshaften Rundungen verlor, desto ausgeprägter wurde seine Ähnlichkeit mit Cäsar. Wenn er sprach, klang er wie ein älteres Kind.

»Komm und setze dich zu mir«, sagte ich und klopfte auf einen gepolsterten Hocker. Der Himmel draußen leuchtete im zarten Grau der Dämmerung – eine gute Zeit des Tages, wenn er in die Nacht hinüberglitt. Gehorsam kam Cäsarion herbei, ließ sich nieder und lehnte sich an mich. »Unser guter Freund Epaphroditos hat mir eine Geschichte von einem Pharao aus alter Zeit und seinem klugen Minister geschickt. Ich dachte mir, sie würde dir gefallen.«

»Ich will sie hören«, sagte er ernst.

»Sie handelt davon, wie die Juden nach Ägypten kamen. Da gab es einen Sklaven, der konnte Träume deuten, und wie es scheint, hatte der Pharao einen schlimmen Alptraum. Er träumte, daß sieben Ähren von gutem, süßem Korn erblühten, und sie wurden von sieben häßlichen, welken Ähren gefressen. Dann träumte er, daß sieben fette Kühe zum Nil kamen, um zu saufen, aber da kamen sieben magere Kühe aus dem Fluß und verschlangen sie.«

Cäsarion erschauerte. »Aber wie kann eine Kuh eine Kuh fressen?« fragte er ernst.

»Es war ja nur ein Traum«, sagte ich. »Im Traum geschehen Dinge, die im wirklichen Leben nicht geschehen können. Aber dem Pharao bereitete es Kopfzerbrechen. Er wachte auf, doch er konnte die Träume nicht vergessen. Er fragte alle seine weisen Männer, was sie bedeuteten, und niemand wußte es.«

»Kein Wunder. Sie ergeben ja auch keinen Sinn.« Cäsarion nickte weise.

»Ich will dir vorlesen, was weiter geschah«, sagte ich. »Einer der Diener des Pharaos erinnerte sich an einen hebräischen Gefangenen namens Joseph, der die Gabe der Traumdeutung hatte. ›Da sandte Pharao hin und ließ Joseph rufen, und sie ließen ihn eilends aus dem Gefängnis. Und er ließ sich scheren und zog andere Kleider an und kam hinein zu Pharao. Da sprach Pharao zu ihm: Mir hat ein Traum geträumt, und da ist niemand, der ihn deuten kann; ich habe aber gehört von dir sagen, wenn du einen Traum hörst, so kannst du ihn deuten.

Joseph antwortete Pharao und sprach: Das steht bei mir nicht; Gott wird Pharao Gutes weissagen.

Pharao sprach zu Joseph: Mir träumte, ich stand am Ufer bei dem Wasser und sah aus dem Wasser steigen sieben schöne, fette Kühe; die gingen auf der Weide im Grase. Und nach ihnen sah ich andere sieben, dürre, sehr häßliche und magere Kühe heraussteigen. Ich habe in ganz Ägyptenland nicht so häßliche gesehen.‹«

Cäsarion kicherte.

»›Und die sieben mageren und häßlichen Kühe fraßen auf die sieben ersten, fetten Kühe. Und da sie die hineingefressen hatten, merkte man's nicht an ihnen, daß sie die gefressen hatten, und waren häßlich gleich wie vorhin. Da wachte ich auf.

Und ich sah abermals in meinem Traum sieben Ähren auf einem Halm wachsen, voll und dick. Darnach gingen auf sieben dürre Ähren, dünn und versengt. Und die sieben dünnen Ähren verschlangen die sieben dicken Ähren. Und ich habe es den Wahrsagern gesagt, aber die können's mir nicht deuten.‹«

Cäsarion runzelte die Stirn. »Es muß etwas mit Nahrung zu tun haben, und mit Essen. Korn und Kühe.«

»Kluges Kind«, sagte ich. »Aber hör weiter zu. ›Joseph antwortete Pharao: Beide Träume Pharaos sind einerlei. Gott verkündigt Pharao, was er vorhat. Die sieben schönen Kühe sind sieben Jahre, und die sieben guten Ähren sind auch die sieben Jahre. Es ist einerlei Traum. Die sieben mageren und häßlichen Kühe, die nach diesen aufgestiegen sind, das sind sieben Jahre; und die sieben mageren und versengten Ähren sind sieben Jahre teure Zeit. Das ist nun, wie ich gesagt habe zu Pharao, daß Gott Pharao zeigt, was er vorhat. Siehe, sieben reiche Jahre werden kommen in ganz Ägyptenland. Und nach denselben werden sieben Jahre teure Zeit kommen, daß man vergessen wird aller solcher Fülle in Ägyptenland; und die teure Zeit wird das Land verzehren, daß man nichts wissen wird von der Fülle im Lande vor der teuren Zeit, die hernach kommt; denn sie wird sehr schwer sein. Daß aber dem Pharao zum andernmal geträumt hat, bedeutet, daß solches Gott gewiß und eilend tun wird.

Nun sehe Pharao nach einem verständigen und weisen Mann, den er über

Ägyptenland setze und schaffe, daß er Amtleute verordne im Lande und nehme den Fünften in Ägyptenland in den sieben reichen Jahren und sammle alle Speise der guten Jahre, die kommen werden, daß sie Getreide aufschütten in den Kornhäusern des Pharaos zum Vorrat in den Städten und es verwahren, auf daß man Speise verordnet finde dem Lande in den sieben teuren Jahren, die über Ägyptenland kommen werden, daß nicht das Land vor Hunger verderbe.

Die Rede gefiel Pharao und allen seinen Knechten wohl. Und Pharao sprach zu seinen Knechten: Wie können wir einen solchen Mann finden, in dem der Geist Gottes sei? Und sprach zu Joseph: Weil dir Gott solches alles hat kundgetan, ist keiner so verständig und weise wie du. Du sollst über mein Haus sein, und deinem Wort soll all mein Volk gehorsam sein; allein um den königlichen Stuhl will ich höher sein als du. Und weiter sprach Pharao zu Joseph: Siehe, ich habe dich über ganz Ägyptenland gesetzt.‹«

Cäsarion rutschte hin und her. »Pharao hat aber ein großes Vertrauen zu ihm. Wenn Joseph die Träume nun falsch gedeutet hätte?«

Ich nahm ihn in den Arm. »Die größte Begabung, die ein Herrscher nur haben kann, besteht darin, die zu durchschauen, die zu ihm kommen, um ihm zu dienen. Aber hör weiter zu. ›Und Joseph war dreißig Jahre alt, da er vor Pharao stand, dem König in Ägypten; und fuhr aus von Pharao und zog durch ganz Ägyptenland. Und das Land trug in den sieben reichen Jahren die Fülle; und sie sammelten alle Speise der sieben Jahre, so im Lande Ägypten waren, und taten sie in die Städte. Was für Speise auf dem Felde einer jeglichen Stadt umher wuchs, das taten sie hinein. Also schüttete Joseph das Getreide auf, über die Maßen viel wie Sand am Meer, also daß er aufhörte zu zählen, denn man konnte es nicht zählen.‹«

»Oh!« rief Cäsarion. »Das hätte ich gern gesehen, so viel Korn, alles auf einem Haufen!«

»›Da nun die sieben reichen Jahre um waren im Lande Ägypten, da fingen an die sieben teuren Jahre zu kommen, davon Joseph gesagt hatte. Und es ward eine Teuerung in allen Landen; aber in ganz Ägyptenland war Brot. Und alle Lande kamen nach Ägypten, zu kaufen bei Joseph; denn die Teuerung war groß in allen Landen.‹«

Ich legte die Schriftrolle beiseite. »Und so, siehst du, rettete Ägypten die ganze Welt vor dem Verhungern.«

»Glaubst du, daß es eine wahre Geschichte ist? Ist es wirklich passiert?«

»Du meinst, ob es diesen Joseph wirklich gegeben hat? Ich weiß es nicht. Aber ich weiß, daß wir heute tatsächlich Kornspeicher haben, in denen wir unsere Ernte lagern, um uns vor Hungersnöten zu schützen. Und wir können Hungersnöte voraussagen, indem wir den Wasserstand des Nils beobachten. Aber wir können es immer nur für ein Jahr. So wissen wir schon, daß es in diesem Jahr nicht genug zu essen geben wird. Deshalb werden wir, wenn die Zeit kommt, wie Joseph unsere Speicher öffnen und Lebensmittel verteilen.«

»An die ganze Welt?«

»Ägypten speist bereits die ganze Welt«, sagte ich. »Wir exportieren Getreide nach Rom, nach Griechenland, nach Asien; wir sind ein sehr reiches Land.« Ich zauste ihm das Haar, das allmählich dunkler wurde. »Wenn wir die Speicher öffnen, möchtest du das sehen?«

»O ja! Ich möchte die vielen Haufen von Korn sehen! Sind sie wie Berge?«

»Ja«, antwortete ich, »wie goldene Berge.«

»Vertraust du Epaphroditos und Mardian, wie der Pharao Joseph vertraute?« fragte er mich plötzlich.

Ich brauchte nicht zu zögern. »Allerdings, das tue ich. Ich kann mich glücklich schätzen, daß ich so vertrauenswürdige Minister habe.«

»Woher weißt du, ob du jemandem vertrauen kannst oder nicht?« fragte er.

»Ich sagte schon, es ist eine Gabe. Und natürlich kann man immer beobachten, was sie tun.« Aber während ich dies sagte, wußte ich, daß die Gabe nicht narrensicher war. Intelligente und urteilsfähige Herrscher sind auch schon betrogen worden. Der erfolgreichste Verräter ist möglicherweise ja der, der bis zum letzten Augenblick loyal ist. Ihn kann niemand entlarven; er weiß ja selbst nichts von seinem Umschwung.

Cäsarion legte mir die Arme um den Hals. »Gute Nacht, Mutter. Und bitte träume nicht von Kühen.« Und damit tappte er an der Hand seiner Kinderfrau vergnügt in seine Gemächer.

Nein, ich würde nicht von Kühen träumen. Aber ich träumte von meiner Flotte, von der wunderbaren Flotte, die ich aus starken syrischen Hölzern bauen würde. Und ich träumte von einer Seeschlacht, einer großen Schlacht, in der ich die Segel hißte und durch eine Barrikade auf das offene Meer hinausschoß ... Als ich erwachte, hörte ich draußen das Donnern der See; es war einer der ersten Stürme dieses Herbstes.

Die Flotte nahm Gestalt an, und die Werften im ganzen Delta wie auch in Alexandria machten Überstunden. Waghalsige Seemannskunst – für die sich die Syrer gut bezahlen ließen, so daß sie auch bereit waren, viel zu riskieren – sorgte dafür, daß genug Langholz über das Meer gebracht wurde, um die größten Kriegsschiffe auf Kiel zu legen und sie ablagern zu lassen. Die Ausrüstung der Schiffe – Ruder, Segel, Steueranlagen, Leinen und Rammsporne – wurde anderswo hergestellt, und auch damit ging es gut voran. Ich hatte beschlossen, die Flotte zu halbieren und die Hälfte bei meinem Gouverneur auf Zypern zu stationieren, um sie flexibler einsetzen zu können. Während ich die Baupläne für die Schiffe in allen Einzelheiten studierte, sorgte ich dafür, daß ein Schiffbauer hier in Alexandria sich daranmachte, für Cäsarion die Miniatur-Trireme zu bauen, die ich ihm versprochen hatte. Der Junge war entzückt, und oft stiegen wir die Palasttreppe zum königlichen Hafen hinunter, damit er sie sehen konnte. Sie sollte zwanzig Fuß lang werden, so klein, daß zwei erwachsene Ruderer genügten, um sie anzutreiben; die übrigen Ruderreihen dienten nur zur Zierde und waren starr befestigt.

»Und ich werde Kapitän?« fragte er, während er auf dem halbfertigen Schiff auf und ab paradierte und über die Reling auf das Deck spähte.

»Ja, aber bis du sieben Jahre alt bist, mußt du immer einen erwachsenen Unterkapitän dabeihaben«, sagte ich – und dieser Erwachsene würde ein Fachmann sein. Es durfte keine weiteren Schiffsunglücke in meiner Familie geben.

»Welchen Namen soll ich dem Boot geben?« überlegte er.

»Einen wunderbaren«, sagte ich. »Aber darüber hast du zu entscheiden.«

Sein Gesicht nahm wieder diesen ratlosen Ausdruck an, der ihn so alt wirken ließ. »Oh, das ist so schwierig!« stöhnte er.

Der römische Neujahrstag kam heran, und den ersten der Verschwörer ereilte das Verhängnis. Trebonius – er hatte zwar nicht eigenhändig auf Cäsar eingestochen, aber er hatte doch eine entscheidende Rolle gespielt, indem er Antonius aufgehalten und damit verhindert hatte, daß dieser an den Iden des März eingeschritten war –, Trebonius also war in aller Ruhe in die Provinz Asien gereist, um sein Statthalteramt anzutreten. Offensichtlich bereitete es ihm keine Gewissensbisse, sich in die Provinz zu begeben, die Cäsar ihm so gütig zuerkannt hatte. Aber Dolabella, einer der Cäsarianer, verfolgte ihn nach Asien, stellte ihn dort zum Kampf und entriß ihm die Provinz. Er tötete Trebonius, hackte ihm den Kopf ab, schleuderte diesen erst vor eine Statue Cäsars und warf ihn dann in Smyrna auf die Straße, wo die Kinder damit Ball spielten.

Und so begann sie, die Vergeltung. Ich frohlockte, als ich davon hörte. Ich wünschte, ich hätte selbst vor dem blutigen Kopf stehen und dagegen treten können, hätte seine Augäpfel in den Staub der Straße schmieren und den Schädel zerschmettern dürfen.

In Rom brach zwischen Octavian und Antonius offene Feindschaft aus – hauptsächlich deshalb, weil Cicero den Senat gegen Antonius aufstachelte. Der Orator gedachte Rom nun selbst zu führen, er wollte ein weiser Mentor sein und den jungen, leicht zu beeindruckenden, gehorsamen Knaben leiten. Endlich würde er, Cicero, zu seinem Recht kommen: als Staatsmann und Erretter des Vaterlandes. Wie schlecht kannte er Octavian! Er selbst, Cicero, war in diesem Spiel der Narr und der Gimpel.

Aber der eitle alte Mann schrieb und hielt eine Serie von Reden gegen Antonius, und am Ende erklärte der Senat diesem den Krieg. Die Reden waren voll von den bösartigsten Lügen und Verdrehungen, aber wie die meisten Verleumdungen waren sie unterhaltsam. Es gab niemanden unter den Lebenden, der eine Persönlichkeit mit raffinierten Worten und Andeutungen besser in den Schmutz ziehen konnte als Cicero. Dafür bezahlte er dann mit seinem Leben, aber erst als Antonius das seine auch beinahe verloren hätte.

Meine Prophezeiung erfüllte sich. Nachdem Brutus einige Zeit in Athen verbracht hatte, ging er nach Makedonien, und Cassius kam nach Asien. Im Osten wollten sie sich vereinigen und sich zum Kampf stellen. Es würde Krieg geben.

Cassius machte sich daran, Dolabella aus seinem Statthalteramt zu jagen, und Dolabella wandte sich an mich um Hilfe und forderte die römischen Legionen an. Wieder kam es, wie ich es vorhergesehen hatte: Mir blieb nichts anderes übrig, als sie abzugeben, denn wenn ich sie jetzt nicht Dolabella gäbe, würde Cassius sie fordern. Aber bevor sie Dolabella erreichten, wurden sie von Cassius abgefangen.

Meine Legionen in der Hand des Feindes – des Mörders Cäsars! Und dann verfolgte er Dolabella durch Syrien und umzingelte ihn schließlich in der Stadt Laodikeia. Dolabella wußte, daß er besiegt war, und beging Selbstmord. Cassius war Sieger und beherrschte jetzt ganz Asia Minor sowie Syrien; er hatte vierzehn Legionen: acht von den Statthaltern Syriens und Bithyniens, die vier, die Allienus aus Ägypten herangeführt hatte, und die zwei des besiegten Dolabella. Vierzehn Legionen! Und dann kam der schrecklichste Schlag: Er überredete Serapion, meinen Gouverneur in Zypern, ihm die dort stationierten Schiffe meiner neuen Flotte zu überlassen. Sie segelten nach Asien zu Cassius.

Welche Perfidie! Die Mörder leisteten nicht nur Widerstand, sondern sie eigneten sich sogar meine Streitkräfte an!

Als nächstes wandte Cassius seinen Blick nach Ägypten und gab bekannt, er gedenke nun einzumarschieren und uns zu erobern, da wir Dolabella die Legionen zu Hilfe geschickt hatten. Es sei Zeit, meinte er, daß wir bestraft würden und ihnen unsere Mittel zur Verfügung stellten – den Liberatoren, wie sie sich selbst nannten.

Die Pest wütete; sie war der Hungersnot dicht gefolgt. Der Himmel schien seine Blitze auf mein Königreich zu schleudern, als sei er entschlossen, uns zu stürzen. Ich setzte mich mit äußerster Kraft zur Wehr.

Immer neue Sitzungen mit meinen Ministern – Mardian, Epaphroditos und Olympos bekamen in diesen Wochen wenig Ruhe. Jeden Morgen gab es Berge von Leuten, die in der Nacht gestorben waren. Man konnte sie nicht einbalsamieren, weil niemand sie anrühren wollte; statt dessen wurden sie verbrannt wie Müll.

Eines Morgens, nach einer besonders schlimmen Nacht, brachte Olympos mir ein Manuskript und meinte, ich solle es lesen; der Autor gebe darin eine ausgezeichnete Schilderung der Krankheit.

»Was nützt uns eine Schilderung?« fragte ich. »Wer könnte sie nicht schildern? Fieber, Durst, ausbrechende Beulen, schwarze Schwellungen, die platzen, ein schneller Tod. Aber wie kann man dem Einhalt gebieten? Das ist die Frage!«

»Bitte, lies es trotzdem. Er hat Theorien über die Ausbreitung.« Olympos drückte mir die Schriftrolle in die Hand.

»Also gut. Ich bin zu allem bereit, um dieser Seuche ein Ende zu machen.« Ich schaute Epaphroditos an. »Ich nehme an, in deinen Schriften steht auch etwas darüber?«

Er grinste. »Woher weißt du das?«

»Worüber steht *nichts* darin? Nun, und wie wurde sie geheilt?«

»Gar nicht«, gab er zu. »Es gab eine Folge von Plagen – Frösche, Mücken, Fliegen, Heuschrecken, Beulenpest –, aber sie wurden gesandt, um etwas klarzumachen. Es waren keine Naturereignisse.«

»Was soll uns denn diese Seuche nun klarmachen? Ich kann nicht glauben, daß die Götter unseren Feinden helfen wollen. Soll ich denn jetzt auch noch Fliegen-, Frösche- und Heuschreckenplagen erwarten?«

Die Kombination von Pest, Hungersnot und dem Verlust der halben Flotte hatte uns an den Rand des Bankrotts gebracht. Die Arbeit an der anderen Hälfte, die in Alexandria stationiert werden sollte, ging weiter. Mochte Cassius nur kommen, sie auch noch holen, und mochte er dabei untergehen!

Ein Bote kam den ganzen Weg aus dem fernen Syrien zu uns geritten, entsandt von seinem Herrn Cassius, der inzwischen Rhodos attackierte, um an Geld und Schiffe zu kommen. Ich empfing den Mann in meinem Audienzsaal; ich saß auf meinem erhöhten Thron, auf das förmlichste gekleidet.

Er kam in den Saal marschiert, und seine römische Soldatenuniform ließ alte Erinnerungen plötzlich wieder scharf hervortreten. Es war, als sehe ich die Hülse Cäsars – den Brustpanzer, den ich geliebt hatte, die Lederstreifen, die beim Gehen ein klatschendes Geräusch machten, den Mantel, den er sich über die Schulter geworfen hatte. Es war eine Travestie, daß dieser lächerliche Zwerg die gleichen Kleider trug.

Er verneigte sich kaum. Aber er mußte warten, bis ich ihn zur Kenntnis genommen hatte, bevor er sprechen konnte.

»Was willst du?« fragte ich kalt.

»Ich komme im Namen von Gajus Cassius Longinus«, sagte er. »Mein

Kommandant ersucht dich, ihm den Rest deiner Flotte nach Syrien zu schicken. Sofort!«

Sosehr ich die Mörder auch haßte und verachtete, ich wußte doch, daß List und Heuchelei, Verzögerungen und Ausflüchte ebenso machtvolle Waffen sind wie der unverblümte Widerstand. Wer im Angesicht des Feindes seine Miene und seine Worte nicht in der Gewalt hat, der ist bald besiegt. Also setzte ich ein falsches Lächeln auf und spreizte hilflos die Hände.

»Ich würde bereitwillig gehorchen«, erwiderte ich, und die Worte klangen abscheulich in meinen Ohren, »aber mein Land ist von der Pest verwüstet. Die Flotte ist nicht fertig, und ich bekomme keine Zimmerer mehr, welche die Arbeit fortsetzen könnten, und erst recht keine Seeleute, um die Schiffe zu bemannen. Wir sind in arger Not. Ja, du bist ein sehr tapferer Mann, daß du unsere Grenzen überhaupt überschritten hast – denn du setzt dein Leben aufs Spiel.«

Er trat von einem Fuß auf den anderen. Ich sah, daß er krumme Beine hatte. »Ach ja?« Seine Stimme klang barsch.

»Ja. Die Pest schlägt zu, wo sie will. Und einer unserer Ärzte hat kürzlich einen Aufsatz geschrieben, in dem er die Theorie vertritt, daß sie durch die Luft reist.« Ich rollte die Augen und ließ meinen Blick im Saal umherwandern. »Das würde ihre geheimnisvolle Fähigkeit erklären, aus dem Nichts zuzuschlagen. Niemand ist sicher. Vor allem Ausländer nicht – sie scheinen besonders empfindlich zu sein.«

»Ich fühle mich ganz wohl«, sagte er streitsüchtig.

»Mars sei gepriesen!« antwortete ich. »Möge es so bleiben.«

»Wir werden unsere eigenen Leute schicken, um die Schiffe zu bemannen«, erklärte er. »Sie müssen dann sofort herausgegeben werden.«

»Selbstverständlich. Aber es ist nicht nötig, sie zu schicken, solange die Pest wütet und die Flotte noch nicht fertiggestellt ist. Was nützt eine Mannschaft, wenn das Schiff keinen Kiel und kein Segel hat? Wir werden die Flotte so bald wie möglich vollenden und sie euch dann ausliefern.«

»Wir werden keine Verzögerung dulden!« drohte er. »Spielt nicht mit uns!«

Ich nickte einem meiner Diener zu, und der nickte zwei Männern zu, die draußen vor dem Saal standen. Die beiden kamen hereinmarschiert. Sie trugen eine Bahre mit einem Leichnam, die sie dem Boten vor die Füße stellten. Der Mann fuhr zurück, als er den aufgedunsenen, stinkenden Kadaver sah, und sprang zur Seite.

»Ist das ein Spiel für dich? Ist dieses Opfer ein Scherz?« fragte ich.

Der Mann hielt sich die Nase zu und wandte den Kopf ab. Ich winkte die Bahre hinaus.

»Du scheinst einen robusten Magen zu haben«, sagte der Bote schließlich, als er wieder atmen konnte. »Aber glaube nicht, daß du uns mit solchen dramatischen, abstoßenden Vorstellungen beirren kannst!«

»Aber wie könnte ich das? Bei den Spielen in Rom sieht man Schlimmeres«, antwortete ich. »Kein wahrer Mann würde sich vom Anblick eines von Fliegen übersäten Leichnams beirren lassen. Ja, ja, ihr sollt die Flotte haben, sobald es geht.«

»Mein Herr wird dir bald genug von Angesicht zu Angesicht entgegentreten, wenn er nach Ägypten einmarschiert. Bilde dir nicht ein, daß du ihn mit solchen Mätzchen hinhalten kannst.« Es war mir ein Graus zu sehen, wie er mit den Schultern rollte; ich hätte ihm gern gesagt, daß es ihn aussehen ließ wie ein Gaukler. Aber jetzt reckte er sie. »Du solltest wissen, was mit Marcus Antonius passiert ist, diesem Cäsarianerhund. Er hat versucht, Decimus die Provinz Gallia Cisalpina zu entreißen …«

Decimus, dieser abscheuliche Verräter! Decimus, der sich ganz wie Trebonius die Provinz einverleibt hatte, die Cäsar ihm anvertraut hatte! Das war nicht zu ertragen!

»… und zwar unter Mißachtung des Senats, der ihn zum Staatsfeind erklärt hatte …«

Der Senat! Was hatte Cicero mit ihm gemacht?

»… und so hat er versucht, ihn in Mutina zu belagern. Aber Decimus und eine vom Senat entsandte Legion haben ihn vertrieben, und er mußte mit seinen Legionen über die Alpen fliehen. Dort schlägt er sich immer noch durch, dem Hungertod nahe, wie wir hören; er plagt sich durch schulterhohen Schnee und muß Wurzeln fressen. Der ist erledigt.« Er nickte, und sein Kinn machte vor lauter Genugtuung stechende Bewegungen.

Ich hatte das mulmige Gefühl, ins Leere zu fallen, als sei mein Thron umgekippt und abgestürzt. Antonius steckte im Schnee, verhungernd, erfrierend! Das konnte nicht sein. Erst jetzt wurde mir klar, wie sehr ich darauf vertraut hatte, daß er obsiegen und den Lauf der Dinge wieder berichtigen würde. *Ich bin Cäsars rechte Hand*, hatte er gesagt. Sollte Cäsars rechte Hand nun auch erstarren?

Und … der einzige verbliebene Römer, den ich gemocht und geachtet hatte, würde verschwinden und die Welt in ein wahres Chaos stürzen lassen, wo man nur noch zwischen verschiedenen Schurken wählen konnte, weil es keine ehrenhaften Männer mehr gab. Antonius hatte seine Fehler, aber es waren Fehler des Fleisches, nicht des Geistes – im Gegensatz zu seinen Feinden, bei denen das Gegenteil der Fall war.

Der Mann beobachtete mein Gesicht. Konnte man mir ansehen, was ich dachte? »Was ist mit Decimus passiert?« fragte ich ruhig.

Er runzelte die Stirn. »Er mußte fliehen«, räumte er ein. »Octavian sah keine Möglichkeit, mit ihm … zusammenzuarbeiten.«

Wohl kaum. Octavian würde sich niemals mit einem Mörder Cäsars verbünden.

»Wohin ist er gegangen?«

»Er ... er wollte nach Griechenland, zu Brutus, aber Octavians Heer hat ihm den Weg versperrt; deshalb mußte er nach Gallien, wo er als Flüchtling umherirrte. Anscheinend hat ein Häuptling dort ihn umgebracht.«

Freude durchströmte mich. Noch ein Mörder hingerichtet und tot!

»Es heißt, dieser Häuptling sei ein Agent des Antonius gewesen«, gab der Mann zu.

Gelobt und gepriesen sei Antonius!

»Aber Antonius wird es nicht mehr erfahren«, erklärte der Bote. »Zweifellos ist er schon tot, ein hartgefrorener Leichnam, angefressen von den Wölfen.«

Nein. Ich weigerte mich, es mir vorzustellen. »All das liegt in den Händen der Götter«, sagte ich schließlich. »Was für grausige Dinge an den Iden des März in Gang gesetzt wurden, können wir erst wissen, wenn sie ihren Lauf genommen haben.«

»Die Tat an sich war edel«, beharrte der Mann, »und die Liberatoren haben aus den höchsten Beweggründen gehandelt.«

»Darüber werden die Götter urteilen«, sagte ich. Selbst mein eiserner Wille versetzte mich nicht in die Lage, ihm eine höfliche Antwort zu erteilen, während ich mich in Wirklichkeit danach sehnte, den Kerl zu erwürgen. Dabei brauchte ich nichts weiter zu tun, als meiner Garde ein Zeichen zu geben, und sie würde ihn totschlagen. Aber warum sollte ich Cassius diese Genugtuung geben, diesen Vorwand, sich an mir zu rächen? Ich gedachte diesen Wettstreit der Willenskraft zu gewinnen, und wenn das Schicksal mir gnädig wäre, würde ich Cassius eigenhändig erstechen, mit seinem eigenen Dolch, mit dem er mir meinen Geliebten genommen hatte. Dazu brauchte ich nur nah genug an ihn heranzukommen. Ich würde ihn umarmen, nur um ihn zu töten. Ich mußte seine natürliche Vorsicht einlullen und ihn glauben machen, er könne sich gefahrlos nähern. Ja. Sollte er nur nach Alexandria kommen! Was für einen Festschmaus ich ihm da bereiten würde, was für ein Willkommen ... Wein, Gesang, Speisen und seinen eigenen Dolch, den ich ihm bis ans Heft in den hageren Bauch stoßen würde.

Täglich ging ich zum Tempel der Isis, goß Weihwasser als Opfergabe vor ihr aus und betete um Antonius' Leben – mit einer Leidenschaft, die ich schon verloren geglaubt hatte. Ich hatte keinen bewußten Gedanken an ihn verwendet, bis Cassius' Bote mir die niederschmetternden Neuigkeiten über ihn gebracht hatte. Sein Fehlen in der Welt würde diese auf eine Weise entwerten, die ich mir selbst nur schwer erklären konnte. Mir schien, als sänke die Sonne mit seinem Verschwinden endgültig hinter den Horizont und als würde es wahrhaft Nacht, für immer und ewig. Lag es nur daran, daß er Cäsars Lichtglanz widerspiegelte? Oder daran, daß alle anderen Römer so verachtungswürdig waren? Wie gesagt, ich konnte es mir nicht erklären; ich wußte nur, daß ich Isis beschwören mußte, ihm zu helfen, und daß ich bereit war, ihr alles zu versprechen, wenn sie ihm nur das Leben rettete.

Und wieder einmal, wie schon vor langer Zeit, erhörte sie mich. Es kam die Nachricht, daß er den strapaziösen Rückzug über die Alpen hinter sich gebracht hatte und als Held aus diesem Unternehmen hervorgegangen war.

Die Nachricht entstammte einem Brief, der auf dem Weg zu Brutus nach Griechenland abgefangen worden war; man hatte ihn heimlich abgeschrieben, neu versiegelt und die Kopie an mich geschickt.

Ich hatte mich in mein innerstes Gemach zurückgezogen, um ihn zu lesen. Die Worte, geschrieben für die Augen eines anderen, sprangen mir entgegen.

> Antonius wurde geschlagen, beide Konsuln getötet. Auf seiner Flucht wurde Antonius von allerlei Unbill befallen; am schlimmsten war der Hunger. Aber es entspricht seinem Charakter, daß er in Notlagen besser ist als zu anderen Zeiten. Im Unglück ist Antonius ein nahezu tugendhafter Mann. Es ist schon ganz alltäglich, daß Menschen, wenn sie in große Not geraten, erkennen können, was recht ist und was sie tun sollten; aber nur wenige haben, wenn es zum Äußersten kommt, auch die Kraft, ihrem Urteil zu folgen und entweder zu tun, was dieses gutheißt, oder zu meiden, was es verdammt. Und recht viele sind so schwach, daß sie ihren Gewohnheiten nur desto mehr nachgeben und außerstande sind, ihren Verstand zu gebrauchen.

Ja, das stimmte. Aber genug von diesem Vortrag. Was war *geschehen*?

> Antonius war bei dieser Gelegenheit ein ganz wunderbares Vorbild für seine Soldaten. Er, der eben erst großen Luxus und ein ausschweifendes Leben hinter sich gelassen hatte, zeigte sich ohne Schwierigkeiten in der Lage, faules Wasser zu trinken und von wilden Früchten und Wurzeln zu leben. Ja, es wird sogar erzählt, daß sie die Rinde von den Bäumen aßen und sich bei ihrem Zug über die Alpen von Kreaturen nährten, die bis dahin niemand auch nur hätte anrühren mögen.

Aufregung und Bewunderung durchzuckten mich wie ein Blitz. Ja, ich sah es vor mir, wie die Truppen sich mühsam voranplagten und wie Antonius sich freiwillig erniedrigte, um zu überleben und weiterzukämpfen …

> Der Plan bestand darin, sich den Truppen auf der anderen Seite der Alpen anzuschließen, die von Lepidus befehligt wurden; dieser, so stellte er sich vor, werde ihm als Freund beistehen, nachdem er ihm unter Cäsar so viele gute Dienste geleistet hatte. Als Antonius angekommen war und in der Nähe sein Lager aufgeschlagen hatte, stellte er fest, daß ihm keinerlei Ermutigung gegeben wurde. Da beschloß er, sein Glück auf die Probe zu stellen und alles auf eine Karte zu setzen. Sein Haar war lang und zerzaust, und seit seiner Niederlage hatte er sich auch den Bart nicht mehr geschoren; in dieser Gestalt, und mit einem dunklen Mantel verhüllt, begab er sich in die Stellungen des Lepidus und sprach zu den Soldaten …

Das war der Geist Cäsars; ich hatte nicht erwartet, daß ich so etwas noch einmal erleben würde. Ich war sehr bewegt.

Der Rest des Briefes enthielt eine Zusammenfassung seines Paktes mit Lepidus. Gemeinsam hatten sie jetzt siebzehn Legionen und eine prachtvolle Kavallerie von zehntausend Reitern, und damit marschierten sie gegen Rom. Dort würden sie sich mit Octavian verbünden, ihre Streitmacht mit der seinen zusammenschließen und die Attentäter verfolgen.

Sie würden ihnen von Westen her nachstellen, und wenn das Schicksal mir die Gelegenheit gewährte, würde ich von Osten her gegen sie ziehen. Ich hatte noch immer die Absicht, alles mir mögliche zu tun, um Cassius niederzustechen. Mit weniger würde ich mich nicht zufriedengeben: Ich wollte den Dolch mit meiner eigenen Hand gegen ihn richten.

Bis dahin hatte die Zeit gestockt, aber jetzt schien sie um so schneller voranzulaufen. Die Pest verging, die Kornspeicher hielten den Hungertod in Schach, und Ägypten überlebte.

Am ersten Tag des römischen neuen Jahres erklärte der Senat Cäsar formell zu einem Gott. Diejenigen, die ihn als Führer nicht gewollt hatten, bekamen ihn als Gott! Diese Ironie des Schicksals mußte Cäsar erheitern, wenn er darauf herniederschaute.

Aber die Ereignisse in Rom brachten noch mehr Überraschungen. Nachdem Octavian Ciceros Förderung und sein Ansehen bis zum letzten ausgenutzt hatte, um sich aufzubauen, ließ er – oder *Divi Filius*, der Sohn Gottes, wie er sich nun nannte – den alten Graukopf eiskalt fallen und führte ihn einem grausigen Ende zu.

Octavian tat sich mit Lepidus und Antonius zusammen, und gemeinsam erklärten sie sich zu einem Triumvirat, das Rom in den nächsten fünf Jahren regieren würde; so stellten sie den Senat ebenso mühelos ins Abseits wie vorher Cicero. Als nächstes verkündeten sie, daß die Attentäter Verräter seien und zur Strecke gebracht und bestraft werden müßten.

Beide Seiten brauchten dringend Geld. Die Mörder plünderten die Küste – Cassius und Brutus überfielen Rhodos und Lykien, Xanthos, Patara und Tarsos, und die Triumvirn erließen ein Programm der Proskriptionen, demzufolge alle Feinde sich stellen und ihren Besitz ausliefern müßten. Sie verkündeten, daß sie Cäsars Fehler der nachsichtigen Behandlung nicht wiederholen würden: Sie würden nicht nach Osten marschieren und in ihrem Rücken Feinde in Rom zurücklassen.

Sie handelten mit Menschenleben und tauschten Namen aus – meinen Onkel für deinen Lehrer –, und Octavian gab Cicero auf, ohne zu murren. Der Mann, den er umschmeichelt und »Vater« genannt hatte, wurde den Henkern ausgeliefert. Sie verfolgten ihn zu seinem Landhaus, in das er sich flüchten wollte; seine Sklaven stellten seine Sänfte ab, und Cicero streckte wie einer der Opferstiere, die ich bei den Triumphen gesehen hatte, den Kopf heraus, um ihn abschlagen zu lassen.

Angeblich war es Fulvia, Antonius' Frau, die verlangte, man müsse ihm auch die rechte Hand abschneiden, weil sie Reden gegen Antonius geschrieben habe, und sie habe auch seinen Kopf auf den Tisch gesetzt und Nadeln durch seine Zunge gebohrt, bis Antonius ihn habe wegnehmen und auf die Rostra bringen lassen. Dies muß der Anlaß gewesen sein, bei dem Antonius Abscheu gegen sie entwickelte, denn er war niemals blutrünstig. Über einen Feind zu triumphieren ist eine Sache, in seinem Blute zu baden eine andere. Als Soldaten wegen Desertion hingerichtet wurden, war es Fulvia, die dicht daneben stand und lachte, während das Blut auf ihr Gewand spritzte.

Solch ein wilder, primitiver Blutdurst ist schon erschreckend genug. Aber mit einer plötzlichen Einsicht, die mich erschütterte, erkannte ich, was in Octavian steckte.

Ich hatte Depeschen gelesen, in denen von den rasanten Veränderungen in Rom berichtet wurde, als mir plötzlich bruchstückhaft Impressionen und Bilder von Octavian in den Sinn kamen; sie schwebten zueinander und formten sich zu einem Porträt seines wahren Gesichts, das sich hinter der unschuldigen Schönheit verbarg.

Ja. Cicero hatte doch sogar eine Geschichte von ihm zu erzählen gehabt – wie ging sie noch? Ja, er hatte geträumt, wie die Söhne der Senatoren vor dem Jupiter-Tempel auf dem Kapitol vorübergezogen waren, damit Jupiter einen von ihnen zum obersten Herrscher Roms bestimmen könnte. In diesem Traum waren Reihen von Jünglingen vor dem Gott erschienen, bis dieser seine Hand nach einem von ihnen ausgestreckt hatte. Dann hatte er erklärt:

»O ihr Römer, wenn dieser junge Mann Herr über Rom wird, so wird er all euren Bürgerkriegen ein Ende machen.« Cicero hatte das Gesicht deutlich sehen können, aber er hatte den Jungen nicht gekannt. Am nächsten Tag aber, als er Jünglinge von ihren Übungen auf dem Campus Martius zurückkommen sah, da hatte er den Knaben aus seinem Traum wiedererkannt, und auf seine Erkundigung hatte man ihm geantwortet, das sei Octavian, dessen Eltern weiter keine bemerkenswerte Stellung innehätten.

Ob es wahr war? Ob Cicero es wirklich so erlebt hatte? Oder hatte Octavian diese Geschichte selbst in Umlauf gebracht? Octavian ... Er hatte Cicero täuschen können, der erklärt hatte, er habe den Jungen mühelos im Griff gehabt – »bis jetzt«. Er hatte Cäsar getäuscht, und nur die Götter wußten, wie es ihm gelungen war! Jetzt versuchte er, Antonius und Lepidus zu täuschen.

Er würde Antonius und Lepidus benutzen und sie dann fallenlassen, sobald sie ihren Zweck erfüllt hatten. Und was Cäsarion betraf – es durfte nur einen »Sohn Gottes« geben. Das wußte er. Und ich wußte es auch.

Ich lehnte mich an den marmornen Fensterrahmen und drückte die Stirn dagegen, um den Schweiß zu kühlen, der da plötzlich ausgebrochen war. Ich sah das alles so klar – wieso sah es sonst niemand? Warum fühlte nur ich mich bedroht – von diesem Knaben, der sechs Jahre jünger war als ich?

*Weil er kalt ist, berechnend und skrupellos. Weil er keine Fehler begeht. Und weil gerade seine Jugend sein Vorteil ist – er hat noch so viel Zeit, um seine Ziele zu erreichen. Alle Zeit der Welt ...*

Ach, Cäsar – wenn du wirklich ein Gott warst oder von den Göttern begünstigt, warum konntest du dann die Wahrheit über Octavian nicht erkennen? So rief ich in meinem Herzen und ballte die Fäuste.

Was hatte Octavian noch gesagt, als er am Abend der Saturnalien von Achilles gesprochen hatte? »Ich frage mich, wie es wohl ist, der größte Krieger der Welt zu sein.« Bisher hatte noch niemand einen Thron an sich bringen können, der nicht Feldherr und Krieger gewesen war. Aber Octavian würde einen Weg finden, denn es war klar, daß er kein Soldat war. Er würde einen neuen Weg finden ... Zum Konsul hatte er sich schon ernennen lassen, elf Jahre bevor er für das Amt überhaupt in Frage kam.

Mir war so kalt wie bei jenen Saturnalien im Schnee.

Antonius, Lepidus, hütet euch! flüsterte ich.

Cicero hatte an Brutus geschrieben, man müsse Octavian »loben, ehren und dann beseitigen«. Er hatte geglaubt, er könne ihn benutzen. Aber Octavian hatte bemerkt, er werde schon zu verhindern wissen, daß man ihn beseitige. Und dann war Cicero der Kopf abgeschlagen worden, auf Octavians Befehl.

Octavian war nach Rom gekommen und hatte nichts gehabt als Cäsars Vermächtnis – keine Truppen, kein Geld, keine Erfahrung. Jetzt war er einer der drei Beherrscher Roms. Dazu hatte er nur anderthalb Jahre gebraucht. Er war gerade zwanzig geworden.

In zwanzig Monaten hatte er erreicht, was Cäsar, der große Cäsar, im Laufe von zwanzig Jahren errungen hatte.

# 40

Es war ein guter Wind zum Segeln, und ich ging in gemessenem, majestätischem Schritt an meiner Flotte entlang und inspizierte sie, die jetzt endlich zur Fahrt nach Brundisium bereit war, um zu den Triumvirn zu stoßen, die mich dort erwarteten. Cassius hatte nicht aufgehört, die Schiffe zu fordern, und ich hatte ihn mit schönen Worten hingehalten, während wir weiter bauten und ich in geheimer Korrespondenz mit Antonius verhandelte. Die von Cassius angedrohte Invasion in Ägypten hatte noch nicht stattgefunden; Brutus hatte ihn daran erinnert, daß die Triumvirn die Feinde seien, nicht Ägypten. Und als wolle er mir seine Geringschätzung zeigen, hatte Cassius meine Schwester Arsinoë als wahre Königin von Ägypten anerkannt und sie in Ephesos als solche bejubeln lassen.

Arsinoë! Noch so ein Fall von Cäsars falscher Nachsicht, die sich jetzt gegen mich kehrte! Nach dem Triumph hatte er sie verschont, weil sie sein Herz gerührt hatte. Jetzt kam sie, als Königin von Ägypten ausstaffiert, aus ihrem Asyl. Nicht lange, und die Wahrheit drang ans Licht: Sie war es gewesen, die Serapion überredet hatte, die in Zypern stationierte Flotte auszuliefern. Ohne Zweifel hatte sie ihm ein hohes Amt in Ägypten versprochen – in dem Ägypten, das sie mit Hilfe der Mörder so bald zu regieren gedachte.

Wenn man daran dachte, daß Cäsar ihnen allen das Messer schon an die Kehle gesetzt hatte, als sie unterwürfig vor ihm knieten – Cassius, Brutus, Arsinoë –, und er hatte sie verschont! Nun, wir würden es nicht tun. Hier würde uns Octavians Skrupellosigkeit gut zupaß kommen.

Ja, ich war mit Octavian verbündet. Einstweilen hatten wir dasselbe Ziel: Wir wollten Cäsars Tod rächen. Und danach?

Die Flotte war eine Pracht. Ich hatte alles in allem an die hundert Schiffe – nicht genug für eine vollständige Seestreitmacht, aber genug, um den Triumvirn eine große Hilfe zu sein. Mein Flaggschiff, ein »Sechsruderer« – drei Ebenen mit jeweils zwei Mann an jedem Ruder –, hieß *Isis*. Ich hatte beschlossen, keine größeren Schiffe als Sechsruderer anzuschaffen, und hatte damit die alte Vorliebe der Ptolemäer für Riesenschiffe aufgegeben, denn diese hatten sich eher als Belastung denn als wirksame Angriffswaffe erwiesen. Ein Sechsruderer mit einem Rammsporn konnte genügend Schaden anrichten. Ich hatte noch fünf weitere davon, außerdem zehn Fünfruderer – »Quinqueremen« – sowie dreißig Vierruderer – »Quadriremen« –, das Rückgrat der Flotte, Schiffe, die sich überraschend schnell und wendig zeigen konnten und zugleich stark genug waren, um auch größere Schiffe zu versenken. Die altbewährten Triremen schließlich sollten als Arbeitspferde dienen, als Universalwaffen, und davon hatte ich fünfundzwanzig. Der Rest waren leichte Galeeren vom liburnischen Typus und Versorgungsschiffe.

Es war ein großartiges Geschenk, das ich den Triumvirn da zu Füßen legte. Aber sie bekamen es nicht umsonst. Mein Preis hatte darin bestanden, daß Antonius Cäsarion vor dem Senat zu Cäsars unanzweifelbarem leiblichem Sohn erklärte und daß alle drei Triumvirn ihn als meinen Mitregenten anerkannten: Ptolemaios XVI. Cäsar. Sie hatten zugestimmt. Sie brauchten diese Schiffe dringend.

Und was für Schiffe das waren! Mein Herz pochte, als ich sie anschaute: schlank und schnittig, duftend nach Pech und Holz und frischem Leinen und Tauwerk. Ich ging an Bord der *Isis* und nahm meinen Platz neben Phidias, dem aus Rhodos stammenden Kapitän, auf dem Hauptdeck ein. Ich wollte soviel wie möglich über das Führen eines Schiffes lernen, auch wenn ich die seemännischen Augenblicksentscheidungen natürlich dem Kapitän überlassen würde.

»Hier«, sagte er feierlich und reichte mir einen Helm. »Du mußt das äußerliche Zeichen eines Befehlshabers tragen.«

Ich nahm den Helm und senkte ihn langsam auf meinen Kopf, und ich fühlte, wie sein Gewicht mich umhüllte. Die Federn in der Helmzier schwankten im Wind.

»Ich danke dir«, sagte ich. Ich war darauf erpicht, die Reise zu beginnen und als erste Frau seit Artemisia von Halikarnassos mit einer eigenen Flotte in See zu stechen. Und – man möge mir meinen Stolz nachsehen – Artemisia befehligte nur fünf Schiffe, als sie Xerxes begleitete, auch wenn sie tapfer kämpfte und ihren Verfolgern entkam, indem sie ein feindliches Schiff versenkte.

Wir sollten etwa sechshundert Meilen weit geradeaus nach Westen über das Mittelmeer fahren und uns dann nordwärts wenden, um noch einmal ungefähr fünfhundert Meilen zwischen Italien und Griechenland hindurchzufahren, bis wir Brundisium erreichten. Dort, wo die Entfernung zwischen Italien und Griechenland gering war, wollten die Triumvirn ihre Truppen übersetzen. Ich wußte, daß die Mörder ihre eigene Flotte am südlichsten Punkt Griechenlands stationiert hatten, um uns abzufangen – sollte ich von der richtigen Richtung »abweichen«. Aber ich würde gegen sie kämpfen – denn dafür waren Sechs-, Fünf-, Vier- und Dreiruderer gedacht. Und ich betete zu den Göttern um einen ebenso strahlenden Sieg, wie sie ihn auch Artemisia geschenkt hatten.

Wir verließen Alexandria; langsam glitten wir aus dem Hafen hinaus, eine gerade Linie, die sich durch den schmalen Kanal zwischen Pharos und der Mole voranbewegte. Als wir das offene Meer erreicht hatten, sammelten wir die Schiffe zu einer dichteren Formation.

Wie lieblich war der Wind, wie blau und verlockend das Meer! Das Wasser wurde immer dunkler; das Türkis des Hafens verwandelte sich in ein tiefes Blau, als man den Grund nicht mehr sehen konnte. Der Wind peitschte das Wasser, schalt es scherzhaft, setzte den Wellen weiße Mützen auf, die glitzerten, wenn sie brachen. Der Bug unseres Schiffes senkte sich herab und bäumte sich über den Wellen auf wie ein frei laufendes Pferd. Delphine schwammen neben uns her.

»Ein wolkenloser Himmel«, sagte der Kapitän und blinzelte zum Horizont. »Wenn der Ostwind weiter so weht, dürfte unsere Reise glatt und mühelos verlaufen.« Das Segel blähte sich, knarrte, als die Leinen sich strafften, und trieb uns nach Italien.

Wir fuhren an der afrikanischen Küste entlang und passierten Orte, die für mich immer nur Namen gewesen waren. Die Wüste im Westen von Alexandria, wo der Sand weiß wie Alabaster war und wie Salz funkelte; die kleine Stadt Taposiris, ein verkleinertes Alexandria mit einem Osiris-Tempel und einem Leuchtturm, der zehnmal kleiner war als sein Bruder in Alexandria. Ich konnte die Säulen des Tempels erkennen und sah auch das Strahlen des Leuchtfeuers. Mehrere solche Leuchttürme reihten sich als Signalstationen an der Küste entlang bis Kyrene.

Der Wind ließ meinen Mantel flattern und zerrte an den Federn auf meinem Helm. Ich war dankbar dafür, daß ich ihn hatte, denn er bot mir Schutz und beschattete meine Augen. Aber vielleicht würde ich andere Kleidung anlegen müssen; Gewand und Mantel eigneten sich jedenfalls nicht dazu, bei starkem Wind auf dem Deck zu stehen. Sollte ich Hosen tragen wie die Barbaren?

Ich mußte lachen, als ich mir vorstellte, wie ich in solchen Hosen aussehen würde. Aber auf einem Schiff würden sie ohne Zweifel gute Dienste leisten. Oder sollte ich den Lendenschurz der Ruderer bevorzugen? Auch die hatten ihre Vorteile. Ich lächelte. Nein, keinen Lendenschurz!

Bald würde ich zu den Triumvirn stoßen und meine Streitmacht mit der ihren verbinden. Ich konnte kaum glauben, daß ich Bestandteil einer römischen Armee werden sollte. Aber ich war es Cäsar schuldig zu tun, was nötig war, um ihn zu rächen.

Wollte ich einen von ihnen wiedersehen? Ich hatte gedacht, ich sei fertig mit ihnen. Als ich von Rom fortgesegelt war – krank am Herzen und geschwächt –, hatte ich mich getröstet, indem ich mir sagte: *Schluß mit Antonius, Schluß mit Octavian, Schluß mit Cicero, Schluß mit Rom*. Nun, Cicero gab es jetzt nicht mehr, aber was war mit Antonius und Octavian?

Antonius … Antonius wollte ich wiedersehen. Lepidus, ja, Lepidus würde ich mit Vergnügen wiedersehen. Octavian … Von Octavian hatte ich genug gesehen.

Zwei Nächte lang schlief ich ausgezeichnet in dem eingebauten Bett, das man in der Kajüte für mich gerichtet hatte. Meine Habe war auf Borden mit Netzen gesichert, und festgenietete Truhen dienten mir als Stauraum. So gut war alles befestigt, daß nichts klapperte oder sich losriß, als der Wind in der dritten Nacht anschwoll und sich bald in ein heulendes Ungeheuer verwandelte.

Ich schlief ahnungslos, bis das Schiff sich auf die Seite legte; da fuhr ich hoch und umklammerte die Geländer an den Seiten des Bettes. Der Boden bäumte sich jäh hoch, und ein Schwall Wasser brach durch die geschlossene Luke herein und durchnäßte mich. Ich taumelte aus dem Bett und hielt mich an den befestigten Möbeln fest, um nicht das Gleichgewicht zu verlieren. Ich raffte einen schweren, wasserdichten Mantel an mich, und ohne in der Finsternis irgend etwas zu sehen, tastete ich mich durch den Gang an Deck und kroch die Treppe hinauf.

Jetzt konnte ich gut genug sehen. Ein Sturm war mit voller Wucht über uns hergefallen; Welle um Welle rollte heran wie die Brandung am Strand und brach über das Deck herein. Die Matrosen kämpften mit den Segeln und versuchten sie zu reffen, und der Kapitän brüllte Befehle, die im Tosen des Windes kaum zu hören waren. Ich packte ihn bei den Schultern, und er drehte sich zu mir um, so gut es ging.

»Es hat uns angesprungen wie ein Löwe, so plötzlich kam es!« schrie er. »Der Wind hat auf Nordwest gedreht und treibt uns auf die Küste zurück.«

»Nein, nein, wir müssen auf dem Meer bleiben!« rief ich. Wie weit waren wir von der Küste entfernt? Bei Sonnenuntergang war sie noch sichtbar gewesen, aber ich konnte nicht wissen, was in den Stunden seitdem geschehen war.

»Wir werden tun, was in unserer Macht steht«, sagte er. »Aber unsere Schiffe sind Spielzeuge vor der Kraft des Windes und der Wellen.« Er brach ab und eilte über das Deck, um eine Leine zu sichern, die wie eine Peitsche hin und her schlug und die Seeleute stürzen ließ. Während ich zusah, wurde ein Mann über Bord geschwemmt. Ich kroch zum Mast und klammerte mich daran fest. Meine Kleider waren durchnäßt und so schwer wie Eisen.

Ich spähte zum Ufer – besser gesagt, ich wandte dem Wind den Rücken zu. Ich sah einen nadelstichgroßen Lichtpunkt – das mußte eines der Signalfeuer sein. Wenn ich es sehen konnte, stand die Sache wirklich schlimm. Es bedeutete, daß wir zu nah an der Küste waren.

Der Kapitän arbeitete sich zurück zum Mast. »Wir haben die Anker geworfen und versuchen, das Wetter über uns hinweggehen zu lassen!« rief er. »Die Ruderer rudern gegen den Wind und bemühen sich, uns an Ort und Stelle zu halten. Aber ich fürchte, daß die Anker trotzdem abreißen werden.«

Und dann würden wir unerbittlich ans Ufer getrieben werden und dort in tausend Stücke zerschellen.

Der Mond erschien für einen kurzen Augenblick in einer Lücke zwischen den schwarzen, dahinjagenden Wolken. Er beleuchtete ein aufgewühltes Meer, das dunkel und von scharfkantigen, spitzen Bergen aus Wasser übersät war, von gewaltigen Wellen. Als ich sie sah, wollte mir das Herz stehenbleiben. Sie waren höher als der Mast des Schiffes. Ihre Größe lähmte mich – was konnte vor ihnen bestehen? Das Schiff war wie ein Blatt, das in die Täler zwischen den Wellen geweht wurde. Die hilflosen Ruderblätter hoben sich hoch, hoch aus dem Wasser und ruderten hektisch durch die Luft, und das Ankertau straffte sich, spannte sich mit furchterregendem Singen – und riß.

Ich fühlte den Ruck und das Erschauern des ganzen Schiffes, als es sich losriß und sich, jäh vom Gewicht des Ankers befreit, wie ein Kreisel um sich selbst drehte, von allen Seiten berannt. Und dann die unausweichliche Abdrift, vom Wind geschoben, zurück, zurück zum Land.

Der Mond kam wieder zum Vorschein, und im Wasser ringsum erblickte ich die schwankenden Umrisse der übrigen Schiffe. Keines von ihnen konnte entkommen; wir waren so eng zusammen gesegelt, daß der Sturm uns alle umfassen konnte.

Mein Schiff legte sich nach Lee und kenterte fast; Wasser strömte durch die Ruderluken herein. Jetzt bestand unsere einzige Überlebenshoffnung darin, daß wir das Ufer erreichten, bevor es sank. Und plötzlich schien das Land, das gerade noch zu nah gewesen war, unfaßbar weit weg zu sein. Das Schiff legte sich auf die Seite, als es unter Deck mit Wasser vollief, und die Ruderer kamen hastig aus dem Bauch herauf, hustend und japsend. Sie taumelten benommen über das Deck.

Ich klammerte mich noch immer an den Mast, und als das Schiff sich schräg legte, mußte ich daran hinaufklettern; ich umschlang ihn fest und schmiegte mich an. Ich hörte ein Krachen und sah, daß in der Nähe zwei Schiffe gegeneinandergetrieben und zusammengeprallt waren. Das Splittern des Holzes und die qualvollen Schreie der Matrosen drangen durch den Wind. Masttrümmer und Ruder schwammen wirbelnd vorüber, verschwanden in der Gischt und schossen wieder herauf. Hier und da hing ein Mann an einem der Trümmer oder saß darauf wie auf einem Floß.

Vor uns sah ich das funkelnde Licht. Wir würden ans Ufer geworfen werden – aber würden wir vorher sinken? Wenn wir den Untergang nur aufhalten konnten, bis wir nah genug waren, um an Land zu schwimmen – und das bedeutete, sehr nah, denn einfaches Schwimmen war bei diesem hohen Seegang unmöglich.

Ein mächtiger Schauer durchzitterte das Schiff, als es gegen etwas prallte. Dann wand es sich wieder los – besser gesagt, es wurde von den Wogen losgerissen, hochgehoben und in seitlicher Schußfahrt davongedrückt. Die Wucht des kurzen Auflaufens ließ den Mast aus seiner Verankerung brechen, und ich wurde abgeworfen und rollte über das schräg geneigte Deck, bis ich gegen die Reling prallte. Dort blieb ich hängen, halb im Wasser; mein Gesicht tauchte in die kalten Wellen, und ich riß den Kopf empor, triefend von Salzwasser. Ich hatte ein wenig in die Lunge bekommen und hustete und keuchte.

Wieder erbebte das Schiff. Es lief auf eine Sandbank und blieb zitternd sitzen. Ich hörte ein entsetzliches Geräusch und erkannte es gleich – nur die Götter wissen, woher, denn ich hatte es noch nie gehört. Aber es war unverkennbar das Geräusch eines berstenden Schiffes.

Es brach in der Mitte durch; die beiden Hälften trennten sich sauber und schleuderten uns in die wogende See. Ich flog mit solcher Wucht ins Wasser, daß es mir den Atem verschlug, und die Kälte war ein Schock. Aber mein Verstand sagte mir, daß das Wasser hier seicht sein müsse, denn sonst hätte das Schiff nicht auf Grund laufen und zerschellen können. Und ich schwamm, von den Wellen getrieben, auf das Leuchtfeuer zu. Als sie mich wieder hinaussaugen wollten, merkte ich, daß meine Füße den Boden berührten, und ein kleines Stück weiter konnte ich an Land waten.

Wieder überrollte mich eine riesige Welle und riß mich von den Beinen, aber als sie zurückwich, fühlte ich festen Sand unter meinen Füßen, und ich nutzte die wenigen Augenblicke, um weiter an das Ufer zu laufen. Auch die nächste Welle warf mich um, aber als die übernächste herankam, hatte ich sicheres, hüfttiefes Wasser erreicht; erschöpft kämpfte ich mich an Land und sank am Strand zusammen.

Dort lag ich und schnappte nach Luft und beobachtete, wie andere ans Ufer gewatet kamen, gefolgt von Trümmern und Ausrüstungsgegenständen der untergegangenen Flotte. Einer nach dem andern erreichten sie den Strand und kippten ermattet in den Sand. Und dort blieben wir liegen und warteten auf das Tageslicht und auf die schreckliche Gewißheit dessen, was im Dunkeln geschehen war.

Die Sonne schob ihren Rand über den Horizont – dort, wo Alexandria lag. Stundenlang hatte ich fröstelnd unter meinem schweren, nassen Mantel gelegen und auf das Stöhnen der anderen ringsum gelauscht. Die Dämmerung enthüllte ein Meer voller Trümmer; halbe Schiffsrümpfe trieben dort noch, andere Schiffe saßen scheinbar fast unbeschädigt auf den Sandbänken fest. Hunderte von Seeleuten kauerten zitternd strandauf, strandab.

Ich war dankbar, daß ich noch lebte, und dankbar, daß so viele überlebt hatten. Ein paar der Schiffe schienen – auf den ersten Blick – sogar reparabel zu sein. Aber die Verluste waren groß, und ich würde dem Triumvirat bei seinem Feldzug nun nicht helfen können. Meine prachtvolle Flotte war nicht sehr weit gekommen.

Ich konnte darin kein Omen sehen. Schiffsunglücke waren etwas Alltägliches, eine Tatsache des Lebens. Octavian war auf dem Weg nach Spanien gescheitert; Cäsar hatte seine Schiffe in Britannien zweimal verloren. Es blieb mir nichts anderes übrig, als wieder von vorn anzufangen.

Aber es war unmöglich, eine neue Flotte so rechtzeitig fertigzustellen, daß ich an dem bevorstehenden Entscheidungskampf hätte teilnehmen können. Ich würde als untätige Zuschauerin abseits stehen müssen – etwas, das meiner Natur widerstrebte.

Wo waren wir? In dem schneeweißen Sand gab es keine Wegmarken. Wie weit nach Westen waren wir gekommen?

Ich sah den Kapitän; er kam wankend heran und zog ein Bein nach. Er war verletzt, aber er lebte. »Phidias!« rief ich und winkte. Dann rappelte ich mich hoch und lief ihm entgegen.

»Du bist unversehrt!« rief er. »Dank sei allen Göttern!« Nervös tastete seine Hand nach dem Dolch in seinem Gürtel.

»Du dachtest hoffentlich nicht daran, dich aufzuführen wie ein Römer«, sagte ich. »Ganz gleich, was mir hätte passiert sein können.«

Seine Miene verriet mir, daß er genau daran gedacht hatte. Ein Kapitän, der seine Königin ertrinken ließ, hatte seine Ehre verloren und sollte sich selbst entleiben. Aber als Grieche war er praktisch genug, um zunächst die Lage zu erkunden, ehe er voreilige Schlüsse zog. »Die Flotte ist verloren«, sagte er. »Ich habe mein Bestes getan.«

»Ich weiß. Aber du hast die Mächte des Himmels nicht in der Hand. Und so viele sind gerettet, daß es mir an sich schon wie ein Wunder vorkommt.«

»Die Flotte – die schöne Flotte … Vernichtet!« Er schüttelte den Kopf.

»Wir bauen eine neue.« Ich trauerte um meine verlorene Flotte, meinen Stolz, meine Hoffnungen. Und unter der Trauer saß die Enttäuschung darüber, daß ich Antonius im Stich lassen würde und daß ich mein Wort nicht halten konnte, auch wenn es die Götter waren, die mich daran gehindert hatten, und keine Menschen. Antonius hatte im Winter die Alpen überquert, und ich konnte anscheinend nicht einmal aus Ägypten entkommen.

»Ich glaube, wir sind in der Nähe von Paraitonion«, erklärte Phidias.

An der Westgrenze Ägyptens, einem einsamen, sonnenverbrannten Vorposten.

»Vermutlich war es längst überfällig, daß ich diesen Ort einmal besuche«, sagte ich, um ihn aufzumuntern. »Ich sollte mein Königreich von Westen nach Osten kennenlernen, nicht nur von Norden nach Süden.«

»Aber hier gibt es nicht viel kennenzulernen«, grunzte er. »Es sei denn, du hättest etwas für Skorpione übrig.«

Die Heimreise war traurig. Kauffahrer mußten kommen, um die Überlebenden einzusammeln und die Trümmer zu bergen. Ein paar der Schiffe ließen sich reparieren und konnten später langsam nach Alexandria zurücksegeln. Aber es war eine stille, ernüchterte Schar von Überlebenden, die am Kai in der Hauptstadt an Land ging.

Aufgewühlt und voller Bedauern mußte ich an Antonius schreiben und ihm die niederschmetternde Nachricht übermitteln: Er brauchte auf unsere Hilfe nicht mehr zu warten.

Der Sommer kam, eine Zeit, die glücklich hätte sein müssen, eine Zeit des Säens und des Erntens, in der vollbeladene Frachtschiffe die Meere durchpflügten. Aber in Alexandria warteten wir angespannt. Wir waren jetzt wehrlos; unsere Legionen waren uns genommen, unsere Flotte war vernichtet. Ich begann sie wieder aufzubauen und fing an mit einem »Achtruderer«, damit wenigstens das Flaggschiff schwamm, bevor die Invasion beginnen konnte. Jetzt stand nichts zwischen Ägypten und den Attentätern; sie konnten schnurstracks durch Judäa bis an unsere Grenze marschieren. Auch begann ich, ein eigenes Heer aufzustellen; es war töricht gewesen, sich auf die römischen Truppen zu verlassen. Aber auch das war ein langwieriger Prozeß. Man macht Männer nicht über Nacht zu Soldaten.

Die Geschichte ist schnell erzählt. Lepidus blieb mit drei Legionen in Italien zurück, um es zu bewachen. Antonius und Octavian marschierten mit achtundzwanzig Legionen gegen Cassius und Brutus, die etwa genauso viele hatten. Der Ort, den das Schicksal für die Schlacht erkor, lag in Griechenland bei Philippi. Octavian wurde wie üblich mitten in den Vorbereitungen krank und mußte zurückbleiben, während Antonius die Legionen vorrücken ließ und das Feldlager aufschlug. Die Taktik der Attentäter bestand darin, daß sie sich zurückhielten und sich der offenen Schlacht entzogen, da sie wußten, daß das Triumvirat über schlechte Nachschubverbindungen verfügte; der Proviant würde ihnen ausgehen, sobald sich das Wetter verschlechterte. Antonius war sich darüber ebenfalls im klaren, und so versuchte er sie, mit List zur Schlacht zu zwingen, wie Cäsar es getan hätte: Er baute einen Steindamm durch ein Moorgelände, um ihre Verteidigungsanlagen zu durchstoßen. Damit lockte er Cassius zu einem Gegenangriff aus seinem Lager, und Antonius konnte es stürmen und ausplündern. Inzwischen hatte Brutus mit seinen Truppen Octavians Lager angegriffen und überrannt.

Die Götter griffen in diese Schlacht ein – so sicher, wie sie auch am Kampf um Troja beteiligt gewesen waren. Cäsar suchte beide Lager mit Zeichen und Geistererscheinungen heim. Octavian warnte er in einem Traum: Er solle sich am Tage der Schlacht von seinem Krankenlager erheben und nicht in seinem Zelt bleiben; Octavian gehorchte und versteckte sich in einem Sumpf. Brutus erschien er in der Nacht vor der Entscheidungsschlacht und sagte ihm sein Ende voraus. Ich nehme an, daß der Cäsar, den Brutus sah, ein robuster und kerngesunder Mann war, kein Ermordeter, und daß Brutus daran erkannte, daß seine Tat fehlgeschlagen war: Cäsar lebte weiter, stärker denn je.

Als Brutus gegen Octavians Zelt anrannte und ihn gefangennehmen wollte, fand er das Bett leer. Inzwischen war Cassius von Antonius zurückgeschlagen worden. Als ihm eine Entsatztruppe von Brutus folgte, hielt Cassius sie fälschlich für den Feind: Die Götter hatten ihn geblendet. Er nahm an, daß Brutus bereits gefangen oder getötet worden war, und er wartete nicht mehr, sondern beging auf der Stelle Selbstmord.

Welch ein Sieg für das Triumvirat, denn Cassius war ein besserer Feldherr als Brutus! Die Mörder hatten ihren besten Mann verloren.

Brutus zog sich brütend in sein Zelt zurück, und Octavian kam aus seinem Sumpf hervor. Brutus hätte abgewartet, bis der Winter ihm die Arbeit abgenommen und seinen Gegner ausgehungert hätte, aber er hatte seine Truppen nicht mehr in der Gewalt. Brutus hatte sich nie auf Menschenführung verstanden, und jetzt zwangen ihn seine unruhigen Soldaten zur Schlacht – am Morgen, nachdem Cäsar ihm erschienen war. Antonius und Octavian siegten, beträchtlich unterstützt durch die mangelhafte Moral bei Cassius' Soldaten, deren Mut durch den Verlust ihres Befehlshabers gebrochen war. Brutus stürzte sich in sein Schwert, und der Charakterunterschied zwischen Antonius und Octavian zeigte sich deutlich in der Art, wie sie mit seinen Überresten umgingen. Antonius bedeckte den Leichnam ehrerbietig mit seinem purpurnen Generalsmantel, aber Octavian riß ihn wieder herunter, schlug dem Toten den Kopf ab und schickte ihn nach Rom, wo er der Statue Cäsars zu Füßen gelegt werden sollte.

Am Ende hatten Brutus und Cassius sich ihre verfluchten Dolche selbst in die Eingeweide gestoßen, und auch das war passend.

Und so fanden Mars Ultor, der Rachegott, und Cäsar selbst ihre Genugtuung auf dem Feld bei Philippi.

# 41

Die Welt draußen war neu geordnet, aber für Alexandria ging das geschützte Leben in der Abgeschiedenheit unverändert weiter – und für das übrige Ägypten erst recht. Nur wir im Palast waren mit dem Auf und Ab des Zeitenlaufs verbunden.

Nachdem ich nun so lange und durchdringend dem Seewasser ausgesetzt gewesen war, aber auch dem Wind und der sengenden Sonne, erklärte Iras meine Haut für ruiniert.

»Das Salzwasser hat sie verletzt, und der Sonnenbrand hat sie sodann in Leder verwandelt – das heißt da, wo sie sich nicht abschält«, befand sie kopfschüttelnd. Olympos stimmte ihr zu; er fand, ich sähe aus wie eine Wahrsagerin der Oase Moeris.

»Sag uns unsere Zukunft«, forderte er mich auf und legte den dunklen Kopf schräg. »Wer wird die ganze Welt beherrschen, und wie lange wird es dauern?«

»Ich bin keine Wahrsagerin«, sagte ich. »Zumindest nicht in politischen Fragen.«

»Und wie steht es mit persönlichen Dingen, meine Kirke? Kannst du mir sagen, ob ich Phoebe heiraten werde?«

Olympos hatte sich nämlich verliebt – eine verblüffende Angelegenheit, wenn man seine sarkastische Persönlichkeit berücksichtigte. Wie die meisten Skeptiker benahm er sich wie ein Trottel, nachdem er einmal vor der Liebe kapituliert hatte.

»Wenn du sie fragst«, sagte ich. Bis jetzt hatte er das nicht getan, sondern sich darauf verlassen, daß sie seine Gedanken lesen konnte.

»Das ginge denn doch zu weit«, sagte er lachend.

»Du wirst niemals heiraten, Herrin, wenn du deine Haut nicht wiederherstellst«, sagte Iras. »In Nubien, wo die Sonne noch grausamer brennt als in Ägypten, benutzen wir Eselsmilch, um die Haut darin zu baden und zu schützen.«

»Ich würde Mandelöl empfehlen«, sagte Olympos. »Das ist leichter aufzutreiben.«

»Wie viele Eselinnen muß man denn melken, um genug zu bekommen?« fragte ich. »Wir haben doch sicher genug!« Ich fand den Gedanken seltsam ansprechend.

Olympos zog die Brauen hoch.

»Ich verspreche dir, daß ich es als nächstes mit den Mandeln versuchen werde«, sagte ich zu ihm. Aber Iras' beiläufige Bemerkung hatte meine

Stimmung verdüstert. Heiraten… Mardian hatte mich nachdrücklich dazu gedrängt.

Ich lag in meiner flachen Marmorwanne und ließ mich von der Eselsmilch einweichen; ich rieb sie mir in Arme und Beine und betupfte mir das Gesicht damit. Meine Zehen sahen merkwürdig aus, wie sie aus der weißen Flüssigkeit herausragten. Ein Sichtschirm aus Sandelholz verbarg mich vor den Blicken Mardians, der im Zimmer auf und ab ging. Ich fand Bäder langweilig, und deshalb unterhielt ich mich damit, daß ich andere, körperlose Stimmen um mich sein ließ, mit denen ich sprechen konnte.

»Meine teure Herrin«, sagte er eben, und seine Stimme klang dabei höher als sonst, denn er war frustriert, »deine Untertanen sind äußerst erpicht darauf.«

»Ich habe ihnen bereits einen Erben gegeben«, erwiderte ich halsstarrig. »Er ist jetzt Mitregent an meiner Seite. Sogar die Römer haben Cäsarion anerkannt.« Ich hatte soeben eine neue Serie von Münzen herausgebracht, auf denen unsere Regentschaft verewigt war.

»Cäsarion ist erst fünf Jahre alt!« sagte Mardian. Er stand so nah am Schirm, wie es zulässig war. »Das Leben ist unsicher – für uns alle. Wenn er das Erwachsenenalter nicht erreicht, endet die Dynastie mit ihm. Und hast du vor, dich mit ihm zu paaren? Es sieht ja fast so aus.«

Ich schöpfte ein wenig Milch mit gewölbten Händen und ließ sie mir über Arme und Schultern rinnen. »Sei nicht vulgär«, sagte ich.

»Aber verstehst du denn nicht? Es muß *mehr* Erben geben, und ihr Ptolemäer pflanzt euch doch nur untereinander fort – zu welcher anderen Schlußfolgerung also soll die Welt kommen?«

»Das ist mir gleich!« rief ich zornig.

»Nein, das ist es dir nicht. Du mußt dich darum kümmern. Du mußt dich diesem Problem stellen.«

»Aber nicht jetzt.« Ich tauchte das Gesicht in die Milch und schloß die Augen.

»Doch, jetzt. Du bist schon siebenundzwanzig. Bald bist du achtundzwanzig«, erinnerte er mich bedeutungsschwanger. »Die Ptolemäer haben sich gelegentlich auch schon mit Ausländern eingelassen. War deine Großmutter nicht Syrerin?«

»Doch«, sagte ich. Indes, mein Großvater hatte sich nicht bemüßigt gesehen, sie zu heiraten. »Aber wen würdest du mir denn vorschlagen?«

»Nun, Octavian ist unverheiratet, und –«

»Octavian!« rief ich. »Octavian! Was für ein unappetitlicher Vorschlag!« Ich stand auf und rief nach Iras. Ich wollte aus diesem Bad und Mardian in die Augen sehen. Iras kam rasch herbei und brachte Tücher und Gewänder.

Sobald ich darin eingehüllt war, kam ich hervor und funkelte ihn an. Er sah ehrlich verwirrt aus.

»Ich habe doch nur deshalb einen Römer vorgeschlagen, weil du anders als so viele andere offensichtlich keine Vorurteile gegen die Römer hast.«

»Mit Cäsar war es etwas anderes.« Cäsar widersetzte sich allen Kategorien; die Kategorie, zu der er gehörte, lag jenseits alles Sterblichen.

»Octavian sieht gut aus«, sagte Mardian lahm. »Und er ist mächtig.«

Der Gedanke an ihn ließ mich zurückweichen; dann erwachte die Erinnerung an das, was ich in der Regia durch das Fenster gesehen hatte. Offenbar hatte er auch eine laszive Ader, die zum ganzen Rest so wenig paßte wie ein Schmetterling zum Winter. »O ja. Da hast du wohl recht.«

»Nun, was will eine Frau sonst noch?«

Ich mußte lachen. »Ich gebe zu, es ist eine gute Grundlage. Ich hätte aber gern noch ein Herz dazu, einen Sinn für das Leben und die Freude.«

»Dann nehme ich zurück, was ich gesagt habe. Dann darfst du dir keinen Römer aussuchen.«

Iras brachte einen Tiegel Mandelöl. »Wenn du dich bitte hier hinlegen würdest …« Sie deutete auf einen mit dicken Tüchern bedeckten Diwan.

»Später.« Erst mußte ich das Gespräch mit Mardian zu Ende führen. »Ich weiß, daß an dem, was du da sagst, etwas Wahres ist. Aber …« Wie konnte ich ihm erklären, wie wenig es mich interessierte, wie selbst meine Träume eigenartig trocken und steril waren? Er, der sein Leben als Eunuch verbracht hatte, konnte die Fluktuationen der Leidenschaft nicht verstehen – wie sie sich in einem Stadium des Lebens zum Wahnsinn auswachsen und dann wieder verschwinden konnte, verdunsten wie ein ausgetrockneter Flußlauf? Ich erinnerte mich an die Zeit mit Cäsar, aber meine damalige Natur erschien mir jetzt wie eine Kuriosität.

»Vielleicht solltest du einen Prinzen aus Bithynien oder aus Pontos in Erwägung ziehen«, fuhr er ahnungslos fort. »Einen jüngeren, der dich anbeten und dir jeden Wunsch erfüllen würde. Der niemals irgendwelche Forderungen an dich stellen, sondern nur leben würde, um … dich zufriedenzustellen.« Er wurde rot.

»Du redest, als wäre ich sechzig, nicht siebenundzwanzig.« Ich versuchte es mir vorzustellen und merkte, daß ich selbst rot wurde.

»Könige nehmen sich hübsche Konkubinen. Warum solltest du es also nicht tun?«

»Kleine Jungen reizen mich nicht.«

»Ich dachte nicht an einen *so* jungen. Aber beherrschbar sollte er sein.« Mardian schwieg einen Augenblick lang. »Ich habe gehört, daß Prinz Archelaos von Komana ein tapferer Soldat und sehr gebildet sein soll.«

»Wie alt ist er?«

»Das weiß ich nicht. Aber ich kann es erfahren«, antwortete er strahlend.

»Tu das.« Ich nahm mir vor, ihm eine Freude zu machen. »Aber noch etwas – und entschuldige, daß ich das Thema ändere: Stimmt es, was man von Lepidus hört?«

Nach der Schlacht von Philippi verwandelte sich das offizielle Triumvirat anscheinend in ein inoffizielles Duumvirat. Die Welt sollte aufgeteilt werden wie ein Kuchen, aber nur zwischen Octavian und Antonius.

»Ja, heute morgen ist ein neuer Bericht gekommen. Ich habe ihn auf deinen Arbeitstisch gelegt, bei deinem Sekretär.«

»Erzähle es mir einfach.« Ich zog das seidene Gewand, das aus vielen farbigen Tüchern bestand, fester um mich.

»Sie haben den Verdacht – das heißt, sie *behaupten*, sie hätten den Verdacht, was etwas anderes ist –, daß Lepidus hinter ihrem Rücken agiere und nicht vertrauenswürdig sei. Deshalb haben sie ihn ignoriert, als sie das römische Imperium unter sich aufteilten – und so sollten wir es nennen, denn es ist ein Imperium, ganz gleich, mit welchem Maßstab man es betrachtet.«

»Wer hat was bekommen?« fragte ich.

»Antonius ist der Held des Tages; sein Ansehen ist das höchste in der ganzen Welt«, sagte Mardian. »Er hat sich die besten Teile genommen – ganz Gallien und den gesamten Osten. Er wird der Herr über unseren Teil der Welt sein und wahrscheinlich auch Cäsars Plan von der Eroberung Parthiens ausführen.«

»Und Octavian?« Wieso hatte Octavian so etwas zugelassen? Aber ein Mann, der krank in seinem Zelt lag oder sich in einer Sänfte umhertragen ließ, konnte dem Soldatenhelden keine Bedingungen diktieren.

»Er hat nur Spanien und Afrika und zwei lästige Pflichten noch dazu: Er muß die Veteranen in Italien ansiedeln und Land und Geld für sie auftreiben, und er muß Sextus verfolgen, den Piratensohn des Pompejus. Undankbare Aufgaben.«

Undankbar, aber anspruchsvoll. Damit dürften Octavian für lange Zeit die Hände gebunden sein. So hatte er es sich nicht gedacht.

Als Mardian gegangen war, erlaubte ich mir, mich auf dem Diwan auszustrecken, während Iras das feine Öl in meine Haut einmassierte. Ich schloß die Augen und gab mich dem Duft und dem wohligen Gefühl hin.

»Herrin, hast du vor, seinem Vorschlag zu folgen?« fragte Iras flüsternd. »Denn deine Haut muß wieder zur Vollkommenheit gebracht werden, bevor du dich mit Prinzen triffst.«

»Ich habe es nur gesagt, um ihm eine Freude zu machen«, murmelte ich. Von dem duftenden Öl und der Massage wurde ich schläfrig. »Es erfordert schon mehr als einen hübschen Prinzen, um … um …« Meine Stimme verklang.

Um diesen Teil meiner selbst zu erwecken, der so lange im Winterschlaf gelegen hat. Vielleicht hatte er so lange geschlafen, daß er im stillen gestorben war, ohne den leisesten Protest.

Mardian genoß es sehr, die Welt nach geeigneten Heiratskandidaten für mich abzusuchen. Er kam mit Idumäern an, mit Griechen, Paphlagoniern, Nubiern – unter anderm mit dem Sohn der Kandake –, mit Galatern und Armeniern. Um ihn zu quälen, hatte ich eine Liste von entscheidenden Eigenschaften aufgestellt; ich dachte mir, die Wahrscheinlichkeit, daß jemand sie alle aufwiese, wäre doch gering. Er mußte mindestens zwanzig sein, er mußte einen Kopf größer sein als ich, Athlet und guter Mathematiker, er mußte mindestens drei Sprachen sprechen, im Ausland gelebt haben, ein Musikinstrument gut beherrschen, die griechische Literatur kennen, etwas vom Meer und von der Seefahrt verstehen und aus einem großen Königshaus stammen. Dies seien meine Mindestanforderungen, sagte ich. Armer Mardian!

Die Ernte war gut, und wir begannen die Verluste des vergangenen Jahres wettzumachen. Ich konnte sechzig neue Schiffe in Auftrag geben und die am schlimmsten verfallenen Deiche und Wasserspeicher reparieren lassen, und außerdem hatte ich jetzt zwanzigtausend Soldaten unter Waffen. Weder das Heer noch die Flotte waren vollwertig – die Römer würden darüber lachen –, aber es war ein Anfang, und seit dem Tiefpunkt, da unsere Flotte untergegangen war, hatten wir auf alle Fälle Fortschritte gemacht.

Zu meiner Verblüffung war Mardians Spitzenkandidat, Archelaos von Komana, für den »Wettbewerb« nicht disqualifiziert. Mardian bewog mich, ihn zu einem zeremoniellen Besuch einzuladen. »Denn selbst wenn es eine Posse ist«, sagte er, »wird es deinem Volk gefallen. Die Leute werden das Gefühl haben, daß du zumindest *versuchst*, das Problem zu lösen.«

Kasu, die Äffin, tappte heran und reichte Mardian einen Teller mit Datteln. Sie war inzwischen so gut abgerichtet, daß sie beinahe als Dienerin arbeiten konnte. Mardian schürzte die Lippen und nahm sich viel Zeit, um die dickste und rundeste auszusuchen, die er finden konnte. »Hmmm«, sagte er. »Die müssen aus Derr sein.«

Er hatte den Gaumen eines wahren Kenners. »Dein Geschmack trügt dich nicht«, sagte ich. Kasu kam zurückgehüpft und sprang neben mir auf den Stuhl. »Ich habe noch eine Anforderung vergessen: Er muß Tiere mögen, vor allem Affen. Es darf ihn nicht stören, daß ein Affe auf dem Fußende des Bettes hockt.«

Mardian zuckte die Achseln und leckte sich die Finger. »Zu spät«, sagte er. »Ich bin aber sicher, daß Archelaos so tun wird, als liebe er sie.«

»Wann kommt er denn?« Bei dem Gedanken daran wurde mir ganz kläglich zumute. Ich hätte niemals so lange mitspielen dürfen.

»Sobald er und seine Familie Antonius ihre Aufwartung gemacht haben«, sagte Mardian. »Alle in der Gegend, alle Klientenkönige, müssen sich bei ihm melden; sie müssen ihm ihre Krone anbieten und abwarten, ob er mit ihnen einverstanden ist und sie wiedereinsetzt.«

Ich nahm selbst eine Dattel und knabberte daran. Sie waren süß, beinahe zu süß, fast künstlich. »Alle Klientenkönigreiche ... Aber davon gibt es viele«, sagte ich. »Und jedes muß einzeln begutachtet werden. Einige sind von ganzem Herzen für die Attentäter eingetreten, andere wurden gezwungen, sie zu unterstützen. Jetzt werden sie *alle* behaupten, sie seien genötigt worden. Und das Geld hat man ihnen auch abgenommen.«

»Antonius weiß das. Er muß ihnen natürlich auch welches abnehmen. Aber er hört den Leuten wenigstens zu. Der Redner Hybreas von Mylasa sagte zu ihm, wenn er die Steuern für zehn Jahre binnen eines Jahres von ihnen erwarte, dann könne er ihnen zweifellos in diesem Jahr auch zwei Sommer schenken. Und Antonius ließ sich erweichen.«

»Wo ist er jetzt?« fragte ich. Er hatte in Athen angefangen, soviel wußte ich.

»In Ephesos. Er hält dort seit Wochen ausgelassen hof, läßt sich als Dionysos zujubeln und sogar als Gott bezeichnen.«

»Das gefällt ihm bestimmt«, sagte ich. »Er ist besser als Octavian; der ist ja nur der Sohn eines Gottes. Aber die Epheser nennen jeden, der etwas darstellt, einen Gott; das ist ihm hoffentlich klar.«

Mardian lachte. »Ich glaube, das kümmert ihn nicht. Er ist zu sehr mit Glaphyra beschäftigt, Archelaos' Mutter. Anscheinend ... äh ... trägt sie ihm ihre Ansprüche vor.«

Aus irgendeinem merkwürdigen Grund war ich schockiert. Es kam mir so ... ungerecht vor. Ich stellte mir vor, wie all die Herrscher sich herandrängten und warteten, bis sie an der Reihe waren, und wie Glaphyra sich einfach an die Spitze der Wartenden setzte.

»Du siehst: Sobald seine Mutter zufriedengestellt ist, wird Archelaos reisen können.«

Nein – was er sagen wollte, war: Sobald *Antonius* zufriedengestellt war, konnte Archelaos' Mutter abreisen. Ich schüttelte den Kopf. »Das kann noch eine Weile dauern«, sagte ich. Ich sollte dankbar sein: Solange Glaphyra die Aufmerksamkeit Antonius' in Anspruch nahm, würde ich von der ihres Sohnes verschont bleiben.

Der Hof des Dionysos währte noch Monate; ein gekrönter Antonius ließ sich in einer Parade auf einem von Trauben überhäuften Wagen durch die Stadt fahren, begleitet von Frauen, die als Bacchantinnen verkleidet waren, während die Männer in Satyr- und Pan-Gestalt herumliefen; mit Efeu bekränzt, den Thyrsos in der Hand, spielten sie Zither und Flöte und jubelten dem »Freudenbringer« Willkommensgrüße entgegen. Das Geschrei hallte weithin an der Küste entlang. Es muß ihm großen Spaß machen, dachte ich, und ich fragte mich, was Octavian wohl in Ephesos getan hätte. Wahrscheinlich hätte er in aller Rechtschaffenheit auf die exotische Staffage verzichtet und sich heimlich, zu später Stunde, mit den Weibern vergnügt. Er liebte es, seinen Freuden verstohlen nachzugehen. Vielleicht *nur* dann.

Etwa sechs Monate später erschien ein Römer an meinem Hof, gesandt von Antonius. Es war Quintus Dellius, ein Mann, der für seine Fähigkeit berühmt war, mitten im Strom die Pferde zu wechseln, wie einer dieser geschickten Reiter im Circus. Er war erst Dolabellas Mann gewesen, dann Cassius', und jetzt arbeitete er für Antonius. Ich mochte ihn nicht, schon bevor ich ihn gesehen hatte, und deshalb ließ ich ihn so lange wie möglich warten, ehe ich ihm eine Audienz gewährte.

Leider war der unglückliche Archelaos etwa um dieselbe Zeit angekommen, nachdem er mit eifriger Ungeduld über Land und Meer zu meinem Hof gereist war. Ich hatte Mitleid mit ihm und neigte deshalb dazu, ihn zu mögen – ganz im Gegensatz zu Dellius also. Aber er würde warten müssen, bis ich mit Dellius fertig wäre.

Schließlich stand Dellius vor mir; seine Augen waren auf gleicher Höhe mit den meinen, derweil ich auf einem erhöhten Thron saß. Er hatte sehr dunkle Augen und ein narbiges Gesicht, was ihm ein hartes Aussehen verlieh. Obwohl er breitbeinig stand und ich saß, vermittelte er den Eindruck, als sei er derjenige, der hier die Audienz gab.

»Ich bringe Grüße, erhabenste Königin von Ägypten, von meinem Herrn Marcus Antonius«, sagte er lakonisch. »Mein Herr läßt dir durch mich befehlen, an seinem Hofe zu erscheinen und dich für gewisse Vorwürfe zu verantworten.«

Ich hatte doch sicher nicht recht gehört. »Würdest du das wiederholen?« fragte ich in gleichmütigem Ton.

»Ich habe gesagt, mein Herr Antonius ersucht dich, bei ihm zu erscheinen, um dich gegen bestimmte Vorwürfe zu rechtfertigen – Vorwürfe, die in diesem Brief aufgeführt werden.« Er reichte mir eine Schriftrolle und trat zackig einen Schritt zurück. Dabei grinste er fast.

»Er ersucht mich.« Ich erwog das Wort. »Einen Augenblick lang dachte ich, du hättest gesagt, er befiehlt es mir.«

»Mein Herr Antonius wäre höchst erfreut, wenn du persönlich zu ihm kommen könntest, um ihm bestimmte Dinge zu erklären.«

»Jetzt wäre er also ›höchst erfreut‹, und ich soll ihm nur noch etwas ›erklären‹, mich aber nicht mehr rechtfertigen oder auf Vorwürfe antworten«, stellte ich lockend fest. »Die Sache wird mit jedem Augenblick milder.« Ich hielt die Schriftrolle in der Hand. Lesen würde ich sie später – nicht vor diesem hochfahrenden, feindseligen Mann. »Und wohin soll ich kommen?«

»Nach Tarsos. Dorthin wird er sich in Kürze begeben.«

»Du kannst deinem Herrn Antonius sagen, daß die Königin von Ägypten auf unhöfliche Aufforderungen nicht antwortet, daß sie einem römischen Magistraten nicht gehorcht und daß sie sich nicht verteidigen muß. Ich bin enttäuscht, daß mein Bundesgenosse und einstmaliger Freund es für geboten hält, mich in dieser Weise anzusprechen. Es sei denn, du hättest seine Worte falsch wiedergegeben.« Ich gab ihm Gelegenheit, Antonius reinzuwaschen.

»Das ist deine Antwort?« Er ging darüber hinweg. »Du kommst nicht?«

»Nein«, sagte ich. »Er soll herkommen, wenn er mit mir sprechen will. Er kennt den Weg. Er war vor vierzehn Jahren schon einmal hier. Das wird er nicht vergessen haben.«

Als ich später allein in meinem Zimmer saß, las ich den Brief und sah, daß die Vorwürfe lächerlich waren: Ich hätte Cassius und Brutus geholfen! Ich hätte ihnen die vier römischen Legionen geschickt! Er mußte doch wissen, daß ich sie zu Dolabella geschickt und daß Cassius sie abgefangen hatte. Und es war der Verräter Serapion gewesen, der ihnen die in Zypern stationierte Flotte ausgeliefert hatte. Ich hatte ein Vermögen verloren, als ich meine Flotte zum Triumvirat nach Brundisium bringen wollte. Wie hatte er das vergessen können? Ich war tief gekränkt.

Später aber fragte ich mich unwillkürlich, ob andere ihm diese Verdächtigungen ins Ohr geblasen hatten – Glaphyra vielleicht, oder Octavian selbst? Besonders Octavian, der nur zu gern Cäsarions Mutter in Mißkredit gebracht und dessen Bindung an Rom zerschnitten hätte.

Archelaos wartete jetzt schon seit mehreren Tagen, und als Dellius abgefertigt war, bereitete ich mich darauf vor, ihn zu empfangen. Bevor ich mich in den Audienzsaal verfügte, um ihn offiziell willkommen zu heißen – Mardian hatte ihn schon an meiner Statt begrüßt, aber es mußte noch einmal wiederholt werden –, ließ ich Iras tun, was sie so gern tun wollte: Sie durfte mich schminken und frisieren. Inzwischen sollte Charmian mein Gewand aussuchen.

Warum tat ich das? Hoffte ich, ihn abzuschrecken, indem ich allzu künstlich bunt und übermäßig prachtvoll kostümiert erschien? Obwohl ich die reichste und mächtigste Frau der Welt war – wie leicht dieser Satz hier wiegt! –, verstand ich es doch, jemanden entspannt und gelassen zu stimmen, indem ich mich menschlich und ansprechbar zeigte. Ich wußte auch, wie ich Leute auf Distanz hielt. Es hing alles vom Auftreten ab: von der Neigung des Kopfes, dem Tonfall, dem Blick.

Ich setzte mich auf eine Bank, wo das Licht von Norden her auf mein aufwärts gewandtes Gesicht fallen würde. »Also gut, Iras. Tu dein Zauberwerk.« Ich schloß die Augen und wartete.

Ihre geschickten Finger betupften die Haut meiner Wangen und strichen an den Konturen meines Kiefers entlang. »Die Behandlung hat gewirkt«, sagte sie. »Die schädliche Wirkung des Salzes ist verflogen.«

Schade, dachte ich. Ein bißchen hätte es noch dauern können – zumindest, bis dieser Freier wieder heimgekehrt wäre.

Sie strich mir eine sahnige Paste ins Gesicht und verrieb sie mit kreisenden Bewegungen. Es duftete köstlich.

»Öl und Zypergras, Herrin«, sagte sie. »Jetzt wasche ich es mit einem gemischten Saft von Ahorn und Gurke wieder ab.« Sie griff zu Leinentupfern, die mit diesem Saft getränkt waren, und rieb mir damit durch das Gesicht. Die Haut begann zu kribbeln.

»Das läßt die Haut so fein aussehen wie polierten Marmor«, sagte sie. »Obwohl dazu nicht viel verbessert werden muß. Jetzt will ich deine Augen kühlen, und zwar mit einer Spülung aus zermahlenem Sellerie und Hanf. Halte sie geschlossen.«

Sie legte mir zwei kühle Binden auf die Augen und sagte: »Ruh dich aus und denke an einen kühlen Berg.«

Das Gewicht auf meinen Lidern schien meine Gedanken zu verändern, und ich trieb zu einem Ort, den ich noch nie gesehen hatte – an einen bewaldeten Hang, wo hohe Zypressen wuchsen und Schafe grasten und wo sanfte Winde spielten.

»So«, sagte Iras. Sie nahm die Binden ab und holte mich in mein Zimmer zurück. Wo war ich gewesen? »Für die Umrandung der Augen – bevorzugst du heute das Schwarz des Kohls oder das Grün des Malachits?«

»Malachit«, sagte ich. »Kohl ist für jeden Tag, und dies ist kein alltägliches Ereignis – ich empfange einen Kandidaten, der um meine Hand anhalten will.« Wenn er meine Hand nur halten wollte, wäre ich nicht so abwehrend gestimmt.

Sie nahm einen Schminkstift und zog feine Linien um meine Augen, über die Lider und durch die Augenwinkel. »Jetzt kannst du sie öffnen.« Sie hielt mir einen Spiegel vor. »Sieh nur, wie dieses Grün das natürliche Grün deiner Augen vertieft!«

Ja, das stimmte. Cäsar hatte die Farbe meiner Augen geliebt; sie seien getönt wie der Nil im Schatten, hatte er gesagt. Aber seitdem hatte ich das

Grün nicht mehr getragen; ich ließ meine Augen durch Kohl dunkler erscheinen. Jetzt nickte ich und war überrascht, wie hell sie aussahen.

Iras tauchte den Finger in einen kleinen Tiegel mit Widderfett, das mit rotem Ocker vermischt war, und betupfte damit die Lippen, um sie rot zu machen. »So!« Sie seufzte. »Du verbirgst deine Lippen und ihre Form, wenn du sie nicht färbst.«

Ich sah allmählich aus – nein, nicht wie eine Fremde, aber wie ein überzeichnetes Abbild meiner selbst.

»Dein Haar glänzt noch von dem Wacholdersaft und Öl, mit dem wir es gestern abend gespült haben. Jetzt brauche ich es nur zu kämmen und den Goldschmuck hineinzuflechten.«

»Das ist gut«, sagte Charmian hinter mir. »Ich habe nämlich das grüne Kleid mit den goldenen Stickereien ausgesucht.« Ich drehte mich um und sah das Kleid, das sie in der Hand hielt. Es war nach phönizischer Mode geschnitten, mit gerafften Schultern und einem Streifen Tuch, der über den Rücken floß.

»Ich glaube, ihr wollt mich für den Olymp zurechtmachen, wo ich von den Göttern empfangen werden soll«, sagte ich. »Es wird eine Enttäuschung sein, wenn ich gleich in meinen eigenen Audienzsaal spaziere.«

»Für dich vielleicht, aber nicht für ihn«, sagte Charmian. »Er hat schließlich eine weite Reise gemacht, nur um so etwas zu sehen.«

Ich seufzte. Der arme Mann – der arme Junge –, was immer er sein mochte; Mardian hatte sich da nicht ganz klar ausgedrückt. »Ja, ja«, sagte ich und blieb still stehen, während Charmian mir das Kleid über den Kopf senkte. Eine Dienerin brachte goldgeflochtene Sandalen und streifte sie mir über die Füße, die ebenfalls mit duftendem Öl eingerieben worden waren. Jetzt machte Iras sich an mein Haar, und Charmian holte eine Juwelenschatulle hervor und wählte eine Smaragdkette sowie perlmuttverzierte goldene Ohrringe hervor. Dann zeigte sie mir einen Armreifen, der wie eine Kobra geformt war.

»Das ist ein Geschenk von ihm, Herrin«, sagte sie. »Archelaos hat es mitgebracht und möchte, daß du es trägst.«

»Ich verstehe.« Ich nahm den Reif und betrachtete ihn. Er war vorzüglich gearbeitet; jede Schuppe der Schlange war wirklichkeitsgetreu dargestellt, und die Augen waren aus Rubin. Wider Willen war ich gerührt. Woher konnte er von meiner Vorliebe für Schlangen wissen? Ich legte den Reif an.

Feierlich betrat ich den Saal, ging an einer Gruppe von Leuten vorüber, ohne sie eines Blickes zu würdigen, und stieg die Stufen zu meinem Thronsockel hinauf. Oben drehte ich mich um, hieß sie willkommen und bat den Prinzen Archelaos von Komana vorzutreten.

Aus einer Gruppe von Höflingen, Gesandten und Schreibern löste sich ein hochgewachsener junger Mann und kam herüber zu mir. Er hielt sich wie ein Prinz, fand ich, weder unterwürfig noch hochfahrend, und ich sah überrascht, wie hübsch und anziehend er aussah.

»Willkommen, Prinz Archelaos«, sagte ich. »Wir freuen uns, dich hier in Alexandria empfangen zu können.«

Er lächelte. »Und ich, erhabenste Königin Kleopatra von Ägypten, bin geehrt, daß ich hiersein darf.«

Gern hätte ich seine Worte oder sein Auftreten als wenig ansprechend empfunden, aber sie waren gewinnend.

Ich streckte den Arm aus. »Ich danke dir für dein Geschenk. Es ist sehr schön.«

»Die Goldschmiede in Komana sind geschickt«, sagte er. »Es war mir eine Freude, es in Auftrag zu geben.«

Nachdem wir öffentlich noch ein paar weitere Artigkeiten ausgetauscht hatten, lud ich ihn ein, zu mir in den Pavillon im Palastgarten zu kommen und an der frischen Luft mit mir zu speisen. Außerdem entließ ich ausdrücklich alle Diener und spitzelnden Gehilfen. Zusammen schritten wir die breiten Stufen der Palasttreppe hinunter und überquerten den grünen Rasen bis zu dem weißen, schattigen Pavillon, wo uns schon ein Tisch und Diwane erwarteten.

Sein Gang war überaus anmutig, und er machte große Schritte. Außerdem war er nicht nur einen Kopf größer als ich, wie ich in meiner Liste angegeben hatte.

Wir ließen uns liegend, wie es der Brauch befahl, auf den Diwanen nieder. Er stützte sich auf einen Ellenbogen und schaute mich an. Plötzlich brachen wir beide in lautes Lachen aus, als wären wir zwei Verschwörer. Im selben Augenblick hatte ich meine sorgfältige formelle Kostümierung um ihre Wirkung gebracht.

»Verzeih mir«, sagte ich schließlich. »Ich lache nicht über dich.«

»Das weiß ich.« Ich wußte, daß er es wußte. »Ich lache ja auch nicht über dich. Ich nehme an, ich lache aus Erleichterung. Ich wäre fast nicht gekommen, und hundertmal habe ich mich auf der Reise gefragt, *warum* ich komme. Ich kam mir töricht vor.«

»Du warst tapfer«, sagte ich. »Das weiß ich zu schätzen.« Ich betrachtete ihn aufmerksam. Er schien ungefähr in meinem Alter zu sein und hatte dunkles, glattes Haar und einen Mund wie Apollon. Ich fragte mich, ob seine Mutter wohl genauso attraktiv war, daß sie Antonius' Interesse an sich binden konnte.

»Dich nur zu sehen war die Reise wert«, sagte er.

»Bitte. Greife jetzt nicht zu Floskeln.«

Er lächelte. »Das Dumme an abgedroschenen Worten ist, daß sie ab und zu wahr sind, und dann glaubt einem keiner.«

»Erzähl mir von eurem Königreich«, sagte ich; ich scheute vor den persönlichen Themen zurück. »Ich war noch nirgends außer in Rom und in Nubien.« Der Rest der Welt machte mich immer neugieriger.

Er erklärte mir, daß es eine Region in Kappadokien sei, aber nicht so gebirgig, und sie habe seine Unabhängigkeit bewahren können – mit knapper Not. »Der römische Adler hackt nach uns, aber bis jetzt hat er uns noch nicht in sein Nest geschleppt.«

»Ja, davon weiß ich auch ein Lied zu singen.«

Er sah mich überrascht an. »Dir sollte das doch keine so großen Sorgen bereiten«, sagte er. »Ägypten ist ein großer Brocken und deshalb schwer zu verdauen.«

»Ich glaube, der Magen Roms ist groß genug.«

Ich sah ihm an, daß er nachdachte und sich fragte, ob er meine Beziehung zu Cäsar ansprechen sollte. Er beschloß, es nicht zu tun. »Komana ist einstweilen ganz sicher«, sagte er.

Jetzt überlegte ich, ob ich sagen sollte: *Dank dem Zauber deiner Mutter*, aber auch ich schwieg lieber dazu. Statt dessen fragte ich: »Was hältst du von eurem neuen Oberherrn?«

Ein Diener erschien und brachte den ersten Gang: Salat, eingerollte Gurken, gefüllt mit Seebarsch, und gewürzte Wachteleier. Archelaos ließ sich viel Zeit mit dem Auswählen.

Er spießte ein Wachtelei auf, bevor er antwortete. »Wir sind dankbar, daß es Marcus Antonius ist und nicht Octavian. Nach der Schlacht von Philippi haben sich die Besiegten zuerst Antonius ergeben. Niemand wollte Octavian in die Hände fallen, weil sie alle wußten, daß er unnachsichtig sein würde. Einige der Gefangenen, die hingerichtet werden sollten, flehten Octavian an, er möge ihnen eine ehrenvolle Bestattung zusichern. Aber er höhnte nur: ›Darüber werdet ihr mit den Aasgeiern reden müssen.‹« Sein Appetit war geschwunden; langsam kaute er auf dem Ei.

Ja, das konnte ich mir vorstellen. Und ich konnte mir vorstellen, wie er sein perfektes Lächeln aufsetzte, während er so etwas sagte.

»Niemand anderer als Antonius konnte es bekommen«, sagte ich. »Zu dem Territorium gehört die Aufgabe, in Parthien einzumarschieren, und das könnte nur Antonius. Außerdem hat er schon im Osten gedient und kennt sich hier aus.« Ich nahm einen Schluck Weißwein, mit Gebirgswasser verdünnt. Der Geschmack war noch immer ein wenig zusammenziehend. »Ist er denn … schrecklich beschäftigt?«

»Bei Tag und bei Nacht«, sagte Archelaos. »Vor allem bei Nacht.«

Als er meinen Gesichtsausdruck sah, suchte er nach weiteren Worten.

»Aber er hat sich auch gewissenhaft um das politische Geschäft gekümmert«, versicherte er mir. »Hat Tag für Tag Leute in seinem Hauptquartier befragt und Entscheidungen getroffen, die anständig und wohlbedacht erscheinen. Ephesos ist eine schöne Stadt mit seiner Lage am Meer und mit seinen Marmorbauten und Straßen – aber daran seid ihr hier in Alexandria natürlich gewöhnt. Es gibt dort allerdings etwas, was es in Alexandria nicht gibt – die Landschaft ringsum eignet sich gut zum Reiten. Antonius ist ein paarmal mit mir zum Reiten und auf die Jagd gegangen. Ich habe ihn als Privatmann kennengelernt.«

Der zweite Gang kam: gebratenes Zicklein, geräucherter Pfau und Scheiben von Ochsenfleisch. Dazu gab es drei Saucen: eine aus Pfeffer und Honig, eine aus Gurken und Rahm und eine aus gehackter Minze in Essig. Er betrachtete sie und nahm von zweien.

»Und wie ist er … als Privatmann?« Die Art, wie Dellius mich zu ihm zitiert hatte, ließ mich vermuten, daß der plötzliche Aufstieg zur Macht ihn verändert und seine freundliche Natur verdorben hatte.

Ich war überrascht, als er antwortete: »Er ist ein Fürst unter den Menschen.« Er schwieg für einen Augenblick. »Ein Mensch unter Menschen, ein Soldat unter Soldaten.«

»Oh, du meinst, er verändert sein Verhalten, je nachdem, wie der Anlaß es erfordert? Er färbt sich so, wie es der Umgebung entspricht?« Ein menschliches Chamäleon, die schlüpfrigste aller Kreaturen.

»Nein, ich meine das Gegenteil. Er ist immer er selbst, unabhängig von der Gesellschaft, in der er sich befindet. Im Grunde ist er ein einfacher Mann, ein ehrlicher Mann – und was könnte vornehmer und fürstlicher sein?«

»Leider findet man so etwas unter vornehmen Fürsten nicht oft«, antwortete ich.

»Ich glaube, er täuscht andere sowenig wie möglich und sich selbst überhaupt nicht. Wenn Leute sich in ihm täuschen, dann nur deshalb, weil sie sich selbst getäuscht haben und weil sie etwas gesehen haben, was eigentlich nicht da ist.«

»Hat er meine Schwester gesehen?« fragte ich. Was hatte er im Hinblick auf Arsinoë unternommen?

»Nein«, sagte er. »Arsinoë genießt immer noch Asyl im Tempel der Artemis. Antonius geht nicht in den Tempel. Von seinen Männern haben sich hinreichend viele der inoffiziellen Prostituierten dort bedient – jener Damen, die … äh … der Göttin mit ihren irdischen Fähigkeiten zu dienen vorgeben.«

Wieder lachten wir beide. Ich war froh, daß Antonius dort nicht hinging; es hätte ihn erniedrigt. Aber was ging das mich an?

Archelaos erzählte eine Geschichte von seinem Hof. Ich hörte ihm zu, aber mehr achtete ich darauf, wie ich selbst auf ihn reagierte. Ich beobachtete mich so aufmerksam, wie ein Kind den Kokon eines Schmetterlings beobachtet und darauf wartet, daß er sich öffne.

Ich hatte den Nachmittag genossen und fand Archelaos ansprechend. Aber nur so, wie ich auch viele andere Dinge und Personen ansprechend fand: den Serapis-Priester, der zu mir kam, wenn ich einen Jahrestag feiern oder ein besonderes Opfer darbringen wollte, oder die Frau, die sich um die Lotospflanzen im Palastteich kümmerte und zarte Halsketten daraus flocht. Oder den obersten Wagenmeister, stattlich und flott anzusehen. Das alles waren anziehende Menschen, die mir das Herz mit ihrem Witz, ihrem Geschick oder ihrer Freundlichkeit wärmten. Sie machten mir den Alltag zur Freude.

Aber keiner von ihnen erweckte jenen Teil meiner selbst, der eingeschlafen oder – schlimmer noch – zusammen mit Cäsar ermordet worden war. Und Archelaos tat es auch nicht. Ich konnte mir nicht vorstellen, wie er ohne seine Kleider aussah, und noch verräterischer war die Tatsache, daß ich es nicht wollte. Und ich konnte mir nicht vorstellen, mich mit ihm zusammen in diesen Zustand zu versetzen.

Als ich in dieser Nacht im Bett lag und die heiße Sommerluft spürte, die den Raum erfüllte, da fragte ich mich, was denn solche Gefühle in mir hervorrief und wieso es nicht das gleiche war, ob ich *über* sie nachdachte oder ob ich sie unmittelbar *dachte*.

Wenn man sich etwas wünschte, konnte man es damit manchmal hervorrufen. Wenn ich mir wünschte zu studieren, dann konnte dies gelegentlich das Verlangen danach, es wirklich zu tun, entstehen lassen und ein Interesse stimulieren. Über eine Region zu lesen konnte die Neugier anstacheln, so daß man dorthin reisen und das alles selbst erleben wollte. Leidenschaft aber ließ sich nicht hervorlocken; es gab kein bekanntes Mittel, keinen Kunstgriff, mit dem sie sich reizen ließ. Sie schien ein eigenes Leben zu führen, verstockt und unabhängig, zu schlummern, wenn sie besser getanzt hätte, und hervorzusprießen, wenn es keinen Grund dafür gab, keine Möglichkeit, sie auszuleben.

Ich wünschte mir, ich könnte mich durch Willensanstrengung dazu bringen, Verlangen nach Archelaos zu empfinden, aber ich konnte, wie es schien, meinem eigenen Willen nichts dergleichen befehlen. Nichts rührte sich in mir, nicht die Andeutung von Glut erwachte in meinem Innersten. Ich war still wie der heilige See der Isis, in dem ich vor so langer Zeit geschwommen war und in lautloser Nacht das Wasser zerteilt hatte.

# 42

Die Winde wehten über das Mittelmeer und brachten Schiffe und Neuigkeiten. Man setzte mich über alles in Kenntnis, was an den Fronten geschah: über Octavians beinahe tödliche Erkrankung auf seiner Heimreise und über Antonius' ausgelassene Reise durch Asien. Als Octavian, immer noch geschwächt, wieder in Italien war, traf er auf eine Schwierigkeit nach der anderen: Veteranen forderten ihren Sold, aber er hatte kein Geld, und Sextus Pompejus räuberte auf den römischen Handelsstraßen. Die Geschicke der beiden Männer nahm einen unterschiedlichen Verlauf; mit Antonius ging es bergauf, mit Octavian bergab.

Eine Zeitlang fuhr Antonius fort, mir Boten zu schicken und mich »einzuladen«, zu ihm zu kommen. Endlich ließ er es aber sein, und ich hörte nichts mehr von ihm. Gut. Ich hatte beschlossen, dann zu ihm zu gehen, wenn es mir paßte, und auf eine Weise, die mir paßte: wenn er nicht mehr mit mir rechnete.

Es war unabdingbar, daß ich zu irgendeiner Einigung mit Rom gelangte. Meinen schroffen Worten und geringschätzigen Gedanken zum Trotz mußte ich mir letzten Endes die Wahrheit eingestehen: Als ich einen Sohn zur Welt brachte, der zur Hälfte Römer und der Sohn Julius Cäsars war, hatte ich mich für alle Zeit an Rom gebunden. Was in Rom geschah, war wichtig für meinen Sohn – und für Ägypten.

Das Schicksal hatte mich gesegnet, indem es Antonius und nicht Octavian nach Osten geschickt hatte. Mit Antonius konnte ich umgehen, und ich gedachte ihm den besten Handel abzutrotzen, den ich bekommen konnte – für Cäsarion wie auch für Ägypten. Antonius war im Senat dafür eingetreten, daß Cäsarions Abkunft von Cäsar anerkannt wurde, und er mußte diesen Anspruch weiterhin unterstützen. Und man mußte ihm zu verstehen geben, daß Ägypten ein wertvoller Verbündeter, aber ein lästiger Feind sein würde. Wir waren zu groß, als daß man uns als Vasallenstaat behandeln konnte; wir waren nicht Komana. Er würde mich mit Respekt ansprechen und bitten müssen, statt mir Befehle zu erteilen, wenn er freie Hand für seinen Angriff gegen Parthien haben wollte. Ich fragte mich, wie Dellius meine Weigerung, mich vor ihm zu verantworten, wohl dargestellt haben mochte. Jedenfalls hatte Antonius aufgegeben. Ich hatte diese Runde gewonnen – die erste. Nun also zur zweiten.

Es dauerte zwei Monate, das Schiff für seine besondere Mission vorzubereiten. Ich suchte einen »Sechsruderer« aus und ließ ihn von innen und von außen völlig neu gestalten, bis es kein zweites Schiff wie dieses gab. Das Heck war mit Blattgold überzogen. Unter Deck befand sich ein riesiger Bankettsaal, der Platz für zwölf Diwane sowie für Musiker und Akrobaten bot. Ich ließ Schränke einbauen, in denen man so viel goldenes Geschirr unterbringen konnte, daß man die Tafeln dreimal damit decken konnte, und der Laderaum des Schiffes wurde in Stallungen für dreißig Pferde verwandelt – und wie jeder Schiffszimmermann weiß, braucht ein Pferd soviel Platz wie vier Männer. Dann ließ ich von meinen Kunsthandwerkern Lampen entwerfen, die viele Lichter aufnehmen konnten; diese ließen sich in der Takelage des Schiffes aufhängen und nach Belieben zu Kreisen, Vierecken oder Dreiecken formieren. Wenn man sie aufzog oder absenkte, sah es aus wie der Nachthimmel, nur heller und magischer.

Mein eigenes Quartier sollte im hinteren Teil des Schiffes liegen und ein großes Bett sowie Stühle und Tische enthalten, aber auch viele Spiegel und Lampen, die an den Wänden befestigt werden sollten.

Ja, ich hatte einen Plan, und das Geld, das ich auf dieses Schiff verwandte, würde gut angelegt sein.

Was mich selbst betraf, so war ich nicht sicher, wie ich am besten in Tarsos erschiene. Sollte ich mich als unerbittliche Kriegerin kleiden, mit Helm – einem Zeremonienhelm natürlich – und schützendem Schild? Oder als Cäsars Witwe, in tristem, strengem Gewand? Sollte ich als erhabene Königin kommen? Es war ein Staatsbesuch – welches Bild also wollte ich vermitteln? Sollte ich die kriegerische Athene sein oder die trauernde Demeter, die königliche Hera oder …?

Mein Blick fiel zufällig auf das Mosaik, das in den Boden des Bankettsaals eingelassen war, während mir diese Gedanken durch den Kopf gingen, und ich sah Venus, wie sie in aller Pracht aus dem Meer emporstieg. *Venus … Aphrodite … Auf dem Weg nach Tarsos würden wir an ihrer Insel vorbeikommen, an der Insel Zypern … wo sie aufsteigen und an Bord kommen könnte …*

*Antonius. Antonius war Dionysos … Und wer sollte Dionysos einen Staatsbesuch abstatten, wenn nicht Aphrodite?*

Ja, Cäsar hatte mich Venus genannt, und er hatte eine Statue der Venus in meiner Gestalt in seinen Familientempel gestellt … Und Antonius als Julianer war ebenfalls ein Abkömmling der Venus … Es war also ganz und gar passend, daß es Venus war, Aphrodite, die nach Tarsos kam, um Dionysos zu besuchen. Wir würden anders sein als sonst, und dies würde dem Zusammentreffen Faszination verleihen und ihm Aufmerksamkeit verschaffen, ja, es überhaupt in ein anderes Reich versetzen …

»Charmian!« rief ich und stand auf. »Charmian, rufe mir den Kostümmeister!«

Die Segel blähten sich, zögernd erst, dann stolz und kühn. Das Wasser teilte sich, und wir flogen voran in Richtung Kilikien, in Richtung Tarsos.

An Bord des Schiffes war alles darauf eingerichtet, daß ich hofhalten und die Römer sowie die Bürger von Tarsos bewirten konnte. Ich brauchte mich niemandem dort zu verpflichten, brauchte niemandes Gast zu sein. Ich würde diejenige sein, welche die Einladungen aussprach, ich war es, die hofhielt.

Die anderen Herrscher – wer waren sie schon? Keiner von ihnen konnte Antonius gleichberechtigt entgegentreten, und keiner konnte sich ihm in einer anderen Gestalt als in der eigenen nähern. Das Reich der Ptolemäer mochte geschrumpft und beinahe ausgelöscht sein, aber ich würde jetzt dafür sorgen, daß meine Vorfahren stolz auf mich sein konnten. Ich würde als Königin und als Aphrodite selbst erscheinen, und da mochten sie alle das Maul aufsperren und glotzen.

Mein Kostüm, das wußte ich, war beispiellos. Es war weder zeremoniell noch konventionell, noch schicklich. Ich ging als Frau, aber als eine Frau, die nicht angerührt werden durfte.

Wir hatten gutes Wetter; die Winde schienen sich mit mir zu verschwören, um mich genau dahin zu bringen, wohin ich wollte. Wir passierten Zypern an Lee und zogen an der schönen Insel vorbei, der man »ewigen Frühling« nachsagte, und im Vorüberfahren warf ich Opfergaben für die Göttin in die Wellen, damit sie ihr vor die Füße geschwemmt würden.

*Aphrodite*, betete ich, *sei jetzt mit deiner Tochter!* Und Blumen und Kerzen schwammen auf dem Wasser davon und suchten sie.

Es war mehr als ein halbes Jahr her, daß Antonius mich das erste Mal zu sich zitiert hatte. Ich hatte ihn lange genug warten lassen, und er müßte sich damit abgefunden haben, daß ich nicht kommen würde. Aber er würde nicht zornig sein; er war ein nachsichtiger Mensch, daran erinnerte ich mich. Nachsichtig und leicht zu erfreuen.

Aber ich mußte mehr tun, als ihn nur zu erfreuen. Wer leicht zu erfreuen ist, der ist schwer zu gewinnen. Weil ihm mehr oder weniger alles gefällt – Bruchstücke eines Liedes, das er jemanden durch die Wand singen hört, Brot, das ein bißchen altbacken, aber noch ganz schmackhaft ist, ein unbedeutender Wein an einem heißen Tag –, gefällt ihm nichts so sehr, daß es alles andere ausschließt. Aber nur, wenn man jemandem in diesem Ausmaß gefällt, kann man über ihn triumphieren.

Ich wanderte über die Decks, von einer seltsamen Traumwelt umgeben.

Ich erinnerte mich an Antonius, wie ich ihn in Rom gekannt hatte, und dann durchzuckte mich das Bild, das er beim Luperkalien-Fest abgegeben hatte. Ich hatte es mir lebendig und unberührt bewahrt, gut verstaut in einer geheimen Nische meines Gedächtnisses, denn – um die Wahrheit zu sagen – es hatte mich erregt. Es war nicht nur seine körperliche Vollkommenheit – obwohl wir auch die nicht geringachten wollen! –, sondern vor allem sein schierer Überschwang, seine kraftvolle Energie, was ihn an jenem Tag in Gestalt und Bewegung fast wie einen Gott wirken ließ.

Ja, ich erinnerte mich an Antonius ... Und ich rief mir auch in Erinnerung, daß es fast vier Jahre her war. Heute war er einundvierzig, nicht mehr siebenunddreißig: Viel konnte passieren in vier Jahren, und viel konnte von ihm abgefallen sein in dieser Zeit. Aber jene Freude am Leben, die jungenhafte Vitalität – konnte er die wirklich ganz und gar verloren haben? Und seine Liebe zur Schauspielerei – konnte er auch sie verloren haben?

Nein, das bezweifelte ich. Das war ja die Essenz seines Lebens. Das würde überdauern.

Und so fuhr ich zu Antonius. Schon durch die Art meiner Ankunft würde ich diese Facetten seiner Persönlichkeit grüßen und ehren; ich würde sie widerspiegeln und vergrößern. Zusammen würden wir einen hallenden Klang hervorbringen.

Die Küste von Kilikien tauchte am Horizont auf. Es war der flache, fruchtbare Teil Kilikiens, wo die Berge in den Hintergrund traten und Raum für eine Küstenebene ließen. Einst hatte es den Ptolemäern gehört, wie auch Zypern. Seine Schwesterregion im Westen, das »rauhe« Kilikien, war eine wilde Gegend mit Hafenbuchten und hohen Bäumen, in der die Piraten ihre Festungen gehabt hatten; jetzt gehörte es Rom.

Die Stadt Tarsos lag von der Küste aus zwölf Meilen weit landeinwärts, am Fluß Kyndos, dessen Wasser sehr kalt sein konnte; Alexander hatte darin geschwommen und sich eine schlimme Erkältung zugezogen, denn im Frühling führte er Wasser von geschmolzenem Schnee.

»Ankern!« befahl ich dem Kapitän, als wir uns der Küste näherten. Hier würden wir bis zum nächsten Tag warten und dann flußaufwärts weiterfahren. Es war noch viel vorzubereiten. Und ich wußte, daß man das Schiff sichten und Antonius in Tarsos alarmieren würde. Ich hatte mein Kommen nicht angekündigt und keine Botschaft gesandt.

In dieser Nacht wiegten wir uns sanft vor Anker, und ich träumte seltsame Träume. Endlich hatte ich begonnen, die verlorene Welt meiner Ahnen zu erkunden und mit eigenen Augen zu sehen, was wir einst gewesen waren. Und auf mich wartete ein Römer in der Staffage des Ostens. Hatte er seine Toga denn zu Hause gelassen? Ich würde einen Antonius sehen, der mir unbekannt und unvertraut war. Und er würde mich sehen, wie Cäsar mich gesehen hatte: als eine Herrscherin des Ostens. Wir würden neu füreinander sein.

Im Morgengrauen hißten wir die besonderen Segel – purpurfarben und mit Zypressenöl-Essenz getränkt. Der Wind, der über sie hinwehte, würde den Duft des Waldes mit sich nehmen. Aber auf dieser von Lilien verstopften Wasserstraße würde es kaum Wind geben. Wir würden Ruderer brauchen, und nun wurden die besonderen Ruder mit den silbernen Blättern aus dem Laderaum heraufgeholt und gegen die üblichen aus Kiefernholz ausgetauscht. Die Musiker, die den Takt für die Ruderer vorgeben sollten, nahmen auf und unter Deck ihre Plätze ein und machten Flöten und Harfen bereit. Für die kurze Strecke wurden die wettergegerbten Seeleute durch Frauen ersetzt, die als Meeresnymphen verkleidet waren und sich jetzt um Takelage und Steuerruder zu kümmern hatten. Andere hielten duftende Rauchfässer in den Händen, und schwere Wolken von Weihrauch und Myrrhe quollen daraus hervor und strebten dem Ufer zu.

Charmian kostümierte mich und drapierte die Falten meines Venusgewandes. Der dünne Stoff war golden und fast durchsichtig, und er schwebte wie eine Wolke von schimmernder Pracht über meine Schultern herab. Oben auf dem Deck errichteten die Diener einen Baldachin aus goldenem Tuch, der aussah wie ein göttlicher Pavillon, und sie drapierten Leopardenfelle über den Diwan. Bevor wir den Anker lichteten, nahm ich dort Platz und streckte mich aus, und zwei hübsche Knaben, als Eros verkleidet, standen rechts und links von mir und schwenkten gefiederte Fächer sanft auf und ab. So erweckte ich nach besten Kräften ein Gemälde der Venus zum Leben, das ich einmal gesehen hatte.

Langsam und majestätisch pflügte das Schiff sich durch die Wasserlilien stromaufwärts, und ich behielt meine Pose die ganze Zeit bei. Zu beiden Seiten des Flusses sah ich die Menschen zusammenlaufen; sie säumten die Ufer und gafften. Charmian und Iras standen, als Meerjungfrauen verkleidet, am Steuer und warfen den Zuschauern Blumen zu.

Der Fluß verbreiterte sich zu einem See; ich befahl den beiden Eros-Knaben, den Kapitän zu rufen, und als er zu meinem Pavillon kam, sagte ich ihm, er solle in der Mitte dieses Sees vor Anker gehen und nicht am Kai festmachen.

»Wir gehen nicht an Land«, sagte ich. »Wir setzen keinen Fuß nach Tarsos hinein, bevor wir nicht hier an Bord geehrt worden sind.«

Da, wo ich lag, konnte ich die Volksmassen beobachten, die sich auf dem Kai versammelten. Jemand brachte ein kleines Boot zu Wasser, und es kam hastig auf uns zu gerudert, vollbesetzt mit römischen Offizieren. Einer stand auf und fing an zu gestikulieren.

»Sieh nach, was sie wollen!« befahl ich meinem Hofmeister. Er trat an die Reling und beugte sich hinüber, um mit ihnen zu reden.

Das kleine Boot ging fast unter; so viele Männer saßen darin und bemühten sich zu sehen, was sich an Deck meines Schiffes befand. Einer nach dem andern standen sie auf und reckten den Hals, so daß das Boot gefährlich ins Schaukeln geriet.

Der Hofmeister drehte sich um und erklärte: »Der Stabsoffizier des Herrn Antonius will wissen, was und wer da gekommen sei.«

Ich überlegte kurz. »Du kannst ihm sagen, Aphrodite sei gekommen, um sich zum Wohle Asiens mit Dionysos zu vergnügen.« Sein Gesicht zeigte Überraschung. »Und bemühe dich, nicht zu lachen, wenn du es sagst. Sag es mit allem feierlichen Ernst.«

Er gehorchte, und ich sah, daß die fassungslosen Römer nach einer Antwort suchten. Schließlich kam mein Hofmeister zurück.

»Er sagt, sein edler Herr Antonius lädt dich ein, heute abend bei einem Begrüßungsbankett mit ihm zu speisen.«

»Sag ihm, daß ich nicht nach Tarsos kommen möchte. Der edle Antonius und seine Leute sowie die führenden Bürger der Stadt sollen statt dessen heute abend bei mir zu Gast sein, an Bord des Schiffes.«

Weitere Worte wurden gewechselt. Der Hofmeister kam zurück und sagte, Antonius sitze heute beim Tribunal auf dem Platz in der Stadt zu Gericht, und er erwarte, daß ich zu ihm komme und ihm meine Reverenz erweise.

Ich lachte. »Da muß er ganz allein auf seinem Podest sitzen«, entgegnete ich. »Die ganze Stadt ist ja hier unten am Hafen.« Ich schwieg einen Augenblick lang. »Wiederhole meine Worte: Er muß zuerst herkommen.«

Die Nachricht wurde übermittelt, und das Boot fuhr zurück zum Kai.

»Und jetzt, mein lieber Freund«, sagte ich, »bereite das Bankett vor.«

Während man kochte und den Bankettsaal bereitmachte, bewegte das Schiff sich langsam über den See. Als wir den Kai erreichten, war die Abenddämmerung gekommen, und ein blauvioletter Dunst umhüllte uns, der durch die Schleier unseres Weihrauchs noch vertieft wurde. Fackeln wurden angezündet, und die Unwirklichkeit des Tages wich einer noch unwirklicheren Nacht.

Es war vollends dunkel geworden, als Unruhe an Land mir verriet, daß die Gäste unterwegs waren. Eine Prozession kam auf uns zu, begleitet von Fackelträgern und Sängern. Ein Mann schritt an der Spitze, und hinter ihm schlängelte sich der lange Zug seiner Begleiter. Zu beiden Seiten herrschte aufgeregtes Zuschauergewimmel. Ich erhob mich nicht, um mein sorgfältig arrangiertes Bild unter dem Baldachin nicht zu zerstören, aber ich brannte doch darauf zu erfahren, wer da kam.

Sie erklommen den verzierten Steg; ich hörte den schweren Tritt ihrer Stiefel und fühlte, wie das Holz unter ihrem Gewicht ächzte. Dann kam der erste an Bord, ein römischer Legat, gefolgt von einem zweiten Stabsoffizier und einem Adjutanten. Einer nach dem anderen kamen sie auf das Deck, und sie starrten hierhin und dorthin und bestaunten die Lichter in der Takelage und die kostümierten Bediensteten, die Meerjungfrauen, Nymphen und Eros-Knaben, die ihnen grüßend zuwinkten. Weitere Offiziere folgten ihnen.

Wo war er? Hatte Antonius es vorgezogen, an Land zu bleiben, um damit ein Zeichen zu setzen? Cäsar hätte es getan … oder nicht?

In diesem Augenblick tat er den Schritt auf das Deck, blieb stocksteif stehen und starrte mich an. Er blinzelte einmal, bevor er sich den Mantel über die Schulter zurückschlug und auf mich zukam.

Er blieb vor mir stehen und schaute auf mich herunter; ich blieb auf dem Diwan liegen.

Eine Zeitlang sagte keiner von uns beiden ein Wort. Er starrte mich mit ausdrucksloser Miene an, und ich schaute zurück.

Ich trug eine Halskette aus riesigen Perlen; darunter verborgen lag das Medaillon, das ich niemals abnahm. Zwei der größten Perlen, die je von Tauchern ans Licht gehoben worden waren, baumelten an meinen Ohren, und das Haar fiel mir in Locken über die Schultern. Meine Füße steckten in smaragdbesetzten Sandalen und waren von meinem Gewand bedeckt, während ich schräg hingestreckt und auf einen Ellenbogen gestützt dalag. Sein Blick wanderte von den Perlen zu meinem Haar und hinunter bis zum Saum meines Gewandes, bevor er zu meinem Gesicht zurückkehrte.

»›Unsterbliche Aphrodite auf deinem reichgeschmiedeten Thron‹«, sagte er schließlich.

Er kannte also Sappho! Nun gut, dann würde ich Euripides zitieren. »›Ich bin Dionysos. Ich bin Bacchus. Nach Griechenland kam ich, nach Theben, in die erste griechische Stadt, die ich schreien ließ vor Ekstase um meinetwillen, die erste, deren Frauen ich kleidete in Kitzfelle und in deren Hände ich meinen efeubekränzten Speer legte, den Thyrsos.‹ Willkommen, Dionysos.«

Er sah sich um und streckte die Hände aus. »Mir scheint, meinen Thyrsos habe ich vergessen«, sagte er lachend. »Gajus, geh zurück ins Hauptquartier und hole ihn mir.«

»Du wirst ihn heute abend nicht brauchen.« Ich streckte die Hand aus, und er ergriff sie und zog mich hoch. »Willkommen, Marcus Antonius.«

»Ich bin es, der dich willkommen heißen sollte.« Kopfschüttelnd schaute er hinauf in die Takelage. Die Lichterformationen schwebten an seidenen Fäden wie magisch über ihm. »Du hast alle Tierkreise auf einmal hier«, sagte er staunend, und er schien ein bißchen benommen zu sein.

»Du kennst unsere alexandrinischen Astronomen«, sagte ich. »Wir sind vertraut mit den Sternen.«

»Ja, ohne Zweifel«, sagte er. »Ihr wißt manches Sagenhafte.« Dann wandte er sich mit einer Gebärde an seine Leute. »Willkommen in Ägypten«, sagte er.

»Das habe ich zu sagen«, erinnerte ich ihn.

»Dann sag es.«

Ich winkte meinen Musikern und ließ sie eine Begrüßungsmelodie spielen. »Wir grüßen euch und heißen euch willkommen«, sprach ich zu allen. Diener begannen Becher mit Wein zu verteilen. Antonius nahm einen und kostete beifällig. Seine eckigen Finger liebkosten die juwelenbesetzte Oberfläche des Bechers.

»Ich bin überaus erfreut, dich wiederzusehen«, sagte ich. »Es ist lange her.«

»Drei Jahre, fünf Monate und ungefähr zehn Tage«, erwiderte er.

Ich war verblüfft. Offenbar hatte er es sich von seinem Schreiber ausrechnen lassen, als er sich über meine Weigerung, herzukommen, geärgert hatte.

»Wirklich?« Ich hingegen erinnerte mich nicht an das Datum unseres letzten Zusammentreffens; ich wußte ja kaum, wann ich genau aus Rom weggefahren war.

»Es sei denn, mein Sekretär kann nicht zählen«, sagte er und fuhr sich mit der Hand durch das Haar. »Auch fehlt anscheinend meine Efeukrone«, stellte er fest. »Ich fühle mich regelrecht nackt ohne sie!« Sein Lächeln verflog. »Es freut mich, daß du hier bist. Du siehst gut aus. Die Jahre waren freundlich zu dir.«

Wenn er wüßte …! Ich lachte wehmütig.

»Nein, ich meine es ernst.«

Und wie sah er aus? Die Strapazen, die ihm auferlegt worden waren, hatten ihn verändert; sie ließen ihn härter und herrischer erscheinen. Aber sein gutes Aussehen war davon nicht berührt oder allenfalls noch verstärkt worden. »Dann danke ich dir«, sagte ich. Ich fand es überraschend schwierig, mit ihm zu sprechen. Das alte Geplänkel zwischen uns war dahin. »Ich habe Cassius nicht geholfen«, erklärte ich, während wir in tiefem Ernst zu versinken schienen. »Du mußt doch wissen, daß er die Legionen, die ich zu Dolabella geschickt hatte, abgefangen hat.«

»Ja, das ist mir bekannt.«

»Und du weißt auch, daß ich getan habe, was in meiner Macht stand, um dir Schiffe zu bringen. Es hat mich ein Vermögen gekostet, könnte ich wohl noch hinzufügen.«

»Ja, ich weiß.«

Wieso sagte er das ständig? »Und weshalb wirfst du mir dann vor, ich hätte gegen dich agiert?«

»Die Lage war verwirrend, die Berichte widersprüchlich. Ich wollte, daß du mir erklärst, was sich wirklich zugetragen hatte. Du warst schließlich im

Osten geblieben, auf einem günstigen Beobachtungsposten, und du hast ein klareres Bild von dem, was vorgegangen ist, als wir es haben.«

»So stand es nicht in deinem Brief.«

Er hob die Hände in die Höhe, und im selben Augenblick nahm ihm ein zuvorkommender Diener den leeren Becher ab und gab ihm einen vollen. Antonius nahm einen großen Schluck, bevor er antwortete. »Verzeih mir«, sagte er entwaffnend. »Es war falsch von mir.«

Das ging zu leicht. »Ich habe es schon verziehen.« Ich lächelte. »Ich konnte nicht glauben, daß dieser Ton ernst gemeint war. Ich dachte, wir seien Freunde.«

»Freunde, ja, Freunde«, wiederholte er. Er setzte den Becher an und leerte ihn; sofort bekam er einen neuen.

»Dann komm, mein Freund«, sagte ich. »Setzen wir uns zum Bankett.«

Wir stiegen in den Bankettsaal hinunter, wo die zwölf Diwane warteten; Tische standen davor und waren zum Mahl gedeckt. Antonius würde auf dem Diwan mir gegenüber liegen, auf dem Ehrenplatz.

Ein Speisenaufträger krönte ihn mit einem Blütenkranz. »Das ist deine Krone für heute abend«, sagte ich. Es ließ ihn sehr unsoldatisch aussehen.

»Ah«, sagte er. »Jetzt trage ich auch eine Krone.«

»Würdest du es gern?«

Er lächelte. »In diese Falle gehe ich nicht«, entgegnete er. »Worte haben es an sich, daß sie zu ungelegener Zeit zurückkehren.«

Also ja. Nun, es lebte keiner auf der Welt, der eine Krone verschmähen würde, wenn man sie ihm anböte. Abgesehen von ein paar Republikanern – aber nachdem Brutus nun tot war, hatten sie keinen Führer mehr.

»Die Schlacht bei Philippi – ich habe den Göttern zahllose Dankopfer dafür dargebracht. Aber jetzt muß ich dir selbst danken, der du das alles zuwege gebracht hast. Du hast meine ewige Dankbarkeit, Antonius. Ich kann es dir niemals vergelten.«

Sofort änderte sich seine Haltung, und ich erkannte, daß es die erste freundliche und persönliche Äußerung war, die er an diesem Abend von mir gehört hatte.

»Es lag in den Händen der Götter«, sagte er schließlich. »Aber das Ergebnis war ganz gerecht. Unserem Cäsar ist jetzt Genugtuung widerfahren.«

Der erste Gang des Mahls begann, und die Gesellschaft von Römern und Tarsiern bestaunte murmelnd die Gerichte: den geräucherten libyschen Wüstenhasen, die in Seetang gewickelten Austern, die weißen Kuchen aus feinstem ägyptischem Mehl, die zitternden Gelees, aromatisiert mit Granatapfelsaft und gesüßt mit Honig und Datteln aus Derr. Allmählich schwollen die Stimmen an, und als es lauter wurde, konnte ich leichter ein vertrauliches Gespräch mit Antonius führen.

»Unser Cäsar«, sprach er. »Wir haben über sein Unglück geweint. Jetzt können wir über die Rache für ihn frohlocken.«

»Du warst es, der bei der Bestattung dafür sorgte, daß das Blatt sich wendete. Ich kann diese Nacht nicht vergessen.«

»Ich auch nicht.« Er begann zu essen und spülte die Bissen mit Wein herunter. »Aber jetzt müssen wir vorwärts schauen. Ich habe gelobt, sein parthisches Unternehmen auszuführen, das er am Vorabend seiner Reise aufgeben mußte. Ich werde die Speere und Schilde benutzen, die er dafür vorgesehen hatte. Er hielt sie in Makedonien in Bereitschaft.«

»Aber das soll nicht mehr in diesem Sommer geschehen«, sagte ich. Es war eine Frage.

»Nein, es muß warten. Es gibt hier im Osten noch eine Menge zu erledigen.«

Das Bankett nahm seinen Fortgang; Gericht um Gericht kam aus der Küche, und Sänger und Tänzer boten Unterhaltung für die gesättigten Gäste. Schließlich wurde es für die Römer Zeit zu gehen. Antonius stand als erster auf.

»Morgen abend mußt du zu mir kommen«, sagte er. »Ich kann nicht hoffen, es dir hierin gleichzutun, aber« – er lachte – »du mußt mir erlauben, daß ich wenigstens versuche, es dir zu vergelten.« Er winkte seinen Leuten. »Kommt, es ist Zeit!« rief er.

»Wartet«, sagte ich. »Ich will euch die Diwane schenken, auf denen ihr heute abend gelegen habt, und jeder mag das goldene Geschirr mitnehmen, von dem er gespeist hatte.«

Die ganze Gesellschaft starrte mich verblüfft an.

»Jawohl, als Zeichen meiner Hochachtung vor euch«, erklärte ich unbekümmert. »Eure Gesellschaft war äußerst angenehm.«

Gierig rafften sie Besteck und Teller an sich und bemühten sich, dabei lässig zu erscheinen.

»Plagt euch nicht mit dem Tragen. Meine Diener werden euch mit Fackeln nach Hause begleiten und euch die Last abnehmen.«

Antonius starrte mich an.

»Dir auch«, sagte ich. »Aber du brauchst mehr als das, denn du bist der Ehrengast und Oberbefehlshaber von ganz Asien. Hier.« Ich hakte die schwere Perlenkette von meinem Hals und reichte sie ihm. »Bitte nimm sie als Zeichen der Wertschätzung, die dir die Königin von Ägypten entgegenbringt.«

Seine Hand schloß sich um die Kette, und die Perlen quollen zu beiden Seiten daraus hervor.

Als ich jetzt in meiner Kajüte saß, kam es mir nach der ausgelassenen Fröhlichkeit unirdisch still vor. Der Abend war auf der ganzen Linie ein Erfolg gewesen. Die Kunde davon würde sich im ganzen Land verbreiten, und man würde unser Mythenschiff in vielen Sprachen schildern. Und was Antonius anging, so konnte er die Perlen zählen und staunen.

Ich nahm die beiden Ohrringe ab, legte sie in einen Kasten und streifte auch die schweren goldenen Armreifen herunter. Meine Füße hatte ich von den Sandalen befreit und streckte sie müde. Ich fühlte mich ausgelaugt nach diesem ganzen Unternehmen; ich konnte kaum glauben, daß es endlich vorbei war. Die Planung hatte Wochen gedauert, und das Ganze hatte soviel gekostet wie ein kleiner Palast. Allein der Weihrauch … Ich schüttelte den Kopf. Ich hatte ihn hinausgeblasen wie Kohlenqualm, damit er mit allem anderen zusammen einen überwältigenden Eindruck von Luxus, Reichtum und Macht erweckte. Ich mußte vor ganz Asien klarstellen: Ägypten ist mächtig.

Draußen erhob sich Unruhe, und dann klopfte es zögernd. »Öffnet«, befahl ich.

»Majestät.« Ein Soldat verneigte sich und öffnete die Tür. »Ein Besucher.« Der Soldat trat zurück und verschwand dann. Jemand anders erschien.

Ich traute meinen Augen kaum: Es war Antonius, der da in der Tür stand. Ich starrte ihn an; er stützte sich mit beiden Armen gegen den Türrahmen. War er krank? Betrunken? Aber er hatte ganz munter gewirkt, als das Gefolge sich verabschiedet hatte.

Ich stand auf. »Was ist?« fragte ich und schaute ihm forschend ins Gesicht, aber ich fand dort keine Antwort.

»Ich merke, daß ich mit meiner Rückkehr zu lange gewartet habe«, sagte er. »Ich sehe dich ein andermal.« Er bewegte sich, trat einen Schritt zurück, und jetzt sah ich, daß er – nein, nicht betrunken war er, aber verändert vom Wein.

Ich ging zu ihm. »Nein, geh nicht!« Ich war nicht entkleidet, sondern hatte nur meinen Schmuck abgelegt. »Bleib hier und sag mir, warum du gekommen bist.« Ich winkte ihn herein. Er zögerte einen Augenblick lang, aber dann kam er. Ich schloß die Tür hinter ihm.

Jetzt sah ich, daß er irgendwelche Papiere umklammert hielt.

»Ich dachte, wir sollten uns unter vier Augen unterhalten«, sagte er. »Und hier ist es weniger wahrscheinlich, daß man uns belauscht, als in meinem Hauptquartier.«

»Also gut.« Ich wartete ab, was er zu sagen hätte. Wieso hatte es nicht Zeit bis zum Morgen? Warum war er in sein Quartier geeilt, hatte die Papiere geholt und war zurückgekommen? Weshalb wirkte er so angespannt? Beiläufig – ich wollte nicht den Eindruck machen, daß mir unbehaglich sei, auch wenn ich seinen Besuch sehr sonderbar fand – bückte ich mich nach einem Tuch und legte es mir um die Schultern, fast so, als wollte ich mich wappnen.

»Cäsars Papiere … die er in seinem Hause hatte … erinnerst du dich?« Er schwenkte das Bündel, das er in der Hand hielt, als ob es sprechen könnte.

»Was ist damit?« Das alles war so lange her und so verwirrend. Und was war überhaupt mit den Papieren? Mit dem einzigen, auf das es wirklich ankam, dem Testament, hatte er mich gräßlich gekränkt, indem er Cäsarion übergangen und Octavian adoptiert hatte.

»Ich habe sie geändert«, bekannte er. »Ich wollte es dir sagen, es erklären …« Er sah betreten aus. »Ich möchte, daß du die Originale siehst.«

Das schien mir nun doch verdrießlich zu werden. Ich wollte mich nicht dem Schmerz aussetzen, Cäsars Handschrift zu sehen, nicht jetzt, nicht zu so später Stunde, wenn ich müde und nicht mehr verteidigungsbereit war. »Aber das Licht ist so schlecht«, wandte ich ein. Die Wahrheit war: Ich wollte die Papiere jetzt nicht sehen, ich wollte Antonius jetzt nicht empfangen, ich wollte jetzt nicht gestört werden, ich wollte meinen diplomatischen Triumph jetzt nicht zunichte machen, indem ich in einem Augenblick der Unachtsamkeit irgend etwas Falsches sagte oder tat.

»Oh, das geht schon«, sagte er obenhin, und ohne meine Erlaubnis setzte er sich an meinen Tisch und breitete das erste der Schriftstücke aus. Er beugte den Kopf darüber und deutete auf irgend etwas, das dort stand. »Ja, weißt du, hier, wo er diesen Magistrat zum Oberaufseher der Spiele ernennt …«

Müde ging ich hinüber, stellte mich hinter ihn und schaute ihm über die Schulter, um zu sehen, was er mir da so unbedingt zeigen wollte. Im Halbdunkel konnte ich die Worte kaum erkennen; Antonius beugte den Kopf so dicht darüber, daß ich bemerkte, daß er ebenfalls Mühe hatte.

»Warum sollen wir uns jetzt dafür interessieren, wer bei den Spielen den Vorsitz führte?« fragte ich. Ich mußte mich weit vorbeugen, um mit ihm zu sprechen, und dazu mußte ich mich an ihn lehnen, mich an seine Schultern und seinen Rücken drängen.

»Ich habe so vieles geändert«, gestand er. »Das ist ja nur eins davon. Schau. Die Handschrift – siehst du, daß sie ein bißchen anders ist?«

Ich mußte mich noch weiter vorbeugen. Jetzt schmiegte ich mich wirklich an ihn. Und plötzlich war mir nur noch dies akut bewußt.

»Ja«, räumte ich ein.

»Ich habe immer ein schlechtes Gewissen gehabt, weil ich ihm das angetan und danach sogar sein Siegel benutzt habe, um mir Positionen zu sichern, die mir nützen und mir Macht in die Hand geben würden –«

*Ich bin Cäsars rechte Hand*, hatte er einmal gesagt. »Zumindest hast du deine Hand zu seiner Verteidigung erhoben«, sagte ich. »Du hast deine Macht nicht mißbraucht, sondern gut eingesetzt.« Nach einer kurzen Pause fragte ich: »Warum erzählst du mir das?«

Er seufzte; seine Schultern bewegten sich, und ich bewegte mich mit ihnen. »Ich glaube, weil niemand außer dir – für mein Empfinden wenigstens – die Macht hat, mir die Freiheiten zu vergeben, die ich mir in seinem Namen herausgenommen habe. Du kannst sagen: ›Ich verzeihe es dir im Namen Cäsars.‹ Du weißt, wie die Lage damals war und weshalb manches Unrecht in jenem Augenblick einfach unumgänglich war.«

»Ja, das weiß ich. Ich habe dir gesagt, ich kann dir niemals vergelten, was du getan hast, um ihn zu rächen. Wenn dabei gegen Regeln verstoßen, wenn Dokumente abgeändert werden mußten, dann …« Ich begann mich von ihm zu lösen und zurückzuweichen. Es gab auf dem Papier wirklich nichts mehr zu sehen, und meine Augen wurden allmählich müde.

Aber als ich mich aufrichten wollte, tat er es ebenfalls, und dabei streifte meine Wange leicht die seine. Ich erstarrte – es gibt kein anderes Wort dafür –, denn es war, als reiße diese eine verbotene Berührung die Barrikade zwischen uns ein, die so sorgsam bewacht und mit Manieren umfriedet gewesen war.

Er bewegte sich wieder, und wieder berührten wir einander, und in einer scheinbar langen, langsamen, traumartigen Bewegung – in Wirklichkeit war es das sicher nicht, sondern es geschah binnen eines Augenblicks – drehte er den Kopf und küßte mich auf den Mund. Ohne einen tadelnden Gedanken erwiderte ich den Kuß und öffnete meinen Mund dem seinen, und ich merkte, wie er sich halb umdrehte, sich von dem Stuhl erhob und mich halb mit sich zog. Und jetzt standen wir einander gegenüber und küßten uns, und ungebeten, unfähig zu irgend etwas anderem, schlang ich meine Arme um ihn und drückte ihn an mich.

Seine Küsse waren tief und leidenschaftlich; es gab keinen mittleren Kuß zwischen dem ersten, zögernden und den hungrigen, die dann folgten. Und ich hungerte in der Tat nach ihnen – und nach ihm –, und das war das Schockierende und Überraschende daran. Seine Berührung öffnete die geheime Tür in mir, die so lange fest verriegelt gewesen war. Der jähe Sog, mit dem sie sich öffnete, machte mich wehrlos.

Es mußte eine Möglichkeit geben, der Sache ein Ende zu machen; ich durfte nicht handeln wie eine Rasende. Ich versuchte mich seinen Armen zu entwinden. Aber er ließ mich nicht so einfach los; es war, als wage er es nicht.

»Ich habe dich immer gewollt«, flüsterte er. Sein Mund war an meinem Ohr, und seine linke Hand hielt meinen Kopf und drückte mich an ihn. War das eine Entschuldigung? Eine Ausrede? Als wäre es damit in Ordnung, daß er um Mitternacht unter einem fadenscheinigen Vorwand in meine Kajüte gestürmt kam?

»Vermutlich wirst du mir erzählen, es habe angefangen, als du das erste Mal nach Ägypten kamst und ich noch ein kleines Mädchen war«, sagte ich. Es sollte leicht und scherzhaft klingen, und die ganze Zeit bemühte ich mich, ruhig zu werden und mein pochendes Herz zu besänftigen. Es hämmerte so laut, daß ich fast glaubte, er werde es hören, weil es in meinen Schläfen dröhnte und er den Kopf an meinen drückte.

»Ich weiß es nicht – aber ich habe dich nie vergessen. Und als ich dich in Rom wiedersah, wo du immer auf irgendeine Weise hofhieltest, ein Schmuckstück Cäsars ... o ja, da habe ich mich nach dir gesehnt wie ein kleiner Junge, der herrliche Süßigkeiten in einem Laden sieht, aber kein Geld hat. Du hast Cäsar gehört, und es war ein Verstoß gegen die Loyalität, auch nur an ... irgend etwas ... zu denken.« Er schwieg für einen Augenblick. »Zumindest, wenn ich wach war.« Ich fühlte sein verlegenes Lächeln, auch wenn ich es nicht sehen konnte. Und es ließ mich gleichfalls lächeln.

Jetzt ergriff uns Verlegenheit. Wir waren zwischen zwei Arten des Verhaltens gefangen – sollten wir jetzt vorwärts ins Unbekannte vordringen, oder sollten wir uns auf den sicheren Boden des Erprobten zurückziehen? Ich versuchte es mit dem letzteren.

»Mein Soldat ...« Ich versuchte zu scherzen. »Mein General.« Und wieder versuchte ich mich von ihm zu lösen und zurückzutreten. Aber irgendwie wollte es nicht gelingen.

»Nicht *dein* General. Nur *ein* General«, sagte er. »Es sei denn, du würdest mich gern in Sold nehmen.« Er fing an, meinen Hals unter meinem Ohr zu küssen.

»Ich dachte, darum ginge es bei diesem Treffen«, sagte ich. »Um künftige Verbindungen – politischer Natur.«

»Nein«, sagte er. »*Darum* ging es bei diesem Treffen.« Er küßte mich immer noch und nestelte dabei an meinem Gewand, löste die Bänder und ließ es von meinen Schultern gleiten. Warum hinderte ich ihn nicht? Aber meine Haut kribbelte wie elektrisiert vor Erregung; sie lechzte nach seiner Berührung, als habe sie einen eigenen Verstand und eigene Bedürfnisse.

Meine Wache war an Deck, meine Garde, die hereinstürmen und ihn mit ihren Speeren aufspießen würde, wenn es nötig wäre, und vor der Tür stand der Soldat. Ich konnte sie rufen und der Sache ein Ende machen. Sie würden ihn hinauswerfen und mich vor meinem unbotmäßigen Körper mit seinen unerwarteten Sehnsüchten erretten. *Dann rufe sie!* befahl ich mir. Aber mein Aufstand gegen mich selbst hielt an. Stumm stand ich da und ließ mich von ihm küssen, ließ ihn meine Schultern liebkosen und über mein Haar streichen.

»Ich wollte dich sehen, ich muß halb rasend gewesen sein, daß ich dich so verzweifelt sehen wollte, aber ich wollte es«, erklärte er hastig murmelnd. Ich verstand ihn kaum. »Es hat so lange gedauert ... und ich hatte nie einen plausiblen Grund, dich zu sehen. Nie. Ist dir das klar? Rechtlich gesehen konnte ich nie über Syrien hinaus. Ich habe auf eine Einladung nach Ägypten gewartet, aber du hast keine ausgesprochen. Monat um Monat verging, und du hast es nicht getan. Also mußte ich mir einen Grund einfallen lassen, dich zu mir zu rufen. Ich fürchte, es war kein besonders guter Grund. Ich habe dich zornig gemacht.« Er senkte den Kopf und begann, den Ansatz meiner Brüste zu küssen.

Kleine Wellen der Erregung fluteten über mich hinweg und machten es mir schwer zu antworten. »Wenn ich den wahren Grund gekannt hätte, wäre ich nicht zornig gewesen.«

»Du hättest ihn wissen können. Du hättest ihn erraten können.« Er schwieg, und dann küßte er mich weiter und bewegte sich immer tiefer hinunter.

Wieder schämte ich mich meiner selbst, schämte mich des Verlangens, das er in mir erweckte. Was war er denn? Wieder ein verheirateter Römer! Ich müßte ja verrückt sein, wenn ich diese Straße noch einmal bereiste! Ich stieß ihn von mir.

Geh! wollte ich sagen. Du hast dich entehrt, indem du so hierherkamst! Der Wein mag dir helfen, es zu vergessen, aber ich kann es niemals vergessen! Doch die Worte kamen nicht über meine Lippen, denn ich wußte, er würde mit schamrotem Gesicht gehorchen. Und ich wollte nicht, daß er ging.

Er schaute mich im Halbdunkel an, und das Verlangen stand ihm ins Gesicht geschrieben. Es ließ ihn zittern. Und ich merkte, daß auch ich bebte. Ich ergriff seine Schultern und zog ihn herab, und ich fiel mit ihm auf das Bett, das hinter uns stand. Wir rollten umschlungen herum, purzelten wie die Kinder in die Kissen. Ich fuhr mit den Händen durch sein dichtes Haar, und es fühlte sich wunderbar an. Er senkte sein Gesicht auf meines und küßte mich, behutsam jetzt, wie ein Mann, der alle Zeit der Welt hat, und das fachte meine Erregung an, wie selbst die ersten hitzigen Küsse es nicht vermocht hatten.

»Ich bin kein wildes Tier, und ich will nichts tun, was du nicht ebenso ersehnst wie ich.« Er ließ mich los und beobachtete mich ernst, als warte er auf einen Hinweis, ein Zeichen.

Ich versuchte nachzudenken, mich zu sammeln, aber ich konnte immer nur denken: Diese Nacht ist mein, die erste Nacht seit Jahren, die mir gehört, meine eigene Nacht. Heute nacht bin ich niemandes Witwe, an niemanden gebunden, nur eine Frau, eine freie Frau.

Ich fuhr mit den Händen über seine Schultern. Sie waren breit und stark – und jung. Er war auf dem Höhepunkt des Lebens. »Mein Soldat«, wiederholte ich, aber diesmal sagte ich es anders, besitzergreifend, »mein General.«

Er flocht die Hand in mein Haar und drückte mein Gesicht an seines, und er küßte mich so inbrünstig, daß ich alles außerhalb dieser Kajüte vergaß. Mein Körper brannte darauf, sich mit dem seinen zu vereinen, und verbannte alle anderen Erwägungen.

Dionysos war der dunkle Gott der ekstatischen Befreiung, und in dieser

Nacht war er Antonius. Ich brauchte nicht zu fürchten, daß irgendwelche Erinnerungen zurückgeflutet kommen könnten, um das Hier und Jetzt zu verdrängen, denn er war ganz anders als alles, was ich je gekannt hatte. Er nahm mich ohne weitere Umstände oder Reden und ließ mich alles außer ihm vergessen.

*Ah!* rief mein geheimes Ich und gab sich hin, wie ich es damals getan hatte, als ich zum ersten Mal die Augen schloß und mich im Hafen ins Wasser sinken ließ, in jenes Wasser, das tief war, warm und voll unbekannter Strömungen. Und gefährlich.

Bis zum Morgengrauen blieben noch viele Stunden, und wieder und wieder fand er neue Kräfte und liebte mich, bis ich dachte, ich müßte daran sterben.

Später, als wir allmählich erwachten und das Nahen des neuen Tages spürten, wechselten wir benommen murmelnd ein paar Worte. Seine Hand ruhte an meinem Hals, und er streckte sie aus und nahm Cäsars Medaillon zwischen Daumen und Zeigefinger. »Du wirst jetzt aufhören müssen, das zu tragen«, sagte er. »Er ist ein Gott; er sollte keiner Sterblichen mehr bedürfen. Er sollte die Sterblichen anderen Sterblichen überlassen.«

»Dir zum Beispiel?« fragte ich. »Aber bist du nicht auch ein Gott? Zumindest in Ephesos?«

»Hmmm.« Er seufzte. »Aber ich habe mich noch nicht daran gewöhnt.« Er drehte sich um und sah mich an; im matten Licht der Kajüte war er kaum zu erkennen. »Und dich ... so ... zu sehen, daran werde ich mich auch niemals gewöhnen.«

»Dann wird es dir auch niemals selbstverständlich sein.« Und es gab noch mehr von diesem albernen, wundervollen Geplauder, diesen Reden, die alle Liebenden nachher führen, zumindest am Anfang.

Als am Himmel der erste Lichtschimmer erschien, sagte er: »Ich muß nun gehen, bevor es richtig hell wird.«

»Aber die Leute wissen, daß du hier bist«, antwortete ich. »Sie haben dich an Bord kommen sehen. Du mußtest an der Wache vorbei. Ohne Zweifel hast du ihnen einen hochtönenden Vorwand präsentiert.«

Er schüttelte den Kopf. »Ich fürchte, er war ziemlich durchsichtig. Die wenigsten Staatsgeschäfte müssen ja um Mitternacht verhandelt werden.«

»Jeder wird es wissen«, erklärte ich. »Du brauchst dich nicht fortzuschleichen wie ein schuldbewußter Schuljunge. Ich finde, wir sollten nicht versuchen, uns dafür zu entschuldigen.« Ich fühlte mich wiedergeboren und kühn und würde diese Nacht nicht verleugnen. »Ich finde, du solltest hinaustreten wie die aufgehende Sonne.«

Er lachte. »Du bist sehr poetisch. Aber das ist eines der Dinge, die ich an dir liebe – schon seit langer Zeit.«

»Das konntest du doch gar nicht von mir wissen.«

»Ich weiß sehr viel von dir. Ich habe danach gegiert, alles zu erfahren.«

»Ich sehe, daß du mich besser kennst als ich dich«, sagte ich, »denn das hätte ich von dir nicht vermutet.«

»Ich habe dir gesagt, ich begehre dich schon seit langem.«

Zum ersten Mal glaubte ich ihm. Er plapperte nicht nur nach der Konvention.

»Und jetzt hast du mich bekommen.«

»So einfach ist das nicht. Eine Nacht gibt dich nicht in meine Hand. Das ist nur ein Anfang.«

Mich schauderte. Ich wollte, daß es so einfach war. Ein überwältigendes Verlangen, eine befriedigte Sehnsucht. Ende. Wohin konnte es sonst führen? Noch ein verheirateter Römer. *Das* wenigstens war einfach.

Ich schüttelte den Kopf. Warum hatte ich das getan? Aber die Erinnerung an die letzten paar Stunden beantwortete mir diese Frage sofort.

»Stiehl dich nicht fort«, sagte ich. »Wir haben uns für nichts zu schämen.«

»Du meinst, weil wir keinem irdischen Herren Rechenschaft schuldig sind?«

»Nein, ich meine genau das, was ich sage: Wir haben uns für nichts zu schämen. Benimm dich nicht, als wäre es anders.«

# 43

Antonius ging quer über das Deck, als die Sonne aufging, und ihre Strahlen fielen auf sein dunkles Haar und ließen es glänzen. Ich ging mit ihm, und ich sah die verblüfften Blicke der Matrosen. Auf der Laufplanke wandte er sich um und salutierte mir.

»Heute abend wiederholen wir … dieses Bankett«, sagte er und lachte. »Ich will mich bemühen, es dem vom vergangenen Abend gleichzutun – mit allen meinen Kräften.«

»Bis dann also«, erwiderte ich und sah ihm nach, wie er über die Planke hinunter und auf dem Kai davonging. Er hatte einen wiegenden Gang.

Ich fuhr herum, schloß die Augen und lehnte mich an die Reling. Mein Körper war erschöpft, aber meine Gedanken überschlugen sich, wirr vor Aufregung. Am liebsten hätte ich sie gar nicht gezügelt, und so atmete ich nur langsam, um allmählich in die Alltagswelt des hölzernen Decks, der aufgeschossenen Leinen und der Dunstschleier über dem See zurückzukehren. Die Sonne schien tastend in meine Augen einzudringen und sie gewaltsam zu öffnen.

Jenseits des Wassers sah ich die Hänge des Taurusgebirges, bewaldet und grün. Tarsos war wunderschön gelegen. Es war eine unübertreffliche Kulisse für ... für ...

Ich schüttelte den Kopf und eilte zurück in meine Kajüte; ich stürzte hinein und schloß die Tür hinter mir, und dann saß ich lange Zeit regungslos auf dem Stuhl, auf dem ich gesessen hatte, als es geklopft hatte. Ich war wieder genau da, wo ich vor vielen Stunden gewesen war.

Der Raum sah unverändert aus. Nichts war von der Stelle gerückt worden. Nur ich selbst war verändert.

Vor Jahren war ich nach Westen gesegelt, in einen Teppich gerollt, und hatte mich auswickeln lassen vor Cäsars Bett – wie Olympos es so mißbilligend ausgedrückt hatte. Jetzt war ich, als Venus verkleidet, nach Osten gesegelt, und Antonius war in *mein* Bett gesprungen. Zwei Seereisen, ein Resultat. Zweifellos würde Olympos für diesen Fall ebenso mißbilligende Worte finden.

Jetzt war mir klar, daß ich Antonius immer schon bemerkt hatte, daß ich mir seiner auf ungewöhnliche Weise bewußt gewesen war, wie es bei anderen nicht der Fall war. Die Anziehung hatte unter der Oberfläche gelauert: ein Schatten, der hierhin und dorthin geschwommen war, flink wie ein Pfeil, zu schnell, als daß man ihn hätte fassen können ..., hier, dort, fort.

Was sollte ich jetzt tun? Das eine Mal – das kann eine Überraschung sein, ein Fehler, ein Wagnis. Aber danach ... Danach wird es zu einer wohlüberlegten Entscheidung. Ich könnte mir gegenüber nicht so tun, als hätte Antonius mich noch einmal überrascht.

Was für einen Sinn hätte es, die Affäre fortzusetzen? Er war mit der furchterregenden Fulvia verheiratet und hatte zwei Söhne mit ihr. Er war auf der Reise durch die östlichen Provinzen – er würde nicht bleiben. Und ich würde nie wieder als irgend jemandes Geliebte nach Rom gehen. Unser Treffen würde noch ein paar Tage dauern, und dann würden wir uns trennen. Nun gut – und? Vielleicht war es besser so. Es konnte nichts dabei herauskommen, von einem kurzen Auflodern der Leidenschaft abgesehen. Das allerdings gedachte ich zu genießen; ich fand, ich verdiente es als eine Art Belohnung ... Wofür, konnte ich allerdings nicht so genau sagen.

Antonius ... Einzelne Erinnerungen aus den Stunden der Dunkelheit stürmten auf mich ein, daß ich mir auf die Lippen biß, als wollte ich die hitzigen Gedanken zähmen. Ich tat es noch immer, als Charmian hinter mir im Spiegel erschien. Ich war verlegen.

»Herrin … Majestät … ich …« Sie sah aufgebracht und verdattert aus.

»Was gibt es?« Ich fürchte, ich fuhr sie an.

»Ist es wahr, was die Männer sagen? Daß der Herr Antonius die ganze Nacht hier war? Hier drin?« Sie schaute auf das zerwühlte Bett.

»Ja, das ist wahr. Und ich habe es ungeheuer genossen!« Trotzig warf ich ihr die Worte entgegen, als wolle ich sie einüben.

»Herrin …«, sagte sie, und ein schmerzlicher Ausdruck zog über ihr Gesicht.

»Sag es nicht!« rief ich. »Ich will kein Wort dagegen hören! Wir sind niemandem Rechenschaft schuldig!« Ich wiederholte Antonius' Satz wie ein Echo.

»Was ist mit deinem eigenen Herzen? Was ist mit dem Hof in Ägypten? Und mit der öffentlichen Meinung in Rom?«

»Mich über die öffentliche Meinung in Rom hinwegzusetzen bin ich gewöhnt. Was den Hof in Ägypten angeht, so habe ich nichts getan, was ihm schadet. Aber mein eigenes Herz … ah … das fühlt sich zu ihm hingezogen.«

»Es wäre besser, wenn es nicht so wäre«, sagte sie. »Es wäre besser, wenn es dein Körper wäre, der sich zu ihm hingezogen fühlt.«

Ich lachte. »Hauptsächlich ist es mein Körper«, antwortete ich. »Um die Wahrheit zu sagen, darüber hinaus weiß ich wenig über ihn.« Dennoch genügte das vorläufig.

Charmian sah erleichtert aus.

Der Tag verging. Ich sprach mit den Köchen und mit der Dienerschaft auf dem Schiff und lobte sie alle für den erfolgreichen Abend. Sie bemühten sich, ihr Lächeln und Grinsen und Rippenstoßen zu verbergen. Ich befahl ihnen, mehrere Wagenladungen Rosenblütenblätter für den morgigen Abend zu besorgen. So. Damit dürften sie beschäftigt sein.

Jetzt zu Antonius' Bankett. Diesmal würde ich als Kleopatra gehen, nicht als Venus. Das eine Mal war es originell, beim zweiten Mal war es abgedroschen. Während ich zusah, wie man mich ankleidete, fragte ich mich, ob die Glut, die ich innerlich fühlte, sich nach außen übertrug und meine Erregung sichtbar war.

Ich würde mich in der Abenddämmerung, begleitet von vier Fackelträgern, in einer Sänfte hinbringen lassen. Aus dieser Höhe konnte ich die ansehnlichen Bauten und sauberen Straßen von Tarsos sehen. Die Stadt hatte wie ein Mann auf der Seite Cäsars gestanden, und Cassius hatte hier verheerend gewütet. In Anerkennung ihres Leidens und ihrer Treue hatte Antonius sie mit einer Steuerbefreiung belohnt und ihr ein prachtvolles neues Gymnasion gestiftet.

Er hatte sein Hauptquartier in der Stadtmitte aufgeschlagen, und dort stellte man nun die Sänfte ab, damit ich aussteigen konnte. Ich stand auf einer breiten Treppe, die zu einer großen, gedeckten Halle hinaufführte. Zu beiden Seiten waren Soldaten postiert, und eine bewaffnete Eskorte erschien, um uns in die Halle zu führen.

Die Decke war glatt und hoch; Säulenreihen teilten den Innenraum in drei Abteilungen. Es war ein Handelsgebäude, das man für diesen Anlaß geräumt hatte. Man hatte sich tapfer bemüht, es luxuriös zu gestalten: Bestickte Wandbehänge aus Syrien waren vor die rauhen Wände drapiert, und alle paar Schritte standen Lampenständer. Musikanten saßen neben dem Eingang auf einer Estrade und spielten. Trotzdem wirkte es wie in einer Markthalle, und es roch auch ein bißchen so, trotz des Weihrauchduftes, der die Luft erfüllte. Soldaten in Uniform standen überall im Raum, und die Gesellschaft schien überwiegend aus Männern zu bestehen, wenn auch ein paar Frauen zugegen waren – wahrscheinlich die Gattinnen der städtischen Magistrate.

Während in der Mitte der Halle die traditionellen Speiseklinen und -tische standen, sollte der Rest der Gesellschaft an langen Tafeln essen, ganz wie in einer Soldatenkantine. Ich sah Dellius oben bei den Klinen; er trug offenbar seine formelle Kleidung – eine schlichte Tunika und feste Sandalen. Die einzige festliche Note war ein breiter goldener Reifen an seinem Handgelenk. Er war von einer Gruppe anderer Soldaten umgeben, und alle tranken und lachten zu laut. Sie mußten schon am frühen Nachmittag angefangen haben zu trinken.

In diesem Augenblick stürmte Antonius mit zwei Stabsoffizieren herein. Bei seinem Anblick schrak ich zusammen – es war eigenartig, ihn wieder in der Öffentlichkeit zu sehen, umgeben von all seinen Trinkgefährten.

Er war ein bißchen besser gekleidet als Dellius, aber nicht viel. Über der Tunika trug er einen hellen Mantel, der von einer bronzenen Spange gehalten wurde, und er hatte keine Sandalen, sondern Stiefel an den Füßen, aber sein Haar war zerzaust und sein Gesicht gerötet. Auch er hatte offenbar den ganzen Nachmittag getrunken.

Er sah mich und nickte. Dann hob er unvermittelt die Arme und rief: »Willkommen, willkommen, meine guten Freunde!« Der Lärm ließ ein bißchen nach, aber ein paar Männer lachten und redeten weiter. Er mußte seinen Dolch ziehen und damit auf einen metallenen Teller schlagen, um sie zur Ruhe zu bringen.

»Wir sind hier, um die Königin von Ägypten zu ehren, welche die weite Reise hierher unternommen hat, um uns zu besuchen!« rief er. Er hatte eine sehr gebieterische Stimme, selbst wenn sie vom Wein gefärbt war.

Die ganze Gesellschaft brüllte. Ich zog den Kopf ein. War ich einer Legion beigetreten?

»Willkommen in unserer bescheidenen Bankethalle«, sagte er, und seine Worte waren nicht die üblichen höflichen Demutsfloskeln. »Ich habe versucht, sie für dich königlich zu gestalten.«

Aber während er sprach, schaute er die ganze Zeit nur seine Männer an, nicht mich.

Natürlich, sie wußten nicht Bescheid. Sie waren die ganze Nacht an Land gewesen und dachten, mit Antonius verhalte es sich genauso.

»Setzt euch! Setzt euch!« dröhnte er. Die ganze Gesellschaft gehorchte unter großem Getöse.

Jetzt sollte ich an seiner Seite auf einer der Klinen Platz nehmen. Ich merkte, daß er es immer noch vermied, mich anzusehen; er scherzte und redete endlos mit seinen Leuten. Endlich ließ er sich auf die Liege sinken, damit das Mahl beginnen konnte.

Ich stützte mich auf meinen Ellenbogen und neigte den Kopf zu ihm hinüber.

»Du warst fleißig«, sagte ich.

Statt mich anzusehen, senkte er nur den Kopf. Schließlich antwortete er: »Ich habe dir vorher gesagt, daß es nicht annähernd so sein würde wie bei dir.«

»Es ist anders«, erwiderte ich. »Bedenke, ich war noch nirgends eingeladen außer in Rom, in Alexandria und in Meroë. Ich habe keine Ahnung, wie es in einer Provinzhauptstadt ist.«

Mir kam es auch seltsam vor, diese gestelzten Reden über Bankettsäle zu führen, nachdem … Und wieso wandte er nicht den Kopf? Am liebsten hätte ich ihn zwischen beide Hände genommen und zu mir gedreht. Ihn vielleicht sogar geküßt. Ja, das hätte den Soldaten Spaß gemacht.

»Sieh mich an!« schalt ich ihn.

Er drehte den Kopf, und ich sah das verhüllte Verlangen in seinem Blick – oder war es nur mein eigenes, das sich in seiner Miene spiegelte? Meine Vorstellungskraft war so stark, daß sie sich auf ganz neutralen Dingen abmalen konnte. Die breite Stirn, die dunklen Augen, die geschwungenen Lippen – das alles konnte ich nur mit einem assoziieren.

»Ein Befehl, dem ich gern gehorche«, erklärte er. Dann zog Dellius seine Aufmerksamkeit auf sich.

»Wann wird es hier Winter?« fragte er eben. »Wir müssen vorher fort sein.«

Einer der Magistrate von Tarsos antwortete: »Der Herbst dauert lange bei uns, und das Gebirge schirmt uns eine Weile vor dem Nordwind ab. Wohin wollt ihr denn von hier aus?«

»Weiter nach Syrien«, sagte Antonius. »Und dann nach Judäa. Ich muß mich mit Herodes treffen.«

»Und dann?« fragte ich.

»Zurück nach Rom.«

Ein Trupp Spaßmacher strömte herein, in nachgeahmte römische Uniformen gekleidet. Sie liefen in der Halle auf und ab und stellten lautstark Rätselfragen.

»Was steht abends auf und legte sich erst morgens wieder hin?«

Ich war sicher, daß sie nicht an den Vollmond dachten.

»Was juckt mehr als Wolle an der zartesten Haut?« Und so ging es immer weiter. Auch politische Spitzen verteilten sie, aber hier mußten sie vorsichtig auftreten. Die Gesellschaft war sichtlich entzückt von dieser »Unterhaltung« und trampelte vor Vergnügen mit den Füßen.

Nun, die üblichen, anständigen römischen Bankette fandest du stets langweilig, sagte ich mir. Manche ihrer Bemerkungen sind doch wirklich von bösem Witz – gib es zu.

»Ich wäre immer gern Soldat gewesen«, sagte ich zu Antonius und legte meine Hand auf seinen Arm.

Zu meiner Überraschung rückte er ihn weg und griff dann hastig nach einer Handvoll Oliven.

»Dann marschiere mit mir in Parthien ein«, sagte er herzlich.

Ich würde ihn wohl kaum mit dem versorgen, was ich Cäsar verweigert hatte. Dieses Unternehmen mußte er schon aus eigenen Mitteln finanzieren. »Als dein Gast vielleicht«, erklärte ich.

Als das Bankett vorbei war, fühlte ich mich, als wäre ich auf einem Feldzug dabeigewesen. In Wahrheit war es eine Erholung von all den achtbaren Tischgesprächen und rituellen Phrasen gewesen und hatte mir gefallen. Für mich war es ebenso originell, wie es das Venusschiff für ihn gewesen war.

Ich wurde müde, und als der Abend nach und nach in ein schlichtes Zechgelage überging, beschloß ich, mich zu verabschieden.

Zum ersten Mal sah Antonius enttäuscht aus. »Nein, ich möchte, daß du noch bleibst.«

»Was – soll ich mit deinen Männern trinken? Ich glaube, sie können sich ungezwungener unterhalten, wenn ich gegangen bin. Sie haben meinetwegen lange genug darauf warten müssen, ihre Hemmungen fallenzulassen.«

»Geh in meine Gemächer«, sagte er. »Ich komme bald.«

Ich lachte. »Wie eine Troßhure? Nein, danke.«

»Aber ich habe sie für uns vorbereitet!«

»Ich nehme an, du hast dein Feldbett gegen ein richtiges ausgewechselt? Aber das ist nicht das Problem. Ich müßte mich schämen, wenn ich dort hinaufspazieren und auf den großen General warten wollte. Noch dazu vor seinen Offizieren!« Plötzlich war ich zornig auf ihn. »Ist es das, was dir die ganze Zeit vorschwebte? Eine Gelegenheit zum Angeben?« Ich deutete auf die große Gesellschaft. »Um sie zu beeindrucken?«

Ich mußte hinaus. Ich fühlte mich verraten.

»Nein, warte, ich habe doch nicht –« Aber er streckte keine Hand aus, um mich zu halten.

»*Du* mußt zu *mir* kommen«, sagte ich. »Einen anderen Weg gibt es nicht.« Ich schob mich an ihm vorbei und stieg rasch in meine Sänfte.

Als ich in dem schwankenden Gehäuse saß und durch die Vorhänge hinausschaute, ärgerte ich mich, daß ich ihn überhaupt eingeladen hatte. Ich war nicht sicher, daß ich in der Stimmung sein würde, ihn zu empfangen, wenn er zum Schiff käme. Ich fühlte mich nicht mehr sonderlich liebeslustig. Er hatte mich den ganzen Abend gemieden, sich distanziert und ausweichend verhalten, und dann bildete er sich ein, ich würde nachher auf ihn warten! Offensichtlich war er von den Frauen unendlich verwöhnt worden. Selbst die vergangene Nacht – so zu erscheinen, das war die Art eines Mannes, der seiner selbst sehr sicher war. Plötzlich war mir tatsächlich zumute, als stände ich auf einer Stufe mit einer Troßhure. Ich hatte mich jedenfalls so benommen.

Es war spät geworden, als ich an Bord meines Schiffes kam und in meine Kajüte ging. In der Nacht zuvor hatte ich um diese Zeit gerade angefangen, mich nach dem Bankett zu entspannen … Kein Wunder, daß ich erschöpft war. Selbst ohne Antonius' plötzliches Erscheinen waren die Reise und all die Vorbereitungen anstrengend gewesen. Jetzt hatte ich das Gefühl, daß die letzten Reste meiner Kraft versiegten.

Ich konnte kaum noch aufrecht sitzen, und ich war außerstande, noch über Antonius oder sein Soldatenbankett nachzudenken. Ohne Charmian zu rufen, zog ich mich aus und kroch buchstäblich ins Bett, und sofort versank ich in tiefen Schlaf. Es war ein Schlaf von der traumlosen Sorte, eine schwarze, alles umhüllende Bewußtlosigkeit.

Dann plötzlich war etwas im Raum. Augenblicklich war ich hellwach und saß kerzengerade im Bett.

Antonius stand da und hielt eine trübe Laterne über seinen Kopf; ein matter Lichtkreis umgab ihn.

»Ich bin gekommen, sobald ich konnte«, sagte er. »Charmian hat mich hereingelassen.«

Ich hielt meine Bettdecke umklammert und starrte ihn an. Nie hatte ich mich so sehr im Nachteil gefühlt – unbekleidet, vom Schlaf verwirrt, schon wieder überrumpelt, während er ungerührt dastand und auf mich herabschaute, ordentlich gekleidet und im Mantel.

Charmian mußte angenommen haben, daß ich ihn bei mir haben wollte, daß ich auf ihn wartete. Kein Wunder, daß sie ihn hereingelassen hatte.

Bevor ich etwas sagen konnte – denn mein Verstand setzte nur langsam wieder ein –, setzte er sich auf das Bett und nahm mich in die Arme, und seine Hände legten sich auf meinen nackten Rücken. Sie waren kalt von der Nachtluft, und mich fröstelte. Daraufhin umschlang er mich fester.

»Die Männer haben immer weitergemacht, sie haben getrunken und gesungen«, flüsterte er. »Es wurde so spät, aber ich konnte nicht weg. Unter gewöhnlichen Umständen hätte ich sie alle unter den Tisch getrunken, aber jetzt konnte ich nur daran denken, wie ich dort loskommen und dir nachlaufen könnte.«

Bei seinen Worten wurde mir klar, daß er stocknüchtern war; er hatte sich von den andern nicht beeinflussen lassen. Wenn er jetzt hier war, dann nicht, weil eine impulsive Laune ihn dazu getrieben hatte. Er hatte stundenlang Zeit gehabt, darüber nachzudenken, und zwar mit klarem Kopf.

»Endlich sind sie doch gegangen, und ich war frei.«

»Und niemand hat dich gehen sehen?« Er hatte sich also heimlich fortgestohlen und seine Gemächer verlassen.

»Ich fürchte, was immer ich tue, gefällt dir nicht«, sagte er. »Erst hast du gesagt, ich solle kühn auftreten und es solle nichts heimlich geschehen. Als ich dich dann bat, vor aller Öffentlichkeit in meine Gemächer zu kommen, hast du mich beschuldigt, ich wolle meine Leute beeindrucken. Du hast sogar gesagt, es wäre beschämend für dich – dabei würde ich dich niemals beschämen. Deshalb habe ich mir auch beim Bankett nichts anmerken lassen. Es war an dir, so viel zu offenbaren, wie du wolltest. Anscheinend war es dir lieber, die Gesellschaft nichts wissen zu lassen.« Während er sprach, hielt er mich die ganze Zeit nur im Arm und versuchte nicht, mich zu küssen.

»Ich war verwirrt«, gestand ich. »Ich gebe zu, daß ich am Morgen so und in der Nacht so gesprochen habe. Auf meinem eigenen Schiff, unter meinen eigenen Leuten, war es leichter, wagemutig zu sein, als vor Fremden. Hier wissen meine Leute sehr wohl, daß kein Mann außer dir je Zutritt zu meinen Gemächern bekommen hat; deine Männer dagegen sind an eine Parade von Frauen gewöhnt. Ich hatte keine Lust, die nächste Glaphyra zu sein.«

»Es gibt keine zweite wie dich auf der ganzen Welt, und Glaphyra ist es gewiß nicht.«

Er klang so ernst, daß ich lachen mußte. »Ach, Antonius, es ist zu leicht, dir zu verzeihen. Ich war dir böse wegen der ruppigen Einladung, böse, weil du dich hier hereingeschlichen hast, und sogar böse, weil du mich so angetroffen hast.«

»So?« fragte er und küßte mich auf die Schulter, wo die Bettdecke heruntergerutscht war. »Das ist viel wirkungsvoller als das Venuskostüm. Die schönsten Venusstatuen sind nackt.« Aber es war nichts Drängendes in seinem Tun; die fieberhaften Umarmungen der vergangenen Nacht waren vorbei.

Seine leise Redeweise, ja schon sein Zögern wirkte beruhigend und seltsam erotisch. Er hatte eine gewisse Trägheit an sich, eine gemächliche Passivität. Ich ließ mich hineinziehen. Je stiller er wurde, desto wacher und erregter wurde ich.

»Du kannst bleiben«, sagte ich schließlich und schob meine Hände an seinen Armen hinauf und über seine Schultern. »General, ich erteile dir die Erlaubnis.« Erst dann beugte ich mich vor und küßte ihn auf die Lippen. Es war ein Kuß, der lange dauerte, und danach war ich voller Erregung, denn es war, als existiere er für sich allein, losgelöst von allem, ohne irgendwoher oder irgendwohin zu führen. Nie hatte ich einen solchen Kuß erlebt, der mit nichts verbunden war außer mit sich selbst. Mir war, als könne ich eine Ewigkeit darin leben. Eine zeitlose Zeitlang war ich allein damit zufrieden – mit einem endlosen Kuß, während ich diesen Mann in den Armen hielt und von ihm gehalten wurde: von dem Mann, der es offenbar verstand, erotisches Verlangen in mir zu wecken und mir zugleich das Gefühl zu geben, daß ich begehrt wurde.

Als ich schließlich bei ihm lag, Seite an Seite mit ihm in der uns einhüllenden Dunkelheit, da wünschte ich mir, daß auch dies ewig währen möge. Cäsar hatte mich geliebt, aber er war immer Cäsar gewesen. Verehrt worden war ich noch nie, noch nie angebetet mit dem ganzen Körper. Es war, als könnte ich eine ganz neue Farbe sehen und mich darin baden.

Ich hatte nicht gedacht, daß ich jemals einen Mann lieben könnte, der körperlich anders war als der schlanke, elegant proportionierte Cäsar – selbst meine Vorstellung von dem, was Liebe sei, war mit *seinem* Körper verbunden und davon untrennbar gewesen. Und jetzt war das beiseite geschoben, und ich mußte alles neu lernen.

Als ich dann, wunschlos glücklich, bäuchlings dalag, entwirrte er mit unendlicher Sorgfalt mein Haar, strich es glatt und legte es über meinen Rücken. Es reichte halb hinunter, ein gutes Stück weit über die Schulterblätter.

»Immer wollte ich dein Haar berühren«, sagte er. »Aber erstens war es verboten, und zweitens hattest du es immer geflochten oder mit Juwelen verknüpft. Es hatte einen so dunklen Glanz.«

Ich dachte an die Zeit, da ich zur Frau heranwuchs; wie oft hatte ich mir da das Haar mit duftenden Ölen gespült, es gebürstet und dann mit vollen Händen hineingegriffen und mich gefragt, ob es wohl jemandem gefallen könnte. Und jetzt tat es das. Ich lachte, aber es war kein schrilles Lachen, sondern ein wohliges. »Es ist dein; du kannst damit tun, was du willst.«

»Dann sollte ich es vielleicht abschneiden«, meinte er scherzhaft. »Ja, und für mich behalten; dann siehst du aus wie ein geschorenes Schaf und mußt dich unter einer Haube verstecken. Ich bin neugierig, wie du wohl aussehen würdest ohne dieses außergewöhnliche Haar. Aber ich glaube, es würde nichts ändern. Für mich jedenfalls nicht.«

»Eine Frau mit kurzen Haaren«, sagte ich. »Wie seltsam das aussehen würde! Ich käme mir vor wie ein Athlet, wie ein jugendlicher Läufer.«

»Irgendwie glaube ich nicht, daß du so aussehen würdest.«

»Tatsächlich kann ich aber ziemlich schnell laufen.«

»Aber du müßtest nackt in den Wettkampf gehen«, wandte er ein. »Und niemand außer mir sollte dich so sehen.«

»Du bist weder mein Mann noch mein Bruder, noch mein Vater. Also hast du kein Recht zu solchen Erklärungen.«

»Doch, ich habe es, das älteste von allen: Ich bin eifersüchtig und erlaube es nicht.«

»Du erlaubst es nicht! Man höre – Fulvias Gemahl!« Kaum hatte ich es ausgesprochen, tat es mir leid. Nichts davon gehörte hierher – nicht in diesem Augenblick. »Entschuldige«, sagte ich sofort. »Das hätte ich nicht sagen sollen.«

»Doch, es war ehrlich. Aber Fulvia ist in Rom, und Rom ist weit.«

»Antonius, komm mit mir nach Alexandria!« Ich ertrug es nicht, mich nach nur drei Tagen von ihm zu verabschieden – denn dann wollten wir in See stechen. Selbst Erinnerungen brauchten mehr als drei Tage Zeit, um dauerhafte Gestalt anzunehmen und sich zu verfestigen.

Er schwieg lange und streichelte mein Haar. »Ich weiß nicht, ob ich das kann«, entgegnete er schließlich.

»Komm als mein Gast. Das würdest du für jeden tun! Tu nicht weniger für mich.«

»Aber du *bist* du, und darum muß ich weniger tun.«

»Dann bestrafst du mich dafür, daß ich Kleopatra bin und nicht Kytheris oder Glaphyra?«

»Ich bin ihnen nicht in ihre Städte gefolgt vor den Augen der Welt.«

»Die Welt! Immer die Welt!«

»Bei Tag und dort draußen liegt auch dir immer noch genug daran, Teuerste. Du wolltest unsere Verbindung nicht einmal vor meinen Leuten offenbaren – vor Soldaten, die doch eine ziemlich nachsichtige Sorte Leute sind.«

»Jetzt werde ich es tun.« Nun wußte ich, daß es mehr als nur ein fieberheißer Ausbruch aufgestauter Wollust war. Je öfter ich mein Verlangen erfüllte, desto mehr wuchs es, statt sich stillen zu lassen oder zu verblassen. »Komm mit mir nach Alexandria. Ich zeige uns der ganzen Welt. Ich präsentiere dich ohne Scheu.«

»Ich bin kein Götzenbild und keine Puppe, die man zur Schau stellt. Wenn ich käme, dann als freier Bürger, als ausländischer Würdenträger auf einem Höflichkeitsbesuch.«

Ich stellte im stillen fest, daß er die Bedingungen umriß – Bedingungen für den Besuch, den er doch nicht machen wollte.

Aber ein paar Stunden waren noch übrig von der Nacht, und ich wollte sie nicht mit Geplauder verbringen. Ich griff nach seiner Hand und schlang meine Finger um die seinen. »Wenn du nicht nach Alexandria kommst, dann mußt du die wenigen Stunden, die uns noch bleiben, bis zur Neige ausschöpfen«, flüsterte ich und küßte sein weiches Ohrläppchen. Er widersprach nicht.

# 44

Die Dämmerung hatte ihren zarten, weichen Mantel über den Himmel gebreitet, und noch einmal waren die besonderen Lichter angezündet worden und leuchteten nun in der Takelung des Schiffes. Diesmal würden die Gäste nicht auf den hölzernen Decksplanken auf und ab gehen, sondern auf einem Teppich aus Rosenblättern, der knietief gewesen wäre, wenn ihn nicht ein Netz niedergehalten hätte. So konnte man nicht darin versinken, sondern mußte auf die Oberfläche treten, und jeder Schritt zerdrückte die zarten Blütenblätter und setzte ein Duftwölkchen frei, das aufsteigen würde wie der Dunst der Dämmerung, ein Nebel von sinnlicher Köstlichkeit.

Das Aroma von hunderttausend Rosen für die Nase, der Glanz von goldenen Bechern und funkelnden Lichtern für die Augen, die glatte Berührung seidener Diwandecken für die Haut, die Musik reiner Stimmen und silberner Lautensaiten für die Ohren und die besten Speisen, die ich auftragen lassen konnte, um die Zunge zu liebkosen und zugleich zu necken: Ich wollte dafür sorgen, daß mein Abschiedsbankett in Tarsos ihnen in all ihren fünf Sinnen erinnerlich blieb, sich ihnen einprägte auf Lebenszeit.

Was mich selbst anging, so war es nur geziemend und recht, daß ich als Königin von Ägypten auftrat mit einer Schlangenkrone aus Gold und Lapislazuli. Als Iras mir das Haar flocht und es aus der Stirn nach hinten band, mußte ich unwillkürlich lächeln, denn mir fiel ein, was Antonius darüber gesagt hatte. Es stimmte, die meisten Zeremonienfrisuren waren steif, und man konnte sie nicht anrühren. Iras schaute meinem Spiegelbild in die Augen, statt mich unmittelbar anzusehen. In ihrem Gesicht standen tausend Fragen, aber sie wagte nicht, sie zu stellen. Und heute abend würde ich sie nicht beantworten. Erst, wenn der Abend vorüber wäre.

Ein massiger Kragen aus Gold, Karneol- und Lapislazuli-Perlen wurde mir um die Schultern gelegt, und man schob mir breite Armreifen aus ziseliertem Gold auf die Oberarme.

Iras nahm den Stopfen aus einer schlanken Alabasterflasche, schüttelte ein paar Tropfen Parfüm auf ihre Handfläche und betupfte mir damit Kinn, Ellenbogen, Unterarme und Stirn. »Der Rosenduft muß auch von dir kommen«, sagte sie. »Und dieser Duft von weißen Rosen ist um einen Hauch anders als der, den die roten Rosen auf allen Decks und Böden verströmen.«

Dieselbe Gesellschaft wie beim letzten Mal sollte an Bord kommen; sechsunddreißig Gäste sollten auf zwölf Diwanen lagern. Antonius hatte kaum Neugier an den Tag gelegt; er nahm an, daß es diesmal nicht anders sein würde als das, was er in den letzten Jahren erlebt hatte. Ich hatte ihn vor dem Morgengrauen fortgeschickt – er nahm an, aus Schicklichkeitsgründen, aber ich hatte nicht gewollt, daß er die Wagenladungen sah, die auf dem Kai warteten, auch wenn er die Rosenblätter gerochen haben muß, als er dort vorbeikam. Aber er sollte staunen wie alle andern.

»Mein letztes Abendessen hier«, hatte ich gesagt, »und, solltest du nicht nach Alexandria kommen, unsere letzte gemeinsame Nacht.«

Er blieb immer noch dabei, daß er nicht kommen könne. Nun, ich hatte ebenso hartnäckig darauf bestanden, daß ich nicht nach Tarsos kommen könne.

Die Laufplanke war mit schwerem tyrischem Purpur drapiert und so in eine Triumphbrücke verwandelt worden, die jetzt die Gäste an Bord willkommen hieß. Einer nach dem andern sprangen die Römer an Deck und auf den Teppich von Rosenblättern; ihre Stiefel drückten ihn nieder, und ihre Gestalten hüpften auf dem federnden Kissen. Ich beobachtete ihre Gesichter und sah, wie überrascht sie waren, diese römischen Soldaten und die Bürger von Tarsos. Aber es war Antonius vor allem, bei dem ich Staunen und Freude wecken wollte; die Reaktion der andern setzte ich als selbstverständlich voraus.

Er blieb oben an der Laufplanke stehen und stützte sich auf die Reling; seine Augen erfaßten die ganze Szenerie mit einem Blick: das Karmesinrot der Rosen, die purpurfarben drapierte Planke, die künstlichen Sternbilder in der Takelung und dann mich, golden verziert wie eine Statue. Es war ein Theaterspektakel, an dem nichts Natürliches war. Es ist ein Privileg und eine Herausforderung, wenn man die Natur gelegentlich übertreffen darf.

»Welch rares Schiff!« rief Antonius. »Laßt uns die Trossen kappen und aufs Meer forttreiben – in jenes Zauberland, gleich wo, aus dem du kamst!« Dann tat er einen mächtigen Satz und landete, so wuchtig er konnte, und er verlor das Gleichgewicht, als seine Stiefel die Rosen zerquetschten. Er rollte sich herum und blieb auf dem Rücken liegen, die Arme ausgestreckt, die Beine gespreizt. »Ah!« rief er. »Ich muß ersticken, betäubt vom Elixier der Rosen. Helft mir, helft, denn schon naht sich die Ohnmacht!«

Unter theatralischem Aufwand richtete er sich auf den Knien auf, schleppte sich zu mir, verbeugte sich zu meinen Füßen und umklammerte meine Sandalen. »Ich bin ganz überwältigt«, sagte er. Die Gesellschaft brüllte vor Lachen.

Ich nahm seine Hand und zog ihn hoch. »Komm zu dir, Antonius«, sagte ich und winkte einem Diener, er solle ihm einen Becher Wein bringen. Es war ein großer Becher, klobig von eingefaßten Korallen und Perlen, gefüllt mit Wein aus Chios.

Er trank in tiefen Zügen davon und schüttelte dann den Kopf. »Wein hat noch nie vermocht, Magie zu bannen«, sprach er. »Er steigert ihre Wirkung nur.«

»Willkommen, ihr alle!« rief ich. »Bitte trinkt mit uns.« Sofort erschien eine Kolonne von Dienern mit Bechern in den Händen. »Ich will, daß mein letzter Abend bei euch noch langer Erinnerung würdig sei.«

Schon zeigte sich auf ihren Gesichtern der halb unbehagliche, halb aufgeregte, benommene Ausdruck, der beklommene Verzauberung erkennen läßt. Für diesen Abend gehörten sie alle mir, und ich konnte mit ihnen tun, was ich wollte. Sogar Dellius machte große Augen. Ah, die Überzeugungskraft von Requisiten und Kulissen – wie mächtig sie sind! Und welche Macht sie uns geben, wenn wir sie richtig nützen!

»Ist dies dasselbe Schiff, das ich heute morgen verließ?« fragte Antonius mit leiser Stimme.

»Ebendasselbe.«

»Was hast du mit der Kajüte unten gemacht?«

»Du mußt abwarten«, sagte ich. »Es sei denn, du möchtest lieber jetzt gleich hinuntergehen.«

Er sah sich um und lachte ein bißchen nervös. »Ich glaube, du wärest sogar dazu kühn genug«, erklärte er schließlich.

Ich lächelte nur. Sollte er sich doch den Kopf zerbrechen.

Dellius redete laut – zu laut – über die Parther und wie sie, bei Zeus, nun wirklich zu weit gegangen seien. Dann begann er, Cassius mit so vernichtenden Worten zu schmähen, daß einer der Tarsier – die kaum Anlaß hatten, ihren Peiniger zu verteidigen – versuchte, das Thema zu wechseln.

»Dellius«, sagte ich und schwebte zu ihm hinüber, »wenn du mit unserem Herrn Antonius in Parthien einmarschierst, wirst du zweifellos reichlich Gelegenheit bekommen, ein paar Parther zu zerschmettern. Aber vergiß Cassius – er hat seinen Preis gezahlt. Man stirbt nur einmal.«

»Nein, das stimmt nicht. Man kann zweimal sterben. Einmal der Körper, und dann der Ruf. Tötest du letzteren, ist es ein grausamerer Tod als im ersten Fall.« Als ich seinen wilden Ton hörte, hätte ich fast vergessen können, daß er einmal Cassius gedient hatte und erst nach Philippi zu Antonius gekommen war.

»Dann gibt es auch noch einen dritten Tod: von seinen früheren Freunden verlassen zu werden«, sagte ich.

Er lächelte auf seine unangenehme Art. Ich wandte mich ab. Hoffentlich hatte Antonius bessere Stützen als dieses Rohr im Wind, wenn sein Schicksal im Krieg davon abhing.

Der oberste Magistrat von Tarsos erläuterte Antonius soeben, welchen Mann er für die Stellung des Gymnasiarchen der Stadt erwählt hatte. Er war ein rundlicher kleiner Mann, der wahrscheinlich selbst wenig Zeit auf dem Übungsfeld verbringen würde, aber die Bäder und die Vorträge im neuen Gymnasion würden ihm gefallen.

»Ja, ja«, sagte Antonius, dem es offenbar gleichgültig war, wer da ernannt wurde. Er wollte sich loswinden, aber der Bürgermeister hielt ihn bei der Schulter seiner Tunika fest und redete immer weiter, emsig wie eine Biene. Tatsächlich sah er sogar aus wie eine Biene – rund und dick.

Seine Gattin stand in der Nähe und trug die unauffälligsten Kleider, die ich je gesehen hatte. Wie kommt es, daß die Achtbaren sich anscheinend immer in so triste Schicklichkeit kleiden? Wieso setzen wir Schönheit mit mangelndem Ernst gleich? Ich begrüßte sie und sagte ihr, wie beeindruckt ich von ihrer Stadt sei und wie glücklich sie sich schätzen könnten, daß sie diese schützenden Berge und die nahen Haine hätten.

Ich sagte nicht, daß dies alles einst den Ptolemäern gehört hatte – wir hatten ja nicht nur das Meer und das Land und den Nil von Ägypten besessen, sondern eben auch diese Berghänge und Wälder. Ihr Anblick hatte in mir den Wunsch geweckt, soviel wie möglich von diesem verlorenen Imperium zurückzugewinnen. Cäsar hatte Arsinoë Zypern zurückgegeben; vielleicht würde Antonius …

Sie sprach, und ihre leise, züchtige Stimme war so mausartig wie die ganze Frau. Ich versuchte, meine Aufmerksamkeit auf das, was sie sagte, zu konzentrieren. Aber es war genausowenig einprägsam wie ihr Gesicht.

Als wir in den Bankettsaal hinuntergingen, bewegten sich die Gäste schlurfend und vorsichtig über das weiche Blütenpolster, und sie schauten erst auf, als sie vor der Tür standen. Fackeln loderten strahlend auf. Die Diwane – viel üppiger als die, auf denen sie am ersten Abend gespeist hatten – waren von Marmortischen mit goldenen Beinen und rubinenbesetzten Kanten umstellt. Das Rot der Rosenblätter, die scharlachroten Wandbehänge, die Rubine und die karmesinroten Diwane – das alles verschwamm ineinander und färbte sogar die Luft in der Kajüte feurig rot.

Antonius und ich nahmen unsere Plätze ein, und ich gab das Zeichen zum Beginn. Die Speisen waren nicht ungewöhnlich – wie hätten sie es auch sein können? Auf einem Schiff kann die Küche nicht so gut sein wie an Land, und ich war hauptsächlich auf einheimische Produkte angewiesen – Skaros-

Fische, Purpurschnecken, Pfauen und Zicklein. Aus Ägypten hatte ich geräucherte Enten, Gänse und Nilbarsche mitgebracht. Geröstete und vergoldete Papyrusstiele würden als exotische Speise genügen. Zu Hause aßen so etwas – natürlich nicht vergoldet – die gemeinen Leute, aber die Römer und die Tarsier würde es unterhalten. Ich hatte eine große Zahl von Amphoren mit dem besten Wein von Chios mitgebracht, und ich wollte, daß sie heute abend soviel wie möglich davon austranken. Wenn ich nach Ägypten zurückfuhr, mußte das Schiff viel leichter sein.

Die Musiker – ebenfalls rot gekleidet – spielten leise ihre Instrumente; man hörte sie kaum über dem anschwellenden Stimmenlärm. Alle redeten durcheinander; endlich hatten sich ihre Zungen gelöst.

»Du bist extravagant«, sagte Antonius, und sein Blick wanderte von einem Gegenstand zum andern.

»Wohl kaum. Das hier ist doch bescheiden. Ich kann zehnmal soviel für ein Bankett ausgeben.«

»Unmöglich. Nicht, ohne die Zahl der Gäste zu vergrößern.«

»Ich kann es in diesem Augenblick«, entgegnete ich. »Mit den Gästen, die hier sind, und praktisch mit denselben Speisen.« Mir war eine Idee gekommen, und ich gedachte, sie zu verwirklichen. »Wenn ich es kann, wirst du dann nachgeben und nach Alexandria kommen?«

Er überlegte lange, bevor er antwortete. »Ja. Aber du mußt dich an die Regeln halten. Keine zusätzlichen Gäste und keine nachträglich hinzugefügten teuren Geschenke. Nur das Bankett, mit diesen Gästen und diesem Essen.«

»Einverstanden.« Ich winkte einem meiner Aufträger. »Hol einen Becher mit starkem Essig«, sagte ich, »und bring ihn her.«

Antonius runzelte die Stirn. »Essig ist ja wohl kaum besonders teuer.«

Ich beachtete ihn nicht. »Liebe Gäste«, sagte ich laut, »Antonius und ich haben eine Wette abgeschlossen. Ich behaupte, ich kann dafür sorgen, daß dieses Bankett über eine Million Sesterzen kostet. Es sagt, es sei unmöglich, daß irgendein Bankett soviel kostet, erst recht nicht, wenn nur sechsunddreißig Gäste dabei sind. Ah …« Ich streckte die Hand aus und nahm den mit Essig gefüllten Becher. »Danke.«

Antonius stützte sich vorgebeugt auf die Ellenbogen und beobachtete mich aufmerksam. Der Blick seiner dunklen Augen war bohrend.

»So«, erklärte ich, nahm einen meiner Perlenohrringe ab und ließ ihn in den Becher fallen, wo er plumpsend bis auf den Grund sank. Ich ließ den Becher kreisen, und alle konnten hören, wie die Perle auf dem Boden herumrollte. »Sie wird sich auflösen, und dann werde ich den Becher austrinken – den teuersten Wein seit Menschengedenken.«

Ich hielt den Becher mit beiden Händen in die Höhe und schüttelte ihn behutsam.

Alle starrten mich an, und Antonius machte ein entsetztes Gesicht. Ich schüttelte den Becher weiter, bis ich fühlte, daß es soweit war; dann setzte ich ihn an die Lippen, hob ihn an und trank ihn leer. Alles schnappte nach Luft.

»Bitter«, sagte ich. »Selbst mit einer Perle gewürzt, ist Essig ein rauher Trank. Noch einen Becher, bitte! Ihr müßt alle daran teilhaben.«

Mein Diener brachte sofort noch einen zweiten, und ich wollte die andere Perle von meinem Ohr lösen, aber Dellius schrie auf. »Nein, halt! Das ist nicht nötig! Opfere nicht noch die zweite!« Und Antonius hielt meine Hand fest.

»Du hast gewonnen«, flüsterte er. »Du brauchst es nicht zu wiederholen.«

Ich gab dem Diener den Becher zurück.

»Du bist … Es gibt kein Wort, um dich zu beschreiben. ›Extravagant‹ verblaßt neben all dem«, sagte Antonius.

Ich sah ihn an, und ich wußte, daß ich mehr als nur diese Wette gewonnen hatte.

Das Bankett ging weiter, und als die Gerichte herausgetragen und zierlich vor uns hingestellt wurden, da war mir, als sei die Kajüte plötzlich für mich mit erotischer Pracht aufgeladen, daß sie davon regelrecht schimmerte. Hatte meine Wette mich erregt, hatte sie die ruhige Gastgeberin in einen geblendeten Gast meiner selbst verwandelt? Ich merkte, daß ich Antonius' Arm betrachtete, wie er den Becher hielt und sich auf den Ellenbogen stützte. Er war dick, muskulös, sonnengebräunt, und während ich ihn anstarrte, gingen mir laszive Gedanken durch den Kopf. Sogar seine Füße, die halb unter dem Diwanpolster steckten, erschienen mir wie Gegenstände des Verlangens. Ich hatte die Perle verschluckt, und sie schien wie ein Zaubertrank zu wirken und ihn für mich mit einer Aureole des Begehrenswerten zu umgeben, buchstäblich von Kopf bis Fuß.

Plötzlich ertrug ich es kaum, daß dieses Bankett noch einen Augenblick länger dauern sollte. Es mußte jetzt aufhören, damit wir hinuntergehen konnten …

Als es dann, endlich, zu Ende war, hatte ich noch einen letzten Akt zu inszenieren. Ich erhob mich und deutete auf die Diwane. »Alles das gehört euch«, sagte ich. »Und die Becher und Teller, die ihr benutzt habt, ebenfalls – wie beim letztenmal.«

Da diese Dinge feiner gearbeitet und aus kostbarerem Material waren, standen alle mit offenem Mund da.

»Und wie beim letztenmal sorgt euch nicht, wie ihr alles transportieren sollt. Meine Diener werden das übernehmen. Aber zusätzlich möchte ich euch allen die Pferde schenken, die ich mitgebracht habe, und dazu ihre Schabracken mit den silbernen und goldenen Verzierungen. Diese Knaben aus Äthiopien« – ich deutete mit dem Kopf auf eine Reihe von Jungen, die eben hereinkamen und die Fackeln aus den Haltern nahmen – »werden euch nach Hause begleiten und die Pferde führen.«

Das Bankett war jetzt vorbei, und die Gäste durften sich verabschieden. Eins blieb noch zu tun, bevor sie gingen. Ich nahm Antonius bei der Hand, und er stand mit mir auf.

»Ich wünsche euch eine gute Nacht und sage euch Lebewohl. Antonius und ich werden uns jetzt zurückziehen.« Ich wandte mich ab und ging hinaus, ohne Antonius loszulassen; wir gingen geradewegs in mein Privatquartier und ließen die übrige Gesellschaft an Deck hinaufgehen, wo sie merken würden, daß Antonius verschwunden war und nicht mit ihnen an Land gehen würde. Und daß es nur einen Ort geben konnte, wo er sein konnte – denn niemand hat wirklich die Macht, einfach zu verschwinden.

In meiner Privatkajüte lehnte ich mich gegen die Tür und schloß die Augen. Es war vorüber. Und ich hatte meine Sache gut gemacht. Vorher kann man es nie wissen.

Antonius stand mitten im Raum. Sein Blick war wachsam, als erwarte er, daß noch etwas passierte – vielleicht würde eine Schlange unter dem Bett hervorgleiten, oder unsichtbare Hände würden uns Becher mit Wein anbieten, oder ein Gespensterchor würde anfangen zu heulen.

Ich ging zu ihm und umarmte ihn. »Ich habe den ganzen Abend gewartet«, sagte ich. Und ich sagte die Wahrheit.

»Dann mußt du das alles jetzt ablegen«, sprach er und griff nach der Krone, um sie mir abzunehmen. »Harte, funkelnde Dinge, die kalt sind.« Behutsam löste er den Schmuckkragen und legte ihn auf den Tisch. »Und die Zöpfe. Mach sie auf.«

Ich öffnete die Klammer, die sie zurückhielt, und flocht sie langsam auf; meine Kopfhaut kribbelte, als das Blut wieder hindurchströmte. Endlich war mein Haar offen; er schob die Hände hinein und kämmte es mit den Fingern. Mir wurde schwindlig vor Verlangen.

»Jetzt bist du wieder ein Mensch«, sagte er und küßte mich. Ich merkte, daß er ebenso erregt war wie ich und daß der ganze Abend auf ihn genauso gewirkt hatte.

Wir konnten uns nicht beherrschen; wir mußten nachgeben und liebten uns schnell und kunstlos, um dem Fieber die Schärfe zu nehmen und unser Verlangen auf ein normales, wenn auch immer noch überhitztes Maß zu vermindern.

Als er im Dunkeln neben mir lag, meinte er: »Ich stelle fest, daß du beschlossen hast, es der Welt doch noch zu sagen.« Er war immer noch außer Atem.

»Ja«, erwiderte ich und ließ meinen Kopf auf seine Brust sinken. Meine

Worte klangen vermutlich gedämpft. »Es ließ sich nicht länger verbergen, und ich wollte es auch nicht.«

Er drückte mir einen sanften Kuß auf den Scheitel. »Das wird Öl ins Feuer gießen, wie man so sagt.«

»Das Feuer lodert in uns«, sagte ich, und so war es. Dieses Feuer im Blut – wann würde es sich eindämmen lassen und niederbrennen?

»Ja, ein mächtiges Feuer.« Er klang, als kümmere es ihn in diesem Augenblick nicht sonderlich. »Aber mindestens in Rom wird es auch heiß hergehen. Sie mögen dort keine Veränderungen, keine neuen Faktoren, keine neuen Konkurrenten. Mir selbst gefiel es ja auch nicht, als Octavian kam und sein Erbe beanspruchte.«

»Und meinen Sohn beiseite drängte.« Ich machte eine Pause. »Denn Cäsar hatte ja einen leiblichen Sohn – nicht diesen adoptierten Eindringling.«

»Dennoch, es war Cäsars eigenes Vermächtnis, das ihn ernannte«, erklärte Antonius. »Ich glaube, er hat dich aus Liebe übergangen. Oder es war sein Tribut an dich; er wußte, daß du deine Schlachten allein schlagen kannst, ohne seine Hilfe.«

Meine Schlachten. Ja. Eines war noch zu regeln, bevor ich die Segel setzen ließ. »Antonius ...« Es widerstrebte mir, jetzt die Politik ins Spiel zu bringen, aber es mußte sein. »Du mußt etwas für mich tun. Meine Schwester Arsinoë in Ephesos hat den Attentätern geholfen. Sie hättest du vorladen sollen, damit sie sich für diesen Vorwurf rechtfertigt, nicht mich. Sie haben sie als Königin von Ägypten anerkannt, und sie war es, die Serapion, den Gouverneur von Zypern, bewogen hat, ihnen meine Flotte auszuliefern. Ich habe sogar Berichte, denen zufolge sie in meiner Abwesenheit das politische Gelände sondierte, um festzustellen, ob sie in Alexandria noch Unterstützung finden kann. Und dann gibt es einen neuen Prätendenten, der sich als Ptolemaios XIII. ausgibt; aber den hat Cäsar selbst besiegt, und er ist so tot, wie ein Mensch es nur sein kann. All das bedroht die Stabilität meines Thrones.«

»Und?« Seine Stimme war leise und klang noch benommen von der Liebe.

»Vernichte sie.«

»Jawohl, meine Liebste.« Er streichelte meine Schultern.

Er mußte es mir versprechen, bevor er sich wieder vergaß. »Versprich es mir! Laß sie alle hinrichten!«

»Jawohl, meine Liebste. Und Zypern gebe ich dir auch zurück.« Er flocht seine Finger in mein Haar und zog meinen Kopf sanft zu sich. Ich öffnete den Mund für seinen Kuß.

Und von allen Nächten wird diese Nacht mir immer im Gedächtnis bleiben. Wie oft wir uns liebten und wie wir es taten – ich kann es mir in allen Einzelheiten vor Augen rufen, wenn ich allein bin, um es noch einmal zu erleben, wann immer ich mich verlassen oder traurig fühle oder mich auch nur von einem Schmerz ablenken möchte. Es war ein Geschenk der Götter, das selten gegeben und kaum je wiederholt wird. Aber es besiegelte meinen Glauben daran, daß die Freuden des Körpers, ungeachtet der Philosophen, denen der Seele und des Geistes gleichkommen können.

Als er sich verabschiedete, war ich nicht traurig. Für diesmal war die Zeit um; man konnte sie nicht verlängern und zugleich ihre Vollkommenheit erhalten. Es würde andere Gelegenheiten geben, an anderen Orten, und auch sie würden auf ihre eigene, andere Art vollkommen sein.

»Leb wohl, mein General«, sagte ich und küßte ihn an Deck, als die Sonne eben über den Horizont lugte und das Schiff rotgolden anmalte. Die Lampen in der Takelung waren ausgebrannt, und die Morgendämmerung offenbarte, daß es gewöhnliche Schalen waren – kein Zauberwerk.

»Leb wohl, meine Königin.« Er umarmte mich für einen Augenblick und drückte mich an seinen purpurfarbenen Mantel. »Ich werde dir folgen, sobald ich kann.«

»Ein Tag ist zu lang«, sagte ich. »Könntest du mich doch schon erwarten, wenn ich ankomme.«

»Das wäre nur möglich, wenn ich fliegen könnte, und diese Fähigkeit ist dem Menschen nicht gegeben.«

Er löste sich von mir und blieb stehen. Die aufgehende Sonne vergoldete ihn, und sie erfaßte alle Falten seines Mantels.

»Leb wohl«, sagte ich, und ich streckte die Hand aus, um ihn zum Abschied noch einmal zu berühren.

Als ich allein in meiner Kajüte war, sank ich ins Bett, um endlich zu schlafen. In der Nacht hatte es keinen Schlaf gegeben. Ich zog die Decke über die Schultern und schloß die Augen vor dem Sonnenlicht, das jetzt hereinflutete.

Ich lächelte. Das Bankett mit den kostspieligen Geschenken hatte ungeheure Ausgaben verschlungen, aber das Geld war gut angelegt. Wie Mardian und Epaphroditos immer gern sagten: Es gehörte zu den Kosten des Geschäftemachens. Aber es hatte nicht eine Million Sesterzen gekostet, wie die Gesellschaft geglaubt hatte. Perlen lösen sich in Essig nicht auf. Als aufmerksame Schülerin aus Alexandria, dem Quell der Wissenschaft, wußte ich das. Was stark genug war, um eine Perle aufzulösen, würde auch meinen Magen auflösen. Nein, die Perle war wohlverwahrt in mir, und sie war leicht genug wiederzubeschaffen.

Aber diejenigen, die nicht das Glück gehabt hatten, in unserem Museion in den Naturwissenschaften unterwiesen zu werden – nun, die hatten es geglaubt.

Staatskunst bedeutet Meisterschaft auf vielen Gebieten, auch auf entlegenen. Während ich einschlief, wußte ich, daß ich dies von Cäsar gelernt hatte und daß er stolz auf mich sein würde. Stolz auf mich war. Vielleicht hatte Antonius recht. Er hatte gewußt, daß ich meine Schlachten allein schlagen konnte.

HIER ENDET DIE VIERTE SCHRIFTROLLE

# DIE FÜNFTE SCHRIFTROLLE

# 45

»Erst Cäsar und jetzt Antonius!« rief Mardian mit hochgezogenen Brauen. »Leidest du an irgendeinem medizinisch erklärbaren Zustand, der dich jedesmal in Wallungen versetzt, wenn ein Römer über den Horizont kommt?«

»Aber nur, wenn der Römer hochrangig ist«, warf Olympos trocken ein.

»Nein, sie müssen mehr als hochrangig sein; es müssen absolute Spitzenrömer sein – die Herrscher.« Mardian sah mich kopfschüttelnd an und wakkelte mit dem Finger.

»Ihr seid grausam!« erwiderte ich, nur halb verärgert. Ich hatte noch nie etwas dagegen, geneckt zu werden.

»Nein, wir sind deine Freunde. Wir sagen nur genau das, was die Römer sagen werden.« Olympos lachte. »Damit du Übung darin bekommst, dich zu verteidigen.«

Wir saßen an einem der Fenster mit Blick auf den Hafen. Es war Winter, und ein Unwetter zog von Westen über das Meer herauf. Ich sah, wie die Wolken, dunkel und zerklüftet, sich entschlossen auf uns zuwälzten, zog mein Wolltuch fester um die Schultern und kuschelte mich in die weiche Fülle.

»Archelaos war ein Prinz, aber du wolltest ihn nicht haben«, erklärte Mardian naserümpfend. »Deshalb glaube ich, daß du recht hast, Olympos, was ihre Stellung angeht. Es ist der Anblick der Macht. Archelaos war von königlichem Geblüt, aber nicht mächtig, und diese Römer sind mächtig, aber keine Könige. Ja, meine Liebe, die Macht ist es, die dich in Erregung versetzt.«

»Und wenn schon?« Ich fuhr meine Krallen aus.

Olympos zuckte die Achseln. »Vermutlich wärest du keine Ptolemäerin, wenn du keine Machtgelüste hättest.«

»Andererseits, vielleicht liegt es auch daran, daß sie verheiratet sind«, erwog Mardian. »Archelaos war schließlich –«

»Ach, hör auf mit deinem Archelaos! Ich mochte ihn, er war ein stattlicher Mann, aber …«

»Aber er war nicht verheiratet, und er regierte nicht die Welt. Kleine Unzulänglichkeiten! Daß die Macht dich anzieht, hast du zugegeben; wie steht es nun im Hinblick auf Ehe?« fragte Olympos.

»Es bedeutet natürlich eine Herausforderung«, meinte Mardian. Er machte ein gequältes Gesicht.

»Ihr seid schrecklich freizügig in der Deutung meiner Beweggründe.« Allmählich fingen sie doch an, mich zu ärgern.

»Damit vertreiben wir uns die Zeit«, sagte Mardian. »Wir mußten uns ja irgendwie unterhalten, während du fort warst.«

»Antonius kommt nach Alexandria, und von euch beiden will ich kein Wort dazu hören!« Es war mir ernst.

»Nicht von uns«, antwortete Olympos mit unbewegter Miene. »Nicht von uns. Wir werden kein Wort dazu sagen.« Und dann krümmten sich beide vor Lachen.

Als sie, immer noch lachend, gegangen waren, um sich in die Stallungen zu begeben, blieb ich noch sitzen und starrte hinaus in den dunkler werdenden Himmel über dem Hafen. Was sie gesagt hatten, war ja nicht unwahr. Ich hatte selbst Mühe, es mir zu erklären. Die politischen Aspekte der Situation leuchteten durchaus ein. Ich würde sehr viel fester auf meinem Thron sitzen, und Ägypten wäre sicherer, wenn Cäsars Nachfolger zuverlässig unser Freund wäre. Aber das hätte man leicht über diplomatische Kanäle arrangieren können. Es war nicht nötig, deshalb mit ihm ins Bett zu gehen.

Fast hätte ich die Lust verfluchen können, die es mir bereitet hatte. Um wieviel besser – besser? – wäre es gewesen, wenn er sich als glanzloser, grober, langweiliger, unappetitlicher, ja abstoßender Liebhaber erwiesen hätte! Schaudernd und ohne einen Blick zurückzuwerfen, wäre ich abgereist, bestärkt in der Überzeugung, daß ein Leben in der Enthaltsamkeit jeder enttäuschenden Liebesaffäre vorzuziehen sei.

Aber ich war erpicht darauf gewesen, es fortzusetzen. Am Anfang hätte ich noch die Wache rufen können. Jedenfalls hätte ich mich in der folgenden Nacht – und in der Nacht darauf – nicht mehr mit ihm abzugeben brauchen. Jetzt aber hatte ich mich in eine heikle Situation gebracht, um es zurückhaltend auszudrücken.

Ein kalter, gischtfeuchter Windstoß peitschte durch das Fenster herein. Ich zog mich zurück, ging zum Kohlenbecken, das matte Wärme ausstrahlte, und hielt die Hände darüber.

Isis, leite mich! dachte ich. Wo es nun hinführt, dahin muß es führen; das einzige Unrecht liegt darin, daß man versucht zu verhindern, was sein muß und sein wird. Die Zukunft ist verschleiert; ich sehe nur, was unmittelbar vor mir liegt: daß Antonius nach Alexandria kommen wird, und zwar bald.

Draußen schwoll das Unwetter an. Die Schiffahrt würde wochenlang unmöglich sein. Aber Antonius kam über Land.

»Es ist geschehen, Herrin«, sprach Mardian; er stand mit einem Bericht vor mir, den er mir pflichtschuldig vorlegte. »Arsinoë ist tot.«

Seine Stimme war ausdruckslos. Ich brach das Siegel an der Nachricht und las die Einzelheiten: Arsinoë war im Tempel der Artemis, wo sie Asyl gesucht hatte, vom Hochaltar geschleift und getötet worden, auf Befehl von Antonius.

»Erschlagen auf der Tempeltreppe«, sagte Mardian spröde.

Mich schauderte. Also hatte er sein Versprechen, im Dunkeln leichthin gegeben, ausgeführt. Cäsar hatte solche Versprechungen nie abgegeben, und er hätte sich auch nicht so leicht dazu überreden lassen. In diesem Augenblick erkannte ich, welche Macht mir da durch Antonius' überaus fügsame Natur zugefallen war.

»Sie hatte dort kein Asyl zu suchen«, erklärte ich. »Cäsar hatte ihr einmal vergeben; eine zweite Begnadigung konnte sie nicht erwarten.« Die Leute hatten jene berühmte Milde immer ausgenützt. Aber selbst Cäsar hatte jeden bestraft, der zum zweitenmal fehlte.

»Sie haben sie am Rande der Hauptstraße von Ephesos bestattet, in einem Grabmal, das aussieht wie der Leuchtturm von Alexandria«, berichtete Mardian.

»Jetzt kann sie so alexandrinisch sein, wie sie will«, sagte ich und las weiter. Der falsche Ptolemaios war ebenfalls umgebracht worden, und der Gouverneur Serapion hatte sich nach Tyros geflüchtet, aber das hatte ihm nicht geholfen. Auch ihn hatte man hingerichtet. Antonius hatte in allen drei Punkten getan, was er mir versprochen hatte.

Es kamen Berichte über seine Aktivitäten in Syrien, wo Decidius Saxa zum Statthalter ernannt worden war. Als nächstes kam er nach Tyros, und dann nach Judäa, wo er seinen Freund und Bundesgenossen Herodes zum Fürsten erhob. Er arbeitete sich langsam südwärts, nach Ägypten. Als nächstes war er in Askalon, und dann traf die Meldung ein, er sei mit seiner eigenen Prätorianergarde durch die Wüste Sinai nach Pelusion aufgebrochen. Dort hatte er vierzehn Jahre zuvor den Reiterangriff geführt, mit der die Stadt für meinen Vater eingenommen worden war – und dann hatte er die ägyptischen Soldaten in ihren Mauern verschont, die mein Vater wegen Verrats hatte hinrichten wollen. Und dafür hatten die Ägypter ihn geliebt.

Er kam an einem kalten, klaren Tag in Alexandria an. Boten waren ihm vorausgeritten und hatten sein Kommen angekündigt, und ich hatte das östliche Tor der Sonne mit Girlanden behängen und die breite Kanopische Straße fegen und schmücken lassen. Ich postierte Wachen auf dem Weg, die ihn zum Palast geleiten sollten, und befahl, bei seiner Ankunft die Tore aufzureißen. Fanfaren sollten erklingen, wenn er sich näherte.

Zwischen dem ersten Fanfarenstoß am östlichen Tor und dem letzten am Eingang zum Palast schien eine Menge Zeit zu vergehen. Die Alexandriner hatten ihn herzlich willkommen geheißen, und er war unterwegs immer wieder von der Menge aufgehalten worden, die ihn umschwärmte, um ihn zu begrüßen.

»Antonius, behalte dein tragisches Römergesicht für Rom!« hörte ich die Leute schreien. »Bring dein komisches zu uns!«

Und dann kam er die breite Palasttreppe herauf; mit langen Schritten eilte er mir entgegen. Sein Gang war sicher und gelassen, sein Rücken gerade, und den lockigen Kopf hielt er aufrecht. Es war, als leuchte Antonius vor Kraft und Überschwang. Er trug keinen Lorbeerkranz auf dem Kopf, keinen Helm, keine Zier, nicht einmal eine Soldatenuniform – nichts als seinen eigenen Stolz und seine animalische Lebenslust unter Alltagskleidern. Er hätte irgend jemand sein können, ein gewöhnlicher Bürger, gesegnet mit der Schönheit eines Athleten und einer glorreichen Zukunft. Mein Herz ging auf bei diesem Anblick.

Auf halber Höhe der Treppe blieb er stehen, als er mich erblickte, und ein strahlendes Lächeln breitete sich auf seinem Gesicht aus. In einer freudigen Begrüßungsgeste streckte er beide Arme aus, daß sein Mantel um ihn herum wirbelte. »Meine allergnädigste Königin!« rief er. Dann kam er langsam die letzten Stufen empor.

»Mein überaus willkommener Gast!« erwiderte ich und streckte ihm die Hand entgegen. Er nahm sie und drückte sie an seine Lippen, und es war wunderbar, sie zu fühlen.

»Endlich kehrst du zurück in die Stadt, die dich liebt«, sagte ich und ließ ihn neben mich treten. Von dieser hohen Warte aus konnten wir Alexandria weithin überblicken – die langen, flachen Säulengänge des Gymnasions, die weitläufigen Gebäudemassen des Museions, den wuchtigen Tempel des Serapis weit im Süden. Jenseits davon glänzte das Wasser des Mareotis-Sees. »Erinnerst du dich noch?«

»Ich erinnere mich an alles.«

Alle außer Olympos standen in einer Reihe, um ihn zu empfangen: Mardian, Epaphroditos, der Kommandant meiner Makedonischen Hofgarde, der oberste Gymnasiarch, der Leiter des Museions, die Hohenpriester der Isis und des Serapis. Und abseits von allen, auf einem Staatssessel, wartete Cäsarion mit seinem Stirnband.

Antonius ging zu ihm, und Cäsarion sagte: »Willkommen, Vetter Antonius« – denn sie waren in der Tat entfernte Vettern vierten Grades. Es paßte zu Cäsarion, daß er es wußte.

Antonius beugte vor ihm das Knie. »Ich danke dir, mein Vetter und König.« Dann griff er in die Falten seiner Tunika und zog rasch etwas heraus. Ich sah, wie die Gardesoldaten, die Cäsarion flankierten, erstarrten und nach ihren Schwertern griffen.

»Eine Eidechse, die mein Quartier in Tyros heimsuchte, Majestät«, erklärte Antonius und präsentierte ein grünes, buckliges Tier mit rotierenden Augen. »Ich dachte mir, so etwas ist in Alexandria vielleicht neu.«

Cäsarion lächelte und stieg von seinem Thron herunter, um das Tier entgegenzunehmen. Als er sich bewegte, sah ich die Überraschung in Antonius' Gesicht. Aber gleich verbarg er sie. »Ich hoffe, du und er, ihr werdet gute Freunde«, sagte er. »Oder sie. Ich muß gestehen, ich kann den Unterschied nicht erkennen.«

Cäsarion lachte wie ein gewöhnlicher Sechsjähriger. »Ich auch nicht«, erwiderte er. »Aber ich werde es noch lernen.«

»Ich bin sicher, die Eidechsen haben damit keine Mühe«, sagte Antonius. »Frag sie einfach!«

Später, als alles vorbei war – die Begrüßungen, die langen Reden, die Überreichung der Geschenke, die Einquartierung der Leibgarde –, saßen wir allein in meinem Gemach. Ich hatte ihm ein eigenes Quartier in einem anderen Palastgebäude zugewiesen, damit er ungestört sein konnte, um die unvermeidlichen Geschäfte zu erledigen, die ihm auf dem Fuße folgen würden. Jetzt aber hatte er Muße; das Essen war vorüber, und es war noch zu früh, um sich zurückzuziehen. Die letzten Reste des Sonnenuntergangs glommen noch am Himmel, aber schon waren in allen Räumen die Lampen angezündet.

»Ich habe lange davon geträumt, nach Alexandria zurückzukehren«, sagte er und schaute aus dem Fenster.

»Warum war es dann so schwierig, dich dazu zu überreden?« fragte ich.

»Weil Alexandria keine Stadt mehr ist. Du bist Alexandria. Und alle Welt wird wissen, daß ich nicht gekommen bin, um das Museion zu besichtigen oder den Leuchtturm zu besuchen, sondern weil ich zur Königin will.«

»Ich habe nur Spaß gemacht«, erwiderte ich. »Ich weiß sehr wohl, was es bedeutet.« Ich mußte an seine Begegnung mit Cäsarion denken. »Was hältst du von meinem Sohn? Ein seltsamer Ausdruck trat in dein Gesicht – flüchtig nur, aber ich habe es doch bemerkt.«

Er schüttelte den Kopf. »Die Ähnlichkeit mit Cäsar ist bestürzend – besonders wenn er sich bewegt. Er hat genau den gleichen Gang. Ich dachte ... Ich dachte, ich würde ihn nie wiedersehen.«

»Ja. Es ist tröstend und schmerzlich zugleich.«

»Niemand, der ihn sieht, könnte umhin, ihn als Cäsars Sohn anzuerkennen.«

»Nicht einmal Octavian?« fragte ich.

»Vor allem nicht Octavian.«

»Antonius, was soll ich tun?« Die Worte purzelten aus meinem Mund. »Ich kann doch nicht einfach dastehen und zusehen, wie Cäsars Sohn beiseitegeschoben und vernachlässigt wird. Ich weiß, daß er keinen Rechtsanspruch hat, aber – du hast gesehen, wie er sich bewegt. Du weißt es.«

»Ja, ich weiß es.« Er schwieg kurz. »Die Wahrheit ist eine starke Dame. Ich weiß genau, es wird der Tag kommen ...«

»Wir müssen dafür sorgen, daß er kommt!« unterbrach ich ihn wild. »Ist dir nicht klar, daß das Schicksal immer nur einen Schlüssel in der Hand hält, während Sehnsucht und Entschlossenheit die anderen haben? Unsere Bestimmung ist nicht in Stein gemeißelt; sie wartet ab, wie sehnsüchtig wir uns ein Ergebnis wünschen.«

Er sah mich verblüfft an. »Ich weiß aber auch, daß man die Tore des Schicksals nicht aufbrechen kann.« Er machte eine Pause. »Cäsars Los sollte uns das gelehrt haben. All sein Genius, all seine Kraft – gestürzt durch Zufall, Unglück und kleine Männer.« Er nahm meine Hand und umschloß sie mit beiden Händen. »Ich werde mein Bestes tun, um dafür zu sorgen, daß Cäsarion als Cäsars Erbe zu seinem Recht kommt. Aber einstweilen ist er König von Ägypten und dein Sohn. Auch kein schlechtes Los.«

Ich lächelte. Er hatte natürlich recht. Und welche Mutter konnte ihrem Kind wünschen, sich in das gefährliche, turbulente Gewässer der römischen Politik zu begeben – in ein Gewässer, das sich in den meisten Fällen als tödlich erwies? Ägypten war viel sicherer. »Du bist müde«, sagte ich. »Ich hätte dich nicht mit politischen Problemen belästigen dürfen.« Ich nahm ihn bei der Hand. »Komm! Du mußt dich hinlegen.«

»Ich fürchte, das ist in deiner Gegenwart nicht gerade geruhsam.« Er sah wirklich müde aus.

»Aber erholsam.«

Und ich führte ihn in mein Schlafgemach; ich hatte geglaubt, nach Cäsar sei es für jeden anderen Mann verschlossen. So befreite ich ebenso mich von meiner Vergangenheit wie Antonius von der Reisemüdigkeit.

Ich nahm ihn in die Arme und rollte mit ihm über das breite Bett; ich genoß es zu fühlen, wie unsere Körper sich umeinander drehten, bis wir Gesicht an Gesicht auf dem Kissen zur Ruhe kamen. Und in seinen dunklen Augen spiegelte ich mich ganz: wie ich war, wie ich gewesen war, wie ich sein würde. Er war mein Schicksal und ich das seine, aber wir mußten kämpfen, wenn wir es nach unserem Willen formen wollten. Es war nicht notwendigerweise gehorsam oder gütig.

Ich gab mich der reinen Lust, dem reinen Gefühl hin, und auf dem Höhepunkt dachte ich, daß eine, die nur dies gekannt hat, im Leben eigentlich nicht schlecht davongekommen ist. Noch die niedrigsten meiner Untertanen mochten von derart durchdringenden Freuden kosten – und wahrscheinlich taten sie es auch. Insofern waren die Götter gütig.

Alexandria gehörte Antonius. Vom ersten Augenblick an verliebten die beiden sich ineinander. Das Volk war hingerissen von der Art, wie er in die Stadt kam – als Bürger, als Gast –, statt ans Ufer zu stürmen in vollem römischen Staat und mit aller Autorität, wie Cäsar es getan hatte. Sie waren entzückt von seinem liebenswerten Auftreten, weil er sich griechisch kleidete – was Cäsar niemals getan hätte – und zu Vorträgen und Theateraufführungen ging und weil er so umgänglich war.

Die Bewunderung beruhte auf Gegenseitigkeit; Antonius war sichtlich fasziniert von der Stadt, und ich war in gewisser Weise eifersüchtig, als liebte er sie mehr und vorbehaltloser als mich. Er legte seine römischen Gewohnheiten ab, faltete seine Toga zusammen und entließ seine Garde. Er aß ägyptische und griechische Speisen, spazierte durch die Tempel, streifte durch die Straßen und lebte nach einem ganz unrömischen Stundenplan. Anscheinend hatte er sich wirklich lange Zeit nach Alexandria gesehnt. Die Stadt schien ein Bedürfnis seiner Natur zu erfüllen.

»Hüte dich«, sagte Olympos säuerlich, »vor dem Manne, der eine fremde Kultur vorbehaltlos übernimmt. Es ruiniert ihn.«

Olympos war Antonius aus dem Weg gegangen; er hatte ihn nur von weitem gesehen und alle meine Versuche, ihn mit ihm bekannt zu machen, dadurch abgewehrt, daß er vorschützte, er habe sich um zahlreiche Patienten zu kümmern und deshalb keine Zeit.

»Aber vielleicht solltest du ihn kennenlernen«, beharrte ich. »Es kommt mir doch sehr merkwürdig vor, daß mein Leibarzt und einer meiner besten Freunde solchen Abstand wahrt.«

»Ich brauche ihn nicht kennenzulernen. Ich kann ihn besser studieren, wenn er mich nicht kennt.«

»Und?« fragte ich.

»Nun, körperlich ist er ein Prachtexemplar. Er hat in der Tat Ähnlichkeit mit Herakles. Zählt er ihn nicht zu seinen Vorfahren?«

»Du weichst mir aus«, sagte ich. »Was ist mit dem Mann selbst – wenn du soviel weißt?«

»Ich sehe, was du an ihm so anziehend findest.«

»Sag mir etwas, was ich noch nicht weiß.«

»Vertrau ihm nicht«, platzte er heraus. »Er ist nicht zuverlässig.«

Ich war überrascht. Damit hatte ich nicht gerechnet. »Inwiefern? Wie meinst du das?«

»Oh, ich glaube, er ist ein guter Mensch. Das muß ich zugeben.« Es hörte sich an, als ärgere er sich, weil er so etwas sagen mußte. »Aber er hat eine Natur, die …« Er stockte. »Eigentlich will er nicht der Beherrscher der Welt sein; er möchte nur den leichtesten Weg nehmen. Die stärkste Natur in seiner

Umgebung wird ihn stets führen und beherrschen. Jetzt bist du das. Wenn er in Octavians Nähe gerät, wird der es sein.«

Wieder war ich überrascht. »Du hast Octavian noch nie gesehen. Wie kannst du so kundig über seine Natur reden?«

»Ich kann es eben«, entgegnete Olympos bockig.

»Vielleicht muß ich dich nach Rom schicken, damit du dir mit eigenen Augen ein Bild machen kannst«, sagte ich obenhin; seine Bemerkungen über Antonius gefielen mir nicht. Aber schlimmer war das Gefühl, daß wir beide, er und ich, unabhängig voneinander etwas Hartes, Unbeugsames und Furchterregendes bei Octavian spürten. Bis jetzt hatte ich gedacht, es sei nur mein eigener Eindruck, wahrscheinlich von privaten Beweggründen gefärbt.

Der Tag meines neunundzwanzigsten Geburtstags kam heran, aber ich feierte ihn nicht und sagte auch Antonius nichts davon. Ich fürchtete, er werde mir zu Ehren ein gigantisches Fest inszenieren, und diese Vorstellung lockte mich nicht. Das Spektakel von Tarsos hatte mich in dieser Hinsicht auf absehbare Zeit zufriedengestellt. Mardian schenkte mir ein neues Schreibgerät mit Siegeln aus Amethyst, und Cäsarion hatte seiner Eidechse das Kunststück beigebracht, ein Wägelchen zu ziehen, und führte es mir nun vor, aber das war alles. Olympos brachte einen riesigen Krug mit erstklassigem Silphion aus der Kyrenaika mit den Worten: »Hier! Ein Geschenk, das du wirklich gebrauchen kannst!« Ich war so verlegen, daß ich den Krug sofort in einem Kasten versteckte. Wieso war er von diesem Thema derart besessen? Es wurde wirklich Zeit, daß er heiratete und seine Aufmerksamkeit auf sein eigenes Bett richtete.

Aber ich wußte, daß Antonius seinen eigenen Geburtstag auf irgendeine prunkvolle Weise würde feiern wollen; deshalb schlug ich vor, das ganze Gymnasion für ihn und seine Gäste zu reservieren.

»Wir können unsere eigenen Ptolemaieia veranstalten«, sagte ich eines Abends. »Es sind zwar noch drei Jahre bis dahin, aber was macht das schon?« Die größten athletischen Spiele und Wettkämpfe außerhalb von Olympia fanden alle vier Jahre in Alexandria statt, mit Pferderennen, athletischen Wettbewerben, Gymnastik und Theateraufführungen, Komödien wie Tragödien.

»Wie willst du es nennen – die Antonieia?« Er lachte wegwerfend, und ich wußte, daß er es haben wollte.

»Ich nenne es *Natalicia Nobilissimi Antonii*«, sagte ich. »Geburtstagsfest des alleredelsten Antonius.«

Er zog die Brauen hoch. »Du kannst mehr Latein, als du dir anmerken läßt.«

Es machte mir immer Spaß, ihn zu überraschen. »Und natürlich wirst du bei jedem Wettkampf mitmachen müssen; deshalb wird es eine kleinere Veranstaltung als die üblichen Spiele sein«, fuhr ich fort. »Schließlich bist du kein Wagenlenker, und du treibst auch keine Akrobatik – oder?« Hoffentlich nicht. Die Kosten für Wagenrennen waren berüchtigt.

»Nein«, sagte er. »Aber du darfst nicht vergessen, welcher Geburtstag es für mich sein wird: der zweiundvierzigste. Vielleicht ist es keine so gute Idee, an den Wettkämpfen teilzunehmen – es sei denn, ich sollte mir das Geschenk machen zu verlieren.«

»Unsinn!« erwiderte ich. »Du sollst gegen deine eigenen Leute, gegen deine Offiziere antreten, nicht gegen Läufer und Ringer, die nichts anderes tun, als sich darin zu üben. Das wäre ja kein gerechter Wettkampf.« Und es würde seiner Zeit ein gewisses Gerüst geben, wenn er sich darauf vorbereitete; er war zu stolz, um ohne vorheriges Üben auf das Spielfeld zu spazieren. Wie die Dinge jetzt standen, blieb er viel zu lange auf und verschlief dann den halben Vormittag, als sei das Leben ein endloser Feiertag.

»Es werden griechische Spiele sein, Athletenspiele«, warnte ich ihn. »Nicht dieses Gemetzel, das ihr Römer so sehr liebt.«

»Wenn du bei Griechen bist, benimm dich wie ein Grieche«, sagte er. »Das ist allgemein auch zivilisierter.«

»Gesprochen wie ein Bekehrter«, sagte ich. »Wenn du dich jetzt noch mit der griechischen Harmonie eines ausgewogenen Lebenswandels anfreunden könntest ...«

»Bah!« Er lachte. »Dionysos bedeutet Exzeß – nur darum geht es bei ihm. Trunkene Nüchternheit, künstlerische Freiheit, Ungebundenheit der Sinne ...«

»Aber Herkules muß darauf sehen, daß er bei Kräften bleibt, damit er all seine Arbeiten verrichten und zum Gott werden kann. Die beiden Seiten deiner selbst werden sich abwechseln müssen.«

»Das tun sie«, sagte er. »Das tun sie. Weißt du das noch nicht?«

In Wahrheit hatte Antonius ein tiefes und dauerhaftes Interesse für das Theater; er liebte die Aufführungen und nahm sein Amt als Patron der dionysischen Gilde der Schauspieler ernst. Er mochte Kostüme und Schauspielerei, und schon in Rom hatte er Schauspieler und Schauspielerinnen als Freunde in seinem Gefolge gehabt – sehr zu Ciceros Verdruß. In Alexandria ging er nicht nur ins Theater, sondern auch zu Vorträgen und Vorführungen ins Museion, während ich bei seinen nächtlichen Gelagen dabei war. So tat ein jeder von uns Dinge, die ihm nicht entsprachen, um den andern zu erfreuen.

Der vierzehnte Januar, an dem die *Ludi et Natalicia Nobilissimi Antonii*, die Spiele und Geburtstagsfeiern des alleredelsten Antonius, stattfanden, war ein freundlicher Tag mit blauem Himmel. Ich wunderte mich, mit welcher Begeisterung alle Gäste dieses Vergnügen aufnahmen. Die Frauen waren erpicht darauf, eine Einladung auf einen Platz auf der steinernen Tribüne zu ergattern, um die eingeölten Männerkörper zu beäugen, und die Männer, sogar die älteren, waren unerwartet gern bereit, den größten Teil ihrer Kleidung abzustreifen und sich an den Wettbewerben zu beteiligen. Ein Mann von fünfundsechzig Jahren – ein Versorgungsoffizier aus Antonius' Garde – bat um die Erlaubnis, sich zur Teilnahme zu melden, und ein Meisterläufer, der zwanzig Jahre zuvor die Ptolemaieia gewonnen hatte, fragte, ob er noch einmal mitmachen könne. Aber die anderen Wettkämpfer waren Freunde von mir oder Antonius, und deshalb reizte das Fest die Neugier so sehr: Wir kannten diese Leute in anderer Eigenschaft, und plötzlich würden sie ihre Tunika abwerfen und berühmte Athleten nachahmen. Vielleicht war es schon immer ihr heimlicher Wunsch gewesen, so etwas zu tun.

Da es keine offizielle Angelegenheit war – es war nur eine private Feier –, beschlossen wir, daß vollständige Nacktheit nicht erforderlich sei.

»Es sei denn, du wolltest …«, sagte ich zu Antonius. Schließlich war er bei den Luperkalien ja beinahe nackt aufgetreten. Aber das war lange her, und er hatte noch keine so hohe Stellung innegehabt.

»Nein, ich kann mich zügeln«, erwiderte er. »Ich möchte nicht der einzige sein, der so auf dem Feld erscheint, und ich glaube nicht, daß der Rest es tut.«

Da hatte er recht. Die einzigen Leute, die sich je nackt wohl fühlten, waren die Griechen. Römer, Ägypter und – o Graus! – Barbaren vermieden es, sich so zu zeigen. Was die Juden anging, so fanden sie den bloßen Gedanken abstoßend und gingen nicht einmal gern an einem Gymnasion vorbei.

Es sollte ein Pentathlon stattfinden, die große Prüfung des vielseitigen Athleten: Wettlauf, Weitsprung, Diskuswerfen, Speerwerfen und Ringen. Und dann würde es noch militärische Übungen geben: Schwertfechten und einen Wettlauf in voller Rüstung, eine Sache nur für Antonius und seine Soldaten.

»Ist Herkules bereit?« fragte ich, als wir uns anschickten, zum Gymnasion zu fahren. Eine große Schar von Gästen würde uns begleiten; sie füllten sämtliche Sänften und Wagen, die ich aus den königlichen Stallungen hatte zusammenbringen können.

»Ja«, sagte er, aber es klang merkwürdig bedrückt.

»Was ist denn?« Hatte er plötzlich kalte Füße bekommen? Ein schlechter Zeitpunkt!

»Ich dachte nur gerade … Ich bin fast doppelt so alt wie Octavian. Für jedes Jahr, das er gelebt hat, habe ich zwei. Ich weiß nicht, was vorteilhafter ist – meine Erfahrung oder all die Jahre, die er noch in Reserve hat.«

»Das ist aber ein römischer Antonius, ein brütender Antonius, den ich selten zu sehen bekomme.« Diese düstere Stimmung wäre nicht förderlich für sein Fest. Ich mußte sie vertreiben. »Octavian ist so kränklich, daß er niemals zweiundvierzig Jahre erreichen wird. Er ist nicht so stark wie du; die Alpenüberquerung hätte er nicht geschafft, denn er gelangt nur mit knapper Not von seinem Haus zum Forum.«

Antonius lachte. »Jetzt übertreibst du aber, Liebste.«

»Nun, stimmt es denn nicht, daß er immer krank wird – in entscheidenden Augenblicken? Bei der Schlacht von Philippi war er krank, und du hast allein gekämpft. Bei Brundisium, auf dem Rückweg nach Rom, war er so krank, daß man schon glaubte, er werde es nicht überleben. Er war zu krank, um Cäsar nach Spanien zu begleiten. Er ist immer krank!«

»Ja, aber wie du sagst: nur in den entscheidenden Augenblicken. Vielleicht sind seine Nerven leidend und gar nicht sein Körper.« Er lachte. »Hier, meine kleine Kriegerin. Warum nimmst du nicht mein Schwert – das, mit dem ich bei Philippi gekämpft habe? Trag es heute abend; es paßt zur Stimmung dieser ganzen albernen Angelegenheit, wenn du dich kleidest wie ich.« Er schnallte das Schwert ab und gab es mir.

Ich nahm es beinahe furchtsam entgegen. Es war ein überaus wichtiges Schwert: das Schwert der Rache. »Wirst du es bei den Übungen nicht brauchen?«

»Nein. Zum Spielen werde ich es niemals benützen können. Aber ich will trotzdem, daß es da ist. Nimm du es!« Er legte mir den Gurt um, rückte das Heft zurecht und zerdrückte das Kleid, das ich trug. »Jetzt komm!« Seine Stimmung schien sich wieder aufgehellt zu haben. »Nimm auch meinen Helm.« Er setzte ihn auf meinen Kopf. »So! Ein ganz furchterregender Soldat!«

»Ich kann töten, wenn ich es muß«, sagte ich leise. Das sollte er wissen.

»Wer hat denn jetzt düstere Laune? Weg damit!« Er lachte. »Führe mich, wohin du willst, meine Königin!«

»Heute nur zum Gymnasion«, antwortete ich. »Daran ist nichts Unheimliches.«

Die Fanfaren waren erschollen, um den Beginn der Wettkämpfe anzukündigen. Fast fünfzig Männer waren auf dem Feld, in den verschiedensten Kostümen. Einige trugen nur einen Lendenschurz, andere kurze Hosen nach Barbarenart, die über den Knien endeten; manche hatten den Faltenrock angelegt, und wieder andere waren in der Tunika gekommen. Alle aber waren in einem eigens für diesen Zweck eingerichteten Raum, dem *eliothesion*, eingeölt worden, und jetzt glänzten sie. Oh, wie sie glänzten – jeder Muskel, jede Sehne schimmerte im Licht.

»Ich bin verrückt nach Olivenöl auf einem Männerkörper«, flüsterte Charmian. »Das ist noch erregender als Schweiß.«

»Mir gefällt beides«, erklärte die Frau des Unterschatzkanzlers, und ich war verblüfft; ich hatte immer angenommen, sie fände nichts so aufregend wie Kontobücher.

Wenn ich ihn anschaute, fiel mir auf, wie gut proportioniert Antonius mit seinen schweren Muskeln war. Er gehörte wirklich zu den Männern, die am besten aussehen, wenn sie fast nichts anhaben, denn die übliche Kleidung ließ ihn stämmig wirken. Es war nicht zu erkennen, daß das Alter Spuren an ihm hinterlassen hatte; er war von einer Konstitution, die sich mit wenig Unterstützung selbst erhielt. Einen gebrechlicheren Körper hätte seine dionysische Reise durch die östlichen Provinzen sicher niedergestreckt.

Zu den Teilnehmern an den Spielen gehörte eine Anzahl Römer aus Antonius' Prätorianergarde – Elitesoldaten –, der oberste Wagenlenker der Ägypter und mehrere Bogenschützen, ein paar griechische Beamte aus dem Schatzamt, einige Mitglieder der dionysischen Künstlertruppe, ein Lehrer namens Nicolaus von Damaskus, den Antonius in Syrien aufgelesen hatte, mein Lieblingsphilosoph aus dem Museion, Philostratos, sowie – vielleicht die größte Überraschung von allen – der alte Athenagoras, ein Arzt, der den Vorsitz in der Gesellschaft zur Erhaltung der Mumien führte. So eingeölt, sah er selbst aus wie eine Mumie, sehnig und ausgedörrt. Aber er trabte unerwartet behende vorüber, kicherte und rief: »Ihr müßt mich beim Wettrennen sehen! Man nennt mich den Natronblitz!« Die Frauen empfingen ihn mit einem Blütenregen und lautem Jubel.

Ich bemerkte, daß Charmian kaum einmal den Blick von einem römischen Gardesoldaten wandte, der bei Antonius stand. Es war ein großer, blondhaariger Mann, der stets wußte, wann und wohin Antonius kam oder ging – und es für sich behielt. »Wie ich sehe, hast du jemanden Interessantes gefunden«, bemerkte ich, und Charmian nickte.

»Dann wirst du ihm den Siegerlorbeer geben müssen – wenn er ihn gewinnt«, sagte ich.

Die Wettkämpfer wärmten sich mit verschiedenen Bewegungen, die beinahe komisch wirkten – sie sprangen auf und ab, trommelten sich auf die Brust, rannten plötzlich los und blieben ebenso jäh wieder stehen. Dann reihten sie sich an der marmornen Linie auf, stemmten die Zehen in die Kerbe im Stein, und auf das Kommando *apite!* – los! – begann der Wettlauf über sechshundert Fuß. Zunächst sah es aus wie ein Klumpen glänzender Leiber, die sich nicht voneinander lösen wollten, aber bald trennten sie sich doch, und ein hochgewachsener Ägypter übernahm die Führung, gefolgt von einem Griechen und dann – welche Überraschung – von Antonius. Ich hatte nicht damit gerechnet, daß er sich so schnell würde bewegen können, denn meistens sind Männer mit schwerer Muskulatur nicht besonders leichtfüßig. Aber vielleicht steckte in diesen kräftigen Beinen zusätzliche Kraft, die ihn um so schneller vorantrieb.

Der Natronblitz lag um zwei Längen zurück; sein Faltenschurz flatterte wild. Aber er bekam den meisten Beifall, und als er vorbeirannte, schrie er: »Was erwartet ihr, wenn einer zweiundsechzig ist – Hermes?«

Der frühere Meister der Ptolemaieia – der erst in den Vierzigern war – wurde Vierter.

Als nächstes kam das Diskuswerfen, eine Disziplin, die ebensoviel Kraft wie Anmut erforderte. Die Art, wie ein Werfer seinen Körper drehte und bewegte, war von größter Bedeutung, und es war nicht erlaubt, daß einer sich um und um wendete und sich aufzog wie einen Kreisel. Statuen, in denen die Pose des Diskuswerfers gefeiert wurde, waren sehr populär, und während die Männer nun übten, schauten die meisten Frauen beifällig zu.

»Es ist, als hätten sich die Statuen alle in Bewegung gesetzt«, meinte Charmian. Ihr Favorit würde bei diesem Wettbewerb ebenfalls mitmachen; niemand beteiligte sich an allen Disziplinen – niemand außer dem armen Antonius.

Nur ungefähr fünfzehn Männer ergriffen den Diskus, drehten den Oberkörper weit nach rechts, streckten sich dann in anmutigem Bogen und schleuderten die Scheibe weit fort. Charmians Mann siegte um eine Handbreit; Zweiter wurde der ägyptische Oberwagenlenker und Dritter wiederum – Antonius. Die Kraft seines Oberkörpers hatte den Diskus aus seiner Hand weit emporschweben lassen.

Großer Jubel erhob sich bei allen Wettkämpfern bei diesem ästhetisch ansprechendsten Ereignis.

Als nächstes kam das Speerwerfen, die liebste Übung der Soldaten. Von allen athletischen Disziplinen war diese am tiefsten im Kriegshandwerk verwurzelt. Aber die Speere, die hier verwendet wurden, waren aus Holunderholz und somit leichter als die beim Militär gebräuchlichen Eibenholzspeere. Und die Wettkampfspeere waren nicht nur aus leichterem Holz, sondern um die Schaftmitte waren auch Lederriemen gewunden, um sie gleichmäßiger fliegen zu lassen; und die Enden waren angespitzt, damit sie im Boden steckenblieben, so daß man die Entfernung messen konnte. Jeder Teilnehmer hatte drei Würfe.

Krieg ist etwas Häßliches, und kein Herrscher würde ihn seinem Volk wünschen. Aber selbst die vehementesten Kritiker des Krieges müßten doch zugeben, daß viele Handlungen der Soldaten an sich prachtvoll sind, Kunstwerke beinahe, und das Speerwerfen gehört dazu. Zu beobachten, wie ein Mann aufgerichtet und wurfbereit dasteht, auf die Linie zuläuft, den Speer weit ausholend hinter den Kopf hebt und den anderen Arm als Gegengewicht ausstreckt, bevor er im Lauf innehält und den Speer fliegen läßt – welch schöner Anblick! Die Götter mögen mir nachsehen, daß es mir soviel Freude machte, dabei zuzuschauen.

Und wieder war es merkwürdigerweise Antonius, der den dritten Platz belegte; die beiden ersten Sieger waren Soldaten der Hofgarde.

Als der Weitsprung angekündigt wurde, schwärmten andere Männer zum Wettkampf. Endlich traten auch der junge Nicolaus von Damaskus und der Philosoph Philostratos vor. Philostratos machte viel Aufhebens; er ließ sich in die Hocke fallen und hüpfte auf und ab. Ich hörte, wie er sagte: »Oh, ich habe dich vernachlässigt, mein getreuer Körper! Der Geist hat dich gefangengehalten! Körper, nun räche dich!« Doch damit war kaum zu rechnen – er hatte ihn zu lange mißachtet und erwartet, daß er von den Dünsten seines Geistes existiere. Aber zumindest lachte er darüber. Seine ausgebeulte Hose hing auf seinen hageren Hüften, und die bleichen, dürren Beine ragten verloren daraus hervor.

Die Männer sollten aus dem Stand nach vorn springen und schwangen dazu mit beiden Händen Gewichte, die sie vorwärts tragen sollten. Sie würden in einer langgestreckten Sandgrube landen. Wie erwartet, brachte Philostratos nur einen müden Hopser zustande; es war gut, daß er als letzter antrat, denn so brauchte er nicht verlegen mit anzusehen, wie alle andern über sein Mal hinwegsprangen. Dieser Wettbewerb galt als der schwierigste von allen, denn nur ein sauberer Abdruck im Sand zählte. Wer rückwärts oder vorwärts kippte, war disqualifiziert. Ein gutes Gefühl für den richtigen Moment des Absprungs und für das Gleichgewicht war ebenso wichtig wie Schnelligkeit und Kraft. Flötenmusik sollte helfen, einen Rhythmus zu finden.

Die Männer wurden jetzt müde; man sah es daran, daß sie grimassierten und grunzten und stillstanden, wenn sie nicht an der Reihe waren: Sie wimmelten nicht mehr nervös scherzend durcheinander.

Antonius wirkte nicht erkennbar müde; ich sah, daß er lachte und sich dehnte, wie er die Gewichte in die Armbeuge legte, die Arme langsam ausstreckte und wieder anwinkelte. Er mußte ein außergewöhnliches Stehvermögen haben, und das zeigte sich jetzt im Vergleich mit den andern.

Der junge Nicolaus schlug sich bewundernswert; mit seinem schlanken jungen Körper sprang er ein ordentliches Stück weit. Der fünfundsechzig Jahre alte Versorgungsoffizier flog über seine Marke hinweg; er hatte offensichtlich geübt. Charmians Mann übertraf ihn noch, und Charmian seufzte. Dann kam ein hochgewachsener Gallier, einer aus Antonius' Garde, und sprang am weitesten. Der letzte Springer war Antonius.

Langsam trat er an die Sprunglinie, ließ die Gewichte hin- und herschwingen und erprobte ein letztes Mal das Gefühl. Er beugte den Rumpf, als wolle er seine Muskeln lockern; dann krümmte er sich zu einer gewaltigen Kugel aus Energie zusammen, schnellte sich explosionsartig nach vorn, flog über den Sand und landete knapp jenseits des Males, das der Gallier hinterlassen hatte. Wilder Jubel brach aus, denn die schiere Wucht seiner Anstrengung war sichtbar gewesen. Und er landete perfekt, ohne das Gleichgewicht zu verlieren. Langsam richtete er sich auf und trat aus dem Sand.

»Er ist wirklich bemerkenswert«, sagte Charmian, als habe sie es eben erst festgestellt. Vielleicht war es ja auch so.

Ich änderte meine Haltung auf dem Sitz, und das schwere Schwert, das an meiner Seite hing, klirrte. Seltsam, daß ich es für ihn tragen sollte – aber ich hatte das Gefühl, daß es ihm irgendwie Kraft verlieh. Der Helm lag zu meinen Füßen. Sein Erfolg bei Philippi war an sich schon genug, was die Historie anging.

Die letzte Disziplin des Pentathlon war der Ringkampf. Jeder Teilnehmer mußte jetzt seinen Leibdiener herbeirufen, damit dieser den ölig verschwitzten Leib mit Puder einstäubte, denn sonst hätten die Gegner einander nicht festhalten können. Sie würden das aufrechte Ringen üben, bei dem sie versuchen, den Gegner zu packen und zu Boden zu werfen. Zum Sieg waren drei Würfe nötig, und die Berührung des Sandes mit Rücken, Schulter oder Hüfte galt als Fall; verräterische Sandkörner, die dort klebenblieben, dienten als Beweis. Man durfte dem Gegner ein Bein stellen, ihn aber nicht stoßen.

Wie einige andere setzte Antonius eine enge Lederkappe auf, um zu verhindern, daß der Gegner sein Haar packte. Er sah damit völlig verändert aus, viel bedrohlicher. Sein dichter Haarschopf verlieh seiner gewaltigen Körperkraft sonst die Maske des Jungenhaften.

Die Wettkampfteilnehmer zogen Lose, um festzustellen, wer mit wem ringen sollte, und am Ende stand Antonius einem mächtigen Bullen von Kerl gegenüber. Weit vorgebeugt, umkreisten sie einander mit gespreizten Armen und suchten nach einer Möglichkeit, den andern zu fassen und aus dem Gleichgewicht zu bringen. Die Beine des Mannes sahen aus wie knorrige Baumstämme, und seine Schultern waren breit wie ein Ochsenjoch. Im Vergleich zu ihm wirkte Antonius geschmeidig und schlank. Zu meiner Überraschung gelang es Antonius, ihm ein Bein zu stellen; beim zweiten Mal konnte er ihn überrumpeln, und beim dritten Mal umarmten sich die beiden Ringer wie ein Liebespaar; Antonius stemmte sich mit beiden Beinen in den Boden und bog den Gegner zurück, bis dieser das Gleichgewicht verlor. Wildes Geschrei erhob sich auf der Tribüne und unter den anderen Wettkämpfern. Das Paar hatte so ungleich ausgesehen.

Bei keinem der anderen Paare gab es einen so unangefochtenen Sieg, und so kam es, daß Antonius nicht nur zum Gewinner des Ringkampfes, sondern zum Sieger des ganzen Pentathlon ausgerufen wurde, denn nur er hatte in allen fünf Disziplinen teilgenommen. Das Pentathlon war eine Prüfung für den vielseitigen Athleten, und es erforderte große Kraft und Ausdauer – und beides war seine Stärke. Fast hätte ich mir gewünscht, er hätte nicht gesiegt, denn die Leute würden das Ganze für ein abgekartetes Spiel halten, aber ich wußte, daß er zu Recht gewonnen hatte, und mein Herz wollte bersten vor Stolz. Ich war entzückt, daß mir dieser Wettkampf eingefallen war. Hätte ich ihm ein besseres Geschenk machen können?

Es folgte noch das halb komische Rennen in voller Rüstung – der *hoplitodromos*. Die Männer mußten sich mit Helmen, Schilden, Beinschienen und Brustpanzern beladen und damit die doppelte Distanz des Wettlaufs zurücklegen. Es war eine passende Schlußveranstaltung, denn das unbeholfene Gescheppper half allen, den Schmerz einer vorher erlittenen Niederlage zu ertragen. Selbst der behendeste Krieger hatte ein wenig Ähnlichkeit mit einer Schildkröte, wie er sich so unter seiner Last dahinplagte, und einige – die wegen ihrer Helme seitwärts nichts sehen konnten – prallten gegeneinander und hatten dann Mühe, wieder auf die Beine zu kommen, so schwerfällig waren sie.

Ich würde Antonius seinen Geburtstagskranz verleihen, aber Preise gab es auch für viele andere, unter anderem für den ältesten und den jüngsten, den leichtesten und den schwersten Teilnehmer und für den Mann, der den größten blauen Flecken davongetragen hatte.

»Ich danke euch, ihr Freunde alle!« rief Antonius und hob die Hände hoch über den Kopf. »Diesen Geburtstag werde ich nie vergessen! Und jetzt – auf nach Kanopos und zu den Lustgärten! Zum Kanal, wo wir unserem Lohn entgegentreiben werden.«

Kanopos. Es war Jahre her, daß ich dort gewesen war, und dann auch nur mit meinem Vater und am hellichten Tag. Woher wußte er davon?

Die Gesellschaft strömte zum Gymnasion hinaus, die weiße Marmortreppe hinunter und in die wartenden Wagen und Sänften. Antonius ließ mich stehend neben sich auf einem Wagen fahren; mit einer Hand legte er mir seinen Mantel um die Schultern, während er mit der anderen die Zügel führte. Er war immer noch erhitzt von den Spielen, und der Geruch des Siegers haftete ihm an, der Geruch der überschwenglichen Anstrengung. Es war ein magischer Geruch – ein Geruch von Kraft, Freude und Verlangen. Sein Mantel flatterte hinter ihm her, als er wie ein Verrückter durch die Straßen fuhr, den Siegerkranz schräg über dem einen Auge, während er vergnügt den Leuten zujauchzte, die am Straßenrand standen.

»Du fährst wie Pluto!« rief ich und klammerte mich an den Rand des Wagens, als wir so dahinholperten. »Willst du in den Hades?«

»Nein, in die elysischen Gefilde! Heißt so nicht die Gegend vor den Stadtmauern, wo all die Freudenhäuser sind? Wo der Kanal durchfließt?«

»Es heißt Eleusis«, verbesserte ich, und ich mußte laut schreien, damit er mich beim Gerumpel der Räder hören konnte. »Die besseren Leute gehen aber da nicht hin!«

»Gut!« rief er und trieb die Pferde an.

Mit einer Flotte von Lustbarken fuhren wir nach Eleusis; die wüsten Bootsleute waren eigentlich daran gewöhnt, ausgelassenes Volk auf diesem Kanal zu befördern, der zwischen Alexandria und der Stadt an der Mündung des kanopischen Nilarms parallel zum Meer verlief. Ein großer Tempel des Serapis und der Isis stand da, aber berüchtigt war der Ort für das Treiben in der Nachbarschaft des Tempels. Jedes vorstellbare menschliche Laster – und dazu noch ein paar unvorstellbare – gedieh dort. Auf dem Weg dorthin gab es hübsche Palmenhaine und weiße Sandstrände, und in Eleusis standen großartige Häuser mit Meerblick und dekadenten Bewohnern. Sie winkten uns zu, als wir vorüberfuhren, und die Laternen an unseren Booten blinkten in der Dämmerung zu ihnen hinüber.

»Viel Spaß!« riefen sie uns zu, und von einem Haus schickte man einen Jungen zu uns, der auf seiner Flöte wüste Lieder spielte, während ein zweiter unflätige Verse dazu sang.

»Woher kennst du Kanopos?« fragte ich Antonius.

»Ich war vor vielen Jahren als junger Soldat hier«, erinnerte er mich. »Und meine Leute haben mich jetzt gedrängt, sie hinzubringen.«

»Doch wohl nicht mit mir und meinen Frauen«, wandte ich ein. »Ich kann mir nicht vorstellen, daß sie uns dabeihaben möchten.«

»Sie können ja jederzeit noch einmal allein hinfahren«, sagte er. »Alt genug sind sie.« Er lachte und zog mich zu sich. »So haben alle deine hochgeborenen Damen einmal Gelegenheit, diese Lasterhöhle wohlbehütet und begleitet zu besuchen. Seid ihr nicht alle neugierig darauf? Jetzt sei ehrlich!«

»Nun ... ja«, gab ich zu.

»Dein Geheimnis – wie auch deine erhabene Person – ist bei uns sicher. Wir werden eure Tugend beschützen.«

»Vor den Schurken dort, um sie uns selbst zu rauben.«

»Sicher werden deine Damen doch in der Lage sein, sich einiger wohlerzogener römischen Soldaten zu erwehren. Jeden Übergriff können sie mir melden, und als befehlshabender Offizier werde ich jeden bestrafen, der abscheulich genug ist, sich Freiheiten herauszunehmen. Du hast mein Ehrenwort.« Er salutierte spöttisch.

»Ich bin sicher, sie werden erleichtert sein, das zu hören. Aber vielleicht ist ihnen noch wohler, wenn du deine Leute im voraus warnst.«

Ein ungläubiger Ausdruck ging über sein Gesicht. »Du hörst dich an wie eine Palastlehrerin, die fest entschlossen ist, die Tugend ihres zehnjährigen Zöglings zu bewahren. Sind wir denn nicht lauter erwachsene Männer und Frauen? Ich habe Cäsarion nirgends gesehen.« Er spähte theatralisch hin und her. »Deine Sorge um ihre empfindsamen Seelen ist anrührend – und ebenso fehl am Platze wie kränkend. Kurz gesagt, meine süße Königin, meine allergeheimnisvollste und ägyptische Königin – kümmere dich um deine eigenen Angelegenheiten!« Er ließ sich in die Polster des Bootes zurücksinken und drohte mir mahnend mit dem Finger.

Ich lachte. So wirkte er auf mich.

In den anderen Booten sangen seine Leute und unsere Gäste; sie tranken mareotischen Wein aus den Schläuchen, die einige mitgebracht hatten, und Rufe hallten hin und her. So trieben wir weiter auf Kanopos zu.

Verfehlen konnte man es nicht; Lichter strahlten am Ufer, und alle Gebäude waren von ihrem grellroten Schein überflutet. Die Straßen waren voller Menschen – anders als in anderen Städten nach Einbruch der Dunkelheit. Die Boote zogen durch ein flaches Sumpfgelände; hier mündete der westlichste Teil des Nils ins Meer. Scharen von Vögeln flatterten erschrocken auf, als die Boote hell und lärmend vorbeifuhren.

Der Bug unseres Bootes prallte gegen den Anlegesteg, und kurz darauf kletterten wir alle hinaus. Die Gesellschaft schwärmte aus; einige wollten in diese Schenke, andere in jene, denn keine war groß genug, um uns alle aufzunehmen, auch wenn sie alle lockten.

»Wir wechseln uns ab«, sagte Antonius. »Am Ende vergleichen wir sie dann miteinander.« Er wandte sich zu mir und hielt mir einen Mantel hin. »Hier, hülle dich darin ein. Die Nacht wird kalt werden, und es ist besser, wenn die Leute nicht wissen, daß die Königin unter ihnen ist.«

Es widerstrebte mir, mich zu verkleiden. Ich war immer die Königin; ich konnte niemand anders sein. Aber an diesem Abend fügte ich mich Antonius; ich wollte ihn an seinem Geburtstag nicht verdrießen. Bei ihm hatte ich gelernt, mein gewohntes Verhalten abzulegen und ein fremdes anzunehmen. So legte ich den Mantel um und zog mir die Kapuze über den Kopf.

Die erste Schenke war dunkel und verräuchert von dem schlechten Öl, das sie verbrannten; und der Wein entsprach dem Licht. »Bäh!« sagte Antonius, nachdem er ihn im Munde bewegt hatte. »Schmeckt wie das Gebräu, das meine Mutter auf die Kleider spritzte, um die Motten zu vertilgen.«

»Wie – hast du davon getrunken?«

»Nein, aber gerochen.« Er hob die Hand. »Heda, etwas Besseres, bitte!«

Der Wirt kam herübergewatschelt; ein Lächeln breitete sich auf seinem flachen Gesicht aus und spannte seine Wangen. »Herr?« sagte er fragend. »Du willst unseren besten?« Er musterte uns eingehend, um zu sehen, ob wir uns so etwas leisten konnten. Antonius warf eine Goldmünze auf den Tisch, wo sie einen Augenblick lang kreiselte.

Der Mann raffte sie eifrig an sich. »Ja, ja.« Er winkte seinen Schankburschen, und sie brachten einen Krug mit einem Wein, der nur wenig besser war.

»Das ist eine Verbesserung«, sagte Antonius, und der Mann lächelte und verbeugte sich. »Ja, der ist fast so gut wie die Armeeverpflegung.«

Er stürzte den Rest hinunter und winkte unserer Gesellschaft. »Kommt, kommt, wir gehen woanders hin!« Er schlang den Arm um mich und hätte mich fast hinausgetragen.

Die Nachtluft tat gut nach dem abgestandenen Rauch in der Schenke. Aber auch sie war nicht rein, sondern erfüllt vom Parfüm der Dirnen, die jetzt allmählich aus ihren Häusern kamen und durch die Straßen spazierten. Ihre dünnen, durchsichtigen Kleider aus billiger Seide, die aufgelockert war, um mehr Licht durchzulassen, stellten ihre Körper fast deutlicher zur Schau, als wenn sie splitternackt gewesen wären. Das Licht der Fackeln am Kai überzog ihre wehenden Gewänder wie eine Glasur und schminkte ihre Lippen noch röter, als sie es ohnehin schon waren.

Musikgeklimper wehte aus verborgenen Häusern; es klang öde und wollte doch so ausgelassen sein. Männer hockten beschwörend vor Körben, aus denen Schlangen hervorgelockt werden sollten – für eine oder zwei Münzen.

»Wahrsagen!« Eine klauenartige Hand krallte sich in meinen Mantel, und als ich mich umdrehte, blickte ich in ein runzliges Gesicht mit funkelnden Affenäuglein, die mich anstarrten. Aber es war kein altes Gesicht, sondern ein sehr junges – vielleicht neun oder zehn Jahre alt. »Ich kann dir die Zukunft weissagen!« Ich hastete weiter, ohne Antonius' Hand loszulassen. Das Schwert schlug an meine Seite, schwer und kalt. »Ich kann dir alles vorhersagen!«

Ich dir auch, mein Kind, dachte ich. Ich kann dir deine Zukunft auch voraussagen: Armut und Verzweiflung. Bei diesen Leuten wurde mir weh ums Herz. Ich fand sie nicht verführerisch oder verlockend, sondern nur traurig.

»Gib ihm eine von deinen Münzen«, sagte ich zu Antonius und hielt ihn fest. Er gab dem Kind eine Goldmünze – achtlos, denn für ihn war es nichts.

»Deine Zukunft – deine Zukunft!« Das Kind hastete hinter uns her und wollte sich seinen Lohn verdienen.

»Die möchte ich lieber nicht wissen«, beruhigte ich es. Wir eilten am Wasser entlang davon und ließen es stehen. Es starrte die Goldmünze an.

In der nächsten Taverne waren zahlreiche Gäste, die offenbar schon seit dem Sonnenuntergang tranken. Hier war es so heiß wie am Ersten Katarakt in der Mittagssonne, und ich sehnte mich danach, den Mantel abzulegen. Aber er bot mir ein wenig Schutz vor den herandrängenden fremden Leibern.

Ein tanzendes Mädchen, spärlich bekleidet, unterhielt eine Gruppe von Gästen; sie wiegte, schüttelte und drehte sich zu den quäkenden Klängen einer Rohrflöte, die wie eine brünftige Ziege in den Qualen der Wollust klang. Unsere Gesellschaft drängte sich mit Bechern in den Händen in diesen Kreis, um etwas zu sehen. Ich bemerkte die geröteten Gesichter der Zuschauer; selbst in unserer eigenen Gruppe hatten sie einen Ausdruck von ausschweifendem Verlangen angenommen.

Auch bei mir begann der Wein zu wirken. Ich spürte, wie meine distanzierte Zurückhaltung allmählich verflog. Nach und nach erschien mir die Schenke nicht mehr schäbig und roh, sondern erregend und böse. Ich merkte sogar, wie meine Arme unter dem Mantel anfingen, die Bewegungen der Tänzerin nachzuzeichnen. Plötzlich wollte ich mich bewegen, kreisen, tanzen – und lieben.

»Mehr, mehr!« Die Gäste klatschten und forderten einen neuen Tanz. Das Mädchen, dem der Schweiß am Körper herunterrann, tat ihnen den Gefallen, und der Geruch von Schweiß und Parfüm war so berauschend wie der Dunst des billigen Weins.

»Laßt uns etwas essen!« rief Antonius plötzlich unseren Gefährten zu. Geschlossen eilten alle zur Tür, obwohl der Wirt bemüht war, sie davon zu überzeugen, daß er auch Essen servierte.

»Nein, wir müssen sie alle ausprobieren!« rief Antonius. »Alle Schenken hier!«

Wir suchten uns willkürlich eine Speisewirtschaft aus – keiner von uns kannte irgendeine besondere. Antonius war seiner Nase gefolgt und hatte Bratenduft gewittert. Wie sich zeigte, waren es die Reste eines Ochsen, und unsere Gesellschaft ließ alles vom Spieß schneiden und auftischen. Es war überraschend gut.

»Ich finde ..., ich finde, wir sollten eine Gesellschaft gründen!« sagte Antonius plötzlich; er hatte den Mund halb voll von knusprigem Ochsenfleisch und kaute heftig darauf herum. »Ja, und dann könnten wir schmausen, gebratenen Ochsen jeden Tag, wenn wir wollen – und wir könnten Ausflüge machen und uns amüsieren und uns darin jeden Tag selbst übertreffen. Wer will mitmachen?«

»Wir alle!« riefen die Geburtstagsgäste.

»Und wie würdest du ihn nennen, diesen ..., diesen Verein?« fragte ich.

»Nun, die *Amimetobioi* – die Gesellschaft der unnachahmlichen Lebenskünstler«, antwortete er, ohne zu zögern.

Er muß diese Gesellschaft schon geplant haben, dachte ich, denn der Name kam ihm allzu rasch über die Zunge.

»Aha«, sagte ich.

»Ich will in die Legende eingehen für meine extravaganten Ausschweifungen«, erklärte er und küßte mich auf die Wange. »Genau wie du mit deiner Perle.«

»Ich dachte, du wolltest Cäsars Aufgabe erfüllen und Parthien erobern«, erwiderte ich. »Ich glaube nicht, daß sich das mit extravaganten Ausschweifungen vereinbaren läßt.«

»Oh, auch Alexander hat wilde Trinkgelage veranstaltet, und er hat die ganze Welt erobert! Wer sagt, daß das nicht zusammenpaßt?«

»Für Alexander gilt es vielleicht nicht, aber – er hat auch nicht sehr lange gelebt.«

»Aber dafür glorreich – glorreich!« Er hob den Becher und trank ihn in einem Zug leer.

»Schrei nicht so«, sagte ich. Seine Stimme tat mir im Ohr weh.

Er drückte mir einen neuen Becher in die Hand, und ich nippte behutsam. Ich hatte keine Lust, noch betrunkener zu werden, als ich schon war.

Mit Bäuchen voller Speise und Wein taumelten wir wieder hinaus auf die Straße. Wir begegneten einer Schar Leute, die zu unserer Gesellschaft gehörte, und die beiden Gruppen vermischten sich und trennten sich dann wieder, um in verschiedenen Richtungen nach weiteren Belustigungen zu suchen. Ich sah Charmian und den großen Römer in der anderen Gruppe, aber sie bemerkte mich nicht. Nicolaus war auch dabei, und sogar der alte Versorgungsoffizier feierte seinen Sieg. Sie spazierten davon, und wir wanderten in die abgelegeneren Straßen abseits des Wassers. Dort war es stiller, aber irgendwie auch ruchloser: Es war, als versuche das Laster gar nicht erst, sich mit falscher Fröhlichkeit zu bemänteln, sondern gehe ohne jede Phantasie seinen düsteren Geschäften nach. Frauen hängten sich aus den Fenstern und winkten mit dünnen Armen, und ihre dunklen Augen folgten uns, als wir durch die Straßen zogen.

Durch eine der Gassen erblickte ich etwas Großes auf einer Anhöhe. Das mußte der Tempel des Serapis sein. Ich zog an Antonius' Arm. »Laß uns da hingehen.« Ich brannte darauf, dieses Viertel zu verlassen.

»Führe mich«, sagte er gehorsam.

Wir suchten uns den Weg dorthin, und als wir näher kamen, gerieten wir plötzlich wieder ins Gedränge. Hunderte von Fackeln brannten und verbreiteten Rauchwolken und Harzgeruch sowie ein flackerndes Licht. Die ganze Gegend rings um das erhöhte Gelände des Tempels war voller Buden – Buden, die Weihrauch, Opfergaben, Lampen und Girlanden feilboten. Auch die Tempelhuren gingen hier ihrem Gewerbe nach; sie lungerten in Hauseingängen und drängten sich auf den Schwellen. Es gab Häuser, in denen stundenweise Zimmer an Leute vermietet wurden, die sich hier vor oder nach dem Gottesdienst vergnügen wollten, ohne daß jemand Fragen stellte.

Dies war einmal ein heiliger Ort gewesen. Mein Vorfahr Ptolemaios III. hatte den Tempel erbaut und den Göttern geweiht, und er war eine Stätte der Heilung gewesen; Invalide waren hergepilgert, um hier die Nacht zu verbringen und gesund zu werden. Aber der Ort war heruntergekommen, und jetzt verbündete sich hier das Böse mit Aberglauben und Wollust. Die gesättigten Gottesanbeter wurden von Bädern abgelenkt, in deren warmem Wasser sie nackt umhertollen konnten, quiekend und plantschend.

Ich bereute, daß ich hergekommen war. Aber bevor ich mich zum Gehen wenden konnte, trat ein altes Weib an uns heran. »Liebestränke«, flüsterte sie und bot ihre Ware feil. »Liebestränke.« Sie drückte Antonius eine Phiole mit einer grünen Flüssigkeit in die Hand.

Er hielt sie hoch und schaute sie an.

»Sehr stark, Herr«, sagte sie und streckte die Hand nach Geld aus. Er gab ihr welches und nahm impulsiv einen Schluck von dem Gebräu.

»Nicht!« sagte ich. »Es kann giftig sein – oder gefährlich!«

»Nein, es ist nichts dergleichen«, sagte er und wischte sich den Mund ab. »Nimm auch etwas.« Er gab mir die Phiole. »Du mußt es mit mir zusammen trinken.«

Jede Faser in mir warnte mich davor, aber irgend etwas zwang mich, es zu tun. Ein Schluck offenbarte, daß es klebrig süß war und einen Nachgeschmack von Rosinen hatte.

»Komm, laß uns den Schrein besuchen.« Wir suchten uns den Weg über das unebene Gelände und stiegen dann die Stufen zum Tempel empor. Im Wald der Säulen schwand das Licht, und ich sah kaum noch die Stelle, wo meine Vorfahrin Berenike ihr berühmtes Haaropfer dargebracht hatte – ein Opfer, das die Götter angenommen und in den Himmel hinaufgeholt hatten, um es in ein Sternbild zu verwandeln.

Nach und nach beschlich mich ein eigenartiges Gefühl, ebenso drängend wie lethargisch. Ich spürte meinen Arm auf seinen Hüften, spürte seine Muskeln durch die Tunika, und die Glieder wurden mir schwer. Ich wollte mich hinlegen, aber zugleich fühlte ich, wie meine Hemmungen dahinschmolzen – mein Empfinden für Zeit, Schicklichkeit und Ordnung. In meinem Kopf drehte sich alles. Wir stolperten hinaus und die Treppe hinunter. Er war ebenso benommen wie ich.

Eine Haustür lockte. Eine Wirtin wartete. Wir gingen hinein. Es wurde gezahlt.

Wir waren in einem großen, hohen Raum mit zwei kleinen Fenstern und einem Bettgestell, das anstelle einer Matratze mit einem Netz aus Lederriemen bespannt war. Der Mantel wurde mir von den Schultern gehoben und fiel mir schwer um die Füße. Das Schwert kam weg. Ich klammerte mich an Antonius und fühlte mich merkwürdig und entrückt. Ich wußte, daß ich berauscht war, aber es kümmerte mich nicht. Ich schwebte. Er hatte mehr von dem Trank getrunken als ich, und so wirkte es auch stärker bei ihm.

Seine Bewegungen erschienen mir langsam, gleitend. Lag das nur an meiner seltsamen Wahrnehmung?

Ich hielt ihn in den Armen, und die Welt drehte sich im Kreis. Es war, als gebe es nur diesen Mann, diesen Ort, diesen Augenblick. Die Welt hörte auf, sich zu drehen, und schrumpfte auf dieses Zimmer zusammen. Ich hatte keine Vergangenheit, keine Zukunft, nur diese Gegenwart.

Wir lagen auf dem kahlen Bett, und das Kreuz und Quer der Lederriemen drückte ein Muster in unsere Haut. Von draußen, von irgendeinem entlegenen Ort, wehten die Geräusche ausgelassener Wirtshausgäste herauf. Aber in dieser Kammer, öde und leer, preßte ich Antonius an mich, denn er war das einzig Handfeste in dieser schmelzenden, unsteten Sphäre, in der ich hier schwamm.

Er küßte mich und drehte mich hin und her, und sein Atem – fast die letzte fühlbare Realität – war heiß auf meinen Schultern, meinem Hals, meinen Brüsten. Sagte er etwas? Ich hörte es nicht. Meine Ohren waren verstopft. Alle meine Sinne bis auf den Tastsinn waren entflohen. Ich fühlte alles auf meiner Haut, aber ich konnte nicht hören, riechen, schmecken, sehen. Nur meine Haut war lebendig in jeder Faser, innen und außen.

Ich weiß, er schlief mit mir und ich mit ihm – stundenlang in jener langen, fremdartigen Nacht, aber die Droge bewirkte, daß jetzt alles nur zu einer unvergleichlichen Verschmelzung unserer Personen gerinnt, erhaben und langwährend; ich kann keinen einzelnen Augenblick aus der Erinnerung hervorlocken, sondern nur in meinen Träumen das Ganze noch einmal flüchtig erfassen.

Wie wir diese Kammer verließen und wie wir nach Alexandria zurückkehrten, wird bis in alle Ewigkeit vergessen sein, aber irgendwie gelang es uns. Und ich erwachte am nächsten Morgen – oder vielleicht war es auch der übernächste – in meinem eigenen Bett in meinem eigenen Gemach. Das helle Morgenlicht vom Hafen tanzte an den Wänden, und Charmian beugte sich sorgenvoll über mich.

# 46

»Endlich!« sagte sie, als ich die Augen aufschlug. Das Licht tat ihnen weh.

»Hier.« Sie legte mir ein in Gurkensaft getränktes Tuch auf die Lider, und der frische Duft und die adstringierende Wirkung waren wie ein Wunder nach den künstlichen, schweren Gerüchen von Kanopos.

»Was hast du getrunken? Ein Schlafmittel?«

Die grüne, dicke Flüssigkeit – ich erinnerte mich an ihr smaragdfarbenes Funkeln und den allzu süßen Geschmack. »So hat es gewirkt«, sagte ich. Tatsächlich war es die geringste aller Wirkungen gewesen. Ich wäre errötet ob des Benehmens in der gemieteten Kammer, das von diesem Trank herbeigeführt worden war – wenn ich mich nur an die Einzelheiten hätte erinnern können. Ich seufzte. »Ich habe den Fehler begangen, etwas zu trinken, das auf der Straße angeboten wurde.« Antonius hatte mehr davon getrunken als ich. »Was ist mit Antonius? Wo ist er?«

»Niemand hat ihn gesehen.« Sie legte ihre Hände auf die meinen. »Aber er ist in seinem Quartier, keine Angst. Seine Garde hat ihn hineingehen sehen.«

Hoffentlich ging es ihm nicht allzu schlecht. Ich lüftete eine Ecke der Kompresse und sah Charmian an. »Ich habe dich gesehen; du warst mit …«

»Flavius«, sagte sie.

»War er so … liebenswürdig, wie du gehofft hattest?« Glücklich genug hatte sie ausgesehen, als ich ihr begegnet war.

»Ja«, sagte sie leise. Ich fragte mich, was wohl passiert war und ob es noch irgendwohin führen würde. Sie hatte gesagt, sie suchte einen Apollon; das war er nicht ganz, aber als irdischer Ersatz würde er genügen.

Draußen brandete die See gegen die Molen und umtoste den Sockel des Leuchtturms. Wir hatten Mitte Januar, und die Schiffahrt war eingestellt. Kaum jemand konnte in den Hafen einfahren, und hinaus gelangte man praktisch nur auf dem Landweg. Die Karawanen aus dem Osten kamen immer noch mit ihren Luxusgütern, aber Briefe, Getreide, Öl und Wein lagen fest. Das war die Zeit, die Epaphroditos und seine Gehilfen mit Inventuren und Aufstellungen verbrachten und sich für das kommende Jahr wappneten.

Ich schickte nach Cäsarion, und er erschien gleich nach seinem vormittäglichen Unterricht. Er hatte einen alten Lehrer aus dem Museion – denselben, den ich auch gehabt hatte: Apollonios. Er war langweilig, aber gründlich gewesen, und ich hatte mir gedacht, er werde Cäsarion behutsam in die Arbeit des Lernens einführen. Niemals hob er die Stimme, und das hatte die gelegentlich unglückselige Wirkung, daß es den Schüler einschläferte.

»Ich dachte mir, wir könnten vielleicht zusammen essen, und dann kannst du mir berichten, was du gelernt hast«, sagte ich. »Und wie es deiner Eidechse geht.«

Sein Gesicht leuchtete auf. »Oh, der Eidechse geht es gut! Sie hat ein neues Kunststück gelernt, nachdem sie den Wagen ziehen konnte. Heute hat sie sich in meinem Stiefel versteckt. Ich hätte sie beinahe zerquetscht, als ich ihn anziehen wollte.« Er lachte hell und perlend.

»Und der Unterricht?« fragte ich. Charmian stellte Brot und Feigenpaste hin, und wir hatten Ziegenkäse und Oliven. Cäsarion langte eifrig zu.

»Oh …« Er machte ein langes Gesicht. »Ich sollte die Liste der Pharaonen auswendig lernen, aber es sind so viele …« Er biß ein großes Stück Brot ab und redete weiter. »Und das alles ist so lange her. Ich wünschte, es wären mehr als nur Namen; ich wünschte, ich wüßte, wie sie ausgesehen haben und ob sie große Füße hatten … und ob sie je eine Eidechse in ihrem Stiefel gefunden haben.«

»Wie steht es mit deiner Grammatik?«

Er sah mich verständnislos an.

»Lehrt Apollonios dich keine Grammatik?«

»Nein, nur die Liste mit den Pharaonen. Und noch andere Listen, von Schlachten zum Beispiel. Und manchmal läßt er mich eine Rede auswendig lernen. Paß auf: ›Lehre ihn, was gesagt wurde in der Vergangenheit; so wird er ein gutes Beispiel geben den Kindern der Magistrate, und Urteilskraft und lauter Genauigkeit werden in ihn dringen. Sprich zu ihm, denn keiner ist weise geboren.‹«

»Hmm. Was soll das bedeuten?«

»Das weiß ich nicht. Aber es ist aus den ›Maximen des Ptahhotpe‹«, antwortete er strahlend. »Hier ist noch eine: ›Sei nicht überheblich ob deines Wissens, sondern berate dich mit dem Unwissenden wie mit dem Gebildeten. Gute Worte sind tiefer verborgen als der Malachit, aber man findet sie im Besitz der Sklavinnen bei den Mühlsteinen.‹«

Demzufolge müßte die Wirtin in Kanopos Perlen der Weisheit zu vergeben haben. Vielleicht hatte sie ja welche. Aber Apollonios mußte offenbar abgelöst werden. Er war zu alt, und seine Lehren taugten nicht für ein Kind. Ich strich ein wenig Feigenpaste auf mein Brot. »Sehr gut. Diesem Rat müssen wir folgen«, sagte ich ernst.

In diesem Augenblick hörte ich draußen Unruhe, und Charmian erklärte: »Ja, sie sind hier, aber …« Bevor sie ihn anmelden konnte, kam Antonius hereinmarschiert. Er sah aus wie immer; nicht die Andeutung von Kopfschmerzen war zu erkennen. Ich starrte ihn erstaunt an.

»Ich grüße dich, Majestät«, sagte er, an Cäsarion gewandt. Dann nickte er mir zu und zwinkerte. »Ich dachte mir, du langweilst dich vielleicht an einem so kalten, windigen Tag. Es ist lange her, daß du im Hafen segeln oder auch nur reiten konntest, nicht wahr?«

Wie gut er sich auf kleine Jungen verstand. Natürlich, in mancher Hinsicht war er ja selbst einer.

»O ja«, pflichtete Cäsarion ihm bei, »es ist öde. Und der Unterricht ist auch so langweilig.«

»Wie würde es dir gefallen, mal einen anderen Unterricht auszuprobieren?« fragte Antonius und zauberte plötzlich einen kleinen Schild und ein Schwert hervor. »Soldatenunterricht?«

Cäsarion starrte die Ausrüstung begierig an. »O ja«, sagte er.

»Das habe ich für dich machen lassen«, sagte Antonius. »Das Schwert ist stumpf; du brauchst also nicht zu befürchten, daß du jemandem den Kopf abschneiden könntest.« Er lachte.

Erst jetzt sah ich, daß noch jemand mit ihm hereingekommen war. Es war Nicolaus von Damaskus. Er stand still im Schatten.

»Und wenn du einmal nicht kämpfst, habe ich jemanden, der gern Geschichten erzählt, um kleine Jungen zu unterhalten«, meinte Antonius. »Er kennt einige, die dir im Traum nicht einfallen würden.« Er winkte Nicolaus herein. »Er wird dir von den persischen Feuerteufeln erzählen.«

Offensichtlich war so etwas für meinen Sohn viel reizvoller als eine Liste der Pharaonen.

»O ja«, rief Cäsarion und vergaß sein Essen. »Wann können wir gehen und mit dem Schwert üben? Dürfen wir gleich gehen? Ja?«

»Wenn deine Mutter es erlaubt.« Er legte den Kopf schräg und sah mich an. »Ich werde ihn heute nachmittag mitnehmen. Ich glaube, er hat das Zeug zu einem Soldaten. Es würde mich auch wundern – bei Cäsar als Vater und einer solchen Kriegerkönigin wie seiner Mutter …«

»Vielleicht solltest du mir auch Unterricht geben. Ich kann nicht sehr gut mit einem Schwert umgehen.«

»Gestern abend bist du ganz gut damit umgegangen.«

Ich hatte es immer noch, und ich begriff, daß er es zurückhaben wollte. »Es ist gut verwahrt. Charmian, bring es her.« Ich nahm es in Empfang und reichte es Antonius zurück. »Trage es weiter in Ehren«, sagte ich.

Als sie in der Abenddämmerung zurückkehrten, war Cäsarion erhitzt und aufgeregt. Er trug eine kleine Rüstung und einen Helm, und er ließ das Schwert blitzend auf und ab fahren und stach damit in die Luft. Dann stürmte er auf den Vorhang los und stieß ein Loch hinein.

»Das werden wir öfter tun«, sagte Antonius. »Er stellt sich geschickt an, und ich glaube, er braucht es. Wenn er zuviel Zeit im Palast verbringt, wird er kein Mann. Wenn er älter ist, kann er mit mir ins Feld ziehen – oh, nicht zum Kämpfen, sondern nur, um zu sehen, wie es dort ist.«

Heiße Tränen rannen mir aus den Augen. Alles das hätte Cäsar mit ihm getan! Ich dankte den Göttern, daß Antonius gekommen war, ein Mann, der sich auf Knaben verstand und ihm geben konnte, was ich nicht vermochte. Unter Weibern und Eunuchen aufzuwachsen, das war nicht genug für einen Sohn Cäsars, von dem man erwartete, daß er Großes tun würde, als Mann unter Männern.

»Danke.« Mehr konnte ich nicht sagen.

Die Tage flossen dahin. In der Rückschau sehen sie aus wie eine vielfarbige Mischung – wie die Tücher einer Schleiertänzerin. In der Muße des Winters konnte man den Geschäften der Welt ohne Gewissensbisse eine Pause gönnen. Die *Amimetobioi* – die »Unnachahmlichen Lebenskünstler« – kamen oft zusammen und übertrafen sich gegenseitig beim Würfelspielen, Trinken und Schmausen. Im Palast brieten ständig mehrere Ochsen am Spieß in unterschiedlichen Zuständen der Garung, so daß die Gäste jederzeit und unabhängig von der Stunde ihres Erscheinens gespeist werden konnten. Ein anderes Mitglied hatte Gänse am Spieß, und wieder ein anderes sorgte für einen andauernden Überfluß an Honigkuchen, die mit lauter verschiedenen Honigsorten gewürzt wurden – mit kostbaren aus Attika, Rhodos, Karien und vom Hymettos wie auch mit obskuren aus Spanien und Kappadokien. Weine flossen in Strömen, der klebrig-süße, kostbare pramnische und der nach Äpfeln duftende Wein von der Insel Thasos, aus Byblos und Chios – alles rann aus den mit der Sphinx gestempelten Amphoren. Es fanden Jagden und Elefantenritte statt, und Wagen, bei denen zahme Panther mittrabten, donnerten bei Rennen durch die breiten Straßen der Stadt und vor die Mauern hinaus bis zu den sandigen Dünen.

Antonius und ich streiften nachts allein durch die Straßen von Alexandria; verkleidet, wie es ihm Spaß machte, wanderten wir an Monumentalbauten und Privathäusern vorbei, und wir hörten die Gespräche und lauschten den Liedern und Streitigkeiten des gemeinen Volkes. In unseren Gemächern tauschten wir die Kleider, und ich wurde zum Mann, während er sich in eine reich ausgestattete Kurtisane verwandelte – eine schwindelerregende Partie der Verstellung und der Schauspielerei. Wir spielten – genau wie Cäsarion mit seinem Schild und Schwert. Auf diese Weise genoß ich endlich die Kindheit, die ich übersprungen hatte – die meine war ja zu ernst und gefährlich gewesen, als daß ich mir solche unbeschwerte Albernheit, soviel Nachlässigkeit mit den Sicherheitsvorkehrungen hätte erlauben können.

Wenn wir spät abends in unserem dunklen Gemach waren, schien die ganze Welt sich in diesem einen Raum zu konzentrieren; alles andere hatte sich in die Nacht zurückgezogen, war verschwunden und würde uns in Ruhe lassen.

»Ich weiß gar nicht, was ich getan habe, bevor ich dich liebte«, sagte er einmal, während seine Finger müßig Muster auf meinen Rücken malten.

»Ich glaube nicht, daß du einsam warst«, sagte ich, aber aus irgendeinem Grunde war ich nicht eifersüchtig auf die, die vor mir gekommen waren. Es konnte nicht so gewesen sein wie jetzt mit uns.

»Nein, einsam nicht.« Er lachte leise. »Aber es war alles nur eine Probe. Alle erscheinen mir jetzt wie ein früher Traum von dir.«

Ich seufzte und drehte den Kopf; ich lag an seiner Schulter, glücklich und daheim. »Träume«, sagte ich. »Das hier ist wie ein Traum. Dieses Zimmer, dieses Bett, das ist wie in einem magischen Königreich.«

»Wo wir beide König und Königin und zugleich die einzigen Bürger sind«, erwiderte er und strich über die Konturen meiner Nase und meiner Lippen. »Ein sehr ungewöhnliches Königreich.«

»Oh, Antonius, ich liebe dich.« Die Worte sprudelten aus meinem Mund. »Du hast mich befreit.«

»Wie kann man eine Königin befreien?« fragte er.

»Du hast mich in einen Garten gebracht – in einen Garten mit irdischen Lüsten, die dort mühelos erblühen.« Ja, seit er gekommen war, fühlte ich mich wie in einem solchen Garten, erfüllt mit exotischen, vielblättrigen Blüten, die ihren duftenden Schlund öffneten, nur um mir zu gefallen, wenn ich vorüberging. Immer wartete Schatten, und hinter jeder Ecke gab es kühlen Dunst und verborgene Lauben.

»Ich würde sagen, *un*irdische Lüste«, sagte er. »Denn auf Erden geschieht nichts, ohne daß wir uns bemühen, Liebste.« Er wandte mir das Gesicht zu und küßte mich, lange und nachhaltig. »Nicht einmal das.« Und ich hatte tatsächlich Mühe, den Kopf zu heben.

Nach und nach lockerte der Winter seinen Griff und gab das Meer frei, und unsere Isolation war zu Ende. Ich spürte, wie sie in der zunehmenden Wärme der Sonne verebbte, im steten Nachlassen des wilden Wellengangs und der Stürme. Bisher hatte ich mich immer nach dem Ende des Winters gesehnt; jetzt graute mir davor. Ich wollte nicht, daß mein magisches Königreich zerbrach. Ich wollte für immer darin leben – oder bis ich genug hätte von Liebe und Lust, so daß ich schließlich riefe: »Halt! Es reicht!«

Aber so weit war ich noch nicht, als die ersten Schiffe kamen, die auf der Route Italien – Ägypten und Syrien – Ägypten segelten. Offizielle Boten, mit den Insignien der römischen Armee, eilten an Land und suchten Antonius auf. Die Nachrichten, die sie brachten, waren düster.

»Es ist alles zum Teufel gegangen«, sagte er kopfschüttelnd, als ich ihn fand. Zusammengerollt zu seinen Füßen lagen die Briefe aus Tyros und Rom. Sie sahen verloren aus.

»Was ist denn?« Ich bückte mich und hob eine der Rollen auf, aber ich wartete, bis er es mir erzählte.

»Krieg in Italien«, sagte er. »Meine Frau ...« Er brach ab.

Ja. Das magische Königreich war zerbrochen. Die Welt war wieder bei uns.

»Meine Frau Fulvia und mein Bruder Lucius führen anscheinend Krieg gegen Octavian.«

»Was?« Ich fing an, den Brief zu lesen, aber er war sehr lang.

»Die Sache ist verzwickt. Aber anscheinend fanden sie, daß Octavian seine Stellung ausnutzt, um seine Veteranen zufriedenzustellen; er gibt ihnen das beste Land und läßt sich selbst das, was er den meinen gibt, als Verdienst anrechnen. Also sind sie gegen ihn zu Felde gezogen – und jetzt belagert er sie in der Bergstadt Perusia.« Er fuhr sich mit den Händen durchs Haar. »Alle meine Legionen sind in Bereitschaft, aber ohne ein Zeichen von mir haben sie sich nicht gerührt. Und das ist nur gut so.«

»Wieso ist das gut?« fragte ich. Es war niemals gut, besiegt zu werden.

»Nun, weil es gegen mein Abkommen mit Octavian verstoßen hätte«, sagte er; es schien ihn zu wundern, daß ich eine solche Frage überhaupt stellte. »Wir sind Partner, weißt du das nicht mehr? Die Bürgerkriege sind vorbei.«

»Anscheinend nicht.« Ich schwieg kurz. »Nicht, wenn er versucht, dich in Mißkredit zu bringen.«

Antonius runzelte die Stirn. »Er versucht ja nicht, mich in Mißkredit zu bringen. Er will ja nur … Er …«

»Und warum ziehen Fulvia und Lucius dann gegen ihn in den Krieg?«

»Weil sie anscheinend allzu besorgt um meine Rechte sind.«

Mir schien, daß vor allem Antonius besorgt war – besorgt darum, Octavian zu schützen. »Ist es denn nicht denkbar, daß Octavian unrecht gehandelt hat?«

»Nun ja, er …« Antonius zögerte. »Ich muß erst mehr wissen, bevor ich Schlüsse ziehe.« Er bückte sich und hob einen anderen Brief auf. »Das hier ist jedenfalls unmißverständlich.« Er reichte mir den Brief.

Ich überflog ihn. Was darin stand, war schrecklich. Die Parther hatten Syrien überrannt, Antonius' Statthalter Saxa ermordet und sogar Jerusalem eingenommen. Alles war verloren, nur Tyros nicht. Die beiden in Syrien stationierten Legionen gehörten jetzt Parthien, und ihre Adler auch, so daß die Parther ihre Sammlung erweitern und sie denen des Crassus hinzufügen konnten.

»Ach, die Legionen!« rief Antonius. »Welche Schande!«

Seine Klientenkönige, die ihm im letzten Herbst so unterwürfig die Ehre erwiesen hatten, hatten sich als nicht sonderlich standhaft erwiesen. Vielleicht wurde es Zeit, sie zu ersetzen.

»Allein Herodes hat sich tatkräftig gezeigt«, sagte Antonius. »Er ist davongekommen und konnte sich in Masada festsetzen.«

»Gut«, erwiderte ich. Wenigstens einer.

»Ein Krieg mit zwei Fronten«, sagte er kopfschüttelnd. »Ich bin in einen Krieg mit zwei Fronten geraten.«

Der Krieg in Italien war ein abscheulicher kleiner Krieg. Octavian war sich nicht zu schade, seine Schleuderschützen Feuersteine in die Stadt schießen zu lassen, in die Sinnsprüche wie »Gebt's der Fulvia!« eingraviert waren. Auch gab er ein obszönes Epigramm etwa folgenden Inhalts von sich:

*Antonius fickt Glaphyra, Fulvia will*
*Zum Ausgleich einen Fick von mir. Ich hasse solches Spiel.*

*Manius fleht: Muß ich's mit ihm treiben?*
*Nein, wenn ich klug bin, lass' ich's lieber bleiben.*
*Ficken oder kämpfen! schreit sie, doch war stets*
*Der Schwanz mir lieber als das Leben. Laßt trompeten.*

Er mußte verzweifelt sein, daß er sein wahres Gesicht dergestalt offenbarte. Antonius schien die Verse amüsant zu finden.

»Octavian hat sich von Claudia scheiden lassen«, sagte Antonius unvermittelt. »Er muß sich wirklich gegen mich gewendet haben.«

»Wovon redest du?« fragte ich. Es war wenige Tage nach dem ersten Brief. Inzwischen waren noch ein paar gekommen. Als das Meer einmal wieder schiffbar war, prasselten sie nur so auf uns herab.

»Er stärkt seine Abmachungen gern mit persönlichen Bindungen. Er bat darum, in meine Familie einheiraten zu dürfen, als wir zusammen Triumvirn wurden. Das Beste, was ich ihm bieten konnte, war Claudia, Fulvias Tochter, denn wir hatten sonst nur Söhne – und die waren noch klein. Also hat er sie geheiratet.«

Octavian verheiratet! Wie merkwürdig mir das erschien. »Davon wußte ich nichts«, sagte ich.

»Aber er hat sich von ihr scheiden lassen und sie zu Fulvia zurückgeschickt. Er sagt, sie sei *intacta* – immer noch Jungfrau. Drei Jahre verheiratet, und er hat sie nicht angerührt.«

»Dann muß er dies die ganze Zeit geplant haben«, entgegnete ich. Es war beinahe unmenschlich – diese Selbstbeherrschung und die langfristige Planung. »Er denkt immer voraus.«

Antonius schüttelte den Kopf. »Es ist so … kaltblütig.«

»Ja. Als Feind ist er furchterregend.« Meine Einschätzung von ihm, so extrem sie mir seinerzeit vorgekommen war, erfaßte ihn anscheinend immer noch nicht ganz. Er übertraf alles, was ich bisher gesehen hatte – er war entschlossen, unversöhnlich und unerschütterlich in der Verfolgung seiner Ziele. Ich erinnerte mich, wie er sich nach seinem Schiffsunglück zu Cäsar nach Spanien durchgeschlagen hatte. Immer wieder kroch Octavian aus irgendwelchen Trümmern hervor: naß, entkräftet, verletzt – und doch unterwegs. Mich schauderte.

»Er ist nicht mein Feind«, sagte Antonius mit Entschiedenheit. »Ich wünschte, du wolltest es nicht immer wieder sagen.«

Immer neue Nachrichten strömten herein. In Campania war ein Sklavenaufstand ausgebrochen, aber Octavian hatte ihn niedergemacht, und Dutzende von Leuten jeglichen Ranges flüchteten sich in den Schutz des rebellischen Piratenkönigs Sextus Pompejus, der Sardinien und Sizilien so gut wie unumstritten beherrschte. Sogar Antonius' eigene Mutter hatte sich ihnen angeschlossen.

»Meine Mutter – zur Flucht gezwungen, um sich in Sicherheit zu bringen!« klagte er. »Eine Schande für mich!«

»Ach, hör auf!« erwiderte ich. »Bestrafe Octavian, und sorge für Ordnung!«

»Aber nicht Octavian hat schuld – es ist Fulvia! Sie hat Legionen gegen ihn marschieren lassen und sogar eigene Münzen geprägt!«

Ja, ich konnte mir vorstellen, daß die feurige Fulvia so etwas tat. »Das tut sie nur um deinetwillen.«

»Das glaubst du!« Er wandte sich zu mir um. »In Wahrheit tut sie es, um mich aus Ägypten fortzulocken. Sie ist wütend über dich.«

»Und da stellt sie eine Armee auf die Beine und setzt deine Interessen aufs Spiel, nur um dich von mir loszueisen? Eine seltsame Art von Loyalität!«

»Du kennst sie nicht.«

»Ich glaube doch.« Ich erinnerte mich an die Geschichten über ihren Blutdurst und ihre Rachsucht.

»Es ist besser, wenn du nicht mehr über sie erfährst und auch nie in ihre Nähe kommst.«

»Laß dich von ihr scheiden«, sagte ich plötzlich.

Entsetzt starrte er mich an. »Was?« fragte er schließlich.

»Sie schadet dir.« Ich dachte jetzt laut. »Sie hat ehrgeizige Pläne mit dir, und sie hat den höchsten Preis ins Auge gefaßt. Sie begreift, was du anscheinend nicht begreifst: Octavian ist gefährlich. Aber sie ist eine Belastung. Sie kann dir im Grunde nicht helfen zu erreichen, was dir zusteht. Ich kann es.«

Er versuchte zu scherzen. »Ist das ein Antrag?«

»Schließe deine Kräfte mit den meinen zusammen«, sagte ich. »Laß dir zeigen, was ich dir zu bieten habe. Nicht eine Legion hier oder da, hastig aufgestellt, sondern genug, um fünfzig Legionen zu kaufen, eine ganze Flotte, eine Streitmacht, so groß, wie du es dir nur wünschen kannst.« Ich faßte seinen Arm, seinen starken, muskulösen Arm. »Fliege so hoch, wie es dir bestimmt ist.«

»Ich frage noch einmal: Ist das ein Antrag?« Er lächelte und versuchte, das Ganze als bloßes Liebesgetändel zu behandeln.

»Ja. Heirate mich, laß uns unsere Kräfte zusammenschließen – und ich werde dich niemals verraten oder im Stich lassen. Alles, was du willst, kann ich dir beschaffen.«

»Alles, was ich will?« wiederholte er. »Ich will nicht mehr als das, was ich schon habe.«

»Aber du bist offenbar in Gefahr, es zu verlieren«, sagte ich. »Um zu behalten, was du hast, mußt du die Hand nach mehr ausstrecken.«

»Ich bin nicht Cäsar«, erklärte er schließlich. »Was sein Herz hüpfen ließ, verlockt mich nicht. Wenn du glaubst, du hättest einen zweiten Cäsar gefunden, so muß ich dich enttäuschen.«

»Ich will keinen zweiten Cäsar, sondern einen Antonius, der die Stellung erreicht, die er verdient. Gib dich nicht mit weniger zufrieden als mit dem, was dir bestimmt ist.«

»Ah, wie du es sagst, klingt es so großartig! Stellung. Bestimmung. Alles sehr vornehm. Bringt das Blut in Wallung. Aber ich muß auch sehen, was es wirklich bedeutet.«

»Ist ein Bündnis mit mir etwas so Abstoßendes?«

Er lachte. »Wie kannst du so etwas sagen?«

»Du scheinst davor zurückzuschrecken. Aber ich weiß, daß du dich in Wirklichkeit davon angezogen fühlst.« Ich schwieg für einen Augenblick. »Sieh dich vor, denn sonst tue ich mich womöglich mit Octavian zusammen. Er würde nicht zögern – er ist gierig nach Ruhm, und es ist ihm gleich, welchen Weg er beschreiten muß, um ihn zu bekommen.«

»Du scherzt hoffentlich.« Antonius sah erschrocken aus.

»Ich könnte mit Octavian niemals die Ehe eingehen«, versicherte ich ihm. »Es sei denn, ich hätte die Gewähr, daß er mich behandelt wie Claudia.«

»Damit ist nicht zu rechnen. Ich weiß, daß es ihn nach dir gelüstet.«

Das kam unerwartet. »Woher weißt du das?«

»Ich konnte es spüren. Aber lieber bringe ich dich um, ehe er seine Neugier befriedigt.«

Sein Ausbruch überraschte mich – sowohl seine Behauptung über Octavian als auch seine besitzergreifende Reaktion.

»Dann nimm mich in Besitz. Nach Recht und Gesetz«, fügte ich hinzu.

»Aber eine solche Ehe würde in Rom nicht anerkannt werden.«

Ja. Das hatte ich schon einmal gehört. Aber wenn er nur *eine* Frau hätte, würde man es anerkennen müssen.

»Ich habe dir also ein Angebot gemacht, und du hast es abgelehnt.« Ich erhob mich und wandte mich zum Gehen. »Ich muß sagen, die Ablehnung schmerzt.« Ich bemühte mich, es unbekümmert klingen zu lassen.

»Ich habe dich ja nicht abgelehnt. Aber politisch ...«

»Ich weiß. Unser magisches Königreich endet, wo die Politik beginnt.«

In dieser Nacht ging ich in meinem Gemach auf und ab, bis Charmian mich fragte, ob ich einen Schlaftrunk wolle. Aber ich wollte das Gegenteil: etwas, das meinen Verstand schärfte und neuen Ideen die Tür öffnete. Ich mußte klar denken – mehr als je zuvor.

Antonius wurde eine Gelegenheit geboten, die sich im Leben eines Mannes nur einmal findet – und nicht bei jedem, sondern nur bei sehr wenigen. Bei allem Gerede über Cäsars Glück – wäre er nicht kühn genug gewesen, es zu ergreifen, als es vorbeikam, wäre er am Straßenrand sitzengeblieben. Er aber packte es, rang damit – und eine neue Weltordnung wurde geboren. Wir konnten nicht mehr zurück.

Rom hatte den Westen und einen Teil des Ostens in Besitz genommen. Es war leichter, so primitive, jungfräuliche Länder wie Gallien zu erobern, als Reiche einzunehmen, die unvorstellbar alt waren: Babylon, Syrien, Arabien. Und Ägypten, das älteste und stärkste von allen. Was wollte Rom damit anfangen? Sie würden niemals römisch werden, Lateinisch sprechen, denken wie die Römer. Und doch würde Rom versuchen, sie dazu zu zwingen, das wußte ich. Verwaltungsbeamte würden kommen, Zensusbehörden, Steuereinnehmer, Straßen- und Aquäduktbauer, die mit groben Stiefeln über alles hinwegtrampeln würden, was seit Anbeginn der Zeiten stand, und alle Weisheit auslöschen, die sie für das neue Zeitalter doch so dringend brauchten.

Alexander war klüger gewesen; er hatte versucht, einen neuen Menschen aus dem alten zu schmieden, nichts zu verlieren, alles intakt zu erhalten. Cäsar war klüger gewesen, und seine großzügigen Ansichten hatten mit dazu beigetragen, daß er sterben mußte. Octavian dachte provinziell, ja lokal; er konzentrierte sich auf Rom und das Land ringsum, Italien. Sollte seine Sichtweise sich durchsetzen, würde der Osten welken und absterben, zermahlen unter den Nagelstiefeln der römischen Soldaten, die ihn besetzten.

Und Antonius? In vieler Hinsicht teilte er Cäsars breite Sicht der Dinge. Er hatte keine Vorurteile gegen irgend etwas, nur weil es nicht römisch war. Seiner Verkleidung als Dionysos begegnete man in Rom mit Verachtung, aber seinen östlichen Untertanen gefiel sie. Er war empfänglich für ihre Ansichten und Überzeugungen; er war der einzige Römer, der seine Toga bereitwillig abwarf. So weit war nicht einmal Cäsar gegangen.

Draußen sah ich das Feuer im Leuchtturm blitzen. Es gab so viel hier, so viel glorreiche Geschichte – Geist und Verstand der griechischen Welt waren hier versammelt, und ihr Stern konnte doch nicht schon untergehen. Aber es würde geschehen, sollte Octavian den Sieg davontragen.

Ein Reich kann nicht von zwei Männern regiert werden. Am Ende muß immer einer von ihnen nach der ganzen Macht greifen. Daß Octavian es tun würde, daran zweifelte ich nicht. Aber dazu würde er Zeit brauchen – Zeit, um an Kraft zuzunehmen. Fände der Kampf sofort statt, würde er gewiß verlieren.

Antonius eignete sich besser zu Cäsars Nachfolger – mit mir im Bunde. Was ich über die zwei Männer sagte, galt nicht für Mann und Frau. Sie konnten gemeinsam herrschen. Ich würde für die Völker des Ostens sprechen und Antonius für den Westen. Und unsere Kinder würden das Ganze erben, die Vorreiter eines neuen Volkes von internationalen Bürgern.

Unsere Kinder ..., denn es würde ein Kind kommen, das war mir eben klargeworden. Ein Kind, das den Mantel beider Welten tragen und von keiner beschränkt werden würde.

Antonius hatte jetzt die höchste Stellung in der ganzen zivilisierten Welt: Rächer Cäsars, Sieger von Philippi, Seniorpartner Octavians. Er konnte haben, was er wollte; er brauchte nur zuzugreifen. Es war *notwendig* – für das Wohlergehen aller Reiche, die unter seinem Schutz standen –, daß er die Macht übernahm. Und ich würde seine treue Gefährtin sein, das Gegengewicht zu Rom in der anderen Waagschale. Warum konnte ich ihm das nicht begreiflich machen?

Ich ließ mich auf mein Bett fallen und wiegte mich vor und zurück. Er war ein zu bescheidener Mann, allzusehr fixiert auf seine Verpflichtungen gegen Octavian und gegen das Triumvirat, das erst in drei Jahren zu Ende gehen würde. Drei Jahre, in denen Octavian seine Gewinne konsolidieren und stärker werden konnte. Und dann? Stärke gewinnt man immer auf Kosten eines anderen. Octavian konnte nicht größer werden, wenn Antonius nicht kleiner wurde.

Oh, Antonius, dachte ich – wach auf! Nimm, was Fortuna dir anbietet. Sie macht ihr Angebot nie zweimal.

# 47

»Komm mit«, sagte ich zwei Tage später morgens zu Antonius. Ich hatte ihn rufen lassen, und jetzt stand er vor mir und schaute mich erwartungsvoll an. Ich hoffte, ich würde ihm klarmachen können, was er tun mußte, indem ich ihm das geheime Räderwerk meines Landes zeigte.

»Ich verstehe nicht«, sagte er, als wir mit einem Wagen zu den Docks hinunterfuhren und vor dem großen Speicher abstiegen, der Epaphroditos und seiner Firma gehörte. Man erwartete uns.

»Ich möchte, daß du dich aller Urteile enthältst, bis dieser Vormittag vorüber ist«, sagte ich zu ihm. »Heute abend sollst du dann darüber nachdenken – und über alles, was daraus folgt. Über alles, was es bedeuten kann.«

Wir betraten die weitläufige Halle des Speichers; nach dem böigen Wind, der durch den Hafen wehte, war es hier warm. Es waren genügend Fenster in den Wänden, so daß wir gut sehen konnten. Epaphroditos kam uns sofort entgegen, und seine anmutige Haltung strahlte ihm voraus. Ich fand immer noch, daß er der schönste Mann sei, den ich je gesehen hatte – in Fleisch und

Blut; Statuen zählten nicht, denn sie verwirklichten nur die Wünsche eines Bildhauers.

Antonius wippte ungeduldig vor und zurück. Er schaute sich im Speicher um, sah die Reihen der Amphoren und der Wollsäcke und verdrehte die Augen.

»Dies ist mein getreuer Finanzminister, mein *dioiketes* Epaphroditos«, erklärte ich. »Er hat auch noch einen hebräischen Namen, aber den darf ich nicht benützen.« Ich wollte das Zusammentreffen mit dieser Bemerkung auflockern.

Epaphroditos verneigte sich und sagte: »Es ist in der Tat eine Ehre, eine der drei Säulen der Welt kennenzulernen.« Er verneigte sich noch einmal.

»Ein dreifacher Bogen«, sagte ich. »Aber die beiden anderen flankieren ihn nur. Dieser Bogen könnte allein stehen; die beiden andern könnten es nicht.«

Epaphroditos zog die Brauen hoch. »Andere zu stützen kann sehr anstrengend sein. Nur wer stark ist, kann es aushalten. Willkommen, Herr Antonius. Ich wünsche mir schon seit langem, einmal mit dir selbst zu sprechen. Ich hoffe, unsere Stadt gefällt dir?«

»Ja, allerdings ...« Und so gingen die Artigkeiten noch eine Weile hin und her.

Schließlich konnte ich ihnen höflich ein Ende machen. »Ich möchte, daß Antonius mit den finanziellen Strukturen Ägyptens bekannt gemacht wird«, sagte ich zu Epaphroditos. »Und ich möchte, daß man ihm die realen Bestände zeigt – die königlichen Speicher mit den Weizen- und Nahrungsmittelvorräten, die Ölfabriken, die Handelsflotte, die Lager für Papyrus, Wolle, Salz, Natron, Gewürze. Und die Bücher, die dazugehören.«

Epaphroditos machte ein verdattertes Gesicht. »Aber Majestät, das würde viele Tage dauern. Hat der edle Herr Antonius denn soviel Zeit?«

»Die Zeit habe ich – wenn es etwas ist, das ich sehen sollte«, sagte Antonius rasch.

»Dann nur einen kurzen Rundgang zu den Verteilerstellen in Alexandria«, beruhigte ich Epaphroditos.

»Also gut.« Er räusperte sich. »Ich bin erst vor wenigen Jahren in dieses Amt gekommen, aber ich habe festgestellt, daß es verzweigter ist, als ich mir vorgestellt hatte. In gewisser Weise ist es ganz einfach: Der Königin gehört alles. Ihr gehört das ganze Land – der Boden, die Erzeugnisse des Bodens und die Erzeugnisse der Arbeitskraft. Privatbesitz gibt es nicht – alles gehört der Königin.« Er wartete darauf, daß Antonius etwas sagte. Als dieser schwieg, fuhr er fort. »So war es bei den Pharaonen, und als die Ptolemäer kamen, blieb das System bestehen. Natürlich gehört der Königin nicht buchstäblich alles, aber alles untersteht ihrer Rechtshoheit. Ein Strom von Getreide, fast so mächtig wie der Nil selbst, fließt aus dem ganzen Land in den königlichen

Kornspeicher von Alexandria. Es gibt aber auch königliche Auffangspeicher für andere Landwirtschaftsprodukte: Bohnen, Kürbisse, Zwiebeln, Oliven, Datteln, Feigen, Mandeln. Die jährliche Weizensteuer, die in Naturalien gezahlt wird, beträgt zwanzig Millionen Scheffel.«

Antonius starrte ihn an. »Was?«

»Zwanzig Millionen Scheffel im Jahr werden hier eingenommen, werden – bildlich gesprochen – der Königin Kleopatra zu Füßen gelegt.«

»O ihr Götter!« sagte Antonius, denn sofort dämmerte ihm, was das bedeutete: Rom mußte stets Weizen importieren, und in letzter Zeit hatte Sextus die Transportrouten blockiert, so daß die mangelhafte Nahrungsmittelversorgung in Rom zu Straßenunruhen geführt hatte. »Zwanzig Millionen Scheffel im Jahr ...« Er schüttelte den Kopf.

»Wir werden den Kornspeicher besuchen«, sagte ich. Ich wollte, daß er das Getreidegebirge mit eigenen Augen sah.

»Aber es gibt auch ein königliches Monopol auf Wolle«, fuhr Epaphroditos fort. »Wir haben recht erfolgreich Schafe aus Arabien und Milet gezüchtet und produzieren jetzt so viel Wolle, daß wir sie exportieren. Natürlich unterstehen uns auch die Spinnereien.«

»Ach, habe ich dir gesagt, daß ich eine eigene Wollspinnerei habe?« sagte ich unschuldsvoll zu Antonius. »Sie trägt mein königliches Siegel, und die Teppiche, die dort herkommen, sind sehr gesucht. Irgendwie bringen die Leute mich immer mit Teppichen in Verbindung – ich nehme an, es liegt an Cäsar.« Ich lachte. »Also will jeder einen haben.«

»Sie hat ein stattliches Vermögen damit verdient«, sagte Epaphroditos. »Aber die Erträge gehen an die Hilfsbedürftigen.«

»Ja, und ich habe daran gedacht, dieses Jahr einiges davon nach Kanopos zu leiten«, sagte ich. Gegen die verzweifelte Lage der Leute dort mußte etwas unternommen werden. »Und das Öl ...«, drängte ich Epaphroditos dann.

»Ach ja, das Öl. Das ist das große königliche Monopol, und jedes Jahr sagen wir den Bauern, wieviel Land sie bepflanzen sollen, um die erforderlichen Erträge zu erwirtschaften. Dann pressen sie das Öl in staatlichen Mühlen und schicken es her. Ich will es dir zeigen.« Er winkte uns, und wir folgten ihm ins benachbarte Lagerhaus. Wir gingen an zahllosen Reihen von Weinamphoren vorbei zum Öllager. Hier waren die Formen anders: Die Amphoren waren gedrungen und rund. Sie erstreckten sich endlos, aufgereiht wie eine Armee, eine stumme Armee.

»Das sind die Behälter für Sesamöl von höchster Qualität«, erklärte Epaphroditos eben. Es mußten mindestens tausend sein. »Und hier das Krotonöl ...« Nochmals tausend. »Und Leinöl ...« Zahllose Amphoren. »Safranöl, Koloquintenöl.«

»Alles deins?« fragte Antonius entkräftet.

»Alles meins«, sagte ich. »Besser gesagt, der Erlös gehört mir. Ich kann es ja sicher nicht selbst aufbrauchen – nicht einmal, um die Unnachahmlichen damit zu speisen.«

»Es wird zu festgesetzten Preisen durch Händler vertrieben. »Die Öleinfuhr aus dem Ausland regulieren wir durch die Erhebung einer fünfzigprozentigen Importsteuer«, sagte Epaphroditos.

»Und falls das nicht reicht, kassieren wir noch zwei Prozent Hafensteuer, und für Waren, die den Nil hinaufbefördert werden, nehmen wir weitere zwölf Prozent. Damit ist sichergestellt, daß niemand ausländisches Öl ins Land bringt – außer sehr reichen Leuten, die es in begrenzten Mengen für ihren eigenen Bedarf kommen lassen«, erklärte ich.

»Anscheinend habt ihr an alles gedacht«, sagte Antonius.

»Dazu hatten wir generationenlang Zeit«, erwiderte ich. »Epaphroditos, meinst du, wir sollten auch das Papyruslager besichtigen? Auch das ist ja ein königliches Monopol.«

»Ah, was gäbe es ägyptischeres als den Papyrus? Selbstverständlich.« Epaphroditos lächelte.

»Bevor wir gehen, sollten wir ihn vielleicht noch einen Blick in die Steuerlisten werfen lassen«, schlug ich vor. »Die königlichen Privilegien verschaffen uns zahlreiche große Rinderherden, und wir haben Lederfabriken. Und wir sind zu einem Viertel an allen Fischerei- und Imkereibetrieben beteiligt.«

Antonius schüttelte den Kopf. »Ist denn irgend etwas davon ausgenommen?« fragte er.

»Nein, eigentlich nicht. Wir haben eine eigene Handelsflotte auf dem Nil. Wir kontrollieren Bergwerke, Steinbrüche, Salinen und Natrongruben«, sagte ich. »Ohne eine Lizenz von uns kann niemand fischen oder Bienen halten oder Bier brauen. Wir bekommen ein Sechstel des Ertrags aus den Weinbergen, in Naturalien. Um unsere Weine konkurrenzfähig zu halten, belegen wir die feinen griechischen Weine mit einer Importsteuer von einem Drittel.«

»Aber ich habe gesehen, daß ihr sie trinkt«, sagte Antonius. »Griechischer Wein scheint hier in Strömen zu fließen.«

»Natürlich«, sagte ich. »Wir verwenden die Profite aus allem anderen darauf, unserer Vorliebe für griechischen Wein nachzugehen. Entbehrungen mögen wir auch nicht.«

»Natürlich nicht.« Er ging in den Gängen zwischen den Amphoren auf und ab und musterte sie aufmerksam.

»Schauen wir uns nun den Wein an«, sagte Epaphroditos, und wir kehrten ins erste Lagerhaus zurück. Dort deutete er auf eine Wand. »Das dort sind unsere besten – die Weine aus dem Delta. Mit dem von Lesbos oder Chios sind sie natürlich nicht zu vergleichen, aber« – er ging weiter zu einer anderen Abteilung – »das hier ist der mareotische. Ganz gut – weiß und süß. Sie verschließen die Amphoren mit einem besonderen Siegel.« Wir gingen weiter an den Krügen entlang, und Antonius sah benommen aus. »Hier ist der tanaeotische – meistens blaßgelb, von öliger Beschaffenheit. Man muß ihn mit reinem Wasser mischen.«

»Das Eindrucksvollste kannst du gar nicht sehen«, sagte ich zu Antonius. »Unsere Organisation. Ein Herrscher kann jederzeit verfügen, daß er bestimmte Steuern zu bekommen hat. Aber sie dann auch zu kassieren, das ist eine ganz andere Sache. Wie du sehr wohl weißt.«

»O ja.« Er seufzte. »Damit hatte ich schon meine liebe Mühe.« Der Hauptgrund für seine Reise in den Osten hatte genaugenommen darin bestanden, daß er Steuern für den zuvor ausgetragenen Krieg eintreiben mußte. »Wenn du das Geheimnis kennst …«

»Das Geheimnis besteht darin, daß man einen regelmäßigen Zensus durchführt«, sagte ich. »Wir bemühen uns, jedes Jahr einen zu machen – im schlimmsten Fall in jedem zweiten Jahr.«

»O ihr Götter!« rief Antonius schon wieder. »Wie schafft ihr denn das?«

»Zum einen liegen wir nicht ständig im Krieg. Für eine so straffe Verwaltung braucht man schon Frieden.«

»Ein gutes Argument«, sagte Antonius. »Deshalb ist es auch gut, daß die römischen Bürgerkriege beigelegt sind.«

Darauf wollte ich nun nicht hinaus. »Wenn sie es wirklich sind«, sagte ich. Für diese Diskussion hätten wir später noch Zeit genug, wenn wir unter uns wären. »Komm, ich denke, es wird Zeit, die Kornspeicher zu besichtigen.«

Draußen wartete unser Wagen, und Epaphroditos ließ auch den seinen nach vorn bringen. Er fuhr voraus, vorbei an den Landungsbrücken in den Teil der Stadt, der an den inneren Hafen grenzte, an den Kanalhafen also. Die meisten Erzeugnisse des Landes kamen durch den Mareotis-See und den Nilkanal; dort wurden die Schiffe entladen, und ihre Güter wurden auf dem Kanal weiter durch die Stadt befördert. Dort standen die Kornspeicher – unsere Version einer Pyramidenreihe.

Epaphroditos zügelte sein Gespann vor dem größten Speicher, einem Kalksteingebäude mit einer schweren Eisentür. Sie war von innen verschlossen und verriegelt, und zwei schwerbewaffnete Wachsoldaten standen davor. Sie gaben dem Speichermeister ein Zeichen, und er öffnete für uns; wir hörten, wie der Riegel zurückgeschoben wurde, und dann schwangen die Türflügel langsam auf.

Drinnen erfüllte goldener Dunst die Luft, und die Strahlen der Sonne – die durch hochgelegene Fenster hereinfielen – malten Wolken hinein. Es war der Staub des Weizens, der auch nach dem Worfeln noch in der Luft hing und einen trockenen, süßen Duft verbreitete.

Ein Weg führte mitten durch das Gebäude, aber zu beiden Seiten waren dicke, halbhohe Plankenwände, die das Korn zurückhielten – ein Meer von Weizen, das sich bis an den Rand des Gesichtsfeldes nach hinten erstreckte. Ich stellte mir vor, wie das Holz sich bog und schließlich brach, von einer Woge von Getreide überflutet, in der wir alle ertranken.

Antonius drehte immer wieder den Kopf und schaute nach rechts und links, aber er sagte wenig.

»Es gibt ähnliche Speicher für Gerste und Hirse«, sagte ich. »Und auch für Feigen, Datteln und Mandeln gibt es eigene. Möchtest du sie auch sehen?«

»Nein. Sie sind bestimmt alle gleich und unterscheiden sich nur in Farbe und Geruch.«

»Oh, aber meinen Lieblingsspeicher mußt du sehen: den mit den Gewürzen!« sagte ich. »Als ich klein war, mußte Vater mich immer dorthin mitnehmen. Es duftete dort, als schwebten Edelsteine in der Luft.« Ich merkte, daß er unruhig wurde, und so flehte ich: »Bitte … Wenn du je erfahren willst, was mich wirklich entzückt …«

»Ich will es mir zur Verpflichtung machen, alles zu erfahren, was dich entzückt«, sagte er.

Epaphroditos schaute verlegen auf seine Sandalen. »Nun denn …« Er führte uns aus dem Speicher hinaus, und wenig später betraten wir das viereckige Steingebäude, das als Lager für die kostbaren importierten Gewürze diente. Zehn Mann bewachten Türen und Belüftungsöffnungen; die Gewürze waren verführerisch für Diebe, denn sie waren leicht und teuer. Drei Schlösser mußten geöffnet werden, bevor wir eintreten konnten.

Die Geruchsmischung im Innern war überwältigend. Hoch oben sah ich die vergitterten Lüftungsöffnungen, aber sie ließen nur die übermäßige Hitze entweichen. Es war halb dunkel, denn das Licht mußte einen weiten Weg zurücklegen, bis es den Boden erreichte. Es dauerte eine Weile, bis unsere Augen sich daran gewöhnt hatten, und die ganze Zeit stürmten die Gerüche auf uns ein. Es war, als hätten unsere Nasen die Augen besiegt, so daß wir nun allein auf unseren Geruchssinn angewiesen waren, um uns zu orientieren. Ich atmete tief und drang in die aromatische Wolke ein.

»Das sind die Gewürze, die über die Karawanenstraßen aus dem Osten kommen«, erläuterte Epaphroditos. »Wir verdoppeln die Preise, die wir bezahlen, bevor wir sie an den Rest der Welt weitervertreiben. Natürlich kommt nicht alles nach Alexandria; manche Karawanen gehen auch zum Schwarzen Meer oder nach Damaskus, aber den Löwenanteil des Marktes beherrschen wir, und zwar weil wir einen Hafen haben und die Waren deshalb leichter weiterbefördern können, was Damaskus nicht kann.«

»Anscheinend habt ihr den ganzen Welthandel bei der Gurgel«, sagte Antonius. »Das arme Rom hat nicht einmal einen Hafen. Wir müssen Puteoli benützen, und das liegt fast hundert Meilen weit weg.«

»Es hat viele Vorteile, wenn man in Alexandria beheimatet ist«, sagte ich beziehungsreich. Hoffentlich hörte er mir zu. »Aber jetzt wollen wir tun, was ich immer so gern getan habe: an den Abteilungen vorbeigehen und am Geruch erraten, was es ist. Führe uns, Epaphroditos.« Es gehörte zum Spiel, daß ich mir mit einer Hand die Augen zuhielt und die andere Epaphroditos gab; Antonius folgte mir.

»Das hier ist leicht«, sagte ich bei der ersten Station. »Das ist Kardamom. Habe ich recht?«

»Allerdings«, sagte Epaphroditos. »Hier stehen die Holzkisten, in denen er liegt, aber diesen stechenden Geruch kann nichts halten.« Fast bis zur Decke türmten sich die Kisten, und der Wert war ungeheuer.

Wir schoben uns weiter durch die Gänge des Gewürzspeichers und fanden Zimt – der leicht zu erkennen war –, aber auch Kassienrinde und Pfeffer, bei denen es größere Mühe machte. In einer Ecke stapelten sich Safransäcke.

»Ganze Säcke!« staunte Antonius. »In solchen Mengen habe ich es mir nie vorgestellt!«

»Ja, man braucht fast zweihundert Blüten, um eine Prise zu produzieren«, erklärte ich.

»Kein Wunder, daß es hier so schwer bewacht ist«, sagte Antonius.

In einer hinteren Ecke des Gebäudes lagerten Beutel, Säcke und Krüge mit minderen Gewürzen – Kümmel, Kurkuma, Anis, Koriander. Inzwischen waren unsere Nasen aber derart betäubt, daß wir schon nichts mehr riechen konnten.

»Alle Bäder von Rom könnten diese Gerüche und Aromen nicht mehr von meiner Haut waschen«, behauptete Antonius. »Ich habe das Gefühl, sie sind mir bis auf die Knochen gedrungen.« Lachend wedelte er mit seiner Tunika wie ein flügelschlagender Kranich.

Als wir wieder ins Freie hinaustraten, kam uns die Luft merkwürdig dünn und charakterlos vor. »Wie ist es mit dem Papyrus?« fragte ich Antonius.

»Ja, das wäre interessant«, sagte er. Und so gingen wir hinüber und wanderten durch das Lagerhaus, wo in regelmäßigen Abständen Haufen von Natron lagen, die alle Feuchtigkeit aus der Luft aufnehmen sollten, damit die kostbaren Rollen nicht stockfleckig oder schimmelig wurden – Rollen, die auf meilenlangen Borden lagerten, bereit für den Vertrieb.

»Leere Rollen«, sagte Antonius. »Was für ein Unsinn sie wohl später füllen wird?«

»Sie sind wie neugeborene Kinder«, erwiderte ich und nahm eine heraus. Es war Papyrus von erster Güte. »Es kommt immer darauf an, wem sie in die Hände fallen, während sie heranwachsen. Die hier – man könnte sie für Zahlen benützen, für Gedichte von höchster Vollendung, vielleicht aber auch nur für ein Haushaltsbuch.«

»Für einfache Haushaltsbücher kauft man keinen erstklassigen Papyrus«, erklärte Epaphroditos. »Da nimmt man die dritte oder vierte Qualität.« Es gab sieben Qualitätsstufen, und die schlechteste verwandte man für die Schule. »Die stapeln wir da drüben.« Er führte uns hinüber. Die Rollen sahen dunkler aus, gelber und dicker.

»Ich denke, du solltest noch eines unserer Steuerregister in meine Gemächer im Palast bringen lassen«, sagte ich zu Epaphroditos. »Eines dürfte genügen.« Ich schaute Antonius an. »Es sei denn, du wolltest sie alle begutachten?«

»Nein, das brauche ich nicht. Ich bin ja kein ... Wie hieß noch das Wort für Finanzminister?«

»*Dioiketes*«, sagte ich. »Dann kommt. Laßt uns gehen.« Ich nahm eine der leeren Rollen zum Üben für Cäsarion mit, eine von den besten natürlich.

Im Hinausgehen wandte ich mich noch einmal an Epaphroditos. »Jetzt hätte ich es fast vergessen ...! Die Goldminen an der Grenze nach Nubien. Natürlich fließt auch das alles an mich. Antonius, möchtest du das Gold sehen?«

Zu meiner Überraschung schüttelte er den Kopf. »Nein. Ich weiß, wie es aussieht.«

»Aber hast du es schon gesehen, wenn es nicht die Form von Armbändern, Schmuck oder Münzen hat, sondern zu Haufen aufgetürmt ist? Zu hohen Stapeln?« drängte ich.

»Nein«, sagte er. »Aber das brauche ich auch nicht.«

Er ist ein ganz ungewöhnlicher Mann, dachte ich. Die Sache würde womöglich schwieriger werden, als ich geglaubt hatte.

Die Nachmittagssonne warf schräge Schatten auf das Palastgelände, als wir zurückkehrten. Ich war noch nicht fertig mit Antonius; ich mußte ihm noch etwas zeigen, was hoffentlich das überzeugende Finale dieser ganzen Demonstration sein würde. Ich merkte, daß sein Interesse nachließ; längere Konzentration war nicht seine starke Seite. Offensichtlich sehnte er sich nach einem heißen Bad, um dann genüßlich zu schmausen – wahrscheinlich mit den Unnachahmlichen. Aber heute abend war es nichts mit den Unnachahmlichen. Ich wollte Antonius für mich haben, denn ich gedachte eines der wichtigsten Plädoyers zu halten, die ich jemals halten würde.

Ich nahm ihn bei der Hand und schlug vor, auf dem grünen Rasen spazierenzugehen, der die verschiedenen Palastbauten umgab. »Ich möchte dir ein besonderes Gebäude zeigen, das ich bauen lasse«, sagte ich und führte ihn darauf zu.

»Oh, keine Gebäude mehr«, stöhnte er und wollte stehenbleiben.

»Bitte!« sagte ich. »Dieses ist etwas anderes.«

»Inwiefern?« Er sah nicht einmal neugierig aus.

»Weil es mein Grab ist. Mein Mausoleum. Es ist mit dem Tempel der Isis verbunden, mit dem, der aufs Meer blickt …«

»Wie morbide! Du bist erst neunundzwanzig und baust dir dein Grab?« Er sah entsetzt aus.

»Wir sind in Ägypten, erinnerst du dich? Gräber sind große Mode.« Ich hatte nach meiner Rückkehr nach Ägypten mit dem Bau begonnen, als mir nach Cäsars Tod meine eigene Sterblichkeit nur allzu bewußt geworden war.

Ich führte ihn weiter, zog ihn über das grüne Gras, in dem die ersten Wildblumen sprossen. Dann erreichten wir den prachtvollen Marmorbau mit der hohen Treppe und dem polierten Eingang aus rotem Porphyr, von Sphingen flankiert. Aber er war erst halb fertig und hatte noch weder Obergeschoß noch Dach.

»Er wird besondere Türen bekommen, die sich nie mehr öffnen lassen«, sagte ich. »Sie gleiten in einer Nut im Rahmen herunter, und wenn sie einmal an ihrem Platz sind, werden sie unbeweglich sein.«

»Warum zeigst du mir das?« fragte er voller Abscheu.

»Weil du sehen sollst, wo ich in alle Ewigkeit eingemauert sein werde, zusammen mit all meinen persönlichen Reichtümern – wenn ich sie nicht für etwas anderes ausgebe. Und das sollst du entscheiden. Entweder wird das alles für einen guten Zweck verwandt, oder es wird hier liegen, eingeschlossen in Ewigkeit.«

»Aber damit habe ich nichts zu schaffen!«

»Doch«, versicherte ich ihm. »Doch, das hast du.«

Es war Nacht, eine kühle, mondlose Nacht. Wir hatten allein gespeist, ein langes, gemächliches Mahl mit allen seinen Lieblingsspeisen. Es hatte jenen besonderen, auf dem Rost gebratenen Fisch aus Alexandria gegeben, serviert mit einer Tunke aus entsteinten Damaszener Pflaumen, Liebstöckel, Wein Honig und Essig, die er so gern mochte. Dazu gab es runde Trauben, die den ganzen Winter in verschlossenen Gläsern mit Regenwasser feuchtgehalten worden waren, Eier, die auf der Glut von Apfelbaumholz gekocht worden waren, mit Honig gewürzte Eiermilch und natürlich genug Wein aus Chios, um damit ein kleines Schwimmbecken zu füllen. Wir ließen es uns in dem Teil meiner Gemächer servieren, der für private Bankette vorgesehen war, mit den Intarsienhalbmonden aus Schildpatt an der Wand. Er lag ausgestreckt auf einem der Speisediwane und sah über alle Maßen zufrieden aus. Jetzt. Jetzt war der richtige Zeitpunkt.

Ich erhob mich von meinem Diwan, setzte mich zu ihm und verschränkte meine Finger mit den seinen. Mit der anderen Hand berührte ich sein Haar, mehr für mich selbst als um seinetwillen, denn ich liebte es, sein dichtes Haar anzufassen. »Ich habe dir noch etwas zu zeigen«, sagte ich mit leiser Stimme, obwohl niemand uns hören konnte.

»Oh, nicht noch mehr«, protestierte er. »Für einen Tag habe ich genug gesehen.«

Aber ich glitt vom Diwan herunter und holte eine Intarsienschatulle herüber, die mit einem bronzenen Schloß verschlossen war. Ich öffnete es, klappte den Deckel auf und zeigte ihm den Berg von Juwelen, der darin lag: Perlen, Smaragde und Korallen.

»Schiebe die Hand hinein«, sagte ich, und ich faßte sie und stieß sie hinein. Die glatten Steine glitten um seine Finger herum, und als er die Hand herauszog, kullerten einige über den Boden. Ich hob sie nicht auf.

»Davon habe ich noch viel mehr. Und es gibt Lagerkammern mit seltenen Hölzern, Elfenbein, Silber und Gold. Und alles geht mit mir ins Grab.«

»Es sei denn …?« fragte er. »Du führst mir doch das alles nicht vor, wenn du wirklich ein für allemal entschieden hast, daß du es einmauern willst.«

»Es sei denn, ich könnte dieses ganze Vermögen einem besseren Zweck zuführen«, sagte ich.

»Zum Beispiel?« Er klang nicht besonders neugierig.

»Laß mich die Welt für uns kaufen!«

Er lachte. »Ich habe es dir schon gesagt: Ich will die Welt nicht. Und wenn ich sie wollte, könntest du sie nicht kaufen.«

»Ich kann Armeen kaufen, und mit Armeen kann man sich die Welt nehmen.« Ich ließ diesen Satz in der Luft hängen. Mochte er darüber nachdenken. »Überleg doch – keine Beschränkungen mehr. Kein Feilschen mit Octavian um eine Legion hier und eine Legion da und wer dieses und jenes Schiff bekommt. Es kann alles dir gehören.«

»Und was ist dein Preis? Denn du bietest mir das alles doch sicher nicht umsonst an.«

Jetzt klang er allmählich wie ein Kaufmann, obwohl er sich merkwürdig unbegierig zeigte, an sich zu raffen, was ich da vor seiner Nase baumeln ließ.

»Ich möchte mit Octavian den Platz tauschen«, erklärte ich schließlich.

Er brüllte vor Lachen. »Und seine Sonnenhüte und seine flanellenen Leibchen tragen? Die Sommersonne ist ihm zu heiß, die Winterkälte aber zu grausam, und so muß er sich stets schützen, ehe er sich hinauswagt. Ein toller Anblick.«

»Und eignet sich ein solcher Mann zum Beherrscher der Welt? Ein kleiner Mann, der die Sonne und den Wind nicht erträgt?« Und erhöhte Sandalen trug, wie ich mich erinnerte. »Er bildet sich ein, er sei Cäsars Erbe, aber er ist nichts dergleichen! Und doch – wenn du es zuläßt, wird er wachsen und wachsen wie ein Pilz, der sich im Dunkeln ausbreitet. Und eines Tages wirst du aufwachen und dich entwurzelt und umgestürzt sehen, während er blüht.« Ich schwieg für einen Augenblick. Antonius hörte mir aufmerksam zu. »Reiß den Pilz aus, solange du es noch kannst. Denn es steht fest, daß er mit dir das gleiche vorhat.«

Verstand er, was ich ihm da sagte? Ich mußte weiterreden. »Die Welt steht bereits unter der Knute Roms. Mach den Übergang einfach! Bilde ein Bündnis mit mir als deiner Gemahlin. Ich verwalte den Osten, während du den Westen hütest. Alexandria hat eine ideale Lage, um das ganze Mittelmeer zu beherrschen. Und wir haben die Mittel dazu, wie du heute gesehen hast.«

»Das also sollte diese kleine Vorführung bezwecken? Ich wußte doch, daß diese Besichtigungen nicht dem Vergnügen dienten.« Seine Stimme hatte einen unangenehmen Unterton bekommen. »Fast könnte man den Verdacht haben, daß du überhaupt alles von Anfang an geplant hast: Vielleicht war deine Reise nach Tarsos – und daß du mich hergeholt hast – auch nur eine Theaterinszenierung!«

Es lief nicht so, wie ich wollte. »Nein – das ist nicht wahr!« sagte ich. »Ich gebe zu, ich war stolz auf Ägypten und wollte dir mein Land zeigen. Und ich wollte ein bißchen länger mit dir zusammensein. Aber ich habe nicht geplant, was geschehen sollte, wenn du erst hier wärest!«

»Du hast mich hergelockt, nachdem du mich mit deinen Ränken um den Verstand gebracht hattest – mit deinen Verkleidungen und deinen Parfüms, mit Lichtern und all dem andern Gaukelwerk! Du hast einen Narren aus mir gemacht, und es hat dir gefallen!« fauchte er. »Es hat dir ein Gefühl der Macht gegeben. Wahrscheinlich hättest du genauso gehandelt, wenn Octavian an meiner Stelle gewesen wäre. Es macht dir einfach Spaß, Männer zu umgarnen – und es ist dir gleich, wie du es anfängst!«

Wie konnte er wagen anzudeuten, daß ich jeden Beliebigen nehmen würde! Octavian!

»In Tarsos hast du gesagt, es war nicht das Bankett auf dem Schiff, sondern es reiche viel weiter zurück«, gab ich zu bedenken.

»Ja – weil du es dir schon immer zum Anliegen gemacht hast, die Männer dazu zu bringen, dich zu begehren.«

Jetzt mußte ich doch lachen.

»Dann ist dieses Begehren aber aus dir selbst gekommen. Als ich in Rom war, habe ich ganz und gar Cäsar gehört, und als du das erste Mal in Alexandria warst, da war ich gerade vierzehn und mehr mit meinem eigenen Überleben als mit irgend etwas anderem beschäftigt. Auf der Suche nach Männern war ich jedenfalls nicht.«

»Vielleicht kannst du nichts dazu, aber es ist die Wirkung, die du ausübst!«

Jetzt verstand ich. Er war eifersüchtig und wollte beruhigt werden. Wie zerbrechlich die Männer doch waren! Nur Cäsar war von dieser Schwäche ausgenommen gewesen.

Ich streckte die Hand aus, um sein Gesicht zu berühren, aber er schlug sie beiseite und schmollte.

»Jetzt willst du mich dazu verführen, daß ich meinem Wort untreu werde. Ich habe einen Eid geschworen, daß ich das Triumvirat aufrechterhalten werde«, beharrte er. »Und ein Mann ist immer nur so gut wie sein Wort.«

»Nein, ich habe dir mein Leben angeboten und ganz Ägypten dazu. Ist das verächtlich? Ich *bin* Ägypten – alle seine Reichtümer sind mein, jede Palme, jede Welle auf dem Nil. Was du heute gesehen hast, ist der letzte Schatz des Ostens, der noch nicht geplündert wurde. Ich biete ihn dir an – und das ist etwas, das noch niemals in der Geschichte irgend jemandem angeboten wurde. Viele Feldherren sind gekommen und haben versucht, es sich zu nehmen. Und dir biete ich es an – umsonst. Und dafür beleidigst du mich und jammerst: ›Oh, Octavian! Oh, das Triumvirat!‹ Nun, in einem hast du recht – wenn ich Octavian ein solches Angebot je machen *wollte*, wäre er nicht so dumm, sich abzuwenden. Dein kostbares Triumvirat würde keinen Wimpernschlag lang weiterbestehen, wenn es auf ihn ankäme.« Ich hielt inne, um zu Atem zu kommen. »Du bist wirklich ein Narr – aber nicht, weil du hergekommen bist, sondern weil du dieses Angebot ablehnst.«

Er stürzte sich auf dieses eine Wort. »Ein Narr bin ich also! Das ist es, was du von mir hältst! Nun, ich bin jedenfalls klug genug, diese Falle zu umschiffen, die du mir da gestellt hast, diese Falle, die ein Verrat an jeglichem Ehrgefühl wäre! Nein, ich werde keinen Bund mit dir schließen! Nein, ich werde mein Wort nicht brechen!«

In diesem Augenblick lag ich mit mir selbst im Zwist, denn eine entscheidende Information hatte ich ihm bisher vorenthalten: Ich war jetzt sicher, daß ich schwanger war. Wenn ich es ihm sagte, würde er sich vielleicht alles überlegen.

Aber ich sah seine Augen, aufgewühlt und voller Verachtung, und ich wußte, daß ich schweigen würde. Er hatte mein Angebot verschmäht, meine Ehre beleidigt und mir kränkende Anschuldigungen entgegengeschleudert. Und jetzt sollte ich sagen: Ach, übrigens …? Nein. Niemals!

Es war die schlimmste Entscheidung, die ich je traf, denn sie brachte uns viel Leid. Aber auch auf eine Frau kann ein Augenblick des Stolzes einen machtvollen Sog ausüben. Ich preßte die Lippen zusammen und wandte mich ab. Ich bückte mich, hob die Juwelenschatulle auf, und mit aller Selbstbeherrschung, die ich aufbringen konnte, ging ich hocherhobenen Hauptes aus dem Zimmer.

Natürlich kam er noch in derselben Nacht zerknirscht in mein Gemach. Er klopfte und bat um Einlaß. Er umarmte mich, legte seinen Kopf in meinen Schoß und weinte beinahe. Er habe es nicht so gemeint, erklärte er. Aber ein wenig davon mußte er doch gemeint haben, denn sonst wären die Worte nicht so eilfertig über seine Lippen gekommen. Er hatte sein Inneres offenbart – einen Kessel voller Eifersucht und Verwirrung –, aber auch eine wunderliche Art Ehre: Er hatte keinerlei Skrupel, seine Frau zu betrügen, aber mit Grausen schrak er davor zurück, Octavian zu verraten.

»Verzeih mir, verzeih mir«, jammerte er, klammerte sich an mich und vergrub seinen Kopf an meinen Schenkeln und meinem Bauch. »Ich habe doch nur … Ich habe nur …«

Ich strich ihm über das Haar und fühlte mich seltsam distanziert. Er hatte mich mit seinen Anschuldigungen schmerzlich gekränkt. Daß er so von mir denken konnte, und sei es auch nur in einem Winkel seines Herzens, tat weh. »Es ist gut, es ist gut«, hörte ich mich mechanisch sagen. »Es macht ja nichts.«

»Doch, es macht etwas!« Seine Stimme klang gepeinigt. »Irgend etwas ist über mich gekommen – ich weiß nicht, was. Ich habe es nicht so gemeint – du weißt, daß ich dich liebe!«

»Ja, natürlich.« Und noch immer fühlte ich mich wie in weiter Ferne. Es war wichtig, daß ich ihn beruhigte. »Denke nicht mehr daran.«

»Du mußt mir glauben!«

»Ja, ja, natürlich. Natürlich glaube ich dir.« Es war furchtbar; ich wünschte, er würde gehen.

Er richtete sich auf und küßte mich, aber ich merkte, daß ich mich nicht von ihm anfassen lassen wollte. Dennoch stieß ich ihn nicht zurück. Das hätte alles nur noch schlimmer gemacht, sein Mißtrauen noch weiter angestachelt.

»Zeige mir, daß du mir glaubst«, sagte er jetzt. Ich wußte, was er wollte. Es gab kein Entkommen – ich mußte es über mich ergehen lassen.

»Ja, natürlich.« Ich nahm ihn bei der Hand und führte ihn zu seinem Lieblingsort, meinem Bett.

Er liebte mich wild, fast zur Raserei getrieben, so schien es, von seinen eigenen Seelenqualen, von seinem Schuldbewußtsein und seiner Eifersucht. Unter gewöhnlichen Umständen wäre es über alle Maßen befriedigend gewesen, aber diesmal hielt ich mich sozusagen heraus. Ich erlaubte mir nicht, Lust dabei zu empfinden, denn meine Verletzung war zu tief, als daß sie sich mit ein paar Küssen und Liebkosungen hätte verpflastern lassen.

Als er schließlich ging, drehte ich mich auf die Seite und schaute seinem Rücken nach, und dabei dachte ich: *Heute nacht hast du die Welt weggeworfen.*

# 48

Oberflächlich betrachtet, ging alles so weiter wie bisher. Mit dem Besuch in meinem Schlafgemach schien Antonius zufriedengestellt zu sein. Er war wieder der alte rauhe Bursche, der mit den Unnachahmlichen lachte, trank und spielte. Er nahm an, ich sei gleichermaßen beschwichtigt und glücklich. Jener Abend und die Dinge, die wir gesagt hatten, wurden nicht wieder erwähnt.

Immer wieder trafen Depeschen aus der Außenwelt ein, und er war gezwungen, davon Kenntnis zu nehmen. Spät abends, wenn er von seinem Tagesvergnügen zurückkehrte, blieb er noch auf, um sie zu lesen, allein und in der Stille seiner Gemächer. Ich sah die Lichter, die dort brannten, und wußte, daß die Neuigkeiten ihn beunruhigten. Manchmal kam er nachher und verbrachte den Rest der Nacht mit mir, und nie spielte er auf den Inhalt der Briefe an. Aber ich hatte meine eigenen Quellen, und ich wußte sehr wohl, daß die römische Welt sich in Aufruhr befand. Perusia war gefallen, und Octavian bestrafte gnadenlos alle, die gegen »die Autorität des Triumvirats« rebelliert hatten. Dutzende wurden hingerichtet, und die alte Stadt wurde in Schutt und Asche gelegt. Lucius hatte man gefaßt, aber Fulvia hatte fliehen können und mit ihr auch Antonius' General Munatius Plancus. Wo sie hinwollten, wußte niemand.

Unterdessen übte sich Antonius mit seinen Waffen – ein gutes Zeichen – und schickte Briefe in die Welt.

Auch wenn ich entschlossen war, nicht mehr von der Nacht zu sprechen, in der wir uns so erbittert gestritten hatten, wollten mir die Worte doch nicht aus dem Kopf gehen. Immer wieder ging ich sie durch und brütete darüber. Aber das behielt ich für mich.

Eines Nachmittags war ich zufällig dabei, als ein Brief für ihn kam, und es hätte sich eine peinliche Situation ergeben, wenn Antonius sich geweigert hätte, ihn in meiner Anwesenheit zu öffnen – also öffnete er ihn. Danach erforderte die Höflichkeit, daß er mich auch lesen ließ, was darin stand. Es widerstrebte ihm offensichtlich, aber er machte das Beste daraus.

Es war ein Angebot von Sextus Pompejus, der sich mit Antonius gegen Octavian verbünden wollte.

»Ich biete Schutz für alle, die sich vor dem Tyrannen flüchten wollen«, schrieb er. »Deine hochedle Mutter Julia, Tiberius Nero, seine Frau Livia und ihr kleiner Sohn Tiberius haben sich bei mir in Sicherheit bringen müssen und mit ihnen viele aus den ältesten Familien Roms. Sie wollen das Knie nicht beugen vor diesem Knaben – dem Knaben, der sich dort zum Herrscher aufschwingt und sich als Sohn Cäsars gebärdet. In deiner Abwesenheit hat er so manches Widerrechtliche getan. Schließe dich mit mir zusammen, wirf dein Los zu meinem in die Waagschale, und zusammen können wir Rom von dieser Gefahr befreien!«

Ich war klug genug, nicht beizupflichten, sondern reichte Antonius den Brief einfach zurück. »Anscheinend möchte die ganze Welt sich mit dir verbünden«, sagte ich leichthin.

»Nicht nur er – Lepidus hat mich auch darauf angesprochen«, gestand er.

»Ein edler Triumvir fühlt bei einem seiner Kollegen vor?« Ich fürchte, daß meine Stimme einen spöttischen Unterton bekam. »Was kann denn da nur in ihn gefahren sein?«

Antonius zuckte die Achseln. »Er war immer schon unzuverlässig. Er sagt heute dies, morgen das.« Er stand auf. »Komm, die Sonne scheint. Ich glaube, der Winter ist nun wirklich vorbei. Laß uns am Mareotis-See fischen gehen. Du hast es mir versprochen – du hast gesagt, man kann dort vorzüglich fischen und mit dem Boot Lustfahrten durch Schilf und Papyrus unternehmen, und in den Dörfern gibt es Bier und Gesang ...«

Ich seufzte. »Vermutlich willst du ein paar Leute dazu einladen ...?«

»Nun, wozu ist ein solcher Tag sonst gut?«

Drei Hausboote voll ausgelassener Menschen rumpelten über die Untiefen des großen Süßwassersees, der sich hinter Alexandria erstreckte. Es war ein merkwürdig geformter See; der Hauptteil lag südlich von Alexandria, aber ein langer, schmaler Arm reichte beinahe fünfzig Meilen weit nach Westen. Die Weingärten, die das Südufer säumten, brachten einige der besten Weine Ägyptens hervor. Auch andere Früchte erntete man an seinen Gestaden: Oliven, Feigen, Datteln und Äpfel. Im Ufergewässer begannen Papyruspflanzungen, die ein ganzes Stück weit ins Wasser hineinreichten. Von hier kam Papyrus der feinsten Güte. Bohnenfelder fanden sich ebenfalls; ihre mächtigen Ranken wuchsen zehn Fuß hoch, und die becherförmigen Blätter boten Schutz für Bootsgesellschaften und Liebespaare.

Es war März, der ägyptische Monat Tybi, und die Vegetation stand in voller Blüte. Die Bohnenpflanzen waren von sahnigweißen Blumen übersät, weißer und blauer Lotos erhob sich aus dem Wasser, und die blassen Blättchen der Mandelblüten am Ufer verstreuten sich bereits im Wind. Die Sonne schien uns warm auf die Schultern, und Antonius war in bester Stimmung.

Immer wieder warf er seine Angelschnur mit fetten kleinen Fischen als Köder ins offene Wasser, und immer wieder zog er den leeren Haken hoch. Unsere Begleiter – Charmian und Flavius sowie einige Leute seiner Garde mit ihren Frauen – fingen an, sich über ihn lustig zu machen.

»Guter Imperator«, sangen sie, »wie jämmerlich das ist!«

Antonius wurde immer verdrossener, während er seine Angel auswarf. Er versuchte mit Scherzen darüber hinwegzugehen und wollte schließlich, daß wir alle an Land gingen, um in einem der kleinen Dörfer am Ufer des Sees zu essen und zu trinken.

Dort in der Sonne, am leicht ansteigenden Uferhang, lagen etliche von ihnen, allesamt freundlich und einladend. Wir machten das Boot an einem der wackligen Stege fest und gingen an Land. In der Schenke war ich eine Frau unter vielen – die Götter mochten verhüten, daß sie mich als ihre Königin erkannten.

Aber Antonius war nicht zu verwechseln. Er unterschied sich von seinen Gefährten wie Gold von Goldfarbe. Wenn er sich setzte, so tat er es mit einem gewissen lässigen Adel, der alle Blicke auf ihn lenkte; trotz seiner Fischerkleidung war allen im Wirtshaus sofort klar, daß hier kein gewöhnlicher Mann gekommen war. Und dann richteten sie ihre Aufmerksamkeit auf seine Begleiterin: auf mich. Aber ich zog mir meinen Bauernhut tief ins Gesicht und sagte wenig. Gewöhnliche Menschen können sich nicht vorstellen, was für ein Geschenk es für uns Mächtige ist, sich als einer der ihren unter sie hinauszuwagen. Freiheit! Wir sind ja sonst an jedem Tag unseres Lebens Gefangene unserer selbst. Auch in dieser Hinsicht hatte Antonius mich von allen früheren Fesseln befreit.

»Wein für alle!« befahl Antonius. »Es sei denn, ihr wäret bekannt für euer Bier?«

Der Wirt verbeugte sich. »In der Tat, diese Gegend ist berühmt für ihre Braukunst.«

»Dann bring uns Krüge von eurer Spezialität! Und vielleicht ein bißchen Entenbraten und Fisch. Ich nehme doch an, die Fische beißen gut in diesem Frühjahr?«

»O ja«, sagte der Wirt. »In den letzten paar Tagen war die Beute phänomenal.«

Ich legte Antonius eine Hand auf den Arm. »Bestimmt hast du den falschen Köder benützt.«

»Bestimmt«, sagte er kopfschüttelnd.

Eine Platte mit einem Berg von Fischen und auch Stücke von gebratenen Enten wurden hereingetragen. Die Bierkrüge waren bereits bis zum Rand gefüllt. »Auf meinen Fang!« rief Antonius und hob seinen Becher.

Das Essen war köstlich. Ich fragte mich, wie viele Palastbankette wohl neben dem verblassen mußten, was ein Seegasthaus wie dieses hier zu bieten hatte. Der weißfleischige Fisch war saftig und von zartem Geschmack und die Ente von vollem, rauchigem Aroma, das durch die Pflaumensauce noch verstärkt wurde. Antonius verschlang sein Essen wie ein Wolf und spülte es mit Bier in tiefen Zügen hinunter.

Ich schaute ihn unter meinem breitkrempigen Hut an. Was ich da sah, war ein Gesicht voll eifriger Begierde, jünger, als es an Jahren war, mit funkelnden dunklen Augen. Ich streckte die Hand aus und legte sie ihm auf den Arm, und ich wünschte mir, es gäbe eine Möglichkeit, ihn für immer in dieser Phase seines Lebens zu halten. Mein Zorn über ihn war im Sonnenschein dieses seines glorreichen Tages verraucht.

Das Mahl war zu Ende, und wir kehrten zu unseren Booten zurück. Unsicher suchten sich die Boote ihren Weg durch Papyrusdickicht und hohe Bohnenstöcke, vorangestakt von unseren Schiffern unter dem grünen Schirm aus Blättern und dem Gesumm der Insekten, bis wir wieder ins offene Wasser gelangten.

»So!« rief Antonius, und er trat an den Rand, um seine Angelschnur auszuwerfen. »Wir werden sehen, was wir jetzt an Land holen.«

Raschelnde Bewegung erhob sich auf dem Boot, und ich bemerkte, daß ein paar der kleineren Bootsjungen ins Wasser glitten, als sie glaubten, daß niemand sie beobachtete. Das Wasser teilte sich lautlos, und sie verschwanden darin.

»Oh, was ist denn das?« rief Antonius mit gespielter Überraschung und zog einen erstklassigen Fisch ins Boot, eine große Seebarbe. Er nahm sie vom Haken und warf die Angel sofort noch einmal aus.

»Da beißt schon wieder einer!« rief er; er riß an der Angel, und ein fetter Barsch flog durch die Luft. Er hatte verdächtige Ähnlichkeit mit denen, die ich auf den Marktständen am Hafen gesehen hatte.

»Der edle Antonius hat großes Glück!« sagte ich. »Er versteht es, weit über das Maß des gewöhnlichen Fischers hinaus Fische an sich zu bringen!«

Flavius und die andern fingen an zu jubeln und erklärten, Antonius müsse ihnen nun noch mehr Bier spendieren, denn er habe den Angelwettbewerb gewonnen. Wieder und wieder warf er die Angel aus, und die Fische erschienen derart schnell, daß man den Verdacht haben konnte, sie kämpften unter dem Wasserspiegel darum, wer sich als erster an Antonius' Haken hängen dürfe.

Bald lag ein Berg von Fischen erstaunlich unterschiedlicher Sorten zu Antonius' Füßen in einem glitzernden Haufen. Seltsam nur, daß keiner von ihnen zappelte oder nach Luft schnappte, als er aus dem Wasser gezogen wurde. Und eben war seine Glückssträhne zu Ende gegangen, als die Jungen sich wieder an Bord unseres Bootes stemmten.

»Dein Glück erfüllt mich mit Ehrfurcht«, sagte ich seufzend. »Wir werden sehen, ob es morgen auch noch anhält, denn dann müssen wir wieder hinaus.«

»Vorerst aber wollen wir zu jener Mole dort fahren!« rief einer der Soldaten. »Es wird Zeit, daß Antonius uns freihält!«

Bei unserer Heimkehr warteten etliche Briefe auf Antonius. Er nahm sie und verschwand in seinen Privatgemächern. An diesem Abend kam er nicht zu mir; die Botschaften mußten gewichtig und bedrückend gewesen sein. Zu gern hätte ich gewußt, wie sie lauteten.

Am nächsten Morgen fuhren wir erneut hinaus. Die Sonne beschien uns mit zunehmender Kraft, und als wir am Ende der Straße des Soma in unsere Boote stiegen, wo das Wasser des Seehafens an die Stufen des Portus Mareotis plätscherte, da war ich sehr still. Diesmal hatte ich eigene Taucher mitgebracht, und sie hatten eigene Säcke dabei; ich gedachte Antonius etwas klarzumachen.

Wir ruderten in die Mitte des Sees hinaus und behielten die aufsteigende Sonne im Auge. Sie vergoldete das Wasser, und ich spürte schon ihre Hitze auf meinem Arm. Sie würde noch höher steigen und zur rechten Jahreszeit ihren Zenit erreichen. Wo würde Antonius dann sein? In ihrem Licht oder im Schatten? Segelnd und paddelnd bewegten wir uns auf das offene Wasser hinaus und nahmen dann Kurs auf den sumpfigen Rand, der so reich an Vögeln und Fischen war. Ein paar von uns hatten Pfeil und Bogen mitgebracht, in der Hoffnung, wilde Enten zu schießen.

Antonius warf erneut die Angel aus, und er erwähnte sein phantastisches Glück vom vergangenen Tag. »Oh, wollte mir doch noch so ein Tag gewährt sein!« Die Angelschnur dümpelte auf dem Wasser und versank dann. Sofort ging ein Ruck hindurch. Etwas hatte angebissen. Eifrig holte er die Schnur ein. Er sah ehrlich erfreut aus – diesmal hatte er wirklich etwas gefangen!

Der Angelhaken kam an tropfender Schnur aus dem Wasser. Daran hing ein großer Pökelfisch – hergestellt in Pontus. Es war fast, als schreie er: »Hereingelegt! Hereingelegt!« Mit feierlicher Miene machte Antonius seinen Fang vom Haken ab; der Fisch war offensichtlich schon seit einem halben Jahr tot. Es war klar, daß ihn jemand an den Angelhaken gehängt hatte, genau wie den Fang vom Tag zuvor.

Er hielt den Fisch am Schwanz in die Höhe, damit alle ihn sehen konnten, und lachte ausgelassen. »Das ist wirklich ein wundersamer Fang! Ich muß es gestehen, ich muß es gestehen!«

»Lieber Antonius!« rief ich zuckersüß. »Großer Antonius, edler Imperator! Ich bitte dich, überlaß das Fischen doch uns, den armen Bewohnern von Alexandria, Kanopos und Mareotis. Es ist unter deiner Würde. Du solltest Königreiche angeln, Städte und Provinzen!«

Sein Lachen verging. »Du gibst niemals auf, wie?« Er schleuderte den Fisch ins Wasser und verschwand in der Kajüte.

Als wir wieder im Palast waren, stapfte Antonius in seine Gemächer, und ich wartete in meinen. War es unrecht gewesen, daß ich mich vor den andern auf diese Weise über ihn lustig gemacht hatte? Daß ich ihm gezeigt hatte, wie ich seine Schauspielerei durchschaute? Ich hatte gedacht, er werde es erheiternd finden, sich meinen Hinweis aber zu Herzen nehmen.

Wieso führte alles, was wir sagten, zu solchen Mißverständnissen? Er stand unter einer riesigen Anspannung und schien außerstande zu sein, irgend etwas zu unternehmen – außer Angelausflügen, Bootsfahrten, Körperertüchtigung und Zechgelagen. Es war, als wünschte er sich, daß die Dinge sich allesamt in seiner Abwesenheit auflösen, damit er keine Entscheidung würde treffen müssen – als wolle er sagen: »Weckt mich, wenn alles vorbei ist.« Das war so weit entfernt von dem, was Cäsar getan hätte, daß ich der Verzweiflung nahe war.

Während ich darauf wartete, daß er erschien – ich wagte nicht mehr, früh zu Bett zu gehen, weil er jederzeit, einem Impuls folgend, hereingestürmt kommen konnte –, sah ich das Licht in seinen Gemächern im Gebäude gegenüber. Arbeitete er Akten durch? Studierte er Landkarten? Schrieb er Briefe? Faßte er einen Entschluß? – O Isis, mach, daß er irgend etwas unternimmt!

Ich ging auf meine Terrasse hinaus, wo zwei Fackeln brannten; ihre Flammen flackerten im Seewind. So etwas geschieht, wenn du einen gewöhnlichen Mann liebst, einen Mann mit allen Unzulänglichkeiten und Schwächen, die ein Sterblicher hat, sagte ich mir. Vielleicht ist es das Schwierigste, was ich je habe tun müssen: lernen, einen Mann mit Mängeln zu lieben – nach Cäsar. Er war es, der außerhalb der Norm stand, und er verdarb mich für jeden anderen.

Ich hatte selbst Fehler und Schwächen und Grillen, aber ich hatte mir angewöhnt zu erwarten, daß der Mann, den ich liebte, davon frei sei. Cäsar hatte mir mit diesen Erwartungen eine schwere Bürde hinterlassen. Es war mehr als nur das Medaillon seiner Familie, das er mich den Rest meines Lebens zu tragen gebeten hatte. Es war sein Bild als entschlossener, starker Mann, der niemals Fehler beging. Das machte es für jeden Nachfolger unglaublich schwer – und genaugenommen war es damit schier unmöglich, daß es überhaupt einen Nachfolger gab.

Mein Herz flog hinüber zu dem Mann, der da im Licht der Lampen in Antonius' Fenster saß. Gewiß, er war ein Mann mit Fehlern, aber wenigstens sah er anderen die ihren nach. Ich hatte bei ihm nie das Gefühl, daß ich ihn enttäuscht oder seinen Maßstäben nicht entsprochen hatte – und war das nicht an sich schon ein großes Geschenk? Cäsar hatte mir so oft das Gefühl gegeben, ich sei unzulänglich und könne nicht mithalten.

Das Licht verdunkelte sich. Offenbar schickte er sich an, zu Bett zu gehen. Es war spät. Jetzt konnte ich mich schlafen legen. Aber dann sah ich eine Gestalt aus dem Haus kommen, und an ihrem Gang erkannte ich, daß es Antonius war. Ich trat bis an den Rand meiner Terrasse und schwenkte ein langes Tuch, um seine Aufmerksamkeit auf mich zu lenken.

Er war unterwegs zu meinem Gebäude, aber er blieb stehen, als er mich winken sah. Ich bedeutete ihm, ich würde herunterkommen. Ich legte mir das Tuch um die Schultern, ging die Treppe hinunter und über den dunklen Rasen auf ihn zu; der Nachtwind wehte über das Gelände.

Ich umarmte ihn, froh, mit ihm allein zu sein. Es war, als seien wir ständig von einer großen Zahl Leute umgeben, nachdem die Welt nun wieder nach Alexandria zurückgekehrt war.

»Du arbeitest lange«, sagte ich.

»Du wachst lange«, erwiderte er.

»Ich fühle deine Not. Ich will mit dir wachen, bis du ruhen kannst.«

Er seufzte. »Es kann keine Ruhe geben, bis ich mir eingestehe, was ich tun muß – mich losreißen von diesem Ort.« Im Rauschen des nahen Meeres und im zunehmenden Wind waren seine Worte kaum zu verstehen. »Aber ich will nicht fortgehen.«

»Ja, ich weiß.« Ich erinnerte mich, wie Cäsar seine Rüstung an sich gerafft hatte und fortgeeilt war, ohne wenigstens die Geburt Cäsarions abzuwarten. Ja, diese beiden Männer waren völlig verschieden voneinander. *Ich bin kein zweiter Cäsar*, hatte Antonius gesagt. Er kündigte mir seinen Fortgang an. Und während es bewundernswert war, daß Cäsar sich durch nichts von seiner Pflicht hatte abhalten lassen, war es doch anrührender, daß jemand lieber hierbleiben wollte. »Ich will auch nicht, daß du fortgehst.«

Er nahm mein Gesicht in beide Hände. »Ist das denn wahr? Solche Zweifel bedrücken mich, seit ..., seit ...«

»Das war ein Streit zwischen Liebenden«, unterbrach ich ihn rasch. »Und du mußt wissen, daß ich dich liebe. Ich bin deine glühendste Anhängerin.« Dabei sollte es bleiben; es gab keinen Grund, den ganzen Rest zu erwähnen – Octavian, Fulvia, Armeen oder Sextus Pompejus. Oder ein Kind. »Ich würde dich in Ewigkeit hierbehalten, wenn wir gewöhnliche Bürger wären, ein Mann und eine Frau. Aber mir scheint, das Dach der Welt will einstürzen; deshalb mußt du gehen und es abstützen.«

Wir waren, ohne es richtig zu bemerken, auf das Mausoleum zuspaziert. Als es uns klar wurde, stöhnte Antonius auf. »O nein, nicht diese Gruft!«

»Wir können auf der Treppe sitzen«, sagte ich. »Komm schon, sie wird dich nicht beißen.«

»Ich weigere mich, ein Grab zu betreten! Ich fürchte, es wäre ein böses Omen.«

»Wir brauchen nicht hineinzugehen.« Und in der Tat hätte ich es auch nicht gewollt – es lag in tiefer Dunkelheit. »Wir können uns einfach hier hinsetzen.« Ich ließ mich auf die Stufe sinken und klopfte mit der flachen Hand auf den Platz neben mir. Ich spürte eine seltsame Kälte, die aus dem Gebäude drang.

Schicklich saßen wir Seite an Seite, und er nahm meine Hand wie ein verlegener Schuljunge und drehte sie hin und her, als müsse er mir einen Ring auf den Finger schieben. »Ich muß fort«, sagte er schließlich, als habe er sich endlich damit abgefunden. »Die Ereignisse in der großen Welt rufen mich. Wie du mir in so grellem Lichte deutlich gemacht hast.«

Der Zwischenfall beim Angeln. »Ich dachte, es wäre ein behutsamer Hinweis gewesen.«

»Wie behutsam kann ein gesalzener Fisch sein?« Er lachte leise. »So behutsam wie die Pyramiden, so behutsam wie der Leuchtturm. Was könnte ich mehr von dir erwarten, meine Ägypterin? Mein Krokodil aus dem alten Nil. Aber das Krokodil ist ein höchst edles Geschöpf, König in seinem Reich, und es lebt ewig.«

»Ich bin sterblich wie du«, erklärte ich und deutete auf die gähnende Schwärze hinter uns. »Sonst brauchte ich kein Mausoleum.«

»Vielleicht brauchst du es ja auch nicht«, sagte er leichthin.

»Du hast eine höchst alberne Ader«, gab ich zurück. »Aber erzähle mir – falls du es schon entschieden hast –, was du tun wirst. Und wann.«

»Ich werde nach Tyros reisen, um mir selbst ein Bild davon zu machen, was sich mit den Parthern ereignet hat. Und dann … Ich weiß es noch nicht. Es kommt darauf an, was ich dort erfahre. Eines aber weiß ich: Ich werde zu dir zurückkommen. Ich könnte nicht fortgehen, wenn ich dächte, ich müßte dir Lebwohl sagen.«

Schöne Worte. Aber auf welche Weise würde er zurückkommen? Er hatte keinen Grund, nach Ägypten zurückzukehren. Wir waren weder Rebellen noch Feinde, und wir wohnten auch nicht in der Nähe von Rebellen oder Feinden, so daß wir als Stützpunkt für irgendwelche Operationen hätten dienen können. Und beim nächsten Mal würde Fulvia höchstwahrscheinlich mit ihm reisen.

»Wenn es eine Möglichkeit für uns gibt, werde ich sie finden«, sagte er. »Denke niemals, daß ich gehe, weil ich deiner überdrüssig bin, denn das ist unmöglich.« Er schwieg kurz. »Und auch nicht, weil ich jemand anders suchen will.«

Warum ließ er sich dann nicht von Fulvia scheiden? Vielleicht traute er sich nicht – denn dann hatte er keine Entschuldigung mehr dafür, daß er sich nicht anders verhielt. Wie die Dinge jetzt standen, konnte sie in seinem Namen agieren und Aufstände inszenieren, und er konnte den unergründlichen Zuschauer spielen. Ließe er sich von ihr scheiden und täte sich mit mir zusammen, hätte alle Mehrdeutigkeit in den Augen der Welt ein Ende. Vielleicht war es gerade das, was ihm am besten paßte: Mehrdeutigkeit. Sie ließ ihm die Freiheit der Wahl. Marcus Antonius war ein Mann, dem endgültige Entscheidungen mißfielen.

»Dann laß uns eine letzte ungestörte Nacht miteinander verbringen«, sagte ich und stand auf.

Zum ersten Mal seit unserem Streit hatte ich wieder Verlangen nach ihm. Ich nahm seine Hand, als wir langsam über das Gras zu meinen Gemächern wanderten. Ich verzieh ihm seine Menschlichkeit, und ich glaube, damit wurde ich selbst menschlich.

Das Gemach wartete; unauffällig rauchende Brenner auf den Tischen erfüllten die Luft mit zartem Duft. Der Wind durchwehte es von einem Fenster zum andern, und das Wispern des Meeres tief unter uns klang wie uralte Musik.

»Es gibt nur eine Erinnerung, die du mitnehmen mußt«, sagte ich, während ich mich auf meinem Diwan ausstreckte, und zog ihn über mich. Er fühlte sich hart und prachtvoll an. Ach, warum ist dies nicht die unveränderliche Antwort auf all unser Leid und unsere Einsamkeit? Es ist der höchste unserer Augenblicke auf Erden – doch leider nur ein Augenblick.

Alles, was wir taten, war von dem Wissen gefärbt, daß es ein Abschied war. Ich hielt ihn in meinen Armen und schwelgte in all den Liebesspielen, die mir wie eine Erinnerung erschienen, schon während sie geschahen …, nebelhaft und von Trauer durchzogen.

Es war gut, daß er jetzt gehen würde. Bald würde mein Körper anfangen, sich zu verändern, und er würde es bemerken. Dann würde ich die Freiheit verlieren, selbst zu entscheiden, was ich ihm erzählen wollte und was nicht. Vielleicht liebte ich die Vieldeutigkeit ebensosehr wie er. Cäsar hätte es nicht gebilligt, aber Cäsar war nicht mehr hier. Und überrascht erkannte ich, daß ich in dieser Hinsicht vielleicht mehr Ähnlichkeit mit Antonius hatte als mit Cäsar.

# 49

Als sein Entschluß einmal feststand, handelte Antonius schnell und traf die Vorbereitungen für seinen Abschied. Er würde mit einem kleinen Kontingent seiner Leibgarde auf geradem Wege nach Tyros reisen; an die zweihundert Schiffe seiner neugeschaffenen Flotte sandte er die Nachricht voraus, sie sollten sich bereit halten – wofür, das wußte er nicht genau. Eine frische Atmosphäre, so anregend wie der kräftige Frühlingswind, rauschte durch den Palast, ein Wirbel von Mänteln, Speeren, Botschaften, Segeln und dem Klirren der Waffen.

Er stand vor mir, um sich zu verabschieden. Flankiert von seiner Garde, wartete er in der Mitte des großen Audienzsaals. Es war alles höchst öffentlich, und er war plötzlich höchst römisch.

Ich trat ihm entgegen, mit Cäsarion an meiner Seite. Ich wußte, dieser Abschied würde meinem Sohn schwerfallen, denn Antonius war ihm inzwischen als ein beständiger Quell der Unterhaltung und der Anleitung unentbehrlich geworden. Ich legte den Arm um die schmalen Schultern, die mir inzwischen bis zur Brust reichten. In diesem Sommer würde er sieben werden.

»Ich bin gekommen, um Lebwohl zu sagen«, erklärte Antonius. »Es wäre mir unmöglich, dir deine Gastfreundschaft jemals zu vergelten, aber ich danke dir mehr, als ich sagen kann.«

»Mögen die Götter mit dir gehen und dich behüten auf deiner Reise!« Mein Mund formte die abgedroschenen alten Floskeln, während ich in Wirklichkeit sagen wollte: *Ich liebe dich, weil deine Ehre dich zwingt fortzugehen und weil du deshalb gehen wirst. Aber denke an meine Worte und Warnungen!*

Er verbeugte sich und sagte dann impulsiv: »Komm, schau mit mir über den Hafen hinaus. Sieh meine Schiffe.« Er streckte die Hand aus und ließ die formelle Abschiedsprozedur platzen. Ich nahm die Hand, und zusammen gingen wir durch die weite Halle hinaus in den Säulengang, wo das Gleißen der See und des Himmels meinen Augen weh tat. Der Hofstaat folgte uns.

Einen Augenblick lang waren wir allein; er lehnte sich zu mir und flüsterte mir ins Ohr: »Dies ist kein Abschied, nur eine kurze Trennung.« Sein warmer Atem ließ tausend Erinnerungen auffunkeln und weckte das Verlangen, das sich mit ihnen verband.

»Pflicht ist die strenge Tochter der Götter«, sagte ich. »Und jetzt müssen wir ihr die Ehre erweisen.« Ich ließ seine Hand los, denn sonst hätte ich versucht, ihn festzuhalten und zurückzuziehen.

Die Schiffe segelten davon, und ihre Segel waren weiß wie die Wellen des Meeres; sie wurden kleiner und kleiner, bis sie am östlichen Horizont verschwanden. Ich stand am Fenster und schaute hinaus, als sie den Leuchtturm umrundeten und Kurs auf die offene See nahmen. Cäsarion verfolgte es mit mir.

»Jetzt haben sie den Leuchtturm hinter sich … Jetzt müssen sie schon fast in Kanopos sein … Jetzt sind sie fort.« Seine Stimme klang leise und traurig. Das Spiel des Schiffebeobachtens hatte ihm eine Zeitlang Halt gegeben, aber jetzt war das letzte der Antonius-Spiele zu Ende.

Er seufzte und ging wieder hinein, um sich drinnen auf einen Stuhl fallen zu lassen. Auf dem Tisch wartete ein unterbrochenes Brettspiel. »Wann kommt er zurück?« fragte er.

»Ich weiß es nicht«, antwortete ich. Überhaupt nicht, dachte ich. »Er muß sich zu einem Krieg rüsten, und was danach passiert, können wir nicht wissen.«

Seltsam, wie er den Palast, wie er ganz Alexandria ausgefüllt hatte; so schien es wenigstens, und jetzt hallte alles von ihm wider und schrie nach ihm. Lange bevor er kam, hatte es das alles natürlich schon gegeben, aber jetzt schien es auf eigentümliche Weise ihm zu gehören, als habe er ihm sein Siegel aufgedrückt. Er hatte eigentlich gar nicht in meinen Gemächern gewohnt, aber sie sehnten sich doch – wie ich – schmerzlich nach ihm und waren nicht vollständig ohne ihn.

Ich ließ mich durch meine leeren Gemächer treiben und berührte jede Stelle, an der etwas fehlte, und dann verstaute ich das alles in meinem Herzen, faltete es so säuberlich und entschlossen zusammen, wie ein römischer Soldat sein Zelt zusammenfaltet, wenn der Morgen kommt. Es war vorüber. Antonius war fortgegangen, nachdem er mein Angebot eines persönlichen und politischen Bündnisses ausgeschlagen hatte; er war fortgegangen, um auf einer anderen Bühne seine eigenen Schlachten zu schlagen, und es waren seine Schlachten, nicht die meinen.

Natürlich war es noch nicht ganz vorüber. Da war noch das Vermächtnis unserer Begegnung in Tarsos und der langen, bunt flammenden Winternächte in Alexandria. Charmian wußte – oder ahnte – es, während sie selbst mit ihrer Trauer über die Abreise Flavius' zu kämpfen hatte. Eines Abends, nachdem sie mir das Haar gebürstet und mein Gewand zusammengelegt hatte, sagte sie schlicht: »Er ist also trotzdem fortgegangen.«

»Er wußte es nicht.« Es war eine Erleichterung, daß ich darüber mit jemandem sprechen, daß ich dieser hochwichtigen Tatsache endlich Ausdruck geben konnte. Ich fragte gar nicht erst: *Woher weißt du es?*

»Du hast es ihm nicht gesagt?« fragte sie ungläubig. »War das anständig ihm gegenüber?«

»Ich dachte es. Mir schien, es wäre nicht anständig, es ihm zu sagen.«

»Was ist unanständig an der Wahrheit? Wovor wolltest du ihn beschützen?«

»Das weiß ich nicht. Ich hatte eher das Gefühl, ich beschützte mich selbst.«

Sie schüttelte den Kopf. »Aber du hast das Gegenteil getan. Du hast dir geschadet. Man wird sagen … Oh, ich ertrage nicht, mir vorzustellen, was man über dich sagen wird!«

»Das ist mir gleich«, behauptete ich, aber das stimmte nicht ganz. Spott oder Mitleid ertrug ich nicht – vor allem letzteres nicht. »Und wen meinst du mit ›man‹? Meine Untertanen? Die Römer? Fulvia?« Da, jetzt hatte ich es gesagt: Fulvia.

»Oh, alle – alle! Wie sie über dich richten, wie sie tuscheln, wie sie Steine auf dich werfen …«

»Das tun sie in Judäa. Griechen und Ägypter steinigen niemanden«, erinnerte ich sie. »Außerdem wird es die Leute vielleicht überzeugen, daß Antonius mehr Ähnlichkeit mit Cäsar hat als Octavian, da er in seine Fußstapfen tritt.« Ich sah, daß die Sache auch eine heitere Seite hatte.

Charmian lachte ihr dunkles, heiseres Lachen. »Ich glaube nicht, daß es Cäsars *Fußstapfen* waren, denen er da gefolgt ist.«

Jetzt lachten wir beide. Schließlich wurde Charmian wieder ernst und sagte: »Ich glaube nicht, daß es Antonius schaden würde, einen Sohn zu haben, der ein Halbbruder Cäsarions wäre.«

Nein, nicht wenn Antonius sich diesen Umstand zunutze macht, dachte ich. Aber das würde er kaum tun. Darin lag seine Ehre und zugleich seine Schwäche.

Ein paar Tage später sah ich mich bemüßigt, Olympos ins Vertrauen zu ziehen; vielleicht fand ich auch, es sei ein Ausgleich dafür, daß ich Antonius nichts gesagt hatte, wenn ich nun einem anderen Mann davon erzählte. Er reagierte noch heftiger, als ich erwartet hatte.

»Hast du überhaupt keinen Verstand mehr?« rief er. »Wo ist denn dein …?«

Ich öffnete den Kasten, in dem ich sein Geburtstagsgeschenk verwahrte, und zeigte ihm wortlos die Flasche.

»Nicht angerührt, wie ich sehe«, stellte er fest, nachdem er hineingespäht hatte. Er klang verärgert wie der Vater eines unbotmäßigen Kindes; er stellte die Flasche auf den Boden und verschränkte die Arme, als erwartete er, daß ich nun ein Geständnis ablegte. »Nun?« sagte er und tappte mit dem Fuß.

»Du und Mardian, ihr liegt mir dauernd in den Ohren, ich solle für einen Thronerben sorgen; ich habe mich also nur bemüht, euch zu gehorchen.« Ich versuchte ihn anzulächeln, aber er wollte nichts davon wissen.

»Ach, meine Liebe, meine teure Königin und Freundin!« jammerte er. »Das ist schrecklich! Schrecklich! Beim ersten Mal hat die Welt ein Auge zugedrückt nach all dem Hokuspokus mit Isis und Amun, und die Götter wissen, daß Cäsar sich sowieso alles erlauben konnte, aber jetzt ist es etwas anderes. Antonius ist nicht Cäsar …«

Wie Antonius selbst bemerkt hatte. »Olympos …« Ich war gerührt, daß er so tief betroffen war; es war tröstlich, daß jemand es war.

»... Antonius ist nicht Cäsar, und die Welt ist hart gegen ihn. Außerdem hat er viele andere Kinder, anders als Cäsar. Dies ist kein besonderes Geschenk, das du ihm da machst, etwas, das niemand sonst ihm hat bieten können, sondern ... Wie viele Kinder hat er eigentlich?«

Da mußte ich innehalten und nachzählen. Mindestens eins aus seiner Ehe mit seiner Base Antonia – und er und Fulvia hatten zwei Söhne. »Drei, von denen ich weiß«, gestand ich.

»Siehst du? Was bedeutet da ein viertes? Außerdem – wenn er Fulvia wiedersieht, gibt es noch eins.«

Der Gedanke war schmerzhaft – zumal er wahrscheinlich zutreffend war. Ich wußte keine vernünftige Antwort.

»Setz dich hierher!« befahl Olympos, ohne sich darum zu kümmern, daß er nicht das Recht hatte, mir irgend etwas zu befehlen. Ich war zuerst seine Königin, an zweiter Stelle seine Freundin und an dritter seine Patientin, aber jetzt hatte das dritte den Vorrang. Er nahm mir gegenüber Platz und starrte mich an; sein langes, dunkles Gesicht war angespannt vor Sorge. »Wer weiß sonst noch davon?«

»Nur Charmian. Und nur, weil sie es erraten hat. Du bist der einzige, dem ich es verraten habe.«

»Antonius nicht«, sagte er sofort.

»Nein, Antonius nicht.«

»Er ahnt auch nichts?«

»Nein.«

»Gut. Dann ist es noch früh genug, denn sonst hätte er es gemerkt. Jetzt hör zu. Du mußt es loswerden. Wir haben noch Zeit dazu – allen Göttern sei Dank.«

»Aber ich ...«

»Hör dir wenigstens meine Argumente an, und dann denke heute abend darüber nach. Ich habe ein Elixier, das wirkt, wenn man es in den ersten Wochen einnimmt. Es wird dir nicht schaden. Niemand braucht etwas zu wissen. Du kannst es loswerden, genau wie Antonius.«

Seine Wortwahl tat mir weh – aber wiederum nur, weil sie zutreffend war.

»Überleg es dir! Frage dich, warum du dich bestrafen willst, indem du es auf dich nimmst, wenn du es nicht mußt. Ist es nicht schmerzhaft genug, so verlassen zu werden. Brauchst du da auch noch einen Bastard?«

Er stand auf, wiederum ohne meine Erlaubnis. Ich saß da und starrte ihn an.

»Ich komme nach dem Abendessen zurück. Sieh zu, daß du zeitig ins Bett gehst! Charmian schickst du fort; sag ihr, du möchtest allein sein.«

»Du redest wie mein Liebhaber«, antwortete ich matt.

»Nein, ich bin derjenige, der ungeschehen machen muß, was dein Liebhaber angerichtet hat. Ich räume auf, was andere Leute durcheinanderbringen.«

Wie eine Schlafwandlerin tat ich, was er sagte. Es war seltsam tröstlich, jemanden zu haben, der mir Befehle erteilte und mir genau vorgab, was ich zu tun hatte. Nicht denken, nur gehorchen. Ich war erschöpft von der Bürde der Entscheidungen, vom Inszenieren der Ereignisse und von der Notwendigkeit, Antonius zu führen, zu unterhalten, zu umschmeicheln. Wie wohltuend erschien es mir da, einmal geführt und von jeglicher Verantwortung befreit zu werden!

Ich wartete in meinem Schlafgemach, in ein einfaches Nachtgewand und einen Umhang gekleidet. Charmian hatte mir das Haar gebürstet, mir die Hände mit Mandelmilch eingerieben und die Füße mit Minzewasser massiert. Dann hatte sie drei kleine Lampen angezündet und mein Lieblingsfenster geöffnet, das mir einen Ausblick über das Palastgelände bot. Dann hatte sie sich fortgestohlen – in der Annahme, daß ich nun in süßer Ruhe die Nacht verbringen würde.

Olympos erschien wenig später, ein lautloser Besucher, der plötzlich da war. Er brachte ein Bündel mit, das in ein Tuch gewickelt war. Ehrfürchtig wickelte er es aus und reichte es mir.

Es war eine hohe, schlanke Glasflasche. Durch das seegrüne Glas sah ich, daß der Inhalt ebenfalls grün war. Ich hielt die Flasche schräg und beobachtete, wie der dickflüssige Inhalt zur Seite rollte.

»Das ist dein Freund«, sagte Olympos. »Ein Freund, der die Tür deines Gefängnisses öffnet und dich in die Freiheit entläßt.«

»Was muß ich tun?« fragte ich. Es erschien mir unmöglich, daß eine so kleine Menge Medizin solche Macht haben sollte.

»Wenn ich gegangen bin, trinkst du es aus – alles auf einmal. Bedecke dein Bett mit diesen Tüchern.« Er hielt mir einen Korb entgegen. Ich sah zusammengefalteten Stoff. »Leg dich hin. Warte. Es wird nicht schmerzhaft sein – warte nur ab. Nachher sammelst du die Tücher ein und versteckst sie. Ich komme möglichst bald nach dem Morgengrauen zu dir und hole sie ab, bevor Charmian oder Iras erscheinen.«

Ich nahm den Korb und ging zu meinem Bett.

»Denke nur immer daran«, sagte er, »morgen abend wird das alles nur noch eine Erinnerung sein. Vergangenheit. Verliere nicht den Mut.« Er nahm meine Hand. »Deine Hand ist kalt. Fällt es dir so schwer?«

Ich schluckte und nickte. Meine Hand fühlte sich an wie ein Stück Eis in der Wärme der seinen.

»Die meisten Leute haben nie Gelegenheit, ihre Fehler ungeschehen zu machen. Zumeist bleiben die Folgen unserer falschen Entscheidungen bei uns, und wir müssen sie auf uns nehmen. Davon wird es noch viele geben, für uns beide. Aber dies braucht nicht dazuzugehören.« Er drückte meine Hand. »Bitte hab keine Angst!« Er schwieg kurz. »Ich komme in wenigen Stunden wieder. Ich verspreche es dir.« Wieder zögerte er. »Es fällt mir auch nicht leicht, meinen Eid als Arzt zu brechen und dir so etwas zu geben. Es ist für uns beide kein Kinderspiel. Aber es muß geschehen.«

Er ging so lautlos, wie er gekommen war, und danach stand ich töricht an meinem Bett. Wieso konnte er nicht bei mir bleiben? Aber das ging natürlich nicht, wenn dieses Ereignis völlig ausgelöscht werden sollte. Es mußte kommen und gehen, ohne daß es einen Zeugen gab.

Ich breitete die dicken Tücher auf dem Bett aus und hielt dann die Flasche mit der Medizin hoch. Meine Hände waren noch immer so kalt, daß sie das Glas nicht erwärmten. Ich stellte die Flasche hin und rieb mir die Finger, so fest ich konnte: Schnee gegen Schnee. Sogar meine Nase war kalt; ich berührte die Spitze und berührte einen Stein im Winter. Alles Blut wich aus meinen Gliedern, als hätte ich das Elixier bereits genommen.

Ich hielt die Flasche vor die Lampe. Waren alle Arzneien grün? Ich erinnerte mich an den Trank, den wir in Kanopos bekommen hatten. Vielleicht hatte er den Zustand hervorgebracht, der jetzt nach diesem Gegenmittel verlangte – ein grünes Gebräu, das ein zweites forderte. Mich schauderte.

Nimm es nicht, sagte ich mir, und ein Tag wird auf den anderen folgen, du wirst dicker und immer dicker werden, und die ganze Welt wird wissen, daß Antonius nach Alexandria kam, sich dort vergnügte und einen Bastard hinterließ – einen Bastard, der amüsiertes Gelächter in Rom und hämische Bemerkungen bei Octavian hervorrufen würde. Noch eine verstoßene Mätresse wie Kytheris und Glaphyra, würde man sagen.

Und selbst auf Cäsar würde es ein schlechtes Licht werfen, erkannte ich mit einem flauen Gefühl im Magen. *Antonius hat Cäsars Witwe für sein Vergnügen benützt und dann verstoßen. Was gut genug war für Cäsar, war eine Nichtigkeit für Antonius.* Was sagte das über Cäsar? Ich hätte sein Gedächtnis entehrt – ich, die ich vor allem anderen versprochen hatte, es in Ehren zu halten. Antonius hatte Cäsars Platz eingenommen und dann darauf herumgetrampelt. Und ich hatte es zugelassen. Das würde man sagen.

Ich griff nach der Flasche und zog vorsichtig den Stopfen heraus. Das ist das mindeste, was ich tun kann, um es wiedergutzumachen, dachte ich in wilder Panik. Cäsar, verzeih mir. Es ist nicht so, wie die Welt glauben würde. Du weißt es, aber niemand sonst wird es wissen. Es gibt nur eine Möglichkeit, diese Entehrung zu verhindern. Ich werde dich nicht ein zweites Mal enttäuschen.

Als ich die Flasche an den Mund setzte und den glatten Glasrand an den

Lippen fühlte, spürte ich, daß etwas oder jemand unsichtbar in meiner Nähe war. Das genügte, um mich zögern zu lassen. Ruckartig nahm ich die Flasche vom Mund und stellte sie zitternd hin. Was war das für ein Gedanke, der da plötzlich auftauchte? Da hockte er, schillernd wie die Augen der Schlange in Meroë und genauso giftig wie sie.

Ich wich zurück. Wieso hatte ich nicht einmal versucht, mir irgendein Gegenargument einfallen zu lassen, bevor ich anfing, die Flasche leer zu trinken? Es war, als wäre mein Verstand gelähmt, so daß er Olympos' Vorschlägen nun dumpf gehorchte – lauter rationalen, überzeugenden Vorschlägen.

Nur daß sie … die entscheidende Tatsache mißachteten. Wenn man alles andere beiseite ließ – Antonius' andere Kinder, Fulvia, Rom, Octavian, Cäsar, ein uneheliches Kind, die Lächerlichkeit –: Die Götter und Isis, die Muttergöttin, hatten mir ein Kind geschenkt! Ich war Mutter, und alles andere verblaßte neben dieser großartigen Tatsache zur Bedeutungslosigkeit. Wie Cäsarion mir Freude gebracht hatte, so würde es auch dieses Kind tun. Was aus ihren Vätern wurde, war beinahe belanglos – besser gesagt, es war eine völlig andere Sache. Das eine konnte das andere nicht aufheben.

Weinend ließ ich mich auf das Bett fallen; voller Angst sah ich, wie nah ich davor gewesen war, den einen – den einzigen Fehler – in dieser ganzen Angelegenheit zu begehen. Und der hätte sich niemals ungeschehen machen lassen, mit oder ohne Olympos.

Vielleicht war Isis selbst zu mir gekommen.

Ich riß die Tücher beiseite und legte mich ins Bett. Meine Hände waren wieder warm, und ich schlief ein, zutiefst erleichtert.

Als ich aufwachte, beugte Olympos sich über mich. Er deutete auf die beiseite geworfenen Tücher und legte sie dann in seinen Korb. Er berührte mich, zart und stolz zugleich. Dann sah er die volle Flasche auf dem Tisch. Sein Blick veränderte sich.

»Wie ich sehe, hast du es nicht zu Ende gebracht«, stellte er betrübt fest.

»Ich konnte es nicht«, flüsterte ich. »Ich wollte nicht.«

»Du hättest keine Angst haben müssen. Ich habe dir doch gesagt …«

»Ich hatte keine Angst«, beruhigte ich ihn. »Aber, weißt du – es ist schwer zu erklären –, aber ich liebe dieses Kind, obwohl ich noch nicht weiß, wie es aussieht oder wie es heißt …«

Er schüttelte den Kopf. »Du hast recht. Du kannst es nicht erklären. Nicht verständlich jedenfalls.« Resigniert nahm er Flasche und Korb und verschwand. Es war noch nicht hell, und als Iras schließlich kam und fröhlich »Guten Morgen!« sagte, kam mir die ganze Nacht vor wie ein Traum.

Vielleicht war es Cäsar gewesen, der zu mir gekommen war und gesagt hatte: *Beschütze mich nicht auf eigene Kosten! Das erlaube ich nicht!* Vielleicht aber war es auch das Kind selbst gewesen, das mich gerufen hatte. Oder einfach mein gesunder Menschenverstand. Ich würde es niemals wissen.

Ich blieb im Bett liegen; ich fühlte mich schwach. Iras plapperte munter auf mich ein; sie redete vom Wetter und überlegte, ob es warm genug sei, um auf der Terrasse zu frühstücken.

»Iras«, sagte ich schließlich, »ich bin noch müde. Ich glaube, ich möchte noch ein bißchen ruhen.« Ich zog mir die Decke über den Kopf und blendete das Licht aus.

Tage vergingen. Ich hatte nie den Wunsch, Olympos zurückzurufen oder nach seinem Trank zu verlangen; statt dessen fühlte ich mich zutiefst befreit. Immer wieder stellte ich mir vor, wie ich mich fühlen würde, wenn ich seine Arznei genommen hätte. *Morgen abend wird das alles nur noch eine Erinnerung sein. Vergangenheit.* Ich war dankbar dafür, daß das, was ich noch hatte, keine Erinnerung war, sondern etwas, das in meiner Zukunft lag und auf mich zukam.

Stückweise kamen Neuigkeiten. Antonius hatte Tyros erreicht. Von dort war er nach Rhodos weitergesegelt, und dann nach Ephesos – östlich davon waren die Parther aufgehalten worden. Alles andere hatten sie besetzt, auch Tarsos, das noch kürzlich Antonius' Spielplatz gewesen war. Ich fragte mich, was wohl aus dem neuen Gymnasion dort geworden sein mochte, diesem stolzen Symbol griechischer Lebensart. Solche merkwürdigen Sorgen überkommen uns inmitten größeren Kummers.

Von Ephesos war Antonius nach Athen gesegelt, wo er die Legionen aus Makedonien sammeln wollte. Die aber waren damit beschäftigt, Attacken aus dem Norden abzuwehren; da war ihm klar, daß er seine im fernen Gallien stationierten Legionen benachrichtigen und in den Osten rufen mußte. Das jedoch würde Monate dauern.

In Athen erwarteten ihn sein General Munatius Plancus und sein anderer General, seine Gemahlin Fulvia. Ich versuchte mir dieses Wiedersehen vorzustellen und konnte es nicht – wahrscheinlich, weil ich es nicht vor meinem geistigen Auge sehen wollte. Aber es kam ein langer Brief von einem von Mardians Spitzeln, und eilig hastete er zu mir, um ihn mir zu zeigen.

»Hier, hier sind Neuigkeiten aus Athen«, sagte er und hielt mir den Brief entgegen. »Dem Schreiber kannst du vertrauen; er war einer meiner Mitschüler im Palast und ein beachtlicher Geschichtenerzähler.«

Halb widerstrebend nahm ich den Brief und las ihn. Jetzt, da er hier war – wollte ich wissen, was darin stand?

»Mein hochgeschätzter Mardian, ich grüße …« und so weiter; ich übersprang die persönlichen Passagen.

Die Ankunft des Triumvirn Antonius hat hier ziemliches Aufsehen erregt, denn alle Welt wartet nun ab, was er wohl tun wird. Wir wußten ja schon, was er jetzt erst erfahren hat: daß sein Kollege im Triumvirat, Octavian, die Legionen in Gallien übernommen hat, nachdem deren Kommandant Calenus, ein Freund des Antonius, durch eine günstige Fügung gestorben war. Damit hat Antonius soeben elf Legionen verloren, und das nicht an die Parther. General Plancus und Fulvia hatten nach all ihren Bemühungen für die Sache des Antonius einen schöneren Lohn erhofft. Er hat sie nicht nur nicht gelobt, sondern ihnen – nach allem, was wir hören – sogar noch die Schuld an seinen Schwierigkeiten gegeben.

Ich ließ den Brief für einen Moment sinken. »Aber Octavian ist doch die Ursache für seine Schwierigkeiten!« sagte ich laut. Mardian zog nur die Brauen hoch.

Sextus hat Vertreter geschickt, darunter seinen eigenen Schwiegervater, um mit Antonius zu verhandeln. Er bietet ihm ein Bündnis an, und unlängst ist auch die Mutter des Antonius gekommen und hat zugunsten von Sextus gesprochen. Sie hat während der letzten Kämpfe, die in Italien einiges an Unbill und Mißmut hervorgerufen haben, bei ihm Zuflucht genommen.

Antonius lehnt es ab, eine Allianz mit Sextus Pompejus auch nur in Erwägung zu ziehen, und ist statt dessen nach Italien aufgebrochen. Er hatte einen schroffen Wortwechsel mit seiner Gemahlin, als sie ihn wegen des Skandals zur Rede stellen wollte, den er durch seine Beziehung zu Deiner erhabenen Herrin Kleopatra hervorgerufen habe. – Und an dieser Stelle muß ich Dir sagen, Mardian, daß es in der Tat ein Skandal war; den ganzen Winter über hat man hier kaum über etwas anderes geredet! Wir hörten Erzählungen von ausgelassenen Gelagen bei Tag und bei Nacht; zwölf Ochsen, die gleichzeitig am Spieß gebraten wurden, Trinkorgien und irgendein Verein zur Pflege von Exzessen … Deine Pflichten dort müssen wirklich interessant sein! Ich hätte in Alexandria bleiben und auch eine Laufbahn im Palast einschlagen sollen; das wäre sicherlich lohnender gewesen als das, was ich jetzt mache, als Bibliothekar unseres Gymnasiarchen.

Ich merkte, wie meine Gesichtshaut sich spannte, als mir klar wurde, daß ich Gesprächsstoff geboten hatte, mit dem sich gelangweilte Leute die Zeit vertrieben. Ein Verein zur Pflege von Exzessen!

Fulvia ist auf dem Weg zu den Schiffen krank geworden, und in seiner Ungeduld hat Antonius sie in Sikyon zurückgelassen und ist mit Plancus allein weitergereist. Wohin? Nach Westen sind sie gesegelt; mehr wissen wir nicht. Das Dumme ist, daß Domitius Ahenobarbus, der einsame republikanische Admiral, in den Gewässern zwischen uns und Italien patrouilliert. Antonius fährt geradewegs in den Rachen dieser Flotte.

Ich legte den Brief aus der Hand. Das war alles, soweit es Antonius betraf; der Rest war privat oder drehte sich um lokale Angelegenheiten.

»Danke«, sagte ich zu Mardian. »Das ist sehr viel aufschlußreicher als die offizielle Korrespondenz.« Ich schwieg kurz. »Ich habe also für einen Skandal gesorgt?«

»Das tust du immer«, erwiderte er mit schüchternem Achselzucken. »Schon in den Tagen des ägyptischen Vereins – weißt du noch? Als wir fortgelaufen waren ...« Er lachte. »Skandale sind nichts weiter als das Markenzeichen eines außergewöhnlichen Menschen. Was du tust, kommt unerwartet, und es ist bemerkenswert.«

»Das ist schmeichelhaft formuliert, aber ich will dir nicht widersprechen.« Und warte nur, bis das nächste Thema sichtbar wird, dachte ich. Damit die Athener auch im nächsten Winter etwas haben, worüber sie reden können.

Aber als er gegangen war, versank ich in Düsterkeit. Die Lage von Antonius war finster. Wie viele Legionen hatte er verloren? Sein eigenes Territorium im Osten war besetzt, und jetzt war Octavian mit seinen Intrigen dabei, ihn aus dem Westen auszusperren.

Auch Ägypten sollte sich bereit machen für den Fall, daß die Parther ihre Blicke in unsere Richtung lenkten. Dank der letzten guten Ernte hatten wir die Mittel, uns zu bewaffnen, und meine neue Flotte war fast fertig. Wir würden auf alle Fälle beträchtlichen Widerstand leisten; leicht waren wir nicht zu überwältigen.

Draußen funkelte die Sonne auf dem Wasser. Der Hochsommer war da, die Zeit, da die Dinge sich bewegten in der Welt. Schiffe segelten, Armeen marschierten, Boten galoppierten, wohin sie wollten. Und die Ereignisse vereinten Kräfte wie ein aufziehendes Unwetter.

Und endlich, endlich kam ein Brief von Antonius selbst. Er war in Athen abgeschickt worden, vor seiner Abreise dort, und so waren die Nachrichten, die er enthielt, alt. Wo war er jetzt? Was war seitdem geschehen?

Meine Seele,

seit wir uns trennten, fliegen meine Gedanken jeden Tag zu Dir, aber sie sind taub und stumm. Sie können nicht mit Dir sprechen, und ich kann nicht hören, was sie aus Deinem Munde vernehmen. Daher taugen sie wenig, aber sie können da sein, wo ich gern wäre. O glückliche Gedanken! Mir ist ohne Dich zumute wie in finsterster Jahreszeit, auch wenn alle Welt behauptet, es sei Sommer. Für andere mag es das sein.

Was ich gefunden habe: die Parther siegreich nach Westen vorgedrungen, schon bis Stratonicea. Aber ihr Vormarsch wurde zum Stehen gebracht. Es ist erforderlich, daß ich nach Rom reise, wo Unruhe herrscht. Zu Sextus habe ich gesagt: Nur wenn mein feierlicher Pakt mit Octavian und Lepidus unwiderruflich zerbrochen sein sollte, werde ich mit ihm separat verhandeln. So muß es sein.

Ich schüttelte den Kopf. Er war so störrisch! Octavian nahm ihm seine Legionen weg, aber er weigerte sich immer noch, schlecht von ihm zu denken. Besser gesagt, er weigerte sich, aufgrund dessen, was er doch spüren mußte, zu handeln.

Mein Freund Herodes ist aus Masada entschlüpft und hat zu Petra die Nabatäer aufgesucht, um sich dort Unterstützung gegen die Parther zu beschaffen. Er denkt, daß er noch nach Ägypten reisen wird; bitte heiße ihn willkommen, und gib ihm in meinem Namen ein Schiff, damit er nach Rom fahren kann! Er muß den Thron von Judäa zurückbekommen.

Tausend Küsse auf Deine Hand, Deinen Hals, Deine Lippen.

M. A.

Fast konnte ich sie fühlen. Lächelnd legte ich den Brief in eine Kassette für meine private Korrespondenz. Ich bemerkte, daß er Fulvia mit keinem Wort erwähnt hatte.

Mehrere Wochen vergingen, ohne daß weitere Nachrichten eintrafen – zumindest aus der Außenwelt. Ich hatte angefangen, mich in voluminöse Gewänder aus vielen Schichten feinster Seide zu kleiden, und behauptete, das sei eine neue Mode. Mit Bedacht gab ich die Gewänder schon sehr früh in Auftrag und trug sie auch gleich, als es noch gar nichts gab, was Aufmerksamkeit hätte erregen können. Auf diese Weise hoffte ich meinen Zustand möglichst lange geheimhalten zu können. Ich ließ Charmian und Iras ähnliche Kleider tragen, und bald imitierte uns der ganze Hof. Der Palast füllte sich mit flatternden menschlichen Schmetterlingen, mit langgestreckten, wirbelnden Farbwolken vor weißem Marmor. So hübsch sah es selten aus bei uns.

Sogar Mardian versuchte sich an einer etwas angepaßten Form dieser Mode; er kleidete sich in hellere Farben und weitere Gewänder als sonst und erklärte, das sei sehr bequem. Da sein Leibesumfang stetig zunahm, wunderte mich das nicht. Enge Gürtel und straffe Schultern müssen eine Qual für ihn gewesen sein, aber als mein oberster Minister mußte er die meiste Zeit über förmliche Kleidung tragen. So profitierte auch er von meinem Zustand.

Eines heißen Tages kam er mit aufgeregter Miene in meine Gemächer getappt. Ich sah, daß er eine neue Art Sandalen besaß, die zu seinen Kleidern paßten: Ein einzelner Riemen schlang sich um den großen Zeh und ein zweiter um die übrigen. Ringsum an den Rändern waren goldene Lotosblüten auf das Leder gemalt.

Er schwenkte einen Brief. »Das hier ist eben gekommen!« rief er.

Ich nahm den Brief. »Nach deinem Gesicht zu urteilen, muß er Gutes enthalten«, sagte ich. »Bitte nimm dir doch von diesem kühlen Saft hier; es ist eine Mischung aus Kirschen und Tamarinden und schmeckt sehr gut.« Ich deutete auf einen Krug, der, von Bechern umringt, auf meinem Tisch stand.

Er tat es, kostete einen Schluck und füllte sich den Becher ganz. »Äußerst erfrischend.« Er nickte. Dann setzte er sich erwartungsvoll hin und zog seine Gewänder säuberlich zurecht.

Der Brief war vom ägyptischen Gesandten in Apollonia an der Westküste Griechenlands, wo die große Hauptstraße, die Via Egnatia, begann. An der schmalen Meerenge der Adria gelegen, unmittelbar gegenüber von Italien, war es ein idealer Horchposten, um nach Griechenland und nach Italien hineinzulauschen.

Meine gefürchtete und mächtige Königin, ich grüße Dich! Einen solchen Anblick, wie wir ihn mit unseren eigenen Augen gewahren durften, werden wir nie vergessen, und ich will versuchen, auch Dich sehen zu lassen, was wir sahen. Die Flotte des Ahenobarbus, an die hundert Schiffe stark, kreuzte in unseren Gewässern. Sie rief stets Entsetzen hervor, denn noch vor kurzem hatte sie Brundisium überfallen, und so säumten wir alle die Klippen und beobachteten sie furchtsam. Vom Ufer aus sahen wir andere Schiffe herankommen, und man sagte uns, sie gehörten dem Triumvirn Antonius. Antonius ließ den Großteil seiner Flotte hinter sich und segelte mit nur fünf Schiffen kühn dem Ahenobarbus entgegen; er würde sich diesem völlig ausliefern, sollte die Auskunft, die man ihm gegeben hatte – nämlich, daß sein General Asinius Pollo eine Übereinkunft mit Ahenobarbus ausgehandelt habe – falsch sein.

Näher und näher kamen sie, und Ahenobarbus wirkte bedrohlich. Erst als er dicht herangekommen war – und es für Antonius' Rettung viel zu spät gewesen wäre, wenn die Situation anders ausgesehen hätte –, wandte Ahenobarbus die Rammsporne seiner Schiffe ab und machte so das Friedenszeichen. Die beiden Flotten vereinten sich und segelten zusammen nach Italien weiter.

Das Bemerkenswerteste aber ist das, was die Seeleute selbst berichteten: General Plancus habe versucht, den Triumvir zu bereden, er möge sich nicht in blindem Vertrauen in die Hand von Ahenobarbus begeben, aber Antonius habe darauf geantwortet: »Lieber sterbe ich durch einen Vertrauensbruch, als daß ich mich durch Feigheit rette.«

Ich hörte auf zu lesen und versuchte mir vorzustellen, wie es gewesen war. Die Schiffe auf dem Meer, die aufeinander zufuhren, und die Menschen an Land, die es beobachteten … wie die Kriegsschiffe im letzten Augenblick beidrehten – und zweifellos stand Antonius auf dem Deck, ohne mit der Wimper zu zucken.

»Wie gut es zu ihm paßt«, sagte ich.

»Was?« fragte Mardian.

»Dieser Satz: daß er lieber durch einen Vertrauensbruch sterbe – den jemand anders begeht. Niemals er selbst.« Das war sein Glanz und zugleich seine Torheit. Eines Tages würde es ihm den Untergang bringen. Insofern war er wie Cäsar, nur mit einem Unterschied: Cäsar hatte niemals an die Vertrauenswürdigkeit anderer Leute geglaubt, immer nur an die eigene. »Und so bleibt uns nichts anderes übrig, als ihn weiter zu beobachten, während er noch immer auf dem Weg nach Italien ist«, sagte ich zu Mardian. »Die Geschichte ist noch nicht erzählt.« Ich hatte das Gefühl, das Warten würde mich noch umbringen.

Die nächste Nachricht, die eintraf, war selbst für mich ein Schock, und ich bildete mir doch ein, ich könne voraussehen, wie tief einer in seinen Taten zu sinken vermochte. Um Sextus Pompejus auf seine Seite zu ziehen, hatte Octavian die Tante von Sextus geheiratet! Sie hieß Scribonia, war eine notorische Xanthippe und viele Jahre älter als Octavian.

Ich ließ mich auf einen Schemel fallen und lachte und weinte gleichzeitig. Während Antonius auf die Angebote von Sextus immer nur auf die strengste und schicklichste Weise geantwortet hatte, war Octavian bereit, sich mit der Tante davonzumachen, um Sextus zu entwaffnen.

»Es heißt, sie sei lang und knochig«, sagte Mardian kopfschüttelnd.

»Nun, daß Octavian heiratet, bedeutet ja noch lange nicht, daß er auch seinen ehelichen Pflichten nachkommt«, erklärte ich und dachte an Claudia. »Jetzt war er also schon mit einem Kind und mit einer alten Frau verheiratet – aus politischen Gründen.«

Die Situation war komisch, aber seine Skrupellosigkeit war alles andere als das.

# 50

Der Sommer ging weiter – der herrlichste Sommer in der jüngeren Erinnerung; der Seewind war köstlich kühl wie der Alabaster in einem schattigen Tempel und die Sonne so wohltuend, wie die Götter sie nur sein lassen konnten. An vielen Abenden lud ich Olympos' gelehrte Freunde aus dem Museion zu uns in den Palast ein, um uns von ihnen – wenn das kein allzu unpassender Ausdruck ist – unterhalten zu lassen. Cäsarion interessierte sich immer mehr für Mathematik, und ich hoffte, dies werde eine angenehme Art des Lernens für ihn sein. Sie waren alle sehr freundlich zu ihm und schienen nicht müde zu werden, ihm alles zu erklären. Besonders aber hatte es ihm der führende Astronom angetan, ein junger Mann namens Diodoros, der sich mit den älteren Gelehrten ebenso wohl zu fühlen schien wie mit einem siebenjährigen Knaben.

Abends, wenn es dämmrig wurde, versammelten wir uns in einem Teil des Palastes, in dem es Räume gab, die sich für unsere Gruppe besonders gut eigneten; die breiten Fenster gingen zum Hafen hinaus, und in den Wandgemälden wiederholte sich die Szenerie, so daß es aussah, als wären wir zu allen Seiten von freier Luft umgeben. Die sanften Winde, die hereinwehten, verstärkten diese Illusion.

Bei diesen Zusammenkünften aßen wir sehr wenig, aber ein vorzüglicher Wein wurde reichlich serviert. Olympos bezichtigte mich, ich wolle ein griechisches *symposion* abhalten; aber ich wies ihn darauf hin, daß es ja nicht nach einem Abendessen stattfinde, daß mir im übrigen nicht daran liege, jedermann betrunken zu machen, und daß anders als bei einem echten *symposion* auch Frauen zugegen seien.

»Du solltest sie dazu bringen, mehr zu trinken«, schlug er vor. »Dann würden sie anfangen, sich über die Theorien zum Umfang der Erde zu streiten, und ob bei der Tag-und-Nacht-Gleiche eine Präzession vorliegt, und du würdest sehen, wie kleingeistig deine Akademiker wirklich sind. Die Männer, die du für die aufgeklärtesten hältst, sind zu den scheußlichsten Kämpfen fähig – schlimmer als Gladiatoren! Es sind schon welche bei der Verteidigung ihrer Theorie zur Armillarsphäre gestorben.« Er lachte leise.

»Jetzt offenbarst du deinen tiefwurzelnden Zynismus«, sagte ich. »Außerdem ist Alexandria sehr nüchtern geworden, seit Antonius fort ist.« Das galt wenigstens für mich selbst.

»Weil die Stadt seine Abreise betrauert«, entgegnete er. »Er und Alexandria waren ein gutes Paar.«

Antonius ..., Alexandria ... Diese Abende dienten dazu, mich von der allgegenwärtigen Sorge um die Ereignisse in Italien und von meinem eigenen Zustand abzulenken. Die wehenden Gewänder verhüllten ihn immer noch wirkungsvoll, aber noch hatte ich mich nicht um die praktischen Probleme bekümmert, die mich erwarteten.

Diodoros verkündete, er habe eine Demonstration für uns, vor allem aber für Cäsarion vorbereitet; es müsse aber ganz dunkel sein, damit sie funktioniere. »Ich will euch zeigen, wie die Erde und der Mond im Licht der Sonne Schatten werfen, und uns damit ermöglichen, die Größe der Erde zu messen. Und ich will euch zeigen, wie Eklipsen zustande kommen.«

Die älteren Männer machten geringschätzige Geräusche, aber Diodoros hob die Hände. »Mir ist klar, daß euch alle Theorien bekannt sind. Aber könnt ihr auch ein Modell entwickeln, welches sie illustriert? Das ist es, was ich vorführen möchte.« Er war ein dürrer kleiner Mann, der mich an eine Heuschrecke erinnerte – er schien von hier nach da zu hüpfen, und kaum war er gelandet, hüpfte er schon wieder. Er beugte sich zu Cäsarion hinunter, um ihn unmittelbar anzureden. »Du mußt jetzt aufmerksam zuschauen.«

Er eilte davon, um eine Fackel vorzubereiten, hinter der ein blankes Blech aufgestellt war, das als Spiegel diente. Diener mußten Kugeln an Schnüren von der Decke herablassen oder zwischen Säulen aufhängen.

»Unterdessen: Trinkt, trinkt, trinkt!« rief er. »Das macht es euch leichter, euch von der Demonstration überzeugen zu lassen! Ihr werdet dann ihre Mängel nicht sehen, die Schnüre zum Beispiel!«

»Du nicht«, sagte ich zu Cäsarion und meinte den Wein. »Und ich auch nicht.«

Während wir darauf warteten, daß es ganz dunkel wurde, fragte Diodorus mich, was ich für die bevorstehende Sonnenfinsternis plante.

»Ich wußte nicht, daß eine bevorsteht«, gestand ich.

»Oh!« Seine zirpende Stimme klang ehrlich überrascht. »Du mußt wirklich sehr beschäftigt gewesen sein, wenn du von der Sonnenfinsternis nichts weißt. Sie ist das wichtigste Himmelsereignis in diesem Jahr.«

Ja, beschäftigt. Was für eine oberflächliche Beschreibung dessen, was ich gewesen war und immer noch war! »Vermutlich«, sagte ich. »Wann soll sie denn stattfinden? Ich habe noch nie eine gesehen.«

»In fünfzehn Tagen. Und natürlich hast du noch keine gesehen. Seit fünfzig Jahren hat es keine derart bedeutende mehr gegeben. Oh, das wird ein Ereignis werden! Die Wissenschaftler werden sich bereit halten, um es zu studieren. Der Himmel verdunkelt sich, und die Tiere glauben, es wird Nacht. Stille senkt sich herab … Die Temperatur fällt … Es ist höchst dramatisch!«

»Aber wie dunkel wird es denn?«

»Wie in der Nacht!« behauptete er und fügte dann hinzu: »Natürlich habe ich es auch noch nicht gesehen; ich muß mich also an das halten, was man darüber geschrieben hat. Ich kann es kaum erwarten!«

Eine Sonnenfinsternis. Was konnte das bedeuten? Ich würde die königlichen Astrologen befragen müssen. Zweifellos würden auch Astrologen aus dem Ausland angereist kommen.

Er hüpfte wieder davon, um seine Fackel anzuzünden und mit seiner Demonstration zu beginnen.

»Wir stellen uns nun vor, dieses Feuer sei die Sonne, die ihr Licht und ihre Wärme verstrahlt …«

Und er zeigte uns die Erde – eine Holzkugel, die zwischen zwei Säulen hing – und den Mond, und dann zog er an Schnüren und ließ sie dergestalt aneinander vorbeiwandern, daß sie sich in bestimmten Augenblicken gegenseitig überschatteten. Wenn der »Mond« zwischen »Erde« und »Sonne« hindurchzog, gab es eine »Sonnenfinsternis«, und wenn die »Erde« zwischen »Sonne« und »Mond« geriet, kam es zu einer »Mondfinsternis«.

»Und seht ihr, wie der Schatten gekrümmt ist?« Seine Stimme hob sich aufgeregt. »Das ist die Krümmung der Erdkugel. Wenn wir sie nun messen und die Entfernung des Mondes berechnen, dann können wir auch die Größe der Erde selbst ermitteln. Verstehst du das?« Er wandte sich plötzlich an Cäsarion, der all das aufmerksam verfolgte.

»Ja, natürlich«, antwortete er voller Würde. »Aber das Problem dürfte darin bestehen, genau zu berechnen, wie weit der Mond entfernt ist.«

Diodoros war überrascht ob dieser klaren und bündigen Antwort. Und ich war es auch.

Als er mir an diesem Abend gute Nacht sagte, meinte Cäsarion: »Vielleicht sollte ich Astronom werden. Oder Mathematiker.«

Beides sichere Berufe, die niemanden bedrohten. »Vielleicht«, sagte ich. »Es kommt darauf an, wozu das Schicksal dich beruft.« Jedenfalls konnte er gleichzeitig König von Ägypten und Mathematiker sein. Das war kein Widerspruch.

Jetzt, da man mich darauf aufmerksam gemacht hatte, erwartete ich den Tag der Sonnenfinsternis mit Eifer. Jeden Abend beobachtete ich, wie der Mond kleiner wurde und wie ein schmelzender Klumpen von weißem Wachs dahinschwand. Die Sonnenfinsternis würde erst eintreten, wenn der Mond sich völlig verdunkelt hätte.

Diodoros hatte eine solche Spannung aufgebaut, daß Cäsarion in der Erwartung des großen Ereignisses kaum noch Ruhe fand. Mehrmals kam er mitten in der Nacht zu mir und erklärte: »Ich kann nicht schlafen!« Einmal bat er: »Erzähle mir noch einmal die Geschichte von Artemis und dem Mond, und wie sie ihn über den Himmel führt. Wenn es eine Sonnenfinsternis gibt, bedeutet das, daß sie und Apollon mit seinem Sonnenwagen zusammenstoßen? Gibt es dann einen Unfall?« Und er lachte.

Ich nahm ihn in den Arm und legte ihm eine leichte Decke über die Schultern. »Du weißt, daß die Geschichte mit Artemis und Apollon und dem Sonnenwagen nur eine Geschichte ist«, sagte ich. »So beschreiben Dichter etwas Schönes und Geheimnisvolles wie den Mond und die Sonne.« Nachdem er nun den mathematischen Aspekt dieser Dinge verstanden hatte, würde er seinen Glauben an die alten Sagen aufgeben müssen.

»Aber gibt es denn in Wirklichkeit keinen Apollon?« Seine Stimme klang dünn.

»Nun, doch ... Aber er fährt in Wirklichkeit nicht mit einem vierspännigen Wagen über den Himmel. Er hat mehr mit Schöpferkraft zu tun – mit der Musik und allen anderen leuchtenden Dingen des Lebens – , und davon ist die Sonne nur eines.«

»Ach so.« Er lehnte sich an mich und schlang einen Arm um meine Hüften. »Warum bist du so dick geworden?« fragte er unschuldig. »Ich sehe nicht, daß du viel ißt.«

Er war der einzige Mensch, der seinen Arm um meine Hüften legen durfte, und ich hatte keine weiten, luftigen Gewänder an, die seine Aufmerksamkeit ablenken konnten. Ich war überrascht, zumal es mitten in der Nacht war. Deshalb konnte ich nur eines sagen: »Weil da ein Kind ist.«

»Wirklich?« Seine Stimme wurde zu einem Quieken. »Ein Junge oder ein Mädchen?«

»Das weiß ich nicht. Das müssen wir abwarten.«

»Wie lange? Wie lange?«

»Oh, irgendwann im Sommer. Freust du dich?«

»O ja! Alle andern haben einen Bruder oder eine Schwester. Ich habe es mir immer gewünscht.«

Wie einfach es für ihn war.

Der große Tag der Sonnenfinsternis kam, und wir versammelten uns auf der höchsten Terrasse des Palastes, draußen im Freien, wo man den weitesten Blick über den Horizont hatte. Und als wollte die Sonne dem bloßen Gedanken an ihre Verwundbarkeit die Stirn bieten, ging sie heiß und gelb auf und überflutete Meer und Land mit wilder Helligkeit und Hitze. Sie verbrannte mir die Arme, und ich zog mich unter ein Sonnensegel zurück. Alle setzten breitkrempige Hüte auf und blinzelten, weil das Licht so grell war. Wir alle kamen uns äußerst töricht vor, denn wir hatten – von mathematischen Berechnungen einmal abgesehen – keinen einzigen Beweis dafür, daß überhaupt irgend etwas passieren würde. Mehrere Astrologen standen in der Nähe und hielten sich bereit, das Ereignis zu deuten; sie berieten sich miteinander und diskutierten lautstark.

»Ich sage euch, der Mond ist weiblich und die Sonne männlich«, erklärte einer. »Wenn also der Mond die Sonne auslöscht, bedeutet das, daß eine Frau einen Mann beherrschen – oder vernichten wird.«

»Aber *welche* Frau *welchen* Mann? Ist es eine Prophezeiung, die einen Schuhmacher und sein herrschsüchtiges Weib betrifft? Oder hat es politische Bedeutung?«

»Es ist selbstverständlich politisch gemeint!« schnaubte der erste. »Der Himmel befaßt sich nicht mit den Ereignissen im Leben des gemeinen Volkes!«

»Aber für jeden gibt es ein Horoskop«, protestierte ein dritter Astrologe. »Also regieren die Himmel doch das Leben eines jeden.«

»Aber ein Ereignis von dieser Größe, das soll uns vor Wichtigerem warnen als vor den häuslichen Nöten eines Schuhmachers. Mag sein, daß die Himmel mindere Ereignisse lenken, doch sie machen sich nicht die Mühe, sie anzukündigen.«

»Nun, es gibt Prophezeiungen über eine Frau aus dem Osten, die Rom beherrscht«, sagte der mittlere Astrologe.

»Vielleicht ist dies die Bestätigung«, meinte der dritte.

»Vielleicht ist das alles aber auch nur ein Haufen Unfug«, flüsterte Olympos mir ins Ohr.

Ich sah ihn an. »Gibt es eigentlich irgend etwas, woran du glaubst?« fragte ich. Ich hatte von den Prophezeiungen auch schon gehört, und ich hatte mir vorgenommen, sie abschreiben und zu mir bringen zu lassen. Aber das würde ich ihm gegenüber nicht zugeben.

»Du weißt recht gut, woran ich glaube«, sagte er. »Ich glaube an die Kraft des menschlichen Körpers, an seine Fähigkeit, sich selbst zu heilen, wenn er nur ein wenig Gelegenheit dazu bekommt. Ich glaube an einen guten Nachtschlaf und an die Bedeutung des Badens. Oh, und ich glaube, daß scharfer Pfeffer die Verdauung durcheinanderbringt. Und vor allem glaube ich, daß es sehr schlecht für die Gesundheit ist, wenn man sich all diese Prophezeiungen anhört. Es führt einen Menschen leicht in die Irre.«

»Ich weiß nicht«, sagte ich. »Denke nur an all die Menschen, die höher emporgestiegen sind, als es ihnen sonst jemals gelungen wäre, nur weil sie an eine Prophezeiung über sich selbst geglaubt haben.«

»Die ihnen anbetungsvolle Mütter zweifellos Abend für Abend ins Ohr geblasen haben«, sagte er. »Aber wer sind denn diese Leute? Und nicht mit Göttern und Göttinnen mogeln!«

Ich mußte nachdenken. »Nun, was ist mit Alexander und dem Orakel vom Siwa?«

»Da war er schon König, schon Eroberer. Was kam es da noch auf ein Orakel an?«

»Du bist ein solcher Spötter!«

Er schüttelte den Kopf und deutete auf die streitenden Astrologen. »Einer muß es ja sein.«

Der errechnete Augenblick nahte und ging vorüber. Anscheinend war nichts passiert. Aber nach und nach bemerkten wir, daß das Licht trüber wurde – nein, nicht trüber: Eher war es eine Art Verdünnung des Lichts, als werde es matter und matter, ohne daß es wirklich dunkel wurde. Als ich zu den weißen Steinen des Leuchtturms und zu den Booten hinausschaute, war es, als schaute ich durch einen Schleier, der aber so zart war, daß er die Farben nicht verzerrte. Es war das merkwürdigste Licht, das ich je gesehen hatte.

Es gab immer noch Schatten, aber trotz der scharfen Kontraste schien das verblaßte Licht unsere Atemluft aufzusaugen und alles zu läutern.

Es war nicht wie die Nacht, nein, keineswegs. Und wer immer das vorausgesagt hatte, hatte die Sache nicht zu Ende gedacht. Die Sonne beleuchtet den Himmel ja noch eine Weile, nachdem sie untergegangen ist, und jetzt tat sie es um so mehr, da sie ja fast im Zenit stand. Der Himmel um sie herum blieb blau. Es stimmt, daß die Vögel aufhörten zu fliegen, verwirrt ob der Veränderung im Licht. Aber die Eklipse dauerte nicht lange genug, um die Tiere zum Schlafen in ihre Behausungen kriechen zu lassen.So mählich, wie sie über die Sonne hinweggekrochen war, verging sie auch wieder. Und wir standen blinzelnd im neuerwachten Sonnenlicht, das uns seltsam dick und fleischig erschien, robust und gelb.

Ein paar Abende später zog ich mich allein in eine Ecke zurück, schickte Charmian und Iras fort und nahm mir die Prophezeiungen vor, die ich mir in aller Stille beschafft hatte. Ich hatte das Gefühl, daß die Sonnenfinsternis mir etwas zu sagen hatte, wenn ich nur Augen hätte zu sehen. Hochpolitische Ereignisse fanden jetzt in Rom statt, und eine solche Sonnenfinsternis hatte es seit vielen Jahren nicht gegeben – konnte es etwas Offenkundigeres geben? Und es war ja keine Mondfinsternis gewesen, bei der die Erde einen Schatten warf, sondern der Mond hatte die Sonne verdeckt: Natürlich bezog sich das auf eine Frau, wie die Astrologen gesagt hatten.

Eine Prophezeiung, eine lange Weissagung aus den Sibyllinischen Büchern, einer Sammlung von östlichen Versen, meinte womöglich sie – das heißt *mich*. Vor allem zwei Strophen davon:

*Der Reichtum, den Rom als Tribut von Asia genommen,*
*Soll Asia dreifach erhalten zurück von Rom eines künftigen Tags.*

*Unverschämt wird heißen man Rom, und alles soll Rom bezahlen.*
*So viel, wie Menschen aus Asia frönen als Sklaven in Rom,*
*So sollen zwanzigfach dienen in Asia*
*Die Italiener, verstoßene Gäste, ausgesetzt ganz ohne Münze.*

*O Rom, o üppiges Rom, du, aus Gold, lateinisches Kind,*
*Du, Jungfrau, hast, trunken vor Lust, in vielen Betten getollt,*
*Doch vermählt sollst werden du ohne den Ritus, Hurensklavin der Verzweiflung,*
*Derweil noch die Königin schert dir das zarte Haupthaar,*
*Und ihr Urteilsspruch dich schleudert vom Himmel zum Boden,*
*Dich dann aufnimmt vom Boden und wiederum einsetzt in der Höhe.*

Eine andere dieser Schriften schien sich noch klarer auszudrücken:

*Und während Rom noch wird zögern ob*
*Der Eroberung Ägyptens, wird die mächtige Königin*
*Des unsterblichen Königs erscheinen unter den Menschen.*
*Und dann der unversöhnliche Zorn lateinischer Männer.*
*Drei werden Rom einem Jammergeschick unterwerfen.*

Drei – das Triumvirat! Das erschien mir glasklar. Ägypten, die mächtige Königin: ich. Und der unsterbliche König mußte Cäsar, der vergötterte Cäsar sein.

Und noch eine Strophe:

*Und dann soll die ganze weite Welt unter der Hand einer Frau*
*Regiert und gehorsam stehen allerorten,*
*Und wenn die Witwe als Königin beherrscht die ganze weite Welt …*

Die Witwe, das mußte ich sein, denn ich war Cäsars wahre Witwe. Und wieder eine andere Strophe lautete:

*All die widersetzlichen Sterne fallen ins Meer,*
*Und wiederum steigen neue Sterne empor, und der Stern*
*Auch der Strahlen, genannt von den Menschen Komet, ein Zeichen*
*Für nahende Plagen, für Krieg und für Unheil.*
*Doch wenn die Zehnte Generation zum Hades hinabsteigt,*
*Erscheint eine Frau von großer Macht. Durch sie wird der Gott*
*Vervielfachen alle Pracht, wenn Königswürde*
*Und Krone sie nimmt. Ein ganzes Jahr wird dann sein eine blühende Ewigkeit.*

*Gemeinsam ist allen das Leben dann und aller Besitz.*
*Die Erde wird frei sein für alle, nicht Mauern noch Zäune,*
*Und sprießen werden die Früchte in größerer Fülle denn je,*
*Und Quellen fließen von süßem Wein, von weißer Milch und Honig.*

Ich war erschüttert, als ich diese Verse las. Der Komet … Cäsar … Krieg und Unheil, und dann eine Frau, die herrschte …

Es gab auch noch andere Prophezeiungen – eine zum Beispiel von einem Orakel namens Hystaspes, welches den gewaltsamen Übergang der Macht von Rom an einen Herrscher aus dem Osten weissagte. Kein Wunder, daß es bei Todesstrafe verboten war, diese Verse in Rom zu verbreiten! Da gab es die Prophezeiung des wahnsinnigen Prätors, in der ein machtvolles asiatisches Heer und die Versklavung Roms vorhergesagt wurde, es gab ein Töpferorakel und viele andere Sibyllinische Verse.

Aber am wenigsten mißverständlich waren die Strophen über die Witwe und den Kometen und die Drei, das Triumvirat. Die Sonnenfinsternis hatte es angekündigt: Die Frau, die Witwe, würde bald zu ihrer Bestimmung gerufen werden. Meine Stunde war fast gekommen. Ich mußte bereit sein.

Die Himmel sind gütig; sie suchen uns bereit zu machen, wenn wir ihre Botschaften nur vernehmen.

Und noch ein Satz war da, auf den ich aufmerksam wurde. Da das mächtige Zeitalter sich erfüllt, »sollst du nicht länger Witwe sein, sondern dich vermählen mit dem Löwen«.

Antonius und Herkules, das Symbol des Löwen – Statuen zeigen Herkules immer in ein Löwenfell gekleidet. Das war damit gemeint. Die Himmel hatten verfügt, daß wir sein sollten, wie wir gewesen waren und wieder sein würden.

Und jetzt, da ich da bin, wo ich bin, frage ich mich, *warum* die Götter uns einen winzigen Blick auf unsere Bestimmung erhaschen lassen, wenn sie nicht vorhaben, uns alles zu sagen. Halbwahrheiten können grausamer sein als regelrechte Lügen. Olympos hatte recht: Sie führen einen Menschen in die Irre.

Die Neuigkeiten trieben nervenaufreibend bruchstückhaft zu uns herein – wie Treibholz, das über das Meer geschwommen kam. Antonius und Ahenobarbus hatten Brundisium erreicht; die Stadt hatte ihre Tore vor den beiden verschlossen und war durch eine von Octavians Garnisonen gesichert. Antonius schnitt die Stadt durch ein Netz von Mauern und Gräben von der Außenwelt ab, und Octavian bewegte Truppen herunter, um ihm entgegenzutreten.

Mit einem brillanten Kavalleriemanöver gelang es Antonius, anderthalb Regimenter gefangenzunehmen. Octavian rief Agrippa zu Hilfe und forderte ihn auf, die Veteranen zu mobilisieren und nach Süden zu führen. Ein jeder betrachtete die Handlungen des anderen als feindselig und reagierte entsprechend.

Es sah alles danach aus, daß demnächst ein richtiger Krieg ausbrechen werde. Das war gut – gut für Antonius. Je eher sie sich ineinander verbeißen und kämpfen konnten, desto besser. Denn es war, wie ich ihm gesagt hatte: Octavian würde immer nur noch stärker werden, wenn Antonius ihn nicht aufhielt.

Und dann: Schweigen.

Man meldete mir, daß Herodes an meiner Ostgrenze angekommen sei, in Pelusion. Mein Kommandant dort hatte ihm erlaubt, auf ein Schiff umzusteigen, und auf einem abgetakelten alten Kahn, der kurz davor war, zu sinken, segelte er in meinen Hafen.

Um mich auf seinen Besuch vorzubereiten, hatte ich mich mit Epaphroditos beraten und war für meine Unwissenheit getadelt worden. Ich hatte daran gedacht, ein Willkommensbankett zu geben, aber Epaphroditos erklärte: »Er kann nicht mit dir essen – ich kann es ja auch nicht, wie du weißt.«

Ja, ich wußte, daß er es lieber nicht tat und als Begründung seine Religion anführte. »Ich werde kein Schweinefleisch auftischen, wenn du das meinst«, sagte ich abwehrend. Ich wußte, daß die Juden kein Schweinefleisch aßen; die Ägypter übrigens auch nicht.

Epaphroditos lächelte. Im Laufe der Jahre hatte er sein steifes Verhalten in meiner Gegenwart endlich doch abgelegt. »Oh, das ist noch das wenigste«, sagte er. »Wenn es nur um Schweinefleisch ginge – oder Austern … Nein, er kann sich nicht einmal mit dir zu Tisch setzen, denn es gibt zu viele Vorschriften darüber, wie die Gefäße gereinigt werden müssen, was einander berühren darf und welche Speisen zusammen serviert werden können.«

»Was soll ich denn dann tun? Nicht essen, solange er hier ist?« Das war ein diplomatisches Dilemma. Als Antonius' Freund mußte ich ihn ehren, aber wie sollte ich das tun?

»Ich kann dir jemanden schicken, der dir hilft, den Speiseplan aufzustellen, aber ich fürchte, du wirst neues Geschirr kaufen und deine Küchen reinigen lassen müssen – rituell, meine ich.« Dann hatte er einen Einfall. »Andererseits, vielleicht ist es ihm ja gleich. Er ist kein richtiger Jude, weißt du.«

»Was soll das heißen?« Die Sache wurde immer verwirrender.

»Seine Vorfahren waren Idumäer, und seine Mutter war – Araberin!« Er machte ein verachtungsvolles Gesicht. »Natürlich bezeichnet er sich als Juden, aber ich frage mich, wie tief es bei ihm geht. Politisch gesehen muß er es tun – ich meine, er hat ja keine andere Basis. Aber vielleicht ist es etwas, das er ablegt, sobald er sein Land verläßt.«

»Das werde ich aber nicht im voraus wissen«, sagte ich seufzend. »Ich muß davon ausgehen, daß er es ernst nimmt. Und meine Küche umbauen!«

»Ich werde ihn begutachten«, sagte Epaphroditos. »Glaube mir, ich werde es erkennen. Und einstweilen werde ich mein erstes Bankett im Palast genießen – nach wie vielen Jahren? Sieben waren es, glaube ich. Höchste Zeit!«

»Dann, mein lieber Freund, ist es die Sache wert!«

Herodes wurde von seinem Adjutanten gemeldet und bekam seine Gemächer zugewiesen. Ich überlegte – zu spät –, ob auch diese Räume durch bestimmte Rituale hätten bewohnbar gemacht werden müssen. Er würde mir am späten Nachmittag seine Aufwartung machen, erklärte sein Adjutant.

Ich erwartete ihn auf dem Thron, den ich immer als den »informellen« betrachtete: Es war zwar immer noch ein Thron, aber er war schlicht und stand kaum erhöht. Ich trug einen Mantel aus Goldbrokat, Kunstgewerbe aus seinem Lande – teils aus Schmeichelei, teils aber auch, weil er steif und schwer war, weit vom Körper abstand und deshalb verbarg, was darunter war.

Die Säulenschatten des späten Nachmittags fielen schräg über den Boden, als Herodes eintrat. Seine Gewänder strahlten in Weiß und Gold. Sein Gang war schön anzusehen, und das Lächeln in seinem Gesicht sah so ehrlich aus, daß man es ihm einfach abnehmen mußte.

»Heil dir, berühmte Königin von Ägypten.« Er schaute mich an, als sei ich ein Anblick, der ihn blendete. »Alles, was man über deine Schönheit berichtet, ist unzureichend. Ich bin – ich bin sprachlos.«

Und sein Gesichtsausdruck und sein Tonfall ließen glauben, daß er vollkommen aufrichtig sei.

»Wir grüßen dich, Herodes von Judäa, und heißen dich willkommen«, sprach ich.

»Und eine Stimme, die zum Antlitz paßt!« Er schwieg kurz. »Verzeih mir meine Kühnheit, Majestät.«

Ich wußte bereits, daß ich eine angenehme Stimme hatte; auch dies erschien mir also nicht als krasse Schmeichelei. »Solche Kühnheit ist leicht verziehen«, sagte ich. »Es freut mich, daß du wohlbehalten angekommen bist. Du mußt mir berichten, wie es in deinem Lande steht.« Ich erhob mich und trat von meinem Thronsockel herunter. »Laß uns durch die Säulengänge spazieren; du solltest den Hafen bei Sonnenuntergang sehen.«

Man konnte im Schutz der Kolonnaden um das gesamte Hauptgebäude des Palastes wandern und den Hafen aus allerlei verschiedenen Blickwinkeln betrachten. Als wir zusammen hinausschritten – eine Schar von Dienern hielt diskret Abstand –, bemerkte ich, was für eine gebieterische Gestalt er war.

Groß, anmutig, mit dem Selbstvertrauen und der Haltung des geborenen Soldaten und Herrschers. Aus dem Augenwinkel musterte ich sein Gesicht: Seine Züge hatten die Schönheit der Araber, ihre goldene Haut, die dunklen, schmelzenden Augen, schmale Lippen, eine stolze Nase und dichte Wimpern.

»Du bist also unterwegs nach Rom?« fragte ich. »Dann hast du noch einen weiten Weg.«

»Es ist unerläßlich, daß ich die Triumvirn erreiche. Ich bin mit knapper Not aus Judäa entkommen. Ich weiß, daß Antonius plant, einen Krieg gegen die Parther zu führen, die mein Land überrannt haben! Ich will alles tun, ihm zu helfen.«

Ich konnte nicht umhin, ihn zu mögen. »Vielleicht könntest du mehr nützen, wenn du hierbliebest. Ich brauche einen guten Oberbefehlshaber für meine Truppen; auch ich bin in Alarmbereitschaft und habe mich gegen die Parther gerüstet.«

Er schüttelte den Kopf, aber seine Ablehnung war gewinnender, als es die Zustimmung eines anderen gewesen wäre. »Antonius wird mich brauchen.«

»Du hast ihm – und mir – schon einmal geholfen«, sagte ich. »Als Gabinius meinen Vater wieder auf den Thron brachte.«

»Das stimmt. Da lernte ich Antonius kennen; ich war erst sechzehn.«

»Aber schon Oberbefehlshaber.«

»In Judäa wird man früh erwachsen«, erwiderte er bescheiden. »Aber Antonius war damals schon älter, und ich weiß noch, wie sehr du es ihm damals angetan hattest. Er erwähnte es häufig.«

Jetzt, fürchtete ich, begann er frei zu erfinden, was er mir erklärte. Aber … konnte es nicht stimmen? Antonius hatte selbst darauf angespielt. Das ist die wahre Macht derer, die sich einzuschmeicheln verstehen; sie vermischen die Wahrheit mit dem, was ihnen am besten dient, und bringen uns dazu, daß wir es ihnen glauben *wollen* – und so nehmen wir ihnen die Arbeit ab. Wir drängen sie fortzufahren, betteln um mehr.

»Ach ja, das ist lange her.« Als wir draußen waren, blieb ich stehen und deutete auf den Hafen, der sich vor uns ausbreitete. Mein Herz schwoll vor Stolz, wie es immer geschah, wenn ich mein Juwel betrachtete, meinen Besitz: Alexandria.

»Was für ein Anblick!« sagte er.

Die Sonne schlug eine blitzende Schneise durch die rauhe See und das ruhigere Wasser des Hafens. Die Segel zahlloser Schiffe, die sich hier vor Anker wiegten, waren golden bemalt.

»Der größte Hafen der Welt«, sagte er. »Was gäbe ich nicht für einen solchen Hafen in Judäa. Alles, was wir haben, ist das klägliche kleine Joppa. Immerhin«, fügte er hastig hinzu, »besser als nichts. Zumindest haben wir einen Zugang zum Meer.«

»Jedes Zollbreit Land dort ist so umstritten«, bemerkte ich, mehr zu mir selbst als zu ihm. »Wie viele Menschenleben haben die Kämpfe um Jerusalem gekostet? Und dabei hat diese Stadt nichts Besonderes, was ihre Architektur, ihre Lage oder auch ihre Kunstwerke angeht.«

»Das werde ich ändern!« erklärte er inbrünstig. »Vorausgesetzt, ich bekomme Gelegenheit dazu. Und diese Gelegenheit kann mir nur Antonius gewähren.«

Nur Antonius. Wir warteten beide ab, was er tun würde, Herodes und ich – jeder aus eigenen Gründen.

»Als erstes mußt du nach Italien gelangen. Ich gebe dir ein Schiff. Aber er ist nicht in Rom, sondern in Brundisium. Meine Nachrichten sind alt, aber nach allem, was ich zuletzt gehört habe, stehen er und Octavian einander dort gegenüber. Inzwischen befinden sie sich höchstwahrscheinlich im offenen Krieg.«

Er stöhnte. »So fliehe ich vor dem Krieg aus Judäa, nur um ihn in Italien zu finden.«

»Hier sind wir nicht im Krieg«, erinnerte ich ihn. »Vielleicht wäre es klüger, zu warten und in Ägypten zu bleiben. Übernimm den Befehl über meine Truppen, und wenn Antonius wieder in den Osten kommt ...«

»Nein, ich muß sofort hinreisen. Sie dürfen nicht ohne mich zu einer Einigung gelangen!« Wie er sehr wohl wußte, konnte seine Anwesenheit höchst überzeugend wirken.

Dank Epaphroditos wurde mein Willkommensbankett ein voller Erfolg. In der Speisenfolge unterblieb alles, was dem Anhänger der jüdischen Religion ein Greuel war, und die Tafel war mit neuerstandenen, bunt gemusterten Tellern aus Rhosos in Syrien gedeckt – nie verunreinigt durch die Berührung mit verbotenen Dingen.

Herodes hatte sich umgezogen – für einen, der halbwegs als Flüchtling reiste, schien er mir eine umfangreiche Garderobe mitzuführen – und trug jetzt königlichen Purpur und ein Diadem. Er war ein Fürst, und das wollte er deutlich machen. Er und seine loyalen Begleiter saßen auf Plätzen, die ihren Rang erkennen ließen, und sie zeigten sich von einer vorzüglichen Seite. Sie waren hinreißende Tischgesellen, bewandert in allen Moden der Dichtung und der Kunst, der Speisen und Unterhaltung. Politik war ein peinliches Thema und wurde nicht erörtert. Epaphroditos bemühte sich gleichwohl unerbittlich, Herodes festzunageln.

»Judäa befindet sich also immer noch in den Klauen der Parther«, sagte er kopfschüttelnd. »Möge es nur bald befreit werden.« Er machte eine Pause. »Und wenn es soweit ist, müßt ihr auf der Stelle den Tempel reinigen und wiederherstellen.«

Herodes richtete den Blick seiner samtenen Augen auf ihn. »Oh, ich gedenke mehr zu tun als nur das«, erwiderte er leise. »Es wird Zeit, daß der Tempel von Jerusalem neu erbaut wird – seiner Bedeutung entsprechend.«

»Seiner Bedeutung entsprechend?« wiederholte Mardian stirnrunzelnd. »Verzeihung, aber ich verstehe nicht ganz …«

»Der Tempel ist heilig«, erklärte Herodes.

»Das sind alle Tempel«, sagte Mardian mit nachsichtigem Lächeln. »Unser Tempel des Serapis zum Beispiel …«

»Der Gott Serapis hat keine ausdrücklichen Anweisungen zum Bau seines Tempels an diesem Ort erteilt«, unterbrach Herodes, und seine freundliche Maske geriet ins Rutschen. »Unserer aber hat es getan.«

Mardian lachte. »Götter haben ihre Gewohnheiten.«

»Wir glauben, daß es nur einen Gott gibt«, sagte Herodes. »Und er hat uns Gebote gegeben.«

»Aber der unsere –«, wollte ein Ägypter antworten, aber ich warf ihm einen Blick zu, und er verstummte.

»Übermorgen ist Sabbat«, stellte Epaphroditos fest. »Sicher möchtest du mit mir zum Gottesdienst in unsere Synagoge kommen – die größte Synagoge der Welt –, da du ja so fromm bist.«

Herodes lächelte und nickte.

»Was ist denn eine Synagoge?« fragte jemand weiter unten am Tisch.

Herodes blieb zwanzig Tage in Alexandria und wehrte alle Versuche Epaphroditos' ab, ihn dazu zu bringen, auf die eine oder andere Weise Stellung zu beziehen – zu erklären, ob er nun ein wahrer Jude sei oder nicht. Ich spürte in ihm den Konflikt eines Mannes, der sich durch Geburt oder Berufung zu einem bestimmten Gehorsam verpflichtet sieht und zugleich merkt, daß sie seinem Ehrgeiz im Wege steht. Nichts kann einen Menschen schlimmer zerreißen. Nur wenige finden ihren Ruhm im Märtyrertum – Cato als Märtyrer für die Republik, Spartacus als Märtyrer für die Sache der Sklaven, die israelitischen Propheten für ihren Gott. Alle andern sehnen sich danach, ihren Begabungen nachzukommen, ihre Bestimmung zu erfüllen; es fällt ihnen nicht leicht, sie auf einem Altar zu opfern, sie zu töten wie einen friedlichen weißen Stier. Insofern war Herodes nur menschlich.

Am Ende segelte er mit einem Schiff, das ich ihm gegeben hatte, davon; er kreuzte westwärts in die Sonne, Italien entgegen. Was er dort finden würde, war nicht vorauszusehen. Und ich mußte wieder warten, warten, warten – warten auf ein Ergebnis, das mich ebenso betraf wie Herodes.

»Ich will nicht grausam sein, aber du bist einfach *riesenhaft*!« platzte Olympos heraus, als er mich einen Monat nach Herodes' Abreise besuchte. Sein Gesicht, normalerweise so beherrscht, zeigte Bestürzung und Verblüffung.

»Guter alter Olympos«, sagte ich. »Immer so taktvoll! So diplomatisch! So umsichtig!« Seine Worte kränkten mich. Ich wußte, daß ich dick war. Die Gewänder und selbst der Brokatmantel halfen mir nicht mehr.

»Bist du vollkommen sicher, was den ... den Zeitpunkt angeht?« fragte er vorsichtig.

»Nun, ich weiß einen Zeitpunkt, vor dem es nicht gewesen sein kann«, antwortete ich. »Und das ist der Zeitpunkt, für den ich mich entschieden habe.«

Er schüttelte den Kopf. »Bitte ... darf ich?« Er streckte die Hand nach meinem Bauch aus.

»Oh, nur zu! Von mir aus kannst du gleich richtig untersuchen. Sei heute mein Arzt und nicht mein Freund.«

Er bohrte und drückte mit beiden Händen auf meine bloße Haut, nachdem er diskret die vordere – meinem Gewand kürzlich hinzugefügte – Bahn aufgenestelt hatte. Er runzelte die Stirn, und allmählich schien ihm ein Licht aufzugehen.

»Aha«, sagte er schließlich und nahm die Hände weg.

»Nun?«

»Medizinisch ist das eine Erleichterung«, sagte er. »Aber ...«

»So sprich!« herrschte ich ihn an.

»Ich glaube, da sind zwei drin.«

»Was?«

»Zwillinge«, sagte er. »Zwei. Weißt du – wie Apollon und Artemis.«

»Ich weiß, wer Apollon und Artemis sind, du Trottel!«

Er grinste. »Ja, selbstverständlich. Aber bist du auch bereit, Latona zu sein?«

»Umherzuirren, verlassen und verfolgt?«

»Du brauchst nicht umherzuirren, und verfolgt wirst du auch nicht. Aber verlassen, darüber kann ich noch kein Urteil fällen.«

»Manchmal hasse ich dich!«

»Ja, wenn ich Dinge sage, die du nicht hören willst«, antwortete er leichthin. »Ich würde jedenfalls über zwei Namen nachdenken, wenn ich an deiner Stelle wäre.« Er stand auf, und seine Augen funkelten. »Ah, was für ein Mann ist dieser Marcus Antonius!«

»Geh weg!« Ich warf einen Tiegel mit Salbe nach ihm.

Er duckte sich und lief lachend hinaus.

Als er gegangen war, legte ich die Hände behutsam auf die mächtige Wölbung meines Bauches. Es schien in der Tat außergewöhnlich heftige Bewegung dort zu herrschen – eher von acht Händen und Füßen als von vier.

Zwei. Die Namen waren meine geringsten Sorgen.

# 51

»Marcus Antonius ist verheiratet«, sagte der Seemann, den Mardian in den Palast geschoben hatte. Lächelnd stand er vor mir, seine Mütze in der Hand.

»Ja, ich weiß, daß er verheiratet ist«, erwiderte ich geduldig. Was sollte das? »Was sind das für Neuigkeiten? Ich will richtige Neuigkeiten – über den Krieg!«

Der Mann lächelte weiter. »Nun, was ich meinte – verzeih mir, Majestät ... Er ist wieder verheiratet. Und es gibt keinen Krieg.«

»Was redest du da?« Wieso konnte er sich nicht deutlich ausdrücken? Mardian lehnte an der Wand, die Arme verschränkt, die Stirn gekraust.

»Ich will sagen, daß der Triumvir für kurze Zeit verwitwet war. Fulvia ist gestorben, und dann ...«

Fulvia? Gestorben? Er war also frei von ihr?

»... hat er Octavia geheiratet. In Rom.«

»Was?«

»Die Schwester des Triumvirn Octavian. Sie haben geheiratet. Es gab ein großes Frohlocken, denn damit war der Krieg abgewendet. Vergilius hat es mit einem meisterlichen Gedicht gefeiert – er begrüßte ein neues Goldenes Zeitalter des Friedens. Möchtest du es hören?« fragte er strahlend und wühlte in seiner Tasche nach einem Schriftstück.

»Er hat Octavia geheiratet? Er war frei zum Heiraten und hat sich für *sie* entschieden?«

»Jawohl, Majestät.« Er hörte auf, nach seinem Gedicht zu suchen.

»Wann ist Fulvia gestorben?« fragte ich töricht. Es schien mir sehr wichtig, das zu erfahren.

»Nachdem er sie in Griechenland zurückgelassen hatte.«

»Aha.« Der Raum schien sich um mich zu drehen und sich in etwas anderes zu verwandeln, aber ich blieb stehen und starrte den Mann an. Dann fragte ich – hauptsächlich um die Leere zu füllen, denn erinnern würde ich mich nachher nicht, und man würde mir alles noch einmal berichten müssen – »Wieso gibt es keinen Krieg?«

»Die Wahrheit ist, daß die Veteranen es nicht erlauben. Die beiden Heere hatten erst achtzehn Monate zuvor Seite an Seite bei Philippi gekämpft, und sie wollten jetzt keine Feinde sein. Sie sind kriegsmüde – die ganze Welt ist des Krieges müde. Deshalb hat Vergilius vom Goldenen Zeitalter geschrieben. Ganz Rom feiert wie verrückt! Unser Schiff konnte kaum absegeln; wir hatten große Mühe, in all dem Gedränge unsere Ladung auf den Kai zu bringen. Die Einigung wurde durch die Ehe besiegelt, und Antonius und Octavian sind jetzt Brüder.«

»Wann hast du Rom verlassen?« fragte ich. Wieder schien es mir sehr wichtig, auch dies zu erfahren.

»Vor weniger als einem halben Monat. Der Wind war sehr günstig. Die ganze Natur sonnt sich in dieser Einigung.«

Zweifellos, dachte ich. Die ganze Natur – alle Sphären des Himmels –, alles mußte diese Einigung feiern. »Hier«, sagte ich und nickte Mardian zu. »Er wird dir etwas geben, damit du dich an den Jubelfeiern beteiligen kannst. Ach, und das Gedicht laß hier! Wir möchten es gern lesen, wenn wir Muße haben.«

Der Mann fand es schließlich, zerknüllt und befleckt, und gab es Mardian, der ihn sodann hinausgeleitete.

Wohin konnte ich gehen, um allein zu sein? Wohin ich auch schaute, überall war jemand, der mich liebte und zuviel wußte. Und als Königin konnte ich mich nicht in namenlosen Menschenmengen verlieren. Ich war gefangen und mußte mich in meinem Schmerz und meiner Erniedrigung den Blicken anderer aussetzen.

Als Mardian wieder hereinkam, stand ich immer noch da und starrte beinahe ausdruckslos über den Hafen. Ich konnte mich nirgends verbergen vor seinen musternden Blicken und seinem unausgesprochenen bestürzten Mitleid.

»Es tut mir leid«, sagte er leise. »Als ich hörte, daß ein Schiff aus Rom gekommen sei, dachte ich, du würdest die Neuigkeiten über den Krieg erfahren wollen. Ich wußte nicht …«

»Ach, Mardian.« Ich schloß die Augen und legte den Kopf an seine Schulter. »Warum tut es so weh?« fragte ich in törichter Ratlosigkeit. Ich hatte gedacht, ich sei darüber hinaus, daß ich noch einmal so tief, bis in mein Innerstes, verletzt werden könnte. Ich hatte gedacht, das Totenfeuer auf dem Forum hätte all das in mir verbrannt, so daß ich vor derart plötzlichen Schicksalswendungen geschützt sei.

Mardian war klug genug, nicht zu antworten. Er umarmte mich stumm. Dann schickte er alle Diener fort, damit ich allein sein konnte.

Lange lag ich einfach da und starrte blicklos in die Luft, und meine Gedanken waren von einer barmherzigen Lähmung erfaßt. Tief unten hörte ich das Rauschen der Wellen, die rhythmisch an die Kaimauern brandeten. Hin und her, hin und her …

Dann, nach und nach, kehrte das Denken zurück, wurde schneller, fing an zu rasen, um mit den turbulenten Gefühlen Schritt zu halten.

Es gab keinen Krieg. Sie hatten die Waffen niedergelegt und sich versöhnt, und Octavian hatte seine Schwester Octavia als Band des Friedens gestiftet.

*Er stärkt seine Abmachungen gern mit persönlichen Bindungen. Er bat darum, in meine Familie einheiraten zu dürfen, als wir zusammen Triumvirn wurden.*

Und Octavian, der sich ja eben erst anderwärts verheiratet hatte, stand nicht zur Verfügung. Deshalb mußte es Antonius sein.

*Und hier ist meine Schwester, in Treu und Glauben*, hatte er wahrscheinlich gesagt.

Und warum, Antonius, hast du nicht nein gesagt? Wen kümmerte es, was Octavian gesagt hatte, solange dir das Wort nein zu Gebote stand?

*Er war frei und unvermählt, und er entschied sich für Octavia.*

Wie sah sie überhaupt aus? Ich versuchte mich zu erinnern; ich war ihr in Rom ein paarmal begegnet. Sie war älter als Octavian, aber nicht viel. Ich hatte gedacht, sie sei verheiratet. Was war denn aus ihrem Mann geworden? Nicht, daß so etwas in Rom ein großes Problem gewesen wäre. Wahrscheinlich hatte sie sich brav scheiden lassen, um Octavian gefällig zu sein. Wie Antonius sich wohl von Fulvia hätte scheiden lassen, um Octavian gefällig zu sein – statt mir. Wie praktisch, daß sie statt dessen gestorben war.

Wie war Octavia? Meine Erinnerungen waren nebelhaft. Ironischerweise konnte sie aber nicht so hübsch von Angesicht gewesen sein wie ihr Bruder, denn sonst hätte ich mich an sie erinnert. Was hatte sie gesagt? Wie hatte sie sich beim Essen benommen? Ich war so sehr mit Cäsar und den anderen starken Persönlichkeiten dort beschäftigt gewesen, mit Brutus und selbst mit Calpurnia, daß ich mich kaum um sie gekümmert hatte. Aber wäre sie unangenehm oder häßlich gewesen, so hätte ich mich auch daran erinnert. Ich mußte daraus also schließen, daß sie weder erinnernswert noch herausragend gewesen war.

Und jetzt sollte sie seine Frau werden … Nein, sie *war* seine Frau!

Mardian hatte das Gedicht auf einem Tisch liegenlassen. Ich mußte mich zwingen, es zu lesen. Offenbar waren Kopien davon in Rom verteilt worden, und dieser Seemann hatte eine davon eingesteckt. O ja, man sollte öffentlich frohlocken!

*Schon kam das Ziel der Zeit, von dem die Sibylle einst raunte,*
*Wiedergeboren beginnt ein neuer Kreis der Äone.*

*Schon kehrt die Jungfrau zurück, Saturns Regierung kehrt wieder,*
*Schon wird ein neuer Sproß entsandt aus himmlischen Höhen.*
*Dieses Knaben Geburt beschirme, reine Lucina!*
*Er macht ein Ende der eisernen Zeit; eine goldene Menschheit*
*Wird die Erde dann füllen: Schon jetzt regiert dein Apollo.*

Ich fühlte förmlich, wie ein kräftiger, erfrischender Ärger mich durchströmte. Eine dumme Prophezeiung!

*Kind, es schenkt dir die Erde zuerst bescheidene Gaben,*
*Nicht von Menschen gepflanzt – wildwuchernden Efeu und Narden,*
*Wasserlilien, fröhlich und bunt vereint mit Akanthus,*
*Prall die Euter voll Milch, kommen heim ohne Hirten die Ziegen.*

Was für ein schwachsinniges Gefasel! Was war denn mit der *wahren* Prophezeiung, die von der Witwe und von Rom sprach? Die hatte wenigstens Biß! Was war denn das hier für eine Imitation, die Vergilius sich da ausgedacht hatte?

*Knäblein, erkenne schon jetzt mit lieblichem Lächeln die Mutter,*
*Hat sie neun Monate doch beschwerliche Bürde getragen;*
*Knäblein, beginne, denn wer nicht zugelächelt der Mutter,*
*Den zieht kein Gott zur Tafel, noch teilt eine Göttin sein Lager.*

Nun, ich wußte, was neun Monate beschwerliche Bürde bedeuteten! Zum Teufel mit Vergilius und seiner Prophezeiung! Ich verfluchte sie. Niemals würde sie wahr werden, niemals! Unfruchtbar sollte sie sein – oder nur Mädchen zur Welt bringen! Isis war stärker als Vergilius.

Aber als ich in dieser Nacht schlief, kam mir ein grausiger Traum, so lebensecht, daß mir war, als sei ich nach Rom geflogen und habe alles mit eigenen Augen gesehen.

Es war eine weite Halle – nein, eine Art Tempel, und die Wände und der Boden waren aus schwarzem polierten Marmor. Zwei Lampenständer aus Bronze flankierten einen Altar, der auf einem Podest mit fünf oder sechs Stufen stand. Auch der Altar war aus schwarzem Marmor, und darauf lag – Octavia. Jetzt sah ich sie ganz deutlich; die Züge, die ich vorher nicht hatte fassen können, traten klar hervor. Sie hatte dichtes braunes Haar, leuchtende dunkle Augen, ein angenehmes, aber reizloses Gesicht. Das Flackerlicht der beiden Lampen beleuchtete ihre Nase, ihre Wangen, das lange Haar und das weiße Gewand, und es spiegelte sich überall im blanken Stein.

Sie wartete dort, regungslos, und atmete kaum; ihre nackten Füße waren entblößt, die Knöchel gefesselt.

Dann sah ich Antonius, aber nur von hinten. Er schritt die Stufen zum Altar hinauf, langsam und rituell wie ein Priester; er trug eine religiös-zeremonielle Tunika und hatte ein Messer in der Hand.

Er beugte sich über sie und schnitt die Fesseln an ihren Knöcheln ab, so daß ihre Beine frei waren. Jetzt sah ich, daß auch ihre Handgelenke gefesselt waren, und auch diese Stricke schnitt er durch.

Er stand vor dem Altar und beugte sich darüber, und dann – immer noch mit langsamen, rituellen Bewegungen – stieg er hinauf, stieg auf sie. Ich sah, wie ihre blassen Glieder sich rechts und links von ihm emporstreckten, sah, wie seine Schultern sich strafften …

Und so wurden sie Mann und Frau.

*Schon wird ein neuer Sproß entsandt aus himmlischen Höhen.*

Schweißnaß und mit klopfendem Herzen wachte ich auf. Ich hatte ein übles Gefühl im Magen. Es war nur ein Traum, nur ein Traum … Das wiederholte ich mir immer wieder, bis die grausigen Einzelheiten allmählich verblaßten. So war es doch nicht gewesen. So konnte es nicht gewesen sein.

Aber wie, glaubst du, war es denn? Ich konnte den Gedanken nicht von mir fernhalten. Ich erinnerte mich so gut daran, wie er war. Jetzt würde sie das alles bekommen – seine Küsse, seine Hände auf ihrem Gesicht, ja sein Gewicht auf ihrem Leib …

Oh, laß es mich vergessen! Warum mußte ich mir alles so lebhaft vorstellen? Sie war ein Fluch, diese Phantasie. Sollte sie doch sterben – zusammen mit meiner Liebe zu ihm.

Nach dieser Nacht, schlimmer als schlaflos, war ich erschüttert und erschöpft: ein denkbar schlechter Zustand, um dem entgegenzutreten, was jetzt auf mich einstürmte. Ohne durch einen gesunden Nachtschlaf wiederhergestellt worden zu sein, lag ich spät am folgenden Abend in den mit voller Wucht einsetzenden Wehen.

Sie begannen nicht sanft, sondern überfielen mich unverhofft wie die Nachricht des Seemanns. Die Dienerinnen hasteten umher, um die Wochenstube vorzubereiten und die Hebammen zu holen, und alles huschte wirr durcheinander.

Der Schmerz war lähmend. Ich konnte mich kaum noch auf den Beinen halten und in das Zimmer führen lassen, in dem die Entbindung stattfinden sollte. Ich weiß noch, daß ich mich schwer auf zwei Hebammen stützte und sie fast mit mir zu Boden zog. Meine Beine wollten mir nicht gehorchen, und wenn ich sie bewegte, schossen Spiralen des Schmerzes bis hinunter in meine Füße. Sie setzten mich auf einen eigens für diesen Zweck gefertigten Schemel mit kräftiger Lehne und kurzen Beinen; das ganze Möbel war mit Laken bedeckt. Ich lehnte mich zurück und umklammerte die Seiten, beinahe geblendet vom Schmerz der Wehen, die so schnell hintereinander kamen, daß sie fast ineinander verschwammen.

Bei solchen Gelegenheiten erscheint jeder Augenblick endlos, und Stunden können zu Augenblicken schrumpfen. Ich weiß nicht, wie lange ich so verharrte, aber ich hörte, wie eine der Hebammen sagte: »Ihre Farbe ist schlecht, und außerdem ...«

Jemand anders sagte etwas, was ich nicht verstand, und dann rief eine: »Ruft Olympos! Sofort!«

Das Zimmer schien sich zu verfinstern, und ich hörte Olympos' Stimme. »Hat sie etwas genommen?« Und dann: »Wenn nicht ...«

Man hob mich hoch und trug mich irgendwohin, wo ich flach auf dem Rücken liegen konnte. Sie drückten mir die Arme an die Seiten und hielten sie fest. Hände legten sich auf meinen Leib, drückten ihn, und ich hörte jemanden schreien: »Blut! Blut!« Panik lag in der Stimme.

»Ziehen!« rief jemand.

»Ich kann nicht.« Das war eine andere Stimme. »Es liegt verkehrt herum.«

»Dann dreh es um!« Olympos. »Drehen!«

Jetzt fühlte ich, wie sich etwas Warmes, Klebriges unter mir, unter meinem Rücken, ausbreitete. Blut. Ich wandte den Kopf zur Seite und sah, daß es vom Tisch tropfte und auf dem Boden darunter eine Pfütze bildete. Es sah sehr dick und rot aus. Es roch metallisch und häßlich.

Der Raum drehte sich sehr langsam; er schien um irgendeine Achse zu rotieren. Ich merkte, daß die schwarzen Ränder der Bewußtlosigkeit mich umleckten.

»O ihr Götter!« Ich spürte ein grauenhaftes Zerren; es war, als würde mein Inneres nach außen gestülpt. »Da ist es!«

Ein dünner, röchelnder Schrei ertönte, und jemand sagte: »Ein Mädchen.« Aber der Schmerz hörte nicht auf, sondern wurde noch schärfer. Schwall um Schwall brach heißes, klebriges Blut hervor; es tränkte jetzt sogar meinen Hinterkopf. Die Hebammen schrien, heulten.

»Es steckt fest. Das zweite – es steckt fest.«

»Im Namen der Götter, tut etwas!«

»Ich kann nicht –«

Ich hörte Stimmengeflatter, Gesichter schwebten über mir. Aber ich sah kaum noch etwas. Die Schwärze nahm zu.

Zerren und Ziehen und panische Schläge auf meinen Bauch, und mein Bewußtsein entglitt mir immer weiter.

»Wir verlieren sie!« Ich hörte die Worte aus weiter Ferne und schaute hoch: Olympos beobachtete mich mit verzerrtem Gesicht, unverhohlen weinend.

»Stillt doch die Blutung! Stillt die Blutung, im Namen aller Götter!« schrie jemand.

»Ich kann es nicht!« antwortete eine Frauenstimme.

»Dann zieh kräftig, jetzt!« schrie Olympos. »Oder hier –«

»Aber wie …?« fragte eine matte Stimme zu meinen Füßen.

Ich tat einen rauhen Atemzug nach dem andern, schnappte nach Luft.

»Packt es! Dreht es!« rief Olympos wild. »So!« Ich fühlte ein Reißen, und Ströme von Blut sprudelten hervor, fluteten wie eine Meereswoge, umspülten mich, daß sogar meine Ohren naß wurden.

»Da ist er.« Das waren die letzten Worte, die ich hörte.

Als ich aufwachte, war mein schmerzender Körper in Binden gewickelt, so daß ich mich nicht bewegen konnte. Jeder Muskel, jede Faser war verletzt und zerrissen – so zumindest fühlte ich mich.

Das Sonnenlicht flutete herein. Offenbar war ein ganzer Tag vergangen. Oder zwei. Oder drei. In meinen Brüsten pochte es. Sie waren von Milch geschwollen. Dann mußten doch zwei oder drei Tage vergangen sein.

Eine Zeitlang hielt ich die Augen halb offen, um zu sehen, wer da war. Zwei Hebammen saßen an einem Tisch, und die eine hielt einen Säugling im Arm. Kalte Angst durchfuhr mich. Wo war der andere?

»Sie ist aufgewacht!« Eine der Frauen betrachtete mich und war sofort an meiner Seite.

Ich versuchte zu lächeln. »Und am Leben«, sagte ich. Meine Stimme klang sehr matt und dünn.

»Hier ist deine Tochter.« Die zweite Amme brachte das Kind zu mir und legte es mir in die Arme. Es tat weh, es festzuhalten.

Das kleine Gesicht schlummerte in heiterer Gelassenheit. Offensichtlich hatte es die Erfahrung halbwegs unbeschadet überstanden.

»Und das andere?« fragte ich.

»Wir holen ihn«, sagte die Amme. »Sag ihnen, daß die Königin wach ist.«

Einen Augenblick später erschien jemand mit einem zweiten Bündel und legte es mir in den Arm. Auch das schmerzte.

Er war wach und schaute mich mit leuchtendblauen Augen an. Wunder über Wunder: Auch er war unversehrt.

»Isis sei Dank«, murmelte ich und berührte seinen Mund.

Dicht hinter der Amme kam Olympos hereingeeilt. Ich war gerührt; offensichtlich hatte er im Nebenzimmer gewartet – wie lange es auch immer gedauert haben mochte. Er sah furchtbar aus, als habe er die gleichen Qualen ertragen müssen. »Dank sei allen Göttern«, sagte er leise und nahm meine Hand. »Nie wieder werde ich sie um irgend etwas bitten.«

»Sprich nicht zu hastig«, mahnte ich, und das Sprechen erforderte meine ganze Kraft. »Du bist zu jung, um der Hilfe der Götter nie wieder zu bedürfen.«

»Ich dachte, du würdest sterben«, sagte er schlicht.

»Ich weiß«, sagte ich. »Ich habe dich gehört.« Und ich habe dich weinen sehen, erinnerte ich mich.

»Wärest du gestorben, so wäre ich persönlich zu Marcus Antonius gereist und hätte ihn umgebracht«, sagte er, und ich wußte, daß er es ernst meinte. Verlegen beeilte er sich weiterzusprechen. »Die Kinder sind ein bißchen zu früh zur Welt gekommen; sie sind klein. Aber das ist auch gut so, denn wären sie größer gewesen, so wäret ihr alle nicht mehr bei uns.«

Ich verzog schmerzlich das Gesicht. »Ich möchte nicht daran denken, daß sie hätten größer sein können«, erklärte ich und versuchte zu lachen. Auch das tat weh. »Werde ich mich je wieder erholen?« fragte ich. Ich hatte das Gefühl, ich könnte nie mehr frei von Schmerzen sein.

»Oh, in ein oder zwei Jahren ...«, sagte er leichthin; der alte Olympos bemühte sich, jenen anderen zu verbergen, der sich soeben und auch in der Wochenstube für kurze Zeit offenbart hatte.

Ich war nicht nur völlig zerschlagen, sondern auch geschwächt vom Blutverlust. Als ich mich das erste Mal im Spiegel erblickte, war ich erstaunt, wie weiß ich aussah. Olympos ließ mich mit Rotwein vollaufen; er schwor, daß der das Blut aufbaue, und er gab mir Infusionen von Kerbelsud. Außerdem, sagte er, solle ich die Kinder stillen und keine Amme einstellen, denn auch dies fördere die Genesung, und da es zwei seien, würde ich auch zweimal so schnell genesen. Auch würden die Kinder schneller wachsen, wodurch ihre Winzigkeit bei der Geburt schneller wettgemacht würde.

Er brauchte mich dazu nicht zu drängen, denn ich hielt die Kinder gern in meinen Armen, und auf diese Weise gab es Stunden, in denen ich nur das tun konnte. Ich war noch zu geschwächt für anstrengende öffentliche Auftritte, und ich war auch nicht erpicht darauf, meine Staatsgeschäfte wieder zu führen; so störte es mich auch nicht bei meinen Pflichten.

Natürlich waren es zwei wunderschöne Kinder – wie es ja jede Mutter stets empfindet. Beide hatten helles Haar, und der Junge behielt seine blauen Augen, während die des Mädchens grünlichbraun wurden. Tag für Tag beobachtete ich ihre Gesichter, die zarten, gespitzten Mündchen und die Finger, die sich langsam streckten, und ich sah, wie sie zufrieden einschliefen, wenn ich sie in den Armen hielt. Und mit jedem Tag merkte ich, wie sie schwerer wurden.

Wie sollte ich sie nennen? Diesmal würde es kein römisches Erbteil in ihren Namen geben; ich lehnte es ab, Antonius mit einzuschließen – Antonius, der die Ehe mit mir als Nichtrömerin abgelehnt hatte und sich Hals über Kopf in eine gestürzt hatte, die er für angebracht hielt, kaum daß seine Füße römischen Boden berührt hatten! Nun, jetzt konnte er auch auf seine Kinder verzichten – zumindest rechtlich gesehen. Ich war der Osten – zu östlich für ihn? Dann würden es auch meine Kinder sein. Den Jungen nannte ich Alexander Helios. Alexander nach seinem natürlichen Patron und Helios nach dem Sonnengott – erstens, weil man Alexander mit dem Sonnengott in Verbindung setzte und die Statuen ihn oft in der Gestalt des Helios darstellten, zweitens, weil er im Jahr der Sonnenfinsternis geboren war, und drittens, weil er ein Zwillingskind war wie Apollon, der Sonnengott. Zuletzt aber auch, um Vergilius und seinesgleichen daran zu erinnern, daß ihnen Apollon nicht allein gehörte, so gern Octavian ihn auch als Schutzgott beansprucht hätte. Vielleicht würde *mein* Sohn der Apollon sein, den sie für ihr goldenes Zeitalter vorhergesagt hatten. Und meine Tochter? Kleopatra Selene. Kleopatra nicht nur nach mir, sondern auch nach den vielen anderen Kleopatras in unserer Dynastie, bis zurück zum großen Alexander, dessen Schwester Kleopatra geheißen hatte. Und noch weiter zurück: Schon in der *Ilias* gab es eine Kleopatra. Griechische Konnotationen – griechische, nicht römische! Und Selene bedeutete »Mond« – wiederum wegen der Eklipse, und auch wegen des Zwillings Artemis.

Und so betrachtete ich meine kleine Sonne und meinen Mond und betete zu Isis, sie möge bewirken, daß die beiden das Goldene Zeitalter brächten – oder die Bestimmung, die wir in unseren eigenen Prophezeiungen hatten, die alt waren und *echt*, anders als die ausgedachten Albernheiten von Vergilius!

Ich hatte die Kinder eben gestillt und hielt sie noch in den Armen, als ein Bote gemeldet wurde. Ich dachte mir wenig dabei und reichte sie nicht einmal ihren Kinderfrauen, sondern befahl einfach, ihn hereinzulassen.

Verblüfft sah ich, daß ein offizieller römischer Kurier in vollem Putz hereinkam. Sein Brustpanzer glänzte, und der Helmbusch war steif und dicht.

»Ich bringe Grüße aus Rom, allerköniglichste Majestät«, sagte er mit dröhnender Stimme. Vielleicht war sie auch gar nicht dröhnend, sondern klang nach der Abgeschiedenheit meines klösterlichen Lebens im Kinderzimmer nur so.

Ich starrte ihn nur an und nickte. »Willkommen«, sagte ich.

»Ich bringe einen Brief von Marcus Antonius, dem Triumvir.« Er hielt mir das Schreiben entgegen; es steckte in einer Rolle aus Metall und Leder. Prächtig; oh, wirklich sehr prächtig.

Ich nahm den Brief, öffnete und las ihn.

An Königin Kleopatra, *Thea Philopater* – die Göttin, die ihren Vater liebt

Ich grüße Dich und wünsche Dir Gesundheit und Glück.

Mein Glück ist es, Ägypten, dem Freund und Verbündeten des römischen Volkes, kundzugeben, daß zu Brundisium ein Vertrag besiegelt wurde durch Übereinkunft zwischen dem Imperator Cäsar Divi Filius und dem Imperator Marcus Antonius, die beide sind *tresviri rei publicae constituendae,* Triumvirn der römischen Republik. Um den Frieden unter allen Beteiligten sicherzustellen und damit wir im Verband mit unseren treuen Bundesgenossen den uns zugewiesenen Aufgaben in der Welt nachgehen können, soll die folgende Vereinbarung gelten: Erstens, daß Imperator Cäsar die Legionen in Gallien befehligen und Antonius sie aufgeben und den Befehl über die östlich von Makedonien stehenden übernehmen wird. Imperator Lepidus hat die Befehlsgewalt in Afrika. Wir haben Konsuln für die nächsten acht Jahre ernannt. Imperator Cäsar wird den Krieg gegen Sextus Pompejus führen, Imperator Antonius den gegen die Parther. Die folgenden hat er zu Statthaltern in den östlichen Provinzen ernannt: Domitius Ahenobarbus in Bithynien, Munatius Plancus in Asien, Asinius Pollio in Makedonien. General Ventidius Bassus wird den ersten Feldzug führen, mit dem die Parther aus Syrien vertrieben werden.

Zur Feier dieses Paktes und zum Erweis des gegenseitigen Vertrauens hat Imperator Marcus Antonius die Schwester des Imperators Cäsar Divi Filius zur Frau genommen.

Als getreue Freundin und Verbündete des römischen Volkes wollen wir Dich von diesen Vereinbarungen in Kenntnis setzen.

Imperator Marcus Antonius, Triumvir

So. Nun hatte ich sie in der Hand, die Ergebnisse von Brundisium, die Antonius dargestellt hatte, seine stolze Zusammenfassung der Vereinbarungen – Vereinbarungen, das sah ich gleich, die Octavians Macht auf Kosten von Antonius vergrößerten. Da hatte er also die gallischen Legionen aufgegeben! Hatte den ganzen Westen verloren, ohne Kampf! Und die beiläufige Bekanntgabe der Heirat, in ein paar offizielle Worte gekleidet, von sich selbst fast wie von einem anderen redend! Und Octavian »Cäsar« zu nennen – mir gegenüber! Ich zitterte vor Wut.

Der Römer stand lächelnd vor mir und wartete darauf, daß ich irgendeine freundliche Belanglosigkeit von mir gab. Eines der Kinder zappelte in meiner Ellenbeuge.

»Ich danke dir, daß du so eilends herbeigereist bist, um mir diese Kunde zu bringen«, sagte ich. Zweifellos hatte Antonius das schnellste verfügbare Schiff dafür abgestellt, mir sein Treiben mitzuteilen. Aber er hatte nicht damit gerechnet, daß zufällig ein anderer Bote vorher eintreffen könnte. So kommt es oft.

»Du kannst dem Triumvir Marcus Antonius ausrichten, ich habe seine Neuigkeiten erfahren und beglückwünsche ihn herzlich zu seiner Heirat. Du kannst ihm auch sagen, daß ich ihm soeben zwei Kinder geboren habe, einen Sohn und eine Tochter.« Ich breitete die Arme aus und ließ ihn die Kinder sehen.

Der Mann blinzelte erschrocken. Es gab kein offizielles Protokoll, welches vorschrieb, wie man auf eine solche Eröffnung zu reagieren habe. Schließlich sagte er: »Hast du keinen – keinen Brief, den du ihm schicken möchtest? Ich kann warten, solange du willst.«

Ich richtete mich auf. »Nein. Keinen Brief. Nur diese zwei Sätze, die du sicher behalten kannst. Allzu groß wird die Mühe nicht sein.«

Bald würde das Meer für die Dauer des Winters unbefahrbar sein; schon gingen die Wogen hoch, und die Unwetter hatten begonnen. Aber bevor es soweit war, kam noch ein Schiff aus Rom; es mußte im letzten sicheren Augenblick die Segel gesetzt haben. Es brachte mir einen Brief von Antonius, und diesmal las ich ihn, als ich allein war. Der Brief war wild; es fehlte nicht viel, und er wäre tränenfleckig gewesen. Ich sah ihn vor mir, wie er spät nachts aufsaß und sich in Wein und Erinnerungen suhlte, während er schrieb, und wie er den Brief dann abschickte, ohne ihn noch einmal zu lesen.

Meine Geliebte, meine Liebste, wie konntest Du mir das antun? Der Bote hat mir erzählt – er hat Dich gesehen –, daß wir Kinder haben. Wie konntest Du mir das vorenthalten, wie mich gehen lassen, ohne es zu sagen? Hätte ich es nur gewußt – niemals hätte ich diese Ehe geschlossen, zu der ich gezwungen wurde, denn so hätte ich einen Grund gehabt, mich zu weigern. Du hast mich vernichtet! Warum hast Du mich verraten? Hättest Du mich überhaupt je geliebt, wäre das nicht möglich gewesen …

Mein Leben ist eine Hölle, seit ich von Dir ging – ich kann niemandem mehr vertrauen, nicht einmal Dir. Es heißt, dieser Pakt bringt den Frieden. Doch um welchen Preis – um welch hohen Preis!

Ich verbringe den Winter hier in Rom. Die Lebensmittelknappheit führt zu Unruhen; Octavian wurde auf der Rennbahn vom Pöbel angegriffen, und sie hätten ihn wohl totgeschlagen, wenn ich nicht eingeschritten wäre.

Es bleibt noch vieles zu tun.

Wie hast Du sie genannt? Erzähle ihnen von mir, ihrem Vater.

Vergiß mich nicht – bete für mich, und behalte mich im Herzen, wie ich Dich im Herzen behalte.

Ich sende dies eiligst.

Fast hätte ich Mitleid mit ihm bekommen – wie er es ja auch wollte. Aber was war er denn für ein Mann, daß er einen »Grund« brauchte, um die Vermählung mit Octavia zu verweigern und mich zu heiraten! Einen solchen Grund sollte er nicht brauchen, und wenn doch, so war eine Schwangerschaft kein angemessener Grund für einen Triumvirn – für einen Schafhirten mochte es angehen oder für einen Schulmeister, aber nicht für den Herrn der halben Welt. Und was sollte das heißen – ich hätte *ihn* verraten? Er war es doch gewesen, der Octavian und Octavia mir vorgezogen hatte. Wie schade, daß er niemandem mehr vertrauen konnte! Wie bedauerlich! Nun, aber ich hatte es ihm gesagt, und ich hatte ihm gesagt, er solle sich vor Octavian hüten. Aber er konnte nicht aufhören, ihn zu retten. Wieso hatte er den Pöbel nicht ein für allemal ein Ende machen lassen?

Und was die Kinder anging – ich wußte noch nicht, was ich ihnen über Antonius erzählen würde. Bei Cäsarion war es leichter; sein Vater war tot, und man hatte ihn zum Gott erklärt. Der lebende Antonius dagegen war eine delikate Angelegenheit. Aber es würde noch lange dauern, bis man den Kindern etwas erzählen konnte. Vorher mußten sie sprechen lernen.

# 52

In jenen Wochen, da wir vom Rest der Welt abgeschnitten waren, hatte ich manche Stunde Zeit zum Nachdenken – zum Nachdenken und zur Erholung. Nach und nach nahm ich ab, während die Kinder zunahmen, als werde da ein Quell des Daseins von mir auf sie übertragen. Meine Kraft kehrte zurück, und sogar meine Schmerzen verschwanden.

»Die Jugend hat wundersame Heilkraft«, bemerkte Olympos, nachdem er mich für vollständig genesen befunden hatte.

»Nein, ich glaube, es waren deine Fähigkeiten«, widersprach ich. »Schließlich sterben auch viele junge Leute.« Ich mußte daran denken, daß es zwei Menschen gab, die einen besser kannten als jeder andere: der Arzt, der alles über den Körper wußte, und der Finanzberater, der die Geheimnisse der Kontobücher kannte. Zusammen verfügten sie über das vollständige Bild.

»Das Glück hat auch eine Rolle gespielt«, sagte er. »Und deine fundamentale Kraft. Du bist ein zähes Kriegerkrokodil.«

So hatte Antonius mich auch genannt. Wie sonderbar. »Antonius hat mich auch Krokodil genannt«, entgegnete ich. »Es ist wohl kein Kompliment.«

Er runzelte die Stirn, wie er es – zumindest flüchtig – immer tat, wenn von Antonius die Rede war. Was ich bedauerte, denn ich hatte einen Auftrag für ihn, der sich um Antonius drehte. »Das Krokodil hat viele bewundernswerte Eigenschaften«, sagte er. »Die habe ich gemeint. Es ist sehr schwer, ein Krokodil zu bezwingen, und es kann unter Bedingungen leben, die für die meisten anderen Tiere tödlich wären. Ein beneidenswertes Talent.« Er blieb beharrlich.

»Allerdings.« Ich wartete einen Augenblick, bevor ich das eigentliche Thema zur Sprache brachte. Es würde nicht leicht werden. »Olympos, deine Kenntnisse über Wunden und ihre Heilung sind bemerkenswert – für einen Griechen.«

Jetzt zuckten seine Augenbrauen nach oben. Er sah wachsam aus wie eine Gazelle, die argwöhnt, daß ein Löwe in der Nähe sei. »Für einen Griechen?«

»Natürlich ist die medizinische Ausbildung hier im Museion immer noch führend in der Welt«, sagte ich. »Ihr seid die Erben des großen Herophilos mit seinen anatomischen Studien, und die Operationen zur Beseitigung von Steinen und Abszessen waren zu ihrer Zeit großartige Fortschritte. Die Theorien, die Theorien waren genial! Praxagoras und seine Hypothese über die Blutgefäße! Dioskorides und seine Ideen zur Pest – faszinierend! Aber ...«

»Aber?« Jetzt war er wirklich auf der Hut.

»Aber diese Ideen sind nur Theorien. Ich glaube, jetzt, da ich wieder gesund bin, solltest du nach Rom gehen, um dort zu studieren.«

»Das wußte ich!« Er schüttelte den Kopf. »Und warum, wenn ich fragen darf, soll ich nach Rom? Außer um Antonius zu bespitzeln?«

Diesen letzten Satz überhörte ich. »Weil ich deine heilerischen Talente schätze. Aber die Zeit ist weitergegangen; es gibt neue Techniken in der Welt der Medizin ...«

»Über die du gut Bescheid weißt, da du ja selbst Ärztin bist.« Er schnaubte verachtungsvoll.

»Ich weiß, daß die Römer sehr viel über die Behandlung von Wunden und Verletzungen gelernt haben – praktische Kenntnisse, nicht nur Theorien. Das kommt daher, daß sie in den letzten hundert Jahren so viele Kriege geführt haben – da gab es viele Soldaten, an denen sie üben konnten. Ach, Olympos, sei nicht so verbohrt! Griechen können durchaus etwas von Römern lernen.«

»Wie du es getan hast?«

Auch diese Spitze überging ich. »Ich habe gehört, sie können Augen operieren, um den Star zu beheben, und sie können Wunden so zunähen, daß sie nicht schwären. Und sie haben Instrumente erfunden, mit denen sie Blutgefäße zuklemmen können, und andere, mit denen sie Wunden offenhalten, um Pfeile herauszuziehen.«

»Das weiß ich selbstverständlich selbst«, fauchte er. »Glaubst du, ich halte mich nicht auf dem laufenden?«

»Aber würdest du denn nicht gern hingehen und dir das alles aus erster Hand aneignen? Oder sind deine Vorurteile gegen die Römer so stark, daß sie sogar deine Arbeit beeinträchtigen?«

Jetzt sah er verlegen aus. »Es würde zu lange dauern. Ich habe hier meine Pflichten ...«

»Du hast sehr tüchtige Gehilfen und Schüler. Und du brauchst nicht länger als ein halbes Jahr wegzubleiben. Wenn das Meer im März wieder offen ist, kannst du fahren. Bleibe bis zum Herbst. In sechs Monaten kann man viel lernen! Und ich werde nicht in Schwierigkeiten geraten, während du weg bist. Dein Gehilfe wird schon zurechtkommen.«

»Ich kenne dich«, sagte er. »Du kannst in sechs Monaten in eine Menge Schwierigkeiten geraten.«

»Nun, dann verspreche ich dir, daß ich es nicht tun werde.«

Er sah jetzt beinahe erfreut aus. Vielleicht hatte er wirklich eine Abwechslung nötig, und seine angeborene Neugier würde die Herausforderung neuer Disziplinen genießen.

Jetzt, da ich mir seine Folgsamkeit gesichert hatte, war es Zeit für den zweiten Schritt. »Und, jawohl, es stimmt, es gibt da eine Privatangelegenheit, die ich gern ...«

»Nein, zu Antonius gehe ich nicht. Du weißt, wie sehr ich diesen Mann hasse.«

Seine glatte Weigerung überraschte mich. Ich wußte nicht, was ich sagen sollte – ich konnte Antonius ihm gegenüber nicht verteidigen. Immerhin gab es Zeiten, da ich ihn sogar selbst haßte. Schließlich sagte ich: »Ich erwarte ja nicht, daß du mit ihm zusammentriffst. Aber ich möchte, daß du einen meiner Astrologen mitnimmst – jemanden, den Antonius noch nie gesehen hat und der einen Weg finden wird, sich seinem Gefolge anzuschließen.«

Olympos stöhnte. »Ich soll also deinen Spitzel nach Rom begleiten? Du willst Augen und Ohren in Antonius' Haushalt einschmuggeln?«

»Nein«, sagte ich. »An seinen Augen und Ohren liegt mir nichts. Was ich brauche, ist sein Mund. Er soll Antonius raten, aus Rom zu verschwinden.«

»Warum? Wieso soll er Rom verlassen? Damit er wieder herkommen kann?«

»Nein. Ich erwarte nicht, daß er wieder herkommt. Ich will nicht, daß er wieder herkommt.« Nicht als Octavias Gemahl und Octavians gehorsamer Diener, dachte ich.

»Das kann ich kaum glauben.«

»Es stimmt aber. Er soll nur aus Octavians Schatten treten. Er kann in seiner Gegenwart nicht einmal klar denken. Es ist, als ob Octavian seinen Verstand verdürbe und außer Kraft setzte.«

»Ich habe dir schon vor langer Zeit gesagt, daß er sich stets der stärksten Natur fügt, die ihm am nächsten ist. Darum ist er unzuverlässig. Ich habe dich gewarnt.«

»Du hattest recht; er ist so. Deshalb muß man Abstand zwischen ihn und Octavian bringen.«

»Noch einmal: Warum?«

»Ich will, daß er für sich steht. Auf eigenen Füßen.«

»Du hast meine Frage nicht beantwortet.« Olympos war unerbittlich. »Wieso kümmert das dich?«

Er wollte mich unbedingt zwingen zu sagen: *Weil ich ihn liebe. Weil ich nicht will, daß er untergeht.* Aber ich sagte nur: »Weil Antonius die Aufgabe hat, den Osten zu regieren und die Parther zu bezwingen. Wenn er zu lange in Rom herumtrödelt, wird er die Gelegenheit dazu verpassen. Und das wäre schlecht für uns alle im Osten.«

Olympos grunzte. »Und vermutlich möchtest du, daß ich dir lange Berichte über Rom und den Klatsch dort schreibe.«

»Selbstverständlich«, antwortete ich. »Es ist fünf Jahre her, daß ich dort war. Vieles wird sich verändert haben. Ich bin neugierig. Sieh es mir nach! Schließlich bezahle ich dir Kost und Logis – und ich hoffe, du wirst dich nur mit dem Besten begnügen.«

Ich wußte, daß dieser Köder für ihn unwiderstehlich war. Er war einer jener geizigen Menschen mit einer geheimen Sehnsucht nach Ausschweifung. Sich diese auf fremde Kosten zu beschaffen dürfte beide Bedürfnisse befriedigen.

Meine teure Freundin und Königin,

nach einer gräßlichen Seereise und einer nicht minder unangenehmen Fahrt in einem kleinen Boot den Tiber hinauf und nachdem ich in den fauligen Dünsten der Docks beinahe erstickt wäre, kann ich nun attestieren, daß wir in der Tat in Rom sind. Nie wußte ich Alexandria mehr zu schätzen denn nun, da ich Rom gesehen!

Ich habe ein durchaus luxuriöses Quartier bezogen – erinnere Dich, Du hast es mir so aufgetragen –, aber eines der Schrecknisse Roms besteht darin, daß Arm und Reich hier Seite an Seite hausen, und so steht gleich neben meinem Hause ein schmieriges Mietshaus, vollgestopft mit den widerwärtigsten Bewohnern. Zweifellos gäbe es dort Gelegenheit, eine große Zahl von ungewöhnlichen Arten der Medizin zu praktizieren – aber nein, vielen Dank! Ich habe keine Lust, mir dabei Ekzeme und Läuse zuzuziehen.

Durch Erkundigungen im Hospital des Äskulap auf der Tiberinsel habe ich mich mit einem ehemaligen Armeechirurgen bekannt machen können, der ein Großmeister der neuen Wissenschaft ist – jeder, der in dieser Disziplin irgendeinen Namen hat, scheint bei ihm in die Schule gegangen zu sein. Er hat mich überaus freundlich aufgenommen und übersetzt beinahe klaglos Latein ins Griechische. Ich muß Dir daher danken, daß Du mich gedrängt hast, hierher zu kommen – auch wenn ich nur ein Anhängsel Deiner Pläne und Komplotte bin.

Was diese betrifft, so kann ich Dir berichten, daß Hunefer in Antonius' Haus gegangen ist, um Dein Geheiß zu erfüllen. Es kam alles sehr natürlich zustande, denn die Ägypter in dieser Stadt pflegen in der Nähe des Gemüsemarktes zusammenzukommen und sich dort gegenseitig zu berichten, in welchem römischen Hause eine Stellung frei ist. Als Astrologe, der in Alexandria ausgebildet wurde, hatte er keine Mühe, sich bei Antonius einzuschmuggeln. Dort wird er ihm Deine Ratschläge ins Ohr träufeln.

Ich bin inzwischen lange genug hier, um erfahren zu haben, daß die Vaterschaft an Deinen Kindern für Antonius in Rom ein Quell größter Verlegenheit gewesen ist; Octavian soll regelrechte Anfälle bekommen haben. Vielleicht hat er versucht, es wiedergutzumachen – jedenfalls geht die Kunde, Octavia sei schwanger.

Lebe wohl für heute, und vergiß Deinen Kerbeltee nicht! Du mußt Dein Blut weiter aufbauen.

Dein Diener und Freund Olympos

Octavia schwanger! Dieser entsetzliche Traum – er hatte offenbar Wahrheit enthalten. Ich spürte, wie Wut mir durch die Adern strömte, eine Wut, die durch nichts begründet war. Ich hatte doch *gewußt*, daß sie verheiratet waren. Ich wußte, was Verheiratete miteinander taten. Fast war ich wütend über mich selbst und meine Wut.

Ich ließ den Brief sinken. Olympos war also in Rom angekommen und nützte seine Zeit. Was wollte ich mehr?

Und unsere Kinder hatten Antonius in Rom in peinliche Situationen gebracht? Gut. Sollte Octavian nur kochen; mochte er darüber nachdenken – ganz so, wie mich mein Traum marterte.

Meine Natur war mindestens ebenso stark wie Octavians. Möge der Beste gewinnen.

Meine königliche Beschützerin,

Grüße von einem, der ein Experte in allem wird: vom Nähen kleiner Lidwunden mit Frauenhaar bis zum anderen Ende des Spektrums, dem Abbinden der Blutgefäße in amputierten Gliedmaßen. Ich erlerne jetzt auch eine Methode, mit der man eine breite Öffnung in der Haut, wie sie etwa durch ein Geschwür hervorgerufen wird, dergestalt verschließt, daß man an beiden Seiten je einen Lappen einschneidet und die beiden dann in der Mitte zusammenzieht. Aber ich will Dich mit den Beschreibungen solcher Wunden nicht behelligen, denn sie sind allgemein abstoßend. Ich weiß, daß Du es vorziehst, bei den verlockenderen Sinneseindrücken zu verweilen.

Das Tagesgespräch ist hier der Frieden, den Octavian und Antonius mit Sextus in Misenum geschlossen haben. Ich bezweifle ja, daß er von Dauer sein kann. Sie haben Lepidus gerade erst an den Rand des Ruhestands gedrängt, und es dürfte ihnen kaum etwas daran gelegen sein, daß ein Nachfolger seinen Anteil an der Macht übernimmt. Aber einstweilen fließt das Getreide wieder nach Rom, und die Unzufriedenheit der Bevölkerung mit Octavian wird dadurch gelindert. Das Gedächtnis der Leute ist kurz – meist reicht es nur bis zur letzten Mahlzeit.

Octavian und Antonius sind fleißig ihren ehelichen Verpflichtungen nachgegangen. Daß Octavia schwanger ist, stimmt, und jetzt scheint auch Scribonia guter Hoffnung zu sein – und der Stichtag für beide ist anscheinend ungefähr der gleiche. Ah, das muß eine heiße Nacht gewesen sein vor einer Weile hier in Rom. Dieselben Sternbilder müssen über den Schlafgemächern geschwebt haben, so daß der Nachwuchs nun ein und dasselbe Horoskop zu erwarten hat. Die Zukunft dürfte interessant werden.

Da ich von Horoskopen spreche: Hunefer berichtet, daß Antonius ihn regelmäßig befragt. Wann immer Antonius die Würfel rollen läßt oder sonstwie mit seinem lieben Schwager wettet, scheint Octavian zu gewinnen. Hunefer hat diese Gelegenheit zum Anlaß genommen, ihm zu sagen, daß sein edler Mut stets von Octavians überlegenem Glück besiegt werden wird und daß er sich deshalb von ihm fernhalten soll. Somit wird das Gift also – verzeih mir diesen Ausdruck – bereits in Antonius' Ohr geträufelt. Du kannst ihn bald in unserem Teil der Welt erwarten. Er hat bereits General Bassus nach Syrien entsandt, damit er den Parthern dort eine erste Abreibung verpasse.

Streiche den Kindern für mich über das Haar, und gib Mardian eine Kopfnuß, wenn er weiter diese Eiermilchspeisen vertilgt, die ich ihm verboten habe. Er ist viel zu fett geworden, und das kannst Du ihm von mir ausrichten. Ich habe es ihm selbst gesagt, bevor ich abreiste.

Lasse es Dir wohl ergehen, und halte Deine Gedanken frei von Sorgen!
Dein ganz und gar getreuer Olympos

Ich ließ es mir ja wohl ergehen, aber meine Gedanken frei von Sorgen zu halten, das war nicht so einfach. Ich war rastlos und unzufrieden; ich konnte mich mit dem gegenwärtigen Stand der Dinge nicht abfinden, ohne dabei aber klar zu wissen, was mir denn lieber gewesen wäre. Ich war neidisch auf Antonius – neidisch, weil er alles hatte. Er konnte mit seiner Frau schlafen, so oft es ihm gefiel, und das stets mit dem Beifall der Welt – es geschah ja zum höheren Wohle Roms! Er konnte Länder erobern und einen Feldzug gegen Parthien führen.

Ich hätte froh sein sollen, daß mir das alles erspart blieb, ich hätte frohlocken müssen, weil mein Land in Frieden und Wohlstand lebte, weil meine Kinder gesund waren und ich ein ruhiges Leben führen durfte. Und darüber war ich auch glücklich. Aber da war etwas in mir, das sich beinahe lieber den Problemen gegenübergesehen hätte, die Antonius zu bewältigen hatte. Ich saß nicht gern still; im Grunde meines Herzens war auch ich ein Soldat.

Teuerste Königin Kleopatra,

verzeih mir, wenn ich nur einen kurzen Brief schreibe, aber ich finde, Du mußt wissen, was Antonius sagt, denn es betrifft Dich. Ich habe Dir schon berichtet, daß Octavian empört war, weil Du dem Antonius – der jetzt sein geliebter Schwager ist – die Kinder zur Welt gebracht hast; er hat daraus ja kein Geheimnis gemacht. Offenbar machte Octavian nun kürzlich bei einem Bankett, bei dem die beiden Männer Gesandte aus Zypern und Kreta bewirteten – die schwangeren Gattinnen waren auch an ihrer Seite –, eine Bemerkung des Inhalts, daß es eine Schande sei, mit welcher Sorglosigkeit Antonius etwas Derartiges habe geschehen lassen können. Daraufhin – so berichteten es mir meine Informanten, denn ich selbst war, das versichere ich Dir, nicht dabei – stellte Antonius seinen Becher hin und rief mit tönender Stimme: »Wie einer edles Blut in der ganzen Welt verbreitet, so zeugt er allenthalben eine neue Linie von Königen. Mein eigener Vorfahr wurde von Herkules auf diese Weise gezeugt. Herkules beschränkte seine Hoffnung auf Nachkommenschaft nicht auf einen einzigen Schoß. Er fürchtete nicht die Gesetze Solons gegen Unzucht und Ehebruch. Er fürchtete nicht das Urteil über seine Paarungen. Er ließ der Natur frei ihren Lauf und begründete so viele Familien, wie er konnte.«

Ich habe mich für Dich geschämt, als ich das hörte. Ich wußte, ich mußte es Dir sofort berichten. Wenn ich denke, was Du hast leiden müssen, weil er Herkules nachäffte ...! Niemand, der miterlebt hätte, was ich gesehen habe, hätte so sprechen können. Es ist gut, daß ich nicht dabei war, denn sonst – beim Zeus! – würde er nicht mehr wandeln auf Erden. Ich bin vielleicht ein schlechterer Fechter als er, aber es gibt viele andere Arten zu sterben. Du erinnerst Dich an meinen Garten.

War das derselbe Antonius, der mir ewige Liebe geschworen und diesen verzweifelten Brief geschrieben hatte? Da saß er wieder bei Octavian und bemühte sich, ihm zu gefallen. *Er fügt sich stets der stärksten Natur, die ihm am nächsten ist.* Mit seinen Reden tat Antonius mich als Zuchtkuh ab, als Acker, den er mit seinem dionysischen Samen bestellte. Natürlich wollte er damit nur Octavian gefallen – Octavian und Octavia.

Ich hatte seinen Brief nie beantwortet. War das seine Rache?

Aber ich wußte, daß Antonius kein rachsüchtiger Mann war. Allenfalls das Gegenteil.

Er mußte sich bald von Octavian trennen! Sein Verstand und seine Urteilskraft wurden unterwandert. Aber freilich, wohin er auch ginge, er würde ein Stück von Octavian mitnehmen. Ich hatte einen Astrologen in seinen Haushalt geschmuggelt, Octavian hingegen hatte etwas viel Besseres getan: Er hatte ihm eine Getreue ins Bett gelegt – seine eigene ergebene und gehorsame Schwester.

Octavian. Die Welt war nicht groß genug, um Platz für uns beide zu bieten. Und Antonius konnten wir uns auch nicht teilen.

Mein Blick wanderte in die Ecke des Raums, wo ein Speer und ein Helm von Antonius an der Wand lehnten. Es waren Gegenstände, die wir getauscht hatten, um uns phantastisch zu verkleiden. Er hatte sie vergessen und zurückgelassen, als er nach Tyros gesegelt war. Sie hatten mir als sichtbare Erinnerung an ihn gedient, und ich hatte vorgehabt, sie eines Tages Alexander als Vermächtnis seines Vaters zu schenken, so wie ich Cäsarion das Medaillon von seinem Vater geben würde.

Jetzt sahen sie nur noch staubig und verlassen aus. Er hatte sie nicht vermißt – oder wenn doch, so war er zu stolz gewesen, ihre Rückgabe zu erbitten. Ich ging hin und berührte sie. Gibt es noch etwas, das uns so fehl am Platze erscheint wie das Werkzeug des Krieges in einer friedlichen Kammer? Ich sollte es wegräumen lassen.

Ach, Antonius! Lieber wäre ich die, die geht, als die, die zurückbleibt – wie diese abgelegten Waffen hier, dachte ich.

Ich würde allein regieren. Das war das Los, das mir bestimmt war. Mit einer Hand berührte ich den Speer, mit der anderen das Medaillon, das ich wieder trug: Diese Dinge waren mir geblieben von den Männern, die mir meine Erben geschenkt hatten.

Teuerste Königin,

laß mich derjenige sein, der Dir verkündet, daß Octavias Kind zur Welt gekommen ist. Es ist eine Tochter. Soviel also zum Sohn des Goldenen Zeitalters, zum römischen Messias. Und soviel zu Vergilius.

Scribonia wird demnächst folgen. Aber es heißt, Octavian wolle sich von ihr scheiden lassen. Das kann nur eines heißen: Er ist bereit für seinen Krieg gegen Sextus, allen Abmachungen zum Trotz. Natürlich habe ich daran nie gezweifelt. Verträge dienen Octavian nur als Mittel zur Verzögerung, während er sich darauf vorbereitet, sie zu brechen.

Ach, und Herodes ist in Rom eingetroffen. Beide Männer haben ihn herzlich willkommen geheißen und ihn zum König von Judäa erhoben, nachdem er bloß Gouverneur von Galiläa war. Jetzt bleibt noch die Kleinigkeit übrig, die Parther aus seinem Reich zu vertreiben, damit Herodes seinen Thron auch besteigen kann.

Ich fahre fort – zwanzig Tage später:

Scribonia hat Octavian eine Tochter geschenkt. Siehst Du? Ich habe Dir gesagt, sie haben das gleiche Horoskop. Und am nächsten Tag hat er sich von ihr scheiden lassen! Was für ein gutherziger, rücksichtsvoller Mann! Und jetzt heiratet er – wen? Mach Dich auf etwas gefaßt! Sie ist selbst verheiratet, und ihr gehorsamer Ehemann wird sich von ihr scheiden lassen und sie abgeben, obwohl sie noch ein Kind zur Welt bringen muß. Ich finde es monströs; ich kann Rom wirklich nicht viel länger ertragen. Antonius verlegt sein Hauptquartier demnächst nach Athen, und ich werde auf demselben Schiff mitreisen. Ich wollte schon lange nach Athen, und von dort aus kann ich leicht nach Ägypten zurück.

Aber ich wollte Dir noch mehr von Octavians Braut erzählen. Angeblich ist er rasend verliebt, aber es fällt mir schwer, das zu glauben. Die Tatsache, daß die Braut aus einer der ältesten Adelsfamilien Roms stammt und daß sie derjenigen Partei angehört, in der Octavian am dringendsten Anhänger gewinnen muß, läßt mich seine plötzliche Leidenschaft mit Mißtrauen betrachten. Es ist Livia, die Tochter des überzeugten Republikaners Livius Drusus, der nach der Schlacht von Philippi Selbstmord beging. Außerdem ist sie die Ehefrau des Tiberius Claudius Nero, der ein politischer Gegner Octavians ist und sich erst kürzlich nach dem Vertrag von Misenum mit ihm versöhnt hat. Was für ein Streich ist ihm da gelungen! Einer nach dem anderen, Stück für Stück, werden seine Feinde paralysiert, neutralisiert, pulverisiert. Bald ist keiner mehr übrig. Dann herrscht er unangefochten über die ganze Welt und steht über allem, die dürren Beine gespreizt.

Athen, ich komme! Genug von Rom! Ich habe hier mein Bestes für Dich getan, aber wenn Antonius abreist, ist meine Aufgabe hier beendet.

Es stinkt in der Stadt – und das nicht nur, weil die Cloaca Maxima einer gründlichen Reinigung bedarf.

An die erhabenste Königin Kleopatra,

welch eine Erleichterung, in Athen gelandet zu sein! Wie klar und prächtig hier alles erscheint – nach der römischen Sickergrube. Wie die Akropolis im goldenen Sonnenlicht schimmert! Wahrlich, alles, was vom Tag und von der Nacht das Beste ist, wird hier zu sich selbst. Ich habe das Gefühl, ich kann wieder atmen. Die Stadt hat immer noch ihre alte Schönheit, und die dunklen Säulen der Zypressen vor den kanellierten Säulen allenthalben erfüllen selbst meine zynische Seele mit einem Hauch von Frieden.

Athen scheint Antonius zu mögen; es hat die bessere Seite seiner Natur wieder zutage treten lassen. Vielleicht hattest Du recht – er wird entschieden erträglicher, je weiter er sich von Octavian entfernt. Eines Tages werde ich vielleicht sogar begreifen, was Du an ihm findest. Aber bis dahin wird noch viel Zeit vergehen. Man hat ihn gefeiert und ihn und seine Gattin zu Göttern erklärt. Er hat eine alberne Zeremonie inszeniert, bei der er sich mit Athene vermählte. Jetzt kleidet er sich griechisch. Jawohl, er übernimmt wiederum das, was ihm am nächsten ist. Wenn er sich von dieser Runde der sinnlosen, aber farbenfrohen Zeremonien schließlich erholt hat, wird er sich, so heißt es, daranmachen, einige der östlichen Territorien neu zu organisieren und sich auf den Krieg vorzubereiten.

Was mich selbst betrifft, so finde ich Athen als eine andere Version von Alexandria interessant. Es ist ja unsere Mutterstadt, auch wenn ihr Sproß sie jetzt in den Schatten stellt. Seiner Mutter sollte man stets Achtung entgegenbringen.

Ich hoffe, Deine Kinder folgen dieser Maxime!

Dein Diener und Freund Olympos

Ich hatte Athen schon immer besuchen wollen. Jetzt war ich wieder neidisch auf Antonius, weil er dort stationiert war, weit weg von Octavians Gekläff und dem römischen Pöbel, und weil er die Freiheit hatte, in einer so großen Stadt zu tun, was ihm gefiel. Nach dem, was Olympos berichtete, hatte es den Anschein, als empfinde Antonius eine Seelenverwandtschaft mit dieser Stadt, und die Athener schätzten ihn auch.

Jetzt, da er näher und in der griechischen Sphäre war, merkte ich, daß meine Gedanken oft zu ihm hingezogen wurden. Seine Abwesenheit war nicht wie die Abwesenheit Cäsars, die mit ihrer Leere die ganze Erde wie auch mein eigenes Leben ausfüllte. Und die Abwesenheit, die der Tod verursacht, ist so vollständig, so unerbittlich, daß ich gezwungen war, mich von ihr ab-

und den Lebenden zuzuwenden. Antonius' Abwesenheit war das Fehlen eines Anreizes im Leben, der Zerfall einer zusätzlichen Dimension. Das wirkliche Leben ging davon unbehelligt weiter – ohne Lücken, aber seltsam fade. In meinem Hunger erinnerte ich mich daran, daß niemand je durch einen Mangel an Gewürzen gestorben war und daß milde Speisen für den Körper ebenso nahrhaft waren wie würzige.

»Olympos kommt nach Hause!« sagte ich zu Cäsarion. »Hast du dein Gedicht schon geschrieben?«

Er hatte versprochen, ein paar Willkommensverse zu dichten, und ich hatte ihm gesagt, wenn es ihm gelänge, sie auf griechisch zu schreiben und dann ins Ägyptische zu übersetzen, dann würde ich sein Bildnis als erwachsener Pharao in den Tempel von Dendera, weit oben am Nil, meißeln lassen.

»Ja, aber ich bin nicht zufrieden damit«, antwortete er jetzt, und er zeigte mir das Papier, auf das er sie geschrieben hatte. »Die Worte sind so *gewöhnlich*! Ich will besondere Worte benützen!«

Ich überflog seine Komposition und fand sie für einen Achtjährigen sehr gelungen. »Du tätest gut daran, dich zu erinnern, was dein Vater darüber gesagt hat. Seine Schriften waren berühmt für die Klarheit ihres Stils. Er sagte: ›Meide das rare und ungewöhnliche Wort wie ein Steuermann die Klippen.‹ Mit anderen Worten: Umschiffe sie. Ich glaube, diese Verse hätten seinen Beifall.« Ich gab ihm das Papier zurück. »Ich weiß, daß sie Olympos gefallen werden. Er war lange fort – über sechs Monate. Hat Medizin studiert.« Und gespitzelt, dachte ich.

»Was hat er gelernt? Kann er Köpfe wieder annähen, wenn sie abgeschnitten worden sind?«

Ich lachte. »Ich glaube, das kann niemand.« Sonst hätte wohl jemand Cicero seinen Kopf wieder aufgesetzt, und er würde immer noch für die Republik wettern.

In diesem Augenblick kamen die Zwillinge herein. Sie liefen inzwischen, ein bißchen wacklig noch, aber es wurde mit jedem Tag besser. Cäsarion sah nicht erfreut aus. »Ach, *sie* sind es.« Er raffte das Papier an sich und hielt es über seinen Kopf, damit sie nicht danach greifen konnten. Dann erhob er sich auf die Zehenspitzen und flüsterte mir ins Ohr: »Als ich einen Bruder oder eine Schwester haben wollte, wußte ich nicht, daß sie so *langweilig* sind. Sie *tun* ja nichts – außer daß sie weinen und alles zerreißen.«

»Laß ihnen Zeit! Eines Tages werdet ihr Freunde sein. Sie werden dich schon einholen.«

»Niemals.« Er wich zur Seite aus, als eines der Kinder mit stumpfen Fingerchen nach ihm griff, um an seiner Tunika zu zerren. Selene fiel flach auf den Bauch und fing an zu heulen. »Siehst du?« Cäsarion machte ein verächtliches Gesicht und ging. »Wie lästig!«

Olympos würde sich wundern, wie sehr die beiden sich verändert hatten, seit er abgereist war. Sie waren schnell gewachsen und nun nicht mehr kleiner als andere Kinder ihres Alters. Die goldenen Locken ließen sie engelhaft aussehen, aber das täuschte. Kinder, vor allem hübsche Kinder, können Tyrannen sein.

Olympos war wieder da; er sah ausgeruht aus, aber doch auch glücklich, wieder daheim zu sein. Er hatte in Athen so lange verweilt, daß die Reise gefährlich zu werden drohte; der milde Sonnenschein in der Stadt, sagte er, habe ihn so sehr betört, daß man das Nahen des Winters kaum gemerkt habe.

In unseren Privatgemächern rezitierte Cäsarion sein Gedicht, das er auswendig gelernt hatte, und dann las er es in stockendem Ägyptisch noch einmal vor. Die Zwillinge waren so aufgeregt, daß sie hektisch umherhüpften und kreischten, und selbst Kasu, meine Äffin, fing an, die Vorhänge hinaufzuklettern und von Stuhl zu Stuhl zu springen.

»Pandämonium!« sagte Olympos. »Wo ist das klassische Ideal von Zucht und Ordnung geblieben? Hier geht es ja regelrecht dionysisch zu.« Er beugte sich vor, gab mir einen Kuß auf die Wange und applaudierte dann Cäsarions literarischen Anstrengungen. Schließlich bückte er sich und betrachtete aufmerksam die Zwillinge.

»Anscheinend gedeihen sie«, stellte er fest. »Sie müssen mit Ambrosia gefüttert worden sein, mit der Speise der Götter, daß sie so schnell in die Höhe schießen. Wenn Antonius sie sehen könnte, wäre er stolz.« *Aber das wird er natürlich nicht.* Fast konnte ich in der schmalen Linie seiner Lippen seine Gedanken lesen. *Deine Trennung von ihm muß endgültig sein nach diesen Beleidigungen.*

»Du bist allzu beschützend zu mir«, sagte ich und beantwortete damit seine Gedanken eher als seine Worte. Aber so geht es zwischen alten Freunden. »Ich kann selbst auf mich achtgeben.« Ich nahm ihn beiseite, sobald ich die Kinder ablenken konnte. »Was waren die letzten Neuigkeiten, die du vor deiner Abreise gehört hast?«

»Es gab keine richtigen Neuigkeiten«, antwortete er. »Antonius und Octavia werden den Winter in Athen verbringen, und er wird seine Unternehmungen im Osten vorbereiten. Es ist alles ruhig. Man weiß nicht, wann er den massiven Angriff gegen Parthien führen wird. Es dürfte schwerfallen, alles bis zum kommenden Frühling in Bereitschaft zu versetzen, denn er muß eine riesige Armee ausrüsten. Ach, das hier habe ich dir mitgebracht. Ich dachte, du möchtest es vielleicht sehen.« Er nahm meine Hand und drückte langsam und bedächtig eine Münze hinein. »Eine Neuprägung.«

Ich öffnete die Hand, und funkelnde Schönheit strahlte mir entgegen. Es war ein *aureus*, eine Goldmünze mit den Köpfen von Antonius und Octavia. Er prägte also Geld mit dem Kopf seiner Frau! Das machte mich zornig, und das hatte Olympos beabsichtigt.

Als wollte er seine unverhohlene Provokation überspielen, holte er sodann eine zweite Münze hervor. »Ich dachte mir, das würde dich erheitern.« Er hielt sie zwischen Daumen und Zeigefinger und drehte sie.

»Gib schon her.« Ich nahm sie und sah, daß es ein Denar war, der Sextus' Vater Pompejus zeigte; auf der einen Seite waren ein Delphin und ein Dreizack abgebildet, auf der anderen ein Kriegsschiff unter vollen Segeln.

»Was soll das bedeuten?« fragte ich. Es kam mir albern vor.

»Sextus behauptet jetzt, er sei der Sohn Neptuns; mit seiner Seemacht läßt er seinen wirklichen Vater zu einem göttlichen verschwimmen. Dabei nimmt er es durchaus ernst, und der Pöbel in Rom ebenfalls. Sie haben gejubelt wie verrückt, als beim Rennen eine Neptun-Statue zusammen mit anderen Göttern herumgekarrt wurde; Antonius und Octavian haben sie entfernen lassen, und da hätte es fast einen Aufstand gegeben. Sextus hat sogar angefangen, sich zu Ehren seines ›Vaters‹ in einen blauen Mantel zu kleiden.«

»Wie es sich anhört, ist der Mann ein Hanswurst«, sagte ich. Wie konnte man so etwas auch nur zur Kenntnis nehmen?

»O ja, heutzutage ist jeder ein Gott – oder der Sohn eines Gottes. Ich überlege mir schon, welchen ich mir wohl aussuchen könnte?«

»Asklepios, natürlich.«

»Der ist mir nicht großartig genug – er hat sein Leben als Sterblicher angefangen.«

»Nun, irgendwo muß man ja anfangen.« Ich wollte jetzt nicht weiter darüber reden. Ich war froh, daß ich Olympos wieder bei mir hatte, aber jetzt wollte ich allein sein, um finster über diesen Münzen zu brüten.

Als er weg war, betrachtete ich die Profile. Bei Pompejus war die Ähnlichkeit jedenfalls erkennbar, aber Antonius' Gesicht, fand ich, sah gestreckt und flach aus, als sei er krank gewesen und habe abgenommen. Was Octavia anging – ihr Profil war teils von seinem verdeckt, und man sah nur eine gerade Nase und wohlgeformte Lippen. Es kam mir halbwegs bekannt vor, aber vielleicht sah es auch überhaupt nicht aus wie sie, wenn die Ähnlichkeit des Antonius-Porträts ein Anhaltspunkt sein konnte.

Er benahm sich also weiterhin so, als wäre dies das Leben, das er sich immer gewünscht hatte, und als wäre er zu all dem geboren, was er jetzt war: Octavias Ehemann, Octavians Schwager, ein exemplarisches Mitglied der intellektuellen Patrizierkreise von Athen. Olympos berichtete, er habe sich dort angewöhnt, regelmäßig zu Vorträgen, Lesungen, Ratssitzungen und dergleichen zu gehen, stets mit seiner züchtigen Gemahlin im Schlepptau. War sein munterer Geist unter all der häuslichen Schicklichkeit wirklich erloschen? Das wäre ebenso traurig wie bei den majestätischen, exotischen wilden Tieren – Tigern, Panthern, Pythonschlangen –, die ich schon gebrochen in Käfigen gesehen hatte, zum Zweck der Volksbelustigung.

Ich legte die Münze in einen Kasten, wo sie sicher wäre und wo ich sie nicht mehr sehen mußte.

# 53

Je weiter wir nach Süden kamen, desto wärmer wurde es; als wir Dendera erreichten, war es mittags glühend heiß, obwohl wir erst Februar hatten. Ich hatte Cäsarion gegenüber Wort gehalten und fuhr jetzt mit ihm zu dem Tempel, wo er als erwachsener Pharao dargestellt war. Achtzehn Monate hatte die Fertigstellung des Reliefs gedauert, und fast so lange hatte er gebraucht, um im Ägyptischen zu einiger Gewandtheit zu gelangen. Der Handel war also auf beiden Seiten erfüllt.

Als ich jetzt neben ihm an der Bootsreling stand, dachte ich, daß es doch eine gute Idee gewesen sei, mit ihm zusammen wegzufahren. Es war außerdem gut, daß er einmal etwas mehr von Ägypten zu sehen bekam als nur Alexandria. Er war ebenso fasziniert davon gewesen wie ich damals, als ich ausgerissen und zum ersten Mal den Nil hinaufgefahren war. In wenigen Monaten würde er zehn werden; es wurde Zeit, daß er eine neue Welt erforschte. Er hatte das Land betrachtet, das vorüberzog, die grün befransten Palmen, deren Wedel die Ufer säumten, die Ochsen auf den Feldern, die weite Strecke zwischen den Pyramiden und Dendera, den ersten der Tempel, welche die Ptolemäer gebaut hatten.

»Ich sehe ihn von hier aus«, sagte er und deutete auf einen massigen Sandsteinbau, der sich golden leuchtend vom endlos braunen Sand und Ackerboden abhob.

Ich erinnerte mich, wie mein Vater mit mir eine Reise zu den anderen Tempeln gemacht hatte, an deren Bau oder Ausschmückung er beteiligt gewesen war. Jetzt war mir bewußt, daß ich diesen Zyklus wiederholte. Ich hätte mich alt fühlen müssen, als ich nun erkannte, wie mein Sohn heranwuchs und dazu ausgebildet wurde, in meine Fußstapfen zu treten, aber statt dessen empfand ich es als richtig und natürlich. Daß er erwachsen wurde, bedrohte mich nicht. Ich war dankbar dafür, daß ich einen Erben hatte und daß noch zwei weitere Kinder nach ihm kamen.

Er sprang fast aus dem Boot; er rannte den Laufsteg hinunter und stürmte an den Würdenträgern vorbei, die aufgereiht am Ufer standen. Er wollte sich sehen, eine künstlerische Darstellung seiner selbst auf den Mauern des Tempels.

»Schau doch! Schau!« rief er und zerrte an meiner Hand, während er nach dem Relief suchte. Die ganze Außenmauer des Tempels war ausgefüllt mit Darstellungen göttlicher Prozessionen und irdischer Gestalten, die Opfergaben trugen. »Wo ist es denn? Wo ist es?«

Ich hielt ihn fest. »Du läufst in die falsche Richtung«, sagte ich. »Es ist an der südwestlichen Ecke.« Dort gingen wir also hin, vorbei an riesenhaften Göttern und Göttinnen hoch über uns an der Mauer. An der Ecke blieb ich stehen und zeigte in die Höhe. »Da sind wir.«

Weit über uns ragten die Umrisse zweier Gestalten im alten ägyptischen Gewand auf; sie hielten Weihrauch und Opfergaben in den ausgestreckten Händen. Sie waren mindestens zwanzig Fuß hoch; wenn man – wie wir jetzt – unmittelbar unter ihnen stand, konnte man ihre Köpfe nicht sehen.

»Wir müssen ein wenig zurücktreten«, erklärte ich, und wir gingen ein ganzes Stück weit über den hartgestampften Boden, bis wir einen guten Aussichtspunkt gefunden hatten.

»So sehe ich nicht aus!« Das war das erste, was Cäsarion sagte.

»Nein, natürlich nicht. Es ist eine Darstellung – alle Pharaonen werden gleich dargestellt.«

Er studierte das Profil meines Bildnisses. »Sie sieht auch nicht aus wie du«, stellte er fest.

»Nein. Es ist eine Standardkönigin. Weißt du, es gibt eine bestimmte Art, wie eine Königin von Ägypten auszusehen hat, und so wird sie in Statuen und auf Gemälden stets abgebildet. Damit jedermann genau weiß, wer es ist.«

»Solche Kleider trägst du auch nicht. Und ich trage ja auf keinen Fall jemals einen durchsichtigen Schurz!« Er lachte. »Ich glaube, die Doppelkrone ist so groß, daß mir der Kopf abfallen würde.«

»Ja, Kronen können sehr schwer sein. Diese Sorte jedenfalls. Deshalb tragen wir sie nur bei zeremoniellen Anlässen. Wenn du in Memphis gekrönt wirst, bekommst du auch eine, wenn du möchtest. Aber bis dahin wirst du einen starken, kräftigen Hals bekommen, denn ich gedenke noch lange zu leben.« Ich legte den Kopf schräg. »Es ist die falsche Tageszeit, um sich die Reliefs anzuschauen; es gibt nicht genug Schatten. Wir sollten bei Sonnenuntergang noch einmal wiederkommen.«

»Sie haben mich genauso groß gemacht wie dich«, sagte er stolz.

»Nun, das bist du ja auch fast. Du bist groß – wie dein Vater.« Und auch sonst hatte er die Ähnlichkeit behalten – das gleiche, breite Gesicht und die scharfen, tiefliegenden Augen.

»Mein Vater«, sagte er leise. »Es macht mich traurig, daß ich ihn nie sehen kann.«

»Ja, das macht mich auch traurig.«

»Nun, aber du hast ihn wenigstens gesehen und kannst dich an ihn erinnern. Aber er ist gestorben, bevor ich so alt wurde, daß ich Erinnerungen an ihn haben konnte. Sah er wirklich aus wie die Büste, die in meinem Zimmer steht?«

Ich nickte. »Ja. Die römische Kunst ist ziemlich realistisch. Die Ähnlichkeit ist groß. Aber, weißt du, wenn du Latein lernst, dann kannst du seine Werke lesen. Seine Schriften sind berühmt. Auf diese Weise könntest du ihn kennenlernen; die Menschen können durch das, was sie schreiben, zu uns sprechen.«

»Aber das handelt doch nur von Schlachten und Märschen; es handelt doch nicht von *ihm*.«

»Seine Schlachten und er, das ist eins.«

»Ach, du weißt schon, was ich meine! Er hat keine Aufsätze geschrieben, keine Reden wie Cicero. Darin jemanden zu finden ist viel leichter.«

»Ich glaube, er hat welche geschrieben, aber ich weiß nicht, ob sie veröffentlicht wurden. Vielleicht waren sie unter seinen Papieren, nachdem er gestorben war. Wenn ja, dann hat Antonius sie vielleicht noch – oder er weiß, wo sie sind. Er hat alles im Haus in seine Obhut genommen … danach.«

»Wahrscheinlich hat er alles in Rom gelassen. Und Mardian sagt, nach Rom kann er nie mehr zurück, denn Octavian hat ihn ausgesperrt und *erlaubt* nicht, daß er zurückkommt.«

»Das ist nicht wahr! Er kann jederzeit zurück, wenn er will. Aber warum soll er zurückkehren wollen, bevor er die Parther besiegt hat? Danach kann er als Herrscher nach Rom zurück und *Octavian* aussperren.«

Cäsarion zuckte die Achseln. »Mardian sagt, Octavian hat ihn nach Italien zurückgerufen und sich dann geweigert, sich mit ihm zu treffen. Mardian sagt, dadurch ist Antonius mit den Vorbereitungen zu seinem Parthien-Feldzug um ein Jahr zurückgeworfen worden. Mardian sagt, wahrscheinlich ist es genau das, was er damit erreichen wollte … Octavian, meine ich …«

»Mardian redet gern«, antwortete ich leichthin. »Es stimmt, Octavian hat Antonius gebeten, nach Italien zu kommen und Schiffe mitzubringen, um ihm im Krieg gegen Sextus zu helfen, und dann hat er es sich anders überlegt. Aber das hat Antonius keine Zeit bei den Vorbereitungen für Parthien gekostet. Sein General Bassus hat die Parther aus Syrien verjagt und über den Euphrat zurückgedrängt. Jetzt kann der eigentliche Feldzug beginnen.«

»Gut. Ich denke, er muß ja nun endlich kampfbereit sein.«

»Hat Mardian dir auch erzählt, daß Octavian immer wieder von Sextus geschlagen worden ist? Einmal wäre er im Kampf gegen ihn fast ertrunken; die Hälfte seiner Flotte ist in der Straße von Messina gescheitert. Die Skylla auf ihrem Felsen hätte beinahe Octavian selbst verschlungen; mit knapper Not wurde er ans Ufer gespült und konnte in Sicherheit kriechen.« Aber irgendwie gelingt es ihm *immer*, in Sicherheit zu kriechen, dachte ich – er verkriecht sich, erholt sich und sammelt seine Kräfte.

»Nein, das hat er nicht erzählt«, bekannte Cäsarion.

»Über Octavian und seine dauernde Verliererei macht man schon Witze«, sagte ich. »Die Römer haben einen Vers darauf gemacht: ›Er verlor seine Flotte und zweimal die ganze Schlacht, doch einmal wird er siegen, denn er würfelt mit Bedacht.‹«

»Du scheinst viel über ihn zu wissen«, bemerkte Cäsarion.

»Ich habe es mir zur Aufgabe gemacht, viel über ihn zu wissen.«

*Einmal wird er siegen, denn er würfelt mit Bedacht.* Mich schauderte trotz der warmen Sonne.

»Komm jetzt«, sagte ich und steuerte ihn auf den bang wartenden Hohenpriester zu. Sie wollten uns mit einem Gastmahl ehren, das sie unter einem schattigen Spalier aufgestellt hatten.

Ich sah, wie Cäsarion von seinem Platz aus den Tempel im Auge behielt; immer wieder wanderte sein Blick zu dem Relief, das ihn in diesem fremdartigen Gewand darstellte. Er plagte sich mit seinem Ägyptisch und hatte große Mühe, nicht ins Griechische zurückzufallen, und der Priester wirkte geschmeichelt.

Die schläfrige Mittagsstunde schien uns ihre beruhigende Hand auf die Köpfe zu legen. Hier, beinahe vierhundert Meilen weit flußaufwärts, verblaßten all die Dinge zur Bedeutungslosigkeit, mit denen ich in Alexandria so sehr beschäftigt war. Hier waren wir verborgen und geschützt, und man gewährte uns Zuflucht. Dies war das wahre Ägypten, das Mutterland, wo Rom uns nichts anhaben konnte. Wenn alles andere scheiterte, konnten meine Kinder hier immer noch unbehelligt herrschen.

Wenn alles andere scheiterte ... Aber ans Scheitern durfte ich nicht denken. Ein Scheitern wäre es in der Tat, wenn Cäsars wahrer Erbe und die Kinder eines Triumvirn sich mit weniger als dem begnügen müßten, was ihnen als rechtmäßiges Erbe zustand. Und dieses Erbe war, wohl oder übel, ein Teil der römischen Welt.

Aber – ah! Wie köstlich war es, sich in dieser Laube zurückzulehnen und die trockene Hitze zu genießen, während weiße Schmetterlinge über uns tanzten. Alles hier war braun oder grün oder weiß.

»Erzähle mir von Hathor«, sagte Cäsarion. »Von der Göttin, der dieser Tempel geweiht ist.«

Die Augen des Priesters leuchteten auf. »Sie ist unsere alte Göttin der Schönheit, der Freude und der Musik.«

»Wie Isis?«

»Ja, nur älter. Obwohl wir glauben, daß sie vielleicht nur verschiedene Erscheinungen ein und derselben Göttin sind. Und einmal kamen die Griechen und dachten, sie sei auch noch Aphrodite.«

Wie sehr unterschied sich doch dieser Tempel im ägyptischen Stil mit seinen massiven Mauern und Reliefs und seinem dunklen Allerheiligsten von dem in Rom, den Cäsar ja auch zu Ehren der Göttin der Schönheit gebaut hatte! Beide verherrlichten sie auf angemessene Art. Schönheit... Wir alle beten sie an, und wir stehen voller Ehrfurcht vor ihr. Sie ist anscheinend die einzige Gottheit, bei der wir uns alle einig sind.

»Du hast äußerst großzügig für diesen Tempel gesorgt, Majestät«, sagte der Priester eben. »Du und deine Vorfahren.«

»Als Erben der Pharaonen ist es uns eine Ehre«, antwortete ich. Wir Ptolemäer hatten uns bemüht, die Religion, die Kunst und die Architektur Ägyptens intakt zu bewahren; der griechische Einfluß beschränkte sich auf wenige Städte. Mancher hatte uns vorgeworfen, wir seien ägyptischer als die Ägypter, weil wir die Geschwisterehe übernahmen, die Tempel ausschmückten, die heiligen Stiere des Apis ehrten und uns in Memphis krönen ließen. Andere meinten, das sei politische List. Vielleicht war es das auch für einige, aber in meinem eigenen Leben habe ich mich immer zu den uralten ägyptischen Gebräuchen hingezogen gefühlt, und die alten Steine und Götter sprachen mich an.

Als die Sonne tief am Himmel stand, begaben wir uns noch einmal zu den Figuren am Tempel, um sie zu betrachten. Jetzt waren die Konturen von Schatten dunkel umrissen, und Königin und König standen in majestätischer Größe vor uns; der prachtvolle Kopfputz ragte turmhoch auf, und jede Einzelheit ihrer Perücken und Schmuckstücke trat scharf und klar hervor.

»Hier wirst du Pharao sein in Ewigkeit«, sagte ich zu Cäsarion. »Du wirst immer jung und hübsch sein und den Göttern immer köstliche Geschenke darbringen.«

Das erlaubt uns die Kunst, während das Leben mit uns weitereilt, dem Ende entgegen, da wir zerfallen.

Wir hatten mehrere Ereignisse zu feiern. Als erstes Cäsarions zehnten Geburtstag. Dann heiratete Olympos unverhofft: eine stille, ausgeglichene Frau mit einer Neigung zu gelehrten Studien. Von Epaphroditos kam die willkommene Neuigkeit, daß die Ernten unsere Erwartungen übertroffen hatten – was wir sowohl einem guten Nilhochwasser als auch den eben gereinigten Kanälen zu verdanken hatten – und daß unsere Glas- und Papyrusexporte einen Höhepunkt erreicht hatten. Der Flottenneubau – zweihundert neue Schiffe – war beinahe vollendet. Gesandtschaften aus dem ganzen Osten kamen in Scharen zu uns und machten uns den Hof. Ich hatte sogar neue Münzen mit einem erhöhten Silbergehalt ausgeben können. Ein Haufen davon lag jetzt auf dem Tisch, stolz zur Schau gestellt. Ägypten überlebte nicht nur, es blühte.

Mardian nahm eine der Münzen in die Hand und betrachtete sie beifällig. »Kein Gewicht ist so angenehm wie das einer schweren Silbermünze – es sei denn, es wäre eine schwere Goldmünze!« Er war prächtig gekleidet; sein Gewand war aus aufgelockertem Seidenstoff, und an seinen Unterarmen glänzten dicke goldene Reifen.

»Vielleicht möchtest du deine Armreifen zum Einschmelzen beisteuern«, schlug ich vor und betrachtete sie.

Er lachte und verschränkte die Arme, um sie zu schützen. »Niemals!«

Epaphroditos nahm eine Münze und begutachtete sie. »Die Römer müssen uns beneiden«, sagte er. »Sie mußten ihr Geld in letzter Zeit abwerten, weil die Bedrohung durch Sextus ihre Nahrungsmittellieferungen gefährdet – ja, solange er ungehindert die Meere befährt, droht ihre gesamte Wirtschaft aus dem Gleichgewicht zu geraten.«

»Selbst Antonius spürt die Not«, meinte Mardian. »Obwohl er weit weg ist von Rom, mußte er sein Geld abwerten.«

Octavias Gesicht würde also von einer Münze strahlen, die mehr Kupfer als Silber enthielt? Wie schade.

Ich legte besitzergreifend die Hände über meine Münzen. Wenn Ägypten stark und wohlhabend war, dann lag das an meiner Politik und an den guten Ministern, die ich hatte.

»Ah! Der Bräutigam!« begrüßte ich Olympos, als er hereinkam. »Wir alle gratulieren dir!«

Es kam mir seltsam vor, daß er jetzt verheiratet sein sollte – als erster aus meinem inneren Beraterkreis. Gewiß, ich hatte ihn jahrelang dazu gedrängt, aber jetzt, da es geschehen war, fragte ich mich doch unversehens, ob die

Frau seiner auch würdig sei und ob sie ihn verstehen würde. Hoffentlich vergrub sie sich nicht in ihren Manuskripten, wie manche Frauen sich in der Küche verkrochen. Da war das eine Extrem so schlimm wie das andere. Ich erinnerte mich, wie Olympos einmal gesagt hatte: »Es gibt nur eins, was langweiliger ist als ein dummer Mensch, und das ist ein pedantischer Mensch.«

»Jawohl, ich habe das Reich der Seligen betreten«, antwortete er. Ein Scherz? »Komm, gib mir einen Schluck Wein.«

»Weil die Ehe ein so trockenes Geschäft ist?« fragte Mardian boshaft.

»Das hast du gesagt, nicht ich«, erwiderte Olympos, und er nahm einen Becher und leerte ihn. Mir kam der Gedanke, daß Olympos zwar unanständig viel über diese Seite meines Lebens wußte, ich aber das gleiche von ihm niemals erfahren würde. Er würde es mir niemals anvertrauen, wie ich gezwungen war, es ihm anzuvertrauen, ein seltsames Privileg der Ärzte. Aber das linderte meine Neugier nicht.

»Wird Dorkas uns heute besuchen?« fragte ich. Ich hatte sie noch nicht gesehen.

»Nein, sie ist in der Bibliothek. Außerdem hast du sie ja gar nicht eingeladen.«

»Das bildet sie sich ein. Natürlich gilt die Einladung für euch beide.«

»Ich werde es ihr sagen. Später.«

Hatte er sie vielleicht nicht mitbringen wollen? Aber das würde sich alles noch herausstellen. Alles stellt sich irgendwann heraus.

»Ich bin froh, von allem umgeben zu sein, was eine Königin sich nur wünschen kann«, sagte ich laut, um sie aufmerksam zu machen. »Insofern bin ich reich. Ich habe die besten und treuesten Minister der Welt und einen Sohn, auf den jede Mutter der Welt stolz wäre und den jede Königin sich als Nachfolger wünschen würde.« Cäsarion strahlte erst und wurde dann rot. »Bitte laßt uns miteinander fröhlich sein.« Ich nickte den Dienern zu, damit sie die Weinkrüge und die Platten mit den Leckereien hereinbrachten.

Bei der ersten Gelegenheit flüsterte Mardian mir zu: »Einige Parther sind gekommen und bitten um ein Bündnis.«

»Offizielle Gesandte oder private Bürger?« fragte ich.

»Bürger. Sie sagen, man habe sie geschickt, um die Lage zu sondieren, und wenn deine Antwort günstig ausfällt, werden Gesandte mit einem formellen Angebot kommen.«

»Parthien!« sagte ich. »Sehr rätselhaft! Glaubst du, sie sind gekommen, um zu spionieren, weil sie uns als nächstes angreifen wollen?« Sie waren zu weit weg, um sich um Allianzen zu bemühen, dachte ich, aber nicht zu weit, um Eroberungsträume zu hegen.

»Nein, ich glaube, sie wollen sich gegen den erwarteten Angriff der Römer verteidigen und erkunden, wo sie vielleicht Hilfe finden können. Vielleicht betrachten sie es als eine Angelegenheit in Schwarz und Weiß: Rom, der Westen, gegen den Osten. Viele Leute sehen es so. Irren sie sich?«

»Vielleicht nicht.« Vielleicht war es wirklich so einfach. Rom, der Westen, würde sich immer weiter ostwärts ausdehnen, bis es schließlich gegen einen Felsen rannte – die Parther? Die Inder? Wie weit würde die Welle branden, bis sie sich wie eine Meereswoge an einer Mole brach?

»Willst du ihnen eine Audienz gewähren? Oder soll ich sie wegschicken?« fragte er.

Ich fühlte mich versucht. In gewissen Augenblicken hatte ich mit dem Gedanken an ein Bündnis des Ostens gespielt. Die Kandake hatte mir eines angeboten. Es hatte etwas Verlockendes. Wir konnten uns mit Nubien zusammentun, mit Arabien, Parthien, Medien, vielleicht sogar mit dem Hindukusch, und den Römern die Stirn bieten.

Aber im kalten Licht der Vernunft hatte die Sache keinen Bestand. Ägypten lag selbst zu weit im Westen und war durch einen Ring römischer Provinzen von diesen anderen Ländern abgeschnitten: durch Syrien, Asien, Pontus und all die halbverdauten Klientenkönigreiche wie Judäa und Armenien. Wir waren isoliert und gezwungen, unmittelbar mit den Römern zu verhandeln und uns mit ihnen zu einigen.

»Schick sie weg«, sagte ich. »Aber höre dir vorher an, was sie vorschlagen! Stelle fest, wie groß die Möglichkeit ist, daß sie sich gegen Rom behaupten können! Verschaffe dir ein Bild von ihrer militärischen Lage! Und *dann* schickst du sie zurück nach Phraaspa oder Ekbatana oder Susa, oder woher sie sonst kommen.«

»Aus Ekbatana, glaube ich.« Er rückte seinen linken Armreifen zurecht. »Das ist der klügste Kurs«, sagte er. »Halte dich heraus. Keine Bündnisse. Keine Versprechungen.«

»Anscheinend vergißt du sehr leicht«, entgegnete ich. »Wir haben bereits ein Bündnis. Wir sind Freund und Verbündeter des römischen Volkes.«

Er zuckte die Achseln, als sei das ohne Belang.

»Ich halte mein Wort«, erklärte ich. »Wenn es gebrochen werden soll, muß die andere Seite es brechen.« Das war eine Ehrensache für mich – altmodisch, vielleicht töricht, aber es war mein eigenes, persönliches Gesetz.

Warum also machte ich mich lustig über Antonius und seine Treue gegen das Triumvirat?

Weil man einem treulosen Menschen nicht treu sein kann, gab ich mir zur Antwort. Und Octavian ist treulos. Treu ist er nur seinem eigenen Ehrgeiz.

Als Octavian das erste Mal nach Rom zurückgekehrt war, hatte er seine Absichten offen erklärt: »Möge es mir beschieden sein, die Ehren und die Stellung meines Vaters zu erlangen, wie es mein Recht ist.« Die Leute hatten gelacht oder sich nicht darum gekümmert. Wie kurzsichtig!

Ja, ich würde mein Bündnis mit Rom einhalten, aber mit zwei offenen Augen. Und eigentlich war es ein Bündnis mit Cäsar und mit Antonius, dem ich die Treue hielt.

»Erzählt eure Geschichte!« Mardian schob die Männer heran. Er hatte sie in meinen Audienzsaal gebracht, wo sie in einer Gruppe zusammenkauerten.

Zögernd schoben sie sich mir entgegen.

»Kommt schon, kommt näher! Habt keine Angst!« drängte Mardian.

»Nun, was habt ihr mir zu erzählen?« fragte ich.

»Wir … Dein Hafenmeister hat gesagt, du würdest es selbst hören wollen«, sagte einer der Männer.

»Was denn?«

»Ich bin … ich war … Kapitän auf einem der Getreideschiffe. Um diese Jahreszeit bringen wir tausend Tonnen Weizen nach Rom. Auf der Höhe von Sizilien wurden wir überfallen – sie raubten uns nicht nur die Ladung, sondern auch das Schiff! Ich muß dir sagen, ein solcher Akt der Seeräuberei gegen ein so großes Schiff – das hat es noch nie gegeben! Sextus beherrscht das Meer. Von hier bis Rom ist nichts mehr sicher.«

»Dein Schiff ist weg?«

»Ja, sie haben es genommen. Ich konnte nichts dagegen tun.«

»Hattest du keine Soldaten an Bord?«

»Doch, ein paar, aber auf Getreideschiffen kann man nicht so viele Männer einquartieren.« Er seufzte. »Alle meine Investitionen, das Vermögen meiner Familie … dahin!«

»Ich werde es dir bezahlen«, beruhigte ich ihn. »Aber du mußt mir mehr berichten. Nach dem, was du sagst, dürfte Rom ja ausgehungert werden.«

»Es sieht so aus. Als Sextus – denn ich habe ihn leibhaftig gesehen – mich laufenließ, erzählte er mir, daß Octavian sich an Antonius um Hilfe gewandt habe. ›Aber gegen mich gibt es keine Hilfe. Ich habe ihn einmal zerschmettert, und ich werde ihn wieder zerschmettern, ganz gleich, wie viele Schiffe er von Antonius bekommt. Die Schlinge um seinen Hals wird sich strammziehen, bis er um Gnade bettelt.‹ Das hat er gesagt, Majestät. Das waren seine Worte.«

»Er hat einen Hilferuf an Antonius geschickt?«

»Sagt Sextus. Er hat darüber gelacht; er sagt, es werde ihnen beiden schaden. Antonius müsse seinen Feldzug gegen Parthien verschieben, und Octavian offenbare nur, wie schwach er sei, was die Unzufriedenheit der Römer über ihn noch vergrößern werde.«

»Es ist schwer zu erkennen, was Sextus eigentlich will – außer, daß er die Geschicke anderer zerstört.« Ein höheres Ziel, eine andere Berufung schien er nicht zu haben. Was für eine traurige Bestimmung für den letzten Sohn des großen Pompejus.

»Es gelang uns, auf einem anderen Kauffahrerschiff die Heimreise gegen Seemannsdienste zu erbetteln«, erklärte ein anderer. »Und der Kapitän dieses Schiffes sagte uns, daß Agrippa jetzt den Krieg gegen Sextus in die Hand nimmt und heimlich die nötigen Vorbereitungen trifft. Er wußte aber nichts weiter darüber – nur, daß es sich um irgendein gewaltiges technisches Meisterwerk drehen müsse.«

Agrippa – Octavians Freund aus Kinderzeiten, jetzt sein bevorzugter General. Was mochte der für »geheime« Maßnahmen gegen Sextus einleiten?

»Nun«, sagte ich schließlich, »ich trauere mit euch um eure Verluste, und ich will versuchen, euch zu entschädigen. Wir sind ja nicht im Krieg, und es gibt keinen Grund, weshalb ihr die Leiden des Krieges auf euch nehmen sollt.«

Als sie gegangen waren, konnte ich ein leises Lächeln nicht länger unterdrücken. Octavian geriet ins Wanken; er war gezwungen gewesen, Antonius um Hilfe zu bitten.

Es dauerte ein paar Monate, bis alle Steine des Mosaiks an ihrem Platz waren. Hier will ich daraus nun das Bild dessen formen, was als nächstes geschah. Eine kurze Skizze wird genügen.

Antonius gehorchte dem Ruf und reiste nach Tarentum, von wo aus Octavian ihn in seiner Panik gerufen hatte. Er kam mit dreihundert Schiffen. Zu seiner Überraschung traf sich Octavian nicht mit ihm. Anscheinend hatte er sich die Sache noch einmal überlegt, und das Ergebnis dieser Überlegungen war ein Echo dessen, was Sextus gesagt hatte: nämlich, daß er mit einem öffentlichen Hilferuf nur seine eigene Schwäche offenbarte. Er zog es vor, auf Agrippa und dessen geheime Pläne zu setzen, und er wollte den Ruhm nicht mit Antonius teilen.

Antonius war rasend vor Wut auf Octavian, und endlich war er bereit, mit ihm zu brechen, aber am Ende vermittelte Octavia zwischen den beiden. Sie weinte und flehte und behauptete, sie wäre die unglücklichste aller Frauen, wenn es zwischen den beiden Menschen, die ihr am liebsten seien, zum Streit käme: zwischen ihren Bruder und ihrem Gemahl. Also trafen die beiden Männer widerstrebend noch einmal zusammen, und ein neuer Vertrag wurde ausgehandelt: der Vertrag von Tarentum. Darin wurde das Triumvirat – das genau genommen ausgelaufen war – noch einmal um fünf Jahre verlängert. Antonius sollte zwei Geschwader – hundertzwanzig Schiffe – für den Krieg gegen Sextus abtreten. Zu irgendeinem unbestimmten späteren Zeitpunkt würde

Octavian ihm dies mit zwanzigtausend Mann für den Krieg gegen die Parther vergelten. Antonius segelte davon, ließ die Schiffe zurück, nahm aber keinen der versprochenen Soldaten mit. Das Zusammentreffen mit Octavian hatte ihn den größten Teil des Sommers gekostet, und er mußte seinen Feldzug gegen Parthien um ein weiteres Jahr verschieben. Und so bewirkte auch dieser Vertrag – wie alle andern, die er vorher mit Octavian geschlossen hatte –, daß Antonius' Macht weiter verkleinert wurde. Kochend vor Wut reiste er ab.

Es war sehr spät. Ich las noch, obwohl meine gewohnte Schlafenszeit längst verstrichen war. Ich lag auf meinem Diwan, ein Polster unter dem Kopf, die Füße mit einer leichten Decke verhüllt. Die Lampen blakten im Luftzug, der durch das Fenster hereinwehte. Der Wind gewann an Kraft für den bevorstehenden Herbst. Es war eine Nacht für Gespenster, eine Nacht, in der das Meer dort unten zu stöhnen und zu wispern schien.

Erst war ich nicht sicher, ob ich das Klopfen wirklich gehört hatte. Es war zu spät für Besuch. Aber dann ertönte es noch einmal. Ich erhob mich. »Herein!«

Mardian erschien; er hatte seinen massigen Körper in ein Tuch gehüllt. »Verzeih mir«, sagte er, »aber ich dachte, du würdest diese Neuigkeit sofort hören wollen. Antonius hat Octavia nach Rom zurückgeschickt. Er war bei seiner Reise in den Osten bis Korkyra gekommen, als er plötzlich erklärte, sie gehöre nach Rom. Und gleich hat er sie mit dem nächsten Schiff zurückgeschickt.«

»Da muß er aber einen sehr plausiblen Grund gehabt haben«, sagte ich.

»Nun, sie ist schwanger«, sagte Mardian. »Aber das wußte er, bevor er mit ihr in See stach. Er hätte sie von vornherein in Italien lassen können. Offensichtlich hat er sich erst auf der Reise anders besonnen.« Er stand da und schaute mich an; sehr lange, wie mir schien, hielt sein Blick den meinen fest. »Du weißt, daß er nach dir schicken wird. Was wirst du dann tun?«

Wäre ich nicht so ehrlich gegen mich selbst und gegen Mardian gewesen, hätte ich ihm eine stolze und unverbindliche Antwort gegeben. Aber statt dessen sagte ich einfach die Wahrheit. »Ich weiß es nicht.«

Ich machte mir keine Illusionen über das, was passieren würde, wenn ich ihn sähe. Ich machte mir nicht einmal die Mühe, es vor mir selbst zu verleugnen. Ich war sehr schwach, wo es um ihn ging – schwach in bezug auf meine Person, nicht auf die Interessen meines Landes.

Und noch immer wandte Mardian seinen Blick nicht ab.

»Haßt du ihn?« fragte ich. »Wie Olympos es tut?«

»Nicht, wenn du ihn liebst. Liebst du ihn?«

»Ich ... Ich *habe* ihn geliebt. Aber seit jenen Tagen ist viel mit uns geschehen. Ich fürchte, keiner von uns ist mehr so, wie er damals war – wir haben Narben bekommen, wir beide, und wir sind älter geworden. Er hat Entscheidungen getroffen, die ich beklage; und zweifellos habe ich das auch getan. Und was Menschen verändert, verändert auch die Liebe.«

Mardian wippte auf den Fersen. »Eine Antwort, wie sie sich für Alexandria gehört – gewunden, künstlich, raffiniert.«

»Ich habe Angst, ja oder nein zu sagen, denn weder das eine noch das andere wäre mir willkommen«, sagte ich.

»Dann will ich dich, teuerste Königin, für den Rest der Nacht deinen Gedanken überlassen.« Er verbeugte sich, öffnete die Tür und glitt hinaus; seine Bewegungen waren sehr anmutig.

Meinen Gedanken für den Rest der Nacht! Ich freute mich nicht darauf, stundenlang allein über der Neuigkeit zu brüten, die Mardian mir da gebracht hatte. Ich wußte, daß jede Hoffnung auf Schlaf dahin war, und doch lag mir eigentlich nichts daran, die Nacht statt dessen mit Seelenerforschungen zu verbringen.

Ich machte mich fürs Bett bereit, als erwartete ich eine Nacht wie jede andere; ich hoffte, daß ich Morpheus, den Gott des Schlummers, auf diese Weise täuschen und zu meinem Lager locken könnte. Ich würde mich in ein zartes Nachtgewand hüllen und mir die Schläfen mit Lilienöl einreiben, das einen ebenso verführerischen wie einschläfernden Duft verströmte – verführerisch für Morpheus, einschläfernd für mich. Ich bürstete mir das Haar und tat, als sei ich Iras – die ich nicht rufen wollte, weil ich nicht reden wollte; ich befühlte und betastete es, als wäre es etwas Fremdes. Ich sorgte dafür, daß frischer Wind ins Zimmer wehen konnte, und ließ eine Öllampe brennen. Dann legte ich mich hin und wartete.

Ich streckte die Füße aus und bedeckte die Beine mit einer leichten Decke, und ich verbot mir, an irgend etwas Besonderes zu denken. Ich würde mich jetzt dazu zwingen, mir den Hafen vorzustellen, und dann würde ich die Masten der Schiffe zählen, die dort lagen. Das wirkte meistens.

Aber in dieser Nacht mußte ich bei dem Gedanken an Schiffe natürlich gleich an Antonius denken, wie er Octavia mit einem Schiff nach Hause geschickt hatte. Sie konnte jetzt erst die halbe Strecke nach Rom zurückgelegt haben; ich wußte ja schon, daß sie weggeschickt worden war, bevor Octavian es erfahren würde. Aber was hatte das wirklich zu bedeuten? Wenn Antonius sich auf seinen Parthien-Feldzug vorbereitete, hatte er sich vielleicht überlegt, daß er ja monatelang fort sein würde und daß es daher am besten wäre, wenn sie nach Rom zurückkehrte, um bei den Heerscharen ihrer Kinder und Stiefkinder zu sein – Antonius' drei, Octavias drei und ihren eigenen. Ja, vielleicht war sie es sogar gewesen, die gesagt hatte, sie wolle lieber zu den Kindern heimkehren, obwohl er sie gebeten hatte, in Athen zu warten.

Seufzend drehte ich mich auf die Seite. Meine Füße verhedderten sich in der Decke, und ich schleuderte sie weg. Was hatte Mardian gesagt? … *als er plötzlich erklärte, sie gehöre nach Rom. Und gleich hat er sie mit dem nächsten Schiff zurückgeschickt.* Aber das war zweifellos seine Interpretation. Es konnte vollkommen respektable Gründe dafür geben, weshalb Octavia ihn verlassen hatte. Obwohl sie das in den drei Jahren, die sie jetzt zusammenwaren, nie getan hatte … Antonius war ihr nur einmal entkommen – wieso benützte ich beharrlich diesen Ausdruck? –, als er mit Bassus zusammen Samosata belagert hatte. Die restliche Zeit hatten sie wie aneinandergefesselt gemeinsam verbracht.

Jetzt wurde es mir auf der Seite unbequem, und ich drehte mich auf den Bauch. Oh, wenn ich doch schlafen könnte! Ich war es, die gefesselt war – angekettet an mein Bett, wo ich keine Lage fand, die mir paßte, und weder schlafen noch aufstehen und etwas anderes tun konnte –, und vor allem konnte ich nicht aufhören zu denken.

Die kühle Luft strich über meinen Rücken, der schweißfeucht war. Ich hatte mich in einen Zustand der Erregung gesteigert. Die Wahrheit war: Ich wollte nicht, daß meine Welt in Unordnung gebracht wurde – so trocken und wohlgeordnet, wie sie war. Ich führte sie gut, und sie lohnte es mir reich. Nächte wie diese – ich war aufgewühlt, hungrig, zweifelnd – suchten mich nur noch selten heim, und sie waren ein geringer Preis für die Abwesenheit eines traulichen Lebensgefährten. Die Nächte konnten so sein, aber die Tage gehörten mir. Ich war niemandem untertan, brauchte in meinen Plänen keine Kompromisse einzugehen, mich niemals nach den Launen oder Forderungen eines anderen zu richten. Daran hatte ich mich gewöhnt, und es wäre mir sehr zuwider, es aufzugeben.

Wieder wälzte ich mich herum. Konnte ich denn keine Ruhe finden? Das Bett und das Bettzeug fühlten sich an wie ein Folterinstrument. Ich hatte die Laken so heftig verdreht und verknotet, als hätte sich ein Krokodil darin verfangen.

*Du weißt, daß er nach dir schicken wird. Was wirst du dann tun?*

HIER ENDET DIE FÜNFTE SCHRIFTROLLE

# DIE SECHSTE SCHRIFTROLLE

# 54

Ich stand am äußersten Rand der schattigen Terrasse meiner Gemächer im Palast zu Antiochia und schaute hinaus über den Fluß Orontes, der gleich unterhalb davon vorüberfloß. Vor mir erstreckte sich eine weite, flache, fruchtbare Ebene bis zum fernen Meeresstrand. Die Hauptstadt der Seleukiden-Dynastie, der einstmals großen Rivalen der Ptolemäer, war nicht so prächtig wie Alexandria, aber das war nichts auf der Welt.

Die Seleukiden waren nicht mehr da; die Römer hatten sie besiegt, und Pompejus hatte ihr Land in eine Provinz verwandelt – Anschauungsunterricht für mich. Aber sie hatten auch nie über meine Möglichkeiten verfügt: Keine römischen Staatslenker mit amourösen Neigungen waren bei ihnen durchgereist, und sie hatten keine Königin im richtigen Alter und mit dem entsprechenden Temperament gehabt. Wir nützen, was wir haben, und ich war in der Tat gesegnet mit dem, was das Schicksal mir gesandt hatte.

Wir Ptolemäer hatten diese Stadt kurz in unserem Besitz gehabt; mein Vorfahr Ptolemaios III. hatte das ganze Land bis zum Euphrat und fast bis Indien erobert. Jetzt würde es mir vielleicht gelingen, durch meinen persönlichen Einfluß zurückzugewinnen, was sie durch Krieg nicht hatten halten können.

Ein kühler Wind wehte vom Meer her über die Ebene; Antiochia war bekannt für seine angenehme Lage. Auf der anderen Seite der Stadt dräute der Gipfel des Berges Silpion, und so früh am Morgen lag sein zackiger Schatten über den Straßen. Ich sah die Villen der Reichen, die an die Flanke des Berges gebaut waren, weiße Flecken im dunklen Grün bewaldeter Hänge. Ja, ein überaus angenehmer Ort.

Ich war im alten Palast der Seleukiden – in einem großen Gebäude auf einer Insel mitten im reißenden Orontes. Hier hatte ich meine eigenen Gemächer verlangt und bekommen.

Denn Antonius hatte tatsächlich »nach mir geschickt«, aber im Gegensatz zu seinen früheren Vorladungen hatte er es diesmal mit seinen persönlichen Worten getan.

»Komm zu mir! Ich befehle es Dir nicht als Dein Verbündeter, ich bitte Dich als einer, der Dich braucht. Und bringe unsere Kinder mit – ich bitte Dich, laß mich sie sehen«, hatte er geschrieben.

Dieser Brief war bald nach Octavias Heimreise gekommen – ja, es ist leicht möglich, daß sie noch unterwegs war, als Antonius ihn schrieb. Er hatte sich nach Antiochia begeben und sich dort niedergelassen, um seinen Parthien-Feldzug vorzubereiten; dort würde er überwintern und im Frühjahr dann mit seinen Legionen losmarschieren.

Ich hatte beschlossen, nach Antiochia zu gehen, aber diesmal nicht kostümiert. Ich würde eine lange Liste von Forderungen aufstellen, und er würde sie erfüllen, oder er könnte alle Hoffnung darauf, Ägypten als Bundesgenossen zu gewinnen, in den Wind schreiben. Ich wußte, daß ihm nicht daran gelegen sein konnte, sich durch einen handfesten Militäreinsatz unserer Unterstützung zu versichern; damit würde er sein eigentliches Unternehmen weiter verzögern – ganz zu schweigen davon, daß er kostbare Zeit und Geld verschwenden würde. Er war auf uns angewiesen, und er war auf unser Stillhalten angewiesen; er konnte sich nicht erlauben, einem potentiellen Feind den Rücken zuzuwenden, während er gegen den eigentlichen kämpfte.

Die Kinder brachte ich nicht mit. Wenn er sie sehen wollte, gab es nur einen Weg: Er mußte mich heiraten. Und zwar öffentlich, nicht wie Cäsar mit einem geheimen Ritus in Philae. Er würde mich zur Frau nehmen, und zwar im Osten – wen kümmerte Rom? –, und unsere Kinder als seine rechtmäßigen Kinder anerkennen. Es würde kein Gerede mehr geben über das, was in Rom rechtmäßig war und was nicht. Diese Ausreden hatte ich mir lange genug angehört, von Cäsar wie von Antonius.

Und er würde die verlorenen Gebiete meiner Vorfahren an Ägypten abtreten – jawohl, er würde mir als Hochzeitsgeschenk römische Besitzungen übereignen. Was brauchte ich Schmuck oder dergleichen als Unterpfand? Länder genügten mir vollauf.

Und wenn er nicht mit jeder dieser Forderungen einverstanden war, würde ich auf der Stelle abreisen, ohne auch nur einen Augenblick allein mit ihm zu verbringen. So hatte ich es mir selbst bestimmt, und damit war die Reise zu ihm für mich annehmbar.

Was meine Gefühle anging – jeden Morgen und jeden Abend betete ich zu Isis um die Kraft, mich von ihnen nicht ins Wanken bringen zu lassen. *Wenn ich ihn wiedersehe*, so betete ich, *laß nicht zu, daß ich mir selbst Schande mache! Laß mich ihn nur sehen als einen, mit dem ich politische Verhandlungen zu führen habe. Laß mich nicht meinen Gefühlen unterliegen, wenn er mir meine Forderungen nicht erfüllt.*

Noch hatte ich ihn nicht gesehen. Ich war jetzt seit zwei Tagen im Palast, und jeder von uns beiden wartete darauf, daß der andere ihn rufen ließ. Ich hatte nicht die Absicht, ihn zu rufen, und wenn ich einen Monat dort verbringen mußte, ohne ihn zu sehen. Ja, morgen würde ich mir endlich auf eigene Faust die Sehenswürdigkeiten dieser berühmten Stadt anschauen; es wurde höchste Zeit.

Die Schatten wurden länger und erreichten die Palasttore. Hinter dem Horizont färbte die Sonne den Himmel rot; Vögel breiteten die Schwingen aus und flogen nach Hause.

Ich wollte mich in meine Gemächer zurückziehen, als ein Diener herankam und mir einen Brief reichte. Endlich! Ich faltete ihn auseinander und las ihn im zusehends schwindenden Licht.

»Es wäre mir eine Ehre, wenn Du heute abend in meinen Gemächern mit mir speisen wolltest.« Mehr stand da nicht.

Der Junge wartete mit schräggelegtem Kopf.

»Du kannst deinem Herrn Antonius sagen, daß Königin Kleopatra seine Einladung annimmt.«

Jetzt blieb ich einen Augenblick lang vor der hohen, bronzebeschlagenen Zedernholztür zu Antonius' Gemächern stehen. Die Seleukiden hatten unleugbar eine Vorliebe für auffällige Pracht besessen – nicht, daß wir Ptolemäer daran etwas auszusetzen gehabt hätten. Aber wir hatten einen besseren Geschmack. Es war schwer, Antonius mit einer solchen Tür in Verbindung zu bringen, doch vielleicht war es am besten, wenn ich ihn an einem Ort wiedertraf, der keine Erinnerungen barg. Das würde mir helfen, fest verwurzelt in der Gegenwart zu bleiben und nicht zu vergessen, was ich tun mußte.

Die Tür schwang auf und offenbarte einen riesigen Raum, dessen Decke so hoch war, daß sie sich im Dunkel verlor. Weit hinten am anderen Ende, auf einem geschnitzten Stuhl, saß eine Gestalt, die trotz ihrer Größe durch die monumentalen Dimensionen ihrer Umgebung zwergenhaft erschien.

Es war fast vier Jahre her, daß ich ihn gesehen hatte; ebensoviel Zeit war nach dem Tod Cäsars verstrichen, bevor ich nach Tarsos gefahren war. Was wäre gewesen, wenn ich nach dieser Zeit plötzlich Cäsar wiedergesehen hätte? Die Wucht des Wiedersehens nach langer Trennung überwältigte mich weit mehr, als ich erwartet hatte. Gleichzeitig aber war es doch viel unbedeutender, denn es war ja doch nur ein Mann, der auf einem Stuhl saß.

Er erhob sich. Sein Mantel fiel in anmutigen Falten hinter ihm herab. Grüßend streckte er den Arm aus. »Willkommen, geliebte Königin«, sagte er mit der Stimme, die für mich alles andere beiseite fegte.

»Ich grüße dich, edler Triumvir Antonius.« Ich trat vor und ließ ihn meine Hand ergreifen. Er küßte sie, aber er tat es ungeschickt. Es waren zuwenig Leute für diese riesige Halle da, und es waren doch immer noch zu viele.

»Geht jetzt!« Er winkte die wenigen Bediensteten hinaus. »Ich werde euch rufen, wenn wir speisen wollen.«

Als sie hinaustappten, wußte ich, daß es damit nur noch schlimmer wurde. Wir waren zwei winzige Gestalten in dieser riesigen Halle, die für eine Armee gebaut zu sein schien – eine Armee, die auf Elefanten ritt. Alles wurde hier verstärkt; mir war, als hörte ich das Echo unserer Stimmen.

Ein Teil meiner selbst sah ihn an wie einen Fremden, und dem anderen Teil war er so vertraut, daß es unehrlich wirkte, ihm mit dieser Förmlichkeit zu begegnen. Es war so merkwürdig, daß ich nicht wußte, was ich sagen sollte.

»Hier. Setz dich!« sagte er rauh und schob mir einen Stuhl entgegen. Ihm mußte genauso zumute sein wie mir. Er ließ sich auf seinen Stuhl sinken, legte die Hände auf die Knie und starrte mich an.

Er sah älter aus. In den ersten paar Augenblicken eines Wiedersehens nach langer Abwesenheit entdecken wir alle Veränderungen in einem Gesicht; dann verblassen sie und vermischen sich mit unseren Erinnerungen daran, wie der andere einst aussah. Sein Haar war nicht mehr so dunkel; es wies hier und da graue Strähnen auf, aber es war immer noch dicht. Sein Gesicht war nicht mehr so glatt wie früher; an den Augenwinkeln und auf den Wangen hatten sich Fältchen gebildet. Diese Veränderungen beeinträchtigten seine Erscheinung aber nicht; sie ließen ihn mehr wie einen Befehlshaber aussehen.

»Du bist schöner denn je«, sagte er schließlich, und ich hätte fast gelacht. Er mußte, genau wie ich, sämtliche Veränderungen an mir registriert haben, und um sie zu leugnen, war er mit dem Gegenteil herausgeplatzt.

»Du mußt vergessen haben, wie ich ausgesehen habe«, entgegnete ich.

»Nein. Niemals!« Er machte bei diesen Worten ein so ernstes Gesicht, daß ich nun wirklich lachen mußte. »Ich schwöre …!«

»Nicht nötig«, fiel ich ihm rasch ins Wort. »Du darfst niemals etwas schwören, was du nicht auch beweisen kannst.« Ich wußte, daß auch ich verändert aussehen mußte, aber mein Spiegel versicherte mir, daß der lange Niedergang noch nicht begonnen hatte. »Du hast nach mir geschickt. Hier bin ich«, sagte ich und kehrte zur Förmlichkeit zurück. Ich durfte weder vergessen, weshalb ich gekommen war, noch mich vom Wiedersehen gefangennehmen lassen.

»Und die Kinder? Wann darf ich sie sehen?« Er war zaghaft, höflich.

»Ich habe sie nicht mitgebracht.« Ich bemerkte, wie der Schatten der Enttäuschung über sein Gesicht zog. »Vielleicht kannst du sie in Alexandria sehen. Und wie geht es deinen anderen Kindern? Werde ich *sie* sehen?«

»Nein, ich … Nein, sie sind in Rom.«

»Auch das, das noch nicht geboren ist?«

»Das ist unterwegs nach Rom.« Er konnte ein Lächeln nicht unterdrücken, und dann brach er in lautes Gelächter aus.

Ich bemühte mich, nicht einzufallen, aber unwillkürlich mußte ich doch mitlachen. »Wird es – und seine Mutter – in Rom bleiben?« fragte ich schließlich.

»Ja. Für immer«, sagte er.

»Und du?« Darauf zu sprechen zu kommen, so schnell – das hatte ich nicht vorgehabt!

»Ich bleibe hier.«

»Für immer?«

»Das kommt darauf an.«

»Auf Parthien?«

»Zum Teil. Zum Teil auch darauf, was anderswo passiert.«

»Du kannst nicht ewig von Rom fernbleiben, denn damit trätest du alle Macht an Octavian ab.«

»Bitte enthalte dich deiner politischen Ratschläge doch wenigstens in den ersten paar Augenblicken«, sagte er gereizt.

»Ja, ich weiß schon, du bist jetzt vier Jahre lang ohne sie ausgekommen. Und hast gesehen, wie deine Autorität und deine Macht verfallen sind. Du hast heute weniger als damals, als du nach Tyros gesegelt bist.«

»Ich werde nicht streiten!« erklärte er, und seine Stimme wurde lauter. »Nicht heute abend! Ich will es nicht!«

»Aber morgen?« Ich konnte mir nicht versagen, ihn zu reizen.

»Nein, auch morgen nicht! Hör auf damit!« brüllte er und preßte die Hände an die Schläfen.

Beim Klang seiner Stimme streckte einer der Diener den Kopf durch eine Seitentür herein. Antonius winkte ihn hinaus. »Noch nicht!« schrie er.

»Aber du hast mich nicht einmal gefragt, ob ich hungrig bin. Vielleicht möchte ich das Essen nicht länger hinausschieben«, sagte ich. »Wir können doch beim Essen miteinander reden.«

»O ja, entschuldige ...« Er war so fügsam und eifrig darauf bedacht, es mir recht zu machen. Vielleicht war es die beste Gelegenheit zuzuschlagen, solange er in dieser Stimmung war.

Aber noch nicht, dachte ein Teil von mir. Ich bin noch nicht bereit. In Wirklichkeit sollte das heißen: Ich bin noch nicht bereit abzureisen, wenn die Antwort nein ist. Erst möchte ich noch einen Tag oder zwei genießen – nachdem ich diese weite Reise gemacht habe. Einen oder zwei Tage, um mich von neuem mit diesem Mann bekannt zu machen – der ja schließlich der Vater meiner Kinder ist.

Das Mahl wurde unverzüglich aufgetischt, und eine Schar von Dienern brachte Gerichte und Gänge in absurder Zahl für zwei Personen. Die Gegend war reich an landwirtschaftlichen Erzeugnissen, und dick gefüllte Gemüse, honigsüße Trauben und aromatisch geröstete Nüsse verwandelten würzigen Fisch und delikate Austern in einen Festschmaus, der den Göttern würdig war. Feiner Weißwein aus dem nahen Laodikea kreiste in unseren Bechern aus getriebenem Silber. Antonius lag hingestreckt auf seiner Liege und langte herzhaft, aber schweigend zu.

Schließlich lehnte er sich herüber. »Du hast gesagt, wir könnten beim Essen miteinander sprechen, aber du hast noch nichts gesagt.«

»Verzeih mir«, sagte ich. »Anscheinend fällt mir nichts ein, was sich laut zu wiederholen lohnte.«

Er lächelte und trank in tiefen Zügen aus seinem Becher; seine sonnengebräunte Kehle bewegte sich beim Schlucken. Rasch wandte ich den Blick ab und schaute auf den dunklen Marmorboden. »Es fällt mir schwer, das zu glauben. Komm, du bist doch berühmt für deine Tischgespräche. Sprich.«

Was ich zu sagen hatte, würde ihn nicht erheitern. Aber davon später. »Erzähle mir von deinen Kriegsvorbereitungen ...«

Und mit Vergnügen sprach er von seinen Plänen, die er sich aus denen Cäsars zusammengestückelt hatte. Von Norden her wollte er in Parthien eindringen, durch Armenien, und auf diese Weise die unheilvollen offenen Ebenen meiden, die Crassus zum Verhängnis geworden waren. Er sprach von seinen Offizieren, in die er großes Vertrauen setzte, und unter anderem von dem erst kürzlich angeworbenen, feurigen Ahenobarbus. Beim Erzählen rötete sich sein Gesicht vor Aufregung. Er brannte auf dieses Unternehmen. Um so besser für mich.

Wie alle Soldaten schien er nicht zu befürchten, daß er verlieren – oder, schlimmer noch, sterben – könnte. Wäre er so erpicht darauf gewesen loszuziehen, wenn er glaubte, daß er im nächsten Jahr um diese Zeit im Grab liegen könnte? Hätte er es dann auch so eilig? Aber ein sehr kluger Mann hatte mir einmal das »Prinzip der Neunundneunzig Soldaten« erklärt. Es ging so: Wenn hundert Soldaten sich für den nächsten Tag auf die Schlacht vorbereiteten und ein Seher ihnen sagte, daß es neunundneunzig von ihnen unfehlbar bestimmt sei zu sterben, dann würde jeder der Männer bei sich sagen: »Schade um die anderen neunundneunzig.« Ich wußte, daß es so war; nichts anderes konnte das Verhalten der Soldaten erklären. Und jetzt illustrierte auch Antonius dieses Prinzip.

Nach dem Mahl begleitete er mich gelassen in seine Privatgemächer – wie ich es vorausgesehen hatte. Er lud mich nicht ein, er sprach es nicht aus, er spazierte einfach dorthin, als sei es ganz natürlich, und redete dabei die ganze Zeit von Truppen und Ausrüstungen. Als wir drinnen waren, entließ er gewandt seine Bediensteten, ohne großes Aufheben davon zu machen, und dann waren wir allein; die Tür hatte sich geschlossen.

Ungeduldig warf er seinen Mantel von sich, und dann kam er zu mir und legte mir die Hände auf die Schultern. Er beugte sich herab, um mich zu küssen, und sagte: »Vier Jahre habe ich auf diesen Augenblick gewartet, und immer ...«

Aber ich wand mich los und entzog ihm meine Lippen. Ich durfte mich nicht von ihm küssen lassen, denn sonst wäre ich verloren. Meine Entschlossenheit würde unter seiner Berührung dahinschmelzen. Ich stieß seine Hände weg und wich zurück.

»Worauf hast du vier Jahre gewartet?« fragte ich ihn. »Daß du dein altes Leben wieder aufnehmen kannst? Aber wir können unser altes Leben nicht wieder aufnehmen. Zwei große Veränderungen sind geschehen: Ich habe dir

Kinder geboren. Und du bist der Ehemann von Octavians Schwester geworden; dein politischer Partner ist jetzt auch dein Schwager. Du hast sie erwählt, als es dir freistand, dich auch anders zu entscheiden.«

»Ich verstehe nicht –«

»Dann bist du dumm, und ich weiß, daß du nicht dumm bist. Du bist verwöhnt; immer bekommst du deinen Willen wie ein verzärtelter Prinz in einem kleinen Königreich; du handelst, ohne nachzudenken, und immer kommst du davon. In Rom hast du über die Stränge geschlagen, aber Cäsar kam rechtzeitig zurück und rettete die Situation. Du hast zugelassen, daß Fulvia einen ruinösen Krieg für dich führte, aber sie starb rechtzeitig, um dich vor der Vergeltung zu bewahren. Du hast dich von Octavian wieder und wieder übervorteilen lassen – und wer wird dich diesmal retten?«

»Was hat das mit uns zu tun?« Er schien zwischen Verwirrung und Enttäuschung zu schwanken.

»Nur dies: Wir können unser gemeinsames Leben wiederaufnehmen« – sein Gesicht leuchtete auf –, »aber nur unter folgenden Bedingungen. Du wirst mich heiraten. Öffentlich. Du wirst dich von Octavia scheiden lassen. Du wirst unsere Kinder als rechtmäßig anerkennen. Du wirst mir – Ägypten – bestimmte Gebiete übereignen.«

»Und welche, wenn ich fragen darf, sollen es sein?« Seine Stimme klang eisig.

»Die Territorien, die meine Ahnen verloren haben: Phönizien, Judäa, Teile Syriens – und Zypern, welches die Mörder sich aneigneten und das noch nicht zurückerstattet wurde, wie du es versprochen hast.«

Ich erwartete, das er lachen und ablehnen würde. Statt dessen dachte er kurz nach und sagte dann: »Judäa kann ich dir nicht geben. Herodes ist mein Freund, länger noch als du. Er ist ein wertvoller und loyaler Verbündeter, und ich möchte ihn mir nicht zum Feind machen.«

»Möchtest du mich zum Feind haben?«

»Du könntest niemals mein Feind sein.«

»Wenn du mir nicht gewährst, was ich verlange, dann schwöre ich dir, ich werde es sein. Ägypten wird dir Schwierigkeiten machen, wenn du versuchst, im Osten Krieg zu führen; es sei denn …«

Jetzt lachte er doch. Er verschränkte die Arme vor der Brust und sagte: »Weißt du nicht, daß ich dich zerquetschen könnte wie eine Fliege, wenn ich wollte? Ich brauche nur den Arm zu heben, und du bist entthront, und einen Tag später ist Ägypten eine römische Provinz. Ich habe vierundzwanzig Legionen. Wie viele hast du?«

»Genug, um deinen Abmarsch nach Parthien zu verzögern. Und eine beachtliche Flotte außerdem: zweihundert Schiffe.« Aber natürlich stimmte es, was er sagte. Ich funkelte ihn an.

»Schiffe können nicht an Land kriechen. Und ich brauche das Meer nicht, um meine Truppen zu verlegen. Sie sind ja schon hier, vor deiner Tür. Und deine Flotte können sie aushungern.«

»Das würde ein kostspieliges Unternehmen für dich werden.«

»Aber es würde sich mehr als bezahlt machen, denn es brächte die sagenhaften Reichtümer Ägyptens in meinen Besitz. Ja, es wäre auf alle Fälle ein lohnendes Unternehmen. Jeder Stratege würde es zum jetzigen Zeitpunkt empfehlen.«

»Versuche es nur! Es wird dir schwerer fallen, als du glaubst. Und deinen Parthien-Feldzug würde es auf alle Fälle um ein Jahr verzögern – wenn nicht länger.«

Er lachte. »Ich bewundere deinen Mut, zumal wenn du weißt, daß du eingekesselt bist. Aber komm, ich habe das alles nur gesagt, um dir zu zeigen, daß ich freiwillig tue, was ich tue.«

Diese unverhoffte Wendung überraschte mich.

»Ja«, fuhr er fort, »du wirst feststellen, daß ich deinen Forderungen immer nachgegeben und sogar schon vor dir daran gedacht habe. Ich will es dir beweisen.«

Er ging in eine Ecke des Zimmers und holte eine starke Kassette, die mit Eisenbändern beschlagen war. Er schloß sie auf und nahm eine zweite Schatulle heraus, die mit zarten Elfenbeinmustern verziert war. Er reichte sie mir. »Mach sie auf.«

Ich klappte den Deckel auf, und Gold blitzte mir entgegen. Es war eine prächtig gearbeitete Halskette aus feinen goldenen Blättern, die zu einer Ranke verflochten und mit smaragdenen Blüten durchsetzt waren. Ein passendes Diadem war auch dabei. Es war eins der vollkommensten Schmuckstücke, die ich je gesehen hatte, und es mußte ihn den Jahrestribut einer reichen Stadt gekostet haben.

»Es ist schön.« Ich nahm die Stücke heraus; sie waren schwer, aber die Ränder der Blätter waren so poliert, daß sie, so dünn sie waren, doch nicht an Seide oder Haut hängenbleiben konnten. »Aber was hat das mit –«

»Ich habe es dir als Hochzeitsgeschenk mitgebracht.«

Wieso wollte er das mit einer Halskette beweisen?

»Ich wollte es dir zusammen mit dem hier geben.« Er nahm noch eine Schatulle heraus, sehr viel kleiner als die erste, und reichte sie mir.

Darin lag ein goldener Ring mit seinem Siegel, dem Bildnis seines Vorfahren Herkules. Es war ein sehr kleiner Ring.

»Ich habe ihn für dich anfertigen lassen, damit er paßt. Als Trauring.« Und in der Tat, es war nicht bloß einer seiner eigenen Ringe, den er hier dienstverpflichtete. Er war glänzend, neu und für einen Mann viel zu klein. »Jetzt hast du mir meinen Antrag verdorben«, sagte er, nur halb im Scherz.

»Du wolltest mich heiraten?«

»Ja. Wieso findest du das so schwer zu glauben?«

»Weil du es nicht getan hast, als du frei warst. Jetzt, da du verheiratet bist ...«

»Ah. Vielleicht hat mir das bei meiner Entscheidung geholfen!« Er lachte.

»Spaße jetzt nicht!«

Sein Lächeln verging. »Ich meine es nicht leichtfertig. Die Götter wissen, daß es keine einfache Entscheidung war. Aber als ich herkam, war sie schon getroffen. Vorausgesetzt, du würdest mich wollen.«

Wie merkwürdig. Damit hatte ich nicht gerechnet. »Ja. Ja, ich will dich.«

Er nahm die Kette und legte sie mir um den Hals. »Dann trage sie.« Das kühle Metall legte sich wie ein Kragen um meine Schultern. Er bückte sich und küßte meinen Hals über der Kette. Seine Hände ergriffen die meinen, und er fing an, mir auch den Ring auf den Finger zu schieben.

»Nein, noch nicht! Das bringt Unglück. Nicht, bevor ...«

Er nahm mich in die Arme und fuhr mit den Händen auf meinem Rücken auf und ab. Ich zitterte, und mir stockte der Atem – aber ich legte die Hände auf seine Brust und schob ihn von mir.

»Nein, wir nehmen diesen Teil unseres Lebens erst wieder auf, wenn wir verheiratet sind.« Es war einer der schwersten Entschlüsse, zu denen ich mich im Leben je durchgerungen habe. Ich drehte mich um und brachte ein wenig Abstand zwischen uns. Mein Herz pochte so schnell, daß ich es fast fühlen konnte, noch unter der Halskette.

Er starrte mich an, als sei ich verrückt geworden. Es stimmte, er war verwöhnt. Niemand schlug ihm je etwas ab. Aber heute nacht würde ich es tun.

»Dann laß es nur bald geschehen«, knurrte er.

»Sobald du alles in die Wege leiten kannst. Und vor der Zeremonie wirst du die Urkunden bereithalten, mit denen mir die Gebiete überschrieben werden, von denen wir gesprochen haben. Und das Scheidungsbegehren für Octavia.«

»Nein!« Jetzt sträubte er sich. »Ich kann nicht die Scheidung einreichen, während sie noch mein Kind im Leibe trägt. Das ist... herzlos. Und kränkend.«

Antonius. Stets weichherzig und edel. Aber er hatte recht. Und es hätte nicht zu ihm gepaßt, mit Bedacht grausam gegen jemanden zu sein.

»Also gut«, sagte ich. »Aber gleich danach mußt du es tun.«

»Was für eine Zeremonie wünschst du dir?«

»Keine römische.« Er war schon mit zu vielen römischen Zeremonien getraut worden, und keine schien Bestand zu haben. Außerdem würde die Trauung in Rom sowieso nicht rechtsgültig sein.

»Wir könnten zum Tempel des Apollon hier in der Nähe gehen«, schlug er vor. »Man sagt, er sei sehr schön, und er ist uralt. Ich weiß, du hast eine Vorliebe für Altes ...«

»Nein, nicht Apollon! Wie kannst du das vergessen? Apollon ist Octavians Schutzgottheit!«

»Ach ja. Nun, wie wäre es mit ...«

»Ich weiß: der Tempel der Isis. Es muß hier doch einen geben. Und es wäre passend, denn sie ist meine Göttin, wie Dionysos dein Gott ist. Wir werden dort ein Opfer darbringen und vor dem Priester unsere Gelübde ablegen, aber die Festlicheiten werden im Palast stattfinden. Ich will, daß alle deine römischen Offiziere uns beim Feiern helfen. *Alle.*« Ich wollte Hunderte von Zeugen dabei haben.

»Ja, natürlich.« Er warf die Hände in die Höhe. »Anscheinend hast du noch nicht verstanden ... Ich will, daß alle Welt es sieht! Als ich hierherkam, habe ich den Staub Roms von meinen Füßen geschüttelt. Ich lasse das alles hinter mir, und ich schäme mich nicht, mit dir vor die ganze Welt zu treten.«

Ich wußte, daß dieser außergewöhnliche Mann meinte, was er sagte – wieder einmal tat er, was er wollte, ohne sich zu besinnen. Aber diesmal gefiel es *mir*, daß er es tat.

»Ja.« Jetzt sollte er wahr machen, was er gesagt hatte, er sollte es beweisen. »Laß uns die Zeremonie morgen abhalten. Und jetzt verlasse ich dich. Wir haben in den nächsten paar Stunden viel zu regeln.«

Er zuckte nicht mit der Wimper. »Du wirst sehen, daß alles schon getan ist, und zwar gut.«

In meine eigenen, ungewohnten Gemächer zurückgekehrt, irrte ich umher wie ein Gespenst. Ich war wie vom Donner gerührt. Zwar hatte ich mir meine »Forderungen« genau überlegt, aber ich hatte doch nicht damit gerechnet, daß dies alles so schnell geschehen würde.

Morgen! Morgen würde ich einen Mann heiraten, den ich seit vier Jahren nicht gesehen hatte! Es war verrückt, so verrückt wie etwas, das der Gott Dionysos treiben würde. Ich hatte das Gefühl, ich müßte betrunken sein, um so etwas zu tun.

Iras sprang auf; sie war überrascht, mich so früh zurückkommen zu sehen. Ihr Blick fiel auf meine Kette, und sie starrte sie an.

Ich berührte sie leicht mit den Fingern. »Gefällt sie dir?« fragte ich, und ich fühlte mich tatsächlich wie betrunken. Nichts war wirklich. »Es ist mein Hochzeitsgeschenk. Ja, ich werde heiraten. Schon morgen.«

Sie stammelte nur und fand keine Worte.

»Du und Charmian, ihr werdet mich bereitmachen müssen. Ich hoffe, das Zeremoniengewand, das ich mitgebracht habe, wird sich dafür eignen.« Ich hatte eigens eines schneidern lassen, aber nicht einmal mir selbst gegenüber hatte ich die Bezeichnung »Hochzeitskleid« verwendet. »Pack es aus, und laß es lüften. Und dann rufst du Charmian.«

Iras eilte davon.

Ich schaute mich verträumt im Zimmer um.

Heiraten. Ich würde heiraten – öffentlich. In ein paar Stunden.

»Herrin, was ist denn das?« Charmian kam hereingestürzt. »Heiraten?«

»Ja. Morgen.« Ich brauchte nicht zu sagen, wen. »Nun, wird es nicht allmählich Zeit?« Ich lachte. »Unsere Kinder sind schließlich schon drei Jahre alt.«

»Aber ...«

»Charmian, Iras, eure Aufgabe ist es, mich für morgen schön zu machen. Sonst gar nichts.«

»Das können wir tun«, sagte Charmian. »Aber ich muß dich fragen ... Du selbst mußt dich fragen ... und es bis morgen beantworten – ich weiß, daß du Antonius heiraten möchtest, aber möchtest du dich auch mit Rom vermählen? Willst du Ägypten auf diese Weise aufgeben?«

»Die Frage ist angebracht. Aber indem ich es tue, hoffe ich Ägypten zu bewahren.«

Ich lag im Dunkeln, und die Stunden vergingen in dieser fremden Stadt unter diesem fremden Himmel. Nichts war so, wie ich es mir vorgestellt hatte, und das verstärkte das Gefühl von Unwirklichkeit. Was immer also morgen passierte, würde ins Bild passen.

Charmians Frage ... Wie konnte ich sie mir selbst gegenüber beantworten? Da meine Stellung unvergleichlich war, konnte ich nicht damit rechnen, eine Braut wie jede andere zu sein. Aber ich hatte das Gefühl, daß ich einen Mann heiratete und nicht Rom. Er war wie Cäsar ein ungewöhnlicher Sohn Roms, einer, der zu verstehen schien, daß es noch andere Völker auf der Welt gab, und der bereit war, die Bühne mit ihnen zu teilen – oder ihnen zumindest ein wenig Würde und Freiheit unter dem römischen Adler zu gewähren.

Die Hochzeit sollte am späten Nachmittag stattfinden. Becken mit Wasser aus den berühmten Quellen von Antiochia wurden herbeigebracht, um eine Wanne zu füllen, damit ich baden konnte. Ich lehnte es ab, daß dem Wasser Parfüm oder Öl hinzugefügt wurde, denn Alexander hatte auf dem Marsch nach Ägypten davon gekostet und erklärt, es schmecke wie die Milch seiner Mutter. Wenn überhaupt etwas, so hätte man Milch hineingießen dürfen. Charmian und Iras badeten mich; jede wusch einen Arm, und sie wuschen mir auch das Haar. Dann kämmten sie es, trockneten es vor einem Kohlebecken und bürsteten es glatt, bis es glänzte. Dann holten sie eine Schere hervor und schnitten eine Locke ab, die vor der Zeremonie der Göttin Isis geweiht werden sollte.

Mein Gewand, ein griechisches aus blaßblauer Seide, hing im Wind vor dem offenen Fenster und lüftete. An einem Band für sich hing der dazu passende Schleier aus ebensolcher Seide; ich würde damit nach griechischem Brauch mein Gesicht verhüllen.

Die beiden nahmen sich meine Hände vor; sie rieben sie mit Mandelöl ein und polierten die Fingernägel mit gemahlenen Perlen.

Ich war seltsam ruhig. Ich wußte, es war ein folgenschwerer Schritt, und weil er von so großer Bedeutung war, konnte ich nicht darüber grübeln. Ich mußte voranschreiten, auf meine eigene Führung vertrauen und mich dem Schicksal anheimgeben. Es schien mir nicht ungnädig zu sein.

Bei der Prozession zum Tempel der Isis und bei der Zeremonie selbst würden nur ein Dutzend Leute als Zeugen zugegen sein. Antonius würde in einem Wagen mit mir fahren, und sein oberster Offizier, Canidius Crassus, würde auf der anderen Seite neben mir sitzen. Andere würden uns folgen, unter ihnen weitere Stabsoffiziere, Iras und Charmian.

Antonius kam schon früh in meine Gemächer und machte ein feierliches Gesicht. Aber was für Gedanken ihm auch immer durch den Kopf gehen mochten, er stand doch mannhaft da und streckte die Hand aus, um die meine zu ergreifen. Schweigend schritten wir zum wartenden Wagen hinab. Durch den zarten Schleier sah ich den anderen Mann, der uns erwartete, einen Mann mit langem, schmalem Gesicht. Er nickte mir zu und rutschte weit zur anderen Seite hinüber, um uns Platz zu machen. Immer noch sprach niemand ein Wort, und die Pferde trappelten die Straße hinunter. Ich spähte hinaus, so gut es ging. Die Gebäude sahen hübsch aus, und die Straßen waren sauber gefegt. Menschenmassen waren nicht zusammengeströmt, denn das alles geschah unerwartet und unangekündigt.

Als wir in eine neue Straße einbogen, erhaschte ich einen Blick auf die berühmte Statue der Tyche, der Glücksgöttin Antiochias, die uns rätselhaft anstarrte und ihren Weizenhalm umklammert hielt. Wir rumpelten vorüber.

Am Isis-Tempel erwartete uns der Priester mit dem Eimer voll heiligem Wasser. Er trug das übliche weiße Leinengewand, und sein Kopf war kahlgeschoren. Hinter ihm ragte eine wunderschöne Isis-Statue auf, geformt aus dem weißesten Marmor, den ich je gesehen hatte. Meine Haarlocke lag zu ihren Füßen, eine dunkle, glänzende Opfergabe.

Antonius und ich blieben vor dem Priester stehen, und die Leute aus den Wagen, die uns gefolgt waren, scharten sich um uns. Er betete zu Isis, die sie die Ehe begründet hatte, und bat sie, uns zu einen, zu segnen und zu bewahren. Uns fragte er, ob wir diese Ehe freiwillig eingingen, und wir sagten beide ja – Antonius laut, ich sehr viel leiser. Das Sprechen fiel mir schwer. Er forderte uns auf, einander die Treue zu schwören, als Mann und Frau zu leben und den Rest des Lebens füreinander zu sorgen. Er ermahnte uns, vor Widrigkeiten nicht zu flüchten und uns nicht auf dauernden Wohlstand zu verlassen, sondern Seite an Seite zu stehen, einander zugetan in allen Lebenslagen bis zum Tode.

Ein Ring war nicht erforderlich, aber Antonius holte ihn doch hervor und schob ihn mir auf den Finger, und er erklärte, daß er mich damit zu seiner angetrauten Gemahlin nehme.

Die Statue der Isis wurde mit Weihwasser besprengt, weitere Gebete wurden gesprochen, die Haarlocke geweiht, Weihrauch angezündet. Der Priester stimmte in hohem Singsang die Hymnen an.

Dann war es vorbei. Wir waren verheiratet. Antonius faßte eine Ecke meines Schleiers und versuchte ihn zu heben. »Darf ich das Antlitz meiner Frau sehen?«

Aber ich hinderte ihn daran. »Nein. Erst sehr viel später.« Auch das war griechischer Brauch.

Wir kehrten zu den Wagen zurück, aber für diesen Weg brauchten wir sehr viel länger. In der herabsinkenden Dämmerung zog eine Fackelprozession vor uns her und sang Hochzeitshymnen. Im Wagen ergriff Antonius, immer noch schweigend, meine Hand – die mit dem Ring – und hielt sie fest. Die goldene Kette lag schwer auf meinem Hals.

Im Palast wartete das Hochzeitsmahl – Berge von Speisen, hastig zubereitet, aber dennoch schmackhaft. Es gab gebratenen Eber, geräucherten Barsch, Austern, Aale und Hummer, Salzfisch aus Byzantium, Datteln aus Jericho, Melonen und Berge von Kuchen, triefend von hymettischem Honig, sowie noch mehr vom berühmten Wein aus Laodikea.

Ich lernte die Offiziere kennen, die bei dem bevorstehenden Feldzug eine so wichtige Rolle spielen sollten: Marcus Titius, dunkel und schlank, fast wie ein Satyr. Ahenobarbus, mit schütterem Haar, aber einem buschigen Bart, scharfen Augen und – wie ich gehört hatte – einer noch schärferen Zunge. An diesem Abend hielt er sie im Zaum und sprach uns nur seine Glückwünsche aus. Munatius Plancus war auch da, ein breitschultriger Mann mit blondem Haar, das seinen Kopf deckte wie ein Strohdach. Und wiederum Canidius Crassus; er hatte nicht nur ein langes Gesicht, sondern auch eine lange Gestalt, er überragte die andern turmhoch. Seine Miene war betrübt, aber Antonius sagte mir später, er sehe immer so aus. Höflich genug erschien er mir jedenfalls; ich konnte keinerlei Feindseligkeit in seinem Verhalten entdecken.

Der letzte war Ventidius Bassus, der General, der die Parther über den Euphrat zurückgetrieben hatte und, wie Antonius es ausdrückte, »es uns ermöglicht hat, heute abend hier in Antiochia zu sein«.

Bassus verneigte sich steif; er war älter als die andern und gehörte eher der Generation Cäsars an.

»Bassus reist nach Rom zu seinem wohlverdienten Triumph«, erklärte Antonius stolz. »Und du wirst auch nicht versäumen, jedermann in Rom von der heutigen Zeremonie zu berichten, nicht wahr?«

Bassus machte ein überraschtes Gesicht. »Aber – ja, wenn du … es willst, Antonius.« Offensichtlich war er davon ausgegangen, daß Antonius über diese Angelegenheit lieber Stillschweigen bewahren als sie öffentlich in Rom bekanntgeben wollte.

»Ja. Jawohl, das will ich allerdings. Ja, ich muß dich sogar nachdrücklich ermahnen, es nicht zu vergessen.«

»Nein, Herr.«

»Hier, hier, das ist mein Hochzeitsgeschenk!« rief Antonius jetzt laut. Er entrollte eine Urkunde und las der ganzen Gesellschaft vor, was darin stand. »Der Königin Kleopatra übereigne ich hiermit folgende Länder: Zypern, das westliche Kilikien, die Küsten und Häfen von Phönizien und Judäa – mit Ausnahme nur von Tyros und Sidon –, Mittelsyrien und Arabien, die Balsamhaine von Jericho und die Rechte an der Asphaltförderung am Toten Meer.«

Jetzt verstummten alle Gespräche, und ich spürte, wie Schrecken und Zorn den Raum erfüllten. Antonius aber rollte das Schriftstück zusammen, legte es mir in die Hände und schloß sie darüber. »Es ist dein. Alles ist dein.«

Mir wurde klar, daß er mir nicht nur römisches Territorium übereignet hatte, sondern auch noch Rechte, die genaugenommen gar nicht ihm gehörten, in Jericho, am Toten Meer und in Arabien. Er war über meine Forderungen noch hinausgegangen.

»Ich danke dir«, erwiderte ich, jetzt schließlich doch Feindseligkeit um mich herum spürend.

Es wurde Zeit, daß wir uns in unsere Gemächer zurückzogen. Eine große Gesellschaft führte uns dorthin und geleitete uns hinein. Die Türen wurden geschlossen, aber draußen mußte noch der letzte Teil der Zeremonie inszeniert werden. Ein Chor sang das Brautlied, und wir blieben stehen und hörten zu.

*Glücklicher Bräutigam, die Hochzeit fand statt,*
*Und die Frau, die begehrt du, ist dein.*

*Jetzt ist ihr bezauberndes Antlitz von Liebe durchglüht.*

*Meine Braut, eine Lust ist dein Leib,*
*Deine Augen aber sind sanft wie Honig.*
*Und die Liebe gießt ihr Licht in deine makellosen Züge.*

*Mit all ihrer Kunst hat Aphrodite*
*Dich beehrt.*
*Keine Frau, die je gelebt, o Bräutigam,*
*War wie sie.*

Die Stimmen verhallten, und ich hörte, wie die Schritte sich entfernten. Wir waren wirklich allein.

Jetzt hob Antonius den Schleier von meinem Gesicht.

»Ja, es ist wahr. Keine Frau, die je gelebt, ist wie du.« Endlich küßte er mich, und ich ließ es geschehen.

Später, als ich vor dem Bett stand, sagte ich: »Ich habe Narben. Ich bin nicht mehr, wie ich war.« Die Geburt der Zwillinge hatte ihre Spuren an mir hinterlassen. Er würde mich verändert finden.

Er nahm mein Gesicht in seine breiten Hände. »Du hast sie für mich erworben, und sie sind mir kostbar.«

Ich hatte gedacht, ich hätte seinen Körper vergessen, aber das hatte ich nicht. Der Körper hat ein eigenes Gedächtnis, und der meine erinnerte sich an den seinen, an jede Einzelheit.

Wie hatte ich diese vier Jahre ohne ihn verbracht?

Wieder und wieder in dieser Nacht – wenn wir nicht eins waren – stand ich auf und schaute hinaus über die dunkle Ebene, die sich jenseits des Palastes erstreckte, und hinauf zum Sternenhimmel, wo die Sternbilder kaum merklich anders standen als in Alexandria. Jener Nachthimmel von Antiochia, wie er sich im Spätherbst zeigte, wird mir für alle Zeit in heiliger Erinnerung bleiben. Ich kann ihn nicht trennen von meiner Freude über die Wiedervereinigung mit Antonius und über unseren Wagemut, mit dem wir taten, was wir taten.

# 55

In den ersten paar Tagen wandelte ich in einem eigentümlichen Geisteszustand umher; immer wieder hielt ich inne und sagte mir ungläubig: *Ich bin verheiratet.* Es war schwer, die subtile Veränderung zu ergründen, die damit einherging. Ich war fast dreiunddreißig, und mein Leben lang war ich allein gewesen – schmerzlich allein. Mit Cäsar in Alexandria im Palast unter feindlichem Beschuß zu leben, mit Antonius zu leben, als er zur Erholung von seinen Pflichten kam – das war nicht das gleiche. Und alles zusammengenommen, belief sich beides vielleicht auf ein Jahr – eins von dreiunddreißig Jahren. Ich hatte Kinder geboren und sie allein aufgezogen, ich hatte allein regiert, nur durch Mardian und Epaphroditos beraten, ohne daß zwischen ihren Wünschen und den meinen je ein Konflikt entstanden wäre.

Jetzt hatte ich jemanden, auf politischem wie auf persönlichem Gebiet, und es kam mir ungewohnt und beschwerlich vor wie die goldene Hochzeitskette an meinem Hals: schön, kostbar, beneidenswert – aber unnatürlich.

Nicht, daß es schwierig gewesen wäre, mit Antonius zu leben. Ich wußte schon, daß er entgegenkommend war und wie sein munterer Geist jeden gewöhnlichen Tag in einen Festtag verwandeln konnte. Darin lag ein Teil seines Zaubers. Aber jetzt mußten unsere Pläne miteinander verschmolzen werden, unsere Ziele mußten dieselben sein; es war unmöglich, daß wir uns wieder entflochten, unmöglich, daß wir sagten: *Tu du das; es ist ohne Bedeutung für mich*. Wir waren jetzt von ungeheurer Bedeutung füreinander.

Es war das, was ich gewollt hatte – oder ich hatte zumindest geglaubt, daß ich es wollte. Und immer, wenn ich tatsächlich bei ihm war, bewirkte seine magische Kraft, daß alle Zweifel und Vorbehalte verschwanden.

Der Winter rückte gegen Antiochia heran. Was im Sommer ein erquicklicher Ort war, wurde im Winter trostlos – Nebel und eiskalte, prasselnde Regenfälle. Ich wollte nach Alexandria zurück, aber Antonius mußte bleiben, wo er war, um seine Armee zu rüsten. Es widerstrebte mir, ihn so bald schon zu verlassen, und daher blieb ich. Natürlich gab es die üblichen Feste, die es überall da im Überfluß gibt, wo Soldaten versammelt sind – besonders im Winter.

Und es gab die Nächte, die wir zusammen verbrachten, manche in friedlicher Stille – Antonius studierte Berichte und Landkarten und plante Schlachtstrategien, während ich mir den Luxus gestattete, Gedichte und philosophische Aufsätze zu lesen – und andere voller Leidenschaft, entfacht von unserer langen Trennung, der vergangenen wie der kommenden, erhöht vom ungläubigen Staunen darüber, daß wir einander tatsächlich besaßen.

Und es gab auch die unvermeidlichen Streitereien. Ein Brief von Octavia kam, den sie geschrieben hatte, bevor die Kunde von unserer Heirat ihr zu Ohren hatte kommen können. Antonius las ihn laut vor und ließ ihn so langweilig klingen, daß es beinahe komisch war.

»›… und gewiß hätte dir die Lesung gefallen, die Horaz den Gästen im Hause des Maecenas hielt.‹ O ja, ich bin untröstlich, daß ich das versäumt habe – ich frage mich bloß, was wir zu dieser Zeit getan haben?« sinnierte er. »Bei Horaz fiel mir immer die Toga vom Leib vor lauter Langeweile.«

»Ach, davon fiel sie dir vom Leib? Kein Wunder, daß Octavia ihn regelmäßig Lesungen halten ließ.«

Er zuckte die Achseln. »Ich hätte sie anbehalten sollen. Mit Octavia zu schlafen, das war wie ... wie ...«

»Ich will nicht wissen, wie es war.« Wie es auch immer gewesen sein mochte, ich hatte in der Zeit allein geschlafen. Befriedigender als das mußte es auf alle Fälle gewesen sein.

»Es war wie ... gar nichts.«

»Oh, aber nicht wie gar nichts. Das doch bestimmt nicht.« Das ganze Thema machte mich wütend.

»Aber es war dem Nichts so nah wie nur möglich.«

»Nun, oft genug mußt du dieses Nichts aber getrieben haben, wenn dabei zwei Kinder zustande gekommen sind. Seltsam, daß du so hartnäckig dabeigeblieben bist.«

»Sie war meine Frau! Sie hat erwartet –«

»Ich will auch davon nichts hören! Vermutlich wolltest du noch sagen, daß auch Octavian draußen vor dem Fenster auf und ab ging, um sich zu vergewissern, daß du deinen Pflichten nachkamst.«

Er lachte nur; ihn erheiterte das alles. »Nein, es war eher so, als sei Octavian schon bei uns im Zimmer.«

»Wie appetitlich.«

»Wieso mußt du dauernd darüber reden?«

»*Du* hast doch davon angefangen! Hast mir diesen Brief vorgelesen ...« Ich deutete darauf. Er hing noch schlaff zwischen seinen Fingern; Antonius hatte ihn in einen Korb mit anderer Korrespondenz werfen wollen.

»Dann werde ich es nicht mehr tun! Ich dachte, wenn ich ihn *nicht* vorlese, würdest du es übelnehmen.« Er schwenkte den Brief auf und ab. »Es kümmert mich nicht! Vergiß das alles! Wieso stört es dich so sehr?«

»Wieso stört Cäsar *dich* so sehr?« Beim Anblick des Medaillons hatte er Anfälle bekommen; deshalb hatte ich widerstrebend aufgehört, es zu tragen. Ich würde es für Cäsarion aufheben.

»Weil er ... weil er Cäsar war! Wer möchte schon Cäsars Nachfolger sein? Aber Octavia! An der ist doch nichts Außergewöhnliches.« Er knetete seine Unterarme. »Du hast recht. Es ist genauso töricht. Wer sich die Gegenwart mit der Vergangenheit vergiftet, ist ein Dummkopf.« Er erhob sich von der Bank und kam zu mir; ein eindringlicher Ausdruck lag auf seinem Gesicht. »Laß uns diese honigsüße Gegenwart genießen, die uns die Götter geschenkt haben.« Er schob die Hände in mein Haar und zog mein Gesicht zu sich heran.

»Nicht jetzt!« sagte ich erschrocken. »Die Gesandten aus Kappadokien rechnen jeden Augenblick damit, daß sie zur Audienz vorgelassen werden.« Es überraschte mich stets von neuem, daß Antonius zu den unmöglichsten Gelegenheiten in Wallung geraten konnte.

»Sie werden sich anderwärts vergnügen müssen, während wir uns hier vergnügen.« Er hob mich auf und trug mich ins Schlafgemach. »Das ist ein Hochzeitsbrauch in Rom; der Mann muß die Braut über die Schwelle tragen. Es bringt Unglück, wenn ich stolpere. Hoppla.« Vor der Tür fiel er auf ein Knie; es ging steil abwärts. »Beinahe.« Er stieg über die Schwelle und legte mich auf das Bett. »So. Unglück abgewendet.« Er beugte sich über mich, winkelte die Arme an und senkte sein Gesicht auf mich herab. Er küßte mich, erst auf die Lider, dann sanft auf beide Wangen, bevor er schließlich nach meinen Lippen tastete.

»Jetzt kann ich so tun, als wärest du eine Kriegsbeute«, murmelte er. »In deinem Palast verhaftet, gefesselt und als Gefangene hierher gebracht.«

»Warum mußt du aus allem ein Spiel machen?« flüsterte ich. Jetzt hatte er auch mich in Erregung versetzt.

»Ist Dionysos nicht der Gott der Schauspieler?« fragte er. Sein Mund wanderte an meinem Hals hinunter zu dem Grübchen an meiner Kehle. Er schmiegte sich dichter an mich; seine starken Schultern trugen den größten Teil seines Gewichts. Aber es lastete auf mir, drückte mich in die Matratze. Ich fühlte mich tatsächlich wie eine Gefangene, aber ich hatte nicht den Wunsch zu entfliehen. Ich schlang die Arme um ihn und strich mit beiden Händen über seine Schultern und seinen Rücken hinunter. Das Gefühl von Muskeln und Haut vertrieb jeden anderen Gedanken aus meinem Kopf, und als seine Lippen mich liebkosten, zog sich etwas in mir zusammen und weitete sich dann. Ein Schauder durchrieselte mich.

»Herr, die Gesandten ...« Ich hörte eine verlorene Stimme, die im äußeren Gemach verhallte.

»Die Gesandten ... sollen ... ein bißchen ... warten.« Ich hörte seine Worte kaum; sie klangen gedämpft an meiner Haut.

Der plötzliche Ansturm des Verlangens ließ ihm keine Zeit, seine Kleider richtig abzustreifen; deshalb brauchte er nachher wenig zu tun, bevor er die Gesandten empfangen konnte – er mußte sich nur das Haar glattstreichen, was er tat, während er zur Tür hinauseilte. Ich lag benommen da, als wären soeben die Naturgewalten über mich hinweggebraust. So war Antonius in seiner ganzen Kraft.

Ich betrachtete eine Wolkenformation, die über den Himmel gezogen war; sie war nicht sehr weit gekommen. Antonius hatte recht gehabt; er hatte die Gesandtschaft nicht lange warten lassen. Die Grenzen der Höflichkeit hatte er nicht überschritten.

Wie ein Erdbeben ließ Antonius' bevorstehender Feldzug die Erde im ganzen Osten vibrieren. Alarmsignale breiteten sich aus. Fast zwanzig Jahre war es her, daß die Römer ihre katastrophale Niederlage bei Carrhae erlitten hatten, und doch war bekannt, daß die Römer sich für jede Niederlage rächten. Zehn Jahre später hatte Cäsar Anstalten getroffen, es zu tun, als er ermordet worden war; jetzt wurde wiederum ein Heer aufgestellt, daß diese Mission ausführen sollte. Die Rache war verschoben worden, aber sie war sicher.

Gerüchte über Größe und Umfang der Armee gingen ihr wie Trompeter voraus und vergrößerten eine ohnehin schon riesige Streitmacht. Es sei eine halbe Million Männer, wollte ein armenischer Kaufmann gehört haben; nein, eine ganze Million, hatte ein Händler vom Schwarzen Meer aus zuverlässiger Quelle erfahren. Die Ausrüstung sei geheim; sie bestehe aus ägyptischer Schwarzer Kunst und römischer Technik: feuerfeste Belagerungstürme, Pfeile, die eine Meile weit fliegen konnten und mit denen sich auch bei Nacht akkurat zielen ließ, Katapultsteine, die explodierten. Und ein leichter und unverderblicher Proviant ermögliche es den Soldaten, monatelang ohne Unterbrechung im Felde zu leben.

Antonius erzählte mir von diesen Wundern, als er sich eines Abends nach dem Essen zurücksinken ließ; er ertrank beinahe in dem Meer von Kissen, das er sich angesammelt hatte. Ich mußte flüchtig daran denken, wie ich Cäsar einmal mit einer orientalischen Kissenhöhle erfreut hatte, aber verglichen mit dem hier hatte damals eine geradezu strenge Schlichtheit geherrscht.

»Ja«, sagte er verträumt und verschränkte die Hände hinter dem Kopf, »mir scheint, ich befehlige da eine übernatürliche Streitmacht. Proviant, der niemals schlecht wird!« Seine Stimme hob sich staunend. »Eine Armee, die alle ihre Vorräte mit sich führen kann und nicht von den Früchten des Landes zu leben braucht. Also, das wäre wirklich ein Wunder! Nun ja, solche Gerüchte können dazu beitragen, daß meinen Feinden die Knie schon zittern, bevor ich ankomme, und mir so die halbe Arbeit abnehmen.«

Ich schaute auf ihn hinunter, wie er so voller Zufriedenheit dalag. Es wurde Zeit, daß er wieder ins Feld zog; fünf Jahre waren seit Philippi vergangen. Fünf Jahre waren eine lange Zeit für einen Soldaten, wenn er nur dasaß und schmauste und träumte und sich entspannte. Hatte Cäsar je fünf Jahre ausgesetzt?

Hör auf, ihn mit Cäsar zu vergleichen, befahl ich mir.

Aber alle Welt vergleicht ihn mit Cäsar! Dieser Feldzug soll den Vergleich mit Cäsar ermöglichen, er soll Cäsars Pläne ausführen und zeigen, wer sein wahrer militärischer Erbe und Nachfolger ist! Und das war die Wahrheit.

Ja, fünf Jahre waren unter allen Umständen eine lange Zeit, wenn etwas brachlag. Er mußte wieder in Bewegung kommen.

»Leider wissen wir beide aber, daß es nur ein Mythos ist. Dieser Krieg muß auf die althergebrachte Art geführt und gewonnen werden«, erklärte ich. »Was hat deine Truppenzählung bisher ergeben?«

»Wenn Canidius seine Legionen aus Armenien zurückbringt, wo er sie überwintern läßt, stehen wir bei sechzehn Legionen – sechzehn leicht unterbemannte Legionen. Aber es sind gute Soldaten, gute, erfahrene römische Legionäre von der Art ... von der Art, die fortan für mich Mangelware sein wird.«

Dieser Gedanke schmerzte ihn.

»Weil Octavian dich daran hindert, in Italien weitere Soldaten zu rekrutieren – trotz seiner Verträge!« fauchte ich. »Und wo bleiben die zwanzigtausend, die er dir für die Schiffe versprochen hat, die du ihm im vergangenen Jahr geborgt hast? Du brauchst nicht zu antworten; wir wissen es ganz gut!« Dieser Umstand war es ja gewesen, der Antonius endgültig die Augen über seinen verschlagenen Kollegen geöffnet hatte.

»Sie stehen unter seinem Befehl, und er gibt sie niemals frei«, sagte Antonius grimmig. »Aber nach Parthien werde ich –«

»Nach deinem *Sieg* in Parthien«, korrigierte ich ihn.

»Nach meinem Sieg in Parthien werde ich seine Gefälligkeiten nicht mehr brauchen. Wie gesagt, ich führe sechzigtausend römische Legionäre ins Feld, unterstützt von dreißigtausend Mann Hilfstruppen. Die Hälfte der Hilfstruppen untersteht den Königen von Armenien und Pontos.«

»Kannst du ihnen vertrauen?« fragte ich.

»Wenn ich meinen ausländischen Verbündeten nicht vertrauen dürfte, wie könnte ich dann dir vertrauen?« Er lächelte.

»Mit König Artavasdes von Armenien und mit Polemon von Pontos bist du nicht verheiratet.«

Jetzt lachte er. »Bei Herkules – nein!«

»Armenien ist von seiner Kultur und seinen Sympathien her mit Parthien gleichzusetzen«, sagte ich. »Wie kannst du darauf vertrauen, daß sie Rom unterstützen? Mir kommt es sehr riskant vor, nach Parthien zu marschieren und die Armenier unbewacht in deinem Rücken zurückzulassen.«

Er seufzte. »Du bist ein kluger General. Wir hätten nach Canidius' Siegen in Armenien dort eine Garnison einrichten sollen, aber wir können die Truppen nicht erübrigen. Der König scheint es mit seiner Unterstützung ganz ehrlich zu meinen; er trägt mit einem kleinen Heer, das er selbst befehligt, zu unserem Unternehmen bei.«

»Mir gefällt das nicht.«

»Du hast dich darin geübt, stets mißtrauisch gegen alle Welt zu sein«, stellte er fest.

»Andernfalls wäre ich nicht mehr am Leben und säße nicht neben dir«, sagte ich. Alle meine Geschwister waren tot, und keines – mit Ausnahme des kleinen Ptolemaios – war eines natürlichen Todes gestorben.

Er streckte die Hand aus und berührte mein Haar. »Und dafür bin ich dankbar. Aber jetzt sitze nicht weiter da, sondern lege dich zu mir. Du schaust aus diesen Höhen allzu streng auf mich herunter.«

»Ich kann aber nicht klar denken, wenn ich in einem Haufen Kissen liege, zumal neben dir. Sag mir – wo sind eigentlich Cäsars Unterlagen, nach denen du diesen Feldzug planst? Ich würde sie gern sehen.«

»Glaubst du mir nicht?«

»Doch, natürlich.« Aber ich wußte auch, daß er viele der Papiere, die er angeblich in Cäsars Haus gefunden hatte, umgeändert oder regelrecht gefälscht hatte – Papiere, bei denen es um Ernennungen und Vermächtnisse ging. Das hatte er mir selbst gestanden. Es war verzeihlich, denn er hatte damit ein mächtiges Werkzeug im Kampf gegen die Attentäter gehabt – ja, sie waren deshalb sogar gesenkten Hauptes zu ihm gekommen. Aber hier ging es um etwas anderes. Ich war zutiefst besorgt, weil Antonius noch nie einen Feldzug in diesen Dimensionen geplant hatte; seine Erfolge als Feldherr waren in sehr viel kleineren Arenen errungen worden. Dieses Unternehmen erforderte nicht nur, daß man den gesamten Feldzug im Blick behielt; man brauchte auch eine geniale Begabung für langfristige Planung in allen Einzelheiten. Selbst Cäsar wäre dabei auf eine harte Probe gestellt worden.

»Ich zeige sie dir heute abend irgendwann«, sagte er. »Sie sind anderswo im Palast. Einstweilen möchte ich hier liegen und genüßlich das Essen verdauen. Ich möchte die Wärme dieses gutplazierten Kohlenbeckens fühlen« – er deutete auf das verzierte, klauenfüßige Becken aus Messing, das eine willkommene Wärme verströmte – »und dankbar dafür sein, daß ich nicht draußen sein muß.«

Es war ein scheußlicher Abend mit einem stürmischen, kalten Regen, der durch die Mauern zu dringen schien.

»Wenn die Götter mir gewogen sind, werde ich nächstes Jahr um diese Zeit bei Babylon überwintern. Da wird es warm genug sein, um unter den Sternen zu schlafen.«

»Anders als in Armenien mit seinen verschneiten Bergen. Oder auch in Medien. Ja, vor dem Winter mußt du in Babylon sein«, stimmte ich ihm zu.

Ein solcher Feldzug würde mindestens zwei Jahre in Anspruch nehmen; das wußte ich. Cäsar hatte sich auf drei Jahre eingerichtet; auf der Grundlage seiner Erfahrungen in Gallien hatte er angenommen, daß immer alles länger dauerte als erwartet. Aber es würde mir schwerfallen, mich so bald schon wieder von Antonius zu trennen – und für so lange Zeit. Daß es für immer sein könnte, darüber wollte ich nicht nachdenken. So grausam würde Isis nicht sein.

»Schon im Namen Babylon liegt ein Zauber«, meinte er. »Ehrlich gesagt, ich hätte nie gedacht, daß ich derjenige sein könnte, der es erobert – der erste, der seit Alexander selbst aus dem Westen kommt. Fortuna ist launisch, nicht wahr? Warum gewährt sie mir, was sie Cäsar verwehrte?«

»Du hast deine Frage schon beantwortet: Weil sie launisch ist. Und sie ist taub für Beschwörungen und Fragen. Manchmal glaube ich, es macht ihr Spaß, ihre Geschenke denen anzubieten, die nur widerstrebend danach trachten. Vielleicht hat Cäsar sich zu sehr bemüht.« Ich hatte viel darüber nachgedacht. Bedeutete es, daß man niemals strebend sich bemühen sollte? Es war verwirrend.

Er stützte sich auf einen Ellenbogen. »Als mein Vater in meinem elften Lebensjahr starb, hinterließ er mir einen befleckten Namen, eine leere Börse und eine zerbrechende Familie. Ein vielversprechender Anfang war es nicht. Und heute, fünfunddreißig Jahre später, nenne ich eine Königin meine Gemahlin und werde die größte und prächtigste römische Armee unserer Zeit – und vielleicht aller Zeiten – in den Osten führen. Fortuna war mir in all den Jahren wahrhaftig eine seltsame Partnerin.«

»Ich habe bruchstückhaft von deiner skandalösen Jugend gehört – wie du mit Curio und seiner Bande Rom unsicher gemacht hast. Allerdings: kein vielversprechender Anfang.«

»Das stimmt. Aber dann hatte ich es satt – gerade zu einem Zeitpunkt, als die Schuldeneintreiber mir unbehaglich nah im Nacken saßen. Es gelang mir, weit weg unterzuschlüpfen. Ich verfügte mich nach Griechenland, um die Redekunst zu studieren. Das Redenhalten lag meiner Familie im Blut, und es war ein plausibler Vorwand, Rom den Rücken zu kehren. Gabinius, der neue Statthalter, erblickte mich auf seinem Weg nach Syrien bei irgendwelchen militärischen Übungen und überredete mich, als Befehlshaber seiner Reiterei mit ihm zu kommen.«

»Die erste glückliche Fügung für dich.«

Was wäre wohl geworden, wenn Gabinius an einem anderen Tag auf den Exerzierplatz gekommen wäre?

»Ja.« Antonius nickte. »Und die zweite glückliche Fügung bestand natürlich darin, daß ich die Reiterei nach Ägypten führte, als Gabinius sich bereiterklärte, deinen Vater auf den Thron zurückzubringen. Das brachte mich nach Alexandria, wo ich dich zum ersten Mal sah.«

Er war mir damals kaum bemerkenswert erschienen – ein netter junger Römer, der freundliche Nachsicht gegen die Schwäche meines Vaters gezeigt hatte. Dafür war ich ihm dankbar gewesen, und es hatte mich gewundert, daß ein Römer so liebenswürdig sein konnte, aber wie ein schicksalhaftes Ereignis war es mir nicht erschienen. »Was ja damals sicher nicht weiter außergewöhnlich erschien«, sagte ich.

»Oh, da irrst du dich!« protestierte er und setzte sich kerzengerade hin. »Ich war ganz hingerissen von dir!«

Ich konnte nicht anders, ich mußte lachen. Es war ja eine konventionelle Beteuerung unter Liebenden, aber sein Gedächtnis mußte ihm doch einen Streich spielen. »Das hast du schon einmal gesagt, aber ich kann mir nicht vorstellen, warum es so gewesen sein soll«, sagte ich. Ich war damals gerade vierzehn Jahre alt gewesen, zutiefst verstört ob der Entthronung meines Vaters und des heiklen Seiltanzes, den ich vollführen mußte, um meine Schwestern zu beschwichtigen und am Leben zu bleiben. Ich konnte mich noch heute lebhaft an meine Angst erinnern. Allzu lebhaft.

»Es lag an der Art, wie du dastandest«, behauptete er. »Jeder konnte sehen, daß du eine Prinzessin warst.« Als er meinen fragenden Blick sah, beeilte er sich, es genauer zu erklären. »Daß du diese Haltung an den Tag legen konntest – nach allem, was du durchgemacht hattest, nach all der Ungewißheit, dem Verlust deines Vaters –, das war sehr anrührend. Ich wußte, daß du kein gewöhnlicher Mensch warst.«

»Es war also meine Haltung, die es dir angetan hatte.«

»Es war, was diese Haltung *bedeutete*.«

Ich war mir meiner Haltung gar nicht bewußt gewesen, denn in meiner Jugend hatte ich mich auf andere Dinge konzentriert: auf meine Haare, meine Haut, meine Größe. »Du hast Dinge in mir gesehen, von denen ich nichts wußte«, sagte ich. »Ich muß dir danken für deinen Blick.« Ich schwieg einen Augenblick lang. »Aber Gabinius hat teuer dafür bezahlt, daß er meinem Vater geholfen hat – er wurde schmählich nach Rom zurückgeschickt. Wie bist du diesem Schicksal entkommen?«

»Zum Glück – da ist es wieder, dieses Wort – war ich so offensichtlich ein Untergebener, der seine Befehle entgegengenommen hatte, daß man mir nicht vorwerfen konnte, daß Gabinius dem Senat trotzte. Trotzdem hielt ich es für gut, einen weiten Bogen um Rom zu machen; deshalb ging ich nach Gallien, um Cäsar als Legat zu dienen. Und das war die dritte glückliche Fügung, denn daraus folgte alles andere. Cäsar bemerkte mich, übertrug mir Verantwortung, vertraute mir … Und bei der Abrechnung mit Pompejus, als ich in finsterster Nacht die Seeblockade des Pompejus durchbrach und bei diesem Einsatz alles riskierte, da eroberte ich Cäsars Herz, denn er war selbst ein Spieler. In der entscheidenden Schlacht befehligte ich den linken Flügel seines Heeres und kämpfte gegen eine Überzahl. Cäsar gewann die Schlacht, und ich teilte den Sieg mit ihm.«

Er hatte ein gewaltiges Vermächtnis zu tragen. Wahrlich, das Schicksal hatte ihn Schritt für Schritt zu etwas sehr Großem geleitet.

Auch ich war an manchen Gefahren und Rückschlägen vorbeigeführt worden, um mich schließlich hier wiederzufinden. Mochten die Schicksalsgötter, die uns beschützten, uns nun, am Vorabend unseres größten Sprungs, nicht im Stich lassen.

»Wenn ich zuviel darüber nachdenke, erzittere ich«, mußte ich zugeben.

»Dann denke nicht darüber nach«, sagte er. »Schau nicht hinab, wenn du auf schmalem Grat wandelst, damit du nicht den Mut und dann das Gleichgewicht verlierst und fällst.«

»Ja, aber wenn du eine Armee führen willst, mußt du dich vorbereiten. Ich glaube … Ich glaube, ich würde jetzt gern diese Unterlagen sehen und deine Pläne hören.« Jetzt – bevor ich den Mut verlor, den Einzelheiten ins Gesicht zu schauen.

Er stöhnte. »Du willst mich also zwingen, jetzt alles vor dir auszubreiten?« Er stand auf und streckte mir dann die Hände entgegen. »Ich warne dich – schon die bloße Masse ist erdrückend.«

Doch aus diesen Massen von Papieren und Karten würden sich unsere Möglichkeiten lesen lassen. »Es ist früh, und ich bin noch nicht müde«, versicherte ich ihm.

Durch scheinbar endlose Gänge – oh, die Seleukiden hatten eine Vorliebe für das Gewaltige! –, unbeheizt und unbeleuchtet, führte er mich zu den Räumen, in denen er all seine Kriegsakten und Dokumente aufbewahrte. Eine verschlafene Wache – kaum mehr als ein Knabe – sprang auf, stand stramm und zündete dann hastig ein Feuer und ein paar Lampen an, um die bis ins Mark dringende Kälte und Düsternis zu vertreiben.

Antonius warf den Deckel einer Truhe zurück und raffte einen Armvoll Schriftrollen auf, die er auf einen großen Tisch warf. »Die besten Karten, die wir haben«, sagte er. Zwei rollten vom Tisch und blieben zu seinen Füßen liegen. Die größte Karte breitete er auf dem Tisch aus und beschwerte sie an einer Ecke mit einer Öllampe.

»Da – das ist die gesamte Region, von Syrien bis Parthien und weiter«, erklärte er.

Ich sah beeindruckt die vielen Einzelheiten. »Woher hast du sie?« fragte ich.

»Selbst gezeichnet«, sagte er. »Ich habe sämtliche Erkenntnisse über die Gegend zusammengetragen. Schau …« Er deutete auf ein paar Punkte. »Es geht immer nur ostwärts und ostwärts«, sagte er. »Wir sind daran gewöhnt, den Tigris als östlichsten Teil der Welt zu betrachten. Aber für einen Parther liegt er weit im Westen.«

»Eine Welt, die jenseits der unseren liegt«, sagte ich. »Ich weiß, daß die Parther noch weiter aus dem Osten kamen – aus irgendeiner anderen Wüstenregion. Sie kämpfen immer noch wie Wüstenbewohner, zu Pferde und mit Bogen. Wenn die Griechen aus dem Meer sind und die Römer aus der Erde, so sind die Parther noch am ehesten aus der Luft.«

Antonius grunzte; er stützte sich auf die Ellenbogen und starrte auf seine Karte. »Ja, ihre Pfeile zischen durch die Luft, und die vordere und die hintere Reihe ihrer Bogenschützen nehmen verschiedene Flugbahnen, so daß unsere Schilde uns nicht vor allen schützen können. Aber in diesem Krieg werde ich sie zwingen, nach römischer Art zu kämpfen. Und ich habe Schleuderschützen mit Bleikugeln üben lassen, die weiter fliegen, als die parthischen Pfeile und Rüstungen durchschlagen können – nur um ihnen zu zeigen, daß sie *nicht* die Herren der Luft sind.«

Dennoch – sie waren gewandte Reiter und hatten der Welt den Begriff des »parthischen Schusses« geschenkt: Wenn sie scheinbar auf dem Rückzug waren, drehten sie sich um und schossen mit tödlicher Genauigkeit. Außerdem hatten sie besondere Bogen entwickelt, die unter dem Griff kürzer und deshalb im Sattel besser zu gebrauchen waren, und sie hatten eine Kameltruppe, die einen unerschöpflichen Vorrat an Ersatzpfeilen transportieren konnte. Sie kämpften ausschließlich mit Distanzwaffen, niemals von Angesicht zu Angesicht.

»Ich werde mich hier mit Canidius treffen« – er legte einen Finger auf Armenien – »und unsere beiden Heere vereinen. Dann marschieren wir südwärts über das Gebirge nach Phraaspa, wo sie ihren Staatsschatz aufbewahren. Wir greifen die Stadt an und zwingen sie, nach Römerart zu kämpfen – schließlich ist die Stadt nicht beweglich und kann nicht fortreiten.« Er lachte. »Sie werden also wie Männer stehenbleiben und sich verteidigen müssen, statt zu fliehen.« Er wirkte optimistisch. »Da das Land wenig brauchbares Holz bietet, werde ich Rammböcke und Belagerungsgerät selbst mitbringen.«

»Das willst du alles so weit transportieren? Wie mühsam und zeitraubend!«

»Freilich, aber ohne diese Geräte kann ich eine Stadt nicht zur Aufgabe zwingen.«

»Wie sahen Cäsars Pläne für diesen Feldzug denn genau aus?« fragte ich ruhig.

»Er wollte ebenfalls von Norden her angreifen und den Westen umgehen, wo Crassus ins Verderben lief. Er hatte auch sechzehn Legionen, und er wollte Erfahrungen mit der Kampfweise der Parther gewinnen, bevor er die entscheidende Schlacht eröffnete. Seine Männer sollten sich in Scharmützeln auf dem Marsch üben.«

»Kann ich die Papiere sehen?«

Er runzelte die Stirn; es widerstrebte ihm, sie herauszuholen. Warum? Hatte Cäsar noch andere Pläne gehabt, die Antonius nun verworfen hatte? Bediente er sich nur des magischen Namens Cäsar, um seine eigene Strategie damit einzufärben? »Also gut«, sagte er schließlich und ging zu einem anderen Tisch, auf dem eine kleine, verschlossene Schatulle stand. Er öffnete sie und nahm einen Stoß Papier heraus – nicht das säuberlich zusammengefaltete Papier eines Mannes, der Gelegenheit gehabt hatte, seine Unterlagen wegzuräumen, sondern die Blätter eines Mannes, den unverhofft und mitten in der Arbeit der Tod ereilt hatte – ungeordnet und durcheinander.

»Genau so habe ich sie gefunden«, sagte er und reichte sie mir. »Ich schwöre es.«

Fast wagte ich nicht, sie auszubreiten. Ich wollte meinen Verdacht nicht bestätigt sehen. Und ich wollte die Kraft Cäsars nicht in diesem Zimmer freisetzen.

Aber ich tat es, ich strich sie glatt und stellte Öllampen auf die Ecken. Die vertraute Handschrift – aber mit neuen, unbekannten Gedanken – stieg von diesen Bögen auf und prallte mir entgegen.

Wie kostbar allein diese Schrift mir war – die Tinte, die Buchstaben ... Wie wunderbar, daß sie mir nun etwas Unbekanntes mitteilen würde, eine Botschaft von ihm, die noch ganz neu war.

Es waren Skizzen, hastig hingeworfene Karten, Aufschriften. An den mit verblassender Tinte eingezeichneten Wegen erkannte ich, daß es so war, wie Antonius gesagt hatte: Dies war die Marschroute, die er hatte nehmen wollen. Erleichterung durchflutete mich, als sei der Erfolg damit garantiert. Ich schämte mich, weil ich an Antonius gezweifelt und weil ich seinem Urteil mißtraut hätte, wäre es von dem Cäsars abgewichen.

Als ich aufblickte, sah ich, daß Antonius mich eindringlich musterte. Er hatte meine Miene beobachtet, während ich die Aufzeichnungen gelesen hatte, und versucht, meine Gedanken zu ergründen. Hoffentlich waren sie nicht allzu durchsichtig gewesen.

»Siehst du?« sagte er verteidigungsbereit. »Es ist so, wie ich es gesagt habe.«

»Natürlich. Aber wie ich sehe, hatte er vor, in Armenien eine Garnison einzurichten, während du –«

»Ich habe dir gesagt, ich kann die Leute nicht entbehren! Der armenische König ist unser Verbündeter und unterstützt uns mit –«

»Ja, ja, das hast du gesagt. Ich wollte nur sagen –«

»Crassus hatte nur acht Legionen. Ich brauche eine angemessene Truppenstärke.«

»Und wie es aussieht, hatte Cäsar vor, Ekbatana einzunehmen und Babylon damit vom eigentlichen Parthien abzuschneiden.«

»Das werde ich auch tun. Aber vorher muß Ekbatana erreicht und davor muß Phraaspa erobert werden.«

»Natürlich.« Sorgfältig faltete ich die Papiere zusammen. Ungern legte ich sie so bald wieder weg, aber sie hatten mir gezeigt, was ich wissen wollte, und sie hatten von alten Erinnerungen und künftigen Eroberungen geraunt. »Hier.« Ich gab sie ihm.

Er legte alles an seinen Platz zurück – wie ein Priester vor seinem Schrein. Vielleicht war er das ja auch. In Rom diente er als Priester im Kult um Julius Cäsar, aber hier an den Grenzen der römischen Welt hatte er ein unendlich viel anspruchsvolleres Amt: Erbe Cäsars und Vollstrecker seines Letzten Willens – und was könnte als Akt der Anbetung und Verehrung erhabener sein?

Er klappte den Deckel der Schatulle zu und erklärte hitzig: »Die Parther wußten von seinen Plänen und frohlockten, als er ermordet wurde. Sie schickten den Attentätern ein kleines Kontingent zur Unterstützung nach Philippi. Damit haben sie die Vergeltung selbst heraufbeschworen. Wir dürften es nicht ungesühnt lassen.«

»Nein. Das dürfen wir nicht.« Wir müssen sie verfolgen bis ins innerste Herz ihrer Festung, unerbittlich wie Cäsar selbst, und in seinem Namen.

Draußen hörte ich das Trommeln des Regens. In dunkler Nacht, in den Klauen des Winters, schien es undenkbar, daß das warme Wetter wiederkehren, daß Antonius tatsächlich nach Parthien marschieren sollte. Es war eine weite Reise – mehr als dreihundert Meilen bis zu der Gegend, wo er und Canidius sich treffen und ihre Truppen inspizieren würden, und noch einmal vierhundert über Gebirgspässe und schmale Pfade bis Phraaspa. Ekbatana, sein Ziel, lag dann noch einmal hundertfünfzig Meilen weiter südlich: Alles zusammengenommen waren es also an die tausend römische Meilen – durch schwieriges, von Feinden durchsetztes Gelände. Ein Landmarsch von tausend Meilen für eine voll gerüstete Armee war ein atemberaubendes Unternehmen. Man würde von einem Wunder sprechen können, wenn er Ekbatana vor dem Winter erreichte. Das Gebirge war der entscheidende Haken in seinen Plänen – er konnte es erst überschreiten, wenn der Winter vorüber war, aber dadurch verzögerte sich der Augenblick des Abmarschs beträchtlich.

»Es dauert alles so lange!« platzte ich heraus.

Er drehte sich um und kam zum Tisch zurück. »Ja«, sagte er. »Und es scheint schon sehr lange gedauert zu haben, denn Jahr um Jahr mußte ich den Feldzug aufschieben. Ich glaube, das hat mich mehr als alles andere gegen Octavian aufgebracht – daß ich mich ständig um seine Nöte kümmern und auf sein Pfeifen hin nach Italien zurückeilen mußte, nur um dann zu warten und ignoriert zu werden!« Seine Stimme klang erbost, ein ganz ungewohnter Ton. »Er hat mir Stolpersteine in den Weg gelegt und getan, was er konnte, um mich an diesem Feldzug zu hindern.«

»Ja, und wir wissen auch, warum. Weil er nicht wollte, daß du die Position erlangst, die das Schicksal dir bestimmt hat. Dank sei Isis, daß sie dir für seine Manöver schließlich doch noch die Augen geöffnet hat! Jetzt mag Sextus ihn in der nächsten Seeschlacht versenken. Wenn du aus Parthien zurückkommst, wirst du von Octavian vielleicht nichts mehr vorfinden außer einem leeren Schiff in seichtem Gewässer, mit gebrochenem Mast und zerschelltem Rumpf.«

Er machte sich daran, die Karten zusammenzurollen. »Hast du gesehen, was du wolltest?« fragte er höflich.

»Ja.« Ich hatte gesehen, wie groß die Aufgabe war, die da vor ihm lag. »Ich komme mit dir, vielleicht bis Armenien«, sagte ich. »Vielleicht weiter.«

Er sah mich verdutzt an. »Du bist mir natürlich willkommen, aber …«

»Unterstütze ich den Feldzug nicht mit ägyptischem Geld?« Ich hatte dreihundert Talente investiert – genug, um sechs Legionen ein Jahr lang zu unterhalten. Antonius hatte Mühe gehabt, im Osten Mittel aufzubringen, ausgepreßt, wie er war – erst durch Cassius, dann durch die Parther. Unsere Verbündeten konnten nicht mehr viel geben. »Ich werde dich auch nicht ablenken.« Ich konnte mir nicht verkneifen, ihn zu necken.

»Ich würde aber darauf bestehen, daß du heimkehrst, bevor wir die Berge überschreiten. Einer von uns beiden muß diesen Krieg überleben.«

Ich schlang die Arme um seine Hüften und legte den Kopf an seine Brust. Ich mußte an die neunundneunzig Soldaten denken. »Ja. Ich weiß.«

»Bevor wir aufbrechen«, sagte er, »laß bitte unsere Kinder herkommen. Ich möchte sie sehen, für den Fall … für den Fall …«

*Für den Fall, daß ich einer der neunundneunzig bin und nicht der hundertste.*

»Ja. Natürlich.«

Ich fragte mich, ob Octavian in diesem Augenblick zu Livia sagte, daß die Parther ihm Antonius abnehmen würden – so, wie ich gesagt hatte, daß Sextus uns von Octavian befreien würde.

# 56

Umgeben von hundert verschiedenen Grüntönen – dem tiefen Trauergrün der Zypressen, dem hell leuchtenden Grün der Frühlingswiese, dem silbrigen Grün alter Olivenblätter und, weit hinten auf der flachen Ebene, den zahlreichen Schattierungen der frischen Aussaat und, noch weiter entfernt, dem tanzenden Blaugrün des flachen Wassers im Golf von Alexandretta – war mir, als befände ich mich in einem Wandgemälde einer römischen Villa. Hinter uns bohrte sich der Berg Silpion in den Himmel, und wir lagen hingestreckt in der warmen Sonne an seinem Hang und verspeisten, was wir mitgebracht hatten.

Da, wo ich lag, konnte ich das leise Scheppern der Ziegenglocken hören, das von den Herden weiter oben am Hang kam; ich tat so, als wäre es Pan selbst, den ich da hörte, und wenn ich nur die Ohren spitzte, würde ich auch seine Flöte vernehmen können.

»Hier.« Antonius lehnte sich herüber und drückte mir eine Krone aus Wiesenblumen auf den Kopf. Die zarten Blätter und Blüten lagen kühl auf meiner Stirn, und der sanfte Duft von Veilchen und Ringelblumen wirkte einschläfernd. Müßig zog ich den Kranz vom Kopf und betrachtete die Stränge der miteinander verflochtenen Blumen.

»Was ist denn das?« Ich hatte eine unbekannte rosarote Blume mit gewundenen krausen Blättern entdeckt.

»Eine Orchidee«, sagte er.

Ich staunte, daß er es wußte.

»Ich habe unzählige Tage im Felde verbracht«, sagte er, als habe er meine Gedanken gelesen. »Manchmal mußte ich von dem leben, was ich dort fand.« Er winkte den Kindern zu, die weiter unten am Hang tollten, und hielt zwei kleinere Kränze für sie in die Höhe.

»Kronen für meine Frau, Kronen für meine Kinder, Kronen für alle von königlichem Geblüt.« Er lachte, und es störte ihn anscheinend nicht, daß er sich damit selbst ausschloß.

»Du wirst dir die deine noch verdienen«, versprach ich ihm. »Wenn du Parthien erobert hast …«

»Sprich nicht davon!« sagte er rasch. »Ich will heute nur an den blauen Himmel und fliegende Wolken denken. An den Frühling am Berghang, mit dir und mit ihnen.«

Alexander und Selene kamen über die Steine herangestolpert, die den Hang übersäten. Sie waren jetzt dreieinhalb Jahre alt und spielten so gern an der frischen Luft wie alle Fohlen und Kinder.

»Für dich, Majestät«, lobte Antonius feierlich und setzte Alexander das Krönchen auf das Haupt, wo es in den dichten Locken fast verschwand. »Und für dich.« Er gab das zweite Selene; es waren mehr Mohnblumen darin. Sie nahm es majestätisch entgegen.

»Gut gemacht«, sagte er. »Weißt du, diese königliche Haltung hat sie von dir«, sagte er zu mir. »Das ist ererbt, nicht erlernt.«

Ich legte den beiden die Arme um die Schultern. Antonius war über die Maßen stolz auf die Kinder, als wären sie die einzigen, die er je gehabt hatte. Wenn man sie zusammen sah, war die Ähnlichkeit zwischen ihm und Alexander ziemlich bemerkenswert – Alexander hatte die gleiche kräftige Gestalt und auch sein breites Gesicht –, aber die wahre Ähnlichkeit lag in ihrer ausschweifenden, überschwenglichen Persönlichkeit. Alexander brütete nie, und er hatte nie etwas gegen eine Rauferei.

Selene war ein wenig geheimnisvoll, wie es sich für ein Kind gehört, das den Namen des Mondes trägt. Eigentlich glich sie keinem von uns beiden, und mit ihrer hellen Gesichtsfarbe sah sie aus, als käme sie aus dem hohen Norden. Sie war still und ungewöhnlich beherrscht; selten kam es vor, daß sie weinte oder ihre Gefühle zeigte, sei es Freude oder Trauer.

Wie versprochen, hatte ich sie kommen lassen, und sie waren jetzt seit fast einem Monat bei uns. Mardian hatte sie begleitet; er wollte sich mit mir in Staatsgeschäften beraten und meine Pläne für die nächsten Monate erfahren. Antiochia und die Antiochier waren so recht nach seinem Geschmack, wie er festgestellt hatte; er genoß ihre Frivolität und sah über ihre bekannte Neigung zu Luxus und Streitsucht hinweg.

»Die Alexandriner lassen sich genauso beschreiben«, hatte er gemeint.

»Die Antiochier sind nicht so intellektuell wie die Alexandriner«, hatte ich gesagt, um meine Stadt in Schutz zu nehmen.

»Wenn sich in Alexandria der Pöbel zusammenrottet, ist er auch nicht besonders intellektuell«, antwortete er. »Du weißt, wie unbeständig die Leute dort sind.«

»Nun, hier in Antiochia ist der Pöbel zu faul, sich auch nur aus seinen duftenden Bädern zu erheben, um sich zusammenzurotten«, sagte ich.

»Gut«, erklärte Mardian. »Dann ist es auch sicherer auf der Straße.«

Alexander und Selene hatten große Neugier auf ihren Vater an den Tag gelegt. Bis jetzt hatten sie angenommen, er sei tot wie Cäsarions Vater. Ja, es schien ihnen der übliche Zustand eines Vaters zu sein, daß er sich in den Himmel zurückgezogen hatte. Jetzt, da er bei ihnen war, starrten sie ihn immer wieder an und fragten: »Bist du *wirklich* unser Vater? Bleibst du auch bei uns?«

»Ja«, hatte Antonius beim ersten Mal gesagt und sie beide in den Arm genommen. »Ja, ich werde bei euch bleiben, auch wenn ich hin und wieder fortgehen muß; ich werde immer zurückkommen.«

Jetzt ließ er sich auf die Decke zurücksinken, die den rauhen Boden bedeckte, und schloß die Augen. »Ich zähle bis hundert, wenn ihr euch versteckt«, sagte er. »Und wenn ich euch nicht finde, bevor ich noch einmal bis hundert gezählt habe, dürft ihr euch etwas wünschen.« Er klappte ein Auge auf und schaute sie an. »Fertig?«

Quiekend wieselten sie davon. »Eins ... zwei ...« Bei zehn hörte er auf. »Damit dürften sie ein Weilchen beschäftigt sein.« Er richtete sich auf und küßte mich.

»Du mogelst«, sagte ich. »Die armen Kinder ...«

»Die sind froh, wenn sie ein bißchen mehr Zeit bekommen, sich zu verstecken«, beruhigte er mich.

Das Geläute der Ziegenglocken hinter uns wurde lauter, und die Olivenbäume, in deren Schatten wir lagen, raschelten im leisen Wind. Noch nie war ich so zufrieden gewesen. Wie sich Antiochia und die Ebene unter mir in alle Richtungen ausbreitete, soweit das Auge reichte, so lag auch die Zukunft vor mir, schön und verheißungsvoll. Ich liebte, und ich wurde geliebt. Ich war von meinen Kindern umgeben. Mein Land lebte im Wohlstand, und die häßliche Vergangenheit, von Gefahren und Niederlagen durchsetzt, versank hinter mir wie ein fernes Gestade. Antonius und ich waren uns in allem einig; jetzt, da er sich von Octavian losgesagt hatte, waren unsere Ziele wirklich eins. Die Freude war schwindelerregend.

Es ist beinahe unmöglich, Glück zu beschreiben, denn während es besteht, erscheint es völlig natürlich – als wäre der Rest des Lebens eine Verirrung gewesen; erst im Rückblick gerinnt es zu der Gestalt jener raren Kostbarkeit, die es ja ist. Wenn es zugegen ist, scheint es ewig zu währen, so daß es gar nicht nötig ist, es genau zu betrachten oder festzuhalten. Später dann, wenn es verflogen ist, starrt man bestürzt in seine leere Hand, wo nur noch ein Hauch des Duftes verharrt, der zeigt, daß es einst da war und jetzt verflogen ist.

So war es mit jenen Tagen in Antiochia mit Antonius. Die Welt lag vor ihm und wartete auf den Schritt des Eroberers. Die gespannte Erwartung wuchs mit jedem Tag, aber die Wirklichkeit war noch weit genug entfernt, um im Nebel der Möglichkeiten zu schweben, verführerisch und beruhigend, gerade noch unerreichbar.

Wir tanzten wie zwei Schmetterlinge im Dunst des Glücks und flatterten von einer Hecke zur anderen, erfaßt von göttlicher Trunkenheit des Geistes. Ich war jung, und zuweilen fühlte ich mich jünger als die Kinder; ich war völlig erwachsen und glaubte mich versehen mit reifer Weisheit, so daß mir selbst die schwersten Entscheidungen keine Mühe machten – alle Antworten waren mir scheinbar gegeben. *Alles* schien mir gegeben zu sein. Wenn ich da vergaß, Dir zu danken, Isis – verzeih mir. Ich tue es jetzt, mit Verspätung.

Mardian reiste ab und nahm die Kinder wieder mit zurück nach Alexandria.

»Die Pflicht ruft«, erklärte er spitz.

»Ich bin bis zum Sommer wieder da«, versprach ich ihm. »Wenn ich nicht so vertrauenswürdige Minister hätte, könnte ich gar nicht so lange wegbleiben.«

»Ach, dann bin ich also an deiner Abwesenheit schuld?« fragte er. »Soll ich bestraft werden, weil ich tüchtig bin?«

Ich lachte. »Die meisten Minister würden es nicht als Strafe empfinden, wenn man ihnen die Führung der Staatsgeschäfte überläßt«, gab ich ihm zu bedenken.

»Vielleicht lieben die meisten Minister die Könige und Generäle nicht, denen sie dienen«, antwortete er. »Wir müssen da eine Ausnahme bilden. Nun, bleib nicht mehr allzu lange! Wie gedenkst du zurückzukommen? Soll ich ein Schiff schicken?«

Darüber hatte ich schon nachgedacht. Eine glänzende Idee war mir gekommen. Alle meine Ideen in diesen Wochen kamen mir glänzend vor. »Ich werde kein Schiff brauchen.Ich denke, ich werde Antonius bis Armenien begleiten, und dann bin ich weit entfernt vom Meer. Ich habe mir deshalb vorgenommen, ein Stück zurückzugehen und durch Judäa zu reisen. Ich werde Herodes einen diplomatischen Besuch abstatten.«

Er zog die Brauen hoch. »Du bist aber sehr vertrauensselig«, sagte er. »Dich in seine Hände zu begeben! Er hat wenig Anlaß, dich zu schützen, aber eine Menge Gründe, dafür zu sorgen, daß dich ein ›Unfall‹ ereilt.«

»Das würde er nicht wagen«, sagte ich. Ich wußte, daß Herodes und ich Widersacher waren, nachdem ich große Teile seines Reiches gefordert – und bekommen – hatte. Dem Vernehmen nach kochte er vor Wut über den Verlust seiner lukrativen Dattel- und Balsamhaine in Jericho und seiner Seehäfen bis hinunter nach Gaza.

»Ich wiederhole: Du bist sehr vertrauensselig. Es gibt keine Grenzen für das, was einer wagt, wenn er die Existenz seines Landes bedroht sieht.«

»Dann ist es in meinem Interesse, ihn zu beschwichtigen«, sagte ich.

»Wenn du nicht vorhast, ihm sein Eigentum zurückzugeben, wüßte ich nicht, was du ihm bieten könntest.«

»Meine Freundschaft anstelle meiner Feindschaft.«

»Das anzubieten ist an ihm. Natürlich muß dir daran liegen, ihm Freundschaft anzubieten, denn du hast den Gewinn bei der Sache; aber es kommt auf den Verlierer an, wenn die Feindschaft begraben werden soll, und *du* kannst es nicht erzwingen.«

»Stimmt. Aber es kann ja nichts schaden, sich mit ihm zu treffen.«

»Sei da nicht so sicher«, sagte Mardian.

Es war schwer zu erkennen, ob er es völlig ernst meinte. Er zog eine Augenbraue hoch und streckte sich, um die Spannung zu brechen.

»Du hast mir Daphne noch nicht gezeigt; wie kann ich nach Alexandria zurückkehren, ohne diesen berühmten Lorbeerbaum zu sehen? Olympos wird enttäuscht sein.«

Ja, Olympos hatte ein akademisches Interesse an den Schauplätzen übernatürlicher Verwandlungen. Er hatte den weinenden Felsen besucht, der einst Niobe gewesen war, er hatte eine Eiche besichtigt, die angeblich eine Nymphe enthielt, und er hatte Sonnenblumen seziert, um festzustellen, ob ihre Stiele sich von denen gewöhnlicher Blumen unterschieden, da sie angeblich aus einer Jungfrau namens Klytia entstanden waren, die hoffnungslos in Apollon verliebt gewesen war. Nachdem er keinen Unterschied hatte finden können, veröffentlichte er einen Aufsatz, in dem er die Geschichte als unwahr zurückwies.

»Als ob vorher irgend jemand daran geglaubt hätte«, meinte Mardian. »Wieso verschwendet er damit seine Zeit?«

Jetzt pflichtete ich ihm bei: Mardian und ich mußten einen der berühmten »Verwandlungsbäume« besichtigen – den, wo Daphne Wurzeln geschlagen und Blätter bekommen hatte, um den räuberischen Nachstellungen Apollons zu entgehen.

»Apollon scheint unterschiedliche Wirkung auf Frauen zu haben«, sagte ich. »Klytia mußte sich in eine Sonnenblume verwandeln, um ihrer unerwiderten Liebe ein Ende zu machen, und Daphne wurde lieber ein Baum, als sich seinen Umarmungen hinzugeben. Wie traurig, daß sie nicht einfach tauschen konnten.«

»So ist es mit den Legenden«, erklärte Mardian. »Jeder will das, was er nicht bekommen kann, und wird dafür bestraft. Aber sag mir – wenn Apollon so anziehend war, warum ist diese Nymphe dann weggelaufen? Ich bitte dich als Frau, es mir zu erklären.«

»Vielleicht ist sie weggelaufen, *weil* er so war.«

»Aber das hat doch keinen Sinn«, widersprach Mardian.

Hatte es nicht – aber ich wußte, daß es vorkommen konnte. Schließlich hatte ich mich geweigert, mich mit Antonius zu treffen.

»Manchmal laufen wir weg, nur um uns dem Schicksal entgegenzustellen«, sagte ich schließlich. »Komm, laß uns zu Daphne hinausgehen.«

Wir rumpelten in unserem Wagen dahin, ließen die Palastinsel hinter uns und überquerten die alte Agora; dann ging es auf der breiten Pflasterstraße zu dem prunkvollen Brunnen, der über die alte Süßwasserquelle von Antiochia gebaut worden war. Scharen von Menschen in fremdartiger Kleidung waren müßig darum versammelt. Sie winkten und riefen uns mit hohen Stimmen etwas zu. Ein eigentümlich öliger Geruch wehte auf uns zu.

»Schneller!« befahl Mardian dem Fahrer. »Was für ein Geruch! Wie mögen sie dieses Parfüm nennen?« Er hielt sich die Nase zu.

»Ich glaube, es ist ein Kampf vieler Düfte gegeneinander«, sagte ich.

»Nun, es stinkt jedenfalls!« Mardian machte ein verächtliches Gesicht. »Und hast du gesehen, wie sie geschminkt waren? Grellbunt wie Mumiensarkophage! Männer wie Frauen!«

»Mardian, ich glaube, du wirst allmählich prüde«, stellte ich fest. »Wer hätte das von einem alexandrinischen Eunuchen erwartet?«

»Sag nicht, daß dir diese Leute *gefallen*!« Seine anfängliche Begeisterung für die Antiochier war geschwunden.

»Ich habe keine Vorurteile gegen irgendein Volk. Ich betrachte die Menschen einzeln; das solltest du wissen.« Das würde ich müssen, wenn Antonius und ich über viele Länder und Völker regieren wollten. Aber so hatte ich schon immer empfunden.

»Diese Stadt scheint mir alle üblen Moden von Alexandria übernommen zu haben.«

»Aber auch viele der guten«, beharrte ich. »Sie ist jetzt nach Rom und Alexandria die drittwichtigste Stadt der Welt. Wenn sie diesen beiden nicht ganz das Wasser reichen kann – nun, deshalb ist sie ja die dritte –, gibt es dennoch vieles hier, was einem gefallen kann.« Konnte der Ort, an dem ich geheiratet hatte, mir je etwas anderes als lieb und teuer sein?

Bald kamen wir an der berühmten Statue von Antiochia vorbei, der Glücksgöttin, die Stadtmauern als Krone trägt und sich auf den Berg Silpion stützt, während der Orontes ihre Füße umspült. Wie friedfertig und unbeteiligt die Göttin aussah, während sie milde die Geschicke der Menschen beaufsichtigte! Angesichts ihrer Gleichgültigkeit überlief es mich kalt.

In einiger Entfernung von der Stadt lag der heilige Bezirk der Daphne, wo Seleukos I. von Apollon befohlen worden war, einen weitläufigen Zypressenhain anzupflanzen. Die Zypressen umstanden den alten Lorbeerbaum; und natürlich schmiegte sich der unvermeidliche Apollon-Tempel nicht weit davon in die Landschaft.

Wir stiegen aus dem Wagen und folgten einem Pfad durch den schattigen Hain. Die lang emporgestreckten Finger der Zypressen erschienen uns wie eine Säulenhalle, und es war, als wanderten wir durch einen natürlichen Tempel.

Der Lorbeerbaum, verkrümmt und dick, stand in der Mitte des Hains. Mit verzweifelter Würde stand er da, wie nach langem Leiden. Die schlanke Gestalt hatte er längst verloren, er war knorrig geworden vom Alter; die Nymphe, die in ihm wohnen mochte, war gefangen in einer häßlichen Zitadelle – ein trauriges Schicksal für eine, die einst liebreizend und jung gewesen war. Sie hatte einen hohen Preis dafür entrichtet, daß sie Apollon widerstanden hatte.

Mardian strich mit den Fingern über die rauhe Rinde. »Bist du da, Daphne?« rief er sacht.

Die Blätter über uns, immer noch zart und gesund, raschelten leise wie ein Seufzen.

Die letzten Vorbereitungen für das Heer waren im Gange, als die Schneeschmelze einsetzte und das Wasser von den Bergen an den Hängen herunterrauschte und die Pässe wieder begehbar wurden. Bald würde Antonius aufbrechen: Das oft verschobene Unternehmen stand nun bevor. Seine Generäle – alle bis auf Canidius – waren im Hauptquartier versammelt. Titius, der schmalgesichtige Neffe des Plancus, sollte als Quästor dienen, und Ahenobarbus würde mehrere Legionen befehligen. Dellius, der Mann, der mich all die Jahre zuvor so grob nach Tarsos bestellt hatte, würde ebenfalls ein paar Legionen anvertraut bekommen; außerdem sollte er die Geschichte des Feldzuges aufschreiben, denn Antonius verfaßte nie Berichte über seine Kriege.

Die Erregung über das bevorstehende Unternehmen hing in der Luft wie der Geruch von Eisen und Feuer.

Ahenobarbus war in Rom gewesen, um private Angelegenheiten zu erledigen, und er bat jetzt darum, unter vier Augen mit Antonius sprechen zu dürfen. Antonius faßte das so auf, daß ich auch dabei sein dürfte. Ich konnte Ahenobarbus am Gesicht ansehen, daß er lieber mit Antonius allein gewesen wäre; die Art, wie er seine kleinen Augen auf mich richtete, und sein gezwungenes Lächeln sowie die tonlose Stimme ließen daran keinen Zweifel. Antonius aber kümmerte sich nicht weiter darum; er drängte ihn, nur zu sagen, was er auf dem Herzen habe.

»Wie hast du Rom verlassen?« fragte Antonius und reichte ihm einen Becher Wein, den Ahenobarbus demonstrativ ablehnte. Antonius zuckte die Achseln und trank selbst einen Schluck daraus.

»Es liegt hinter mir«, sagte Ahenobarbus. »Und es geht ihm ganz gut, obwohl arger Brotmangel herrscht. Das Stadtgespräch dreht sich deshalb um den Frühlingsangriff gegen Sextus.«

»Er wird genauso verlaufen wie der vorige«, sagte Antonius. »Sie sind hilflos gegen diesen selbsternannten Sohn des Neptun.«

»Ich glaube nicht«, entgegnete Ahenobarbus, und sein Ton wurde scharf. »Agrippa hat bei Misenum einen Flottenausbildungsstützpunkt begründet, und dort hat er den ganzen Winter über erstklassige Ruderer gedrillt. Sie werden Sextus als ebenbürtige Gegner entgegentreten. Eine Flotte mit riesigen Schiffen hat er außerdem gebaut – so groß, daß Sextus sie nicht angreifen kann. Und wenn das noch nicht reicht: Er hat ein Gerät erfunden, mit dem er aus der Sicherheit seiner schwimmenden Festungen Enterhaken über große

Entfernungen schleudern kann. Er wird Sextus' Schiffe zu sich heranziehen wie kleine, silberne Fische.«

»Na schön, ich wünsche ihm Glück«, sagte Antonius, und er meinte es ernst. »Hast du mit Octavian über unser Unternehmen gesprochen?«

»O ja. Er hat mich zu einem überaus vorzüglichen Mahl eingeladen.« Ahenobarbus machte eine Pause, um die dramatische Wirkung zu erhöhen. »Er war neugierig auf unsere Vorbereitungen – obwohl er sehr gut über die Einzelheiten, die ich ihm berichtete, auf dem laufenden zu sein schien. Der Mann hat seine Spione überall!«

Bist du auch einer? fragte ich mich im stillen. Er klang jedenfalls so.

»Von Octavian abgesehen – wie betrachten die Römer die Angelegenheit?« fragte Antonius.

»Sie scheinen sich nicht weiter darum zu kümmern. Ihre Bäuche und ihr Brot sind ihnen näher als ausländische Eroberungsfeldzüge. Wir haben von Cäsar so viele ausländische Eroberungen empfangen, daß unser Interesse dadurch vielleicht geschmälert worden ist.« Sein Lächeln wirkte ebenfalls schmal. Er spreizte die Hände, als wollte er sagen: *Was soll man machen?*

»Hat Octavian – wie hat er die Neuigkeit von meiner Vermählung mit der Königin aufgenommen?« Stolz ergriff Antonius meine Hand.

Wir hatten keine Nachricht aus Rom erhalten; unserer Bekanntmachung folgte ein Schweigen, das jeden Tag lauter zu werden schien.

»Wenn er davon erfahren hat, so hat er sich dazu nicht geäußert«, sagte Ahenobarbus. »Er hat aber davon gesprochen, dir das Recht zu gewähren, mit deiner Frau und deinen Töchtern im Tempel der Concordia zu speisen, wenn du nach Rom zurückkehrst. Eine große Ehre.«

»Noch eine Tochter?« Antonius hatte nichts mehr von Octavia gehört, seit sie nach Rom zurückgereist war.

»Aber ja!« antwortete Ahenobarbus. »Man hat es dir nicht gesagt?« Er sah ehrlich überrascht aus.

»Nein«, bekannte Antonius. »Nein, man hat es mir nicht mitgeteilt.« Er leerte seinen Weinbecher und stellte ihn hin. Ich sah, daß er bestürzt war; er mochte den Staub Roms von seinen Füßen geschüttelt haben, aber er war nie auf den Gedanken gekommen, daß Rom mit ihm genauso verfahren könnte. Daß man seinen Feldzug und unsere Ehe ignorierte, war eine vielsagende Kränkung.

»Das war unhöflich von ihnen«, sagte Ahenobarbus halb im Scherz. »Nun, wenn wir den Parthern erst eine Tracht Prügel verabreicht haben, werden sie in Rom wieder besser auf ihre Manieren achten.« Er schwieg für einen Augenblick. »Was nun diesen Feldzug angeht – wenn du deine prachtvolle Gelassenheit im Felde nicht völlig verloren hast, werden wir bald eine neue römische Provinz haben.«

Als er gegangen war, fuhr ich herum und sah Antonius an. »Wie kann Octavian es wagen, unsere Vermählung zu ignorieren?«

Antonius sah müde aus, als er sich auf einen Diwan fallen ließ. Er fuhr sich mit den Händen durch das Haar und rieb sich die Schläfen. »Er ignoriert sie nicht, glaube mir – was immer wir denken sollen.«

»Schicke Octavia die Scheidungsurkunde«, sagte ich. »Die kann er nicht ignorieren.« Wenn sie ihr Kind bekommen hatte, gab es keinen Grund zur Zurückhaltung mehr. »Es ist Zeit.«

»Nein«, erwiderte er störrisch. »Es hat keinen Sinn, einen Krieg an zwei Fronten zu führen. Wenn er dich ignoriert, dann laß du mich Octavia ignorieren. Manchmal sagt das Ignorieren mehr als jede Tat. Soll Octavian nur sehen, was für ein Gefühl das ist.«

»Du findest unablässig Gründe, dich nicht von ihr scheiden zu lassen.«

»Sie sollen mich dazu *auffordern*. Sie sollen eingestehen, daß es ihnen nicht gelungen ist, mir diese Ehe aufzuzwingen, und daß sie sich nur selbst verletzen. Ich habe nicht den Wunsch, Octavia weh zu tun«, fügte er hastig hinzu. »Sicher wird Octavian erkennen, daß sie es ist, die am meisten darunter leidet, denn sie kann keinen anderen heiraten, solange sie nicht wieder frei ist.«

»Ich glaube nicht, daß es ihn kümmert, wieviel sie leidet, solange er *dich* in der Hand hat«, sagte ich.

Dieser Abend war wie ein Abschied, obwohl es noch ein paar Tage dauern sollte, bis wir Antiochia verließen. Aber die Truhen waren schon gepackt und fortgeschafft, und der Raum wirkte leer und hallte – als ob unsere Habe schon die nächste Etappe der Reise angetreten und uns zurückgelassen hätte.

Wir lagen beieinander in dem hohen Bett, und das Mückennetz umgab uns wie ein schleierdünnes Zelt. Ich murmelte verschlafen: »Hier ist es wie in einem Spielzeugzelt.« Mein Kopf ruhte an seiner Schulter, und ich fühlte mich über die Maßen wohlig und zufrieden, nachdem wir uns lange und ausgiebig geliebt hatten. »In einem echten Zelt, auf einem echten Schlachtfeld, da wäre keine Zeit für so etwas.«

»Nein.« Er hörte sich an, als sei er hellwach. »Ich werde dich schmerzlich vermissen. Jetzt wird mir im Krieg sogar ein Zelt unvollständig erscheinen, so sehr erfüllst du jeden Bereich meines Lebens.«

»Du sagst das, als wäre ich ein treuer Hund.« Ich lachte schlaftrunken.

Jetzt, da der Augenblick gekommen war, lastete das gewichtige Unternehmen leicht auf seinen Schultern. Vielleicht war es nur so zu ertragen.

Irgendwann mitten in der Nacht brach ein wildes Frühlingsgewitter los, mit furchterregenden Blitzen und dröhnendem Donnerrollen. Antonius war endlich eingeschlafen; er regte sich nur kurz, um seinen Lockenkopf tiefer an meinem Hals zu vergraben. Aber ich lag da und lauschte, und ich hörte, wie der Regen vom Dach flutete und die Welt sauberwusch.

Im Morgengrauen war das Unwetter vorbei, und nur dicke graue Wolken wälzten sich noch über den Himmel. Aus der durchweichten Erde, schwarz und tief aufgepflügt, stieg ein satter, schwerer, fruchtbar duftender Nebel auf. Überall tropften die Reste des Regens von den Ästen; jede Zweigspitze endete in einer schimmernden Wasserperle, jedes Blatt und jede Blüte glänzte. Große Pfützen lagen überall auf dem Pflaster, und ein paar tapfere Vögel sangen bereits.

»Komm.« Ich schlang den Arm um Antonius' Taille, als wir dastanden und in den frischgewaschenen Garten vor unserer Tür hinausschauten. »Laß uns hinausgehen und darin umherspazieren.«

Barfuß traten wir auf die Terrasse hinaus, wo die kalten Steine und das Regenwasser unsere Fußsohlen kribbeln ließen. Unsere Gewänder schleiften über den Boden und bekamen feuchte Säume. Draußen im eigentlichen Garten verströmte das schlüpfrige Gras, kalt und so glatt wie ein Tierfell, einen durchdringend süßen Duft, als wir es unter unseren Zehen zerdrückten. Eine Windbö schüttelte hin und wieder die nassen Äste hoch über uns, und dann fielen Wasserschauer auf uns herab und näßten unsere Schultern.

Überall hörte man sanftes Tropfen. Die persischen Fliederbüsche, die von schweren Blütentrauben niedergedrückt wurden, verneigten sich anmutig wie eine Reihe von Höflingen. Wir wanderten zwischen ihnen hindurch und ließen uns von den Blüten ins Gesicht schlagen, daß duftende Tropfen über uns sprühten.

Nach dem Regen bleibt ein Zauber, der verdunstet, wenn die Sonne hervorkommt.

Ich blieb stehen und schloß die Augen, und ich fühlte nur die leichte Kälte, roch den Flieder und die feuchte Erde und hörte die Tropfen, die von den Zweigen fielen. Die Feuchtigkeit schien den Duft zu verstärken, und als ich zu Boden schaute und all die kleinen Pflanzen sah, in deren Blüten das Wasser wie in Bechern stand, da waren auch die Farben wie verstärkt, und das Grün war grell und blendend. Das Purpur der Veilchen und das Blau der Iris strahlten wie Juwelen.

Es war wie im Paradies – denn das ist ein Garten nach dem Regen im Frühling.

*Nach dem Regen* … Ich schlang den Arm noch fester um Antonius, um mir zu beweisen, daß ich nicht träumte, und um seine feste Gestalt zu fühlen.

Weit im Osten, hinter dem Berg Silpion und der aufgehenden Sonne, lag Parthien und wartete.

# 57

Anfang Mai; wir waren in Armenien und wurden von Antonius' neugewonnenem Bundesgenossen König Artavasdes in seinem zugigen Palast über dem Fluß Araxes bewirtet. Es war ein kompliziertes Bauwerk, und als ich mich in dem halbdunklen Raum umschaute, erkannte ich, daß der lange Arm der griechischen Architektur und des griechischen Einrichtungsstils nicht bis hierher reichte. Wir hatten den Westen hinter uns gelassen; von nun an würde alles fremdländisch für uns sein: fremdländisch die Manieren, fremdländisch das Protokoll, fremdländisch die Beweggründe.

Octavian hat es gefallen, mich orientalisch und exotisch zu nennen, aber das stimmt nicht: Ägypten und Griechenland sind nicht fremdländisch, nicht einmal für Rom.

Die Halle war von zahlreichen Kuppeln gekrönt – wie ein Basar oder ein Zeltlager. Verschlungene Muster in Gold und Lapislazuli bedeckten die Wölbungen und wiederholten sich, einem Echo gleich, in den leuchtenden Fliesen des Bodens. Farben bedeckten auch die Wände mit schwerer, goldbestickter Seide, und was die Tische bedeckte, sah eher wie Teppiche denn wie Tücher aus. Die Armenier aßen nicht im Liegen; sie saßen dazu aufrecht auf Schemeln ohne Lehnen. Das Geschirr auf dem Tisch war aus massivem Gold und mit Edelsteinen überkrustet wie eine Kröte mit Warzen.

Artavasdes selbst war schlank und dunkel; er hatte große, seelenvolle Augen und einen herabhängenden Schnurrbart. Er starrte mich mit betrübtem Blick an, wenn er sprach, und obwohl er höflich war, wirkte sein Blick aufdringlich. Auf den ölglänzenden Locken trug er eine Tiara mit einem Schleier im Nacken, und sein Gewand war ganz und gar persisch: weite, ausgebeulte Hosen, ein voluminöser Umhang, eine gefranste Tunika. Er trug einen Ring – manchmal auch mehrere – an jedem Finger, auch am Daumen. Mardian wäre empört gewesen, denn er hatte schon die Antiochier in ihrem übertriebenen Aufputz abstoßend gefunden.

Artavasdes saß zwischen Antonius und mir, und zu beiden Seiten waren die römischen Offiziere aufgereiht: Canidius, der seine Legionen hergeführt hatte, um sie mit der Hauptmacht des Heeres zu vereinen, Titius, Dellius, Plancus und Ahenobarbus. Sie trugen ihre schlichten römischen Uniformen: bronzene Brustpanzer und purpurrote Mäntel, feste, genagelte Sandalen und militärische Zierden, entweder Kronen oder symbolische Speerspitzen aus Silber. Neben den Armeniern wirkten sie wie handfeste, schmucklose Arbeiter.

Als Kind hatte ich Medisch gelernt, und es machte mir Spaß, ein paar

Worte in dieser Sprache mit Artavasdes zu sprechen, und sei es nur, damit er wußte, daß wir verstehen konnten, was er am Rande zu seinen Edelleuten sagte. Antonius zeigte sich stärker beeindruckt als er; er flüsterte mir ins Ohr: »Wie viele Sprachen sprichst du eigentlich?« Dann fügte er hinzu: »Vermutlich auch Parthisch!«

Tatsächlich hatte ich es ebenfalls kurz studiert, aber erst kürzlich hatte ich angefangen, es wieder zu erlernen. Ich hoffte, daß ich es würde gebrauchen können – und zwar bald.

»Ich kann ein bißchen«, gab ich zu.

Als ich sah, wie überrascht Antonius war, sagte ich zu ihm: »Du mußt es auch lernen. Wenn du der Herr des ganzen Ostens sein willst, darfst du dich nicht auf Übersetzer verlassen; du darfst dich nicht auf diese Weise einem anderen ausliefern.«

Er grunzte nur; wie alle Römer erwartete er, daß die ganze Welt Lateinisch redete, um ihm entgegenzukommen.

Artavasdes gestikulierte und bewegte die Hände in verschlungenen Kreisen, um seine Worte zu unterstreichen. »Mein Bruder König Polemon und ich, wir werden Hunderte Parther erschlagen«, versprach er.

Beim Klang seines Namens nickte König Polemon von Pontos uns vom Ende des Tisches her zu. Antonius hatte ihn kürzlich zum König gemacht, und er freute sich über diesen Titel, wie es nur ein beförderter Gemeiner kann. Zusammen würden er und Artavasdes sechstausend vorzügliche Reiter und siebentausend Fußsoldaten zu Antonius' Heer beitragen.

Ich schaute am Tisch entlang und betrachtete die Profile all dieser Männer. Antonius' Züge waren immer noch fest und zeigten keine Spur von welker Haut oder schlaffen Wangen, aber die Fältchen an seinen Augenwinkeln waren in Rom noch nicht dagewesen, und in seinem dunklen Haar fanden sich graue Fäden. Canidius war älter und sah auch so aus; seine Haut glich eher einem gegerbten Leder als der Haut eines Jünglings. Dellius hätte ein makelloses Profil gehabt, aber die narbige Haut und seine Gewohnheit, sich das Haar ölig zurückzustreichen, verdarben sein Aussehen. Plancus war genau wie Antonius nicht mehr jung, aber noch in den besten Soldatenjahren, und ebenso Ahenobarbus mit seiner Habichtsnase und seinem roten, von wenigen grauen Strähnen aufgehellten Bart. Nur Plancus' Neffe, der dunkle, scharfzüngige Titius, gehörte der nächsten Generation an; er war ein junger Mann auf der Suche nach Ruhm. Die übrigen waren eher wachsam und weniger darauf aus, erstaunliche Waffenkunststücke zu zeigen, als vielmehr darauf, den Feind auf jede mögliche Weise zu vernichten und unversehrt heimzukehren. Sie hatten wenig von Alexander in sich, wenig Verlangen nach der Erweiterung des Horizonts oder nach Eroberungen; sie kämpften, um in der römischen Gesellschaft aufzusteigen.

»Nein, sagen wir lieber Tausende«, korrigierte Artavasdes sich eben mit der typischen Übertreibung des Orients. Alles maß sich nach Tausenden und Zehntausenden. »Morgen werden wir euch unsere Jagdfalken vorführen.«

»Morgen müssen wir die Truppen inspizieren und in Marschbereitschaft versetzen«, erwiderte Antonius. »Das Frühjahr ist weit genug vorangeschritten.« Tatsächlich war es schon wieder ziemlich spät, und die Zeit war kostbar.

»Aber Imperator – kann ich etwas dafür, daß der Schnee nicht schmelzen wollte?« Er ließ die beringten Hände kreisen.

Unterhaltungskünstler kamen herein und spielten auf ungewohnten Instrumenten, auf tönernen Rasseln, Leiern mit Stierköpfen und silbernen Flöten. Sie hatten einen zahmen Löwen dabei, den sie an einer seidenen Leine umherführten; ich fragte mich, ob sie ihm wohl auch die Zähne ausgebrochen hatten – für alle Fälle …

Artavasdes hatte uns luxuriöse Gemächer in seinem Palast zugewiesen – ganze Zimmerfluchten, die mit Wandteppichen ausgeschlagen waren und mit einer ganzen Armee von Dienern ausgestattet zu sein schienen. Aber ich fand diese Räume düster und bedrückend, und es roch darin nach Schimmel. Ich wollte meine letzte Nacht mit Antonius nicht dort verbringen.

»Befiehl deinen Leuten, sie sollen dein Zelt aufbauen«, sagte ich plötzlich zu Antonius.

»Was?«

»Dein Feldherrenzelt – das, welches du auf dem Feldzug benützen wirst«, sagte ich. »Ich möchte darin mit dir schlafen.«

»Auf dem Palastgelände ein Zelt aufstellen?«

»Nein, unten am Fluß, wo die Armee wartet.«

Antonius lachte. »Die Gastfreundschaft des Königs zurückweisen und ihm sagen, daß wir lieber in einem Zelt schlafen?«

»Du kannst es anders darstellen. Sag ihm, ich möchte diese Erfahrung auch einmal machen, und dies ist die einzige Gelegenheit, die ich haben werde. Das stimmt ja auch.«

»Er wird es als Beleidigung auffassen.«

»Sag ihm, du müßtest es tun, um mich bei Laune zu halten; ich bekomme ein Kind und habe seltsame Grillen. Oder sag ihm, es sei bei dir ein alter Brauch, die Nacht vor dem Abmarsch bei deinen Leuten zu verbringen – die Götter hätten es dir befohlen, und du wagtest nicht, diesen Brauch jetzt zu brechen, da sonst ein Fluch auf das Unternehmen fallen könnte. Oder erzähle ihm beides.«

»Also gut. Ehrlich gesagt, mein Zelt ist mir lieber als das hier.« Er sah sich voller Abscheu in den klammen Gemächern um. Dann wandte er sich plötzlich mir zu. »Stimmt das? Was du gerade gesagt hast?«

»Ja«, sagte ich. »Ich hatte es dir heute abend sagen wollen, in einem besseren Augenblick.«

»Dann mußt du auf jeden Fall umkehren. Du kannst nicht weiter mitkommen. Aber – anscheinend werde ich wieder einmal die Geburt versäumen.« Er kam zu mir, umarmte mich und legte sein Kinn auf meinen Scheitel.

Es schien mir vom Schicksal bestimmt zu sein, daß die Väter meiner Kinder nicht da waren, wenn ich niederkam. Ich sollte sie immer allein gebären und niemandem zeigen können außer Olympos.

»Das ist nicht deine Schuld«, beruhigte ich ihn. Ebensowenig wie es Cäsars Schuld gewesen war, daß er zu jener Zeit im Krieg sein mußte. Es war der Preis, den ich dafür zahlen mußte, daß ich mir Soldaten zu Vätern meiner Kinder erkor. »Ich kann dich nicht bitten, diesen Feldzug abzukürzen und bis zum Winter in Alexandria zu sein. Täte ich das, würde ich den Parthern helfen.«

Er drückte mich fest an sich. »Immer die Politik«, klagte er. »Noch unsere privatesten, kostbarsten Augenblicke werden von der Politik beherrscht.«

»Ich bin dazu geboren«, sagte ich. »Ich bin daran gewöhnt.«

So stellte man also unten am Araxes das Zelt auf, ein Stück weit entfernt von den Zelten der gemeinen Soldaten, von denen für gewöhnlich acht in einem schliefen. Die Truppen begrüßten Antonius mit herzlicher Zuneigung; es schmeichelte ihnen, daß er bei ihnen sein wollte, und ihre aufrichtige Freude stand in einem grellen Kontrast zu Artavasdes mit seinen öligen Schmeicheleien. Im schwindenden Licht umringten riesenhafte, blonde Männer Antonius und schrien: »Imperator! Imperator!« Das waren die Soldaten der Fünften Legion, die Cäsar in Gallien rekrutiert hatte. Sie hatten ihm treu gedient und sogar den anstürmenden Elefanten in der Schlacht von Thapsos widerstanden; er hatte sie dafür belohnt, indem er ihnen das Zeichen dieser Tiere für ihre Insignien gewährt hatte. Auch die berühmte Sechste Legion war da, die »Eisengepanzerte«, die Cäsar im schicksalhaften Alexandrinischen Krieg gedient und ihn unter Antonius bei Philippi gerächt hatte. Sie waren so hart, wie ihr Name vermuten ließ, ledrig und sonnenverbrannt.

Rings um das Lagerfeuer hoben sie ihre Becher und tranken uns zu. Sie waren kampfbereit und brannten darauf loszumarschieren – wie Rennpferde, die mit den Hufen scharren. Seit Philippi hatten sie nicht mehr gekämpft, und sie lechzten nach Taten und Schlachten. Die Flammen badeten sie in bronzenem Glanz, daß sie fast aussahen wie Statuen, und ich spürte die Aufregung des Krieges, welche die Herzen der Männer bewegte und jeden Gedanken an den Tod auslöschte. Die Niederlage ist niemals so undenkbar wie am Vorabend des Feldzuges, wenn sie mit ihren Kameraden am Lagerfeuer trinken und ihre Speere polieren.

Und wie sie Antonius liebten! Wie sie mit ihm scherzten und ihm zutranken, als wäre er einer von ihnen. Er schien sie alle zu kennen, und er erkundigte sich nach ihren Freunden, Kindern, Liebesgeschichten, Verwundungen. So etwas läßt sich nicht vorspielen.

Wir zogen uns in das Zelt zurück – ein großes Zelt aus Ziegenhäuten, die über einen Eichenholzrahmen gespannt waren. Drinnen waren zwei zusammenklappbare Feldbetten, Schemel, eine Bodenplane und zwei Laternen sowie Wasserkrüge und Schüsseln. Antonius deutete in die Runde. »Ich hoffe, das ist karg genug für dich.«

»So wirst du also monatelang leben«, sagte ich staunend, daß er, der den Luxus so liebte, sich auf so etwas umstellen konnte.

»Ich werde es kaum bemerken«, sagte er. »Meine Gedanken werden mit anderen Dingen beschäftigt sein.«

Wir setzten uns zusammen auf eines der schmalen Betten. Die Laternen verbreiteten nur ein mattes Licht um uns herum. »Ich werde dir den Sieg bringen und ihn dir zu Füßen legen«, versprach er.

»Und ich werde dir bei deiner Rückkehr unser neues Kind zu Füßen legen«, versprach ich. Meine Aufgabe würde leichter sein als die seine; mein Körper würde das Kind formen, Tag um Tag, ohne mein Zutun.

Plötzlich nahm er mich in die Arme und vergrub das Gesicht in meinem Haar. Er sprach nicht, aber der feste Griff seiner Finger tat es für ihn. Sein Schweigen sagte mehr als alles, was er sonst aussprach.

Zusammen ließen wir uns auf die Pritsche sinken; das leichte Gestell knarrte unter dem Gewicht zweier Menschen. Noch immer sagte keiner von uns etwas. Es gab so viele Worte, die ich mir für diese Gelegenheit aufgehoben hatte – Worte des Abschieds, der Aufmunterung, der Liebe, der Ermutigung. Jetzt wollte mir keines davon über die Lippen kommen. Ich konnte nichts weiter tun, als mit den Händen durch sein Haar fahren und mich fragen, ob ich es jemals wieder tun würde, und ich fürchtete, daß ich in unserer letzten Umarmung plötzlich mit Stummheit geschlagen sein könnte. Aber wenn es wirklich unsere letzte Umarmung war, was kam es dann darauf an, was ich noch sagte oder nicht sagen konnte? Es war zu bedeutsam; Worte taugten nicht mehr für diesen Zweck.

Bei Cäsar hatte ich nicht gewußt, daß es unser letztes Beisammensein war; hier war es schlimmer. Besser, man ahnte nichts. Zur Hölle mit all den Abschieden; verflucht sei die Inszenierung der Trennung! Mit einem Aufschrei preßte ich ihn an mich, und das Herz tat mir weh.

Ich nahm sein Gesicht in meine Hände und bedeckte es mit Küssen, als wollte ich mit meinen Lippen einen Plan davon machen und mit meiner Zunge jeder Einzelheit nachspüren. Ich wollte mich an den Abdruck seines

Körpers auf meinem erinnern und ihn unvergänglich machen; ich konnte ihn nicht nah genug haben. Aber ich versuchte es, bis er schließlich den Bann des Schweigens brach und hauchte: »Ich liebe dich.« Er schob die Arme unter mich und drückte mich so fest an sich, daß ich kaum noch Luft bekam.

Im sanft flackernden Bernsteinlicht der Laternen schlangen wir Arme und Beine umeinander und drehten und wälzten uns auf dem über dem Boden schwebenden Feldbett, und wir mühten uns, den Augenblick entweder zu bannen oder zu erhöhen. Ich drang ebenso in ihn ein wie er in mich, und alle unsere unausgesprochenen zarten Abschiedsworte fluteten durch unsere Körper.

Es war eine kurze Nacht. Der Morgen graute, so schien es, schon um Mitternacht. Aber das lag daran, daß ich mir wünschte, sie würde niemals enden oder möge dauern bis zum Mittag. Als das erste Licht mit tastenden Fingern in unser Zelt drang, hatte der Tag für die Soldaten draußen schon begonnen. Antonius streckte den Kopf durch die Zeltklappe hinaus und wurde von einem Chor von Frotzeleien begrüßt; es war ihm wirklich peinlich. Hastig zog er sich an, küßte mich flüchtig und sagte: »Am Vormittag werde ich die Legionen inspizieren und dir präsentieren. Vor allem möchte ich dir die Belagerungsmaschinen zeigen, ehe sie verladen werden.«

Ich streckte mich. »Ja, ich werde bereit sein.«

Als er gegangen war, erhob ich mich von der wackeligen Pritsche und wusch mich mit dem kalten Wasser, das bereitgestellt worden war; dann legte ich meine Reisekleider an. Ich schaute mich noch einmal im Zelt um und fragte mich, wie es wohl sein mochte, so zu leben, ob es heiß war oder kalt. Ich wußte, daß die Römer darauf bestanden, am Ende eines jeden Tagesmarsches ein geordnetes, befestigtes Lager aufzuschlagen, was den Tag für sie noch einmal um drei oder vier Stunden verlängerte. Kein Wunder, daß sie nachts gut schliefen – nicht nur wegen der Sicherheit ihrer bewachten Lager, sondern auch vor Erschöpfung.

Ich verließ das Zelt und sah, daß die gesamte Armee am Flußufer umherwimmelte. Sie war riesengroß – mir war nicht klar gewesen, wieviel hunderttausend Mann wirklich waren und wieviel Ausrüstung sie brauchten: zusammengerollte Zelte, Maultiere, Wagen, Pfähle, Vorräte und Werkzeug. Jeder Soldat schleppte Proviant für drei Tage in einem bronzenen Kasten mit sich, dazu einen Kessel und eine Handmühle. Auch sein Befestigungswerkzeug mußte er mit sich führen: eine Axt, eine Kette, eine Säge, einen Haken, Palisadenpfähle und sogar einen Korb, um Erde zu transportieren – und all das zusätzlich zu Lanze, Schwert, Dolch, Schild und dem schweren Bronzehelm, den sie alle trugen. Als ich diese kräftigen Männer beobachtete, die so schwer beladen waren, dachte ich mit Staunen daran, daß sie fünfzehn Meilen am Tag zurücklegen konnten, Tag für Tag, und bei Gewaltmärschen sogar fünfundzwanzig.

Wie Antonius mir gesagt hatte, waren es sechzehn Legionen, die unter seinem Befehl nach Parthien marschierten. Einige davon waren Veteranenlegionen, die Fünfte und die Sechste zum Beispiel, aber andere waren auch jünger. Da jede Legion wie ein Lebewesen betrachtet wurde, mit eigener Geschichte und oft auch mit einem eigenen Emblem, wurden verlorene Männer nicht durch neue Rekruten ersetzt. So konnte es vorkommen, daß eine ehrwürdige, schlachterprobte Legion beträchtlich unterbemannt war und weniger als die üblichen fünftausend Soldaten umfaßte. Antonius' Legionen hatten etwa Dreiviertel ihrer ursprünglichen Stärke. Neue Rekruten wurden in neuen Legionen zusammengefaßt.

Es war die herrlichste römische Armee, die in unserer Zeit je marschierte – vielleicht die herrlichste aller Zeiten. Selbst Cäsar hatte eine solche Armee nicht gehabt.

Ich sah, wie Antonius durch die Menge ritt; er kam langsam voran, denn anscheinend hatte jeder Mann ihm etwas Persönliches zu sagen. Wenn er ungeduldig oder mit seinen Gedanken woanders war, so ließ er sich davon nichts anmerken. Wie prachtvoll er aussah, dort unter seinen Männern, und wie leicht es fiel, die Hunderte von Meilen zu vergessen, die vor ihnen lagen und die schmerzlich und mühselig zurückgelegt werden mußten, bevor die eigentlichen Kämpfe beginnen konnten! Heute, da die eben aufgegangene Sonne auf dem Fluß funkelte, erschienen alle Vorbereitungsarbeiten nur wie eine Stärkung.

Antonius bemerkte mich und winkte; dann kam er herübergetrabt. »Ich lasse noch ein Pferd für dich bringen, und dann schauen wir uns die Feld- und Belagerungskatapulte an.« Er war bester Laune, und ich sah, daß er nicht mehr an die Nacht im Zelt dachte, sondern an die Herausforderung, die vor ihm lag.

Zusammen ritten wir zum anderen Ende des Aufmarschgeländes, wo die Straße nach Süden begann, auf der bald die Wagen rumpeln und die Truppen marschieren würden.

Was vor mir lag, sah aus wie eine Stadt – Holzklötze, die in Stücke gesägt waren, Tausende von Pfählen und wuchtige rollende Maschinen mit schweren Rahmen. Und auf einer Kette von flachen Wagen lag ein ungeheurer Rammbock, dessen eiserner Kopf grau im Sonnenlicht schimmerte.

»Wie kann man so etwas überhaupt von der Stelle bewegen?« fragte ich staunend. Schon die Länge dieses Rammbocks würde es schwierig machen, ihn über gewundene Pfade zu befördern.

»Die einzelnen Wagen sind ja beweglich«, erklärte Antonius. »Sie sind schwenkbar und können sich Kurven anpassen.«

»Aber der Rammbock selbst nicht«, gab ich zu bedenken. »Und schon seine Länge … Er könnte ja die Tore des Himmels aufbrechen. Wozu, glaubst du, wirst du ihn benützen müssen?«

»Er ist achtzig Fuß lang«, sagte er stolz. »In den offenen Landstrichen, in die wir marschieren, gibt es kein Holz. Da müssen wir unsere Belagerungsmaschinen schon mitbringen.«

Es machte mich furchtsam, das alles zu betrachten; es kam mir vor wie eine Eisenkette, die sie niederdrückte, statt wie eine Ausrüstung, die sie brauchten, um zu siegen. »Verflucht – daß sie aber auch auf flachen, baumlosen Ebenen zu Hause sein müssen! Noch dazu von Bergen bewacht!« Eine ominöse Kombination.

»Ich werde die Armee aufteilen müssen«, sagte er. »Natürlich kommen die Fußsoldaten schneller voran als das schwere Gerät. Aber andere haben es erfolgreich vollbracht; es dürfte uns also nicht schwerfallen.«

»Und die da?« Ich deutete auf die schwerfälligen geräderten Maschinen, die friedfertig auf dem Felde standen.

»Die größte ist der ›Wildesel‹ – so genannt wegen ihres kräftigen Tritts.« Für mich sah sie aus wie ein riesiger Grashüpfer. »Sie kann einen Felsblock bis in den Wald da drüben schleudern – eine Viertelmeile weit. Wir benützen sie, um Stadtmauern niederzureißen oder um Männer und Pferde zu zerschmettern. Es gibt natürlich auch kleinere Katapulte, die leichtere Steine über geringere Entfernungen schleudern; sie geben den Truppen Schutz, wenn diese gegen den Feind vorrücken.«

So viele von diesen Maschinen standen auf dem Feld, daß es aussah wie eine Viehherde auf der Weide. Wieder empfand ich Mutlosigkeit. Wie sollte das alles über das Gebirge geschafft werden?

Fanfarenschmettern meldete die Ankunft von Artavasdes und seiner Reiterei; stolz kamen sie auf den Paradeplatz getrabt. Das Klingeln der Bronzeornamente an ihrem Zaumzeug klang wie Musik in der Luft. Hinter ihnen erschienen die bunt gewandeten Fußsoldaten, die sehr viel auffälliger waren als die Römer. Die Armee war versammelt; es war Zeit zum Abmarsch.

Am Mittag waren sie abgezogen; die Kommandanten mit ihrer Garde ritten an der Tribüne vorbei, auf der ich mit meinem Gefolge zuschaute, gefolgt von den Truppen, die kolonnenweise marschierten, den Trompetern, den Sanitätern, den Munitions- und Proviantkarren und den endlosen Reihen von Troßwagen und bepackten Maultieren. Es dauerte fast zwei Stunden, bis die ganze Streitmacht vorbeigezogen war, und noch einmal eine, bis sie an der Biegung des Flusses außer Sicht geraten waren.

Ich hatte den Abmarsch mit ansehen wollen, aber mir graute vor dem langen Feldzug, der vor ihnen lag. Ich fragte mich, warum Cäsar so erpicht auf dieses Unternehmen gewesen war und ob selbst er sich vielleicht nicht im klaren darüber gewesen war, was es für einen Aufwand bedeutete. Ich hatte eine Audienz mit einem selbsternannten Experten in Fragen römischer Politik abgebrochen, der die Bemerkung gemacht hatte, Cäsars legendäres Glück sei womöglich an den Iden des März am größten gewesen. Sein Tod an diesem Tage hatte zwei Möglichkeiten verhindert, eine glorreiche Laufbahn schmählich zu beenden: entweder König von Rom zu werden und seine Untertanen nicht zu beherrschen oder in Parthien niedergemacht zu werden. Vielleicht hatte der Mann wahrer gesprochen, als ich hatte zugeben mögen. Sicher wäre es nicht einmal für Cäsar ein leichtes gewesen, Parthien zu bezwingen. Schon die besondere Lage des Landes, so schwer zu erreichen, diente als Schutz; eine römische Armee wäre erschöpft, ehe sie den Parthern überhaupt begegnete.

Seufzend wandte ich schließlich den Blick von der leeren Straße. Wir würden noch die Nacht hier verbringen müssen, und es gab diesmal keine Möglichkeit, aus Artavasdes' Palast zu entkommen. Aber in seiner Trostlosigkeit paßte er zu meiner Stimmung.

Die seltsame Sprachlosigkeit war bis zum Schluß nicht von uns gewichen. Antonius salutierte zu Pferde vor mir, und ich hob stumm die Hand.

Am nächsten Tag mußte ich meine eigene weite Reise antreten, entlang an den Ufern des Euphrat, eisgrün und flach, bis ich nach Syrien käme. Dann würde ich mich südwärts wenden und nach Judäa gelangen, wo ich mich mit Herodes in Jerusalem treffen wollte, wie ich ihm hatte ankündigen lassen. Lust dazu hatte ich wenig; hätte ich mit der Hand wedeln und wieder in Ägypten sein können, so hätte ich dies vorgezogen. Ich fühlte mich ausgelaugt, vor allem, weil ich Antonius mit seiner Armee hatte fortziehen sehen, aber auch infolge der ersten Stadien meiner Schwangerschaft. Wieder ein Kind, und ich war nicht mehr so jung – ich würde fast vierunddreißig sein, wenn es zur Welt käme. Müßig fragte ich mich, ob ich ihm einen Namen geben sollte, der in einem Zusammenhang mit Parthien stünde, um einen Sieg dort zu feiern ... Aber bei der Geburt wäre es wohl noch zu früh, um das Ergebnis zu kennen.

Antonius war mein Partner in allem, und zusammen träumten wir davon, ein Weltreich zu beherrschen, das von Spanien im Westen bis Parthien im Osten reichte, von Britannien im Norden bis Nubien im Süden. Ich wußte, er liebte mich innig – genug, um seine Familie vor den Kopf zu stoßen und sein Ansehen in Rom um meinetwillen aufs Spiel zu setzen. Ich hatte drei Kinder, die allesamt eine reiche Zukunft erben würden und unsere Dynastie sicherstellten. Aber ich fühlte mich merkwürdig allein und sehr müde. Zugleich wünschte ich mir, ich könnte mich anders besinnen und hinter Antonius hergaloppieren, um ihn spät abends in seinem Zelt zu überraschen. Einen Augenblick lang stellte ich es mir in lebhaften Einzelheiten vor: Ja, wenn ich jetzt losritte … Doch nein. Es war zu spät. Die Sonne berührte schon die Wipfel der Bäume im Westen.

# 58

Meine Reise nach Süden verlief ereignislos; die ganze Zeit über war ich in Gedanken bei Antonius und seiner Armee, die sich weiter und weiter entfernte. In den ersten paar Tagen wußte ich, daß ich immer noch schnell hinterherreiten und sie überholen könnte – sollte es nötig sein –, aber dann war der Abstand zu groß, und wir waren wie zwei Kreiswellen, die sich in entgegengesetzte Richtungen fortbewegten. Ich mußte ihn in die Hände der Götter empfehlen, seiner eigenen Schutzpatrone Dionysos und Herkules, und darum beten, daß sie ihm wohlgesonnen sein mochten.

Ich zwang mich, meine Aufmerksamkeit auf die Länder zu richten, die vor mir lagen, Länder, die soeben, nach zweihundert Jahren, in den Besitz der Ptolemäer zurückgekehrt waren – dank Antonius. Ich reiste durch Damaskus – mein! – und die Via Maris hinunter durch die Seehäfen Ptolemaïs Ake, dem einstigen Zentrum der Herrschaft von Ptolemaios Philadelphos in Phönizien, durch Joppa und Asdod. Die flache Küstenlinie zeigte, wie schlecht die Gegebenheiten für einen Seehafen der Israeliten und Phönizier waren; auf der ganzen Strecke gab es keine natürliche Hafenbucht. Die Strände senkten sich mählich ins Wasser und boten weder Ankerplätze noch Schutz vor dem Wind. In Joppa hatte man von Menschenhand das Abbild eines Hafens konstruiert, aber es war eine klägliche Sache, verglichen mit dem, was es in Alexandria gab. Gleichwohl fand ich das Land ansprechend; das Klima war gemäßigter als in Ägypten, und es regnete sogar, so daß es hier Blumen und grüne Wiesen gab und nicht nur Palmen, sondern auch andere Bäume wuchsen.

Ich war zutiefst dankbar dafür, daß dieses Land meiner Familie zurückgegeben worden war. Wie würde mein Vorfahr Ptolemaios Philadelphos lächeln. Vielleicht … Ja, vielleicht wäre es ganz passend, das neue Kind nach ihm zu nennen zum Zeichen der Wiederherstellung unseres alten Königreiches.

Eine Abordnung von Herodes – auf prächtigen Schlachtrössern und reich gekleidet – erwartete uns vor den Toren von Joppa.

»Im Namen Herodes', des Königs der Juden, heißen wir dich in Judäa willkommen«, sagte einer.

»Und wir werden dich nach Jerusalem geleiten, wo unser Herr dich erwartet«, ergänzte ein anderer, und sie lächelten, als wäre es Herodes' einziger Wunsch, mich zu sehen.

Als wir uns der Stadt näherten, blieben die von Kiefern und aromatisch duftenden Büschen bedeckten Hügel zurück, und das Gelände wurde steiler. Kalkweiße Felsen wuchsen aus dem Boden. Die Luft wurde kühler und scheinbar feiner. Ich war gespannt darauf, das berühmte Jerusalem zu sehen, über das man so vieles behauptete. Wie Athen war es mehr als eine Stadt; es war Magie, Geschichte, eine erhabene Stätte. Menschen, die mehr als Menschen gewesen waren, hatten hier gelebt und geschrieben, und sie waren hier gestorben. Aber da die Juden nicht an Halbgötter glaubten, waren diese Heroen von einer einzigartigen, wenn auch begrenzten Aura umgeben. In jeder anderen Kultur wäre David ins Reich der Götter aufgestiegen, hätte Salomon in Ewigkeit regiert, wäre Moses in seiner Güte allzeit zugegen gewesen. Aber die Juden erklärten mit Nachdruck: »Er wurde zu seinen Vätern versammelt«, und ihre Gebeine lagen in der Erde.

Gerade als die Pferde vom steilen Aufstieg müde wurden, tat sich Jerusalem vor uns auf. Wie es sich dort auf einem Berggipfel ausbreitete, war es keine große Stadt, aber es war prächtig. Eine graue Wolkenbank teilte sich am Himmel, und die Sonnenstrahlen trafen auf gelbgoldene Mauern und Häuser und brachten sie zum Leuchten.

Die kürzlich wieder aufgebauten Stadtmauern wurden nur durch stark befestigte Tore durchbrochen, durch die wir jetzt mit gehörigem Zeremoniell geleitet wurden. Weitere Feierlichkeiten erwarteten uns auf der anderen Seite, und dann ging es zügig weiter zum Palast Herodes', wo dieser uns erwartete.

In den vier Jahren, seit wir einander begegnet waren, hatte er noch mehr erlebt als ich. Antonius und Octavian hatten ihm zwar den Titel eines Königs gewährt, aber die Sicherung seines Landes hatten sie ihm selbst überlassen. Die Parther hatten es überrannt und Jerusalem erobert; Herodes und zwei römische Legionen hatten sie in erbitterten Kämpfen wieder vertrieben. Er blieb als Sieger in einer vom Krieg zerstörten Stadt mit einer leeren Staatskasse zurück. Aber er war ein König, und er hatte recht getan, als er mein Angebot, ägyptische Truppen zu führen, abgelehnt hatte. Er hatte gewußt, daß er nie mit weniger als dem zufrieden sein würde, was er jetzt hatte, und deshalb war er ein weiser, wenngleich müder Mann.

»Meine teuerste Königin, erhabenste Kleopatra«, sagte er und kam mir mit ausgestreckten Händen entgegen. Ein strahlendes Lächeln erhellte sein Gesicht, und man hätte nie vermutet, daß ich ihm soeben große Teile seines Königreiches weggenommen hatte. Er wagte nicht, Antonius vor den Kopf zu stoßen – oder seiner Gemahlin. Eine Beschwerde von mir, und Antonius würde sich um die Angelegenheit kümmern. Ein Wort von Antonius, und er wäre entthront. Also – »Meine teuerste Königin!«

»Herodes, mein Freund«, sagte ich und reichte ihm die Hand – die mit dem Trauring und Antonius' Siegel. »Ich bin erfreut, dich hier zu sehen, in deinem rechtmäßigen Königreich.«

Sein Lächeln ermattete ein wenig. Sein Königreich wäre größer gewesen, wenn ich nicht gewesen wäre. »Es waren vier lange Jahre«, bekannte er. »Aber der Kampf hat sich gelohnt.«

»Wo es um Gebiete geht, lohnt er sich immer.«

»Komm, komm«, sagte er und führte mich auf das Dach seines Palastes, wo Stühle, Diwane, Sonnensegel und Topfpflanzen einen schattigen Ruhegarten bildeten.

Die Hügel breiteten sich nach allen Seiten aus, und ich konnte über die Dächer der Stadt hinwegschauen. Es war ein fesselnder Anblick, denn Jerusalem lag auf so vielen verschiedenen Ebenen. Das höchste Gelände war ein flaches Plateau, in dessen Mitte sich verzierte Gebäude erhoben.

»Unser Tempel«, sagte er und zeigte hinüber. »Leider wurde das Gelände bei den Kämpfen beschädigt, aber doch wenigstens nicht entweiht.« Er schwieg kurz. »Als Pompejus herkam, in dem Jahr, als Octavian geboren wurde, da hat er tatsächlich das Allerheiligste betreten! Ein Ungläubiger! Er hat zwar nichts angefaßt, aber die paar Augenblicke, die er darin verbrachte, genügten doch, es zu entweihen.« Herodes klang eher verärgert als gekränkt. »Es war sehr teuer, alles reinigen und wiederherstellen zu lassen. Nun ja ...« Er nickte seinem Diener zu, und der brachte uns ein Tablett mit Bechern.

Ich kostete von dem süßen gelben Getränk; seine feurige Kraft brannte auf meinen Lippen. Herodes bemerkte es und lachte leise.

»Das ist der berühmte Wein aus deinem neuen Palmenhain in Jericho«, sagte er. »Man nennt sie ›Katerpalmen‹, weil das Gebräu so stark ist. Jetzt verstehst du, warum die Leute so teuer dafür bezahlen.« Wiederum keine Spur von Groll; ebensogut hätte er von einem Blumenstrauß oder einem Taschentuch reden können statt von einer beträchtlichen Einkommensquelle, die er da verloren hatte.

»Der süße Geschmack bemäntelt die Stärke«, sagte ich. »Man sollte es ›Skorpion‹ nennen, denn es kann stechen.«

»Natürlich wirst du die Palmen- und die Balsampflanzungen besichtigen wollen«, sagte er, »und auch dein Asphaltgelände am Toten Meer. Ich habe daher für morgen einen Ausflug vorbereitet. Wir werden vor dem Morgengrauen aufbrechen müssen, denn um diese Jahreszeit ist es bestialisch heiß.«

Ich war in der Tat neugierig, das alles zu sehen, vor allem das Tote Meer, jenes einzigartige Gewässer, das mehr Salz als sonst etwas war. Es hieß, das Wasser dort sei so schwer, daß man darin nicht versinken könne, und so bitter, daß sich die Lunge nie wieder erhole, wenn man es einsog. Brocken von Asphaltbitumen stiegen am südlichen Ende an die Oberfläche und wurden dort abgeschöpft, um den verschiedensten Verwendungen zugeführt zu werden: zur Einbalsamierung, zum Schutz vor Ungeziefer im Weinberg, als Medizin und als Mörtel. Auch dies ein lukrativer Besitz für Ägypten.

»Mir ist da ein Gedanke gekommen«, sagte er beiläufig, als wäre es nicht weiter von Bedeutung. »Wieso willst du dich mit der Verwaltung dieser Dinge befassen? Wie lästig wäre das für dich – ägyptische Beamte in Jericho und an den unwirtlichen Gestaden des Toten Meeres stationieren zu müssen. Wer möchte dorthin verbannt werden?«

»Ich dachte, Jericho gilt als angenehmer Ort«, sagte ich. »Ist es denn keine Oase? Ich habe sogar munkeln hören, daß du dir selbst dort einen Palast bauen willst.« Ich lächelte ihn honigsüß an; er sollte nur wissen, daß ich keine Närrin war und es mir angelegen sein ließ zu wissen, was in der Welt vor sich ging.

»Du hast viel gehört«, sagte er. »Aber wo du so etwas gehört haben kannst... Ich habe doch kaum genug Geld, um die beschädigten Mauern Jerusalems wieder aufzubauen! Und um meinem Imperator Antonius ein würdiges Hochzeitsgeschenk zukommen zu lassen, mußte ich mein Geschirr einschmelzen.«

Ja, ich erinnerte mich an die goldenen Teller, die er geschickt hatte. »Es war sehr schön«, sagte ich.

Er nickte. »Antonius war hoffentlich erfreut. Was nun aber meinen Vorschlag angeht: Es wäre mir eine Ehre, wenn du mir erlauben würdest, die Balsam- und Palmenpflanzungen von dir zu pachten – zu ihrem wahren Wert. So würdest du einen Ertrag kassieren, ohne die mühselige Verwaltung auf dich nehmen zu müssen. Außerdem« – er tat, als sei ihm dieser Gedanke soeben gekommen – »würde ich mich erbieten, bei den Arabern jenseits des Toten Meeres, die dort den Asphalt abbauen, die Abgaben für dich einzuziehen. Was hältst du von dieser Idee?«

Es bedeutet, daß ihm daran gelegen ist, meine Agenten aus seinem Lande herauszuhalten, dachte ich – ein verständlicher Wunsch. Jericho lag zu nah bei Jerusalem, und er wollte keinen ägyptischen Horchposten vor seiner Haustür haben.

»Ich finde, sie hat etwas für sich«, antwortete ich. Es war nicht nötig, gleich einzuwilligen; sollte er sich nur erst ein wenig den Kopf zerbrechen.

»Überlege es dir«, sagte er. »Aber jetzt will ich dir die Stelle zeigen, wo unser König David hinausschaute und Batseba auf ihrem Dach erblickte ...«

Selbst mitten im Sommer dämmerte der Morgen in Jerusalem kühl herauf. In der Nacht mußte ich zwei Decken über mich ziehen, und als man mich zum

Ankleiden weckte, brauchte ich ein Wolltuch. Aber kaum fielen die ersten Sonnenstrahlen in die Wüste vor der Stadt, erhitzte die Luft sich schnell.

Nie habe ich einen so jähen Wechsel von Klima und Gelände gesehen wie den zwischen Jerusalem und Jericho. Ein kurzes Stück weit führt die Straße um die Stadt auf dem hohen Berg herum, und dann geht es unvermittelt in eine rötliche Wildnis aus Sand und Steinen hinunter. Die Straße ist wegen ihrer Räuber berüchtigt, und man sieht gleich, warum: Zu beiden Seiten gibt es nichts als Felsen und Spalten – gute Verstecke für Strauchdiebe, aber keine Zuflucht für Reisende.

Die Sonne brannte auf uns herab, und ich war froh, daß ich meinen Kopf bedecken konnte. Nach einer langen, gewundenen Wegstrecke tat sich die Ebene vor uns auf, flimmernd in Dunst und Sonnenschein. Grün leuchtete die Gegend von Jericho, und die glatte blaue Fläche des Toten Meeres erstreckte sich weithin zur Rechten. Ich war überrascht, wie durchdringend und angenehm blau das Wasser aussah. Man konnte bald sogar erkennen, daß die Oberfläche sich im Wind leicht kräuselte. Aus irgendeinem Grund hatte ich erwartet, daß es stumpf, flach und metallisch aussehen würde – nicht wie Wasser.

Jericho war eine Stadt der Palmen; sie waren überall, und ihre geschwungenen Wedel winkten uns Grüße zu. Flache Häuser drängten sich in ihrem Schatten zusammen, und die ganze Stadt atmete Wohlbehagen und Muße. Seinen gegenteiligen Behauptungen zum Trotz besaß Herodes hier eine stattliche Residenz. Er bat uns hinein, und man empfing uns mit Platten voller Melonen, Bechern mit verdünntem Palmwein und Tellern mit den berühmten Datteln, riesig, prall und duftend.

»Und hier, der Balsam.« Ein Diener reichte mir eine Flasche mit Balsam von Gilead, einer der kostbarsten Salben der Welt. Er kam aus den kleinen Hainen in Jericho; der Busch, der ihn hervorbrachte, wuchs angeblich nirgendwo sonst auf der Welt. Ich streckte die Hände aus, und der Diener goß ein paar Tropfen davon auf meine Handflächen und massierte sie dann in die Haut. Wie durch Zauberei wurden sie aufgenommen und hinterließen keine fettige Schicht, sondern nur einen köstlichen Duft.

»Wenn die Hitze nachläßt, in der kühlen Abenddämmerung, werden wir die Pflanzungen besichtigen«, sagte Herodes. »Ich weiß, du wirst sie sehen wollen.«

Die Schatten wurden länger, als wir vom Pferderücken aus den kleinen Hain der Balsamsträucher sahen. Sie waren säuberlich in Reihen gepflanzt, und Bewässerungsgräben zogen sich dazwischen hin. Am Zaun waren zahlreiche Wächter postiert.

»Das Harz wird von den Stämmen gesammelt«, erklärte Herodes. »Es quillt dort von allein hervor, aber wenn es zu langsam kommt, verletzen die Gärtner die Rinde und fangen es dann auf.«

»Ich sehe schon, daß man die Pflanzung bewachen muß«, sagte ich.

»Ja. Das Harz ist so kostbar wie Gold. Schließlich braucht man es für das heilige Öl, zur Wundheilung und zur Herstellung von teurem Parfüm. Was nun mein Angebot betrifft –«

»Ich weiß es zu schätzen«, sagte ich. »Und ich glaube, ich werde es annehmen.« Er lächelte. »Unter einer Bedingung: deine Gärtner müssen Sprossen für mich abschneiden, während wir morgen am Toten Meer sind. Ich will versuchen, sie in Ägypten anzupflanzen.« Sein Lächeln verging.

Die Klippen am Westufer des Toten Meeres waren von Höhlen durchsetzt und strahlten Hitze aus. Wir zogen daran vorbei, und Schirme schützten uns vor der grellen Glut, die Meer und Landschaft widerspiegelten. Das Meer erstreckte sich in weite Ferne, und es sah nicht tot aus. Wellen kräuselten die Oberfläche, und Vögel flogen darüber hin. Aber ein seltsamer Dunst lag darüber, eine Wolke und doch keine Wolke, und Herodes machte mich darauf aufmerksam, daß am Ufer keine einzige Pflanze wuchs.

»Es ist ein See ohne jedes Leben – kein Seegras, keine Fische, keine Krebse, kein Schleim, keine Muscheln. Es gibt keinen Geruch außer dem der Salzlake, und ein Leichnam, den man hineinwirft, wird nicht gefressen und verfault auch nicht, sondern schwimmt wohlkonserviert an der Oberfläche.«

Bei näherem Hinsehen sah das Wasser anders aus; Krusten und Aufwerfungen von weißem Salz ragten in den Untiefen empor. Wir näherten uns der Gegend, wo auch der Asphalt an die Oberfläche kam. Jetzt roch es nach Schwefel und anderen faulen Ausdünstungen.

»Tauche die Hand hinein«, sagte Herodes, als wir unweit der Stelle, wo der Asphalt gefördert wurde, abgestiegen waren. Ich ging an den steinigen Uferrand und tauchte die Hand ins Wasser; dann führte ich ein paar Tropfen zum Mund und kostete. Es schmeckte entsetzlich bitter und sauer. Einen Augenblick später war das Wasser an meiner Hand zu einer stumpfen grauen Kruste getrocknet.

»Jetzt wirst du zur Salzsäule wie Lots Weib«, sagte Herodes. Er winkte, und jemand kam mit einem Krug Süßwasser und goß es mir über die Hand, damit ich sie waschen konnte.

Von meinen Beamten wollte ich hier keinen stationieren, wenn er nicht Strafe verdiente. Mochten sich die Einheimischen um diesen Höllenort kümmern.

Ich sah Herodes an. Es war schade, daß wir im Streben nach Territorien und dem Patronat des Antonius Gegner sein mußten. Er war eigentlich ein liebenswürdiger Mann und ganz offensichtlich erfindungsreich. Aber jeder von uns hatte seine eigenen Wünsche, Sehnsüchte und Ambitionen. Es war nichts Persönliches. Wir konnten höflich sein und freundlich miteinander umgehen. Das war die zivilisierte Weise, und wir waren beide Kinder uralter Zivilisationen.

Ich verabschiedete mich von Herodes und reiste langsam an der Mittelmeerküste hinunter; in Askalon, der noch immer freien Stadt, und in Gaza machte ich halt, und dann durchquerte ich den wasserlosen Wüstenstreifen bis zum Pelusischen Arm des Nils. Dort bestiegen wir ein Schiff und segelten auf Memphis zu. Unterwegs ließ ich meine Balsamstrauchschößlinge in Heliopolis anpflanzen, einer Stätte, die den Pharaonen heilig gewesen war und die mir gute Bedingungen für das Gedeihen der Sträucher zu bieten schien. Wenn es gelänge, wäre das fast so gut, als hätte ich neue Goldminen in meinem Land entdeckt. Ich war entschlossen, den Reichtum Ägyptens auf jede mögliche Weise zu mehren.

Vom See her fuhren wir in Alexandria ein, und ich sah die weiße Stadt, wie sie sich im Wasser spiegelte, von Schilf umrahmt. Ein Menschenleben war es her, daß ich von hier fortgegangen war; so kam es mir jedenfalls vor. In Wahrheit war nur ein halbes Jahr vergangen. So tiefgreifende Veränderungen hatten sich für mich ergeben, daß ich auf der Hut war, als wir landeten; ich wußte nicht, was ich von den Alexandrinern zu erwarten hatte. Was hielten sie davon, daß ich Ehe und Partnerschaft mit einem Römer eingegangen war?

Eine Menschenmenge war zusammengelaufen. Ich konnte in ihren Mienen nichts erkennen. Sie waren bei meinen Entscheidungen nicht befragt und nicht zu Rate gezogen worden; das war das Schicksal der Untertanen, aber jetzt trat ich ihnen voller Unbehagen entgegen. Stumm schauten sie zu, als das Schiff anlegte und die königlichen Trompeter meine Ankunft kundtaten. In silbernen Gewändern stieg ich an Land und begrüßte sie, und ein mächtiges Geschrei brach los – Begrüßungsjubel. Erleichterung durchflutete mich: Ich hätte mir keine Sorgen zu machen brauchen. Lächelnd begrüßte ich sie, ehrlich beglückt darüber, daß ich wieder von meinem eigenen Volk umgeben war.

»Die Braut! Die Braut!« schrien sie. »Isis! Wo ist Dionysos?«

»In seiner Weinlaube!« antworteten sie selbst.

»Wir wünschen dir Freude, Glück, Liebe …«

»Und Fruchtbarkeit!« brüllte eine Gruppe.

»Wohlstand für Ägypten!« schrie eine andere. »Und Frieden mit Rom!«

»All das sollt ihr bekommen«, versprach ich ihnen, und dann riß ich, einer

Eingebung folgend, den silbernen Schleier ab und warf ihn in die Menge. Sie stürzten sich darauf, und dann erwartete mich meine schattige Sänfte, um mich geschwind durch die Straßen zum Palast zu tragen.

Die Kinder stürmten mir über den Marmorboden entgegen: Alexander und Selene rutschend und hüpfend, Cäsarion – wie war er gewachsen! – mit beherrschter Würde, aber doch so schnell, wie er konnte. Mardian strahlte; Olympos bemühte sich um eine gleichmütige Miene. Die Bediensteten waren entzückt, Charmian und Iras wiederzusehen, die sie sehr vermißt hatten.

»Endlich verheiratet?« Olympos gab mir einen Kuß auf die Wange. »Dann hast du das Schicksal einer alten Jungfer also noch einmal abwehren können.« Er lächelte über seinen eigenen Scherz. »Ich weiß, daß du es nur getan hast, um mich nachzuahmen.«

»In der Tat, nur aus diesem Grunde«, bestätigte ich. Ich hatte meine Hochzeitskette umgelegt, damit alle sie schwelgend betrachten konnten.

»Antonius ist nach Parthien aufgebrochen?« fragte Mardian. Ich merkte, daß ihm etwas Sorgen bereitete.

»Ja, ich habe mich am Araxes von ihm verabschiedet. Es war eine prachtvolle Armee, furchterregend mit ihren Waffen. Und die Kriegsmaschinen ...« Ich schüttelte den Kopf. »Aber für diese Neuigkeiten ist nachher noch genug Zeit. Laßt uns erst einmal die Reisekleider ablegen, die Füße waschen und eine Erfrischung zu uns nehmen.«

Alles war anders, aber nichts war verändert – die Möbel standen alle noch an ihrem Platz, die Vorhänge blähten sich und wehten im Meereswind, genau wie ich es in Erinnerung hatte, ja, sie bewegten sich sogar nach demselben Muster wie früher, und die Schuhe, die ich zurückgelassen hatte, erwarteten mich, stumm und sauber geputzt, in meiner Kleiderkammer. Aber jetzt waren ich und Alexandria mit der Außenwelt verbunden; mir war, als sei die Mauer um einen Garten plötzlich aufgebrochen worden, und nun war er kein Ort mehr, an den man sich zurückziehen konnte, und er war auch nicht mehr ganz eigenständig, wie Ägypten es immer gewesen war. Jetzt war Rom hier, in der Gestalt des Antonius und seines Schicksals, hier in diesem Zimmer.

»Dein Gesicht ist traurig«, sagte Charmian. »Stimmt etwas nicht in deinen Gemächern?«

»Doch, natürlich, es ist alles in Ordnung. Es ist nur ... Einen Augenblick lang erschien mir alles so fremd.« Ich schüttelte den Kopf. Was für melancholische Gedanken! Das Bündnis mit Antonius würde Ägypten schützen, es bewahren und nicht aufs Spiel setzen.

Die Zwillinge kamen hereingelaufen. »Wo ist unser Vater? Wo ist er? Wo hat er sich versteckt?«

Ihr Quieken verriet mir, wie aufgeregt sie waren, nachdem sie entdeckt hatten, daß sie einen Vater *hatten*, zumal einen, der gern mit ihnen spielte.

»Er ist fort und tut seine Arbeit«, sagte ich. »Er ist Soldat, und Soldaten müssen mit ihrem Heer gehen.«

»Oh.« Alexander schaute strahlend zu mir auf. »Ich habe Spielzeugsoldaten. Willst du sie sehen? Jetzt gleich?«

Ich ließ mich in ihre Gemächer schleifen, aber vorher bedeutete ich einem Diener, er solle den alten Speer und den Helm Antonius' mitbringen. »Das ist für dich«, sagte ich zu Alexander. »So etwas trägt ein erwachsener Soldat, und dein Vater hat es für dich hiergelassen, damit du es eines Tages tragen kannst.«

Es war etwas, das Antonius getan *hätte*.

Selene hängte sich an mich, und rasch streifte ich einen silbernen Armreifen mit Widderköpfen ab, den Artavasdes mir geschenkt hatte, ein Musterbeispiel für die vorzügliche Goldschmiedekunst seines Landes. »Der ist für dich«, erklärte ich und schob ihn auf ihren Arm.

»Und für mich nichts?« Der rasch wachsende Cäsarion stand in der Tür und fühlte sich ausgeschlossen. Ich mußte mir etwas einfallen lassen. Für Spielzeug war er zu alt, und um sich mit einem behelfsmäßigen Geschenk abfertigen zu lassen, zu intelligent.

»Natürlich ist auch für dich etwas da. Etwas zum Spielen, und etwas zum Behalten. Ich habe einen Krug mit ganz außergewöhnlichem Wasser mitgebracht, aus dem Toten Meer in Judäa. Ich dachte, du möchtest gern davon kosten und es auch untersuchen, um zu sehen, wie schwer es ist. Und wenn du damit fertig bist, kannst du es verdampfen und mit unserem Meerwasser vergleichen. Es muß dreimal soviel Salz enthalten. Laß nur keine Tiere davon trinken – obwohl ich glaube, daß man das gar nicht kann. Und das andere Geschenk – ist ein wunderschönes Araberpferd, klein und schnell wie der Wind.« Die Leute, die den Asphaltabbau betrieben, hatten es mir geschenkt, als sie erleichtert begriffen hatten, daß sie weiterhin unbehelligt ihren Geschäften nachgehen konnten. Es wurde Zeit, daß Cäsarion seine Reitkunst vervollkommnete, und ich wußte, daß er dazu ein besonderes Pferd brauchte, eines, das er liebte.

»Oh!« Er machte große Augen. »Welche Farbe hat es?«

»Es ist weiß, und Mähne und Schweif sind grau.« Ich war selbst ganz entzückt gewesen.

»Und wie heißt es?«

»Es hatte einen nabatäischen Namen, der ›Führer‹ bedeutet. Aber du kannst es nennen, wie du willst.«

Und so wurden die Geschenke, die ich erhalten hatte, unter begierigen Empfängern neu verteilt.

Mitte Juli, und ich wanderte in meinem Arbeitszimmer auf und ab. Antonius war jetzt zwei Monate fort. Wie war es ihm ergangen? Ich sehnte mich nach Neuigkeiten. Aber statt dessen war ich gezwungen, allerlei über den elenden Octavian zu hören; Mardian hatte soeben eine Depesche erhalten.

»Und? Was ist mit ihm?« Es war mir ein Greuel, zu hören, was Octavian trieb, aber ich wappnete mich. Mochte er auf einer Sandbank untergehen.

»Er hat seinen Feldzug endlich begonnen«, sagte Mardian und las beim Sprechen. »Oder vielleicht sollte ich sagen, Agrippas Feldzug.«

»Hah!« rief ich. »Ja, er ist vollständig auf Agrippa angewiesen, sowohl was den Verstand, als auch was den Mumm zu jeglicher militärischen Aktion angeht.« Der schmächtige Octavian und sein stämmiger Freund: eine glückliche Verbindung, für sie beide wenigstens.

»Zumindest *hat* er jemanden, auf den er sich verlassen kann«, gab Mardian vielsagend zu bedenken.

Antonius kämpfte im Grunde allein. Es wäre tröstlich, einen zuverlässigen Partner zu haben, ja, das wäre es.

»Er kann sich glücklich schätzen, was seine Freunde angeht«, räumte ich ein. »Auf welche Pläne haben sie sich jetzt geeinigt?« Ich mußte es wissen.

»Agrippas Strategie kennst du«, sagte Mardian. »Wir haben den ganzen Winter über Nachrichten bekommen.«

»Ja, ja!« fauchte ich. »Ich weiß alles über sein Flottenausbildungslager und seine zwanzigtausend Ruderer.«

»Er hat alle Streitkräfte, die ihm zur Verfügung standen, gegen Sextus mobilisiert, denn sein politisches Überleben hängt davon ab, daß er ihn schlägt.« Mardians Blick huschte über das Papier. »Die Schlacht wird in Sizilien stattfinden, zu Lande wie zu Wasser. Der Konsul Taurus segelt mit den beiden Geschwadern, die Antonius gestiftet hat, von Italien hinüber, und Lepidus bringt seine zwölf Legionen und eine Flotte von Afrika herauf. Agrippa hat sich vorgenommen, nichts dem Zufall zu überlassen. Um Sextus mit seinen schnellen Schiffen und seiner überlegenen Seefahrerkunst gewachsen zu sein, hat er derart mächtige Schiffe gebaut, daß man sie nicht versenken kann; schon durch ihre bloße Masse werden sie den Feind erdrücken. Letztes Jahr hatte er unter drei Nachteilen zu leiden: Seine Schiffe waren nicht besser als die, die Sextus hatte, seine Ruderer waren schlechter, und er hatte keinen sicheren Hafen. Jetzt hat er alle diese Probleme gelöst.«

Wenn wir doch nur auch einen so fleißigen und gewitzten General hätten! Agrippa war in der Tat zu einem beachtlichen Mann herangewachsen.

»Ach, und er hat ein Gerät erfunden, daß er ›Schnapper‹ nennt – es ist ein Katapult, das einen Enterhaken schleudert, so daß man Sextus' kleine Boote an Agrippas Schiffe heranziehen und auf Deck eine Landschlacht beginnen kann.«

»Man wird die Leinen dieses ›Schnappers‹ durchschneiden«, sagte ich. Das lag doch auf der Hand.

»Aber er hat sie durch eiserne Rohre gezogen, so daß man es nicht kann.«

Zur Hölle mit seiner Gerissenheit! Marcus Vipsanius Agrippa, der höfliche Knabe bei Cäsars Gastmahl – wer hätte bei ihm soviel militärischen Scharfsinn erwartet?

»Man rechnet jeden Tag damit, daß es auf See zu Zusammenstößen kommt«, sagte Mardian. »Und es wird gerade rechtzeitig geschehen, um Octavian vor der wachsenden Unbeliebtheit beim römischen Pöbel zu retten. Ihn und Sextus nehmen sie nicht mehr lange hin. Einer von beiden muß weg.«

Das blaue Meer rings um Alexandria lag unschuldig und ruhig da und ließ sich nichts von dem anmerken, was anderswo geschah. Tag für Tag warteten wir auf Neuigkeiten, und sie kamen so zögernd. Beschädigte Schiffe schleppten sich herein und brachten Berichte. Octavians Flotte war gescheitert, wieder einmal. Zweiunddreißig Schlachtschiffe und zahlreiche leichte liburnische Galeeren waren in einem Sturm untergegangen. Octavian erwog ernstlich, den Feldzug noch einmal um ein Jahr zu verschieben. Wir waren begeistert. Damit hätte Antonius den Vorsprung, den er brauchte.

Octavian dachte genauso. Er wagte nicht, noch einen Sommer vergehen und Antonius einen großen Sieg erringen zu lassen, während er noch einen Winter lang unter seiner Unbeliebtheit in Rom litt. Außerdem befürchtete er, Sextus könnte einen Weg finden, seine ankernde Flotte zu vernichten. Mit seiner gewohnten Entschlossenheit und Gründlichkeit drängte er also grimmig weiter. »Selbst über den Willen Neptuns werde ich triumphieren!« gelobte er.

»In einem Bericht heißt es sogar, er habe fast Selbstmord begangen«, erzählte Mardian. »Er war völlig entmutigt, als er seine Flotte verloren hatte, aber –«

»Aber im Morgengrauen überlegte er es sich anders«, sagte ich. Ich wußte, wie er dachte. Octavian würde immer auf das Morgengrauen warten.

Weitere Berichte kamen über die nächste Phase der Auseinandersetzung. Das Geschehen konzentrierte sich auf die tückische Straße von Messina, die von Sextus bewacht wurde, während Octavians Streitmacht hindurchfahren mußte. Agrippa kämpfte gegen Sextus, und die Riesenschiffe zeigten den

Wert seiner Strategie: Sie zerquetschten Sextus' Schiffe. Aber Sextus konnte sich zurückziehen; er beschloß, statt dessen Octavian anzugreifen, als der seine Truppen übersetzen wollte. Octavian entkam, aber die Schiffe, die Antonius ihm geliehen hatte, waren zerstört und konnten Sextus keinen Widerstand mehr leisten.

»Hier haben wir eine Lektion zu lernen«, sagte ich. »Keine kleinen Schiffe mehr.«

»Für Octavian war die Zeit abgelaufen«, sagte Mardian vergnügt, als er die Depesche las. »Er mußte Maecenas nach Rom zurückschicken, damit dieser dort den Unmut beschwichtigte. Oh – aber dann hat Agrippa ... Agrippa ...«

»Was hat Agrippa?« Ich riß ihm den Brief aus der Hand. War Agrippa denn so etwas wie ein Gott, der seinen Freund jedesmal erretten konnte?

Agrippa hatte in Sizilien einen Hafen erobert, der es ihm ermöglichte, seine und Octavians Landstreitkräfte an Land zu bringen – insgesamt einundzwanzig Legionen mit Hilfstruppen. Sie hatten Sextus umzingelt, und dieser beschloß, alles auf eine Seeschlacht zu setzen.

»Und dann?« Ich wedelte mit dem Brief, der an dieser Stelle endete.

Die Schlacht war längst vorbei, aber wir mußten warten, bis wir das Ergebnis erfuhren.

Und schließlich erfuhren wir: Am dritten September war die große Schlacht endlich geschlagen worden, und Sextus war vollständig vernichtet. Seine Männer und seine Schiffe hatten mit spektakulärer Tapferkeit gekämpft, und sie hatten gewußt, daß sie keine Gnade zu erwarten hatten. Aber Agrippas Riesenschiffe hatten den Sieg davongetragen; sie hatten Sextus' Schiffe eingezwängt und an den Haken genommen, und die Soldaten hatten sie geentert und versenkt. Achtundzwanzig von Sextus' Schiffen lagen auf dem Meeresgrund und nur drei von Agrippa. Nicht mehr als siebzehn waren entkommen, und mit ihnen Sextus.

»Wie viele Schiffe von dreihundert?« Ich traute meinen Ohren nicht.

»Siebzehn.«

»Dann ist der Sieg endgültig.« Octavian hatte gewonnen.

»Sextus ist zu Antonius geflohen«, las Mardian ungläubig. »Er will sich ihm ausliefern.«

»O Isis!« rief ich. »Was wird Antonius mit ihm anfangen?«

Es gab noch mehr. Lepidus hatte sich gegen Octavian und Agrippa gestellt. Anscheinend wurmte es ihn, all die Jahre hindurch das vernachlässigte dritte Mitglied im Triumvirat gewesen zu sein; stolzgeschwellt angesichts seiner zweiundzwanzig Legionen, die er zusammengebracht hatte – und eingedenk dessen, daß bei Philippi keine der beiden Seiten so viele gehabt hatte –, versuchte er Octavian und Agrippa zu stürzen. Aber seine Soldaten wollten nichts davon wissen; sie hatten den Bürgerkrieg satt und ließen sich von Lepidus nicht beeindrucken.

»Lepidus mußte sich Octavian zu Füßen werfen«, las Mardian. »Ihm die Sandalen küssen!«

Mich schauderte. Dann bemerkte ich: »Seine erhöhten Sandalen.« Eine unübertreffliche Demütigung.

»Octavian spielte den Barmherzigen, aber er hat ihm sein Amt als Triumvir genommen, seine Legionen und seine Macht. Lepidus hat sich in einen Zwangsruhestand zurückgezogen.«

»Octavian ist der Herr im Westen«, sagte ich langsam. »Sextus und Lepidus gibt es nicht mehr. Seine Herrschaft reicht bis Griechenland.«

»Ja«, sagte Mardian. »Er hat fünfundvierzig Legionen unter seinem Befehl. Ein paar davon sind unterbemannt, aber es sind immer noch mindestens hundertzwanzigtausend Soldaten.«

»Was wird er mit ihnen anfangen?« fragte ich leise. »Denn er muß sie entweder bezahlen und entlassen, oder er muß sie einsetzen. Und er hat kein Geld, um sie zu bezahlen.«

Für diese Soldaten mußte also Arbeit gefunden werden. Octavian konnte natürlich einen Teil an Antonius übergeben. Aber ich wußte, daß er das nicht tun würde. Er würde sie behalten, sie beschäftigen, sie üben … und eine Möglichkeit zum Plündern für sie ausfindig machen, irgendeine noch unberührte Schatztruhe, in die sie hineingreifen konnten, um sich selbst zu bezahlen. Ägypten? Oder das, was Antonius in Parthien eroberte?

# 59

Der Spätsommer, einer der klarsten und windigsten seit Jahren, verlangte nach fröhlichem Treiben, aber ich war in den grausigen Klauen des Wartens. Als die Tage vergingen und keinerlei Kunde aus dem Osten kam, geriet ich in immer größere Unruhe. Es war, als sei Antonius mit seiner riesigen Armee spurlos hinter dem Horizont verschwunden. Schiffe kamen aus Kilikien, von Rhodos, aus Tarsos – ich ließ ihre Kapitäne schnurstracks an Land bringen, um sie zu befragen, aber niemand hatte etwas aus dem Landesinneren gehört.

Vor fünfhundert Jahren verschwand eine ganze persische Armee im ägyptischen Wüstensand auf dem Marsch zur Oase Siwa – jedes Schulkind erschauderte bei der Geschichte, wie der Sand sich aufgetan und sie alle verschluckt hatte, jeden einzelnen. Die Oase Siwa lag nicht in so entlegenen Weiten wie die Ebenen Parthiens … O ihr Götter! Warum war er fortgegangen? Warum hörten wir nichts?

Ich versuchte mit den Kindern zu spielen und weiter Parthisch zu lernen – obwohl es mir allmählich verhaßt wurde, da es mir von Tag zu Tag feindseliger erschien –, und ich las all die Neuigkeiten, die vom Rest der Welt zu uns kamen, und bereitete mich in Herz und Seele auf das neue Kind vor. Aber das alles sollte mich ablenken, während ich die Antwort auf die große Frage erwartete: Würde Antonius wirklich Cäsars Mantel anlegen und seinen Platz neben ihm und Alexander einnehmen, was militärische Größe anging? Oder würde er scheitern und seinen Platz … Ja, wo würde er seinen Platz bekommen? Würde er überhaupt weiterleben?

Die Königin in mir sehnte sich nach seinem Sieg und betete darum; die Ehefrau fürchtete, er könnte nicht lebend heimkehren, und erflehte von Isis nichts als sein Leben. Ich war beides, die Spartanerin, die ihrem Gemahl den Schild mit den Worten überreichte: »Kehre mit ihm zurück oder auf ihm!«, und die Ägypterin, die sagte: »Kehre zurück – und sei es ohne den Schild!«

Die Herbststürme begannen, und noch immer gab es keine Nachricht. Aber mein eigener Körper, der nichts anderes wußte, hielt den Zeitplan der Natur ein, und Mitte November brachte ich mein neues Kind zur Welt: einen Sohn. Es war eine leichte Geburt.

»Endlich bekommst du Übung darin«, bemerkte Olympos trocken.

Ich hielt den Knaben in meinen Armen und schaute auf ihn hinunter. Er hatte rosige Wangen und dichtes, dunkles Haar. Wie immer sah ich staunend die Schönheit des Neugeborenen und wunderte mich, daß ich so etwas hatte hervorbringen können. Zugleich aber wußte ich auch irgendwoher, daß es mein letztes Kind sein würde. Und dafür liebte ich es mehr, als ich sagen konnte.

»Wie willst du ihn nennen?« fragte Olympos und betupfte das verklebte Haar des Jungen.

Seit ich an Ptolemaios Philadelphos gedacht hatte, war mir nichts mehr eingefallen. Ich wünschte, ich hätte ihn Ptolemaios Antonius Parthicus nennen können, zu Ehren seines Vaters, der in Parthien siegreich gewesen war. Liebe Isis, gewähre mir nicht das Recht, einen Sohn des Antonius auf den Namen Antonius Postumus zu taufen! Am besten zöge ich mich in die Vergangenheit zurück zum Höhepunkt ptolemäischer Glorie.

»Ptolemaios Philadelphos«, sagte ich also.

»Ein ziemlicher Brocken«, entgegnete Olympos und wischte dem Kind sanft über die Augen. »Für den täglichen Gebrauch wirst du etwas Kürzeres finden müssen.«

»Das wird sich einstellen«, sagte ich. »Er wird sich selbst einen Namen geben.«

Obwohl die Geburt leicht gewesen war, erholte ich mich offenbar nicht so, wie ich es sollte. Meine Glieder waren schwer und geschwollen, und meine Kräfte wollten nicht zurückkehren. Als ich schon wieder längst im Ratssaal oder im Zollager hätte sitzen oder die Fortschritte auf meiner Werft hätte inspizieren müssen, ermüdete ich immer noch so schnell, daß es mir zur Herausforderung wurde, mehr als einen Morgen oder einen Nachmittag fern von meinem Diwan zu verbringen. Appetit hatte ich auch nicht.

»Du mußt essen«, sagte Olympos streng, »sonst ist deine Milch zu dünn.« Seit er gesehen hatte, wie es meine Genesung gefördert hatte, daß ich die Zwillinge stillte, hatte er jeden Gedanken an Ammen verworfen und war jetzt der festen Überzeugung, daß jede Frau, auch eine Königin, ihre Kinder selbst stillen sollte.

»Ja, ja«, sagte ich. »Aber Oktopussuppe ist nicht sehr verlockend.« Ich schob die Schüssel weg.

»Es gibt nichts Besseres als Oktopus! Die Saugnäpfe geben Kraft –«

»Einem Oktopus, ja.« Der Geruch war furchtbar. »Bitte, nichts mehr davon!«

»Du stellst meine Geduld auf die Probe.« Er setzte sich neben mich auf eine Fußbank, nahm meine Hand und schaute mir forschend ins Gesicht. Ich kannte ihn gut genug, um zu wissen, daß sein Stirnrunzeln seine Sorgen verbergen sollte. »Das Kind ist gesund«, sagte er vorsichtig.

»Olympos, was fehlt mir?« platzte ich heraus.

»Ich weiß es nicht«, gestand er. »Der ganze Vorgang der Schaffung eines Kindes ist ein kompliziertes Geheimnis. Es gibt so viele Möglichkeiten, daß es dabei zu … Schwierigkeiten kommt. Oh, du bist nicht in Gefahr. Du wirst deine Kräfte langsam zurückbekommen. Aber vielleicht solltest du nicht … solltest du nicht …«

»… nicht noch ein Kind bekommen«, vollendete ich den Satz für ihn.

»Genau das wollte ich gerade sagen. Aber die Männer, mit denen du dich einläßt, scheinen ja versessen zu sein, so viele wie möglich zu zeugen.«

»Ich bin jetzt eine verheiratete Frau«, erklärte ich mit majestätischer Würde. »Es ist also nicht nötig, daß du über ›die Männer, mit denen ich mich einlasse‹, redest – als wäre ich eine Tempelhure in Kanopos.«

»Nun, dein neuer … äh … Gemahl benimmt sich aber manchmal, als wäre er ein frommer Gast solcher Bezirke …« Olympos konnte ihn immer noch nicht leiden; das war offensichtlich. Aber er hatte ihn seit fast fünf Jahren nur von weitem in Rom gesehen. Er würde seine Meinung ändern, wenn Antonius zurückkäme. Wenn Antonius zurückkäme …

»Du beleidigst meinen verstorbenen Vater, wenn du die Riten des Dionysos beleidigst«, sagte ich. Es war eine Religion, auch wenn die Römer die Weinlauben und den Tanz der Ekstase als obszön empfanden. Sie fanden ja das Tanzen an sich schon obszön und hatten auch keinen Sinn für Schauspieler oder Theater – den Göttern sei Dank, daß Antonius da anders war!

»Verzeih«, sagte er. »Offenbar vermag ich die erhabenen Mysterien des Dionysos mit meinem kleinen wissenschaftlichen, analytischen Verstand nicht zu durchdringen. Aber vom Standpunkt eines gewöhnlichen Menschen aus betrachtet sieht es doch so aus, als habe man die schlichte, altmodische Sauferei zu einem erhabenen Verein stilisiert.«

Ich lachte. »Ich bin froh, daß ich einen Mann mit einem wachen Verstand als Arzt habe. Das bedeutet nämlich, daß die Vernunft als Heilmittel niemals in Vergessenheit geraten wird. Aber jetzt sag mir, wächst denn da nichts in deinem Garten, was mir helfen könnte?«

»Vielleicht«, sagte er.

»Interessiert deine Frau – interessiert Dorkas sich für Medizin?« Ich dachte mit Neugier an sie. Er hatte sie noch nicht oft zu Gesellschaften mitgebracht, und ein richtiges Gespräch hatte ich noch nie mit ihr geführt.

Er machte ein Gesicht, als wäre ich in sein Privatleben eingedrungen. Es war also billig und recht, daß er sich in meine Ehe einmischte, in meine Beweggründe und meine Gewohnheiten – sogar im Bett –, aber ich hatte respektvoll Abstand zu ihm zu wahren! Ärzte!

»Nein«, antwortete er knapp. »Nein, sie … Sie befaßt sich vor allem mit Literatur. Homer und so weiter. Vergleicht da die verschiedenen Versionen.« Er sah höchst verlegen aus.

»Du hast also eine Intellektuelle geheiratet! Was für ein merkwürdiges Gespann – der Naturwissenschaftler und die Literaturkundige!«

»Nicht merkwürdiger, als wenn die klügste Frau der Welt sich mit einem einfältigen Soldaten zusammentut, dessen Interessen sich um das Schlachtfeld und den Zechtisch drehen. In mancher Hinsicht ist er wie einer dieser Barbaren aus dem Norden mit ihrem Brüllen und Singen und Prügeln und Saufen … und ihren lodernden Feuern …«

»In Wirklichkeit kennst du ihn überhaupt nicht«, entgegnete ich steif.

»Kannst du denn ehrlich behaupten, daß meine Beschreibung nicht stimmt?« Er stand auf. »Aber ich weiß, daß er dich glücklich macht, und deshalb bete ich darum, daß er heil zurückkehren möge.« Auf dem Weg zur Tür blieb er noch einmal stehen und drehte sich um. »Ich werde dir eine Arznei aus meinem Garten schicken. Und du wirst sie einnehmen!« befahl er.

Alle Kraft und Gewalt der Natur schien sich auf das Meer zu konzentrieren; nichts davon floß in mich. Tagaus, tagein, während ich gehorsam in meinem Gemach ruhte und Olympos' faulig schmeckende Medizin trank – eine Prise gemahlene Alraune, aufgelöst im Saft von Kohlblättern –, schaute ich zu, wie die Stürme gegen den Sockel des Leuchtturms anrannten und die Schiffe sich an ihren Ankertrossen aufbäumten, und ich sah die nackte Gewalt der Natur. Ich wünschte mir sehnlich, der Blitz aus dem Emblem der Ptolemäer möge herniederfahren und mich von neuem mit feurigem Leben erfüllen. Einstweilen gab es nur den üblichen Zeitvertreib des Winters – Spiele und Musik –, und gelangweilte Kinder leisteten mir Gesellschaft und hingen an den Armlehnen meines Stuhles. Meine zahme Äffin bekam endlich Gelegenheit, an mir herumzuklettern, mich mit Leckerbissen vollzustopfen und mich zuzudecken, bis ich ihr am liebsten auf die dünnen, nervösen Finger geschlagen hätte, die unablässig an meinen Decken zupften. Aber so etwas tun Affen eben, und ich konnte sie ja kaum dafür bestrafen, daß sie ein Affe war.

Und die ganze Zeit kam nichts ... nichts von Antonius, nichts aus dem Osten.

Aber die Nachrichten aus Rom rissen nicht ab. Octavian erklärte die Bürgerkriege mit Sextus' Niederlage offiziell für endgültig beendet und veröffentlichte eine Bekanntmachung seines Erfolges – er habe Cäsars Werk vollendet – auf dem Forum. Einen Triumph konnte er nicht feiern, da er keinen ausländischen Feind besiegt hatte, und so mußte er sich mit einer sogenannten Ovation begnügen, bei der man ihn – auf zurückhaltende Weise – mit Lob überhäufte. Zudem gewährte man ihm das Recht, ständig den Lorbeerkranz zu tragen, wie es vor ihm Cäsar gedurft hatte.

Die Medizin, die Olympos mich nehmen ließ, raubte mir oft entweder den Schlaf oder ließ mich lebhafte und beunruhigende Träume träumen. Eines Nachts, der kleine Philadelphos war fast vierzig Tage alt, hatte ich eine furchtbare Vision – es erschien mir eher wie eine Vision denn wie ein Traum –, in der ich Antonius von Leichen umgeben sah, von grotesken, schwarz angelaufenen Formen, die erstarrt auf steinigem Feld vertrockneten. Er kroch über sie hin, wälzte sich fast über sie hinweg wie über einen Haufen weitverstreuter Pfähle – wie die Pfähle, die ich für den Einsatz in Parthien aufgestapelt auf dem Feld in Armenien gesehen hatte, aber das hier waren verrottete, halb verbrannte Überreste. Und er war allein auf diesem Feld, das sich unter einem farblosen Himmel endlos hinstreckte.

Mit klopfendem Herzen wachte ich auf, und das Bild schwebte mir immer noch vor den Augen. Antonius' Gesicht ... Es sah aus, als werde er gefoltert.

In einer Ecke des Zimmers brannte noch die Lampe vor der Statue der Isis;

sie flackerte beruhigend. Ich warf die naßgeschwitzte Decke beiseite und kniete vor der Göttin nieder. Ich wußte nicht, was ich sonst tun konnte. *Verbanne diesen bösen Traum!* beschwor ich sie, wie die Zwillinge es taten, wenn sie Alpträume hatten und in mein Zimmer gestürmt kamen. Aber sie tat nichts, und da wußte ich, es bedeutete, daß es Wirklichkeit war.

Ich ging wieder ins Bett und wartete. Ich hatte gesehen, was in Parthien geschah. Antonius war am Leben, aber umgeben vom Tod. Ich krallte mich in die Decken und befahl der Nacht, rasch zu vergehen. Wenn der Morgen käme, würde auch die Nachricht kommen.

Und so erwartete ich Eros schon, Antonius' Leibdiener, einen Freigelassenen, als er im Morgengrauen in den Palast geführt wurde, zitternd und verstört. Ja, es war Eros und nicht einer der Generäle – nicht Canidius oder Dellius oder Plancus, sondern dieser Jüngling, kaum mehr als ein Knabe, der da von seinem Herrn kam.

Ich bestand darauf, allein mit ihm zu sprechen, Mardians alles verschlingender Neugier zum Trotz, mit der er danach lechzte, alles zu hören. Dafür wäre später noch Zeit genug. Zuerst mußte ich es allein hören.

Ich kümmerte mich nicht um Thron und Audienzgewand, sondern führte ihn unverzüglich in mein innerstes Privatgemach. Wie viele Male war Eros der letzte gewesen, der Antonius und mich bedient hatte, bevor man uns für die Nacht alleingelassen hatte? Ich konnte sein Gesicht nicht anschauen, ohne mich daran zu erinnern, wie ungeduldig wir zumeist darauf gewartet hatten, daß er ging – und jetzt besaß er das grausige Wissen um das, was geschehen war, seit die prachtvolle Armee, blinkend wie eine frischgeprägte Münze, zu ihrem Unternehmen aufgebrochen war.

Ich ergriff seine rauhen Hände. »Ist er wohlauf? Lebt Antonius?« Schließlich lag der Traum schon einige Stunden zurück.

Eros nickte. »Er ist in Sicherheit.«

Ich musterte ihn aufmerksam. Sein Gesicht war sonnenverbrannt und windgegerbt, und seine Fingernägel waren zersplittert. Mein Blick wanderte weiter zu seinen Beinen und Füßen – zerschrammt, verkrustet und verdreckt von einem Schmutz, den gewöhnliches Schrubben nicht beseitigen würde. »Wo ist er?«

»Er erwartet dich in Leuke Kome in Syrien.«

Leuke Kome? Wo war denn das? Was tat er dort? »Wo?«

»Es ist ein kleines Fischerdorf in Syrien«, sagte er. »Er wagte – wir wagten nicht, nach Tyros oder Sidon zu gehen, weil wir befürchteten, daß die Parther dort schon auf uns warten könnten, nach ihrem … großen Sieg.« Er ließ den Kopf sinken und konnte mir nicht in die Augen schauen.

Ich streckte die Hand aus und faßte sein Kinn, als wäre er mein Sohn. »Ich weiß, daß sie gesiegt haben«, sagte ich sanft. »Aber mir genügt es, daß Antonius lebt. Du mußt mir erzählen, was geschehen ist.«

»Woher weißt du es schon?« Er ließ zu, daß ich seinen Kopf hob.

»Die Götter haben es mir gesagt. Und jetzt berichte mir die Einzelheiten. Die Götter schicken uns Bilder, aber keine Einzelheiten.«

»Ich werde es dir rasch erzählen, und dann magst du mich nach Belieben befragen.« Seine Stimme klang dünn und unsicher. »Auf den gewundenen Bergpässen kam man nur langsam voran, und der Troß wirkte wie eine Bremse für den Rest des Heeres. Also ließ mein Herr Antonius ihn zurück, unter dem Schutz von König Artavasdes und König Polemon sowie zwei römischen Legionen ...«

Nicht genug! Nicht genug Schutz! Nur zwei Legionen! Ach, Antonius ... ein Schutz von dreiundzwanzigtausend Mann, aber nur zehntausend davon Römer!

»Und die Parther, welche dies anscheinend im voraus gewußt hatten, fielen über sie her und – metzelten sie nieder.« Eros schien den Tränen nahe zu sein. Ich hätte ihn in seinem Bericht unterbrechen und ihm erlauben sollen, sich zu fassen, aber ich konnte es nicht.

»Sie haben zwanzigtausend Mann niedergemetzelt?« Das erschien mir unglaublich.

»Nein – nur die römischen Legionen. Und König Polemon haben sie gefangengenommen. König Artavasdes aber galoppierte mit seinen dreizehntausend Mann davon zurück nach Armenien.«

Das hatten sie abgesprochen! Ich wußte es. Er hatte von Anfang an mit den Parthern im Bunde gestanden! Der verlogene Verräter!

Aber wer ohne Grund Vertrauen schenkt ... Wie nennt man den? Ich hatte Antonius vor dem Kerl gewarnt. Wie ich ihn vor Octavian gewarnt hatte. Wieso kann eine edle Natur den Verrat nie voraussehen? Ist sie blind? Hat sie keinen Verstand?

»Wir erfuhren es zu spät. Als Antonius davon hörte, schickte er sofort eine Entsatztruppe zurück, aber es war schon nichts mehr übrig. Die beiden Adler der Legionen waren erobert, und die Belagerungsmaschinen waren verbrannt und zertrümmert.«

Aber ohne sie konnte es keine Eroberung geben. Antonius konnte nichts mehr tun und saß mitten in Parthien in der Falle. Er konnte keine Stadt belagern und zur Kapitulation zwingen. Und wenn es seinen Legionen nicht gelänge, die Parther zum Kampf zu stellen, hätte er Hunderte von Meilen umsonst zurückgelegt.

»Und wie nahm Antonius diese Erkenntnis auf?«

»Ich sah, wie er trauerte, aber seinen Leuten zeigte er es nicht«, sagte Eros. »Er bemühte sich, das Beste aus dieser üblen Lage zu machen und Phraaspa zum Kampf gegen ihn zu zwingen, aber es nützte nichts. Wir waren dort gestrandet, und er wußte es – und das war das Bittere daran. Die Parther hatten keinen Grund, irgendwelche Zugeständnisse zu machen oder auch nur die Adler zurückzugeben, die sie Crassus oder den jüngst verlorenen Legionen abgenommen hatten. Dann kam der Oktober, und das Wetter schwang um. Wir mußten den Rückzug antreten.«

Rückzug. Das elendigste Manöver, das ein Feldherr führen konnte! Und das, nachdem überhaupt nichts erreicht worden war!

»Bis jetzt hatte unser Hauptheer nur ein paar Mann verloren, denn es war nie zu einer richtigen Schlacht gekommen. Aber das wurde anders. Ich kann dir berichten, meine Königin, daß alles in allem ein Drittel der Armee verloren ist – zweiunddreißigtausend der besten Legionäre! Das ist mehr, als selbst Crassus verlor.«

Jetzt ließ er den Kopf hängen und weinte. Ich ließ ihn weinen, solange er wollte, ließ ihn allein in der Ecke des Zimmers. Ich selbst stand zitternd am Fenster und schaute auf die scheußliche See hinaus, ohne sie zu sehen. Ich mußte mich beherrschen. Ich mußte alles hören.

Die zweiunddreißigtausend Legionäre – das waren die geschwärzten, vertrocknenden Leichen, die ich in meiner Vision gesehen hatte und über die Antonius hinweggekrochen war. Auf diesem weiten, offenen, steinigen Feld …

Eros wischte sich über die Augen. »Ein Bewohner jener Gegend sagte uns, wir dürften uns nicht auf demselben Weg zurückziehen, auf dem wir gekommen seien, auch wenn die Parther uns freies Geleit zugesichert hätten. Er sagte, sie wollten uns in der Ebene angreifen und vollends vernichten.« Er schwieg kurz und fuhr dann fort. »Wir wußten nicht, ob wir ihm trauen sollten oder nicht. Womöglich hatte er den Auftrag, uns in die Irre zu führen. Aber am Ende entschied mein Herr sich dafür.«

Ja. Er vertraute jedem.

»Und wie sich zeigte, war dies unsere Rettung.«

Manchmal wurde Vertrauen belohnt. Aber selten. »Wie konnte es eure Rettung sein? Du hast gesagt, ihr habt ein Drittel der Armee verloren – die zehntausend, die mit dem Troß gefallen sind, nicht mitgerechnet! Zweiundvierzigtausend Mann also, alles in allem! Fast die Hälfte!« rief ich.

»Hätten wir uns nicht über die Gebirgspfade zurückgezogen und wäre die Kraft und die Tapferkeit meines Herrn Antonius nicht gewesen, so hätten wir die gesamte Armee verloren. Auf dem ganzen Wege wurden wir immer wieder angegriffen und drangsaliert; achtzehn Verteidigungsschlachten mußten wir schlagen, um uns hinauszukämpfen. Da ist es schwer zu verhindern, daß ein geordneter Rückzug sich in eine heillose Flucht verwandelt. Antonius gelang es, obwohl wir nichts zu essen und kaum Wasser hatten und der Winter heranrückte. Wir brauchten siebenundzwanzig Tage, um die Grenze nach Armenien zu erreichen und den Araxes zu überschreiten. Wir mußten unter härtesten Bedingungen marschieren, und die Disziplin ließ sich mit knapper Not aufrechterhalten. Antonius führte eine verhungernde Armee in Lumpen über die Grenze. Und weißt du, was die Parther taten, als wir über den Fluß setzten?«

»Nein, das weiß ich allerdings nicht.« Dieses Bild hatten die Götter mir nicht gezeigt.

»Sie jubelten und applaudierten unserer Tapferkeit.«

Tapferkeit ... Ja, die war gottähnlich. Aber sie verlieh keine politische Macht. Antonius war gescheitert. Er war gescheitert, wo Octavian erfolgreich gewesen war. Jetzt mußte sich die Waagschale senken, unerbittlich und unwiderruflich.

Zorn und Schmerz überwältigten mich. Laut rief ich zu den Göttern. Dann sah ich, daß Eros mich entsetzt anstarrte. Ich durfte seinen Kummer nicht noch vergrößern.

»Bitte fahre fort«, sagte ich und bemühte mich, meine Stimme im Zaum zu halten.

»Ich möchte dich nicht weiter betrüben«, sagte er.

Da bemühten wir uns beide, einander zu schonen.

»Nein, bitte sprich. Ich muß es hören.«

»Dann muß ich es erzählen – muß von dem schlimmsten Augenblick des ganzen Feldzugs berichten.« Er richtete sich auf und reckte die schmalen Schultern. »Es gab einen Augenblick, da es schien, daß wir dem Untergang geweiht seien – besiegt. Der Herr ... mein Herr Antonius glaubte, daß die Parther uns überrannt hätten. Er ... er befahl mir, ihn zu töten, ihm sein Schwert in den Leib zu stoßen ...« Er zitterte bei der Erinnerung daran, und ich fühlte, daß all meine Kraft zerrann.

»Und ...?« wisperte ich. Wie hatte er so etwas wollen können? Wie konnte er mich so verlassen? Ich wußte, daß diese Empfindung nicht auf das Schlachtfeld paßte, wo ganz andere Regeln herrschten, aber hatte er denn nicht – nicht ein einziges Mal – an sein anderes Leben gedacht? War er so schnell bereit, es fortzuwerfen? Es kann doch auch im Leben eines privaten Bürgers Befriedigendes geben, und das sollte man nicht geringachten.

»Ich nahm das Schwert, und es war hundertmal schwerer als je zuvor. Ich wollte es heben. Aber dann sagte er: ›Und schlag mir den Kopf ab und vergrabe ihn, damit die Parther ihn nicht bekommen.‹ Und da konnte ich es nicht. Da rannte ich weg.«

Ich klammerte mich an die Lehne des nächstbesten Stuhls. Das hatte er tatsächlich befohlen? Ich merkte, daß ich mich übergeben mußte. Ich schaute mich um und suchte nach einem Gefäß, einer Schüssel, aber ich fand nichts, und so stürzte ich zum Fenster. Es war so abscheulich, so unsäglich … Würgend beugte ich mich aus dem Fenster, und saures Erbrochenes klatschte auf die Marmorfliesen der Terrasse. Sein Kopf! Dieser geliebte Kopf!

Auch Eros wurde grün im Gesicht. Ich sah, daß seine Gurgel sich zusammenzog. »Er dachte an das, was sie mit Crassus' Kopf angestellt hatten: wie sie ihn bei der Nachäffung eines römischen Triumphzugs zur Schau gestellt, wie sie ihn umhergeworfen und damit gespielt hatten – das mußte er verhindern.«

Noch immer übergab ich mich. Daß dieser Mensch, der hier bei mir im Zimmer war, ihn hätte abhacken müssen! Mein Magen war leer, aber ich klammerte mich an das Fenstersims und würgte. Ich konnte mich nicht einmal schämen. Zwischen uns konnte es keine Zurückhaltung mehr geben.

»Aber es war unnötig«, fuhr er schließlich leise fort. »Es war ein falscher Alarm.«

Dann hätte er um eines falschen Berichts willen sterben können – wenn Eros nicht gewesen wäre! »Dank sei allen Göttern, daß du ihn genug liebtest, um dich zu weigern.«

»Es gibt Leute, die sagen würden, daß ich mich geweigert habe und weggelaufen bin, sei aus Mangel an Liebe geschehen. Auf jeden Fall aus Mangel an Gehorsam.«

»Das ist mir gleich!« erwiderte ich. »Manchmal muß man sich einem höheren Gehorsam unterwerfen! Daß du dich weigerst zu töten, wenn du glaubst, es gibt noch Hoffnung …« Ich schüttelte den Kopf und suchte nach einem Tuch, um mir den Mund abzuwischen. Dies war schlimmer als der Alptraum, schlimmer als jeder Traum.

»Als wir über die Grenze nach Armenien gekommen waren, blieb uns nichts anderes übrig, als König Artavasdes wie einen Freund zu behandeln und so zu tun, als glaubten wir seine Ausreden, mit denen er erklärte, weshalb er die Armee verlassen habe. Aber um unserer Sicherheit willen konnten wir nicht dort überwintern. Wir mußten unseren Rückzug durch die Berge von Armenien fortsetzen, und dabei verloren wir noch einmal achttausend Mann durch Krankheit und Kälte.«

Er näherte sich dem Ende seines Berichts. Ich machte mich darauf gefaßt.

»Jetzt führt Canidius den Rest der Armee hinter Antonius her, und dieser erwartet dich in Leuke Kome.«

»Er erwartet mich?«

»Ja. Er braucht Geld und Kleider; seine Männer sind fast nackt. Du bist seine einzige Hoffnung.«

O ihr Götter! Daß es so weit kommen mußte!

»Hier. Er hat dir geschrieben.« Eros hielt einen zerknitterten Brief in der schmutzigen Hand.

Ich nahm ihn und öffnete ihn langsam. Seine ersten Worte seit unserer Trennung vor einem ganzen Menschenleben.

> Meine Liebste – Eros wird Dir alles berichten. Es ist zu lang – und zu schmerzlich –, als daß ich es hier wiedergeben könnte, und eine Verwundung an meiner Hand macht mir das Schreiben schwer. Bitte komm zu mir, sobald Du nur kannst. Eros wird Dir – und den Schiffskapitänen – die genaue Lage des Ortes erklären. Ich habe noch achtzehntausend Mann, die alle Kleidung brauchen. Und Geld für Proviant. Ich indessen habe nur den Wunsch, Dich zu sehen.
>
> M. A.

Achtzehntausend Mann! Er war mit sechzigtausend erstklassigen Legionären aufgebrochen! Wo waren jetzt die dreißigtausend Mann Hilfstruppen, die ihn unterstützen sollten? Geflohen wie die Feiglinge und Verräter, die sie waren.

Ich sah, daß Eros mich anschaute.

»Achtzehntausend Mann?« fragte ich. »Er will Proviant und Kleidung für all diese Soldaten?« Ich schaute hinaus auf das düster wogende Meer. Wir waren mitten im Winter, und kein Schiff wagte jetzt hinauszufahren. »Er erwähnt Schiffe. Erwartet er, daß wir segeln?«

Eros nickte. »Er sagte, du würdest ihn nicht im Stich lassen.«

Schrieb er mir Wunderkräfte zu? Oder hatte er den Verstand vollends verloren und verschwendete keinen Gedanken mehr an das Risiko, daß ich auf dem Grund des Meeres endete?

Ich war in letzter Zeit so entkräftet gewesen, daß ich kaum das Palastgelände hatte verlassen können. Jetzt sollte ich durch die stürmische See nach Syrien reisen?

»Ich komme zu ihm«, sagte ich. Oder ich würde bei dem Versuch sterben.

# 60

Ich stand an Deck auf einer Trireme, die im Hafen rollend vor Anker lag. Es hatte einiges Suchen – und eine nicht unbeträchtliche Summe Geldes – erfordert, einen Kapitän zu finden, der mutig – oder tollkühn – genug war, sich auf das tosende Meer hinauszuwagen. Als Königin hätte ich einem meiner Kriegsschiffe und seinem Kapitän befehlen können, mich zu befördern, aber ich zog es vor zu überreden, statt zu befehlen, zumindest in einem solchen Fall.

Neben mir auf dem wogenden Deck stand Olympos, in einen schweren Mantel gehüllt und leise fluchend. Niemand hatte gewollt, daß ich diese Reise unternahm, und Mardian und Olympos hatten versucht, es mir zu verbieten; Mardian hatte die Gefahren der Reise ins Feld geführt, und Olympos hatte mich vor der Bedrohung meiner Gesundheit gewarnt.

»Du überstehst ja nicht einmal einen Vormittag mit Audienzen für die Botschafter, und jetzt willst du nach Syrien eilen, um Antonius zu trösten?« hatte er mir vorgehalten. »Schick deine Soldaten und deine eigenen Gesandten hin – wozu hast du sie sonst?«

Aber das lag nicht in meiner Natur. Wenn ich ihn enttäuschte, würde all sein Vertrauen in die Ehre vernichtet werden. Nicht zu ihm zu kommen – das war etwas, was Octavian tun würde. Und ich mußte ihn auch um meiner selbst willen sehen. Dieser Traum – und dann das Bild in meinem Kopf, wie er Eros den Befehl gegeben hatte ... Die Erinnerung daran und das schwankende Schiff ließen neue Übelkeit in mir aufsteigen. Ich klammerte mich an Olympos' Arm.

»Das ist doch Irrsinn!« sagte er und sah mich an. »Wir sollten von Bord gehen. Sofort.«

Olympos hatte schließlich verkündet, ich dürfe nur fahren, wenn er mich begleiten dürfe – und auf der Stelle hatte er seine anderen Patienten, seine Schüler im Museion und Dorkas im Stich gelassen. Er schleppte einen über die Maßen klobigen Kasten mit; darin hatte er Arzneien, Mischgefäße und leere Flaschen, die darauf warteten, gefüllt zu werden. Eine Medizin, die er mir nicht hatte aufdrängen müssen, war sein geliebtes Silphion. Endlich war ich mehr als bereit, es zu nehmen – ich konnte mir nicht erlauben, noch einmal schwanger zu werden, denn ich brauchte meine Kräfte für andere Dinge. Ich liebte meine Kinder, und sogar die Schwangerschaften hatten mir Freude gemacht, aber jetzt durfte ich nicht zulassen, daß irgend etwas anderes meinen Geist und meinen Körper in Anspruch nahm.

»Wir wollen uns wenigstens hinsetzen«, drängte Olympos aufgeregt. Ich lächelte matt. Auf Deck eines Schiffes gibt es nicht viele Stellen, die sich dafür eignen, aber der Kapitän – der durch meine Bezahlung zu unverhofftem Reichtum gelangt war – bemühte sich überaus freundlich, eine zu finden. Sein Schiff war vollgestopft mit Decken, Tuniken, Schuhen und Mänteln für achtzehntausend Soldaten, und zwei weitere Lastschiffe würden mit Getreide folgen.

Auf unserem Schiff befand sich zudem soviel Geld, wie ich auf winterlichen Meeren gefahrlos transportieren zu können glaubte. Der Rest würde warten müssen – nicht, daß es jemals ungefährlich ist, Geld zu transportieren, ob zu Wasser oder zu Lande. Räuber, Piraten und Unfälle suchen Wellen wie Straßen gleichermaßen heim. Und Gold ist sehr schwer; ein Talent wiegt soviel wie ein großes Kind, zwei entsprechen dem Gewicht einer Frau und drei dem eines muskulösen Mannes. Das schafft man nicht leicht von einem Ort zum andern. Ich hatte ungefähr dreihundert Talente an Bord des Schiffes bringen lassen.

Die Überfahrt sollte ungefähr sieben Tage dauern; Eros hatte dem Kapitän bereits erklärt, wo Leuke Kome lag.

»Das ist nördlich von Sidon«, sagte der Kapitän. »Ich kenne es. Aber kein guter Hafen. Könnte sein, daß wir weit draußen vor Anker gehen müssen, wenn ich die Mole nicht umschiffen kann.«

Das war mir gleich. Wenn wir wenigstens so dicht heranfahren konnten! Mit Freuden würde ich dann an Land schwimmen, wenn es sein müßte.

Mich fröstelte, und ich zog den Mantel fester um mich.

In sieben Tagen wird es dir viel besser gehen müssen, wenn du dich in *dieses* Eiswasser stürzen willst, sagte ich zu mir. Rechnest du mit einem Wunder?

Als wir den vergleichsweise ruhigen Hafen von Alexandria verlassen hatten und das offene Meer uns durchschüttelte, sah ich, wie die Wellen immer höher stiegen und zerklüftete Kämme bildeten.

Die Fahrt über das brodelnde, bockende, schwankende Meer ... Stets hat das Wasser meine Geschicke bestimmt. Von Askalon nach Alexandria, wo ich Cäsar zum ersten Mal begegnete. Von Alexandria nach Tarsos, wo ich Antonius im Kostüm aufsuchte. Von Alexandria nach Antiochia, um mich wiederum mit Antonius zu treffen, aber diesmal nach meinen Bedingungen. Und jetzt nach Syrien, wo nochmals ein anderer Antonius mich erwartete. Ein Antonius, der seinen Ruf und seine Zukunft auf einem endlosen Schlachtfeld aufs Spiel gesetzt hatte und vernichtend geschlagen worden war.

Mit jedem Tag, der im kalten Dunst verging, stahl meine Kraft sich zurück, schlich sich herbei, während ich schlief. Jeden Morgen, wenn ich erwachte, fühlte ich mich ein wenig stärker; meine Beine waren weniger zittrig, meine Muskeln fester. Olympos schrieb es der Brühe zu, die er mich fünfmal am Tag trinken ließ, und den Kräutern, mit denen er mich vollstopfte. Aber schließlich bekannte er grunzend: »Ich glaube, je näher du *ihm* kommst, desto schneller erholst du dich.«

Ich mußte stärker werden, wenn er schwächer geworden war; wenn wir zwei eins waren, dann mußte einer wachsen, wenn der andere schwand, damit die Kraft des Ganzen bewahrt blieb. Soviel wußte ich. Also lächelte ich Olympos nur an und schwieg.

Der Hafen – klein, flach, trostlos – erschien über dem graublauen Meer. Dahinter drängten sich die Häuser des Dorfes – genauso klein, flach und trostlos. Nirgends war Farbe, nirgends ein Lebenszeichen. Als wir heranfuhren, trafen uns hohe Wellen auf der Breitseite und drohten uns gegen die Hafenmole zu drücken, aber es gelang dem Kapitän, uns vor der Wut des Windes in Sicherheit zu bringen.

»Er wäre der Flotte des Sextus würdig«, bemerkte Olympos.

Sextus. Einen Augenblick lang fragte ich mich, wo er sein mochte und ob Antonius sich mit ihm zusammengetan hatte. Aber alle anderen Gedanken verflogen, als ich Antonius am Ufer stehen sah – eine verlorene, undeutliche Gestalt.

Er starrte auf das Meer hinaus wie eine Statue, fest im Boden verwurzelt. Als wir uns genähert hatten, war er ein unbeweglicher kleiner Punkt gewesen. Erst als wir tatsächlich in den Hafen einliefen, warf er seine Reglosigkeit ab und kam auf uns zugelaufen.

Von der Reling des Schiffes aus winkte ich mit weiten Armbewegungen, wild vor Aufregung. Sein Mantel flatterte, wehte an den ausgestreckten Armen, und er hatte die Spannweite eines großen Vogels.

»Antonius!« rief ich. »Edler Imperator!«

Er fuhr herum und sah mich sofort, und er hastete zum Kai, wo das Schiff festmachen würde. Die Falten seines Mantels wirbelten einmal und senkten sich dann herab, als er seine Kapuze zurückschlug. Ich sah, daß sein Gesicht schmaler war und sehr viel faltiger. Er schaute zu mir herauf.

Sobald die Planke herabgelassen war, stürzte ich an Land und warf mich in seine Arme. Er umhüllte mich mit seinem rauhen Mantel, und in seiner Umarmung fühlte ich sein Gesicht an meinem und seine Küsse auf meiner Wange, und ich hörte ihn sagen: »Du bist gekommen, du bist gekommen ...« Ich war ihm so nah, daß ich ihn nur fühlen und hören, aber nicht sehen konnte.

Wie lange war es her, daß ich ihn berührt hatte – acht Monate! Ich grub meine Finger in seine Schulter und spürte, daß die Haut den Knochen näher war; das warme Fleisch dazwischen war verbrannt. Ich dachte an die vertrockneten Menschen, die ich im Traum gesehen hatte, und ich wußte, daß es für Antonius beinahe Wirklichkeit geworden wäre.

Er drückte mich an sich, und wir berührten einander mit dem ganzen Körper, als er plötzlich zurücktrat.

»Das Kind! Ist es geboren? Ja, natürlich!« Er hatte mich schlank verlassen, und jetzt war ich es wieder.

»Im November«, sagte ich. »Ein Sohn. Gesund und stark.«

»Im November«, sagte er kopfschüttelnd. »Im November plagten wir uns noch, aus Parthien zu entkommen. Aber das Ende war schon nah.«

»Denke jetzt nicht daran«, sagte ich. »Du kannst es mir später in allen Einzelheiten erzählen.«

»Jeden Tag habe ich den Horizont beobachtet und auf dein Schiff gewartet«, sagte er. »Du kannst dir nicht vorstellen, wie angestrengt ich Ausschau gehalten habe.« Seine Stimme klang angespannt, und tatsächlich, er sah schlechter aus, als ich mich fühlte.

Wir saßen in der schäbigen dunklen Kammer seines hölzernen Quartiers. Ein blakender Binsendocht warf tiefe Schatten auf die Wände. Antonius hockte vornübergebeugt da, und seine großen Hände baumelten über seine Knie. Ohne den Mantel offenbarte die Tunika, wie mager und zerschlagen er war; im Vergleich zum Rest wirkten Kopf und Hände jetzt ungewöhnlich groß.

Wir hatten gegessen und getrunken, und dann hatte man uns in der kalten Kammer alleingelassen. Sein munteres Geplänkel, das für die Ohren der Dienerschaft bestimmt gewesen war, brach ab, sowie sie hinausgegangen waren.

»Man muß dafür sorgen, daß die Umgebung den Mut nicht verliert«, sagte er. »Wenn sich herumspricht, daß der Oberbefehlshaber verzweifelt …« Seine Stimme versiegte. »Und ich bin ja nicht verzweifelt, ich bin nur … müde.«

Ja. Müde. Das waren wir beide. Wenn es doch Ruhe geben könnte!

Ich streckte die Hand aus, berührte seine Wange und fuhr mit dem Finger durch die neuen Mulden unter seinen Wangenknochen. Dann strich ich über den Hals, diesen Hals, der immer noch kräftig und muskulös war. Als ich ihn berührte, folgte ich unwillkürlich der Linie, wo er durchtrennt worden wäre, dicht über dem Schlüsselbein. Eine abscheuliche, tiefkalte Angst durchrieselte mich. Meine Hand erstarrte.

»Was ist?« fragte er.

Ich würde ihm nicht sagen, daß ich es wußte. Er würde nicht gewollt haben, daß Eros es mir offenbarte. »Nichts.« Ich liebkoste die Linie. »Ich habe deinen Hals immer sehr gern gehabt.« Ich beugte mich vor und drückte einen Kuß in das Grübchen an seiner Kehle.

Ich sah, wie er die Augen schloß, hörte, wie er seufzte, als ich ihn rings um den Hals küßte. Er war mehr als müde; er war erschöpft bis auf die Knochen. Noch hatte er mir nicht erzählt, wie er die Niederlage wirklich empfand, und auch nicht, was er als nächstes plante. Statt dessen wirkte er beinahe ratlos, wie gelähmt von diesem Umschwung seines Geschicks.

Er ließ den Kopf hängen und lehnte ihn an meine Schulter. Es war mir unbequem, und ich rutschte ein bißchen hin und her, um ihn zurechtzurücken. Sein Kopf rutschte herunter, zog dabei das Schulterband meines Gewandes herab und entblößte meine Brust, und dies löste jenes Kribbeln aus, welches das Einschießen der Milch ankündigt. Seine Wärme, die Berührung von Haut an Haut hatte das bewirkt; ich hatte vor der Abreise nicht mehr genug Zeit gehabt, das Kind vollends zu entwöhnen. Verlegen wich ich zurück und wollte meine Brust wieder bedecken, aber es war zu spät. Die Milch quoll heraus und tröpfelte ihm auf die Wange. Ihn aber schien das zu amüsieren; neugierig fing er sie mit dem Finger auf und kostete davon.

»Ich konnte das Kind nicht mitbringen«, erklärte ich, »und ich bin eilig aufgebrochen, sobald ich … Ich bin sofort gekommen, als du nach mir gerufen hattest.« Ich fühlte mich unbehaglich, als habe er mich bei etwas Unziemlichen ertappt.

Er ließ all meine Schüchternheit verfliegen, indem er sagte: »Ich wünschte, du hättest ihn mitgebracht. Ich habe dich mit den Zwillingen nicht gesehen, als sie klein waren, und jetzt versäume ich diesen auch.«

»Er wird noch eine Zeitlang klein bleiben«, versicherte ich ihm. Aber unausgesprochen klang dahinter die Frage: Wann gedenkst du nach Alexandria zurückzukehren? Was sind deine Pläne?

Seufzend stemmte er sich hoch und schüttelte den Kopf, als wollte er den Schlaf abschütteln, und er fuhr sich mit der linken Hand durch das Haar. Da sah ich, daß die Rechte geschwollen war und eine häßliche, unverheilte Schnittwunde trug.

»Morgen zeige ich dir die Truppen«, sagte er. »Die Armen! Und du hast Kleidung mitgebracht, sagst du?«

»Ja«, sagte ich. »So viele Mäntel, Schuhe und Umhänge, wie ich zusammenbringen konnte, und genug Stoff und Leder, um noch mehr zu machen.«

»Und das … Gold?« Er bemühte sich, nicht gierig auszusehen.

»Ich habe dreihundert Talente mitgebracht.«

»Dreihundert! Aber … das ist nicht annähernd genug!«

»Wieviel könnte ich denn transportieren? Sei doch vernünftig! Es kommt ja noch mehr. Aber auf dieser See – ich mußte es aufteilen, das Risiko verteilen. Zwei weitere Schiffe bringen Korn. Sie müßten in vier, fünf Tagen hier sein.«

»Dreihundert Talente!«

Ich wurde zornig. Er hatte verlangt, daß ich auf der Stelle zu ihm kam und mich selbst und das Gold dem winterlichen Meer anvertraute. Und hatte er vergessen, daß ich mich kaum von der Entbindung erholt haben würde? Zufällig war es nicht der Fall – aber ich war trotzdem gekommen. »Du bist unrealistisch«, sagte ich. »Es ist schon ein Wunder, daß *ich* unversehrt angekommen bin – ja, daß ich überhaupt kommen konnte!«

Er schüttelte den Kopf. »Ja, ja, verzeih mir!« Er rieb sich die Hand – bereitete sie ihm Beschwerden? Er hatte eine Wunde erwähnt, die ihm das Schreiben schwermachte.

»Was ist mit deiner Hand?« Bevor er sie fortziehen konnte, griff ich danach.

Ein Schnitt zog sich schräg darüber hin; er war aufgeschwollen und wütend rot. Die Umgebung fühlte sich ungesund heiß an. Die Wunde sah aus, als wolle sie anfangen zu schwären.

»Das ist nichts«, sagte er gleichgültig, aber ich sah, wie sich seine Kiefermuskeln spannten, als ich die entzündete Stelle berührte.

»Das solltest du von meinem Arzt behandeln lassen«, sagte ich.

»Wenn du siehst, in welchem Zustand die andern Soldaten sind, wirst du diesen Kratzer vergessen«, sagte er.

Später, als wir allein zusammen im Dunkeln waren, liebkoste ich seine Schultern und suchte ihn zu trösten. Trotz seines gegenwärtigen Zustands frohlockte mein Herz, weil es wieder bei ihm war. Aber seine Seele war so bedrückt, daß er nur seufzte und sagte: »Verzeih mir. Die Geister der Männer, die ich verloren habe, sind bei mir in diesem Zimmer, und ich würde mich schämen, wenn ich sie so rasch vergäße.« Sein Verlangen nach mir schien vernichtet von dem, was er auf den Ebenen Parthiens erduldet hatte. Wir schliefen keusch in dieser Nacht und hielten einander in den Armen wir zwei Kinder.

Als klar und kalt der Morgen dämmerte, richtete Antonius sich stöhnend auf. Er schüttelte den Kopf, um wach zu werden, bevor er die Beine aus dem Bett schwang und steif hinüber zur Waschschüssel ging. Er senkte den Kopf über die Schüssel und spritzte sich Wasser ins Gesicht; ich sah, wie er das Gesicht verzog, als seine verwundete Hand naß wurde.

Ich stand auf und tat es ihm nach; ich wußte, daß der Tag in einem Feldlager früh begann. Stumm bewegten wir uns umeinander und konnten keine Worte finden. Methodisch tat er, was nötig war; er kämmte sich das Haar, streifte die Tunika über die Schultern und schlang sich die Wollstreifen um die Beine, bevor er die Stiefel anzog. Es war so trist und feuchtkalt, daß die Füße ohne diesen Schutz bald gefühllos wurden.

Und noch immer sprachen wir nicht, als wäre das, was wir taten, zu feierlich für Worte. Was ich da mit ansah, war das Gegenteil des freudigen Aufbruchs eines Kriegers – es war der Rückzug, bei dem man seine Verluste zählte und sich nach dem Kampf die Wunden leckte. Das eine war das Singen des Blutes, der Gipfel der freudigen Erwartung, der Stolz der Vorbereitungen, und das andere war der schmutzige Nachklang der Niederlage.

»Sind denn alle Generäle unversehrt zurückgekehrt?« fragte ich schließlich.

»Ja, bis auf Flavius Gallus«, sagte Antonius. »Am fünften Tag unseres Rückzugs hat er sich bei der Verfolgung attackierender Parther zu weit von der Marschsäule entfernt. Ich schickte ihm den Befehl zur Rückkehr, aber er weigerte sich, aufzugeben. Dabei lockten sie ihn in eine Falle; wir haben dreitausend Mann durch seine Verbohrtheit verloren. Titius entrang seinen Standartenträgern die Adler, um sie zur Umkehr zu zwingen, aber es half nichts. Als Gallus begriff, daß er umzingelt war, war es zu spät. Und die anderen Generäle – wie Canidius, der es hätte besser wissen müssen – schickten ihm ständig kleine Trupps zu Hilfe, und die wurden ebenfalls niedergemacht. Ich mußte die Vorhut der Armee verlassen und die gesamte Dritte Legion in eine unmittelbare Konfrontation mit dem Feind führen, bevor wir sie vertreiben konnten.« Während er sprach, kehrte die Farbe in sein ernstes Gesicht zurück. »Gallus wurde von vier verschiedenen Pfeilen durchbohrt und getötet, und neben den dreitausend Gefallenen hatten wir fünftausend Verwundete.« Er schüttelte den Kopf. »Sie mußten auf die Maultiere gelegt werden, und das bedeutete, daß wir einen großen Teil unserer Ausrüstung zurücklassen mußten – Zelte, Kochgeschirre ... Und von da an – oh, diese siebenundzwanzig Tage!«

»Wenn Artavasdes nicht desertiert wäre, hätte seine Reiterei euch auf diesem siebenundzwanzig Tage währenden Rückzug beschützen können«, sagte ich verbittert. »Er ist für diese Verluste verantwortlich und auch für die zehntausend, die beim Troß gefallen sind!«

»Ja«, pflichtete Antonius mir bei. »Und –«

»Für seine Heimtücke muß er bezahlen!« beharrte ich. »Du mußt ihn bestrafen! Ich nehme an, er tat ganz unschuldig?«

»O ja.« Antonius lächelte; es war der Geist seines alten, vergnügten Lächelns. »Und ich tat, als ob ich ihm glaubte. Als wir endlich in Armenien waren, hätten wir ja nicht einmal mehr gegen ein Heer streunender Katzen und Gänse kämpfen können. Aber in seinem Reich konnten wir auch nicht bleiben. Also trieb ich uns voran, damit wir römisches Territorium erreichten, obwohl die Berge tief verschneit waren.«

»Du mußt zurückkehren und Rache nehmen«, drängte ich.

»Alles zu seiner Zeit«, sagte er.

Wenn jemand das sagt, weiß man, daß nichts geschehen wird. Ich erinnerte mich, wie ich einmal zu meinem alten Lehrer gesagt hatte: »Wir müssen abwarten und sehen, was geschieht«, und wie er darauf geantwortet hatte: »Prinzessin, nichts geschieht von selbst. Wir müssen dafür sorgen, daß es geschieht.«

Aber ich ließ es einstweilen hingehen. Er mußte trauern, bevor er handeln konnte. »Du hast gehört, daß Octavian gesiegt hat – oder, besser gesagt, Agrippa?« fragte ich.

Er nickte. »Ja. So ist also der letzte Republikaner ausgelöscht. Besser gesagt, der letzte der *Söhne* der Republik. Sextus stand ja für nichts außer für sich selbst.«

»Und wofür stehst du? Wofür steht Octavian?« Diese Frage mußte gestellt werden. »Es gibt jetzt keine Sache mehr, die ihr gemeinsam verfolgen könnt. Die Attentäter sind tot, Sextus ist aus dem Weg geräumt. Was ist jetzt deine Mission?« Das mußte er entscheiden, denn sonst hätte er nichts, womit er andere zu seiner Fahne rufen könnte.

»Ich weiß es nicht«, sagte er, und es war klar, daß es ihm in diesem Augenblick auch gleichgültig war.

»Octavian wird sich etwas einfallen lassen«, warnte ich ihn. »Er wird sich neu erfinden, um weitere Anhänger um sich zu scharen.« Aber Antonius interessierte sich jetzt nicht für Octavian.

»Ach, vielleicht stirbt er ja«, sagte er leichthin. »Seine Gesundheit ist immer noch kläglich. Er wird sich bald in Cäsars göttliche Gesellschaft hinaufhusten.«

Es klopfte, und Eros schob den Kopf zur Tür herein. »Herr – ich sehe schon, ich komme zu spät.«

»Nein, du kommst gerade recht. Bring uns etwas, damit wir frühstücken können; danach werden wir die Männer besuchen und ihnen Kleidung bringen.« Er wandte sich mir zu. »Wann kommt das Getreide?«

»Die Transportschiffe sind unserer Galeere gefolgt, aber wir waren schneller«, sagte ich. »Gleichwohl müßten sie innerhalb von drei oder vier Tagen hier einlaufen.«

»Die Müller sollen sich bereit halten, damit wir das Getreide sofort mahlen können«, sagte Antonius zu Eros. »Brot! Wir brauchen Brot, einen Berg von Broten!«

Reihe um Reihe lagen die Kranken auf dem nackten Boden oder auf verschlissenen Decken in den Feldern hinter dem Dorf – und sie welkten wie Pflanzen nach einer langen Dürre. Einige von ihnen waren so grau und runzlig, daß man sie kaum noch als Männer in den besten Jahren erkannte, und wieder verfolgte mich mein Traum von den vertrockneten, geschwärzten Gestalten.

Sie regten sich, als wir uns näherten – Antonius trug seinen purpurroten Mantel, damit man ihn schon von Ferne erkennen konnte –, und riefen mit matten Stimmen. Ich sah, wie sie sich unter Schmerzen mühten, sich aufzurichten. Über den Kränksten hatte man Zeltplanen aufgespannt, um sie vor dem ärgsten Wetter zu schützen, aber der Rest mußte sich mit der frischen Luft begnügen.

»Imperator!« wisperten oder weinten sie. »Imperator!«

Antonius blieb bei einem stehen, der einen zerlumpten Kopfverband trug; ein Auge war davon bedeckt. Antonius bückte sich, um ihn anzusprechen.

»Woher hast du diese Wunde?« fragte er.

»Ich war bei Gallus«, sagte der Mann. »Ich war an seiner Seite, als der Pfeilhagel auf uns niederprasselte.«

»Der arme, unglückliche Gallus«, sagte Antonius.

»Er wurde viermal getroffen, ich nur einmal.« Der Mann war offenbar entschlossen, seinen gefallenen General zu verteidigen. »Für ihn war es schlimmer.«

»Ja, und dann ist er gestorben«, sagte Antonius. »Aber sag mir – woher kommst du? Wie lange hast du gedient?«

Mit überraschender Kraft richtete der Mann sich auf. »Ich bin aus der Campania – nicht weit von Rom.«

»Ah. Die besten Soldaten kommen aus dem Vaterland«, sagte Antonius. »Sie zu verlieren, das trifft uns am härtesten.«

Der Mann sah erfreut aus, antwortete aber mit schlichten Worten. »Ich habe zehn Jahre gedient – zwei davon unter Cäsar selbst. Bis zum Ruhestand habe ich noch einmal zehn vor mir – und, Imperator, ich will mein Stück Land in Italien. Dort, wo es Tradition ist – nicht in einer dieser neuen Kolonien in Afrika oder in Griechenland. Nein, Italien ist meine Heimat. Ich habe nicht so lange gedient, um dann im Alter ins Exil zu gehen.«

»Es wird einen Platz für dich geben, wo du ihn haben willst«, versprach Antonius. Aber ich wußte, daß das nicht leicht sein würde. Die Italer hatten es satt, daß man ihnen ihr Land wegnahm, um Platz für Armeeveteranen zu schaffen. *Siedelt sie im Ausland an* – das war die allgemeine Stimmung.

Als Antonius neben einem anderen Mann niederkniete, dessen Bein – violett angeschwollen und zerfetzt – auf einem Stein hochgelagert war, da packte dieser seinen Unterarm und hätte ihn fast zu sich auf die Matte gerissen. »Edler Antonius!« sagte der Mann. »Ich war da! Ich war da!«

Antonius versuchte ihm seine Hand zu entziehen. »Und wo war das, guter Mann?«

»Als du zu uns sprachst, um die Armee zum Rückzug zu sammeln! Ah, wie hast du uns angespornt! Und dann hast du die Götter selbst angeredet! Jawohl, Herrin, das hat er getan!« Er richtete seinen wilden Blick auf mich. »Er hob die Hände zum Himmel und betete zu den Göttern, wenn sie gesonnen wären, seine früheren Siege nunmehr in bittere Unbill zu verwandeln, dann sollten sie ihn allein damit überziehen und seine Männer verschonen.«

Es war offensichtlich, daß die Götter diese Bitte verweigert hatten.

»Sie haben euch nicht verschont, mein Freund«, sagte Antonius. »Ich wünschte, ich könnte mit dir tauschen.«

*Nein. Nein. Schlagt ihm diesen Wunsch auch ab.*

»Nein, Imperator«, sagte der Soldat. »So ist es schon besser.«

»Die Königin hat Kleidung und Decken mitgebracht«, sagte Antonius und reichte dem Mann eine Wolldecke. »Proviant ist unterwegs.«

Und so ging er auf und ab und sprach von Mann zu Mann mit vielen der Soldaten, beugte sich zu ihnen nieder, hörte aufmerksam zu und konzentrierte sich auf jeden Mann. Sie waren in einem jämmerlichen Zustand, und ich fragte mich, wie viele wohl überleben würden. Viele hatten Pfeilwunden – bei manchen steckte die Pfeilspitze noch im Körper –, aber es gab auch Schnittverletzungen, Knochenbrüche, durchbohrte Augen und zerfetzte Hände. Die meisten jedoch litten an den Folgen von Kälte, Hunger und Durchfall und nicht an den Verletzungen durch parthische Pfeile.

»Und hier«, sagte Antonius, »sind die, welche die Giftwurzel überlebt haben – wenn man von Überlebenden sprechen kann.« Er führte mich zu einem der Schutzdächer, unter dem ein gutes Dutzend Gestalten ausgestreckt lag.

Mager und mit unbestimmtem Blick schauten sie uns mit mildem Interesse entgegen, als wir herankamen.

»Giftwurzel?« fragte ich. »Was meinst du damit?«

Antonius wühlte in seinem Beutel und förderte ein verdorrtes, verdrehtes Stück Pflanze zutage. »Das meine ich damit«, sagte er. »Diese bösartige Pflanze!« Er drehte sie um, so daß ich die faserigen Wurzeln sehen konnte. »Ich habe dir ja gesagt, daß wir dem Hungertod nahe waren und uns Nahrung suchen mußten – Rinde essen, Wurzeln ausgraben. In der Hälfte der Fälle wußten wir nicht, was es war – und das hier war Gift. Aber ein überaus eigentümliches Gift: Bevor es tötete, ließ es die Männer den Verstand verlieren, und sie waren davon besessen, Steine umherzubewegen.« Als er mein Gesicht sah, lachte er verbittert. »Ja – das war vielleicht ein Anblick! Das ganze Lager voller Männer, die Steine umhertrugen! Dann übergaben sie sich plötzlich, und dann waren sie tot. Nur die hier haben überlebt. Das heißt, ihr Körper hat überlebt. Ihr Geist ist dahin.«

Einige der Männer tasteten mit zittrigen Fingern über die Erde, als suchten sie immer noch Steine. Speichel rann ihnen aus dem Mund.

»Gab es denn keine Hilfe?« fragte ich.

»Nur Wein«, sagte Antonius. »Wenn sie große Mengen Wein tranken, wurden sie gesund. Eine glückselige Kur! Aber wir hatten nur wenig Wein; wir hatten unsere Vorräte mit dem übrigen Proviant zurücklassen müssen, um die Verwundeten auf die Maultiere zu laden. Und so gingen diese Leute zugrunde – weil es an Wein fehlte.«

»Mein Arzt erforscht Gifte«, sagte ich. »Ich würde ihn diese Wurzel gern untersuchen lassen. Vielleicht weiß er, was es ist, und kennt noch ein Heilmittel außer Wein.«

Antonius hatte sich gebückt und versuchte, die aufgeregten Männer zu beruhigen. Aber es half nichts.

An diesem Abend speisten wir mit den anderen Generälen. Im Gegensatz zu Antonius waren sie alle wie immer, rauh und lärmend. Plancus, der beim Kauen redete und wie ein Kamel aussah, war erfreut über seine Ernennung zum Statthalter von Syrien. Er würde bald nach Antiochia abreisen, um dort seine Residenz zu beziehen.

Dellius, dessen Narbengesicht jetzt zerklüfteter war denn je, fragte mich höflich, ob ich seinen Bericht über den Krieg gelesen hätte, den er Antonius zugeeignet habe.

»Er ist so lang« – Antonius breitete die Arme aus – »und noch ein Stückchen länger. Ich verspreche dir, daß ich ihn zuerst lesen werde. Ich hoffe, du hast die *ganze* Wahrheit berichtet – von der Tapferkeit der Männer, aber auch von unseren Verlusten.«

Dellius lächelte, aber ich fand sein Lächeln immer ein wenig spöttisch. »Ich habe mich bemüht, Imperator.«

Der junge Titius, dessen langes, dunkles Gesicht nur wenig schmaler war als vorher, beugte sich auf seinem Diwan herüber und sagte: »Sextus hat neue Angebote gemacht. Wir müssen uns entscheiden.«

Sextus. »Wo ist Sextus, und was müssen wir entscheiden?« fragte ich.

»Sextus hat drei Legionen aufgestellt, seit er an unseren Gestaden gelandet ist, und er ist so tief gesunken, daß er sie – und sich selbst – jetzt als Söldner anbietet, gegen Höchstgebot. Er hat sogar mit den Parthern Verbindung aufgenommen«, berichtete Titius.

»Dann kann er sich nicht länger als Römer bezeichnen«, sagte Antonius. Aber seine Stimme klang eher traurig als erzürnt, als wolle er sagen: *Treu und Glauben gibt es nirgends mehr. Wenn der Sohn des Pompejus sich mit den Parthern verbündet* … Er schüttelte langsam den Kopf.

Antonius wurde aufgerieben von der Heimtücke, die ihn umgab, sein altmodisches Ehrgefühl erlebte einen Schrecken nach dem anderen, da er sah, daß es anderen gänzlich ermangelte. Der Mord an Cäsar war kein einzelnes Ereignis; es spiegelte sich darin der Verlust der Ehrlichkeit, wie er sich in geringeren Fällen von Verrat wiederholte: Octavians Täuschungsmanöver, der versuchte Staatsstreich des Lepidus, Labienus' Desertion und jetzt Sextus mit seiner zynischen Prostitution.

»Sollen wir sein Angebot also zurückweisen?« fragte Titius.

Antonius war überrascht, daß er auch nur fragte. »Ja. Für Sextus ist es aus.« Er ließ eine so lange Pause folgen, daß ich dachte, er habe nichts weiter zu sagen. »Und man kann nicht zulassen, daß er zu den Parthern geht.«

Titius nickte ernst. »Nein. Das darf er nicht.«

Ahenobarbus wedelte mit der Hand. Er hielt eine Münze zwischen Daumen und Zeigefinger. »Das hier ist bereits in meinen Besitz gelangt!« sagte er wütend. »Die eroberten Schätze aus unserem Troß – die Parther schlagen dein

Bildnis heraus, Imperator, und prägen ihr eigenes darüber.« Er reichte Antonius die Münze, und der untersuchte sie aufmerksam. Die Umrisse seines eigenen Gesichts waren plattgehämmert und mit dem Bild des parthischen Königs überprägt, und nicht nur das: Mein Bild – das sich als Tribut an unsere Ehe auf der Rückseite befand – hatten sie mit der Abbildung eines parthischen Pferdes überdeckt, das einen Köcher am Sattel trug.

»Das ist nicht hinzunehmen!« sagte Ahenobarbus.

»Nein, und wir werden es auch nicht hinnehmen«, erwiderte Antonius. Aber seine Stimme war ohne Begeisterung.

Was mich angeht, so fühlte ich mich geschändet, als ich mein entstelltes Porträt sah. Aber manchmal muß man eine Kränkung im eigenen Interesse hingehen lassen. Deshalb sind Politiker andere Wesen als Helden. Ein Herrscher kann nicht immer ein Held sein, wenn die Nöte seiner Untertanen eines Politikers bedürfen.

Eros hatte schwer gearbeitet, um Antonius' Quartier wohnlicher zu machen, während wir unterwegs waren. Er hatte Teppiche beschafft, Lampenständer und sogar einen Käfig mit einem Raben, von dem er behauptete, er könne sprechen. Aber der Käfig war zugedeckt, und wir würden bis zum nächsten Morgen warten müssen, um es zu hören.

»Ist mir ganz recht«, sagte Antonius. »Ich habe das Gerede jetzt auch satt. Nun, du hast sie ja gehört – die Offiziere. Die Niederlage scheint ihnen nichts auszumachen.«

»Diesen Anschein hast du auch erweckt – in der Öffentlichkeit.« Ich fing an, mein Haar zu lösen; der Nacken tat mir weh vom Gewicht des juwelenbesetzten Diadems und der goldenen Nadeln, die es hielten. Ich legte den goldenen Reif achtlos auf Antonius' Feldkommode, wo er matt glänzte. Ich griff nach hinten, um den Verschluß der schweren goldenen Halskette zu öffnen, aber Antonius trat hinter mich und nahm mir diese Arbeit ab. Er behandelte die Halskette sehr besitzergreifend und schien stolz darauf zu sein.

Als ich alles Gold abgelegt hatte, fühlte ich mich jünger und leichter. Gold hat eine ganz eigene Macht über den Geist.

Ich war verzagt und zu müde für weitere Diskussionen, aber plötzlich wußte ich, daß ich es nicht damit bewenden lassen durfte. »Antonius«, sagte ich, »ich habe jetzt das Ausmaß der Verluste gesehen – von den schwärenden Wunden der Soldaten bis zu der Schändung der Münzen. Aber nun ist es vorbei. Was fangen wir jetzt an?«

Er ließ sich auf das Bett sinken und lag halb darauf; ein Bein baumelte über die Kante. »Ich weiß es nicht«, sagte er schließlich. »Ich weiß nicht, wohin ich mich wenden soll.«

»Wir haben eine militärische Niederlage erlitten, aber was Territorien angeht, steht es nicht schlechter mit uns als vorher. Die einzige Schlacht, die man unter keinen Umständen verlieren darf, ist die Verteidigungsschlacht, wenn das eigene Land angegriffen wird. Haben wir Parthien verloren? Wir haben es nie gehabt. Lohnt es sich, noch mehr Geld und Menschen aufzuwenden, um ›Rache‹ zu nehmen? Laß uns darüber sorgfältig nachdenken.«

Ich war fertig mit Parthien. Wenigstens lebte Antonius noch, und seine Generäle waren unversehrt. Man konnte eine neue Armee aufstellen und woanders hinführen – dahin, wo der *wirkliche* Feind stand.

»Artavasdes muß bestraft werden«, sagte er.

»Einverstanden. Aber dann?«

»Was werden sie in Rom über meine Niederlage sagen?« Er ließ den Kopf auf das Kissen zurücksinken und starrte düster an die Decke.

»Sag ihnen nicht, daß es eine Niederlage war«, schlug ich vor. »Gib deinen Sieg bekannt.«

Er richtete sich auf. »Lügen?«

»Das geschieht doch dauernd – oder hast du es noch nicht bemerkt? Octavian hat ›den Bürgerkriegen ein Ende gemacht‹. Sogar Cäsar behauptete, er habe Britannien erobert, während er es in Wirklichkeit nur erkundet und dabei zwei Flotten verloren hat. Sag, daß du in Parthien einen Sieg errungen hast. Du bist ja nicht vernichtet worden – das an sich ist doch bereits ein Sieg.«

»Aber … keine Städte wurden erobert, keine Standarten und keine Gefangenen zurückgeholt. Im Gegenteil – es sind noch mehr Standarten und Gefangene verlorengegangen!«

»Was nützt es dir in Rom, wenn du das bekanntgibst?« fragte ich. »Es schwächt nur deine Position. Warte, bis du wieder einen Krieg gewonnen hast; dann kannst du es bekanntgeben. Aber bis dahin wird es den Leuten gleichgültig geworden sein, denn sie interessieren sich immer nur für den letzten Krieg. Parthien ist so weit weg von Rom; sie können ja nicht wissen, was wirklich passiert ist.«

»Selbst du … Selbst du!« Er war wie vom Donner gerührt. »Du bist wie alle andern!«

»Nein«, sagte ich, »aber ich verstehe sie. Ich beherrsche ihr Spiel besser als sie selbst.« Ich kam zu ihm herüber und setzte mich neben ihn, und ich faßte seinen Ärmel. »Wenn ich es nicht könnte, wo wäre ich dann jetzt? Was war ich denn? Ein Mädchen, das von drittklassigen Beratern vom Thron gestoßen wurde …«

»… denen es nichtsdestoweniger gelang, Pompejus zu ermorden«, wandte Antonius ein.

»… ohne Armee, ohne Mittel, ohne Verbündete – ich hatte nichts als meinen eigenen Verstand. Um zu bekommen, was du willst, mußt du denken wie deine Feinde. Sei nicht länger Antonius; sei Octavian – das heißt, wenn du deine Pläne machst. Sonst nicht.« Ich schob meine Finger in seine Ärmel, beugte mich vor und küßte ihn. »Octavian möchte ich nicht in meinem Bett haben.«

Ich fühlte, wie sein Arm sich fester um meinen Rücken schlang. »Ich auch nicht«, sagte er.

»Sag Rom, daß du gesiegt hast«, flüsterte ich ihm ins Ohr. »Erneuere deine zerschlagene Armee. Und dann bist du bereit, sie zu führen, wohin du willst – nach Osten oder nach Westen.«

»Wohin willst du mich führen, meine Ägypterin?« fragte er. »Wozu willst du mich bringen?« Aber der starre Blick seiner Augen im matten Lampenschein zeigte mir, daß er allzu gern bereit war, sich führen zu lassen.

»Ich werde es dir zeigen«, sagte ich und warf mich über seine Brust. Ich küßte seinen Hals, sein Kinn, seine Wange, sein Ohr; ich hatte nicht gewußt, wie sehr mich nach seinem Körper verlangte, bis ich ihn berührte. In diesem Augenblick kümmerten mich die Parther nicht, ja, nicht einmal Octavian; ich wollte nichts weiter, als mich in ihm verlieren, die Nachtstunden mit ihm verschwenden, sein Bett zu einem Zelt der Lüste machen.

»Ich warte«, sagte er, und die plötzlich schwellende Kraft seiner Arme, die mich umschlossen, verriet mir, daß die Niederlage ihn nicht vernichtet hatte. Der alte Antonius lebte – und begehrte noch.

Im ersten Licht der Dämmerung tastete ich schlaftrunken nach dem Käfig des Raben und zog das Tuch herunter. Der Vogel bog den großen Kopf vor und zurück und schnarrte: »Nackter Imperator! Nackter Imperator!« Rasch warf ich die Decke wieder über ihn. Wer hatte ihm so etwas beigebracht? Ich lachte und wandte mich noch einmal Antonius zu. Ein bißchen war von der Nacht noch übrig, die letzten Fetzen sozusagen – aber die würden uns genügen.

## 61

Als ich im hellen Licht des Morgens die Decke vom Vogelkäfig nahm, fing der Rabe wieder mit seinem Gekrächze vom nackten Imperator an – offenbar hatte sich jemand einen Witz machen wollen. Ich fragte mich, wie lange es dauern würde, bis der Rest seines Vokabulars zum Vorschein käme.

Eros erschien; scheu trat er herein.

»Der Fleiß, mit dem du mir mein Quartier … äh … erfreulicher gestaltest, ist beeindruckend«, sagte Antonius.

Eros wurde rot und hantierte geschäftig umher; er legte Antonius seine Kleider heraus und trug warmes Wasser herein. Ich schaute aufmerksam hin, als Antonius die Arme hob, um sich die Tunika überstreifen zu lassen; die rechte Hand hatte sich verschlimmert.

»Olympos muß das behandeln«, beharrte ich. Olympos würde es schwerfallen, Antonius endlich doch noch kennenzulernen und ihn zu behandeln wie ein menschliches Wesen, aber das mußte er ertragen. Zeit war es. Ich würde nicht zulassen, daß Antonius seine Schwerthand verlor, nur um Olympos' Gefühle zu schonen.

*Ich bin Cäsars rechte Hand*, hatte er einmal gesagt. Sollte die rechte Hand jetzt am Ende sein?

Olympos sollte sich am Vormittag mit mir treffen; er hatte den Tag zuvor damit verbracht, sich die Soldaten anzusehen und mit den Truppenärzten zu sprechen. Sein Aufenthalt in Rom hatte ein nachhaltiges Interesse an der Behandlung von Kriegsverletzungen bei ihm hinterlassen.

Er kam in den Vorraum des Hauptquartiers; seine Gesichtsfarbe war frisch, sein Blick munter. »Ich habe noch nie so viele Pfeilwunden gesehen«, erzählte er. »Ich habe mit dem Löffel des Diokles geübt – einem Instrument zum Herausziehen von Pfeilspitzen. Es funktioniert wirklich!« Er klang begeistert – und verblüfft.

»Es ist ein raffiniertes Instrument«, sagte ich. »Natürlich – da es griechisch ist!« Ich hatte davon gelesen, aber gesehen hatte ich noch keines.

»Möchtest du eine Vorführung?« fragte er. »Heute nachmittag …«

Ich schüttelte den Kopf, und er verstummte und sah mich an.

»Nun, ich muß sagen, du siehst besser aus! Nicht mehr so bedrückt. Ich brauche mich wohl nicht nach dem Heilmittel zu erkundigen!« Er klang verärgert, als mißgönne er mir jede Freude mit Antonius.

»Ich fühle mich viel besser, aber ich bin noch nicht vollständig wiederhergestellt«, sagte ich, um ihn zu besänftigen. »Aber ich habe zwei medizinische Probleme – nicht meine –, die du hoffentlich beheben kannst. Das eine ist diese Wurzel.« Ich zeigte ihm den vertrockneten Stiel und erklärte ihm seine Wirkung auf die Soldaten.

Er schüttelte den Kopf. »Davon habe ich noch nie gehört – es sei denn, es handelte sich um eine Pflanze namens Eisenhut, die in kälterem Klima wächst – ja, vielleicht. Aber ich brauche die Schriften des Museions, um das zu überprüfen. Verflucht – das Reisen macht alles so schwierig!« Er machte ein verdrossenes Gesicht. »Was ist das andere?«

»Antonius' Hand – sie will nicht heilen. Die Wunde sieht entzündet aus.«

Er wich zurück – auf eine Weise, die nur ich spüren konnte, die ich ihn so gut kannte. »Eine einfache Wunde – ich habe keine Zaubermittel, mit denen sich so etwas heilen läßt. Es gibt keine Geheimnisse für so etwas.«

»Er hat sie schon lange – er erwähnte sie bereits in seinem Brief. Ich kann sehen, daß sie sich verschlimmert, aber er ignoriert sie einfach. Bitte wirf wenigstens einmal einen Blick darauf.«

»Eine einfache Wunde ist eine einfache Wunde«, wiederholte er verstockt. »Entweder heilt sie, oder sie heilt nicht. Ich nehme an, man hat sie bereits mit Wein und Honig behandelt?«

»Ich weiß es nicht. Sie sieht aus, als ob man sie überhaupt noch nicht behandelt hätte.«

Er schnaubte. »Nun, wenn er es mit den üblichen Mitteln versucht hat und sie nicht wirken, dann rufe mich.« Er zögerte. »Sie ist nicht verbunden?«

»Nein. Deshalb habe ich sie gesehen.«

»Hmm. Es ist gut, daß sie nicht verbunden ist. Aber ...« Ich sah, daß er nachdachte.

»Er wird dich nicht beißen«, beruhigte ich ihn. »Und er wird dich nicht verunreinigen. Du wirst deine Grundsätze nicht kompromittieren, indem du seine Hand berührst. Im Gegenteil, wenn du ihn *nicht* behandelst, verstößt du gegen deinen Eid, möchte ich meinen.« So – sollte er das erst einmal verdauen!

»Wieso tust du das? Du kennst meine Empfindungen. Bist du entschlossen, mich zu zwingen, daß ich ihn akzeptiere?«

»Wenn du dir einbildest, das alles sei nur ein Komplott von mir, dann schmeichelst du dir!« Ich hatte plötzlich die Nase voll von ihm und seinen hehren »Grundsätzen«. »Du warst derjenige, der unbedingt mitkommen wollte. Ich habe dich nicht gebeten, Alexandria zu verlassen! Ich will, daß der beste Arzt, den ich kenne – du –, die Hand des besten Generals im Römischen Reich behandelt. Ist denn das so frevelhaft?«

Er grunzte. »Also schön. Ich werde es mir ansehen. Aber ich sage dir noch einmal, ich habe keine Zaubermittel zur Heilung von Wunden. Mitunter widerstehen sie unseren schönsten Bemühungen.«

Ich hatte nicht weniger Mühe, Antonius zu überreden. Er äußerte die üblichen Beschwichtigungen – *es ist nichts weiter, es tut nicht weh, es macht nichts, laß es in Ruhe* –, aber ich setzte mich durch. Am selben Abend, im schwindenden Licht der Dämmerung, streckte er seine Hand aus und ließ sie von Olympos untersuchen. Erst nach längerem Schweigen, und nachdem er auf ein Wort des verschlossenen Arztes gewartet hatte, sagte Antonius: »So lerne ich also endlich den berühmten Olympos kennen.«

Olympos grunzte unverbindlich, und ich hätte ihm einen Tritt versetzen können. Er konnte so hochnäsig sein, daß er die Grenze zur Grobheit überschritt. Manchmal war das erheiternd, aber jetzt nicht; Antonius hatte nicht verdient, daß Olympos ihm die Behandlung zuteil werden ließ, mit der er für gewöhnlich ungeschickte Fuhrknechte oder übereifrige Kaufleute bedachte.

»Es heißt, du seist so geschickt, daß du Tote zum Leben erwecken kannst«, setzte Antonius in seiner freundlichen, offenherzigen Art hinzu.

Immer noch Schweigen. Olympos drehte die Hand hin und her und schnupperte daran.

»Aber das Wunderbarste, was du je getan hast, war, daß du meine Kinder wohlbehalten auf die Welt geholt hast, als alles danach aussah, daß sie zum Tode verurteilt seien zusammen mit der Königin selbst.«

Ich hatte Antonius erzählt, daß wir Olympos das Leben unserer Zwillinge zu verdanken hatten.

Jetzt endlich schaute Olympos zu ihm auf, und ich sah die kaum merkliche Andeutung eines Lächelns auf seinen Lippen – besser gesagt, eine Milderung in seiner mürrischen Miene. Er nickte knapp. »Wie lange hast du das?« fragte er.

»Im letzten Scharmützel mit den Parthern, kurz bevor wir über die Grenze nach Armenien gewechselt sind ... ich würde sagen, seit zwanzig oder dreißig Tagen. Erst habe ich es gar nicht bemerkt.«

»Ja, so entwickeln sich diese Dinge«, sagte Olympos und drückte darauf. »Ich nehme an, das tut weh?«

Antonius versuchte zu lachen, aber es fiel eher kläglich aus. »Oh, ein bißchen – es fühlt sich an wie eine leichte Folter.« Dabei zuckte er ein wenig zusammen.

»Und es ist heiß, wie ich sehe.« Olympos legte einen Finger an den Rand.

»Und?« fragte Antonius.

»Behandelt man es nicht, wird es vielleicht von allein heilen«, meinte Olympos und richtete sich auf. »Natürlich würde eine große Narbe zurückbleiben, und die Hand wäre für immer steif.«

»Und wenn man es behandelt?« Antonius ballte die Faust und streckte dann die Finger wie einer, der einen Handschuh überstreifen will.

»Das wäre sehr schmerzhaft«, sagte Olympos in seinem hochfahrendsten Ton. *Das möchtest du bestimmt nicht*, schien dieser Ton zu sagen. »Ich müßte das ganze dunkle Fleisch wegschneiden. Es stirbt ab – das sagt mir meine Nase. Ich müßte es abschälen,bis aufs rohe Fleisch und es dann abheilen lassen. Und vielleicht – je nachdem, wie groß es wird – braucht man dann ein altes Instrument – so alt, daß es kein Mensch mehr benützt –, ein Zinnröhrchen zum Ablaufen des –«

»Dann mach es«, sagte Antonius knapp.

Olympos sah ihn überrascht an; er hatte erwartet, daß Antonius abwehren und ihm die weitere Beschäftigung mit ihm ersparen würde.

»Jetzt kann ich es nicht!« sagte er hastig. »Dazu brauche ich Tageslicht. Und ich brauche Zeit, um das Ablaufröhrchen vorzubereiten – und ich brauche auch noch andere Sachen ...«

»Was denn?« fragte ich. »Ich werde dafür sorgen, daß bis morgen alles bereitliegt.«

»Rotwein, der zwischen sechs und neun Jahre alt ist. Der wirkt bei frischen Wunden am stärksten.«

Antonius lachte. »Wunden haben einen kostspieligen Geschmack! Beschaffe so viel, daß wir auch selbst etwas davon trinken können. Nachher, meine ich.«

»Ich glaube, du solltest deinen vorher trinken«, sagte Olympos. »Es wird den Schmerz betäuben – denn der wird beträchtlich sein.« Er betonte das Wort »beträchtlich«, um Antonius Angst einzujagen.

»Ich werde deine Verordnungen befolgen, du Weiser«, sagte Antonius, und Olympos mußte wider Willen lächeln.

»Myrrhe werde ich brauchen«, sagte er und sah mich an. »Wenn du sie mir noch heute abend besorgen kannst, kann ich für morgen einen Spatel damit bestreichen.«

»Viel verlangst du nicht!« spottete ich. »Myrrhe bis Sonnenuntergang!« Aber ich würde welche auftreiben.

Am nächsten Tag verschwanden Olympos und Antonius in einem Feldlazarett, das man so aufgestellt hatte, daß Licht hineinfallen konnte, ohne daß die grelle Sonne blendete. Sie blieben so lange dort, daß ich irgendwann anfing, auf und ab zu gehen und sogar mit dem Raben zu sprechen, der bald krächzte, bald schnarrte. »Sei gegrüßt! Lebe wohl! Küßchen, Küßchen!«

Als Olympos schließlich wieder erschien, wirkte er erschöpft; die Medizintasche über seiner Schulter sah aus, als sei sie geplündert worden.

»Nun, ich habe mein Bestes getan«, sagte er. »Aber es ist unangenehm. Ich mußte soviel Fleisch wegschneiden, daß er dort immer eine Kerbe haben wird – vorausgesetzt, daß es je zuheilt.«

»Hat es deshalb so lange gedauert?« Kinder waren schon schneller zur Welt gebracht worden.

»Wie lange hat es denn gedauert?« Er ließ sich auf eine Bank fallen. »Ich habe den Überblick verloren. Aber mit dem Wein und der Myrrhe sind die Aussichten gut. Und das Ablaufröhrchen – drauf bin ich sehr stolz. Hippokrates hat so etwas benützt, aber heute tut es niemand mehr. Das wird interessant werden.«

»Und hast du den Wein getrunken?«

»Nicht ich«, sagte Olympos. »Und Antonius – er hat sich die Zeit vertrieben und sich abgelenkt, indem er die merkwürdigsten Fragen stellte.«

»Was für welche?«

»Er wollte wissen, was wir als Kinder getrieben hätten – als ich dich kennenlernte, und so weiter. Wie du da warst.«

»Du hast es ihm hoffentlich nicht erzählt.« Aber ich war doch gerührt, daß er sich so neugierig zeigte.

»Nur das, was respektabel ist«, sagte Olympos. »Ich habe ihm ein paar von unseren Abenteuern geschildert – wie wir zum Einbalsamierer gingen und du dich auf den Tisch legtest wie eine Mumie. Und wie wir uns im Sumpf versteckten und das kleine Fischerboot umkippten, und wie wir so taten, als seien wir Krokodile.«

»Jetzt, da ich ein bißchen mehr darüber weiß«, sagte ich, »erscheint es mir wie ein Wunder, daß wir dabei nicht auf echte Krokodile gestoßen sind.«

Er lachte. »Es waren glückliche Zeiten.«

Aber ich wußte es besser. Es waren gefährliche Zeiten gewesen, und die Gefahren hatten mir nicht von den Krokodilen gedroht, sondern vom Hofe, wo meine Schwestern die Krone an sich gerissen hatten. Aber so unverzagt sind Kinder, daß wir all das für einen Nachmittag vergessen und im Sumpf herumpaddeln konnten, wo wir Erinnerungen sammelten, die uns ein Leben lang begleiteten.

»Ja, es wundert mich, daß er danach fragte«, sagte Olympos. Aber er freute sich darüber; ich sah es ihm an. Antonius hatte begonnen, ihn zu erobern. Es würde zwar noch lange dauern, bis er vollständig kapitulierte, aber als Dämon würde er ihn nun nicht mehr betrachten.

An diesem Abend schwenkte Antonius die verbundene Hand, die so klobig aussah wie eine Bärentatze. Ein kleines Zinnröhrchen ragte aus dem Verband, durch welches Flüssigkeit herauströpfelte. Einmal in der Stunde mußte die ganze Hand mit Verband und allem in einen Eimer – einen Eimer! – mit acht Jahre altem Falerner Wein getaucht werden.

»Tut es weh?« erkundigte ich mich vorsichtig.

»Höllisch«, antwortete er jovial.

»Wenn es hilft, war es das wert«, sagte ich.

»Du hast leicht reden – du brauchtest nicht stillzusitzen, während er dich zerschneidet«, erinnerte er mich.

Die Hand sprach auf die Behandlung an, und nach einigen Tagen, mehrfachen Untersuchungen und Verbandwechseln zeigte Olympos sich beschwingt. Die geröteten Schwellungen rings um die ursprüngliche Wunde waren zurückgegangen, und die Wundränder waren sauber. Olympos benäßte sie immer wieder mit Wein und bestreute sie mit gemahlener Myrrhe. Seine Nähte waren säuberlich wie syrische Stickereien, und das sagte ich ihm auch.

»Beim nächsten Mal muß ich Goldfäden nehmen«, sagte er, »damit es wirklich wie eine Verzierung aussieht.«

Die Zeit der Entscheidung war gekommen – das Meer war wieder schiffbar, und es mußte eine Botschaft nach Rom gesandt werden. Aber wie sollte sie lauten? Schließlich teilte Antonius mir mit, daß er nach langem Überlegen zu dem Schluß gekommen sei, seine Verluste in Parthien herunterzuspielen, ohne aber gleich zu behaupten, er habe gesiegt.

»Es wird ja nicht unehrenhaft sein, wenn man sich über die Einzelheiten nur unbestimmt äußert«, meinte er.

»Unbestimmt, aber irreführend.« Ich mußte es sagen.

»›Unbestimmt‹ ist mir lieber«, beharrte er störrisch. »Es ist nichts Unehrenhaftes …«

Wie besorgt er um dieses Wort war! Er hätte alles getan, um es zu vermeiden.

»… wenn man nicht bei der Vergangenheit verharren möchte, sondern in die Zukunft blickt. Ich werde besonderes Gewicht auf den kommenden Feldzug gegen Armenien legen.«

Damit würden wir zumindest Zeit herausschinden können, um uns von unseren Verlusten zu erholen. »Wenn Octavian fern von Rom ist, wird uns das gute Dienste leisten«, sagte ich.

»Wenn er nicht schon fort ist, bricht er bald auf.« Es hatte sich herumgesprochen, daß Octavian eine Aufgabe für seine Legionen gefunden hatte – er würde sie an der Grenze nach Illyrien einsetzen.

»Will er seine Truppen wirklich selbst befehligen?« fragte ich.

»So heißt es. Er ist verzweifelt darauf erpicht, sich als Militärführer zu erweisen. Schon eine Verwundung würde ihm helfen«, sagte Antonius. »Es ist inzwischen ganz unübersehbar deutlich geworden, daß er absolut unfähig ist, wenn Agrippa nicht für ihn kämpft.« Aber dann zog ein schmerzlicher Ausdruck über sein Gesicht. Nicht Octavian hatte zweiundvierzigtausend Legionäre verloren. Die Ironie der Sache lag natürlich darin, daß Octavian einen solchen Feldzug von vornherein nie unternommen hätte.

»Wenn er fort ist, würde es mir gute Dienste tun, wenn ich selbst nach Rom zurückkehrte«, überlegte Antonius laut. »Ich könnte meine Beziehungen dort erneuern.«

Die zu Octavia? Rasch sagte ich: »Wenn du selbst dorthin zurückkehrst, wird man dich eingehend nach Parthien befragen. Du könntest nichts verbergen. Du darfst nicht im Zustand der Schwäche zurückgehen!«

»Ich war so lange weg … Ich fürchte, ich könnte an Boden verlieren – politisch und im Gedächtnis der Leute. Es kann nötig sein, auf einen Besuch dorthin zurückzukehren.«

»Wenn du hingehst, während Octavian fort ist, wird es aussehen, als hättest du Angst vor ihm!« sagte ich hastig. »Als schlichest du dich hinter seinem Rücken in die Stadt, zu ängstlich, um ihm entgegenzutreten.« Natürlich wußte ich recht gut, daß es der rechte Zeitpunkt war, um dort zu erscheinen: wenn er Rom für sich allein hätte. Aber wenn er jetzt ginge, würde er womöglich wieder in Octavians Kielwasser geraten.

*Die stärkste Natur in seiner Umgebung wird ihn stets führen und beherrschen.* Das durfte ich nicht riskieren. Ich mußte ihn von Rom fernhalten.

»Dann fahre ich hin und rufe ihn zu einem Treffen«, sagte Antonius.

»Nein, nein«, sagte ich. »Laß ihn in Illyrien bleiben. Soll er sich dort schlagen lassen. Laß die Illyrer deine Arbeit tun. Sonst sucht er sich einen Vorwand, sich dort wieder zu entfernen und Agrippa das Kämpfen zu überlassen, der ihm mehr Ruhm bringen wird.«

»Das leuchtet ein, denke ich«, sagte Antonius, aber ich merkte, daß er noch lange nicht überzeugt war. »Ich reise später. Wenn ich den armenischen König bei einem Triumphzug in Ketten vorführen kann.«

»Ja. Das wird die Römer blenden. Sie lieben Triumphe. Und bis jetzt konnte Octavian noch nicht einen einzigen beanspruchen.« Ich mußte das Thema wechseln, und zwar rasch. »Ich werde in Ägypten gebraucht. Ich muß bald zurückkehren.«

»Ja.«

»Was hast du für Pläne? Kommst du mit, oder bleibst du hier bei deinen Soldaten?«

»Wenn ich nur meine Legionen erneuern könnte, dann würde ich so bald wie möglich Armenien angreifen. Aber wir haben schon März, und ich kann unter keinen Umständen für einen neuen Feldzug noch in diesem Sommer bereit sein – er ist in den Bergen so kurz. Und dann ist auch Sextus noch frei und treibt sich mit seinen drei Renegatenlegionen hier herum. Da wage ich nicht, nach Osten zu marschieren und meinen Rücken ungedeckt zu lassen.«

»Also wirst du noch ein Jahr verlieren«, sagte ich. »Noch ein Jahr, das andere dir nehmen.« Erst Octavian mit seiner Verzögerungstaktik und jetzt Sextus. Wie nervenaufreibend es ist, sich in den Klauen ferner Ereignisse zu wissen, die man weder überwinden noch ignorieren kann!

»Um Sextus muß man sich kümmern«, beharrte Antonius.

Er hatte natürlich recht. Und die Wahrheit war, daß Antonius seine Kräfte neu formieren mußte, um seine Armee wie auch seinen eigenen Mut wiederzubeleben.

»Du wirst also hierbleiben?«

»Ein paar Wochen noch«, sagte er. »Danach werde ich wahrscheinlich in der Lage sein, meine Verantwortung von Alexandria aus wahrzunehmen.«

»Spute dich«, sagte ich. »Deine Stadt vermißt dich.«

»Alexandria ist da, wo du bist«, antwortete er, und er nahm mein Gesicht in beide Hände – die eine noch verbunden, die andere wie immer – und schaute mich an.

Meine Abreisevorbereitungen waren beinahe vollendet, und ich würde in tiefer Dankbarkeit gegen Isis und die beiden Götter der Heilkunde – Asklepios und Imhotep – reisen, denn sie hatten Antonius seine Hand zurückgegeben. Sie war gut verheilt, und das Röhrchen und die Fäden waren längst entfernt.

Dann kam er, der Brief aus Rom: Octavia war unterwegs, um Antonius Hilfe zu bringen – Vieh, Proviant, die Schiffe, die von denen, die er Octavian geliehen hatte, noch übrig waren, und zweitausend der besten römischen Soldaten, handverlesene Mitglieder von Octavians vorzüglicher Garde.

Ein sympathischer Bote – Niger, ein Freund Antonius' – hatte den Brief gebracht. Ich war gezwungen, ihn zu bewirten und ihm höfliche Fragen über seine Reise zu stellen, derweil ich mich bemühte, genau herauszufinden, wo Octavia jetzt war. Die Antwort war: fast in Athen mitsamt ihrer Fracht. Dort würde sie Antonius' weitere Anweisungen erwarten.

»Und wie werden diese Anweisungen lauten?« fragte ich Antonius, als wir zu Bett gingen. »Sie wird sicher gehorsam tun, was du verlangst.« Ach, warum hatte er sich nicht längst von ihr scheiden lassen? Warum hatte ich nicht darauf bestanden? Mein Fehler!

»Ich könnte die Soldaten gut gebrauchen …«

»Das ist komisch«, sagte ich. »Deine beiden Frauen kommen zu dir gesegelt und bringen dir Hilfe und Trost. Ein Wunder, daß wir nicht auf hoher See zusammengestoßen sind.«

»Sie ist nicht meine Frau«, sagte er lahm.

»Wieso nicht? Hast du dich von ihr scheiden lassen? Und ich erinnere mich, daß Rom die Bekanntmachung unserer Hochzeit völlig ignoriert hat. Ich existiere nicht als deine Gemahlin – in ihren Augen jedenfalls nicht.«

»Ach, ich habe das alles satt!« Antonius warf sich auf das Bett.

»Dann mach ein Ende!« Gern hätte ich hinzugefügt: *Wie du es schon längst hättest tun sollen.* Aber ich durfte nicht nörgeln. Nicht jetzt. »Schick sie zurück!« Das wäre eine weithin hallende Botschaft.

»Aber die Soldaten …«

»Die Soldaten sind eine Beleidigung! Er schuldet dir vier Legionen, und was schickt er dir? Ein kleines Symbol als Köder – oder als Mittel, dich zur Räson zu bringen. Sie hängen an Octavia wie an einem Haken, und du sollst alles schlucken, wie ein Fisch. ›Sei brav, Antonius, und vielleicht darfst du dann noch mehr haben‹ – das ist es, was er dir damit zu verstehen gibt! Aber ist es auch das, was du willst? Sein Untergebener sein und nach seiner Pfeife tanzen? Ich sage dir, es ist eine unverschämte Herausforderung! Zweitausend

Mann, wenn er dir zwanzigtausend schuldet, und die nur im Paket mit seiner Schwester – der Verlängerung seiner selbst!« Ich funkelte ihn an. »Du hast selbst gesagt, es sei, als hättest du Octavian in deinem Bett!«

»Ja, ja.« Er starrte an die Decke.

»Nun, tu, was du willst«, sagte ich, und ich meinte es ernst. Er mußte selbst entscheiden. »Ich fahre nach Alexandria zurück. Dein Schiff geht entweder nach Athen oder nach Alexandria. Das sind zwei entgegengesetzte Richtungen.«

Ich drehte mich auf die Seite und zog mir die Decke über die Schulter. Ich hatte Herzklopfen, aber das kam nur daher, daß diese Entscheidung, wie alles Unwiderrufliche, schnell und unerwartet vor uns gestanden hatte. Dennoch war sie mir – auf eine mysteriöse Weise – willkommen. Jetzt war es soweit; endlich mußte er sich für eine Richtung entscheiden: nach Norden oder nach Süden.

Es war nicht meine Art, aber ich würde nichts weiter sagen, um ihn zu beeinflussen. Die Entscheidung mußte ganz und gar seine eigene sein und aus seinem Herzen kommen. Sonst würde sie nichts bedeuten.

Am nächsten Morgen kam ein fröhlicher Brief von Octavia; sie teilte mit, daß sie in Athen angekommen sei, und unterschrieb als »dein treues Weib«. Einen Tag später bestiegen Olympos und ich das Schiff nach Alexandria.

Wie bei unserer Ankunft stand Antonius allein am Strand und schaute zu uns herüber.

Ich wartete, obwohl ich mir natürlich einredete, daß ich nicht wartete. Ich stürzte mich in die Arbeit, die sich in meiner Abwesenheit in Ägypten aufgetürmt hatte, zumal seit das Meer wieder schiffbar war. Der Handelsverkehr, der durch Sextus unterdrückt worden war, hatte bereits seine volle und gesunde Kraft wiedergefunden.

»Es besteht kein Zweifel daran, daß Octavian der Welt einen Gefallen getan hat, als er ihn aus dem Weg räumte«, meinte Mardian. Er hielt eine Auflistung der Öl-Amphoren in der Hand, die im April expediert worden waren. »Jedesmal wenn jemand sein Brot in Öl taucht, kann er sich bei Octavian bedanken – sowohl für das Brot als auch für das Öl. Ganz gleich, ob er in Griechenland, Zypern oder Italien ißt.«

Verdrossen mußte ich zustimmen. Selbst wir in Alexandria hatten einen Nutzen davon; unsere Handelsschiffe konnten jetzt fahren, wohin immer sie wollten.

»Hier ist ein Beweis für die Ausweitung des Handelsverkehrs.« Mardian nahm etwas aus einem Kasten. Rudernde Beine und ein faltiger Hals streckten und sträubten sich. »Zwei Schildkröten aus Armenien. Der König schickt sie. Er sagt, er wisse, daß wir ein Tiergehege haben, und er hoffe, daß wir so etwas noch nicht besäßen.« Er drehte das Tier in der Hand. »Er sagt, ihr Blut gefriert nicht, und sie können im Schnee schlafen, ohne Schaden zu nehmen.«

»Anders als Antonius und seine Männer!« Mit so schäbigen Geschenken suchte der König also die Strafe von sich abzuwenden. Er war wirklich dumm.

Mardian streichelte der Schildkröte den Kopf, und ihr schien das zu gefallen; zumindest hörte sie auf zu zappeln. »Eine Tragödie«, pflichtete er mir bei. »Und jetzt die … Sache mit Octavia.«

»Ja, sie sitzt in Athen, inmitten ihrer Köder. Octavian hat sie geschickt; auf ihrem Mist kann es nicht gewachsen sein.« Dessen war ich sicher.

»Woher weißt du das?« Mardian runzelte die Stirn.

»Selbst wenn es ihr Wunsch gewesen wäre, er hätte es ihr niemals erlaubt, wenn es seinen eigenen Zwecken nicht dienlich wäre. Außerdem hat sie keine eigenen Gedanken, Wünsche oder Pläne.«

Die schwache Kreatur war es ja zufrieden zu heiraten, wie und wo es ihr Bruder verfügte, und sich umherschicken zu lassen wie eine Sklavin. Was nützte da all ihre Gelehrsamkeit und ihr vielgerühmter vornehmer Charakter?

»Alle in Rom preisen sie«, sagte Mardian vorsichtig. »Und es heißt, sie sei … schön.«

»Ich habe sie gesehen. Sie ist es nicht! Die Leute erzählen die lächerlichsten Sachen! Dann klingt die Geschichte besser, und die Konkurrenz zwischen ihr und mir erscheint schärfer. Ich und meine orientalischen Ränke gegen die tugendsame Schönheit Roms.« Ich wußte, daß man es so wahrnahm und daß dagegen nichts zu machen war. Wie gesagt, die Menschen lieben dramatische Geschichten und elementare Konflikte.

»Antonius wird sich entscheiden müssen«, sagte ich. »Und ich werde ihm dabei nicht helfen.«

»Meine Liebe, wenn du das nicht schon getan hast, wirst du es nicht können«, meinte Mardian.

Am hellichten Tag hatte ich tapfer mit Mardian gesprochen, aber nachts lag ich wach und war längst nicht mehr so sicher. In Wahrheit riet der gesunde Menschenverstand Antonius dazu, in den Schoß Roms zurückzukehren. Sein östliches Abenteuer war gescheitert; er sollte die Sache verloren geben und hinter sich lassen. Er besaß jene ungewöhnliche Eigenschaft, wie ein Chamäleon überall hinzupassen. In Helm und Purpurmantel des Generals sah er aus wie das Inbild eines Soldaten, in seiner Toga war er ein römischer Magistrat, in griechischen Gewändern war er ein Gymnasiarch, in Löwenfell und Tunika ein Herkules, und mit Weinranken bekränzt war er Dionysos, ein östlicher Gott. Im Gegensatz zu mir konnte er allen Menschen alles sein – das war sein Talent und sein Zauber.

Jetzt konnte er mühelos wieder den römischen Mantel anlegen, seine römische Ehefrau bei der Hand nehmen und nach Rom zurücksegeln. Der Osten hatte ihm seine Träume nicht erfüllt – nun gut, woanders gab es andere für ihn. Octavian würde ihn daheim willkommen heißen; die Irrungen seiner Vergangenheit wären vergeben. Mich würden sie niemals erwähnen, denn das wäre ihnen beiden peinlich.

Der Westen war Antonius sicher. Ich hatte nichts weiter zu bieten als den mühevollen Kampf um den Bau einer breiten östlichen Allianz und am Ende vielleicht eine gleichrangige Partnerschaft mit Rom. Das und mich selbst.

Aber ich wunderte mich doch über eine Frau wie Octavia. Wenn mein Gemahl mich verlassen und in aller Öffentlichkeit eine andere geheiratet, wenn er ihr Land geschenkt und ihr Konterfei auf Münzen hätte prägen lassen, so hätte ich ihn niemals zurückhaben wollen – oder ich hätte ihn doch wenigstens nie zurückgenommen, sosehr ich ihn vielleicht auch gewollt hätte. Und ihm sogar nachzulaufen … Ich hätte mich geschämt, auch nur daran zu denken!

Wer vor Octavian das Knie beugte, mußte tiefe Demütigungen in Kauf nehmen – selbst wenn es sich um seine »geliebte« Schwester handelte. Wieviel mehr galt das für seinen Kollegen im Triumvirat?

Und als Tag um Tag verging, gewöhnte ich mich an das Warten. Es wurde ein Teil von mir.

Mardian stellte sich sogar der Herausforderung, literarische Verweise auf »Warten« und »Geduld« zu finden, und ließ sich dabei vom Bibliothekar des Museions helfen.

»Homer sagt in der *Ilias*: ›Die Schicksalsgöttinnen haben der Menschheit eine geduldige Seele geschenkt‹«, trug er mir eines Tages vor.

»Das ist so allgemein, daß es gar nichts bedeutet«, entgegnete ich. So war es auch; viele Menschen hatten überhaupt keine Geduld.

»›Geduld ist die beste Medizin für jedes Leiden‹, schreibt Plautus«, erzählte er an einem anderen Tag.

»Noch ein Gemeinplatz!« antwortete ich verächtlich.

»Dann hätten wir hier etwas Obskures«, fuhr er fort. »Archilochos schrieb: ›Die Götter geben uns die bittere Medizin der Ausdauer.‹«

»Warum sollte die von den Göttern kommen?« Mir war streitlustig zumute. »Sappho versteht es besser. Sie sagt: ›Der Mond und die Plejaden sind untergegangen. Mitternacht, und die Zeit kreiset fort. Ich aber liege im Bett, allein.‹«

»Hm.« Mardian schüttelte den Kopf und räusperte sich. »Wieso quälst du dich, indem du Sappho liest?«

»Lyrik spendet mir Trost und entflammt mich zugleich«, sagte ich.

»Du solltest es besser wissen.« Er rümpfte die Nase. »Sie ist Gift für die Seele.«

An einem anderen Tag legte er mir ein Papier von Epaphroditos vor, der in den Schriften seiner Religion auch ein Zitat gefunden hatte. »Er zitiert aus einer Schrift namens Klagelieder, und dort steht: ›Denn der Herr ist freundlich dem, der auf ihn harrt, und dem Menschen, der nach ihm fragt.‹«

Ich lachte. »Aber ich harre ja nicht auf den Herrn.«

»Meine Liebe, ich gebe auf. Laß dich von Sappho entflammen – oder von wem du willst. Aber es hilft dir nicht!« Er machte ein strenges Gesicht.

Gedichte las ich nur spät in der Nacht, wenn Charmian und Iras sich zurückgezogen hatten und die Vorhänge in meinem Gemach sacht wehten. Dann dehnte die Nacht sich vor mir, und die Worte von Menschen, die seit Jahrhunderten tot waren, schienen mir ein Gewicht zu haben, wie es die Worte Lebender nie hatten. Sie trösteten mich, sie wisperten, und sie gaben mir ein Gefühl der Dankbarkeit dafür, daß ich – so schmerzlich es auch sein mochte – leben durfte, während sie, die armen Seelen, tot waren.

*Später haben wir viel Zeit, da tot wir liegen,*
*Doch unsere wenigen Jahre leben wir schlecht.*

Das war es, was sie mir sagten, und davor warnten sie mich.

Ich rechnete damit, daß die Nachricht tagsüber kommen würde. Das war die Zeit, da die Schiffe einliefen und entladen wurden und die Boten zu Lande eintrafen. Daher schaute ich kaum auf, als eines späten Abends – ich ruhte halb liegend, halb sitzend, auf einem Diwan auf meiner Dachterrasse, sah zu, wie das Mondlicht über die Wellen des Hafens glitt, und schwelgte dabei in Gedichten und kandierten Melonen aus Arabien – einer meiner niedersten Kammerdiener einen Brief brachte.

»Leg ihn da hin«, sagte ich und wedelte mit der Hand zu einer Perlmuttschale, in der ich unwichtigen Kram ablegte. Ich war allzu vertieft in die köstlichen Verse des Dichters Catullus, um jetzt aufzuhören; sie waren so aromatisch und – den Verdacht hatte ich – ebenso ungesund wie meine Süßigkeiten. Ich war doch dankbar, daß ich Latein gelernt hatte und an seinen Qualen und Sehnsüchten jetzt desto besser teilhaben konnte.

*Odi et amo: quare id faciam, fortasse requiris,*
*Nescio, sed fieri sentior et excrucior.*

*Ich hasse, und ich liebe, und wenn du fragst, warum,*
*So weiß ich's nicht,*
*Doch fühl' ich es geschehen und leide.*

Wie unrömisch! Dies, zusammen mit seinen »entflammenden« Gedanken, ließ ihn noch verbotener erscheinen.

Erst als ich vom Übermaß der Empfindungen gesättigt war – ich fühlte mich tatsächlich ausgelaugt, als ich das Buch schließlich beiseite legte –, griff ich müßig nach dem Brief und öffnete ihn.

»Meine liebste und einzige Gemahlin, ich komme zu Dir. – M. A.« Das war alles, was darin stand.

Die schlichten und einfachen Worte waren die beredtesten, die ich je gelesen hatte, und all die literarischen Verzückungen, die ich so bewundert hatte, wirkten daneben klein.

*Meine liebste und einzige Gemahlin, ich komme zu Dir.*

Antonius war schon da. Er hatte den Brief vom Hafen heraufgeschickt. Ich hatte die Lektüre so lange aufgeschoben, daß er auf der Schwelle meines Gemachs stand, als ich fertig war.

Ich hörte, wie die Tür geöffnet wurde, hörte Schritte. Was gibt es jetzt? dachte ich, verärgert über die Störung. Ich wollte den Brief noch einmal lesen, wollte ihn bedenken. Ich stand auf und spähte in die Dunkelheit.

»Charmian?« rief ich. Niemand sonst würde es wagen, um Mitternacht hereinzukommen.

Keine Antwort. Ich zog mein Gewand fester um mich und ging hinein.

Da stand jemand, das Gesicht unter einer weiten Kapuze verborgen.

»Wer bist du?« fragte ich. Wie war er an den Wachen vorbeigekommen? An seiner Größe sah ich, daß es ein Mann war.

Noch immer blieb die verhüllte Gestalt stumm.

»Wer bist du?« wiederholte ich. Wenn er wieder nicht antwortete, würde ich die Wache rufen.

»Kennst du mich denn nicht?« fragte Antonius' Stimme, und er schlug die Kapuze zurück. Mit schnellen Schritten kam er durch das Zimmer, nahm mich in die Arme und drückte mich fest an sich.

Ich konnte nicht sprechen – erst, weil mir die Worte fehlten, und dann, weil er mich so leidenschaftlich küßte.

»Nie wieder werde ich von deiner Seite weichen«, brachte er zwischen zwei Küssen hervor. »Ich schwöre es von ganzem Herzen.«

Es gelang mir, einen Arm freizubekommen und sein Gesicht zu berühren. Er war wirklich da – es war keine Erscheinung, hervorgerufen durch das Verschwimmen der Sinne in Träumen und Sehnsüchten.

Ich nahm seine Hand und führte ihn zum Bett, und dort setzten wir uns still hin. Ich schob den Mantel von seinen Schultern und ließ ihn fallen. Fast auf den Tag genau fünf Jahre war es her, daß er hier in meinem alexandrinischen Bett gewesen war. Lange Zeit war ich darin allein gewesen.

»Ich lasse dich auch nicht mehr fort«, flüsterte ich. »Du hattest deine Gelegenheit zur Flucht. Jetzt mußt du für immer bleiben.«

»Es gibt keine Wirklichkeit für mich, wenn nicht hier«, sagte er.

Und ich hieß ihn willkommen in meinem Herzen, meinem Bett und meinem Leben.

*Alea iacta est*: Die Würfel sind gefallen. Wie Cäsar den Rubicon überschritten und verbotenes Gelände betreten hatte, so war Antonius jetzt am östlichen Ende des Mittelmeers nach Ägypten herunter gesegelt, mit offenen Armen seiner Bestimmung entgegen, seiner Zukunft, seinem Schicksal.

# 62

Am Morgen hatte sich die Neuigkeit nicht nur im Palast, sondern in ganz Alexandria herumgesprochen: Marcus Antonius hatte hier seine Residenz bezogen! Aber in welcher Eigenschaft war er hier? Als römischer Triumvir oder als Gemahl der Königin oder als König von Ägypten? Wie sollte man ihn behandeln? Glücklicherweise schien Antonius selbst sich darüber keine Gedanken zu machen; ihm genügte es, hier zu sein – mochten andere sich den Kopf darüber zerbrechen, wie sie ihn nennen sollten oder was sein offizieller Status wäre.

»Wie überaus orientalisch«, sagte ich an jenem Morgen zu ihm, als er den stammelnden Kammerdiener mit den unbekümmerten Worten »Nenne mich, wie du willst – nur nicht Dummkopf!« entließ. »Du weißt, daß wir es gern vieldeutig haben.«

»Ja. Deshalb finden die Römer euch so schlüpfrig.« Er tappte zum Fenster und schaute hinaus auf den lockenden Hafen, wo das Grün des Wassers langsam in das Blau des Himmels überging. Wo die beiden einander berührten, ergab sich eine prächtige, sanfte Mischung von Farben. Antonius sah zufrieden aus, ein Mann, dem es gefiel, wo er war. Er hob die Arme über den Kopf und streckte sich. »Wenn man meine Kleider vom Schiff heraufgeschickt hat, werde ich mich anziehen.« Er hatte alles an Bord gelassen. »Einstweilen könnte ich doch das Gewand deines Vaters tragen, denke ich – falls du es noch hast.«

Als würde ich es je wegwerfen, nachdem ich es so lange aufgehoben hatte! Es war das Gewand, das er in seinen eigenen Gemächern getragen hatte, und ich hatte Erinnerungen daran, wie die Falten ihn umhüllten, während wir ein Brettspiel spielten oder still etwas lasen. Dennoch war es mit Juwelen bestickt und hatte Verzierungen an den Ärmeln. Ein Ptolemäer ist niemals ohne Schmuck.

Kaum hatte Antonius es übergezogen, fragte er nach den Kindern. »Und eines ist dabei, das ich nie gesehen habe«, erinnerte er mich.

Die Zwillinge kamen hereingestürmt; Alexander sprang an ihm hoch und versuchte, wie ein Äffchen an ihm hinaufzuklettern, und Selene umarmte mit geschlossenen Augen seine Knie.

»Hast du viele Feinde mitgebracht?« fragte Alexander. »Sind sie in Käfigen?«

»Nun ... bei mir habe ich sie nicht«, gestand Antonius.

»Aber du hast viele, nicht wahr?« sagte Alexander. »Was wirst du mit ihnen anfangen?«

»Ich habe mich noch nicht entschieden«, sagte Antonius. »Das ist ja manchmal das Schwierigste.«

»Vielleicht können wir sie essen!« Alexander quiekte. »Eine Suppe davon kochen!«

»Du bist ein blutrünstiger kleiner Teufel«, sagte Antonius. »Von wem kannst du das nur haben? Ich glaube nicht, daß sie eine gute Suppe abgeben würden – sie sind zu mager und sehnig.« Er wandte sich an Selene. »Du möchtest doch keine Parther-Suppe, oder?«

Sie schüttelte langsam den Kopf und zog eine Grimasse. »Schmeckt nicht«, sagte sie.

»Recht hast du. Bestimmt würde das sehr scheußlich schmecken.« Er hob den Kopf, als die Kinderfrau den Säugling hereinbrachte; sie trug ihn in der Armbeuge.

Dem kleinen Ptolemaios Philadelphos standen die Haare senkrecht zu Berge, und er hatte leuchtende dunkle Augen. Er war eben dabei, sein Grinsen zu vervollkommnen, und probierte es an jedermann aus, aber Antonius bildete sich ein, es sei ganz allein für ihn gedacht.

Er schaute auf ihn herab. »Was für ein Kind!« In seiner Stimme lag unverhohlener Stolz. »Aber sein Name ... Können wir nicht ... etwas Persönlicheres finden?«

Ich nahm den Kleinen; er war inzwischen sechs Monate alt und nahm alles um sich herum wahr. Mit dicken Händchen griff er in mein Haar. »Ich habe es versucht, aber nichts gefunden. Römische Namen sind so phantasielos; ihr habt ja nur ungefähr zwanzig Vornamen, und da sie zur Familie gehören, könnt ihr eigentlich nur unter vier oder fünf aussuchen. Wie heißen deine Brüder wieder – Lucius und Gajus? So alltäglich.«

»Nun Ptolemaios Philadelphos ist alles andere als alltäglich. Aber es hört sich an wie ein Denkmal.«

Ich setzte den Kleinen ab und sah zu, wie er anfing, über den blanken Boden zu rutschen. Das Krabbeln war eine neue Kunst bei ihm. »Ich hoffe, es wird sich noch ein Rufname finden«, sagte ich. »Er hat so blanke Augen … Vielleicht ergibt sich da etwas …«

»Oder, wenn du schon ein Denkmal haben mußt, dann vielleicht Monumentum«, schlug Antonius vor und lachte. »Und er hat so stachlige Haare – schade, daß wir ihn nicht Erinaceus nennen können, den ›Igel‹.«

»Ich sehe schon, die obligaten Antoniusse und Marcusse haben dir deine Phantasie vernebelt. Aber ich erlaube nicht, daß mein Sohn ›Igel‹ genannt wird!«

»Vielleicht werden die Alexandriner ihm einen Namen geben, wie sie es bei Cäsarion getan haben«, sagte er. »Wo ist Cäsarion überhaupt?«

»Höchstwahrscheinlich beim Reiten. Er hat sich in sein Pferd verliebt«, sagte ich. »Er ist im passenden Alter.«

In der flachen Ebene jenseits der östlichen Stadtmauer lagen das Hippodrom – die Pferderennbahn, die Weiden und Übungsplätze, die zu den königlichen Stallungen gehörten. Meine Vermutung, daß Cäsarion dort sein würde, hatte sich als treffend erwiesen – ebenso treffend wie das Geschenk eines wunderbaren Pferdes. Er hatte es nach dem von einem griechischen Helden gezähmten Hengst Kyllaros genannt, und seitdem lebte er mehr im Stall als im Palast.

Jetzt ritt er in frischem Trab am Zaun entlang; seine langen Beine umschlangen fest die Flanken des Pferdes, und er führte es mehr damit als mit dem Zügel. Kyllaros reagierte mit feiner Empfindsamkeit und wandte sich auf den sanftesten Druck von Cäsarions Knie hierhin und dorthin. Dann – er hatte unsere Anwesenheit noch nicht bemerkt – beugte Cäsarion sich nach vorn und signalisierte dem Pferd durch diese Haltungsänderung, daß es nun schneller werden solle. Das Pferd verfiel sogleich in Galopp, und Cäsarion beugte sich über seinen Hals und duckte sich im Wind, so daß er fast ein Teil des Tieres wurde und jede seiner Bewegungen beim Laufen absorbierte.

Ich sah es im selben Augenblick wie Antonius: Es war Cäsar selbst, der da ritt: genau die gleiche Art und Weise. Wie er an jenem Tag geritten war, als wir zum letzten Mal zusammen gewesen waren …

Die Erinnerung war so schneidend, daß sie tatsächlich in meiner Brust schmerzte – und mich zugleich das Gegenmittel, der Stolz, süß durchrauschte, als ich sah, wie sein Sohn ihn neu erschuf …

»Cäsarion!« Ich winkte, um ihn aufmerksam zu machen. Dann wandte ich mich zu Antonius um und sah den Ausdruck des Erstaunens in seinem Gesicht.

»Ich dachte, ich würde dies nie wieder sehen«, sagte er leise. Er wirkte erschüttert. »Die Schatten erwachen noch einmal zum Leben.«

Weit hinten auf dem Feld ließ Cäsarion sein Pferd langsamer laufen, indem er nach und nach sein Gleichgewicht verlagerte, und dann lenkte er Kyllaros in unsere Richtung. Er saß jetzt aufrecht und spähte neugierig über die Ohren des Pferdes zu uns herüber. Als er näher kam, verschwand die gespenstische Ähnlichkeit mit Cäsar ein wenig und verging in der Jugend seines Gesichtes; die tiefliegenden Augen waren weder wachsam noch müde, noch waren sie von Fältchen umgeben. Der entschlossene Mund lag in einem glatten Antlitz, das frei von Prüfungen war.

»Mutter«, sagte er mit einem Kopfnicken, während er vom Pferd glitt. »Triumvir«, begrüßte er Antonius. Er wußte offenbar nicht, wie er ihn anreden, ja, nicht einmal, ob er ihn anlächeln sollte.

»Du bist ein geborener Kavallerist«, sagte Antonius mit echter Bewunderung.

Jetzt lächelte Cäsarion doch. »Meinst du?« Er bemühte sich, nicht allzu erfreut auszusehen.

»Allerdings. Wenn du drei oder vier Jahre älter wärest, würde ich mit General Titius oder Plancus über dich sprechen. Wie alt bist du – vierzehn?« Er wußte sehr wohl, daß der Junge erst zwölf war, aber er wußte genauso gut, was zwölfjährige Jungen gern hörten.

»Nein, ich bin … ich werde nächsten Monat zwölf.« Er richtete sich auf.

»Ah«, sagte Antonius. »Dann bist du über die Eidechse längst hinausgewachsen. Erinnerst du dich noch?«

»Ob ich mich erinnere? Sie ist erst im vorigen Jahr gestorben!« Mehr und mehr kam der kleine Junge zum Vorschein.

»Wir haben einen sprechenden Raben mitgebracht«, sagte Antonius. »Aber mir gefällt nicht immer, was er sagt.«

»Warum nicht?«

»Es ist entweder unsinnig oder beleidigend.«

Cäsarion kicherte. Dann senkte sich Stille herab, eine Stille, die schnell zunahm.

Antonius erspürte den Augenblick und stürzte sich hinein, wie er ins Feld galoppierte; er ergriff meine Hand. »Deine Mutter war so gut, mich zu heiraten, obwohl ich ein gemeiner Mann bin – nicht von königlichem Blut und auch nicht gottähnlich wie Cäsar. Aber ich habe alte Erinnerungen an ihn, die weit über die Jahre in die Zeit zurückreichen, bevor er nach Ägypten kam, und vielleicht kann ich dir über ihn erzählen, was du wissen willst. Ich weiß Dinge über ihn, die selbst deine Mutter nicht weiß! Und ich werde dich lehren, was er mich über das Soldatenhandwerk lehrte, in den Wäldern Galliens und auf dem Feld bei Pharsalos. Ich glaube, das würde ihm gefallen. Tatsächlich habe ich die Königin nur aus diesem einen Grund geheiratet – damit ich zu dir und nach Alexandria zurückkehren kann.« Er sah mich an und lachte.

»Ja, wahrscheinlich stimmt das«, sagte ich. »Deshalb, und weil du ägyptische Schiffe brauchtest.«

Cäsarion lächelte. »Ich bin froh, daß du wieder da bist. Du hast mir gefehlt«, flüsterte er.

Ja, das war zum Teil der Grund meines Herzeleids gewesen – zu wissen, daß auch Cäsarion Zuneigung zu ihm gefaßt hatte, nur um ihn wieder zu verlieren.

»Du hast mir auch gefehlt«, sagte Antonius. »Ich habe einen Sohn, der fast so alt ist wie du – oh, nicht *ganz* so alt! –, er ist erst ungefähr zehn. Genau wie du der ›kleine Cäsar‹ bist, ist er der ›kleine Antonius‹ – Antyllus. Vielleicht kommt er einmal zu Besuch, und ihr zwei könnt euch gegen mich verbünden.«

Antyllus war der Sohn, den er mit Fulvia hatte, und bis zu diesem Augenblick hatte er ihn mir gegenüber nie erwähnt. Er machte es mir leicht, zu vergessen, daß es in Rom immer noch Menschen gab, die ihm am Herzen lagen und die er jetzt wahrscheinlich nicht wiedersehen würde. Ich hatte mich so sehr von meiner Rivalität mit Octavian und Octavia in Anspruch nehmen lassen, daß ich alle anderen familiären Bindungen, die er dort noch hatte, aus den Augen verloren hatte. Kein Wunder, daß er gern besuchsweise zurückkehren wollte.

Aber das durfte er nicht – nein, er durfte es nicht!

»Nun, wir werden ihn einladen müssen«, sagte ich sofort. »Ja, laß ihn zu uns nach Alexandria kommen!«

Wir lagerten auf den Diwanen in unserem privaten Speisezimmer – genau neun Personen auf neun Plätzen. Das Protokoll wurde vergnügt ignoriert. Die drei Kinder drängten sich zusammen auf einem Diwan, wo sie kleckern und einander knuffen konnten; Antonius und ich lagen einander gegenüber auf den Diwanen, die wir mit Iras, Charmian, Mardian und Olympos teilten. Mardian hatte sich diskret zwischen Antonius und Olympos niedergelassen, so daß seine fülligen Proportionen die beiden voneinander trennten.

Das war meine Familie – das waren die Menschen, die ihr Leben für mich lassen würden wie ich das meine für sie. Mit all ihren Fehlern, Schwächen und Unzulänglichkeiten waren sie dennoch meine einzige Rüstung und Zuflucht vor den Unbilden, die das Schicksal bereithalten konnte.

Olympos beobachtete Antonius' Hand und verfolgte, wie er sie beim Essen benützte: Konnte er sie mühelos krümmen? Funktionierte sie gut? Die Götter mochten verhüten, daß er unmittelbar fragte!

»Du hast gute Arbeit geleistet, Olympos«, sagte ich und ließ ihn erschrecken. »Die Hand des Triumvirn ist gut verheilt.«

Olympos starrte mich stirnrunzelnd an. Nur innerhalb der Familie dürfen wir einander in Verlegenheit bringen, indem wir die Gedanken des anderen lesen – und verraten. »Das sehe ich selbst«, antwortete er.

»Du hast meine Hand gerettet, du Wundertäter!« sagte Antonius. Er wedelte damit, ohne sich die Mühe zu machen, das Brot, das er in den Fingern hielt, auf den Tisch zu legen. »Ja, sie wäre fast abgefallen«, erzählte er Alexander, der große Augen machte. »Da hat Olympos ein Zauberrohr hineingesteckt, und das ganze Gift ist herausgelaufen.«

»Also wirklich!« sagte Cäsarion.

»Nein, es stimmt«, erklärte ich. »Es war ein Instrument aus der alten Medizin, das Olympos wiederentdeckt hat.«

»Ich habe bei der Behandlung deiner zerschlagenen Armee eine Menge über Wunden gelernt«, bekannte Olympos. »Ich habe mehr Gelegenheit zum Üben bekommen als manch anderer Arzt im ganzen Leben. Ich wünschte ... Es könnte interessant sein ...« Rasch brach er ab und begann hungrig an einem knusprigen Stück vom honigbestrichenen Lammbraten zu knabbern.

»Was könnte interessant sein?« fragte ich neugierig.

»In Rom ein bißchen eingehender zu studieren«, sagte er. »In der Hauptstadt der Welt der Kriegsverletzungen.«

»Aber Olympos, du hast doch beharrlich behauptet, Rom habe Griechenland in Fragen der Medizin nichts beizubringen«, erinnerte ich ihn. Ich hatte solche Mühe gehabt, ihn dazu zu überreden – wenn das der richtige Ausdruck ist –, nach Rom zu gehen.

»Wunden fallen nicht in das Gebiet der Medizin«, sagte er verstockt. »Die Behandlung ist etwas ganz anderes. Die Griechen erforschen Krankheiten; Kriegswunden sind jedoch Unfallverletzungen.«

»Nun, warum gehst du denn nicht nach Rom?« fragte Antonius sofort. »Wir versprechen dir auch, nicht krank zu werden, solange du weg bist. Oder in den Krieg zu ziehen.«

Olympos zuckte die Achseln. »Ach, es war nur ein Gedanke. Ich bin ja kein Feldchirurg. Hier in Alexandria haben wir es mit anderen Notfällen zu tun. Es war eine törichte Idee.«

»Ich finde auch, du solltest nach Rom gehen«, sagte Cäsarion mit lauter, klarer Stimme. »Und mich mitnehmen.«

Ich schaute ihn an, wie er auf den Ellenbogen gestützt dalag; in seiner schlichten Tunika sah er aus wie jeder andere Jüngling unseres Landes. »Was?« fragte ich.

»Ich will nach Rom«, sagte er. »Ich will es sehen. Ich lerne jetzt seit drei Jahren Latein. Mein Vater war Römer, und du sprichst immer von seinem Vermächtnis, das Octavian mir gestohlen hat, aber ich habe es nie gesehen. Ich kann es mir nicht einmal vorstellen – ebensowenig wie Rom und die Römer!«

»Du hast auf alle Fälle schon eine Menge Römer gesehen.« Olympos sprang sogleich in die Bresche. »Sie sind überall in der Welt. Man kommt gar nicht um sie herum.« Er stellte seinen Becher hin und schaute den Jungen streng an. »Das ist also kein Grund, nach Rom zu fahren – nur weil man Römer sehen will.«

»Ich habe ja nicht gesagt, daß ich *Römer* sehen will. Ich will *Rom* sehen«, sagte Cäsarion mit dem gleichen ruhigen, hartnäckigen Nachdruck, den auch sein Vater im Gespräch gezeigt hatte. O Isis, wie sehr glich er ihm! »Ich will das Forum sehen, ich will das Haus des Senats sehen, ich will den Tiber sehen, und – jawohl, ich will auch den Tempel des göttlichen Julius sehen! Ich will den Tempel meines Vaters sehen!« Seine Stimme wurde höher und wurde weinerlich und kindlich. »Jawohl! Jawohl! Und es ist ungerecht, daß ich es nicht darf!« Er sah mich an. »Wie kannst du erwarten, daß mir daran oder an meinem Erbe etwas liegt, wenn ich es nie gesehen habe? Ich kann ja deine Erinnerungen nicht aus deinem Kopf stehlen; ich brauche meine eigenen! Nichts ist kostbar, wenn man es nicht selbst gesehen hat.«

»Das nun ist ein Argument, über welches Philosophen debattieren«, sagte Mardian beschwichtigend. »Sie sagen ja, das Unsichtbare kann wirklicher sein als –«

»Das ist gelogen«, unterbrach Cäsarion eisig. »Und du brauchst nicht das Thema zu wechseln.« Herrisch winkte er dem Eunuchen ab. Wo war das Kind plötzlich geblieben? »Früher oder später muß ich doch hin. Warum also nicht gleich?«

»Warum mußt du früher oder später hin?« fragte ich.

»Wenn ich Anspruch auf meine römische Hälfte erheben will, dann kann ich es nicht, wenn ich mir selbst fremd bin – oder ihnen.«

Nach Rom! Ich fühlte mich verraten: Er wollte nach Rom, in das Nest meiner Feinde, das nie etwas anderes als Schmerz für mich enthalten hatte. Andererseits, obgleich er so ganz und gar mein zu sein schien, mit Haut und Haaren ein Ptolemäer, so wußte ich doch, daß er die Wahrheit sagte – zur Hälfte hatte er *ihr* Blut. Mein eigenes Kind war halb fremdländisch.

»Ja, das sehe ich ein«, sagte ich langsam. »Aber warum jetzt?«

»Warum noch länger warten? Ich will es jetzt sehen. Außerdem nimmt niemand Notiz von einem Kind; niemand wird bemerken, daß ich da bin. Ich will sie sehen, ich will nicht von ihnen gesehen werden. Olympos soll mich mitnehmen. Olympos kann als gewöhnlicher Mensch auftreten, und ich kann sein Gehilfe sein. Wir werden unsichtbar sein.«

»Du kannst nicht ohne Leibgarde gehen«, erklärte ich. »Begreifst du nicht, daß du eine Gestalt der Öffentlichkeit bist? Wenn jemand –«

»Der Junge hat recht«, sagte Antonius plötzlich. »Ein Niemand ohne Garde reist sicherer als Cäsarion mit Garde.«

Antonius! Antonius stellte sich auf ihre Seite! »Es ist zu gefährlich«, sagte ich. »Ich kann ihn nicht so wegschicken ...«

»Es kommt die Zeit, da ein Junge – ein junger Mann – von seiner Mutter fortgehen muß«, sagte Antonius. »An diesem Tag wird er erwachsen – an dem Tag, da er zum ersten Mal den Wunsch danach verspürt und entsprechend handelt. Bei manchen geschieht es eher als bei anderen.«

Aber es war noch zu früh dazu! Ich schüttelte entschlossen den Kopf. Es war zuviel verlangt.

»Ich werde ihn mit meinem Leben beschützen«, sagte Olympos. »Und ich glaube, es wäre gut für uns beide. Wir würden beide viel lernen – was uns bei unserem Lebenswerk helfen wird.«

Jetzt wollte er also auch gehen! Hätten ihn doch die Götter nie davon anfangen lassen! Aber Cäsarion hätte eine andere Gelegenheit gefunden und vielleicht eine schlechtere ...

»Laß mich gehen!« flehte Cäsarion. »Ich möchte gehen ...«

»So«, sagte ich zu Antonius, als wir am späten Abend allein waren, »du willst also mein Kind an deiner Statt schicken.«

Er schüttelte den Kopf. »Nein. Der Junge möchte gehen.«

»Und du möchtest es auch!«

»Das bestreite ich nicht. Es gibt politische Gründe dafür, aber auch – nun, Rom ist meine Heimat. Ich bin schon lange fort ...«

»Nicht so lange wie Cäsar, und er kehrte mächtig zurück.«

Antonius ließ sich auf eine der gepolsterten Bänke im Zimmer sinken. Die Nacht schien heißer zu werden; zwei Diener standen neben ihm mit Straußenfederfächern und bewegten sie langsam auf und ab. Sie schienen nicht zuzuhören, aber ich wußte, daß sie es doch taten. Ich schickte sie hinaus, und die heiße Luft legte sich wie eine Decke auf uns.

Antonius schaute zu mir auf, nicht wie ein Ehemann oder Liebhaber, sondern wie ein Ratgeber. »Manche sagen – und ich kann es nicht ganz und gar abstreiten –, daß Cäsar ermordet wurde, weil er den Kontakt mit Rom verloren hatte und nicht mehr wußte, was die Römer dachten. Weil seine lange Abwesenheit ihn für sie zum Fremden gemacht hatte – sonst hätte er das Mißfallen spüren können, das ihn wie ein Wirbel umströmte ...«

»Selbstverständlich war er sich dessen bewußt!« Ich erinnerte mich an die Pein, die es ihm bereitet hatte; das war ja eine der Qualen der Intelligenz.

»Hätte er es wirklich begriffen, dann hätte er gewußt, daß das Volk es nicht hinnehmen würde, wenn er es noch einmal verließe, um drei Jahre in Parthien zu verbringen und es aus der Ferne zu regieren. Die Menschen hatten genug von ihrem fernen ... König.«

Ich mußte kurz nachdenken. Was er da sagte, hatte Gewicht. Aber was konnte man dagegen tun? »Ich habe Angst, Cäsarion gehen zu lassen«, sagte ich schließlich. Hatte ich Angst, er werde nicht zurückkommen, werde in den Strudel von Rom gerissen werden?

»Er muß es selbst sehen«, sagte Antonius. »Nur so wird die Macht Roms über seine Phantasie gebrochen.«

Als ich in dieser Nacht schlaflos dalag und zum Lichtschein der flackernden Öllampe hinaufstarrte, der über die Decke spielte – das Öl war fast verbrannt –, da mußte ich unablässig an Rom denken. Antonius hatte immer noch viele Anhänger dort, viele Senatoren, die ihn unterstützten, viele der alten Republikaner und Aristokraten. Seine Herkunft – ein Großvater, der Konsul und ein berühmter Redner gewesen war, ein Vater, dem als erstem Römer der uneingeschränkte militärische Oberbefehl verliehen worden war, eine Mutter aus der verehrten Sippe der Julier – leuchtete noch immer hell am römischen Firmament. Aber wie lange noch? Dinge, die man nicht sieht, verblassen in der Erinnerung, und schon vorher war Octavian da, der mithalf, das Bild Antonius' schwinden zu lassen. Je länger er es treiben konnte, desto vollkommener würde der Erfolg sein.

Und doch konnte Antonius nicht hinreisen, nicht jetzt – nicht nach der parthischen Demütigung und nachdem er Octavia fortgeschickt hatte. Alles, was ich zu ihm gesagt hatte, als ich dagegen gesprochen hatte, stimmte noch immer. Aber es stimmte auch, daß seine Macht im Westen verwitterte, und das war gefährlich.

Lepidus fort ... Sextus geschlagen ... Octavia fortgeschickt ... Alle Brücken und alle Bindungen zwischen Octavian und Antonius waren zerstört. Sie befanden sich bereits im Krieg. Wann würde Antonius es bemerken?

Weil ich vor allem Realistin bin und dem ins Auge sehe, was *ist*, nicht dem, was sein sollte, könnte, müßte, wußte ich, daß ich Cäsarion mit Olympos gehen lassen mußte. Wenn man geschlagen ist, soll man sich mit Anstand fügen und retten, was in dieser Lage noch zu retten ist. Cäsarion würde nach Rom reisen – also gut, dann mußte ich ihn darauf vorbereiten.

»Es liegt nicht am Meer«, sagte ich.

»Das weiß ich«, antwortete er stolz. »Ich habe die Karten studiert.«

»Das bedeutet, dort weht kein Seewind, und im Sommer wird es sehr heiß – heißer als in Alexandria. Außerdem sind die Häuser niedrig und aus Backsteinen, und die Straßen sind eng und gewunden – es wirkt alles sehr dunkel und eng.«

»Aber es gibt doch Gärten …«

»Ja, bei der alten Villa jenseits des Tibers, die Cäsar gehörte und wo du als kleines Kind gewohnt hast. Sie gehören jetzt der Öffentlichkeit, so daß die Römer Gelegenheit haben, ein wenig frische Luft zu schnappen.«

Die wohlgeordneten, stillen Gärten – waren sie jetzt angefüllt von Massen schwitzender Menschen mit stinkendem Atem?

»Ich werde sie besuchen und auch alle anderen Orte, an denen du gewesen bist«, sagte er feierlich. Es war eine richtige Wallfahrt für ihn.

»Du kannst mich in Rom sehen. Geh zum Tempel der Venus Genetrix, dem Familientempel der Julier; er steht auf dem neuen Forum. Darin gibt es eine Statue von mir; dein Vater hat sie aufgestellt, und damals war es ein großer Skandal.«

Und er liebte mich im leeren Tempel, im Schatten der Statuen, hätte ich fast hinzugefügt. Aber dafür war er noch zu jung; ich wäre bei der Erinnerung daran selbst fast errötet. Wie jung war *ich* damals gewesen, wie schockiert, wie zögerlich! Aber Cäsar hatte immer getan, was er wollte und wo er es wollte. Hatte sein Sohn das von ihm geerbt? Ich glaubte es nicht.

»Sieh dich vor!« warnte ich. »Halte die Augen weit offen, und achte auf alles! Und dann kommst du zurück.«

Dann kommst du nach Hause, wollte ich sagen. Aber womöglich würde sich herausstellen, daß Rom sein Zuhause war. Wohin mochte er gehören, Cäsars Sohn und meiner?

»Hier«, sagte ich und gab ihm das Medaillon, das ich für ihn aufbewahrt hatte. »Es ist Zeit, daß du es bekommst. Es gehört dir – von Cäsar persönlich.«

# 63

An die glorreiche Königin Kleopatra – von einem Schüler in Rom, der dort über ägyptische Arzneien liest,

heil Dir, Du Königin aller Schönheit! Dein Haar ist schwarz wie die mondlose Nacht, schlank bist Du wie der Nil vor der Flut und anmutig wie die Schlange, die bewacht die Krone deiner Ahnen.

Ich küsse Deine Füße in ihren juwelenbesetzten Sandalen. Ich tröste mich damit, daß jeder in der bekannten Welt diesen Wunsch hegen muß. Meine Seele verpfände ich für Deine Gesundheit, und zerbröckelnde Wüstenfelsen will ich erklettern, die Kräuter zu beschaffen, welche Deine Haut so zart machen; ich will tauchen in die eisigen Tiefen des Wassers vor Rhodos, die weichsten Schwämme emporzuholen, mit denen Du Dein Auge sollst betupfen; eine Pantherin will ich melken, um das Weiß Deiner Hände zu erhalten. Ich will –

Jetzt, da ich die erste Windung der Rolle hinter mir habe, kann ich aufhören mit diesem Unfug. In diesem Schwulst von Schmeicheleien werde ich jeden spionierenden Leser losgeworden sein. Aber wahrscheinlich hat es Dir gefallen. Komm schon, gib es zu. Hast Du geahnt, daß es von mir kommt? Oder dachtest Du, es sei von Antonius? Wahrscheinlich redet er so mit Dir – wenn auch nur unter vier Augen.

Zumindest behauptet man das hier in Rom. Oh, ich habe eine Menge gehört, ohne auch nur die Ohren zu spitzen. Manchmal habe ich größte Mühe, den Mund zu halten und nicht zu schreien: »Nein, Antonius kleidet sich zu seinen Audienzen nicht in Bettlaken! Nein, er benützt auch keinen goldenen Nachttopf!« Ich schwöre, das erzählt man sich über ihn – mit dem Vorbehalt, es sei etwas, »wofür selbst Kleopatra sich schämen würde«. Man stellt ihn als verkommen, korrupt und unrömisch dar – und das alles durch den unmännlichen Einfluß der Königin von Ägypten. Wir brauchen nicht zu fragen, wer diese Gerüchte in Umlauf bringt, aber sie gedeihen. Es ist ja eine so farbenprächtige Geschichte! Und das Volk liebt die Farbe stets mehr als die erdbraune Wahrheit.

Octavian malt sein eigenes Bild im Gegensatz dazu mit zarten und weißen Tönen: der tugendhafte Geist der alten römischen Frömmigkeit. Der geisthafte Anteil kommt von Cäsar, auf den er sich als »Sohn des göttlichen Julius« regelmäßig beruft. Er ist dabei, Rom weiß zu machen. Jetzt, da die Bürgerkriege vorbei sind – wie er immer wieder betont –, wird es Zeit, Rom in Marmor zu kleiden. Die Rivalität mit Alexandria könnte nicht deutlicher zutage treten. Er will, daß Rom so weiß ist wie unsere glorreiche Stadt; das hat er seinen treuen Anhängern gegenüber angedeutet, und sie bezahlen die öffentlichen Bauarbeiten gehorsam aus der eigenen Tasche. Überall wachsen neue Tempel aus dem Boden, Basiliken, Monumente, Bibliotheken und Amphitheater, und man spricht sogar davon, daß Octavian daran denke, sich am Ufer des Tiber ein gewaltiges Mausoleum zu erbauen.

Sogar der Gestank hat nachgelassen; Agrippa hat veranlaßt, daß die Cloaca Maxima gereinigt wurde, und er hat einen neuen Aquädukt gebaut, der mehr Wasser heranführt. Und – zweifellos auf Geheiß seines

Herrn – ködert er das Volk mit kostenlosen Diensten: Die Leute können sich rasieren lassen und in die Bäder gehen und bekommen Marken für Theater, Lebensmittel und Kleider sowie freien Eintritt in den Zirkus. Er will, daß man ihn – Octavian – als den großen Wohltäter des römischen Volkes sieht.

Ja, während ich dies schreibe, benütze ich eine der kostenlosen Öllampen, die überall in der Stadt verteilt werden – von ihnen. Ich muß sie Dir mitbringen. Eine Reihe von silbernen Delphinen soll an die Schlacht von Naulochus erinnern, auf daß niemand den Seesieg über Sextus vergesse. Wer bin ich, daß ich mir eine kostenlose Lampe entgehen lasse? Und so halten es Hunderte. Sie sind sehr schlau, dieser Octavian und sein Agrippa.

Ich habe den Eindruck, daß Agrippas eigener Ehrgeiz ein bißchen angefeuert werden könnte, so es gelänge, ihn von seinem Herrn zu lösen … Vielleicht würde seine Gefolgschaftstreue in dem Maße schwinden, wie sein Stolz zunähme. Doch ach – er scheint dem Sohn des göttlichen Julius treu ergeben zu sein.

Ich habe das letzte gerade noch einmal gelesen – und bin entsetzt. Ich höre mich an wie ein frischgebackener Politiker. Die römische Atmosphäre muß mir ins Gehirn gedrungen sein. Die Luft selbst besteht aus Politik.

Was meine Studien angeht, so erweisen sie sich bereits als höchst gewinnbringend. Sollten wir noch einmal einen Krieg zu führen haben, so werde ich Wunder vollbringen können. Dann werde ich sogar abgetrennte Köpfe wieder annähen. Ich kann es noch nicht. Aber nächsten Monat …

Dein Sohn ist glücklich und fügt sich hier nur allzugut ein. Er hat sich als unsichtbar erwiesen, wie er es vorausgesagt hatte. In drei Tagen ist der Geburtstag des göttlichen Julius, und Rom bereitet sich darauf vor, ihn öffentlich zu begehen. Es fügt sich gut, daß Cäsarion diesmal dabei ist, um es selbst zu erleben.

Ich sollte schließen. Heute abend geht ein Schiff. Ich höre hier auf, damit Dein Sohn noch eine eigene Botschaft anfügen kann, ehe das Schiff in See sticht.

All diese schwülstigen Phrasen – ein Teil meiner selbst meint sie ernst. Ich bete, daß Du wohlauf sein mögest bis zu meiner Rückkehr.

Dein Olympos

An meine Mutter, die erhabenste Königin,

wir sind nach nur zwanzig Tagen hier angekommen – ein Wunder um diese Jahreszeit! Ich weiß, daß dies nur Gutes für uns verheißt; es bedeutet ja, daß die Götter höchstselbst uns geholfen haben, rasch hierher zu kommen. Ich wußte immer, daß die Entscheidung richtig war, aber dies ist die Bestätigung.

Wie traurig Du warst, daß ich ging! Hoffentlich bist Du inzwischen darüber hinweggekommen. Du hast mir versprochen, daß Du Kyllaros für mich reiten wirst, damit er nicht einsam ist und mich allzusehr vermißt. Ich hätte ja Antonius darum gebeten, aber ich glaube, er wiegt zuviel, und das würde meinem lieben Pferd nicht gefallen.

Wir haben uns in einem Stadtteil von Rom niedergelassen, von dem es heißt, er sei verrufen: in der Subura! Hier kommt niemand auf die Idee, uns zu suchen oder Verdacht zu schöpfen. Die Subura liegt östlich des Forums; es ist sehr voll und laut hier. Die Leute wohnen in Häusern, die sie *insula* nennen, das heißt »Insel«; und es sind Wohnungen, die übereinander getürmt sind, mitunter fünf oder sechs Stück auf einmal. Unten auf der Straße gibt es nicht viel Licht, und so sieht man den Müll nicht, in den man tritt. Die Leute essen alle auf der Straße; sie kaufen ihre Mahlzeiten in kleinen Läden. Es macht großen Spaß – alles kommt einem so ungezogen vor wie in den Ferien. Nichts ist geregelt und normal.

Olympos verbringt eine Menge Zeit auf der Insel im Tiber, wo es ein Hospital für arme Leute und verwundete Veteranen gibt. So habe ich Zeit, mich zu amüsieren. Schon hier durch die Straßen zu spazieren ist ein Abenteuer. Ich werde Dir in einem späteren Brief mehr erzählen; ich kann nicht hastig beschreiben, was mir wichtig ist. Alexander und Selene kannst Du erzählen, daß es hier Unmengen von Katzen gibt – mehr, als ich je gesehen habe. Sie lauern an jeder Ecke und in jedem Fenster. Aber im Tiber gibt es keine Krokodile.

Dein Dich liebender Sohn P. Cäsar

P.S.: Die *Ludi Apollinares* werden gerade gefeiert – tagelang gibt es Wagenrennen und Spiele zu Ehren von Apollon. Warum haben wir so etwas nicht?

Ich ließ den Brief sinken und fühlte mich merkwürdig schwer. Draußen vor meiner schattigen Veranda lag die See glatt und unbewegt. Es war ungewöhnlich heiß und drückend – ganz so, wie ich das Wetter in Rom beschrieben hatte. Es war, als kehrten meine Worte zurück, um mich zu verspotten.

Das Parfüm, das ich aufgelegt hatte, entkam nicht von meiner Haut; die Luft hatte es eingeschlossen. Ich fühlte mich wie eine Mumie, umhüllt von Stoff und duftenden Salben.

Ich hätte erfreut sein sollen zu hören, daß sie gut angekommen waren. Olympos beschäftigte sich nutzbringend. Cäsarion schien von Rom fasziniert zu sein. Wie ich es erwartet hatte, fand er das Gute in der Stadt und verglich es mit Alexandria – so taten es Kinder. Und es entging mir nicht, daß er mit »P. Cäsar« unterschrieben hatte.

Aber die Neuigkeiten gefielen mir nicht. Mir gefiel nicht, daß Agrippa und Octavian das öffentliche Bauwesen förderten, und selbst der Bau des Mausoleums erschien mir suspekt. Octavian war erst siebenundzwanzig – wieso baute er sich ein Mausoleum? Sollte daraus ein nationales Heiligtum werden? Und was sollte das Geschwätz von Antonius und den goldenen Nachttöpfen – wenn man über seinen Sieg in Parthien hätte reden sollen?

Ich würde Antonius die Briefe zeigen müssen, aber eine hilfreiche Reaktion erwartete ich von ihm nicht. Er war in Trübsinn versunken, denn sein Offizier Titius hatte Sextus hinrichten lassen, sowie er ihn nach Miletos gebracht hatte, statt auf Antonius' Befehl zu warten. Und jetzt, da Sextus tot war, gab es einen Chor von Stimmen, die ihn beklagten: *der letzte Sohn der Republik … der Sohn Neptuns … der Seeräuberkönig … ein edler Römer, der letzte seiner Art …*

Es war widerlich. Sextus war nichts als ein Renegat, ein glänzender Admiral, der aber nicht genug Verstand hatte, aus seinen Siegen etwas zu machen, Bündnisse zu schließen oder seinen Anhängern ein Anliegen zu geben, für das sie sich einsetzen konnten. Aber sein Vater Pompejus hatte das gleiche Problem gehabt. Nach Pharsalos hatte Cäsar gesagt, wenn Pompejus es verstanden hätte, einen Sieg zu nützen, dann wäre er – Cäsar – an Ort und Stelle geschlagen gewesen. »Der Krieg wäre heutigentags gewonnen gewesen, wenn der Feind einen Mann gehabt hätte, der sich aufs Erobern versteht« – so hatte er es ausgedrückt. Und jetzt war es aus mit der Linie des Pompejus; sie war untergegangen, weil sein Sohn den gleichen Charakterzug besaß.

Aber Antonius erntete alle Empörung darüber. Ihm warf man vor, daß er nicht »barmherzig« wie Octavian gewesen sei, als dieser Lepidus verschonte, und man stellte ihn als grausamen Henker dar. Und wiederum wußte ich, wer diese Geschichten in die Welt setzte.

Die Geschichten … Sie waren mächtig und konnten im Laufe der Zeit ganzen Armeen die Arbeit abnehmen. Antonius jedenfalls trafen sie schwer, und ich wollte das Thema Rom jetzt nicht zur Sprache bringen. Ich legte den Brief beiseite und wartete auf den nächsten.

Liebste Mutter,

die letzten paar Tage waren so aufregend, daß ich kaum weiß, wo ich anfangen soll, Dir alles zu erzählen! Ich war überall in Rom – auf allen sieben Hügeln und im Circus, um die kostenlosen Wagenrennen zu sehen, und sogar draußen auf dem Lande … Es ist hier ganz anders als in Ägypten! Doch das alles hast Du ja selbst gesehen, und ich muß es Dir nicht beschreiben. Etwas allerdings kann ich Dir erzählen, das niemand anders dir erzählen kann: wie es ist, zu entdecken, daß mein Vater wirklich ist.

Ich weiß, Du hast getan, was Du konntest, um es für mich so erscheinen zu lassen; Du hast seine Büste in mein Zimmer gestellt, und Du hast mir erzählt, was er gesagt hat – Kleinigkeiten, die niemand außer Dir wußte –, und Du hast mich Latein lernen lassen, damit ich seine Berichte lesen konnte. Aber trotzdem war er für mich nicht Wirklichkeit; er war eher so etwas wie ein Spiel zwischen Dir und mir. Oder wie die imaginären Spielkameraden, von denen mir die Zwillinge erzählen.

Aber jetzt bin ich hier, und *jeder* spielt dieses Spiel, jeder tut so, als habe er ihn gekannt oder an ihn geglaubt. Überall stehen seine Statuen in den verschiedensten Posen, und ich kann sehen, wie er saß, wie er stand, wie er lächelte und wie er die Stirn runzelte. Die Leute reden über ihn, als wäre er hier; sein Forum ist ein beliebter Ort, wo ein Springbrunnen plätschert und seine Reiterstatue steht.

Ich war im Tempel, und wie Du es gesagt hast – da stand Deine Statue! Ich stelle mir gern vor, wie Cäsar sie Dir gezeigt hat und wie alle Römer schockiert waren. Und seine steht auf der anderen Seite – nun, es ist schön, Euch zusammen zu sehen, wenn auch nur in Marmor.

Ich war auch oben bei der Villa, die Cäsar in seinem Testament dem Volk vermacht hat; ich bin dort durch den Garten gewandert und habe versucht, mich an irgend etwas zu erinnern. Aber es war, als wäre ich noch nie dort gewesen. Das Haus wird jetzt von den Verwaltern benützt, und ich durfte nicht hinein.

Aber das beste war sein Tempel, der Tempel des göttlichen Julius auf dem Forum. Es gibt dort eine herrlich gearbeitete Statue von ihm; er trägt den Stern der Gottheit wie eine Krone, und ich habe sehr still dagestanden und mit ihm kommuniziert. Ja, es war, als spräche er mit mir, als fühlte er, daß ich da war, und er war zufrieden mit mir und ... liebte mich. Wie seltsam kommt es mir vor, dies jetzt niederzuschreiben! Das Gefühl war überwältigend, aber nun kommt es mir lächerlich vor, da ich es schreibe. Ich habe aufmerksam zugehört, was die Leute sagten, wenn sie kamen. Sie brachten Blumen oder Kerzen oder kleine Opfer, die sie ihm zu Füßen legten. Und sie sprachen mit ihm.

»Cäsar«, sagte eine Frau, »erbarme dich meines Sohnes, der mit der Armee in Illyrien dient! Beschütze ihn!«

Ein Junge in meinem Alter bat: »Laß mich ein tapferer Soldat sein wie du, wenn ich groß bin ...«

Ein Mann: »Hier ist ein Opfer zum Dank für deine Geburt, morgen vor fünfundsechzig Jahren.« Und er legte einen Kranz vor die Statue.

Und ich sagte im stillen: »Bitte, Vater, sieh huldvoll auf deinen Sohn, der deinen Namen trägt!« Und da fühlte ich seine Hand auf meinem Haar. Ich weiß, daß es Wirklichkeit war.

Morgen werden am Tempel besondere Feierlichkeiten stattfinden, und in der ganzen Stadt wird man seine Statuen mit Girlanden schmücken. Ich danke Dir, daß ich herkommen durfte. Und ich danke Dir, daß Du mich genug über ihn gelehrt hast, so daß ich herkommen wollte.

Dein Dich liebender Sohn P. Cäsar

P.S.: Und sie haben einen ganzen Monat nach ihm benannt, so daß die Leute jetzt dreißig Tage lang jeden Tag seinen Namen sagen und schreiben müssen!!!

Ich lächelte. Sein Traum war also wahr geworden: Er konnte sich in die Gegenwart Cäsars versenken. Die Mörder waren gescheitert; Cäsar lebte noch immer in Rom.

An die Königin, meine geliebte Herrin!

Das meine ich natürlich im Sinne der Untertanenliebe. Alles ist bestens. Ich schreibe Dir jetzt, um Dir zu berichten, was sich im Tempel des göttlichen Julius zugetragen hat, denn ich weiß, daß Du es wirst wissen wollen.

Am zwölften Tag des ehemaligen Quintilis, der jetzt Julius heißt, versammelten sich die Großen, die beinahe Großen und die nicht ganz so Großen, um den göttlichen Cäsar an seinem Geburtstag zu ehren. Seit man vor neun Jahren um diese Zeit den wundersamen Kometen am Himmel sah, ist daraus ein größerer Festtag geworden. Schon lange vor dem Morgengrauen kam ein Strom von Getreuen, um Opfer darzubringen, aber erst am Vormittag begannen die offiziellen Andachtsfeierlichkeiten.

Gedichte wurden verlesen. Vergilius – Dein Lieblingsdichter, nachdem er Antonius' und Octavias Hochzeit feierte! – brachte folgendes zum Vortrag. Er trat vor, entrollte eine Schriftrolle und rezitierte: »Strahlend entrückt zum Tor des Olymps, schaut Daphnis nun Wunder. Unter sich sieht er die Wolken, erblickt fern drunten die Sterne. ›Ein Gott, ein Gott ist's, Menalcas!‹ Daphnis, sei gnädig den deinen!« Dann entrollte er ein anderes Schriftstück und las: »Wer wollte es wagen, die Sonne trügerisch zu schelten? Warnt sie doch oft vor heimlich drohendem Aufruhr, vor Arglist und verborgen schwelendem Krieg. Sie sah ja bei Cäsars Tod mit Jammer auf Rom, hüllte ihr strahlendes Haupt in tiefes Dunkel, und das verruchte Geschlecht fürchtete ewige Nacht.«

Dann blickte er mit diesen dunklen Augen in die Runde, um zu sehen, welche Wirkung seine Worte hatten, bevor er zu seiner eigentlichen Rede anhob. »Nie zuvor schossen mehr Blitze aus heiterem Himmel; nie erglühten so oft grausige Kometen. Heimische Vatergötter, vergötterte Vorfahren, auch du, Romulus, und du, Mutter Vesta, die du den tuscischen Tiber und den römischen Palatin schirmst, verwehrt wenigstens nicht dem jungen Prinzen, der zerrütteten Welt zu Hilfe zu eilen!«

Und ich schwöre Dir, ich dachte, er rede von Cäsarion, er habe wie durch Zauberei erfahren, daß wir zugegen waren, und werde seinen Blick gleich auf uns richten. Aber nein – bald wurde klar, wen er meinte.

»Längst und genug schon büßten wir mit unserm Blute Laomedons Meineid zu Troja, lange schon neidet dir, Cäsar, uns der Himmlischen Hofstaat und beklaget dein Streben nach ird'schem Triumphe.«

Octavian war es, den er meinte; Octavian war der »junge Prinz«, und wann immer der Name Cäsar angerufen wird, ist es schwer zu sagen, welchen sie da wollen. Der »junge Prinz« hat sich in den Namen hineingeschlichen, hat ihn so gründlich besetzt, daß die Identitäten sich jetzt mischen. Ich war ein Dummkopf, daß ich es nicht gleich gesehen habe.

Niemand nennt ihn mehr Octavian; man begegnete mir mit Stirnrunzeln, als ich es tat – als müsse man nachdenken, um sich zu erinnern, daß er mit diesem Namen einst anfing. Er ist jetzt CÄSAR – manchmal auch »der junge Cäsar«, um ihn vom richtigen zu unterscheiden. Aber selbst diese Unterscheidung verblaßt.

Vergilius endete mit: »Daphnis, warum ergründest du den Sternenaufgang der Vorzeit? Sieh, wie schon Cäsars Stern, des Venusenkels, emporstieg – Stern, zu mehren in Freude die Feldfrucht und dunkles Erglühen reifender Traube zu schenken auf sonnenbeschienenen Hügeln.« Und ehrfürchtig berührte er den Stern an der Stirn der Statue.

Ein zweiter Dichter, ein bißchen jünger, trat vor – dieser Horatius, Du erinnerst Dich, der an der Seite von Brutus kämpfte. Auch er entrollte eine Schriftrolle und fing an zu lesen. »Barmherziges Geschenk eines nachsichtigen Gottes«, redete er die Statue an. »Heimat der Heimatlosen, vorbestimmt für dich. Letzter Überrest des Goldenen Zeitalters; letzte Zuflucht der Guten und der Kühnen; von bösen Sternen frei, von Pest und Wettersturm; in Wogen fern des Westens verborg'ner Unterschlupf.« Ich will verdammt sein, wenn ich weiß, was das bedeuten sollte, aber alles murmelte beifällig.

Danach gab es Prozessionen mit den Priestern des Ordens, Hymnen und natürlich die unvermeidlichen Geschenke, Öl und Fleisch, im Namen des Gottes Cäsar. Ich sah, wie Cäsarion das Medaillon befingerte, das er trägt, seit wir Alexandria verlassen haben; ich fürchtete schon, er werde irgendeinem Impuls folgen und es der Statue schenken, aber dank Isis – oder vielleicht Cäsar selbst? – tat er es nicht. Ich hätte mich sonst zurückschleichen und es holen müssen. Ich weiß aus Erfahrung, daß man solche dramatischen Opfergesten hinterher, wenn es zu spät ist, bitter bereut. Hätte doch irgendein gütiger Mensch ein paar von meinen ungeschehen gemacht. Aber es war nicht nötig.

Ich bin müde. Ich will diesen Brief beenden. Das Götterbeobachten ist sehr anstrengend. Heute muß ich früh zu Bett gehen.

Dein getreuer Freund und Diener Olympos

Ich war müde, als ich dies las. All die Zeremonien, die um Cäsar und sein Heiligtum gewachsen waren – ich bekam Kopfschmerzen, wenn ich daran dachte. Vielleicht kamen die Kopfschmerzen aber auch von der anhaltenden, dumpfen Schwüle. Der Gott der Winde hatte jeden Lufthauch in einen Sack gesteckt, wie er es auch bei Odysseus getan hatte. Kein Lüftchen regte sich, kein Schiff konnte segeln. Nur wenn die Ruderer ihre Muskeln anspannten, setzten sich die Schiffe in Bewegung; die Männer glänzten von Schweiß, aber er kühlte sie nicht.

In der glühenden Mittagshitze verendete das Vieh: Kühe kippten um, Schweine brachen zusammen, und in den königlichen Stallungen mußten Reihen von Dienern unablässig ihre Fächer schwenken. Kyllaros mußte am Leben bleiben, um Cäsarion willkommen zu heißen, aber auch die anderen prächtigen Pferde, die der Stolz des Palastes waren.

Antonius ließ den Kopf hängen und ging lustlos seinen Geschäften nach. Er bemühte sich, genau zu ermitteln, was mit Sextus geschehen war und wie es hatte passieren können, daß seine Befehle so sehr durcheinandergebracht worden waren. Er hatte Titius mitgeteilt, er solle uns hier in Alexandria Bericht erstatten, und einstweilen plante er die verschobene Strafexpedition gegen Armenien. »Aber das wird bis zum nächsten Jahr warten müssen«, bekannte er. »Es ist jetzt zu spät.« Er benahm sich, als sei ihm das gleichgültig.

In diesem Augenblick erschien Iras in der Tür; sie brachte einen indischen Knaben mit, der in einem der Gemächer diente. Vor etlichen Jahren war das Schiff, mit dem er gekommen war – es hatte Seide, Elfenbein und Sandelholz gebracht –, ohne ihn wieder abgereist, und er war in Ägypten gestrandet. Seitdem pflegte er die Seidenstoffe und Stickereien in der königlichen Kleiderkammer, denn er verstand sich darauf, sie zu reinigen und von Falten zu befreien.

»Vimala hat einen Vorschlag, wie deine Gemächer zu kühlen wären«, sagte Iras und schob ihn vor sich her. »Er sagt, in seiner Heimatstadt funktioniert es gut.«

»Ja, Herrin.« Er verneigte sich so schnell auf und ab, daß er aussah wie ein nickendes Huhn. »Und gnädigster Herr.« Er wandte sich Antonius zu und wiederholte seine Vorstellung.

»Und – was ist es denn?« Wie es aussah, würde diese Nickerei den ganzen Vormittag andauern, bis er schließlich vor Erschöpfung umfiele.

»Diese offene Tür«, sagte er und ging zum Ausgang der Dachterrasse – die jetzt Hitze verströmte wie ein Brennofen. da die Sonne darauf herniederstrahlte. »Weht der Wind hier herein?«

»Ja, sonst schon – vom Meer her.«

»Ah. Dann können wir es versuchen. In Indien hängen wir beschwerte Perlenschnüre vor die Türen und gießen Wasser auf die ›Mutterschnur‹. Es tröpfelt an allen ›Tochterschnüren‹ herunter, und wenn der Wind darüber hinwegweht, wird die Luft gekühlt.«

Das klang zu einfach, als daß es wirkungsvoll sein konnte.

»Es kann diesen Raum kühlen, Herrin, selbst wenn es draußen glühend heiß ist. In Indien ist es im Sommer jeden Tag viel heißer als jetzt.«

»Also gut, ich will es gern versuchen«, sagte ich. Alles – wenn es nur meinen Körper und meinen Geist von diesem Druck befreite. Meine Arme fühlten sich an, als hätte man feinstes Leinen in heißes Wasser getaucht und sie darin eingehüllt. Und Antonius anzurühren – der Gedanke, seine warme Haut auf meiner zu fühlen, war unerträglich.

Als der Junge gegangen war, sagte ich zu Iras: »Vielleicht ist die Erlösung nahe. Ich danke dir.«

Dann reichte ich Antonius den Brief. Er las ihn stumm und sagte schließlich: »Octavian ist also nicht länger Octavian – er ist seiner prosaischen Vergangenheit entkommen.«

»Mehr hast du nicht dazu zu sagen?« Er mußte doch begreifen, was das bedeutete!

»Was soll ich denn sagen? Es ist seine Sache, wie er sich nennen will. Er hat ein gesetzlich verbrieftes Anrecht auf den ›Cäsar‹ – es war Cäsar selbst, der ihn adoptiert hat.«

»Ich habe es immer verdächtig gefunden, daß die Adoption vor Octavian geheimgehalten worden sein sollte. Wenn Cäsar ihn adoptieren wollte, wieso hat er es ihm dann nicht gesagt?«

»Was hat das jetzt noch zu bedeuten?«

»Ich versuche nur, es zu verstehen.«

»Nein, du versuchst nachzuweisen, daß es eine Fälschung war. Nun, aber es war keine. Es stand in dem Testament. Ich habe es selbst gesehen.«

»Ich frage mich, ob es nicht noch ein Testament gab – ein späteres – eines, in dem Cäsarion benannt wurde …«

»Wenn es eines gab, dann ist es fort. Bitte hör auf damit! Cäsarion wird jedes Erbteil, das er bekommt, Octavian entringen müssen. Es kann nicht zwei Cäsaren geben.«

»Ja, ich weiß.« Ich wußte es tief in meinem Herzen. »Zumindest hat ihm diese Reise nach Rom gezeigt, was man ihm geraubt hat. Du hattest recht, als du sagtest, er müsse gehen.«

Antonius runzelte die Stirn. »Deshalb habe ich nicht gesagt, er müsse gehen. Ich fand, er müsse aus persönlichen Gründen nach Rom, nicht aus politischen.«

»Ich denke, wenn man ein Ptolemäer und ein Cäsar ist, dann können die beiden nicht getrennt voneinander existieren.«

An die allergnädigste und weise Königin von Ägypten, Spenderin der Gerechtigkeit!

Heil! Ich grüße Dich und auch mich, denn ich habe sehr hart gearbeitet und tatsächlich falsche Nasen für Männer geschaffen, die ihre richtige in der Schlacht verloren haben – natürlich sind sie nicht vollkommen, aber besser als ein klaffendes Loch allemal –, und ich habe aufmerksam alle Neuigkeiten angehört. Abends schlendere ich den Palatin hinauf, in der Dämmerung, wenn Wind aufkommt und in den merkwürdigen platten Pinien raschelt, die sie dort haben, und ich komme an Antonius' Haus vorbei, das in der Nähe steht; ich schaue es mir lange und aufmerksam an. Zunächst einmal: Es ist in gutem Zustand, hübsch gepflegt und sauber – ich weiß, du wirst erleichtert sein, es zu hören –, und die Gärten blühen. Eine Schar von Dienern ist ständig unterwegs und gibt dem Anwesen eine Atmosphäre der Geschäftigkeit. Octavia führt es wie eine richtige römische Matrone, und einmal habe ich sie zwischen einigen Zypressen auf dem Hang im Garten spazierengehen sehen. Man sagt – ich höre es an den öffentlichen Brunnen –, daß ihr Bruder ihr befohlen habe, Dein Haus zu verlassen, Imperator; sie aber bleibe hartnäckig und behaupte, als Deine Gemahlin gehöre sie dorthin. Fast könnte man den Verdacht haben, Octavian will, daß sie bleibt, denn sie ruiniert Deinen Ruf, indem sie die Märtyrerin spielt, die einem treulosen Manne treu ist etc. – sich selbstlos der Erziehung Deiner Kinder widmet, unter denen sich sogar die ihrer Vorgängerin befinden, Antyllus und Jullus, und Deine Freunde aus dem Senat im Hause bewirtet. Hätte er Deinen Charakter anschwärzen wollen, Imperator, so hätte er kaum besseren Ruß gefunden.

Auch erzählt man sich – wiederum bei den Brunnen, von denen viele durch die Großzügigkeit Agrippas angelegt worden sind –, daß Octavian und seine Partei dazu beitragen, das Leben der gewöhnlichen Römer zu verbessern, während sein fauler Kollege im Triumvirat sein Geld im Osten vergeudet, mit goldenen Nachttöpfen. – Dieses Detail hat die Phantasie der Leute wirklich gefangengenommen. Hast Du eigentlich einen? Ich erinnere mich nicht. – Auch erzählen sie von juwelenbesetzten Schreibtafeln, von Thronen und Eunuchen. Sie klatschen über die Königin: Eine männermordende Zauberin sei sie, die nur eine Mission im Leben habe, nämlich das Umgarnen vornehmer Römer. Sie reden von Dir wie von einer Spinne, die in einem Netz von edelsteinbesetzter Verlockung hockt und jeden römischen General fängt, der so tollkühn ist, sich in den Osten hinauszuwagen. Von einer Ehe, rechtmäßig oder sonstwie, redet keiner. Auch von Parthien und Armenien wird nicht gesprochen.

Beglückt kann ich vermelden, daß Cäsarions Latein recht ordentlich geworden ist; ich höre, wie er in den Garküchen und an den Ständen der Eisenhändler und Sandalenschuster schnattert. Er ist in den letzten Wochen auch ziemlich gewachsen und brauchte neue Kleider – die er gern trägt. Er ist gut verkleidet in seinem römischen Gewand. Es erheitert mich, ihn zu beobachten.

Die chirurgische Nasenwiederherstellung werde ich Dir beschreiben, wenn wir uns sehen. Sie ist überaus kunstreich.

Mögest Du sie nie benötigen!

Dein treuer – und vielbeschäftigter – Olympos

Die Worte trafen mich schwerer als die immer noch schwüle Luft im Palast. Schon wieder Octavia! Ja, Olympos hatte recht: Was für eine perfekte Waffe sie war – in den richtigen Händen! Je tugendhafter sie sich aufführte, desto schlimmer sah Antonius aus, weil er dieses Inbild der Weiblichkeit nicht zu schätzen wußte.

Angewidert warf ich den Brief hin. Was konnte ich tun? Nichts!

Ich zog mich in das »gekühlte« Gemach zurück. Vimalas Erfindung funktionierte ganz gut; wenn ein leiser Luftzug durch die nassen Schnüre strich, die wie die Saiten einer tropfenden Leier vor der Tür hingen, dann durchdrang eine feuchte Kühle die Luft. Es war eine Erleichterung gewesen, mich hierher zurückziehen zu können, und ich hatte befohlen, die gleiche Vorrichtung auch in anderen Räumen anzubringen.

Ich goß etwas Parfüm auf ein Tuch und wischte mir über die Stirn. Der Duft – eine Mischung aus schwarzen Hyazinthen und Veilchen – half mir, einen klaren Kopf zu bekommen. Sollte ich Antonius den Brief überhaupt zeigen? Was würde es nützen, außer daß er wieder nach Rom würde zurückeilen wollen? Nein, es hatte keinen Sinn. Ich räumte ihn weg, so daß er ihn nicht sehen würde.

An die Königin

Meine Hand zittert immer noch, und ich kann kaum schreiben. Aber ich muß; nur indem ich es aufschreibe, kann ich mich beruhigen und alles an seinen richtigen Platz rücken. Soll ich vom Ende an rückwärts berichten oder geordnet? Geordnet, denke ich. Um Ordnung wiederherzustellen, muß man Ordnung sich auferlegen.

Nun also. Es war ein schöner Sommerabend, wie wir ihn hier jeden Tag genießen. Die Massen, die zu den *Ludi Apollinares* und zum Geburtstag des *Divus Iulius* dagewesen waren, hatten sich verabschiedet, und die Stadt war zum Alltag zurückgekehrt. Man empfindet immer eine gewisse Erleichterung, wenn ein Fest vorüber ist, und die Ladenbesitzer und die gemeinen Leute schienen bester Stimmung zu sein. Wie üblich schlenderte man durch die Straßen, man lungerte in den Tavernen umher oder spazierte zum Flußufer oder in die öffentlichen Gärten. Als Cäsarion und ich die Treppe zu unserer Wohnung im zweiten Stock hinaufstiegen, verspürte ich unwillkürlich ein schmerzliches Gefühl der Entbehrung angesichts der Unterhaltungen, die unten auf der Straße angeboten wurden. Aber ich hatte ja versprochen, dafür zu sorgen, daß dein kostbarer Sohn keine Dummheiten macht. Also trollten wir uns gehorsam nach oben, wo uns nichts erwartete außer einem Wein mittlerer Güte, ein paar überreifen Früchten und langweiligen Büchern. Obwohl es noch ziemlich hell draußen war, wurde es in den Zimmern schon dunkel. Ich zündete drei Öllampen an – darunter auch die Sextus-Lampe; seltsam, wie man solche Einzelheiten im Gedächtnis behält! – und machte mich auf einen stillen Abend gefaßt. Es waren noch ein paar medizinische Schriften zu überprüfen, und Cäsarion würde seine lateinischen Deklinationen üben. Es versprach so aufregend zu werden wie eine Wache auf dem Friedhof – ja, noch weniger, um die Wahrheit zu sagen, denn mit Gespenstern war nicht zu rechnen.

Und als wir dort im matten Lichtschein saßen, hörte ich ein Klopfen und rief nachlässig: »Herein!« Man lernt seine Nachbarn in diesen beengten Quartieren leicht kennen, und so war ich gut bekannt mit Gajus, dem Metzger, und Marcus, dem Bäcker, und Zeus weiß wie vielen anderen. Und fast wäre ich zu Stein geworden, als ich aufblickte und Octavian hereinkommen sah.

Ich wußte sofort, daß er es war – wer sonst hätte aussehen können wie all die Statuen? Oder, so sollte ich vielleicht lieber sagen, wie eine Version der Statuen? Die Statuen sehen aus wie der hübscheste Mann der ganzen Schöpfung, und das ist er nicht – obwohl er ganz gut aussieht, das muß ich zugeben. Und den Statuen muß man zugute halten, daß sie seine individuellen Züge beibehalten haben – seine kleinen Ohren, die tief unten am Kopf sitzen, und das dreieckige Gesicht. Daran erkannte ich ihn auch.

Ich konnte kaum sprechen – und Du weißt, daß das bei mir ungewöhnlich ist.

»Guten Abend, Olympos«, sagte er und beraubte mich meiner Sprache noch weiter. Er wandte sich Cäsarion zu, der ihn anstarrte, und nickte nur, ohne ihn anzureden. Dann schaute er sich im Zimmer um – verächtlich, als wollte er sagen: Ist das deine Verkleidung? Aber das alles vermittelte er ohne Worte; seine Augen sprachen die Botschaft aus.

Und diese Augen … klar, graublau und gänzlich regungslos. Nie habe ich bei einem anderen Lebewesen solche Augen gesehen; selbst bei toten Soldaten sind sie nicht so flach, aber hinter dem Flachen saß doch noch etwas Lebendiges, das alles beobachtete.

»Guten Abend, Triumvir«, hörte ich mich sagen. »Ein schöner Abend, nicht wahr? Was führt dich her? Ich dachte, du hättest in Illyrien zu tun?« Klang das beherrscht genug? Ich hoffte darauf, ihm ebenbürtig zu sein und ihn in seiner Gelassenheit durcheinanderzubringen. Sollte er nur denken, daß ich ihn erwartet hatte. »Hattest du Mühe, uns zu finden?«

»Überhaupt nicht.« Er tat, als lächle er.

»Nun, es heißt ja, dein Spitzelnetz sei gut. Vermutlich brauchst du es auch – bei so vielen Feinden.«

Cäsarion hatte sich erhoben. Es freut mich, berichten zu können, daß er fast so groß war wie der Sohn des Gottes. Aber schließlich ist er ja ebenfalls der Sohn des Gottes. All diese himmlische Gesellschaft!

Octavian wandte sich ihm zu, und das falsche Lächeln überzog noch immer sein Gesicht. »Willkommen in Rom, Majestät«, sagte er. »Es ist lange her – an die neun oder zehn Jahre, glaube ich –, daß ich dich gesehen habe. Du hättest mich in Kenntnis setzen sollen; dann hätte ich dich offiziell empfangen können.«

»Wir wollten dir keine Umstände bereiten, Triumvir, da du ja fort warst und gegen die Feinde Roms kämpfen mußtest«, sagte Cäsarion. Ich war überrascht von seiner Geistesgegenwart. »Wir wären dir zur Last gefallen.«

»Unsinn!« sagte Octavian. »Du beleidigst mich, wenn du das glaubst.«

»Eine Beleidigung war nicht beabsichtigt, Triumvir.«

Die beiden starrten einander an, von Neugier ergriffen.

Endlich brach Octavian das Schweigen. »Aber du beleidigst mich doch, indem du dich in meine Stadt schleichst, meinen Familiennamen benützt und behauptest, der Sohn meines Vaters zu sein.« Eindringlich starrte er auf das Medaillon mit Cäsars Emblem, das nur allzu deutlich sichtbar am Hals des Jungen hing.

»Die Stadt Rom gehört nicht dir; Cäsar selbst hat mir erlaubt, seinen Namen zu tragen, und überdies ist er nicht dein Vater – er war dein Großonkel«, entgegnete Cäsarion.

»Großonkel durch Geburt, Vater durch Adoption«, sagte Octavian. »Zumindest habe ich sein Blut und du nicht. Jedermann weiß – denn es ist allgemein bekannt –, daß du ein Bastard bist, dessen Vater niemand kennt. Wenn die Königin dir etwas anderes erzählt hat, so hat sie dir großes Unrecht getan.«

»Jetzt beleidigst du meine Mutter!« sagte Cäsarion wild. »Sie würde niemals lügen!«

»Sie hat Cäsar belogen, als sie vorgab, sein Kind zu gebären, als alle Welt wußte, daß er unfähig war, Kinder zu zeugen.«

»Ich bitte um Vergebung, Triumvir«, unterbrach ich, »aber als Arzt muß ich dir da widersprechen. Er hat eine Tochter, Julia.«

»Ja – die dreißig Jahre vor diesem ... Knaben ... geboren wurde.«

»Was beweist das? Vielleicht waren seine Gemahlinnen unfruchtbar?«

»Alle drei?«

»Cornelia hat Julia bekommen, und was die beiden andern angeht – Pompeja wurde wegen ihrer mutmaßlichen Affären von ihm geschieden, und Calpurnia hat nur sehr wenig Zeit mit ihm verbracht. Der Fall ist wohl kaum schlüssig.« Ich wußte bestimmt mehr über diese Dinge als Octavian! »Und Cäsar war kein Dummkopf; so leicht hätte man ihn nicht täuschen können. Schließlich wußte er ja, wo er gewesen war und wann ...« Es war mir ein Greuel, diese Dinge vor dem Jungen aussprechen zu müssen.

Octavian schnaubte. Seine feinen Nasenflügel blähten sich leicht. »Ich befehle dir, den Namen Cäsar nicht länger zu verwenden!« erklärte er eisig. »Du hast kein gesetzlich verbrieftes Recht dazu.«

»Warum hast du mich dann vor acht Jahren als Mitregenten meiner Mutter unter diesem Namen anerkannt?« Cäsarion berief sich geistesgegenwärtig auf diese juristische Tatsache.

Octavian geriet für einen Augenblick aus dem Tritt. »Das war nicht ich, sondern es waren die Triumvirn Antonius und Lepidus, die darauf bestanden, der Königin von Ägypten dieses Zugeständnis zu machen, um zu verhindern, daß sie den Attentätern in Asien Schiffe und andere Unterstützung schickte.«

»Jetzt beleidigst du meine Mutter, die Königin, wirklich! Als hätte sie Cassius und Brutus jemals Hilfe geschickt! Nein, du hast mich unter diesem Namen anerkannt, weil du wußtest, daß es der Wahrheit entsprach. Erst jetzt suchst du es zurückzunehmen und mein Erbe an dich zu reißen!«

Octavian schien um so ruhiger zu werden, je hitziger Cäsarion wurde. »So gibst du es also nun zu – du hast die Absicht, dein zusammengeträumtes römisches Erbe anzutreten und das römische Recht auf den Kopf zu stellen! Es gibt Worte für einen wie dich: Prätendent, Bastard, Aufrührer. Nach dem römischen Recht bin ich Cäsars Sohn, und ich bin der Erbe seines Namens und seines Vermächtnisses. Nur wenn du Rom eroberst und den Senat und seine Richter vernichtest, kannst du mich stürzen.«

Mir war, als hätte er beinahe gesagt »vom Thron stürzen« und sich noch im letzten Augenblick besonnen.

»Du bist derjenige, der das Recht verdreht und mir raubt, was mir gebührt«, beharrte Cäsarion. Ich war stolz, als ich sah, wie standhaft er blieb.

»Genug!« Octavian hob kaum die Stimme. »Kehre nach Ägypten zurück! Sag der Königin, sie soll ihre Träume von der Eroberung Roms aufgeben und den Triumvir Antonius aus ihren Schlingen entlassen. Sie ist von Sinnen mit ihren Träumen von einem Imperium. Aber sie wird hier nicht herrschen! Und du bist nicht Cäsars Sohn! Sag ihr das alles, und warne sie: Sie soll sich von meinem Land fernhalten. Und beleidige mich nie wieder, indem du so hierher kommst!« Er schaute sich mit schmalen Augen um. »Was für eine jämmerliche Maskerade.«

»Dies ist dein Land?« fragte Cäsarion. »Ich dachte, der Triumvir Antonius kann es ebenfalls als seine Heimat beanspruchen ...«

»Wenn er bereit ist, den Orient zu verlassen und seine Konkubinen und Eunuchen und Sauforgien aufzugeben, dann mag er zurückkommen und wieder ein Römer sein.«

»Ich fürchte, du bist deinen eigenen Geschichten zum Opfer gefallen, Triumvir«, sagte ich. »Du warst es doch selbst, der sich die Konkubinen und Eunuchen und Orgien zusammengedichtet hat. Komm uns besuchen, und sieh selbst, was für ein Leben er führt.«

»Niemals!« Er sah aus, als habe er eine Einladung in ein Schlangennest erhalten.

»Hast du Angst, die orientalische Königin könnte dich verhexen?« Ich konnte mir nicht verkneifen, ihn aufzuziehen, obwohl die Sache nicht zum Lachen war. Seine Geschichten hatten eine tödliche Gültigkeit erlangt.

»Das könnte sie nicht«, sagte er. »Es wäre unmöglich. Und nun packt euch fort! Ich muß wieder nach Illyrien, und ich werde euch nicht hierlassen.«

»So erweist du uns die Ehre, zu diesem formlosen Besuch den weiten Weg von der Grenze hierher in Kauf zu nehmen?« fragte ich. »Eine so weite Reise für einen so kurzen Augenblick?«

»Lang genug, um zu sagen, was gesagt werden mußte, und zu sehen, was ich sehen mußte.« Er wandte sich zum Gehen.

»Und unsere Reise, die noch länger dauerte, hat unsere Fragen ebenfalls beantwortet«, sagte Cäsarion.

»Vale!« sagte Octavian. »Lebe wohl! Ich erwarte nicht, dich wiederzusehen.«

Es war, als löste er sich in Luft auf, so schnell trat er über die Schwelle unserer Wohnung. Ich ging ihm nach und schaute hinaus, aber ich sah nur die Düsternis im Korridor.

»O ihr Götter«, sagte Cäsarion; er war bleich wie ein Geist. »War das eine Vision?«

»Du hast dich gut geschlagen angesichts einer solchen Vision«, sagte ich. »Cäsar selbst hätte es nicht besser machen können. Du hast dich als sein würdigster Sohn erwiesen.«

Und das war es; genauso ist es geschehen vor weniger als einer Stunde.

Dein treuer, beinahe sprachloser und verwirrter Arzt Olympos

Ich bekam diesen Brief, nicht lange nachdem er geschrieben worden war; das Glück wollte es, daß er mich schnell erreichte. Alexandria lag noch immer benommen und wie gelähmt in der Hitze und regte sich kaum. Aber der Brief durchfuhr mich so eisig wie ein winterlicher Windstoß. Im nächsten Augenblick lief ich im Zimmer auf und ab – wo ich eben noch träge auf dem Diwan gelegen hatte, zu entkräftet, um mich zu rühren. Octavian! Octavian war auf meinen Sohn herabgestoßen wie ein Raubvogel! Er mußte uns beobachtet haben – oder er hatte Spitzel in jedem Haus, an jeder Straßenecke. Aber selbst dann – wie hätten sie wissen sollen, wer Cäsarion und Olympos waren? Rom hatte fast eine Million Einwohner, und die meisten waren arm und wohnten dichtgedrängt in Gegenden wie der Subura. Wie konnte Octavian auf zwei einzelne Personen wie diese beiden aufmerksam werden?

Und wie er erschienen und wieder verschwunden war ... Es war beinahe übernatürlich. Wie hatte sein Schiff so schnell über die windstille See reisen, wie hatte er heimlich nach Rom gelangen können?

Und für einen solchen Mann würde ein Meuchelmord ein Kinderspiel sein. War Cäsarion in Lebensgefahr? Ich las den Brief noch einmal, auch die ominösen Zeilen: »Ich muß wieder nach Illyrien, und ich werde euch nicht hierlassen.« Wenn Olympos und Cäsarion nicht auf der Stelle gehorchten, würde er dann seine Geheimagenten beauftragen, die beiden zu beseitigen?

»Antonius!« Ich eilte in seine Gemächer, den Brief in der Hand. Ich erwartete, ihn in seinem Arbeitszimmer über seine Papiere gebeugt zu treffen. Aber der Tisch, auf dem sich Schriftrollen, Bücher und Berichte türmten, stand verlassen da. Antonius fand ich in einem kleinen Nebenzimmer, wo er dösend auf einem Diwan lag. Ein Fuß baumelte herunter, der andere lag auf einem Kissen. Ein gelangweilter Diener fächelte ihm Kühlung zu, und Antonius atmete leise im Takt mit den Wallungen der heißen Luft.

»Wach auf!« Ich packte ihn bei den Schultern und schüttelte ihn. Ich konnte es nicht erwarten, ihm von dieser schrecklichen Entwicklung zu berichten. »Hinaus!« befahl ich dem Diener, der erfreut den langstieligen Fächer aus der Hand legte und verschwand.

»Äh ...« Antonius öffnete langsam die Augen und versuchte sich zu orientieren. Er hatte besonders tief geschlafen, wie es zuweilen geschieht, wenn man tagsüber einschläft.

*Beeil dich, beeil dich,* dachte ich, *ich brauche dich!*

Er mußte den Brief für mich lesen, mich in seiner unaufgeregten Art und Weise davon überzeugen, daß es irgendwie doch anders war, als es den Anschein hatte, nicht so schlimm oder ... Oft verdroß mich seine zurückhaltende Reaktion auf Dinge, die ich für entscheidend wichtig oder offensichtlich hielt, aber jetzt war mir eben dieser Charakterzug willkommen.

»Was ist?« murmelte er schließlich. Seine Worte klangen undeutlich, und sein Blick war noch verschwommen. Er rieb sich die Augen.

»Ich – ein Brief ist gekommen. Ein furchtbarer Brief!« Ich drückte ihm das Schreiben in die Hand, noch ehe er sich mühsam aufgerichtet hatte. Er schaute es ratlos an.

»So lies doch!« rief ich.

Schwerfällig rappelte er sich auf und schwang die Beine auf den Boden. Benommen hielt er sich den Brief vor die Augen und las. Aufmerksam beobachtete ich sein Gesicht. Es ließ keine Regung erkennen.

Seine Augen kehrten zum Anfang zurück, und er las noch einmal. Jetzt war er wach. Und jetzt trat auch ein Ausdruck in sein Gesicht, eine tiefe Resignation und eine Mischung aus Abscheu und Sichwappnen.

»Es tut mir leid.« Das war alles, was er sagte, als er den Brief auf den Diwan sinken ließ. Und der Tonfall dieser Worte vermittelte Trauer und zugleich ein tiefes Wissen um das, was uns jetzt bevorstand.

Unversehens lag ich in seinen Armen und vergrub das Gesicht an seiner Schulter; dankbar fühlte ich seine kräftige Gestalt, und ich fragte mich, wieso mir das Trost spenden konnte, wenn Worte es nicht vermochten. Ich merkte, daß ich weinte wie ein Kind, während er mich in den Armen hielt. Ein Schluchzen zerriß mir die Brust, und ich klammerte mich an ihn und dachte mit Staunen, daß die Ehe im Grunde vielleicht nichts anderes ist als dies: jemanden zu haben, an den man sich klammern kann, wenn alles andere versagt, jemanden, dessen Berührung den Schmerz lindert. Zuweilen, wenn wir in die Kindheit zurückkehren und weinend mit einem Alptraum kämpfen, dann steht dieser Mensch als Erwachsener an unserer Seite und trocknet uns die Tränen.

Ich hatte die Schulter seiner Tunika durchfeuchtet, und erst als mein Schluchzen vergangen war, zupfte ich entschuldigend daran. »Ich habe sie verdorben«, sagte ich und kam mir töricht vor. Die Goldfäden waren zerdrückt und gerissen, wo ich mich hineingekrallt hatte, und das Salz meiner Tränen hatte die Farbe ins Weiß verlaufen lassen.

»Macht nichts«, sagte er. »Sie hat einem guten Zweck gedient.« Er strich mein Haar zurück, das mir an Hals und Kehle klebte, feucht und zerzaust vom Weinen. »So.« Er strich es glatt. Das gleiche tat ich manchmal bei den Kindern. Als nächstes würde er mich fragen, ob ich etwas Zuckerwerk haben wollte.

»Hier«, sagte er und griff zu einem Teller mit Feigen. Jetzt mußte ich lachen. »Nein, danke«.

Er ließ die Feigen liegen und legte mir den Arm wieder um die Schultern.

»Ich glaube, ich habe dich noch nie weinen sehen«, sagte er mehr zu sich selbst als zu mir.

»Ich versuche es nicht zu tun, zumindest nicht vor anderen. Es schickt sich nicht für eine Königin.«

»Dann heißt das wohl, daß du mir endlich vertraust«, sagte er.

Ja, vermutlich hieß es das. Irgendwo, irgendwann, hatte ich Antonius gegenüber meine Deckung sinken lassen, wie ich es noch bei keinem Menschen je getan hatte. Jetzt konnte ich sie nicht wieder aufrichten.

»Ja, ich habe gelernt, dir zu vertrauen«, gab ich zu.

»Du bist wie ein wildes Tier, das lange gebraucht hat, bis es mir aus der Hand fraß«, sagte er. »Und immer noch bist du fluchtbereit für den Fall, daß ich eine falsche Bewegung mache.«

»Nicht mehr«, bekannte ich und wischte mir mit den Fingerspitzen über das Gesicht. Und es war die Wahrheit – Flucht kam nicht mehr in Frage. Wir waren zusammen, und zwar vorbehaltlos.

»Das erfreut mein Herz«, sagte er und nahm mich fester in den Arm. »Doch jetzt, Liebste, zu dem Brief – er ist alarmierend. Aber in mancher Hinsicht auch befreiend.«

»Inwiefern?«

»Octavian wurde endlich gezwungen zu handeln«, sagte Antonius. »Er hat sich offenbart – hat seinen nackten Ehrgeiz offenbart: Er will Cäsar *sein*, und er hat nicht die Absicht, irgendeinen Rivalen neben sich zu dulden. Und er hat offenbart, wen er als seinen Rivalen betrachtet. Nicht mich. Nicht dich. Cäsarion.«

Vermutlich war das eine Art Sieg. Wie ein Tier, das sich im Schatten eines Steines verbirgt, hielt Octavian seine Ziele gern im dunkeln. Er mied das Sonnenlicht, das seine Taten offenbar gemacht hätte. Aber diesmal war er ins Freie getrieben worden.

Ein schwacher Trost, da ich um Cäsarions Sicherheit fürchtete.

Maskierungen … Cäsarion hatte Octavian mit seiner Maskierung gezwungen, die seine abzuwerfen.

HIER ENDET DIE SECHSTE SCHRIFTROLLE

# DIE SIEBTE SCHRIFT-ROLLE

# 64

Ich konnte kaum glauben, daß ich wieder in Antiochia sein sollte, noch dazu im Winter. Ich hatte alles verkehrt gemacht: Ich war den Sommer über im glutheißen Alexandria geblieben und hatte mich dann für den trostlosen, regennassen Winter nach Antiochia begeben. Wieder einmal verbrachte Antonius einen Winter damit, seine Truppen vorzubereiten. Diesmal aber war nicht Parthien sein Ziel, sondern Armenien.

Die zugigen, überladenen Räume waren noch die gleichen mit ihren hallenartigen Korridoren und den klaffenden Treppenhäusern, die glotzten wie leere Augenhöhlen. Ich hätte nicht zurückkehren sollen; es wäre besser gewesen, den Palast so in Erinnerung zu behalten, wie er vom ersten Glück meiner Hochzeit widergehallt hatte. Da waren die Zimmer nicht nur Zimmer gewesen, und die Fenster hatten einen verzauberten Ausblick geboten. Jetzt war alles wieder auf das gewöhnliche Maß geschrumpft, und ich spürte den Verlust mit schneidender Schärfe. Der Zauber war verflogen, hatte sich an unbekannte, geheime Orte verflüchtigt.

Antonius war so beschäftigt, daß er es nicht bemerkte. Seit er sich einmal zu seinem lange verschobenen Vergeltungsfeldzug entschlossen hatte, waren seine Tage von einer endlosen Folge von Gesandtschaftsempfängen und Konferenzen ausgefüllt. Zuerst aber hatte er Marcus Titius zu uns befohlen, um sich das Debakel mit Sextus erklären zu lassen.

Ich sage »uns«, weil ich darauf bestand, anwesend zu sein. Wenn ägyptische Gelder ausgegeben und ägyptische Mittel verwendet werden sollten, dann sollte Ägypten auch an allem beteiligt werden. Außerdem waren Antonius und ich jetzt ganz unverhohlen die beiden Regenten eines östlichen Reiches ... Aber davon später mehr.

Titius war der Befehlshaber der Streitkräfte in Syrien, und so brauchte er keine weite Reise zu machen, um uns Bericht zu erstatten. Ich hatte ihn immer gemocht, vielleicht weil sein schlankes, dunkles Äußeres mich angesprochen hatte und weil er jünger war als die anderen Generäle. Und er war stets darauf bedacht, mir zu schmeicheln. Zugleich aber spürte ich, daß er eine leise Verachtung für Antonius hegte. Man frage nicht, woher ich es wußte; ich kann so etwas sehr deutlich spüren. Als ich es Antonius sagte, schnaubte er nur und antwortete: »Du mußt mir schon etwas Handfesteres bringen, wenn ich mich danach richten soll.«

Titius hatte zu denen gehört, die bei Sextus Zuflucht genommen hatten, als die Proskriptionen wüteten; später hatte er sich unter Antonius' Banner seinem Onkel Plancus angeschlossen. Die beiden bildeten ein merkwürdiges

Paar: Titius dunkel, mit langem Gesicht, sarkastisch, Plancus dagegen blond, rotgesichtig und lachend.

Titius meldete sich in dem riesigen Audienzsaal; wenn es nach mir gegangen wäre, hätten wir auf einem Thron gesessen, aber Antonius wollte davon nichts wissen.

»Hier bin ich General, nicht Autokrator«, sagte er. *Autokrator* war ein griechisches Wort, mit dem er seinen Status als Herr und Beherrscher – aber nicht König – des Ostens bezeichnete.

»Nun, und was bin ich?« fragte ich. »Ich bin immer noch Königin.«

»Du bist der Admiral«, sagte er, »was ja ganz passend ist, denn meine Flotte besteht hauptsächlich aus deinen Schiffen. Also sitze wie ein Admiral auf einem bequemen Stuhl, aber nicht auf einem Thron.«

Titius kam mit großen Schritten herein; er wirkte nervös und abwehrbereit. Nach der üblichen formellen Begrüßung und seiner kurzen Zusammenfassung des Geschehenen wartete Titius auf Antonius' Reaktion.

»Wer hat dir befohlen, ihn hinrichten zu lassen? Das ist es, was ich wissen will«, sagte Antonius.

»Man gab mir zu verstehen, daß es *deine* Befehle seien«, sagte Titius. »Sextus wollte fliehen; er wurde gefaßt, als er versuchte, sich zu den Parthern durchzuschlagen. Er wollte sich unter ihren Schutz stellen. Er war ein Verräter, Herr.«

»Wen hat er verraten? Mir hatte er nie Bündnistreue geschworen.«

»Rom hat er verraten. Seine Vorfahren hat er verraten. Er ist ein Fleck auf ihrem Namen, eine Schande für sie.«

»Also fühltest du dich berufen, ihn zu bestrafen?«

»Du hast Cicero getötet, um *ihn* zu bestrafen! Und wie viele andere bei den Proskriptionen – denen ich beinahe auch zum Opfer gefallen wäre?«

»Das ist ja das Schändliche daran«, sagte Antonius. »Sextus hat dir Schutz geboten und dein Leben verschont, als du unter seinen Fittichen Zuflucht suchtest. Du deinerseits hast ihn getötet.«

Titius fuhr seine Krallen aus. »Mit allem Respekt, Imperator, aber Sextus hat sich nicht zur mir geflüchtet – er ist *vor* mir geflohen. Ich bin Soldat im Dienste Roms. Willst du andeuten, ich sollte mein Treuegelöbnis gegen Rom verraten und seine Feinde schonen, weil ich eine private Schwäche empfinde? Eine merkwürdige Art von Ehre. Eine, die besser zu einer Frau paßt, möchte ich meinen.«

Das paßte mir nicht. »Wenn du glaubst, daß Frauen ihre Feinde verschonen, General Titius, dann kennst du die Geschichte nicht. Wir können ebenso hart sein wie Männer – und wir haben das längere Gedächtnis.«

»Wie dem auch sei, Königin Kleopatra – ich glaube, *du* hättest Sextus auch nicht verschont.« Er nickte mir zu und lächelte. »Niemand, der einen Sinn für Selbsterhaltung hat, hätte das getan. Ich hatte den Ruchlosen in der Hand, und ich habe ihn zerquetscht – so.« Er machte eine würgende Bewegung mit seinen Händen. »Ich habe ihm die Luft abgedrückt, damit Rom und Alexandria um so leichter atmen können.«

»Genug!« sagte Antonius. »Ich erwarte, daß du in Zukunft deinen Befehlen gehorchst und daß du abwartest, wenn du keine Befehle hast.«

»Kannst du denn ehrlich behaupten, daß du etwas anderes befohlen hättest als das, was ich getan habe?« Titius war kühn.

»Nachher kann man das nie wissen.« Antonius seufzte und verlagerte sein Gewicht auf dem Stuhl. »Während des Feldzugs gegen Armenien nun werde ich mich darauf verlassen müssen, daß du mir den Rücken deckst. Syrien muß sicher gehalten werden. Ich habe Angebote von den Medern erhalten – sie haben zum tausendsten Mal die Seite gewechselt und wollen uns jetzt, wie sie meinen, gegen die Parther helfen. Sie sollen Syrien nicht unbewacht finden. Ich vertraue dir seine Sicherheit an, dir und deinen drei Legionen.«

»Du wirst mich deines Vertrauens würdig finden, Herr.«

Als er gegangen war, sagte ich: »Hoffentlich hast du dir keinen Feind gemacht.«

»Unsinn! Er hat eine Standpauke erwartet. Er kann von Glück sagen, daß ich ihm sein Kommando gelassen habe.«

»Ich glaube nicht, daß du eine andere Wahl hattest.«

»Natürlich hätte ich ihn ablösen können«, sagte er. »Er ist nicht der einzige junge römische General, den wir zur Hand haben.«

»Wirklich? Seit Octavian dich von Rom abgeschnitten und dir die Möglichkeit genommen hat, dort zu rekrutieren – woher willst du da neue Leute nehmen?«

»Gibt es im Osten keine Talente?«

»Wenn du einen Nichtrömer nimmst, nährst du damit nur die Angst vor den Asiaten, die sich zusammenrotten, um Rom zu überrennen. Das weißt du. Es ist das einzige, was Rom fürchtet. Man kennt dort die Prophezeiungen.«

»Ja. Auch, daß sie von einer Frau angeführt werden sollen … von meinem Admiral.« Er beugte sich herüber und berührte leicht meine Hand.

Der medische Gesandte versicherte uns, daß sein Herr so erpicht darauf sei, uns als Verbündete zu bekommen, daß er bereit sei, seine einzige Tochter Iotape mit unserem Sohn Alexander zu vermählen und Alexander zu seinem Thronerben zu machen.

»Mein allergnädigster König breitet die Arme aus, um euch an seine Brust zu schließen.« So drückte er sich aus. »Und sein kostbarstes Juwel, sein einziges Kind, seine Tochter, will er in eure Obhut geben.«

Ich fühlte, wie das Herz mir schwer wurde. Nicht mein Alexander – nicht mit fünf Jahren schon verlobt! Ich dachte an meine eigene Kindheit, die infolge der Umwälzungen bei Hofe vom Schatten einer Zwangsehe frei gewesen war. Als ich erst Königin und nicht mehr Prinzessin gewesen war, hatte es mir freigestanden, meinen Gatten selbst auszuwählen. Meine Kinder würden dieses Glück nicht haben.

Natürlich war ich nicht völlig frei gewesen; man hatte mir ja die herkömmlichen Ehen mit meinen beiden Brüdern diktieren können. Aber ich hatte sie ignoriert und mir die Männer genommen, die mir gefielen.

Meine Kinder waren alle wohlbehalten in Alexandria. Cäsarion war aus Rom zurückgekehrt; falls Octavian böse Pläne gegen ihn geschmiedet hatte, so war er ihnen entkommen. Ich wollte sie der Welt so bald nicht ausliefern. Aber manchmal gibt es für Prinzen keine andere Wahl.

Der Mederkönig hatte sogar König Polemon von Pontos freigelassen, den Ärmsten, der mit dem Troß in Gefangenschaft geraten und jetzt auf dem Weg nach Antiochia war und die Adler der beiden vernichteten römischen Legionen mit sich führte.

Zur Wiederherstellung der römischen Ehre blieb jetzt nur noch eins zu tun: Es mußte Vergeltung gegen Artavasdes selbst geübt werden.

»Heil den Geburtstagen der Allererhabensten, des Imperators Marcus Antonius und der Königin Kleopatra!« brüllte der Haushofmeister. Antonius und ich standen im Eingang der riesigen Halle, die mit Immergrünzweigen und künstlichen Blumen aus getrocknetem und gefärbtem Schilf geschmückt war. So viele Kerzen und Fackeln brannten, daß es aussah wie in einem Tempel. Unsere Generäle und ihre Offiziere, Militärtribune sowie syrische Adlige und Kaufleute füllten die Halle. Wir posierten, hielten uns bei der Hand und lächelten; nichts verriet, daß wir uns darüber gestritten hatten, welchen Titel wir verwenden sollten.

Tatsächlich war es eine heikle Angelegenheit. Antonius war zugleich mehr und weniger als ein König. Als Autokrator – als uneingeschränkter Selbstherrscher – konnte er Könige ernennen und entthronen. Aber die Römer hatten eine Abneigung gegen den Titel König. Und Triumvir – das Triumvirat sollte in zwei Jahre auslaufen; also legte man darauf besser nicht allzuviel Gewicht. In Rom hatte man Octavians Person unlängst für sakrosankt erklärt, und er ließ sich immer seltener »Triumvir« nennen. »Imperator«, was soviel wie »Oberkommandierender« oder »Feldherr« bedeutete, war ein guter, neutraler Titel, und Antonius bestand vorläufig darauf, sich so anreden zu lassen.

Unsere Geburtstage lagen so nah beieinander, daß wir sie zusammen feiern konnten, recht früh im neuen Jahr. Antonius wurde achtundvierzig, ich fünfunddreißig. Mit schwerem Herzen erkannte ich, daß mein einst so jugendfrischer, überschwenglicher Aristokrat sich dem Alter näherte, in dem Cäsar gewesen war, als ich ihn kennenlernte. Wo waren die Jahre geblieben? Ein trivialer Gedanke, aber sie schienen im Fluge vergangen zu sein, wenn ich mir flackernde Erinnerungen an Antonius vor Augen rief: den Reiteroffizier, Ende zwanzig, den ölglänzenden, springenden Priester der Luperkalien, meisterlich in der Blüte seiner Jahre, Mitte dreißig. Und jetzt war er fast fünfzig …

*Langsamer, Gott der Zeit*, betete ich. *Halte deinen Wagen an, laß uns rasten und umherschauen, gib uns einen Augenblick Zeit, ohne daß sich alles ändert* … Aber ich wußte, daß der grausame Gott mir diese Bitte niemals erfüllen würde. Er war unbarmherziger als Titius gegen die, welche er einmal in den Klauen hatte.

Ich drehte mich zu Antonius um und sah sein stolzes Profil, das in meinen Augen immer noch schön war, noch immer gebieterisch; noch immer schien es dem Schicksal zu sagen: Laß uns kämpfen Mann gegen Mann …

Ich hob den Arm hoch und schickte mich an hinabzuschreiten.

Seltsam, aber ich trauerte nicht um meine eigenen verlorenen Jahre; ich war außerstande, sie mit anderen Augen zu sehen. Wir glauben immer, *wir* hätten die Zeit in ihrem Lauf aufgehalten, und für uns gäbe es manchen unerforschten Weg, den wir natürlich noch erforschen würden – ja, natürlich …

Ein lauter Begrüßungsjubel empfing uns. Die Unnachahmlichen gab es längst nicht mehr, und es war Jahre her, daß wir auf so ausgelassene Weise gefeiert hatten, aber an diesem Winterabend paßte es zu unserer Stimmung.

Canidius Crassus, dessen Gesicht stärker denn je vom Wetter gegerbt war, verneigte sich steif aus der Hüfte; dann richtete er sich wieder auf und schlug Antonius auf den Unterarm. »Noch einmal ins Feld, Imperator?« fragte er.

»Jupiter gewähre uns den Sieg!« Plancus hob salutierend den Arm.

König Polemon von Pontos – ein Mann mit sanfter Stimme und ebensolchen Manieren – überreichte uns einen Kasten mit Smaragden und beglückwünschte uns zum Geburtstag. »Aristoteles sagt in seiner *Rhetorik*, das beste Alter des Körpers liege zwischen dreißig und fünfunddreißig Jahren, der Geist aber sei im Alter von neunundvierzig Jahren auf seinem Höhepunkt«, sagte er. »Das heißt, ihr seid beide in der beneidenswerten Lage, im besten Alter zu sein.«

»Ich glaube, es bedeutet, daß wir zusammen ein vollkommenes Ganzes bilden«, sagte Antonius. »Mein Geist im Verein mit ihrem Körper.«

Dellius schob sich heran und zog die Brauen hoch, als stelle er sich etwas Laszives vor. Ich hatte seinem Benehmen noch nie viel abgewinnen können. »Du bist nicht der älteste General, der je ins Feld gezogen ist«, sagte er beruhigend zu Antonius, als sei dies ein Anlaß zur Besorgnis.

»Ich habe darüber noch nicht nachgedacht«, sagte Antonius. »Der Rückzug aus Parthien unter diesen unmenschlichen Bedingungen hat gezeigt, daß ich noch jung genug bin.«

»Wohl wahr.« Dellius musterte ihn, als sei er nicht recht überzeugt.

»Und wie dem auch sei – ich sende dich nach Armenien, bevor der Winter zu Ende geht. Da wirst du – der du ja jünger bist – auch Gelegenheit haben, dich im Schnee zu erweisen.« Dellius machte ein erschrockenes Gesicht. »Ich möchte, daß du Artavasdes ein ... Bündnisangebot überbringst. Einen Ehevertrag über unsere Kinder. Er wird natürlich ablehnen, und dann haben wir einen Vorwand zum Angreifen. Ich habe aus zuverlässiger Quelle erfahren, daß er mit Octavian in Verbindung steht. Keiner der beiden will mir wohl. Sie sind zwei von einem Schlag.«

Ich erschrak ob dieser harschen öffentlichen Einschätzung Octavians: Er schor ihn mit dem Verräter Artavasdes über einen Kamm!

»Ja, Herr«, sagte Dellius und sah sich nach einem Fluchtweg um, bevor Antonius ihm noch eine weitere unangenehme Aufgabe übertrug. Er schob sich – mit Seitwärtsbewegungen wie ein Krebs – in das Gedränge der Gäste.

Die Fackeln brannten hell, und muntere Fröhlichkeit hallte von den Wänden wider. Plancus führte den Chor der Offiziere, die Antonius priesen, und nannte ihn »Herkules, den Eroberer« und einen »wohltätigen Dionysos«. Ihre Rufe waren wie ein Schild, auf dem sie ihn hochhoben, hoch bis unter die Deckenbalken. Mit seinem Mut und seiner Zähigkeit auf dem so mannhaft geführten und ertragenen Rückzug aus Parthien hatte er sich ihre Bewunderung und ihre Treue erworben.

Selbst Ahenobarbus mit dem scharfen Blick – und der scharfen Zunge – war an diesem Abend sanftmütig und schenkte Antonius ein neues Schwert aus chalybäischem Eisen. »Ein neues Schwert für eine neue Eroberung«, sagte er, und das Licht der bevorstehenden Schlacht glänzte in seinem Auge. »Doch deine alte Kampfesweise mußt du behalten – einen kühlen Kopf in der Hitze des Gefechts und einen prachtvollen Wagemut.«

»Jetzt kannst du dein getreues altes Schwert Alexander schenken, als Vermächtnis«, sagte ich.

Antonius nahm das neue Schwert und fuhr mit dem Daumen prüfend über die feingeschliffene Klinge.

»Ich danke dir«, sagte er zu Ahenobarbus. »Mein Freund.«

Fünf Kohlenbecken, so heftig entfacht, daß sie fast glühten, hielten in unserem Schlafgemach die Kälte in Schach. Das Fest war vorüber, wir hatten unsere Beute – den Tribut, den unsere gefangenen Gäste entrichtet hatten – auf einem Tisch aufgehäuft und unsere beengenden Gewänder gegen syrische Hauskleider getauscht. Jetzt saßen wir auf thronähnlichen, perlmuttverzierten Sesseln und seufzten erleichtert.

»Das war anstrengend«, gestand Antonius und gähnte.

»Das war nichts im Vergleich mit den alten Zeiten in Alexandria«, erinnerte ich ihn. »Unsere Abende mit den Unnachahmlichen … erinnerst du dich?«

»Da war ich noch jünger«, sagte er, ohne nachzudenken. Dann merkte er, wie es sich anhörte. »Vielleicht langweilt es mich inzwischen auch nur«, erwog er. »Immer dieselben alten Leute, dieselben alten Lieder.«

»Aber nicht derselbe alte Wein«, sagte ich. In dieser Gegend tranken wir Laodikäer, keinen Falerner. Ich schenkte aus dem Krug, den man uns zu unserem Genuß hingestellt hatte, einen Becher voll und reichte ihn Antonius.

»Der Wein läßt uns nie im Stich«, sagte er und trank einen Schluck.

Ich war anderer Meinung, aber ich sagte es nicht. Der Wein war ein Verräter, und in letzter Zeit hatte ich das Gefühl, daß er Antonius betrog. Er trank zuviel und bildete sich ein, daß es ihm nichts ausmache, aber das tat es doch. Eine Zeitlang saß er schweigend da und genoß den ausgeprägten Geschmack dieses speziellen Weins. Schließlich sagte er: »Heute abend haben wir unser neues Imperium enthüllt.«

»Wie meinst du das?« Seine Bemerkung kam aus heiterem Himmel und verblüffte mich.

»Es hat keinen Sinn, sich länger zu verstellen – jedenfalls hat es keinen Sinn, daß *ich* mich länger verstelle. Schritt für Schritt habe ich mich in eine seltsame Rolle führen lassen: Beherrscher eines gewaltigen Ostreiches, mit einer Herrscherin an meiner Seite. Bei Herkules – ich wollte nicht, daß es dazu kommt!« Schmerz klang in seiner Stimme, und er stellte seinen Becher hin. Dann fuhr er sich mit beiden Händen durchs Haar, als könne das auch seine Gedanken ordnen. »Heute abend haben wir diese Rollen gut gespielt, wie wir dastanden, Seite an Seite in unserem orientalischen Prunkstaat, und die Ehrungen unserer Untertanen entgegennahmen – oh, was hast du aus mir gemacht?« Er sprang von seinem Sessel auf, zerrte an seinem Gewand und riß es sich vom Leib. »Weg damit! Weg!«

War er betrunken? Ich schaute in seinen Becher, aber der war nur halb leer.

»Weg! Weg!« Angewidert schleuderte er das Gewand von sich. »Ich bin verwandelt!« Er schaute an sich herunter, streckte die starken Arme aus und starrte seine Hände an. »All diese Ringe!« Er zog sie ab und fing an, sie auf das zerknüllte Gewand zu werfen. Dann schleuderte er die bestickten Seidenpantoffeln von den Füßen. Sie wirbelten durch die Luft, und der eine landete in einem Kohlenbecken und ging in Flammen auf.

Antonius fing an zu lachen, als er den qualmenden Schuh sah. Aber dann beruhigte er sich wieder. »Du hast das getan«, sagte er schließlich. »Hast einen römischen Magistrat in einen orientalischen Potentaten verwandelt.«

»Also hat Octavian sogar dich gewinnen können«, sagte ich. »Mit seinen Lügen und Verzerrungen.«

»Hinter seinen Behauptungen verbirgt sich genug Wahrheit, um darüber nachzudenken.« Bald fröstelte ihn in dem kalten Zimmer, und er raffte eine Wolldecke vom Bett, statt sich wieder in das anstoßerregende bestickte Gewand zu hüllen.

So mußte dieses Gespräch also jetzt stattfinden – und ich hatte mich nicht darauf vorbereitet. Ich sandte ein Stoßgebet zu Isis und bat sie, mir einen klaren Kopf zu bewahren. »Du siehst aus wie ein Narr, wenn du dich so in diese Decke wickelst«, sagte ich. »Fast so närrisch, wie du dich anhörst.«

Er schaute mich an, ein Inbild der Not. »Die Wahrheit tut weh«, sagte er schließlich. »Ich glaube nicht, daß ich es ertragen kann.« Er sah so elend aus, daß mir das Herz überging. Ich war nie zwischen zwei Welten hin- und hergerissen gewesen, wie er es jetzt war. Diese besondere Qual hatte das Leben mir erspart.

Ich ging zu ihm; er hatte sich wieder auf den Sessel fallen lassen. Hinter ihm blieb ich stehen, legte meinen Kopf an seinen und umschlang seine Schultern mit beiden Armen, wie es bei der Statue des Horus, der einen Pharao beschützt, der Fall ist. Jetzt war ich die Starke. Laß mich ihm helfen, gute Isis!

»Wenn du Schritt für Schritt hineingezogen worden bist, so deshalb, weil es dein Schicksal ist«, sagte ich schließlich. »Und niemand kann sein Schicksal zurückweisen. Sich zu weigern ist hoffnungslos und macht die Bürde nur schwerer. Und das Schicksal ist jedem Menschen angemessen wie ein Hemd. Es gibt keinen zweiten Alexander, keinen zweiten Moses, keinen zweiten Antonius. Du bist der erste und einzige, der auf dieser Erde wandelt. Daher mußt du der beste Antonius sein, der du sein kannst.«

Ich fühlte, wie er den Kopf langsam hin- und herbewegte. »Es nützt nichts, wenn du sagst, du wärest gern jemand anders, oder wenn du eines anderen Los im Leben begehrst. Dir ist dein Teil zugewiesen. Da du der höchste lebende General bist, war es nur natürlich, daß der reiche Ostteil des römischen Imperiums an dich fiel. Und da dies so ist, war es ebenso natürlich, daß du ein Teil davon wirst. Deine Untertanen lieben dich, wie es selten geschieht –«

»Untertanen! Ich habe keine Untertanen! Ich bin kein König!« rief er.

»Gut dann, deine … Klientenkönige, deine Provinzen.« Ich seufzte. Was kam es darauf an, wie man sie nannte? »Du verstehst sie, und deshalb gehörst du hierher. Und es stimmt – die westliche Hälfte Roms geht nur schwer unter einem Joch mit der östlichen. Sie ziehen nicht gut zusammen. Eines Tages wird das Gespann zerbrechen – das heißt, wenn die beiden Hälften von einem westlich denkenden Römer regiert werden. Nur jemand wie du – ein Römer, in Rom geboren und aufgewachsen, der den Osten ebensogut versteht – kann die beiden zusammenhalten.«

Er saß reglos da wie eine Pharaonenstatue. Hörte er meine Worte überhaupt – meine groben, ungefeilten Worte? Halfen sie?

»Du bist derjenige, der dazu berufen ist, Rom zu erhalten«, sagte ich. »Und nicht nur, weil du zum Teil Orientale geworden bist. Als ob irgend etwas deine glorreiche Familiengeschichte auslöschen könnte, deine langen Jahre des Dienstes an Rom! Nein, das alles wird weiterbestehen. Du hast nichts weiter getan, als eine neue Dimension hinzuzufügen, ein neues Verständnis auf das alte zu setzen. Das wird dich zu dem Herrscher machen, den Rom verdient hat und der ihm zukommt.«

»Ich bin kein Herrscher!«

»Ein Führer«, sagte ich beruhigend. »Und wenn wir führen – ein neuer Morgen wird da aufgehen! Die Welt ist viel reicher, als der römische Patriot es mit seinem engstirnigen Blick erkennen kann, wenn er seine Hafergrütze ißt, seine festen Sandalen anschnallt und an den Altären fremder Götter vorbeihastet, ohne nach rechts oder links zu blicken.«

Antonius lachte matt. Das ermutigte mich fortzufahren.

»Du kennst doch die Sorte. Sie tragen ihr grobes Zeug aus selbstgesponnener Wolle, sprechen nur Latein, fühlen sich bedroht von griechischer Lyrik, Pflaumentunke und dem Klang der Sistra. Was für ein Schicksal hätten alle deine ... Klientenkönigreiche ... zu erwarten, wenn sie von einem solchen Mann regiert würden?«

»Ein recht unfreundliches«, sagte er.

»Wenn dein Schicksal hier liegt, dann nimm es an! Genieße es! Danke den Göttern, daß sie dich zum Herrn über diese Völker gemacht haben, die du so gut verstehst und die dir lieb und teuer sind! Du bist doch nicht weniger Römer, wenn du zugleich ein Bürger der Welt bist – ganz gleich, was Octavian behauptet! Du bist nur desto größer!« Hörte er mir überhaupt zu? »Und ich sage dir noch etwas: Du wirst ihre Rettung sein. Wenn Octavian ihr Herrscher wird – und er wird nicht zögern, sich so zu nennen, das versichere ich dir –, dann werden sie leiden. Oh, wie sie leiden werden!«

Langes Schweigen erfüllte die Luft.

Schließlich sagte er: »Du verstehst den Osten gut, aber ich glaube, von Rom verstehst du nichts. Du verkleinerst es zur Karikatur, aber es stört dich, wenn Römer genauso über den Osten sprechen. Der ungebildete, barbarische Römer, der seine Hafergrütze ißt – das ist genauso unecht wie der verschlagene, weibische Orientale.«

»Siehst du! Du hast soeben bewiesen, daß ich recht habe! Du bist weise genug, beide Seiten zu verstehen. Dir und nur dir ist es bestimmt, die ganze römische Welt zu beherrschen – zu führen.«

»Ich sehe die Vorzüge von beidem sehr wohl«, gab er zu.

»Genau wie Cäsar. Er verstand wie du, daß alle Bürger Roms gleichrangig sein mußten und daß jede Seite die andere respektieren mußte. Scheue jetzt nicht vor deiner Verantwortung zurück!«

»Und wie sollen sie dich je akzeptieren – die auf meiner Seite, die in Rom?« fragte er traurig. »Sie sind dort nicht so aufgeschlossen wie deine idealisierten Weltbürger.«

»Man bringt ihnen bei, mich zu hassen«, sagte ich. »Aber wenn sie mich sehen, wenn sie erkennen, daß sie von mir nichts zu befürchten haben ... Wie dem auch sei, bis dahin wird noch viel Zeit vergehen. Zunächst mußt du Octavian beseitigen!« Und ich wiederholte diese Worte leise, flüsterte sie ihm ins Ohr: »Du ... mußt ... Octavian ... beseitigen.«

»Mit welcher Begründung?«

»Zunächst mußt du ihn von Cäsars Platz vertreiben. Erklärst du ihn zu einem Hochstapler und erbringst du den Beweis dafür, so nimmst du ihm die Basis seiner Macht.«

»Die Basis vielleicht, aber nicht die Macht selbst. Die besitzt er, weil er all seine Legionen hat. Und weil er Italien in seinem Würgegriff hält.«

»Erst die Basis, dann die Macht. Verkünde die Rechte Cäsarions, und stelle Octavian in Frage. Sei kühn! Erkläre das Ostreich zu einer eigenen Einheit! Provoziere ihn! Je eher der Kampf stattfindet, desto wahrscheinlicher ist dein Sieg. Er wird mit jedem Tag stärker.«

»Vielleicht wird das Schicksal mir die Arbeit abnehmen«, meinte er. »Wenn du an das Schicksal glaubst, so wird das Schicksal Rom den Herrscher geben, den es verdient. Octavian kämpft noch in Illyrien. Vielleicht wird er dort fallen. Wie ich höre, hat er sich am Knie verletzt, und –«

»Cäsar hat immer gesagt, wenn das Glück nicht zu uns kommt, müssen wir dem Glück entgegengehen.«

»Ich bin aber kein zweiter Cäsar; darauf hast du schon hingewiesen.«

»Ich weiß, daß ich recht habe! Bitte folge meinem Plan.«

Er seufzte. »Wenn Armenien hinter uns liegt ...«

»Ja, natürlich, wenn Armenien hinter uns liegt. Damit hast du Zeit, deine Pläne zu vervollkommnen.«

»Ja, Geliebte.« Endlich drehte er sich um und vergrub den Kopf an meiner Schulter. »Wir werden unser Imperium zusammen errichten ... meine Herrscherin.« Er nahm meine Hand. »Komm zu Bett, und laß uns unsere zahllosen Königreiche feiern. Wir wollen uns lieben nach der Art eines jeden; sie sind darin vielfältig wie in ihren Kleidern und ihren Speisen ... Wollen wir Rom nicht auch damit bekannt machen? Das Leben der Römer bereichern?« Er lachte; mein alter Antonius war zurückgekehrt. »Oder wollen wir heute nacht Octavians Art und Weise nachahmen? Ich bin sicher, sie ist phantasielos, aber gründlich: die offizielle römische Art.«

»Nein«, sagte ich, »daran mag Livia sich erfreuen.«

»Wie ich höre«, sagte Antonius, »ist sie nicht die einzige, die seine Praktiken zu kosten bekommt – wie immer sie aussehen mögen. Er ist sehr beschäftigt in den Betten der Frauen anderer Männer.«

Da hatte er sich nicht sehr verändert. Ich würde einen solchen Ehemann nicht für alles Gold im Tempel des Saturn haben wollen!

»Lieber Gemahl«, sagte ich, »laß es uns nach unserer eigenen Art tun.«

# 65

Es war Frühling, und ich war wieder einmal von Antonius getrennt, denn er war nach Armenien gezogen. Er hatte sechzehn Legionen mobilisiert – sechzehn! Genug, um Nebukadnezar zu zermalmen! – und war aufgebrochen, seinen Feind zu strafen. Diesmal aber herrschte keine atemlose Spannung, und ich hatte keine Sorgen; ich hatte mich bereits der Frage zugewandt, was wir anfangen würden, *nachdem* Artavasdes seine gerechte Strafe empfangen hatte.

Ich war rastlos. Der frische Wind, der durch die Stadt wehte, machte mir Lust, zu tanzen und mich dabei in die neuen leichten Seidenstoffe zu hüllen, die aus dem fernen Osten, weit noch hinter Indien, zu uns gelangt waren. Sie waren so dünn, daß sie den Körper wie ein Nebel umschwebten. Solche Gewänder mußten die Auren, die Windnymphen, getragen haben – ich hatte Skulpturen davon gesehen: Fließende Gewänder umwölkten die Konturen ihrer anmutigen Gliedmaßen, während sie sprangen und schwebten, und ihre Gestalten waren darunter so deutlich sichtbar, als wäre der Stoff naß. Jetzt fühlte ich mich wie eine von ihnen: bereit, hoch über die Stadt zu fliegen, über das Delta, hinaus in die Wüste.

Aber da das Fliegen nicht in Frage kam, beschloß ich, mit dem Schiff nach Heliopolis zu fahren, um dort meine Balsampflanzungen zu besichtigen. Zwei Jahre war es jetzt her, daß ich die Schößlinge aus Jericho mitgebracht hatte, und man hatte sie liebevoll wie Königskinder getränkt und gepflegt. Ich brannte darauf, sie zu sehen. Wenn sie dort wirklich gediehen, schwebte die Möglichkeit eines gewaltigen Reichtums wie eine Fata Morgana über dem Horizont.

Heliopolis, die alte Stadt der Sonne, lag dort, wo die Arme der Nilmündung sich zu jenem langen Stiel vereinigten, der bis hinunter nach Nubien reichte. Es war ein heiliger Ort gewesen, lange vor dem Bau der Pyramiden; niemand wußte, wie alt er wirklich war. Als meine Dynastie, die Ptolemäer, nach Ägypten kamen, baten sie Manethon, der Priester in Heliopolis war – und mutmaßlich Zugang zu alten Archiven hatte –, eine Geschichte des alten Ägypten zu schreiben. Er tat es und gab uns so das einzige Verzeichnis aller Pharaonen, das wir besitzen. Das Wissen über die Vergangenheit verwelkte schon damals; seine Wurzeln waren noch kräftig in den uralten Städten, aber anderswo waren seine Zweige schon fast kahl. Immer weniger Leute gab es, welche die heiligen Schriften lesen konnten, und immer weniger Leute kümmerte es auch; das alte Ägypten versank bereits im Dunst einer sagenhaften Märchenwelt. Der letzte eingeborene Pharao hatte seinen Thron vor über dreihundert Jahren den Persern überlassen.

Aber die Vergangenheit war zu stark, um einfach zu verdunsten; statt dessen durchdrang sie die neuen Eroberer mit ihren Farben. Die persischen Herrscher und dann die griechischen wurden zu Pharaonen, als sie auf ägyptischem Boden lebten. Ich war Pharaonin, die geliebte Tochter des Re, wie es alle Pharaonen gewesen waren. Mein Vater war auch Pharao gewesen. Deshalb wurden wir nach altem Ritus in Memphis gekrönt.

Ob wir uns wie Pharaonen fühlten? Das ist schwer zu sagen. Wenn ich in Alexandria war – nein. Dort gab es so wenig Ägyptisches, so wenig Altes. Es war eine ganz neue Stadt – ein griechischer Kopf auf dem ägyptischen Körper, wie es einmal jemand beschrieben hatte. Aber ließ man Alexandria hinter sich – ah, dann war es anders. Ich hatte mich auf eine Weise zum »wirklichen« Ägypten hingezogen gefühlt, wie es bei meinen Vorgängern nicht der Fall gewesen war. Keiner vor mir hatte seine Sprache gelernt, keiner war so oft den Nil auf und ab gefahren und hatte so viele Städte besucht. Vielleicht war ich deshalb zu so vielem bereit, um zu verhindern, daß Ägypten verschlungen wurde.

An Tagen wie dem, da meine Barke sich dem Landungssteg am Kanal nach Heliopolis näherte und am Busen des Nils dahinglitt, vorbei an den hohen Papyrushalmen, die leuchtendgrün vor dem gleißendblauen Himmel standen – an solchen Tagen hatte ich das Gefühl, daß ich bereit sei, auch noch mehr zu tun. Kein Preis war zu hoch, um Ägypten den Ägyptern zu erhalten.

Ein Mann namens Nacht erwartete mich, der Hohepriester von Heliopolis, Vorsteher des Sonnentempels. Er war ein korpulenter Mann in einem weißen Leinengewand, und sein kahlrasierter Schädel glänzte. Er hatte eine ganze Schar von Priestern unter sich, junge Gehilfen, Akolythen, Schreiber und Musiker. Hier in dieser Bastion des Re herrschte er unangefochten und hütete sie, wie ich das größere Ägypten hütete.

»Wir begrüßen und heißen dich willkommen, Königin Kleopatra, Netjeret-Merites, Göttin, Geliebte ihres Vaters.« Er verbeugte sich tief, und eine Reihe anderer hinter ihm tat desgleichen.

Ich bedauerte, daß Cäsarion nicht mitgekommen war, um dies zu sehen – nachdem er Rom gesehen hatte. Hier war er Ptolemaios Iuapanetjer Entynehem Setepenptah Irmaatenre Sechemanchamun: Erbe des Erlösergottes, Auserwählter des Ptah, Vollstrecker der Gerechtigkeit des Re, lebendes Abbild des Amun. Hier war er der Erbe, der Ägypten bewahren und die Last seiner Vergangenheit tragen würde – mußte! Auch in einem größeren Imperium würde Ägypten selbst immer noch unvergleichlich sein. Das war die Vision, die Antonius und ich anstelle der römischen Idee, den Rest der Welt in ein neues Rom umzugestalten, bieten konnten.

»Du hast die Sterne des Morgens versäumt, wie sie Re das Gesicht wuschen und ihm das Frühstück brachten«, erklärte Nacht. »Und du hast versäumt, wie der selige Re in Gestalt eines Vogels herabstieg, um in der Morgendämmerung den heiligen Benben-Obelisk zu berühren.«

Wollte er mich tadeln? Aber nein – er klang nur enttäuscht. »Es tut mir leid«, sagte ich.

»Bleib über Nacht bei uns, damit du diese Ereignisse erleben kannst«, sagte er. »Du, Göttin, Tochter des Re, solltest sie sehen.«

Ich hatte nicht vorgehabt zu bleiben. Ich dachte an all die Staatsgeschäfte, die mich in Alexandria erwarteten. Dann schaute ich an der Reihe der Obelisken hinauf, die den sanften Hang bis zum großen Tempelportal emporführte, und ich verspürte den starken Drang, hier zu verweilen.

»Je nachdem, zu welcher Stunde es geschieht, ist es vielleicht möglich«, antwortete ich.

Die gesamte Gesellschaft der Priester verneigte sich und öffnete eine Gasse, um mich durchzulassen, als Nacht mich nun auf den riesigen Tempel zuführte, dessen Steine in der intensiven Mittagssonne in wütendem Gold leuchteten – Re brannte senkrecht über uns. Die Steine hätten ausgesehen wie hartgewordener Sand, der sich auf irgendeine Weise hochgetürmt hatte, wären da nicht die bunten Ziermuster und die strahlenden Blumen gewesen, die geflügelten Scheiben, die Re darstellten.

Hohe, schlanke Palmen wachten hinter den Obelisken und wiederholten ihre Linien, bis sie dann oben in stachligen Kronen auseinanderstrebten.

In der alten Religion glaubte man, dieser Hügel sei das erste Stück Land gewesen, das aus den formlosen Wassern der Schöpfung aufgestiegen sei, und hielt ihn deshalb heilig. Von hier aus erforschte man die Ursprünge der Welt und der Götter; eine bedeutende Schule der Astronomie war auf diesem Gelände entstanden. Hier waren die Geschichten der Götter, die Geschichten von Nun und Geb und Nut, von Isis und Osiris, entdeckt und in den heiligen Schriften niedergeschrieben worden. Doch mehr als alles andere hatte man hier die Natur des Sonnengottes Re verstanden. Re in all seinen Gestalten – der junge Chepri des Morgens, der starke Re des Mittags und der schlurfende, schwache Atum des Sonnenuntergangs. Man hatte sogar erraten, was Re tat, nachdem er hinter dem westlichen Horizont verschwunden war, und wie er in seinem Mesektet-Boot, seiner Nachtbarke, durch die Unterwelt reiste, begleitet von »denen, die niemals ermüden« – Menschen, die in Sterne verwandelt worden waren. Dort reiste Re in der Nacht durch große Gefahren, um im Morgengrauen wieder heraufzukommen und den vergoldeten Obelisken im Herzen des Tempels von Heliopolis zu berühren.

Nacht ging mit langsamen, gemessenen Schritten an meiner Seite. Wir kamen durch das erste Portal in den Vorhof. Hier an dieser Stelle, die ein gewöhnlicher Mensch nicht überschreiten durfte, blieb das Weltliche zurück. Wir waren jetzt im Reich der Götter – besser gesagt, in der Behausung, die Sterbliche ihnen auf Erden bereitet hatten. Ein weitläufiger Vorhof, in der Mitte offen, aber von dunklen, schattigen Kolonnaden umgeben, breitete sich nach beiden Seiten aus. Vor uns lockte die weite Tiefe des Tempels.

»Komm.« Er ging auf die zweite Grenze zwischen dem weltlichen und dem heiligen Bereich zu, die erste überdachte Halle. Wir traten durch das Portal und waren von einem Wald massiger Säulen umgeben, deren Kapitelle zu Lotosblüten gemeißelt waren und ein Dach trugen, das alles Sonnenlicht fernhielt; nur durch die kleinen Fenster, die sich dicht unter der Dachkante aneinanderreihten, sandte Re tastende Strahlen seines hellen Lichts.

Die Schar der Priester hielt sich respektvoll zurück, und wir allein überschritten auch diese Grenze. Hinter den nächsten Türflügeln lag die innere Halle, die viel kleiner war. Hier war auch das Licht trüber.

Allmählich gewöhnten meine Augen sich an das Halbdunkel, und ich sah die Säulen, die wie Wächter im kühlen Zwielicht standen. Die Decke verlor sich im Dunkeln.

Nacht war stehengeblieben. Ich hielt ebenfalls inne. Lautlose Stille umgab uns. Es war schwer zu glauben, daß Re draußen immer noch herniederbrannte – so restlos war die übrige Welt ausgesperrt.

Ich weiß nicht, wie lange ich dastand, aber nach einer Weile ging Nacht weiter, und ich folgte ihm. Tiefer und tiefer drangen wir in den Tempel ein, und weil weder Fackeln noch Kerzen brannten, mußte ich warten, um mich an das wenige Licht zu gewöhnen, bevor ich weiterging.

Schließlich erreichten wir das Allerheiligste, jenen Ort der vollkommenen Finsternis, rings umgeben von poliertem schwarzen Stein. Hier stand das Manedjet-Boot, die »Barke der Millionen Jahre«, auf seinem Sockel – die symbolische Barke, mit der Re bei Tage fuhr.

Wie merkwürdig, dachte ich, daß man die Sonne an einem Ort verehrt, der völlig finster ist. Aber das Heilige schien zu verlangen, daß jede Sinneswahrnehmung ausgeschlossen wurde – als seien Sinneswahrnehmungen zu sehr befleckt von irdischen Gefühlen.

Rings um das Allerheiligste lagen die heiligen Kammern – kleine Räume an einem Korridor. Dort wurden die verschiedenen Zeremonien vollzogen, die das Leben im Tempel bestimmten. Hier wuschen die Sterne – vertreten durch die Priester – dem Gott Re das Antlitz, und hier wurde seine Statue täglich mit frischem Leinen von den Webstühlen des Tempels bekleidet.

»Und hier, Göttin« – Nacht trat beiseite, um mir den Altar zu zeigen, der meinem Vater, mir und Cäsarion geweiht war, – drei Göttern, die zusammen mit den anderen Göttern an der Erhaltung Ägyptens arbeiteten. Unsere Statuen standen blicklos auf behauenen Sockeln, und wir trugen die Gewänder des alten Ägypten. Täglich wurden hier Opfer dargebracht.

Kritisch betrachtete ich die Standbilder. Vater war recht gut getroffen. Mein Bildnis hatte keinerlei Ähnlichkeit mit mir, und Cäsarion – nein, er sah auch ganz anders aus.

»Erhabene«, sagte Nacht, »du erblickst dich hier als Isis. Du bist die Tochter des Re, wie Isis, und sie ist deine Schutzgöttin. Deshalb hielten wir diese Darstellung für angemessen.«

Isis hielt eine Schlange, die sich um einen ihrer Arme gewunden hatte, was die Göttin nicht weiter zu beunruhigen schien.

»Die heiligen Kobras werden hier auch gehalten«, erläuterte Nacht. »Wie du weißt, verkörpern sie das brennende Auge des Atum – das zerstörerische Element der Sonne. Aber die heilige Kobra, die Göttin Wadjyt, beschützt Ägypten. Stoßbereit umschlingt sie die Krone Unterägyptens. Gewöhnliche Menschen tötet sie, aber wenn sie einen Sohn oder eine Tochter der Götter beißt, so ist das ein Geschenk an sie. Es verleiht ihnen Unsterblichkeit.«

»Der Biß einer Natter kann uns geradewegs zu den Göttern bringen?«

»Jawohl, Göttin. Das gilt für uns, für andere nicht. Es bleibt denen vorbehalten, die schon göttlich sind oder im Dienste des Göttlichen stehen.«

»Ihr habt hier heilige Kobras?«

»So ist es. Ich werde sie dir später zeigen.«

Wir betraten den heiligsten Ort des Tempels. In allen Tempeln gab es ein Allerheiligstes mit einer Barke aus Gold, aber nur Heliopolis hatte den Obelisken, mit schimmerndem Blattgold überzogen; das war der Benben-Stein, den Re zu Anbeginn der Zeit berührt hatte und seitdem jeden Morgen wieder berührte. Er stand in einem dachlosen Raum.

Der Himmel darüber hatte die Farbe strahlendblauer Fayencen. Die Augen taten mir weh; so intensiv war es nach der Dunkelheit im Tempel. Der Obelisk bot einen gleißenden Anblick; das Gold funkelte und reflektierte Re in seinem Firmament.

»Hier ist der Mittelpunkt der Welt«, flüsterte Nacht, und es war leicht, ihm zu glauben.

Als die Tageshitze heftiger wurde, geleitete Nacht mich in eine ruhige Kammer seiner eigenen Gemächer.

»Wir werden warten, bis die Schatten länger geworden sind«, sagte er. »Dann kannst du deine Weihrauchsträucher sehen und auch den Rest unseres heiligen Anwesens.«

Ich ruhte auf einem wunderschön geschnitzten Bett; es hatte den Kopf und die Füße eines Löwen und endete in einem langen, geschwungenen Schweif. Ich ließ den Kopf auf die gebogene Kopfstütze sinken und schaute zu, wie die Lichtstreifen, die durch die schmalen Fenster hereinfielen, über die Wände wanderten. Es tat gut, hier zu liegen. Nicht, daß ich schlafen würde, natürlich nicht. Schlafen würde ich nicht …

Aber die schwere, berauschende Luft und der träge verrinnende Nachmittag überwältigten mich. Ich schaute die Wände an und dachte, wie weit entfernt dies von meiner Welt in Alexandria war, und ich fragte mich, ob diese Rituale und diese Hallen wirklich seit Jahrhunderten unverändert waren, bis das alles nach und nach in einem Traum verfloß.

Die alten Götter – waren sie zornig über die neuen Götter, die jetzt in Ägypten aufgerichtet wurden? Wie dachten sie über Serapis, den Gott der Ptolemäer? Mißfiel es ihnen, daß Dionysos gegen Osiris rückte? Und wie war es mit Aphrodite, mit Ares und mit Zeus? Hier wirkten diese neuartigen Götter so laut, so grobschlächtig, so aufdringlich. Unsere Göttin Hathor verkörperte Liebe und Freude und Musik, während Aphrodite so einseitig war.

Ich seufzte. *Ihre* Götter, *unsere* Götter … Wer war ich eigentlich? Welche Götter waren die meinen? Ich hatte kein ägyptisches Blut, und doch war ich die Königin von Ägypten.

Ich rührte mich. Von der Hitze und vom Schlafen zu dieser ungewohnten Tageszeit fühlte ich mich klebrig. Ich sah, daß das Sonnenlicht hoch an der Wand hinaufgeklettert war und die Kanten nicht mehr scharf waren. Die Sonne mußte bald untergehen.

Ich stand auf und richtete Kleider und Haar. Nebenan erwartete mich Nacht; das wußte ich.

»Die Göttin hat geruht?« fragte er.

»Durchaus«, beruhigte ich ihn.

»Nun, da Re sich in Atum verwandelt hat – der arme Schwache! –, können wir uns ungefährdet wieder hinauswagen. Er wird die Landschaft in den mildesten Tönen baden, derweil er liebevoll Abschied nimmt.«

Er hatte recht. Die Farben draußen waren jetzt ganz verändert. Der Sand, der mittags goldweiß geleuchtet hatte, lag jetzt in lohbraunem Schimmer. Die Mauern des Tempels hatten einen satten Ton, und die Steine strahlten die Wärme ab, die sie zuvor aufgenommen hatten. Es war sogar ein leiser Nachmittagswind aufgekommen, der hier oben auf der Anhöhe am kräftigsten wehte.

»Der Weihrauchhain liegt hier, neben unseren Flachsfeldern, wo wir das Leinen für unsere Gewänder anbauen«, sagte Nacht. Wir verließen das ummauerte Tempelgelände und spazierten zu den säuberlichen Reihen der gutgepflegten Sträucher, die sich zum Obstgarten hin erstreckten.

Ich war entzückt. Die Sträucher waren beinahe kniehoch, und das Blattwerk sah grün und gesund aus. »Ja, sie gedeihen!« rief ich.

»Im ersten Jahr hatten sie Mühe. Ein paar haben wir verloren. Man sagt ja, sie wachsen nur in der Nähe von Jericho. Vielleicht trauerten sie, weil sie von dort fortgeholt und ins Exil gebracht wurden. Aber dann wurzelten sie doch und sprossen empor, und ich denke, wir können jetzt annehmen, daß sie heranwachsen werden. Man denke – zum ersten Mal werden sie fern ihrer Heimat erblühen.«

»Ja.« Und sie würden uns ungeheuer reich machen. Das kleine Gebiet in Jericho, wo sie wuchsen, war der reichste Fleck der Welt. Jede Handbreit Boden erbrachte ein Vermögen. Ich seufzte. Noch eine Sicherheit für Ägypten. Als könnte es davon je genug geben! »Ich bin sehr erfreut.«

Ich schaute mich um. Die liebliche Aussicht ringsum – Felder und Obstgärten und die milde strahlenden Mauern des Tempels – bewog mich, noch zu bleiben. »Ich werde heute nacht wirklich hierbleiben«, sagte ich, »wenn ich morgen die Ankunft des Re miterleben und zusehen darf, wie die Priester ihm ihre Aufwartung machen.«

Er lächelte und machte ein Gesicht, als hätte ich eine Prüfung bestanden. »Du wirst mehr sehen als nur das«, versprach er mir.

Nach dem Essen brachte man mich zu einem kleinen Haus, das sich noch innerhalb des Tempelbezirks an das erste Portal schmiegte. Ich hatte es beim Eintreten kaum bemerkt. Jetzt fragte ich mich, warum nicht; es war nicht besonders unauffällig.

Kaum hatten wir die Schwelle überschritten, änderte sich Nachts Verhalten. Er wurde ehrfürchtig, als trete er jemandem unter die Augen, der größer war als er selbst. Mir gegenüber hatte er sich so nicht benommen. Wer war das, der solche Ehrfurcht hervorrief?

»Göttin«, sagte er, »hier ist der weiseste Mann von Ägypten – er, der über die heiligen Schriften der Götter wacht. Er kennt alle ihre Taten und weiß, wie sie vor Urzeiten begannen und wohin sie gehen werden.«

Erst sah ich gar nichts. Der Raum schien leer zu sein. Er war aufgeräumt und sauber; kleine Truhen stapelten sich übereinander, und Töpfe mit Schriftrollen reihten sich auf dem Boden aneinander. Dann hörte ich ein Rascheln, und in der Ecke bewegte sich etwas.

Ich merkte, wie meine Nackenhaare sich sträubten. Es klang wie dürres Gras, das sich bewegte, und ein leiser Geruch von Staub und Speicher stieg auf. Ein Mann, der die Farbe von alten Leintüchern hatte, erhob sich schwerfällig von einem Schemel.

»Ipuwer, dies ist unsere Königin Kleopatra; die Göttin und Geliebte ihres Vaters hat uns einen Besuch abgestattet.«

Der Mann schien immer größer zu werden. Jetzt erkannte ich, daß es seine Haut war, die aussah wie altes Linnen. Er war so alt, daß sie in Falten an ihm hing, und ihre Farbe war ein stumpfes, bräunliches Gelb.

»Ipuwer ist ein direkter Nachkomme des ersten Hohenpriesters von Heliopolis«, erzählte Nacht. »In meiner Jugend war er hier Hoherpriester, aber vor dreißig Jahren hat er sich aus seinem Amt zurückgezogen, um sich der Erforschung der Herkunft der Götter zu widmen. Er war einer der eifrigsten Sterngucker. Dann wurde sein Augenlicht schlecht.«

»Und ich wandte mich dem Innenleben der Götter zu. Am Himmel kann ich sie nicht mehr sehen, und nun finde ich sie in uns und um uns herum. Ich höre sie wispern.« Seine eigene Stimme war auch ein Wispern, ein Rascheln, ungeübt nach langem Schweigen.

»Weiser, antworten sie denn, wenn du ihnen Fragen stellst?« fragte ich. »Oder mußt du warten, bis sie belieben zu sprechen?«

»Meist warte ich«, räumte er ein. »Wie du siehst, habe ich viele Jahre damit zugebracht.« Er breitete seine dürren Arme aus, und ich sah, daß das Fleisch daran verwelkt war.

»Er kennt die Geheimnisse des Re«, sagte Nacht. »Und er versteht sich auf das brennende Auge, die heiligen Kobras. Er ist ihr Wärter.«

»Was – hier?« Ich hatte keine Käfige gesehen. Er meinte doch sicher nicht *hier*, in diesem Zimmer.

»Doch, sie sind hier.« Er beantwortete meine laut ausgesprochene Frage. »Aber nicht in Käfigen.« Auch die unausgesprochene. »Rühre dich nicht, und sie werden zu dir kommen!«

Kein Wunder, daß Nacht so wachsam und respektvoll gewesen war! Schlangen! Frei in diesem Haus! Ich mußte an Mardians zahme Schlangen denken; ich war immer für sie eingetreten und hatte behauptet, sie zu mögen, aber sie waren auch in Korbkäfigen eingesperrt gewesen. Das hier war etwas anderes.

Ich schaute auf meine Füße hinunter. Ich sah nichts.

»Steh still und warte, Tochter!« sagte Ipuwer. »Und du, Nacht, kannst gehen. Die Göttin muß allein sein mit den Ihren.«

Geh nicht! wollte ich sagen. Aber ich konnte nicht. Nacht verbeugte sich und ging rückwärts hinaus. Ich hörte den Vorhang fallen, als er ging.

»Ja, wir müssen warten«, wiederholte Ipuwer. »Und während wir warten, setze dich doch zu mir auf diese Bank. Möchtest du gern die älteste Schriftrolle von allen sehen?«

Er bückte sich und zog eine dicke Rolle aus einem eigenen Glas. Behutsam legte er sie auf den kleinen Tisch und entrollte sie vorsichtig ein kleines Stück weit. Ich hörte, daß sie brüchig knisterte.

»Sie erzählt die Geschichte von Re«, sagte er. »Als die ersten Priester die Wahrheit entdeckten, schrieben sie sie hier nieder.«

Konnte sie wirklich schon so alt sein? Ich starrte auf das Papier, das sich aufrollen wollte, und fragte mich, ob es denn so lange überlebt haben konnte, obwohl es schon spröde und verblichen war. Er breitete es mit zarten Händen aus, als plötzlich ein entrücktes Lächeln auf seinem Gesicht erstrahlte.

»Ahhh«, sagte er. »Sie ist hier.« Er sah aus, als sei ihm etwas Wunderbares widerfahren – so, wie ein anderer Mann wohl schauen möchte, wenn seine Frau soeben den ersehnten Sohn zur Welt gebracht hat. Langsam hob er den Arm, und ich sah, daß eine große, dunkle Schlange daranhing.

»Uto«, sagte er, und seine brüchige alte Stimme war wie eine Liebkosung. »Schutzgöttin. Du weißt, wer gekommen ist, nicht wahr? Deinesgleichen.«

Die Schlange schien ihn nicht zu beachten, sondern wand sich um seinen Arm wie Efeu um einen Baum.

»Hast du eine Frage, die du gern stellen möchtest, mein Kind?« fragte er mich sanft. »Ich glaube, ich könnte sie beantworten. Die Götter offenbaren mir viel.«

»Ich – ich – « Meine Kehle war wie zugeschnürt. Aber ich wußte, daß er die Wahrheit sagte. Wagte ich zu fragen? Und würden sie den Vorhang der Zukunft vor mir zerteilen und mir enthüllen, was dahinter lag? »Ich würde die Götter gern fragen … Ich würde gern wissen … Werden sie huldvoll auf Ägypten schauen, auf den Osten?«

Der Mann schloß die Augen, während die Schlange an seinem Arm hinauf zu seiner Schulter kroch. Sie schob sich um seinen Hals. Jetzt sprach Ipuwer; fast hätte ich die Augen geschlossen, denn ich konnte die Schlange nicht anschauen: Sicher würde sie ihn gleich beißen, weil die Bewegungen seiner Kehle sie reizten.

»Die Götter gewähren uns, daß Ägypten überdauern wird, ja, bis zum Ende der Zeit«, sagte er schließlich.

»Wie es jetzt ist? Frei? Und was ist mit dem Westen? Was ist mit Rom?«

Jetzt schwieg er noch länger.

»Was Rom angeht, so schweigen die Götter Ägyptens«, sagte er schließlich. »Und sie deuten an, daß Ägypten zwar überdauern wird, aber sie selbst werden nach einer gewissen Zeit schweigen. Sie werden nicht mehr sprechen.«

»Werden sie denn noch dasein, oder bedeutet ihr Schweigen, daß sie nicht mehr *sind*?« Das mußte ich wissen. Wie sollte Ägypten ohne seine Götter bestehen? Es wäre nicht mehr Ägypten, wenn die Götter nicht überlebten.

»Ich weiß es nicht«, sagte er. »Sie sagen es nicht.«

Die Schlange hatte sich um seinen Hals gewunden und schob jetzt ihren Kopf unter sein Gewand. Ich sah noch eine Bewegung; eine zweite Schlange war auf seinem Schoß.

»Du mußt sie nicht fürchten«, sagte er. »Sie sind Geschöpfe der Isis und ihr lieb und teuer. Und sie verleihen den Auserwählten der Göttin Unsterblichkeit. Für mich sind sie Freunde.«

»Freunde?« Ich fühlte eine leichte Bewegung an meinem Fuß. Isis, betete ich, bitte halte Deine Geschöpfe fern von mir! Ich wußte, ich durfte mich nicht jäh bewegen oder sie wegschieben, denn dann würden sie vielleicht zustoßen.

»Der Tod kommt zu uns allen, aber die heilige Aspis bringt ihn in wunderschöner Gestalt«, sagte er und streichelte der ersten Schlange über den Rücken. »Sie spreizt den Kragen, die kleinen Zähne beißen zu, und der Tod stiehlt sich über uns, schnell und schmerzlos.«

»Schmerzlos?«

»Allerdings. Von allen Giften ist es das sanfteste und gütigste. Es überwindet dich schnell und läßt dich wie schlafend liegen. Kein Blut, kein Schwellen, keine Krämpfe. Nur ein leichter Schweiß, Einschlafen, heitere Gelassenheit … Ich habe es selbst gesehen.«

Ja, auch Mardian hatte davon gesprochen, daß der Biß der Aspis ein angenehmes Gift verströme.

»Wie viele hast du denn hier?« Waren es Körbe über Körbe?

»Ich habe sie nie gezählt«, sagte er. »Es sind viele.« Er nahm eine hoch und legte sie auf den Boden. »Da.« Er lächelte. »Ich sagte dir, sie sind meine Freunde. Aber für dich, für den Pharao, können sie mehr sein als das. Ihr Biß kann das Werkzeug des Todes sein, verfügt von Anubis zu einer bestimmten Stunde. Sie sind Manifestationen der Herrin der Macht, der Göttin Isis, welche die Krone des unteren Ägypten trägt.«

Meine Angst verebbte beim ruhigen, gleichförmigen Klang der Stimme, die mir all das erzählte. Er schien irgendeinen Zauber auszuüben, der mir das Gefühl der Sicherheit gab, selbst inmitten all der Schlangen und gegen alle Vernunft.

»Vor langer Zeit wurde mir von den Sternen, die ich erforschte, offenbart, daß mein Leben währen würde, bis ich den Pharao gewahrte, der auch Isis ist. Jetzt habe ich dich gesehen. Es ist heute. Jetzt kann ich – ja, jetzt muß ich – fort.«

Bevor mir klar wurde, was seine Worte bedeuteten, packte er eine der Schlangen und drückte sie sich an den Hals. Dem Tier gefiel der rauhe Umgang nicht, und es spreizte sofort seinen Kragen. Statt loszulassen, drückte er fester. Ein abscheuliches Zischen ertönte.

Ich wagte nicht, mich zu rühren. Ich konnte die Schlange nicht packen.

Ich konnte nur zusehen, wie sie ihre Zähne in seinen Hals bohrte und dabei zappelnd versuchte, ihren Körper aus seinem Griff zu befreien. Er hatte die Augen geschlossen, als empfinde er großes Wohlbehagen. Schließlich ließ er die Schlange los, und sie fiel ihm in den Schoß.

Ich merkte, wie eine der Schlangen über meinen Fuß glitt, und ich verharrte möglichst reglos. Aber ich flüsterte: »Guter Mann, was hast du getan? Ich muß einen Arzt rufen!« Aber ich wußte, ich war in diesem Raum mit den Schlangen gefangen: Jede hastige Bewegung zur Tür würde sie dazu bringen, auch mich zu beißen.

»Nein. Hindere mich nicht, zu meinem Gott zu gehen!« sagte er. »Bewege dich nicht!«

Ich war gezwungen, vollkommen still dazusitzen, während er träumerisch das Gefühl der Taubheit beschrieb, das an seinem Hals heraufkroch, die Kälte, die Lähmung. Dann brachen seine Worte ab. Ich sah den Schimmer von Schweiß auf seinem Gesicht.

Ich weiß nicht, wann er tatsächlich starb; es ging kaum merklich vonstatten. Und er hatte recht gehabt: Es war sehr sanft. Er sah glücklich aus – und als ob er noch lebte.

Wie lange sollte ich nun hier mit einem Toten und lauter Schlangen gefangen sein? Doch sicher nicht die ganze Nacht! Bestimmt würde der Hohepriester bald zurückkommen!

Die Zeit streckte sich wie ein dünner Draht. Ich hatte Gelegenheit, mein ganzes Leben an mir vorbeiziehen zu lassen, zu beten und mich auf den Tod gefaßt zu machen – aber ich konnte nichts anderes tun, als gespannt auf Erlösung zu hoffen. Ich wollte noch leben, und ich war nicht besorgt um die Einzelheiten, um Fehler, die ich begangen hatte, oder um künftige Pläne über den Augenblick hinaus, da ich aus dieser stinkenden Kammer entkommen wäre.

Der Vorhang hob sich. Ein junger Priester spähte herein und spürte sofort, was geschehen war. »Er ist also fortgegangen«, stellte er nur fest. »Unser verehrter Vater, der …«

»Schafft die Schlangen fort!« befahl ich. »Schafft sie fort!«

»Oh. Ja.« Er benahm sich, als wäre dies ein eigenartiges Ansinnen. Er ließ den Vorhang fallen und verschwand, und dann kam er mit einem Käfig voller Mäuse zurück, die er auf dem Boden freiließ. Die Schlangen schossen alle darauf zu und verhedderten sich fast zu einem Knoten.

Ich ergriff die Flucht und stürzte zur Tür hinaus. »Isis!« keuchte ich; mehr konnte ich nicht sagen. Mein Herz hämmerte wie ein Rudermeister, der den Takt zu einer Sturmattacke schlägt. »O gute Isis!«

Der junge Priester stand im Hof und erhob ein hohes, zitterndes Klagen.

Andere Priester strömten herzu und schienen genau zu wissen, was passiert war. Schließlich trat Nacht vor Ipuwers Tür, und er blieb dort stehen und leitete die Gebete der anderen. Gleichförmig tönte die Litanei, ein dumpf schwellender Chor von Stimmen.

Schließlich rief er zwei Priester herbei; sie traten vor und gingen ins Haus, anscheinend ohne an die Gefahr zu denken. Ich war immer noch wie gelähmt und konnte nicht glauben, was ich soeben erlebt hatte. Der alte, mumienhafte Mann … die Schlangen … der Selbstmord …

Als sie wieder herauskamen, trugen sie den schlaffen Leichnam Ipuwers. Seine reisigdürren Beine baumelten hin und her; überraschend große Füße hingen daran, umschlossen von Sandalen, die zu schwer für ihn aussahen. Seine verwelkten Arme boten den Männern kaum Gelegenheit, ihn zu halten. Auf seinem Gesicht lag noch immer das friedliche Lächeln, das sich darauf ausgebreitet hatte, als er die Schlangen zum ersten Mal gespürt hatte.

»Unser Heiliger ist von uns gegangen«, sagte Nacht. »Er muß für die Reise in die Ewigkeit bereitgemacht werden.«

Das, so nahm ich an, bedeutete, daß er zum Einbalsamierer gebracht werden müsse. Erst als die Priester, gefolgt von den anderen Priestern, mit ihrer Bürde den Hof verlassen hatten, wandte Nacht sich mir zu.

»Du hast ihm seinen Herzenswunsch erfüllt«, sagte er.

»Du wußtest also, daß er es tun würde? Und hast mich dem ausgesetzt – und dieser Gefahr?« Das konnte ich ihm nicht verzeihen.

Er machte ein gekränktes Gesicht. »Nein, durchaus nicht, Göttin – wie hätte ich es wissen sollen? Ich wußte doch nicht, wann Anubis ihn rufen wird! Ich wußte nur, daß er hatte leben wollen, bis der weibliche Pharao, die Tochter der Isis, regierte. Er sprach davon – wie sie die Linie der Pharaonen krönen und be … verherrlichen würde.«

»Beenden« hatte er sagen wollen. War es das, was sie vorhersahen? Sollte ich der letzte Pharao sein? »Ich regiere jetzt seit sechzehn Jahren«, sagte ich. »Das ist nichts Neues mehr. Du mußt ehrlich sein. Er meinte, bis er dem weiblichen Pharao *begegnet* wäre – dem letzten Pharao. Ist es nicht das, was er meinte?«

»Ich weiß es nicht, Göttin«, sagte er. »Ich weiß nicht, was er meinte. Aber es war leicht vorherzusehen, daß er durch einen Schlangenbiß sterben würde. Er war schließlich von ihnen umgeben. Es heißt, jeder, der mit Schlangen umgeht, wird irgendwann gebissen.«

Was für eine prosaische Deutung! Aber wahr.

»Wie alt war er?«

»Über neunzig«, sagte Nacht. »Ich glaube, ich habe ihn einmal sagen hören, er habe die Regierungszeit von sechs Pharaonen als Priester mit dem Studium der heiligen Mysterien verbracht – dich mitgezählt.«

»Sechs Pharaonen … Unsere Herrschaft muß ihm erschienen sein wie der Gang der Sterne durch den Himmel, die bald aufgehen und bald wieder sinken.«

»Ja, einem, der unverrückbar fest in der Welt steht, muß es so erscheinen. Komm, die nächtliche Barke des Re reist schon durch die Unterwelt. Es ist Zeit, zur Ruhe zu gehen.«

Es gab keine Schatten mehr; die Sonne war untergegangen, und die ersten Sterne kamen zum Vorschein. Die Luft war warm und duftete nach Flachsfeldern und wilden Blumen; sie strich über unsere Haut und berührte uns zart. In den Dörfern würden die Leute jetzt spazierengehen und sich am Fluß treffen, und dort würden sie die letzte Süße des Tages genießen, während er verlosch. Aber hier im Tempel, der den Bewegungen der Sonne folgte, war es Zeit, sich niederzulegen in Stille und Dunkelheit.

Jetzt bereute ich, daß ich mich bereit gefunden hatte zu bleiben. Aber jetzt war es zu spät.

Das Gemach, in das man mich führte, war groß, makellos sauber und kahl. Es war Gästen von höchstem Rang vorbehalten; deshalb stand es manchmal jahrelang leer. Ein Bett, an sich nicht weiter bemerkenswert, hätte es nicht »Bett der Träume« geheißen, erwartete mich, um die Nachtstunden mit mir zu teilen. In einer Ecke stand eine sehr alte Isis-Statue auf einem Piedestal und wachte über das Gemach. Um jeden Arm ringelte sich eine Schlange, spiralig wie ein Armreif.

Zwei kleine Lichter flackerten zu ihren Füßen. Ich war allein im Gemach – niemand, der mich auskleidete oder bediente. Ich konnte mich nicht erinnern, wann ich das letzte Mal allein gewesen war; zwar hatte ich mich oft danach gesehnt, aber heute abend fühlte ich mich verlassen. Das kalte, harte Bett wartete, und ich wappnete mich bei dem Gedanken, mich dort hinzulegen.

Totenstille umgab mich. Ich war daran gewöhnt, nachts Geräusche zu hören: das Meeresrauschen im Hafen unterhalb des Palastes, die fernen Stimmen der Menschen in den Straßen der Stadt, Füße in Sandalen, die vor meiner Tür vorbeigingen, leise Musik aus anderen Gemächern. Hier – nichts. Mir war zumute, als wäre ich Re auf meiner Reise durch die zwölf Stunden der Nacht unter der Erde. Ja, das lange schmale Bett kam mir vor wie eine Barke.

Hier gab es keine Ablenkung, keinen Lautenspieler, der die Stunden mit der delikaten Würze der Musik versah, keine Iras und keine Charmian, die mir halfen, schlaflose Stunden zu vertreiben, keine Briefe, die ich lesen, keine Berichte, die ich erarbeiten konnte. Hier war nur ich selbst, bewacht von Isis, derweil die Nacht tiefer wurde.

Was ich heute erlebt hatte … was ich gehört hatte … Ich wußte nicht, was mich mehr beunruhigte: der alte Priester, der sich von den Schlangen hatte töten lassen, oder das, was er mir *gesagt* hatte – von den Göttern Ägyptens, daß sie verstummen würden und daß er den letzten Pharao sehen wollte. Konnte man ihm Glauben schenken? Oder war er nur ein verrückter Greis gewesen, der zu lange im Tempel gewohnt hatte, entkräftet wie die untergehende Sonne, die er anbetete? In den heiligen Legenden hatte Isis die schwache Sonne überlistet, so daß sie ihren Namen – Re – preisgegeben hatte. Isis war schlauer gewesen als der Sonnengott, hatte ihn herausgefordert. Und Isis war es gewesen, die Osiris durch ihre eigene Entschlossenheit hatte auferstehen lassen. Isis fand sich mit keiner Niederlage ab; mochten die Umstände noch so hoffnungslos sein, sie kämpfte mit all ihrem Geschick und ihrer Macht, und sie triumphierte.

Die Statue der Göttin schien im Lichtschein zu schwanken. Ich drehte den Kopf und sah sie an. Ich möchte sein wie Du, dachte ich. Ich muß stark sein, aber auch mitfühlend. Du hast das Schicksal niemals als etwas Unwandelbares hingenommen; Du hast Dein eigenes Geschick gegen alle Wahrscheinlichkeit neu gestaltet.

Mein ganzes Leben lang hatte ich genau das auch versucht. Wenn der alte Priester das Ende der Pharaonen geahnt hatte – nun, es war eine Ahnung gewesen, aber nichts, was schon niedergeschrieben war. Es war eine Warnung. Ich konnte es abändern. Ich *würde* es abändern.

Ich schlief; besser gesagt, Dunkelheit senkte sich um mich und drang in meinen Kopf. Und dann zeigte das Bett der Träume, daß es seinen furchtbaren Namen zu Recht trug. All die Nachtstunden hindurch suchten mich eigene, schreckliche Ahnungen heim – aus Vergangenheit, Gegenwart und Zukunft. Ich sah die Anfänge Ägyptens, reitende Schatten in alten Gewändern und andere, die alte Wagen lenkten. Ich erkannte die Menschengestalt einiger Pharaonen, die ich nur als Statuen gesehen hatte, und sah verwundert, wie klein sie im Leben gewesen waren. Ich sah mich selbst als Kind in griechischen Gewändern in meinem griechischen Palast, weißer Stein statt des heimischen braun-goldenen, sah Antonius, wie er nach Ägypten kam, sah auch Cäsar, und dann sah ich Schwärme von anderen Römern, die wie Heuschrecken über das Land herfielen und es bedeckten. Auch andere Kostüme sah ich, seltsamere, die nach ihnen kamen und die Pyramiden umfluteten wie der Nil, wenn er über die Ufer trat und an ihren Grundfesten leckte. Dann wich der Nil zurück und stieg nicht wieder an, aber er wurde auch nicht kleiner. Und ich sah Heliopolis selbst als Ruine auf einem Sandhügel, und nur die Obelisken waren geblieben und markierten den Mittelpunkt der Welt.

»Wach auf, Erhabene!« Eine leise Stimme sprach mir ins Ohr.

Es war weniger ein Erwachen als vielmehr eine Erlösung von diesen Erscheinungen. Der Hohepriester Nacht stand an meinem Bett; er hielt eine Lampe in der Hand.

»Chepri nähert sich dem östlichen Horizont«, sagte er. »Bald wird er hinter dem Persischen Lorbeer hervorkommen, und wir müssen ihn dort begrüßen.«

Ich fühlte mich so verwirrt, so entrückt aus meiner vertrauten Welt, daß es mir von äußerster Wichtigkeit zu sein schien, die aufgehende Sonne zu begrüßen – obschon ich sie in Alexandria jeden Morgen unvermerkt aufgehen ließ. Ja, es kam vor, daß sie schon hoch am Himmel stand und ihre Strahlen mitten in den Raum sandte, bevor ich sie überhaupt zur Kenntnis nahm.

»Ja, selbstverständlich.« Ich stand auf. Die Lampen leuchteten noch hell im düsteren Gemach. Isis stand da und wachte.

Draußen deutete nichts darauf hin, daß die Morgendämmerung bevorstand; nur die Vögel waren schon aufgewacht. Irgendwie spürten sie das Verstreichen der Zeit und die winzigen Veränderungen in der Tiefe der Dunkelheit auf eine Weise, wie wir es nicht vermochten. Wir wanderten die Allee der Obelisken entlang; die Palmen dahinter waren noch unsichtbar. Wir kamen in den Obstgarten und dann auf einen Hügel, auf dem ein Kreis von Priestern wartete; ihre weißen Gewänder wehten wie Nebelschwaden aus der Dunkelheit hervor. In der Mitte stand der heilige Lorbeerbaum; seine buschigen Zweige ließen ihn rund erscheinen. Niemand sprach, und auch wir nahmen stumm unseren Platz im Zirkel ein.

Allmählich erhellte sich der Himmel, und – niemals erschien irgend etwas feierlicher, bedächtiger und majestätischer – die Wolken bereiteten der Sonne ein graues Bett am östlichen Rand der Erde. Endlich blitzte ein Sonnenstrahl auf, stark und treu, und jagte die Nacht in die Flucht. Er leuchtete durch die Zweige des Baumes und bemalte jedes Blatt, daß sie alle glänzten wie Hunderte von kleinen Spiegeln.

Die Priester stimmten ein frohes Lied an, und als die Sonne über den Horizont stieg, drehten sie sich um und liefen eilig zurück zum Tempel, in den offenen Raum mit dem vergoldeten Obelisken. Ehrfürchtig blieben sie davor stehen.

Die glänzende Oberfläche des Obelisken wartete, und das gehämmerte Blattgold warf unstete Lichtreflexe zurück. Ein Funke schien die Spitze zu berühren; ein Stern wuchs dort hervor. Es tat mir in den Augen weh, ihn zu betrachten.

»Ahhh.« Die Priester atmeten aus.

»Die Sonne ist wiedergeboren«, intonierten sie. Der glühende Funke auf der Spitze strahlte heller und verblaßte dann. An der Kante des Obelisken schien eine Flamme aufzulodern und sich auf ganzer Länge aufwärts und abwärts auszubreiten. Die Kraft der Sonne nahm zu, je höher sie in den Himmel stieg, der sich nicht mehr schwarz und auch nicht tiefblau über uns spannte, sondern in klarem, triumphierendem Azur erstrahlte. Der Tag war gekommen. Die Sonne, das Leben, war zurückgekehrt.

»Dank sei Re«, sangen sie freudig und feierten ihre Erlösung.

Solange die Sonne jeden Tag aufging, solange sie sie sehen konnte, war ihr Leben sicher.

Es war ihre Aufgabe, jeden Tag so zu leben, als wäre er etwas, das in sich selbst geschlossen war. Ich dagegen … Ich mußte versuchen, die Zukunft vorherzusehen und die Gegenwart zu bewältigen. Wieviel leichter war es, einfach nur die unübertreffliche Leistung einer weiteren überstandenen Nacht zu feiern!

Die Priester wandten sich ab und begaben sich in die Zeremonienhalle, wo die Statue des Re mit gereinigtem Wasser den rituellen Waschungen unterzogen werden mußte; danach würden Priester, die Sternenmasken trugen, Re himmlische Speisen kredenzen. Ich sah zu, wie sie der Statue liebevoll das Gesicht abwischten, wie sie es schon seit ungezählten Jahren taten, und wie sie für ihre vorgeblichen Bedürfnisse sorgten.

Sterne … Wie schön, von Sternen umsorgt zu werden!

Alexandria, Rom, Octavian, Antonius – wie fern erschienen sie hier, wie klein neben den ägyptischen Göttern.

# 66

In meinem seltsamen Leben habe ich viele Rollen gespielt. Ich war Isis, ich war die Tochter des Re, ich war eine Ptolemäerin – Sproß des ränkevollsten unter allen Herrscherhäusern –, ich war Königin von Ägypten, ich war Mutter des nächsten Pharaos, ich war Gemahlin eines römischen Triumvirn, ich war Cäsars Witwe, und ich war Octavians unversöhnliche Feindin. Wie das Schicksal mir so viele verschiedene Rollen hatte geben können, begriff ich nicht. Wie ich sie aber alle spielen und voneinander trennen konnte – wenn ich es denn tat –, das begriff ich noch viel weniger.

Antonius war ein paar Monate nach meiner Reise nach Heliopolis aus Armenien zurückgekehrt. Nach unseren beiden Unternehmungen war ich von der meinen, glaube ich, stärker verändert, obgleich ich doch in aller Unschuld aufgebrochen war und eigentlich nur meine Balsamhaine hatte inspizieren wollen: eine gewöhnliche Geschäftsreise also. Er, der die hohe Politik im Sinn gehabt hatte, hatte am Ende nur einen Feldzug geführt, dessen Resultat vorhersehbar war. Die Macht des ganzen Ostens hatte sich gegen Armenien gewandt. Wie anders hätte es enden sollen, als daß Artavasdes in Ketten gelegt wurde, als ein königlicher Gefangener!

Daß er Silberketten trug, das war das einzig Neue all dessen. Das – und Antonius' jähes und wildes Verlangen, seinen Sieg in Alexandria zu feiern. Rom war ihm gegenüber stumm geblieben, der stolzen Bekanntmachung seines Sieges zum Trotz, die er schleunigst dorthin geschickt hatte. Keine Festgelage, keine Feiern wurden abgehalten, und in der Hauptstadt wurden keine Danksagungstage zu seinen Ehren verfügt.

»Es ist, als ob … als ob sie mich nicht länger als Römer betrachteten«, hatte er gesagt. An seinem Ton konnte ich nicht erkennen, ob er gekränkt oder erschüttert war. Vielleicht ein bißchen von beidem.

»Ich bin sicher, daß deine Anhänger im Senat es hinaustrompeten«, beruhigte ich ihn.

»Meine Feinde decken den Mantel des Schweigens darüber«, fauchte er.

»Man kann es nicht in Ewigkeit verschweigen.«

»Sie müßten mich zu einem Triumph einladen. Ich habe es verdient! Wie können sie wagen, es nicht zu tun?«

»Solange Octavian gegen dich agieren kann, wird er es tun.«

»Octavian ist in Illyrien«, erwiderte Antonius verstockt. »Ich will einen Triumph! Ich habe einen verdient!«

Er hatte noch nie einen Triumph gefeiert – wohl aber sein Großvater, in jenen Tagen, da dergleichen noch nicht leichtfertig verliehen wurde. Aber ein Triumph sollte den Sieg über ausländische Feinde kennzeichnen, und Antonius hatte seine Erfolge überwiegend in Bürgerkriegen erzielt. Drei Mal war er zum Imperator ausgerufen worden, aber es geschah, weil er gegen Pompejus und gegen Cassius und Brutus erfolgreich gewesen war, und nur zuletzt wegen seines Erfolgs gegen die Parther. Er und sein General Bassus hatten einen Triumph gewährt bekommen, weil sie die Parther vertrieben hatten, die in das römische Territorium von Syrien eingedrungen waren. Bassus war nach Rom zurückgekehrt, um den seinen zu feiern, aber Antonius hatte es aufgeschoben.

»Ja, ich weiß.« Daß ein römischer General von seiner Statur nie einen Triumph gefeiert hatte, war ein großes Manko. Er lechzte danach, es zu füllen; er wollte Anerkennung. Er wollte in einem Streitwagen fahren und sich bejubeln lassen; Kriegsgefangene sollten hinter ihm marschieren, und er wollte das Gebrüll hören.

»Ich werde mir selbst einen gewähren«, erklärte er plötzlich.

O Isis! Und nach Rom gehen? Ich spürte, wie mein Herzschlag stockte. Zwei Triumphe kamen ihm zu: der eine, den er mit Bassus teilte, und der für den Sieg über die Armenier.

»Ich werde ihn hier feiern, in Alexandria«, fuhr er fort. »Was ist denn so magisch an Rom? Wem will ich denn meine Beute präsentieren? Nicht dir, meine Königin? Ich habe ja trotz Rom gekämpft – *obwohl* es mir neue Rekruten verwehrt hat, nur mit meinen eigenen Ostsoldaten und mit den Überresten meiner alten Legionen. Warum nicht hier?«

Er wollte es so gern. Aber ein Triumph war kein Triumph, wenn er nicht in Rom gefeiert wurde. Er war mit Rom verbunden, wurde vom Senat gewährt, und die Beute legte man dem römischen Gott Jupiter Maximus in seinem Tempel auf dem Kapitol zu Füßen.

»Du kannst deinen Sieg hier feiern«, sagte ich. »Wenn es auch kein echter Triumph sein kann. Denn den kann nur der römische Senat gewähren. Aber freilich, Alexandria wäre ein prächtiger Schauplatz für eine Siegesparade …«

Ich saß auf einem goldenen Thron hoch auf einer silbernen Plattform auf den Stufen des Serapis-Tempels. Ich hatte Antonius seinen Wunsch erfüllt und Alexandria für diesen Feiertag schrubben und vorbereiten lassen. Es tat mir im Herzen weh, wenn ich daran dachte, wie dieser Mann in seiner Heimat übergangen wurde. Er war ein echter Sohn Roms, aber sie hatten ihn ausgestoßen. Nun, der Tag würde kommen, da sie ihn willkommen heißen würden – nein, nicht nur das: Tief verbeugen würden sie sich ihm zu Ehren. Jawohl, dieser Tag würde kommen! Und zwar eher, als sie dachten!

Seine Prozession hatte schon zu früher Stunde den Palast verlassen, und noch immer schlängelte sie sich durch die Straßen, am Hafen und am Tempel des Poseidon vorüber, zur breiten Kanopischen Straße, damit die jubelnden Massen sie sehen konnten; dann ging es zurück, vorbei am Hügel des Pan, wo sie sich nach Westen wenden würde. Sie würde die erhabene Kreuzung der Straße des Soma und der Kanopischen Straße überqueren und dem Grabmal mit dem Leichnam Alexanders und dem Mausoleum der Ptolemäer und dann dem Gymnasion und den Gerichten die Ehre erweisen, wo sich die Menge zu beiden Seiten in den Kolonnaden drängen würde. In den Fenstern und auf den Stufen des Museions würden sich die Gelehrten und ihre Schüler versammeln, ebensosehr darauf erpicht, einen Blick zu erhaschen, wie alle andern auch. Und dann, ganz zuletzt, würde Antonius hierher ziehen, zu mir, zum Serapion. Hier erwartete ich ihn, und mein Hofstaat füllte weit und breit die Stufen des großen Bauwerks.

Ich hörte das ferne Geschrei, als er näher kam. Stadtteil für Stadtteil erhoben sich die Menschen und jubelten, als Soldaten und Gefangene, Wagen und Kriegsbeute vorüberzogen. Ich beobachtete meine Kinder, die wie Flügel rechts und links von mir saßen und hoch aufgerichtet Ausschau hielten, wann denn die Prozession wohl in Sicht käme. Es war ein Anblick, der römischen Kindern wohlvertraut war; ich erinnerte mich an die Horden bei

Cäsars Triumphen. In seiner römischen Tunika und dem Mantel sah Cäsarion von Kopf bis Fuß aus wie der Sohn Cäsars – wenn Octavian ihn nur hätte sehen können! Alexander und Selene waren griechisch gewandet, und der rastlose Alexander tappte mit der Sandale auf die silberne Sprosse seines Staatsthrons. Ich selbst trug das Kostüm der Göttin, wie es sich für eine Zeremonie im Serapion und am Schrein der Isis geziemte. Für alle Menschen, die sich heute hier versammelt hatten, war ich sichtbare Erinnerung an sie, die irdische Stellvertreterin der Isis. An meinem aus Silber gewirkten Gewand, dessen Falten meine Schultern und Brüste wie Wellengekräusel bedeckten, war der feine, kostbare Stoff zwischen den Brüsten zu einem auffallenden Knoten geschürzt – dem emblematischen Knoten der Isis. Ich trug dazu eine schwere Perücke; sie hatte lange Zöpfe, mit silbernem Zierat geschmückt, der in der Sonne funkelte.

Von unserer hohen Warte auf dem Hügel aus erblickte ich Scharen von Menschen, die sich wie ein Teppich nach allen Seiten ausbreiteten. Jeder schwarze Haarschopf, jede rote Tunika, jeder gelbe Mantel half mit, ein Muster zu schaffen, das komplizierter war als jedes gewobene Stück Tuch aus Arabien. Und in der Ferne, weit hinter ihnen, leuchtete das grelle Blau des Meeres wie eine Borte.

Mein Teppich! Mein Volk! Mein Alexandria – eine Stadt wie keine zweite auf Erden, ein vielfältiges, prachtvolles Ganzes, ein neuer Himmel, ein neues Königreich. Der Anfang der Vision, die Antonius und ich von unserem Reich hatten – besser gesagt, die *ich* gehabt und die *er* verstanden hatte.

Jetzt sahen wir die Prozession, und ein Murmeln wehte durch die Luft. Die glänzenden Schilde der Soldaten fingen die Sonne ein, als wollten sie Signale geben. Trommeln und Flöten hielten den Takt zu ihrem Marschtritt, und die Sohlen ihrer genagelten Sandalen hallten auf dem Pflaster der Straße.

Als erstes kam die Makedonische Hofgarde, meine eigenen traditionellen Leibwächter. Sie, nur sie allein, trugen den Anfangsbuchstaben meines Namens auf ihren Schilden, wie sie es schon immer getan hatten. Die beiden römischen Legionen, die nach ihnen kamen, hatten nichts dergleichen – ungeachtet aller Lügen, die später erzählt wurden! Sie hatten ihre üblichen runden, lederbezogenen Schilde, auf denen gar nichts stand.

Dann kam Antonius in einem goldenen Wagen, gezogen von vier weißen Pferden wie bei einem römischen Triumphzug. Aber er trug nicht den purpurroten Generalsmantel, Lorbeerkranz und Zepter. Sein Kopf war vielmehr mit Efeu umrankt, und er hatte einen goldenen Mantel angelegt – ein Anblick, der blendete – und hielt den Stab des Dionysos in der Hand. Als Dionysos präsentierte er Isis seine Beute.

Sein sonnengebräuntes Gesicht glänzte, und lachend dankte er für das Geschrei, das sich ringsum erhob. Ich wußte, wie sehr ihn danach gedürstet hatte; es war Balsam für ihn. Er war immer ein treuer Offizier gewesen, der mutig und tüchtig die Missionen anderer ausgeführt hatte, aber der Jubel hatte nie ihm allein gegolten. Jetzt aber war es so, und ich wünschte mir, ich hätte diesen Jubel noch verstärken können, bis alle Gebäude ohrenbetäubend wie Glocken dröhnten.

Hinter Antonius und seinem Wagen, aufrecht und stolz trotz der schweren Ketten, schwankte König Artavasdes mit seiner Königin und mehreren Kindern. Sie waren staubbedeckt, erhitzt und müde von dem langen Marsch durch die johlende, feindselige Menge. Dieser Mann! Seine duftenden Löckchen waren nun nicht mehr fein frisiert und aufgedreht, sondern hingen stumpf und schlaff herunter. Und wo waren seine Ringe? Sein einziger Schmuck waren die silbernen Fesseln, die seine Hand- und Fußgelenke zierten. Und all die öligen, lyrischen Komplimente, die seinen Verrat geschmiert hatten …

Ich funkelte ihn an. Seinetwegen hatten zweiundvierzigtausend Mann ihr Leben lassen müssen. Selbst wenn man ihn schlachtete und in zweiundvierzigtausend Stücke zerhackte, würde sie das nicht zurückbringen. Sein Tod könnte die Tode, die er zu verantworten hatte, niemals aufwiegen.

Er blieb am Fuße der Treppe stehen und wartete, während der Rest der langen Prozession sich heranwälzte und alle ihre Plätze auf dem offenen Platz vor dem Tempel einnahmen. Ein Trupp elender armenischer Gefangener wurde vorbeigeführt, gemeine Leute und Sklaven, die man festgenommen hatte. Als nächstes kam ein langer Zug von beutebeladenen Wagen. Armenien war reich an Gold – gewesen! Jetzt nicht mehr. Es lag alles auf den Wagen.

Die Wagen. Wie viele waren es? Zwanzig? Dreißig? Aber wie viele Wagen hatten zum römischen Troß gehört? Dreihundert? Selbst dreißig Wagen voller Gold konnten den Verlust der unentbehrlichen Nachschubwagen nicht ausgleichen. Im nachhinein scheint nichts je als Ausgleich zu genügen. Die Mörder zu töten war nötig gewesen, aber den Mord an Cäsar hatte es nicht ungeschehen gemacht. Und das hier konnte die Verheerungen, die der verachtungswürdige Artavasdes verursacht hatte, nicht ungeschehen machen.

Die Klientenkönige hatten alle ihre Vertreter geschickt, und dazu goldene Kronen für den Sieger – Kappadokien, Pontos, Lykien, Galatien, Paphlagonien, Thrakien, Mauretanien, Judäa, Kommagene, alle waren sie da und trugen ihre verschiedenen Nationaltrachten.

Noch eine römische Legion, gallische Reiterei, und dann ein ägyptisches Kontingent, berittene Bogenschützen aus Medien, leichte Reiterei aus Pontos und Musiksoldaten – das war die Nachhut, die jetzt haltmachte.

Antonius stieg vom Wagen, und sein goldener Mantel wirbelte hinter ihm. Langsam ging er auf Artavasdes zu und dann an ihm vorbei die Treppe des Tempels zu uns herauf, die wir ihn erwarteten. Römische Soldaten stießen

Artavasdes vorwärts, damit er ihm folgte, und er schleifte seine Füße die Stufen hinauf und schleppte die Ketten hinter sich her.

Die Sonne glänzte auf Antonius' Kopf und ließ das dichte, immer noch dunkle Haar unter dem Efeukranz hervortreten – ein gesundes Braun neben dem Grün. Er lächelte; offensichtlich genoß er jeden Augenblick dieses Tages.

»Königin von Ägypten, Tochter der Isis, Freundin und Verbündete Roms«, rief er, und seine Stimme – berühmt für ihre Redegewalt unter freiem Himmel – erfüllte hallend den ganzen Platz, ein Klang, für das Ohr so reichhaltig wie sein goldener Mantel für das Auge. »Ich präsentiere dir heute diesen hochedlen Gefangenen, einen König, der seinen Verrat jetzt bereut und dir salutieren will.«

Die Soldaten stießen Artavasdes mit ihren Speeren voran, und er kam noch eine Stufe höher. Seine samtig dunklen Augen schauten mich an.

Er sollte auf die Knie fallen und sich mir unterwerfen – zumindest aber mich mit all meinen Titeln begrüßen und dann Vergebung für seine Untat erflehen. Statt dessen aber preßte er die Lippen zusammen.

»Begrüße die Königin, ihre allervornehmste Majestät, die Pharaonin von Ägypten und all seinen Ländern und Territorien!«

Sein Mund blieb geschlossen; er hielt den Kopf hoch erhoben und die Schultern gespreizt.

»König Artavasdes«, sagte Antonius, »du mußt die Königin begrüßen, der in diesem Augenblick dein Leben gehört – wie auch mir.« Seine Stimme hatte einen harten Klang bekommen.

Der armenische Monarch blieb stehen, stumm vor Trotz.

»Sprich!« befahl Antonius.

Die Soldaten zogen ihre kurzen Dolche und drückten sie Artavasdes zwischen die Rippen; ich sah die Eindrücke, die sie im Stoff seiner Tunika machten. Eine Bewegung von ihm, und die Dolchspitzen würden den Stoff durchbohren. Schon das Atmen würde eine Stichwunde hinterlassen.

»Sei gegrüßt, Kleopatra!« rief er laut.

Man hörte einen vielstimmigen Aufschrei. Mich bei meinem Vornamen zu nennen, ohne Titel, in einer offiziellen Zeremonie – er, ein Feind! Wahrlich, der Mann war unverschämt – stolz und töricht – über jedes vernünftige Maß hinaus. Es war nur recht, daß er nicht mehr auf dem Thron saß; Armenien hatte etwas Besseres verdient.

»Sei gegrüßt, Kleopatra!« wiederholte er, noch lauter jetzt. Es gelang ihm, jede Silbe so sehr zu dehnen, daß die Worte so lang wurden wie der unglückselige Wagentroß.

»Sei gegrüßt, besiegter Verräter«, antwortete ich; ich gedachte ihn zu übertreffen und ihn nicht einmal beim Namen zu nennen: Zu einer *Sache* wollte ich ihn machen.

Ich nickte, und Antonius gab das Zeichen, ihn abzuführen. Die beiden Soldaten gehorchten; sie packten ihn bei den Schultern und schleiften den Steifbeinigen die Treppe hinunter.

Bildete er sich ein, daß man dies, da Gefangene traditionell unmittelbar nach einem Triumph hingerichtet wurden, als seine letzten Worte in Erinnerung behalten würde? Daß es ihn berühmt machen würde?

Antonius wandte sich nun dem Tempel zu, um Serapis drinnen sein Opfer darzubringen. Die Priester umringten uns auf der Treppe, und die Priesterinnen schüttelten ihre Sistra, daß das Rasseln die Luft wie ein Zischen erfüllte. Antonius verschwand in den dunklen Kammern des Tempels, und die Finsternis, die den Tempel selbst an einem strahlenden Tag erfüllte, verschluckte seinen goldenen Mantel.

Danach folgte ein Festgelage für das Volk von Alexandria; wie in Rom hatte man überall in der Stadt Tische aufgestellt und die Öffentlichkeit eingeladen, sich auf Kosten des Palastes an Fleisch, Kuchen und endlos fließendem Wein gütlich zu tun. Antonius ging zu seinen Soldaten hinaus und führte den Vorsitz an den Tischen der Legionäre; danach streifte er durch die Stadt, stieß hier und dort zu den Feiernden und stimmte in ihre Ausgelassenheit ein. Hätte Dionysos weniger getan?

Ich aber blieb im Palast und erfreute mich an den Festtagstischen, die bei uns gedeckt worden waren. Alle Bediensteten meines Hofstaats, Offiziere und Freunde wanderten unter den mit Lichtern behängten Bäumen umher und tranken und sangen – wenngleich ihre Lieder ein wenig züchtiger waren als das, was durch die Straßen von Alexandria hallte.

Es wurde hell, bevor Antonius zurückkehrte, nicht erschöpft oder wankend, sondern voller Begeisterung. Sein Mantel war fort, die feine Tunika zerdrückt und verschwitzt, und um den Hals trug er Blumengirlanden und Graskränze. Man hatte ihm zugejubelt und ihn beglückwünscht, mit ihm geschmaust und ihn verehrt, und davon glühte er rosig wie der Himmel im Osten. Er kam über den Rasen gelaufen und nahm mich in die Arme wie der junge Reiteroffizier, der er im Grunde seines Herzens immer noch war, und er schwenkte mich im Kreis herum, daß meine Füße den Boden verloren. Mir wurde schwindlig, aber er brüllte vor Lachen.

»Komm!« Er nahm mich bei der Hand, und ich mußte mit ihm die Stufen zum Tempel der Isis am offenen Meer hinauflaufen. »Laß uns von hier oben zusehen, wie der Morgen dämmert. Dieser Tag ist erst zu Ende, wenn die Sonne von neuem aufgegangen ist.«

Sechs Tage später saß ich wieder auf einem goldenen Thron, hoch auf einer silbernen Plattform, wiederum als Isis gekleidet, und wieder fand eine Zeremonie statt. Wieder waren meine Kinder neben mir, und wieder führte Antonius den Vorsitz. Aber, oh! wie anders waren Absicht und Ritual! Denn diese Zeremonie war die Verkündung, die Gründung unseres östlichen Reiches.

Spät abends, etwa drei Tage nach dem Triumph, hatten wir letzte Hand an das Werk gelegt. Noch fegten Arbeiter die Straßen sauber, noch rumpelten die Fuhrwerke zur Stadt hinaus, hoch beladen mit dem Abfall des Festgelages; ich wollte nicht, daß Hunde und Krähen in der Stadt im Müll stöberten. Zusammen hatten wir beschlossen, Artavasdes nicht hinzurichten, sondern einzukerkern. Sollte der Triumph – oder das dionysische Fest – auf diese Weise zeigen, daß es anders war als sein römisches Gegenstück. Unsere Herrschaft würde nicht so grausam sein.

»Auch wenn es anders und strenggenommen kein Triumph war, wird es die Römer ärgern«, sagte ich zu Antonius. »Sobald sie davon hören.«

»Das ist mir gleich.« Achselzuckend hatte er sich auf seinem Diwan zurücksinken lassen. Seine Hand tastete nach einem Polster für die Schulter.

»Ich glaube nicht«, sagte ich. »Es liegt nicht in deiner Natur, die Leute absichtlich zu ärgern.« Ich schwieg kurz. »Wie geschickt von dir, daß du den Unterschied zu einem römischen Triumph gerade so groß hast sein lassen, daß du nun, wenn du willst, sagen kannst, daß derlei nie deine Absicht war. ›Schließlich war ich als Dionysos gekleidet, nicht als römischer General – wie kann also *irgend jemand* auf den Gedanken kommen, ich wollte …?‹«

»Soviel Bedacht war nicht dabei«, entgegnete er. »Es ist nur, daß … Hier bin ich Dionysos für eure Aphrodite, für die Griechen zumindest. Für die Ägypter bin ich Osiris für ihre Isis. All das ist in Rom unbekannt. Mir erschien es passender …« Er ließ den Satz unvollendet.

Nach und nach hatte Antonius zugelassen, daß er hier im Osten zum Gott »geworden« war. Angefangen hatte es, als man ihm nach Philippi in Ephesos so zugejubelt hatte. Dann hatte er in Tarsos den Dionysos gespielt. Als nächstes waren er und Octavia in Athen zu »Göttern der guten Werke« ernannt worden, und ihn hatte man dort den »neuen Dionysos« genannt. Eingedenk dessen hatte er Münzen prägen lassen, auf denen er als Dionysos dargestellt war. Danach hatte er sich in allen Städten des Ostens als Dionysos ausrufen lassen. Der letzte Schritt, nach unserer Hochzeit, hatte darin bestanden, daß er sich in ganz Ägypten als Gott verehren ließ: Dionysos-Osiris mit Aphrodite-Isis.

»Jetzt hast du Octavian übertroffen«, hatte ich ihn geneckt. »Er ist schließlich nur der *Sohn* eines Gottes.«

Wie immer, wenn Octavians Name erwähnt wurde – selbst im Scherz –, umwölkte Antonius' Gesicht sich. »Ich habe nicht die Absicht, mit ihm in einen Wettstreit einzutreten, was göttliche Titel angeht«, hatte er hochfahrend erwidert – so hochfahrend wie nur irgendein Gott.

»Jetzt, da du dich mit deiner Göttlichkeit abgefunden hast, mußt du, denke ich, einen Tempel haben«, sagte ich.

»Sei nicht albern«, entgegnete er.

»Es ist mein Ernst. Cäsar hatte einen, und deshalb solltest du auch einen haben. Octavian baut einen Tempel für seinen neuen ›Patron‹ Apollon gleich neben seinem Haus – wie aufdringlich. Es ist der letzte Schrei. Du mußt auch einen haben.«

»Unfug!«

»Ich werde dir zu Ehren ein Gebäude oberhalb des Hafens errichten lassen. Und ich werde es Antoneum nennen. Vielleicht auch Basilika des göttlichen Antonius – *Divi Antonii*.«

Er lachte. »Mach, was du willst.« Aber ich sah, daß es ihm gefiel. Es kommt doch selten vor, daß ein Mensch nicht warm erglüht, wenn ihm eine Ehrung zuteil wird, zumal wenn es etwas so Handfestes wie eine Statue ist – oder ein Gebäude!

»Hier im Osten bekommt jeder, der Autorität hat, göttliche Ehren – selbst ein städtischer Beamter. Das ist natürlich nicht dasselbe wie Göttlichkeit. Pompejus wurde als Gott bejubelt, Theophanes als ›Erretter und Wohltäter‹.«

»Aber diese feinsinnigen Unterschiede – wir können nicht damit rechnen, daß man sie in Rom versteht. Und in Rom hat Dionysos ein anderes Ansehen als der Dionysos hier im Osten. Hier ist er ein reicher, wohltätiger Gott; er bringt Fruchtbarkeit, Freude und Wachstum. Man betrachtet ihn als Schutzpatron der Künstler und der Schöpferkraft, ja der Zivilisation an sich. Dort steht er nur noch für Ausschweifung und Trunkenheit, für Pan und die Satyrn. Das macht es meinen römischen Feinden leicht, mich anzugreifen.«

Mir war etwas aufgefallen. »Künstler, Schöpferkraft – mir scheint, daß in Rom Apollon diese Attribute an sich gerissen hat. Und Octavian hat sich in letzter Zeit eben diesen Apollon zu seinem Gott gemacht, als ob ihr beide darüber streitet, wer die Welt am schöpferischsten führen kann.«

»Die Schöpferkraft des Dionysos entspringt innerlichen und unaussprechlichen Kräften«, sagte Antonius. »Das, was ungerufen und unerwartet emporflammt, stellt ja originelle Zusammenhänge her, die sogar den Künstler selbst überraschen, weil er nicht weiß, woher es kommt, und auch nicht vorhersagen kann, wann es kommt. Das läßt es göttlich erscheinen – selbst dem, der es innehat.« Er stand von seinem Diwan auf und stellte sich auf ein kleines

Mosaik, daß ich in unserem Gemach hatte anbringen lassen. Es stellte eine Szene am Nil dar: hohe Papyrushalme, Nilpferde, Boote und Vögel. »Wer mag als erster auf den Gedanken gekommen sein, kleine Steine so zu ordnen, daß sie ein Bild formen? Und dieses Bild – es existierte im Kopf des Künstlers, ehe ein einziger Stein an seinen Platz gelegt wurde. Oder vielleicht wuchs es auch aus jenem ersten Stein, wie ein Farnwedel, der sich langsam entrollt!« Er wurde immer aufgeregter. »Und die Ideen kommen und gehen, wie sie wollen. Sie können plötzlich und ohne Vorankündigung verschwinden. Von allen Menschen fühlt sich der Künstler, so glaube ich, am meisten von den Launen des Gottes Dionysos beherrscht!«

Erstaunt vernahm ich, wieviel er selbst darüber wußte. »Ich denke, du mußt wohl selbst schon auf diese Weise heimgesucht worden sein«, stellte ich fest.

»Nun, ich habe noch nie malen wollen«, sagte er. »Aber es stimmt schon … Selbst die Strategie für eine Schlacht kann sich plötzlich aus dem Nichts präsentieren, wie eine Inspiration …« Er schüttelte den Kopf, als wolle er einen Spuk verscheuchen. »Aber Apollon ist der Gott der Rationalität, des geordneten Denkens. Das genaue Gegenteil der namenlosen Leidenschaft des Schaffens.«

»Man braucht beides, glaube ich. Das Reich braucht beides. Wir brauchen Beamte, die ruhig und logisch denken können, aber nicht ganz und gar durch Regeln gebunden sind.« Während ich das sagte, wußte ich, daß ich träumte.

»Ein solches Reich, verwaltet von solchen Idealgestalten, kann es auf dieser Welt nicht geben. Wir müssen uns mit fehlbaren Menschen und mit dem Zufall begnügen.« Er betrachtete noch immer das Mosaik. »Ägypten hat eine machtvolle Vergangenheit.«

»Und eine kraftvolle Gegenwart«, sagte ich. »Aber wie steht es mit der Zukunft?« Die Weissagung des alten Ipuwer über das Schweigen der Götter beunruhigte mich.

»Ich werde es dir sagen«, antwortete er leise und wandte sich von dem Mosaik ab. »Es wird Zeit, daß ich Vorkehrungen für unsere Kinder treffe. Demnächst werde ich mein Testament verfassen, um mich meiner römischen Verpflichtungen zu entledigen …«

Ein Testament! *Entledigen* … das klang so ominös. Die Endgültigkeit eines Testaments war mir ein Greuel. Aber nur ein Dummkopf hat keines, und wenn es fehlt, werden die Feinde über die Erben herfallen.

»Du wirst es hoffentlich an einem sicheren Ort hinterlegen.« Mehr sagte ich nicht. Ich war davon überzeugt, daß Cäsar nach dem Testament, das er in die Obhut der Vestalischen Jungfrauen gegeben hatte, noch eines verfaßt hatte, ohne es jedoch sicher zu verwahren – eine seltsame Nachlässigkeit für einen so vorausschauenden Mann wie Cäsar. Hätte er es nicht versäumt, würde Octavian vielleicht noch immer in Apollonia studieren – ein kaum bekannter Verwandter Cäsars wie seine anderen Neffen, die in der Obskurität versunken waren. Aber genug davon, befahl ich mir.

»Ja, es wird nach Rom geschickt und bei den Vestalischen Jungfrauen in Verwahrung gegeben«, sagte er. »Dort wird es unberührt liegen bis zu meinem Tode. Aber sein Inhalt soll für dich kein Geheimnis sein. Du sollst dabei sein, wenn ich es diktiere, und Plancus und Titius sollen es bezeugen. Aber das besprechen wir später. Es betrifft hauptsächlich meine römische Familie. Aber was ist mit unserer? Wie steht es um ihre Zukunft?«

Was für ein merkwürdiges Gespräch. Das einzige Kind, dessen Zukunft ein Geheimnis war, war Cäsarion, denn seine Stellung war einzigartig. »Für Alexander hast du bereits gesorgt«, sagte ich. »Er wird die medische Prinzessin heiraten und Medien erben. Was Selene angeht, so wird sie auch heiraten ... irgend jemanden. Der kleine Philadelphos – der Igel, wie du ihn beharrlich nennst – wird höchstwahrscheinlich den Thron Ägyptens erben, denn er ist der einzige Ptolemäer, der übrigbleibt.«

Er blieb vor mir stehen und legte mir die Hände auf die Schultern. »So begrenzte Träume für eine Mutter, die ein Imperium beherrscht«, sagte er. »Du überraschst mich immer wieder.«

»Sie werden alle ein Königreich bekommen. Sie werden alle gedeihen. Die Geschwistermorde, die den Namen der Ptolemäer besudelt haben – von ihren Händen und Dolchen ganz zu schweigen –, werden mit dieser Generation enden. Könnte eine Mutter – eine ptolemäische Mutter, meine ich – einen größeren Erfolg beanspruchen?«

Er sah mich an, und die beifällige Überraschung in seinen Augen reichte so tief, wie ich es nie zuvor gesehen hatte. »Dabei schreibt man dir immer einen wilden, gierigen Ehrgeiz zu«, sagte er schließlich.

»Weil es mein Ziel war, die Länder meiner Vorfahren zurückzuerobern? *Das* würde ich begrenzt nennen – regelrecht apollonisch –, wenn jemand nur verlorenes Territorium zurückgewinnen will. Mein Haus war in derartige Not geraten, daß wir unseren Thron zurückkaufen und das nötige Geld zusammenborgen mußten! All das wieder umzukehren, diese Aufgabe erschien mir schwer genug.«

»Aber nun hast du es vollbracht. Und weil der Erfolg durch unerwarteten weiteren Erfolg belohnt wird, sage ich dir: deine Träume sind zu klein.«

Ich lachte und wandte mich ab. Das hatte mir noch niemand vorgeworfen!

»Der ganze Osten ist in meiner Hand. Ich bin der oberste Herr hier, sowohl aufgrund meiner Ernennung zum römischen Triumvirn als auch durch das Recht meiner Waffen als Imperator. Ich kann hier verfügen, wo und wie ich will.« Wie nüchtern er das sagte. »Ich finde, ›Königin von Ägypten‹ ist zu wenig für dich. Ich finde, du solltest ›Königin der Könige und ihrer Söhne, die

Könige sind‹ heißen. Und ich finde, deine Söhne sollten Könige sein. Alexander Helios wird Teile Armeniens, Mediens und Parthiens regieren, wie es dem Erben Alexanders zukommt. Kleopatra Selene, eine Königin, bekommt die Kyrenaika und Kreta. Warum sich darauf verlassen, daß ein Gemahl ihr ein Königreich schenkt? Und der kleine Igel Philadelphos – nun, auch der soll König sein und das nördliche Syrien und Kilikien bekommen.«

»Was du da verkündest, ist eine Dynastie«, stellte ich fest. »Als römischer Magistrat gründest du eine orientalische Königsdynastie.« Das war sonderbar, unglaublich. Was dachte er sich dabei?

»Nein, ich *gründe* sie nicht. Das Haus der Ptolemäer existiert seit dreihundert Jahren! Ich … ich erweitere nur seine Bedeutung.«

»Seine Ansprüche, seinen Ehrgeiz«, sagte ich. »Du gibst ihnen römisches Territorium und dazu Gebiete, über die du gar keine Macht hast. Wie Parthien!« Ich konnte es mir nicht verkneifen.

Sein Plan war unbesonnen und waghalsig. War es das, was er unter dionysischer Inspiration verstand? Vernünftig war es nicht; Apollon hatte jedenfalls nichts damit zu tun.

»Ich gebe ihnen eine Idee, die sie verfolgen können«, sagte er. »Sollte es mir nicht gelingen, Parthien zu erobern, so wird es an ihnen sein, es zu vollbringen.« Er schwieg kurz. »Aber ich habe es vor. Nächstes Jahr – nachdem ich Armenien und Medien nun gesichert habe. Ich bin stolz darauf, eine neue römische Provinz errungen zu haben!«

»Hast du das?« Diese Entscheidung über den Status seiner Eroberung hatte er noch nicht bekanntgegeben.

»Ja. Armenien wird unverzüglich in eine Provinz umgewandelt. Diesmal habe ich es durch eine Garnison gesichert, und Canidius hat das Kommando. Ich werde Rom meinen Plan präsentieren; er soll im Senat verlesen und bestätigt werden, zusammen mit meinen territorialen Zuweisungen an dich und die Kinder. Sie werden alles zusammen annehmen!« Er lachte. »Nicht, daß dies in Frage stände. Alle meine Unternehmungen hier im Osten sind im voraus gebilligt worden. Es ist reine Höflichkeit.«

»Sind die Kinder nicht zu jung dafür?« Mir erschien es voreilig.

»Je früher man seine Bestimmung kennt, desto besser kann man ihr folgen. Man kann alle Komplotte und Ränke im voraus vereiteln und den Frieden fördern.«

Dies schien mir eine Bekanntmachung von großer und unüberschaubarer Folgenschwere zu sein. Aber ich hatte gelernt, daß uns selten etwas zweimal angeboten wird; wir müssen die Dinge ergreifen, wenn sie uns begegnen, auch wenn wir das Gefühl haben, der Zeitpunkt sei falsch. »Also gut«, sagte ich. »Es macht mich sprachlos, daß du diese Kinder zu so hohen Ehren erhebst. Schließlich hast du ja auch noch andere …«

»Antyllus, mein ältester Sohn, wird mein römischer Erbe werden. Sein Bruder Jullus – ach, das sind lauter römische Details, die dich im Augenblick nicht betreffen. Aber meine älteste Tochter Antonia wird bald in unserer Sphäre der Welt sein. Ich vermähle sie mit Pythodoros von Tralleis. Der ist so reich wie ein König und im ganzen Osten hochgeachtet.«

»Mit einem Griechen aus Asien? Man wird die Ehe nicht als rechtmäßig betrachten.« Kein Römer würde sie anerkennen.

»Sie werden sagen: Er muß von seiner Ehe mit der Ausländerin überzeugt sein, wenn er das gleiche auch seiner Tochter erlaubt. Wie du weißt, tun wir selbst oft Dinge, die wir bei unseren Lieben nicht begrüßens- oder wünschenswert finden. Eine nachdrücklichere Botschaft kann ich nach Rom nicht schicken. Außerdem«, fuhr er grinsend fort, »wird sie so viel Geld haben, daß sie sich wohl nicht übervorteilt fühlen wird.«

Und so saß ich nun da und erwartete die öffentliche Bekanntgabe der Ehrungen, die wir in unseren Privatgemächern so leichthin erörtert hatten. Und es gab noch eine Angelegenheit, die weniger entspannt besprochen und entschieden worden war, doch – davon später.

Wie gesagt, ich war wieder als Isis gekleidet und saß wieder auf einem goldenen Thron. Die silberne Plattform war vor dem Gymnasion errichtet worden, so daß die Zuschauer die Treppenstufen an der sechshundert Fuß langen Flanke des Gebäudes ausfüllen und im Schatten der Säulendächer stehen konnten. Aber die Plattform war größer als bei dem Triumph, sie hatte verschiedene Ebenen. Antonius und ich saßen ganz oben. Gleich darunter saß Cäsarion auf seinem eigenen Thron. Unter ihm standen noch einmal drei Throne für die kleineren Kinder. In ihren Staatskostümen saßen sie da und starrten in die Menge.

Antonius, majestätisch in seiner römischen Toga, erhob sich und sprach zum Volk in seiner offiziellen Eigenschaft als römischer Triumvir. Seine anderen Rollen hatte er beiseite gelegt: den General, den Autokrator, den neuen Dionysos, den östlichen Herrscher. Wie ich spielte er viele Rollen. Heute war er der zivile römische Magistrat mit dem Auftrag, die gewaltigen römischen Gebiete im Osten als oberster Herr zu regieren.

»Mein gutes Volk, ich stehe hier vor euch, damit ihr Zeugen der Gaben seid, die ich heute dem getreuen Hause der Ptolemäer verleihen werde – loyalen Anhängern Roms. Aber auch, um den großen Gott Julius Cäsar zu ehren. Denn eure Königin, die euch schon so lange regiert, soll fortan heißen ›Königin der Könige und ihrer Söhne, die auch Könige sind‹.« Er drehte sich um, nahm meine Hand, damit ich mich erhob und an seine Seite trat. Die gleißenden Sonnenreflexe auf der silbernen Plattform blendeten mich, und ich konnte kaum etwas sehen.

»Und weiterhin erkläre ich«, rief er so laut, daß noch der hinterste Zuschauer jedes Wort verstehen mußte, »daß sie die Witwe Julius Cäsars ist und seine wahre und rechtmäßige Ehefrau war, nachdem sie die Ehe nach östlichem Ritus mit ihm geschlossen.« Stille senkte sich auf die Menge, so streng, als habe sich eine Riesenhand auf ihre Köpfe gelegt. Ich merkte, daß seine Hand zitterte. Darüber hatte er mit mir nicht gesprochen, er hatte mich nicht vorgewarnt. Vielleicht hatte er sicher sein wollen, daß ich ihn fassungslos anstarrte.

»Und hiermit schwöre ich, daß ihr Sohn, Ptolemaios Cäsar, der hier sitzt, der wahre und rechtmäßige Sohn des großen Cäsar und sein einziger Erbe ist!«

Ich hatte nicht geglaubt, daß die Stille noch tiefer werden konnte, aber sie konnte. Antonius' Hand umklammerte die meine so fest, daß es weh tat. Zugleich wurde sie schlüpfrig vom Schweiß.

»Steh auf, junger Cäsar«, befahl Antonius. »Steh auf, damit dein Volk dich sehen und begrüßen kann.«

Langsam erhob sich Cäsarion. Er war gewachsen; inzwischen war er über dreizehn und fast so groß wie Antonius. Antonius hatte darauf bestanden, daß er heute sein bestes römisches Gewand trug, ohne zu sagen, warum.

Scheu lächelte er dem Volk zu und machte eine Handbewegung. Die Leute jubelten warmherzig.

»Als Sohn Cäsars gebühren ihm Ehren aus Rom. Aber als Ptolemäer und ältester Sohn der Königin Kleopatra regiert er als Mitregent über das Land Ägypten und Zypern und herrscht als König der Könige und als oberster Herr über die anderen Gebiete, die ihm fortan verliehen sein sollen.«

Wieder wurde es still. König der Könige war ein uralter, ehrwürdiger orientalischer Titel, wie ihn die Perser getragen hatten. Cäsarion sollte also ein östlicher und ein westlicher Herrscher sein; er sollte die beiden Welten miteinander verbinden, wenn Antonius und ich die Bühne des Lebens verlassen hätten.

»Als nächstes«, fuhr Antonius fort, »erkläre ich, daß Alexander Helios König von Armenien und Herr über Medien und alles Land östlich des Euphrat bis Indien ist.«

König von Armenien? Wie konnte es in einer römischen Provinz einen König geben? Das hatte Antonius nicht erklärt. Sollte es nur ein Teil von Armenien sein? Aber dies war nicht der rechte Augenblick für meine Fragen.

»Erhebe dich, König Alexander«, sagte Antonius.

Der Junge erhob sich; er trug das Kostüm, das mit großer Sorgfalt für ihn angefertigt worden war: das Gewand eines persischen Königs. Eine hohe Königstiara – die persische Krone – war von einem weißen Turban umwunden und mit einer Pfauenfeder geschmückt. Er trug Pluderhosen, und sein juwelenbesetzter Mantel glitzerte in der Sonne, die durch das gehämmerte Silber der Plattform, die wie ein riesiger Spiegel wirkte, noch verstärkt wurde.

Jetzt kam die armenische Leibwache, gleichfalls im Kostüm, zu ihm herauf und umrahmte ihn. Die Menge jubelte.

»Königin Kleopatra Selene.« Antonius ging hinüber zu unserer Tochter, die abwartend auf ihrem kleinen Thron saß. »Du regierst die Kyrenaika und Kreta. Erhebe dich bitte.« Feierlich stand sie auf. Ihr silbernes Gewand hing bis zum Boden herab und machte sie eins mit ihm: eine schlanke Silberblume, die aus einem silbernen Boden wuchs. Ihre Leibwache im Gewand griechischer Soldaten trug silberne Schilde.

»Und König Ptolemaios Philadelphos.« Antonius begab sich zu dem winzigen Thron des Zweijährigen, der mit bangem Blick dasaß. Er hatte noch nie so viele Leute gesehen und noch nie so lange allein sitzen müssen. »Du wirst die Gebiete des mittleren Syrien und Kilikien regieren und Herr über Pontos, Galatien und Kappadokien sein, vom Euphrat nach Westen bis zum Hellespont.« Antonius beugte sich zu ihm herunter und nahm das kleine, dicke Händchen. »Erhebe dich!« Sanft zog er den Knaben hoch, so daß jeder – als er auf wackligen Beinchen dastand – sehen konnte, daß er ein makedonisches Königsgewand trug: den Purpurmantel, eine Diademhaube und die hohen makedonischen Stiefel. Um das Bild zu vervollständigen, diente ihm eine makedonische Leibgarde.

»Und jetzt, ihr guten Bürger von Alexandria, Rom und Ägypten – laßt uns frohlocken an diesem Glückstag! Ich habe zu diesem Anlaß heute eine neue Münze herausgegeben. Sie ehrt die Königin Kleopatra mit der Inschrift ›Königin der Könige und ihrer Söhne, die Könige sind‹ und mich mit den Worten ›Sieg über Armenien‹. Möge sie dazu dienen, uns an diese Erfolge zu erinnern, wenn wir sie mit den Augen wahrnehmen, und möge sie uns reich machen, wenn sie in unserer Börse ruht!« Und damit warf er eine Handvoll blinkender silberner *denarii* unter die Zuschauer, die sich aufbrüllend darauf stürzten.

Als er sah, wie dies die Menge endlich entfesselte – die sich bis dahin zurückhaltend und verwirrt gezeigt hatte –, winkte er rasch, man möge weitere Beutel mit Geld bringen, um sie zu öffnen und die Münzen unter das Volk zu streuen. Das Jubelgeschrei schwoll an.

»Immer Geld«, sagte er, als er an meine Seite zurückkehrte und aufrecht dort stehenblieb. »Ich glaube, es ist der größte Freudenspender, mehr noch als der Wein.«

»Jeder liebt das Geld, aber nicht jeder hat etwas übrig für Wein«, sagte ich. Ich war ebenso verwirrt wie alle anderen Zuschauer und wußte nicht, was ich sonst sagen sollte.

Natürlich gab es unmittelbar danach ein Festbankett im Palast. Während die übrige Bevölkerung auseinanderlief, sollte unsere Gesellschaft auf das vorzüglichste bewirtet werden – wie es sich gehörte für eine Familie von Königen, Königen der Könige, Königinnen und … Was war Antonius? Wenn es in seiner Macht stand, Könige zu machen und Könige der Könige zu ernennen, dann mußte er höher stehen als sie, aber … das alles war sehr unklar. War »Autokrator« die angemessene Bezeichnung für diese alles überwölbende Autorität?

Die roten Porphyrsäulen in der riesigen Halle waren mit Girlanden umwunden; der Boden war leicht mit Rosenblättern bestreut, und lange Bahnen von blauer Seide spannten sich von Säule zu Säule. Sie blähten sich und flatterten im Wind, der vom Hafen heraufwehte, und der Duft zertretener Rosenblätter parfümierte die Luft. Stolz legte ich Selene und Alexander die Arme um die Schultern.

»Ihr seht heute sehr beeindruckend aus«, sagte ich zu ihnen und fragte mich, wie es wohl sein mochte, wenn man so früh zu etwas Besonderem erklärt wurde und ein Königreich übereignet bekam. Hoffentlich würde es sie nicht ersticken oder ihnen alles so leicht machen, daß sie im späteren Leben keiner Schwierigkeit gewachsen waren. Die zeremonielle Leibgarde umgab sie immer noch; ich warf den Soldaten einen Blick zu: Es war Zeit zu verschwinden; das Stück war zu Ende.

»Vermutlich wird mir Kyrene gefallen«, meinte Selene. »Es liegt ja nah bei Ägypten. Und ich kann dort bleiben und die Männer zu *mir* kommen lassen, wie du es getan hast.«

Ich lachte. Selene wirkte manchmal sehr erwachsen; sie sah die Dinge klar und deutlich.

»Ja, es ist sehr angenehm, ein eigenes Königreich zu haben«, sagte ich.

Das silberne Kleid stand ihr gut, aber Alexander würde gleich über seine persischen Pluderhosen stolpern. Er rutschte unbeholfen herum.

Antonius trug Philadelphos auf dem Arm und ließ das Kind über seine Schulter schauen. Die Haube mit dem Diadem war zu groß und rutschte immer wieder über ein Auge. Antonius drehte sich um sich selbst, und Philadelphos quiekte vor Entzücken. Antonius' Mantel flatterte wirbelnd hinter ihm; plötzlich griff er nach der Schließe, öffnete sie und schleuderte den Mantel über die Gästeschar. Er flog ein kleines Stück weit, wie eine purpurfarbene Fledermaus.

Plancus fing ihn auf und kam zu mir; er hielt ihn fest wie eine heilige Reliquie. »Ich würde ihn zwar gern behalten – ihn behüten wie einen Schatz, da der Imperator ihn an diesem Tag getragen hat –, aber ich muß ihn zurückgeben. Ich bin kein Dieb!« Sein breites gebräuntes Gesicht strahlte aufrichtig.

»Nein, behalte ihn nur«, sagte ich. »Wer etwas Wertvolles wegwirft, kann nicht damit rechnen, daß er es zurückbekommt. Wo es hinfällt, muß es bleiben. In diesem Fall ist es doch ein Glück, daß es in Freundeshände geraten ist!«

Jetzt sah er aus, als hätte ich *ihm* ein Königreich verliehen. Schon da fand ich das denn doch merkwürdig.

Marcus Titius und Domitius Ahenobarbus, die für die Zeremonie angereist waren, gesellten sich zu uns. Plancus hielt den Mantel wie eine Trophäe in die Höhe, und die beiden taten, als fühlten sie sich zurückgesetzt.

»Heute ist ein Tag, an dem jeder einen Preis bekommt«, sagte ich. »Königreiche kann ich euch nicht schenken, aber wie wäre es mit einer Stadt? Möchtet ihr, daß eine Stadt nach euch benannt wird?«

Sie machten entsetzte Gesichter, vor allem Ahenobarbus. Für einen Republikaner alten Schlages wie ihn war so etwas alles andere als schicklich. Aber ich sah doch, daß selbst er sich geschmeichelt fühlte. Titius freilich war jederzeit bereit, eine Ehrung entgegenzunehmen.

»Ich werde zwei Städte in Kilikien umbenennen und sie Titiopolis und Domitiopolis nennen«, sagte ich.

Die beiden bemühten sich nicht länger, ihr Grinsen zu unterdrücken.

»Majestät«, sagte Titius, »was kann ich darauf entgegnen – außer daß ich dich meiner unsterblichen Dankbarkeit versichere?« Sein hübsches, schmales Gesicht wurde noch hübscher. Er verbeugte sich und küßte mir die Hand, und seine warmen Lippen verweilten eine Spur zu lange.

»Gnädigste ...« Kitzlig, die Frage der Namen: Der Republikaner Ahenobarbus redete mich niemals mit meinem königlichen Titel an. »Du bist äußerst großzügig.« Er verneigte sich steif.

Der Wein floß in Strömen. Ich hatte befohlen, Dutzende Amphoren vom besten Chios-Wein zu öffnen und unverzagt auszuschenken. Was das Bankett anging, so war es der Einfallsgabe Octavians und seiner treuen, gekauften Poeten würdig. Jede Delikatesse von Land, Luft und Meer war vorhanden. Es gab Meeresfrüchte, Muscheln, Eber, Rindfleisch, sogar Nilpferd und Krokodil; Kranich, Wachtel, Drossel, Flamingo; süße Melonen, Gurken, Trauben, Feigen und Datteln; Honigkuchen, Eiermilch und Granatapfelsaft, Maulbeeren und Kirschen, gekühlt mit thrakischem Schnee. Auf letzteres war ich besonders stolz; es war nicht leicht, einen Berg Schnee Hunderte von Meilen entfernt von seiner Heimat, im heißen Ägypten, zu bewahren.

Mit jedem neuen Gang, der aufgetischt wurde, schwoll das beifällige Gemurmel an, bis es zu einem beständigen Gesumm geworden war, das hin und wieder vom Klang der Leiern, Lauten und Flöten der Musiker hinten in der Halle durchbrochen wurde. Die gekühlten Säfte, die, in Schnee gebettet, auf Platten hereingetragen wurden, lösten einen richtigen Aufruhr aus.

Cäsarion lagerte neben den römischen Generälen auf ihren Speiseliegen, und die Kinder – Könige und Königin – ganz in der Nähe. Wie gut Cäsarion zu ihnen zu passen schien! Wie gefaßt er aussah. Wie … römisch. Ich beobachtete die Gesichter der Generäle und sah, daß sie ihn musterten, wenn sie sich unbemerkt glaubten.

»Unterhaltung! Unterhaltung!« Einige der berauschteren Gäste begannen lauthals das nächste Stadium zu fordern. Ich hatte geplant, Tänzerinnen auftreten zu lassen, aber auch Akrobaten und etwas, das man selten sah: abgerichtete Affen, die ihre Kunststücke auf den Säulen vorführen sollten. Die Tänzerinnen, biegsame junge Frauen, die sich geschickt und anmutig bewegten, waren ihnen heute zu zahm. Die Akrobaten langweilten dieses kultivierte – und betrunkene – Publikum. Die Affen erheiterten es für kurze Zeit, aber sein lautes Geschrei verschreckte die Tiere. Jetzt hatte ich nur noch eine Sache in Reserve: eine Truppe dionysischer Schauspieler, die ein Drama über Pluto und Persephone aufführen konnten. Das gefiel den Leuten immer, denn es enthielt unterhaltsame Elemente wie den Hades – mit Rauch und Feuer –, den Kerberos mit seinen drei Köpfen – es war immer sehr eindrucksvoll, wenn jeder davon bellen konnte –, den Fährmann am Styx und natürlich die gewaltsame Entführung der Persephone. Auch konnte man das Ganze mit Dekorationen ausstatten, mit Blumen, Wagen, fallendem Laub und so weiter.

Wenn sie das nicht unterhielt oder ruhig werden ließe …

Eine Zeitlang ging alles gut, aber dann setzten Lärm und Unruhe wieder ein. Plötzlich rappelte Plancus sich schwankend hoch und stürzte hinaus. Wahrscheinlich hatte er so viel gegessen, daß ihm jetzt schlecht war; Römer taten das manchmal, sehr zum Abscheu von Griechen und anderen kultivierteren Völkern.

Aber dann tauchte er wieder auf – nackt und blau angemalt. Er trug eine Krone aus Schilf, schwenkte einen Dreizack und schlängelte sich hinüber zu den verblüfften Schauspielern. »Glaucus, der Mann aus dem Meer, ist hier!« brüllte er. Er ließ sich auf Hände und Knie fallen, und ich sah zu meinem Erstaunen, daß er sich einen Fischschwanz angeheftet hatte, mit dem er jetzt vor dem Publikum wackelte.

Es war totenstill. Dann brachen Schauspieler und Gäste in lautes Gelächter aus. Offenbar entsprach das ihrer Vorstellung von bestem Humor. Ich schaute Antonius an, der ebenfalls vor Lachen brüllte, und selbstverständlich war es genau nach dem Geschmack der Kinder. Aber daß ein römischer General, der Statthalter einer Provinz, sich derart aufführte …

Ich würde die Römer nie verstehen. Antonius hatte recht.

Angewidert betrachtete ich Plancus. Und so etwas hielt sich für geeignet, die Welt zu beherrschen!

Später am Abend, als die Gäste gegangen, die Rosenblätter zertreten, die seidenen Bahnen von den Possen der verängstigten Affen zerfetzt waren, standen Antonius und ich allein im hallenden Saal. Die Kinder, auch Cäsarion, waren schon längst zu Bett geschickt worden, und wir standen umschlungen da und betrachteten das Durcheinander.

»Das wird Alexandria nie vergessen«, sagte er. »Ein solcher Tag kommt nur einmal im Leben eines jeden.«

»Isis sei Dank.« Ich glaubte nicht, daß ich noch einen überstehen würde.

»Ich glaube, die Ehrungen wurden gut aufgenommen«, sagte er vorsichtig.

»Hier, ja. Wie Octavian sie aufnehmen wird, ist eine andere Frage.«

»Der Osten ist mein, und ich kann damit tun, was ich will. Rom hat mich hier zum Herrn ernannt.«

»Ich meine, daß du Cäsarion zum wahren Erben Cäsars ausgerufen hast«, sagte ich. »Das ist nicht weniger als eine Kriegserklärung. War das deine Absicht?«

»Ich … nicht unbedingt«, sagte er. »Aber es ist die Wahrheit, und man darf nicht zulassen, daß die Menschen es vergessen.«

»Warum hast du mich nicht gewarnt? Oder hast du aus einer plötzlichen Eingebung gehandelt?« Mir schien, als sei jede wichtige Handlung seines Lebens aus einer Laune heraus erfolgt. Wie er seine Grabrede für Cäsar gehalten hatte. Wie er in Tarsos zu mir in die Kajüte gekommen war. Wie er Octavia geheiratet und später fortgeschickt hatte. Und jetzt das. Entscheidungen, die sein Schicksal prägten, beiläufig getroffen.

»Nein. Es war keine plötzliche Eingebung. Es war das richtige. Es ist schließlich die Wahrheit.« Das würde er jetzt störrisch wiederholen. »Ich habe doch sicher nicht dein Mißfallen erregt? Ist es denn nicht Zeit, daß endlich jemand für Cäsarions Sache eintritt? Mir scheint, das ist der letzte Dienst, den ich meinem gefallenen General erweisen kann.« Er sah so hingebungsvoll aus, so entschlossen.

»Nein, natürlich mißfällt es mir nicht.« Ich wäre nur gern zu Rate gezogen worden.

»Komm«, sagte er und zog an meinem Arm. »Alle haben heute Ehrungen empfangen, alle außer dir. Glaubst du, ich hätte dich vergessen?«

»Ich habe doch schon so viel – was kann ich noch bekommen?« Nicht, daß ich etwas dagegen gehabt hätte, wenn er mir Herodes' ganzes Land geschenkt hätte.

»Das wirst du schon sehen. Du mußt heute abend in meine Gemächer kommen. Wir schlafen dort.«

Arm in Arm wanderten wir durch die Korridore des Palastes. Ein frischer Wind wehte durch Fenster und Portici, wie um die abgestandenen Dünste des ausgelassenen Banketts zu vertreiben. Etliche Römer hatten sich in der Tat übergeben, und die Diener waren jetzt dabei, Treppenstufen und Böden zu schrubben.

Antonius' Gemächer lagen auf der anderen Seite des Palastes; von hier aus schaute man, vom Leuchtturm abgewandt, über das offene Meer hinaus. Ich wußte, daß er gern das Meer beobachtete, und ich wußte auch, daß er eine Möglichkeit brauchte, sich vom Rest des Palastes zurückzuziehen, als hätte er eine Privatresidenz. Das hier hatte diesen Anforderungen recht angenehm entsprochen.

»Tritt ein!« Antonius zog die Türflügel auf und geleitete mich hinein, als wäre er mein Kammerdiener.

Ich kam immer gern hierher. Er hatte die Räume mit Tischen, Stühlen und Truhen aus seinem Anwesen in Rom eingerichtet. Vieles davon war altmodisch, da es schon seit langem im Besitz seiner Familie war, aber vielleicht half es ihm, sich nicht allzusehr wie im Exil zu fühlen. Ein Teil seiner selbst mußte sich so fühlen, ungeachtet seiner Neigung zum Leben hierzulande. Man hätte erwarten sollen, daß er sich einen Schaukasten des orientalischen Luxus eingerichtet hätte, mit Wandschirmen aus Perlmutt, Brokatkissen, weich gepolsterten Diwanen und Perlenvorhängen. Statt dessen aber lebte er in republikanischer Schicklichkeit. Er war ein so vielschichtiger Mann.

Er führte mich in ein Nachbarzimmer. Auch hier war die Einrichtung streng. Auf einem Tisch lag eine große Schriftrolle, und darunter noch ein Stück Papier. Eine einzelne Lampe brannte.

»Das Geschenk muß der Person angemessen sein«, sagte er leise. »Ich kenne vieles von dem, was dir kostbar ist. Ich habe das Glück, es finden und dir schenken – nein, es dir zu Füßen legen zu können.« Und damit nahm er die Schriftrolle, beugte das Knie und legte sie mir tatsächlich zu Füßen.

Ich war verlegen. »Das ist nicht nötig«, sagte ich, aber er blieb knien.

»Mich selbst lege ich dir zu Füßen. Aber das weißt du schon; du weißt es seit langem. Das hier ist nur ein Unterpfand.« Er nahm die Schriftrolle auf und reichte sie mir.

Ich öffnete sie. Das glatte Pergament war eine Urkunde, die mir die gesamte Bibliothek von Pergamon übereignete. Pergamon, unsere Rivalin bei Büchern und Papier.

»Pergamon!« sagte ich. »Die ganze Bibliothek?«

»Ja, alle zweihunderttausend Bücher«, sagte er. »Sie sollen unverzüglich hierhergeschafft werden.«

»Die schönste Bibliothek der Welt neben Alexandria ...« Ich war benommen. »Und jetzt haben wir alles!«

»Ich weiß, daß ein Lager mit Büchern durch den Brand im Hafen zerstört wurde, als Cäsar hier war«, sagte er. »Ich hoffe, das entschädigt für den Verlust.«

Es war extravagant wie alle seine Gesten. Es verschlug mir den Atem, so tollkühn und großzügig war es. »Ich … ich danke dir«, brachte ich schließlich heraus. Die Bibliothek von Pergamon – vollständig!

»Das war für deinen Kopf«, sagte er und erhob sich. Er nahm das zweite Papier vom Tisch. Was mochte das noch sein? »Und dies ist für dein Herz – oder für deine Augen.« Er überreichte mir das Papier, wie ein Kind einen verwelkten Blumenstrauß überreicht.

Es war eine wunderschön ausgeführte Zeichnung des Herakles, angefertigt nach der berühmten Statue des Myron.

»Ich weiß, wie sehr du Skulpturen liebst, das Festhalten der menschlichen Gestalt in Bronze oder Stein, so daß sie in all ihrer Vollkommenheit ewig Bestand hat. Die hier ist schließlich schon vierhundert Jahre alt – aber die Muskeln sind nicht welk, der Bauch ist nicht schlaff, die Beine sind nicht matt.«

Ja, nur die Kunst konnte Jugend und Kraft bewahren. Vielleicht ist sie uns deshalb so teuer. Schon war ich ja älter als die Venus-Statue in Rom; sie blieb, ich alterte. Wie würde ich mich fühlen, wenn ich sie jetzt sähe?

»Ich danke dir«, sagte ich. Wie sehr gab er mir das Gefühl, geliebt zu werden, wenn er die Wünsche meines Herzens kannte und sich bemühte, sie zu erfüllen.

»Sie sollte innerhalb von vierzig Tagen hier eintreffen«, sagte er.

Ich schaute auf das Bild. »Aber …« Ich hatte es doch schon in der Hand.

»Das ist nicht das Geschenk!« Er lachte. »Nein. Das Geschenk ist die Statue selbst. Das Original. Von Myron.«

»Was? Aber die steht doch im Tempel der Hera auf Samos!«

Er zuckte die Achseln. »Ich habe doch gesagt, ich kann dir alles schenken. Ich habe sie dort entfernen lassen.«

Er hatte dem Tempel seine berühmte Statue geraubt!

»Sie wird jetzt gerade verpackt, und …«

Ich warf ihm die Arme um den Hals und hätte ihn beinahe umgestoßen. »Du bist ein Wahnsinniger!« rief ich. Der Herakles von Myron – und er sollte hierhergebracht werden! »Oh, ein Wahnsinniger!« Ich packte seinen Kopf und zog ihn zu mir herunter, um ihn glücklich zu küssen. Dann ließ ich die Hände an seinem Nacken heruntergleiten und umschlang seine Schultern, seine prachtvollen, breiten Schultern. Nicht einmal die Statue von Myron konnte bessere Schultern haben.

Seine Arme schlossen sich fester um mich. Ich verspürte das eifrige Verlangen, das immer in mir erwachte, wenn er mich in den Armen hielt. Es schien lange her zu sein, daß wir einander ungestört umarmt hatten. Wir waren umgeben von Leuten und so eingezwängt von Pflichten und offiziellen Zeitplänen und auch von unseren Kindern, daß wir nur selten allein waren. Seit er aus Armenien zurückgekehrt war, hatten sich Zeremonien, Versammlungen, öffentliche Auftritte und Verpflichtungen in ununterbrochener Folge aneinandergereiht.

»Und jetzt, meine Königin«, sagte er, »wollen wir uns das beste Geschenk von allen schenken: Zeit für uns allein.«

Das stille, leere, schlichte Gemach erfüllte mich mit wilder Erregung. Niemand würde hereinkommen. Kein Herold würde einen Empfang ankündigen. Keine Iras, keine Charmian, kein Mardian. Selbst Eros war nirgendwo zu sehen.

»Komm.« Er führte mich in seine Schlafkammer, die sicher so schlicht war wie irgendein Zimmer im Hause Catos. In der Mitte blieben wir stehen, küßten einander und strichen uns gegenseitig über Rücken, Schenkel und Schultern. Beglückt spürte ich seinen Körper und alles an ihm. Nicht die kleinste Kleinigkeit hätte ich daran ändern wollen. Marmor mochte ewig sein, aber das vergängliche Fleisch war warm.

Sein Mund auf meinem schmeckte besser als alle Delikatessen des Banketts. Seine Lippen waren ein Schmaus, den ich bis zum letzten Bissen lustvoll genoß. Doch eines war anders als beim Essen: Je mehr ich nahm, desto mehr wollte ich.

Ich fühlte, daß ich ihn besitzen mußte – all diese männliche Schönheit besitzen mußte, all diese Kraft. Aber wie? Etwas einfach in Besitz zu nehmen, das ist schön und gut, wenn es um Bücher oder Statuen geht, aber einen anderen Menschen – wie können wir den ganz und gar besitzen? Bei der körperlichen Liebe gibt es einen Augenblick, da wir das Gefühl haben, wir hätten es erreicht, aber es ist nicht zu erreichen ... Und so fallen wir wieder auseinander, getrennt und noch immer voller Sehnsucht.

Wir sanken auf das Bett, hart wie ein Feldbett im Zelt eines gemeinen Soldaten. Sollte ihn das daran erinnern, wer er war? Wir zerrten an unseren Kleidern, fieberhaft wie ein Fußsoldat und sein Bauernweib. Ich drückte gegen die störrische Tunika, die seine Schultern umhüllte – wieso war der Stoff so fest, so straff? Seine Sandalen hatte er auf den Boden geschleudert, und seine starken, nackten Beine umschlangen die meinen, drückend, drängend. Auch meine Sandalen waren fort, und meine Füße malten Muster auf seine Beine, auf und ab, leicht, lockend.

Ich küßte die Narben an seinen Armen und Schultern und bog mich herum, um seinen Rücken zu küssen, wo noch mehr waren. Ich nahm seine rechte Hand und berührte die Narbe, die der von Olympos behandelte böse Schnitt hinterlassen hatte. Diese kostbare Hand, nun wieder stark, wäre beinahe verloren gewesen. Ich war plötzlich den Tränen nahe.

»O ihr Götter, es hat so lange gedauert ...« Ich hörte seine geflüsterten Worte, die er mehr zu sich selbst als zu mir sprach.

Die Tunika war endlich fort, und mein Gewand, zerknüllt und beiseitegeworfen, lag auch nicht mehr zwischen uns. Das köstliche Gefühl von Haut an Haut verbreitete sich warm über mich. Das Gewicht seines Körpers, muskulös und schwer, lastete auf mir. Ich schwelgte darin; er war noch immer ein Löwe, und seine Kräfte waren nicht verbraucht, was immer seine Feinde für Andeutungen verbreiten mochten.

»Ich schwöre bei allen Göttern«, murmelte er, und sein Mund war an meinem Ohr, »dies ist alles, was ich will, alles auf der Welt.«

Ich konnte an nichts mehr denken; die Welt war versunken. Ich wollte nur noch ihn, nur ihn – wollte ihn besitzen. Er sollte ein Teil von mir sein.

»Mein Liebster!« Ich berührte sein Haar und tastete mit den Fingern über sein Gesicht. Ich fühlte den Knochen unter der Haut, die Umrisse seiner Augenhöhlen, seiner Wangenknochen. Jeder Teil von ihm war mir teuer, auch die Teile, die ich niemals sehen würde und nur durch das Medium der alles umhüllenden Haut ertasten konnte.

»Bewahre mich«, sagte er. »Denn was du kostbar erachtest und schützt, das wird überdauern.«

Merkwürdige Worte, eine merkwürdige Bitte. Aber ich hörte sie kaum, denn mein Verlangen, ihn zu besitzen, und sei es nur mit den begrenzten Möglichkeiten des Fleisches, war so stark, daß es mir in den Ohren dröhnte.

»Ja«, sagte ich, »ja, natürlich …«

Ich fühlte, wie er sich auf mir bewegte und mit dem Akt begann, der immer enden muß und uns im Augenblick doch ewig erscheint, mehr als alles andere.

»Ahh.« Er stieß einen Schrei des Glücks aus und erbat nichts weiter als diesen Augenblick, der noch vor uns lag.

# 67

»Setzt euch, meine Freunde.« Antonius war frisch barbiert und gebadet und trug eine Toga, die so neu und weiß war, daß sie aussah wie gebleicht. Er wies auf die Stühle, die man an diesem trüben Tag um seinen Arbeitstisch gestellt hatte.

Plancus und Titius gehorchten. Auch sie waren sauber geschrubbt und rasiert und trugen ihre offizielle Kleidung – das Gewand, das ein Statthalter in Syrien und Asien anlegte, wenn er Audienzen gab und sich Petitionen zu Gehör bringen ließ.

Zwei Schreiber hielten sich in der Nähe auf, und natürlich waren auch

Erfrischungen bei der Hand, als werde die Arbeit mühsam werden. Draußen fiel trister Regen. Es war Winter in Alexandria. Aber der war dem Winter in Antiochia vorzuziehen. Wenigstens schneite es hier nicht.

Antonius machte ein langes Gesicht. »Im Leben eines jeden Mannes kommt eine Zeit, da er ... Da muß er daran denken ...« Er wandte das Gesicht dem kleinen Mausoleum zu, das draußen an den Tempel der Isis angrenzte.

Plancus und Titius rutschten auf ihren Stühlen hin und her und machten sich darauf gefaßt, daß er ihnen eröffnen werde, er habe eine tödliche Krankheit. Sie schauten einander an.

»In letzter Zeit ist mir etwas klargeworden ... etwas, das ich lieber nicht zugeben würde ... Aber ich kann doch nicht umhin ...«

Jetzt hörten die beiden hellwach zu. Woran würde er sterben?

Antonius zögerte so lange, daß es den Anschein hatte, er müsse einen mächtigen Kampf mit sich führen, ehe er ihnen ein schändliches Geheimnis offenbarte. »Ich habe kein Testament«, erklärte er frivol. »Und ich brauche eines.«

War es Enttäuschung, was da über die Gesichter der beiden huschte? Ich glaube es an sich nicht, aber es gibt einen kleinen Winkel in uns, der sich an morbiden Neuigkeiten ergötzt – das heißt, solange sie andere betreffen.

»Ach«, sagte Plancus.

»Und da du meinen Siegelring hast und ermächtigt bist, meine offizielle Korrespondenz zu führen, habe ich mir gedacht, daß du und dein Neffe ausgezeichnete Zeugen abgeben könntet. Seid ihr bereit, mir diesen Dienst zu tun?«

»Ja ... ja, natürlich.« Titius stimmte von Herzen zu.

»So«, sagte Antonius. »Ich habe bereits eine Liste meiner Wünsche angefertigt, hier, aber sie muß natürlich noch in die juristische Sprache übersetzt werden.« Er schwenkte ein über und über bekritzeltes Stück Papier. »Das werden die Schreiber übernehmen, und dann werdet ihr meine Verfügungen aus meinem eigenen Munde hören.« Er sah sie an. »Wein?« Seine Hand schwebte über dem Krug.

»Doch nicht *jetzt*«, sagte Plancus höchst würdevoll, als sei er nie blau angestrichen gewesen.

»Dann wollen wir anfangen«, sagte Antonius und ließ den Blick über das Papier wandern. »Erstens, es ist mein Wunsch, daß mein ältester Sohn, Marcus Antonius, die Hälfte meines Anwesens erbt ...« Und so verlas er die Liste seiner Verfügungen für seine minderen Kinder, die er mit Fulvia und Octavia hatte. Warum hatte er darauf bestanden, daß ich dabei war? Was ging das mich an? Ich mißgönnte seinen römischen Kindern doch nicht ihren römischen Besitz.

»Überdies wünsche ich, daß meine Söhne Alexander Helios und Ptolemaios Philadelphos jeweils eines meiner Güter in der Campania erben; meine Tochter Kleopatra Selene hingegen soll mein Haus auf dem Esquilin bekommen.«

Jetzt runzelte Plancus die Stirn. »Aber Herr …«, sagte er. Der Schreiber hörte auf zu schreiben. »Wie kannst du diesen Kindern römischen Besitz vermachen? Du weißt, daß nach römischem Recht –«

»Bin ich nicht der alleinige Besitzer? Warum kann ich es nicht nach meinem Belieben verteilen? Wenn ich es niederbrennen und zerstören möchte, so ist auch das mein Recht. Daraus folgert, daß ich auch in jeder anderen Weise darüber verfügen kann.«

»Aber das Gesetz …«

»Das Gesetz ist veraltet und muß geändert werden«, erklärte Antonius obenhin. »Vielleicht wird sich dies als ein Anreiz dazu erweisen.« Er nickte dem Schreiber zu und wiederholte sein Vermächtnis. »Und jetzt schreibst du folgendes: Ich bestätige, daß Ptolemaios Cäsar der wahre und rechtmäßige Sohn des verstorbenen Julius Cäsar und daher sein rechtmäßiger Alleinerbe ist. Der Großneffe Gajus Octavius soll daher das Erbe herausgeben und seinem rechtmäßigen Eigentümer übereignen; er soll aufhören, den Namen Cäsars zu benutzen, und wieder seinen Geburtsnamen Gajus Octavius Thurinus annehmen.«

Titius beugte sich jäh vor. »Das gehört nicht in dein Testament! Du hast kein Recht zu diktieren, welcher fremde Besitz wem gebührt.«

»Widersprichst du meinem Anspruch?« Antonius starrte ihn an.

»Das ist es doch gerade – es ist nicht *dein* Anspruch, sondern ein Anspruch, den du im Namen eines andern erhebst.«

»Im Namen meines Stiefsohnes, der unter meinem Schutz steht. Ich bin sein Verwandter und sein römischer Hüter an seines gefallenen Vaters Statt. Wer sonst sollte diesen Anspruch erheben?«

»Aber er gehört nicht in ein Testament!« Plancus klang sehr beunruhigt.

»Laßt es so!« befahl Antonius. »Es soll ja nur aktenkundig sein. Schließlich … mein Testament wird ja noch viele Jahre lang nicht verlesen werden.« Er lächelte. »Ich habe die Absicht, so lange zu leben wie Varro.«

Varro, der alte Historiker, war schon zweiundachtzig Jahre alt und schrieb immer noch, auch wenn er inzwischen erklärte, es sei »Zeit, das Gepäck für die letzte Reise zu packen«. Es würde eine Menge Gepäck werden und ein ganzes Maultiergespann erfordern, denn er besaß eine umfangreiche Bibliothek.

»Dann, Herr, schlage ich vor, daß du dich aus der Politik zurückziehst, wie er es getan hat«, sagte Plancus kühl. »Ein öffentliches und ein langes Leben gehen selten Hand in Hand.«

Antonius starrte ihn an. »Danke, Plancus«, sagte er schließlich und griff wieder zu seinem Papier. »Nun eine letzte Sache. Nach meinem Tod und nach der üblichen Totenprozession über das Forum wünsche ich nach Alexandria gebracht und dort neben meiner Frau bestattet zu werden. Wir teilen uns eine Gruft.«

Allen verschlug der Schreck die Sprache, auch mir.

»Ja, Herr«, murmelte Plancus schließlich.

»Ihr habt alle meine Verfügungen gehört«, sagte Antonius. »Jetzt bezeugt mein Siegel und meine Unterschrift auf allen Papieren.«

Gehorsam beobachteten sie, wie er die Urkunden offiziell besiegelte.

»Ein Exemplar werde ich bei den Vestalischen Jungfrauen hinterlegen; ich möchte sichergehen, daß das, was bei Cäsar passiert ist, bei mir unterbleibt. An meinem Letzten Willen sollen keine Zweifel bestehen.«

»Ja, Herr.«

»Aber einstweilen müßt ihr mir vollkommenes Stillschweigen schwören.«

»Ja, Herr.«

Sie gingen, sobald er es ihnen erlaubte.

Als sie fort waren, sah ich Antonius an. Ich war erschüttert. »Warum hast du das getan?«

»Was – willst du nicht, daß ich neben dir bestattet werde?« Er tat gekränkt.

»Ich meine, warum hast du Plancus und Titius das alles erzählt? Sie werden es niemals für sich behalten.«

»Das sollen sie auch nicht. Octavian soll wissen, daß wir ihn anfechten. Natürlich kann das Testament nicht öffentlich verlesen werden; die Vestalinnen können es nicht freigeben. Aber die Gerüchte sollten ihm schon genug Kopfzerbrechen bereiten.«

»Willst du ... willst du wirklich hier begraben werden? Nicht im Grab deiner Familie in Rom?«

»Dort kannst du doch nicht begraben werden. Du mußt hierbleiben, bei deinen königlichen Ahnen. Und ich möchte nicht von dir getrennt werden. Das gefällt mir schon im Leben nicht. Im Tode will ich es nicht haben.«

Ich lehnte mich an ihn. Draußen tropfte der kalte Regen. Es war ein Tag wie in einer Gruft.

»Ich bin gerührt.« Mehr konnte ich nicht sagen.

»In drei Monaten ziehe ich nach Armenien, und dann geht es weiter nach Parthien; diesmal will ich zu Ende bringen, was ich im vorigen Jahr angefangen habe. Ich wollte nicht fortgehen oder in die Schlacht ziehen, ohne ... ohne dies zu erledigen.«

Noch eine Schlacht. Noch mehr Tote. Ich war dessen müde und ängstlicher denn je. Wie lange würde Antonius noch vor Unheil behütet bleiben?

»Er hat mich angegriffen«, sagte Antonius staunend. Er hielt einen dicken Brief in der Hand, der geradewegs aus Rom gekommen war. »Octavian hat mich öffentlich angegriffen!« Er war wie vom Donner gerührt.

»Und?« Ich winkte mit den Fingern, damit er mir den Brief reichte, aber er hielt ihn fest.

»Öffentlich! Im Senat! Er ... Du weißt, er sollte dieses Jahr Konsul werden, wie ich es letztes Jahr war. Aber genauso, wie ich nicht nach Rom kommen konnte, um meine Amtszeit abzuleisten, und deshalb nur einen Tag ›diente‹, am ersten Januar nämlich – genauso hat er es auch gemacht. Er ist schon wieder eilig auf dem Weg nach Illyrien. Aber an diesem einen Amtstag hat er sich im Senat hingestellt und ... Ach, hier, lies selbst!«

Er warf mir den Brief zu – endlich. Er war von Marcus Aemilius Scaurus, einem Senator, der zu Antonius' Partei in Rom gehörte.

An Triumvir Marcus Antonius, Imperator

Sei gegrüßt, und möge dieser Brief Dich in guter Gesundheit antreffen! Edler Antonius, ich muß Dir berichten, was sich gestern während der eintägigen Amtszeit Deines Kollegen G. Julius Cäsar Octavianus zugetragen hat. Er war aus Illyrien zurückgekommen und hinkte wegen einer Kriegsverletzung am Knie – die er unablässig zur Schau stellte, indem er das verbundene Bein kokett aus den Falten seiner Toga lugen ließ –, und er ergriff das Wort und hielt eine Rede »zur Lage der Republik«. Er war rot im Gesicht und schien über die Maßen erzürnt zu sein – etwas, was ich bei dem jungen Mann noch nie gesehen habe. Es kann natürlich auch gespielt gewesen sein.

Er hatte nicht vergessen, den Lorbeerkranz aufzusetzen, nachdem der Senat ihm das Recht zuerkannt hatte, ihn wie Cäsar ständig zu tragen, und er faßte immer wieder hin. – Er hat feine Hände. – Er führte einen Angriff gegen Dich persönlich und gegen Deine Unternehmungen. Er beschuldigte Dich, römisches Territorium zu verschenken, was absolut verboten ist. Er schmähte Deine »Alexandrinischen Schenkungen«, wie er sie nannte, und erklärte:

»Er hat seine eigenen Kinder zu Herren über römisches Land gemacht, nicht wegen ihrer Tüchtigkeit oder wegen ihrer Treue gegen Rom – wie könnten sie auch tüchtig oder treu sein, da sie erst sechs Jahre alt sind? –, und sie zu Königen ernannt. Jawohl, er hat seine Kinder zu Königen ernannt! Und was ist er dann? Ein Über-König? Ein römischer Konsul ist er nicht! Ein römischer Konsul und General hat keine Könige und Königinnen zu Kindern! Ist er von Sinnen?« rief er. »Er muß sich für diese Unverschämtheiten verantworten!«

Sodann trat er unter großem Getue von seinem Amt als Konsul zurück, damit er ins Grenzland zurückkehren und die Feinde Roms bestrafen könne. Du kannst bald einen Brief von ihm erwarten.

Ich muß Dich aber warnen. Du hast zwar viel Unterstützung hier, aber die Leute wundern sich doch sehr über Dein Treiben.

Dein getreuer Freund M. Aemilius Scaurus

Ich legte den Brief hin. »Aha. Dann laß uns abwarten, was Octavian schreibt.«

Antonius machte eine finstere Miene.

»Mach dir deswegen keine Sorgen«, sagte ich. »Das ist doch alles Theater.«

Kurze Zeit später kamen zwei Briefe, der eine offiziell, der andere privat. In dem offiziellen beklagte sich Octavian in hochfahrender Sprache über die Ernennungen, die Antonius im Osten betrieben habe, und kritisierte seine Entscheidungen. Der private Brief war in hämischem Ton gehalten.

Mein lieber Schwager!

Wenn Du Dich einmal von Deinen Bacchanalen im Palast von Alexandria losreißen könntest, würden Deine Gemahlin und Deine Kinder sich gewiß über einen Brief von Dir freuen – denn das wäre in der Tat etwas Neues. Oder hast Du in den Armen dieser Ägypterkönigin vollends vergessen, was Deine Familie und Deine Pflichten sind? Ich frage mich doch ernsthaft, ob Du in der Lage bist, die halbe Welt auf Deinen Schultern zu tragen, wenn ich mir ansehe, wie Du Dich in letzter Zeit aufführst. Vielleicht solltest Du erwägen, in den Ruhestand zu treten und einem Jüngeren Deine Bürde zu überlassen, bevor Du wirklich strauchelst.

Ich hoffe, dieser Brief trifft Dich bei guter körperlicher Gesundheit an. Geistig, so fürchte ich, brauchst Du dringend erholsame Ruhe – im Westen. Du wirst zu Hause höchst willkommen sein, wann immer Du es über Dich bringst, die Reise zu unternehmen.

Dein Bruder und Kollege im Triumvirat Imperator J. Cäsar Divi Filius

P.S.: Hör auf, die Ansprüche des Bastards dieser Königin zu vertreten. Es ist Deiner nicht würdig.

»Was für eine Unverschämtheit!« brüllte Antonius. »Anzudeuten, ich sei verrückt!« Er schlug mit der flachen Hand auf den Brief. »Wie kann er es wagen?«

»Hör auf zu schreien«, sagte ich, »oder du hörst dich wirklich an wie ein Verrückter.«

»Und wie findest du die Art und Weise, wie er dich ›diese Ägypterkönigin‹ nennt – als hättest du keinen Namen?«

»Er weiß sehr wohl, wie ich heiße«, sagte ich. »Wie er auch Cäsarions Namen kennt.« Ich fand, daß diese Attacke ein gutes Zeichen sei. Es bedeutete, daß wir einen wunden Nerv berührt hatten und daß er sich durch unsere Ansprüche bedroht fühlte.

»Ich werde sofort antworten!« schrie Antonius.

»Nein, nicht sofort«, widersprach ich.

»Doch, sofort!« Er griff nach einem Krug Wein und goß sich einen Becher randvoll. »Und mit eigener Hand!« Er wühlte in seinem Schreibkasten und holte alles Nötige heraus; dann fing er wütend an zu schreiben. Schließlich schob er mir den Brief entgegen.

> Was ist über Dich gekommen? Ich nehme an, es ärgert Dich, daß ich mit der Königin schlafe? Aber was soll das? Sie ist meine Frau. Und überhaupt, was ist daran so neu? Geht das so nicht schon seit neun Jahren? Und, sag doch, wie ist es denn bei Dir? Ist Livia denn Deine einzige Bettgenossin? Meinen Glückwunsch, solltest Du, wenn Du diesen Brief erhältst, es nicht gerade mit Tertulla oder Terentilla oder Rufilla oder Salvia Titisena treiben – oder vielleicht mit allen zusammen! Kümmert es Dich wirklich, wo und mit wem Du Dich gerade wälzt? Offensichtlich nicht!

Ich mußte lachen. »Was für eine Vorstellung – mit allen zusammen! Er muß ein Bett haben, das von einer Wand zur andern reicht.«

»Hat er auch. Er liebt große Versammlungen.« Antonius leerte seinen Becher und füllte ihn wieder.

»Der Brief ist sehr komisch, aber er ist eigentlich keine Antwort auf die Vorwürfe.«

»Das schert mich nicht! Er soll sich nur darüber klar sein, daß ich weiß, was hinter seiner Frömmelei steckt. Die politischen Vorwürfe werde ich in einem anderen Brief beantworten.« Er schwieg für einen Augenblick. »Armenien *erwähnt* er nicht einmal! Kann es denn so unwichtig sein, daß ich eine neue Provinz für Rom erobert habe? Was hat *er* denn je getan, was vergleichbar wäre?«

Später legte er in einem nüchtern verfaßten Brief pflichtschuldig seine Klagen über Octavian dar und bezog Stellung zu feierlichen Versprechungen und strikter Rechtmäßigkeit. Sein Kollege im Triumvirat habe sich ihm gegenüber untreu gezeigt, indem er sich geweigert habe, ihm die vier Legionen zu schikken, die ihm nach dem Vertrag von Tarentum zugestanden hätten, indem er ihm zudem nicht erlaubt habe, in Italien neue Soldaten anzuwerben, indem er seinen – Antonius' – Veteranen minderwertiges Siedlungsland gegeben habe und indem er Lepidus einseitig seines Amtes enthoben und seine Territorien und Legionen beschlagnahmt habe, statt sie aufzuteilen. Alles das seien Verstöße gegen ihr Bündnis gewesen. Was Cäsarion und Kleopatra betreffe – die Königin sei seine Gemahlin, wie sie zuvor Cäsars Gemahlin gewesen sei, und Ptolemaios Cäsar sei sein rechtmäßiger Sohn mit ihr. Dies allerdings habe absolut nichts mit Octavians widerrechtlichem Verhalten in ihrem Bündnis zu tun.

Er schickte diesen Brief ab und verließ dann Alexandria, um zu Canidius und seinen Legionen nach Armenien zu reisen, wo er sich zusammen mit dem medischen König auf einen weiteren Vorstoß gegen Parthien vorbereiten wollte.

Das wacklige Gebäude des Triumvirats stand – rechtlich gesehen – immer noch, und dies hielt die beiden Männer von offenen Feindseligkeiten ab. Aber in neun Monaten würde das Triumvirat auslaufen. Und was würde dann geschehen? Die Republik war tot, allen sentimentalen Reden darüber zum Trotz. Der Versuch, sie nach dem Tode Cäsars wiederherzustellen, war monumental gescheitert; Rom war erst von einem Diktator, dann von drei Diktatoren – den Triumvirn – und schließlich von zwei Diktatoren regiert worden. Es kehrte offensichtlich zur Ein-Mann-Herrschaft zurück. Die Frage war nur: Welcher Mann würde der Herrscher sein?

Und die Antwort war alt und simpel: der Mann mit der besten Armee. So war es immer gewesen.

Also machte ich mich daran, die ägyptische Flotte zu stärken, während Antonius fort war. Mit den Erträgen aus den Balsamhainen würde sich das gut finanzieren lassen. Wir hatten bereits eine respektable Flotte von einigen hundert Schiffen, hauptsächlich aus kilikischem Holz gebaut. Jetzt mußte ich bessere Hölzer von den Bergen des Libanon beschaffen – große Zypressen und Zedern. Ich brauchte längere Balken, um größere Schiffe zu bauen. Agrippa hatte aus schweren Schiffen eine erstklassige Flotte zusammengestellt. Wir brauchten Schiffe von der gleichen Größe; wir durften nicht mit leichten Booten herumpaddeln wie Sextus, um dann überrannt und zermalmt zu werden.

Ich war davon überzeugt, daß der Flotte in jedem Krieg eine Schlüsselbedeutung zukäme. Agrippa verfügte über eine mächtige Seestreitmacht, und man benützt immer die Waffen, die greifbar sind. Im Konfliktfall würde er seine Schiffe kaum untätig im Hafen liegen lassen.

Alle paar Tage besuchte ich die Werften, und es bereitete mir große Genugtuung zu sehen, wie diese hölzernen Seeungeheuer an Land Gestalt annahmen. Die Außenwände der größten, der »Zehner«, ragten vor mir auf wie eine Festung. Die Ruder wurden aus den Stämmen der höchsten Kiefern gefertigt, die sich finden ließen. Die Fassung, in die der bronzene Rammsporn eingesetzt werden würde, war groß genug, um einen Elefanten aufzunehmen.

»Majestät, allein den Rammsporn zu gießen, ist schon eine Kunst«, sagte mir der Schiffsbaumeister. »Einen Bronzeschnabel von dieser Größe – es ist schwer zu verhindern, daß das Metall springt. Das Kühlen ist heikel.«

Es würde Tage dauern, bis man wüßte, ob der Guß erfolgreich gewesen war. Das Holz zurechtzuschneiden, es auszuwittern, es mit Asphalt zu behandeln und die Bohlen mit Blei zu umkleiden, um die Würmer abzuhalten – was für ein langwieriger und kostspieliger Prozeß!

Epaphroditos warnte mich davor, allzu stürmisch draufloszusegeln. »Verzeih mir diese Wortwahl«, sagte er. »Aber es ist leicht, beim Schiffbau über die Stränge zu schlagen. Und manchmal denke ich, Schiffe sind nur ein Trichter, der dazu dient, Geld geradewegs auf den Meeresgrund zu schicken.«

»Das weiß ich«, sagte ich. »Aber wir brauchen eine erstklassige Seestreitmacht.«

»Erstklassig bedeutet verschwenderisch. Ich persönlich denke, mit einer Armee bekommst du mehr für dein Geld. Schon die Unterhaltung der Schiffe ist ruinös, und die Ruderer zu finden … Die meisten Leute sind lieber an Land. Die Flotte gilt deshalb als ein zweitklassiger Dienst.«

»Wie ist es mit dem Einsatz von Sklaven?«

Er lachte. »Wenn du Ägypten innerhalb eines Sommers bankrott gehen lassen willst … Sklaven sind viel zu teuer. Jedesmal, wenn ein Schiff sinkt – denke an die Kosten! Nein, es ist viel billiger, Ruderer zu besolden. Sklaven muß man außerdem ihr Leben lang unterhalten, während du Ruderer nur zu heuern brauchst, wenn du sie benötigst, und immer nur für kurze Zeit.«

»Du bist ein hartherziger Halunke«, sagte ich.

»Das muß ein Finanzminister sein«, erwiderte er. »Der Oberste der Heilkundigen mag sich den Luxus eines zarten Herzens erlauben. Aber deine Generäle und dein Finanzminister – das ist eine andere Sache.« Er lachte. »Kannst du dir einen General vorstellen, der vor der Schlacht zurückscheut?«

»Ja«, sagte ich. »Octavian.«

»Er kann nicht so feige sein, wie du ihn immer darstellst. Bist du denn sicher?«

»Antonius sagt, in der Schlacht von Naulochus lag er gelähmt vor Angst unter Deck, und man mußte ihn zu sich bringen«, beharrte ich.

»Bist du sicher, daß er nicht nur seekrank war? Das sind gewöhnliche Menschen oft. Es ist keine Schande.«

»Wieso ergreifst du seine Partei?«

»Ich ergreife nicht seine Partei. Ich will nur darauf hinweisen, daß Antonius bei Naulochus nicht dabeiwar, schon gar nicht unter Deck auf Octavians Schiff, ebensowenig wie Octavian bei euren Banketten in Alexandria dabei ist. Wir müssen uns hüten, etwas zu glauben, das wir nicht mit eigenen Augen gesehen haben.«

»Ah! Du tust immer, als seist du mein Schulmeister.« Aber es war doch tröstlich, die Ansichten von jemandem zu hören, der nicht im Palast wohnte.

Während wir im Schatten der großen Schiffe durch die Werft spazierten, deutete Epaphroditos auf zwei, die genau vor uns lagen. »Es ist möglich, einen Krieg mit anderen Mitteln zu gewinnen, und diese mächtigen Schiffe lassen sich mit Worten versenken. Klatsch, Lügen, Andeutungen – sie können größeren Schaden anrichten als wirkliche Waffen, wenn sie den Gegner entmannen. Wichtig ist, daß man den Klatschgeschichten, die man selbst erfunden hat, nicht zum Opfer fällt.« Er schwieg kurz. »Zum Beispiel mußt du mit allen Mitteln verbreiten, daß Octavian als Mann und als Soldat vollkommen verachtungswürdig ist. Aber du darfst es niemals glauben. Er wäre nicht da, wo er ist, wenn er so unbedeutend wäre. Und du würdest diese Schiffe nicht brauchen.«

Epaphroditos hatte natürlich recht. Der Krieg der Worte und Legenden, welche die Herzen der Menschen umstimmen konnten, war tückisch, und es lohnte sich, ihn zu gewinnen. Schon wurden in Rom, so hörte ich, diverse »Versammlungen« abgehalten, um Antonius und das »afrikanische Problem« zu »erörtern«.

Es war Mardian, der zuerst darauf aufmerksam wurde, und er kam sofort zu mir, um mir davon zu berichten.

»Selbstverständlich sind Octavians Agenten bemüht, die Versammlungen spontan erscheinen zu lassen«, sagte er und zog die breite Stirn kraus. »So kann er dann behaupten, er reagiere auf die Wünsche des Volkes.«

»Und was redet man dort im einzelnen?«

»Der Mann soll selbst für sich sprechen.« Er zog einen widerstrebenden Jüngling am Ellenbogen heran. Der dürre Bursche war in Mardians Kielwasser hereingekommen. »Er kommt eben mit dem Schiff aus Ostia. Vorher hatte er eine Bude auf dem Forum, wo er Gemüse verkauft hat. Er *behauptet*, er sei hier, um Verträge mit unseren Lauch- und Feigenhändlern zu schließen.«

Der junge Mann riß sich los. »Was denn, habe ich ein Verbrechen begangen? Verstößt es gegen das Gesetz, in Alexandria am Hafen entlangzugehen und sich um Warenlieferungen zu bemühen? Nun, dann bitte ich um Vergebung!« Er klopfte sich den Ärmel ab. »Dieser Fettsack soll mich in Ruhe lassen!«

»Sag uns, was du weißt, und du bekommst kostenlos soviel Lauch und Feigen, wie du haben willst. Wir legen sogar noch ein paar Datteln aus Derr dazu. Was ist nun mit diesen öffentlichen Versammlungen in Rom? Warst du dabei?«

»Oh, sie werden auf dem Forum bekanntgegeben. *Eingeladen* werde ich zu allen. Aber gewesen bin ich nur bei einer.«

»Wer gibt sie bekannt? Und wer lädt dich ein?«

Er sah mich ratlos an. »Ich weiß nicht. Einfach ... Männer. Achtbar gekleidete Männer.«

»Senatoren?«

»Woher soll ich das wissen? Berühmt sind sie nicht, wenn du das meinst.«

»Und was besprechen sie auf diesen Versammlungen?«

»Ich sagte doch, ich war nur auf einer. Da haben die Leute von Antonius gesprochen, wie er Rom im Stich gelassen, seine Pflicht vergessen und sich in einen morgenländischen König verwandelt hat ... Ich erinnere mich noch, daß sie behaupteten, Karthago erhebe noch einmal sein Haupt.«

»Karthago?« Das war absurd.

»Du weißt schon. Hannibal und das alles ... Afrikaner im Angriff auf Rom.«

Ich lachte laut auf.

»Das ist nicht lustig«, mahnte Mardian. »Vergiß nicht die Geschichte von Dido und Aeneas – der edle Römer, von der ausländischen Königin verführt. Sehr beliebt in Rom.«

»Ja, weil er Dido verstößt und sie verläßt, so daß sie an gebrochenem Herzen stirbt. Vermutlich hätten sie gern, wenn Antonius so mit mir umginge!«

»Zweifellos«, sagte Mardian.

»Was reden sie sonst noch?«

»Daß du ... äh ... nicht tugendsam seist.«

»Du meinst, sie nennen sie eine Dirne?« Mardians sonst so seidige Stimme hatte einen harten Klang.

»Äh – ja.« Er schaute auf seine Füße. »Sie sagen auch, sie hätte Antonius behext – mit morgenländischen Drogen. Ihn zu ihrem Sklaven gemacht. Wie Herkules von Omphale entmannt wurde. Plötzlich gibt es überall Trinkbecher mit der Sage von Omphale darauf; irgend jemand bringt sie in Umlauf. Sie zeigen Omphale, die Königin von Lydien, wie sie Herkules' Kleider und seine Keule trägt, während der weibische Herkules in einem Frauengewand im Schatten eines Sonnenschirms neben ihrem Wagen herläuft und eine Spindel in der Hand hält. Er ist vernichtet und versklavt von der Königin, die jetzt die Rolle des Mannes spielt.« Er wurde rot. »Es sind schön gearbeitete Becher – aus Arretium.«

Aus Arretium! Diese Becher waren teuer. Jemand bezahlte viel Geld dafür.

»Was noch?«

»Nichts. Ich weiß nicht. Ich habe nicht immer aufgepaßt.«

»Fandest du es nicht unterhaltsam?« wollte Mardian wissen.

»Ein bißchen«, gab er zu. »Aber nach einer Weile ist es immer dasselbe.«

»Nun, kehre nach Rom zurück und halte die Ohren offen! Wir werden dafür sorgen, daß bald ein paar andere, aber ebenso unterhaltsame Klatschgeschichten die Runde machen.«

Antonius hatte immer noch eine große Anhängerschaft in Rom, und es gab viele Agenten, die bereit waren, abträgliche Geschichten über Octavian zu verbreiten. Mardian und ich stellten eine Liste zusammen. Ich war froh, daß Antonius nicht da war; er hätte Einwände erhoben. Jetzt konnten wir unzensiert sagen, was wir wollten.

Wir streuten aus, daß Octavian ebenso feige wie inkompetent sei und sich bei Philippi auf Antonius und bei Naulochus auf Agrippa verlassen habe, die für ihn gekämpft hätten, während er sich fern der Gefahr versteckt habe. Er habe jedes seiner Versprechen gebrochen. Er sei spielsüchtig und dermaßen habgierig, daß er schon Leute zum Tode verurteilt habe, nur um ihre schönen Möbel und ihr korinthisches Geschirr, für das er eine besondere Vorliebe habe, in die Hände zu bekommen.

Was seine eigene Moral angehe: unsäglich. Erstens, er habe Cäsar seine Gunst verkauft, damit dieser ihn zu seinem Erben mache, und dann habe er sich für noch einmal dreihunderttausend Sesterzen an Cäsars Freund Aulus Hirtius verhökert. Sodann habe er die Frau des Claudius Nero verführt und sie skandalöserweise geheiratet, während sie noch von Claudius schwanger war – oder war auch dieses Kind schon von Octavian? Und selbst das habe ihn noch nicht zufriedengestellt. Heutzutage schicke er seine Agenten auf die Straße, damit sie ihm Frauen brächten, die er nackt ausziehe und inspiziere wie Sklavinnen. Manchmal könne er sich nicht einmal bei einem Gesellschaftsessen beherrschen, sondern zerre die Gemahlin eines Gastes vor dessen staunenden Augen in sein Schlafgemach.

Aber was könne man auch von einem Mann erwarten, dessen Vater ein Geldwechsler sei und dessen Mutter einen Laden für Parfüm und Salben habe? Und dessen Urgroßvater *Sklave* gewesen sei?

Was die Vorwürfe gegen Antonius und seine dionysischen Feiern angehe, so sei dieser wenigstens nicht respektlos gegen die Götter – wie Octavian bei seinem Bankett der zwölf Götter, wo er sich als Apollon verkleidet und dann eine wüste Orgie veranstaltet habe. Eine Beleidigung, eine monströse Kränkung der Götter!

Vor den Vorwürfen, die mit Cäsar zusammenhingen, hatte ich zurückgescheut. »Er hat diese Lügen verabscheut«, sagte ich zu Mardian. »Seine Feinde haben sie verbreitet, wann immer es ihnen paßte! Wie kann ich das jetzt auch tun?«

»Cäsar war auch davon überzeugt, daß man für jeden Einsatz die beste Waffe verwenden müsse«, wandte Mardian ein. »Wenn es dir und Cäsarion dient, nun – dann wäre es das Opfer wert.«

Dennoch, mir war es zuwider. Aber jede Handvoll Schlamm, die ich auf Octavian schleudern konnte, mußte mir recht sein. »Also gut«, willigte ich widerstrebend ein.

Bald schwirrten alle diese Behauptungen in Rom herum, während Octavian in Illyrien mit seinen Truppen beschäftigt war. Es kostete uns eine Menge Geld, aber wozu ist Geld da?

Beide Männer waren in militärische Unternehmungen vertieft, während ihre Rivalität Rom zum Brodeln brachte und der eine den Namen des anderen anschwärzte. In Alexandria vergingen die Tage makellos, ohne daß man merkte, was im Rest des Reiches vor sich ging. Aber meine Agenten hielten mich auf dem laufenden, und mir wurden sämtliche Kleinigkeiten aus der Hauptstadt zugetragen: Oppius – der die Wahrheit genau kannte! der elende Verräter an Cäsar! – schrieb ein Pamphlet, in dem er »bewies«, daß Cäsarion nicht von Cäsar sein könne. Leute bezeichneten Octavians Patron nicht als *Apollo Benefactor*, den Wohltäter, sondern als *Apollo Tortor*, den Folterknecht. Andere beschuldigten Antonius der Heimtücke, weil er Sextus habe umbringen lassen, und wieder andere kicherten über Octavian, weil er glühende Walnußschalen benütze, um die Haare an seinen Beinen abzubrennen. Octavians Leute warfen Antonius vor, seine Art zu reden und zu schreiben sei auf höchst unrömische Art verseucht vom »Gestank hergeholter Phrasen«; Antonius' Agenten dagegen machten Octavian lächerlich, indem sie verbreiteten, er trage Sandalen mit verstärkten Sohlen, um größer zu erscheinen, ein Beitrag von mir.

Dann plötzlich verbannte Agrippa alle Weissager und Magier aus Rom. »Wir wollen so etwas hier nicht haben!« hatte er verfügt. »Hinaus mit den Astrologen und ihren falschen Prophezeiungen! Sollen sie in den Osten zurückkehren, wo sie die Gesellschaft finden, die ihnen gefällt: Leute, die Tiergötter und andere Greuel anbeten!« Plakate erschienen, die Antonius und mich zeigten, wie Anubis und Hathor sich über uns beugten – Anubis mit seinem Schakalkopf und Hathor mit ihren Kuhohren. Meine Agenten konnten mir eines davon beschaffen, und ich sah es mit eigenen Augen.

Auch gab es Gedichte über mich; ich sei eine Königin, die von »runzligen Eunuchen« bedient werde, so verrottet wie ich selbst. Anscheinend führte ich eine Parade perverser Kreaturen bei ihren obszönen Riten an – mit üblen Eunuchen, Huren, Tieranbetern, Wahrsagern und Geisterbeschwörern. Und die ganze Zeit bedeckte ich mich mit Juwelen und duftenden Ölen und mit den Königreichen, die ich von meinem trunkenen römischen General zum Lohn für meine Gunst verlangt hatte – ich, das *monstrum fatale* des Morgenlandes.

Zunächst fand ich das alles unterhaltsam, und sei es nur als Übung in phantasievoller Literatur. Die Bemerkungen über die Eunuchen waren mir peinlich, und ich achtete darauf, daß Mardian sie nicht zu Gesicht bekam. Aber im Laufe der Zeit wurde das pure Gift, das dies alles erfüllte, doch beunruhigend. Wieviel Haß da freigesetzt wurde! Waren das dieselben Leute, die mir in Rom den Hof gemacht hatten, als ich mit Cäsar dort gewesen war? Sie hatten mich mit eigenen Augen gesehen, hatten mit mir gegessen und mit mir gesprochen. War es denn möglich, daß sie glaubten, was man mir jetzt vorwarf, und daß sie mich über alle Vernunft hinaus haßten?

Die Wochen schleppten sich dahin, und von Antonius kam keine Nachricht. Hatte er seinen Angriff auf Parthien begonnen? Wo war er jetzt?

Schließlich wurde die Anspannung beinahe unerträglich, und ich teilte meinem Hofstaat mit, daß ich mich zu den Mineralquellen begeben wolle, um dort zu baden und zu ruhen. Die neuen Bäder nach römischer Art mit ihren Räumen für heißes und kaltes Wasser wurden allenthalben immer beliebter, aber mir waren sie zu künstlich. Ich bevorzugte die uralten, natürlichen Quellen.

»Vermutlich würden die Römer sagen, ich kehre nur zu meinen primitiven, bestialischen Ursprüngen zurück«, sagte ich. »Vielleicht will ich aber auch in sinnlichen Orgien schwelgen. Und ich darf meinen Schmuck nicht vergessen.«

»Du darfst im Wasser kein Silber tragen!« warnte Mardian. »Es würde anlaufen.«

Ich lachte. »Nicht du auch noch! Es war doch nur ein Scherz. Ich habe nicht die Absicht, mit meinem Silberschmuck zu baden.«

Ich würde Charmian und Iras mitnehmen. Sie hatten in letzter Zeit wenig Spaß gehabt, und das gesundheitsspendende Wasser würde ihnen guttun.

Wenn ich jetzt zurückschaue, weiß ich, daß dies das letzte Mal war, daß ich mich in Ägypten als freier Mensch und unbeobachtet vergnügen sollte. In meiner Kindheit war es so gewesen, aber in letzter Zeit nicht mehr. Am Hofe in Alexandria gab es keine Zurückgezogenheit; ich war immer auf einer Bühne.

Aber die Bäder waren immer da und warteten geduldig, und wenn ich sie nicht aufsuchte, war es meine eigene Schuld. Später würde ich sie nicht mehr aufsuchen können – so sehr ich mich auch danach sehnen mochte.

Die dicken Steinsäulen der Grotte schwangen sich bis zur Decke der Höhle hinauf, in der das Wasser hervorgluckerte. Drinnen herrschte gedämpfte, feierliche Stille; das Sonnenlicht flutete diffus und blau gemildert über die Wände. Das warme Wasser ergoß sich in ein breiteres Becken und floß von dort über den Rand in einen tiefer gelegenen Tümpel. Wo es im Innern der Höhle hervorkam, war es heiß, aber wenn es in die niedrigeren Becken herausgeflossen war, hatte es sich auf die Temperatur des menschlichen Körpers abgekühlt. Als ich mich hineinsinken ließ, konnte ich deshalb nicht spüren, wo meine Arme und Beine endeten und das Wasser begann; es war alles eins. Ich schwebte beweglich in einem Kissen, das ich selbst war.

Wie erholsam das war! Wenn auch nicht sofort. Meine Nerven waren so angespannt, daß ich, kaum hatte ich mich ins Wasser gelegt und angefangen hindurchzugleiten, schon ungeduldig der anderen Seite zustrebte. Dort angekommen, klammerte ich mich an den Rand des Beckens und ließ den gurgelnden Strom des Abflusses über mich hinwegspülen. Wie merkwürdig es roch, und wie weich sich die Haut davon anfühlte! Ich durchquerte das Becken ein zweites, dann ein drittes Mal. Beim vierten oder fünften Mal war ich ruhig, als ob das, was da im Wasser gelöst war, meine Haut durchdrungen und mich sanft beruhigt hätte. Das Wasser war bläulichgrün getönt, anders als das Meer, anders als der Nil. Das magische Mineral, das darin war, mußte ihm diesen Ton verleihen.

Hin und her, hin und her ... Der Rhythmus lullte meine Gedanken ein, und sie entwirrten sich langsam wie eine Schlange, die man aus ihrem Korb lockt.

Schlangen ... der Tempel des Re und der alte Ipuwer ... Waren die Schlangen jetzt eingesperrt? Oder spielten sie immer noch frei bei ihm auf dem Boden herum? Und seine Weissagung über Ägypten und seine Götter ..., und vor langer Zeit die Kandake und die Kobra. Ihr Versprechen, Ägypten gegen Rom beizustehen, ihre Warnungen vor Rom ... Was würde sie von Antonius halten? Konnte es für sie einen guten Römer geben, oder waren sie alle böse? Würde sie uns gegen Octavian helfen, oder würde sie sich einfach abseits halten?

Rom. Warum konnten wir uns nicht einfach aus dem Reich lösen? Warum konnte die östliche Hälfte nicht für sich allein davontreiben? Oder hatten wir den ersten Schritt dazu schon getan? Wenn sich die Rauchwolken der Reden verzogen hätten und das Schlagen auf die Schilde verhallt wäre – vielleicht würde dann genau das geschehen: Der Osten und der Westen würden in entgegengesetzte Richtungen davontreiben, so wie Charmian und ich im wolkigen Wasser träge aneinander vorübertrieben.

Ich hätte eine solche Entwicklung mit Vergnügen zugelassen, aber Antonius hatte seine Wurzeln in Rom. Und Cäsars Sohn – wie konnte er Rom ignorieren? Dennoch, besser wäre es, sie würden ihre Gesichter abwenden und es vergessen.

Aber Geburt und Verpflichtung erlaubten es nicht.

Ich seufzte. Unter der strahlenden ägyptischen Sonne, liebevoll vom Wasser umhüllt, erschien das alles sehr einfach.

Ich lag auf einem warmen Felsensims neben dem Tümpel und ließ mich mit dicken Tüchern abreiben, bis hinunter zu den Fingerspitzen und Zehen. Jeder Muskel wurde geknetet, gedrückt, gestreichelt. Ein Schönheitswasser, dünn wie Milch und mit dem Duft von zerdrückten Lilien, wurde mir auf den Rücken geträufelt und über die Seiten und Schultern verrieben. Ich hatte das Gefühl, es verwandelte mich in Elfenbein und machte meine Haut weiß und glatt. Seufzend ließ ich das Gesicht auf die Unterarme sinken. Der köstliche Duft, die Wärme, das entspannte Kribbeln meiner Haut – das alles machte mich schläfrig und ließ meine Gedanken schweben.

Als ich erwachte, dämmerte es. Stunden waren vergangen, und ich war erholt.

Nur eines fehlte hier in dieser Mineralquelle, und ich gelobte es zu beschaffen. Wir brauchten umgestürzte Säulen, die im Wasser lagen, so daß wir um sie herumschwimmen und auf ihnen rasten konnten – wie Meerjungfrauen oder Nymphen.

In Alexandria hatte meine Welt sich in den wenigen Tagen meiner Abwesenheit geändert. Ein Brief von Antonius war gekommen. Octavian hatte auf seine Vorwürfe geantwortet und sie in Bausch und Bogen zurückgewiesen. Sein Tadel war schmerzhaft, die Herausforderung unverhohlen.

Liebste Gemahlin!

Ich war am Ufer des Araxes – erinnerst Du Dich an diesen Fluß und an mein Zelt? –, bereit, meine Truppen im Verband mit denen des Mederkönigs in Marsch zu setzen, um so mein Versprechen zu erfüllen und in Parthien einzumarschieren, als der Bote aus Rom kam. Octavian hat mir alles ins Gesicht zurückgeschleudert. Er denkt nicht mehr daran, auch nur den Anschein der Freundschaft zwischen uns aufrechtzuerhalten. Folgendes sagt er:

Zu meinem Hauptvorwurf, er habe alle unsere Vereinbarungen gebrochen, schweigt er. Im einzelnen sagte ich, er habe Lepidus ohne vorherige Beratung abgesetzt und seine Legionen, Einkünfte und Territorien beschlagnahmt. Lepidus, antwortet er, sei zu Recht seines Amtes enthoben worden. Ich sagte, ich hätte ein Anrecht auf die Hälfte von Sizilien und Afrika, und er antwortet, die könne ich haben, wenn ich ihm die Hälfte von Armenien gäbe. Ich sagte, er habe meinen Veteranen das ihnen zustehende Siedlungsland in Italien verweigert, und er antwortet, das brauchten sie gar nicht, denn »ihr Lohn liegt in Medien und Parthien, welche sie bei ihren tapferen Feldzügen unter ihrem General errungen haben«.

Meine Hoffnungen auf einen Feldzug nach Osten haben sich damit zerschlagen. Ich kann nicht an zwei Fronten Krieg führen. So muß ich meinen Traum aufgeben und meine Kräfte mobilisieren, um gegen Octavian zu ziehen. Ich habe Canidius befohlen, die sechzehn Legionen abzuziehen und mir nach Ephesos zu folgen. Dort werde ich mich mit meinen Offizieren und meiner Flotte auf den bevorstehenden Zusammenstoß vorbereiten müssen.

Mein Traum! Mein Ziel! Meine Schuldigkeit gegen Cäsar, seine Pläne auszuführen! Aufgeschoben das alles, vielleicht für immer. Ich fühle mich vom Schicksal überlistet.

Ziehe die ägyptische Flotte zusammen, und schicke sie zu mir nach Ephesos. Erst dann kann ich eine Bestandsaufnahme unserer Mittel vornehmen.

O grausame, spottende Tyche!

Wirst Du auch kommen, Liebste? Aber wenn die Staatsgeschäfte in Ägypten es verbieten, soll es so sein.

In Liebe – M. Antonius

Ich starrte den Brief an und blinzelte. So. Es hatte angefangen. Octavian handelte schnell und entschlossen, wenn er sich einmal entschieden hatte. Er ließ Antonius und die Maske des Triumvirats fallen; er war jetzt so stark, daß er sich nicht mehr dahinter zu verstecken brauchte.

Welch ein Glück, daß ich bereits hundert neue Schiffe gebaut hatte!

# 68

Blau, blau, blau – so strahlend und tief wie die Farbe von Saphiren, so leuchtete das Meer um Ephesos in der Sonne. Und darauf segelte meine Flotte; die hohen Masten spiegelten sich gebrochen in den Wellen, und die vergoldeten Buge und bronzenen Rammsporne bedeckten das Wasser mit metallenen Reflexen. Wie eine Armee, die vom General bis zum Fußsoldaten alles umfaßt, reichten die Schiffe unter meinem Oberbefehl von den Höhen meines Flaggschiffes, der *Antonia* – wie sonst sollte es heißen –, bis zu den flachen liburnischen Galeeren, deren Ruderpforten knapp über dem Wasserspiegel lagen. Ich hatte in meiner Flotte nichts ausgelassen, alle Schiffstypen und Größen waren vertreten. Sie mußte siegreich bleiben; ich durfte nichts dem Zufall überlassen.

Das Meer und die Schiffe – wieder einmal ragten sie riesenhaft in meinem Leben empor. Wieder einmal trugen sie mehr als meine Person: Sie trugen mein Schicksal.

Es waren zweihundert, und Antonius trieb von allen Seiten weitere auf: die Überreste von Sextus' alter Flotte, die siebzig Schiffe, die Octavian zurückgegeben hatte, die Schiffe von Rhodos und Kreta und die römischen Geschwader, die bei Zypern stationiert waren.

»Es wird die größte Flotte sein, die je zusammengestellt wurde!« befand Antonius staunend, als er im Hafen von Ephesos stand, die Augen überschattete und die Schiffe sah, die dort vor Anker lagen und darauf warteten, daß er sie inspizierte.

»Sollten wir damit in die Offensive gehen und Rom angreifen, während Octavian fort ist?« Die Gelegenheit erschien vorzüglich. Rom war unbewacht, sein Möchtegern-Herr im fernen Illyrien, und das Volk stand ihm immer noch unschlüssig gegenüber. Antonius hatte viele Anhänger. Wenn wir jetzt in See stachen und mit einer großen Armee dort landeten …

»Nein«, sagte Antonius entschlossen. »Mit der Seefahrt ist es für dieses Jahr vorbei.«

»Aber es segeln doch auch Schiffe im Winter – sie segeln, und sie erreichen ihr Ziel. Bei einem solchen Preis lohnt sich doch das Risiko.« Rom hing wie ein reifer, roter Apfel schwer an seinem Ast und wartete auf eine Hand, die kühn genug wäre, es zu pflücken.

»Was hätte ich für eine Rechtfertigung?« fragte er. »Es ist kein Krieg erklärt.«

»Wer entscheidet denn, wann er erklärt wird? Du – oder Octavian?«

»Meine Truppen sind doch noch gar nicht da«, wandte er ein. »Canidius mit den sechzehn Legionen ist noch nicht gekommen, und aus Makedonien erwarte ich noch einmal sieben. Die Klientenkönige sind gerade erst auf dem Weg hierher. Ich habe nichts als eine kleine Streitmacht.«

»Kannst du keine Nachricht an Canidius schicken, damit er sich beeilt? Oder die besten Legionen vorausschicken?«

»Ein solches Unternehmen wäre Flickwerk. Noch sind ja nicht einmal alle Schiffe hier.«

»Du mußt schnell handeln. Schlägst du mit einer kleinen Streitmacht rasch zu, bewirkt das Element der Überraschung, daß sie ein Vielfaches ihrer Größe zählt.«

Ich spürte in den Knochen, daß genau dies der Augenblick war, der einzigartige Augenblick, der uns fast als Geschenk präsentiert wurde. Die Kunst des Genius bestand darin zu wissen, wann man zugreifen mußte.

Aber Antonius schüttelte den Kopf. »Ich kann nicht mit fremden Schiffen und Soldaten in Italien einmarschieren. Das ganze Land würde sich gegen uns vereinigen.«

»Damit willst du sagen, du kannst nicht mit mir an deiner Seite in Italien einmarschieren.«

»Ja. Genau das will ich damit sagen. Das würde man nicht hinnehmen – nein, niemals. Wenn du nicht bereit bist zurückzubleiben ...«

»Ausgeschlossen. Ich muß von Anfang an dabei sein; sonst betrachtet man mich für alle Zeit als Usurpatorin.« Etwas anderes konnte ich nicht sagen: Wenn er mich zurückließe, wäre es ein leichtes für Octavian, ihm die herrlichsten Bedingungen anzubieten, sofern er mir nur abschwörte. Das war schon einmal vorgekommen. Ich verabscheute mich selbst, weil ich ihm mißtraute, aber er hatte das angeborene Bestreben, den Menschen zu gefallen, und Octavian war verschlagen und überzeugend.

»So wird man dich immer sehen«, sagte er unglücklich.

»Im nachhinein werden die Leute mich vielleicht genießbarer finden«, erwiderte ich. »Tatsache ist, daß sie mich ganz gern mochten, als ich in Rom lebte! Keine Schimpfnamen, kein Gerede darüber, daß ich aus dem Ausland sei. Sie wußten, daß ich zivilisierter und kultivierter war als sie. Sogar Horatius und Vergilius kamen zu Besuch. Sie werden es auch wieder tun. Aber vorher muß die Schlacht gewonnen werden!«

»Das wird sie«, versicherte er. »Aber ich muß darauf warten, daß Octavian zu mir kommt. Er muß der Aggressor sein. Wir werden ihn fortlocken, weit weg von seiner Nachschubbasis. Je weiter er davon weg ist, desto schwächer wird er sein. Seine Verwundbarkeit liegt in seiner Armut. Er kann sich nicht leisten, seine Soldaten zu bezahlen – kann sein, daß bald sein ganzes Heer zusammenbricht. Er braucht verzweifelt Geld; er muß seine illyrischen Legionen auflösen und sie aus einer leeren Schatulle versorgen. In weiter Ferne zu kämpfen ist das teuerste Unternehmen, das er anfangen kann. Schon der Transport der Truppen und ihre Versorgung im Felde kann seine Möglichkeiten übersteigen. Es wird Meutereien geben, und zu Hause kommt es zu Unruhen.«

Das klang plausibel und vernünftig. Aber Octavian hatte die Angewohnheit, mit inspirierten, kurzfristigen Lösungen aufzuwarten, die ihm Zeit einbrachten.

»Wie weit willst du ihn weglocken? In Ägypten will ich ihn nicht haben.«

»Nach Griechenland«, sagte Antonius. »Griechenland ist gerade jenseits der Grenzlinie zwischen unseren Zuständigkeitsbereichen. Er muß sie überschreiten, um uns anzugreifen, und dann ist er eindeutig der Aggressor.«

»Wen kümmert der rechtliche Aspekt? Jeder weiß, daß es ein Bürgerkrieg ist. Was kommt es dabei darauf an, wer das Etikett des Aggressors trägt? Und wer vergibt diese Etiketten?«

»Der Senat«, sagte er. »Ich möchte, daß man mich als den Unschuldigen betrachtet.«

»Wenn die Schlacht erst geschlagen ist, wird dieser rückgratlose Senat sagen und tun, was der Sieger ihm befiehlt. Er wird Agrippa zu Helena von Troja erklären, wenn man es ihm sagt. Vergiß den Senat, und konzentriere dich auf die Schlacht!« Warum erkannte er nicht, daß der Senat völlig ohnmächtig war?

»Wir werden nicht angreifen«, beharrte er störrisch. »Wir werden warten, bis wir angegriffen werden. Mit unserer mächtigen Flotte werden wir Octavian daran hindern, seine Truppen überzusetzen, und den wenigen Überlebenden, denen es gelingt, sich hierher durchzuschlagen, werden wir die Nachschubwege abschneiden.«

»Du überraschst mich«, sagte ich. »Du bist ein Landgeneral – der beste, den es gibt. Daß du dich auf die Flotte verläßt, ist … unerwartet. Agrippa ist zur See, was du zu Lande bist; vielleicht wird er sich der Szene, die du für ihn geschrieben hast, nicht zahm unterwerfen.«

»Ihm wird nichts anderes übrigbleiben«, sagte Antonius. »Er kann ja die Geographie nicht verändern. Es ist eine Tatsache, daß Italien westlich von hier liegt und daß er das breite Ionische Meer überqueren muß, wenn er einen Schlag gegen uns führen will. Und wir werden ihn frisch und gestählt erwarten. Wir können uns erlauben, zu warten und den Feind beschädigt und demoralisiert zu uns kommen zu lassen.«

Warten war weder meine noch Antonius' Lieblingsbeschäftigung. In mancher Hinsicht war das Warten anspruchsvoller als ein schneller Schlag, denn es bedeutete, daß man eine Armee trotz monatelanger Untätigkeit motiviert und in gutem Zustand erhalten mußte. Und Antonius' Armee bestand jetzt zu einem beträchtlichen Teil aus Nichtrömern, weil Octavian ihn daran gehindert hatte, das Privileg der Rekrutierung in Italien auszuüben. Wie loyal würden sie gegen einen römischen General sein? Wie begeistert würden sie ihm folgen?

Mir gefiel die Sache nicht. Aber ich war überstimmt. Ich versuchte mir klarzumachen, daß er im Felde mehr Erfahrung habe als irgend jemand sonst und daß dies mein Unbehagen besänftigen müsse.

Anfangs war er Octavians wegen mürrisch gewesen, erfüllt von jener eigentümlichen Trauer, die uns beschleicht, wenn wir uns verraten fühlen. Der jähe persönliche Angriff hatte ihn erschüttert. Bei meiner Ankunft in Ephesos war er in eine beunruhigende Schwermut versunken gewesen.

Die Schönheit der Stadt entging ihm ganz. Ich fand sie überaus angenehm, mit ihren feierlichen Empfangstoren am Hafen und der breiten Straße, die zum Berg Pion hinaufführte, um dessen Fuß die Stadt sich ringelte. Hübsche Häuser schmiegten sich an die Hänge, und in dem flachen Stadtgelände in der Umgebung des Hafens gab es neben dem Theater eine beeindruckende kommerzielle Agora, während das Verwaltungszentrum der Stadt höher am Berg gelegen war. Das Beste aber waren die Felder ringsum, uneben, mit zerklüfteten Felsen und Mulden, durchbohrt von hohen Zypressen, deren dunkles Grün die Landschaft fast wie ein lebendiges Schwarz sprenkelte. Und immer gab es das funkelnde Meer; es leuchtete vom Glanz des Sonnenlichts, dessen diffuse Reflexe an keinem anderen Ort der Erde vergleichbar sind. Inseln und Halbinseln schwammen im magischen Wasser.

Ich überredete ihn zuweilen, die Stadtmauern mit mir zusammen hinter sich zu lassen, sich irgendwo an den Berghang zu setzen, gewärmt vom Moos auf den Felsen, und den Wolken nachzuschauen, die über den gewaltigen Himmel jagten, verfolgt von Schatten auf dem wandlungsreichen Meer.

Dann vergaß er seine Melancholie und verlor sich im hypnotischen Wechsel der Formen am Himmel, beruhigt von einer Stille, die nichts unterbrach außer den Glocken der Ziegen, die in den Felsspalten weideten.

»Ah«, sagte er und nahm meine Hand. »Manchmal glaube ich, ich wäre in der Verbannung glücklich – wenn es an einem Ort wie diesem wäre und wenn ich dich an meiner Seite hätte.«

Wir nahmen uns nicht genug Zeit, um zum Himmel hinaufzuschauen, während wir dem Alltag nachgingen. Es ist ein ganz verbreitetes Versäumnis, aber ich fragte mich doch, warum es so war. Warum starren wir so beharrlich auf unsere Füße?

»Mir würde es in der Verbannung nicht gefallen«, sagte ich. »Verbannung bedeutet, daß man nie wieder einen Fuß an die Gestade der Heimat setzen darf.«

»Vielleicht sind wir allzu eng an unsere Heimat gebunden«, meinte er. »Vielleicht wäre es schön, für alle Zeit umherzustreifen.«

Ich war nicht glücklich darüber, daß ich alle Kinder zu Hause gelassen hatte – für wie lange? Verbannung war nichts für mich. Ich war allzusehr in Ägypten verwurzelt. Aber als ich zu ihm hinüberschaute, wußte ich, daß er, was ihn selbst anging, die Wahrheit sprach. Im Grunde seines Herzens war er ein gewöhnlicher Mann, der in eine außergewöhnliche Position berufen worden war; auf einer Wiese zu sitzen und auf Meer und Himmel zu schauen, das genügte ihm vollauf. Vielleicht hatte er im Grunde einfach nicht den Wunsch, in Rom zu herrschen – oder er wünschte es sich nicht genug, um es Wirklichkeit werden zu lassen.

Siegen, herrschen – das mußte man mehr wollen als alles andere, und man mußte wissen, daß man mit weniger niemals zufrieden sein würde. Und es war ganz schlecht, wenn der Rivale so empfand und man selbst nicht.

»Um glücklich umherzustreifen, darfst du niemals auf das zurückschauen, was du hinter dir gelassen hast«, sagte ich schließlich.

In Ephesos hatte seine Reise zur Macht begonnen, als er, vom Erfolg erhitzt, nach Philippi dort hingekommen war und man ihm zum ersten Mal als Dionysos zugejubelt hatte. Jetzt war der Kreis vollendet, und ein neuer Anfang lockte. Aber vorläufig saß er nur auf einem Berghang zwischen Ziegenherden und schaute den Wolken am Himmel nach.

Eines Morgens in Ephesos hatte ich es gesehen, das imposante achtkantige Grabmal, das neben der verkehrsreichsten Hauptstraße in die Höhe ragte. Die Einkäufer von der unteren Agora drängten sich daran vorbei und drückten ihre Körbe an die Brust, und Beamte aus der Oberstadt marschierten zielstrebig vorüber. Es schien am Leben ringsum teilzunehmen; Frauen ruhten sich auf den Stufen aus, die es rings umgaben, und alte Männer lehnten ihren gebeugten Rücken an seine Mauern. »Wir treffen uns beim Oktagon«, war eine verbreitete Redewendung.

»Was ist das?« hatte ich den Magistrat gefragt, der mir seine Stadt gezeigt hatte, aber auf furchtbare Weise hatte ich es schon gewußt. Die Form war zu vertraut: das Achteck unter dem runden, von Säulen getragenen Turm und der krönenden Figur. Ich hatte sie mein Leben lang jeden Tag gesehen: Es war die Form des Leuchtturms von Alexandria.

»Es ist ein Grabmal, Erhabenste«, hatte mein Gastgeber gesagt und dabei nervös gelächelt.

Ich ließ ihn stehen und betrachtete die Reliefs am Sockel. Trauerszenen: eine junge Frau, von Freunden umgeben, die ihr Hinscheiden sichtbar beweinten. Im Hintergrund sah man einen großen Tempel.

»Und was ist das?« Ich deutete auf den Tempel und strich mit den Fingerspitzen über die erhabenen Umrisse. Die Arbeit war noch nicht alt. Die Kanten waren noch scharf.

»Aber das ist der große Tempel der Artemis, der prachtvolle, das Weltwunder! Hast du ihn denn noch nicht gesehen? Oh, Majestät, dann muß ich dich hinführen! Wenn man sich vorstellt, daß du ihn noch nicht geschaut hast …! Ja, wir müssen …« Und er plapperte wie ein plätschernder Quell.

»Wer ist hier begraben?« Würde er mir die Wahrheit sagen, oder würde er versuchen, es mir zu verheimlichen?

»Es ist – es ist … eine junge Frau.« Er bemühte sich, unbestimmt zu klingen.

»Und reich war sie auch, wie ich sehe«, sagte ich. »Vielleicht war ihr Vater ein Magistrat? Oder ein reicher Kaufmann?«

»Äh – ja, das war er.« Sein Kopf nickte heftig auf und ab.

»Ich nehme an, man könnte einen König wohl als Magistrat und reichen Kaufmann bezeichnen«, sagte ich. »Denn dies ist die Tochter des Ptolemaios, nicht wahr? Die Prinzessin Arsinoë? Und dieses Grabmal erinnert an den Leuchtturm ihrer Heimatstadt.« Meine Schwester, auf meinen Wunsch in dieses Grab geschickt.

Ja, die Macht mußte man wollen, und zwar mehr als alles andere, wenn man obsiegen wollte. Man darf nicht davor zurückscheuen, die eigene Schwester dem Henker zu überantworten, wenn sich herausstellte, daß sie tückisch nach dem Thron strebte. Antonius war zu solcher Skrupellosigkeit nicht fähig – wenngleich er es auf meine Bitte hin ausgeführt hatte. Er hatte den Befehl gegeben, sie aus ihrem Tempelasyl zu holen und hinzurichten – auf meinen Wunsch.

Als ich jetzt vor ihrem Grabmal stand und wußte, daß sie darin lag, im Tode gefangen, da fühlte ich sowohl Erleichterung – weil mir klar war, daß sie, ohne zu zögern, mit mir genauso verfahren wäre – als auch Trauer, weil ich mich fähig gezeigt hatte, so etwas zu tun. Und mich dauerte ein Leben, das so kurz gewesen war. Fünfundzwanzig war sie geworden.

»Ja, Majestät.« Er ließ den Kopf hängen, als sei er irgendwie dafür verantwortlich.

»Sie war hier beliebt?«

»Wir ... Ja, sie war hier beliebt.« Er gab es auf, die Sache weiter zu verschleiern.

»Schönheit gewinnt viele Freunde«, sagte ich leichthin. Die Menschen erwärmten sich für ein angenehmes Gesicht; unaufrichtige Schönheit war ihnen lieber als eine vertrauenswürdige, reizlose Person. Das sieht man selbst in einer Schenke; eine ansehnliche Wirtin, die mittelmäßige Speisen serviert, hat viele Gäste, vor allem, wenn sie auch noch gesellig ist.

Ich strich mit der Hand über den polierten Stein. Arsinoë ist dort drinnen. »Sei gegrüßt, und leb wohl, Schwester«, sagte ich so leise, daß nur die Tote es gehört haben konnte.

An diesem Abend war ich sehr still in dem prächtigen Haus am Hang, der zur Staatsagora hinaufführte. Antonius gegenüber versuchte ich es als Müdigkeit auszugeben, und tatsächlich war ich auch sehr müde. Ich hatte wenig Zeit gehabt, die Staatsangelegenheiten in meinem Königreich zu ordnen und Vorkehrungen für meine Abwesenheit zu treffen, als Antonius' Ruf mich erreicht hatte. Auch war die Seereise im Spätherbst anstrengend gewesen. Die Tatsache, daß Antonius mit seinem ewigen Optimismus am Rande eines Krieges mit Octavian stand, war eine unerwartete Erleichterung, aber es war so plötzlich gekommen. Ich hatte das Gefühl, daß ich zu ihm eilen und ihn in seiner

Entschlossenheit bestärken müsse, ehe er es sich anders überlegte und sich wieder herausredete, indem er allerlei Ausreden für Octavian ersann. Aber jetzt war ich erschöpft.

»Was ist, Geliebte?« fragte Antonius, als er von seinen Papieren aufblickte und sah, daß ich ganz gegen meine Gewohnheit ins Leere starrte.

»Ich bin müde«, sagte ich. »Ich glaube, ich gehe heute früh zu Bett.«

»Ja, ich kann mir denken, daß du müde bist. Eine solche Reise, um diese Jahreszeit! Ich habe dir doch gesagt, du brauchst nicht zu kommen …«

»Als ob ich zu Hause geblieben wäre …« Ich hob die Hand und strich mir das Haar aus der Stirn. Schon das war eine ungeheure Anstrengung.

Meine Füße lagen auf einem Schemel, und Antonius kam herüber und zog mir die Sandalen aus. Dann fing er an, mir die Füße zu reiben.

»Manchmal weckt dich das auf«, sagte er. »Es treibt dir das Blut zurück in den Kopf.«

In diesem Augenblick kam Titius herein. Antonius schaute zu ihm auf, ohne meine Füße loszulassen.

»Ja?« sagte er.

»Imperator, ich habe von König Amyntas von Galatien die Zusage erhalten, daß er unsere … Bemühungen mit mindestens zweitausend Reitern unterstützen wird«, meldete er zackig. Aber ich sah, daß sein Blick auf meine Füße gerichtet war, auch wenn er den Kopf nicht bewegte.

»Gut«, sagte Antonius. »Das sind die besten im ganzen Osten.« Er ließ meine Füße los und stand auf. »Ich hoffe, daß auch die andern sich bald verbindlich äußern werden, was ihre Zahlen angeht.« Stolz deutete er mit dem Kopf auf mich. »Die Königin ist gekommen.«

»Ich bin erfreut, dich zu sehen, Majestät«, sagte Titius. Sein Lächeln war glatt und bezaubernd.

Er und Antonius zogen sich zurück, um militärische Einzelheiten zu besprechen.

Ich blieb sitzen und dachte an Arsinoë. Sie hatte mir keine Wahl gelassen. Hätte sie sich mit ihrem Los im Leben begnügt – als Prinzessin, nicht als Königin –, so wäre sie noch am Leben, statt eingekerkert in diesem Grabmal zu liegen. Aber selten ist jemand damit zufrieden, auf der zweithöchsten Stufe zu stehen. Ich wußte, Antonius wäre ganz glücklich mit der Hälfte der Welt. Aber Octavian wollte alles oder nichts, und er würde ihn nicht in Frieden lassen. Aber das war in Ordnung. Ich selbst war ja wie Octavian – dafür war Arsinoës Grabmal stummer Zeuge. Jetzt konnten wir ringen, und die ganze Welt war der Siegespreis. Antonius konnte sich nicht mehr verweigern.

Wir stritten uns im großen Tempel der Artemis, und all die Schönheit war Zeuge unseres Streits. Dabei hatten wir durchaus vergnügt begonnen, wir hatten getan, als seien wir gewöhnliche Besucher auf der Heiligen Straße, die um den Berg herum zu dem mehr als eine Meile weit entfernt stehenden Tempel führte. Ich war überraschend aufgeregt ob der Aussicht, ihn zu sehen. Ich sage »überraschend«, weil es Leute gibt, die annehmen, daß nichts auf der Welt die Macht hat, einen Alexandriner zu rühren, da die Wunder seiner eigenen Stadt ihn überzogen, fein und blasiert gemacht und ihn übersättigt hätten.

Natürlich waren Scharen von Besuchern dort, denn der Tempel war in der ganzen Welt berühmt. Aus dem Westen kamen sie, um die Architektur zu sehen, die weißen Marmorsäulen, so hoch wie Zedern und so dichtgedrängt wie ein richtiger Wald, um die Kunstfertigkeit zu bestaunen, die derlei ersonnen, und die Baumeisterschaft, die solche Träume in Stein verwandelt hatte. Aus dem Osten kamen sie, um der großen Artemis die Ehre zu erweisen, der Mutter, die in dieser Verkörperung eine mächtige und fordernde Erdgöttin war, vereint mit Kybele *Magna Mater,* die Fruchtbarkeit schenkte, aber zugleich verlangte, daß ihre Priester kastriert wurden. Sie war nicht wie die griechische Artemis, die jungfräuliche Jägerin, sondern sie entsprach mehr den dunklen Rhythmen der Frauen und ihren Mondzyklen.

Seit Menschengedenken hatte an dieser Stelle ein Tempel gestanden; ein früherer, den König Kroisos erbaut hatte, war in der Nacht niedergebrannt, in der Alexander der Große geboren wurde. Als man daraufhin die Macht der Göttin in Frage stellte – wie konnte sie erlauben, daß ihr Tempel zerstört wurde, wenn sie so mächtig war? –, wurde erzählt, daß Artemis in jener Nacht fort gewesen sei, um bei der Geburt Alexanders zugegen zu sein. Wie dem auch sein mochte, als Alexander selbst hierher kam, erbot er sich, den Wiederaufbau des Tempels zu unterstützen. Aber sein Angebot wurde abgelehnt; es gezieme sich nicht, daß ein Gott einen Tempel für einen anderen erbaue.

Als wir jetzt um die Biegung der Straße kamen, erschien der Tempel vor uns – wuchtig und atemberaubend. Daß er so plötzlich auftauchte, schien ihn noch zu vergrößern. Das klare Sonnenlicht der Ägäis verstärkte das Weiß, so daß es vor unseren Augen explodierte wie ein feuriger Mond. Alles blieb staunend stehen.

»Er ist alles das, was man von ihm sagt«, murmelte ich und ergriff Antonius' Hand; aus irgendeinem Grund wollen wir einen anderen Menschen berühren, wenn wir erhabene Schönheit sehen – wohl, um den Boden unter den Füßen zu behalten.

Als wir näher kamen, wuchs der Tempel, bis er schließlich den Himmel ausfüllte. Ich hatte gelesen, daß die schlanken Säulen – mehr als hundert waren es – sechzig Fuß hoch sein sollten, und ich wußte, daß der Tempel so lang und so breit war wie unser gigantisches Gymnasion. Aber das zu wissen und es zu sehen – ah, welch ein Unterschied!

Ein flüchtiger Gedanke, als wir herankamen und die Atmosphäre des Tempels uns umhüllte: Welch strenge und verführerische Herrin ist die Liebe zur Schönheit, und welche Opfer verlangt sie von ihren Jüngern! Und doch suchen wir die Schönheit, um sie zu besitzen und ihr zu dienen, mit der gleichen Inbrunst, mir der wir nach Nahrung und Land streben. Die Schönheit der Helena hatte den Trojanischen Krieg hervorgerufen; Helena selbst hat sehr wenig gesagt – so wenig wie die Statue in dem Tempel, der wir nun entgegentraten. Schönheit ist vollkommen in sich; sie braucht keine Reden.

Der Tempel stand auf drei Sockeln, die als Stufen dienten. Der erste Sockel war mehr als mannshoch. Die Längsseite des Tempels war so lang wie die Seite der Cheops-Pyramide; schon das Gewicht dieses Bauwerks mußte schier unermeßlich sein.

»Wenn man bedenkt, daß es auf einem Sumpf erbaut wurde«, sagte Antonius. »Und daß der Tempel nicht darin versunken ist – noch nicht ...«

Ja, ich wußte, daß Theodoros, der beim Tempel der Hera auf Samos ein ähnliches Problem gelöst hatte, Tierhäute und Kohle in abwechselnden Schichten in den Sumpfboden gelegt hatte, die als Fundament gedient hatten. Aber wie konnte das ein solches Gewicht tragen?

Als wir herankamen, stellten wir fest, daß der Tempel wie viele schöne Dinge in einer unwürdigen Umgebung stand. Freilich, das nahe Meer bildete einen passenden Rahmen, aber die Leute, die auf dem Gelände umherwimmelten, waren ein buntscheckiger Haufen. Der Tempel und seine Umgebung boten Asyl, und das nützten alle möglichen Gestalten aus. Entlaufene Sklaven, politische Unruhestifter und Diebe verfügten sich hierher, wo sie jahrelang leben konnten. Sie bettelten, fielen allen zur Last und waren frech, weil sie wußten, daß niemand sie anrühren konnte. Sie riefen uns an, als wir vorbeigingen, drängten sich heran und verlangten Geld.

»Ich zeige euch die Göttin!« schrie einer und zupfte an meinem Gewand. »Ich weiß alles über sie! Sie ist alt, sehr alt!«

»Dafür soll ich dich bezahlen?« Antonius lachte. »Erzähl mir etwas, was ich noch nicht weiß!«

»Ja, Herr, das kann ich wohl ...« Er griff in die Falten seines Mantels und zog eine silberne Statuette hervor. »Hier, ein Bildnis der Göttin, reines Silber, ich schwöre es – faß es nur an und sieh selbst.«

Antonius schob ihn beiseite, aber gleich trat uns ein anderer entgegen; sie schossen aus dem Boden wie die Soldaten nach der Aussaat der Drachenzähne.

»Sehr schön, Herr – diese Artemis ist aus purem Silber; mein Sohn hat sie gemacht, und er hat in Rhodos studiert, jawohl.«

»Geh weg!« befahl Antonius, und zu mir gewandt bemerkte er: »Wenn man sich vorstellt, daß einst die sagenhaften Amazonen hier Zuflucht suchten und der Philosoph Herakleitos, und später die Bürger von Ephesos ein Seil von hier zu ihrer Akropolis spannten, um das Asyl auszudehnen – und so die ganze Stadt zu einem Asyl machten. Doch dann vermehrte sich dieses Ungeziefer um ein Hundertfaches.«

Vor dem Tempel kamen Scharen von kastrierten Priestern dazu, die der Göttin dienten, und auch andere Priesterorden, die Stücke vom Opferfleisch verkauften, sowie die berühmten Huren, die behaupteten, den Männern bei der fleischlichen Anbetung der Göttin zu helfen. Die offiziellen jungfräulichen Priesterinnen nahmen keine Notiz von ihnen und schlängelten sich zwischen ihnen hindurch, als ob sie nicht existierten.

Hier hatte Arsinoë Asyl gesucht und sich hinter Robe und Amt des Hohenpriesters versteckt. Aber auf Antonius' Befehl hin hatte man sie herausgeschleift. Ich fragte mich, ob der Anblick römischer Soldaten, die in das Heiligtum eindrangen, die andern hatte erzittern lassen – oder hatten sie versucht, auch ihnen Artemis-Statuetten zu verkaufen?

Antonius war nicht der erste gewesen, der hier das Asyl verletzt hatte. Auch der große Alexander hatte drei Verbrecher dem Tode überantwortet.

Wir schoben uns zwischen dicht beieinanderstehenden Säulen hindurch in den vorderen Teil des Tempels. Sie sahen aus wie die in Theben, wo sie so eng zusammenstanden, daß man gar nicht mehr das Gefühl hatte, sich in einer Halle zu befinden. Es hieß, sie müßten so eng stehen, um die schweren Steinbänder zu tragen, aus denen die Decke bestand. Die Last der Oberschwelle war so groß gewesen, daß der Architekt vor der Aufgabe, sie hinaufzubringen, verzweifelt war – und an Selbstmord gedacht hatte. Aber Artemis hatte sie – natürlich! – für ihn hinaufgewuchtet. An den Säulensockeln befanden sich vorzügliche Reliefs mit Heroen, Nymphen und Tieren.

Das Innere des Tempels war von tiefer Kühle und Stille erfüllt. In der Mitte lag ein Innenhof, der zum Himmel hin offen war, und dann kamen die hinteren Kammern des Tempels, in denen die Göttin selbst regierte. Hier war sie von flackernden Lampen und Blumenopfern umgeben.

Sie war nicht so gigantisch, wie ich es angesichts der Größe der Bauwerks erwartet hätte, aber sie war doch mehr als lebensgroß. Und sie hatte nichts zu tun mit unserem griechischen Ideal der fließenden Bewegung; eher gemahnte sie an die tiefe Stille der ägyptischen Götterstatuen. Sie hatte nicht den Körper einer gewöhnlichen Frau, sondern stand steif und aufrecht wie ein Mumiensarkophag, und sie war von Dutzenden von Brüsten bedeckt, die wie geschwollene Säcke an ihrem Oberkörper hingen. Ihr Unterkörper – besser gesagt, das Kleid, das diesen klobigen Teil ihrer Gestalt verhüllte – war übersät von Greifen und Löwen. Ihr Gesicht – leidenschaftslos und kraftvoll – blickte starr geradeaus, und es war keine Spur von Liebe oder Sanftmut an ihr – merkwürdig für eine Mutter. Auf ihrem Haupt ragte ein Tempelkopfschmuck empor, der aussah wie ein Turm. Geheimnisvoll wirkte sie, alt und beunruhigend.

Ich spürte plötzlich die Macht des Ostens, die Rom als so bedrohlich empfand. Nicht die Armeen der heutigen Zeit waren es, wovor sie sich fürchteten, sondern die primitiven Götter und Völker, die dahinterstanden – schattenhafte Mächte, die noch nicht völlig gezähmt waren. Diese Statue mit ihrem unmenschlichen Körper, ihren kastrierten Priestern und ihren Verbindungen zu etwas anderem, das sich in der Zeit verlor, fruchtbar, dunkel und fordernd – diese Statue war furchterregend.

»Sie gefällt mir nicht«, flüsterte ich Antonius zu. Bei ihrem Anblick mußte ich an geheime Riten denken, an vergossenes Blut, an geschändete Töchter und entmannte Söhne – alles, um sie zufriedenzustellen. Aber sie würde unersättlich sein, wie die Erde unersättlich nach unseren Körpern giert, noch während sie uns nährt und erhält – denn sie weiß, daß sie uns am Ende verschlingen wird. Diese Artemis war eine strenge Verschlingerin.

»Laß sie das nicht hören«, sagte Antonius scherzhaft.

Die blicklosen Augen der Göttin schienen sich auf uns zu richten.

Wir wandten uns ab und ließen sie auf ihrem Sockel stehen, steif und aufmerksam.

Draußen auf der Plattform des Tempels verweilte ich, um die Figuren zu betrachten, die unten in die Säulensockel gemeißelt waren. Ein leichter Wind wisperte ringsum, und die noch glatte Oberfläche des Meeres war ein blanker Spiegel, der die Sonne des späten Nachmittags zurückwarf.

Antonius stand ungeduldig da, trat von einem Bein aufs andere, verschränkte die Arme und trommelte mit den Fingern auf die Ellenbogen. Wenn ich mit jemandem zusammen bin, der darauf brennt zu gehen, fällt es mir schwer, mich in die Kunst zu versenken. Seufzend wandte ich mich von den Säulen ab. Ich würde ein andermal wieder herkommen. Aber ich ärgerte mich, und kaum machte er den Mund auf, widersprach ich ihm.

»Alles das«, sagte er und deutete auf die hoch aufragenden, milchweißen Säulen, »das ist es, was sie nicht verstehen.«

Wovon redete er da? Und wieso mußte er reden, statt mich die Reliefs anschauen zu lassen? »Wer? Wer versteht was nicht?« fragte ich und hoffte auf eine kurze Antwort.

Statt dessen ließ er eine Liste seiner Besorgnisse hinsichtlich des Senats vom Stapel und verbreitete sich ausführlich darüber, wie man sie dazu bringen mußte, zu verstehen – und zu billigen –, was er hier im Osten tat.

»Es ist anders hier«, sagte er. »Diese alten Königreiche – sie wollen nicht modern werden und ihre Könige abschaffen. Daß Rom keine Könige haben will, bedeutet ja nicht, daß andere es damit genauso halten müssen.«

Schön. Und? »Das stimmt«, sagte ich.

»Die Römer verstehen nicht, was es mit den Landschenkungen auf sich hat, die ich in Alexandria vorgenommen habe«, sagte er.

Darum also ging es! Bevor ich etwas sagen konnte, redete er weiter.

»Aber man muß sie dazu bringen, daß sie es verstehen – und billigen. Ich werde es in einem Brief bekanntgeben, den die neuen Konsuln vor dem Senat verlesen sollen, wenn sie ihr Amt antreten. Dank sei allen Göttern, daß die beiden Konsuln für das nächste Jahr zu meinen Leuten gehören – es sind meine Admiräle Sosius und Ahenobarbus. Durch sie werde ich zum Senat sprechen! Sie werden meine Partei gegen Octavian vertreten!«

Warum war er so verbohrt, so blind? Sehnsüchtig schaute ich zu den Reliefs hinüber; es war jetzt hoffnungslos – ich konnte mich nicht mehr auf ihre jungfräuliche Schönheit konzentrieren. »Zur Hölle mit dem Senat!« sagte ich – zu laut.

Auf dem Tempelsockel drehten sich die Köpfe, und die Leute spitzten die Ohren, um zu hören, was nun käme. Selbst Antonius war verdutzt.

»Ich ... «, begann er und suchte nach Worten. »Der Senat ...«

»Der Senat hat sich aller moralischen Autorität begeben, als er dastand und zusah, wie Cäsar ermordet wurde«, fauchte ich. »Inzwischen sind die meisten seiner Mitglieder nicht mehr da; und ihre Nachfolger sind – ja, was? Männchen, die nichts kennen außer Neid und Heuchelei und Ängstlichkeit. Vergiß sie! Selbst wenn sie dich unterstützen wollten, würde das rein gar nichts bedeuten.«

»Die Verfassung Roms beruht auf dem Senat«, sagte er leise. »Aber ich kann natürlich nicht erwarten, daß *du* das verstehst!«

»Du bist derjenige, der nichts versteht!« schoß ich zurück. »Du siehst die Veränderungen nicht, die über Rom hinweggegangen sind, und du siehst nicht, daß sie von Dauer sind. Die Autorität des Senats ist dahin, sie wurde abgeschnitten wie ... die Männlichkeit dieser Priester hier!« Ich deutete auf einen Priester, der die Stufen hinuntereilte. Er funkelte uns an.

»Sie sind die einzige Autorität, die es noch gibt«, beharrte er verstockt.

»Sie sind der letzte *Anschein* von Autorität. Aber es ist eben nur der Schatten der Autorität. Der Senat ist mit Cäsar zusammen gestorben. Und er bekam nicht einmal ein Staatsbegräbnis.«

Erbost lief er die Treppe hinunter. Wenn er etwas hörte, was ihm nicht gefiel, wies er es einfach zurück.

Ich folgte ihm. »Lauf nicht weg, wenn ich mit dir rede!« Wenn einer meiner Untertanen gewagt hätte, so etwas zu tun ...!

Ich holte ihn ein. Wir befanden uns noch auf dem Tempelgelände, und ein Streit schien hier fehl am Platze zu sein. »Die Leute schauen her!« sagte ich. »Benimm dich also!« Dachte er denn überhaupt nicht an unseren Ruf?

»Das ist mir gleich!« Er stapfte davon.

»Du mußt den Anstand wahren. Du bist kein Jüngling mehr, der mit Curio durch die Straßen streift! Wenn du die Welt beherrschen willst –«

»Aber *du* willst doch, daß ich die Welt beherrsche!«

Jetzt starrte uns eine ziemliche Menschenmenge an und lauschte. Ich verstummte und ging rasch neben ihm her. Wir mußten aufhören, bis wir unter uns wären.

Als wir an diesem Abend in unserem geräumigen Haus, das uns einer der Stadträte so freundlich zur Verfügung gestellt hatte, allein waren, schien Antonius den Zwist vergessen zu haben. Er war bester Laune; er trank zuviel Wein, aß zuviel und lachte zuviel. Aber ich durchschaute ihn und wartete nur darauf, daß unser Streit – oder unser Gespräch – weiterginge.

In diesem Speisezimmer gab es Mosaike, die verschiedene Speisebrocken so genau wiedergaben, daß sie aussahen wie von einer Tafel gefallen: Knochen und Obstschalen und Muscheln übersäten den Boden. So etwas war zu jener Zeit sehr modern, und ich bewunderte die Geschicklichkeit, mit der dieser Künstler die Speisereste dargestellt hatte, aber ich hielt es auch für Vergeudung. Warum wollte man Abfall abbilden? Aber je mehr Antonius trank, desto mehr faszinierte ihn die Sache, und er fing an, sein eigenes Essen auf den Boden zu werfen.

»Ja, ich kann kaum einen Unterschied erkennen!« rief er und sah zu, wie ein Stück Melonenschale über den Boden rollte und bei einigen Mosaikkirschen liegenblieb. »Schau!«

Er stützte sich auf die Unterarme und betrachtete alles aufmerksam.

»Sogar die Zwillinge sind über diese Art von Benehmen hinausgewachsen«, sagte ich schärfer als beabsichtigt. »Jetzt stehst du auf einer Stufe mit Philadelphos.«

Er legte den Kopf schräg. »Man sagt, die Kinder hätten große Weisheit. Und wie viele Erwachsene wünschen sich Zeit zum Spielen?«

»Mir scheint, dazu muß man entweder ein Kind oder der Beherrscher der Welt sein. Wer sich dazwischen befindet, hat diesen Luxus nicht.«

»Ach … Jetzt sind wir wieder beim Beherrscher der Welt. Ich wußte, die Rede würde wieder darauf kommen.« Er stemmte sich auf den Ellenbogen hoch und lächelte halb. »Nun, ich bin bereit. Erzähle mir von meiner vornehmen Bestimmung!« Er streckte die Hand aus, griff nach seinem Becher und spähte in seine Tiefen. Dann ließ er ein wenig Wein hineinschwappen und stürzte ihn hinunter.

»Antonius, du trinkst zuviel.« Da. Jetzt hatte ich es gesagt.

Er legte die Hand aufs Herz. »Du verletzt mich«, sagte er und machte ein gepeinigtes Gesicht.

»Es ist wahr. Es ist nicht … Es tut dir nicht gut.« Was ich eigentlich sagen wollte: Als er noch jünger war, hatte es ihn nicht beeinträchtigt, aber inzwischen …

Ich erwartete Widerspruch, aber es kam keiner. »Ich weiß«, sagte er, aber das hinderte ihn nicht daran, seinen Becher noch einmal zu füllen. »Es gefällt mir, wie es meinen Geist befreit … ihn schweifen läßt, wohin er will … und mich manchmal Weisheit finden läßt oder einen neuen Weg.« Er trank seinen Wein. »Manchmal läßt es mich auch nur schlafen«, bekannte er. Dann hob er seinen Becher mit ausgestrecktem Arm. »Lebe wohl, mein schöner Freund – Kleopatra will es so.« Feierlich und vorsichtig stellte er ihn hin. »Wenn man bedenkt, daß wir in einer Gegend sind, wo die besten Weine der Welt ganz in der Nähe wachsen. Lesbos und dein süßer Nektar, Chios und deine magischen Trauben – ihr dürft nicht mehr kommen!«

»Warum mußt du immer ins Extrem verfallen?« fragte ich. »Du brauchst den Wein doch nicht aus deinem Leben zu verbannen. Du mußt dich nur mäßigen.«

Jetzt wurde er wirklich ernst. »Einige von uns haben ein Temperament, das Mäßigung ausschließt. Wir müssen eine Sache ganz annehmen oder völlig auf sie verzichten.« Er stand auf. Er schwankte nicht, und seine Worte waren klar und deutlich. »Wäre ich nicht so, dann wäre ich jetzt nicht hier, bei dir. Ich hätte mit dir gespielt, hätte unsere gemeinsame Zeit genossen, hätte mich aber niemals verpflichtet. So hätte es Rom gefallen. Rom – das dich allzugern als meine Geliebte, aber voller Entsetzen als meine Gemahlin sah. Ich spucke auf solche Konventionen.«

»Aber warum, oh, warum lechzt du so sehr nach seiner Billigung? Wenn du *sie* nicht billigst, warum sollen sie dann dich billigen?« Was kann uns an der Achtung derer liegen, die wir nicht achten?

»Ich weiß es nicht«, sagte er. »In Rom ehren wir unsere Mütter mehr als irgend jemanden sonst. Und Rom ist – wohl oder übel – meine Mutter.«

Inzwischen hatte auch ich mich erhoben, und er umarmte mich und drückte mich an sich. Ich lehnte mich an ihn und wünschte, ich hätte irgend etwas tun können, um seinen Schmerz zu lindern. Es war klar, daß er seiner Mutter, *Roma Mater*, mißfallen mußte – zumindest dem Rom, das es heute war. Aber Mütter hatten die Gewohnheit, über die Großtaten ihrer unbotmäßigen Söhne zu frohlocken – solange sie nur erfolgreich waren.

»Du unterschätzt die Liebe einer Mutter«, sagte ich schließlich. »Sie wird dich niemals verstoßen. Rom wird dich willkommen heißen. Rom ist nicht der Senat, und Rom ist auch nicht Octavian. Du bist ebenso römisch wie diese beiden. Und wenn du obsiegst und im Triumph zu den Hügeln von Rom zurückkehrst …«

»Ach, das nun wieder«, seufzte er. »Darauf läuft es immer hinaus.«

»Ja, auf Armeen läuft es hinaus«, sagte ich. »Bei Rom ging es immer nur um Armeen. Die Geschichte Roms ist die Geschichte seiner Armeen.«

Wir schlangen einander die Arme um die Hüften und begaben uns langsam zu Bett; sorgsam setzten wir unsere Schritte. Mein widerstrebender Imperator, mein munterer Dionysos – jetzt war er still und bedrückt ... Anscheinend wollte er nur noch schlafen. Die Last dessen, was er tun mußte, drückte ihn nieder, und im Wein hatte er Befreiung gesucht. Das aber hatte ich ihm verdorben; seine Flucht hatte ich vereitelt.

Aber als er stumm neben mir lag, spürte ich, wie sein Arm unter meinem Kopf sich straffte. Seine Finger regten sich und spielten mit meinen Haaren. Meine Haut kribbelte.

»Das Haar einer Frau ...«, begann er und sprach dabei zu sich selbst. »Ihr schönster Schmuck ...«

Ich lag still da und schloß die Augen. Er sollte tun, was er gern tun wollte. Ich liebte ihn so sehr – ich wollte nur sein Bestes. Warum begriff er das nicht?

»Meine Königin«, sagte er schließlich. »Ich habe mich nie wirklich daran gewöhnt, eine Königin in meinem Bett zu haben.«

Und ich hatte mich nie daran gewöhnt, einen kräftigen Sterblichen in meinem zu haben.

»Dann sind wir einander für alle Zeit neu«, sagte ich leise. »Möge es immer so bleiben.« Und ich küßte ihn so, daß er wußte, wie teuer er mir war und wie sehr ich mich nach ihm sehnte.

Und er enttäuschte mich nicht.

# 69

Wir kamen auf den Gedanken, einen Ausflug nach Pergamon zu machen.

»Dort werde ich alles präsentieren«, sagte Antonius. »Ich werde meinen Plan unterwegs darlegen. Sie werden dafür empfänglicher sein, wenn wir auf einem Ausflug sind.«

Ich hatte Zweifel. »Das Theater wird mir Spaß machen, aber warum mußt du sie so verhätscheln? Du benimmst dich wie ein Vater, der Angst vor seinen Kindern hat. Sie können dir auch in Ephesos ganz gut zuhören.«

»Nein, ich muß ihnen die Pille versüßen.«

Die Pille bestand aus den Alexandrinischen Schenkungen, umhüllt von seinen armenischen Eroberungen. Ein Brief an den Senat, in dem beides umrissen werden sollte, würde im kommenden Jahr abgeschickt werden. Die Senatoren, glücklich über die neue Provinz, würden die Gebietsabtretungen gutheißen – so lautete die Theorie.

»Also gut.« Ich wußte, es hatte keinen Sinn, mit ihm zu diskutieren. Er war so sicher, daß er seine Römer kannte.

Pergamon war mehr als achtzig Meilen weit weg. Die römischen Generäle waren nur allzu erpicht, dorthin zu reisen, als brauchten sie dazu einen Führer. Ich vergaß immer wieder, wie unsicher sie ihrer selbst in dieser Hinsicht waren. Irgendwo tief im Innern hatten sie Angst vor der griechischen Welt – Angst, daß man sie als Tölpel und Barbaren betrachten könnte, obwohl sie doch die Herren des Landes waren.

In Pergamon hatte die Mode, den Römern ein Königreich zu vererben, ihren Anfang genommen. Attalos III. hatte es getan, und mein Urgroßonkel Ptolemaios Apion in Kyrene hatte es ihm nachgemacht. Einmal war sogar Ägypten selbst an Rom vererbt worden, nämlich durch meinen Großonkel Ptolemaios X. Zum Glück hatte Rom dieses Vermächtnis ignoriert, da an seinem Recht auf den Thron grundsätzliche Zweifel bestanden hatten. Vielleicht beugten sie sich alle nur dem Unvermeidlichen, aber bei ihren Untertanen machte es sie nicht beliebt.

Pergamon war jetzt seit hundert Jahren römische Provinz. Als Alexanders drei Generäle – Antigonas der Einäugige, Seleukos und Ptolemaios – um Gebiete gebalgt hatten, war Asien an Seleukos gefallen. Aber es hatte sich erwiesen, daß er unfähig war, den Zerfall seines Königreiches zu verhindern, und Pergamon hatte sich gelöst.

Pergamon – Heimat des Giftgartens Attalos' III., Heimat des Pergaments, Heimat der größten Bibliothek außerhalb Alexandrias. Es hatte sich bemüht, uns Ptolemäern in Ägypten gleichzukommen, aber es hatte es nie ganz vermocht. Schließlich hatte es mit einem mächtigen Seufzer aufgegeben – wie ein Kamel, das sich mit seiner Last zu Boden sinken läßt – und alles an Rom vermacht. Und jetzt stand es da, seiner Macht entkleidet, und erwartete unsere Ankunft.

Wir sahen die flache Ebene und die höher gelegene Stadt schon von weitem. Was für eine beherrschende Lage! Die eigentliche Akropolis ragte tausend Fuß hoch über die Ebene und schimmerte weiß aus der Ferne. Wir zügelten unsere Pferde und schauten hinüber.

Unsere Rivalin im Wettbewerb um intellektuellen Status – das war alles, woran ich denken konnte. Einst hatten Pergamon und Alexandria um den Lorbeer der wahren künstlerischen und intellektuellen Tochter Athens gewetteifert. Aber Politik, Macht und Militär hatten andere Pläne mit Pergamon gehabt. Und was wäre aus Alexandria geworden, wenn Cäsar und Antonius nicht Männer – und ich eine Frau gewesen wäre? Oh, welch großes Glück, zur richtigen Zeit in der richtigen Gestalt geboren zu sein! Stumm dankte ich Isis. Ägypten war sicher – wie Pergamon es nie hatte sein können.

»Stadt der Legenden«, sagte Sosius. »Ich will stets dankbar sein, daß ich sie sehe.«

»Wenn man sich schon an Land aufhalten muß«, knurrte Ahenobarbus, »so ist Pergamon, denke ich, nicht der schlechteste Ort dafür.«

Als wir in die Stadt gekommen waren, ritten wir an dem zu Recht berühmten Heilkunde-Institut vorbei, dem Asklepion mit seinen heilenden Gewölbegängen und dem Hospital für Traumdeutung, und plagten uns dann die langgezogene Straße an der terrassierten Bergflanke hinauf, vorbei an Gymnasien, Bädern und Heras heiliger Stätte, vorbei an der unteren und schließlich an der oberen Agora – bis oben zur Akropolis selbst. Hier war das streng gesicherte Herz von Pergamon: die Bibliothek, das Theater, der Zeus-Altar und der Königspalast.

Die Stadtväter erwarteten uns – oh, so bang und aufgeregt –, um uns in den ehemaligen Königspalast zu geleiten, der jetzt als römisches Verwaltungsgebäude diente. Ein Festmahl stand bereit, uns nach unserer dreitägigen Reise zu erfrischen. Die Tische schienen sich unter der Last der goldenen Schüsseln und der Berge von Speisen zu biegen – nur, daß Eisen und Marmor sich nicht biegen können. Hohe Silberkrüge waren mit dem feinsten Wein von der nahegelegenen Insel Lesbos gefüllt, unseren Durst zu löschen.

Unsere Gesellschaft bestand aus mehr als zwanzig Leuten – nicht nur Sosius und Ahenobarbus, die künftigen Konsuln, waren dabei, sondern auch Dellius und Plancus und städtische Magistrate aus Ephesos wie aus Pergamon. Ihre Gemahlinnen waren ebenfalls dazugekommen, was der Veranstaltung eine unbeschwerte, gesellige Atmosphäre verlieh. Vielleicht hatte Antonius recht daran getan, seine ernsten politischen Anliegen in diese freundliche Hülle zu verpacken.

Ich saß ein paar Schritt weit von ihm entfernt und konnte sehen, wie er sich schnell nacheinander mehrere Becher Wein einverleibte – von Mäßigung war hier nicht die Rede! Er lachte und zeigte sich von seiner besten, überschwenglichsten Seite. Ich spitzte die Ohren, um zu hören, was er sagte, und beobachtete die Mienen von Sosius und Ahenobarbus, so gut es ging.

Man sprach über den Triumph für Sosius in Rom; er hatte ihn gerade vor einem Jahr gefeiert, und zwar zum Gedenken daran, daß er für Herodes die Parther siegreich aus Jerusalem vertrieben hatte. Jetzt war er in diese Regionen zurückgekehrt, aber ich konnte nicht umhin zu denken, daß uns besser gedient gewesen wäre, wenn er in Rom geblieben wäre. Wir brauchten dort alle Parteigänger, die wir bekommen konnten, und es wäre gut gewesen, einen populären Kriegshelden wie Sosius zu haben, und sei es nur als Gegengewicht zu Agrippa. Aber er war anscheinend am glücklichsten hier, wo er mehr Macht hatte – wie viele Römer »im Asieneinsatz«. Er war ein Mann mit ebenmäßigen Zügen und einem ruhigen Temperament, ganz anders als der barsche und launische Ahenobarbus.

Jetzt saßen sie beide vorgebeugt da und hörten aufmerksam Antonius zu, und dieser, das sah ich deutlich, ließ seinen berühmten Charme spielen. Er lächelte, er gestikulierte, er lachte und warf den Kopf in den Nacken, er gab ihnen vertrauliche Rippenstöße. Aber sie wahrten ihre Zurückhaltung: ein schlechtes Zeichen.

Ich hörte nur wenige Worte von Antonius: »neues Jahr« und »liegt ja auf der Hand« und »wohlverdient«. Ahenobarbus runzelte die Stirn, und –

»Heute nachmittag werden wir also eine Komödie zu sehen bekommen?«

Verflucht! Dellius, der neben mir saß, wollte sich unterhalten. Jetzt mußte ich mich von Antonius abwenden.

»Ja«, sagte ich. »Es ist Menanders *Jungfrau von Samos*. Der Tag ist zu schön, um ihn mit Tod und Tränen zu besudeln, selbst wenn es sich nur um ein Spiel handelt.«

Die Worte »Ich kann mich darauf verlassen« drangen von Antonius' Platz zu mir herüber, aber dann sagte Dellius: »Wir denken gleich, schöne Königin«, und er lächelte mich vielsagend an.

»Insofern, als wir beide Komödien schätzen?« fragte ich unschuldig. »Menander war Cäsars Lieblingsautor.« Das hatte mich immer gewundert, aber er mußte ihm geholfen haben, seine Lasten zu vergessen, genau wie der Wein es bei Antonius tat.

»Komödien würde ich niemals mit Cäsar in Verbindung bringen«, sagte Dellius.

Jetzt sah ich, wie Sosius und Ahenobarbus zu den in Scheiben geschnittenen und gewürzten Eiern griffen und dabei breit lächelten. Vielleicht war doch alles reibungslos verlaufen. Antonius schenkte strahlend Wein aus. Ja. Es war offensichtlich glattgegangen.

»Allergnädigste Majestät«, sagte der pergamenische Beamte an meiner anderen Seite, »ist dies dein erster Besuch hier?«

»Ja«, sagte ich. »Aber ich habe mich schon immer danach gesehnt, diese legendäre Stadt zu sehen. Mein Arzt würde sich besonders für das Asklepion interessieren, aber auch für den Garten des Attalos – falls es den noch gibt.«

»Einen kleinen Teil gibt es noch, Herrin, und es wäre mir eine Ehre, ihn dir zu zeigen. Er befindet sich in der Nähe der … Bibliothek.«

Ach ja. Die Bibliothek. Das war eine heikle Angelegenheit. Waren schon Schriftrollen fortgeschafft worden? Gähnten den Besuchern der Bibliothek Lücken in den Regalen entgegen? Aber wenn er es nicht erwähnte, würde ich es auch nicht tun. Das waren Grundbegriffe der Diplomatie, und zwar die fundamentalsten.

»Ich habe von der Statue der Athene hier gehört«, sagte ich. Die war wenigstens noch hier. Ich brauchte keine weitere Statue der Athene in Alexandria.

Am Nachmittag besuchten einige von uns das Heiligtum der Athene und den Zeus-Altar, während andere zum Garten des Attalos und zur Bibliothek geführt wurden. Der berühmte Garten mit den Giftpflanzen war viel kleiner als der, den Olympos hatte, und er wurde von Soldaten bewacht – zur Erhöhung des Effekts sicher ebenso wie aus anderen Gründen, vermutete ich. Jedes Beet war umgrenzt und beschriftet, und ich fragte mich, was an diesem Gartenstück so einzigartig sein mochte. Olympos würde es natürlich wissen. Ich bedauerte, daß er nicht da war.

»Manches davon ist leider eingegangen«, sagte mein Gastgeber. »Selbst Gift hat eine begrenzte Lebensdauer.« Er führte uns auf den Wegen entlang und warnte uns davor, Stiele oder Blätter zu streifen. »Und die Pflanzen hier auf dieser Seite werden als Gegenmittel benützt.«

»Wirken sie denn?« Dellius war standhaft an meiner Seite geblieben.

»Einige«, sagte unser Führer. »Attalos pflegte verurteilten Verbrechern die Gifte zu verabreichen und ihnen dann das mutmaßliche Gegenmittel einzuflößen. Einige der Männer blieben am Leben.«

Die Bibliothek, ein strenger Marmorbau, war viel kleiner als unsere in Alexandria. Ich fragte mich, wie man hier zweihunderttausend Rollen auch nur lagern wollte. Der Mann hielt sein Wort; er führte uns hinein und zeigte uns den Leseraum und die berühmte Statue. Ich sah selbst, daß viele Fächer leer waren; verloren starrten sie die wenigen Leser im Hauptraum an.

Ein mächtiger Wind pfiff um die Akropolis, als wir dort umhergingen; sie lag so hoch, daß es hier das ganze Jahr über windig sein mußte, und ich konnte mir vorstellen, daß es im Winter sehr kalt wurde. Die Bäume bogen sich und schwankten, und ihre Zweige peitschten die Luft; mein Umhang flatterte hinter mir und zog an mir wie ein Segel.

Es wurde Zeit für die Theateraufführung; Antonius und seine Gruppe erwarteten uns auf dem Gelände des Athene-Tempels oberhalb des Theaters. Ich hörte sie, bevor wir sie sehen konnten; der Lärm, den sie machten, verjagte die Stille und drang noch durch den Wind.

»Seid gegrüßt! Seid gegrüßt!« Antonius kam hereinmarschiert; er hielt einen Thyrsus aus einem Kiefernzweig in der Hand und fuchtelte damit herum. Schon von weitem sah ich, daß er sehr ausgelassen war – und betrunken. Seine Begleiter lachten und tollten umher – hatte er sie auch betrunken gemacht, oder wollten sie ihn nur bei Laune halten?

»Das Theater ruft!« Er sammelte alle um sich herum, ein vergnügter Schäfer mit seiner Herde. »Laßt uns hinabsteigen.«

Wir kamen um die zweigeschossige Stoa herum, die den Tempel umgab, vorbei an den Bronzestatuen besiegter Gallier in den Nischen, und es verschlug mir den Atem, als ich sah, daß das Theater jäh bis auf die mittlere Ebene der Stadt hinunterreichte. Es ging steil hinunter – so schien es wenigstens: abschüssigere Sitzreihen hatte ich nie gesehen. Sie sahen beinahe senkrecht aus. Tief unter uns lag die Bühne; von oben würde man sie im freien Fall erreichen können.

Antonius taumelte am Rande herum – machte er Spaß oder nicht? Bis zum Boden schienen es mehr als hundert Fuß zu sein. Ich lief zu ihm und faßte ihn beim Arm, um ihn zu halten. Aber er schüttelte mich ab und wedelte in scherzhafter Ermahnung mit der Hand. Tief unter uns strömte die Menge ins Theater und füllte die Sitze. Ganz unten in der ersten Reihe war die Königsloge aus Marmor, in der wir sitzen würden – falls wir sie je erreichten. Vielleicht wäre es am besten, über den Fußweg hinunterzugehen und von unten wieder hereinzukommen. Aber als ich es vorschlug, lachte Antonius nur – zu laut.

»Was denn, soll der Gott nicht aus diesen Höhen herabsteigen?« Und kühn stieg er auf die oberste Sitzreihe hinunter, wo er schwankend stehenblieb. Dann kletterte er auf die nächste Reihe hinunter, und von hier hüpfte er, die Füße zusammengedrückt, zur nächsten. »Kommt!« Er drehte sich um und winkte uns. Gleichzeitig tat er einen Schritt zurück, sein Fuß verfing sich in der Toga, und er fiel, sich überschlagend, in einem weißen Wirbel die Treppe hinunter.

Es ging so schnell, daß man kaum folgen konnte. Der steile Winkel und sein Körpergewicht beschleunigten seinen Sturz. Wie ein Pfeil schnellte Dellius ihm nach, aber der Geschwindigkeit des freien Falls kam nichts gleich. Dann schoß plötzlich Antonius' Arm vor, und er packte die Kante eines Sitzes. Der Schwung schleuderte ihn herum und ließ ihn mit dem Rücken gegen die Stufe schlagen. Er brauchte einen starken Arm, damit dieser ihn wie ein Scharnier im freien Fall herumschwingen und in die entgegengesetzte Richtung fliegen lassen konnte. Ich hörte ein lautes Krachen, als er auf den steinernen Sitz prallte – hatte er sich den Schädel eingeschlagen? Ich sah nur einen Haufen Kleider. Seitwärts, als wäre es eine Leiter, hastete ich die Stufen hinunter, aber Dellius hatte ihn schon erreicht. Andere folgten mir.

Dann schob sich langsam Antonius' Kopf aus der Toga hervor – wie bei einer Schildkröte, die aus ihrem Panzer hervorkommt – und benommen schaute er sich um. Noch immer hielt er mit seiner großen Hand die Sitzkante umklammert, und erst jetzt ließ er los. Ein blutiger Abdruck blieb zurück. Er schüttelte die Hand auf und ab, als wäre sie taub.

Dellius sprach mit ihm; er beugte sich über ihn, aber dann rappelte Antonius sich auf. Er war anscheinend unverletzt. Die voluminöse Toga, die sein Verhängnis gewesen war, hatte zugleich seinen Fall gemildert.

»Ein passender Anfang für eine Komödie«, sagte er herzhaft, um aller Welt zu versichern, daß ihm nichts geschehen sei. Nervöses Gelächter erhob sich in unserer Gesellschaft.

Ich nahm seine blutige Hand und stieg langsam mit ihm die Treppe hinunter zur königlichen Loge. Ich wagte nicht, zu sprechen. Ich war zutiefst erzürnt über ihn, aber der Schreck, der mich gepackt hatte, als ich ihn fallen sah, hatte meinen Zorn ausgelöscht.

Als wir Platz genommen hatten, sagte er zerknirscht: »Es tut mir leid.«

Als ich nicht antwortete, fügte er hinzu: »Es wird nicht wieder vorkommen.«

Meine Hand war glitschig von seinem Blut.

Schließlich sagte ich: »Vielleicht solltest du, wenn wir hinausgehen, dem Tempel des Dionysos einen Besuch abstatten und dem Gott danken, daß er dich beschützt hat.«

Die Schauspieler, Mitglieder der Gilde des Dionysos, kamen mit ihren Masken hervor, und die Komödie begann. Aber ich schaute kaum hin.

Nachdem am Abend die Platzwunden und Schrammen gesäubert und behandelt worden waren, sagte Antonius: »So eine Toga ist mörderisch.« Er lachte. »Ich bin mit dem Fuß –«

»Antonius«, sagte ich leise. »Es war nicht die Toga.«

Wir lagen nebeneinander im Schlafgemach des alten Palastes. Er hatte Mühe, eine erträgliche Position zu finden.

»Alles tut weh«, gestand er. Die Wirkung des Weins war längst verflogen, und er war stocknüchtern. »Gerade wenn ich welchen gebrauchen könnte, um den Schmerz zu lindern«, sagte er und fügte dann hastig hinzu: »Nur ein Scherz. Ich glaube, ich habe meine Lektion heute gelernt. Du hattest recht mit dem, was du neulich sagtest. Mäßigung ist erforderlich.« Er seufzte. »Und wie ich schon sagte: Mäßigung ist etwas, das mir nicht leichtfällt.«

Ich sah immer wieder diesen Sturz vor mir; wieder und wieder ging er mir durch den Kopf. Mich schauderte. »Um deiner selbst willen mußt du sie erlernen«, sagte ich, und ich merkte, daß ich mich anhörte wie ein harter Lehrer. Warum fällt es uns so schwer, streng zu sein mit denen, die wir lieben, selbst wenn es in ihrem eigenen Interesse ist?

»Ja, ich weiß. Octavian wird es sonst gegen mich verwenden.«

»Das ist der letzte Grund. Es ist gefährlich – das wurde dir heute bewiesen.«

»Der Tag heute war sehr erfolgreich.« Jetzt zog er es also vor, das peinliche

Thema fallenzulassen. Er verlagerte sein Gewicht und verschränkte die Arme hinter dem Kopf. »Autsch!« Nach einer Pause fuhr er fort: »Ahenobarbus und Sosius werden dem Senat meinen Bericht vortragen, sobald sie im nächsten Monat ihr Amt antreten. Sie pflichten mir bei, daß meine Sache in Rom vertreten werden muß. Was für ein Glück wir haben, daß diese beiden in diesem Jahr Konsuln sind – *meine* Männer.«

»Du hast sie also für deinen Plan gewonnen.«

»Da gab es nichts zu gewinnen. Die Vorzüge der Angelegenheit sprachen für sich.«

»Warum warst du dann so nervös, daß du dich betrinken mußtest?«

Lange schwieg er. »Eine gute Frage. Vermutlich, weil so viel davon abhängt. Ich *muß* das Wohlwollen des Senats zurückgewinnen; unsere Zukunft hängt davon ab.«

Ich war so völlig anderer Meinung, daß ich überhaupt nichts sagte. Es quälte mich zu sehen, wie besessen er vom Senat war. Der Senat konnte ihm nichts gewähren, was sich zu haben lohnte. Was er wollte, würde er *trotz* des Senats erringen müssen. Aber Antonius war kein Revolutionär wie sein Rivale, der seine imperialen Ambitionen unter einer republikanischen Staffage verbarg.

Ich schloß die Augen und zwang mich zum Schlafen.

Wer hätte vorhersagen können, was dann geschah? Kein Astrologe prophezeite es, kein Wahrsager deutete es auch nur an. Nicht, daß ich ihnen geglaubt hätte, wenn sie es getan hätten.

Nach drei Monaten kam der Senat zu uns.

Jawohl, die mächtigen römischen Senatoren – oder doch ein Teil davon – kamen als Flüchtlinge nach Ephesos, aus Rom verstoßen von Octavian.

Vor ihnen, gerade rechtzeitig, um uns zu warnen, erschienen Sosius und Ahenobarbus mit einer schnellen liburnischen Galeere und eilten schnurstracks zu unserem Haus, wo wir im Atrium saßen und das schöne Frühlingswetter genossen. Die Sonne schien senkrecht vom Himmel und ließ das kleine viereckige Wasserbecken mit dem Mosaikboden funkeln.

»Imperator!« rief Ahenobarbus schon von der Tür her. »Wir sind aus Rom verjagt worden!«

Hinter ihm kam Sosius; er keuchte noch, denn sie waren im Laufschritt vom Hafen heraufgekommen.

Wir starrten sie an wie Gespenster. Sie sollten tausend Meilen weit fort sein und dem Senat vorstehen – unsere Interessen vertreten.

»Was?« Antonius sprang auf und ließ die Briefe fallen, die er auf dem Schoß liegen hatte, um sie zu lesen. Einer von ihnen rollte ins Wasserbecken und versank gurgelnd.

»Edelster … edelster … ja, Triumvir kann ich nicht mehr sagen …«, stammelte Sosius bestürzt.

Ja, das Triumvirat war mit dem neuen Jahr offiziell zu Ende gegangen und würde wohl kaum erneuert werden! Octavian war jetzt ein privater Bürger, formal gesehen zumindest. Antonius dagegen hatte immer noch seinen militärischen Oberbefehl und seinen östlichen Titel »Autokrator«.

»Bitte setzt euch doch.« Antonius war stets ein zuvorkommender Gastgeber. »Erfrischt euch!« Er schleppte für sich selbst eine Bank heran und ließ sie auf den guten Sesseln Platz nehmen, als wäre dies ein Höflichkeitsbesuch.

Sie ließen sich nieder und zogen die Toga über den Knien zurecht. Ahenobarbus sah wild aus; seine Augen blitzten über dem drahtigen Bart.

»Du hast nichts davon gehört?« fragte er. »Du hast meine Nachrichten nicht erhalten?«

Antonius schüttelte den Kopf. »Berichte es mir jetzt.«

Ahenobarbus grunzte. »Die lange oder die kurze Fassung?«

»Erst die kurze«, sagte ich. Er funkelte mich an und wandte sich dann wieder Antonius zu, aber wenn er erwartet hatte, daß Antonius anderer Meinung sein würde, sah er sich enttäuscht.

»Im ersten Monat des neuen Jahres sollte ich dem Senat vorsitzen«, sagte er. »Nach meiner Einschätzung war das Klima völlig ungeeignet für die Verlesung deines Berichts.«

»Aber wie sonst sollte Rom es erfahren?« platzte ich heraus. Mir schien, daß er seine Befugnisse überschritten hatte, wenn er sich entschieden hatte, die Bekanntgabe zu unterlassen. Das hatten wir zu entscheiden, nicht er.

Jetzt warf er mir einen giftigen Blick zu und fuhr dann steif fort. »Es herrschte solche Feindseligkeit gegen deine Politik im Osten, daß ich das Gefühl hatte, ich würde sie nur noch weiter reizen, wenn ich deine Schenkungen erwähnte. Octavian war nicht in Rom. Ich hoffte, es würde mir gelingen, die Stimmung zu erkunden und dann eine Strategie zu entwerfen. Aber *er*« – er schoß einen wütenden Blick auf Sosius ab – »als er einen Monat später den Vorsitz übernahm, beschloß er, Octavian unmittelbar anzugreifen und einen Mißbilligungsantrag gegen ihn zu stellen. Dann legte ein Tribun sein Veto dagegen ein. Und bevor wir wußten, wie uns geschah, erschien Octavian im Haus des Senats, umgeben von Bewaffneten, und bedrohte uns. Er weigerte sich, uns deinen Bericht überhaupt verlesen zu lassen – nicht einmal, soweit er die armenische Eroberung anging. Er erklärte, er werde am nächsten Tag wiederkommen und alle seine Beschwerden gegen dich vortragen; er werde schriftliche Beweise vorlegen und die ›Kreaturen‹ des Antonius ihrer Bestrafung zuführen. Wir kehrten am genannten Tag nicht zurück, sondern reisten ab. Dreihundert Senatoren zogen es vor, uns zu begleiten. ›Alle anderen Verräter, die sich dazu berufen fühlen, sollten jetzt ebenfalls verschwinden!‹ warnte Octavian. So folgen sie uns nun – der halbe Senat!«

Antonius war wie vom Donner gerührt. Ihm fehlten die Worte.

»Und wo steht dann die wahre Regierung Roms?« fragte ich. »Rechtlich gesehen – welche Hälfte des Senats zählt?«

»Rechtmäßigkeit können sie beide beanspruchen«, sagte Sosius. »Der Tradition zufolge ruht die Regierungsmacht beim Senat, wenn er sich anderswohin flüchten muß. In diesem Fall aber ist eine große Zahl von Senatoren zurückgeblieben. Jetzt hat Rom überhaupt keine Regierung! Das Triumvirat ist ausgelaufen, der Senat ist gespalten ...« Er sah aus, als wollte er gleich in Tränen ausbrechen. »Wir treiben auf gefährlicher See.«

»So fasse dich!« kläffte Ahenobarbus.

»Ich kann einen weiteren Bürgerkrieg nicht ertragen!« jammerte Sosius. »Das geht nun schon so lange so ... Wird Rom denn niemals Ruhe finden? Cäsar, Pompejus, Sextus, und jetzt du und Octavian – nein, nein!« heulte er. »Noch einen halten wir nicht mehr aus.«

»Wir werden es müssen«, sagte ich forsch.

»Was soll das heißen: ›wir‹?« grollte Ahenobarbus. »Du bist kein Römer.«

»Ich bin aufs innigste verwickelt in alle diese Umwälzungen«, sagte ich. »Seit ich vor fünfzehn Jahren Cäsars Sohn zur Welt brachte, bin ich ein Teil der römischen Politik, ob es dir gefällt oder nicht.«

»Es gefällt mir *nicht*!« gab er zurück.

Ich war verblüfft – nicht über seine Gefühle, sondern über seine Ehrlichkeit. »Es gibt Tage, da gefällt es mir auch nicht«, sagte ich.

Noch immer hatte Antonius die Sprache nicht wiedergefunden. Die beiden Konsuln wandten sich ihm zu und warteten.

»Imperator«, bat Sosius, »sag uns ... was sollen wir tun?«

»Ich weiß es nicht«, sagte Antonius schließlich. Er sah ratlos aus. »Wo um alles in der Welt sollen wir mit so vielen Senatoren hin?«

»Du hast den Senat doch so sehr verehrt«, erinnerte ich ihn. »Jetzt hast du ihn am Hals!« Vielleicht war ich grausam, aber ich war auch bestürzt. Das alles war ein scheußlicher Wirrwarr – und Octavian steckte voller Überraschungen.

Sie kamen innerhalb weniger Tage, ergossen sich von den Schiffen und irrten die Hauptstraße hinauf ins Herz der Stadt, ihre Habe an sich gedrückt.

Wie sonderbar sie aussahen, so fern von Rom! In eine andere Kulisse versetzt, verloren sie ihre furchteinflößenden Eigenschaften und sahen aus wie gewöhnliche Fremde.

Um Unterkunft für sie zu finden, mußten wir die Gastfreundschaft der Epheser auf eine harte Probe stellen.

Octavian hatte unverzüglich zwei seiner Leute – Valerius Messalla und Cornelius Cinna – auf die vakanten Konsulatsstellen gesetzt. Die Reihen hatten sich hinter uns geschlossen. Unsere Konsuln waren abgesetzt. Unsere gesamte Partei war im Exil. Es gab nur noch eine Möglichkeit zur Rückkehr – wir mußten kämpfen, Octavian besiegen und im Triumph in Rom einziehen. Endlich war es soweit. Zwölf Jahre hatte ich seit Cäsars Tod darauf gewartet, seinen wahren Erben anerkannt und den falschen vom Thron gejagt zu sehen. Denn ein Thron war es: der römische Thron, geschaffen von Cäsar, bestimmt für seinen Sohn.

Die Streitkräfte sammelten sich in Ephesos. Antonius hatte jetzt acht Geschwader mit jeweils sechzig Schiffen und dazu für jedes Geschwader vierzig Nachschubschiffe und fünf Späher – fast fünfhundert Schlachtschiffe also und noch einmal an die dreihundert Transporter und Versorgungsschiffe. Achthundert Schiffe umfaßte unsere Flotte insgesamt – eine atemberaubende Zahl. Zum ersten Mal seit Alexander lag die gesamte Seemacht des Ostens in der Hand eines einzigen Mannes.

Canidius hatte die sechzehn Legionen aus Armenien hergebracht, und aus Makedonien wurden noch einmal sieben herangezogen. Alle Klientenkönige des Ostens hatten uns Truppen versprochen: Archelaos von Kappadokien, Amyntas von Galatien, Tarkondimotos von Amanos, Mithridates von Kommagene, Deiotaros von Paphlagonien, Rhoemetalkes und Sadalas von Thrakien, Bocchus von Mauretanien, Herodes von Judäa, Malichos von Nabatäa und der König von Medien. Alles in allem ging es um etwa fünfundzwanzigtausend Mann zusätzlich zu unseren fünfundsiebzigtausend Legionären.

Habe ich vergessen zu erwähnen, daß ich dies alles finanzierte? Ja, die ägyptische Staatskasse übernahm alle Kosten für den Unterhalt dieser Armee und der Flotte – insgesamt ein Aufwand von rund zwanzigtausend Talenten. Eine hohe Summe, wenn man bedachte, daß es ungefähr fünftausend Talente kostete, eine Legion im Felde ein Jahr lang zu unterhalten. Es war auch mehr als das, was mein Vater ursprünglich Rom insgesamt geschuldet hatte. So gut war es Ägypten in den Jahren meiner Herrschaft ergangen, daß mir das, was für ihn eine gewaltige und schier unbezahlbare Schuld gewesen war, jetzt nach Belieben zu Gebote stand.

Ich stand also für sämtliche Kosten gerade und trug die ganze Armee auf meinem Rücken – besser gesagt, auf dem Rücken des Staatsschatzes. Und dennoch wagten die Römer, mir zu befehlen, ich solle abreisen! Ihre Unverschämtheit verschlug mir noch jedesmal die Sprache. Ohne mich gäbe es keine Armee, keinen Proviant, kein Quartier für sie, kein Brot und keinen Wein …

Und trotzdem versuchten sie Antonius zu überreden, mich fortzuschicken!

Ahenobarbus fing damit an und brummte: »Alles wäre gut, wenn nur Kleopatra nach Ägypten zurückkehrte.« Andere stimmten in diesen Chor ein und behaupteten, meine Anwesenheit sei schädlich für Antonius' Sache. Inwiefern, sagten sie nicht. Und die ganze Zeit aßen sie mein Brot!

Antonius hörte nicht auf ihr Murren. Später wurde es lauter, aber in diesem Frühling war es noch leise genug, daß man es überhören konnte.

Wir beschlossen, etwas zu tun, was auch Alexander getan hatte: ein Fest mit Musik, Theater und Gedichten zu veranstalten, bevor wir in den Krieg zogen. Es war eine sehr griechische Idee; kein Römer wäre darauf verfallen. Aber kämpften wir nicht, um unsere unterschiedliche Lebensweise zu erhalten?

Und so befahlen wir, alles möge sich auf der Insel Samos versammeln, die gleich am Rande der breiten Bucht von Ephesos liegt.

# 70

Die Marmorsitze des Theaters leuchteten violett im Zwielicht wie andere Nachtwesen, die in der Morgen- oder Abenddämmerung leuchten: Leuchtkäfer, Irrlichter, Glühwürmchen, das schimmernde Kielwasser eines Schiffes im Mondschein. Sie zogen sich am Hang hinauf – ein sanfter Hang hier auf Samos –, und menschenleer warteten sie geduldig auf das Publikum, das ja kommen mußte.

Die flachen Steinplatten der Bühne, die ebenfalls leer war, luden mich ein, sie zu betreten. Ich tat es, langsam und gemessen schreitend, und alle paar Schritte wandelte sich meine Rolle. Ich war Medea, die Hände rot vom Blut. Ich war Antigone, die ihren blinden Vater führte. Ich war die jungfräuliche Prophetin Kassandra. In den Augenblicken, da ich mich verstellte, fühlte ich, wie sich in mir etwas veränderte. Hätten mich Reihen von Gesichtern angeschaut, so hätte ich auch sie überzeugen können, daß ich jemand anders war.

Wie sonderbar, solche Macht und Freiheit, dachte ich – zu tun, als sei man jemand anders, jemand, den es vielleicht nie gegeben hat oder der längst tot ist. Auf eine göttliche Weise läßt es mich – für einen kurzen, oh, so kurzen Augenblick – dem Leblosen Leben einhauchen, den Schatten Blut und warmen Atem spenden.

Und warum sollte ich mich auf die Verkörperung anderer Frauen beschränken? Warum nicht Ödipos selbst sein, oder Achilles – oder wer ich sonst sein wollte? Die Phantasie in vollem Lauf kann grenzenlos sein, und der größte Unterschied zwischen mir und all jenen war nicht der zwischen Mann und Frau, sondern er bestand im Dasein an sich.

Stille. Kein Publikum und daher auch keine Wiedergeburt für all die toten Helden. Wenigstens nicht heute abend. Ich hätte sie kraft meines Willens erscheinen lassen, aber die einzige sterbliche Hülle, die sie benützen konnten, war der Körper eines Schauspielers mit einem Publikum, das ihn sehen konnte.

Schauspiel ist die einzige Kunst, die man nicht allein ausüben kann, erkannte ich, wenn man sich dennoch als Künstler bezeichnen wollte. Es kann heimliche Dichter geben, heimliche Maler, heimliche Musiker, aber keine heimlichen, einsamen Schauspieler. Einem Schauspieler ohne Publikum fehlt ein wesentliches Element.

»Allein?« fragte Antonius in lautem Flüsterton.

Ich war verlegen. Wie lange beobachtete er mich schon? Hatte er erraten, was ich hier tat? Ich mußte über meinen Dünkel lächeln: Als wäre meine Schauspielerei so gut, daß er gleich wissen mußte, welche Figur ich hier nachahmte. Noch dazu in diesem schwindenden Licht.

Ich drehte mich um. Ich sah ihn nirgends, und die Sitzreihen waren so leer wie zuvor. Jetzt verblaßte sogar der purpurrote Schimmer und erstarb allmählich, derweil die Nacht allem seine Farbe raubte.

»Bei der Probe?« Jetzt schien die Stimme anderswo herzukommen. Aber ringsum war nur Leere.

»Wo bist du?« flüsterte ich, und die vollkommene Anlage verstärkte meine Stimme so sehr, daß sie überall zu hören war.

»Überall«, kam die Antwort. »Du kannst mir nicht entkommen.«

»Dann komm und zeige dich.« Ich wartete und war sicher, daß ein Rascheln oder eine Bewegung mir verraten würde, wo er war. Aber im Dunkeln sah ich nichts.

Ein leichter, warmer Wind wehte den Hang herunter und trug den Duft von frischem Wiesengras und Thymian heran. Frühling auf einer ostgriechischen Insel – näher konnten wir im Leben den elysischen Gefilden nicht kommen.

Eine schmale Mondsichel hing tief am Himmel; sie schwebte über den Feldern. Wo war Antonius? Wir mußten jetzt Hand in Hand über die warme, duftende Ebene spazieren.

»Wer möchtest du am liebsten sein?« Wieder schien die spöttische Stimme von woanders zu kommen. »Beantworte mir das, und ich werde es dir selbst gewähren.«

»Ich möchte nicht für immer jemand anders sein.« Ich erkannte das unverhoffte Vergnügen, das in diesem Spiel lag. »Aber ich denke, heute abend wäre ich gern eine der Göttinnen des sanften Windes, denn dann könnte ich fliegen und über die Insel wehen, wie es mir gefällt.«

So, jetzt hatte ich mitgespielt, und er mußte sein Versprechen erfüllen.

Er tauchte hinter dem Altar des Dionysos auf, der fast in der Mitte der Bühne stand, und lugte darüber hinweg wie ein Schuljunge. Ich war verblüfft – wie hatte er sich dort verstecken können, ohne daß ich ihn gesehen hatte? »Manchmal ist das, was du suchst, zum Greifen nah«, sagte er und trat hervor.

»Wenn man es nicht sieht, hilft das wenig. So – kannst du mich jetzt das Fliegen lehren?«

»Dionysos könnte es – mit dem Mittel des Weins«, sagte er. »Und wir haben die Mitglieder der ›Dionysischen Schauspielergilde‹ eingeladen, nach Samos zu kommen und für uns zu spielen – und so werden wir alle fliegen.«

Ich lachte. »Eine listige Antwort.« Der Wind wisperte in meinen Ohren. »Ach, Antonius – dieses Fest ist so feierlich und bedeutsam. So zogen die alten Griechen in den Krieg – als der Krieg noch ein Ritual und ein Wettkampf war und keine Wissenschaft. Mit Spielen, Theater und Musik suchten sie die Götter zu versöhnen ... Vielleicht hätten wir es nicht tun sollen.« Der heilige Charakter des Ganzen – war er nicht verlorengegangen, in Vergessenheit geraten, so daß alle Welt hier nur Ausgelassenheit sehen würde? Damit aber brachte man uns so schon oft genug in Verbindung. Gäben wir die alten Bräuche indessen vollends auf, so wäre das eine Kränkung derselben Götter, deren Hilfe wir uns doch wünschen mußten. Als läge uns mehr an dem, was Octavian und Horatius dachten, als an Zeus selbst ... »Sie werden sich in Rom über uns lustig machen«, sagte ich.

Er zuckte die Achseln. »Wir werden es nicht hören.« Er ging auf der Bühne umher. »Hier werden unsere Gedanken sein – bei dieser Wiederaufführung der machtvollen Taten der Götter und Heroen. Mögen wir uns ihrer würdig erweisen!« Plötzlich nahm seine Stimme einen Rednertonfall an, der nicht mehr nur an mich gerichtet war. Er sprach zu einem unsichtbaren Publikum – einem vergangenen und einem, das noch kommen würde. »Diese Taten dürfen nicht in Vergessenheit geraten. Wir schaffen unsere Ahnen in unserem eigenen Leben neu – sie träumen den Zustand, in dem wir uns befinden. Wenn wir leben, leben sie auch. Sie tanzen noch einmal im Sonnenschein und fühlen die Strahlen, die das Leben süß machen.«

Seine Stimme ließ mich erschaudern. Die Toten heraufbeschwören, ihnen durch uns das Leben zu schenken ... Ja, das Theater war vielleicht die furchtbarste und zugleich großzügigste Tat, die wir vollbringen konnten.

»Werden die Senatoren das verstehen?« fragte ich. »Und die Klientenkönige, die mit griechischem Denken nichts zu schaffen haben?«

»Du machst dir allzu viele Sorgen deswegen. Zumindest werden sie sich unterhalten. Und zweifellos werden sie es angenehmer finden als die römische Art, einen Krieg zu beginnen – denn dort beginnt man ihn nicht mit einem Theaterstück, sondern mit neuen Steuern.«

Ich lachte. Ja, die Römer stöhnten unter dieser Bürde – sie hatten Geldsorgen. Octavian würde demnächst eine Steuerkampagne in die Wege leiten, die ihn verhaßt machen mußte. Er würde von jedem ein Viertel seines Einkommens verlangen, um seine Armee zu finanzieren. Den Römern, die daran gewöhnt waren, ihre Regierung mit dem Tribut aus den Provinzen zu bezahlen, statt selbst dafür aufzukommen, stand ein Schrecken ins Haus.

Irgendwo in der Nacht hörte ich Musik – Trommeln, Flöten, Leiern –, und Stimmen sangen ein Lied.

»Sie proben«, sagte Antonius. »Die dionysischen Gesänge werden die Insel erfüllen.«

Süße, spukhafte Melodien schwebten über uns in der warmen Luft.

»Da singen die Geister«, sagte ich.

»Da seufzen die Geister«, sagte er.

Wir standen nebeneinander und lauschten.

Schließlich nahm ich ihn bei der Hand. »Laß uns spazierengehen. Hier führt ein Weg ins Feld ...«

Er schlängelte sich zu einer Ruine, deren Dach längst verschwunden war. Den verwitterten Säulen fehlten die Kapitelle. Hohes Unkraut und Gestrüpp säumten den Pfad und griffen nach unseren Kleidern. Aber von der Anhöhe aus sahen wir das flache Meer und die schmale Kluft zwischen Samos und dem Festland. »Kanal der Sieben Stadien« nannte man diese Meerenge; das hieß, sie war nicht breiter als das Wasser zwischen Pharos und dem Festland von Alexandria. Dennoch vermittelte eine Insel immer ein ganz eigenes Gefühl, wenn es wirklich eine Insel war.

Müßig fragte ich mich, wann eine Insel sich wohl nicht mehr anfühlte wie eine Insel ... Wenn man bei Ebbe zu Fuß hingelangte? Wenn ein Steindamm gebaut wurde, der sie mit dem Festland verband? Pharos kam mir jedenfalls nicht mehr vor wie eine Insel und Tyros auch nicht. Das einst unbesiegbare Tyros ... das Alexander bei seiner Belagerung mit dem Festland verbunden hatte.

Alexander ... Ja, er würde verstehen, was wir hier auf Samos taten. Er würde morgen dabei sein.

Mehr als zwanzig Tage lang hallte die Insel von den Festlichkeiten wider, derweil die Führer unserer Streitkräfte sich hier versammelten, um den Segen zu empfangen und sich an Wein, Speise, Gesang und Theater gütlich zu tun. Die Klientenkönige hatten Ochsen aus ihren Städten mitgebracht, um sie hier zu opfern, und bei einer besonderen Zeremonie nur für sie – für die Herrscher von Kappadokien, Kilikien, Mauretanien, Paphlagonien, Kommagene, Thrakien, Galatien – erinnerte Antonius sie mit seiner tönenden Stimme an die Prophezeiung vom Aufstand des Ostens gegen Rom, das geschoren und geduckt werden würde. »Die Frau, die Rom das Haar scheren wird, die Witwe, steht hier neben mir: die Königin von Ägypten. Und wir kämpfen gemeinsam im Namen des Erbes ihres Sohnes. Nicht euer Land wird verkleinert werden, nicht euer Territorium, sondern Rom wird sein Los treffen.«

Dunkles Gemurmel erhob sich, beifällig und sehnsüchtig. Dies war ihr Augenblick, der Augenblick, den der Osten seit mehr als hundert Jahren anstrebte. Was Mithridates nicht vermocht hatte, würden wir vollbringen: Wir würden den Osten von seiner Demütigung befreien.

Tag für Tag schallte der Lärm unserer Feste von den Bergen zurück. »Wie werden sie erst ihren Sieg feiern, wenn sie schon zu Beginn einen so festlichen Aufwand treiben?« fragten sich die Leute – und genau diese Frage sollten sie sich stellen. Freund und Feind sollten wissen, daß wir nichts zurückhalten würden: Hier würden wir unser ganzes Wesen, unser Geld, unsere Truppen, unsere Flotte, unsere Schöpferkraft auf die entscheidende Probe stellen.

Im Mai zogen wir nach Athen, nachdem wir die Armee ins südliche Griechenland verlegt hatten.

Griechenland. Ein römischer Bürgerkrieg würde in Griechenland entschieden werden, zum dritten Mal in nur siebzehn Jahren. Zum dritten Mal würde die dünne, harte Erde Griechenlands das Blut von Römern trinken, die um die Herrschaft in ihrer Heimat kämpften.

Jede dieser Schlachten hatte tiefgreifende Folgen für mich gehabt. Die erste hatte Cäsar in mein Leben geführt, die zweite Antonius. Jetzt war es das Schicksal meiner Kinder, das sich bei dem bevorstehenden Zusammenprall entscheiden würde. Würden sie ihr Erbe bekommen, abgesichert durch Antonius' Sieg, oder würden sie alles verlieren und ins namenlose Nichts außerhalb der Geschichte verbannt werden?

Bei diesem Feldzug durfte es keinen Fehler geben. Pompejus hatte gegen Cäsar verloren, weil er bei seinem anfänglichen Sieg nicht nachgesetzt hatte und weil seine Strategie nicht flexibel genug gewesen war. Brutus und Cassius hatten Selbstmord begangen, nachdem sie Signale aus ihrem eigenen Lager falsch gedeutet hatten. Mir war nicht entgangen, daß die Verlierer in beiden vorhergehenden Auseinandersetzungen diejenigen Römer gewesen waren, die in Griechenland in Stellung gegangen waren; gesiegt hatten die Römer, die von Westen her einmarschiert waren. Nein, es durfte keine Fehler geben.

Wir hatten neunzehn römische Legionen für diesen Krieg im Einsatz. Weitere elf standen Wache in Ägypten, Syrien und der Kyrenaika, in Bithynien und Makedonien.

Griechenland würde also das Schlachtfeld werden. Aber welcher Teil von Griechenland? Der Norden? Der Süden? Die Mitte? Wo sollten die Truppen aufmarschieren?

Wieder und wieder hatten wir diese entscheidende Frage erörtert und mit einigen der Senatoren und auch mit unseren Generälen beraten – spät nachts, wenn die Feiernden längst zu Bett gegangen waren. Nach dem Vergnügen wurde die eigentliche Arbeit in Angriff genommen, wurden die eigentlichen Entscheidungen getroffen. Und in Athen würde es so weitergehen.

Mein Leben lang hatte ich nach Athen reisen wollen. Als Kind hatten mich meine Lehrer über den glorreichen Quell unserer gesamten Kulturgeschichte unterrichtet, die Mutter aller Griechisch sprechenden und griechisch gebildeten Menschen. Dann hatte mein Vater dort einige Zeit verbracht, nachdem er vom Thron vertrieben worden war, und ich hatte mich immer zu ihm gewünscht. Und danach hatte es – ganz gleich, in welchem Alter ich gewesen war – in Athen immer etwas gegeben, das mich gereizt hatte: die Architektur, die Kunst, die Gelehrten, die Schulen der Rhetorik und der Philosophie, die Tempel und die geistreichen Zirkel. Athen war ein Ort, aus dem man nicht herauswachsen konnte.

Für mich als griechisch gebildete Makedonierin war Athen immer ein spiritueller Wallfahrtsort gewesen. Dann aber hatte es den dunklen Farbton der Verbindung mit meinen Feinden angenommen. Brutus war dort umherstolziert und hatte unter den Statuen seiner Idole posiert, der alte »Tyrannenmörder«. Die Athener hatten ihm sogar als »Liberator« zugejubelt, als er sich nach dem Mord an Cäsar dorthin geflüchtet hatte, und ihm selbst eine Statue errichtet. Cicero hatte sich dort niedergelassen, wo sie ihn fast so sehr priesen, wie er sich selbst pries. Und dann – hier hatte Antonius den größten Teil seines Ehelebens mit Octavia verbracht.

Und, oh! Die Athener hatten sich selbst übertroffen in ihren Bemühungen, Octavia zu ehren, ihr bald diesen, bald jenen Titel zu verleihen und Inschriften für sie anzubringen! Und so war Athen *ihre* Stadt geworden und war damit für mich verdorben. Als ich nun endlich hinkam, war sie von meinen Feinden und Rivalen in Besitz genommen.

Antonius zeigte in bezug auf all das selige Ahnungslosigkeit. Als wir die breite, einladende Allee hinaufzogen, die von jubelnden Massen gesäumt war, rollte unser Wagen geradewegs unter einer Tafel dahin, die Octavia als »Göttin der guten Werke« und als »Athena Polias« ehrte. Ich schaute sie an, und die Wirklichkeit dieses Anblicks ließ mich erstarren. Ich umklammerte seinen Arm und sagte: »Schau!«

Er drehte den Kopf. »Was?«

»Diese Tafel dort!« Ich wollte nicht darauf zeigen, denn andere würden es sehen.

»Welche Tafel?«

Aber inzwischen waren wir daran vorbei. Ich ließ seinen Arm wieder los. »Schon gut.« Aber für mich stand fest, daß er sich jetzt offiziell von ihr scheiden lassen mußte. *Sofort*.

Während einer unserer Sitzungen hatte es von Senatoren und Generälen diesbezüglich diskrete Andeutungen gegeben – aber sie hatten nicht in die richtige Richtung gezielt. Sie hatten Antonius daran erinnert, daß der Bruch mit Octavian nicht irreparabel sei – schließlich sei er ja noch mit seiner Schwester verheiratet. Ahenobarbus hätte beinahe laut erklärt, am liebsten wäre es ihm, wenn Antonius zu ihr zurückkehrte, denn dann brauchte es keinen Krieg zu geben. Aber nicht einmal er hatte gewagt, so weit zu gehen – zumindest nicht vor mir.

Ich ertrug es nicht länger. Fünf Jahre lang – fünf Jahre! – hatte ich mich den politischen Argumenten von der Klugheit der Aufrechterhaltung einer formellen Bindung zu Octavia gebeugt. Ich hatte Antonius' klägliche Ausreden von ihrer bevorstehenden Mutterschaft hingenommen – und daß man sie als Waffe gegen ihn verwende und daß sie so zarte Gefühle habe.

Keines dieser Argumente würde mehr gelten. Sie waren abgestanden und unerheblich, und all die von Zurückhaltung diktierten Gründe, den Schein zu wahren, zerbarsten unter der Last des Schmerzes, den es mir bereitete, die Erinnerung an sie über die ganze Stadt verbreitet zu sehen.

Wir wohnten in … nein, nicht in einem Palast, denn die Griechen hatten keine Könige. Aber es hätte leicht einer sein können. Ich habe schon bemerkt, daß dort, wo es keine Könige gibt, die reichen Bürger leben, als wären sie welche, und statt eines Palastes gab es daher Dutzende.

Antonius sah über die Maßen zufrieden aus, als er in unserem Schlafgemach auf und ab tappte, wie um es zu vermessen. Er trug das, was ich sein »orientalisches Potentatengewand« nannte: rote Seide, mit Goldfäden und Perlen dicht bestickt und mit weiten Ärmeln. Verzierte Pantoffeln schlappten an seinen Füßen.

Wenn er nicht als degenerierter Orientale bezeichnet werden will, dachte ich, dann sollte er dieses Kostüm aufgeben. Aber ich sagte nichts; heute abend war nicht der rechte Augenblick, ihn mit Geringfügigkeiten zu provozieren, wenn ich ihn in der Hauptsache zur Rede stellen wollte.

Die Akropolis, gekrönt vom Parthenon, war von unserem Fenster aus sichtbar, und der gerade vollgerundete Mond verlieh dem stillen Weiß Lebendigkeit. Antonius war stehengeblieben und starrte hinüber.

Ich trat neben ihn. Das legendäre Parthenon, endlich … Mein Leben lang hatte ich von meinem Fenster aus den weißen Leuchtturm von Alexandria gesehen, und jetzt füllte da ein anderes Wunder aus weißem Marmor mein Blickfeld aus. Doch dann erschien ungebeten Antonius vor meinem geistigen Auge, wie er bei seinen wilden Festen vor wenigen Jahren als Bacchus auf den Hängen der Akropolis umhergetollt war. Und Antonius, wie er sich in der alljährlichen Zeremonie der Athene im Parthenon mit der Göttin hatte »verloben« lassen. Die Stadt gehörte ihm in einer Weise, wie sie mir niemals gehören konnte. Ich war nur die zu spät gekommene Besucherin, die Außenseiterin.

Ich würde diesen Augenblick nicht verderben, indem ich Octavia erwähnte. Mochte er sich das Parthenon anschauen, solange er wollte; ich würde stumm neben ihm stehen. Aber wenn er sich abwandte …

»Antonius, die Zeit ist gekommen.« Hoffentlich klang meine Stimme sanft und überzeugend, nicht zänkisch. Aber schon während ich diese Worte hervorsprudeln ließ, tadelte ich mich im stillen für meine Unverblümtheit. Feinfühlig hätte ich vorgehen sollen, betörend – aber meine eigenen Gefühle waren zu stark, als daß ich sie hätte verbergen können.

Er schaute mich erwartungsvoll an. Er glaubte, jetzt würde etwas Gutes kommen; er stellte sich vor, ich hätte eine exotische Zerstreuung in unsere Gemächer bestellt oder ich hätte Platten mit athenischen Delikatessen heraufbringen lassen. »Ja?« sagte er eifrig.

Ich faßte ihn beim Arm und legte meinen Kopf an seine Schulter. »Du mußt dich von Octavia scheiden lassen«, sagte ich leise.

»Was?« Stirnrunzelnd drehte er mich so herum, daß ich ihn anschaute. »Warum sagst du das?«

*Weil ich es nicht länger ertragen kann. Ich ertrage meine unklare Stellung in den Augen der Welt nicht länger, und ich ertrage es nicht, dich zu teilen. Und am Vorabend eines Krieges soll alles geklärt und geordnet sein, jede Schuld bezahlt.* Bescheiden schlug ich die Augen nieder. »Weil … du es lange genug hinausgeschoben hast. Es verwirrt unsere Freunde und Bundesgenossen. Es behindert unsere Sache.« So. Klang das politisch genug in seinen Ohren?

»Ich weiß nicht, was du meinst«, sagte er störrisch.

Es würde also schwierig werden. So etwas war mir ein Greuel.

»Deine Ehe war politisch begründet. Sie sollte dich und Octavian einen. Das hat sie nicht getan. Du stehst am Rande eines Krieges. Das Triumvirat ist ausgelaufen. Ehen, die aus politischen Gründen geschlossen werden, muß man beenden, wenn die politische Lage sich ändert. Das ist doch römischer Brauch, oder nicht? Octavian hat selbst mehrmals eheliche Bande geknüpft und wieder durchtrennt. Da war die Verbindung mit Sextus, eine andere Verbindung mit dir – erinnerst du dich an die Ehe mit Claudia? –, und schließlich die Verlobung der kleinen Julia mit deinem Sohn Antyllus. Alles im Handumdrehen wieder aufgelöst. Nur *du*« – liebe Isis, laß meine Stimme nicht diesen Ton annehmen! – »beharrst auf deiner alten politischen Ehe. Aber jetzt solltest du sie beenden, wie es sich für einen Ehrenmann gehört.«

»Sie erfüllt noch immer einen Zweck«, beharrte er.

»Welchen denn?« Ich merkte, daß meine Stimme lauter wurde.

»Sie gibt bestimmten Römern einen Grund, an meiner Sache festzuhalten. Solange ich offiziell mit Octavia verheiratet bin, erweisen sich Octavians Versuche, mich als unrömisch darzustellen, als Lügen.«

»Dein Leben mit mir erweist sich damit als Lüge!« widersprach ich. »So ist das!« Und dann war all meine Vorsicht und meine Zurückhaltung dahin, und zum ersten Mal in meinem Leben handelte ich ganz und gar als Frau, ohne daß andere Überlegungen meine Gedanken vernebelten. Ich packte seinen Arm. »Fünf Jahre habe ich es ertragen! Ich kann nicht mehr!« Ich weinte laut. »Du konntest die Erinnerung an Cäsar nicht ertragen, ich durfte nicht einmal das Familienmedaillon tragen, das er mir geschenkt hatte – was glaubst du, was es für ein Gefühl ist, dich mit einer lebenden Frau verheiratet zu sehen? Ich hasse sie! Ich hasse sie!«

Was hatte ich getan? Die drei Worte waren meinem Mund entschlüpft und würden nun für alle Zeit in seiner Erinnerung weiterleben, und nichts konnte sie zurückholen. Ich schluchzte noch heftiger, beschämt über den Verlust meiner Selbstbeherrschung.

Antonius sank vor mir auf die Knie und umarmte mich. »Gut dann«, sagte er schlicht, »ich lasse mich von ihr scheiden« – als gäbe es plötzlich keine anderen Überlegungen mehr.

Würde es so leicht abgehen? Ich war so verblüfft, daß ich aufhörte zu weinen. »Wirklich?«

»Ja. Morgen, wenn es dir gefällt.« Er hob die Hand und berührte mein Haar. »Ich fürchte, es ist zu spät, um heute nacht noch nach einem Schreiber zu schicken.« Er lächelte.

Plötzlich war all seine Vorsicht auf mich übergegangen. Ich wußte, daß dieser Schritt für Octavian eine Provokation war, der letzte Schritt vor den offenen Feindseligkeiten. Aber es mußte geschehen.

»Also morgen.« Ich nickte. Morgen – morgen wäre es zu Ende.

»Es ist spät, meine Liebe«, sagte er sanft und führte mich zum Bett. Es war überhäuft von schweren Laken, Kissen und duftete nach Kräutern, und das Gestell war vergoldet. Aber heute nacht war ich blind für all diesen Luxus. Ich war sehr, sehr müde, und alles hier erschien mir fremd. Ich wollte still neben ihm schlafen, und er sollte all das Fremde fortnehmen. Es war das letzte Mal, daß ich Octavias Gegenwart zwischen uns spüren würde.

Der Scheidungsbrief wurde am nächsten Morgen diktiert, und am Mittag hatte er den »Palast« verlassen. Am Abend sollte es ein Essen und eine Zusammenkunft geben, bei der Antonius es bekanntgeben wollte. Wir hielten diese Ratsversammlungen ziemlich regelmäßig ab, aber dies wäre das erste Mal in Athen.

Das Exil ist hart, und ich begann Mitleid mit den Senatoren zu empfinden. Sie hatten Rom vor fast drei Monaten verlassen und waren nahezu ohne Vorbereitung geflohen, und jetzt mußten sie als ewige Gäste umherwandern – bis zu dem Tag, da sie ungefährdet nach Rom zurückkehren konnten. Wenn man bedachte, was sie alles ertragen mußten, waren sie bemerkenswert geduldig. Natürlich waren sie gut genährt und untergebracht – auf meine Kosten. Aber jetzt wurden sie allmählich unruhig und ratlos. Ich hatte gehofft, daß Athen sie besänftigen und ablenken werde, denn sie würden noch lange warten müssen. Es war klar, daß der Krieg in diesem Jahr nicht mehr ausbrechen würde. Octavian hatte keine Anstalten getroffen, seine Streitkräfte zusammenzuziehen, und er war derjenige, der die Reise würde unternehmen müssen.

Unterdessen genossen wir den Luxus, unsere Streitmacht auszurüsten und aufmarschieren zu lassen, wie es uns genehm war. Wir waren stolz auf unsere Generäle: Canidius, Titius und Plancus zu Lande, Ahenobarbus und Sosius zur See. Die beiden abgesetzten Konsuln würden nun ihren Platz an Deck eines Kriegsschiffes einnehmen.

Nach dem Essen, als jedermanns Bauch sich behaglich von gutem Essen wölbte und der Wein – der immer noch floß – die Gemüter besänftigte, begann Antonius leise: »Willkommen in Athen, meine treuen Freunde!« Er hob seinen Becher. »Ich hoffe, ihr werdet die Sommertage hier angenehm finden. Wir haben noch viel zu entscheiden – zum Beispiel, wo wir unser Winterquartier beziehen wollen, während wir … warten.« Worauf, das sagte er nicht, aber das war auch nicht nötig.

»Sind wir uns denn einig, daß es die Mitte Griechenlands sein soll, wo wir uns aufstellen werden?« fragte Plancus. »Ich bin noch nicht überzeugt, daß eine Position weiter nördlich nicht besser wäre. Warum die Via Egnatia aufgeben? Sie ist die unentbehrliche Verbindung zwischen Adria und Ägäis, zwischen Dalmatien und Makedonien. Es ist die einzige richtige Straße dort.« Er sah ehrlich ratlos aus, und seine blauen Augen blickten von mir zu Antonius.

»Eine gute Frage, mein Freund«, sagte Antonius. »Aber wir brauchen die Straße nicht. Wir müssen uns weiter südlich stationieren, wo die vorgelagerten Inseln eine Basis für unsere Flotte abgeben. Unser Nachschub kommt nicht über die Straße, sondern über das Meer. Wir werden aus Ägypten versorgt, und da ist es unabdingbar, daß wir den Seeweg sichern. Wir müssen diesen Weg offenhalten, damit wir immer einen geschützten Ort hinter uns haben.«

»Für den Rückzug?« bellte Ahenobarbus.

»Den Rückzug muß man sich immer offenhalten«, antwortete Antonius entschlossen. »Pompejus hat es nicht getan und Brutus und Cassius auch nicht. Hätte ich nach meiner Niederlage in Mutina und in Parthien keine Zuflucht gefunden – und den Göttern sei Dank für Gallia Transalpina und Syrien –, dann wäre das Ergebnis die vollständige Vernichtung gewesen, nicht nur ein zeitweiliger Rückschlag; ich schäme mich nicht, das zuzugeben.«

»Du denkst also an Rückzug!«

»Nein. Aber Ägypten muß geschützt werden. Schließlich ist es der Quell unseres Reichtums. Und das Königreich meiner Gemahlin.« Er schaute mich an.

»Vielleicht sollte sie sich dorthin zurückziehen und das Ergebnis abwarten.« Das war wieder Ahenobarbus.

»Nein!« sagte ich. »Warum sollte ich das tun? Ich stelle ein Viertel der Flotte, ich habe eine große Zahl der übrigen Schiffe mit vorzüglichen ägyptischen Ruderern bemannt, und ich versorge die gesamte Armee!«

»Aber daß du eine reiche Patronin bist, bedeutet ja noch nicht, daß du dabei sein mußt«, antwortete Ahenobarbus.

»Da muß ich widersprechen«, sagte Canidius. »Sie ist nicht nur eine Patronin. Die Königin regiert seit zwanzig Jahren das reichste Land der Welt, sie hat selbst schon eine Armee geführt, und sie ist sicher erfahrener als irgendeiner der Klientenkönige, denen wir erlauben, bei uns zu sein. Es wäre ungerecht, sie auszuschließen.«

Ahenobarbus verschränkte grunzend die Arme.

»Außerdem wird dieser Krieg im Namen ihres Sohnes – und Cäsars – geführt«, ergänzte Plancus.

»Wird er deshalb geführt?« fragte einer der Senatoren. »Das gefällt mir nicht.«

»Ja, in Rom wirkt sich das zu eurem Nachteil aus«, sagte ein anderer. »Wir brauchen einen anderen Namen und eine andere Parole, unter der wir uns sammeln können.«

»Das braucht ihr in der Tat.« Ein Fremder erhob sich aus dem Schatten im Hintergrund. Er schaute sich um und sagte dann: »Eure Freunde in Rom haben mich geschickt, damit ich euch warne.«

»Wer bist du, mein Freund?« fragte Antonius.

»Gajus Geminius«, sagte der Mann. »Ein Senator, der auf deiner Seite steht, Rom aber nicht mit den andern verlassen hat. Ich dachte, ich könnte mehr für dich tun, indem ich bleibe.«

»Nun denn, was hast du zu sagen?« fragte Antonius.

Geminius ließ seinen Blick über die Weinbecher wandern. »Es wäre besser bei klarem Kopf gesagt. Aber eines sage ich jetzt, betrunken oder nüchtern: Die Königin sollte nach Ägypten zurückkehren, wenn du willst, daß aus deiner Sache etwas wird.«

Erbost stand ich auf. »Aus seiner Sache wird niemals etwas werden, solange Octavian da ist!« rief ich. »Nicht ich bin Antonius' Verderben, sondern sein unversöhnlicher Feind und der meine: Octavian! Genug von diesen Lügengeschichten über mich, die mir die Schuld an Octavians Feindseligkeit geben! Er würde Antonius auch hassen, wenn es keine Kleopatra gäbe, ja, wenn es nie eine Kleopatra gegeben hätte. Begreift ihr das denn nicht?«

»Aber seine Schwester, Antonius' Gemahlin –« begann Geminius.

»Sie ist seine Gemahlin nicht mehr!« unterbrach ich ihn. »Er hat ihr die Scheidungsdokumente geschickt.«

Stimmengewirr erhob sich, und alle riefen: »Wann?« und schauten Antonius bestätigungheischend an.

»Ja, es stimmt«, bekannte er. »Die Ehe ist offiziell beendet. In Wirklichkeit besteht sie schon lange nicht mehr.«

Alle starrten ihn an. Sie sahen erzürnt aus, als fühlten sie sich betrogen. Ein Senator schüttelte den Kopf. »Wenn das in Rom bekannt wird ...«

»So viele der vornehmsten Familien waren hin- und hergerissen und wußten nicht, wen sie unterstützen sollten«, sagte ein anderer. »Alle haben Octavia geachtet, und sie hat deine Freunde und Klienten in deinem Namen bewirtet. Wohin werden sie jetzt gehen? Du hast sie verstoßen, zusammen mit ihr.«

»*Sie* wird geradewegs in das Haus ihres Bruders gehen – wohin *kann* sie sonst gehen? Und alle werden ihr folgen. Oh, du Tor, du Tor, du Tor!« Verzweifelt sprang der Senator auf, und die Augen quollen ihm aus dem Kopf.

Geminius sah aus, als habe er eine Ohrfeige bekommen. »Ich sehe, daß meine weite Reise umsonst war«, erklärte er betrübt. Er hielt eine Münze hoch. »Diese beiden Dinge zusammen – das Bildnis der Königin auf deinen Münzen und jetzt die Scheidung – machen selbst den Anschein deiner Treue gegen Rom zunichte.«

Jetzt war es an Antonius, ein entsetztes Gesicht zu machen. »Das ist doch lächerlich! Wie oft hat sich denn jeder von euch schon scheiden lassen? In Rom ist jeder geschieden! Es war eine politische Ehe, und –«

»Und ihr Ende hat eine politische Bedeutung«, vollendete Geminius.

»Eine ernste politische Bedeutung.« Er schwieg für einen Augenblick. »Und was die Münze angeht: Den Kopf eines fremden Herrschers auf eine römische Münze zu prägen ist eine unverzeihliche Beleidigung! Es ist eine Verhöhnung Roms!«

»Ägypten ist Roms Verbündeter ...«, begann Antonius.

»Seit wann prägen wir die Köpfe unserer Verbündeten auf unsere Münzen?« fragte Geminius. »Ist Herodes darauf? Archilaos? Was ist mit Bogud? Du siehst, wie lahm diese Ausrede ist!«

»Ich ...«

»Du hast deinen Verstand verloren«, sagte Geminius. »Aber du kannst nicht erwarten, daß wir den unseren gleich mit verlieren!«

»Ich habe nichts getan, womit ich ein solches Urteil verdient hätte«, erwiderte Antonius mit fester Stimme. »Ich habe den Osten gut regiert. Die Grenzen sind gesichert; die Region erholt sich finanziell von den Verwüstungen durch die Bürgerkriege. Ich habe Armenien erobert und Rom eine neue Provinz gegeben. Das waren die monumentalen Aufgaben, die mir nach Philippi zugewiesen wurden, und ich habe sie alle erfüllt – und zwar gut. Aber statt das zu sehen, beschäftigt ihr euch mit Kleinigkeiten wie der Frage, wessen Bild auf welcher Münze ist. Gibt es jemanden hier im Raum, dem man nicht irgendeinen Fehler, irgendeinen Irrtum vorwerfen könnte? Es ist, als beklagtet ihr euch über eine Gebühr von zehn Denaren, nachdem ich eine Million für euch verdient habe!«

Das war alles sehr logisch. Aber hier ging es nicht um Logik, hier ging es um Emotionen. Ihre Emotionen waren aufgepeitscht, und ihre Gedanken wirbelten umeinander wie auf rauher See.

Ich überlegte, ob ich hinausgehen sollte, kam aber zu dem Schluß, daß es feige erscheinen würde. Statt dessen blieb ich also sitzen und merkte, wie meine Ohren heiß wurden. Wahrscheinlich glühten sie leuchtendrot. Ich spürte, daß Geminius mich anstarrte, als wollte er sagen: *Was hat sie bloß an sich? Von hier aus sieht sie ganz alltäglich aus.*

»Wie ich höre, erhebt Octavian neue Steuern.« Antonius versuchte das Thema zu wechseln. »Und es soll Unruhen geben.«

Geminius lächelte mit zuckenden Lippen. »Unruhen und mehr als Unruhen. Es ist zu Brandstiftungen gekommen, Aufständen, Morden. Aber die Soldaten haben das alles unterdrückt.«

So fest hatte Octavian das Militär in der Hand. Mir wurde klar, daß die Armeen in den zehn Jahren, seit Antonius' und Octavians Männer bei Philippi Seite an Seite gekämpft hatten, auseinandergewachsen waren. In Italien gab es keine aktiven Soldaten mehr, die unter Antonius oder Cäsar gekämpft hatten, denn die waren längst im Ruhestand. Die neuen Soldaten aber gehörten alle Octavian, und ihre Loyalität war ungeteilt.

»Vielleicht sollten wir jetzt in Italien einmarschieren, solange das Volk über Octavian verstimmt ist und er auf unsicherem Boden steht«, meinte Dellius plötzlich. »Unsere Truppen sind einsatzbereit, die Schiffe sind hier und können im Geleitzug fahren, und wir haben erst Juni.«

»Nur wenn die Königin zurückbleibt«, sagte Plancus. »Der Versuch, mit einer Ausländerin einzumarschieren, würde ganz Italien auf der Stelle gegen uns einigen.«

»Dann werdet ihr auch auf meine Schiffe verzichten müssen!« sagte ich. Hatten sie denn vergessen, wer die Truppen bezahlte und versorgte? Diese Undankbaren!

»Es ist ohnedies schwierig, in Italien einzumarschieren«, sagte Ahenobarbus geschmeidig. »Es gibt nur zwei Häfen an der Ost- und der Südküste: Brundisium und Tarentum. Dort zu landen ist unmöglich, wenn sie dagegen gerüstet sind – da könnt ihr Antonius und mich fragen, denn wir haben es schon früher versucht.«

»Ihr seid also zum Krieg entschlossen?« fragte Geminius. »Jetzt sehe ich, daß meine Mission zum Scheitern verdammt war, noch ehe ich mich aufmachte. Ich wünschte, ich hätte meine Zeit nicht vergeudet!«

»Nein, wir wollen keinen Krieg um jeden Preis«, beruhigte Antonius ihn. »Wie oft ist es schließlich schon vorgekommen, daß Octavian und ich kurz davor standen, miteinander zu kämpfen, nur um uns dann im letzten Augenblick zurückzuziehen? Vor fünf Jahren bei Tarentum und vor acht Jahren bei Brundisium. Mir scheint, wir zanken oft, aber zu Schlägen kommt es nie.«

»Nennst du denn das hier einen Zank zwischen Liebenden?« fragte ein Senator, und alle fingen an zu lachen; es war ein schrilles, nervöses Kichern.

»Zwischen den beiden wird wenig Liebe verschwendet«, sagte Titius.

An dieser Stelle zog ich mich zurück: ich ertrug es nicht, noch länger dazusitzen. Ich hatte Kopfschmerzen, und das Durcheinander von Vorwürfen und Rechtfertigungen verwirrte selbst mich. Ich mußte hinaus.

Ich war mit dem Plan des Hauses nicht vertraut; es war der Sitz unseres Gesandten in Athen. Rom sorgte gut für seine Söhne, und diese Residenz war keine Ausnahme. Kein Wunder, daß die Beamten sich nur ungern nach Rom zurückversetzen ließen, wenn sie im Ausland wohnen konnten wie hier. Ich wanderte durch breite Gänge mit gewölbten Nischen voller Statuen, lauter Kopien von Meisterwerken. Zur Rechten schaute der Apollon des Leochares wohlwollend auf mich herab, und links beugte sich Phidias' Dionysos zu mir herunter. Wie Antonius und Octavian standen sich hier ihre Schutzgötter gegenüber und starrten einander an.

Vor dem Dionysos blieb ich stehen. Die Arbeit war erstklassig. Ich wußte, daß Athen neuen Wohlstand erworben hatte, als reiche Römer damit begonnen hatten, nach Kunstwerken zu verlangen, um ihre Häuser damit zu schmücken. Da die Welt nicht nach Bedarf große Künstler hervorbrachte, hatte Athen sich den Anforderungen auf andere Weise gewachsen gezeigt: Es hatte in seinen örtlichen Werkstätten Kopien der Meisterwerke hergestellt und in alle Welt versandt. Heute konnte der römische Gouverneur in Syrien wie der Kornhändler auf dem Esquilin voller Besitzerstolz auf identische Kopien der Aphrodite von Praxiteles schauen. Athen konnte die zahlreichen Aufträge kaum erfüllen, und dieser Korridor machte deutlich, warum.

Trotz der großartigen Ausmaße gab es auch einen herkömmlichen Innenhof, der von einer überdachten Kolonnade umgeben war, genau wie in einem Privathaus. Ich fand ihn, indem ich dem Luftzug folgte, der durch die Gänge wehte.

Luft. Ich brauchte Luft. Dankbar trat ich unter das Dach hinaus und lehnte mich an eine Säule, um meine Wange am glatten Stein zu kühlen. Der Garten lag im Dunkeln; der Mond, der im Abnehmen begriffen war, würde erst später aufgehen. In der Mitte des rasenbedeckten Innenhofes hörte ich einen Springbrunnen; der Wind, der in den Blumenbeeten ringsumher raschelte, trug das zarte Plätschern des Wassers an mein Ohr.

Ich seufzte. Dieser kühle, dunkle Zufluchtsort war genau das, was ich brauchte, um mein Gleichgewicht wiederzugewinnen. Wer hätte gedacht, daß diese Scheidung derart hitzige Gefühlswallungen hervorrufen würde? Doch ich hätte mich nicht wundern dürfen; Antonius hatte immer wieder das Problem gehabt, daß er versuchte, zwei Pferde gleichzeitig zu reiten: ein römischer Magistrat zu sein und die unausweichlichen Zusammenstöße mit anderen Römern zu erleiden, aber auch östliche Rechte und Titel zu beanspruchen. Die Anstrengung, die es ihm bereitete, beide Rollen zu spielen, wurde zusehends unerträglich; die Pferde zogen ihn in zwei verschiedene Richtungen. Diejenigen, die den römischen Antonius unterstützt hatten – die Senatoren und seine Anhänger, die noch in Rom waren –, blickten mit Entsetzen auf seine andere Seite. Womöglich würden sie sich überhaupt weigern, unter seinem Banner zu marschieren. Aber ihre Forderung, er solle die östliche Seite aufgeben, war unmöglich zu erfüllen – zumindest unter dem militärischen Aspekt. Gäbe er die östliche Seite auf, gäbe er auch das Geld auf, das seine Militärmaschine in Gang hielt.

Ich versuchte, mich selbst als das und nur das zu sehen: als militärische Alliierte, die unentbehrlich war. Selbst wenn ich ein Mann gewesen wäre – der von Geminius ins Feld geführte Herodes oder Archilaos –, hätte der Reichtum Ägyptens mich für einen Erfolg unentbehrlich gemacht. Er konnte mich nicht verlassen, konnte Ägypten nicht verlassen.

Meine Augen gewöhnten sich allmählich an die Dunkelheit, und ich konnte die Statuen erkennen – weitere Kopien zweifellos –, die hier im Garten in grauer Habachtstellung verharrten, umgeben von Buchsbaumhecken mit ihrem charakteristischen, kräftigen Aroma, das mit dem satten, schweren Duft der Rosen wetteiferte, die nebenan in voller Blüte standen.

Eine Marmorbank stand unauffällig an der Wand; ich setzte mich und nahm mir vor hierzubleiben, bis meine rasenden Gedanken zur Ruhe gekommen wären. Ich hatte keine Eile, es gab keinen Grund zu gehen. Ich lehnte den Kopf zurück und schloß die Augen. Jetzt konnte ich den Springbrunnen deutlich plätschern hören. Ich ließ meine Ohren von den silbrigen Lauten liebkosen.

Ich fühlte mich gefangen hier in Athen; mir war, als bekäme ich keine Luft. Vom ersten Augenblick an war eine unangenehme Entdeckung auf die andere gefolgt. Nicht einmal Rom hatte sich so ... unfreundlich angefühlt. Ich hatte die Senatoren satt. Ich wünschte, sie wollten verschwinden ... Nein, das wünschte ich mir doch nicht. Wenn sie verschwänden, wäre das schlecht für Antonius' Sache. Die Kinder fehlten mir. Sechs Monate war es her, daß ich überstürzt aus Alexandria abgereist war und sie zurückgelassen hatte. Juni. Morgen war Cäsarions fünfzehnter Geburtstag, und ich war nicht da.

Waren all diese Scharen – alle neunzehn Legionen und vierhundert Senatoren – wirklich versammelt, um für die Rechte meines fünfzehnjährigen Sohnes einzutreten? Oh, Cäsar – was für eine Aufgabe hast du mir da hinterlassen! Und ich bin es müde, müde, müde, ihr ständig nachzulaufen. Vielleicht bin ich ihr nicht gewachsen. Vielleicht forderst du mehr, als eine Sterbliche zuwege bringen kann, selbst wenn diese Sterbliche auch eine Göttin ist.

Natürlich antwortete niemand. Der Springbrunnen plätscherte weiter, und ich hörte sogar – sehr leise – eine Nachtigall irgendwo im Dunkeln.

Ich mußte eingeschlafen sein; ich schrak hoch, als ich Stimmen hörte. Auf der anderen Seite kamen Männer in den Garten; ihre Schritte knirschten auf dem Kiesweg. Instinktiv blieb ich still sitzen und wartete. Die Zusammenkunft mußte beendet worden sein, oder diese Männer waren vorzeitig gegangen.

Ich hörte sonst nichts, deshalb nahm ich an, daß sie sich entweder zusammen fortgestohlen hatten oder sogar irgendwo in dem labyrinthischen Haus wohnten. Jetzt sah ich sie auch; besser gesagt, ich konnte ihre hellfarbenen Tuniken erkennen, die sich durch die Dunkelheit bewegten.

»... ist unmöglich«, sagte der eine leise.

»Das konnte man heute abend sehen«, sagte der andere mit einer Stimme, die ich kannte. »Wir müssen uns entscheiden.«

»Ich habe keine Lust mehr, mich zu entscheiden. Ich möchte mich nur ein einziges Mal richtig entscheiden.«

»Nun, selbst wenn du dich falsch entscheidest, hast du es bisher korrigieren können.«

»Ich? Und was ist mit dir?«

»Natürlich, ich habe eine geniale Begabung, die Seite des Verlierers zu wählen. Aber ich beharre zumindest nicht darauf.«

»Du redest von Sextus.« Der Mann lachte. Auch das Lachen hatte ich schon gehört.

»Wie oft hast du denn jetzt die Seiten gewechselt?« Die Stimme klang halb bewundernd, halb höhnisch. »Erst Cäsar, dann Cicero, dann Antonius. Liebe sie, verlasse sie – das ist mein Onkel.« Schulterklopfen.

Plancus und Titius!

»Ich habe Cäsar nicht verlassen!« protestierte Plancus. »Er hat mich verlassen.«

»Ach, du meinst, als er ermordet wurde? Wie gedankenlos von ihm!« Lachen. »Trotzdem sollten wir beide uns beglückwünschen. Wir haben es schließlich noch stets geschafft, uns auf die Seite des Siegers zu schlagen«, stellte Titius fest.

»Besser spät als nie«, pflichtete Plancus bei.

»Du glaubst also, er wird verlieren?«

Jetzt gingen sie unmittelbar vor mir an der Hecke vorbei. Ich hielt den Atem an und dankte dem Himmel, daß mein Gewand dunkel und schwer zu erkennen war.

»Ich weiß es nicht. Es ist nicht seine Liebe zur Königin, was mich beunruhigt, sondern seine Abhängigkeit von ihr. Er hat nicht die Freiheit, die militärisch besten Pläne zu machen, sondern muß immer Ägypten und seine Lage in Betracht ziehen. Die Götter wissen, daß er ein großer Taktiker ist, wahrscheinlich der beste auf der Welt, aber Ägyptens wegen muß er in seiner Gesamtstrategie ständig Kompromisse eingehen. Und im Krieg – weißt du, wie man da Generäle nennt, die Kompromisse eingehen?«

»Verlierer«, sagte Titius.

Lachend gingen sie vorüber; sie hatten einander die Arme um die Schultern gelegt. Ihre Sandalen zermalmten den Kies unter ihren Füßen.

# 71

»Plancus ist fort«, sagte Antonius fassungslos, als er den Brief gelesen hatte, der ihm eben in unsere Gemächer gebracht worden war.

Zumindest hat er die Höflichkeit besessen, ein paar Zeilen zu schreiben, dachte ich. Seine Mutter hatte ihn gut erzogen. *Wenn du ein Überläufer sein willst, mein Sohn, so vergiß doch niemals deine Manieren. Sonst wirfst du ein schlechtes Licht auf alle Verräter.*

»Und Titius wahrscheinlich ebenfalls«, sagte ich. Ich hatte noch keine Gelegenheit gehabt, Antonius von dem Gespräch zu berichten, das ich belauscht hatte, und es betrübte mich, jetzt die Bestätigung zu hören. Ich hatte gehofft, es sei nur eine vorübergehende Mißstimmung bei diesen beiden.

»Du wußtest davon?« Er sah mich überrascht an. »Woher?«

»Ich habe Teile eines Gesprächs zwischen ihnen mit angehört. Aber da dachten sie nur laut – du weißt ja, wie man oft Gedanken durchspielt, die man doch nur selten verwirklicht.«

»Was hatten sie denn für einen Grund?« Antonius las den Brief immer wieder. »Hier steht wenig – nur, daß er sich nach reiflicher Überlegung entschlossen habe, nach Rom zurückzukehren.«

»Es tut mir leid, aber ich muß dir berichten, daß sie scherzten – scherzten über ihre vergangenen Seitenwechsel.«

Antonius stieß einen langen Seufzer aus. Noch nie hatte ihn jemand verlassen, und er, dessen ausgeprägter Sinn für Loyalität eine seiner Haupteigenschaften war, maß ihr große Bedeutung bei. »Titius auch, sagst du?«

»Ja. Sollen wir ihn besuchen? Ich wage zu behaupten, daß wir ihn nicht antreffen werden.«

Titius hatte eine Villa neben der seines Onkels bekommen, wunderschön auf einer Anhöhe mit unübertrefflichem Blick auf die Akropolis gelegen. Auch dies ein Privatpalast, dessen Besitz jeden König mit Stolz erfüllt hätte.

Wir stiegen aus der Sänfte, und unser Diener klopfte laut an die Tür. Schließlich öffnete ein Hausdiener, und als wir uns zu erkennen gaben und den General Titius zu sehen verlangten, da starrte er uns blinzelnd an und schüttelte den Kopf.

»Der ehrenwerte General ist nicht hier«, sagte er.

»Und wann kommt der ehrenwerte General zurück?« fragte ich honigsüß. »Sollen wir warten?«

Er machte ein erschrockenes Gesicht. »O nein, Majestät, das würde sich nicht geziemen. Wir haben keinen angemessenen Raum –«

Ich schob mich gelassen an ihm vorbei. »Ich bin nicht heikel«, sagte ich. »Tatsächlich habe ich schon lange den Wunsch, mir diese Villa einmal anzuschauen – wie ich höre, gibt es im Speiseraum etliche prächtige Mosaike. Ich werde mich schon ein Weilchen unterhalten.«

»Majestät, ich muß dich bitten, nicht –«

»Und ich – ich möchte die Waffenkammer des Generals inspizieren. Er hat mir schon vor langer Zeit versprochen, mir seine Schildsammlung zu zeigen, in der sich auch eine Kopie des Schildes befinden soll, der Ajax gehört hat.

Seit Jahren brüstet er sich damit!« erklärte Antonius herzhaft. Zur Bestürzung des Dieners marschierte er in die entgegengesetzte Richtung. Der Mann wußte nicht, wem er nachsetzen sollte. Er entschied sich schließlich für Antonius.

Kaum waren sie in einem Gang verschwunden, machte ich kehrt und folgte ihnen. Das Haus war offensichtlich leer. Im Atrium stapelten sich verräterisch ein paar Kisten, und der verstreute Abfall, der beim Packen immer zu entstehen scheint, lag auf dem Boden: Staubflocken, Papierfetzen, Nadeln und Schnurenden.

»Oh, Athena!« rief Antonius mit gespielter Überraschung. »Alle Schilde sind verschwunden!« Er steckte den Kopf zur Tür hinaus und rief nach mir. »Komm her, und sieh dir das an! Jemand hat Titius' unbezahlbare Sammlung gestohlen! Ja, du ...« Er wandte sich dem Diener zu. »Dafür wird er dir den Kopf abreißen, wenn er zurückkommt!«

Ich betrat den leeren, hallenden Raum. »Ach, der arme Titius!« Ich hatte nicht für möglich gehalten, daß ich Antonius' Spiel mitspielen könnte – er, der spielte, wenn andere geweint hätten –, aber unversehens sah ich mich davon gefangen. Das alles schmerzte dann weniger. »Wie betrübt er sein wird! Hast du geschlafen, während du aufpassen solltest?«

Ich sah die Pflöcke in der Wand, wo die Schilde gehangen hatten. Titius hatte sie immer in seiner Nähe verwahrt, als brächten sie ihm Glück.

»Nein ... ja ...« Er sah jämmerlich aus.

»Schon gut, mein Junge, du brauchst dich nicht länger zu verstellen«, sagte Antonius in tröstendem Ton. »Du brauchst ihn nicht zu decken. Wir wissen, daß er weg ist, und wir wissen, wo er ist. Wir wollen nur wissen, wann er verschwunden ist – und warum.«

»Er ist gestern nacht abgereist. Und warum – ich schwöre, das weiß ich nicht.«

»Er hat keine Briefe zurückgelassen?«

»Nein, Herr. Im Namen aller Götter, ich sage die Wahrheit.«

Das ist die jüngere Generation. Keine Manieren mehr, dachte ich und hätte fast gelacht. »Hat er alles mitgenommen?« fragte ich.

»Alles, was man einpacken konnte«, sagte der Diener.

Wir verließen den Raum und kehrten ins Atrium zurück. Plötzlich sagte ich: »Wenn ich schon einmal hier bin, sollte ich mir wirklich die berühmten Mosaike anschauen.« Ich wandte mich dem Speiseraum zu. Unterwegs kam ich an einer Büste Octavians auf einem Piedestal vorbei. »Sieh nur! Er hat seinen Octavian vergessen!«

Die Gesichtszüge meines Feindes wiederzusehen war ein verblüffendes Erlebnis. Als ich ihn das letzte Mal zu Gesicht bekommen hatte, war er schließlich gerade erst achtzehn gewesen, noch kein Mann also, und erst recht niemand, von dem ein offizielles Abbild angefertigt wurde. So also wollte er jetzt gesehen werden. Ich trat näher und betrachtete die Büste.

Nun, er hatte sich verändert, aber ich würde ihn immer noch erkennen. Er war schmaler, der Hals länger; auch das Haar war länger und zerzauster. Warum wollte er unordentlich dargestellt werden? Der Kopf neigte sich arrogant und unstet zur Seite, die Stirn war ein wenig gerunzelt. Dies war ein gieriger, suchender Mann, der kritisch alles musterte, was ihm unter die Augen kam. Ich mußte die Ehrlichkeit und den Mut eines Mannes bewundern, der eine so treffende Darstellung seiner selbst in Umlauf bringen ließ. Seine Energie schien aus dem Stein hervorzubersten.

»Was ist denn damit? Wollte er die nicht?« bedrängte ich den Burschen.

»Er hatte Angst, der Marmor könnte zerbrechen. Schau, da unten ist ein Sprung unter dem Ohr.« Der Diener deutete auf die Stelle.

Ich sah den haarfeinen Riß unter dem kleinen, tief sitzenden Ohr. »Eine Schande, ihn hierzulassen, so ganz allein! Ich finde, wir sollten ihn adoptieren!« Ich sah Antonius an. »Meinst du nicht, daß wir eine Büste von Octavian gebrauchen können? Komm, wir nehmen ihn mit nach Hause. Und *wir* werden uns nicht mit der Angst quälen, er könnte einen Knacks kriegen. Apollon wird ihn sicher beschützen, und wenn nicht, kleben wir ihn einfach wieder zusammen.« Irgendwie erfüllte es mich mit einem niederträchtigen Gefühl des Triumphs über Titius und Plancus, daß uns diese Skulptur in die Hände fiel.

»Wie du willst«, sagte Antonius. »Aber dann müssen wir einen passenden Platz für ihn finden.«

Im Raum der militärischen Planung, dachte ich. Am besten hält man sich den Widersacher dort stets vor Augen.

Am Abend, als die Geräusche des Haushalts verstummt waren und alle Diener – selbst Eros – ihre Arbeit beendet und sich zurückgezogen hatten, sprachen wir ernsthaft über die Deserteure. Ein düsterer Gesichtsausdruck bewirkte, daß man Antonius seine fünfzig Jahre zum ersten Mal ansah. Er zwang sich dazu, die Akten seiner Offiziere zu lesen, um gute Ersatzmänner zu finden – keine besonders unterhaltsame Lektüre, aber leider unumgänglich.

»Da ist der junge Dentatus«, sagte er. »Macht einen vielversprechenden Eindruck. Und Gajus Mucianus wurde empfohlen von …« Seufzend ließ er die Papiere sinken. »Man wird Plancus und Titius sehr vermissen«, sagte er. »Nicht, daß irgendein General unersetzlich wäre. Außer Cäsar selbst.«

»Ich denke, der Verlust Agrippas würde Octavian lähmen«, sagte ich. »Der Mann ist kein Cäsar, aber militärisch gesehen ist er noch am ehesten sein Nachfolger. Von dir selbstverständlich abgesehen«, fügte ich eilig hinzu.

»Solche Träume haben keinen Sinn. Agrippa wird kaum morgen in unserem Hauptquartier erscheinen.«

Ich mußte die Frage stellen. »Antonius, warum, glaubst du, sind sie desertiert? Und was bedeutet es für unsere Sache?«

Ich beobachtete, wie er seine Gedanken ordnete. Seinem Gesicht war anzusehen, wie sehr er sich bemühen mußte, Sinn in das alles zu bringen. Aber er würde mir eine ehrliche Antwort geben, denn das entsprach seiner Natur. Wie Cäsar scheute auch er nicht vor der Wahrheit zurück.

»Sofern er überhaupt für irgend etwas steht, hat Plancus stets den friedlichen Kompromiß bevorzugt«, sagte er schließlich. »Er hat Cäsar in Gallien und später treu, wenn auch nicht weiter bemerkenswert, gedient. Er hat dann für die Amnestierung der Cäsarmörder gestimmt und versucht, den Senat zu unterstützen. Als es schließlich darauf ankam, verlor er den Mut, weiter für Ciceros Politik einzutreten, und schloß sich mir an. Er ist nie mit Inbrunst für irgendeine Sache eingetreten. Ich nehme an, auch für den bevorstehenden Konflikt konnte er einfach nicht genug Enthusiasmus aufbringen.«

»Ob er glaubt, daß Octavian weniger verlangt?«

»Vielleicht glaubt er, daß er dort weniger Verantwortung wird tragen müssen. Außerdem habe ich ihn kürzlich bei einigen fragwürdigen Finanzgeschäften ertappt. Er war so etwas wie ein Dieb, wie sich herausstellte. Ich hätte ihm das Privileg entziehen müssen, meinen Siegelring zu benützen und als mein Agent zu handeln. Er wußte, was ihm bevorstand.«

Aha. Also hatte er sich gerächt. Aber würde Octavian ihn aufnehmen? Octavian – das mußte ich ihm wohl oder übel zugute halten – stand in dem Ruf, den Verrat zu lieben, Verräter aber zu verachten. Manchmal ließ er sie hinrichten, nachdem er sie ausgehorcht hatte.

»Aber die Octavian-Büste – bedeutet das, daß er ihn immer schon geschätzt hat?«

»Wer weiß? Vielleicht stand sie auch einfach nur dort herum. Octavian hat die Welt mit seinen Statuen überschwemmt; sie sollen ja in allen Rom geweihten Tempeln neben der Statue Cäsars aufgestellt werden. Das sind sehr viele Tempel.«

»Und Titius?«

»Titius.« Er seufzte. »Ich muß zugeben, er hatte Talent. Wenn er auch ein Opportunist war und ein kleiner Schmeichler ...«

Ich dachte daran, wie er mir die Hand geküßt und mich schmelzend angeschaut hatte. Und dann fiel mir ein, daß ich die Stadt nach ihm benannt hatte: Titiopolis. Ich hatte mein Wort gehalten. Nun, diese Stadt würde ich wieder umbenennen! Und Plancus, wie er sich blau angemalt und auf dem Bankett nackt herumgetanzt hatte ...

*Ein kleiner Schmeichler ...*

»Antonius, wie viele unterstützen uns aus politischen Erwägungen und wie viele aus persönlicher Gefolgschaftstreue? Mir scheint, wir können uns auf diejenigen, die sich uns aus politischen Gründen angeschlossen haben, nicht verlassen. Sind sie aus Überzeugung bei uns, oder nur weil sie auf unbestimmte Weise gegen Octavian sind?«

»Sie geben sich Mühe, das vor uns zu verbergen, Liebste«, sagte er. »Und es ist gefährlich, in den Gedanken anderer zu lesen. Wir werden auf die bessere Seite ihrer Natur vertrauen müssen.« Er lächelte und zog mich an sich. Ich legte mein Kinn auf seinen Scheitel. »Das Mißtrauen läßt des Menschen Seele verfaulen.«

Vermutlich hatte er recht, aber mir war es zu edel.

Fast zwei Monate nachdem Octavia ihre Scheidungsurkunde erhalten und weinend – wie es hieß – das Haus Antonius' verlassen hatte, erschien Antyllus, Antonius' ältester Sohn, in Athen. Der verschlagene Octavian hatte seine Schwester zwar schon seit langem gedrängt, sich als geschieden zu betrachten und Antonius' Heim aufzugeben, und ihr immer wieder vorgehalten, wie schlecht sie doch behandelt werde, aber als die Scheidung dann kam, machte er doch viel Aufhebens. Er sorgte dafür, daß Octavia am hellichten Tag auszog und daß ihre Kinder in einer Reihe hinter ihr hertrotteten. Sie war eine Frau, der Unrecht geschah, eine makellose Mutter, die verstoßen wurde. Sie zog ins Haus Octavians, und mit ihr kamen der zehnjärige Marcellus, die beiden Marcellas – acht und sechzehn Jahre alt –, Antonius' Sohn Jullus, der zehn war, und die beiden Antonias, sieben und vier. Nur Antyllus, mit dreizehn Jahren der älteste Sohn Antonius', wollte lieber zu seinem Vater gehen als in Rom bleiben. Octavian spürte, daß der Junge zu alt war, um sich mühelos benutzen zu lassen, und ließ ihn ziehen.

Ich war neugierig darauf gewesen, Antonius' Sohn zu sehen, diesen Jungen, der sein Erbe in Rom war. Antonius sprach so oft von ihm, daß ich wußte, wie sehr er ihm am Herzen lag. Aber er hatte ihn seit fast neun Jahren nicht mehr zu Gesicht bekommen und sah jetzt erstaunt den hoch aufgeschossenen Jungen, der ihn da begrüßte. Er war ungelenk und schlaksig und bereits in jenem Alter ohne kindlichen Liebreiz, das einem Jüngling solche Martern bereitet. Er hatte noch nichts von Antonius' Kräftigkeit, sondern war halmdürr, hatte ein langes, schmales Gesicht und Zähne, die zu groß für seinen Mund zu sein schienen. Wie hatten Antonius und Fulvia je ein so schmächtiges Geschöpf hervorbringen können? Aber er besaß ein freundliches Wesen – das er von Antonius geerbt hatte, nicht von Fulvia –, und er war ja noch lange nicht erwachsen. Vielleicht würde er sich mit zunehmendem Alter noch runden.

Anfangs trat er seinem Vater schüchtern entgegen, aber Antonius hatte ihn bald entwaffnet, und der Junge verschaffte ihm die einzige Erholung von den zunehmenden Strapazen der Krise um den bevorstehenden Krieg. Wenn er mit Antyllus zusammen war, konnte er die Sorgen vergessen, die auf ihm lasteten. Ich sah die beiden zusammen und sehnte mich nach Cäsarion, nach Alexander und Selene, ja sogar nach dem kleinen Philadelphos. Es ist gut, wenn wir Kinder haben, die uns in eine andere Welt führen können, während wir uns darum bemühen, die unsrige so vorzubereiten, daß wir sie an sie weitergeben können.

Es mag überraschen, aber es war Antyllus, von dem wir zuerst hörten, was Plancus und Titius in Rom trieben. Und er erwähnte es ganz unschuldsvoll. Er hatte Fragen über Ägypten und die Pyramiden gestellt, als er plötzlich fragte: »Ist dein Grabmal so groß wie das der Pharaonen?«

Ich wußte nicht, was er meinte. »Mein Grabmal?«

»Ja, dein Grabmal. Ich habe in Rom immer wieder davon gehört. Alle haben sie davon geredet. Was ist denn daran so Besonderes?«

Ich mußte nachdenken. »Eigentlich gar nichts. Es steht neben dem Tempel der Isis, auf dem Gelände meines Palastes. Es ist ein ganz gewöhnliches Mausoleum, nur daß« – vielleicht war es ja das, was er meinte? –, »nur daß es besondere Türen hat, die man nicht mehr öffnen kann, wenn sie einmal geschlossen sind. Warum?«

»Nun, jedermann sagt, dein Grabmal müsse schon etwas Besonderes sein, wenn mein Vater darauf besteht, dort und nicht in Rom bestattet zu werden. Ich sage dir, *alle Welt* hat davon geredet.«

»Und woher wußte man davon?« fragte Antonius und ließ die Berichte sinken, in denen er las.

»Man sagte, es steht in deinem Testament.«

Wir schauten einander an. Das Testament. Es befand sich in der Obhut der Vestalischen Jungfrauen und war vollkommen unantastbar.

»Woher weiß man, was in meinem Testament steht?« fragte Antonius. »Es soll doch geheim bleiben – das heißt, bis zu meinem Tode natürlich.«

»Oh ...« Antyllus zuckte die Achseln; seine Aufmerksamkeit galt vor allem den Spielzeugsoldaten, die er gerade aufstellte. Eine zerknüllte Wolldecke diente ihm als gebirgiges Schlachtfeld. »Sie haben es den Vestalischen Jungfrauen gestohlen.«

»Was?« Antonius ließ sich auf die Knie sinken und schaute seinen Sohn streng an. »Jetzt keine Scherze. Hör auf zu spielen. Haben sie es wirklich gestohlen?«

Antyllus stellte seine Soldaten hin. »Ja. Onkel Octavian hat es ihnen befohlen. Irgendwelche Römer sind zurückgekommen und haben ihm davon erzählt, und da hat er verlangt, daß man es ihm zeigt.«

»Er ist nicht dein Onkel!« sagte ich scharf.

»Ich mußte ihn aber so nennen«, sagte Antyllus. »Er wurde wütend, wenn ich es nicht tat.«

»Nun, aber jetzt kannst du damit aufhören«, sagte ich. »Er ist kein naher Verwandter von dir.«

»Still!« Antonius schaute mich stirnrunzelnd an. »Das ist jetzt nicht wichtig. Ich will wissen, *wer* das Testament gestohlen hat!«

»Onkel ... Ich meine Octavian. Er hat es den Vestalischen Jungfrauen mit Gewalt entrissen. Das hat in Rom ziemlichen Wirbel gegeben. Alle redeten dauernd davon, daß du in Ägypten begraben sein wolltest. Die Leute waren wütend. Und ... ach, mal sehen ... Ich weiß nicht, was sonst noch. Es war vor allem die Sache mit dem Grab, worüber die Leute redeten.«

Plancus und Titius. Sie waren Zeugen des Testaments gewesen. Sie hatten Octavian davon erzählt, der es auf seine unheimliche Weise zu nutzen wußte. Aber wie hatte er wagen können, das Heiligtum der Vestalinnen zu verletzen? Er hatte darauf gesetzt, daß das, was er in dem Testament finden würde, den Einsatz rechtfertigen werde. Dieser Hund! Und er hatte gewonnen.

In dieser Nacht lag ich still neben Antonius, den Kopf auf seine Schulter gelegt, und sprach mit gedämpfter Stimme. »Wir müssen unsere Lage neu bewerten. Plancus und Titius haben die Gleichung verändert. Was geht in Rom vor?«

»Es klingt, als hätten sie von Octavian Vergebung erlangt, indem sie ihm vertrauliche Kenntnisse über mich verrieten – Dinge, die nur sie als Siegelbewahrer und als Zeugen meines Testaments erfahren konnten«, sagte Antonius. »Sie mußten ihm ja etwas anbieten, was er haben wollte, damit er sie aufnahm. Sie waren schließlich zehn Jahre lang bei mir gewesen. Das dürfte in seinen Augen ein Makel gewesen sein.«

»Wie schädlich sind diese Erkenntnisse?«

»Ich hätte nie gedacht, daß sie schädlich sein könnten«, sagte er. »Und ich begreife nicht, wieso sie es sind.«

Die Laute einer Sommernacht wehten zu den Fenstern herein: Lieder aus nahen Gärten, Lachen und Schritte auf dem Pflaster unten. In den Straßen von Athen genossen die Menschen die Wärme und den klaren Sternenhimmel über sich.

Ich legte den Kopf auf seine Brust und lauschte dem langsamen, gleichmäßigen Schlag seines Herzens. Wie ruhig er dalag, wie unbesorgt er wirkte. Ich legte die Arme um ihn und fühlte die starken, gebogenen Rippen unter meinen Händen. Er war wie eine stämmige Eiche mit rauher Rinde, die mir

Schutz bot. Ich brauchte ihn nur zu berühren, und meine Sorgen und Ängste ließen nach. Plancus und Titius und ihre Desertion hatten mich zutiefst beunruhigt – weniger, weil ich den Verlust der Personen als Unglück empfand, sondern eher wegen seiner symbolischen Bedeutung. Die Moral derer, die noch bei uns waren, konnte dadurch beeinträchtigt werden. Desertionen konnten sich ausbreiten wie eine Seuche.

Die Berichte, die schließlich aus Rom kamen, waren erstaunlich. Antonius hatte recht; um Octavians Gunst zurückzukaufen, hatten Plancus und Titius ihm erzählt, daß Antonius' Vermächtnis erschütternde Verfügungen enthalte, die er sich zunutze machen könne.

Plancus und Titius waren genau im rechten Augenblick erschienen. Octavian war gerade aus Illyrien zurück und galt jetzt als privater Bürger. Das Triumvirat war offiziell zu Ende, und Octavian bekleidete kein öffentliches Amt mehr. Außerdem hatte er keinen verfassungsmäßig begründeten Anlaß zu einem Feldzug gegen seinen Schwager und ehemaligen Kollegen im Triumvirat. Antonius hatte keine aggressiven oder ungesetzlichen Handlungen begangen, und Octavian hatte schon vor einer Weile die Bürgerkriege für beendet erklärt. Antonius hatte noch immer eine loyale Anhängerschaft in Rom, und fast der halbe Senat war bei ihm; außerdem gab es eine gewaltige Zahl von Zuschauern, die sich keiner der beiden Parteien anschloß. Solange Octavian keinen Vorwand finden konnte, Antonius anzugreifen und die öffentliche Meinung auf seine Seite zu ziehen, konnte er nichts unternehmen.

Dann kam die Ehescheidung. An sich eine alltägliche Angelegenheit, war sie doch ein Indiz dafür, daß Antonius seine Bindungen an Rom zugunsten der ägyptischen Hexe durchtrennte. Das Testament mit der Verfügung, daß Antonius an meiner Seite bestattet werden wollte, »bewies« schließlich, daß er sich von Rom losgesagt hatte und seine Hauptstadt nach Alexandria zu verlegen gedachte.

»Während er einbalsamiert wie ein Pharao in einem fremden Lande liegt, will ich – ganz gleich, wo ich fallen werde in der Schlacht –, will ich, der Imperator Cäsar, meine Gebeine in der Familiengruft, die ich gerade am Tiberstrand errichten lasse, zur letzten Ruhe gebettet wissen. Selbst wenn ich zu Staub zerfallen bin, will ich dich nicht verraten und verlassen, Mutter Rom!« hatte Octavian geschrien, als er den Inhalt des Testaments offenbart hatte.

Daraufhin war eine Welle von Zorn und Abscheu gegen uns losgebrochen. Antonius wurde mit jedem vorstellbaren Schimpfnamen belegt. Plancus trat vor den Restsenat und schilderte, wie Antonius mich auf abscheuliche Weise umschmeichelte: Antonius habe einen Senator mitten im Gespräch stehenlassen, um meiner Sänfte zu folgen und sich zu meinen Eunuchen zu gesellen. Er unterbreche Ratssitzungen mitten in der Debatte, um Liebesgedichte zu lesen, die ich ihm auf juwelenbesetzte Tafeln geschrieben hätte. Er reibe mir sogar in aller Öffentlichkeit die Füße, salbe sie mit Öl und küsse sie leidenschaftlich.

Ich erinnerte mich an den Abend in Ephesos, als Titius in die Privatgemächer unseres Hauses eingedrungen war, wo Antonius mir die Füße massiert hatte, weil ich mich nicht wohl gefühlt hatte. Jetzt bauschte Plancus das Ganze für seine verleumderischen Vorwürfe auf.

Tagelang unterhielt Plancus den Senat damit, daß er ihm eine Torheit, Bosheit oder Ungeschicklichkeit Antonius' nach der anderen schilderte. Antonius' Verfehlungen türmten sich so hoch wie die Pyramiden.

Endlich erhob sich ein alter Senator und bemerkte spitz: »Meine Güte, Antonius konnte aber eine gewaltige Zahl von Freveln begehen, bevor *du* es über dich brachtest, ihn zu verlassen.«

Öffentliche Entrüstung war eine Sache, aber Octavian brauchte etwas Verbindlicheres, bevor er zuschlagen könnte. Bestattungspläne waren kein Landesverrat – ein Senator hatte geltend gemacht, es sei unrecht, einen lebenden Mann für das zu bestrafen, was er nach seinem Tod zu tun beabsichtige –, und so würde Octavian sich auf ein »höheres Gesetz« berufen müssen, das über der Verfassung stände. Und ihm fiel etwas ein: Die Römer würden ihm die Treue schwören, seiner Person und nicht irgendeinem Amt, das er innehatte. Damit wäre er der Patron und das ganze Land unter seinem Schutz.

Hastig wurde ein Treueid formuliert, und schon im Herbst wurde die Bevölkerung überredet, ihn zu leisten.

Ich hatte eine Abschrift davon bekommen und las ihn Antonius laut vor; er brachte es kaum über sich zuzuhören.

»›Ich verpflichte mich hiermit, dieselben zu Freund und Feind zu haben wie der Imperator J. Cäsar Divi Filius und mit Leib und Seele, zu Lande und zur See, zu kämpfen wider jeden, der ihn bedrohen möchte, jeglichen Verrat anzuzeigen, der mir zu Augen oder Ohren kommt, und mich selbst und meine Kinder weniger teuer zu erachten als die Sicherheit des Imperator Cäsar. Sollte ich meinen Eid brechen, so möge Jupiter mich und meine Kinder heimsuchen mit Acht und Bann und Untergang‹«, las ich. »Gründlich, nicht wahr?«

Antonius schüttelte den Kopf. »Bononia hat den Eid verweigert. Die ganze Stadt«, sagte er.

»Ja, diese Stadt ist dir treu«, sagte ich. Aber die Armee, die Veteranenkolonien und fast alle führenden Bürger der Städte hatten ihn geleistet. Und in Rom waren unterdessen die, welche als unbeteiligte Zuschauer auf dem Zaun gesessen hatten, endgültig in Octavians Garten gezogen worden. Dafür hatten Testament und Scheidung gesorgt – Privatangelegenheiten, die sich auf Antonius persönlich bezogen. Welche Ironie! Diese beiden Dinge setzten

Octavian in den Stand, zu behaupten, daß alle loyalen Bürger, entsetzt und betrübt über die Schande, mit der Antonius sich bedeckt hatte, sich zu einem spontanen Ausdruck ihrer Treue und Hingabe gegen den *Divi Filius*, den Vorkämpfer römischer Tapferkeit, Tugend und Tradition, erhoben hätten. Daher die Treueschwüre.

»Wir verfügen immer noch über die besseren Mittel«, sagte Antonius. »Unsere Armee ist größer, unsere Flotte überlegen, unsere Schatztruhe tiefer. Wenn es zum Zusammenstoß kommt, werden wir obsiegen. Ich bin ein besserer Stratege als Agrippa und Octavian zusammen. Erinnerst du dich noch, wie wir über Schöpferkraft sprachen? Die meine liegt auf dem Gebiet der Kriegführung, und sie wird mich jetzt nicht im Stich lassen.«

»Das Testament enthält etwas, das Octavian erschrecken läßt«, sagte ich. »Aber es war nicht das, worüber er sich lauthals beschwert. Was ihm wirklich angst macht, das hat er für sich behalten.«

Antonius rieb sich die Stirn, als wollte er die Falten wegwischen, Falten, die sich dort eingegraben hatten, seit wir nach Athen gekommen waren. »Was war es denn?«

»In deinem Testament unterstützt du mit Nachdruck die Erbansprüche Cäsarions. Und damit machen wir Octavian seinen Platz im Westen streitig, nicht nur im Osten. Wir lassen ihm nichts. Das weiß er, und einem solchen Plan kann er sich nicht unterwerfen.«

»Das stimmt.« Antonius nickte. »›So müssen wir Krieg führen, damit wir in Frieden leben können‹, wie Aristoteles sagte.«

Die goldenen Sommertage von Athen währten bis in den Oktober, aber wir waren mit unseren militärischen Vorbereitungen viel zu beschäftigt, als daß wir Augen für das wirbelnde Laub gehabt hätten oder zwischen den Schmetterlingen einherspaziert wären, die ihren letzten Tanz vollführten. Bald würden die einzelnen Kontingente abmarschieren, um in den verschiedenen Regionen Griechenlands ihren Wachtposten zu beziehen. Antonius und ich verbrachten viele Stunden damit, unsere Pläne zu vervollkommnen, bevor wir sie dann offenbarten.

So gut wie erstmalig würde ein größerer Feldzug gleichermaßen von See- und Landstreitkräften abhängig sein. Keines der beiden Heere würde auf heimischem Boden stehen, und in Griechenland gab es wenig Lebensmittel; daher mußte der Proviantnachschub über das Meer herangeführt werden, der ihre aus Italien, der unsere aus Ägypten. Wem es gelänge, die Nachschubwege des andern zu blockieren, der würde die gegnerische Armee aushungern. Deshalb waren die Schiffe von entscheidender Bedeutung, und wir waren stolz auf die unsrigen. Wir verfügten nicht nur über mehr als fünfhundert Kriegsschiffe, wobei jede Größe gut repräsentiert war, sondern unsere Ruderer waren außerdem auch erfahrene Griechen und Ägypter. Es nützte ja wenig, wenn man vorzügliche Schiffe hatte und die Ruderer nichts taugten. Dazu kam, daß unsere Admiräle, Ahenobarbus und Sosius, erfahrene Kommandanten waren.

Was das Heer anbelangte, so hatten wir immer noch einen Kern von römischen Legionären – einige davon Veteranen des Parthien-Feldzugs und sogar aus Philippi – und dazu die neu Rekrutierten. Die Zahl der Legionäre belief sich auf etwa sechzigtausend, die der leichten Infanterie und der Soldaten von den Klientenkönigen auf noch einmal fünfundzwanzigtausend. Amyntas von Galatien hatte zweitausend der besten Reitersoldaten der Welt zu den zehntausend beigesteuert, die wir schon hatten. Damit besaßen wir eine Landstreitmacht von beinahe hunderttausend Mann. Antonius würde sie führen, unterstützt von Canidius und Dellius; die Könige von Kappadokien, Paphlagonien, Thrakien, Kilikien und Kommagene würden ihre eigenen Truppen befehligen.

Ich wollte das Geschwader meiner ägyptischen Schiffe kommandieren, aber das widerstrebte Antonius. Zum einen gefiel ihm die Vorstellung nicht, daß wir in der Schlacht voneinander getrennt sein könnten – er zu Lande, ich zur See –, aber er befürchtete auch, daß Ahenobarbus sich dagegen sträuben könnte. Und Ahenobarbus mit seiner Erfahrung brauchten wir gegen Agrippa. Ich hielt den Mund; ich spürte, daß die Lage sich später leicht noch ändern konnte. Eines wußte ich jedenfalls: Auf der Zuschauertribüne würde ich nicht sitzen. Ich würde irgendwo kämpfen.

Ich fragte mich auch, ob Cäsarion beteiligt werden sollte. Er war alt genug, um zum Soldaten ausgebildet zu werden. Aber Antonius bestand darauf, daß Antyllus abreiste und sich ins sichere Alexandria begäbe, und er drängte mich dazu, auch Cäsarion zu lassen, wo er war.

»Ein ausgewachsener Krieg ist nicht die rechte Gelegenheit für einen Knaben, das Soldatenhandwerk zu lernen«, meinte er, »vor allem, wenn er der Erbe ist. Das Risiko ist zu hoch, die Gefahr eines Unglücks zu groß.« Er blieb so hart, daß ich mich seinen Wünschen beugte.

»Eigentlich willst du nur sagen, daß sie dir im Weg wären«, behauptete ich.

»So ist es«, antwortete er. »Ich werde genug Sorgen haben, ohne daß sie mir vor die Füße laufen. Und was für vortreffliche Geiseln sie abgäben!«

Dennoch fragte ich mich, ob sie sich nachher nicht betrogen vorkommen würden? Wie konnte ein Sohn Cäsars abseits sitzen, wenn in seinem Namen ein Krieg geführt wurde?

Als schließlich alles bis in die letzten Einzelheiten geklärt war, hielten wir in der riesigen Stoa des Attalos bei der Agora einen Kriegsrat ab. Wir brauchten so viel Platz, um alle unsere Leute unterzubringen, die Karten aufzustellen und unsere Pläne auszubreiten. Es war das letzte Mal, daß wir alle zusammen unter einem Dach sein würden.

Wie um sein Römertum herauszustreichen, hatte Antonius seine Generalsuniform angelegt: Brustpanzer aus Messing und Silber mit Schnallen und geprägten Verzierungen, eine Reihe von militärischen Orden quer über der Brust, einen wehenden Purpurmantel, schwere, genagelte Sandalen.

Ich hatte sorgfältig darauf geachtet, allen Schmuck zu vermeiden. Gewand und Mantel waren schlicht, und ich trug das uralte ägyptische Abzeichen für militärischen Mut: stilisierte goldene Fliegen; ich hatte sie mir erworben, als ich in Askalon ein Heer gegen meinen Bruder, den Thronräuber, aufgestellt und als ich meine Flotte zur See im Einsatz gegen die Cäsarmörder geführt hatte. Ich wollte ihnen klarmachen, daß ich zur Hälfte Kriegerin war.

Hinter uns war eine große Landkarte auf einen Rahmen gespannt worden. Antonius stand daneben, den Speer in der Hand. Die Gesichter aller unserer führenden Offiziere sowie der zehn Könige waren uns zugewandt; hinter ihnen saßen die Senatoren, und Gesandte, Tribunen und Zenturionen füllten den Rest der Halle aus.

»Wir haben geschmaust und gefeiert, meine Freunde«, begann Antonius. »Jetzt wird es Zeit, daß wir uns der bevorstehenden Prüfung widmen. Mögen alle Götter wohlwollend auf uns blicken und uns den Sieg verleihen.«

Er deutete auf die Landkarte und klopfte mit dem Speer auf die italienische Halbinsel zu seiner Linken. »Octavian muß das Meer überqueren, um herzukommen«, sagte er, und sein Lachen sollte entwaffnend klingen. »Je nachdem, wo er seine Truppen übersetzt, wird die Reise lang oder kurz sein. Wenn er hier in See geht« – er klopfte auf Brundisium –, »so hat er nur ungefähr siebzig Meilen zu segeln, und er ist in Griechenland. Nimmt er Tarentum« – wieder ein Klopfen – »und fährt südwärts, dann sind es eher zweihundert. Wir müssen uns darauf vorbereiten, ihm in beiden Fällen den Weg abzuschneiden. Ich schlage deshalb vor, eine Kette von neun Flottenstützpunkten an geschützten Inseln dicht vor der griechischen Küste anzulegen, von Korkyra im Norden bis Kreta dort im Süden.«

Leises Gemurmel. Die Männer nickten und sahen beeindruckt aus.

»An der griechischen Küste oberhalb von Korkyra zu landen ist schwierig. Wir brauchen daher nicht zu befürchten, daß Octavian das versuchen wird. Wir werden Korkyra bewachen, und dann richten wir südlich davon einen größeren Stützpunkt ein, am Golf von Ambrakia. Der Golf ist zehn Meilen tief und bietet einen sicheren Ankergrund für die Zeit der Winterstürme.«

Er sah sich um, ob jemand Fragen hätte. Aber es kam keine, und er fuhr fort. »Gleich vor dem Golf von Ambrakia liegt die Insel Leukas, und dort legen wir den dritten Flottenstützpunkt an. Dann, weiter südlich, fast in der Mitte der Kette, noch einen bei Patrai, am Golf von Korinth. Dort wird der Hauptteil des Heeres überwintern, und ich werde dort mein Hauptquartier einrichten. Gesichert wird es durch zwei weitere Stützpunkte, auf Kephallenia und Ithaka, der Heimat des Odysseus. Ein Stückchen weiter südlich, bei der Insel Zakynthos, wird Sosius mit seiner Flotte vor Anker gehen. Er hat Erfahrung mit Zakynthos; er hat schon sieben Jahre dort gedient.«

Sosius erhob sich und nickte.

»Ein größerer Stützpunkt unter dem Befehl von König Bogud von Mauretanien wird in Methone im südlichen Griechenland liegen. Und der letzte Vorposten auf griechischem Boden wird dazu dienen, unsere Proviantversorgung aus Ägypten zu sichern. Unterhalb davon liegt Kreta, wo unser neunter Stützpunk sein wird. Ihr seht, es ist ein Schild, der sich über die gesamte Westflanke Griechenlands erstreckt.«

»Aber was ist mit der Via Egnatia in Nordgriechenland?« fragte Dellius. »Warum wollen wir sie einfach aufgeben? Das gefällt mir nicht.«

»Wir brauchen sie nicht«, sagte Antonius. »Wir können auf diesem Wege keinen Nachschub bekommen.«

»Aber der Feind«, beharrte Dellius.

»Nein, dem Feind wird sie wenig nützen, wenn wir uns im Süden aufhalten. Sie führt von Osten nach Westen und hilft ihm nicht, seinen Nachschub über die Berge in unsere Richtung zu befördern. Es ist eine wunderbare Straße, aber für uns in diesem Kampf ohne jeden Wert.« Antonius schien sich seiner Sache völlig sicher zu sein.

»Und warum das Heer am Golf von Korinth stationieren?« wollte Ahenobarbus wissen.

»Wenn der Feind von Westen her übers Meer kommt, sind wir bereit und können die Truppen leicht an die Küste verlegen. Sollte er sich indessen für den langen Landmarsch durch Illyrien entscheiden und von Norden herunterkommen, so können wir ihm den Weg versperren. Wir sind also bereit, ganz gleich, aus welcher Richtung er kommt. Ich bezweifle allerdings«, fügte er hinzu, »daß er über Land marschieren wird. Vor allem – es wären fast tausend Meilen.«

»Lieber tausend Meilen über Land als siebzig übers Meer!« rief Canidius scherzhaft.

»Landratte!« brüllte Ahenobarbus.

»Ihr müßt bedenken, daß es für Octavian ein schwieriges Unternehmen sein wird«, sagte Antonius. »Zeit, Geld und Versorgung – in allem sind wir im Vorteil. Wir brauchen nichts weiter zu tun, als uns in Griechenland zu versorgen und abzuwarten. Er dagegen muß herkommen, er muß seine Soldaten bezahlen, und er muß all seine Vorräte transportieren. Wir hatten die Gelegenheit, nach unserem eigenen Belieben zusammenzustellen, was wir brauchen, und es herbeizuschaffen – und das ist ein großer Vorteil.«

»Und wo wird *sie* sein?« fragte Ahenobarbus plötzlich.

Ich erhob mich. Für mich selbst sprechen konnte ich noch allemal. »Als Befehlshaberin der ägyptischen Flotte werde ich bei meinen Schiffen sein«, erklärte ich.

»Dir gehören die Schiffe, aber befehligst du sie auch?« fragte Ahenobarbus. »Du mußt doch einen Admiral haben.«

»Das werden wir später regeln«, erklärte Antonius rasch. »Den Winter über wird die Königin bei mir in Patrai sein.«

Ich sah, daß dies noch zum Zankapfel zwischen uns werden würde. Aber gut, er hatte recht – das würde später geregelt werden.

»Vielleicht sollte die Königin nach Ägypten zurückkehren«, sagte Ahenobarbus.

Nicht das schon wieder!

Bevor ich etwas erwidern konnte, führte er ein schlaues Argument ins Feld. »Wenn sie ihrem Sohn erlauben wollte, ihren Platz einzunehmen, dann wären die Leute vielleicht weniger verwirrt. Schließlich ist er Cäsars Sohn und ein König aus eigenem Recht. Es würde Octavians wüsten Klatschgeschichten den Boden entziehen und den Soldaten mehr Mut machen.«

Da ich dies schon selbst in Betracht gezogen hatte, mußte ich zugeben, daß er damit nicht unrecht hatte. Ahenobarbus machte ein überraschtes Gesicht, und Antonius funkelte mich an.

»Wir werden es später regeln«, wiederholte er. »Einstweilen werdet ihr genug damit zu tun haben, vor dem Winter eure Posten zu beziehen. Bevor das Wetter umschlägt, müssen wir sicher in Stellung gegangen sein. Und vergeßt nicht, daß ich nächstes Jahr Konsul sein soll – zusammen mit Octavian. Ich freue mich schon auf den ersten Januar, wenn ich mein Amt antrete. Ich habe nicht vor, es noch einmal abzugeben!«

Aber Octavian überrumpelte uns. Er hatte noch zwei Trümpfe in der Hand, und im November spielte er sie beide aus. Er erklärte Antonius' Konsulat für nichtig und erkannte ihm sein *imperium* ab. Antonius sei nicht mehr bei Sinnen, behauptete Octavian, und daher für öffentliche Ämter nicht geeignet. »Er ist entweder völlig skrupellos oder wahnsinnig – denn, wahrlich, ich habe gehört und glaube, daß er behext ist von diesem verfluchten Weibe; er ist ihr Sklave und bricht in ihrem Namen einen Krieg gegen uns und gegen sein Land vom Zaun, mit allen damit verbundenen Gefahren. Darum soll er niemandem mehr als Römer gelten, sondern als Ägypter fürderhin, und auch soll man ihn nicht Antonius nennen, sondern Serapis. Man möge nicht denken, daß er jemals Konsul war oder Imperator, sondern Gymnasiarch war er. Denn er hat selbst aus freien Stücken die letzteren Namen den ersteren vorgezogen, und da er all die erhabenen Titel seines Vaterlandes verworfen, ist er einer der Zimbelspieler von Kanopos geworden. Es ist aber unmöglich, daß einer, der ein Leben im königlichen Prunk führt und sich selbst hätschelt wie ein Weib, noch einen männlichen Gedanken hegen oder eine männliche Tat tun kann!«

Aber erklärte er ihm den Krieg? Nein, dazu war er viel zu gerissen. Antonius genoß in Rom immer noch so große Sympathie, daß dies viel zu gefährlich gewesen wäre. Statt dessen marschierte er zum Tempel der Bellona auf dem Marsfeld und inszenierte eine uralte Zeremonie.

Er führte als *Fetialis*-Priester, gefolgt von Männern in Soldatenmänteln, eine feierliche Prozession zum Schrein der Kriegsgöttin, und dort tauchte er eine Lanze in frisches Blut und schleuderte sie in die Richtung, in der Ägypten lag.

»Diese fremde Königin, die ihr Augenmerk auf Rom gerichtet hat und die uns regieren und vom Kapitol aus Recht sprechen will, wie ihre Schwüre offenbart haben – sie erklären wir feierlich zu unserer Feindin. Die ägyptische Königin Kleopatra aus dem Hause Ptolemaios, die unseren General in den Staub getreten und ihn zu ihrem Sklaven gemacht hat, diese Ägypterin, die Echsen und Tiere als Götter verehrt und kläglichen Mut zeigt, sie muß vernichtet werden!« rief er und schwenkte die Lanze, bevor er sie warf. »Wir erklären den aufrechten und gerechten Krieg – *iustum bellum* – gegen diese fremde Herrscherin, die unser Land bedroht. Wir dürfen nicht erlauben, daß ein Weib sich auf die Stufe eines Mannes stellt!«

All diese Worte, aufgeschrieben und beglaubigt, wurden uns in Patrai zugestellt. Fast hörte ich sie, hörte Octavians schrille Stimme, wie er sie lauthals herausschrie, der Menge und dem Himmel zu.

HIER ENDET DIE SIEBTE SCHRIFTROLLE

# DIE ACHTE SCHRIFT-ROLLE

2

# 72

»Ein gesegnetes neues Jahr wünsche ich dir.« Ich hob meinen Becher und trank Antonius zu. Wir speisten in vertrauter Runde, und die andern taten es mir nach. »Janus, der Gott, der in beide Richtungen blickt, öffne uns dieses Jahr und überschütte uns mit seinem Segen.«

Antonius ließ sich Glück wünschen und verkündete dann, er habe kleine Geschenke für jeden. Schachteln wurden verteilt; jede enthielt dreißig Goldmünzen, jene prächtige Ausgabe, die er zu Ehren jeder seiner dreißig Legionen sowie seiner Prätorianergarde und der Späher hatte prägen lassen. Jede zeigte Adler und Standarte auf der einen Seite und ein Schlachtschiff unserer Flotte auf der anderen Seite. Sie waren ein Vermögen wert, und unsere Freunde waren wie vom Donner gerührt. An Antonius' Großzügigkeit konnte man sich anscheinend nie gewöhnen.

»Heil dir, Konsul!« sagte einer, denn unser Senat – der legale – hatte die Ernennung von Messalla Corvinus, den Octavian anstelle von Antonius zum Konsul gemacht hatte, pflichtgemäß für ungültig erklärt. Aber all das war nur noch ein Spiel. Die Rechtmäßigkeit unserer Taten – wie auch der Taten Octavians – war nur noch auf eine Weise zu ratifizieren: durch Waffengewalt.

Während wir in Patrai warteten, peitschten Winterstürme die See. Aber wir saßen gut aufgehoben in der Sicherheit des Golfs von Korinth. Es war eine interessante Gegend Griechenlands – oder sie wäre es bei besserem Wetter gewesen. Wir waren nicht weit von Olympia entfernt, wo die Spiele veranstaltet wurden und wo die weltberühmte Zeus-Statue stand. Aber dies war nicht die Zeit für Sehenswürdigkeiten. In der anderen Richtung lagen die Ruinen des alten Korinth und die neue Kolonie, die Cäsar gegründet hatte. Die Stadt selbst war am Meeresufer gelegen, gleich hinter einer Gegend mit fruchtbaren Wein- und Obstgärten.

Antyllus war nach Alexandria geschickt worden, wo er bei seinen Halbgeschwistern wohnen sollte; ich hoffte, daß sie ihn freundlich willkommen heißen würden. Es konnte ja nicht leicht sein für ihn, herausgerissen aus der einzigen Heimat, die er je gekannt hatte, und in eine neue gesandt, ohne daß Vater oder Mutter ihm den Übergang erleichtert hätten.

Vor der Abreise aus Athen hatten alle Klientenkönige Antonius ihre Gefolgschaftstreue geschworen; es war eine blasse Nachahmung der Eide, die Octavian den Bürgern in Italien abgenötigt hatte. Und Antonius seinerseits hatte ihnen geschworen, daß er unversöhnlich bis zum Ende kämpfen werde. Herodes hatte ihm während seines Aufenthalts in Athen einen Rat ins Ohr geflüstert, den er für klug hielt: Antonius solle mich töten und Ägypten annektieren. Das sei äußerst vernünftig, sagte er, und werde das Problem der Zwistigkeiten in unserem Lager lösen.

Aha. Man durfte Herodes nicht erlauben, sich unmittelbar an unserem Feldzug zu beteiligen. Aber zu gebrauchen war er immer noch; ich sorgte dafür, daß er in seinem eigenen Lande angebunden war und gegen den Nabatäerkönig zu Felde zog, weil dieser mit der Pacht für den Asphalt im Rückstand war.

Mit unseren großen Finanzreserven und der Möglichkeit, eigenes Geld zu prägen – Antonius besaß noch immer eine Münze in Italien selbst –, bestachen wir Leute in Schlüsselpositionen in Rom, um uns von Octavian mit seinen Steuerlasten abzuheben. Das machte uns zumindest für einige Zeit ziemlich beliebt.

Ja, alles sah günstig aus. Am ersten Januar des neuen Jahres schien Janus für uns in eine grenzenlose Zukunft zu schauen. Wir hatten Berge von Geld, eine gewaltige Flotte und ein riesiges Heer, einen unbegrenzten Lebensmittelnachschub aus Ägypten und den besten General der Welt als Führer.

War ich damals am glücklichsten? Sind wir am glücklichsten, wenn wir alles haben, was uns teuer ist, oder wenn wir voller Zuversicht und Hoffnung die Hand ausstrecken, um es zu ergreifen?

Ich glaube, für mich war es die Zeit, als es vor mir lag, ganz in der Nähe, beinahe in Sichtweite, und das Warten die Tage köstlich würzte und sie mit süßer Erwartung durchtränkte.

Wenn ich an diesen Winter denke, scheint aus irgendeinem Grund die Farbe Rot unsere Tage und Nächte zu durchdringen. Unser Speiseraum und unsere Schlafgemächer waren in einem dunklen, brütenden Rot gehalten, und der Fußboden des Ratssaales bestand aus purpurrotem Porphyr; Regen und Wind waren so kalt, daß in den Becken stets Kohlen wie rote Augen glühten und Fackeln loderten. Ich ließ mir mehrere warme Wollgewänder in einem hinreißenden Scharlachrot färben, und ich *fühlte* mich immer wärmer, wenn ich sie trug. Auch Antonius besaß Tuniken in dieser Farbe und dickere Mäntel in einem stumpfen Rostton. Selbst die Sonne – wenn sie einmal schien – ließ Strahlen von Rubin schräg durch die Fenster fallen, die sich dann am Boden sammelten. Wir hatten einen köstlichen Wein aus der Umgebung entdeckt, der so dunkel war, daß nur ein rotes Funkeln aus seinen Tiefen drang, aber rot war er gleichwohl. An manchen Abenden tranken wir ihn, bis es sich in unseren Köpfen leicht zu drehen begann; dann stellten wir die Becher behutsam auf den kleinen Tisch und gingen zu Bett, um die erhöhten Empfindungen auszukosten, die eine kleine Menge Wein herbeiführen kann.

Oh, wie liebte ich es, ihn zu umarmen und zu berühren in diesen langen Nächten in Patrai. In Pergamon hatte er sein zügelloses Essen und Trinken aufgegeben, und jetzt war er wieder der Antonius, den ich vor Jahren gekannt hatte. Körperliche Anstrengung hatte das Fleisch des Müßiggangs und der Exzesse verbrannt, und jetzt waren Arme und Schultern hart, sein Bauch flach und seine Schenkel schlank und kraftvoll. Der junge Antonius war zurückgekehrt, der Soldat, der für Cäsar so hell gestrahlt hatte. Das war der Antonius, den ich in Tarsos zum ersten Mal geliebt hatte; er war jetzt in all seiner Pracht zu mir zurückgekehrt.

Wenn wir dann, halb zugedeckt, im Bett lagen, fragte ich zuweilen schläfrig, warum er denn in jener Nacht vor langer Zeit an meine Tür gekommen sei. Es war ein Ritual für uns geworden, wie es das für alle Liebespaare wird: *Wo… Wann… Warum… Weißt du noch?* Wie ich höre, machen sogar alte Leute es sich zu ihrer privaten Religion, wie sie einander zum ersten Mal liebten: das bestgehütete aller Geheimnisse. Antonius antwortete dann, die Zunge schwer vom Schlaf: »Weil ich mußte.« Frage und Antwort waren immer gleich. *Warum? Weil ich mußte.*

Und ich beugte mich über ihn und küßte ihn auf die Lippen, hielt sein Gesicht in meinen Händen, fühlte die Wangenknochen unter meinen Fingern, fuhr über den runden Rand seiner Augenhöhlen, küßte die geschlossenen Lider. Murmelnd hob er dann langsam die Hand und schob sie in mein Haar, liebkoste es erst und umfaßte dann meinen Kopf mit starken Fingern. Sein Kuß veränderte sich, der Schlaf entglitt, und an seine Stelle trat die Dringlichkeit des Verlangens und die vom Zauber des Weins bewirkte Auflösung der Hemmungen. Bald verloren wir uns im Dickicht der körperlichen Raserei und suchten einander auf eine Weise zu erreichen, wie wir es noch nie zuvor getan hatten. Es gelang uns nie, und das war gut so, denn sonst wäre es Vergangenheit gewesen, nicht mehr Zukunft.

Ich wurde seiner selbst und seines körperlichen Wesens niemals überdrüssig. Es stimmt schon, wir sind mehr als nur unser Körper, aber wir sind nicht von ihm zu trennen. Wir *sind* unser Körper, und nur auf diese Art können wir einander sehen. Vielleicht stehen die Götter darüber, aber in ihrer Barmherzigkeit haben sie uns den Körper geschenkt, auf daß er uns führe. So können wir nicht zu weit vom Wege abkommen. Und ich liebte Antonius in seiner körperlichen Gestalt – Isis möge mir helfen: Wie sehr liebte ich ihn!

Die Tage vergingen – Tage des Wartens, derweil wir den Luxus genossen, langsam zu atmen, unsere Speisen, unsere lange vernachlässigten Interessen und vor allem einander zu genießen. In mancher Hinsicht war es wie eine Reise durch die Zeit, zurück zu jenen Tagen, da unser Leben einfacher gewesen war. Unsere Kinder waren nicht bei uns, auch nicht unsere Minister und Offiziere, und wir waren nicht in unseren Heimatländern. Die obligatorischen, täglichen offiziellen Audienzen gab es nicht; statt dessen konnten wir lesen, uns ertüchtigen, schreiben, Tagträumen nachhängen. Das alles war nötig, um zu nähren, was wir waren, um uns wirklich zu Antonius und Kleopatra werden zu lassen, zu uns selbst, über jene öffentlichen Personen hinaus – zu uns, die wir den Ursprung der öffentlichen Personen enthielten.

»Ich frage mich«, sagte ich einmal gegen Mitternacht müßig zu Antonius, als wir einander in den Armen lagen, »was wir ohne einander geworden wären.« Mein Kopf ruhte auf seiner Brust; genußvoll fühlte ich seine Wärme, und sein kaum spürbarer Herzschlag an meinem Ohr wirkte besänftigend.

»Du wärest die große Witwenkönigin von Ägypten, und ich wäre im Bunde mit Octavian, und gemeinsam trügen wir auf unseren Schultern, was Cäsar hinterließ … vielleicht stets voller Sehnsucht nach dem, was verlorenging, aber auch in dem Wissen, daß es dahin ist. Kein Mensch ist wie der andere; keiner kann genau das erfüllen, was er getan hätte. In den Augen der Welt wäre es ein lohnendes Leben gewesen.«

»Aber unvollständig.«

Er küßte meinen Scheitel. »O ja. Sehr unvollständig. Seltsam, daß etwas Lohnendes derart unvollständig sein kann.«

»Und jetzt … versuchen wir, eine neue Welt zu schmieden. Würde Cäsar es billigen? Was meinst du?«

Er schwieg lange, und ich fragte mich, ob er wohl eingeschlafen war. Schließlich sagte er: »Sogar Cäsar war durch seine Zeit gebunden. Jetzt ist die Zeit an ihm vorbeigegangen und hat ihn zurückgelassen.«

Wie weh das tat! Zu denken, daß Cäsar vorbei war, erledigt, vorüber, ein Gefangener der Zeit.

»Er würde zu uns sagen«, fuhr Antonius fort: »›Verfolgt euren Traum! Aber kümmert euch um die Einzelheiten! Träume ohne Einzelheiten können nicht wahr werden.‹ Wie ich dich nicht ohne einen Körper lieben kann« – er zog mich an sich –, »so können Soldaten nicht ohne Stiefel marschieren. Kümmere dich um die Stiefel. Kümmere dich um die Einzelheiten.«

»Ja. Die Stiefel …« Aber die Art, wie er mich an sich drückte, verriet mir, daß er zum Schlafen noch nicht bereit war. Und ich war es auch nicht.

»Ich habe ein schlechtes Gewissen«, murmelte ich, »weil ich diese Zeit so sehr genieße. Das Warten sollte mir qualvolle Sorgen bereiten, und statt dessen ist es ein Geschenk. Geschenkte Zeit, geschenkte Gedanken, und auch wir beide sind uns geschenkt.« Ich fuhr mit der Hand durch sein Haar, das immer noch dicht und federnd war und sich gesund anfühlte.

Er öffnete mein Gewand und küßte behutsam das Grübchen an meiner Kehle, meine Schultern und den Ansatz meiner Brüste. »Dann öffne es, das Geschenk«, sagte er, »und hör auf zu reden.«

Die Götter entrissen uns diese Ruhepause, diese kleine Insel in der Zeit. Der Januar verrann, der halbe Februar ebenfalls. Und trotz der rauhen See sickerten Nachrichten aus Rom zu uns durch. Octavian war noch immer dabei, seine Streitkräfte in Bereitschaft zu versetzen, und traf die letzten Vorbereitungen für seinen Feldzug, mit dem er Herzen und Köpfe der Römer zu erringen gedachte.

Wie ich schon sagte, es gab noch viele in Rom, die uns günstig gesonnen waren. Antonius' Familie, seine alten aristokratischen Verbindungen, die Dienste, die er seinem Vaterland erwiesen hatte – das alles war noch nicht vergessen. Auch unsere Bestechungszahlungen hatten die Leute daran erinnert, daß es noch andere Kräfte als Octavian und seine Bande gab. Bevor er also die Hauptstadt verlassen konnte, hatte Octavian noch eine Menge zu tun.

An einem windigen Tag im Februar kam Aulus Cossus mit einem Schiff und brachte Abschriften von Octavians Reden mit. Das Protokoll verlangte, daß wir ihn freundlich empfingen, und das taten wir auch, obwohl seine Ankunft uns mit einem unwillkommenen Ruck in die häßliche Welt zurückriß, die uns draußen erwartete.

Wir begrüßten ihn ohne Förmlichkeiten und hofften, ihn so entspannt zu stimmen. Er war ein alter Freund von Antonius' Mutter und hatte es sich versagt, sich im Tumult von Rom für eine Seite zu entscheiden.

»Ich bin zu alt«, sagte er, »und keiner interessiert sich für mich. Ein Segen.« Er war spindeldürr und so vertrocknet, daß es kein Wunder war, wenn niemand sich für ihn interessierte. »Deine Mutter fehlt mir immer noch«, sagte er schlicht.

»Mir auch«, sagte Antonius. Sie war gestorben, als er in Parthien war. Zumindest war es ihr erspart geblieben, von der Katastrophe dort zu erfahren – denn ihr hätte Antonius die Wahrheit sagen müssen. Jetzt war seine ganze Familie tot: sein Vater, zwei Brüder und seine Mutter. Bei mir war es genauso. Jetzt hatten wir nur noch einander.

»Ich muß dir mitteilen«, begann Cossus, »daß Octavians Reden und Taten gut aufgenommen werden. Hier.« Er reichte uns eine Abschrift der Rede, die Octavian auf den Stufen des Senatsgebäudes gehalten hatte.

Antonius nahm sie und las sie langsam. Sein Lächeln erstarb beim Lesen, und schließlich reichte er mir wortlos das Schriftstück. Dann stand er auf, legte Cossus den Arm um die Schultern und führte ihn zu dem überdachten Porticus, wo er seinen Gästen zur Unterhaltung die Kunstwerke dort zu zeigen pflegte.

Ich las. Hier hatte Octavian wirklich alle Schleusen geöffnet und keine Schmähung zurückgehalten. Nachdem er seine machtvollen militärischen Mittel betrachtet hatte, fiel er über mich her.

Daß wir uns, Römer und Herren des größten und besten Teiles der Welt, von einem ägyptischen Weib in den Staub treten lassen, ist unwürdig unserer Väter, aber auch unser selbst. Handelten wir nicht überaus schmählich, ertrügen wir demutsvoll die Beleidigungen ihrer Meute, die – o Himmel! – aus Alexandrinern und Ägyptern besteht – welchen schlimmeren, welchen wahreren Namen könnte man ihnen geben? –, die einem Weib als Sklaven dienen, nicht einem Manne? Wer wollte nicht klagen, wenn er sieht, wie römische Soldaten dieser Königin als Leibwache dienen? Wer wollte nicht stöhnen, wenn er hört, daß römische Ritter und Senatoren sie umschmeicheln wie Eunuchen? Wer wollte nicht weinen, wenn er hört und sieht, daß Antonius selbst, der Mann, der zweimal Konsul und oftmals Imperator war – wenn er sieht, daß dieser Mann nunmehr alle Lebensgewohnheiten seiner Vorfahren aufgegeben und statt dessen fremde und barbarische Sitten angenommen hat, daß er weder uns noch die Gesetze der Götter seiner Väter achtet, sondern dieses Weib verehrt, als wäre sie eine Isis oder Selene –, ihre Kinder Helios und Selene nennt und selbst schließlich den Titel eines Osiris oder Dionysos annimmt und sodann ganze Inseln und Teile der Kontinente verschenkt, als wäre er der Herr der ganzen Erde und des Meeres?

Ich schloß für einen Moment die Augen; ich sah das alles vom Standpunkt der Römer aus und wußte, wenn Antonius nur zurückkehren und sich ihnen zeigen könnte … Aber die Feindseligkeit, die Octavian da anfachte, machte es unmöglich. Oh, er war so gründlich gewesen mit seinen boshaften Plänen! Ich zwang mich weiterzulesen. Ich mußte alles wissen.

Dennoch war ich selbst ihm so treu ergeben, daß ich ihn an unserem Oberbefehl beteiligte, meine Schwester mit ihm vermählte und ihm Legionen gewährte.

Als wären das lauter Geschenke von Octavian gewesen! *Beteiligte … ihm gewährte …*

Danach hegte ich so freundliche und liebevolle Gefühle für ihn, daß ich nicht bereit war, gegen ihn Krieg zu führen, nur weil er meine Schwester beleidigt oder weil er die Kinder vernachlässigt hatte, die sie ihm geboren hat, oder weil er ihr das ägyptische Weib vorzog oder weil er den Kindern dieses Weibes so gut wie euren ganzen Besitz übereignet hat oder aus irgendeinem anderen Grund. Ich hielt es nicht für angemessen, gegen Antonius die gleiche Haltung an den Tag zu legen wie gegen Kleopatra; denn sie betrachtete ich, und sei es nur wegen ihrer ausländischen Geburt, als Feindin infolge ihres Verhaltens, aber er glaubte, ich könne als Bürger doch immer noch zur Vernunft gebracht werden.

Ich fühlte, daß die Farbe aus meinem Antlitz wich. Ich sollte also nur als Ausländerin beurteilt werden, während Antonius als Römer von aller Schuld ausgenommen war?

Er jedoch hat hochfahrend und verächtlich auf alle meine Bemühungen geschaut und will sich weder vergeben lassen, obgleich wir ihm gern vergäben, noch auch unser Mitleid annehmen, wiewohl wir uns bemühen, Mitleid mit ihm zu haben.

Es soll ihn aber niemand fürchten, weil er etwa glaubt, Antonius könne im Kriege obsiegen. Denn schon in der Vergangenheit war er nicht der Rede wert, wie ihr, die ihr ihn bei Mutina besiegt habt, sehr wohl wißt.

In der Vergangenheit war er nicht der Rede wert! Ich bebte vor Wut über solche Lügen. Erinnerte sich denn niemand? Erinnerte niemand in Rom sich an Gallien, an Pharsalos, an Philippi? Oh, wie kurz ist das Gedächtnis der Menschen, und wie schnell verwittern ihre Taten! Dann war Cäsar wirklich tot, und es gab keine Hoffnung mehr.

Und selbst wenn er einst ein wenig Tapferkeit an den Tag legte, da er mit uns zu Felde zog …

Mit *ihm*? Als Octavian sich krank ins Zelt kauerte? Oh, diese Lügen!

… so seid getrost, daß er sie mittlerweile durch seine veränderte Lebensweise gänzlich vertändelt hat. Es ist ein unausweichliches Gesetz, daß ein Mensch sich den Gepflogenheiten seines Alltagslebens angleicht. Dies ist schon dadurch bewiesen, daß er aus dem einen Krieg, den er in all der langen Zeit geführt hat, von dem einzigen Feldzug, den er unternahm, von Schande bedeckt aus Phraaspa zurückkam und außerdem auf seinem Rückzug viele Männer verlor. Wäre also einer von uns aufgefordert, einen läppischen Tanz zu vollführen oder wollüstig über die Stränge zu schlagen, so müßte dieser ihm sicher die Siegespalme überlassen, denn das sind die Künste, in denen er sich übt; doch jetzt, da der Anlaß Waffen und Kämpfe verlangt – was hätte da irgend jemand bei ihm zu fürchten? Seine körperliche Gewandtheit? Aber er hat die besten Jahre hinter sich und wird weibisch. Seine Geistesstärke? Aber er spielt die Frau und hat sich mit seiner unnatürlichen Wollust verschlissen. Seine Anhänger? Freilich, solange sie erwarten konnten, ohne Gefahr reich zu werden, haben ihm einige sicher mit Freuden angehangen, aber sie werden keine Lust haben, gegen uns, ihre eigenen Landsleute, für etwas zu kämpfen, was überhaupt nicht zu ihnen gehört.

Er war widerlich! Ich war so wütend, daß ich kaum noch weiterlesen konnte.

Warum ihn überhaupt fürchten? Wegen der Zahl der Leute, die bei ihm sind? Aber keine Zahl kann Tapferkeit besiegen. Wegen ihrer Nationalität? Aber sie sind eher im Lastentragen denn in wirklicher Kriegführung geübt. Wegen ihrer Erfahrung? Aber sie können besser rudern als auf dem Meere kämpfen. Ich für meinen Teil schäme mich wirklich, daß wir uns mit solchen Kreaturen messen sollen, denn besiegen wir sie, so gewinnen wir keinen Ruhm, verlieren wir aber, so versinken wir in Schande.

Gegen wen kämpfen wir denn wirklich? Ich will es euch sagen! Wer sind Antonius' Generäle? Da wären Mardian, der Eunuch, und Iras, Kleopatras Haarkünstlerin, und Charmian, ihre Kleiderzofe! Das sind Eure Gegner – und so tief ist der einst so noble Antonius gefallen!

Als wäre Mardian im Zweifel nicht ein besserer General als *du*! dachte ich. Du schwächlicher, hüstelnder Invalide, hilflos wie eine Schildkröte auf dem Rücken ohne deinen Agrippa – wie kannst du es wagen, dich auch nur mit Mardian zu vergleichen?

Aber Octavians Publikum würde die Wahrheit nicht kennen. Wie viele waren seit Philippi erwachsen geworden? Wie viele waren von der Bühne des Lebens abgetreten, seit die Iden des März uns Cäsar nahmen! Die Wahrheit konnte nicht bestehen wie ein Granitfelsen, ganz für sich allein; sie war endlos wandelbar, sie wurde verändert durch das, was sie umgab. Octavians Rede würde in die öffentlichen Archive eingehen, und der Staub der Zeit würde sie heiligen. Wenn sie überlebte. Die Wahrheit war eine Frage des zufälligen Überlebens – ein Fetzchen hier, ein Bruchstück da, durch Zufall nur verschont.

Antonius kam ohne Cossus zurück und nahm die Rede, die ich zusammengefaltet hatte. »Und ich hielt Cicero für schlimm«, sagte er leichthin.

»Cicero hat das Fundament gelegt, auf dem Octavian gebaut hat«, erwiderte ich. »Vor langer Zeit hat er dich geschmäht, weil du trinken und dich in schlechter Gesellschaft herumtreiben würdest. Er maßregelte dich sogar wegen deiner Feigheit, nur weil du nicht mit Cäsar in Spanien warst. Erinnere dich an sein Gelübde: ›Ich will ihn brandmarken mit den treulichsten Malen der Ehrlosigkeit, will ihn anheimgeben dem ewigen Menschengedenken.‹ Nun, es hat sich erfüllt. Ihm müssen wir danken, denn er hat gesät, was Octavian nun erntet!«

»Cicero«, wiederholte Antonius unglücklich. »Wie es aussieht, hat Octavian seinen Rücken damit gesichert. Noch ein paar solche Reden, und wir haben überhaupt keine Anhänger mehr in Rom – zumindest keinen, der wagen wird, es zuzugeben. Es gibt ja immer ein paar, die sich bedeckt halten und das Ergebnis abwarten, ehe sie den Kopf heben.«

»Dann müssen wir das Ergebnis sicherstellen.« Alles lief jetzt darauf hinaus.

Octavian hielt aber nicht nur Reden, sondern seine Agenten entdeckten jetzt auch »Vorzeichen«, die sie den Gläubigen vortrompeteten. Überall am Mittelmeer wurden Antonius-Statuen selektiv vom Blitz getroffen, behauptete man, oder sie fingen geheimnisvollerweise an, Blut zu schwitzen. Und wenn es nicht Antonius' Statuen waren, so waren es Statuen von Herkules oder Dionysos, seinen Schutzgöttern. Und dann behaupteten sie, eine Schar von Knaben in Rom habe spontan begonnen, Krieg zu spielen und sich Antonianer und Octavianer genannt – und siehe da, die Octavianer hatten gewonnen! Was für ein Omen!

Der deutlichste Hinweis auf die wahre Stimmung in Rom war vermutlich der Bericht über einen Mann, der zwei Raben das Sprechen beigebracht hatte. Der eine sagte: »Heil Octavian, siegreicher Imperator«, und der andere schrie: »Heil, siegreicher Imperator Antonius.« Der Mann wollte ein Geschäft machen, komme, was da wolle.

Ich hatte keine Angst. Ich hatte das Gefühl, daß wir nicht verlieren konnten, wenn wir nicht einen überwältigenden Fehler begingen, und das erschien mir unmöglich. Wir waren bereit, dem Feind an jedem beliebigen Ort an der griechischen Küste entgegenzutreten, zu Lande oder zu Wasser. Unsere Flotte umfaßte alles: von der Triere – den schnellsten Schiffen auf dem Meer – bis zu den »Zehnern«, schwimmenden Festungen, mit Eisenbändern umlegt und mit Katapulttürmen bewaffnet. In unserem Heer mischte sich ein Kern von römischen Legionen mit Reiterei und Hilfstruppen. Was immer der Feind sich einfallen ließe, wir könnten ihm etwas entgegensetzen. Überraschen würde er uns nicht.

Natürlich hatten wir auch Schwachstellen. Am schlimmsten war das Problem, unsere Streitkräfte den Winter über in Kampfbereitschaft zu halten. Das Heer war in verschiedenen Gegenden stationiert, um die Belastung durch die Versorgung der Leute zu lindern; wie ein Heuschreckenschwarm vertilgt eine Armee alle Lebensmittel in ihrer Umgebung. Wir importierten den Proviant, aber schon die Anwesenheit der Truppe drückt auf den Boden wie ein Elefant. Die meisten Legionen waren in unserer Nähe bei Patrai konzentriert, und Antonius besuchte sie regelmäßig, um sie bei Laune zu halten – und sich selbst ebenfalls. Die Dritte Legion war da, die *Gallica*, die Cäsar selbst begründet hatte und die mit ihm bei Munda und mit Antonius in Parthien gekämpft hatte. Die Sechste, die »Eisengepanzerte«, war mit Cäsar in Gallien, bei Pharsalos, in Alexandria und Munda gewesen, mit Antonius bei Philippi und in Parthien – eine glorreiche Geschichte. Dann waren da noch die berühmte Fünfte Legion, die *Alaudae* oder »Haubenlerchen«: Gallier, die Cäsar in ihrer Heimat, aber auch in Pharsalos, Thapsos und Munda sowie Antonius in Parthien gedient hatten. Er schöpfte Kraft daraus, unter ihnen einherzugehen.

Ein paarmal begleitete ich Antonius hinaus, und die offenkundige Fürsorglichkeit, die sie einander entgegenbrachten, rührte mich fast zu Tränen. Ich hatte schon gehört, daß es zwischen Cäsar und seinen Männern fast so etwas wie Liebesbande gegeben habe, aber bis jetzt hatte ich es nie verstanden, weil ich es nie mit eigenen Augen gesehen hatte. Wie sie einander anschauten, Antonius und seine Männer, der Ton, der unter dem herzhaften Klang ihrer Sprache zu vernehmen war, der Eifer, mit dem sie einander zu gefallen suchten, das Band des womöglich notwendigen letzten Opfers füreinander, das alles verschmolz sie zu einer Einheit von Männern und General. Es ist ein Zauber, den man nicht vorhersehen kann, denn er erfordert einen bestimmten Typus von Mann auf beiden Seiten.

Die Anspannung des Wartens machte sich bemerkbar wie bei einem Pferd, das laufen will. Auch das konnte ich sehen.

»Wann, Imperator?« riefen sie und hielten seinen Mantel fest.

»Wenn der Feind in Sicht ist«, antwortete er dann. »Lange wird es nicht mehr dauern.«

Für die Flotte war es schlimmer als für das Heer. Im Hafen zu liegen, das ist etwas, was man für gewöhnlich vermeidet, denn es läßt Schiffe und Moral verrotten. Sicher, Agrippa hatte seine Flotte im Winterquartier untergebracht, als er seine Mannschaften ausgebildet hatte, aber für weniger lange Zeit, und er hatte sie mit Übungen beschäftigt. Die unsrigen saßen untätig auf der Ruderbank.

»Antonius, wird es eine See- oder eine Landschlacht geben?« Diese Frage konnte ich gefahrlos nur stellen, wenn wir allein waren. Ich konnte mir nicht vorstellen, daß es beides geben würde, und doch unterhielten wir beide Truppengattungen mit voller Kraft.

»Ich weiß es nicht«, bekannte er zu meiner Verblüffung.

»Du weißt es nicht?« konnte ich nur wiederholen. »Mußt du es denn nicht entscheiden? Die Initiative ergreifen?«

»Es wird davon abhängen, wie sich alles entwickelt. Es wäre vorzüglich, wenn wir sie auf dem Wasser schlagen und ihre Landung überhaupt verhindern könnten – eine reine Seeschlacht also. Aber das dürfte schwierig werden. Schiffe sind nicht so leicht zu handhaben wie Truppen. Zum einen spielt das Wetter eine zu große Rolle. Und zum andern ist die Beweglichkeit ein Problem. Schiffe sind nur durch Wind oder Ruder zu bewegen – und das ist etwas anderes als der Tritt der Stiefel auf festem Boden.«

»Dir ist eine Landschlacht lieber«, stellte ich fest. Ich hatte bemerkt, wie liebevoll er vom »Tritt der Stiefel auf festem Boden« gesprochen hatte.

»Das gebe ich zu. Ich habe darin viel mehr Erfahrung. Ich habe zwar auch schon zur See einige Erfolge erzielt, aber eigentlich bin ich dort noch ein Neuling.« Er legte die Hände unters Kinn und betrachtete die kleine Karte, die den Golf von Korinth zeigte.

»Ah! Ihr Römer habt kein Salzwasser in den Adern wie die Phönizier und die Griechen«, sagte ich. »Und *du* kommst aus einer sehr alten römischen Familie.« Ich überlegte. »Freilich, Sextus und sein Vater waren auf dem Wasser zu Hause. Und Agrippa ist es anscheinend auch.«

»Noch ein Grund, weshalb es mir auf dem Lande lieber wäre. Agrippa kommt mir vor wie ein Seehund – anmutig im Wasser, aber plump an Land.«

»Dann sollten wir sie vielleicht unbehelligt kommen lassen, um sie uns an Land vorzunehmen.«

»Und die Flotte überhaupt nicht einsetzen? Nein, wir sollten sie zumindest als Barrikade verwenden. Je weniger Männer sie an Land bringen, desto besser.« Er schwieg kurz und fuhr dann fort. »Und wenn wir sie nach Actium locken können, wo unsere Hauptflotte liegt, dann können wir ihre Schiffe durch unsere überlegene Zahl überwältigen und vernichten.«

Ein weiterer Schwachpunkt bestand darin, daß unsere Verteidigungslinie so langgezogen war – sie reichte ja von Nordgriechenland bis Afrika. Aber es ist ein Grundsatz des Krieges, daß die Verteidigung auf einer breiten Front angelegt sein muß, während es dem Angreifer freisteht, sich eine bestimmte Stelle auszusuchen und sich mit allen seinen Kräften darauf zu konzentrieren – was sehr viel effizienter und ökonomischer ist.

Und das nächste Problem bestand darin, daß wir ganz und gar darauf angewiesen waren, unseren Nachschub auf dem Seeweg aus dem achthundert Meilen weit entfernten Ägypten zu beziehen.

Aber wie sollte es anders gehen? Die Kriegsschauplätze verteilten sich über gigantische Bereiche der Geographie. Antonius' Autorität reichte vom Euphrat und von Armenien bis zum Ionischen Meer und nach Illyrien sowie weithin durch Afrika, von Kyrene bis Nubien. Octavians Machtbereich begann in Illyrien und endete am westlichen Meer, und dazu gehörten Gallien, Italien und Spanien bis zu den Säulen des Herkules. Die ganze Welt war an diesem Krieg beteiligt und mit der einen oder der anderen Seite verbündet. Der Preis für den Sieger würde atemberaubend, beinahe unvorstellbar sein. Aber die Verluste für den Besiegten auch.

Es sollte jetzt anfangen! Ich ertrug das Warten nicht länger; ich fürchtete auch, wir würden unsere Spannkraft verlieren, wenn nicht endlich etwas geschah. Aber das Tempo bestimmte Octavian. Und so hielten wir zu Patrai den Atem an und beobachteten, noch immer in den Klauen des Spätwinters, die graue, stürmische See.

# 73

Die See blieb den ganzen März hindurch rauh. Der Winter wollte uns nicht aus seinem Griff entlassen – als halte er uns absichtlich vom Handeln ab. Damals dachte ich, er sei grausam; heute frage ich mich, ob er nicht gütig war, ob die Götter der Winde nicht Mitleid mit uns hatten und sagten: *Wir wollen sie noch ein wenig beschützen, wollen sie noch ein Weilchen im Glanz des Unversuchten, des Bevorstehenden leben lassen, sie verschonen vor dem, was schon geschrieben steht*... Wer weiß? Vielleicht war es auch nur eine Tatsache und hatte mit menschlichen Schicksalen überhaupt nichts zu tun; vielleicht ist es nur unsere Phantasie, die all dem soviel Gefühl und Zielgerichtetheit unterschiebt.

Mitte März – jawohl, an den Iden des März: Ich muß diese Worte benützen, dieses für alle Zeit verfluchte Datum, das mich durch die Jahre verfolgt – schlug das Schicksal zu, als habe es verabredet, nur an diesem Tag zu mir zurückzukehren. Der reguläre Schiffsverkehr hatte noch nicht eingesetzt, aber Agrippa nahm die Hälfte seiner Flotte, schlug einen gefahrvollen Südkurs ein und segelte unserem Flottenstützpunkt in Methone entgegen.

Er brachte eine rasche Landung zuwege und griff Bogud an, und in den Gefechten kam Bogud zu Tode. Der Stützpunkt war verloren – eine unserer Schlüsselstellungen, die unsere Nachschubwege sichern sollte, im Handumdrehen verloren.

Die Berichte erreichten uns schnell – natürlich, denn wir standen keine hundert Meilen weiter nördlich. Ängstliche Boten – sie fürchteten, wir könnten Schrecken und Zorn an ihnen auslassen – traten zitternd vor uns hin, und die Berichte flatterten in ihren Händen.

Es war einer jener trüben, grauen Tage gewesen, die einen schläfrig machen. Es war uns schwergefallen, uns irgendwelchen ernsthaften Angelegenheiten zu widmen; wir saßen träge am Arbeitstisch und malten mit den Fingern Kreise auf die dort ausgebreiteten Karten. Ich kannte das alles auswendig, hatte es hundertmal durchgekaut. Diese Bucht, jener Berg, die Insel dort ...

Die Ankunft der Boten vertrieb diese Trägheit. Antonius sprang auf und griff nach den Depeschen, und seine Miene war bereits verändert. Wir wußten beide, er und ich, daß etwas Schlimmes geschehen war. Wie schlimm es war, ahnten wir noch nicht.

»Verstehe«, sagte Antonius schließlich zu einem der Kuriere. »Und du kommst von dort? Wie lange hast du gebraucht?«

»Ich bin zwei Tage und eine Nacht geritten«, sagte der Mann. »Als ich dort verschwand, waren im Hafen noch Kämpfe im Gange, aber im wesentlichen war es vorbei. Bogud war tot, sein Flaggschiff gekapert und verbrannt, die Stadtfestung erobert.«

Jetzt brauchte ich den Bericht nicht mehr zu lesen. Ich sah Antonius an; was würden wir jetzt tun?

»Tainaron und Zakynthos sind noch sicher?« fragte er.

»Soweit ich weiß, ja«, sagte der Bote. »Ich glaube nicht, daß da zwei Flottenvorstöße gleichzeitig im Gange waren. Agrippa hat alle seine Anstrengungen auf Methone konzentriert.«

»So tief im Süden ...« Antonius sank auf einen Stuhl. Abwesend schaute er sich um; dann ließ er den Boten, wie er es gewohnt war, Erfrischungen anbieten.

»Sie brauchen etwas zu essen«, sagte ich und richtete meine Gedanken auf praktische Dinge, wie ich es im Falle einer Krise immer tue. »Sie haben seit Tagen nichts gegessen. Geht mit unseren Dienern«, sagte ich zu den Männern. Als sie hinausgegangen waren, wandte ich mich Antonius zu. »Was hat das zu bedeuten? Wie konnte es geschehen, daß wir eine unserer sichersten und wichtigsten Hafenfestungen verlieren?«

»So tief im Süden«, wiederholte er. »Wer hätte damit gerechnet, daß er eine so langgezogene Diagonalroute nimmt und uns an der Südflanke angreift? Ich hatte erwartet, daß sie im Norden übersetzen, wo die Entfernung viel kürzer ist und wo wir sie hätten abfangen können. Jetzt ... jetzt ... Soll denn dort auch das Hauptheer landen? Nur gut, daß wir unsere Armee in der Mitte stationiert haben, so daß sie in alle Richtungen verlagert werden kann.«

Ja, das war der Sinn der Sache gewesen. Aber es hatte auch den Nachteil, daß wir höchstwahrscheinlich nicht dort sein würden, wo der Feind landete. Auch hier: das Problem, eine langgestreckte Verteidigungslinie zu unterhalten und zugleich jede Unternehmung des Feindes vorauszuahnen.

»Was das zu bedeuten hat?« Antonius nahm meine Frage auf. »Es ist schwer, genau abzuschätzen, was es bedeutet. Unsere Proviantschiffe werden jetzt einen weiteren Bogen übers Meer fahren müssen, aber sie können immer noch durchkommen. Von Octavians Armee ist noch nichts zu sehen. Wir müssen abwarten, für welches Gelände er sich entscheiden wird.«

Aber bald wurde klar, was es bedeutete. Agrippa ließ ein starkes Geschwader bei Methone zurück und begann unverzüglich, unsere anderen Flottenstützpunkte zu drangsalieren; damit band er Schiffe und Männer, die sich seiner zu erwehren hatten, und schwächte so unsere gesamte Abwehr. Octavian segelte inzwischen mit der anderen Hälfte der Flotte auf der erwarteten Nordroute und versuchte, unseren nördlichsten Stützpunkt bei Korkyra zu erobern. Vielleicht wollte er sich dort einnisten und dann unseren Hauptstützpunkt Actium angreifen. Aber ein Sturm verhinderte, daß er die Insel einnahm.

Sein Held Agrippa löste das Problem durch seine fortgesetzten Attacken auf unsere anderen Vorposten; bald waren die Schiffe von Korkyra damit beschäftigt, die anderen Stützpunkte zu verteidigen. Sämtliche Kampfhandlungen schienen im Süden stattzufinden, so daß der Norden beinahe schutzlos dalag. Im Schutze dieser Kämpfe, während aller Augen auf Tainaron, Zakynthos, Ithaka und Kephallenia gerichtet waren, schaffte Octavian sein Heer vollends hinüber und landete bei Panormos, unweit der Stelle, wo Cäsar gelandet war, als er Pompejus verfolgt hatte: etwa hundert Meilen weiter nördlich von Actium und zweihundert Meilen von uns in Patrai entfernt.

Das Heer marschierte im Geschwindschritt nach Süden; offenbar hofften sie, Actium erreichen und in einem Überraschungsangriff erobern zu können, während Octavians Flotte ungestört die unsrige und unser Heer attackierte. Ihre Geschwindigkeit war erstaunlich; nur vier Tage nach der Landung hatten sie den Hafen Glykys Limen an der Mündung des Acheron erreicht, den letzten Hafen vor der Einfahrt nach Actium. Erst da erfuhren wir von seiner Ankunft. Es war, als sei er vom Himmel gefallen.

So. Endlich war der Augenblick gekommen, und nach monatelangem Warten mußten wir jetzt rasend schnell dorthinauf marschieren. Octavian hatte in der Tat die Initiative ergriffen; konnten wir unsere Verteidigungsposition jetzt in eine Offensive ummünzen?

»Actium wird er nicht nehmen«, erklärte Antonius, aber seine Zuversicht erschien mir nicht ganz gerechtfertigt; schließlich ist es ja für eine Armee kein Problem, ein unbesetztes Gelände einzunehmen. »Die Einfahrt in den Golf ist nur eine halbe Meile breit, und unmittelbar davor gelegene Untiefen machen sie noch schmaler. Zu beiden Seiten der Einfahrt haben wir Wachttürme errichtet, die nichts vorbeilassen werden; es wird Katapultsteine und Feuerkugeln auf Schiffe und Männer regnen.«

»Wie rasch können wir mit dem Heer dort sein?« fragte ich.

»Wir brechen sofort auf«, sagte er. »Der größte Teil der Truppen hier in Patrai wird gleich abmarschbereit sein; wir sollten in zwei oder drei Tagen dort sein. Wir müssen die Flotte retten; wenn wir den Landzugang nach Actium nicht sichern, werden Octavians Streitkräfte sich an der Küste aufstellen und dafür sorgen, daß der Proviantnachschub für unsere Schiffe im Golf unterbunden wird.«

»Und was ist mit dem Rest des Heeres?«

»Der wird folgen, sobald es geht. Ich habe noch keine Berichte über den Umfang der Truppen, die Octavian an Land gebracht hat.«

»Aber wir können sicher sein, daß sie … der Aufgabe angemessen sein werden«, sagte ich. Dafür wird Agrippa gesorgt haben, dachte ich grimmig.

Octavians Angriff wurde zurückgeschlagen, wie Antonius es vorhergesagt hatte. Er hatte versucht, unsere Flotte zur Schlacht auf das offene Meer hinauszulocken; er vermutete zu Recht, daß wir keine Soldaten an Bord hatten und daß unsere Schiffe nicht für einen Kampfeinsatz bemannt waren. Aber unser Kommandant zeigte sich geistesgegenwärtig; er stellte Ruderer und Matrosen mit imitierten Waffen auf die Decks, ließ die Ruder wie zur Attackenfahrt aufstellen und die Schiffe nebeneinander in Kampfformation vor dem Feind auffahren. Das Täuschungsmanöver war gut, und Octavian fiel darauf herein. Er zog seine Schiffe ab und führte sie zu dem einzigen Ankerplatz, der ihm zur Verfügung stand, zur Bucht von Gomaros, ein Stück weit oberhalb der Einfahrt zum Golf. Und dort trafen wir auf ihn, als wir in Actium ankamen.

Wir waren hart geritten, um so schnell wie möglich nach Actium zu gelangen, und das Heer folgte uns in einem Gewaltmarsch. Die felsige, öde Landschaft machte uns die häßliche Tatsache bewußt, daß es hier im Notfall keinen Proviant geben würde.

*In was für einem Notfall? In dem Fall, daß wir bei Actium eingekesselt werden sollten?* Bei dem Gedanken überlief es mich kalt. Ich durfte nicht darüber nachdenken.

Ich glaube, Antonius rechnete nicht damit, daß ich mit ihm würde Schritt halten können. Als er einmal aufgebrochen war, zeigte er von Kopf bis Fuß wütende Entschlossenheit, und er drängte voran ohne Rücksicht auf sich selbst, sein Pferd oder mich. Er ritt auf seiner Mission nach Norden, unermüdlich und fast ohne Pause. Aber Aufregung und Spannung verliehen mir Kraft, und ich blieb nicht zurück.

In der grauen Morgendämmerung erblickten wir von den Hügeln, die dahinter lagen, den langgestreckten, flachen Golf mit unserer Flotte. Er war groß genug für unsere gut dreihundert Kriegsschiffe, und sie sahen furchterregend aus, wie sie dort vor Anker lagen. Ich war stolz, als ich sie sah.

Wir ritten auf die Mündung des Golfs zu, aber ich brauchte nicht lange, um zu erkennen, wie trostlos die Bedingungen hier waren. Das Land rings um dieses Gewässer war flach, sumpfig und baumlos; wir konnten nicht sehr dicht an den Strand herankommen, weil der Boden tückisch war. Ich sah Schlangen im hohen Gras, und Wolken von summenden, stechenden Insekten erhoben sich aus dem Sumpf, als wir vorüberkamen.

An der südlichen Halbinsel stieg Rauch auf; dort befand sich anscheinend ein Lager, welches die Einfahrt zum Golf bewachte. Diese Stelle war die Landzunge von Aktion, das die Römer Actium nannten, und sie hat dem ganzen Geschehen seinen Namen gegeben. Wenn die Leute »bei Actium« sagen, dann meinen sie alles, was zu Lande und zu Wasser geschah, aber genau genommen war es nur dieser kleine Fleck.

Wie es sich für Römer gehörte, waren hier Gräben, Zäune und Tore. Haben Römer je ein nachlässiges Lager aufgeschlagen? Antonius und ich ritten zum Tor, und eine Wache verlangte die Parole zu hören. »Beim Herkules!« rief Antonius. »Ich bin Antonius! Welche Parole brauchst du noch?«

Ungläubig rief der Soldat einen Kameraden herbei, der ihm bestätigte, jawohl, dies sei in der Tat Antonius, denn er habe ihn selbst einmal gesehen. Jetzt wurde das Tor aufgerissen, und wir ritten hinein, sehr zum Erstaunen der Garnison, welche diese Befestigungen gehalten hatte. Die Männer sahen verdrossen aus, zu müde und erschöpft, um auch nur zu lächeln. Der Winter hier war offensichtlich nicht gesund für sie gewesen.

»O ihr glückseligen Soldaten!« rief Antonius, als er durch die breite Mittelgasse des Lagers ritt. »Daß ihr die ersten sein durftet, die den Feind zu Gesicht bekamen! Das ist eine große Ehre!«

Antonius' Purpurmantel war schlammbespritzt, und seine Füße waren dreckig, aber verglichen mit den Soldaten sah er frisch und strahlend aus. Die Männer starrten ihn nur an. Endlich erhob sich hier und da in den Reihen ein matter Jubelruf.

»Das Heer ist unterwegs«, versicherte er ihnen. »Canidius Crassus bringt elf Legionen von Patrai hierher, darunter die alte ›Eisengepanzerte‹. Erinnert ihr euch an die ›Eisengepanzerte‹?«

Sie schauten ihn nur mit versteinerten Mienen an.

»Und von anderswoher kommen weitere Legionen. Und Reiterei!«

Der Kommandant der Garnison, Marcus Grattius, begrüßte uns in seiner Unterkunft, und wir stiegen müde ab. Meine Beine waren zittrig, und es war ein merkwürdiges Gefühl, Boden unter den Füßen zu haben.

Die Tür schloß sich hinter uns. Antonius faßte den Kommandanten bei den Schultern. »Wie schlimm ist es?« fragte er. »Wie viele von denen sind hier?«

Jetzt war es an Grattius, sich daran zu erinnern, daß wir wahrscheinlich hungrig und durstig waren. Aber bevor wir auch nur daran denken konnten, uns die Hände zu waschen, verlangte Antonius Zahlen.

»Es ist eine große Armee«, begann Grattius vorsichtig. »Wohlgemerkt, man hat mich nicht eingeladen, sie zu inspizieren!« Er lachte, aber das Lachen klang traurig. »Aber nach allem, was ich gesehen habe, würde ich sie auf achtzigtausend Mann schätzen. Ich kann nicht sagen, wie viele Legionen es sind – oder welche. Freilich sind es lauter Römer. Keine ausländischen Verbündeten oder Hilfstruppen.« Er hielt inne, als sein Adjutant Kannen mit frischem Wasser und Handtücher für uns brachte. »Ah. Da kommt ja alles.«

Antonius hielt die Hände über eine Schüssel und ließ sich Wasser darübergießen.

»Und wo sind sie?« fragte er, während das Wasser noch plätscherte.

»Sie haben ihr Lager auf der nördlichen Landzunge aufgeschlagen, auf höherem Gelände.«

Auf höherem Gelände. Sie waren klug.

»Die Lage ist gut, aber es gibt kein Wasser. Um welches zu bekommen, müssen sie entweder zum Fluß hinuntersteigen – zum Louros – oder zu den Quellen auf tieferem Gelände.«

Eine Schwachstelle! Ich hörte es mit Erleichterung.

»Von Norden her kommt man dort nicht leicht herum, und sie von Süden her anzugreifen wäre schwierig, da man bergauf kämpfen müßte. Das flache Gelände unterhalb könnte ihnen als Schlachtfeld dienen.«

»Oder als Lagerplatz für uns«, sagte Antonius. »Wir sollten dort in Stellung gehen. Auf diese Weise beherrschen wir beide Seiten der Golfmündung.«

Er ließ sich die Hände abtrocknen, und dann kam der Adjutant zu mir. Das Wasser an meinen schmutzigen Händen fühlte sich gut an.

»Ihre Position hat noch einen weiteren Nachteil«, sagte Grattius zu Antonius. »Die Bucht, in der Octavian vor Anker liegt, ist nur bei gutem Wetter brauchbar. Sie bietet keinerlei Schutz vor Stürmen, denn sie ist auf drei Seiten offen.«

»Er wird also genötigt sein, sich etwas anderes zu suchen«, sagte ich. »Wie sicher ist Leukas?« Leukas, eine gebirgige Insel, die Actium vorgelagert war, hielten wir besetzt. Es war eine entscheidende Stellung: Solange unsere Schiffe dort landen konnten, konnten wir ungehindert den Proviantnachschub aus Ägypten in Empfang nehmen.

»Ganz sicher«, sagte Grattius.

Leukas war nur dem Namen nach eine Insel; die Meerenge, die es vom Festland trennte, war so verstopft mit Schilf und Sandbänken, daß hier kein Schiff hindurchsegeln konnte. Aber der ungastlichen Natur des Geländes bei Actium entsprechend, konnte man auch nicht zu Fuß hinüber; es war weder zu Pferde noch zu Schiff zu bewältigen, denn es war halb Land und halb See.

»Ich bin erleichtert, das zu hören«, sagte Antonius, und seine Worte mußten jeden außer mich überzeugen. Ich aber wußte, daß er schnurstracks hinreiten würde, um sich zu vergewissern.

Jetzt, da die Lage sich in konkreten Einzelheiten kristallisierte, sah es aus, als habe Antonius alles wieder in der Hand. Um Einzelheiten konnte er sich kümmern, er konnte Vorkehrungen treffen, Pläne machen. Keine Überraschungen mehr, denn jetzt stand er am Ruder. Es ist gut, wenn das Nebelhafte zu vertrauten Formen gerinnt und lebensgroß wird, so daß man es handhaben kann.

Das Essen kam. Mir war schwindlig vor Hunger, aber ich war fast über den Punkt hinaus, da ich noch Appetit hatte. Dennoch lächelte ich höflich.

Es gab Kranich, Ente, Reiher.

»Wie ihr seht, haben wir hier Wassergeflügel im Überfluß«, sagte Grattius.

»Ja. Ich nehme an, sie nisten im Sumpf«, sagte Antonius.

Zusammen mit den Mücken und den Stechfliegen, dachte ich.

»Man kann gut fischen, und es gibt hier sogar eine Spezialität: riesige Garnelen. Was anderswo als Delikatesse gilt, ist hier alltägliche Kost.« Stolz deutete er auf eine Schüssel mit Garnelen, die in einem dicken Eintopf schwammen. »Leider kann ich das gleiche nicht auch über den Wein sagen«, bekannte er entschuldigend. »›Armeerationen‹ – das sagt wohl alles.«

»Das macht mir nichts«, sagte Antonius. »Solange er den Durst löscht.« Er leerte seinen Becher. »Verzeih, ich habe dir noch nicht gesagt, wie dankbar – und wie beeindruckt – ich war, als ich von deiner List gehört habe, die Ruderer zu bewaffnen und an Deck aufzustellen, damit sie aussahen wie Soldaten. Sehr geistesgegenwärtig. Dafür wirst du eine Auszeichnung bekommen.«

Der Kommandant lächelte. Das Lob seines Feldherrn freute ihn. »Ich danke dir, Imperator«, sagte er schlicht.

Wir sollten im Quartier eines Zenturionen untergebracht werden; Grattius hatte uns sein eigenes angeboten, aber das hatten wir abgelehnt. Sobald unsere Armee einträfe, würden wir ein zweites Lager aufschlagen, ein viel größeres, und dort würden wir unser eigenes Hauptquartier haben, mit dem Feldherrnzelt, dem *praetorium*, und dem dazugehörigen Kommandozentrum, den *principia*.

Als wir uns in dieser Nacht zur Ruhe begaben, sagte Antonius: »Weißt du noch, wie du unbedingt im Zelt schlafen und dem Palast des Artavasdes den Rücken zukehren wolltest? Jetzt kannst du auch wieder in einem Zelt wohnen, aber wir müssen hoffen, daß die Sache sich rasch entscheidet und unser Aufenthalt hier nur kurz ist.«

Ich hatte schon öfter in Zelten gewohnt; ich dachte an die Tage bei Askalon in meinem Exil – als ich aus Ägypten vertrieben worden war – und auch an den Sandsturm dort. »Ich werde hier mit dir im Zelt wohnen, solange es nötig ist«, versprach ich ihm. Mir war klar, daß andere darüber nicht sehr erfreut gewesen wären. Aber ich hatte nicht die Absicht fortzugehen; mochten sie »Zurück nach Ägypten!« schreien, bis sie heiser wären. Solange Antonius mich an seiner Seite haben wollte, konnte ich ihre Feindseligkeit ertragen. Nein, ich würde nicht weichen.

»Außerdem würden die Klientenkönige ohne mich den Mut verlieren. Sie werden nicht kämpfen, nur um Rom voranzubringen – warum sollten sie? Sie finden, daß sie Rom schon genug gegeben haben.«

»Was sagst du da?« fragte Antonius.

Ich hatte laut gedacht. War ich so müde? »Meine Gedanken schweifen ab«, sagte ich rasch. »Ich wollte gar nichts sagen. Nur, daß ich hier bei dir in deinem Zelt bleiben werde ... solange du mich hier haben willst.«

»Ich habe noch nie mit einer Frau an meiner Seite Krieg geführt«, sagte er.

»Du hast auch noch nie eine Königin zur Frau gehabt«, erinnerte ich ihn.

»Willst du im Lager bleiben oder hast du vor ...?« Er seufzte. Heute abend war er zu müde, um mit mir einen persönlichen Kampf über meine unmittelbare Beteiligung am Krieg zu führen.

Dies war nicht der rechte Zeitpunkt, um darüber zu diskutieren, was ich tun und was ich lassen würde. Ich war selbst nicht sicher. »Heute will ich nur schlafen, und zwar so bald wie möglich«, sagte ich besänftigend. Und so war es auch; hoffentlich war ich nach der durchrittenen Nacht nicht so übermüdet, daß ich gar nicht schlafen könnte.

Er lächelte; er war erleichtert, alle Pflichten beiseite schieben zu dürfen. Jetzt war diese endlose Folge von Tag, Nacht und Tag zu Ende. Er würde sich ausruhen. Morgen könnte er mit klarem Kopf der Situation entgegentreten.

Der Zenturio hatte sein eigenes Bett für Antonius bereitet und für mich ein zweites danebengestellt, mit Lederriemen bespannte Klappgestelle, mit Wolldecken belegt. Beide sahen sehr klein aus.

»Wie ich sehe, hat das Soldatenleben bereits begonnen«, sagte ich und beäugte das Bett. »Vermutlich ist es auch noch steinhart.«

»Selbstverständlich. Soldaten müssen zäh sein.« Er schlug die Decke zurück und streckte sich auf der knarrenden Pritsche aus. Sie erzitterte und senkte sich. Antonius legte einen Unterarm über die Augen. Das tat er sonst nicht; war es eine militärische Gewohnheit, um das Licht abzuhalten?

»Wie haben die Soldaten bei solcher Ausrüstung einen so lasterhaften Ruf erwerben können?« Ich legte mich auf mein Feldbett; es fühlte sich an wie der Erdboden – nur, daß es nicht so feucht war.

»Wenn sie sich entspannen wollen, gehen sie nicht in ihr Zelt«, murmelte er. »Weshalb, glaubst du, spricht man von ›Troßhuren‹?«

»Ich glaube nicht, daß sich hier in diesem Lager davon viele finden lassen«, sagte ich. Actium war nicht der geeignete Ort für die Ausübung des ältesten Gewerbes der Welt.

»Nein«, sagte er. »Du bist hier die einzige Frau.« Dann merkte ich, daß er eingeschlafen war.

Ich lag unter dem gespannten Lederdach des Zeltes und hörte, wie der Wind an den Nähten zerrte. Sie knarrten und stöhnten; es war ein häßliches Geräusch.

Es hatte also endlich begonnen, und dies war der Ort, an dem wir die Entscheidung herbeiführen mußten, in dieser trostlosen Gegend, so fern von Rom oder Ägypten.

Ich erwachte vor dem Morgengrauen, zitternd vor Kälte. Die eine Wolldecke hatte nicht genügt, obwohl ich mich darin eingewickelt hatte und mich … Ja, trug ich meine Kleider noch? Ich strich mit der Hand über meinen Arm und fühlte einen Ärmel. Ja. Wir waren so konfus und erschöpft gewesen, daß wir das Ausziehen ganz vergessen hatten. Ich schob im trüben Licht den Kopf aus der Decke und sah, daß Antonius' braune Tunika seine Schulter bedeckte.

Actium. Wir waren in Actium in ein Zelt gekrochen. Dies war der Morgen, auf den wir so lange gewartet hatten. Aber so hatte ich ihn mir nicht vorgestellt.

Das Kopfkissen war kalt, aber vermutlich mußte ich dankbar sein, daß ich überhaupt eines hatte. Ich wühlte den Kopf hinein und wartete darauf, daß Antonius aufwachte. Einstweilen sprach ich im stillen ein Gebet nach dem anderen – für unsere Armee, unser Geschick, unsere Verbündeten und unsere Kinder … zu Hause in Alexandria. *Mögen wir euch ein ruhmreiches Erbe hinterlassen, kein schmähliches*. Mögen wir nicht die Ursache ihres Leidens sein. Gib, daß wir ihre Zukunft nicht verspielen, indem wir versuchen, sie zu sichern.

Eros kam auf Zehenspitzen ins Zelt und weckte Antonius. Als ich ihn sah, wußte ich gleich, daß Canidius irgendwann im Laufe der Nacht mit seinen Legionen eingetroffen war. Alles war gut.

Antonius erhob sich taumelnd und schüttelte den Kopf.

»Herr! Mein Herr!« rief Eros. »Sie sind da. Sie warten auf dich.«

Das Wasser zum Waschen war so kalt, daß es mein Gesicht zur Maske erstarren ließ. Als wir das Zelt verlassen hatten und die hartgestampfte Lehmgasse entlanggingen, trug die frische Morgenluft nicht dazu bei, daß es wärmer wurde. Grattius schloß sich uns an, und wir verließen das befestigte Lager, um unsere Truppen zu begrüßen. Sie umgaben uns weithin nach allen Seiten, umringten und umschlossen uns. Elf Legionen – an die vierzigtausend Mann – waren ein gewaltiges Heer. Aber hatte Grattius nicht gesagt, daß auf der anderen Seite des Wassers zweimal so viele lagen?

Neben diesen Neuankömmlingen waren die siebzigtausend Ruderer da, die den ganzen Winter über hier stationiert gewesen waren, und dazu kamen noch die Soldaten der Garnison. Wie sollte man sie in dieser ungesunden Gegend alle unterbringen und versorgen? Der Müll allein würde schon bald zu einem Berg angewachsen sein. Aber darum mußten sich Pionier- und Spateneinheiten kümmern; ihre Arbeit bestand eben nicht nur aus dem glorreichen Bau von Rampen und Belagerungsmaschinen.

»Herr!« Canidius kam herangeritten und salutierte zackig. Sein langes, faltiges Gesicht sah noch länger und faltiger aus. »Wir melden uns zur Stelle und werden unser Lager aufschlagen, wo du es befiehlst.«

Vor uns, in der Nachbarschaft der bestehenden Garnison, dehnte sich hinreichend Platz, weit genug weg vom Wasser. Antonius ritt um die Garnison herum, und als er zurückkam, nickte er. »Ich glaube, wir müssen sie vorläufig alle zusammenhalten. Wenn die übrigen Truppen eintreffen, könnten wir sie auf der anderen Seite des Wassers verteilen. Natürlich haben die Pioniere das letzte Wort.«

Nach echter römischer Art waren sie den ganzen Tag damit beschäftigt, das Gelände zu vermessen und die Umrisse des Lagers anzulegen, und als der Abend kam, waren unser Zelt und die Holzhütte, die als Hauptquartier dienen würde, in der Mitte aufgestellt worden. Während diese Arbeiten erledigt wurden, berieten wir uns mit Canidius, Ahenobarbus und Dellius über die allgemeine Lage. Selbstverständlich war ich dabei; es dauerte aber nicht lange, bis ich bemerkte, wie sehr das den anderen Offizieren mißfiel, vor allem Ahenobarbus.

Wir saßen um einen langen, auf Holzböcken liegenden Tisch im Hauptquartier des Feldlagers, wo Grattius eine riesige Rolle ausgebreitet hatte, die eine mit peinlicher Sorgfalt gezeichnete Karte der Umgebung enthielt. Er zeigte uns, wo der Feind lag, und machte uns auf die Eigenheiten der Landschaft aufmerksam – die Lage von Sümpfen und Süßwasserquellen und die Höhe des Lagerplatzes.

Canidius brütete über der Karte und sagte sehr wenig.

Ahenobarbus stellte ein paar Fragen nach dem Zustand der Flotte.

»Wir haben etliche Ruderer verloren«, erwiderte Grattius. »Krankheiten fordern ihren Tribut.«

Ruderer verloren! Ich hatte erstklassige ägyptische und griechische Ruderer gestellt! Wie sollten wir die ersetzen?

»Wie viele?« fragte ich. Ahenobarbus funkelte mich an. Was denn – durfte ich keine einfache Frage mehr stellen?

»Ich würde sagen, es sind bereits gut zehntausend«, meinte Grattius.

Zehntausend! Und was meinte er mit »bereits«?

»Im Sommer, wenn die Hitze die Mückenschwärme hervorbringt, werden die Krankheiten schlimmer«, erklärte Grattius.

»Aber natürlich werden wir im Sommer nicht mehr hier sein«, fauchte Ahenobarbus.

»Nein, natürlich nicht.« Antonius stimmte ihm zu. »Sobald die anderen Legionen und die Könige hier sind, eröffnen wir die Schlacht.«

»Eine Landschlacht?« fragte Canidius eifrig.

»Das hängt vom Zustand der Flotte ab«, entgegnete Ahenobarbus. »Im Augenblick sind nur fünf Geschwader – dreihundert Schiffe – im Hafen. Der Rest ist landauf, landab entlang der Küste stationiert.«

»Wir haben ein paar bei Methone verloren«, erinnerte ich ihn.

»Ja, das stimmt, aber wir haben noch sieben Geschwader. Wenn sie da sind, können sie Octavians Flotte von Westen her angreifen, so daß der Rest, der sich noch im Golf befindet, hinausfahren und sich dem Angriff anschließen kann.«

»Octavian läßt erkennen, daß er die Schlacht suchen wird«, sagte Grattius. »Erst hat er versucht, unsere Flotte anzugreifen –«

»Und wurde durch deine Kriegslist getäuscht«, unterbrach Antonius stolz.

Grattius nickte. »Und jetzt sichten wir großes Gewimmel oben auf den Höhen. Gestern hat er Feuerkugeln zu uns herübergeschleudert und Steine ins Lager geschossen. Sie wollen uns zur Schlacht provozieren.«

»Solange sie zwei zu eins in der Überzahl sind«, sagte Canidius. »Welch eine Überraschung!«

»Wir müssen sie abhalten, bis wir unsere volle Stärke haben«, sagte Antonius. »Und dann – !« Er schmetterte die Faust in die flache Hand.

»Im Moment hat die feindliche Flotte keinen sehr sicheren Hafen, und so ist es auch zu ihrem Vorteil, wenn der Kampf sofort beginnt«, sagte Grattius.

»Zumindest können sie ungehindert kommen und gehen, wie sie wollen«, bemerkte Ahenobarbus. »Wir dagegen sind im Golf eingeschlossen wie in einer Flasche. Wir können nirgends hin, ohne uns durchzukämpfen. Wir können uns kein anderes Gelände für den Kampf zu Lande oder zu Wasser aussuchen; der Feind hat uns hier festgenagelt.« Seine tiefe Stimme klang volltönend und überzeugend.

»Wenn unser Heer seine volle Stärke erreicht hat«, sagte Antonius, »werden wir sie zurücktreiben, bis sie sich ergeben. Dann wird ihre Flotte sich zurückziehen müssen.«

»Ich habe noch eine Idee«, sagte Ahenobarbus plötzlich. »Wurde der Krieg nicht gegen Kleopatra erklärt? Warum dann nicht Octavians Unehrlichkeit entlarven? Du« – er schaute mich an und hatte nicht einmal die Höflichkeit, eine Anrede zu benützen – »solltest mit deiner Flotte unverzüglich nach Ägypten absegeln. Dann ist Octavian gezwungen, dich zu verfolgen – schließlich behauptet er ja, sein Gegner seist du –, und damit können Antonius und ich ungehindert nach Italien segeln und dort einmarschieren.«

»Allerdings, wenn die Königin als Köder einspringt ...« Antonius nickte, und Canidius ebenfalls.

Wie naiv waren sie eigentlich? Aber ich wußte, daß Ahenobarbus nicht naiv war; er wollte mich nur loswerden. »Und wenn es nicht klappt«, sagte ich, »haben wir unsere Kräfte zersplittert. Habt ihr weisen Feldherren nie den abgegriffenen alten Satz ›Teile und herrsche‹ gehört? Nein. Die Idee ist schlecht.« Ich starrte Ahenobarbus an, und der runzelte die Stirn.

»Wir sollten versuchen, Spione in ihr Lager zu schicken.« Dellius war bemüht, das Thema zu wechseln, ehe die Stimmung hitzig wurde.

»Das habe ich versucht, aber es ist gescheitert«, sagte Grattius. »Wir können es noch einmal versuchen.«

Ein Strom von Männern ergoß sich in das Lager, und es war ein immer merkwürdigeres Gefühl, die einzige Frau unter Tausenden von Männern zu sein. Die einzige Frau! Wenn ich mit Antonius und seinen Offizieren zusammensaß, war es mir nicht so deutlich bewußt – ich war daran gewöhnt, die einzige Frau bei Ratsversammlungen zu sein –, aber wenn ich durch die Massen der Soldaten hinausritt und sie mich alle anstarrten, dann spürte ich es durchdringend. Es mußten noch irgendwo andere Frauen da sein – hereingeschmuggelte oder solche, die als Köchinnen oder Waschfrauen arbeiteten –, aber die bekam ich nie zu Gesicht. Statt dessen ertrank ich in diesem Meer von Männlichkeit.

Als Frau hätte ich entzückt sein müssen, aber ich fand es beunruhigend. Es ließ mich über die Frage nachdenken: Was ist es eigentlich, das uns unterscheidet? Warum *fühle* ich mich so anders als sie? Was macht es mir so bewußt? Ihr Aussehen? Wie sie mich anschauen? Oder lag es daran, wie ich *sie* anschaute? Und dennoch ärgerte ich mich über Ahenobarbus und seine Einwände gegen meine Anwesenheit am Ratstisch, die er nur erhob, weil ich eine Frau war.

Sie waren alle da: die restlichen Legionen, die acht Könige, die persönlich ihre Aufwartung machten und ihre eigenen Truppen und die der anderen Könige mitbrachten, die nicht hier sein konnten, aber Leute und Waffen beisteuerten. Die Senatoren, alle dreihundert, waren aus Patrai und aus Athen gekommen. Das erweiterte Lager war fertig; es hatte ein geräumiges Hauptquartier und einen Speisepavillon. Sogar das Zelt, das Antonius und ich bewohnten, war mäßig komfortabel. Vielleicht lag es aber auch nur daran, daß ich mich an die Lebensbedingungen im Felde gewöhnte.

Als endlich auch Charmian und Iras aus Patrai kamen, war ich aus meiner Lage als einzige Frau in Actium befreit; mit ihnen kam ein ganzes Kontingent weiterer Frauen, die im Hauptquartier Dienst tun würden: als Musikerinnen, Köchinnen, Näherinnen, Weberinnen und als Lieferantinnen der langen Haare für die Torsionsfedern an Armbrüsten und Katapulten. Sie waren nicht da, um die Gelüste der Soldaten zu befriedigen: Furchtlose Troßhuren hatten es nun doch noch geschafft, den Weg hierher zu finden; sie waren nach kurzer Zeit eingetroffen. Die Stimmung im Lager verbesserte sich mächtig, und die Zahl der Streitereien und Faustkämpfe unter den Männern ging rasch zurück.

»Ja, wir sind schon halb zivilisiert«, sagte ich zu Antonius. Die Wolldecken auf unserem Bett – das groß genug für uns beide war – hatten jetzt Bezüge, und Kohlenbecken hielten die Kälte ab. Wir hatten sogar heißes Badewasser – manchmal.

Antonius war guter Stimmung, nachdem er soeben die Truppen inspiziert hatte. Wir hatten jetzt unsere volle Stärke: neunzehn römische Legionen, leichte Infanterie und Reiterei aus Asien, insgesamt hunderttausend Mann. Wir waren stärker als Octavian. Unsere einzige mögliche Schwäche bestand darin, daß etwa ein Drittel der Legionäre keine Kampferfahrung hatte, weil sie erst nach der Eroberung Armeniens rekrutiert worden waren.

Unser Versuch, Spitzel in Octavians Lager zu schmuggeln, war erfolglos geblieben. Er hatte dort eine eng verschweißte, loyale Bastion.

Jetzt, in der Windstille vor dem Sturm der Schlacht, wollten wir uns im Speisepavillon versammeln, um mit unseren Generälen und Verbündeten ein Festmahl einzunehmen. Das war eine uralte Tradition im Osten, und sie erschien uns passend.

Charmian hatte in den Truhen aus Patrai einige meiner Zeremoniengewänder mitgebracht, und sie machte sich jetzt daran, mich anzukleiden; sie wählte ein bescheidenes Gewand aus kostbarstem Material – bestickter Brokat, mit Perlen besetzt. Ich hatte etwas anziehen wollen, was ich als meine Feldherrnuniform bezeichnete – einen silbernen Brustpanzer mit einem roten Schulterumhang und einen silbernen Helm, der wie ein Paar Geierflügel geformt war –, aber sie erklärte diese Kleidung mit Nachdruck für ungeeignet.

»Die Römer werden ihre Zeremonienuniformen tragen, aber das tun sie, weil sie nichts anderes haben. Die Könige des Ostens werden auf das prächtigste gewandet sein; warte nur ab.«

Sie hatte natürlich recht. Als Antonius und ich uns auf der Estrade vor den Standarten der Legionen und den Feldzeichen der anderen Kontingente aufstellten und zuschauten, wie die Monarchen, Admiräle und Generäle vor uns vorüberparadierten, ehe sie ihre Plätze einnahmen, geziemte es sich, daß Antonius als Oberbefehlshaber sein prachtvollstes Militärgewand trug und daß ich daneben weniger auffällig aussah. Sein goldener Brustpanzer, reich verziert mit symbolischen Szenen und Figuren, hob seine heroischen Proportionen hervor und erweckte den Eindruck, als überrage er die andern turmhoch, ja, als sei er aus einem anderen Stoff als sie.

Jeder einzelne der Männer wurde angekündigt. Da war der Fürst Amyntas von Galatien, der Mann, den Antonius in seine jetzige Stellung erhoben hatte, groß und anmutig, mit fließenden Gewändern. »Ich präsentiere meine zweitausend Reiter«, erklärte er stolz. Und er war zu Recht stolz, denn bessere, hieß es, gab es nicht.

Archelaos von Kappadokien kam als nächster, ein kleiner Mann mit einer beginnenden Glatze, ein entfernter Vetter meines damaligen Freiers. Er benannte seinen Beitrag und ging dann vorbei, um unterhalb von uns seinen Platz einzunehmen. Dann kam Deiotaros von Paphlagonien, klobig wie ein kretischer Stier; er verneigte sich und gelobte uns Gefolgschaft. Der nächste war Tarkondimotos aus dem oberen Kilikien, ein dunkler, nervöser Mann, der uns seine Unterstützung bis zum Äußersten versprach und dann beiseite glitt. Er hatte etwas von einer Schlange an sich.

Ihm folgte Mithridates von Kommagene, ein heiterer, rundlicher Mann, dessen wallende Gewänder in Falten um seinen üppigen Leib hingen und dessen Soldaten als wilde Kämpfer galten. Dann Rhoimetalkes von Thrakien; er hatte eine Knollennase, aber wunderschöne Ohrringe. Dann noch ein thrakischer Fürst, Sadalas, glatt wie die heilige Katze der Bast. Und Iamblichos von Emesa, majestätisch und gemessen.

Danach zogen Vertreter von Malichos von Arabien, Polemon von Pontos und dem König von Medien vor uns vorbei und gaben bekannt, was ihre Länder beigesteuert hatten.

Unsere Generäle präsentierten sich – Canidius Crassus und Quintus Dellius mit ihren Tribunen –, gefolgt von den Admirälen: Gellius Publicola, Ahenobarbus, Gajus Sosius, Quintus Nasidius und Decimus Turullius. Sosius hatte immer noch das Kommando auf Zakynthos und Nasidius in Korinth. Turullius hatte unser Mißfallen erregt, als er in seinem Eifer, uns bei unseren Schiffbauunternehmungen zu unterstützen, den heiligen Hain des Asklepios auf Kos gefällt hatte. So etwas setzte unsere Sache in ein schlechtes Licht und war außerdem frevelhaft. Mißgestimmte Götter konnten wir im Augenblick nicht gebrauchen.

Die Senatoren kamen der Reihe nach herein; langsam und würdevoll wandelten sie zu ihren Plätzen. Irgendwie war es jedem von ihnen gelungen, für diesen Anlaß eine frische weiße Toga zur Hand zu haben, und so diente ein Hauch von römischer *gravitas* als Ausgleich für die bunte orientalische Pracht.

Es war jetzt Mitte April, und die klirrende Mitternachtskälte hatte sich gemildert. In dem dünnwandigen Holzpavillon mit seinem niedrigen Dach war es wärmer als nötig, als all diese Leute sich hereindrängten. Der Fleiß der jungen Offiziere hatte für behelfsmäßige Speiseklinen, Tafeln und Beistelltische gesorgt, und für Könige, Generäle, Admiräle und hohe Senatoren war alles mit Decken und bunten Tüchern drapiert. Die übrigen mußten sich mit Satteldecken und Soldatenmänteln begnügen, die über das Holz gehängt worden waren. Antonius hatte augenzwinkernd als Scherz einen Platz für seinen Kollegen im Konsulat, Octavian, decken lassen, der natürlich leer bleiben würde.

»Schließlich sind wir zusammen im Amt, oder nicht?« hatte er im Spaß zu mir gesagt.

»Seines Wissens nicht«, hatte ich geantwortet. Aber ich war froh, daß Antonius unerschrocken Anspruch auf die Stellung erhob, aus der Octavian ihn hatte beseitigen wollen. Theater, das alles war Theater, aber auf Legalität und Verfassung kam es jetzt nicht mehr an. Jetzt zählten nur noch das Heer und die Schiffe.

Die Bedingungen im Felde führten dazu, daß die übliche römische Sitzordnung mit drei Personen auf einer Kline durch das orientalische Notmittel längerer Tische und Diwane ersetzt werden mußte; viel mehr Leute drängten sich hier eng zusammen. Antonius und ich saßen am Kopfende einer sehr langen Tafel; »Octavians Platz« war zwischen uns, und rechts und links von uns saßen Canidius Crassus und Amyntas von Galatien.

Nachdem die silberne Trompete ertönt war und bevor die Prozession der Gerichte begann, stand Antonius auf und rief: »Willkommen, ihr alle! Wir erwarten, daß ihr herzhaft eßt und in tiefen Zügen trinkt, ohne viel auf feierliche Umstände zu geben, denn wir sind im Felde. Wenn ihr etwas haben wollt, langt zu! Wenn ihr mit jemandem sprechen wollt, der weit unten an der Tafel sitzt, brüllt! Und jeder, der mir irgend etwas zu sagen hat – ja, der mag nur zu mir kommen! Das Herz will mir aufgehen, wenn ich mich umschaue und euch sehe, und bevor wir auseinandergehen, will ich noch von unserem Feldzug sprechen. Aber bis dahin – freut es mich, euch sagen zu können, daß unser Wein von Chios kommt und er für alle reicht, denn das Schiff von Leukas ist erst heute nachmittag hier eingetroffen.« Fußgetrampel brach los, und die Leute klatschten Beifall. »Den ganzen Tag über wurden Netze mit Fischen und Garnelen an Land gezogen; ihr könnt also essen, bis ihr platzt. Neptun hat dafür gesorgt!« Er schwenkte seinen Becher und trank dann einen Schluck. »Genießen wir seine Schätze!«

Er setzte sich wieder hin und nickte Octavians Platz zu. »Schade, daß du nicht dabei sein kannst«, sagte er.

»Wäre er hier, könnten wir ihn erstechen«, erklärte Amyntas eifrig und zückte seinen Dolch, der blinkend aus dem Nichts aufzutauchen schien. Er war gekrümmt, und in die Klinge war etwas eingraviert.

Antonius machte ein entsetztes Gesicht. »Nein«, sagte er. »Ich schwöre, wenn mein Bruder im Triumvirat heute abend hereinspaziert käme und seinen Platz einnähme, so würde ich ihn willkommen heißen und ihn höflich behandeln.«

Ja, wahrscheinlich hätte er es wirklich getan. Das war sein Fehler und zugleich sein Adel.

»Ich halte es für unwahrscheinlich, daß er kommt«, entgegnete Canidius. »Schon, weil wir ihn nicht eingeladen haben; ich glaube nicht, daß es ihm gelungen ist, Spitzel in unserem Lager unterzubringen, die ihm Bescheid sagen.«

Der erste Gang, Barsch in Wein und Thymian, machte die Runde. Die Schatztruhen, die ich aus Ägypten mitgebracht hatte, enthielten goldene Teller, und zwar genug, um alle hochrangigen Gäste davon essen zu lassen; jetzt wurden die Fische daraufgeschöpft. Wir hatten auch goldene Messer und Löffel, und auch Becher aus Gold. Man soll stets einen begrenzten Vorrat an goldenem Geschirr bei sich haben, war mein Motto.

Ahenobarbus, der neben Amyntas saß, beäugte den Dolch. »Du kannst ihn wieder einstecken«, sagte er eisig. Für die meisten unserer Verbündeten hatte Ahenobarbus nichts übrig, und er machte sich nicht die Mühe, das zu verbergen. »Deine Pferde haben die Reise hoffentlich alle unversehrt überstanden«, fuhr er fort und kostete von seinem Wein. »Es ist ein weiter Weg von Galatien hierher, zumal mit zweitausend Pferden.«

»Es war nicht leicht«, sagte Amyntas. »Aber jetzt sind sie hier. Ich hoffe nur, sie werden gut genug zu fressen bekommen. Hier wächst ja wenig, selbst für Pferde. Nur Ziegen finden noch etwas Schmackhaftes an diesen Berghängen.«

Amyntas galt als überaus gewandter Reiter.

»Ich hoffe, du wirst mir noch dein Lieblingspferd zeigen«, sagte ich zu ihm. »Ich würde dich gern einmal reiten sehen.« Ich sah immer gern den Besten – ob Geldverleiher oder Redner.

»Unbedingt.« Er nickte und lächelte mit schmalen Lippen.

Neben Canidius hatte der klobige Deiotaros seinen Teller so vollgehäuft, daß er keinen Platz mehr für den nächsten Gang hatte: gekochte Garnelen mit Feigen. Der Aufwärter seufzte und ging an ihm vorbei. Kein Wunder, daß der Mann so fleischig war. Er aß schweigend und ohne Unterbrechung.

»Habt ihr die gleichen Fische auch im Schwarzen Meer?« fragte ich ihn. Sein Königreich Paphlagonien lag an der Südküste des Schwarzen Meeres.

Er blickte jäh auf. »Hä?« fragte er mit vollem Mund.

Ich begriff, daß sein Griechisch wahrscheinlich zu wünschen übrigließ. Ich wechselte also ins Syrische, aber das verstand er auch nicht. Als ich meine Frage auf Aramäisch wiederholte, hatte ich mehr Glück.

»O ja«, sagte er. »Und noch viele andere – wir haben die besten Fische der Welt.« Er kaute. »Steinbutt, Goldmakrele, Thunfisch!« Seine Augen begannen zu leuchten. »Makrelen und – Sardellen!«

Er hatte ebenfalls Reitersoldaten mitgebracht, aber nicht so viele.

Sosius an seiner Seite aß zurückhaltend; auf seinem Teller war noch reichlich Platz für die in Honig gebratene Ente, die auf die Garnelen folgte. Er gestattete sich noch ein wenig Wein und verkostete ihn beifällig. »Eine eindrucksvolle Versammlung von Streitkräften«, sagte er. »Ich beglückwünsche euch. Ich komme mir vor wie ein Faulpelz, wenn ich auf meinem Vorposten bei Zakynthos bleibe, während das Geschehen sich hier abspielt.«

»Aber es ist von entscheidender Bedeutung, daß wir Zakynthos und die Durchfahrt dort behalten, nachdem wir schon Methone verloren haben«, versicherte ich ihm, und so war es ja auch.

Der freundliche Admiral lächelte. »Wir werden es halten.«

Ihm gegenüber knabberte Tarkondimotos aus dem oberen Kilikien nervös an einem Stück Ente; er hielt die knusprigen Fasern mit langen, knochigen Fingern. Seine Handgelenke, die aus den glänzenden, juwelenbesetzten Ärmeln hervorschauten wie Nattern aus einer dunklen Höhle, und seine Augen, die in dem schmalen Gesicht so dicht beieinander saßen, daß es aussah, als ob er schiele – das alles verstärkte meinen ersten Eindruck von ihm als Schlange. Beinahe rechnete ich damit, daß gleich eine gespaltene Zunge aus seinem Mund hervorschießen würde, während er seine Ente verspeiste. Auch sein Gewand war gestreift und gefleckt, wie die Haut eines Reptils, eine Wirkung von Seide und Edelsteinen.

»Wie viele Männer hast du mitgebracht?« fragte ich ihn.

»Schiffe«, sagte er. »Ich habe Schiffe mitgebracht. Zwanzig.«

Ja, natürlich. In seinem Land wuchsen hohe Bäume. Aber es lag nicht am Meer und war nicht als Seefahrernation berühmt. Die berühmten Seeräuber kamen aus einem anderen Teil Kilikiens. Ich fragte mich, was seine Schiffe taugen konnten.

»Wunderbar«, sagte ich.

Neben ihm saß der altbekannte Dellius und betrieb die höfliche Konversation, auf die er sich so vorzüglich verstand. Ich beobachtete ihn und erinnerte mich daran, wie ich ihn das erste Mal gesehen hatte, als Antonius ihn ausgeschickt hatte, mich nach Tarsos zu bestellen. Damals hatte sein berühmter Charme ihn im Stich gelassen, aber seitdem nie wieder. Antonius befaßte ihn mit heiklen diplomatischen Missionen, und seit Parthien, wo er einen schmeichelhaften Bericht über den Feldzug geschrieben hatte – so schmeichelhaft, wie die Fakten es zuließen –, verließ Antonius sich mehr und mehr auf ihn. Die Zeit hatte wenig dazu beigetragen, sein Aussehen zu verbessern, aber ich hatte mich inzwischen daran gewöhnt.

Er hob seinen Becher und trank »den Konsuln« zu; dabei nickte er zu Octavians Platz hinüber. Antonius lachte und trank mit ihm.

Dellius gegenüber saß Iamblichos, ein Fürst von der entlegenen arabischen Halbinsel. Er sah verloren aus. Ich fragte mich, ob er wohl eine Kameltruppe mitgebracht hatte. Aber die würde hier wenig nützen.

»Es wird also doch ein Landkrieg«, sagte Canidius voller Genugtuung zu Ahenobarbus. »In ein paar Tagen sind wir bereit für den Angriff.«

»Es ist töricht, nicht auf die übrigen Geschwader zu warten und die Flotte zu benützen«, beharrte Ahenobarbus. »Und wir könnten uns auch einmal fragen, was aus der Republik werden soll, wenn das alles vorüber ist. Haben wir nicht lange genug auf ihre Wiederherstellung gewartet?«

Nicht schon wieder dieses Gerede von der Republik! Antonius hatte andeutungsweise versprochen, sie wiederherzustellen, und Octavian behauptete, sie zu repräsentieren. Genug von der Republik – es ging nicht um sie!

»Antonius wird die Republik wiederherstellen«, sagte Canidius.

»Nicht mit *ihr* an seiner Seite«, sagte Ahenobarbus. Ja, er sagte es tatsächlich laut. »Sie bringt ihn in eine unmögliche Lage.«

Canidius zuckte die Achseln. »Ich bin Soldat. Meine Aufgabe ist es, mit den Männern, die ich führe, Schlachten zu gewinnen. Über etwas anderes zerbreche ich mir nicht den Kopf.« Er schaute Ahenobarbus eindringlich an. »Ich schlage vor, du konzentrierst dich auf deine Schiffe und vertraust darauf, das alles andere sich später von selbst regelt. Das tut es immer.«

Ahenobarbus machte ein erschrockenes Gesicht. »Wie – kümmert es dich denn überhaupt nicht? Ist es dir gleichgültig, unter was für einer Regierung du lebst? Bist du ein Sklave geworden, ein Sklave wie … wie –«

»Halt ein, bevor du weiterredest«, unterbrach ihn Canidius. »Ich muß dich vor der Torheit deiner eigenen Zunge bewahren.«

Murrend nahm Ahenobarbus einen riesigen Schluck Wein, als wolle er seine Worte ertränken. Er sah, daß ich ihn anschaute, und runzelte die Stirn.

Ein paar Schritte abseits stand ein Diener, kaum mehr als ein Junge, der hungrig aussah und immer wieder kleine Brocken von den Platten stibitzte, wenn er glaubte, daß niemand es sah. Dann leckte er sich die Finger ab, lächelte freundlich und bot dem nächsten Gast die Platte an. Er mußte zu einer der Frauen gehören, die jetzt gekommen waren. Ich fand ihn ebenso erheiternd wie erfindungsreich.

So ist es recht, dachte ich, nimm, was kommt, und behalte es, wenn du es brauchst! Vielleicht würde ich ihn in meinen Dienst nehmen; er wirkte vielversprechend.

Jetzt hatte Antonius sich erhoben, um zu der Gesellschaft zu sprechen. Er hob die Hände, und sofort legte sich Schweigen über die Tische. Über dem purpurnen Mantel bildeten die muskulösen Arme ein hinreißendes V.

»Freunde, Verbündete, Waffengefährten, in dieser Stille, bevor wir unsere Macht entfesseln, muß ich euch sagen, was ihr wissen sollt.« Sein Blick wanderte über diese Schar von Männern, die sich hier versammelt hatten und von überallher gekommen waren, von Italien im Westen bis Arabien im Osten. »Alles ist bereit, alles gerichtet!« rief er, und Jubel erhob sich. »In einer so vielfältigen Armee hat ein jeder von euch die kriegerischen Fertigkeiten seiner Heimat mitgebracht, und so habt ihr das Ganze mächtiger gemacht, als es die Summe seiner Teile ist. Wir haben Hopliten, Reiter, Schleuder- und Bogenschützen, berittene Bogenschützen und Katapulte. Im Heer des Feindes ist das meiste davon nicht zu finden.« Er ließ die Arme sinken und ergriff einen schweren goldenen Krug, den er schwenkte, um unseren Reichtum zu demonstrieren. »Unser Feind ist arm und mittellos. Er mußte seinem widerstrebenden Volk Geld abpressen, und das hat dazu geführt, daß die Menschen uns den Vorzug geben! Wir dagegen haben alle etwas beigetragen, so daß kein Land die Bürde besonders zu spüren bekommt.«

Nun, das war ein wenig irreführend. Ägypten gab die finanziellen Mittel, mit denen Heer und Flotte bezahlt wurden. Aber vermutlich fand er, daß seine Frau nicht zählte.

»Und dann müssen wir noch einen Faktor berücksichtigen. Ich spreche nicht gern von mir selbst, aber in diesem Fall ist der Unterschied zwischen mir und ihrem Führer doch zu kraß. Ich weiß zwar, daß ihr Soldaten seid, die auch ohne einen guten Führer siegen können, aber um wieviel besser ist es doch, wenn man einen hat! Und ich darf sagen: Selbst mit schlechten Soldaten würde ich hier siegreich bleiben. Doch mit euch vermag ich mehr als nur zu siegen. Zusammen können wir einen spektakulären Triumph davontragen. Denn für einen Feldherrn bin ich im besten Alter, körperlich wie geistig, da mich weder die Unbedachtheit der Jugend noch die Schlaffheit des Alters behindert.«

Die Gesellschaft jubelte wiederum beifällig. Antonius dankte und fuhr fort. »Ich habe mein ganzes Leben darauf verwandt, militärische Erfahrungen zu sammeln. Ich kenne alles, von den Aufgaben des gemeinsten Soldaten bis zu den Anforderungen, die an den obersten Imperator gestellt werden. Ich habe Angst erlebt, aber auch Zuversicht, und so habe ich durch das eine lernen können, mich nicht allzu rasch vor irgend etwas zu fürchten, und durch das andere, mich nicht allzu unbedacht in Gefahr zu begeben. Ich habe Glück gehabt, und ich bin gescheitert, und infolgedessen kann ich beides meiden: Verzweiflung wie auch übermäßigen Stolz.«

Jetzt brach der Jubel wirklich los. Es gab niemanden auf der Welt, der Antonius als Soldat das Wasser reichen konnte.

»Ich betone das alles nicht, um zu prahlen, sondern damit euch klar ist, um wieviel besser wir in dieser Hinsicht dastehen als der Feind. Ihr größter

Mangel – größer noch als der Mangel an Geld, der Mangel an vielfältiger Ausrüstung, der Mangel an Zahlen – ihr größter Mangel ist ihr Führer.«

Er hielt inne und deutete auf den leeren Platz. »Über seine allgemeinen Unzulänglichkeiten brauche ich nicht erst zu reden; ich kann das alles zusammenfassen, indem ich sage, was ihr schon wißt: Er ist körperlich ein regelrechter Schwächling, und noch nie hat er allein in einer wichtigen Schlacht gesiegt, nicht zu Lande und nicht zu Wasser.«

Stille senkte sich über den Raum. »Tatsächlich hat er es sogar bei Philippi, im selben Kampf gegen dieselben Leute, geschafft, sich besiegen zu lassen, während ich gewann. Da er mein Verbündeter war, erlaubte ich ihm gnädig, an meinem Sieg teilzuhaben.«

Das stimmte. Aber als dann Agrippa auf der Bühne erschienen war, hatte sich alles geändert. Octavian hatte selbst begriffen, daß er allein nicht gewinnen konnte, und so hatte er die Situation auf seine praktische Art behoben.

»Und jetzt zu den beiden Streitmächten. Unsere Flotte ist für die ihre unangreifbar; sie können uns keinen Schaden zufügen. Unsere Schiffe sind zu dickwandig und zu hoch, und sie werden Bogen- und Schleuderschützen an Bord haben, die alles versenken, was sich in die Nähe wagt. Und vergeßt Agrippa! Ja, er hat gegen Sextus gewonnen, aber eigentlich waren es Sklaven und Piraten mit schlechter Ausrüstung, gegen die er da zu kämpfen hatte. Und selbst mit ihnen war es Sextus zunächst gelungen, Octavian gründlich zu besiegen. Also vergeßt das nicht.«

Mir wurde Wein eingeschenkt, aber ich nahm davon kaum Notiz. Einer der anderen Diener – ich sah nicht, welcher – tauchte eine rote Blume in meinen Becher.

»Was unser Heer anbelangt, so ist es nicht nur größer, sondern besser ausgerüstet und von einem überlegenen Feldherrn geführt. Laßt uns also Mut fassen! Wir kämpfen ja nicht um kleine, unbedeutende Ziele; bei diesem Kampf geht es um die ganze Welt.«

Ich wollte den Wein nicht mehr; mein Kopf sagte mir, daß ich genug hatte. Ich winkte dem Jungen, der sich im Schatten hielt. Er kam herangehuscht; es machte ihn nicht einmal verlegen, daß ich ihn zuvor beobachtet hatte: Er nahm mir den Becher ab und kostete sofort davon.

Antonius' Stimme hatte jenen vollen Ton angenommen, der über große Entfernung trug. »Und so, Kameraden, werden wir den größten Lohn davontragen, wenn wir mit eifriger Sorgfalt ins Feld ziehen; sind wir aber nachlässig, so werden wir ein jämmerliches Mißgeschick erleiden.«

Er sah sich um. »Jawohl, Mißgeschick! Denn wer möchte auf Octavians Barmherzigkeit angewiesen sein? Er kennt keine. Wo war denn seine Barmherzigkeit gegen Lepidus oder gegen die Freigelassenen, denen er Geld abpreßte, oder gegen die Grundbesitzer, die er von ihrem Land vertrieb? Gegen mich, seinen eigenen Kollegen und Gefährten Cäsars, den er zu einem Privatbürger machen und seines *imperiums* berauben wollte? Und das nur durch sein eigenes Wort, nicht mit Zustimmung der Senatoren hier, die es wagten, ihm entgegenzutreten, und deshalb aus Rom verbannt wurden! Wenn er aber ein solches Attentat auf mich verübte, der ich auf dem Höhepunkt meiner Macht stand, nachdem ich gerade erst Armenien erobert hatte, so kann man sich ausmalen, wie er mit einem verfahren wird, der zu seinen Füßen kniet. Gleichwohl – und das ist der Witz – behauptet er, er führe gar nicht Krieg gegen mich! Euch hat er zu seinen Feinden erklärt! Also wird er euch noch schlimmer behandeln!«

Auch das war strenggenommen nicht ganz die Wahrheit. Es war Ägypten und nur Ägypten, dem er den Krieg erklärt hatte. Ich hatte die Wucht des Ganzen zu tragen – die Kosten dieses Krieges, den Abscheu von Octavians Rom.

»Es steht in unserer Macht, unsere eigene Freiheit zu bewahren und etwas noch Heldenhafteres zu tun: dem römischen Volk, das jetzt von Octavian und den Seinen versklavt wird, die Freiheit wiederzugeben! Deshalb laßt uns danach streben, daß wir in dieser Stunde den Sieg davontragen und das Glück erringen – für uns selbst und für die Römer, für alle Zeit!«

Rasender Jubel erhob sich. Wieder einmal hatte der Meister der Redekunst ins Schwarze getroffen, und vor einem wichtigeren Publikum hatte er nie gesprochen.

Die Leute sprangen von ihren Sitzen auf und trampelten mit den Füßen. Nur einer, dicht hinter mir, tat das Gegenteil. Er kippte der Länge nach zu Boden.

Es war der junge Aufwärter; er wälzte sich hin und her und hielt sich die Seiten.

»Canidius!« Ich packte ihn beim Arm. »Sieh doch!« Ich zog ihn von seinem Platz zu dem Jungen hinüber; ich dachte, er könnte mithelfen, ihn aufzuheben. Aber Canidius hielt mich zurück und kniete dann neben dem sich windenden Jungen nieder.

Der Junge riß krampfhaft den Kopf vor und zurück und bleckte die Zähne, und dabei spreizte er die Beine und bog den Rücken durch.

»Gift!« sagte Canidius. Er nahm einen Löffel und versuchte, ihn dem Jungen zwischen die Zähne zu schieben, damit er sich nicht die Zunge abbiß, aber die Kiefer waren zu fest zusammengepreßt. »Vorsicht!« Canidius wollte nicht gebissen oder gekratzt werden – er wußte ja nicht, was für ein Gift es war. Er suchte den Boden nach Nägeln oder Glasscherben ab. Aber da war nichts als mein goldener Becher; er lag auf der Seite, von einer Pfütze umgeben.

»Nicht anfassen!« rief ich, denn plötzlich war mir ein Licht aufgegangen. Es war der Wein; er war vergiftet gewesen.

Ich fuhr herum und sah nach den andern an unserem Tisch, und ich fürchtete schon, sie gleich starr hintenüberfallen zu sehen. Aber keiner tat es.

Es war nur mein Wein. Nur meiner war vergiftet gewesen.

Die Blume. Die Blume, die hineingetaucht worden war – von wem?

In dem Geschrei für Antonius bemerkte niemand die hingestreckte Gestalt des Jungen im Halbdunkel und Canidius und mich an seiner Seite.

Jemand hier im Raum hatte versucht, mich zu vergiften. War es jemand aus Octavians Lager? *Ich glaube nicht, daß es ihm gelungen ist, Spitzel in unserem Lager unterzubringen.* Hatte Canidius sich geirrt?

Ich war vor Schreck ganz schwach. Und vor unseren Augen erschlaffte der Junge und starb.

Es war ein sehr schnell wirkendes Gift.

Jetzt hatte Antonius sich nach mir umgedreht und runzelte die Stirn. Ich würde zu meinem Platz zurückkehren und so tun müssen, als wäre nichts passiert. Es kam jetzt besonders darauf an, den Feind wissen zu lassen, daß er – oder sie? – gescheitert war.

Antonius streckte die Hand nach mir aus und wartete auf mich. Zittrig ergriff ich sie und lächelte ihn und die Gäste an. Warmherziger Jubel brandete mir entgegen – nirgends ein Hauch von Gegnerschaft.

Jetzt sollte Unterhaltung kommen – kärglich, aber doch so gut, wie es im Lager nur sein konnte: Gaukler und Sänger, ein paar Akrobaten und ein Kamel, das zum Tanzen abgerichtet war. Die Musiker fingen an zu spielen und ließen ihre Rasseln und Zimbeln in voller Lautstärke erklingen. Mein Herz schlug im Takt mit, und in meinen Ohren klang es fast ebenso laut.

Der Abend mit seinen Überraschungen war noch nicht zu Ende. Während das Kamel noch versuchte, den einen gepolsterten Vorderhuf im Takt einer Trommel kreuzweise vor den anderen zu setzen, kam ein Matrose hereingestürzt.

»Imperator! Wo ist der Imperator?« schrie er wild.

»Ich bin hier.« Antonius stand auf. »Was gibt es denn?«

Die Kleidung des Mannes war beschmutzt und zerrissen, und seine Schuhe waren durchnäßt. Er packte Antonius bei der Schulter und tuschelte ihm etwas ins Ohr.

Das Kamel drehte sich im Kreis, daß die Fransen an seinem Sattel flogen, und die Leute applaudierten und warfen ihm Datteln zu. Niemand sah den Matrosen außer uns, die wir am ersten Tisch saßen.

Ich sah, wie Antonius' Miene sich verdüsterte, als habe ein dunkler Vorhang sich herabgesenkt. Leise befragte er den Mann.

»Wie lange ist es her? ... Wann bist du gekommen? ... Gibt es Überlebende? ... Was ist noch übrig? ...«

Seine Fragen wurden beantwortet, und schließlich forderte Antonius den

Mann auf, sich zu setzen. Dann beugte er sich herüber und berichtete mir, Canidius, Ahenobarbus und Sosius, was geschehen war. »Leukas wurde überraschend angegriffen und erobert.«

Leukas. Die Insel, die uns beschützte und an der unsere Versorgungsschiffe landeten.

»Agrippa?« fragte Canidius nur.

Der Matrose nickte.

»Bei allen Göttern und Göttinnen, dieser Mann …!« explodierte Ahenobarbus. »Aber das Geschwader dort …«

»Versenkt oder verbrannt«, berichtete der Mann. »Er schlug bei Sonnenuntergang zu. Niemand hatte damit gerechnet –«

»Beim Jupiter, es ist eure *Aufgabe*, damit zu rechnen!« brüllte Ahenobarbus.

»Nicht seine«, sagte Antonius. »Die des Admirals. Ist er …?«

»Sein Schiff wurde versenkt«, sagte der Matrose. »Ich nehme an, er ist ertrunken.«

Antonius schrie gequält auf.

»Damit haben wir, alles in allem, nur noch sechs Geschwader übrig«, stellte Sosius fest.

»Und einige davon unterbemannt«, sagte Ahenobarbus.

»Wo soll jetzt unser Proviant landen, unsere Kleidung, unsere Waffen?« fragte Canidius.

»Der Nachschub wird über Land kommen müssen«, erklärte Antonius. »Die Schiffe müssen einen der Häfen im Süden anlaufen, den Proviant da entladen und von Packtieren hierher transportieren lassen.«

»Nein, das ist zu schwierig«, meinte Sosius. »Ihr könnt weiter hinaussegeln, da ich ja noch Zakynthos halte, und dann versuchen, von Westen her in den Golf durchzubrechen.«

»Langfristig sind beide Möglichkeiten nicht zufriedenstellend«, sagte Antonius. »Nun, wir werden die Schlacht unverzüglich erzwingen müssen, bevor unsere Vorräte knapp werden. Jawohl! In zwei Tagen wird gekämpft. Es ist entschieden.«

Das Kamel beendete seinen Tanz, und sein stolzer Führer nahm unter Verbeugungen den Beifallsjubel entgegen. Das Kamel blieb stehen, schnaubte und spuckte aus.

# 74

»Fester, Eros.« Antonius zog prüfend an den Riemen seines Brustpanzers.

»Jawohl, Herr«, sagte der Diener gehorsam. »Es ist lange her, daß ich diesen Dienst verrichtet habe.« Er zerrte an einem Schulterriemen.

»Ich weiß. Drei Jahre liegt Armenien zurück.« Er tastete an seinem Hals entlang und schob das Tuch zurecht, das ihn vor der Kante des Panzers schützte. »Beim Herkules, es ist ein gutes Gefühl, sich einmal wieder die Rüstung zum Kampf umzuschnallen!«

Ich stand dabei und schaute schweigend zu; ich sah die Schönheit der Ankleidezeremonie eines Kriegers, und zugleich war die damit verbundene Gefahr meinem Herzen ein Greuel. Lieber wäre ich selbst auch mit hinausgezogen, aber Antonius hatte mich angefleht, es nicht zu tun, nicht einmal mit der Nachhut. Es fällt uns leichter, uns selbst in Gefahr zu bringen als die, die wir lieben.

Er hielt seinen Helm in der Hand, ein schweres, verziertes Bronzestück mit einem Schirm zum Schutz der Augen und Wangenplatten für die Seiten. Eros hatte ihn am Abend zuvor liebevoll poliert, und jetzt glänzte er, gekrönt von dem unverwechselbaren Helmbusch, an dem man den Oberkommandierenden erkannte.

An seinem prunkvollen Brustpanzer, auf dem Szenen mit seinem Vorfahren Herkules abgebildet waren, hing ein Schurz aus Lederstreifen, die zur Kenntlichmachung seines Ranges durch Eisenbänder verstärkt waren. Unter diesen Streifen sah man das Purpurrot seiner Tunika, wenn er sich bewegte.

Arme und Beine waren unverhüllt, aber seine schweren, genagelten Sandalen waren halb über die Waden hoch geschnürt. Er setzte den Helm auf und griff nach seinem Schwert, um es liebevoll in den Händen zu drehen. Es war ungefähr zwei Fuß lang und zweischneidig.

»Mein Freund«, redete er es an, »wir haben heute zu arbeiten.« Auf vielen Feldzügen hatte dieses Schwert ihn begleitet. Wenn es doch sprechen könnte …

Eros steckte es in die Scheide und schnallte es Antonius rechts an den Gürtel; dann trat er zurück. »So, Herr. Es ist fertig.«

Antonius schob seinen Dolch an seinen Platz auf der linken Seite. »Den Schild«, sagte er zu Eros.

Eros reichte ihm das gewölbte Rechteck mit den bunten Abzeichen des obersten Generals.

Ich hatte plötzlich die Vision, daß Alexander dies alles erbte, und mir wurde fast übel – nicht, weil es nicht beizeiten angemessen gewesen wäre, sondern weil Alexander in diesem Bild, das mir durch den Kopf ging, noch so jung war.

»Ich bin bereit«, sagte Antonius. »Komm her und küß mich.«

Mein Herz war schwer wie ein Stein. Wenn dies nun das letzte Mal war? Ich ging zu ihm und küßte ihn auf die Wange.

»Nein, nicht so!« Er drückte mich an sich, an seinen schweren Brustpanzer, und beugte sich herab, um mich auf den Mund zu küssen. Aber seine Lippen verweilten nicht, denn das wäre unschicklich gewesen.

»Wir treiben sie zu ihren Schiffen zurück!« rief er und marschierte zur Tür, um sein Pferd zu besteigen, das draußen wartete. Und dann war er fort.

Eros raffte seine sehr viel weniger prächtige Rüstung zusammen und lief ihm nach.

Er hatte sein Versprechen wahr gemacht: Seit dem Verlust von Leukas waren nur zwei Tage vergangen. Es war von äußerster Wichtigkeit, so schnell wie möglich loszuschlagen, bevor die Entbehrungen einsetzten, zu denen es unausweichlich kommen mußte. Zuvor war Octavian derjenige gewesen, der eine schnelle Lösung angestrebt hatte; jetzt hatte sich die Situation ins Gegenteil verkehrt.

Mit der Eroberung von Leukas hatte Octavian das Problem des Ankerplatzes für seine Flotte gelöst. Jetzt hatte er einen geschützten Platz für seine Schiffe, solange es ihm beliebte, und er brauchte kein Unwetter mehr zu fürchten. Seine Flotte war in Sicherheit, der Proviantnachschub für sein Heer gewährleistet. Und wir – wir waren blockiert. Gefangen bei Actium, das Heer ebenso wie die Flotte. Mit erstaunlicher Schnelligkeit hatten wir unseren strategischen Vorteil eingebüßt; unsere Rettungsleine nach Ägypten war durchschnitten worden. Wir mußten ausbrechen oder untergehen.

Was das Untergehen anbelangte ... Als wir in jener Nacht beieinander im Bett lagen, hatte ich Antonius von dem vergifteten Wein erzählt, der mir zugedacht gewesen war. Er hatte ganz praktisch reagiert.

»Von jetzt an wird dafür gesorgt, daß alles vorgekostet wird.«

»Mehr hast du dazu nicht zu sagen? Das weiß ich doch selbst!«

»Du hast keine Ahnung, wer die vergiftete Blume in der Hand hielt?«

»Nein, ich habe nicht darauf geachtet. Jemand, der glaubt, seine Probleme werden sich in Luft auflösen, wenn ich verschwinde. Das bedeutet, daß sie glauben, du wirst diesen Plan ohne mich nicht weiter verfolgen – es gibt offenbar jemanden, der die Verbindungen zu Octavians Rom nicht durchtrennen will. Es muß ein Senator gewesen sein. Vielleicht sogar Ahenobarbus.« Daß der letztere etwas gegen mich hatte, war offenkundig.

Antonius hatte gegähnt. »Nein, es muß ein Orientale gewesen sein. Gift ist keine römische Methode.«

»Römer sind bekannt für die Bereitwilligkeit, mit der sie fremde Bräuche übernehmen.«

»Nicht diesen«, beharrte er. »Vergiß nur nicht, Vorsichtsmaßnahmen zu ergreifen …« Er hatte müde geseufzt und war eingeschlafen.

Und jetzt war er hinausgeritten, um die Armee in die Schlacht zu führen, und ich mußte im Hauptquartier warten. Warten, warten, warten. Es wäre wahrlich leichter gewesen, mit ihm hinauszureiten. Charmian und Iras standen bereit, um mir Gesellschaft zu leisten, wie sie es schon so viele Male getan hatten. Aber es gab keine Unterhaltung und keine Ablenkung, die mir Kopf und Herz hätte ausfüllen können.

Antonius war bei Sonnenuntergang nicht wieder da. Erst gegen Mitternacht kam er wieder ins Hauptquartier zurückgeeilt. Mit einem Blick sah ich, daß seine Kleidung noch aussah wie bei seinem Aufbruch, und ich wußte, daß kein Kampf stattgefunden hatte. Er riß sich den Helm vom Kopf und warf ihn aufs Bett; sein Schwert flog gleich hinterher.

»Er kommt nicht heraus!« schrie er. »Er will uns nicht entgegentreten!«

»Komm.« Ich half ihm, den Brustpanzer zu lösen. Die Tunika darunter war schweißnaß, aber es war der Schweiß der Wut, nicht der Anstrengung. Ich nahm den schweren Panzer herunter und legte ihn sicher auf den Boden; dann strich ich die zerdrückte Tunika glatt.

»Wir haben ihn herausgefordert. Wir haben Steine und Pfeile in sein Lager geschossen. Sie haben sich da eingeschlossen wie eine Schildkröte in ihrem Panzer. Er hat Schutzwälle bis hinunter zum Meer gebaut; so konnten wir nicht nah genug herankommen, um sie zu überrennen. Nun, aber morgen werden wir sie vernichten. Wir haben Maschinen gebaut, mit denen wir sie zerquetschen. Wir werden …« Er band sich die Sandalen auf, wickelte die Schnüre ab und schleuderte sie schwer durch den Raum.

»Du hast selbst gesagt, es sei unmöglich, eine Armee, die sich eingegraben hat, zum Kampf zu zwingen – außer durch Belagerung oder List. Ich denke, eine List dürfte hier bessere Dienste tun als der Versuch, sie zu belagern. Vergiß nicht, daß wir diejenigen sind, die einer Blockade unterliegen. Genaugenommen werden wir bereits belagert – welch ein Streich!«

»Was denn – willst du mir sagen, wie ich einen Krieg zu führen habe?« schrie er.

»Nein, ich erinnere dich nur an das, was du mir – in einer ruhigeren Stunde – selbst erklärt hattest.«

Er ließ sich auf einen Stuhl fallen. »Seine Position hat eine Schwäche, und das ist der Mangel an Wasser. Wir werden ihm die Wasserversorgung abschneiden. Die Quellen unten auf dem flachen Gelände – er hat seine Wälle um sie herumgeführt. Aber wir werden um den Golf herumreiten und hineingelangen … Ja, das machen wir. Morgen, sobald es hell wird …«

»Dann mußt du jetzt ruhen.« Ich rieb ihm die Schultern; das würde ihn hoffentlich beruhigen. »Bis dahin sind es nur wenige Stunden.«

Ehe es noch richtig hell war, brach Antonius mit einem Reitertrupp auf, um am Wasser entlang außen herumzureiten und von Osten her an Octavians Stellungen heranzukommen, sich ins Innere der Wallanlagen zu schleichen und die Quellen zu besetzen. Die östlichen Fürsten, die uns die Reiter gebracht hatten, begleiteten ihn: Amyntas, Deiotaros und Rhoimetalkes. Die römischen Legionen unter Führung von Canidius standen bereit, um über die Wälle zu stürmen, sobald von innen das Zeichen gegeben würde.

Als er diesmal zurückkam, starrten seine Kleider vor Schmutz; sein Schild war zernarbt, die bunte Bemalung von Pfeilen und Schwertstreichen verschrammt. Aber er ging steif, und als er den Helm abnahm, war sein Gesicht seltsam ausdruckslos.

War Antonius verletzt? Ich flog ihm entgegen und flehte ihn an, es mir zu sagen.

»Verletzt? Am Körper, meinst du?« Er klang verwirrt.

Was hatte er nur? »Ja, natürlich meine ich das! Ist es dein Kopf?« Hatte er einen Schlag davongetragen, der ihn benommen machte?

»Nein. Nein, es ist mein …, es ist meine … Es ist keine Verwundung. Nein.«

»Was ist passiert? Habt ihr die Quellen eingenommen?«

»Ja, das haben wir, allerdings. Die Kämpfe waren wütend. Als sie ihr kostbares Wasser attackiert sahen, kamen sie schon schnell genug heraus. *Dort* werden sie jedenfalls nicht mehr trinken.«

Aber es steckte noch mehr dahinter. »Und dann?«

»Wir wollten nachstoßen und das Lager unmittelbar angreifen, da wir schon einmal innerhalb ihrer Wallanlagen waren. Aber da ist unser treuer Deiotaros von Paphlagonien desertiert. Ja, einfach desertiert, mit allen seinen Reitern!«

»Desertiert? Du meinst, er ist weggelaufen?«

»Ja, und zwar geradewegs zu Octavian.« Er klang ebenso verdattert wie wütend.

»Nein! Er hat sich ihm angeschlossen?«

Antonius nickte. »Hat sich mit dem Feind verbündet.«

»Aber …« Was für einen Vorteil konnte er denn von Octavian erwarten? Ich blieb stumm. Ich hatte nichts zu sagen.

Der bullige Mann, der sich beim Bankett vollgestopft und über seine Lieblingsfische geplaudert hatte! Verflucht sei er!

»Dann weiß ich jetzt, welcher Orientale mich wahrscheinlich vergiften wollte«, sagte ich, nur um etwas zu sagen.

»Nun, wir haben trotzdem angegriffen«, sagte Antonius. »Und sie kamen uns aus ihrem Lager entgegengaloppiert. Und rate, wer die Reiterattacke führte?«

»Octavian nicht«, sagte ich. Dessen war ich sicher.

Antonius lachte spröde. »Ein vertrautes Gesicht. Marcus Titius, ehemals in unserer Gesellschaft.«

»Ich hoffe, du hast ihn umgebracht.« Das war meine erste und ehrliche Antwort.

»Nein, er ist entkommen. Er muß weiterleben, damit er weiter die Seite wechseln kann. Er ist schließlich noch jung; er hat ein langes Leben vor sich – ein langes Verräterleben! Ja, vielleicht kommt er eines Tages sogar zu uns zurück!«

Mir gefiel die Bitterkeit in seinem Ton nicht; das war eine neue Note bei ihm.

»Die Legionen haben ihre Arbeit getan«, fuhr Antonius fort. »Die Wälle sind durchbrochen, und wir haben uns um ihre Quellen herum eingegraben. Jetzt halten wir beide Seiten der Einfahrt in den Golf.«

»Sind sie jetzt ganz ohne Wasser? Was ist denn mit dem Fluß, dem Louros?«

»Den haben sie noch. Aber er ist weiter entfernt von ihrem Lager. Als nächstes können wir versuchen, sie auch davon abzuschneiden.«

Er sank vornüber und vergrub das Gesicht in den Händen. Ich trat hinter ihn und legte meinen Kopf auf den seinen.

»Es ist nur ein Mann«, sagte ich, »ein unbedeutender Verbündeter. Du hast nicht viel verloren, wenn es dich nicht dazu bringt, den Mut zu verlieren. Oft bereiten uns solche Kleinigkeiten ganz unverhältnismäßig großes Leid.«

Er hob seine große Hand und umfaßte die meine. »Du hast einen starken Mut, der nicht leicht niederzuwerfen ist.«

Ich drückte ihm beruhigend die Hand. »Der Unterschied zwischen Sieg und Niederlage besteht darin, daß man weiß, worüber man hinwegschauen muß. Denke nicht mehr an Deiotaros. Denke nur an den Fluß!«

Die Lage wurde schlimmer. Agrippa setzte seine Angriffe gegen unsere Flottenstützpunkte fort; als nächstes fielen Patrai und Ithaka. Wir hatten den Golf von Korinth vollends verloren, und dazu für unsere Schiffe die letzte offene Passage nach Actium. Jetzt mußte unser ganzer Nachschub über Land herangeführt werden, alles mußte über schmale Straßen und zerklüftete Felsenpässe aus dem tiefen Süden heraufgeschleppt werden. Wir bekamen den Würgegriff bald zu spüren, als unsere Proviantvorräte zu schrumpfen begannen;

es dauert nicht lange, bis fast zweihunderttausend Menschen ihre Reserven aufgezehrt haben. Ich erinnerte mich, gehört zu haben, daß Cäsars Männer vor der Schlacht mit Pompejus in Griechenland in einem ähnlichen Zustand gewesen seien. Sie hatten irgendwann Gras essen müssen. Leider hatten wir nicht einmal Gras.

Es war Mitte Juni, und ich saß unter einem Sonnensegel in unserem Hauptquartier. Es war stickig, drinnen wie draußen; nur an diesem kleinen, überschatteten Fleckchen im Freien fand man ein wenig Erleichterung. Der frische Wind, der nachts von den Bergen herunterwehte, war eingeschlafen. Ich lehnte den Kopf an die Wand des Hauses hinter mir und fühlte, wie der Schweiß – schon zu dieser frühen Stunde – gemächlich an meinem Hals entlang und zwischen meinen Brüsten hinunterrieselte. Ich fächelte mir mit einem kleinen Fächer Kühlung zu, aber in Wirklichkeit setzte ich damit nur die übelriechende Luft vor meiner Nase in Bewegung. Der Gestank der Sümpfe mit ihren fauligen Dünsten, vermischt mit dem Geruch des Mülls einer ganzen Armee – es roch wie eine Leiche am dritten Tag. Wir hatten gehofft, daß die Gezeiten die Gegend säubern würden, aber wir waren enttäuscht worden; der Strom von Ebbe und Flut war nicht stark genug, sondern schwappte nur kraftlos hin und her und bewegte den Dreck, ohne ihn zu entfernen. Der Zustand verschlimmerte sich allenfalls dadurch noch, weil der Faulschlamm aufgerührt wurde.

Eine Versammlung war einberufen worden, aber noch war niemand erschienen. Viele Leute waren krank. Am schlimmsten war es unter den Ruderern; sie erkrankten in einem alarmierenden Tempo, und dauernd wurden Todesfälle gemeldet. Antonius war hinausgefahren, um die Schiffe selbst zu inspizieren, begleitet von Ahenobarbus und Sosius, der Zakynthos in der Obhut eines seiner Offiziere gelassen hatte. Nachdem wir Patrai, Kephallenia und Leukas nicht mehr hatten, war Zakynthos ohne große strategische Bedeutung.

Ich wischte mir mit einem parfümierten Taschentuch die Stirn, als könnte mir das gegen den Sumpfgestank helfen, der mich umgab. Blumen erschienen mir wie etwas aus einer anderen Welt, einer verlorenen Welt.

Durch die flimmernde, schwere Luft sah ich Canidius und Dellius herankommen – besser gesagt, heranstapfen. In der Hitze hatten sie ihre ganze Uniform abgelegt und trugen nur noch die obligate Tunika, und die war verschmutzt und durchgeschwitzt. Canidius trug eine hellgelbe, und die von Dellius war einmal blau gewesen.

»Ich grüße dich an diesem schönen Tag!« Dellius' Stimme troff von Sarkasmus wie seine Stirn von Schweiß.

»Und wo ist unser Imperator?« fragte Canidius.

»Bei der Flotte«, sagte ich. »Aber er kommt gleich zurück.«

»Die Flotte ist in einem jämmerlichen Zustand«, sagte Canidius. »Ich glaube, wir werden sie aufgeben müssen.«

»Das sollen sie entscheiden«, sagte ich, und es klang schärfer, als ich es meinte. Die Hitze hatte uns nicht nur unsere äußeren Gewänder, sondern auch die Schale der Höflichkeit ablegen lassen.

»Nehmt einen Schluck Wein, während ihr wartet«, bot ich ihnen an, um sie abzulenken. Ein Krug und ein paar Becher standen auf einem kleinen Tisch, den wir draußen hatten aufstellen lassen.

Dellius schenkte sich einen Becher ein, kostete und verzog das Gesicht. »Etwas ist hier jedenfalls nicht knapp, und das ist Essig.«

Unsere Vorräte an anständigem Wein waren längst verzehrt, und was wir jetzt tranken, war eher Medizin als irgend etwas anderes. Wenigstens wurden wir nicht krank davon.

»Sei dankbar, daß wir auf das Wasser hier verzichten können«, sagte ich. Dellius sah jetzt genauso sauer aus wie der Wein. »Ah, da kommen sie ja.« Erleichtert sah ich Antonius und die beiden andern.

»Ich grüße euch.« Ich fand es immer wieder erstaunlich, wie Antonius es vermochte, sein angeborenes freundliches Wesen noch in den bittersten Situationen zu bewahren. Jetzt lächelte er tatsächlich. Grüßend hob er den Arm. »Ah! Meine Herren!«

»Nimm auch etwas von dieser Brühe«, sagte Dellius und deutete auf den Krug.

Antonius tat es und legte den Kopf schräg. »Ich habe schon Schlimmeres getrunken. Auf dem Rückzug von Mutina bekamen wir nichts zu trinken außer – na, lassen wir das. Denkt einfach daran, daß die Esel jederzeit bereitstehen zu liefern, was uns fehlt.« Er legte eine Hand auf meine Schultern. »Und wie erträgst du das alles?«

»An Hitze bin ich gewöhnt«, sagte ich, um Dellius zurechtzuweisen. »In Ägypten ist es nicht gerade kalt.«

»Das stimmt. Nun, wollen wir anfangen?« Antonius zog sich einen Schemel heran, und die andern taten es ihm nach. So steckten wir sechs Oberbefehlshaber unter einem behelfsmäßigen Sonnendach im schwindenden Schatten die Köpfe zusammen.

»Was habt ihr gefunden?« fragte ich Antonius.

Er schüttelte den Kopf. »Es sieht schlecht aus«, bekannte er.

»Schlecht, schlimmer als schlecht«, sagte Sosius. »Schiffe und Männer sind angegriffen. Die Männer von Krankheiten, die Schiffe von Faulwürmern.«

Ich verlor den Mut. Das warme Wasser ließ diese Würmer gedeihen, die schlimmsten Feinde der Schiffe. Wir hatten die Schiffe im Winter nicht an Land schaffen und kalfatern können; Agrippas Flotte dagegen hatte diese Zeit im Trockendock verbracht.

»Ich fürchte, wir haben bald nicht mehr genug Ruderer, um sie anzutreiben«, sagte Ahenobarbus. »Selbst eine Trireme braucht hundertsiebzig Ruderer, während die größeren Schiffe – nun ja …« Er hustete und griff nach einem Becher Wein – oder dem, was uns als Wein dienen mußte. »Verzeiht …« Er keuchte laut und war verlegen.

»Was unternehmen wir wegen der Ruderer?« fragte ich.

»Wir haben bereits etwas unternommen«, sagte Antonius. »Angesichts unserer Notlage waren wir gezwungen, hier in der Umgebung … Ersatzleute zu rekrutieren.«

»Was heißt das – rekrutieren?« Es gab keine Menschen in dieser Gegend, und schon gar keine, die sich freiwillig zu diesem Dienst gemeldet hätten.

»Was er sagen will«, erklärte Ahenobarbus schroff, »ist, daß wir Männer zum Dienst pressen. Wir entführen sie – wir schleppen Bauern von ihren Feldern, zerren Maultierführer von ihren Maultieren, rauben Müller aus ihren Mühlen.«

So weit war es gekommen? Ich schämte mich. »Nein!«

»Der Krieg ist keine hübsche Beschäftigung«, sagte Antonius, und jetzt schimmerte der Soldat, hart wie Granit, durch den Politiker. »Wir dürfen unser eigentliches Ziel nicht aus den Augen verlieren: den Sieg. Daneben muß alles andere verblassen.«

Ja. Immer der Sieg. Einige von uns verstehen das. Die andern – sie sollen gehen. Sie wissen nicht zu bluten, wissen nicht, wie man Opfer bringt. »Können sie denn rudern?« Das war meine einzige Frage.

»Nein«, sagte Ahenobarbus unverblümt. »Oh, aber sie können ein Schiff bewegen. Dazu genügt bloße Muskelkraft. Aber manövrieren, echte Seegefechtstaktik ausführen – nein, das übersteigt ihre Fähigkeiten.«

»Aber es kommt ganz entscheidend darauf an, daß wir die Schiffe zumindest bewegen können. Sonst müßten wir die leeren Schiffe anzünden«, sagte Sosius. »So aber können sie einem Durchbruch folgen und sich in Sicherheit bringen.«

»Daran also habt ihr gedacht.« Jetzt verstand ich endlich, worauf sie hinauswollten.

»Ja«, sagte Antonius. »Wir haben uns entschieden.« Er nickte Sosius und Ahenobarbus zu. »Die beiden werden einen Ausbruch in den Golf hinaus anführen, während wir« – er deutete mit dem Kopf auf Dellius – »als Lockvögel nordwärts marschieren, als wollten wir nach Makedonien, um unseren Verbündeten, König Dikomes, um Hilfe zu bitten. Damit lenken wir Octavians

Aufmerksamkeit ab. Und wenn die Schiffe entkommen sind, treffen wir uns auf der anderen Seite von Griechenland, außerhalb von Agrippas Reichweite.«

Es war ein waghalsiger Plan, in dem sich Antonius' schöpferischer Einfallsreichtum in der Schlacht widerspiegelte.

»Und das Heer?« fragte Canidius.

»Ich nehme sechs oder sieben Legionen mit auf die Schiffe«, sagte Antonius. »Der Rest bleibt hier unter deinem Kommando.«

Canidius sah nicht überzeugt aus. »Und was soll ich tun? Warten, bis ich angegriffen werde?«

»Du wirst nicht angegriffen«, sagte Antonius zuversichtlich. »Octavian wird in Verwirrung geraten. Vergiß nicht, er kämpft nur unter Agrippas Banner, und Agrippa ist nicht hier.«

»Ja, ich glaube, er ist noch im Golf von Korinth beschäftigt«, sagte Sosius. »Er hat sich jetzt Korinth selbst zum Ziel genommen und den Flottenstützpunkt unter Quintus Nasidius dort.«

»Gut«, sagte Antonius. »Dann soll er sich da verausgaben.«

»Und ich?« fragte ich. »Wo soll ich sein?«

»An Bord deines Flaggschiffs«, sagte Antonius. »Du mußt dich hier herauswinden.«

Ahenobarbus stellte seinen Becher hin und bekam einen neuerlichen Hustenanfall. Wieder bat er um Entschuldigung und sagte, es sei nichts.

Das Sonnensegel begann zu rascheln; die Bewegung war winzigklein. Es war fast Mittag, und die sengende Sonne stand fast senkrecht über uns. Antonius trat aus dem Schatten hinaus, legte sich eine Hand über die Augen und spähte zum Horizont.

»Es fängt an«, sagte er. »Bald wird der Wind vom Meer hereinwehen, und dann könnt ihr mit Erleichterung rechnen, Freunde.«

Dellius schnaubte. Er hörte sich an wie ein verdrossenes Packtier. »Erleichterung? Was ist das denn?«

»Wenn du in einer Flaute hockst, fühlt sich schon der Hauch einer Brise an wie das Paradies.«

»Wir können von Glück sagen, daß wir uns jeden Nachmittag auf den Wind verlassen können«, sagte Antonius. »Und jede Nacht. Er weht die ganze Nacht von den Bergen herunter, und nachmittags dreht er sich; dann kommt er vom Meer und sucht uns hier auf.« Er lächelte. »Der Gott der Winde tut, was er kann, um uns die Lage zu erleichtern.«

»Bah«, sagte Ahenobarbus. »Wenn unsere Lage ihn wirklich kümmerte, würde er so wehen, daß wir leichter um die Insel Leukas herumfahren könnten. So aber werden wir weit hinaus auf das offene Meer fahren müssen, um sie zu umschiffen, wenn wir unseren Ausbruchsversuch unternehmen.«

Antonius schlug ihm auf den Rücken. »Aber ein erfahrener Seebär wie du wird damit schon zu Rande kommen.«

Ahenobarbus grunzte. »Ja. Aber wird mir jemand folgen können?«

Als ich in dieser Nacht mit Antonius allein war – der Bergwind kühlte unser Zelt, auch wenn er uns den Sumpfgestank mitbrachte –, befragte ich ihn eingehender über die wahre Lage. Die Zelttüren standen offen, und die Fenster flehten den Ostwind an hereinzukommen.

Er berichtete nüchtern über das, was er am Morgen gesehen hatte. »Die Flotte ist ernsthaft beeinträchtigt. Mannschaften und Schiffe sind in Mitleidenschaft gezogen.« Er schwieg kurz und schenkte sich von dem nicht minder beeinträchtigten Wein ein. Er hatte keinen geheimen Vorrat von gutem Wein für sich; er trank das, was seine Leute tranken. »Ich fürchte, sie sind nicht mehr einsatzfähig.«

Ich unterdrückte einen Aufschrei. Meine prachtvollen Schiffe! Meine Männer!

Er kam zu mir und umfaßte meine beiden Hände. »Nicht verzweifeln!« Er hob meine rechte Hand, hielt sie hoch und betrachtete sie. Er besah seinen eigenen Siegelring, mit dem wir vor all den Jahren in Antiochia unsere Geschicke miteinander verbunden hatten. »Meine liebste Gemahlin, als wir uns aneinander banden …« Er ließ meine Hand sinken. »Vielleicht ist dies ja doch nicht das, was du dir vorgestellt hast.«

»Wie meinst du das?«

»Ich meine, du hast nicht gelobt, dies zu ertragen.«

Mit einer ruckartigen Kopfbewegung deutete er nicht nur auf das Quartier, das wir miteinander teilten, sondern auf ganz Actium. »Du glaubtest zwei Reiche miteinander zu vereinen.«

Ja, das hatte ich geglaubt. Aber im Laufe der Jahre hatte ich mich ganz an Antonius, den Mann, gebunden – nicht an den Triumvirn. »Ich werde dich nie im Stich lassen«, sagte ich schlicht. »Und ich will auch nie woanders sein als an deiner Seite.«

»Ah«, sagte er, »aber der Plan erfordert, daß wir uns trennen.«

»Und wieder vereinen«, sagte ich. »Oder nicht?«

»Doch. Aber zuvor …« Er ließ meine Hände los und umriß seinen Plan. Sosius würde die Schiffe aus dem Golf hinausführen, während Agrippa noch im Süden beschäftigt war. Es würde zu Kämpfen mit der kleinen Blockadeflotte kommen, aber Sosius sollte in der Lage sein, den Feind leicht zu besiegen. Ich würde dem ersten Geschwader der römischen Schiffe folgen, und hernach würden wir um den Peloponnes herum zu einem sicheren Ort an der griechischen Ostküste segeln.

»Und du?« fragte ich.

»Ich werde sie ablenken, indem ich mit einem starken Verband nach Norden marschiere und eine oder zwei Legionen abziehe.«

»Es gefällt mir nicht, daß wir uns trennen sollen und uns nicht erreichen können«, sagte ich. Mir schwante ernstes Unheil, aber ich wollte ihn nicht entmutigen.

»Es ist unsere einzige Möglichkeit.« Der Ernst der Lage offenbarte sich in seinem Tonfall. »Wir haben keine Wahl.«

Ich bemühte mich zu lächeln. »Nun, wenn das Schicksal dir keine Wahl bietet«, sagte ich, »mußt du den Anschein erwecken, als sei es dir ein Vergnügen.«

Er umarmte mich. »Das ist mein tapferer Kapitän«, antwortete er; er beugte sich herab, um mich zu küssen, und es war mir willkommen. Es war lange her, daß wir miteinander geschlafen hatten, und ich fühlte eine Kluft zwischen uns.

Ich hob die Hand und berührte sein dichtes, schweißfeuchtes Haar. »Ich werde dir und deinem Geschick über die ganze Erde folgen«, sagte ich. Noch nie war ich auf den Gedanken gekommen, so etwas ohne Vorbehalt einem anderen Menschen zu erklären. Selbst bei Cäsar hatte es Bedingungen gegeben.

»Mögest du es auf einer Flutwelle des Sieges tun«, sagte er und umschlang mich mit seinen Armen. »Ich wäre betrübt, müßte ich dich bitten, etwas anderes mit mir zu teilen.«

»Dann vertraust du mir nicht. Wenn du von mir erwartest, daß ich nur deine schönen Stunden mit dir teile, dann bin ich nicht deine treue Gemahlin, sondern nur eine politische Verbündete.«

»Nein, das bist du nicht«, versicherte er mir.

Und er küßte mich, als wolle er mir beweisen, daß es mehr sei. Ich drückte ihn an mich und schwelgte in dem Gefühl, seinen Körper an meinem zu spüren. Ich spürte, daß ich ihn in seiner Gesamtheit liebte, die feste Gestalt, die hier auf der Erde stand, und den Geist, der seine Pläne für die Ferne schmiedete.

Wir legten uns zu Bett, und ich nahm ihn in die Arme und flüsterte ihm zu, wie sehr ich ihn liebte. Und ich tat es auch; die Zeit hier in Actium hatte eine andere Seite seiner selbst zutage treten lassen, und je mehr von ihm offenbar wurde, desto mehr konnte ich lieben. Es gab keine Enttäuschung, keinen Mangel bei diesem Mann; er *war* all das, was er äußerlich zu sein schien.

Durch das offene Fenster drang der Wind von den Bergen herein und breitete sich im Zelt aus, wie um uns zu beruhigen. Mir war seine Kühle willkommen; sie kam zu uns wie ein dienstbarer Geist und schwebte über unseren erhitzten Leibern.

»Ist denn dies ein passender Ort für die Liebe?« flüsterte er.

In Wahrheit war es das nicht. Actium war der Feind des Eros; es spießte das Verlangen auf und wendete es von innen nach außen. Aber heute nacht würden wir es besiegen.

»Der passende Ort für die Liebe ist da, wo ich dich finde«, sagte ich. Und das war die Wahrheit.

Er seufzte, und ich spürte, daß ihm die lange Abstinenz ein Greuel gewesen war.

»Komm, ergib dich in meine Hände.« Ich drückte gegen seine Schultern und drehte ihn um. Er lag bewegungslos auf dem Rücken; er war mein, und ich konnte mit ihm tun, was ich wollte. »Oh, wenn ein Feind dich so fände«, murmelte ich.

»Das wird er nicht«, gelobte er. »Nur du.«

Früh am Morgen stand ich an Deck des Flaggschiffs *Antonia* und griff nach meinem Helm, um mich zu vergewissern, daß er richtig saß. Diesmal hatte es keine Diskussion darüber gegeben, ob ich eine schützende Rüstung tragen sollte oder nicht; Antonius und Sosius waren nur allzu froh, daß ich Helm und Brustpanzer dabeihatte, und sie gaben mir außerdem feste Stiefel und einen dicken, feuerfesten Umhang.

»Kann sein, daß sie Feuer auf das Deck schießen und höchstwahrscheinlich auch Pfeile und Steine«, sagte Antonius. »Behalte den Schild immer bei dir!« Er hatte mir einen kleinen runden Schild gebracht. Man sah ihm an, daß es ihn betrübte, mich zu verlassen, aber ich war nicht minder betrübt, ihn über die Berge davongaloppieren zu sehen. »Und tu immer, was Sosius dir sagt.«

Jawohl, ich würde immer an Deck bleiben. Unter Deck, bei den Ruderern, konnte ich nicht sehen, ob das Schiff gerammt wurde, und würde dann in der Falle sitzen. Sollten wir getroffen werden, gab es ein kleines Rettungsboot, das wir zu Wasser lassen konnten, um zu entkommen. Außerdem war es auch nicht nach meinem Geschmack, mich vor der Gefahr zu verkriechen.

»Ja.« Mehr konnte ich nicht sagen. Ich nahm seine Hand und schaute ihn an. Der Ort war zu öffentlich für einen privaten Abschied. Ich mußte einfach glauben, daß es überhaupt kein Abschied war. Und was wir uns zu sagen hatten, war ja schon in der Nacht zuvor ganz gut gesagt worden.

Der Plan bestand darin, daß wir nach Iolkos – das war der Hafen, wo Jason hinausgesegelt war, um das Goldene Vlies zu suchen – fahren und uns dort mit Antonius treffen sollten.

Wir hatten das Flaggschiff mit unserem Schatz beladen, so daß es tief im Wasser lag. Aber es war das Schiff, das schwerem Beschuß am ehesten standhalten würde, denn es war das größte in unserer Flotte, ein »Zehner«, und somit der sicherste Ort für unseren Schatz, dessen Transport stets mit Gefahren behaftet war.

Jetzt warteten wir auf den Gezeitenwechsel, der uns helfen sollte, die schmale Ausfahrt des Golfs hinter uns zu bringen; unsere Hilfsruderer brauchten alle Unterstützung, die sie bekommen konnten. Wir wollten so weit wie möglich hinausrudern, ehe wir die Segel setzten, damit der Nachmittagswind – Isis, laß ihn heute nicht ausbleiben! –, der von West-Nordwest kam, uns an den Bergmassen von Leukas vorbei und hinaus auf das offene Meer treiben konnte.

Octavians Flotte lag vor der Einfahrt in den Golf vor Anker und blockierte sie. Aber die besten Schlachtschiffe waren mit Agrippa unterwegs, und die Reste, die hier waren, standen unter dem Befehl von Tarius Rufus – kein Mann, dessentwegen man sich Sorgen machen mußte.

Antonius umfaßte meinen Unterarm und schaute zur Sonne hinauf. »Ich muß fort«, sagte er bedauernd. »Es wird später und später.« Er ließ sich zum Ufer zurückrudern, und ich sah, wie er in den Reihen seiner Männer verschwand.

Mittag. Es war windstill. Die feurige Sonne blitzte auf dem Wasser, das flach wie ein Tisch dalag und sich nirgends kräuselte. Am fernen Horizont verschmolz es mit dem Himmel.

Alles war bereit. Wir hatten sechs Legionen auf die Schiffe gebracht; sie waren bewaffnet und kampfbereit. Wir hofften darauf, Rufus zu überraschen und ihm zu entschlüpfen, statt uns in ein Gefecht verwickeln zu lassen, aber diese Hoffnung war vermutlich allzu optimistisch.

Mein Helm glühte, und ich glaubte, in meinem Mantel zu ersticken. Ich öffnete ihn vorn; es war ja nicht nötig, daß ich mich jetzt schon darin einwickelte. Auf Deck sah ich die Bogenschützen mit ihren Pfeilvorräten, die Schleuderschützen und die Speerwerfer, die in ihren Türmen postiert waren; sie alle brannten darauf loszufahren. An Bug und Heck waren Katapulte montiert, die Steine schleudern und Pfeile abschießen konnten. Oh, wir boten einen stolzen Anblick! Aber es wäre besser, wenn wir nichts von all dem würden einsetzen müssen.

Dann gab Sosius das Signal, und die Geschwader setzten sich in Bewegung und steuerten in einer Reihe auf die Ausfahrt zu. Wir hatten fast dreihundert Schiffe, und sie in Formation zu halten war an sich schon keine leichte Aufgabe. Die ersten gelangten sicher hinaus; nach allem, was ich sehen konnte, ankerte Rufus' Flotte im Norden und gar nicht vor dem Golf. Als wir dann hinausströmten und mein Schiff sich der Mündung des Golfs näherte, rührte sich zur Rechten etwas: Rufus hatte uns bemerkt und handelte erschrocken.

Die Ruderblätter an seinem »Sechser« paddelten wie rasend, und das Schiff bewegte sich schnell auf unser vorderstes zu. In seinem Kielwasser folgten zwei weitere, die schon ihre zusammenlegbaren Schleudertürme aufrichteten und sich anschickten, uns mit einem Hagel vom Pfeilen und Steinen zu überschütten. Und dahinter setzte sich ein ganzer Schwarm vom Triremen und Quadriremen in Bewegung.

Unsere Ruderer beschleunigten ihren Takt, damit wir dem engen Gewässer entkämen. Wir flogen an den beiden Wachttürmen an der Einfahrt zum Golf vorbei, aber Rufus und seine Schiffe rückten näher. »Nieder!« schrie Sosius, und gerade noch rechtzeitig konnten wir uns ducken, um einer Salve von Steinen zu entgehen. Dann richtete er sich wieder auf und gab seinen Leuten das Zeichen zurückzufeuern. Jetzt kamen Feuerkugeln, aber sie rollten vom Deck ins Wasser, ohne Schaden anzurichten.

Zwei kleinere Schiffe, Triremen vielleicht, steuerten jetzt schnell auf unsere Breitseiten zu. Die Mannschaft trieb sie mit hoher Geschwindigkeit durch das Wasser, und ihre blinkenden Rammsporne, die hoch über dem Wasser dahinschwebten, zielten auf unsere Flanken. Die eine prallte dumpf dröhnend gegen uns, wurde aber von unseren verstärkten Planken zurückgeworfen. Die andere schickte sich an, uns unter der Wasserlinie zu attackieren, aber ein Stein von unserem Katapult hätte sie beinahe versenkt, und taumelnd blieb sie zurück. Auf unseren Decks erhob sich Jubelgeschrei.

Weiter draußen waren jetzt mehrere unserer Schiffe gestellt und zum Kampf gezwungen worden. Es würde nicht leicht werden. »Schneller!« befahl Sosius, um uns ins offene Wasser hinauszubringen. Wir konnten unseren Schwesterschiffen nur helfen, indem wir ihre Gegner beschossen, und das taten wir auch, in der Hoffnung, sie zu versenken.

Und plötzlich hatten unsere Schiffe sich losgerissen; Rufus war getroffen, und alles geriet in Verwirrung. Unser Fluchtweg war frei. Ich empfand ungeheure Erleichterung und Freude. Frei! Frei! Wir waren entkommen!

Aber es war immer noch kein Wind aufgekommen, und wir konnten die Segel nicht setzen. Wo blieb der Wind? Wieso mußte er sich ausgerechnet heute verspäten? Die Ruderer konnten diese Geschwindigkeit nicht lange halten. Hinter uns warteten noch viele weitere Schiffe darauf, auf das offene Meer hinauszukommen. Und dann … dann … ein dichter Nebel, der auf der anderen Seite von Leukas hervorzukommen schien, weiß und undurchdringlich. Er breitete sich aus wie eine bedrohliche Wolldecke, kroch um die Insel herum zur Einfahrt in den Golf und legte sich mit erstaunlicher Geschwindigkeit über beide Flotten. Wir konnten nicht mehr steuern, sondern mußten uns blindlings vorantasten.

Auf gut Glück ruderten wir weiter, aber wir waren ganz und gar nicht sicher, daß wir noch geradeaus fuhren. Um uns nicht in Gefahr zu bringen, mußten wir unsere Geschwindigkeit verringern. Ich klammerte mich an die Reling und versuchte, im Süden außer Weiß noch etwas zu erkennen. Und ich sah etwas durch den Nebel schwimmen, das ich für eine böse Vision halten mußte, hervorgerufen durch die Verwirrung. Es sah aus wie … Es sah aus wie … Das konnte doch nicht sein! Feindliche Schiffe!

Ruder hoben sich in perfektem Takt aus dem Wasser und schleuderten Wassertropfen im Bogen nach beiden Seiten, und Agrippas »Sechser« ragte keine dreihundert Fuß weit vor uns aus dem Wasser. Und weiter hinten sah ich verschwommen die Umrisse anderer – wie eine Löwenmeute im vollen Lauf.

»Ruder halt!« schrie Sosius, der sie im selben Augenblick wie ich gesehen hatte. »Neuer Kurs!« Wir mußten die Richtung wechseln und versuchen, ihn von vorn zu rammen, statt ihm unsere Breitseite zu präsentieren. »Schußbereit machen!« Soldaten kletterten auf die Türme, und der Rest reihte sich mit schußbereiten Bogen an der Reling auf.

Aber unser Schiff war so groß, daß wir nicht im Handumdrehen den Kurs wechseln konnten. Wir waren noch beim Wenden, als Agrippa uns erreicht hatte. Das Schiff erschauerte von dem Aufprall. Ich wurde auf die Knie geschleudert und hielt mich an einer Taurolle fest, um nicht über das Deck zu rutschen. Ich kroch zur Reling und sah Agrippas Schiff unter uns; seine Attacke gegen uns hatte ihn ebenfalls ins Schlingern gebracht. Unsere massiven Verstärkungen hatten uns gerettet; sein Rammsporn hatte unsere Flanke nicht durchdringen können. Unsere Soldaten ließen einen Hagel von Pfeilen auf ihn niederprasseln, und es gelang ihnen, bei ihm an Deck ein Feuer auflodern zu lassen. Ein Schwarm von Leuten rannte mit Häuten darauf zu, um es zu ersticken.

»Die Königin soll sich ergeben!« hörte ich jemanden rufen. War es Agrippa selbst? Ich zog mich hoch und spähte hinunter. Konnte er das sein, der große, breitschultrige Mann, der da zu uns heraufrief und seinen Speer schwenkte? Aber in dem Wirrwarr war das unmöglich zu erkennen; es war Jahre her, daß ich ihn in Rom gesehen hatte, und da war er noch ein Knabe gewesen.

Der Feind hatte eine Barriere vor dem offenen Meer gebildet, die wir nicht durchbrechen konnten; die Zahl seiner Schiffe war so groß, daß er sich erlauben konnte, eine doppelte Kette zu formen.

»Zurück!« befahl Sosius und signalisierte auch den anderen, sie sollten den Kurs wechseln.

»Zurück?« rief ich. Nach all dem mußten wir nun umkehren? Ich lief zu ihm und packte ihn beim Arm. »Nein, nein!«

Grob schüttelte er mich ab. »Wir müssen!« sagte er. »Wir sind in der Minderzahl, und er hat uns überrascht! Willst du die ganze Flotte verlieren?«

»Wir können doch nicht … Einige würden durchkommen …«

»Aber nicht genug! Wir können es nicht riskieren.«

Ich hatte die Autorität, seinen Befehl außer Kraft zu setzen, aber nicht die seemännische Erfahrung. Also mußte ich brav abseits stehen, während wir – oh, welche Schande! – wieder in den Golf zurücksteuerten und uns den Schiffen zugesellten, die nie herausgekommen waren. Ich weinte vor Zorn und Enttäuschung.

Ich kam ins Hauptquartier zurück und hatte doch gedacht, ich würde es nie wiedersehen. Wie verändert es jetzt aussah: ein verhaßtes Gefängnis! Verlassen sah es aus – und das hätte es auch sein sollen! Gibt es etwas Demütigenderes als eine solche Rückkehr?

Und Antonius war fort; er überquerte bereits das Gebirge mit Dellius und Amyntas und der galatischen Reiterei sowie den drei Legionen. Wenn er nach Iolkos käme, und wir wären nicht da …

Ich warf mich auf das verlassene Bett und hämmerte mit meinen Fäusten darauf ein. Das Bett war für eine solche Attacke nicht gebaut; in einem Gewirr von Riemen und Stangen brach es zusammen.

Antonius kehrte um, als er von unserem Unglück hörte. Er tat es nicht nur meinetwegen; er war nicht bereit, seine Flotte und sein halbes Heer aufzugeben. Jetzt waren wir wieder da, wo wir angefangen hatten, abgesehen von den Unglücksschiffen, die bei dem Fluchtversuch verlorengegangen waren.

»Nebel, so spät am Tag« – er schüttelte den Kopf –, »und Agrippa, der haargenau im rechten Augenblick zu Hilfe kommt … Das ist kaum zu glauben.«

»Vergiß nicht, daß auch der Wind uns im Stich ließ.« Man hätte fast meinen können, die Götter hätten uns verlassen und unsere Sache sei dem Untergang geweiht. Aber solche Gedanken durfte ich mir nicht erlauben. Was wäre gewesen, wenn Cäsar bei Alesia so gedacht hätte? So gewann man keine Schlachten.

»Unheimlich.« Antonius saß da, die Ellenbogen auf die Knie gestützt, und seine Hände baumelten schlaff herab. »Ich würde fast sagen … Nein, niemals.«

Er hatte das gleiche gedacht wie ich. Aber dieser Stimmung durften wir uns nicht ergeben. Die Götter stellten uns gern auf die Probe, um zu sehen, aus welchem Holz wir geschnitzt waren; das war alles. Es war nicht endgültig.

»Es ist Zeit für einen weiteren Angriff gegen den Fluß«, sagte er. »Ich denke, diesmal werden wir unseren Sturm mit Überzeugung führen.«

Es war ein klarer Tag; der Wind – gehorsam und wie geschaffen für die Flucht, als wollte er sich über uns lustig machen – wehte schon früh. Antonius würde den Angriff selbst führen; er befehligte die römische Kavallerie, unterstützt von Amyntas und seinen Reitern aus Galatien, und Dellius würde die Muskelkraft zweier Legionen hinter ihnen aufmarschieren lassen. Und falls sie erfolgreich eine größere Schlacht erzwingen sollten, stand Canidius mit den anderen Legionen bereit, auf das Signal hin den Hang hinaufzustürmen.

Wie beim letzten Mal würden sie hinten um den zehn Meilen breiten Golf herumreiten und sich dem Louros von Osten her nähern. Wenn es ihnen gelänge, Octavians Streitkräfte dort zu überraschen und schnell zu überwältigen, dann hätte Octavians Armee überhaupt kein Wasser mehr. Sollten sie Meerwasser trinken und verrückt werden!

Beritten und mit Helm und Schild bewaffnet, wartete ich mit Canidius. Nein, ich hatte nicht vor zu kämpfen; ich hatte nicht gelernt, mit Schwert und Lanze umzugehen. Aber ich ertrug es nicht, außer Sichtweite zu warten und nicht zu wissen, was geschah, bis es längst vorüber war. So saß ich, angemessen ausgerüstet, auf meinem Pferd und hielt Ausschau, den Blick nach Westen gerichtet, wo ich nach verräterischen Bewegungen suchte.

Canidius kam an meine Seite geritten. Sein Pferd sah magerer aus als gut war, aber das war kein Wunder.

»Sei gegrüßt«, sagte er und zügelte das Tier. Sein Helm blinkte in der grellen Sonne, und ein glühender Lichtpunkt bewegte sich mit den Bewegungen seines Kopfes. Er deutete nach Osten und riß sein Pferd in dieselbe Richtung. »Heute, wenn die Götter es wollen, wird das Blatt sich zu unseren Gunsten wenden.«

Ja. *Wenn die Götter es wollen* ... Bis jetzt waren sie stur gegen uns gewesen. Aber ihre hervorstechendste Eigenschaft war die Launenhaftigkeit. Ein Stoß hier von Apollon, und Patroklos stolpert, ein Raunen dort von Athene, und ein tödlicher Hieb ist abgewendet ... Mochte es heute zu unseren Gunsten wirken! Mochten sie uns in ihre Arme nehmen!

»Was geschehen muß, wird geschehen.« Überrascht hörte ich diese Worte aus meinem eigenen Mund. Es war nicht genau das, was ich meinte. »Und was wir uns wünschen, muß geschehen«, versicherte ich ihm.

Hinter mir warteten die Massen der Legionen; geduldig standen sie da, wie sie es gelernt hatten. Ich roch das Leder ihrer Ausrüstung und hörte das leise Gemurmel ihrer Stimmen.

»Wie ist die Stimmung bei ihnen?« fragte ich Canidius leise.

»Wäre sie besser, so wollte ich wohl zufrieden sein«, erwiderte er spitz. »Diese Zustände, Tag für Tag – das strapaziert sie. Und dann der Hohn aus dem feindlichen Lager, die Pfeile und Steine mit den Botschaften, die geradewegs in unsere Mitte geschossen werden ...«

»Was für Botschaften?«

Wortlos reichte er mir ein Blatt Papier, das er zusammengefaltet in seinem Handschuh verwahrt hatte. »Das habe ich heute morgen aufgehoben.«

Ich faltete es auseinander. »ANTONIUS IST NICHT MEHR ER SELBST. IHR FOLGT EINEM WAHNSINNIGEN. ER KANN NICHT FÜR EUCH SORGEN.«

»Abgeschmackte Lügen«, sagte ich leichthin.

»Aber sie fordern ihren Tribut. Ich habe große Mühe, ihnen entgegenzuwirken.«

»Aber sie haben ihn doch gesehen, und sie hören ihn sprechen!« Ich raffte die Zügel in der Hand zusammen und schlang sie um meine Handfläche.

»Ja«, räumte er ein. »Aber die Lügen fressen an ihnen wie Säuretropfen, und sie zermürben alles, was sie berühren. Tief in ihrem Herzen fragen sie sich, wie Antonius ihnen Ackerland geben will, wenn das alles vorüber ist. In Italien hat er keine Rechte mehr. Aber das ist es, was sie wirklich wollen.«

»Zweck eines Krieges ist doch der Sieg! So, wie Octavian Ägypten an sich reißen wird, wenn er gewinnt« – grausiger Gedanke, unerträgliches Ergebnis! –, »so wird Antonius seine Rechte in Italien wiederherstellen.« Es war alles ganz einfach.

»Im Herzen sind sie mutlos geworden«, sagte Canidius unverblümt. »Vielleicht hat der Bürgerkrieg zu viele Jahre gedauert, und es fällt ihnen schwer, überhaupt noch an etwas zu glauben. Sie sind müde, und sie wollen, daß Schluß ist.«

»Dann müssen sie dafür kämpfen!« Aber ich redete nicht zu den Männern; meine Ermahnungen drangen nur an Canidius' Ohr. Bei seinen Worten überlief es mich kalt, so bedrohlich klangen sie. Hatte Antonius die Macht verloren, sie zu begeistern und zu führen? War sein Glück auf Grund gelaufen, versackt in der Verzagtheit seiner Männer? Was für ein Sturz würde das sein, was für ein unerwarteter Grund für den Untergang eines Imperiums!

»Ja, ich weiß«, sagte er, und unvermittelt wandte er den Kopf nach Osten und richtete seine ganze Aufmerksamkeit dorthin.

Jetzt sah auch ich das Funkeln der Sonne auf etwas, das sich bewegte. Weit jenseits des Golfs tanzten zahllose Lichtpunkte, als Reiter sich den Sümpfen näherten, die den Zugang zum kostbaren Fluß bewachten.

»Da!« sagte ich, flüsternd fast. Aber Canidius' Blick war auf seine Legionen gerichtet; er hatte mich vergessen, und das war richtig so. Jetzt kam es nur auf eines an, auf den Kampf, der sich am Fluß entspinnen würde – und wie wir ihn gewinnen könnten.

Er trabte davon, um seine Position einzunehmen, und ich konnte nur weiter auf die winzigen Gestalten auf der anderen Seite des Golfs starren. Kein Laut drang über das Wasser; ich hörte nur die Schreie der Möwen, die dort kreisten und herabstießen.

Ich hielt die Zügel fest umklammert und wartete. Sollten wir den Hang hinaufstürmen, wollte ich mit der Nachhut folgen. Ich wollte Antonius nicht beunruhigen, indem ich mich in allzu große Gefahr brachte, aber ich mußte dabei sein, mußte mich an unseren Schlachten beteiligen.

Ich zitterte. Das überraschte mich; ich hatte nicht gedacht, daß ich vor lauter Erwartung so angespannt sein könnte. Die Soldaten strafften sich; sie schnallten ihre Helme fest und spannten die Griffgurte ihrer Schilde.

Dann erhoben sich Stimmen in weiter Ferne – Rufe und Schreie. Schwach drang Tumult an unsere Ohren.

»Seid bereit!« befahl Canidius, und sein Pferd tänzelte nervös vor den Linien auf und ab.

Ein Horn ertönte am Fluß, und seinen Tönen sollten wir folgen.

*»Signa inferre!«* Das war nicht der Befehl zum Angriff, sondern nur das Kommando zum Vorrücken. Die Soldaten marschierten in Reihe und Glied zügig auf den Hang zu, Canidius an der Spitze.

*O Zeus! O Herakles! Seid heute bei eurem Sohn, und gebt ihm Kraft und Glorie!* betete ich. *Laßt Antonius in all seiner Pracht die feindlichen Linien sprengen und sie in wilder Flucht zerstreuen!*

Ein einsamer, zittriger Ton kam von den Angreifern und brach mitten im Klang erstickt ab. Was war geschehen? Ich hatte die Anhöhe zur Hälfte erklommen, aber durch die Reihen der Soldaten konnte ich in der Ferne wenig erkennen.

Ich sah Bewegung von Westen her, aber das hatte in Wirklichkeit nichts zu bedeuten. Canidius und seine Legionen marschierten immer noch zügig bergauf – doch dann schien die Vorhut ins Stocken zu geraten.

Ich hörte wildes Jauchzen und Jubeln; etwas Folgenschweres war passiert, aber ich wußte immer noch nicht, was. Ich sah Pferde, die nach Westen galoppierten, aber wessen Pferde waren es? Führte Antonius die Attacke? Sie kamen rasch voran.

Unverkennbarer Kampfeslärm drang an meine Ohren. Selbst wenn man so etwas noch nie gehört hatte, wußte man, was es war. Noch der in größter Abgeschiedenheit lebende Gelehrte, der nur Platon gelesen hatte, würde es auf der Stelle erkennen.

Der Augenblick war gekommen! Ich richtete mich im Sattel auf und machte mich bereit voranzugaloppieren. Das Warten war eine Qual, aber es würde nicht mehr lange dauern. Und dann – und dann!

Mein Herz hatte sich in die Lüfte erhoben; grenzenlose Erleichterung gab ihm Auftrieb. Der alles entscheidende Augenblick war endlich gekommen. Und er war mir willkommen wie ein Liebhaber, wenngleich ich ihn gefürchtet hatte wie einen Abgesandten des Todes. Wie überraschend wir sein können, sogar für uns selbst! Unsere Linien starrten von gezückten Schwertern, und die Pferde bebten sturmbereit. Und dann schienen Antonius' Reihen in der Ferne sich in zwei Hälften zu spalten – die eine Hälfte galoppierte weiter westwärts, die andere wimmelte durcheinander und rannte dann bergab, auf uns zu.

»Canidius!« rief ich und hielt Ausschau nach ihm. Was war geschehen? Ich mußte es wissen; er mußte es mir sagen. Aber ich fand ihn nicht.

Die Legionäre hielten an und gingen nicht weiter. Ein Hornsignal ertönte. Rückzug!

Rückzug? Wieso mußten wir zurück? Die Soldaten um mich herum begannen zurückzufallen, aber ich wich beiseite und ließ sie vorbei. Bald marschierten Canidius und die vordersten Reihen vorüber, aber ich stand noch immer am Rand und wartete.

Ich erkannte Antonius' rotbraunes Schlachtroß, blitzend aufgeputzt, wie es den Hang herunterkam, gefolgt von seiner Reiterei. Es war keine wilde Flucht, aber er ritt schnell. Ich gab ihm ein Zeichen, als er herankam, und er winkte mir, ich solle mich anschließen. Ich gehorchte. Er blickte grimmig geradeaus und sah mich kaum an.

»Antonius, was ist passiert?« rief ich, in der Hoffnung, er werde mich hören und mir antworten können.

Er antwortete nicht, sondern beugte sich weiter vor und trieb sein Pferd voran.

»Was ist passiert?« rief ich noch einmal und beugte mich seitwärts zu ihm hinüber.

»Amyntas ist desertiert«, schrie er da, »und hat seine Reiterei mitgenommen!«

Amyntas und seine Reiter aus Galatien! Das Rückgrat unserer Kavallerie! Fast wäre ich vom Pferd gefallen, denn vor Schrecken vergaß ich, die Knie zusammenzudrücken. Das war ein harter Schlag!

»Kein Angriff«, rief Antonius. »Wir wurden von unseren eigenen Kräften verraten.«

Der Fluß war also immer noch in Octavians Hand! Er konnte daraus trinken, soviel er wollte, ganz ungehindert.

Wir galoppierten zum Lager zurück, begleitet nur von der römischen Kavallerie. Canidius und Dellius oblag es, sich um die kampflos zurückmarschierenden Legionen zu kümmern, die uns zum Lager folgen würden.

Antonius zog sich in die Holzhütte seines Hauptquartiers zurück und wehrte schroff alle Beschwörungen und Fragen ab. Eros wollte ihm nacheilen und wurde hinausgewiesen. Mit verzweifelter Miene kam er wieder heraus. Draußen vor dem Hauptquartier war eine große Zahl von Soldaten zusammengelaufen; sie waren ratlos und wollten, daß ihr Imperator ihnen erklärte, was geschehen war. Aber nicht einmal Sosius durfte hinein; wütend und gekränkt blieb er vor der Tür stehen.

Antonius mußte herauskommen und ihnen entgegentreten. Ich mußte dafür sorgen. Mit meinem Helm unter dem Arm schritt ich durch die Menge, und mit meinem Schild schob ich die Männer zur Seite. Ich rüttelte an der Tür; sie war von innen verriegelt.

»Öffne die Tür!« rief ich so laut, daß es drinnen durch alle Räume schallen mußte und er es hörte, wo immer er war.

Keine Antwort.

»Öffne die Tür im Namen der Königin von Ägypten!« befahl ich.

Immer noch keine Antwort. Ich hämmerte gegen die Tür, bis ich schließlich drinnen ein Geräusch hörte.

»Die Königin von Ägypten verlangt Einlaß in dieses Hauptquartier«, wiederholte ich.

»Das Verlangen der Königin muß vorläufig abgewiesen werden.« Antonius' Stimme klang gedämpft und fern.

Wie konnte er das wagen? Mir vor allen Leuten den Einlaß zu verweigern! Vielleicht stimmten die Parolen ja; vielleicht verlor er tatsächlich den Verstand!

»Die Königin will eintreten!« beharrte ich laut.

»Wer? Wer will eintreten?«

»Deine Gemahlin«, sagte ich schließlich. »Deine Gemahlin bittet um Einlaß.«

Erst jetzt entriegelte er die Tür und ließ mich ein. Die Leute jubelten, und ich war zu überrascht, um wütend zu sein.

Drinnen setzte Antonius sich auf einen Stuhl und saß wie versteinert da; er hielt die Armlehnen umklammert und stierte geradeaus. Ich blieb vor ihm stehen und wartete, daß er den Kopf hob und mich anschaute. Er aber blieb verstockt und reglos.

»Antonius! Das gehört sich nicht. Du kannst dich nicht hier drin verkriechen.«

Schließlich öffnete er den Mund. »Kann ich nicht einen Augenblick allein sein? Ich brauche einen Augenblick für mich allein.«

»Nicht einen solchen Augenblick«, sagte ich. »Nicht unmittelbar nach –«

»Nach der Schlacht? Nach welcher Schlacht? Nach der Schlacht, die niemals stattfand? Oder meinst du die Desertion? Meinst du die?« Seine Stimme war bitter wie das Wasser des Toten Meeres, das ich vor langer Zeit gekostet hatte.

»Was immer es gewesen sein mag, du mußt deinen Leuten ein paar Worte sagen. Sie brauchen das; sie sind auf dich angewiesen.«

»Weshalb denn – damit sie es verstehen? Soll ich ihnen erklären, was es bedeutet? Daß die besten Reiter zu Octavian übergelaufen sind? Und daß es Amyntas war – der Fürst, den ich auserwählt und erhöht und zu dem gemacht habe, was er ist?« Jetzt kam allmählich der Schmerz unter seinem Zorn zum Vorschein. »Vielleicht verstehe ich ja nicht zu wählen; vielleicht fehlt mir die Fähigkeit, den Charakter eines Mannes zu beurteilen. Ich habe Artavasdes vertraut – und ich habe Amyntas vertraut.«

»Wenn jemand die Absicht hat zu betrügen, dann ist es schwer, seinen Nebelschleier zu durchdringen.« Ich mußte an die kleine Theateraufführung denken, die Amyntas mit seinem Dolch veranstaltet hatte, wie er ihn aus der Scheide gezogen und demonstriert hatte, wie erpicht er darauf sei, Octavian zu erstechen. Ich versuchte, ihn zu beschwichtigen; aber es war etwas Wahres an dem, was Antonius sagte. Er hatte lange gebraucht, um Octavian schließlich zu durchschauen, und dann hatte er es auch nur getan, weil Octavian freundlicherweise die Maske hatte fallenlassen. Und Plancus und Titius durfte man auch nicht vergessen.

Er hob den Kopf und sah mich an, aber der Ausdruck in seinen Augen gefiel mir nicht.

»Sie sagen, ich sei ein Narr gewesen, daß ich *dir* vertraut habe«, sagte er. »Du hättest nie etwas anderes von mir gewollt als meine Macht, dir Gebiete zu übereignen.« Er lachte, aber er tat es ohne Heiterkeit. »Und das habe ich in der Tat getan. Die Schenkungen ... Jetzt sogar dieser Krieg ...«

Erst hatte ich mich öffentlich demütigen und ihn vor der Truppe als seine einfache Gemahlin anreden müssen – und jetzt das. Ich bemühte mich, nicht zu vergessen, daß er von dem, was gerade geschehen war, noch ganz aufgewühlt sein mußte und daß er in seinem Schmerz gegen alles schlug, was in seine Nähe kam. Dennoch tat es weh, daß er nur einen Augenblick lang so denken konnte.

Oh, er war nur zornig, sagen wir uns, wenn jemandem etwas herausplatzt, wofür er sich später entschuldigt. Aber ein Wort, das einmal ausgesprochen wurde, vergeht niemals ganz; um des Friedens willen tun wir so, als hätten wir es vergessen, aber das tun wir nie. Seltsam, daß ein gesprochenes Wort solche Macht haben kann, wenn die Worte, die in die steinernen Monumente gemeißelt sind, vergehen – mögen wir uns noch so sehr anstrengen, sie zu erhalten. Was wir verlieren möchten, sitzt beharrlich fest in unserem Kopf, und was wir behalten wollen, fällt Wasser, Moos und Motten zum Opfer.

»Es schmerzt mich, daß du das denkst«, sagte ich schließlich steif. »Ich glaube, daß ich bei unserer Verbindung mehr verloren habe als du.« Da, jetzt hatte ich zurückgeschossen, obwohl ich doch den Mund hatte halten wollen. »Ich habe ein Vermögen ausgegeben, und mein ganzes Land ist in Gefahr.«

»Immer nur dein Land! Denkst du nie an etwas anderes?«

Draußen hörte ich den Lärm der Menge. Er würde bald zu ihnen sprechen müssen.

»Ich bin Königin«, sagte ich. »Und das ist die Aufgabe einer Königin.«

Er stand auf und packte mich bei den Schultern. Seine Finger bohrten sich bis auf die Knochen. »Und ich dachte, du wärest meine Frau und achtetest dieses Amt höher als alle anderen.«

»War das der Grund, weshalb du der Gemahlin die Tür öffnen wolltest, aber nicht der Königin? Warum mußt du zwischen den beiden einen Wettbewerb entfachen? Sie sind ein und dieselbe Person.« Wenn er doch nur meine Schultern loslassen wollte. »Und du bist der Imperator und mußt zurück zu deinen Männern. Was wir als Mann und Frau einander zu sagen haben, muß warten.«

»Ja.« Er quetschte weiter meine Schultern. »Diese Niederlage war für unsere Operationen zu Lande entscheidend. Ich weiß nicht … Ich weiß nicht …« Er sah aus, als sei er den Tränen nahe. »Ich weiß nicht, wie der nächste Schritt aussehen soll. Ich kann nicht mehr vorausschauen.«

»Sie brauchen nicht zu wissen, wie der nächste Schritt aussehen wird!« sagte ich. »Sie müssen nur wissen, daß ihr Führer noch er selbst ist und daß sie Vertrauen zu ihm haben dürfen. Antonius, wenn deine Männer das Vertrauen in dich verlieren, dann ist die Schlacht schon im voraus verloren.«

»Welche Schlacht? Welche Schlacht?« wiederholte er immer wieder. »Es kann keine Schlacht mehr geben.«

»Das weißt du doch gar nicht. Warte. Schlafe. Denke nach. Aber um der Liebe des Herkules willen: Geh hinaus und sprich mit ihnen!«

Er ließ die Hände von meinen schmerzenden Schultern sinken. »Ja. Ich werde es tun.«

Und als sei irgendein Geist in ihn gefahren, ging er hinaus und sprach zu seinen Männern. Ich hörte seine Stimme, laut und sicher, und ich hörte den Jubel und das Gelächter. Er war also überzeugend. Erleichterung flutete über mich hinweg wie ein Gebirgsbach, kühl und erfrischend. Vielleicht bestand immer noch Hoffnung.

In dieser Nacht legte sich Trostlosigkeit über ihn. Er hatte Sosius und Ahenobarbus gebeten, nach dem Abendessen zu uns zu kommen und den Zustand der Flotte zu erörtern, nachdem die Operationen zu Lande ausgesetzt werden mußten. Wir hatten bei unserem Ausbruchsversuch mehrere Schiffe verloren, und der arme Tarkondimotos aus dem oberen Kilikien war im Gefecht gefallen.

»Du siehst«, sagte ich, »daß nicht alle Klientenkönige illoyal sind. Er hat sein Leben geopfert. So fern von seiner Heimat.« Es war traurig, daß er sein Ende auf dem Meer gefunden hatte, wo sein Reich doch im Binnenland gelegen war. Auch tat es mir leid, daß ich ihn mit einer Schlange verglichen hatte, wenn auch nur im stillen.

Antonius schüttelte den Kopf. »Der arme Teufel.«

»Wenn wir jetzt aufgeben, wird auch das vergebens gewesen sein.« Ich fürchtete, daß Antonius dicht davorstehe zu verzweifeln.

»Es muß also noch mehr Tote geben, um seinen Tod wiedergutzumachen?« Er sah sich um. »Wo bleiben sie denn nur? Es wird spät. Und ich bin ... müde.« Er goß sich einen großen Becher Wein ein.

Wir warteten schweigend – wie es schien, eine Ewigkeit lang. Nach dem zweiten Becher Wein für Antonius erschien Sosius endlich. Sein sonst so ruhiges Gesicht wirkte angespannt.

»Willkommen«, sagte Antonius. »Ich will versuchen, dich nicht lange aufzuhalten. Sobald Ahenobarbus erscheint, werden wir –«

»Er wird nicht erscheinen, Herr«, unterbrach ihn Sosius mit zitternder Stimme. »Er ist fort.«

»Zu Octavian?« Antonius klang nicht überrascht, sondern resigniert. Das erschreckte mich mehr als Ahenobarbus' Verschwinden. »Hat er etwas hinterlassen?«

Er fragte, als ginge es um die höfliche Absage zu einem Abendessen.

»Ja, Herr. Hier.« Sosius hielt ihm mit einer leicht zitternden Hand den Brief entgegen.

»Hmmm.« Antonius erbrach das Siegel und las. »Wie ein echter Seemann sticht er in See, bevor die Ebbe sich ganz zurückgezogen hat.« Er warf den Brief auf den Tisch. »Lest.«

Ich ließ Sosius zuerst lesen und nahm den Brief dann selbst. Ahenobarbus hatte sich hinausrudern lassen, sobald es dunkel geworden war. Aber an dem Brief war etwas Merkwürdiges; er hatte einen Unterton, der über die politischen Abschiedsworte hinausreichte.

»Ist sein Husten schlimmer geworden?« fragte ich.

Sosius mußte nachdenken. »Nun ..., allerdings, ja. Er hat sich gestern abend früh zu Bett gelegt, und beim Essen hat er wenig zu sich genommen, weil er so sehr husten mußte.«

Vielleicht hatte er sich verkrochen, um zu sterben. Vielleicht hatte er gedacht, Octavian werde seinen Erben in Rom gnädiger sein, wenn er seinen Frieden mit ihm schloß. Vielleicht ...

»Seine Habe ist noch in seinem Quartier?« fragte Antonius dumpf.

»Ja, alles«, sagte Sosius. »Sogar seine Lieblingstruhe mit den Messingbeschlägen.«

Das würde nur ein Sterbender tun.

»Ich werde ihm die Sachen nachschicken«, sagte Antonius.

»Aber Herr!« protestierte Sosius. »Für seine Desertion sollte er den Preis bezahlen!«

Antonius zuckte die Achseln. »Aber nicht seine messingbeschlagene Truhe.« Er lachte trocken. Dann goß er sich neuen Wein ein.

»Sosius, wenn du ihm folgen möchtest« – er nickte ernst –, »dann tu es jetzt.«

»Aber Herr!« Sosius war entsetzt.

»Denn fortan werde ich jeden Deserteur, den ich zu fassen bekomme, zur Warnung für alle hinrichten lassen. Die Sache wächst sich zu einer gefährlichen Blutung aus, und ich werde drastische Maßnahmen ergreifen müssen, um sie zum Stillstand zu bringen.« Er hob den Becher. »Aber dir, mein Freund, gebe ich freies Geleit.«

»Herr!«

»Gut, gut. Aber dies war deine letzte Gelegenheit.« Antonius trank in tiefen Zügen.

Der Wein … Oh, ihr Götter! Nicht noch so eine Episode wie die in Pergamon! Ich beobachtete ihn aufmerksam.

Aber er schien völlig nüchtern zu sein, als habe der Schock des Tages ihn so tief getroffen, daß selbst der Wein ihn nicht weiter betäuben konnte.

»Ich denke, wir müssen unsere Aufmerksamkeit wieder den Schiffen zuwenden. In welchem Zustand befinden sie sich nach dem Fluchtversuch?«

Sosius gab eine rasche Übersicht: Wir hatten mehr Schiffe, als wir mit gesunden Ruderern bemannen konnten; die Ruderer, die wir noch hatten, waren in schlechtem Zustand, körperlich wie geistig. Körperlich litten sie unter dem Nahrungsmangel – unser Getreidenachschub mußte sackweise von griechischen Dorfbewohnern über die Berge geschleppt werden –, und geistig wirkten sich Untätigkeit, Unerfahrenheit, Krankheit und der gescheiterte Ausbruch zum Nachteil aus.

»Eine tödliche Verbindung, Herr«, sagte Sosius.

»Bei allen Göttern, Mann, können sie sitzen und rudern?«

»Ja«, war die Antwort.

»Dann sollen sie rudern«, sagte Antonius grimmig. »Und zwar bald.«

Endlich konnten wir uns zurückziehen und schlafen gehen. Der getreue Eros und Charmian machten uns schweigend zurecht. Als wir allein waren, sprachen wir immer noch nicht. Worte erschienen nutzlos. Antonius lag auf der Seite und wandte mir den Rücken zu.

Gerade als mein müder Geist den Tag endlich aus seinen Krallen entlassen wollte und die Nadelpunkte des Lichts aus der Hängelaterne zu verschwimmen begannen, kam wieder eine Nachricht. Antonius richtete sich auf und las sie im matten Licht.

Rhoimetalkes von Thrakien und Marcus Junius Silanus, ein General, hatten sich im Schutze der Dunkelheit davongeschlichen und waren jetzt bei Octavian.

# 75

»Du hast ihn nur siegen sehen. Man kennt einen Mann erst, wenn man ihn hat verlieren sehen.« Olympos hatte diese Worte einst zu mir gesprochen, und er hatte einen Wagenlenker gemeint, den ich hatte belohnen wollen, indem ich ihn zum Aufseher über die königlichen Stallungen ernannte. Jetzt verfolgten sie mich.

*Man kennt einen Mann erst, wenn man ihn hat verlieren sehen.*

Antonius' Verzweiflung, sein launisches Aufbrausen, seine Unschlüssigkeit nach der zweiten gescheiterten Kavallerieattacke – das alles war schlimmer als die Niederlage selbst. Ungläubig sah ich zu, wie dieser Mann, den ich bis ins Mark zu kennen geglaubt hatte, offenbar zerbrach wie ein Schiff an den Klippen.

Fürst Iamblichos von Emesa und Quintus Postumius, ein Senator, wollten sich hinausschleichen, aber sie wurden gefaßt, und Antonius ließ sie zur Warnung für andere hinrichten. Das beendete die Desertionen unter den höheren Rängen, aber wie lange würde es noch dauern, bis die gemeinen Soldaten ihre Offiziere nachäfften und selbst anfingen zu desertieren?

Unablässig quälten uns Botschaften und Parolen, die in unser Lager geschossen wurden; alle waren beleidigend, und die meisten drängten unsere Leute zum Überlaufen. Jemand – Octavian selbst? – war umsichtig genug, die Kopie eines Gedichtes zu schicken, das Horatius zur Feier des schmählichen Rückzugs unserer Flotte und der Desertion des Amyntas geschrieben hatte. Es muß Octavian gewesen sein, denn das Gedicht war seinem Busenfreund Maecenas gewidmet. Wer sonst könnte eine Kopie davon haben?

Anscheinend frohlockten sie in Rom und holten ihren besten Wein hervor.

*Wann werde ich den caecubischen Wein, beiseite gelegt für das Festmahl,*
*Froh über Cäsars Sieg,*
*Mit dir – so sei es Jupiter genehm – im hohen Hause, glücklicher Maecenas,*
*Genießen,*
*Wenn tönen wird, vermischt mit Flötenschall, ihr Lied die Lyra,*
*Die dorische Weise, jener fremdländische Klang.*

*Der Römer, weh! – ihr werdet, Nachgeborene, es nicht glauben! – verkauft im*
*Dienste einer Frau,*
*Trägt Pfahl und Waffen der Soldat, Eunuchen voller Runzeln zu dienen*
*Bringt er über sich,*
*Und zwischen Feldzeichen als Schandmal die Sonne schaut ein Mückennetz!*

*Doch hierher haben die schäumenden Rosse gewendet zweitausend Gallier,*
*»Cäsar!« rufend,*
*Im Hafen bergen sich der Feindesschiffe Steven, zur falschen Seite abgekehrt.*

*Zu Lande wie zu Wasser besiegt, hat der Feind den Purpurmantel getauscht*
*Mit düsterem Trauerkleid;*
*Er steuert an die vom Südwind erregten Syrten*
*Oder irrt ungewiß umher auf dem Meer.*

*Größere Becher also trag auf jetzt, Knabe,*
*Wein von Chios oder von Lesbos,*
*Oder ihn, der die schlimme Seekrankheit mildert, miß uns zu, den Caecuber!*
*Sorge und Furcht um Cäsars Erfolg ist schön zu lösen im süßen*
*Bacchusgeschenk.*

Wahres wie Unwahres – von beidem wurde mir übel. Amyntas war nicht desertiert, weil ihn der Anblick meines Mückennetzes – welches Mückennetzes? Er hatte keines gesehen! – oder meiner Eunuchen – welcher Eunuchen? – anwiderte, und Antonius war auch nicht mein Sklave. Aber wir waren in der Tat gezwungen worden, uns »im Hafen zu bergen, den Steven zur falschen Seite abgekehrt«, und ...

Sollte ich es Antonius zeigen? Den alten Antonius hätte es angefeuert; erst hätte er gelacht, und dann wäre er ausgezogen, die Spötter zu bestrafen. Aber dieser neue Antonius – dieser Fremde, »zu Lande wie zu Wasser besiegt« –, würde es ihn womöglich vollends zerbrechen lassen? Ich faltete das anstößige Gedicht zusammen und versteckte es. Ich wagte nicht, es darauf ankommen zu lassen.

Vor Hitze umkommen, vergehen, zerfließen – und was der Worte mehr sind: Wir taten es in Actium im Juli. Juli. Der Monat Julius. An Cäsars Geburtstag, am zwölften dieses Monats, veranstalteten wir ein brütendes Bankett zu seinem Gedächtnis, bei dem schwitzende Gäste karge Kost zu sich nahmen, serviert von zerfließenden Dienern unter einem Mond, der selbst noch Hitze auszustrahlen schien. Ja, ein heißer Mond war es, mit brennenden Strahlen, die das schaumumrandete Wasser des Golfs versengten und seinen Gestank aufsteigen ließen.

Die Speisen auf unseren Tellern waren kärglich genug. Wir hatten gekochte Bohnen, ein paar geröstete Schilfblüten – ich hatte mich an die gerösteten Papyrushalme aus Ägypten erinnert und einen Ersatz gesucht –, verschimmeltes Brot und den stets nahrhaften Fisch. Und Wein, der so sauer war, daß sich der Mund zusammenzog.

Ich dachte an Horatius und Maecenas, die irgendwo in Rom ihren »bernsteinfarb'nen Caecuber« tranken.

»Also, ich würde wetten, daß Octavians hübsche kleine Pagen Falerner trinken.« Dellius gab wieder, was ich dachte, und starrte stirnrunzelnd in seinen Becher. »Das heißt, wenn er sie mitgebracht hat.«

»Wahrscheinlich reist er niemals ohne sie«, sagte ich. Octavian hielt sich – wie viele Römer – offensichtlich sogenannte *deliciae* zu seinem Vergnügen. Aber natürlich stand es ihm frei, Mardian als Eunuchen zu beschimpfen!

Dellius nahm noch einen Schluck Wein und machte unangenehme Geräusche mit dem Mund, um zu demonstrieren, wie er litt. Ich bemühte mich, nicht weiter über das Feindeslager nachzudenken, wo es sicher reichlich Proviant für die Mannschaften und Köstlichkeiten für die Offiziere gab.

Das letzte, was sich an Antonius veränderte, war seine öffentliche Persönlichkeit; er konnte nach gewohnter Manier den Vorsitz in unserer Gesellschaft führen. Das Mondlicht, das auf seinen zerzausten Haarschopf fiel, zeigte einen immer noch hocherhobenen Kopf, dunkle Augen, die wachsam aufnahmen, was geschah, und weiße Zähne, die in bereitwilligem Lachen aufblitzten. Schweiß glänzte auf den Muskelsträngen seines starken Halses und den Sehnen seiner Unterarme, wenn er seinen Becher hob, aber die Hitze ließ ihn nicht welken.

»Auf den Gott Cäsar«, sagte er und hob seinen Becher.

Alle tranken.

Aber in jedermanns Gedanken mußte die unausgesprochene Frage lauern: Was würde Cäsar in dieser Lage tun? Es war undenkbar, daß er sich der Blockade nicht entwunden und einen Sieg erzwungen hätte. Aber wie hätte er es angestellt? Wie?

»Und auf seinen wahren Sohn Ptolemaios Cäsar«, fügte Antonius hinzu und hob den Becher noch einmal. Die andern taten es ihm nach.

Das durften wir nicht aus den Augen verlieren: Es war das Erbe des Cäsar-Sohnes, was wir hier verteidigten. Sicher würde Cäsar selbst uns dabei helfen, dachte ich.

Ich fühlte mich unwohl, wacklig und schwach. Immer wieder sagte ich mir, das komme von den Hungerrationen, von denen wir uns ernähren mußten, und ich betete, es möge nicht mehr dahinterstecken. Ahenobarbus war tatsächlich wenige Tage nach seinem Verschwinden gestorben. Auch die höchsten Offiziere waren nicht immun gegen die Krankheiten, die in der Truppe wüteten.

Unsere Offiziere und etwa zwanzig Senatoren waren bei uns versammelt, und niemand sah gesund und kräftig aus. Hier und da hörte ich diskret gedämpften Husten. In der allgemeinen Beschwernis des Lagerlebens hatte man die Toga längst beiseite gelegt, und die Senatoren trugen, wie unsere Offiziere, nur die Tunika. Ohne ihre unverwechselbare Kleidung waren sie nicht mehr leicht auseinanderzuhalten.

Ich stocherte in meinem Essen herum; so ausgehungert ich war, hatte ich doch keinen Appetit. Der Mond funkelte bösartig auf mich herab.

»Wann ziehen wir ab?« fragte ein Senator plötzlich. »Mir scheint, wir müssen doch handeln, etwas unternehmen!«

»Was schlägst du vor, Senator?« fragte Antonius sanft.

»Überrennt sie mit dem ganzen Heer. Schickt alle neunzehn Legionen gegen sie – überrennt ihr Lager.«

»Ah! Wenn wir das nur könnten. Aber sie sind von soliden Verteidigungsanlagen umgeben.«

»Dann reißt sie ein!«

»Leider habe ich keine Belagerungsmaschinen mitgebracht.«

»Hätte auch nichts geändert«, brummte jemand weiter hinten. »In Parthien haben sie nicht lange gehalten.«

»Wir werden in der Tat etwas unternehmen«, sagte Antonius. »Aber wir müssen sichergehen, daß es das richtige ist. Einen Fehler können wir uns nicht leisten – jetzt nicht mehr.«

Die Männer schüttelten die Köpfe, als dächten sie: *Ja, du hast schon genug Fehler begangen*. Aber höchstwahrscheinlich waren sie alle in ihrer eigenen Traumwelt und schmiedeten makellose Strategiepläne – auch die, die keine Soldaten waren. Vor allem die. Es ist unmöglich, so viele Leute zur Übereinstimmung zu bringen; deshalb müssen große Feldherren ja allein handeln und auf ihre einsame Inspiration vertrauen.

»Schade um Marcus Licinius Crassus«, wagte jemand zu sagen.

Crassus, der Kommandant unserer Garnison auf Kreta und der vier Legionen, welche die Kyrenaika bewachten, war zu Octavian übergelaufen.

Antonius nahm es geschickt auf. »Crassus ist aus politischen Erwägungen umgeschwenkt, aber – welch ein Tribut an uns! – seine Truppen sind ihm nicht gefolgt. Jawohl, sie weigerten sich, Verrat zu begehen, und so ist die Kyrenaika weiterhin sicher. Ich habe Lucius Pinarius Scarpus zu seinem Nachfolger ernannt, einen Verwandten des großen Cäsar.« Wieder hob er seinen Becher. »Cäsar, du bist immer noch bei uns!«

»Wo war er denn in Korinth?« fragte jemand. Agrippa war es gelungen, Nasidius dort aus seinem Stützpunkt zu vertreiben; wir hatten jetzt die gesamte Region verloren.

Noch immer ließ Antonius sich nicht provozieren. »Jedermann weiß, daß Cäsar kein Admiral war«, antwortete er lächelnd.

»General Atratinos in Sparta ist übergelaufen«, sagte jemand anders, »und wie ich höre, hat Beryta das ptolemäische Joch abgeworfen.« Vorwurfsvoll sah er mich an.

Sein Hohn ließ Wut in mir aufflammen, aber ich zeigte es nicht. »Beryta war immer schon ein Unruheherd«, sagte ich. »Solche Orte nützen es aus, wenn die Lage unsicher ist. Aber das ist nicht von Dauer.« Ich schwieg kurz und fügte dann hinzu. »Quintus Didius in Syrien mit seinen drei Legionen ist immer noch unser treuer Statthalter; er wird sich um das Problem kümmern.«

Ich zwang mich zu lächeln, als ich von dem scheußlichen Wein nippte, und ich wußte, daß der eigentliche Unterschied zwischen Octavians Lager und unserem nicht in der Qualität des Weins bestand, sondern in dem Genörgel und den Zweifeln und den Rivalitäten unserer führenden Leute. Unsere mangelnde Übereinstimmung trat grell zutage, während sie in Octavians Hauptquartier wahrscheinlich alle ein Herz und eine Seele waren. Das war ein schwerwiegender Nachteil für uns. *Es liegt Kraft in der Einheit selbst kläglicher Männer*, hatte Homer gesagt. Aber umgekehrt galt eben auch, daß selbst die stärksten Männer an ihren Zwistigkeiten scheitern konnten.

»Ist euch schon aufgefallen«, fragte jemand schnippisch, »daß anscheinend niemand die Fronten wechselt, um zu uns zu kommen?«

Ein Schwarm Insekten schwebte über uns und umkreiste summend die Fackeln. Immer wieder verbrannten welche mit knisterndem Geräusch. Ich nickte den Dienern zu; sie sollten ihre Fächer in Bewegung setzen und sie fortwedeln. Noch war es die windstille Zeit des Abends, bevor die nächtliche Brise von den Bergen herabwehte.

Zu meiner Erleichterung war das Essen früh zu Ende. Ich war froh, daß es uns gelungen war, Cäsar selbst hier die Ehre zu erweisen, aber jede Zusammenkunft verlief inzwischen unerfreulich. Die Gäste schlenderten davon und kehrten zu ihren Zelten zurück; keiner wollte noch am Wasser verweilen.

Antonius und ich aber taten es; wir wandten uns hin und her und betrachteten unsere Flotte, die auf dem mondbeschienenen Wasser wartete wie eine Reihe angeketteter Tiere. Nebeneinander standen wir am Strand und schauten hinaus.

»Du hast ihnen heute abend gut geantwortet«, sagte ich schließlich zögernd. »Es ist unglückselig, daß wir diese Zusammenkünfte veranstalten müssen.«

Er seufzte und ließ die Maske des munteren Mannes fallen, den er soeben gespielt hatte. »Wenn wir es nicht täten, kämen noch schlimmere Gerüchte auf. Sie würden sagen – ach, die Götter wissen, was! Ich muß ihnen regelmäßig mein Gesicht zeigen und versuchen, sie versöhnlich zu stimmen.«

»Und ihnen zuhören.«

»Jawohl, und ihnen zuhören. Hören, was sie sagen, und auch das, was sie nicht sagen.«

»Ich glaube, letzteres dröhnte heute lauter.«

»O ja. Ich spüre ihre Stimmung. Allgemeine Unzufriedenheit, Angst, Panik – nichts Gutes!« Er lachte leise und schlang mir den Arm fester um die Hüften. »Du bist so dünn. Fühlst du dich auch wohl?«

»Ja«, log ich. Es war unnötig, seine Sorgen noch weiter zu vermehren. »Es ist lange her, daß du den Arm dort hingelegt hast; du hast es nur vergessen.« Er hatte sich von mir ferngehalten und in einer Abstinenz gelebt, die Octavian mit Entsetzen erfüllt hätte. Aber wenn der Geist bedrückt ist, flieht das Verlangen.

»Ich könnte es nie vergessen«, sagte er. »Glaube nicht, daß ich absichtlich fernbleibe.«

Ich ließ den Kopf an seinen Arm sinken, um ihm zu zeigen, daß ich mit meiner Bemerkung nichts weiter hatte ausdrücken wollen. »Das weiß ich«, sagte ich schließlich.

Der heilige Monat Juli schleppte sich vorüber, und dann kam der Sextilis, und noch immer saßen wir in der brütenden Hitze. Unser Proviant war weiter geschrumpft und ging allmählich ernstlich zur Neige. Jeden Tag wurden weitere Tote von den Schiffen und aus dem Lager geschafft, und das schmutzige Wasser, das dumpf an die Wände der Schiffe klatschte, schlug einen bedrohlichen Takt. Schmutzig war es, weil unablässig menschliche Abfälle über Bord gekippt wurden. Moos und Schleim bedeckte zusehends die Planken, Vögel nisteten unter den unbewegten Rudern, und wir mußten befürchten, daß die Schiffe bald überhaupt nicht mehr seetauglich sein würden, wenn wir sie nicht in Bewegung setzten.

Antonius brütete viele Stunden lang über seinen Karten und las Berichte, und dann und wann unterbrach er sich und starrte düster ins Leere. Wir sprachen wenig; Leute, die man in Untätigkeit zusammensperrt, neigen dazu, in Schweigen zu verfallen.

Ich gewann mein Wohlgefühl nicht zurück. Vielleicht hatte mich die Krankheit angerührt, die auch die Männer befiel. Vor Antonius verheimlichte ich es, so gut ich konnte. Nur wenn er das Hauptquartier verlassen hatte, erlaubte ich mir, mich, in ein Laken gehüllt, auf die Pritsche zu legen; manchmal zogen trotz der Backofenhitze frostige Schauer über mich hin.

Charmian kniete dann bei mir, strich mir das Haar glatt und wischte mir mit feuchten Tüchern über das Gesicht.

»Wir verraten dem Imperator nichts«, sagte sie wohl augenzwinkernd.

»Nein. Wir verraten ihm nichts.« Die Götter sollten verhüten, daß er es erfuhr!

Gegen Ende des Sextilis schwenkte das Wetter um, und in Antonius schien sich etwas zu verändern. Er warf die schwarzen Wolken ab, die ihn umhüllt hatten wie die vom Stromboli, und fand zu seinem alten Ich zurück, entrang es mit nackter Willenskraft dem Sumpf der Niedergeschlagenheit.

»Es ist Zeit«, sagte er eines Abends grimmig.

Alles war wie immer: Das Lampenlicht blakte, die Mägen murrten und schmerzten, die Fronten waren unverrückt. Wieso jetzt?

»Ich werde einen Kriegsrat einberufen. Es kann so nicht weitergehen.«

Endlich! Endlich! Die Erstarrung würde ein Ende nehmen! Antonius hatte einen Plan. Mochte es nur – bei allen Göttern – ein kluger Plan sein!

»Ja«, sagte ich leise, und ich stand auf und kam zu ihm. Als ich meine Hand auf seine Schulter legte, wäre er beinahe aufgefahren. Wir berührten einander in letzter Zeit so selten. Schließlich aber nahm er meine Hand in die seine; sie fühlte sich ganz unvertraut an. Dennoch drückte ich sie.

»Ich denke, es muß übers Meer gehen«, sagte er schlicht. »Jeder Landweg ist zu gefährlich.«

»Übers Meer?« So lange hatte doch beides gleich schwer gewogen.

»Übers Meer können wir entkommen«, sagte er. »Über Land nicht.«

»Entkommen?« So weit war es also? Wir dachten nur noch ans Entkommen? Meine Stimme verriet, wie enttäuscht ich war.

»Rückzug – wenn dir dieser Ausdruck lieber ist«, fauchte er.

»Eine Flotte und eine Armee wie diese auf die Beine zu stellen und sie dann nicht einzusetzen …!« Ich beklagte den Verlust. Es war eine zu große … Vergeudung.

»Heer und Flotte sind beide nicht mehr das, was sie waren«, erinnerte er mich. »Wenn wir sie zu Beginn hätten einsetzen können …« Er seufzte. »Aber die Lage ist jetzt ganz anders. Das schlimmste Verbrechen, das ein Feldherr begehen kann, besteht darin, mit den Truppen von gestern in die Schlacht von heute zu ziehen.«

»Natürlich.« Ich mußte mich seiner Erfahrung beugen. Wir wollten ja nicht einen Fehler mit einem zweiten wettmachen.

»Wenn wir den Hauptteil unserer Flotte freibekommen und uns damit nach Ägypten zurückziehen können, um uns dort neu zu formieren …« Er dachte laut nach. »Die Pompejaner haben es immer wieder geschafft.«

Aber diese Streitmacht hatte am Ende verloren. Wer einmal auf der Flucht ist, hat das Heft aus der Hand gegeben; er ist der Gejagte und nicht mehr der Jäger. Ich versagte es mir, darauf hinzuweisen.

»Also soll Ägypten die Arena sein«, sagte ich matt. Das gefiel mir nicht. Wenn Octavian uns nun bis an unsere eigenen Gestade verfolgte? Ich wollte nicht, daß dort gekämpft wurde. Das war der Grund, weshalb Potheinos damals Pompejus ermordet hatte – genau das hatte er verhindern wollen.

»Nein, nein«, beruhigte Antonius mich. »Wir werden uns dort nur erholen und unsere Kräfte zusammenziehen.«

»Vielleicht wäre es doch besser, die Sache hier in Griechenland auszufechten, jetzt gleich.« Verschone Ägypten! »Dein Heer ist noch in Ordnung, und Canidius ist ein hervorragender General.«

»Wenn Octavian nicht kämpfen will, können wir es nicht.« Antonius blieb fest. »Dann können wir nur abrücken.«

»Aber warum soll Octavian ein Riesenheer hierherschaffen und dann nicht kämpfen? Das hat doch keinen Sinn!«

»Es sind schon merkwürdigere Dinge vorgekommen.« Er stand auf, nahm meine Hände und schaute mich auf eine Weise an, die ich schon fast vergessen hatte.

Es war schon spät gewesen, als er sich über seine Karten gebeugt hatte. Jetzt mußte es Mitternacht sein. Im Lager war es totenstill – wie in der Höhle eines Tieres im Winterschlaf. Er blies die Lampen aus und tauchte das Zelt in Dunkelheit, und dann zog er mich zur Bettstatt hinüber. Dort nahm er meinen Kopf in beide Hände und flüsterte: »Verzeih, daß ich dich so vernachlässigt habe, du meine kostbarste …«

»Verbündete?« fragte ich unwillkürlich scherzhaft. »Ich zumindest bin nicht übergelaufen.«

Er beugte den Kopf herunter und küßte mich. »Das ist nicht komisch«, sagte er.

Ich umschlang ihn noch fester. »Nein, das ist es nicht«, sagte ich. »Verzeih mir.«

»Mir scheint, wir haben beide etwas zu verzeihen.« Er ließ sich auf das Bett fallen und zog mich mit sich.

Das Sprechen nach langem Schweigen, die Berührung nach langer Enthaltsamkeit – beides ist auf eine ganz eigene Art schwindelerregend. Es war, als wäre er ein neuer Mensch, und ich mußte ihn wieder von Grund auf kennenlernen.

Endlich war es soweit: Ein letztes Mal würden wir uns zum gemeinsamen Kriegsrat treffen, bevor sich ein jeder auf seinen Gefechtsposten begab. Jedermann mußte genau wissen, welche Aufgaben er hatte, und sich mit unserer Gesamtstrategie vertraut machen – die nicht so simpel war, wie man wohl annehmen möchte.

Die Führer waren immer noch zutiefst uneins in der Frage, was wir tun sollten. Übereinstimmung bestand nur darin, daß wir etwas tun *mußten*, wenn wir nicht an dieser elenden Stätte zugrunde gehen wollten. Heer und Flotte waren zu einer Belastung geworden: zu groß, um aufgegeben zu werden, zu schwach, um noch verläßlich zu sein. Die Frage war nur: Wo waren die Zustände schlimmer?

Um den auf Holzböcken liegenden Tisch herum saßen die vier Admiräle,

Sosius und Publicola, die beiden erfahrenen, und die weniger geübten Insteius und Octavius – ein unglückseliger Name in unserem Lager –, unser oberster General Canidius sowie Dellius.

Die Hitze hatte nicht nachgelassen, Krankheiten und Beeinträchtigungen ebensowenig, und während wir uns besprachen, summten Fliegen im stickigen Raum umher und setzten sich frech auf die Karten, die Antonius entrollt hatte. Aufgeregt krabbelten sie daher, und ich fragte mich, ob sie sich schon auf die Leichen freuten, die das auf der Karte abgebildete Gelände bedecken und sie beglücken würden. Antonius schlug eine tot, und ein schillernder Klecks bedeckte die Gegend von Athen.

»Freunde«, sagte er, stützte sich auf die Fingerknöchel und beugte sich über den Tisch, »wir müssen jetzt unsere endgültigen Pläne entwickeln.«

Jetzt, da der Augenblick endlich gekommen war, schien es allen plötzlich zu widerstreben, sich auf eine Strategie zu einigen.

»Canidius – der Zustand der Legionen?« fragte Antonius, um das unschlüssige Schweigen zu beenden.

Canidius erhob sich. »Von unseren ursprünglich hunderttausend Mann haben wir noch siebzigtausend hier – und sie sind kampftüchtig.«

Hier und da hörte man ein Stöhnen am Tisch. Dreißigtausend Mann verloren – ohne eine richtige Schlacht! Wahrlich, die Krankheit ist ein schlimmerer Feind als Katapulte und Schwerter!

»Den größten Verlust haben wir durch die übergelaufenen Klientenkönige erlitten. Die verbliebenen Soldaten sind römische Legionäre, viele davon Veteranen.«

»Auch recht«, schnaubte Publicola. »Octavian hatte von Anfang an keinen dieser nichtsnutzigen Ausländer bei sich. Er war schlau.«

Ich fragte mich, ob er mich zu den »Ausländern« zählte oder ob es ihm schon gleichgültig war, was ich dachte.

»Ja, die Zahlen sind jetzt fast gleich«, meinte Canidius.

»Nachdem das Gesindel weg ist«, betonte Publicola.

»Wie dem auch sei«, sagte Antonius. »Bei Zahlengleichheit, Römer gegen Römer – würdest du sagen, wir sind einander ebenbürtig?«

Canidius überlegte kurz. »Ja – von der Moral abgesehen. Die Stimmung ist immer am besten auf der Seite, welche die letzten Siege für sich beanspruchen kann, auch wenn sie nur unbedeutend waren. Aber unsere Leute brennen darauf, etwas zu tun, sie brennen auf den Kampf. Ich würde vorschlagen, wir geben die Flotte auf und treten den geordneten Rückzug ostwärts nach Makedonien an, um uns mit unseren dort stehenden Streitkräften zusammenzuschließen. Wir können von König Dikomes Hilfe anfordern; er ist dort in der Nähe. Octavian wird uns nachsetzen, und wir können ihn in die Landschlacht verwickeln, die wir so lange gesucht haben.« Er sah mich an. »Die

Königin und ihr Gefolge können auf dem Landwege nach Ägypten reisen, um dort das Ergebnis abzuwarten.«

Ich war überrascht. »Aber Canidius«, sagte ich, »du bist doch immer für meine Anwesenheit hier gewesen!« Ich fühlte mich im Stich gelassen.

»Das war, bevor Agrippa deine Flotte hilflos gemacht hatte«, sagte er. »Jetzt bist du zur Belastung geworden, zur Zielscheibe für Octavians Schmähungen. Du schadest Antonius' Sache, wenn du bleibst.«

Was er sagte, stimmte, aber daran war nichts zu ändern. Wenn Ägypten nicht als souveräner Staat an diesem Krieg teilnahm, würden wir werden, was die anderen Klientenkönigreiche schon waren: wertlose Verbündete. Die Schmach wäre unerträglich. Wir würden den Tadel verdienen, mit dem Rom uns schon jetzt überhäufte.

»Mir scheint, wenn ihr den Rückzug antretet, werden die Soldaten euch mißverstehen und annehmen, daß wir unsere Niederlage eingestehen«, sagte ich. »Sie werden scharenweise desertieren, und dann haben wir kein Heer mehr, das standhalten und gegen den nachsetzenden Octavian kämpfen kann.«

»Die Alternative besteht darin, daß wir die Seeblockade durchbrechen und so viele Schiffe wie möglich retten«, sagte Antonius. »Wenn wir die Flotte einbüßen, wird das Landheer schließlich in Griechenland festsitzen und nicht nach Asien übersetzen können, da wir keine Schiffe mehr haben, während Agrippa die Wogen unangefochten beherrscht.«

»Bah!« sagte Dellius. »Vergiß die Flotte!«

»In welchem Zustand ist die Flotte?« fragte Antonius ruhig.

»Die Ruderbänke sind bedenklich unterbemannt, die Schiffe dringend überholungsbedürftig«, berichtete Sosius.

»Wie viele Schiffe, schätzt du, könnten wir mit unseren Ruderern noch bemannen?«

»Nicht mehr als dreihundert«, sagte Sosius. »Die ägyptischen mitgerechnet.«

Neuerliches Aufstöhnen ringsum. Ein Jahr zuvor um diese Zeit hatten wir fünfhundert Schlachtschiffe und dreihundert Versorgungsschiffe besessen, dazu etliche Späher. Welch ein Abstieg!

»Dann müssen wir die restlichen Schiffe verbrennen«, sagte Antonius. »Es hat keinen Sinn, sie Octavian zum Geschenk zu machen.«

Meine Schiffe verbrennen! Nein – nicht meine hart errungenen Schiffe! »Die ägyptischen Schiffe sind mit meinen eigenen Söldnern besetzt und vollkommen zuverlässig«, erklärte ich sofort.

»Die paar, die noch übrig sind«, erwiderte Publicola. »Sie haben auch kein Zaubermittel, mit dem sie Fieber und Durchfall besser überstehen als der Rest.«

»Vergeßt das Meer!« platzte Canidius heraus. »Die Flotte ist außer Gefecht gesetzt. Antonius ist kein Flottenkommandant, sondern ein Landgeneral. Die römischen Veteranen sind immer noch kampftüchtig. Agrippa taugt an Land nicht viel, und Octavian ist überhaupt kein Gegner. Suche den Sieg da, wo du am stärksten, nicht da, wo du am schwächsten bist!«

Antonius schloß die Augen, als wolle er den Lärm des Widerstreits aussperren. Er kämpfte innerlich mit sich. Sein Instinkt riet ihm, an Land zu kämpfen, aber als oberster Feldherr mußte er alle Probleme berücksichtigen und sich an eine Gesamtstrategie halten, statt nur an eine Schlacht zu denken. Es war offensichtlich, daß das Meer ihm die bessere Möglichkeit bot, seine verbliebenen Mittel zu bündeln und langfristig den Sieg zu erringen.

Was hätte Cäsar getan? Aber was immer es gewesen wäre, es hätte Cäsar erfordert, es auszuführen.

»Ich denke …« Antonius hob den Kopf. »Ich denke, es muß zur See geschehen.«

»Nein!« rief Dellius. »Das ist ein Fehler!«

»Hört zu«, sagte Antonius langsam. »Königin Kleopatra hat recht. Mit einem geschwächten Heer den Rückzug durch das Gebirge anzutreten, das ist eine Katastrophe – ich weiß, wovon ich spreche. Und nach Parthien solltet ihr es auch wissen. Von Dikomes haben wir keinerlei Zusage, und wenn wir aus dem Verhalten der anderen Klientenkönige einen Schluß ziehen können, dann den, daß es besser ist, sich nicht zu sehr auf ihn zu verlassen. Sobald das Heer sich zurückzieht, ist die Flotte verloren; ohne Soldaten an Bord kann sie sich nicht den Weg aus dem Golf hinaus freikämpfen, und dann kann sie uns auch nicht helfen, nach Asien hinüberzusetzen. Wir würden Flotte und Heer verlieren und nackt vor dem Feind stehen, umzingelt, eingekesselt, und müßten um Gnade betteln.«

»Läßt du dabei nicht die Möglichkeit außer acht, daß es zu einer Landschlacht kommt, bei der wir ihn besiegen?« fragte Dellius höhnisch.

»Es ist unwahrscheinlich, daß er sich in eine Schlacht verwickeln läßt, in der er um etwas kämpft, das er auch erringen kann, indem er gar nichts tut. Wenn Octavian sich im Laufe der Jahre in einer Hinsicht berechenbar gezeigt hat, dann darin, daß er sich an sein Motto hält: *Festina lente* – Eile mit Weile. Zoll um Zoll schiebt er sich voran – aber unaufhaltsam. Und er tut niemals selbst, was die Zeit, das Schicksal oder der Fehler, den ein anderer begeht, für ihn tun können. Nein, er wird nicht kämpfen. Er wird zusehen, wie wir abziehen, und uns mühelos mit Agrippas Schiffen einholen, wenn wir versuchen, den Hellespont zu überqueren.«

»Wir könnten ebensogut zur See kämpfen und möglichst viele gegnerische Schiffe auf den Meeresgrund schicken, wenn wir hier ausbrechen«, meinte Sosius.

»Der Versuch, die Blockade zu brechen, ist nicht riskanter als der Abzug des Heeres, und wir werden wahrscheinlich mehr retten können«, sagte ich. »Wir können vier oder fünf der besten Legionen zum Kämpfen an Bord nehmen und unsere Möglichkeiten noch weiter verbessern; zugleich hätten wir damit auch einen Teil des Heeres gerettet.«

»Beim Herkules!« rief Dellius. »Hat Octavian etwa recht? Führt Kleopatra diesen Krieg?«

»Warum soll ich nicht sprechen?« fragte ich. »Die Karten kann ich so gut lesen wie nur einer von euch – jawohl, und die Zahlen ebenfalls!«

»Mir ist ein Rückzug so verhaßt wie jedem anderen auch«, sagte Antonius. »Er ist eine bittere Frucht; ich weiß es, denn ich habe in Mutina und in Parthien hineinbeißen müssen. Aber manchmal ist ein Rückzug nichts weiter als eine Neuformierung. Und zu dieser Kategorie zähle ich ihn in unserem Fall.«

»Aber …« Canidius machte ein ratloses Gesicht. »Was soll ich denn tun? Hier warten, bis ich mich ergeben muß?«

»Nein, du wirst dich zurückziehen – aber erst, wenn die Seeschlacht vorüber ist. Dann haben wir die nötigen Schiffe, um dich nach Asien überzusetzen.«

Die Fliegen summten um seinen Kopf herum, als wollten sie ebenfalls protestieren. *Nicht genug Tote!* schienen sie zu sagen. *Dein Plan gefällt uns nicht.*

»Wir haben uns also entschieden«, sagte Antonius. »Wir durchbrechen die Blockade und bringen unsere Kriegskasse und so viele Schiffe und Soldaten wie möglich nach Ägypten. Das Heer wird abwarten und dann den geordneten Rückzug nach Asien antreten. Die Schiffe, die wir nicht mehr bemannen können, werden wir verbrennen. Und das alles wird innerhalb der nächsten Tage stattfinden.«

»*Du* hast das entschieden«, sagte Canidius.

»Ich bin der Feldherr! Wer sonst soll es entscheiden?« rief Antonius. »Ich gebe die Befehle, und du mußt gehorchen!« Er wurde milder. »Aber ich schätze dein Urteil.«

»Obwohl du es ignorierst?«

»Daß ich ihm nicht in allen Einzelheiten folge, bedeutet nicht, daß ich es ignoriere.«

»Ich bete zu allen Götten, daß du recht hast«, sagte Canidius.

»Ja, das tun wir alle«, sagte Sosius.

In einiger Verwirrung löste die Versammlung sich auf. Die Seeoffiziere waren entzückt über die Entscheidung, aber es gab offensichtlich kaum eine Wahl zwischen zwei ungenießbaren Plänen. Beide waren mit hohen Verlusten und einem hohen Risiko verbunden. Ich war nicht glücklich über den Gedanken, Ägypten als Aufmarschgelände zu benutzen, aber wie alle anderen mußte ich

Kompromisse machen. Als ich Octavian provoziert hatte, hatte ich Ägypten aufs Spiel gesetzt und riskiert, auch das, was ich besaß, zu verlieren.

Vielleicht hätte ich niemals ... Ich schüttelte den Kopf. Was geschehen war, war geschehen. Die nächste Generation hätte die gleiche Schlacht schlagen müssen. Es war unvermeidlich. Und daß es zu meiner Zeit geschah – nun, das Schicksal hatte mich ausersehen und dafür gerüstet. Jetzt blieb mir nichts anderes übrig, als den Brustpanzer festzuschnallen und den Schild zu ergreifen.

Es war ein herzzerreißender Anblick. Dennoch zwang ich mich, am Strand zu stehen und zu leiden, als die zur Zerstörung bestimmten Schiffe angezündet wurden. Sie drängten sich zusammen wie Menschen, die ein einstürzendes Dach abwehren oder ein Erdbeben überstehen wollen, aber sie waren dem Untergang geweiht und zum Bleiben gezwungen, festgehalten von ihren Ankerketten.

Wie unschuldige Menschen, die von einem Feuer überrascht wurden, war es eine buntgemischte Gesellschaft: Triremen, Quinqueremen, sogar »Achter« und »Neuner«. Sie waren mit Pech und Öl beschmiert worden, damit sie besser brannten – Opfer der Fehler, die wir begangen hatten. Vom Ufer aus schleuderten Männer brennende Fackeln auf die Decks, und rasch loderten die Flammen.

»Ach, Antonius!« Ich nahm seine Hand. Der Anblick war tatsächlich schmerzhaft. Ich dachte daran, wie ich durch die Werften gegangen war, als sie gebaut wurden, neu und stolz allesamt. Meine Kinder! Wenn der Anblick der verbrennenden Schiffe mir schon solche Qualen bereitete, wie konnte eine Mutter dann je den Verlust eines wirklichen Kindes verschmerzen?

»Es muß sein«, sagte er.

»Sie bezahlen den Preis für unsere falschen Überlegungen«, sagte ich. »Mir scheint, wir haben einen Fehler nach dem anderen begangen.«

»Krieg ist immer eine Serie von Überlegungen«, erwiderte er. »Sie überhaupt zu bauen war auch nichts weiter als das. Dadurch wird ein Krieg ja so teuer – all die Vermutungen, die wir anstellen müssen, und jede kostet Gold.«

»Aber zu sehen, daß das Gold auf diese Weise verbrennt ...«

»Denke nur an all das Gold, das schon auf dem Meeresgrund ruht, weil es durch Schiffsunglücke verlorenging. Wenn wir ausbrechen, können wir nur darum beten, daß unsere Kriegskasse an Bord unversehrt durchkommt. Aber du wirst dabeisein, auf dem Flaggschiff, unserem größten und stärksten Schiff.«

Mir hatte es schon immer widerstrebt, Schätze auf Schiffen zu transportieren. Aber was blieb uns anderes übrig? Sollten wir alles für Octavian zurücklassen? Da ruhte es besser auf dem Meeresgrund!

Das Feuer brannte jetzt richtig; es griff von einem Schiff auf das andere über und bildete ein grelles Halsband aus Flammen. Die lodernden Scheiterhaufen spiegelten sich im stillen Wasser und wirkten dadurch doppelt so groß. Der Geruch verschiedener Art brennender Hölzer – der scharfe Duft von trockenem Zedernholz und der pilzartige Gestank nasser alter Planken – wehte zu uns herüber und hüllte uns in einen Mantel von Qualm. Meine Augen brannten, aber ich konnte nicht weggehen. Es war eine Bestattung, und ich mußte bleiben. Das war ich ihnen schuldig, meinen Schiffen.

Antonius legte mir den Arm um die Schultern. »Komm«, sagte er. »Wir müssen uns nicht quälen.«

*Fehler … Fehleinschätzungen … Fehlinformationen …* Die Erinnerung daran war erstickend wie der Rauch, der greifbare Beweis für ihre Existenz. Oh, die Qualen der Reue! Kann etwas teuflischer sein, uns mutloser machen? Es ließ mich zweifeln an allem, was wir jetzt planten.

Feuer hat sogar eine Stimme, und sie klingt ganz wie die Stimme der Reue: hoch, dünn, beschwörend. Sie erhob sich jetzt von der Schar der Schiffe, ersterbend, ein Pfeifen fast.

Noch andere hatten sich versammelt, um zuzuschauen, und ich zweifelte nicht daran, daß Octavian auf seiner Höhe das rotglühende Wasser sehen und die Asche riechen konnte. Leute schoben sich hinter uns vorbei, aber niemand behelligte uns. Irgendwann wurde mir indessen jemand bewußt, der ein Stück weit abseits stand und nicht die Schiffe, sondern uns beobachtete. Eine Kapuze verhüllte sein Haupt, und ich konnte seine Gesichtszüge nicht erkennen.

»Antonius«, fragte ich schließlich, »wer ist das? Er starrt uns auf höchst unhöfliche Weise an. Kennst du ihn?«

Antonius spähte in das Zwielicht, als könnten seine Augen es durchdringen. Er schüttelte den Kopf. »Er kommt mir bekannt vor, aber … Nein.« Er hob den Arm. »Du da! Komm her!«

Der Mann blieb eine ganze Weile reglos stehen; dann kam er auf uns zu, als sei er der Rufende und nicht der Gerufene. Beim Näherkommen schlug er seine Kapuze zurück.

»Ja, aber das ist doch …« Antonius suchte nach dem Namen.

»Hunefer«, sagte der Mann. »Wir sind weit entfernt von Rom, Herr.«

Jetzt erkannte ich ihn auch: Es war der ägyptische Astrologe, den ich vor so langer Zeit mit Olympos nach Rom geschickt hatte, damit er sich als Spitzel in Antonius' Haushalt einschlich. Er sollte mich lieber nicht verraten, auch nicht nach so langer Zeit!

»Freut mich, dich kennenzulernen«, erklärte ich vielsagend.

Hunefer nickte. »Mir geht es genauso«, sagte er und deutete auf die Schiffe. »Ein trauriger Tag für uns alle.«

»Was suchst du hier?« Antonius wollte der Sache auf den Grund gehen.

»Ich verfolge deine Geschicke schon lange, Herr; ich bin hier, um sie zu teilen.«

»Nun, dann müssen sie günstig erscheinen, denn sonst wärest du ja fortgeblieben!« Antonius klang erfreut, als sei schon die Anwesenheit dieses Mannes ein gutes Omen.

»Vielleicht ist er auch nur treu«, sagte ich rasch. Ich konnte jetzt keine Weissagungen ertragen, selbst wenn sie günstig wären. *Fehler. Fehleinschätzungen. Fehlinformationen* ... Unheil. Nein, keine Weissagungen.

»Selbst ein treuer Diener läuft nicht in ein brennendes Haus«, sagte Antonius. »Und er besteigt auch kein brennendes Schiff.«

»Vielleicht sitzt er nur hier fest wie alle andern«, sagte ich.

»Herrin«, sagte Hunefer, »zuweilen nimmt die Zukunft ihre Maske vom Gesicht wie ein Gast auf einem Fest. Dann sind wir dicht davor, die Zeit selbst zu berühren. Wir können uns nicht abwenden von dem, was sie uns offenbaren will.«

»Er hat mir erzählt, mein Schicksalsgeist, mein *daimon*, sei überschattet, wenn der Octavians in der Nähe sei«, erinnerte Antonius sich. Natürlich hatte Olympos mir davon berichtet. »Nun, du hattest recht, alter Freund. Seit Octavian in Griechenland gelandet ist ...« Er brach ab. »Aber in den sechs Jahren davor war alles gut. Wenn wir uns also erst von hier entfernt haben ...?«

Unversehens war eine Frage daraus geworden.

Hunefer schwieg so lange, daß Antonius schließlich fragte: »Wir *werden* doch von hier entkommen, oder nicht?« Wie kläglich! Sein Siegeswunsch war zur Hoffnung auf ein bloßes Entkommen geschrumpft ...

»Zum Teil, ja«, sagte Hunefer langsam. »Und einen Teil von dir wirst du hierlassen.«

»Einen Teil des Heeres? Einen Teil der Flotte?«

»Die Sterne sagen nur: ›Einen Teil von dir‹«, antwortete Hunefer. »Es ist nicht klar.«

»Einen Teil – von mir?« fragte Antonius. »Einen Teil meines Körpers? Meiner Truppen? Das mußt du doch unterscheiden können!«

»Er meint die Schiffe«, sagte ich hastig. »Die verbrannten Schiffe! Das ist ein beträchtlicher Teil. Und die Ruderer und die Soldaten, die gestorben sind – sie werden für immer hierbleiben.« Ich funkelte Hunefer an. Törichter alter Mann! Was immer er gesehen hatte, er sollte es für sich behalten. Es war jetzt zu spät. Es konnte nur noch Schaden anrichten.

»Nein, Herrin«, sagte er beharrlich. »Das ist ja schon geschehen und vorbei. Dies aber –«

Und plötzlich erfaßte mich eine machtvolle Erkenntnis, und ich sah, wie die Götter uns mit unvollständigen Offenbarungen und verschleierten Hinweisen necken, derweil sie wissen, daß wir ihnen ins Unheil folgen werden.

Und wenn wir dann Schiffbruch erleiden, lachen sie. Damit unterhalten sie sich. Wenn wir scheitern, indem wir unseren eigenen Ideen folgen, können wir immer noch stolz sein, denn wir waren kein Spielzeug für andere. Selbst *Fehlern … Fehleinschätzungen … Fehlinformationen* wohnt eine angeborene menschliche Tapferkeit inne, die man im bloßen Befolgen übernatürlicher Anleitungen vergebens sucht. Mochten wir siegen, mochten wir scheitern, solange wir es nur aus eigener Kraft taten! Ich wandte mich ihm zu.

»Genug! Wir wollen es nicht hören.« Ich schob meinen Arm unter den des Antonius. »Komm. Zu unserem Zelt.« Ich zog ihn davon.

Die schwere Luft im Zelt war wie eine Fessel. Überall waren jetzt Fliegen; jede Nacht schienen sie sich zu vermehren und zu verdoppeln. Häßliches, schwarzes, summendes Ungeziefer plagte uns und zwang uns, unter Netzen zu schlafen. Und auch dann weckten sie uns, indem sie gegen die Netze anflogen, als wären sie Pfeile, die hindurchzudringen suchten.

Das grausige Rot der brennenden Schiffe, das die Zeltwände erglühen ließ, die lästigen Fliegen, das alles erschien wie ein Vorgeschmack auf den Hades.

»Ich erinnere mich an einen Tempel, den wir einmal in Parthien gesehen haben«, murmelte Antonius schläfrig. »Dort gibt es einen Gott, der über Legionen von Fliegen gebietet … Ich habe vergessen, wie er heißt … Er ist böse und läßt Schwärme von Fliegen angreifen …«

»Du mußt ihn erzürnt haben«, sagte ich. »Er muß dir von Parthien bis hierher gefolgt sein. Dir und deinen Männern.«

Ich meinte es scherzhaft – aber wenn es nun stimmte? Es waren Veteranen aus Parthien dabei; war die Fliegenplage in ihrer Umgebung besonders schlimm? Ich fühlte mich in der Tat geplagt, verfolgt … Dieser Ort hatte etwas unnatürlich Höllisches.

»Hast du seinen Tempel zerstört?« fragte ich.

»Ich …, ich weiß noch, daß ich mir die Reliefs angeschaut habe. Auf dem Rückweg vielleicht … Ja, ich glaube, wir haben ihn zerstört, denn es hatten sich Bogenschützen darin versteckt, die uns angriffen.«

Sie hatten den Tempel des Fliegengottes zerstört? Ich wünschte, sie hätten es nicht getan.

»Wie war sein Name? Versuche, dich zu erinnern!« Wir könnten ihn versöhnen, ihm geloben, einen neuen Tempel zu bauen, in Alexandria …

»Ich weiß es nicht mehr«, sagte Antonius. »Ich dachte nicht, daß es einmal wichtig sein könnte.« Er stützte sich auf die Ellenbogen. »Ich glaube auch nicht, daß es jetzt wichtig ist. Deine Phantasie spielt dir einen Streich. In einem Armeelager gibt es im Sommer immer Fliegen. Vergiß diesen Gott, diesen …« Er lachte. »Asmodeus. So hieß er.«

Asmodeus. Den Namen hatte ich schon gehört. Es war einer dieser Götter aus dem ferneren Osten, wo sie so bösartige Gottheiten wie Ma und Kali hervorbrachten. Ich würde dafür sorgen, daß Wiedergutmachung geleistet wurde – wenn wir entkommen wären.

Antonius drehte sich um, und an seinem Atmen hörte ich, daß er schlief. Ich aber lag da und bildete mir ein, ich könnte die Hitze der Flammen spüren, gemartert von den Fliegen, die draußen warteten und über das Netz krochen. Mich schauderte.

Während Antonius schlief, fühlte ich, wie über uns die Götter stritten. Ich wünschte, Cäsar wollte erscheinen und sie zerstreuen, uns ein Zeichen geben am Vorabend dieser Schlacht, wie er es bei Philippi getan hatte. Aber ich fühlte mich von ihm verlassen, als habe er das Interesse an unseren Angelegenheiten verloren. Vielleicht bedeutete das, daß er jetzt wirklich ein Gott war: Vom Sterblichen war nichts mehr in ihm, nicht einmal Zuneigung.

Und Antonius, nur allzu sterblich, schlief weiter.

Früh am nächsten Morgen kam Canidius in unser Zelt und meldete: Dellius war zu Octavian übergelaufen.

Noch schlaftrunken, schüttelte Antonius den Kopf. Seine Augen blickten stumpf. »Weg also.« Mehr sagte er nicht. Er seufzte, als sei ein weiterer Sack auf seinen gebeugten Rücken gepackt worden. »Und er kennt alle unsere Pläne.«

Ich war wie elektrisiert vom Zorn, knisternd, als habe mich der Blitz getroffen. Er hatte vorgehabt zu verschwinden, aber er hatte den Kriegsrat abgewartet, damit er Octavian wertvolle Erkenntnisse mitbringen könnte. Das wußte ich so sicher, als hätte er ein Geständnis hinterlassen. »Dieser heimtückische Verräter!« rief ich.

»Jetzt weiß Octavian alles«, sagte Antonius. »Selbst meine geheimen Kriegsräte werden ihm offenbart.« Er schwieg und fuhr dann fort. »Dellius. Mein Gehilfe, mein Gefährte ...« Er sah mich an. »Sogar zu dir habe ich ihn geschickt, damit er dich zu mir bringt. Vor langer Zeit ...«

Ich bekam Angst, er könnte vor Canidius zusammenbrechen. »Denke nicht daran! Erinnere dich nicht!« rief ich. »Lösche ihn aus, reiße ihn aus deinem Herzen, erinnere dich nicht an ihn, an kein einziges seiner Worte! Es darf ihn nicht mehr geben – nein, es darf ihn nie gegeben *haben*!«

»Und als er zurückkehrte und mir erzählte, was du gesagt hattest und daß du nicht nach Tarsos kommen wolltest ... Ja, da habe ich –«

»Ich habe gesagt, du sollst nicht mehr an ihn denken!« schrie ich und achtete nicht mehr auf Canidius. »Und beschmutze deine Erinnerung an mich nicht dadurch, daß du sie mit ihm verknüpfst!«

»Canidius«, sagte Antonius ohne jegliche Regung, »du kannst bekanntgeben, daß ich einen der Tribune zu seinem Nachfolger ernennen werde.« Er lächelte unstet. »Es macht nichts. Macht nichts. Jetzt kann er für seinen neuen Herrn eine Chronik dieses Krieges schreiben. Ich wollte keine. Nein, keine Chronik.« Er legte Canidius den Arm um die Schultern und ging mit ihm zur Zelttür.

Grelles Licht strahlte herein, als sie die Klappe öffneten. Ich sah den Rauch, der noch immer von den toten Schiffen aufstieg – tintenschwarze Flecken vor dem leuchtend blauen Himmel.

»Mein Freund.« Antonius ließ die Klappe fallen, drehte sich um und kam zurück. »Mein Freund ist fort.« Er schwieg kurz. »Ich glaube nicht, daß ich ihm seine Truhen nachschicken werde.«

# 76

»Ist denn selbst Jupiter gegen uns?« rief Antonius, als er den Blitz sah, der das Gewitter im Westen ankündigte. Eine schwarze Wolkenbank war am sonst so klaren Horizont erschienen, und wir konnten sehen, wie sie heraufwuchs und sich ausbreitete wie ein dunkler Fleck.

Die verbliebenen Schiffe – an die zweihundertdreißig, darunter sechzig von Ägyptens Stolz – wurden soeben mit Legionären bemannt, bewaffnet und gefechtsbereit gemacht. Wir hatten befohlen, Segel an Bord zu nehmen, was bei Mannschaft wie Offizieren zu Beunruhigung und Verwirrung geführt hatte. Im Gefecht benützt man niemals Segel; sie behindern das Manövrieren und nehmen wertvollen Platz in Anspruch. Antonius hatte – spät am vergangenen Abend – zum letztenmal ein paar Offiziere um sich versammelt und ihnen unseren Plan offenbart. Selbst Dellius hatte davon nichts gewußt; hätte er vermutet, daß weitere Diskussionen stattfinden würden, so hätte er seinen Abschied zweifellos noch ein wenig hinausgeschoben.

Der Plan war folgender: Wir wollten mit so vielen Schiffen wie möglich durchbrechen und nach Ägypten gelangen, und wir gedachten uns vom Nachmittagswind nach Süden treiben zu lassen. Es war einfach, aber nicht leicht – eine unbefriedigende Kombination. Um die mächtigen Landmassen von Leukas sicher zu umrunden, würden wir weit hinaus auf das offene Meer fahren müssen, ehe der Wind von achtern unsere Segel füllen und uns auf den Weg bringen würde. Und um so weit zu kommen, mußten wir uns an Agrippas Blockade vorbeikämpfen.

Im schlimmsten Fall würde Agrippa darauf bestehen, auf halbem Wege zum offenen Meer zu kämpfen, wo er uns angreifen konnte, bevor wir den

Wind nützen konnten. Bestenfalls konnten wir ihn glauben machen, er locke *uns* hinaus aufs Meer, so daß *wir* entscheiden konnten, wo die Schlacht stattfinden sollte. Wegen seiner zahlenmäßigen Überlegenheit würde er es natürlich vorziehen, reichlich Raum zum Manövrieren zu haben, und das wiederum bedeutete, daß er weit aufs Meer hinausfahren würde. Aber sobald wir weit genug draußen wären, könnten wir die Segel hissen und davonfahren. Ohne Segel würden sie uns niemals einholen. Ruderer allein konnten eine solche Geschwindigkeit nicht lange halten.

Leider war es unmöglich, die Tatsache zu verbergen, daß wir die Segel an Bord nahmen. Deshalb würde Agrippa wahrscheinlich Verdacht schöpfen und versuchen, uns außer Gefecht zu setzen, bevor wir entkommen könnten.

»Wir teilen uns in vier Geschwader auf«, sagte Antonius. »Eine Dreierreihe vorneweg, die ägyptischen Schiffe dahinter. Publicola und ich führen den rechten Flügel, Sosius den linken. Das Zentrum werden Insteius und Octavius kommandieren; ich rechne damit, daß es sich im Zuge der Operation ausdünnt und in der Mitte eine Lücke öffnet, durch welche die ägyptischen Schiffe ins offene Gewässer hinaussegeln können. Sobald sie frei sind, sollten wir andern uns aus dem Gefecht lösen und ihnen möglichst rasch folgen.«

»Wir können annehmen, daß Agrippa seinen linken Flügel befehligen wird?« fragte Publicola.

»Wir können gar nichts annehmen«, sagte Antonius. »Aber es ist eine naheliegende Vermutung. Unser linker Flügel unter Sosius ist derjenige, der am weitesten hinausfahren muß, ehe er nach Süden schwenken kann, denn er streicht am dichtesten an Leukas vorbei. Ich muß deshalb hier und jetzt zugeben, daß er am wenigsten darauf hoffen kann zu entkommen. Er muß sich auf die schwersten Kämpfe vorbereiten.«

»Andererseits«, sagte Sosius, »wenn wir Agrippas Schiffe in das enge Gewässer des Golfs hineinlocken könnten, dann könnten wir die Oberhand gewinnen. Seine Manövrierfähigkeit wäre dort völlig verloren.«

»Eine zweite Schlacht von Salamis, in der Agrippa den Xerxes spielt? Wunschdenken«, sagte Antonius. »Agrippa kennt sich in der Seekriegsgeschichte nur allzugut aus. Nein, er wird draußen bleiben und abwarten. Aber wir müssen bis kurz vor Mittag warten, ehe wir hinaussegeln, denn wenn wir draußen sind, ehe der Wind aufkommt, sind wir verloren.«

»Wenn die Schlacht dichter am Ufer stattfände, wo Agrippa unsere Schiffe nicht voneinander trennen kann, dann könnten wir ihn vielleicht schlagen«, sagte Sosius. »Wir haben schließlich größere Schiffe als er.«

»Aber auch weniger«, gab Antonius zu bedenken. »Ich schätze, er hat mehr als vierhundert Schlachtschiffe, wir aber nur zweihundert.«

»Und die Soldaten, mit denen die Schiffe bemannt sind?« fragte Insteius.

»Wir nehmen zwanzigtausend mit«, sagte Antonius. »Fünf Legionen. Dazu zweitausend Schleuder- und Bogenschützen. Das sind etwa hundert Mann pro Schiff – ein gutes Kampfverhältnis. Somit bleiben fünfzigtausend Mann unter Canidius an Land.«

Es hatte ausgesehen wie ein guter, vernünftiger Plan, der uns eine handfeste Möglichkeit eröffnete, uns aus dem Gefängnis von Actium zu befreien. Wir konnten nicht damit rechnen, alle Schiffe hinauszubringen, aber eine stattliche Anzahl wäre besser als gar nichts. Die ägyptischen Schiffe wie auch die verbliebenen Versorgungsschiffe würden dem Kampf nach Möglichkeit aus dem Weg gehen und sich ein gutes Stück hinter den anderen halten.

Es war dunkel, als wir die Schatztruhen an Bord des Flaggschiffes trugen; Octavian sollte es ja nicht sehen. Sorgfältig hatte ich die Juwelen und das goldene Geschirr verpackt und mich dabei gefragt, weshalb ich das alles überhaupt mitgenommen hatte. Einst hatte ich es für wichtig gehalten, es zur Hand zu haben, denn Gold, Smaragde, Lapislazuli und Perlen konnte man jederzeit verkaufen – vorausgesetzt, daß es einen Markt dafür gab. Aber wie sich herausgestellt hatte, interessierten die Fliegen sich nicht dafür, und der Schiffswurm ließ sich auch nicht bestechen.

Und nun dies: ein heftiges Unwetter an dem Tag, da wir in See stechen wollten.

Antonius stand da und starrte hinaus, während es uns im Galopp entgegenkam. »Wochenlang kein Regen! Wahrlich, Jupiter haßt uns!«

Die Männer verharrten auf den Plankenstegen. Seeleute und Soldaten an Bord umklammerten die Reling und warteten ab.

»Vielleicht ist es eine glückliche Fügung für uns«, sagte ich. »Können wir nicht im Schutze des Sturms ausbrechen, während Agrippa davon festgehalten wird? Hast du nicht auch einmal einen Sturm ausgenützt, um an Pompejus' Blockade vorbeizukommen?«

»Doch. Aber dieser weht so, daß er uns hilflos sein läßt – er wird uns ins Gesicht wehen, aus der Richtung, in die wir fahren wollen. Nein, wir müssen abwarten.«

Er fing an, den Männern Signale zu geben.

Noch einmal warten.

Das Unwetter brach los, als habe es den ganzen Sommer über Wind und Wasser gespeichert, aus den stinkenden Sümpfen hinaufgesaugt und irgendwo verwahrt. Sturzbachartiger Regen überflutete Zelte und Wege, und ein wütender Westwind versuchte die Schiffe ganz in den Golf hineinzudrücken.

Es dauerte vier Tage und vier Nächte. Durch die grauen Regenschleier sah ich, daß Agrippas Schiffe unablässig auf der Stelle ruderten, um nicht an den Strand geworfen zu werden. Wurden sie denn niemals müde? Aber nach vier Tagen mußten sie doch erschöpft sein, während unseren Ruderern diese Strapaze im Schutze des Golfs erspart geblieben war. Wir sollten aufbrechen, solange wir im Vorteil waren. Darauf machte ich Antonius aufmerksam, der so fest davon überzeugt war, daß die Götter sich gegen uns gestellt hatten.

»Vielleicht hat Jupiter das Unwetter geschickt, um Octavian müde zu machen«, sagte ich.

»Vielleicht.« Das war alles, was er sagte.

»Schau! Schau!«

Am zweiten September stand Antonius in der Zelttür und deutete zum klaren Himmel hinauf.

»Heute ist der Tag.« Er drehte sich zu mir um und streckte die Hand aus. »Heute.«

In der Morgendämmerung schauten wir zu, wie Ströme von Soldaten sich auf die Plankenstege zubewegten. Sie wirkten fröhlich; anscheinend waren sie froh, daß endlich etwas geschah. Manche sahen jünger und gesünder aus als andere; ich vermutete, daß ein paar Kranke darum gebeten hatten, auf die Schiffe gehen zu dürfen, und daß kräftigere Männer ihnen Platz gemacht hatten.

Ein älterer Veteran blieb wie angewurzelt stehen und löste sich dann aus seiner Kolonne.

»Zurückkommen!« befahl sein Offizier, aber der Mann achtete nicht darauf, sondern kam mit großen Schritten auf Antonius zu.

Als er bei uns war, packte er Antonius beim Arm. »Imperator!« rief er. »Besinne dich noch einmal! Tu es nicht!«

Obwohl Antonius einen ziemlich vertrauten Umgang mit seinen Männern gewohnt war, ärgerte er sich jetzt doch. Dies war weder die Zeit noch der Ort für so etwas.

»Zurück ins Glied, Soldat!« befahl er knapp und versuchte, die Finger des Mannes von seinem Arm zu lösen.

»Kennst du mich nicht mehr, Imperator?« fragte der Mann. Er hatte nur noch ein Auge.

Antonius starrte ihn an. »Nein«, sagte er ehrlich.

»Ich war mit dir in Parthien. Du bist im Feldhospital zu mir gekommen, mit der Königin. Erinnerst du dich? Erinnerst du dich?«

Er war einer von hundert gewesen, die Antonius dort besucht hatte; wie sollte man sich da an ihn erinnern? Aber Antonius hatte sich dabei so fürsorglich gezeigt, daß der Mann sich einbildete, er sei unter allen andern etwas Besonderes gewesen.

»Ich habe dir damals gesagt, daß ich noch zehn Jahre zu dienen hätte« – der Mann war entschlossen, Antonius dazu zu bringen, daß er sich an diesen kurzen Wortwechsel erinnerte – »und daß ich zwei Jahre unter Cäsar selbst gedient hätte. Ich bin aus Campania.«

»Ja …, gute Soldaten dort.« Antonius versuchte noch immer, die Hand loszubiegen.

»Jetzt habe ich noch fünf Jahre. Ich habe schon viele Feldzüge erlebt, und alle an Land. Tu es nicht! Kämpfe nicht auf dem Meer!«

Antonius schien sich tatsächlich endlich an den Mann zu erinnern. »Ach ja … Du warst bei Gallus. Auf dem Rückzug – da hast du dein Auge verloren!«

»Ja! Ja!« Der Soldat deutete auf sein Auge. »Verachte mir diese Wunde nicht! Ich habe sie im Kampf an Land erhalten. Und dort sollten wir auch heute kämpfen! Herr, bitte!«

Antonius hatte sich endlich aus dem Griff der Hand befreit. »Guter Soldat, ich weiß deine Sorge zu schätzen«, sagte er schließlich. »Aber du mußt den Befehlen gehorchen.« Er deutete auf die Kolonne der Soldaten, die an Bord des Schiffes ging. »Kehre zu deiner Kompanie zurück.«

Einen Moment lang glaubte ich, der Mann werde sich Antonius vor die Füße werfen und sich nicht von der Stelle rühren. Aber er reckte nur die Schultern nach hinten, schaute uns mit seinem einen Auge traurig an und gehorchte.

Zur Sicherheit brachte man die Senatoren an Bord der ägyptischen Schiffe, die wahrscheinlich in keine Gefechte verwickelt werden würden. Antonius ließ sich in einem kleinen Boot um die Flotte herumrudern; er redete ein letztes Mal zu seinen Männern und ermahnte sie, tapfer zu sein und den Plan nach besten Kräften zu befolgen.

»Und das wird euch zum Ruhme gereichen«, rief er, »daß ihr euren Söhnen sagen könnt, ihr wart mit Antonius bei Actium.« Seine goldene Stimme schien durch das Wasser noch an Fülle zu gewinnen, als er so, den Helm in der Hand, in dem schaukelnden Boot stand. Die Sonne berührte sein Haar und ließ ihn diesen einen Augenblick lang aussehen wie den jungen Antonius, der damals in Alexandria eingeritten war.

Zuletzt wurde er zu meinem Flaggschiff gerudert, kam längsseits und kletterte an Bord. Zu gern wäre ich für einen Augenblick mit ihm allein gewesen, um mich von ihm zu verabschieden. Aber die Zeit dafür war vorbei.

In meinen Augen behielt er seine seltsam jugendliche Erscheinung, noch als er herantrat und mir vor den Augen der Mannschaft, Soldaten und Senatoren die Hände auf die Schultern legte.

»Sei auf der Hut, bis wir uns in Tainaron wiedersehen«, mahnte er. Dort, so hatten wir verabredet, sollten sich alle entkommenen Schiffe versammeln, an der Südspitze Griechenlands. »Mögen alle Götter dich schützen.«

»Dich ebenfalls«, erwiderte ich.

Es war so wenig, aber was gab es sonst noch zu sagen? Ich hob die Hände und legte sie auf die seinen, aber davon abgesehen berührten wir uns nicht. Keine Umarmung, kein Kuß – fast, als hätten wir Angst davor. Und vielleicht war es auch so – es würde zuviel Schmerz bereiten.

Dann sanken unsere Hände herab, und wir trennten uns. Er würde sein eigenes Flaggschiff besteigen, das bereits auf dem rechten Flügel wartete, und es würde beginnen.

Die Seeschlacht von Actium, die Schlacht um Actium, die Schlacht um die Flucht aus Actium – man nenne es, wie man will: Sie mußte beginnen. Und wenn der rechte Flügel allzu heftig attackiert würde, konnte es geschehen, daß er auf dem Meeresgrund landete, während wir aus dem Hintergrund hilflos zuschauten.

Am liebsten wäre ich ihm nachgeeilt, hätte mich zu seinem Schiff rudern lassen und dem Schicksal ins Auge geblickt, das ihn erwartete. Diese Trennung war eine Qual; wäre ich keine Königin gewesen, so wäre sie nicht notwendig gewesen. Aber ich hatte meine eigenen Pflichten, meine eigenen Aufgaben, und ich durfte meinen Posten nicht verlassen. Ich war es Ägypten schuldig, daß ich überlebte und zurückkehrte, um Bollwerke gegen Octavians Hunger zu bauen und die Annektion so lange wie möglich zu verhindern – gesetzt, daß Antonius, mein wahres Bollwerk, fallen sollte …

Nein. Das war zu grausig. Daran wollte ich nicht denken, wollte mir nicht erlauben, es mir vorzustellen. Er mußte wissen, daß ich stark hinter ihm stand, nicht wimmernd und geduckt.

»Macht euch bereit!« befahl ich der Besatzung munter, und dann übergab ich dem Kapitän das Kommando.

Vor uns wurde die Kolonne von fast zweihundert Schiffen auf die schmale Mündung des Golfs zugerudert – zum ersten Mal seit Monaten. Dahinter verbreiterte sich die Meerenge über etwa zwei Meilen, bis das Land schließlich vollends zurückblieb und das offene Meer erreicht wäre. Da, wo ich stand, konnte ich die winzige Linie von Agrippas Schiffen sehen, die uns jenseits der Golfmündung gegenüberstanden.

Jetzt hielten unsere Schiffe an, und Antonius' erster Plan – zu einer doppelten Linie aufzufahren und die Ruder zu strecken, um Agrippa so zu einer Schlacht in beengten Gewässern zu verlocken – trat in Kraft.

Es war heller Morgen; die Sonne kam im Osten über die Berge, ließ das Wasser glitzern und umriß die Formen der Schiffe, die den Golf bedeckten. Niemand rührte sich von der Stelle. Agrippa ließ seine Linien, wo sie waren. Er würde sich nicht näher ans Ufer locken lassen. Aber damit hatten wir gerechnet, wenn es auch schade war. Zu gern hätten wir Gelegenheit gehabt, dem großen Agrippa eine Tracht Prügel zu verabreichen und dem Architekten unseres Mißgeschicks ernsten Schaden zuzufügen. Es war ja sein Schwertarm, der Octavian die Macht verliehen hatte, die er jetzt besaß, und ihm hatten wir so viel Leid zu verdanken.

Der Wind hatte sich gelegt, und der Wasserspiegel war wie Glas. Der erste – immer von Wünschen bestimmte – Plan mußte jetzt verworfen und durch den zweiten ersetzt werden. Jetzt mußte Antonius noch ungefähr eine Stunde warten, bis der Wind wieder aufkäme.

*Gütige Isis! Laß ihn heute wehen, an diesem Tage vor allem! Laß uns nicht im Stich!* Jedes Gebet kam mir vor wie eine Kränkung – als mangelte es mir an Vertrauen. Sie würde wissen, daß ich die Prüfung nicht bestanden hatte – und mich bestrafen.

Ich ging an Deck auf und ab und zitterte vor Sorge; dabei wußte ich sehr wohl, daß die Senatoren mich mit ihren Vogeläuglein beobachteten. Aber das kümmerte mich nicht. *Laß ihn kommen! Laß ihn wehen!* Es gab jetzt nur noch Isis und mich, keine Senatoren, keine Soldaten, keine Ruderer. Nur Isis und mich, ihre Tochter.

*Laß ihn kommen! Tu die Himmel auf, und laß den Wind heraus!*

Totenstille. Und die Sonne brannte auf das glatte Wasser.

Ich nahm meinen schützenden Helm ab, schüttelte mein Haar aus und ließ es über meine Schultern fallen, als könne dieses Schütteln und Werfen den Wind wie durch Magie heraufbeschwören.

Und ich sah, wie die Enden der Haare sich auf meine Arme legten und sich dann, ganz leise … bewegten, als habe sie der Atemhauch eines Säuglings angerührt. Kaum merklich. Dann – noch einmal.

*Ich danke Dir, Isis!* rief ich in meinem Herzen; ich dankte ihr schon im voraus, um ihr mein Vertrauen zu beweisen. Aber es mußte noch mehr werden.

»Ich danke Dir, Isis, für den Wind, den Du uns sendest!« rief ich laut und erschreckte die Senatoren, die noch nichts gemerkt hatten. So – jetzt hatte ich mich festgelegt, und Isis belohnte mich für meine Worte.

Der Wind erhob sich und wehte in sanften Böen. Winzige Wellen kräuselten das Wasser – wie Finger, die ein Stück Tuch verschoben –, und sie wurden größer. Ein Aufschrei erhob sich unter der Mannschaft.

»Jetzt an die Ruder!« rief der Kapitän.

Vor uns blitzten die Ruderblätter auf und bewegten die Reihe der Schiffe Antonius' hinaus ins offene Wasser. Unser linker Flügel, geführt von Sosius, kam dem Ufer von Leukas am nächsten und lag am weitesten südlich; er brauchte die offene See am dringendsten, und so bewegte er sich eher und schneller als alle andern. Agrippas Verbände wichen zurück und bewegten sich weiter hinaus, und die beiden Linien unserer Schiffe rückten vor und hielten einen gleichmäßigen Abstand von ungefähr einer Meile.

Noch war der Wind nicht stark genug, und er hatte sich auch noch nicht in die für uns günstigste Richtung gedreht. Wir würden weiter warten müssen.

Die Ruderer verlangsamten ihren Takt, trieben die Schiffe aber weiter voran. Unser eigenes Geschwader, ganz hinten, zog jetzt durch die Meerenge hinaus, vorbei an der verhaßten Landzunge von Actium, die ich von mir abschüttelte wie einen bösen Traum. All die Monate, die ich dort im Elend verbracht hatte – ich wollte sie nie wiedersehen! Dicht hinter den beiden Landspitzen lagen sandige Untiefen, die wir umschiffen mußten.

Als ich einen letzten Blick zurückwarf, sah ich die riesigen Heere zu beiden Seiten stehen, unbeteiligte Zuschauer des Geschehens. Sie waren aufmarschiert und warteten, aber sie taten nichts. Und dann waren wir außer Sichtweite.

Weiter und weiter schoben sich die Schiffe hinaus, und die ganze Zeit nahm die Brise zu und wurde zu einem richtigen Wind. Erst hatte er von Südwesten geweht, aber dann begann er sich zu drehen, wie er es immer tat, bis er aus Nordwesten kam – und so brauchten wir ihn, damit er unsere Segel füllte und uns nach Süden trieb.

Ich atmete ihn ein. Dieser Wind, der von Rom her wehte, hätte übel riechen müssen, hinterhältig wie alles, was von dort kam. Aber er war sauber und stark: unsere Rettung. Vielleicht war Cäsar, das einzig Gute, das je aus Rom gekommen war, darin verkörpert. Vielleicht wehte der Wind aus seinem Grab, um seinem lebenden Erben zu helfen, seinem Sohn.

Wie weit würde Agrippa uns vorrücken lassen? Je weiter, desto besser. War es möglich, daß er von unserem Plan nichts wußte? Das wäre zu schön, um wahr zu sein.

Und so war es auch nicht. Schließlich zog er sich nicht weiter zurück; seine Schiffe verharrten auf ihrer Linie und brachten uns zum Stehen. Er wollte uns den Gefallen nicht tun. Die Schlacht mußte beginnen.

Ein Hagel von Geschossen – Steine, Speere und Feuerkugeln – wurde auf beiden Seiten hinübergeschleudert, ein tödlicher Bogen, der sich von der einen Linie zur anderen spannte. Die Luft war schwarz von den Schwärmen der Pfeile und Bleikugeln, die Bogen- und Schleuderschützen in den Türmen der größeren Schlachtschiffe abschossen. Lärm erhob sich, und die Gegner fielen übereinander her.

Agrippa, entschlossen, unseren Durchbruch zu verhindern, verdoppelte seine Linien und schickte seine zahlreichen kleineren Schiffe aus, uns zu drangsalieren; sie umzingelten die antonianischen Schlachtschiffe wie belagerte Festungen. Die kleinen Schiffe kamen herangeschossen, versuchten ein Loch in ein großes Schiff zu rammen und zu entkommen, bevor die Belagerten Steine auf sie kippen und Spieße hinunterschleudern konnten. Und sie attackierten die unteren Bereiche der Schiffe, zerschlugen die Ruderholme, zersplitterten die Ruderblätter und brachen sie ab, während sie versuchten, an Bord zu klettern. Auf unserer Seite stießen wir sie mit Bootshaken zurück, fegten sie mit Steinen hinunter und zerschmetterten ihre Schiffe mit schweren Geschossen.

Der Kampf verwandelte sich in ein Durcheinander, Schiff gegen Schiff; manchmal zerrten zwei oder drei kleinere an einem der großen, wie eine Hundemeute, die einen Elefanten anfällt. Das erste Schiff sank; es war eines von unseren, ein kleineres. Schreie drangen über das Wasser an mein Ohr; ein gutgezielter Katapultstein versenkte ein Schiff von Octavians Flotte mit Mann und Maus. Dann verschmolzen Kampfgetöse und Schreie ineinander und wurden unentwirrbar. Unsere oder ihre? Die Todesqualen klangen auf beiden Seiten gleich.

Die Fronten lösten sich im Gemenge auf. Nicht einmal Antonius' Flaggschiff konnte ich noch sehen; der wirbelnde Kampf hatte es verschlungen. Rauch stieg zum Himmel. Etliche Schiffe standen in Flammen, und jetzt kamen Enterhaken und Planken ins Spiel, und bewaffnete Soldaten stürmten mit gezückten Schwertern auf feindliche Decks.

Nicht nur der zunehmende Wind wühlte das Wasser auf; herabfallende Balken und um sich schlagende Männer ließen es schäumen, und der Salzgischt, der mir ins Gesicht wehte, war von Blut gefärbt: rotgefleckter Schaum.

Das Ächzen der zerberstenden Schiffe, deren Spanten auseinandergerissen wurden, vermischte sich so sehr mit den menschlichen Schreien, daß ein langgezogenes, tierhaftes Heulen daraus wurde, untermalt von den dumpfen Stößen, wenn Schiffe gerammt wurden oder kollidierten. Ich sah winzige Gestalten, die sich überschlugen, rollten, von den Decks ins Wasser fielen, auf die Ruder trafen und sie mit lautem Krachen abbrechen ließen.

Der aufkommende Wind verlieh den Wellen weiße Schaumkronen; sie blitzten rot vom Blut und dem Widerschein der Flammen, die sich auf den Decks der getroffenen Schiffe wie flatternde Vorhänge erhoben. Brennendes Öl von den Brandgeschossen tropfte von den Decks ins Wasser und breitete sich zu einem Feuerteppich aus. Rauch, dumpf und schwarz, wölkte aus dem Kampfgetümmel und verdunkelte die Schiffe.

Dann sah ich, daß sich in der Mitte eine Lücke auftat. Die Flügel zur Rechten und zur Linken hatten es vermocht, das Gewebe aufzureißen, so daß wir durch den Riß segeln konnten, wenn wir schnell handelten. Und dazu waren wir weit genug draußen; wir konnten den Wind richtig nützen.

»Die Segel! Hißt die Segel!« befahl der Kapitän, und die purpurroten Leinensegel wurden entrollt und aufgezogen. Wie eine Faust in die Handfläche schlägt, klatschte der Wind hinein und spannte sie straff. Zu allen Seiten tat der Rest des Geschwaders es uns nach, als man sah, daß die königlichen Segel gehißt waren. Die Ruderer arbeiteten weiter, und die vereinte Kraft von Wind und Ruder ließ uns mitten hindurchfliegen, vorbei am grausigen Anblick Hunderter schwimmender Männer – die toten dümpelten, die lebenden schrien und winkten –, hinaus auf die offene See. Mächtige Spanten zerstörter Schiffe wirbelten und kreisten im Wasser wie Speichen eines Rades.

Die Segel knarrten, als der Wind sie blähte, und wir kamen durch Wolken von beißendem Qualm, die mich husten ließen; ich konnte nichts sehen, konnte Antonius' Schiff nicht erkennen. Zu allen Seiten regneten Brandgeschosse wie Sternschnuppen herab; eines oder zwei landeten auch auf unserem Deck, wo die Flammen mit nassen Häuten rasch erstickt wurden.

Dann waren wir draußen auf dem Meer; das Schiff flog südwärts, die Berge von Leukas lagen fernab zur Linken. Lebewohl, Actium – ich sah die letzten Umrisse weit hinter mir. In unserem Kielwasser folgten die anderen Schiffe, wie unsere purpurfarbenen Segel es ihnen signalisiert hatten. Zwischen den beiden verkeilten Fronten wüteten noch immer die Kämpfe, und ich betete darum, daß die Reihen sich erst wieder schließen mochten, wenn unser letztes Geschwader durchgekommen wäre. Rauchwolken wallten in einer Reihe empor und markierten die Linie des Gefechts.

Wenn jetzt nur der Rest unserer Streitmacht die Kämpfe einstellen und uns folgen wollte!

Wir flogen an der Küste entlang, vorbei an Leukas, vorbei an dem offenen Kanal von Kephallenia, der jetzt von Agrippas Kräften bewacht wurde, vorbei an all den inzwischen verlorenen Orten – und dennoch frohlockten wir über unsere Freiheit. Der Wind wurde stärker, und hinter uns färbte der Himmel sich jetzt so schwarz wie der Rauch; ein Sturm zog auf.

Willkommen! Je härter der Wind wehte, desto besser für uns, denn um so schneller kamen wir auf den Weg.

Oh, laß nur die andern folgen! Laß sie sich losreißen! Aber es war ein verzweifeltes Flehen, denn ich hatte gesehen, wie unentwirrbar all die Schiffe ineinander verkeilt waren.

Weit hinter uns glaubte ich ein paar Schlachtschiffe zu erkennen. Sie mußten zum äußersten linken Flügel unter Sosius gehören; mir war, als habe er dem allgemeinen Kampfgetümmel ausweichen können. Und dahinter … was?

Ich klammerte mich an die Reling und hüpfte mit jedem Satz, den das Schiff machte, wenn es auf ein Tal zwischen zwei Wellen traf. Der Wind zerrte an meinem Mantel, aber mir war, als brauchte ich nur dort stehenzubleiben und zurückzustarren, und ich könnte Antonius' Schiff durch die Kraft meines Willens erscheinen lassen.

Schließlich sah ich eine Quinquereme herankommen, leicht und schnell; sie verringerte den Abstand zu uns zusehends. Aber ich erkannte sie nicht. Konnte sie dem Feind gehören?

Sie kam längsseits, und dann erblickte ich ihn: Ich sah Antonius an Deck stehen, rauchgeschwärzt, mit blutbeschmierten Armen. Aber er signalisierte und war anscheinend unverletzt.

Er war in Sicherheit. Er war hier. Ich schrie den Männern zu, sie sollten eine Strickleiter hinüberwerfen und ihn an Bord nehmen, und an unserer Reling drängten sich Senatoren und Soldaten und jubelten. Antonius kletterte die Strickleiter herauf und zog sich müde über die Reling. Sein Gesicht war seltsam ausdruckslos.

Für die Rufe und Willkommensgrüße der Leute an Bord hatte er weiter nichts übrig als ein halbherziges Winken mit einer Hand. Ich drängte mich zu ihm hindurch und umarmte ihn. Er hob einen Arm und umschlang mich. Der andere hing schlaff an seiner Seite.

»Den Göttern gilt mein ewiger Dank«, flüsterte ich. »Wir sind in Sicherheit.«

Noch immer reagierte er nicht – als wäre er gelähmt. »Nicht alle«, sagte er dann. »Nicht alle.«

»Wie viele sind dir gefolgt? Und« – plötzlich fiel es mir ein – »wo ist dein Flaggschiff?«

»Ich konnte mich nicht losreißen; deshalb mußte ich es aufgeben. Der Plan ist aus dem Ruder gelaufen. Wir waren so eng verhakt und umzingelt, daß die meisten unserer Schiffe uns nicht folgen konnten. Die gesamte Mitte und der linke Flügel wurden festgehalten. Nur auf dem rechten Flügel – auf dem uns ironischerweise Agrippa gegenüberstand – konnten ein paar Schiffe entkommen. Sie folgen uns. Ich weiß nicht genau, wie viele es sind.«

Ringsumher drängten sich die Leute heran und warteten darauf, daß er zu ihnen sprach.

»Antonius, du mußt ihnen etwas sagen«, drängte ich wie schon einmal.

Aber seine Selbstbeherrschung hatte ihn verlassen. Er schüttelte den Kopf, nahm den Helm ab und hielt ihn vor sich wie einen leeren Eimer. »Nein. Ich kann nicht«, murmelte er und flüchtete sich in den Bug des Schiffes.

Ich entschuldigte ihn, aber jetzt mußte ich an seiner Statt sprechen und mir etwas ausdenken.

Schnelle liburnische Galeeren erschienen und setzten uns nach. Agrippa hatte sie losgeschickt, und als Antonius sie erblickte, schien er sich zu fassen; er befahl seinen übrigen Schiffen – denn inzwischen hatten uns einige erreicht –, zu wenden und den Galeeren die Stirn zu bieten. Eine war mit Eurykles von Sparta bemannt, der einen wütenden persönlichen Groll gegen Antonius hegte. Sie forderten einander zum Kampf heraus, und dann wendete Eurykles, und es gelang ihm, ein stattliches Schiff von Antonius zu rammen und zu kapern, und gleich darauf noch eines von meinen, welches leider wertvolle königliche Ausrüstung an Bord hatte. Zufriedengestellt drehte er ab, und wir fuhren weiter.

In den wenigen Augenblicken des Gefechts schien Antonius von Mut beseelt, aber kaum war es vorbei, versank er wieder in sein Schweigen; er stand da und betrachtete die untergehende Sonne und wollte sich auch dann nicht rühren, als es dunkel geworden war.

»Die verlorene Ausstattung – das macht nichts«, sagte ich beruhigend zu ihm. Der Wind riß mir die Worte vom Mund.

Er wandte den Kopf zu mir. »Glaubst du, das sei meine Sorge?« fragte er mich. »Ich dachte, ich sei darauf vorbereitet, bei unserer Flucht Schiffe zu verlieren. Aber es wirklich mit anzusehen, das hat sich als etwas völlig anderes erwiesen. Ich fühle mich verwundet, obwohl ich es nicht bin.« Er schwieg kurz. »Ich fürchte, ich kann nicht mehr führen.«

Was war denn das für ein Unfug? Er hatte doch damit gerechnet, daß er Schiffe verlieren würde.

»Aber es ist uns gelungen, mit unserer Kriegskasse zu entkommen und uns selbst und ein Drittel unserer Schiffe zu retten«, wandte ich ein. »Wird Octavian nicht fluchen, wenn er das merkt? Denke doch, was du ihm vor der Nase weggeschnappt hast! Du warst eingekesselt, und du bist entkommen mitsamt der Siegestrophäe.«

»Mein Ruf …« Seine Stimme versagte. »Mein Ruf ist dahin. Meine Glaubwürdigkeit als römischer Führer ist zerstört.«

»Das ist doch absurd!« rief ich. »Du hast Octavian um seine Beute gebracht, obwohl er sie schon im Netz hatte!«

»Ich kann nicht erwarten, daß du es verstehst!« fauchte er. »Was ich meine, ist … Es liegt in deiner Natur, im Angesicht der Niederlage immer noch den Sieg zu entdecken. Ich glaube, du weißt gar nicht, was eine Niederlage ist. Aber ist das Tapferkeit, oder ist es Naivität?« Er wandte sich ab und verschwand in der Dunkelheit, und ich stand allein an der Reling.

Weit oben im Norden glühte ein winziger Funke; der Schauplatz der Schlacht war noch sichtbar.

# 77

Wind und See trugen uns weiter, vorbei an der sattgrünen Insel Zakynthos, wo Sosius jüngst das Kommando geführt hatte; die Morgendämmerung überhauchte die Gipfel der Berge dort mit einem zarten Rosarot.

Antonius war nicht in mein Quartier gekommen, das fast so groß war wie die üblichen Gemächer an Land – eine »Zehner« ist wirklich ein sehr großes Schiff. Wo hatte er die Nacht verbracht? Dann berichtete man mir, er sitze wie eine Statue im Bug des Schiffes. Er habe die dunklen Stunden dort zugebracht und zeige keinerlei Neigung, sich von der Stelle zu rühren, zu essen oder etwas zu trinken.

»Du mußt zu ihm gehen«, bedrängte mich Charmian. »Bring ihn her; er muß sich hinlegen und sich wiederherstellen.«

Ich wußte, daß das nicht ging. Antonius, ein Mann der Öffentlichkeit wie kein zweiter, hatte beschlossen, allein zu sein, und darüber durfte ich mich nicht hinwegsetzen. Aber ich stahl mich doch zum Bug des Schiffes, wo ich ihn mit gekreuzten Beinen sitzen sah; die Hände auf den Knien, den Kopf erhoben, starrte er auf das Meer hinaus. In seiner Einsamkeit sah er versteinert und verwaist aus. Ich hatte große Mühe, nicht gleich zu ihm zu stürzen, mich über ihn zu beugen und ihn anzuflehen, ihn trösten zu dürfen.

Im Palast hatte es einmal eine Dienerin gegeben, deren Sohn beim Baden im Nil von Krokodilen zerrissen worden war; danach hatte endlose Trauer sie wie ein Mantel umhüllt, und ihr Gesicht war so verändert gewesen, daß selbst ihr Lächeln kein Lächeln mehr war. Und jetzt zeigte Antonius diesen Gesichtsausdruck.

Aber er hatte doch gewußt, wie das Unternehmen wahrscheinlich ausgehen würde, bevor wir es begonnen hatten! Er hatte in überaus logischen Worten davon gesprochen und den Standpunkt vertreten, wir müßten in einer nahezu hoffnungslosen Lage retten, was zu retten sei. In Wahrheit war Actium verloren gewesen, als Agrippa Methone genommen hatte – vier Monate zuvor.

All das hatte doch keine Auswirkung auf Antonius oder seine Generalswürde! Wie denn auch, wo doch an Land keine Schlacht geschlagen worden war? Niederlagen und Rückschläge hatte er schon früher erlitten. Wer hatte das nicht – Alexander ausgenommen? Wichtig war doch nicht die Niederlage, sondern das, was er danach tat.

*Du hast ihn nur siegen sehen. Man kennt einen Mann erst, wenn man ihn hat verlieren sehen*. Er durfte dies nicht als endgültige Niederlage betrachten. Canidius mit seinem Heer war noch da, Ägypten war noch da, und wir hatten …

Ich sah, wie eine große Welle ihm kalten Salzgischt ins Gesicht schleuderte und wie er unbewegt sitzenblieb, fast so, als werde er ausgepeitscht und genösse es.

Ich konnte nicht mehr an mich halten; ich lief zu ihm hinüber. »Antonius, Antonius«, sagte ich und wischte ihm über das eiskalte Gesicht. »Steh auf und sei ein Mann!« Meine Worte klangen härter, als ich es beabsichtigte. Aber er mußte sich aufraffen, oder er würde alles verlieren, auch sich selbst. Vor allem sich selbst.

»Ich kann nicht länger Mann heißen«, sagte er. »Ich habe diesen Namen entehrt.«

»Was bist du denn dann? Ein Knabe? Ein Eunuch? Sind nur Generäle Männer? Nein, ein Mann ist jeder, der das trägt, was das Schicksal ihm auf die Schultern zu legen beliebt, und der es mit aufrechtem Kopf tut.«

»Eine Menge hübscher Worte von einer, die niemals kosten mußte, wie die Niederlage schmeckt«, sagte er. Und noch immer wollte er nicht aufstehen.

»Als ich von meinem Thron verjagt wurde, war das keine Niederlage?« antwortete ich. Wie leicht vergißt man die Prüfungen, die andere ertragen mußten! Immer glauben wir, es treffe nur uns allein. »Als Cäsar ermordet wurde, nachdem er zwar für seinen Sohn nicht gesorgt, wohl aber Octavian als seinen Erben benannt hatte – war das keine Niederlage? Als *du* Octavia heiratetest und unsere Kinder als Bastarde brandmarktest – war das keine Niederlage? Die ganze Welt hat sich über mich lustig gemacht!«

»Du hast noch niemals Hunderte – nein, *Tausende* – von Männern verloren: tot, tot für nichts und wieder nichts ... Nein, nicht für nichts, sondern weil sie dir vertraut haben, dir gefolgt sind und mit allem, was sie hatten, dafür bezahlt haben – und du kannst es nie wieder ungeschehen machen!« schrie er. »Tot, tot, alle tot, auf dem Grund des Meeres, verwesend in Parthien, und ...«

»Jetzt ist also alles eins? Parthien ist fünf Jahre her und war ein ganz anderer Krieg. Im Krieg sterben die Leute. Wenn du dafür nicht verantwortlich sein willst, hättest du nicht Soldat werden dürfen!« rief ich durch den Wind in sein Ohr. Sein Gesicht blieb entschlossen abgewandt.

»Sie sind alle tot!« rief er. »Tot, tot, verloren ...« Jetzt schlug er die Hände vors Gesicht und weinte.

Wenn ihn jemand sähe! Welche Schande!

»Still! Hör auf!« Ich schüttelte ihn bei den Schultern, um ihn zu sich zu bringen. Damit sollte er zumindest warten, bis er allein wäre. Hier und jetzt konnten die Deckmatrosen ihn sehen.

Aber er hörte nicht auf; er sank vornüber und weinte laut. Wie ein Kind! »Ich ... habe ... alles ... verloren ... weiß ... nicht mehr ... ein noch aus ...« Er stieß die Worte zwischen den Schluchzern hervor.

»Du hast nichts verloren, was du nicht zurückgewinnen kannst«, beharrte ich entschlossen.

»Meinen Ruf ... meine Zuversicht ... kann ich nicht zurückgewinnen. Das erste gewähren mir andere, das zweite muß ich mir selbst schenken, und ich ... ich kann es nicht.«

»Du, du wirst es können«, versicherte ich ihm. »Mit der Zeit.«

»Nein, niemals. Beides ist für immer dahin. Versunken dort im Wasser. Ich bin entwaffnet. Kein Führer mehr, kein General, nicht einmal ein Soldat.«

Der schwungvolle Antonius ... sein flinker, froher Mut – dahin? Für immer? Wie kommt es, daß etwas uns vernichten kann, wenn andere – nicht minder harte – Schläge es nicht vermögen? Vielleicht können wir nur ein gewisses Maß verarbeiten, und mit Parthien war bei ihm die Grenze erreicht gewesen. Mein Traum von seinem Tod war vielleicht auf eine Weise wahr gewesen, wie ich es nie geahnt hatte.

»Nein«, sagte ich und nahm seinen Kopf in meine Arme; zum ersten Mal befürchtete ich, er könnte die Wahrheit sagen. »Nein, du mußt weitermachen. Du mußt die Last auf deine Schultern nehmen; du bist stark genug dazu. Sonst ist Herkules nicht dein wahrer Vorfahr!« Ich versuchte an sein altes Ich zu appellieren; er hatte sich immer etwas auf seine Abkunft von Herkules zugute gehalten, und sie hatte ihm über manchen anderen Augenblick der Mutlosigkeit hinweggeholfen.

»Herkules würde mich verstoßen«, sagte er. »Herkules würde sich meiner schämen.«

Das Schiff tauchte in ein Wellental hinab und ließ beißenden Salzschaum im hohen Bogen über uns hinwegspritzen; er tropfte von Antonius' Haar, ließ ihn aber nicht im Weinen innehalten.

»Er würde sich deiner nicht schämen, weil du Actium verloren hast, sondern für das, was du jetzt tust.« Das konnte er doch sicher verstehen?

*Man kennt einen Mann erst, wenn man ihn hat verlieren sehen.*

»Ich hätte sterben sollen; ich hätte mit meinem Schiff auf den Meeresgrund fahren sollen. Dann hätten meine Männer wenigstens nicht das Gefühl, daß ihr Feldherr von ihnen desertiert ist.« Ich konnte seine Worte kaum verstehen.

»Du bist nicht desertiert«, sagte ich. »Ist der ein Deserteur, der eine Schlacht überlebt? Manche verlassen ein Schlachtfeld lebend, andere nicht. Desertion ist etwas anderes – es sei denn, du wärest der Überzeugung, daß jeder zum Sterben verpflichtet sei. *Das* würde dem Feind gut gefallen.«

Jetzt warf er den Kopf in den Nacken und rief höhnisch: »›Und das wird euch zum Ruhme gereichen, daß ihr euren Söhnen sagen könnt, ihr wart mit Antonius bei Actium.‹ Oh, diese Schande! Diese Schande!«

»Antonius …« Er marterte sich grausamer, als er es mit einer Peitsche vermocht hätte.

»Geh fort!« Er stieß mich so heftig von sich, daß ich gegen die Taurollen auf dem Deck taumelte. »Laß mich!«

Ich gehorchte, aber nicht ohne jemanden zu beauftragen, ihn von hinten zu bewachen und ihn festzuhalten, sollte er über Bord springen oder sich in seiner Verzweiflung erstechen wollen.

Ich war entsetzt; ich konnte nicht fassen, daß es so weit mit ihm gekommen war.

Wir brauchten drei Tage, um den Peloponnes zu umsegeln und Kap Tainaron zu erreichen, wo es einen kleinen Hafen und eine Reede gab. Die ganze Zeit über blieb Antonius, wo er war – brütend, weinend, seine verlorenen Männer und seine verlorenen Träume beklagend. Er war vernichtet, als Mann und als General, überwältigt von seinen Verlusten. Aber als wir in den Hafen einfuhren, verließ er seinen Platz, ging unter Deck und säuberte sich. Sein erster wilder Schmerz hatte nachgelassen, und jetzt war es Zeit für die Bestattung. Er mußte die Totenehrung vornehmen und sich tapfer zeigen.

Als wir vor Anker gegangen waren, erwarteten wir die Ankunft der Nachzügler, die sich vielleicht noch hatten befreien können, sowie der schweren Lastschiffe und der Schiffe aus den wenigen Häfen, die noch in unserem Besitz waren. Unterdessen zählten wir die Schiffe in unserem Geleitzug und rüsteten sie für die weite Reise nach Ägypten aus. Alles in allem waren ungefähr hundert Schiffe entkommen. Die Senatoren waren alle gerettet; sie strömten jetzt von den Schiffen auf den Kai. Sechseinhalbtausend Legionäre hatten auch überlebt und waren bei uns. Mithridates von Kommagene und Archelaos von Kappadokien hatten uns die Treue gehalten und waren mitgekommen, und auch König Polemon von Pontos war noch auf unserer Seite. Antonius zwang sich, sie alle herzlich zu begrüßen und ihnen für ihre Standhaftigkeit zu danken. Ich beobachtete ihn, und nur ich sah die Verzweiflung, die sich hinter seinen guten Manieren verbarg. Die guten Manieren sind anscheinend das letzte, was uns im Stich läßt. Sie sind noch da und verhöhnen uns mit ihrem hohlen Klang, wenn alles andere längst zerstoben ist.

Am sechsten Tag gab Antonius in einem hastig aufgestellten Bankettpavillon am Ufer ein Abschiedsmahl für seine Freunde. Vorher waren wir zur Akropolis hinaufgestiegen, um Poseidon in seinem Tempel dort für unsere wunderbare Errettung zu danken. So zumindest hieß es in den offiziellen Gebeten. Als ich dort stand und über die weite Wasserfläche unter uns hinausschaute, verspürte ich eine brennende Sehnsucht nach den Gestaden, die uns weit unten im Süden erwarteten: nach Ägypten.

Ich war bereit, nach Ägypten zurückzukehren, mich von Ägypten neu beleben und mir vom Sand Ägyptens die Lösung für unser Dilemma zuwispern zu lassen. Ägypten würde mich nicht im Stich lassen, und ich würde Ägypten nicht im Stich lassen.

Hier auf dieser Landspitze, die wie ein Finger aus dem gebirgigen Rückgrat Griechenlands ragte, fühlte ich ganz Europa in meinem Rücken. Es war Zeit, von hier fortzugehen, nach Hause.

Wir zogen den steilen Hang hinunter und begaben uns in den behelfsmäßigen Bankettsaal. Aber Antonius hatte gut für alles gesorgt, und Poseidon hatte uns einen reichen Fang geschenkt, und außerdem hatten wir Fleisch von wilden Bergziegen.

Antonius hatte sich mir immer noch nicht anvertraut, und so war ich ebenso Gast wie alle andern. Ich wußte nichts über seine Pläne.

Nachdem alle gegessen hatten – er selbst aß nur wenig –, erhob er sich, um zu ihnen zu sprechen. Nachdem er ihnen für ihre Gefolgschaftstreue gedankt hatte, verkündete er, daß er sie von ihren Gelübden befreie.

»Wir haben einen guten Kampf gekämpft, meine Freunde«, sagte er und hob seinen Becher. »Aber wohin ich gehe, dahin könnt ihr mir nicht folgen.«

Hieß das etwa …? Oh, doch sicher nicht! Aber es war die römische Art. Feldherren in seiner Lage hatten sich schon oft … und auch vor den Augen der Öffentlichkeit …

Der Gedanke mußte auch andern gekommen sein, denn sie sprangen protestierend auf. »Guter Imperator – nein!« riefen sie.

Jetzt schien Antonius den Tränen nahe zu sein, als rühre ihn ihr Entsetzen, da sie sich in Gefahr sahen, ihn zu verlieren. »Nein, nein, liebe Freunde«, erklärte er beruhigend, »ich ziehe mich nach Ägypten zurück. Dorthin könnt ihr mich nicht begleiten; es hätte keinen Sinn. Ihr müßt euren Frieden mit Octavian machen.«

Neuerliche Protestrufe.

Antonius hob die Hände. »Hört mich an! Es ist nicht nötig, daß ihr mir weiter folgt. Es wäre nur zu eurem Schaden. Ihr müßt jetzt hinnehmen, was geschehen ist, und euch um eure eigene Sicherheit kümmern. Ich biete euch sicheres Geleit nach Korinth und dort Schutz und Unterschlupf bei meinem Verwalter Theophilos, bis ihr euch mit Octavian geeinigt habt.«

Das Murren im Zelt wurde immer lauter.

»Fürchtet euch nicht! Cäsar hat die Milde in Mode gebracht«, sagte er mit entwaffnendem Lächeln. »Ich bin sicher, daß Octavian seinem Beispiel folgen wird.« Er sah sich um. »Er wird sich seinen Zorn für die Königin und mich aufheben, für niemanden sonst.«

In seiner derzeitigen Stimmung würde ihm dieser Zorn wahrscheinlich willkommen sein; er würde ihn wie eine verdiente Strafe empfangen.

»Und jetzt« – er winkte einem der Diener, und dieser schleifte eine Kiste über den Boden herein und warf den Deckel zurück –, »ich habe eines unserer Schatzschiffe geplündert, um euch zu versorgen. Nehmt das Geld, nehmt das Gold und Silber als Bezahlung für eure Dienste und zur Sicherung eurer Zukunft.«

Er hatte das Schatzschiff erleichtert! Ohne mich zu fragen? Ich starrte ihn an.

Die Männer schüttelten die Köpfe und wollten das Geschenk nicht annehmen. Antonius bedrängte sie weiter, und schließlich traten sie in einer Reihe heran – denn kann sich einer, der bei Sinnen ist, lange weigern, Gold anzunehmen? Einige von ihnen weinten, und deshalb mißgönnte ich ihnen das

Geld nicht. Sicher war Antonius gerührt, als er sah, daß er seine Ehre in ihren Augen nicht verloren hatte.

In dieser Nacht kam er schließlich in mein – in unser – Quartier. Er hatte seine Pflichten erfüllt, hatte sich in Ehren verabschiedet, und jetzt mußte er sich all dessen entledigen, was noch verblieb, und sich auf die weite Reise vorbereiten, die vor uns lag.

Als die Gäste gegangen waren, hatte er seine Maske abgelegt, und jetzt war er wieder ernst und bedrückt. »Ich bin ein Mann im Exil«, sagte er. »Ich habe nichts, wohin ich gehen kann; ich kann mich nur im Lande meiner Frau verstecken und dort um Herberge betteln.« Er ließ sich auf die Kante unseres Bettes sinken; es knarrte unter seinem Gewicht. »Ich bin ein Römer, der von den römischen Gestaden vertrieben wurde.«

All dessen war ich jetzt müde. Ich hatte keine Worte mehr, um ihn davon abzubringen. »Komm ins Bett«, das war alles, was ich sagte.

»Ich bin kein römischer Führer mehr; ich bin jetzt wahrhaft geworden, was sie immer gesagt haben: ein Orientale, ein Ausländer. Rom hat mich ausgestoßen.« Während er sprach, schnürte er sich seine Sandalen auf und bückte sich dabei so tief, daß ich ihn kaum hören konnte. Langsam entledigte er sich selbst seiner förmlichen Kleidung; seit seiner Niederlage ließ er nicht einmal Eros mehr zu sich. Er legte sich hin und starrte an die Decke.

Ich schluckte den Köder. »Vergißt du da nicht Canidius und seine fünfzigtausend Mann?« Man hatte gemeldet, daß Canidius wie abgesprochen begonnen hatte, die Truppen abzuziehen und den Marsch nach Asien anzutreten. »Und die fünf Legionen in der Kyrenaika und die drei in Syrien? Du bist wohl kaum ein Römer ohne Gefolgschaft.«

»Aachhh.« Er tat einen langen Seufzer.

Er war offensichtlich erschöpft, denn einen Augenblick später war er fest eingeschlafen. Ich war erleichtert, denn zum ersten Mal konnte ich aufhören, über ihn zu wachen. Ich befürchtete immer noch, er könnte versuchen, Cato oder Brutus oder Cassius nachzueifern. Sein höfliches Theater am Abend täuschte mich nicht.

Es wäre gut gewesen, wenn man ihm erlaubt hätte zu schlafen, um seinen zerrissenen Geist wiederherzustellen. Es wäre gütig gewesen, wenn die Götter uns dies gewährt hätten. Aber in der dunkelsten Stunde der Nacht weckte uns ein Bote mit einer dringenden Nachricht.

Canidius war da.

»Schickt ihn herein!« Ich zog ein Gewand über und half Antonius, in eine Robe zu schlüpfen. Die Neuigkeiten mußten schrecklich sein. Canidius sollte mit seinem Heer weit entfernt sein.

Nun, wir wollten es hören. Sollten die Schicksalsschläge nur auf uns niederprasseln. Sollte jedes Unheil sich über uns entleeren.

Antonius hatte sich aufgerafft und lehnte an einem Zeltpfosten. Er war benommen, nachdem er so bald aus so tiefem Schlaf gerissen worden war.

Canidius kam mit einer Laterne herein. Sein Haar war wild zerzaust, sein Gesicht verschwitzt, seine Kleidung schmutzig. »Verzeih mir, Imperator«, sagte er und fiel auf die Knie.

Antonius legte ihm die Hand auf den Scheitel. »Ich verzeihe dir. Was immer es sei. Es macht nichts.« Er ließ Canidius aufstehen.

»Das Heer hat sich Octavian ergeben«, sagte er. »Ich bin um mein Leben gelaufen.«

»Gab es viele Tote?« fragte Antonius, als wünsche er es sich: noch mehr Tote für den Berg seiner Niederlagen, um seine Reue damit zu mästen.

Canidius schüttelte den Kopf. »Überhaupt keinen.«

Jetzt stutzte Antonius. »Was?«

»Keine Toten. Es gab keinen Kampf. Wir waren ein Stück weit in Richtung Thrakien marschiert, als Octavian uns eine Kolonne von Unterhändlern schickte, die unsere Kapitulation aushandeln sollten. Unsere Männer – die Zenturionen – wußten, daß sie gute Bedingungen würden herausschlagen können, weil Octavian darauf erpicht sein würde, den Kampf zu vermeiden. Also feilschten sie mit einem Geschick, auf das ein Teppichhändler stolz sein könnte. Am Ende gelang es den Zenturionen, Octavian das Versprechen abzuringen, daß er die sechs historischen Legionen erhalten werde – die Fünfte, die *Alaudae*, sowie die Sechste, die *Ferrata*, und –«

Beim Klang der kostbaren Namen stieß Antonius einen durchdringenden Schrei aus; es hörte sich an wie ein verwundetes Tier. »Nein! Nein!«

»Der Rest wird auf die übliche Weise auf andere Legionen verteilt werden«, endete Canidius. »Und sie werden ihre Siedlungen bekommen, Ackerland in Italien ...«

Antonius wandte sich mir zu und beachtete Canidius nicht weiter. »Ja, das ist es, was sie wollen«, sagte er. »Erinnerst du dich an den alten Soldaten, mit dem wir nach dem Parthien-Feldzug sprachen und der sagte, daß er sein Ackerland in Italien haben wolle, nicht in einer Kolonie im Ausland? Der alte Veteran – o ihr Götter, ist er bei Actium gefallen? Ich hätte ihn nicht auf die Schiffe mitnehmen sollen! Wäre er an Land geblieben, könnte er jetzt nach Italien zurück!« Er warf sich auf das Bett und hämmerte sich auf die Brust.

Canidius schaute mich mit weit aufgerissenen Augen an.

»So ist er seit der Schlacht«, sagte ich. »Beunruhige dich nicht.«

Aber Canidius war beunruhigt. »Herrin«, sagte er, »das ist das traurigste Spektakel, das ich in diesem ganzen Krieg habe ansehen müssen.«

Endlich richtete Antonius sich wieder auf und wischte sich die Tränen aus den Augen. »Verzeiht«, sagte er. »Aber der alte Mann …« Er schüttelte den Kopf.

»Ich mußte die Flucht ergreifen«, sagte Canidius. »Ich konnte nicht damit rechnen, daß Octavian sich *mir* so gnädig zeigen würde.« Er schwieg kurz. »Aber du solltest die Wahrheit wissen. Ich blieb bei ihnen, bis alle Bedingungen ausgehandelt waren. Nach Octavians Version – sie ist ein Teil der Vereinbarungen, mit dem er den Truppen schmeichelt – haben sie sich tapfer geschlagen, bis ihr feiger Feldherr sie im Stich gelassen habe und desertiert sei.«

Diese Worte waren schlecht gewählt – aber woher sollte er das wissen?

Antonius seufzte, aber er sagte nichts.

»Aber es kam nicht zum Kampf. Und die Leute haben diesen Frieden nur geschlossen, weil sie wußten, daß du jetzt keine Möglichkeit mehr hast, sie zu entlohnen. Sie waren dazu gezwungen.«

»Weil ich desertiert war, meinst du?« schrie Antonius. »Mit der Kriegskasse durchgebrannt?«

»Das habe ich nicht gesagt. Aber es war eine Tatsache. Ihr Zahlmeister war fort. Octavian war da.«

Jetzt funkelte Antonius mich an. »Was hast du da geredet, von Canidius und seinen Truppen? Das wirst du dir noch einmal überlegen müssen.« Er zuckte die Achseln. »Es ist alles aus. Es ist alles aus. Kommt, ihr meine letzten Gefährten, wir müssen morgen eine Seereise antreten.«

Als man Canidius hinausgeführt hatte, warf Antonius sich mit dem Gesicht nach unten auf das Bett und blieb reglos liegen – wie ein Toter.

Wir brauchten neun Tage für die Fahrt von Tainaron zu den Ufern von Nordafrika. Kreta mußten wir weiträumig umschiffen, denn es gehörte jetzt Octavian, und wir konnten dort nicht Station machen. Canidius kam mit, ebenso einige von Antonius unerschütterlichen Freunden – er hatte immer noch welche, all seinen Überzeugungen zum Trotz –, unter ihnen einer, der einmal unter Brutus gedient und sich erboten hatte, an dessen Statt zu sterben, und der sich dann in tiefer Treue Antonius angeschlossen hatte, nachdem er verschont worden war. Ich hoffte jetzt, er möge Brutus und sein »edles« Ende nicht erwähnen, denn damit könnte er Antonius leicht zur Nachahmung anspornen.

Antonius hatte seine Ausbrüche überwunden und gelangte jetzt in eine Phase, die noch beunruhigender war: versteinert, stoisch, gleichgültig. Er war wach, freundlich, aufmerksam, aber das alles mit einer tödlichen Unberührtheit, bei der es mich eiskalt überlief. Auf halber Strecke hatte er plötzlich verlangt, nach Paraitonion am westlichsten Rande Ägyptens gebracht zu werden, wo es einen kleinen militärischen Vorposten gab; er behauptete, er müsse ihn

»inspizieren« – aber was gab es da zu inspizieren? Es gab dort nichts als eine Ansammlung von Lehmhütten, einen kleinen Landungssteg und eine Menge Sand, Hitze und Skorpione. In der nahe gelegenen Kyrenaika hatten wir immer noch fünf Legionen. Ich wußte, er wollte sich dort verkriechen, der Menschheit aus den Augen gehen und seine Wunden lecken. Oder sich die Wunde zufügen, die allen anderen Wunden ein Ende bereitete!

Aber was konnte ich tun? Es ihm verbieten? War ich nicht diejenige gewesen, die ihn daran erinnert hatte, daß er immer noch ein General war, der Legionen befehligte? Jetzt behauptete er, er wolle einen Militärposten besuchen. Sollte ich bei ihm bleiben und ihn bewachen? Das wäre erniedrigend für uns beide, und außerdem war es unabdingbar, daß ich Alexandria erreichte, bevor die schreckliche Nachricht von Actium dort eintraf. Ich wagte nicht, mich aufzuhalten.

Nicht weit von Paraitonion landeten wir; die blendendweißen Felsen und der Sand schienen Hitze auszustrahlen. Die flachen, braunen Gebäude buken in der Sonne; eine oder zwei schlaffe Palmen boten in der Mittagssonne nicht den mindesten Schatten. Scheckige Kamele, denen das Fell in Placken ausfiel, dösten an dem, was hier als Brunnen gelten mußte.

Antonius sammelte schweigend seine Habe ein und zog seine Uniform an, als gehe er zu einer feierlichen Zeremonie. So herausgeputzt, sah er wieder ganz aus wie der alte Antonius – solange man ihm nicht in die Augen schaute, und das verhinderte der Schirm an seinem Helm.

Wir waren allein in der Kajüte und standen einander gegenüber.

»Antonius, inspiziere deinen Posten dort und komme dann wieder an Bord«, sagte ich. »Wir werden warten.« Es würde kaum sehr lange dauern, bis er gesehen hätte, was es dort zu sehen gab.

»Nein«, sagte er. »Ich muß hierbleiben. Ich komme nach; das verspreche ich dir.«

»Wann?«

»Das kann ich nicht sagen.«

»Bitte halte dich nicht auf! Du wirst in Alexandria gebraucht. Die Kinder ...«

»Gib ihnen das hier.« Achtlos streifte er seine silbernen Militärorden ab und ließ sie in meine Hand fallen. »Sag ihnen, wofür ich sie bekommen habe. Jetzt muß ich gehen.«

»Kein Abschied?« Ich konnte nicht glauben, daß wir so auseinandergehen sollten, steif wie Fremde.

»Es ist ja nur für eine kleine Weile«, erklärte er kryptisch. Aber dann beugte er sich herab und küßte mich, ein förmlicher Kuß, der sich in einen richtigen verwandelte.

Als er mit zwei Freunden an Land hinunterkletterte, sah ich, daß er sein

Schwert und auch seinen Dolch noch bei sich trug. Seine Waffen hatte er mir nicht als Andenken für die Kinder mitgegeben. Offenbar nahm er an, daß er sie noch brauchen würde.

Wir befanden uns zwei Tagereisen westlich von Alexandria, und ich brauchte diese Zeitspanne, um mir zu überlegen, was ich tun wollte. Nachdem Antonius von Bord gegangen war, hatte meine bange Wache ein Ende, und ich empfand grenzenlose, traurige Erleichterung, als wir von Paraitonion absegelten. Ich stand da und sah zu, wie es hinter uns verschwand, obwohl mir das gleißende Licht in den Augen weh tat, bis die ganze Ansiedlung in grellem Weiß verschwamm. Ich wußte, er würde in diesem einsamen Vorposten mit seinem Schicksal ringen, aber das mußte er allein tun, wie wir es am Ende alle müssen. Andere werden überflüssig und lästig, wenn die Stunde unserer letzten Entscheidung gekommen ist.

Schon von frühester Jugend an war mir, als hätte ich eine gewisse Fähigkeit, Dinge vorherzusagen. Oft hatte ich das sanft drängende Gefühl, daß *dies* und nicht *jenes* geschehen werde, und wenn es dann so kam, pflegte ich mir zu sagen, daß die Götter mir die Gabe der Prophetie verliehen hätten. Aber heute weiß ich, daß ich statt dessen nur eine scharfsinnige Begabung dafür hatte, Faktoren gegeneinander abzuwägen und begründete Vermutungen anzustellen – eine Fähigkeit, die für einen Herrscher vielleicht auch wertvoller ist. In jenem Augenblick jedoch wußte ich nicht, welche Richtung Antonius einschlagen würde, und konnte es auch nicht erraten. Sämtliche Faktoren schienen mir gleich schwer zu wiegen, und sie würden gleichmäßig von allen Seiten an ihm ziehen und zerren. Selbstsüchtig wünschte ich mir, er möge das verlockende Schwert und die römische Art verwerfen und sich dafür entscheiden, am Leben zu bleiben und seinen Platz an meiner Seite einzunehmen. Aber nicht, wenn es ihn als Mann restlos zerstörte.

Und so gab ich ihn den Göttern anheim. Ich betrauerte ihn in meinem Herzen, als habe er schon den römischen Weg eingeschlagen. Er mußte jetzt für mich gestorben sein, wenn ich tun sollte, was ich tun mußte.

Ich wußte mit Gewißheit – und es war keine Prophezeiung, sondern eine kluge Vermutung –, daß Octavian sogar in Alexandria Sympathisanten hatte. Es gibt immer Leute, die sich Veränderungen wünschen oder die mit ihrem König unzufrieden sind. Man hatte mich einst eine äußerst harte Wahrheit gelehrt: Es gibt niemanden, dessen Tod nicht irgend jemanden aufatmen läßt. Das gilt dreifach für einen Monarchen. Ich mußte also zuschlagen, bevor sie es taten – und dazu würden sie sich ermächtigt fühlen, sobald die Nachricht von Actium sie erreichte. Ich hatte nur noch wenig Zeit.

Ich mußte allein in Alexandria einfahren; die übrigen, zerzausten Schiffe mußten zurückbleiben, damit nicht schon ihr Aussehen die Wahrheit hinaustrompetete. Und ich würde auf einem mit Girlanden bekränzten Schiff in den Hafen segeln, als hätten wir gesiegt. Jawohl! Nicht einmal durch ein Wimpernzucken würde ich verraten, was sich in Wirklichkeit zugetragen hatte! Sodann würde ich mich eilends in den Palast begeben und meine Gegner – die in meiner Abwesenheit zweifellos an Stärke gewonnen haben dürften – verhaften und beseitigen lassen.

Ebenso Artavasdes, unseren Feind. Schon vor seiner Gefangennahme hatte er mit Octavian im Bunde gestanden. Sein Herr und Meister würde ihm ohne Zweifel den Thron von Armenien zurückgeben, und so würde die Milde, mit der wir ihm das Leben geschenkt hatten, sich am Ende noch gegen uns wenden.

Nun, aber das konnte ich verhindern. Er würde es nicht erleben, daß er noch einmal lachend die Stufen zu seinem Thron erstieg, wie er beim Triumph grinsend die Stufen zu uns heraufgekommen war. Gut, daß Antonius nicht da war, um mich daran zu hindern.

HIER ENDET DIE ACHTE SCHRIFTROLLE

# DIE NEUNTE SCHRIFTROLLE

# 78

Das vergoldete Heck der *Antonia* war noch einmal auf Hochglanz poliert, ihre purpurroten Segel vom Salz befreit worden, und mit girlandenbekränztem Bug segelte sie triumphierend in den Hafen von Alexandria ein. Ich hatte mein Gefolge in farbenfrohen Gewändern auf dem Deck antreten lassen und ihnen schreckliche Bestrafung angedroht, wenn sie nicht fröhlich winken und singen sollten. Ich selbst hatte meine königlichen Gewänder samt Kopfputz angelegt und stand unter dem Mast, wo mich alle sehen konnten.

Nie war mir der Anblick des reinweißen Leuchtturms schöner erschienen, als er mich jetzt nach einer langen und gefahrvollen Reise heimrief. Alle Knochen taten mir weh, so müde war ich, aber ich mußte frisch aussehen. Und die heitere Gelassenheit des hohen Leuchtturms, der unbewegt dastand, so sehr die Wellen auch seinen Sockel umbranden mochten, gab mir die Kraft dazu.

Das Ufer war von Menschenmassen gesäumt, die wild jubelten und Blumen ins Wasser warfen, die rot, gelb, purpurfarben und blau herangeschwommen kamen. Der Palast auf seiner grasbewachsenen Halbinsel lockte kühl. Und jenseits des Uferstreifens erhoben sich die Würfelformen der Bauten, weiß wie Salz. Ich schloß die Augen und legte ein Gelübde ab.

Ich mußte es behalten, mußte Ägypten behalten; die Ptolemäer durften nicht mit dem Verlust Ägyptens für römische Fehler im Felde büßen. Ich mußte alles tun, was nötig war, um es für meine Kinder zu bewahren: mich vor Octavian erniedrigen, zugunsten meines Sohnes abdanken, andere Bündnisse schließen, die Rom daran hindern würden, uns zu schlucken, meine Feinde töten. Ja, ich mußte sogar, wenn es nötig wäre, mich selbst töten. *Alles*. Kein Preis war zu hoch. Ich durfte nicht zulassen, daß neun Generationen von Ptolemäern mit mir endeten, durfte nicht erlauben, daß der letzte der Erben Alexanders besiegt aus der Geschichte der Lebenden verschwand. *Alles* mußte ich tun. Und ich durfte vor nichts zurückzucken.

Wir machten am königlichen Landungssteg fest. Sofort schickte ich Herolde aus, die überall in der Stadt Siegesproklamationen anschlagen sollten, die ich hastig in meiner Kajüte verfaßt hatte. Nachdem wir der Menge zugewinkt und sie begrüßt hatten, wurden wir flugs in den Palast befördert und waren verschwunden.

Jetzt konnte die eigentliche Arbeit beginnen.

Ich stieg die breite Treppe zur inneren Palasthalle hinauf, wo Mardian, Olympos und die Kinder uns aufgereiht erwarteten. Ich schob das Protokoll beiseite, wie Antonius seine Orden abgestreift hatte, und umarmte sie alle, außer mir vor Wiedersehensfreude. Mardian ganz mit meinen Armen zu umschlingen, erwies sich als zusehends schwierig. Olympos vergaß in seiner Aufregung, sich ungerührt zu zeigen, und küßte mich sogar, und Alexander hätte mich in seinem Überschwang beinahe umgeworfen. Der kleine Philadelphos umklammerte meine Beine, und Antyllus verbeugte sich stramm.

Ein bißchen abseits stand Selene und lächelte schüchtern. Und hinter ihr – das Herz blieb mir stehen, als ich Cäsarion erblickte.

In meiner Abwesenheit hatte er sich in einen Mann verwandelt. Er war vierzehn gewesen, und jetzt war er ein paar Monate über sechzehn, und irgendwann in dieser Zeit war er erwachsen geworden.

Jetzt – selbst seine Bewegungen wirkten verändert – kam er auf mich zu. Ich mußte zu ihm aufschauen. Er nahm meine Hand in seine; es war eine große Hand, die meine ganz umschloß.

»Willkommen, Mutter«, sagte er, und auch seine Stimme war anders.

Jetzt wußte ich es noch sicherer als zuvor: Ich mußte alles tun, um sein Recht und seinen Thron zu bewahren. Buchstäblich alles. Mein Sohn. Ägyptens neuer König.

»Ja, Cäsarion!« brachte ich hervor, so verblüfft über seine neue Erscheinung, daß es mir die Sprache verschlug. »Ich … Du hast mir gefehlt«, sagte ich schließlich. Niemals würde ich so tief sinken, daß ich sagte: *Du meine Güte, wie bist du gewachsen!*

»Du mir auch. Ich bin so froh, daß es vorbei ist und du wieder da bist. Erzähle uns, was geschehen ist. Der Sieg – wie großartig war er? Wie viele Schiffe habt ihr versenkt? Wo ist Octavian? Ist er tot? Ich hoffe es.« Er grinste.

»Strenge deine Mutter nicht mit so vielen Fragen an!« mahnte Olympos scharf. Da wußte ich, daß er sich seinen Reim schon gemacht hatte. Nun, bald würde er es hören.

»Schon gut«, beschwichtigte ich Cäsarion. »Wir ziehen uns in unsere Privatgemächer zurück, und dort erzähle ich euch alles. Alles …«

Und als wir wohlbehalten in unseren innersten Gemächern angelangt waren und die Türen verriegelt und die Diener entlassen hatten, da sagte ich ihnen die furchtbare Wahrheit. Schweigend und widerstandslos nahmen sie es auf. Nur Cäsarion machte ein entsetztes Gesicht und verlangte immer wieder nach Zeichnungen, die ihm illustrieren sollten, was geschehen war, welches Geschwader wohin gesegelt, welche Legion wo eingesetzt worden war …

Schließlich fragte Mardian: »Wo ist Antonius?« An der Art, wie er fragte, erkannte ich, daß er glaubte, Antonius sei gefallen. Aber er traute mir doch sicher nicht so viel Selbstbeherrschung zu, daß ich so etwas derart lange verbergen könnte!

»Er ist …« Wie sollte ich es ausdrücken, ohne ihn weiter zu entehren? »Er ist in Paraitonion. Er will die Legionen westlich davon inspizieren, in der Kyrenaika.«

»O nein!« entfuhr es Mardian.

»Was ist denn?«

»Diese Legionen sind zu Octavian übergelaufen. Unter den Augen ihres Kommandanten! Der arme Scarpus mußte flüchten; er hat wahrscheinlich in Paraitonion Zuflucht gesucht. Wir hatten schon gehört, daß Octavian Cornelius Gallus beauftragt hat, die Legionen zu übernehmen, und daß er unterwegs ist.«

»Der Soldat, der Gedichte schreibt?« fragte ich. Jetzt konnte er dort am Sandstrand sitzen und Gedichte über seinen glorreichen Herrn und den Fall des Antonius verfassen.

»Ebenderselbe«, sagte Mardian. »Scarpus und Antonius müssen sich also getroffen haben.«

Genau das, was Antonius jetzt brauchte. Zwei desertierte Generäle, die sich zusammen in einer Lehmhütte in Wein und Wehmut suhlten. Gleich züngelte meine Angst wieder in mir auf. Ich dachte an König Juba und Petrejus und ihren grausigen Doppelselbstmord – und vor den gleichen Kulissen noch dazu.

»Er wird bald in Alexandria sein«, sagte ich im Brustton der Überzeugung. Meine schmerzlichen Sorgen um ihn mußte ich für mich behalten. »Aber bevor die Neuigkeiten sich herumsprechen, haben wir einiges zu erledigen. Die Legionen, die hier stehen, sind noch loyal?«

»Ja«, sagte Mardian.

»Dann …«

Meine Befehle wurden ausgeführt. Die »Octavianer« hatten entgegenkommenderweise kein Blatt vor den Mund genommen, wenn sie ihn bejubelten und über uns maulten; somit war es ein leichtes, sie namhaft zu machen und zu verhaften. Wir entdeckten ein ganzes Waffenlager und Berge von belastenden Briefen. Die Rädelsführer wurden hingerichtet, ihre Besitztümer eingezogen. Es hatte eine beträchtliche Zahl von Octavianern gegeben, was mich stärker beunruhigte, als ich zugeben wollte. In meiner eigenen Stadt … Ich wußte ja, daß jedermann Feinde hatte, aber dennoch … Diese Undankbaren!

Ich befahl den verbliebenen Kriegsschiffen, dorthin zu segeln, wo die Landenge zwischen dem Mittelmeer und dem Roten Meer am schmalsten war; dort sollte man sie auf Rahmengestelle hieven, die mittels hölzerner Rollen durch den Sand zum Roten Meer geschleppt werden. Damit wäre meine Flotte vor Octavian in Sicherheit, und sie stände mir für Reisen in den Osten zur Verfügung. Ich war nämlich mehr und mehr davon überzeugt, daß die

Sicherheit meiner Kinder nur im Osten gewährleistet werden könne, irgendwo dort, wohin der Arm Roms nicht mehr reichte.

Und gleichzeitig gab ich den Befehl, neue Schiffe als Ersatz für die bei Actium verlorenen zu bauen. Wenn Octavian käme, würden wir wieder kämpfen, und diesmal würde meine Flotte nicht zuvor in einem Höllenloch gefangen sitzen.

Es war eine Sache, sich den ganzen Tag über zu beschäftigen und mit all diesen Notwendigkeiten zu befassen. Aber eine andere war es, nachts allein in meinem Gemach zu sein. Dann schloß die Dunkelheit sich um mich wie eine Faust und hielt Hoffnung und Trost von mir fern. Antonius' Gemächer standen leer; sie warteten auf einen Herrn, der, so fürchtete ich, niemals zurückkommen würde. Manchmal ging ich hinein und legte mich auf sein Bett, als könnte ich ihn dadurch zurückholen. Wie verloren erscheinen uns doch verlassene Räume – verschmäht, sozusagen! Ich war sicher, daß er keinen Gedanken mehr an sie verschwendete. Statt dessen vertat er seine Zeit in seinem Exil zu Paraitonion. War es immer wieder ein Kampf für ihn, den Tag zu überleben? Wenn die Sonne aufging, stählte er sich dann an dem Vorsatz, diesen Sonnenaufgang zu seinem letzten zu machen? Und bei Sonnenuntergang desgleichen? Was hat ein einzelner Tag an sich, daß er überzeugend raunt: *Heute ist der Tag, auf den du gewartet hast*? Jeden Morgen, wenn ich erwachte, fürchtete ich, dies sei sein letzter gewesen und bald werde ein Schiff mit schwarzen Segeln und einer traurigen Fracht in Alexandria landen.

Und was würde ich dann tun? Es wäre wie Cäsars Bestattung, nur schlimmer, denn diesmal gäbe es keinen Antonius, mit dem ich sprechen könnte. Diese Stimme würde schweigen für immer.

Sollte ich ein Schiff mit Soldaten schicken und ihn holen lassen? Nein. Von allen Unwürdigkeiten, die er hatte erleiden müssen, wäre dies eine der schlimmsten: heimgeholt zu werden von einer bewaffneten Wache, beschützt vor sich selbst wie ein Wahnsinniger, der sich unabsichtlich Schaden zufügen könnte. Es würde bedeuten, daß ich das Gefühl hätte, er kenne sich selbst nicht mehr, er wisse nicht, was gut für ihn sei, er sei nicht bei Verstand. Wie konnte ich ihm so etwas antun?

Ich mußte veranlassen, daß im Mausoleum ein zweites Grabgewölbe neben meinem angelegt wurde. Jetzt gab es dort nur eines. Seltsam, daß ich angefangen hatte, meine eigene Gruft zu gestalten, als ich noch sehr jung gewesen war; damals hatte ich nicht geglaubt, daß ich sie brauchte. Es war fast ein Spiel gewesen. Aber ich hatte nicht weiter daran gedacht, als ich mir eine Familie angeschafft hatte: meine vier Kinder und meinen Gemahl.

Antonius würde nun doch in Alexandria ruhen. Jener Wunsch in seinem Testament, der in Rom soviel Wirbel verursacht hatte, würde jetzt erfüllt werden – teils gerade wegen der Feindseligkeit, die er geweckt hatte. Nun denn. Die Sache mußte des Opfers würdig sein, das er gebracht hatte, um sie zu erlangen.

Solche schrecklichen Gedanken hielten mich Nacht für Nacht wach. Tagsüber war ich so erschöpft, daß sich in meinem Kopf alles drehte, und jeden Tag dachte ich: Heute nacht werde ich tief schlafen, doch jedesmal sah ich mich wieder getrogen.

Die Tage gehörten meinen Pflichten als Königin, die Nächte meinem Verlust als Frau. Am schlimmsten war die Wahrheit, daß meine und Antonius' Bestimmungen sich getrennt hatten: Er war am Ende der seinen angelangt, ich dagegen hatte meine noch zu erreichen.

Er war zu einer hohen Stellung berufen gewesen – Cäsars Nachfolger und Beherrscher Roms –, er hatte nach besten Kräften danach gestrebt, und er war gescheitert. Er hatte recht. Es war vorbei. Ich war dazu berufen, Ägypten zu bewahren und zu beschützen. Auch ich hatte mein Äußerstes gegeben, dies zu erreichen. Es war noch nicht getan. Aber es war immer noch möglich, meine Mission zu erfüllen. Die Möglichkeit war nicht groß, aber sie war vorhanden. Und mehr verlangte ich nicht: eine winzige Möglichkeit.

So viel hing jetzt von Octavian ab. Was würde er tun? Würde er mir bis zu den Toren Ägyptens nachstellen? Oder würde er sich abwenden wie ein Hund, der einem Karren nicht länger nachrennt? Er hatte in Rom viel zu tun, und was wollte er mit Ägypten anfangen, wenn er es erobert hätte? Ein weiser Römer hatte einmal bemerkt, Ägypten sei »ein Verlust, wenn man es zerstört, ein Problem, wenn man es regiert, und ein Risiko, wenn man es annektiert«. Das alles hatte Rom bisher zögern lassen. Vielleicht würde das weiter so sein.

Und falls Octavian käme, würden die römischen Legionen, die hier stationiert waren, mir gehorchen, wenn Antonius nicht mehr lebte? Oder würden sie sich auf der Stelle ergeben? Auf meine Flotte konnte ich zählen, auf meine ägyptischen Soldaten auch, aber vielleicht auf niemanden sonst.

Eine Garnison in Pelusion sicherte uns gegen den Osten, wie Paraitonion den Westen bewachte. Aber die Feinde würden von drei Seiten heranrücken, vom Meer her und aus beiden Richtungen zu Lande. Alles würde hier bei mir in Alexandria zusammenströmen. Ich würde ihnen allein entgegentreten müssen. Ohne Cäsar, ohne Antonius. Meine männlichen Beschützer, einst so mächtig in ihrer römischen Autorität, waren gestürzt und hatten mich allein auf dem Schlachtfeld stehen lassen – ganz so, wie ich vor fast zwanzig Jahren angefangen hatte. Damals hatte ich Potheinos und dem Regentschaftsrat gegenübergestanden. Jetzt war es die gesamte römische Armee mit ihren ... wie viele Legionen? Nachdem Antonius' Truppen nun auch bei Octavian waren, mußten es rund fünfunddreißig sein.

Fast mußte ich lachten, wenn ich mir vorstellte, daß fünfunddreißig

Legionen sich auf mich stürzten, hundertfünfzigtausend Mann mit Lanzen und Schwertern, die auszogen, um eine einzige Frau zu holen ... Es war ein Kompliment. Hoffentlich wären sie nur nicht enttäuscht, wenn sie ihrem Wild schließlich Auge in Auge gegenüberstanden. Selbst wenn ich mich nach Kräften streckte, war ich nicht besonders groß.

Und was würden sie dann tun? Mich nach Rom bringen, damit ich in Octavians Triumphzug mitmarschierte, wie Cäsar es mit Arsinoë getan hatte? Mußte ich dann silberne Ketten tragen, hinter dem Wagen herwanken und mich bespucken lassen, ehe man mich dann in den unterirdischen Kerker führte, erdrosselte und in die Kloake warf? Nein. Ich wußte, daß ich das niemals geschehen lassen würde. Und es lag in meiner Hand, es zu verhindern. Es mußte verhindert werden, nicht nur meines Stolzes als Königin wegen, sondern auch aus Respekt vor Cäsar. Niemals durfte seine auserwählte Geliebte und die Mutter seines Sohnes ein solches Schicksal erleiden. Das war kein passendes Ende für die Gefährtin eines Gottes. Es würden Leute in der Menge stehen, die sich daran erinnerten, wie ich an seiner Seite gegangen war, geehrt und seiner Glorie teilhaftig.

Nein, Rom, ich will dich mit diesen Augen niemals wiedersehen, schwor ich mir.

Ein paar Wochen lang kamen überhaupt keine Neuigkeiten. Mardian setzte mich pflichtschuldig von jedem bißchen Tratsch in Kenntnis, von jedem Wispern, das der Wind herantrug. Mit Kopfschmerzen saß ich neben ihm am Arbeitstisch in meinen Gemächern und hörte die Berichte über unsere Ernten, unsere Steuereinnahmen, den Fortgang des Schiffbaus ... bis endlich eines Tages etwas kam.

»Octavian ist in Athen«, sagte er und las den Brief. »Ganz Griechenland hat ihm Gefolgschaftstreue geschworen, mit Ausnahme von Korinth.« Er lachte. »Man hat ihn in die Eleusinischen Mysterien eingeweiht.«

Darüber mußte ich gleichfalls lachen. Ich konnte mir nicht vorstellen, daß Octavian daran glaubte; es war viel zu gefühlsbeladen und unwirklich für seinen Geschmack. Aber vermutlich tat er es, um richtig griechisch zu erscheinen.

»Er hat eine große Zahl seiner Soldaten demobilisiert und nach Italien zurückgeschickt«, berichtete Mardian weiter.

Dann waren vielleicht doch nur fünfundsiebzigtausend Mann hinter mir her. Welch ein Trost!

»Wie will er sie nur bezahlen ... Also, das ist ein Problem«, sinnierte Mardian.

»Er wird sie bezahlen, indem er Ägypten erobert«, sagte ich. Und plötzlich wußte ich, daß es so war. Es war unumgänglich für ihn, meine Schätze in die

Hand zu bekommen, und dagegen waren alle Probleme, die mit dem Regieren oder Annektieren Ägyptens verbunden waren, rein gar nichts. Er hatte seine gesamte Laufbahn auf Versprechungen gebaut. Jetzt würde er bezahlen müssen. Und das Geld dazu bekäme er von mir.

Ich mußte für meine eigene Niederlage bezahlen!

Nein, ich würde es ihm niemals überlassen! Eher würde ich alles vernichten!

Wie schnell sich alles fügt, dachte ich. Die Möglichkeiten der Wahl schwanden und schwanden.

Zehn Tage später las Mardian mir eine neue Meldung vor. Jetzt hatte Octavian sich nach Samos verfügt und bezog dort sein Winterquartier.

»Das bedeutet, im Frühling will er gegen uns ziehen«, sagte ich. »Es sei denn, er täte es schon früher.« So wenig Zeit! So wenig Zeit nur noch!

»Hmmm ...« Mardian machte ein gequältes Gesicht und nestelte unablässig an der Brosche herum, die seinen Mantel hielt. »Hmmm ...«

»Wenn es dir zu schmerzlich ist, es vorzulesen, dann gib schon her!« sagte ich.

»Sehr wohl.« Er reichte mir den Brief.

Octavian hatte die Klientenkönige empfangen und die Ämter neu verteilt. Diejenigen, deren Bekehrung ihn überzeugte, durften bleiben, was sie waren. Amyntas von Galatien sah sich so bestätigt und auch die beiden neuen Getreuen, Polemon von Pontos und Archelaos von Kappadokien. Ich konnte es ihnen nicht verübeln; Antonius war verschwunden – was sollten sie also tun?

Nicht die Seeschlacht bei Actium war entscheidend gewesen, sondern die Kapitulation des Landheeres. Mit ihr hatte Antonius seine Stellung als Führer einer römischen Partei verloren, und das war ihm klar gewesen.

Und dann las ich von Armenien. Zwar hatte ich mich um Artavasdes gekümmert – er war hingerichtet worden –, aber gleich nach der Schlacht von Actium hatte sein Sohn Artaxes den armenischen Thron an sich gerissen und genußvoll alle Römer in der Gegend massakriert. Die römische Provinz Armenien war nicht mehr römisch. Antonius' Geschenk an Rom, die Trophäe seiner Kriege, war zurückgeraubt worden.

»Soll er denn überhaupt kein dauerhaftes Denkmal haben?« rief ich.

Nur das Denkmal in meinem Mausoleum? Für einen Mann, dem die halbe Welt gehört hatte, der Königreiche und Fürstentümer umgestellt hatte wie eine Hausfrau ihre Möbel? Sollte nichts von ihm Bestand haben? Das schien mir die grausamste Bestrafung von allen zu sein, denn sie reichte weit über die Lebenszeit hinaus.

»Das ist das Schicksal der Besiegten«, sagte Mardian langsam. »Die Sieger reißen an sich, was ihnen gefällt, und machen zunichte, was ihnen nicht gefällt.« Er seufzte. »Du weißt doch, daß es in unserem eigenen Land oft genug vorgekommen ist, daß ein Pharao den Namen seines Vorgängers hat austilgen lassen. Manche Namen sind so völlig verschwunden, und wir wissen nicht einmal, daß sie existierten.«

Ja, aber daß es mit *uns* geschehen soll!

Das Nilhochwasser hatte seinen höchsten Pegel erreicht und die Felder überflutet, und jetzt begann es zurückzuweichen. Stolz präsentierte Mardian mir die Hochrechnungen der bevorstehenden Ernte.

»Es wird die reichste Ernte jüngeren Gedenkens sein«, verhieß er mir. »Das heißt, wenn nichts dazwischenkommt – Heuschrecken etwa.« Er hatte ein paar Kuchen mitgebracht, mit Honig getränkt, dunkel und tropfend, von den Inseln vor Spanien.

»Gerade rechtzeitig, um Octavian zu bereichern«, sagte ich und knabberte an einem Kuchen, was eine sehr unsaubere Angelegenheit war; man konnte nicht vermeiden, klebrige Finger und ein verschmiertes Gesicht zu bekommen.

Es gab neue Berichte über seinen Aufenthalt. Anscheinend war unter den Veteranen, die er nach Italien zurückgeschickt hatte, ein Aufstand losgebrochen; sie verlangten auf der Stelle, ihren Sold und ihre Ackerparzellen zu bekommen. Sogar Agrippa hatte sie nicht mehr in der Gewalt gehabt, und Octavian hatte eilends zurückreisen müssen, obwohl es Winter und die Schiffahrt nicht ungefährlich war. Ich war sehr erleichtert, als ich hörte, daß er unsere Ecke der Welt verlassen hatte. Vielleicht würde er sich so sehr von Schwierigkeiten umbrandet sehen, daß er sich lange dort aufhalten müßte, so daß wir Zeit hätten, unsere Kräfte zu sammeln …

Aber es bedeutete auch, daß er am Ende unweigerlich hier erscheinen würde. Die Zeit der Versprechungen war zu Ende, und nur noch Gold konnte ihm seine Macht erhalten. Mein Gold. Er mußte herkommen und es holen.

*Es ist das Schicksal der Besiegten … Namen ausgetilgt … niemals existiert … nichts, was von Dauer war …* Es mußte doch eine Möglichkeit geben, Octavian zu überlisten und ihn um seinen endgültigen Sieg über unsere Erinnerungen, ja unsere Existenz zu bringen. Ich hatte ja schon gesehen, wie er seine eigene Version der Ereignisse schuf, um sich selbst zu schmeicheln und uns anzuschwärzen – wie mit seiner Behauptung, die Soldaten hätten sich tapfer geschlagen, bis Canidius desertiert sei. Oder mit einer anderen Geschichte, die jetzt die Runde machte: Ich sei feige von Actium geflohen, und da sei Antonius mir blind vor Liebe gefolgt. Und wenn alles vorüber wäre, würde Octavian seine eigene Geschichte über unseren Kampf verfassen, und die unsrige würde ausgetilgt werden.

Und so kam es in jenen trostlosen Tagen des Spätherbstes, da die See sich im Sturm erhob und Alexandria von der Welt abriegelte, daß ich diese Geschichte meiner selbst und meiner Ziele niederzuschreiben begann. Ich war entschlossen, alles aufzuschreiben, damit es eine Chronik der wirklichen Geschehnisse gäbe, mit der sich die späteren Lügen bestreiten ließen. Und ich würde nicht so dumm sein, sie an einem öffentlichen Ort zu hinterlegen, wie Antonius es mit seinem Testament getan hatte. Was ist leichter erstürmt und durchsucht als ein öffentliches Archiv? Nein, diese Geschichte, dieses Protokoll, diese Bekenntnisse würden an einen sehr sicheren Ort gebracht werden, wo Octavian nicht danach suchen würde. Nach Philae würde ich sie bringen und in die Obhut der Isis in ihrem Heiligtum geben lassen, und eine Abschrift würde noch weiter südwärts reisen zu meiner Schwesterherrscherin, der Kandake. Dort würde sie bleiben, unerreichbar für den Arm Roms, und darauf warten, daß der Tag käme, da es Ohren gäbe, die bereit wären, unsere Seite anzuhören und ihr zu glauben. Denn irgendwann würden sie kommen und zuhören. Isis würde wissen, wann der Augenblick gekommen war, alles zu offenbaren.

Die Kandake … Sie hatte mich vor den Römern gewarnt, vor langer Zeit. Jetzt würde sie die letzte Zuflucht meiner Wahrheit werden.

Und so rief ich mir zwei vertrauenswürdige Schreiber und erzählte ihnen die Geschichte, die man hier hat lesen können; ich begann mit den Worten »Dir, Isis, meiner Mutter, meiner Zuflucht«, und gelangte schließlich … hierher.

Ich stellte fest, daß es meine Tage auf seltsame Weise ausfüllte, meine eigene Vergangenheit noch einmal zu durchleben, die Ereignisse aneinanderzufädeln wie Perlen auf eine Schnur und darauf zu hoffen, daß sich ein Muster ergab. Denn wir bilden uns ein, daß sie doch ein Muster formen müssen, das aus großer Entfernung erfaßbar sein muß. Vielleicht kann diese große Entfernung nur in der Zeit bestehen, was bedeutet, daß es mir unmöglich ist, den Sinn meines eigenen Lebens zu erfassen, während ich noch lebe. Ich habe mich bemüht, ehrlich zu sein und genau zu verzeichnen, was sich zugetragen hat. Die es lesen, werden schließlich keine Zeitgenossen sein, sondern andere, die von den Ereignissen ringsum vielleicht nichts wissen und ihnen deshalb ohne Vorurteile entgegentreten.

Es gab noch andere Dinge, um die ich mich kümmern mußte; sie betrafen die Zukunft wie auch die Vergangenheit. Ich mußte Cäsarion vermitteln, was er in kommenden Tagen unbedingt wissen mußte. Statt ihn zu einem offiziellen Zusammentreffen rufen zu lassen, wartete ich, bis sich der rechte Augenblick natürlich ergab, obgleich meiner sorgfältigen Zusammenstellung von Ideen nichts Natürliches innewohnte. Ich mußte ihn aufmerksam studieren und abschätzen, wozu er fähig sein würde. Ich durfte nicht annehmen, daß er ein Abbild meiner selbst oder Cäsars war – das waren sentimentale Gedanken, die sich als kostspielig erweisen konnten.

Ich wußte, daß er ein brennendes Interesse für Waffentechnik und Mechanik hatte – ich erinnerte mich noch an die Miniatur-Trireme, mit der er gespielt hatte. Unter dem Vorwand, ihm die Biegeeigenschaften der Spitzen an den neuesten Wurfspießen vorführen zu lassen – sie waren nur an zwei entscheidenden Stellen gehärtet, so daß sie in einem hinderlichen Winkel herabhingen, wenn sie getroffen hatten –, konnte ich mehrere Vormittage mit ihm verbringen. Er beobachtete die Lanzen, und ich beobachtete ihn, während ich so tat, als sei ich vollkommen fasziniert von den Waffen.

Nun, er hatte eine ordentliche Begabung für Mathematik; er rechnete mühelos und hatte keine Probleme, die Flugbahnen von Geschossen oder das Volumen des von bestimmten Booten verdrängten Wassers zu ermitteln. Seltsam, wie wir unsere Kinder lieben und gleichzeitig so wenig über ihre wirklichen Talente und Schwächen wissen können. Dies alles hatte ich nicht über ihn gewußt.

Ich erwähnte gewisse Militärakten, die in anderen Sprachen verfaßt waren. Wir lasen sie zusammen, und ich war erfreut über seine Beherrschung des Syrischen, Ägyptischen und Hebräischen. Sein Latein war natürlich besser als das meine. Cäsars Schriften kannte er praktisch allesamt auswendig.

»Er schreibt so schön«, seufzte er; dabei lag er auf dem Boden, auf die Ellenbogen gestützt, und starrte auf Cäsars *Abhandlung über die Analogie*. »Besser als Cicero, finde ich. Selbst Cicero hat zugegeben, daß Cäsars Wortschatz ›so vielfältig und doch so exakt‹ sei. Ich wünschte, das hätte ich von ihm geerbt. Ich brauche drei Wörter, um das Ziel zu treffen, während er es mit einem konnte.«

»Nun, solange du überhaupt triffst …«, sagte ich und brachte ihn damit zum Lachen.

Er lachte gern; er war von Natur aus freundlich, eine wesentliche Eigenschaft für einen Herrscher. Und sie läßt sich nicht lernen oder erzwingen.

Wie seltsam – dazusitzen und meinen Nachfolger zu analysieren. *Hier ist er gut, da braucht er Hilfe, und das kann er überhaupt nicht.* Hatte mein Vater das gleiche mit mir getan? Die unbeschwerten Ausflüge, die wir zusammen unternommen hatten, waren für ihn vielleicht gar nicht so unbeschwert gewesen.

Er streckte sich aus und verschränkte die Arme hinter dem Kopf. Er war von ansprechender Persönlichkeit, angenehmer Spontaneität und gänzlich unbefangen. Sein blondes Haar fiel ihm in die Stirn, fast bis in die Augen. Vielleicht war Cäsar in diesem Alter genauso gewesen. Wie wir nach Eigenschaften suchen, die in unserem Nachwuchs erhalten bleiben …

Zwar war die frühere Ähnlichkeit mit seinem Vater nicht verblichen, so daß jeder, der ihn erblickte, sich an Cäsar erinnert fühlen mußte, aber er war nicht sein Abbild. Das ist niemand, allen zärtlichen Wünschen der Eltern zum Trotz. Jeder von uns hat nur ein einziges Leben.

Ich genoß die Stunden mit ihm, denn davon gibt es nie genug, wenn man ein hohes Staatsamt zu tragen hat. Allzuoft war ich von ihm getrennt gewesen.

Wind war aufgekommen, und die Tür zur Dachterrasse wehte auf. Er sprang auf, sie zu schließen, und als er es tat, erwachte vor meinem geistigen Auge das Bild Cäsars, der genau das gleiche tat – die gleiche Geste, dieselbe Tür, die gleiche Halbdrehung des Körpers. An jenem Tag hatten wir zum ersten Mal über unser Kind gesprochen, und jetzt stand dieses Kind – ein Mann – an der Stelle seines Vaters. Wie die Tage zusammenschrumpfen, wenn man sie über die Jahre betrachtet, und wie schnell wir aufsprießen und wieder verschwinden! Wie jung war ich damals gewesen – nicht viel älter als Cäsarion jetzt! Und wie erwachsen hatte ich mich gefühlt! Mein Herz trauerte um diese eifrige, naive junge Frau, so glücklich in ihrer Ahnungslosigkeit.

Aber ich war noch nicht alt. Ich war noch nicht einmal zu alt, um Kinder zu bekommen. Dennoch hatte ich das Gefühl, daß mein Leben einer Zusammenfassung bedürfe, daß Vorkehrungen für meinen Tod und für meinen Nachfolger getroffen werden müßten – und das war der Tod der Jugend, ungeachtet meines wahren Alters.

»Scheußliches Wetter«, sagte er. Für ihn war die Tür eine Tür, die geschlossen werden mußte, und kein Symbol.

»Es hält uns Octavian vom Leibe«, erwiderte ich. Der Augenblick war gekommen. Ich stand auf und ging zu ihm. »Du mußt wissen, daß er eines Tages kommen wird. Und wenn er kommt, gedenke ich ihm Krone und Zepter zu übergeben, wie es bei Klientenkönigen traditionell der Brauch ist.«

Er klappte den Mund auf, und die Richterin in mir dachte: Er muß lernen, seine Gefühle besser zu verbergen. »Nein!«

»Ich werde ihn bitten, dich an meiner Statt anzuerkennen. Das ist eine altehrwürdige Sitte, und er wird es wahrscheinlich tun. Ich kenne ihn; er will, daß man ihm den gebührenden Respekt erweist, aber es könnte sein, daß er den leichteren Weg bevorzugt und einen Ptolemäer auf dem Thron beläßt.« Ich schaute ihm in die Augen. »Du mußt mir jetzt sagen, und zwar offen und ehrlich sagen: Fühlst du dich bereit, dies zu übernehmen? Du wirst siebzehn sein, nur ein Jahr jünger, als ich es war, als ich Königin wurde.«

Man sah ihm sein Unbehagen an; ein Stirnrunzeln legte sich auf sein Gesicht, und er nagte an seiner Unterlippe. Auch eine Angewohnheit, die er würde bezwingen müssen. Daran würden wir später arbeiten. »Aber … Wo wirst du sein?«

Wie scharfsinnig von ihm, diese entscheidende Frage zu stellen. Und ich mußte sie beantworten. »Ich fürchte, solange ich lebe, wird er sich ... unerbittlich zeigen.«

»Aber an so etwas darfst du nicht denken! Nein, ich werde es nicht zulassen!« Er sah mich entsetzt an, und ich erkannte, daß er mit meinem Tod Waise wäre. Selbst Antonius wäre fort. Siebzehn ist ein sehr junges Alter, um ganz allein zu sein; er hatte ja noch keine eigene Familie gegründet, die ihn hätte trösten können.

»Bitte mach es nicht noch schwieriger!« sagte ich und kam mir sehr grausam vor.

»Ich will den Thron nicht, wenn du dafür erst vor Octavian kriechen und dann Selbstmord begehen mußt! Woraus, glaubst du, bin ich gemacht?«

»Ob du ihn willst oder nicht, du mußt ihn nehmen. Tust du es nicht, ist Ägypten verloren, und Cäsars Linie stirbt aus.« Ich riß an seiner Tunika. »Wofür, glaubst du, habe ich das alles getan? Warum habe ich mein Leben so gelebt, wie ich es getan habe? Für Ägypten und dann für dich und für dein Erbe. Laß du dieses Opfer jetzt nicht sinnlos werden!« Ich hatte nicht damit gerechnet, daß der Adressat all meiner Bestrebungen sich schließlich widerspenstig zeigen würde. Aber ich hätte es einkalkulieren müssen. Die Menschen sind unberechenbar. Welch eine Ironie des Schicksals, wenn er es nun nicht wollte oder wenn er sich weigerte, es anzunehmen! »Ich glaube, du bist aus hartem Holz gemacht«, sagte ich schließlich. »Ich glaube, du bist der Sohn Cäsars und Kleopatras.«

»Ich wünschte, ich wäre es nicht!« rief er. »Es erfordert zuviel von mir! Ich kann deinem Ehrgeiz und deinen Opfern niemals gerecht werden. Und was meinen Vater angeht – lieber wäre ich der Sohn eines Sterblichen! Eines Mannes, der Fehler gemacht hat, der ein paar Schlachten verloren hat, der gelegentlich das falsche Wort verwendet hat!«

»Eines Mannes wie Antonius«, sagte ich. »Aber ihn hattest du als Vater; er war der einzige Vater, den du je gekannt hast. Die Götter waren gütig.«

»Und jetzt ist auch er fort! Warum verlassen mich alle?« Er brach in Tränen aus, packte mich und umschlang mich so fest, daß ich kaum noch Luft bekam. Sein Schluchzen mochte das eines Kindes sein, aber seine Arme hatten die Kraft eines Mannes.

Dies war schrecklich – schlimmer, als ich es mir hätte träumen lassen. Ich hätte es ihm nicht sagen sollen. Es gibt keinen politischen Grund, der es rechtfertigte, daß eine Mutter entscheidet, sich das Leben zu nehmen – nicht in den Augen ihres Kindes. Wenn die Ereignisse sie dazu zwangen, sah die Sache anders aus ...

»Also gut«, brachte ich schließlich hervor. »Ich werde dich nicht mit Gewalt zwingen. Aber dann werde ich darauf bestehen, daß du Ägypten verläßt, wenn die Zeit kommt. Dann mußt du dich anderswo in Sicherheit bringen, während ich mich ihm entgegenstelle. Wirst du das tun?«

Endlich sanken seine Arme herab, und er ließ mich los. »Ägypten verlassen?«

»Wir können nicht beide hier sein«, sagte ich. »Das verstehst du doch sicher. Ich werde mich ihm entgegenstellen, aber nur, wenn ich weiß, daß er dir nichts anhaben kann. Und bevor du gehst, werde ich bekanntgeben, daß du herangewachsen bist und daß die Ägypter nunmehr einen Mann haben, der sie führt. Das wird es Octavian leichter machen, dich anzuerkennen. Bist du damit einverstanden?«

»Im Tausch gegen dein Leben – ja.«

»Dann wird Alexandria von einem letzten Fest widerhallen«, sagte ich. »Es wird sein wie in vergangenen Zeiten.«

Er umklammerte mich wieder und zitterte noch immer. »Geh nicht fort!« bat er. »Verlaß mich nicht!«

Schließlich ließ er mich los. Ich schüttelte mich und gelangte zu dem Schluß, daß noch ein weiterer Augenblick gekommen sei, auch wenn ich es so nicht geplant hatte. Ich legte ihm die Schatulle, in der ich Cäsars Briefe an mich aufbewahrte, in die Hände. Niemand außer mir hatte sie je gelesen. Aber er brauchte sie.

»Das sind die Briefe deines Vaters an mich«, sagte ich. »Keines anderen Auge hat sie je gesehen. Aber du solltest sie lesen; du bist darin enthalten. Und ich denke, du wirst feststellen, daß auch er Fehler begangen hat. Er hat sogar ein paar Wörter durchgestrichen. Auch er hat zuweilen die falschen gewählt.«

»Aber nur, weil er auf griechisch geschrieben hat«, sagte Cäsarion mit halbem Lächeln.

Diese Briefe aus der Hand zu geben, das war, als öffnete ich eine Tür zu meiner Seele. Aber er brauchte sie nötiger als ich.

»Ich liebe dich, Mutter«, sagte er. »Verzeih, wenn ich lieber dich habe als den Thron.«

Ich zwang mich zu lachen und machte einen Scherz. »Dann bist du kein echter Orientale, denn wir sind berühmt dafür, daß wir unsere Eltern ermorden, um die Krone zu bekommen.« Aber ich war stolz auf die Tatsache, daß meine Kinder in dieser Hinsicht anders waren als die anderen Ptolemäer. »Es muß an deinem römischen Blut liegen.«

Der nächste Schritt in meinem Plan ging ebenfalls schief. Ich wollte, daß Olympos mir das beste Gift empfahl und beschaffte. Auch er war entsetzt.

Wir hatten über andere Dinge geredet; er hatte höchst nachdrücklich darauf bestanden, daß ich Gurken, Salat und Melonen essen müsse, um die

Entbehrungen von Actium wettzumachen, wo es nichts Frisches gegeben hatte.

»Ich brauchte dich nur anzusehen, um zu bemerken, daß du halb verhungert warst.« Er setzte sich auf einen meiner Diwane und verschränkte die Hände im Nacken.

»Warum? Weil mir ein paar Kleider paßten, die mir bis dahin zu eng gewesen waren?« fragte ich. »Darüber war ich nur froh.«

»Weiber! Eitelkeiten! Würde es dich interessieren zu erfahren, daß das Verhungern niemandes Aussehen verbessert, ganz gleich, welches Kleid dir wieder paßt? Deine Haut hatte ihre Farbe verloren, dein Haar war stumpf, und dein Gesicht hatte einen verkniffenen Ausdruck.«

»Nun, aber jetzt geht es mir besser«, sagte ich. »Hier gibt es reichlich zu essen.« All die Lebensmittel, die in Ägypten festgesessen und uns nie erreicht hatten.

»Besser, ja, aber nicht gut.« Er legte den Kopf schräg. »Wir müssen dich wieder in Kampfesform bringen, damit du Octavian um so besser verführen kannst, wenn er kommt.«

»Sehr komisch.«

»Nun, einen Versuch wäre es doch wert. Livia muß er inzwischen satt haben. Und wieder kommt ein verheirateter Römer in deinen Dunstkreis spaziert ...« Er verdrehte die Augen. »Es heißt, er habe eine Vorliebe für korinthische Vasen. Vielleicht kannst du dich in einer verstecken und dann heraushopsen?«

Was sollte ich nur ohne Olympos anfangen? »Du weißt doch, was man so sagt«, antwortete ich. »Niemals die gleiche List zweimal anwenden. Es hat zuviel Ähnlichkeit mit dem Teppich.« Ich schwieg einen Augenblick lang. »Nein, mir schwebt da etwas Neues vor. Aber dazu brauche ich deine Hilfe. Ich will das beste Gift, das du mir besorgen kannst.«

Das Lächeln schwand aus seinem Gesicht. »Du willst ihn vergiften?«

»Nein. Nicht ihn.«

Noch nie hatte ich Olympos so restlos überrascht gesehen, daß sich Gefühle unverhüllt in seinem Gesicht spiegelten. Jetzt sah ich es. »Nein!« sagte er. »Nein, ich kann nicht glauben, daß du so etwas von mir verlangst!« Er sprang auf.

»Mein lieber Freund ...« Ich erhob mich ebenfalls.

»Nein! Ich habe nein gesagt!« Grauen und Zorn kämpften in ihm. »Ich kann es nicht!«

»Wenn du es nicht kannst, wer wird es dann tun?« fragte ich. »Ich fürchte, es könnte sich als notwendig erweisen, und dann wäre ich zu ... häßlichen Maßnahmen genötigt. Es sei denn, du hilfst mir.«

»Ich kann meine Fähigkeiten nicht für so etwas verwenden«, sagte er.

»Und selbst wenn ich es könnte, so könnte ich dir niemals dabei helfen, dich zu … Du bist meine Freundin, die Gefährtin meines Lebens, du bist mir teurer als …, als …«

»Um so mehr Grund, weshalb du mir Leiden ersparen solltest! Oder willst du, daß ich gefoltert werde? Daß man mich nach Rom verschleppt und dort ermordet? Oder daß ich gezwungen bin, zu Messer und Schwert zu greifen? Hab doch Erbarmen mit meiner Lage!« Jetzt fühlte ich mich in die Enge getrieben. Ich hatte ihm meine Absichten offenbart, ohne mich seiner Hilfe zu versichern.

»Die Kleopatra, die ich kenne, würde ihren Feinden entgegentreten, statt ihnen aus dem Weg zu gehen.«

»Oh, das habe ich durchaus vor«, versicherte ich ihm wahrheitsgemäß. »Alles, was ich durch Diplomatie, Betörungskunst und Opferbereitschaft erringen kann, will ich erringen. Aber wenn ich scheitere, muß ich sicher sein, daß ich nicht gedemütigt oder gefoltert werde. Ich muß sicher sein, daß mein letztes Geschick in meiner eigenen Hand liegt.«

»Es ist übereilt! Octavian ist in Rom. Alles ist ruhig. Warte doch ab!«

Wieso begriff er es nicht? »Wir wissen, was bevorsteht«, sagte ich. »Wir müssen uns darauf vorbereiten.«

Er sah mich scharf an. »Du sprichst von Diplomatie, Betörungskunst und Opferbereitschaft. Woran denkst du dabei?«

»Ich werde Octavian schmeicheln, ihm meine Krone übergeben und ihn nur bitten, den Thron meinem Sohn zu überlassen. Das ist Diplomatie. Ich werde meine Schätze verstecken und damit drohen, sie zu vernichten, wenn er nicht einverstanden ist. Ich bin bereits dabei, sie an einem Ort zusammenzutragen, wo ich sie in Brand setzen kann. Das ist Opferbereitschaft. Und schließlich – wenn ich ihm gegenüberstehe, werde ich ihn an Cäsars Liebe zu mir erinnern, an seinen Respekt. Er wird es nicht wagen, die ›Gemahlin seines Vaters‹ zu beleidigen. Und das ist Betörungskunst.« Das war mein vorläufiger Plan. Ich wollte nicht sterben. Aber ich war bereit dazu. Das war der Unterschied.

»Und was ist, wenn er dich sieht und auf deine … Betörungskunst auf andere Weise reagiert. Wenn er gewisse Bestätigungen verlangt?«

Daran hatte ich auch schon gedacht. Es war unwahrscheinlich; der Feind erweckt sonst keine Lüsternheit. Aber Eroberer nahmen sich im Zuge ihres Sieges oft die Frauen. Und sich Antonius' Frau zu nehmen, das wäre der letzte Triumph über den Widersacher, die größte Beleidigung, die er ihm antun könnte. Der Gedanke war widerlich; ich wußte nicht, ob ich es ertragen würde, nicht einmal für Ägypten, nicht einmal für Cäsarion. Gift wäre viel besser. Aber dazu würde ich dann vielleicht nachher greifen müssen; genau genommen wäre es danach unumgänglich.

»Ich würde mich vorher betrinken«, sagte ich. »Und ich nehme an, du hättest wohl keine Skrupel, mir etwas zu geben, das ich in den Wein schütten kann, damit hinterher alle meine Erinnerungen ausgelöscht wären.«

Vermutlich war das die Antwort, die er hören wollte. Sie zeigte ihm, daß ich am Leben bleiben wollte. Sollte er das nur denken – solange er mir das Gift beschaffte!

»Du schreckst vor nichts zurück«, sagte er mit widerwilliger Bewunderung.

»Das macht die Verzweiflung. Laß mich nicht im Stich!«

»Ich habe dich bei der Geburt der Zwillinge nicht gerettet, um dich zehn Jahre später umzubringen.« Er schüttelte den Kopf. »Ich gebe dir kein Gift.«

»Dann bist du grausamer als Octavian!« Nun, ich würde auch ohne ihn zurechtkommen. Mir würde schon etwas einfallen. Aber ich brauchte noch andere Zusicherungen von ihm. »Dann mußt du mir etwas anderes versprechen.«

»Nicht, bevor ich es gehört habe.« Er verschränkte die Arme.

»Ich möchte, daß du zwei Abschriften meiner Lebensgeschichte aus Alexandria hinausbringst. Die eine legst du in den Sockel der großen Isis-Statue in ihrem Tempel zu Philae; die andere bringst du zur Kandake nach Meroë.«

»Meroë? Ich soll bis Meroë reisen?« Seine Stimme hob sich protestierend.

»Ich denke, wenn Octavian erst da ist, wirst du bald spüren, daß eine Reise unumgänglich ist.« Ich lächelte. »Versprichst du es mir? Es ist alles, was ich verlange.«

»Das ist *alles*? Weißt du, wie *weit* das ist?«

»Ja. Ich war schon dort, erinnerst du dich? Du wirst ganz froh sein, wenn du Alexandria für ein oder zwei Jahre verlassen kannst. Wenn du dann zurückkommst, ist Octavian nicht mehr da.«

»Und du? Wo wirst du dann sein?« Er war immer noch mißtrauisch.

»Nach Rom verschleppt, wie du es haben willst.« Es hatte keinen Sinn, darüber jetzt weiter zu diskutieren. »Versprichst du mir, die Schriftrollen fortzubringen?«

Er seufzte. »Ja, vermutlich.«

»Nein. *Versprichst* du es? Habe ich dein Wort?«

»Ja.«

»Dann kann ich darauf vertrauen. Das weiß ich.«

Das Jahr ging unerbittlich weiter und versank in der dunkelsten Zeit. Aber draußen war es nicht dunkler als in meinem Herzen, das von Angst, Haß und Sorge gepeinigt war. Ich fuhr mit Cäsarions Ausbildung fort; ich zeigte ihm Archive und Bestandsverwaltungen und bemühte mich, ihn in der wertvollen Kunst des Regierens zu unterweisen: wie man Beamte auswählte, wie man seine Korrespondenz so formulierte, daß man damit seine Ziele erreichte, wie man gute Diener belohnte und betrügerische erkannte. Ich verbrachte viele Stunden mit Alexander und Selene und erzählte ihnen Geschichten von Antonius, damit sie ihren Vater nicht vergaßen. Ich gab ihnen seine Orden und schilderte ihnen die Schlachten, in denen er sie erworben hatte. Ich ließ auch Antyllus dabeisein, der in gewisser Hinsicht von allen am bedürftigsten war. Er war allein nach Alexandria gekommen, ein Fremder, der seinen Platz bei unbekannten Halbgeschwistern eingenommen hatte. Er hatte keine Mutter und war aus dem Hause seiner Stiefmutter geholt worden. Ich litt mit ihm, und das Leiden wurde noch schlimmer, wenn ich mir Cäsarion an seinem Platz vorstellte. Kein Vater, keine Mutter, kein Stiefvater … Nun, zumindest kannte Antyllus Octavian, dachte ich grimmig. Gewiß würde Octavian ihn aufnehmen und gut behandeln. Mit dem Kleinsten, meinem jüngsten Kind, dem Fünfjährigen, spielte ich, und ich erfreute mich an seinem bereitwilligen Lachen und den dicken Händchen, aber auch daran, daß er mir nicht die Fragen stellte, deren Beantwortung mir zuviel Pein bereitet hätte.

Mardian kam eines Tages mit besonders düsterer Miene herein. Er hatte eine Nachricht erhalten.

Ich seufzte. »Was gibt es denn?« Eine üble Sache folgte der anderen – wie die Wellen, die unablässig heranrollten und sich an den Molen brachen. Es gab keine Nachricht mehr, die gut sein konnte; es gab nur schlechte und schlechtere. Und die schlimmste: daß nämlich Antonius …

»Die Schiffe«, sagte Mardian. »Malichos …«

Ich hatte gedacht, ich sei nicht mehr zu enttäuschen, aber als ich las, daß der König von Nabatäa meine Schiffe hatte verbrennen lassen, war ich doch niedergeschmettert. Und er hatte gewartet, bis man sie mühevoll über den Sand geschleppt und wohlbehalten im Roten Meer zu Wasser gelassen hatte, ehe er sie überfallen und angezündet hatte.

»O ihr Götter!« rief ich. »Jetzt erheben sich alle meine Feinde.« Malichos grollte mir, seit ich ihn um die Rechte am Asphaltabbau gebracht hatte.

»Jetzt, da Didius … nachdem er …« Mardian hüstelte zart.

Quintus Didius, der syrische Statthalter, war einen Monat zuvor mit seinen drei Legionen zu Octavian übergelaufen.

»Was ist mit ihm?« fragte ich.

»Um seine neu entdeckte Gefolgschaftstreue unter Beweis zu stellen, hat er Malichos auf dich gehetzt. Malichos hätte nicht ohne seine Zustimmung zuschlagen können.«

»Natürlich nicht.« Die Schiffe waren also weg. Auf diesem Wege gab es kein Entrinnen mehr. Ich war inzwischen dagegen immun – gegen all diese Verluste und Rückschläge. Mein einziges Ziel war es, nicht zu wanken und ansonsten auf ein Wunder zu hoffen, das die nahende Flutwelle umkehren würde. Octavian war immer noch sterblich. Es gab immer noch Schiffsunglücke, Fieber, Unfälle … Mehr war ja nicht erforderlich. Das aber lag in den Händen der Götter, und sie würden es eher gewähren, wenn unsere entschlossenen Anstrengungen hier unten ihren Beifall fänden. Niemand, ob Mensch oder Gott, liebt den Angsthasen. Und so marschierte ich weiter, allein.

## 79

Es gab nur noch einen Ort, der mir Trost versprach. Antonius' leere Gemächer waren eine Folterkammer. Die Räume der Kinder mit dem hohen, hallenden Lärm des Lebens waren wie ein Stachel, der mich an die ernste Last erinnerte, die mir anvertraut war. Mardians Berichte über den Wohlstand Ägyptens waren mir beinahe ein Ärgernis, und Olympos und ich spielten inzwischen Katz und Maus um meine Pläne.

Als ich in die Stadt hinausging, konnte ich nicht umhin, mir zu überlegen, wieviel die Alexandriner – unbeständig, verspielt und, jawohl, oberflächlich – wohl aushalten würden. Eine Belagerung? Zweifelhaft. Beschuß? Nein. Und ganz sicher nicht um eines in Schande geratenen römischen Generals willen. Meinetwegen? Vielleicht. Sie beobachteten mich aufmerksam, als ich in meiner Sänfte durch die Straßen getragen wurde, und ihre dunklen Augen glitzerten. Sie musterten mich, wie ich sie musterte.

Octavian pflegte Übereinkünfte zu schließen. Er würde ihnen Bedingungen anbieten, mit denen ihre prachtvolle Stadt zu erhalten wäre, und ein Teil meiner selbst war dafür dankbar, weil ich wußte, daß meine Stadt irgendwie weiterbestehen und mich überleben würde.

Alexanders weißes Grabmal winkte, wie es das vor all den Jahren schon getan hatte. In dem glitzernden Bauwerk, das seine Überreste beherbergte – in den kühlen Gängen unter der Kuppel – waren die Geräusche gedämpft, und das Licht, das hereindrang, war verstreut und mild. Die Totenstille war es, die mir jetzt auffiel, während ich als Kind von dem glänzenden Gold beeindruckt gewesen war, von Schwert und Brustpanzer. Jetzt war mir klar, daß ich niemals begreifen würde, was der Tod wirklich bedeutete, wie er Bewegung in vollkommene Stille und Starre verwandelte; aber wenn Alexander, der rastloseste unter allen Menschen, so still liegen konnte …

Statt Trost fand ich Grauen. Nie wieder würde ich dorthin gehen, und blinzelnd trat ich hinaus ins Sonnenlicht und lechzte nach der nächstbesten Bewegung – eine huschende Eidechse, die eine Macht besaß, wie Alexander sie für alle Zeit verloren hatte; die winkende Hand eines Arbeiters; ein Esel, der auf dem Pflaster stolperte. Ich stieg in meine Sänfte und fühlte die Schritte meiner Träger, lebendig, beweglich …

Erst im Tempel der Isis an der Ostseite der Palasthalbinsel, wo das Rauschen des Meeres durch die Halle tönte wie das Geräusch einer zerbrechlichen Muschel, die man sich ans Ohr hält, gab es Frieden für mich. Vom Portikus aus sah ich das funkelnde aquamarinblaue Wasser mit den zierlichen weißen Schaumkronen, die wie ein Spitzenbesatz auf den Wellen saßen. Das Klagen des Windes, das die Möwen nachahmten, schien mich zu rufen. Im Innern der schattigen Halle, weiß wie frisch geschnittenes Elfenbein, stand die Statue der Isis und lud mich ein, näher zu kommen.

Dort, zu Füßen der Göttin, der einzigen Mutter, die ich je wirklich gekannt hatte, konnte ich meinen Kopf anlehnen und alle Verstellung fallenlassen. Sie sah alles, sie wußte alles, und ich konnte ihr vertrauen – und das ist es, was wir uns bei unseren irdischen Gefährten ersehnen.

*O Isis! Meine Mutter! Mir ist, als wäre ich ein Kind, verirrt und einsam …*

Vor langer Zeit war meine Mutter im betörend zarten Blau des Hafens verschwunden und hatte mich in der Obhut der Isis zurückgelassen.

Ich bin klein, sehr klein. Ich kann mit Mühe den Sockel der Statue erreichen, und ich strecke mich und berühre ihn; meine dicken Händchen, gekrümmt vor Trauer, bieten der Göttin einen kläglichen Strauß Wildblumen dar, und ich habe schreckliche Angst vor ihr. »Sie ist jetzt deine Mutter«, sagt die alte Amme, aber sie ist weiß und fern, und ich kann kaum ihr Gesicht sehen. Ich will das Gesicht meiner richtigen Mutter wiederhaben, ihre gesunde Farbe, ihre roten Lippen, ihre grünlichen Augen. Wieder strecke ich die Hand aus und sehe darüber plötzlich die Hand meiner Mutter, und die schlanken Finger schlagen auf das Wasser und verschwinden darin.

Ich rufe der Göttin zu: *Ich bin Dein – nimm mich ebenfalls, ich will mit ihr gehen!* Aber die Göttin hebt mich auf, umfaßt mein Kinn und flüstert: *Kind, mein Kind, der Tod ist nichts für dich. Du gehörst mir, und du wirst mir Hand und Auge sein, meine Vollstreckerin, meine Verkörperung – für immer und ewig.*

Ich hatte es vergessen; vielleicht war es ihre Macht gewesen, die meine Erinnerung versiegelt hatte – bis jetzt. Als ich in ihrem Schatten stehe, kehrt das alles zurück – nur, daß ich größer bin: Meine Hände, schlank und beringt wie die meiner Mutter, erreichen das Knie der Göttin, das Antlitz meiner Mutter ist unwiederbringlich verblaßt, und Isis mit ihrer heiteren Schönheit ist die einzige Mutter, die ich kenne.

Was soll ich tun? frage ich sie. Nur Du kannst mich führen. Soll ich Widerstand leisten? Werde ich bald sterben? Was wird aus meinen Kindern? Wohin werden sie gehen, was wirst Du mit ihnen tun?

O Isis – Du, die Du das Schicksal beherrschst, die Du die Pforten auf unserer Reise öffnest und schließt: Sag mir, woher ich komme, wohin ich gehe und warum ich es tue. Sag es mir! Ich bin bereit, es zu hören!

Und leise wie das Raunen der See, das Murmeln der Gezeiten, die an den Grundfesten des Tempels lecken, vernehme ich den Klang des Unheils: *Nur noch eine kleine Weile, ein kleines Stück zu gehen und tapfer zu ertragen, und dann darfst du dich an meiner Seite niederlegen.*

An ihrer Seite. Mein Mausoleum stand neben dem Tempel der Isis und war durch einen Gang damit verbunden. Also.

*Solange die Männer kommen, um mich anzubeten, solange die Frauen kommen, mich zu ehren, mir Blumen vor die Füße zu legen und sie mit heiligem Wasser zu waschen, so lange werden sie auch an deinen irdischen Überresten vorübergehen und auch dich ehren. Du, meine wahre Tochter, wirst sein ein Teil meiner selbst und derer, die mich lieben, bis zum Donnerschlag am Ende der Welt – am Ende unserer Welt …*

Ist es also vorbei? Es erscheint unmöglich, aber nur die Statuen harren aus in Ewigkeit. Selbst Alexander liegt still wie der Staub unter seinem Baldachin – und er war jünger, als ich es bin.

Aber nur sechs Jahre jünger! Ich bin neununddreißig – zu jung; es ist zu schnell gegangen, viel zu schnell, um schon zu enden!

Octavian – Octavian ist ebenfalls sechs Jahre jünger als ich, genauso alt wie Alexander. Nein, noch nicht ganz; erst im nächsten September wird er Alexanders Alter erreichen. Und dann …

Soll es dann geschehen? fragte ich Isis. Soll es dann geschehen, aber nicht vorher?

Und sie sagte: *Ja. Dann.*

Aber ich wollte es ändern. Ich *würde* es ändern. Stand es denn unverrückbar geschrieben, oder würde es sich abwehren lassen? Wenn unsere Bemühungen bei den Göttern Bewunderung oder Beifall fanden, stand es denn dann nicht auch in ihrer Macht, das zu ändern, was geschrieben steht? Sie hatten ein Erbarmen mit Psyche gehabt, und ihr großartiger Kampf hatte ihr einen Platz auf dem Olymp eingetragen und dazu einen Schluck Ambrosia, der sie von der Sterblichen in eine Unsterbliche verwandelt hatte. Und Herakles … Seine Arbeiten hatten ihn ebenfalls am Ende zu einem Gott gemacht.

Nur wer sich müht, ist es wert, Schonung zu finden. Daher hatte ich jetzt lediglich erfahren, was darauf wartete, durch meine eigene Entschlossenheit abgeändert zu werden. Wie leicht ist es, sich zu fügen, doch wie groß auch der Lohn für den Widerstand! Die Götter ermutigen uns zur Rebellion – durch ihre eigene Inkonsequenz und ihren Beifall für unseren Mut.

»Sie haben mir gesagt, ich würde dich hier finden.«

Ich hörte die Stimme kaum; sie war leise und kam aus dem Portikus. Ich drehte mich um und sah dunkle Umrisse; jemand stand mit dem Arm an eine Säule gelehnt, schwarz vor Weiß.

»Wer stört mich hier!« fragte ich herrisch. Ich wollte jetzt keine Menschen in diesem heiligen Raum.

Er nahm die Hand von der Säule und kam auf mich zu, noch immer nur eine schwarze Gestalt, die sich langsam und bedächtig bewegte …

»Du erkennst mich nicht?« Antonius' Stimme faßte die Worte in Trauer und Enttäuschung.

Er lebte! Er war hier und wies den Tod selbst zurück! Ich rannte zu ihm und warf ihm die Arme um den Hals; nie wieder, hatte ich gedacht, würde ich das tun.

Das Schiff mit den schwarzen Segeln … der Sarkophag … die stille Bestattung … All die quälenden Bilder, mit denen ich gerungen hatte, waren dahin, geschrumpft wie Gespenster der Phantasie, was sie ja gewesen waren. Sein Atem war warm, sein Fleisch fest – dies war kein Gespenst.

»Oh, danke! Dank sei allen Göttern!« rief ich. Auch er hatte ihren Befehlen getrotzt, und jetzt lebte er und war hier. Er hatte dem römischen Diktum den Rücken zugekehrt.

»Ich mußte dich wiedersehen«, sagte er. »Ich konnte nicht fortgehen, nachdem wir uns so verabschiedet hatten.«

Er beugte sich nieder und küßte mich, und leidenschaftlich nahm er mich in die Arme. Mein Herz sang ob seiner Berührung, seiner Auferstehung.

»Ich kann dich nicht nah genug spüren«, sagte ich. Und Isis schaute mit ausdrucksloser Miene auf uns herab.

Wir würden in den Palast zurückkehren. Er würde die Kinder wiedersehen. Wie glücklich würde er sie machen! Sie würden den Verlust nicht ertragen müssen, den ich ertragen hatte an jenem heißen, stillen Tag im Hafen. Ich würde ihm von meinen Vorbereitungen erzählen, würde ihm berichten, was es Neues gab.

»Und jetzt kann ich es auf mich nehmen«, sagte er und löste sich von mir. »Ein richtiger Abschied geziemt sich.«

»Ich verstehe nicht.« Er hatte die weite Reise doch sicher nicht gemacht, um … Ich drehte mich um und sah Isis an. War all dies ihr Wille? Eine grausame Posse?

»Ich werde hier leben, aber nicht bei dir«, sagte er. »Ich bin keine passende Gesellschaft und nicht länger würdig, im Palast zu wohnen. In Einsamkeit werde ich hausen, in einer kleinen Hütte – je ärmlicher, desto besser – unten am Hafen, und dort warte ich auf die unausweichliche Ankunft des … Siegers.«

»Aber …« Ich suchte nach Worten. Das paßte doch in keinen Plan! Es hatte keinen Sinn, erfüllte keine Forderung der Ehre. »Du hast doch sicher noch andere Pläne. Warum bist du denn zurückgekehrt?«

»Das sagte ich doch: um dich zu sehen.«

»Aber du wirst mir großes Leid bereiten. Wie kann ich im Palast leben und wissen, daß du in der Stadt bist, aber nicht zu mir kommen willst? Und die Kinder! Wie willst du – wie kann ich – Alexander und Selene erklären, daß ihr Vater hier ist, sie aber nicht sehen will? Sie sind verwirrt und verängstigt! Sie brauchen dich!« Welcher Wahn war jetzt in ihn gefahren?

»Ich bin nicht mehr Antonius. Es ist besser, wenn sie mich nicht sehen. Sie sollen mich in Erinnerung behalten, wie ich war. Sie sollen sich an den Orden erfreuen – Andenken an einen großen Soldaten! Aber nicht an diesen Mann hier – nicht an diesen Mann!« Er hob die Arme, strich damit über seine Brust und breitete sie dann resigniert aus.

»Du bist ihr Vater!« sagte ich streng. »Kindern liegt weniger an Orden und Ehren, als du dir vorstellst. Sie wünschen sich die lebendige Anwesenheit eines Vaters und einer Mutter.« Meine Mutter, wie sie in den Wellen versank und mich allein ließ … Aber sie hatte es nicht absichtlich getan. »Du bist grausam!« Als er reglos stehen blieb, rief ich: »Die Götter werden dich dafür bestrafen! Absichtliche Grausamkeit ist unverzeihlich! Actium war nicht deine Schuld, aber das hier hast du selbst zu verantworten! Und dafür wirst du bezahlen!«

Er wollte nicht in den Palast zurückkehren, sondern uns den Rücken zuwenden und seine Gemächer leerstehen lassen … nie wieder seine Aufgabe als Mann und Vater erfüllen.

»Antonius ist bei Actium gestorben.« Seine Stimme war leise.

»Was steht dann hier?« Für mich sah er durchaus wirklich aus.

»Sein Schatten, sein dunkles Abbild.«

»Dann soll das zu uns kommen.«

»Es lohnt sich nicht, es zu haben.«

»Wenn dieser fühllose Mann alles ist, was von Antonius übrigblieb, dann hast du recht!« rief ich. »Dies ist nicht Antonius, denn der war vor allem gütig und großzügig! Das hier ist eher Octavian! Hat er von dir Besitz ergriffen? Dich zu einem härteren Bildnis seiner selbst gemacht?«

»Laß mich in Frieden gehen«, bat er. »Behalte mich im Gedächtnis, wie ich war!«

»Das kann nicht sein. Der letzte Blick, den du auf einen Menschen wirfst, bleibt immer bei dir. O Antonius« – ich streckte die Arme aus –, »komm heim zu mir. Laß uns beieinanderstehen und unseren Tagen ein paar letzte Freuden und Triumphe entringen ...«

Aber er hatte sich abgewandt; sein Umhang schleifte hinter ihm über die Stufen des Tempels, als er hinunterging.

Ich legte die Stirn an den Sockel der Isis-Statue und weinte. Er war in mein Gespräch mit der Göttin eingedrungen, er war mir zum Spott von den Toten auferstanden, um gleich wieder zu verschwinden.

Was soll ich tun? Was soll ich tun? beschwor ich sie.

*Laß ihn gehen*, antwortete sie. *Jetzt gibt es nur noch dich. Dich und mich. Ich werde nicht fliehen, werde nicht säumen, dich zu halten in deiner Not. Gib dich in meine Hand! Die Zeit, da du anderer Sterblicher bedurftest, ist vorbei.*

Die Sonne ging unter, bevor ich den Tempel verließ; der rosige Widerschein der roten Glut am Horizont überzog die Säulen, warf schräge Strahlen über den Boden und badete das Antlitz der Isis in lebendigen Farben. Es war Ebbe; häßliche schwarze Klippen waren zutage getreten, und die Wellen nagten daran.

Ich war erschöpft wie nach einer gewaltigen Schlacht. Mir graute davor, in den Palast zurückzukehren, zurück zu all den Fragen und prüfenden Blicken, aber im Gegensatz zu Antonius würde ich mich ihnen stellen.

Meine Arme schmerzten von der kurzen Berührung; sie hatte vergessene Empfindungen in mir erwachen lassen. Das Gefühl seiner Lippen auf den meinen – jetzt mußte ich es wieder vergessen, noch dazu erfüllt von Zorn und Enttäuschung. Für mich war der Abschied in Paraitonion besser gewesen! Diese Überraschung, diesen kurzen Reiz, nahm ich Antonius übel. Und niemals konnte ich ihm verzeihen, daß er seine Kinder so verletzt hatte. Da hätte selbst die römische Art mehr Respekt bei mir gefunden! Denn dann hätte ich trauern können; jetzt aber war ich betroffen und fühlte mich im Stich gelassen.

Herz, wir müssen ihn restlos vergessen! befahl ich mir streng, als ich zum Palast zurückmarschierte. Wie sollte ich Mardian gegenübertreten und es ihm erzählen ...?

Ich hätte mir keine Sorgen zu machen brauchen. Es war Mardian gewesen, mit dem er gesprochen hatte, und Mardian hatte ihm gesagt, wo er mich finden würde. Jetzt erwartete er mich bang.

»Hat er ...?«

»Ja!« rief ich, und Zorn und Trauer kämpften in mir wie zwei Gladiatoren.

»Und wo ...?«

»Er ist weggegangen – ich weiß nicht, wohin! Er sagt, er will allein leben und nicht in den Palast kommen. O Mardian!« Ich umarmte seinen tröstlichen Wanst. Lieber Mardian, mein stets beständiger, unerschütterlicher Freund!

»Er ist ein gebrochener Mann«, sagte er. »Urteile nicht zu hart über ihn.«

»Aber die Kinder! Wie kann er …?«

»Er schämt sich, ihnen ins Gesicht zu schauen.« Er führte mich in sein Privatgemach. »Er hat noch einen Schlag erleiden müssen.«

»Was?«

»Er hat dir nichts davon erzählt?«

»Nein. Er hat gar nichts erzählt, sondern sich nur förmlich verabschiedet.«

»Ah.« Mardian ließ mich auf einem seiner Diwane Platz nehmen.

Als ich mich in die Kissenberge sinken ließ, tat ich es mit tiefer Erleichterung. Ich hatte stundenlang gestanden. »Was ist ihm denn zugestoßen?« Es lag mir schrecklich am Herzen. Ich wollte ihn so gern vor weiteren Schicksalsschlägen behüten.

Mardian griff nach einem schlanken Glaskrug, und ohne mich zu fragen, schenkte er uns beiden frischgepreßten Traubensaft mit süßem Honig ein. Er reichte mir einen Becher, und ich nahm ihn dankbar in Empfang. »Vor ein paar Stunden ist Scarpus gekommen«, sagte er. »Wie es scheint, haben Gallus und seine Leute schließlich die Kyrenaika erreicht, wo Scarpus' ehemalige Legionen sie erwarteten. Sie schlossen sich zusammen, und da beschloß Antonius, zu ihrem Lager zu gehen und in eigener Person an seine ehemaligen Soldaten dort zu appellieren. Er wollte sich vor die Tore stellen und zu ihnen sprechen.«

Nein! Was für eine Erniedrigung! Aber daß er sie auf sich nehmen wollte, zeigte, daß er noch nicht geschlagen war.

»Und was geschah?«

»Scarpus stand neben ihm, und wie er es erzählt … Es war jammervoll. Jedesmal wenn Antonius die Stimme hob, um zu sprechen – und du weißt, wie gut er darin geübt ist, über große Entfernungen zu reden –, gab Gallus den Befehl, die Fanfaren zu blasen und ihn zu übertönen. So ging es stundenlang, wieder und wieder. Schließlich war der Tag zu Ende, und Antonius mußte ungehört abziehen.«

Schmerz durchzuckte mich wie eine Lanze. Genug, genug! betete ich zu Isis. Laß ihn nicht noch mehr ertragen!

»Und da ist er hergekommen.«

»Anscheinend.«

Dieser letzte Schlag mußte ihn aus den Angeln gehoben haben. Er konnte nur noch tief beschämt hierher kriechen – wie ein Hund, der sich ein Loch suchte, in dem er sich niederlegen und sterben konnte. Oh, hätte ich das doch nur gewußt, als er vor mir stand!

»Er hat es dir nicht berichtet?« fragte Mardian.

»Nein.« Wahrscheinlich hatte er nicht das Gefühl gehabt, daß er etwas zu berichten hatte. Ach, Antonius! »Nein, er hat nichts gesagt.«

»Was hat er denn getan?«

Er hat mich angeschaut. Er hat mich geküßt. Er hat Lebewohl gesagt.

Ich zuckte die Achseln. »Er hat eine Menge Unsinn gestammelt; er wolle allein leben, auf Octavian warten …« Jetzt war ich müde und geschlagen. Auch ich brauchte ein Loch, um mich hinzulegen. In meine Gemächer wollte ich nicht zurück, wo die Kinder zu mir kommen würden und wo Iras und Charmian waren. Ich konnte verstehen, wie Antonius sich fühlte, wenn auch nur andeutungsweise. »Mardian, darf ich heute nacht dein Gast sein?« Ich brauchte es ihm nicht zu erklären.

»Es wäre mir eine Ehre«, sagte er. »Es ist längst alles vorbereitet.«

Er war mein oberster Staatsminister, und so kamen seine Gemächer an Größe den meinen gleich, und was die luxuriöse Ausstattung anging, möchte ich behaupten, sie übertrafen sie noch. Er hatte einen Blick für alles Schöne und die nötigen Mittel, um ihm nachzugehen; die Zollbeamten waren mit seinem Geschmack wohlvertraut, und immer wenn eine Ladung von syrischen Tischen mit Perlmuttintarsien, indischen Truhen aus Kampferholz oder seidenen Bettbehängen von Kos eintraf, stellten sie ein Musterstück für ihn zur Seite. Das Ergebnis war eine Zimmerflucht, die von Zierat nur so überquoll; Wand, Fußboden und Tisch wiesen kein freies Fleckchen mehr auf. Die einzige Ausnahme war sein Arbeitszimmer; hier war die Einrichtung karg wie in einer Einsiedlerzelle.

Einsiedler … So karg, wie es jetzt bei Antonius war?

»Ich halte nichts davon, mehr als die gerade in Arbeit befindlichen Papiere zur Hand zu haben«, hatte er mir einmal erklärt. »Alles weitere Durcheinander verwirrt nur den Geist.«

»Wie kannst du dann in all dem hier wohnen?« Ich wäre hier erstickt. Ich brauchte Platz, um zu atmen und um meine Augen ausruhen zu lassen.

»Ah, wenn ich das Arbeitszimmer verlasse, stelle ich fest, daß meine Sinne der Liebkosung bedürfen«, hatte er geantwortet.

Er führte mich einen Gang hinunter, vorbei an Zimmern, die von Schätzen glitzerten wie die Höhle eines Händlers, bis zum letzten Gemach, einem Eckzimmer, das einen Blick auf das Meer und über den Palastgarten bot. Vom Fenster aus konnte ich mein Mausoleum sehen und auch den Tempel der Isis, violett vor dem dunklen Blau der fortschreitenden Nacht. Der Anblick ließ mich frösteln. Dort waren die Stufen, auf denen Antonius davongegangen war. Wo war er jetzt? Vergebens suchte ich nach einer Bewegung im Schatten des Portikus.

»Hier, meine Liebe, magst du bleiben, solange du willst.« Er wies in das

Gemach. Gepolsterte Bänke verschwanden unter bestickten Überwurfdecken, und das riesige Bett war von hauchzarten Vorhängen umgeben.

»Du weißt, daß du so etwas gefahrlos sagen kannst, weil ich ja morgen früh wieder im Audienzsaal sein muß.« Ich hob die Hand und strich ihm über die glatte Wange.

Er lachte. Ich hatte sein Lachen immer gern gehört, und ich merkte, daß es mir ein ebenso vertrauter Freund war wie er selbst. »Du mußt es nicht, wenn du nicht willst«, sagte er. »Ich kann mich darum kümmern.«

»Das weiß ich.« Er hatte sich ja als jene große Seltenheit erwiesen: ein teurer Freund, der überdies der beste Mann für ein hohes Amt war. »Aber ich werde dort sein, weißt du. Ich drücke mich nicht.« Ich wandte mich dem Bett zu. »Du hast hier für so vieles gesorgt, daß ich es fast als Undankbarkeit empfinde, wenn ich hier nur schlafen will.« Mein Blick war auf die Stapel von Schriftrollen gefallen, auf die Gemälde, die Spielbretter mit den Einlegearbeiten aus Ebenholz, die Musikinstrumente und all die Dinge, die den Gast hier erwarteten.

»Ich kann dir einen Sänger schicken, der dich in den Schlaf singt«, sagte er. »Ich habe einen sehr guten, aus Lykien …«

»Nein. Die Stille wird mir süßer klingen«, versicherte ich ihm. Nach kurzem Zögern fuhr ich fort. »Ich war heute bei Alexanders Grab«, sagte ich. »Erinnerst du dich …?«

»Wie wir uns dort kennenlernten? Ja. Du fandest, daß ich ihn zu sehr in Anspruch nähme.« Er lachte – wieder dieses wunderbare Lachen.

»Mardian, heute war es anders. Nicht er – aber ich und die Welt. Geh nie wieder hin!«

»Nun, ich bin seit vielen Jahren nicht mehr dagewesen. Du weißt ja, wie es ist: Wenn man irgendwo wohnt, bekommt man die berühmten Sehenswürdigkeiten nie zu sehen – außer als Kind, wenn man hingeführt wird. Ich wage zu behaupten –«

»Nein, ich meine es ernst! Es war bedrückend, beängstigend!« Ich wollte es ihm – oder vielleicht auch mir selbst – gern erklären.

»Du hast noch nie vor etwas Angst gehabt, solange ich dich kenne«, antwortete er mit Entschiedenheit. »Und jetzt sagst du, ein Grabmal macht dir angst?«

»Nein, nicht das Grabmal, nur … das Ende der Dinge.« Es war schwerer in Worte zu fassen, als ich erwartet hatte. »Geh nicht wieder dorthin, ich bitte dich.«

Er hob die Schultern. »Ich hatte es nicht vor.« Mit einer weiten Handbewegung deutete er durch das Zimmer. »Hier habe ich Kissen, die mit Daunen von den Hälsen ganz junger Schwäne gefüllt sind.«

Ich lag im Bett, und mein Kopf versank in den dicken Kissen – die ich dem Opfer der jungen Schwäne verdankte –, und der Blick ins Zimmer war von den feinen blauen Seidenvorhängen rings um das Bett verschleiert wie von einem Nebel. Wie sicher ich mich hier fühlte, wie behütet unter den zahllosen Schichten des Luxus. Vielleicht war dies ja ihr Zweck: Mardian wie ein Polster vor der Außenwelt zu schützen. Vielleicht tut Geld letzten Endes überhaupt nichts anderes: Es dient uns als Polster gegen die Welt und glättet ihre rauhen Kanten für uns.

In einer Zeit wie dieser einen Freund wie Mardian zu haben war wie ein heilender Balsam. Genau wie Antonius brauchte ich einen zurückgezogenen Ort, um mich zu erholen; ich aber würde hier nicht bleiben. Nur für heute nacht … nur für heute nacht … Der liebe Mardian. Er ließ mich nie im Stich.

Die Schatten von den drei hängenden Öllampen malten Muster auf die Wand, und es war leicht, Menschen darin zu erblicken, Profile, Geschichten. Die Schatten … die Schatten des Hades … Wie lebendig waren sie, woran erinnerten sie sich, was fühlten sie noch? Bald würde ich es wissen. Ein Schatten an der Wand zu sein wie die hier, das war immer noch besser, als gar nichts zu sein. Ich wollte nicht ausgelöscht werden, wollte nicht sterben. Vor der Zeit so gründlich darüber nachzudenken, machte die Sache noch schlimmer, aber jählings niedergestreckt zu werden war auch nicht besser. Als Menschen denken wir und bekränzen unseren Tod mit Gedanken, wie wir ein Grab mit Blumen bedecken. Wer dieser Gelegenheit beraubt wird, stirbt wie ein Tier. Indessen … Tiere vergiften ihre letzten Stunden wenigstens nicht mit morbiden Gedanken. Was also ist vorzuziehen?

Der Schlaf umhüllte mich. Ich fühlte, wie die Konturen meiner Gedanken verschwammen; der lange Tag ging endlich zu Ende. Antonius. Meine Kinder. Es gab noch so viel zu tun. Aber das war für morgen. Morgen …

Irgendwann in der Mitte der Nacht erhob sich der Wind und drängte zu den verriegelten Fenstern herein; er stahl sich in die Ecken des Zimmers und in die Wärme des Bettes. Ein Wintersturm – einer der letzten, denn der Winter ging dem Ende zu. Als ich das Rauschen der Wellen hörte, die draußen zur Raserei aufgewühlt wurden, da war ich noch einmal in Actium, eine Gefangene des Wassers. Ich richtete mich auf, strich die Vorhänge beiseite und ließ die Kälte an meine Haut.

Das Wasser. Das Wasser. Dieses Rauschen, das immer gleiche, unnachahmliche Platschen, das mich zu allen entscheidenden Zeiten meines Lebens umgeben hatte. Der Hafen von Alexandria, die Bootsfahrt im Teppich nach Westen zu Cäsar, die Reisen nach Tarsos und Antiochia, und dann Actium – lauter Wendepunkte, und alle hatten sie irgend etwas mit Wasser zu tun, mit Schiffen oder Booten. Wie viele Schiffe warteten noch darauf, über meine Zukunft zu entscheiden? Da war das Schiff, mit dem ich Cäsarion nach Indien zu schicken gedachte, die letzte Schlacht gegen Octavian in unserem Hafen, die Flußbarke, die meine Geschichte nach Süden bringen sollte, nach Philae und nach Meroë … und womöglich noch ein Boot, das mich und Antonius in Sicherheit bringen würde. Immer wieder Schiffe. Immer wieder Wasser. Aber ein Schiff gab es, das ich niemals besteigen würde: das Schiff nach Rom in die Gefangenschaft. Nein, eher bestiege ich den Nachen des Fährmanns Charon, der mich über den Styx setzte.

Schicksal, durch Wasser bestimmt. Tod auch durch das Wasser. Wie seltsam, daß die Geschicke der Königin von Ägypten, der Königin eines Wüstenlandes, wieder und wieder durch das Wasser entschieden werden sollten.

Ich sagte den Kindern, daß Antonius in Alexandria sei, sich aber nicht »wohl fühle« – was ja durchaus der Wahrheit entsprach. Man hatte mir berichtet, wo er sich niedergelassen hatte – in einem kleinen Haus an der Westseite des Hafens –, und ich wußte, von seinem Fenster aus sah er die Lichter des Palastes und den königlichen Hafen mit den vergoldeten Schiffen, die dort vor Anker lagen. Anscheinend schlurfte er tagsüber umher, hielt sich abseits, aß kaum etwas, saß stundenlang am Fenster und starrte aufs Meer hinaus. Sein Schwert trug er immer bei sich, und wieder mußte ich jeden Morgen aufwachen und mich fragen, ob heute ein Diener mit betrübter Miene zum Palast kommen würde: *Ich bringe traurige Kunde* …

Sein Sarkophag stand im Mausoleum bereit; er war von rosafarbenem Granit aus Assuan wie mein eigener. Das ist weniger bedeutsam, als es sich anhört, denn der meine wartete schon seit Jahren. Von unmittelbarer Bedeutung war der wachsende Berg von Schätzen, der in der größten Kammer des Gebäudes aus Marmor und Porphyr aufgehäuft wurde. Eine große Fläche war mit Pech beschmiert und mit Zunder bestreut worden, und darauf erhob sich eine Pyramide aus Zimt, Perlen, Lapislazuli und Smaragden mit einem Sockel von Elfenbeinstoßzähnen, Goldbarren und Ebenholzblöcken. Ich hatte diese Arbeiten sorgfältig beaufsichtigt und dafür gesorgt, daß die Kostbarkeiten so angeordnet wurden, daß möglichst viel auf möglichst kleinem Raum untergebracht werden konnte. Das alles würde brennen, bersten und schmelzen, sobald das Pech in Brand gesetzt würde, und Octavian würde sich eines Vermögens beraubt sehen, das all seinen Schulden bei seinen Legionen entsprach. Ich würde es bei den Verhandlungen um Cäsarions Thron einsetzen – oder, falls diese scheiterten, mich daran erfreuen zu sehen, wie es Octavians gierigem Zugriff entzogen wurde. Es war nicht mein gesamtes Staatsvermögen, aber doch genug davon, um Octavian zum Nachdenken zu bringen. Nur ein Verrückter würde nicht versuchen, einen solchen Verlust zu verhindern. Und Octavian war kein Verrückter; er war ein Geschäftsmann, der einen Handel schließen wollte.

Um Zugeständnisse zu erringen, muß man etwas bieten können. Es erstaunt mich immer wieder, wie viele – sonst ganz intelligente – Leute diese schlichte Tatsache nicht begreifen. Sie verlassen sich auf Barmherzigkeit und Anstand, wo nichts außer Geld oder Macht von Gewicht ist. Nun, die Macht hatten wir bei Actium eingebüßt, aber Geld besaßen wir noch.

»Packt die Perlen fester!« ermahnte ich die Arbeiter, die damit beschäftigt waren, Perlen in juwelenbesetzte Beutel zu stopfen und die Beutel auf die Pyramide zu türmen – eine ungeschlachte Nachbildung derer, die draußen in der Wüste standen. »Wir wollen so viele wie möglich hier unterbringen.« Damit war fast mein gesamter Perlenvorrat hier: die kostbaren aus dem Roten Meer, die kleinen aus Britannien, die seltsam geschwollenen und übergroßen aus den Meeren, die noch hinter Indien lagen. Sie waren hitzeempfindlich und würden im Feuer explodieren und schillernde Splitter durch den Raum fliegen lassen. Schon einmal hatte ich bei einem verzweifelten Unternehmen für Ägypten meine Perlen eingesetzt – ich lächelte, als ich an die Wette mit Antonius dachte –, und jetzt würden sie mir noch einmal zu Diensten sein.

»Gut.« Beifällig rieb ich mir die Hände. Diese geplante, schamlose Vernichtungsaktion hatte etwas Faszinierendes. Etwas Großartiges. »Und die Smaragde?«

Sie deuteten auf ein paar Säcke, die weiter unten im Stapel lagen.

»Oh, wir brauchen aber mehr als das«, sagte ich. War das alles? »Vielleicht müßt ihr Türkise hinzugeben, damit es mehr wird.« Ja, warum nicht? Blau und grün zusammen. Himmel und Erde. Ahmten wir die Natur nach? Ich lachte trunken.

War das richtig? Oder wurde ich irre wie Antonius, haltlos in diesem Sturm des Unglücks und der verzweifelten Einsätze? Warum bereitete mir dies ein so rasendes Vergnügen? Es war mehr als die in Betracht gezogene Vereitelung der Pläne Octavians. Zerstörung, Opfer, maßlose Gaben an die Götter, die uns vernichten wollten – es war ein schwindelerregendes, berauschendes Gebräu.

»Ja, gebt noch die Türkise dazu!« sagte ich. »Und wenn es dann immer noch nicht genug ist, auch noch Lapislazuli.« Der Lapislazuli mit seinen funkelnden Goldadern und seiner königlichen Farbe... Niemals würde er den Ersten Bürger, den *Princeps* Octavian, und seine republikanische Krone schmücken! »Werft Lapislazuli auf den Haufen!« Ich hörte schrilles Gelächter: meines. Die Arbeiter bückten sich und warfen ihre wertvolle Bürde ab; in feierlichem Strom kamen sie aus dem Palast, Ameisen, die ein gewaltiges Nest von Kostbarkeiten bauten.

»Octavian ist in unserem Teil der Welt gelandet.« Die Nachricht, auf die wir gewartet hatten – hier kam sie.

Mardian, raschelnd in Rot, reichte mir die Depesche.

Ich las sie aufmerksam. Er hatte Rom bei der ersten Gelegenheit verlassen und war nach Samos zurückgesegelt. »Er enttäuscht uns nicht«, sagte ich.

Mardian schüttelte den Kopf. »Niemals.«

»Von jetzt an, so fürchte ich, werden seine Unternehmungen recht vorhersehbar sein.« Er würde sich uns nähern, langsam vorrückend – *Festina lente*: Eile mit Weile –, durch Syrien und Judäa bis an die östlichen Tore Ägyptens. »Wir sind diejenigen, die unberechenbar sein müssen.« Er brauchte nicht auf einen leichten Sieg zu zählen oder darauf, daß ihm keine Überraschungen blühten. Da war die ägyptische Flotte, da waren die vier römischen Legionen, die hier stationiert waren, und da war die Schatzpyramide im Mausoleum … und Cäsarion, fast ein erwachsener Mann. Tatsächlich, erkannte ich verblüfft, war er jetzt genauso alt, wie Octavian bei unserer letzten Begegnung gewesen war. Ob er noch wußte, wie er selbst mit siebzehn gewesen war? Er vergaß ja nie etwas.

»Die meisten Klientenkönige haben sich versammelt, um ihm die Hände zu küssen«, berichtete Mardian.

»Ich dachte nicht, daß es noch welche gibt!« Ich hatte Mühe, dafür zu sorgen, daß meine Stimme unbeschwert und nicht verbittert klang. »Wer könnte denn noch dabei sein?«

»Du hast schon recht; die meisten Könige haben bereits das Knie gebeugt. Es sind jetzt nur noch kleine Gebiete oder Städte wie Tarsos …«

Nicht Tarsos! Nicht die Stadt, in der ich Antonius aufgesucht und wo unsere Liebe begonnen hatte – zertrampelt unter Octavians Absatz und beschmutzt! Das schmerzte wie ein unverhoffter Schlag in den Magen.

»Auch Antiochia, nehme ich an.« Er würde beide Städte besudeln.

»Noch nicht«, sagte Mardian.

»Dann habe ich noch ein bißchen Zeit, mich daran zu erinnern, wie es einmal war«, sagte ich. »Ist uns denn niemand mehr treu?« Ich konnte diesen Aufschrei nicht unterdrücken.

»O doch«, sagte Mardian. »Und zwar in einer ganz unerwarteten Ecke – eine Gladiatorenschule in Kyzikos in Bithynien, in der Antonius die Kämpfer für den Auftritt in seinen Siegesspielen hatte ausbilden lassen. Sie haben sich dem Statthalter dort widersetzt und sind nach Ägypten aufgebrochen, um für uns zu kämpfen.«

Es gab also immer noch welche … Wie überraschend. Und wie ermutigend.

Als nächstes begab sich Octavian nach Rhodos, wo Herodes zu ihm kam und ihm seine königlichen Insignien überreichte. Herodes hatte sich schon immer darauf verstanden, gewinnend zu reden; er erklärte, er sei Antonius unerschütterlich treu gewesen, und wenn Octavian seinen Gefolgschaftseid annähme, werde er ihm gegenüber gleichermaßen loyal sein. Octavian nahm den Eid an, höchstwahrscheinlich weil er niemanden hatte, den er an Herodes' Stelle hätte setzen können, da Herodes umsichtig genug gewesen war, seinen einzigen möglichen Rivalen hinrichten zu lassen. Mit Herodes war auch seine Kreatur Alexas von Laodikea gekommen, der Octavian schweifwedelnd die Hand geleckt hatte. Alexas, einst ein Freund Antonius', war es gewesen, den Antonius zu Herodes geschickt hatte, um ihn zu bitten, ihm die Treue zu halten. Statt dessen aber waren sie beide zu Octavian übergelaufen. Ich war überaus erfreut, als ich hörte, daß Octavian Alexas hinrichten ließ; er glaubte, Alexas habe Antonius dazu gedrängt, endgültig mit Octavia zu brechen und ihr den Scheidungsbrief zu senden, und das war unverzeihlich.

Und das bedeutete – als hätte ich es nicht längst gewußt –, daß Octavian jeden Tropfen seines ätzenden Hasses auf mein Haupt träufeln würde. Denn wenn schon der unbeteiligte Alexas für seine Rolle bei der Ehescheidung hingerichtet wurde, was mußte dann erst aus der Frau werden, die das alles verursacht hatte?

»Legt sie hierher!« Ich deutete auf die Sandelholzschatulle, die mit Goldblech verkleidet und mit zehn Lagen feinster Seide in allen Farben ausgeschlagen war: ein Regenbogen in einem Kasten. Die oberste Schicht war mitternachtsblau, die nächste violett, und so ging es weiter, heller und heller, bis zur letzten, die schimmernd weiß war. Ein passender Hintergrund für das goldene Diadem und das Zepter.

Charmian und Iras, welche diese beiden Gegenstände anmutig in den Händen trugen, legten sie auf die Seide und betrachteten sie dann sehnsuchtsvoll. Sie dachten daran, wie ich sie getragen hatte – bei den Alexandrinischen Schenkungen.

Natürlich hatte ich noch andere, aber diese hier waren die schönsten. Und sie waren für Octavian.

Würde er sich versucht fühlen, die Stücke an sich zu erproben? Würde er die Schatulle achtlos in seinem Zimmer stehenlassen und spät nachts, wenn niemand mehr zuschaute, das Diadem herausnehmen, um es sich auf die hohe Stirn zu setzen? Ich stellte mir vor, daß er das Gold zunächst kalt finden, dann aber erstaunt bemerken würde, wie rasch es sich an der Haut erwärmte. Man gewöhnte sich leicht daran. Oh, sehr leicht, selbst als eingefleischter Republikaner.

Welche Ironie, welch ein Scherz der Götter, wenn er am Ende doch noch den Weg ginge, den auch Antonius gegangen war! Am besten besiegt man einen Feind nicht, indem man ihn zermalmt, sondern indem man ihn korrumpiert.

»Aber für uns ist es zu spät«, sagte ich bei mir und streichelte das Diadem. Selbst wenn Octavian zu einem Abbild Antonius' würde und endlich doch noch begriffe, was hier im Osten geschehen und warum es geschehen war, so würde es uns doch nichts mehr nützen.

»Wie bitte?« fragte Charmian.

»Nichts weiter. Ich habe mich nur davon verabschiedet.« Ich berührte die Stücke noch einmal. »Ich habe versucht, mir vorzustellen, wie es wäre, sie zu bekommen.« Hoffentlich hatten sie den beabsichtigten – wenngleich unwahrscheinlichen – Effekt. Sie blinkten verschwörerisch wie zwinkernde Augen.

Widerstrebend faltete ich die Seide darüber und bedeckte die Schönheit. Dann klappte ich den Deckel zu und verriegelte ihn mit dem Schloß aus Gold und Smaragden, das auf die Schließe paßte, von meinem Goldschmied mit einem Herkulesknoten versehen. »Ein Knoten, den er lösen muß«, sagte ich. Ich nahm an, daß sein Eigendünkel ihn veranlassen würde, ihn mit dem Gordischen Knoten zu vergleichen, den Alexander durchtrennt hatte, um seine Reiche im Osten zu gewinnen. Vielleicht traute ich ihm da aber auch zuviel zu. Phantasie war nicht seine größte Stärke.

Ein förmlicher Brief sollte die Sendung begleiten, indem ich meinen Thron und meine Insignien in seine Hände legte, sofern er beliebte, sie sodann meinem Sohn als »König von Ägypten« zu verleihen – »ein Titel, den Du ihm bereits gewährt hast«, wie ich ihn erinnerte. Ich erwähnte, daß ich einer langen und ehrwürdigen Linie von Königen entstammte und daß wir mit Ägypten vertraut seien und es gut regiert hätten; er könne also keine fähigeren Statthalter finden, um diese Tradition fortzusetzen. Ich gelobte Gefolgschaftstreue im Namen meines Sohnes und wies noch darauf hin, daß er an den Kämpfen bei Actium nicht beteiligt gewesen war.

»Zwar hast Du mir den Krieg erklärt und mich als Deine Feindin bezeichnet, aber mein Sohn hat sich unseren Streitigkeiten ferngehalten und wird Dir treulich dienen«, versicherte ich ihm. »Von frühester Jugend an habe ich ihn in der Kunst des Regierens unterwiesen, und Du kannst keinen besseren oder hingebungsvolleren« – meine Hand rebellierte dagegen, dies zu schreiben – »Diener Deiner Wünsche finden.« Es mußte sein. Ich mußte es sagen. »Erinnere Dich seiner Jugend wie auch Deiner eigenen in den Tagen, da Cäsar fiel. Cäsar sah, wie vielversprechend Du warst, und ebenso wie er solltest auch Du es bei diesem würdigen jungen Mann erkennen können. Bestrafe ihn nicht für meine Taten, denn sie haben mit ihm nichts zu tun.« Und es kam noch mehr in diesem Sinne. Ich entschuldigte mich nicht für das, was ich getan hatte, aber ich wiederholte immer wieder und mit Nachdruck, daß ich allein dafür verantwortlich war. Ich konnte Leute nicht ausstehen, die so taten, als hätten sie etwas nicht getan, obwohl alle Welt wußte, daß sie es doch getan hatten, oder als sei es irgendwie nicht ihre Schuld gewesen oder als habe man sie dazu gezwungen. Ich wußte, Octavian würde es genauso gehen. Deshalb: keine Entschuldigungen. Ich fand, der Brief traf recht gut die Mitte zwischen Stolz und Unterwerfung.

»Ich danke euch, Charmian und Iras«, sagte ich. »Wäret ihr so gut, Cäsarion rufen zu lassen?«

Ich wollte, daß er die Kostbarkeiten sah und den Brief las, bevor ich ihn abschickte. Er mußte alles wissen.

Er war nicht daran interessiert, den Kasten zu öffnen, aber den Brief las er aufmerksam. Dann rollte er ihn wieder zusammen und schob ihn in das Elfenbeinrohr, das als Hülle diente.

»Bist du sicher, daß dies dein Wunsch ist?« fragte er. »Es … paßt nicht zu dir.«

»Wie meinst du das?«

»Dich einfach zu ergeben, noch dazu in so endgültigen Worten.«

»Ah. Nur so läßt sich vermeiden, daß es wirklich endgültig ist«, sagte ich. »Wenn ich warte, bis er es fordert, dann … Was er sich selbst nimmt, wird er nie wieder freigeben.«

Cäsarion runzelte die Stirn, zog sie auf eine überaus gewinnende Weise kraus. »Glaubst du wirklich, er wird mir Krone und Zepter mit *eigener* Hand verleihen?«

»Möglich ist es«, sagte ich. »Es kommt ganz darauf an, wie er sein Ziel der Eroberung Ägyptens erreicht. Wenn es zu schwierig ist, hat er vielleicht schlechte Laune.« Ich lachte. »Andererseits macht es ihn vielleicht nachdenklich, und er erkennt, wie klug es ist, eine heimische Dynastie auf dem Thron zu belassen. Vorläufig gibt es noch zu vieles, was wir nicht wissen. Aber eines weiß ich: Du mußt darauf vorbereitet sein, Ägypten zu verlassen.« Als er widersprechen wollte, schnitt ich ihm das Wort ab. »Du hast es versprochen! Als ich dir versprach, nicht …« Streng erinnerte ich ihn an unsere Abmachung.

»Ja, ja«, sagte er. »Aber später. Noch nicht gleich …«

Ich schüttelte den Kopf. »Es muß bald geschehen. Du wirst den Nil hinauf nach Koptos fahren müssen, eine Reise von zehn Tagen. Dann reist du quer duch die Wüste nach Berenike am Roten Meer …«

»Was – in der Sommerhitze? Das muß ein Scherz sein!«

»Nein, es ist notwendig. Du mußt Anfang Juli in Berenike sein, um noch während des Monsuns an Bord eines Schiffes nach Indien zu gehen, denn nur um diese Zeit können die Schiffe nach Osten fahren. Dort wirst du in Sicherheit sein und warten, bis all das … vorbei ist. Wenn Octavian dich bestätigt, kannst du zurückkommen. Wenn nicht, wird mich das Wissen trösten, daß du seinem Zugriff entwischt bist. Was immer er mit uns andern anfängt, dir kann er nichts mehr anhaben!«

»Glaubst du im Ernst, ich kann je noch einmal einen Atemzug lang glücklich sein, wenn ich weiß, daß meine ganze Familie untergegangen ist und ich allein überlebt habe, ein jämmerlicher Verbannter?« Er machte ein gekränktes Gesicht.

»Du wirst kein ›jämmerlicher Verbannter‹ sein, sondern der Sohn des großen Gajus Julius Cäsar und Kleopatras, der Königin von Ägypten. Wohin du auch gehst, man wird dich ehren. Soeben treffe ich die nötigen Vereinbarungen mit dem Herrscher von Barygaza in Indien, damit er dich aufnimmt. Kein so schlechtes Leben. Vergiß nicht, Octavian ist sechzehn Jahre älter als du, und seine Gesundheit war immer schlecht. Da kann ein Knochensplitter, der ihm in die Kehle gerät, eine leichte Erkältung, die sich auf seine Lunge legt, oder ein kleiner Unfall beim Reiten die ganze Situation im Handumdrehen verändern. Er hat keinen Sohn und wird wahrscheinlich auch keinen bekommen – seine Ehe mit Livia ist so unfruchtbar wie die Felsen in der Ägäis. Lebe, und warte ab!« Ich tätschelte ihm die Wange. »Man sagt, Indien sei ein angenehmes Land voller Farben und Düfte. Ich selbst habe es immer sehen wollen.«

Mürrisch verschränkte er die Arme.

»Ich kann mir nicht vorstellen, daß ich mich viel um Farben und Düfte kümmern werde«, sagte er verstockt.

»Aber sie sollen überwältigend sein«, sagte ich. »Und wenn ein Siebzehnjähriger nicht auf die Rufe seiner Augen und seiner Nase hört, dann ist er ein armes Geschöpf! Ich will dir sagen, was ich gelernt habe: Der Jugend ist es bestimmt, den Jammer mühelos zu ertragen, und alle ihre Sinne verbünden sich, um ihr dabei zu helfen.« Ich nahm seine Hand. »Du darfst uns nur nie vergessen – nicht mich noch Antonius und auch nicht Selene und Alexander und Philadelphos –, aber wenn du singen und köstliche Speisen genießen kannst und wenn du fühlst, wie dir beim Anblick eines vorzüglichen Kunstwerks das Herz stehenbleibt, dann werden wir in dir weiterleben. Mehr verlange ich nicht.«

»Ich verstehe dich nicht.«

»Das wirst du noch.« Ich berührte sein seidenfeines Haar. »Ich verspreche es dir.«

Unvermittelt wandte ich mich ab und tat, als sei ich sehr beschäftigt. Ich nahm den Brief auf. »Also? Du wirst dich bereit halten. Im nächsten Monat muß es geschehen.« Wir hatten schon April. »Vorher gibt es noch eine letzte, wichtige Zeremonie. Aber mehr davon später.« Ich konnte dieses Gespräch jetzt nicht fortsetzen; er mußte gehen, bevor ich mir anmerken ließ, wie schwer mir das alles fiel. »Vielleicht solltest du auch selbst einen Brief an Octavian aufsetzen.« Hinaus mit ihm. »Geh jetzt!«

Er beugte sich zu mir herunter und gab mir einen Kuß auf die Wange. »Gut, Mutter.«

Als seine Schritte verhallten, beugte ich mich über die Schatulle und weinte; Tränen tropften auf die kunstvolle Arbeit. Aber Gold war unempfindlich gegen Salzwasser, und man würde es nicht sehen.

Ihn fortzuschicken würde mir schwerer fallen als alles andere, denn ich wußte, daß ich ihn nicht wiedersehen würde – und daß ich das Versprechen, das ich ihm gegeben hatte, nicht halten würde: Ich zwang ihn, seinen Teil unserer Abmachung einzuhalten, während ich gegen den meinen verstieß. Aber das war die Pflicht einer Königin, und eines Tages würde er es verstehen. Was ich da eben gesagt hatte, war die Wahrheit.

Der weite Hafen kleidete sich jetzt in seine zartesten Farben – schaumiges Blau und schattiges Grün, milchweißer Gischt. Kein Wunder, daß wir glauben, Aphrodite sei aus dem Meeresschaum geboren, denn er ist so ätherisch, daß man sich kaum vorstellen kann, wie man tatsächlich hineinwatet und die Hände hineintaucht. Mit den Kindern kam ich oft die breite Palasttreppe hinunter zum Wasser, zu einer Stelle, die nur uns gehörte; der sandige Grund war hier nicht tief, und die Kinder konnten Seesterne und -anemonen sammeln. Die Delphine waren mit dem Frühling auch zurückgekehrt; sie tollten umher und zeigten ihre glatten Rücken.

Als Kind hatte ich viele Stunden hier verbracht, aber wie so viele Dinge aus der Kindheit – winzige Korallenarmbänder, bunte Bilder, kleine Kopfkissen – hatte ich auch dies im Geiste beiseite geschoben und vergessen. Und wie so manches dieser Dinge verdiente es nicht, in Vergessenheit zu geraten. Die Stunden, die ich jetzt mit meinen eigenen Kindern hier verbrachte, waren zutiefst erholsam; es war ein Zufluchtsort, an dem die Zeit nichts galt und nur am Stand der Sonne gemessen werden konnte. Wir trugen breitkrempige Hüte, die uns vor Sonnenbrand schützen sollten, und bauten kleine Burgen aus Sand und Muscheln. Die ehrgeizigste Kreation war ein Modell des Leuchtturms; Alexander wollte, daß es so groß wie er selbst werde, aber immer wenn es ihm bis zur Schulter reichte, zerfiel es wieder.

»Es muß genau die richtige Menge Wasser im Sand sein«, sagte Cäsarion, wenn er gelegentlich kam, um zuzuschauen, ohne aber je mitzumachen – das war denn doch unter seiner Würde. »Wenn es zuviel ist, kann der Sand das Gewicht nicht tragen. Ist es aber zu wenig, trocknet die Sonne den Sand unten aus, bevor man oben fertig ist, und dann stürzt das Bauwerk ein.«

Der ungeduldige Alexander schlug vor Wut auf die Ruine und klopfte sie flach. »Wenn du so viel weißt, warum baust du nicht selbst mal etwas?« fragte er beharrlich.

»Er möchte sich die schöne Tunika nicht schmutzig machen«, sagte Selene. »Er ist viel zu erwachsen, um im Sand zu spielen.« Sie legte den Kopf schräg und schaute ihn blinzelnd an. »Ist es nicht so?«

Die Zwillinge waren jetzt fast zehn und selbst schon im Begriff, die Kindheit hinter sich zu lassen. Vielleicht machte es ihnen deshalb soviel Spaß.

»Er hat keine Zeit.« Ich verteidigte ihn. »Er hat viel zu lernen.« Und mein Herz war schwer davon. Zusätzlich zu seinem üblichen Unterricht bei seinem Lehrer Rhodon ließ ich ihn all das meistern, was er im Kopf mitnehmen sollte – er mußte Dinge lernen, für die er unter gewöhnlichen Umständen etliche Jahre Zeit gehabt hätte.

»Ja, das stimmt«, pflichtete Cäsarion bei. »Ich muß auch jetzt zu Rhodon zurück. Er hat mich mitten in Xerxes' Bericht fortgehen lassen.« Er wandte sich ab und stieg wieder die Treppe hinauf. Armes Kind. Armer Mann.

Philadelphos spielte mit der Trireme, die er auf den Sand gezogen hatte; er sperrte Sandkrabben auf das Schiff und versuchte, sie an die Ruder zu setzen. Noch immer wollte er Alexander und Selene dazu überreden, sich hineinzusetzen; manchmal taten sie ihm den Gefallen und setzten sich auf die Ruderbank, und das unausgeglichene Gewicht ließ das Schiff zumeist sofort kentern, so daß es gurgelnd auf den Meeresgrund sank.

Ich klammerte mich an diese kostbaren Stunden, die wir für uns allein verbrachten. Ich wußte, sie waren gezählt.

Manchmal kam ich morgens schon sehr früh an diese Stelle, schon lange vor Sonnenaufgang. Ich schlief jetzt unruhig und nur selten die Nacht durch. Es war Balsam für meine Seele, wenn ich still auf den Stufen sitzen und zuschauen konnte, wie das Licht allmählich den Himmel ausfüllte und die dunkle Leere des Hafens in einen Teller aus Perlmutt verwandelte. Zuweilen durchlebte ich Abschnitte meines Lebens noch einmal – so, wie ich sie an diesem Tag in meiner Geschichte wiederzugeben gedachte.

Die Marmorstufen, noch schlüpfrig vom nächtlichen Nebel, erwärmten sich unter mir, während der Morgen dämmerte. Wenn ich so dasaß und den Leuchtturm sah, dessen Spitze rot glühte, wie sie es immer getan hatte, dann war es schwer vorstellbar, daß uns irgend etwas bedrohen konnte. Alles war ruhig und geordnet und funktionierte reibungslos. So war es immer gewesen, so würde es weitergehen – so schien es wenigstens. Aber wir mußten auf unseren Glauben bauen und Vorkehrungen treffen – auf unseren Glauben an das Ende der Dinge, wie wir sie kannten.

Wenn die ersten Strahlen der Sonne durch die weiche Wolkendecke im Osten drangen, ging ich zum Tempel der Isis hinüber und vollzog das uralte Ritual mit ihrem heiligen Wasser, und so eröffnete ich meinen Tag. Dann verweilte ich bei ihr, bis ich spürte, daß es Zeit war, mit der anstrengenden Runde von Entscheidungen und Pflichten zu beginnen, die mich beschäftigen würde, bis Iras am Abend meine Vorhänge zuzog und ich, wie man annahm, schlief.

So genoß ich meine einsame Stunde, als ich eine Gestalt im Dunkeln durch den Sand gehen sah. Weil der östliche Hafen im weiten Bogen verläuft, vom Leuchtturm bis zur äußersten Spitze der königlichen Halbinsel, kann man bei Ebbe von einem Ende zum andern am Wasser entlanglaufen. Aber nur wenige tun es – merkwürdigerweise.

Ich schaute genauer hin. Dann sprang ich erschrocken auf. Es war Antonius. Lebendig und fern von seiner Klause! So lange schon stählte ich mich für den Boten, und immer erwartete ich ihn zur Mittagsstunde, wenn die Sonne gnadenlos herniederbrannte, oder bei Sonnenuntergang, wenn die Dinge ihr natürliches Ende nehmen. Ich hatte mir sogar schon zurechtgelegt, was ich sagen würde. Und das Grab war bereit.

Aber dies – das hatte ich nicht erwartet, und ich hatte mir auch nichts zurechtgelegt. »Antonius?«

Er kam in großen Sätzen die Stufen herauf und umarmte mich. Seine Arme umschlangen mich eng und fest.

»Mein liebstes, liebstes Weib …« Hastig flüsterte er mir die Worte ins Ohr, und er küßte meine Wange, meinen Hals, als wage er nicht, mich auf den Mund zu küssen.

Er war hier, lebendig, heil, warm. Aber es war erschreckend: In meiner Entschlossenheit, stark zu sein, hatte ich ihn bereits begraben und betrauert. Seine Berührung erschien mir jetzt unnatürlich, und dabei hatte er doch nur in meiner Phantasie jemals aufgehört zu leben.

»Antonius?« Ich wich zurück und umschlang mich selbst, um seiner Umarmung zu entrinnen. »Du bist …« Ich berührte meine Wange, wo sein Kuß noch auf meiner Haut zu spüren war. »Du bist … Ich dachte, du hättest …«

Jetzt ließ er die Arme sinken und trat zurück. »Natürlich. Verzeih mir! Aber ich dachte nicht, daß ich dich je hier finden würde, wie du dasitzt und wartest … Es hat mich kühn gemacht. Ich wollte schreiben, einen gehörigen Boten schicken, aber …«

»So ist es besser«, sagte ich. Welch ein Glück wir hatten, daß es sich auf diese Weise fügte. Aber in meinem Kopf drehte sich alles. »Du mußt mir nur Zeit geben, mir erklären … Du hast gesagt, du kommst nie wieder zurück. Und ich hatte befürchtet – und in meiner Furcht …«

»Ja. Ich weiß. Ich verstehe es.« Er setzte sich auf die Treppenstufen und ließ die Arme über die Knie baumeln, wie ich es so gut bei ihm kannte. Behutsam setzte ich mich neben ihn.

Stille umhüllte uns. Das einzige Geräusch war das Plätschern der gezähmten Wellen im Hafen.

Mein Herz pochte. Mir war schwindlig vor Glück, daß er lebte und hier neben mir saß, aber jetzt herrschte heller Aufruhr. Wo immer Antonius war, herrschte Aufruhr, nicht zuletzt in meinem Herzen. Zittrig streckte ich die Hand aus und ergriff die seine.

»Hast du dich erholt?« fragte ich leise.

»Ja. Es war nur ein wenig Zeit dazu nötig. Zeit, Stille, Einsamkeit.«

Wie gut ich wußte, was er meinte. Aber Stille und Einsamkeit waren sonst immer Dinge gewesen, die er gemieden hatte. Actium mußte ihn sehr verändert haben.

»Den Göttern sei Dank.« Ich beugte mich zu ihm und küßte ihn auf die Wange – wiederum zögernd. Er spürte es; das wußte ich. Aber ich konnte nichts für meine Wachsamkeit.

Seine Hand schloß sich fester um meine. »Darf ich zurückkommen?«

»Deine Gemächer warten schon lange.« Ich hielt es nicht für angebracht zu erwähnen, daß auch der Sarkophag wartete. »Die Kinder werden dich herzlich willkommen heißen.«

»Und du? Bin ich dir auch willkommen?«

»Was für eine merkwürdige Wortwahl – viel zu blaß. Ich bin … verwaist ohne dich.« Ich schwieg kurz. »Meine Lebensgeister waren fort«, sagte ich schließlich. Es war unmöglich, es in Worte zu fassen. Ohne ihn hatte meine Lebenskraft sich verflüchtigt. Ich beugte mich hinüber und küßte ihn, und ich erlaubte mir endlich, es zu fühlen.

»Es hat keinen Sinn, vor der Zeit zu sterben«, sagte er. »Und das ist es, was ich getan habe. Jetzt beklage ich die verlorenen Monate!«

»Es war nicht deine Schuld.« Wenn es uns trifft, trifft es uns. Aber wenn wir nach einer Weile wieder aufstehen, können wir uns glücklich preisen.

»Können wir hineingehen?« fragte er höflich. »Ich möchte gern im Palast sein, bevor dort das geschäftige Treiben beginnt.«

Ich stand auf und zog ihn hoch. »Natürlich.«

Zusammen erstiegen wir die Treppe zum Palast, der noch schlummerte.

Die Gänge waren menschenleer, die Fackeln in ihren Wandhaltern blakten, und die Türen waren geschlossen.

Antonius stahl sich in seine Gemächer und schaute sich überrascht um. »Wie ein alter Freund sehen sie ganz verändert aus«, stellte er fest. Seit Actium war er nicht mehr hier gewesen.

Ich zog die Vorhänge vor seinem inneren Gemach zurück und zeigte die Diwane, den Tisch und das Bett, auf dem ich lange, sehnsuchtsvolle Stunden in Gedanken an ihn verbracht hatte – Stunden, von denen ich ihm niemals erzählen würde. »Ich glaube, du wirst sehen, daß alles in Ordnung ist«, sagte ich munter, als hätte ich hier auch schon lange keinen Blick mehr hineingeworfen.

Staunend wanderte er umher und berührte diese und jene Oberfläche. Schließlich drehte er sich zu mir um. »O mein Herz!« Er breitete die Arme aus.

Ich warf mich an seinen Hals. Kostbar war die Umarmung. All meine Trauer, auch all meine Ergebenheit, mußte nun in den Wind geschlagen werden, denn ich brauchte sie nicht mehr. Er war zurückgekommen, und zwar so, wie er einst gewesen war.

»Mein verlorener Freund«, flüsterte ich.

»Warum ›Freund‹? Sind wir nicht immer noch Mann und Frau?« Er schüttelte den Kopf. »Oder hast du dich von mir scheiden lassen?« An seinem klagenden Ton erkannte ich, daß er befürchtete, es könne geschehen sein. Er küßte mich innig, als wolle er mich so überreden, doch bei ihm zu bleiben.

Ich versuchte ihn zu beruhigen. »Ich bin keine Römerin«, sagte ich. »Ich lasse mich nicht je nach Laune und wandelndem Geschick scheiden. Es ist nur … Ich befürchtete, ich sei Witwe und keine Gemahlin mehr.«

Er tat einen bebenden Seufzer der Erleichterung. »Du bist immer noch … Wir sind noch immer …«

»Aber du mußt mir Zeit geben …« Meine Worte wurden erstickt vom rasenden Ansturm seiner Küsse. Er war wie ein Verhungernder, und ich konnte mich seiner kaum noch erwehren. Das zölibatäre Leben in der Einsiedlerklause hatte seiner Natur nicht entsprochen; soviel war offenkundig.

»Antonius, bitte hör auf!« Ich blieb fest. Was ich meinte – aber nicht sagen konnte –, war: Ich hatte beinahe Angst davor, daß er mich berührte, als wollte ich nicht, daß er all diese Gefühle wieder hervorkommen ließ. Denn ich hatte sie besiegt, und wenn dies nur ein kurzes Zwischenspiel war, dann … Ich würde es nicht ertragen, all das noch einmal durchzumachen.

Er ließ mich los. »Verzeih mir! Anscheinend habe ich meine Manieren vergessen. Das kommt davon, wenn man allein lebt.« Er wollte leichthin darüber hinweggehen, aber ich merkte, daß er gekränkt war.

Er konnte doch nicht erwarten, daß ich mich im Handumdrehen auf jede

Wendung seines Benehmens einstellte – erst auf seinen Rückzug, dann zweimal auf die unangekündigte Heimkehr, und als nächstes … auf ein neuerliches Verschwinden? Das war zu schmerzhaft; ich mußte mich auf irgendeine Weise schützen, zumindest für den Augenblick.

»Es geht nicht darum, daß ich dir verzeihe«, sagte ich schließlich. Ich mußte meine Worte sorgfältig wählen, denn in seiner Verletzlichkeit würde er sie leicht mißdeuten können. »Es gibt nichts zu verzeihen. Ich war so traurig, als du fort warst; ich hatte solche Angst, du könntest nie mehr zurückkommen. Ich habe immer nur darum gebetet, daß du eines Tages wieder hier in deinen Gemächern stehen würdest, mit mir. Aber … In mancher Hinsicht erscheinst du mir heute fremder als damals in Tarsos! Was ich in den letzten paar Monaten durchgemacht habe und was du durchgemacht hast … Es trennt uns voneinander. Wir müssen einander erst erzählen lassen, und der eine muß erfahren, was der andere erlitten hat …«

»Willst du mich denn nicht zurückhaben?« rief er.

Würde er jetzt wieder hinausstürzen? Zeus behüte! »Doch! Doch!« beteuerte ich. Ich spürte seine Verwirrung; er wußte nicht mehr, wohin er gehörte. Aber er konnte doch nicht erwartet haben, daß er einfach in die Welt zurückspazieren würde, aus der er geflüchtet war? Denn sie hatte sich in den letzten Monaten mächtig verändert; während er brütete, hatten Ägypten und ich uns geschäftig mit Octavian und den Folgen von Actium befassen müssen.

Aber jetzt war eine stille Zeit – und eine gute Zeit für seine Heimkehr. Und für unsere Wiedervereinigung.

»Doch, doch«, wiederholte ich. »Ich will dich zurückhaben – mehr als alles auf der Welt.« Und das war die Wahrheit.

Meine Mutter war mir genommen worden und nie mehr zurückgekehrt. Cäsar ebenfalls. Es geschieht nicht oft, daß die Toten zu uns zurückkommen, und ich war glücklich. Ich durfte ihn niemals wissen lassen, daß ich ihn so vollständig verlorengegeben hatte.

# 80

Wie in einem Traum, wenn wir Orte noch einmal besuchen, von denen wir geglaubt hatten, daß wir sie nie wiedersehen würden, saßen Antonius und ich hoch auf den silbernen Staatssesseln, und Wogen von Menschen breiteten sich nach allen Seiten aus, so weit wir blicken konnten, bis sie mit dem Meer selbst eins wurden. Der Himmel über uns war ein tiefes, klingendes Blau, und die majestätischen Gebäude von Alexandria waren so weiß wie die Wolken, die wohlwollend über ihnen schwebten.

Ich bin fünf Jahre alt und sehe der Staatsprozession meines Vaters zu, sehe den Dionysos-Wagen, wie er knarrend an der Bibliothek vorüberrumpelt … Ich bin achtzehn und feiere meine eigene Thronbesteigung. Ich fahre durch die weißen Straßen, von Menschenmassen gesäumt, von wilden, neugierig gaffenden Augen … Ich bin fünfundzwanzig und folge der Totenbahre mit Ptolemaios, und ich höre die hohen, klagenden Rufe der Trauernden … Ich bin fünfunddreißig und sehe zu, wie Antonius in seinem nachgespielten Triumph vorüberparadiert, gefolgt von den armenischen Kriegsgefangenen … Und dann noch ein Fest: Alexandria, blankgeputzt und mit Girlanden behängt, und Antonius schmückt mich und unsere Erben mit allen Reichen des Ostens.

Alexandria, die Dienerin all dessen, steht auch jetzt wieder am Rande und schaut zu und applaudiert, während wir das letzte Ritual inszenieren: die Mannwerdung Cäsarions und Antyllus'. Cäsarion soll zu seiner militärischen und staatsbürgerlichen Ausbildung in die griechische Ephebia eingeschrieben und zum Manne erklärt werden, während Antyllus die *toga virilis* anlegen wird, das Kennzeichen des erwachsenen Römers.

Kosten wurden nicht gescheut. Was sonst besaßen wir denn noch im Überfluß? Die Hoffnung mochte uns vergangen, Soldaten mochten desertiert und Schiffe verbrannt sein, aber Geld, Mut und Trotz – die hatten wir noch. Antonius und ich hatten uns den Kopf darüber zerbrochen, ob es klug war, die Knaben für mannbar zu erklären. Auf welche Weise wäre ihr Überleben am besten sichergestellt? Antonius hielt es für wahrscheinlich, daß Octavian eher Minderjährige verschonen werde, aber ich wies ihn darauf hin, daß es dafür schon zu spät sei. Wir hatten im Namen der Rechte Cäsarions zu den Waffen gegriffen, und darüber würde Octavian niemals hinwegsehen. Was aber Antyllus anging, so war er in jenem berüchtigten Testament zu Antonius' persönlichem Erben ernannt worden, und jetzt würde er die Strafe dafür erleiden müssen. Als Erwachsene würde ihnen zumindest die Aufmerksamkeit und Achtung zuteil werden, die ihnen gebührten, statt daß sie einfach »verschwanden«, wie es bei Kindern oft geschah.

»Man wird sie offiziell unter Anklage stellen und sich mit ihnen befassen müssen«, sagte ich. »Diese Verfahren müssen aktenkundig sein. Aber Cäsarion wird fern von Ägypten in Sicherheit sein, und Antyllus hat nichts verbrochen, außer daß er dein Erbe ist. Und da Octavian ihn persönlich kennt, wird er ihn höchstwahrscheinlich schonen. Wenn wir sie zu Erwachsenen erklären, haben sie die besten Aussichten, und außerdem haben Unterstützer dann die Möglichkeit, für sie einzutreten.« Das alles klang sehr plausibel, aber es konnte leicht anders verlaufen. Verurteilten wir sie zum Tode, statt sie zu retten?

»Vielleicht macht er Alexander zum König«, meinte Antonius. »Damit umginge er all die Schwierigkeiten, die er bei den älteren Jungen hätte.«

Ich lachte. Sein Optimismus war rührend. »Glaubst du ehrlich, Octavian würde deinen Sohn auf den ägyptischen Thron setzen? Dich damit am Ende noch belohnen? Du mußt träumen. Für seine Großherzigkeit ist er nicht bekannt.« Ich schüttelte den Kopf. »Wenn meine Kinder reine Ptolemäer wären, lägen die Dinge anders. Aber gerade ihr römisches Blut ist ja das Problem.«

Antonius nickte. »Wenn man bedenkt, daß sie alle verwandt sind – und Vettern Octavians dazu!«

»Das ist es, was sie für einander gefährlich macht«, sagte ich.

Also hatten wir die Feierlichkeiten anberaumt: den Tag, an dem Cäsarion in seinem Streitwagen durch die Straßen der Stadt fahren würde. In seine königlichen Gewänder gekleidet, die Schriftrolle und die Medaillen, die seine Zulassung zur Ephebia versinnbildlichten, in der Hand, würde er für die öffentliche Kundmachung vor mich hintreten. Antyllus war zwar erst vierzehn, aber damit ebenfalls alt genug für die öffentliche Erhebung in den Stand eines Erwachsenen.

Voller Stolz zeigte ich mich der Stadt und machte damit den wilden Gerüchten über meine Gesundheit, mein Aussehen, meinen Geisteszustand ein Ende. Und ich war dankbar, daß Antonius Gelegenheit bekam, das gleiche zu tun.

Er schien sich von seinem Tiefschlag bei Actium und von der Demütigung durch Gallus und seine Trompeten erholt zu haben. Das zeigte mir, daß das Grausamste an einer hohen, öffentlich sichtbaren Stellung wohl der Umstand war, daß man sich niemals zurückziehen konnte, um den Heilkräften der Natur ihren Lauf zu lassen, sondern gleichsam angekettet auf seinem Podest bleiben mußte, vor den Augen der ganzen Welt. Wenn Cäsar sich nach Spanien den Luxus dieser Monate hätte erlauben können, die Antonius zur Verfügung gestanden hatten! Auch er hätte vielleicht sein Gleichgewicht und seinen Seelenfrieden wiederfinden können. Aber genug davon, ermahnte ich mich streng.

Jetzt saßen Antonius und ich in unseren schönsten Festgewändern Seite an Seite und schauten unseren ältesten Kindern zu, ein jeder dem seinen, wie ihnen die Manneswürde verliehen wurde. Unsere gemeinsamen Kinder saßen hinter uns. Ich fragte mich, was für eine Zukunft sie wohl zu erwarten hatten. Vielleicht hatte Antonius recht, und sie würden am Ende gewinnen. Sie würden den Zauber unserer Namen, aber nicht den Geruch unseres Makels an sich tragen, und gerade durch ihre Jugend und Unschuld würden sie sich womöglich retten können. Ich hatte daran gedacht, Alexander und

Selene nach Medien zu schicken, wo Alexanders Verlobte wartete. Aber ich wußte es nicht. Ich wußte es einfach nicht …

Trompetenklänge kündigten an, daß die Prozession herannahte. Wir richteten uns auf und bereiteten uns darauf vor, unsere Söhne auf der Plattform zu begrüßen. Funkelnde Wagen kamen um das Gymnasion herum, und lauter Jubel brandete jäh empor.

Wie groß sie waren! Wie stolz und wie unbezwingbar! Blumen flogen ihnen entgegen und ließen Beifall und Bewunderung auf sie herabregnen.

*Erinnere dich immer daran, mein Sohn*, betete ich im stillen. *Höre diese Rufe, sieh die Gesichter, koste die Freude, die es bereitet, so aufgenommen zu werden, denn sie ist berauschender als Wein! Und sie ist nicht von Dauer.*

Die Wagen rollten heran, und am Fuße der Plattform fuhren sie nebeneinander auf und hielten an. Die Knaben – Männer jetzt – stiegen herab und erklommen die Plattform, auf der wir sie erwarteten, stolze Eltern ganz wie die Bauern oder Fischer, wenn ein Sohn zum ersten Mal den Pflug oder das Netz ergreift.

Cäsarion stand neben mir, größer als ich, unendlich liebreizend und vielversprechend; er war auf der Schwelle eines eigenen Lebens, das von meinem losgelöst sein würde. Was immer er sein würde, jetzt mußte er selbst sich entfalten.

Ich nahm seine Hand und hob sie hoch. Ich fühlte, wie das Gewicht meiner Krone und meines Kopfputzes auf meiner Stirn lastete. Vor mir stand endlos die Menge.

»Mein Volk«, rief ich, und meine Stimme, ebenso gut ausgebildet wie die Stimme Antonius', hallte weithin. »Mit dem heutigen Tage hast du einen Mann, einen König in Ägypten, der dich führen wird. Höre auf ihn!«

Dann wandte ich mich um und schaute Cäsarion an, meinen Erstgeborenen, meinen Stolz, und ich sah, daß sein Antlitz all die hohe Feierlichkeit und das Mysterium dieses Tages widerspiegelte. Mein eigenes Leben verrieselte wie der Leuchtturm, den die Kinder gebaut hatten, und wie bei diesem schien nur ein Haufen Sand übrigzubleiben. Hier stand mein Erfolg, hier stand mein Vermächtnis. Und Cäsars.

Hernach zogen wir uns zu einem Bankett in den Palast zurück. Es muß immer ein Bankett geben, wenngleich ich nicht weiß, warum. Vermutlich ist es ein Bedürfnis unserer sterblichen Natur, zu schmausen und feierlich den Becher zu erheben.

Jetzt saßen wir an einem langen Tisch – und lagen nicht nach Römerart –, und Cäsarion hatte den Ehrenplatz inne, während Antonius und ich uns an seine Seite gesetzt hatten. Antyllus saß neben Antonius.

Cäsarion trug immer noch sein Festgewand; es schmeichelte seinen feinen

Zügen. Was für einen König würde er abgeben! Dabei war ich nicht sentimental; meine Augen erkannten scharf und deutlich, was wirklich war. Irgendwie war es Cäsar und mir in den dämmrigen Stunden zwischen Abend und Morgengrauen im Palast, wie er damals gewesen war, gelungen, ein rares Geschöpf zu erschaffen – ganz zufällig und ohne es zu wissen. So spielt das Schicksal.

Meine Stimme würde jetzt zittern; ich traute ihr nicht. Stumm hob ich meinen Becher und trank ihm zu, meinem Juwel, meinem Erfolg.

»Meine Jungen, ihr habt euch heute gut geschlagen«, erklärte Antonius mit lauter Stimme. »Wohlgemerkt, ich habe nicht vor, in absehbarer Zeit im Spiel gegen euch zu verlieren, ungeachtet eures neuen Status.«

Ich trank aus einem Achatbecher, der seit Generationen in unserer Familie war. Ich hielt die Lippen an den Rand, der dem Wein eine ganz eigene Weichheit zu verleihen schien. Noch immer wagte ich nicht zu sprechen; hoffentlich ging das bald vorüber. Ich war nicht gern stumm.

Das Mahl nahm seinen Fortgang. Ich könnte jetzt jedes Gericht verzeichnen, jede Bemerkung, die gemacht wurde. Aber Zeit wird für mich allmählich zur Mangelware. Gold habe ich noch, aber Zeit … Zeit nicht mehr. Die hat Octavian mir gestohlen. Und so muß ich das Festmahl nun schon verlassen, das erst kürzlich aufgetragen wurde. Vor kurzer Zeit … Vor einem ganzen Leben.

Das Meer war ruhig und von jenem eigentümlichen alexandrinischen Blaugrün, von jener Farbe, die von keinem Edelstein gefangen wird: Türkis ist zu undurchsichtig, Aquamarin zu blaß und Lapislazuli zu dick und zu undurchdringlich dunkel. Aber die Antwort kam nicht übers Meer. Wie es zu seinem Inhalt paßte, kam Octavians Brief unauffällig über Land herangeglitten. Ich empfing ihn aus der Hand eines regulären Boten: eine schwere Beleidigung.

An die Königin Kleopatra, unversöhnliche Feindin Roms

Sei gegrüßt! Ich habe die Zeichen Deiner Unterwerfung erhalten und nehme sie mit Genugtuung entgegen. Was Deine Bitten angeht, so kann ich zur Zeit noch nicht darauf antworten. Zu viel steht zwischen uns. Wie kann ich den Verzicht auf die Krone in Betracht ziehen, wenn Du mir Deinen guten Willen nicht zeigst? Ich brauche die Versicherung, daß Du ein denkendes Wesen bist – wie Du es warst, bevor Du Dich mit dem unglückseligen Marcus Antonius verbündetest – und daß Du standhaft und zuverlässig bist. Daher benötige ich einen vernünftigen Beweis. Was könnte als solcher dienen? Der Kopf des besagten Antonius – so Du ihn nicht aus Deinem Reich in unsere Hände treiben willst. Seine Kraft ist verbraucht, und er steht nur noch als Hindernis zwischen Staatsoberhäuptern wie Dir und mir.

Tu dies, und Du wirst uns äußerst zugänglich finden. Aber tu es erst. Andernfalls kommen wir zu dem Schluß, daß Du nicht vertrauenswürdig bist.

Imperator G. Cäsar

Ich las den Brief immer wieder. Seine Unverschämtheit war schwindelerregend. Ich sollte also Antonius opfern … Und wofür? Das hatte er nicht gesagt. »Du wirst uns äußerst zugänglich finden.« Das hieß gar nichts. Und er war schlau genug, nichts zu Papier zu bringen, was ihn später verfolgen und in die Fersen beißen könnte.

Ich sah, daß er Krone und Zepter nicht zurückgeschickt hatte. Wahrscheinlich saß er in diesem Augenblick davor und streichelte sie gierig. Und dann dieses »wir«! Ich sah, daß er schon ganz König war.

Der Kopf des Antonius. Bildete er sich ein, ich würde einen Diener hinter den Vorhängen postieren, der sich mit angehaltenem Atem bereit hielt zuzuschlagen, nachdem wir miteinander geschlafen hatten, und Antonius' Leben so zu beenden, sobald er eingedöst wäre? Glaubte er, ich würde Antonius küssen, ihm übers Haar streichen und ihn willkommen heißen, um ihn unmittelbar danach zu ermorden?

Ach, Octavian, dachte ich, jetzt glaubst du selbst all die Ruchlosigkeiten, die du über mich verbreitet hast! *Die ruchlose Königin, Sklavin ihres Ehrgeizes: Kleopatra! Kleopatra, die Abscheuliche!*

Als Antonius an diesem Abend in meine Gemächer kam, mußte ich unwillkürlich denken: dieser Kopf. Diesen Kopf abzuschlagen – was für ein häßliches, schmutziges Angebot Octavian mir da gemacht hatte, indem er um dieses edle Haupt feilschte wie um ein Stück Fleisch an einem Marktstand! War all sein Glanz zu solcher Vulgarität verkommen?

Aber das Ende war gekommen, und uns blieb nichts weiter übrig, als ihm in Ehren entgegenzutreten. Wie öffnet man dem Feind das Tor in Ehren? Ich wußte es nicht. Es stand nirgends geschrieben. Ich mußte es herausfinden.

Dieser geliebte Kopf, kostbarer als alle Königreiche; dieser Kopf, der mir Freiheit und Glückseligkeit geschenkt hatte – bis zum letzten Atemzug würde ich kämpfen, um ihn zu retten. Octavian war ganz und gar im Irrtum mit seinen Annahmen. Vielleicht irrte er sich in anderer Hinsicht genauso. Ich konnte nur beten, daß es so sein möge.

Die Tage schlichen vorüber, jeder einzelne makellos und erfrischend. Jeder Morgen war eine schimmernde Perle von Tau, klar und rein und ungetrübt. Die weißen Mittagsstunden waren von Zielstrebigkeit und Bewegung erfüllt, und an den Abenden spielten dunkle, weinfarbene Wolken am verblassenden Himmel, während dahinter, wie immer, die Sterne hervorkamen. Wie immer ... Es ging weiter wie immer, und nur durch den blanken Einsatz unserer Phantasie konnten wir uns zwingen zu glauben, daß irgendwo hinter dem Ozean, wo wir sie nicht sehen konnten, eine Bedrohung lauerte.

Das Ende hatte vom Blitz und Rauch einer Schlacht begleitet zu sein, vom rasselnden Husten des Alters oder auch von den schwarzen Flecken der Pest. Aber in einer vollkommenen Welt hatte es nicht zu erscheinen, nicht in einer Welt, die so betörend war, so süß, so still. Vielleicht war dies der letzte Feind, dem ich entgegentreten mußte: dieses falsche Gefühl der Sicherheit.

Ich konnte es nicht länger hinausschieben. Es war schon Ende Mai. Cäsarion mußte fort. Wir hatten gehört, daß Octavian seine Legionen jetzt von Asien nach Syrien verlegte. Er war nach Antiochia gekommen und hatte sich in unserem Palast breitgemacht, in jener zugigen Reliquie, die den Stunden unseres Glücks so gute Dienste geleistet hatte. Dann war er weiter südwärts gezogen. Jetzt war er keine fünfhundert Meilen mehr von unserer östlichen Grenzfestung entfernt, während Gallus nicht einmal zweihundert Meilen weit westlich von uns saß, nachdem er unsere Festung dort bereits erobert hatte. Sie würden uns in die Zange nehmen, wenn auch die Wüste im Süden offenbleiben würde. Cäsarion mußte bis Mitte Juni in Koptos sein. Er mußte fort. Doch, ach, eine Welt von Leid wohnt in diesen drei Worten! Ich mußte ihn hinausstoßen und für den Rest seines Lebens der Barmherzigkeit des Schicksals ausliefern. Ich wußte, wenn er jetzt davonsegelte, würde ich ihn nie wiedersehen.

Ich würde ihn bis zum Hauptlauf des Nils begleiten, aber dann mußte ich umkehren. Und so brachen wir auf, bestiegen ein kleines Boot an den Stufen des Seehafens und wiederholten die Reise, die ich vor so vielen Jahren mit Mardian, Olympos und Nebamun unternommen hatte, als wir aus dem Palast fortgelaufen waren.

Das hohe Schilf auf dem See war dichter denn je, und die Bootsleute hatten alle Mühe, es beiseite zu drücken. Es überschüttete uns mit goldenem Blütenstaub und ließ weiße Schmetterlinge aufsteigen, die zu Paaren über unseren Köpfen kreisten. Dann gelangten wir in den Kanal, der uns zum Kanopischen Arm des Nils bringen würde und von dort auf den eigentlichen Nil. Fast erfüllte es mich mit Abscheu, wie reibungslos wir vorankamen. Ich hatte dafür gesorgt, daß der Kanal entschlammt und das Schilf zurückgeschnitten wurde, so daß man jetzt schneller vorankam.

Als wir den Kanopischen Arm erreicht hatten, hißten wir das Segel, um den Nordwind zu nützen, und so ging es stetig voran, vorbei an grünen Feldern, turmhohen Palmen, Eseln und ihren Wasserrädern.

»Unten beim Ersten Katarakt wird der Nil jetzt anfangen zu steigen«, sagte ich zu Cäsarion. »Aber du müßtest Koptos erreichen, bevor das Hochwasser sein volles Ausmaß erreicht.«

»Ich weiß.« Wir standen am Bootsrand und schauten zu, wie das Land vorüberglitt. Er legte seine Hand auf meine. »Ich habe das alles ausführlich studiert.« Er schenkte mir sein gewinnendes Lächeln.

Und noch eine Reise nilaufwärts, mit Cäsar, als dieser Knabe noch in meinem Leib wohnte – ja, er wiederholte jetzt diese Reise, an die er sich nicht erinnerte. »Aber du hast diese Fahrt nur ein oder zweimal gemacht«, sagte ich. Ich erinnerte mich an unseren Ausflug nach Dendera, wo ich ihm sein Porträt als Pharao an der Tempelwand gezeigt hatte. »Es sieht immer anders aus, wenn man wirklich sieht, was man zuvor in Büchern studiert hat.« Ich sah, wie glatt und fest sein Kinn war, das er zuversichtlich hob. Er trug das Medaillon von Cäsars Mutter am Hals, das Cäsar mir geschenkt hatte, als …

Das Schlimmste, wenn etwas zu Ende geht, ist vielleicht der Zwang, sich an all das, was vorher war, zu erinnern und es zu wiederholen. Die Erinnerungen erwürgten mich, wie das Gewirr der Wasserrosen die Ruder verstrickte. Schluß damit, Schluß! Ich befahl meinem Herzen, damit aufzuhören und die lebhaften Erinnerungen einzusperren.

Laß mich einfach hier stehen, auf Deck mit meinem Sohn, und nur hier sein, nur mit ihm, nur jetzt – so betete ich flehentlich.

Und es wurde mir gewährt, und der ganze Rest fiel von mir ab wie ein zerschlissenes Gewand. Die Tage gehörten uns ganz allein.

Als wir den eigentlichen Nil erreichten, erwartete uns eine robuste Barke am Landungssteg unterhalb von Memphis. Sie war nicht als königliches Schiff gekennzeichnet, denn ich wollte nicht, daß Cäsarion Aufmerksamkeit erregte. Die Barke gehörte einem Getreidehändler, der völlig vertrauenswürdig war. Die Soldaten und Führer, die ihn auf dem Wüstenpfad nach Berenike begleiten und ihm auf dem ganzen Weg bis Indien als Leibwache dienen sollten, waren schon an Bord. Sein Lehrer Rhodon würde die Reise ebenfalls mitmachen und hatte zwei Kisten mit Büchern eingepackt.

Jetzt war es nicht länger hinauszuschieben. Wir mußten uns trennen.

»Kannst du nicht noch bis zu den Pyramiden mitkommen?« fragte er mit suchendem Blick. »Wir könnten noch einen Ausflug machen …«

… und nichts davon sehen, dachte ich, weil unsere Augen voller Tränen wären.

»Nein. Es ist besser so. In glücklicheren Tagen werden wir wieder zusammenkommen«, sagte ich und betrachtete sein Gesicht, als werde mir dieser letzte Blick aus irgendeinem Grund noch etwas anderes zeigen.

Er beugte sich herunter und umarmte mich, und seine Stimme war an meinem Ohr. »Oh, Mutter« – das war alles, was er sagte.

»Mögen dich alle Götter begleiten«, sagte ich. »Und möge dein Vater dich beschützen.« Ja, sollte der Gott seinen Sohn behüten! Ich umarmte ihn, so fest ich konnte und solange ich konnte. Dann zwang ich mich, ihn freizugeben, meine Arme sinken zu lassen und zurückzutreten.

Dieser kleine Abstand zwischen uns, ein, zwei Schritte nur, mußte sich zu unermeßlicher Größe dehnen, mußte sich fast über die Breite der Welt erstrecken. Es war so schwer zu ertragen und nicht wirklich zu begreifen.

»Lebe wohl, mein Sohn.«

Ich ließ ihn derjenige sein, der sich abwandte, und er stieg den Steg zur Barke hinauf. Gebet über Gebet warf ich ihm nach, und ich beschwor Cäsar, seinem einzigen irdischen Sohn und Erben zu Hilfe zu kommen.

Laß uns nicht im Stich! schrie ich aus den Tiefen meiner Seele. Laß uns jetzt nicht im Stich!

Die ernüchternde Rückreise ging ohne Segel vonstatten, denn wir fuhren jetzt mit der Strömung. Cäsarions Barke wurde immer kleiner und verschwand schließlich. Kurz bevor wir dem Kanopischen Arm zusteuerten, fuhren wir in einen Verbindungskanal hinein, um bei dem Landungssteg des Tempels von Heliopolis anzulegen. Ich wollte nicht an Land gehen, aber ich wollte dem Priester Nacht meine Grüße senden. Zu meiner Überraschung kam er mit zwei weißgewandeten Kollegen im Schlepptau zum Steg geeilt, um mit meiner Erlaubnis an Bord zu kommen.

»Göttlichste Majestät«, sagte er und verbeugte sich tief, »ich bin so dankbar, daß du hier bist. Es ist die Erhörung meiner frommen Gebete, denn ich habe wichtige Nachrichten, die ich keinem Boten anvertrauen konnte.« Er wies auf die beiden anderen Priester. »Diese, meine Brüder im Dienste der Götter, sind aus den Tempeln zu Philae und Abydos.«

Ich war verblüfft; ich hatte noch gar nicht darum gebetet, und hier war mein Gebet schon erhört. »Mein Herz frohlockt, euch zu sehen«, sagte ich. Die höchsten Wallfahrtstempel der Isis und des Osiris waren in Gestalt dieser beiden Priester zu mir gekommen.

»Wir bringen wichtige Neuigkeiten«, sagte der größere der beiden; er war aus Philae. »Das Volk von Oberägypten steht bereit, sich zu erheben und für dich zu kämpfen.«

Ich war tief gerührt. Das bedeutete, daß sie mich, eine Ptolemäerin, auch als eine echte Ägypterin betrachteten. Und das Angebot, für mich in die Schlacht zu ziehen, war dafür der letzte Beweis und ein unübertreffliches Opfer. Aber darüber brauchte ich nicht einmal nachzudenken.

»Sagt den Menschen, ich nehme ihren Treueschwur an, und ich bin in meinem tiefsten Herzen bewegt zu wissen, daß sie mich lieben als Königin und als eine der ihren. Aber ich werde meinem Volk kein unnötiges Leid zufügen.« Es hatte keinen Sinn, daß sie sich gegen zwanzig oder mehr römische Legionen erhoben. Und wenn selbst Antonius es nicht mehr fertigbrachte, seine Kräfte für eine Schlacht zu sammeln, um den Lauf des Nils zu halten – warum sollten sie es dann tun?

»Aber ...« Der Priester aus Abydos sah vernichtet aus.

Ich hob die Hände. »Glaubt nicht, daß wir dieses Angebot geringschätzen. Aber es wäre vergebens, und ich will euch hoffnungslose Bemühungen ersparen, die nur harte Strafen nach sich ziehen würden.«

Sie mußten es hinnehmen. »Sehr wohl.«

»Aber es gibt zwei große Dienste, die ihr – und nur ihr – mir erweisen könnt.« Ich führte sie unter Deck in meine Kajüte, und dort besprach ich alles – mit dem Priester aus Philae, was mit dem Testament geschehen solle, das ich ihm durch Olympos schicken würde; und auch Nacht von Heliopolis bekam Anweisungen, die er befolgen sollte, wenn der Augenblick gekommen wäre. Und so sicherte ich sowohl den Fortbestand meines Lebens wie auch sein Ende durch die Gnade der Isis.

# 81

»Noch ein paar mehr in die Ecke dort.« Antonius wies einen Diener an, einen Korb Rosenblätter dort auszuschütten, wohin er zeigte.

Der Diener schüttelte das Behältnis, und ein Schauer von roten und weißen Blütenblättern wehte zu Boden. Der unnachahmliche Duft von Rosen erfüllte die Luft.

»Ist das nicht wunderbar?« fragte Antonius, und seine Stimme verriet nichts als milde Verwunderung. »Wie kommt es, daß Luxusgüter jede Blockade durchdringen können? Die Kyrenaika mag von feindlichen Kräften besetzt und Paraitonion in der Hand Gallus' sein, aber Lieferungen mit frischen Rosen erreichen uns noch immer.«

»Vermutlich, weil sie in Octavians Augen so unbedeutend sind.« Schönheit drang durch diesen Filter, wenn alles andere nichts mehr vermochte, weil sie so stofflos war. Aber manchmal nährt sie uns besser als jede Speise.

»Wir müssen die wohlgenährtesten, verwöhntesten Belagerungsopfer der Weltgeschichte sein. Sie haben uns eingeschlossen mit all unseren Reichtümern«, meinte er. Er nahm einen schweren Goldbecher und goß ihn voll. Aufmerksam spähte er hinein, und seine Augen weiteten sich. »Laodikäer.« Er nippte behutsam. »Und denke nur – ganze Lagerhäuser sind voll davon und warten nur auf uns. Ah, was für eine Art abzutreten!«

Ich tat es ihm nach; warum auch nicht? Besser trank ich den Wein, als daß er zu Essig wurde, wenn Octavian die Macht übernommen hätte. Der Trank war schwer und voller Erinnerungen an die Sonne des Herbstes. Er liebkoste meinen Mund und befeuchtete meine Lippen mit seiner Süße.

»Glaubst du, zwanzig Amphoren genügen für heute abend?« fragte er und deutete auf die Reihe der Krüge, die bereits warteten.

»Das reicht fast für eine Legion«, sagte ich. »Du erwartest doch sicher nicht …«

»Nur ein Scherz. Es ist reines Theater. Heute abend müssen wir so üppig und überreich sein wie das Niltal nach dem Hochwasser, und unser Füllhorn muß bersten aus allen Nähten wie eine überreife Melone.«

»So überreif wie deine Bildersprache?« fragte ich und strich ihm das Haar am Hinterkopf glatt.

*Dieser Kopf* … der Kopf, den Octavian haben wollte. Jetzt hatte man uns beiden angetragen, den anderen zu töten; Herodes hatte Antonius geraten, mich zu beseitigen, und Octavian hatte mir vorgeschlagen, genauso mit Antonius zu verfahren. Doch hier saßen wir und planten beiden zum Trotz ein Bankett.

»Ich dachte, dir gefällt meine Extravaganz«, sagte er. »In allen Dingen meines Lebens. Ich, der ich mit Belohnungen so wenig zurückhaltend bin wie mit meinen Impulsen, mit Speise oder Trank, werde mit bloßen Worten wohl kaum knausern.« Er wandte sich mir zu und küßte mich. »Oder mit Küssen!«

Der Wein versiegelte klebrig unsere Lippen.

»Allerdings nicht.« Ich mußte ihm zustimmen. Aber dieses Bankett … Ich konnte nicht fassen, daß er es veranstalten wollte.

»Gut.« Er griff wieder zu seinem Becher. »Was nun die Gäste angeht – es ist erstaunlich, wie viele der alten Unnachahmlichen noch da sind. Und natürlich haben wir neue Kandidaten für den Orden.« Er nahm einen großen Schluck Wein.

»Den … Orden? Antonius, was hast du vor?«

»Mein Geheimnis! Meine Überraschung. Warte nur ab!«

»Sei kein Geheimniskrämer! Das ist langweilig.« Was ich meinte, war, daß seine Überraschung sich als so unpassend erweisen könnte, daß es besser wäre, mich vorher einzuweihen, damit ich notfalls etwas dagegen unternehmen konnte.

»Ah, ah!« Er drohte mir mit dem Finger. »Nein, du mußt warten wie alle anderen.«

»Antonius ...«

Er wich zurück. »Nein! Ich lasse mich nicht überreden! Ich bin ein Fels, der nicht zu verrücken ist!«

»Nun, das ist aber etwas Neues«, sagte ich. Warum waren seine Überraschungen immer etwas, wogegen man sich wappnen mußte? »Ich dachte, das wäre Octavian. Aber es heißt ja, daß alte Feinde zuweilen die Eigenschaften des andern annehmen.«

Er zuckte die Achseln. »Dann sollten wir aber allen Wein in Alexandria austrinken – für den Fall, daß er es mir nachtun und sich darin ertränken will.« Er schenkte wieder ein. »Und die beste Gelegenheit, damit anzufangen, wäre jetzt!«

Ich kehrte in meine Gemächer zurück und überließ ihn den Vorbereitungen zu seinem ... Was? Ich hatte ihn zu seiner guten Stimmung ermuntert und fürchtete nichts mehr als die Rückkehr seiner Verzweiflung, aber mir war klar, daß dies nichts als ihr Spiegelbild war. Jeden Augenblick konnte sich das Innere nach außen wenden, und die sonnige Stimmung würde ihre Kehrseite zeigen: schwarze Undurchdringlichkeit.

Als Cäsarion fort war, empfand ich eine gewisse Erleichterung. Er müßte inzwischen bald in Koptos sein. Meine anderen Vorbereitungen waren fast vollendet. Die Schatzpyramide stand im Mausoleum, bereit zum Anzünden; die Sarkophage waren mit Stoff ausgeschlagen und poliert, und nach Medien waren Briefe gesandt worden, in denen ich um Asyl für Alexander und Selene nachsuchte – aber eine Antwort war noch nicht gekommen. Die Arbeit an meinen Lebenserinnerungen nahm mich ganz in Anspruch und gab mir Trost in den sonnendurchstrahlten Tagen des Wartens. Ich war jetzt fast in der Gegenwart angekommen und entschlossen, bis zum allerletzten Augenblick weiterzumachen. Dann würde ich Mardian und Olympos die Aufgabe anvertrauen, das letzte Kapitel zu schreiben. Das könnten sie dann nach ihrem Belieben tun, unter einer so langfristigen Perspektive, wie es ihnen gefiel. Eile war keineswegs geboten. Ich rechnete damit, daß Isis das Werk erst nach langer Zeit fremden Augen offenbaren würde. Und je größer der Abstand zu unserer Epoche wäre, desto gerechter würde der Prozeß, den ich bekommen würde, vermutlich sein. Aber natürlich blieb diese Entscheidung ihrem weisen Ratschluß vorbehalten. Meine Aufgabe bestand nur darin, alles aufzuschreiben.

Charmian und Iras waren so traurig wie fürsorglich, und es tat mir leid, daß sie an mich gekettet waren. Ihnen stand es nicht frei zu gehen, wie es bei geringeren Leuten der Fall war, Plancus und Dellius zum Beispiel. Welch ein bitterer Scherz, daß schlechte Menschen mehr Freiheiten besitzen als gute!

Wir hatten immer noch die vier Legionen in Ägypten, und außerdem unsere ägyptischen Soldaten und die makedonische Leibgarde. Die Festung bei Pelusion war mit Ägyptern bemannt, die Octavian den Weg versperren sollten. Wir verfügten über eine Flotte von etlichen hundert Schiffen – gerettete aus Actium und neugebaute. Den römischen Legionen angeschlossen war eine kleine, aber gut ausgebildete Reitertruppe. Überdies hatte uns die Nachricht erreicht, daß die Gladiatoren aus Kyzikos immer noch auf dem Weg zu uns waren, nachdem sie sich erfolgreich an Amyntas und den Kilikiern vorbeigekämpft hatten. Jedenfalls stand uns eine hinreichend große Streitmacht zu Gebote, um heftigen Widerstand zu leisten. Aber Antonius weigerte sich zu überlegen, wie die Legionen aufmarschieren sollten, oder überhaupt irgendeine Strategie zu entwickeln. Anscheinend betrachtete er jeden Widerstand als zwecklos.

»Wir sind hoffnungslos in der Minderzahl«, sagte er. »Warum soll man unnötig Menschen abschlachten?« Ich konnte dagegen nichts einwenden; hatte ich meinen Unterstützern in Oberägypten nicht das gleiche gesagt? Aber die Ägypter weit oben am Nil konnten sich der Auseinandersetzung entziehen, während die Legionen und die Flotte bereits darin verwickelt waren. Ohne einen Führer, der bereit war, sie zu führen, waren sie jedoch nutzlos. Und Antonius würde sie nie wieder führen.

Dieses Eingeständnis hatte mich zutiefst geschmerzt. Aber der Preis dafür, daß ich ihn überhaupt zurückbekommen hatte, bestand darin, daß ich zusehen mußte, wie er von dem Befehl, den er so lange innegehabt hatte, zurücktrat und seine Macht nicht länger ausübte.

Die Stadt wußte inzwischen nur allzugut, was sich bei Actium ereignet hatte, und ich merkte, wie sie den Atem anhielt und abwartete, was als nächstes geschehen würde. Alexandria hatte noch vor niemandem außer Cäsar das Knie gebeugt, und diesen Kampf hatten die Alexandriner selbst provoziert. Das hier hingegen …

Würde es zu einer Belagerung kommen? Zu Straßenkämpfen? Wenn Leute fliehen wollten, wohin würden sie dann gehen? Sie bereiteten sich vor, wie man es in einer Stadt von Händlern und kultivierten Menschen erwarten konnte: Sie machten Bestandsaufnahmen, sie kauften und verkauften und versuchten, sich mittels Bestechung oder Tauschgeschäft Fluchtwege zu eröffnen. Oh, ich kannte sie, und ich wußte, was sie trieben. Sie hielten nichts vom Heldentum einer Stadt wie Xanthos, die sich lieber selbst bis auf die Grundmauern niedergebrannt hatte, statt sich einnehmen zu lassen, aber auch nichts vom Weinen und Wehklagen der Trojaner. Sie gaben elegante Speisegesellschaften und erörterten die feinen Unterschiede in den Auffassungen der philosophischen Denkschulen im Hinblick auf das Leiden. Mit furchterregender Geschwindigkeit stürzten sie kostbare Weine hinunter, überschütteten sich mit lange gehorteten Duftwässern und behängten sich mit Schmuck, als wollten sie diesseits des Grabes rasch noch alles aufbrauchen. Wenn sie hinscheiden mußten, wollten sie es eingehüllt in alle guten Dinge des Lebens tun.

Als der Abend dämmerte, begann ich mich für Antonius' Bankett vorzubereiten. War ich nicht die alexandrinischste unter allen Alexandrinern? Sollte ich nicht die königliche Fassung dessen genießen, was überall in den Häusern der Stadt vor sich ging? Ja, ich wollte mein bestes Kleid anziehen. Charmian sollte das rote griechische Gewand hervorholen, das mit dem Perlensaum und den goldenen Fransen. Und die Brosche, die der König von Pontos mir geschenkt hatte, mit Steinen von der anderen Seite des Schwarzen Meeres besetzt. Damit sollte sie die Schulterfalten raffen. Und um den Hals wollte ich die funkelnde Hochzeitskette tragen. Und – ja, wo war der goldene Armreif, den ich von der Kandake bekommen hatte? Ich wollte sein schweres Gewicht an meinem Arm spüren.

Und Parfüm – davon hatte ich mehr als jeder Händler. Aromatische Öle standen in ihren verschlossenen Alabasterflaschen bereit: Lilie, Rose, Narzisse, Hyazinthe. Heute abend entschied ich mich nicht für Rosenöl; ich wollte anders duften als alle andern im Saal. Narzisse – ja, das war gut. Der regendunkle Duft war genau das richtige für diese Gesellschaft der Verdammten.

Iras verrieb feines Öl mit kleinen, kreisenden Bewegungen auf meinen Wangen. Sie betupfte meine Lippen mit roter Salbe und rieb sie sorgfältig ein.

»Deine Haut war immer das Geheimnis deiner Schönheit«, sagte sie. »Und sie sieht jetzt noch so aus wie damals, als du zwanzig warst.«

»Nun, ich bin fast doppelt so alt«, sagte ich. Aber höchstwahrscheinlich würde ich die Vierzig nicht mehr erreichen.

Sie nahm einen Kamm und begann mein Haar zu frisieren. Meistens tat das Iras, aber heute abend bevorzugte ich Charmian. Ihre Hände zu fühlen, wie sie mein Haar zu einem dicken Seil verdrehten und es auf seine ganze Länge dehnten, war äußerst beruhigend.

»Soll ich es flechten?« fragte sie. »Kleine Zöpfe, die den Rest umrahmen?«

»Wie du willst.« In der Hitze des Abends wollte ich es nicht im Nacken liegen haben.

Mein Haar – stets Anlaß meiner Eitelkeit. Sorgfältig hatte ich es die Jahre hindurch gepflegt, und es hatte mir diese Pflege gelohnt und mir die Illusion von Schönheit vermittelt. In der Tat war ich gesegnet mit dem Haar, das die Götter mir zu schenken beliebten.

»Es ist so üppig«, beklagte sich Charmian. »Ich glaube nicht, daß ich alles mit diesem Band halten kann.«

»Dann laß an den Seiten ein wenig heraus«, sagte ich. Solange es nur nicht feucht in meinem Nacken lastete.

»So.« Sie reichte mir einen polierten Spiegel, damit ich mich betrachten konnte.

Dem Gesicht, das mir da entgegenschaute, war nicht anzumerken, was es alles durchgemacht hatte. Es war, als hätte ich meinen Körper kraft meines Willens daran gehindert, all die schmerzlichen Erlebnisse in sich aufzunehmen, und als hätte er mir gehorcht. Nichts stand geschrieben in den klaren Augen, den geschwungenen Brauen, der glatten und faltenlosen Haut – nichts von Kindbett, Entbehrungen im Felde, Strapazen und Leid. Ich sah aus wie eine weltgewandte Jungfrau. Als ich es sah, lachte ich laut.

»Herrin?« Charmian runzelte die Stirn. »Gefällt es dir nicht? Ich kann es noch einmal neu …«

»Mein Haar ist wunderbar«, beruhigte ich sie. »Ich habe nur mit Staunen daran gedacht, daß schwere Schicksalsschläge doch nicht immer ihre Spuren am Körper hinterlassen.«

»Ich denke, es muß entweder der Körper oder die Seele sein«, sagte Charmian leise.

»Dann waren es sicher Herz und Seele, die das Schlimmste haben auffangen müssen«, sagte ich und fragte mich, wie sie wohl im Spiegel aussehen mochten. Besser, ich sah es nicht.

Ich erhob mich. Zeit zu gehen. Zeit, fröhlich zu sein.

Der Saal war voller Leute – wo hatte Antonius sie nur alle aufgetrieben? Sie waren munter, bunt gekleidet und mit blitzenden Juwelen geschmückt. Es waren hauptsächlich Römer, zweifellos Angehörige der Legionen, aber auch Alexandriner waren dabei, vom Gymnasion, von der Bibliothek, dem Museion, und Zeus mochte wissen, woher noch. Sie hatten die geröteten Gesichter und das kostspielige Äußere von Aristokraten, abgesehen von den vereinzelten, pro forma eingeladenen Philosophen hier und da, und selbst diese waren wohlhabende Männer, überwiegend aus der Schule des Epikuros.

Der zarte Duft der Rosen, der freigesetzt wurde, wenn die Blüten auf dem Boden zertreten wurden, erfüllte den Raum. Ich holte tief Luft und versuchte, einen Augenblick lang so zu tun, als wäre ich in einem Garten und nicht hier. Aber das Stimmengewirr, die Wärme von so vielen Menschen und die klimpernde Musik der Harfenspieler machten es mir unmöglich.

»Eine Krone, allergnädigste Königin«, sagte ein Diener und kam mit einem kunstvoll geflochtenen Kranz von Weidenblättern, Tollkirschen und Mohn auf mich zu. Ich ließ mich damit krönen, obgleich diese Pflanzen mit der Unterwelt in Verbindung gebracht wurden.

Antonius erblickte mich und kam sofort herübergeeilt. »Willkommen, mein Herz!« sagte er und reichte mir einen überschäumenden Becher mit rosenduftendem Wein. »Trink! Trink vom Wasser der Lethe, auf daß du alles vergißt!«

Wenn das nur möglich wäre! Aber der Wein würde dabei nicht helfen.

»Wer hätte gedacht, daß es so viele gibt«, sagte er und schaute sich um. Das Gewimmel der Gäste füllte den Saal, und farbige Wellen umspülten den einen oder anderen Sprecher.

»So viele wovon?« fragte ich. »So viele wohlgemute Alexandriner?«

»Das wirst du schon sehen«, sagte er.

Ich sah Ständer mit Schüsseln voller Goldmünzen; die Leute tauchten die Hände hinein und bedienten sich im Vorübergehen. Ich entdeckte auch ein paar vertraute Gegenstände: Schauspielermasken, die Büste von Octavian, ein paar goldene Gefäße und Teller auf einem Ausstellungstisch.

Speisediwane oder Tische sah ich nirgendwo. »Wann essen wir denn?« fragte ich.

Er zuckte die Achseln. »Wenn der passende Augenblick gekommen ist. Ich kann es nicht vorhersagen.«

»Aber das Essen ...«

»Oh, das ist kein Problem«, sagte er obenhin. »Das Essen wird jederzeit zur Vollkommenheit zubereitet sein. Ich habe die Küchen angewiesen, zu unterschiedlichen Zeiten ein Dutzend Ochsen zu braten, so daß immer einer gar ist, wenn wir uns entscheiden zu essen.«

Mein Mund klappte auf. Welch eine Verschwendung! War er verrückt geworden?

»Wofür wollen wir sparen?« fragte er, als habe er meine Gedanken gelesen. »Wir wollen Octavian mit leeren Weiden und blanken Küchen begrüßen.« Er trank einen Schluck Lethewasser. »Wir wollen uns entblößen, bevor der Tod es tut.«

Theatralisch war er immer – war dies auch eine Aufführung? Oder *tat* er nur so, als gebe er hier eine Vorstellung, um seine wahren Absichten zu verschleiern?

»Ah – und hier kommt unser wahrer Gastgeber.« Er begrüßte jemanden, der als Hades verkleidet war, der Fürst der Unterwelt. Sein schwarzer Mantel schleifte über den Boden, und er trug einen Reifen auf dem Kopf, der mit flackernden Flammen verziert war.

Schweigend verbeugte er sich, und hinter den Augenlöchern der Maske sah ich die dunkle Iris.

»Bist du bereit, eine so große Gesellschaft willkommen zu heißen?« fragte Antonius. »Sie sind hier, um sich einweihen zu lassen.«

Hades wandte langsam den Kopf. »Die Gesellschaft ist vielleicht nicht so groß, wie du annimmst«, sagte er mit einer Stimme, die an Höhlen, Brunnen, Schächte denken ließ: die Andeutung von Wellen, Tropfen, Echos. »Sei nicht enttäuscht, wenn sie nicht alle den Fuß über die Schwelle der Nacht setzen wollen.« Er gab ein glattes, grenzenlos unangenehmes Lachen von sich. »Schließlich ist hier noch immer Hochsommer. Aber zweifellos werden es so viele sein, daß meine Reise sich gelohnt hat.« Er verneigte sich geschmeidig, schob sich in die Menge und verschwand darin.

»Wer war denn *das*?« fragte ich. Er war wirklich zu realistisch gewesen.

»Ist er nicht wunderbar?« fragte Antonius. »Er ist ein bekannter Schauspieler in den griechischen Komödien hier.«

»Komödien? Offenbar hat er den Beruf verfehlt.«

Antonius steuerte mich an einer Traube von Männern und Frauen vorbei, die sich um jemanden drängten, der sich über den Sinn des Lebens verbreitete. »Jung, jung, er ist sehr jung«, bemerkte Antonius. »Alle jungen Philosophen halten gern Vorträge über dieses Thema.«

Hinter mir hörte ich den Mann leiern: »So sei demnach gesagt, daß, wie es scheint, ob eins nun ist oder nicht ist, es selbst und die anderen, und zwar für sich sowohl als in Beziehung aufeinander, alles auf alle Weise ist und nicht ist und scheint sowohl als nicht scheint.«

»Platon«, sagte ich, mehr zu mir selbst als zu Antonius.

Überrascht zog er die Brauen hoch. »Meine kleine Alexandrinerin«, sagte er zärtlich. »Vielleicht möchtest du auch einen Vortrag halten?«

»Nein«, sagte ich. »Was ich im Leben gelernt habe, würde nicht vielen weiterhelfen.« Von mir konnte man nur wenige allgemeine Regeln erfahren.

Wir spazierten eine Weile umher, begrüßten die Gäste und hörten ihren Gesprächen zu. Es war bemerkenswert, daß niemand Octavian oder die politische Lage erwähnte. Statt dessen redete man nur von Mode, Essen, Unterhaltung und Ausflügen.

Schließlich trat Antonius in die Mitte des Saales und klatschte in die Hände, um die Aufmerksamkeit auf sich zu lenken. »Meine lieben Freunde – die ich euch schon kenne seit jenem ersten Winter, da ich nach Alexandria kam –, seid willkommen! Ah, wie gut ging es uns damals! Wißt ihr noch, wie wir fischten? Wie wir nach Kanopos fuhren? Erinnert ihr euch an die Bankette, an die Wettrennen? Zehn Jahre soll das her sein – wie ist es möglich? Jetzt ist es Zeit, gemeinsam auf ein neues Abenteuer zu gehen. Zunächst will ich ein paar Dinge aus jenen alten Zeiten versteigern. Ihr mögt das Gold, das ich für euch in die Schüsseln getan habe, zum Bieten benützen, wenn ihr wollt.«

Seine Hand zeigte auf die Gegenstände, die ich schon bemerkt hatte, und ein Diener hielt den ersten in die Höhe.

»Was bietet man mir für diese prächtige Komödienmaske und ihre Gefährtin, die Tragödie? Kann sein, daß ihr sie noch gut gebrauchen könnt in den Tagen, die vor uns liegen, wenn ihr eine Rolle spielen müßt ...

Und was bekomme ich für diese Büste des Gajus Octavianus? Zuletzt schmückte sie die Halle des Marcus Titius. Sie wird euch helfen, ihn zu erkennen ...

Und hier – ein hervorragendes Exemplar seiner Art, ein massiv goldener Nachttopf? Sein Ruhm ist weit gereist – bis Rom sogar. Er läßt sich aber auch anders verwenden ... Vielleicht für Blumen?«

Noch nie im Leben hatte ich so ein Ding gesehen. Er mußte es eigens für diese Auktion in Auftrag gegeben haben!

Munter führte er die Auktion zu Ende, und schließlich erklärte er: »Und so sage ich meinem früheren Leben Lebewohl.«

Er winkte den Harfenspielern, und sie zupften an den Saiten ihrer Instrumente.

»Hört zu!« rief Antonius, als eine schlanke Sängerin neben ihnen erschien. »Achtet auf die Worte.«

Sie sang mit einer gedämpften, süßen Stimme, die jedes Gespräch verstummen ließ. Alle spitzten die Ohren, um sie zu hören. »Folge dem Verlangen deines Herzens, solange du noch weilest! Gieße Parfüm auf dein Haupt; dein Gewand aber sei aus dem feinsten Linnen, gesalbt mit den wahrhaft wundersamsten Substanzen unter allen göttlichen Dingen.«

Mit einer anmutigen Handbewegung raffte sie eine Falte ihres zarten Leinenkleides und hob sie leicht an; ich konnte die Finger durch den Stoff sehen.

»Tu, was dir genehm, und tu es mehr denn zuvor; laß nicht ermüden dein Herz. Folge den Wünschen deines Herzens und dem, was deinem Auge wohlgefällig ist. Forme deine Geschäfte nach dem Willen deines Herzens.«

Ihre Stimme war überall im Saal deutlich zu hören.

»Das Weinen hat keinen Bestand im Herzen des Mannes, der da hauset im Grab. Nur zu! Lebe freudig den Tag, und verweile nicht darin. Denn siehe, es ist dem Menschen nicht gewährt, seine Habe mit sich zu nehmen. Und siehe, keinen gibt es, der von hier fortging und wiederkehrte.« Diese Worte ... Ich hatte sie in Rom gehört, vor langer Zeit ...

»Ich danke dir«, sagte Antonius und wandte sich wieder den Gästen zu. »Freunde, vor langer Zeit hatten wir eine Bruderschaft, eine Gesellschaft, die wir *Amimetobioi* nannten, die Gesellschaft der ›Unnachahmlichen Lebenskünstler‹. Jetzt schlage ich vor, wir gründen etwas Neues, das zum heutigen Tage paßt, und nennen uns *Synapothanoumenoi*: Wir, die wir zusammen sterben werden. Jawohl. Wer will, soll uns die Hände reichen, und wir werden den Pakt besiegeln, indem wir zum Klang der Harfe durch den Saal tanzen. Ein Totentanz. Und Hades wird uns führen.«

Der Schauspieler erschien neben Antonius und streckte die behandschuhte Hand aus. Er sprach kein Wort.

Wie vom Donner gerührt, starrten die Gäste ihn an, und dann trat der erste zu meinem Erstaunen vor und ergriff meine Hand. Ein zweiter folgte, bis fast alle einander bei den Händen hielten und eine Kette bildeten, die um alle vier Wände herumreichte.

»Spielt!« Antonius gab den Musikern ein Zeichen, und sie spielten leise auf ihren Harfen, und die Kette bewegte sich langsam durch den Saal; die Tänzer setzten die Schritte kreuzweise voreinander und neigten die Köpfe. Die Blumenkränze, die sie trugen, zitterten von diesen Bewegungen. Der feierliche Ernst erinnerte an eine Grabprozession.

Dann nahm eine der Frauen ihre Armreifen ab, hielt sie hoch und klirrte damit. Das Rasseln belebte die Parade; auch andere verwandelten ihren Schmuck in Zimbeln, Klappern und Glocken. Der Tanz ging schneller, bis wir rannten, und unsere Füße dröhnten auf dem Marmorboden, daß es im Saal widerhallte. Die Prozession war wild geworden; das Leben barst trotzig durch die Trauer.

»Wein! Wein!« rief ein Mann und streckte die Hand aus. Ein flinker Diener gab ihm einen Becher.

»Hier auch!« schrie einer, und schließlich brach die Kette auseinander, und die keuchenden Leute griffen gierig nach Bechern voll Wein.

»Und jetzt das Essen!« rief Antonius, und auf sein Wort hin kam durch alle Eingänge ein Heer von Dienern mit Diwanen und Tischen hereingestürzt. Sie hatten ihre Arbeit vorzüglich einstudiert, und es gelang ihnen, im Handumdrehen den Tisch für über einhundert Personen zu decken.

Die Leute ließen sich quiekend vor Vergnügen auf die Polster fallen. Bevor das Essen aufgetischt wurde, ergriff Antonius noch einmal das Wort.

»Speiset wohl! Das Beste, was Alexandria zu bieten hat, ist hier zu eurem Genusse! Eßt, trinkt, spielt und kommt hierher!« Er schwieg kurz und fuhr dann fort. »Solange es uns noch vergönnt ist, werden wir uns zu diesem Zweck versammeln. Und laßt uns nicht trauern über das, was kommen soll, sondern denkt an die Grabschrift eines Epikuräers: ›Ich war nicht, ich war, ich bin nicht mehr, es kümmert mich nicht.‹ Dies ist eine Zusammenfassung aller Seelenzustände, durch die eine Seele auf ihrem Weg in die Ewigkeit gelangt.«

Als er neben mir Platz genommen hatte, lehnte ich mich zu ihm hinüber und flüsterte: »Das ist allzu zynisch.«

Er kaute energisch auf einer Feige. »Warum – denkst du denn anders?«

»Ja«, sagte ich. »Was du da zitiert hast, war würdelos. So redet ein Tier in der Wildnis.«

Er lächelte ironisch. »Ich beneide es.«

»Nein, du beneidest es nicht. Es hat keine Erinnerungen.« Ich winkte einen der Diener zu mir; er sollte meinen Achatbecher suchen und herbringen. Als er kam, drehte ich ihn in den Händen. »Ich bin noch nicht bereit, diesen Becher zu versteigern. Er hat meinem Vater gehört. Und doch finde ich es passend, heute abend daraus zu trinken.« Er war zahlreichen Krisen mutig begegnet.

»Herr, wie gefällt dir diese Maxime?« fragte ein Jüngling, der auf der anderen Seite neben Antonius saß. »›Warum ziehst du dich nicht zurück wie ein Gast, der satt ist vom Festmahl des Lebens, und fügst dich ruhigen Herzens, du Narr, einer Ruhe, die keine Sorge mehr kennt?‹ Geht es nicht darum bei unserer Gesellschaft?«

Antonius klopfte ihm auf die Schulter. »Doch, mein Junge, doch.«

Offensichtlich machte sein Spiel ihm Spaß – wer war ich, daß ich es ihm verdarb? Es war besser als die Einsiedelei. Aber daß es nur ein Spiel war, daran zweifelte ich nicht; es offenbarte nichts vom wahren Zustand seines Geistes. Er war theatralisch bis ins Mark; immer flüchtete er sich hinter irgendwelche Kostüme. Er mochte die Masken der Tragödie und der Komödie heute abend versteigert haben, aber er hatte sicher noch weitere in Reserve.

Auf jedem Diwan, so schien es, brachten die Leute ihre Philosophien zum Vortrag, als wollten sie sehen, wer über den größten Zitatenschatz verfügte. Es war alles höchst gebildet – wie immer in Alexandria. Ich nippte an dem Wein in meinem Achatbecher und sagte wenig. Die Köstlichkeiten aus Garten, Meer und Acker wanderten unbemerkt meinen Gaumen entlang.

Hades langte herzhaft zu; für einen Schatten war er ziemlich robust.

Als ich mich später anschickte, zu Bett zu gehen, häufte ich meinen Schmuck zu einem Berg neben dem Wald meiner Parfümflaschen. Iras konnte am nächsten Morgen alles wegräumen. Ich nahm den welken Blumenkranz ab und legte ihn daneben.

»Du hast dich selbst übertroffen«, sagte ich schließlich zu Antonius. »Ich muß gestehen, ich wäre niemals darauf gekommen.« Weil es so bizarr war, fügte ich im stillen hinzu. Hoffentlich nahmen die Leute nicht an, daß er von Sinnen sei – andererseits, sie hatten mit Vergnügen mitgemacht. Vielleicht waren sie ja alle von Sinnen. Es hieß, daß Menschen in einer Gruppe sich sehr seltsam aufführen konnten, wenn es auf das Ende zuging.

Aber ich fühlte mich diesen Wirrungen und Verzweiflungen nicht zugehörig. Daß mein Leben zu Ende gehen, von mir beendet werden könnte, das akzeptierte ich. Aber es war eine politische Tatsache, keine philosophische. Ich würde eine politische Notwendigkeit nicht glorifizieren, indem ich sie mit allerlei Unfug ausstaffierte.

Ich verspürte keinen angeborenen Wunsch zu sterben; ich war nicht erpicht auf den Tod. Viel lieber würde ich weiterleben, solange es mit der Ehre vereinbar war – mit meiner und mit der meines Landes. Der Tod sollte, wie das Leben, einen Sinn haben.

»Woran denkst du?« fragte Antonius leise. Er lag schon im Bett und hatte die Arme hinter dem Kopf verschränkt. »Ich möchte deine Gedanken kennen.«

*Ich dachte soeben, daß ich nicht in den Tod verliebt bin wie du.* Ich schaute auf ihn hinunter. Er sah seltsam glücklich aus, als habe er heute abend eine Schranke überschritten.

»Ich dachte … Ich habe versucht, mich an ein altes ägyptisches Gedicht zu erinnern. All die Zitate heute abend haben mich beschämt.« Als ich auf ihn hinabgeschaut hatte, war es mir eingefallen. Ich setzte mich zu ihm. »Es ging so: ›Die Stimme der Taube, sie ruft und sagt: Die Erde ist hell, und wo ist mein Weg? Du Vogel, ich bin's, den du rufst.‹«

Er sah mich verständnislos an. Ich mußte angestrengt nachdenken, um mich an die vergessenen Worte zu erinnern, die ich einst so gut gekannt hatte, an den ganzen Rest.

»Und dann … Wie ging es weiter … Warte …« Ich befahl den Worten zurückzukehren, und sie gehorchten. »›Doch ich habe meinen Geliebten auf seinem Diwan gefunden. Mein Herz frohlockt über die Maßen, und beide sagen wir: Ich werde nicht fortgehen von dir.‹« Ich tastete nach seiner Hand und fand sie. »›Meine Hand ist in deiner Hand. Ich gehe und bin bei dir an jedem schönen Ort; du machtest mich zur ersten unter den schönen Jungfrauen, und du hast mein Herz nicht bekümmert.‹«

Das war die Wahrheit. Ich beugte mich über ihn und küßte ihn.

»Das ist aber nicht in der Stimmung dieses Abends«, sagte er leise.

»Nein«, gab ich zu. »Wir sind immer noch viel zu lebendig, um uns dieser Stimmung zu unterwerfen.«

Er seufzte. »Du vertreibst sie, fürchte ich.« Er hob die Arme, um mich zu umschließen. »Empfindest du wirklich so für mich?«

»Ja«, sagte ich. »Von Anfang an bis zu diesem Augenblick.«

»Augenblicke«, sagte er nachdenklich. »Ich frage mich, wie viele wir noch haben werden.«

»Du solltest jetzt damit aufhören«, sagte ich in scharfem Ton. »Es wird langweilig, nachdem die Gäste nun gegangen sind.«

Er rollte sich mit mir in den Armen herum. »Du bist so entschlossen zur Nüchternheit«, stellte er spöttisch fest.

»Und du solltest wissen«, teilte ich ihm mit, bevor ich einige irdische Freuden genoß, »daß *ich* weiß, daß der Name deiner neuen Gesellschaft aus dem Titel einer obskuren griechischen Komödie gestohlen ist. Er stammt nicht von dir. Schäme dich!«

Er stöhnte. »Ach, ich sollte nie versuchen, einer Alexandrinerin etwas vorzumachen. Ich hoffe, es hat sonst niemand gemerkt!«

»Wahrscheinlich doch«, sagte ich. »Sie sind schließlich auch Alexandriner.«

Als ich in der ersten Morgendämmerung erwachte, war es totenstill im Gemach. Kein Windhauch bewegte die Vorhänge, Kasu, die Äffin – recht alt geworden inzwischen –, schlummerte friedlich in ihrem Korb unter dem Tisch. Antonius lag tief schlafend auf dem Rücken; seine Brust hob und senkte sich und spannte dabei lautlos das Leintuch. Seufzend drehte er sich auf die Seite. Im erwachenden Licht sah ich, wie seine Augen sich unter den Lidern bewegten; er mußte einen Traum haben, in dem Leute schnell rannten. Er hatte dunkle, dichte Wimpern, die sich ineinander verschränkten, wenn er die Augen schloß; ich neckte ihn immer deshalb und nannte sie »Kamelwimpern«, denn auch Kamele haben überraschend lange Wimpern, damit ihnen der Staub nicht in die Augen dringt. Ich sagte dann, solche Wimpern gehörten sich für Kamele und Tanzmädchen, aber nicht für römische Generäle. Aber hinter meinen Scherzen verbarg sich die Tatsache, daß ich ihn beneidete, und ich war froh, daß die Zwillinge diese Wimpern geerbt hatten.

Im Geiste war ich jetzt hellwach, aber ich wollte noch nicht aufstehen. Ich würde liegenbleiben und mich schlafend stellen; manchmal konnte ich so am besten nachdenken, wenn der Hauch eines Traums noch an mir hing. Die Wärme des Körpers an meiner Seite umfing mich und gab mir ein Gefühl der Sicherheit. Sicher für immer und ewig. Aber das stimmte nicht …

Octavian kam näher. Wenn es mir nun gelänge, ihm persönlich zu begegnen? Ein Gespräch von Angesicht zu Angesicht brachte vieles zuwege, was förmlichen Briefen nicht gelingen konnte. Bei leibhaftigen Begegnungen versagte ich selten; darin lag meine größte Stärke. Wenn ich ihn sehen, ihm in die Augen blicken könnte …

Ich drehte mich um und mußte einen leisen Schauder unterdrücken. Diese Augen … Wie hatte Olympos sie beschrieben? *Klar, graublau und gänzlich regungslos … Aber hinter dem Flachen saß doch noch etwas Lebendiges*. Ich erinnerte mich an diese Augen. Eigentlich hatte ich keine Lust hineinzuschauen. Aber wenn ich könnte … vielleicht …

Antonius zuckte und ruckte und begann aufzuwachen. Er würde niemals wollen, daß ich es tat; er würde Einwände erheben. Aber vor Monaten hatte ich beschlossen, alles zu tun, was in meiner Macht stand. Es gab keine Grenze, die ich nicht überschreiten würde – anders als bei dem stolzen und edlen Antonius. In dieser Hinsicht waren Octavian und ich uns ähnlich. Vor Jahren hatte ich gesagt: *Möge der Beste gewinnen*, und ich hatte uns beide gemeint. Der Wettkampf war noch nicht vorüber. Ein Gespräch mit ihm allein, unter vier Augen, könnte sich günstig für mich auswirken.

Antonius umschlang mich fest. Hätte er meine Gedanken lesen können, wäre er wahrscheinlich zurückgefahren, statt mich zu umarmen. Er fing an, zärtlich den Kopf an meinem zu reiben.

Als die Äffin sah, daß sich etwas bewegte, kam sie mit arthritischem Hinken zu uns herüber und hüpfte auf das Bett, um uns Gesellschaft zu leisten.

Antyllus stand vor uns und schien noch gewachsen zu sein, seit er sich für die *toga virilis* qualifiziert hatte. Er trug sie auch jetzt, und das natürliche Weiß strahlte rein wie der Marmor des Leuchtturms. »Du wirst deinen Vetter respektvoll begrüßen«, wies Antonius ihn an. »Schließlich bist du im Hause seiner Schwester aufgewachsen und kennst ihn von Jugend auf. Einst warst du mit seiner Tochter verlobt.«

»Ich kannte ihn aber nicht *gut*«, protestierte Antyllus.

»Niemand kennt Octavian gut«, sagte Antonius. »Wahrscheinlich nicht einmal seine eigene Tochter. Darauf kommt es nicht an. Ich schicke dich als meinen Gesandten zu ihm, damit du ihn begrüßt und ihm diese Goldgeschenke darbringst. Gib ihm den Brief, in dem ich ihn an die Jahre unserer Freundschaft erinnere, an unsere gemeinsame Regierung, an die Bande unserer Verwandtschaft. Ich bitte ihn, mir zu gestatten, daß ich mich ins Privatleben zurückziehe und in Athen wohne. Lepidus hat es schließlich auch getan. Wenn er sich weigert, gibst du ihm diesen persönlichen Brief.«

»Ist es klug, daß er sich bis ganz nach Ptolemaïs Ake begibt?« fragte ich. Es gefiel mir nicht, Antyllus geradewegs ins feindliche Lager zu schicken. Hatte Antonius nie daran gedacht, daß Octavian den Jungen als Geisel nehmen könnte? Mir kam es unbedacht vor.

»Er wird ganz gut zurechtkommen«, sagte Antonius. »Es sind nur dreihundert Meilen übers Meer.«

»Du brauchst mich nicht daran zu erinnern, wie nah Octavian ist!« Zum Glück würde er über Land marschieren müssen, sehr viel weiter also und dazu noch über den Sinai. »Außerdem meinte ich das nicht. Ich meinte, warum willst du deinen Sohn in seine Hände geben?«

»Ich muß ihm den höchstrangigen Gesandten schicken, den ich habe, und das ist mein ältester Sohn und Erbe. Auf einen geringeren wird Octavian nicht reagieren.«

»Er könnte aber auf eine Weise reagieren, die dir nicht gefällt«, sagte ich. »Ich finde, es ist ein gefährliches Risiko.«

Antonius seufzte. »Wir müssen das Beste hoffen. So – Antyllus, den Inhalt des zweiten Briefes darf niemand sehen außer Octavian allein. Sorge also dafür!«

»Was steht denn darin?« Ich war plötzlich mißtrauisch.

»Ich sagte, niemand außer Octavian«, sagte Antonius entschlossen. »Nicht einmal du.« Er legte seinem Sohn die Hände auf die Schultern. »Ich setze größtes Vertrauen in dich«, sagte er, »und ich erwarte die Antwort, die du mir bringst.«

Der Junge – der junge Mann jetzt – reckte die Schultern, stolz auf seine Mission.

»Ja, Vater. Es ist mir eine Ehre.«

Während wir warteten, veranstalteten Antonius und seine *Synapothanoumenoi* ein Bankett nach dem andern, reihum von Haus zu Haus, in der ganzen Stadt. Ein jeder bemühte sich, den anderen an hemmungsloser Verschwendung zu übertreffen, als wären sie entschlossen, all ihren irdischen Besitz in lodernder Glorie zu verpulvern wie bei einem Totenfeuer. Ich fand es langweilig, es war nicht einmal eine gute Ablenkung. Warum hat noch nie jemand etwas über die Tatsache geschrieben, daß unpersönliche Ausschweifung oder Extravaganz ebensoviel Raum zum Brüten läßt wie vollständige Abgeschiedenheit? Man ist bei beidem gleichermaßen allein.

Mardian führte die beiden muskulösen Männer in ihren zerfetzten Gewändern zu uns.

»Hier sind die, die ihr sucht«, sagte er zu den beiden, und zu uns gewandt: »Eure Vorkämpfer sind gekommen.«

Ich hatte sie noch nie gesehen. »Wer seid ihr?« mußte ich fragen.

»Wir sind Gladiatoren aus der Schule von Kyzikos – zum Kampf bei euren Siegesspielen ausgebildet. Die ja immer noch eines Tages stattfinden können, so die Götter es wollen! Wir sind nicht zu ihm übergelaufen.« Der Mann, der da redete, war stämmig und hatte einen kahlrasierten Schädel. Ich fragte mich, was wohl die Waffen seiner Wahl sein mochten – die samnitischen? Die thrakischen? Mit dem Netz würde er jedenfalls nicht gut zurechtkommen; seine Arme waren zu kurz.

»Aber wir wurden von König Herodes aufgehalten, als wir durch Judäa kamen. Der Rest unserer Truppe sitzt immer noch dort fest, aber wir sind geflohen, um zu euch zu kommen.« Sein Kamerad hatte die langen Beine und die dunkle Haut der Nubier. Gute Gladiatoren kamen aus der ganzen Welt.

»Und nur ihr beide seid entkommen?« fragte Antonius.

»Ja, Herr – leider.«

»Ihr und eure Truppe habt euch als loyaler erwiesen als alle Klientenkönige mit ihren überschwenglichen Treuegelübden«, sagte Antonius. Zitterte seine Stimme kaum hörbar? »Dafür bin ich euch zutiefst dankbar. Ihr seid Helden unter den Helden.« Er wandte sich an Mardian. »Gib ihnen soviel Gold, wie sie verdienen, und laß sie im Palast wohnen!«

»Ihr werdet umlernen müssen«, sagte ich zu ihnen. »Die Spiele, die wir hier üblicherweise veranstalten, entsprechen der griechischen Art. Kein Töten. Aber ich nehme an, daran könnt ihr euch anpassen.«

Sie verbeugten sich auf höchst professionelle Weise.

Kurz nach ihnen kam auch Antyllus zurück. Ich war zutiefst erleichtert, daß Octavian ihn nicht »aufgehalten« hatte wie Herodes die Gladiatoren, aber Antonius nahm die Antwort mit Enttäuschung auf.

Als er nach dem Begrüßungsessen mit uns allein war, berichtete Antyllus, was er erlebt hatte.

»Er hat mich durchaus höflich behandelt«, sagte er, »aber es war, als wäre ich ein Fremder! Er zeigte mir keinerlei Vertraulichkeit, geschweige denn Warmherzigkeit.«

»Er hat unter vier Augen mit dir gesprochen?« fragte Antonius.

»Ja, in dem alten phönikischen Tempel, in dem er sein Hauptquartier eingerichtet hat«, sagte Antyllus. »Man blickt von dort aufs Meer, das so nah liegt, daß die Brandung Gischt zum Fenster hereinsprühen läßt. Das machte ein ruhiges Gespräch ziemlich schwierig. Aber ich war allein mit ihm – von seiner Leibwache abgesehen, natürlich. Er saß ungezwungen da; er hat sogar die Beine übereinandergeschlagen! Ich mußte mich zu ihm setzen, und dann fing er an zu plaudern.«

»Nun, was hat er gesagt?« drängte Antonius.

»Sein Geplauder war nichtig. Ich erinnere mich nicht daran. Er starrte mich dauernd an, versuchte aber, es sich nicht anmerken zu lassen.«

»Ja, das ist seine Gewohnheit.« Ich erinnerte mich.

»Die Geschenke begutachtete er sorgfältig, und er strich mit den Händen über den Rand der goldenen Teller. Er sagte, deine Bitte, dich in Athen ins Privatleben zur Ruhe setzen zu dürfen, müsse er dir abschlagen. Er meinte, die Stadt sei ihm jetzt so inbrünstig ergeben, daß du dort nicht in Sicherheit seist.«

Antonius nestelte an seinen Fingern, was sonst überhaupt nicht seine Gewohnheit war. »Hast du ihm den zweiten Brief gegeben?« platzte er schließlich heraus.

»Ja.« Antyllus wühlte in einer Reisetasche und reichte Antonius den Brief zurück. Das Originalsiegel war gebrochen, aber es war ein zweites angebracht worden. »Er sagt, du sollst es lesen, wenn du allein bist. Er hat eine Antwort darauf geschrieben, sehr schnell. Nur ein paar Worte.«

»Nun, was denn?« Antonius nahm den Brief.

»Ich weiß es nicht. Wirklich nicht. Er hat nichts gesagt.«

»Ach.« Antonius drehte den Brief in den Händen. Wir alle beobachteten ihn. Langsam erbrach er das Siegel und entrollte den Brief; sein Blick huschte rasch zum Ende der Rolle. Was er dort las, ließ einen Ausdruck von Bestürzung auf sein Antlitz treten. »Oh.« Er rollte den Brief wieder zusammen und schob ihn in den Gürtel. »Nun, vielleicht haben wir später einmal mehr Glück«, sagte er und lächelte wenig überzeugend. »Ich bin stolz auf dich, mein Sohn. Du hast eine äußerst heikle Mission ausgeführt, und du hast es gut gemacht.« Er hob seinen Becher und lud uns alle ein, auf Antyllus zu trinken.

Der Abend verging in freundlichen Gesprächen bei einem guten Falerner Wein. Ich drängte Antonius, seinen Becher regelmäßig zu füllen; ich wollte ihn benebeln, damit er beim Ausziehen seine Kleider achtlos beiseite legte. Aber hilflos mußte ich mit ansehen, daß er an diesem Abend äußerst zurückhaltend trank. Und als der Abend zu Ende war, begab er sich in seine eigenen Gemächer und erklärte, heute wolle er dort schlafen.

»Ich habe Kopfschmerzen und bin lieber allein«, sagte er. »Der Lärm des Palastes ist dort nicht so nah.« Er schlenderte davon und rief dabei nach Eros.

Ich wartete, bis ich glaubte, daß genug Zeit vergangen sei, und dann stahl ich mich hinüber in seine Gemächer. Verblüfft ließ Eros mich hinein, und ich schlüpfte an ihm vorbei ins Schlafgemach. Wenn ich Glück hätte, würde Antonius schlafen. Doch nein! Er saß im Schein der Lampen und las. Überrascht schaute er mich an.

»Ich wollte heute nacht nicht allein sein«, sagte ich entschuldigend. »Aber ich will gern hier auf diesem Diwan bleiben und dich nicht stören, wenn dein Kopf keine Unruhe verträgt.«

»Oh«, sagte er, und sein höfliches Lächeln war unbezwingbar, als er sich an die Stirn faßte. »Ganz so schlimm ist es nicht. Ich würde dich nicht auf den Diwan verbannen.«

Es folgte eine Reihe von Schritten, die wir unternahmen, einander zu beruhigen. Schließlich gingen wir zusammen ins Bett – ich wäre lieber auf dem Diwan geblieben, um unbemerkt wieder aufstehen zu können. Er hatte alle Lampen ausgelöscht, aber zu meinem Glück hatten wir fast Vollmond, und um Mitternacht warf er einen hellen Lichtstrahl über den Boden. Regelmäßige Atemzüge verrieten mir, daß Antonius inzwischen schlief.

So behutsam wie möglich stieg ich aus dem Bett und schlich mich hinüber zu den Kleidern, die er abgelegt hatte. Der Brief war noch bei dem Gürtel; er hatte ihn nur mit dem Übergewand zugedeckt. Ich fand ihn ohne Schwierigkeiten, und dann kroch ich quer über den Boden und entrollte den Brief so leise wie möglich, knapp außerhalb des Mondlichtrechtecks.

Antonius drehte sich plötzlich um, und ich erstarrte. Wenn er nun noch wach genug war, um zu merken, daß ich fort war? Er wirkte unruhig, und ich wagte nicht, mich zu bewegen. Aber dann merkte ich an seinem verschlafenen Husten, daß er doch nicht aufgewacht war, sondern gleich wieder still werden würde. Ich wartete noch ein Weilchen und schob dann den Brief ins Licht, wo ich ihn lesen konnte.

> Mein lieber Bruder, als ein solcher komme ich nun zu Dir. Von Bruder zu Bruder erkläre ich Dir hiermit, daß ich bereit bin zu tun, was die Ehre mir erlaubt. Der Tod wird mein Freund und das Band zwischen uns sein, wenn ich damit das Leben der Königin sicherstellen kann. Gern gebe ich mein Leben für das ihre, und ich hoffe, Du wirst das Wort halten, das Du einst gegeben. Laß sie leben, ich bitte Dich! Nein: Ich flehe Dich an! Hast Du mir Dein Wort gegeben, so will ich mein Versprechen auf der Stelle erfüllen. Ich grüße Dich im Tode, einem Tod, den ich Dir mit Freuden anbiete.
>
> Marcus Antonius, Imperator

Und gleich darunter, unter Antonius' Unterschrift und Siegel, standen gekritzelt die schroffen Worte: »Tu, was Du willst. Nichts kann sie retten. – Imperator G. Cäsar, *Divi Filius*.«

Mir wurde eiskalt am ganzen Körper. Meine Nasenspitze …, meine Finger … Antonius hatte ein solches Angebot gemacht, ohne es mir zu sagen? Und was Octavian von mir verlangt hatte, wies er jetzt zurück, da Antonius selbst es ihm anbot? Mir schien, Antonius' Kopf war überhaupt nicht das, was er hatte haben wollen. Er wollte nur beweisen, daß er mich dazu bringen konnte, ihn zu verraten. Er war ein Dämon.

Zitternd rollte ich den Brief wieder zusammen, legte ihn an seinen Platz und kroch neben Antonius ins Bett. Wie gern hätte ich ihn geweckt und ihn fester in den Arm genommen als je zuvor! Aber es war besser, ihn schlafen zu lassen.

# 82

Der Sommer entfaltete sich weiter, und die hochsteigende Sonne strebte ihrem weitesten Bogen am Himmel entgegen. Der Monat Julius brach an, und an seinem ersten Tag versammelten wir uns um die Statue in Cäsarions alten Gemächern und sprachen unsere Bittgebete. Unser Sohn mußte inzwischen die Gestade des Roten Meeres erreicht haben, wo er das Schiff erwartete, das ihn Mitte Juli nach Indien bringen sollte. Ich hatte seit seiner Abreise nichts von ihm gehört. Ein paar Tage zuvor war sein siebzehnter Geburtstag gewesen, und ich hatte Isis für ihn gedankt und sie beschworen, ihn zu schützen. Man kann nie zu viele Götter bitten, und da Cäsar ein neuer Gott war, schien es weise, sich auch an Isis zu wenden.

Berichten zufolge hatte Octavian Ptolemaïs Ake jetzt verlassen und war auf dem Marsch nach Süden; binnen kurzem würde er wohl Joppa erreichen. Herodes bereitete ihm nicht nur einen Heldenempfang, sondern versorgte ihn darüber hinaus mit Truppen, Vorräten und Führern. Hinter ihm wälzte sich der Strom seiner Legionen heran; endlich hatte Octavian Gelegenheit, an der Spitze einer großen Armee zu marschieren wie ein richtiger General – nicht wie das Zerrbild eines solchen, das er war.

Es war Zeit, eine weitere Mission an ihn zu entsenden. Vielleicht gab es noch eine Gelegenheit, uns von ihm loszukaufen. Er mußte von dem Schatz erfahren, den ich anzünden würde. Wir mußten den Umfang unserer Streitmacht und des Widerstandes, den er zu erwarten hatte, übertrieben darstellen; vielleicht würde er dann den leichteren Weg einschlagen und verhandeln. Im besten Fall konnten wir darauf hoffen, daß er meine Abdankung und Verbannung sowie Antonius' Verbannung akzeptierte und im Gegenzug dafür Cäsarion – oder sogar Alexander oder Selene – an meiner Stelle zum Herrscher machte. Dafür könnte er dann den Schatz einstreichen und seine Soldaten bezahlen. Auf diese Weise bekamen wir beide, was wir wollten: er das Geld, ich die weitere – freilich nominelle – Unabhängigkeit Ägyptens unter den Ptolemäern. Ägyptens Stärke wäre dahin, aber zumindest würde es weiterbestehen. Es war nicht völlig ausgeschlossen, daß ich es zustande bringen könnte.

Dies würde meine Mission sein, und ich würde Euphronius, den Lehrer der Kinder, als Botschafter schicken.

»Einen Lehrer willst du schicken?« Antonius sah mich ungläubig an.

»Ja, warum nicht?«

»Aber wäre Mardian oder selbst Epaphroditos nicht die respektvollere Wahl?«

»Ich versuche nicht, respektvoll zu sein. Die Entsendung deines Sohnes Antyllus schien keinen großen Eindruck zu machen. Vielleicht ist es besser, das Gegenteil zu tun und einen Dienstboten zu schicken.« Ich hatte entschieden, daß dies mein letzter Appell an ihn sein würde. Wenn er weiter näher rückte, würde ihn nur noch Schweigen begrüßen.

Der Brief, in dem ich meine Bitte, er möge meinen Erben an meinen Platz setzen, sollte von Gold begleitet werden. Ich versprach, ihm den Thron zu überlassen, wenn er mir eine entsprechende Zusage gäbe. Ich ließ ihn außerdem wissen, daß ich einen großen Teil des Ptolemäer-Schatzes an einen sicheren Ort geschafft hätte, wo er binnen eines Augenblicks vernichtet werden könnte, wenn ich es für geboten hielte. Weigerte er sich, meine Wünsche zu erfüllen, würde ihn das buchstäblich ein Vermögen kosten. Das wolle er doch nicht, oder? Nun, dann sollten wir vernünftig sein und zu einer Einigung kommen.

Ich versiegelte den Brief, zufrieden mit meinen Formulierungen, vor allem aber zufrieden mit meiner Voraussicht, mit der ich ihm versicherte, daß ich ihm immer noch etwas zu bieten hatte. Wie ich schon sagte, wenn man verhandeln will, muß man etwas anzubieten haben – etwas, das der andere haben will, und zwar unbedingt haben will. Antonius' Leben fiel nicht in diese Kategorie; also gab es für Octavian auch keinen Anreiz, seine verzweifelte Bitte in Betracht zu ziehen.

Wie mir scheint, ist es in diesem elenden Leben nicht die Verzweiflung des Bittstellers, was den Zuhörer bewegt, sondern es sind dessen eigene selbstsüchtige Wünsche. Wenn er einen Fußschemel braucht und der gebeugte Rücken dafür taugt – gut. Wenn nicht, läßt ein Fußtritt ihn beiseite fliegen.

Euphronius wollte gerade aufbrechen, als Antonius sich in den Kopf setzte, ihm auch einen Brief mitzugeben. Diesmal bestand ich darauf, ihn zu lesen, denn ich wollte keine Wiederholung des vorigen. Was wäre, wenn Octavian, einer Laune folgend, ja sagte? Er war grausam genug, um es in aller Beiläufigkeit zu tun.

»Ein Zweikampf?« Damit hatte ich nun überhaupt nicht gerechnet. »Wie meinst du das?«

»Wenn er sich einverstanden erklärte, mir von Mann zu Mann gegenüberzutreten, und wir miteinander kämpfen und das Ergebnis damit festlegen könnten, dann würden viele Menschenleben gerettet werden.«

War er verrückt geworden? Würde er den herzhaften, gesunden Menschenverstand, den er vor Actium besessen hatte, nie mehr wiederfinden, sondern immer wieder in wunderliche Gedanken und Verhaltensweisen verfallen?

»Du weißt, daß Octavian damit niemals einverstanden sein wird«, sagte ich langsam. »Er kann dabei nichts gewinnen und alles verlieren. Warum soll ein Mann mit zwanzig Legionen, der selbst ein schlechter Kämpfer ist, sich auf einen Zweikampf mit einem Mann einlassen, der ihm überlegen ist, aber keine Truppen mehr hat? Er wird dich auslachen. Schicke ihm diesen Brief nicht.«

»Was kann ich sonst tun?« fragte Antonius. »Ich muß ihm doch etwas vorschlagen!«

»Es hat keinen Sinn, Vorschläge zu machen, von denen man weiß, daß sie nicht akzeptiert werden. Und wir sind keine Griechen im Zeitalter der Heroen; die großen Streitfragen werden nicht mehr durch Zweikämpfe entschieden. Du kannst nicht Hektor spielen. Ich weiß, daß die Rolle zu dir paßt, aber es geht nicht.«

»Ich muß den Brief dennoch schicken«, beharrte er. »Die Geste ist unerläßlich.«

Die Tage zogen sich in die Länge. Ein gespenstisches Warten schien ganz Alexandria zu erfassen, obgleich die Stadt scheinbar weiter ihren Geschäften nachging. Aber in jedem Hause wurden Vorräte zusammengetragen, Kontobücher abgeschlossen, Streitigkeiten entweder beigelegt oder zu Ende geführt, lange hinausgeschobene Briefe geschrieben. Väter erteilten ihren Söhnen die Ratschläge, von denen sie glaubten, daß sie sie nicht zurückhalten dürften, Testamente wurden verfaßt. Aber das erwartete Ereignis war so unbestimmt, daß man weiter nichts Zielgerichtetes unternehmen konnte. Vielleicht würde es Kämpfe geben, vielleicht nicht. Möglicherweise änderte sich nur der Name des herrschenden Ptolemäers, womöglich würde aber auch die ganze Regierung gewaltigen Umwälzungen zum Opfer fallen, und am Ende wäre Ägypten eine römische Provinz.

Epaphroditos hielt mich über die wechselnden Stimmungen in der Stadt auf dem laufenden. Er machte mir jetzt öfter seine Aufwartung und unterrichtete mich über die finanzielle Lage, derweil das Nilhochwasser eine weitere üppige Ernte verhieß. Leider erzählte er auch, er fürchte, die Juden von Alexandria könnten Octavian willkommen heißen, weil er sich von Herodes begleiten lasse.

»Nicht, daß Octavian unser Freund ist, wie Cäsar es war«, sagte er. »Aber Herodes ist ihr Held, und sie betrachten Judäa als ihr Heimatland.«

Ich schaute meinen Minister an; er war älter, aber noch immer so schön wie damals, als ich ihn überredet hatte, für mich zu arbeiten. »Erst sagst du ›unser‹, dann sagst du ›ihr‹«, bemerkte ich. »Warum?«

Er rieb sich die Stirn. »Ich sitze zwischen zwei Stühlen; einerseits beobachte ich, was mein Volk tut, und andererseits gehöre ich dazu. Ich halte nichts von den üblichen Auffassungen; ich betrachte Judäa keineswegs als meine Heimat, und ich halte es für töricht, wenn jemand, der seit Generationen fern von einem Ort lebt, diesen Ort als Heimat bezeichnet. Es ist ein sentimentaler Verfall ihres Denkens, und es kann gefährlich werden.« Er lachte. »Ja, wir konnten doch unsere heiligen Schriften in judäischer Sprache nicht mehr lesen und mußten sie uns ins Griechische übersetzen lassen, und *das* ist zweihundert Jahre her! Wir sind schon sehr lange nicht mehr in jenem Land.«

Er sah so wild aus, als er seine Mißbilligung zum Ausdruck brachte, daß ich lächeln mußte. »Nun, die Ptolemäer sind schon ebenso lange nicht mehr in Makedonien, und trotzdem nennen wir unsere Palastgarde immer noch die ›Makedonische Garde‹, sagte ich.

Er schnaubte, als wollte er sagen: *Dann seid ihr eben auch töricht*.

»Es ist schwer, eine Identität aufzugeben, die man liebt«, sagte ich. Deshalb war es ein so schwerer Schlag für Antonius gewesen, als man ihn für unrömisch erklärt hatte. Schließlich – wenn er kein Römer war, was war er dann? »Ich werde enttäuscht sein, wenn die Juden – die schließlich zwei Fünftel der Stadtbevölkerung ausmachen – sich von mir abwenden und zu Octavian überlaufen.« Es war eine Sache, wenn Klientenkönige desertierten, deren Loyalität naturgemäß nicht weit reichte. Etwas anderes war es, wenn es die eigenen Bürger taten. »Gibt es etwas Verletzenderes als Desertion?« platzte ich heraus.

»Wahrscheinlich nicht«, sagte Epaphroditos. »Sie raubt uns sogar unsere Erinnerungen, denn stets muß man sie fortan durch den Makel des Verrats betrachten.«

»Nun, genug davon!« Meine Stimmung war schlecht. Ich richtete mich auf und machte den Rücken gerade. »Laß uns über die Einfuhrsteuern sprechen. Schließlich legen immer noch Schiffe im Hafen an. Auf dem Meer gibt es keine Blockade ...«

Es war ein Tag wie alle andern – fein und leicht wie die Linien auf einer bemalten griechischen Vase –, als der Bote gemeldet wurde. Jeder Tag bemühte sich, den vorhergegangenen an Vollkommenheit zu übertreffen, und ich war auf den Gedanken verfallen, sie alle wüßten, daß dies womöglich mein letzter Sommer war, und nun wollten sie mich gleichzeitig trösten und quälen. *Erfreue dich unser, und nimm Abschied von dem, was du verlierst*. Und so gab es keinen anderen Tag, an dem der Bote hätte kommen können: Sie waren alle erfüllt von Wärme und Sonne und kühlen Winden.

Mardian meldete ihn naserümpfend. »Ein Kerl, der sich Thyrsus nennt, kommt von Octavian.« Er legte den Kopf zur Seite, um seiner Geringschätzung Ausdruck zu verleihen. »Ich nehme an, du wirst ihn empfangen wollen?«

Die Antwort war gekommen! Ich umklammerte die Armlehnen meines Sessels. »Selbstverständlich. Aber nicht hier. Ich werde ihn im Audienzsaal empfangen.« Ich erhob mich. »Sag ihm, es kann erst am späten Nachmittag geschehen.« Sollte er warten – und sich den Kopf zerbrechen.

Ich eilte hinaus, um meine förmlichen Gewänder anzuziehen. So schnell geantwortet! Meine Drohungen hatten offenbar Eindruck auf Octavian gemacht. Sollte Antonius ebenfalls dabeisein? Sicher hatte er auch ihm geantwortet. Doch nein, besser wäre es, ich spräche mit dem Mann allein. Octavian würde auf Antonius' Vorschlag nicht eingehen; daher hatte es keinen Sinn, sich vor dem Mann eine Blöße zu geben.

»Charmian, meine Audienzgewänder!« befahl ich, als ich in meinen Gemächern war. »Sie allein müssen schon ahnen lassen, wie reich der Schatz ist, den ich Octavian vorenthalte.« Ich mußte so sagenhaft reich aussehen, wie die römische Phantasie mich all die Jahre hindurch dargestellt hatte. Dies war der erste Feind, der vor meinen Thron trat, und er mußte geblendet werden – zumal Dellius, Plancus und Titius Octavian zweifellos allerlei Lügengeschichten erzählt hatten. Der hier mußte mit vorquellenden Augen zu seinem Herrn zurückkehren.

Die sauber gefalteten Stapel von glitzerndem Stoff wirkten wie ein Feld voll künstlicher Wildblumen in allen Farben und Formen. Sollte ich Gold tragen? Zu aufdringlich. Silber? Tagsüber nicht am vorteilhaftesten. Rot? Zu grell. Blau? Zu zurückhaltend. Weiß?

Ich befingerte den Stoff eines meiner Lieblingskleider; es war aus weißer Seide, die meine Knöchel umschwebte, als wehe stets der Hauch einer Brise über den Boden. Doch nein. Das war ein Gewand für private Augenblicke.

Schwarz? Zu streng, und es erinnerte an Trauer. Seltsam, ich besaß Hunderte von Kleidern, und doch eigneten sich immer nur so wenige für einen bestimmten Anlaß.

Zwischen einem schwarzen und einem gelben Gewand entdeckte ich eine purpurrote Falte, die gerade so hervorlugte. Ein purpurfarbener Stoff, der zweimal gefärbt worden war, was ihm eine unnachahmliche Tiefe verlieh. Jawohl. »Das dort«, sagte ich zu Charmian. Als sie es hervorzog, fiel es mir wieder ein: Der Stil war ausgezeichnet geeignet. An Saum und Schultern war es diskret mit Goldfäden durchwirkt, es hatte einen vorteilhaften Halsausschnitt und bedeckte die Arme. Unter den reichlichen Falten sah man nur die leiseste Andeutung von Beinen und Gestalt, flüchtig offenbart, wenn ich einen Schritt nach vorn tat oder mich auf dem Thron bewegte. Goldene Sandalen mußten meine Füße umschließen und den Saum des Gewandes küssen.

Die Hochzeitskette würde wie ein faszinierender Kragen aus Gold um meinem Hals liegen, und natürlich würde ein goldener Reif mit der königlichen

Kobra meine Stirn zieren. Sollte der republikanische Römer sehen, was reines Königtum war, und seine Augen beschirmen! Octavian mit seiner bewußt spartanischen, hausgewebten Toga würde daneben zur Unsichtbarkeit verblassen.

»Wer ist denn der Mann, Herrin?« fragte Iras, während sie mein Haar um das Diadem ordnete.

»Ein Bote von Octavian«, sagte ich. »Niemand besonderes. Ich habe seinen Namen noch nie gehört: Thyrsus.«

Sie sagte auf ihre beschwichtigende Art: »Octavian hatte den Namen Euphronius sicher auch noch nie gehört. Was immer du tust, macht er nach.« Sie deutete zu Kasu, die sich mit den Fingern durch die drahtige Krone ihres Kopffells fuhr und Iras bei ihrer Arbeit kopierte. »Wie unser Affe.«

Ich wußte ihre Loyalität und ihren Humor zu schätzen. Aber die Wahrheit war, daß Octavian wahrscheinlich jeden Namen in meinem Palast kannte und wußte, was der Betreffende tat. Ohne Zweifel belauschten seine Spitzel auch meine privatesten Augenblicke, sooft sie nur konnten.

Die Sonne war auf halbem Weg zum Horizont. Ich hatte diesen Thyrsus jetzt lange genug warten lassen. Es war Zeit für unser Zusammentreffen. Ich erhob mich, und es gefiel mir, wie das Purpurgewand an meinen Beinen raschelte.

Er wurde gemeldet, als ich auf meinem Thron saß; er wartete unsichtbar in einem der äußeren Räume. Die Luft, die den Geruch der Blumen in den Gärten rings um den Palast in sich trug, wallte lustvoll durch die offenen Fenster und umhüllte mich mit sanftem Duft.

Während ich schreibe, wird mir klar, daß dies meine letzte offizielle Audienz war. Die erste hatte im selben Saal stattgefunden, an der Seite meines Vaters, der mich lehrte, was ich wissen mußte, um seine Erbin zu werden. Mir war – um die abgegriffene Floskel zu benützen –, als sei es erst gestern gewesen. Wir wissen immer, wenn wir etwas zum ersten Mal tun, aber nur selten – der Güte der Götter sei es gedankt – wissen wir, wenn es das letze Mal ist. Hätte ich es gewußt … Aber was hätte ich da anders gemacht? Nichts. Nichts, außer daß ich besser auf alle Einzelheiten geachtet hätte, um mich desto besser daran zu erinnern.

»Thyrsus, Gesandter aus dem Lager des Octavian Cäsar«, meldete der Türsteher. Damit waren beide Seiten säuberlich zufriedengestellt – der vielsagende »Octavian« war für mich, der »Cäsar« für ihn.

Ein hochgewachsener junger Mann kam schwungvoll herein; seine Haltung war stolz wie die eines Adlers. Ich saß so ungerührt wie möglich da; kein Element des Menschlichen sollte von meiner prachtvollen Staffage ablenken. Ich sah, wie er mich anstarrte; er glotzte wie die Reisenden, die zum ersten

Mal auf die Pyramiden oder den großen Tempel der Artemis zustolpern: darauf gefaßt, gleich ein Wunder zu erblicken.

Nur wenige Schritte vor mir fiel er auf die Knie. »O Herrin!« sagte er und beschirmte sich dabei mit einer Hand die Augen, als sei mein Anblick zuviel für einen Sterblichen. Aber die Gebärde war zu glatt; er hatte sie geprobt.

»Erhebe dich!« befahl ich und streckte mein Zepter aus, um meinen Wunsch deutlicher zu machen.

»Meine Knie wollen nicht gehorchen«, sagte er. »Sie sind schwach im Angesicht deiner Pracht.«

»Dann befiehl es ihnen«, sagte ich. Die Schmeichelei war zu dick aufgetragen.

Er zwang sich zum Aufstehen, ohne den Blick von meinem Gesicht zu wenden. »Was immer du befiehlst – ich werde mein Bestes tun, dir zu gehorchen.«

»Du bist Octavians Adjutant? Wie lautet dein voller Name – Thyrsus?«

»Julius Cäsar Thyrsus«, antwortete er stolz.

»Du bist ein Freigelassener?« Ich war fassungslos. Er schickte mir einen Freigelassenen, der mit mir reden sollte? Das also war seine Antwort auf meinen Lehrer! Er war entschlossen, jemanden zu finden, der auf der gesellschaftlichen Stufenleiter noch tiefer stand. Als nächstes würde er einen Sklaven schicken.

»Jawohl, Herrin. Ich wurde freigelassen dank der Großzügigkeit meines ehemaligen Herrn und jetzigen Patrons, des Imperator Cäsar, *Divi Filius*.«

»Du meinst Octavian«, sagte ich. Mochte der Wettstreit beginnen.

»Wie du willst, Herrin.« Er lächelte; es war ein zögerndes, gewinnendes Lächeln. Seine Augen waren sehr blau.

»Dein Herr wäre nicht erfreut zu hören, daß du auf seine Titel so schnell verzichtest«, sagte ich.

Wieder lächelte der Mann. »Mein Herr ist nicht hier, Majestät, aber du bist es. Ich möchte dir gefällig sein und will nichts sagen, was dein Herz in Wallung bringt. Wenn ›Octavian‹ in deinen Ohren lieblicher klingt, so soll es sein.«

Wie entgegenkommend von ihm. Ich fragte mich, wie seine wahren Anweisungen lauten mochten. Geschah dies alles im Einklang mit Octavians Plan? »Was in meinen Ohren am lieblichsten klänge, wäre die Nachricht, daß Octavian nach Rom zurückgekehrt ist, um mich und mein Königreich in Frieden gewähren zu lassen. Aber eine solche Nachricht werde ich niemals hören. Wo ist er jetzt?«

»In Askalon.«

In Askalon! In meiner Stadt, die sich in entscheidenden Augenblicken meines Lebens als so wertvoll erwiesen hatte. Da saß er jetzt. Der Gedanke war schmerzhaft.

»Er trifft die letzten Vorbereitungen für den Marsch auf der Wüstenstraße über den Sinai.« Sein Tonfall war freundlich und nicht hochfahrend.

»Um dann Pelusion anzugreifen«, sagte ich. Pelusion war der Schlüssel zu Ägypten, zu seinem östlichen Tor. Wenn Pelusion fiel, war der Weg nach Alexandria frei.

»Das ist der Plan, Majestät. Ich sage dir nichts, was du nicht schon weißt.«

»Um diese Jahreszeit flimmert die Wüste von unerträglicher Hitze, und man muß zwei Tage lang ohne Wasser marschieren«, warnte ich ihn. »Zwischen Rhinokolura und Pelusion gibt es keinen Brunnen.«

»Wir haben Kamele.«

»Aus ihren Höckern könnt ihr nicht trinken.«

»Sie können viele Wasserschläuche tragen.«

»Aber nicht genug für zwanzig Legionen.«

»Jeder Soldat trägt auch noch Wasser.«

»Genug von diesem Geplänkel! Ich sage, es wird schwierig sein, und du sagst, das wißt ihr. Lassen wir es dabei. Keine Schlacht ist ohne Herausforderungen. Deshalb wäre es am besten, wenn wir die Schlacht überhaupt vermeiden könnten, wie Antonius und ich es vorgeschlagen haben. Ich erwarte Octavians Antwort auf unsere Angebote; ich nehme an, du hast sie mitgebracht.« Ich fand ihn so gewinnend, daß ich an seinen halb scherzhaften Widerreden keinen Anstoß nehmen konnte.

»Allerdings.« Er lachte kurz und melodisch. »Aber nicht schriftlich. Ich soll sie vortragen.«

»Nun?«

»Was Antonius' Ansinnen angeht – das war doch sicher ein Scherz?« Er sah aufrichtig ratlos aus. »Ein Zweikampf? Mein Feldherr hat den Gedanken gleich verworfen; er sagte nur, wenn Antonius den Wunsch habe zu sterben, so gebe es viele Methoden, unter denen er wählen könne.«

Ich zuckte innerlich zusammen. Was hätte Octavian auch anderes antworten können? Er beschämte und beleidigte Antonius für sein törichtes Anerbieten. »Aha.« Je weniger in dieser Angelegenheit gesagt wurde, desto besser. »Und meines?«

»Ah. Deines. Daß du ihm Ägypten kampflos übergeben wirst, wenn er verspricht, deine Kinder als deine Nachfolger auf den Thron zu setzen und Ägypten nicht zu einer römischen Provinz zu machen. Nun, es gibt … manches, was dafür spricht.«

»Ich hätte ihn noch daran erinnern sollen, daß Rom Ägypten schon einmal eroberte, als nämlich sein … Adoptiv … vater … Cäsar den Alexandrinischen Krieg führte. Dieser aber war weise genug, es damals nicht für Rom zu annektieren. Er hielt es für besser, Ägypten zu lassen, wie es war. Kann sein politischer Erbe weniger weise sein als Cäsar, der Gott?« Ich brannte darauf zu erfahren, was Octavian im Sinn hatte; wieso rückte dieser Kerl nicht damit heraus?

»Cäsar hat Ägypten nicht genommen, weil er selbst ein Gefangener war – ein Gefangener deines Zaubers. Mit Rücksicht auf dich hielt er sich zurück.« Er zögerte, als wisse er nicht recht, ob er weitersprechen sollte. »Und sein glorreicher Nachfolger, der junge General Octavian, ist nicht so gefeit dagegen, wie es vielleicht den Anschein hat.«

Damit hatte ich nicht gerechnet. Was für eine raffinierte Falle. Aber … vor langer Zeit hatte Antonius geknurrt: *Ich weiß, daß es ihn nach dir gelüstet.* »Ist das wahr?« antwortete ich vorsichtig.

»Ja – wenngleich ich zaudere, es zu offenbaren«, sagte er. Er wirkte so aufrichtig. »Er ist ganz erpicht auf eine Gelegenheit, sich als dein Freund zu erweisen.«

Jetzt mußte ich doch lachen. Als mein Freund! »Hat er mir deshalb den Krieg erklärt und mich Hure genannt?«

»Je stärker unsere Gefühle sind, desto grausamer sind zuweilen unsere Worte, mit denen wir sie verhüllen wollen«, sagte er galant.

»Oh, ich bin sicher, daß er mir gegenüber sehr starke Gefühle hegt. Aber es sind Haßgefühle, keine freundschaftlichen.«

»Du irrst dich. Aber gib ihm Gelegenheit, seine guten Absichten unter Beweis zu stellen. Leg die Waffen nieder, und heiße ihn in Ägypten willkommen, wie du es einst bei Cäsar getan hast. Er wird sich dir und den Deinen als gütiger Herr erweisen.«

»Bevor oder nachdem ich ihm Antonius ausgeliefert habe?«

»Vergiß Antonius«, sagte er. »Er ist unwichtig, ohne Bedeutung zwischen zwei großen Herrschern von eurer Statur.«

»Ich verstehe.« Und ich verstand es zu meiner Betrübnis. Aber Octavians Wunsch, mich durch Betörung zur Unterwerfung zu bringen, würde sich vielleicht gegen ihn wenden lassen, wenn es mir irgendwie gelänge, ein Gespräch mit ihm zu führen, solange mein Schatz noch in Sicherheit war. »Laß mich meine Situation noch einmal zusammenfassen. Ich weiß, daß Octavian nicht mich begehrt, sondern meinen Reichtum. Er braucht das Geld, um seine Soldaten zu bezahlen, die seit Jahren nur von seinen Versprechungen leben. Aber er wird nichts bekommen, wenn er nicht auf meine Bedingungen eingeht. Denn dann werde ich diese Schätze vernichten. Ich will dir auch zeigen, wie.« Ich erhob mich von meinem Thron und kam zu ihm hinunter. »Komm mit.«

»Wenn du ihn nur willkommen heißen wolltest wie Cäsar, so würdest du ihn äußerst freundlich finden.«

Wieso benutzte er immer wieder diese Wendung? Meinte er: ihn in meinem Bett willkommen heißen?

»Wenn er in seinem Handeln so geradlinig wäre wie Cäsar, dann könnten wir schon zu einer Übereinkunft gelangen«, sagte ich.

»Du bist noch jung«, erklärte Thyrsus seufzend. »Wird es nicht Zeit, daß du die alten Männer hinter dir läßt? Die Jugend hat einen Zauber, den das Alter nicht kennt.«

»Dann dürfte Octavian mich nicht bezaubernd finden, denn ich bin älter als er.«

Er tat überrascht. »Ist das wahr? Aber du siehst so jung aus.«

»Das muß von den magischen Künsten kommen, die mich erhalten; Octavian schwört ja, daß ich sie ausübe«, sagte ich. »Aber er selbst kommt mir vor wie ein Kind.«

»O nein, Majestät, er ist jetzt zweiunddreißig. So alt wie Alexander, als er starb. War Alexander denn ein Kind?«

»Ein glorreiches und ewiges Gott-Kind«, sagte ich. »Komm.« Ich wollte ihn ins Mausoleum führen und ihm mein Lösegeld zeigen.

Wir gingen durch die Zimmerfluchten des Palastes, und das helle Sonnenlicht tat mir in den Augen weh, als wir ins Freie hinaustraten. Der weiße Marmor der Stadt und der flache Spiegel des Meeres verstärkten die Strahlen noch, und das Licht war so intensiv, daß es aus allem, was es berührte, die Farben hinausbleichte.

»Wohin gehen wir?« fragte er und beschattete seine Augen.

»An einen Ort, an den die Sonne niemals dringt«, sagte ich und deutete über das freie Gelände zu meinem Mausoleum neben dem offenen Tempel der Isis. »In mein Grabmal.«

»Also bist du, obwohl du Griechin bist, der ägyptischen Todesfaszination erlegen?« fragte er neugierig. »Selbst in dieser Stadt des hellen Mittags fällt der Schatten des Grabmals auf unseren Weg.«

Wir näherten uns dem Gebäude; immer höher ragte es vor uns auf, und seine Portale lockten. »Wer in Ägypten aufwächst, steht auf vertrautem Fuße mit den Toten. Das ist unausweichlich; die Monumente sind Teil der Landschaft. Wir glauben nicht, daß ein Körper brennen sollte wie eine Kerze, um dann ohne feierliche Umstände in eine Urne geschüttet zu werden.« Ich machte eine Pause. »Aber all das hat ja noch viele Jahre Zeit«, beruhigte ich ihn, »wenn Octavian vernünftigen Argumenten zugänglich ist. Warum soll schließlich irgendeiner von uns vor der Zeit sterben?«

Laßt uns doch leben, wünschte ich mir inständig. Laßt uns so viele Jahre verbringen, wie die Natur uns gibt, hier in der Sonne! Es wäre möglich. Wenn nur …

Ich führte ihn die Treppe hinauf, die das Mausoleum umgab, und durch die Tür hinein. Seine schweren, genagelten Sandalen knirschten neben mir auf dem Steinboden.

Drinnen umhüllten uns die Schatten, und es dauerte einen Moment, bis die Augen sich an die Dunkelheit gewöhnt hatten.

»Das ist alles für dich? Und für Antonius?« fragte er mit gedämpfter Stimme.

»Ja. Wir werden abseits der anderen Ptolemäer liegen.« Ich wartete darauf, daß die durchdringende Dunkelheit wich, damit ich ihm meine Schöpfung zeigen konnte – meinen Geiselschatz. Es war kühl hier drinnen – kühl auf eine schwebende, zeitlose Weise.

»Warum bringst du mich her? Ich mag keine Gruften.«

»Ah, aber dies ist eine ganz besondere Gruft. Zum einen sind da diese Türen.« Mit ausgestrecktem Arm deutete ich hinüber.

»Was ist damit?«

»Sie sind offen, aber sie sind so konstruiert, daß man sie nur einmal schließen kann. Wenn sie in den Schienen in ihren Rahmen herabgeglitten sind, verschließen sie sich für alle Zeit. Wenn die Trauernden nach der letzten Beisetzung – nach meiner oder Antonius' – hinausgegangen sind, werden diese Türen uns für alle Zeit in Einsamkeit einschließen.« Ich schwieg kurz. »Es ist eine alte ägyptische Idee, die auf einen Tempel im griechischen Stil übertragen wurde. Und Grabräuber werden uns nicht stören, da keine Schätze mit uns begraben werden.«

Ihn schauderte; ich spürte es mehr, als daß ich es sah. »Laß uns wieder gehen.«

Ich überhörte seine Bitte. »Die Schätze, die ich dir zeigen werde, wird Octavian bekommen haben, und im Mausoleum wird nichts mehr sein. Das heißt – sofern er mir meine Bitten erfüllt.«

Inzwischen konnten wir etwas sehen. Ich führte ihn, vorbei an den beiden Sarkophagen, um die polierten schwarzen Säulen herum zum Berg der Schätze. Er blieb stehen und starrte ihn an; endlich war er doch einmal überrascht. Darauf war er nicht vorbereitet gewesen.

Ich ging um den Berg herum. »Hier ist es: Gold, Silber, Perlen, Lapislazuli, Smaragde – genug, um alle Schulden zu bezahlen, die Octavian hat, so groß sie auch sein mögen. Was hier liegt, ist ein Vielfaches der Jahreseinkünfte Roms und seiner Staatskasse. Meine Ahnen haben es zusammengetragen – der letzte ungeplünderte Schatz der Welt, von dem der Parther abgesehen. Stell dir vor, was dein Herr damit anfangen könnte! Und es ist alles sein, ohne daß ein Tropfen Blut vergossen, ohne daß ein einziges Menschenleben vernichtet wird, wenn er nur einwilligt, daß entweder Cäsarion oder Alexander und Selene als gekrönte Herrscher in Ägypten regieren können. Was meine eigene Person angeht, so werde ich mich zurückziehen. Wie du siehst, habe ich mir schon einen Zufluchtsort bereitet.« Ich deutete mit dem Kopf zu den Sarkophagen.

»Bei allen Göttern …« Seine Stimme war matt.

»Und das ist noch nicht alles«, sagte ich. »Selbstverständlich stände Rom die ägyptische Getreideproduktion zur Verfügung, Jahr für Jahr. Das wäre ein Bestandteil unserer Abmachung.«

»Ich glaube nicht, daß Octavian sich so etwas vorgestellt hat«, sagte er schließlich. »Aber, schöne Königin, es könnte ihn nicht glücklich machen, wenn er es um den Preis deines Lebens bekäme.«

»Oh, ich könnte mir vorstellen, wenn er sich Mühe gibt, gefällt es ihm schon«, sagte ich. »Nun, wie wird seine Antwort lauten?«

Er streckte die Hand aus und strich über einen Goldbarren. »Es ist nicht einmal kalt«, sagte er staunend.

»Das stimmt«, sagte ich. »Wer Gold als hart und kalt beschreibt, hat niemals Gelegenheit gehabt, große Stücke des reinen Metalls zu berühren. Es ist sehr weich und nachgiebig und eifrig darauf bedacht, sich nach der Gestalt des Trägers zu formen, und niemals ist es abweisend kalt wie Eisen. Eine mysteriöse Substanz, dieses Gold.« Ich berührte es liebevoll. »Bring mir die Antwort deines Herrn so bald wie möglich. Und du siehst, ich habe die Mittel, dies alles zu vernichten, wenn seine Antwort mir nicht gefällt.« Ich deutete auf Holz und Pech unter meiner Pyramide.

»Es ist sein Wunsch, dir zu Gefallen zu sein.« Thyrsus ergriff meine Hand und küßte sie. »Es ist sein innigster Wunsch.« Er kam näher, ohne meine Hand loszulassen. »Vertraue ihm, und vertraue auf die Macht, die du bereits über seine … Gefühle ausübst.« Wieder küßte er meine Hand, und seine Lippen verweilten darauf.

»Dann soll er aufhören, sie zu verbergen, und sie lieber offen erstrahlen lassen«, empfahl ich. »Auf Verborgenes kann ich nicht reagieren.«

Er küßte meine Hand immer weiter, und sein dichtes Haar fiel herab und berührte mein Handgelenk.

»Aha!« Eine rauhe Stille hallte vom Eingang herein. Antonius.

Thyrsus sprang schuldbewußt zurück.

Antonius flog fast durch den Raum und packte Thyrsus. »Aha! Das also ist es, was Octavian uns schickt! Einen schmeichlerischen, albernen Knaben! Und du …!« Er fuhr zu mir herum. »Wie kannst du dastehen und deine Hand von ihm besabbern lassen und ihn noch ermutigen und weiter anstacheln?«

Fast hätte er Thyrsus vom Boden hochgehoben; er hielt ihn bei einer Schulter.

»Und mich verraten?«

»Aber nein!« sagte ich. Er hatte alles mißverstanden und verdarb mir jetzt meinen sorgsam ausgetüftelten Plan. »Hör auf! Laß ihn los!«

»Ergreife nicht Partei für ihn! Wie kann er es wagen, sich solche Freiheiten herauszunehmen?« Er reckte Thyrsus das Gesicht entgegen. »Wer bist du?«

»Octavians Freund und Freigelassener Thyrsus«, krächzte dieser. »Ein Freigelassener! Er schickt uns einen *Freigelassenen* als Boten? Und ein Freigelassener nähert sich der Königin von Ägypten, macht sich an sie heran wie ein Vertrauter? Oh, diese Unverschämtheit!«

»Herr«, sagte Thyrsus, »ich habe nichts Böses getan und mich auch nicht respektlos benommen. Die Königin hat mich aus eigenem Wunsch hierher geführt.«

»Ach, tatsächlich?« schrie Antonius. »Und vermutlich hat sie dich auch eingeladen, ihre Hand zu halten? Du mußt Manieren lernen, junger Mann! Wache!«

Die beiden Soldaten, die den Eingang zum Mausoleum bewachten, erschienen sofort. »Herr?«

»Peitscht diesen Mann aus!« befahl Antonius. »Bringt ihn hinaus und peitscht ihn gründlich durch!«

»Ich bin Octavians offizieller Gesandter!« protestierte Thyrsus. »Wage es ja nicht ...«

Diese Worte hätte er nicht benutzen dürfen. *Wage es nicht ...* Ich versuchte Antonius zu besänftigen.

»Bitte«, sagte ich, »das ist ein Verstoß gegen das Protokoll. Es ist deiner nicht würdig!«

»Du nimmst also Partei für ihn? Ich hätte es mir denken können!«

»Ich will dich nur an einer Unbesonnenheit hindern, die deinem Ruf schädlich wäre.«

»Du kannst deinem Herrn Octavian sagen, wenn er es mir heimzahlen will, kann er Hipparchus auspeitschen lassen, meinen alten Freigelassenen, der von mir zu ihm desertiert ist!« rief er Thyrsus nach. »Dann hätte ich zweifache Genugtuung!« Und er lachte rauh, als Thyrsus von den Soldaten hinausgeschleift wurde.

»Du Narr!« rief ich. »Du hast alles verdorben!«

»Was habe ich denn verdorben? Deine Geheimverhandlungen mit Octavian?« fragte er höhnisch.

»Ich versuche Ägypten für meine Kinder zu retten! Es ist alles, worauf wir noch hoffen können!«

»Und da umgurrst du albern, wen immer Octavian dir schickt?« rief er. »Ich bin enttäuscht von dir.«

»Ich bin mitten in einem Handel, und es ist der verzweifeltste Handel in meinem Leben. Diesen Schatz« – ich streckte den Finger aus – »für die Freiheit Ägyptens.«

»Ich stelle fest, daß du nichts von *unserer* Freiheit sagst.«

»Ich fürchte, damit ist auch nicht zu rechnen«, erklärte ich. »Meine Hoffnungen sind begrenzt, und ich erwarte nichts Unmögliches.«

»Was hat er gesagt?«

»Auf mein Angebot hat er nicht geantwortet. *Deshalb* habe ich Thyrsus den Schatz gezeigt: damit er begreifen kann, was dieses Angebot wirklich bedeutet. Und was das deine angeht ... Octavian hat es abgelehnt, wie ich es vorausgesehen habe.«

»Was genau hat er gesagt?«

»Daß du schon andere Mittel finden würdest, um dir selbst ein Ende zu machen.«

»Vielleicht soll ich es dann ja tun!«

»Wir werden es beide tun, wenn es soweit ist. Jetzt beruhige dich.« Ich suchte ihn zu beschwichtigen.

Aber mein Mut war dahin. Octavian würde die Kränkung nicht vergeben, die darin lag, daß wir seinen Gesandten ausgepeitscht hatten, und sie würde sein Herz gegen mein Angebot verhärten. Er würde es jetzt nicht mehr in Erwägung ziehen.

Oh, warum hatte Antonius nur in diesem Augenblick hereinkommen müssen?

Unter dem Vorwand, mich mit Mardian zu treffen, eilte ich zurück in meine Gemächer, um mich dort zum Nachdenken zurückzuziehen. Vielleicht konnte ich den Schaden noch beheben. Aber Antonius durfte nichts davon wissen. Ich mußte Thyrsus noch einmal sehen, bevor er in Octavians Lager zurückkehrte. Ich mußte ... mußte ihm irgend etwas erzählen. Mußte irgend etwas tun. Etwas, das machtvoll genug war, um diese Mißhandlungen zu überwiegen. Aber was? Was?

Ich befahl einem Soldaten meiner Garde, unverzüglich zum Züchtigungsplatz zu laufen und der Geißelung Einhalt zu gebieten, falls sie noch im Gange war, und den Mann festzuhalten, damit er auf mich wartete. Kaum war er – das Schwert klatschte laut gegen seinen Schenkel – hinausgelaufen, ließ ich Olympos rufen. Er war nicht entzückt, denn er hatte beim Abendbrot gesessen.

»Mach mir die beste Salbe zum Heilen von Wunden, die du kennst!« befahl ich.

Auf seinem Gesicht erschien dieser überlegene Ausdruck. »Was für Wunden?« fragte er. »Sie sind nicht alle gleich. Eine Stichwunde? Ein Hundebiß? Ein Schwertstreich?«

»Die Striemen von der Peitsche«, sagte ich.

Er sah mich überrascht an. »Was – wer ist denn ausgepeitscht worden?«

»Jemand, der besser nicht ausgepeitscht worden wäre!« sagte ich. »Antonius hat gegen alle Regeln des Protokolls verstoßen und Octavians Boten auspeitschen lassen.«

Sogar Olympos sah jetzt schockiert aus. »Nein!« Dann fragte er: »Womit hat er es denn verdient?«

»Überhaupt nicht«, sagte ich. »Überhaupt nicht, aber … Er ist jung und auf der Seite des Stärkeren, und entsprechend hat er sich benommen.« Das war die Wahrheit.

»Ah.« Olympos schüttelte den Kopf. »Es paßt überhaupt nicht zu Antonius. Dies sind finstere Tage für ihn.« Dann sagte er entschlossen: »Ich werde es gleich machen. Ich denke, für derart aufgeplatzte Haut wäre eine Mischung aus geröstetem Natron, Essig, Honig und Galle …«

Als er weg war, machte ich mich daran, irgendwelchen Unsinn zu verfassen, den Thyrsus als Brief für Octavian mitnehmen könnte, etwas, das ich mit meinem königlichen Siegel versehen könnte. Es kam nicht darauf an, was darin stand, solange er ihm nichts versprach, ihm aber etwas in die Hand gab, was er öffnen konnte.

»Edelster Oct –« Nein, nicht diesen Namen. »Junger Cäsar, ich sehne mich danach, dir alle meine Schätze zu Füßen zu legen, so du mir nur das feierliche Versprechen gibst, daß du meinen Sohn auf dem Thron Ägyptens bestätigen …« Nichts Neues. Aber es waren Worte.

Mit dem kostbaren Salbentiegel in den Händen, verborgen im Schatten eines voluminösen Kapuzenmantels, begab ich mich lautlos in das Militärquartier neben dem Palast, wo Thyrsus untergebracht worden war.

Er kauerte vornübergesunken auf einer Bank; sein dichtes Haar war schweißverklebt, und sein Kopf hing zwischen den Knien. Im Licht der Fackeln sah ich die Striemen auf seinem Rücken, rote Spuren wie von winzigen Karren. Die Haut war aufgerissen und hing in kleinen Fetzen zu beiden Seiten herunter. Er stöhnte und zitterte – nicht länger der stolze, junge Gesandte.

Ich trat vor ihn und schlug meine Kapuze zurück. Sein Blick war von den Sandalen, die keine Soldatensandalen waren, zu meinem Gesicht hinaufgewandert, und der Schreck ob meines Erscheinens war offenkundig. Aber er erhob sich nicht; vielleicht hatte er das Gefühl, daß mittlerweile alle Regeln über Bord gegangen waren.

»Ich kann die Striemen auf deinem Rücken nicht auslöschen«, sagte ich, »obgleich ich wünschte, es stände in meiner Macht. Doch ich kann dir das hier geben – es soll helfen, sie zu heilen.« Hätte es nur die Macht, die Striemen verschwinden zu lassen, damit Octavian sie nicht sehen konnte. Aber das überstieg sogar Olympos' Fähigkeiten.

Bevor er reagieren konnte, war ich hinter ihn getreten und fing an, die Salbe auf seine Wunden zu streichen, wobei ich sie so zart wie möglich berührte. Dennoch zuckte er zusammen, denn sie waren tief und roh.

Wie viele waren es? Ich zählte ungefähr acht – und wie viele wären es geworden, wenn ich nicht Einhalt geboten hätte?

»Wir müssen dich um Vergebung bitten«, sagte ich leise.

Jetzt endlich sprach er. »Eine Königin bittet einen Freigelassenen um Vergebung?« Er kochte vor Wut.

»Wenn dem Freigelassenen Unrecht geschehen ist, ja«, sagte ich. »Es hätte nicht passieren dürfen. Wenn es in deiner Macht liegt, lösche es bitte aus deiner Erinnerung. Aber nicht jeder hat die Geistesgröße dazu, und erwarten kann ich es nicht.« Ich strich ihm weiter die Salbe auf den Rücken. Er war wirklich grausam behandelt worden. »Wir verdienen es nicht.«

Bei diesen letzten Worte schien er zu schmelzen. Er wandte den Kopf und sagte: »Er verdient es nicht, aber dir würde ich alles vergeben.« Dann lachte er – es war ein sehr dünnes Lachen. »Man hat mir gesagt, es sei gefährlich, dich zu kennen, aber du wüßtest zugleich dafür zu sorgen, daß sich die Gefahr lohnt.« Er fuhr zusammen, als ich an eine tiefe Wunde geriet. »Jetzt weiß ich, wie das gemeint war.«

»Wer hat es denn gesagt?« Ich mußte es wissen.

»Fast jeder im Lager. Und ... Octavian selbst.«

»Dann sag ihm, ich hätte ihm gezeigt, daß der erste Teil dieses Satzes wahr ist, und sei bereit, zum zweiten Teil weiterzugehen, wenn ... Nun, er kann es in diesem Brief lesen, den ich für ihn mitgebracht habe.«

O Isis! Tat ich es wirklich? Strich ich hier Salbe auf die Wunden eines Freigelassenen und sandte kokette Andeutungen an meinen größten Feind? Aber ich hatte versprochen, für Ägypten alles zu tun ...

»Was steht darin?« fragte er.

»Ah. Das ist nur für die Augen Octav ... des Imperators bestimmt.« Ich schwieg kurz. »Ich habe dir einen Mantel mitgebracht – als Ersatz für den, den sie dir vom Rücken gerissen haben. Nimm ihn, und wenn du ihn siehst, versuche dich nicht an das zu erinnern, was die Soldaten dir gegeben haben, sondern an das, was du von mir bekamst.« Ich zog den Mantel hervor und breitete ihn über seine Schultern. Er war aus der feinsten, weichsten Wolle von Miletos, und sein blutiger Rücken würde ihn beflecken, aber für die Reise brauchte er etwas, um sich zu bedecken und sich vor dem Staub der Straße zu schützen. Auch würde er ihm hoffentlich als sichtbare Erinnerung an meinen heimlichen Besuch bei ihm dienen. Ich wollte nicht so aufdringlich sein, ihm Juwelen zu schenken.

# 83

Es war Zeit, sie hervorzuholen und noch einmal zu lesen – die Briefe von Cäsar. Nachdem mein Sohn sie gelesen hatte, hatten wir sie aufgeteilt. Die Hälfte sollte er mitnehmen, wohin er auch ging, als Talisman und Erinnerung. Den Rest wollte ich behalten, um mich daran zu laben und vielleicht auch um Octavians Rache zu mildern, indem ich ihn daran erinnerte, wie hoch sein »Vater« mich geschätzt hatte.

Ich sorgte dafür, daß ich allein war und keine Störung zu erwarten hatte. In gewisser Weise graute mir davor, die Briefe zu öffnen und wieder zu lesen, denn die Worte, welche die Verstorbenen an uns geschrieben haben, nehmen eine ganz andere Bedeutung an; sie scheinen uns geheime Botschaften oder Ermahnungen zuzuraunen, die der lebende Mensch vielleicht gar nicht im Sinn hatte. Ich wußte, daß die Worte Cäsars unter den gegebenen Umständen bedeutungsschwer emporragen würden.

Ich suchte mir meinen am dicksten gepolsterten und weichsten Diwan aus, bevor ich die kleine Schatulle neben mich stellte und aufklappte. Darin lagen die Briefe – eigentlich nur ganz wenige. Cäsar hatte so viel offizielle Korrespondenz zu führen gehabt – von seinen Kriegsberichten gar nicht zu reden –, daß er für private Briefe nur wenig Zeit erübrigt hatte. Und er war zu vorsichtig gewesen, als daß er dem Papier allzuviel anvertraut hätte. Ich wußte noch, wie eifrig ich auf seine Briefe gewartet hatte, nachdem er Ägypten als erster verlassen hatte – und wie einsam und verwaist ich mich gefühlt hatte. Und dann war der erste Brief gekommen – ich öffnete ihn langsam –, und er war so unpersönlich gewesen.

Das Papier war inzwischen spröde geworden, und kleine Flöckchen blätterten ab, als ich es ausbreitete. Die Tinte war verblaßt; es war fast zwanzig Jahre her, daß der Brief geschrieben worden war. Der Geruch der Zeit stieg davon auf.

Ich grüße die allererhabenste Majestät Königin Kleopatra von Ägypten. Mit Freuden höre ich die Kunde von der Geburt Deines Sohnes. Möge er leben und gedeihen, und möge seine Regentschaft in seliger Erinnerung bleiben! Möge sein Name groß sein in den Annalen Eurer Geschichte.

Ich selbst sehe mich hier in Rom von Problemen umgeben, die allesamt gelöst werden wollen. Ich kann mir dazu aber nur wenige Tage Zeit geben, weil ich die Absicht habe, nach Karthago zu segeln, wo ich die letzte Schlacht gegen die Rebellenarmeen des Pompejus schlagen werde. Sie haben sich in Nordafrika gesammelt, und ich muß sie dort stellen. Wenn alles getan ist, werde ich nach Dir schicken, und ich hoffe, daß Deine Pflichten in Ägypten Dir gleichwohl gestatten werden, Dein Land für ein Weilchen zu verlassen und nach Rom zu kommen. Der Deine – Gajus Julius Cäsar.

Das war alles. Aber, ja, die Worte hatten jetzt eine andere Bedeutung. Wenn der Name meines Sohnes »groß sein sollte in den Annalen unserer Geschichte«, so würde er Octavian überleben müssen; darauf richtete ich ja zur Zeit alle meine Anstrengungen.

Und die Probleme, von denen Cäsar sich in Rom umgeben gesehen hatte – sie waren nie gelöst worden und hatten letztlich zu seinem Tod geführt. Er war immer von Krisen eingeschränkt gewesen, wie ich es jetzt war. Auch der Größte kann davon zu Fall gebracht werden – mag er noch so gewitzt sein, noch so hart kämpfen. Den Tapfersten erwartet nicht immer ein triumphales Ende. Wie konnte ich erfolgreich bleiben, wenn Cäsar gescheitert war?

Und die Einladung nach Rom – »Dein Land für ein Weilchen zu verlassen und nach Rom zu kommen …« Bald würde Octavian eine ähnliche Einladung aussprechen, aber sie würde ich nicht annehmen.

Ich legte den Brief beiseite und öffnete einen anderen.

Der göttlichen und mächtigen Königin von Ägypten, Kleopatra, meine Grüße!

Der Krieg ist zu Ende, und ich bin siegreich. Es war ein schwieriger Feldzug. Diesmal kann ich nicht sagen: *Veni, vidi, vici* – ich kam, ich sah, ich siegte. Es müßte heißen: Ich kam, ich sah, ich wartete, ich plante, ich überwand … Das Gegenteil von bündig, der Satz wie der Krieg. Aber auf das Endergebnis, auf das *vici*, kommt es an.

Auch hier ging die Bedeutung über das hinaus, was er in jenen Tagen an jenem Ort geschrieben hatte. Das Endergebnis war das einzige, worauf es ankam. In dieser Stunde der letzten Abrechnung erinnerte er mich daran.

Aber selbst wenn man gewinnt, ist einem der letzte Sieg noch lange nicht sicher. Cäsar hatte alle diese Landschlachten gewonnen, nur um dann von der Hand seiner eigenen Landsleute den Tod zu finden. Und danach hatten andere Landsleute ihn zum Gott erhoben. Erst Sieg also, dann Niederlage und schließlich größerer Sieg … Das Rad dreht sich unaufhörlich, und wir erleben nicht immer, wann es schließlich zur Ruhe kommt.

Cäsar, du bist vor mir dahingegangen, sagte ich still zu ihm. Ich will mich bemühen, dir zu folgen, so gut ich kann, unbesiegt bis zum Ende. Und wie du gezeigt hast, gibt es einen Weg, über die unmittelbaren Umstände des Todes hinaus zu triumphieren. Selbst der Tod läßt sich nützen, um das Leben weiterzubefördern.

Aber wir müssen ihn auf uns nehmen, ohne das letzte Ergebnis der Abrechnung zu kennen …

Ich legte die Briefe wieder in den Kasten, oben auf die anderen, die noch darin lagen. Vielleicht würde ich sie später lesen. Ich legte die Hand darauf und zog Kraft schon aus ihrem hartnäckigen, physischen Überleben. Diese privaten kleinen Werke von seiner Hand waren auf dem großen Scheiterhaufen nicht vernichtet worden. Es kann überraschend sein, was am Ende übrig bleibt, um von uns Zeugnis abzulegen.

»Herrin.« Es klopfte leise, und ich hörte Charmians Stimme.

Ich hatte angenommen, man werde mich nicht stören. Aber ich war ja fertig mit der Lektüre. »Ja?«

»Epaphroditos ist da, Herrin. Soll ich ihn vorlassen?«

»Er soll hereinkommen.«

Ich mußte zurück zu den Dingen des Lebens.

Epaphroditos kam hereingerauscht; er trug zwei Taschen unter den Armen. »Majestät.« Er verneigte sich rasch, um es hinter sich zu bringen. »Ich habe hier die Bestandslisten, um die du mich gebeten hast, und die Zahlen aus dem Schatzamt.« Er hielt die eine Tasche hoch.

Ich mußte genau wissen, was wir Octavian überließen – und was wir zu retten versuchten. »Ich danke dir.« Als ich in die Tasche griff, fühlte ich, wie dick die Akten waren. »Gib mir eine Zusammenfassung«, sagte ich, schwang die Beine von meinem Diwan und deutete zum Arbeitstisch, wo wir beide Platz nahmen. Ich legte die Tasche hin und nahm ihren Inhalt heraus.

Er entrollte eines der Dokumente. »Dies sind die Schlußabrechnungen.« Er deutete mit dem Finger auf eine Zahlenkolonne. »Zu meinem Bedauern muß ich sagen, daß die Finanzen Ägyptens sehr gesund sind. Wir hatten die beste Ernte seit Jahren, und das Hochwasser des Nils verheißt die gleiche Fülle noch einmal. Die Verluste von Actium sind wettgemacht, und selbst die Zerstörung der Flotte, die auf dem Weg zum Roten Meer war, ist gedeckt.«

»Das tut mir ebenfalls leid. Ich wünschte, Octavian würde auf leere Kornspeicher und eine ausgeplünderte Staatskasse stoßen.« Ich sah ihn an. »Du hast deine Arbeit gut gemacht, mein alter Freund. Du hast mir – gegen deine Neigung – all die Jahre hindurch treu gedient. Doch nun mußt du dein Amt aufgeben und dich unter deinem Volk verlieren. Sei nicht in der Nähe des Palastes, wenn das Ende kommt. Laß deine Berichte hier, und nimm meinen Dank zum Abschied.«

Er sah zutiefst unglücklich aus. »Das scheint mir ein sehr undankbares Benehmen zu sein.«

»Nicht, wenn ich es befehle«, sagte ich. »Ich möchte, daß möglichst wenige mit diesem zum Untergang verurteilten Haus zugrunde gehen. Auf diese Weise triumphieren wir über die Römer. Da wäre nur noch eines: Ich brauche einen gefälschten Bericht, den ich Octavian vorlegen kann; Teile unseres Reichtums müssen darin verschwiegen werden. Ich will ein paar Vermögenswerte verstecken, damit sie später vielleicht meinen Kindern zugute kommen können. Ich denke«, fuhr ich mit einem Blick über die Zahlenreihen fort, »es wird noch genug übrigbleiben, um Octavian zufriedenzustellen. Er wird nicht vermuten, daß etwas fehlt.«

Epaphroditos legte die Hand auf meine. »Ich ertrage es nicht, dich so reden zu hören. Als hättest du dich mit dem Schlimmsten abgefunden. Als *akzeptiertest* du, daß alles vorbei ist.«

»Wir müssen das Beste hoffen und uns auf das Schlimmste gefaßt machen. Ich vergesse niemals, nicht einen Augenblick lang, daß sich alles im Handumdrehen ändern würde, wenn Octavian in der Schlacht fiele – und es braucht nicht einmal eine große Schlacht zu sein, denn in einem kleinen Scharmützel fliegen die Pfeile nicht minder schnell. Rom wäre führerlos, und Antonius wäre unversehens der Mann der Stunde. Und alle unsere Vorbereitungen wären nur noch ein Spaß. Aber …« Ich wußte, es *konnte* so kommen. Doch ich konnte mich nicht darauf verlassen.

»Ich habe noch etwas mitgebracht, was ich dir hierlassen möchte.« Er legte die zweite Tasche auf den Tisch. »Etwas aus den Schriften meines Volkes, die du ja, wie du sagtest, als tröstlich empfindest.«

»Ihr habt also selbst für diese Situation etwas in euren Schriften?« Ich lachte leise. »Du kommst aus einem bemerkenswerten Volk.«

»Ich habe die Stellen gekennzeichnet, von denen ich glaube, daß sie dir etwas sagen werden.«

»Ich danke dir, mein lieber Freund.« Ich stand auf und nahm seine Hände. Würde ich ihn je wiedersehen? Dieses endlos langsame Zurückweichen der Ebbe war schmerzlich. Mehr und mehr vom Uferland blieb zurück, gewaltsam aufgegeben.

Am späten Nachmittag öffnete ich seine zweite Tasche; ich war neugierig zu sehen, was er da für mich gesammelt hatte. »Koheleth« oder »Prediger« hieß das Buch. Es sah aus wie eine Sammlung von Gedichten, und bestimmte Stellen waren meinem Augenmerk empfohlen. Dennoch begann ich mit dem Anfang, denn hier wurde eine Geschichte erzählt.

> Ich, der Prediger, war König über Israel zu Jerusalem und richtete mein Herz, zu forschen und zu suchen weislich alles, was man unter dem Himmel tut …

Der Verfasser hatte nach Wissen gestrebt, nach Reichtümern, Freuden und großen Werken – und hatte alles nichtig und eitel gefunden.

Das Ende eines Dinges ist besser denn sein Anfang. Ein geduldiger Geist ist besser denn ein hoher Geist.

Ich wandte mich und sah, wie es unter der Sonne zugeht, daß zum Laufen nicht hilft schnell sein, zum Streit hilft nicht stark sein, zur Nahrung hilft nicht geschickt sein, zum Reichtum hilft nicht klug sein; daß einer angenehm sei, dazu hilft nicht, daß er ein Ding wohl kann, sondern alles liegt an Zeit und Glück.

Auch weiß der Mensch seine Zeit nicht, sondern wie die Fische gefangen werden mit einem verderblichen Hamen, und wie die Vögel mit einem Strick gefangen werden, so werden auch die Menschen berückt zur bösen Zeit, wenn sie plötzlich über sie fällt.

Wie Cäsar im Senat, wie wir, die wir jetzt in Alexandria warteten. *Alles liegt an Zeit und Glück*.

Doch was konnte ich tun – außer zu warten und mich zu wappnen?

Die Sonne des Spätnachmittags fiel schräg durch die Fenster und malte ein langes diagonales Lichtgitter in die Luft. Ich fühlte mich plötzlich sehr allein, als müßte ich die Bastionen meiner Festung ganz allein bewachen. Cäsar war tot, Cäsarion fort, und meine Anhänger hatte ich fortgeschickt, damit sie sich in Sicherheit brachten. Antonius kämpfte nicht mehr. Und hier stand ich nun, spähte über die Mauern hinweg und machte mich auf den Sturm gefaßt.

Gedenke an deinen Schöpfer in deiner Jugend, ehe denn die bösen Tage kommen und die Jahre herzutreten, da du wirst sagen: Sie gefallen mir nicht;

ehe denn die Sonne und das Licht, Mond und Sterne finster werden und Wolken wieder kommen nach dem Regen;

zur Zeit, wenn die Hüter im Hause zittern und sich krümmen die Starken und müßig stehen die Müller, weil ihrer so wenig geworden sind, und finster werden, die durch die Fenster sehen,

und die Türen an der Gasse geschlossen werden, daß die Stimme der Mühle leise wird und gedämpft sind alle Töchter des Gesangs;

wenn man auch vor Höhen sich fürchtet und sich scheut auf dem Wege und alle Lust vergeht, denn der Mensch fährt hin, da er ewig bleibt, und die Klageleute gehen umher auf der Gasse,

ehe denn der silberne Strick wegkomme und die goldene Schale zerbreche und der Eimer zerfalle an der Quelle und das Rad zerbrochen werde am Born.

Denn der Staub muß wieder zu der Erde kommen, wie er gewesen ist, und der Geist wieder zu Gott, der ihn gegeben hat.

Es ist alles ganz eitel, sprach der Prediger, ganz eitel.

Der Tag war zu Ende. Die Sonne ging unter. Octavian war unterwegs. Und im Luxus meiner Ungestörtheit weinte ich um alles, was die Sonne nun nicht länger beschien.

*Das Ende eines Dinges ist besser denn sein Anfang.* Nein, niemals. Der Prediger irrte.

Antonius fand mich allein im Zimmer; ich saß im Dunkeln. Die Sonne war untergegangen, die purpurrote Dämmerung war gekommen und wieder gegangen, und jetzt umhüllte mich die Nacht.

»Was ist denn das?« rief er. »Keine Lampen? Was ist los?«

Hastig zündete er eine an und brachte sie herbei, um mir damit ins Gesicht zu leuchten.

»Fehlt dir etwas?« Bang schaute er mir in die Augen.

»Nein«, sagte ich. »Ich habe nur hier gesessen und ... nachgedacht.«

»Es müssen tiefe Gedanken gewesen sein, wenn sie dich daran hindern, eine Lampe anzuzünden.«

»Es war friedlich.« Das war es wirklich gewesen. Etwas hinzunehmen bringt immer Frieden – nach der ersten, wilden Trauer.

»Was ist denn das?« Er griff nach der Schriftrolle, die entrollt wie ein langes Band um mich herum lag.

»Epaphroditos hat es mir gebracht zusammen mit seinen Berichten.«

»Hmmm.« Antonius zündete noch ein paar Lampen an, bis es hell war im Zimmer. Dann hielt er sich die Rolle vor die Augen und fing an zu lesen. »Gedichte in der einen Hand und Zahlen in der andern. Ein merkwürdiger Mann, dieser Epaphroditos.« Sein Blick überflog die Verse. »Wer das geschrieben hat, war in elender Stimmung«, sagte er kopfschüttelnd. »Armer Teufel!«

Die armen Teufel sind wir, hätte ich fast gesagt. Erkennst du uns denn nicht darin?

»Hmm. Hmm. Nun, *hier* hat er recht«, sagte Antonius.

»Womit?«

»Hör zu. Der Dichter sagt:

So gehe hin, und iß dein Brot mit Freuden, trink deinen Wein mit gutem Mut, denn dein Werk gefällt Gott.

Laß deine Kleider immer weiß sein, und laß deinem Haupt Salbe nicht mangeln.

Brauche das Leben mit deinem Weibe, das du liebhast, solange du das eitle Leben hast, das dir Gott unter der Sonne gegeben hat, solange dein eitel Leben währt, denn das ist dein Teil im Leben und in deiner Arbeit, die du tust unter der Sonne.

Alles, was dir vor Händen kommt, zu tun, das tue frisch.

Da hat er recht. Mehr können wir nicht tun.« Er hatte diese glücklichen Verse gefunden, während ich sie übersehen hatte. Wie gut das zu ihm paßte! Er legte die Schriftrolle hin, nahm meine Hände, zog mich hoch und umarmte mich. Er schwieg, und wir lehnten uns nur aneinander.

Wir standen also doch zu zweit auf den Mauern, der eine mit der Waffe in der Hand, der andere zum Trost, und wir wechselten uns ab. Das war die tiefe Sicherheit der Liebe, einer Liebe, die nicht desertierte.

»Und jetzt, Liebste, brauchen wir wohl ein bißchen Wein – wie es der Prediger empfiehlt«, sagte er schließlich und ging hinaus, um einen Krug und zwei Becher zu suchen.

»Für den guten Mut?« fragte ich.

»So ist es.« Er kam wieder herein und schwenkte die Becher.

Antonius: stets dazu fähig, über das Gewöhnliche, über das Leiden hinweg Freude zu finden. Das war sein Zauber, noch immer ungetrübt.

»Ein Bote von Octavian, Herrin«, sagte Mardian und spähte um den elfenbeinernen Wandschirm in mein Arbeitszimmer. Er sagte es so sachlich, daß niemand hätte erwarten könne, daß wir längst bang auf die Nachricht, auf irgendeine Nachricht von seinem Aufenthalt warteten.

Ich stand auf. »Eben gekommen?«

»Der Staub der Straße liegt noch auf seinem Mantel.«

Der junge Soldat war in der Tat schmutzig von der Reise, aber ich sah gleich, daß es ein Militärtribun war, kein gemeiner Fußsoldat. Offensichtlich hatte Octavian sich dazu entschlossen, einen ranghöheren Gesandten zu schicken als den vorigen.

»Sei uns willkommen«, sagte ich. »Was hat Octavian uns mitzuteilen?«

Er stand aufrecht da und bemühte sich, nicht so auszusehen, als beobachte er alles genau, um später darüber Bericht zu erstatten. »Majestät, der Imperator Cäsar möchte dich darüber in Kenntnis setzen, daß er sich der Grenze Ägyptens nähert. Er steht jetzt in Raphia.«

»Ach ja, in Raphia. Eine wichtige Wegmarke. Es war vor langer Zeit in der Schlacht von Raphia, daß Ptolemaios IV. als erster ägyptische Soldaten einsetzte, um seine Feinde aus Syrien zu besiegen. Ein Wendepunkt.« Ich schaute den jungen Mann an. »Und ich nehme an, Octavian hofft, es möge sich ein zweites Mal als solcher erweisen?«

»Es wäre ein großer Segen für uns alle, wenn es so wäre«, sagte er. »Mein Feldherr ersucht dich, du mögest Pelusion anweisen, die Waffen zu strecken.«

»Und warum denkt er, daß ich das tun sollte?«

»Weil du ihm, wie er sagt, ein Angebot gemacht hast, welches darauf beruht, daß Blutvergießen vermieden werden soll.«

»Aber er hat auf mein Angebot nicht geantwortet, und daher nehme ich an, daß er es nicht annehmen will.« Keine Antwort von ihm bedeutete, daß es keine Übereinkunft gab. Und nachdem Thyrsus hier mißhandelt worden war – was blieb ihm da übrig?

»Ganz im Gegenteil. Doch die einzige Möglichkeit, *deinen* guten Willen zu zeigen, besteht darin, daß du uns ungehindert an Pelusion vorbeiziehen läßt.«

Ich lachte. »Aber seine unhöfliche Verweigerung einer Antwort macht mir das unmöglich. Sie weckt ein gewisses … Mißtrauen gegen seine Absichten. Ich kann ihm nicht mehr trauen.« Als hätte ich das je gekonnt!

»Es verhält sich andersherum. Du mußt demonstrieren, daß dein Angebot vertrauenswürdig ist und daß du den unbedingten Wunsch hast, Blutvergießen zu vermeiden, sogar wenn du selbst ein gewisses Opfer bringen mußt.«

»Junger Mann, ist dir bekannt, *was* ich ihm angeboten habe?«

»Nein. Das hat er niemandem erzählt.«

»Das dachte ich mir.« Ich beschloß, es auch nicht zu enthüllen. So blieb es eine Sache zwischen uns beiden. »Er hat dir keine diesbezüglichen Anweisungen mitgegeben, keine Botschaft an mich?«

»Er schickt dir das hier.« Der Mann öffnete eine Ledertasche und nahm eine kleine Schachtel heraus.

Ich öffnete sie und fand zwei Dinge darin: eine Münze mit einer Sibylle auf der einen und einer Sphinx auf der anderen Seite sowie ein Jaspis-Siegel mit einer Sphinx. »Wenn er mir ein Rätsel aufgeben will, so ist es ihm gelungen«, sagte ich schließlich. Ich nahm das Siegel heraus und drehte es prüfend in den Fingern.

»Ich soll dir mitteilen, daß die Münze aus der Zeit Cäsars stammt; das Siegel aber ist sein eigenes. Und er gibt dir ein Rätsel auf, wie die Sphinx – die euch ihn Ägypten ebenso wie ihm gehört, da sie sein Abzeichen ist – Rätsel aufzugeben pflegte. Er sagt: ›Das Mysterium hat Platz für zwei.‹«

Ich konnte mir nicht denken, was er meinte. Daß wir beide uns Cäsars Vermächtnis teilen könnten? Daß es Weissagungen über uns in den Sibyllinischen Büchern gegeben habe? Daß er komme, um die ägyptische Sphinx zu erobern, die er als sein Abzeichen betrachtete? Daß nur zwei von uns dreien – ihm, Antonius und mir – überleben könnten? Daß im Mausoleum – im Mysterium des Todes – Platz für zwei von uns sei? Oder daß zwei sich den Schatz teilen könnten, der darin aufgehäuft lag?

»Und was soll ich damit anfangen?« Ich hielt ihm die Hand mit Münze und Siegel entgegen.

»Wenn du eine Botschaft für ihn hast – ganz gleich, wann –, so sollst du sie mit dem Siegel der Sphinx beschließen, und er wird auf der Stelle handeln.« Ich sah dem Soldaten an, daß er mehr nicht wußte.

»Nun, im Augenblick habe ich keine Botschaft für ihn, die du ihm nicht selbst ausrichten könntest: Ohne ein offizielles Ersuchen und ohne eine Übereinkunft zwischen uns beiden kann ich keinerlei Zugeständnis machen, und ich gedenke noch immer, den Schatz zu vernichten. Das ist alles.«

»Welchen Schatz?« Octavian hatte ihm also noch nicht einmal davon erzählt.

»Er weiß schon, was ich meine.« Ich lächelte. »Sag ihm noch, seine Unergründlichkeit hat meinen Beifall, und ich werde in Muße versuchen, das Rätsel zu lösen.«

»Und … wir sollen weiter auf Pelusion vorrücken?« Er machte ein enttäuschtes Gesicht; offensichtlich hatten sie gehofft, wir würden einfach kapitulieren.

»So gut ihr könnt«, sagte ich. »Und wir werden es verteidigen, so gut wir können.«

Wir versammelten uns zu einem familiären Mahl im Speiseraum in Antonius' Gemächern. Alle Kinder, auch die jüngsten, sollten teilnehmen. Alles war still und beängstigend normal. Es gab keinen Exodus aus der Stadt. Wohin hätten die Leute auch gehen sollen? Alexandria hatte immer abseits von Ägypten gelegen, und seine Bewohner würden die ebenen Anbauflächen im Delta nicht als ihnen gemäß empfinden und auch nicht in Zelten in der Wüste leben.

Wenn sie fortsegelten, gab es kein Ziel, das sie lockte. Und so ging das Leben seinen alltäglichen Gang

Der junge Antyllus hatte sich ein römisches Gericht gewünscht, nach dem er Heimweh hatte: gefüllten Tintenfisch und gebackene Gladiolenzwiebeln. Er hatte sich dafür entschuldigt; es sei schlichte Hausmannskost, sagte er, aber er vermisse es. Ich versprach ihm, die Lagerhäuser am Hafen nach solchen Zwiebeln absuchen zu lassen; wenn wir keine hätten, würde man für die Zwiebeln Ersatz finden müssen. Aber es war mir gelungen, welche aufzutreiben. In Alexandria bekommt man alles.

Alexander und Selene hatten einen hochkultivierten Geschmack, was nicht weiter verwunderte, denn sie waren am kultiviertesten Hof der Welt aufgewachsen. Sie verlangten Dinge wie vergoldete Garnelen und Meerzwiebelpasteten und wiesen ausdrücklich darauf hin, daß sie kein Olivenöl aus zweiter Pressung wollten.

»Extravagant«, sagte Antonius. »Welch eine Vorstellung: Meine Kinder sind von übertriebener Extravaganz.«

»Ich nicht«, sagte Antyllus.

»Ich weiß«, antwortete sein Vater. »Weil du erst hergekommen bist, als dein Geschmack sich schon ausgebildet hatte.«

»Das bist du auch«, sagte ich, »und trotzdem hast du dich ziemlich schnell angepaßt.«

»Nein, ich habe meinen Geschmack lediglich erweitert. Ich esse immer noch gern schlichte Kost.« Er streckte sich auf dem Speisediwan aus und stützte sich auf einen Ellenbogen. »Es freut mich, euch alle um mich herum versammelt zu haben«, sagte er. »Was könnte ein Mann sich mehr wünschen? Drei stattliche Söhne, eine schöne Tochter und eine unbeschreibliche Frau.« Er hob seinen Becher und trank uns allen feierlich zu. »Ich bin mit meiner Grabschrift zufrieden.«

»Laß uns nicht von Grabschriften reden«, erwiderte ich rasch. »Wir können niemals sicher wissen, was hernach über uns geschrieben wird.«

»Gleichviel, ich habe mich nicht schlecht geschlagen!« beharrte Antonius.

»Wo ist die Ente?« fragte Philadelphos, der kleine Igel. Seit man ihn zur Jagd in die Sümpfe mitgenommen hatte, behauptete er, Ente sei seine Lieblingsspeise, aber in Wirklichkeit liebte er die Erinnerung an die Boote, das Wasser und das Rascheln des Schilfrohrs; ich sah wohl, daß er von der Ente immer das meiste auf dem Teller ließ. Für einen Fünfjährigen war Ente noch zu fettig und deshalb nicht leicht verdaulich.

»Sie kommt gleich«, beruhigte ich ihn.

Ich schaute über meine Kinderschar hin und vermißte Cäsarion schmerzlich. Ich betete zu allen Göttern, daß sie ihn beschützten. Wie sehr unterschieden sich meine vier doch von mir und meinen Geschwistern. Meine Kinder schienen einander wirklich zu lieben, und es war kein Ungeheuer unter ihnen. Die Ptolemäer schienen in jedem Wurf einen Dämon hervorzubringen, aber ich war diesem Schicksal entronnen; hier gab es keine Arsinoë, keine Berenike. Vielleicht war es die Beimischung von römischem Blut, was die üblen Folgen generationenlanger Inzucht außer Kraft gesetzt hatte.

Alexander und Selene … Ich hatte, was sie anging, keine Antwort aus Medien bekommen, und inzwischen war es zu spät, sie wegzuschicken. Sie mußten hier bei mir in Alexandria bleiben und sich bereit halten für alles, was da kommen mochte. Vielleicht war es am besten so. Sie waren jung und entwaffnend genug, um für sich selbst überzeugend zu wirken. Wenn Octavian sie sähe, würde er sich rühren lassen.

Alexander war ein prachtvoller Junge, herzlich und offen, und seine Zwillingsschwester war von sanftem und würdevollem Auftreten. Beide besaßen jene persönliche Schönheit, die viel dazu beiträgt, das Herz eines Feindes zu erweichen.

Ich würde den Thron für sie erbitten; da sie einmal hier waren, wäre ihnen die Krone leichter zu übergeben als Cäsarion, der weit fort war. Sie würden – es war mir zuwider, die Worte zu benutzen – harmlose Galionsfiguren für Octavian abgeben. Er wird nichts dagegen haben, fügsame Kinder auf den Thron zu erheben, dachte ich mir, auch wenn es Antonius' Kinder sind. Sie gehörten ja auch seiner eigenen julianischen Familie an.

»Wenn es sich also fügen sollte, daß ihr mit Octavian allein zusammentrefft«, sagte ich, »dann behandelt ihn mit aller Höflichkeit. Und denkt daran, ihn … Imperator Cäsar zu nennen.« Ich hatte Mühe, nicht an diesen Worten zu ersticken. »›Octavian‹ bringt ihn gegen euch auf.«

»Warum denn?« fragte Alexander. »Es ist doch sein Name!«

»Nun, es ist einer seiner Namen. Es ist der Name, den er trug, als er in deinem Alter war. Aber als er älter wurde, nahm er andere an, die ihm besser gefielen. So, wie du Alexander und Helios heißt, so hat er vier Namen. Eines Tages wirst du es vielleicht vorziehen, dich ›Helios‹ nennen zu lassen. Dann wirst du es verstehen.«

»Das glaube ich nicht«, sagte er. »Es würde sehr aufgeblasen klingen.«

»Manche Leute haben nichts dagegen, aufgeblasen zu klingen.«

»Aber ich bin froh, daß meine Kinder nicht dazugehören«, sagte Antonius.

»Sind wir nicht mit Octavian verwandt?« fragte Selene.

»Entfernt«, sagte Antonius. »Er ist Cäsars Großneffe, und ich bin Cäsars Vetter dritten Grades im zweiten Glied. Jetzt könnt ihr es selbst ausrechnen.«

»Hmmm.« Alexander runzelte die Stirn. Ich sah, daß er versuchte, es im Kopf auszurechnen. Er war ziemlich gut in Mathematik. »Dazu brauche ich Papier«, gab er schließlich zu.

»Ich möchte, daß ihr mir in einer Laune gefällig seid«, sagte ich und hielt den Achatkelch beim Stiel in die Höhe. »Dieser Becher hat meinem Vater gehört. Ich weiß noch, wie er ihn füllte und an die Lippen hob. Trinkt mit mir daraus!« Ich winkte, und ein Diener schenkte mir ein. »Ich glaube, er hat mir einmal erzählt, daß er aus Makedonien stammt, aber ich kann mich ehrlich nicht mehr erinnern. Jedenfalls habe ich diesen Becher immer mit ihm in Verbindung gebracht, und jetzt möchte ich ihn gern in euren Händen sehen.« Ich nahm einen Schluck daraus und reichte ihn dann Alexander.

Gehorsam legte er den Kopf zurück und trank aus dem Kelch; dann gab er ihn Selene. Sie schloß die Augen und hob ihn zierlich.

»Philadelphos auch?« fragte sie.

»Ihr alle«, sagte ich.

Mein jüngster Sohn nahm einen großen Schluck und reichte den Kelch dann Antyllus.

Was wird aus Antyllus werden? fragte ich mich. Antonius hatte keine Vorkehrungen für ihn getroffen, als könne er es nicht ertragen. Er hoffte, daß Octavian ihn nach Rom zurückbringen und ihn schonen werde. Man konnte ihn nirgends hinschicken; es gab keine sicheren Gestade für ihn – Ägypten und Indien gehörten nicht zu seinem Erbe. Armer Antonius, heimatloser Römer. Mein Herz schmerzte seinetwegen.

»Meine Kinder, in nur wenigen Tagen wird Alexandria vielleicht angegriffen«, sagte ich. »Ihr müßt den Anweisungen folgen, die der Hauptmann der Leibgarde euch um eurer Sicherheit willen gibt. Wir haben in den unterirdischen Gängen unter dem Palast Verstecke für euch vorbereitet. Dort gibt es Lebensmittel, Lampen und Wasser. Wenn man euch das Zeichen gibt, müßt ihr dort Schutz suchen. Was dann passieren wird, können wir nicht vorhersehen.« Ich schwieg kurz. »Was immer ihr tut, was immer ihr empfindet, erinnert euch an euer Blut! Es ist kostbar, und selbst der Feind wird es ehren. Habt keine Angst!«

»Werden wir nicht kämpfen?« fragte Alexander.

»Doch, das werden wir!« sagte Antonius in seinem alten Tonfall. »Wir haben vier Legionen zu unserer Verfügung und dazu die furchterregende makedonische Leibgarde und die ägyptischen Soldaten. Und unsere Reiterei ist gut ausgebildet. Ich werde sie selbst führen.«

»Von unserer Flotte ganz zu schweigen«, erinnerte ich ihn. »Wir haben noch gerettete aus Actium und neugebaute Schiffe in Bereitschaft.«

»Wir werden unsere Kampfstellungen rings um die Stadt einrichten«, erklärte Antonius. Es war, als sei er nun, da er wußte, daß dies unser letzter Kampf war und wir dem Untergang geweiht waren, fest entschlossen, seine ganze Kraft darauf zu verwenden. Aber er hätte seine weit verstreuten Legionen schon früher zusammenziehen müssen, er hätte den Nil befestigen und Pelusion mit seiner ägyptischen Garnison sichern müssen. Zu spät brannte die helle Flamme des Widerstandes jetzt in ihm, und sein Heldentum loderte wie ein Scheiterhaufen.

»Octavian marschiert auf Pelusion zu«, erklärte ich den Kindern. »Dazu muß er die Wüstenstraße überwinden, eine flimmernde, wasserlose Strecke um diese Jahreszeit, im Hochsommer.«

»Pelusion«, sagte Antonius. »Ich habe Pelusion einmal erobert ... vor langer Zeit.«

»Ja, du bist damit vertraut«, entgegnete ich.

»Als ich ein junger Reiteroffizier war und Gabinius beschlossen hatte, eurem Großvater Auletes wieder auf den Thron zu helfen« – er beugte sich vor und sprach zu Alexander und Selene –, »wofür er zehntausend Talente bekommen sollte, da schickte er mich voraus, damit ich die Festung einnahm, während er in Judäa behaglich abwartete. Ich nahm Pelusion im Sturm ... Jawohl ...« Er war weit in der Zeit zurückgereist; die Jahre perlten nur so von ihm ab. Seine Stimme veränderte sich. »Es ist schwer, diese Festung zu nehmen, aber ich führte einen massiven Angriff gegen sie, und sie fiel. Und als der Weg für sie frei war, folgten Gabinius und der König. Sie wollten die ägyptischen Kriegsgefangenen töten, aber das lehnte ich rundheraus ab; sie hatten tapfer gekämpft, meinte ich, und sollten verschont werden. Oh, sie waren wütend auf mich!« Er nahm einen großen Schluck Wein.

»Und die Folge davon war, daß du bei den Ägyptern ungeheuer beliebt warst«, warf ich ein. »Sie waren von deiner Barmherzigkeit gerührt, einer wie der andere.«

»Ja, es war der Anfang der Liebesaffäre zwischen mir und Ägypten«, sagte Antonius. »Von diesem Augenblick an waren wir eins.« Er legte eine dramatische Pause ein. »Und dann habe ich eure Mutter kennengelernt«, sagte er zu den Kindern und beugte sich verschwörerisch nach vorn. »Da war sie kaum älter als du.« Er berührte Selenes Kinn.

»Das kann ich mir aber überhaupt nicht vorstellen«, meinte sie mit der wilden Ahnungslosigkeit der ganz Jungen.

»Oh, aber sie war es«, sagte Antonius. »Sie war so jung wie Persephone, bevor Pluto sie raubte. So jung wie die Blumen, die sie pflückte. Und ich liebte sie vom ersten Augenblick an, als ich sie sah.«

»Er schmückt die Geschichte aus«, versicherte ich den Kindern. »Seine Erinnerung verklärt die Vergangenheit.«

»Nein, es ist wahr!« behauptete Antonius.

»Stets galant«, sagte ich. Vielleicht war ich verlegen, weil ich ihn damals nicht geliebt hatte – weil ich nicht einmal geahnt hatte, daß ich ihn wiedersehen würde. Als wäre ich blind gewesen – wie hatte ich es nur nicht wissen können! Meine einzige richtige Erinnerung an ihn war, wie ich beim Dionysos-Fest neben ihm gestanden hatte. Er hatte sehr kundig über Wein gesprochen und die Possen meines Vaters mit gütiger Nachsicht betrachtet. Dafür war ich ihm dankbar gewesen.

»Vielleicht wird Pelusion standhalten«, sagte Antonius. »Kann sein, daß Octavian seine Mauern nicht brechen kann. Aber was auch geschieht, denkt daran, daß ihr in Sicherheit seid!« schärfte er den Kindern ein. »Im Krieg herrscht Etikette, und die Kinder der Hochrangigen werden stets höflich behandelt. Das hat Alexander eingeführt, als er es mit der Gemahlin und den Kindern von König Darius zu tun hatte. Sie rechneten damit, ermordet oder in die Sklaverei verkauft zu werden, aber er behandelte sie ehrenvoll. Er heiratete sogar Darius' Tochter.«

»Nun, aber ich werde Octavian niemals heiraten.« Selene warf den Kopf in den Nacken.

»Ich sage ja, sie sind extravagant.« Antonius sah mich lachend an. Dann wandte er sich wieder den Kindern zu. »Hört zu, ihr Lieben, ihr müßt das tun, was euch im jeweiligen Augenblick ratsam erscheint.«

Mir fiel plötzlich ein Vers aus Epaphroditos' Schriften ein. »Ja. ›Denn ein lebendiger Hund ist besser als ein toter Löwe.‹«

Denn solange es Leben gibt, kann das Rad des Schicksals sich drehen und uns wieder nach oben tragen.

Die Süße der prallen Feigen und Datteln in Honigmilch, die wir zum Nachtisch aßen, trug wenig dazu bei, unseren Mut zu beleben. Ich sah den Kindern beim Essen zu, und für mich sahen sie alle liebenswert aus; nur ein Ungeheuer konnte auf den Gedanken kommen, ihnen etwas anzutun. Aber die Kinder aller Lebewesen sind anrührend – selbst kleine Krokodile und Kobras. Hartherzige Jäger töten sie bedenkenlos; sie richten sie nicht für das, was sie sind, sondern für das, was sie werden können. Es tat mir im Herzen weh. Ich konnte nur darum beten, daß eine Mischung aus politischer Unschlüssigkeit, Pragmatismus und Familiensinn Octavians Hand zügeln würde, denn ein großmütiger Alexander war er nicht. Aber man wußte, daß er eine seltsame Ehrfurcht für seine Verwandten empfand – die römische Familie war seine einzige wirkliche Gottheit, all seinen Apollon-Tempeln zum Trotz –, und diese Kinder teilten das Blut der Julier mit ihm. Da er glaubte, daß es heilig und wertvoller sei als anderes, würde er vielleicht den Wunsch haben, es zu erhalten. O Isis, laß es so sein!

Ich stand auf und breitete die Arme aus, als die letzten Teller abgetragen worden waren. »Kommt her, ihr alle«, sagte ich; ich wollte sie umarmen, wollte, daß wir alle einander umarmten. Die vier gehorchten, und Alexander und Selene umschlangen mich von beiden Seiten; ihre Köpfe reichten mir bis unter die Schultern. Philadelphos umarmte meine Knie, und Antyllus und Antonius bildeten einen äußeren schützenden Ring.

Ganz von allein fuhr mir der Gedanke *Verlaßt mich niemals!* durch den Sinn. Aber ich sagte nur: »Wir wollen einander und diesen Augenblick stets im Gedächtnis behalten.«

»Pelusion ist gefallen«, stieß Antonius hervor, während er die Vorhänge meines Arbeitszimmers beiseite schlug.

»Nein!« Ich sprang auf. »So schnell!« Nicht mehr als sieben Tage waren vergangen, seit wir erfahren hatten, daß Octavian von Raphia her unterwegs war.

»Es gab wenig oder gar keinen Widerstand. Die Festung ist so schnell gefallen, daß Verdacht auf Kollaboration bestehen muß. Der Garnisonskommandant, Seleukos …, hat man ihn gekauft?«

Ich ahnte, was er dachte. *Unzuverlässige, feige ägyptische Soldaten!* Aber so war es nicht. »Was ist im einzelnen geschehen?« Mein Herz pochte wie rasend. Pelusion verloren! Der Weg nach Alexandria war frei.

»Man ließ die Invasoren bis dicht an die Mauern herankommen und nahm sofort Verhandlungen mit ihnen auf. Schändlich!« Er schüttelte den Kopf. »Pelusion ist schwer zu nehmen, da es außerhalb der Festungsmauern kein Wasser gibt. Und Angreifer sind ernstlich im Nachteil, weil sie schon durstig ankommen. Die Festung hat sämtliche Vorteile für sich. Einfach so zu kapitulieren!« Er ballte die Fäuste.

Ich hätte den Mund halten sollen, aber ich sagte es doch. »Wenn du es strategisch für so bedeutsam hältst, wieso hast du dann nicht eine von deinen Legionen dorthin abgeordnet? Wieso läßt du Seleukos zu dem naheliegenden Schluß kommen, daß du sie nicht für wichtig hältst?«

»Ich hatte darauf vertraut, daß sie die Festung selbst halten würden!«

»Aber die Botschaft, die du ihnen vermittelt hast, besagte gerade das Gegenteil: daß du keinerlei Vertrauen zu ihnen hättest und sie im voraus zu opfern gedächtest!«

»Wie kannst du es wagen, so etwas zu sagen?« schrie er. »Und wenn du es dachtest, wieso hast du es dann nicht sofort ausgesprochen?«

»Weil du in deiner Hoffnungslosigkeit versackt warst. Du hattest aufgegeben und warst nicht mehr zu Taten aufzurütteln.«

»Das stimmt nicht!« Er lief rot an.

»Was sonst könnte die Gründung eines Vereins zum gemeinsamen Sterben bedeuten? Selbst wenn du es nicht so gemeint hast, so hat der Rest der Welt dich doch beim Wort genommen. Jeder hat davon gehört; dessen kannst du sicher sein. Wenn du Seleukos wärest und gehört hättest, daß dein oberster

Feldherr sich mit Freunden zum gemeinsamen Tode verbündet hat – was würdest du dann denken?«

»Es war doch nur ein Scherz.«

»Nein, das war es nicht. Nicht für die, die dir dabei zugesehen haben. Ich bin sicher, daß auch Octavian davon gehört hat; zweifellos glaubt er, es werde ihm seine Aufgabe erleichtern.«

»Du hättest mich hindern sollen!«

»Das habe ich versucht, aber du hast nicht auf mich geachtet.« Ich spreizte die Hände. »Genug von diesen Schuldzuweisungen! Was fangen wir jetzt an? Er wird bald hier sein – hier in Alexandria!« Der Gedanke war entsetzlich.

»Sprich selbst mit dem Boten«, sagte Antonius verdrossen, und er rief ihn herein, einen jungen ägyptischen Reitersoldaten.

Er war schnell geritten, um in nur wenigen Tagen hier zu sein, war quer über die Äcker galoppiert und im Delta über die Kanäle gesprungen. Das Nilhochwasser hatte noch nicht eingesetzt, und so hatten ihm noch keine überfluteten Felder den Weg versperrt. Ein Schiff zu nehmen hatte er nicht gewagt, weil Octavians Flotte bereits die See zwischen uns und Pelusion beherrschte.

»Majestät.« Er fiel auf ein Knie und starrte mich an.

Nein, nicht jetzt! dachte ich gereizt. Laß ihn jetzt nicht ins Glotzen verfallen, weil er mich aus der Nähe sieht. »Wie heißt du?« fragte ich energisch.

»Sennufer, Majestät.«

»Erhebe dich, Sennufer«, sagte ich. »Ein Name aus Oberägypten, wie ich höre.« Und er hatte die sehnige Kraft und die prachtvolle Haltung der Leute von dort. »Was genau hast du in Pelusion gesehen?«

»Von den Mauern aus sahen wir das Heer der Römer auf der Wüstenstraße heranrücken. Sie bewegten sich überraschend schnell, wenn man bedachte, daß sie einen zweitägigen Gewaltmarsch ohne Wasser hinter sich hatten. Sie hielten auch ihre Formation sehr gut ein. Sie umzingelten die Festung …«

»Wie viele waren es?«

»Nicht so viele, wie man erwartet hatte. Nicht mehr als sieben Legionen.«

Ich sah Antonius an. »Dann muß er den Rest in Syrien und Judäa gelassen haben.« Hoffnung keimte in mir auf. Wenn er nur sieben Legionen hatte … unsere vier und dazu die Ägypter … dann …

»Octavian ist sich seiner frischgebackenen Verbündeten längst nicht so sicher, wie er vorgibt«, sagte Antonius.

»Vielleicht können wir ihm doch entgegentreten«, sagte ich. »Aber jetzt berichte: Wie benahmen sich die Soldaten? Was geschah, als sie sich den Mauern näherten …?«

Als man ihn hinausgeführt hatte, verspürte ich ein schwindelerregendes Gefühl der Hoffnung. Pelusion war verloren, aber die Zahlenverhältnisse waren gleichmäßiger, als uns klar gewesen war. Und alle unsere Kräfte konzentrierten sich in Alexandria, wo wir unseren Widerstand formieren und mit dem Vorteil derjenigen kämpfen konnten, die ihr heimatliches Territorium verteidigten. Antonius war endlich aufgewacht und würde die Truppen führen, wie nur er es verstand. Die Männer würden ihm folgen; er hatte ein angeborenes Talent, seine Soldaten zu begeistern. Dankbar und erleichtert würden sie jubeln, weil ihr Führer endlich wieder zu sich gekommen war.

Wenn Octavian vor den Toren stände, würde er eine blutige Überraschung erleben. Und wenn die Götter wirklich auf unserer Seite waren, würde er sich schneller in seinem römischen Mausoleum wiederfinden, als er erwartet hatte. Wie gut, daß er es vor seiner Abreise hatte bereitmachen lassen.

HIER ENDET DIE NEUNTE SCHRIFTROLLE

# DIE ZEHNTE SCHRIFTROLLE

# 84

Das Meer war still. Die ganze Welt hielt den Atem an. Zur Mittagsstunde lagen die Straßen verlassen da; der Wind war erstorben, und die Mauern der Gebäude strahlten ungehindert blendende Helligkeit und Hitze ab. Von meiner hohen Warte auf den Mauern meines Palastes sah ich nirgends in meiner ganzen Stadt auch nur die leiseste Bewegung. *Und die Türen an der Gasse werden geschlossen ...*

Ich lehnte mich an der dem Hafen zugewandten Seite über die Brüstung des Turmes; unter mir lag die breite Marmortreppe, die ins Wasser hinunterführte, sichtbar noch als flirrende Linien unter der Oberfläche. Hier versammelten sich die Diener, hier platschten und spielten die Kinder, hier lag die kleine Trireme vertäut. Aber heute waren nur die Soldaten dort, die überall auf dem Gelände verteilt waren: meine makedonische Leibgarde, die letzte Bastion, die ein Eindringling beseitigen mußte, bevor er den Palast selbst erstürmte.

Der Mauerstein unter meinem Arm war so glühend heiß, daß ich mir die Haut daran verbrannte. Es war der letzte Tag im Monat Julius; der ägyptische Monat Mesore hatte bereits begonnen. Und noch immer kein Octavian.

Ich zog mich von der Mauerkante zurück; das gleißende Licht tat mir in den Augen weh, und neben dem Weiß war das Blau des Meeres so rein wie die Seele eines ungeborenen Kindes. Draußen, jenseits des Leuchtturms, hinter den Molen, durchbrach nichts dieses Blau. Am Horizont war kein Schiff zu sehen – noch nicht.

Meine eigene Flotte wartete im Hafen. Wie bei Actium. Es waren ungefähr hundert Schlachtschiffe, ägyptische und römische.

Die Botschaften von Octavian waren verstummt. Ich hatte das Sphinx-Siegel nie benützt; über das hinaus, was schon gesagt worden war, hatte ich ihm nichts mitzuteilen. Offenbar war er bereit, es darauf ankommen zu lassen, daß ich meine Ankündigung wahr machte; er wollte jedenfalls in Alexandria einmarschieren und sich des Schatzes bemächtigen, bevor ich ihn vernichten konnte.

Von dem gleißenden Licht und der strahlenden Hitze wurde mir schwindlig, aber ich zwang mich zu bleiben, wo ich war.

*Im Mausoleum wird es dunkel und still genug sein*, erinnerte ich mich. *Nimm soviel Sonne mit, wie du bekommen kannst.*

Natürlich bekamen wir Berichte über seinen Vormarsch. Späher kamen im Galopp zu uns und meldeten: *Jetzt ist er in Daphnae ... Jetzt setzt er vom Bittersee her über den Necho-Kanal ... Jetzt ist er in Pithon ... Jetzt in Heliopolis ...*

In Heliopolis. Wenn er daran vorbei war und den eigentlichen Nilstrom überquert hatte, war der Abstand zwischen uns nicht mehr groß.

Er hatte sieben Legionen, und Agrippa war nicht bei ihm. Er marschierte ohne seinen rechten Arm; allmählich glaubte er an die Überlegenheit seines eigenen Glücks. In einer abscheulichen Verkehrung marschierte er auf demselben Weg, den Cäsar einst genommen hatte, um mich zu verteidigen und Alexandria zu retten. Cäsar war heimlich vorgerückt und hatte den Feind überrascht; wir dagegen wußten nur allzugut Bescheid über Octavians Aufenthalt.

Und vor vier Tagen wurde er nun bei Terenuthis gesichtet, am Kanopischen Arm des Nils, und gestern in Kanopos selbst – fünfzehn Meilen von hier entfernt.

Er war schnell marschiert. Würde er seine Soldaten ausruhen lassen, bevor er zum letzten Vorstoß ausholte? Sie würden müde sein nach den ununterbrochenen Strapazen des Marsches von Raphia hierher. Und ihm war sicher klar, daß die Schlacht um Alexandria heftig werden würde.

Wir hatten vier Legionen, dazu genug ägyptische Soldaten, um eine fünfte zu bilden, und eine beachtliche Reiterei. Antonius hatte die Ägypter strategisch in der Stadt verteilt und die Römer im Osten vor dem Sonnentor aufmarschieren lassen, wo sie Octavian kampfbereit erwarteten.

In dieser späten Stunde war Antonius' Kampfgeist zurückgekehrt, als habe Mars geschlafen und sei verspätet aufgewacht, um ihn mit dem Blut des Krieges zu salben. Er hatte mit den Truppen exerziert und sie vorbereitet, seit Antonius Pelusion erobert hatte.

Da war etwas am Horizont … Schiffe? Ich beschattete meine Augen und spähte angestrengt hinaus, aber es verschwand wieder. Vielleicht war es nur eine Möwe gewesen, die ich aus dem Augenwinkel gesehen hatte. In die andere Richtung, nach Osten, konnte ich da, wo ich stand, nicht über die Stadtmauern hinwegsehen.

Alles war bereit. Die Kinder hatten geübt, was sie tun mußten; Zufluchtsorte erwarteten sie in den Tiefen unter dem Palast. Mardian und Olympos, Charmian und Iras hatten ihre letzten Anweisungen. Auf meine gründliche Art hatte ich mich bemüht, für alles bis in die letzte Einzelheit zu sorgen. Vor allem für die letzte Einzelheit.

Aber ich glaubte immer noch, daß eine vernünftige Hoffnung nicht nur auf unser Überleben, sondern auch auf unseren Sieg bestand. Octavian würde im Kampf schwer benachteiligt sein: durch müde, unbezahlte Soldaten in einem unbekannten Gelände mit ihm selbst als Feldherrn. Antonius war er unter den besten Umständen nicht gewachsen und auch nicht unseren ausgeruhten Truppen, die für ihre Heimatstadt kämpften.

Ich hatte einen Strauß Sommerblumen mitgebracht, und sie welkten jetzt in der Gluthitze. So zog ich die Blüten eine nach der andern heraus und warf sie ins wartende Wasser; ich schaute zu, wie sie durch die Luft schwebten und schwerelos aufkamen, kleine Farbpunkte, die tapfer dahinschwammen und so etwas wie ein Mosaik bildeten.

Schritte – schwere Schritte. Antonius kam um die Ecke; trotz des schweren Panzers und seines Schwerts hatte er immer zwei Stufen auf einmal genommen.

»Er ist hier!« sagte er. »Eben gesichtet, unten auf der Straße nach Kanopos. Er hat es eilig, treibt die Männer fast im Laufschritt voran. Offenbar will er hier sein und sein Lager aufschlagen, ehe die Sonne untergeht.«

Die Federn auf seinem Helm schwankten, und der Schirm verhinderte, daß ich seine Augen sah. Aber seine Stimme klang jung und eifrig.

»Ich sehe nichts«, sagte ich.

»Die Staubwolke wird bald sichtbar sein. Er macht einen ziemlichen Wind. Die Reiterei ist ihm ungefähr eine Meile weit voraus; er benützt sie als Späher. Wir greifen sie an, bevor er einen Lagerplatz findet.«

»Was – jetzt sofort?« Jetzt ging es doch nicht mehr, es war schon Nachmittag, und … Ich hatte mir fest in den Kopf gesetzt, daß die Konfrontation eine massive Schlacht sein würde.

»Ihn überraschen«, sagte Antonius. »Seine Vorhut vernichten.« Er klopfte auf sein Schwert. »Ah, daß ich wieder Männerarbeit tun darf …!« Er streichelte die Waffe wie ein vernachlässigtes Haustier.

»Was sollen wir hier tun?« fragte ich. Ich würde das Mausoleum bereitmachen und die Kinder zusammenrufen müssen … O ihr Götter! Sollte sich jetzt alles in Bewegung setzen – jetzt, an diesem stillen, wolkenlosen Tag? Sollten Taten in Gang gesetzt werden, die sich dann allein weiterbewegen würden, unaufhaltsam wie die Grabtüren in ihren Schienen?

»Betet zu allen Göttern um unseren Erfolg.« Er nahm mein Gesicht in beide Hände. »Sie werden euch hören.«

Ich schaute in sein sonnenverbranntes Gesicht; die Augen waren im Schatten immer noch unsichtbar. »Küß mich«, bat ich plötzlich; es schien großes Unglück zu bringen, wenn er einfach so hinauszöge.

Rasch beugte er sich herunter und küßte mich, aber in Gedanken war er bereits weit fort. »Leb wohl«, sagte er.

War das alles? Ich wußte, mehr konnte es nicht geben, aber mir kam es doch wie ein magerer Abschied vor. »Leb wohl«, wiederholte ich, und schon sah ich, wie er sich abwandte und von seinem Mantel umweht auf der Treppe verschwand.

Ich klammerte mich an die scharfe Marmorkante der Brüstung und war wie gelähmt; ich konnte nicht hinuntergehen und in Angriff nehmen, was ich nun tun mußte. Die Dinge in Gang setzen …

Jetzt sah ich den Streifen am Horizont. Die Schiffe kamen. Octavians Flotte war unterwegs. Sie ruderten, statt zu segeln.

Und so wird diese, meine zehnte Schriftrolle, die letzte sein. Und das ist recht passend. Die Zehn ist eine Zahl mit einer eigenen Mystik – nicht so magisch vielleicht wie die Sieben oder die Drei oder die Zwölf, aber sie wird recht gut dazu taugen, mein Leben zu enthalten. Es sind zehn Finger, zehn Monde währt das Wachsen eines Kindes, und zehn Tage hat die ägyptische Woche. In Philae kommt Isis alle zehn Tage zu Osiris auf seine Insel. Und alle Menschen verehren die Zahl Hundert, welche ist zehn mal zehn.

Neben allem andern werden Vorkehrungen auch für dich getroffen, du Schriftrolle, und für alle deine Schwestern. Mit meiner eigenen Hand werde ich dich füllen, bis ich nicht mehr schreiben kann. Und wenn das Glück es will, daß all dies töricht und voreilig ist – nun, dann wird es eines Tages vielleicht zwanzig Schriftrollen geben, da mein Leben sich weiter entfaltet und nicht beendet wird an einem heißen, stillen Tag.

Die Stunden schlichen dahin. Die Wasseruhr tröpfelte. Die Schattenlosigkeit der Mittagsstunde wich den schrägen Oasen des Halbdunkels, die aus Gebäuden, Steinen, Bäumen wachsen. Und ich saß da und wartete; abwechselnd schrieb ich und umklammerte die Armlehnen meines Sessels. Mardian kam zu mir. Es ist nicht wahr, daß ein anderer Mensch Ablenkung spenden kann. Das gemeinsame Warten machte es noch schlimmer. Irgendwann beugte er sich vor und nahm meine Hand in die seine. Sie fühlte sich verändert an.

»Aber Mardian«, sagte ich, »du hast ja deine Ringe abgenommen.« Er war sonst nie ohne sie, ohne seine wunderschönen Smaragde und Lapislazuli.

»Vielleicht ist das meine Art, in die Schlacht zu ziehen«, meinte er. »Alles abzulegen, was mir jetzt nicht mehr helfen kann – und ich will verflucht sein, wenn ich zulasse, daß es einem anderen hilft!«

Mardian hatte keine Familie, niemanden, dem er das alles hätte hinterlassen können. Und niemanden, der ihn später betrauern würde. An alles hatte ich gedacht, aber daran nicht; ich hatte mir vorgestellt, daß er übrigbleiben würde, um die Dinge zu beaufsichtigen – was immer das für Dinge sein würden. Aber das würden sie ihm nicht erlauben; er würde bestraft werden, als gehörte er zu meiner eigenen Familie.

»Mardian«, sagte ich schließlich, »wir haben über vieles gesprochen, und ich habe dir törichterweise Anordnungen gegeben, die du ... später ausführen sollst. Ich sehe jetzt, wie gedankenlos ich damit war. Nicht, weil du unzuverlässig bist, sondern weil ich für jedermann eine Zuflucht bereitet habe, nur nicht für dich. Vergiß diese Anordnungen, und komm mit mir, wenn ich dir das Zeichen gebe.«

»Mitkommen? Wohin?«

»Mit mir, Charmian und Iras. Was wir tun werden, steht schon fest; ich brauche es dir nicht zu beschreiben, denn du weißt sicher, was es ist. Was nicht ausgesprochen wird, kann auch keinen Widerspruch auf sich ziehen. Du bist willkommen in unserem Kreis; ich fürchte, es ist die einzige sichere und ungefährliche Zuflucht, die ich zu bieten habe. Die einzige, über die Octavian nicht Rechenschaft gegeben werden muß.«

»Ich verstehe.« Seine Stimme klang traurig. Hatte er angenommen, ich würde ihm eine andere, eine wundersame Lösung anbieten? Er hatte doch sicher nicht erwartet, daß ich mich lammfromm dem Diktat von Olympos beugen würde? »Anders geht es nicht.« Er nickte ernst.

»Nein«, sagte ich. »Olympos hat nicht alle Schlüssel zum geheimen Haus des Todes in der Hand. Auch wenn er sie gern hätte!«

Olympos würden sie in Ruhe lassen. Er würde ungehindert kommen und gehen und meinen Auftrag ausführen können. Wenn er wollte, könnte er sogar nach Rom reisen und sich den Triumph anschauen! Ja, er wäre völlig frei.

»Ich danke dir für deine Einladung«, sagte Mardian, als hätte ich ihn zu einem herrlichen Bankett gebeten. Und in gewisser Weise hatte ich das ja auch getan. »Wenn es nötig wird, werde ich sie annehmen. Aber vielleicht wird es ja nicht nötig sein. Die Stadt ist gut vorbereitet, die Truppen sind ungefähr gleich stark. Der Herr Antonius schien mir wieder der Alte zu sein, und ...«

»Ja, er ist wieder zu sich gekommen.« Aber selbst der alte Antonius hatte Schlachten verloren.

Die Abenddämmerung war gekommen, in sattem, tiefem Purpur, so intensiv wie der Mittag, auf den sie folgte. Zartes Violett schien aus dem Meer aufzusteigen und sich über die Stadt auszubreiten. Es war ein Abend, den die Alexandriner genossen hätten mit Banketten, Vorträgen und Debatten, allesamt gewürzt mit importierten süßen Weinen und Leckereien. Aber der Abend schritt fort, und nichts rührte sich in den Straßen.

Diener kamen, um die Lampen anzuzünden – die wenigen Diener, die noch da waren. Die Freigelassenen hatte ich nach Hause geschickt; nur Sklaven und ganz treue Bedienstete waren noch hier. Fort waren die Horden von Mägden, die den Palast zu einem bunten, lärmenden Ort gemacht hatten. Der Glanz des brennenden Öls malte gelbe Kreise in das Gemach.

Dann hörten wir es – ein Poltern an den Toren. Beide sprangen wir auf und schlugen die Hände zusammen. Was es auch sein mochte – der Augenblick war da. Ich schloß die Augen und atmete tief ein und aus.

Der Lärm nahm zu; man hörte Pferde und Bewaffnete. Ich eilte zum Fenster und schaute hinaus. Die flackernden Fackeln, welche die Reiter in den Fäusten hielten, zeigten, daß es Römer waren – aber welche Römer? Sie lachten und hatten rote Gesichter, und sie wußten sich nicht zu halten vor Tatkraft.

Dann erblickte ich den barhäuptigen Eros. Er trieb sein Pferd im Kreis herum, und seine Fackel malte Bögen in die Luft.

»Eros!« rief ich, und gleich darauf erkannte ich Antonius hinter ihm.

Er schaute herauf, und sein Gesicht war voller Jubel. Ohne länger zu warten, packte ich Mardians Hand, und zusammen rannten wir die Treppe hinunter und in den Hof hinaus, mitten in das Gewimmel der Reiter.

»Meine Königin!« rief Antonius, als wir ihn erreichten. Er beugte sich herunter und schwang mich zu sich in den Sattel, und dabei küßte er mich die ganze Zeit. Ich flog durch die Luft, und seine Lippen drückten sich auf die meinen, daß ich kaum noch Luft bekam.

»Wir haben es geschafft!« rief er und rückte mich vor sich im Sattel zurecht. »Wir sind so schnell über sie hergefallen, daß sie kaum Gelegenheit hatten, auf ihre Pferde zu kommen – haben sie vernichtet – etwa hundert sind gefallen, der Rest ist Hals über Kopf zu Octavian zurückgerannt!« Er lachte und küßte mich wieder. »Du hättest hören sollen, wie sie schrien! Wie Katzen, die man mit heißem Wasser übergießt!«

Canidius hatte Mardian zu sich auf sein Pferd gezogen, und jetzt lächelten wir einander zu. Erleichterung durchflutete uns, und wir fühlten uns ganz schwach. Die tödlichen Absprachen versanken hinter uns wie ein obszöner Traum.

»Kommt! Ein Festmahl! Ein Festmahl!« rief Antonius seinen Männern zu. »Läßt sich das machen, Liebste?«

»Die Küchen sind so gut vorbereitet, wie es nötig ist«, versicherte ich ihm. Wir würden es schon schaffen.

»Und Wein, Wein – genug, um zu feiern, aber nicht so viel, daß wir morgen nichts taugen«, sagte er. »Und Musik …«

»Ja«, sagte ich. »Heute abend soll es alles geben.«

Einzelheiten folgten. Wie sie zum Tor hinausgeströmt und etwa fünf Meilen weit die Straße hinuntergaloppiert waren, vorbei am Hain der Nemesis, wo das Denkmal für Pompejus stand, und wie sie dann die ersten Anlagen eines Feldlagers gefunden hatten. Die Gräben waren angefangen, die Lagerstraßen trassiert – aber das war alles. Die Männer ruhten sich bei ihren Pferden aus und hatten kaum Zeit, in den Sattel zu kommen, als sie Antonius und seine Truppen heranstürmen sahen. Sie waren müde und hatten zu wenig Kampfkraft, um dem Angriff viel entgegenzusetzen. Etliche wurden sofort erschlagen, der Rest zerstreute sich in alle Winde.

»Ein paar sind sogar ins Meer hinausgeritten!« erzählte Antonius. »Als ob sie erwarteten, daß Poseidon sie rettete!« Seine großen Hände umschlossen einen vergoldeten Trinkbecher, und er nahm daraus einen Schluck Wein. »Ah. Und hier kommt der tapferste Soldat von allen – mein Offizier Aulus Celsus. Er ist mitten unter sie gestürmt und hat ein Gemetzel angerichtet ohne Rücksicht auf seine eigene Person.«

Ich blickte hoch und sah einen stämmigen jungen Mann, der immer noch seine Rüstung trug, einen fleckigen Brustpanzer aus Leder; unter dem Arm klemmte ein verschrammter Helm. Antonius hatte sie alle so, wie sie waren, zum Essen hereingescheucht.

Celsus verbeugte sich steif. »Es war mir Pflicht und Vergnügen zugleich.«

»Er ist zu bescheiden«, sagte Antonius. »Die Wahrheit ist: Er war die Hand des Mars. Ich wäre sehr zufrieden – nein, ich wäre stolz, wenn aus meinen Söhnen solche Soldaten würden.«

»Mir scheint, du brauchst eine bessere Kampfrüstung«, stellte ich fest. »Dein Lohn soll ebenso nützlich wie gewinnbringend sein.« Ich nickte einem Diener zu. »Die goldene Rüstung, die dem alten Polemon gehört hat – sie soll dein sein.« Der Hort unserer militärischen Kostbarkeiten war nicht ins Mausoleum geschafft worden, weil Waffen und Rüstungen sich nicht gut stapeln lassen.

»O nein, ich kann doch nicht …« Er wollte abwehren, aber Antonius unterbrach ihn.

»Und ich sage, du nimmst sie«, beharrte er, und als Celsus sich zurückgezogen hatte, flüsterte er mir zu: »Jetzt warst du so verschwenderisch wie sonst nur ich.«

Mir war es eins. Reichtümer bedeuteten im Augenblick wenig; sie hatten sich in Gegenstände verwandelt, deren man sich auch noch entledigen mußte. Ich zuckte die Achseln.

Der Lärm im Saal schwoll an; der Wein und die Erleichterung taten das ihre. Es war fast wie in vergangenen Zeiten – aber die Anspannung war immer noch da. Die Männer aßen herzhaft und tranken fröhlich, aber nicht, um sich darin zu verlieren. Schließlich erhob sich Antonius von seinem Diwan und hob die Hände, um die Leute zum Schweigen zu bringen. Und das Schweigen senkte sich schnell herab – so schnell, daß man merkte, es hatte die ganze Zeit im Hintergrund gelauert.

»Meine Freunde«, sagte Antonius, »für eure Tapferkeit am heutigen Tage muß ich euch loben, für unseren Kampf dagegen, der morgen stattfinden soll, ermahnen: Lasset nicht nach! Denn morgen … morgen treten wir der ganzen Macht des Feindes mit unserer ganzen Macht entgegen. Da wird es nicht nur eine Vorhut sein, sondern das ganze Heer. Unser Schicksal ruht auf dieser Schlacht.«

Die Männer standen aufmerksam da, aber ihre Gesichter waren ausdruckslos. Ich konnte nicht erkennen, was sie empfanden.

»Ich habe Octavian zum Kampf Mann gegen Mann herausgefordert«, erzählte er plötzlich. »Jawohl! Ich habe ihn eingeladen, mir entgegenzutreten, von Mann zu Mann mit dem Schwert in der Hand.«

Ich hatte nicht gedacht, daß sie noch stiller und ausdrucksloser werden könnten, aber sie konnten es. Der Saal war voller Soldaten, und alle starrten ihn an, ohne den Blick nur einmal von ihm zu wenden.

»Und er weigerte sich. Aber statt sich einfach zu weigern, erklärte er schnippisch: ›Wenn er sterben will, so stehen ihm viele andere Wege offen.‹ Wie witzig! Wie scharfsinnig! Aber, seht ihr, er hatte recht. Ich habe lange darüber nachgedacht.« Er streckte den Becher aus, um sich nachschenken zu lassen. Ein Diener trat heran, und Antonius wartete, bis er ihm eingegossen hatte, bevor er fortfuhr. »Und ich bin zu dem Schluß gekommen, daß ich morgen entweder am Leben bleiben oder in Ehren sterben werde. Den Feind zu besiegen wäre eine Ehre, und in der Schlacht zu sterben wäre ebenso ehrenvoll. So oder so würde ich triumphieren.« Jetzt nahm er bedächtig einen großen Schluck Wein. »Also trinkt mit mir, und laßt den Wein frei strömen in meinen Becher, denn morgen dient ihr vielleicht einem neuen Herrn, und ich liege tot auf dem Schlachtfeld.«

Jetzt endlich rührten sie sich, und ihre Worte strömten hervor wie der Wein.

»Nein, Herr, du kannst doch nicht ...«

»Niemals – eher sterbe ich mit dir ...«

»Warum sollen wir dann überhaupt in die Schlacht ziehen?«

Der Diener, der ihm den Wein eingeschenkt hatte, umklammerte jetzt seinen Arm und fing an zu weinen.

»Nein, so hört doch auf«, rief Antonius. »Ich wollte euch nicht zum Weinen bringen, und ich habe auch nicht vor, euch in eine Schlacht zu führen, wenn ich nicht damit rechne, zu siegen. Ich wollte nur sagen: Wenn die Götter es anders bestimmen, so können sie mich meiner Ehre auch dann nicht berauben, wenn ich falle.«

Seine Worte nahmen ihnen den Mut. Ein Feldherr, der so nüchtern über seinen Tod sprach, war kaum begeisternd. Ein paar der Jüngeren bekamen blanke Augen, und die Erfahreneren traten von einem Fuß auf den andern.

»Kämpft nur so, wie ihr heute gekämpft habt, und morgen abend kommen wir wieder in diesem Saal zusammen und schmausen und lärmen, bis die bunte Decke dort oben erzittert wie von einem Erdbeben!« rief ich da. »Der Wind steht günstig für unseren Sieg!« Ich trat vor. »Ich habe mit den Göttern gesprochen. Isis wird uns nicht verlassen – nein, sie wird uns beschützen! Und Herkules, dein Vorfahr« – ich nahm Antonius' Hand und hielt sie hoch –,

»wird seine Keule für uns schwingen.« Ich schaute mich unter den Männern um. »Tragen eure Offiziere nicht den Ring mit dem Bild des Herkules?« Ich wußte, daß Antonius seinen Leuten solche Ringe schenkte. »Er wird euren Armen Kraft geben!«

Jetzt drängten sich Antonius' unerschütterliche Anhänger heran, um ihn ihrer treuen Hingabe zu versichern. Die Musik begann wieder zu spielen. Der Wein floß in Strömen. Die Straßen draußen waren immer noch menschenleer.

Ich sitze in meinem Gemach und warte. Alles ist dunkel; nur eine Lampe brennt. Charmian hat mein Gewand geholt, es zusammengefaltet und weggelegt, wie sie es hundertmal – nein, tausendmal getan hat. Das Nachthemd gleitet mir über den Kopf, als wollte ich wirklich schlafen gehen. Ich halte mir den silbernen Spiegel vor das Gesicht, und im matten Licht sehe ich nur große Augen ohne die Kajalumrandung, ohne Malachitstaub auf den Lidern. Ganz gewöhnliche Augen, nicht einmal müde oder faltig. Nichts ist ihnen anzusehen, weder Freude noch Angst. Nur eine leise Neugier.

Ja, ich bin neugierig. Das nur ist es jetzt noch, mehr nicht. Die unbeantworteten Fragen werden morgen sicher beantwortet werden.

Antonius kommt … Ich muß schließen.

Er trat ein und brachte eine Lampe mit.

»Was denn? So dunkel?« Mit dem Docht seiner Lampe zündete er die anderen an, auch die vielarmige, die in der Ecke stand. Unterdessen verließ ich mein Schreibpult und stahl mich zu meinem Bett; ich kletterte hinein und deckte mich zu.

Ich sah ihm zu, wie er sich durch das Zimmer bewegte. Noch immer ungebeugt und voller Kraft.

»Ah, Zeit, zur Ruhe zu gehen.« Er drehte sich hin und her, um Rüstung und Tunika abzulegen. Er tat es selbst; er wollte Eros nicht mehr rufen. »In wenigen Stunden werde ich euch wieder anlegen«, sagte er zu den Kleidungsstücken. Schwert und Dolch legte er zuoberst auf den Haufen.

»Laß doch die Sachen«, sagte ich und streckte die Arme aus.

Er kam zu mir, wie er es schon hundert-, ja tausendmal getan hatte, und umarmte mich. Alles, was wir taten, war die Wiederholung von tausend früheren Handlungen – sich entkleiden, einander in den Arm nehmen, sich niederlegen. Nichts Einzigartiges, in keinem Augenblick. Die Alltäglichkeit war einschläfernd.

»Du hast mit den Kindern gesprochen?« Erst mit diesen Worten ließ ich erkennen, daß ein Unterschied bestand zwischen dieser Nacht und irgendeiner anderen.

»Ja. Soeben. Es war schwer.«

Morgen würden sie ihre Gemächer verlassen und sich in die Kammern begeben, die eigens für sie hergerichtet worden waren. »Für sie auch«, sagte ich.

»Ich glaube, für sie ist es eine Art Spiel«, erwiderte er. »Kinder lieben geheime Gänge, verschlossene Türen, Verstecke.«

Ich drückte ihn an mich. »Warum zündest du all diese Lampen an, wenn wir doch versuchen müssen zu schlafen?« fragte ich ihn. Ich wollte jetzt nicht mehr aufstehen und sie auslöschen müssen. Er wich ein kleines Stück zurück. »Weil ich dich anschauen will«, sagte er. *Ein letztes Mal* sagte er nicht.

Ich war gerührt. »Dann schau«, flüsterte ich.

Er studierte mein Gesicht so eingehend, als müsse er einen Text auswendig lernen. »Jahrelang hat dies mein Gesichtsfeld ausgefüllt«, sagte er. »Etwas anderes habe ich nicht gesehen.«

Ich mußte unwillkürlich lächeln. »Dann waren Octavians Tiraden wohl alle wahr«, sagte ich. »Der Triumvir hatte nur noch Augen für die Königin, und seine Welt war auf ihr Schlafgemach geschrumpft ...«

»Nein, das ist eine Verdrehung. Ich wollte sagen, daß du meine Welt ausgefüllt, nicht aber verdunkelt hast. Allenfalls hast du sie erhellt und meine Sicht verbessert.«

Er brauchte nicht zu sagen, was er alles für mich getan hatte, in meinem Namen. Jetzt stand die Abrechnung bevor. Er hörte auf, mich anzuschauen, schloß die Augen, beugte sich herunter und küßte mich.

Wir umarmten uns lange und zögerten, uns wieder loszulassen, jenseits aller Leidenschaft. Schließlich lagen wir still Seite an Seite, und ich mußte es sagen.

»Wenn du morgen aufbrichst, werde ich mich darauf vorbereiten, ins Mausoleum zu gehen. Charmian, Iras und Mardian werden mich begleiten. Aber mit dem Einschließen werden wir warten, bis wir wissen, was draußen geschehen ist. Sollte es Octavian sein, der zum Palast geritten kommt, so wird er uns nicht lebend in die Hände bekommen, und auch den Schatz wird er nicht anrühren. Aber es darf kein Mißverständnis geben. Du und ich, wir brauchen ein klares Signal für das, was geschehen ist. Wenn ich nicht höre, wie die Trompete zwei Töne spielt und du ›Anubis!‹ rufst, so werde ich mich in mein Grabmal flüchten und den Rest in Angriff nehmen.«

»Wieso ›Anubis‹?«

»Weil alles andere – mein Name oder dein Name oder ›Isis!‹ oder ›Sieg!‹ – von jedem gerufen werden könnte. Aber niemand wird auf den Gedanken kommen, ›Anubis‹ zu rufen. So kann es auch kein Mißverständnis geben.«

»Es ist also beschlossen, daß wir sterben, wenn Octavian nicht besiegt wird?«

Ich haßte dieses Wort: *sterben*. »Wenn er nicht besiegt wird, sterben wir sowieso; nur wird er dann Zeit und Ort bestimmen.«

Antonius senkte den Kopf. »Jawohl.«

»Laß uns nicht mehr davon reden«, sagte ich.

»Seltsam, wie oft ich schon diese letzten Vorkehrungen getroffen habe«, sagte er. »In Parthien, in Paraitonion ... Dort wollten meine Freunde es nicht zulassen, und jetzt drängst du, meine Gemahlin, mich dazu.«

Es traf mich bis ins Mark, daß er mich als Sachverwalter des Todes sah, gefühlloser als Eros oder Lucilius. »Dort war es nicht der richtige Augenblick.« Mehr konnte ich nicht sagen. »Handelt man voreilig, erzürnt man die Götter; zögert man aber zum richtigen Zeitpunkt, vereitelt man ihren Willen für uns.« Ich küßte sein Gesicht, den Haaransatz der Schläfe, wo die Locken sich in seine Stirn kräuselten, seine Ohren. »Ich möchte dich für immer behalten«, flüsterte ich. »Und das werde ich auch, aber nicht hier. Wir werden in Elysion fortfahren müssen.«

Glaubte ich wirklich daran? Gab es die elysischen Gefilde, diese Wiesen voller Butterblumen, die auf uns warteten? Ich wollte es gern glauben. Ich will es noch immer, noch jetzt ...

»Können wir denn nicht zusammen sterben?« fragte er klagend. »Getrennt zu sterben, das ist der grausamste Schlag.«

»Es geht nicht anders«, sagte ich entschlossen. »Denn ich würde dich hindern und du mich. Keiner von uns könnte den anderen vorausgehen lassen und selbst dabeistehen. Und während wir noch zauderten, würde Octavian uns ereilen. Nein, es geht nur so.« Und doch hielt ich ihn noch fester umschlungen, als könnte ich es so verhindern.

Ich konnte nicht mit ihm in die Schlacht ziehen; ich mußte bis zuletzt in meiner Stadt bleiben. Und er konnte sich nicht vor seiner Pflicht drücken, seine Männer in den Kampf zu führen. Es wäre albern, wollte ich mich zu Pferde niederstrecken lassen, und jämmerlich, wenn er sich im Mausoleum versteckte, um nach meiner Art zu sterben, denn es war eine ausschließlich königliche, pharaonische. Er mußte als Römer sterben, ich als Ägypterin.

»Wenn du mich behalten willst«, sagte ich, »dann kämpfe morgen, wie du noch nie zuvor gekämpft hast. Glaubst du nicht, daß auch Octavian sich in diesem Augenblick auf den Tod vorbereitet? Vielleicht ist er es, der morgen am Boden liegt, ohne auch nur das Alter Alexanders erreicht zu haben. Es steht in deiner Macht!«

»Was immer körperlich in meiner Macht steht, das werde ich tun; darauf kannst du dich verlassen«, sagte er. »Aber die Götter ...«

Zur Hölle mit den Göttern! war mein unfrommer Gedanke. Wir werden ihnen trotzen!

Antonius schloß die Augen und lag still; sein Arm bedeckte eine meiner Schultern, und die Hand baumelte herab. Im matten Licht sah ich, daß die Finger gekrümmt waren, wie sie es in der Ruhe sind – zu anmutigen Halbkreisen. Er atmete nicht so tief wie einer, der richtig schlief, aber er döste doch leicht.

Als ich so dalag, hörte ich leise Musik. War doch jemand in der stillen Stadt wach und feierte? Das Leichentuch der unnatürlichen Stille, die so gar nicht alexandrinisch war, hatte bis jetzt über allem gelegen.

Ich lauschte und hörte es wieder, deutlich jetzt. Es waren Flöten und Tambourine, und es klang wie eine ferne Prozession. Aber wer sollte in dieser Nacht durch die Straßen paradieren?

Ich glitt unter Antonius' Arm hervor und stahl mich über den kühlen Marmorboden zum Fenster. Der freundliche Lampenschein im Raum verdeckte die tiefe Nacht dort draußen. Ich konnte nichts sehen. Die Stadt lag still und wartend, wohin ich auch schaute; wenige Fackeln brannten, und nur der weiße Stein erhellte das Ganze.

Vom Meer kam Widerschein; Sternenlicht und leerer Himmel spiegelten sich darin, und ich konnte Octavians Flotte erkennen, die gleich hinter den Molen lauerte. Und im Osten … Bildete ich es mir ein, oder war der Himmel leicht gerötet von den Lagerfeuern des Feindes?

Die Musik ertönte wieder. Lauter jetzt, klar, gleich vor dem Palast, bei der Kanopischen Straße. Eine große Schar von Feiernden, Gesang, Rufe, Flöten, Trommeln, Zimbeln. Jeden Augenblick würden sie auf der anderen Seite erscheinen und nach Osten ziehen; dann würde ich sie sehen.

Die Klänge wurden lauter, schwollen an, als wären sie unmittelbar unter der Erde, als ginge der Zug unter dem Palast selbst hindurch, eine lärmende Schar, ein riesiges Orchester … Aber obwohl die Musik vorüberzog und jetzt auf der anderen Seite der Kanopischen Straße angekommen sein mußte, konnte ich nichts sehen. Ich öffnete die Türen zur Terrasse und trat hinaus; ich reckte mich und spähte hinunter auf die breite Marmorstraße, und sie war … leer. Und doch erfüllt von einem Klang, der mir plötzlich grausig vertraut war. Ich hatte ihn schon einmal gehört, hatte ihn gehört in der Nacht, als mein Vater starb.

Es war Dionysos – Dionysos, begleitet von der Schar seiner Bacchanten und Anhänger, der uns verließ. Der Antonius verließ!

Die Musik wurde leiser und zog zum Stadttor hinaus, zum Kanopischen Tor, in Richtung Osten.

Antonius' Gott hatte ihn verlassen, wie er meinen Vater verlassen hatte.

Es war kein Irrtum möglich. Ein tödlicher, häßlicher Abschied.

Mein Herz pochte, und ich klammerte mich an das Geländer. Ohne seinen Gott, ohne Dionysos, war er verloren.

Dieser Feigling von einem Gott! Ich haßte ihn. Was ist das für ein Gott, der dich in deiner letzten Stunde im Stich läßt? Er verdient nicht, ein Gott zu sein; er steht tiefer als Plancus, als Titius, als Dellius!

Oh, hätte das Haus der Ptolemäer doch niemals Umgang mit diesem Dionysos gehabt!

Hatte Antonius es gehört? Ich eilte zurück zum Bett und legte mich wieder zu ihm. Er schien immer noch zu schlafen. Das war barmherzig. Ich lag neben ihm und schaute ihn an, während das Licht langsam ins Zimmer kroch.

Aber Du, Isis, wirst Deine Tochter niemals im Stich lassen. Du bist die höchste unter den Göttern, und Du kannst mich erlösen. Ich muß auf Dich vertrauen. Selbst jetzt. Besonders jetzt.

# 85

Er wachte mühelos auf – wenn er je geschlafen hatte. Es war noch immer fast dunkel im Zimmer, aber dieser Tag – der Tag, der ewig dauern und ewig enden würde – mußte schon weit vor Sonnenaufgang beginnen.

Er schwang die Füße über die Bettkante und schüttelte den Kopf. »Ich hatte seltsame Träume – solche Träume, daß es besser gewesen wäre, ich wäre wach geblieben. Ich habe geträumt … sonderbare Musik …« Er schüttelte den Kopf, als müsse er ihn klären.

»Denke nicht mehr daran«, sagte ich munter.

Er beäugte seine Kleider und klatschte in die Hände, um Eros zu rufen, der auch im Handumdrehen erschien. Er mußte gleich vor der Tür geschlafen – besser gesagt, gewartet – haben. Denn es war zweifelhaft, daß irgendeiner von uns geschlafen hatte.

Hatte Eros ihn auch gehört, diesen Abschied? Ich konnte ihn nicht fragen, aber sein bleiches, abgespanntes Antlitz verriet mir, daß er alles vernommen hatte.

Er hielt Antonius die Schüssel mit warmem Wasser, und dieser bespritzte sich Gesicht und Hals. Dann wischte er seinem Herrn sanft das Wasser aus dem Gesicht.

Die Kleidung wurden wieder angelegt: die untere Tunika aus roter Wolle, der schwere Brustpanzer, das Tuch zum Schutze des sonnengebräunten Halses, die Sandalen mit den hochgeschnürten Riemen. Er schnallte sich das Schwert an die rechte Seite und schob den Dolch an seinen Platz auf der linken. Den Helm würde er erst aufsetzen, wenn er wirklich hinausritt, denn es war sehr heiß darunter.

Das Licht hatte sich Schritt für Schritt in unser Gemach gestohlen, und jetzt zog ich die Vorhänge zurück, um den Tag hereinzulassen. Draußen glänzte das Meer; die beiden Flotten standen einander gegenüber.

Antonius blieb stehen, und wir schauten einander durch das Zimmer an. Eros huschte hinaus und verschwand in einem Nachbarzimmer.

Antonius sah aus wie eine Statue des Mars, wie er so regungslos in seiner Rüstung dastand. Das stolze Haupt, das mein Herz durch so viele Mühen und Gefahren begleitet hatte, schaute mich traurig an. Ich konnte den Ausdruck in seinem Blick nicht ertragen, einen Ausdruck, der sagte: *Leb wohl, leb wohl – ganz wider Willen müssen wir uns trennen*.

Ich flog ihm in die Arme und hielt ihn fest, preßte mein Gesicht an das harte Metall seines Panzers. Schon war er unerreichbar für mich in dieser Hülle.

Ich fühlte, wie er in mein Haar griff und mir den Kopf in den Nacken zog, um mich zu küssen. Ich hob das Gesicht dem seinen entgegen und nahm diesen Kuß in Empfang.

»Auf Wiedersehen, mein Geliebter.« Mehr konnte ich nicht sagen.

Ich wußte, ich würde ihn nicht wiedersehen.

Rasch wandte er sich ab und marschierte hinaus, den Helm unter dem Arm, ohne sich noch einmal umzuschauen.

Und so war es nun vorbei. Ist es vorbei. Ich warte jetzt, am Vormittag, auf Nachrichten, die ich nicht hören will. Als er gegangen war, zog ich mich an, rief die Kinder, umarmte sie und spielte mit ihnen. Mardian ist hier, und die andern auch.

Olympos ist gekommen. Ich habe ihm gezeigt, wo ich die Schriftrollen aufbewahre. Er hat mir sein Versprechen gegeben. Dann hat er mich auf die Wange geküßt und ist wieder gegangen, um sich zu Hause verborgen zu halten, bis die Gefahr vorüber wäre. Ich habe ihm gesagt, daß nur noch diese eine Rolle dazukommen wird; die aber werde ich bei mir haben, wo immer ich sein werde. Er schien es zu akzeptieren; zumindest hat er keine Fragen gestellt.

Einer nach dem anderen gehen sie. Ich werde entkleidet wie ein Athlet vor dem Wettkampf.

Mardian berührt meine Schulter. »Wie sieht ihr Schlachtplan aus?« fragt er.

»Publicola wird die Schiffe befehligen«, sage ich. »Antonius führt die Reiterei, Canidius die Fußsoldaten. Diesmal ist es ausgeschlossen, daß der Feind die Schlacht verweigert. Sie haben ihr Lager erst vor wenigen Stunden bezogen; deshalb hatten sie noch keine Zeit, sich gut genug einzugraben, um einem Angriff zu widerstehen.« Kein zweites Actium.

Er schüttelt den Kopf. »Und … wie werden wir es erfahren?«

»Wir werden die zurückkehrenden Soldaten hören. Wenn der Tag unser ist, werden sie ›Anubis!‹ rufen.«

»Wie passend«, sagt er.

Mittag, aber nicht so heiß wie gestern. Eine leichte Brise spendet uns Kühlung. Ich stehe wieder auf der Mauer und sehe die bewegungslosen Flotten, die einander noch immer in Schlachtformation gegenüberstehen. Warum rührt sich dort nichts? Worauf warten sie denn?

Meine Hand umfaßt die Marmorkante, als ich endlich sehe, wie die Ruder aufblitzen, ins Wasser tauchen, sich heben, die Schiffe vorwärts treiben. Unsere Flotte verläßt den Hafen, nimmt Kurs auf die Mole, den Schiffen Octavians entgegen.

Die feindlichen Schiffe setzen sich ebenfalls in Bewegung und ziehen sich ein kleines Stück zurück. Sie wollen sich wie ein Panther auf die Lauer legen und uns zu sich kommen lassen.

Jetzt …, jetzt sind wir nah genug, um Steine und Feuerkugeln auf sie zu schleudern. Warum tun wir es nicht? So schießt doch! Laßt eine Salve gegen sie fliegen!

Aber sie schwimmen einfach weiter, ganz harmlos. Statt dessen … Ich traue meinen Augen nicht … Sie wenden Octavians Schiffen die Breitseite zu und salutieren! Sie stellen die Ruder auf, um zu zeigen, daß sie nicht angreifen wollen. Und jetzt … ein Gebrüll der Verbrüderung!

Mützen fliegen durch die Luft … Frohlocken … Vereinigung! Die beiden Flotten verschmelzen brüderlich miteinander. Unsere Flotte, die geretteten von Actium und die neuen Schiffe, hat sich dem Feind angeschlossen.

Das ist jetzt ein paar Stunden her. In jenem Augenblick wußte ich, daß der Tag verloren war. Dionysos hatte uns im Stich gelassen. Ruhig – denn wozu hätte ich noch wild sein müssen? Es war ja zu Ende – schickte ich die Kinder in ihr Versteck, nahm meinen Mantel und diese Schriftrolle und ging langsam zum Mausoleum. Die weiten Türen standen offen und hießen mich willkommen.

Zwei Sklaven folgten uns mit einer Truhe, in der meine königlichen Gewänder, meine Krone und mein Zepter lagen. Die Krone war prächtiger als die, welche ich Octavian geschickt hatte, wie er zweifellos bemerken würde, wenn er sie sähe. Ein weiterer Sklave ging hinter der Truhe und trug einen Korb mit einem dicht schließenden Deckel. Beides war jetzt im Grabmal auf den Boden gestellt worden, und die Sklaven waren gegangen.

Es gibt hier kein natürliches Licht bis auf das, was aus dem oberen Stockwerk hereindringt. Und doch zögerte ich fortzufahren – für den Fall, daß ich das wundersame Wort *Anubis* doch noch hören sollte. Die Geschichte des Heeres war noch nicht erzählt, ungeachtet dessen, was auf dem Meer geschehen war.

In der stillen Mittagshitze begab ich mich in den benachbarten Tempel der Isis, um meine letzten Gebete zu sprechen. Es war nur eine Formalität, denn ich hatte keine Worte mehr, die ich dazu hätte benützen können. So stand ich vor der milchweißen Statue der Göttin und flehte sie an, Octavians Herz zu erweichen, damit er meine Kinder und Ägypten verschone. Schaue barmherzig auf sie, bat ich, und erfülle auch ihn mit Deiner Barmherzigkeit!

Draußen brandete das Meer gegen den Sockel des Tempels. Der Hafen füllte sich mit einlaufenden Schiffen. Es war nicht mehr viel Zeit.

Ich stieg von der hohen Plattform des Tempels hinunter und kehrte in mein Grabmal zurück. Jetzt hörte ich Schreie und Reitergetrappel. Draußen vor der Stadtmauer war etwas geschehen. Etwas Entscheidendes.

Einem Dienerjungen, der vorüberkam, rief ich zu, er solle zur Kanopischen Straße hinunterlaufen und mir dann berichten, was er dort sah. Er gehorchte und rannte davon.

Ich hörte Lärm, eine Menge Lärm, aber keine Siegesfanfaren. Nur Rufe und Schreie, stampfende Hufe, trampelnde Füße.

Ich blieb in der Tür des Mausoleums stehen. Ich würde mich erst von der Stelle rühren, wenn ich Bescheid wüßte; viel länger könnte es nun nicht mehr dauern …

Der Junge kam zurückgerannt; seine lange Tunika flatterte hinter ihm her. Rutschend kam er vor mir zum Stehen, und keuchend begann er: »Es ist …« Er schnappte nach Luft. »Die Legionen sind geschlagen, und die Reiterei ist zu Octavian desertiert.« Er krümmte sich, denn er hatte Seitenstiche.

»Die Legionen haben gekämpft? Und wurden besiegt?«

Er nickte, immer noch zusammengekrümmt.

»Und Antonius – er hat sie angeführt? Und ist er … Hat er …?«

Der Junge schüttelte den Kopf. »Ich weiß es nicht.«

»Ist er in die Stadt zurückgekommen?«

»Ich weiß es nicht. Ich glaube nicht. Bei den Männern, die zurückkamen, schienen keine Offiziere dabei zu sein; es waren nur gemeine Soldaten.« Noch immer ging sein Atem rauh.

Also war Antonius auf dem Schlachtfeld gefallen. Es war so gekommen, wie er es sich gewünscht hatte.

»Danke«, sagte ich zu dem Jungen. Ich wollte ihn belohnen, aber ich hatte nichts als meinen Schmuck. Ich nahm die Perlenohrringe ab und drückte sie ihm in die Hand.

Bevor ich mich überhaupt bewegen konnte, mußte ich erst die Augen schließen, damit der Boden aufhörte, so wild um mich herum zu kreisen. So also fühlt es sich an; so erfährst du es. Nicht einmal die feierlichen, letzten Worte, die dem ganzen eine gewisse Würde verleihen. Statt dessen eine Vermutung, eine Annahme, Ratlosigkeit.

*Ist er? Hat er? Ich weiß es nicht. Ich glaube nicht.*

Ach, Antonius, du verdienst eine vornehmere Bekanntmachung, und ich verdiene Gewißheit. Woher soll ich sonst den Mut nehmen, den ich in dieser Stunde brauche?

Lag er tot auf dem Feld? Würde man ihn erkennen? Ja, sicher, an seinen Rangabzeichen. Aber die Feinde würden sich um ihn kümmern. Oh, es war zuviel; ich ertrug es nicht.

Und jetzt lag er fern von mir. Ich war wie vom Donner gerührt – als hätten wir uns nicht darauf vorbereitet, als hätten wir es nicht erwartet. Jetzt verschlug mir die Grausamkeit dieser Erfahrung die Sprache und lähmte mich. Bewegungslos und wie angewurzelt stand ich da, während ringsum Leute in Panik umherrannten.

Das Mausoleum. Ich mußte wieder hinein. In Sicherheit. Zu Mardian und Iras und Charmian. Ich zwang mich, den sonnendurchfluteten Platz zu verlassen und ins Grabmal zurückzukehren.

Ich ließ die inneren Türen schließen. Es sind nicht die letzten, denn diese lassen sich nur einmal schließen, und vorher haben wir noch Bestattungen vorzunehmen. Aber sie sind stark genug; sie werden auf jede erdenkliche Art verriegelt und sind mit eisernen Bändern und eichenen Riegeln beschlagen. Ein Feind würde einen Rammbock brauchen, um hereinzukommen.

Hier kauern wir nun seit Stunden und warten darauf, daß wir mit Gewißheit erfahren, was geschehen ist. Mein Recht darauf, es zu wissen, muß befriedigt werden, sage ich mir; es ist nur das, nicht Feigheit oder plötzliche Bedenken, was mich daran hindert, den Deckel vom Korb zu heben …

Wie lange können sie in diesem Korb leben? Viele Tage, hat man mir gesagt. Die stummen Kreaturen liegen reglos da und atmen kaum; Nacht hatte seine Sache gut gemacht und meine Befehle treu befolgt. Er sagte, es seien vorzügliche Exemplare, zwei von Ipuwers Lieblingen. Aber konnte das sein? Wie alt wurden diese Tiere denn?

Es gibt so viel, was ich noch wissen, so viel, was ich noch lernen will! ruft mein gesunder Verstand protestierend. Ich bin noch jung – ich möchte heute nachmittag nicht sterben. Nicht heute nachmittag …, vielleicht morgen nachmittag oder übermorgen abend, aber, liebste Isis, nicht heute nachmittag!

Doch das war ein vorübergehender Zusammenbruch, die Rebellion meines Verlangens gegen die Unerbittlichkeit meines Willens. Es durfte nicht noch einmal geschehen. Ich beugte mich nieder und lauschte nach einem Geräusch aus dem Korb, um mich zu vergewissern, daß die Erlösung bei der Hand war und daß ich nur einen aus Stroh geflochtenen Deckel aufzuheben brauchte.

Durch das Gitter in der Tür konnte ich sehen und hören, daß die Stadt von Soldaten brodelte. War Octavian gekommen? Waren das seine Soldaten? Wir stiegen die Treppe in den oberen Stock hinauf, wo es innen eine Art Galerie gab, mit Fenstern, die einen Ausblick über das ganze Gelände boten. Es war der einzige noch unvollendete Teil des Bauwerks; zwei der Fenster hatten noch keine Gitter.

Betrübt sah ich den Tumult in meiner geliebten Stadt, die jetzt hilflos vor dem Eindringling lag, die Tore aufgerissen, die Bürger voller Panik. Und ich war machtlos und konnte nicht helfen; mein Leben hatte ich der Aufgabe geweiht, sie zu sichern, und vergebens hatte ich mich bemüht, diese Stunde zu verhindern. Alle meine Bündnisse, meine Pläne, meine Strategien, meine Opfer – sie hatten es aufgehalten, aber nicht verhindert.

Warum noch länger zögern? Wozu dieses grausige Spektakel des Scheiterns noch weiter verfolgen? Ich war entschlossen, es jetzt zu tun; der plötzliche Tod war mir willkommen. Jäh wandte ich mich vom Fenster ab und winkte Charmian und Iras. Aber Charmian deutete hinaus, und ihr Gesicht war starr.

»Ja, es ist jämmerlich«, sagte ich. »Quäle dich nicht, indem du es noch länger beobachtest.« Ich nahm sie bei der Hand.

»Herrin, es ist … Sieh doch, da bringen sie ihn«, wisperte sie und richtete unsere beiden Hände auf eine seltsame kleine Prozession.

Weitab zur Rechten, auf dem Pfad, der vom Palast kam, brachten Männer eine Trage, auf der eine Gestalt lag. Trauben von Dienern drängten sich rechts und links davon zusammen.

Selbst aus dieser Entfernung sah ich, daß der Mann – denn es war ein Mann – blutbedeckt, aber lebendig war. Er war nicht von jener Schlaffheit, die den Tod bezeichnet.

»Oh, meine Freundin, es ist … es ist Antonius«, erkannte Mardian mit gepreßter Stimme.

Ja, er war es. Hatte man ihn vom Schlachtfeld hereingeholt? Hatte er den Wunsch geäußert, heute hier bei mir zu liegen? In einem heißen Schwall der Erleichterung dankte ich Isis dafür, daß ich noch lebte. Ich hätte ihn verpaßt, wenn ich mich nur wenige Augenblicke früher entschlossen hätte.

Er versuchte sich aufzurichten, hatte aber nicht genug Kraft. Die ganze Vorderseite seiner Tunika war naß von Blut, es tropfte von der Bahre und befleckte den Boden. Seine Rüstung trug er nicht mehr.

Einer seiner Diener hämmerte unten an die Tür, aber ich rief aus dem Fenster: »Wir können jetzt nicht öffnen, denn sonst stürmt Octavian herein und nimmt sich den Schatz. Aber das Fenster – können wir das denn nicht benutzen?«

Von den unvollendeten Maurerarbeiten im oberen Stockwerk hingen noch Seile hier; wir ließen sie hinab, damit man die Bahre daran befestigen konnte. Es war weit bis zum Boden, und ich fragte mich, ob wir wohl stark genug waren, ihn ganz heraufzuziehen. Er war ein schwerer Mann, und sein Körper war jetzt fast eine tote Last, denn er konnte uns nicht beim Ziehen helfen.

Er sah so schwach aus, wie er dalag. Das Blut schäumte von der Wunde herauf, wo immer sie sitzen mochte; sein Gesicht war bleich, und sprechen konnte er nur noch mühsam.

»Mut! Mut!« rief ich, um ihn zu stärken, während wir uns alle vier gegen die Seile stemmten und versuchten, ihn hochzuziehen. Keiner von uns hatte genug Kraft, und es war eine zermürbende Arbeit. Unabsichtlich ließen wir die Trage immer wieder gegen die Wand prallen, und jedesmal, wenn er gegen die Mauersteine stieß, sah ich, wie der Schmerz über sein Gesicht zuckte.

»Oh, beeilt euch«, flehte er so leise, daß ich es kaum hören konnte. Die Sonne brannte ihm in das blutverschmierte Gesicht und auf die rissigen Lippen, und Fliegen, vom Blut angelockt, plagten ihn. Er war zu schwach, um die Hand zu heben und sie zu verscheuchen. Diese Hand, die immer so stark gewesen war – zu schwach jetzt, um Fliegen zu verscheuchen.

Mit aufbrandender Entschlossenheit rissen wir vier die Seile herauf und zogen die Bahre auf das Fenstersims, so daß wir sie herüberheben und auf den Boden stellen konnten.

»Oh, mein Liebster – stirb nicht ohne mich!« hörte ich mich sagen, als ich mich über seine vom Blut glitschige Brust warf. Jetzt war ich ebenfalls davon bedeckt, aber so wollte ich es auch. Mit den flachen Händen beschmierte ich mir Gesicht und Hals mit seinem Blut. Und ohne es zu wissen, riß ich mir den oberen Teil meines Gewandes herunter und bedeckte seine Brust damit, aber das Blut sickerte sofort hindurch.

»Mein Herr, mein Gemahl, mein Imperator«, flüsterte ich ihm ins Ohr. »Warte auf mich!« Ich wußte, daß ihn nichts mehr retten konnte; die Wunde war tödlich. Er konnte kaum sprechen.

»Wie ist es geschehen?« fragte ich und legte meine Hand auf seine Wunde. »Wie hat es durch deine Rüstung dringen können?«

»Ich … ich selbst …«, begann er. »Kein Feind außer Antonius. Nur Antonius besiegt Antonius.«

»Mein tapferer Imperator«, sagte ich, und nur er konnte es hören. Ich beugte mich über ihn und küßte ihn. Seine Lippen waren bereits kalt.

»Eros –«, wisperte er. »Eros –«

»Was ist mit Eros?« Erst jetzt bemerkte ich, daß er nicht dabeigewesen war.

»Er hat mich im Stich gelassen.« Antonius versuchte zu lachen, aber es war so schmerzhaft, daß er es nicht vermochte. »Er hat meinen Befehlen nicht mehr gehorcht. Er sollte mich töten, doch als ich mich abwandte, tötete er sich selbst.«

Wie schrecklich! So hatte Antonius sich selbst in sein Schwert stürzen müssen!

»Oh, mein Liebster ...« Ich nahm seinen Kopf in meine Arme. Dies war nicht das edle Ende, das wir geplant hatten; es war schmutzig und schmerzhaft und unelegant.

»Wein ...«, bat er matt.

Man brachte einen Becher, und mit unserer Hilfe gelang es ihm, sich ein wenig aufzurichten, um zu trinken. »Octavian kommt«, sagte er; ich hatte Mühe, ihn zu hören. »Du darfst niemandem in seiner Umgebung trauen außer einem Offizier namens Proculejus. Verhandle mit ihm.«

»Verhandle mit ihm! Es wird keine Verhandlungen geben; ich bleibe nicht in dieser Welt.«

Dachte er, ich würde am Ende doch noch überleben? Er war so hoffnungsvoll, daß es schon rührend war. Und er hatte es sich bis zum Ende bewahrt.

Er umklammerte meine Hand, während ich mir mit der anderen vor Schmerz an die Brüste schlug und sie zerkratzte; er versuchte auch diese zu ergreifen und sie festzuhalten, aber seine Kraft reichte nicht aus. »Bitte«, flüsterte er, »bemitleide mich nicht wegen dieser letzten Schicksalswendung. Erinnere dich an all das Glück, das ich hatte, viele Jahre lang, und bedenke, daß ich der mächtigste und berühmteste Mann der Welt war. Und auch jetzt bin ich nicht in Schande gefallen.«

»Nein«, sagte ich durch meine Tränen. Sie ließen sein Gesicht vor meinen Augen verschwimmen, während er doch noch lebte und seine Lippen sich bewegten. »Nein. Ein ehrenwerter Tod ist dir gewährt. Dieses letzte Geschenk haben die Götter dir gegeben.«

Ich merkte, daß der Griff seiner Hand sich lockerte und er die meine nach und nach widerstrebend losließ. Seine Augen schlossen sich, und er schien seine ganze Kraft auf eine Reihe keuchender, mühsamer Atemzüge zu konzentrieren – deren jeder das Blut aus seiner Brustwunde quellen ließ. Dann verstummte er erschauernd und hörte auf zu atmen.

»Nein! *Nein!*« schrie ich und wollte seine Brust mit der Kraft meines Willens wieder in Bewegung bringen. Aber sie gehorchte nicht, und seine Hand fiel herunter und rutschte aufwärtsgewandt neben ihn auf den Boden. Seine Finger krümmten sich zu Halbkreisen, wie sie es getan hatten, als er schlief ...

Seine Lider waren geschlossen, und die langen Wimpern hatten sich ineinander verschränkt: die schönen langen Wimpern, mit denen ich ihn geneckt hatte, hielten jetzt die Augen geschlossen, um die Kraßheit des Todes zu verdecken und seine Unsittlichkeit zu verschleiern.

Antonius war tot. Die ganze Welt rollte davon.

»Herrin … Herrin –« Jemand zerrte an mir und versuchte uns zu trennen. Ich war durch das Blut fast mit ihm verklebt. Ich wollte nicht fort, wollte nicht weggebracht werden. Ich klammerte mich fester an ihn.

»Liebste Freundin.« Es war Mardian. »Du mußt. Er ist fort.«

Aber ich ließ nicht los, und sie mußten mich gewaltsam von ihm lösen. Mardian trug mich auf seinen Armen die Treppe hinunter und ließ Antonius allein auf seiner Bahre.

»Nein …«, sagte ich matt und streckte die Hände aus.

»Er kann eine angemessene Beisetzung bekommen«, sagte Mardian. »Aber das muß warten. Hast du Octavian vergessen? Er muß bald hier sein.«

Octavian. Was kümmerte mich Octavian? Mich kümmerte gar nichts mehr; ich wollte nur noch in Mardians schützenden Armen liegen, in den Armen meines ältesten, treuesten Freundes, und an nichts mehr denken. Die Welt war zu einer dürren, schwarzen Hülse geschrumpft, und Antonius lag tot da oben, allein …

Ich krallte mich wortlos in seinen Arm. Oder sagte ich etwas? Ich weiß es nicht. Ich weiß nur, daß ich in diesem Wirbel, da ich fast spürte, wie mein Geist den Körper verließ und lautlos und heimlich die Treppe hinaufschwebte, zurück zu Antonius, um sich dort mit ihm zu vereinen und zu fliehen vor all dem Blut und der Scheußlichkeit dieser Stunde – daß ich da plötzlich auf den Boden gestellt wurde. Mardian hatte mich vor der großen Tür abgesetzt.

Er legte mir die Hände auf die Schultern und schob mich weiter. »Schau da hinaus!« befahl er.

Nein. Ich kann all dem jetzt nicht entgegentreten. Nicht so rasch hintereinander. Aber er ist unerbittlich und schiebt mich immer weiter zum Gitter.

Schwärme von Leuten. Was für Leute? Unwichtig. Ich bin so schwach, daß ich die Gitterstäbe umklammere, um stehenzubleiben. Schatten fallen über das Gras. Stunden sind vergangen, Stunden, in denen Antonius seinen langsamen und schmerzhaften Abschied von dieser Welt nahm. Es war eine Zeit jenseits aller Zeit; wie seltsam sich diese wirkliche Zeit da draußen vorüberstahl … Ich will da nicht wieder hinein. Ich will an diesem zeitlosen, sommer- und winterlosen, unveränderlichen Ort aus Stein und verriegelten Türen bleiben.

»Herrin«, sagte Charmian an meiner Seite. Sie wischte mir mit einem Tuch über das Gesicht, und als sie es wegnahm, war es rot von Blut. »Mut!«

Und jetzt rastet die Zeit wieder ein, strafft sich jäh wie ein Band an einem

Flaschenzug, das alles miteinander verbindet. Jetzt sehe ich die Leute draußen. Römische Soldaten. Nicht unsere. Andere. Octavians.

Es sind Horden; sie laufen über den Rasen, über *mein* Palastgelände, und lungern auf den Stufen des Isis-Tempels herum. Sie trinken aus ihren Wasserschläuchen, schälen Früchte, lachen. Es ist ein Festtag für sie, der obszöne Festtag des Sieges, gesehen mit den Augen der Besiegten. Gibt es noch etwas auf der Welt, das so bitter schmeckt?

»Schau, da kommen sie«, flüsterte Mardian. Und ich erblickte eine Kompanie von Offizieren, die zielstrebig auf uns zu marschiert kamen. War Octavian dabei?

Nein. Ich würde ihn überall erkennen, auch nach all den Jahren. Er war nicht dabei. Einer von ihnen löste sich von den anderen und kam auf unsere Tür zu. Er war ein hochgewachsener Mann, gekleidet wie ein Stabsoffizier. Noch nicht einmal ein General.

Er kam näher und näher, bis der Blick auf ihn vom Gitter und durch die Nähe verzerrt wurde. Ich sah seine große, sonnenverbrannte Nase, sah die Schweißperlen auf seinem Gesicht. Etwas dröhnte. Er hämmerte mit seinem Schwertknauf an die Tür.

»Königin Kleopatra!« brüllte er nur eine Handbreit vor meinem Ohr, so laut, daß es weh tat. »Komm heraus, und ergib dich uns!«

Die Lautstärke der Stimme und ihre bloße Nähe waren erschreckend. Ich konnte nicht antworten, fand meine eigene Stimme nicht. Mußte ich mit der Welt da draußen sprechen?

»Wir wissen, daß er tot ist! Wir haben sein Schwert, das sein Leibwächter Dercetaeus an seiner Seite fand. Dies hier ist es, womit er sich entleibte!«

Ich sah das Schwert aufblitzen, erkannte es sofort. Die Klinge war von Blut bedeckt.

Zorn durchströmte mich, guter, sauberer Zorn. Dieses Schwert – es gehörte Antyllus oder Alexander – aber nicht diesem schadenfrohen Feind.

»Gib mir das Schwert!« herrschte ich ihn an. »Besudele es nicht mit deiner Hand!«

Erschrocken wich er zurück. Es war nicht die Antwort, die er erwartet hatte.

»Das werde ich tun«, sagte er, »sobald du mir die Tür öffnest.«

»Niemals! Ich werde hier sterben, und mein Reichtum geht mit mir. Dein Herr weiß ganz genau, was ich versprochen habe. Ich habe ihm Gelegenheit gegeben, es zu verhindern, aber er hat vorgezogen, es nicht zu tun. Jetzt wird er den Preis dafür bezahlen – der Schatz der Ptolemäer wird in Rauch aufgehen, ein Opfer für die Götter«, schrie ich durch die Tür. Es wunderte mich, daß ich in dieser Stunde noch soviel Kraft in mir hatte.

»Du tust meinem Herrn unrecht«, sagte er. »Solche Grausamkeit kannst du ihm nicht vorwerfen. Du willst dir etwas antun? Nein, das wird er nicht zulassen!«

»Ja, er würde mich hätscheln und pflegen, um mich bei seinem Triumphzug durch die Straßen von Rom zu führen. Als seine Trophäe. Nein – niemals!« Wie ein Opfertier würde er mich halten, bis der Tag des Opfers gekommen wäre.

»Nein, nein! Er will dir wohl. Verwehre ihm nicht die Gelegenheit, zu zeigen, aus welchem Holz er ist!«

»Wer bist du?« fragte ich.

»Mein Name ist Gajus Proculejus.«

Proculejus. Antonius hatte gesagt, ich sollte ihm vertrauen. Aber warum?

»Ich habe von dir gehört«, sagte ich vorsichtig.

»Was denn?«

»Daß du vertrauenswürdig seist.« Aber ich war nicht sicher; Antonius hatte oft Leuten vertraut, bei denen er es besser nicht getan hätte.

»Dafür danke ich dir.«

»Wenn du vertrauenswürdig bist, dann übermittle deinem Herrn ein letztes Mal meine einzige unerläßliche Bedingung: Er soll meinen Kindern – Cäsarion oder Alexander, wie er will – das Königreich Ägypten verleihen und die andern gleichfalls verschonen. Hat er dies getan, so ist der Schatz sein, jawohl, und meine Person ebenfalls; beides mag er dann fortschaffen, wohin er will.«

Das meinte ich nicht ehrlich; ich würde niemals in Arsinoës Fußstapfen treten. Aber den Schatz – ah, den Schatz! – den bekam er für das Leben und das Erbe meiner Kinder. Für seinen Triumphzug konnte er sich mit einem Standbild meiner selbst begnügen.

»Er will dir wohl«, beharrte Proculejus.

»Er will mein Geld, weiter nichts. Sag ihm, was er tun muß, um es zu bekommen, und sag ihm, daß ich mich davon nicht abbringen lassen werde.«

»Vertraue ihm«, drängte Proculejus. »Du kannst dir nicht vorstellen, wie großzügig und gütig er sein kann. Gib ihm nur Gelegenheit, es dir zu zeigen.«

»Der Tag neigt sich dem Ende zu«, sagte ich. »Überbringe meine Botschaft – oder, bei allem, was mir heilig ist, mein brennender Schatz wird den nächtlichen Himmel mit einem solchen Feuer erhellen, daß Octavian zum Lesen keine Lampe mehr braucht.«

Er verbeugte sich rasch und zog sich zurück; das Schwert hielt er fest. Das Schwert, für das ich so gern die Tür geöffnet hätte, um hinauszulangen und es zu ergreifen.

»Nun«, sagte Mardian, »das war ja eine großartige Vorstellung.«

Ich sank auf den kühlen Boden. »Ach, Mardian, es ist hoffnungslos. Was immer er mir zusichern mag, ich kann ihm nicht glauben. Die wenigen Tage, die mir noch bleiben, bin ich hier gefangen. Ungeachtet aller Botschaften von Octavian werde ich all dies und mich selbst vernichten.«

Ich war gescheitert; ich hatte es nicht einmal vermocht, mir die Zusage zu verschaffen, daß der Thron meinen Kindern gehörte, und jetzt blieb mir nichts weiter übrig, als in boshaftem Trotz meinen Schatz zu vernichten. Wie gern hätte ich es getan und allem ein Ende gemacht. Meine Bedenken waren verflogen; ich hatte kein Verlangen mehr, weiterzuleben und die Sonne über dieser besudelten Welt noch einmal aufgehen zu sehen.

»Aber wenn Octavian persönlich käme, würdest du ihm dann glauben?« fragte Mardian.

»Nein. Das alles ist nur noch Theater. Er würde sagen, was nötig ist, um den Schatz in seine Hände zu bringen. Ich würde es ja auch tun. Ich verstehe ihn, wie er mich versteht.« Wie der edle Antonius uns beide eigentlich nie verstanden hatte, denn er war aus einem anderen, einem feineren Stoff. »Nein, es gibt kein anderes Mittel als den Tod; im Tod verstummt das Schrillen des Versagens, das mir in den Ohren gellt und mich taub macht.«

Draußen wurde es dunkel. Wir zündeten die Lampen an, die wir in weiser Voraussicht zusammen mit Obst und Wein mit hereingebracht hatten. Wir würden es hier drinnen recht lange aushalten. Durch flackernde Schatten schaute ich die Treppe hinauf und hoffte, erwartete halb, daß Antonius schwankend herabkäme. Er selbst oder sein Schatten?

Mardian sah es und nahm meine Hand. »Du darfst es nicht. Du darfst nicht dort hinaufgehen.«

»Nur für einen Augenblick ...«

»Nicht im Dunkeln. Nicht jetzt.«

Aufruhr draußen. Man hämmerte an der Tür. Ich stand auf und ging hin. Ein neues Gesicht drückte sich an das Gitter, von lodernden Fackeln beleuchtet.

»Ich will mit der Königin sprechen!« rief der Mann.

»Wer will das?« fragte ich.

»Cornelius Gallus«, antwortete er.

Gallus. Der dichtende Kommandant, der die Kyrenaika übernommen hatte, nachdem Scarpus' Soldaten desertiert waren. Also schickten sie diesmal doch einen General.

»Der berühmte General Gallus«, sagte ich. »Hast du deine Verse mitgebracht? Hast du schon ein Preislied auf den Fall von Alexandria geschrieben?«

»Laß die Bosheiten, Königin«, sagte er. »Ich komme in Frieden. Octavian, mein edler Freund und der deine, bietet seine Hand zum Band der Bruderschaft.«

»Dein Freund mag er sein, der meine ist er nicht.«

»Du tust ihm unrecht …« Und so weiter – immer weiter. Nichts wurde gesagt, nichts angeboten. Nur Worte. Worte, die mich einlullen und täuschen sollten.

Und dann … und jetzt … Wie es geschah und wie es so schnell geschehen konnte, kann ich mir nicht mehr erklären. Ich redete noch, sprach durch das Gitter … hörte die honigsüßen Worte, spürte das Gift, das in ihnen steckte …

Ich habe genug von ihm. Laß ihn weggehen. Die Füße tun mir weh – und da, ein Poltern von oben. Oben, wo Antonius ist …

Von Sinnen vor Erregung fahre ich herum, schreie: *Ich wußte, du kommst zurück …*

Hatte ich es wirklich gewußt? Hatte ich darauf gewartet, daß er wieder aufstand und ins Leben zurückkehrte, daß er mich aufsuchte durch die Kraft seines Willens und Verlangens, die stärker waren als selbst der Tod? Oder ist es nur der Wahnsinn, der uns im Kielwasser eines endgültigen und absoluten Todes erfaßt?

Jemand springt die Treppe herunter; Gesicht und Gestalt sind im Schatten, und noch während ich mich umwende, packt er einen meiner Arme.

Das ist nicht Antonius' Hand. Deshalb – muß ich jetzt ein Ende machen. Ich ziehe den Dolch aus meinem Gürtel, und ein seltsamer Gedanke schwebt durch meinen Kopf: *Schade, daß es nicht die Schlangen sein können, keine Zeit für die Schlangen, nur das Messer bleibt* … Und ich bin traurig darüber. *Auch hierin habe ich versagt.*

Eine harte Hand entwindet mir den Dolch, verdreht mir das Handgelenk so heftig, daß es sticht. Ich höre, wie der Dolch klappernd zu Boden fällt, höre, wie jemand rauh die Luft einsaugt.

Dann: »Was hast du noch bei dir?« Und man schüttelt mich so heftig, daß meine Zähne aufeinanderschlagen, und was von meinem zerrissenen Gewand noch übrig ist, wird beklopft und befühlt. »Kein Gift also.«

Noch nie hat jemand derart rauh Hand an mich gelegt, mich so behandelt.

»Ich habe sie!« ruft er. »Die Gefahr ist vorbei!«

Noch zwei Männer kommen die Treppe herunter, stürzen zur Tür, schieben die Riegel beiseite, drücken sie weg. Sie stoßen die Tür auf, und draußen steht Gallus und lächelt.

»Gute Arbeit, Proculejus«, sagt er und kommt herein.

Proculejus. Der Mann, von dem Antonius sagte, ich solle ihm vertrauen. So hat man ihn noch einmal betrogen.

»Ja, sehr schlau, Proculejus«, sagte ich. Er hielt mich weiter fest, und Gallus starrte mich mit großen Augen an.

Erst jetzt wurde mir bewußt, daß ich immer noch halbnackt war; ich hatte mir ja das ganze Oberteil meines Gewandes abgerissen, um Antonius damit zu bedecken. Und ich war über und über beschmiert mit trockenem Blut. Antonius' Lebensblut.

»Welch ein jämmerlicher Anblick«, sagte Gallus. »Das ist das *monstrum fatale*, vor dem ganz Rom zitterte?«

»Sie hat immer noch jede Menge Kampflust im Leib, Herr – laß dich nicht täuschen. Ich habe ihr gerade noch rechtzeitig den Dolch entwunden, und dann habe ich sie durchgeschüttelt, um sicherzugehen, daß sie kein Gift am Leibe trägt.«

»Gut gemacht«, sagte Gallus. Er nahm seinen Mantel ab und legte ihn mir um die Schultern, aber ich schüttelte ihn ab. Ich wollte nicht, daß etwas von ihm mich berührte.

»Es muß sein«, sagte er. »Ich folge nur meinen Befehlen.« Er klang nicht glücklich. »Laß sie los, Proculejus.«

Ich fühlte, wie sein Griff sich löste. »So täuscht ihr mich also an der einen Tür mit euren Reden, während sich andere oben hereinschleichen?« Sie mußten gesehen haben, wie wir Antonius hereingeholt hatten. Vielleicht waren auch verräterische Blutspuren an der Wand. Jetzt hatten sie auch diese besudelt, indem sie ihnen gefolgt waren.

»Wir wollten nur verhindern, daß du dir in deinem gegenwärtigen Geisteszustand etwas antust«, sagte Proculejus. »Octavian ist besorgt um dich.«

»Er ist besorgt um den Schatz, meinst du wohl.« Ich funkelte ihn an. »Von mir aus könnt ihr ihn anschauen«, sagte ich. »Kommt, seht.«

Ich führte sie hinüber. Sie folgten mir dicht auf den Fersen und rechneten damit, daß ich sie in eine Falle führte. Sie hielten mir viel auf meine Verschlagenheit zugute. »Hier.« Ich streckte den Arm aus und wies sie hin. Sollten sie glotzen. Der Berg war hoch, und an ihrem gedämpften Atmen merkte ich, daß es mehr war, als sie erwartet hatten.

Wie Kinder – wieso entmenscht das Gold uns nur so? – näherten sie sich dem Berg mit offenen Mündern. Proculejus ließ sich wie anbetend auf die Knie fallen. Er streckte die Hand aus und berührte die Ecke einer kleinen Statue der Bastet.

»Nimm schon«, sagte ich. »Octavian wird sie nicht vermissen. Außerdem – hast du sie mit deiner Arbeit heute abend nicht verdient?«

Er riß die Figur heraus und löste dabei ein paar andere Stücke aus ihrem Platz – eine Dose mit Saphiren und eine Elfenbeinschale.

»Oh, nimm auch die«, sagte ich.

»Halt«, befahl Gallus. Er argwöhnte Böses, und er hatte recht. Vielleicht konnte ich Proculejus und Gallus dazu bringen, sich über dem Gold zu zerstreiten und Octavian zu bestehlen. Ein kleiner Sieg – aber auch ein gewisser Trost. »Laß es liegen.« Er wandte sich mir zu. »Du und deine Diener müssen mitkommen«, sagte er. »Es wird Zeit, sich zur Ruhe zu begeben.«

Vor gezückten Schwertern wurden wir davongeführt, vorbei an den trinkenden Soldaten, die es sich auf dem Gelände bequem gemacht hatten. Sie alle starrten mich an, als ich vorbeikam, halbnackt und blutig, und verstummten.

# 86

Eine Gefangene in meinem eigenen Palast. Durch die majestätischen Portale geführt, durch marmorne Räume, durch blankpolierte Korridore. Meine eigenen Gemächer versperrt. Mardian der seinen beraubt. Ich wende den Kopf dem Korridor zu, der in meine Räume führt, und höre ein rauhes »Nicht dort entlang!« – als wüßten sie in meinem Haus besser Bescheid als ich, diese Fremden. Man führt uns durch einen Gewölbegang zu den Gemächern für mindere Gäste; doch erst müssen wir eine schwankende Sänfte vorbeilassen. Ihr Insasse liegt reglos, das Gesicht diskret verhüllt. Zwei Füße in Sandalen ragen steif heraus.

Die Sänfte kommt von dort, wo Antonius' Gemächer liegen.

»War das der letzte?« fragt einer meiner Bewacher.

»Ja. Alles sauber jetzt.« Und zügig marschieren sie weiter.

»Eros?« frage ich, aber ich kenne die Antwort. Sie haben ihn in Antonius' Zimmer, wo er lag, aufgelesen und fortgeschafft.

»Ja«, sagt mein Bewacher knapp.

Armer Eros! Hätte ich noch etwas fühlen können, so hätte mein Herz geschmerzt. Aber nach soviel Grauen kann ein weiteres die Tiefe des Leids nicht mehr vergrößern.

Sie würden Antonius' Gemächer beziehen, seine Feinde dort hausen lassen. Und die meinen? Für wen waren sie gedacht?

»Wem kommt die Ehre zu, in den Gemächern der Königin zu wohnen?« frage ich.

»Er ist schon dort. Der Imperator Cäsar.«

Also war Octavian bereits nach Alexandria eingedrungen und hatte von allem Besitz ergriffen.

»Wann ist er gekommen?« Immer wieder wende ich den Kopf, um meine Fragen zu stellen, während man uns vorwärts stößt.

»Er ist heute am späten Nachmittag in die Stadt gekommen«, sagt der Soldat. »In einem Wagen ist er eingefahren, mit dem Philosophen Arius an seiner Seite. Er hat alle Würdenträger im Gymnasion zusammengerufen, und dann hat er ihnen versprochen, die Stadt zu schonen – aus Achtung vor Alexander, ihrem Begründer, aber auch um der Schönheit dieser Stadt selbst willen und schließlich auch seinem Freunde Arius zuliebe.«

»Wie edel«, sage ich. Jetzt spielt er den Philosophenkönig. »Wie alexandermäßig.«

»Er hat die Versammlung auf griechisch angeredet«, erzählt der Mann.

»Das muß eine feine Leistung gewesen sein«, höhne ich. Alle Welt weiß, wie erbärmlich sein Griechisch ist. Weiteres Theater vom Meister des Mummenschanzes.

»Hier.« Jäh bleiben sie stehen und deuten auf eine Tür. Dahinter wartet ein Zimmer.

Es ist eine bescheidene Kammer, wie ich sie dem Schreiber eines Gesandten zuweisen würde. Aber Octavian muß sich ja in meinen Räumen breitmachen.

»Hinein.«

Charmian, Iras, Mardian und ich werden hineingetrieben.

»Kleidung und Speise wird man schicken«, sagen sie noch. Dann fallen die Türen zu.

Das Zimmer hatte vier Betten – Pritschen eigentlich. Einen Waschtisch gab es, einen Lampenständer, und ein Fenster war vor so kurzer Zeit vergittert worden, daß der Geruch von gemahlenem Stein und heißem Metall noch immer in der Luft hing. Wenn ich hinausschaute, sah ich den Flügel des Palastes, der noch am Morgen – noch heute morgen! – mir gehört hatte.

Charmian hatte die Schreibsachen an sich gerafft, aber als ich sie nach dem schicksalhaften Korb fragte, schüttelte sie den Kopf. »Den habe ich vergessen, Herrin; es tut mir leid. Er ist mit der Truhe zurückgeblieben.«

Noch ein Schlag! Selbst das war mir genommen.

Wenig später brachte man eine Kiste mit Kleidern und Wolldecken, etwas Brot und ein paar Früchte. Störrisch hätte ich am liebsten alles zurückgewiesen, aber tatsächlich mußte ich das, was von meinem zerrissenen, blutigen Gewand noch übrig war, ablegen. Ich ließ mich von Iras entkleiden, und Charmian wusch mit einem nassen Tuch das Blut ab. Das Wasser in der Schüssel wurde rosig rot, als Antonius' Blut es färbte. Sie schüttete es aus dem Fenster, was mich schmerzte.

»So ...« Sie hüllte mich in eins der groben, gewöhnlichen Gewänder. »Jetzt mußt du ruhen.« Ich legte mich hin, aber ich wußte, ich würde niemals schlafen. Draußen hörte ich noch immer die Soldaten, die sich auf dem Gelände vergnügten. Ich hörte sie die ganze Nacht.

Früh am Morgen kam ein Soldat herein, ohne zu klopfen oder um Einlaß zu bitten.

Ich fuhr kerzengerade auf. Es wurde Zeit, diese Sache zu beenden. »Ich verlange den Imperator zu sehen«, sagte ich. »Und zwar auf der Stelle.«

Er schaute mich hilflos an. »Der Imperator hat heute alle Hände voll zu tun«, sagte er. »Er will das Grab Alexanders besuchen, und dann hat er eine Zusammenkunft mit den Schatzbeamten ...«

Er gedachte mich also zu ignorieren! Wieviel tiefer konnte er mich noch in den Staub treten? »Sag ihm, er soll Alexander verschieben. Der wird sein Grab schon nicht verlassen. Wie der Rest der Welt wird er auf den Imperator warten. Aber ich muß jetzt über Antonius' Beisetzung mit ihm sprechen. Bitte!«

Mardian und die Frauen hörten aufmerksam zu.

»Er ertrinkt bereits in den Anfragen von Leuten, die Antonius beisetzen wollen«, sagte der Soldat. »Ein paar der orientalischen Könige und seine römischen Verwandten – sie wetteifern um diese Ehre.«

Hätten sie doch um die Ehre gewetteifert, ihm dienen zu dürfen, als er sie brauchte! »Ich sollte es sein, nur ich, die ihn mit eigenen Händen begräbt«, sagte ich beharrlich. »Bin ich nicht seine Gemahlin und eine Königin dazu?«

»Ich werde dem Imperator deine Bitte übermitteln«, sagte er, als handelte es sich um eine Kleinigkeit.

»Und meine Kinder! Wo sind meine Kinder?«

»Unter vertrauenswürdiger Bewachung.«

»Sie leben? Und sie sind unversehrt?«

»Ja.«

»Schwörst du es?«

»Bei der Ehre des Imperators. Kein Haar wurde ihnen gekrümmt.«

»Darf ich sie sehen?«

»Auch danach muß ich fragen.«

Ich war zu einer Magd geschrumpft – zu einer Mutter, die ihre Kinder sehen, zu einer Frau, die ihren Mann bestatten wollte und die selbst darum nur durch einen Boten bitten durfte.

»Was tut der Imperator denn, daß er mich in der nächsten Stunde nicht empfangen kann?«

»Er beaufsichtigt den Transport des Schatzes aus dem Mausoleum. Man muß eine Bestandsaufnahme machen.«

»Natürlich.« Octavian mußte seine Beute zählen, und davon würde er sich nicht losreißen lassen. »Aber dort liegt etwas noch Kostbareres – der Leichnam meines Gemahls.«

»Man wird ihn herausholen und ehrenvoll behandeln«, sagte er. »Das kann ich dir versichern.«

Der Tag verging langsam – der erste Tag meiner Gefangenschaft. Auf eine gewisse Weise war es ein Segen, in so strenger Haft gehalten zu werden, denn ich war so benommen und schwach, daß ich eigentlich nur auf meinem Bett liegen oder aus dem Fenster starren konnte. Bei meinen drei Getreuen konnte ich meine Last loswerden; ich konnte weinen und schlafen, wie es mir gerade in den Sinn kam.

Es kam keine Nachricht von Octavian, nur ein Tablett mit Essen, das unter der Tür hindurchgeschoben wurde, als es dunkel war.

Meinen Wärtern gefiel es, zu den unterschiedlichsten Zeiten unangemeldet hereinzukommen. Bevor es hell wurde, kam derselbe Offizier zurück. Laut riß er die Tür auf.

»Königin!« Er beugte sich über mein Bett.

»Du brauchst nicht so zu schreien«, sagte ich. »Ich bin wach. Aber bitte zünde mir meine Lampe an.« Er hielt eine Fackel in der Hand.

»Gewiß.« Gehorsam wandte er sich ab, um es zu tun. Er war nicht unfreundlich, dieser laute Soldat.

»Wie heißt du?« fragte ich.

»Cornelius Dolabella«, sagte er. »Ich kenne den Imperator seit vielen Jahren und diene ihm seit dem letzten Feldzug.« Er hängte die Lampe an den Ständer. »Ich wollte dir berichten, daß der Feldherr dir deinen Wunsch gnädig gewährt hat. Du darfst die Beisetzungsvorkehrungen für Antonius treffen und sie durchführen, wie immer du es für richtig hältst. Und du sollst ein komfortableres Quartier beziehen. Außerdem hat er dir einen vertrauten und hochgeschätzten Freigelassenen namens Epaphroditus zugewiesen.«

Epaphroditus! Wie seltsam, daß auch er einen Vertrauten dieses Namens haben sollte. Für mich war es immer ein Glücksname gewesen; würde es auch jetzt so sein?

»Ich danke dem Imperator.«

»Er sagt, du sollst keine Kosten scheuen«, ergänzte Dolabella noch.

»Der Imperator ist sehr großzügig.« Er konnte es sich auch leisten, denn jetzt hatte er meinen Schatz.

Antonius' Beisetzung … Wie soll ich darüber schreiben? Daß sie prachtvoll war und einem König angemessen? Mit irdischen Ehrenzeichen und Saluten wurde nicht gespart, und die glitzernde Staffage der Majestät, die in Rom schon im voraus – in seinem Testament – soviel Anstoß erregt hatte, umgab ihn jetzt. Er lag in einem goldenen Sarg auf einem schweren, vergoldeten Leichenwagen. Der Trauerzug war endlos; Klagesänger liefen gleich hinter dem Wagen und spielten feierliche Totenlieder – es klang wie eine sehr langsame, getragene Wiederholung der Dionysos-Prozession, die sich drei Nächte zuvor unter Musikklängen aus der Stadt gestohlen hatte. Die gleichen Flöten, die gleichen Trommeln, die gleichen Zimbeln spielten jetzt eine traurige Melodie. Die Prozession begann auf dem Palastgelände und schlängelte sich durch die Stadt, vorbei an Schauplätzen, an denen wir so glücklich gewesen waren, an denen wir glorreiche Augenblicke erlebt hatten. Das Museion … das Gymnasion … der Tempel des Serapis … die breite Kanopische Straße … Alexanders Grabmal … und schließlich wieder der Palast, einst der Ort unserer Freuden.

Und von dort ins Mausoleum, wo der Granitsarkophag wartete. Der Deckel war abgenommen; der große Sarg wurde hochgestemmt und hineingestellt, und der Deckel glitt an seinen Platz. Mit traurigem, melancholischem dumpfem Klang schoben sich die beiden Teile ineinander und schlossen ihn ein. Ich kniete nieder und legte eine Halskette aus Blumen auf den Deckel, wie man sie den Pharaonen umlegte, und dann legte ich mich an den kühlen Stein und flüsterte: »Anubis. Endlich Anubis, mein Liebster.« Das war mein Abschied.

Das war es, was die Leute sahen.

Aber ich … Ich sah andere Dinge. Bevor der Sarg geschlossen wurde, war ich in die Kammer gekommen, wo er auf seiner Bahre ruhte. Die besten Bestatter der Welt hatten sich meines geliebten Antonius angenommen und alles getan, was in ihrer irdischen Macht stand, um ihn für diese Reise bereitzumachen. Vier große Fackeln flackerten an den vier Ecken der Bahre; sie steckten in eisernen Haltern. Ich trat neben den Sarg und spähte hinein; mir graute vor dem, was ich sehen würde.

Er sah anders aus, kleiner; all seine robuste Fröhlichkeit war mit seinem Geist geflohen. Und so still. Er lag so still da, irgendwie stiller als eine steinerne Statue, denn es ist nicht in der Natur des Fleisches, so gänzlich reglos zu sein.

Ich konnte es ertragen. Das war er nicht. Das brauchte nicht meine letzte Erinnerung an ihn zu sein, das Bild, das ich fortan bei mir tragen würde. Ich umfaßte den Rand des Sarges und beugte mich hinüber, um ihm einen förmlichen Abschiedskuß zu geben. Und da sah ich es.

Seine Hände waren immer noch genau seine Hände, und sie sahen ganz lebendig aus. Die Narbe an der Rechten, die Olympos behandelt hatte und die ich so gut kannte – das *war* Antonius. Alles, was er war, schien da in seinen Händen zu sein, die still gefaltet vor mir lagen. Es waren die Hände, die mich die Fassung verlieren ließen.

Ich erinnere mich kaum an das, was als nächstes geschah; Bruchstücke einiger Szenen sind noch da, seltsam klar wie auf einem Gemälde, und sie erlauben mir, Einzelheiten zu berichten, wie ich es gerade getan habe. Aber ein so rasender Schmerz überkam mich, daß ich nur mit Mühe hinter dem Leichenwagen hertaumeln und den Weg durch die Straßen zurücklegen konnte.

Überall waren Zuschauermassen, und sie starrten mich an, aber ich sah sie nicht, sah nichts als den langsamen, ächzenden Leichenwagen, fühlte nichts als den Schmerz des Verlustes. Ich wußte jetzt, was ich verloren hatte: Antonius war fort, Ägypten besetzt, und ich kostete die Niederlage bis zur Neige. Die Hitzewellen, die von den weißen Marmorstraßen und Gebäuden aufstiegen, blendeten mich, überwältigten mich. Ich zerriß meine Gewänder wie eine Bauernwitwe, deren Leben zerstört ist; ich schlug mir auf die Brust, ohne es zu merken, und raufte mir das Haar. Es heißt, ich hätte auch geheult wie eine gemeine Frau und in meinem Schmerz zu den Göttern geschrien. Ich aber erinnere mich nur an den Schmerz selbst, der alles andere verschwimmen ließ, nicht an das, was ich sagte oder tat. Ich hatte aufgehört zu existieren, war verschwunden unter einem alles zermalmenden Berg von Schmerz.

Nach der Rückkehr fiel ich auf mein Bett. Da war noch etwas ... etwas, das ich seinerzeit nicht zur Kenntnis genommen hatte, das jetzt aber an mir nagte, eine häßliche Frage ...

Dolabella hatte Dienst. Ich sah ihn bei der Tür stehen; er hielt diskret Abstand. Aber ich rief ihn, denn ich wußte, er würde es mir sagen.

»Königin?« Er beugte sich über mein Bett, in dem ich trotz der Tageshitze fröstelnd lag.

»Antyllus«, sagte ich. »Antonius' Sohn. Wo war er? Hätte er nicht bei den Trauernden sein müssen?«

Sein Gesicht umwölkte sich. »Der junge Marcus Antonius ist tot«, sagte er schließlich. »Er wurde von Soldaten getötet, als er im Tempel des göttlichen Cäsar Zuflucht suchte.«

»Nein! Wie konnte das geschehen? Wie konnte ein solcher Fehler unterlaufen?« Aber im Wirrwarr einer militärischen Invasion war alles möglich. Antyllus!

»Es war ... Es war kein Fehler, Königin«, sagte der ehrliche Dolabella. »Der Imperator hat es befohlen.«

»O gütige Isis!« hauchte ich. Dann würde er auch meine Kinder ermorden. Wir Ptolemäer waren zum Untergang verurteilt. Wenn er gegen Antyllus gnadenlos war – Antyllus, der ihn nicht bedrohte, der nichts beanspruchte, was Octavian haben wollte, und dessen einziges Verbrechen darin bestand, daß er Antonius' Sohn war –, wie sollten dann meine Kinder, doppelt verdammt, da sie auch Kleopatras Kinder waren, ihm entkommen?

Und dann packte mich das Fieber, und ich fiel ins Delirium.

Sie behaupteten, es komme daher, daß ich mir die Brüste zerkratzt hatte; sie hätten sich entzündet und das Fieber verursacht. Aber nein – es war alles, was ich in den letzten drei Tage gesehen hatte, alles, was ich jetzt wußte. Alles war aus und vorbei, und ich war entschlossen zu sterben. Die heiligen Schlangen, die Waffen meiner Erlösung, das Siegel meiner Tochterschaft vor dem Gott Re – sie waren meinem Besitz entglitten, aber es gab immer noch einen Ausweg. Ich würde das Essen verweigern, dem Fieber nachgeben, dahinschwinden. Wenn wir sterben wollen, gehorcht uns der Körper. Er kann unseren Geist nicht lange gefangenhalten. Unser Wille ist stärker als unser Fleisch, und er kann es so weit treiben, daß es schrumpft und aufhört zu leben. Keine Nahrung, kein Wasser, nichts würde ich zu mir nehmen, sondern mich auf dem Bett wälzen und um mich schlagen, gebadet in Schweiß und gemartert von Träumen, die das Dunkel des Todes wie einen sanften Freund erscheinen lassen.

Mardian schwebte in mein Blickfeld und wieder hinaus, verharrte bei mir. Iras war immer da und betupfte mich mit duftenden Tüchern. Und eines Tages sah ich Olympos. Sie hatten ihn hereingelassen. Das hieß, daß es mit mir zu Ende ging. Ich war dankbar. Er versuchte, meine Wunden zu verbinden. Ich stieß ihn weg, riß die Verbände ab. Er versuchte mir den Mund aufzusperren, um mir Suppe einzuflößen, aber ich biß ihn in den Finger. Aufheulend sprang er zurück und schüttelte seine Hand.

»Für eine sterbende Frau hast du starke Kiefer«, sagte er.

Innerlich mußte ich lachen, aber nach außen zeigte ich keine Regung. Ich wandte das Gesicht zur Wand.

Olympos setzte sich neben mich auf das Bett. Er strich mir sanft das Haar vom Ohr, wo es schweißverfilzt klebte, und flüsterte: »Ob du es hören willst oder nicht – hör zu.«

Ich ließ nicht erkennen, daß ich ihn verstanden hatte.

»Octavian hat dir eine Botschaft geschickt.« Ich hörte Papier an meinem Ohr knistern. Aber ich rührte mich immer noch nicht. »Mardian wird sie dir vorlesen.«

Das Knarren des Bettes verriet mir, daß er sich erhoben hatte.

»Herrin«, sagte Mardian mit seiner milden Stimme, »es ist unerläßlich, daß du zuhörst.« Als er keine Antwort bekam, beugte er sich dichter über mich. »Octavian sagt, wenn du nicht aufhörst, dir zu schaden, läßt er deine Kinder hinrichten. Er weiß, daß du versuchst, deinem Leben ein Ende zu machen, und er wird es verhindern. Stirb, und deine Kinder sterben ebenfalls.«

Also lebten sie noch. Er hatte sie verschont – bis jetzt. Warum? Was hatte er vor?

»Hast du gehört?« fragte Mardian beharrlich.

Langsam nickte ich. Dann sagte ich. »Ich habe es gehört.«

Es bestand kein Zweifel, daß Octavian seine Drohung ausführen würde. Aber warum wollte er, daß ich am Leben blieb? Seine vielgerühmte »Milde« würde sicher keinen Makel davontragen, weil eine verstockte Frau sich zu Tode gehungert hatte. Ich redete mir nicht erst ein, es sei, weil er mich auf dem Thron behalten wollte. Lebendig … Es gab nur eine Gelegenheit, bei der es entscheidend war, mich lebendig vorzuführen: seinen Triumph. Er wollte mich ausstellen. Und er würde sich nicht um seine Beute bringen lassen.

Aber wenn es etwas gab, das er haben wollte – selbst wenn es etwas derart Widerliches und Erniedrigendes war –, dann konnte ich immer noch mit ihm handeln. Der Schatz war dahin, aber meine Person war noch da. Es war einen Versuch wert, das Leben meiner Kinder zu retten, wenn schon nicht den Thron für sie.

Ich fügte mich der Behandlung. Ich ließ mir von Olympos Suppe in den Mund löffeln, und er durfte mir mit einem Schwamm eine kühlende Lotion auf dem Körper verreiben, die mithalf, das Fieber zu senken. Meine Proteste waren verstummt, aber ich hatte immer noch keine Lust, auf ihre aufgeregte Fürsorge einzugehen.

Iß dies … Trink das … Ein Kissen? Was wünschst du, Herrin?

Ich wünschte mir, daß es mir irgendwie gelingen möge, das Überleben meiner Kinder zu sichern, um dann zu sterben und neben Antonius bestattet zu werden. Und wie sollte ich das sicherstellen? Meine Gedanken überschlugen sich und bemühten sich verzweifelt, einen Plan zu entwickeln. Aber ich war so müde, so ausgelaugt, so verwirrt. Ich hatte so viele Pläne ausprobiert, mich selbst so oft in Gefahr gebracht, bald auf diese, bald auf jene Unternehmung gesetzt … Ich wußte nicht, ob ich es auch nur noch ein letztes Mal vollbringen würde.

*Aber du mußt. Denn sonst war alles andere vergebens.*

Das wußte ich, aber ich hatte nur noch wenig Vertrauen in meine Ränke. So viele hatte ich geschmiedet, und so wenige hatten Früchte getragen. Schicksal – es war das Schicksal: Tyche, Fortuna, die das Ergebnis in der Hand hatte. Gegen sie zu obsiegen war mir vielleicht nicht bestimmt.

*Aber du mußt es versuchen, mußt es versuchen …* Ich bin der Versuche so müde.

Octavian. Wenn du Octavian nur einmal sehen und mit ihm sprechen kannst … Du übertriffst dich selbst in solchen Gesprächen. Erinnere dich, eine Begegnung von Angesicht zu Angesicht hat dich noch selten enttäuscht. Er wird selbstzufrieden sein, voller Genugtuung über seinen Sieg, wahrscheinlich schadenfroh. Wenn du dich ihm verzweifelt zu Füßen wirfst, wird er anschwellen vor Stolz.

Oder … was ist mit Cäsar? Kannst du nicht an seine Liebe zu Cäsar appellieren? Hinter Cäsars Schild Zuflucht suchen? Wie kann er dich entehren, die Cäsar doch ehrte? Die Briefe ... Cäsars Briefe ... *Sie sind noch in meinen Gemächern ... wo Octavian jetzt ist. Wie kann ich sie bekommen?*

Oder sollte ich so tun, als erwartete ich weiterzuleben und als sei ich besorgt um meine diplomatischen Beziehungen zu Rom?

Oh, welchen Weg sollte ich nur nehmen? Wäre er mir doch besser bekannt! Ich kann seine Gedanken nicht erraten, und ich muß es doch. Ich werde nur diese eine Gelegenheit bekommen.

Ich muß mich erholen, damit ich ihm ebenbürtig entgegentreten kann. Er soll nur denken, daß all das mich weder zerschmettert noch gebrochen hat, daß ich noch immer eine ehrfurchtgebietende Politikerin bin, mit der er verhandeln – oder die er zumindest respektieren muß.

Ich brauche ein paar Tage, um meine Kräfte wiederzufinden.

»Wie lange war ich krank?« fragte ich Olympos. Meine Stimme war viel schwächer, als mir klar gewesen war; es war nur ein Flüstern.

Er war augenblicklich bei mir. »Heute ist der fünfte Tag seit der Bestattung«, sagte er.

Fünf Tage. Ich hatte fünf Tage verträumt. Dann war Octavian seit acht Tagen in Alexandria, Antonius seit acht Tagen tot. Mich schauderte, und Olympos zog mir eine Decke über die Schulter.

»Geh zu Octavian«, sagte ich. »Oder sag Dolabella, er soll gehen. Sag ihm, daß ich genese, aber daß ich eine Schatulle haben will, die ich in meinen Gemächern habe; ich möchte sie ihm zeigen. Und meine Papiere – die im Arbeitszimmer. Die brauche ich auch. Er kann sie anschauen, damit er weiß, daß ich ihn nicht betrügen will. Aber ich brauche sie.«

Mardian kam herangeraschelt. »Du brauchst keine Papiere! Plage dich jetzt nicht mit –«

»Ich glaube, es ist ein gutes Zeichen, daß sie sie haben will«, meinte Olympos trocken. »Es bedeutet, daß sie wieder Ränke schmiedet.«

So weit war ich noch nicht; ich war nicht sicher, daß ich Ränke zustande bringen würde oder daß ich die nötigen Mittel zur Verfügung hatte. Aber die Unterlagen würden mir helfen, dies zu entscheiden.

»Die Elfenbeinschatulle mit dem Schloß«, sagte ich. »Und die Papiere – in dem hölzernen Kasten in meinem Arbeitszimmer, neben dem Schemel.«

»Erst noch etwas Suppe«, sagte Olympos fest. »Hier haben wir eine köstliche Suppe aus Ziegenmilch und Gerste ...«

Sie wärmte mir den Magen und vertrieb das Schwindelgefühl. Mühsam richtete ich mich auf, um zu sehen, wo ich war. Die Räume, in die man uns verlegt hatte ... Die Sonne schien herein, und das bedeutete, daß sie nach Süden hinaus lagen. Und es waren keine Gitter vor den Fenstern; sie taten, als wären wir keine streng bewachten Gefangenen.

»Draußen – wer ist draußen vor der Tür postiert?« fragte ich.

»Da ist dieser Epaphroditus im Zimmer nebenan«, sagte Mardian. »Und davor, weiter draußen, sind zwei oder drei Wachsoldaten.«

Daran, wie er »dieser Epaphroditus« sagte, merkte ich, daß er den Mann nicht leiden konnte.

Der Nachmittag verging; ich sah, daß die Neigung des Lichts sich veränderte, als die Sonne sich über die Fenster bewegte.

Ich war noch immer zittrig und schwach; das merkte ich, als ich versuchte mich aufzusetzen. Meine Knochen waren wie Gallert. Meine Genesung würde noch einmal genauso viele Tage erfordern wie meine Krankheit.

Mardian brachte feierlich die beiden Kästen herein und stellte sie mir auf den Tisch. »Er hat überhaupt keine Schwierigkeiten gemacht«, sagte er. »Behauptet Epaphroditus jedenfalls.«

Jetzt mußte ich die Papiere durchsehen. Aber das später. Ich hatte nicht mehr die Kraft dazu.

»Zieht die Vorhänge zu«, sagte ich. »Sperrt das Licht aus. Ich muß schlafen.«

Ich träumte einen tiefen, süßen Traum: Ich war auf dem Meer und glitt über die Wellentäler hinweg, und ein Westwind füllte meine Segel. Ich wußte, daß es ein Westwind war, wie man so etwas im Traum weiß, und daß er mich nach Hause brachte, zurück nach Ägypten; Rom lag hinter mir. Cäsarion war bei mir, ein kleines Kind, das meine Hand hielt. Ich schmeckte den Salzgischt im Mund und spürte die Stöße der Wellen, wenn der Schiffsrumpf über sie hinwegflog … erregend, schnell …

»Herrin!« Eine drängende Stimme an meinem Ohr, eine Hand, die meine Schulter schüttelte. »Herrin! Es ist Octavian!«

Die Worte flochten sich um meinen Traum, und irgendwie waren es die Schiffstaue, die sangen: »Octavian! Octavian!« Aber ich wurde weiter geschüttelt, und zu meinem Entsetzen hörte ich die Worte laut, ohne zu träumen.

»Der glorreiche Imperator Cäsar!« bellte eine fremde Stimme.

Ich öffnete die Augen, und da stand er steif in der Tür und starrte mich an. Octavian.

Kaltes Wiedererkennen durchrieselte mich, und doch war es wie ein Traum. Der Mann selbst, in Fleisch und Blut, nach hundert Statuen, Münzen, Phantasiegebilden.

Und wie er mich überfallen hatte. Er hatte schon gesiegt; ich hatte nicht die Spur eines Plans, wie ich ihn anreden wollte, ich hatte mir die Papiere nicht angeschaut, war nicht einmal aufgestanden, um mich anzukleiden …

Ich lag auf einem schweißfeuchten Krankenbett, schmutzig, unbekleidet, matt. Er war in jeder Hinsicht im Vorteil; ich konnte ihm so nicht entgegentreten.

Er betrachtete mich mit unverhohlenem Abscheu, gefärbt vom Mißtrauen gegen das, was seine Augen da gewahrten. Ich fand einen letzten, verborgenen Rest an Kraft in meinen Beinen, und ich stand auf und ging quer durch das Zimmer zu ihm. Die Schwäche ließ mich vor ihm auf die Knie sinken, und ich umfaßte seine Füße. Mich schauderte, als ich sie berührte; all dies kam mir immer noch vor wie ein Fiebertraum. Mir war nur allzu deutlich bewußt, daß ich nichts als ein dünnes Nachtgewand am Leibe trug und daß mein Haar wild und verfilzt aussah.

»Auf, auf«, sagte er mit dieser Stimme, die ich überall erkannt hätte. Flach, leise, von tödlicher Monotonie.

In Wahrheit hatte ich nur nicht die Kraft, mich zu erheben. So kauerte ich weiter zitternd vor ihm.

»Auf, auf, sage ich.« Endlich eine Regung, eine Andeutung von Ungeduld, Verärgerung. Er beugte sich vor und berührte meine Schulter; dann reichte er mir die Hand. Sie war trocken wie eine Eidechse. Er zog mich empor.

»Imperator«, sagte ich, und meine Stimme war so dünn, daß sie fast wie ein Flüstern klang, »der Tag ist dein. Heil dir, Herr – denn der Himmel hat dir die Herrschaft gewährt und sie mir genommen.«

Er winkte seinem Epaphroditus – einem vierschrötigen, gewöhnlich aussehenden Mann, der keinerlei Ähnlichkeit mit meinem Epaphroditos hatte –, er solle mir ins Bett zurückhelfen. Und zu meinem Entsetzen nahm Octavian neben mir auf der Bettkante Platz.

Wir schauten einander an. Ich versuchte mich auf das zu konzentrieren, was ich sah, und zu vergessen, was er sah. Seltsam, wie wenig er sich verändert hatte und wie doch das Alter unseren Zügen einen neuen Stempel aufprägt. Das dreieckige Gesicht, die weit auseinanderliegenden Augen, die kleinen Ohren, der spröde Mund, alles unverändert – aber der Ausdruck in den Augen und der harte Zug um die zusammengepreßten Lippen hatten den alten Liebreiz verdrängt und durch eine unversöhnliche Wachsamkeit ersetzt. *Der römische Knabe* hatte Antonius ihn genannt, aber er war kein Knabe, und er hatte keinen Funken von Jugendlichkeit an sich.

Seine graublauen Augen, deren Iris von einem dunkleren Rand umgeben war, sie schauten in die meinen, unverhohlen, ohne Ehrfurcht. Hier war ein Mann, der sich nicht scheute, mich anzustarren, während der Knabe seine Blicke noch verschleiert hatte.

*Wie hart du geworden bist*, wollte ich murmeln. *Und wie alt du geworden bist*, würde er antworten.

Jetzt wanderte sein Blick zu meinem Hals und weiter hinunter. Er inspizierte die Wunden an meinem Oberkörper, als müsse er sich davon überzeugen, daß sie wirklich vorhanden waren. Als er zufriedengestellt war, hob er den Blick wieder und versuchte ein steifes Lächeln.

»Ich hoffe, die Königin befindet sich auf dem Wege der Besserung?« fragte er höflich.

»Ich gesunde Stück für Stück.« Ich hatte große Mühe, die Worte herauszubringen.

»Du mußt auf dich achtgeben«, sagte er. »Deine Gesundheit ist wichtig für uns.«

Ich mußte nachdenken. Dies war das Gespräch, das ich hatte haben wollen – ob mir es jetzt paßte oder nicht. »Dafür danke ich dir«, sagte ich.

Er starrte mich immer noch an. Schließlich sagte er: »Jahrelang hast du mir den Blick verstellt. Wohin ich auch schaute, ich sah dich.« Er verlagerte sein Gewicht ein wenig. Er wollte schon wieder gehen!

»Herr, können wir unter vier Augen miteinander sprechen?« fragte ich. »Darf ich diese Diener hinausschicken?«

Er machte ein verdutztes Gesicht. »Die Wache –«

»Natürlich mußt du die Wache vor der Tür lassen«, sagte ich. »Aber die anderen ...?«

Er nickte knapp; mit einer so kleinen Gebärde kann der Herr der Welt alle Leute um sich herum fortschicken. Charmian, Iras, Mardian, Olympos, Epaphroditus, alle gingen sie hinaus.

Octavian und ich sahen einander an, weniger als eine Armlänge voneinander entfernt.

Ich versuchte zu lächeln. Ich wußte, daß mein Lächeln für mich sprach. Ich hob das Kinn, als fühlte ich mich besser, als mir in Wahrheit zumute war. Ich mußte das schmutzige, durchscheinende Gewand und mein unfrisiertes Haar vergessen, und ich mußte dafür sorgen, daß er es auch vergaß. »Herr«, sagte ich, »was bleibt mir, als dich zu bitten, dich an jenen Abend vor so langer Zeit zu erinnern, da wir uns im Hause Cäsars zum ersten Mal begegneten? Wir waren ihm beide lieb und teuer, und es würde ihn schmerzen, wenn wir fortfahren wollten, einander zu hassen. Unter seinem Schatten müssen wir uns versöhnen.«

»Ich hasse dich nicht«, sagte er, und in seiner kalten Stimme hörte ich etwas, das schlimmer war als Haß.

»Du hast genügend Gründe, es zu tun, und du wärest gottähnlich wie Cäsar selbst, tätest du es nicht.«

Er grunzte und verschränkte die Arme, wie um sich zu schützen.

»Aber ich bitte dich, bedenke und achte das Vertrauen, das mir von dem Manne zuteil wurde, den du mehr liebst und verehrst als sonst jemanden, der jemals lebte«, sagte ich. »Ich möchte, daß du diese Briefe liest, Briefe, die er mir mit eigener Hand geschrieben hat – damit du von ihm etwas über mich erfährst und mich durch seine Augen siehst.« Ich stand auf, nahm die Schatulle vom Tisch und reichte sie ihm.

Ich war zutiefst dankbar, daß ich ein paar der Briefe behalten hatte. Sollten sie jetzt ein Wort für mich einlegen!

Octavian entriegelte die Schatulle und nahm einen Brief heraus. Wortlos las er ihn. Sehr schnell – viel zu schnell.

»Was helfen mir diese Briefe jetzt?« murmelte ich, als spräche ich zu Cäsar selbst, den diese Briefe verkörperten. »Wäre ich doch vor dir gestorben. Aber in diesem jungen Mann kannst du vielleicht auf irgendeine Weise für mich weiterleben.«

Octavian grunzte wieder und nahm einen zweiten Brief zur Hand. Sein Blick überflog ihn, und er faltete ihn wieder zusammen.

Er würde sie doch sicher alle lesen – und gründlicher!

»Sehr interessant.« Das war alles, was er sagte. Er klappte den Deckel zu und bewegte sich wieder, als wolle er gehen.

Ich mußte mir etwas einfallen lassen, um ihn aufzuhalten, ihn umzustimmen.

»Ich bereue meine Taten, mit denen ich Rom Leid angetan habe«, sagte ich schließlich. »Wir können über den Gang unserer Handlungen nicht immer frei entscheiden.«

»Im Gegenteil«, sagte er. »Wir sind immer verantwortlich für das, was wir tun – und für das, was wir andere tun lassen, wenn wir sie in die Irre führen und zum Verrat anleiten.«

Er meinte Antonius. Er meinte, daß ich ihn vom rechten Weg abgebracht hätte.

»Antonius und ich waren uns nicht immer und in allen Dingen einig«, sagte ich. Und das war nicht gelogen. »Manchmal schlug er einen bestimmten Weg ein, und ich wurde dafür bestraft. Mir ist wohl bewußt, daß Rom mich – nicht Antonius – zum Feind erklärte. Dennoch – vergiß nicht, daß es Cäsar war, der mich auf den Thron setzte, und Cäsar, der mich zur Verbündeten des römischen Volkes erklärte. Das war klug von ihm, denn ich habe mein Land hingebungsvoll regiert, und ich bin niemals eine Feindin Roms gewesen.« Ich ließ eine Pause eintreten. Hörte er mir zu? »Genau wie du habe ich die Mörder Cäsars verfolgt und wollte nicht ruhen, ehe sie bestraft wären.«

»Ja, gut, aber sie sind jetzt alle tot«, sagte er befriedigt. »Sie haben bezahlt.«

»Wir sind nicht so weit von einander entfernt, du und ich, in dem, was wir wollen.«

»Und was willst du?« fragte er unverblümt.

»Die ptolemäische Linie weiter auf dem Thron sitzen sehen. Roms Verbündete sein. Und ein ruhiges, ehrenhaftes Leben führen dürfen, im Exil, wenn es nötig ist.«

Er antwortete nicht gleich, sondern ließ sich meine Worte durch den Kopf gehen.

»Das hat der Senat zu entscheiden«, sagte er schließlich. »Jetzt, da die Republik wiederhergestellt wird ... Aber du kannst versichert sein, daß ich für deine Interessen eintreten werde.«

»Ich gehöre ganz dir, Imperator«, sagte ich. »Ich stelle mich deiner Barmherzigkeit anheim. Gib mir nur irgendeine Zusicherung, daß meine Kinder die Krone tragen werden!«

Er seufzte, als sei ihm das alles peinlich. »Ich werde tun, was ich kann«, sagte er. »Freilich, ein Haus, das dreihundert Jahre lang regiert hat ...« Er ließ den Satz aufreizend unvollendet.

»In meinen Botschaften an dich habe ich dir für diese Zusicherung alle meine Schätze angeboten. Jetzt gebe ich sie dir – mehr als nur das, was im Mausoleum war. Hier ist es, eine gründliche Aufstellung.« Ich erhob mich und legte ihm den großen Kasten in die Hände. »Ich habe das alles für dich lange vor deiner Ankunft aufzeichnen lassen. Siehst du das Datum, siehst du das Siegel?«

Er war sofort interessiert. Diese Liste von Besitztümern erregte ihn, wie die Briefe Cäsars es nicht vermocht hatten. Er war ein Mann des Hier und Jetzt, und Sentimentalitäten lagen ihm nicht.

»Hmmm ...« Er entrollte eines der Dokumente und hielt es vor sich. Seine Arme waren überraschend muskulös. Vielleicht hatten die Feldzüge ihm doch ein wenig gutgetan. Und er hustete auch nicht. »Und das ist alles, sagst du?«

»Ja, alles, was ich besitze. Für das Leben meiner Kinder und ihr Recht auf die Krone von Ägypten.«

»Hm.« Er studierte es aufmerksam. Plötzlich brüllte er: »Du! Mardian!« Was wollte er?

Mardian erschien, verwirrt und wachsam. »Ja, Imperator?«

»Diese Liste«, sagte Octavian. »Sieh sie dir an! Ist es eine vollständige Liste?«

Mardian sah mich hilfesuchend an, aber Octavian beobachtete mein Gesicht, um sicherzugehen, daß ich keinerlei Zeichen gab. Ich lächelte nur.

»Aähh ...« Mardian geriet ins Schwitzen; ich sah, wie ihm die Schweißperlen auf die Stirn traten, kleinen Saatkörnern gleich. »Ich ... Nein, edler Imperator, es scheint hier ein paar Auslassungen zu geben.« Er warf mir einen kläglichen Blick zu. Aber da er im Zweifel war, hatte er sich einfach für die Wahrheit entschieden.

»Aha!« sagte Octavian, und ein böses Lächeln trat auf sein Gesicht. »Was für Auslassungen?«

»Mir scheint, da ist ... Es sind ein paar Dinge unterschlagen worden.«

»Was für Dinge?«

Und in diesem Augenblick schenkte Isis mir die Kraft, die ich brauchte. Ich konnte geradewegs in Octavians Kopf hineinschauen; es war, als könnte ich seine Gedanken ebenso mühelos lesen wie er diese Schriftrolle.

*Er will dich für seinen Triumph mit nach Rom nehmen, dich verhöhnen und dann ermorden. Er wird dir keine Barmherzigkeit gewähren. Wenn du ihn überlisten und ihm entkommen willst, besteht deine einzige Hoffnung darin, ihn davon zu überzeugen, daß du darauf brennst weiterzuleben und daß du immer noch irdische Ränke schmiedest. Er wird versuchen, ihnen zu begegnen – und während er den einen Weg bewacht, kannst du den anderen einschlagen.*

*Benütze deine falsche Buchführung, um es ihm zu beweisen …*

»Halte den Mund, Mardian!« kreischte ich und sprang ihn an. Die Götter, die mir die Einsicht gewährt hatten, schenkten mir auch die Kraft, quer durch das halbe Zimmer zu springen. Ich hämmerte mit den Fäusten auf Mardians Schultern und Arme ein und versuchte, ihn zu ohrfeigen. »Du erbärmlicher Verräter! Wie kannst du es wagen, mich zu verraten!«

Dann wandte ich mich Octavian zu und brach in Tränen aus. »Oh, das ist mehr, als ich ertragen kann! Erst muß ich dich so empfangen, wenn du mich mit deinem Besuch beehrst, und dann muß ich mich von meinem eigenen Diener kränken lassen!« Ich schlug die Augen nieder. »Ja, es stimmt. Ich habe eine Handvoll Geschmeide, ein paar Kunstgegenstände zurückgehalten, aber nur, weil ich doch etwas brauche, um deine Gemahlin und deine Schwester in Rom zu versöhnen. Jawohl, ich hoffte mir bei den Frauen in deiner Familie Gnade zu erkaufen und betete darum, daß sie Mitleid mit mir haben würden, von Frau zu Frau. Ich wußte nicht mehr, was ich sonst tun sollte.«

Er lachte herablassend. »Natürlich magst du deinen Flitter behalten. Zerbrich dir über solche Dinge nicht den Kopf! Behalte, was du willst!«

»Aber es ist nicht für mich; es ist für Livia und Octavia.«

Er lächelte. »Ja, ja, natürlich.«

Und wieder konnte ich seine Gedanken lesen. Er glaubte, daß ich mir inbrünstig wünschte, weiterleben zu dürfen, und daß ich meine Ränke schmiedete, um mein Los zu verbessern. Ich hatte gewonnen.

»Und jetzt, gnädigste Königin«, sagte er geschmeidig, »sei nur versichert, daß die Behandlung, die du erfahren sollst, alle deine Erwartungen übertreffen wird. Du kannst mir vertrauen.«

Er lächelte, und es war das erste ehrliche Lächeln während unseres Gesprächs. Und da war noch etwas in seinem Blick: die Lüsternheit, die Thyrsus andeutungsweise erwähnt hatte. »Jetzt muß ich mich verabschieden. Ich möchte dich nicht zu sehr anstrengen.« Er neigte den Kopf und küßte mir die Hand. Dabei fiel ihm das Haar in die Stirn, und als er sich wieder aufrichtete, strich er es zurück, als wolle er möglichst gut für mich aussehen.

Ich erhob mich wieder und geleitete ihn zur Tür. »Du bist zu gütig, Imperator.«

Als die Schritte verhallten und ich sicher war, daß er fort war, fiel ich Mardian um den Hals.

»Bist du von Sinnen?« fragte er. »Was soll das alles? Was hast du denn getan?« Und dann sagte er kläglich: »Warum hast du mich geschlagen?«

»Schnell, bevor Olympos zurückkommt – ich muß dir sagen, daß ich Octavian durchschaut habe! Ich weiß, was er vorhat. Aber wir werden unseren ursprünglichen Plan immer noch ausführen können, wenn wir ihm vormachen können, daß wir alle solche Gedanken weit von uns gewiesen haben. Ich mußte so tun, als hättest du meine Ränke offenbart. Sei auf der Hut! Wir werden jetzt einen Weg finden!«

Ein Gefühl wie Glück erwachte in mir. Ich wußte nicht, was es war. Aber ich weiß es jetzt. Es war Vollendung, Triumph: Ich fühlte die olympische Krone in meinen Händen und senkte sie mir auf den Kopf.

# 87

Octavian übertraf sich selbst mit seinen verschwenderischen Aufmerksamkeiten. Binnen einer Stunde trafen Platten mit Bergen von Melonen, Granatäpfeln, Datteln und grünen Feigen ein, gefolgt von einer Amphore mit laodikäischem Wein. Antonius hatte es nicht geschafft, die Vorräte des Palastes auszutrinken, obwohl er sich fleißig bemüht hatte. Octavian schickte sogar seinen Leibarzt, damit er Olympos »helfen« könnte; Olympos hörte sich seine Ratschläge geringschätzig an.

Die frischen Feigen waren gut. »Er will mich mästen«, sagte ich. Er wollte, daß ich kräftig genug war, um meilenweit hinter seinem Wagen herzugehen, durch die Stadt und über das Forum. Und natürlich brauchte ich Kräfte, um die Ketten mitzuschleifen. Ja, dazu benötigte ich gute Pflege und nahrhaftes Essen. Der liebe Octavian.

Er verbarg seinen Dolch unter öligen Komplimenten, die er mir zusammen mit seinen Gaben schickte. Sein Herz sehe beglückt, daß ich außer Gefahr sei. Es ehre ihn, daß ich darauf vertraue, daß er meine Wünsche erfüllen werde. Ich dürfe nicht mehr an die Geschenke für Livia und Octavia denken, sondern müsse lieber mich selbst damit schmücken. Und so weiter.

Ich legte mich wieder ins Bett – das jetzt mit feinstem Palastlinnen bezogen war, eilends übersandt von Octavian – und zwang mich dazu, meine

Kräfte wiederzugewinnen. Aufregung und Gefahr hatten bereits eine Veränderung in mir bewirkt: Mein Appetit kam mit Macht zurück, und schon bald hatten wir verzehrt, was Octavian uns hatte bringen lassen.

»Frag nach Ochsenbraten«, sagte ich zu Mardian. »Er wird binnen einer Stunde welchen schicken.«

Und so war es. Oh, er war überaus fürsorglich.

In dieser Nacht versank ich in einen richtigen Schlaf – zum ersten Mal, seit Alexandria gefallen war.

Da Octavian schon so eifrig darauf bedacht war, mir entgegenzukommen, gab es eine Bitte, die ich ihm ernstlich stellen mußte: Ich wollte die Kinder sehen. Ich schickte ihm einen angemessen kriecherischen, klebrigsüßen Brief und wartete ab.

Nicht lange, und Dolabella klopfte an; er hielt die Antwort in der Hand. Meine Bitte war mir gewährt worden. Man würde die Kinder zu mir in meine Gemächer bringen.

Oh, jetzt schwang sich mein Herz wahrlich in die Höhe! Ich hungerte nach ihrem Anblick, wie es mir nur eine Mutter nachfühlen kann. Ich mußte sie sehen, mußte sie umschließen, mußte ihre kräftigen Schultern und Arme fühlen. Ich mußte wissen, wie es ihnen erging und was ihnen in den neun Tagen, die wir voneinander getrennt gewesen waren, widerfahren war.

Octavian hatte mir auch meine Kleider und Gewänder aus meiner Garderobe herausgeben lassen, und so konnte ich das schmutzige Nachthemd beiseite legen und mich anziehen. Es war wichtig, daß sie mich so sahen, wie ich gesehen werden wollte, damit sie sich daran erinnern könnten.

Meine eigene Mutter … Was hatte ich von ihr in Erinnerung? Meine Kinder waren alle älter, als ich es beim Verschwinden meiner Mutter gewesen war, und sie würden ein klareres Bild von mir behalten. Alexander und Selene waren fast so alt wie ich, als mein Vater vom Thron gestürzt worden und geflüchtet war, und daran konnte ich mich deutlich erinnern. Ja, sie würden sich erinnern …

»Mutter!« Die drei wurden ins Zimmer geführt, und die übergroße Erleichterung in ihren Stimmen war nicht zu überhören.

»Meine Liebsten!« Ich beugte mich nieder, um sie alle drei zu umarmen, und drückte sie so fest an mich, wie es nur ging. Sie waren hier, sie lebten, und sie würden überleben. Mit oder ohne Krone, darauf kam es nicht mehr an, wenn sie nur überlebten!

»Du hast dir weh getan«, stellte Selene fest, als sie die Schrammen auf meinen Armen und meiner Brust sah.

»Das war ein Unfall«, sagte ich. »Und es ist schon wieder viel besser.«

»Aber wie ist es denn passiert?« fragte Philadelphos. »Bist du irgendwo gegengelaufen? Eine Tür voller Nägel?« Er zog die Nase kraus und bemühte sich, es sich vorzustellen.

»Es sind Trauermale«, sagte ich. Sie mußten es erfahren. Wußten sie von Antonius? Ich führte sie zu einer breiten Bank am Fenster, und wir setzten uns alle. »Euer Vater ist tot«, sagte ich.

Alexander schrie auf. »Warum?« fragte er.

»Als die Stadt fiel … Du weißt, daß wir die Schlacht verloren haben …«

»Ist er im Kampf gefallen?«

Wie konnte ich es ihnen so erklären, daß sie es verstanden?

»Nein, nein, nicht im Kampf an sich, sondern hinterher.«

»Aber wie denn? Wie?« Er blieb hartnäckig.

Ich schüttelte den Kopf. »Es herrschte großes Durcheinander«, sagte ich schließlich. »Er mußte tun, was ein tapferer Mann tun muß. Es wäre nicht richtig gewesen, hätte er sich gefangennehmen lassen. Es wäre … unehrenhaft gewesen.«

Selene brach in Tränen aus. »Du meinst, er hat sich umgebracht?«

Ich mußte ihnen die Wahrheit sagen. »Ja. Aber er hatte keine Wahl. Es bedeutet nicht, daß er euch verlassen wollte.« Herrscher sind anders. Wir müssen Dinge tun, vor denen gewöhnliche Menschen verschont bleiben.

»Wieso hatte er keine Wahl?« fragte Alexander. »Was ist denn so schlimm daran, gefangen zu sein? Wir sind doch auch Gefangene, oder nicht?«

»Ja, aber nur für ein Weilchen. Er wäre für immer gefangen gewesen.«

»Und du?« fragte Selene. Sie schaute mir in die Augen. Selene stellte immer die scharfsinnigsten Fragen, als könnte sie mehr sehen als die andern. »Wenn er es nicht ertragen konnte, wieso kannst du es dann?«

Oh, warum mußte sie diese Frage stellen? Olympos und Cäsarion hatten mir deutlich gezeigt, daß ich sie nicht ehrlich beantworten konnte. Ich konnte es nicht riskieren. Und ohnedies war es ein zu schmerzliches Geständnis. Ich hatte mir meine Antwort schon zurechtgelegt. »Ich werde zu gut bewacht, um zu tun, was Antonius tat«, sagte ich. »Octavian will es verhindern. Ihr braucht euch also keine Sorgen zu machen. Ich nehme an, wir werden alle nach Rom fahren – wenn auch getrennt. Vielleicht bleibt ihr auch hier, und ich fahre allein. Ich weiß noch nicht, ob ihr oder Cäsarion nach mir regieren werdet. Der allererhabenste Octavian wird es entscheiden.«

»Octavian!« sagte Selene. »Er hat uns schon besucht, und wir mußten auch in seine Gemächer kommen. Es sind deine alten Zimmer! Er schien sich sehr für uns zu interessieren. Stellte uns eine Menge Fragen.«

»Was denn, zum Beispiel?«

»Oh, was wir am liebsten essen, wie viele Sprachen wir sprechen, wer unsere Schutzgötter sind. Du weißt schon, höfliche Fragen.«

Ja. Höfliche Fragen. »Und wie fandet ihr ihn?«

»Er ist unheimlich«, sagte Philadelphos. »Er starrt einen immer nur an, mit diesem komischen Blick, selbst wenn er ganz freundlich tut.«

Ich lachte. Eine zutreffende Beschreibung.

»Ihr dürft keine Angst vor ihm haben«, sagte ich. »Jetzt, da er hat, was er wollte, wird er höchstwahrscheinlich ganz nett sein. Aber ihr müßt so tun, als hättet ihr ihn gern. Darin ist er nämlich sehr empfindlich.«

»Vermutlich sollte ich ihn umarmen und Onkel zu ihm sagen«, meinte Alexander naserümpfend. »Das will ich aber nicht! Er hat meinen Vater umgebracht!« Und dann fragte er unvermittelt: »Wann wird Vater bestattet?«

»Er ist es schon«, sagte ich, und es tat mir in der Seele weh, daß ich nicht einmal Antonius' Schwert hatte, um es ihm zu geben. Octavian hatte es. Aber vielleicht war es gut so. Welcher Sohn würde gern das Schwert haben, das ihm seinen lebenden Vater geraubt hatte? »Und nicht Octavian hat euren Vater getötet. Es war ... das Mißgeschick eines verlorenen Krieges.« Und eines verlorenen Reiches ..., einer verlorenen Welt. Diese Verluste waren allumfassend und reichten bis in die Ewigkeit.

»Warum durften wir nicht dabeisein?« fragte Selene.

»Vielleicht meinten sie, es würde zu schmerzlich für euch werden«, sagte ich. Bitte laß sie nicht nach Antyllus fragen! Frage nicht, ob er denn dabei war!

Barmherzigerweise fragte sie statt dessen: »Glaubst du, Octavian wird uns zwingen, in Rom zu leben?«

»Nicht, wenn ihr hier regiert. Aber vielleicht nimmt er euch zu Besuch mit. Wäre das so schlimm?«

Sie zuckte die Achseln. »Vermutlich nicht. Aber lieber würde ich nach Indien fahren.«

Jetzt betrachtete ich sie aufmerksam – aufmerksamer als Octavian vermutlich – und bemühte mich, mir ihr Bildnis für alle Zeit ins Herz einzuprägen. Meine drei schönen jungen Kinder – alles, was ich von Antonius noch hatte. Ich versuchte, es zu verbergen, und hoffte, ich möge es zartfühlender tun als Octavian. Es ist schwer zu verhehlen, wenn man jemanden beobachtet. Und der Grund dafür, daß ich sie so anschaute ... Ich würde sie nie wiedersehen. Ich brauchte meine ganze Willenskraft, um dafür zu sorgen, daß mein Blick klar blieb und nicht Tränen meine Augen trübten, denn dann hätten sie Verdacht geschöpft.

»Meine Liebsten«, sagte ich und umarmte sie nacheinander, »wir werden alles ertragen und uns später daran erinnern wie an einen bösen Traum; dann werden wir darauf zurückblicken und über unsere eigene Tapferkeit lächeln.«

Sie gehen zu lassen war schwer – eines der schwersten Dinge, die ich je getan habe. Jetzt mußte ich nur noch eines loslassen. Alles andere war nicht mehr da.

Ich wünschte, ich hätte ihnen etwas Weises zu sagen, irgendwelche passenden Abschiedsworte. Aber mir fiel nichts ein. Es war kein Wort groß genug oder gütig genug.

Dann waren sie fort, schwatzend in ihre Gemächer zurückgekehrt, stets unter den aufmerksamen Augen ihrer Bewacher. Jede ihrer Bewegungen würde man bewachen. Octavian würde sie fest in den Klauen behalten. Wie er auch mich behalten wollte.

Als sie weg waren, tat sich eine Leere um mich auf, trotz der Gesellschaft, die immer noch bei mir war. Iras stand da und schaute aufs Meer hinaus. Charmian kümmerte sich um meine Kleider, mehr aus Gewohnheit denn aus Notwendigkeit. Ihre schlanken Finger strichen die Seidenstoffe glatt und falteten sie so präzise, daß man zehn, fünfzehn Stück übereinanderstapeln konnte. Es war, als glaubte sie, ich würde sie alle noch einmal tragen. Ihre schweigsamen, anmutigen, vertrauten Bewegungen lullten mich ein, wenn ich sie beobachtete.

Mardian las – etwas, wozu er sonst wenig Zeit hatte. Olympos saß mit düsterer Miene und verschränkten Armen da. Er sah müde und resigniert aus. Wir waren alle gefangen und vertrieben uns nur die Zeit in unserem Käfig.

Olympos, mein lieber, wütender Freund, ich glaube – vielleicht liest du dies ja, obwohl du das Private so sehr respektierst, daß ich es bezweifle – ich glaube, mein Geheimnis vor dir zu bewahren war eines der schmerzlichsten Dinge für mich in jenen letzten Tagen. Du hast mir keine Wahl gelassen – *er hatte keine Wahl; es bedeutet nicht, daß er dich im Stich lassen wollte* –, aber das, was ohnedies schon schwierig war, wurde dadurch noch schmerzlicher. Sich nicht verabschieden zu können, das ist eine besondere Strafe, um so schlimmer, je mehr uns jemand am Herzen liegt. So sage ich es dir jetzt, sage dieses Lebewohl, das ich vorher nicht sagen konnte. Lebe wohl, und mögen die Götter dich beschützen! Und vergiß nicht, vergiß niemals, was du weißt.

Der Tag draußen war frisch und klar. Ich sah das funkelnde Meer, die Wellen, die den Schaum um sich warfen wie hübsche Mädchen ihr Haar und die Alexandria lockend zuwinkten: Komm und spiele mit mir …

Alexandria. Es war verschont geblieben. Es würde den Flammen, der Plünderung, der Zerstörung entgehen, die zumeist auf eine Niederlage folgten. Meine Stadt würde weiterleben und meine Kinder auch. Mehr konnte ich nicht verlangen.

Der Wind sang ein beschwingtes Lied. Aber wir waren Gefangene und konnten nur aus dem Fenster schauen. Es war das Halbleben der Invaliden.

*Invalide.* Nicht gültig. Entwertet. Geschwächt oder entkräftet. Dienstuntauglich. Ohne weitere, wirkungsvolle Existenz. Eine Welt voll Weh in diesem einen Wort. *Invalide.*

Ich war jetzt Invalide. Und meine Gültigkeit konnte ich nur durch den Tod wiedererlangen.

Die Köpfe über unsere Tätigkeiten gebeugt, ließen wir unsere Gedanken wandern. Dolabella kam herein, elegant gekleidet wie ein aufstrebender junger Aristokrat, was er ja auch war. Müßig dachte ich, was für ein gewinnender Mann er doch sei. Er würde es weit bringen in Rom.

»Majestät«, sagte er, »darf ich dich allein sprechen?«

Ich nickte, und die anderen erhoben sich wortlos und gingen ins Nachbarzimmer.

»Nun«, fragte ich lächelnd, »möchtest du eine Erfrischung?« Octavian hatte uns so gut versorgt, daß ich eine ganze Kohorte hätte bewirten können.

Er schüttelte nur düster den Kopf.

»Aber Dolabella«, sagte ich, »was ist denn?« Sein Verhalten war beunruhigend.

Er kam mit ruckartigen Schritten auf mich zu und beugte vor mir das Knie. Dann ergriff er eine meiner Hände und schaute mich beschwörend an. »Teuerste Königin, ich hoffe, du wirst mir glauben, daß ich in den wenigen Tagen, die ich dich nun bewache, eine … große Hochachtung und Sympathie für dich entwickelt habe.«

Was sollte das jetzt? »Was willst du mir damit sagen?« Mir graute davor, es zu hören. Sein Gesichtsausdruck war so gequält, daß ich wußte, es mußte etwas Ernstes sein – und er sprach die Wahrheit.

Mit leiser Stimme sagte er: »Ich habe soeben gehört, wie der Imperator seine Pläne festlegte. In drei Tagen will er Alexandria verlassen und über Syrien nach Rom zurückkehren.«

»Und … was ist mit uns? Was ist mit uns hier?«

Seine Stimme wurde noch leiser. Niemand sollte weitererzählen, daß er es mir verraten hatte. »Du sollst an Bord eines Schiffes gebracht und nach Rom befördert werden.«

So bald schon! In drei Tagen!

»Und wenn ich dort bin … Was will er dann mit mir anfangen?«

Dolabella schaute zu Boden und holte tief Luft, wie um sich zu stählen.

»Er will mich in seinem Triumphzug mitführen«, sagte ich für ihn. »Hab keine Angst, es auszusprechen; ich wußte es schon immer. Bist du sicher?«

»Völlig. Er plante seine Feierlichkeiten. Drei Triumphe soll es geben, einen für Illyrien, einen für Actium und den letzten für Ägypten. Bei diesem sollst du die Hauptzierde sein.«

»Aber ich könnte doch doppelten Dienst tun und zweimal auftreten! Denn da er ja behauptet, dies sei kein Bürgerkrieg gewesen, folgt daraus, daß bei Actium Römer nicht gegen Römer, sondern nur gegen Ägypter kämpften.« Es war ein bitterer Scherz.

»Es ist möglich, daß du zweimal erscheinen mußt«, pflichtete er mir kläglich bei.

»Ich danke dir, daß du mich gewarnt hast«, sagte ich.

Drei Tage!

»Es betrübt mich, daß ich es tun muß, aber es erschien mir noch grausamer, es dich nicht wissen zu lassen.«

»Ja. Ich bin dankbar, daß du es erkannt hast.«

Drei Tage!

»Wenn es irgend etwas gibt …«

»Ja. Ja, es gibt etwas«, sagte ich. »Laß mich eine Bitte an Octavian verfassen; du kannst sie ihm dann bringen. Und bitte tu dein Bestes, ihn zu überreden, daß er sie mir gewährt. Es würde mir sehr viel bedeuten, vor allem unter diesen Umständen.«

Mit seltsamer Ruhe setzte ich mich an mein Schreibpult, holte Papier hervor und suchte nach den rechten Worten für meine einfache Bitte. Ich hatte so wenig Zeit. Die Wache mußte genauso getäuscht werden wie Octavian, sie mußte ihren Griff lockern und achtlos werden.

Heil Dir, großer Imperator Cäsar, ich bitte Deine göttliche Gnade, mir zu erlauben, daß ich ein Trankopfer auf das Grab meines Gemahls gieße und nach uraltem ägyptischem Brauch dort einen Leichenschmaus auftische. Denn sonst kann sein Geist nicht zur Ruhe kommen.

Ich reichte Dolabella diesen Brief, und er las ihn aufmerksam. Dann nickte er. »Ich werde tun, was ich kann, Majestät.«

»Es ist wichtig für mich. Ich kann sonst nicht fortgehen. Er wird sicher nicht so hartherzig sein, es mir zu verwehren. Die Soldaten können mich die ganze Zeit bewachen.«

Aber nicht im Mausoleum. Da würden sie nicht hineingehen. Sie würden sich damit begnügen, die Türen im Auge zu behalten und die Speisen zu inspizieren, die hineingebracht wurden. Sie würden nicht auf den Gedanken kommen, daß die Gefahr bereits drinnen lauerte.

Laß nur den Korb noch da sein, betete ich, in der dunklen Ecke, wo er verborgen gewesen war!

»Ich will mein Bestes tun«, sagte er. »Es ist eine traurige Aufgabe.«

»Gräme dich nicht deshalb! Ich selbst habe mich ja dahin gebracht. Du hast nichts damit zu tun. Deine Freundlichkeit macht es nur leichter, das alles zu ertragen.« Ich hob die Hand und berührte seinen Arm. »Jetzt geh! Tu, worum ich dich gebeten habe!«

Er nickte, wandte sich rasch ab und ging hinaus.

So wenig Zeit. Ich rief meine Freunde wieder herein – denn das waren sie, nicht mehr nur Dienstboten. Ich durfte nicht verbergen, was nun kommen würde – außer vor Olympos. Verzeih mir, mein Freund!

»Was war denn?« fragte Mardian. Seine sonst so angenehme Stimme klang erregt. Hinter ihm kamen die andern.

»Dolabella war so gütig, mich darüber in Kenntnis zu setzen, daß Octavian mich für einen Triumph nach Rom zu verschiffen gedenkt.«

Laßt sie jetzt nicht anfangen zu heulen und zu protestieren! betete ich zu den Göttern. Und mein Gebet wurde erhört. Meine Gefährten, vernünftig und stark, nickten nur.

»Wir werden dich bereitmachen«, sagte Charmian, und alle wußten, was sie meinte – nur nicht Olympos.

»Octavian reist über Land, weil er das Meer nicht mag.« Aber ich mochte es. Wieder eine Seereise für mich, wieder an ein neues Ziel. Aber diese wollte ich nicht machen. »Es kann leicht sein, daß ich vor ihm in Rom bin.« Wenn Nachrichten wirklich auf dem Wind reisten, dann bestand daran kein Zweifel.

»Wann soll es sein?« fragte Iras.

»In drei Tagen.« Ich wandte mich an Olympos. »Ich möchte, daß du jetzt zu deiner Frau zurückgehst. Du bist der einzige von uns, der eine Familie außerhalb des Palastes hat. Bitte geh jetzt zu ihr! Für mich hast du getan, was du konntest – siehst du nicht, wie ich genesen bin?«

»Nein, ich muß hierbleiben, bis dieses Schiff die Segel setzt«, erklärte er starrsinnig.

»Nein«, widersprach ich. »Hast du deine Aufgabe vergessen? Es ist unerläßlich, daß du sofort gehst. Entferne dich von uns, solange du es noch kannst! Die fertigen Rollen hast du bereits – alle bis auf diese letzte, die ich beenden werde, bevor man mich fortbringt. Sieh zu, daß du kommst und sie holst; sie wird bei meinen anderen Sachen sein. Ich werde dir die schriftliche Erlaubnis dazu hinterlassen, und die werden sie respektieren. Und dann erfülle dein Versprechen! Nach Philae und nach Meroë. Wann du es für richtig hältst. Du wirst wissen, wann die Stunde gekommen ist.«

Er packte meine Hände so fest, daß mir die Knochen weh taten. »Ich kann nicht einfach davonspazieren, zum Palast hinaus und zurück ins Museion.«

Ich schaute ihm tief in die Augen und bemühte mich, ihm meinen Befehl ganz klarzumachen. »Du mußt.« Ich schwieg einen Moment lang. »Es ist vorbei. Laß mich jetzt nicht im Stich.«

»Ist ein Ende so einfach?« fragte er. Seine Stimme war jetzt beinahe unhörbar.

»Wir müssen es so machen«, sagte ich. »Wir wollen uns nicht quälen, indem wir es in die Länge ziehen.«

Er ließ meine Hände los, sah mich aber weiter an wie ein Falke. Dann gab irgend etwas in ihm nach; er fügte sich und beugte sich vor, um mich zu umarmen. Als er mich auf die Wange küßte, merkte ich, daß die seine naß war.

»Leb wohl, meine Liebste«, sagte er. »Bis zu dieser Stunde habe ich dich wohlbewahrt. Jetzt … muß ich dich den Göttern anheimgeben.«

Er löste sich von mir, wandte mir den Rücken zu und ging entschlossen zur Tür.

»Du hast deine Sache gut gemacht«, sagte ich. »Denn es war ein weiter Weg bis zu dieser Stunde.«

Er wankte hinaus, als leide er Schmerzen. Ich hörte eine leise Diskussion zwischen ihm und der römischen Wache draußen, aber sie hatten nicht den Befehl, ihn festzuhalten, und so mußten sie ihn ziehen lassen.

Als ich ganz sicher war, daß er fort war – welch ein Gefühl der Verlorenheit! –, sammelte ich die übrigen drei um mich.

»Hört zu!« Ich flüsterte, damit niemand lauschen konnte. »Wir werden unseren Plan morgen ausführen. Ich habe Octavian um die Erlaubnis gebeten, das Mausoleum zu besuchen und die letzten Riten für Antonius zu vollziehen. Wir werden unsere schönsten Gewänder anlegen und uns zu einem Leichenschmaus setzen, nur wir allein. Versteht ihr? Ich werde nach meinen Kronjuwelen schicken; ich werde Octavian bitten, sie mir zu leihen. Er wird sie mir nicht verweigern. Und dann sind wir bereit und können unsere eigene Reise antreten.«

»Nach Rom?« fragte Mardian und verzog ironisch den Mund. Er sprach laut genug, um gehört zu werden, sollte jemand zuhören.

»Ja, wir werden lammfromm nach Rom gehen«, sagte ich lächelnd. »Alle zusammen.«

»Dann laß uns mit den Vorbereitungen beginnen«, sagte Iras.

»Ja. Du mußt mir helfen, meine Kleider auszuwählen. Für den wichtigsten Anlaß von allen.«

Jetzt war ich dankbar, daß Octavian mir so viele Kleider hergeschickt hatte. Ich hatte eine große Auswahl. Damit konnte ich mir die Stunden vertreiben.

Stumm hielt Charmian jedes Gewand in die Höhe, schüttelte die Falten aus und ließ es hängen. Sie hatte sie eben erst alle zusammengefaltet, und jetzt war diese Arbeit so rasch zunichte. Es war schmerzlich, ein Teil des größeren Schmerzes.

Wie oft hatte ich das getan? Für wie viele Audienzen und Sitzungen hatte ich mich geschmückt? Jede war mir zu ihrer Zeit entscheidend wichtig erschienen, und jede war in der Tat bedeutsam gewesen, aber diesem Anlaß nun war keine auch nur annähernd gleichgekommen.

Raschelnde Seide wisperte in allen Farben der Sonne und des Feldes:

Weiß, Primel, Farn, Mohn, das Blau des Meeres rund um den Leuchtturm. Ein jedes hatte meinem Herzen zu seiner Zeit Freude gebracht. Aber keines paßte zu … diesem Anlaß. Ich brauchte ein einzigartiges Gewand, um nun endlich Isis entgegenzutreten.

»Da.« Das war es: noch nie getragen. Ein Grün, so rein, daß Smaragd daneben schmutzig und Gras matt wirkte. Das Grün der Felder Ägyptens, das heftige Grün seiner Ernte in der Sonne, leuchtend unter dem Auge des Re. Grün schien mir die ägyptischste aller Farben zu sein: der Nil, die Krokodile, der Papyrus. Und Wadjyt, die Kobragöttin von Unterägypten, deren Name schon »die Grüne« bedeutet.

»Ich werde dieses anziehen.« Ich nahm es Charmian ab.

Die feine Seide lag weich in meiner Hand. Der Ausschnitt war tief und eckig. Vorzüglich. So würde auch ein breiter Goldkragen dazu passen, wie auf einem alten Grabgemälde.

»Und dein Haar, Herrin?« fragte Iras.

»Es wird unter meinem königlichen Kopfputz verschwinden müssen«, sagte ich. »Also einfach.«

»Am besten einfach«, stimmte sie mir zu.

»Wir müssen das feinste Badeöl und Parfüm kommen lassen«, sagte Charmian. »Denn dein Haar muß vollkommen sein. Alles muß vollkommen sein.«

»Octavian wird uns geben, was wir haben wollen«, sagte ich. »Entsenden wir unsere Bitte jetzt, dann hat er Zeit bis morgen früh, uns die Sachen bringen zu lassen.«

Als es dunkel wurde und der Feind Epaphroditus hereinkam, um nach den Lampen zu sehen, begrüßten wir ihn freundlich. Er lächelte verlegen und wünschte uns einen guten Abend.

»Das Essen kommt gleich«, sagte er. »Ich hoffe, es wird dir munden.«

»Es gibt wenig, was mir nicht schmeckt«, sagte ich. »Ich bin nicht heikel.«

Er schwenkte den brennenden Stab, mit dem er die Lampen anzündete. »Das macht es einfach«, sagte er. »Was deine Wünsche angeht, so rechne ich bald mit einer Antwort.«

»Mir ist klar, daß der Imperator sich um vieles zu kümmern hat«, sagte ich.

»Er wird es dennoch nicht vernachlässigen«, versicherte Epaphroditus mir.

Das Essen war beendet, das Geschirr abgeräumt, und wir saßen schweigend da und warteten. In der letzten Stunde gibt es keine Geschäftigkeit, die uns die Zeit vertreibt. Es war ganz dunkel draußen, und ein frischer Wind, der zum Fenster hereinwehte, ließ die Flammen in den Lampen tanzen. Ich hörte das Klatschen des Wassers an der Mole. Der Hafen spielte heute abend; er sagte: »*Hört mein Rufen! Nehmt eure Boote und fahrt auf mir!*« Und vielleicht würden Liebespaare, Freunde, Kinder und all die freien Bürger der Stadt die Einladung annehmen.

Ja, die Stadt war frei. Sie würde überdauern. Und meine Kinder würden das Vertrauen aufnehmen, das ich ihnen hinterlassen hatte, wie ich das meines Vaters aufgenommen hatte. Ich hatte getan, was ich konnte, um das sicherzustellen. Cäsarion … Wo war er? Auf dem Weg nach Indien?

Ich hatte getan, was in meiner Macht stand. Es blieb nichts mehr übrig. Ein Sohn war fortgeschickt, die andern zwei waren noch hier, um dem Sieger zu gehorchen und ihn zu beschwichtigen. Nur diese beiden Wege standen ihnen offen. Sicher würde einer sich als gangbar erweisen.

Wir legen uns im Dunkeln nieder, strecken uns aus, als wollten wir schlafen. Ausgestreckt wie Nut, die Himmelsgöttin, die jeden Abend die Sonne verschluckt und jeden Morgen wieder gebiert. Ich fühle das glatte Laken unter mir, über die ganze Länge des Bettes.

Wie nah das alte Ägypten heute nacht ist! Es wölbt sich über mich wie Nut, umgibt mich schützend. In unserer letzten Nacht beugen die Götter sich hernieder und berühren uns.

Morgendämmerung. Morgendämmerung am zehnten Tag, dem letzten Tag. Die Zehn soll also meine heilige Zahl sein, die Zahl, die mir vorbehalten ist. Die zehn Schriftrollen waren wie ein Wahrzeichen. Die zehnte habe ich noch immer, und ich gedenke sie bei mir zu behalten bis zum Ende. Noch habe ich etwas mitzuteilen.

»Erlaubnis gewährt!« Epaphroditus kommt strahlend herein. »Zu meiner Freude kann ich dir sagen, daß der Imperator gnädig eingewilligt hat; du darfst den Palast verlassen und dich zum Grabmal des Herrn Antonius begeben, wie du es gewünscht hast. Er selbst wird dafür sorgen, daß euch die traditionellen Speisen für das Totenmahl gebracht werden und daß die Wache euch begleitet. Zu seinem Bedauern kann er nicht persönlich teilnehmen, aber seine Gedanken werden bei euch sein.«

Ich neige den Kopf. »Meinen Dank dem Imperator.«

»Überdies sendet er dir deine Krone, deine Juwelen und anderen Insignien. Du kannst behalten, was du möchtest; dessen hatte er dich ja bereits versichert. Die Sachen sind bereits auf dem Weg.« Und Epaphroditus verbeugt sich stramm.

»Auch die besonderen Öle?« fragt Charmian.

»O ja. Natürlich.«

So ist uns also alles erlaubt. Immerhin, der »gnädige« Imperator hat es nicht für nötig gehalten, mir mitzuteilen, daß ich nach Rom gebracht werden soll. Ohne Zweifel ein Versehen.

Und jetzt ist es Zeit. Das Bad ist eingelassen, das kostbare Lotosöl aus der schlanken Flasche hineingegossen, und nun mischt es sich mit dem warmen Wasser. Ich schwebe bewegungslos in dem duftenden Becken. Mein Haar wird mit Regenwasser gewaschen und mit duftendem Wasser ausgespült, das von weither aus dem heiligen Brunnen von Heliopolis gebracht wurde. Iras kämmt es aus und läßt es glatt fallen, damit es so trocknet.

Wir öffnen die Schatulle mit dem Schmuck. Es ist alles da; Octavian hat nichts herausgenommen. Da ist der prächtige Kragen mit den Schichten von Karneol, Lapislazuli, Gold und Türkis. Er reicht vom Hals bis über die Schultern hinunter. Und da ist auch meine Hochzeitskette, dieser Traum aus goldenen Blättern.

»Beide«, sage ich. »Warum nicht beide?« Ja, warum nicht?

Der Kopfschmuck hat die Form des Geiers, der Schutzgöttin von Oberägypten; die Federn sind über meinem Kopf ausgebreitet und umhüllen ihn. Die Schwingen liegen wie Schilde an meinen Wangen. Auf meiner Stirn ist eine breite Uräusschlange, die heilige Kobra von Unterägypten mit gespreiztem Kragen, bereit zum Stoß.

Schon fühle ich mich entrückt, fern von Charmian, Iras und Mardian. Die allmähliche Schichtung meines Kostüms, schwer von Symbolik und Macht, hat mich verwandelt, obgleich sie diejenigen waren, die mich geschmückt und diese Verwandlung bewerkstelligt haben. Jetzt ist es geschehen, und ich bin ein anderes Wesen.

Selbst wenn meine Kinder jetzt hereingestürmt kämen und selbst wenn man mir jetzt sagte, ich könne zu meinem alten Leben zurückkehren – ich könnte es nicht. Die Verwandlung ist grundlegend und unumkehrbar. So kann der Tod sich selbst vorwegnehmen.

Die Soldaten kommen. Wir verlassen den Raum, gehen durch den Korridor hinaus ins Freie. Der Tag ist hell und klar, die Luft rein. Ein Tag auf seinem Höhepunkt – als wolle er einen Eindruck hinterlassen, den wir mit in die Dunkelheit nehmen können, wo er in unserem Herzen nachklingen soll. Es sind sechs Soldaten, große Männer, und der getreue Spitzel Epaphroditus. Sein Herr muß ja auf dem laufenden gehalten werden und Bescheid wissen über alles, was vor sich geht.

Über das Palastgelände. Grünes Gras, schattige Wege. Die Truppen sind fort, niemand beobachtet uns. Der Tag singt, frohlockt.

Unsere kleine Prozession bewegt sich mit majestätischem Schritt. Es ist mühsam, sich unter all dem Königsprunk zu bewegen; Kragen und Kopfschmuck lasten auf mir, drücken mich nieder. Unter all dem ist mein Körper klein und leicht, aber auch erstickt, gefesselt.

Die gähnenden Portale des Mausoleums. Ich fürchte mich davor einzutreten, aber nur, weil der Anblick von Antonius' Grab mir solchen Schmerz bereitet. Mein eigenes bereit zu sehen macht mir Freude.

Das Trappeln der Tritte: Die Soldaten folgen uns in das eigentliche Mausoleum. Gut – sollen sie lauschen.

Ich nähere mich dem Granitsarkophag, so säuberlich verschlossen, so vollendet, so endgültig. Antonius seit zehn Tagen tot. Zehn Tage, zehn bedeutsame Tage. Wie habe ich all diese Zeit ohne ihn leben können?

Ich halte die Blumenkränze, die pharaonischen Girlanden aus Kornblumen, Weide, Olive und gelber Ochsenzunge. Ich knie nieder und lege sie über den kalten Stein. Dann das geweihte Öl auf die Oberfläche gegossen und mit den Fingern verrieben, bis der Granit leuchtender glänzt denn je.

»Oh, Antonius«, sage ich. Ich glaube, daß er mich hören kann. Und zugleich weiß ich, daß die Soldaten aufmerksam die Ohren spitzen.

»Geliebter Gemahl ... mit diesen Händen habe ich dich begraben. Da waren sie noch frei. Jetzt bin ich gefesselt und gefangen, und selbst diesen letzten Dienst erweise ich dir unter den Augen einer Wache. Sie bewachen mich, um mich für die Feier unserer Niederlage heil zu erhalten. Ich soll ihnen helfen, über unseren Sturz zu frohlocken.« Immer weiter reibe ich mit kreisenden Bewegungen das Öl in den Stein. Die Soldaten beugen sich vor, damit sie besser hören und jedes Wort mitbekommen können.

»Erwarte keine weiteren Opfer von mir; dies sind die letzten Ehren, die deine Kleopatra deinem Andenken erweisen kann. Man schafft mich nun eilends fort von dir. Nichts konnte uns trennen, als wir lebten, aber nun, im Tode ...« Hörten die Soldaten zu? Verstanden sie alles?

Ich spreche lauter. »... im Tode, droht uns die Trennung. Du, geboren als Römer, hast dein Grab in Ägypten gefunden; ich, eine Ägypterin, darf diese Gunst, nur diese, in deinem Lande suchen.«

Und dann verschwinden die Soldaten aus meinem Bewußtsein, und es gibt nur noch Antonius und mich. Jetzt spreche ich nur noch mit ihm, und ich flüstere. »Doch wenn die Götter der Unterwelt, bei denen du jetzt bist, etwas tun können oder wollen – denn die des Himmels haben uns verraten! –, so leide nicht, daß dein lebendes Weib im Stich gelassen werde; laß nicht zu, daß sie mich im Triumph mitführen, dir zur Schmach! Sie sollen mich verbergen und hier bei dir begraben ... denn unter all meinem bitteren Mißgeschick hat nichts so sehr mich geschmerzt wie die kurze Zeit, die ich fern von dir habe leben müssen.« Ich weine – ich, die ich glaubte, ich sei schon jenseits alles Empfindens.

Ein Leben fern von ihm ... hatte es je eines gegeben?

Die Soldaten recken die Hälse, um besser zu hören. Ich erhebe mich, lege mich quer über den Sarkophag, küsse ihn. Der harte, kalte Stein ist mein Bett. Worte gibt es nicht mehr. Ich warte darauf, daß meine zugeschnürte Kehle sich wieder lockert.

Sie warten ebenfalls, steif. Charmian, Iras, Mardian wagen nicht, sich zu rühren, und niemand faßt mich an. Schließlich reiße ich mich von dem Sarkophag los.

»Und jetzt nehmen wir das Totenmahl ein«, sage ich.

Der Offizier gibt einen Befehl, und gleich – es kommt mir vor wie im Handumdrehen – wird eine Prozession von Gerichten hereingetragen und vor uns auf die Zeremonientafel gestellt.

In alten Zeiten gab es in den ägyptischen Gräbern Kammern, wo die Familie des Verstorbenen vor seiner Statue schmausen konnte. Dann gesellte sich sein Geist zu ihnen.

»Ich danke euch«, sage ich. »Da ihr nun aber keine Ägypter seid und nicht zu dieser Familie gehört, möchte ich euch bitten, euch zurückzuziehen und vor der Tür zu wachen. Und bitte überbringt dem Imperator diese Nachricht mit dem Ausdruck meines Dankes.« Ich reiche dem Offizier der Wache meinen Brief.

Höflich ziehen sie sich zurück.

»Bitte schließt die Türen«, sage ich.

»Sollen wir nachsehen?« flüstert Charmian.

»Alles zu seiner Zeit«, erwidere ich. Jetzt ist keine Eile. Alles soll der Reihe nach getan werden, wie es gedacht ist. »Deckt den Tisch!«

Ein Mahl, der Götter würdig, erwartet uns. Das traditionelle Totenopfer ist da: Bier, Brot, Ochsenfleisch und Käse: *Alles Gute und Reine, von dem der Gott lebt, für den* ka *des verstorbenen Marcus Antonius*. Römisches Brot haben wir auch, und Antonius' Lieblingswein. Schade, daß wir keinen Appetit haben. Aber um dem Ritual genüge zu tun, kosten wir von allem einmal. Wir wollen nicht, daß die Köche sich vergebens geplagt haben.

»Gib mir die Schriftrolle«, bitte ich Mardian, und er nimmt sie mit dem Schreibwerkzeug aus seiner Tasche.

»Bitte laßt mich ein Weilchen schreiben«, sage ich. Im Halbdunkel breite ich das Papier aus und verzeichne, was geschehen ist, seit wir den Palast verlassen haben. Es geht schnell, hastig. Man verzeihe es mir. Ich habe weder die richtigen Worte noch die richtigen Bedingungen zu Gebote. Aber es muß genügen für euch – Cäsarion, Olympos – und für jeden, der von diesen letzten Stunden wissen muß. Und jetzt lasse ich es gut sein, um die letzte zu erwarten.

»So«, sage ich zu Iras, »du kannst nachsehen, ob alles so ist, wie ich es erbeten habe.«

Mit ihren anmutigen Bewegungen – ah, wie werde ich sie vermissen! – huscht sie in den dunklen Teil des Mausoleums. Wir warten. Isis wird mich nicht im Stich lassen. Sie erwartet mich. Sie hat den Soldaten die Hände gebunden, und sie hat allen, die hier gesucht haben, die Augen verschlossen, so daß ich jetzt zu ihr kommen kann, da ich es will.

Iras gleitet hervor ins Licht, und sie hält den Korb in die Höhe. »Sie haben ihn übersehen«, sagt sie. »Aber die Truhe mit den Kleidern und der Krone ist fort.«

Es war eine große Truhe, und sie enthielt einen Schatz. Einen staubigen Korb aber übersieht man leicht. Vor allem einen, der mit alten Feigen gefüllt ist – mit dunklen Feigen, birnenförmig und muffig. Sie sollten den charakteristischen Geruch der Schlangen verdecken – einen Geruch, der dem der Gurken auf dem Feld ähnlich ist, wenn sie in der Sonne liegen. Der Priester Nacht hatte seine Sache gut gemacht.

»Gib ihn mir«, sage ich. Er ist schwer. Ich hatte nicht erwartet, daß er so schwer sein würde.

Ich stelle den Korb auf die Tafel des Totenmahls und hebe den Deckel hoch. Leise regt sich etwas darin. Ein sanftes Gleiten. Dann ragt etwas heraus.

Ich nehme die Schlange in die Hand. Sie ist dick, kühl, überwiegend dunkel mit einer helleren Unterseite. Die Zunge zuckt hervor. Sie wirkt sehr friedfertig.

Ich ziehe sie langsam aus dem Korb. Sie ist länger, als ich vermutet hatte: so lang wie die Spanne meiner beiden Arme. Als sie schlaff herausfällt, sehe ich, daß sich im Korb noch immer etwas bewegt. Nacht hat mir zwei geschickt. Das war sehr vorausschauend.

»Hier ist sie also«, sage ich und starre die Schlange an. Ihre dunklen Augen schauen in die meinen. Sie züngelt prüfend. Ich halte sie hoch.

Mardian, Iras und Charmian zucken zurück. Sie können nicht anders.

»Herrin …«, sagt Charmian, aber der Protest erstirbt auf ihren Lippen.

Das Geschöpf wirkt träge. Es liegt auf meiner Hand wie ein Haustier, so zahm wie meine liebe Äffin. Aber wir haben nicht mehr alle Zeit der Welt. Octavian wird den Brief bald bekommen. Dann weiß er Bescheid.

Ich schlage sie auf den Kopf, und sie weicht zischend zurück. Ihr Kragen – so vertraut von tausend Abbildungen, ein Spiegelbild meiner eigenen Krone – spreizt sich.

So schnell, daß ich ihr mit den Augen nicht folgen kann, stößt sie zu. Sie beißt mich in den Arm, schlägt ihre Zähne hinein. Sie fühlen sich an wie Nadeln, winzig kleine Stiche.

Jetzt warte ich. Mit großer Freude weiß ich, daß ich erlöst bin. Ich kann nur noch ein bißchen schreiben. Es war der andere Arm, in den sie gebissen hat, aber ich habe noch etwas zu tun, bevor ich schlafe. Der Arm kribbelt; die Finger werden kalt, als gehörten sie mir nicht. Das Taubheitsempfinden kriecht aufwärts, aber ich fühle eigentlich keinen Schmerz. Gleichzeitig wirkt es sich auf mein Denken aus; ich spüre, wie Gleichgültigkeit – tödlicher als jeder Schmerz – von mir Besitz ergreift. Es ist eine verschwommene Leichtherzigkeit … Warum sich noch sorgen? Warum sich die Mühe machen, diese Aufgabe zu vollenden?

Weil ich die Königin bin. Und weil mein Wille stärker ist als dieses Gift. Ich werde tun, was ich tun muß, bis zum letzten Augenblick.

Und so schließe ich diese Schriftrolle und vertraue sie Olympos an. Möge meine Geschichte erhalten bleiben, möge die Wahrheit überleben! Es ist schwer, die Welt zu verlassen. Ich habe mein Bestes für sie getan; ich habe ihr gedient und sie von ganzem Herzen geliebt.

Isis, Deine Tochter kommt. Bitte breite Deinen Mantel aus, und heiße sie willkommen. Sie hat eine weite Reise gemacht, um zu Dir zu kommen.

Ich fühle, daß etwas an mir zupft, mich zu Boden zieht. Ich muß schließen. Leb wohl, Schriftrolle. *Vale*, sagen die Römer. Wir trennen uns jetzt. Vergiß mich nicht! Mögest Du tausend Jahre leben – zehntausend Jahre –, damit auch ich leben kann.

Friede, mein Herz. Gehorche mir, und steh still! Denn ich bin fertig.

HIER ENDET DIE ZEHNTE SCHRIFTROLLE

# DIE SCHRIFT-ROLLE DES OLYMPOS

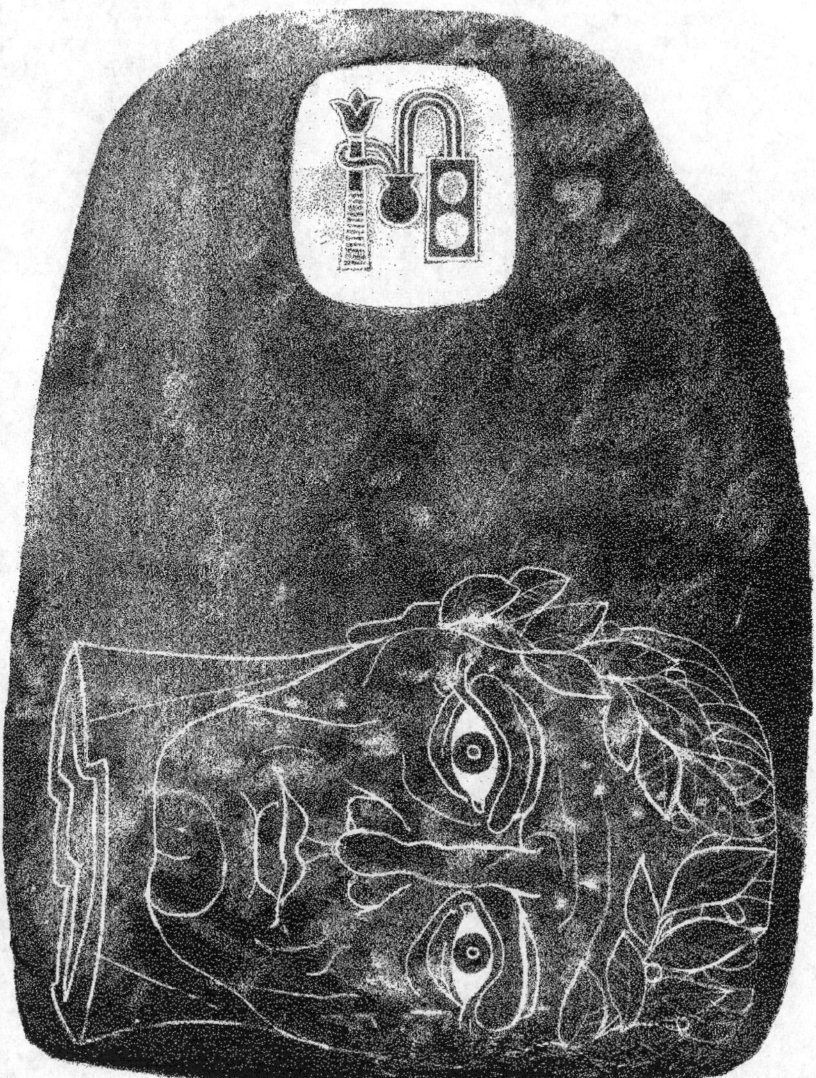

# 1

Narr! Narr, der ich bin! Nichts habe ich geahnt, all die Monate lang – ich kann nicht glauben, daß ich mich so habe einwickeln lassen. Aber war Dein Weg nicht besser als der meine? Was hatte mein Weg Dir zu bieten? Es beschämt mich, daß ich Dich offensichtlich soviel weniger gut kannte, als ich dachte. Aufgeblasen von meinem eigenen Verantwortungsgefühl, bildete ich mir ein, ich könnte den Gang der Ereignisse steuern; oder, besser gesagt – siehst Du? Selbst hier schmeichle ich mir noch –, ich hatte Angst, dabei mitzuhelfen, sie in Gang zu setzen. Statt dessen hockte ich da wie ein Stein und hielt mich für weise und stark, während ich in Wirklichkeit nichts als ein Hindernis war und einen Keil zwischen uns getrieben hatte.

Die Sonne ging unter, und ich beendete soeben mein Abendessen, als die Soldaten hereingestürmt kamen. – Warum schreibe ich dies, als wüßtest Du nicht längst alles, als hättest Du es nicht sozusagen selbst mit angesehen? Ich bin von Sinnen, versuche mich zu beruhigen. Rede irre. – Es waren drei – riesige Kerle, noch gewaltiger durch ihre dicken Brustpanzer und die hohen Helme. Einer von ihnen packte mich bei der Schulter und schüttelte mich, daß ich dachte, die Zähne fliegen mir aus dem Mund.

»Dreckiger Grieche!« schrie er. »Dreckiger, verlogener, griechischer Verräter!« Dann warf er mich gegen die Wand.

Ich schlug so hart auf, daß ich wirklich zurückprallte und bäuchlings zu Boden fiel.

Sie zerrten mich hoch und brüllten mir weiter ins Ohr. Von all dem Schütteln, Werfen und Prallen wurde mir übel. Ich befürchtete schon, ich würde mich gleich über ihre Soldatensandalen erbrechen, die gefährlich vor meinen Augen verschwammen.

»Du hast es getan, du kannst es auch ungeschehen machen!«

»Laß ihn los, Appius«, sagte einer der anderen. »Es nützt ja nichts, wenn er auch noch tot daliegt.«

»Wenn er es nicht wieder hinbringt, *ist* er tot«, sagte mein Peiniger.

Als ich das Wort »tot« hörte, wußte ich Bescheid. Und was ich fühlte, war seltsamerweise Erleichterung. Warum hatte ich dann versucht, es zu verhindern? Warum hatte ich Dich dazu getrieben, zum Bizarren zu greifen?

»Die Königin ist – du mußt sie retten!« brüllte Appius, der Anführer.

»Wo ist sie? Was ist passiert?« fragte ich. Eine berechtigte Frage, meinst Du nicht auch?

»Das weißt du ganz genau!« bellte er. »Du hast es ja eingefädelt!«

Er riß mich am Arm und zerrte mich zur Tür. Um das Maß voll zu machen, bohrte mir ein anderer Soldat seinen Dolch ins Kreuz – als brauchte ich weiteren Ansporn.

Als wir das Mausoleum erreichten, hatte sich draußen eine große Menschenmenge versammelt, aber die Tür wurde streng bewacht. Die Leute versuchten hineinzuspähen; die Soldaten drängten sie mit blanken Speeren zurück. Aber sie wichen in übertriebenem Respekt zur Seite, als man mich hineingeleitete.

Im Halbdunkel sah ich, daß drinnen noch mehr Leute versammelt waren. Aber ich hatte keine Augen für sie. Ich sah nur *Dich*.

Oh, ich gratuliere Dir. Du hattest es so gut vorbereitet – so gut wie alles, was Du je unternommen hast. Vielleicht war alles andere nur eine Vorbereitung für das hier: für Deinen Handstreich, Dein Meisterstück.

Du lagst dort auf dem breiten Deckel Deines Sarkophags, reglos wie ein Stein; Du trugst Königsgewand und Krone, und Krummstab und Dreschflegel lagen kreuzweise auf Deiner Brust. Daß Du ganz und gar tot warst, stand fest. Es gab keine Rettung, keine Umkehrung.

Gleichwohl näherte ich mich – als wüßte ich irgendein Geheimnis über Leben und Tod, während ich doch nichts war als ein armer Mechaniker, der gelegentlich – wenn die Götter es erlaubten – an den Pforten der Unterwelt rütteln konnte.

Ich sollte Dir sagen – falls es für Dich noch von Bedeutung ist –, daß Du unendlich schön warst. Das Mittel, das Du gewählt hattest – was immer es gewesen war –, hatte keine Spur an Dir hinterlassen, ja, eher hatte es Dein Aussehen noch vervollkommnet. Vielleicht war es auch nur die Abschiedsfreude. Du warst so glücklich, daß Du entkommen warst.

Erst als ich den Blick von Deinem Antlitz wenden konnte, sah ich die zusammengesunkenen Leiber von Iras und Charmian, die neben dem Sarkophag lagen.

Ich beugte mich nieder und berührte sie. Auch sie waren tot.

Erst jetzt nahm ich Deine Hand, nur um sicherzugehen, ehe ich etwas sagte. Eine Spur von Wärme war noch da.

»Sie sind alle unrettbar«, sagte ich.

»Die Psylli können Wunder wirken«, sagte einer der Soldaten. »Der Imperator hat bereits nach ihnen geschickt.«

Jetzt war ich verblüfft. »Es waren Schlangen?«

»Wir nehmen es an«, sagte einer. »Wir haben draußen eine Spur gefunden und diesen Korb …« Er hielt einen breiten Korb in die Höhe, in dem Feigen lagen.

Ich untersuchte Dich gründlich. Es schien, als seien da zwei winzige Male an einem Arm, aber sicher war ich nicht.

Schlangen. Wie passend! Sie sind nicht nur die heiligen Tiere Ägyptens, sondern man verbindet sie auch mit der Macht der Unterwelt und mit der Fruchtbarkeit. Vielleicht habe ich Dir einen Gefallen getan, als ich Dir herkömmlicheres Gift verweigerte.

Die Psylli erschienen mit großem Getue. Die Leute dieses Stammes sind bekannt dafür, daß sie angeblich immun gegen Schlangengift sind, und es heißt, sie können es aus der Wunde eines Opfers saugen und die betreffende Person so wieder zum Leben erwecken. Aber sie kamen viel zu spät, auch wenn sie ein großes Theater veranstalteten und mit Deinem Arm hantierten.

Bald aber hatten sie einen Gegenstand für ihre Aufmerksamkeit gefunden, denn ein Stöhnen aus dem hinteren Teil des Mausoleums führte zur Entdeckung Mardians. Er war zusammengekrümmt und bewußtlos. Sie beugten sich über ihn, machten den Biß an seinem Bein ausfindig und behandelten ihn energisch.

Unterdessen erschien Octavian, wütend und bleich. Er marschierte geradewegs zum Sarkophag und starrte auf Dich herab. Ich dachte schon, er würde sich nie mehr abwenden. Seine Miene war unergründlich. Aber endlich trat er doch zurück und sagte fast zu sich selbst: »Nun gut. In der Tat, ich werde dir die Bitte gewähren.«

Er schüttelte den Kopf und sah sich erst jetzt um. »Alle tot?« fragte er.

»Herr, die Königin war schon tot, als wir hereinkamen«, sagte der Offizier der Wache. »Die Frauen lagen im Sterben. Die eine lag hier« – er deutete auf die reglose Iras –, »und die andere war noch dabei, die Krone der Königin zu richten. Ich packte sie und sagte: ›Frau, war denn das recht von deiner Herrin?‹ Und sie antwortete: ›Ja, überaus recht – wie es sich für die Nachfahrin so vieler Könige geziemt.‹ Und dann fiel auch sie tot um.«

»Sie hat wahr gesprochen«, sagte Octavian. Er hatte ein seltsames Lächeln auf dem Gesicht; es war ein Lächeln der … ja, der Bewunderung. Du hast Eindruck auf ihn gemacht. Daß Du ihn überlistet hast, hat Dir seinen höchsten Respekt eingetragen.

»Bereitet sie alle für die Beisetzung vor, wie die Königin sie erbeten hat.« Er reichte dem Wachoffizier ein Schriftstück.

Dann schaute er Dich beinahe zärtlich an. »Dein Brief hat sehr für dich gesprochen.« Er warf einen Blick hinüber zum zweiten Sarkophag. »Du und dein Antonius, ihr werdet hier zusammen liegen. Nein, der Tod wird euch nicht trennen.« Dann machte er jäh auf dem Absatz kehrt.

»Herr«, sagte einer von der Wache, »hier ist einer, der noch lebt.« Und sie trugen Mardian zu Octavian und legten ihn vor ihm nieder.

Octavian lachte. »Das ist alles, was die Bemühungen der Psylli zustandegebracht haben? Er ist nicht von Nutzen für mich. Jetzt auch für sonst niemanden mehr. Du magst dich aus dem öffentlichen Leben zurückziehen, solltest du wieder genesen«, sagte er und entließ ihn mit diesen Worten. »Kommt.« Er winkte seiner Wache. Dann wandte er sich unvermittelt mir zu. Ich hatte gedacht, er habe mich gar nicht gesehen, geschweige denn sich an mich erinnert.

»Ich will vergessen, was du in Rom über die unrechtmäßigen Ansprüche des Sohnes der Königin zu mir gesagt hast«, sagte er. »Ich schlage vor, du vergißt es ebenfalls.«

Dann war er fort.

Die Psylli gingen, und die zusätzliche Wache auch. Bestatter kamen, um die Toten für die Beisetzung vorzubereiten, und ich schaute Dich ein letztes Mal an.

So lange wir auch schauen mögen, irgendwann müssen wir aufhören zu schauen und fortgehen. Die Lebenden sind dazu gezwungen. Und so viel wir auch schauen, wir sind doch niemals bereit zu gehen.

Aber ich konnte nicht hier im Mausoleum weiterleben. Du hattest mir eine Aufgabe gegeben. Meine Arbeit war noch nicht erledigt.

Ja, es war recht getan und passend für die Nachfahrin so vieler Könige. Ich verneige mich vor Dir, während ich trauere.

Freundin meiner Kindheit, ich hatte gehofft, auch das Alter mit Dir zu teilen. Aber Göttinnen werden nicht alt.

# 2

Von Olympos an Olympos:

Wie ich stets mit peinlichster Sorgfalt medizinische Aufzeichnungen geführt habe – wer da glaubt, ich hätte ein wunderbares Gedächtnis, irrt sich; ich habe nur ein wunderbares System zum Aufzeichnen und Ordnen dessen, was ich finde –, so will ich kurz verzeichnen, was geschah in den turbulenten Tagen nach dem Tod der letzten Feindin Octavians, der Königin von Ägypten, Kleopatra der Großen. Denn, wahrlich, sie war die größte unter den Herrschern Ägyptens; mit politischem Genius verwandelte sie das schwache Land, das sie geerbt hatte, in eine Macht, vor der selbst Rom zitterte. Denn was ist es anderes als politischer Genius erster Ordnung, wenn jemand auf den Gedanken verfällt, Römer zu benützen, um Rom zu bedrohen? Und sie war die letzte, die Ägypten als freies Land regierte. Ja, diese Aufzeichnungen mögen sich eines Tages als notwendig erweisen – und sei es nur als Gegenpol zur offiziellen Version der Ereignisse, um einen anderen Standpunkt zu bewahren.

Ich stellte die letzte Schriftrolle der Königin sicher; sie lag in der Nähe des Sarkophags, säuberlich zusammengerollt. Wie gut das zu ihr paßte! Ich nahm sie mit nach Hause und las sie dort, trauernd und staunend. Mardian wurde in mein Haus geschafft, wo Dorkas und ich ihn pflegten. Er genas nur langsam; es war, so erklärte ich ihm, sein Fett gewesen, das ihn gerettet hatte. Das und die Tatsache, daß er tief unten ins Bein gebissen worden war, unterhalb des Knies, sowie drittens der Umstand, daß die Schlange schon drei Leute vor ihm gebissen hatte, so daß ihr offenbar das Gift knapp geworden war. Ich habe schon bemerkt, daß fette Menschen giftige Bisse eher überleben als magere ... Wäre es möglich, daß ihr Fett das Gift bindet ...?

Er lag tagelang im Fieberdelirium, murmelte und stöhnte, während sein Bein anschwoll und die Haut sich spannte, bis sie glänzte. Endlich aber ging das Fieber zurück, und er konnte von den letzten Stunden im Mausoleum erzählen: wie sie das Totenmahl gehalten hatten, wie die Schlangen, einer Monate zuvor getroffenen Verabredung gemäß, aus Heliopolis geschickt worden waren und im Mausoleum gewartet hatten. Es waren zwei gewesen, aber nur eine war benützt worden. Wo war die andere geblieben? Ein Rätsel – beide waren draußen im Sand verschwunden. Alles hatten sie geplant, und es war reibungslos gegangen. Der Brief an Octavian enthielt die Bitte um einen bestimmten Beisetzungsritus. Natürlich hatte er gleich Bescheid gewußt, als er ihn öffnete. Er hatte Soldaten losgeschickt, die im Laufschritt hingeeilt waren, um es noch zu verhindern.

Das Gift mußte sehr schnell gewirkt haben; sie hatten sich nicht viel Zeit für ihren Plan gegeben. Mardian erzählte, daß die Schlangen zwei vorzügliche Exemplare aus Heliopolis gewesen seien, die man dort ihres schnell wirkenden, tödlichen Bisses wegen gezüchtet habe. Schon die gewöhnliche Aspis wird in Alexandria als die humanste und schmerzloseste Hinrichtungsmethode verwendet; diese also müssen noch eine Stufe besser gewesen sein.

Die Beisetzung war von königlicher Pracht, aber sie war doch nur ein Echo anderer Festlichkeiten in der Geschichte Alexandrias. Die Stadt trauerte, da sie nun doch an Rom gefallen war und zudem ihre stolze Königin verloren hatte. Schweigend standen die Bürger da und schauten dem Trauerzug zu, und sie verabschiedeten sich nicht nur von Kleopatra, sondern von ihrer Freiheit und von ihrem Glanz unter den Städten. Mardian und ich standen unter ihnen, er auf Krücken gestützt.

Iras und Charmian wurden an der Seite ihrer Herrin bestattet, und Octavian ließ auch für sie eine Gedächtnistafel aufstellen. Wie ich schon sagte, er war anscheinend recht angetan von ihrem Mut und dem Zauber der Todesszene im Mausoleum.

Als nach der Bestattung eine schickliche Frist verstrichen war, besichtigte Octavian ein paar Sehenswürdigkeiten. Er besuchte das Grabmal Alexanders, begnügte sich aber nicht damit, den Eroberer anzuschauen, sondern bestand darauf, daß man den Kristalldeckel anhebe, damit er ihn berühren könne. Offensichtlich war er von der Idee durchdrungen, daß eine Art Macht von Alexander auf ihn übergehen könne – waren sie nicht schließlich im gleichen Alter, und herrschten sie nicht beide über ein gewaltiges Reich? Und es stimmte ja, Octavian regierte jetzt über ein Gebiet, das fast so groß war wie der Herrschaftsbereich Alexanders. Also mußte er Alexanders wahrer Nachfolger sein. Dann aber geschah etwas Verdrießliches: Ein Stück von Alexanders Nase brach ab, und Octavian hatte es in der Hand. Wies der Große Octavian zurück oder schenkte er ihm eine kostbare Reliquie? Wie die meisten symbolischen Ereignisse war auch dies für die wildesten Deutungen offen.

Kurz danach gab Octavian den Befehl, sämtliche Statuen von Antonius umzustürzen; die Bestechungssumme von zweitausend Talenten, die ein treuer Freund Kleopatras rechtzeitig leistete, verhinderte, daß ihre Statuen auf die gleiche Weise zerstört wurden; so kommt es, daß sie im ganzen Land immer noch stehen. Feinde müssen bestraft werden: Canidius wurde hingerichtet, desgleichen mehrere Senatoren, die Antonius und seiner Sache allzu eng verbunden gewesen waren.

Octavian zeigte sich demonstrativ zurückhaltend; es hieß, er habe aus dem Palast nichts außer einem Trinkbecher aus Achat mitgenommen, ein altes Besitzstück der Ptolemäer. Ich wußte, daß dieser Becher für Kleopatra sehr kostbar gewesen war. Aber der Sieger darf sich nehmen, wonach ihn gelüstet, ob es groß ist oder klein.

Hinter seiner lächelnden Maske beging Octavian die abscheuliche Tat, die er die ganze Zeit geplant hatte, wie die Worte, die er im Mausoleum zu mir sagte, erwiesen. Ich muß es hier so kurz wie möglich wiedergeben, denn hilflose Wut und Trauer quälen mich, wenn ich länger dabei verweile.

Unter Einsatz der schnellsten Boten gelang es Octavian, Cäsarion und Rhodon zu erreichen, bevor sie das Schiff nach Indien bestiegen. Durch Geld ließ sich Rhodon überreden, seinerseits Cäsarion zur Rückkehr nach Alexandria zu bewegen, weil Octavian ihn dort zum König machen wolle. Als sie dort waren, handelte Octavian nach dem praktischen Rat seines philosophischen Freundes Arius, der auf Homer Bezug nahm und sagte: »Zu viele Cäsaren, das ist nicht gut.« Er ließ Cäsarion ermorden.

Unter all den verlorenen Dingen der Welt, all dem, was wir niemals wissen werden, steht dieser verlorene Sohn Cäsars und Kleopatras als faszinierendes Rätsel. Was wäre aus ihm geworden, zu welchem Wesen wäre er herangewachsen – mit all den Gaben, die er von seinen bemerkenswerten Eltern geerbt hatte? Octavian wollte es lieber nicht herausfinden – und so werden auch wir es niemals wissen.

Nur ein zarter Schimmer von Barmherzigkeit ist hier zu entdecken: Kleopatra ahnte nie etwas von seinem Schicksal; als sie die Augen schloß und ins Dunkel ging, wähnte sie ihn in Sicherheit. Isis hatte sie bis zuletzt vor dem beschützt, was ihren Geist betrübt und sie so am Übergang in jene andere Welt gehindert hätte.

Wo wurde Cäsarion begraben? Niemand weiß es; ich stelle mir gern vor, daß er neben Antyllus ruht, wo immer das sein mag, und daß die beiden Jungen zusammen sind und einander über den schicksalhaften Sturz ihrer beiden Eltern hinwegtrösten können. Beide waren als Erben eine potentielle Herausforderung, die Octavian nicht dulden konnte.

Nachdem diese Dinge erledigt waren, verabschiedete Octavian sich aus Ägypten und nahm seinen Achatbecher, seinen Sieg und die drei überlebenden Kinder Kleopatras mit. Ihre Mutter hatte sich geweigert, seinen Triumph zu zieren, und so mußte er sich mit ihnen begnügen.

## 3

Meine Pflichten waren noch nicht beendet. Ich hatte gedacht, sie wären es, als die Römer abgezogen waren. Aber nein. Wir, die wir weiterleben, können unsere Verpflichtungen und Verbindlichkeiten nicht so säuberlich beenden wie diejenigen, die den Tod vorziehen. Das Leben zieht sich in die Länge, schleppt sich dahin und stellt immer wieder unerwartete Anforderungen an unsere Loyalität.

Menschlicher Anstand und Respekt zwangen mich, den königlichen Kindern zu folgen und – wenn auch nur aus der Ferne – in Rom über sie zu wachen. Anscheinend war ich dazu verdammt, der Königin weit über das hinaus zu dienen, was ich mir einst vorstellte, als ich ihr mein Versprechen gab.

So reiste ich nach Rom und traf in der Hitze des Sommers dort ein. Die Kinder wohnten alle zusammen bei Octavia, die so lange hatte leiden müssen. Ich konnte sie sehen, wenn ich bei Sonnenuntergang auf dem Palatin spazierenging. Sie sahen ganz zufrieden aus, wie sie dort mit ihren Halbgeschwistern, Antonius' anderen Kindern, spielten. Octavia stand jetzt einem

Haushalt mit neun Kindern vor, ihren eigenen, Fulvias und den ägyptischen. Octavians einzige Tochter, Julia, muß auch oft dagewesen sein, und so reichte die Altersspanne von der neunzehnjährigen Marcella bis zum kleinen Philadelphos, der jetzt sechs Jahre alt war. Ich zeigte mich ihnen nicht; ich dachte, es sei besser so, aber ich verharrte doch am Rande ihres Lebens und beobachtete sie heimlich vom Weg vor ihrem Haus aus.

Octavian hatte sich Zeit gelassen und war langsam zu Lande heranmarschiert. Erst im März kehrte er zurück, und dann machte er sich daran, seinen Triumph zu planen – besser gesagt, seine Triumphe, denn drei sollten es werden an drei aufeinanderfolgenden Tagen. Dazu erwählte er sich den Monat Sextilis, denn in diesem Monat war Alexandria gefallen. Er wollte am selben Tag durch die Straßen paradieren, an dem auch die Grabprozession der Königin sich durch Alexandria geschlängelt hatte. Es gefiel ihm, wenn die Dinge derart geordnet vonstatten gingen.

Während die Stadt seine Ankunft erwartete, machte sie sich einstweilen Gedanken darüber, wie sie ihren Herrn ehren und mit welchen Verfügungen sie ihm gefallen könnte. Der Senat erließ einen Beschluß, in dem Antonius verdammt, der Tag seiner Geburt für verflucht erklärt sowie jedermann verboten wurde, die Namen *Marcus* und *Antonius* zusammen zu benutzen. Von allen Denkmälern sollte sein Name getilgt werden, als hätte er nie existiert. Sie erklärten den Tag, an dem Alexandria gefallen war, zu einem herausragenden Glückstag im Kalender und schlugen sogar vor, daß alle Alexandriner diesen Tag als Beginn einer neuen Ära feiern sollten, als ersten Tag eines neugestalteten Kalenders. Überdies wurde beantragt, Octavian lebenslange Tribunatsgewalt zu verleihen und bei allen Banketten, öffentlichen wie privaten, für ihn zu beten und Trankopfer für ihn auszugießen.

Und dann tat sich unser alter Freund Plancus, der blau Angemalte, der rechtzeitig Desertierte, dadurch hervor, daß er für G. Julius Cäsar Octavianus, *Divi Filius*, einen neuen Namen und Titel ersann: *Augustus*, der Erhabene. Es war eine Andeutung von Göttlichkeit, aber nicht so unverblümt, daß es bei Republikanern vom alten Schlag Anstoß erregt hätte. Hinreichend unbestimmt, aber gleichwohl majestätisch. Octavian war hocherfreut und ließ sich das lorbeerbekränzte Haupt mit diesem Titel weihen. Jetzt war er in den Imperator Cäsar Augustus verwandelt und hatte alle gewöhnlich klingenden Namen, die seine Herkunft hätten verraten können, hinter sich gelassen.

Und wie Cäsar mußte er auch einen Monat nach sich benennen. Man nahm an, daß er – wie Cäsar – seinen Geburtsmonat erwählen würde, den September also. Aber nein, er nahm sich den Sextilis, den Monat seines großen Sieges, zu seinem Gedenken. Fortan hieß der Monat August.

Und so sollten am dreizehnten, vierzehnten und fünfzehnten August die Triumphzüge durch die Straßen rumpeln. Man munkelte, sie würden noch verschwenderischer werden als bei Cäsar. Horatius und Vergilius hatten zu ihrem Gedächtnis bereits Ruhmesverse geschrieben. Bizarre afrikanische Tiere sollten zum ersten Mal in Rom zu sehen sein. Kein lebender Mensch durfte diese Feierlichkeiten je wieder vergessen.

Wie soll ich sie beschreiben? So kurz und schlicht wie möglich – ich bin nicht dazu da, Octavians Loblied zu singen. Es ist wohl wahr, auch ich werde sie nie vergessen, aber aus persönlichen Gründen.

Der erste – zur Feier des Sieges über die Illyrer – war eine bescheidene Veranstaltung. Es gab eine Parade mit Gefangenen, darunter drei Häuptlinge als führende Vertreter des Feindes, und die zurückeroberten Standarten, die Gabinius Jahre zuvor verloren hatte, sowie Transparente, auf denen die Niederlage der Pannonier, Dalmatier, Japygen und einiger germanischer und gallischer Stämme verkündet wurde. Die Vestalischen Jungfrauen kamen vor die Stadt, um den Triumphwagen zu empfangen und ihn nach Rom hineinzugeleiten, und die Senatoren gingen mit den Soldaten hinterdrein.

Der zweite Triumph – zur Feier des Seesieges bei Actium – war schon üppiger. Geschickterweise kamen hier keine Römer vor, sondern nur die Klientenkönige – von denen die Hälfte desertiert war, bevor die Schlacht auch nur angefangen hatte! Ah, welch ein Genius, der da die Geschichte neu schrieb! Der arme Adiatorix von Galatien und Alexander von Emesa wurden herausgeführt, Männer, die bei den Kämpfen kaum eine Rolle gespielt hatten. Agrippa wurde mit einem blauen Banner für seine Leistungen belohnt, und man verkündete, daß der Sieg von Actium fortan alle vier Jahre mit heiligen Spielen gefeiert werden würde, mit einer Art Konkurrenz zu den Olympischen Spielen also. Die Rammsporne der gekaperten Schiffe – von »Vierern« bis zu »Zehnern« – würden als Denkmal auf einem Sockel auf dem Forum stehen.

Und jetzt kommen wir zum Alexandrinischen Triumph – dem letzten und großartigsten. Die Parade bestand aus der gleichen Aufstellung von Vestalischen Jungfrauen, Senatoren und Soldaten, aber sie wirkten zwergenhaft winzig neben den eroberten Trophäen. Ein Nilpferd und ein Rhinozeros stapften über die Via Sacra. Reihen von Nubiern, exotische Gefangene, schmückten das Forum. Karren, ächzend unter der Last der Beute, schwankten über das Pflaster. Ich sagte, daß Octavian nichts aus dem Palast mitgenommen habe, aber natürlich hatte er den Schatz eingesackt, für den er einen so weiten Weg zurückgelegt hatte. Eine so große Menge Gold war hier nach Rom verlagert worden, daß der Zinssatz unverzüglich von zwölf auf vier Prozent sank.

Eine Darstellung des Nils selbst mit all seinen sieben Mündungen rollte vorüber, gefolgt von flachen Wagen mit ägyptischen Statuen, die sie aus den Tempeln gestohlen hatten.

Und schließlich erschien Octavian selbst auf seinem Wagen und ließ sich bejubeln als Eroberer der Welt, und die Krone trug er auf dem Kopf, statt sie von einem Sklaven über sich halten zu lassen. Und dann … O Schande! Hinter dem Wagen kamen Selene und Alexander in Ketten, und den kleinen Philadelphos hatten sie in ihrer Mitte. Ihnen folgte ein grelles, großes Bildnis ihrer Mutter, um deren Arme sich Schlangen wanden.

Wild sah sie aus; ihre Augen loderten, und sie hatte die Fäuste geballt. Sollte es zeigen, wie sie starb? Sie lag hingestreckt auf einem Diwan, aber nicht kraftlos; sie strahlte Macht und Zielstrebigkeit aus. War es ein Abbild der raubgierigen Feindin, die eine solche Bedrohung für Rom gewesen war? Was immer es sein mochte, es ließ die Menge schreien und jubeln. Aber applaudierten sie ihr, oder frohlockten sie über sie? Möglicherweise beides. Die Schlangen ließen an Isis denken, aber auch an ihren Tod. Es war ihrer nicht unwürdig. Sie war Octavians Siegesparade entkommen, und dies war seine Art, ihr dafür die Ehre zu geben: der überlebensgroßen Feindin.

Neben dem Bildnis ging ein Schauspieler und rezitierte aus dem Gedicht des Horatius über Actium:

*Das Wunderweib! Doch siehe in edlerm Tod*
*Denkt sie zu sterben, schreckt nicht nach Frauenart*
*Vor blanken Schwertern, sucht sich nicht*
*In schirmender Bucht durch die Flucht zu bergen.*

*Sie hat den Mut, betritt noch mit heiterm Blick*
*Die nun in Trümmer sinkende Königsburg,*
*Greift kühn dann zum Gezücht der Nattern,*
*Tränkt ihre Brust mit dem schwarzen Gifte,*

*Und zeigt im Tode so noch den höchsten Stolz,*
*Denn sie versagt den römischen Seglern so,*
*Sie, aller Hoheit schon entkleidet,*
*Noch in der Schmach des Triumphs zu zeigen.*

Als die Parade zu Ende war, stieg Octavian von seinem Wagen und winkte die Kinder zu sich. Dies war der Augenblick, da die Gefangenen in eine Kerkerzelle geführt wurden, wo sie erwürgt werden sollten, während der Sieger im Tempel des Jupiter Capitolinus feierlich Dank sagte. Aber Octavian nahm Antonius' und Kleopatras Kinder mit, als er jetzt die Treppe zum Tempel hinaufstieg. Und danach verschwanden sie wieder in seinem Haushalt.

Noch zwei Zeremonien galt es zu vollziehen, gleichsam ans Ende des Triumphes geklebt. Die Portale des Janus-Tempels wurden feierlich geschlossen, und man verkündete das Ende des Krieges. Und Octavian begab sich in den Tempel Cäsars, um dort eine Siegesstatue zu weihen und die ägyptische Beute zu präsentieren.

Dann war es vorbei. Das Feiern konnte beginnen – das Essen, Trinken und Tanzen. Ich werde das nicht beschreiben; ein Massenfest ist wie das andere. Aber ich drängte mich durch den Pöbel zu Cäsars Forum und seinem Tempel der Venus. Ich mußte sehen, ob … Ich wäre überrascht, wenn … Aber Octavian war ein Mann voller Überraschungen; das muß ich ihm lassen.

Er überraschte mich auch jetzt, und zwar angenehm. Denn da, wo Cäsar sie siebzehn Jahre zuvor aufgestellt hatte, stand noch immer die vergoldete Statue von Kleopatra als Göttin und Gefährtin. In diesem Hause Cäsars auf dem Forum regierte der Feind noch immer unangefochten und geehrt, und so sehr verehrte man Cäsar, daß niemand wagte, sich an der Statue zu vergreifen. Vielleicht war es auch mehr als das; vielleicht hatten die Römer, die Mut und einen entschlossenen Gegner mehr als alles andere bewundern, den heimlichen Wunsch, ihre größte Widersacherin zu ehren und sie an einem Ort zu bewahren, an dem sie ihr im Laufe der Jahre ihre Reverenz erweisen konnten.

# 4

Und jetzt wende ich mich wieder an Dich, meine Freundin und Königin. Seltsam, daß der Tod uns doch nicht daran hindert, mit unseren Dahingegangenen zu sprechen! Besser gesagt, es gibt verschiedene Phasen, die wir durchlaufen. Zunächst, wenn die Kluft noch jung ist und daher nicht so breit, plaudern wir ungehemmt daher, und uns ist, als ständen sie noch hinter uns. Dann geschieht etwas – Trauer beim Blick auf das Grab oder angesichts des leeren Platzes –, das eine dicke Mauer zwischen uns entstehen läßt. Und dann löst die Zeit selbst, dieses fließende Ding, die Schranke wieder auf, und wir sind da, wo wir angefangen haben, und einander nah.

So ist es mir in bezug auf Dich widerfahren. Und als die Trennung einmal aufgehoben war, konnte ich mich aufmachen und die Reise vollenden, mit der Du mich betraut hattest.

O ja, die Schriftrollen sind klobig und schwer. Eine kräftige Truhe ist nötig, sie aufzubewahren. Ich habe alle zehn – zwanzig genau genommen, da Du ja darauf bestandest, Abschriften an die Kandake zu schicken. Du hast immer gewußt, daß wir dem Zufall zum Sieg verhelfen müssen; daher ist es weise, einen Satz Kopien zu haben.

Es war gut, Alexandria zu verlassen; Du hattest recht, was das betrifft. Meine ärztliche Praxis ist über das Maß dessen, was ich bewältigen kann, angeschwollen, denn als Leibarzt der Königin bin ich ungeheuer berühmt – oder berüchtigt – geworden. Man schreibt mir die Nattern zu, mit denen ich natürlich gar nichts zu tun hatte, und zudem die wunderbare Errettung Mardians, die freilich auch nicht mein Werk war, sondern sein Glück, weil er als letzter gebissen wurde und dazu so dick ist. Die allgemeine Bekanntheit ist eine lästige Sache; die Anonymität, die ich so sehr schätze, ist mir jedenfalls verwehrt. Also wird ein längerer Ausflug nach Meroë überaus willkommen und erfrischend sein.

Ich reise durch den Kanal und dann den Nil hinauf und vollziehe so noch einmal unsere Kindheitsreise, die vor so langer Zeit stattfand. Ägypten verändert sich niemals: dieselben Palmen, dieselben Lehmziegelhäuser, dieselben Pyramiden. Es tut mir gut, mich daran zu erinnern. Hier, hinter Memphis, frage ich mich, ob man überhaupt weiß, daß Octavian der neue »Pharao« ist.

Ja, er hat diese Identität übernommen. Er posiert als Dein Erbe – ist das nicht erheiternd? Indem er Alexander, Selene und Philadelphos zu sich genommen hat und sie in seinem römischen Haushalt großzieht, spiegelt er die Kontinuität der Linie vor. Wie ich höre, sind die Steinmetze in den Tempeln damit beschäftigt, ihn mit der Pharaonenkrone abzubilden, wie er Osiris und Horus opfert. Ich habe nicht vor, haltzumachen und mir das anzusehen.

Ägypten, Ägypten, das ewige Ägypten … immer einzigartig. Der neue »Pharao« hat es zu einer besonderen Provinz erklärt, die kein prominenter Römer ohne seine ausdrückliche Erlaubnis auch nur besuchen darf. Es soll als gigantischer Garten bewahrt werden, als Spielplatz für Octavian allein. Cornelius Gallus wird es beaufsichtigen, aber er ist nicht der Statthalter. Ägypten hat keinen Statthalter.

Zeitlose Wellen auf dem Fluß, Sandbänke mit Krokodilen, Tempel, Sand, Papyrusdickicht und der breite Busen des Nils, der tief nach Afrika hinunterreicht. Es ist leicht, alles andere zu vergessen und die Zeit dahinwirbeln zu lassen.

Ich werde rasch an Philae vorbeifahren und gleich ganz hinunter bis Meroë fahren. In letzter Zeit gab es am Ersten Katarakt ein bißchen Unruhe zwischen den Nubiern und den Römern, und ich halte es für sicherer, mich zunächst in den Süden zu begeben. Ich muß gestehen, daß ich auch vorhabe, die Ärzte in Meroë auszufragen und Proben von Heilkräutern mitzunehmen, die sie vielleicht haben; deshalb brenne ich darauf hinzukommen.

Ich bin da. Vier Monate habe ich gebraucht! Monate, in denen ich den Bericht von Deiner eigenen Reise über alle Katarakte bis hierher habe lesen können. So etwas unternimmt man nicht leichthin. Jetzt ragt die Stadt vor mir empor, und Neugierige säumen das Ufer. Ich kann nur hoffen, daß die Kandake noch wohlauf ist und regiert. Seltsam, wie wir oft denken, daß die Entfernung auch Langlebigkeit verleiht.

Sie hat mich empfangen. Sie lebt – wenn auch mit Arthritis – und bewegt ihre Leibesfülle mit großer Majestät durch ihren Palast. Sie geriet in Verzückung, als sie sich erinnerte, wie Du sie vor so vielen Jahren besucht hast.

»Aber ich habe sie vor den Römern gewarnt«, sagte sie und wackelte mit dem Zeigefinger. »Ich habe ihr gesagt, sie soll sich von ihnen fernhalten und sich statt dessen mit mir verbünden.« Dabei saß sie auf einer breitbeinigen Bank, und die mitgebrachte Truhe mit den Schriftrollen stand zu ihren Füßen.

»Ich glaube, sie waren es, die sich von ihr nicht fernhalten konnten«, sagte ich. Und es war die Wahrheit.

»Ich habe ihr gesagt, ich würde sie rächen, wenn die Römer – sie bestand ja darauf, mit ihnen Umgang zu haben! – sie im Stich lassen sollten. Und das habe ich getan.« Sie nickte feierlich. »Ich habe es getan.« Sie deutete auf ihr linkes Auge, das blind war. »Ich habe mein Auge den Römern gegeben.«

Als ich sie verständnislos anschaute, fuhr sie fort: »Sie dachten, sie könnten sich mit dem übrigen Ägypten auch Philae nehmen! Unseren heiligen Bezirk und die Ländereien südlich des Katarakts! Sie erklärten alles zu einem Protektorat und stellten sogar ihre dreckigen Octavian-Statuen in die Tempel! Das konnte ich nicht zulassen. Nein, das ging nicht. Es war nicht zu ertragen.« Sie erhob sich, langsam wie ein Berg. »Ich werde dir zeigen, was wir getan haben.«

Wie eine Insel, die sich wunderbarerweise durch das Meer bewegt, schwebte die Kandake durch die weiten Gänge ihres Palastes und führte mich in den Vorhof eines Tempels auf dem königlichen Gelände. Sie erteilte ihren Dienern ein paar Befehle auf meroitisch, und diese hasteten davon und kehrten bald mit Schaufeln zurück, und dann begannen sie zu graben.

»Ich führte meine Bogenschützen bei einem Überfall auf den Tempel, während meine restliche Armee Philae selbst, Assuan und Elephantine angriff und die Römer dort vertrieb. Bei diesen Kämpfen wurde mein Auge verletzt, und später verlor es das Sehvermögen.« Sie schien es als Ehrenzeichen zu akzeptieren. »Aber mit dem anderen kann ich noch gut genug sehen!« Sie richtete es mit wildem Blick auf mich.

»Oh, wir zerstreuten sie in alle Winde und jagten sie davon«, berichtete sie weiter. »Aber das war nicht genug. Nein. Wir mußten noch *dieses* tun.« Sie deutete auf das Loch, das man vor dem Tempel grub, und auf einen runden, grünen Gegenstand, der tief unten zum Vorschein kam.

Als die Männer weitergruben, erwies der Gegenstand sich als Bronzekopf, der aus dem Sand heraufkam wie eine Wasserleiche, die an die Oberfläche treibt. Die Arbeiter holten ihn heraus und hoben ihn empor, und jammervoll starrte er uns an. Sand rieselte an ihm herunter.

Es war der Kopf Octavians, riesengroß und mit Augen, die uns betrübt anblickten, grellweiß in der grünen Patina der Bronze. Sie waren offenbar aus Alabaster, aber der Effekt war doch verblüffend.

»Wir haben seine Statue enthauptet, die er frech in das Heiligtum gestellt hatte. Dann haben wir das Haupt hierher gebracht und es rituell geschändet, indem wir es zum Gedenken an unseren Sieg vor dem Tempel vergruben.«

Die primitive Wildheit dieser Geste war beunruhigend. Ich spürte, daß ich mich in der Tat an einem sehr fremdartigen Ort befand. Octavians abgeschlagener Kopf starrte mich unbeirrt an.

»Jetzt kann deine Königin in Frieden ruhen«, sagte sie. »Sie ist gerächt.« Und stolz hob die Kandake das Kinn.

»Ja, das ist wahr.« Ich nickte beifällig, es kam mir nicht ratsam vor, es nicht zu tun.

Ich habe keinen Zweifel daran, daß Deine Schriftrollen in ihrer Obhut ganz sicher sind.

Und nun nach Philae, der letzten Etappe dieser Reise, wo ich mein feierliches Versprechen erfüllen und mich meiner letzten Pflicht gegen Dich entledigen werde. Dann magst Du in der Tat ruhen, da Du weißt, daß alles Deinem Wunsche entsprechend vollzogen wurde.

Den Römern brennt noch das Fell von den Prügeln, die sie von den Nubiern bezogen haben, und sie sinnen auf Vergeltung. Aber vorläufig sind sie damit beschäftigt, den Schaden zu reparieren. Ich kann die umgestürzte Octavian-Statue mit durchgesägtem Hals am Vorhof des großen Isis-Tempels liegen sehen.

Aber ich möchte jetzt nicht mehr an Octavian denken – an gar nichts jenseits dieser kleinen Insel mit ihrem unvergleichlichen Tempel, dem Heiligtum der Isis. Weiß und klein genug, um vollkommen zu sein, liegt sie vor mir, und ich möchte sie in Besitz nehmen. Dies ist eine Großtat der Ptolemäer, diese Ehe zwischen Ägypten und einer großen Dynastie, die zu dem Land wurde, das sie erobert hatte. Dein Vorfahre Ptolemaios V. ist in die Mauern gemeißelt, Dein Vater Ptolemaios XII. schmückt die Säulen, die das innere Heiligtum schützend umstehen. Und drinnen, im Schutze der Dunkelheit, steht die große Statue Deiner Göttin-Mutter Isis. Und hier werde ich das Vermächtnis ablegen, das Du mir anvertraut hast, damit ich es ihr anvertraue. Und meinen eigenen Bericht, diesen kläglichen Anhang, werde ich ebenfalls hierlassen, denn hier gehört er hin: die Geschichte, zu Ende erzählt.

Der ganze Tempel hier ist Dein. In irgendeiner Nische, unsichtbar für mich, liegt die Kammer, in der Du standest, als du Dich mit Cäsar vereintest. Ein Hauch von Dir ist noch hier; dem vernichtenden Zugriff Roms knapp entzogen, hat er sich erhalten.

Der alte Priester hat die Schriftrollen angenommen, ohne Fragen zu stellen. Er hat mir den Hohlraum im Sockel der großen Isis-Statue gezeigt, wo die heiligen Reliquien aufbewahrt werden. Ehrfürchtig hat er die zehn Rollen hineingelegt. Jetzt wartet er auf diese letzte, aber er ist geduldig. Oh, sehr, sehr geduldig. Ich kann mir gut vorstellen, daß er seit dem ersten Ptolemaios hier ist.

Er zeigt mir seinen Schatz: eine Statue von Dir, aus Tamariskenholz geschnitzt. Sie ist lebensgroß, und die üppigen Kurven und Farben des Holzes verleihen ihr solche Wärme, daß ich einen Augenblick lang glauben kann, daß Du es bist, die da vor mir steht. Es ist ein Anblick, der mir Freude und zugleich auch Schmerz bereitet.

Er sagt, er will sie mit Blattgold überziehen, damit sie Jahrhunderte überdauert, so daß man Dich neben Isis wird verehren können. Schon jetzt hast Du viele Anhänger, die herkommen, um Dir die Ehre zu erweisen.

Irgendwie kommt es mir unrecht vor, die Lebenskraft des Holzes, dieses lebendigen Gegenstands, mit der strengen Ewigkeit des Goldes zu bedecken. Aber gerade so bist Du in eine Göttin verwandelt, und nur in dieser Gestalt kannst Du überdauern, Dich in der Vorstellungskraft der Menschen erheben und ewig regieren.

Er erzählt mir, Philae sei eine griechische Verballhornung des altägyptischen *pilak* und das bedeute »das Ende«. Die Insel war einst das Ende Ägyptens, das Ende des Begriffes, den wir selbst von uns hatten. Und so ist sie auch Dein Ende, der letzte Ruheplatz Deiner Gedanken und Taten und Deines Lebens, bewacht von Göttern, vor der Vernichtung bewahrt. Du wirst niemals sterben, hier behütet in der Umarmung der Isis.

Und endlich glaube ich es und gebe Dich auf mit Freuden.

FINIS

# NACHWORT

## DER VERFASSERIN

Als ich anfing, einen biographischen Roman über Kleopatra zu schreiben, begegnete ich immer wieder zwei gegensätzlichen Reaktionen, die beide auf falschen Vorstellungen beruhten.

Die erste war: Wieso ein Buch über Kleopatra? Man kennt doch schon alles von ihr, oder? Ihre duftenden Öle, ihre Schlangen, ihre Ränke, ihre Liebhaber.

Ganz und gar nicht. Vieles von dem, was die Öffentlichkeit von Kleopatra »kennt«, stammt unmittelbar aus den Schmähschriften ihrer Feinde. Die Tatsache, daß einige von ihnen Autoren und Dichter vom Kaliber eines Cicero, Vergil und Horaz waren, hat dafür gesorgt, daß deren Version der Ereignisse überlebte und weithin bekannt werden konnte, während Kleopatras Seite der Geschichte offiziell unterdrückt wurde.

Und der zweite, entgegengesetzte Gedanke: Man weiß doch so wenig über Kleopatra und diese Zeit, daß es unmöglich ist, sinnvoll über sie zu schreiben. Und wiederum: falsch. Man weiß eine ganze Menge von ihr, von der Liste der Sprachen, die sie sprach, über die Namen ihrer Bediensteten bis zum Timbre ihrer Stimme und zu ihrer Vorliebe für farbige Keramik aus Rhosos in Syrien. Andere Aspekte lassen sich ableiten: So muß sie zum Beispiel klein und schlank gewesen sein, um unentdeckt in einen Teppich zu passen. Und, jawohl, es stimmt: Sie wurde in einen Teppich oder in eine Matratze gewickelt in Cäsars Quartier geschmuggelt.

Nach jeder Schlacht war es eines der Vorrechte der Sieger, einen offiziellen Bericht über ihre Taten zu bewahren und andere Versionen zu vernichten oder zu unterdrücken. Vor der letzten Schlacht, von der in diesem Buch die Rede ist, hatten beide Seiten ihre beredten Anhänger; nachdem Octavian gesiegt hatte, wurden diejenigen, die für Antonius und Kleopatra sprachen, zum Schweigen gebracht.

Gleichwohl hat so viel inoffizielles Material in Quellen aus zweiter Hand überlebt, daß Kleopatras Seite der Geschichte sich noch zusammenstückeln läßt. Und drei antike Historiker, die hundertfünfzig bis zweihundertfünfzig Jahre später schrieben – Sueton, Plutarch und Dio Cassius – haben unfreiwillig vieles von der anderen Seite erhalten, indem sie Octavians Geschichte erzählten. Plutarch ist besonders hilfreich, da er sich, was die berühmte Geschichte von Kleopatras letzten Tagen und von ihrem Tod betrifft, auf die Erinnerungen ihres Leibarztes Olympos verläßt. An dieser Stelle schwenkt Plutarchs Bericht um; er ist nicht mehr feindselig – Octavians Version –, sondern läßt einige Sympathie für Kleopatra erkennen, ein plötzlicher Umschwung, der sich bei Shakespeare erhalten hat. Deshalb ist die Kleopatra in Akt fünf deutlich anders als die im restlichen Stück.

Wie bei allen Gestalten, die ebenso der Legende wie der Historie angehören – und hier haben wir vier davon: Kleopatra, Cäsar, Octavian und Antonius –, ist es wichtig zu wissen, was real ist und was nicht.

Vieles von dem, was ich hier geschildert habe, könnte man für dramatische Erfindungen halten, wenngleich es in Wirklichkeit gut belegt ist. Nachdem sie sich im Teppich versteckt hatte, ist Kleopatra tatsächlich mit Cäsar zusammengetroffen, und sie sind noch in derselben Nacht ein Liebespaar geworden; ihr Bruder und seine Ratgeber haben die beiden tatsächlich am nächsten Morgen zusammen gefunden. Sie hat ihm einen Sohn geboren, und er ließ zu, daß das Kind seinen Namen trug.

Cäsarion soll eine verblüffende Ähnlichkeit mit seinem Vater gehabt haben, vor allem in seinen Bewegungen und seinem Gang. Und man weiß, daß Cäsar in den letzten Jahren seines Lebens Epileptiker war.

Cicero ist Kleopatra tatsächlich in Rom begegnet, und nach seinen Bemerkungen in Briefen zu urteilen, hegte er einen persönlichen Groll gegen sie.

Antonius' berühmte Rede bei Cäsars Bestattung – »Mitbürger, Freunde, Römer! Hört mich an!« – ist Shakespeares Schöpfung; die historische Rede hat Dio Cassius überliefert, und sie ist hier wiedergegeben.

Die Schlachtszenen sind gleichermaßen historisch wie auch Octavians drastische persönliche Angriffe gegen Antonius und Kleopatra und deren Erwiderung. Es ist eine Ironie des Schicksals, daß von Antonius' Briefen nur der eine wütende sich erhalten hat – weil Sueton ihn zitiert –, in dem er Octavian hitzig bezichtigt, mehrere Affären zu unterhalten. Und, jawohl, Octavian war ein fleißiger Ehebrecher, und er trug wirklich »Plateau«-Sandalen.

Mardian, Olympos, Iras und Charmian sind historische Gestalten, aber ihre Erscheinung und ihre Persönlichkeit entstammen meiner Phantasie. Epaphroditos ist erfunden, aber wir müssen annehmen, daß Kleopatra einen cleveren Finanzminister hatte. Die meisten anderen Figuren sind real; ich brauchte nicht viele zu erfinden, und wenn, dann nur unbedeutende.

Die berühmte Szene, in der Kleopatra im Venus-Kostüm mit Antonius zusammentrifft, hat wirklich stattgefunden – allerdings nicht auf einer Barke, wie die moderne Mythologie es will. Barken waren nicht seetüchtig und verließen den Nil nicht; es muß also ein richtiges Schiff gewesen sein, das sie entsprechend ausgerüstet hatte. Kleopatra gab wirklich ein Abendessen für Antonius, bei dem ein wadentiefer Teppich aus Rosenblütenblättern den Boden bedeckte, sie wettete mit ihm über die Höhe der Kosten, und sie gab tatsächlich vor, eine aufgelöste Perle zu trinken. Und an einem anderen

Abend lud Antonius sie zu einem rauhen »Soldatenschmaus« ein. Die Begegnungen und die Beziehung zwischen Kleopatra und Herodes, wie ich sie beschrieben habe, sind historisch.

Antonius' Kammerdiener hieß wirklich Eros, und er beging Selbstmord, als er Antonius töten sollte. Octavian ließ Cäsarion und Antyllus tatsächlich ermorden, und es stimmt auch, daß unter den wenigen Dingen, die er aus dem Palast in Alexandria mitnahm, ein Achatbecher war, der den Ptolemäern gehört hatte.

Die Münzprägungen sind so, wie ich sie geschildert habe, und sie waren allesamt als bedeutsame politische Statements zu verstehen.

Die Kandake von Meroë unternahm wirklich einen Überfall auf Philae, und der Kopf einer bronzenen Octavian-Statue wurde nach Meroë geschafft und dort zum Zeichen der Schändung vergraben.

Es stimmt auch, daß Kleopatra ihr Leben durch den Biß einer ägyptischen Kobra beendete, was ihrem Tod nach altem ägyptischen Glauben eine symbolische Bedeutung verlieh. Wahrscheinlich entschied sie sich aus diesem Grund ebenso dafür wie wegen der schnellen und schmerzlosen Wirkung.

Aber dies ist ein Roman, und so ist manches auf diesen Seiten auch erfunden. Zum Wichtigsten gehört Kleopatras Mutter und deren Tod. Überraschenderweise – angesichts von Kleopatras Ruhm – ist die Identität ihrer Mutter unbekannt. Man nimmt an, daß sie eine Halbschwester Ptolemaios' XII. war und daß sie starb, als Kleopatra noch klein war. Mehr wissen wir nicht. Man nimmt außerdem an, daß Kleopatras jüngere Geschwister eine andere Mutter hatten, aber auch dies wissen wir nicht.

Kleopatras Besuch bei der Kandake ist erfunden; allerdings hätte ein solcher Besuch ganz gewiß zu beider Charakter gepaßt.

Ich habe mich nicht an die Konvention gehalten, derzufolge Kleopatra Antonius die falsche Nachricht von ihrem Tod sandte und Antonius sich von ihr verraten fühlte. Sie entstammt einer feindseligen Überlieferung, und moderne Historiker halten sie für unwahrscheinlich. Auch habe ich den traditionellen alten Mann mit dem Feigenkorb als Überbringer der Schlangen weggelassen. Wie genau sie sich die Schlangen beschafft hat, ist ein Geheimnis, aber wir wissen, daß ein Korb mit Feigen – ohne Schlangen – im Mausoleum gefunden wurde.

Da die Korrespondenz zwischen Cäsar und Antonius und Kleopatra nicht erhalten ist, habe ich sie neu erschaffen müssen.

Wie hat Kleopatra ausgesehen? Die moderne Vorstellung, sie sei eigentlich unattraktiv gewesen, wird von den antiken Historikern nicht bestätigt. Dio Cassius sagt: »Denn sie war eine Frau von überragender Schönheit, und zu jener Zeit, da sie sich auf dem Höhepunkt ihrer Jugend befand, war sie ganz hinreißend; sie hatte aber auch eine höchst bezaubernde Stimme und verstand es, sich bei jedermann beliebt zu machen. Da sie prachtvoll anzusehen und zu hören war und die Macht hatte, jeden sich gefügig zu machen, selbst einen von der Liebe gesättigten Mann, der die Blüte seiner Jahre hinter sich hatte, so dachte sie, es entspreche ihrer Rolle, mit Cäsar zusammenzutreffen, und alle ihre Thronansprüche stützte sie auf ihre Schönheit.«

Florus, 75-140 n. Chr., sagt, als sie sich Cäsar zu Füßen warf, »da war er bewegt von der Schönheit der Jungfrau, was noch verstärkt ward durch die Tatsache, daß ihr, die so wohlgestalt war, doch Unrecht geschehen war«. Und später erzählt er noch, sie habe »vergebens« an Octavian appelliert, »denn ihre Schönheit vermochte über seine Selbstbeherrschung nicht zu siegen«.

Nach Auskunft Appians, 90-165 n. Chr., »war Antonius erstaunt über ihren Witz wie auch über ihr gutes Aussehen«, und »es heißt ... er habe sich vor langer Zeit auf den ersten Blick in sie verliebt, als sie noch ein kleines Mädchen war und er unter Gabinius in Alexandria als Rittmeister diente«.

Plutarchs bekannte Bemerkung – »Ihre tatsächliche Schönheit, so heißt es, war an sich nicht so bemerkenswert, daß sich keine mit ihr hätte vergleichen können« – impliziert nicht, wie manche es deuten möchten, daß sie reizlos war. Alle diese Beobachtungen scheinen zu bestätigen, daß sie durchaus attraktiv war, wenn auch keine Schönheit im konventionellen Sinn. Eine erhaltene Statue von Kleopatra ist nicht bekannt, wenngleich einige auf Grund der Ähnlichkeit mit ihrem Porträt auf Münzen als solche identifiziert werden. Von diesen Münzen gibt es zweierlei Sorten, die einander verblüffend unähnlich sind: eine attraktive im hellenistischen Stil und eine idolhafte, die sie mit Antonius teilt. Die Reliefdarstellung am Hathor-Tempel in Dendera, die sie in meiner Schilderung besucht, ist kein individualisiertes Porträt, sondern das generalisierte Bildnis der Königin.

Von welcher Farbe mögen ihre Haare und Augen gewesen sein? Die Ptolemäer waren makedonische Griechen, und bei diesen Menschen gibt es helle – blonde und blauäugige – und dunkle – schwarzhaarige und braunäugige – Erscheinungen. Auch die Hautfarbe kann von einer recht hellen bis zur mediterranen – »olivhäutigen« – Tönung variieren. Ich habe ihr dunkles Haar gegeben, weil ihre Großmutter, ihre einzige nichtptolemäische Vorfahrin, halb syrischer, halb griechischer Herkunft war. Für ägyptische Ahnen gibt es keinen Hinweis; indessen gelangte sie zu einer geistigen Affinität zu ihren ägyptischen Untertanen; sie sprach ihre Sprache und ehrte ihre uralte Religion.

Was wurde aus ihren überlebenden Kindern? Alle wurden in Octavians Haushalt großgezogen. Kleopatra Selene wurde später mit Juba II. von Mauretanien verheiratet, der als kleiner Junge in Cäsars afrikanischem Triumphzug mitgeführt wurde; sie regierte an seiner Seite als Königin von Mauretanien von 20 v. Chr. bis 17 n. Chr. und hatte zwei Kinder, Ptolemaios von

Mauretanien und Drusilla. Einer Quelle zufolge begleiteten Alexander Helios und Ptolemaios Philadelphos sie nach Mauretanien.

Ptolemaios von Mauretanien war von 23 bis 40 n. Chr. König, beging aber dann den Fehler, nach Rom zu reisen, um seinen Vetter Caligula zu besuchen, der ihn ermorden ließ. Mehrere Quellen behaupten, Drusilla sei die erste Frau des römischen Procurators von Judäa, Marcus Antonius Felix, gewesen, aber danach verschwindet sie. Über die zweite Generation hinaus gibt es also keine bekannten Nachkommen Kleopatras.

Antonius erging es besser. Durch seine älteste Tochter Antonia, die Pythodoros von Tralleis heiratete, wurde er Ahnherr von Königen und Königinnen von Armenia Minor, Teilen von Arabien, Pontos und Ost-Thrakien. Und durch seine beiden Töchter mit Octavia war er der Vorfahre der Kaiser Caligula, Claudius und Nero.

Da hatte Rom aber schon jene Gebräuche übernommen, die es bei Antonius und Kleopatra noch so abscheulich gefunden hatte – göttliche Monarchie und orientalischen Prunk. So kam es, daß – Octavian zum Trotz – ihre Art am Ende triumphierte.

Ich muß gestehen, daß meine Faszination für Kleopatra und meine Beschäftigung mit ihrer Person bis in meine eigene Kindheit zurückreicht; in vieler Hinsicht habe ich vierzig Jahre gewartet, bis ich schließlich dieses Buch geschrieben habe. Meine erste Ägyptenreise unternahm ich 1952, meine erste Version ihrer Geschichte schrieb ich im Rahmen eines Schulprojekts im Jahre 1956, und seit ich aktiv an diesem Buch arbeite, bin ich viermal nach Ägypten zurückgekehrt sowie nach Rom, Israel und Jordanien gereist, und ich habe in regelmäßigen Abständen das Britische Museum heimgesucht. Ich hatte das Privileg, die letzten vier Jahre beinahe ausschließlich in Kleopatras Gegenwart zu verbringen, und ich weiche nur widerstrebend von ihrer Seite.

Für diejenigen, die sich für meine Quellen interessieren, will ich hier einige angeben.

Antike Quellen: Cäsars *Bürgerkriege, Buch III, Der Alexandrinische Krieg*; Vergil, *Die Aeneis, Buch VIII*; Horaz, *Neunte Epode, Buch 1, Ode 37* (die deutsche Fassung nach Theodor Kayser und F. O. von Nordenflycht wurde zitiert nach Q. Horatius Flaccus, *Carmina*, herausgegeben von Franz Burger,[Ernst Heimeran, München 1927]); Lucan, *Der Bürgerkrieg, Buch X* – ein blumiger, lasziver und phantasievoller Bericht über Cäsars und Kleopatras Zeit in Alexandria. Lucan füllt sämtliche Lücken aus, die der diskrete Cäsar in seinem Bericht über dieselben Ereignisse offenließ.

Appian von Alexandria gibt in seiner *Römischen Geschichte – Die Bürgerkriege, Bücher II-V*, geschrieben um 140 n. Chr., eine relativ faire Darstellung von der Geschichte Antonius', auch wenn er Kleopatra die Schuld an dessen

Untergang zuschreibt, wie es auch Vellejus Paterculus tut, der um das Jahr 30 n. Chr. seine *Geschichte Roms, Buch II,* schreibt und gegen Antonius wie auch gegen Kleopatra eingestellt ist. Cicero liefert viel zeitgenössisches Material in seinen Briefen an Atticus und in seinen Schmähreden gegen Antonius.

Die drei Hauptquellen, die ein Gefühl für die Persönlichkeit der Hauptfiguren vermitteln, sind Suetons *Zwölf Cäsaren*, geschrieben um 110 n. Chr. – mit einer Biographie Cäsars und einer Biographie des Augustus –, Plutarchs *Biographien*, verfaßt um 120 n. Chr., – sie enthalten die Lebensgeschichten Cäsars, Brutus' und Antonius' und sind unsere wichtigste Einzelquelle über Kleopatra, basierend auf Material von Olympos wie auch auf Familienwissen –, und Dio Cassius' *Römische Geschichte*, geschrieben um 220 n. Chr. Dio liefert ein hilfreiches chronologisches Gerüst für die Episoden bei Sueton und Plutarch.

Shakespeare muß natürlich auch genannt werden; *Julius Cäsar* und *Antonius und Kleopatra* sind von Plutarch inspiriert.

Ein grundlegendes modernes Werk ist die *Cambridge Ancient History* (Cambridge University Press, London 1934, Bd. IX und X – Bd. IX in der 2. Ausgabe von 1994).

Zu den modernen Kleopatra-Biographien gehören: Michael Grant, *Kleopatra. Eine Biographie* (Gustav Lübbe Verlag, Bergisch Gladbach 1977) – eine ausgewogene, gründliche und lesbare Lebensgeschichte; Ernle Bradford, *Cleopatra* (Hodder and Stoughton, London 1971) – eine wunderschön illustrierte und gut geschriebene populärwissenschaftliche Geschichte der Königin; Arthur Weigall, *The Life and Times of Cleopatra* (Thornton Butterworth Ltd., London 1914) – ein früher, aber liebenswürdiger Bericht des britischen Generalinspekteurs der Altertümer in Ägypten; Jack Lindsay, *Cleopatra* (Cox and Wyman Ltd., London 1971) – besonders gut, was Prophezeiungen und Symbolismus angeht; Hans Volkmann, *Kleopatra: Politik und Propaganda* (Oldenburg Verlag, München 1953) – einer der ersten, der ihre Legende unter diesem Gesichtspunkt untersucht, wobei er besonderes Gewicht auf Octavians Propagandamaschine legt; Lucy Hughes-Hallett, *Cleopatra; Histories, Dreams and Distortions* (Harper and Row, New York 1990) – ein faszinierender Überblick über die verschiedenen Sichtweisen auf Kleopatra im Laufe der Zeit, der über uns selbst ebensoviel offenbart wie über sie.

Was die übrigen Hauptpersonen angeht, so gibt es zahlreiche Biographien über Cäsar. Ich empfehle Michael Grants *Julius Caesar* (M. Evans & Co., New York 1992; [Reprint der Ausgabe von 1969]); Ernle Bradford, *Julius Caesar: The Pursuit of Power* (Hamish Hamilton Ltd., London 1984); Mathias Gelzer, *Caesar. Der Politiker und Staatsmann* (Franz Steiner Verlag, 1983); Christian Meier, *Cäsar* (Siedler Verlag 1982); J. A. Froude, *Caesar, A Sketch* (Scribner's, New York 1914) – eine frühe »Psychobiographie«.

Marcus Antonius ist nicht mit so vielen Biographien gesegnet, unter denen sich auswählen ließe. Die neueste – Eleanor Goltz Huzar, *Mark Antony* (University of Minnesota Press, Minneapolis 1978) – ist schwer zu finden, aber eine Suche wert; Jack Lindsay, *Marc Antony – His World and His Contemporaries* (Routledge & Sons Ltd., London 1936) ist gut geschrieben, und Arthur Weigalls lesbares *Life and Times of Marc Antony* (G.P. Putnam's Sons, New York 1931) vervollständigt das Trio.

Neben Biographien kann ich eine Reihe von Büchern über die Zeit im allgemeinen und andere spezifische Themen empfehlen. Peter Greens *Alexander to Actium* (University of California Press, Los Angeles 1990) ist ein gewaltiges, ausladendes und brillant geschriebenes Panorama des dreihundert Jahre währenden hellenistischen Zeitalters. Paul Zanker, *Augustus und die Macht der Bilder* (Beck Verlag, München 1987) ist eine sorgfältig angelegte und interessante Studie über die Methoden, mit denen Octavian visuelle Bilder zur Erschaffung seines eigenen Mythos verwandte; Robert Alan Gurval, *Actium and Augustus* (University of Michigan Press, Ann Arbor 1995) bietet eine eingehende Untersuchung der Symbole, die Octavian benützte, nachdem er Antonius besiegt hatte. John M. Carter, *Die Schlacht bei Aktium. Aufstieg und Triumph des Kaisers Augustus* (Brockhaus, Wiesbaden 1972) ist eine unschätzbare Studie zur Situation und im übrigen ganz vorteilhaft für Antonius. Ronald Syme, *Die römische Revolution* (Piper, München 1992) ist die klassische Studie zu jener Periode und bar aller Illusionen über Octavian.

Zu weiteren allgemeinen Themen: Roland Auget, *Cruelty and Civilization: The Roman Games* (George Allen & Unwin Ltd., London 1972) erzählt in blutrünstigen Einzelheiten von Spielen und Spektakeln. Guido Majno, *The Healing Hand: Man and Wound in the Ancient World* (Harvard University Press, Cambridge 1975) liefert eine faszinierende, lesbare Darstellung der antiken Medizin durch einen hervorragenden modernen Naturwissenschaftler und Arzt. Illaria Gozzini Giacosa, *A Taste of Ancient Rome* (University of Chicago Press, Chicago 1992) offenbart Ihnen alles, was Sie immer schon über römische Dinnerpartys – und wie man sie veranstaltet – wissen wollten.

Und schließlich: Michael Grants *The Army of the Caesars* (Scribner, New York 1974) befaßt sich mit Ausrüstung und Taktik. Judith Swaddling, *The Olympic Games* (British Museum Press, London 1980) beschäftigt sich mit den Olympischen Spielen. Lionel Casson, *Ships and Seafaring in Ancient Times* (British Museum Press, London 1994) ist ein faszinierender Führer zu allem, was vor langer Zeit auf den Meeren vor sich ging.

© 1997 by Margaret George
Titel der Originalausgabe: The Memoirs of Cleopatra
Originalverlag: St. Martin's Press, New York
© 1998 für die deutsche Ausgabe by
Gustav Lübbe Verlag GmbH & Co., Bergisch Gladbach
Deutsche Übersetzung von Rainer Schmidt
Deutsche Fassung der Vergiltexte aus Kapitel 51 und 63:
Harry C. Schnur, Reclam, 1968
Wir danken dem Rechteinhaber für die
freundliche Erteilung der Abdruckgenehmigung
Gesamtgestaltung: Axel Bertram, Berlin
Schutzumschlag und Schuber unter Verwendung des Gemäldes
»Cleopatra haat gift beproeven op ter dood veroordeelde gevangenen«
von Alexandre Cabane,
Koninklijk Museum voor Schone Kunsten, Antwerpen
Satz: Kremerdruck GmbH, Lindlar
Gesetzt aus der ITC Berkeley Oldstyle aus der Linotype Library
Druck und Einband: Friedrich Pustet, Regensburg

Alle Rechte, auch die der fotomechanischen Wiedergabe,
vorbehalten

Printed in Germany
ISBN 3-7857-0929-3

2 4 5 3 1

ΚΛΕΟΠΑΤΡΑ · ΑΝΤΩΝΙΟϹ